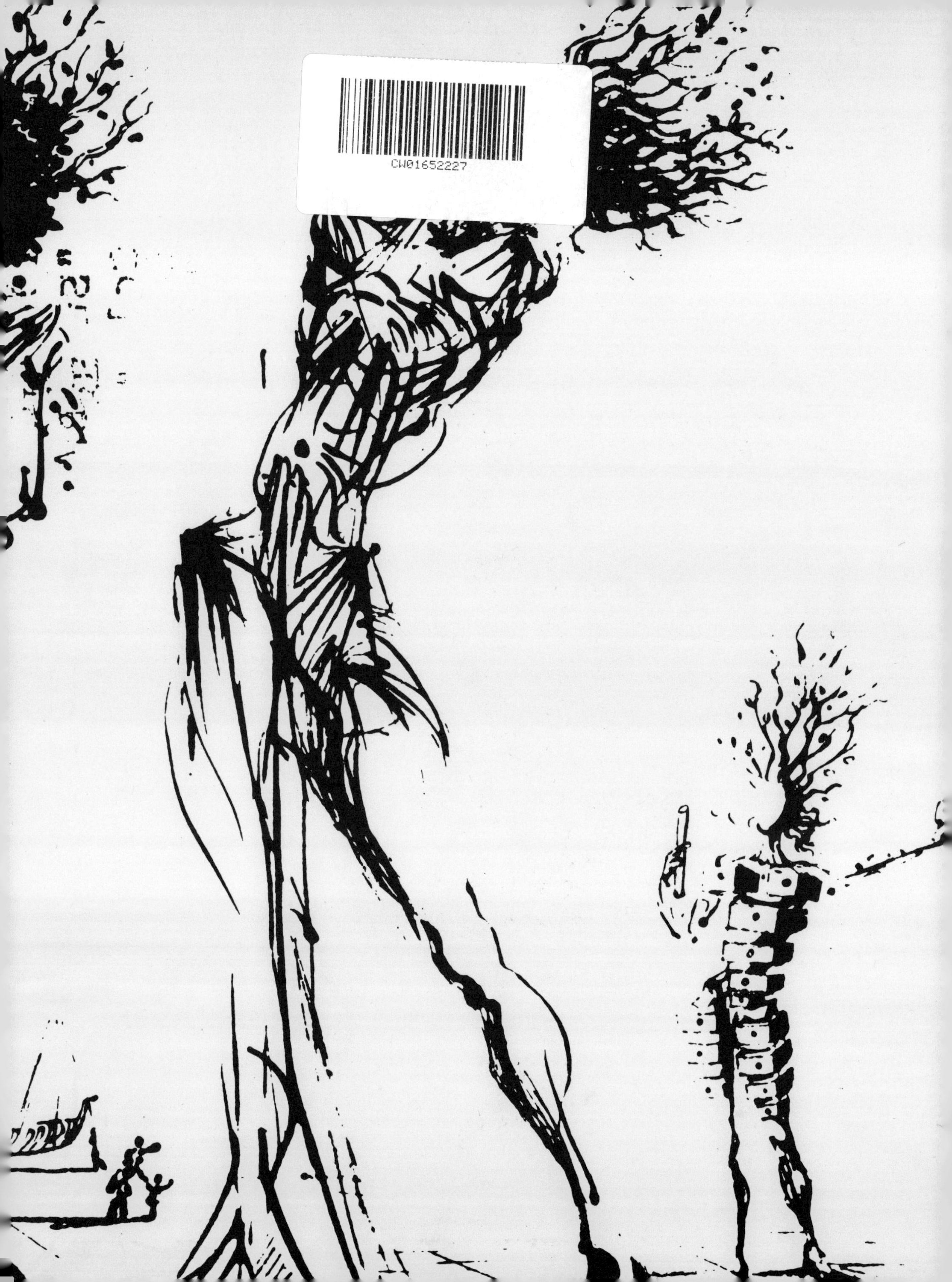

Salvador Dalí

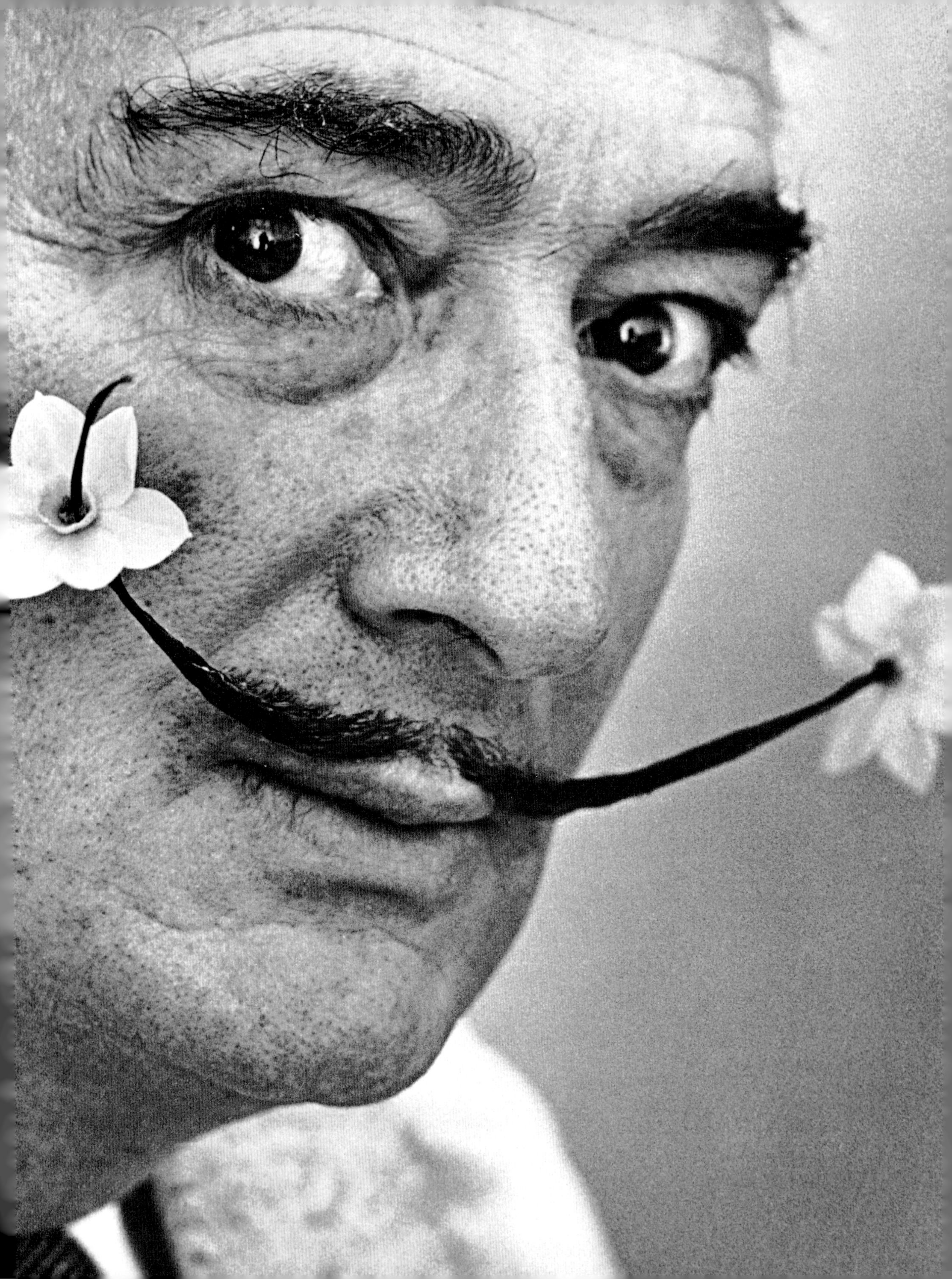

Robert Descharnes/Gilles Néret

Salvador

DALÍ

1904–1989

Het geschilderde werk
Deel I, 1904–1946

Concept: Gilles Néret

TASCHEN
KÖLN LONDON MADRID NEW YORK PARIS TOKYO

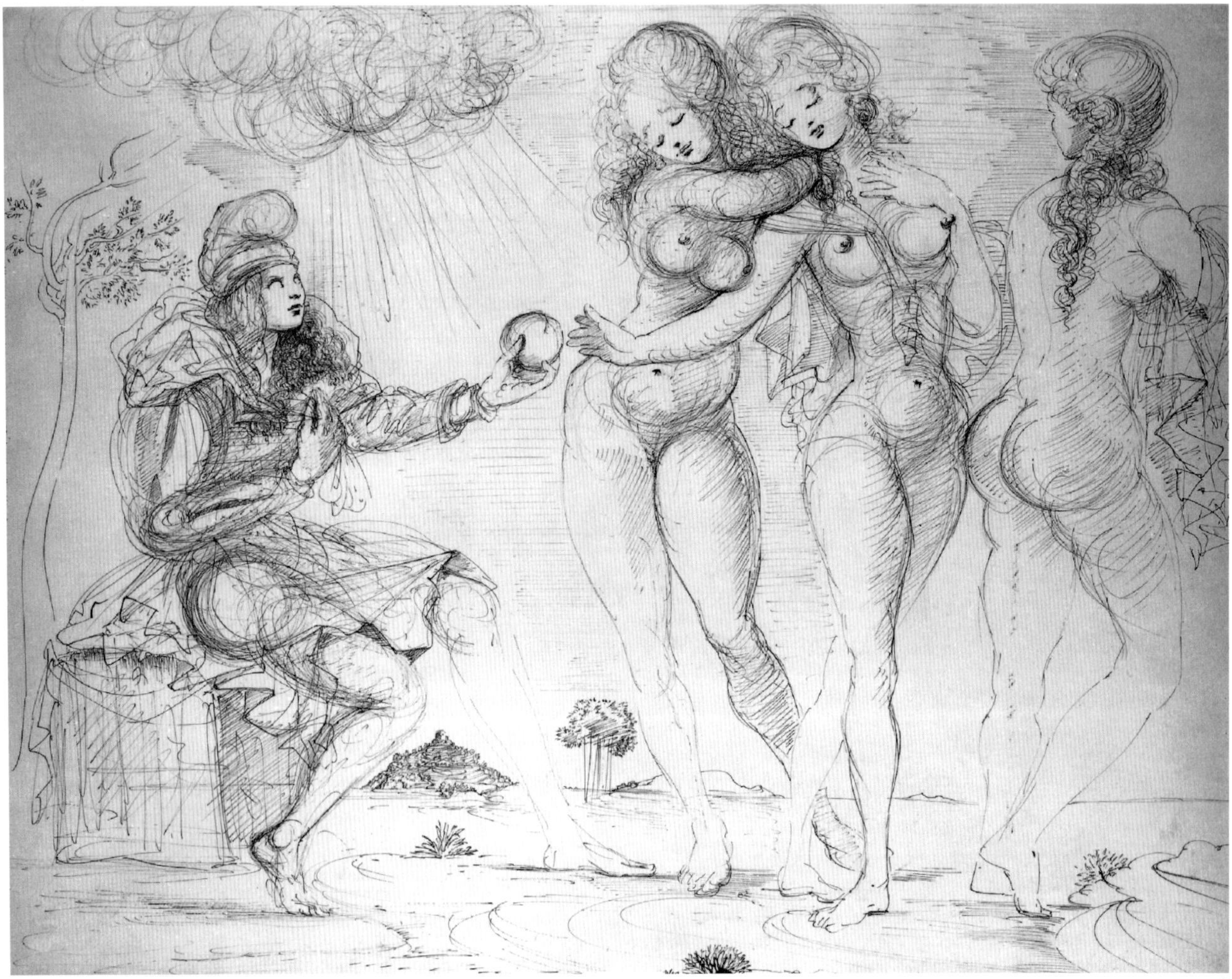

2

Schutblad:
Stuitbeen-vrouwen, 1938 Δ (vgl. blz. 307)

Hohenzollernring 53, D–50672 Köln
www.taschen.com

Idee en vormgeving: Gilles Néret, Parijs
Vormgeving omslag: Angelika Taschen, Keulen
Vertaling: Wil Boesten
Redactie: Elke Doelman
Productie: TextCase, Groningen

Printed in Slovenia
ISBN 3–8228–1211–0

1 **Dalí, gefotografeerd door Philippe Halsman, uit 'Dalí's snor',** 1954 ✰

2 **Het oordeel van Paris,** 1950 Δ
Le jugement de Pâris

Dit boek werd oorspronkelijk in twee delen uitgegeven.

Symbolen voor de bijschriften:
❑ Olieverfschilderijen
Δ Tekeningen, aquarellen, gouaches, gemengde techniek, etsen
❍ Objecten, sculpturen
✰ Foto's, documenten

Inhoud

7 ‘Verzamelde schilderijen’
‘Verzamelde bakkerijen’

11 Wanneer je voor genie speelt,
dan word je er een!
1910-1928

139 Bewijs van liefde
1929-1935

255 De verovering van het irrationele
1936-1939

319 De triomf van Avida Dollars
1939-1946

407 Het mystieke manifest
1946-1962

537 Wegen naar onsterfelijkheid
1962-1989

729 Biografie, bibliografie

741 Register van de afgebeelde werken

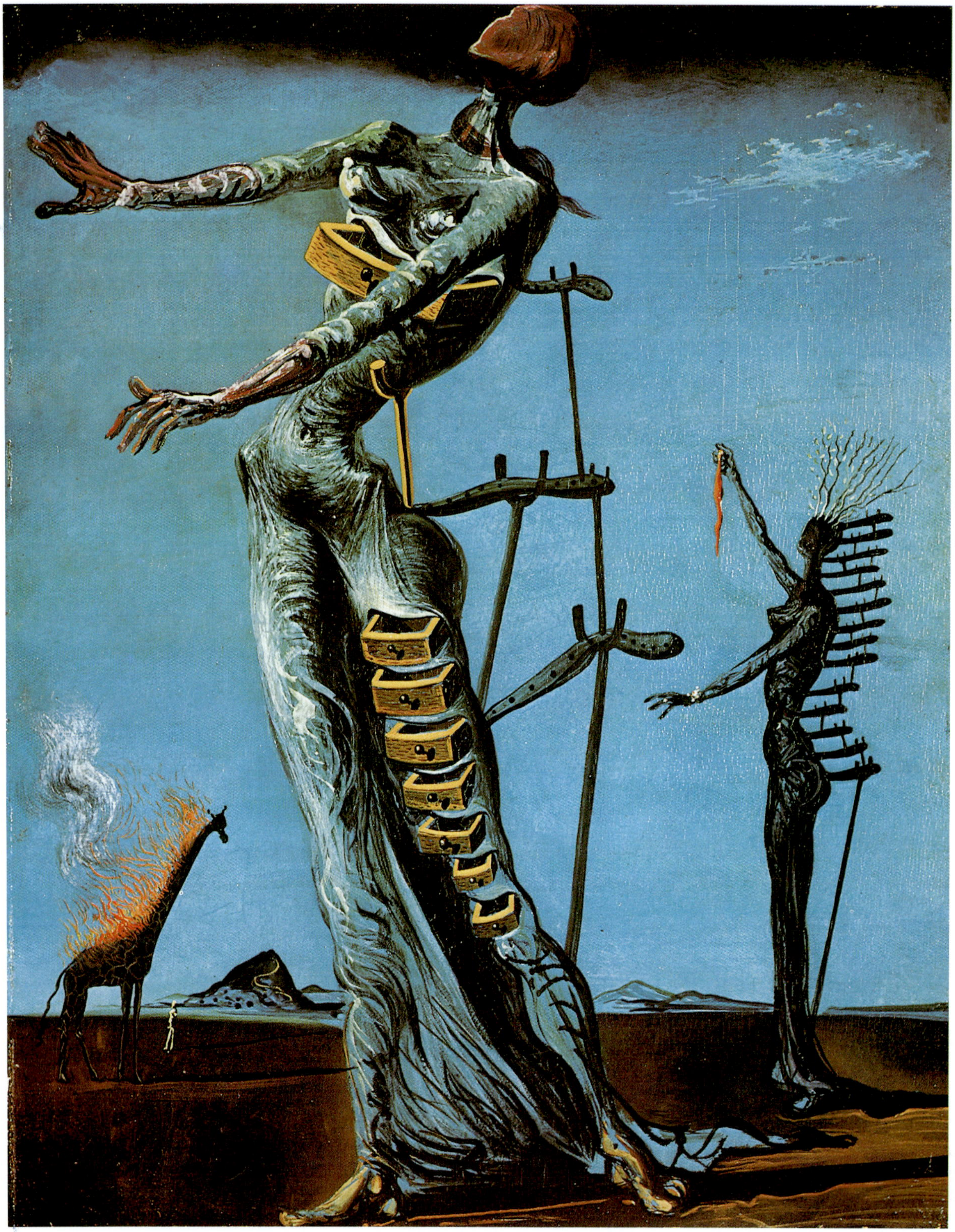

3

‘Verzamelde schilderijen’ – ‘Verzamelde bakkerijen’ ‘L’œuvre peint complet’ – L’œuvre ‘pain complet’

Op zondagmiddag besluit de Heer zijn zondagse maaltijd met wat viooltjesessence als dessert, laat een onuitsprekelijk heilige geur los en roept zijn engelen bij zich opdat ze hem zijn lievelingsaria van Bach voorspelen. Dan komt ook Salvador Dalí, de vrije gevangene uit het vagevuur, zet zijn ezel op en werkt aan een portret van de Heer. Salvador is de enige moderne schilder bij wie God een schilderij heeft besteld. Maar hoewel hij sympathie voelt voor de veteraan van het Surrealisme en zijn schilderkunst, hoewel hij met genoegen naar zijn geklets luistert, kan hij toch niet tegen het reglement zondigen dat hij zelf heeft opgesteld. De rest van de week moet Salvador weliswaar niet in de hel, maar wel in het vagevuur doorbrengen. Zeker, op aarde heeft hij dapper en bij vlagen geniaal het beroep van schilder uitgeoefend, maar hij heeft zich ook vol genot overgegeven aan menige zonde... Salvador is niet overdreven bedrukt onder zijn straf. Het vagevuur is hem welbekend, aangezien hij een kenner van Dante is en diens ‘Divina commedia’ heeft geïllustreerd. Wat betreft de tijd die hij er ter loutering moet doorbrengen, hij weet net als ieder ander sinds Einsteins theorie dat die relatief is. Wat stellen een paar miljoen jaar in het vagevuur nu voor...

Salvador is juist bezig met fotografische precisie elk haartje van Gods prachtige baard vast te leggen, als plotseling een engel opgewonden komt aanvliegen en het bezoek van twee menselijke wezens aankondigt die hem een geschenk willen aanbieden. “Een geschenk”, roept de schilder opgetogen, “Dalí laat zich graag iets schenken...” De heren Robert Descharnes en Gilles Néret verschijnen, gevolgd door twee dragers met een grote kist. “Wat voor geschenk hebben jullie nu meegebracht, beste vrienden?” vraagt Dalí nieuwsgierig. Waarop de twee auteurs als uit één mond antwoorden: “Dat zijn de twee delen ‘Dalí, verzamelde schilderijen.” “O, Dalí, verzamelde bakkerijen”, jubelt Dalí enthousiast. “Een mooie titel, ik ben immers de royaalste schilder, die altijd plaats aan zijn tafel had en onze tijd met de kostelijkste spijzen laafde... Op aarde wist ik nooit wat ik deed, maar ik was me er altijd precies van bewust wat ik at...”

Nadat Dalí zijn geschenk heeft uitgepakt, de 1648 afbeeldingen heeft bekeken en de begeleidende tekst heeft gelezen, geeft hij ten slotte toe dat hij al tijdens zijn aardse bestaan van zo’n uitgave heeft gedroomd, maar nooit de tijd heeft gehad er aan te beginnen. Terloops merkt hij op dat genieën honderdduizenden jaren zouden moeten leven, maar dat domkoppen vroeg moeten sterven. Daarna wendt hij zich tot de twee gasten, die gespannen zijn oordeel afwachten. “Ja, ik ben zeer tevreden met de uitgave. Ze had weliswaar nog dikker en nog zwaarder kunnen uitvallen, maar ze bevalt me. Ook kan ik de liefde en het ontzag waarderen dat jullie me ten deel hebben laten vallen. Maar toch zijn er zwaarwegende nadelen...” Descharnes en Néret kijken elkaar verbijsterd aan... Dalí gaat verder: “Het eerste nadeel van dit boek is dat ik het niet zelf heb gemaakt. Maar dat is niet het voornaamste. Het is veel erger dat het niet PLASTISCH is! Gezien de vooruitgang van de moderne wetenschap ben ik zeer verbaasd dat jullie er niet in zijn geslaagd elk van mijn werken holografisch te reproduceren. In plaats van de twee delen aandachtig te bekijken, had de lezer zich dan aan tafel gezet en zich te

3 **Brandende giraffe**, 1936-1937 ❑
Girafe en feu

goed gedaan aan Dalí. Hij had als voorgerecht bijvoorbeeld 'Ezelskadaver' genomen, als hoofdgerecht een portie 'Granaatappel' gegarneerd met vrouwelijk naakt en als bekroning op de maaltijd als dessert een klein stukje 'Hallucinogene torero', die mooie dromen tijdens het spijsverteringsdutje teweegbrengt. Dat zou 'Dalí à la carte' geweest zijn, net als bij Maxim's... Nog erger is dat ook de GEUREN ontbreken. Van alle zintuigen bezorgt alleen de reuk de verrukkelijke huiver, de geur is de locomotief van de trein naar de onsterfelijkheid. Want naast de smaak zijn het de geuren die voor de bestendigheid van het geheugen zorgen. De tweedelige Dalí-sandwich moet naar Dalí's 25 kilometer lange witbrood ruiken en de intiemste en fijnste geuren precies weergeven..." Maar – terug op aarde na dit gedroomde weekend in gezelschap van de vorst van de verwarring. Hier moet in detail worden bericht hoe 'Dalí. Het geschilderde werk' tot stand is gekomen.

Het begin beloofde niet veel goeds. Dalí heeft ongetwijfeld de systematische verwarring –voor hem een regelrechte levensbron– zijn leven lang gecultiveerd ten behoeve van zijn werk. Maar voor degene die er zijn weg in zocht, lag dat wel anders. De Meester van Figueras heeft de data en titels van zijn werken evenzeer door elkaar gehaald als de perioden en anekdotes uit zijn levensgeschiedenis. Robert Descharnes, die bijna veertig jaar lang Dalí's metgezel was en er als geen ander voor geroepen is diens complete werk te presenteren, zegt daarover: "Dit is de eerste monografie over Dalí waarin alle überhaupt bekende schilderijen, afgezien van een enkele uitzondering, zijn opgenomen. Het is echter geen pure œuvrecatalogus, want naast alle afgebeelde doeken zijn vaak documenten afgebeeld die naast de tekeningen en geschriften ook alle andere uitdrukkingsvormen van de kunstenaar behandelen, zoals mode, film, kunstobjecten enz. Zonder deze 'steunpilaren' zouden de schilderijen alleen een opsomming van doeken zijn gebleven. De continuïteit van de beschrijving berust op Dalí's aantekeningen die ik heb kunnen verzamelen. De keuze heb ik gemaakt op grond van mijn kennis van het complete werk. Die kennis is enerzijds afkomstig van Dalí, anderzijds uit een uitgebreide documentatie die in de loop der tijd is vergaard. Van de doeken die niet in de monografie zijn opgenomen, heb ik er een paar bewust weggelaten omdat hun authenticiteit twijfelachtig is of omdat Dalí ze zelf niet heeft erkend.

'Dalí. Het geschilderde werk' is het werk van een trio: Robert Descharnes, Gilles Néret en Nicolas Descharnes. Néret, Dalí-enthousiast sinds 1964, is de dirigent van de twee delen, die hij vooral door zijn lay-out heeft georkestreerd. Mijn zoon, Nicolas Descharnes, was een betrouwbare hulp voor Gilles Néret. Hij heeft voor hem door zijn invoelingsvermogen en zijn kennis van onze archieven tussen de talloze doeken, waarmee weer talloze informatie is verboden, de beste documenten uitgekozen.

Ten slotte mogen drie Dalí-olifanten niet onvermeld blijven. Zonder hen zou deze monografie niet compleet zijn. Op de eerste plaats de Spaanse staat, de erfgenaam van Dalí die ons in de persoon van Ana Beristain Díaz voortdurend heeft geholpen. Daarna de Fundación Gala-Salvador Dalí. En tot slot de Salvador Dalí Foundation in Saint-Petersburg, Florida, en haar oprichters dhr. and mevr. Reynolds Morse. De genoemde stichtingen zijn nooit tekortgeschoten in hun steun."

4 **De hallucinogene torero,** 1968-1970 ❑
Le torero hallucinogène

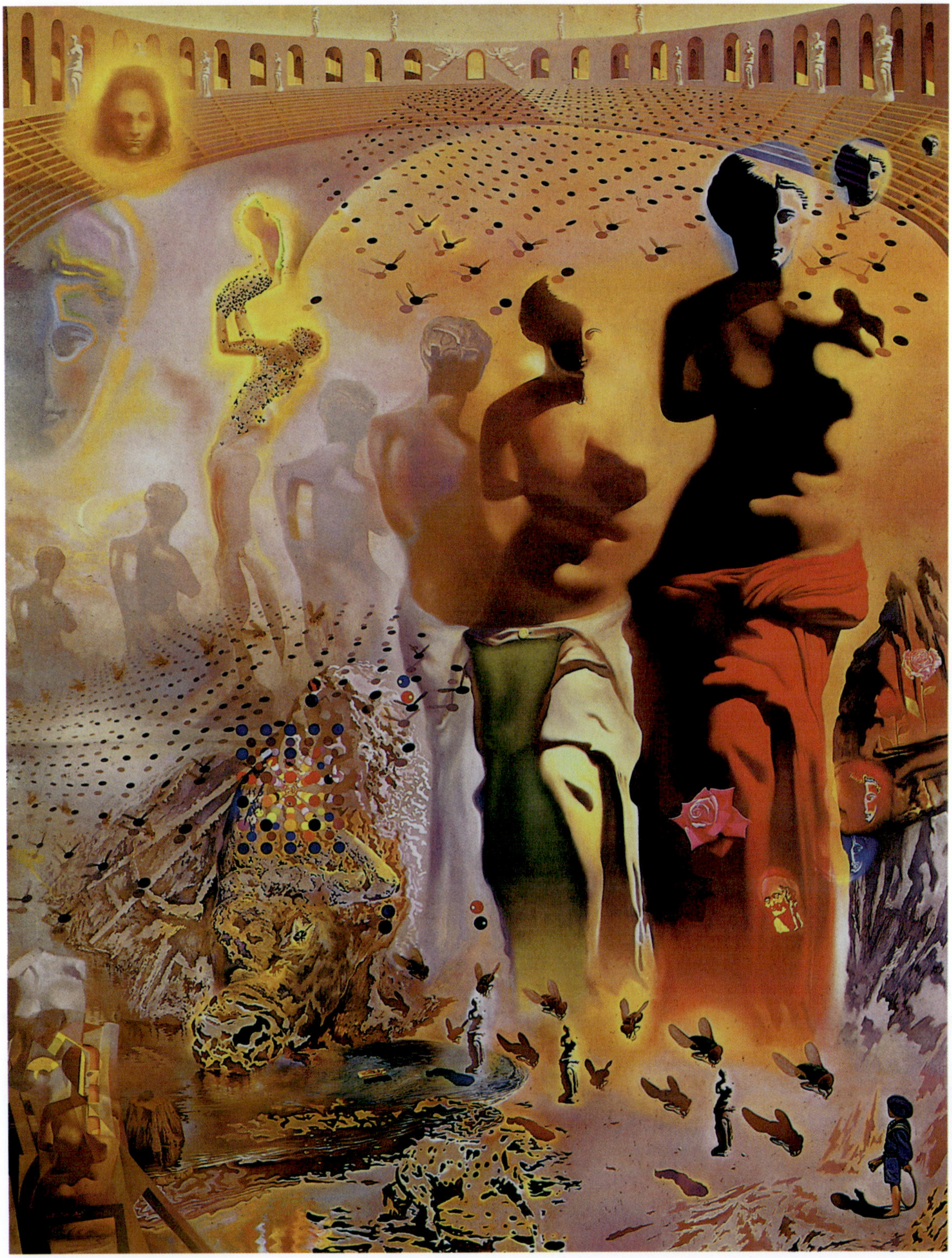

4

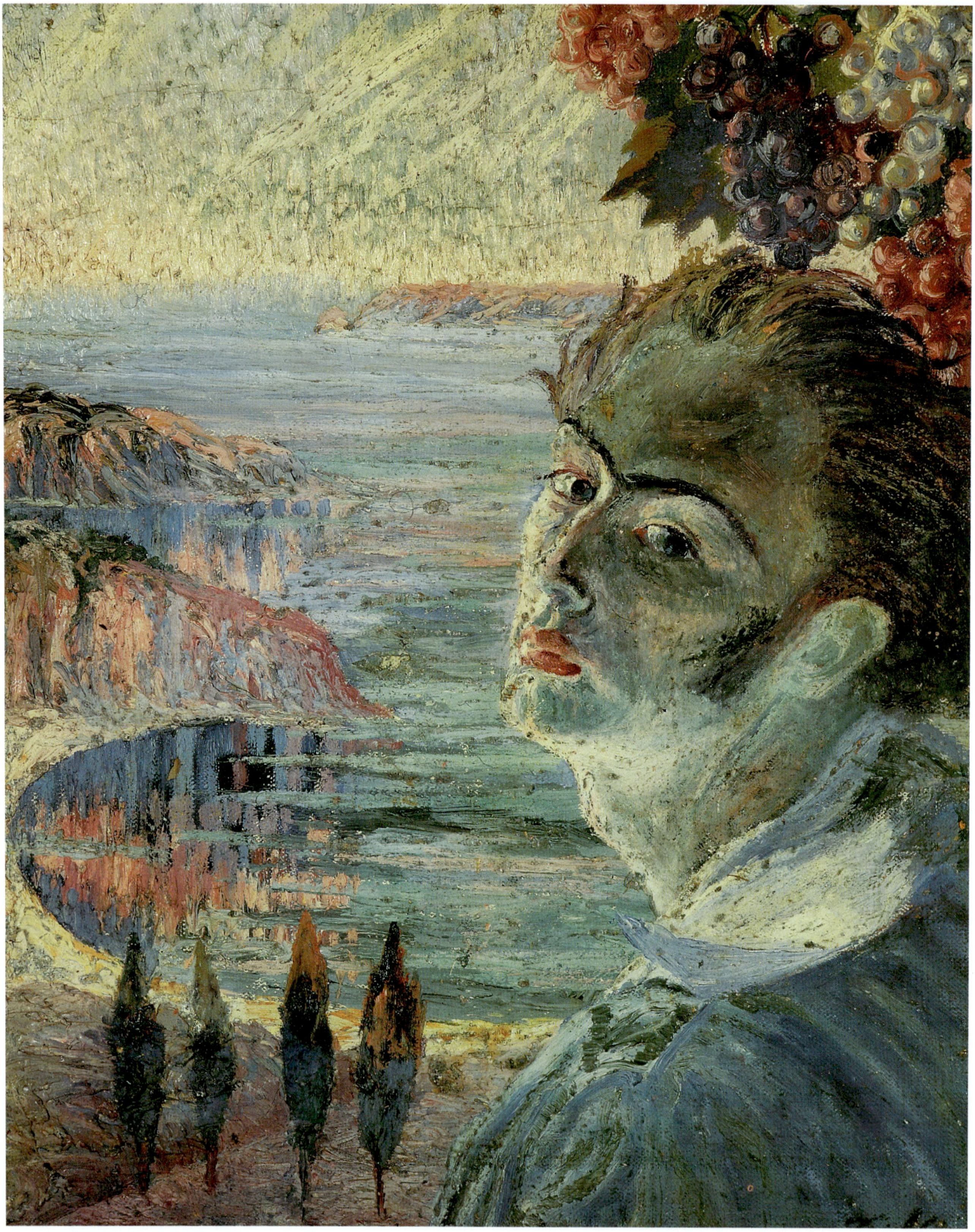

5

1. Wanneer je voor genie speelt, dan word je er een!

"Schilders, vreest de perfectie niet. Jullie zullen haar nooit bereiken! Als jullie middelmatig zijn, kunnen jullie nog zo je best doen vreselijk slecht te schilderen, men zal blijven zien dat jullie middelmatig zijn."

Salvador Dalí

"Elke ochtend als ik wakker word", schreef de beroemde schilder van onder meer de weke uurwerken en de brandende giraffen, "beleef ik de allergrootste vreugde: namelijk Salvador Dalí te zijn..." De roem- en goudzuchtige Catalaan heeft veel geschilderd – en veel gepraat. Zijn lievelingsonderwerp: hoe word je een genie. Zijn conclusie: "O Salvador, nu weet je het, wanneer je voor genie speelt, dan word je er een !"

Had hij tijdens de Renaissance geleefd, dan was zijn genie wellicht eerder erkend, misschien had men het zelfs normaal gevonden. Maar in onze tijd, die hij omschreef als "dom makend", is hij een voortdurende provocatie. Als je ziet dat hij tegenwoordig naast Picasso, Matisse, Duchamp en Malévich geldt als een van de allergrootsten van de moderne kunst en dat het grote publiek inmiddels onmiskenbaar van hem houdt, is het maar moeilijk te begrijpen waarom hij nog steeds –ook onder intellectuelen– zo provocerend kan zijn en men nog steeds de neiging heeft hem voor gek te verklaren. Misschien omdat men er toe neigt, net als in het geval van Leonardo da Vinci, de macht van de voorgehouden spiegel te ontlopen. In dat geval is het voldoende Dalí's eigen woorden te horen: "Het enige verschil tussen een gek en mij is dat ik niet gek ben." Even waar is de volgende verzekering: "Het enige verschil tussen de surrealisten en mij is dat ik een surrealist ben." Net zoals de enige impressionist, van zijn vroege werk tot het laatste, Monet heet –de andere impressionisten zijn overgegaan tot het Kubisme, Pointillisme of Fauvisme– zo heet de enige surrealist, de volhardendste van allemaal, Dalí. Zelfs wanneer hij verzekert: "De raderen van zijn geest zijn voortdurend in beweging en hij bezit de universele nieuwsgierigheid van de renaissancistische mens."

In het voorwoord van Dalí's 'Dagboek van een genie' schrijft de auteur Michel Déon: "Men meent Dalí te kennen omdat hij zich er met euvele moed toe heeft gezet een man van de publiciteit te zijn. Journalisten verslinden in hun gretigheid alles wat hij hun aanbiedt, maar het meest verrassende aan hem is zijn boerenslimheid, die blijkt uit een scène uit zijn jeugd, toen hij een ambitieuze jonge man was en koste wat kost hogerop wilde; hij kreeg van iemand het advies kaviaar te eten en champagne te drinken in plaats van zich af te sloven als een arbeider en vervolgens alsnog van honger te sterven. Maar het innemendste aan Dalí zijn zijn wortels en zijn voelhorens. Wortels die diep in de aarde binnendringen, waar ze alles opzuigen wat de mens in vier millennia aan schilderkunst, architectuur en beeldhouwkunst aan 'smakelijks' –om een van de drie lievelingsuitdrukkingen van Dalí te gebruiken– heeft voortgebracht. Voelhorens die op de toekomst gericht zijn en al het komende waarnemen en bliksemsnel begrijpen. Het kan niet vaak genoeg gezegd worden dat Dalí's geest van een onverzadigbare nieuwsgierigheid is. Alle ontdekkingen en uitvindingen vinden hun neerslag in zijn werk en duiken er in nauwelijks veranderde vorm weer op." Je zou kunnen zeggen dat Dalí een typisch verschijnsel van zijn tijd is en erin is geslaagd van zichzelf een ster te maken.

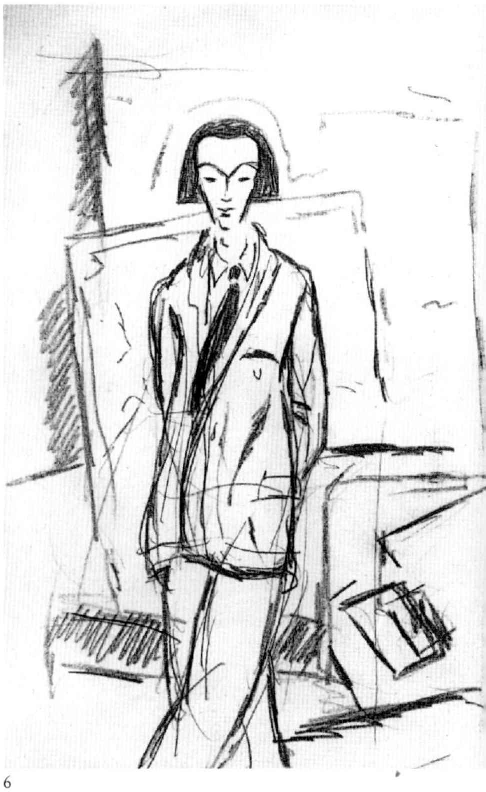

6

5 **Zelfportret**, rond 1921 ❑
Autoportrait – Autorretrato

6 **Zelfportret**, 1922 △
Autoportrait

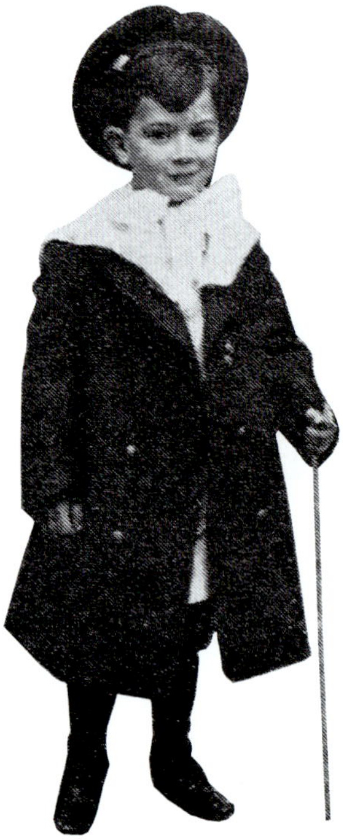

7

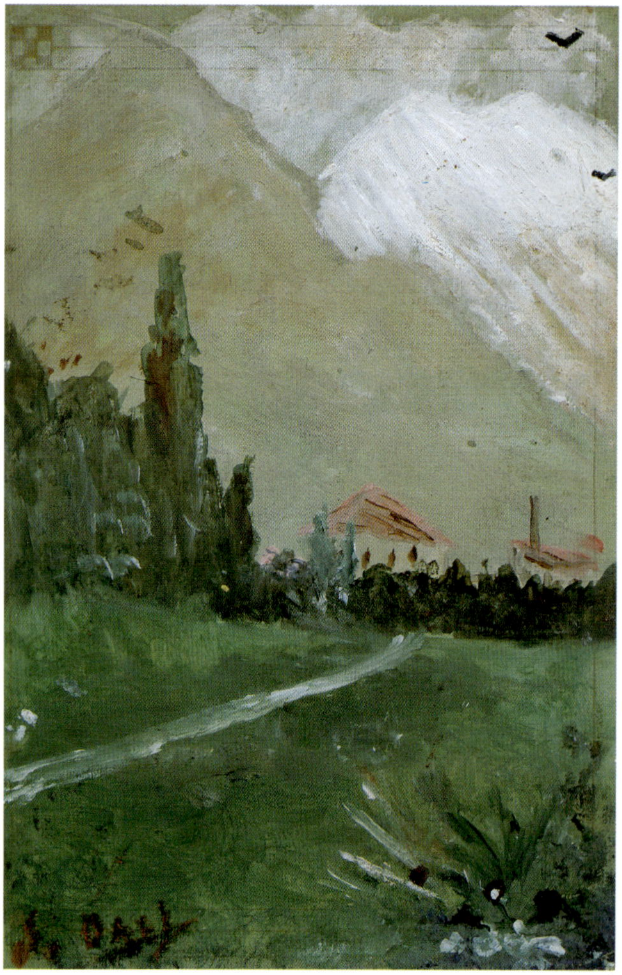

8

7 **Dalí op 6-jarige leeftijd**, 1910 ✰

8 **Landschap (Gezicht op de omgeving van Figueras)**, 1910 ❑
Paysage (Une vue des environs de Figueras)

9 **Vilabertrán**, 1913 ❑

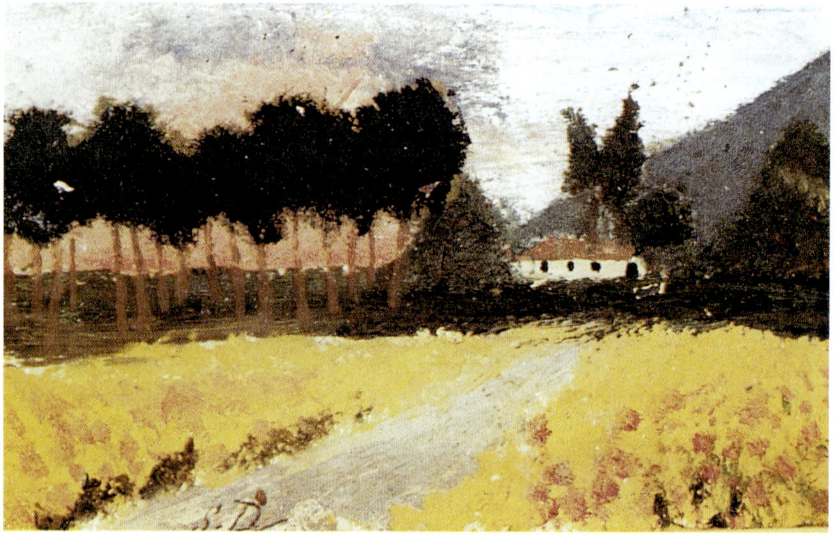

9

"Half engel, half dier", zoals Blaise Pascal het formuleerde, was Dalí zijn leven lang en in zijn gehele werk evenzeer bezeten van het seksuele als van zijn zoektocht naar het absolute: "Toen ik voor het eerst de geschoren oksel van een vrouw zag, zocht ik de hemel; toen ik met mijn kruk de vergane en van wormen wemelende resten van mijn egel omdraaide, zocht ik de hemel... Op het moment bezit ik hem geloof nog niet en ik vrees zonder hemel te moeten sterven." En hij gaat voort met zijn aanval: "Niet ik ben de clown, maar die monsterlijk cynische en zo onbewust naïeve maatschappij die het spel van de ernst speelt om haar gekte beter te verbergen. Want ik –ik kan het niet vaak genoeg herhalen– ben niet gek."

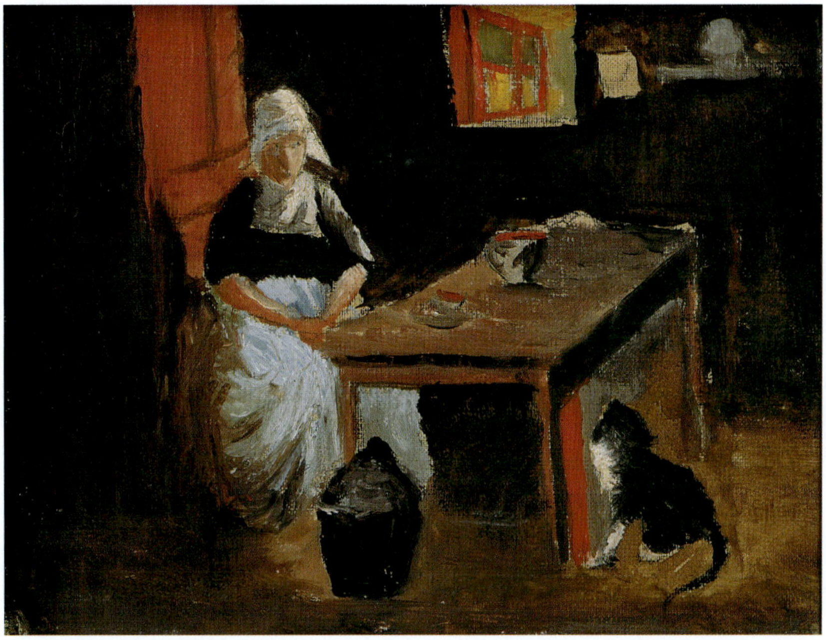

10

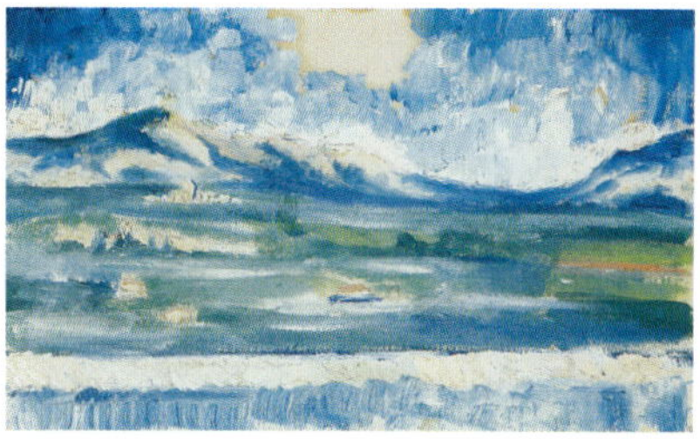

11

10 **Hollands interieur (kopie naar Manuel Benedito)**, 1914 ❑
Intérieur hollandais

11 **Landschap bij Ampurdán**, rond 1914 ❑
Paysage de l'Ampurdán

12 **Hoofd van Athene met cyste**, 1914 △
Tête d'Athena à la ciste

Kokkin of Napoleon

Op zesjarige leeftijd wilde Salvador kokkin worden en hij stond op de vrouwelijke vorm. Die wens staat in direct verband met een van de karakteristieken die de ware Catalaan uitmaken: "Ik weet wat ik eet. Ik weet niet wat ik doe." In dezelfde tijd schildert hij zijn eerste schilderij. Hij staat op de bladzijde hiernaast afgebeeld in zijn matrozenpakje naast zijn eerste geschilderde werk, een landschap. Op zijn zevende wilde hij het liefst Napoleon zijn. Hij kende de keizer uit de salon van zijn ouderlijk huis op de tweede verdieping, waar hij stond in de vorm van een houten potje waarin de maté zat die de familie 's middags tegen zes uur placht te drinken. "Die Napoleon met zijn trots van een Olympiër, met zijn witte en weldoorvoede buik, met zijn roze wangen met een keizerlijke glans en een zwarte, zwierig golvende hoed kwam precies overeen met de voorstelling die ik me van mezelf als koning had gemaakt... ook ik zoog die warme vloeistof op, die naar mijn smaak zoeter was dan honing, die honing die al zoeter is dan bloed. Mijn moeder, mijn bloed, was altijd aanwezig. Mijn verankering in de wereld verliep dus langs de triomferende weg van de mond en ik wilde het vocht van Napoleon slurpen... Mijn vurige wens naar een abrupte promotie van kokkin tot keizer kwam door die drinkbare Napoleon die zich aan mij openbaarde in de vorm van de maté."

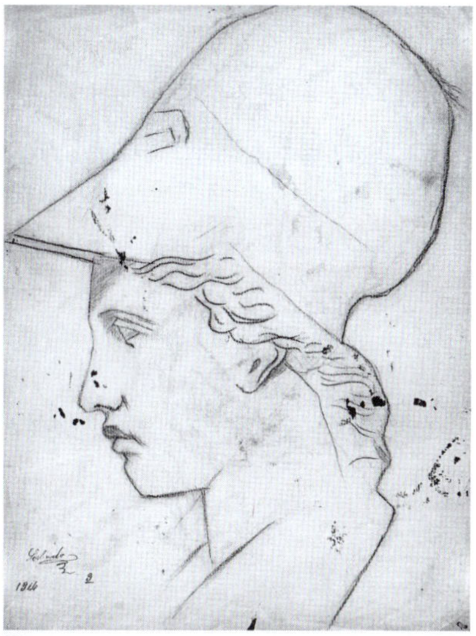

12

1914

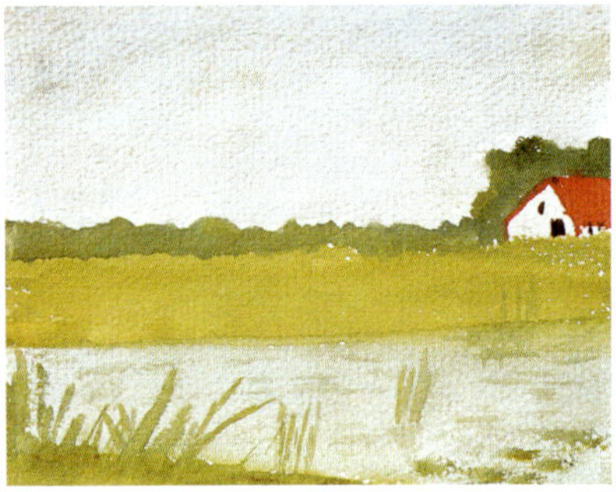

13

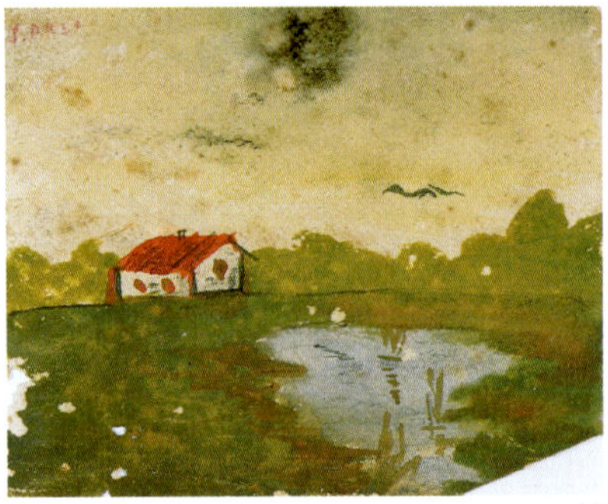

14

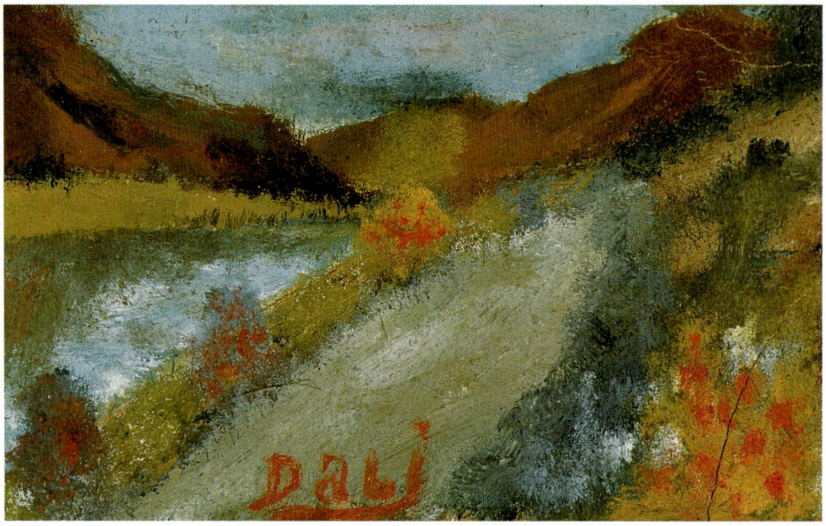

15

13 **Zonder titel – Landschap**, 1914 △
Sans titre – Paysage

14 **Zonder titel – Huis aan het meer**, 1914 △
Sans titre – Maison au bord du lac

15 **Landschap met rivier**, rond 1916 ❑
Paysage à la rivière

Sindsdien is zijn eerzucht steeds groter geworden, evenals zijn grootheidswaan: "Ik wil alleen nog maar Salvador Dalí zijn en verder niets..." Met Freud heeft Salvador zich onderhouden over zijn "baarmoederlijke herinneringen". Het zijn puur visuele herinneringen, maar tegelijk goddelijke. "Het was het paradijs..." Daaruit, beweert Dalí, stamt de verwarring en sterke aantrekking die hij zijn hele leven bij dit hallucinerende schilderij, *Spiegeleieren op het bord, zonder het bord* (blz. 184), zal voelen dat hij al voor zijn geboorte heeft gezien, "geweldig, fosforescerend en precies getekend in al zijn plooien en al zijn schakeringen van een licht blauwig wit".

Met zijn baarmoederlijke herinneringen legt Dalí het fundament voor de belangrijkste van zijn levenslange bezigheden: "Het lijkt erop dat de hele menselijke fantasie erop is gericht die oorspronkelijke paradijselijke toestand te herstellen door situaties en gelijkende voorstellingen uit te vinden. Bovendien zet ze alles op alles om het gruwelijke geboortetrauma te overwinnen waarmee we uit het paradijs zijn verdreven, doordat we op ruwe wijze vanuit een beschermende en gesloten omgeving in een wereld zijn beland die openstaat voor alle gevaren, kortom die vreselijk 'werkelijk' is."

Laat alle klokken luiden

Verdreven uit zijn baarmoederlijke paradijs, wordt Salvador Felipe Jacinto op 11 mei van het jaar 1904 geboren in de stad Figueras als wettige zoon van Don Salvador Dalí y Cusí uit Cadaqués, provincie Gerona, eenenveertig jaar oud, gehuwd, notaris met een vestiging in deze stad, Calle Monturiol 20 en zijn vrouw Doña Felipa Dome Domènech, dertig jaar oud, geboren in Barcelona. Deze gebeurtenis heeft grote gevolgen, evenals de plaats van zijn geboorte, want ook die zal in zijn werk op ondoorgrondelijke wijze opduiken: steeds weer is in zijn doeken zijn geliefde vlakte van Ampurdán te zien, voor hem het mooiste landschap ter wereld, het leidmotief van zijn vroege werk.

De Catalaanse kuststreek met haar onvergelijkbare mediterrane licht, van Cap Creus tot Estartit, waartussen Cadaqués ligt, levert het decor voor zijn beroemdste werken. In de door natuurgeweld gekliefde rotsen ligt de oorsprong van alle woekeringen waarvoor hij een voorliefde heeft: de fossiele objecten, de verstenigen en antropomorfe vormen die zijn werk beheersen. Sinds zijn vroegste schilderijen bestaat er nauwelijks een landschap of een portret of een abstracte compositie die niet wordt beheerst door het Catalaanse kustlandschap met zijn rotsen die op menselijke vormen lijken en waartegen de menselijke figuren een echo lij-

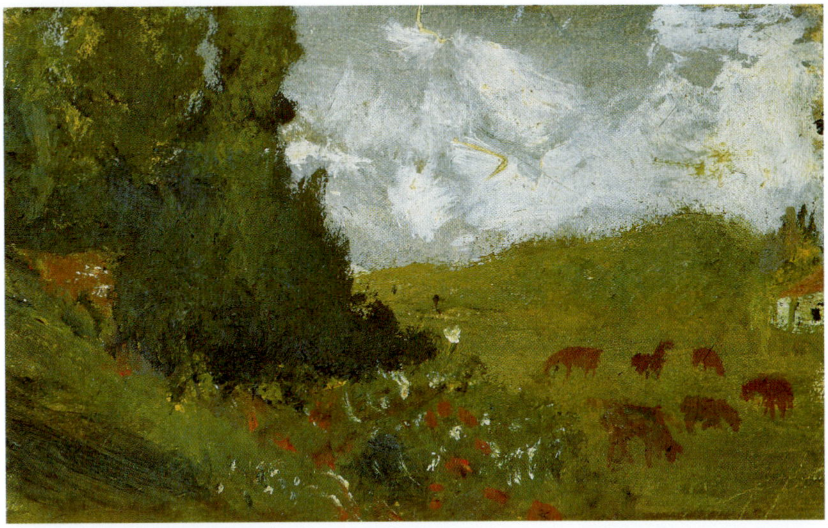

16

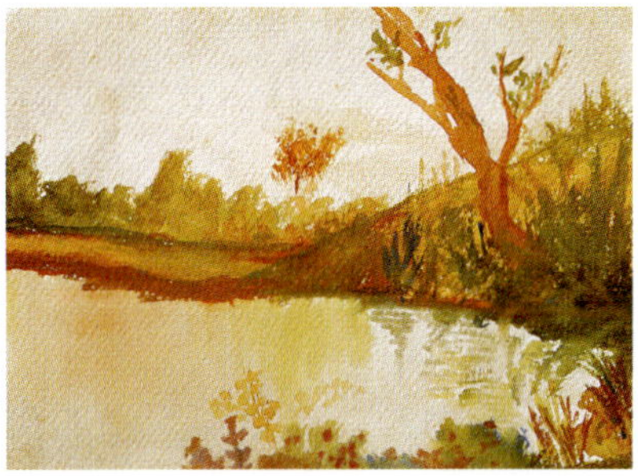

18

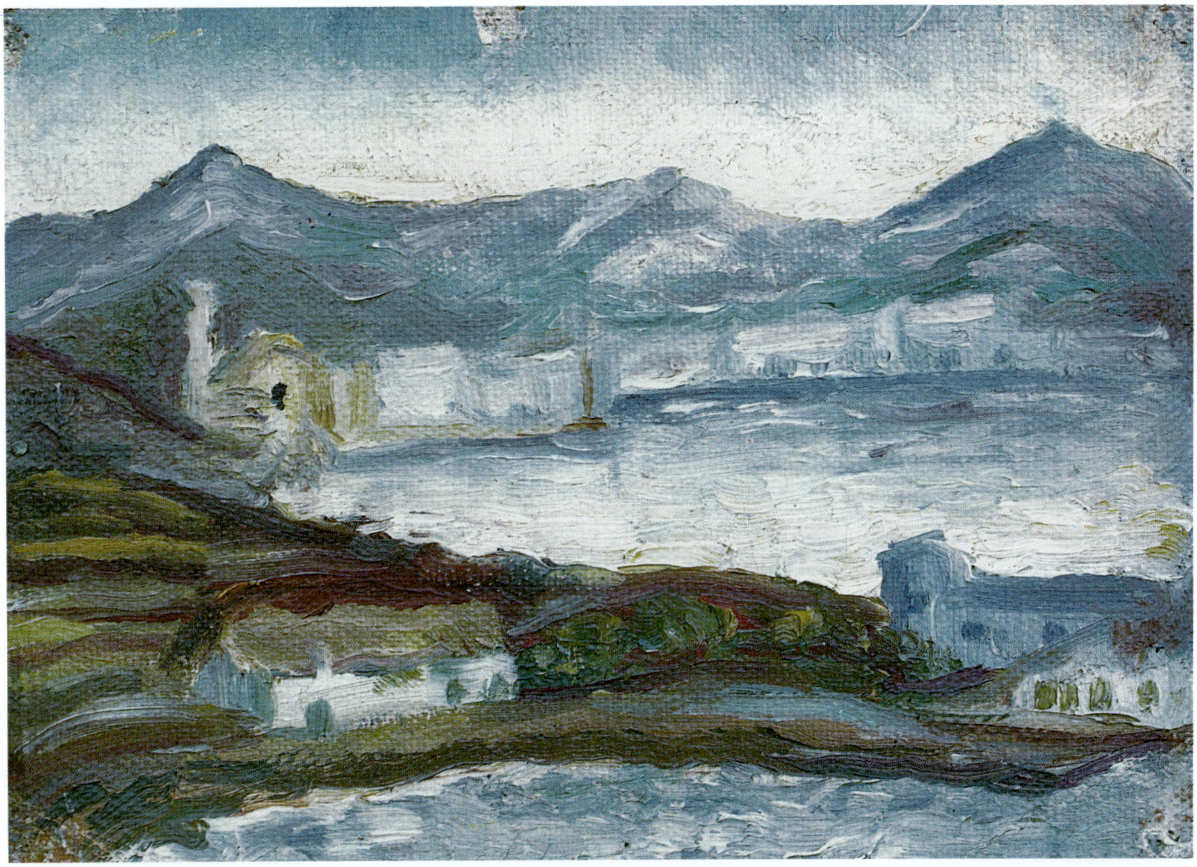

17

16 **Zonder titel – Landschap met dieren**, rond 1916 ❑
Sans titre – Paysage aux animaux

17 **Cadaqués**, rond 1917 ❑

18 **Zonder titel**, 1914 △
Sans titre

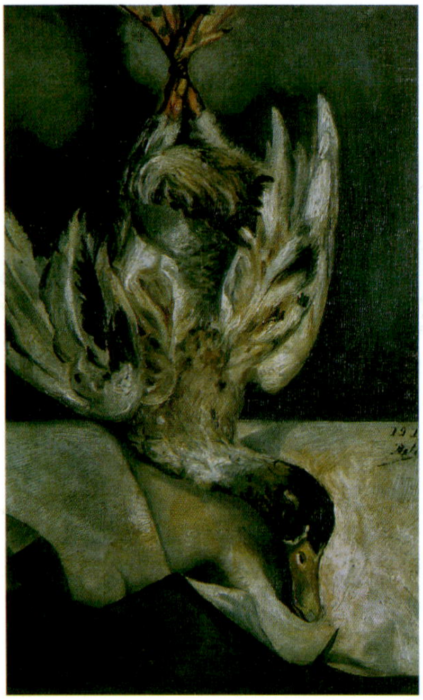

19

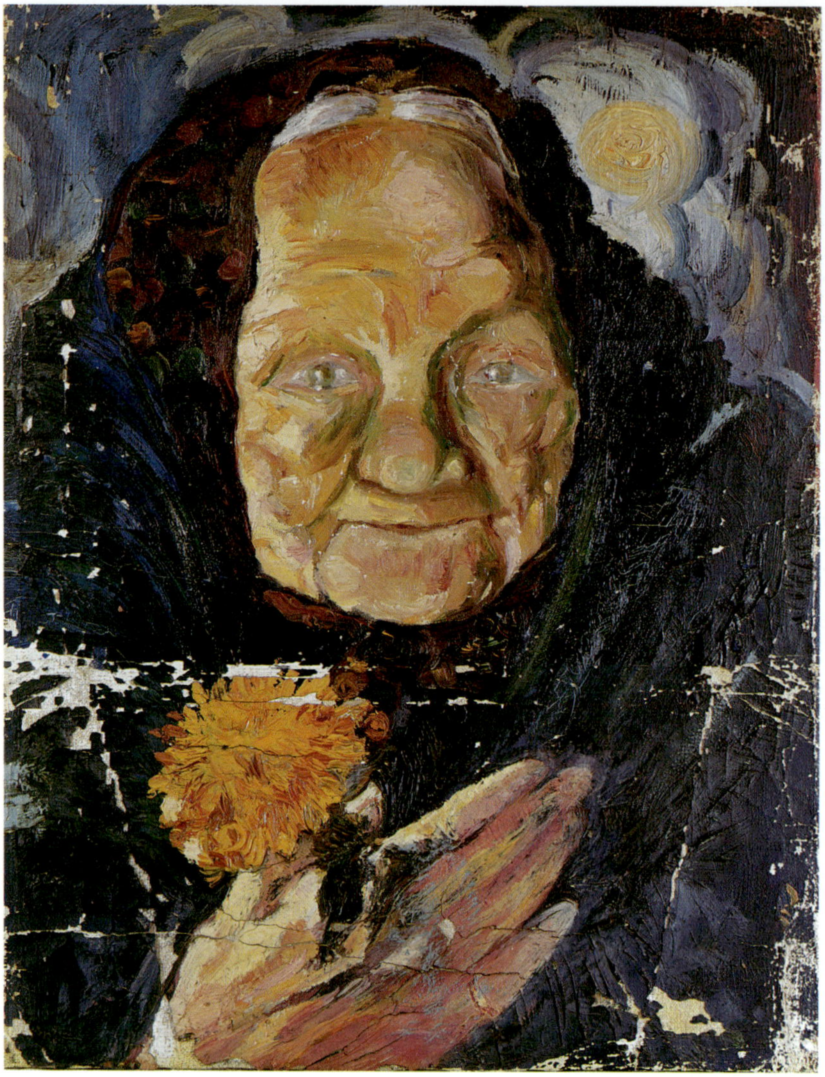

20

19 **Eend**, 1918 ❑
Canard (Pato)

20 **Portret van Lucia**, 1918 ❑
Portrait de Lucia

21 **Oude man in de schemering**, 1918 ❑
Vieillard crépusculaire

22 **Stilleven**, 1918 ❑
Nature morte

23 **Paar voor de vesting**, 1918-1921 △
Pareja delante del baluarte – Couple devant la forteresse

ken. Maar al die nachtmerries van Dalí zijn niet het gevolg van een aangeboren psychische onsamenhangendheid, maar komen voort uit heel reële gebeurtenissen en feiten, die hij heeft waargenomen en vervolgens in zijn geheugen heeft opgeslagen.

In 'Het geheime leven van Salvador Dalí' viert Dalí die gebeurtenis op zijn manier. "Laat alle klokken luiden! Laat de boven zijn akker gebogen boer zijn kromme rug rechten als een olijfboom die wordt geschud door de Tramontanawinden, opdat hij zijn wang in de welving van zijn eeltige hand kan leggen en een nobele, mediterende houding kan aannemen... Ziet! Zojuist werd Salvador Dalí geboren... op zo'n ochtend moeten de Grieken en Feniciërs in de baaien van Rosas en Ampurias zijn geland, om daar het bed van de beschaving en de schone en theatrale lakens van mijn geboorte klaar te leggen. Ze hebben zich midden in de vlakte van Ampurdán gevestigd, het concreetste en objectiefste landschap ter wereld."

Waarom hebben zijn ouders hem de voornaam Salvador gegeven? De reden ligt voor de hand: "Omdat hij was voorbestemd een 'redder' te worden, die de schilderkunst moest redden van de dodelijke bedreiging door de abstracte kunst, het academische Surrealisme, het Dadaïsme en alle chaotische '-ismen'."

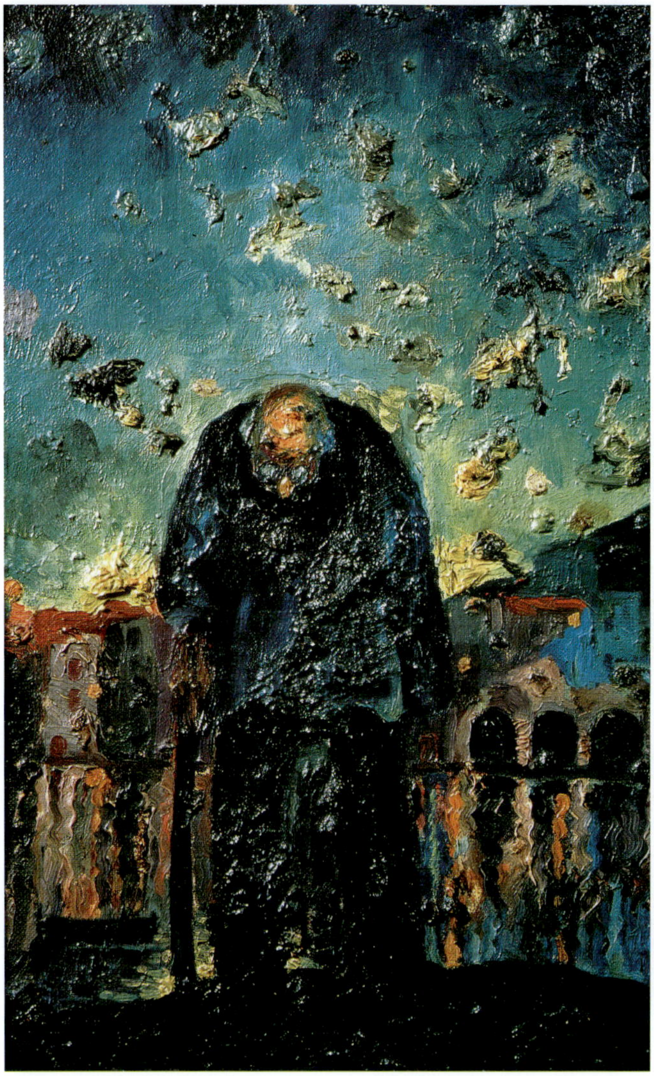

21

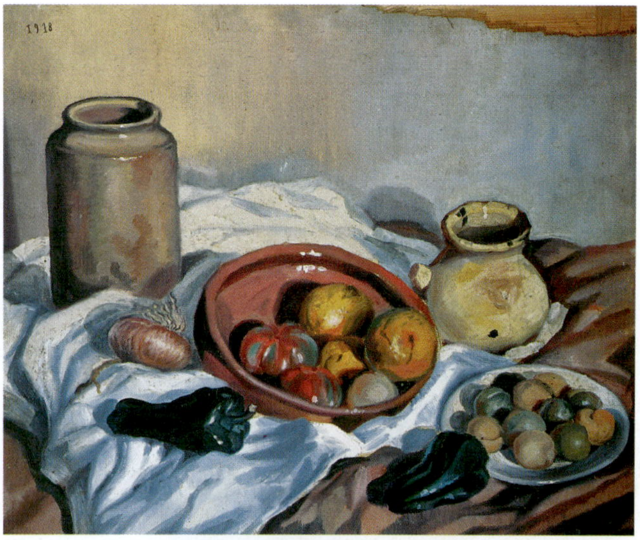

22

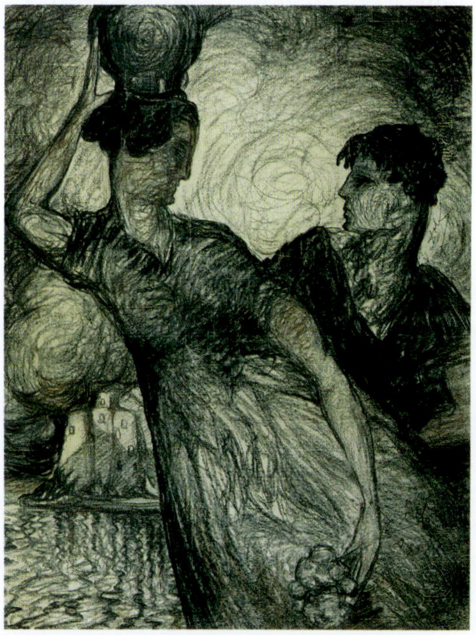

23

De anti-Faust

Dalí observeerde de dingen en wezens die hem omgaven onophoudelijk. Twee figuren valt het genot van zijn bijzondere aandacht ten deel: Lucia, zijn oude voedster, en zijn grootmoeder. Steeds weer hoort hij de verhalen van Lucia en bewondert hij de twee prachtige oudjes die hij omschrijft als de "eigenzinnigste, gerimpeldste en verfijndste die ik ooit heb gezien. De eerste had een enorme lichaamsomvang en deed aan een paus denken; de tweede was minuscuul en deed denken aan een spoel met wit garen. Ik verafgoodde de ouderdom!"

Al snel leert Dalí daaruit een filosofische les met omgekeerde rollen, waarvoor hij een zwak heeft, want bij hem gaat niets verloren, hij doet niets zomaar: dat zal hij later in zijn 'Geheime leven' als volgt verklaren: "Ik was –en ben het nog steeds– de levende incarnatie van de anti-Faust. Ongelukkige Faust, die, nadat hij al de hoogste van alle wetenschappen had bereikt, die van de ouderdom, zijn ziel verkocht om zijn voorhoofd glad te strijken en de vleselijke jeugd terug te krijgen! Op mijn voorhoofd mogen ze met het brandijzer van mijn leven een labyrint van rimpels branden, dat mijn haar grijs wordt en mijn gang onvast, als ik

1918

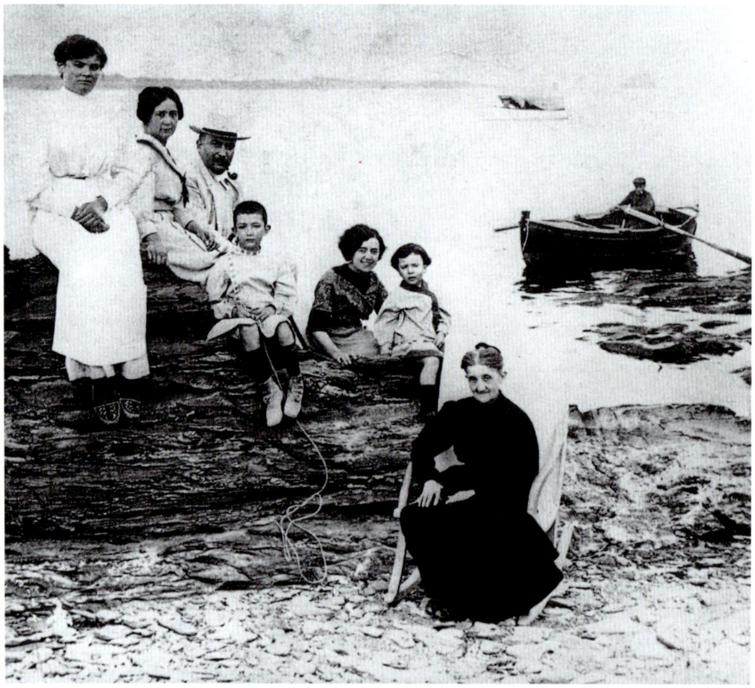

24

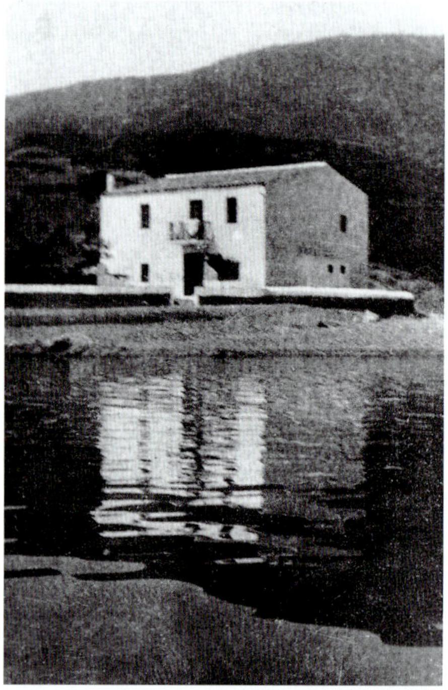

25

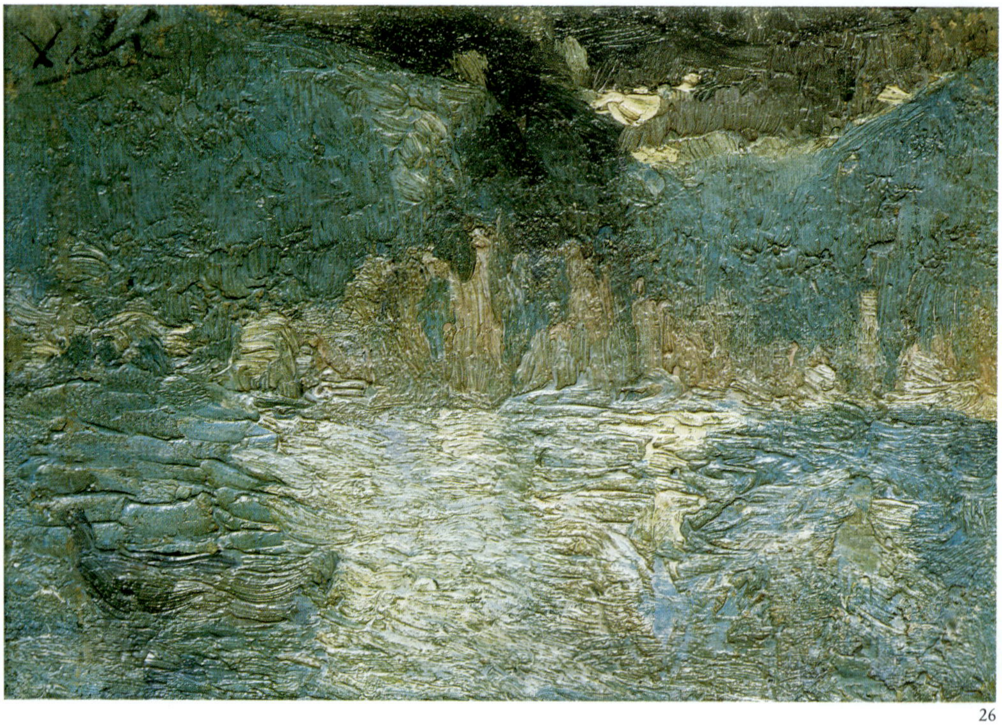

26

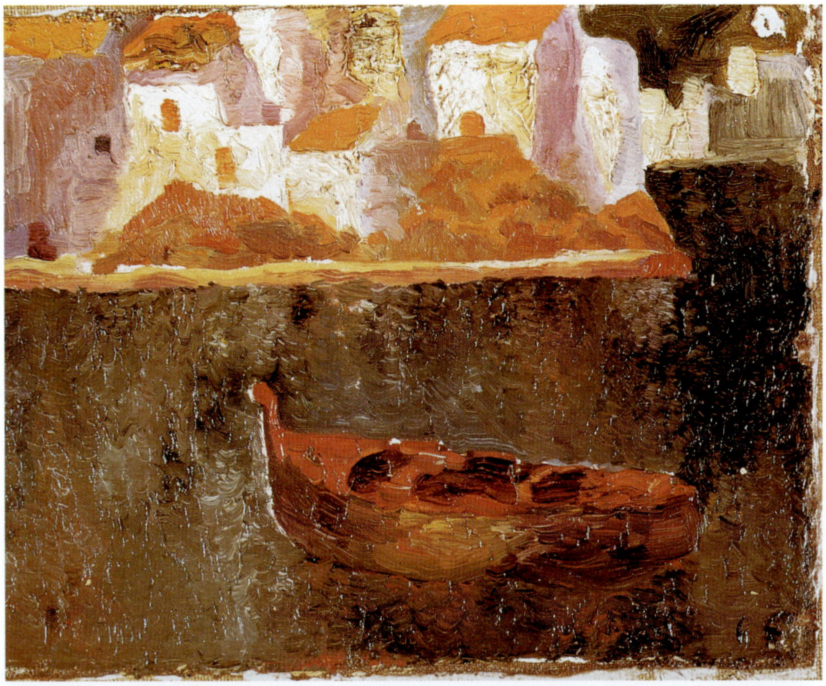

27

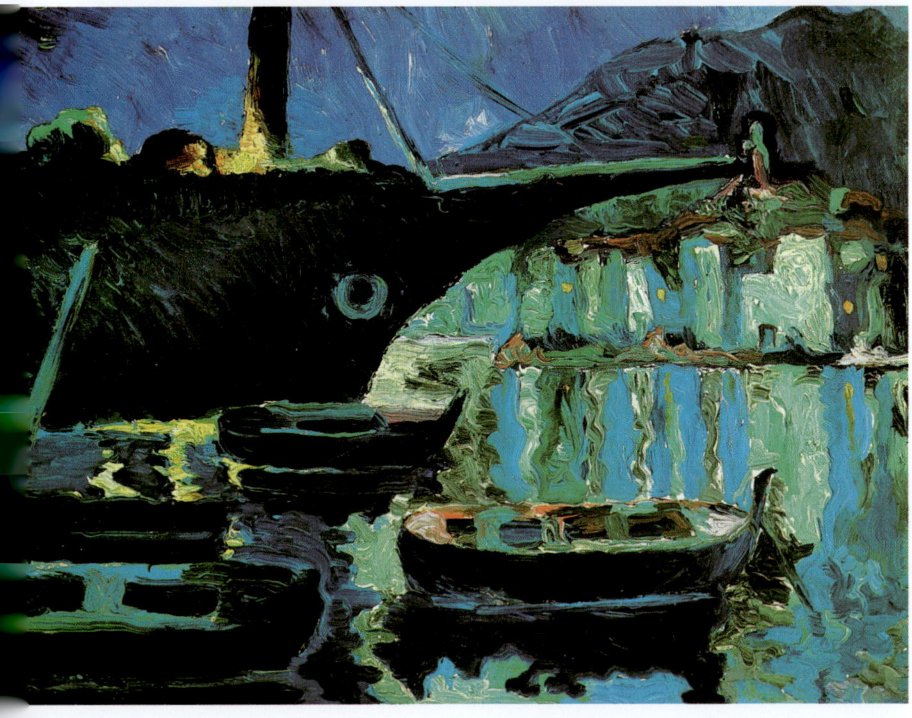

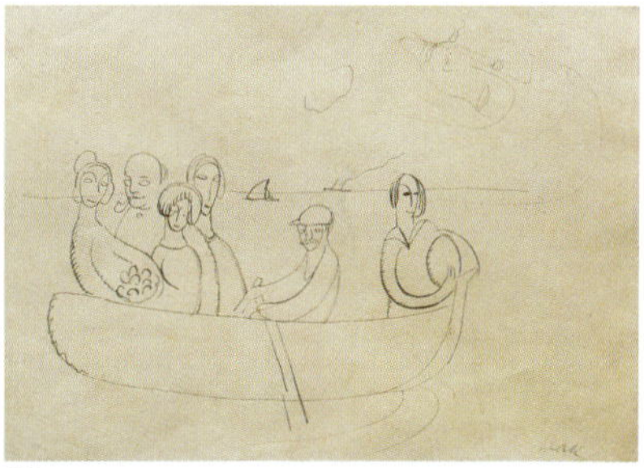

29

24 **De familie Dalí voor hun huis op de rotsen aan het strand van Llané. V.l.n.r.: tante María Teresa; moeder en vader van de kunstenaar; Salvador Dalí; Tieta, de zus van de moeder die na haar dood met de notaris zal trouwen; Ana María, Salvadors zus, en grootmoeder Ana. In de boot staat El Beti, de visser die voor de boten van de familie zorgt.** ✫

25 **Het huis van de familie Dalí in Cadaqués aan het strand van Llané,** rond 1910 ✫

26 **Zeestuk**, 1918-1919 ❑
Marine

27 **Punta es Baluard de la Riba d'en Pitxot, Cadaqués**, 1918-1919 ❑

28 **De haven van Cadaqués bij nacht**, 1919 ❑
Port de Cadaqués, de nuit

29 **Familie in de boot**, rond 1923 △
Famille en bateau

de intelligentie van mijn ziel maar red, als ik maar alles begrijp wat de anderen me niet kunnen leren, wat enkel en alleen het leven als spoor in mij kan intekenen! In elke rimpel van Lucia of mijn grootmoeder las ik die macht van de onuitputtelijke wijsheid die erin gegraveerd was door de pijnlijke som van alle ondergane vreugden."

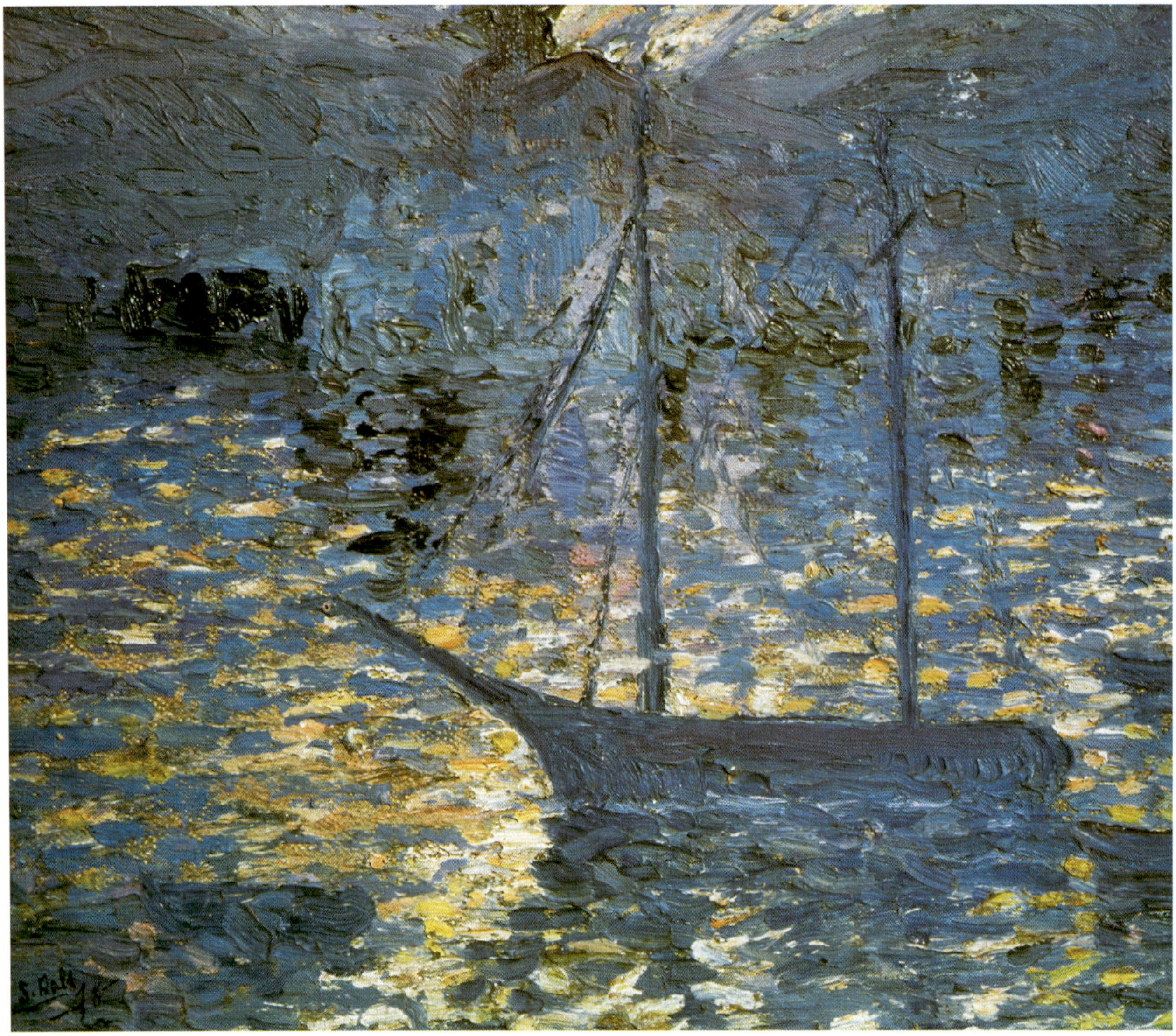

30

30 **Schip (Handelszeilschip gaat in de baai van Cadaqués voor anker)**, rond 1919 ❑
Bateau (Voilier de commerce au mouillage dans la baie de Cadaqués)

De kristallen stop

Op tienjarige leeftijd ontdekte Dalí de impressionistische schilderkunst, op zijn veertiende de academische genreschilderkunst van de 19e eeuw, de zogenaamde pompiers. Als ze hem een tekenleraar willen geven, verzet hij zich: "Nee! Ik wil geen tekenleraar. Ik ben een impressionistische schilder." Hij begrijpt de betekenis van het woord impressionistisch weliswaar niet, maar zijn antwoord lijkt hem logisch. Dat brengt echter gelach teweeg: "Moet je dat kind zien, de zelfverzekerdheid waarmee het verklaart impressionist te zijn!"

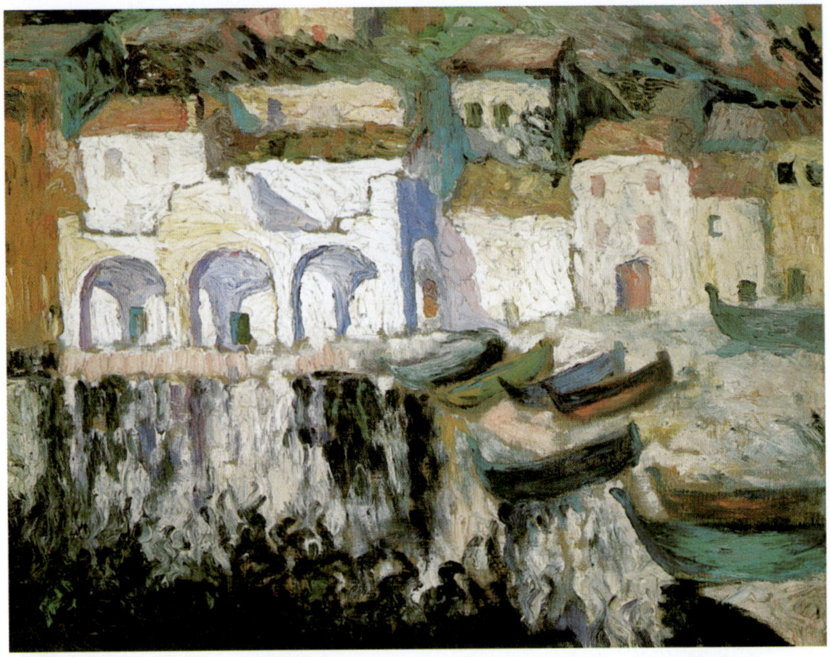

31

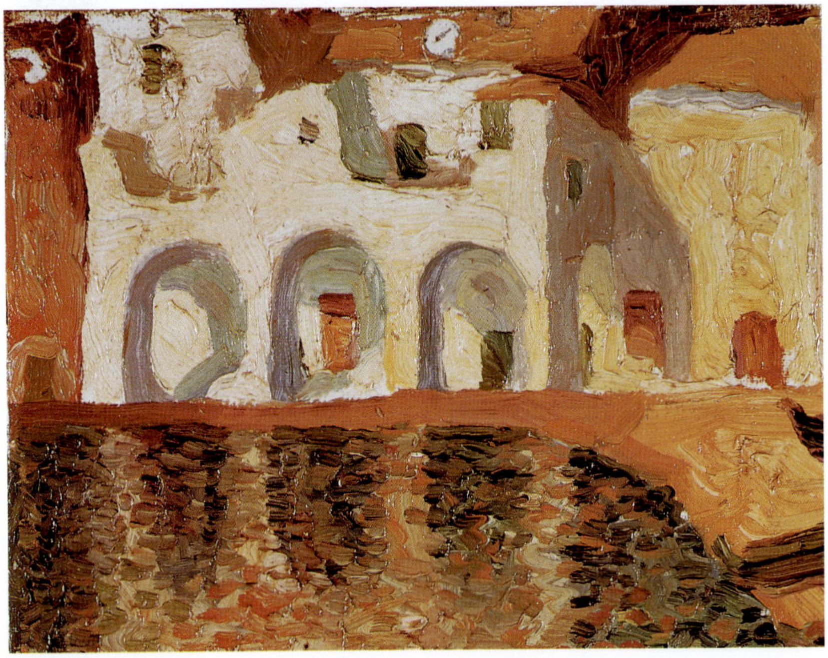

32

Maar omdat Dalí een zorgvuldige analist van zijn eigen ik is, zal hij in de periode erna de logica van zijn weg beschrijven. Rond het ontbijt laat hij allerlei schilderijen op zich inwerken –zoals hij later in zijn klaslokaal de kalender van de posterijen zal bekijken waarop het doek *Bij het luiden van het angelus* van Millet is afgebeeld– die de muren van zijn ouderlijk huis bedekken, vooral olieverfschilderijen van de hand van Ramón, een lid van de familie Pichot, die naast hen woont en een echte kunstenaarsfamilie is.

Ramón Pichot (1872-1925) werkte destijds in Parijs. Rond 1900 hoorde hij bij het gevolg van Picasso en in 1905 exposeerde hij met de fauvisten op de

31 **Gezicht op Port Dogué (Port Alguer), Cadaqués**, 1918-1919 ❑
Vue de Port Dogué (Port Alguer), Cadaqués

32 **Port Dogué, Cadaqués**, 1918-1919 ❑

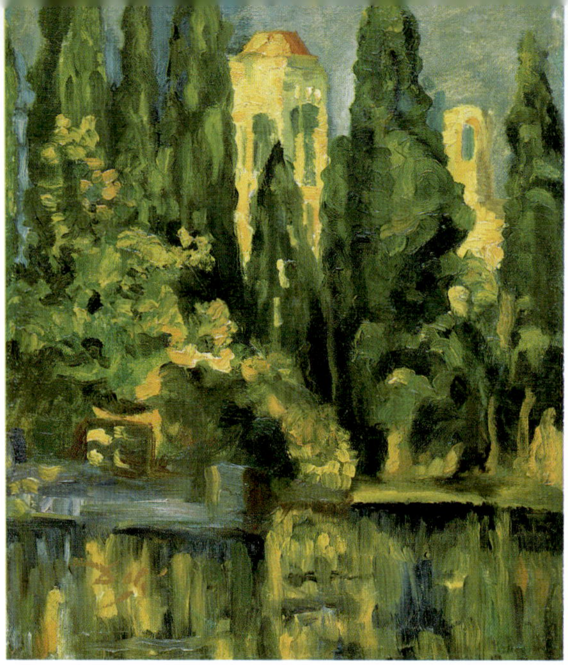

33

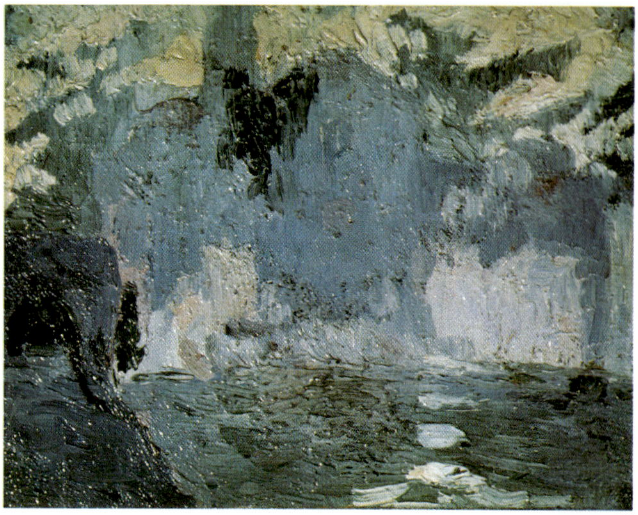

35

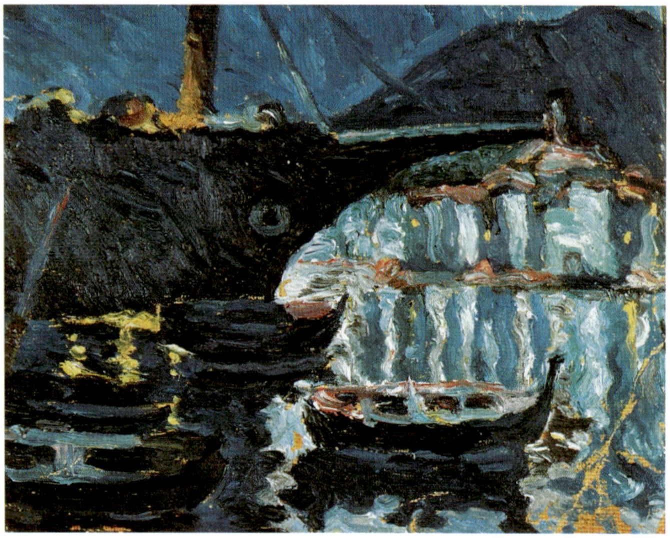

34

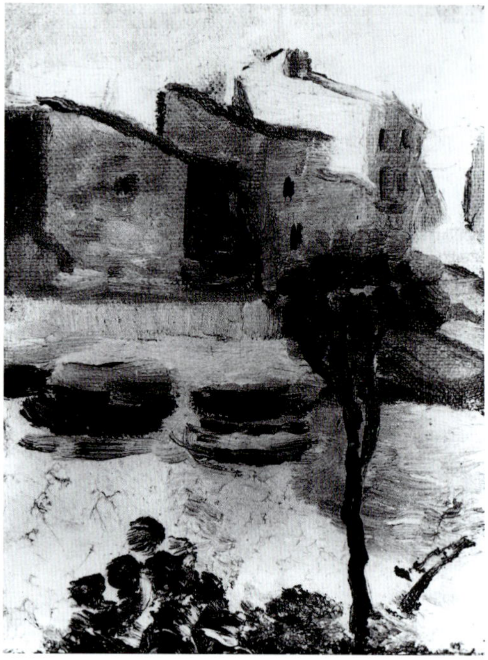

36

1919

33 **De kerktoren van Vilabertrán,** 1918-1919 ❑
Le clocher de Vilabertrán

34 **De haven van Cadaqués,** rond 1919 ❑
Port de Cadaqués

35 **Playa Port Alguer de la Riba d'en Pitxot,** 1918-1919 ❑

36 **Strand van Llané, Cadaqués,** 1919 ❑
Plage du Llané, Cadaqués

Herfstsalon van Parijs. Zijn doeken doen in hun werkwijze aan Toulouse-Lautrec denken. Naar aanleiding van zijn tentoonstelling in Parijs in 1910 schrijft Guillaume Apollinaire in zijn 'Chronique d'art': "Ramón Pichot behoort tot het Zevengesternte van Spaanse schilders die in Parijs de traditie van schilders als Goya, en zelfs Velázquez, voortzetten; hij behoort, net als Pablo Picasso, tot de degenen die op basis van hun verheven en sterke cultuur hun genie hebben verlegd naar de beeldende kunst op haar hoogste niveau en werk tot stand brengen dat een steeds grotere invloed in de wereld zal krijgen. Hij is zeker vergelijkbaar met Zuloaga, wiens realistische opmerkingsgave en virtuositeit niet zo snel te evenaren zijn. Vooral in zijn prachtige kleurenetsen laat Ramón Pichot zien dat hij uit de Spaanse school komt. Het zijn zigeuners, oude matrozen, waaiers en granaatappelbloesems." Al deze thema's, die Pichot op zijn eigen manier behandelt, zijn later terug te vinden bij Salvador, die graag toegeeft: "De erotiek van die literaire

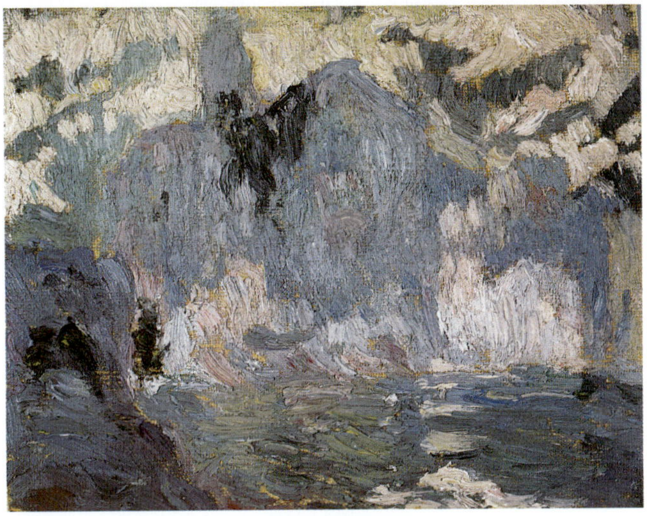
37

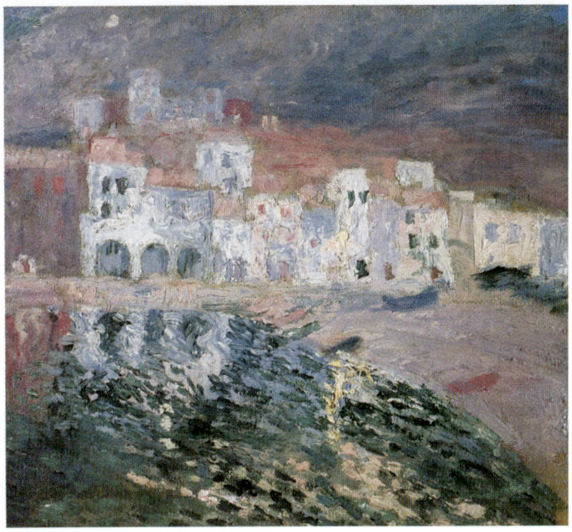
39

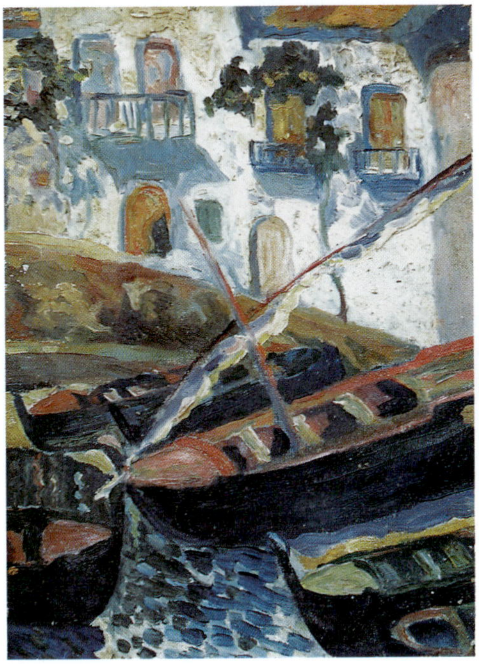
38

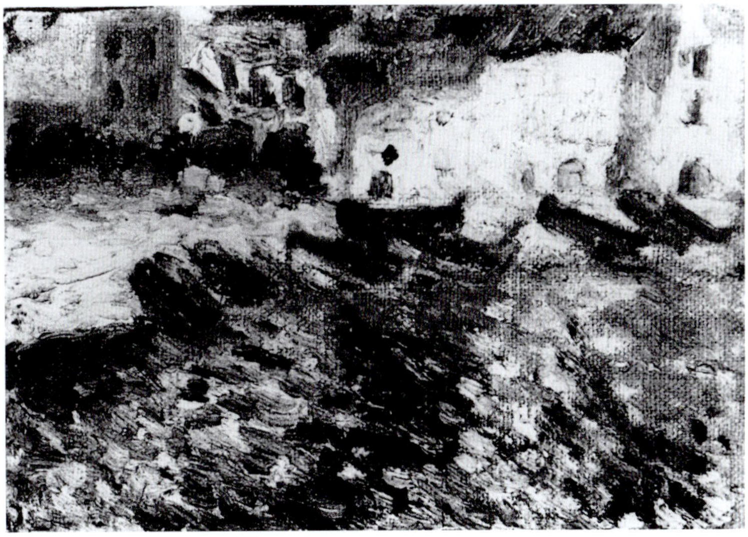
40

toespelingen in 19e-eeuwse stijl brandde in mijn keel als een druppel Armagnac die in het verkeerde keelgat is geschoten. Ik herinner me vooral een cabaretdanseres die haar toilet maakte: ze had een gezichtsuitdrukking van ziekelijke perversiteit en rood haar onder haar oksels."

Het Impressionisme is inderdaad de schilderschool die naar Dalí's eigen zeggen aan het begin van zijn schildersleven de sterkste 'impressie' op hem heeft gemaakt. Ze betekende voor hem het eerste contact met de esthetiek, waarnaar hij altijd zou zoeken, dat wil zeggen, naar een anti-academische en revolutionaire. "Mijn twee ogen waren niet voldoende om al die dikke en vormloze verftoetsen waar te nemen die op hoogst grillige wijze het linnen verheerlijkten, totdat je een meter achteruitliep of met je ogen knipperde en als door een wonder de vormen zich verduidelijkten tot de meest tumultueuze aanzichten. De lucht, de afstand, een moment van licht, de hele wereld kwam te voorschijn uit de chaos..."

37 **Gezicht vanaf Riba d'en Pitxot op de kerk van Cadaqués en het strand van Port Alguer**, 1919-1920 ❑
L'église de Cadaqués et la plage de Port Alguer vues de la Riba d'en Pitxot

38 **Calá Pianc**, rond 1919 ❑

39 **Port Alguer**, 1919-1920 ❑

40 **Port Dogué – Cadaqués**, 1919 ❑

1919

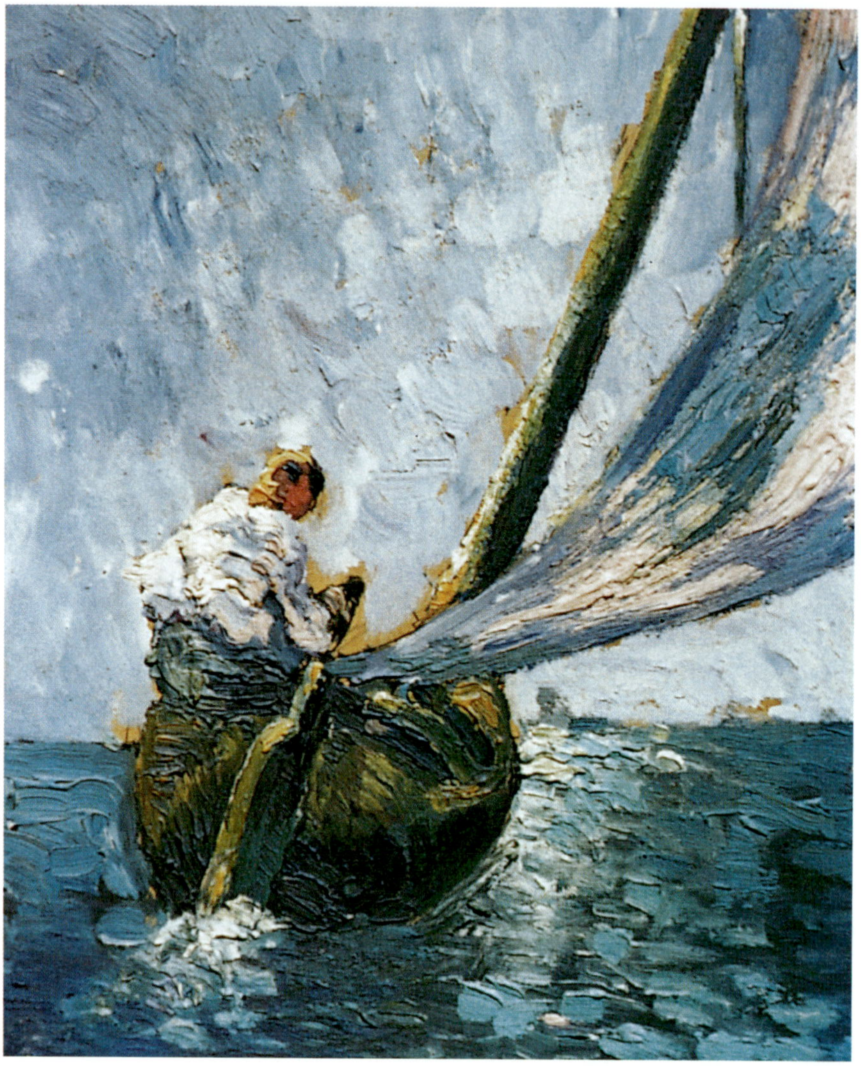

41

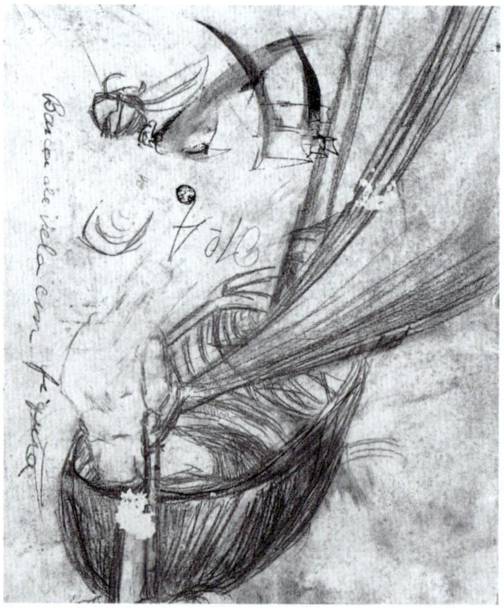

42

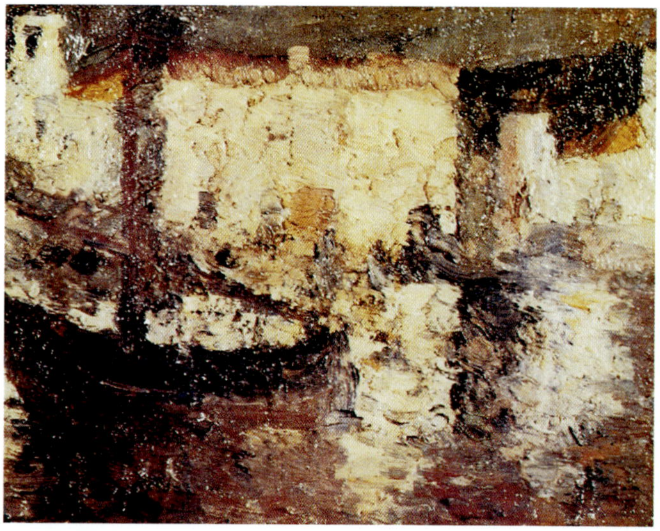

43

Om het Impressionisme opnieuw uit te vinden, heeft Dalí een hulpmiddel gevonden, een truc, heeft hij een instrument gemaakt. In de eetkamer ontdekte hij een kennelijk nutteloos geworden kristallen stop van een karaf. Als hij er doorheen keek, zag alles er impressionistisch uit. Die stop draagt hij in het vervolg altijd bij zich. Hij heeft hem in zijn zak en haalt hem bij elke gelegenheid te voorschijn om de dingen te bekijken "vanuit een impressionistisch perspectief". Want de schilderijen die zijn grootste bewondering opriepen, waren die waarin het Impressionisme zich van zijn grootste vrijheid, de pointillistische techniek, bedient. "Het bewust naast elkaar zetten van paars en oranje bewerkstelligde bij

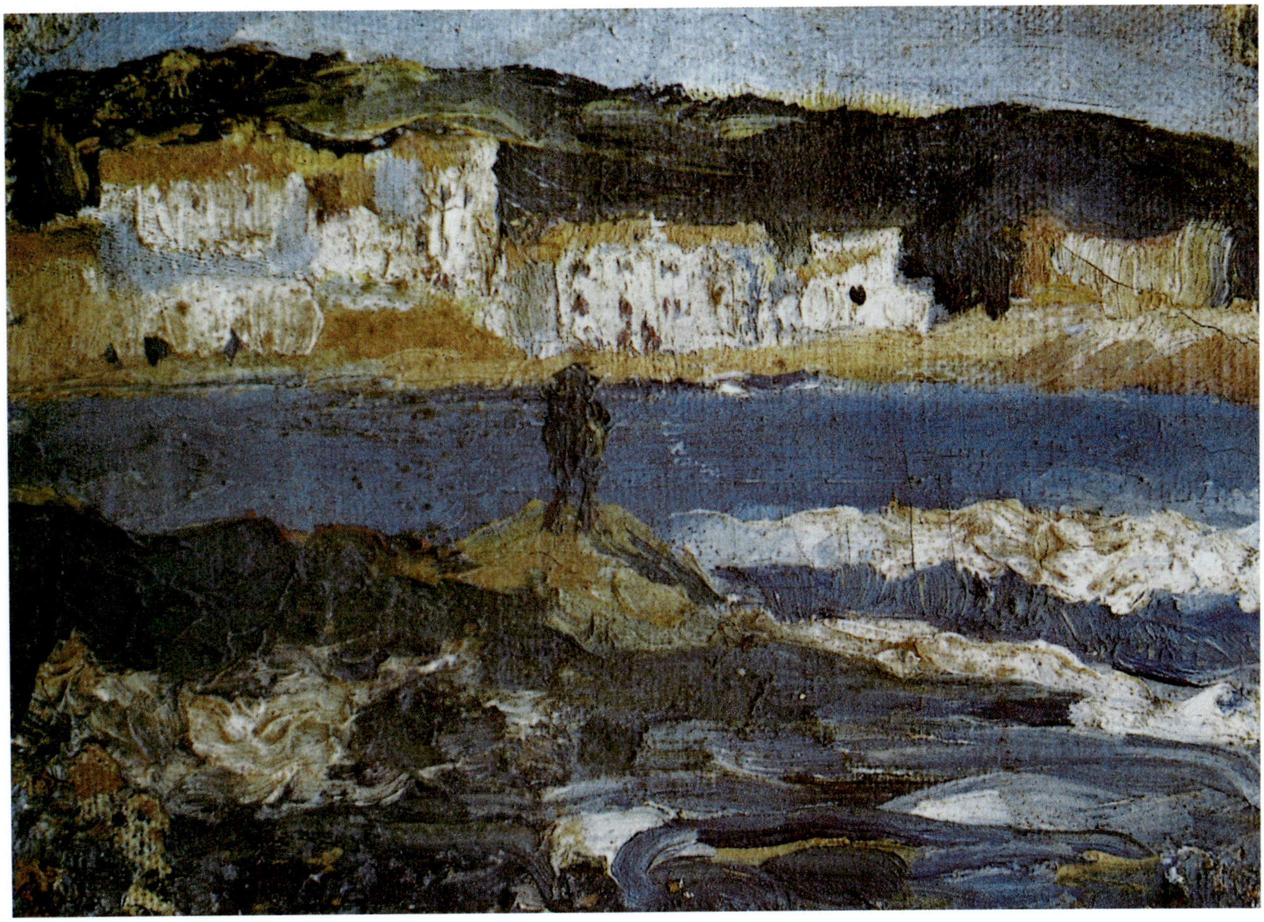

44

mij een soort illusie en sentimentele vrolijkheid die ik op dezelfde manier onderging als wanneer ik de dingen door een prisma bekeek, zodat ze in de kleuren van de regenboog gekleurd werden."

In 1918 voegt zich bij Dalí's bewondering voor de impressionisten de ontdekking van de academische schilders, de 'pompiers', van wie hij vooral Mariano Fortuny waardeert (1838-1874). Die schilder heeft een reusachtig œuvre nagelaten, waaronder *De slag bij Tetuán*, waarmee hij niet alleen beroemd werd, maar dat hem ook de bewondering van de Franse auteur Théophile Gautier opleverde, vriendschap met de graficus Meissonier en verering door Dalí, die die zijn leven lang behoudt en die zo ver gaat dat hij later zijn eigen versie van *De slag bij Tetuán* schildert.

Die periode –tijdens de oorlog van 1914-1918– is voor Dalí uiterst bevredigend. De neutraliteit van Spanje heeft het land euforie en welvaart bezorgd.

41 **De tartaan 'El Son'** (**De kunstenaar aan het roer van 'El Son'**), 1919 ❑
La tartane 'El Son' (L'artiste à la barre d'"El Son')

42 **Zeilboot met figuur. Studie voor 'De tartaan El Son'**, 1919 △
Barca de vela con figura

43 **Es Poal – Pianque**, 1919-1920 ❑

44 **Landschap**, 1919-1920 ❑
Paysage

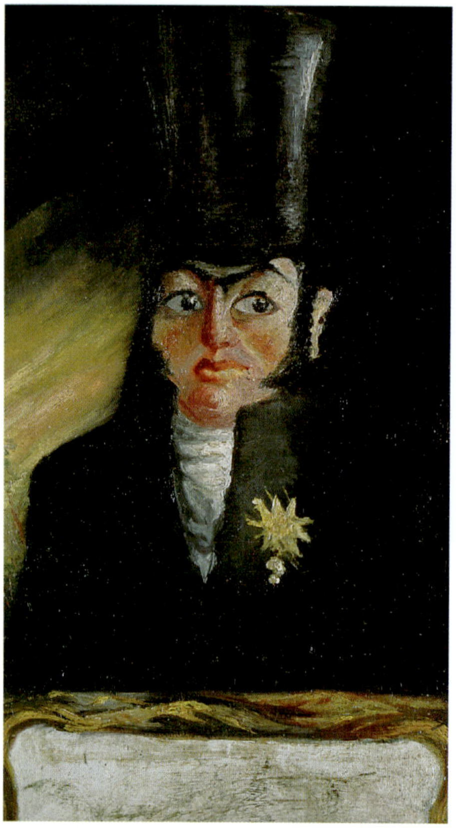

45

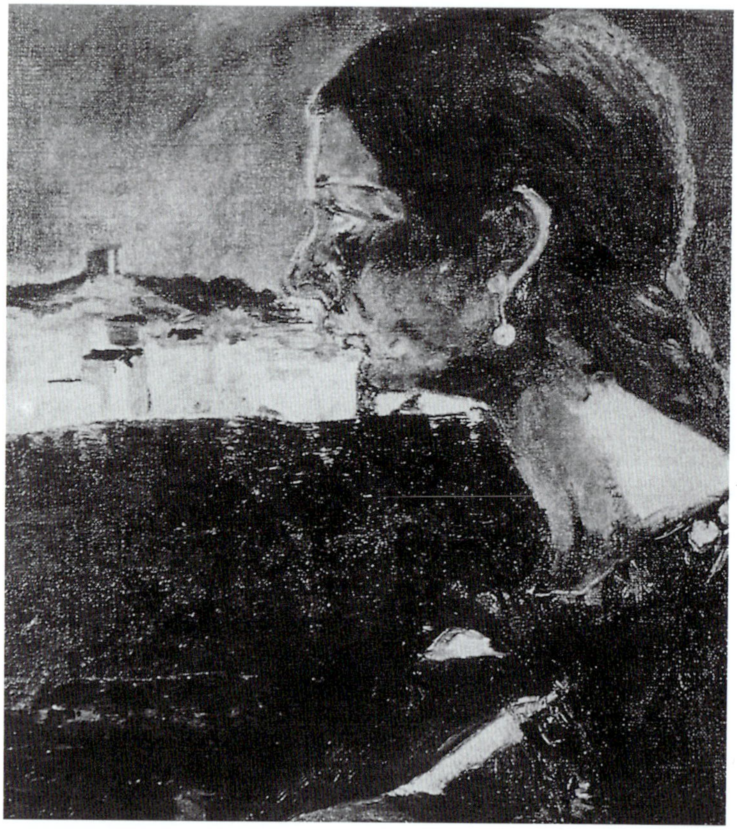

46

45 **Portret van een zekere meneer Pancrace**, rond 1919 ❑
Retrat del senyor Pancraci – Portrait du sieur Pancrace

46 **Mijn nicht Montserrat**, 1919-1920 ❑
Ma cousine Montserrat

47 **Zelfportret in het atelier**, rond 1919 ❑
Autoportrait dans l'atelier

Overal wordt feest gevierd, men danst de tango en sardana en men zingt Duitse liederen onder gitaarbegeleiding. Aangezien Salvador helemaal geen zin heeft om te leren en zijn leraren als "idioten" betitelt, verricht hij op school tot dan toe bepaald geen wonder. De schilderkunst interesseert hem veel meer dan het onderwijs bij de maristen in Figueras. Al in 1918 exposeert hij met andere kunstenaars in het Teatro Municipal van zijn woonplaats. Daarnaast schrijft hij regelmatig columns over kunst in het tijdschrift 'Studie', dat wordt uitgegeven door het Instituto de Figueras. Daarin houdt hij lofredes op de door hem vereerde kunstenaars Michelangelo, El Greco, Velázquez, Dürer, Goya en Leonardo da Vinci. Ook al vertonen die eerste pogingen van de zeer jonge man nog gebreken, toch is aan de vijftienjarige al te herkennen dat zijn denksysteem ver ontwikkeld is, vooral waar het zijn eigen 'métier' betreft.

Zo schrijft hij over Velázquez, die voor hem de schilder aller schilders belichaamt: "Onze schilder had ook een buitengewoon goede techniek en presenteerde ons zijn werk met een onbetwiste ernst, zoals uit zijn genredoeken, bijvoorbeeld *Las meninas* en *De spinsters*, blijkt, waarmee hij een bewonderenswaardige en onovertroffen vaardigheid bewijst. Het verfgebruik en de plaatsing van de kleuren lijken soms haast impressionistisch. Velázquez moet worden gezien als een van de grootste, misschien wel de grootste, Spaanse schilders en als een van de beste kunstenaars ter wereld."

Zo verheven als Dalí zich altijd voelde boven zijn tijdgenoten, zo deemoedig en klein voelde hij zich tegenover de beroemde kunstzinnige voorgangers die hij bewonderde. In zijn 'Geheime leven' bekent hij: "Als ik naar het verleden kijk,

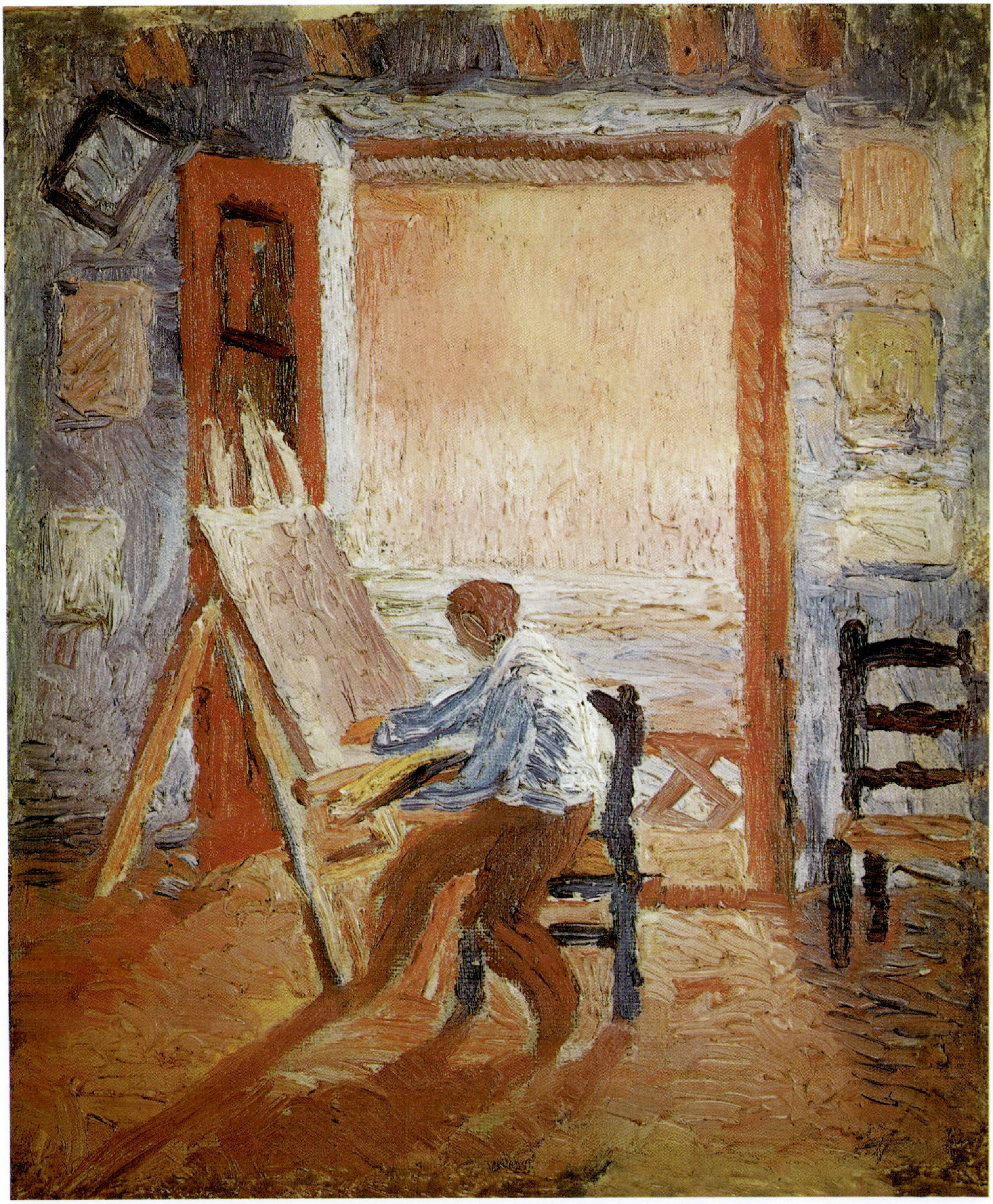

47

1919

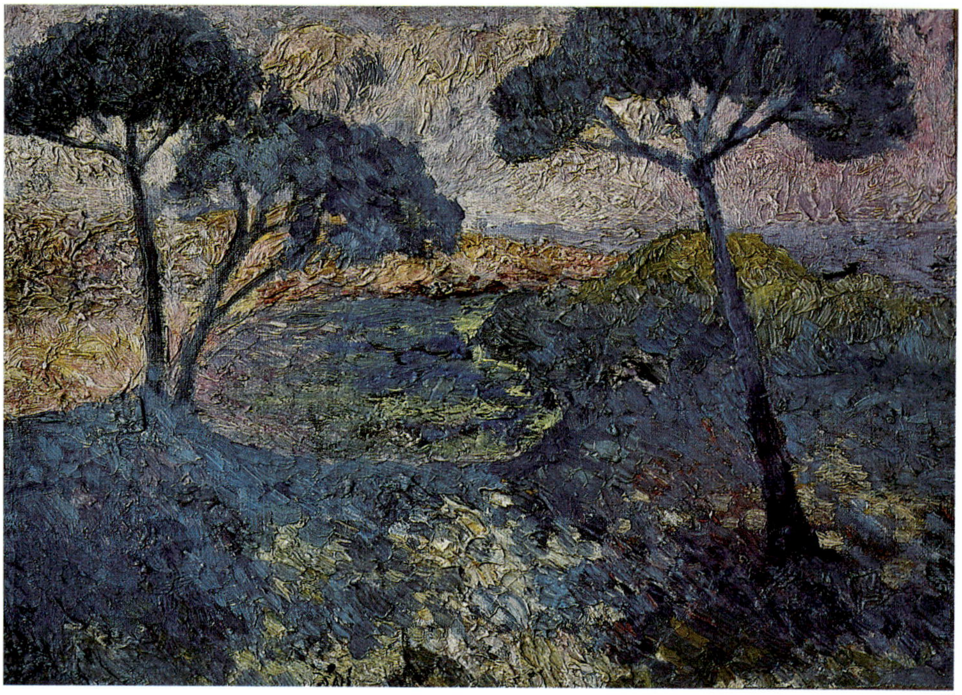

48

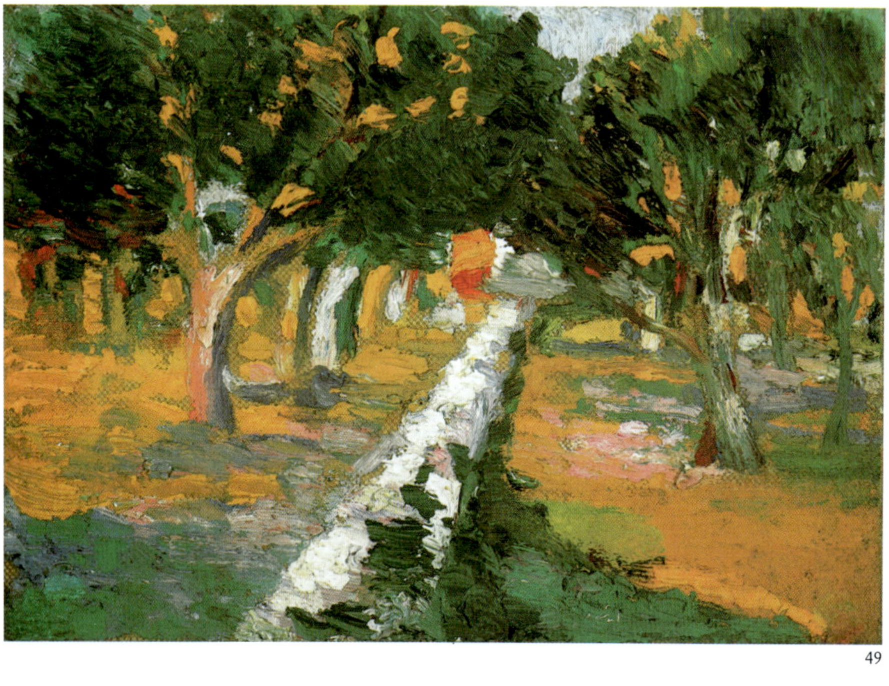

49

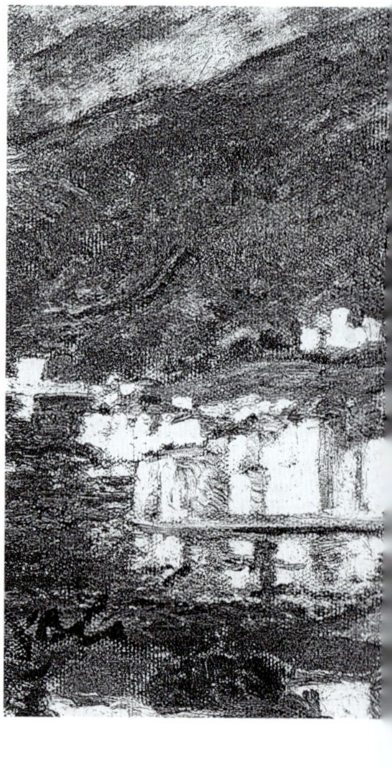

48 **De drie pijnbomen**, rond 1919 ❑
Les trois pins

49 **Cadaqués – Tuin van Llané**, 1919-1920 ❑
Cadaqués – La horta del Llané

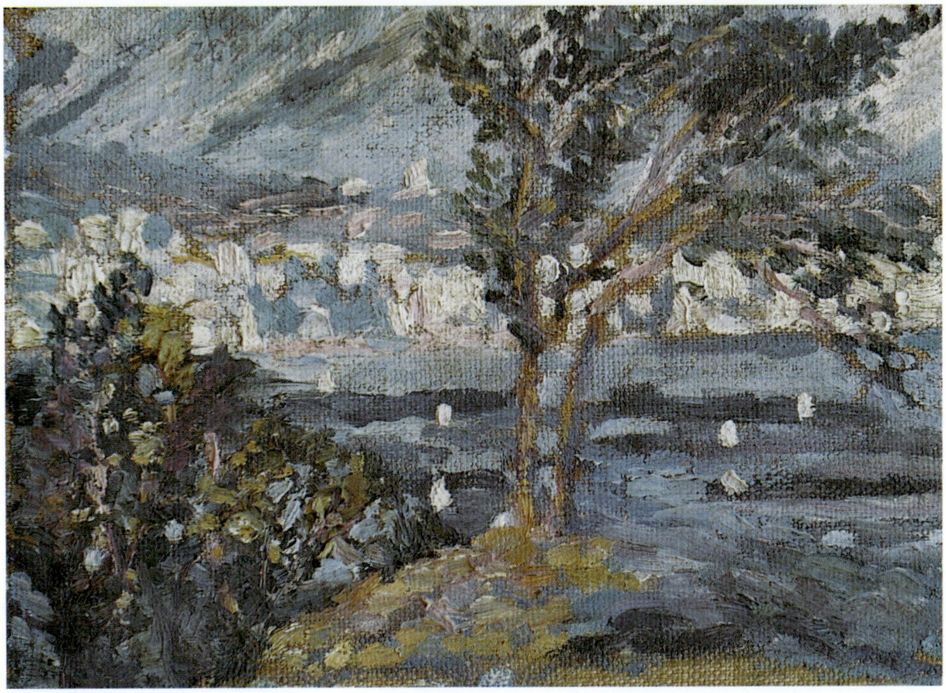

50

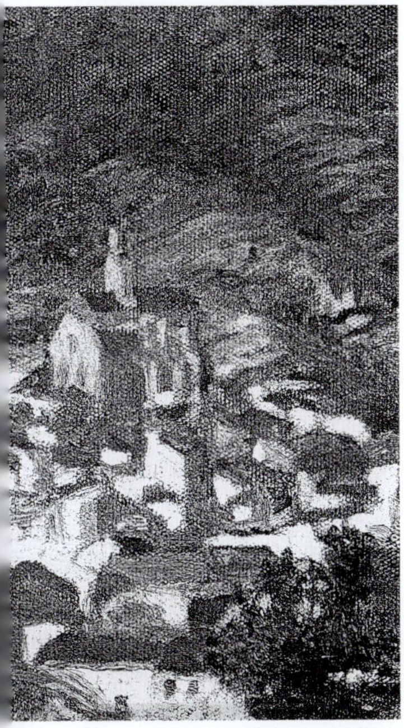

51

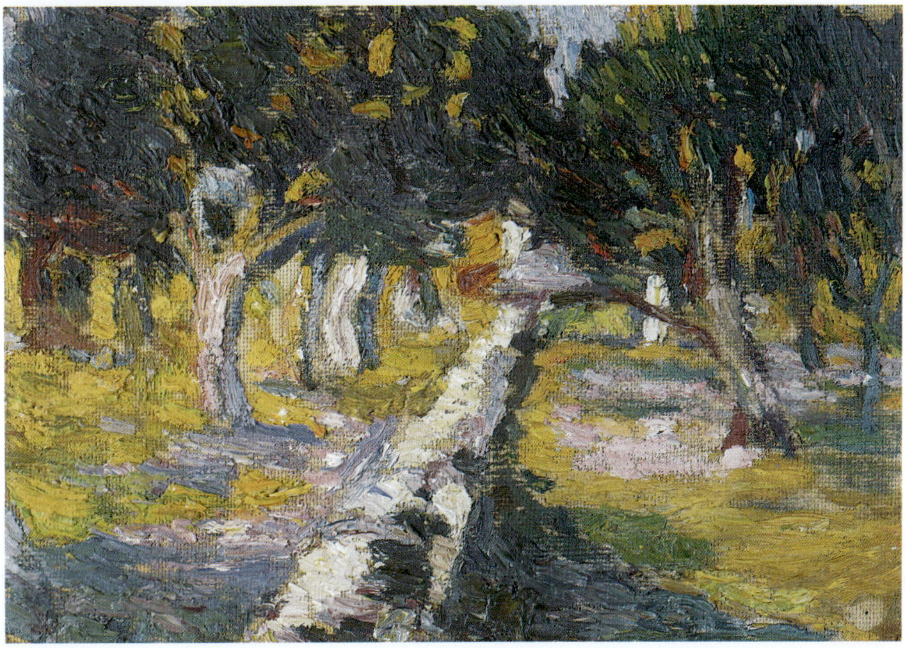

52

50 **Landschap**, 1919-1920 ❑
Paysage

51 **Cadaqués**, 1920-1921 ❑

52 **Boomgaardallee bij Cadaqués**, 1919-1920 ❑
Allée du verger à Cadaqués

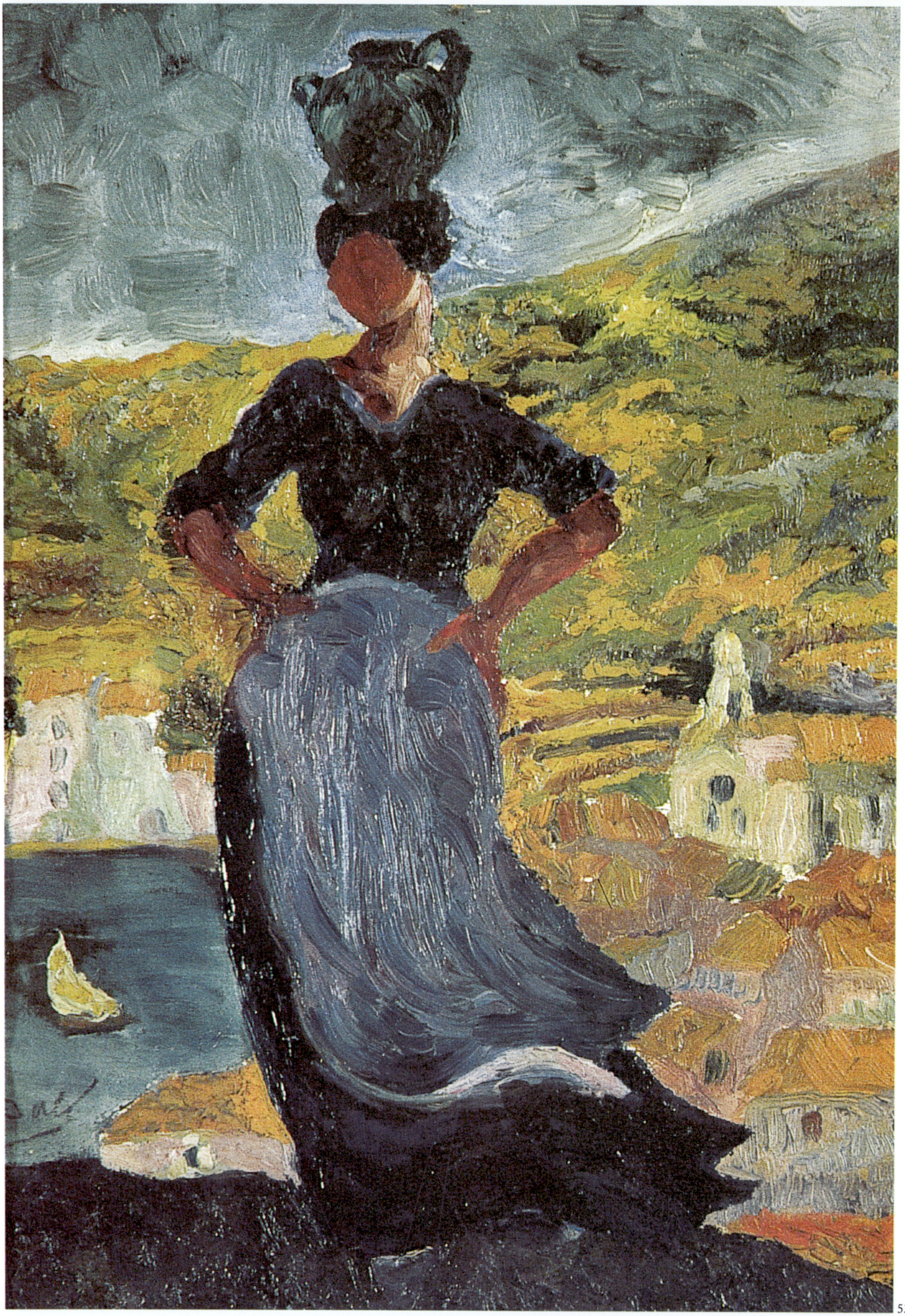

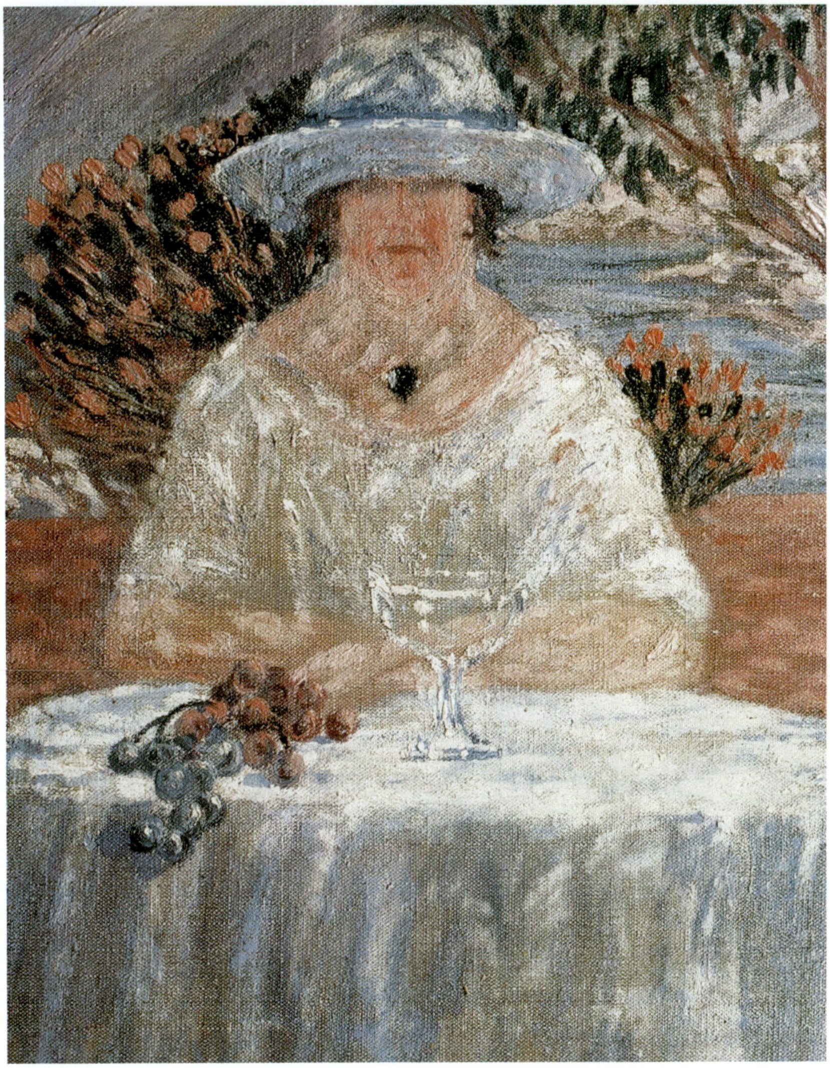

54

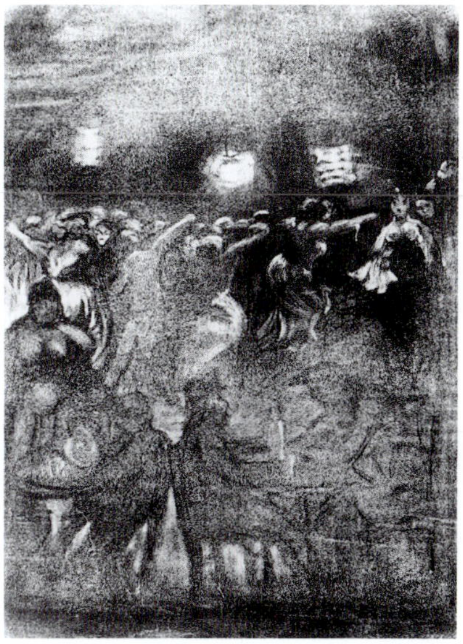

55

dan schijnen mensen als Rafaël me ware goden toe. Ik ben ongetwijfeld de enige die begrijpt waarom het tegenwoordig volstrekt onmogelijk is de perfectie van Rafaëls vormen ook maar bij benadering te bereiken. Daarnaast lijkt mijn werk een grote ramp. Ik verlangde er zo sterk naar in een tijd te leven waarin niets te behouden valt! Maar als ik nu weer naar het heden kijk, zou ik om niets ter wereld –let wel, ik onderschat de gespecialiseerde intelligenties die ver verheven zijn boven de mijne niet– mijn persoonlijkheid met die van een van mijn tijdgenoten willen ruilen."

Alleen al het idee binnenkort de kunstacademie van Madrid te gaan betreden, roept bij hem het idee op van een "strijd op leven en dood" met zijn professoren. Hij is er nauwelijks begonnen of hij begint zijn leraar Núñez al te pesten door steeds precies het tegenovergestelde te doen van wat hem opgedragen wordt: zwarte schaduwen te tekenen wanneer de opdracht is met een fijn penseel te werken, met pen te krassen als hij ineenvloeiende kleurvlakken moet tekenen. Maar de resultaten van zijn eigenwijze werkwijze doen hem concluderen dat juist hij degene is die het goed doet en dat "alleen het kleurreliëf zelf, als het juist op het linnen is aangebracht, een voor het oog indrukwekkend effect zou kunnen bewerkstelligen.

53 **Portret van Hortensia, boerin uit Cadaqués**, 1920 ❑
Portrait d'Hortensia, paysanne de Cadaqués

54 **Tieta – Portret van mijn tante (ook: Portret van Catalina Domènech Ferrer)**, 1920 ❑
Tieta – Portrait de ma tante (Portrait de Catalina Domènech Ferrer)

55 **Nachtelijk bal in de patio de la Mariona**, 1919-1920 △
Bal de nuit dans le patio de la Mariona

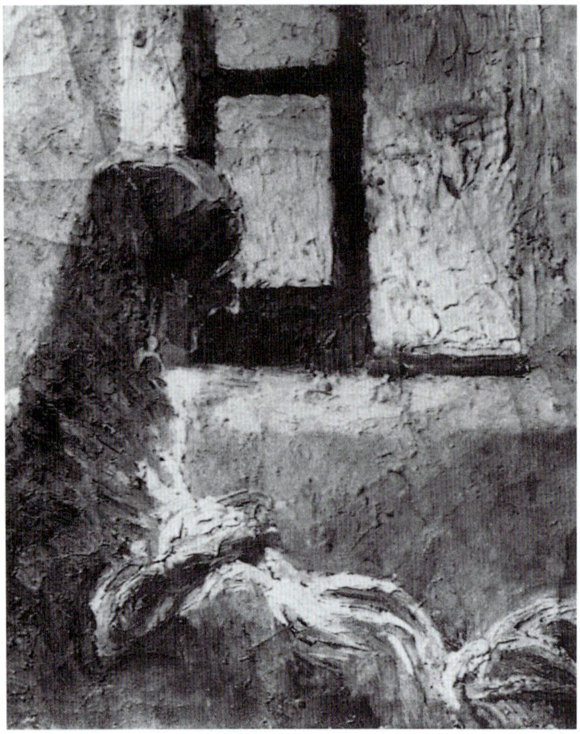

56

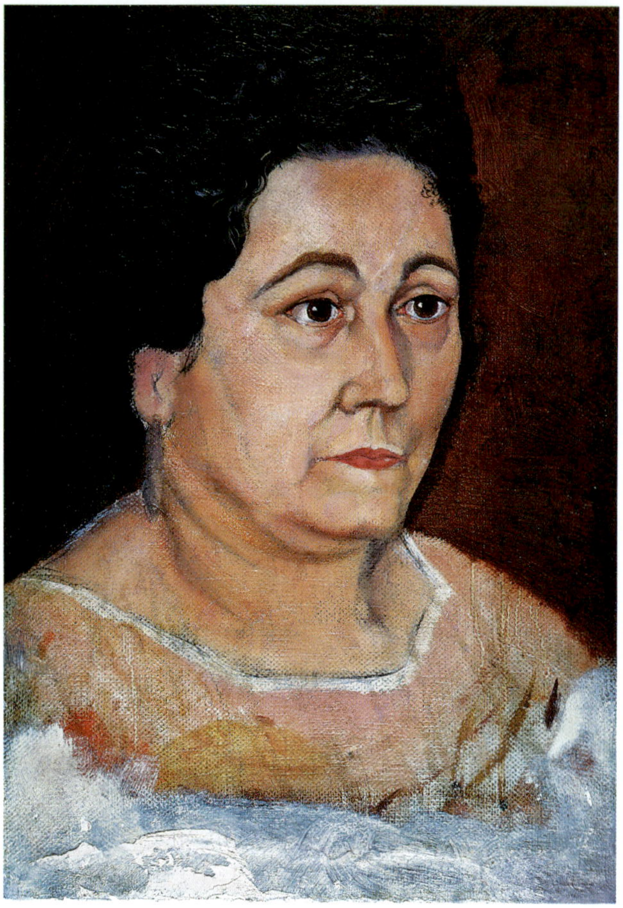

58

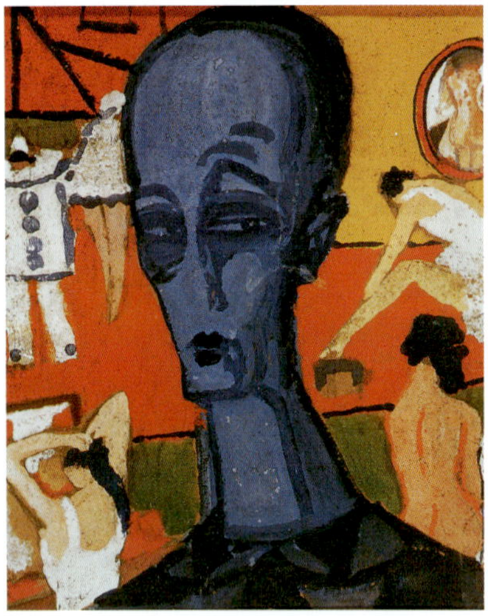

57

Dat was de tijd die mijn ouders 'het Stenen Tijdperk' noemden. Ik gebruikte stenen om een uiterst stralende wolk te maken. Ik plakte de stenen op het linnen en schilderde ze vervolgens in de gewenste kleur. Een van mijn beste scheppingen in die trant was een zonsondergang met scharlakenrode wolken." Het doek, dat is bezaaid met stenen in vele formaten, sierde lange tijd de eetkamer van de familie. Van tijd tot tijd werd de vredige sfeeer verstoord door een verontrustend lawaai. Zijn moeder stopt met naaien en zijn vader stelt haar gerust: "Dat is slechts een steen die van de hemel van onze zoon is gevallen." Enigszins bezorgd voegt hij er echter nog aan toe: "Het idee is goed, maar wie koopt er een schilderij dat ertoe gedoemd is langzaam te verdwijnen en het hele huis met stenen te bezaaien?"

Hetzelfde geldt voor het olieverfschilderij *Oude man in de schemering* (blz. 17), waar de met wolken bedekte hemel ook bestaat uit kleine stenen die op het linnen zijn geplakt en zijn beschilderd.

Landschappen en portreten, waarvoor Dalí altijd probleemloos modellen vindt, zijn de onderwerpen van de doeken die hij tussen 1910 en 1921 steeds weer schildert. Wat daarbij het meeste opvalt, is dat ze, in tegenstelling tot schilderijen uit de vroege fase van andere schilders, geenszins in donkere en troosteloze kleuren zijn geschilderd, maar juist vibreren door de lichtheid en stralingskracht van de kleuren. Terwijl hij van het Impressionisme tot het Pointillisme en Fauvisme overgaat, schildert hij met een juichende zwierigheid, maar ook met een ziekelijke bezetenheid, steeds maar weer Cadaqués, Port Dogué, de olijfgaarden, de vissers, de boten. Hij schildert portretten van zijn eigen familieleden, van

Vervolg op blz. 39

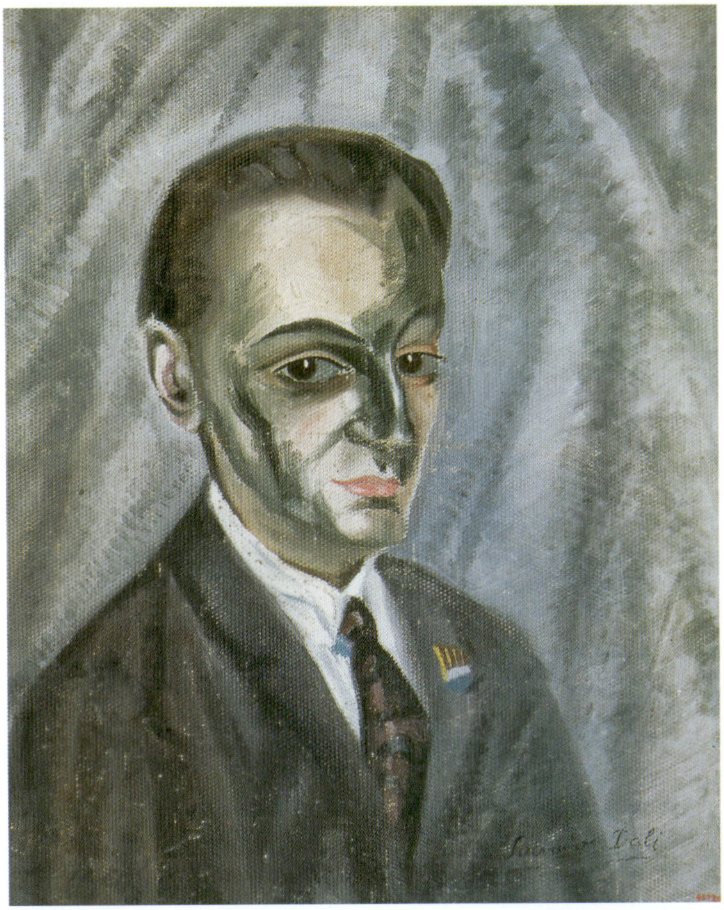

59

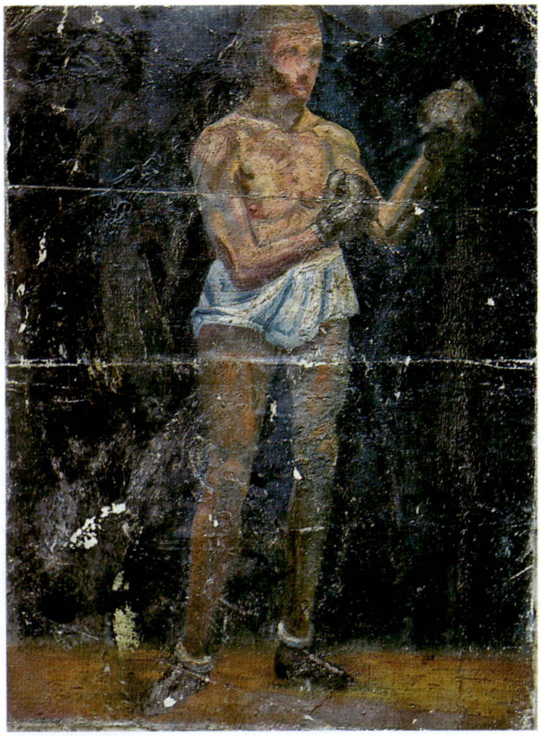

60

56 **Grootmoeder Ana bij het naaien**, rond 1920 ❑
La grand-mère Ana cousant

57 **Acrobaten**, 1920-1921 △
Saltimbanques

58 **Portret van de moeder van de kunstenaar, Doña Felipa Dome Domènech de Dalí**, 1920 ❑
Portrait de la mère de l'artiste Doña Felipa Dome Domènech de Dalí

59 **Portret van José M. Torres**, rond 1920 ❑
Portrait de José M. Torres

60 **Bokser**, rond 1920 ❑
Boxeur

61 **Portret van Joaquín Montaner (Allegorie van de zeevaarders)**, 1919-1920 △
Portrait de Joaquín Montaner (Alegoría del navegante)

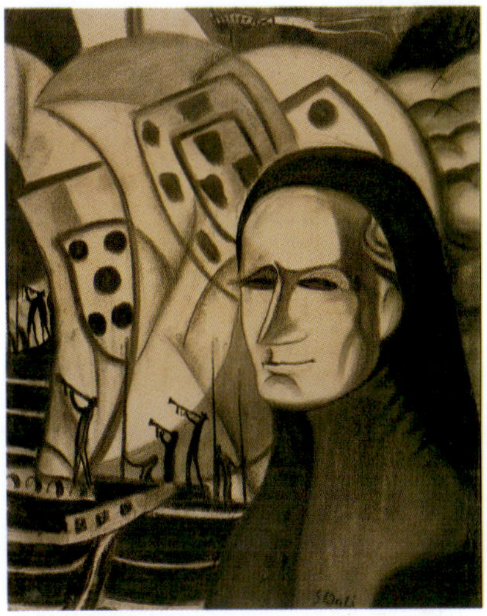

61

1920–1921

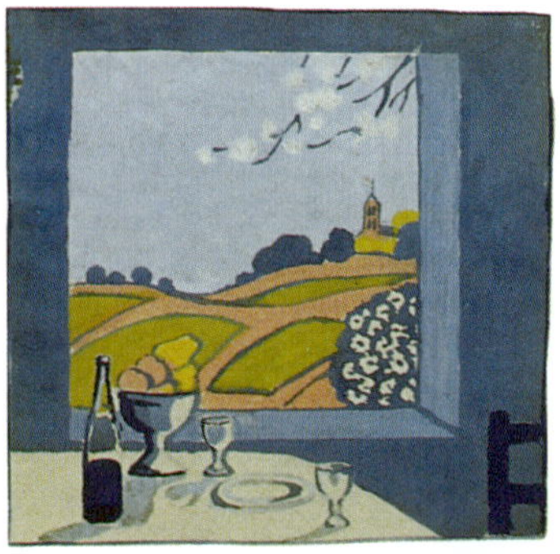

62

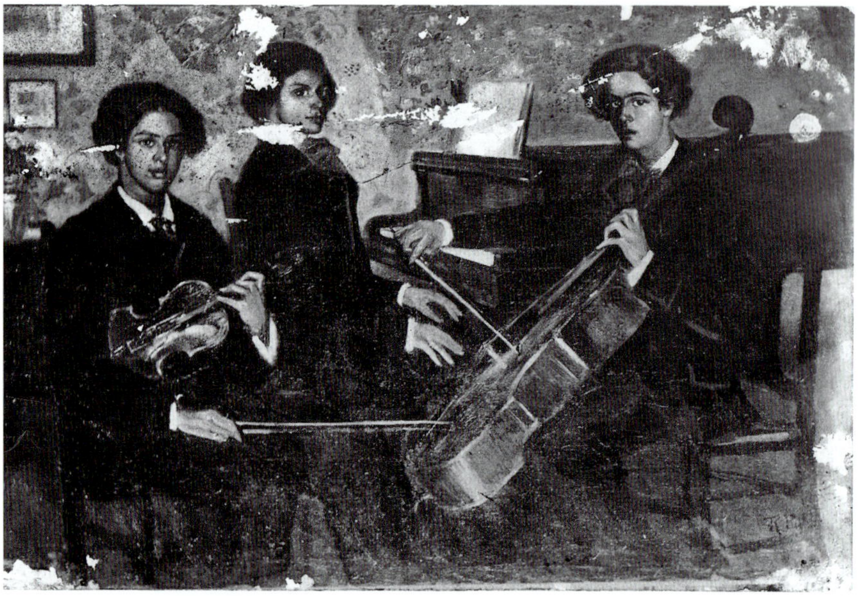

63

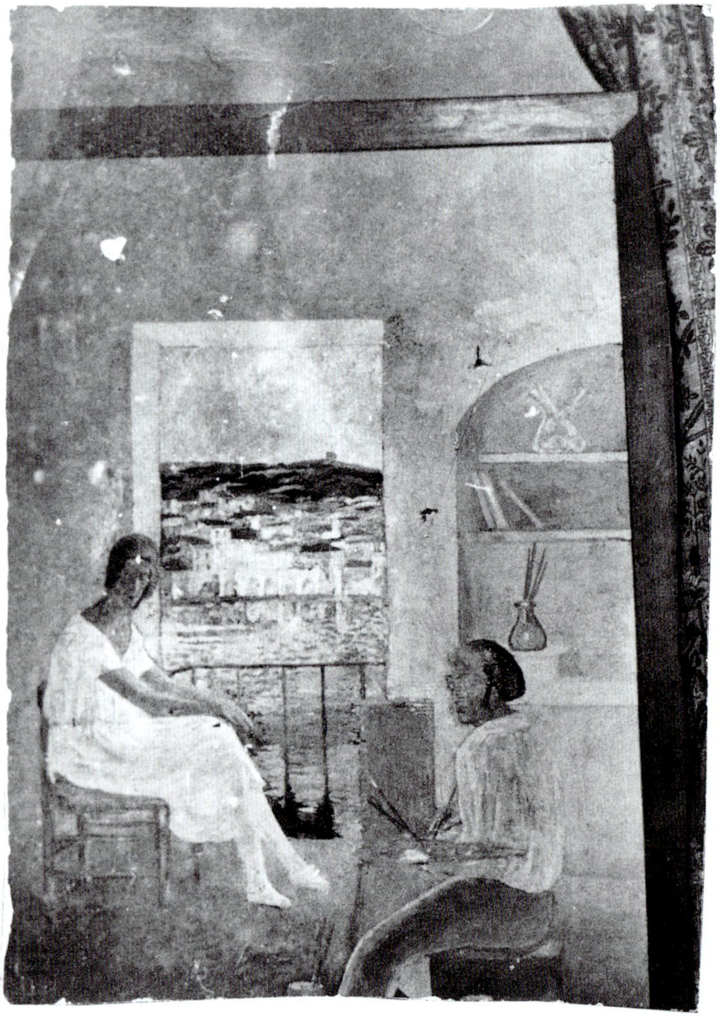

64

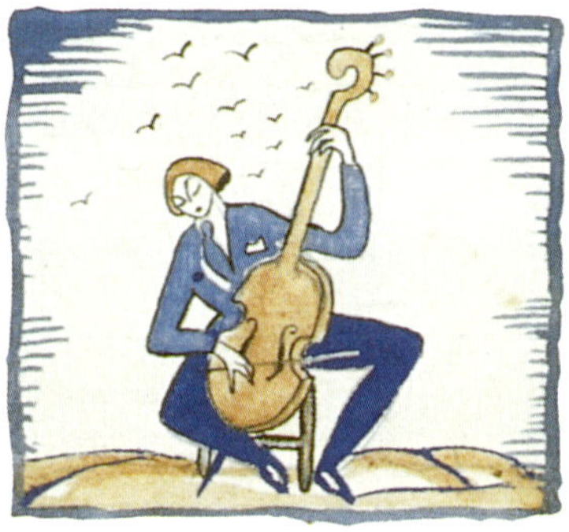

65

62 **Stilleven voor het omslag van 'Per la Musica, gedichten'**, 1921 △
Nature morte pour la couverture de 'Per la Musica, poèmes'

63 **Het trio Pichot-Costa, geschilderd door Ramón Pichot. V.l.n.r.: Luis (viool), Costa (piano) en Ricardo (cello)**, 1920 ✗

64 **Zonder titel – De kunstenaar in zijn atelier in Riba d'en Pitxot in Cadaqués**, 1920-1921 ❑
Sans titre – L'artiste dans son atelier de la Riba d'en Pitxot, à Cadaqués

65 **Omslag voor 'Per la Musica, gedichten'**, 1921 △

66 **Portret van de cellist Ricardo Pichot**, 1920 ❑
Portrait du violoncelliste Ricardo Pichot

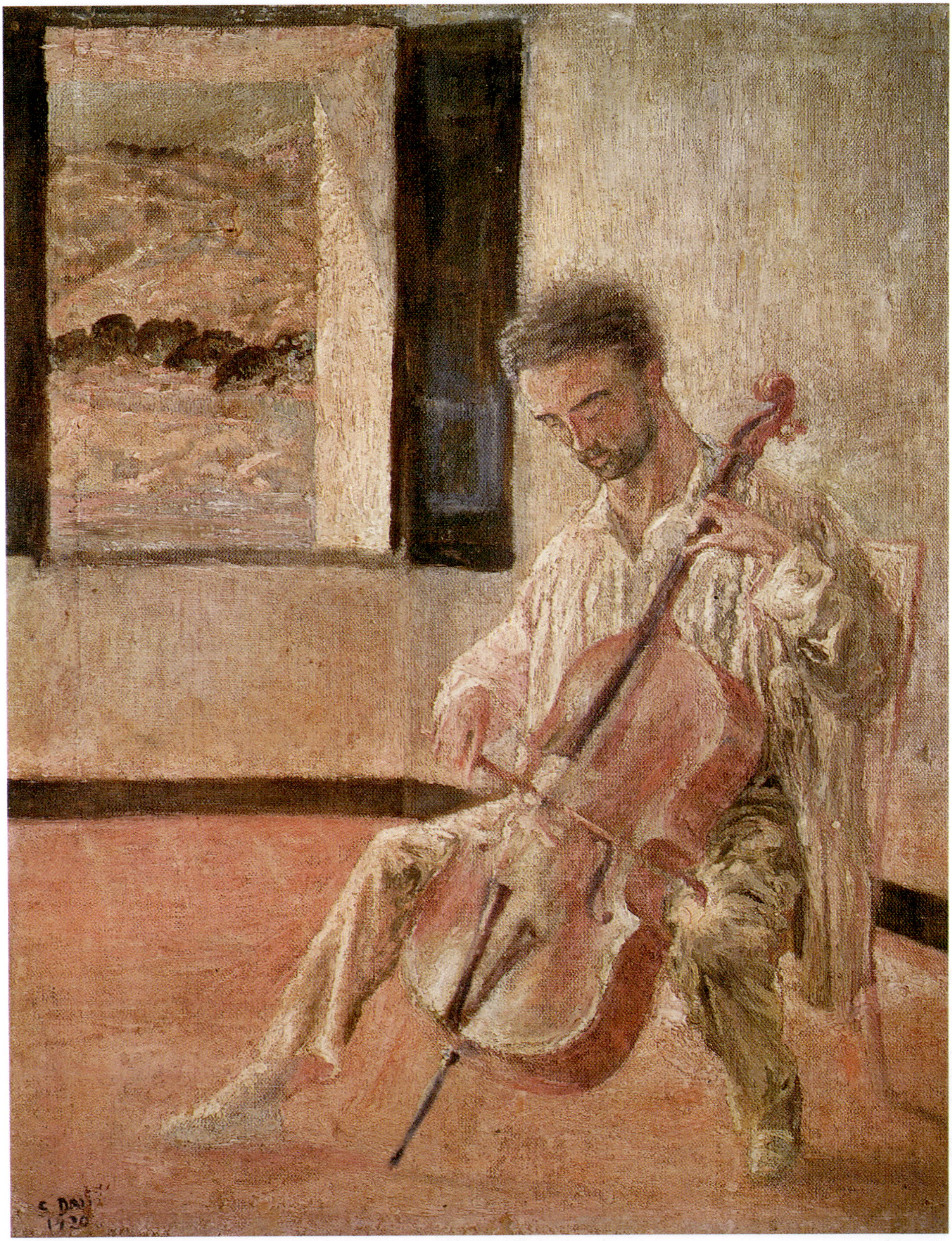

66

1920

67 **Stilleven**, rond 1920 ❑
Nature morte

68 **Stilleven voor uitzicht uit het raam**, rond 1920 ❑
Nature morte

69 **Stilleven met granaatappelen**, rond 1919 ❑
Pomme-grenade rubis

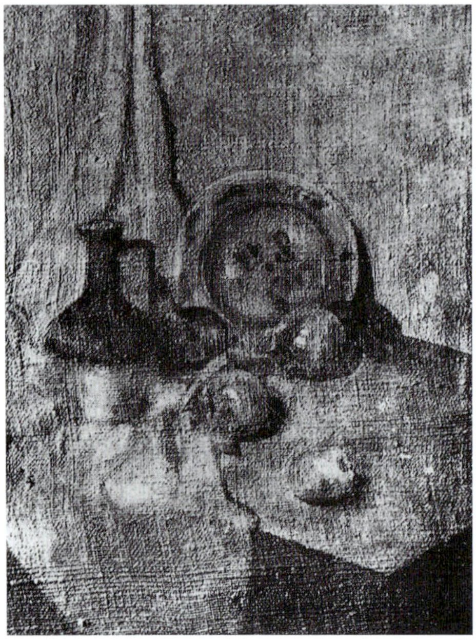
67

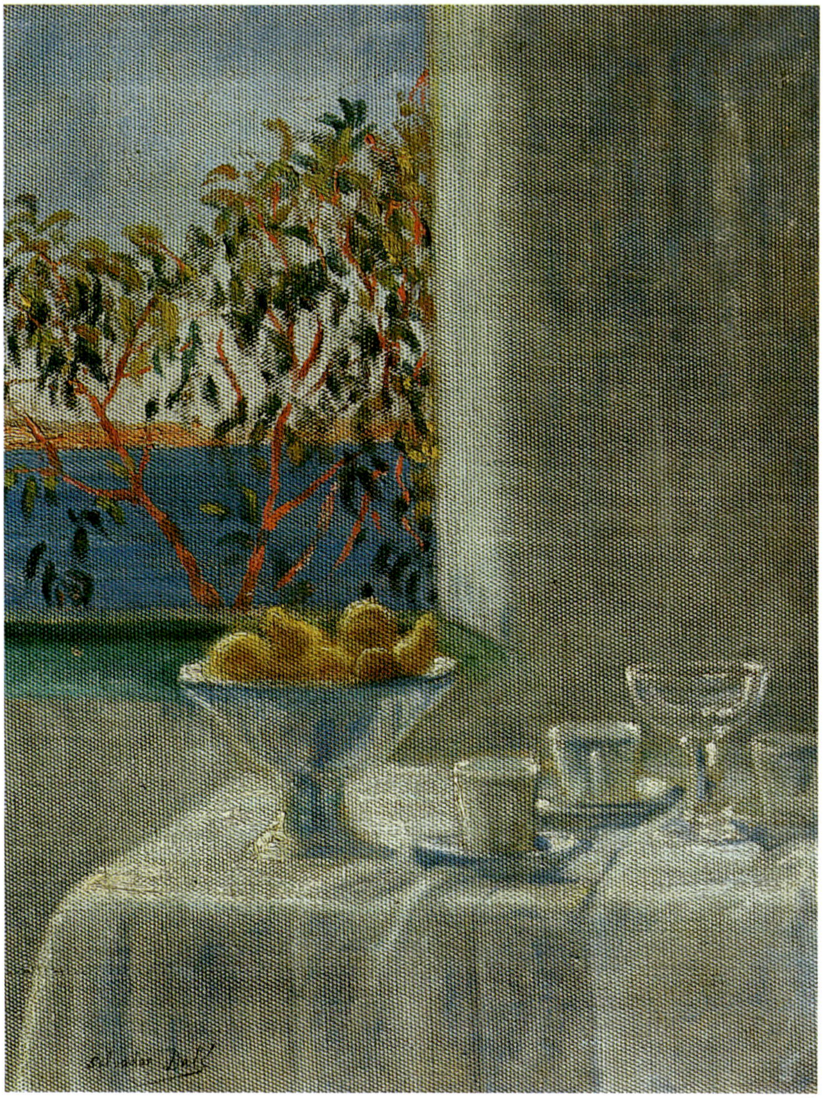
68

70 **Het meer van Vilabertrán**, 1920 ❑
Le lac de Vilabertrán

71 **Kleine rotsbaai van Nans (Cadaqués)**, rond 1920 ❑
Calanque Nans (Cadaqués)

72 **Kleine rotsbaai van Jonculs (Cadaqués)**, 1920 ❑
Calanque Jonculs (Cadaqués)

73 **De moestuin van Klein-Llané**, 1920 ❑
Le potager du Llané-Petit

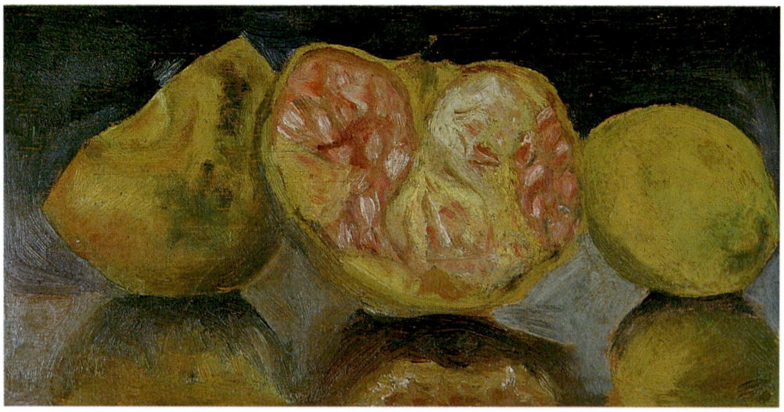
69

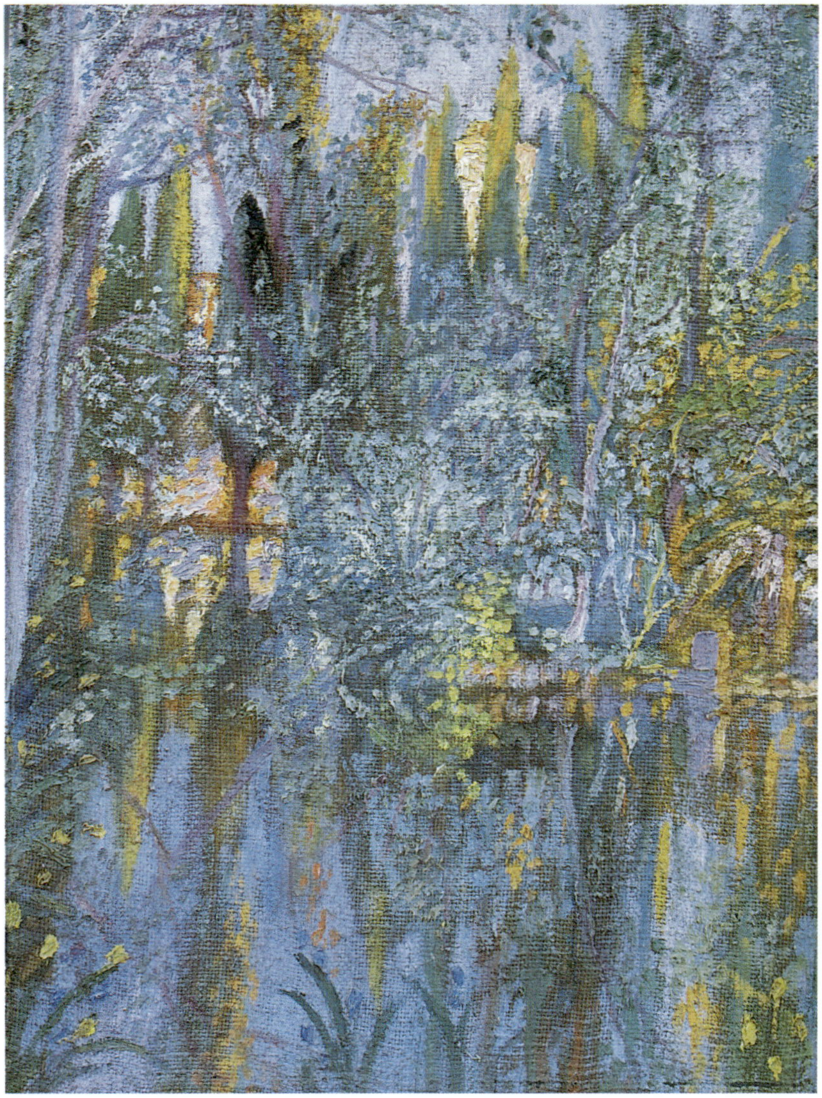
70

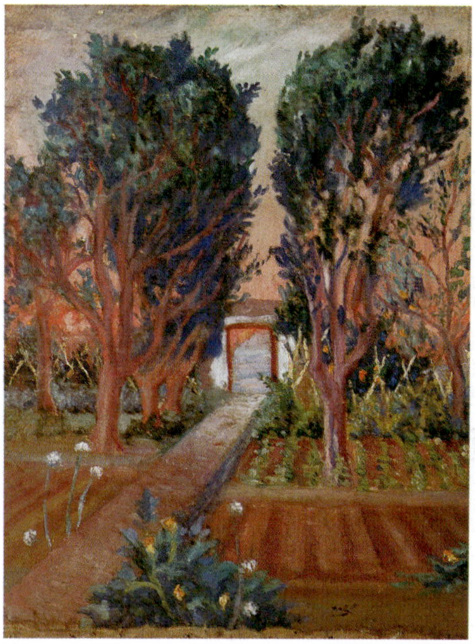
73

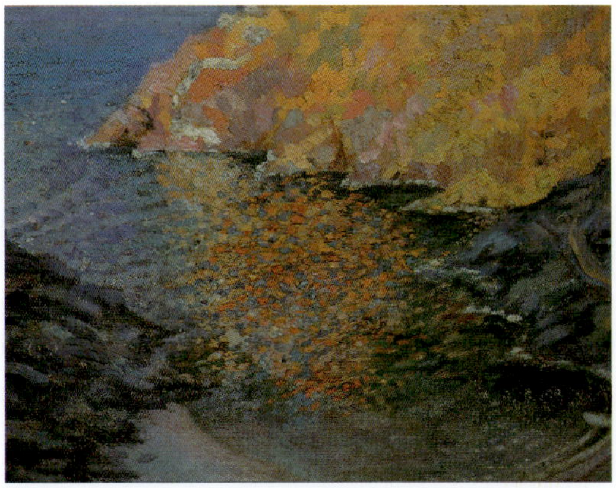
71

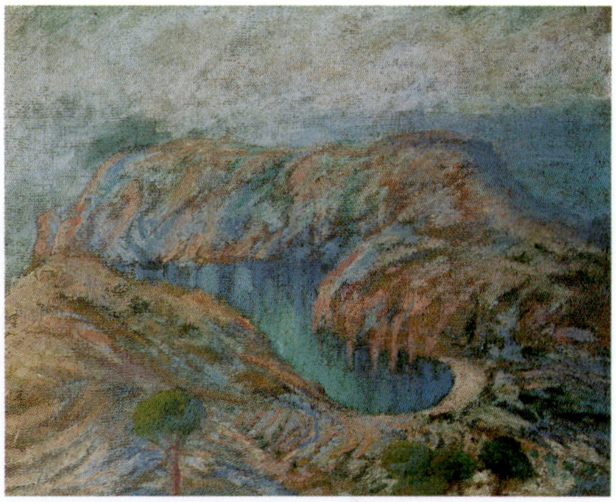
72

1920

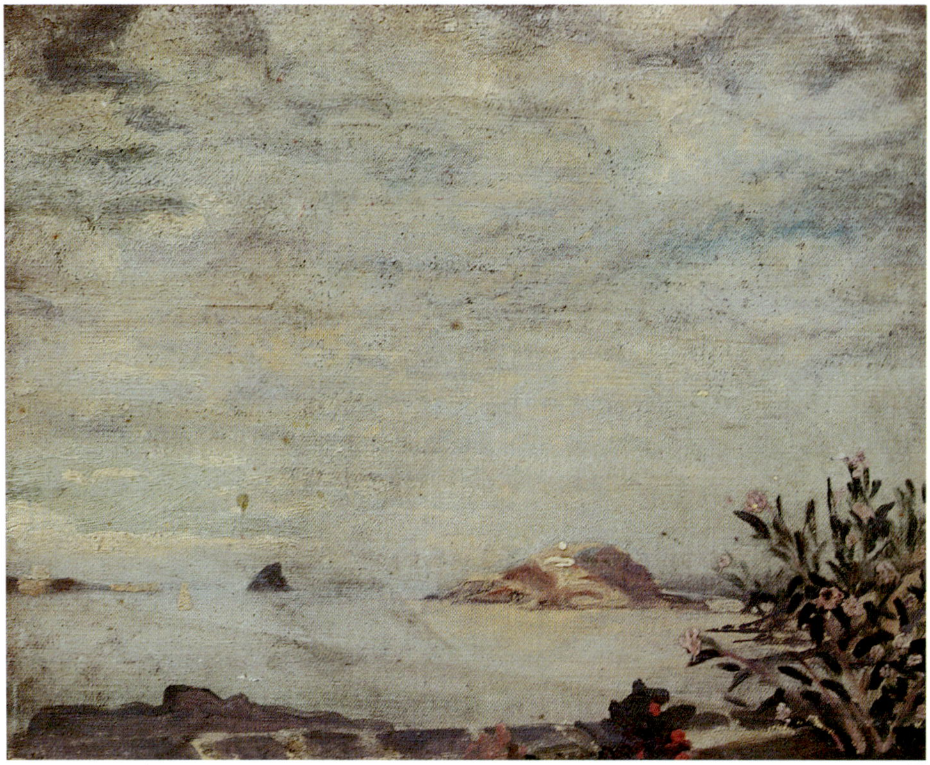

74

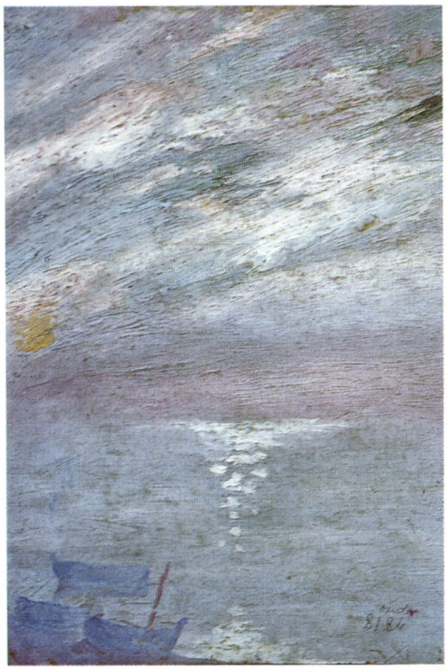

75

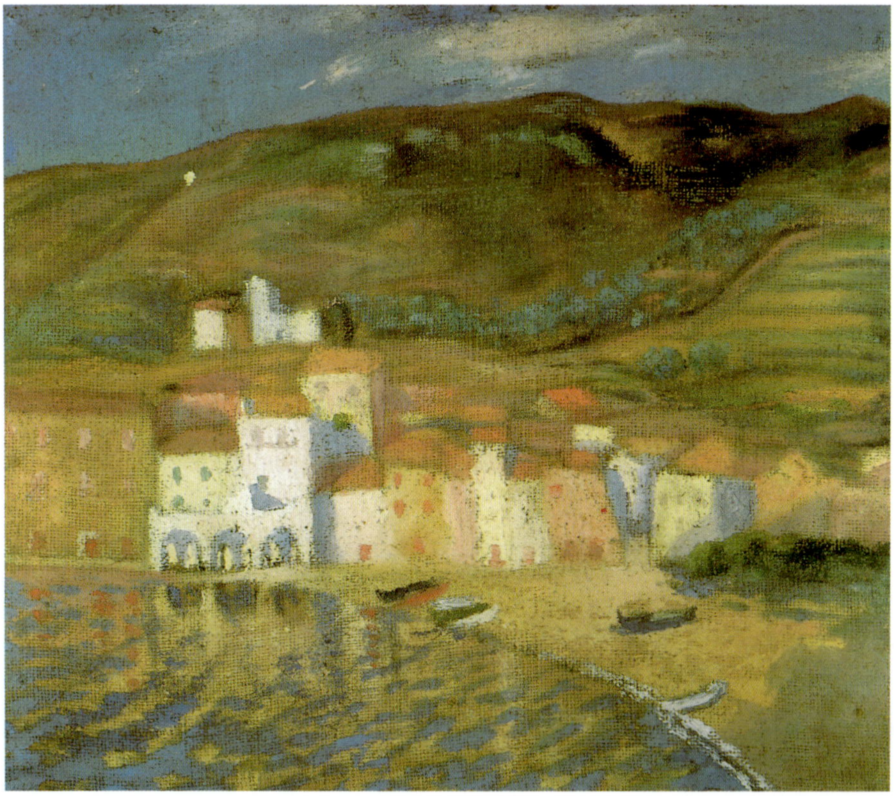

76

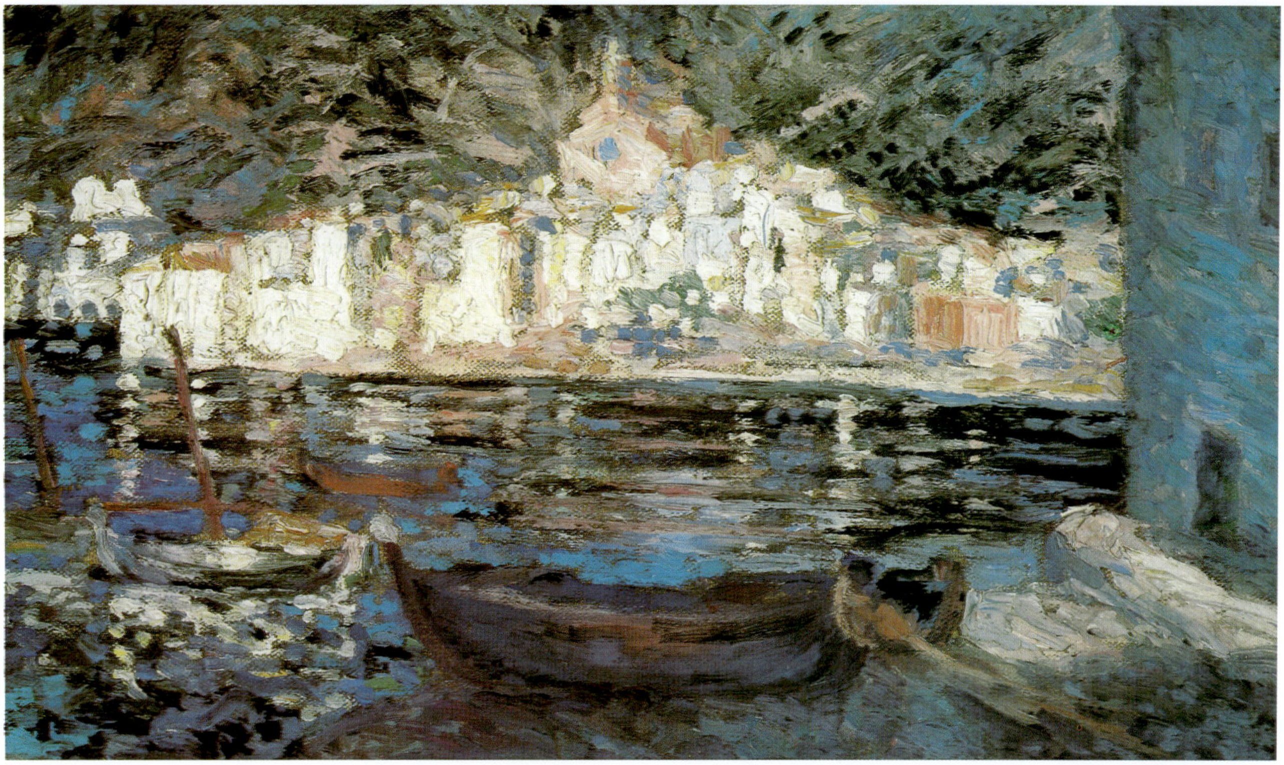

77

de Pichots, van zijn nicht Montserrat, van zijn grootmoeder – en van zichzelf. Hierbij gebruikt hij een palet met een genuanceerd koloriet, dat hij zijn "weelderige kleuren" noemt, waarbij de verf zeer pasteus wordt opgebracht. De hele familie, verzameld op een foto uit 1910 (blz. 18), lijkt een pose aan te nemen zoals hij heeft aangegeven: aan de linkerkant is tante María Teresa zichtbaar, daarnaast zijn moeder, zijn vader en Salvador zelf, dan Tieta, de zus van zijn moeder die na haar dood trouwt met de notaris, dan zijn zus Ana María en grootmoeder Ana. In de boot zit El Beti, een visser die de boten van de familie verzorgt. Ongetwijfeld is het leven voor de jonge Salvador nog zorgeloos. Hij is het 'koningskind' dat men alle extravaganties toestaat. "Weet u al wat Salvador heeft gedaan?" luidt de steeds terugkerende vraag. "En iedereen spitst zijn oren om het verslag van mijn verwarde fantasiespelletjes te horen, die tenminste de verdienste hadden dat ze de mensen tranen van het lachen in de ogen brachten. Alleen mijn vader lachte niet. Een schaduw vloog over zijn gezicht, want hij was ongerust over mijn toekomst."

Na die fase van kinderlijk narcisme komen de antisociale en anarchistische neigingen. Het koningskind wordt langzaamaan anarchist. "Ik was uit principe tegen alles. Sinds mijn kindertijd deed ik altijd alles anders dan anderen, zonder dat zelf echt te beseffen. Vanaf de tijd dat ik een jongeman was, deed ik het opzettelijk. Het was voldoende dat iemand 'zwart' zei, waarop ik 'wit' zei, dat iemand respectvol voor me boog, waarop ik op hem spuugde." Het gevolg is: als een paar studenten een Spaanse vlag verbranden, is hij degene die er voor wordt aangeklaagd. Hij wordt weliswaar vrijgesproken, omdat men zijn leeftijd in aanmerking neemt, maar het incident zorgt voor een hoop onrust, waarover Salvador buitengewoon enthousiast is, want hij ziet zijn toekomstige roem al groeien. Salvador laat zijn haar groeien als een jong meisje. Hij neemt "de pose en melancholieke blik van Rafaël in zijn zelfportret" (*Zelfportret met Rafaëls hals*, blz. 45) aan. Hij wil van zijn hoofd koste wat kost een meesterwerk maken. Hij laat zijn

74 **Ingang tot de baai van Cadaqués met de rots Cucurucuc en het schiereiland Sortell**, 1920 ❑
L'entrée de la baie de Cadaqués avec le rocher de Cucurucuc et la presqu'île du Sortel – Vus de la Fica Pichot

75 **Maneschijn over de baai van Cadaqués**, rond 1920 ❑
Clair de lune sur la baie de Cadaqués

76 **Port Dogué en Mont Pani vanaf Ayuntamiento**, 1920 ❑
Port Dogué and Mount Pani from Ayuntamiento

77 **Gezicht op Cadaqués vanaf Playa Poal**, 1920 ❑
View of Cadaqués from Playa Poal

1920–1921

78 **Landschap bij Cadaqués,** 1920-1921 ❑
Paysage de Cadaqués

79 **Landschap bij Cadaqués,** rond 1921 ❑
Paysage de Cadaqués

80 **Landschap bij Cadaqués,** 1920-1921 ❑
Paysage de Cadaqués

81 **Kleine rotsbaai van Nans verfraaid met cipressen,** 1920-1921 ❑
Calanque Nans embellie de cyprès

82 **Maneschijn in Klein-Llané,** 1921 ❑
Clair de lune à El Llané-Petit

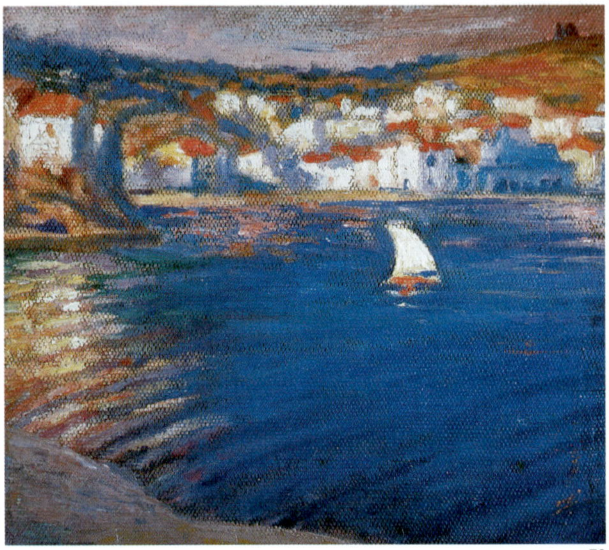

78

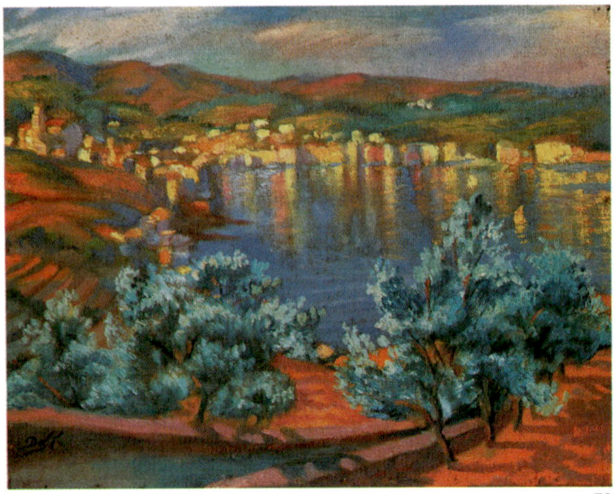

79

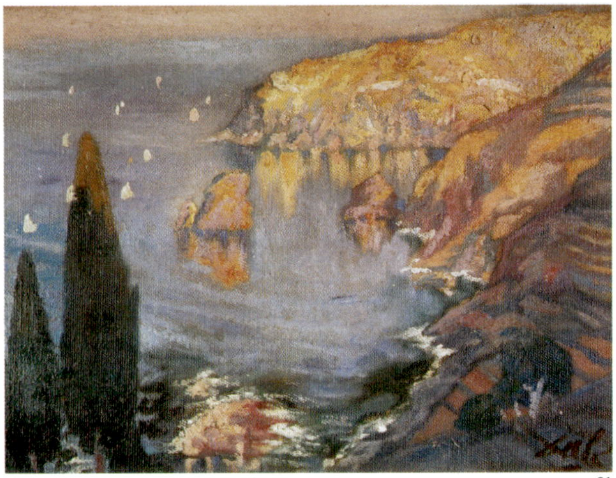

81

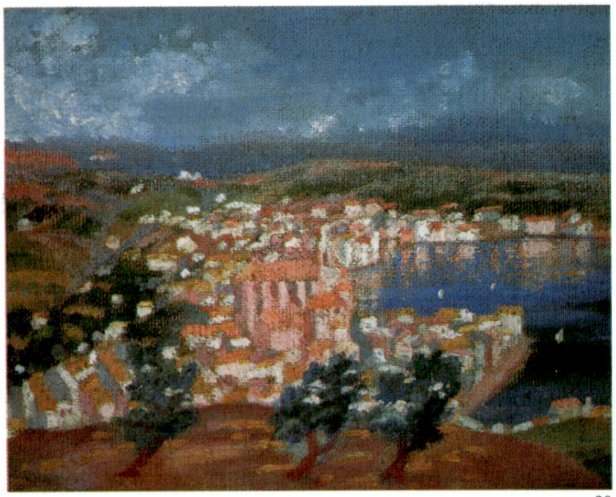

80

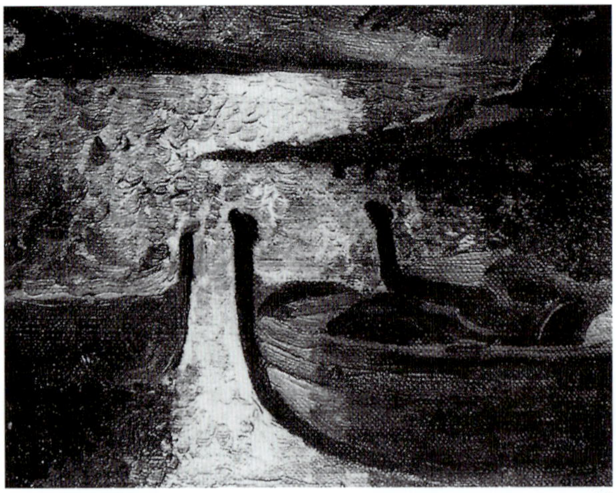

82

bakkebaarden groeien – zijn plaatsgenoten geven hem de spotnaam 'Señor Patillas'–, hij pikt van zijn moeder poeder en een oogpotlood om zijn wenkbrauwen zwart te maken en is pas tevreden als hij op straat voorbijgangers hoort zeggen: "Dat is de zoon van notaris Dalí. Hij heeft die vlag verbrand!" Na zijn eerste jaar haalt hij zijn examens met matige resultaten, maar hij zakt voor niet een. Hij had in de zomer moeten blokken, maar zijn zomers zijn heilig, hij wacht er ongeduldig op om weer in zijn cocon Cadaqués te zijn. "Hier ken ik alle hoeken en gaten. Ik ken de vorm van elke baai, ik ken de kapen en alle rotsen. Hier is mijn hele erotische en gevoelsleven ontwikkeld, alleen ik ken de gang van de schaduwen in de loop van de dag, hun beangstigende oprukken over de rotsen tot het opduiken van het wassende maanlicht... Precies zoals er in een menselijk gezicht maar één neus is en geen honderd die alle kanten opgroeien, zo bestaat er op de aardbol een zo zeldzame zaak als dit landschap –het resultaat van wonderlijke en onzekere omstandigheden– alleen maar aan de Middellandse-Zeekust en nergens anders. Het vreemdste is dat het mooiste, intelligentste, opwindendste landschap zich in de omgeving van Cadaqués bevindt, dat door een gelukkig toeval (ik haast me dat te erkennen) precies de omgeving is waar Salvador Dalí sinds zijn vroegste jeugd elke zomer esthetische les neemt... Elke heuvel, elke rots lijkt door Leonardo zelf te zijn getekend."

83 **De tuin van Llané,**
1920-1921 ❑
L'Horta del Llané – Le jardin de Llané

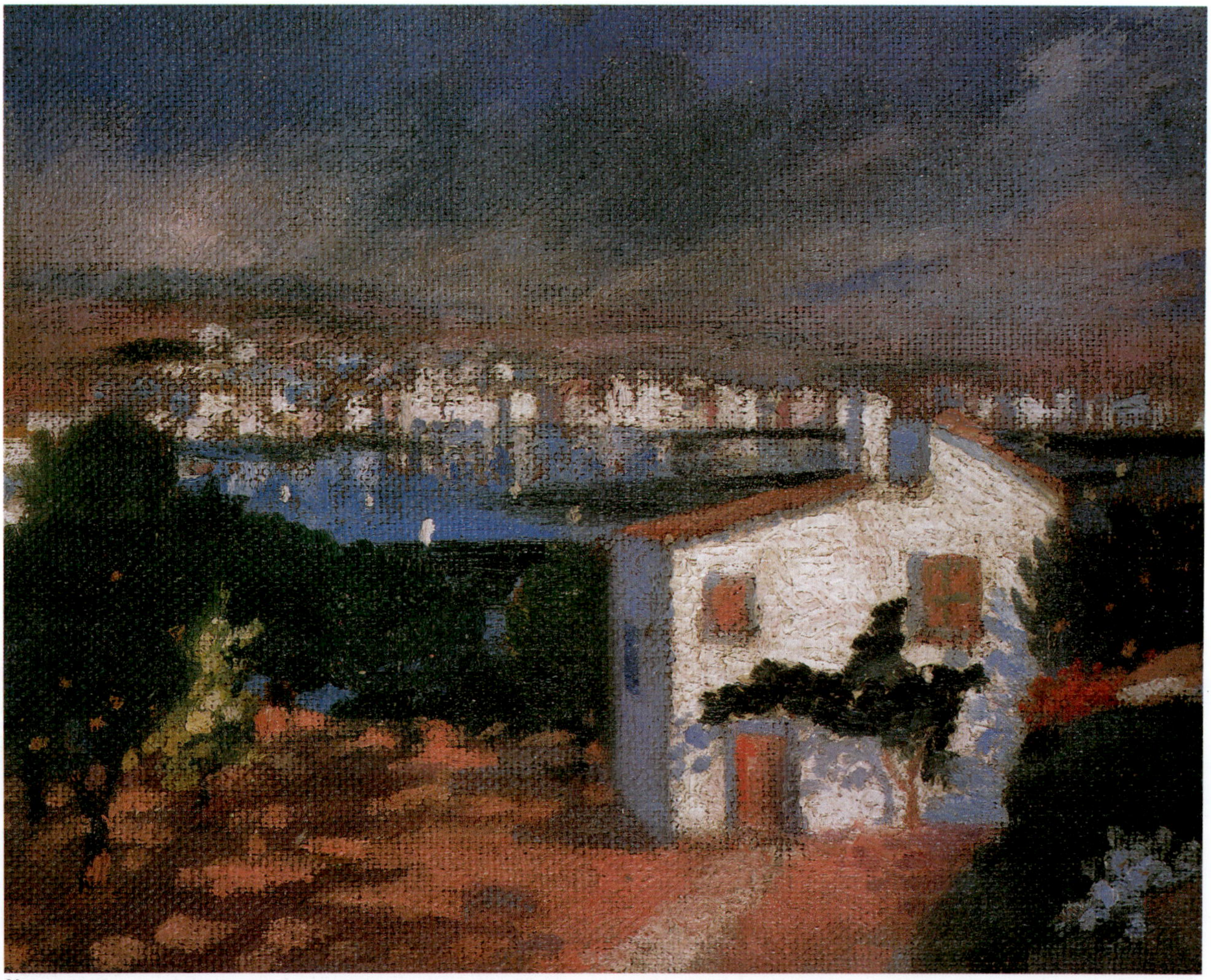

83

1920–1921

84 **Dalí's vader, Don Salvador Dalí y Cusí**, rond 1904 ✗

85 **De vader van de kunstenaar in Llané**, 1920 ❑
Le père de l'artiste à Llané

86 **Portret van mijn vader**, 1920-1921 ❑
Portrait de mon père

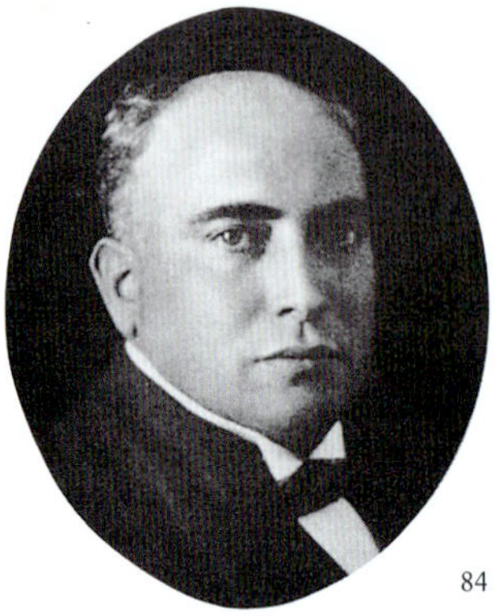

84

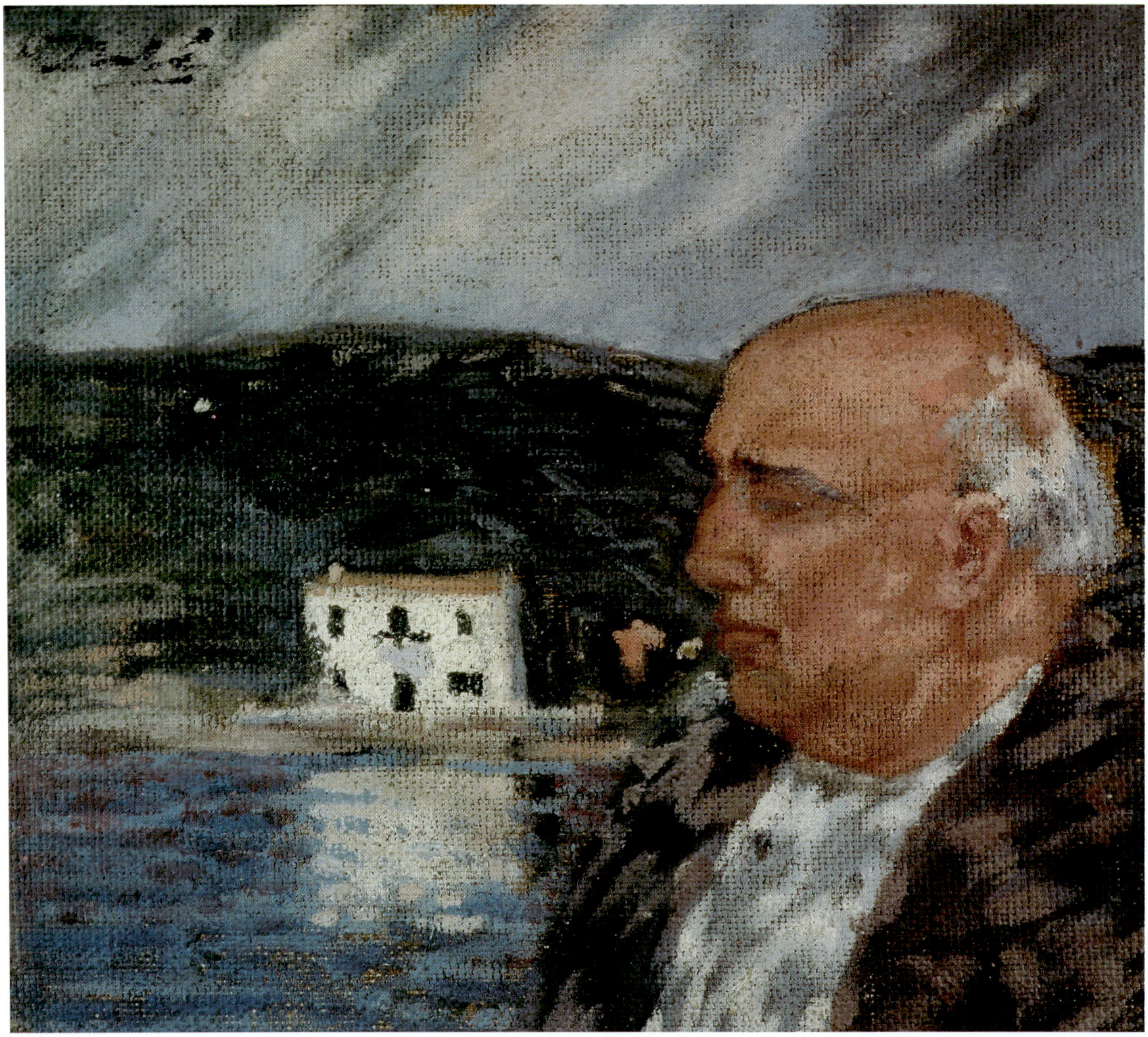

85

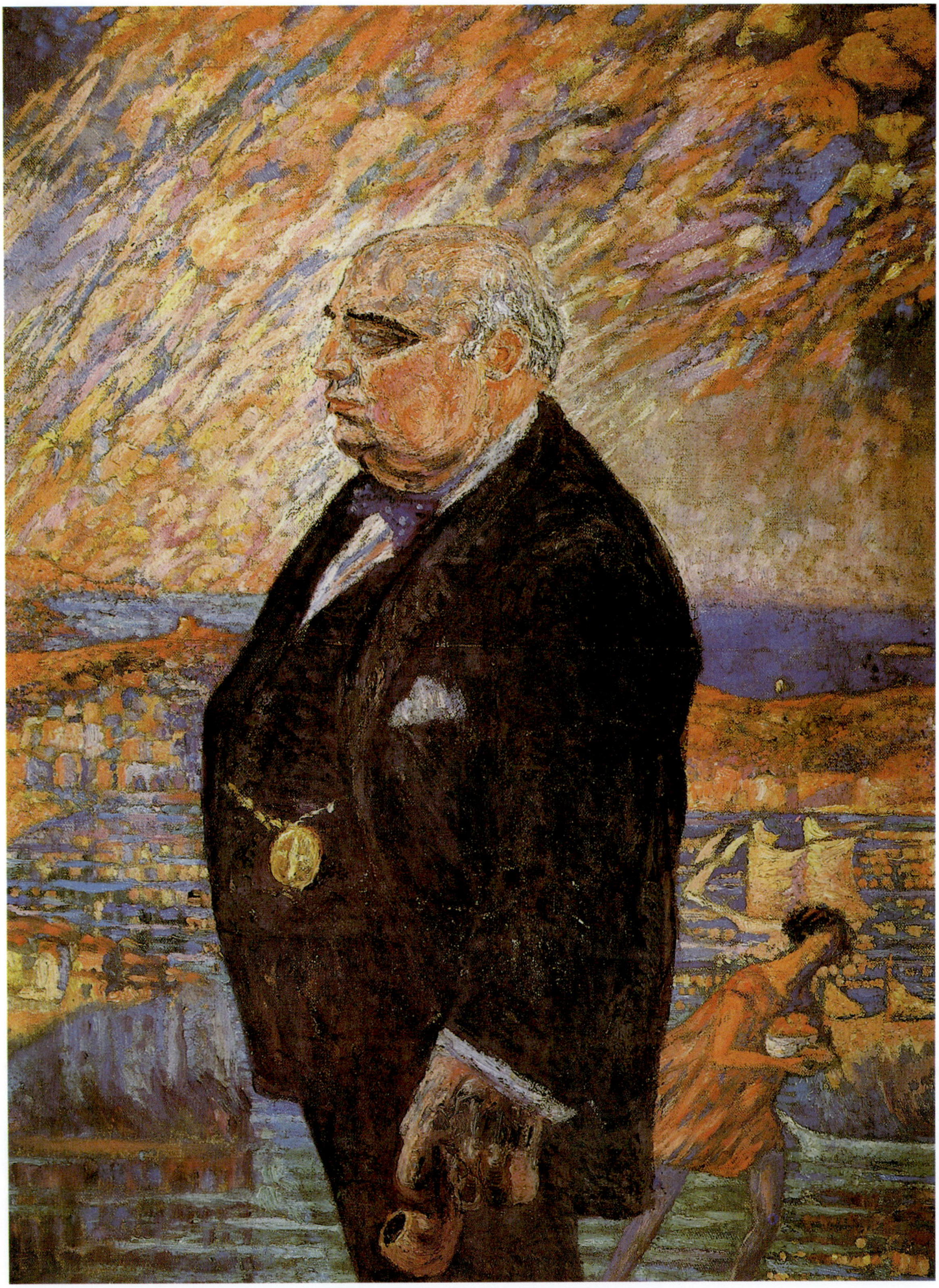

86

Het tijdperk van de dandy

"De dandy moet voor zijn spiegel leven en slapen." Die zin van Baudelaire had Dalí als zijn levensmotto kunnen kiezen. Maar al snel is voor Salvador een spiegel niet meer voldoende: hij heeft die andere spiegels nodig, die tegelijkertijd zijn doeken zullen worden, zoals hij zijn bewonderaars nodig heeft, de pers, de televisie... Al snel is voor hem de gedachte dat hij onopgemerkt zal blijven ondraaglijk. Als hij voor het eerst in New York is, op een kerstdag, slentert hij door de straten en luidt hij voortdurend een klein klokje opdat hij wordt waargenomen en herkend. In dat opzicht blijft hij tot zijn dood zichzelf, en het grote plezier van zijn laatste dagen is in het Quirón-ziekenhuis in Barcelona op televisie zijn gezondheidsbulletins te volgen; hier hoort hij of het goed met hem gaat of dat hij spoedig zal sterven.

Het liefst houdt hij zich vast aan wat zijn studiegenoten op de kunstacademie in Madrid van hem zeggen: "Dalí is zo gek als een deur!" Hij verbaast ze onophoudelijk als hij bijvoorbeeld drie uur lang bezig is zijn haar onder een speciaal netje te stoppen en het dan met schildersvernis te bedekken. Dat heeft niet alleen plezierige kanten, want daarna moet hij, om de lak weer kwijt te raken, zijn hoofd in een teil terpentine dopen. Hij hecht er grote waarde aan dat zijn haren er uitzien als een langspeelplaat die hij op zijn hoofd heeft gezet en dat er een metalig geluid klinkt als je die haarpracht aanraakt. "Als ik langsliep, draaide iedereen zich om."

De tijd van het dandyisme was aangebroken. "Men droeg een bewondering belovende en intimiderend werkende bijzonderheid uit die volgde op de periode van sarcasme. Ik kocht een buigzame bamboestok met leren handgreep. Terwijl ik op het terras van Café Regina zat en drie vermouts met olijven dronk, begon ik me de gigantische massa van mijn toekomstige toeschouwers voor te stellen..." Het hoogtepunt van het dandyisme is direct af te leiden van Wagner en zijn Parsifal-mythe, in elk geval in "sociaal en politiek opzicht"... Niets is te mooi om 'Parsifal' te zijn: douchen, scheren en je daarbij van heel dichtbij bekijken, schil-

Vervolg op blz. 53

87 **Dalí als leerling van het college in Figueras**, 1921 ✰

88 **Zelfportret**, rond 1921 ❏
Autoportrait

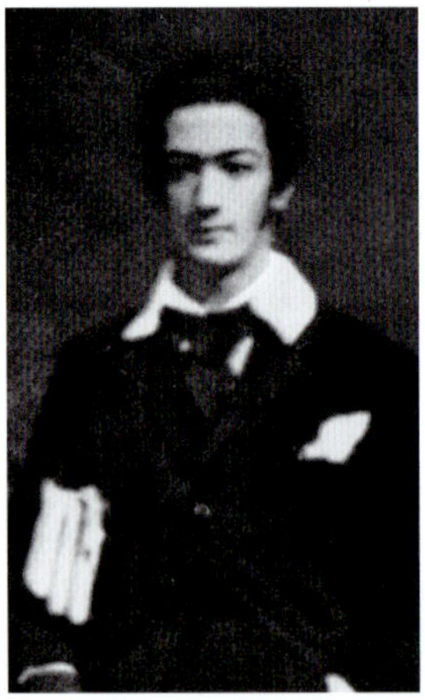

87

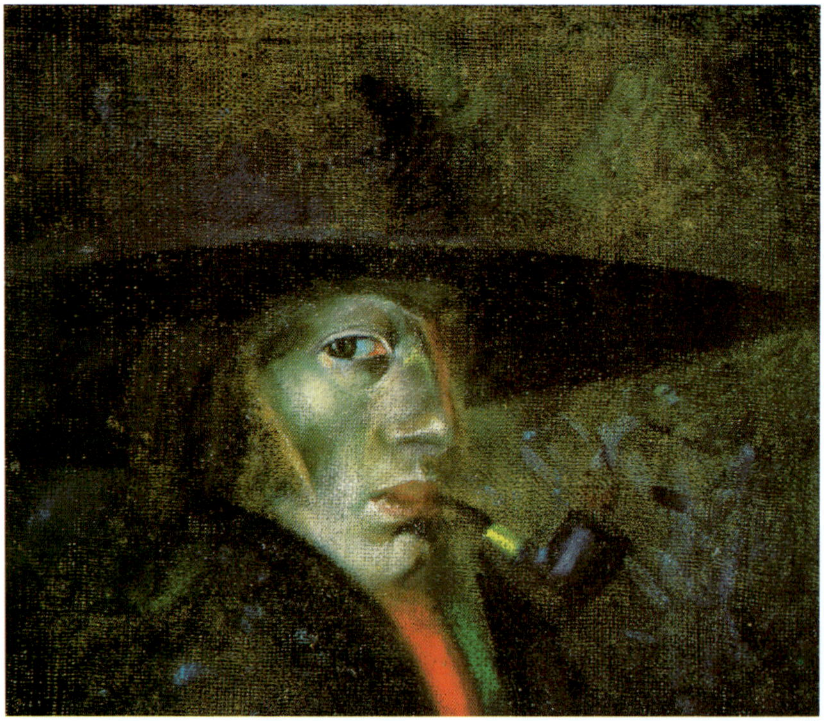

88

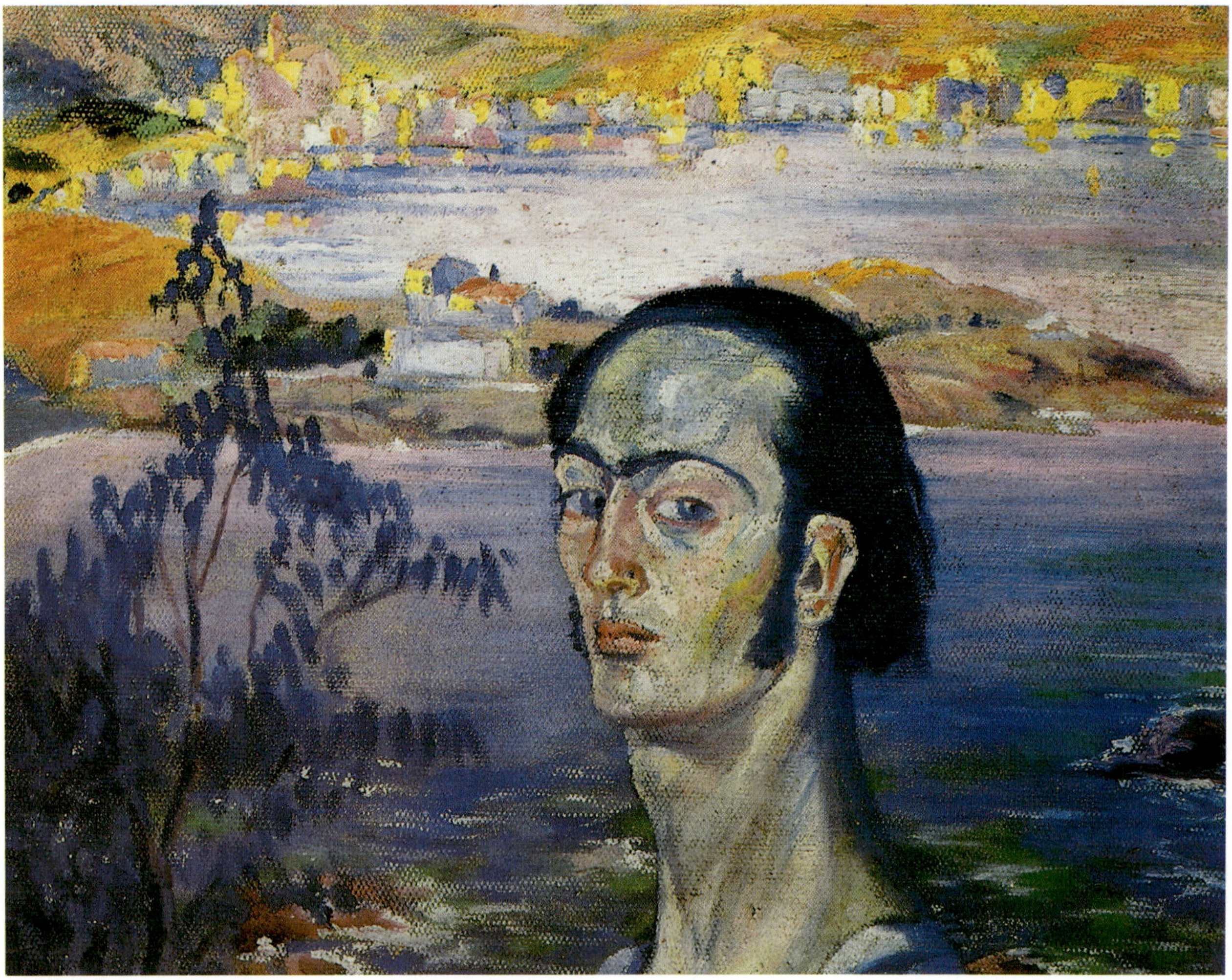

89

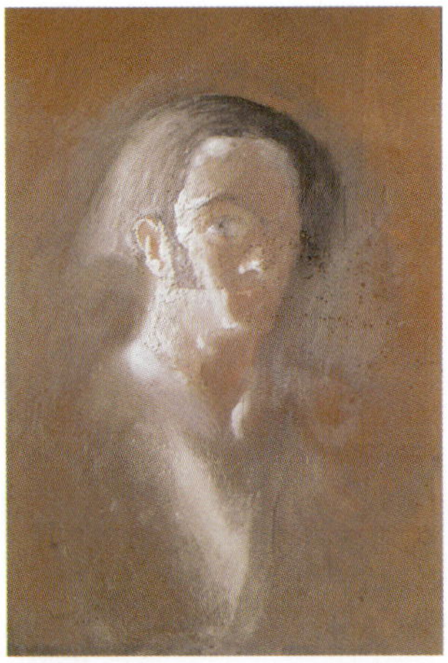

90

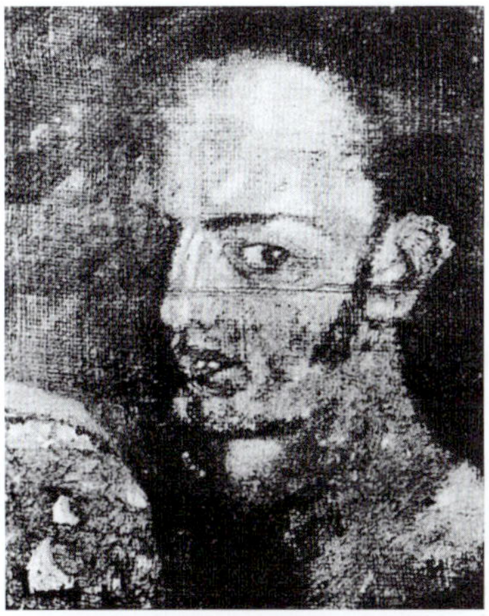

91

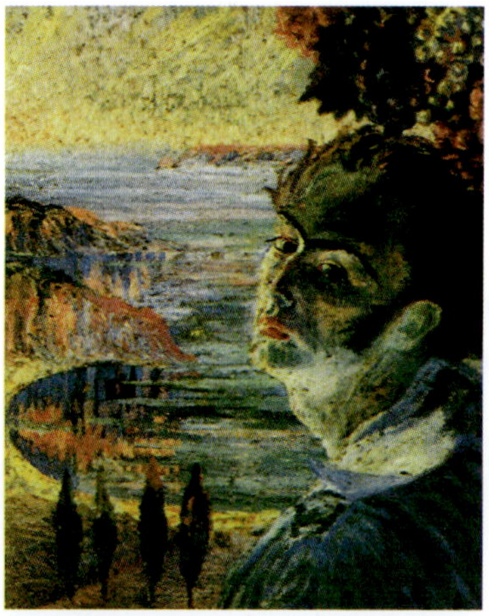

92

89 **Zelfportret met Rafaëls hals**, 1920-1921 ❑
Autoportrait au cou de Raphaël

90 **Zelfportret**, 1921 ❑
91 **Zelfportret**, 1921 ❑
Autoportrait

92 **Zelfportret**, rond 1921 ❑
Autoportrait – Autorretrato

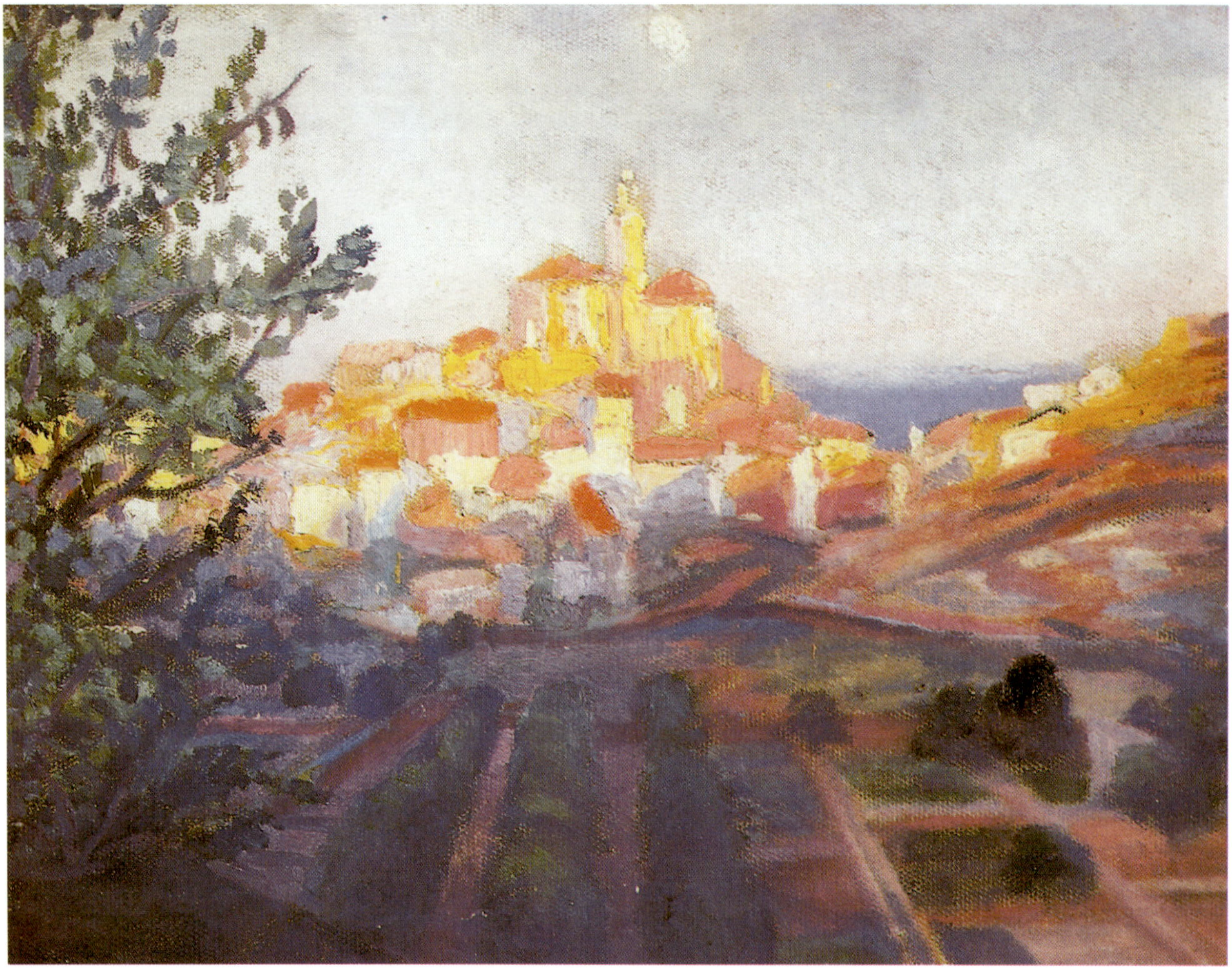

93

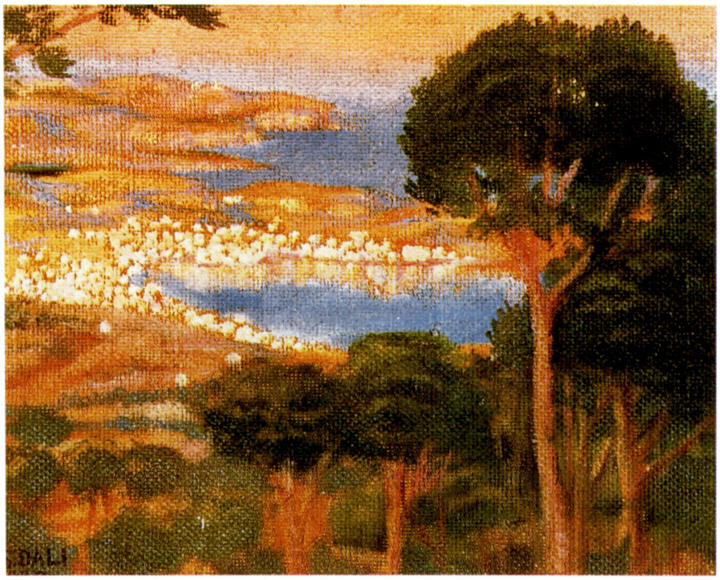

94

93 **Cadaqués op de rug gezien**, 1921 ❑
Cadaqués de dos

94 **Gezicht op Cadaqués vanaf Mont Pani**, rond 1921 ❑
Vue de Cadaqués depuis le mont Pani

95 **Jonge meisjes in een tuin (De nichtjes)**, 1921 ❑
Jeunes filles dans un jardin

96 **Portret van grootmoeder Ana bij het naaien**, rond 1921 ❑
Portrait de la grand-mère Ana cousant

97 **De baai van Cadaqués**, rond 1921 ❑
Baie de Cadaqués

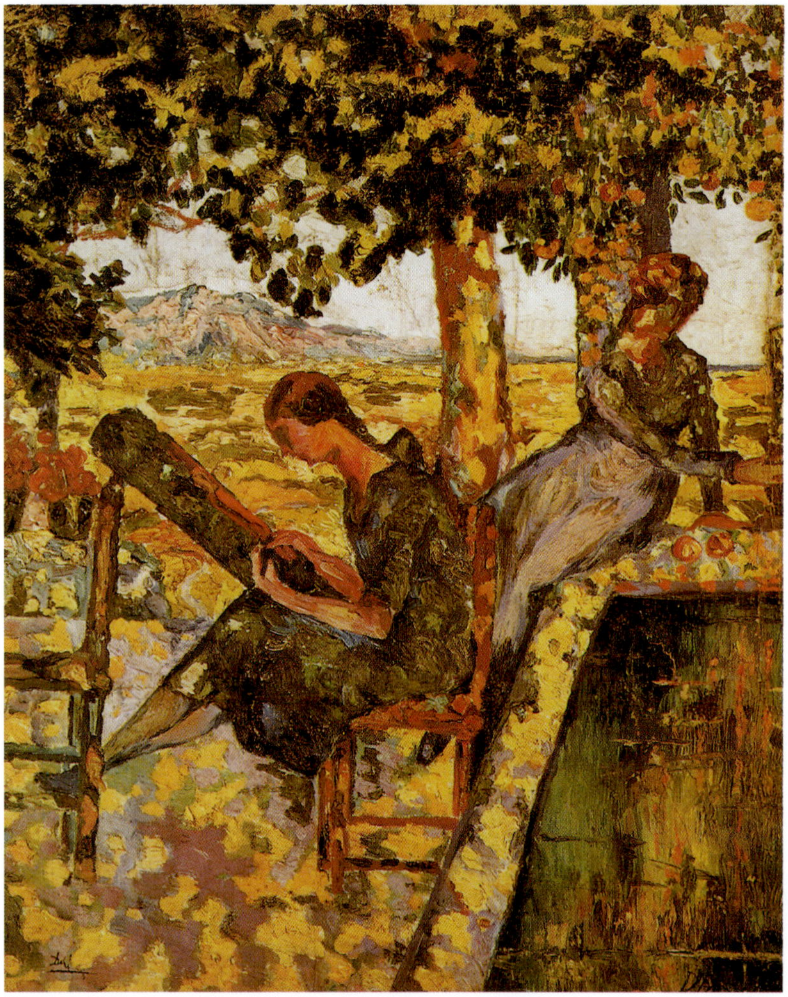
95

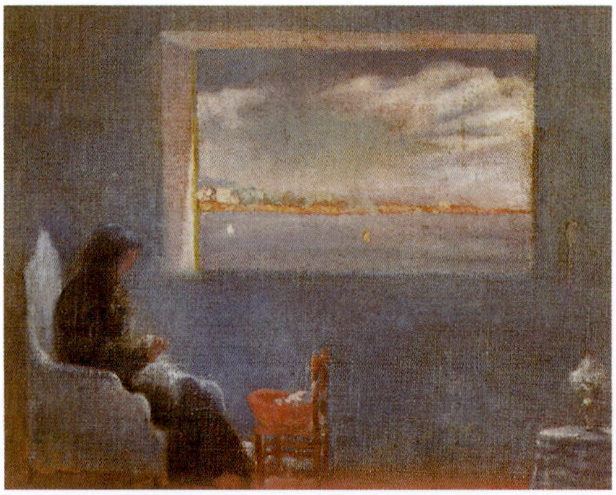
96

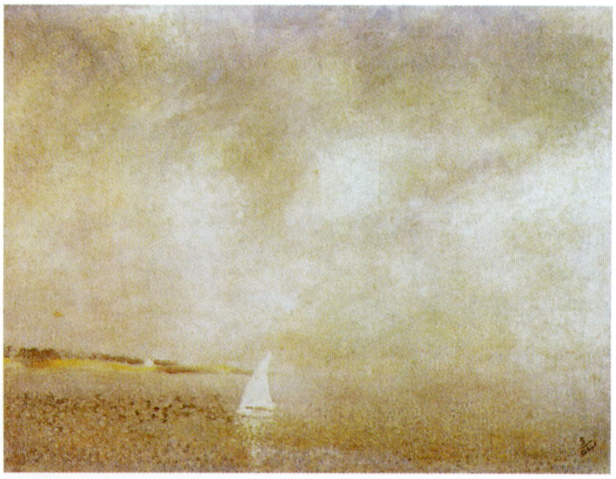
97

1921

98 **Feest in Figueras**, 1921 ❑
Fête à Figueras

99 **Feest van Santa-Creus in Figueras – Het circus**, 1921 △
Fête de la Santa Creus à Figueras – Le cirque

100 **Feest in San Sebastián**, 1921 △
Fête de l'hermitage de San Sebastián

101 **Proeven op het land**, 1921 △
Merienda en el campo – Goûter à la campagne

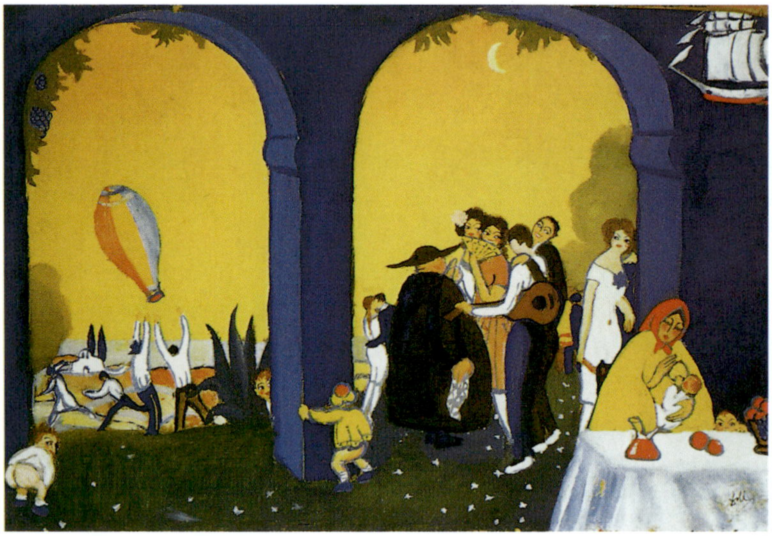

98

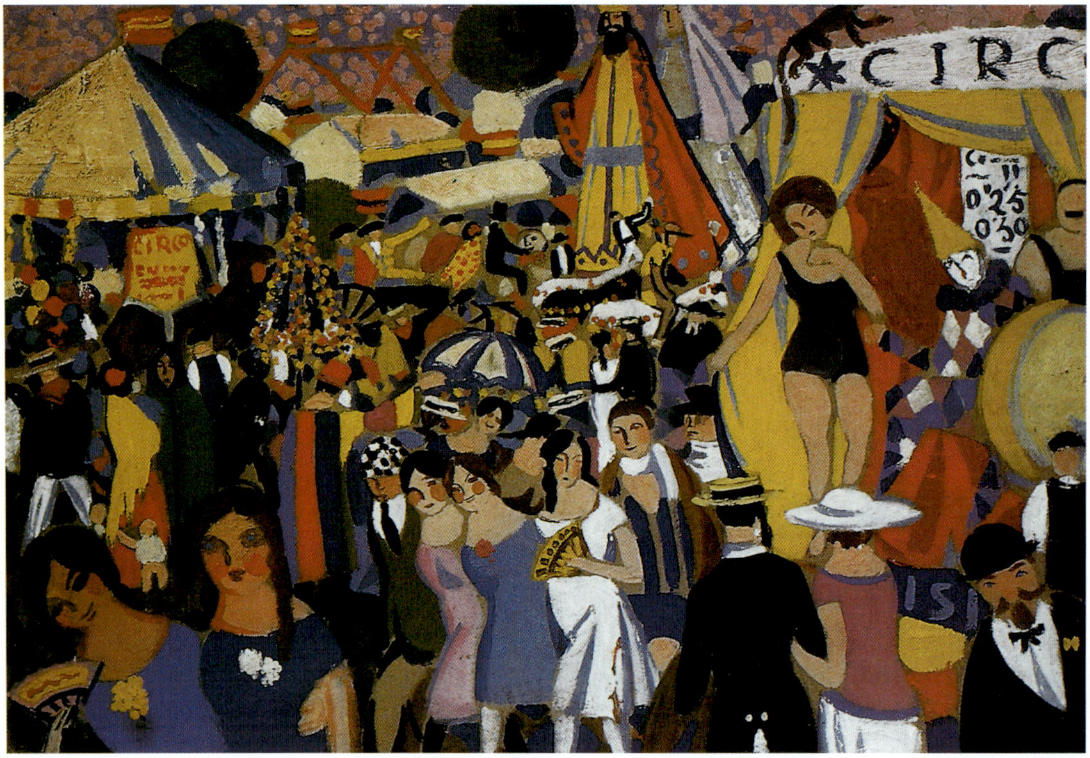

99

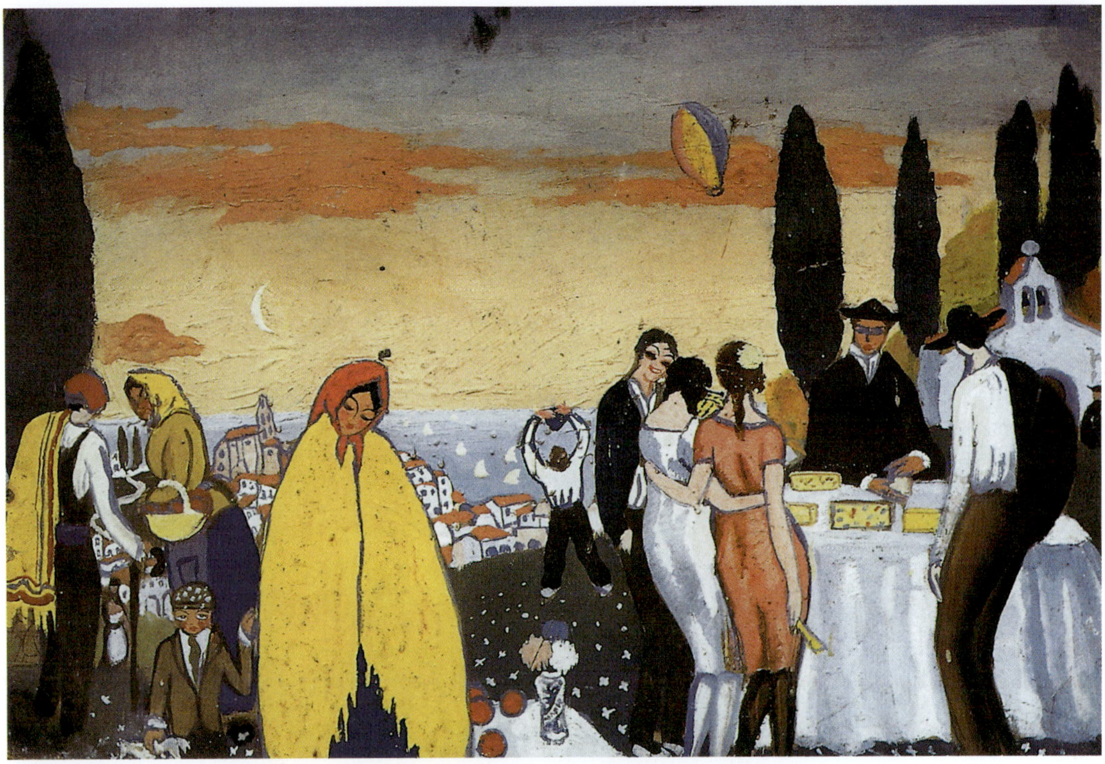
100

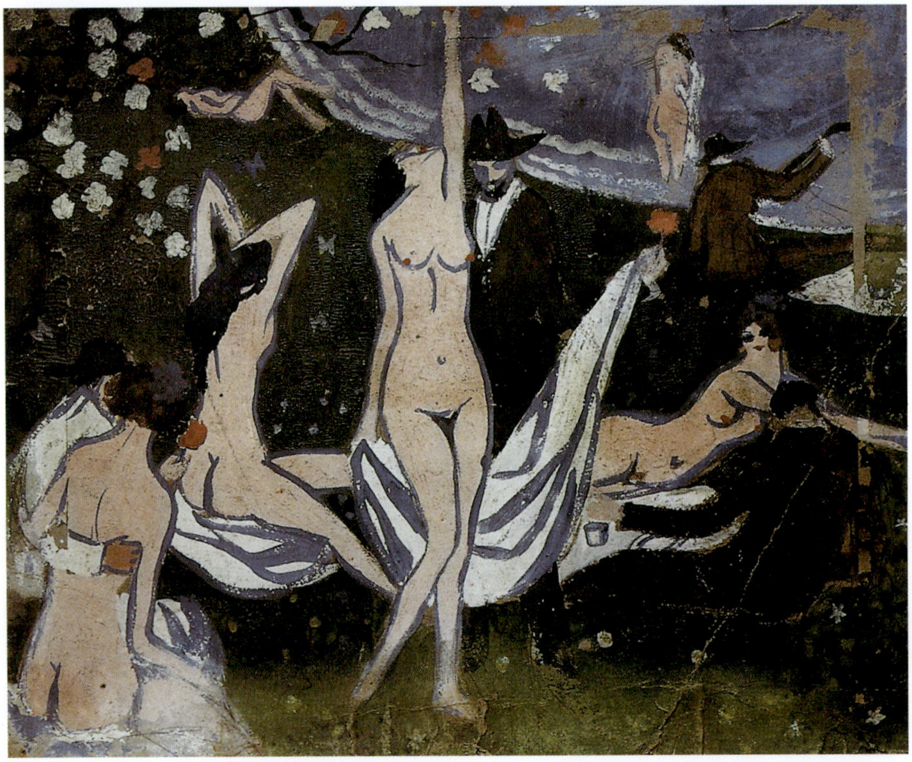
101

1921

102 **Man die een baby optilt alsof hij uit een fles drinkt**, rond 1921 △
Homme soulevant un bébé comme s'il buvait à la régalade

103 **Feest van St.-Lucia in Villamalla**, 1921 △
Fête de sainte Lucie à Villamalla

104 **Nimfen in een romantische tuin**, 1921 △
Nymphes dans un jardin romantique

105 **Zittende man voor een dansend paar**, 1921 △
Personnage assis avec au second plan un couple dansant

106 **Romería – Bedevaart**, 1921 △
Romería – Pélerinage

107 **Man met Porrón**, 1921 △
L'homme au porrón

108 **Voyeur**, 1921 △
Voyeur

109 **De oude man van Port Dogué**, 1921 △
Le vieux de Port Dogué

110 **Muze van Cadaqués**, 1921 △
Musa de Cadaqués

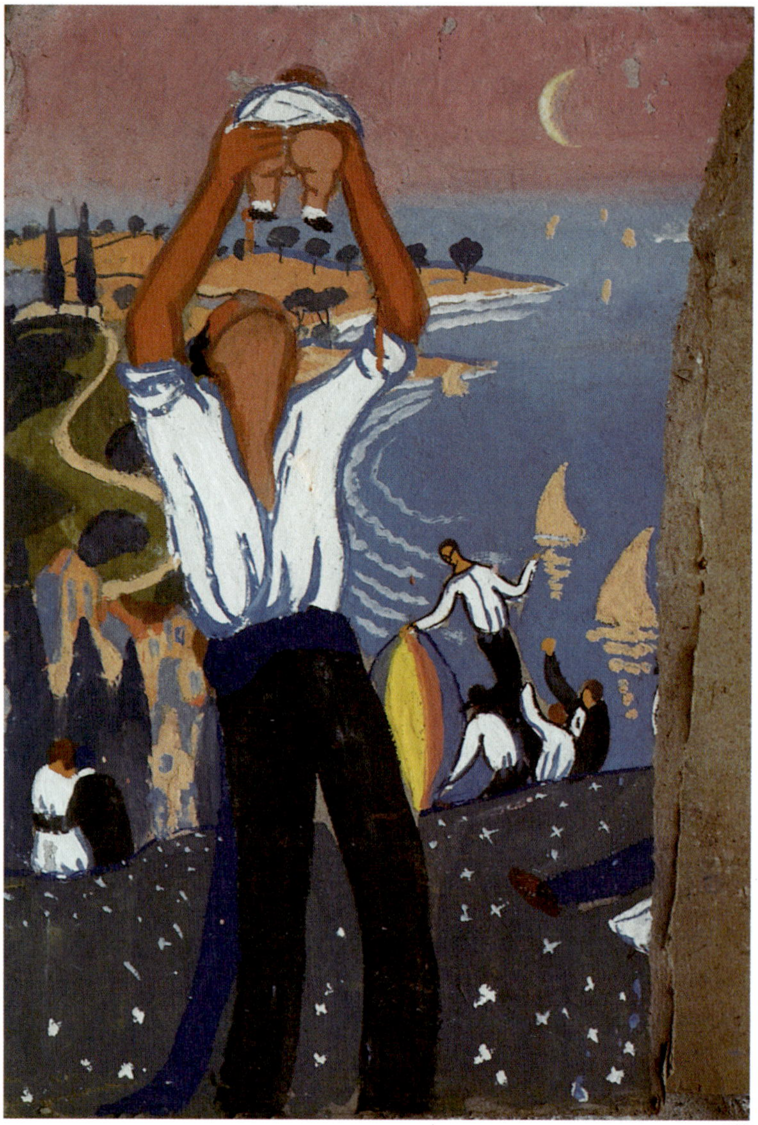

102

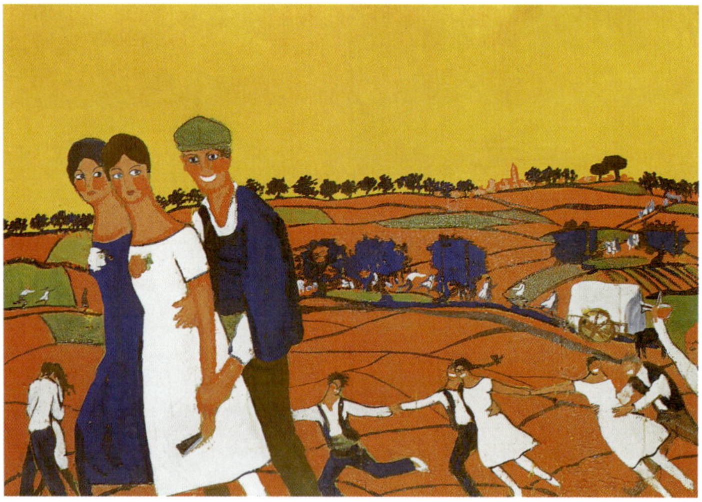

103

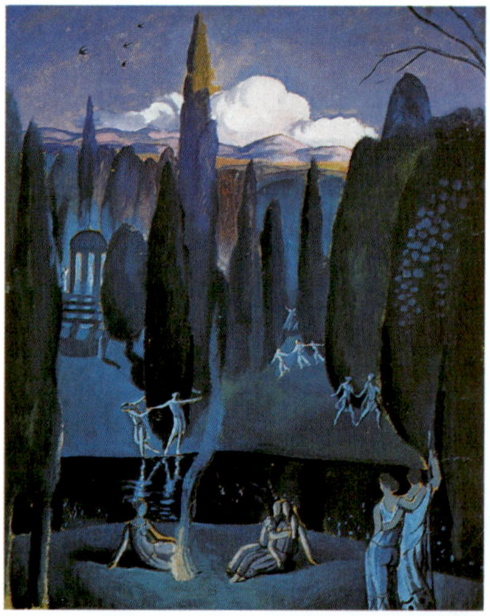

104

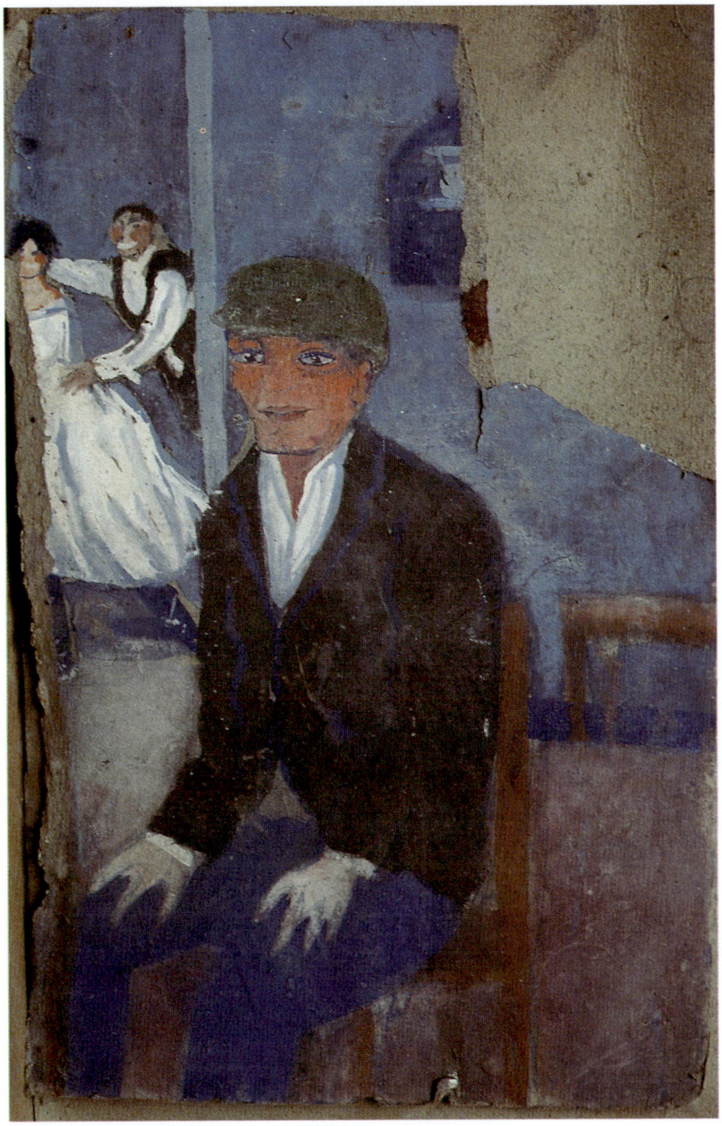
105

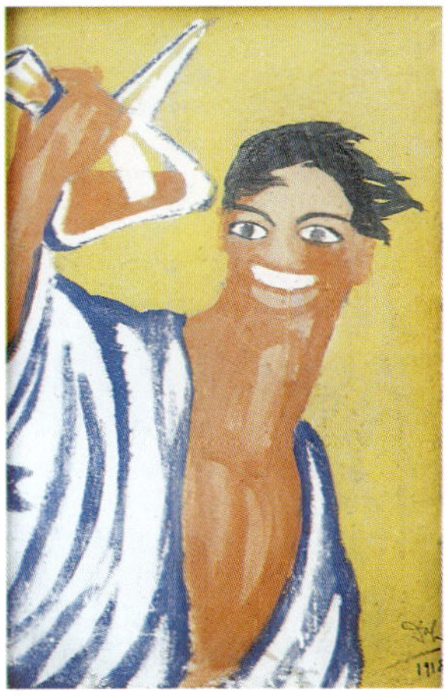
107

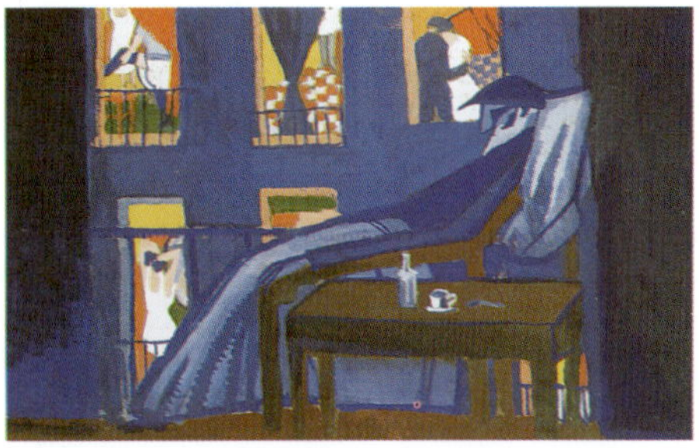
108

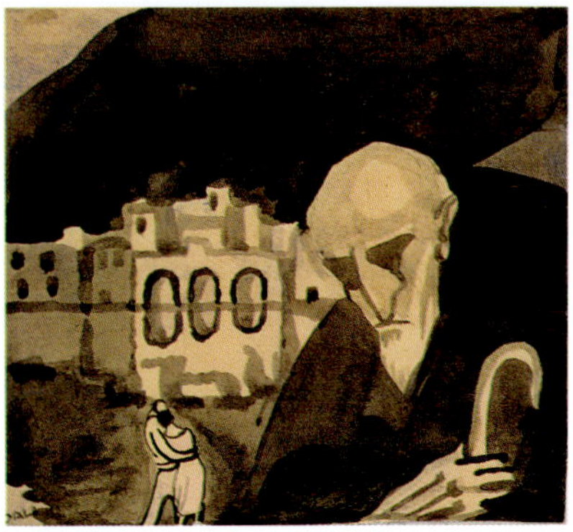
109

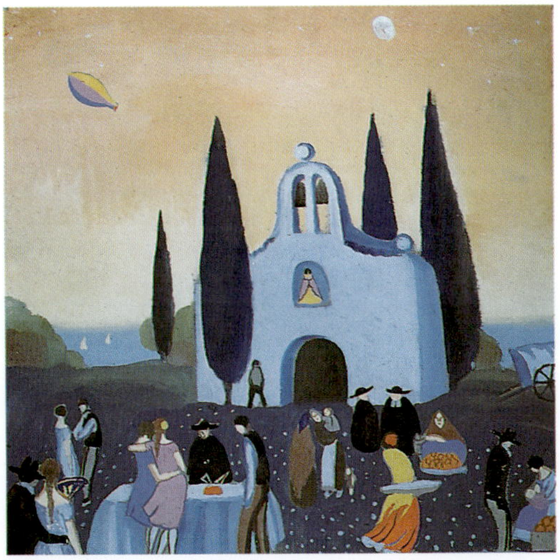
106

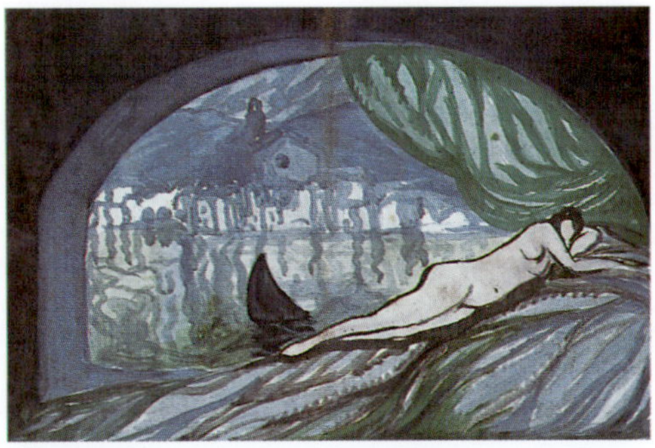
110

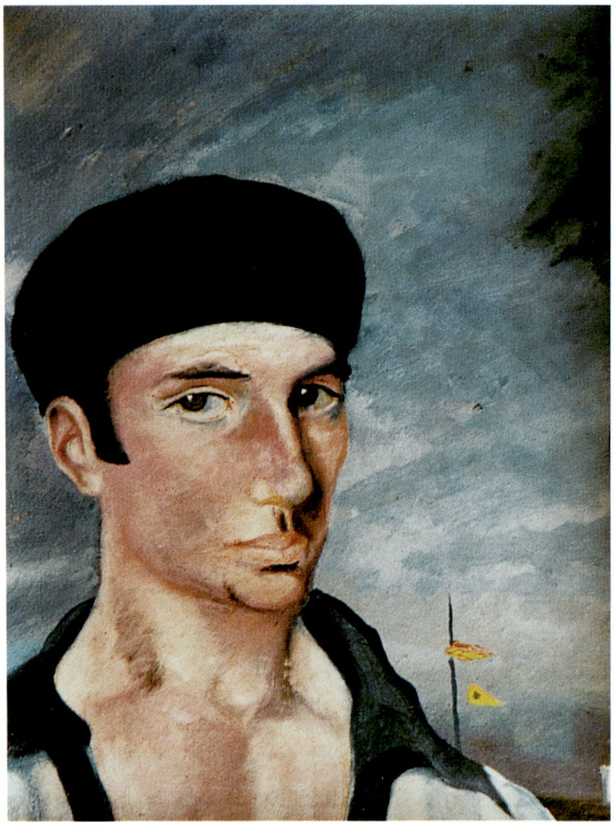

111

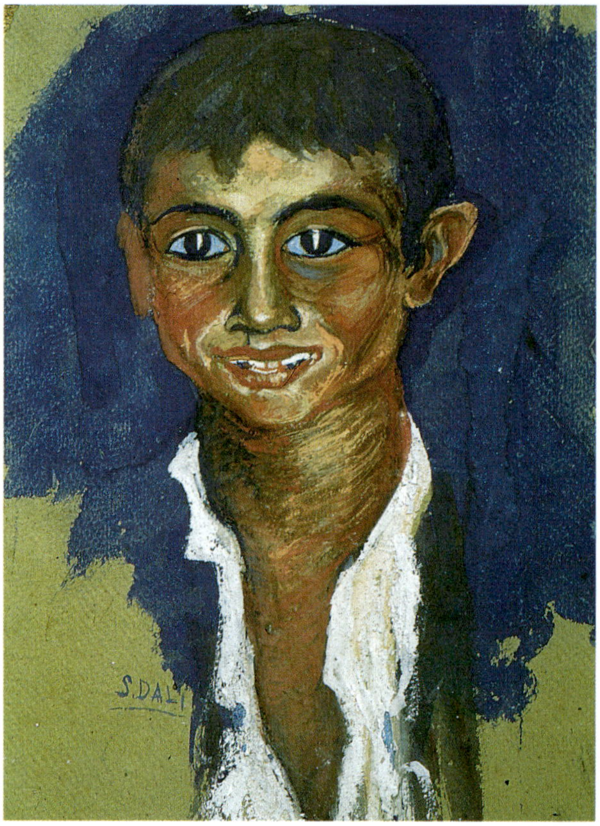

112

111 **Portret van Jaume Miravitlles**, 1921-1922 ❑
Portrait de Jaume Miravitlles

112 **Zigeunerhoofd**, 1919-1920 △
Tête de gitan – Cabeza de gitano

113 **Vissers van Cadaqués**, 1922 ❑
Pêcheurs de Cadaqués

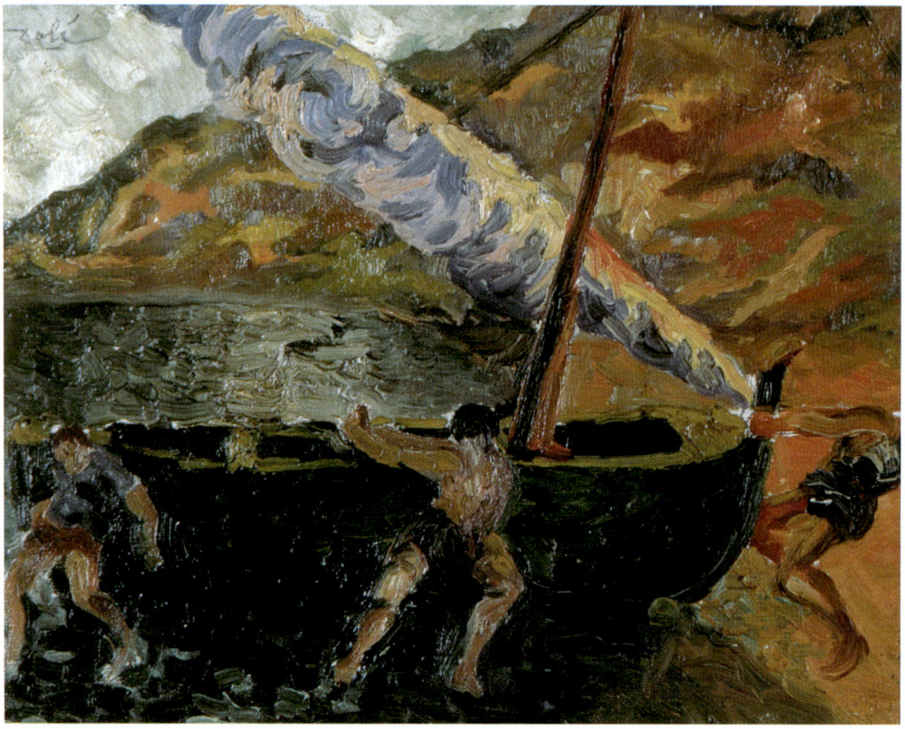

113

dersvernis op je haar smeren, ook al heeft dat minder leuke gevolgen, en daarna met oogschaduw donkere schaduwen om je ogen maken... "Zo zag ik er vreselijk zondig uit, in de stijl van een Argentijnse tangodanser van het type Rudolph Valentino, die voor mij toen het summum van mannelijke schoonheid was."

Politiek vervolgd!

Dalí doorgrondde zijn talenten. Hij had het Kubisme, Futurisme en Purisme ontdekt. Hij kende het werk van Picasso, Juan Gris, Severini, Morandi, De Chirico en Carrà. Buñuel en Lorca werden zijn vrienden. Weliswaar overschaduwt Lorca, de chef van de 'avantgardisten', hem vooralsnog met zijn virtuositeit en maakt zich vrolijk over Dalí's al te perfecte classicisme - maar slechts tot de dag waarop studiegenoot Pepín Bello in Dalí's atelier kubistische doeken ontdekt. Dalí schildert nog steeds landgenoten en landschappen, maar tegelijkertijd verkeert hij met gelijkgestemden in de bars en nachtclubs met zondige vrouwen in een grootsteedse elegante sfeer, waar hij zeer snel inziet welke macht het snobisme in zich draagt.

Het is dan ook nauwelijks verwonderlijk dat de leiding van de kunstacademie hem zag als de verantwoordelijke figuur voor de onrust die tot uitbarsting was gekomen door protesten van studenten tegen de benoeming van een docent die zij ongeschikt vonden. Net als eerder bij het incident met de verbrande vlag in Figueras wordt Dalí weer het slachtoffer van zijn eigen legendevorming. Het is niet ongevaarlijk vaandeldrager van het non-conformisme te worden. Bij zijn terugkeer naar Figueras arresteert de politie hem, het hoogtepunt van zijn geluk, omdat ze hem ook verantwoordelijk stelt voor de in Madrid uitgebroken onrust. "Mijn arrestatie droeg verder bij tot mijn roem. Voor mij was het vooral plezierig. Ik kwam tussen de politieke gevangenen terecht en hun vrienden en familie

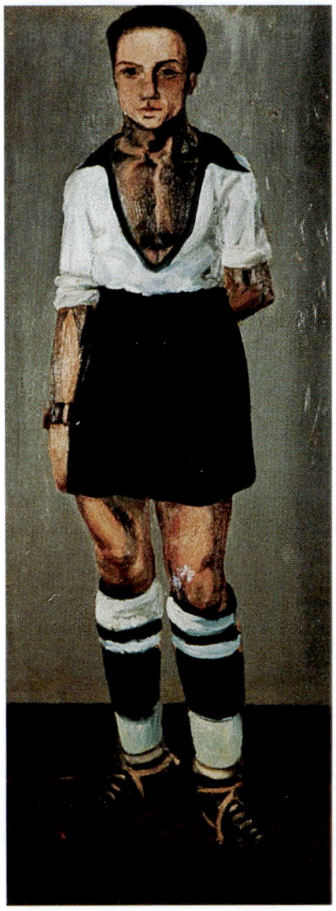

115

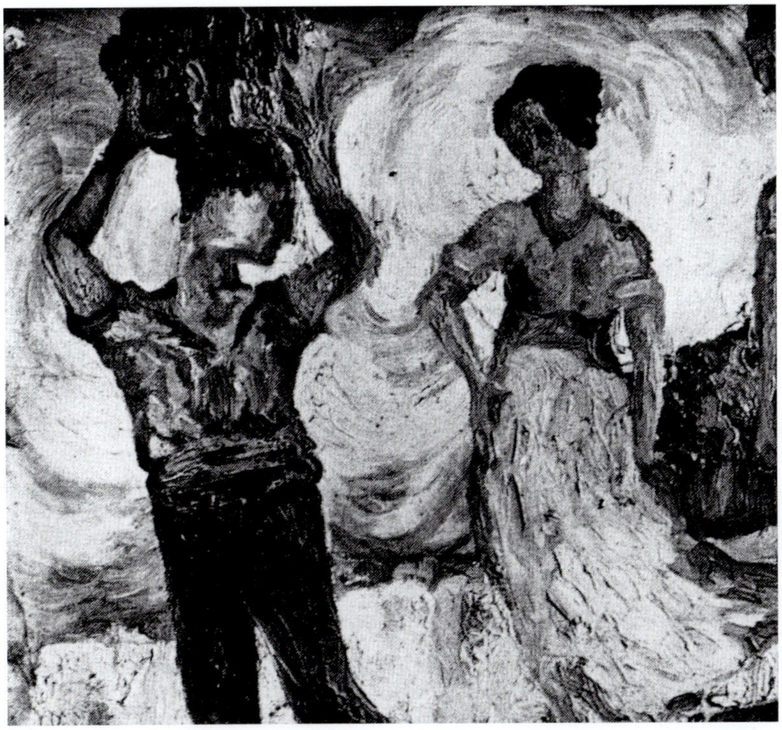

114

114 **Vissers van Cadaqués**, 1922 ❑
Pescadores de Cadaqués – Pêcheurs de Cadaqués

115 **Portret van Jaume Miravitlles als voetballer**, 1921-1922 ❑
Portrait de Jaume Miravitlles en joueur de football

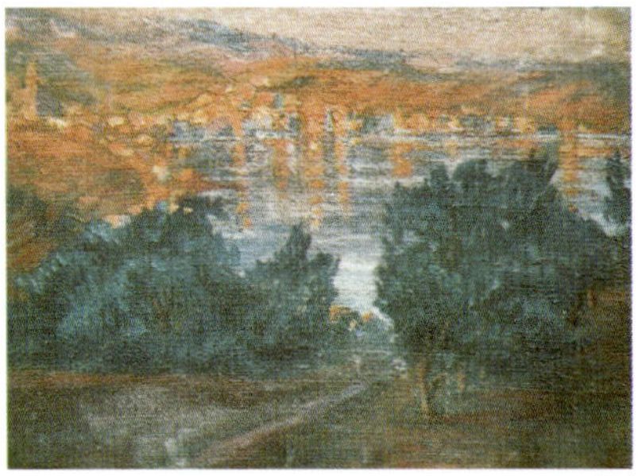

116

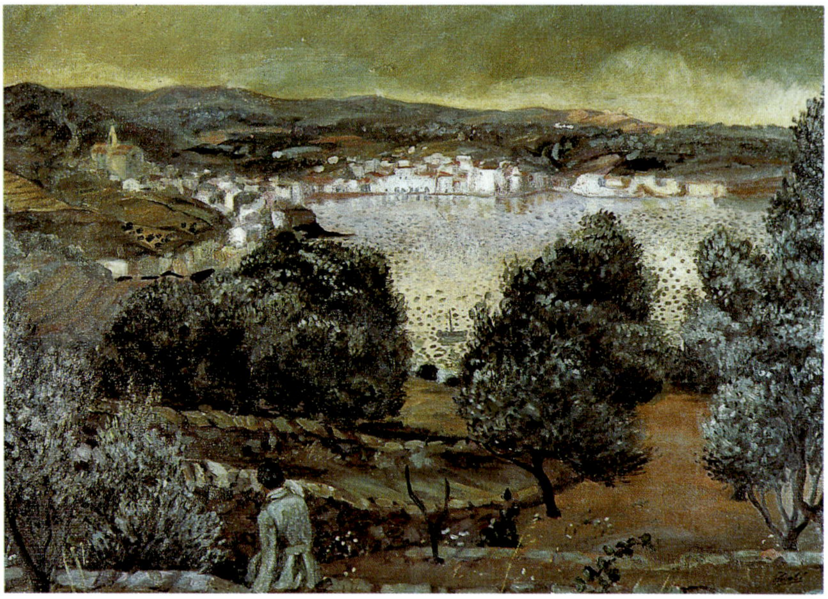

118

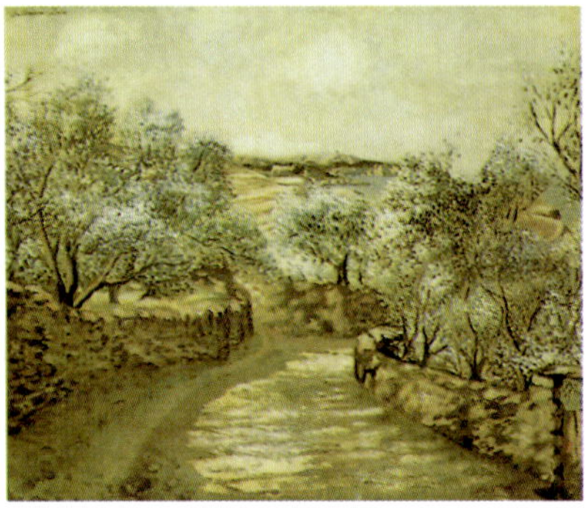

117

116 **Landschap – Cadaqués**, 1922 ❑
Paysage – Cadaqués

117 **De weg naar Port Lligat met gezicht op Cap Creus**, 1922-1923 ❑
Le chemin de Port Lligat avec vue sur le Cap Creus

118 **Landschap bij Cadaqués**, 1922 ❑
Paysage à Cadaqués

119 **Kruik**, 1922-1923 ❑
Canti – Cruche

overlaadden me met cadeaus... We nipten elke avond champagne... bovendien ervoer ik het geluk het landschap van Ampurdán weer te zien. Ik begreep dat ik er in geslaagd was eindelijk iets ouder te worden. Dat was het enige wat ik wilde. En het deed me goed me een beetje ouder te voelen, juist op het moment dat ik in de gevangenis zat. Wat een ontspanning voor de geest!"

Het moet gezegd worden dat het hier om een politiek spelletje ging dat meer tegen zijn vader was gericht dan tegen hemzelf. Na vijfendertig dagen arrest wordt hij vrijgelaten en hij toont zich tevreden: had hij nu niet het aureool van een politiek vervolgde?

Het culinaire delirium

De opvallendste obsessies die van meet af aan in Dalí's werk verschijnen, zijn direct terug te voeren op zijn Catalaanse oorsprong. Van de Catalanen wordt gezegd dat ze alleen geloven in het bestaan van dingen die je kunt eten, horen, aanraken, ruiken en voelen. Dalí zegt steeds weer: "Ik weet wat ik eet, ik weet niet wat ik doe." Even vaak citeert hij een van zijn landgenoten, de filosoof Francesc Pujols, die de uitbreiding van de katholieke Kerk vergelijkt met een varken dat wordt gemest voor het wordt geslacht om te worden opgegeten. Dalí verklaart, met een typische Dalí-variant op een uitspraak van Augustinus: "Christus is als kaas, beter gezegd als bergen kaas." Die eetwaan duikt regelmatig op in zijn werk, of het nu gaat om de beroemde 'weke uurwerken' (*De duurzaamheid van de herinnering*, blz. 163), die voortkomen uit een droom over een uitlopende camembert, de talloze *Spiegeleieren op het bord zonder het bord* (blz. 184) of *Antropomorf brood* (blz. 178).

Dalí's stillevens uit die tijd wekken de indruk dat ze toekomstige gerechten oproepen. Dalí mag alles in zijn ouderlijk huis, alleen niet... in de keuken komen, waar de dienstmeisjes aan de slag zijn en waar de opwindendste geuren vandaan komen. In zijn 'Geheime leven' herinnert hij zich dat "ik urenlang wachtte, terwijl het water me in de mond liep, tot het moment gunstig was en ik kon binnensluipen in dit rijk van verleidelijke heerlijkheden. Als ik er onder het geamuseerde gegil van de dienstmeisjes in geslaagd was binnen te dringen, dan was dat

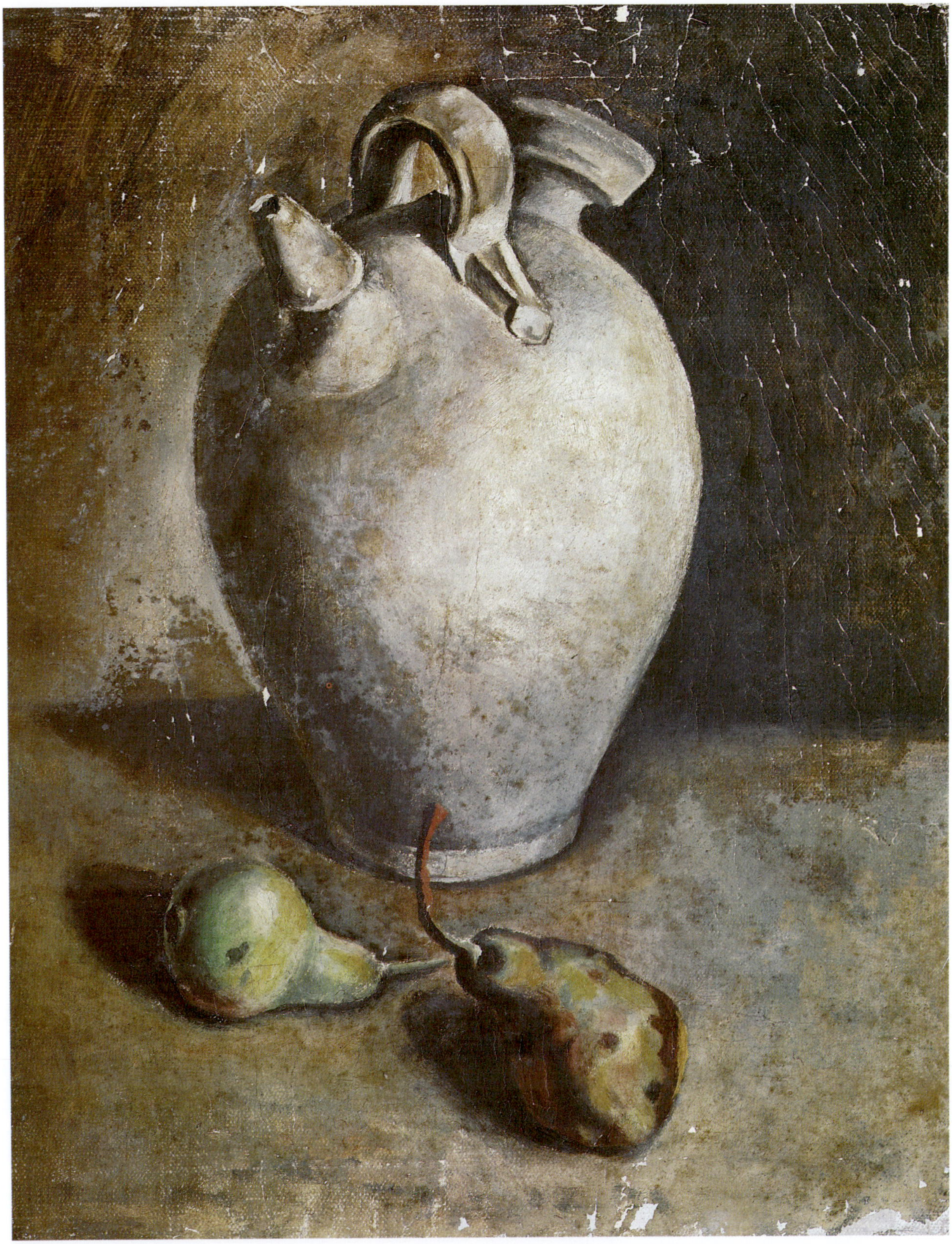

119

1922

120 **Stilleven**, 1922 ❑
Nature morte

121 **Stilleven met aubergines**, 1922 ❑
Nature morte aux aubergines

122 **Stilleven**, 1922 ❑
Nature morte

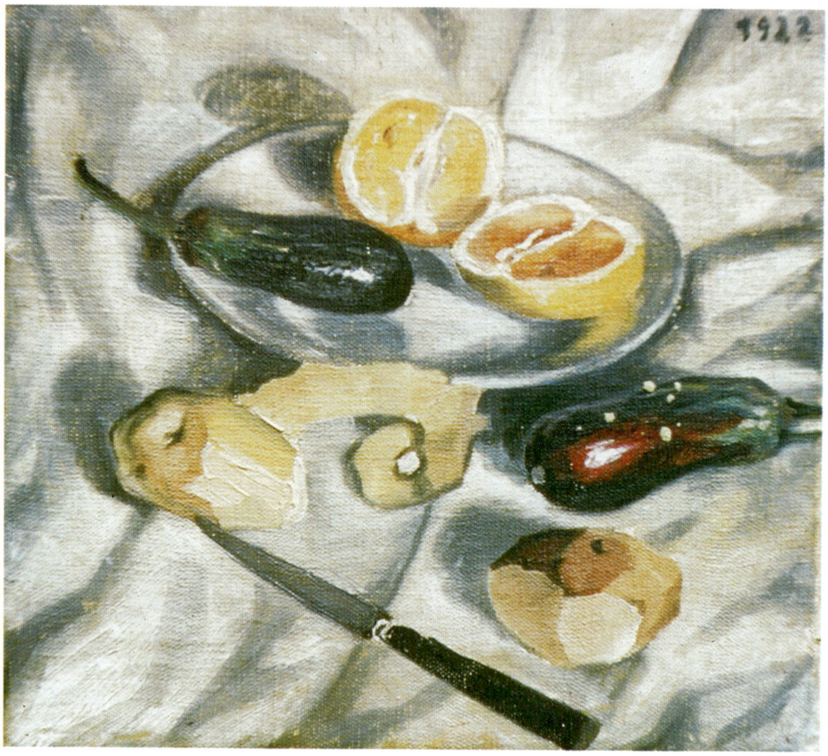

121

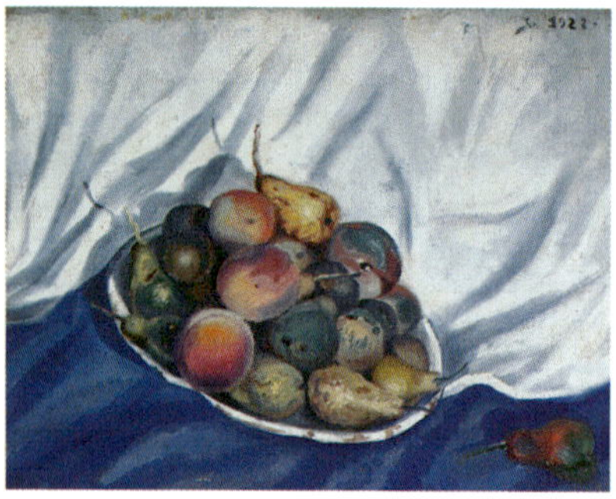

120

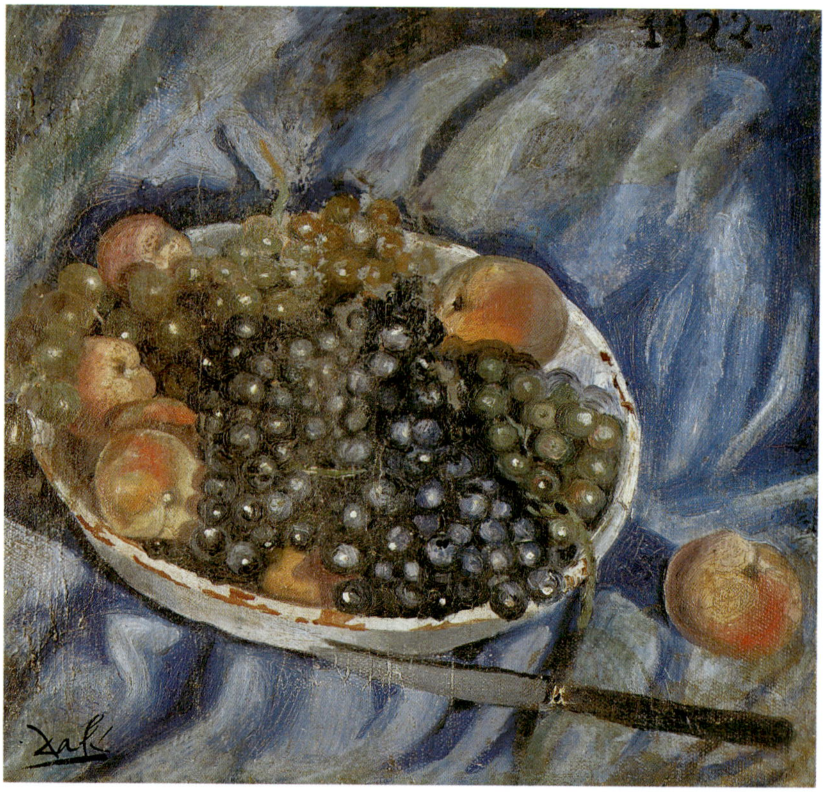

122

123 **Stilleven met zeeduivel**, 1922 ❑
Pulpo y scorpa – Nature morte à la rascasse

124 **Stilleven – Vis met rode schaal**, 1922 ❑
Nature morte – Fish with Red Bowl

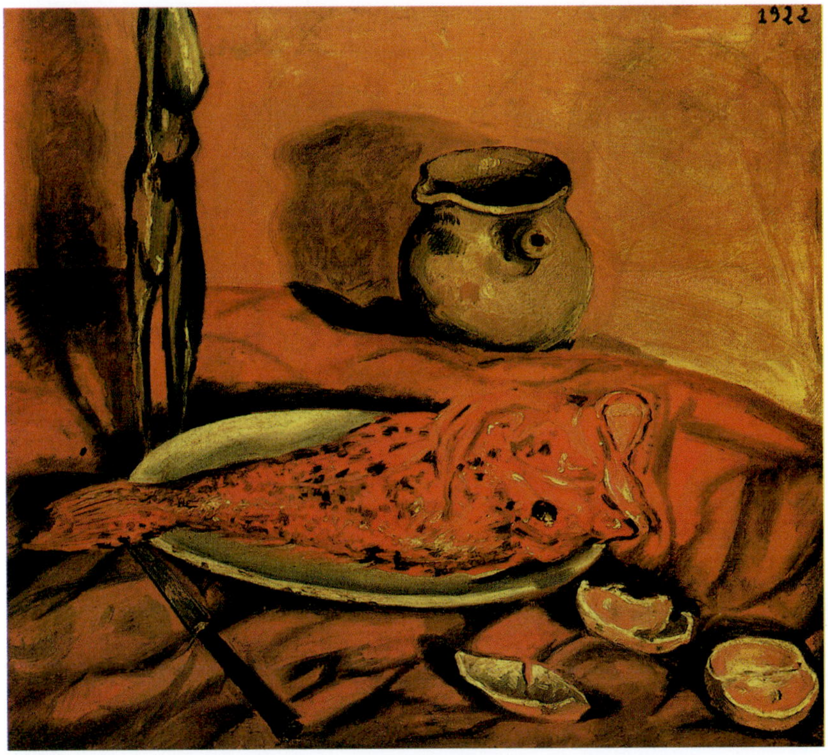

123

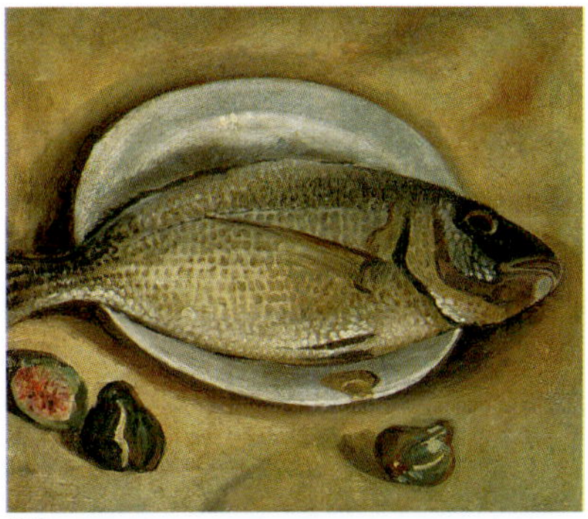

125

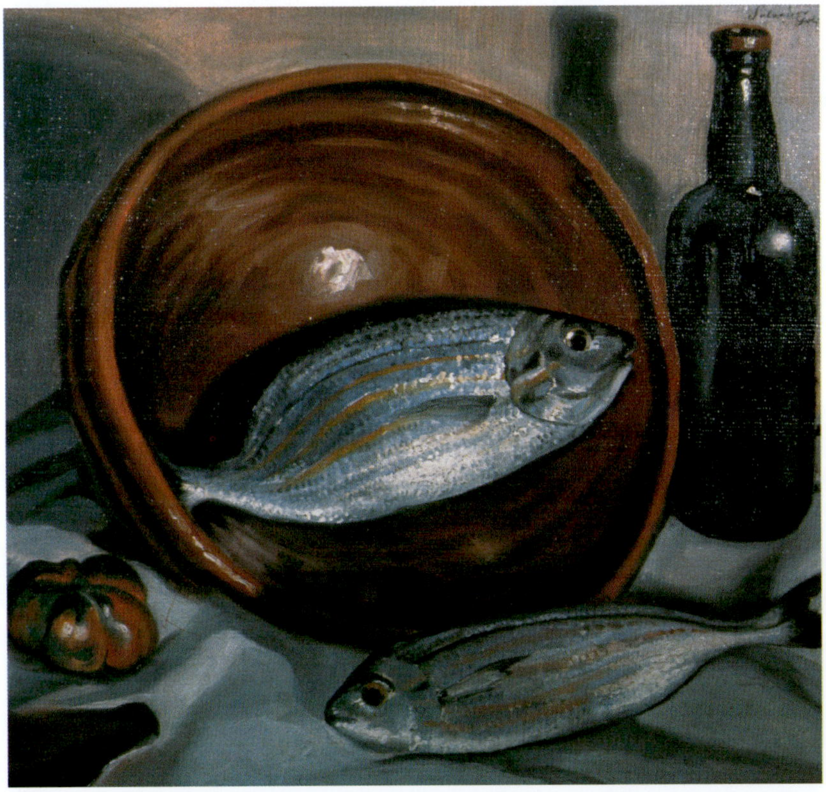

124

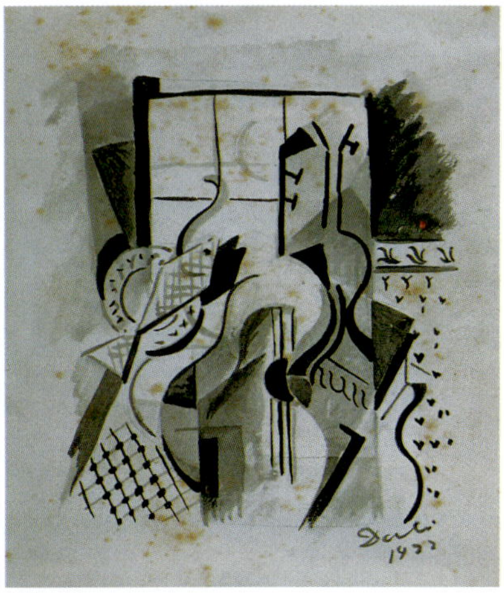

126

125 **Steenbrasem**, 1922 ❑
Saupe – Saupa

126 **Kubistische compositie – Stilleven met gitaar**, 1922 △
Composition cubiste – Nature morte à la guitare

1922

127 **Zonder titel – Cabarettafereel in Madrid**, 1922 △
Sans titre – Scène de cabaret à Madrid

128 **Bordelen**, 1922 △
Bordels

129 **Zomernacht**, 1922 △
Nuit d'été

130 **Drinker**, 1922 △
Ivrogne

131 **Cabarettafereel**, 1922 ❑
Scène de cabaret

132 **Villa Pepita (voor de restauratie)**, 1922 ❑
Villa Pepita

133 **Paard**, 1922 ❑
Caballo – Cheval

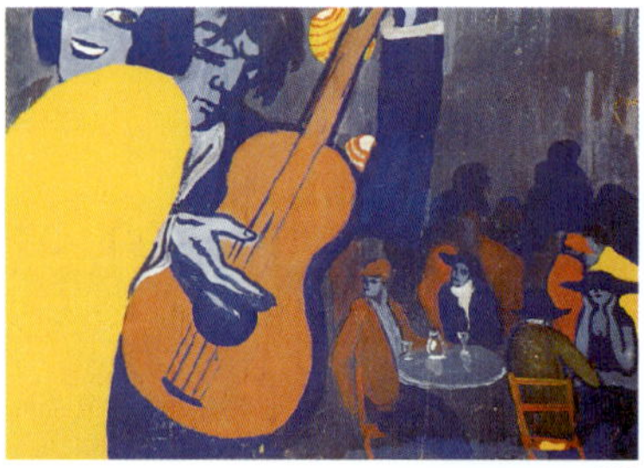

127

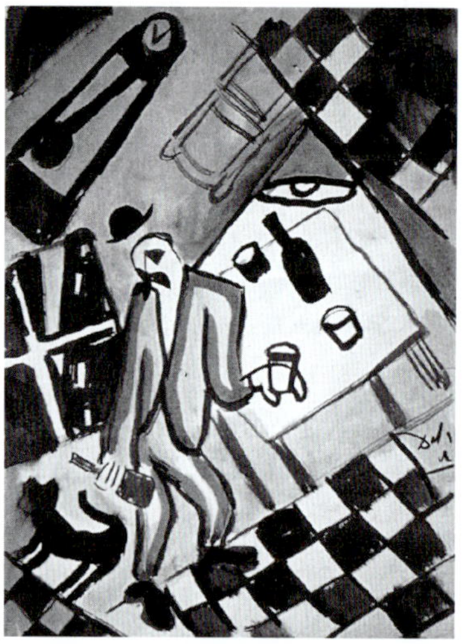

130

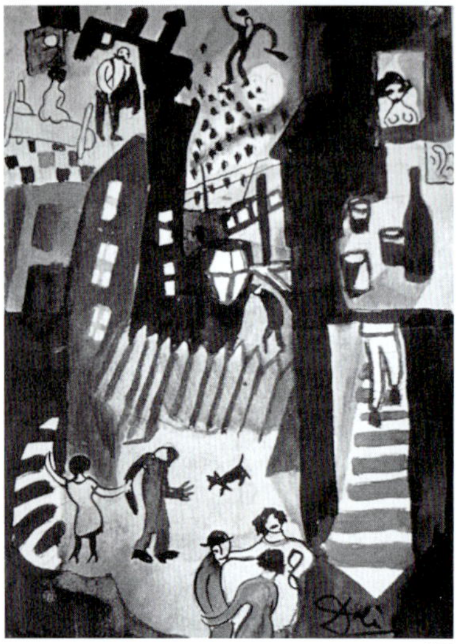

128

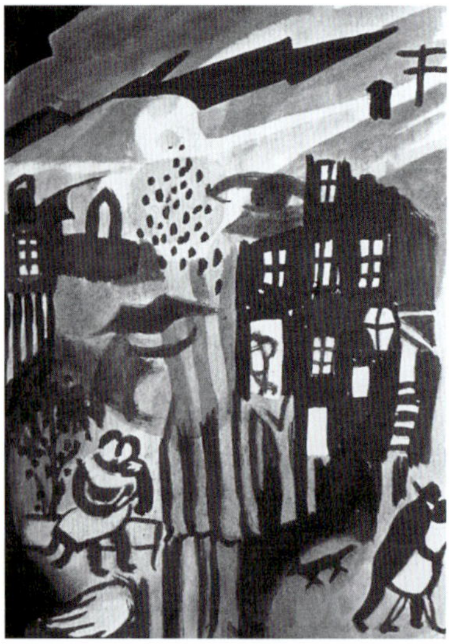

129

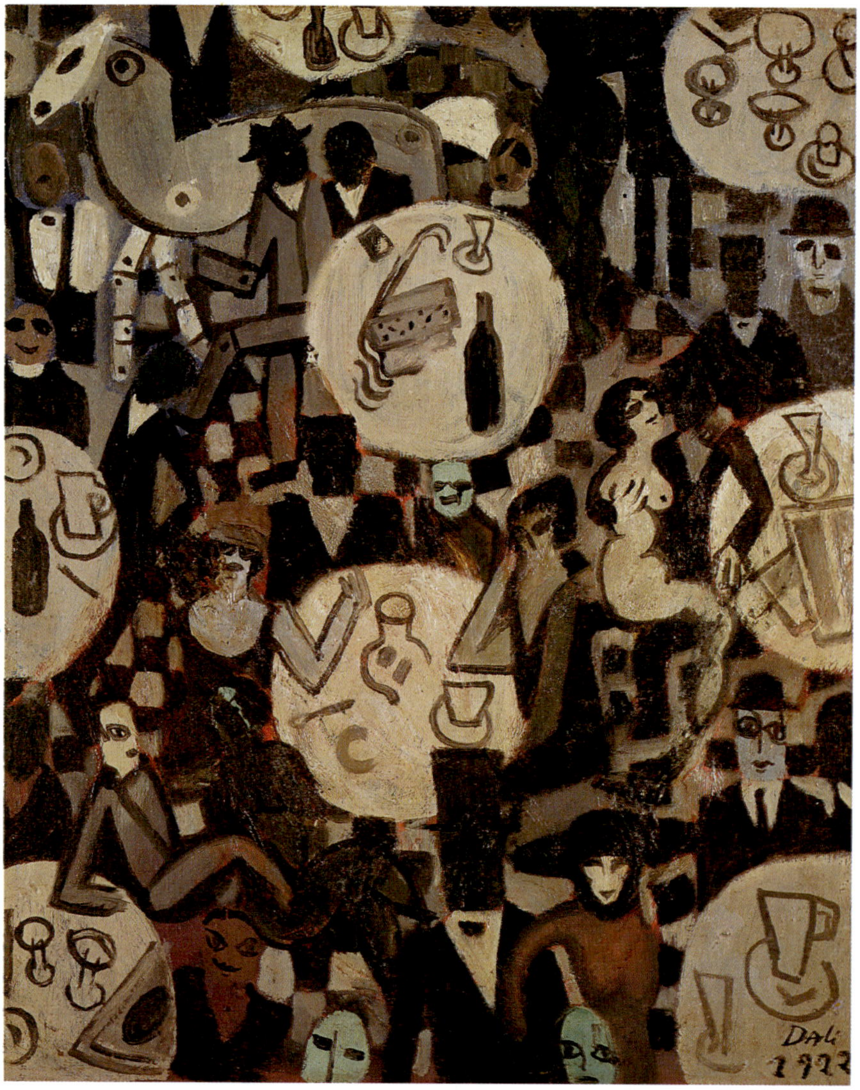

131

alleen om een stuk rauw vlees te stelen of een gebakken champignon, die ik op het gevaar af te stikken verorberde."

Dat culinaire delirium vermengde zich toen al, zoals steeds bij Dalí, met zinnelijkheid en erotiek. In het vervolg van zijn verslag levert hij een sleutel tot zijn werk: "Verstopt achter de halfopen keukendeur hoorde ik de bestiale vrouwen met hun rode handen heen en weer lopen, ik zag hun dikke achterwerken, hun losgeraakte haren, die hingen als manen. Uit de middaghitte, uit de warrige geluiden van de voorbereidingen steeg voor mij de scherpe geur van zwetende dienstmeisjes op, de geur van wijndruiven, van heet vet, van uitgetrokken haren op een hazebout, de geur van nieren en mayonaise – de geurende vooraankondiging van het middagmaal, die zich vermengde met een soort bittere paardegeur. Het geklopte eiwit, dat werd verlicht door een zonnestraal die door een maalstroom van damp en vliegen drong, glansde als het stralend witte schuim dat je van een paardebek veegt nadat het een lange draf langs stoffige wegen achter zich heeft, daarbij tot bloedens toe aangevuurd met zweepslagen. Zoals ik al zei, ik was een verwend kind..."

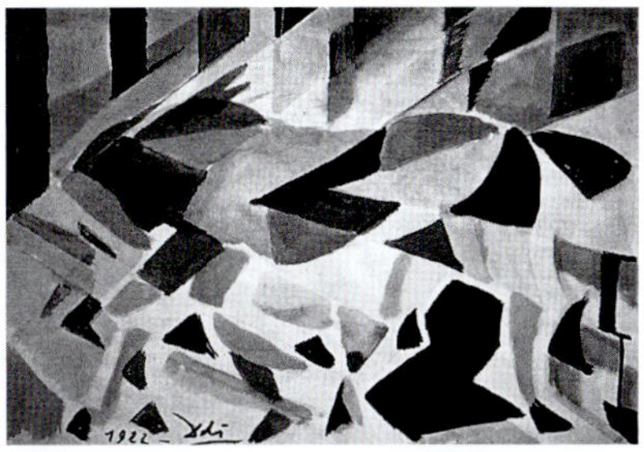

133

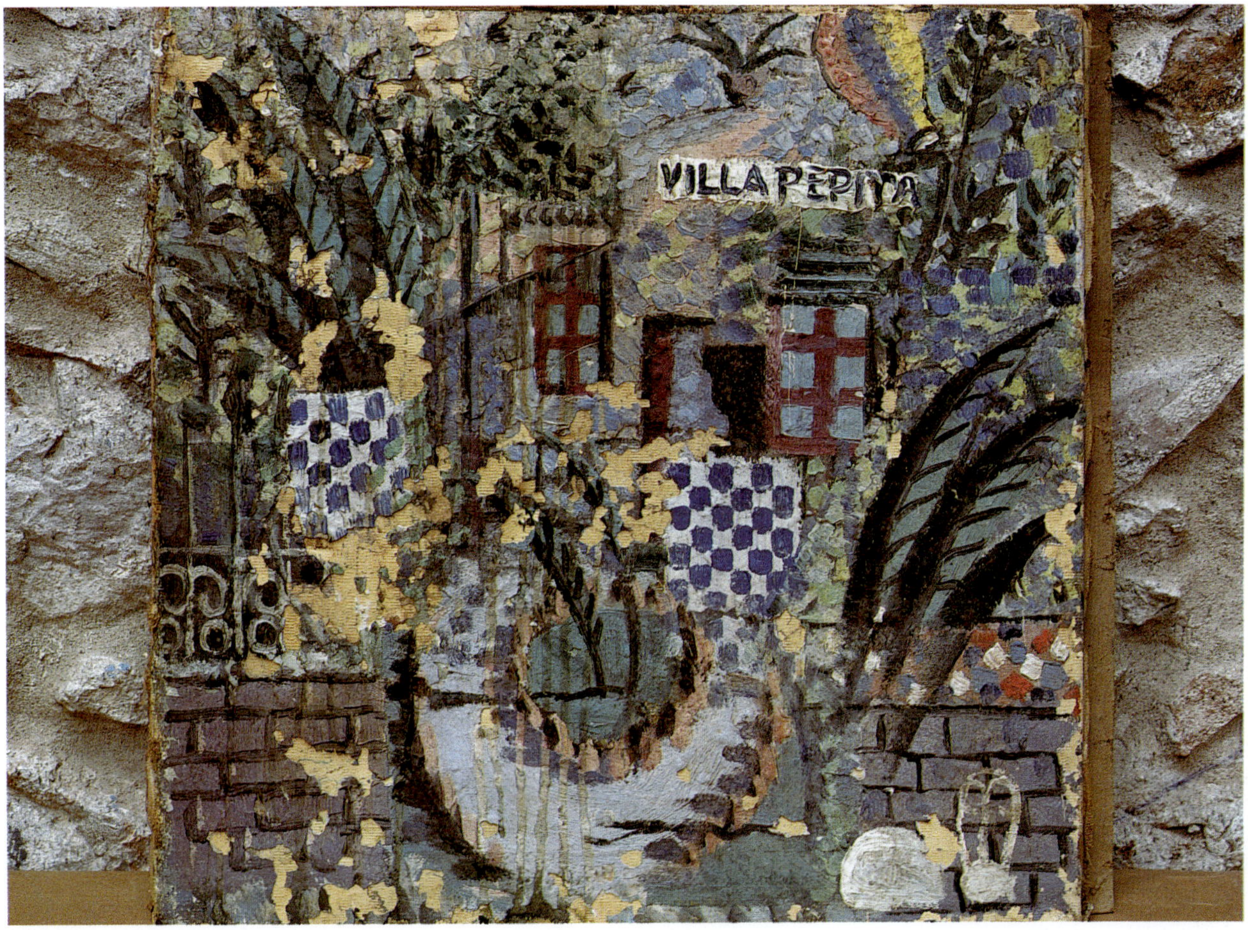

132

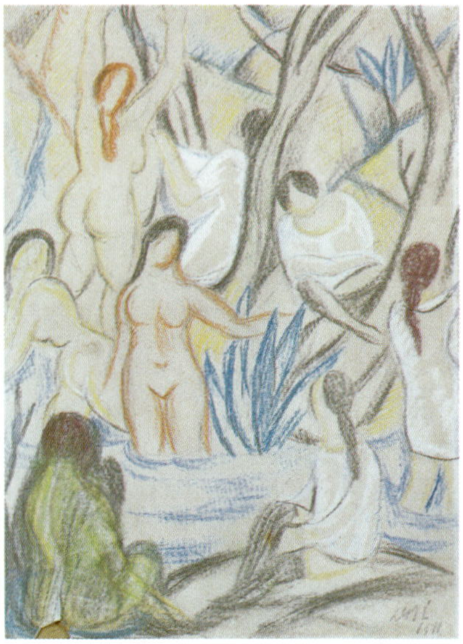

134

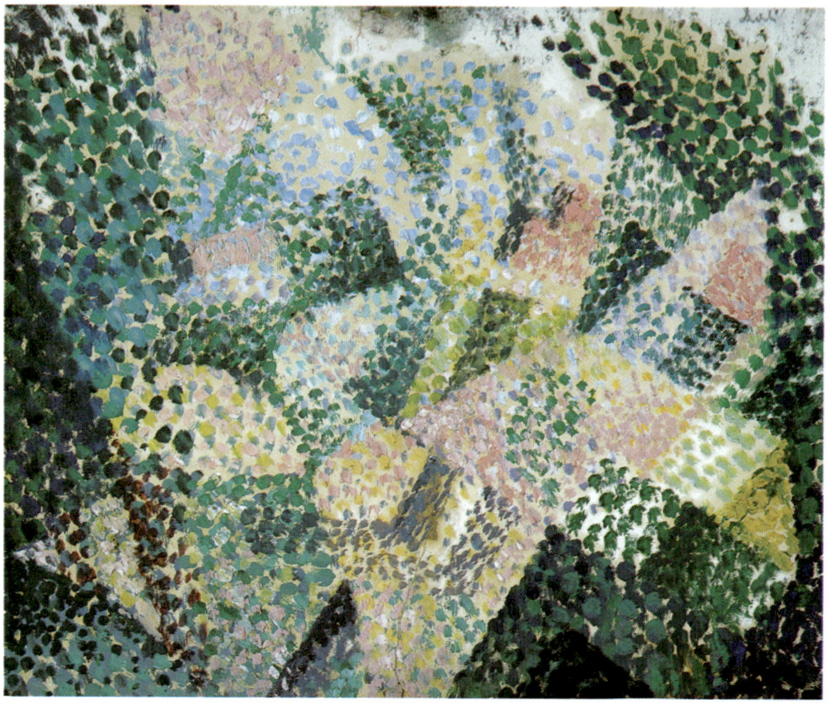

137

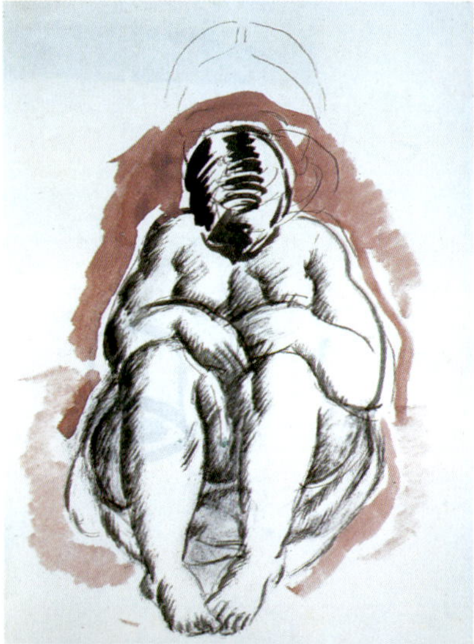

135

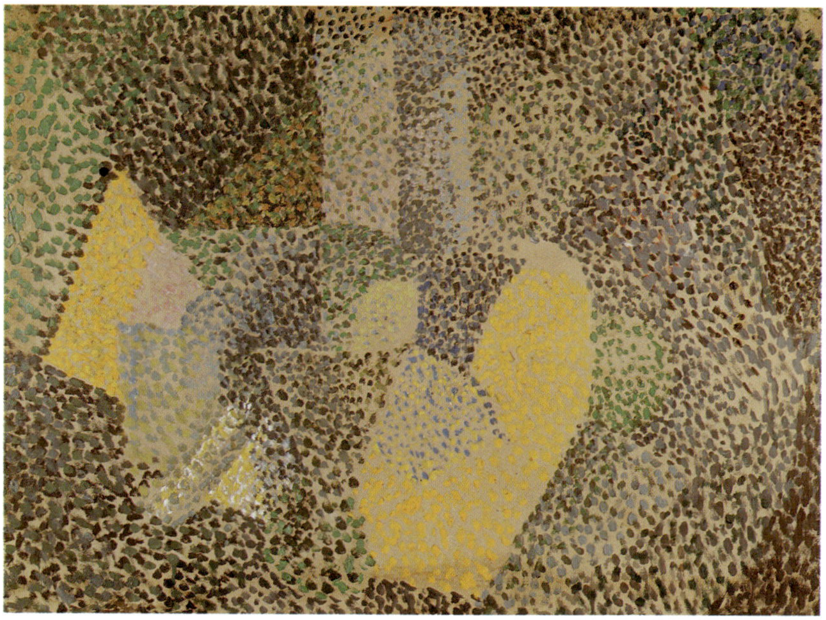

138

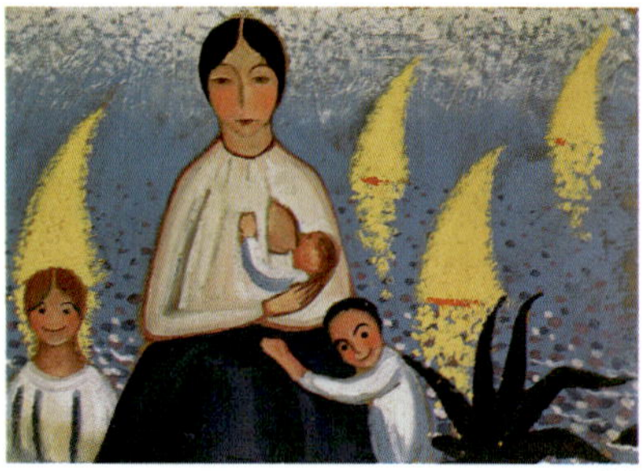

136

134 **Baadsters**, 1918-1919 △
Baigneuses

135 **Zittende vrouw**, rond 1922 △
Femme assise

136 **Moederschap**, rond 1921 ❑
Maternité

137 **Zonder titel – Landschap bij Madrid**, 1922-1923 ❑
Sans titre – Paysage à Madrid

138 **Madrid, architectuur en populieren**, 1922 ❑
Madrid, architecture et peupliers

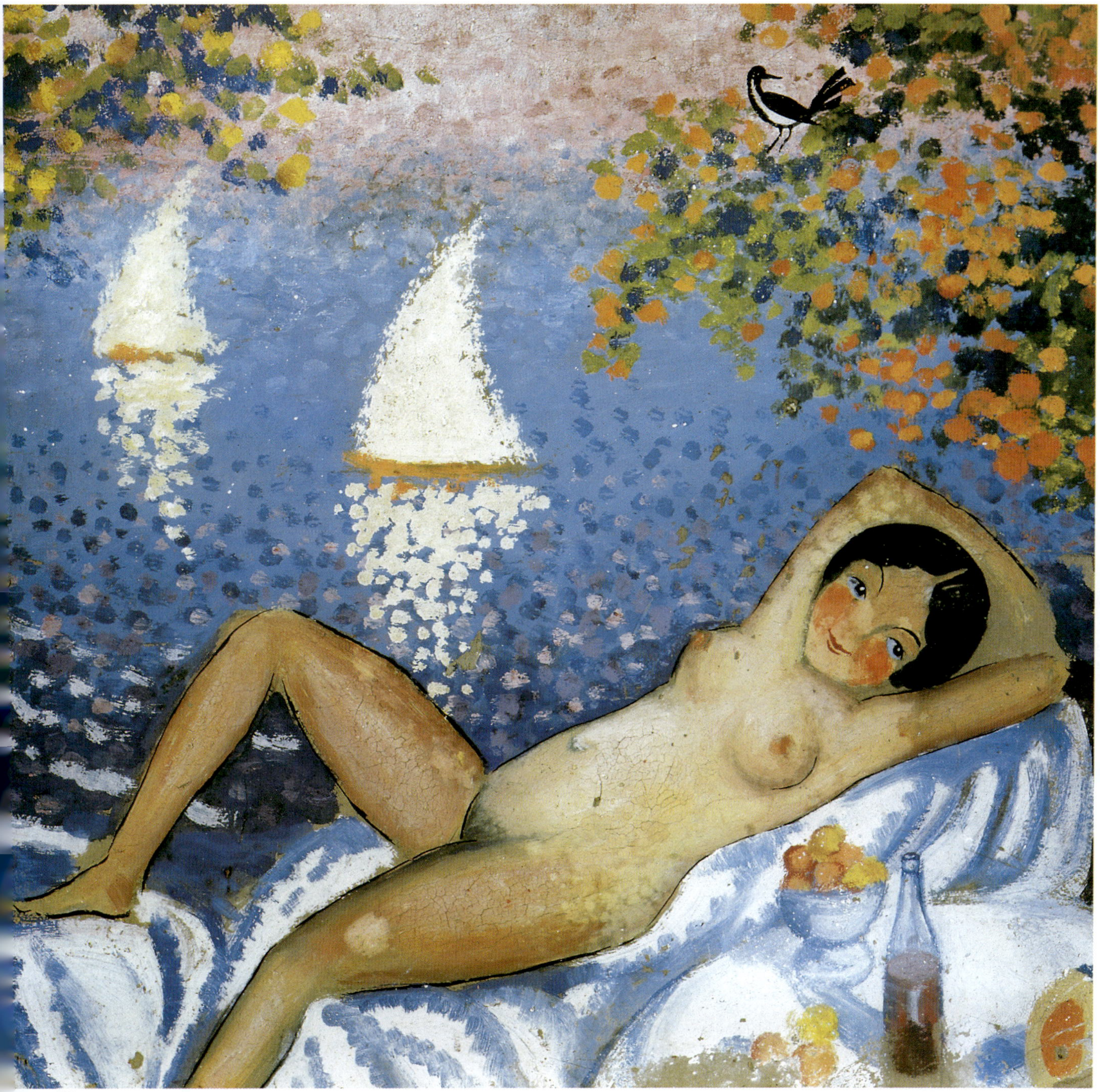

139

139 **Naakt in een landschap,**
1922-1923 ❑
Nu dans un paysage

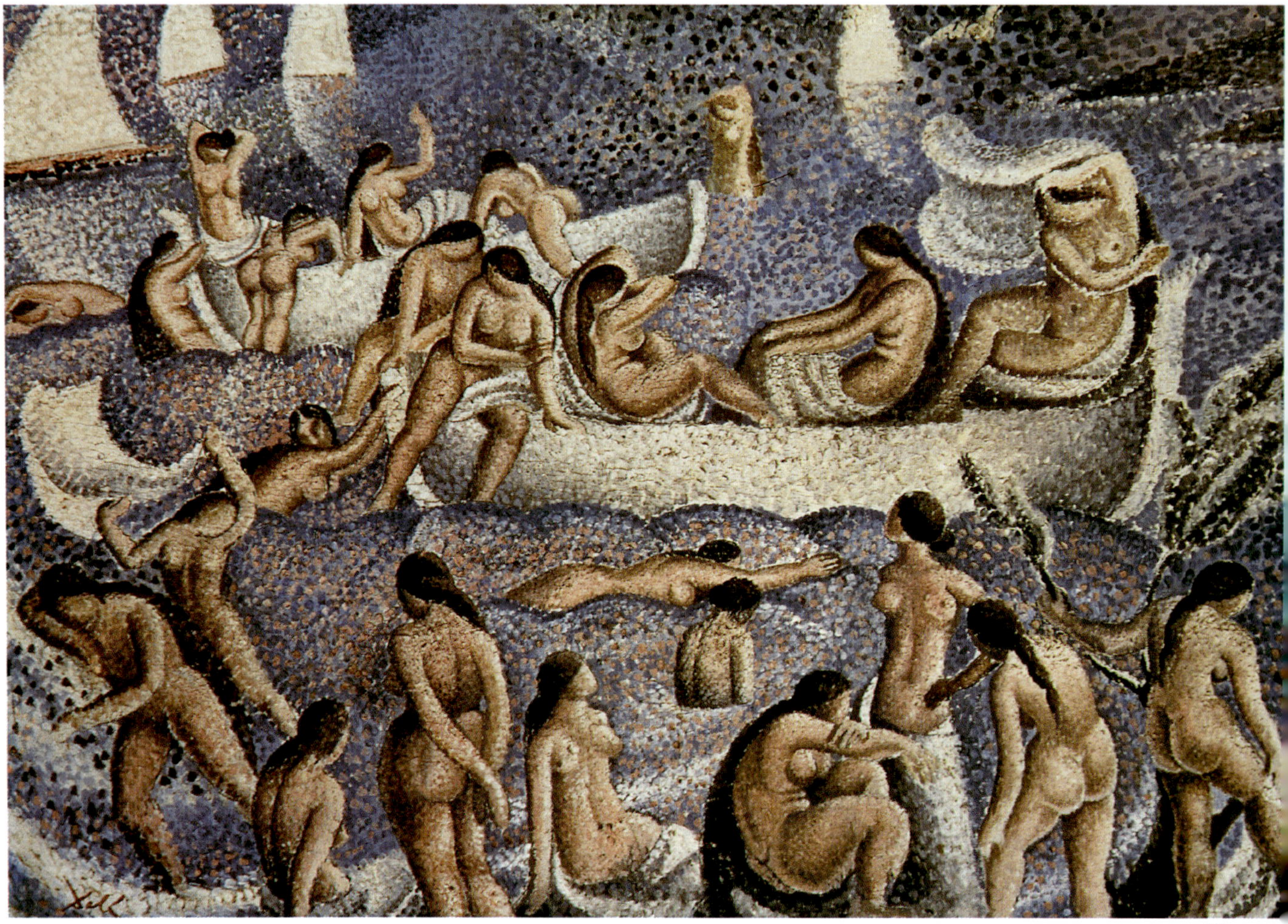

140

Werk Salvador, werk!

Pointillisme, Kubisme, Georges Seurat, Pablo Picasso, Henri Matisse, Pierre Bonnard, Juan Gris... Dalí zet zijn vingeroefeningen voort en probeert al die voorbeelden uit. Maar hij doet het met humor. Hij speelt ermee, gaat er onbekommerd mee om en maakt het soms zelfs belachelijk. Zichzelf, Picasso, Matisse... hij doet ze na, hij doet zichzelf na. Maar boven alles werkt hij. Zelfs wanneer hij wandelt met een meisje dat hij tijdens een filosofiecursus heeft ontmoet en dat hem onbevangen haar borsten toont als hij het haar vraagt – 'verleidingsarbeid'–, kan hij niets anders dan haar tonen wat hem het liefste is: de nummers van 'L'Esprit Nouveau', een door Le Corbusier en Fernand Léger uitgegeven tijdschrift waarop hij is geabonneerd. "Vol overgave deed ze moeite iets van de reprodukties van de kubistische schilderijen te begrijpen. In die tijd koesterde ik een passie voor wat ik pompeus 'de categorische imperatief van het mysticisme van Juan Gris' noemde. Mijn geliefde begreep niets van mijn raadselachtige uitspraken: 'roem is een glansvolle aangelegenheid', legde ik haar uit, 'hij is spits en

140 **Baadsters aan de Costa Brava – Baadsters van Llané**, 1923 ❑
Baigneuses de la Costa Brava – Baigneuses de Llané

141 **Het zieke kind – Zelfportret in Cadaqués**, rond 1923 ❑
L'enfant malade – Autoportrait à Cadaqués

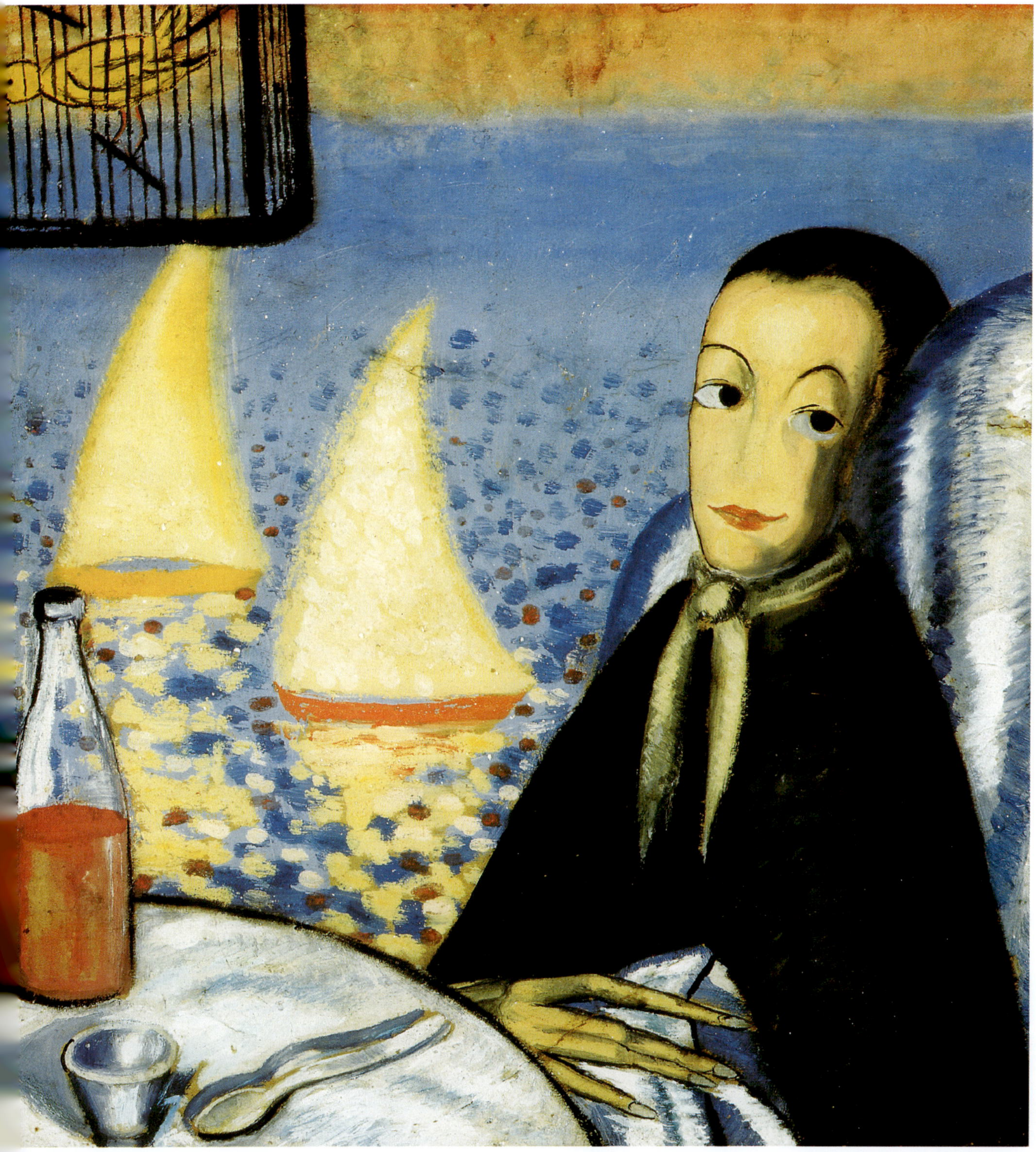

141

1923

142 **Het strand van Llané**, 1923 ❑
La plage de Llané

143 **Landschap in Cadaqués**, 1923 ❑
Paysage à Cadaqués

144 **Cadaqués**, 1923 ❑

145 **De wilde stroom van La Jorneta**, 1923 ❑
El rec de La Jorneta – Le canal de La Jorneta

scherp als een geopende schaar.' Ze nam al mijn mededelingen gretig op en probeerde ze letterlijk te onthouden."

"Werk Salvador, werk", zijn de woorden die voortdurend in Dalí's kop schallen, als een echo, aangezien hij de roem al voor zich ziet liggen, glanzend als een geopende schaar... Zijn ouders zijn ongerust: "Hij gaat nooit uit om zich te amuseren! Hij stopt nog niet voor een seconde! Je bent jong Salvador. Je moet je jeugd benutten." Hij denkt precies het tegenovergestelde, zoals zijn idee van de anti-Faust hem voorschrijft: "Haast je oud te worden. Je bent vreselijk groen en onbeholpen." Hoe kan men zich bevrijden van die jongensachtige onzekerheid? Hij wil zich nu vooral aan het Kubisme wijden en leren tekenen.

"Op een dag bracht ik een monografie over Georges Braque mee", bericht hij hierover in zijn 'Geheime leven'. "Niemand had nog kubistische schilderijen gezien of erover gehoord en geen enkele andere leerling van de school gaf ook maar bij benadering te kennen die schilderkunst serieus te willen nemen. Alleen de anatomieprofessor, die een wetenschappelijker geest had dan de anderen, vroeg me of hij het boek mocht lenen. Hij gaf toe nog nooit eerder kubistisch werk te hebben gezien, maar het leek hem noodzakelijk ook datgene wat je niet begreep te respecteren. Op het moment dat de dingen zwart op wit gedrukt waren, bezaten ze meteen een grotere geldigheid. De volgende ochtend gaf hij mij het boek

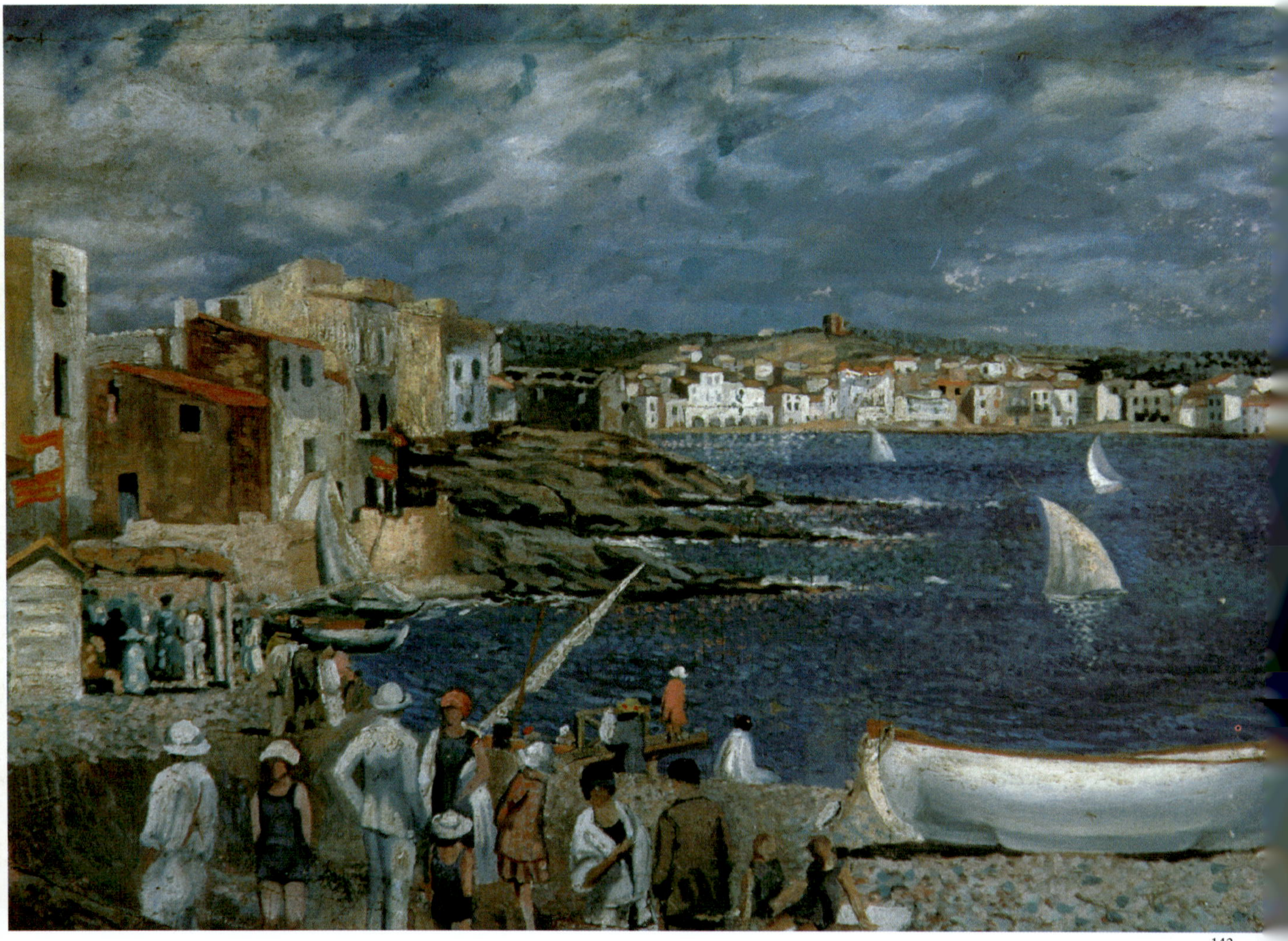

142

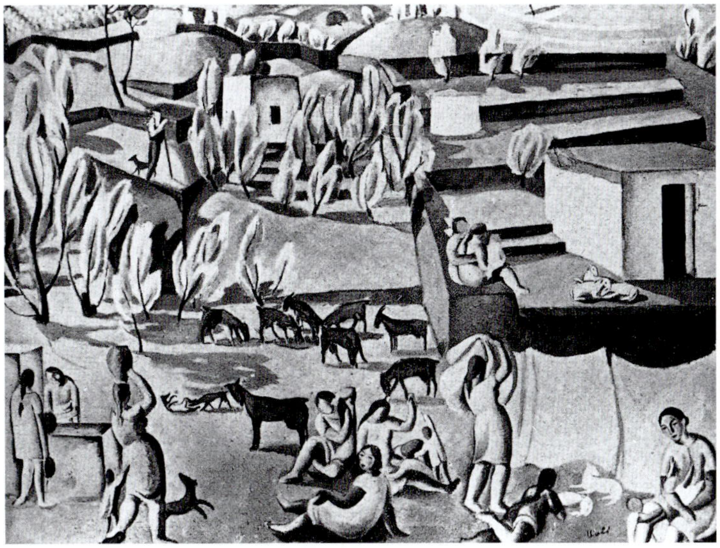
143

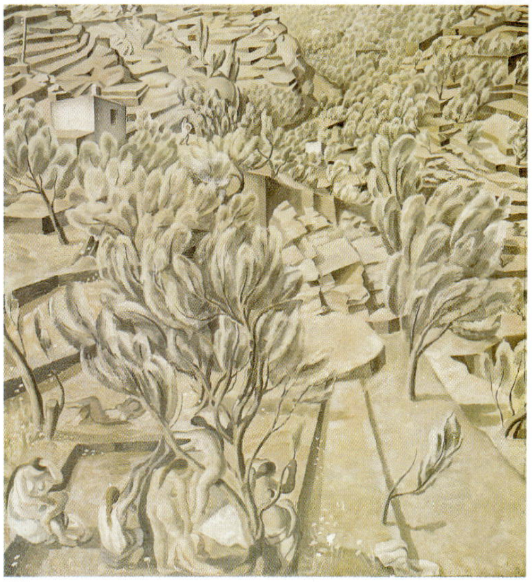
145

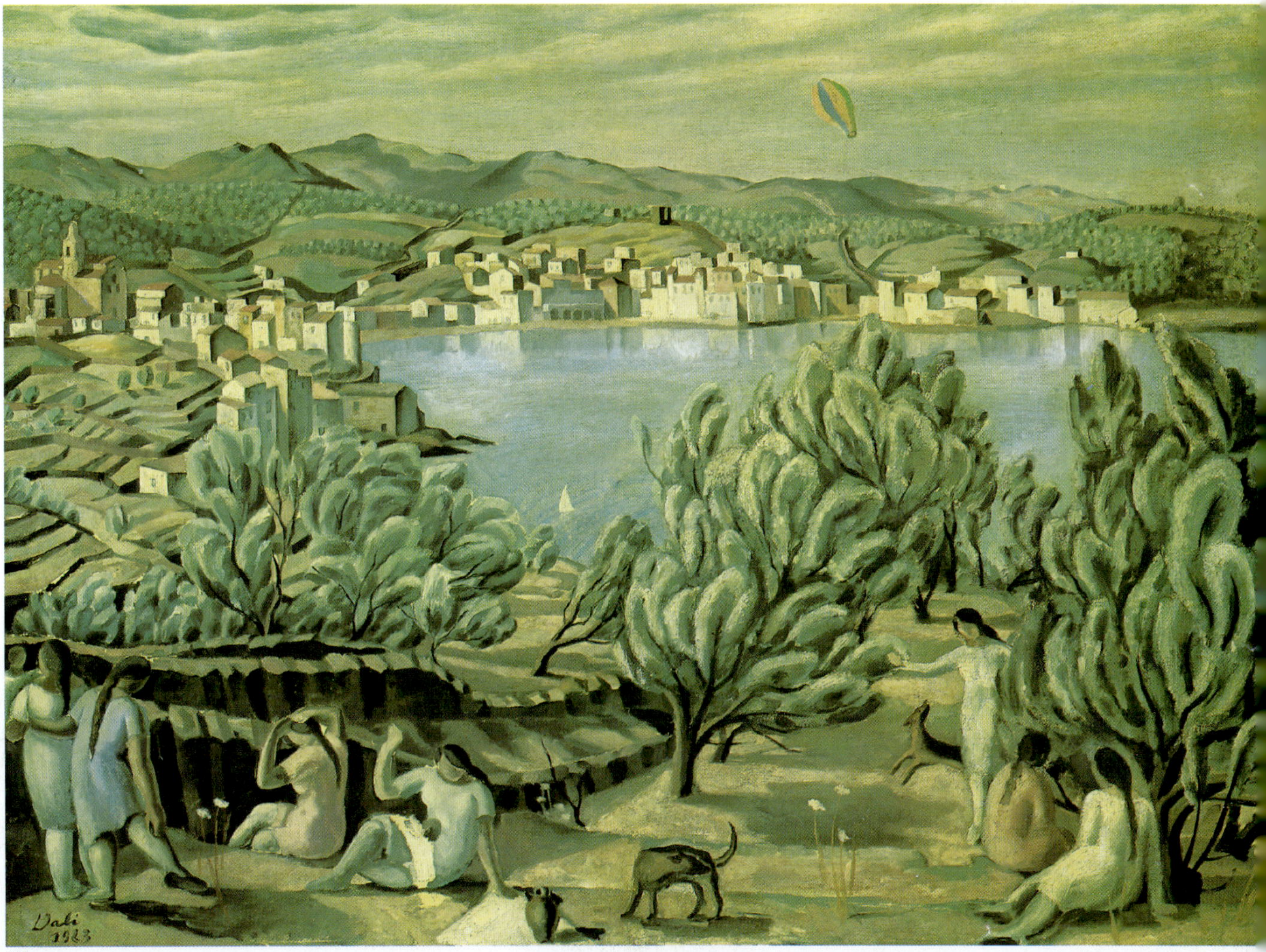
144

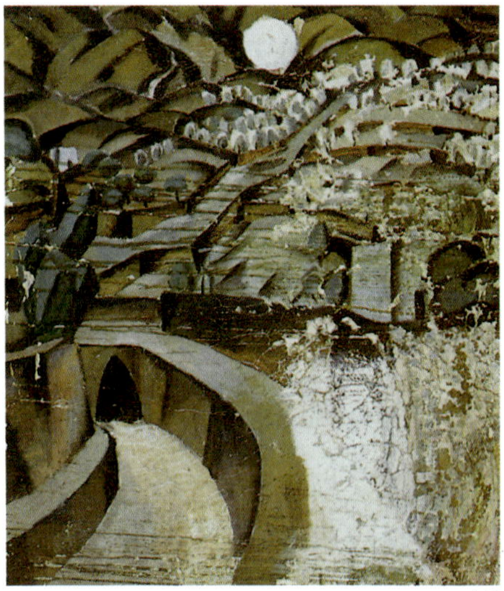

146

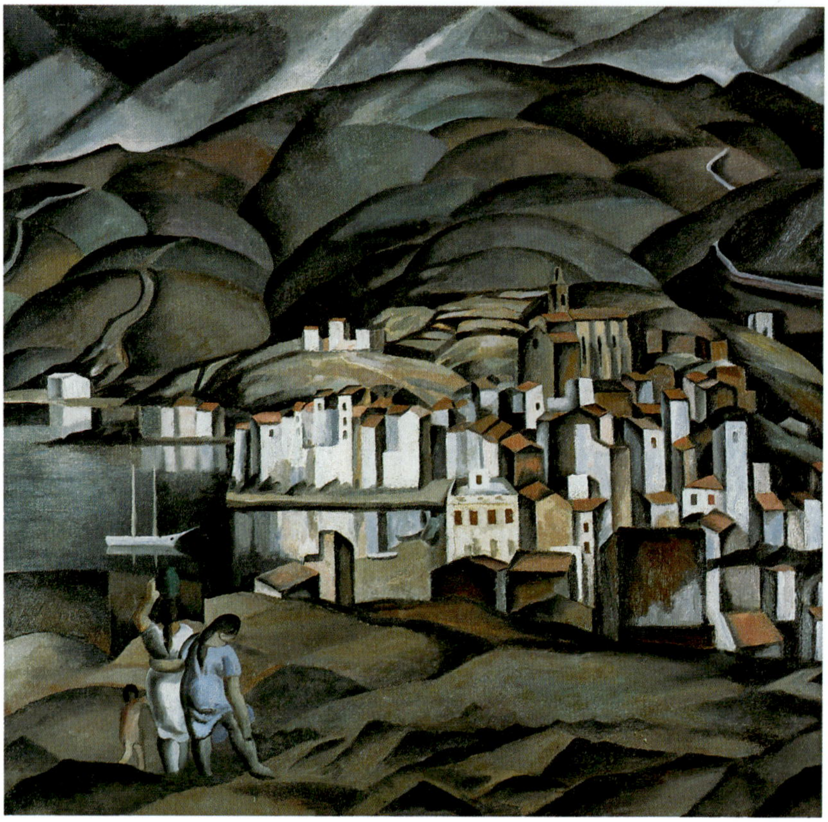

147

146 **La Jorneta**, 1923 ❑
La Jorneta

147 **Cadaqués, gezien vanaf de toren op Cap Creus**, 1923 ❑
Cadaqués vu depuis la tour de Cap Creus

terug nadat hij het voorwoord had gelezen en het ook echt goed had begrepen. Om me dat te bewijzen, noemde hij me enkele non-figuratieve en bijna volmaakt geometrische werken uit het verleden waarop hij was gestuit. Ik antwoordde hem dat dat niet precies was waar het in het Kubisme om ging, dat het wel degelijk vasthoudt aan de tekening en een figuratieve weergave. De anatomieprofessor vertelde anderen over de originaliteit en intelligentie van mijn esthetische opvattingen. Van nu af aan beschouwden ze me allemaal als een bovennatuurlijk wezen."

Maar medestudenten en professoren vonden absoluut geen genade in Dalí's ogen. Wat sommigen toestaan en anderen zich voornemen te bereiken, heeft hij allang uitgeprobeerd en alweer een eeuwigheid geleden opgegeven. Dat niveauverschil tussen hem en de anderen verklaart hij zelf als volgt: "In Madrid was ik tegenstrijdig genoeg de enige schilder die kubistisch werkte en toch eiste ik van mijn professoren precieze kennis van tekening, perspectief en kleurgebruik. Mijn studiegenoten vonden me een reactionaire tegenstander van de vooruitgang. Zij zelf noemden zich vernieuwend en revolutionair, omdat zij mochten schilderen zoals ze wilden en omdat ze zwart van hun palet hadden verbannen om het door paars te vervangen! Zwart bestaat niet, beweren ze, door het licht schittert alles in regenboogkleuren, zelfs de schaduwen zijn paars. Die impressionistische revolutie had ik al op mijn twaalfde doorlopen en zelfs in die tijd had ik niet de fout gemaakt zwart van mijn palet te verbannen. Een korte blik op een klein schilderij van Renoir in een collectie in Barcelona was voor mij voldoende geweest om alles te begrijpen. Al die jaren hebben ze met hun vuile, slecht verteerde regenbogen in een kringetje gedraaid! Mijn god, wat kunnen mensen achterlijk zijn!"

Alle oefeningen om zijn begeerte naar activiteit te stillen, zijn hem welkom. En dat jeugdwerk mag niet worden onderschat, ook al werd de grote Dalí pas in

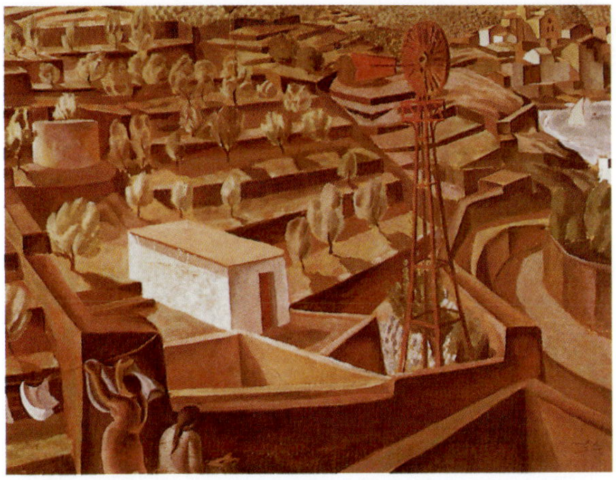
148

148 **El Moli – Landschap bij Cadaqués**, 1923 ❑
El Moli – Paysage de Cadaqués

149 **Figuren in een landschap bij Ampurdán**, 1923 △
Personnages dans un paysage d'Ampurdán

150 **Zonder titel – Groep vrouwen**, 1923 △
Sans titre – Personnages dans un paysage

151 **Hutten**, 1923 △
Bicoques

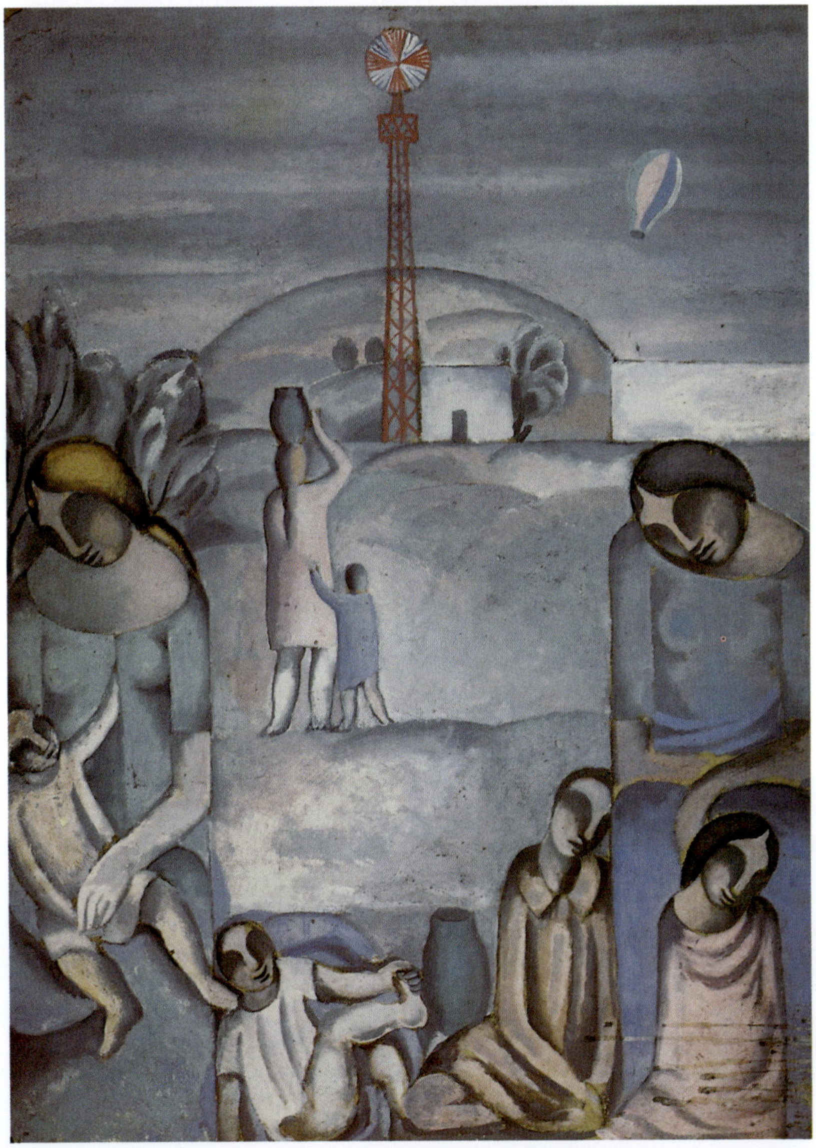
149

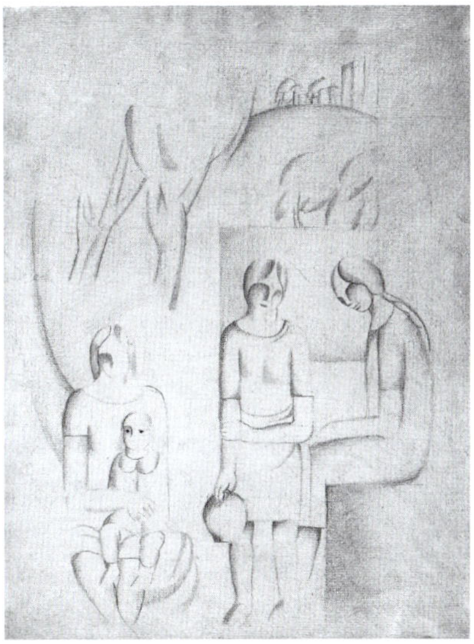
150

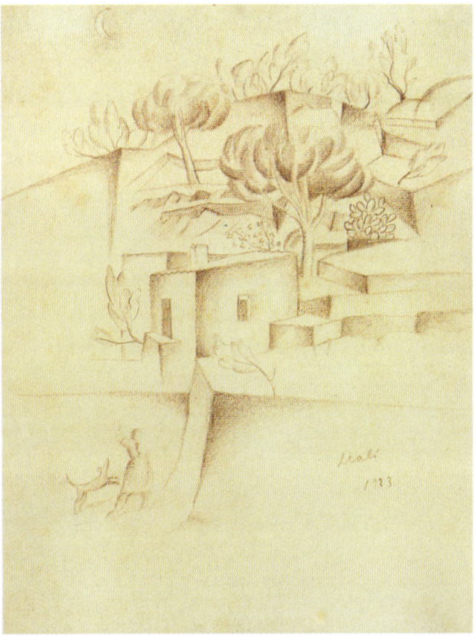
151

1923

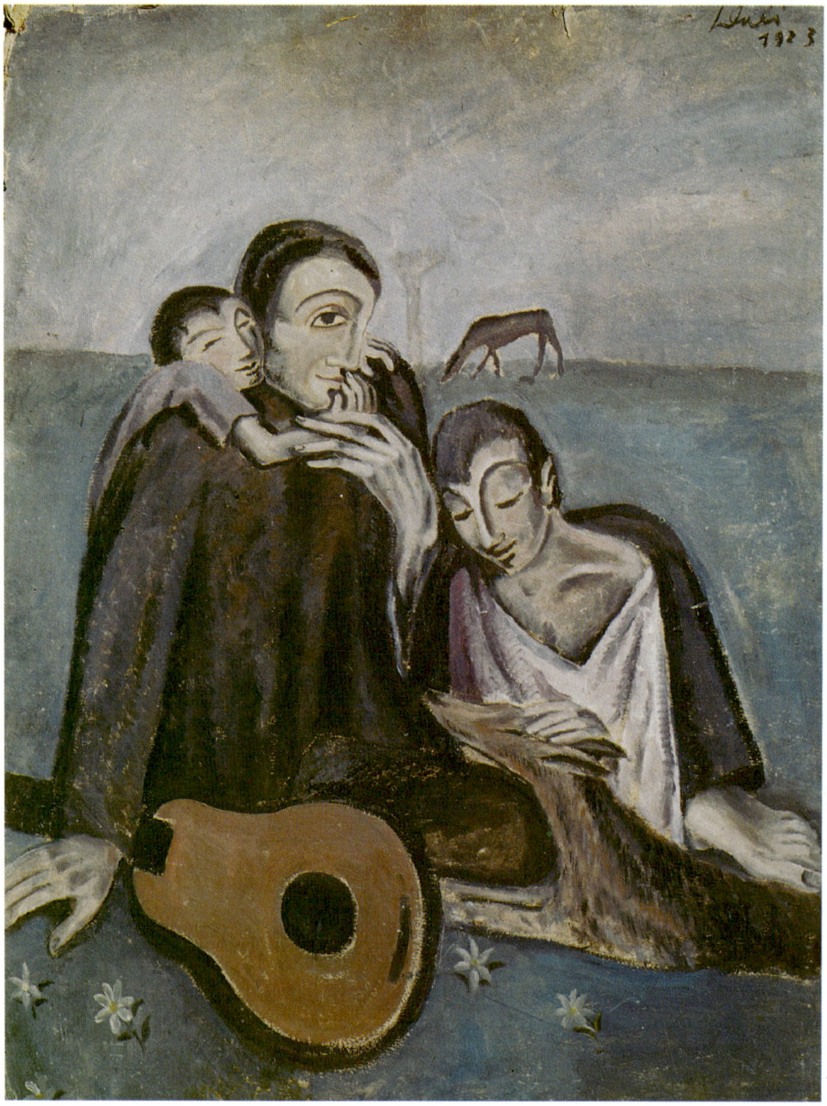

155

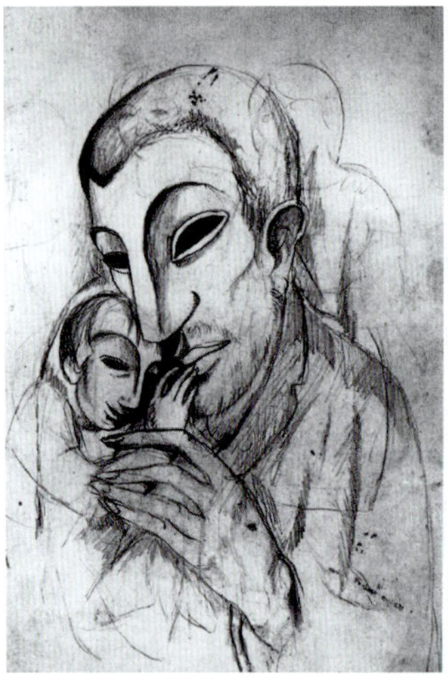

152

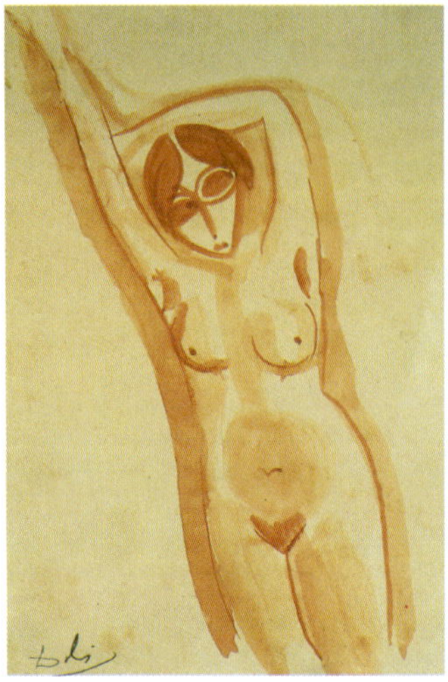

153

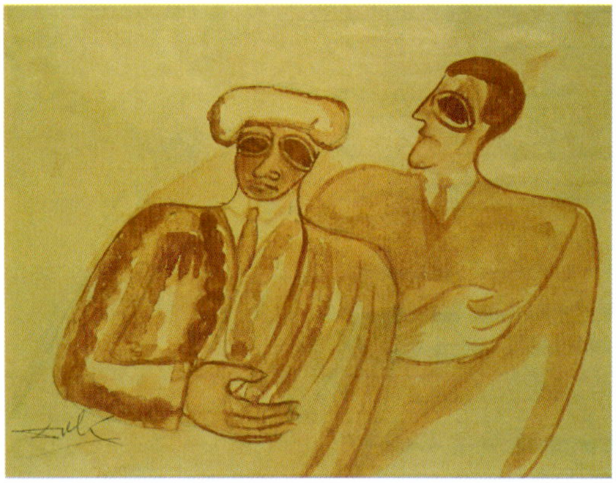

154

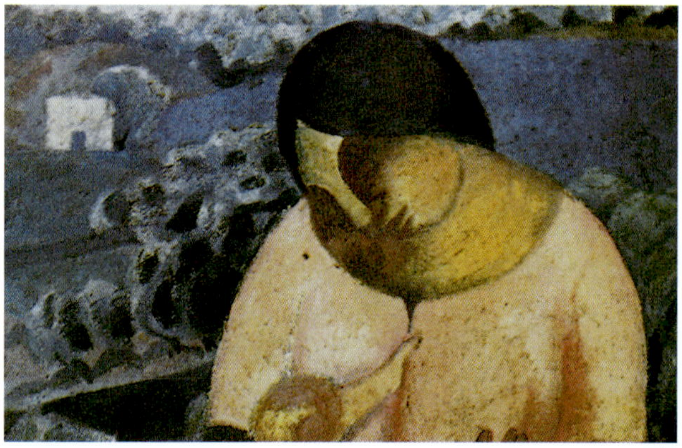

156

152 **Mannenhoofd met kind**, 1924-1925 △
Tête d'homme avec enfant

153 **Venus en herinneringen aan Avino**, 1923-1924 △
Vénus et réminiscences d'Avino

154 **Luis Buñuel met een torero**, 1923 △
Luis Buñuel avec un torero

155 **Familietafereel**, 1923 ❑
Scène familiale

156 **Vrouw die haar zoon zoogt**, 1923 ❑
Femme allaitant son fils

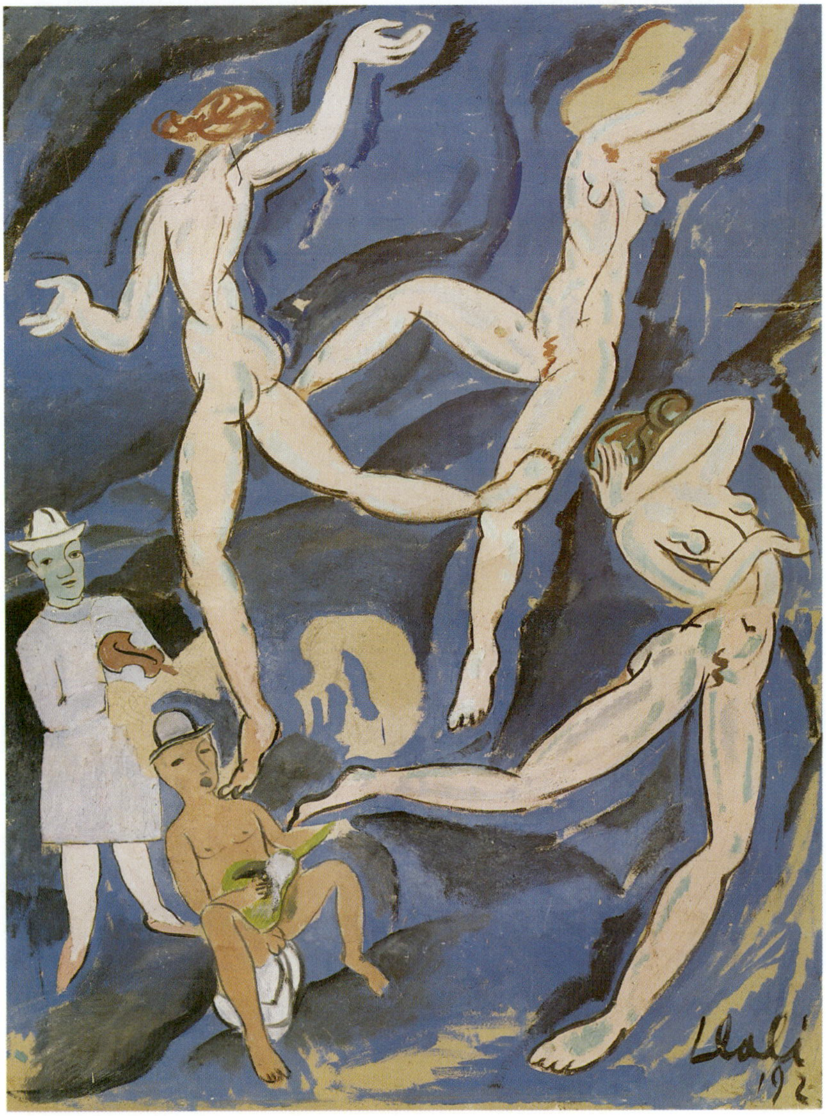

157

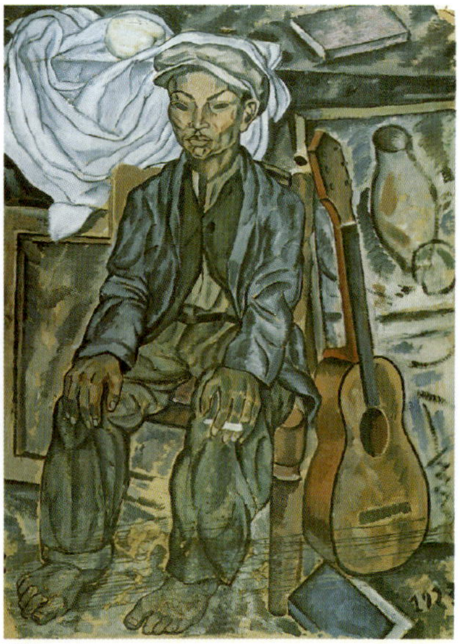

158

157 **Satirische compositie ('De dans' van Matisse)**, 1923 △
Composition satirique

158 **Zigeuner uit Figueras**, 1923 ❑
Gitan de Figueras

1929 'geboren'. Maar ook al eerder is te zien dat hij al voor 1929 was begonnen te schilderen als een surrealist, te handelen als een surrealist. Guillermo de Torre, die Dalí in 1923 in het studentenhuis in Madrid heeft leren kennen, schrijft in 1933 in het in Madrid verschijnende tijdschrift 'Arte': "Zijn avonturiersgeest en ontdekkingshonger hebben gemaakt dat hij in een tijdspanne van nauwelijks meer dan vijf jaar –tussen opgroeien en bloei van zijn jeugd– grote delen van de beeldende kunst heeft doorlopen die niet alleen in verschillende richtingen wijzen, maar in hun wezen volstrekt verschillend zijn." Iets later dat jaar voegt de Torre eraan toe: "De door Dalí ingeslagen weg, hoe nieuw en uniek die ook was, had zich al afgetekend en was niet helemaal onvoorzien. In hem, meer nog dan in zijn doeken, was een bezeten drang werkzaam, een zekere neiging tot pathetiek, een ongeremde voorliefde voor het mysterie en het avontuur, die zo diep in hem verankerd waren dat ze hem noodzakelijkerwijs voorbeschikten zich over te geven aan die angstwekkende, imaginaire verbrokkeling die het Surrealisme in zijn vaandel voert. Zijn opstandige geest zette hem ertoe aan met tomeloos geweld de deur open te stoten die toegang gaf tot een onverwachtse dimensie van de wereld, en hij deinsde er bepaald niet voor terug zich met zijn hoofd vooruit in de freudiaanse wereld van de droom te storten..." Hij voegde er nog aan toe: "Omwille van die veroveringen speet het Salvador Dalí niet te moeten afzien van een fijn penseel en de gebruikelijke virtuositeit. Of beter gezegd, hij had begrepen hoe hij ze in de nieuwe structuur en betekenis van zijn doeken moest omzetten."

Zo behandelt hij ook het Venus-thema, dat zijn *Venus van Milo met laden* (blz. 279) zal worden, de Venus van Milo waaraan Dalí al wordt herinnerd wanneer op het strand van El Llané de beschaamde jonge meisjes en weelderige matrones zich in het bijzijn van de jongeman uitkleden en hij gretig naar elk stuk huid gluurt dat normaal bedekt blijft; hij is een goed waarnemer, die uit afzonderlijke delen in zijn geest het geheel opbouwt: de Venus-figuren, die Dalí steeds weer afbeeldt en meestal van achteren, ongeveer in de stijl van Seurat, Picasso en Matisse, dartelen vanaf het begin over zijn doeken, evenzeer bij de kubitische Dalí als bij de classicistische, presurrealistische en alle volgende perioden. Tot het moment dat ze bijna uitsluitend het uiterlijk van Gala krijgen. Zo zien de dromen van de student Dalí eruit, die in zijn doek *Baadsters aan de Costa Brava – Baadsters van Llané* (blz. 62) vierentwintig meisjes ziet, preciezer gezegd vierentwintig houdingen van hetzelfde meisje, zo ziet de droom van de 'Parsifal' uit Madrid eruit. Ze zijn verdomd wagneriaans, die vierentwintig schepsels met hun zware tot staarten gevlochten zwarte haren, die in twee rondingen over hun rug vallen alsof ze de onzichtbare voorkant met zijn twee weelderige ronde borsten nabootsen. De typische boten ontmoeten elkaar op het water en de pointillistisch geschilderde zee, waar de zeilen, doeken en golven een vrolijke stemming oproepen, orkestreert de dans van de naakte lichamen. Dit is een cocktail van Picasso en Matisse met een scheut Seurat, waarmee barkeeper Dalí ons verrast. Dalí's oog houdt meestal stil bij het achterwerk en keert er trouwens regelmatig naar terug. Het achterwerk heeft bij Dalí voorrang, zoals dat van zijn zus, dat van Gala en van alle vrouwen. "Een overdaad aan achterwerken in de uiteenlopendste hou

159 **Staande klok**, 1923 △
El rellotge de caixa – L'horloge

160 **Kubistische compositie – Portret van een zittend persoon die een brief vasthoudt**, 1923 ❑
Composition cubiste – Portrait d'un personnage assis tenant une lettre

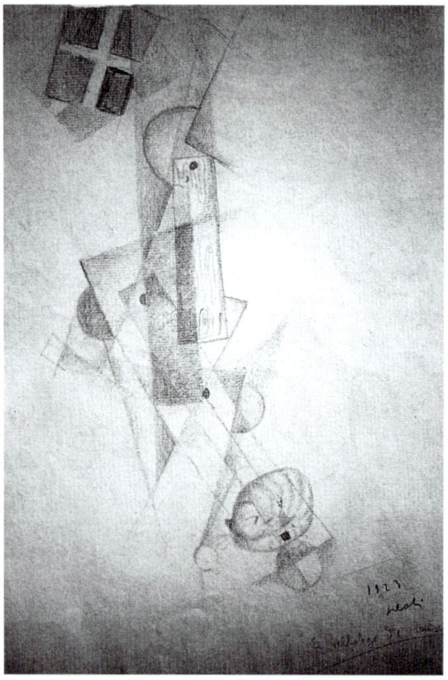

159

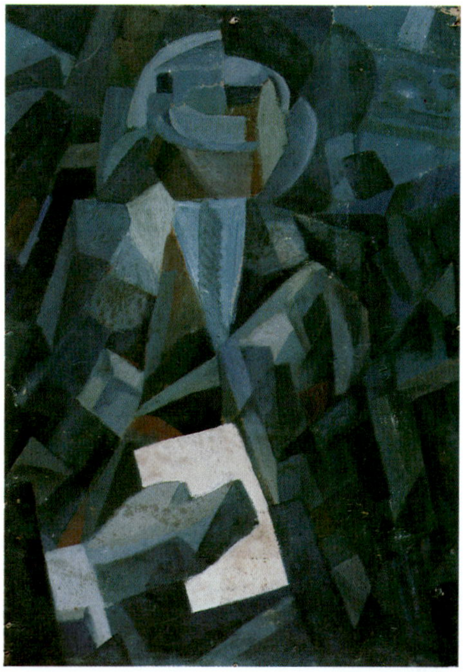

160

1923

161 **Stilleven**, 1923 ❑
Nature morte

162 **Stilleven**, 1923 ❑
Nature morte

163 **Alle vormen zijn van het vierkant afgeleid**, 1923 △
Toutes les formes dérivent du carré

164 **Harlekijn, zittend aan een tafel**, 1923 △
Arlequin assis à une table

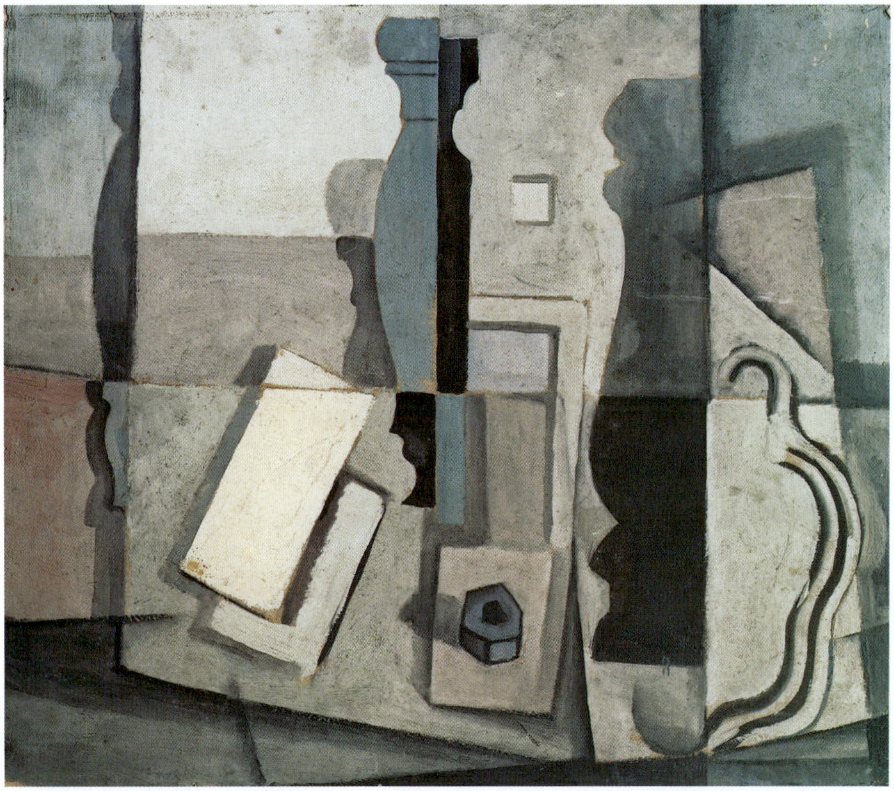

161

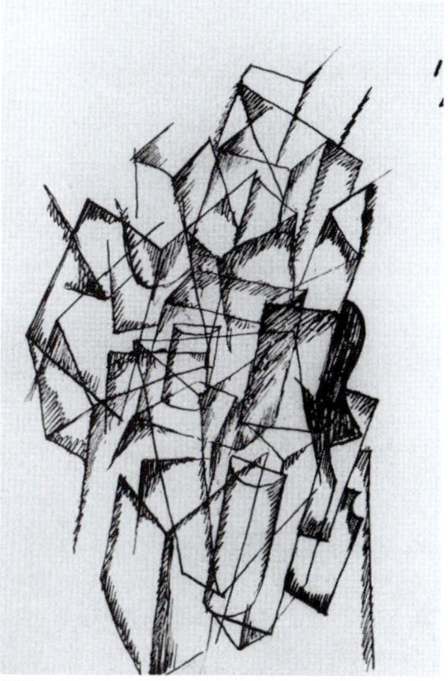

163

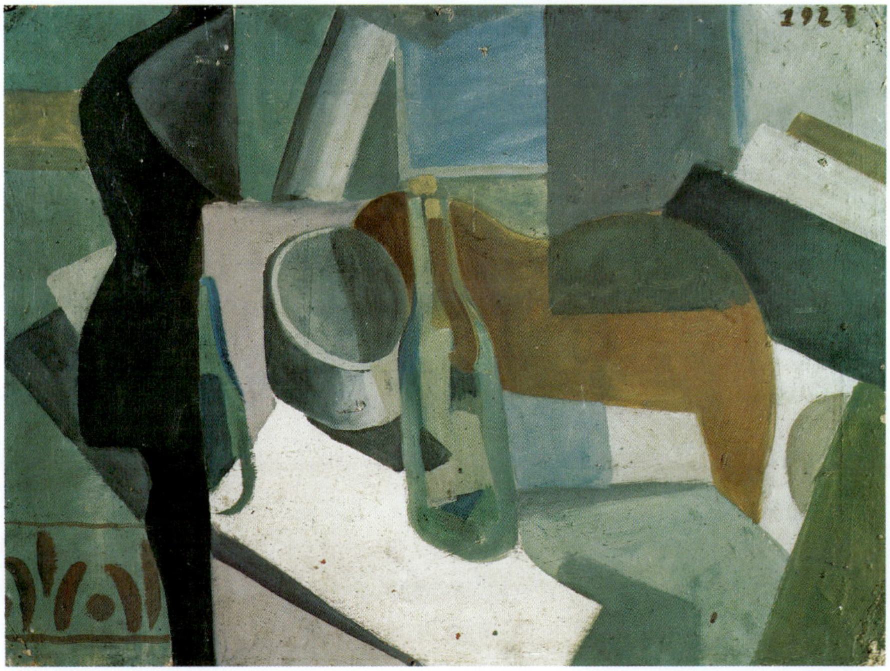

162

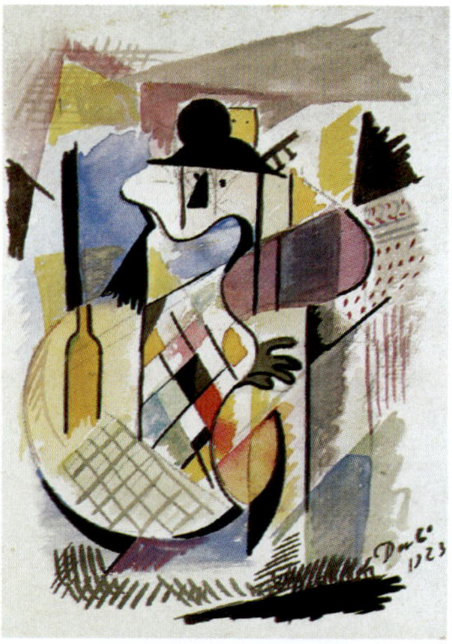

164

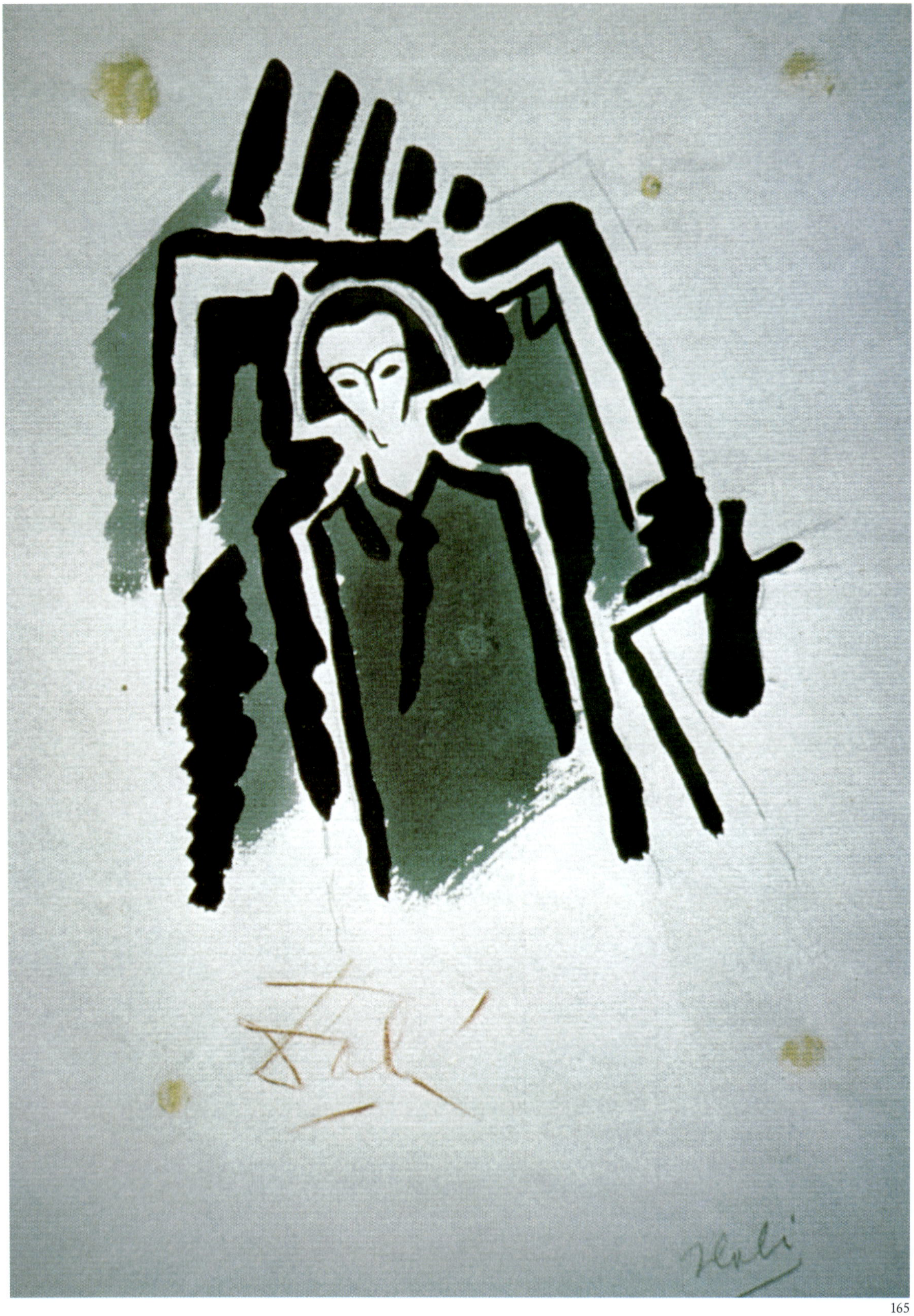

165

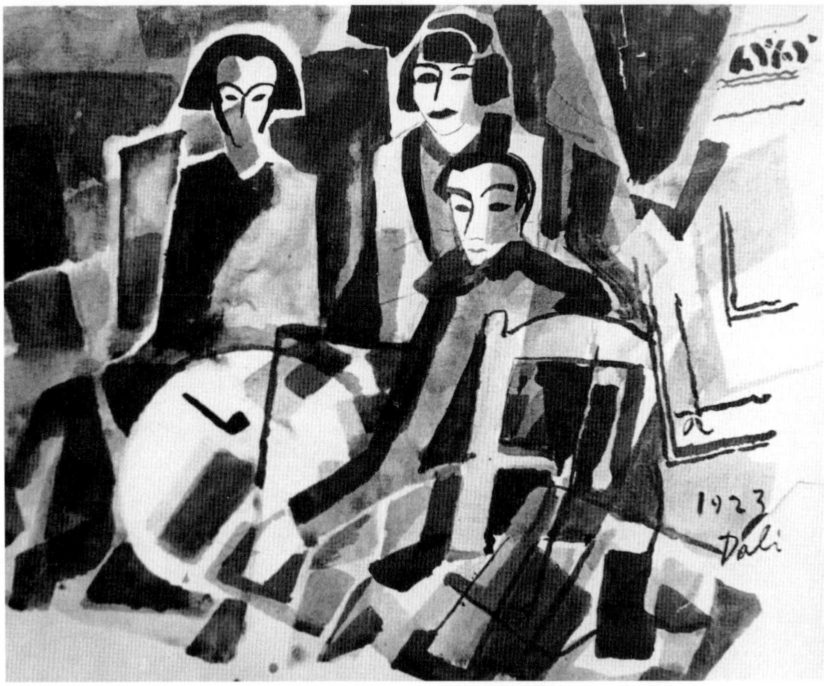

166

165 **Zelfportret**, 1923 △
Autoportrait

166 **Koffiehuistafereel in Madrid**, 1923 △
Scène de café à Madrid

167 **Dalí (middenonder) op de kunstacademie San Fernando, Madrid, studiejaar 1922-1923. Hij werd in oktober 1926 definitief weggestuurd.** ✰

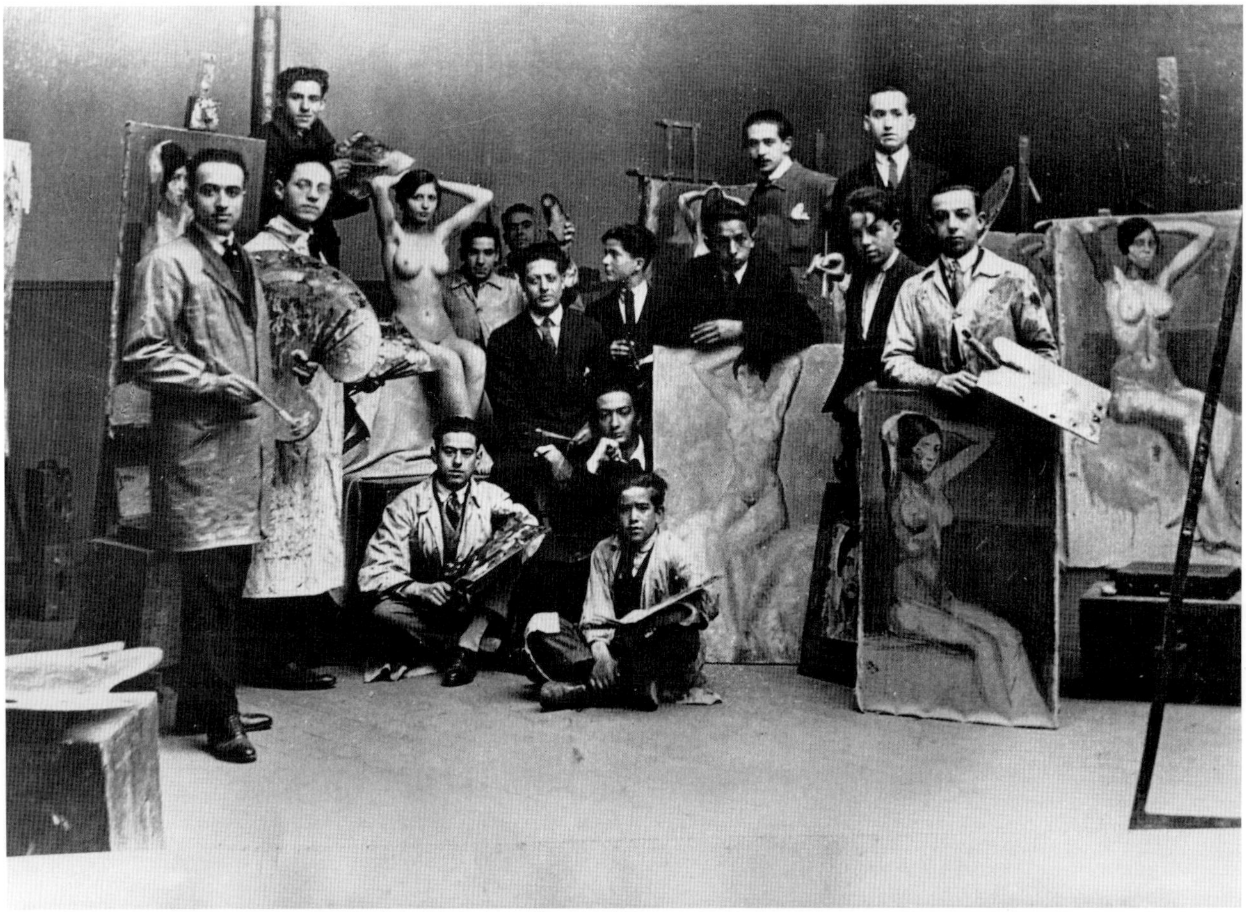

167

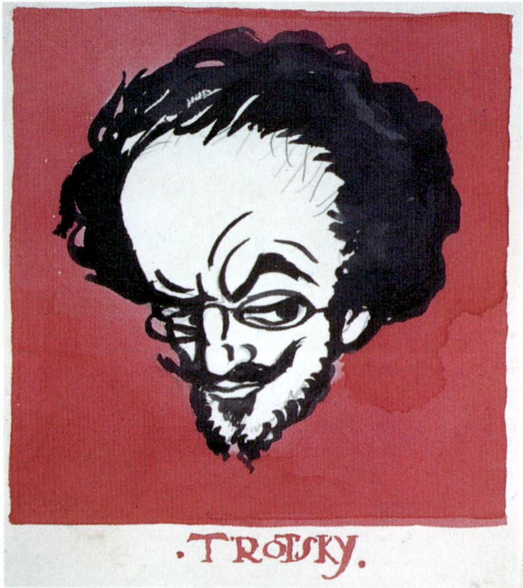

168

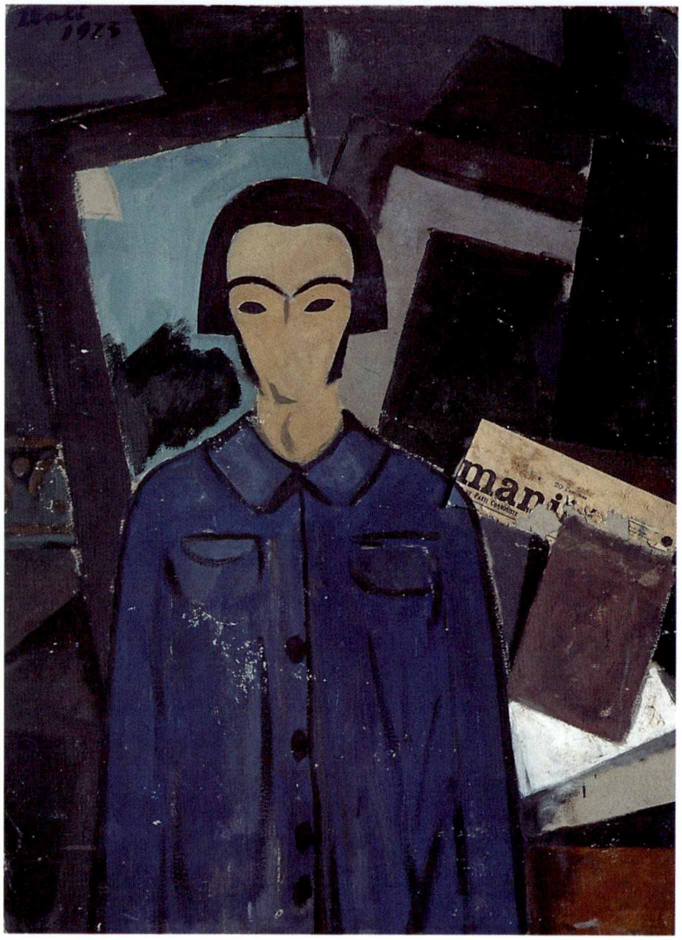

169

168 **Satirisch portret van Trotski**, rond 1923 △
Portrait satirique de Trotsky

169 **Zelfportret met 'L'Humanité'**, 1923 ❑
Autoportrait à 'L'Humanité'

170 **Kubistisch zelfportret**, 1923 △
Autoportrait cubiste

dingen en posities, in alle afmetingen en betekenissen. Mannenachterwerken, vrouwenachterwerken of exemplaren zonder bepaald geslacht, engelenachterwerken, vormeloze achterwerken, een golven en opvlammen van kuise of wulpse achterwerken, van expressionistische, harmoniërende of afwijzende achterwerken, exemplaren van verwarrende dubbelzinnigheid, abstracte achterwerken met vier billen. Ook de kroepen van zijn paarden, de vorm en kleur van bepaalde vruchten en andere dingen kunnen veelzeggende antropomorfe tekens zijn die diep inzicht bieden. Je kunt zeggen dat Salvador Dalí de eerste achterwerkschilder in de geschiedenis van de schilderkunst en de geschiedenis van het menselijke achterwerk is." (Luis Romero)

Tot Gala in zijn leven komt, is Dalí bang voor jonge meisjes. Weliswaar overdreven, maar waar is een herinnering die teruggaat tot zijn vijfde jaar. Hij gaat wandelen in het gezelschap van mooie dames. Vooral een van hen fascineert hem met haar grote hoed en witte sluier. In een afgelegen hoek aan de rand van de akkers beginnen de jonge vrouwen te lachen en met elkaar te smoezen. Ze dringen er steeds weer op aan dat hij moet gaan spelen. Maar de kleine Salvador is natuurlijk nieuwsgierig en wil er beslist bij blijven. "De mooiste van hen staat in het midden, terwijl haar vriendinnen, die niets zeggen, nieuwsgierig toekijken. Ze laat haar hoofd zakken en doet haar benen uit elkaar terwijl ze met haar handen op haar heupen steunt en nauwelijks waarneembaar haar rokken optilt. Ze staat onbeweeglijk en luistert vol verwachting. Minstens een halve minuut heerste er een gespannen stilte, totdat plotseling een flinke straal onder haar rokken

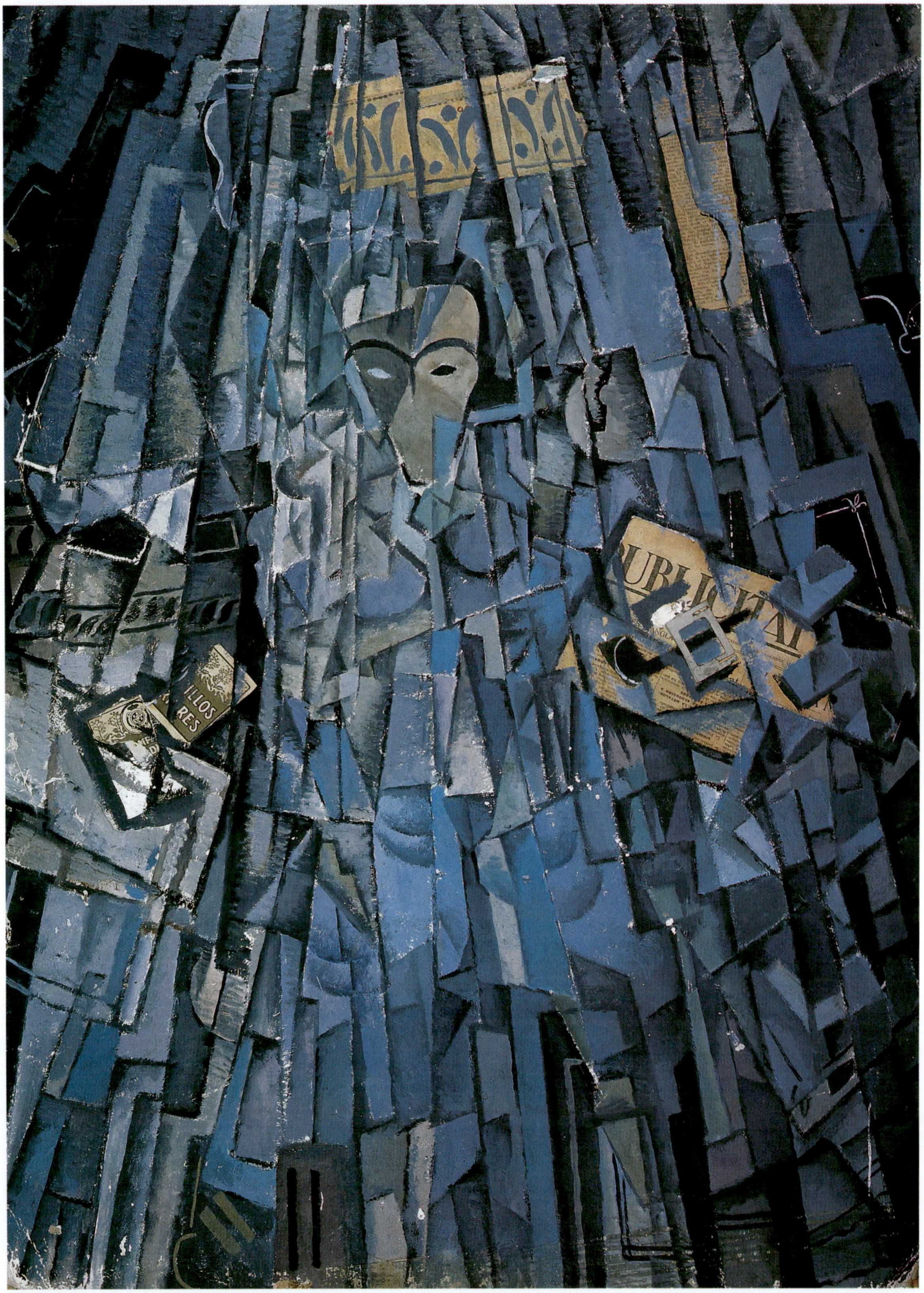

170

vandaan spuit en er zich direct een kleine schuimende plas vormt. De door de hitte uitgedroogde aarde neemt meteen een deel van de urine op, maar de rest verdeelt zich in de vorm van kleine slangen, die zich zo snel vermenigvuldigen dat ze de met zacht krijt witgepolijste schoenen van de 'vrouw met de sluier' bereiken, hoewel die een paar huppelpasjes maakt. Een grijze, vochtige plek stijgt tegen beide schoenen omhoog, de schoenen werken als vloeipapier. De 'vrouw met de sluier' merkt niet dat ik belangstellend voor haar ben blijven staan, zozeer is ze in beslag genomen door haar bezigheid. Als ze haar hoofd opheft en me ziet, heeft ze alleen een spottend lachje voor me, dat door haar sluier heen nog verwarrender is. Ze kijkt haar beide vriendinnen aan alsof ze wil zeggen: 'Nu is het te laat, nu kan ik niet meer ophouden.' De twee jonge vrouwen barsten in lachen uit. Deze keer heb ik het begrepen en mijn hart begint heel snel te slaan." Wanneer de 'vrouw met de sluier' Dalí weer haar hand wil geven, wijst hij haar af en gooit uit alle macht een steen naar haar...

Natuurlijk mag je de toestand van psychische verwarring die Dalí doormaakte en die hij zelf veelvuldig met genoegen onthult, niet buiten beschouwing laten

171 **Portret van mijn zus en figuur van Picasso (toegevoegd rond 1924)**, 1923 ❑
Portrait de ma sœur et personnage picassien

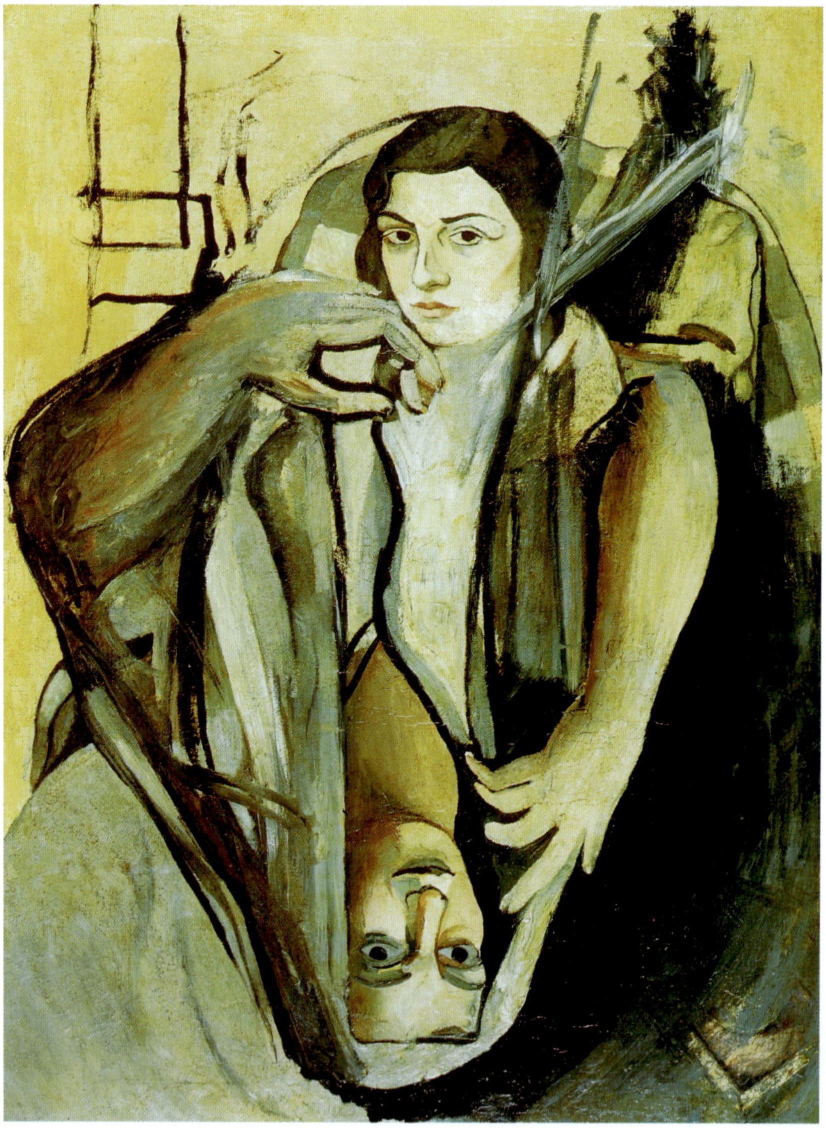

171

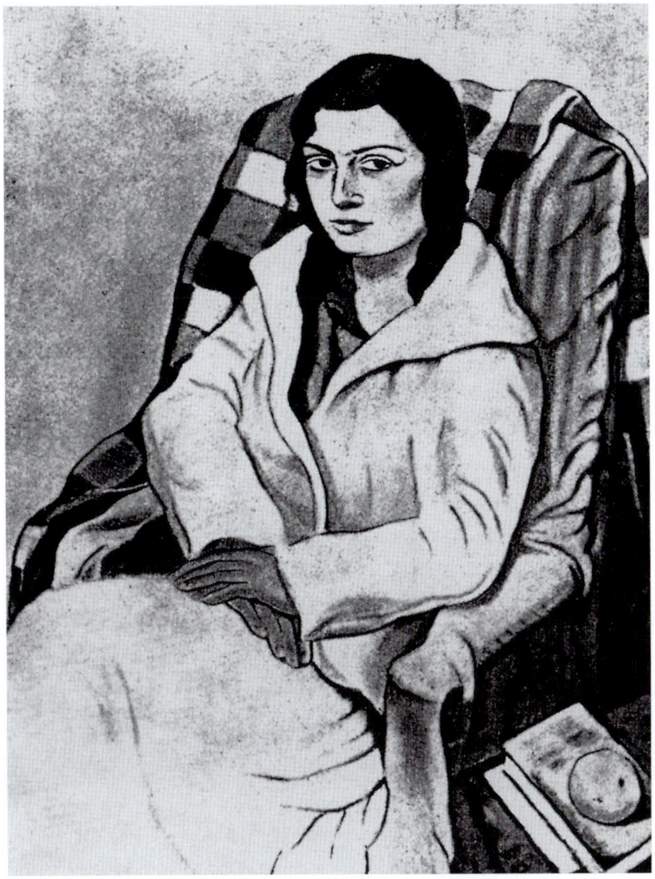

172

172 **Portret van mijn zus (oorspronkelijke staat)**, 1923-1924 ❑
Retrato de mi hermana

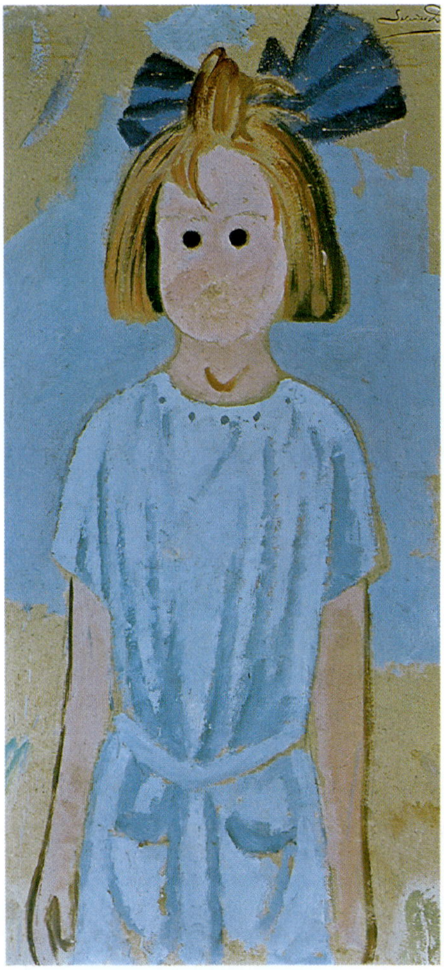

173

173 **Portret van mijn nicht Ana María Domènech**, rond 1923 ❑
Ana Maria Domènech

als je zijn schilderijen wilt ontcijferen, want op zijn doeken heeft hij niets verzonnen; je zou kunnen zeggen dat hij veeleer getrouw alles vertaalt en transformeert wat zijn herinnering hem biedt. Zo draagt hij op het jonge Spaanse meisje dat hem haar borsten laat zien alle opgekropte wreedheid over die volgens Sigmund Freud een component van de seksuele drift is. Tijdens de vijf jaar dat de twee jongelui met elkaar omgaan, houdt Dalí bewust alle seksuele intimiteit verre van de relatie, om alle varianten te leren kennen van wat hij 'gevoelsperversie' noemt. Hij laat niet na het meisje steeds weer seksueel op te winden, maar hoedt zich ervoor haar aan te raken, waardoor hij haar ten slotte aan de rand van een hysterische instorting brengt. "De onvervulde liefde komt me sinds deze ervaring voor als een van de meest hallucinatoire thema's van de mythologie van het gevoelsleven. Tristan en Isolde lijken me de prototypen van zo'n tragedie die groeit uit onvervulde liefde en die in het spectrum van haar gevoelens even ongeremd kannibalistisch kan zijn als de bidsprinkhaan die haar mannetje tijdens de liefdesdaad opvreet."

"Laat me je borsten zien", beveelt hij haar en ze knoopt haar korset open en laat hem haar mooie borsten van het zachtste wit zien. "Haar boezem deed me denken aan twee frambozen die met zachte haartjes zijn bedekt, net als deze vruchten." En hij staat haar pas toe zich weer aan te kleden nadat ze een poosje naar lucht heeft gehapt. Daarna zegt hij boosaardig: "Je weet dat ik je niet meer zal schrijven wanneer ik weer in Madrid ben." Ze begint meteen te huilen en als hij haar hartstochtelijk omarmt, voelt hij haar tranen "zo groot als noten" op zijn wangen branden.

De enorme hoeveelheid werk die hij in die periode verzet, dwingt het respect van zijn vader af, zodat die besluit een groot schrift aan te leggen waarin hij alles

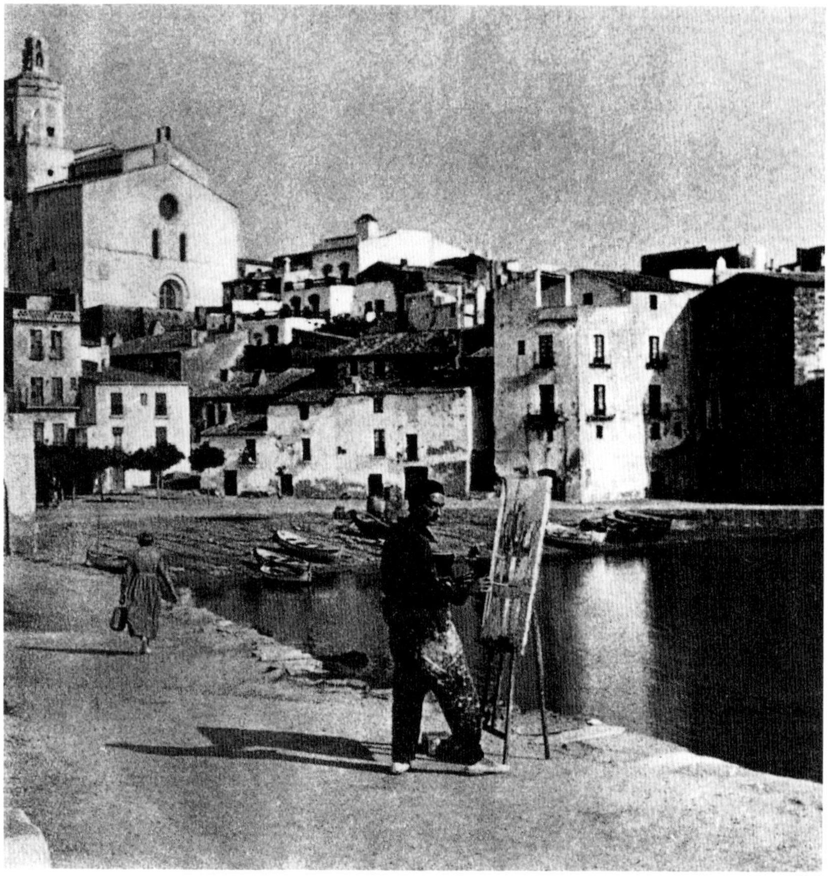

175

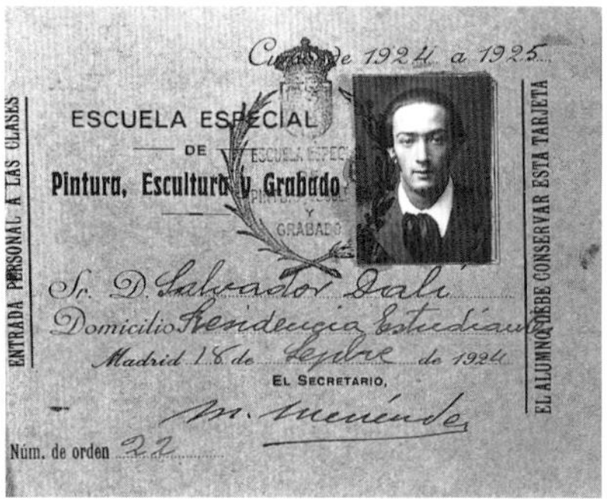

174

plakt wat betrekking heeft op de activiteiten van zijn zoon. Hij schrijft er zelfs een voorwoord voor, dat hij ongetwijfeld heeft bedoeld voor het nageslacht:

Salvador Dalí y Domenech, leerling-schilder

Na eenentwintig jaar van zorgen en inspanningen kan ik mijn zoon eindelijk enigszins in staat zien zelf voor zijn levensonderhoud te zorgen. De plichten van een vader zijn niet zo gemakkelijk te vervullen als men zo graag zou willen geloven. Steeds weer worden er concessies verlangd, en steeds weer komt het moment waarop hij alle hoop laat varen en afziet van alle wensen die hij koesterde. Wij, zijn ouders, waren het er niet mee eens dat hij zich helemaal aan de kunst overgaf, waartoe hij zich vanaf zijn kindertijd geroepen voelde. Ik geloof nog steeds dat kunst geen geschikt middel is om je levensonderhoud mee te verdienen. Ze is enkel en alleen een geestelijke inspanning die we ons kunnen permitteren in onze vrije tijd.

We waren ervan overtuigd dat het voor een kunstenaar zeer moeilijk zou zijn tot de beste te behoren. We kenden de verbittering, het verdriet en vertwijfeling van de mislukkelingen en we hebben alles gedaan wat in onze macht lag om onze zoon ervan te overtuigen een vrij beroep naar zijn keuze uit te oefenen. Maar al na zijn eindexamen moesten we toegeven dat zijn roeping tot schilder sterker was dan al het andere. Ik geloof niet dat ik het recht heb me tegen zo'n sterke roeping te verzetten, zeker omdat er nog een beslissende hindernis bestond, zijn 'geestelijke luiheid' op alle andere gebieden. Op het punt waarop we ons tegen-

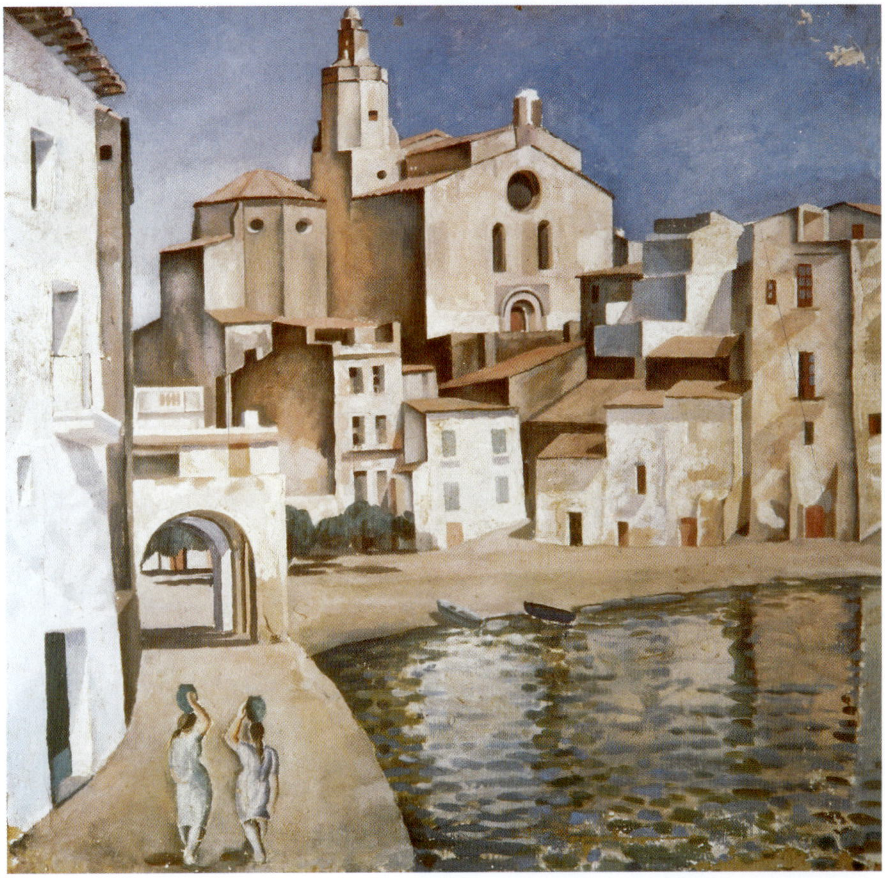

176

174 **Dalí's studentenkaart van de kunstschool in Madrid voor het studiejaar 1924/1925** ☓

175 **Salvador Dalí schildert 'Port Alguer'**, 1924 ☓

176 **Port Alguer, Cadaqués**, 1924 ❑
Port Alguer

177 **Het station van Figueras**, 1924 ❑
La station de Figueras

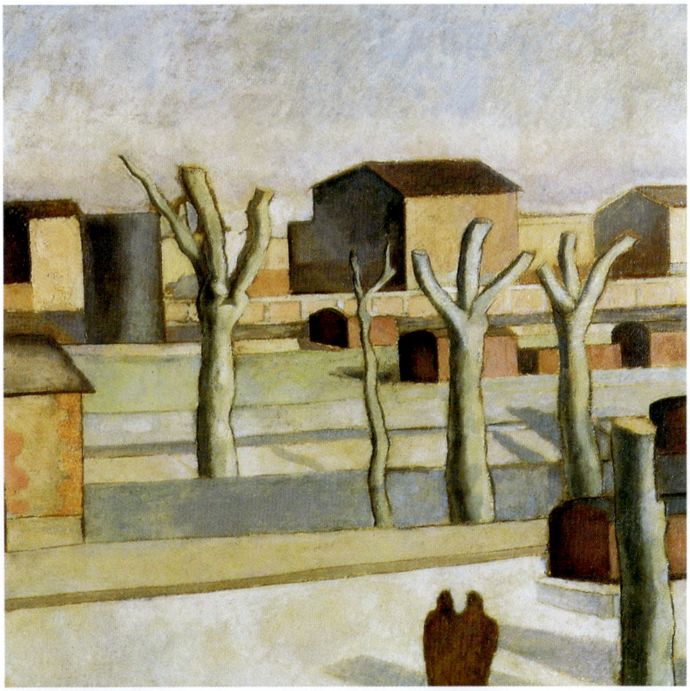

177

1924

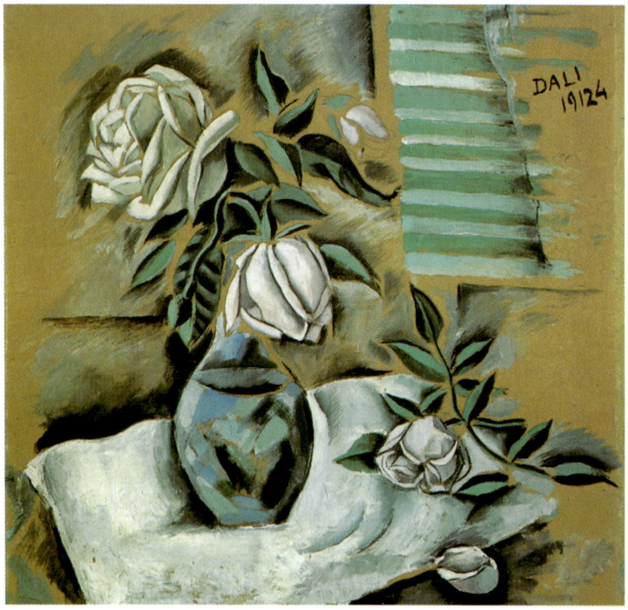

178

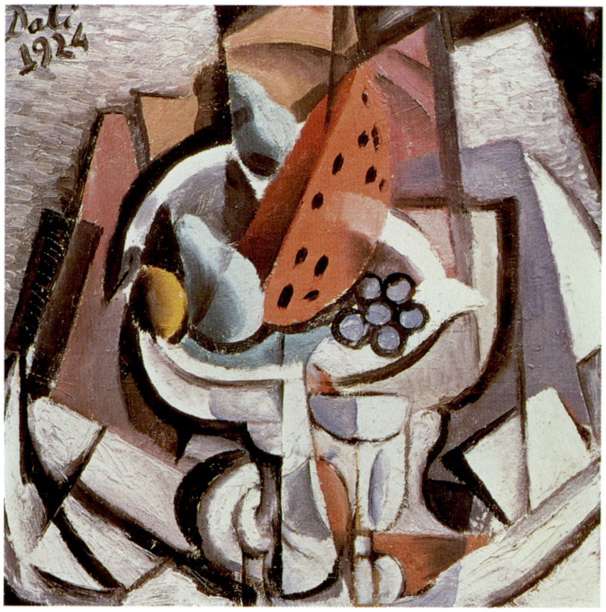

180

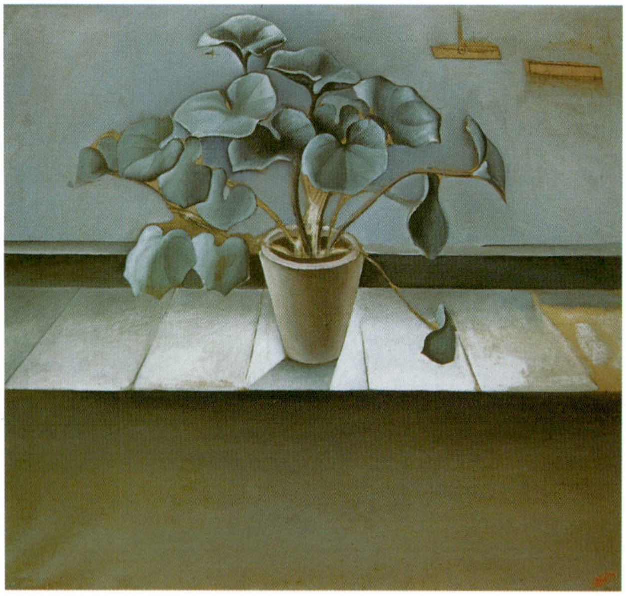

179

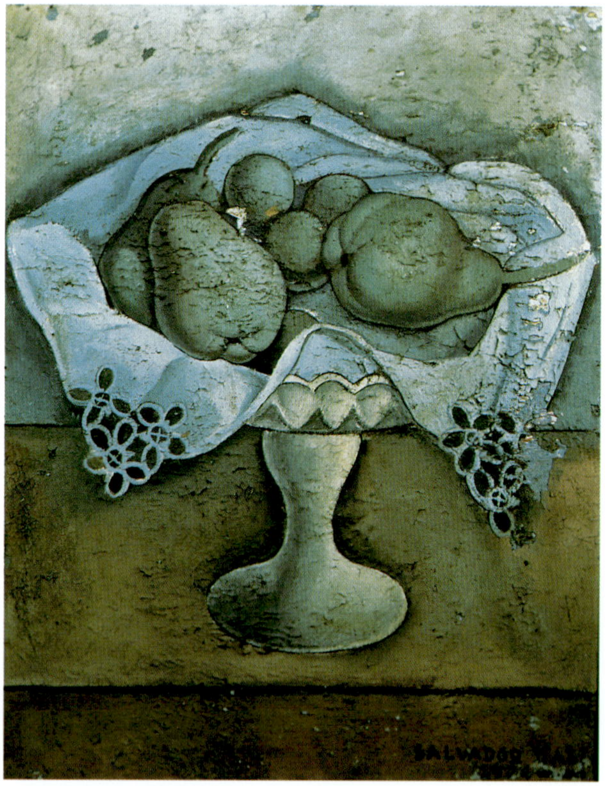

181

178 **Boeket – 'Het belangrijkst is de roos'**, 1924 ❑
Bouquet – 'L'important c'est la rose'

179 **Groene plant**, 1924 ❑
Plante verte

180 **Stilleven – Watermeloen**, 1924 ❑
Nature morte – Sandia

181 **Stilleven**, 1924 ❑
Bodegón – Nature morte

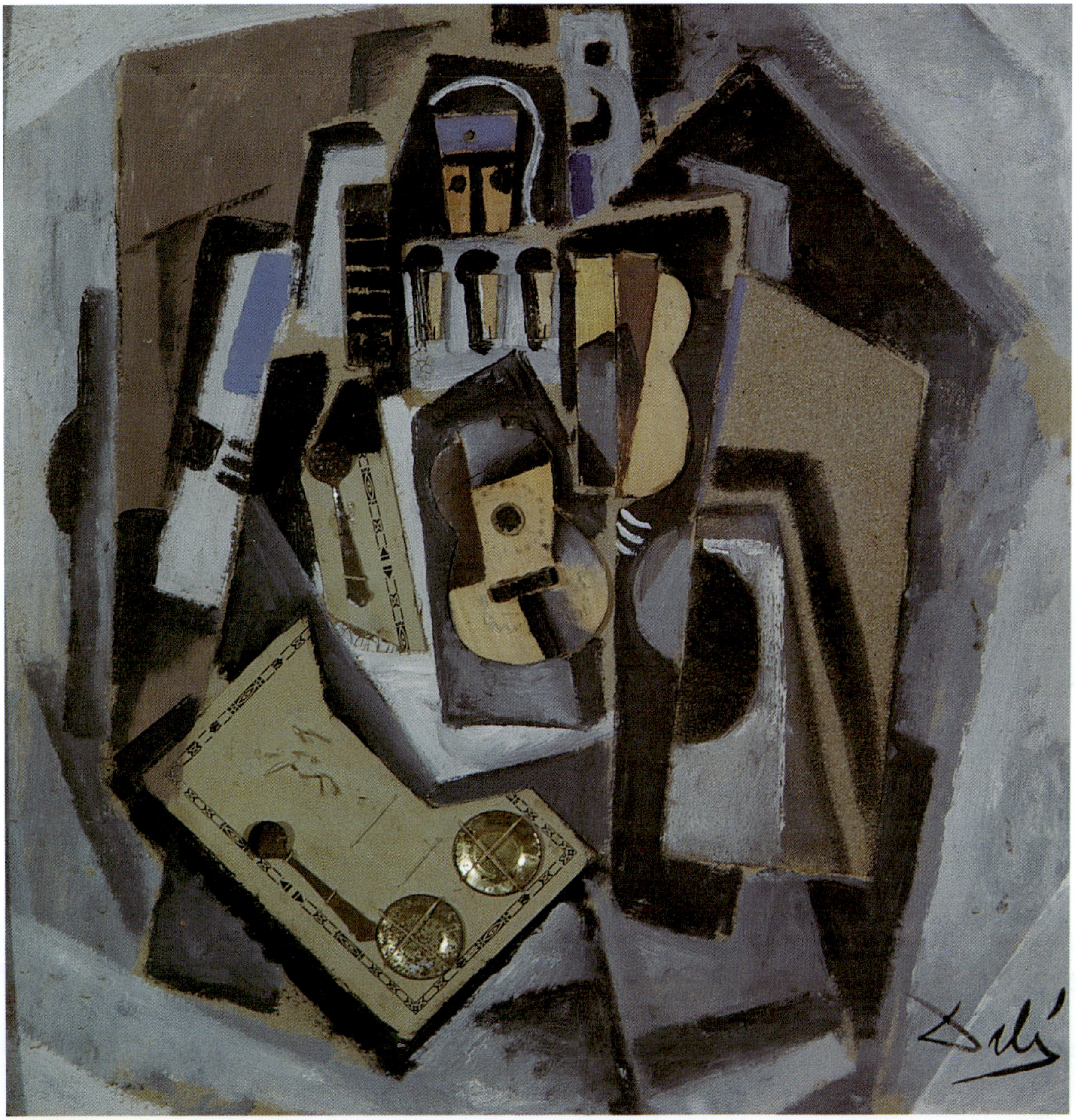

182

182 **Pierrot en gitaar**, 1924 ❑
Pierrot au guitare

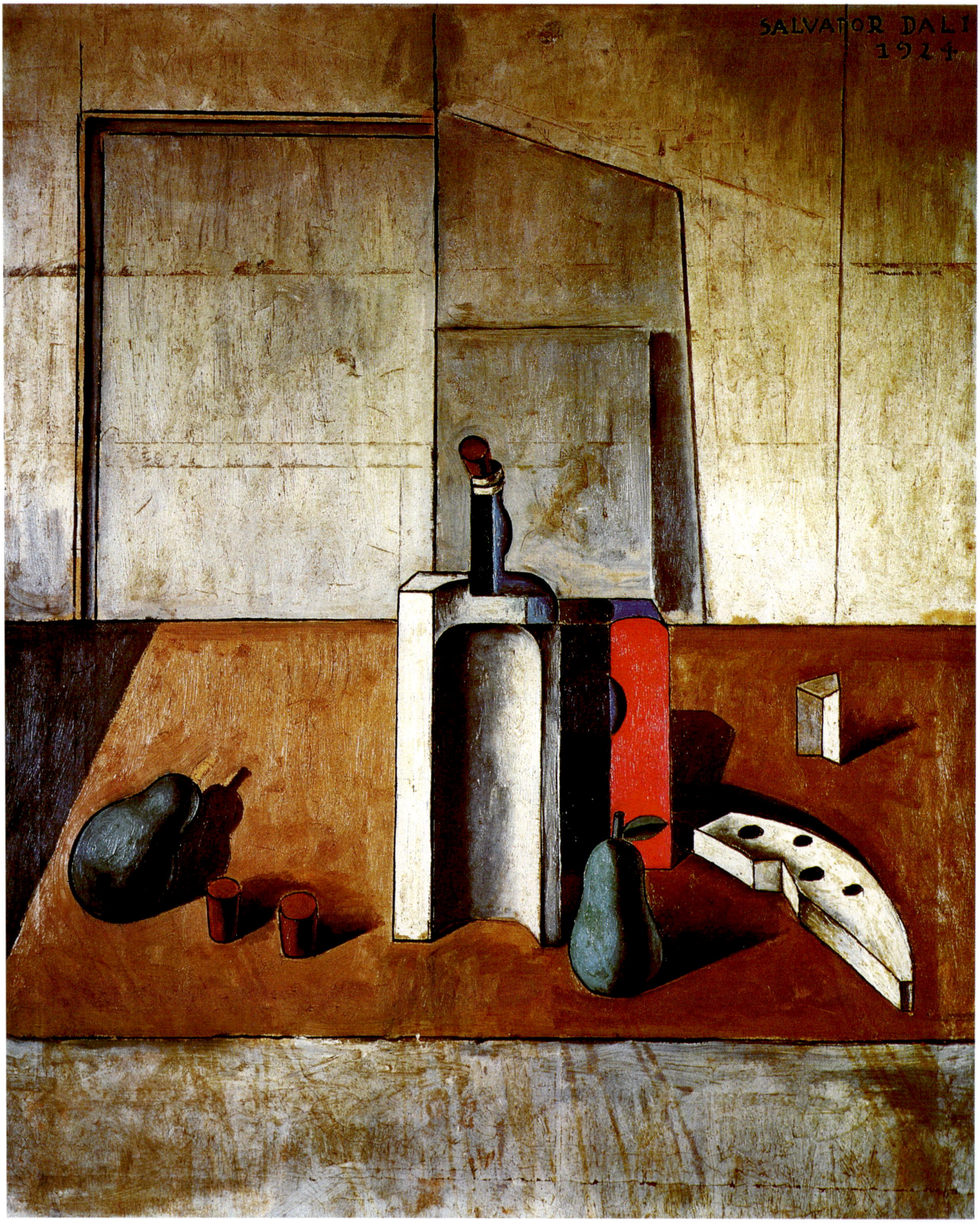

183

183 **Stilleven**, 1924 ❑
Nature morte

184 **Puristisch stilleven**, 1924 ❑
Nature morte puriste

185 **Stilleven (het doek later werd in vieren geknipt, een deel ervan)**, 1924 ❑
Nature morte

186 **Sifon en rumfles met kurk**, 1924 ❑
Siphon et bouteille de rhum avec bouchon

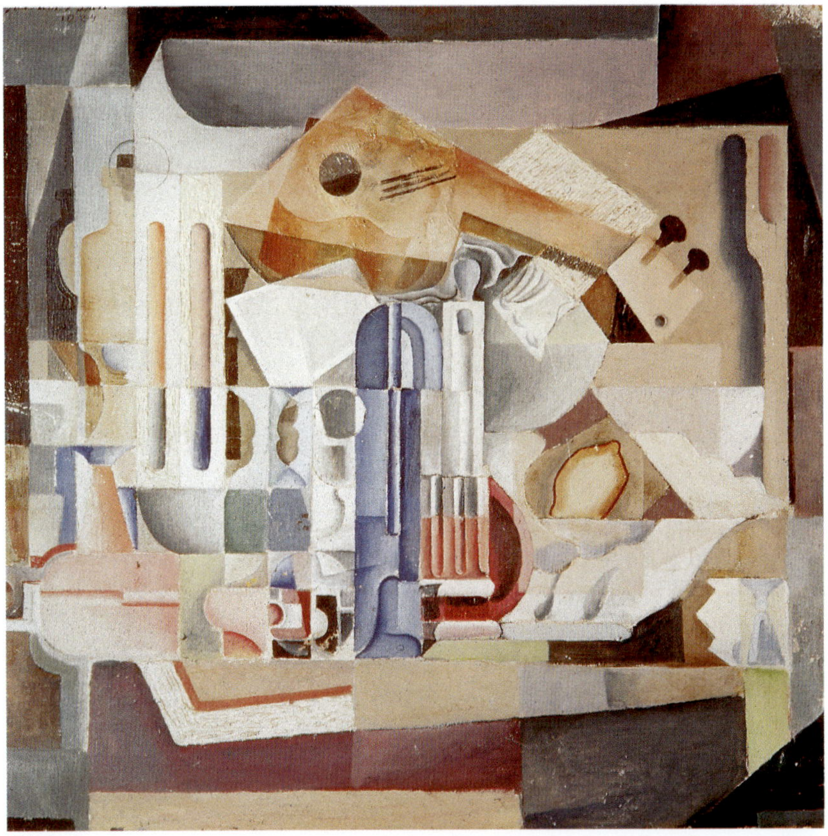

184

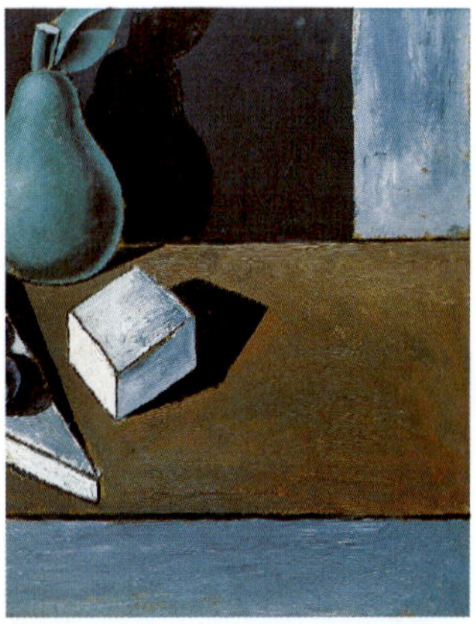

185

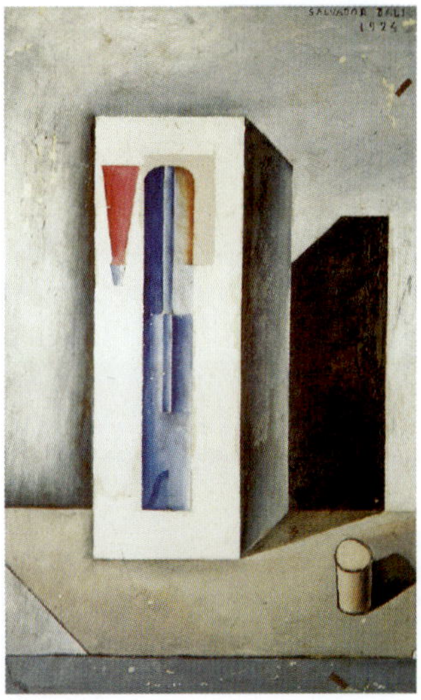

186

woordig bevinden, stel ik mijn zoon een overeenkomst voor: hij moet naar de kunstacademie in Madrid gaan en daar alle vakken doorlopen die nodig zijn om de titel van professor in de tekenkunst te krijgen. Met die titel, die hem een baan aan de universiteit garandeert, zal hij beschermd zijn tegen alle materiële problemen. Dan zal hij zich helemaal aan de kunst kunnen wijden en ben ik gerust over zijn onderhoud. Sterker nog, hij zou het leven van een kunstenaar kunnen leiden zonder de financiële ongemakken op de koop toe te hoeven nemen die het leven van mensen zonder succes zo bitter maakt. Op dat punt zijn we nu! Wat mij betreft, ik houd mijn woord en geef mijn zoon in materieel opzicht alles wat hij nodig heeft om zijn artistieke opleiding te voltooien. Dat is voor mij geen geringe inspanning, want ik heb geen enkel eigen vermogen, maar betaal al mijn uitgaven uit mijn inkomsten als notaris. Zoals iedereen weet, doet een notaris in Figueras niet vaak lucratieve zaken.

Momenteel volgt mijn zoon weer onderwijs aan een school, hoewel er een paar hindernissen bestaan waarvoor niet hij verantwoordelijk is, maar de afschuwelijke desorganisatie van onze opleidingsinstituten. De vordering van zijn studie wordt officieel goed genoemd. Hij heeft al twee semesters doorlopen en twee prijzen gewonnen, één voor kunstgeschiedenis en één voor kleurenleer. Ik heb 'officieel' geschreven, want hij zou een betere student kunnen zijn aan die school, maar zijn passie voor de schilderkunst leidt hem af van de officiële leervakken. De meeste tijd brengt hij door met het schilderen van eigen doeken, die hij dan instuurt voor tentoonstellingen. Het succes dat hij ermee behaalt, overtreft al mijn verwachtingen. Natuurlijk had ik liever gezien dat dat succes pas later

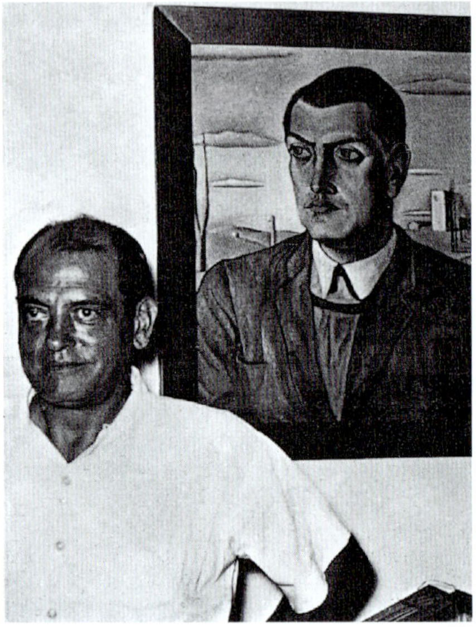

187

kwam, nadat zijn positie als professor zeker was, want dan zou hij niet in de verleiding komen zijn woord terug te nemen. Ondanks deze regels zou ik liegen als ik beweerde dat het succes van mijn zoon me niet bevalt. Want zelfs al zou mijn zoon er niet in slagen een professoraat te bereiken, ik word toch door al mijn naasten bevestigd in de overtuiging dat zijn artistieke talent geen vergissing is. Elke andere beroepskeuze zou onherroepelijk uitlopen op een catastrofe, want hij voelt zich geroepen door de schilderkunst.

Dit schrift bevat bovendien documenten over zijn jaren aan de academie, zijn verwijdering ervan en zijn tijd in de gevangenis, die voor iedereen die zich een oordeel over hem als burger wil vormen van belang kunnen zijn. Ik verzamel dagelijks –en blijf dat doen zolang ik ervan op de hoogte wordt gesteld– alles wat over hem gaat, positief of negatief. Uit de lectuur van deze bladzijden zal de ware waarde van mijn zoon als kunstenaar en burger zijn af te meten. Moge degene die het geduld opbrengt dit allemaal te lezen, het onbevooroordeeld lezen.

Figueras 31 december 1925 Salvador Dalí, notaris

Dalí neemt deel aan de groepstentoonstellingen die in februari 1922 worden georganiseerd in de Galerie Dalmau in Barcelona: zijn acht doeken krijgen van de critici bijzondere aandacht. In 1923 exposeert hij in de stedelijke bibliotheek van Figueras, in 1925 toont hij in Madrid het portret van Buñuel en het doek *Sifon*

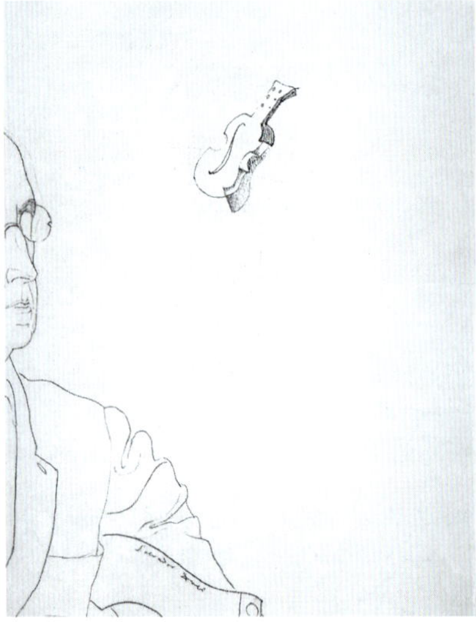

188

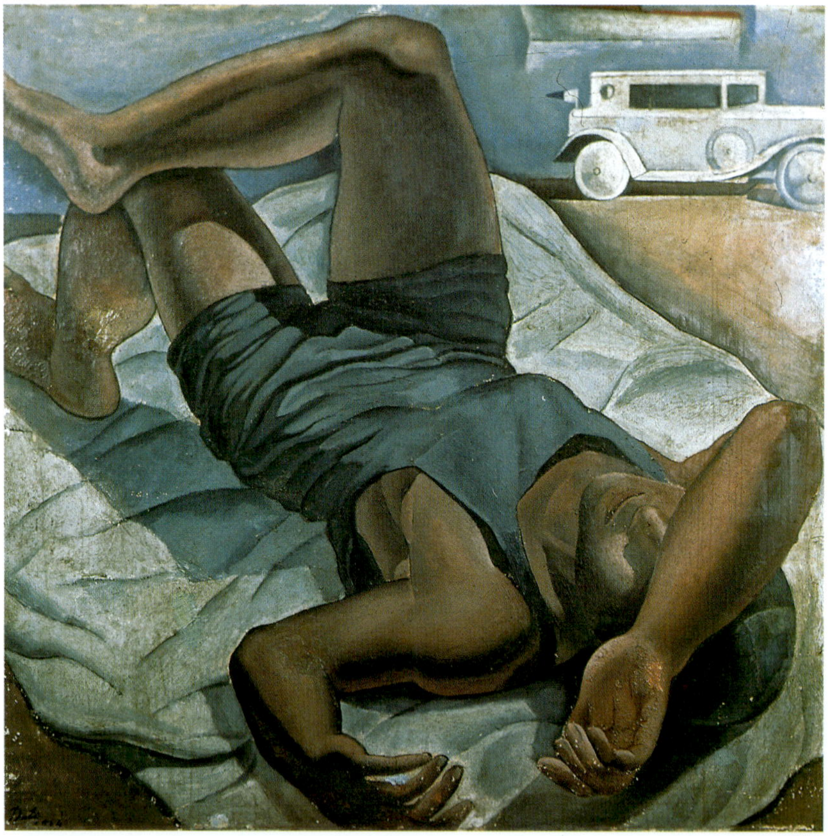

189

187 **Luis Buñuel voor het portret dat Dalí in 1924 van hem schilderde,** 1924 ☆

188 **Studie voor 'Portret van Manuel de Falla',** 1924-1925 △

189 **Badende (Portret van Juan Xirau),** 1924 ❑
Banista – Baigneur (Portrait de Juan Xirau)

190 **Portret van Luis Buñuel,** 1924 ❑
Portrait de Luis Buñuel

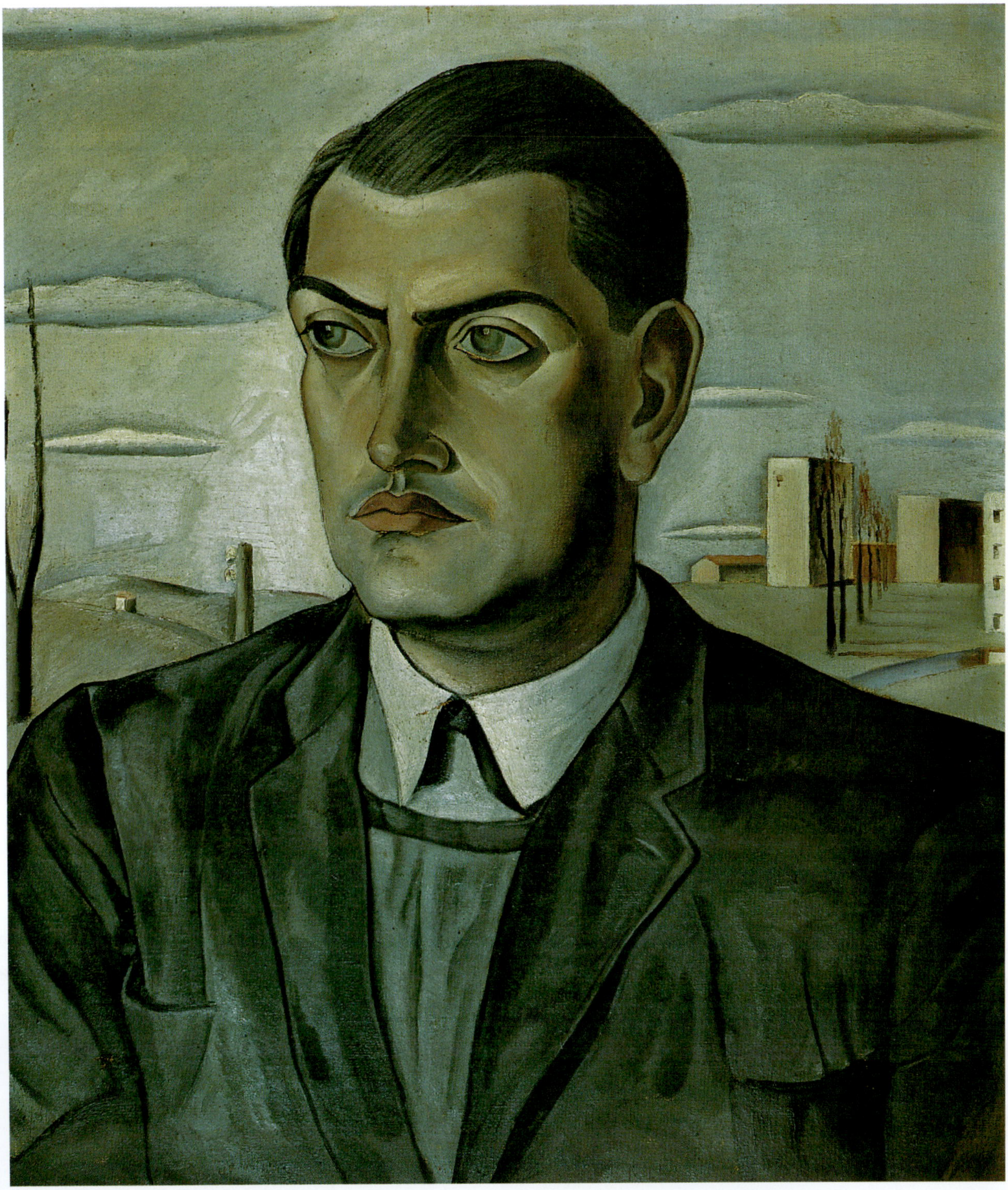

190

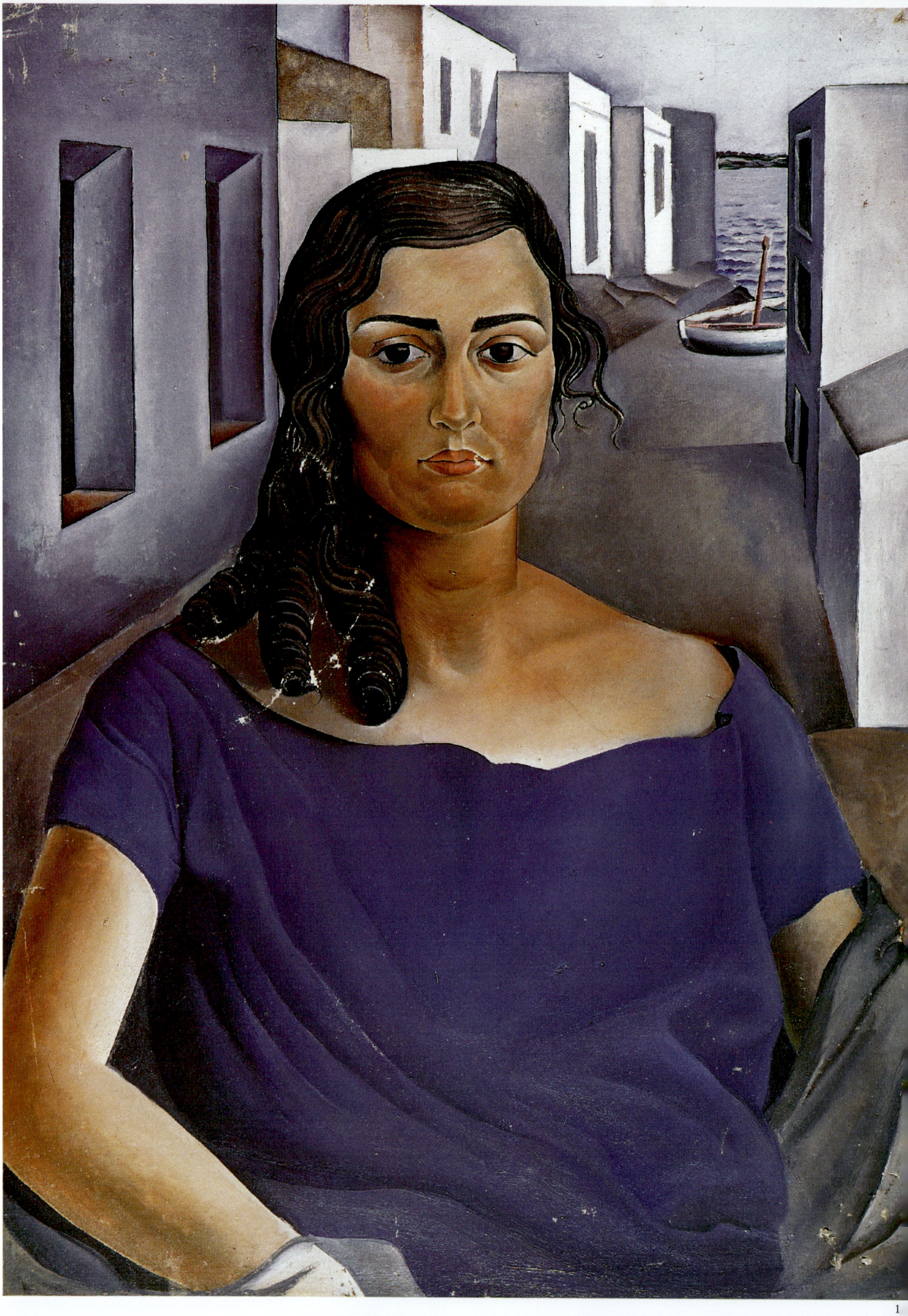

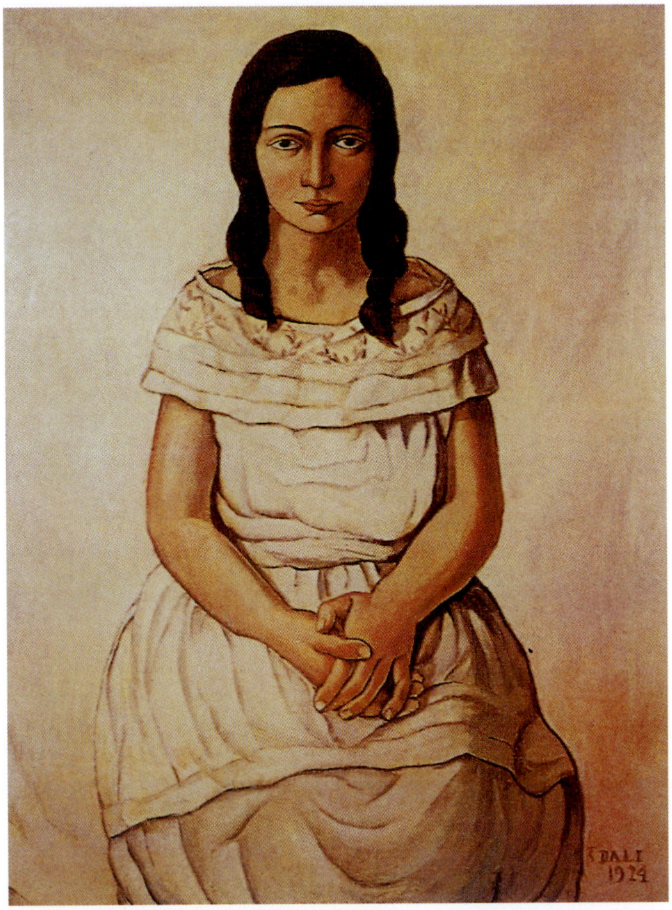

192

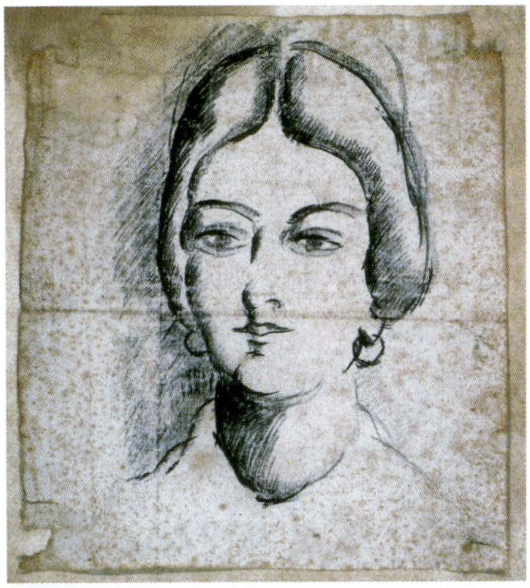

194

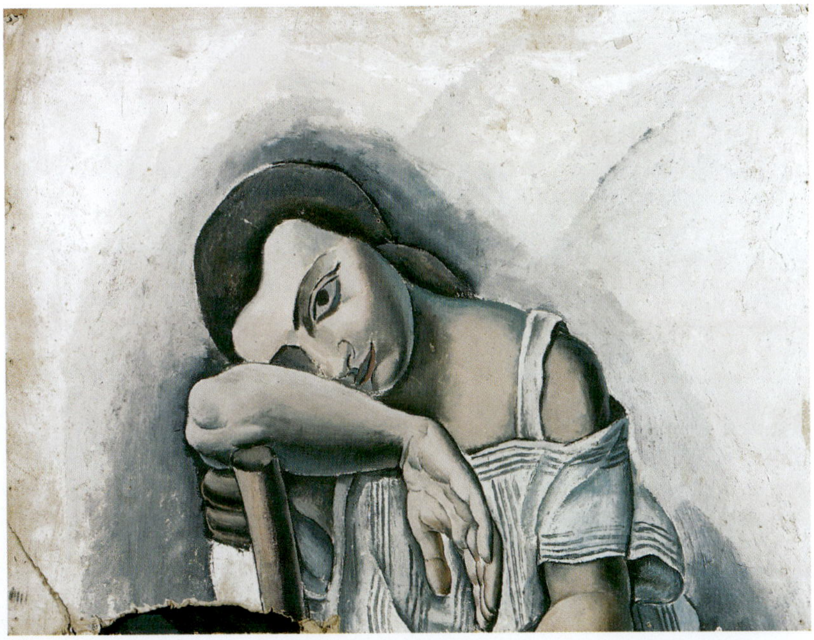

193

191 **Portret van een jong meisje in een landschap bij Cadaqués,** 1924-1926 ❑
Portrait de jeune fille dans un paysage de Cadaqués

192 **Portret van Ana María**, 1924 ❑
Ana María

193 **Portret van Ana María**, rond 1924 ❑
Portrait d'Ana María

194 **Portret van een vrouw**, rond 1924 ❑
Portrait de femme

en rumfles met kurk (blz. 83). Ten slotte organiseert hij zijn eerste persoonlijke tentoonstelling in Galerie Dalmau in Barcelona van 14 tot 27 november met een schilderij uit 1917 (*Landschap bij Cadaqués*, blz. 111), twee stillevens uit 1924 (kubistische doeken) en veertien werken uit 1925, waaronder *Portret van mijn vader* (blz. 93), twee portretten van zijn nicht Montserrat en het beroemde *Venus en een matroos* (blz. 101). In januari 1926 wijdt het tijdschrift 'Gaseta de les Arts' een lang artikel aan hem, evenals het geïllustreerde tijdschrift 'D'ací, d'allá': artikelen die zijn vader zou uitknippen en inplakken in dat schrift dat bedoeld was voor de 'leerling-schilder'.

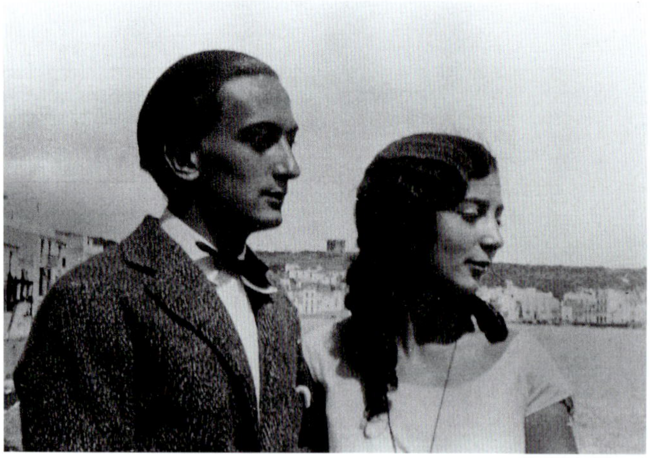

195

195 **Dalí met zijn zus Ana María in Cadaqués**, 1925-1926 ⚹

196 **Jong meisje dat op haar elleboog steunt – Ana María Dalí, de zus van de schilder (ook: Gedachte)**, 1925 ❑
Jeune fille accoudée – Ana María, la sœur de l'artiste

197 **Portret van de zus van de schilder**, 1925 ❑
Portrait de la sœur de l'artiste

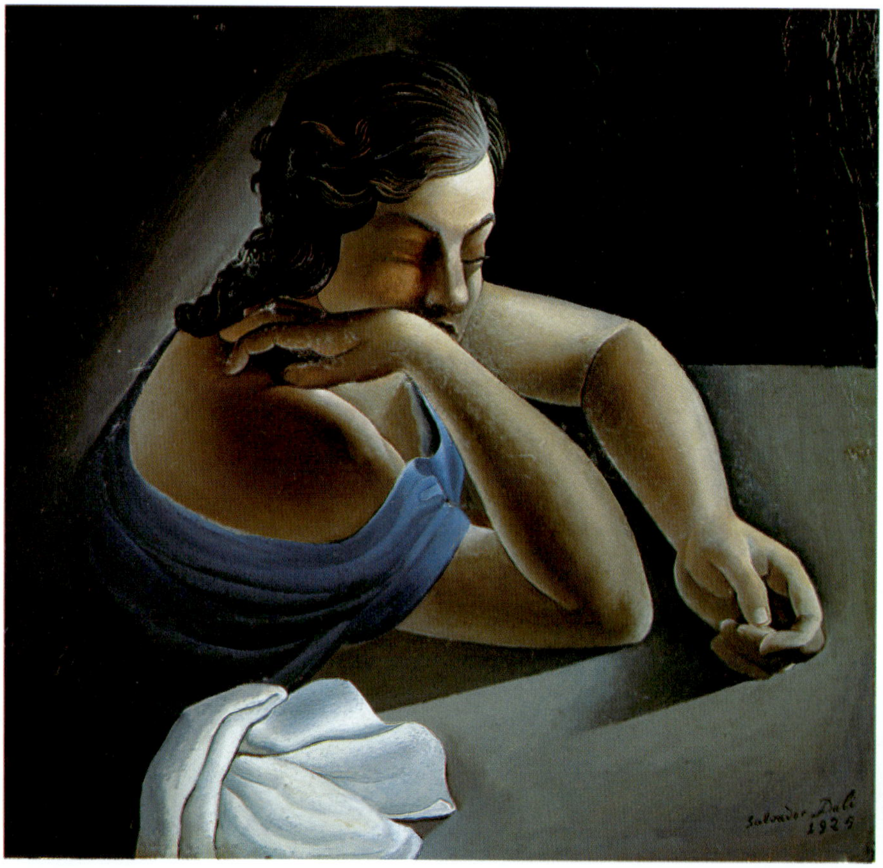

196

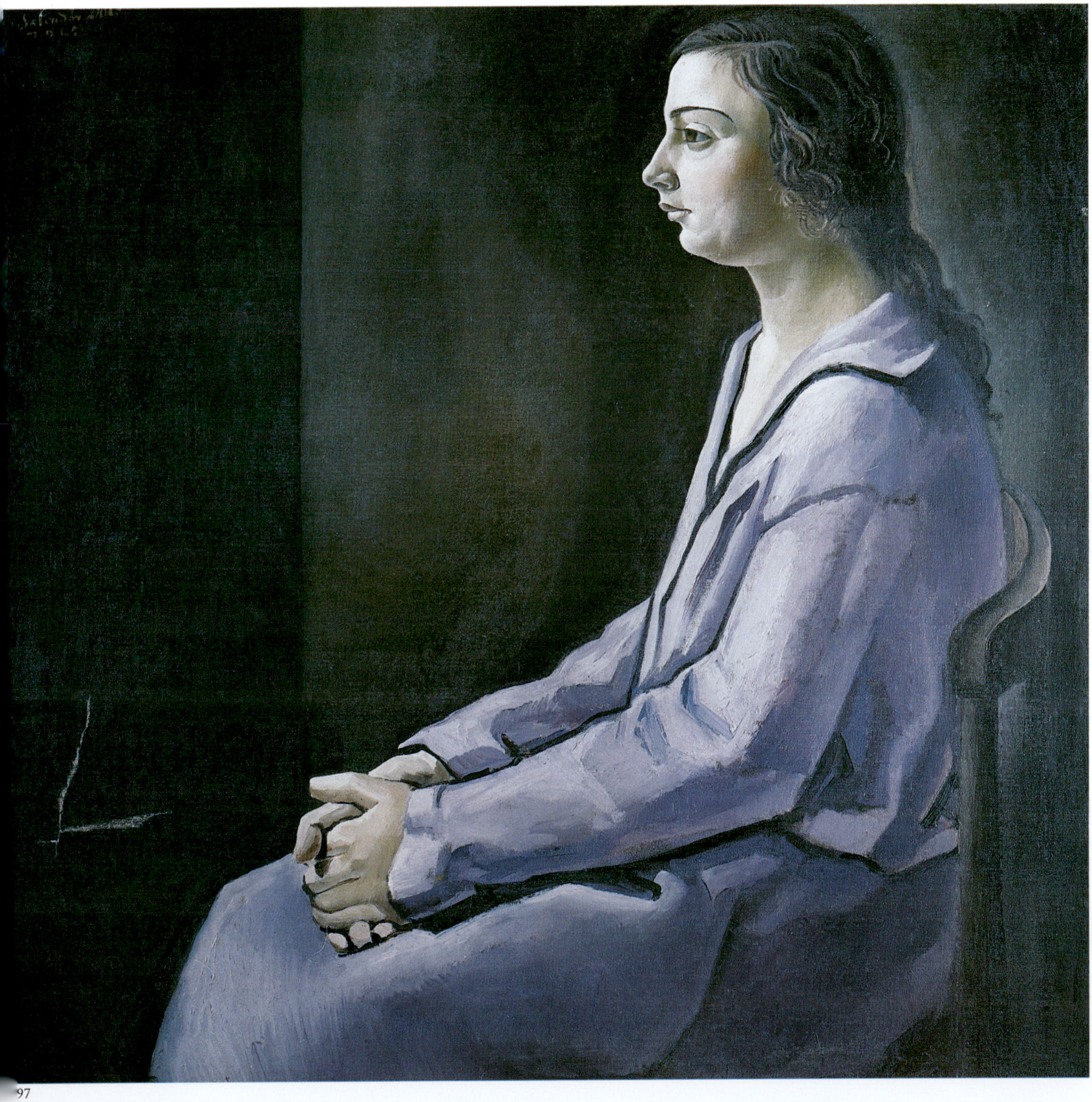

97

Het mooie achterwerk van Ana

Zijn zus Ana María en zijn nicht Montserrat zijn te allen tijde Dalí's lievelingsmodellen en ook de meest bereikbare. Zeker voelt hij zich tegenover die vertrouwde figuren veel ontspannener om zijn libido de vrije loop te laten. De manier waarop hij ze afbeeldt, van achteren, geeft evenzeer inzicht in zijn wensvoorstellingen als in zijn afkeren. Dalí geeft nauwelijks nog verklaringen. Pas later zal hij er weer uitgebreider over spreken, wanneer hij hetzelfde onderwerp nog een keer opneemt, namelijk zijn zus als *Jong meisje, staand aan het raam* (blz. 91) en ook met *Jeugdige maagd die sodomie bedrijft met de hoornen van haar eigen kuisheid* (blz. 478) uit 1954.

Daarmee heeft men een duidelijkere verklaring voor de vertroebelde verhouding die er langere tijd heerste tussen broer en zus. In haar boek 'Salvador Dalí,

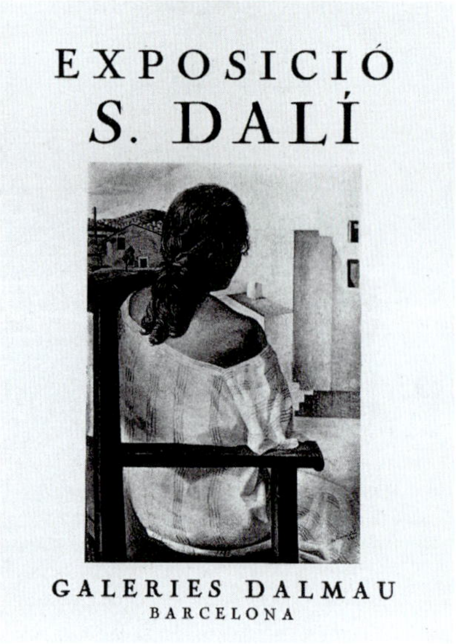

198

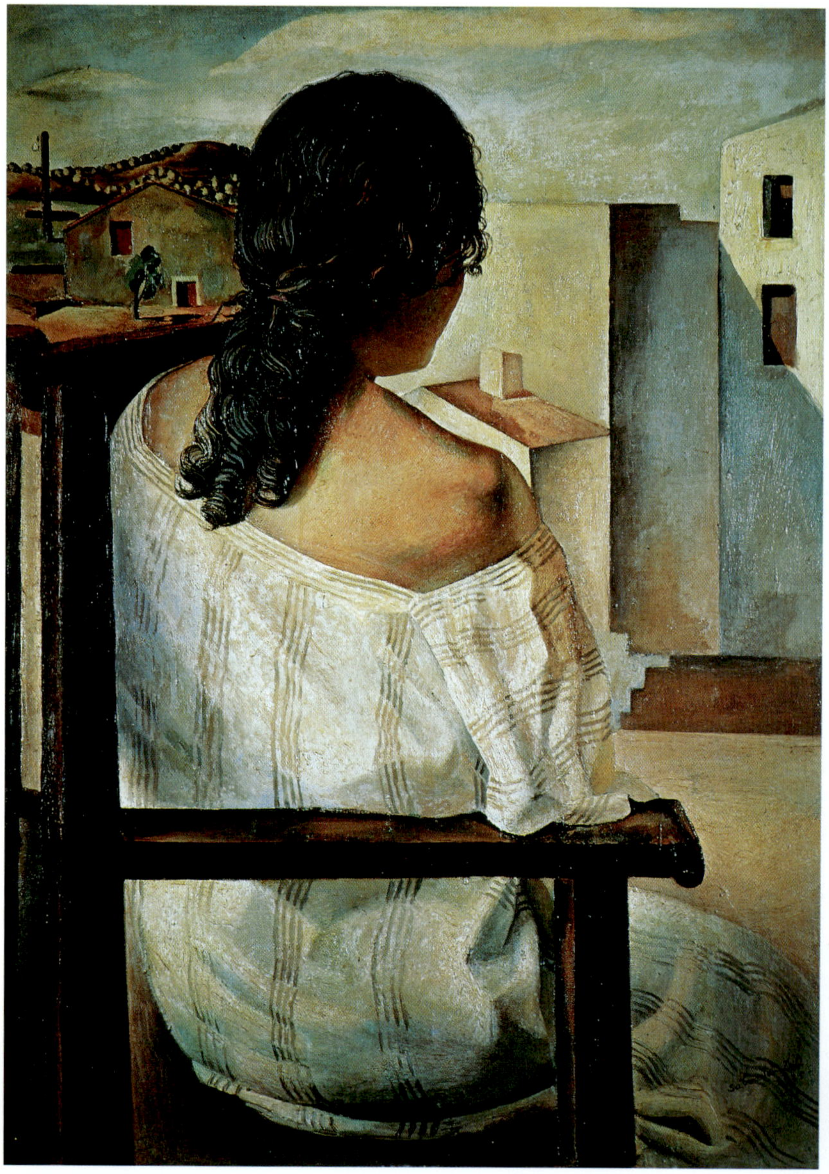

199

198 **Affiche voor de expositie van Salvador Dalí in Galerie Dalmau in Barcelona**, 1925 ✗

199 **Jong meisje met ontblote rug uit Esquena (ook: Zittend jong meisje op de rug gezien)**, 1925 ❑
Jeune fille assise de dos – Noia d'Esquena

200 **Jong meisje, staand aan het raam**, 1925 ❑
Personnage à une fenêtre (Jeune fille debout à la fenêtre)

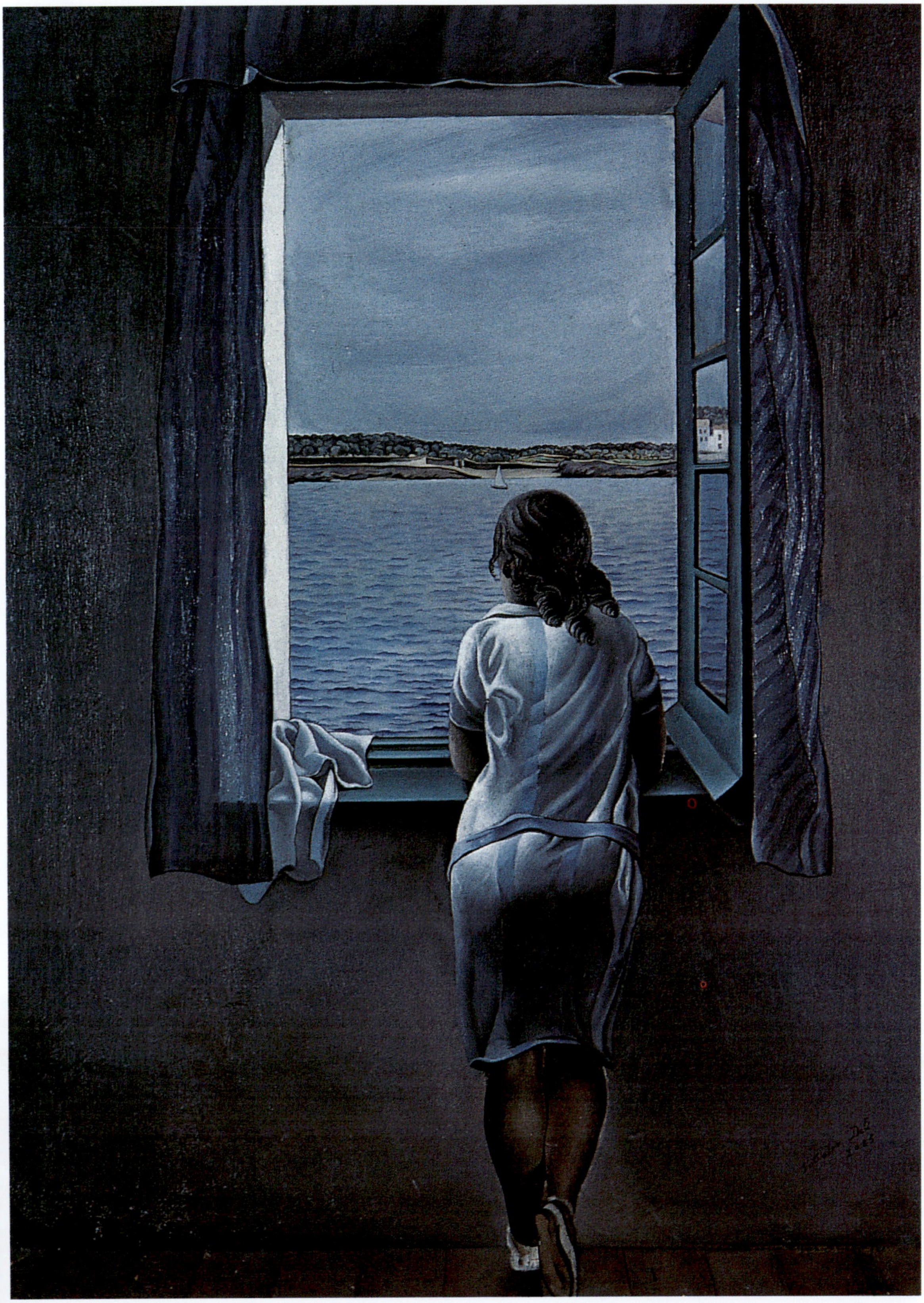

200

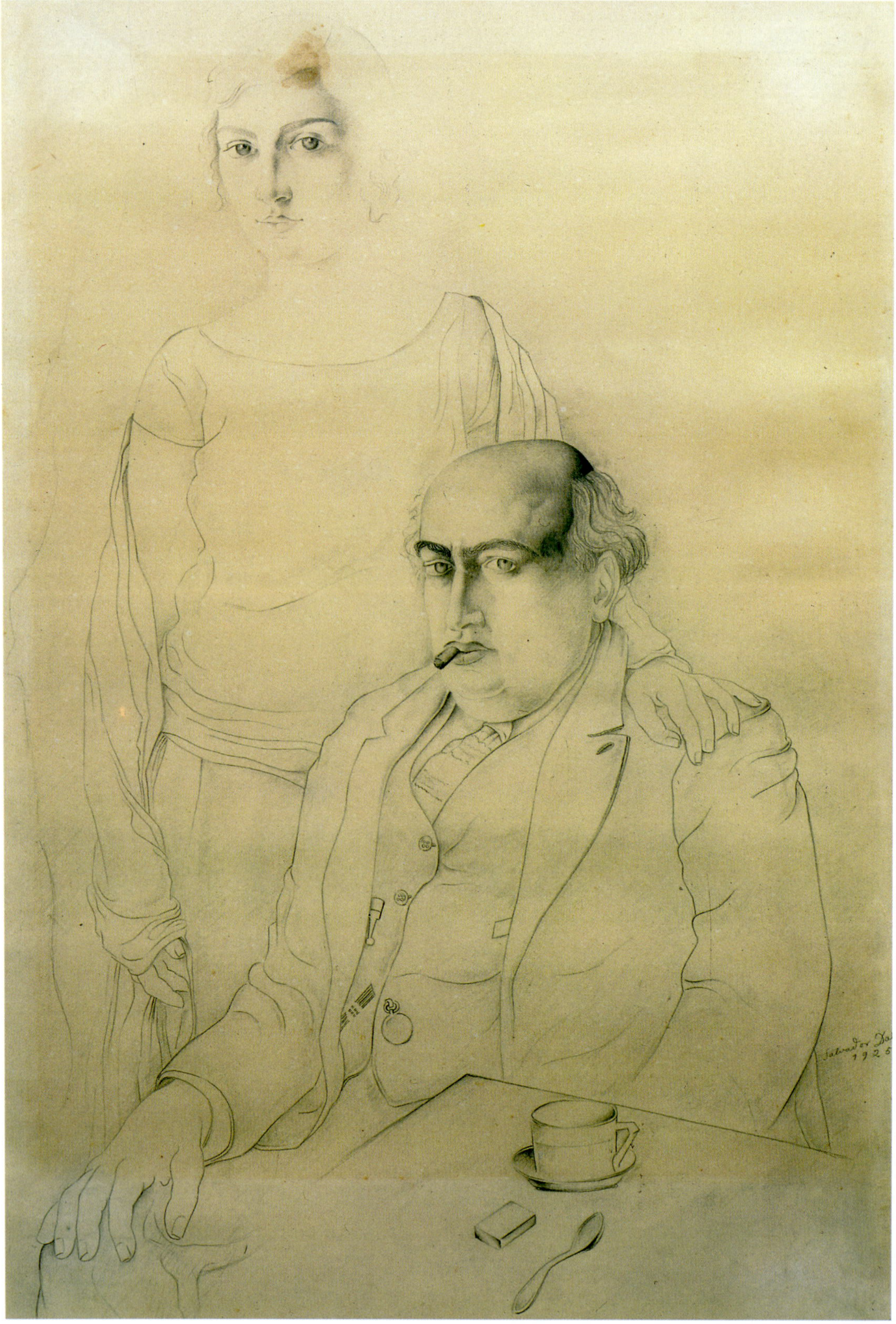

201

201 **Don Salvador en Ana María Dalí (Portret van de vader en de zus van de kunstenaar)**, 1925 △

Retrato del padre y la hermana – Portrait du père et de la sœur de l'artiste

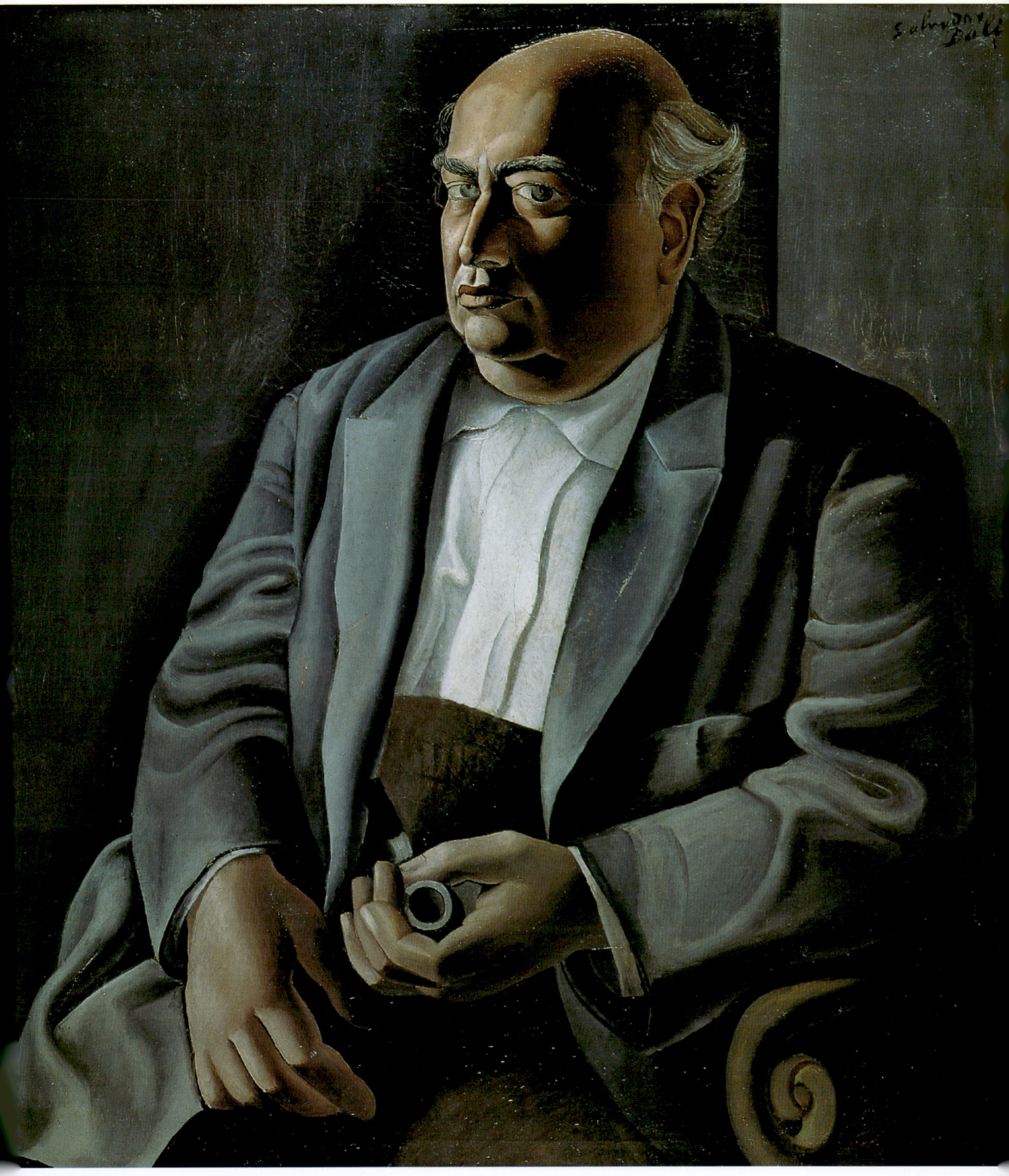

202 **Portret van mijn vader**, 1925 ❑
Portrait de mon père

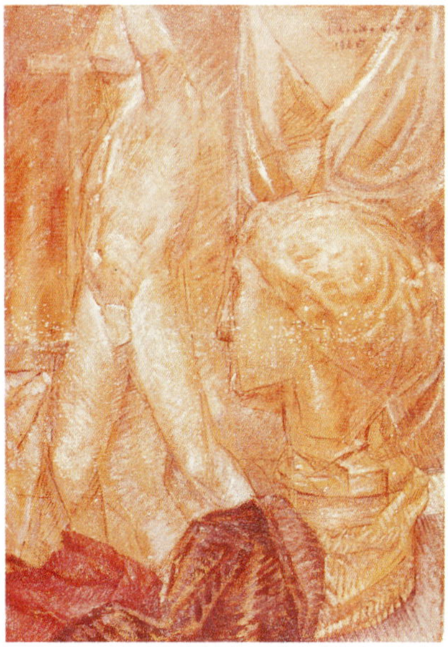

203

gezien door zijn zuster', dat Salvador haar nooit vergeeft, schrijft Ana María: "Mijn broer maakte in die tijd talloze portretten van mij. Sommige waren eenvoudige studies van haren en ontblote schouders." Ze herinnert zich uren voor hem te hebben geposeerd; terwijl ze voor hem model zat, keek ze onafgebroken naar het landschap, "dat sindsdien voor altijd een deel van me is geworden. Salvador schilderde me inderdaad altijd voor een raam". In zijn briefwisseling met het jonge meisje schreef García Lorca: "Mijn verblijf in Cadaqués was zo fantastisch dat het me bijna een mooie droom toeschijnt, vooral het ontwaken, als je dat uitzicht uit het raam had."

In die tijd bevindt Dalí zich in zijn Ingres-fase ("De tekening heeft de grootste oprechtheid van alle kunsten", had Ingres gezegd en Dalí waardeerde die uitspraak bijzonder) en wijdt hij zich met overgave aan de opgave zijn vader een eerbetoon te brengen door een tekening (blz. 92) en een olieverfschilderij (blz. 93) van hem te maken. Over de tekening schrijft hij in zijn 'Geheime leven': "Mijn vader was diep bezorgd. De verwijdering van de kunstacademie had al zijn hoop vernietigd mij in een officiële loopbaan te zien. Hij poseerde samen met mijn zus voor een potloodtekening, een van de meest geslaagde uit die periode. In zijn gelaatsuitdrukking is duidelijk de verbittering te zien die hem in die dagen beheerste. Terwijl die tekeningen waren bepaald door het striktste classicisme, probeerde ik tegelijkertijd mijn kubistische ervaring steeds meer te verzoenen met de traditionele vormentaal." Het olieverfportret laat zonder twijfel duidelijk zien dat tussen beide mensen, de schilder en zijn model, een sterk gevoel van genegenheid bestaat, ja een soort medeplichtigheid die vergelijkbaar is met die tussen de stier (de vader) en de matador (de zoon).

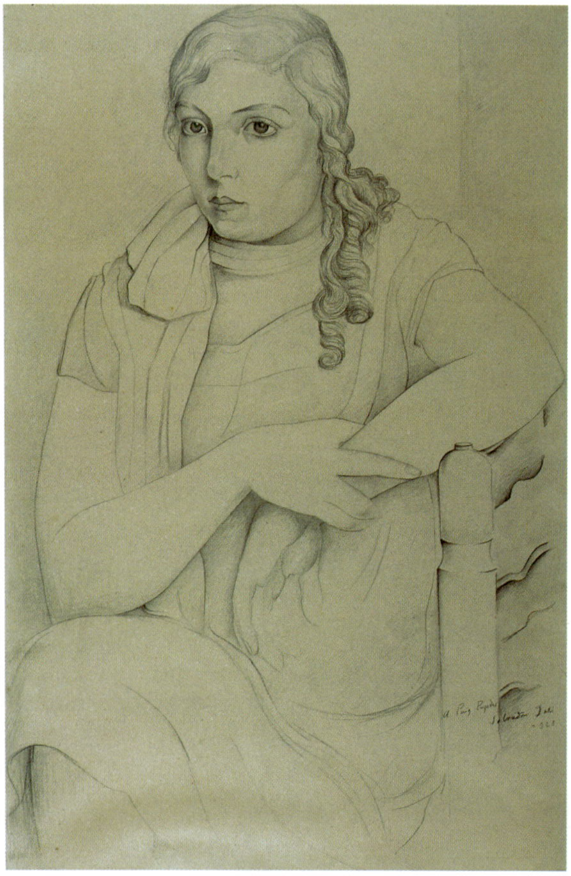

204

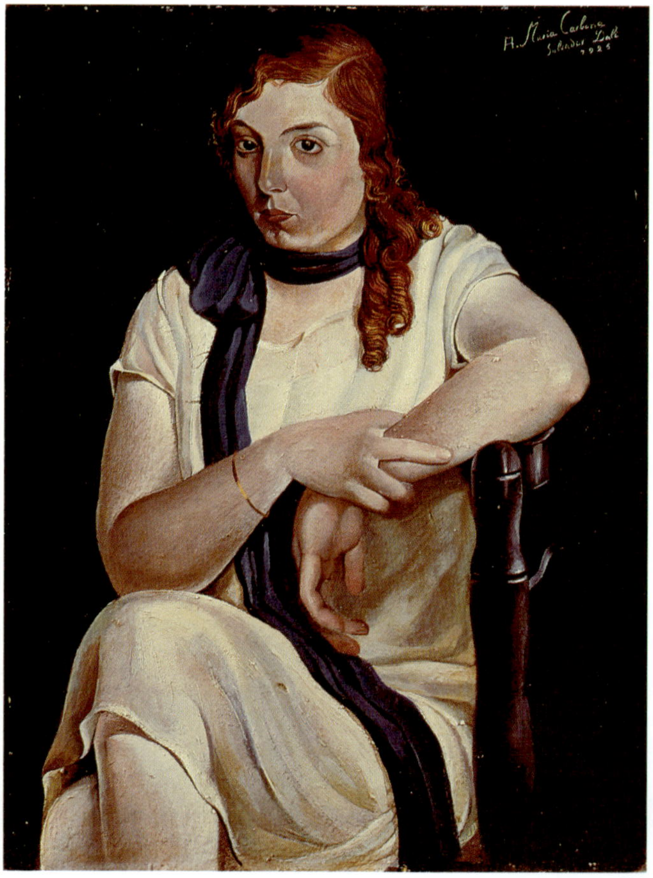

205

203 **Studie**, 1925 ❑

204 **Studie voor 'Portret van María Carbona' (opgedragen aan Puig Pujades)**, 1925 △

205 **Portret van María Carbona**, 1925 ❑
Portrait de María Carbona

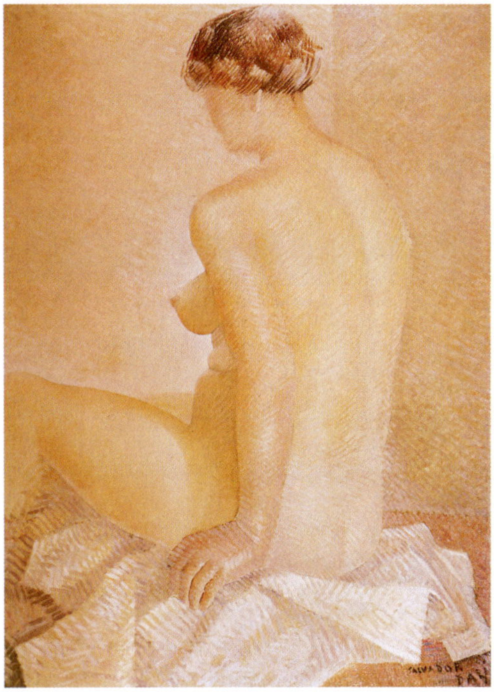

207

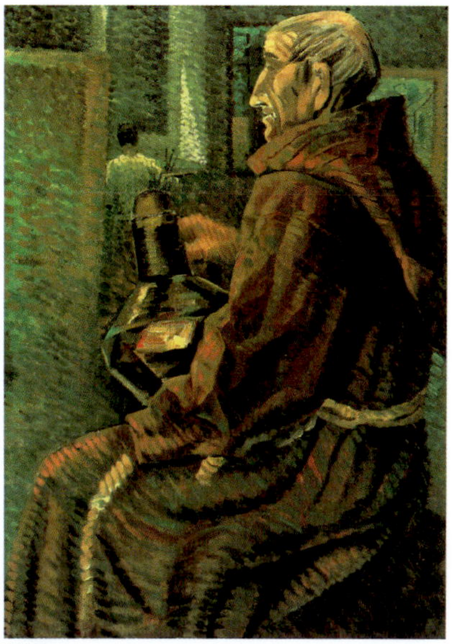

208

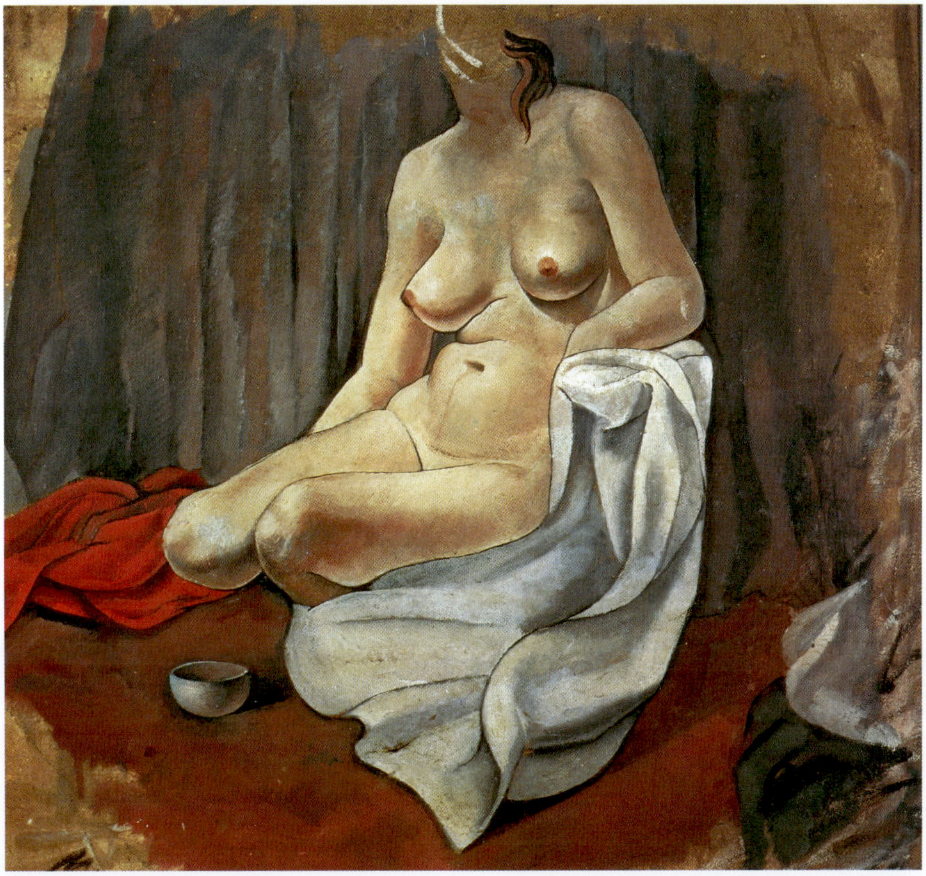

206

206 **Vrouwelijk naakt**, 1925 ❑
Nu féminin

207 **Vrouwelijk naakt**, 1925 ❑
Nu féminin

208 **Zittende monnik**, 1925 ❑
Moine assis

Dalí's portret van zijn vader is realistisch en tegelijkertijd psychologisch en het maakt indruk door zijn uitdrukkingskracht die de sterke persoonlijkheid van de notaris uit Figueras openbaart. Ondanks de strengheid in zijn houding en uitdrukking is in de blik van de imposante man een vonk van die Catalaanse boosaardigheid te zien waarvan vader en zoon zich met alle finesse weten te bedienen, ieder op zijn eigen manier. De familie is het niet eens met de houding van zijn rechterhand. Maar Salvador vindt het heel normaal dat zijn vader zijn hand daar legt waar hij graag wil, ook al is dat de plaats waar het vaderlijke geslachtsdeel zich bevindt! Dat was een kleine schelmenstreek van de zoon; nauwelijks vijf jaar later komt hij echter heftig in opstand tegen zijn vader, hij gaat zelfs zo ver hem in 'freudiaanse' zin te doden, aangezien hij tegen elke prijs zijn huwelijk met de gescheiden Gala wil doordrijven.

In de portretten uit die periode neemt Dalí de opbouw, plaats van het licht en neorealistische techniek van de Franse schilder André Derain als voorbeeld, een realistische techniek die hij later ook in zijn surrealistische doeken zal gebruiken. In zijn 'Geheime leven' schrijft hij over die realistische periode, die niet alleen onder invloed van Derain, maar ook van Vermeer stond: "In Parijs gaat het gerucht dat in Spanje een nieuwe schilder is ontdekt. Tijdens zijn verblijf in Barcelona heeft Picasso mijn *Jong meisje, van achteren gezien* gezien en zich er lovend over uitgelaten. Ik wist dat ik ze op de dag van mijn aankomst in de hoofdstad allemaal in mijn zak zou steken."

Vermeer, Ingres, Derain, Picasso... Dalí richt zich bij voorkeur op de belangrijkste voorbeelden. Een vergelijkbare 'Ingres-periode' heeft Picasso met zijn grote realistische naakten juist achter de rug. Daarin kan men zeker het uitgangs-

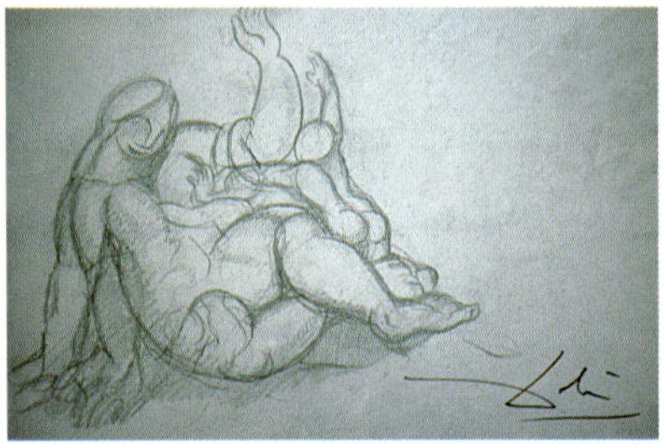

209

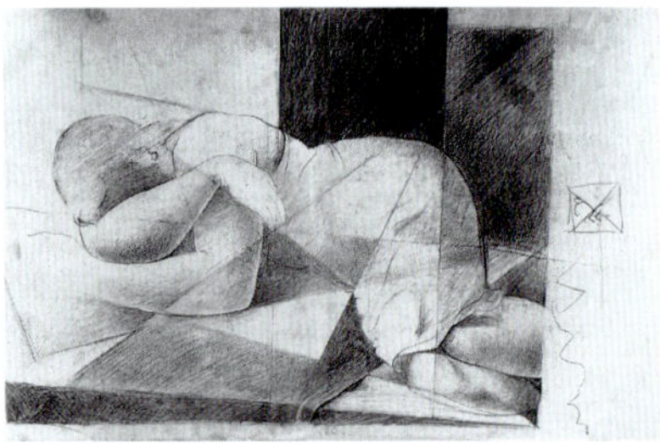

210

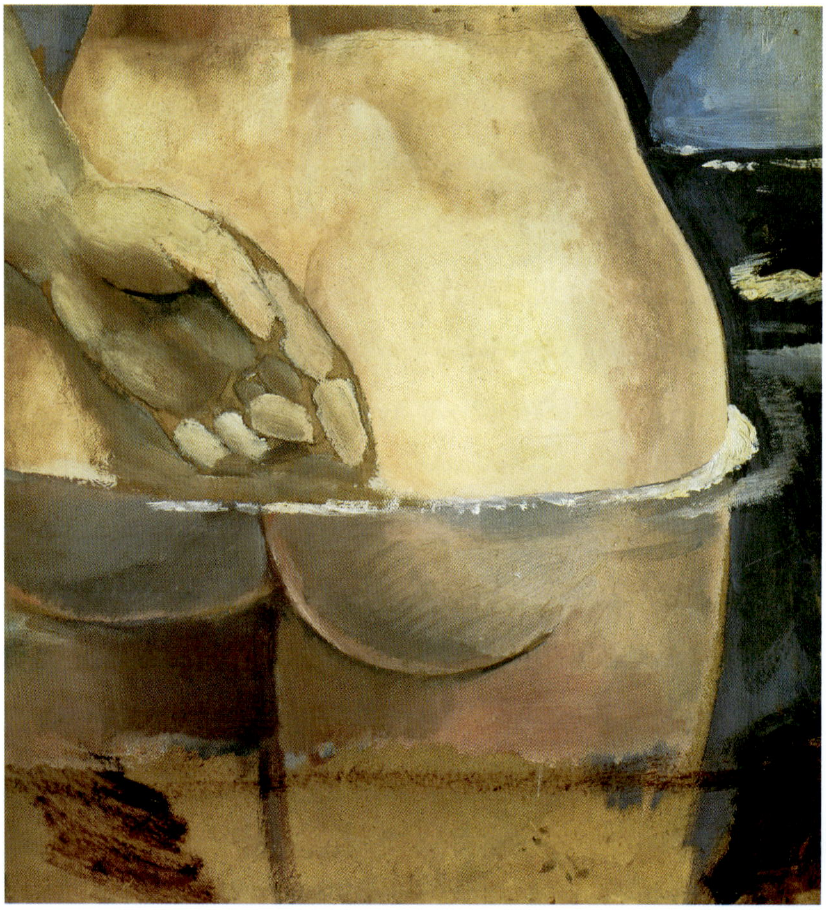

211

209 **Studie voor 'Vrouw en kind'**, 1923 △

210 **Jong meisje dat op bed ligt (Ana María Dalí)**, 1925 △
Jeune fille allongée sur un lit

211 **Naakt in het water**, 1925 ❑
Nu dans l'eau

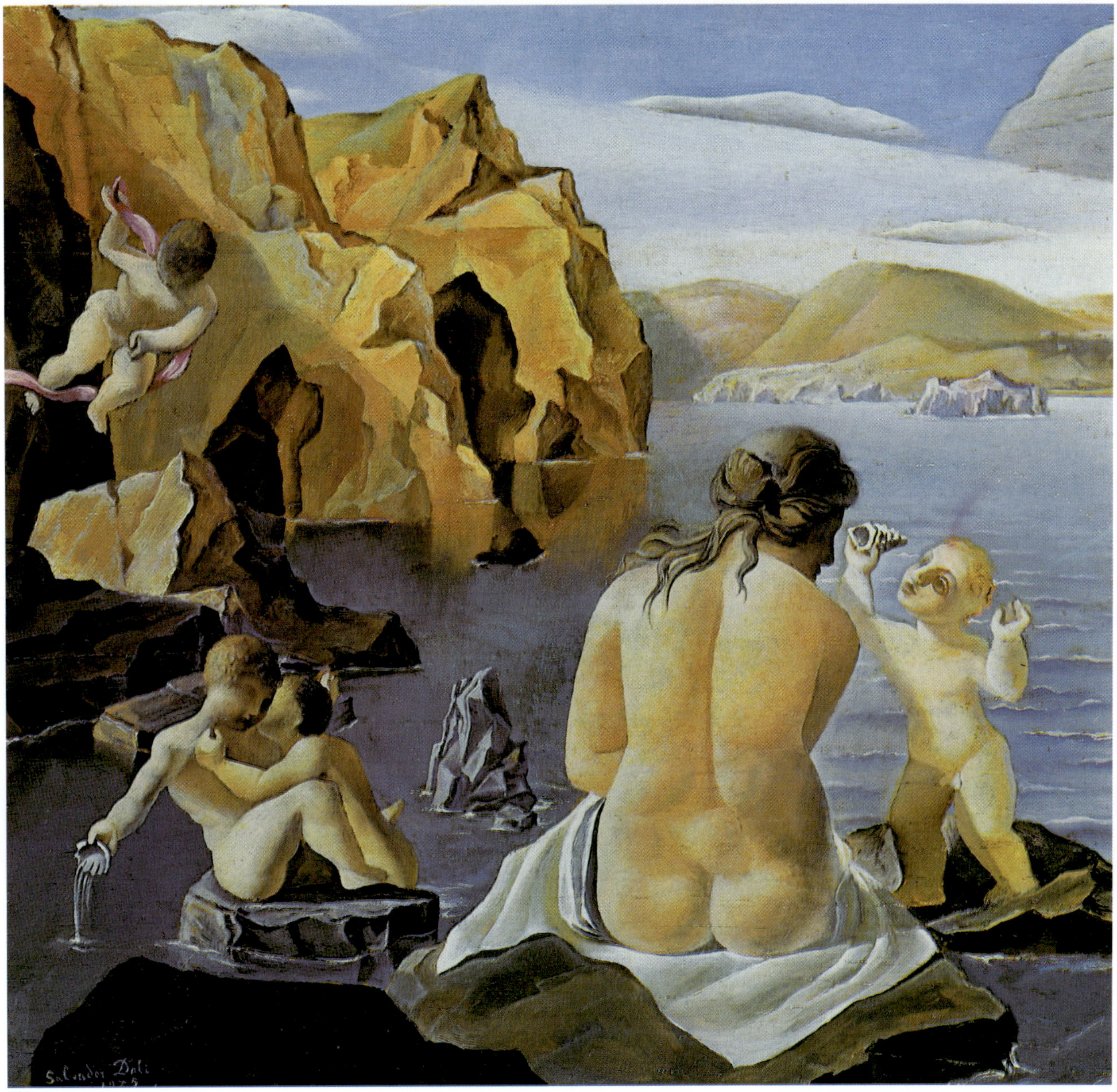

212

212 **Venus met cupido's**, 1925 ❑
Venus y cupidillos – Vénus et amours

213 **Venus met cupido's (detail) – Een van de eerste dubbelschilderijen van Dalí. Het achterwerk van het model ziet eruit als een liggend naakt met opgetilde dijen.** ✰

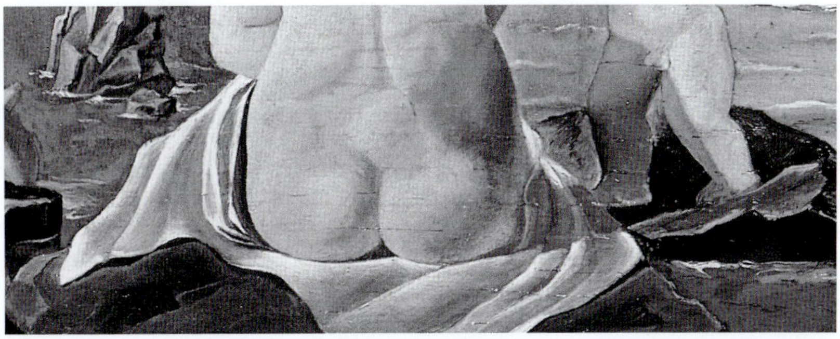

213

1925

214 **Landschap bij Ampurdán**, 1925 ❑
Paysage de l'Ampurdán

215 **Landschap bij Ampurdán**, 1925 ❑
Paysage de l'Ampurdán

216 **Stilleven**, rond 1925 ❑
Nature morte

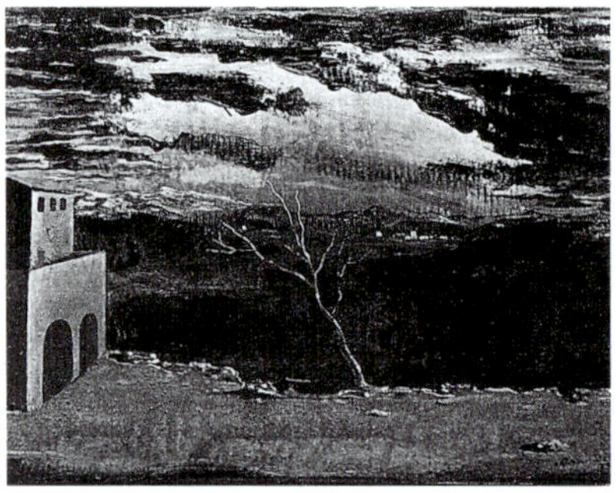

214

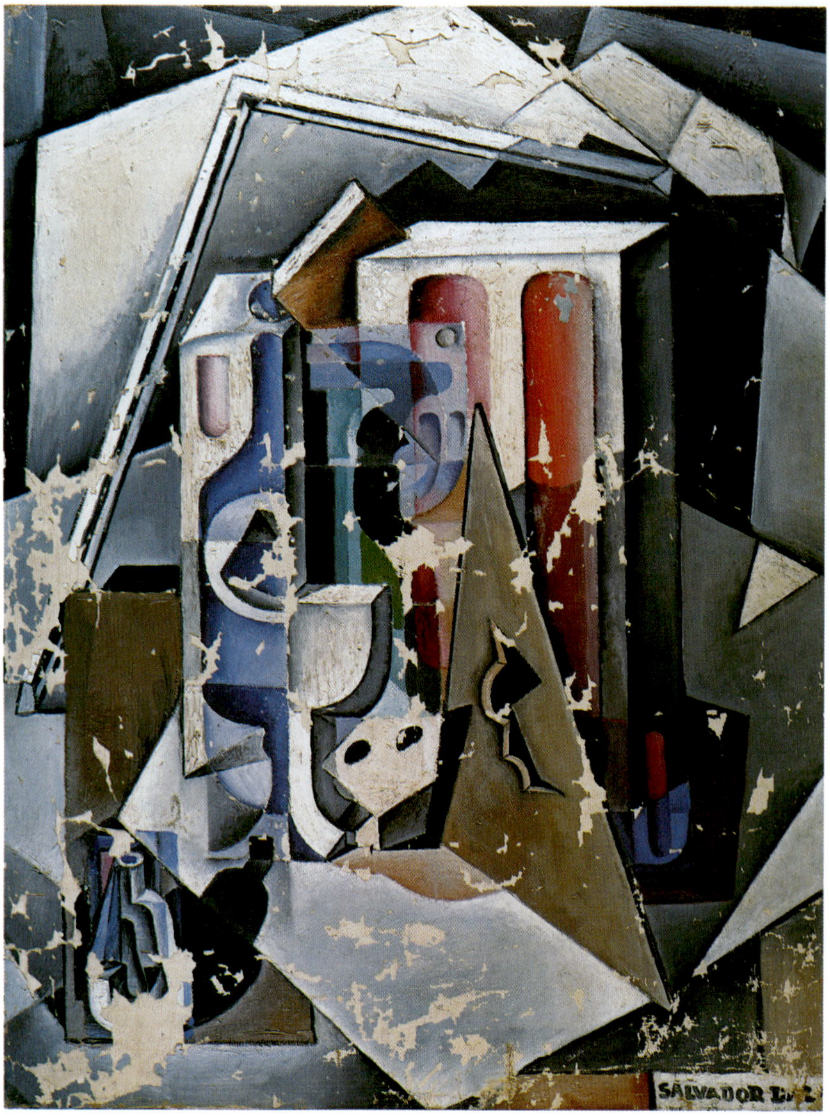

216

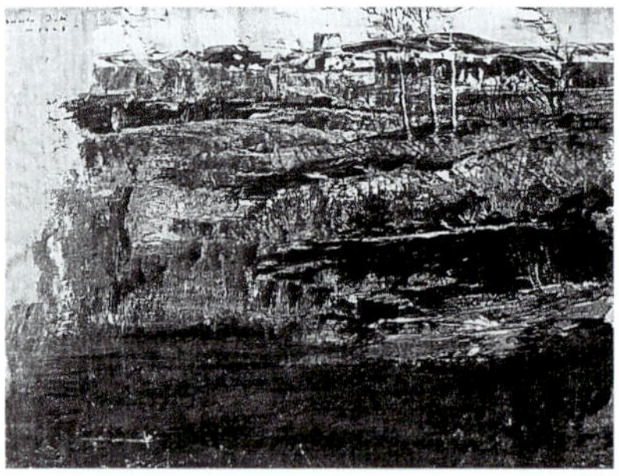

215

punt zien voor de achterwerken en realistische naakten die van nu af aan Dalí's schilderwereld bevolken en die hij in de catalogus bij zijn expositie in Galerie Dalmau in 1925 becommentarieert met Ingres' prachtige zin: "Mooie vormen zijn rechte vlakken met rondingen. Vormen zijn dan mooi wanneer ze vastheid en volheid bezitten, wanneer de details evenwel geen afbreuk doen aan de globale indruk van de grote lichaamsmassa." Nu al heeft Dalí er plezier in om met dubbelbeelden te spelen, zoals mooi te zien is in *Venus met cupido's* (blz. 97), waar je het onderste deel van de rug kunt lezen als een weergave van voren, waarbij de benen zijn opgetild boven een aangeduide schaamdriehoek. Naakte vrouwen tegen de rotsen van Cadaqués, dat onderwerp schijnt Dalí in die tijd het meest te verrukken. In dezelfde tentoonstellingscatalogus citeert hij ook Elie Faure, wiens woorden hij gebruikt om zijn eigen positie op de weg die hij wil vinden te preciseren: "Een groot schilder mag pas dan de traditie weer oppakken wanneer hij de revolutie heeft doorlopen, die niets anders is dan de zoektocht naar zijn eigen werkelijkheid."

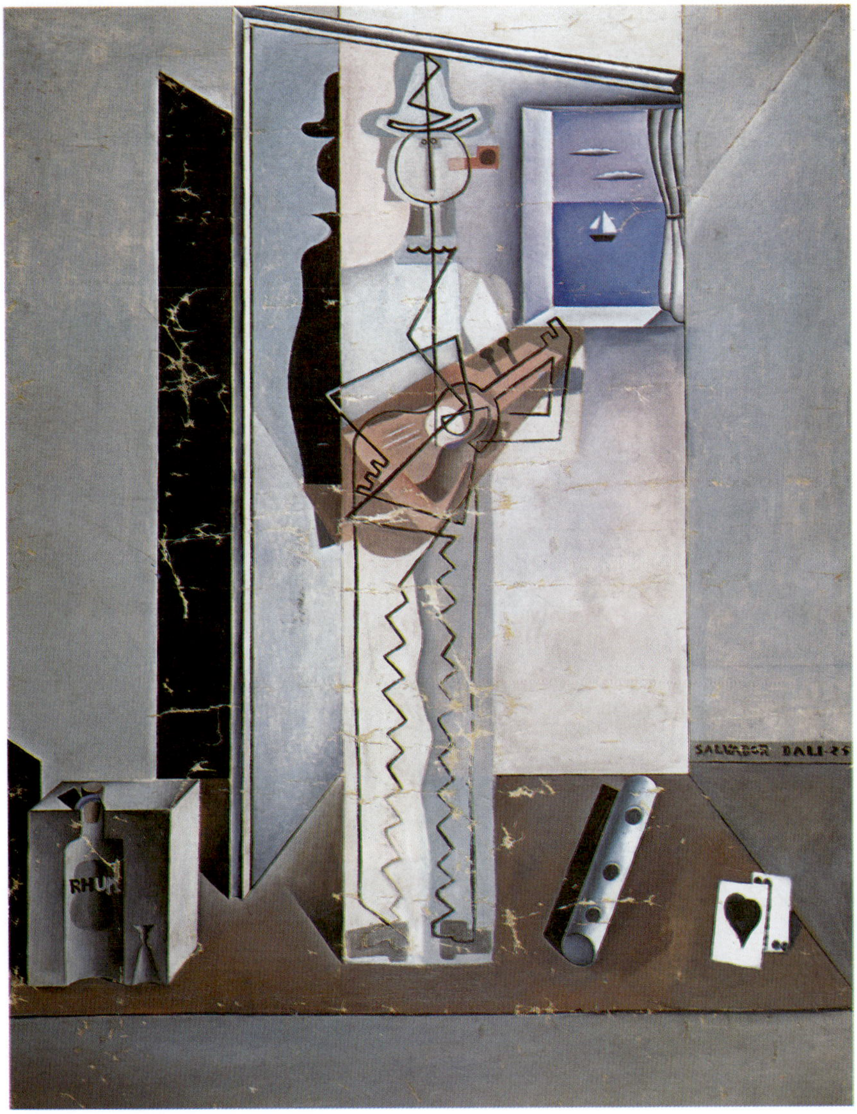

217

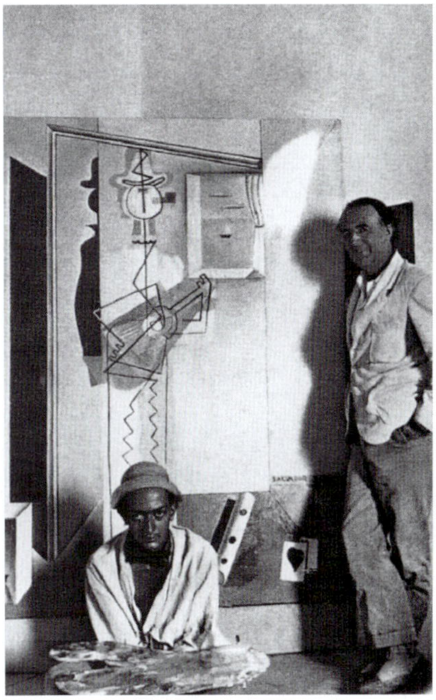

219

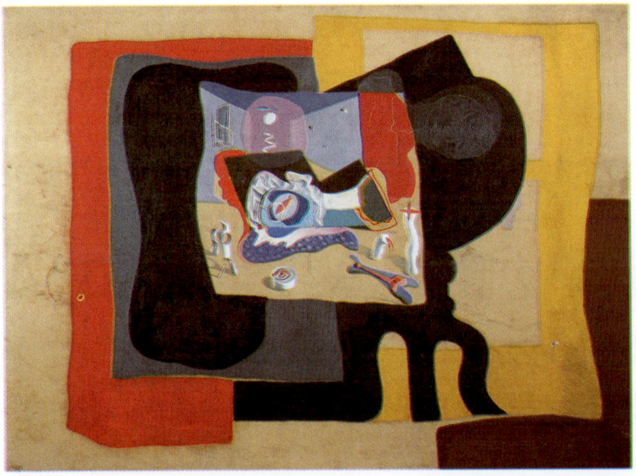

218

217 **Pierrot, gitaar spelend (ook: Harlekijn en kleine rumfles)**, 1925 ❑
Pierrot tocant la guitarra – Pierrot jouant de la guitare (Arlequin et petite bouteille de rhum)

218 **Stilleven in mauvekleurige maneschijn**, 1925 ❑
Nature morte au clair de lune mauve

219 **Dalí met zijn oom Anselmo Domènech, een beroemde boekhandelaar in Barcelona, voor het doek 'Harlekijn en kleine rumfles'**, 1925 ✰

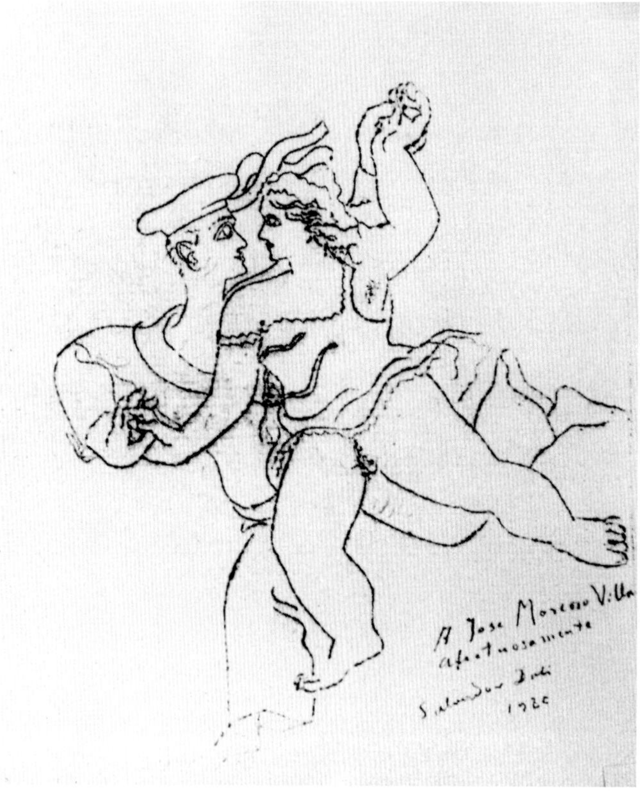

220

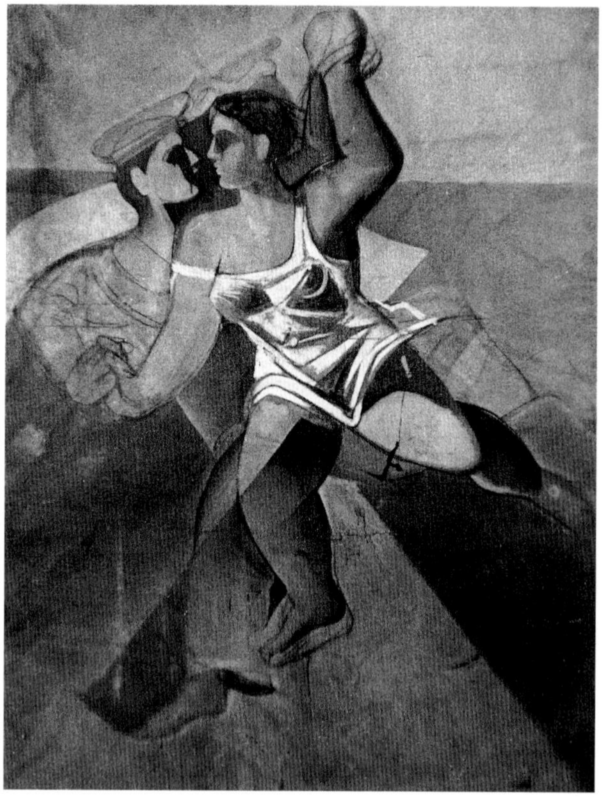

221

1925–1926

'Reten'

In de herfst van 1925 keert Dalí terug naar de kunstacademie San Fernando in Madrid om er op 20 oktober van het volgende jaar weer afgegooid te worden. Maar tijdens zijn pogingen zijn opleiding voort te zetten, heeft hij al gauw het gevoel van professoren niets meer te kunnen leren. Wat hem interesseert, is de vermenigvuldiging en vermenging van genres, het experimenteren met verschillende technieken tegelijkertijd, die hij allemaal al na een paar maanden volledig beheerst.

Het schilderen op karton, het vermengen van gouache en olieverf... de overgang van lichte, stralende kleuren naar doffe, matte tinten die met veelal grijs zijn vermengd en een zekere treurigheid uitademen, want de dood van zijn moeder, van wie hij hield als van geen ander, heeft hem diep geraakt: "Ik moest per se roem vergaren", legt hij later uit, "om de belediging te wreken die de dood van mijn moeder voor me betekende, die ik zo religieus had vereerd." Georges Seurat, Pablo Picasso, Juan Gris en de schilders van de metafysische Italiaanse school (pittura metafisica) oefenden veel invloed uit op zijn kubistische werken, waarin hij uitsluitend zwart, wit, gebrande siena en olijfgroen gebruikt als reactie op de felle kleuren van de voorafgaande jaren.

Weg met de school! Dalí is nu een schilder die meedoet aan exposities. Critici beoordelen hem welwillend. In het tijdschrift 'D'ací, d'allá' van januari 1926 staat: "Zelden treedt een jonge schilder zo dapper en zelfverzekerd op als Salvador Dalí, een zoon van de stad Figueras... wanneer hij nu zijn blikken naar Frankrijk richt, dan alleen omdat hij iets in zijn mars heeft, omdat zijn schilderkunstige talent, dat hem door God gegeven is, nog moet rijpen. Wat maakt het uit wanneer Dalí, om zijn vuur aan te wakkeren, zich van Ingres' potlood bedient of het grove hout van Picasso's kubistische werk."

220 **Studie voor 'Venus en matroos'**, 1925 △

221 **Venus en matroos (ook: Meisje en matroos, onvoltooid)**, 1926 ❑
Vénus et marin (Fille et marin)

222 **Venus en een matroos – Hommage aan Salvat-Papasseit**, 1925 ❑
Vénus et un marin – Hommage à Salvat-Papasseit

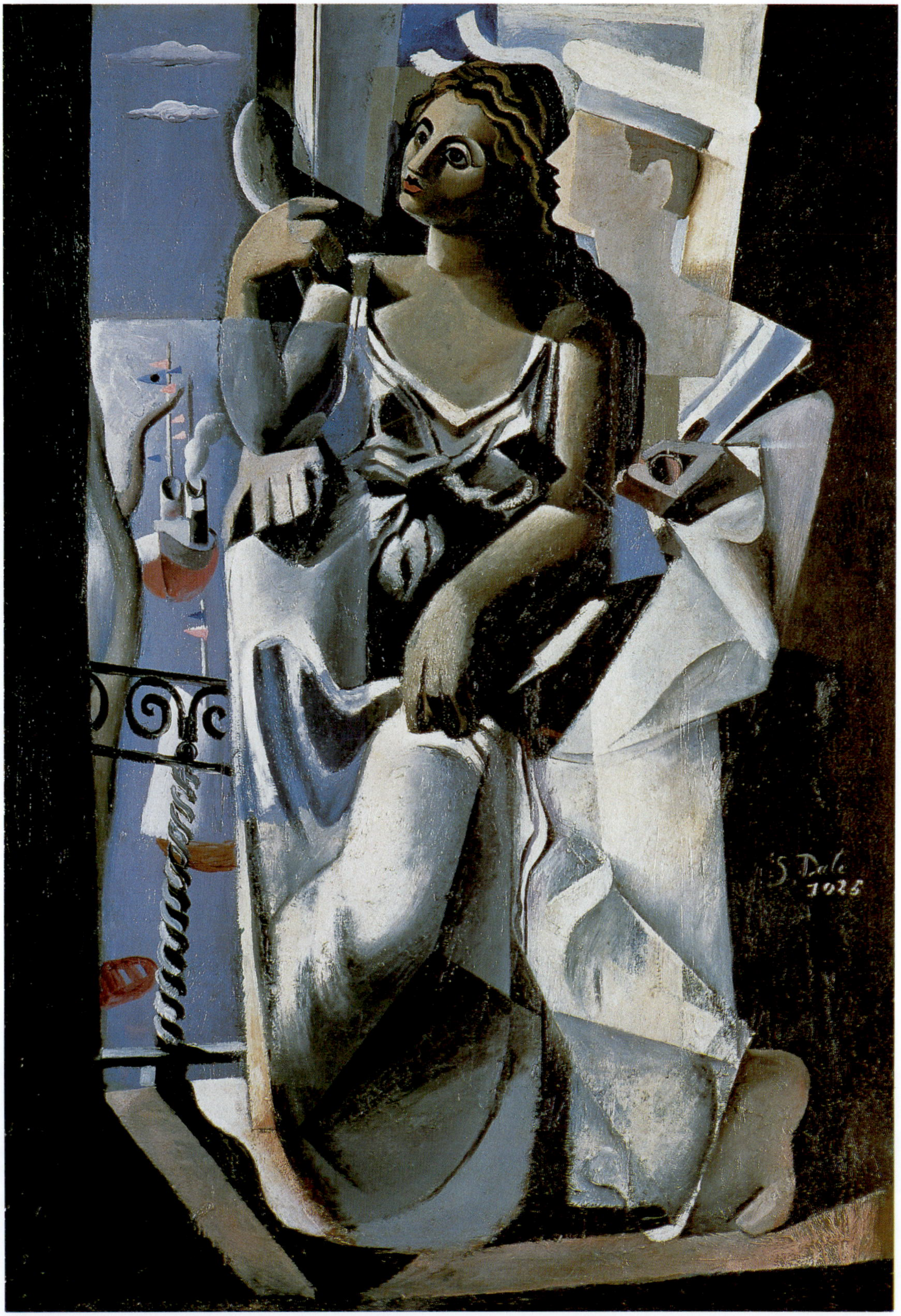

222

1925–1926

André Breton, die daarmee een grote fout maakt, schrijft koel en onverbiddelijk in 'Het Surrealisme en de schilderkunst': "Wanneer Dalí zich in 1929 in het Surrealisme aandient, vertoont zijn werk dat hij tot dan toe maakte, generlei persoonlijk handschrift." De blindheid van de surrealistenpaus kan alleen daardoor worden verontschuldigd dat hij nauwelijks doeken van Salvador Dalí kent. Zijn vooringenomenheid en zijn wens de kunstenaars geheel voor het Surrealisme op te eisen, berusten op een zware misinterpretaie van diens persoonlijkheid. In feite heeft Dalí vanaf 1926 de verbreding van zijn kunnen sterk ontwikkeld en heeft hij zich van nieuwe technieken bediend die al vanaf 1924 overheersten: Impressionisme, Pointillisme, Futurisme, Kubisme en Neo-Kubisme combineert hij met een realistische werkwijze, die hij met ongelooflijke zekerheid beheerst; dat bewijst hij met doeken als *Portret van mijn vader* (blz. 93) en *Jong meisje, staand aan het raam* (blz. 91), waarmee hij de belangstelling van Picasso en Miró had gewekt. Hij geeft daarmee blijk van een vooruitziende blik die Breton niet wil erkennen, en die helderheid bestaat aanvankelijk nog hieruit dat hij nooit in één doek alle nieuw verworven capaciteiten bij elkaar brengt of vermengt. We moe-

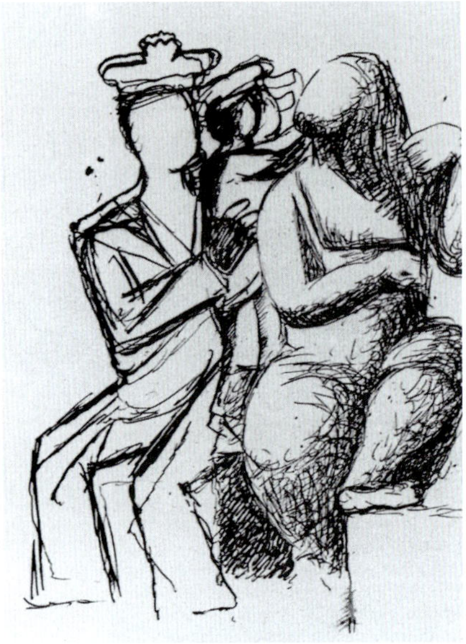

223

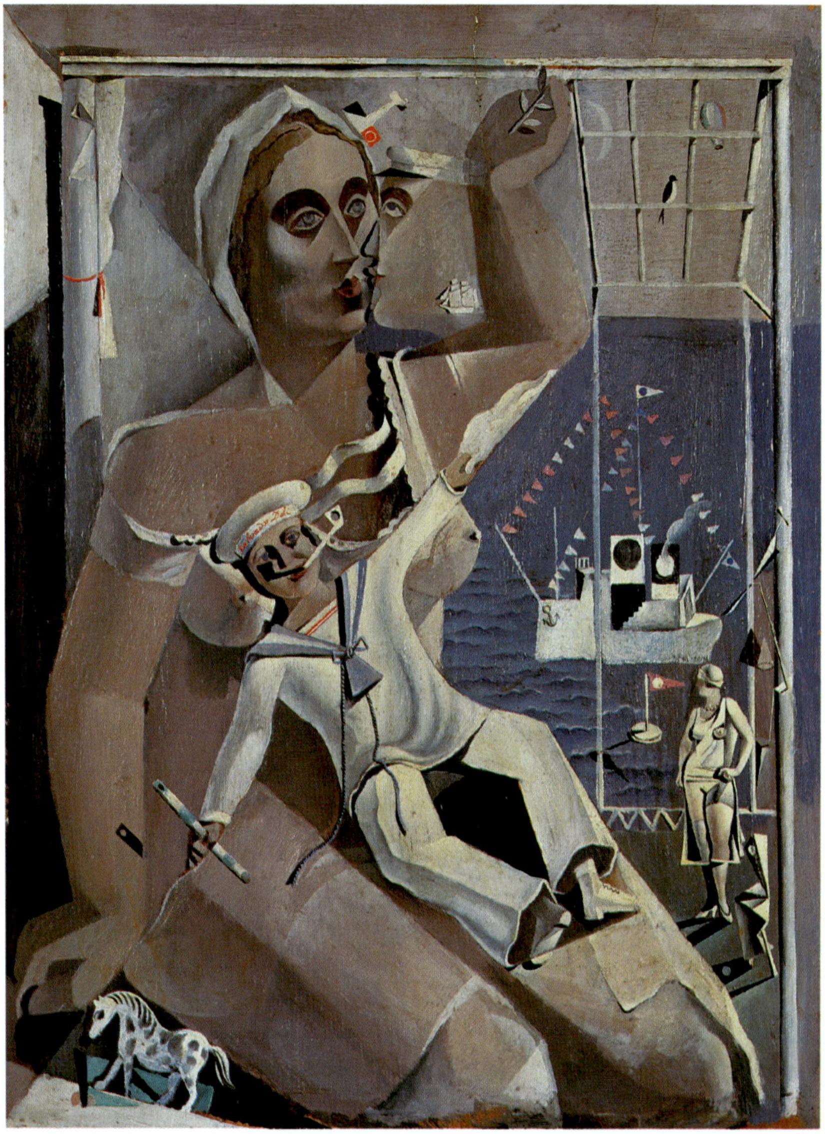

224

223 **Matroos met zijn familie,** rond 1926 ❑
Marin et sa famille

224 **Venus en een matroos,** 1925 ❑
Vénus et un marin

225 **Het meisje uit Ampurdán,** 1926 ❑
La noia dels rulls – Jeune fille de l'Ampurdán

226 **Studies – Dubbelzijdige tekening,** 1926 △
Sheets of studies – A double-sided drawing

227 **Vrouwelijk naakt,** 1926 △
Nu

228 **Het meisje (studie voor 'Het meisje uit Ampurdán'),** 1926 △
La noia – La jeune fille

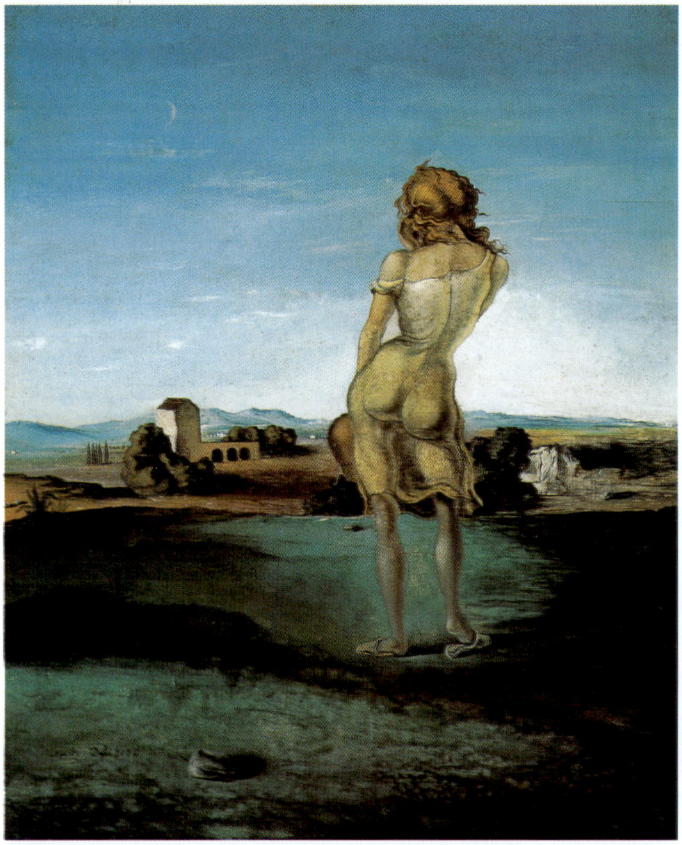

225

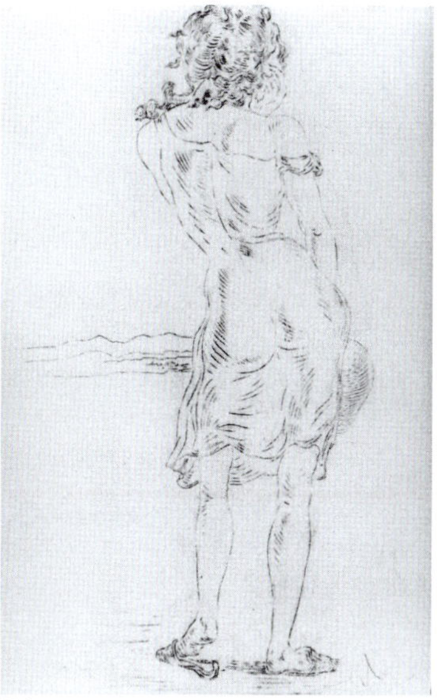

228

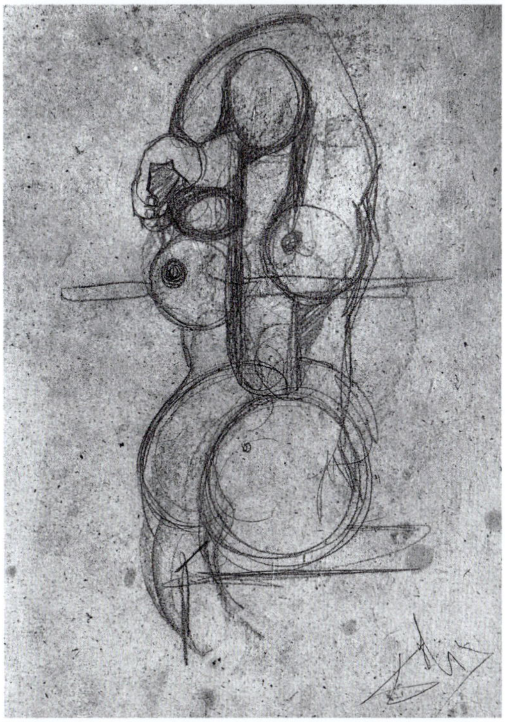

226

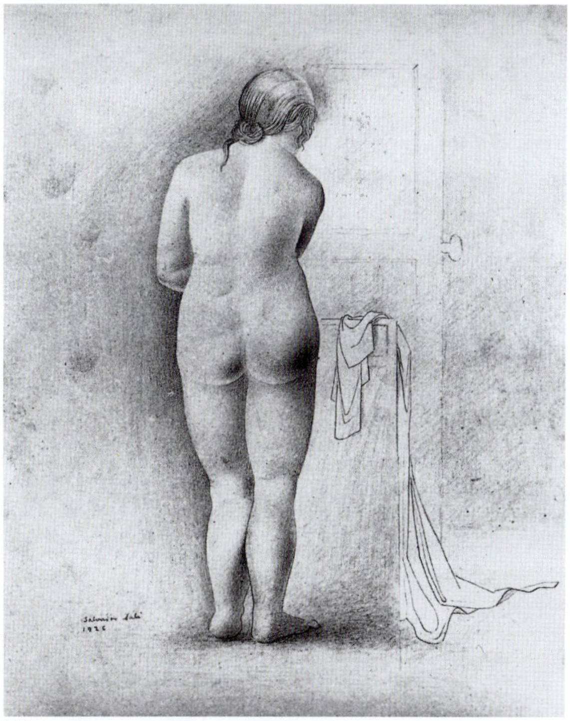

227

1926

229 **Naaiend meisje (studie voor 'Ana María, naaiend')**, 1926 △
Fille cousant

230 **Ana María, naaiend**, 1926 ❑
Ana María cousant – Muchacha cosiendo

231 **Jong meisje van achteren**, 1926 ❑
Jeune fille de dos

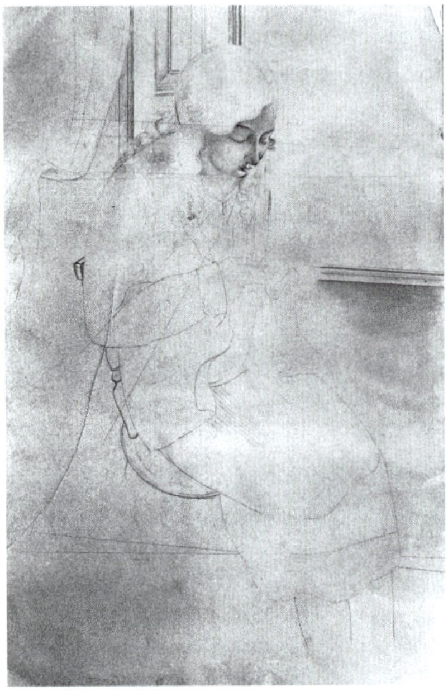

229

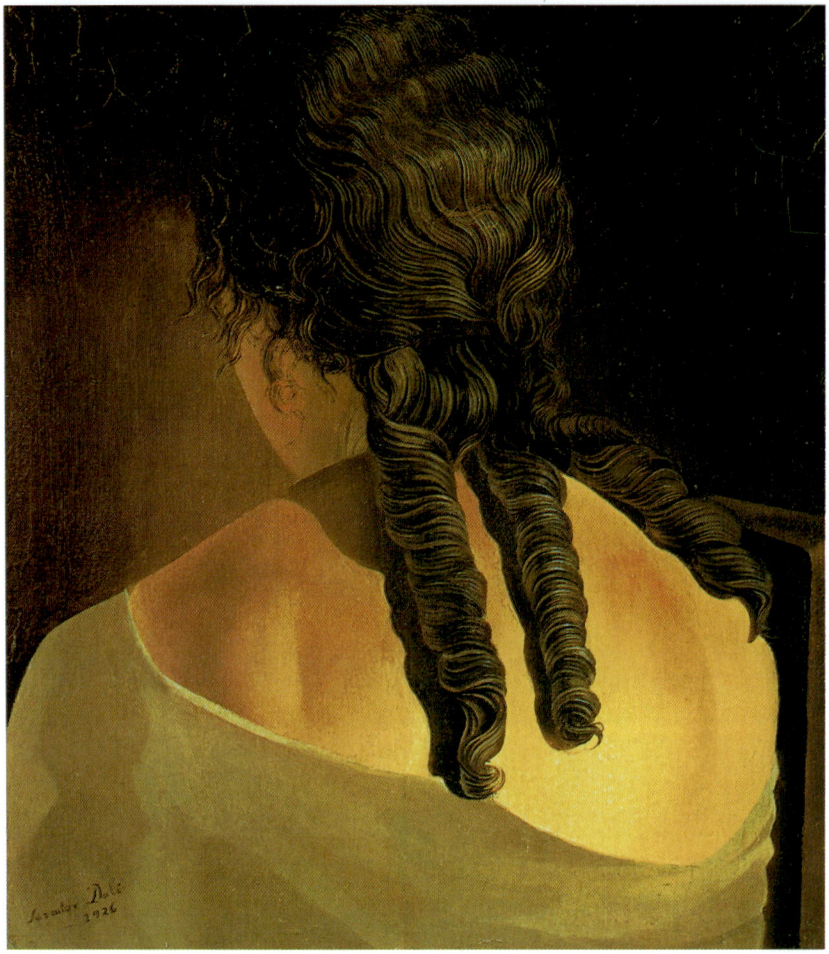

231

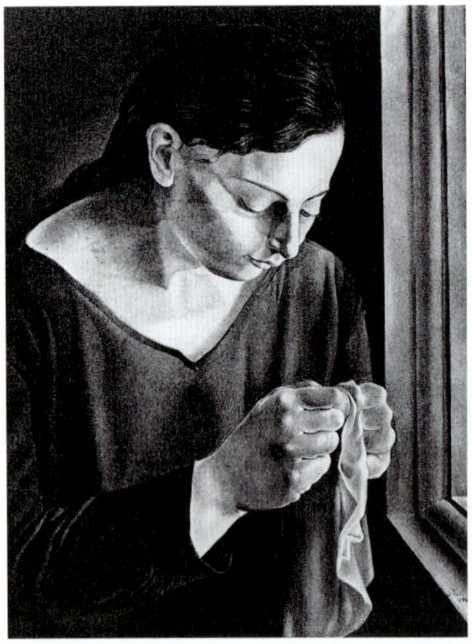

230

ten nog jaren wachten voor hij dat absolute meesterschap heeft bereikt dat hij voortzet met *De tonijnvangst* (blz. 568/569), waarin hij het eindelijk aandurft al zijn kunnen in een synthese samen te vatten. Maar tegelijkertijd doet hij enorm veel moeite in zijn werken, zelfs wanneer hij er tegelijkertijd aan werkt, de constructieve elementen naar behoefte uit te kiezen, zijn penseelvoering te wijzigen, de kleurharmonie af te stemmen op het onderwerp, de details precies te plaatsen, kortom, met elk doek probeert hij een stap verder te komen, zonder tijd, energie en schilderkunstige middelen te verspillen; dat heeft als gevolg dat hij elk afzonderlijk motief uitvoert met het grootst mogelijke effect. Alle invloeden –die allemaal zichtbaar zijn en die hij geenszins camoufleert– zijn voor hem een hulpmiddel om met zijn doeken datgene uit te drukken wat hij wil uitdrukken. Elke ontlening aan een andere kunstenaar houdt hem maar een paar weken bezig, daarna gaat hij meteen over tot iets anders.

Het jaar 1926 is een sleuteljaar voor Dalí, want in die tijd verpopt hij zich om een vlinder te worden, en wel een neokubistische vlinder, die de geologische landschapsformaties van de Catalaanse kust schildert die steeds weer in zijn werk opduiken, zij het om als achtergrond te dienen voor zijn naakte vrouwen die ook op realistische wijze zijn afgebeeld: portretten van jonge meisjes die naaien (blz. 104, 106, 107), *De broodmand* (blz. 113), een van de schilderijen die zijn beïnvloed door Picasso en Ingres. Werken als *Venus en een matroos* (blz. 101) of *Slapende vrouw* (blz. 108) bewijzen de overgangsfase waarin hij zich bevindt. Dalí, zijn zus Ana María en haar vriend García Lorca noemen die schilderijen met hun

232 **Portret van Señora Abadal de Argemi**, rond 1926 ❑
Portrait de la Sra. Abadal de Argemi

233 **Portret van een vrouw (onvoltooid)**, 1926 ❑
Portrait de femme

234 **Studie voor 'Ana María, naaiend'. Omslag voor de catalogus van Dalí's tweede solo-tentoonstelling in Galerie Dalmau in Barcelona**, 1926 △

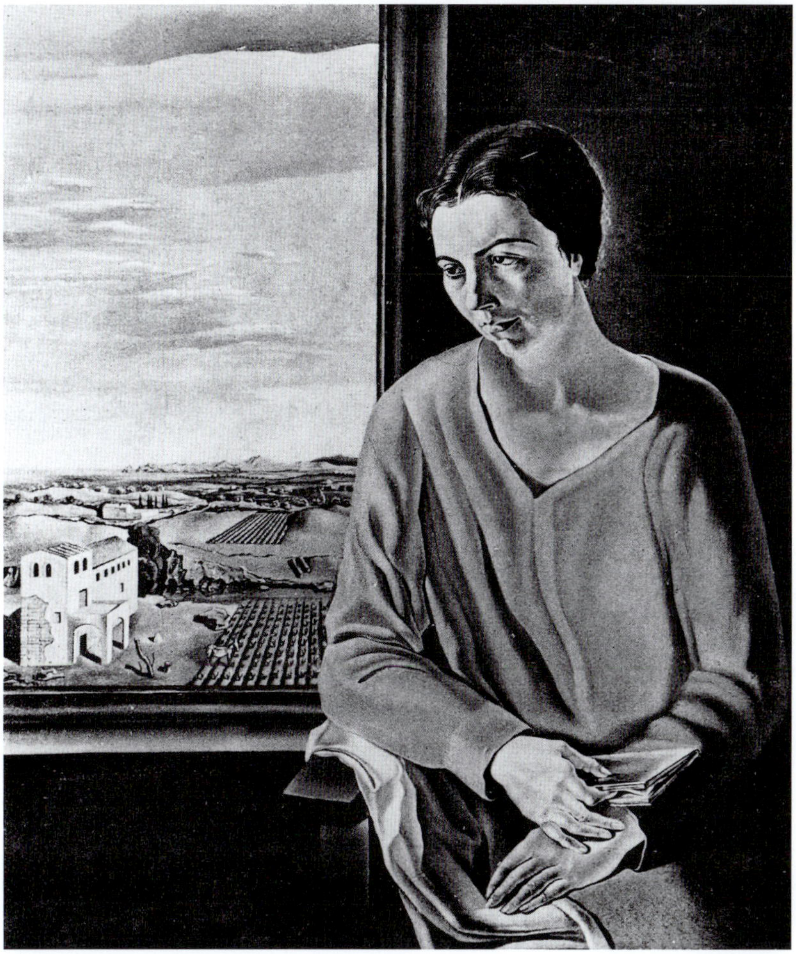
232

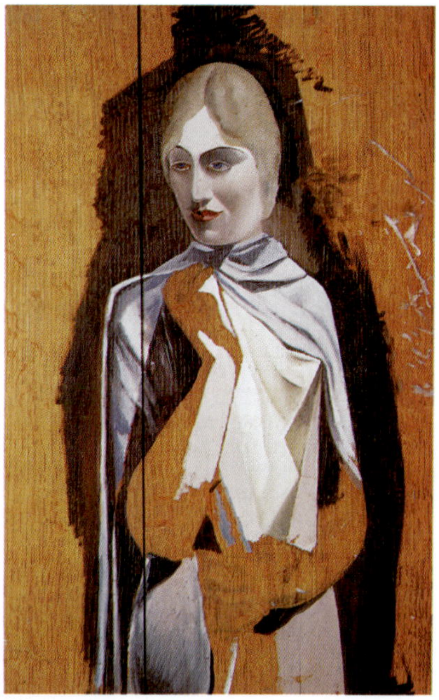
233

amorfe voorwerpen graag 'reten' ('trossos de Coniam', wat zoveel betekent als: iemand die geen macht meer heeft over zijn geestelijke krachten, "geheel lichamelijk, puur vegetatief!" – Dalí heeft het er vaak over...). Over het ontstaan van die 'achterwerken' uit Dalí zich naar aanleiding van zijn doek *Venus en een matroos*: "Mijn vader had in Figueras een groot schilderij voor me gekocht waarop een slangenvanger stond afgebeeld. Eerst schilderde ik er een impressionistisch schilderij overheen, daarna een portret van Andrea –het jonge meisje waarvoor ik in die tijd veel voelde–, daarna schilderde ik al mijn vrienden uit Figueras, daarna iets in tempera en ten slotte de Venus."

Hetzelfde geldt voor het weelderige schepsel dat uitgestrekt ligt op de rotsen (*Figuur tussen de rotsen*, blz. 108). De oorsprong is onmiskenbaar: Picasso's neorealistische periode tussen 1920 en 1922. Overigens had Dalí verscheidene Picasso-reprodukties aan de muur van zijn atelier hangen en een ervan had hij uit het tijdschrift 'Art d'aujourd'hui' gescheurd, waarop twee vrouwen over een strand renden, waarschijnlijk bedoeld als motief voor een toneeldoek voor het 'Ballets Russes' van Diaghilev. Die manier van weergeven klasseert Dalí al spoedig onder het begrip 'neokubistische academie'. Maar hij neemt geen genoegen met die invloed en voegt er een formele uitbreiding aan toe, namelijk zijn liefde voor de indelende lijnen en contouren die nu overvloedig opduiken. De constructie van het doek is zo opgezet dat het hele lijnenstelsel straalvormig is aangelegd vanuit het snijpunt van de diagonalen, iets boven de navel, dus in het optische centrum van het doek.

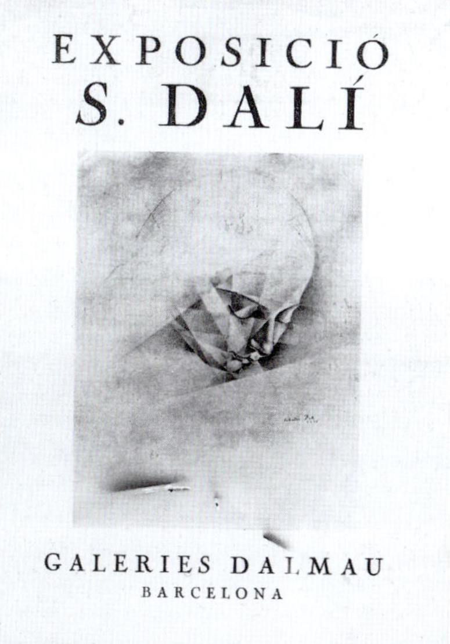

234

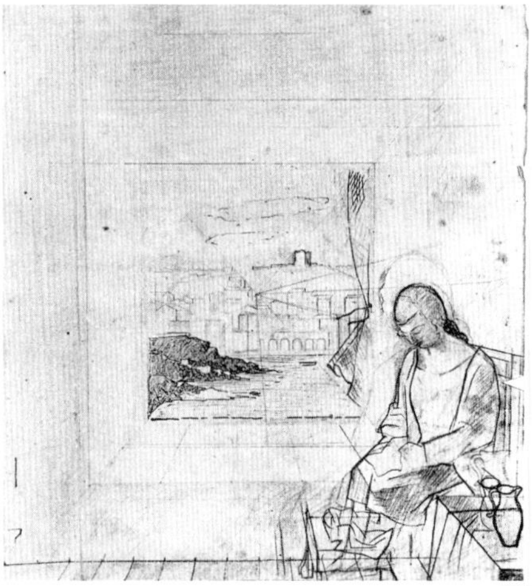

235

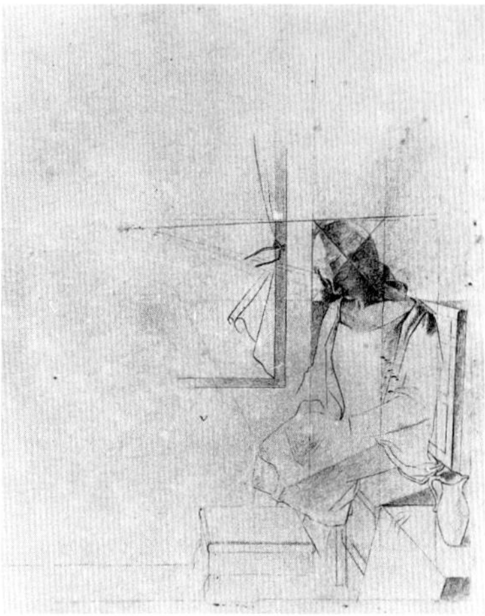

236

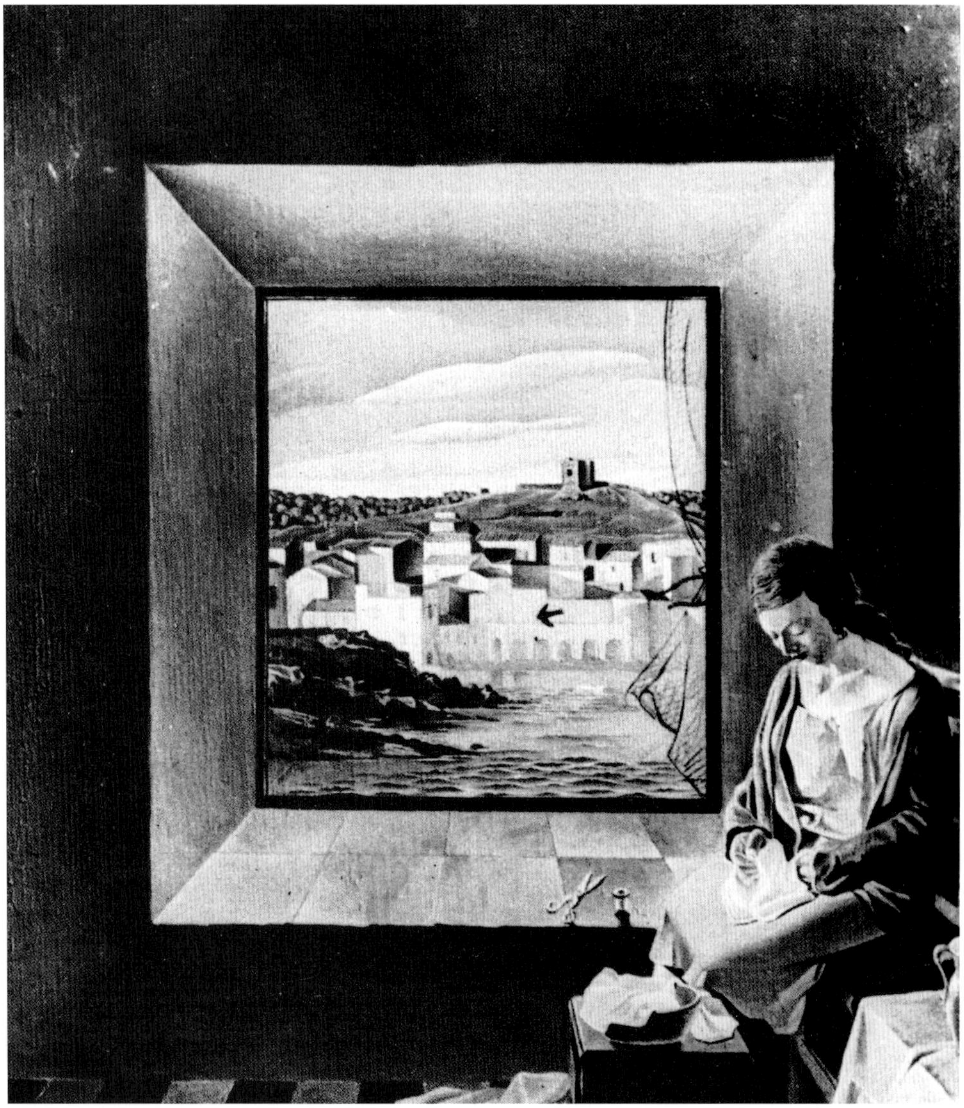

237

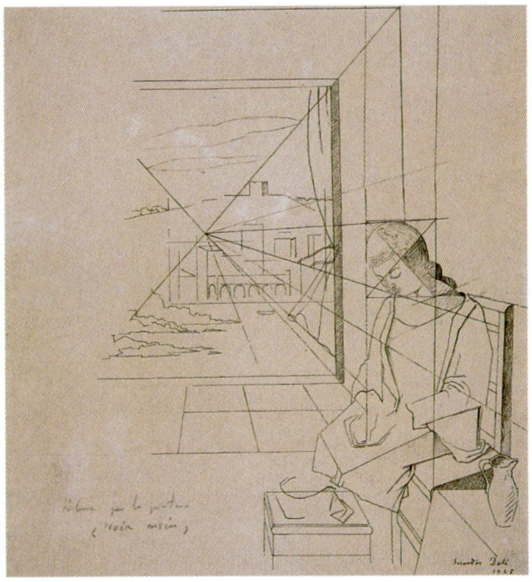

238

235 **Studie voor 'Noia cusint'**, 1926 △

236 **Studie voor 'Noia cusint'**, 1926 △

237 **Meisje, naaiend**, 1926 ❑
Noia cusint

238 **Studie voor 'Noia cusint'**, 1925 △

239 **Vrouw aan het raam in Figueras**, 1926 ❑
Femme à la fenêtre à Figueras

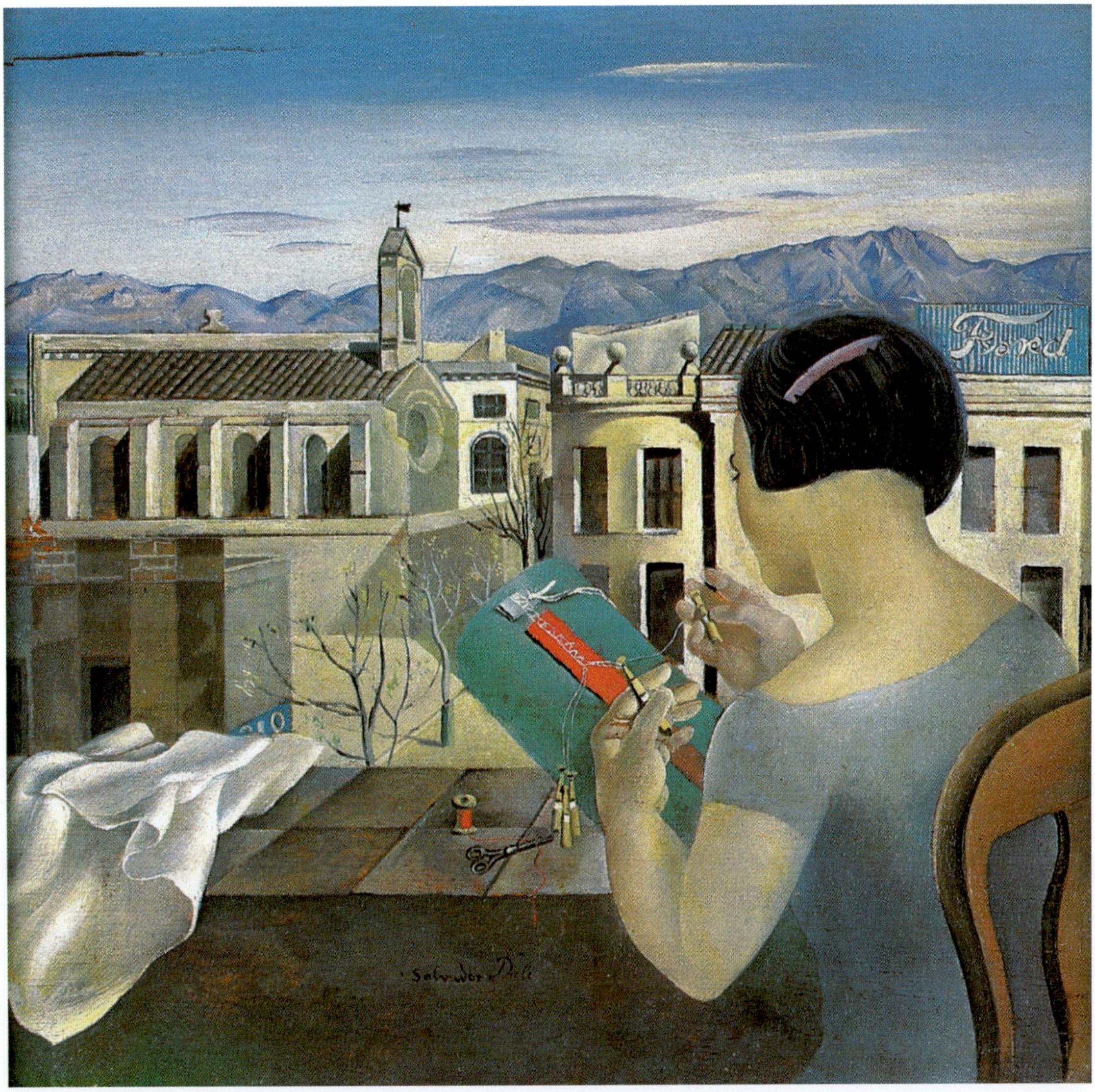

239

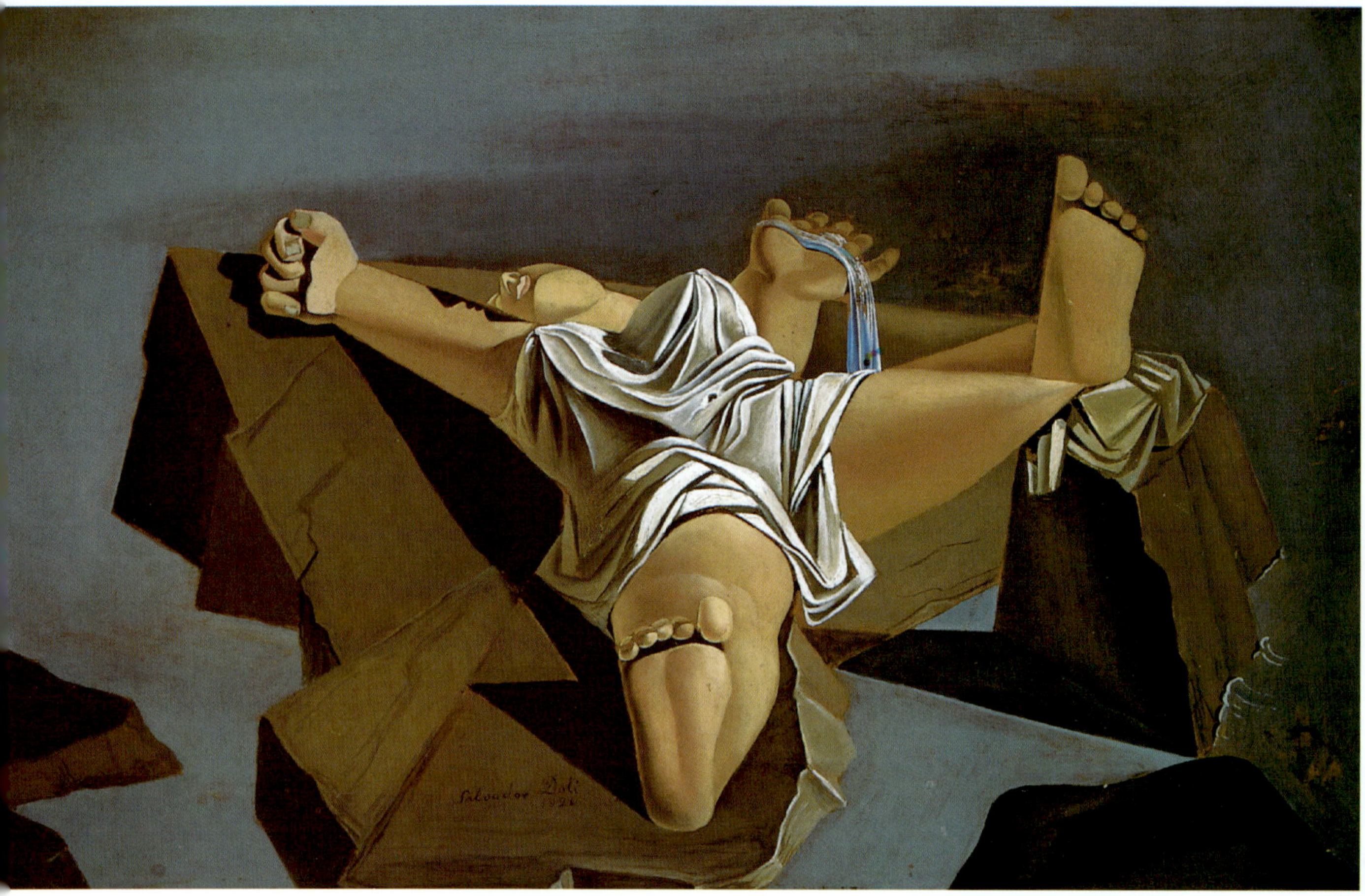

240

240 **Figuur tussen de rotsen (Slapende vrouw)**, 1926 ❑
Femme couchée

241 **Slapende vrouwen op het strand**, 1926 ❑
Femmes couchées sur la plage

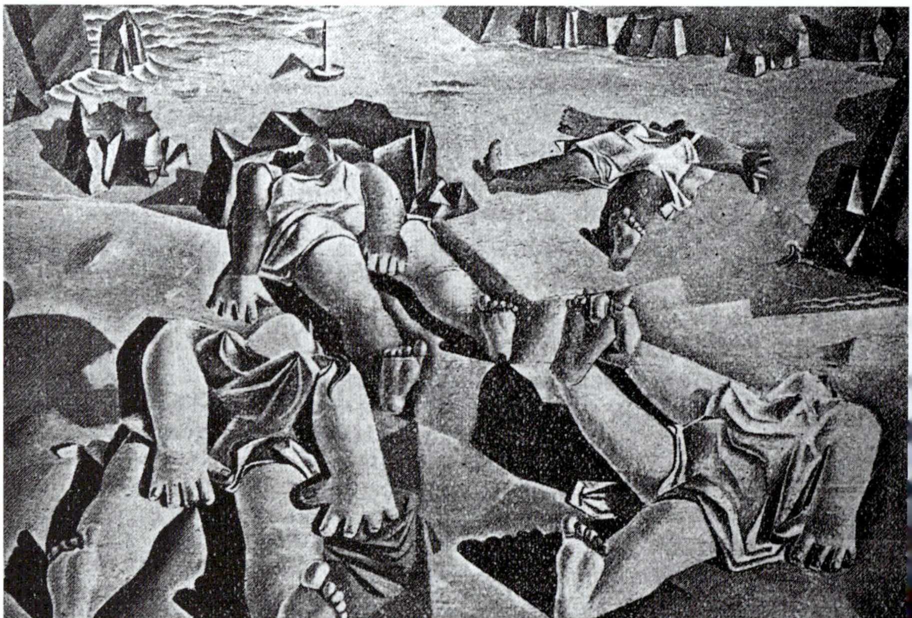

24

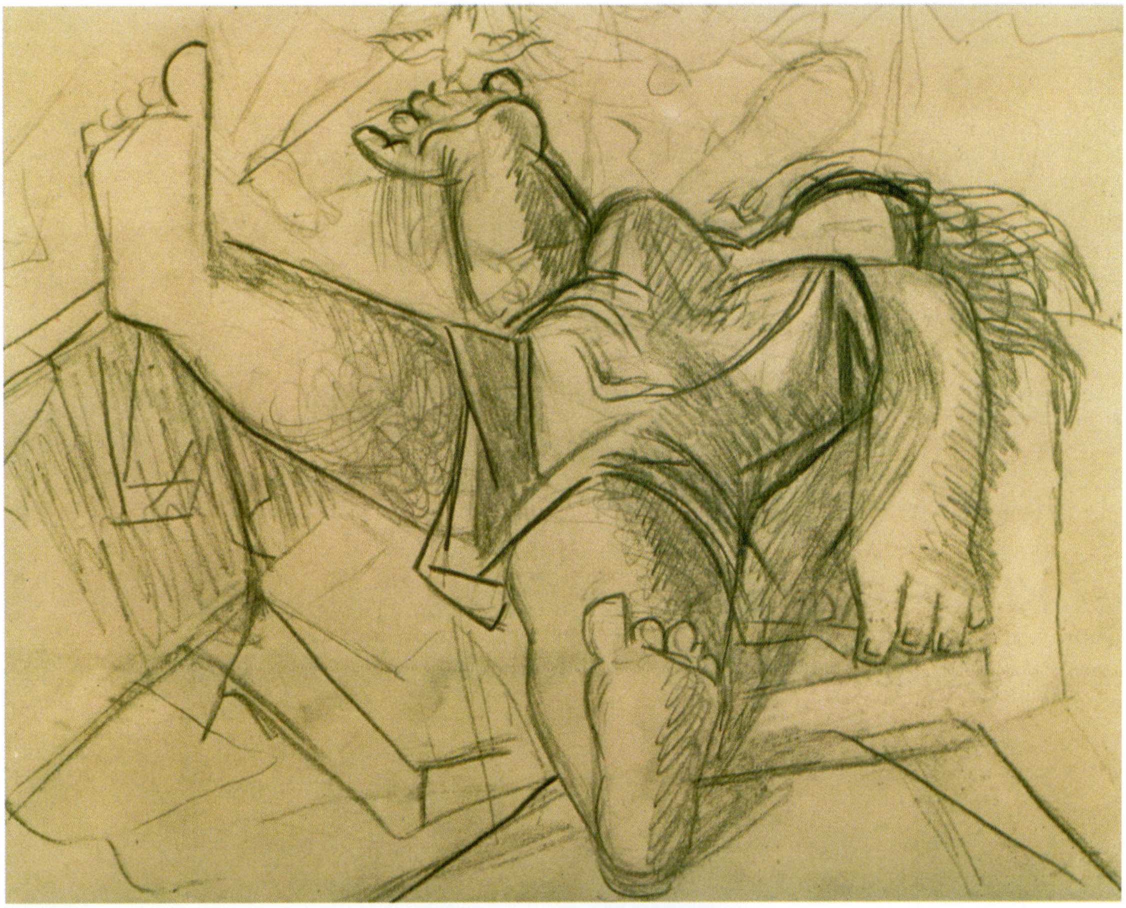

242

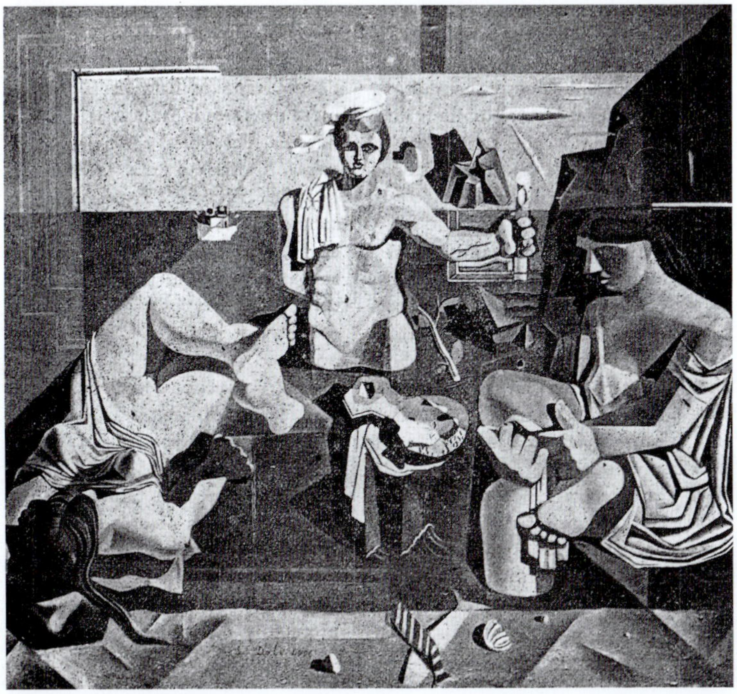

243

242 Studie voor 'Slapende vrouw', rond 1926 △

243 Neokubistische academie (Compositie met drie figuren), 1926 ❑
Académie néocubiste

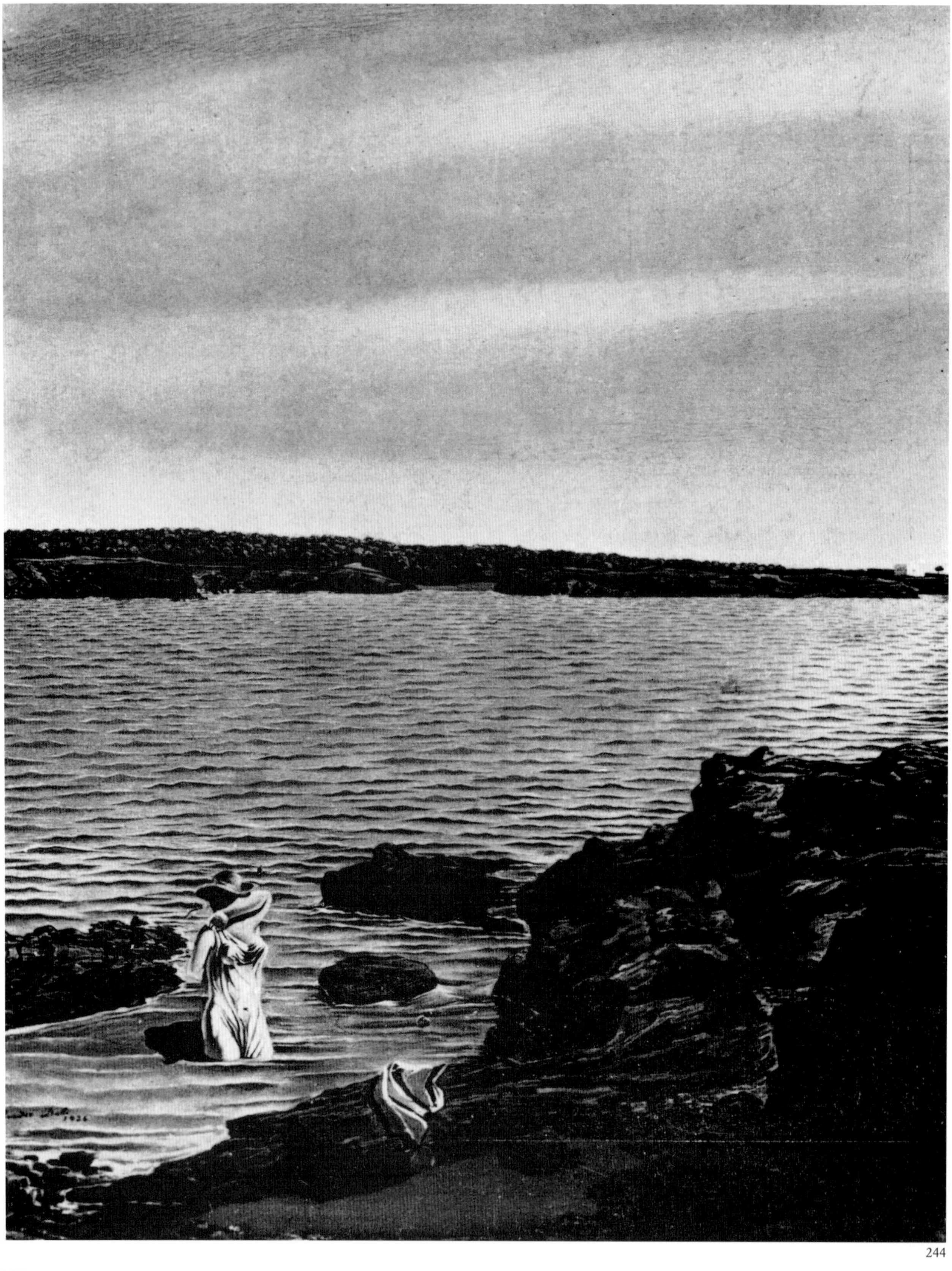

244

244 **Rotsen van Llané (eerste staat),** 1926 ❑ Rochers du Llané

245 **Rotsen van Llané (ook: Landschap bij Cadaqués),** 1926 ❑
Rochers du Llané (Paysage à Cadaqués)
246 **Penya-Segats – Vrouw voor de rotsen,** 1926 ❑
Penya-Segats – Femme devant les rochers
247 **Foto van de rotsen van Cap Creus, die Dalí onvermoeibaar schildert** ☆

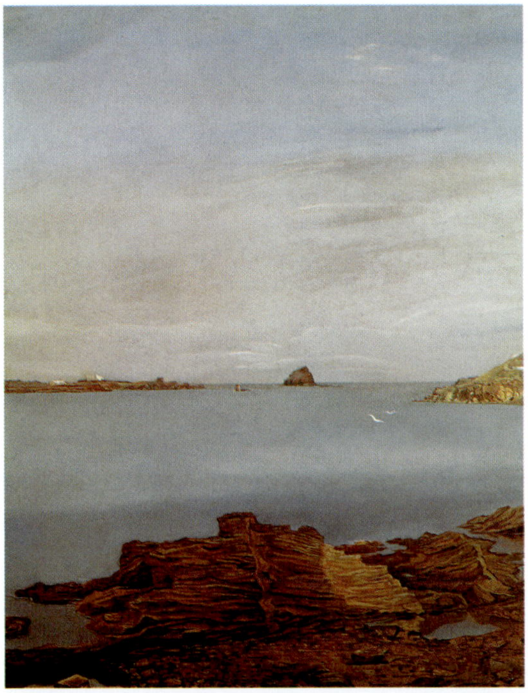
245

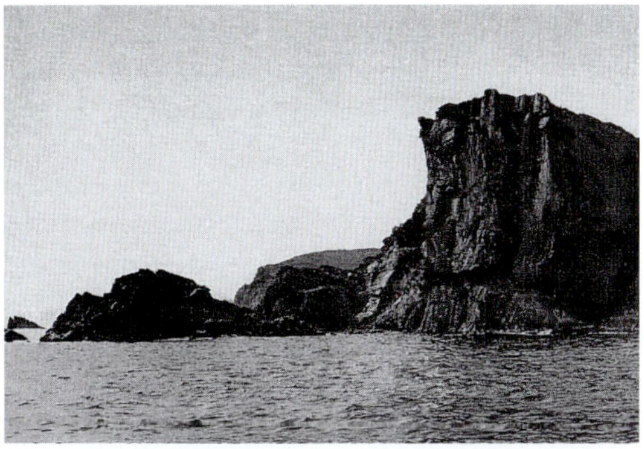
247

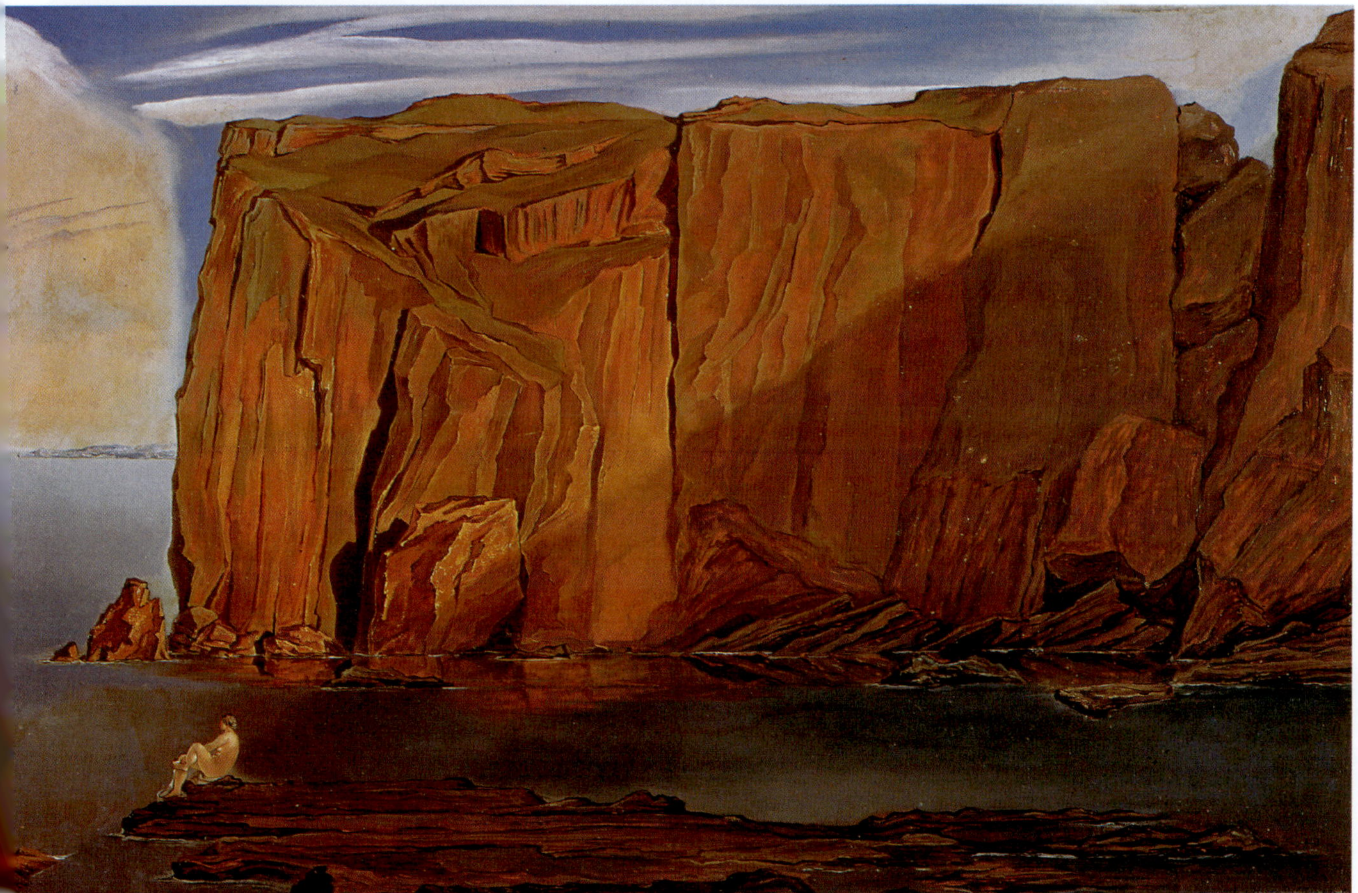
46

Maagd of weegschaal?

Het begrip 'realisme' toegepast op Dalí's schildertechniek, is niet zo precies als je zou denken wanneer je het resultaat beschouwt. Don Quichot, een van de lievelingshelden van Dalí, en meestal ook Dalí zelf nemen de dingen niet zo waar als een dienstmeisje of een pastoor. De titel van het beroemde schilderij van Magritte 'Dit is geen pijp' kan ook op dat niveau worden gezien: het gaat om het geschilderde voorwerp en niet om het voorwerp zelf. Dalí's versie is nog subtieler. Wanneer we zijn doeken bekijken en bewonderend stilstaan, moeten we ons noodzakelijkerwijs naar de andere kant van de voorwerpen verplaatsen om hun verborgen kant te zien. Maar de voorwerpen van Dalí, die veel complexer werken dan die van Margritte, hebben een dubbele eigenschap, zoals de helm van Mambrin: op het eerste gezicht ziet hij er uit als een gewone scheerkom van de boeren, maar als je nog een keer goed kijkt, zie je dat het eigenlijk een tovenaarshoed is. *De broodmand* (blz. 113), die tot in het kleinste detail minutieus getekend is, inspireert hem tot de volgende formulering: "Het brood, hoe heterogeen het ook mag zijn, moet omgeven zijn door de liturgie van de mand, en dat ondanks de zich samenballende anarchie van het tijdperk." Twintig jaar later, nadat Gala voor hem al de betekenis heeft gekregen die La Fornarina voor Rafaël had, schildert Dalí nog een versie van het doek, *Galarina* (blz. 378); een nadere analyse maakt duidelijk dat Gala's over elkaar geslagen armen op de rand van een brood-

248 **Stilleven met twee citroenen,** rond 1926 ❑
Nature morte aux deux citrons

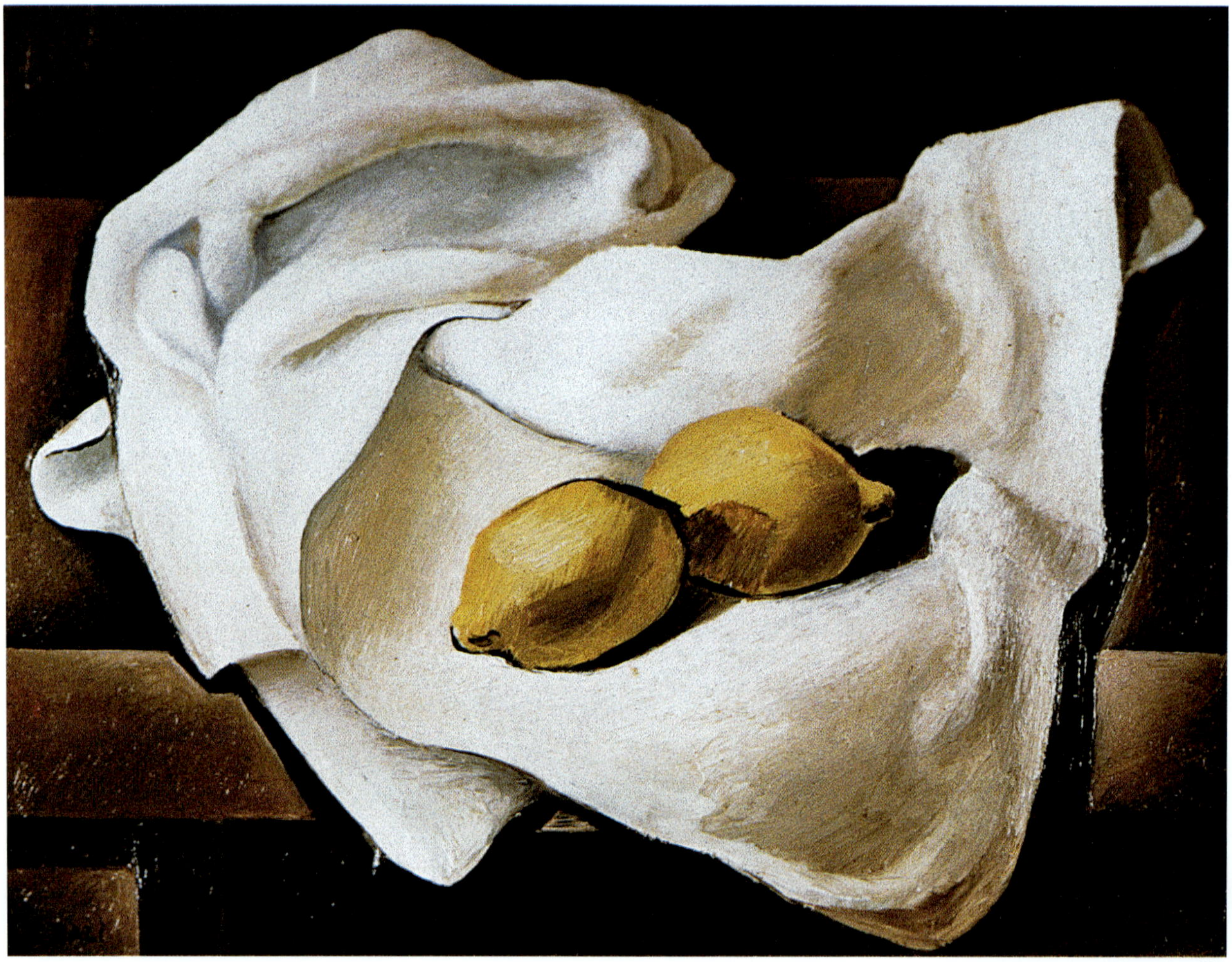

248

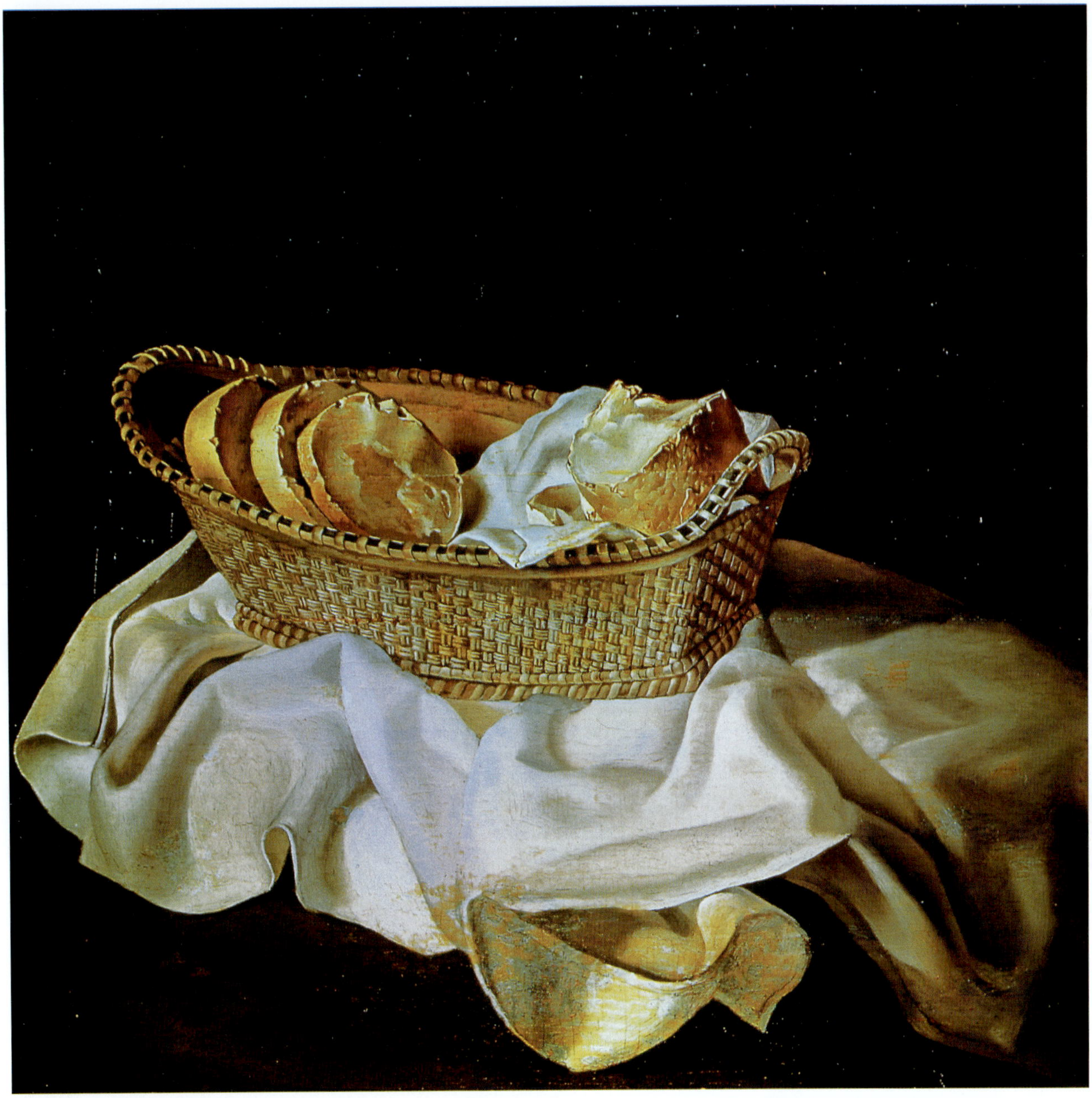

249

mand lijken en dat haar borst het uiterste deel van het brood lijkt te zijn. "Ik had Gala al met twee koteletten op haar schouders geschilderd om mijn neiging haar op te eten uit te drukken. Dat was in de periode dat rauw vlees een belangrijke rol in mijn fantasie speelde. Nu Gala zich heeft verheven in de heldhaftige hiërarchie van mijn adel, is zij mijn broodmand geworden."

Bij een heel andere vorm van het 'schilderij in het schilderij' kon men al een vermoeden hebben van Dalí's surrealistisch gekleurde begin in de tijd dat hij nog aan de kunstacademie in Madrid studeerde. Zijn noodzakelijke behoefte om voortdurend het tegendeel te doen van wat alle anderen doen, heeft hem verleid tot zulk extravagant gedrag dat hij in artistieke kringen in Madrid een zekere populariteit krijgt.

249 **De broodmand**, 1926 ❑
Corbeille de pain

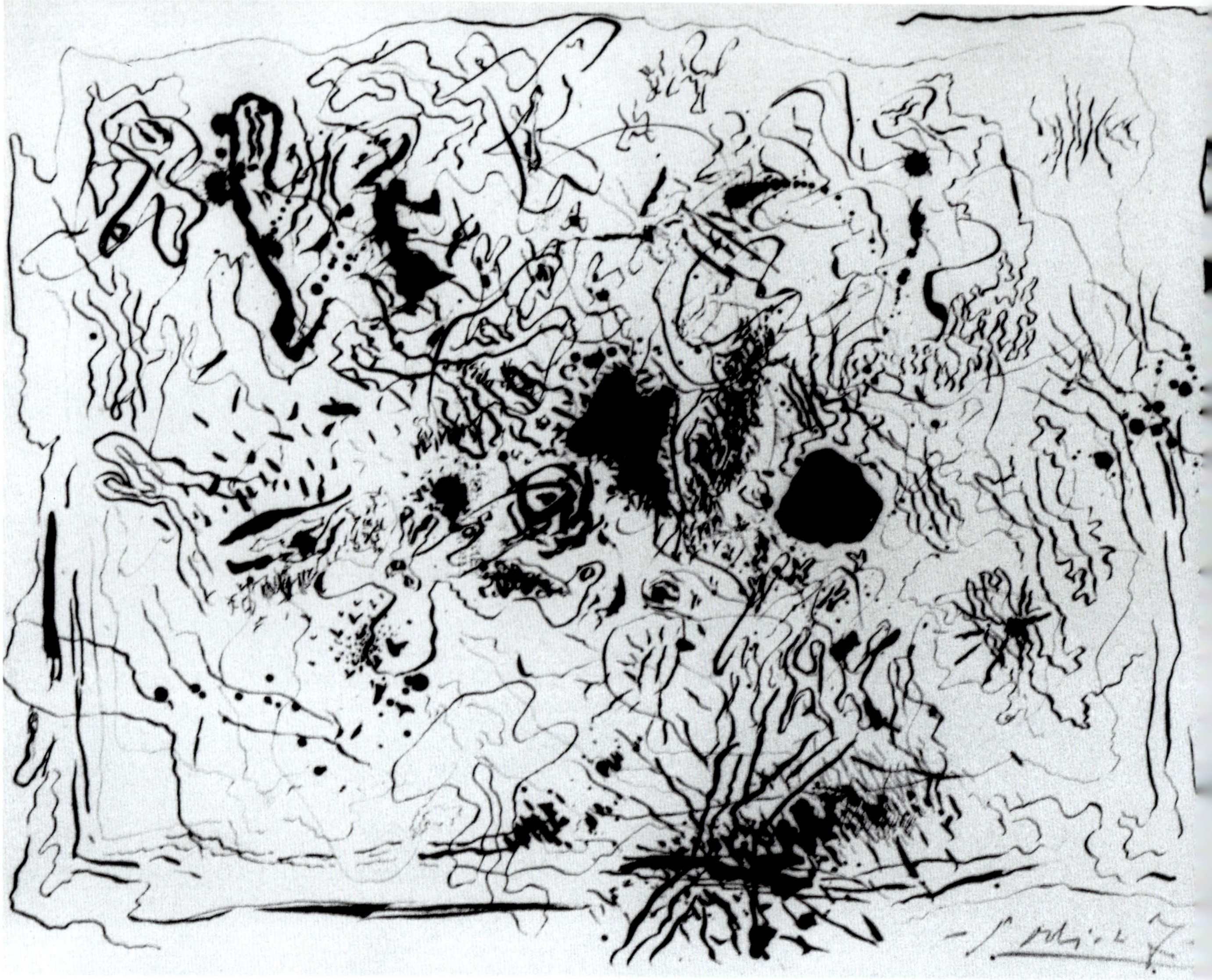

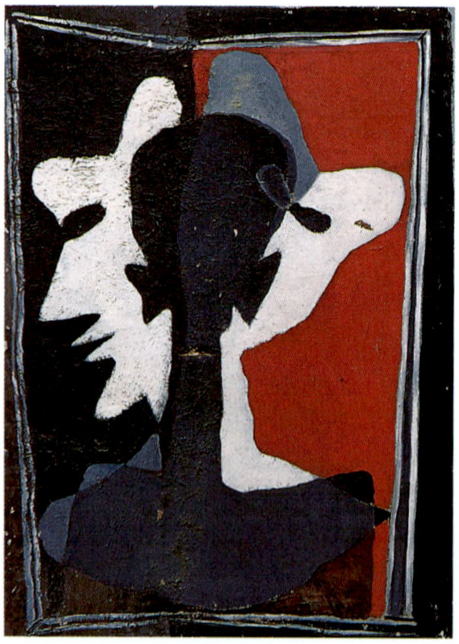

250

Op een dag gebeurt het volgende: in de schilderklas geeft de professor zijn leerlingen de opdracht een gotisch beeldje van de Maagd Maria te schilderen. "Schilder precies wat je ziet", adviseert hij zijn leerlingen voordat hij de zaal verlaat. Nauwelijks heeft hij zijn rug gekeerd of Dalí schildert er op los, bezeten door een onbedwingbare behoefte aan mystificatie, en hij laat zich inspireren door een catalogus. Met de allergrootste precisie schildert hij een weegschaal. "Al mijn studiegenoten dachten dat ik echt gek geworden was. Toen de professor aan het eind van de week kwam om ons werk te corrigeren en commentaar te geven, bleef hij als versteend voor het doek staan dat ik hem toonde. Alle leerlingen staan bang zwijgend om ons heen, maar ik vatte de moed om met een door mijn verlegenheid iets haperende stem te verzekeren: 'Het kan zijn dat u een maagd ziet, zoals iedereen die ziet, maar ik zie een weegschaal!' En pas op dit moment", gaat Dalí in zijn 'Geheime leven' voort, waarin hij aan de anekdote nog een opmerking toevoegt, "dat ik die uitspraak opschrijf, ben ik verbluft over het duidelijke verband tussen de maagd en de weegschaal in het sterrenbeeld. De te schilderen maagd stond bovendien in volledig evenwicht boven op een 'hemelse bol'. Deze mystificatie was in werkelijkheid niets anders dan het eerste symptoom van mijn schilderfilosofie: de plotselinge en ogenblikkelijke materialisatie van het voorgestelde schilderij."

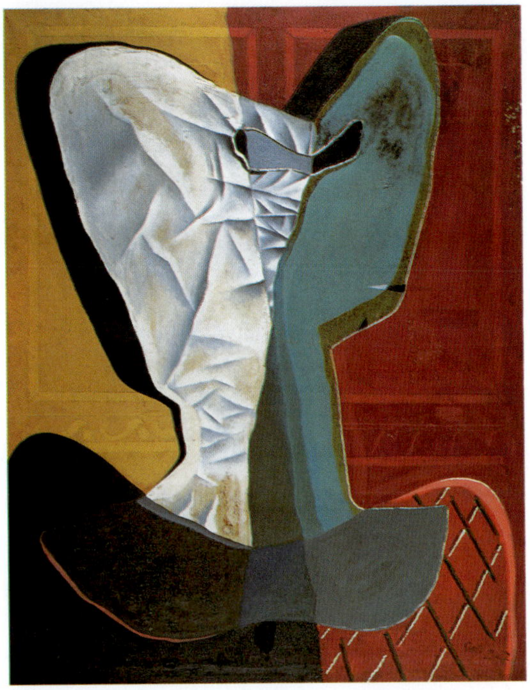
252

250 **Zelfportret, opgesplitst in drie delen**, 1927 ❑
Autoportrait se dédoublant en trois

251 **Zonder titel**, 1927 △
Sans titre

252 **Harlekijn**, 1927 ❑
Arlequin – Arlequi

253 **Drie figuren**, 1926 ❑
Trois personnages

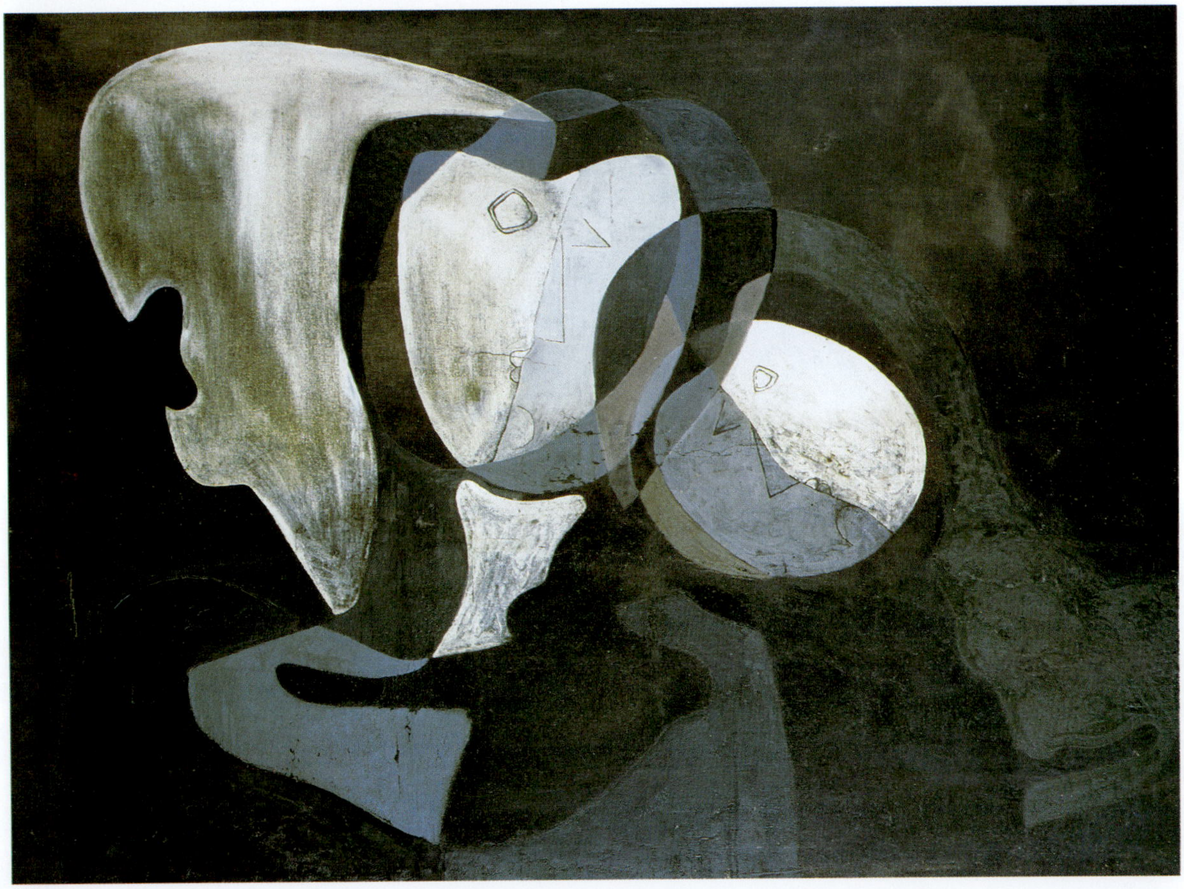
253

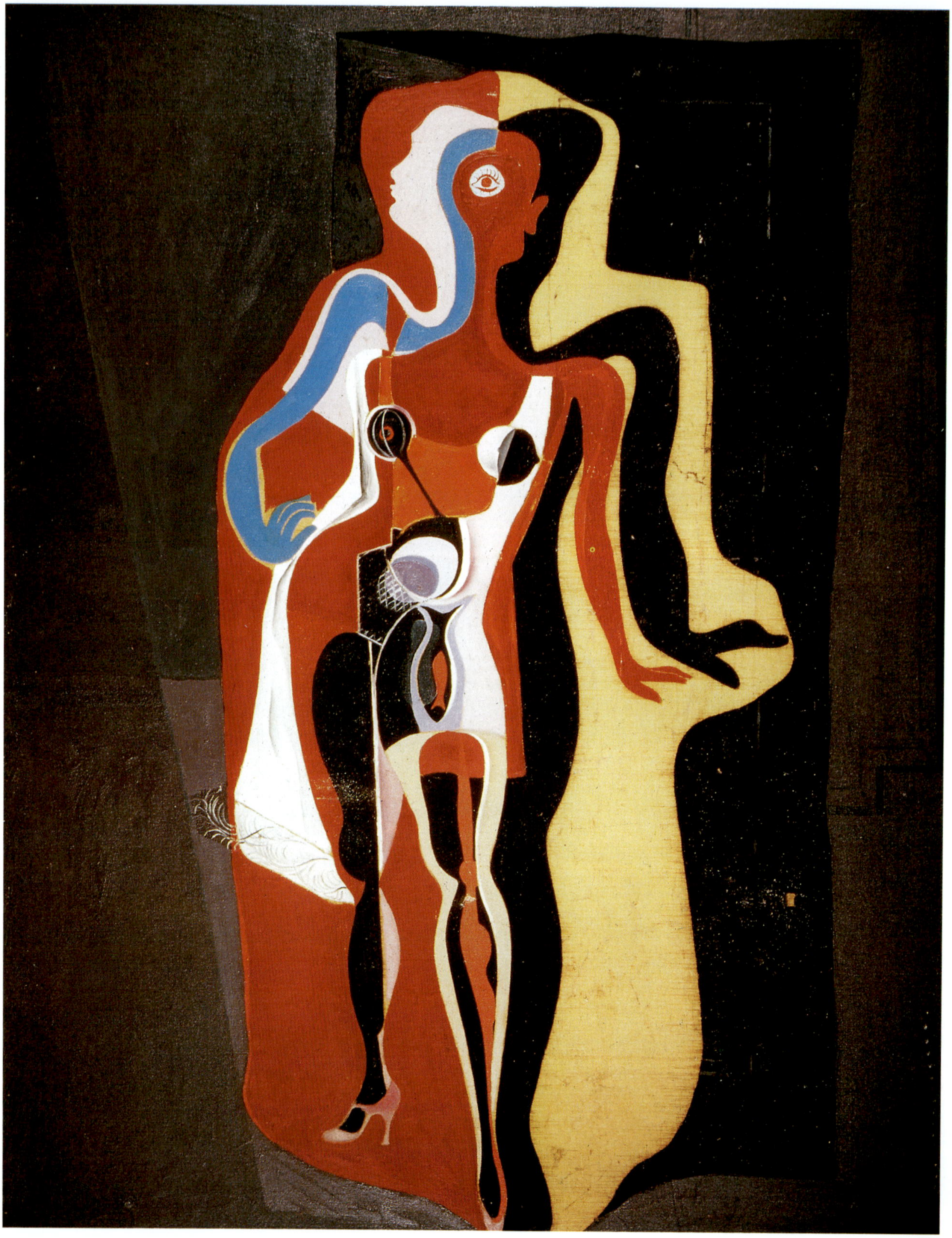

254

Maar aan het eind van zijn tastende probeersel als beginner heeft Dalí zich al zo ver zelf geprogrammeerd dat hij de "grootste tovenaar" wil worden, eentje die er, zoals bij Ariosto of Calderón, in slaagde "zichzelf te betoveren". Salvador Dalí laat zich bewust geleidelijk verstrikken in "de netten van de hoge toverkunst van zijn fantasie" (Marcel Brion). Dat wil zeggen, hij loopt in de val van zijn eigen magische genie, dat zo hoogbegaafd is voor het schilderij-verdichtsel dat het in de huidige kunst zijn gelijken niet kent, van zo'n in woede ontstoken grappigheid en zo wonderlijk geïnspireerd als er sinds Hiëronymus Bosch geen tweede is

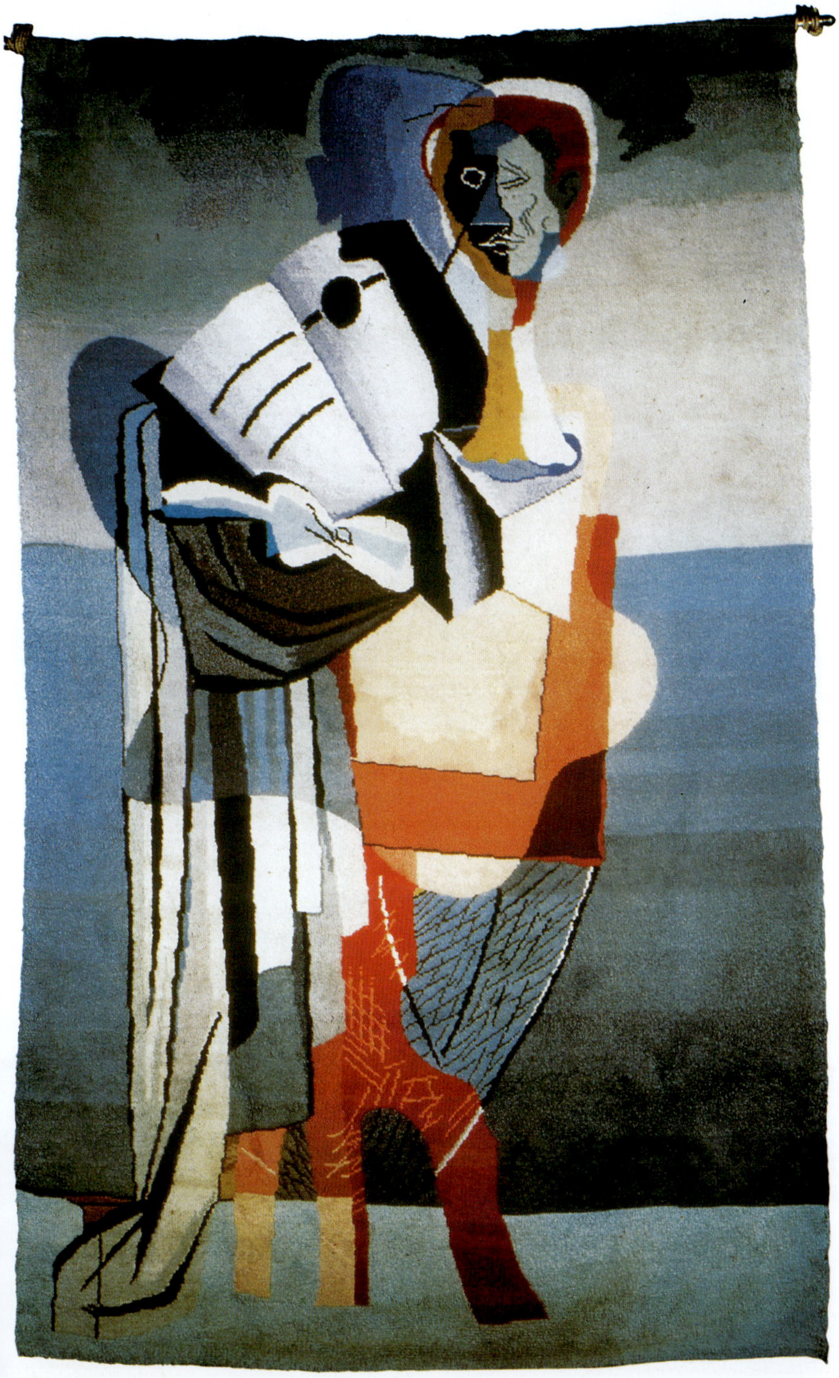

255

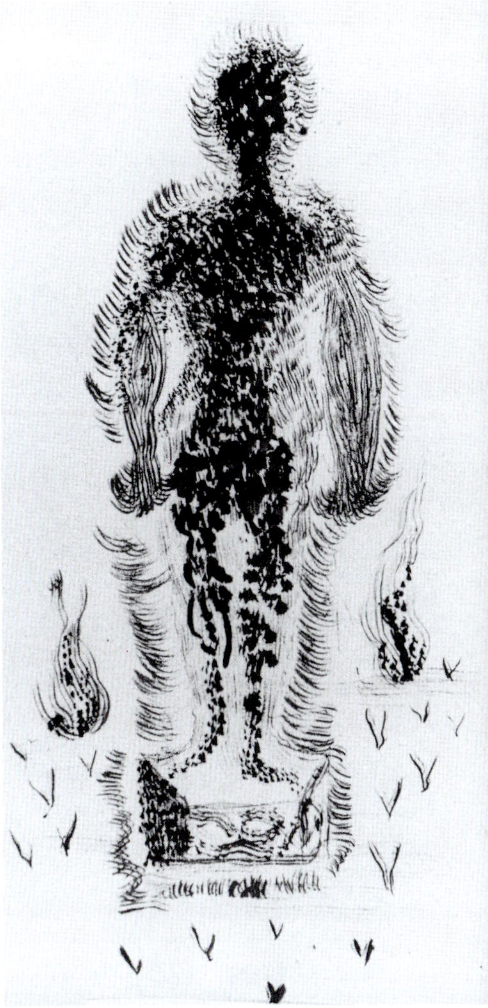

256

254 **De mannequin (ook: De mannequin uit Barcelona)**, 1926-1927 ❑
Le mannequin (Mannequin barcelonais)

255 **Kubistische figuur**, 1926 ❑
Figura cubista – Personnage cubiste

256 **Brandende figuur**, 1927 △
Figure en flamme

1927

257 **Studie voor 'Stilleven in het maanlicht'**, 1927 △

258 **Stilleven in het maanlicht**, 1927 ❑
Nature morte au clair de lune

259 **Abstracte compositie**, 1926 △
Composition abstraite

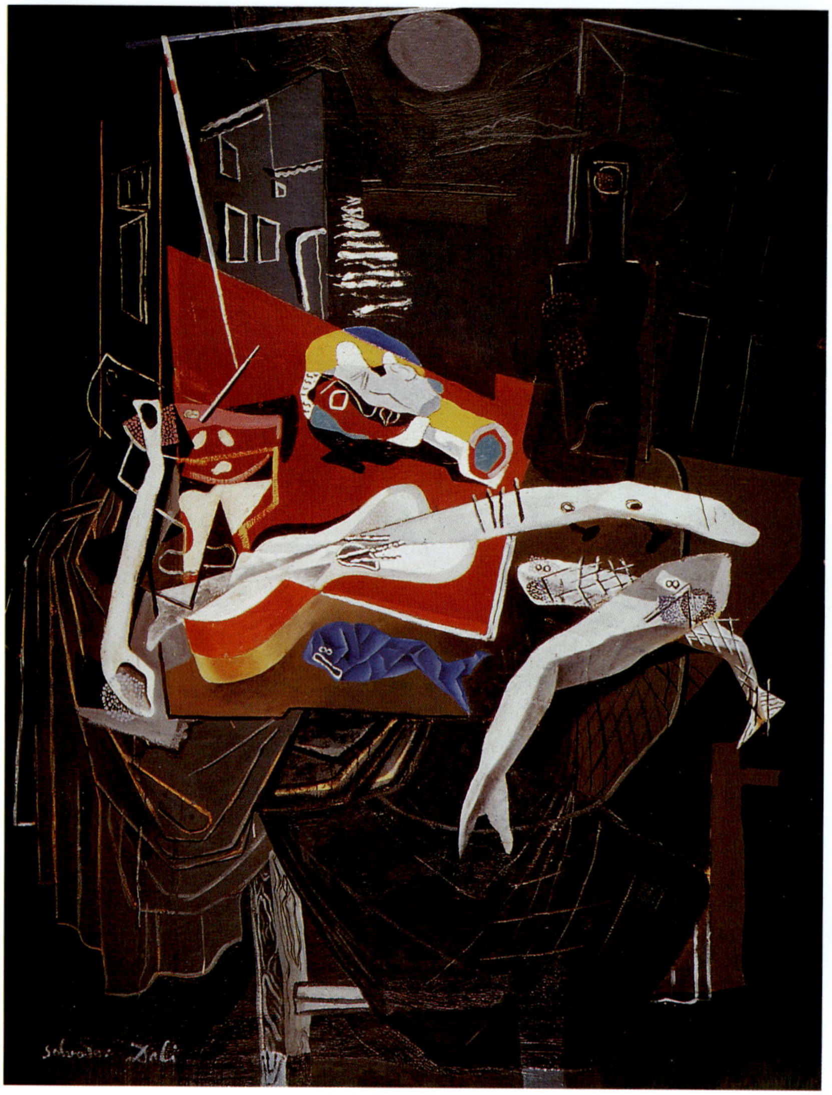

258

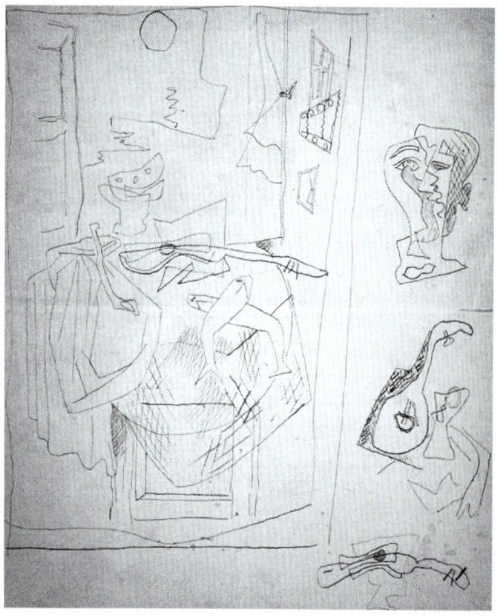

257

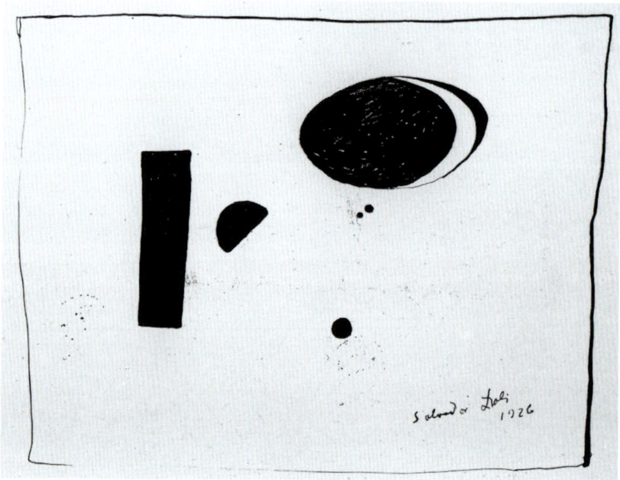

259

geweest. Vaak schildert Dalí dingen die 'niet kunnen bestaan', met dezelfde pedante precisie en bijna fotografische, reproducerende 'realititeitsgetrouwheid' waarmee ook Jeroen Bosch zijn hybride monsters in zijn werk tot leven wekt. Daar komt het vaak naar voren gebrachte misverstand vandaan, dat Dalí zo vaak werd verweten dat hij een 'academisch surrealisme' zou koesteren of zelfs een 'surrealistisch academisme'. Dalí doet echter niets anders dan dat wonderbaarlijke métier en het onderhoud van de objectieve realiteit, zoals de door hem zo bewonderde voorgangers, vooral de grote Duitse visionairen Grünewald, Altdorfer en Dürer, ze uitoefenden, te perfectioneren.

In de werken uit 1926 en 1927, die nog sterk zijn beïnvloed door het Kubisme en dus veel minder fotografisch aandoen, voel je vanuit elke hoek de aantrekkingskracht van het Surrealisme. Vanuit dit perspectief is het interessant *Harlekijn* (blz. 115) te vergelijken met het ongeveer 15 jaar later geschilderde *Week zelfportret met gebakken spek* (blz. 342). De harlekijn is een "epidermische, oppervlakkige figuur: de verfomfaaide huid van een harlekijn met lege ogen, zoals ik die later in *Week zelfportret met gebakken spek* heb geschilderd." Over dit zelfportret zegt Dalí dat het een "anti-psychologisch zelfportret" is. "In plaats van de ziel te schilderen, dat wil zeggen het innerlijk, heb ik alleen het uiterlijk geschilderd, de handschoenen van mijn ik. Die handschoenen van mijn ik is eetbaar en zelfs al iets vergaan; vandaar ook dat er mieren uit het gebakken spek komen. Als roy-

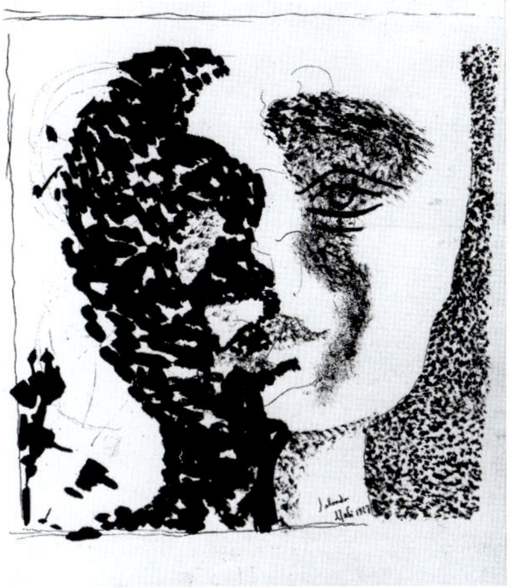

261

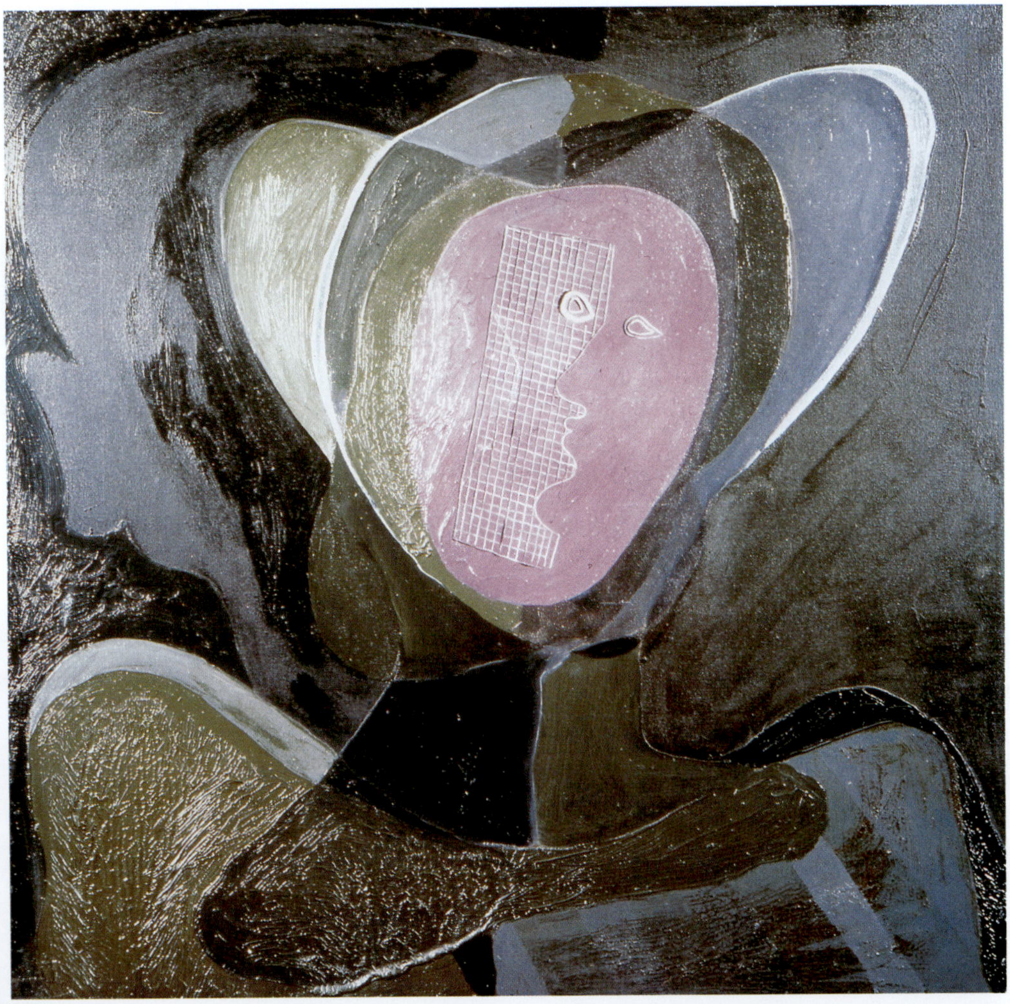

260

260 **Vrouwenhoofd**, 1927 ❑
Tête de femme

261 **Hoofd (poging tot een dubbelschilderij)**, 1927 △
Dibuix – Tête

1927

262 **Honing is zoeter dan bloed**, 1927 ❑
Le miel est plus doux que le sang

263 **Studie voor 'Honing is zoeter dan bloed'**, 1926 ❑

264 **Apparaat en hand**, 1927 ❑
Appareil et main

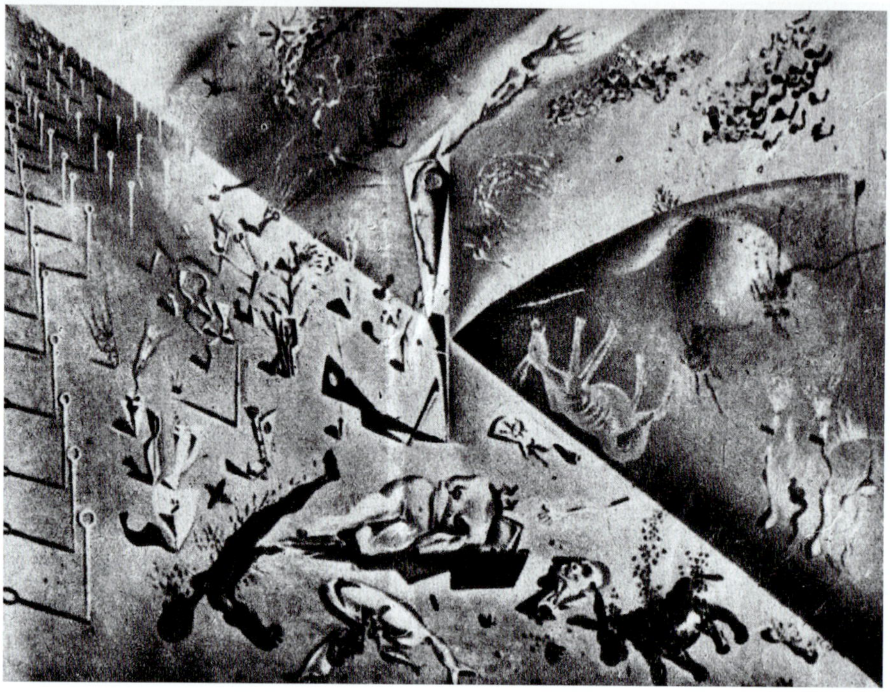

262

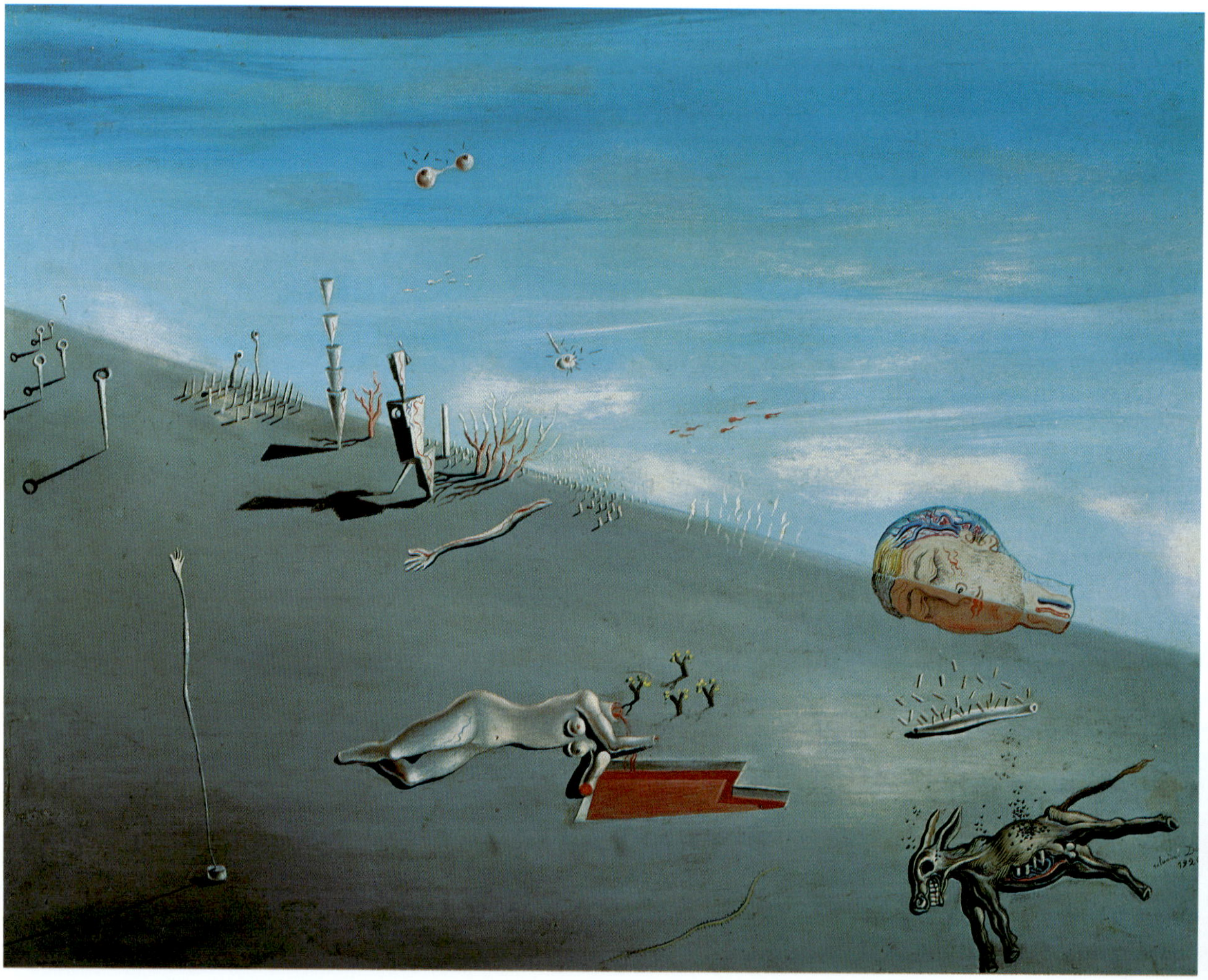

263

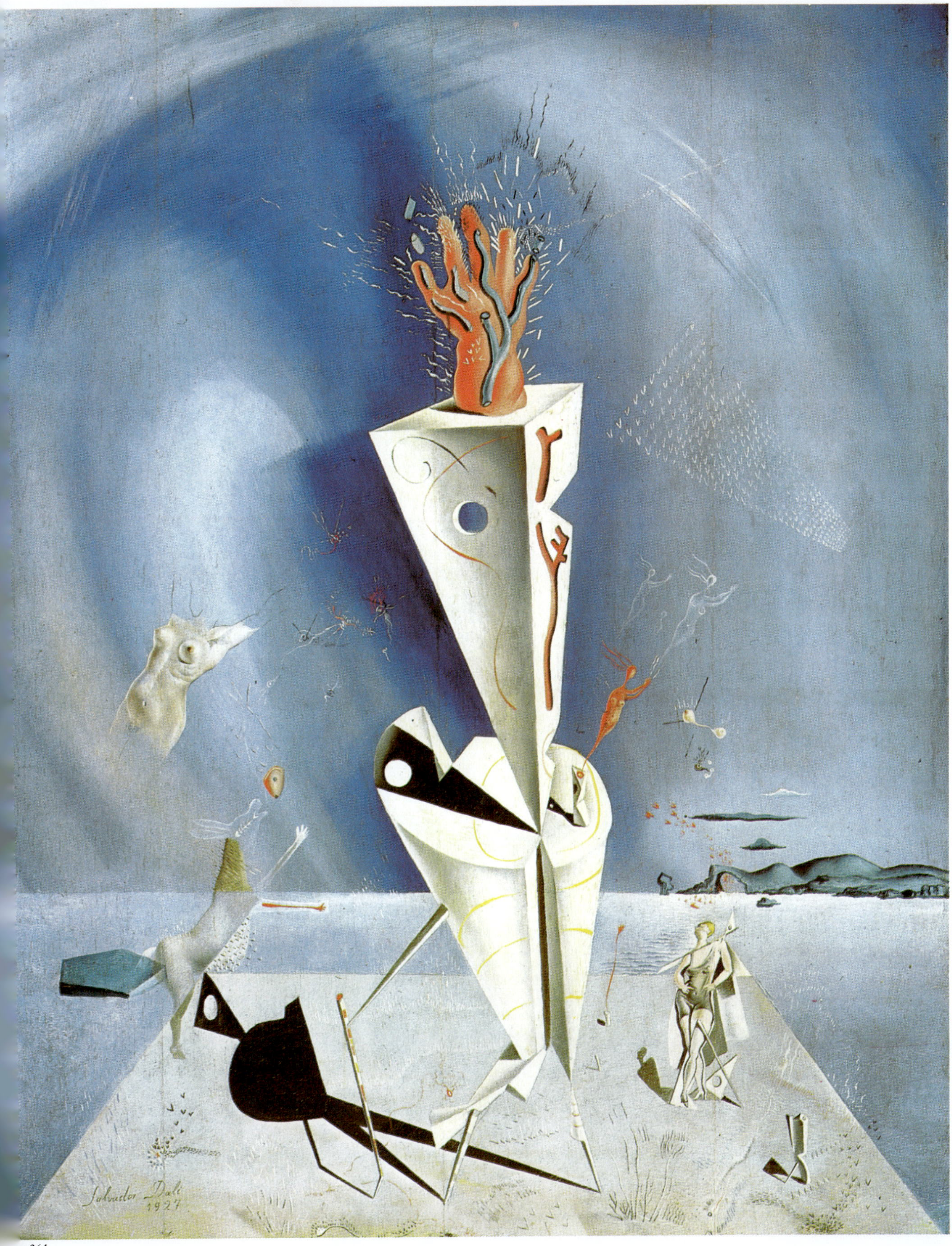
Salvador Dalí
1927

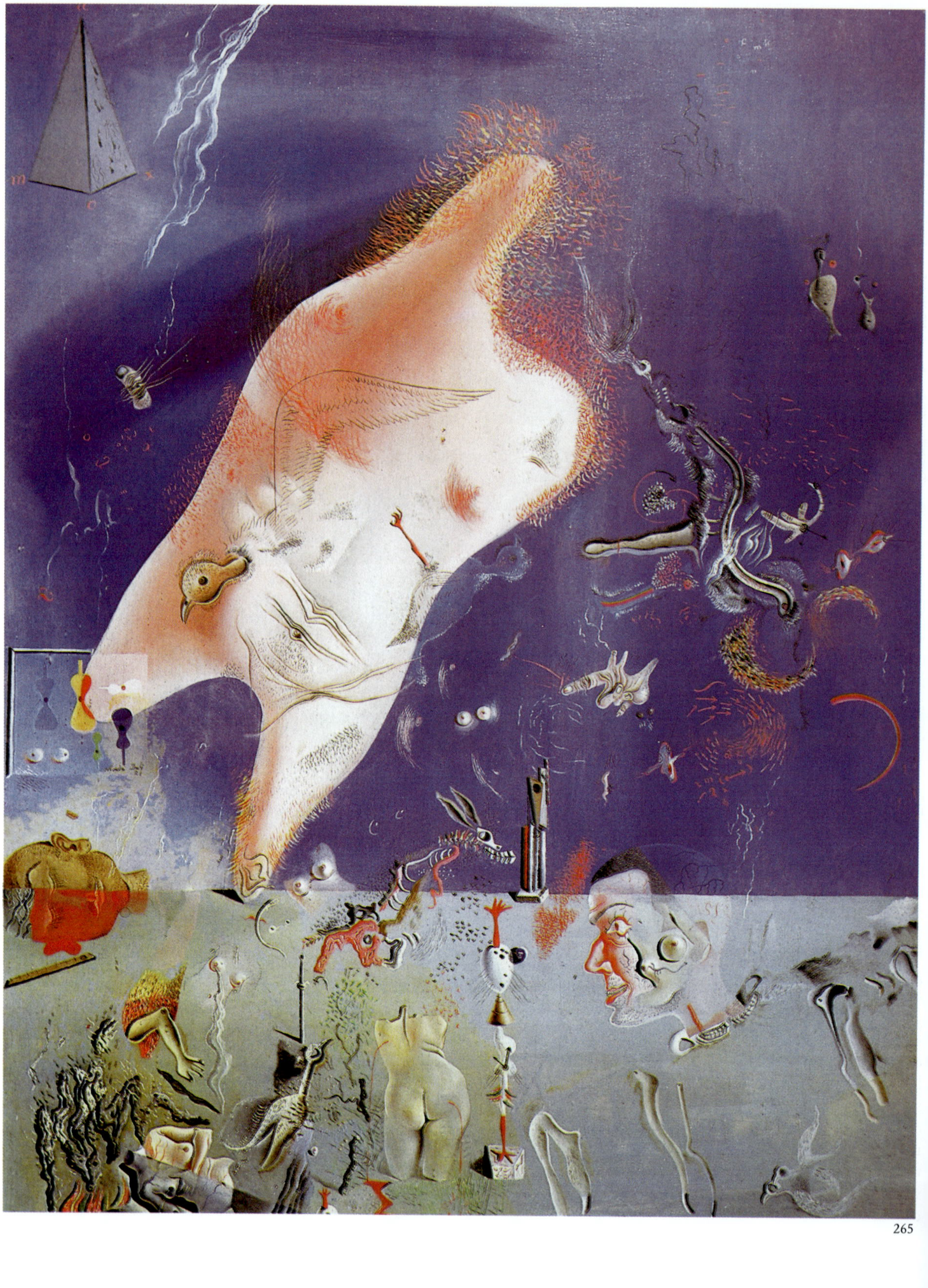

265

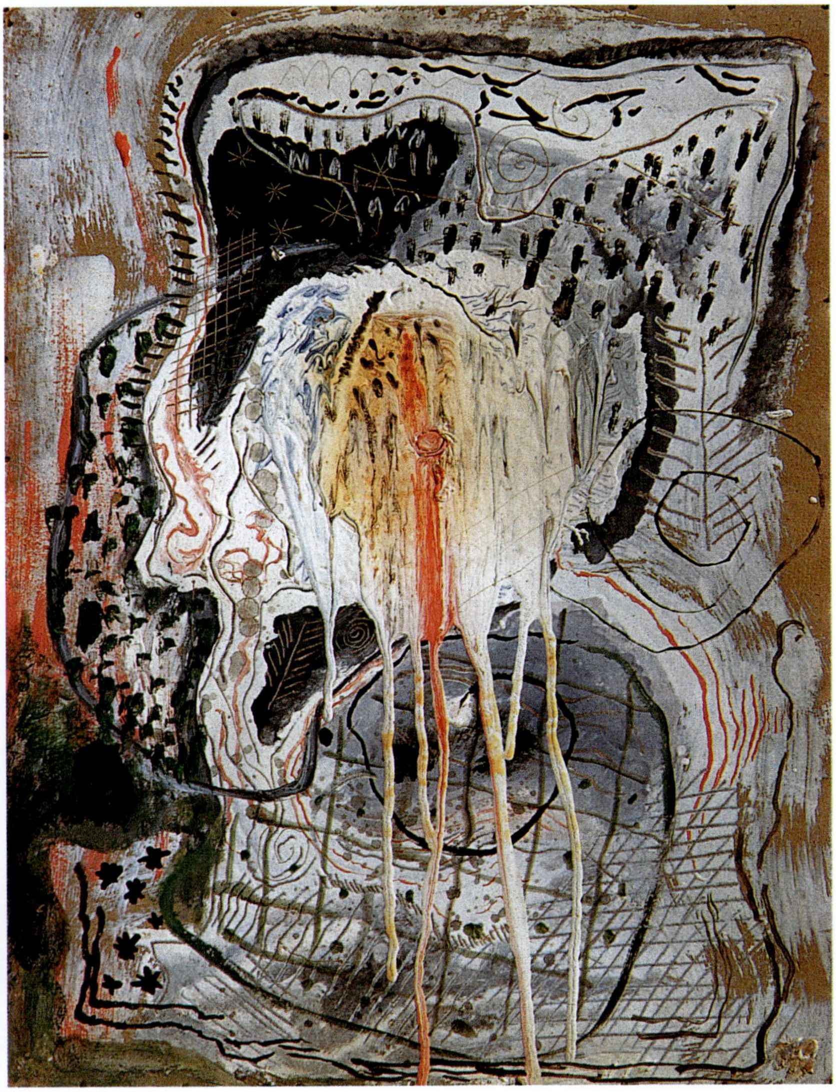

266

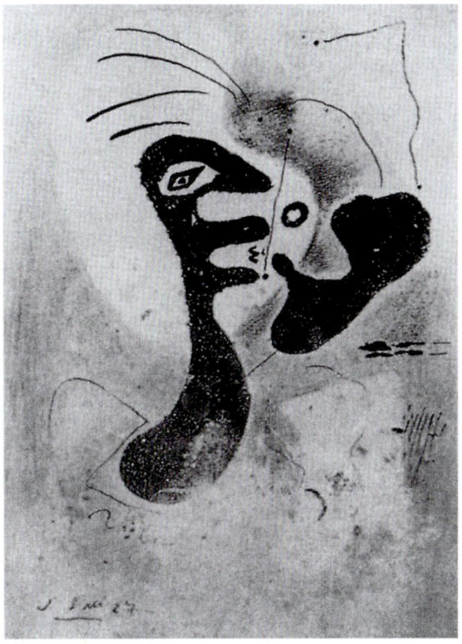

267

aalste aller schilders bied ik mezelf voortdurend als etenswaar aan en voed ik onze tijd zo met het allerlekkerste." Dalí brengt tot uitdrukking wat hij in zich draagt. Over zijn *Vrouwenhoofd* (blz. 119) schrijft hij: "Je moet de materie gebruiken als een totalitaire hiërarchie. Al in 1927 was ik de wegbereider van hetgeen Antoni Tàpies later zou doen, ik gebruikte teer, ruwe, hoekige stenen en de beroemde kurk die zonder enige aanpassing op het linnen werd geplakt, dat tegenwoordig is verwoest." Over *Stilleven in het maanlicht* (blz. 118) zegt hij: "In tegenstelling tot de gitaar, die een droog voorwerp is, heb ik een gitaar geschilderd die slijmerig is als een vis." Dit doek, dat direct door Picasso is beïnvloed, laat al duidelijk de prefiguratie van zijn weke uurwerken zien. Een ander sleutelschilderij uit die periode is *De mannequin* (blz. 116), waarop de inwerking van de Madrileen Juan Gris, die door Dalí wordt gezien als de grootste kubist, onmiskenbaar is, ook al ontzegt hij Picasso de titel van grootste schilder van onze tijd niet; toch erkent hij in hem vooral de grote destructieve geest en zijn unieke visie op de schilderkunst en minder zijn schilderkunstige kunnen, ook al waardeert hij dat als heel buitengewoon.

265 **Senicitas**, 1927-1928 ❑
Cenicitas (Petites cendres)

266 **Vrouwelijk naakt in een fauteuil**, 1927-1928 ❑
Femme nue assise dans un fauteuil

267 **Zonder titel**, 1927 ❑
Sans titre

1927–1928

Hetzij Caesar of helemaal niets

Zijn vriendschap met Lorca groeit gestaag. Op een keerpunt in zijn leven ervaart Dalí de poëtische wil van zijn 'geliefde' als een echo op zijn eigen zoektocht. Maar geleidelijk verdwijnt die vriendschap achter een amoureuze passie van de dichter uit Granada, wat de schilder in grote verwarring brengt. In 'Salvador Dalí. Mijn hartstochten' schrijft hij later daarover: "Toen García Lorca mij wilde bezitten, heb ik hem gruwend geweigerd." Gezien de fabuleerkunst van Dalí zal men wel nooit te weten komen wat zich werkelijk tussen de twee jonge mannen heeft afgespeeld. Maar wat we wel met zekerheid weten, is dat Dalí in die tijd "zijn uitgestrekte hand" het beste kende en maar zeer beperkte en platonische ervaringen met vrouwen had. Hij beweert steeds dat hij nog onberoerd was toen hij Gala leerde kennen.

Terwijl hij wacht op het gezegende moment dat zijn hele leven zal veranderen, zijn Dalí en Lorca onafscheidelijk, ze tekenen liefdevolle portretten van elkaar en zijn enthousiast over een portret –vooral vanwege de snor die bij hen nog een wensdroom is– dat in de vestibule van Dalí's ouderlijk huis hangt en een officier uit Ampurdán, genaamd Josep Margarit, voorstelt. Maar helaas loopt hun ontwikkeling uiteen, hoe dichter Dalí bij de surrealisten komt, hoe verder hij zich van Lorca verwijdert. Hoewel die zelfs een ode aan hem opdraagt, maakt Dalí een bruut einde aan de vriendschap. De man die in 1930 op een betoging in het atheneum van Barcelona verklaart: "Wij zijn uitverkoren onze bijdrage te leveren aan de vernietiging en het in diskrediet brengen van de sentimentele en intellec-

268 **Federico García Lorca: Imaginair portret van Dalí (zeer slechte staat)**, 1926 ✗
Portrait imaginaire de Dalí, par Lorca

269 **Portret van Federico García Lorca**, 1928 △
Portrait de Federico García Lorca

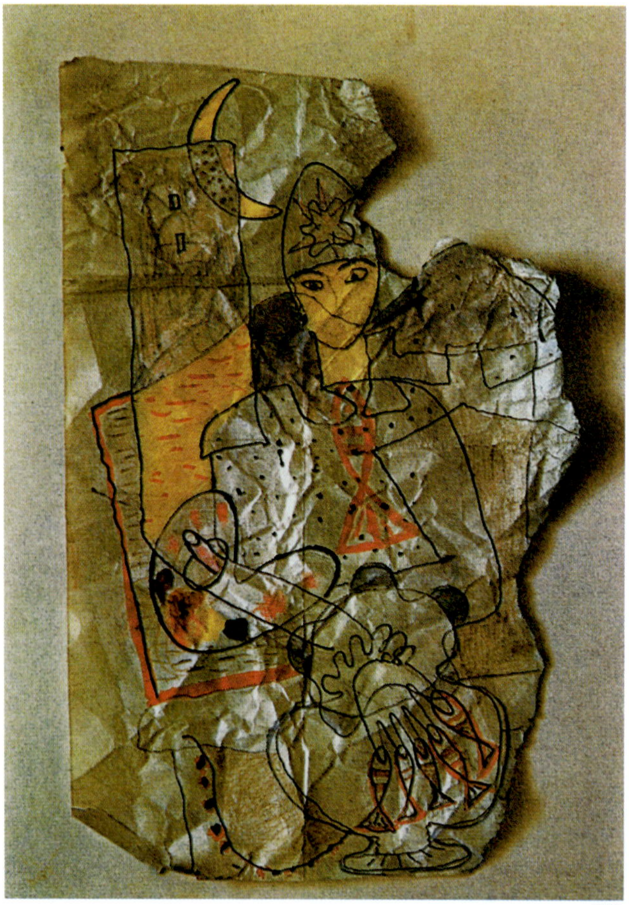

268

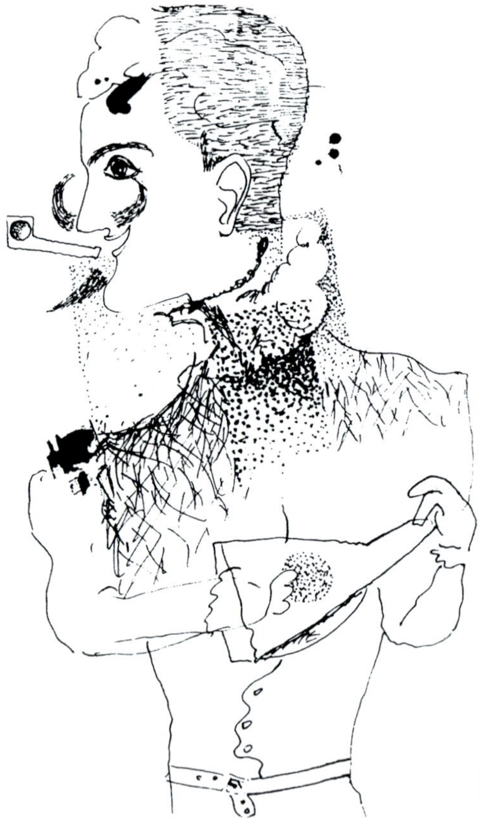

269

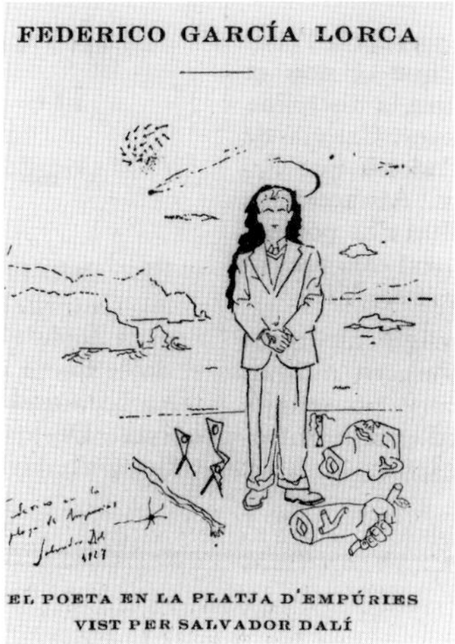

271

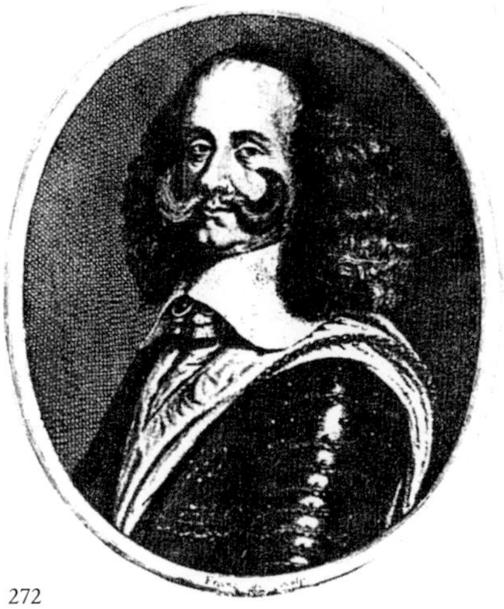
272

270 Zelfportret, opgedragen aan Federico García Lorca, 1928 △
Autoportrait, dédié à Federico García Lorca
271 De dichter op het strand van Ampurias – Federico García Lorca, 1927 △
Le poète sur la plage d'Ampurias – Federico García Lorca

272 Oude kopergravure die de officier en politicus Josep Margarit uit Ampurdán voorstelt. Die gravure hing in de hal van Dalí's ouderlijk huis. Ongetwijfeld vinden hier (naast de baarden van Velázquez) Dalí's snorren hun oorsprong ☆

273, 274 Onafscheidelijk: Lorca und Dalí ☆

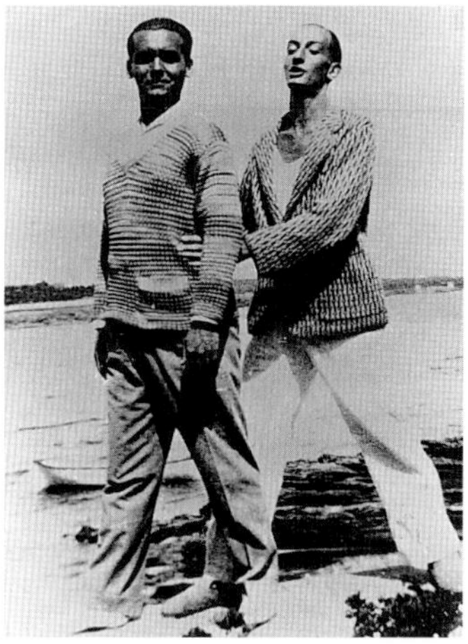
273

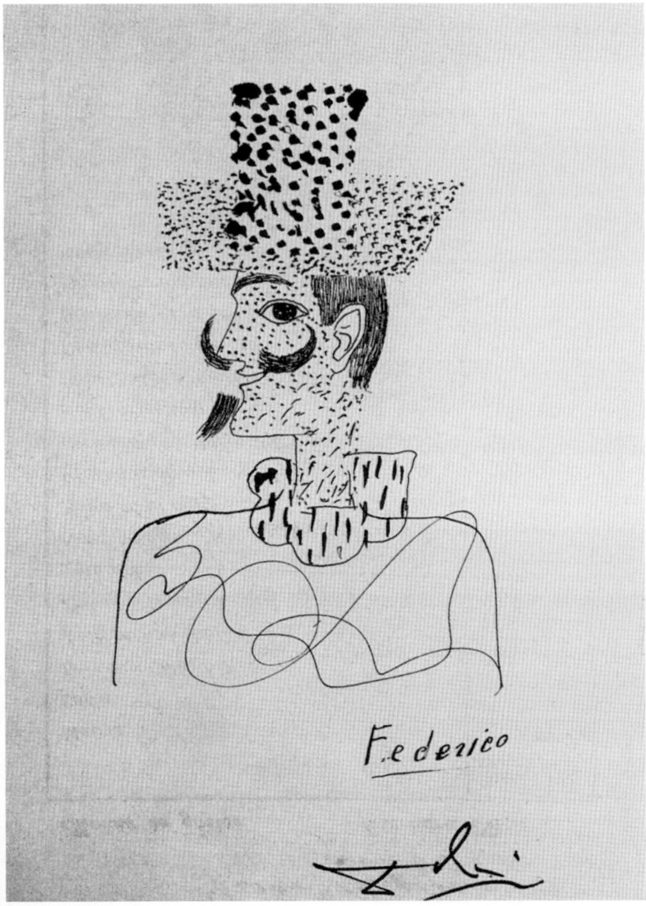

270

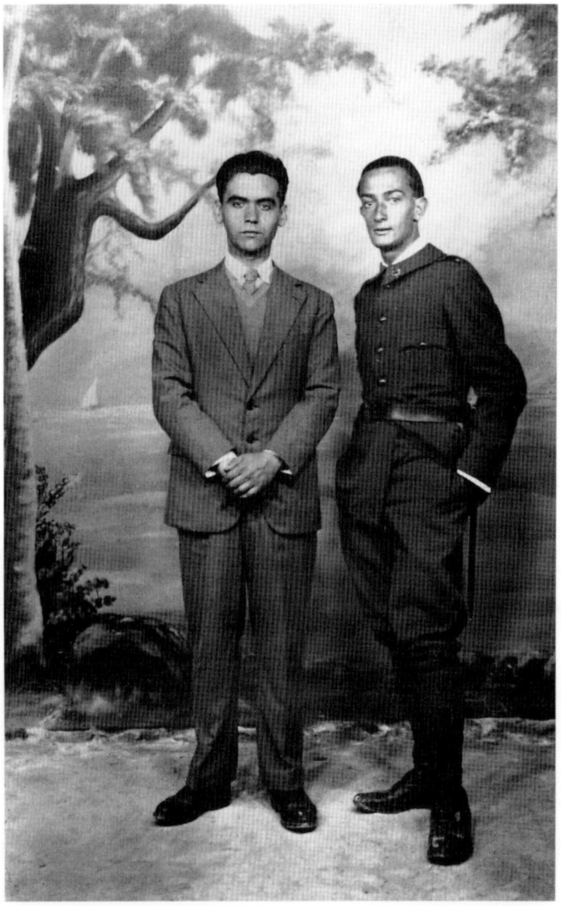
274

1927–1928

275 **De afgesneden hand**, 1928 △
La main coupée
276 **St.-Sebastiaan**, 1927 △
Saint Sébastien – San Sebastián
277 **Baadster (ook: Vrouwelijk naakt)**,
1928 ❑ Beigneuse (sic!)
278 **Symbiose van vrouw en dier**,
1928 ❑ Symbiose femme-animal
279 **Het onbevredigde verlangen (ook: Ongestilde lust)**, 1928 ❑
Les désirs inassouvis

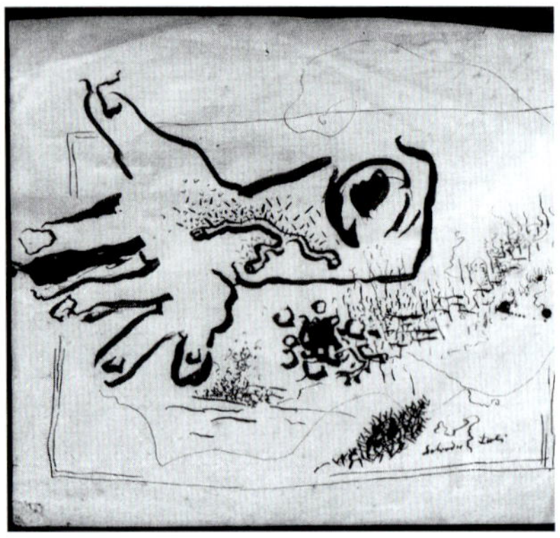

275

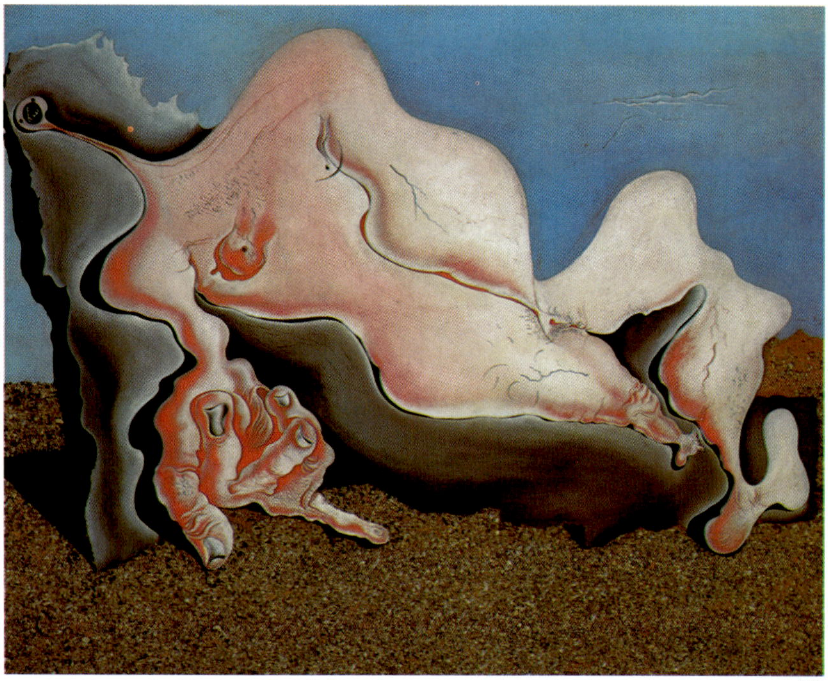

277

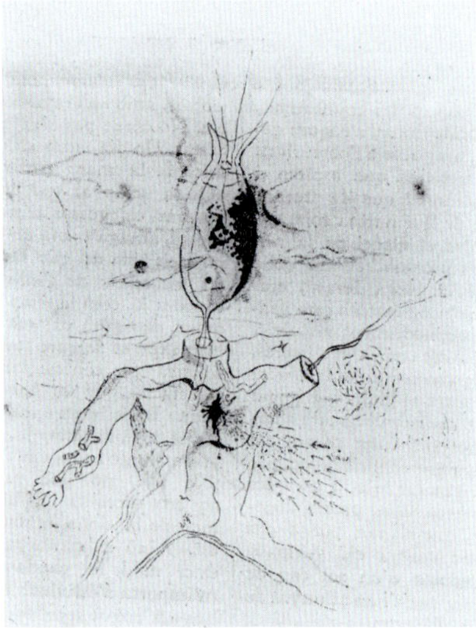

276

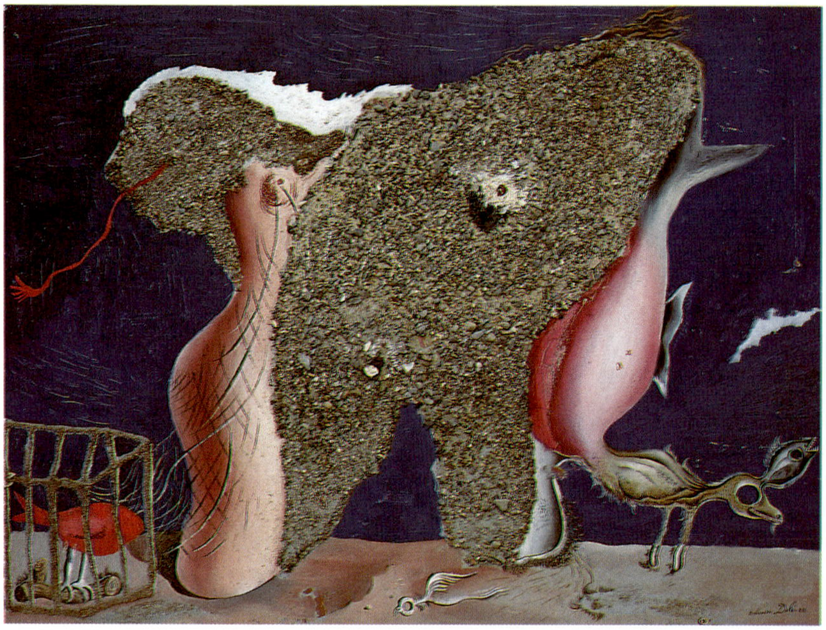

278

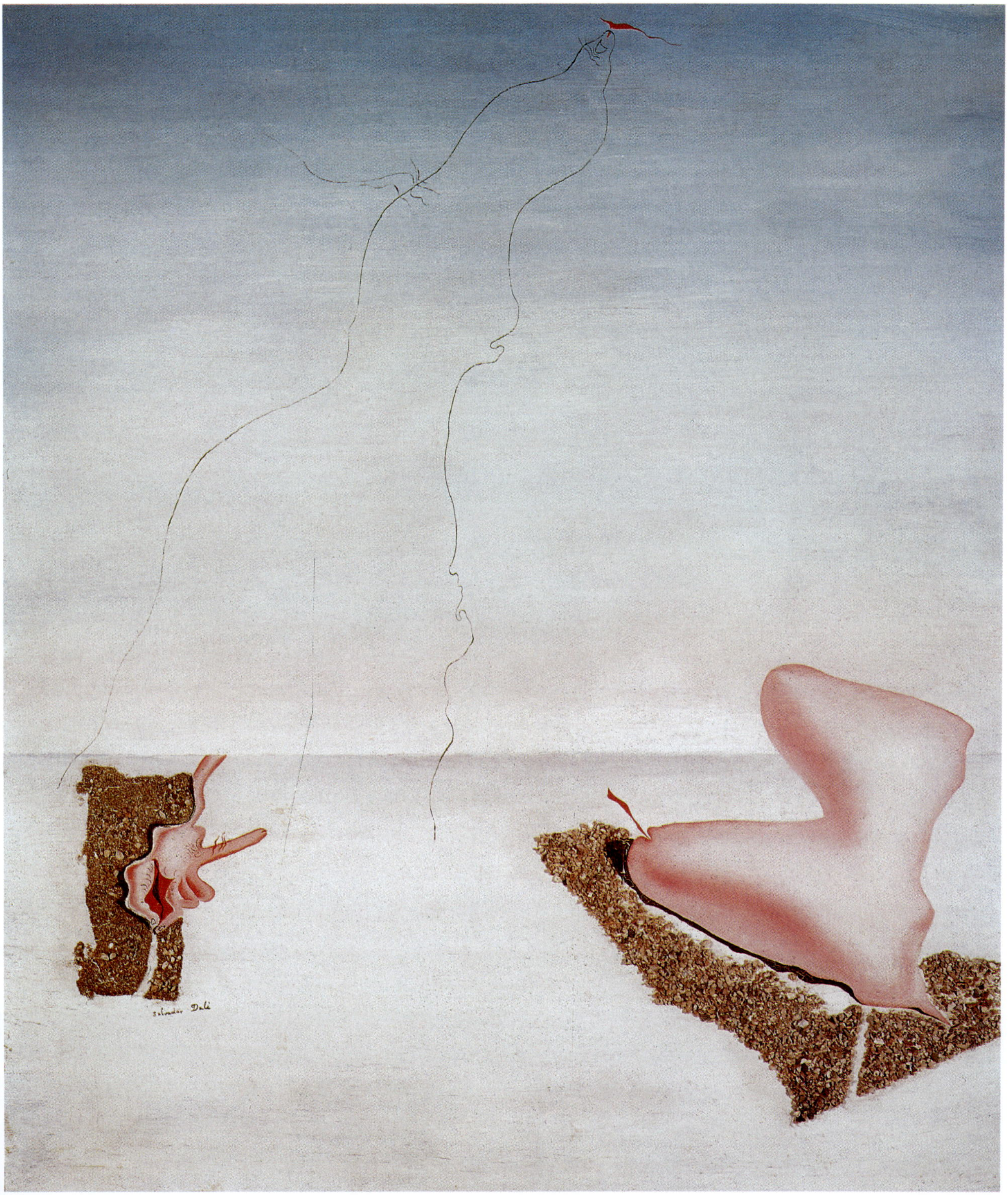

279

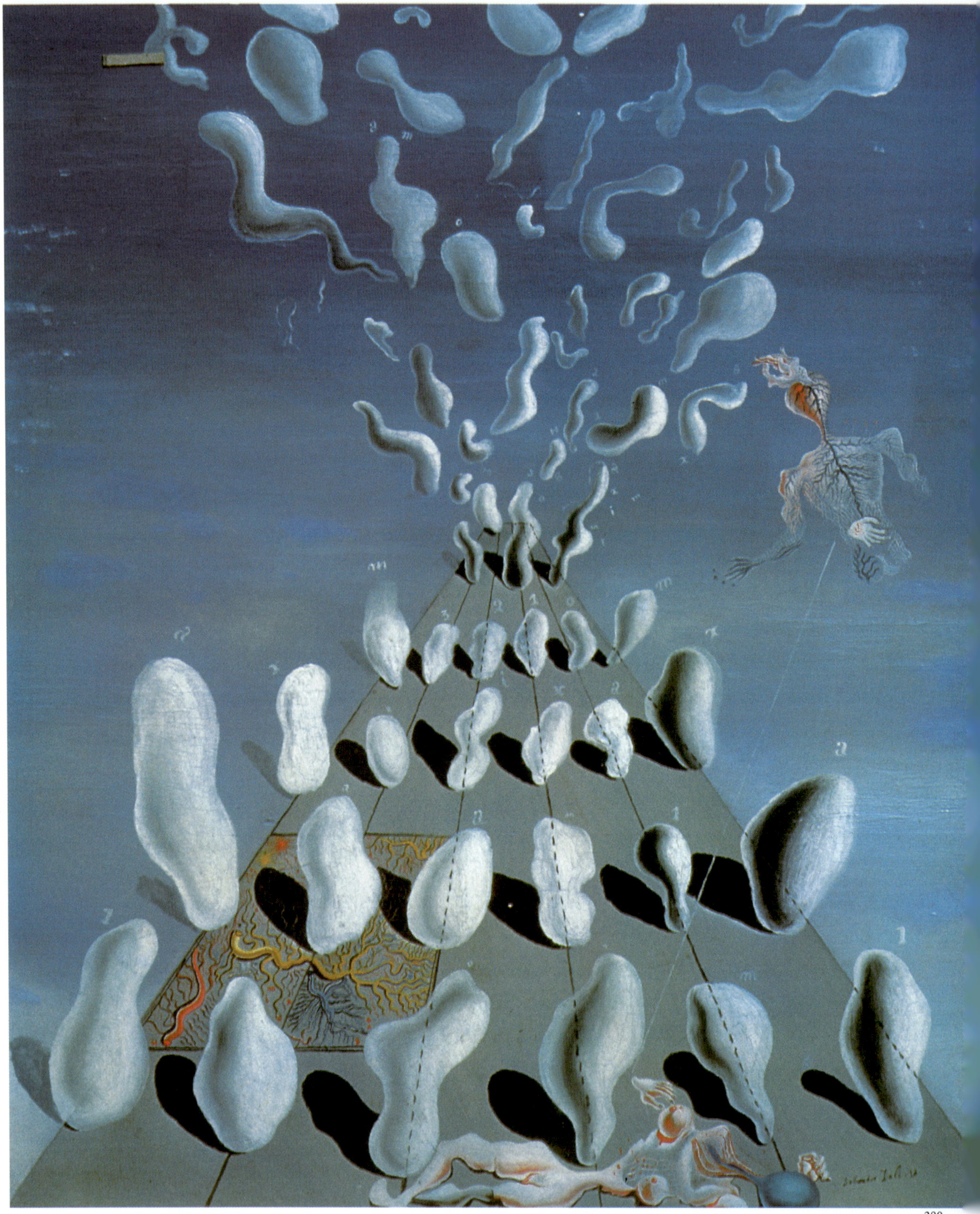

280

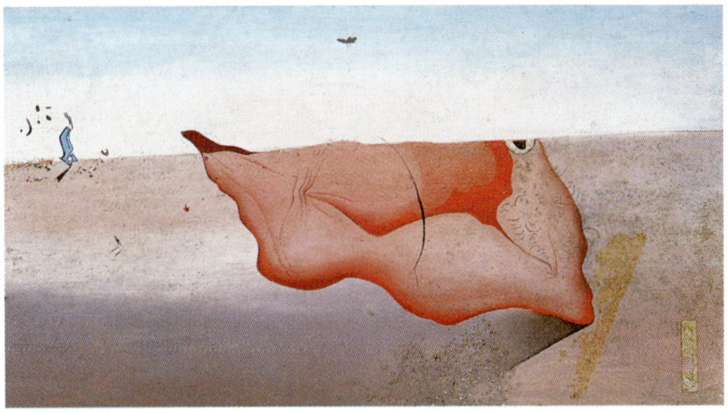

281

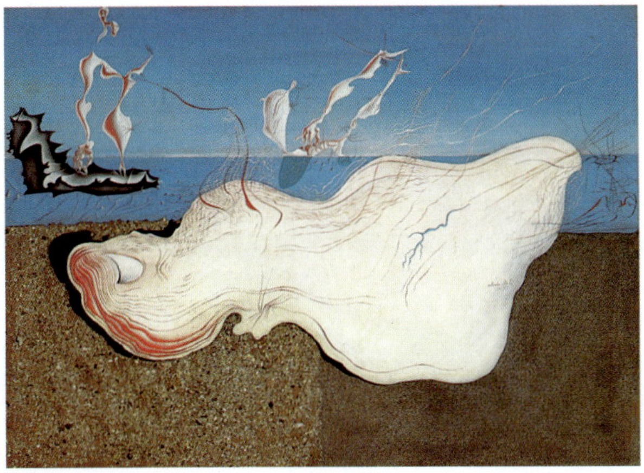

282

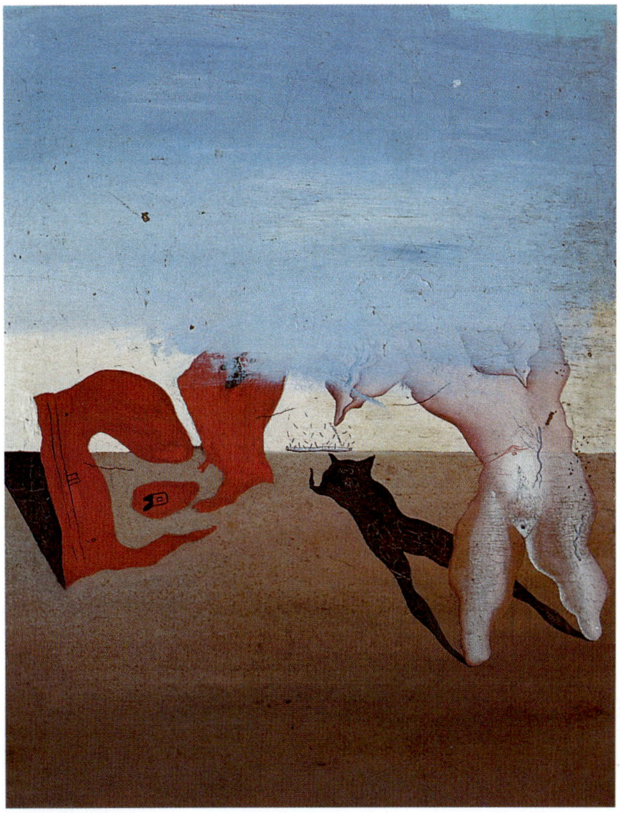

283

tuele wereld. Wij zullen alles met voeten treden wat riekt naar goede bedoelingen, wat berust op humanitaire gevoelens...", die man heeft inderdaad niets meer gemeen met de gevoeligheid en lyrische expressie van de dichter.

Men heeft Dalí verweten dat hij zijn relatie met Lorca op clowneske wijze heeft uitgebuit. Nadat Lorca tijdens de Burgeroorlog werd doodgeschoten, merkte Dalí op: "Het meest geniet ik van een goede sardine als ik aan al die vrienden denk die al dood zijn, vooral aan degenen die doodgeschoten zijn of gemarteld." En wanneer een journalist vraagt: "Heeft het u geraakt toen García Lorca werd doodgeschoten?" antwoordt hij: "Ik was zeer bevredigd. En trouwens, daar ik een goed jezuïet ben, heb ik steeds wanneer een vriend sterft het gevoel dat ik hem heb gedood, dat hij omwille van mij gestorven is." Die verklaringen moeten, zoals alles wat Dalí heeft gezegd, worden gezien in de spiegel en als omkering worden begrepen.

In die periode dacht Dalí aan niets anders dan het bewijs van zijn genie te leveren en Parijs te veroveren. In 1926 heeft hij simpelweg geweigerd zich aan de examens van de kunstacademie te onderwerpen, door aan de jury te verklaren: "Nee, geen enkele professor aan de kunstschool San Fernando is in staat mij te beoordelen, dus trek ik mij terug." Dit betekende dat hij definitief van school werd gestuurd.

Wat zijn plannen omtrent Parijs betreft, wordt hij door Joan Miró, ook een Catalaan, die ouder is dan hij en al beroemd, geholpen zijn vader om te praten. Miró komt met zijn kunsthandelaar Pierre Loeb naar Figueras. "Mijn vader was zeer onder de indruk en overwoog inderdaad of het niet noodzakelijk was dat ik langere tijd naar Parijs ging. Miró bevielen mijn laatste doeken buitengewoon, hij bood me zijn steun aan. Pierre Loeb daarentegen bleef zeer sceptisch tegenover mijn werk. Een keer, toen mijn zus juist met Pierre Loeb sprak, nam Miró me terzijde en fluisterde me toe: 'Die Parijzenaars zijn veel grotere ezels dan wij

1928

280 **Surrealistische compositie, gedoopt inwijdings-kippevel**, 1928 ❑
Composition surréaliste, baptisée chair de poule inaugurale

281 **Compositie (onvoltooid)**, 1928 ❑
Composition

282 **Badende**, 1928 ❑
Baigneur

283 **Zonder titel**, 1928 ❑

1928

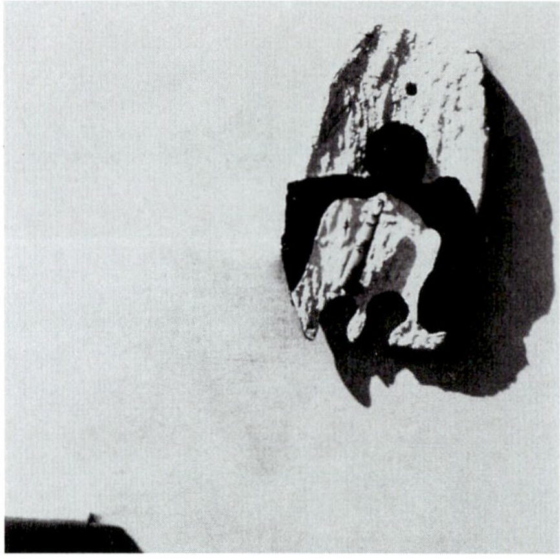

284

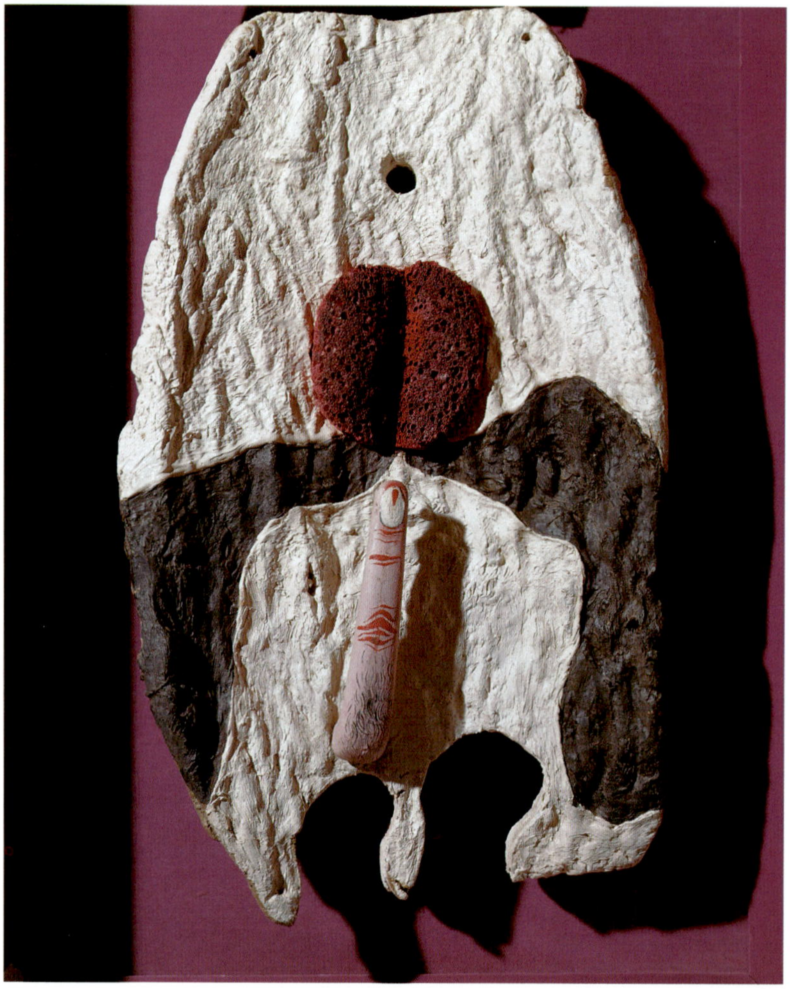

286

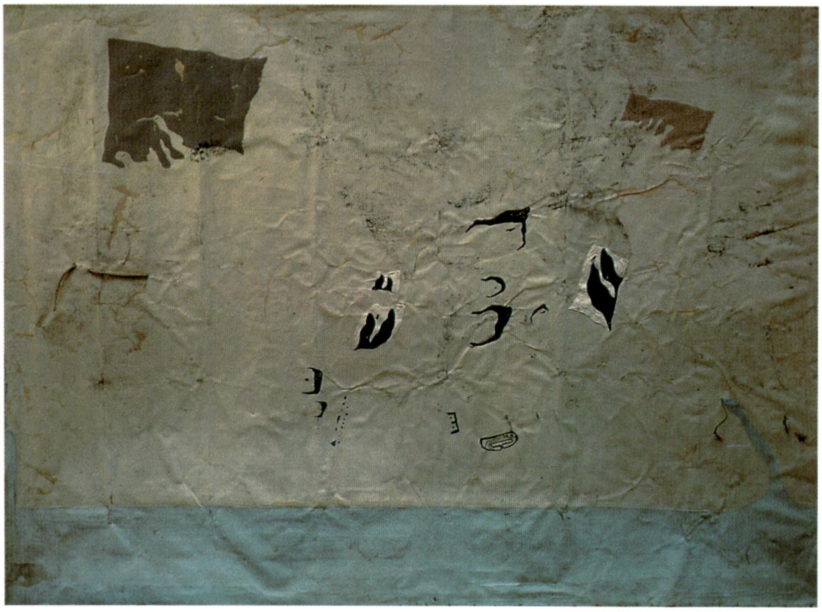

285

284 **Antropomorf strand (eerste staat),** 1928 ❑
Plage anthropomorphique

285 **Zonder titel,** 1928 ❑

286 **Antropomorf strand (definitieve staat),** 1928 ❑
Plage anthropomorphique

287 **Vrouwelijk naakt (definitieve staat),** 1928 ❑
Nu féminin

288 **Vrouwelijk naakt (eerste staat, zonder kurk),** 1928 ❑
Nu féminin

289 **Maanlicht,** rond 1928 ❑
Clair de lune

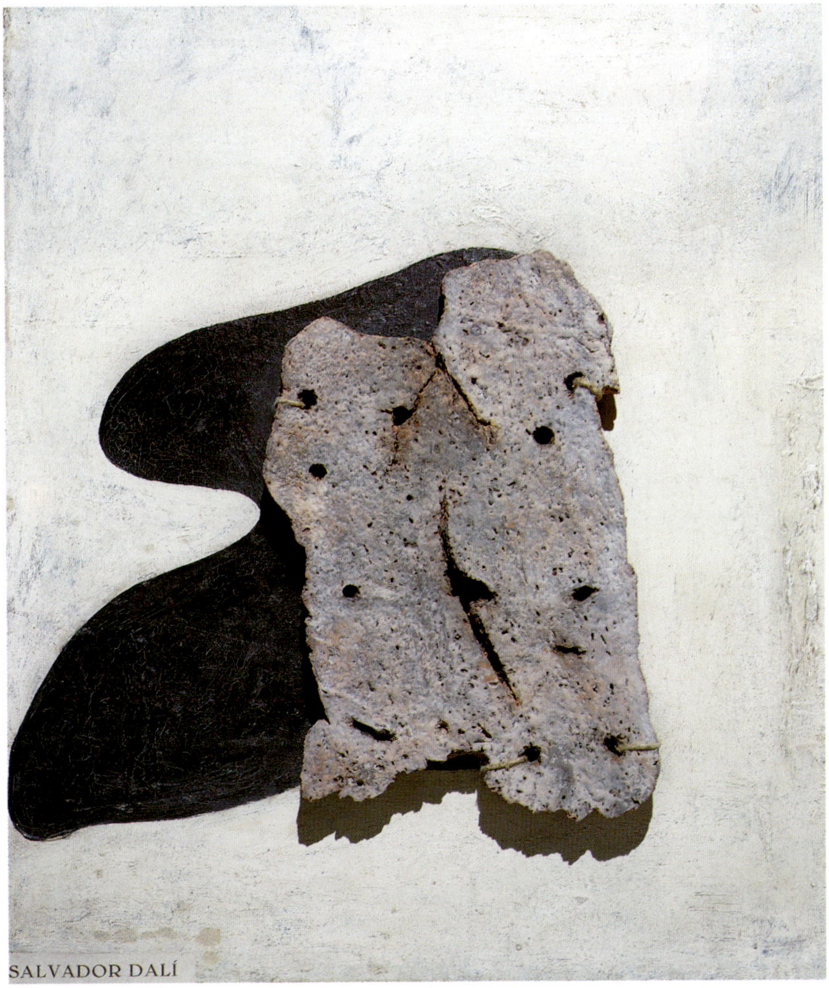

287

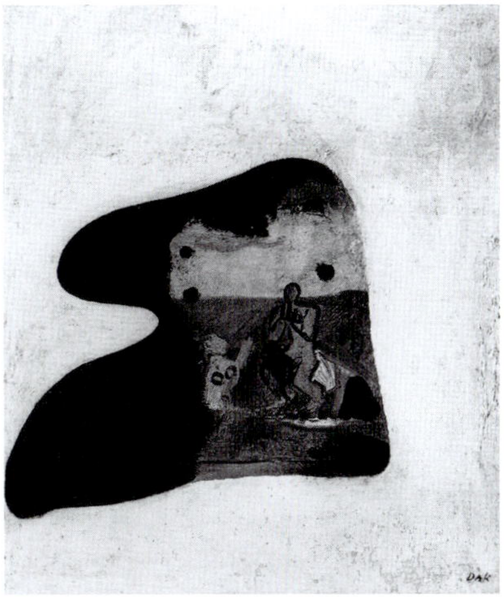
288

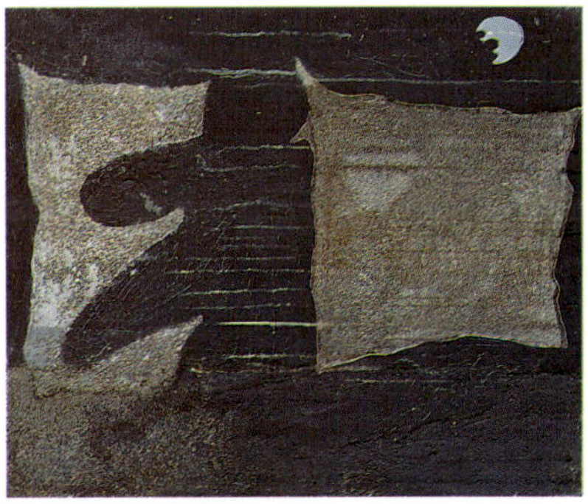
289

ons kunnen voorstellen. U zult het zien, zodra u daar aankomt. Het is niet zo gemakkelijk als het er uitziet!'" Nadat Miró is teruggekeerd naar Parijs, neemt hij het juiste besluit en schrijft Dalí's vader een brief waarin hij hem nog een keer de noodzaak van een reis naar de hoofdstad uitlegt; hij besluit zijn brief met de vleiende woorden, die Salvador op zijn tong laat smelten: "Ik ben er absoluut van overtuigd dat de toekomst van uw zoon stralend zal zijn."

Waarschijnlijk begin 1927 verblijft Dalí voor het eerst een week in Parijs. Volgens Dalí staat het verblijf in het teken van drie belangrijke bezoeken: aan Versailles, aan Musée Grévin en aan Picasso. "Door Picasso werd ik voorgesteld aan Manuel Angeles Ortiz, een kubist uit Granada, die ik via Lorca had leren kennen. Toen ik bij Picasso aan de Rue La Boétie aankwam, was ik zo ontroerd en vol respect alsof ik een audiëntie had bij de paus. 'Ik kom naar u toe nog voor ik het Louvre heb gezien', zei ik tegen hem. 'Daar hebt u goed aan gedaan', antwoordde hij. Ik had een klein, zorgvuldig ingepakt schilderij voor hem meegebracht: *Het meisje uit Ampurdán* (blz. 103). Hij bekeek het een kwartier lang en gaf geen enkel commentaar. Daarna gingen we naar een etage hoger en daar liet Picasso me massa's schilderijen zien. Hij rende heen en weer en sleepte grote doeken aan, die hij tegen zijn ezel zette. In de chaos van het atelier zocht hij steeds meer werken die hij me wilde laten zien en sloofde zich geweldig uit, alleen voor mij. Bij elk nieuwe doek wierp hij me een blik toe die zo overliep van intelligentie en levendigheid dat ik ervan huiverde. Ik ging weg zonder ook maar

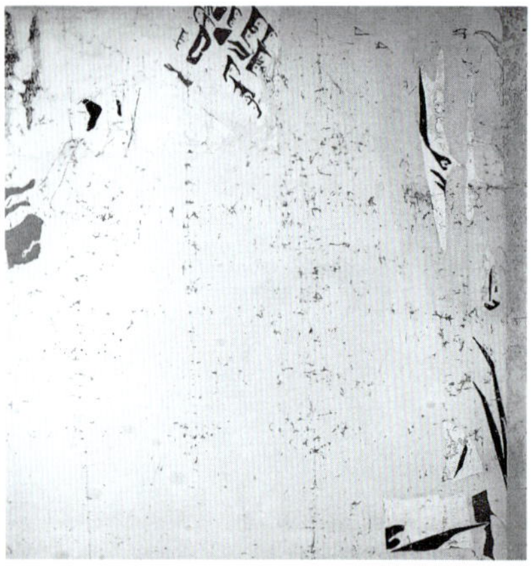

290

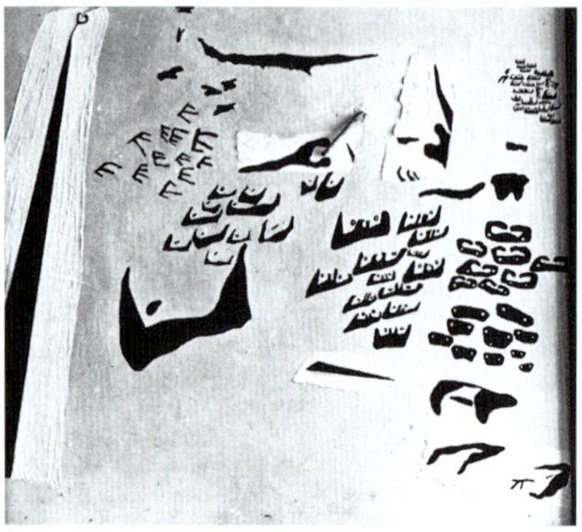

291

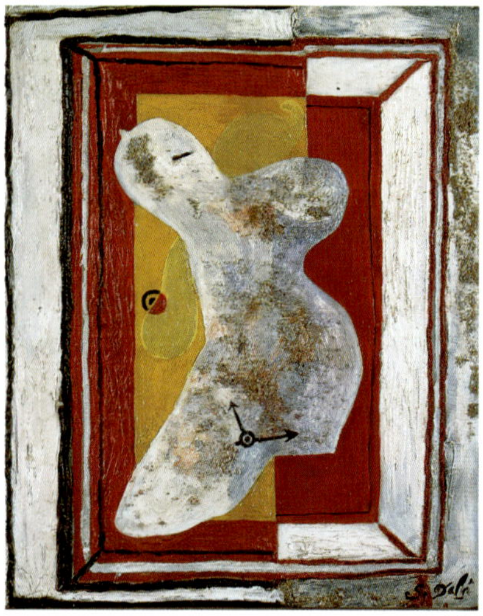

292

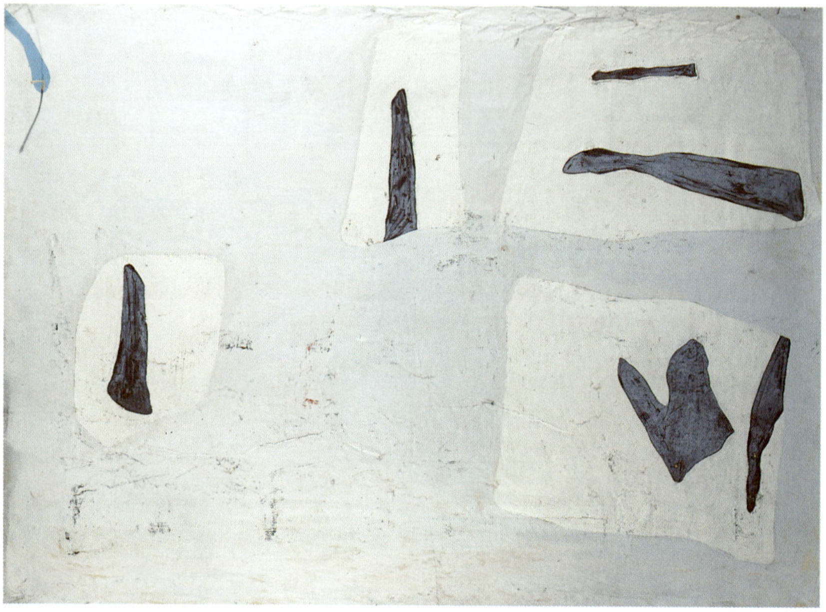

293

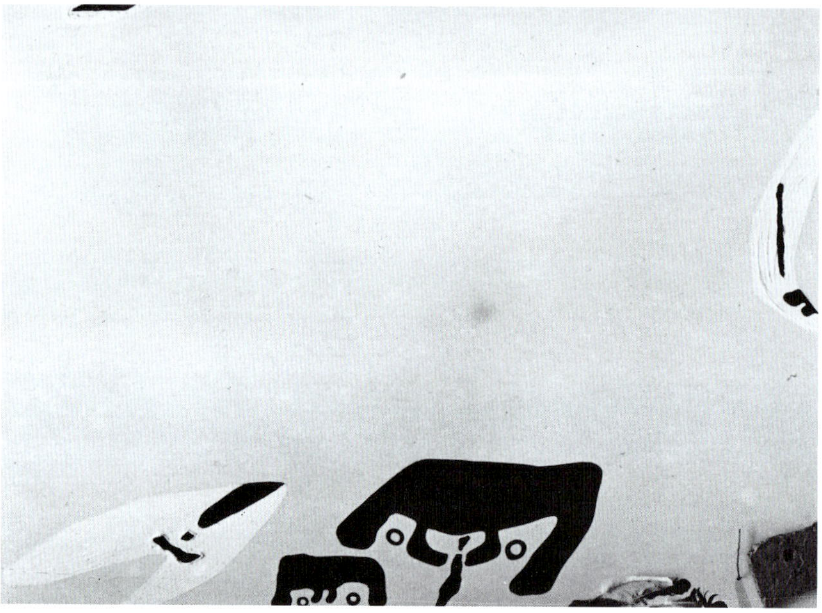

294

het geringste commentaar te hebben gegeven. Op de drempel wisselden we een blik die wilde zeggen: 'Begrepen? – Begrepen!'"

Dalí's tweede verblijf in Parijs in de winter van 1928 begint niet zo succesvol als hij had gehoopt. De film 'Een Andalusische hond', die hij in Figueras met zijn vriend Luis Buñuel had opgenomen, waarvoor hij de beroemde scène met een met een scheermes doorgesneden oog heeft ontworpen, vindt hij maar middelmatig, omdat de vergane ezel erin ontbreekt. Parijs boezemt de jongeman uit de provincie angst in en lijkt hem vol vallen te zijn. In zijn boek 'Het geheime leven' schrijft hij: "Ik ben er niet in geslaagd een vrouw, elegant of onelegant, te vinden die het accepteert zich aan mijn erotische fantasie over te geven... Toen ik in Parijs aankwam, schoot me de titel van een roman te binnen die ik in Spanje

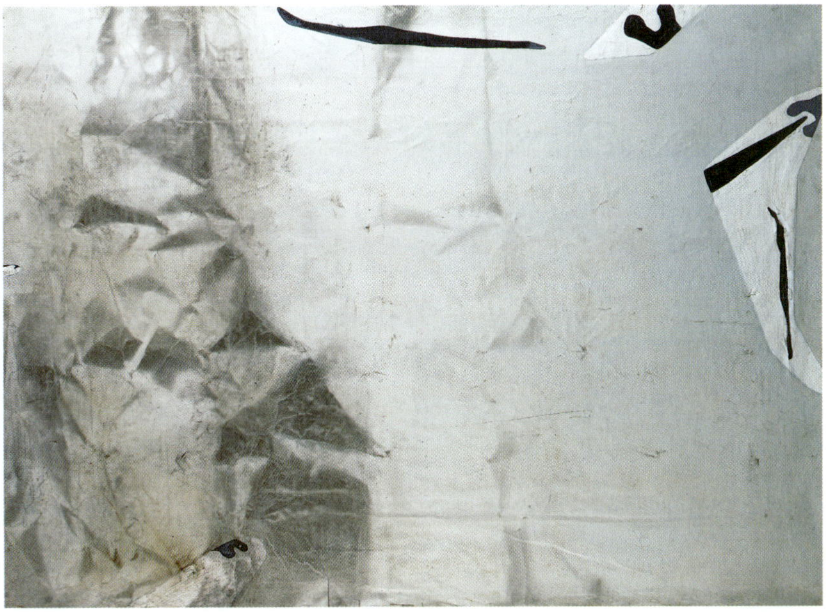

295

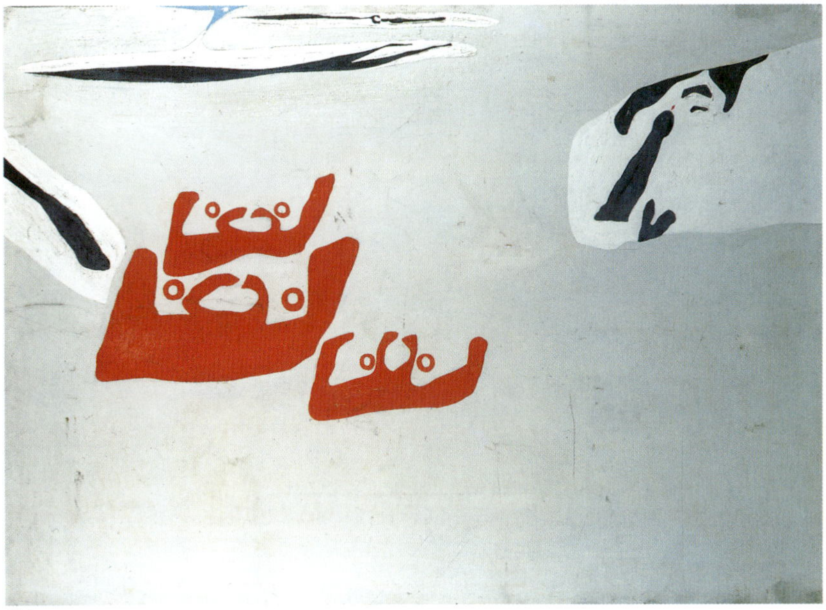

296

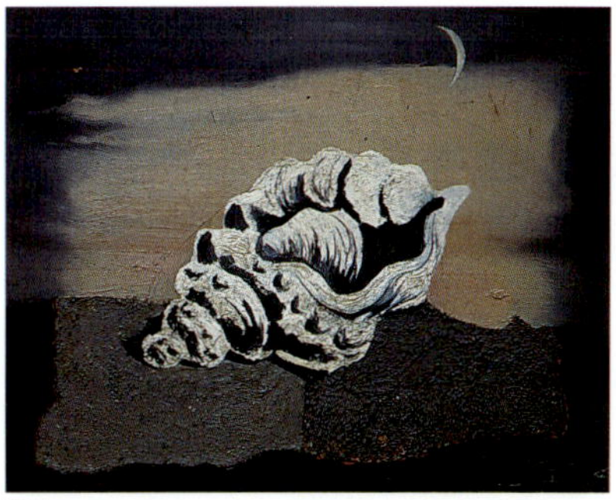

297

had gelezen: 'Hetzij Caesar of helemaal niets'. Ik nam een taxi en vroeg de chauffeur: 'Kent u goede bordelen?' Ik heb ze niet allemaal leren kennen, maar ik heb er wel een indrukwekkend aantal bezocht en sommige bevielen me buitengewoon... Als ik de drie plaatsen op de wereld moet uitkiezen die mij het diepst de indruk hebben gegeven een toevluchtsoord van het Mysterie te zijn, dan zou ik zeggen dat de trap van de 'Chabanais' de meest mysterieuze en lelijkste erotische plaats is, dat het theater van Palladio in Vicenza de meest mysterieuze en meest goddelijke esthetische plaats is en dat de ingang van de koningsgraven in Escorial de meest mysterieuze en mooiste begraafplaats ter wereld is. Voor mij moet het erotische namelijk altijd lelijk zijn, het esthetische goddelijk en de dood mooi."

290 **Zonder titel (bekend als: De zee en de vissers)**, 1928 ❑
Sans titre (La mer et pêcheurs)

291 **Vissers in de zon**, 1928 ❑
Pêcheurs au soleil

292 **Week naakt (ook: Het horloge-naakt)**, rond 1928 ❑
Le nu mou (Le nu montre)

293 **Abstracte compositie**, 1928 ❑
Composition abstraite

294 **Vissers in Cadaqués**, 1928 ❑
Pêcheurs de Cadaqués

295 **Zonder titel**, 1928 ❑

296 **Zon, vier vissersvrouwen in Cadaqués**, 1928 ❑ Soleil, quatre femmes de pêcheurs à Cadaqués

297 **Schelp**, 1928 ❑
Coquillage

1928

298 **Gewonde vogel**, 1928 ❑
L'oiseau blessé

299 **Oorlogsvissen** (**ook: Vogel-vis**), 1928 ❑
Guerrier pêcheur – Ocell-Peix (Oiseau-poisson)

300 **Grote duim, strand, maan en vogelkadaver**, 1928 ❑
Big Thumb, Beach, Moon and Decaying Bird

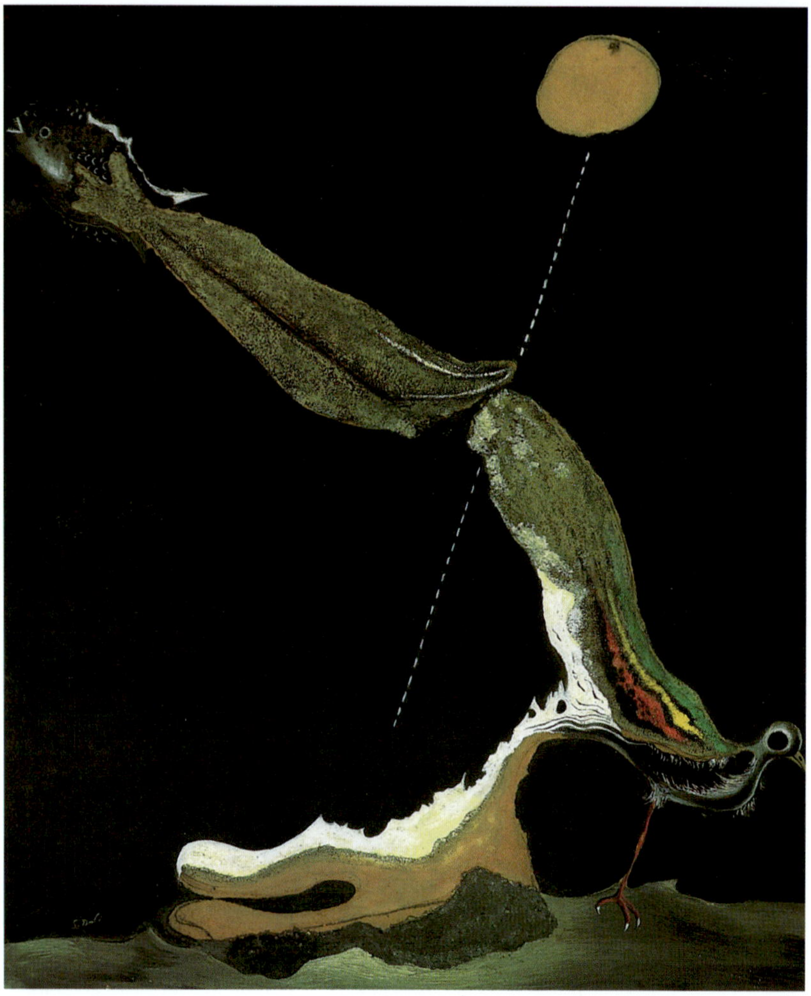

299

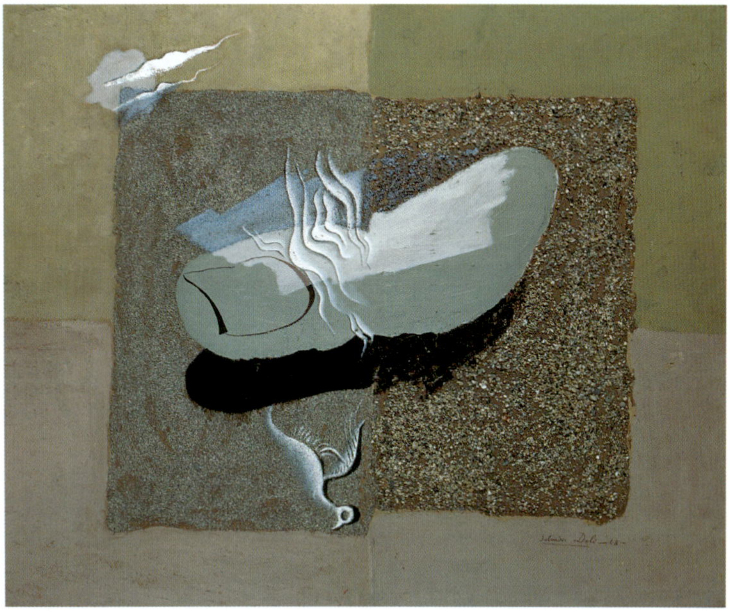

298

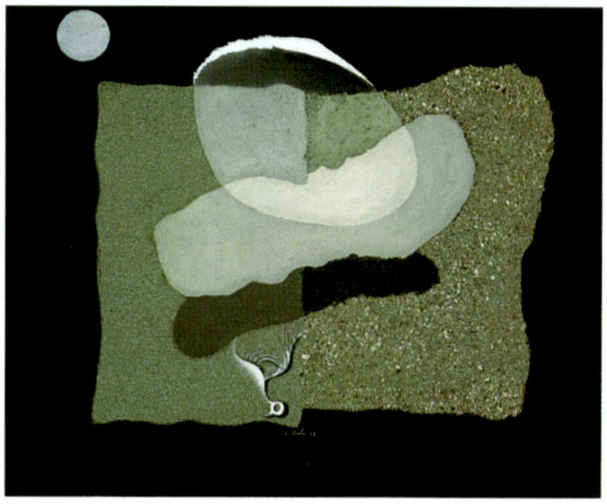

300

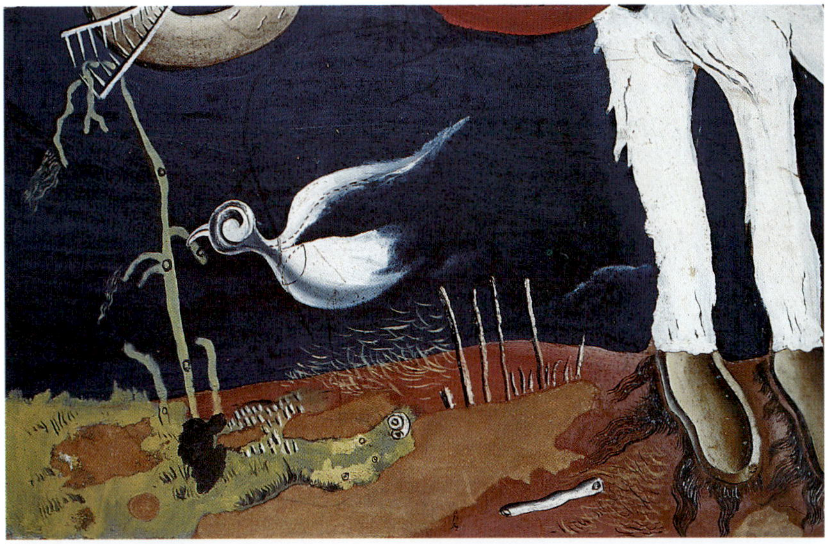

301

301 **Vogelkadaver**, 1928 ❑
Oiseau putrifié

302 **Vogel**, 1928 ❑
Oiseau

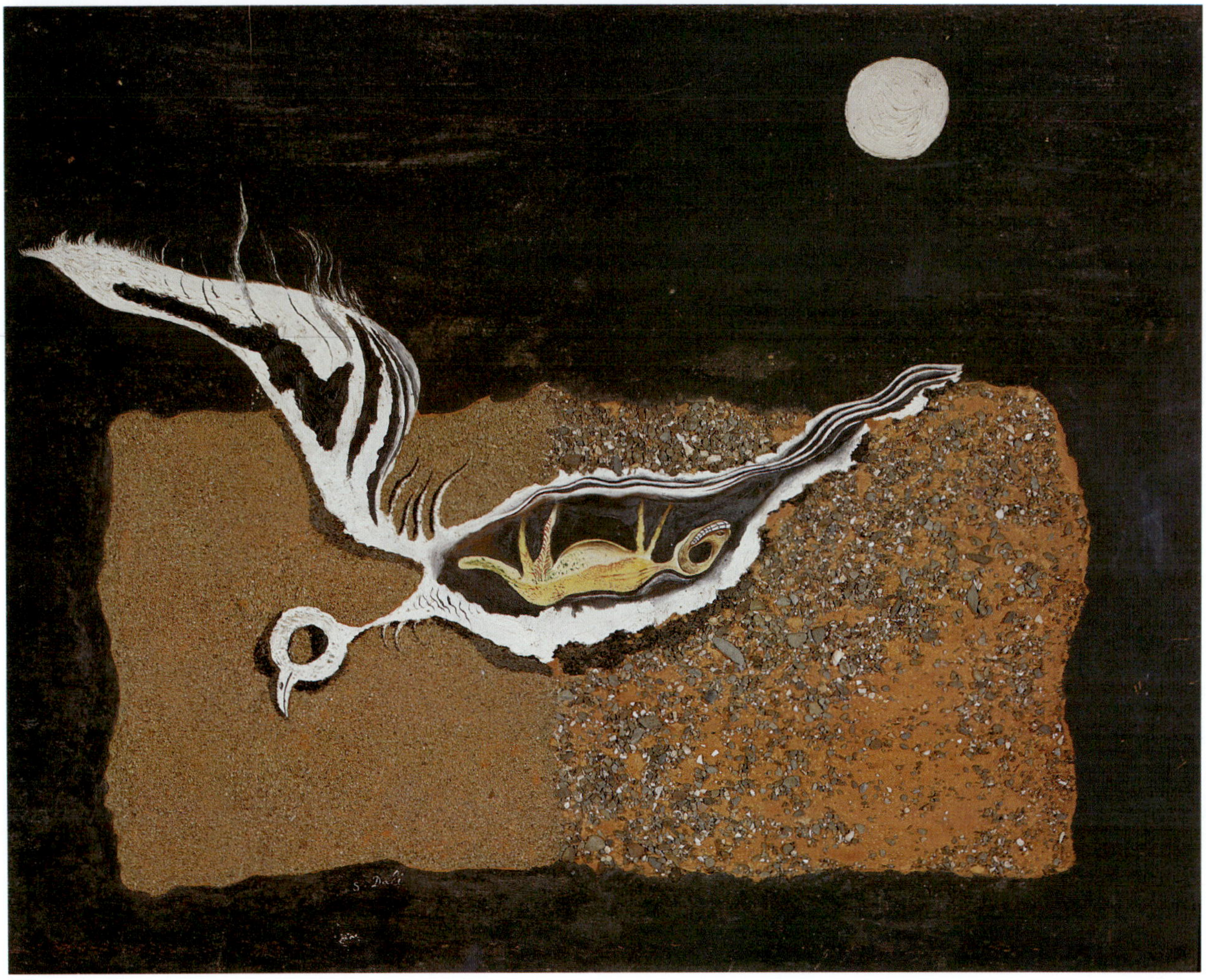

302

1928

303 **De spectrale koe**, 1928 ❑
La vache spectrale

304 **De spectrale koe**, 1928 ❑
Vache spectrale

305 **Het ezelskadaver**, 1928 ❑
L'âne pourri

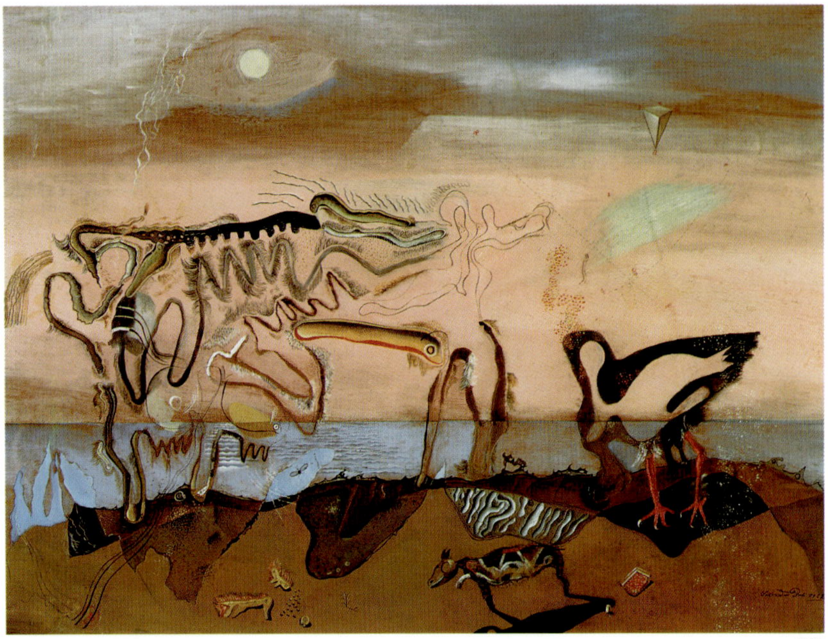

303

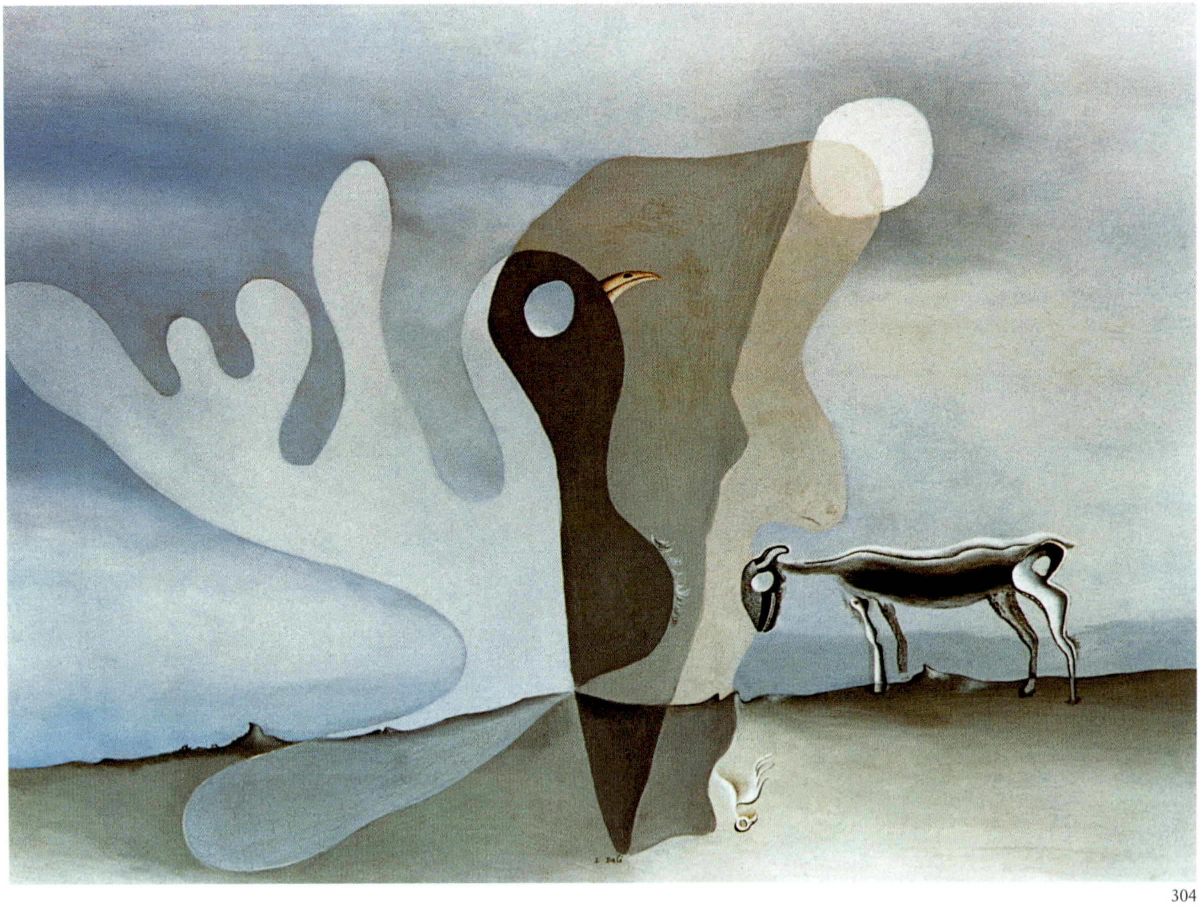

304

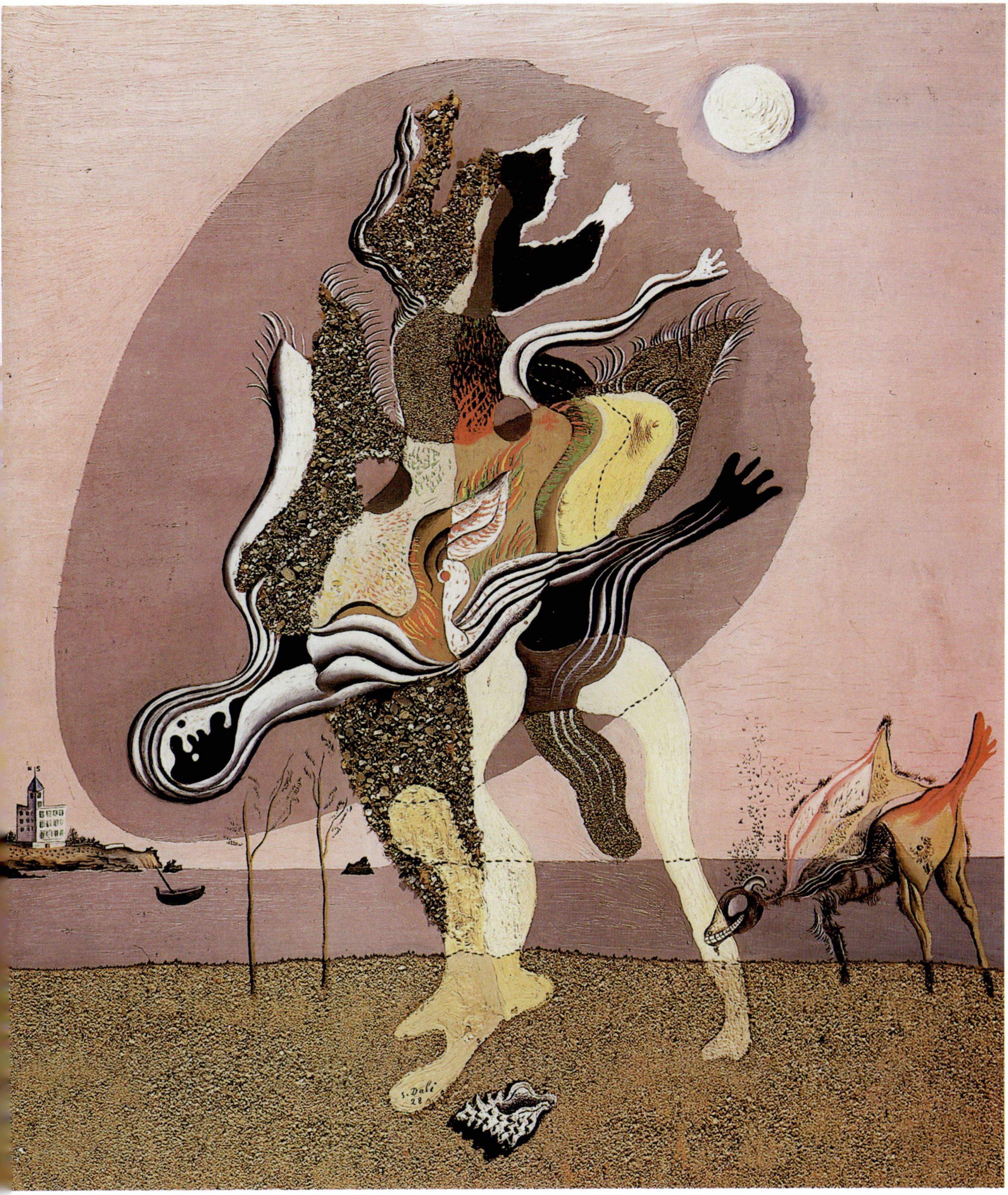

305

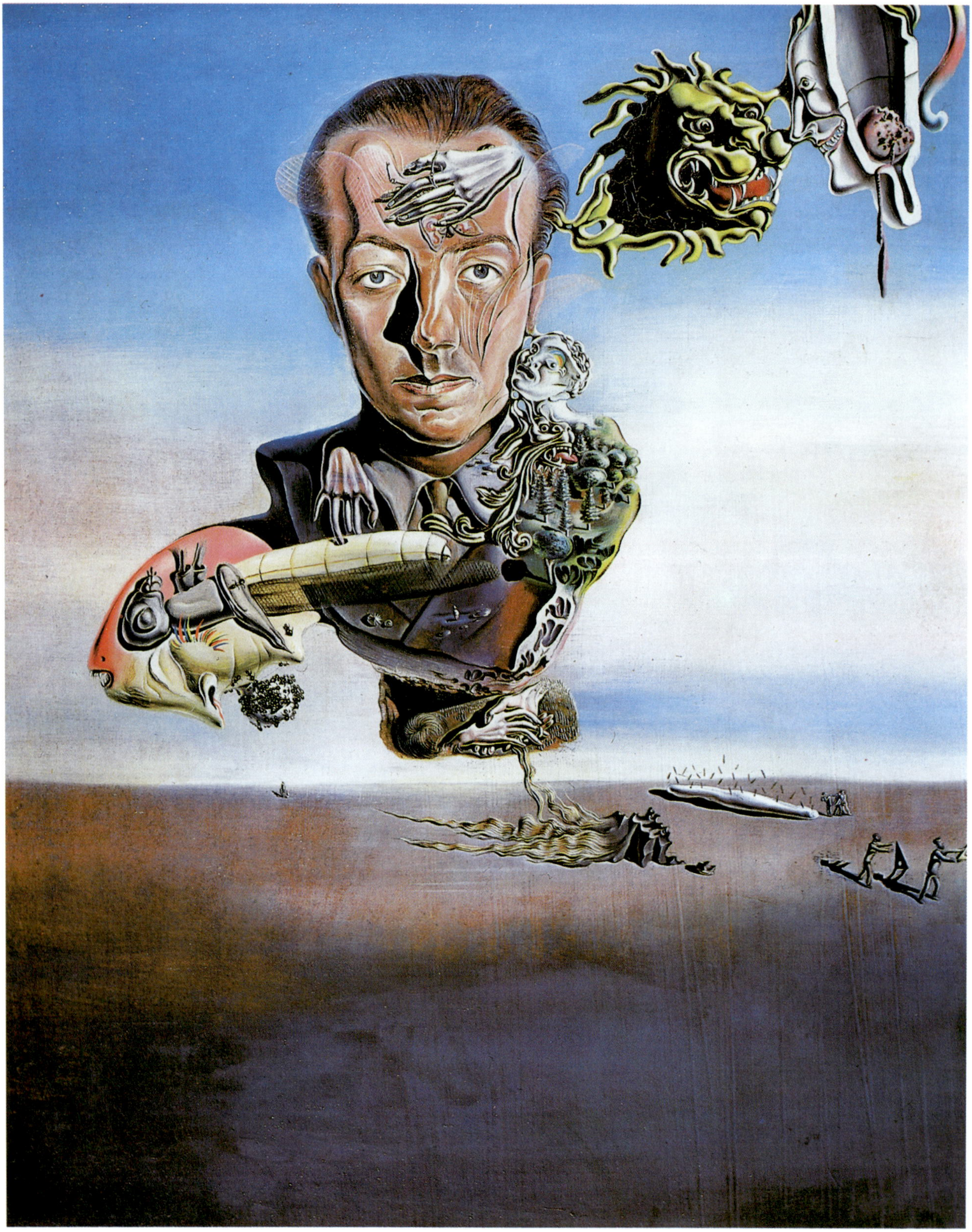

306

2. Bewijs van liefde

1929–1935

Het beslissende jaar 1929 is aangebroken, het jaar waarin eindelijk wordt erkend dat Dalí een volwaardig surrealist is geworden. Miró had de dingen juist ingeschat toen hij een paar jaar eerder tegen Dalí zei: "Het zal moeilijk voor u worden, maar laat de moed niet zinken. Praat niet te veel ('Nu begrijp ik', noteert Dalí, 'dat zijn zwijgen waarschijnlijk tactiek was'), beoefen sport. Ik heb een boksleraar en train elke avond. Morgen gaan we op bezoek bij Tristan Tzara, de chef van de dadaïsten. Hij heeft veel invloed en zal ons waarschijnlijk uitnodigen voor een concert. Dat moeten we afslaan. We moeten de muziek mijden als de pest... het belangrijkste in het leven is halsstarrig te zijn. Als het niks wordt met mijn schilderijen, dan sla ik met mijn hoofd tegen de muur tot het bloedt..." Als Dalí zich Miró's met bloed bespatte muur voorstelt, roept hij uit: "Hetzelfde bloed als het mijne!"

Terwijl Dalí er nog steeds op wacht de film 'Een Andalusische hond' als "een vuistslag midden in het hart van het geestelijke, elegante en gecultiveerde Parijs te planten" en zo zijn deur bij de groep van surrealisten te openen, is Buñuel nog bezig de film te monteren. In 1929 noemt Eugenio Montés de film ten slotte "een filmhistorische gebeurtenis, een met bloed gemaakt teken van de tijd, waar Nietzsche zo van hield en die altijd al de Spaanse manier was." En hij gaat verder: "Buñuel en Dalí hebben zich hier op de uiterste rand begeven van wat men de goede smaak, het mooie, het aangename, het oppervlakkige, kortom het Franse noemt."

Dalí verkiest echter uit Parijs te verdwijnen en zich terug te trekken in Catalonië. Hoewel hij blij is weer in het vertrouwde licht van Cadaqués te zijn, voelt hij dat er een diepe verandering in hem plaatsvindt. Hij heeft nog steeds geen echt contact met de surrealisten gekregen, maar hij bedient zich met welhaast duivels gemak van zijn meesterschap in alle geleerde technieken, en van nu af aan schildert hij 'trompe-l'œuil-foto's en wordt hij, een kwart eeuw voor dato, de schutspatroon van de Amerikaanse fotorealisten. Hij gebruikt die precisie van een handgeschilderde foto om zijn droombeelden in schilderkunst om te zetten. Die manier van uitdrukken wordt een constante in zijn werk en zijn eerste pogingen in die richting kunnen worden gezien als een vooruitblik op zijn surrealistische doeken. Nog in 1973 zal hij zeggen dat zijn schilderkunst niets anders is dan "een handgeschilderde kleurenfoto van zeer fijne, buitenpicturale beelden van de concrete irrationaliteit."

Ook al is hij er nog niet in geslaagd "Parijs in zijn zak te steken", hij vindt tenminste zijn kinder- en jeugdherinneringen terug, het kalkwitte Cadaqués, dat hij nu benadert met een geheel nieuw gevoel, het gevoel een man te zijn, zelfs als die man elke dag een beetje meer moeite doet om gek te worden. Ook al zijn waanbeelden, die hij voor zijn vertrek naar Parijs als een index op één schilderij, *Senicitas* (blz. 122), had weergegeven, vindt hij terug. In dat schilderij heeft Dalí inderdaad alle elementen verzameld die voor hem van het allergrootste belang zijn, "de pijnlijkste vezels van zijn fysiologie". De afgebeelde fantasiebeelden zijn herinneringen die fetisjen zijn geworden, het zijn gedenktekens (de omgedraaide kop is van Lorca), het zijn drogbeelden en hallucinaties. Dit doek is het eerste uit de reeks 'apparaten' dat hem zal leiden tot de absolute bevrijding van zijn pa-

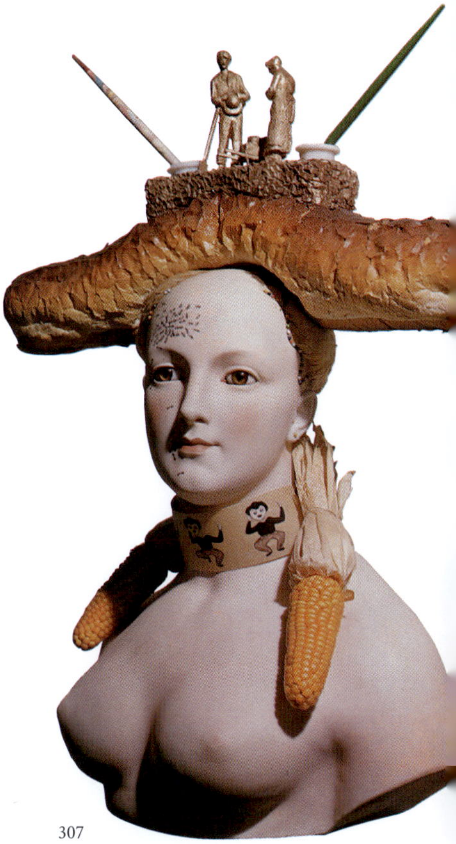

307

306 **Portret van Paul Eluard**, 1929 ❑
Portrait de Paul Eluard

307 **Retrospectieve vrouwenbuste**, 1933 ❍
Buste de femme rétrospectif

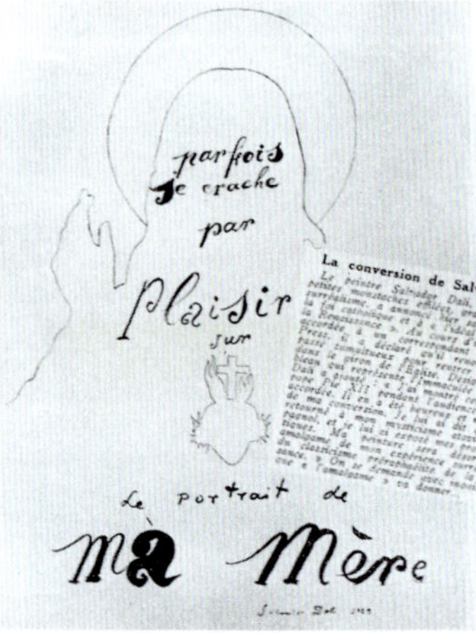
parfois
je crache
par
plaisir
sur
le portrait de
ma Mère
La conversion de Salvador Dali

308

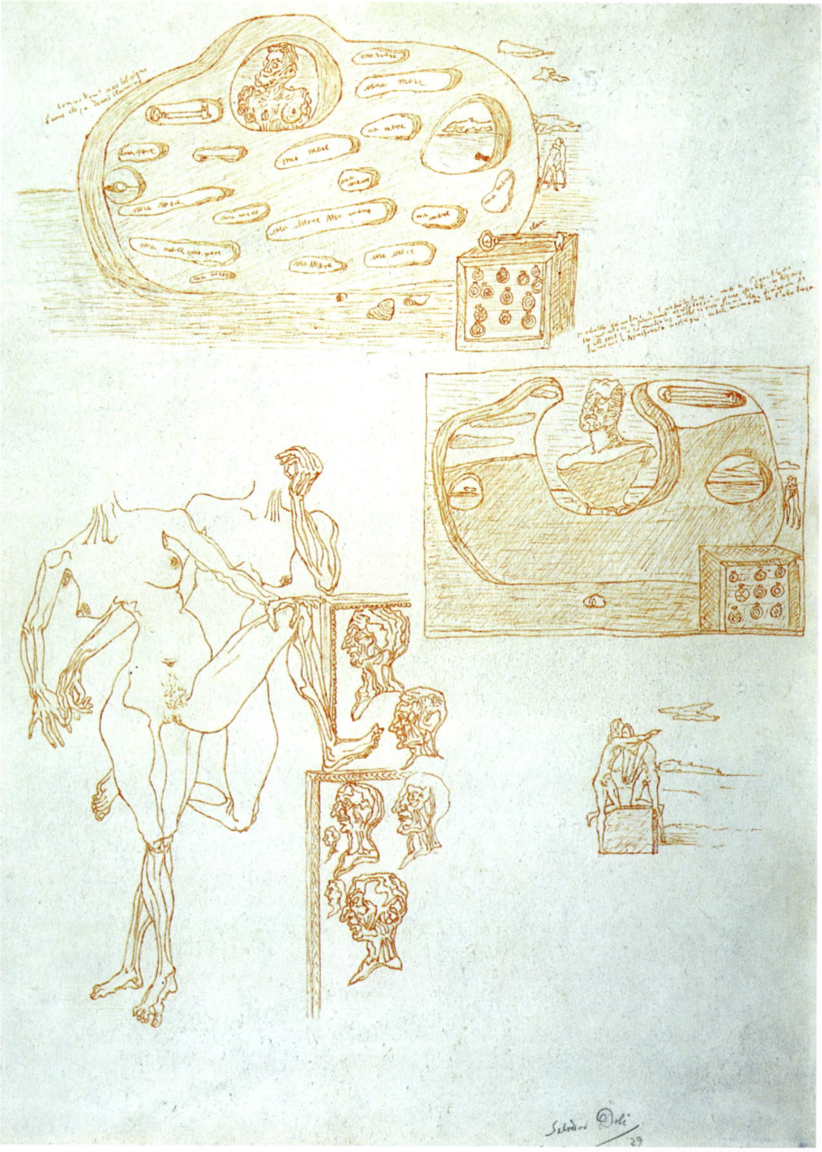

310

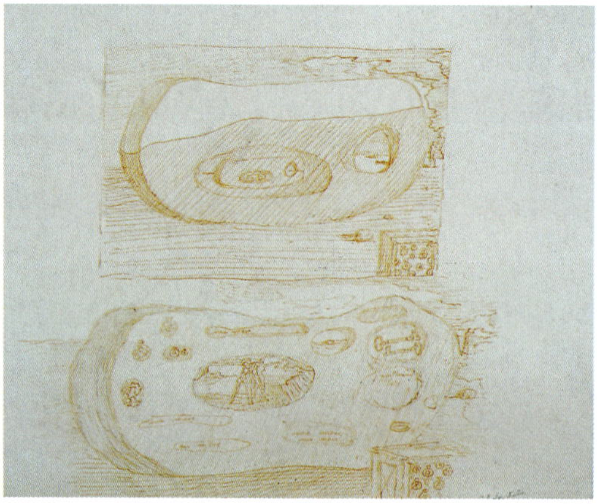

309

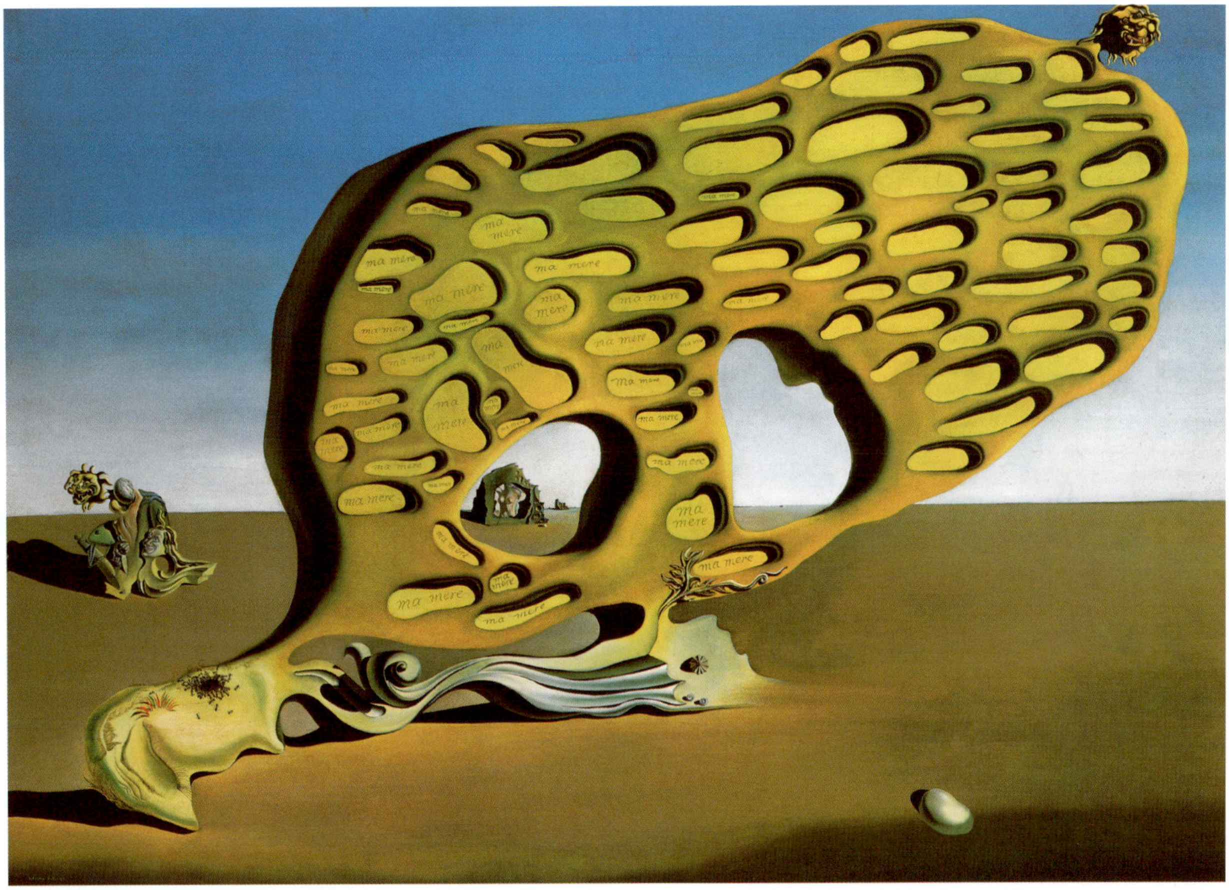

311

ranoïde-kritische schilderkunst. Het is bovendien het enige doek waarvan Dalí zegt dat hij het tijdens zijn militaire dienst heeft geschilderd. Hij heeft het blijkbaar in 1928 voltooid.

Dalí heeft een lijst opgesteld met elementen uit dit doek en het becommentarieerd: "Meetlint: obsessie van de bevrijdende onevenwichtigheid. Ezel: de verstarde, vergane ezel die puur is als mica. Vogel-vis: de drogbeelden die de veelvuldige verschijningsvormen van het concrete in zich bergen. Hand: een hand die geen vriendin is, die ik niet ken, die ik in mijn 'halfslaap' heb gezien. Afgehakt hoofd: lichamelijke zwaarmoedigheid die wordt veroorzaakt door 'tijdruimte'. Anatomisch hoofd: de bijtende werkelijkheid. Duim: verstorend en zeldzaam ding. Ambivalente vormen: het ingrijpen van de lust. Vliegen: handelingsquantum dat God gebruikt om de mens de weg te wijzen naar een van de diepst verborgen wetten van het universum. Bloed: onafhankelijke vastlegging van het worden. Gitaar/diabolo/geometrisch figuur: ruimtelijke volumes die de prenatale herinneringen en de mythische kindertijd voorstellen."

Tijdens de fase tussen *Ezelskadaver* (blz. 137), dat hij overigens veel beter vindt dan Buñuels film, en *Vrouwelijk naakt in een fauteuil* (blz. 123), waarop hij ui-

308 **Amalgaam – Soms spuug ik voor mijn plezier op het portret van mijn moeder**, 1929 △
L'amalgame – Parfois je crache par plaisir sur le portrait de ma mère

309 **Studie voor 'Het raadsel van de begeerte'**, 1929 △

310 **Studies voor 'Het raadsel van de begeerte' en 'Herinnering van de kind-vrouw'**, 1929 △

311 **Het raadsel van de begeerte – Mijn moeder, mijn moeder, mijn moeder**, 1929 ❑
L'énigme du désir – Ma mère, ma mère, ma mère

1929

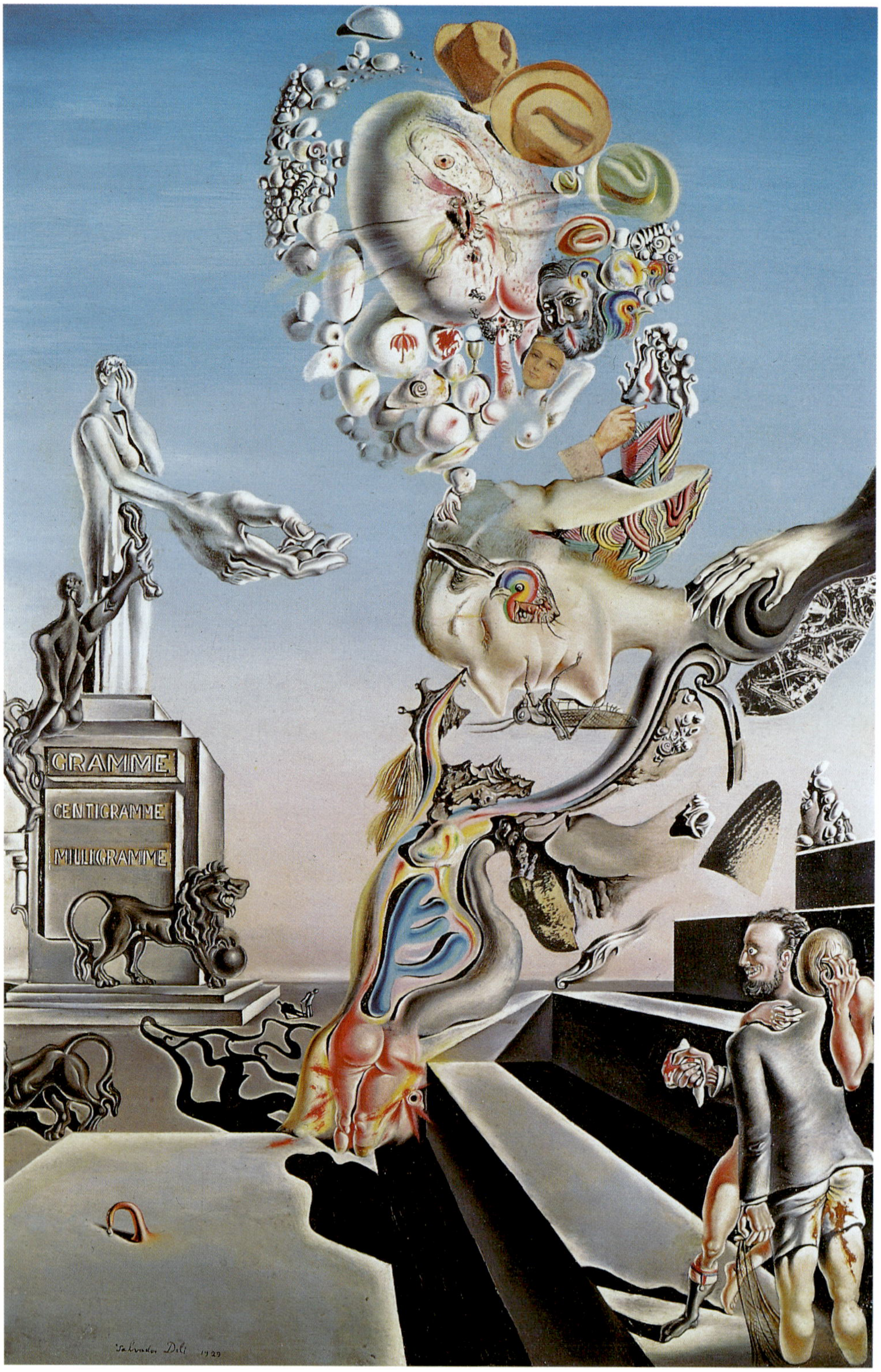

312

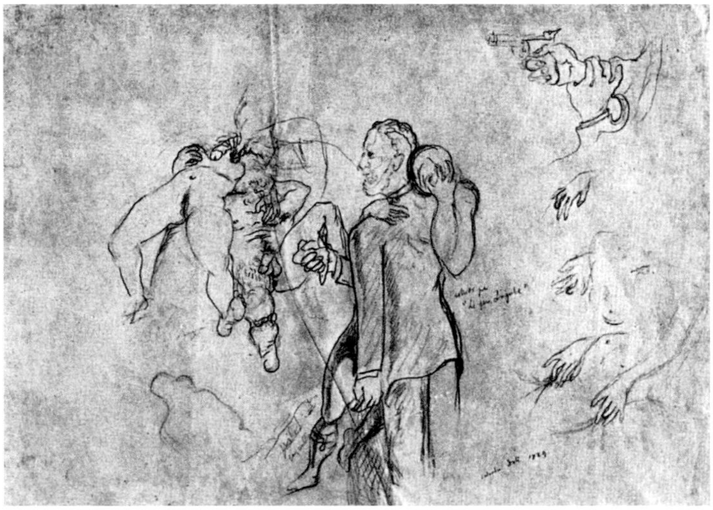

313

312 Het duistere spel (ook: **Onheilspellend spel**), 1929 ❑
Le jeu lugubre

313 **Studie voor 'Het duistere spel'**, 1929 △

314 **Grafiek en commentaar van Georges Bataille bij zijn artikel 'Het duistere spel'**, 1929 ☆

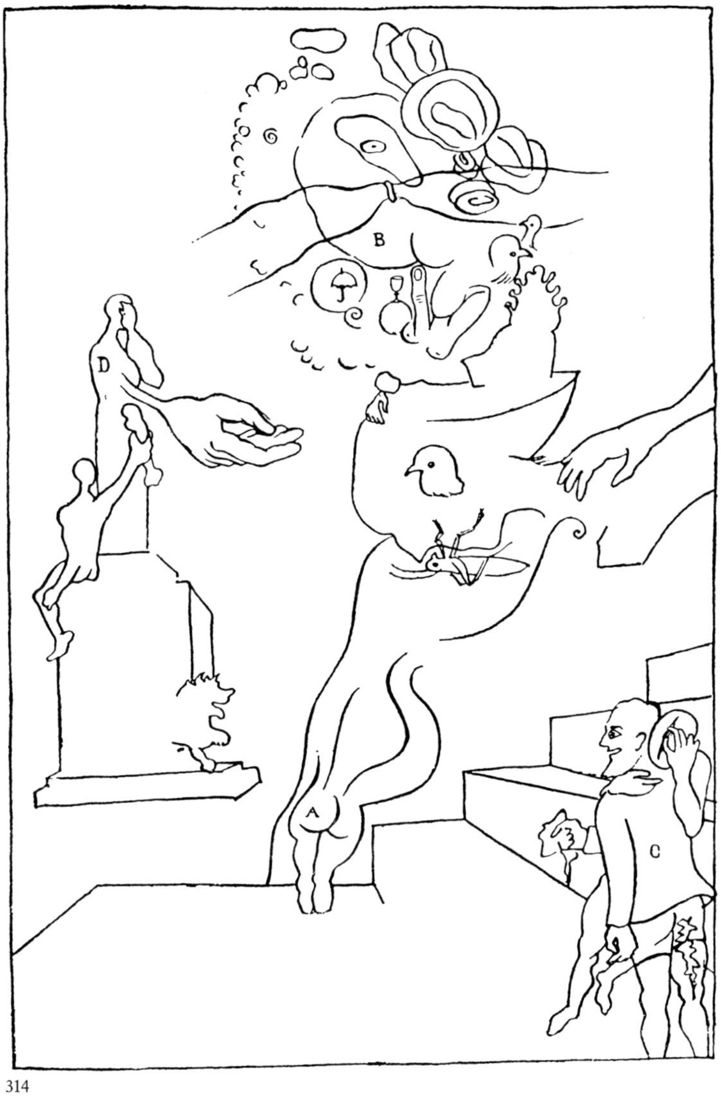

314

Het duistere spel

De door Dalí gekozen titel **Het duistere spel** kan worden opgevat als een expliciete verwijzing naar de betekenis van het doek, dat de ontstaansgeschiedenis van de castratie en de tegenstrijdige reacties die ze met zich meebrengt, behandelt in een overdaad aan details en met een buitengewone uitdrukkingskracht. Zonder de pretentie te hebben de psychologische elementen in dit doek uitputtend te behandelen, wil ik hier de thematiek in het algemeen ontvouwen. De daad van castratie wordt uitgedrukt door de figuur (**A**), waarvan het lichaam vanaf de buik helemaal verscheurd is. De provocatie die die bloedige bestraffing met zich mee brengt, wordt in (**B**) uitgedrukt door de mannelijkheidsdromen met een jongensachtige burleske gewaagdheid (de mannelijke elementen worden niet alleen door de vogel, maar ook door kleurige parasols uitgedrukt, de vrouwelijke elementen door mannenhoeden). Maar de diepe en van oudsher geldige reden voor de bestraffing is geen andere dan de afschuwwekkende bevuiling van de figuur in onderbroek (**C**), overigens een bevuiling zonder enige provocatie, want de figuur vindt een nieuwe en waarachtige mannelijkheid in de schande en de ontzetting zelf. Het beeld links (**D**) personifieert wederom de ongewone bevrediging die uit de plotselinge castratie wordt geput en verraadt een behoefte aan de weinig mannelijke poëtische uitbreiding van het spel. De hand waarmee de mannelijkheid van het hoofd wordt bedekt, is een overtreding van de regels die typerend is voor Dalí's schilderkunst, waarin personen, die meestal hun hoofd hebben verloren, het alleen terugvinden onder voorwaarde dat ze van ontzetting grimassen trekken. Daarom is het gepermitteerd in alle ernst te vragen hoe het is gesteld met hen die hier voor het eerst de geestelijke ramen ver open zien gaan en die een gecastreerd poëtisch welgevallen vestigen, waar niets anders opduikt dan de schreeuwende noodzakelijkheid toevlucht te zoeken in de schande.

Georges Bataille

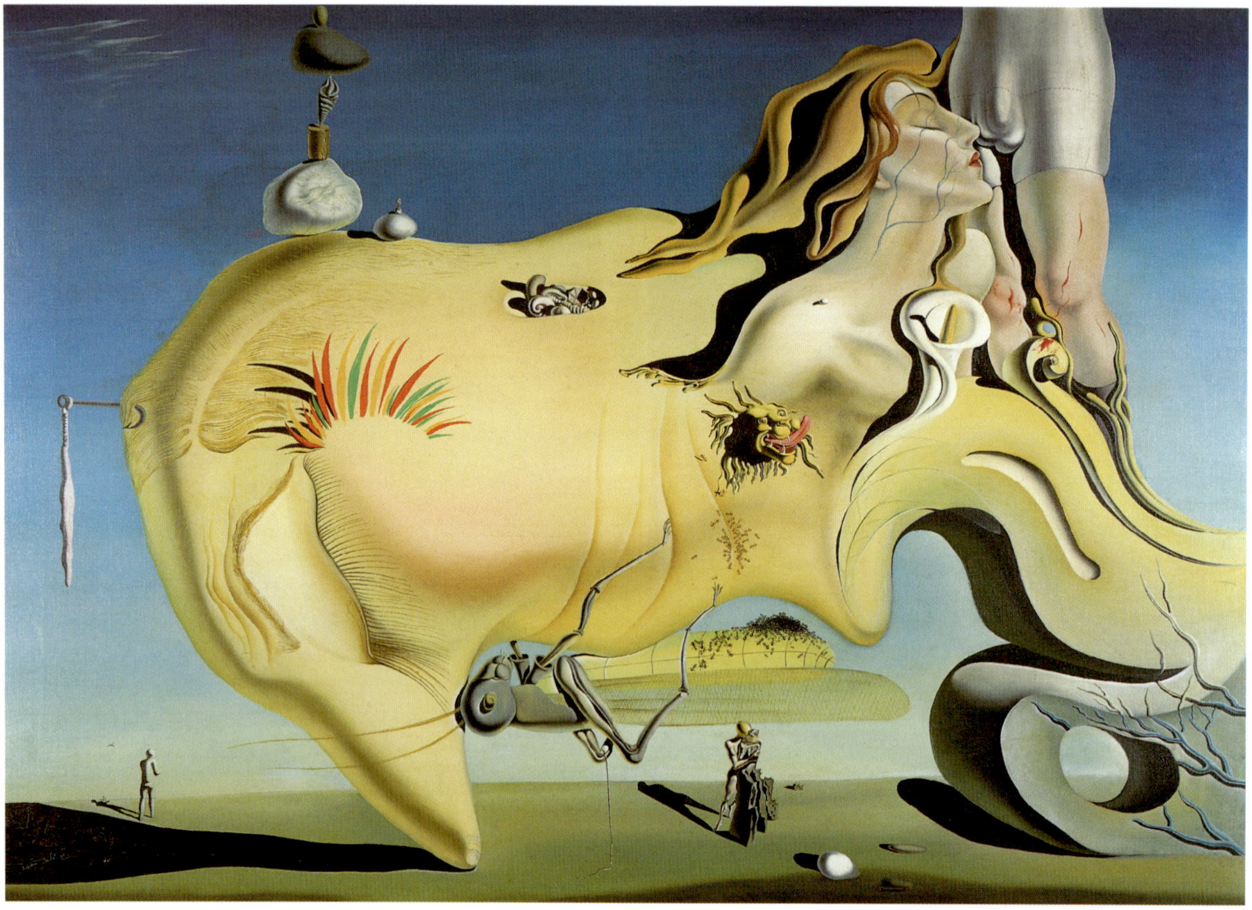

315

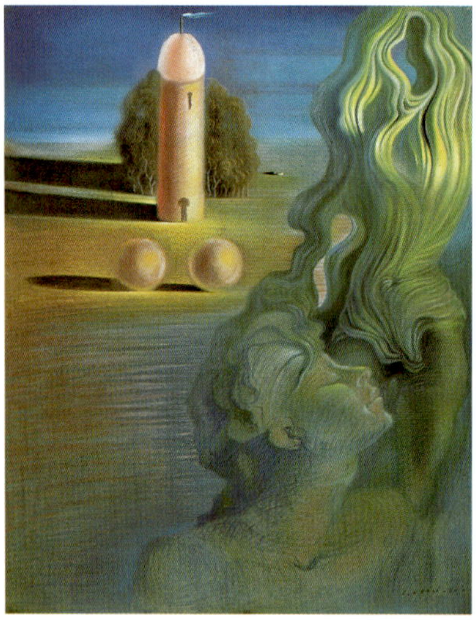

316

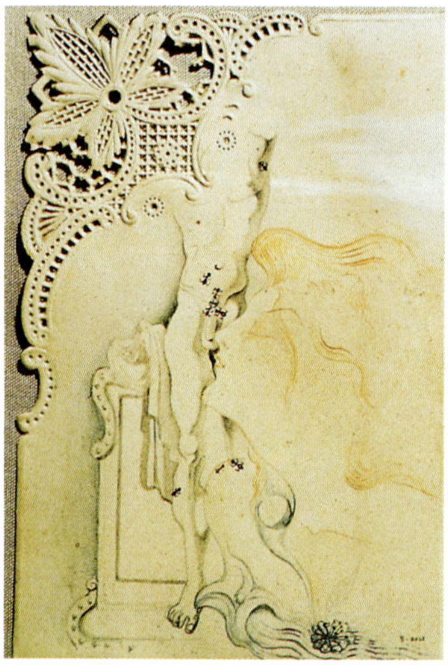

317

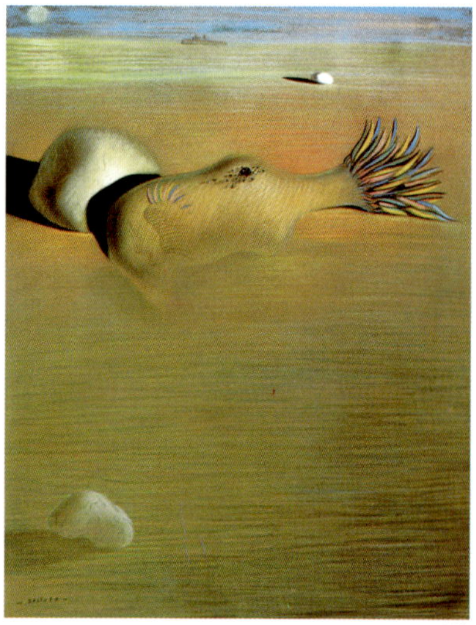

318

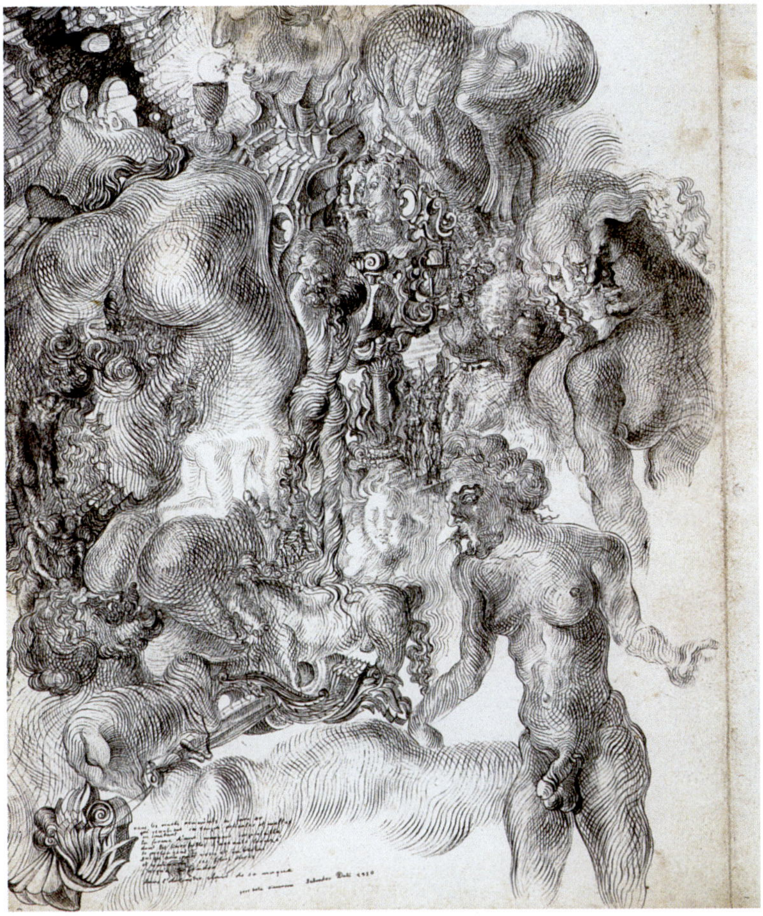

319

315 **De grote masturbator**, 1929 ❏
Le grand masturbateur

316 **De rode toren (ook: Antropomorfe toren)**, 1930 △
La tour rouge (La tour anthropomorphe)

317 **Studie voor 'De grote masturbator'**, 1929 △

318 **Het verloren gezicht – De grote masturbator**, 1930 △
Visage perdu – Le grand masturbateur

319 **De grote masturbator – Frontispice voor 'De zichtbare vrouw'**, 1930 △
Le grand masturbateur – Frontispice de 'La femme visible'

320 **De kus (studie voor het omarmende paar in 'De grote masturbator')**, 1929 △
Le baiser

terst heftig de verf op het linnen brengt en hij vervolgens zijn vinger in het linnen steekt om de plaats van de navel aan te geven ("Het vormeloze gedrocht dat ontstond door het druipen van de verf, noemde ik naakte vrouw"), werkt Dalí in een toestand van voortdurende overspannenheid, onderbroken door heftige, explosieve lachkrampen. "Ze konden me zelfs in de tuin horen, en mijn vader hield even op met het begieten van de rozestruik, die trouwens door de droogte al was verpieterd tot een skelet. 'Is er iets met hem gebeurd? Nee, het is alleen maar dat kind dat lacht', zei hij dan geamuseerd en bezorgd tegelijk, en ging maar weer verder met zijn werk."

Hij begint zogezegd aan twee werken die de surrealistische periode openen tegelijk: *Het raadsel van de begeerte – Mijn moeder, mijn moeder, mijn moeder* (blz. 141) en *Het duistere spel* (blz. 142), dat zijn titel kreeg van Paul Eluard en waarop de gestalte met zijn met poep besmeurde onderbroek een schandaal veroorzaakt in Barcelona, nog voor het de surrealisten schokt. In de barokke vergroeiing die het gezicht van 'mijn moeder' verlengt, is de geologische structuur van de door de wind gekloofde Cap Creus te herkennen, vermengd met de architectuur van Antoni Gaudí.

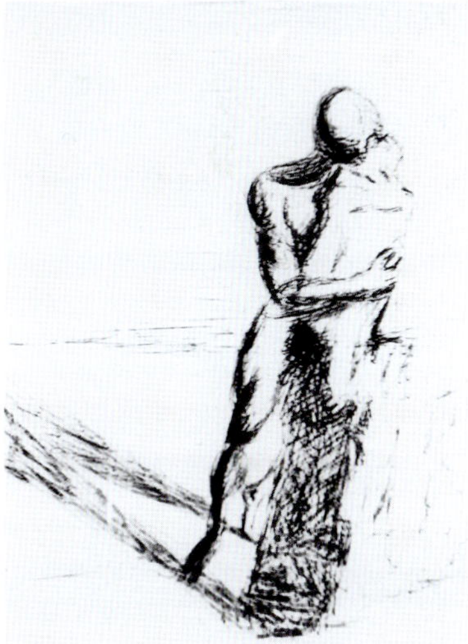

320

Juist op het moment dat hij aan dit doek werkt, vindt Dalí een kleurenlitho met een religieus motief waarop hij de woorden schrijft: "Soms spuug ik voor mijn plezier op het portret van mijn moeder", en hij rechtvaardigt deze handeling, die "volstrekt psychoanalytisch is, want je kunt heel goed van harte van je moeder houden en er tegelijkertijd van dromen dat je op haar spuugt, ja, in veel religies geldt het spugen zelfs als een eerbiedwaardig symbool, dat moet men eens

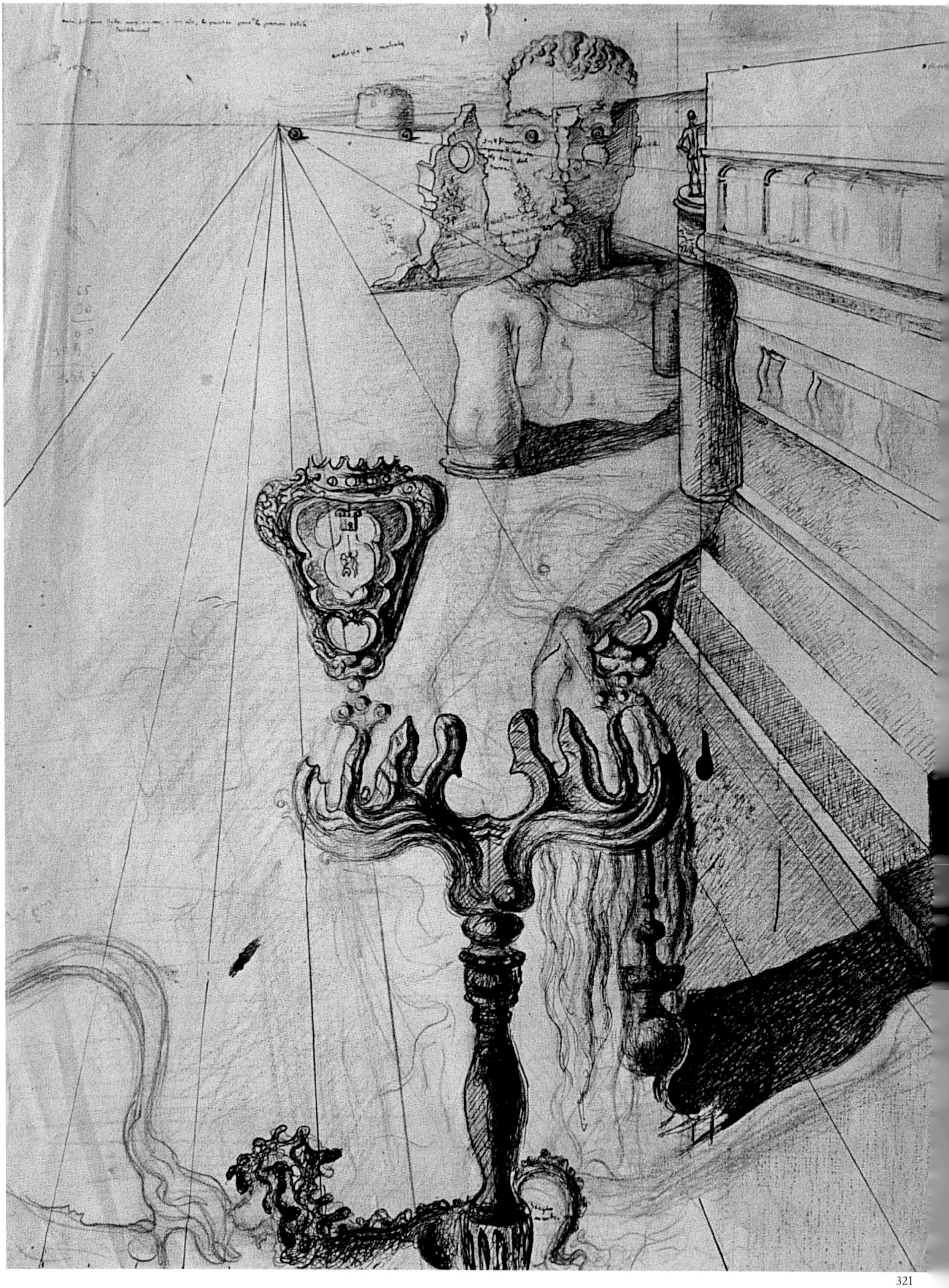

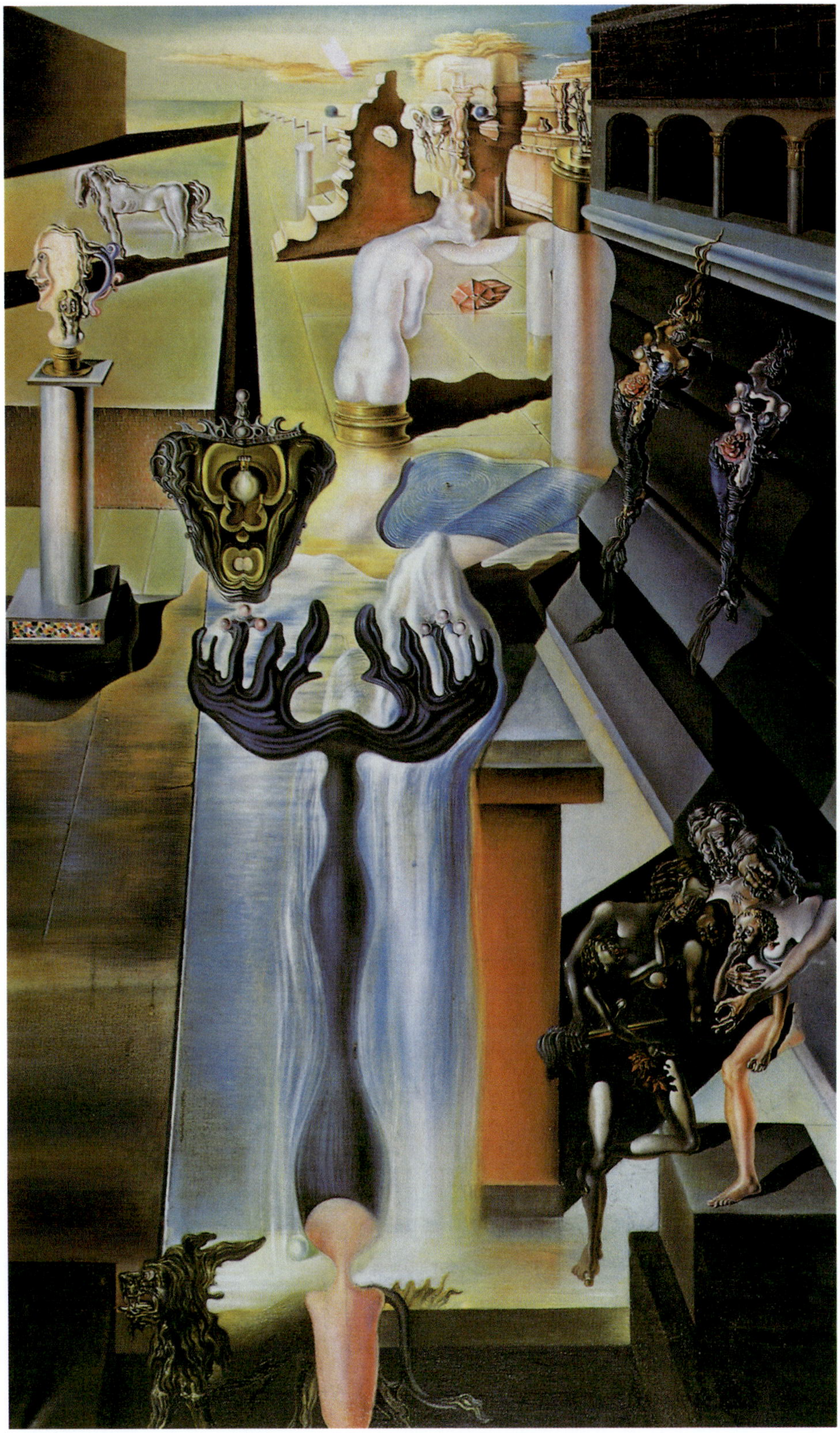

322

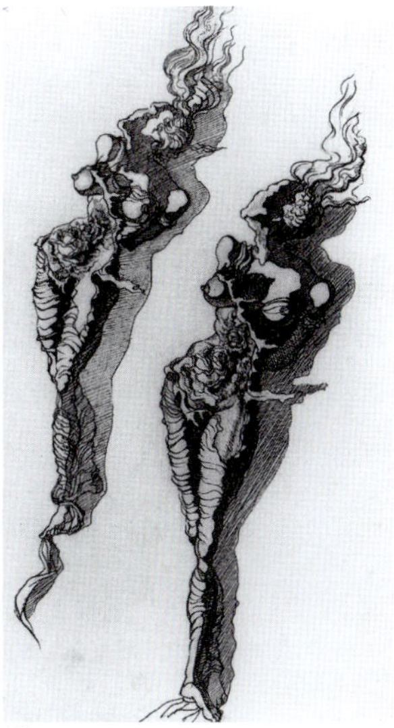

323

321 **Studie voor 'De onzichtbare man'**, 1929 △

322 **De onzichtbare man**, 1929 ❏
L'homme invisible

323 **Gradiva (studie voor 'De onzichtbare man')**, 1930 △
Gradiva

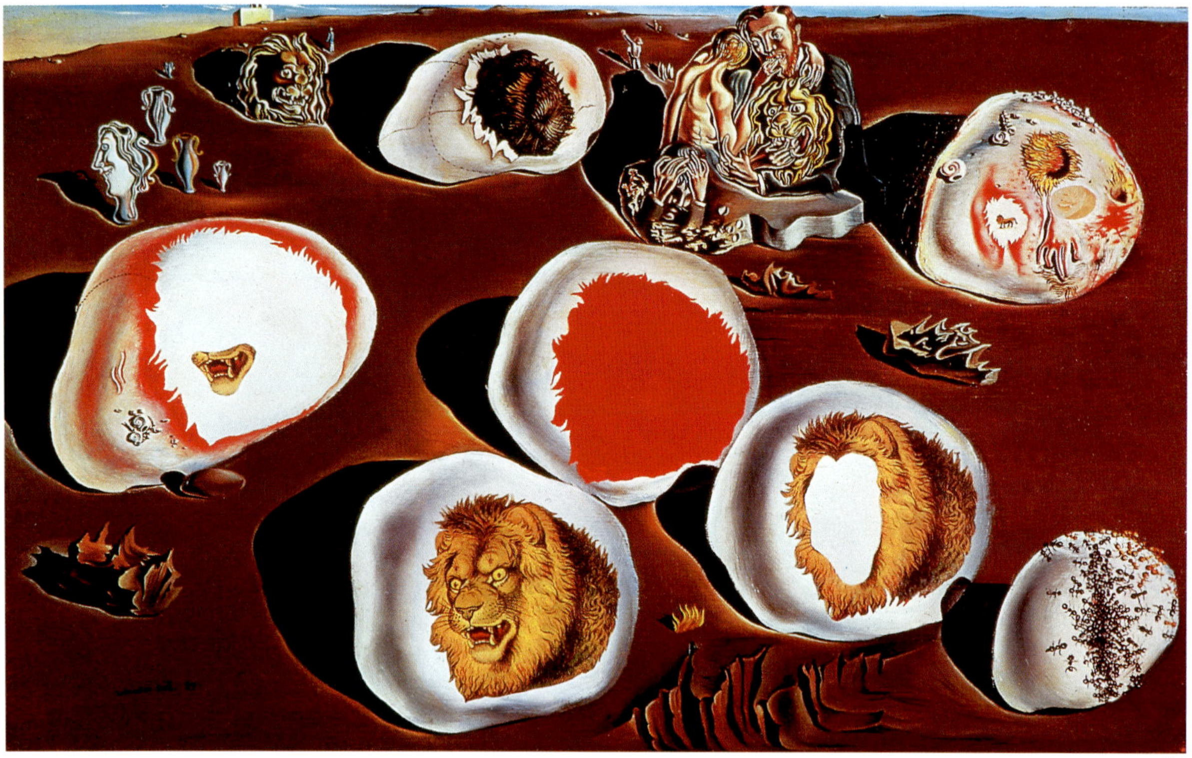

324

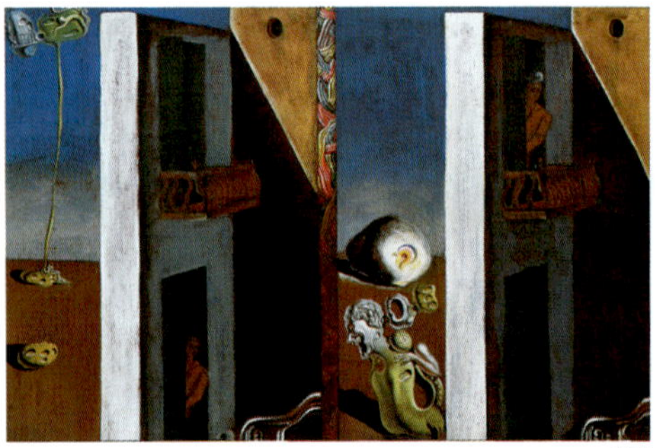

325

324 **De aanpassing van de begeerte**, 1929 ❑
L'accommodation du désir

325 **Man met een ziekelijk gestel die luistert naar het ruisen van de zee of De twee balkons**, 1929 ❑
Homme d'une complexion malsaine écoutant le bruit de la mer ou Les deux balcons

beseffen!" In dezelfde tijd als hij *Het raadsel van de begeerte* schildert, begint hij ook aan *De grote masturbator* (blz. 144), waarvoor hij een kleurenfoto van de jaarmarkt als voorbeeld neemt waarop een vrouw staat die aan een lelie ruikt. Maar onder Dalí's penseel is het geen lelie meer waar de vrouw haar neus en mond naar toe brengt.

Wat Dalí in die tijd het meest bezighoudt en wat dan ook het thema is van al zijn doeken uit die periode, kan het beste worden omschreven met 'begeren', want in Parijs was hij er niet in geslaagd de elegante of onelegante vrouw te vinden die zich aan zijn erotische fantasieën wilde overgeven. "Ik liep door de straten als een loopse hond en vond niets, helemaal niets. En toen toevallig dit wonder mijn pad doorkruiste, maakte mijn verlegenheid dat ik haar niet durfde aan te spreken... Waar is die zak waar je heel Parijs in wilde steken? Wat ben je voor een schepsel! Zelfs geen lelijke vrouw!"

Terwijl hij zijn doeken schildert, vooral *De grote masturbator* dat zijn titel zo terecht draagt, denkt Dalí aan al die onbereikbare vrouwen... "Voor de spiegel volbracht ik mijn eenzame offer en probeerde het zolang mogelijk uit te stellen, om me intussen elk afzonderlijk door mij opgeslagen portret te herinneren... en ze te dwingen naar me toe te komen en me te tonen waarnaar ik bij hen allen zozeer had verlangd. Aan het eind van een lang, vermoeiend en dodelijk kwartier trok ik ten slotte met alle dierlijke kracht van mijn verkrampte hand de uiterste lust uit me, vermengd met hete en brandende tranen. Er waren zoveel vrouwendijen in Parijs en niet één kwam in mijn bed, waarin ik me alleen liet vallen, zonder enige gedachte."

En toch is Dalí al zeker: "Deze zomer zal ik de liefde leren kennen. Het scheen me toe dat er alleen 'afwezigheid' pulseerde, de afwezigheid van een vrouwelijke gedaante, die van zeer ver op me afkwam..."

Die vrouwelijke gedaante kwam inderdaad op hem af. Aangezien een goed bericht zelden alleen komt, krijgt hij ook nog een enthousiast telegram van de kunsthandelaar Camille Goemans, die hem niet alleen 3000 francs stuurt, de

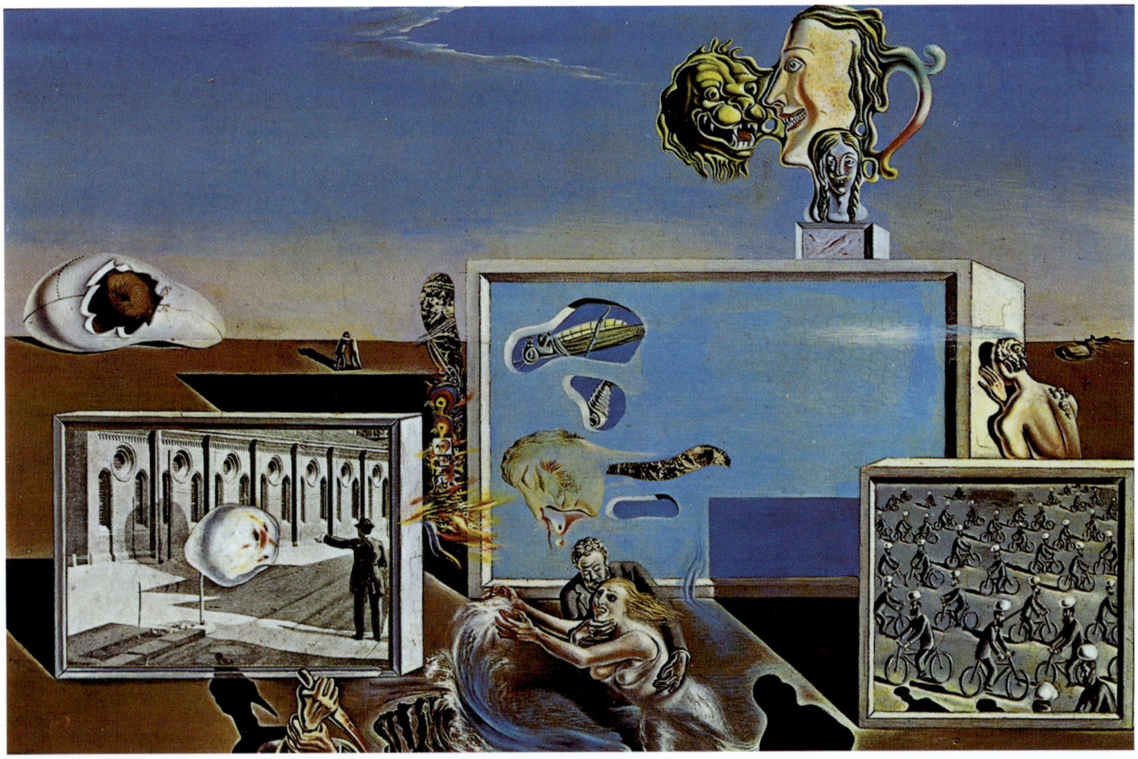

326

prijs van drie doeken, uit te kiezen door de schilder, maar die hem ook meedeelt dat hij Dalí's verzamelde schilderijen in zijn Parijse galerie wil exposeren na zijn terugkeer. De aankomst van een groep surrealisten, onder wie René Magritte en diens vrouw, Luis Buñuel en vooral Paul Eluard en diens vrouw Gala, zal zijn hele leven veranderen. Ze zijn allemaal aangetrokken door de extravagante persoonlijkheid van de Catalaan en zijn heftige werken vol seksuele en faecale toespelingen.

Dalí is gevleid dat Eluard naar hem toekomt, die samen met André Breton en Louis Aragon tot de geestelijk leiders van de surrealistische beweging behoort. Maar vooral de verschijning van Gala is een openbaring waarop hij al tijden had gewacht. Ze belichaamt immers de vrouw van zijn kinderdromen, die hij mythisch 'Galuschka' had gedoopt en die hij al vaker was tegengekomen in de gestalte van kleine of opgroeiende meisjes. Hij herkent haar omdat ze dezelfde naakte rug heeft. Dat haar lichaamsbouw precies die is van zijn meeste vrouwenfiguren is het bewijs. In zijn 'Geheime leven' beschrijft hij haar: "Haar lichaam zag er nog uit als dat van een kind. Haar schouderbladen en lendespieren bezaten nog een jongensachtige, bijna te strakke spanning. Haar kruis daarentegen was buitengewoon vrouwelijk en legde een gracieuze verbinding met de energieke en trotse magerheid van haar romp en haar sierlijke zitvlak, dat nog begeerlijker werd door haar wespetaille."

Maar elke keer als hij met Gala wil praten, wordt hij overvallen door een lachkramp. Zijn doek *Het duistere spel* (blz. 142) met de met poep besmeurde onderbroek die met zo'n enthousiasme zeer realistisch is geschilderd, heeft menig bezoeker de vraag doen stellen of hij nu coprofaag (eter van uitwerpselen) is of niet. Maar Gala besluit een eind te maken aan de speculaties en stelt een ontmoeting voor. Uiteindelijk maken ze een wandeling over de rotsen en daarbij lukt het Dalí eindelijk zijn lachkramp te beheersen. Maar hij twijfelt nog: "Als ik haar beken dat ik coprofaag ben... dan maakt me dat nog fenomenaler en interessanter." Dalí besluit haar de waarheid te zeggen: "Ik zweer u dat ik geen coprofaag ben.

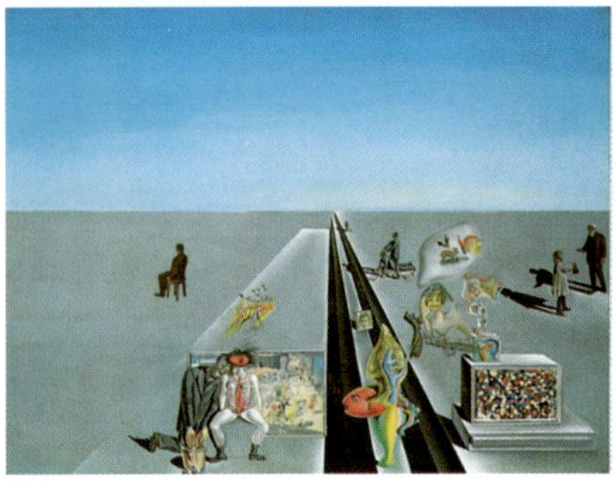

327

326 **Verlichte lusten (ook: Geïllumineerde vreugden)**, 1929 ❑
Les plaisirs illuminés

327 **De eerste dagen van het voorjaar,** 1929 ❑
Les premiers jours du printemps

1929

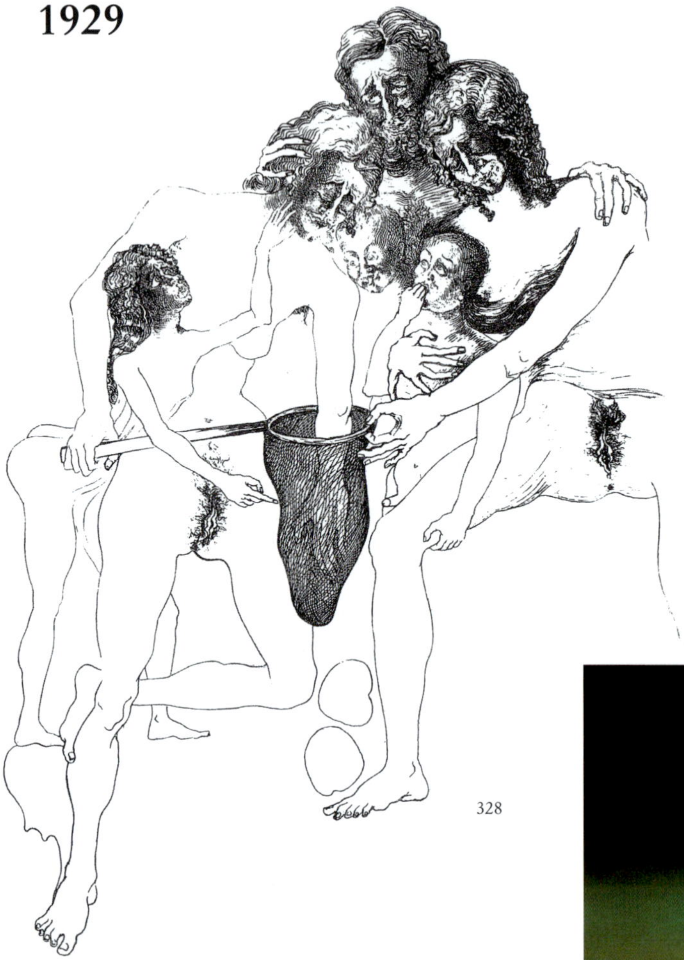

328

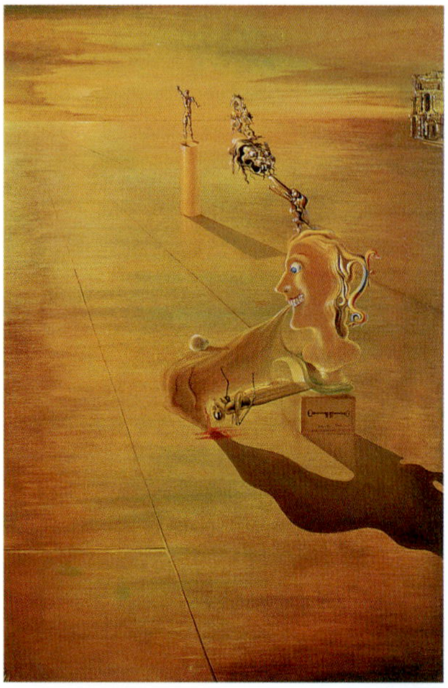

329

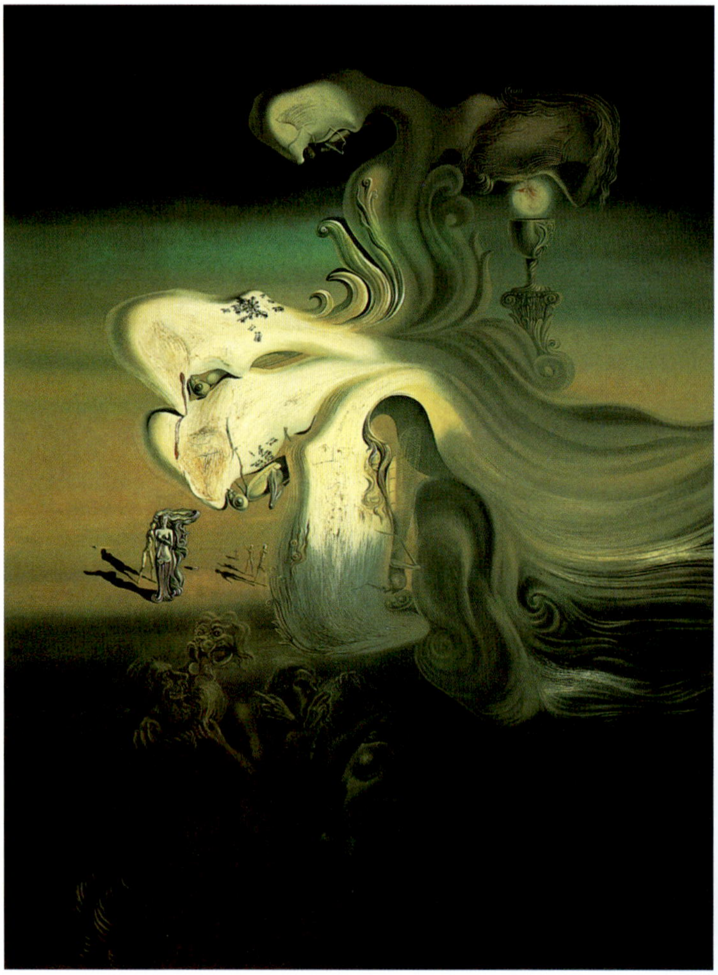

330

328 **Vlinderjacht**, 1929 △
La chasse aux papillons

329 **Phantasmagora**, 1929 ❑

330 **De ontwijding van de hostie**, 1929 ❑
Profanation de l'hostie

331 **Keizerlijk monument voor de kind-vrouw**, 1929 ❑
Monument impérial à la femme-enfant

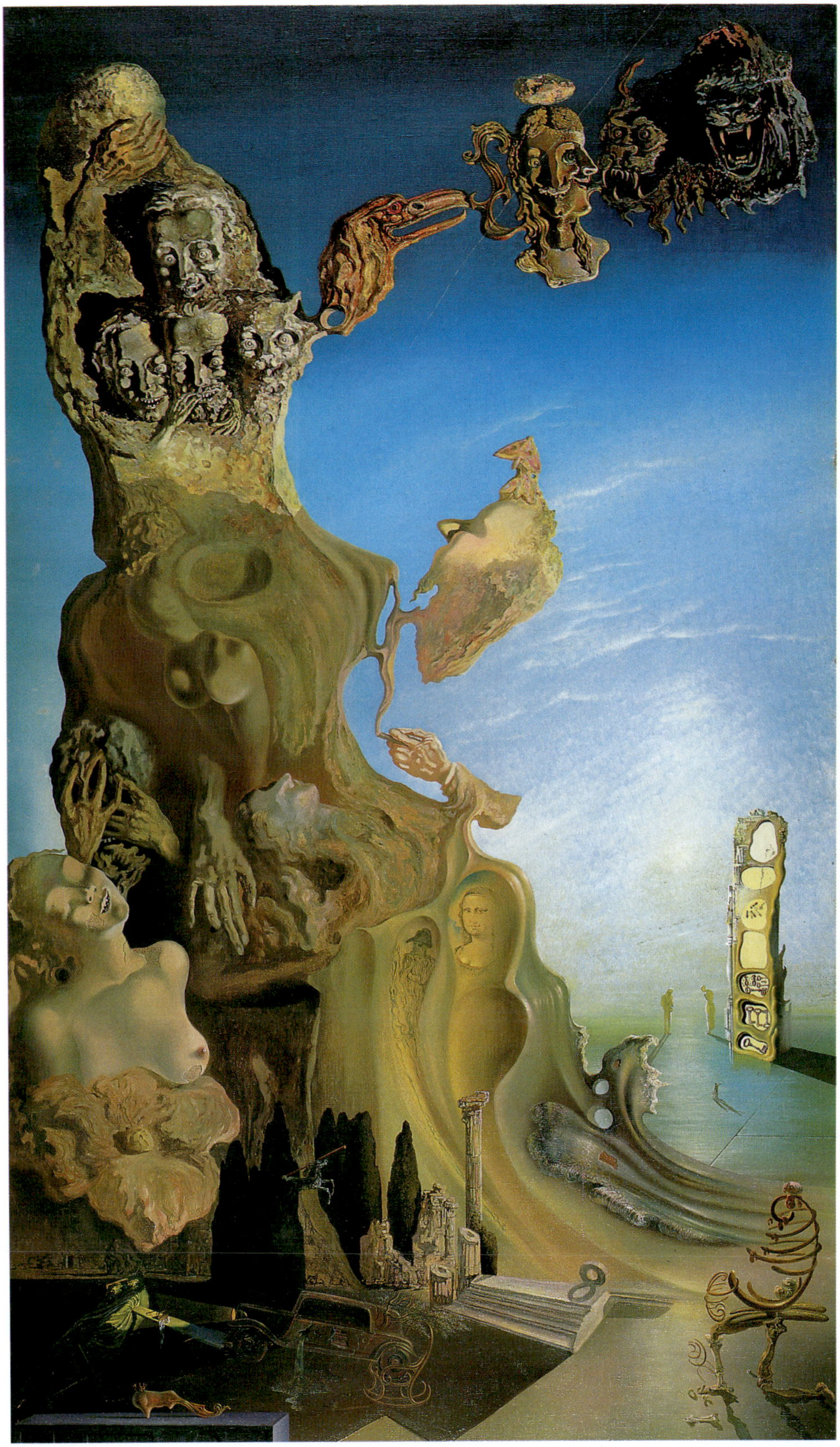

331

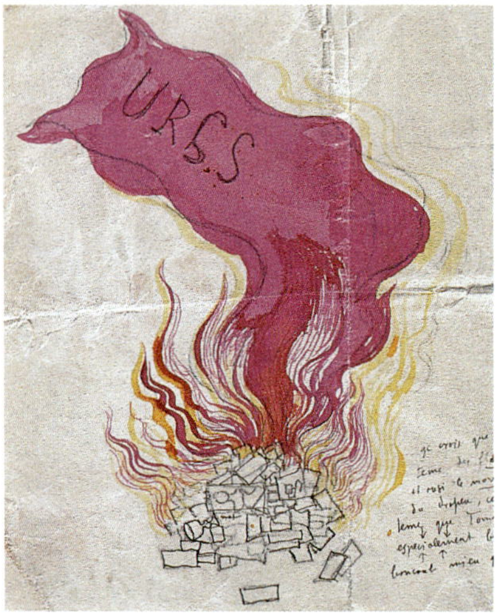

332

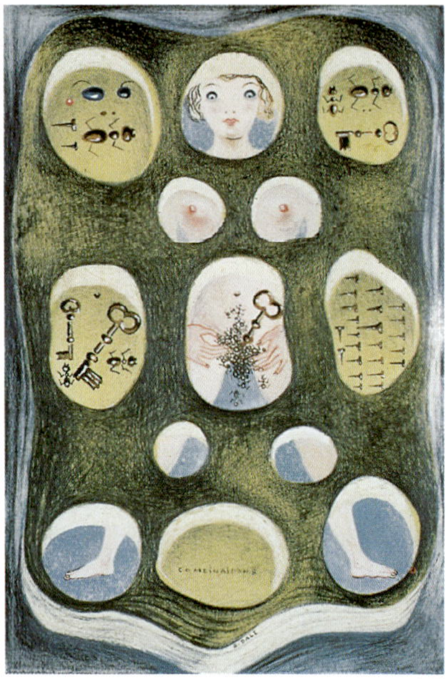

333

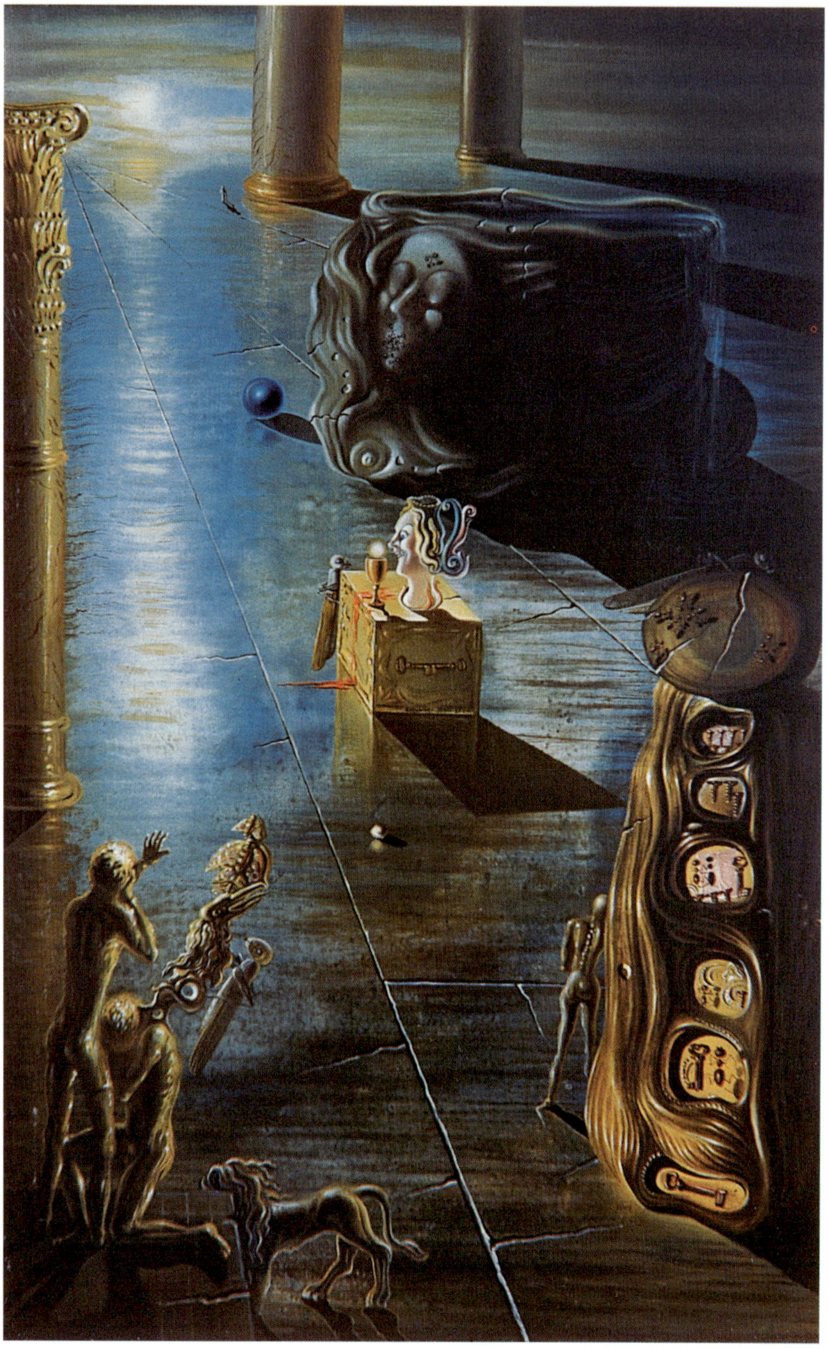

334

332 **Brandstapel. Affiche-ontwerp voor het tienjarig bestaan van de Communistische Partij van Frankrijk**, 1930 △
333 **Combinaties (ook: De verzamelde fantasmata van Dalí: mieren, sleutels, spijkers)**, 1931 △
Combinaisons
334 **De fontein**, 1930 ❑
La fontaine

Ik verafschuw die dwaling even sterk als u. Maar ik beschouw het scatologische als schokelement, net als bloed of mijn krekelfobie."

In dat doek, dat de surrealisten zo shockeerde door zijn afgebeelde excrementen, zag Georges Bataille een 'verschrikkelijke lelijkheid'. Volgens zijn interpretatie gaat het hier om de ontstaansgeschiedenis van de castratie. Het lichaam van de centrale figuur is helemaal verscheurd, terwijl ze zich overgeeft aan haar mannelijkheidsdromen. Aan haar rechterzijde ontloopt een bevuilde figuur zijn castratie door een "schandelijk en weerzinwekkend" gedrag, terwijl de figuur links "welgevallig toeziet bij zijn eigen castratie" en naar een "poëtische uitbreiding" zoekt. Een interpretatie die Dalí afwijst en die leidt tot een breuk tussen Bataille en de surrealisten.

Op een van hun lange wandelingen in de planetaire melancholie van Cap Creus bekent Dalí Gala tussen twee nerveuze lachaanvallen door zijn liefde. Dat is niet eenvoudig voor hem, want Helena Devulina Diakanoff, dochter van een ambtenaar uit Moskou die door iedereen Gala wordt genoemd, beschikt naast een fascinerende charme over een zelfverzekerdheid die steeds weer indruk maakt op de jonge Salvador. Omdat haar lichaam nu zo werkelijk en zo dicht bij het zijne is, is hij sprakeloos. "De breekbare, bijna een lijdende indruk makende schoonheid van dat gezicht, was niet het enige elegante aan deze gestalte", beschrijft Dalí. Als jong meisje had Gala aan een longaandoening geleden en was ze lang verpleegd. "Ik bekeek haar strakke verschijning, met de houding van een godin van de overwinning, en zei bij mezelf, met een vleugje esthetische humor: 'Ook godinnen van de overwinning hebben een door een slecht humeur versomberd gezicht. Daar mag je niet over spreken.'"

"Ik wil dat je me vermoordt"

Ondanks zijn grote verlegenheid probeert Dalí tussen twee nerveuze lachbuien door Gala te omarmen, haar aan te raken, maar het is haar hand die vastbesloten de zijne grijpt. Dan moet Dalí weer lachen, nog veel heftiger, nog veel nerveuzer, hoewel hij weet dat dat voor haar juist op dit moment nog veel kwellender moet zijn. "Maar Gala", bericht Dalí, "is helemaal niet beledigd door mijn lachen, ze is juist opgewekt. Met bovenmenselijke inspanning drukt ze mijn hand nog harder in plaats van haar te laten vallen, zoals iedere andere vrouw op dat moment zou hebben gedaan. Met de intuïtie van een medium had ze meteen begrepen welke betekenis mijn lachen, dat voor anderen zo onverklaarbaar was, op dat moment had. Mijn lachen was niet 'vrolijk' zoals dat van alle andere mensen. Het was ook niet sceptisch of frivool, maar fanatiek, het was instorting, afgrond en afschuw. En met het vreselijkste, catastrofaalste lachen dat ik ooit tegenover haar had voortgebracht, wierp ik me aan haar voeten. 'Mijn kleine', zei ze, 'we zullen elkaar nooit meer verlaten.'"

Dalí geeft zelf de historische en freudiaanse sleutel voor deze onverbrekelijke liefde, die zojuist is ontstaan en pas door de dood aan haar eind zal komen. "Zij was voorbestemd mijn Gradiva te worden, de voortschrijdster, mijn godin van de overwinning, mijn vrouw. Maar daarvoor moest ze mij eerst genezen. En ze heeft me genezen, dankzij de onbedwingbare en ondoorgrondelijke kracht van haar liefde, waarvan de diepgang en praktische handigheid de meest ambitieuze psychoanalytische methoden veruit overtroffen." Dalí had juist 'Gradiva' gelezen, de roman van Wilhelm Jensen waarin de heldin erin slaagt de held psychologisch te genezen, net als Freuds interpretatie van dat werk ('De waan en de dromen'). "Mij stond de grootste beproeving van mijn leven te wachten", verklaarde Dalí, "de beproeving door de liefde."

Op dat voor zijn gevoelsleven uiterst belangrijke moment werkt Dalí vooral aan een doek dat de 'begeerte' als thema heeft. *De aanpassing van de begeerte* (blz. 148) geeft zijn voorstelling van begeerte weer, die wordt afgebeeld als twee angstaanjagende leeuwekoppen. Bevend stelt Dalí Gala de vraag: "Wat moet ik voor je doen?" En Gala antwoordt met geheel veranderd gezicht: "Ik wil dat je me vermoordt!" "En wat als ik haar nu van de torenspits van de kathedraal van Toledo afgooi?" vraagt Dalí zich af. Maar zoals te voorzien is, is Gala de sterkere: "Gala verloste me van mijn misdaad en genas mijn waanzin. Dank je! Ik wil van je houden. Ik zal met je trouwen... Mijn hysterische symptomen verdwenen een voor een als bij toverslag en ik kon mijn nerveuze lachen, mijn glimlachen, mijn gebaren weer beheersen. Een nieuwe gezondheid ontsproot als een roos in mijn hoofd."

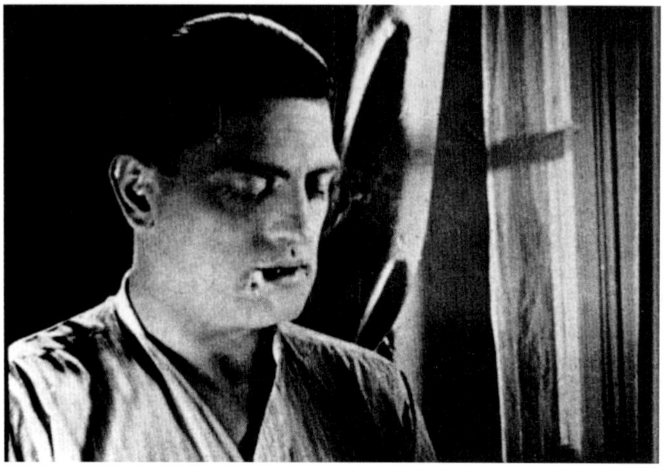

335

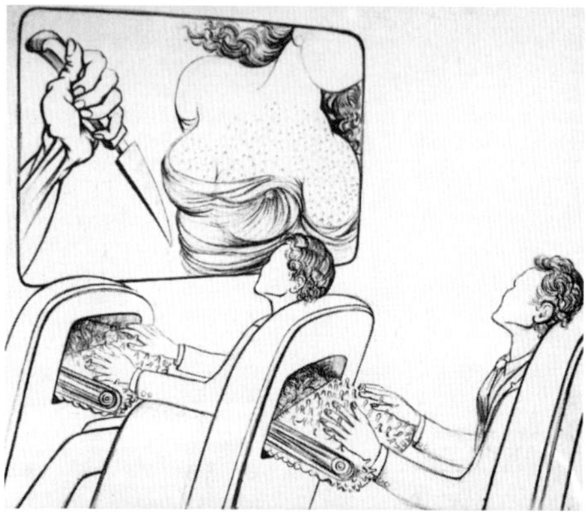

337

338

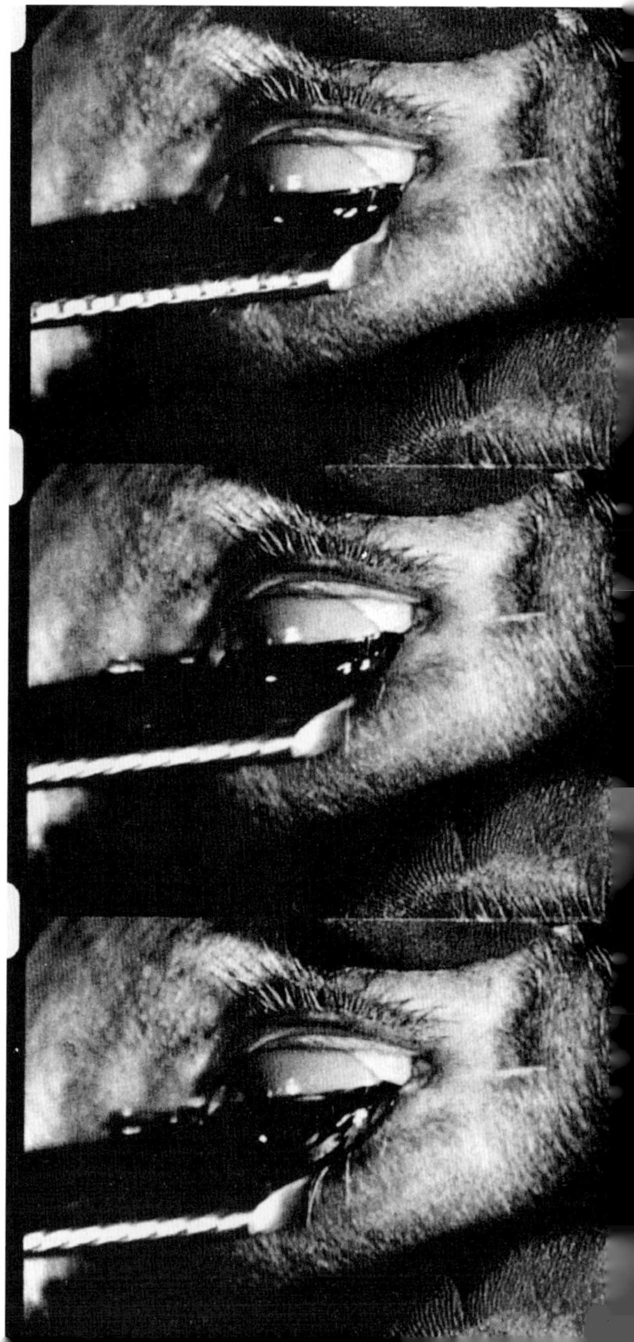

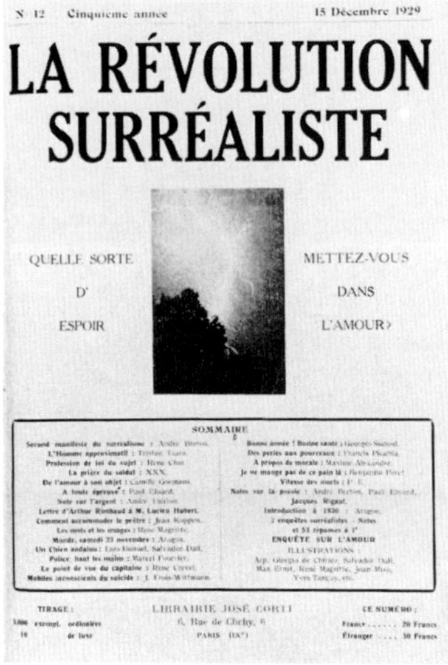

N° 12 Cinquième année 15 Décembre 1929

LA RÉVOLUTION SURRÉALISTE

QUELLE SORTE D' ESPOIR METTEZ-VOUS DANS L'AMOUR?

SOMMAIRE

Second manifeste du surréalisme : André Breton.
L'Homme approximatif : Tristan Tzara.
Profession de foi du sujet : René Char.
La prière du soldat : XXX.
De l'amour à son objet : Camille Goemans.
A toute épreuve : Paul Eluard.
Note sur l'argent : André Thirion.
Lettre d'Arthur Rimbaud à M. Lucien Hubert.
Comment accommoder le prêtre : Jean Koppen.
Les mots et les images : René Magritte.
Mordr, samedi 23 novembre : Aragon.
Un Chien andalou : Luis Buñuel, Salvador Dalí.
Police, haut les mains : Marcel Fourrier.
Le point de vue du capitaine : René Crevel.
Mobiles inconscients du suicide : J. Frois-Wittmann.
Bonne année ! Bonne santé : Georges Sadoul.
Des perles aux pourceaux : Francis Picabia.
A propos de morale : Maxime Alexandre.
Je ne mange pas de ce pain là : Benjamin Péret.
Vitesse des morts : P. E.
Notes sur la poésie : André Breton, Paul Eluard.
Jacques Rigaut.
Introduction à 1930 : Aragon.
2 enquêtes surréalistes - Notes et 53 réponses à l'
ENQUÊTE SUR L'AMOUR
ILLUSTRATIONS :
Arp, Giorgio de Chirico, Salvador Dalí, Max Ernst, René Magritte, Joan Miró, Yves Tanguy, etc.

TIRAGE : 1000 exempl. ordinaires 10 de luxe

LIBRAIRIE JOSÉ CORTI
6, Rue de Clichy, 6
PARIS (IXe)

CE NUMÉRO : France ...... 20 Francs Étranger .... 30 Francs

336

335, 338, 339, 340 Scènes uit de eerste film van Buñuel en Dalí, 'Een Andalusische hond': Buñuel slijpt zijn scheermes; het opengesneden oog; het achterwerk dat in borsten verandert; het ezelskadaver, 1929 ✰

336 Omslag voor het nummer van 'La Révolution surréaliste' waarin 'Een Andalusische hond' verscheen, 1929 ✰

337 **Aanraakcinema**, 1930-1931 △
Le cinéma tactile

Het afgestompte publiek

Een vuistslag midden in het hart van het geestelijke, elegante en gecultiveerde Parijs: 'Een Andalusische hond' heeft Buñuel en Dalí inderdaad op slag beroemd gemaakt. Ook al meent Dalí dat het publiek dat voor die film heeft geapplaudisseerd, een "afgestompt publiek is dat applaudisseert voor alles wat nieuw en bizar lijkt", hij jubelt toch en schrijft in zijn 'Geheime leven': "De film had het succes waarop ik had gerekend. Hij maakte in één avond een einde aan tien jaar naoorlogse tijd en verkeerd begrepen intellectuele avant-garde. Dat afschuwelijke spul dat ze abstracte of non-figuratieve kunst noemden, viel dodelijk gewond voor onze voeten neer, om nooit meer op te staan, nadat ze hadden gezien –meteen aan het begin van de film– hoe het oog van een meisje doormidden wordt gesneden met een scheermes. In Europa was geen plaats meer voor de manische kleine rechthoeken van mijnheer Mondriaan."

339

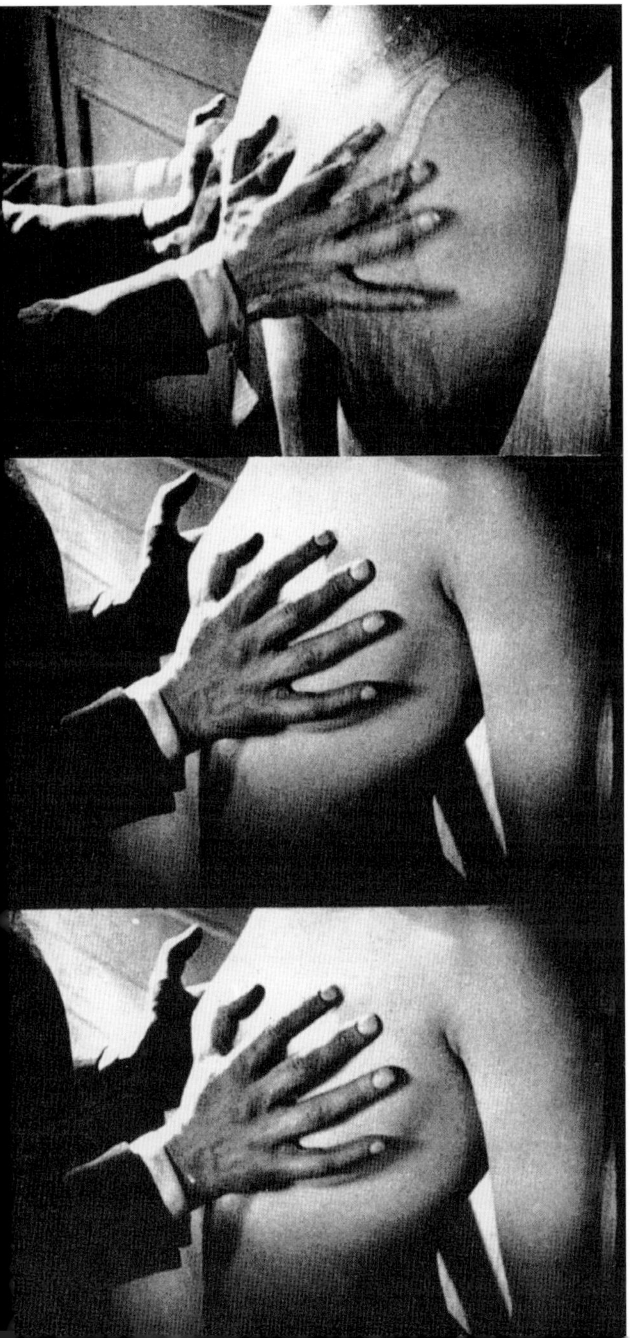

340

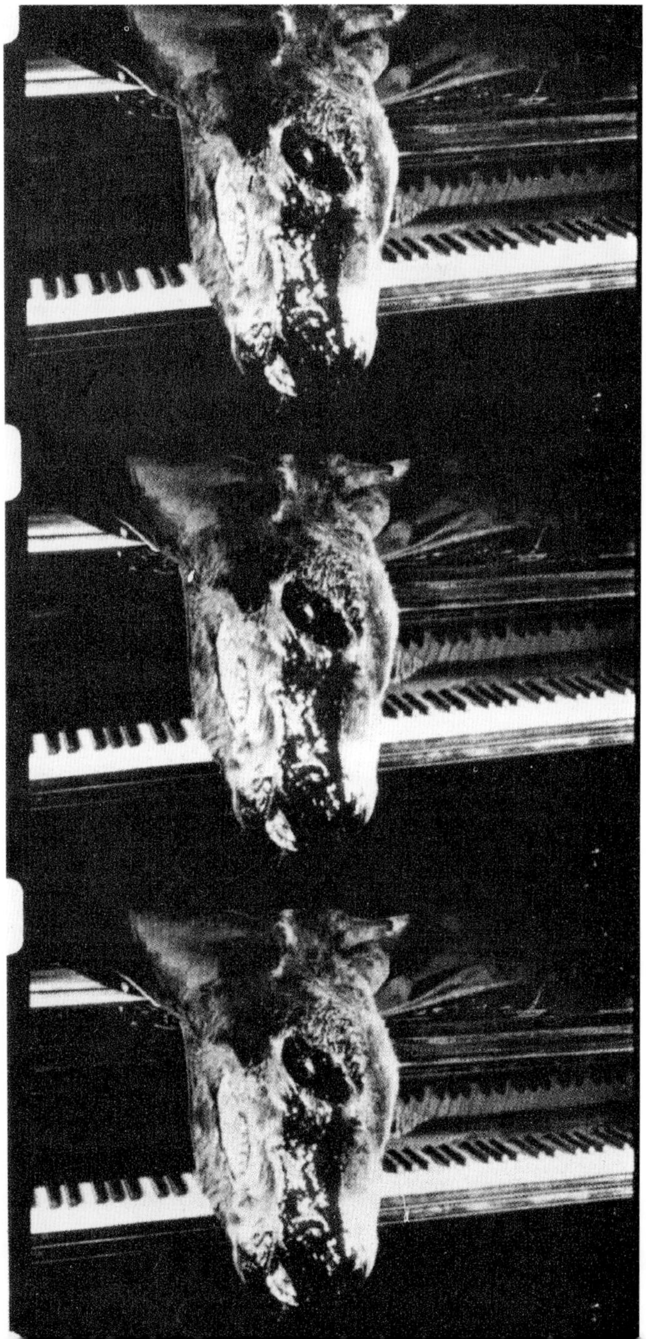

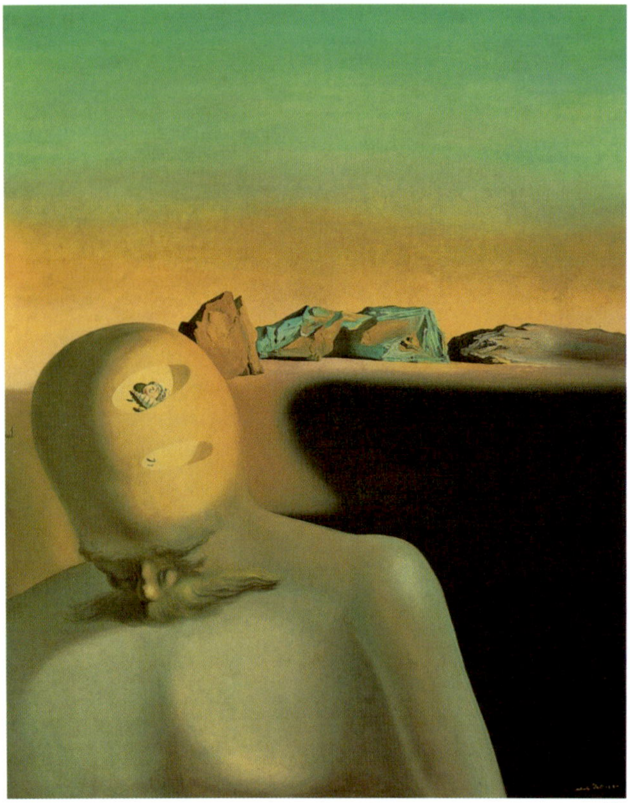

341

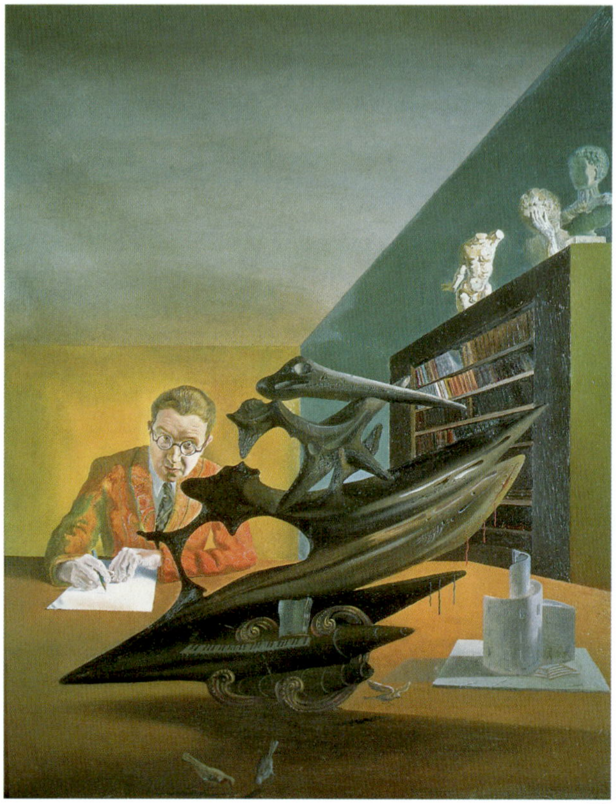

343

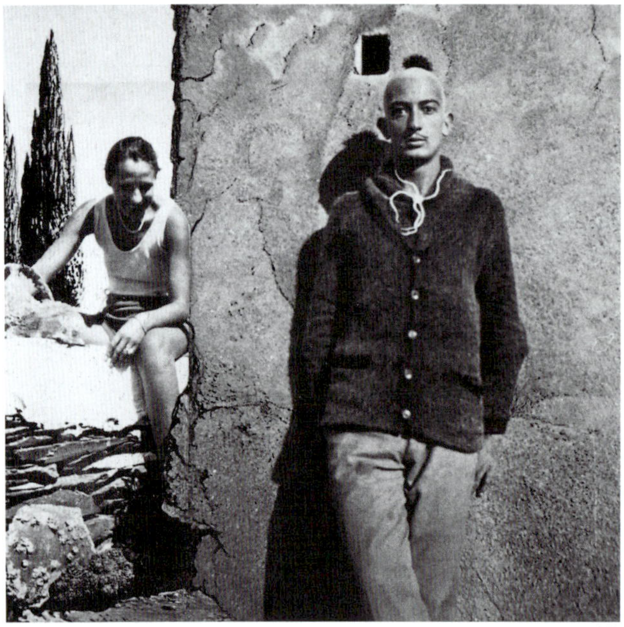

342

341 **Doorsneebureaucraat (ook: De middelmatige bureaucraat)**, 1930 ❑
Le bureaucrate moyen

342 **Fotomontage van Dalí voor de omslag van zijn boek 'L'amour et la mémoire' (De liefde en de herinnering). Dalí werd gefotografeerd door Buñuel in 1929, de foto van Gala heeft Dalí in 1931 zelf gemaakt** ✗

343 **Portret van Emilio Terry (onvoltooid)**, 1930 ❑
Portrait de Monsieur Emilio Terry

344 **De hand – Gewetenswroeging**, 1930 ❑
La main – Les remords de conscience

345, 346 **Scènes uit de tweede film van Buñuel en Dalí, 'L'âge d'or'**, 1930 ✗

1930–1931

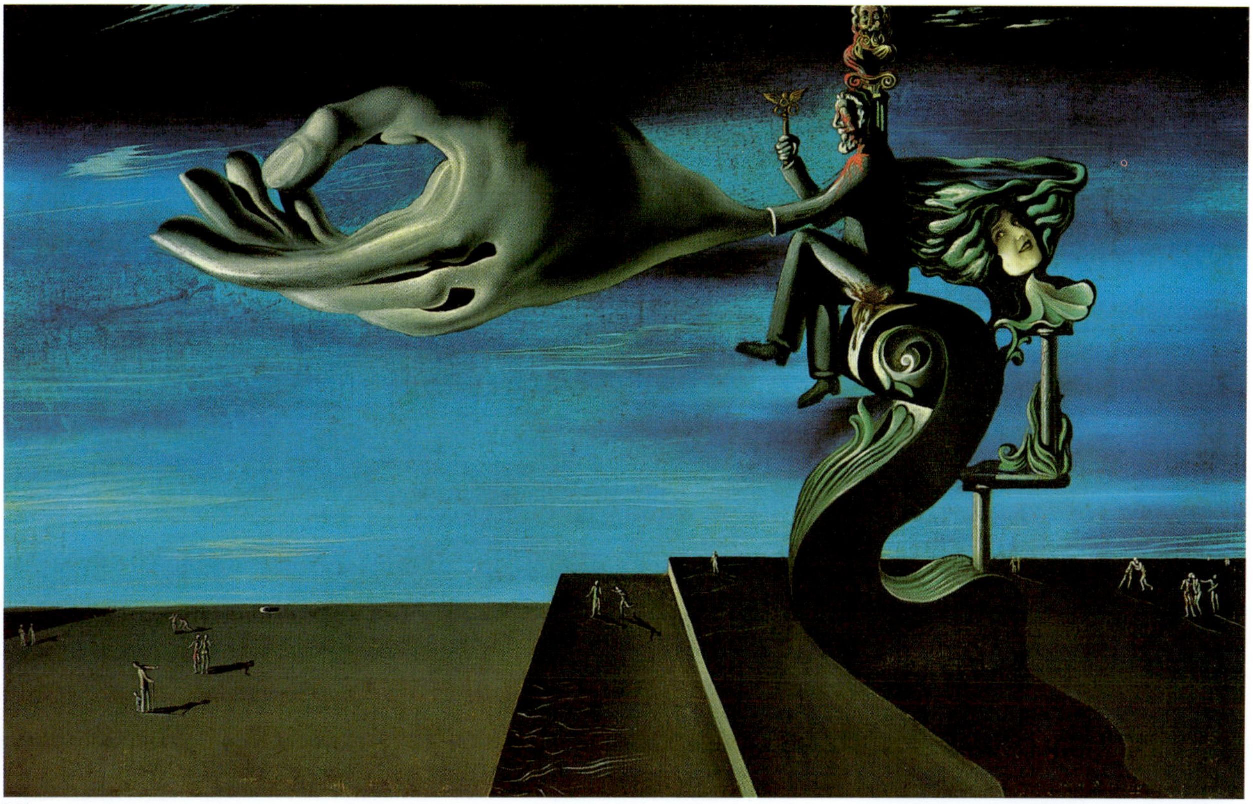

344

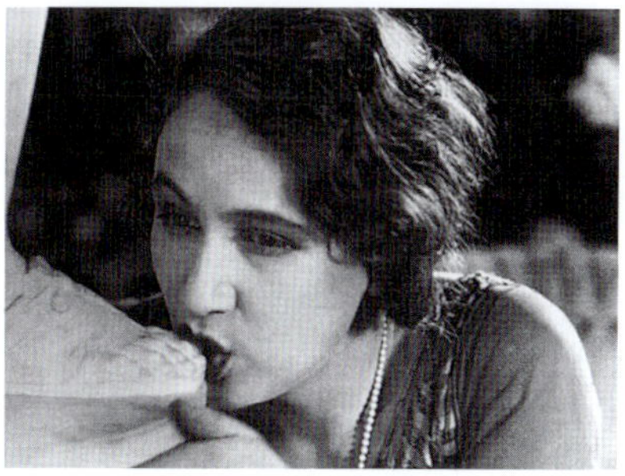

345

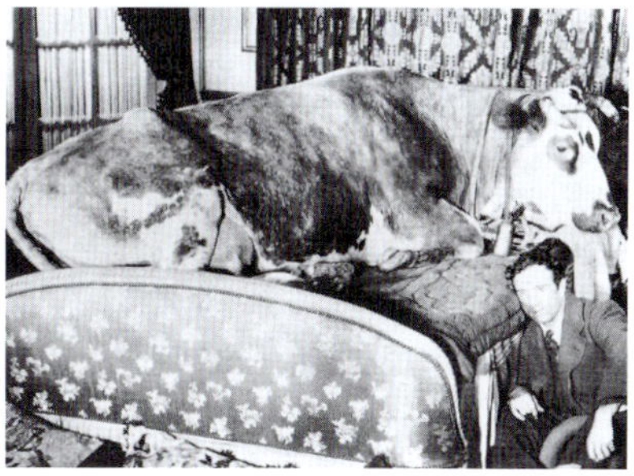

346

Nadat Dalí Gala naar de trein naar Parijs had gebracht, sluit hij zich weer op in zijn atelier en pakt zijn monnikenbestaan weer op om het portret te voltooien waarvoor Paul Eluard (blz. 138) model heeft gestaan. Bovendien werkt hij bezeten aan een ander groot schilderij, dat beroemd zal worden. "Daarop was een groot asgrauw hoofd te zien", vertelt hij, "bleek als was, met rozige wangen, lange wimpers en een imposante tegen de grond gedrukte neus. Op de plaats van de mond bevond zich een sprinkhaan waarvan de rottende buik wemelt van de mieren. De afsluiting van het hoofd bestond uit ornamenten in de stijl van rond de eeuwwisseling."

Het betreft *De grote masturbator* (blz. 144), een soort 'week' zelfportret, zoals Dalí zichzelf ziet na de overwinning van zijn 'Gravida'-belevenis, die voor hem de overwinning van vulkaansteen en woestijn betekent. Dalí heeft zelf een theorie opgesteld over het 'weke' en het 'harde', die hij van doek tot doek verder uitbouwt. Wanneer hij zichzelf hier zichtbaar verslagen afbeeldt, week als een stuk pruimtabak, en er mieren en een sprinkhaan over zijn gezicht lopen, dan is die lijdende indruk te verklaren uit het gezicht van de vrouw die zich in de positie voor een fellatie bevindt: Dalí heeft die zomer wel degelijk de extase leren kennen, zoals hij later zal afbeelden in een plafondschildering in het theatermuseum van Figueras. Hoewel Dalí vaker beweert "vol-strekt im-po-tent" te zijn, verschijnt hij toch op verschillende doeken in zijn beste vorm. Denk maar aan al zijn doeken die worden bevolkt door atmosferische schedels die concertvleugels anaal coïteren of aan het "knoppen vormende erectiele hoofd" dat wordt onder-

1930–1931

347 Titelpagina van 'La Femme visible' met Gala's ogen, 1930 ✰
348 'De onbevlekte ontvangenis' van Breton en Eluard, met illustraties van Dalí, 1930 ✰

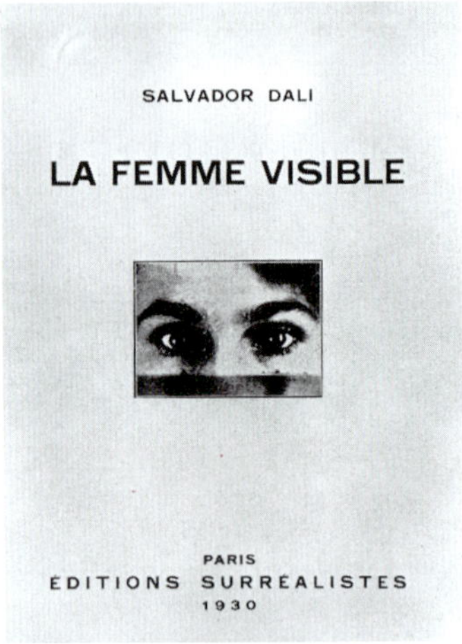
SALVADOR DALI

LA FEMME VISIBLE

PARIS
EDITIONS SURREALISTES
1930

347

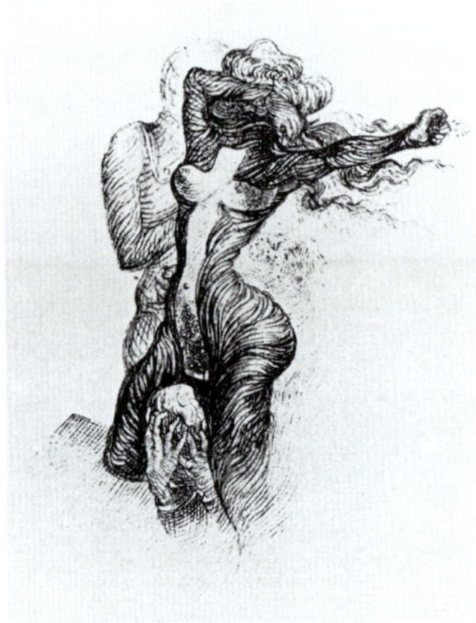

348

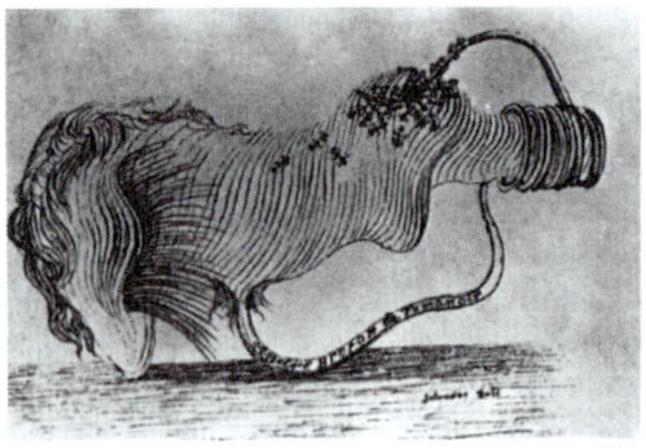

349

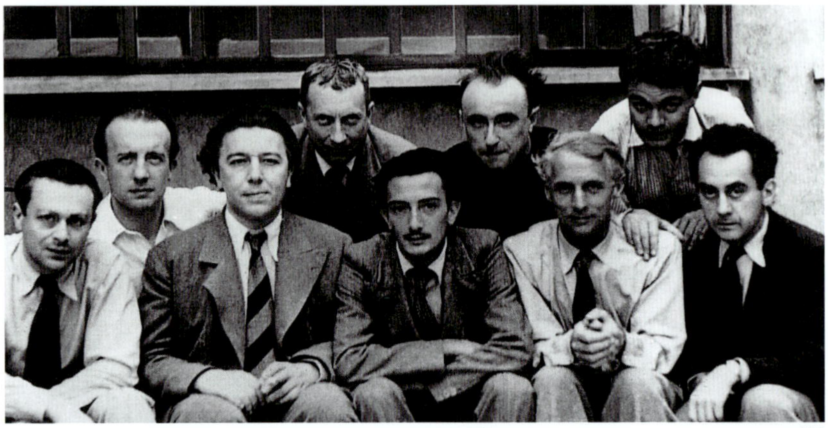

350

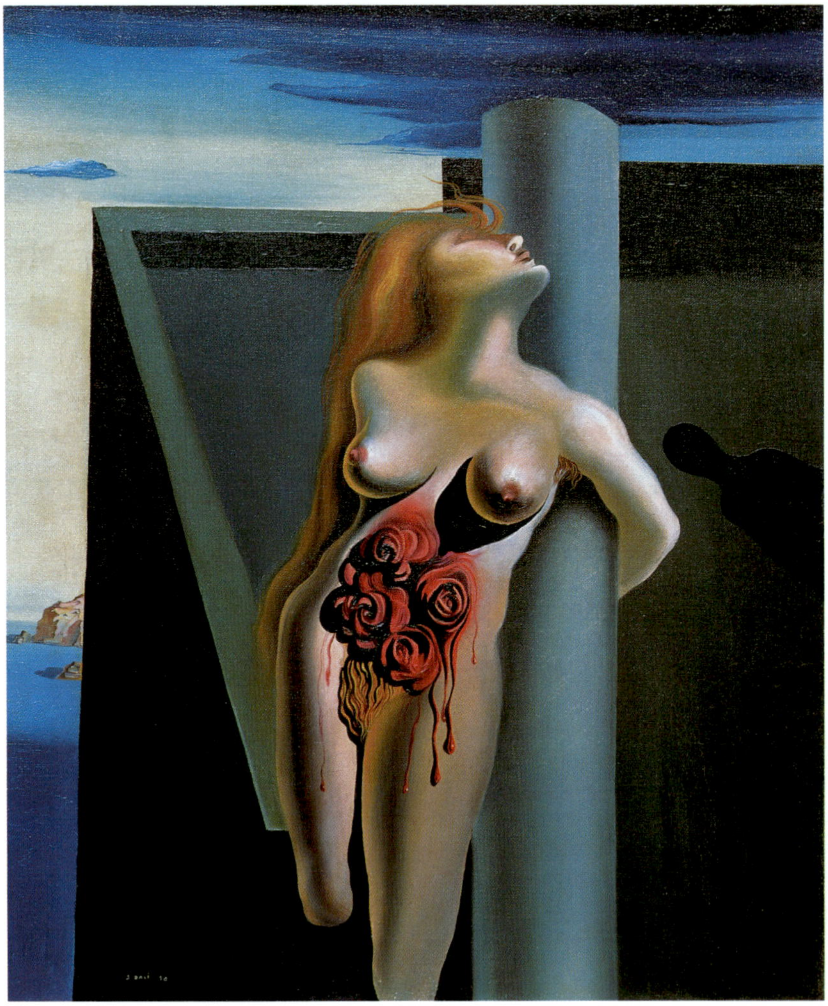

351

349 **André Breton, de grote miereneter**, 1929-1931 △
André Breton le Tamanoir

350 **De surrealisten in Parijs, rond 1930. V.l.n.r.: Tristan Tzara, Paul Eluard, André Breton, Hans Arp, Salvador Dalí, Yves Tanguy, Max Ernst, René Crevel, Man Ray** ✰

351 **Bloedige rozen**, 1930 ❏
Les roses sanglantes

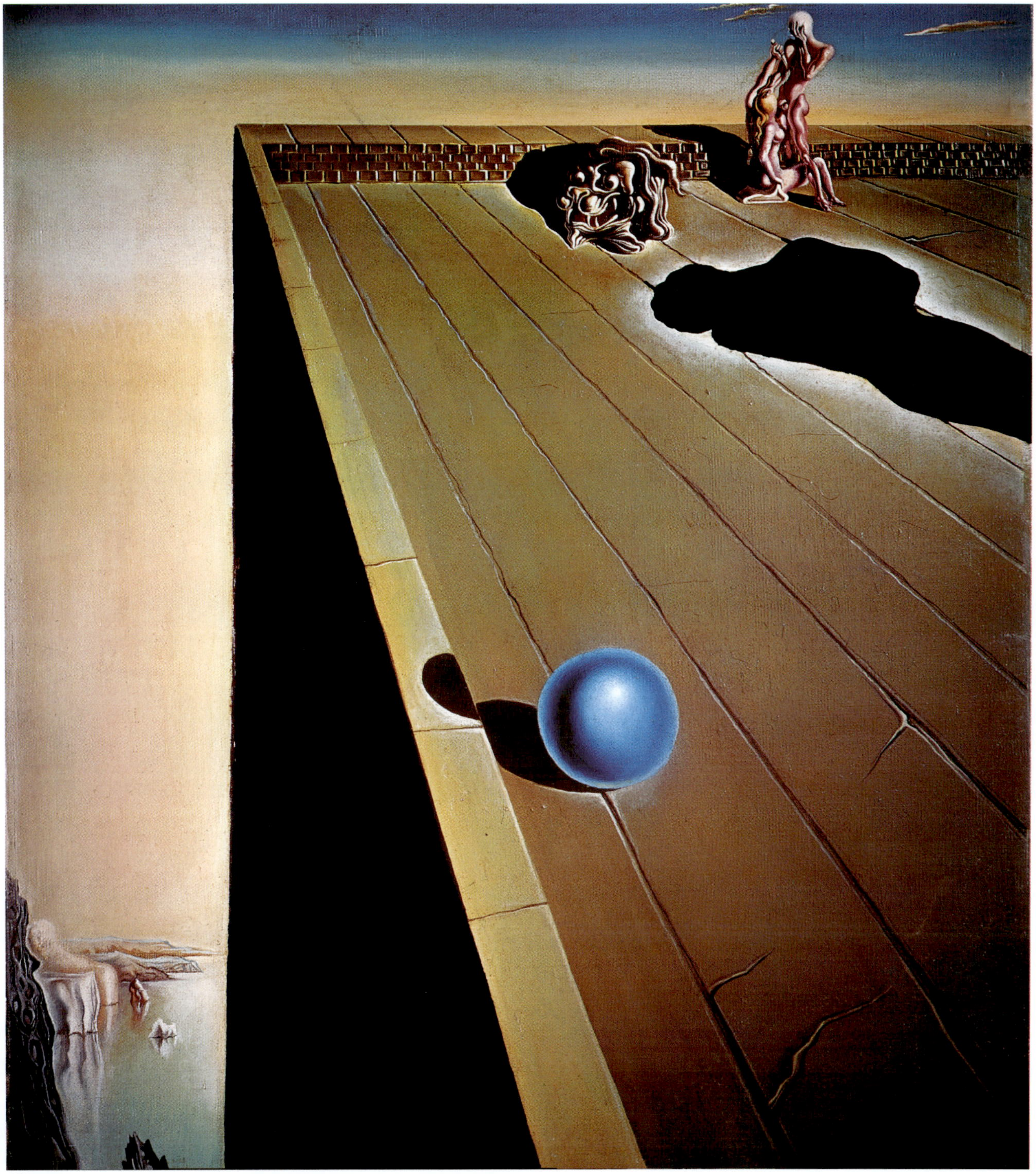
352

352 **Duizeling –Toren der lusten,**
1930 ❑
Vertige – Tour du plaisir

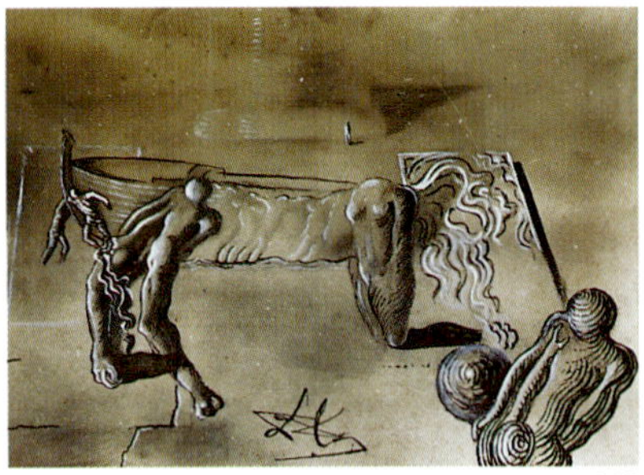

353

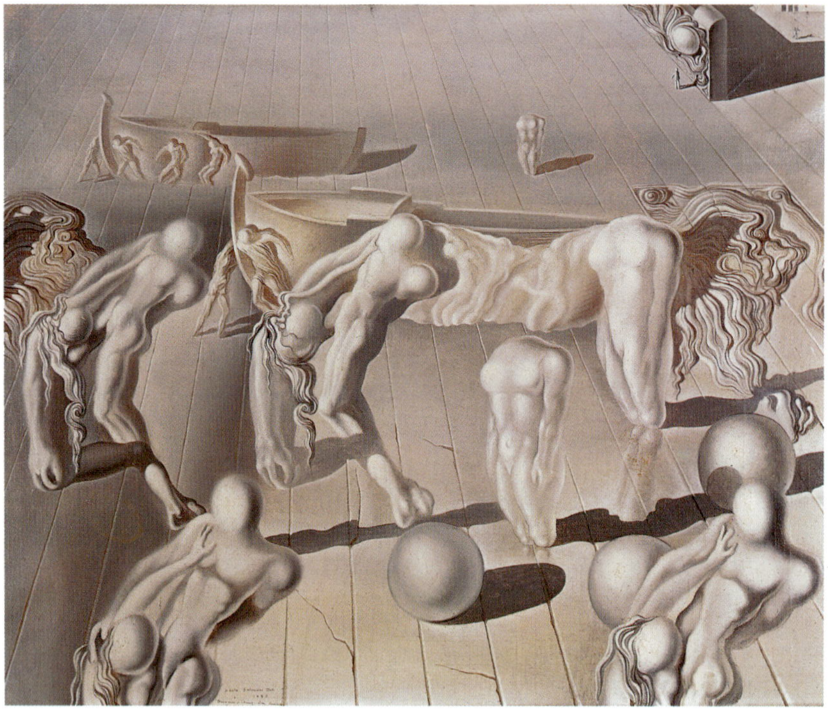

355

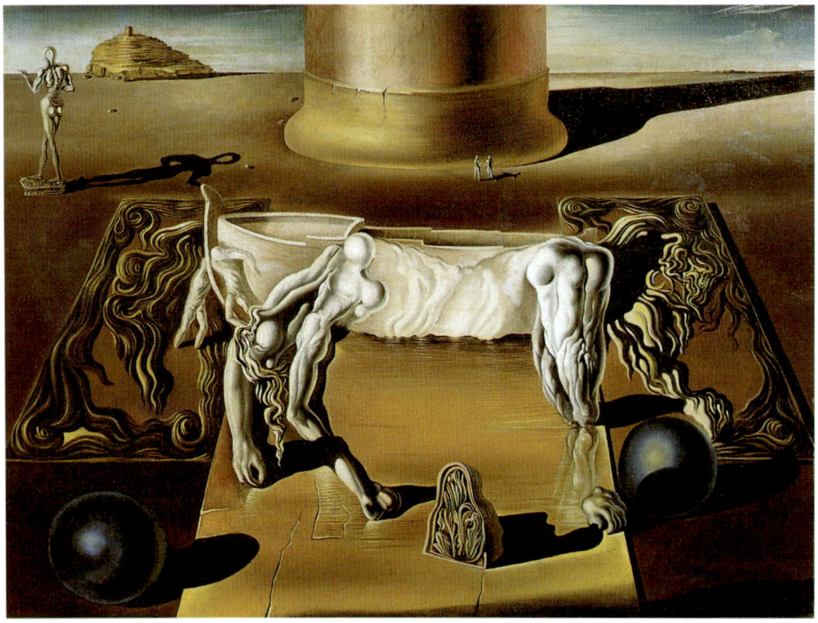

354

353 **Studie voor 'De onzichtbaren – slaapster, paard en leeuw' en voor 'Paranoïde paard-vrouw',** 1929-1930 △

354 **Paranoïde paard-vrouw,** 1930 ❑
Femme-cheval paranoïaque

355 **De onzichtbaren – Slaapster, paard en leeuw,** 1930 ❑
Dormeuse, cheval, lion invisibles

356 **De onzichtbaren – Slaapster, paard en leeuw,** 1930 ❑
Dormeuse, cheval, lion invisibles

357 **Studie voor 'De onzichtbaren – Slaapster, paard en leeuw',** 1930 △
Dormeuse, cheval, lion, invisibles

358 **Studie voor 'De onzichtbaren – Slaapster, paard en leeuw',** rond 1930 △

steund door een kruk en er uitziet als na een coïtus, of aan de figuur uit *Onzichtbare harp, fijn en middel* (blz. 186). Daarop is Gala te zien als ze weggaat, haar zitvlak nog ontbloot, de kruk en de monstrueuze uitstulping van een vergeestelijkte seksualiteit die wordt gesublimeerd in de kunst, zijn tegelijkertijd symbolen van dood en opstanding en van de liefdesdaad zelf.

Na een maand verbeten werken geeft Dalí zijn werken aan een timmerman, maar hij houdt zelf toezicht op het inpakken, want ze moeten aanstonds naar Pa-

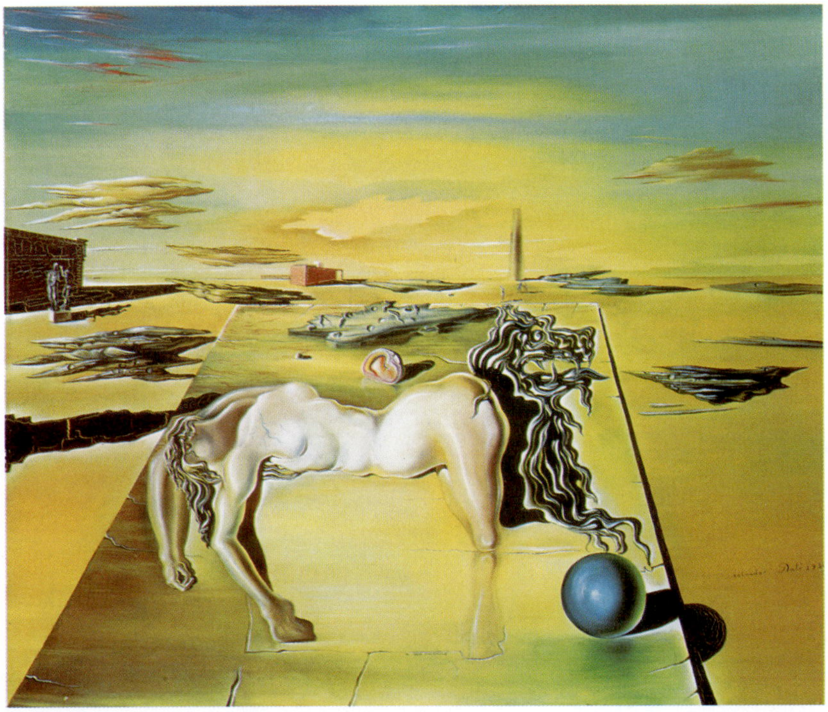

356

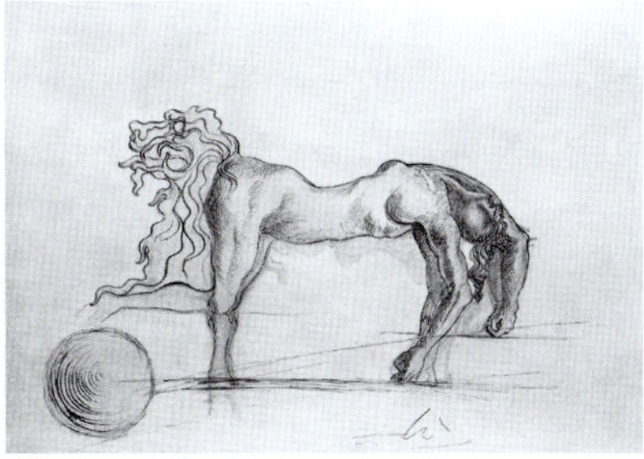

357

rijs worden gestuurd, waar ze van 20 november tot 5 december worden geëxposeerd in Galerie Goemans. Hijzelf neemt niet deel aan de vernissage, maar ontvoert in plaats daarvan Gala. Gek van liefde verlaten ze de lichtstad twee dagen voor de opening en ze reizen naar Barcelona en daarna naar Sitges. In een terugblik schrijft Dalí: "Ik, de meest ambitieuze van alle eigentijdse schilders... heb niet eens gezien hoe de doeken op mijn eerste expositie waren opgehangen. Ik moet zelfs toegeven dat Gala en ik tijdens de reis zo met onze lichamen bezig waren dat we nauwelijks een gedachte aan mijn tentoonstelling wijdden, die al 'onze tentoonstelling' was."

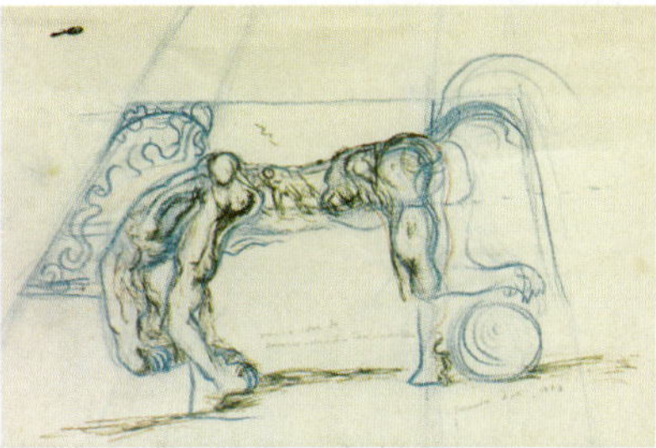

358

Verdrijving uit het ouderlijk huis

Maar boven de idylle verzamelen zich donkere wolken; de zevende hemel waarin ze zich, slechts bezig met hun lichamen, hebben teruggetrokken, wordt gesloten. Dalí moet Gala alleen achterlaten; eerst moet hij zijn geld ophalen dat bij Goemans op hem wacht: bijna alle doeken zijn verkocht en de prijzen lagen tussen de 6000 en 12.000 francs. Maar hij moet vooral de confrontatie aangaan met het noodweer dat bij zijn familie in Figueras dreigt uit te breken. Dalí houdt lange tijd geheim –zeker uit respect voor zijn vader– wat de reden is geweest om met zijn familie te breken. Het doek *Het raadsel van Wilhelm Tell* (blz. 201) verschaft ons de eerste aanknopingspunten. Zoals altijd bij Dalí betreft het een zeer precieze beeldopbouw: "Wilhelm Tell is mijn vader en ik ben het kleine kind dat hij in zijn armen heeft, dat in plaats van een appel een rauwe karbonade op zijn hoofd heeft. Hij wil me opeten. Naast zijn voet ligt een piepkleine noot, die een piepklein kind bevat, de beeltenis van mijn vrouw Gala. Ze wordt voortdurend bedreigd door die voet. Want als die voet maar een beetje beweegt, kan hij de noot vermorzelen." Met dit doek wil Dalí de rekening met zijn vader vereffenen, die hem heeft verstoten omdat hij samenwoont met een gescheiden vrouw. De

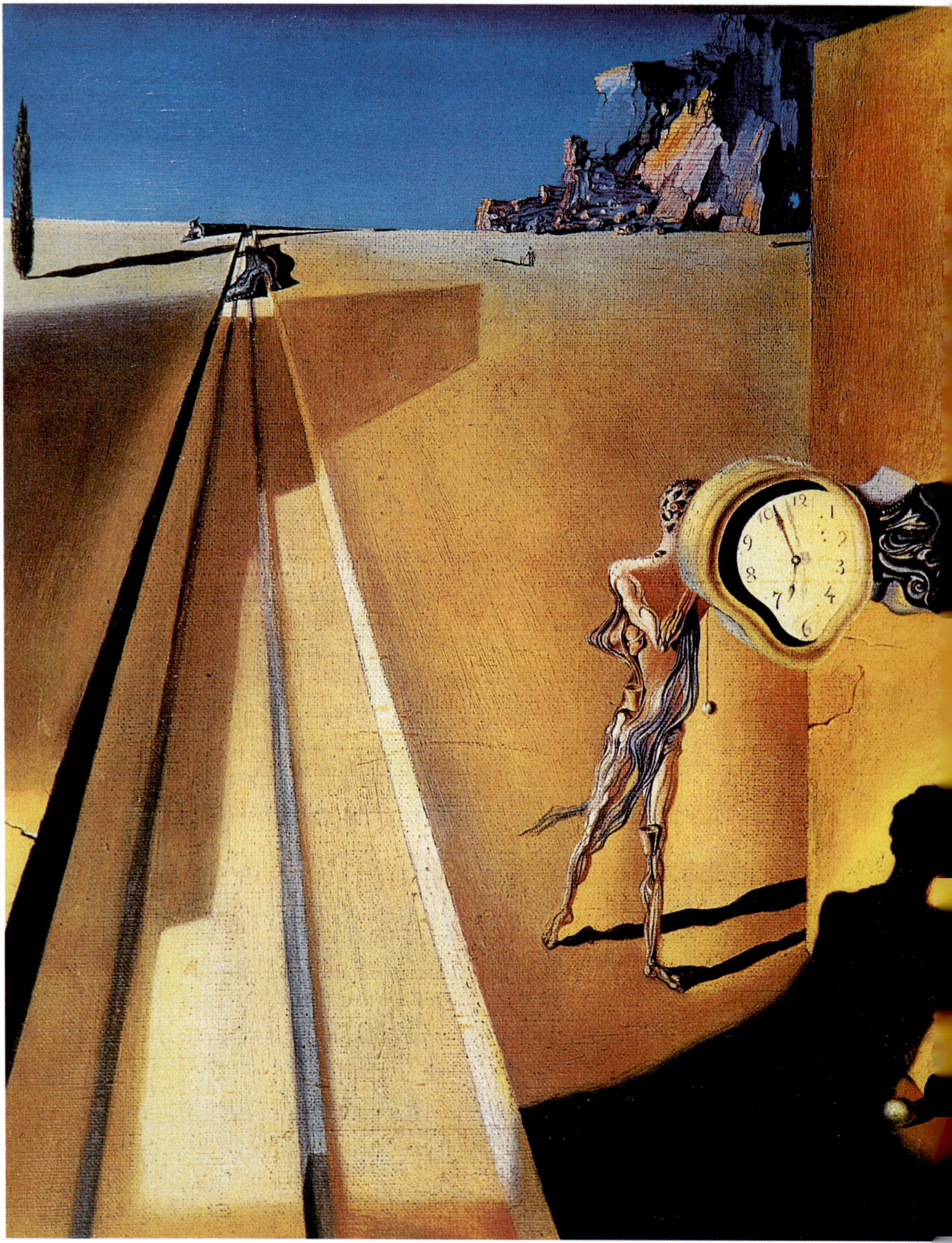

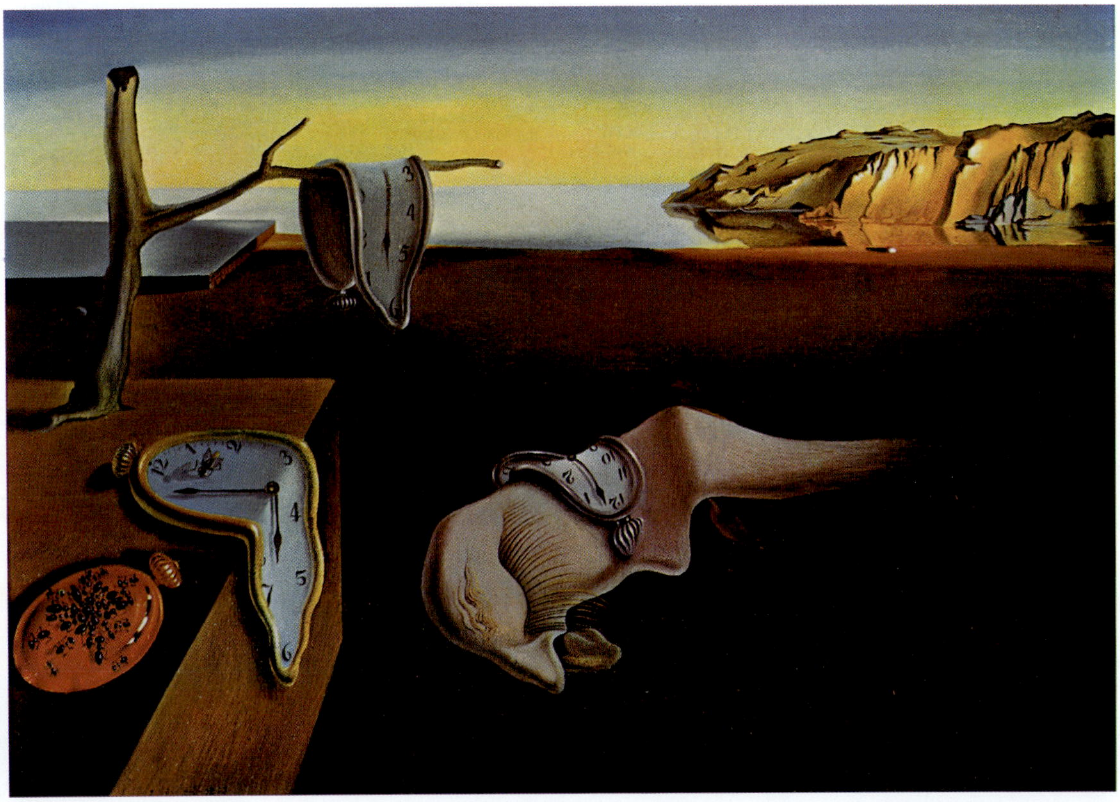

360

tweede reden is ongetwijfeld terug te voeren op het heiligenportret waarop hij had geschreven: "Soms spuug ik voor mijn plezier op het portret van mijn moeder." De Spaanse kunstcriticus Eugenio d'Ors publiceerde een artikel over deze heiligschennis in een dagblad uit Barcelona. Dalí's vader was zo beledigd door de blasfemie van zijn zoon, die hij zo letterlijk als een belediging van de herinnering aan zijn vrouw en de geliefde moeder opvatte dat hij hem die schanddaad niet vergaf.

Held en overwinnaar op zijn vader

In zijn 'Dagboek van een genie' beroept Dalí zich op Freud en zegt hij: "Een held is degene die in opstand komt tegen de vaderlijke autoriteit en haar overwint." Ondanks alle bewondering die Dalí koestert voor zijn vader, moet hij de breuk met hem voltrekken en zijn jeugd de rug toekeren. Aangezien hij echter van zijn geboortestreek houdt als van geen andere plek onder de zon en zelfs weigert enig ander landschap te bekijken, moet hij er zo snel mogelijk naar terugkeren. In een beschutte baai in de buurt van Cadaqués –in Port Lligat, wat zoveel betekent als 'de met een knoop bevestigde haven'– koopt hij de armzaligste en meest vervallen vissershut die er te vinden is; en wel van het geld dat hij had verdiend met de verkoop van *De oude dag van Wilhelm Tell* (blz. 175). Daar wil hij zich terugtrekken met Gala. Het is het landschap dat hij het vaakst heeft afgebeeld op zijn schilderijen.

Nadat Dalí heeft begrepen dat er iets onherstelbaars is gebeurd en dat hij definitief uit zijn vaderlijk huis is verstoten, reageert hij door zijn haar af te knippen, net·zoals men zijn hoofd met as bedekt. Dalí schrijft hierover: "En dat was niet het enige wat ik deed: ik schoor mijn hoofd kaal, daarna begroef ik mijn geheiligde haarpracht met de 's middags leeggegeten schalen van zeeëgels in de grond.

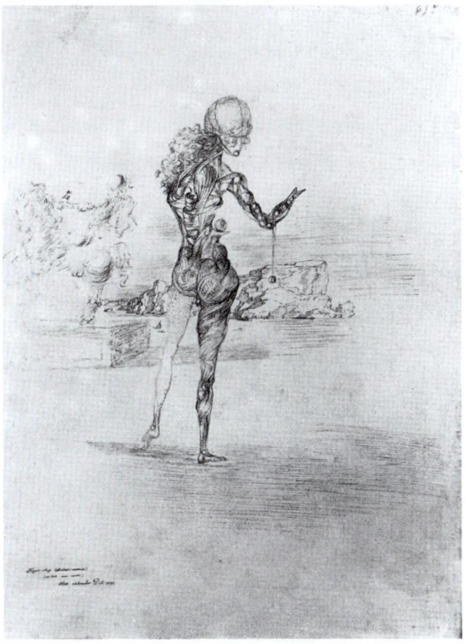

361

359 **Station, voortijdig verbeend,** 1930 ❑
Ossification prématurée d'une gare
360 **De duurzaamheid van de herinnering (ook: De weke uurwerken, of: De verlopende tijd)**, 1931 ❑
Persistance de la mémoire
361 **Uurwerk-figuur**, 1931 △
Figure-horloge

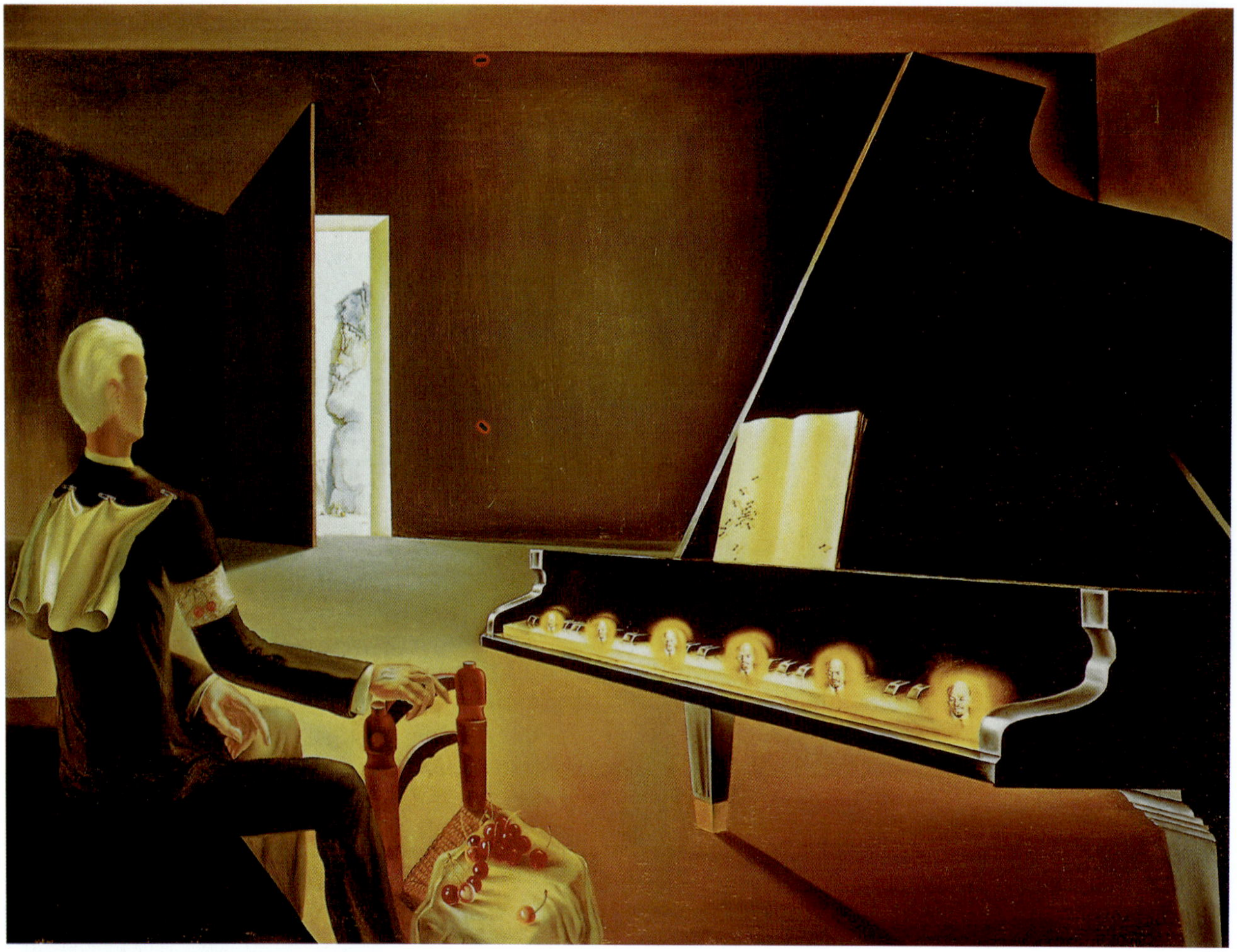

362

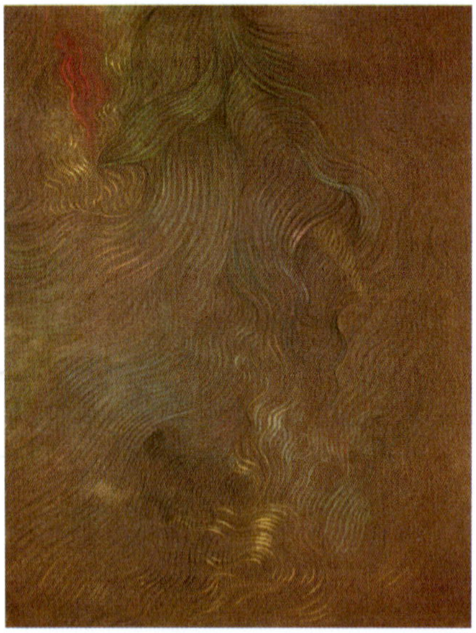

363

Daarna klom ik op een kleine heuvel waarvanaf je heel Cadaqués kon overzien; daar zat ik twee uur lang en verzonk ik in het panorama van mijn kindertijd, mijn jeugd en mijn volwassenheid." Zijn vader laat vernemen: "Maak je geen zorgen, binnen minder dan een week is hij weer in Figueras, onder de luizen, om me vergiffenis te vragen!" Maar hij had geen rekening gehouden met Gala en haar vooruitziende standvastigheid. In plaats van onder de luizen keert Dalí later getooid met lauwerkransen terug. Als overwinnaar van zijn vader is hij tot held geworden zoals Freud het graag gezien had.

Harde rotsen en weke uurwerken

Groot leed brengt meesterwerken voort. In zijn vissershut in Port Lligat begint Dalí als een bezetene te schilderen. Het doek *De onzichtbaren – Slaapster, paard en leeuw* (blz. 160) kan als het belangrijkste schilderij uit die periode gezien worden; daarnaast is *De onzichtbare man* (blz. 147), het eerste dubbelportret van een man en een vrouw, Lydia, dat kan worden gezien als een paranoïde fetisj die het leven van het paar Gala/Dalí moet beschermen tegen zijn vader en andere dreigende gevaren. Het schilderij *De onzichtbaren – Slaapster, paard en leeuw* exponeert niet alleen een steeds terugkerend thema, namelijk de duurzaamheid van de lust, maar het is ook een van de eerste experimenten met dubbelschilderijen die hij in het vervolg in groten getale zal maken. Naar aanleiding van dit doek

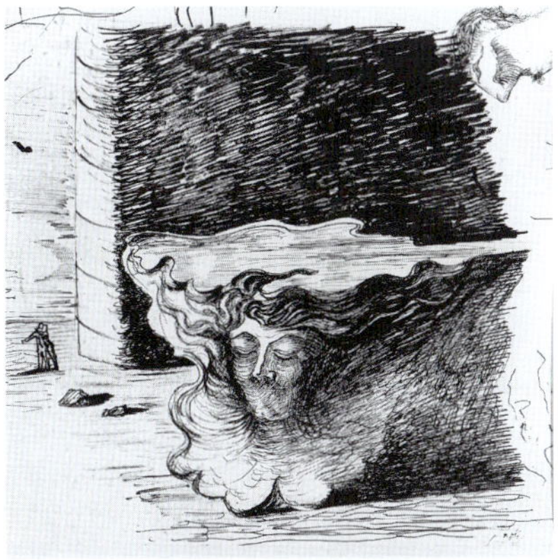

364

362 **Gedeeltelijke zinsbegoocheling. Zes verschijningen van Lenin op een vleugel**, 1931 ❑
Hallucination partielle. Six apparitions de Lénine sur un piano

363 **Haar**, 1930 △
La chevelure

364 **Studie voor 'De droom'**, 1930 △

365 **De droom**, 1931 ❑
Le rêve

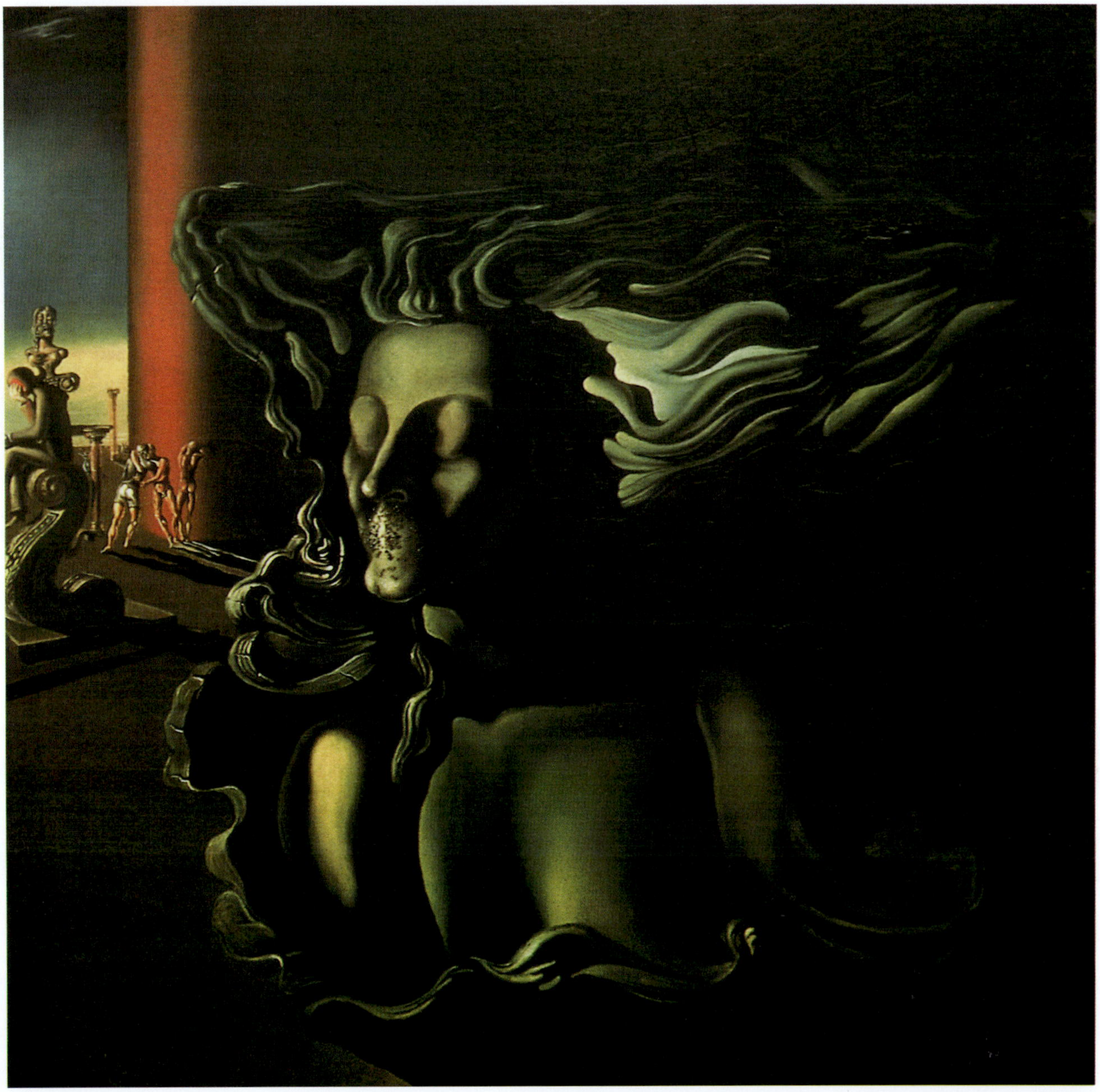

365

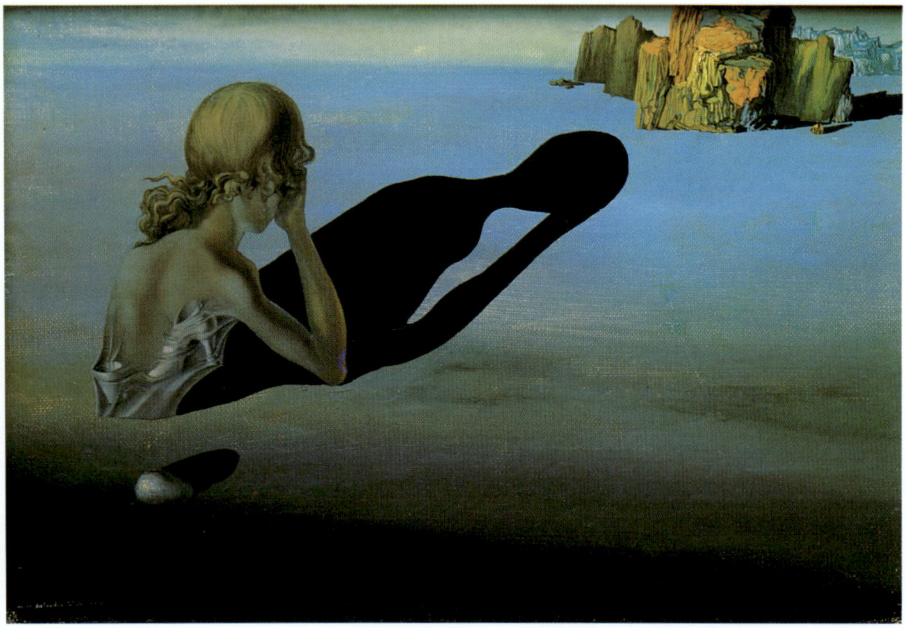

366

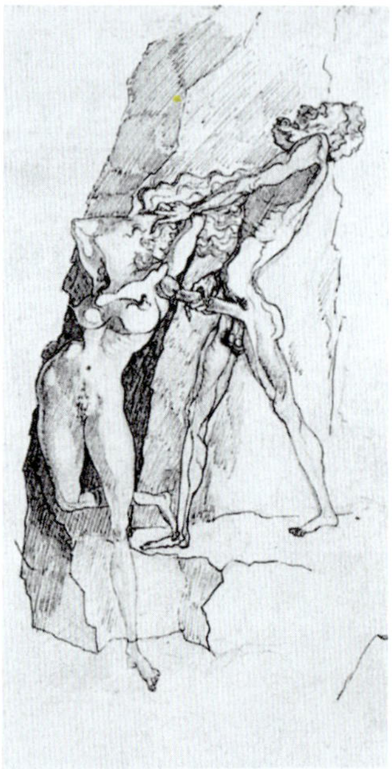

367

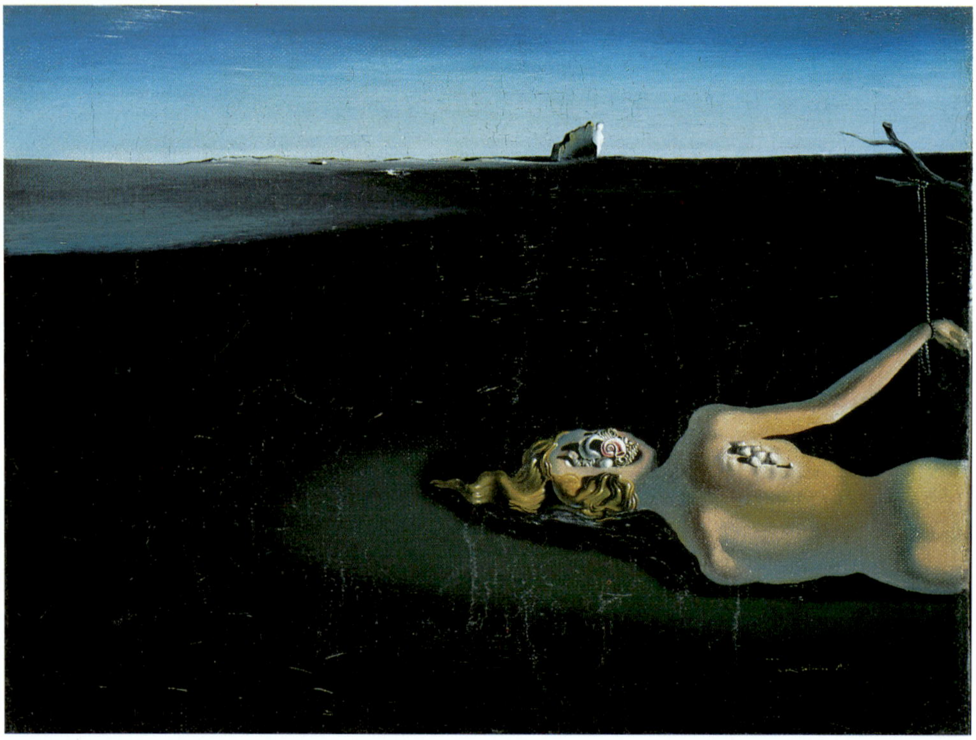

369

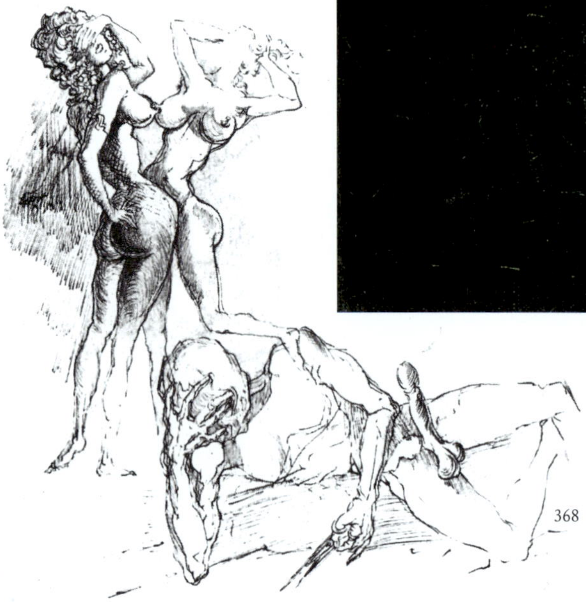

368

366 **Berouw of De wegzinkende sfinx,** 1931 ❑
Remords ou Sphynx enlisé

367 **Zonder titel – Erotische tekening,** 1931 △ Sans titre – Dessin érotique

368 **Erotische tekening,** 1931 △
Dessin érotique

369 **Slapende vrouw in een landschap,** 1931 ❑
Femme dormant dans un paysage

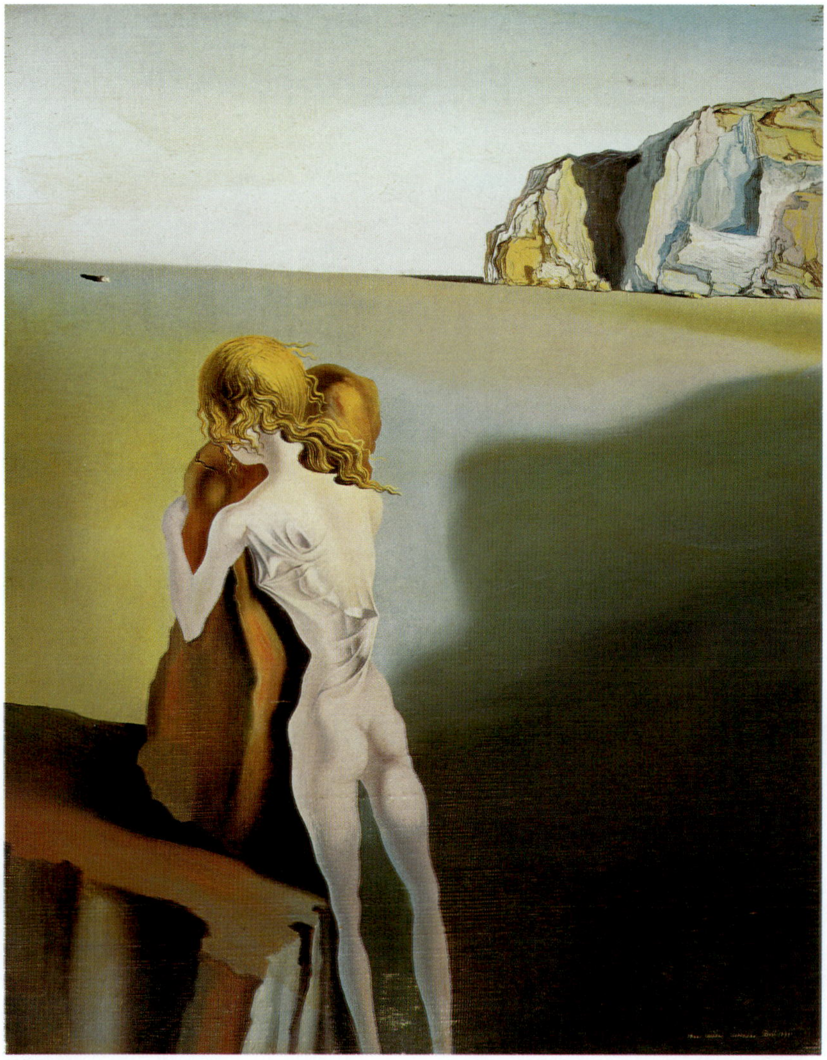

370

370 **Begoocheling bij wakkere zinnen – De schaduw van de concertvleugel komt dichterbij**, 1931 ❑
L'illusion diurne – L'ombre du grand piano approchant
371 **Andromeda**, 1930 △
Andromède
372 **Zonder titel – Vrouwelijk naakt. Frontispice voor 'La femme visible'**, 1930 △
Sans titre – Nu féminin

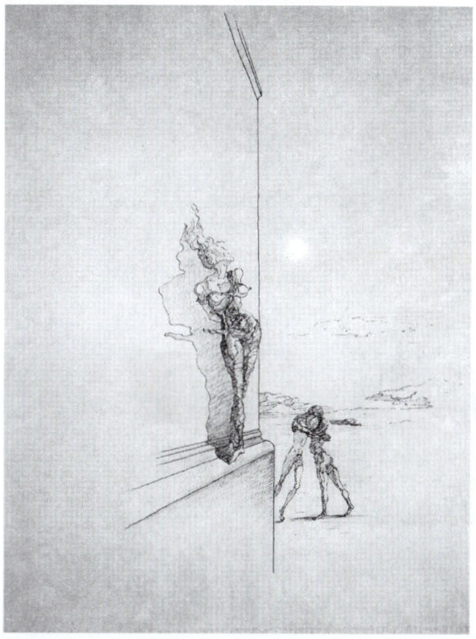

371

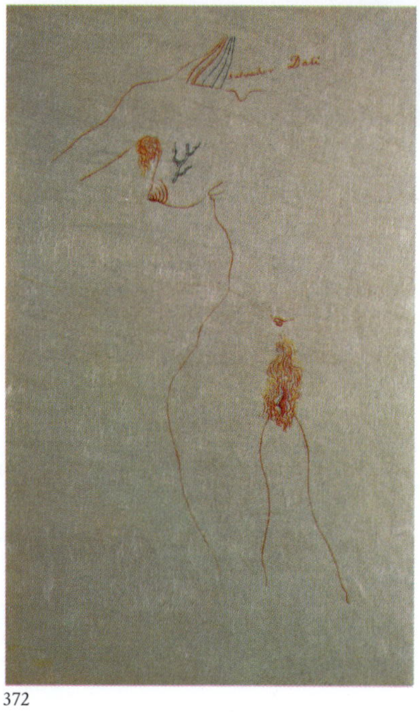

372

heeft hij er een definitie van gegeven: "Het dubbelschilderij (waarvoor het schilderij van een paard dat tevens een vrouw is als voorbeeld mag dienen) kan zich verlengen, d.w.z. het paranoïde proces voortzetten waarvoor de aanwezigheid van een obsederend idee voldoende is, opdat een derde schilderij verschijnt (bijv. de afbeelding van een leeuw) en zo steeds verder, totdat er een bepaald aantal beelden bij elkaar is gekomen, dat alleen wordt beperkt door de paranoïde capaciteit van het denken." Het opdringerige erotische karakter van de groep fellatiebedrijvers die op de voorgrond verandert in de poten en het hoofd van een paard, blijft verhuld in het oppervlakkig statische aspect van het geheel, dat wordt bereikt door het ontbreken van schaduw en het weglaten van felle kleuren en bovendien door het geologische karakter van de figuren. Dalí zegt over die modellen: "Dat zijn steeds schepen die er uitzien alsof ze worden getrokken door verzwakte vissers, door fossiele vissers." In zijn talrijke geschriften heeft Dalí nog veel meer informatie gegeven over de inhoud en bedoeling van dit analytische werk. Hij had juist een nieuw contract getekend met de galeriehouders George Keller en Pierre Colle en in Galerie Colle zijn doek *De onzichtbaren - Slaapster, paard en leeuw* geëxposeerd, de "vrucht van mijn nadenken op Cap Creus". De Vicomte de Noailles heeft het doek gekocht. Dalí schildert drie doeken met dit

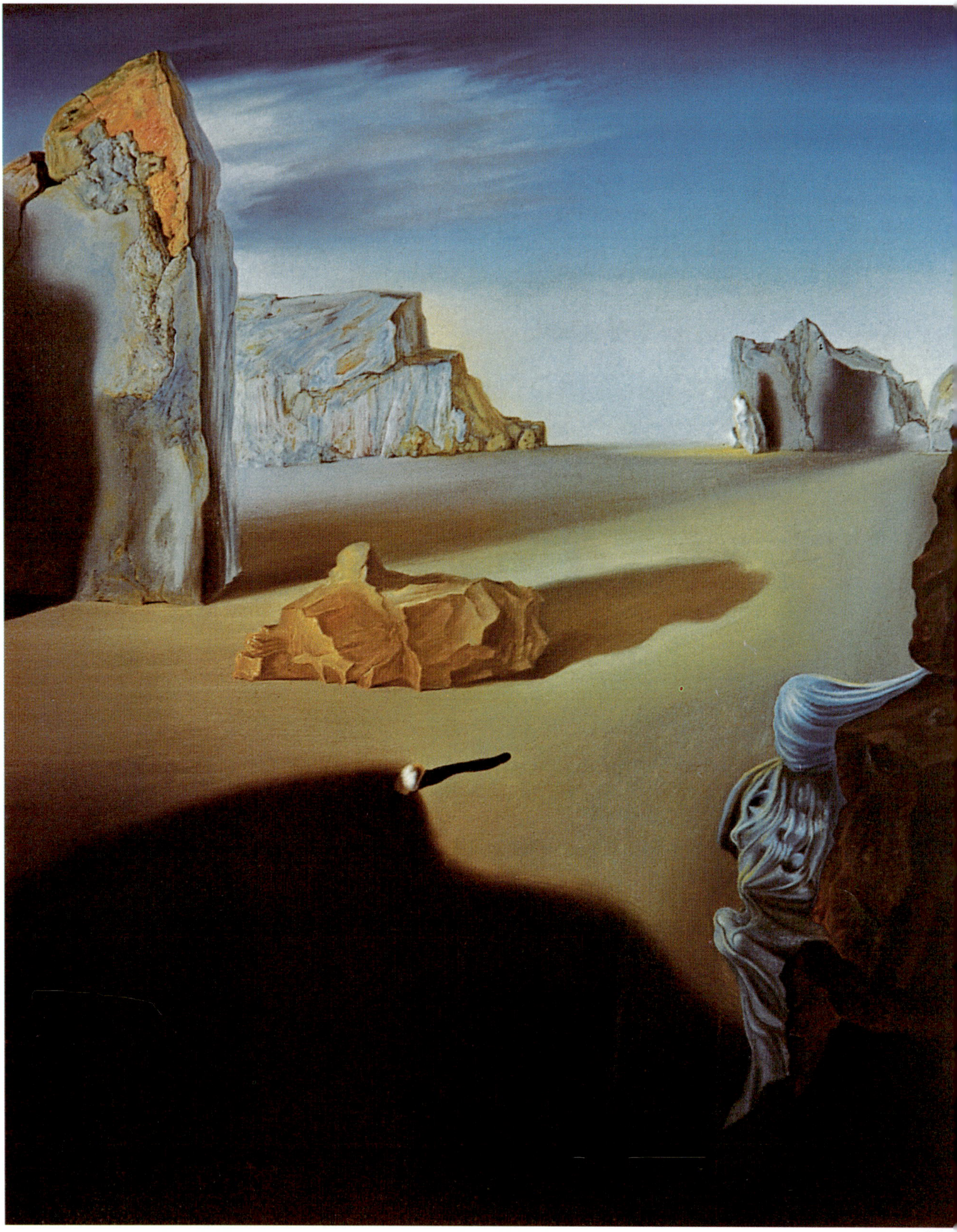

373

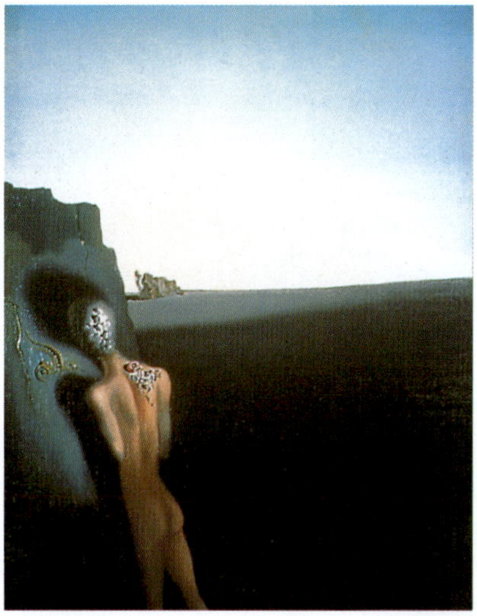
374

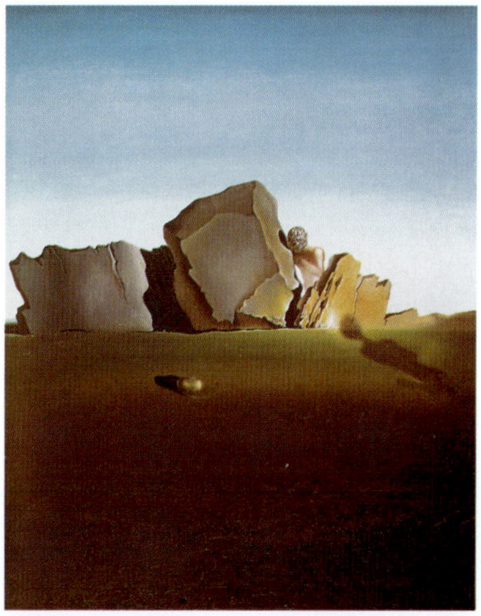
375

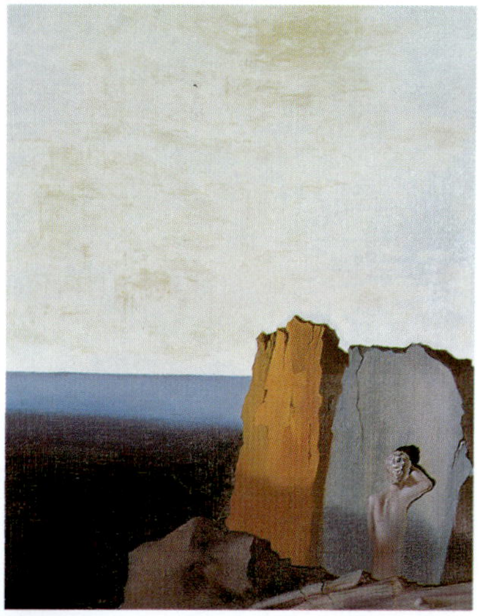
376

1931

373 **Schaduw van de invallende nacht**, 1931 ❑
Ombres de la nuit descendante

374 **Eenzaamheid – Antropomorfe echo**, 1931 ❑
Solitude – L'écho anthropomorphe

375 **Symbiose van hoofd en schelpen**, 1931 ❑
Symbiose de la tête aux coquillages

376 **Eenzaamheid**, 1931 ❑
La solitude

377 **De droom komt dichterbij**, 1931 ❑
Le rêve approche

378 **Olijf**, 1931 ❑
Olive

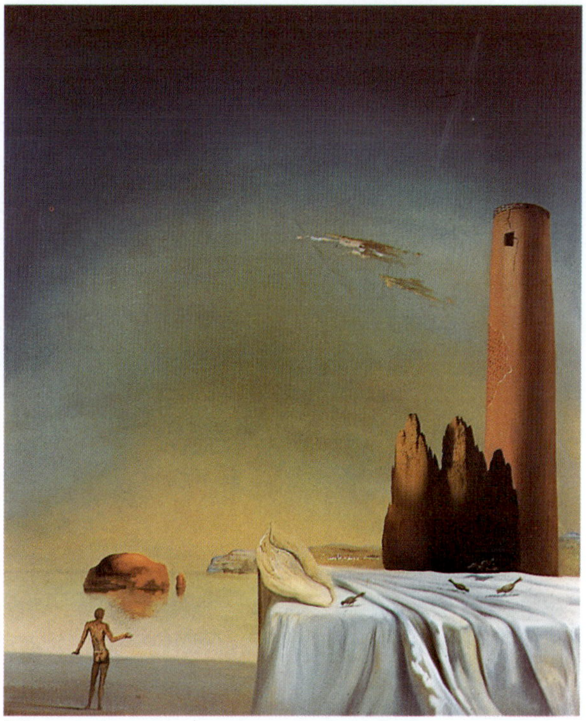
377

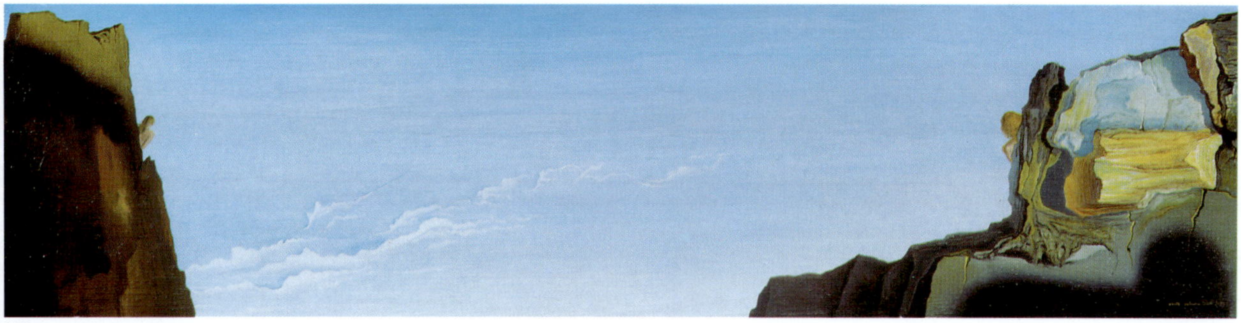
378

1931

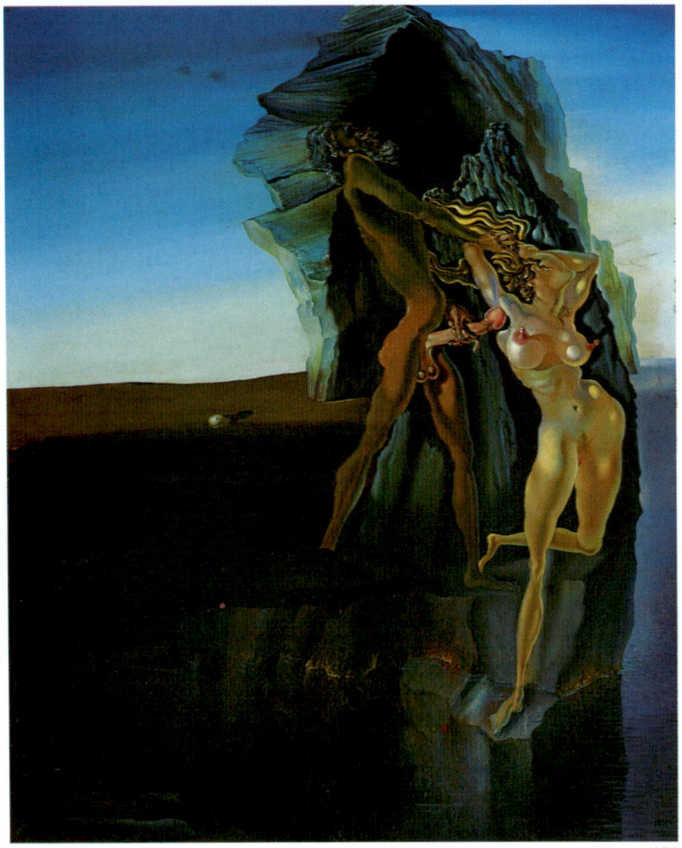

379

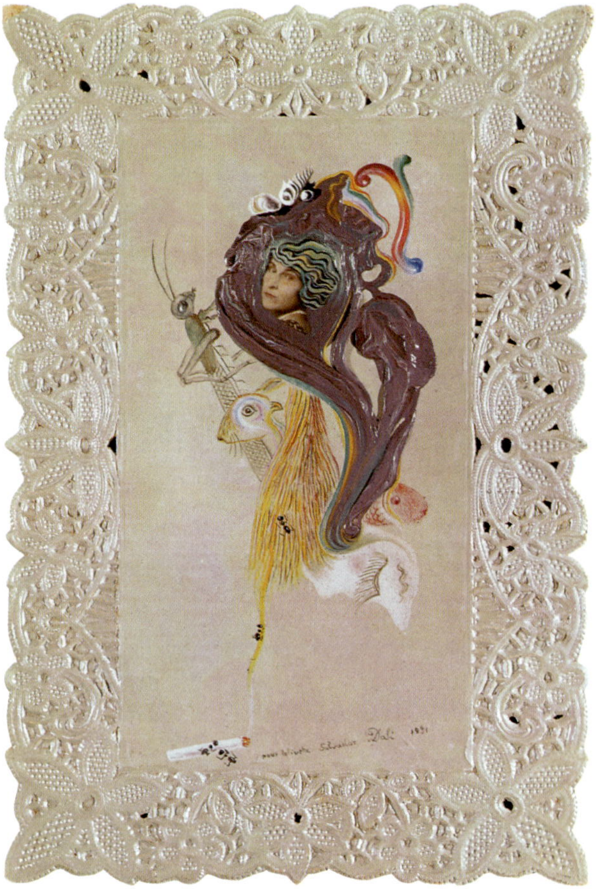

380

379 **Zonder titel (bekend als: Wilhelm Tell en Gradiva)**, 1931 ❑
Sans titre (Guillaume Tell et Gradiva)

380 **Eerste portret van Gala**, 1931 ❑
Premier portrait de Gala

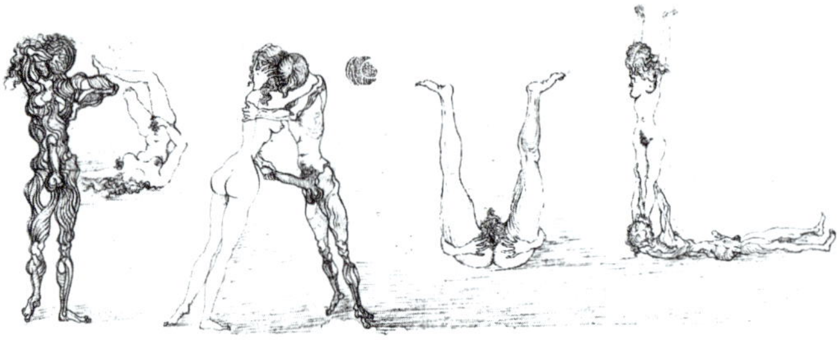

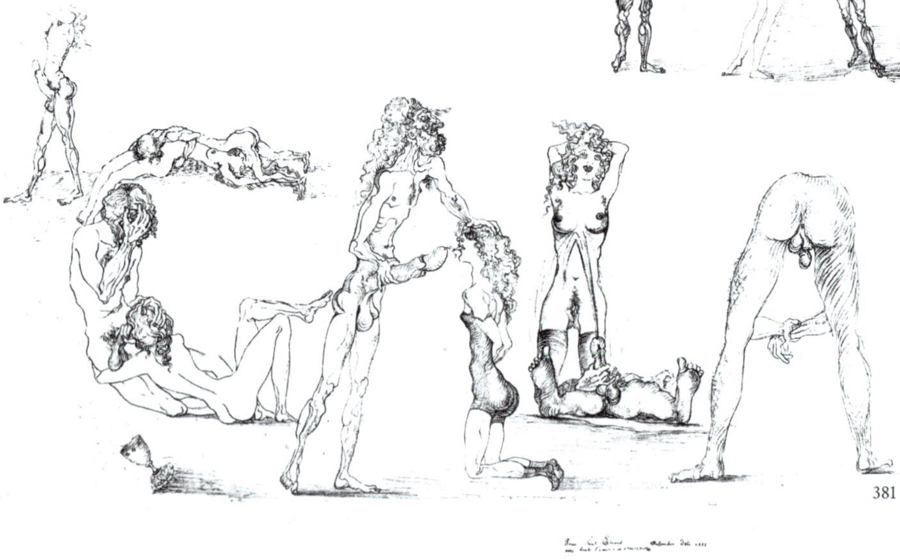

381

381 **Erotische fantasie op de voornamen Paul (Eluard) en Gala. Tekening die Dalí aan Eluard heeft geschonken**, 1931 △

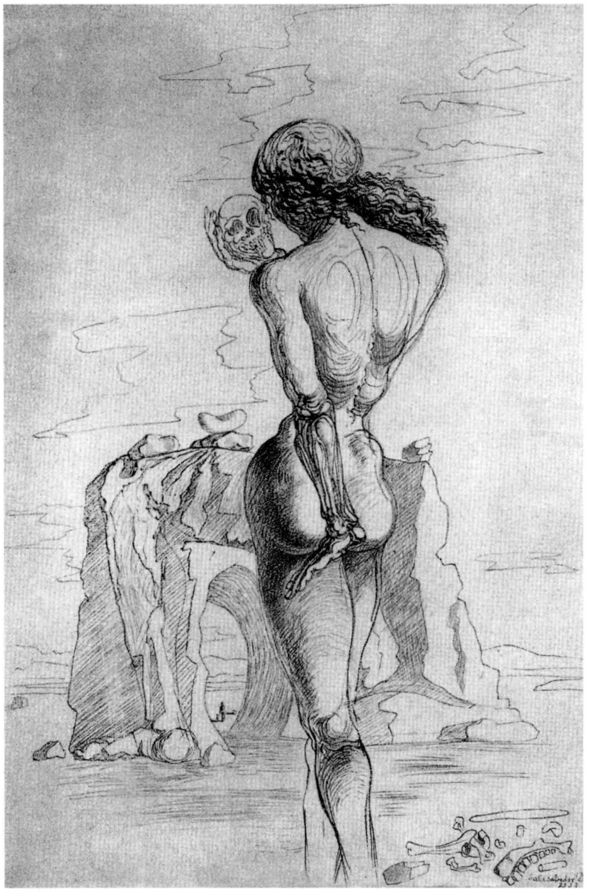

382

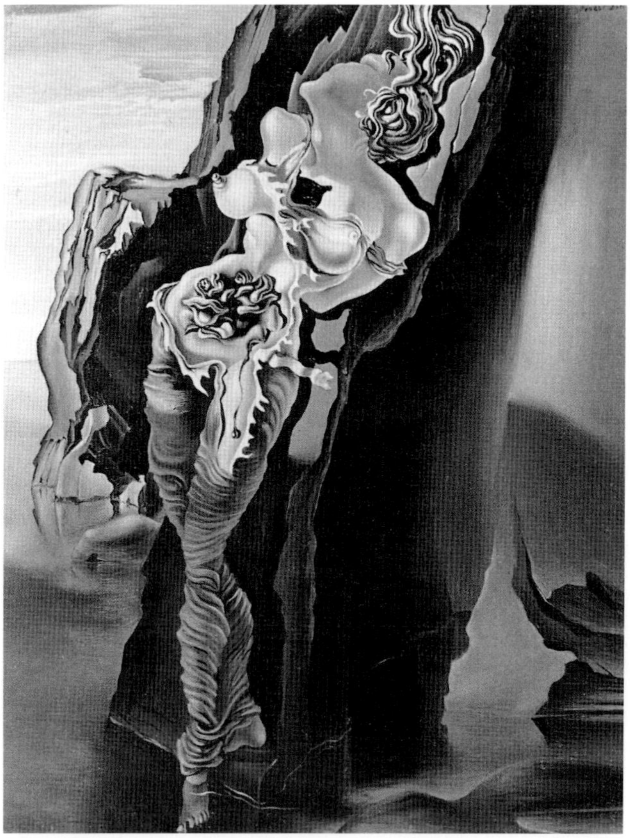

383

motief, dat hij als zeer belangrijk beschouwt, maar geeft ze verschillende titels. Een van de drie wordt in 1930 verwoest tijdens de protestmanifestatie die uitbreekt naar aanleiding van de première van de film 'L'âge d'or' in Studio 28 in Parijs.

Uit dezelfde periode stammen de veel bekendere weke uurwerken, het doek *De duurzaamheid van de herinnering* (blz. 163) dat de theorie van het 'harde' en het 'weke' illustreert die voor Dalí zo belangrijk is. Bij het harde horen bijvoorbeeld de rotsen van Cap Creus die op de achtergrond te zien zijn en die precies zijn afgebeeld op de plaats waar de Pyreneeën naar zee afdalen. Daar hadden Dalí en Gala zich in die roerige periode teruggetrokken. Daar geeft Dalí zich over aan "de lange meditatieve beschouwing van die rotsen", die ten slotte in hoge mate bijdraagt aan de geboorte van deze "morfologische esthetiek van het weke en het harde", die overeenkomt met Gaudi's mediterrane gotiek. Het is bijna onvoorstelbaar dat de geniale Catalaanse architect niet op Cap Creus zou zijn geweest om er de gekliefde rotsformaties te bekijken als je dat landschap vergelijkt met zijn *Sagrada Familia* of het Güell-park in Barcelona. Daarin zag Dalí het "principe van de paranoïde metamorfose gematerialiseerd... Alle beelden die bij de aanblik van de rotsen oplichten, transformeren zich naarmate je dichterbij komt of verder weg staat. Dat is een sensatie die niet alleen ik onderga, ook de vissers hebben dat al lang geleden geconstateerd en die rotsformaties daarom namen gegeven als kameel, adelaar, aambeeld, monnik, dode vrouw, leeuwekop... In die voortdurende verkleedpartij ontdekte ik de diepe betekenis van het schaamtegevoel van de natuur waarop Heraclitus een toespeling maakt in zijn zin 'de natuur houdt ervan zich te verstoppen'. Door de beweeglijke vormen van die onbeweeg-

382 **Gradiva**, 1933 △

383 **Gradiva**, 1931 ❑

384 **Gradiva**, 1932 △

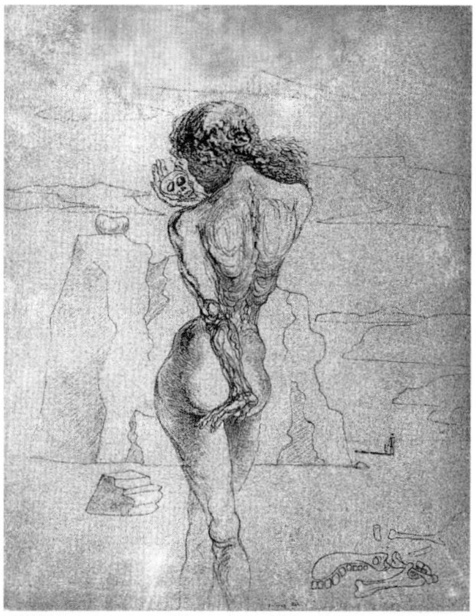

384

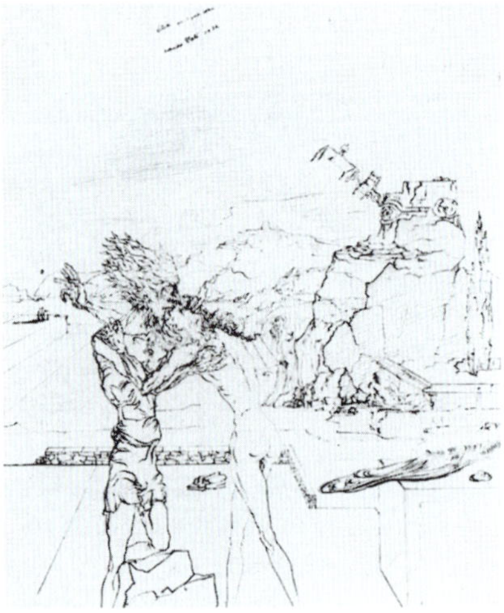

385

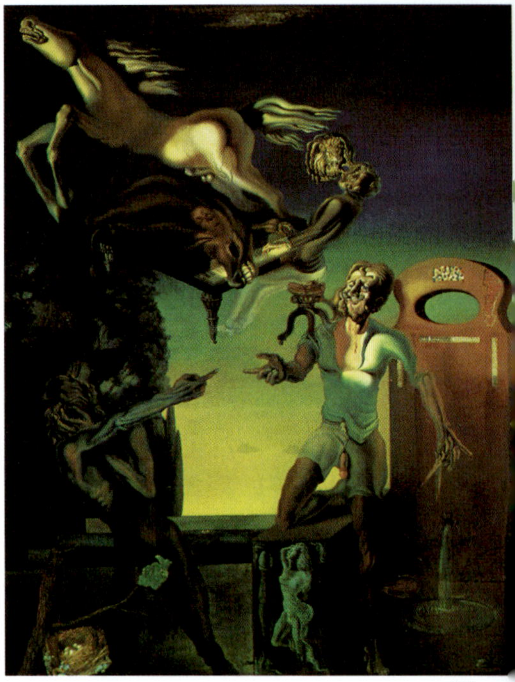

386

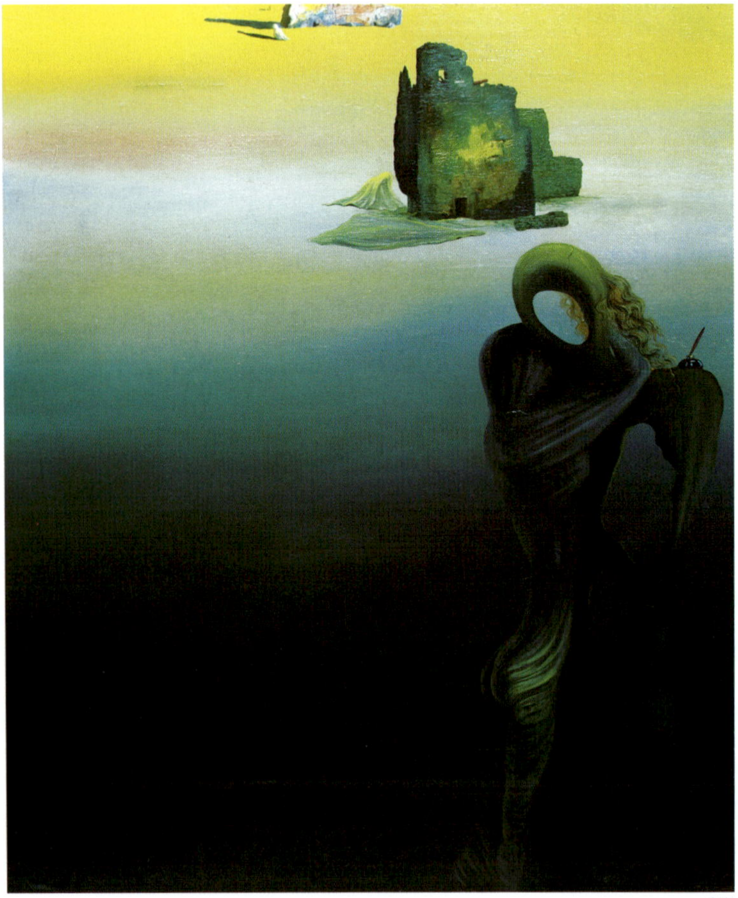

387

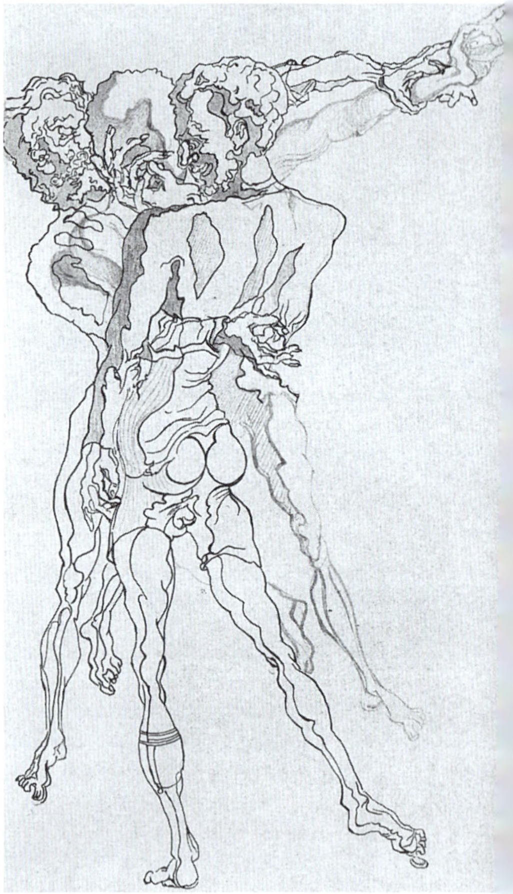

388

lijke rotsen te observeren, dacht ik na over mijn eigen rotsen, de rotsen van mijn denken. Ik wou dat ze waren zoals die van de Costa Brava, dat ze met elke kleine beweging in de geestelijke ruimte veranderen en nieuwe verbanden scheppen, zichzelf tegenspreken, zich anders voordoen, huichelachtig, verkleed, vaag en concreet, zonder droom, zonder de 'sluier van het wonder', meetbaar, constateerbaar, fysisch, objectief, materieel en hard als graniet. Dat wat ik wilde, had in het verleden drie filosofische voorlopers, het sofistische denken in Griekenland, het jezuïtische denken van St.-Ignatius van Loyola in Spanje en het dialectische denken van Hegel in Duitsland... Die laatste manier van denken mist helaas de ironie, een wezenlijk element in het denken. Bovendien heeft Hegel de kiem voor de revolutie gelegd..."

Waarmee zou het 'weke' als tegenstelling tot het 'harde' beter geïllustreerd kunnen worden dan met de geschiedenis van de weke uurwerken, die ook de geschiedenis van Dalí's persoonlijkheid is. "In plaats van me hard te maken, zoals het leven me had kunnen maken, bouwde Gala een slakkehuis voor me, zoals de kluizenaar Bernard er een had, en terwijl ik mezelf voor de buitenwereld steeds meer als vesting zag, zette ik in mijn innerlijk mijn veroudering in het weke, in het superweke voort. En op de dag dat ik besloot uurwerken te schilderen, schilderde ik ze week. Dat gebeurde op een avond dat ik moe was. Ik had migraine, wat zelden voorkomt. We zouden met vrienden naar de bioscoop gaan, maar op het laatste moment besloot ik thuis te blijven. Gala ging met hen uit, terwijl ik vroeg naar bed ging. We hadden ons avondeten afgesloten met een voortreffelijke camembert en toen ik alleen was, bleef ik nog een ogenblik aan tafel zitten en dacht na over problemen die zich aan mij voordeden in verband met die 'super-

385 **Studie voor 'Het grote schilderij'**, 1932 △

386 **Wilhelm Tell**, 1930 ❑
Guillaume Tell

387 **Gradiva vindt de antropomorfe ruïnes terug – Retrospectieve fantasie**, 1931 ❑
Gradiva retrouve les ruines anthropomorphes – Fantaisie rétrospective

388 **Figuurstudie voor 'Wilhelm Tell'**, 1932 △

389 **Wilhelm Tell, Gradiva en doorsneebureaucraat**, 1932 △
Guillaume Tell, Gradiva et bureaucrate moyen

390 **Het verlangen van de kannibaal**, 1932 ❑ La nostalgie du cannibale

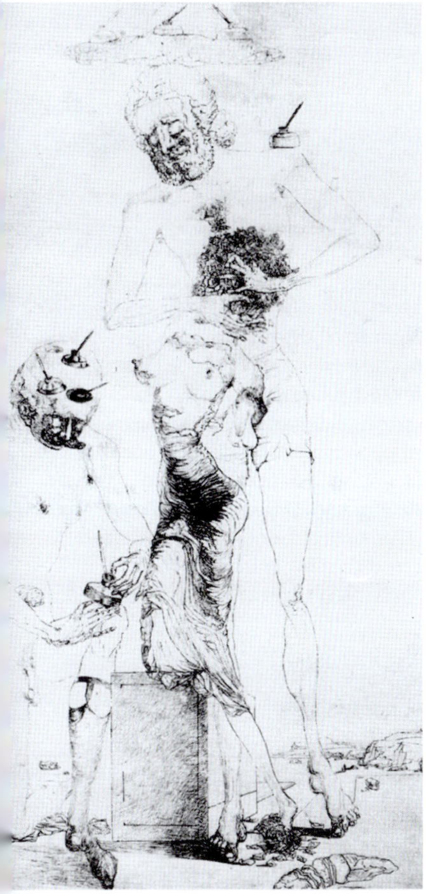

389

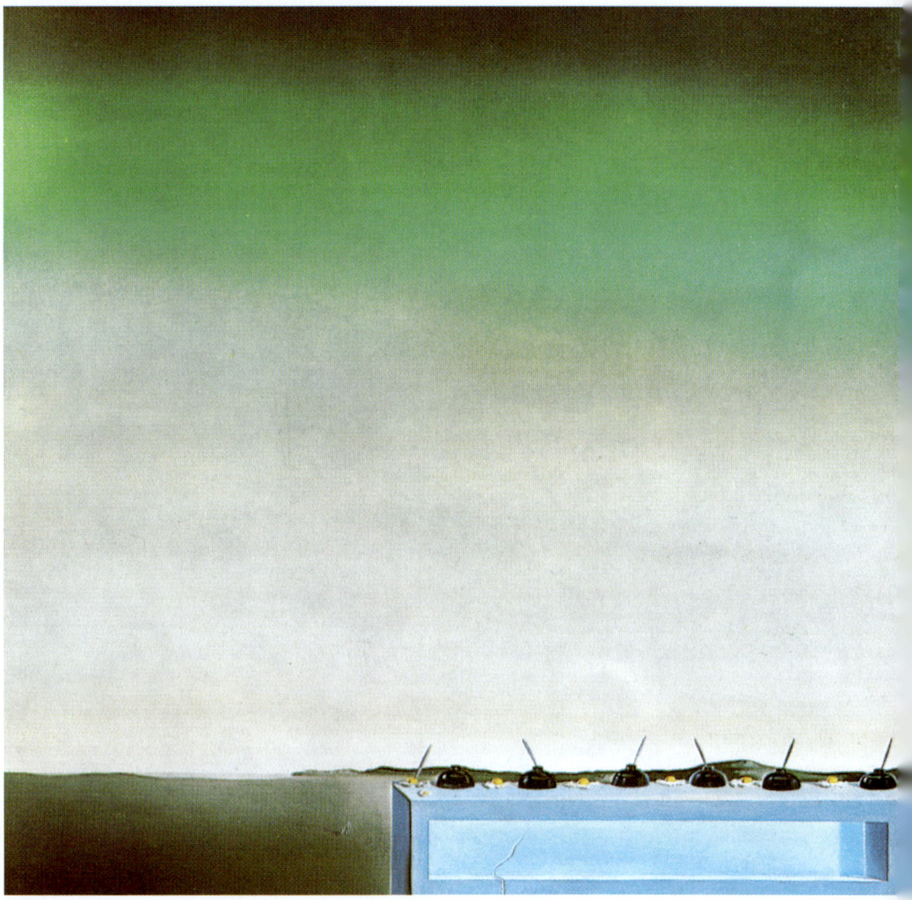

390

weke', vloeiende kaas. Ik stond op en ging naar mijn atelier om nog een laatste blik op mijn werk te werpen, zoals mijn gewoonte was. Het doek waaraan ik juist bezig was, was een landschap in de buurt van Port Lligat, waar de rotsen beschenen leken te zijn door een doorschijnend licht van de avondschemering. Op de voorgrond had ik een olijfboom geschilderd met gesnoeide takken en zonder bladeren. Dit landschap moest dienen als achtergrond voor mijn nieuwe idee, maar voor welk idee? Ik zocht naar een verrassend beeld, maar vond er geen. Ik deed het licht uit en ging de kamer uit en op dat moment 'zag' ik de oplossing letterlijk: twee weke uurwerken waarvan er een zielig over een tak van de olijfboom hing. Ondanks mijn hoofdpijn maakte ik mijn palet klaar en ging aan het werk. Twee uur later, toen Gala terugkwam van de bioscoop, was het schilderij dat een van mijn beroemdste zou worden, voltooid..."

Korte tijd later koopt de Amerikaanse galeriehouder Julien Levy de weke uurwerken, die nu een nieuwe titel krijgen, *De duurzaamheid van de herinnering.* Hij is ook degene die Dalí beroemd maakt in de VS en daarmee de basis legt voor zijn vermogen. Hij vindt het schilderij buitengewoon, maar meent toch dat het niet aan de smaak van het publiek voldoet en dat het onverkoopbaar is. De tijd die volgt, zal hem het tegendeel bewijzen, want het doek wordt gekocht en weer verkocht om uiteindelijk definitief een plaats te krijgen in het Museum of Modern Art in New York.

De eetbare schoonheid

Avida Dollars zwemt niet altijd in geld. Er was een –weliswaar zeer korte– tijd dat hij tussen de schenkingen van zijn vader en het inkomen uit de verkoop van zijn werk door elke peseta moest omdraaien. De financiële toestand van Dalí en Gala zou overigens altijd gecompliceerd blijven; was het niet doordat de Dalí's aanzienlijke bedragen opnamen en over de balk smeten, dan was het wel doordat hun 'secretarissen' zich enorm verrijkten. Hoe dan ook: toen Dalí stierf, liet hij aan de Spaanse staat weliswaar een schat aan prachtige huizen en schilderijencollecties na, maar zelf was hij arm en zijn bankrekening was geplunderd, zoals zijn vader hem altijd had voorspeld.

Wanneer de financiële middelen opdrogen omdat Galerie Goemans failliet gaat, of beter, omdat haar weldoener, graaf Charles de Noailles, zich iets te hartstochtelijk voor abstracte kunst interesseert, zoeken de Dalí's hun toevlucht in Cadaqués en laten Parijs achter zich, "alsof je een pan pens verlaat... Maar vóór ons vertrek wilden we de spijzen voorbereiden, die we dan twee tot drie maanden lieten sudderen. Onder de surrealisten strooide ik de nodige ideologische slogans... rond." Dalí noemt de verschillende "stukken vuurwerk" op die hij bij zijn vlucht om zich heen heeft gegooid en waarvan hij het demoraliserende effect bij terugkeer hoopt te zien. "Ik nam het op voor: 'Raymond Roussel versus Rimbaud;' jugendstil-objecten versus Afrikaanse objecten; trompe l'œil-stillevens versus plastieken; imitatie versus interpretatie." Ik wist dat dit alles voor jaren zou volstaan; verklaringen gaf ik opzettelijk slechts zeer zelden. Toentertijd was ik nog niet 'spraakzaam' geworden; ik liet slechts het hoogst noodzakelijke los, woorden die alleen bedoeld waren om iedereen te verontrusten." Maar hij bracht toen al zijn "verschrikkelijk grove en met Spaans fanatisme geladen" opmerkingen in tegen de Franse conversatie. Zo antwoordt hij een kunstcriticus die het onophoudelijk over 'materie' heeft, over de 'materie' van Courbet en hoe deze zijn 'materie' behandelde: "Hebt u ooit geprobeerd het te eten ?... Als het om stront gaat, prefereer ik nog altijd die van Chardin."

In die periode is Gala zijn enige rijkdom; Gala die hem overal volgde, hem verdedigde, beschermde, zowel tegen anderen als tegen zichzelf. Hij kan het absoluut niet begrijpen: "de gedachte een vrouw in mijn atelier te hebben, een echte vrouw, die zich bewoog, met zintuiglijke waarnemingen, lichaamshaar en tandvlees, leek mij plotseling zo verleidelijk dat het me moeite kostte te geloven dat dit werkelijkheid zou kunnen worden."

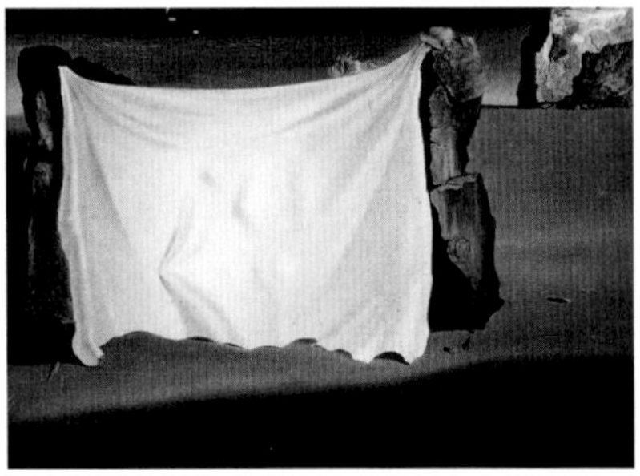

391

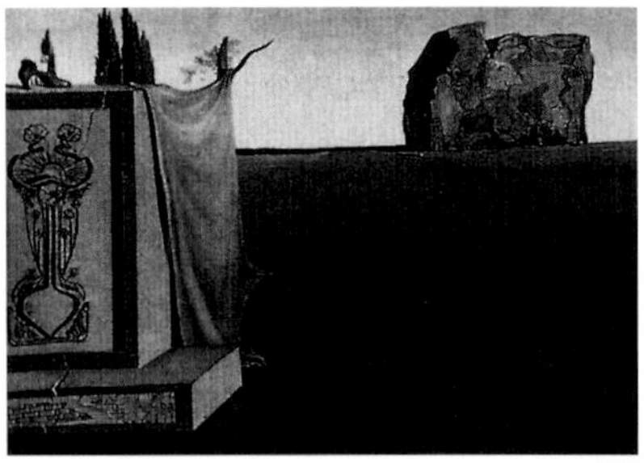

392

391 **Zonder titel**, 1931 ❑

392 **Landschap**, 1931 ❑
Paysage

Nauwelijks terug in Parijs wil hij alweer vertrekken; maar hij moet blijven om het daar "te laten donderen en regenen. Maar deze keer zal het goud regenen! We moeten ons meester maken van het geld dat we nodig hebben om het werk aan ons huis in Port Lligat te voltooien!" Zijn toenmalige strategie, die hij zijn hele leven zou gebruiken, licht Dalí toe in zijn 'Geheime leven'. Enerzijds is er de aris-

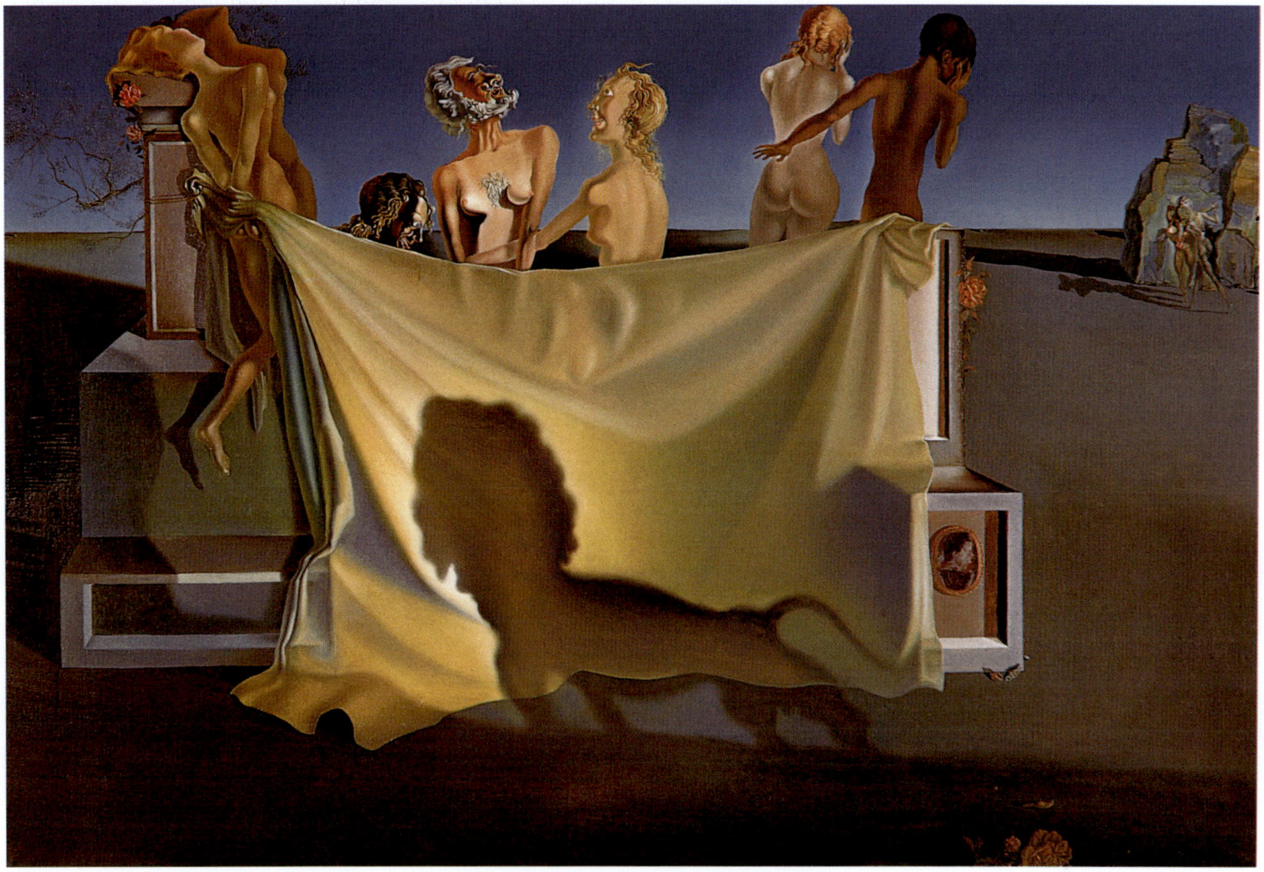

393

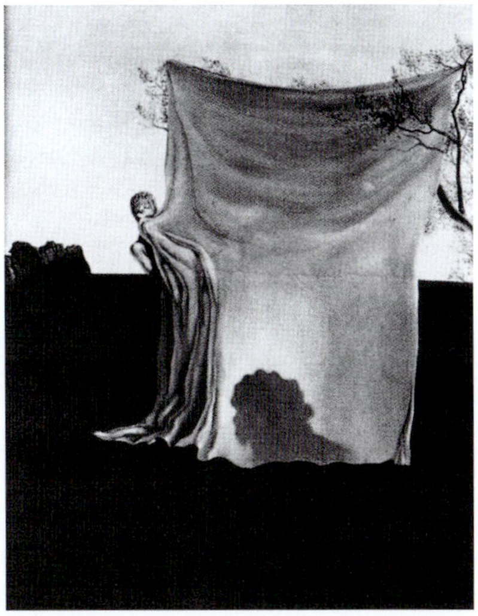

394

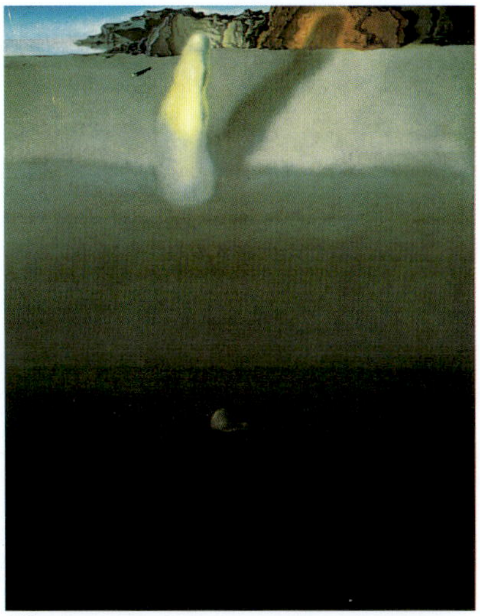

395

393 **De oude dag van Wilhelm Tell,** 1931 ❑
La vieillesse de Guillaume Tell

394 **Het gevoel van wording**, 1930 ❑
Le sentiment du devenir

395 **Aan het strand**, 1931 ❑
Au bord de la mer

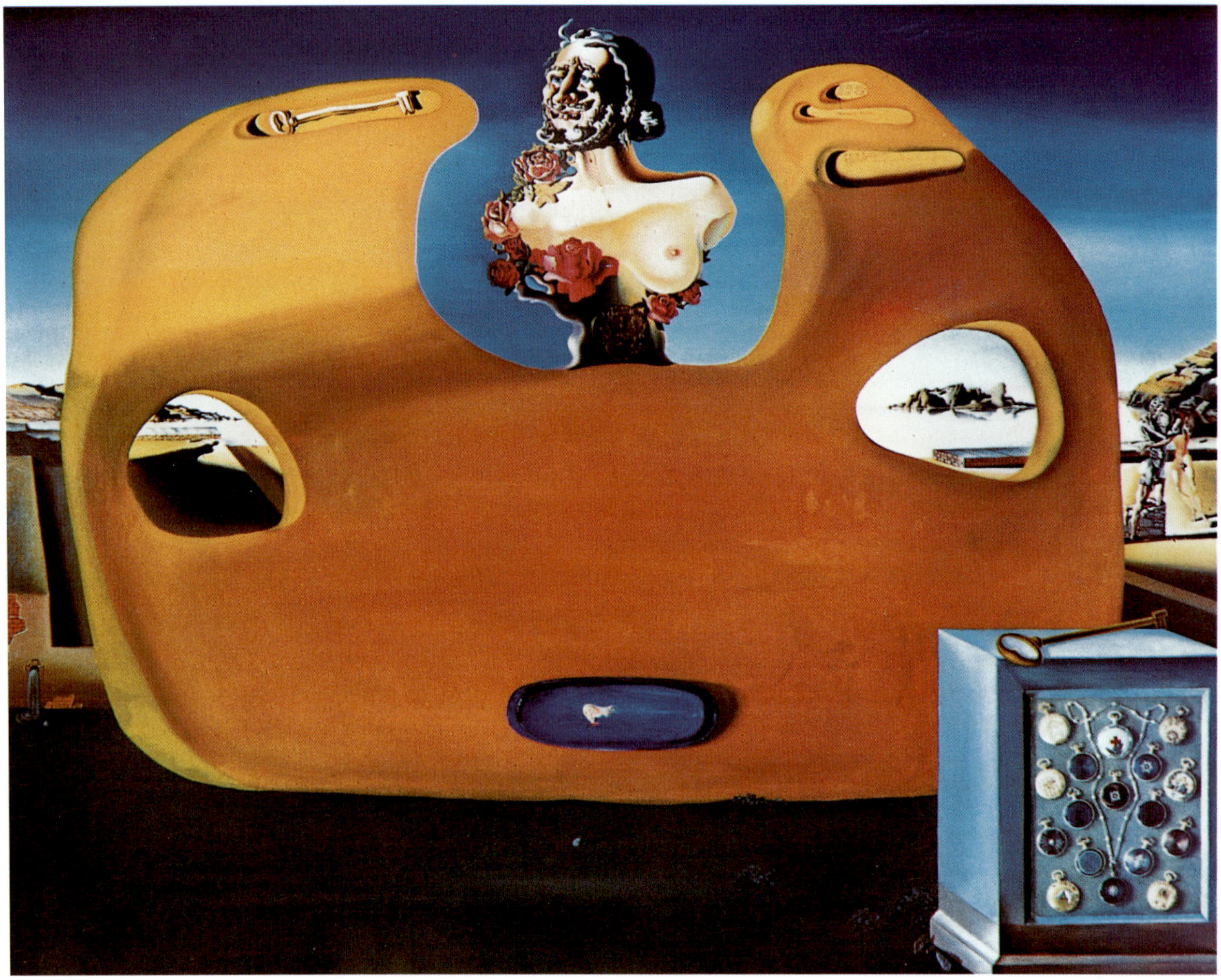

396

396 **Herinnering van de kind-vrouw**, 1932 ❑
La mémoire de la femme-enfant

tocratie, die bestaat uit een bepaalde soort flamingo's die op één been staan, een "houding waarmee ze willen laten zien dat ze gedwongen zijn tot stilstand, om verder alles van bovenaf te overzien, om de ordinaire grond slechts aan te zullen raken als het absoluut noodzakelijk is". Hun biedt hij zijn krukken aan: "Krukken, krukken en nog eens krukken. Ik vond zelfs een piepklein gezichtskrukje van goud en robijnen uit. De vork ervan was flexibel; die moest zich naar de neuspunt vormen en die omhoog houden. Het andere, zacht afgeronde einde was bedoeld om tegen het kuiltje in het midden boven de bovenlip te rusten. Het was dus een neuskruk, een volstrekt waardeloos voorwerp, dat instemming zou vinden bij bepaalde, misdadig elegante, snobistische dames." Dankzij hem en zijn duizenden krukken kan de aristocratie overeind blijven. "De trots op hun ene been en de krukken van mijn intelligentie maken hen sterker dan de door de intellectuelen –die ik zeer goed ken– voorbereide revolutie."

Anderzijds zijn er de parvenu's, "die kleine haaien die krampachtig het succes najagen." Dalí besloot om voor eens en altijd beide groepen te gebruiken, al deze mensen die men samen 'de society' noemt. Om zich een weg naar de roem te banen, gebruikte hij hun "prutserige lasterpraat, waarvan ze zich uit jaloezie bedienen" in zijn voordeel. De aristocratie steunt op hem. De strebers met hun slinkse streken en hun achterbakse geroddel leveren hem een onuitputtelijke hoeveelheid stof op die hij altijd ten behoeve van zichzelf zou gebruiken.

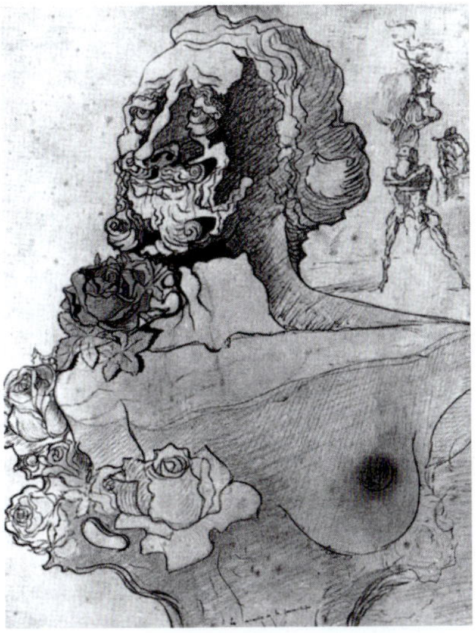

397

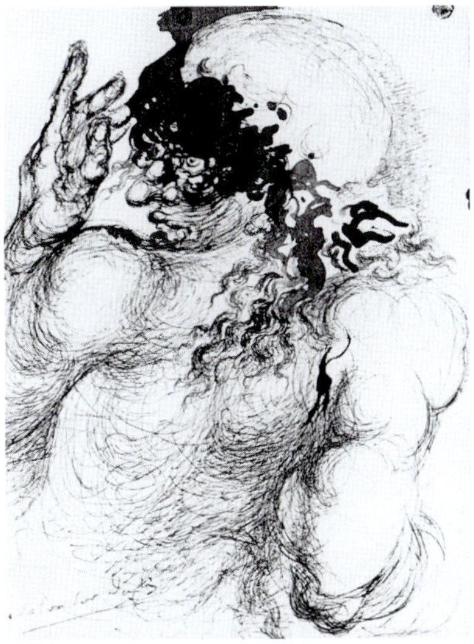

398

397 **Studie voor 'Herinnering van de kind-vrouw'**, 1932 △

398 **Zonder titel**, 1932 △

399 **De geboorte van de vloeibare wensen**, 1932 ❑
Naissance des désirs liquides

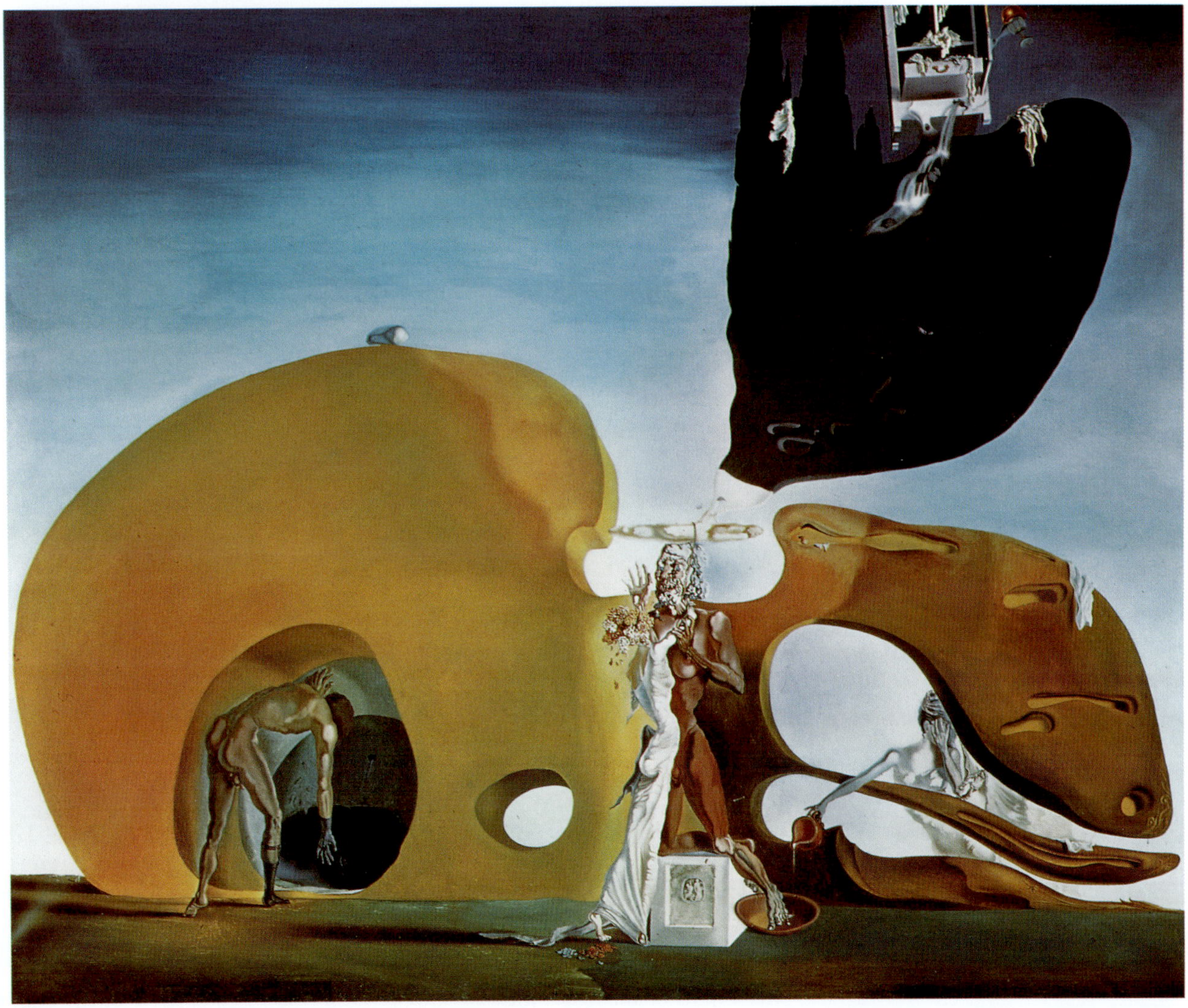

399

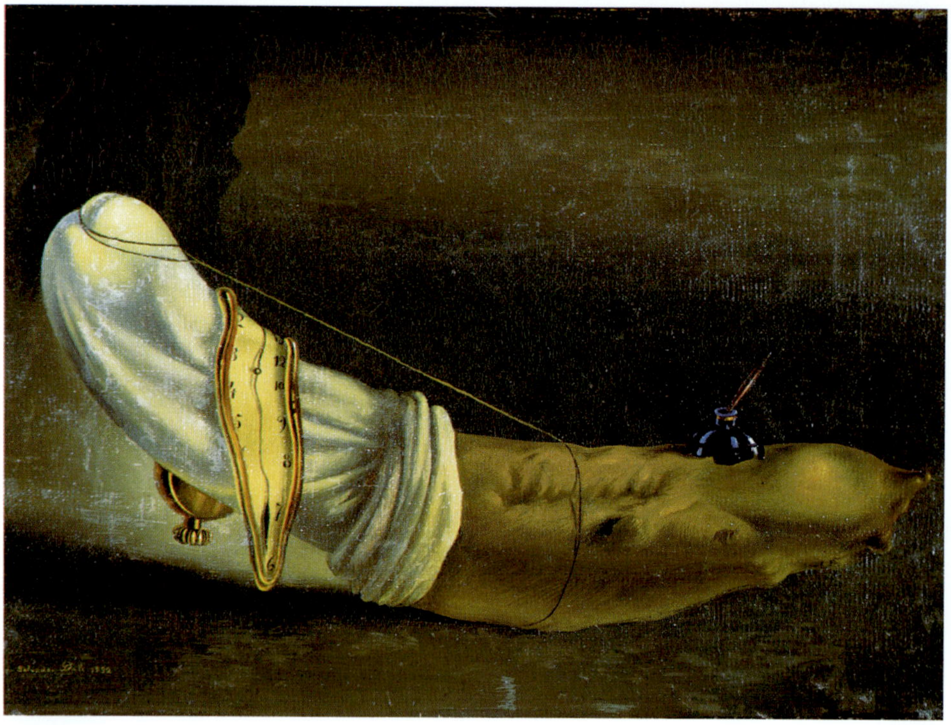

400

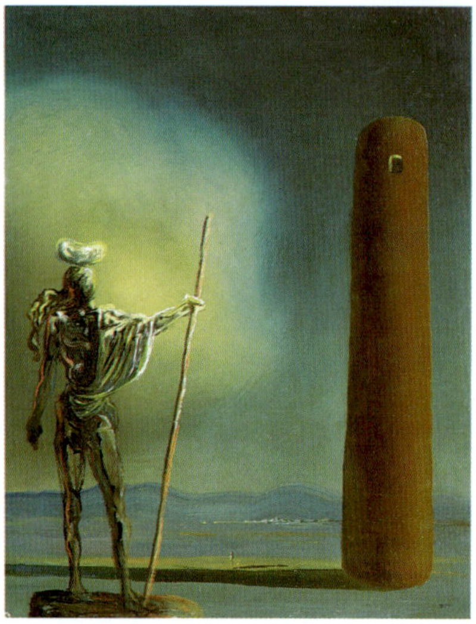

401

Tegen de primitieve objecten, de door Picasso en de surrealisten geprezen zwarte kunst, brengt hij de decadente, gecultiveerde Europese jugendstil-objecten in stelling. Hij herontdekt zelfs de metro-ingangen van rond de eeuwwisseling, die men helaas begon af te breken, en zorgt ervoor dat het Musée de la Ville de Paris een van deze ingangen koopt; tegenwoordig prijst het museum zich gelukkig met deze aankoop. Met een diepgaande logica verklaart hij: "Ik heb de periode rond 1900 steeds als een psychopathologisch eindprodukt van de Grieks-Romeinse decadentie beschouwd. Ik zei bij mezelf: omdat deze mensen niets van esthetiek willen weten en alleen door de 'levenskracht' opgewonden raken, zal ik hun laten zien dat achter het kleinste versierseltje van een object van rond 1900 meer mysterie, meer poëzie, meer erotiek, meer krankzinnigheid, perversiteit, kwelling, pathos, grootsheid en biologische diepte schuilgaat dan achter hun inventaris van ontelbare, gruwelijk lelijke fetisjen met lijven en zielen van een eenvoudigweg buitengewone stupiditeit!"

Zo schildert hij het *Portret van Vicomtesse Marie-Laure de Noailles* (blz. 188) in perfecte Jugendstil en daardoor leefde de belangstelling voor een kunststroming die al lang uit de mode was geraakt weer op. Maxim's, dat juist wil moderniseren, blaast de werkzaamheden af en restaureert in plaats daarvan zijn jugendstil-ramen. Zelfs in New York decoreert men de etalages naar de mode van toen. Maar zoals altijd gaat Dalí's invloed een eigen leven leiden, zodat de nieuwe mode hem uit handen glipt en hij moet toegeven dat hij "haar niet meer kan sturen of ervan kan profiteren. Ik merkte hoe mijn onzichtbare invloed Parijs begon te beheersen. Als iemand verachtelijk over functionele architectuur sprak, wist ik dat zijn mening van mij kwam. Zei iemand in willekeurig verband: 'Ik ben bang dat dat er modern zal uitzien', dan kwam dat van mij. De mensen konden weliswaar niet beslissen of ze mij zouden volgen, maar ik had hun overtuigingen doen schudden! En de moderne kunstenaars hadden alle reden om mij te haten. Ik was zelf echter nooit in de positie van mijn ontdekkingen te profiteren; in dat opzicht is niemand voortdurend zo geplunderd als ik. Op het moment van mijn aankomst in Parijs lanceerde ik de Jugendstil... en ik hoefde maar over straat te lopen om de

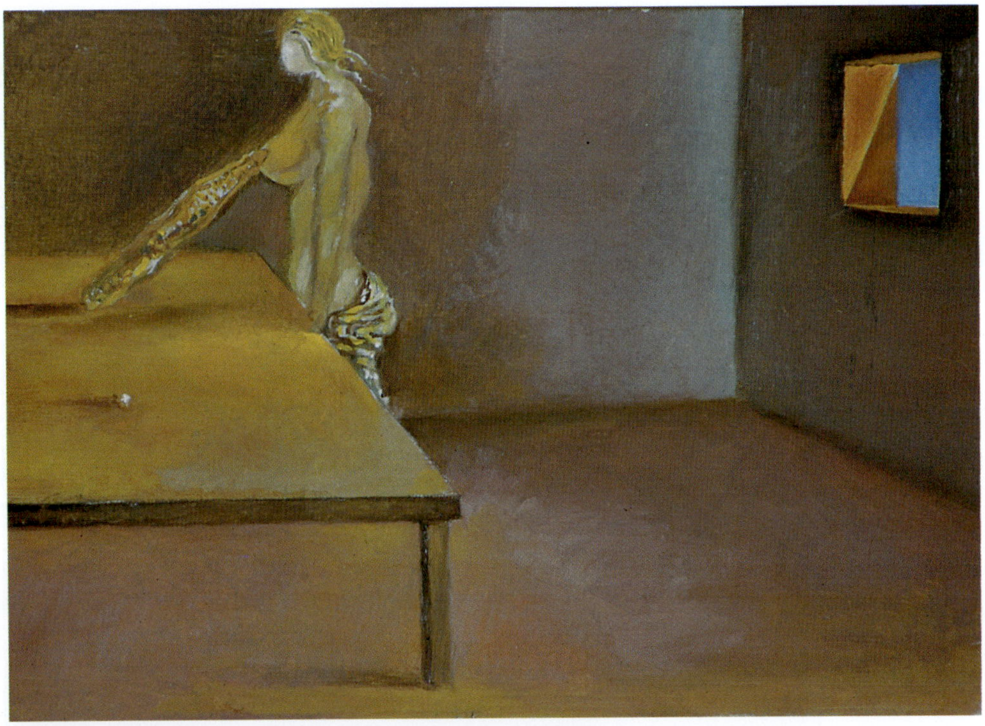

402

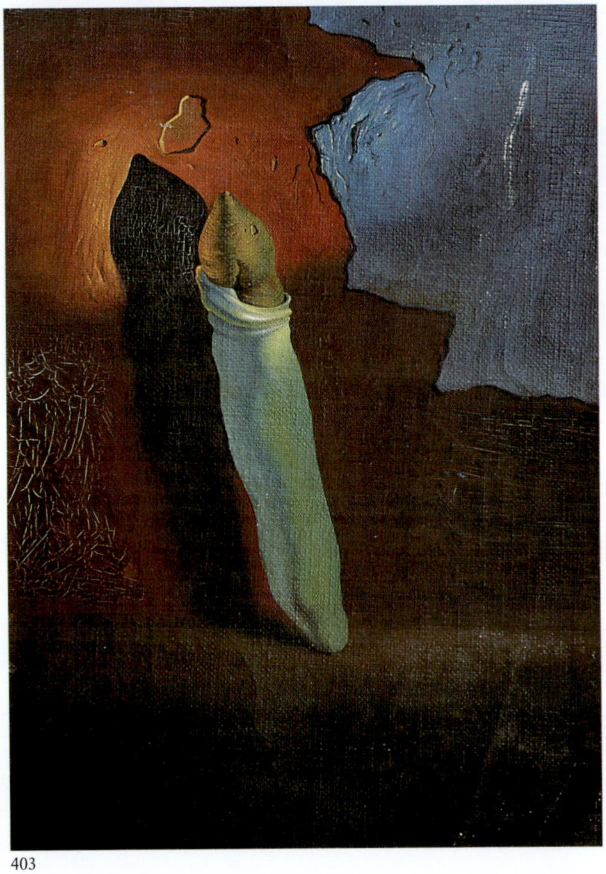

403

400 **Antropomorf brood – Catalaans brood**, 1932 ❑
Pain anthropomorphe – Pain catalan

401 **Ridder voor de toren**, 1932 ❑
Le chevalier à la tour

402 **Zonder titel – Vrouwenfiguur met Catalaans brood**, 1932 ❑
Sans titre – Figure féminine avec pain catalan

403 **Antropomorf brood**, rond 1932 ❑
Pain anthropomorphe

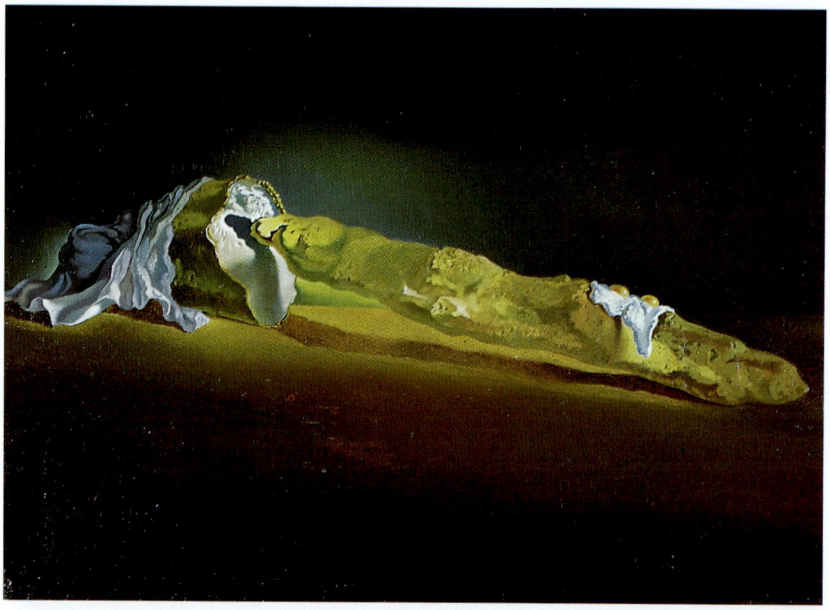

405

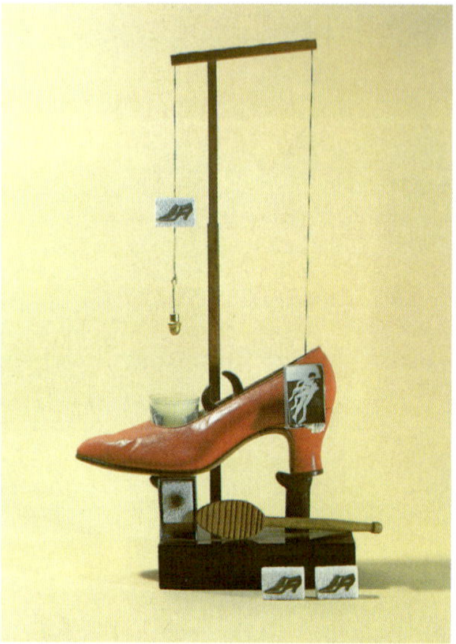

404

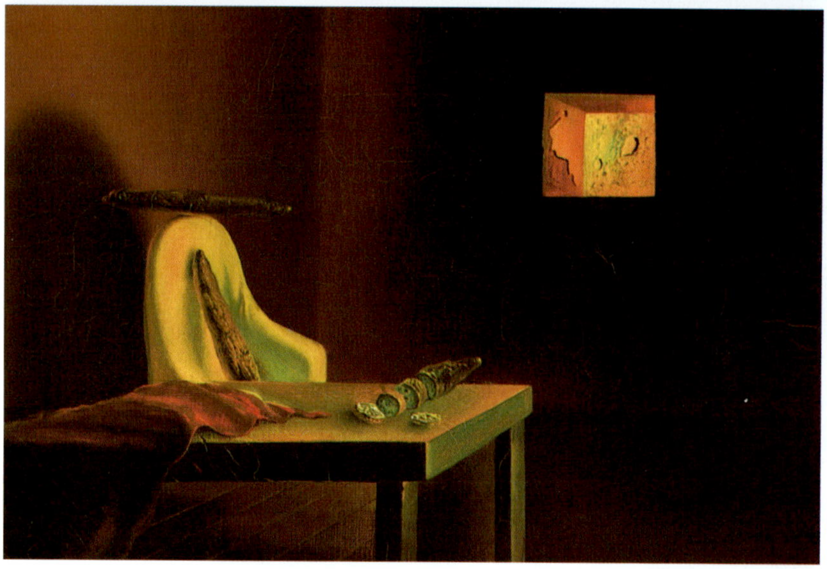

406

404 **De schoen – Surrealistisch object met symbolische functie**, 1932 ❍
Le soulier – Objet surréaliste à fonctionnement symbolique

405 **Middelgroot Frans witbrood met twee spiegeleieren op het bord zonder het bord, te paard, tijdens een poging sodomie te bedrijven met een stuk Portugees brood**, 1932 ❑
Pain français moyen avec deux œufs sur le plat sans le plat, à cheval, essayant de sodomiser une mie de pain portugais

406 **De onzichtbare man**, 1932 ❑
L'homme invisible

sporen van mijn invloed te ontdekken... Iedereen speelde het klaar mijn ideeën uit te voeren, zij het middelmatig. Ikzelf was daartoe niet in staat!"

Of het nu uit angst, uit gebrek aan lijden of vanwege zijn Catalaanse primitivisme is, Dalí begint koortsachtig surrealistische objecten met broden te maken. Hij had altijd al een bijzondere voorliefde voor brood gehad. In Figueras bedekte hij de muren van zijn museum met ronde Catalaanse broden. Vaak sloot hij een brood in zijn armen, sabbelde en knabbelde eraan, om het dan als het ei van Columbus rechtop te zetten. "Niets zou eenvoudiger zijn dan in de rug van het brood twee mooie, regelmatige gaten te boren en in beide een inktpotje te plaatsen. Wat is onterender en esthetischer dan te zien hoe dit broodschrijfgerei in het gebruik geleidelijk met spatten inkt bezoedeld wordt? Een klein rechthoekje in het broodschrijfgerei zou precies goed zijn om daar de pen in te steken... En voor

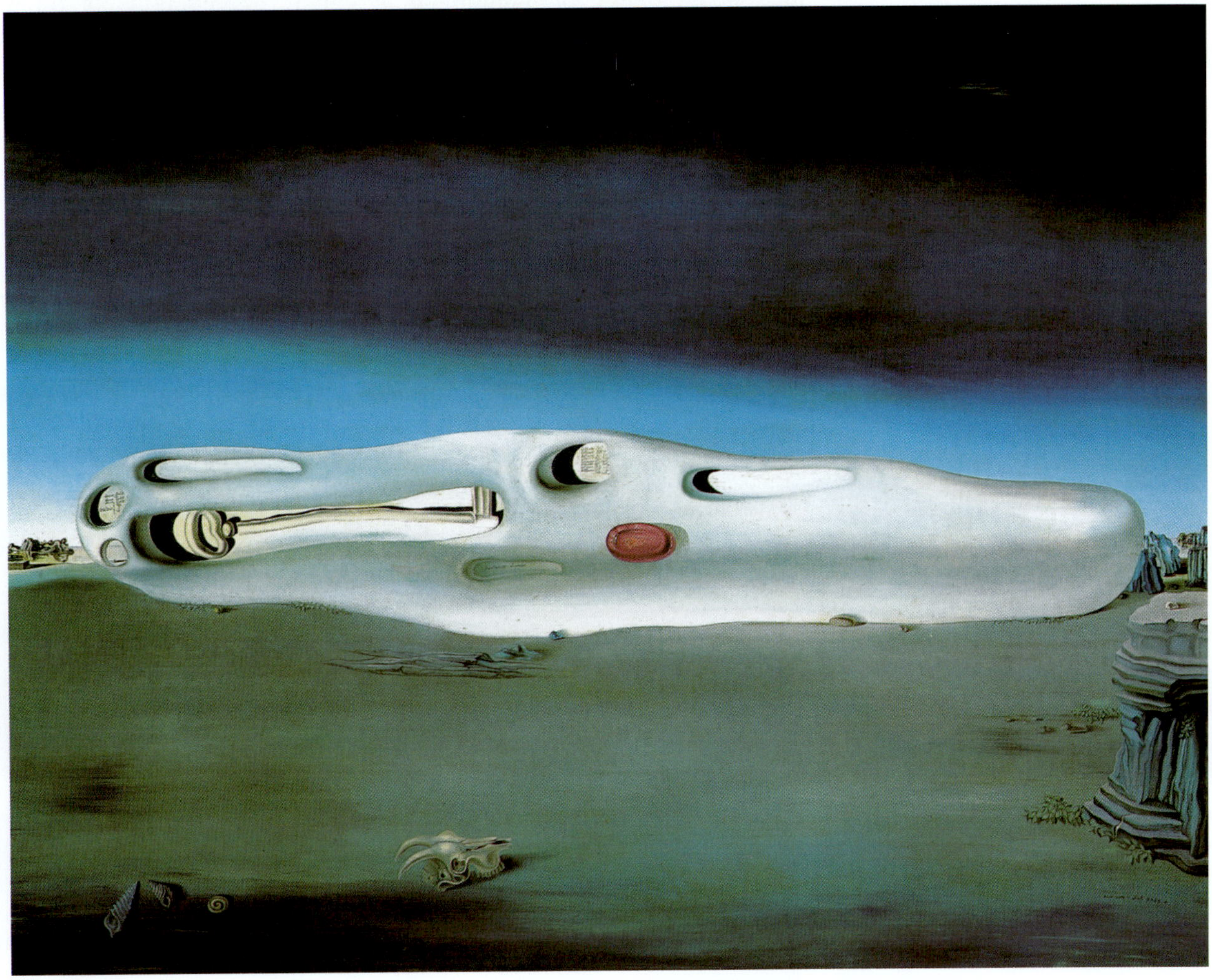

407

het geval je telkens verse kruimels wilde, onberispelijke gumkruimels, hoefde je alleen elke ochtend je brood-inktpot-houder maar te verwisselen... Net in Parijs aangekomen, zei ik tegen iedereen die het horen wilde: 'Brood, brood en nog eens brood. Niets dan brood.' 'Is hij communist geworden?' vroegen ze lachend. Want ze vermoedden al dat mijn brood niet bedoeld was als levensonderhoud voor grote gezinnen. Mijn brood was afschuwelijk antihumanitair, met dit brood wreekte de luxe van de fantasie zich op het nuttigheidsdenken van de wereld van het praktische verstand, het was het aristocratische, esthetische, paranoïde, gecultiveerde, jezuïtische, fenomenale, verlammende, overduidelijke brood... Op een dag zei ik: 'Daar is een kruk!' Iedereen dacht dat het een loze uitspraak was, een humoristische bevlieging. Vijf jaar later begonnen ze te ontdekken dat 'het belangrijk was'. Toen zei ik: 'Daar is een broodkorst!' En ze begon meteen bete-

Vervolg op blz. 187

407 **Fantasieën bij wakkere zinnen**, 1932 ❑
Fantaisies diurnes

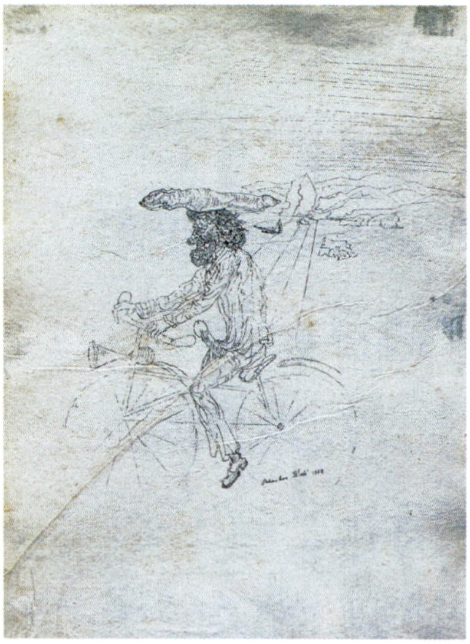

408

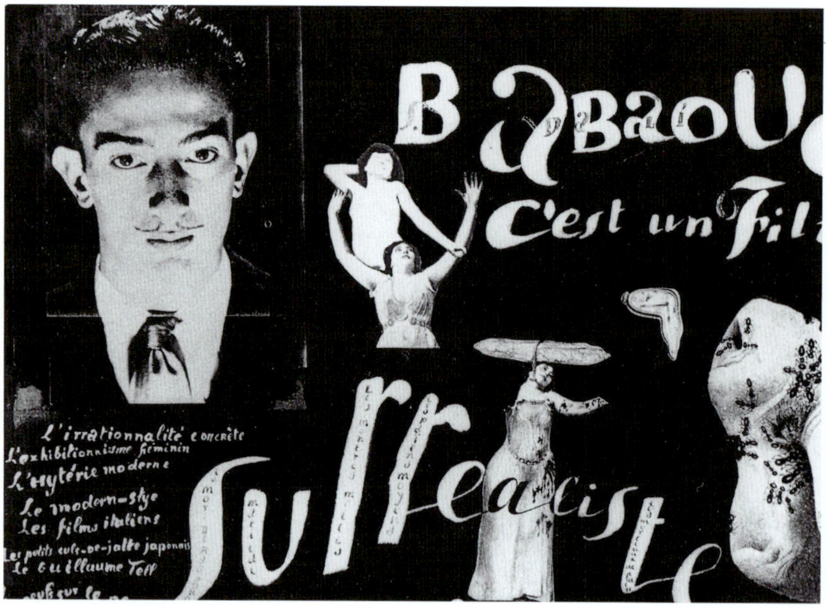

410

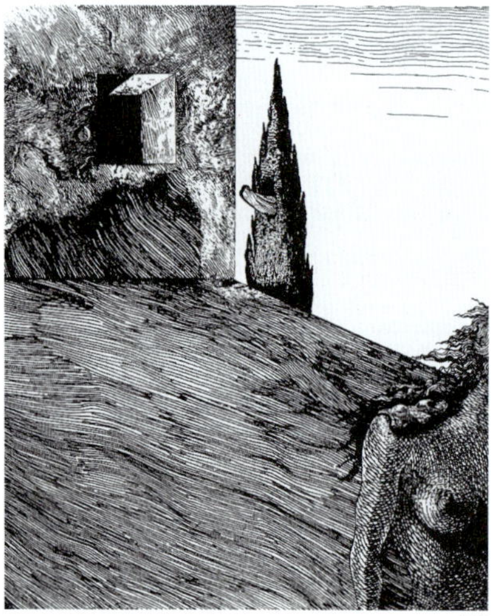

409

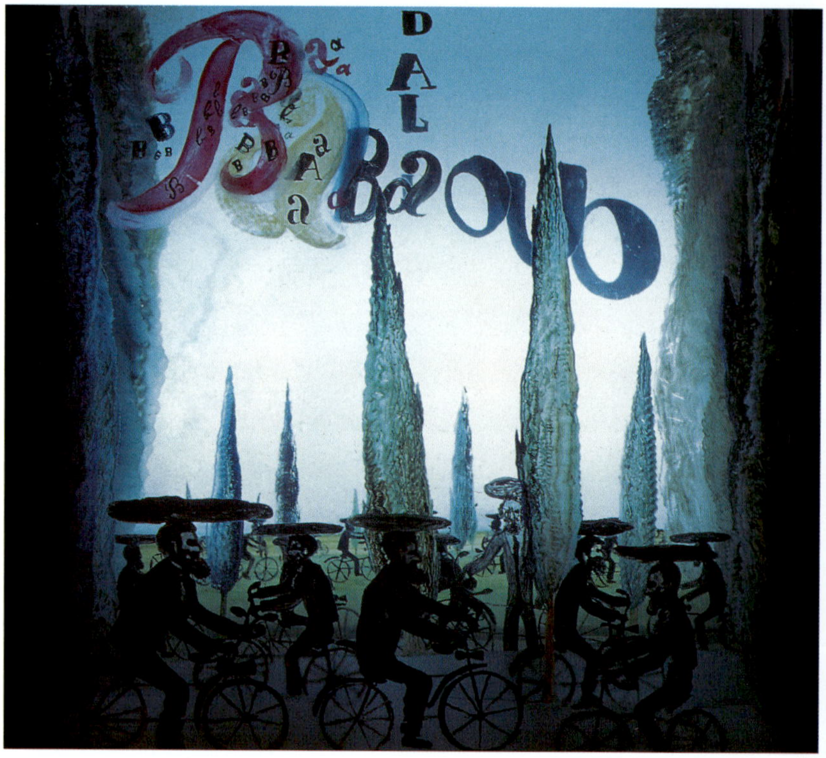

411

408 **Zonder titel – Fietser met een brood op zijn hoofd**, 1932 △
Sans titre – Cycliste avec un pain sur la tête
409 **Tekening**, 1932 △
Dessin
410 **Babaouo. Advertentie voor de publikatie van het draaiboek**, 1932 △
411 **Babaouo**, 1932 ○
412 **Surrealistisch object dat de momentsherinnering aangeeft**, 1932 ❑
Objet surréaliste indicateur de la mémoire instantanée

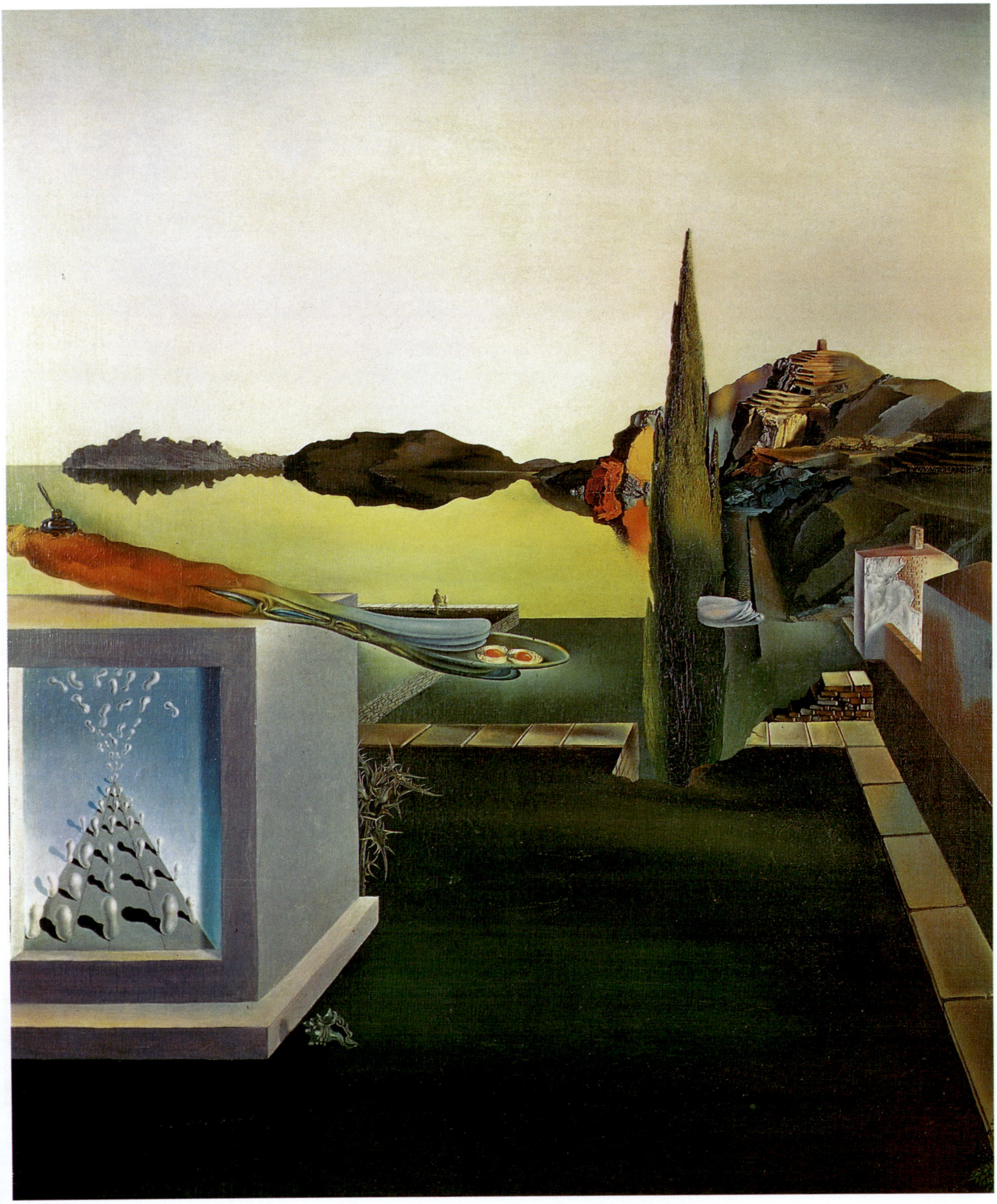

412

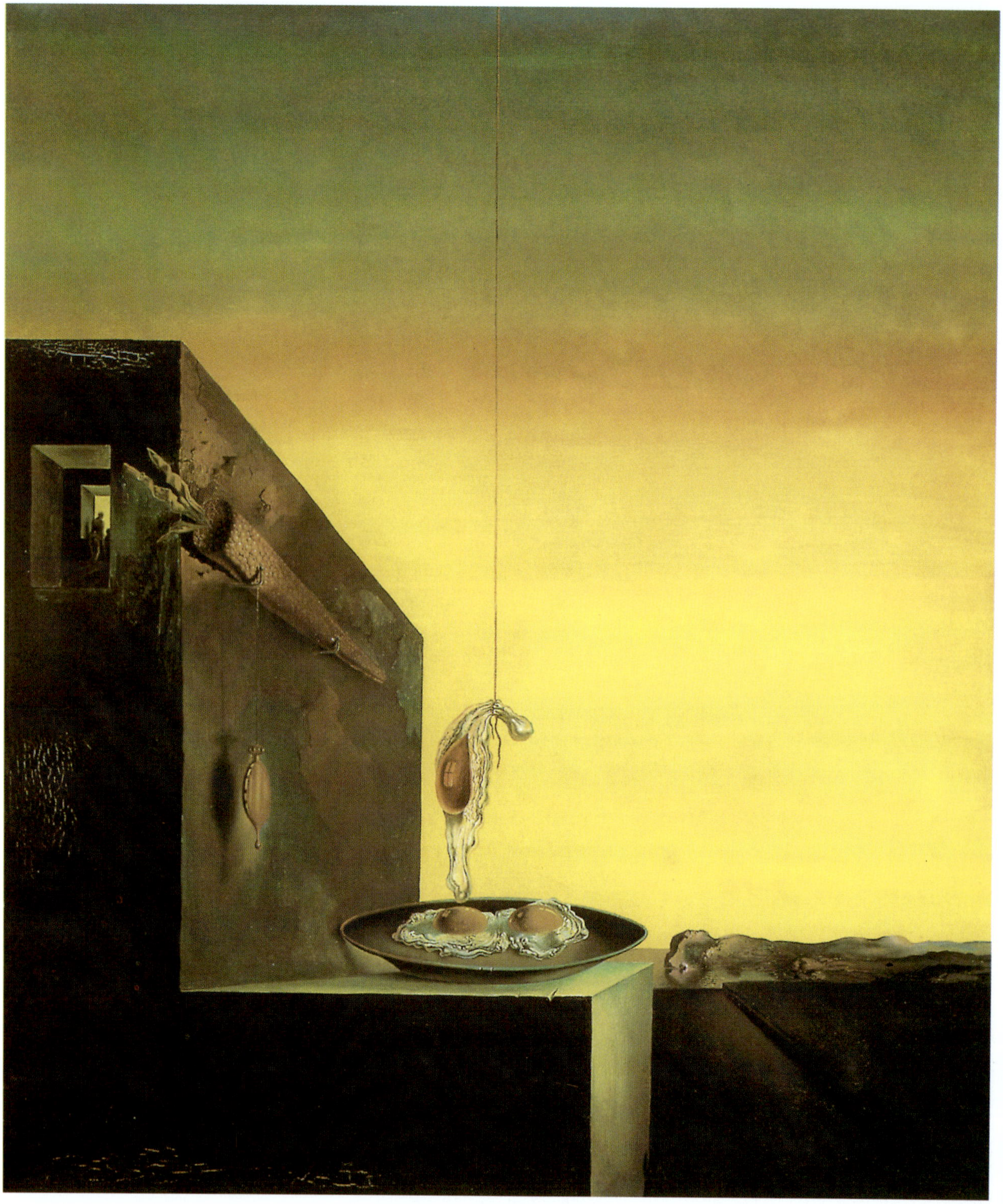

413

413 **Spiegeleieren op het bord zonder het bord**, 1932 ❑
Œufs sur le plat sans le plat

414 **Het samenkomen van illusie en stopgezet ogenblik (Gebakken eieren, aangeboden op een lepel)**, 1932 ❑
Œufs frits présentés dans une cuillère (La rencontre de l'illusion et du moment arrêté)

415 **Surrealistische architectuur**, rond 1932 ❑
Architecture surréaliste

416 **Agnostisch symbool**, 1932 ❑
Symbole agnostique

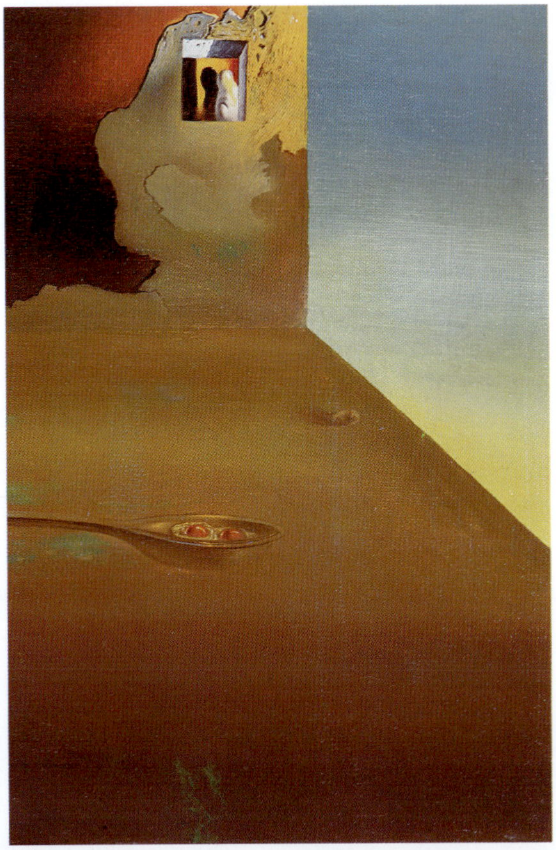

414

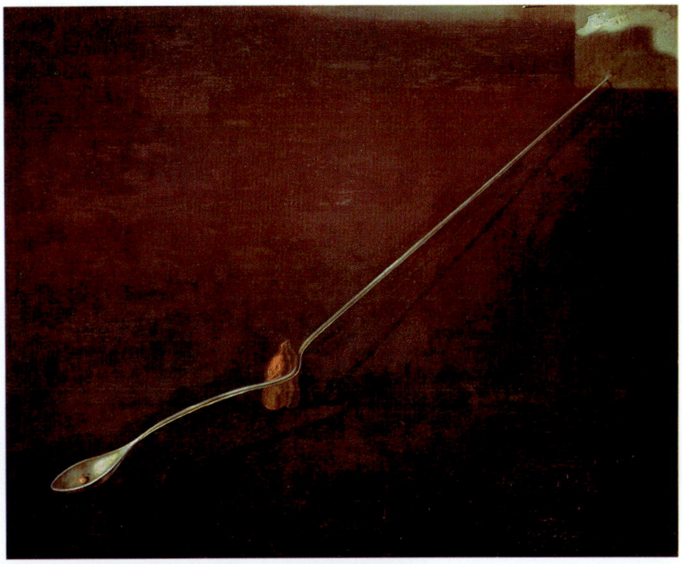

416

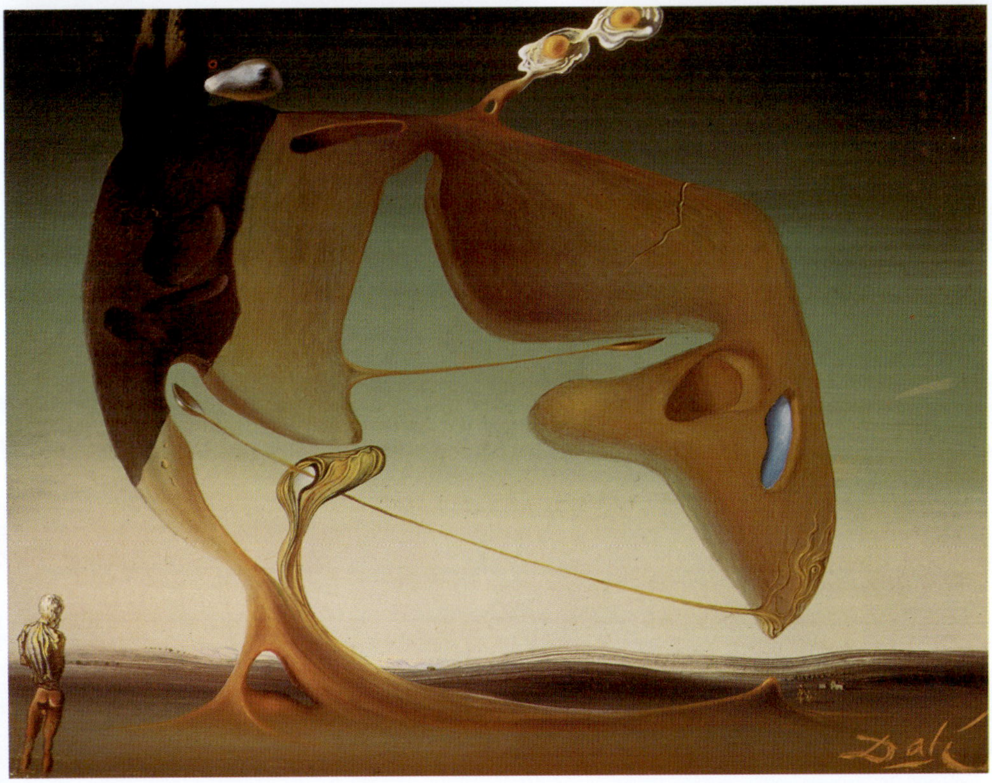

415

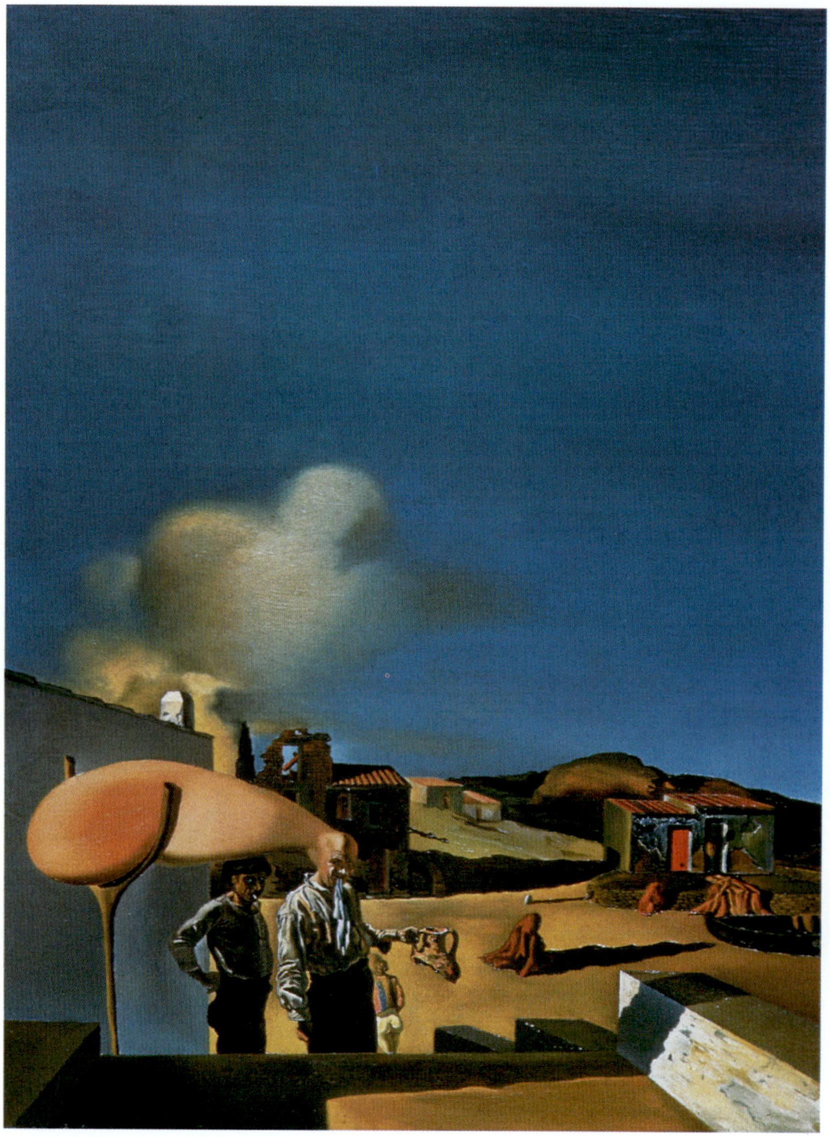

420

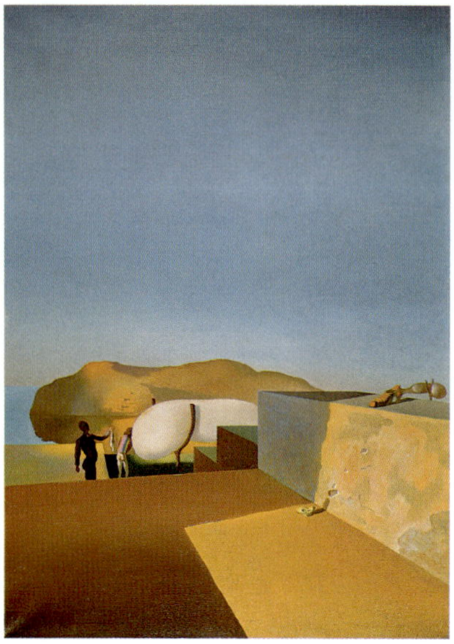

417

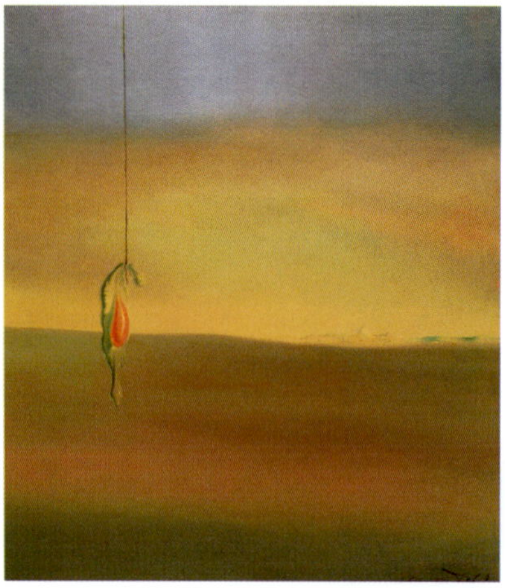

418

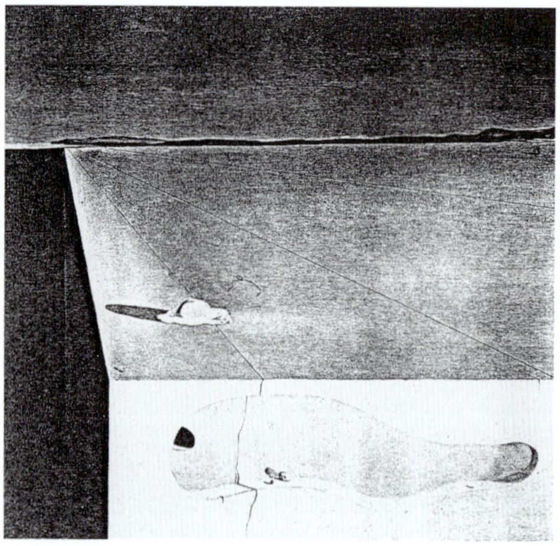

419

417 **De duurzaamheid van het mooie weer**, rond 1932-1934 ❑
Persistance du beau temps

418 **Spiegelei op het bord zonder het bord**, 1932 ❑
Œuf sur le plat sans le plat

419 **Spiegelei op het bord zonder het bord**, 1932 ❑
Œuf sur le plat sans le plat

420 **Onzichtbare harp, fijn en middel**, 1932 ❑
La harpe invisible, fine et moyenne

kenis te krijgen. Want ik had altijd de gave mijn denken concreet te objectiveren en wel zo sterk dat ik de voorwerpen waarop ik na duizend overwegingen, studies en invallen mijn vinger besloot te richten, een magisch karakter verleende." Na deze verklaringen laten de gevoelens van de toen Moskou-getrouwe surrealisten over de iconoclastische en godslasterlijke Dalí zich raden, temeer daar de broden in zijn schilderijen er meestal 'hard' en fallisch uitzagen.

Gedurende deze hele periode is Dalí zeer actief. Hij exposeert in Amerika, schrijft gedichten en draagt bij aan de tijdschriften 'Le Surréalisme au Service de la Révolution' en 'Minotaure'; in het laatste publiceert hij het befaamde artikel 'Over de vreselijke en eetbare schoonheid van de jugendstil-architectuur', dat eindigt met de beroemde uitspraak: "De schoonheid zal eetbaar of helemaal niet zijn." Maar vooral met de film 'L'âge d'or', waarvoor hij samen met Luis Buñuel het draaiboek schrijft, veroorzaakt hij weer een schandaal. De film, waarin militante aanhangers van 'Action Française' schoten afvuren op het publiek, drijft Dalí's reputatie een aanhanger van geweld te zijn op de spits.

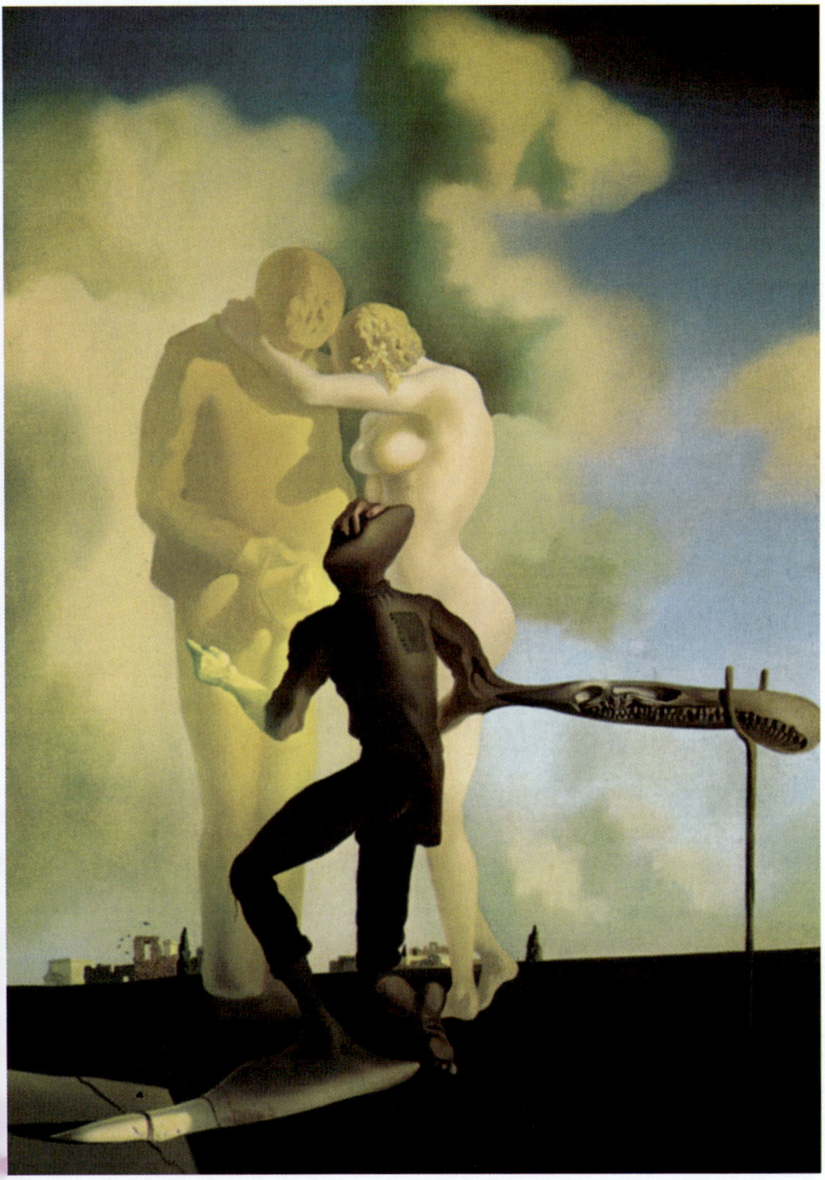

421

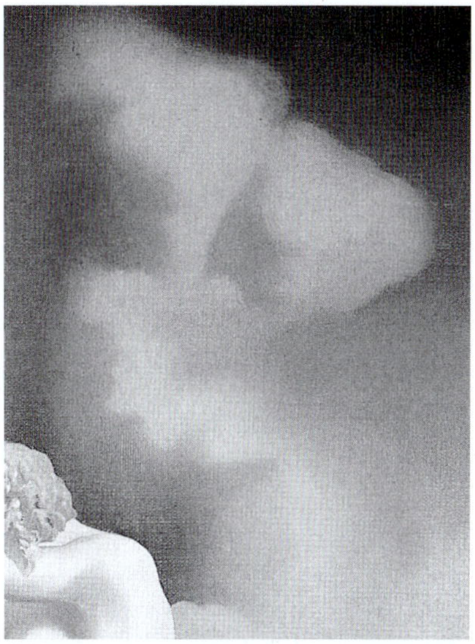

422

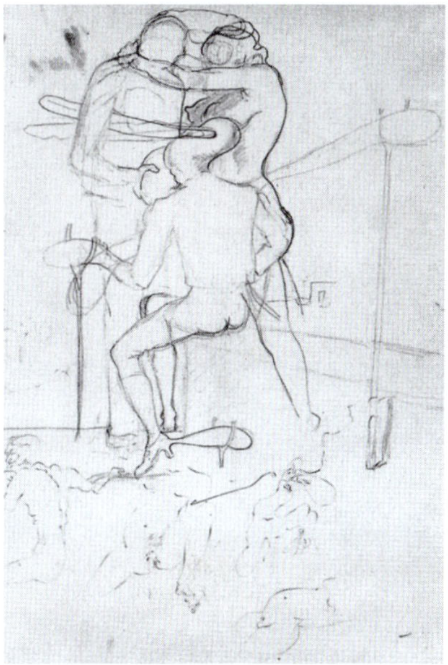

423

421 **Meditatie over een harp,** 1932-1934 ❑ Méditation sur la harpe

422 **Detail dat laat zien dat bij Dalí wolken ook naakte vrouwen konden oproepen** ✰

423 **Studie voor 'Meditatie over een harp'**, 1932-1933 △

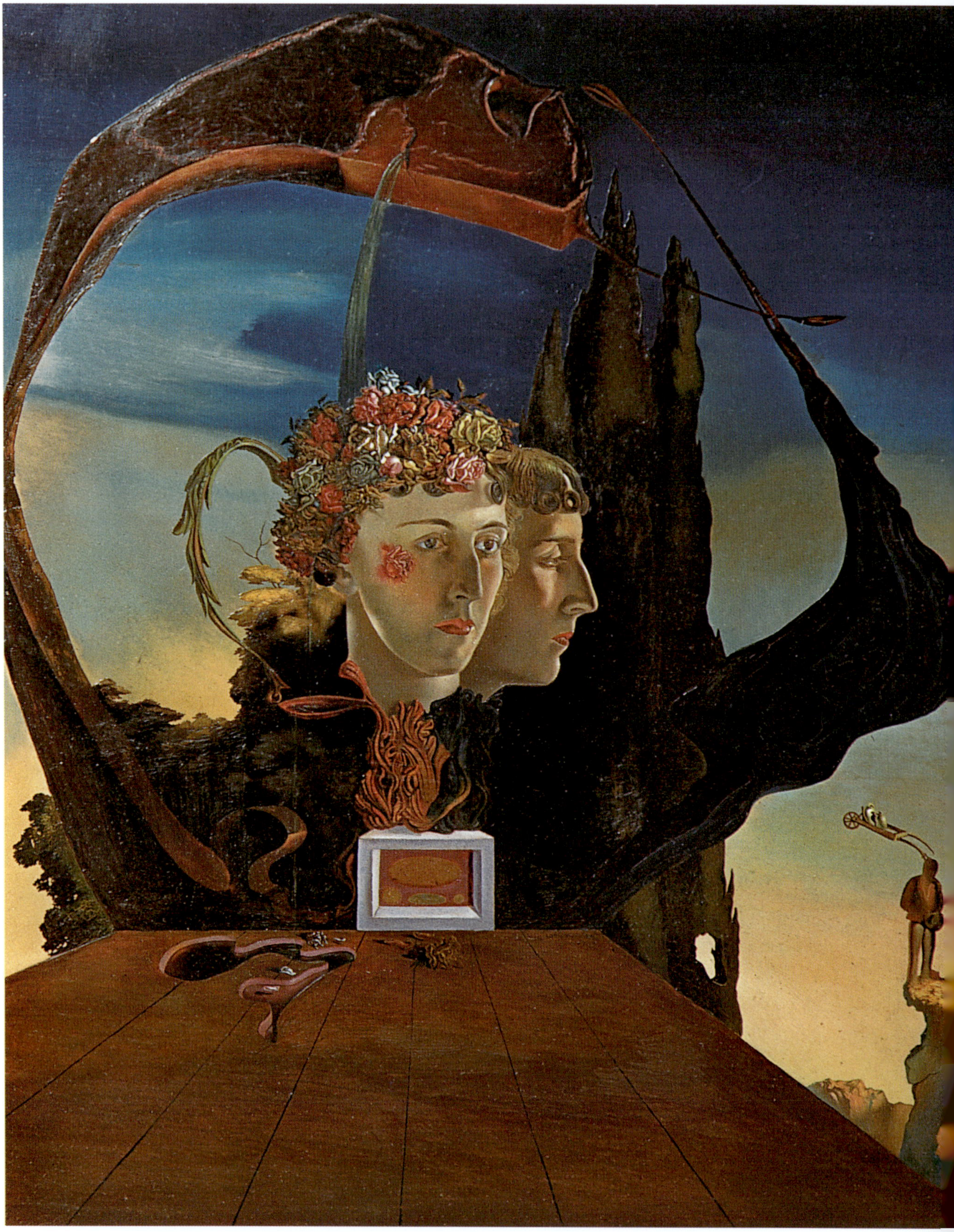

Dalí besluit nooit meer met iemand samen te werken. Als er dan toch een schandaal komt, dan voor eigen rekening en door eigen ideeën. "Ik zou bereid zijn geweest een honderd keer groter schandaal te veroorzaken, maar dan wel om 'belangrijke redenen' – revolutionair eerder uit een bovenmatig katholiek fanatisme dan uit naïef anti-klerikalisme. Zoals te verwachten was, had Buñuel me verraden en, om zich uit te drukken, beelden gekozen die van de Himalaya van mijn ideeën papieren scheepjes maakten." Dalí beseft dat "indien ik hem (de film) loochen, niemand dat zou begrijpen... Ik had *L'âge d'or* gemaakt. Dan zou ik ook de apologie van Meissonier in de schilderkunst mogen maken." Het wordt al snel gewoon de schilder alles toe te staan en te zeggen: "Dat is nu eenmaal Dalí!"

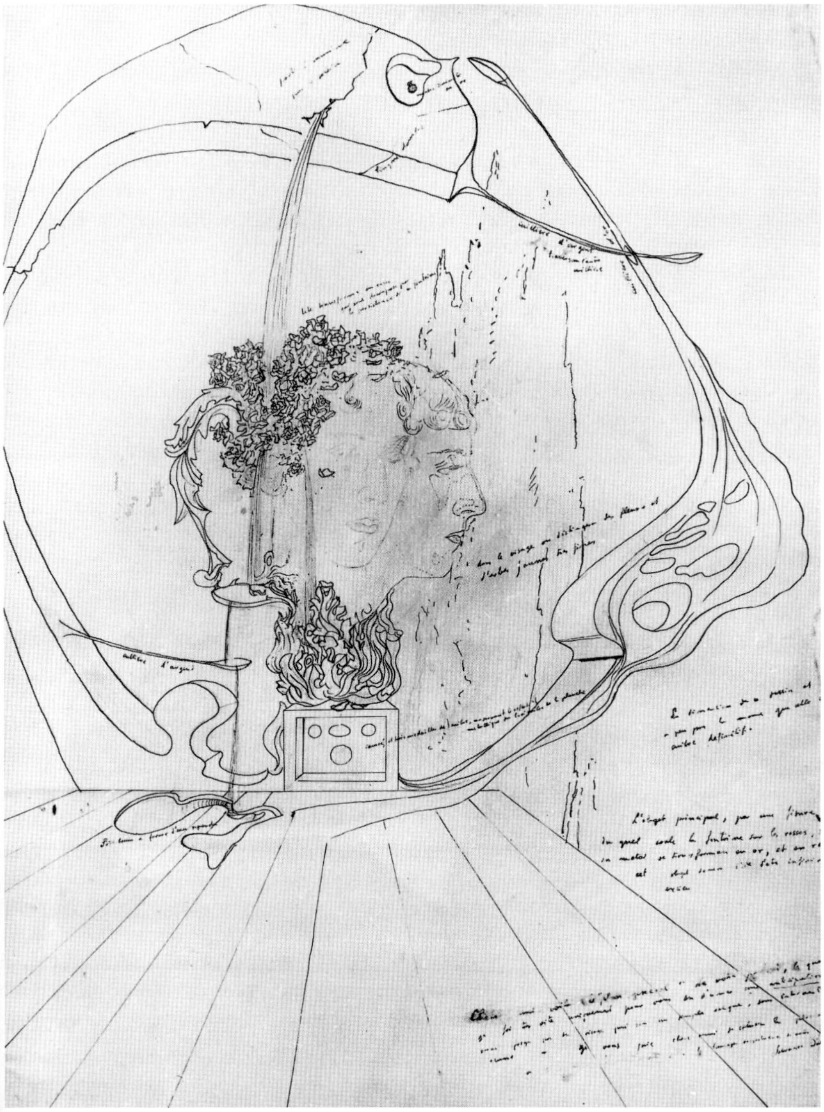

425

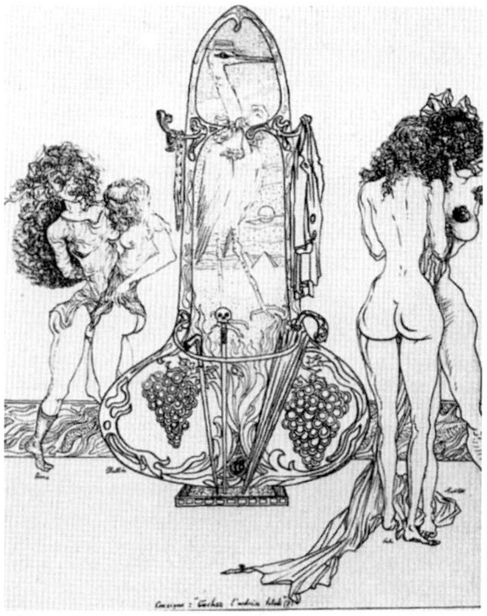

426

424 **Portret van Vicomtesse Marie-Laure de Noailles**, 1932 ❑
Portrait de la vicomtesse Marie-Laure de Noailles

425 **Voorbereidende studie voor 'Portret van Vicomtesse Marie-Laure de Noailles'**, 1932 △

426 **Dromerij – Advies: de griffel verslijten**, 1933 △
Rêverie – Consigne: gâcher l'ardoise totale

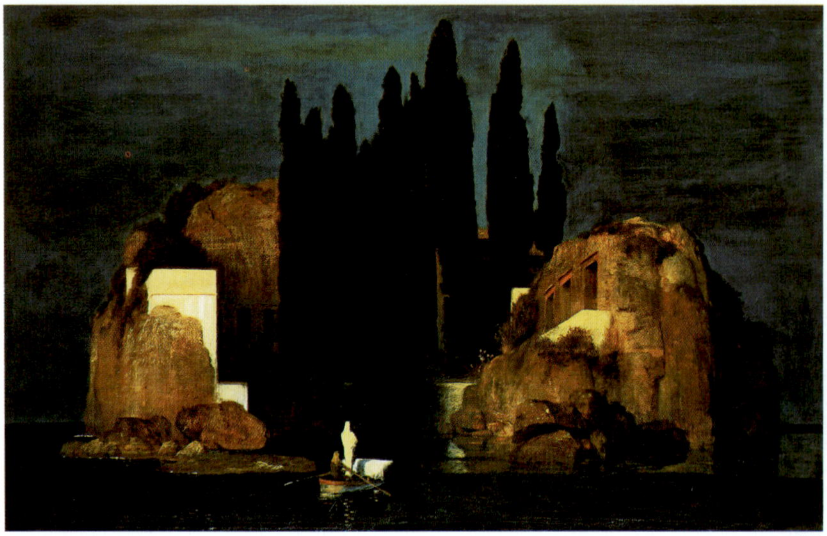

428

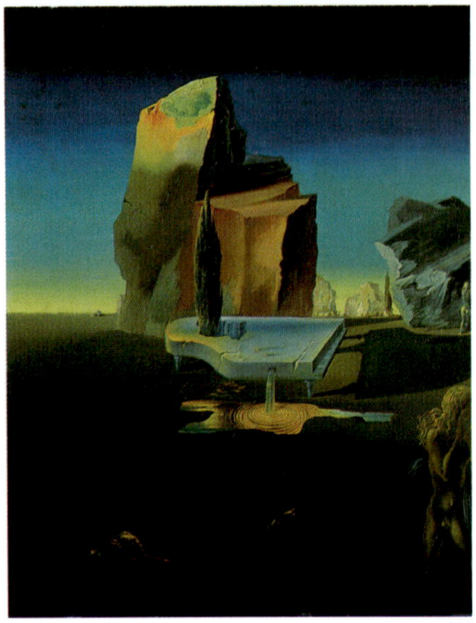

427

427 **De geheimzinnige bronnen van de harmonie**, 1932-1933 ❑
Les sources mystérieuses de l'harmonie

428 **Arnold Böcklin: Dodeneiland**, 1880 ☆
Arnold Böcklin: L'île des morts

429 **Het ware schilderij van het 'Dodeneiland' van Arnold Böcklin rond de tijd van het luiden van het angelus**, 1932 ❑
Vrai tableau de 'L'île des morts' d'Arnold Böcklin à l'heure de l'Angélus

De tragische mythe van het 'Angelus'

Terwijl Dalí als een bezetene werkt aan surrealistische objecten, schildert hij ook nog steeds "schijnbaar normale (doeken), geïnspireerd op kiekjes, waaraan ik een snufje Meissonier toevoegde. Het overvoerde publiek hapte meteen en ik zei bij mezelf: 'Wacht af, wees niet bang. Ik zal voor realiteit zorgen.'" Niet altijd vormde Meissonier de inspiratie voor die 'indirecte' doeken. Het kon ook Böcklin zijn, of Millet, zoals in het doek *Het ware schilderij van het 'Dodeneiland' van Arnold Böcklin rond de tijd van het luiden van het angelus* (blz. 191). Want nu begint de periode van het werk 'De tragische mythe van Millets "Angelus"', de mythe van dat obsessionele doek dat samen met de weke uurwerken de grootste rol speelt in Dalí's œuvre. Dalí geeft het doek uit het Louvre een erotische interpretatie en legt dat uitzonderlijke fenomeen in een essay uitvoerig en minutieus uit: "In juni 1932 verschijnt voor mijn innerlijk oog geleidelijk, zonder enig voorgevoel of bewuste associatie, het schilderij *Bij het luiden van het angelus* van Millet (blz. 213). Het beeld is een duidelijke en visuele weergave in kleur. Het ontstaat bijna ogenblikkelijk en laat geen andere beelden toe. Het maakt diepe indruk op me en raakt me, want hoewel in mijn visioen van het schilderij alles precies 'overeenkomt' met de reprodukties die ik ervan ken, 'verschijnt' het toch gewijzigd en beladen met zo'n latente intentionaliteit voor me dat het *Angelus* van Millet voor mij 'plotseling' het verwarrendste, raadselachtigste, dichtste, aan onbewuste voorstellingen rijkste schilderij wordt dat er ooit was." Dalí zou steeds nieuwe versies van het thema schilderen, bijvoorbeeld met een kruiwagen die uit een schedel groeit, zoals in *Atavismen van de schemering* (blz. 213), of met een voorgevoelde doodskist – aangezien Dalí heeft 'ontdekt' dat de twee boeren in Millets schilderij in stille aandacht aan het graf van hun kind staan dat aan hun voeten ligt begraven. Vreemd genoeg zou later een ultravioletanalyse die het Louvre onderneemt, onder de verf een zwarte, doodskistachtige vorm onthullen. Zo'n voorgevoel is ook te zien in de tekening *Op het kerkhof*, geïnspireerd door Millets *Bij het luiden van het angelus* (rond 1911/1912), waar beide boeren in gebed voor een kinderzerk staan afgebeeld die naast een uitgegraven graf staat. Behoren grote kunstenaars niet allemaal tot dezelfde familie? Zijn ze voor anderen niet vooral 'mediums' die uit de atmosfeer boodschappen ontvangen waarvan normale mensen niet eens het bestaan vermoeden?

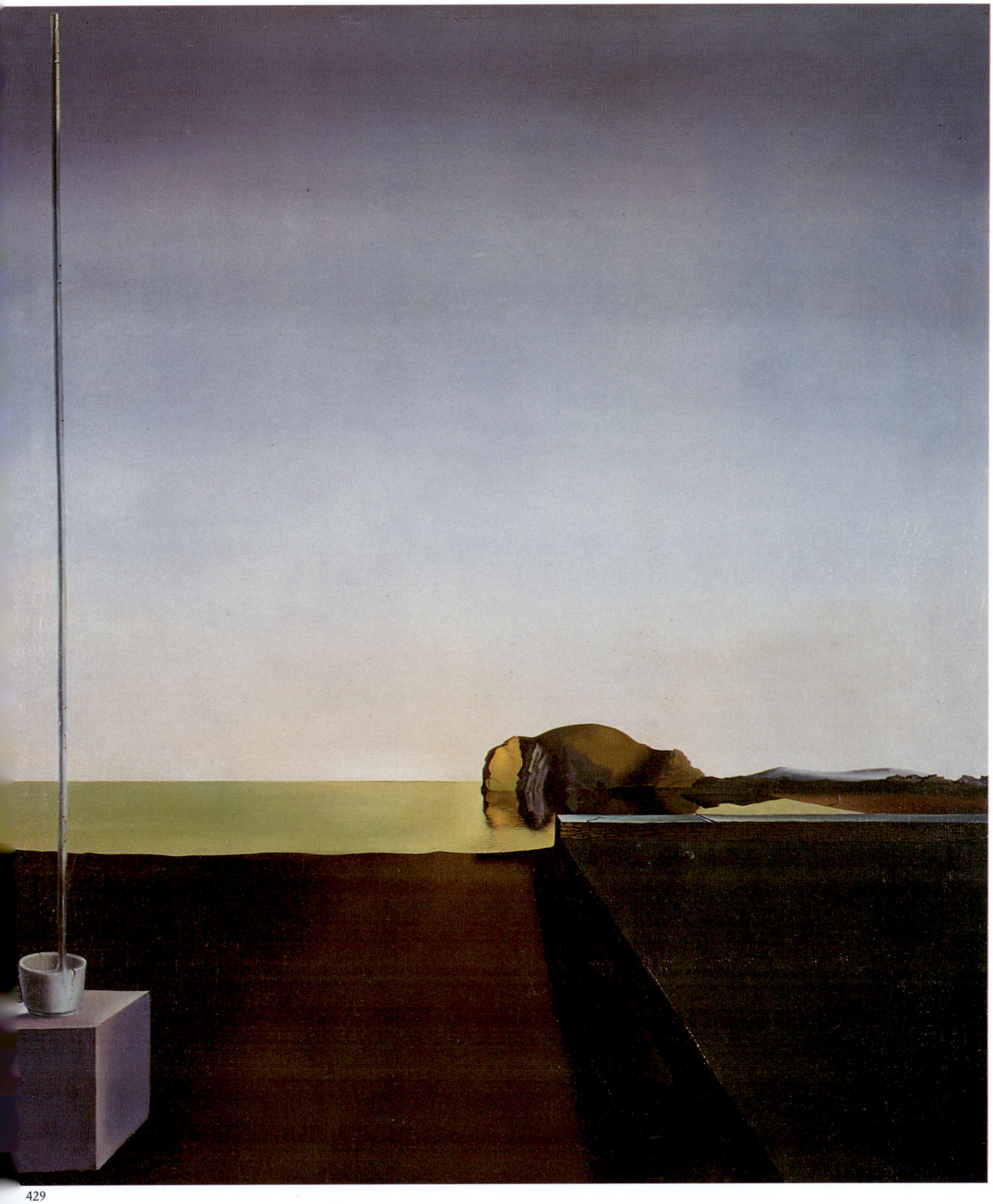

429

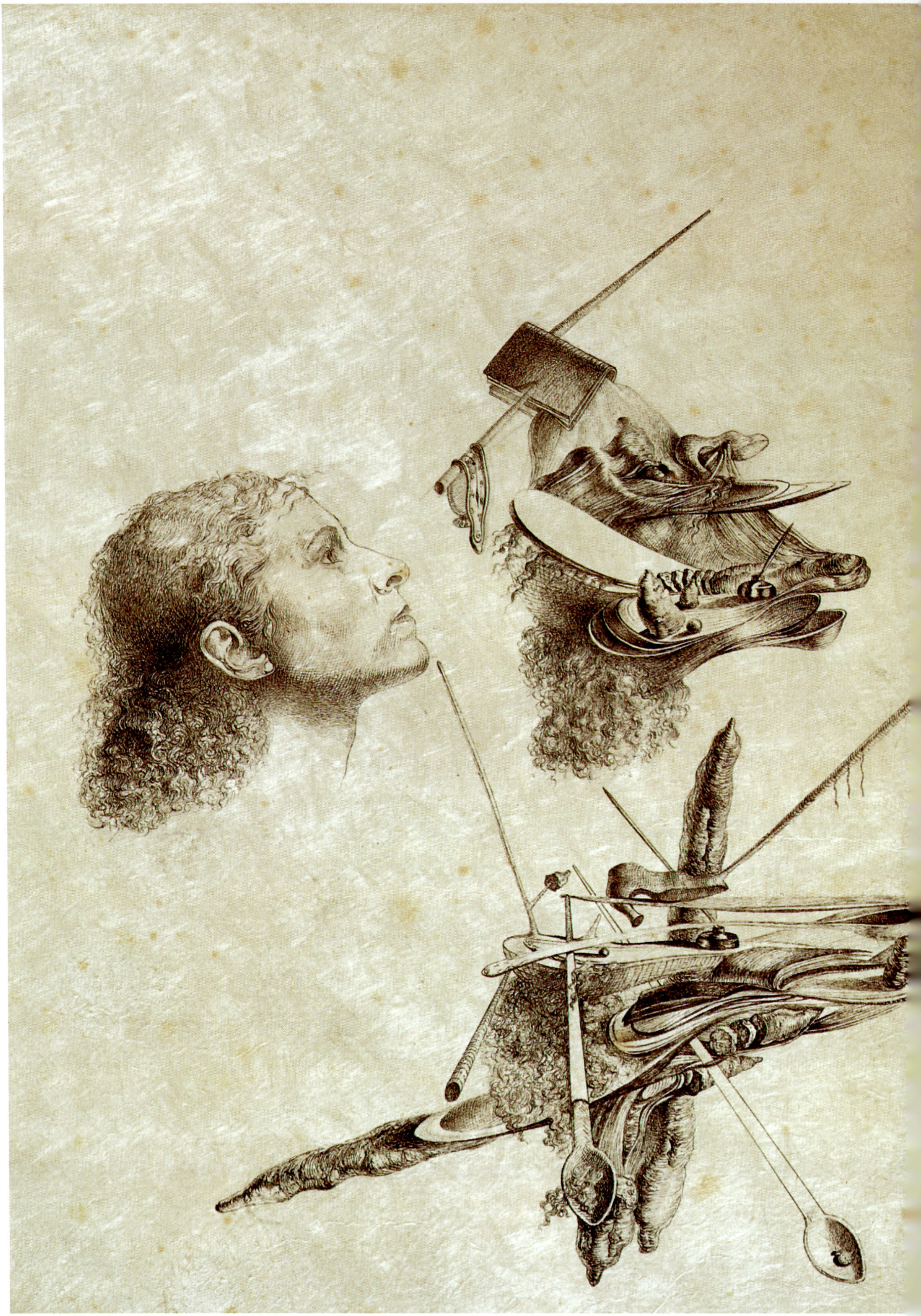

Op Millets thema baseert Dalí ook een architectonische constructie, *Architectonisch 'Angelus' van Millet* (blz. 208); hij beeldt het motief af met Gala, *Gala en het 'Angelus' van Millet kort voor de aanstondse aankomst van de kegelvormige zoekplaatjes* (blz. 199) en herkent het zelfs in de rotsen van Catalonië (*Archeologische herinnering aan het 'Angelus' van Millet*, blz. 247). Daarover zegt hij: "Tijdens een korte fantasie waaraan ik me overgaf tijdens een tochtje naar Cap Creus, waar het landschap een waar geologisch delirium vormt, stelde ik me beide figuren voor als... sculpturen, uitgehouwen in de hoogste rotsen... maar ze waren helemaal doorkliefd door scheuren... Vooral de figuur van de man was mismaakt door de mechanische inwerking van de tijd, er was weinig meer van over dan een vorme-

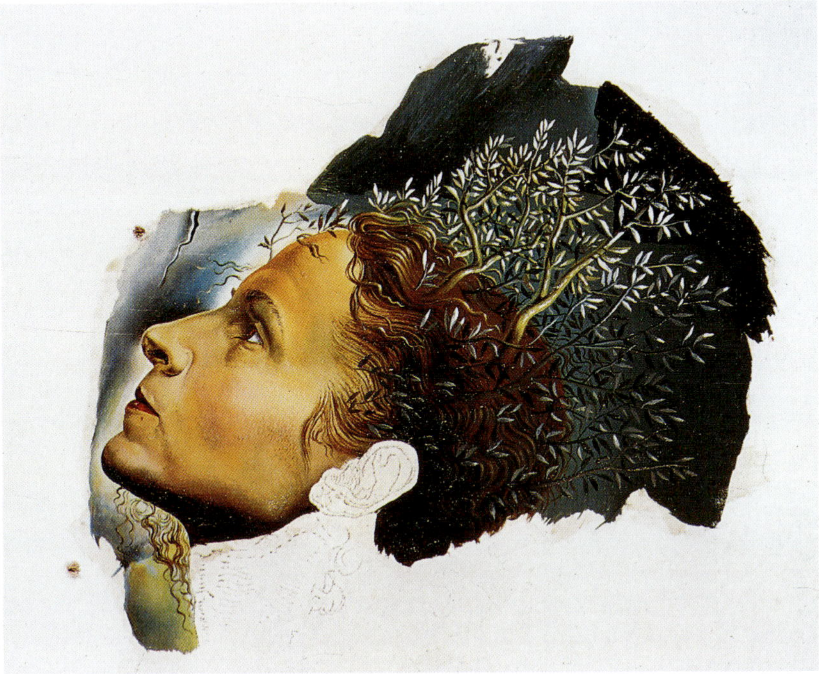

431

loos, onbepaald blok, een silhouet dat op deze wijze vreselijk beangstigend werkte." En dat allemaal omdat de kleine Salvador op de school van Figueras vanaf zijn plaats door het raampje in de deur op de gang een kalendervel kon zien met de noodlottige reproduktie van het schilderij dat hem deed dromen.

Hoe die door hallucinaties begeleide dromen van fallische broden, binnenbaarmoederlijke spiegeleieren op het bord zonder het bord, gezichten van Lenin (om de surrealisten kwaad te maken) of inktpotten ontstaan, legt Dalí uit in zijn boek 'De tragische mythe van Millets "Angelus"': "In 1932 zie ik tijdens het naar bed gaan de blauwige, helder stralende klaviatuur van een vleugel, die me in verkort perspectief een steeds kleiner wordende rij gele, fosforescerende aureolen rond het gezicht van Lenin toont. Het beeld ontstaat op het moment van het naar bed gaan, nog voor het licht uit is. Het heeft geen vervolg en werd niet door andere beelden opgeroepen. Dat het ver verwijderd is van de inslaapfase, maakt dat het mijns inziens niet tot de hypnagogische beelden kan worden gerekend." Natuurlijk gaat het hier om *Gedeeltelijke zinsbegoocheling. Zes verschijningen van Lenin op een vleugel* (blz. 164). Dalí gaat verder: "Toen ik aan het eind van de zomer van 1932 snel van tafel opstond om op de sofa te gaan liggen, zag ik een kolonne inktpotten die de spiegeleieren op het bord zonder het bord afwisselden. Dit van tevoren beschreven beeld werd ingepast in een landschap en werd het doek *Het verlangen van de kannibaal* (blz. 173)."

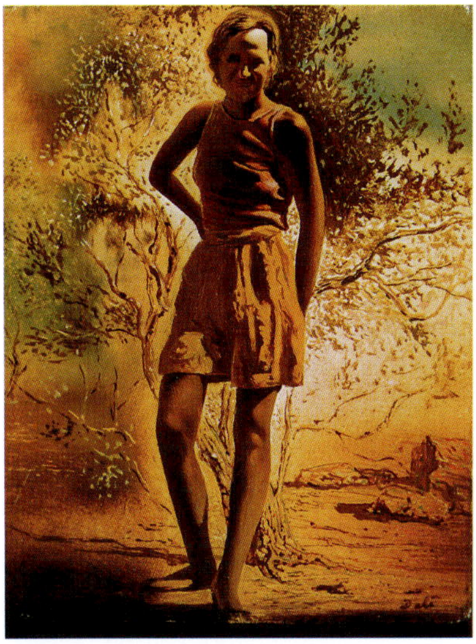

432

430 **Paranoïde metamorfose van Gala's gezicht**, 1932 △
Métamorphose paranoïaque du visage de Gala

431 **Automatisch begin van een portret van Gala (onvoltooid)**, 1932 ❑
Commencement automatique d'un portrait de Gala

432 **Portret van Gala**, 1933 ❑
Portrait de Gala

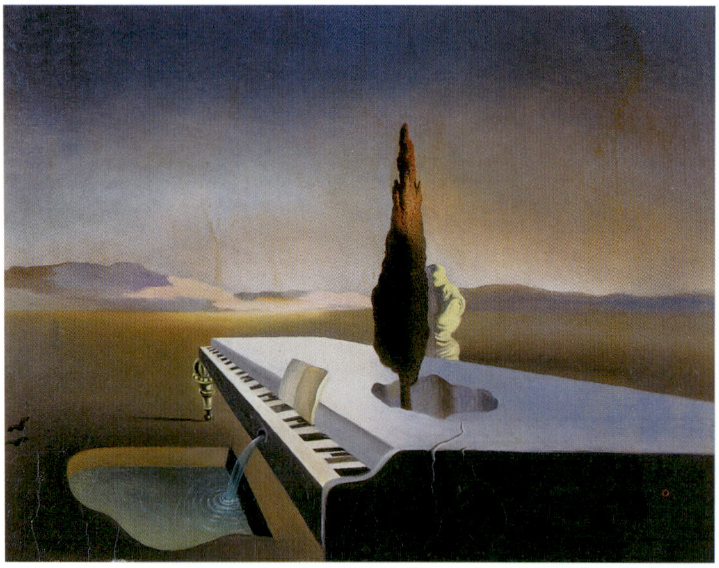

433

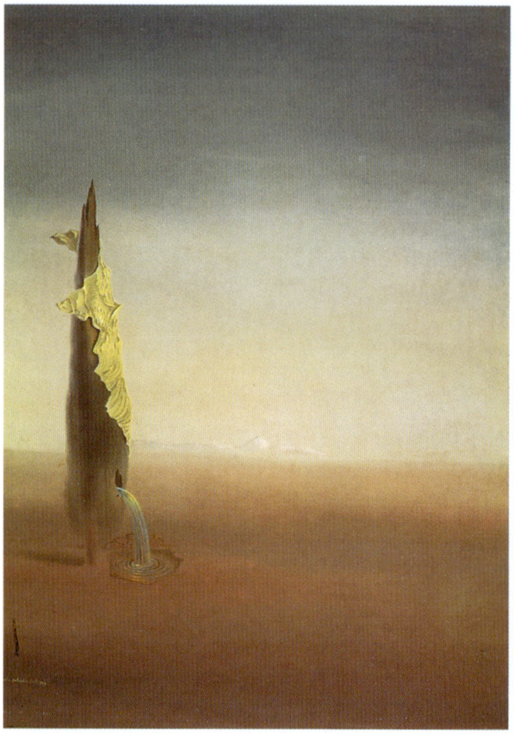

435

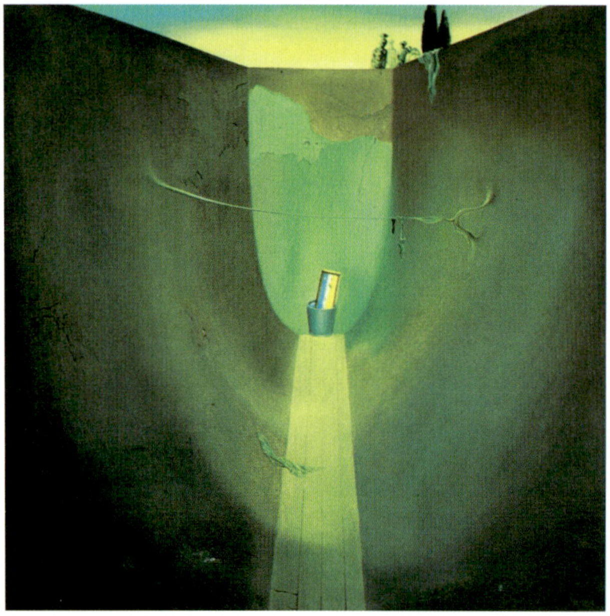

434

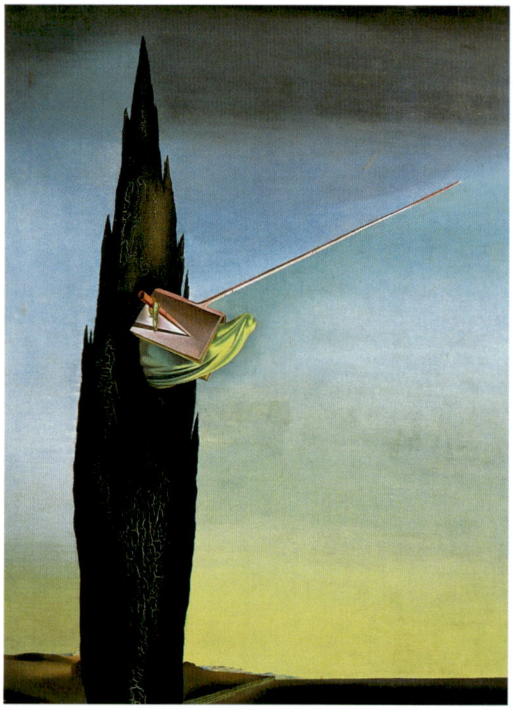

436

433 **Necrofiele fontein die uit een vleugel stroomt (ook: Fonteinpiano),** 1933 ❑
Fontaine nécrophilique coulant d'un piano à queue

434 **Suez,** 1932 ❑

435 **De geboorte van de vloeibare angsten,** 1932 ❑
Naissance des angoisses liquides

436 **Surrealistisch essay,** 1932 ❑
Essai surréaliste

437 **Masochistisch instrument,** 1933-1934 ❑ Instrument masochiste

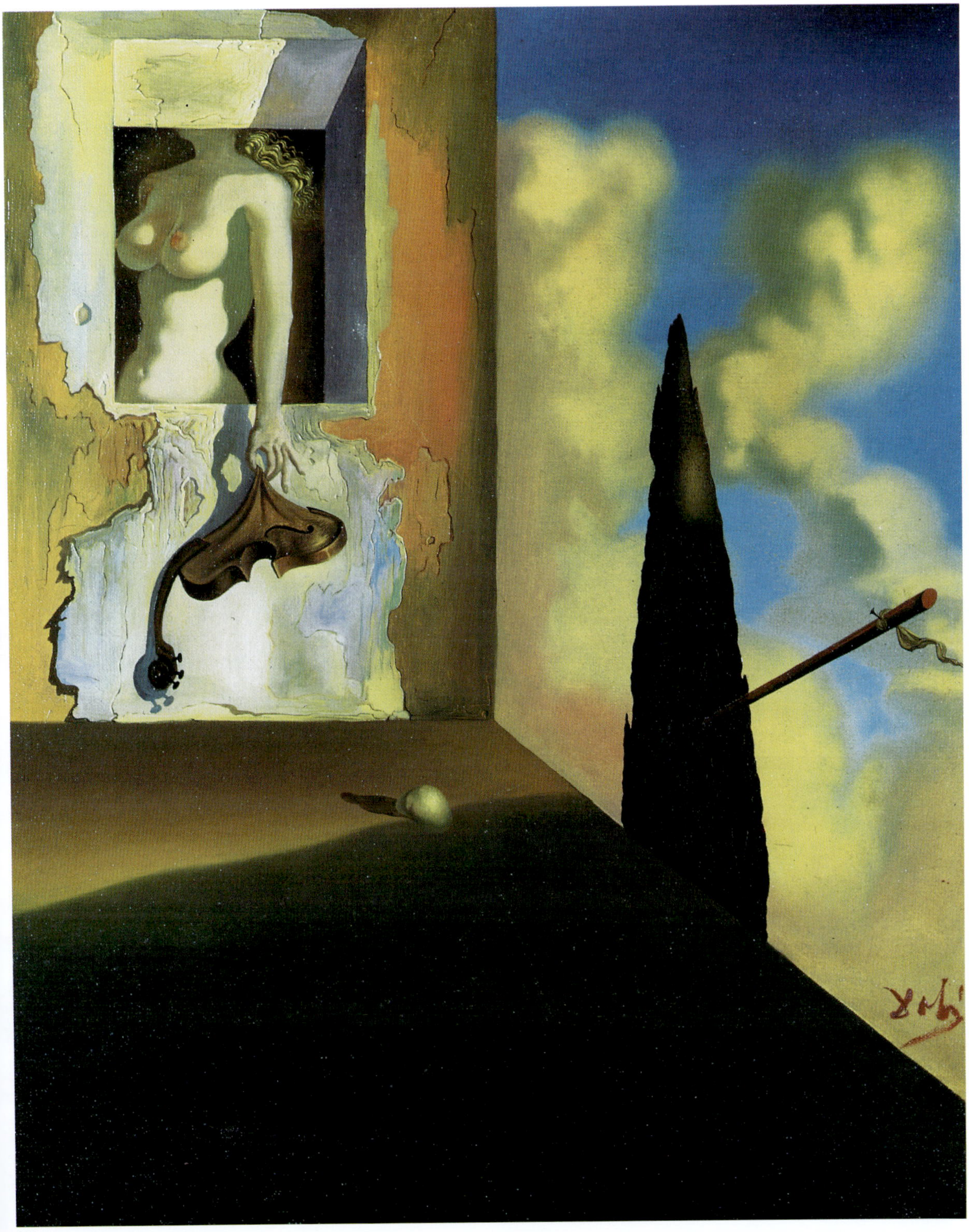

437

438 **Het gesluierde hart**, 1932 ❑
Le cœur voilé
439 **Fosfeen van Laporte – Hommage aan de Italiaanse fysicus Giambattista Della Porta**, 1932 ❑
Phosphène de Laporte – En hommage au physicien italien Giambattista della Porta
440 **Ambivalent portret**, 1933 ❑
Image ambivalente

Dat is allemaal overgoten met een seksuele saus die wordt vertegenwoordigd door Gala of door talloze fallische koppen, soms in een uitbottende erectiele vorm, soms in de harde vorm van een rinoceroshoorn. Deze vormen passen bij Dalí's gesublimeerde angst voor seksualiteit, zijn narcistische exhibitionisme, zijn hang naar schandalen, zonder dat hij zich ooit door zijn eigen excessen voor de gek liet houden, hij was immers "niet gek"! Gala, Galuschka, Gradiva: we kennen alle verschijningsvormen die Eluards vroegere vrouw aanneemt, zelfs van

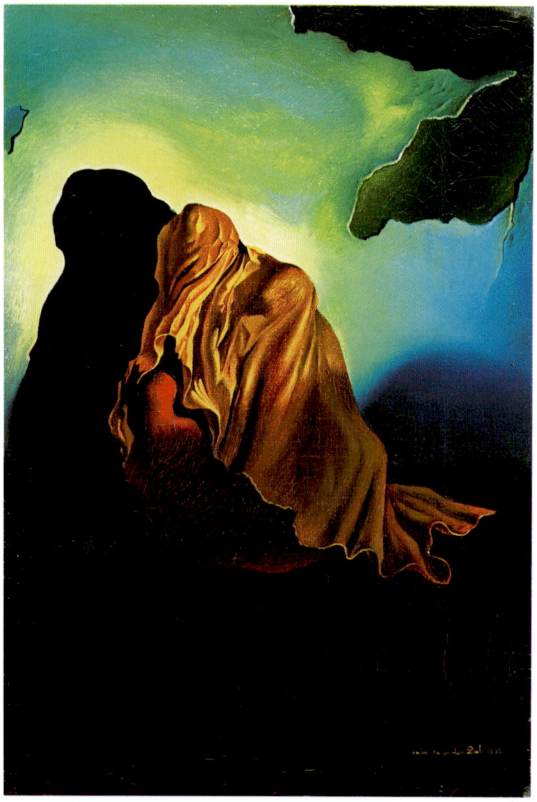
438

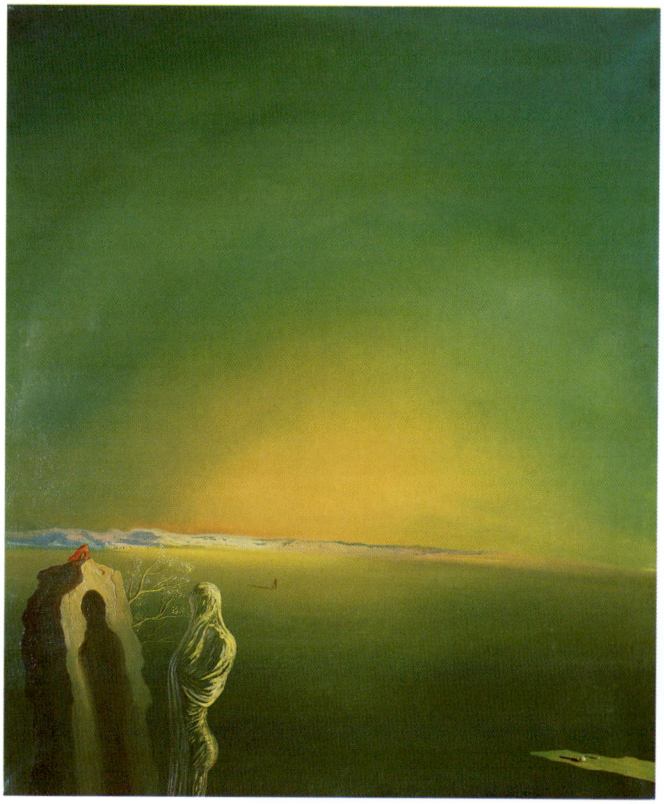
440

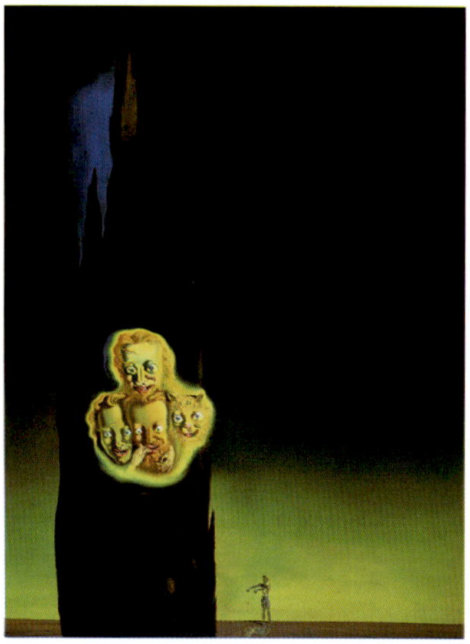
439

voor ze Dalí leert kennen. Gala, die de dichter voor de schilder inspireerde: "Zij, van wie ik houd, die mijn leven voor mij verbergt en me laat zien wat liefde is" (Paul Eluard). Voor Dalí is ze ook: "Olijf (vanwege haar ovale gezicht en haar huidkleur), Olivette, Catalaans verkleinwoord van olijf; en de betoverende afleidingen: Olihuette, Orinette, Buribette, Burkuétèta, Suluhueta, Solibubulète, Oliburibuleta, Cihuetta. Ook Lionète genaamd (kleine leeuw, omdat ze brult als de leeuw van Metro-Goldwyn-Meyer als ze woedend is): Eekhoorntje, Tapir, Kleine Negus (omdat ze lijkt op een heel mooi dier uit het bos); Bij (omdat ze me alle essences brengt die, in honing veranderd, de zoemende bijenstok van mijn geest voeden). Haar blik doordringt muren (Paul Eluard). Ze heeft me het zeldzame boek der magie gegeven dat nodig is voor de ontwikkeling van het paranoïde schilderij, zoals mijn onderbewustzijn wenst voor de fotografie van een onbekend schilderij, ertoe voorbestemd een nieuwe esthetica te openbaren. En daarbij raadde ze me aan een van mijn al te subjectieve, met romantiek behepte doeken te redden. Ik noem haar ook de behaarde Gala-Noisette (vanwege het fijne dons op haar wangen) of Vierklokken, omdat ze me tijdens haar lange modelzittingen hardop voorleest, zodat er een murmelend geluid ontstaat dat lijkt op het geluid van vier klokken, dat me in een toestand verplaatst waarin ik alle dingen begrijp die ik zonder haar nooit te weten zou komen." Wat een liefdesbetuigingen zijn deze litanie en ook de eerste portretten van Gala (blz. 193, 200, 207, 209) met haar ontroerende schoonheid! Gala maakt van nu af aan voortdurend deel uit van de obsessionele thema's die Dalí in zijn surrealistische werken verenigt. Zij is het die glimlachend het schilderij *Gala en het 'Angelus' van Millet kort voor de aanstondse aankomst van de kegelvormige zoekplaatjes* (blz. 199) presideert, gekleed in een rijkelijk bestikte jas, op haar hoofd een witte pet met een klep zoals toen mode was. De zittende figuur tegenover haar, die zijn hand op tafel naast

441 **De spookkoets**, 1933 ❑
La charrette fantôme
442 **Het moment van verandering**, 1934 ❑ Moment de transition
443 **De spookkoets**, 1933 ❑
La charrette fantôme

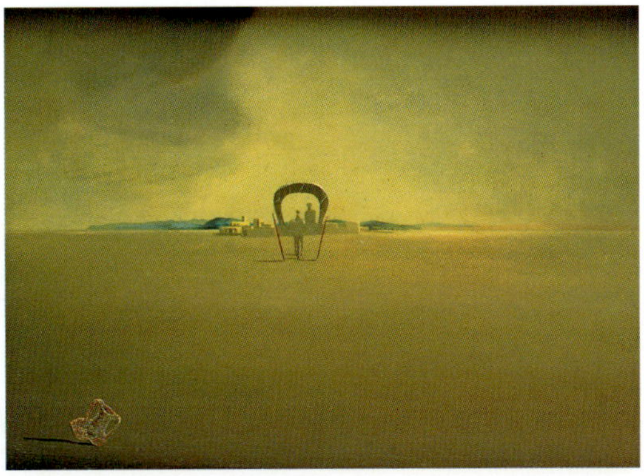

441

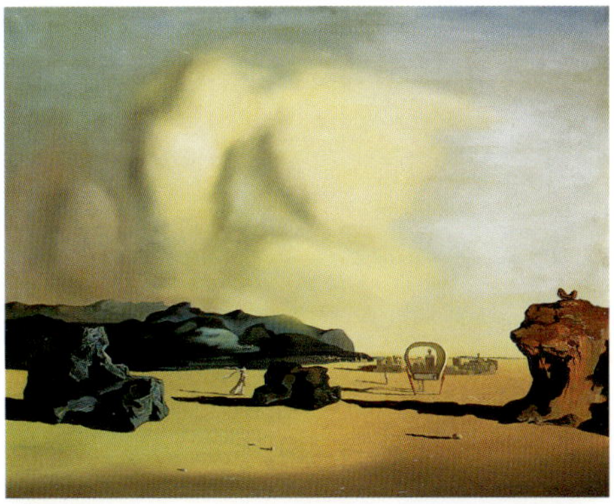

442

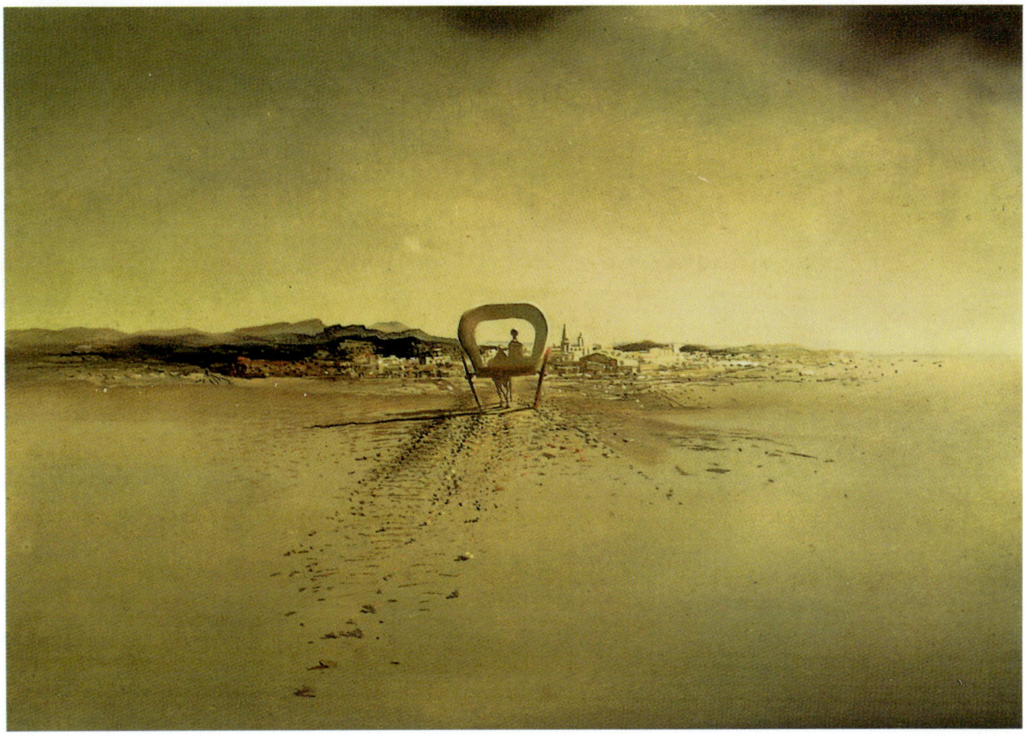

443

een kubus en een kegel in precair evenwicht heeft gelegd, is Lenin. De indiscrete bebaarde man links, die luisterend achter de deur staat, is Maxim Gorki. Hij heeft een kreeft op zijn hoofd, een dier dat de schilder vaker in anachronistische situaties zal gebruiken, zoals in het object *Kreeft-telefoon* uit 1936 (blz. 275). Ook Millets onvermijdelijke *Angelus* is aanwezig, het hangt boven de deur.

1933

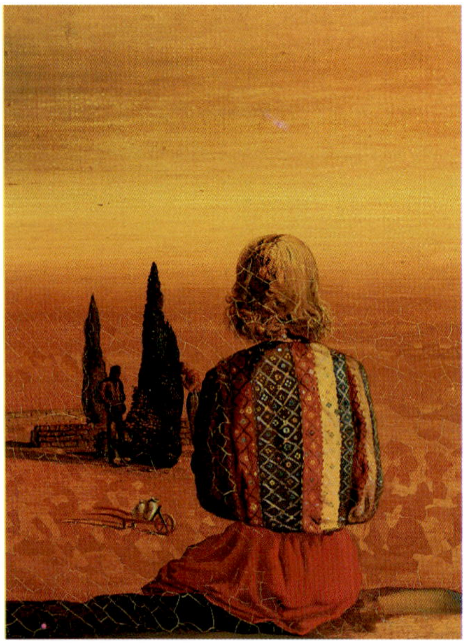

444

444 **De gesuikerde sfinx**, 1933 ❑
Le sphynx de sucre

445 **Gala en het 'Angelus' van Millet kort voor de aanstondse aankomst van de kegelvormige zoekplaatjes**, 1933 ❑
Gala et l'Angélus de Millet précédant l'arrivée imminente des anamorphoses conique

Het andere seksuele aspect in zijn werk uit die periode wordt gesymboliseerd door het beroemde "uitbottende erectiele hoofd" dat, net als de rinoceroshoorn, steeds weer dwangmatig terugkeert in Dalí's werk. Daarbij moeten we echter bedenken dat dat allemaal met elkaar samenhangt en dat Dalí niets vergeet. In zijn beeldende taal drukt hij uit dat hij in zijn kindertijd geschokt was door de aanblik van een jongen met een waterhoofd en dat zijn oudere broer is gestorven aan meningitis. Die broer, wiens profetische voornaam de kunstenaar draagt, was, naar hij zegt, "onovertrefbaar" intelligent, als een geniale "eerste uitgave" van Dalí zelf. "Een andere existentiële voorwaarde voor de kunstenaar is het primaat van het rationele en doelgerichte intellect. Tegelijkertijd ziet Dalí zichzelf als 'polymorf pervers': seksualiteit, genialiteit, masturbatie en exhibtionisme vormen de basis van zijn 'geheime leven'. Al die elementen die uiteindelijk maar oppervlakkig te verklaren zijn, zijn weergegeven in het uitbottende erectiele hoofd, waarbij de 'seksuele drift' door de kunst gesublimeerd en geestelijk verwerkt lijkt te zijn. Ook dit hoofd is tegelijkertijd week en hard. Het geeft een beleefde antithetische ervaring van het weke en harde weer, waardoor Dalí's beeldende werk in sommige opzichten verwant lijkt te zijn aan bepaalde aspecten van Sartres literaire werk." (Roumeguère) Jean Bobon vult die analyse aan in 'Acta Neurologica et psychiatrica Belgica' (1957): "De kruk symboliseert in de eerste plaats de werkelijkheid, de aan de aarde gebonden verhouding tot het werkelijke, die de monstrueuze ontwikkeling van de intellectueel gemaakte seksualiteit en de fantastische, met seksualiteit overladen intelligentie in evenwicht houdt. Het is een vat dat 'tegelijkertijd de inhoud van het vat is'. De beleefde betekenis gaat terug op verre herinneringen uit de kindertijd, waarin de kruk voor Dalí de rol van roem, liefde en dood speelde. Tegelijkertijd is de kruk een symbool voor de traditie die 'in stand houdt' en belangrijke menselijk waarden vereeuwigt."

Want de kruk, die steeds weer opduikt in Dalí's werk, heeft hij niet uitgevonden – hij heeft haar bemachtigd. Als kind heeft hij haar ontdekt op de zolder van zijn ouderlijk huis. In 'Dictionnaire abrégé du Surréalisme" (1938) definieert hij het woord 'kruk' op zijn manier: "Stut van hout, afgeleid van de cartesiaanse filosofie. Algemeen gebruikt ter ondersteuning van de zachtheid van weke structuren." En in zijn 'Geheime leven' bericht hij: "Het tweede voorwerp dat me met zijn 'persoonlijkheid' frappeerde, was een kruk. Ik had er nog nooit een gezien en haar aanblik verraste me zeer, het was iets buitengewoons. Ik nam de kruk meteen in mijn bezit en voelde dat ik er nooit van mijn leven van zou kunnen scheiden, zo groot was het fetisjistische fanatisme dat me meteen overviel, zonder dat ik de reden ervoor zou kunnen aangeven... Ze leek me toen al de hoogste uitdrukking van autoriteit en ceremonieel. Het bovenste, gevorkte deel van de kruk, dat was bedoeld voor de oksel, was bedekt met een soort vilt dat zeer dun, versleten en gevlekt was en ik legde steeds weer afwisselend mijn zachte wang en nadenkende voorhoofd in de zachte glooiing. Daarna liep ik zelfverzekerd naar beneden naar de tuin, de kruk in mijn hand en gewichtig zwaaiend. Dit voorwerp verleende me een zelfverzekerdheid of een soort arrogantie, waar ik tot dan toe niet toe in staat was geweest. Sinds die tijd is de kruk voor mij een symbool van de dood en een symbool van de opstanding gebleven." Je zou eraan toe kunnen voegen: zoals de seksuele daad. Die uitbottende hoofden, benig of week, die krukken komen steeds weer terug: in *Het raadsel van Wilhelm Tell* (blz. 201), *Atmosferocefale doorsneebureaucraat tijdens het melken van een schedelharp* (blz. 203), *Onzichtbare harp* (blz. 214), *Mannequin uit Java* (blz. 214), *Het spook van de sexappeal* (blz. 215) en andere werken.

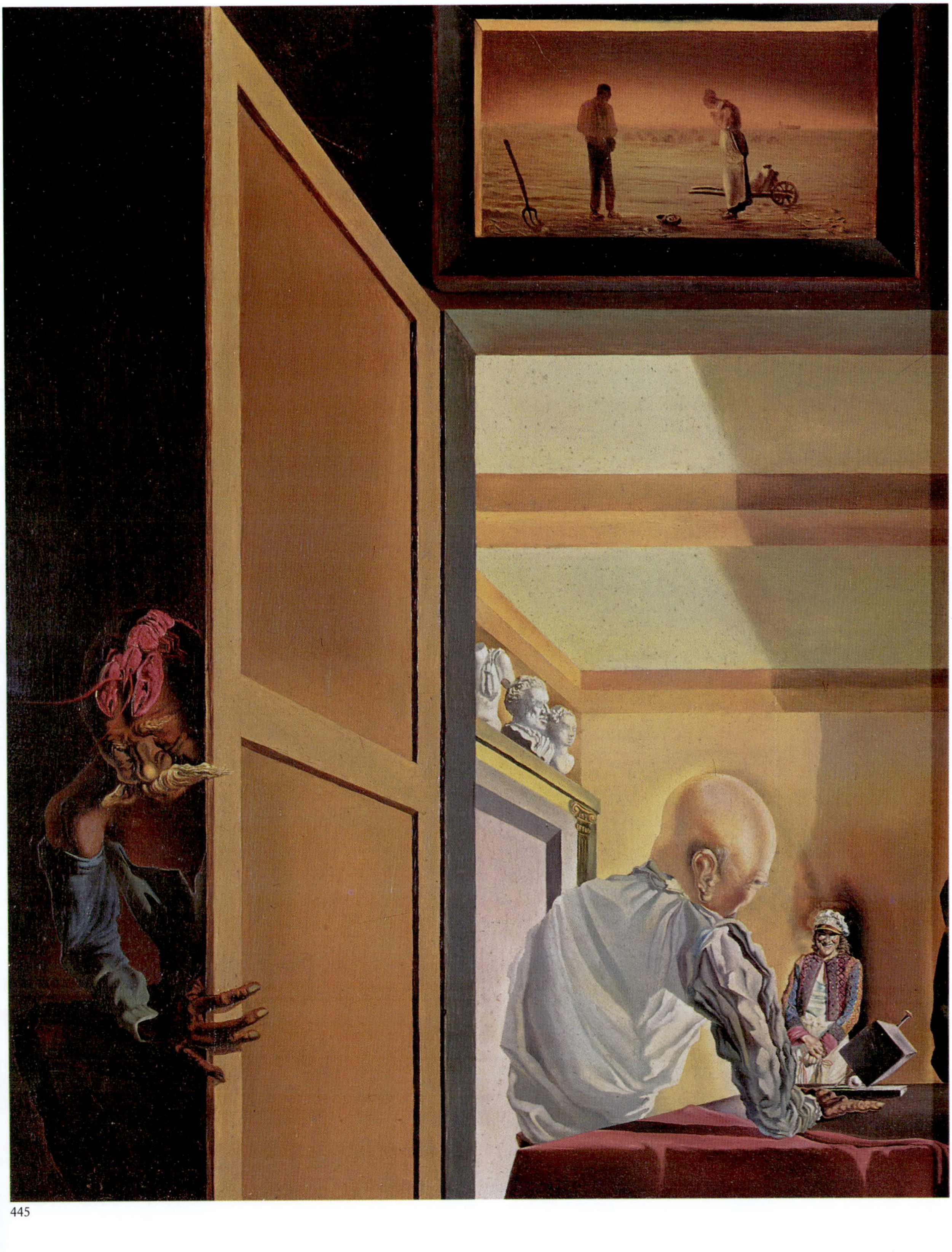
445

1933

446 **Foto van de put in Port Lligat,** 1933 ✰

447 **Gala en Dalí, foto uit 1933** ✰

448 **Portret van Gala met twee lamskoteletten in evenwicht op haar schouder,** 1933 ❑
Portrait de Gala avec deux côtelettes d'agneau en équilibre sur l'épaule

449 **Het raadsel van Wilhelm Tell,** 1933 ❑
L'énigme de Guillaume Tell

450 **Studie voor 'Het raadsel van Wilhelm Tell',** 1933 △

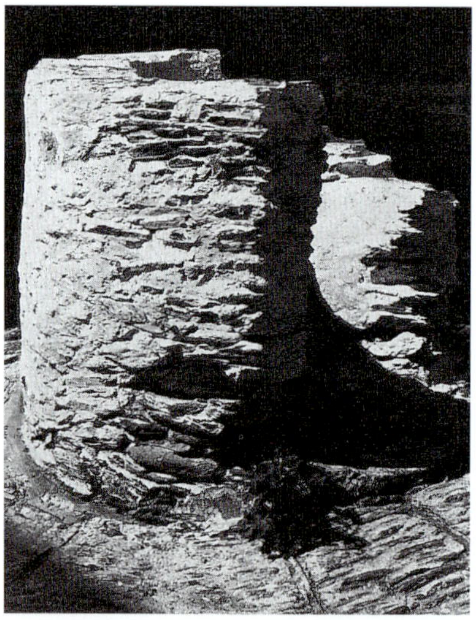

446

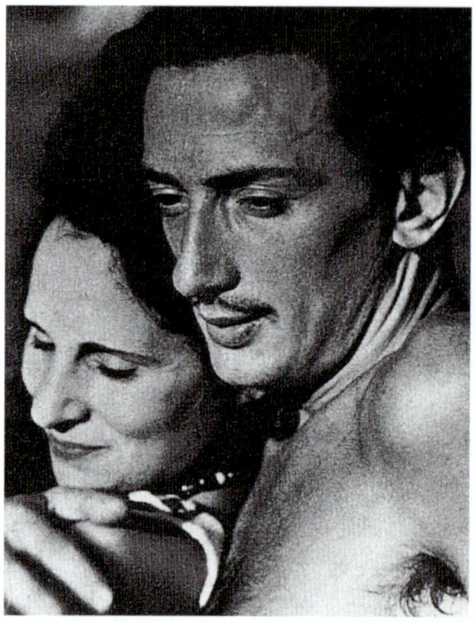

447

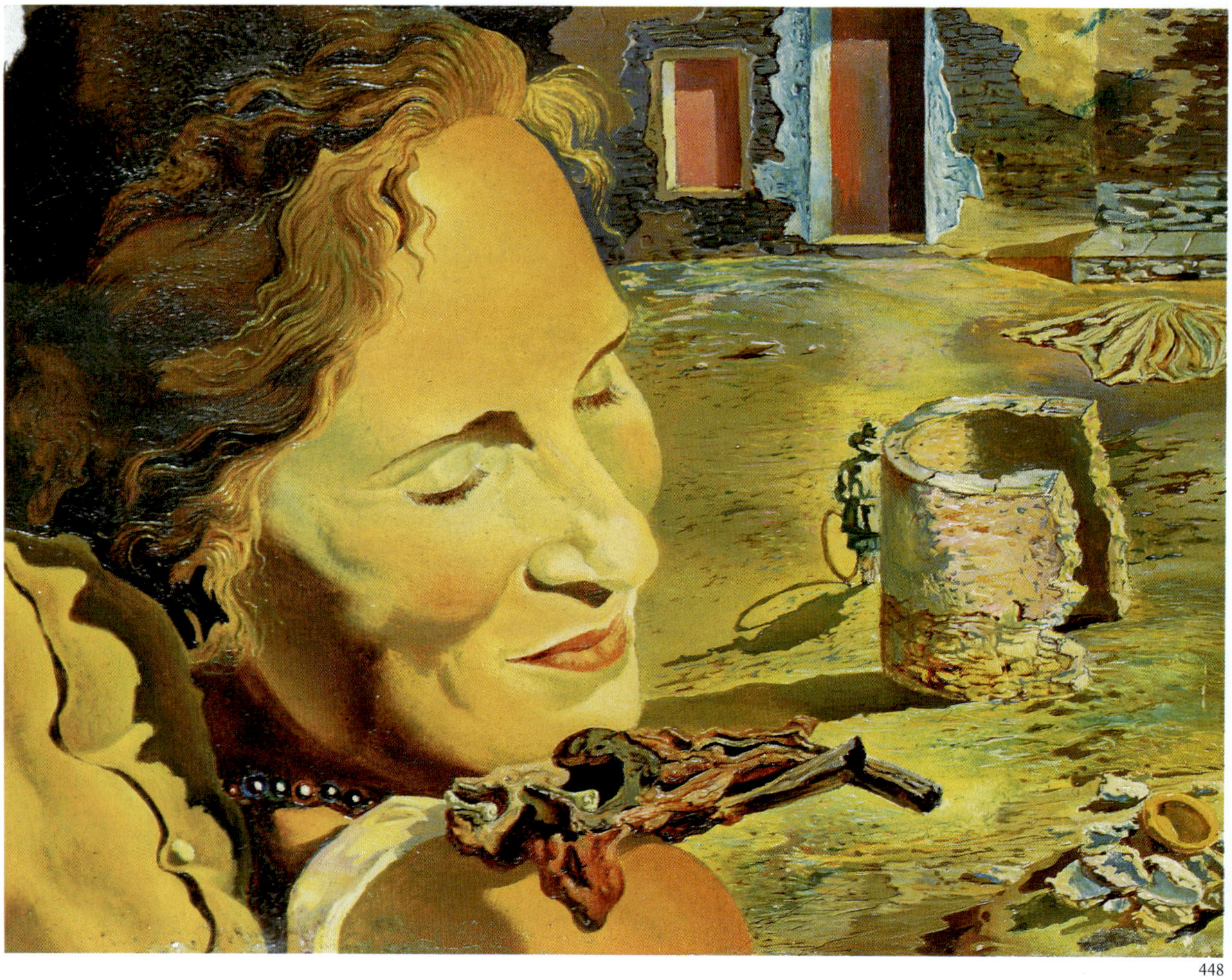

448

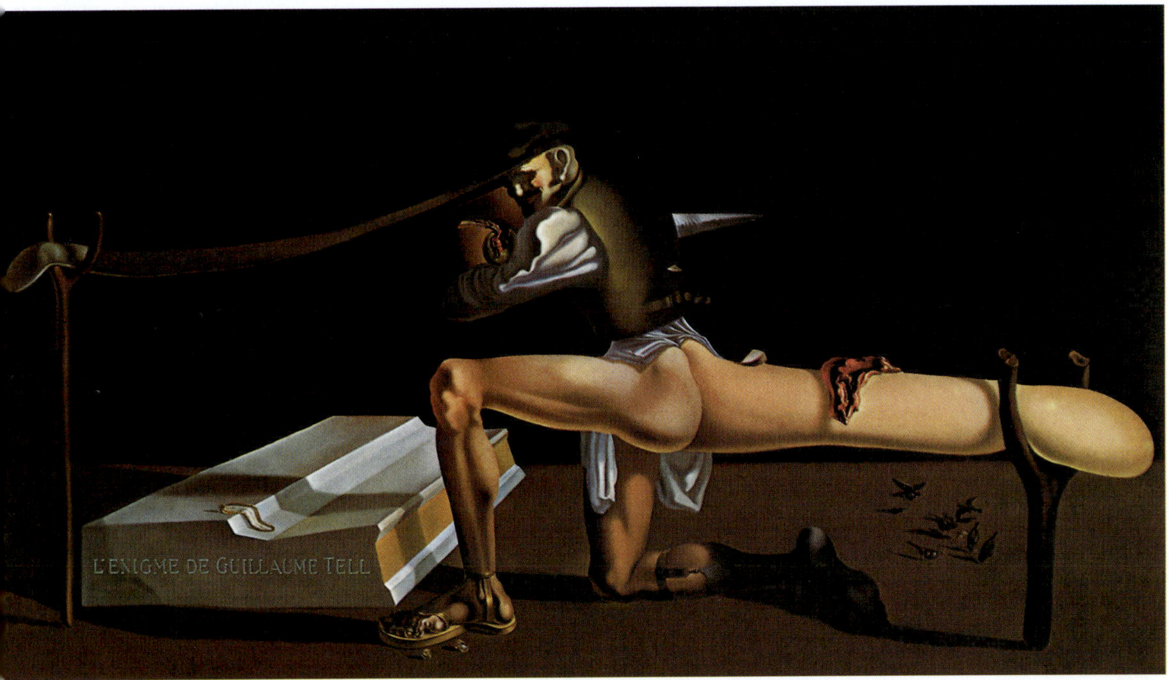

449

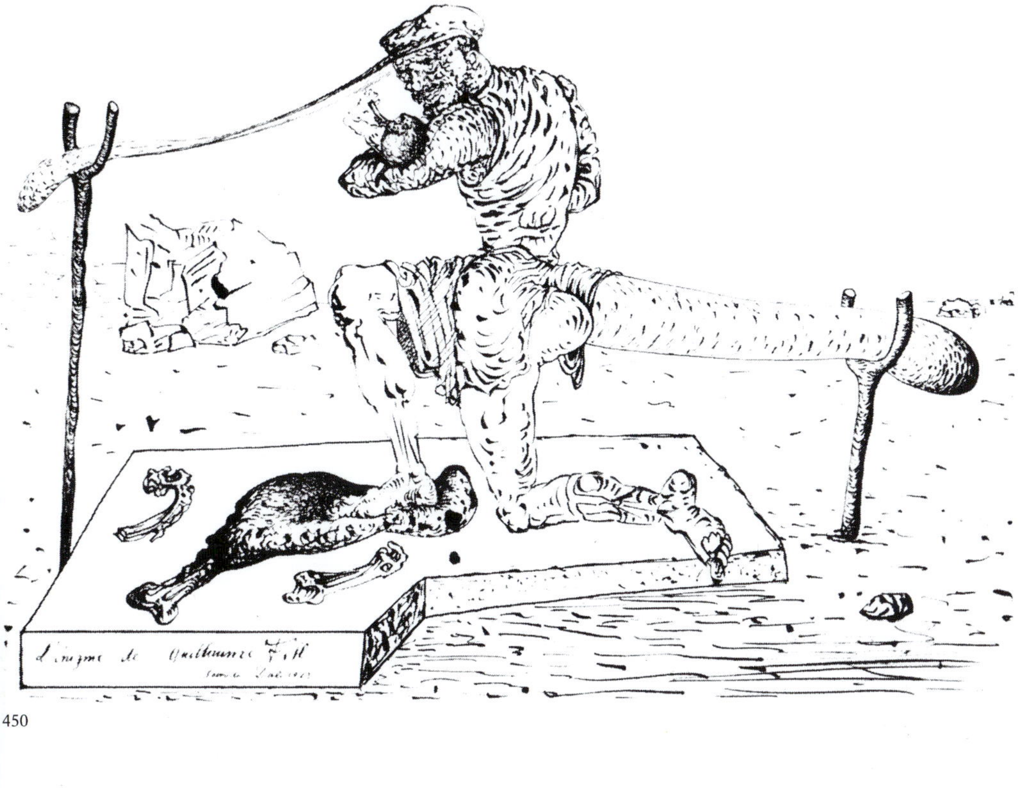

450

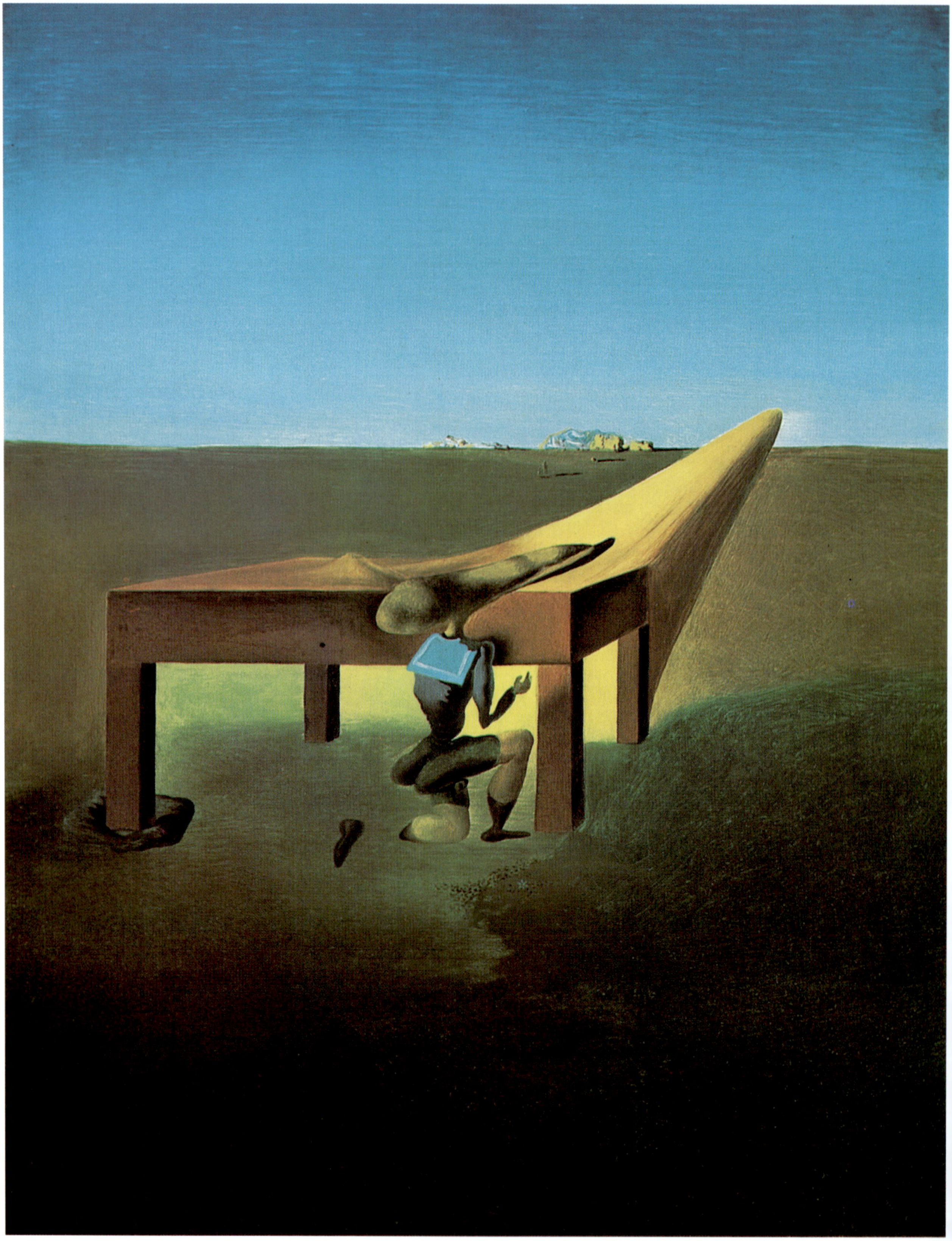

451

Tussen deugd en ondeugd

In de tijd dat Breton nog sympathie voelt voor Dalí, kan hij de Catalaanse schilder niet genoeg loven, maar waarschuwt hij al voor de verleiding van 'afwijkingen': "Dalí is een mens die tussen talent en genie lijkt te schommelen (en wiens toekomst zal bewijzen dat hij niet schommelde) – tussen deugd en ondeugd, zoals men vroeger zou hebben gezegd. Hij is een van die mensen die van zo ver komen dat je niet de tijd hebt ze waar te nemen als ze binnenkomen, ze alleen maar te zien binnenkomen. Zonder een woord te zeggen, voegt hij zich in een systeem van interferenties. Enerzijds zijn er de motten die zich aan zijn kleren hechten en hem zelfs niet verlaten als hij over straat loopt; die motten zeggen dat Spanje en ook Catalonië goed zijn, dat het schitterend is als een man zulke kleine dingen zo mooi schildert (en dat het nog beter is als hij ze vergroot), dat een figuur in een met poep besmeurd hemd, zoals in *Het duistere spel* (blz. 142), tien geklede mannen waard is en zeker honderd naakte mannen, dat het tijd wordt het ongedierte de heerschappij over de straten van ons geliefde land en zijn braakliggende hoofdstad te geven... Anderzijds is er hoop: de hoop dat toch niet alles ten onder gaat, dat Dalí's wonderbaarlijke stem niet meteen breekt wanneer ze ons oor bereikt, omdat bepaalde materialisten erop zijn bedacht haar te verwisselen met het knarsen van zijn lakschoenen. We geloven echt dat we het proces dat we tegen de werkelijkheid hebben aangespannen, kunnen winnen en daarom willen we van nu af aan met klem de hartstochtelijke getuigenis overleggen van een man die, zo lijkt ons, niets te verliezen heeft, niets, niet eens zijn hoofd. Wat er ook gebeurt: zo lang wij leven, zal de schandelijke vlag van het vaderland, de kunst of helemaal de mislukking, niet in Kimmerië worden geplant, de enige plaats die wij hebben herontdekt en die we voor onszelf willen houden. Dalí, die heerst over die afgelegen streken, kent zeker te veel en te zondige voorbeelden om zich uit zijn prachtige land van schatten te laten verdrijven. Mogen de krachten die hem tot leven brachten, hem als gezant naar ons stuurden, ervoor zorgen dat hij voor altijd zijn ogen sluit voor de erbarmelijke bruggen die begeerte en ergernis hem willen laten bouwen over de glanzende, onvergelijkelijke, fascinerende rivier. Met Dalí gaan de ramen van de geest misschien voor het eerst open, en je voelt hoe je omhoog zweeft naar de valdeur van de roofdierhemel. Wij zijn in de waarste zin gevangen, en dat is erg, ten overstaan van die leeuwekop. Dalí's kunst, tot op heden de meest hallucinatoire die bekend is, is een echte bedreiging. Geheel nieuwe wezens met schijnbaar slechte bedoelingen zetten zich in beweging. Het vervult je met duistere vreugde om te zien dat bij hun voortschrijden niets meer telt behalve zijzelf en om aan hun manier van voortplanten en versmelten te zien dat ze roofdieren zijn."

Helaas duurt de harmonie tussen Breton en Dalí niet lang, en Breton zal al snel het lemma 'Salvador Dalí' in de 'Anthologie van de zwarte humor' uitbreiden met de volgende aanvulling: "Het spreekt vanzelf dat deze bijdrage alleen slaat op de eerste Dalí, die in 1935 verdween om plaats te maken voor de persoon die beter bekend staat onder de naam Avida Dollars, een mondaine portrettist die zich korte tijd geleden weer tot het katholicisme heeft bekeerd en tot het 'artistieke ideaal van de Renaissance' en zich nu beroept op erkenning en steun van de paus." (December 1949)

Dalí beperkt zich er in die tijd niet toe in New York bij Julien Levy te exposeren, 'Vive le Surréalisme' te publiceren en aan het tijdschrift 'Minotaure' mee te werken. Binnen de surrealistische beweging speelt hij een zeer succesvolle, militante rol, zoals waarschijnlijk geen kunstenaar voor of na hem. Zoals hij zelf betuigt: "Hij is door en door surrealist." Dat zullen de surrealisten, Breton voorop, hem juist kwalijk nemen. Want hij beperkt zich geenszins tot schilderijen, films met Buñuel, tot teksten en objecten die zijn persoonlijke bijdrage vormen, maar hij neemt met theoretische en praktische initiatieven deel aan de gemeenschappelijke activiteiten. Breton zelf wijst erop dat: "Dalí drie of vier jaar lang de sur-

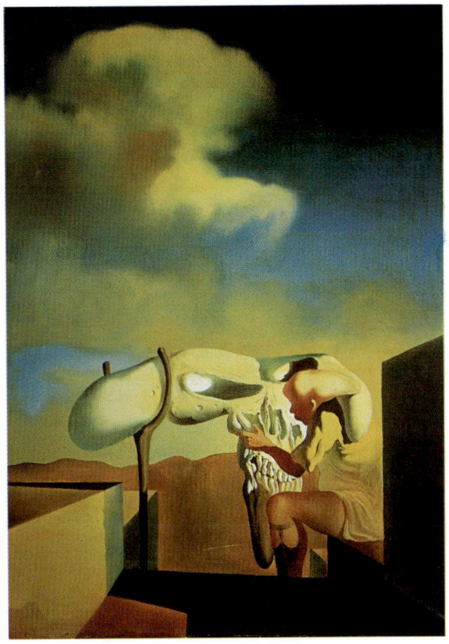

452

451 **Ik op tienjarige leeftijd, toen ik de kind-sprinkhaan was – Castratiecomplex**, 1933 ❑
Moi-même à dix ans, lorsque j'étais l'enfant-sauterelle – Complexe de castration

452 **Atmosferocefale doorsneebureaucraat tijdens het melken van een schedelharp**, 1933 ❑
Bureaucrate moyen atmosphérocéphale, dans l'attitude de traire du lait d'une harpe crânienne

1933

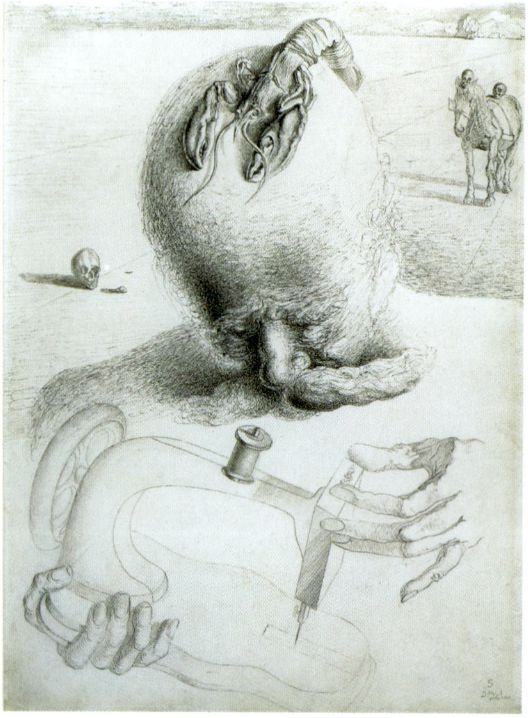

453

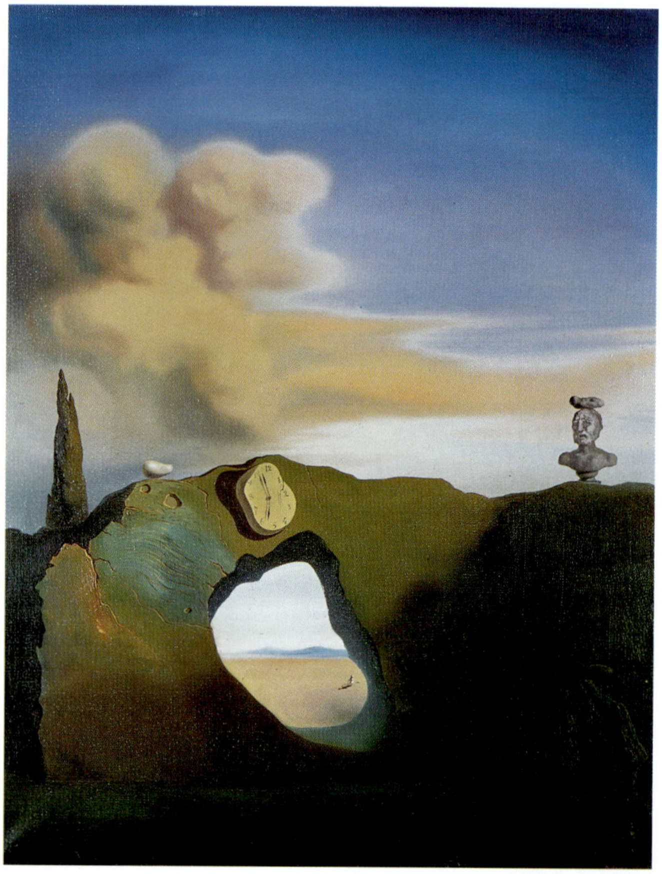

454

453 **Bureaucraat en naaimachine. Illustratie voor 'De gezangen van Maldoror'**, 1933 △
Bureaucrate et machine à coudre

454 **Driehoekig uur**, 1933 ❑
L'heure triangulaire

455 **Weke uurwerken**, 1933 ❑
Montres molles

456 **Geologische wording**, 1933 ❑
Le devenir géologique

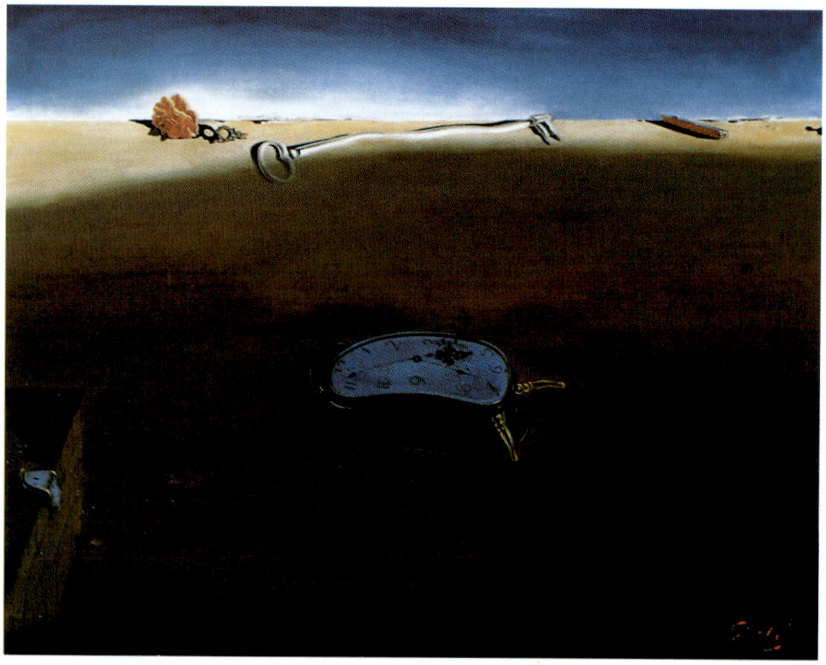

455

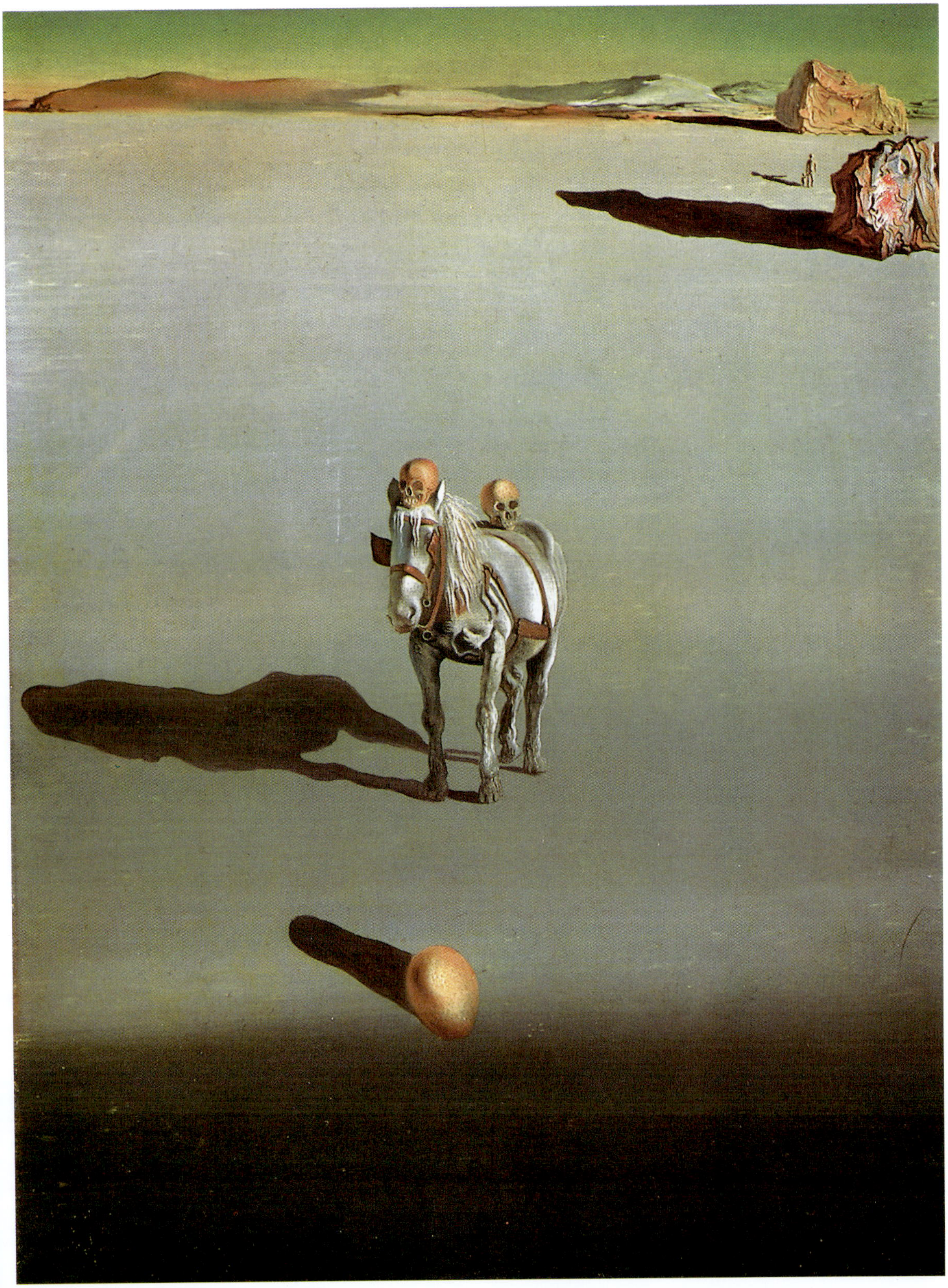

456

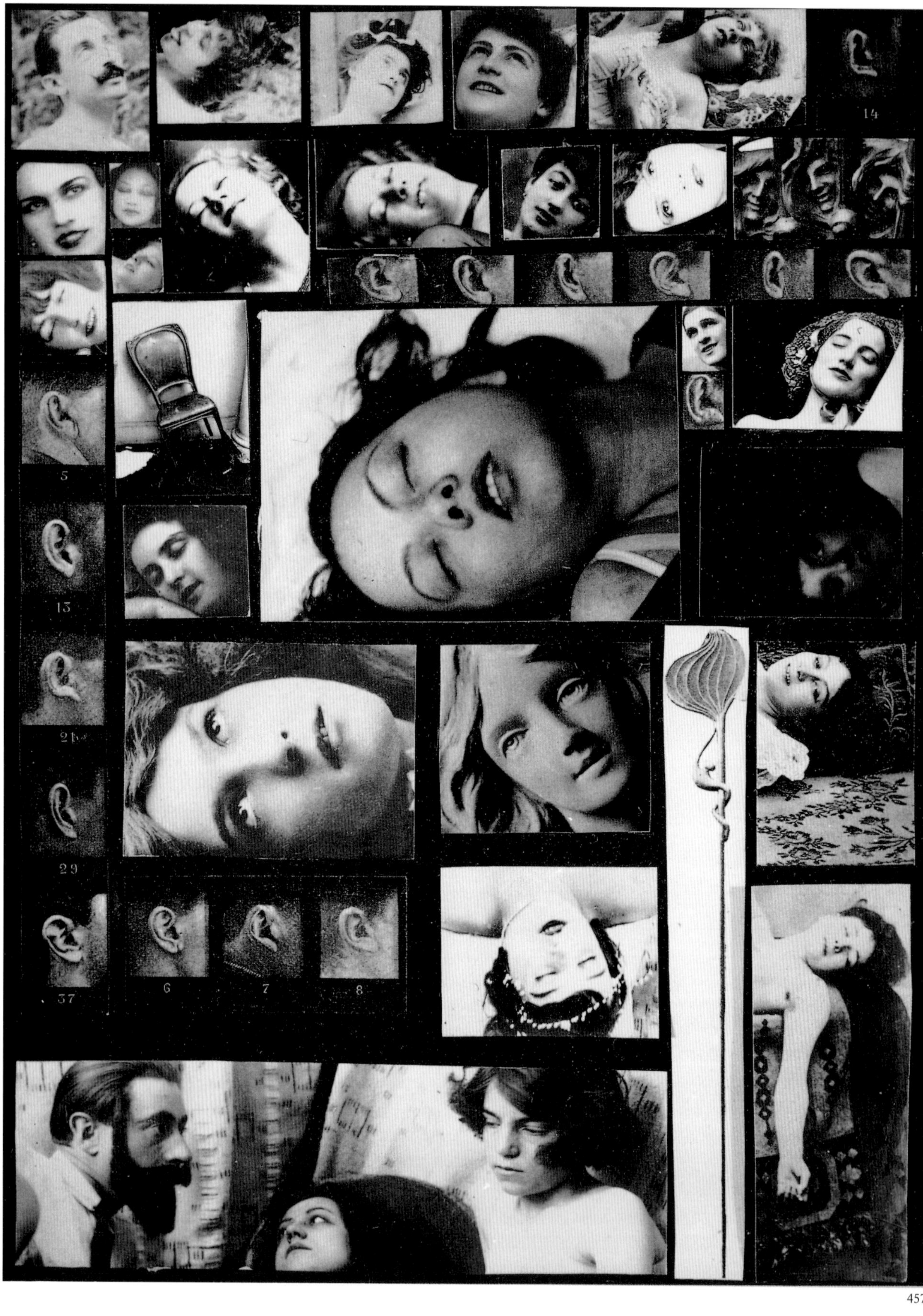
14
5
13
29
37
6
7
8

realistische geest zal belichamen, hem glans zal verlenen, zoals alleen iemand kan die niet deelneemt aan de deels kritische episodes van zijn ontstaan. Daarom kan hij al als 'cultuurprodukt' gelden." In die tijd zijn Breton en Dalí het nog eens. Breton verklaart op de laatste pagina's van zijn 'Nadja': "De schoonheid zal CONVULSIEF zijn of helemaal niet zijn". In die 'convulsieve schoonheid' herkent Dalí zichzelf. Aan haar heeft hij zijn meest geïnspireerde ideeën te danken, en zijn 'paranoïde-kritische' methode zou niets zijn als ze niet in eerste instantie een veralgemeniseerde 'convulsieve praktijk' was. En die 'surrealistische geest' is nauw verbonden met seksuele provocatie. Zijn antwoord op een enquête van de Joegoslavische surrealisten over het thema 'lust' uit 1932 bewijst het: "Ik heb geheime lusten, voor mezelf verborgen, omdat ik me voortdurend blootgeef, ik ge-

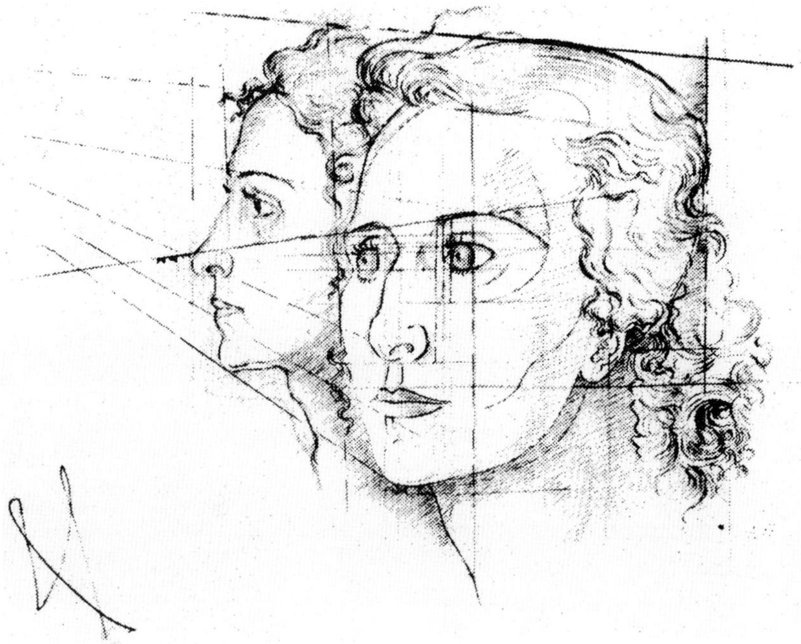

458

loof dat de geheime lusten de ware toekomst zijn en bovendien de ware geestelijke cultuur die niets anders kan zijn dan die der lusten. Geen enkele lust is zondig, fout is alleen hun onderdrukking – al mijn lusten zijn (om de gangbare terminologie te gebruiken) schandelijk, laag, gemeen etc... Ik heb geen zogenaamde hogere lusten. De lusten die ik het hoogst vind, zijn die die me als de menselijkste, dat wil zeggen perverste (voorkomen)... Het grootste aantal lusten opwekken, het lustprincipe (het meest legitieme streven van de mens) verdedigen tegen het principe van de realiteit. Slechte methoden bewerkstelligen het tegendeel, de versterking van het realiteitsprincipe tegenover het lustprincipe, gevolg: morele vernedering. Alleen De Sade lijkt mij een perfecte opvoeder voor de ontketende lusten van de jeugd."

Dankzij zijn jonge roem lopen Dalí's zaken uitstekend. Een kring van bevriende verzamelaars, die zich onderling weleens 'Zodiaque' (dierenriem) noemen, verzekert Dalí van regelmatige verkoop van een deel van zijn produktie. De lijst van die twaalf personen wordt door Caresse Crosby doorgegeven aan Julien Green. Green noteert op 28 februari 1933 in zijn dagboek: "Eergisteren bij Dalí om mijn schilderij af te halen, omdat het mijn maand is. Twaalf personen hebben zich ertoe verplicht de schilder dit jaar een kleine uitkering te garanderen, waarvoor iedereen een groot doek of een klein doek en twee tekeningen krijgt.

457 **Het fenomeen extase,**
1933 △
Le phénomène de l'extase

458 **Twee gezichten van Gala,**
1933-1934 △
Deux visages de Gala

1933–1934

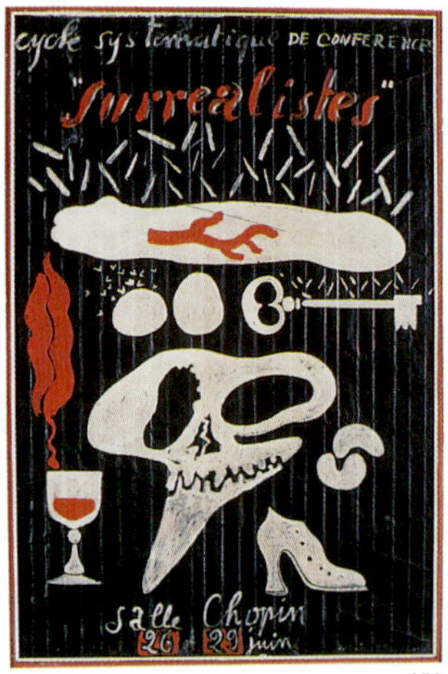

459

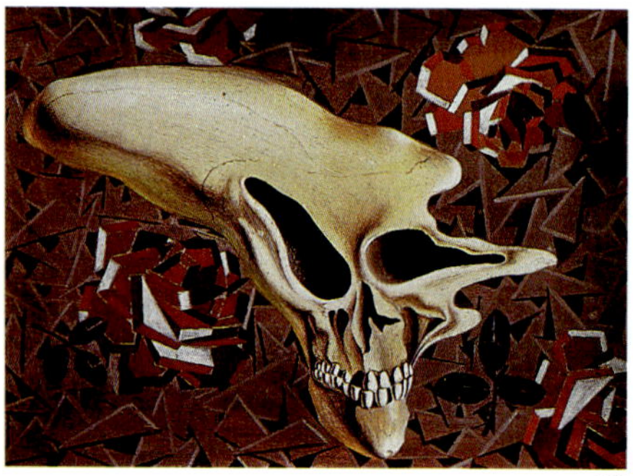

460

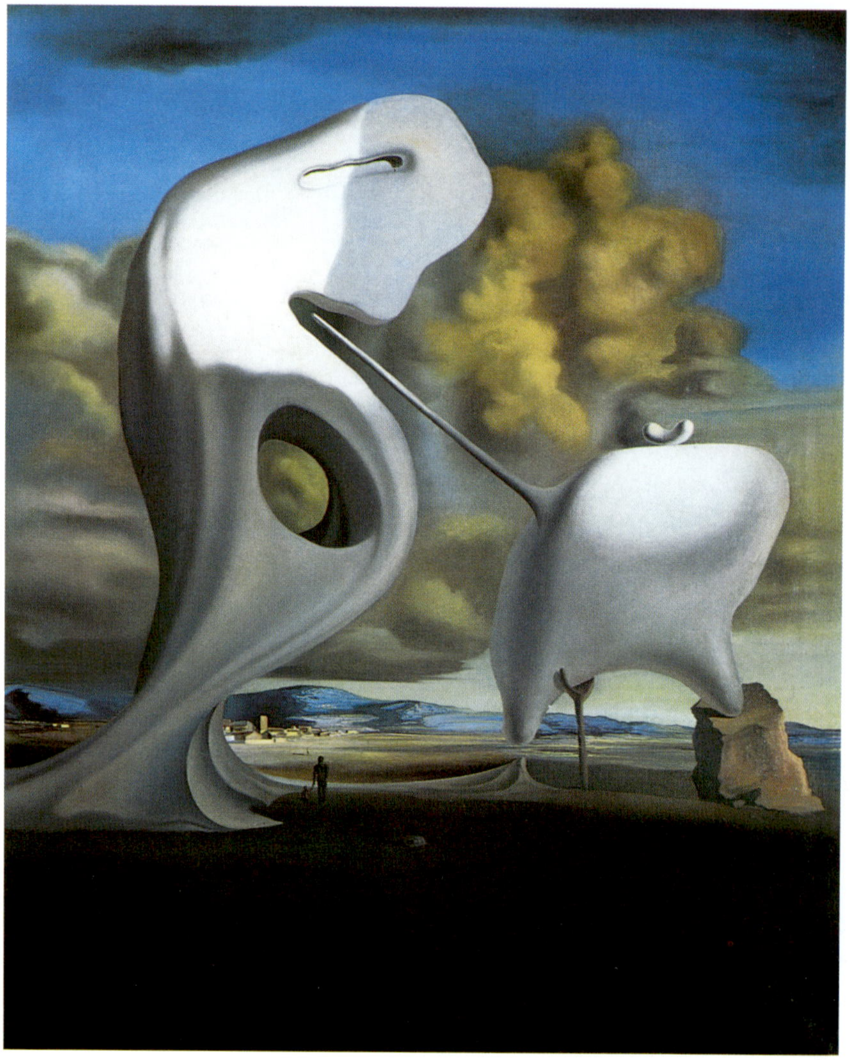

461

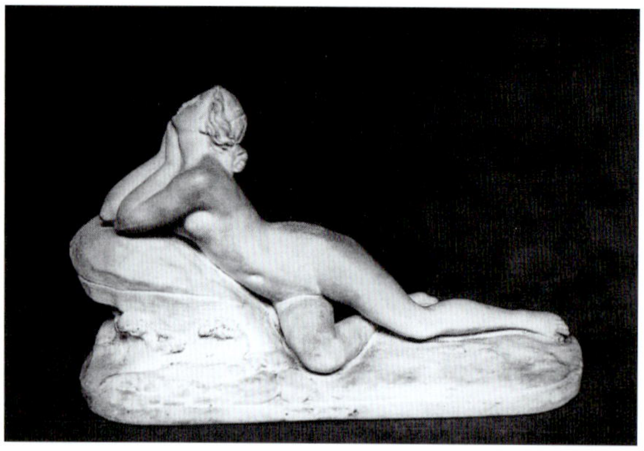

462

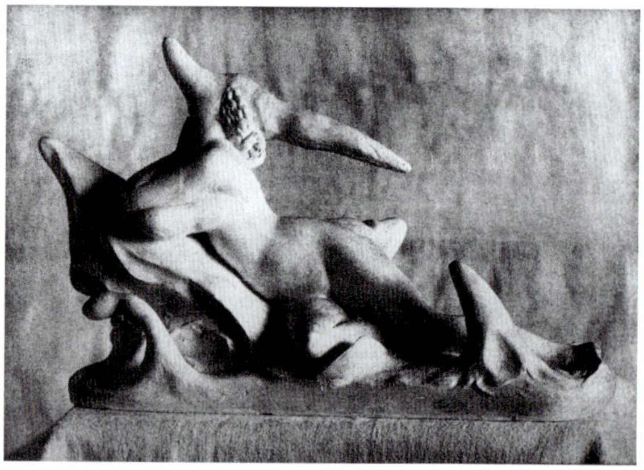

463

459 **Affiche-ontwerp – Regelmatige bijeenkomsten van de surrealistische conferenties**, 1935 △

460 **Zonder titel – Die dood buiten het hoofd (Paul Eluard)**, rond 1933 ❑
Sans titre – Cette mort hors de la tête (Paul Eluard)

461 **Architectonisch 'Angelus' van Millet**, 1933 ❑
L'Angélus architectonique de Millet

462 **Voorbeeld voor de sculptuur 'Hysterisch en aërodynamisch vrouwelijk naakt'** ✗

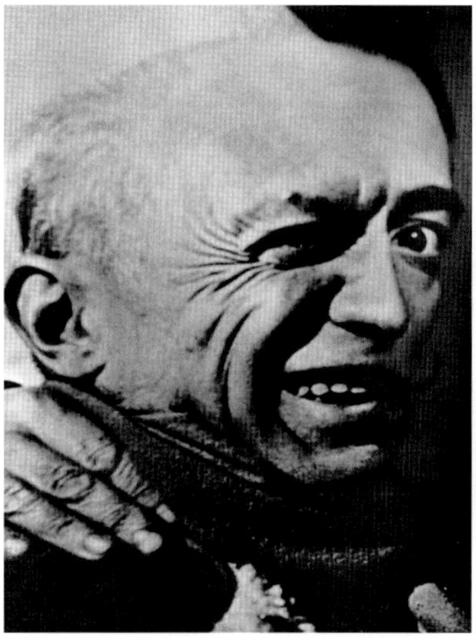

464

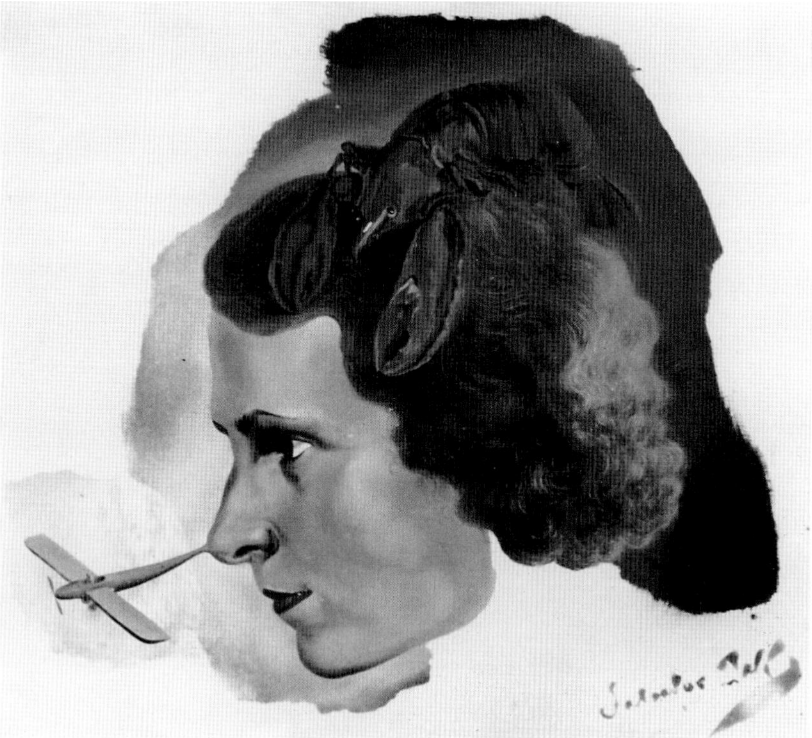

465

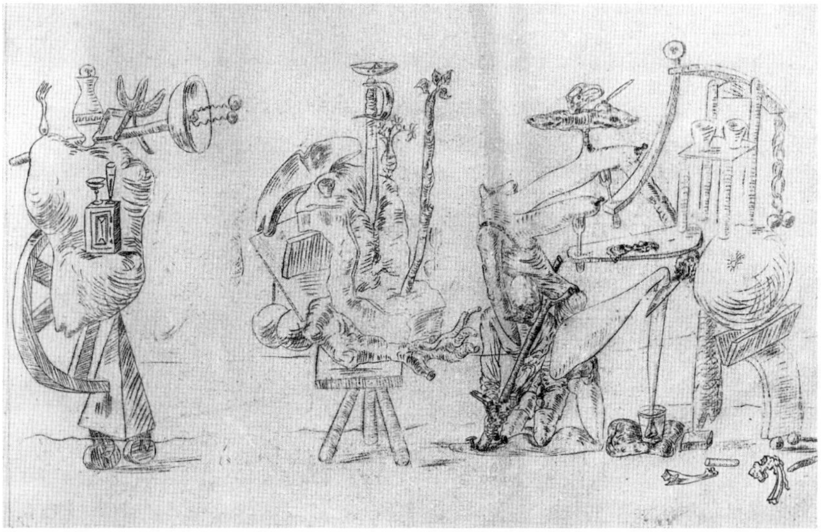

466

463 **Hysterisch en aërodynamisch vrouwelijk naakt – Vrouw op de rots**, 1934 ❍ Nu féminin hystérique et aérodynamique – La femme au rocher

464 **Picasso/Dalí, fotografisch dubbelportret van Philippe Halsman**, 1933 ❍

465 **Portret van Gala met kreeft (Portret van Gala met vliegtuigneus)**, rond 1934 ❑
Portrait de Gala au homard

466 **Surrealistische figuren, gemeenschappelijke tekening van Dalí en Picasso**, rond 1933 △
Figures surréalistes

467 **Kannibalisme der objecten – Inscriptie: vleesglas, vleesvliegtuig, vleeslepel, vleesuurwerk, vleesdoodshoofd**, 1933 △ Cannibalisme des objets

468 **Kannibalisme. Illustratie bij Lautréamonts 'De gezangen van Maldoror'**, 1933 △

469 **De tempel van de liefde**, 1933 ❑ Le temple de l'amour

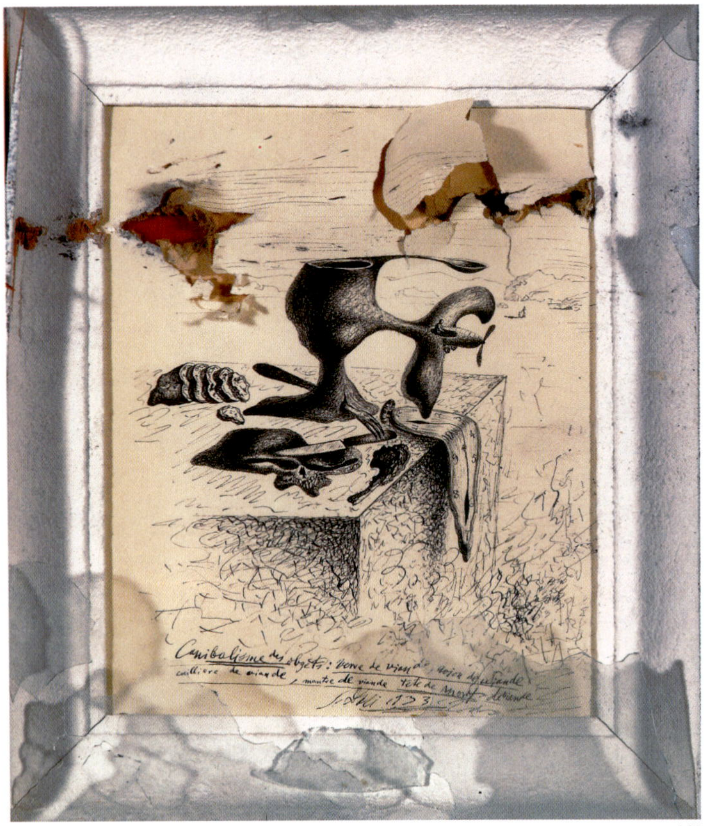

467

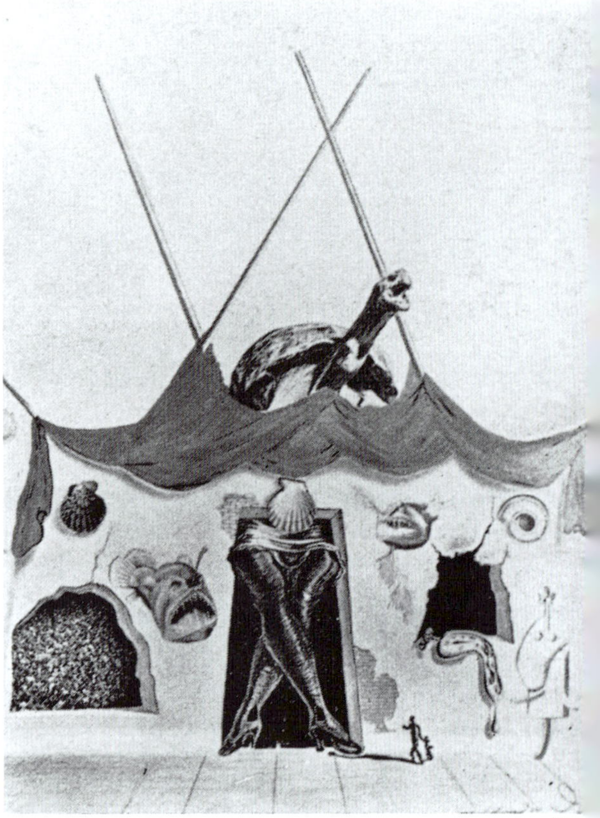

469

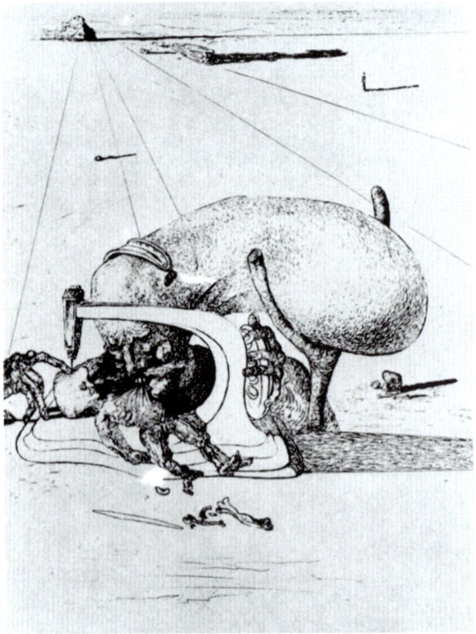

468

We hebben lootjes getrokken om te zien wie welke maand krijgt. Tot mijn grote vreugde heb ik februari getrokken, zodat ik niet lang hoef te wachten. Ik heb de keuze tussen een groot doek waarvan de achtergrond wordt gevormd door een prachtig rotslandschap, maar waarop de voorgrond wordt gevormd door een soort baarddragende Russische generaal, naakt en met verdrietig gezonken hoofd, zodat je de mossels en parels kunt zien waarmee zijn hoofd is volgestopt en een klein doek in prachtige tinten, grijs en lila, en twee tekeningen. Ik heb het kleine doek gekozen. Dalí vertelde over Crevel, die ziek was, maar 'stoïcijns'. Hij weidt uitvoerig uit over de schoonheid van zijn schilderkunst en legt me de betekenis van mijn schilderij uit, dat hij *Geologische wording* (blz. 205) noemt en dat een paard voorstelt dat midden in de woestijn in een rots begint te veranderen. Hij reist naar Spanje en vertelt vol afschuw over de douaneformaliteiten en de duizend kleine ongemakken van een reis in de ferrocaril, want hij is net een beetje een kind dat bang is voor het leven."

In een brief aan Charles de Noailles kondigt Dalí aan: "Ten slotte nog 'groot nieuws', dat u, denk ik, zal verheugen, ik teken vanmiddag een contract met Skira voor de illustratie van 'De gezangen van Maldoror' met 40 etsen. Het illustreren van Lautréamont leek me altijd heel verleidelijk. Het betreft dezelfde reeks waarin tot nu toe de Metamorfosen van Ovidius met Picasso en de Mallarmé van Matisse zijn verschenen: ik begin natuurlijk in Port Lligat met de illustratie van Maldoror, waarvoor ik een jaar de tijd heb." Als hij in het Atelier Lacourière aan de etsen voor 'De gezangen van Maldoror' werkt, ontmoet hij Picasso weer, die

470 Kannibalisme van de bidsprinkhaan van Lautréamont, 1934 ❑
Cannibalisme de la mante religieuse de Lautréamont

471 De melancholie – Opgedragen aan Marcel Remy, in vriendschap Salvador Dalí, 1934 ❑
La mélancolie

472 Vleesvliegtuig. Illustratie bij Lautréamonts 'De gezangen van Maldoror', 1933 △

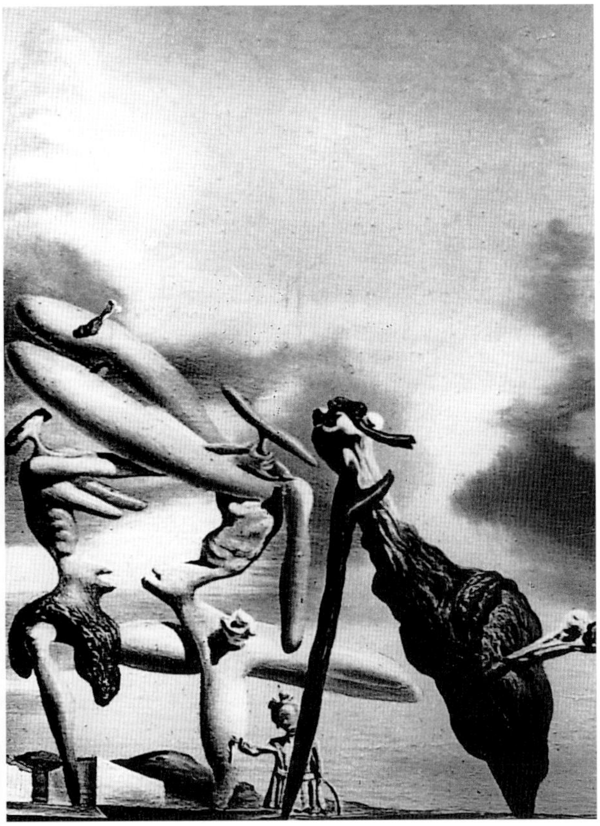

470

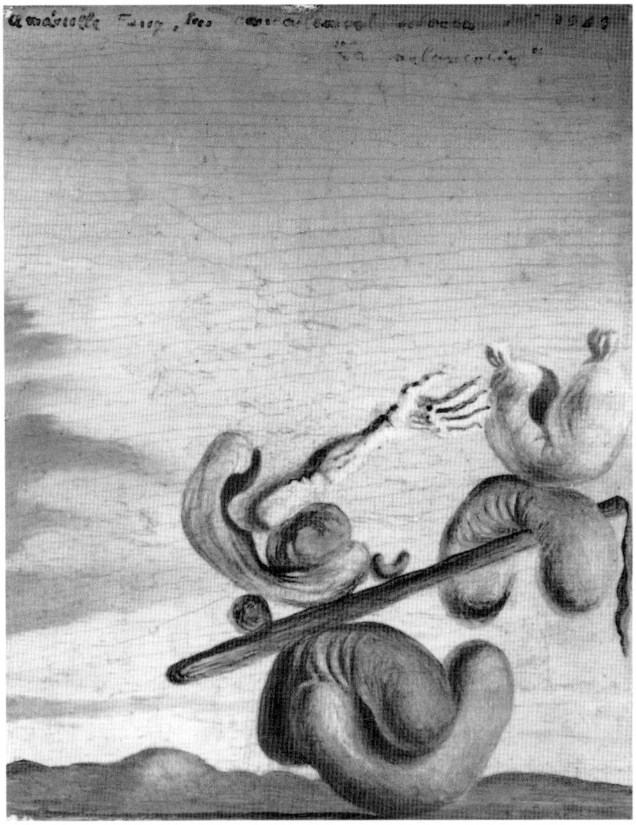

471

hem bij Skira heeft geïntroduceerd en hem voorstelde een boek te laten illustreren door Dalí. In hun pauzes maken ze samen een grafisch werk waarbij ze de plaat om beurten bewerken. Het gaat om het doek *Surrealistische figuren, gemeenschappelijke tekening van Dalí en Picasso* (blz. 209).

In de 'Nouvelle Revue Française' schrijft André Lhote over Dalí's tentoonstelling in Galerie Colle, waar hij een schokkend ensemble van hoofdwerken als *De onzichtbare man* (blz. 147), *Het duistere spel* (blz. 142), *De aanpassing van de begeerte* (blz. 148), *Portret van Paul Eluard* (blz. 138), *De onzichtbaren – slaapster, paard en leeuw* (blz. 160), *Het raadsel van Wilhelm Tell* (blz. 201), *Herinnering van de kind-vrouw* (blz. 176) en *De duurzaamheid van de herinnering* (blz. 163) heeft gepresenteerd: "S. Dalí is tegelijkertijd de Lalique en de Gustave Moreau van de droombeschrijving. Zijn gereedschap ciseleert heel bedreven zeer geïnspireerde vormen uit die van de 'Modern Style', die ons in onze kindertijd zo lief was. Zijn harmonieën zijn vaak die van de anatomie, waarin het bloed koning is. Zwavel vermengt zijn scherpe kleuren met het lila van afgekoeld slijmvlies en het blauw van de aders die door dode huid schijnen. Mag ik even een paar 'eerlijke woorden' gebruiken. Het zijn sadistisch verminkte ledematen, onthoofde rompen, borrelende ingewanden en hopeloze geslachtsdelen die de spatel hier over de vier hoeken van het schilderij verdeelt. Net als M.W. George verwijst Dalí ons naar zijn onreine bron. Maar aangezien hij meer inzicht heeft dan de apostel uit Rome, wordt hij zich bewust van de onreinheid: '... vooral ornamentele kunst, die zo stereotiepe ornamentele kunst, vooral die die met geringe overtuiging de

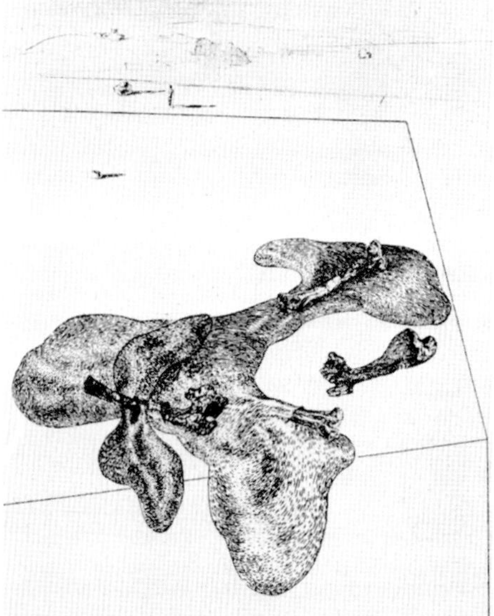

472

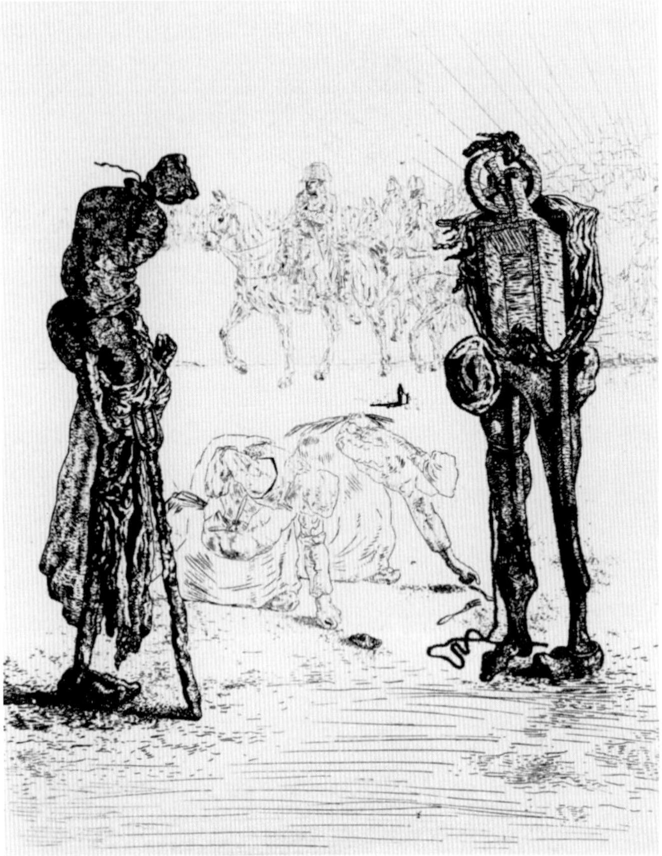

473

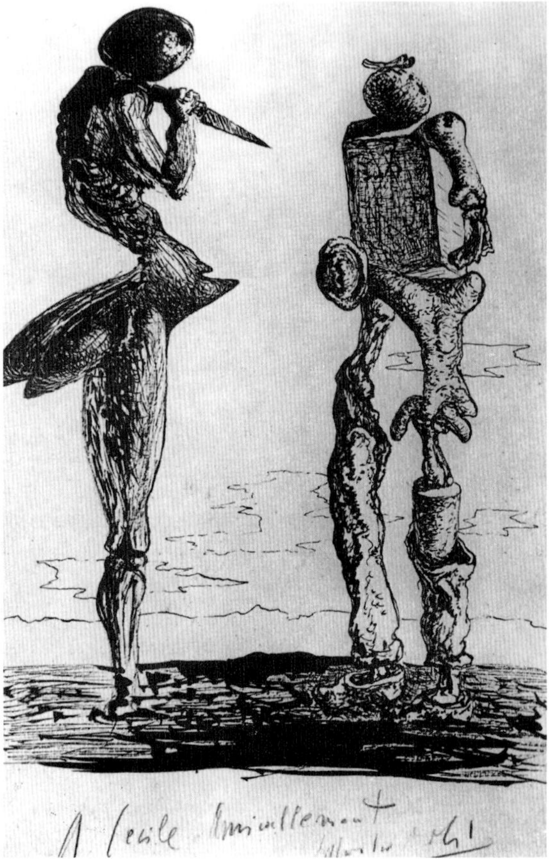

474

473 **Illustratie bij Lautréamonts 'De gezangen van Maldoror'**, 1933-1934 △

474 **Hommage aan Millet – Tekening in vriendschap opgedragen aan Cécile**, 1934 △
Hommage à Millet – Dessin dédicacé à Cécile amicalement

475 **Het spook van het 'Angelus'**, rond 1934 ❑
Le spectre de l'Angélus

476 **Zonder titel – Jong meisje met schedel**, 1934 △
Sans titre – Jeune fille au crâne

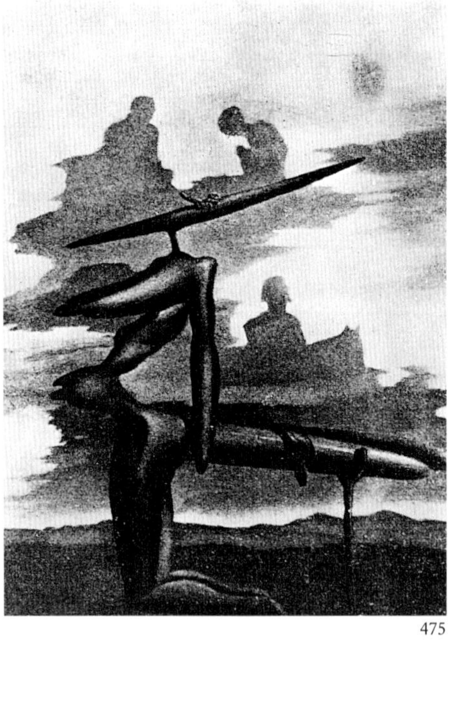

475

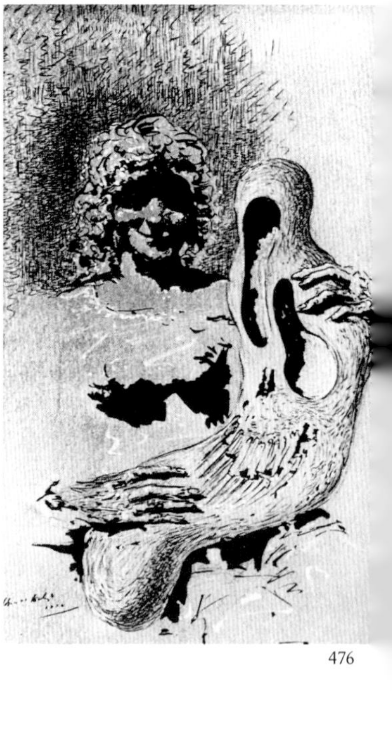

476

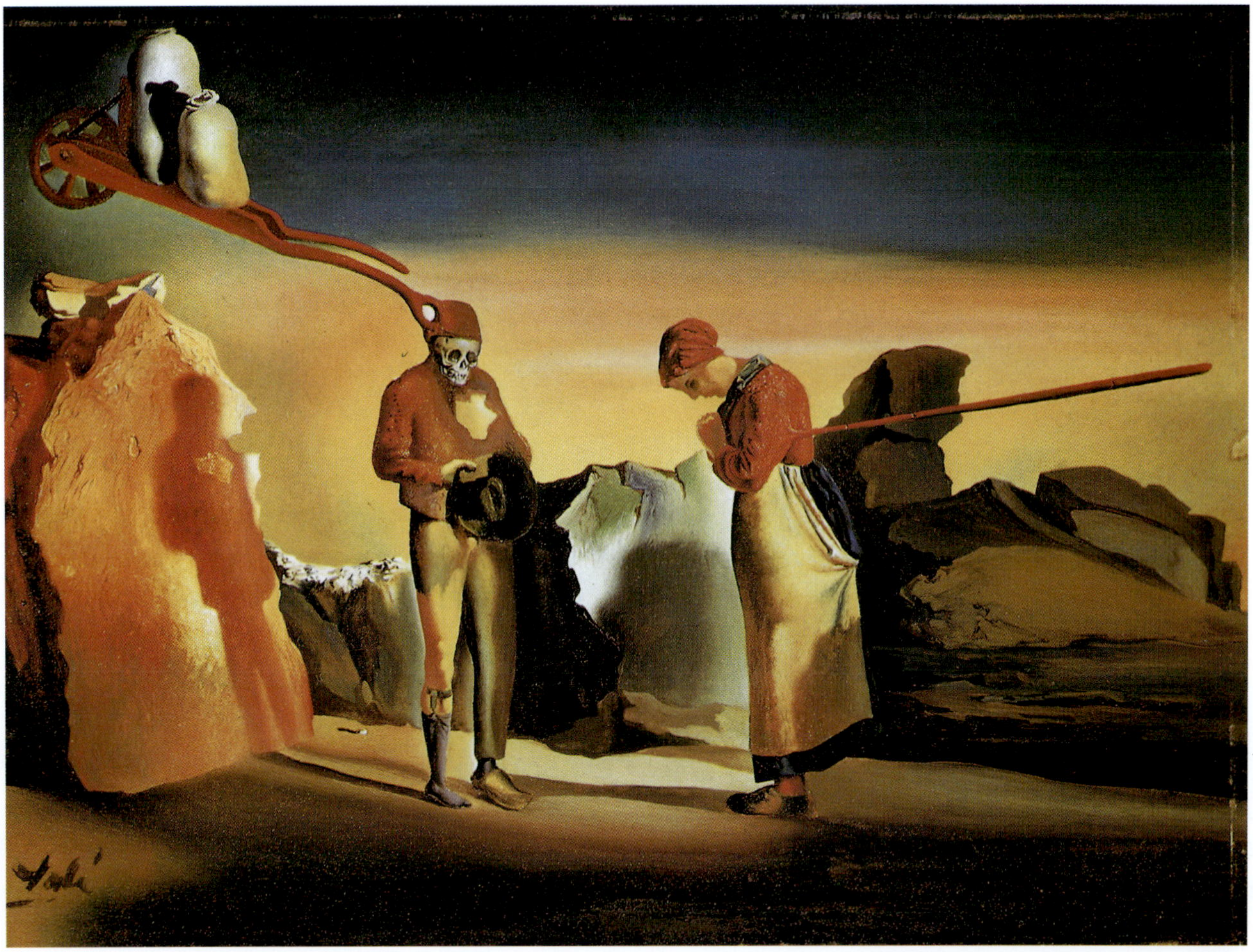

477

herinnering aan verre, verschillende stijlen weer oppakt en vermengt, niet zonder een zekere fantasie', schrijft hij in het voorwoord van zijn catalogus. En later: 'Op de lelijke straat schijnt het fantastische, prachtige ornament van de metro-ingangen in 'Modern Style' ons het volmaakte symbool van de geestelijke waardigheid toe.'"

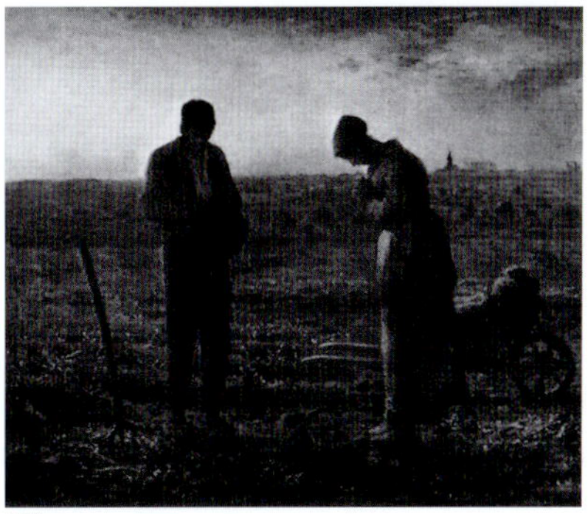

478

New York is van ons tweeën!

Tentoonstellingen volgen elkaar in duizelingwekkende vaart op, want Dalí heeft besloten zijn werk aan een groot publiek voor te stellen. Op 2 februari 1934 exposeert hij *Het raadsel van Wilhelm Tell* (blz. 201) op de Salon des Indépendants. In een brief aan Charles de Nouailles kondigt hij zijn besluit aan en zegt: "Ik zal dat doek nu op de 'Salon des Indépendants'(!) exposeren, want ik geloof dat het vanuit een strikt experimenteel standpunt zeer nuttig voor me is mijn werk in werkelijk contact te brengen met het grote publiek, met het leven zelf." Tegelijkertijd exposeren de Galerie Julien Levy in New York en de Librairie des Quatre Chemins in Parijs de tekeningen en grafiek die het door Albert Skira uitgegeven boek 'De gezangen van Maldoror' van Lautréamont illustreren en waaraan Dalí meer dan een jaar heeft gewerkt.

In die tijd begint hij ook aan een illustratieopdracht voor 'Onan' van Georges Hugnet. Op de met écriture automatique bedekte plaat schrijft hij: "Espamogra-

477 **Atavismen van de schemering (ook: Waanvoorstellingen)**, 1933-1934 ❑
Atavisme du crépuscule

478 **Jean-François Millet: Bij het luiden van het angelus**, 1859 ☆

1934

479 **Onzichtbare harp**, 1934 ❑
Harpe invisible

480 **Mannequin uit Java**, 1934 ❑
Mannequin javanais

481 **Het spook van de sex-appeal**, 1934 ❑
Le spectre du sex-appeal

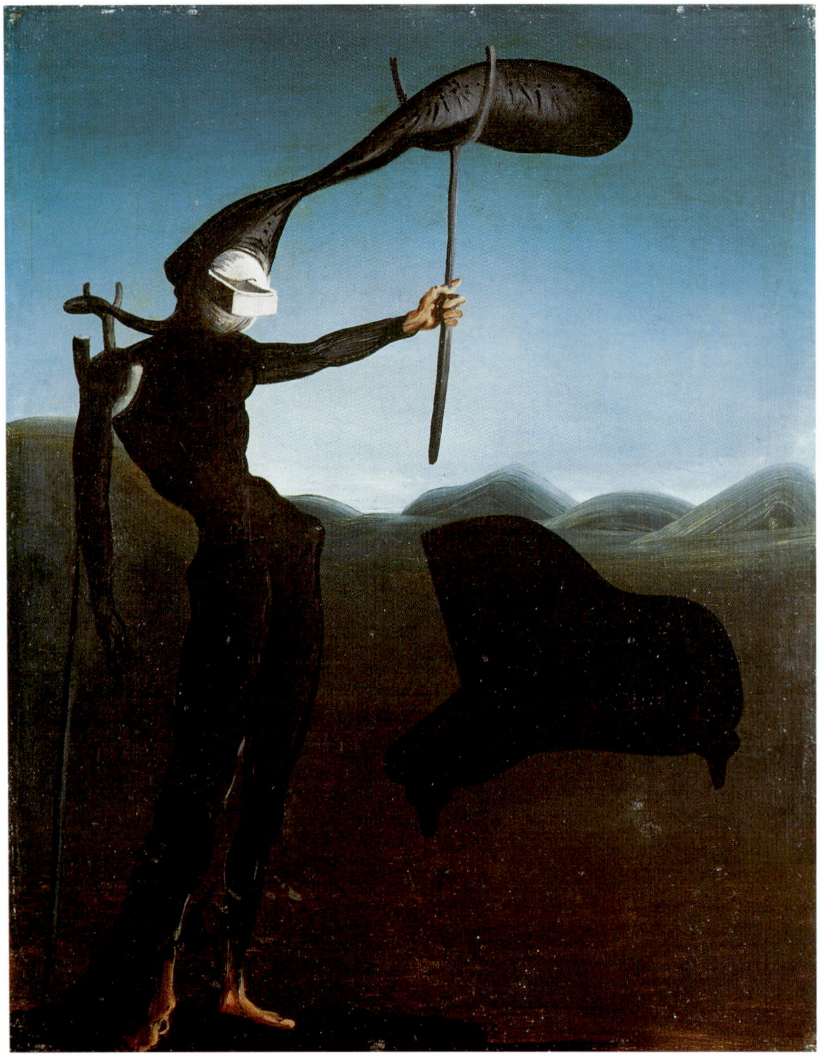

479

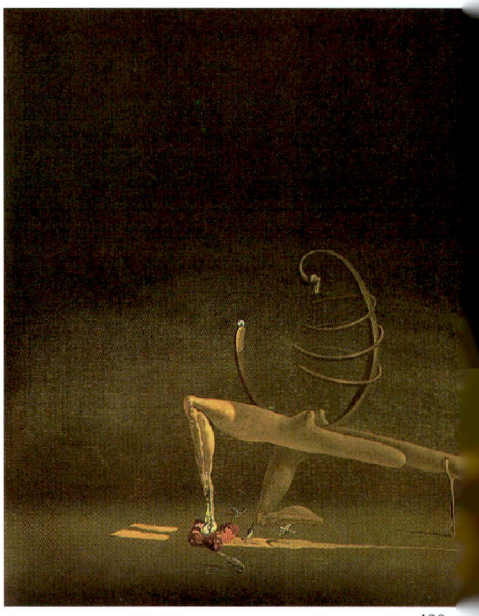

480

fifisme, verwezenlijkt met de linkerhand, terwijl ik met de rechterhand masturbeer, tot bloedens toe, tot op het bot, tot aan de propellers van de kelk!"

Over een andere tentoonstelling in Galerie Jacques Bonjean in Parijs schrijft Louis Chéronnet op 20 juni in 'Art et Décoration': "Een verbluffende schilderkunst, die de wrede ruwheid van kleurendrukken heeft of de zogezegd 'gladgeschoren' schaamteloosheid van eunuchen. Lijdende lianen en seksuele deformaties, geïnspireerd door 1900, vechten hier tegen complexe monsters die uit de renaissance-boeken lijken te zijn gekomen. En om dat alles te schilderen, droomt Dalí ervan het penseel van Millet of Meissonier te bezitten. Het bewonderenswaardige is dat die tour de force hem blijkbaar lukt. Dante had niet meer kosmische fantasie dan deze schilder, het Musée Dupuytren bevat niet meer kosmische fantasie dan zijn werken.

En toch, wanneer je dit stadium bereikt, waarin helemaal vanzelf, schijnbaar onafhankelijk van elkaar, gebleekte botten zijn gestrand, slappe lichamen die wemelen van de obscene insekten, voorwerpen die in de broeiende hitte rotten, een hitte die je met koortsachtige vingers meent te kunnen voelen, zo sterk heeft ze zich gematerialiseerd, of dat dodeneiland met zijn onveranderlijk mooie weer,

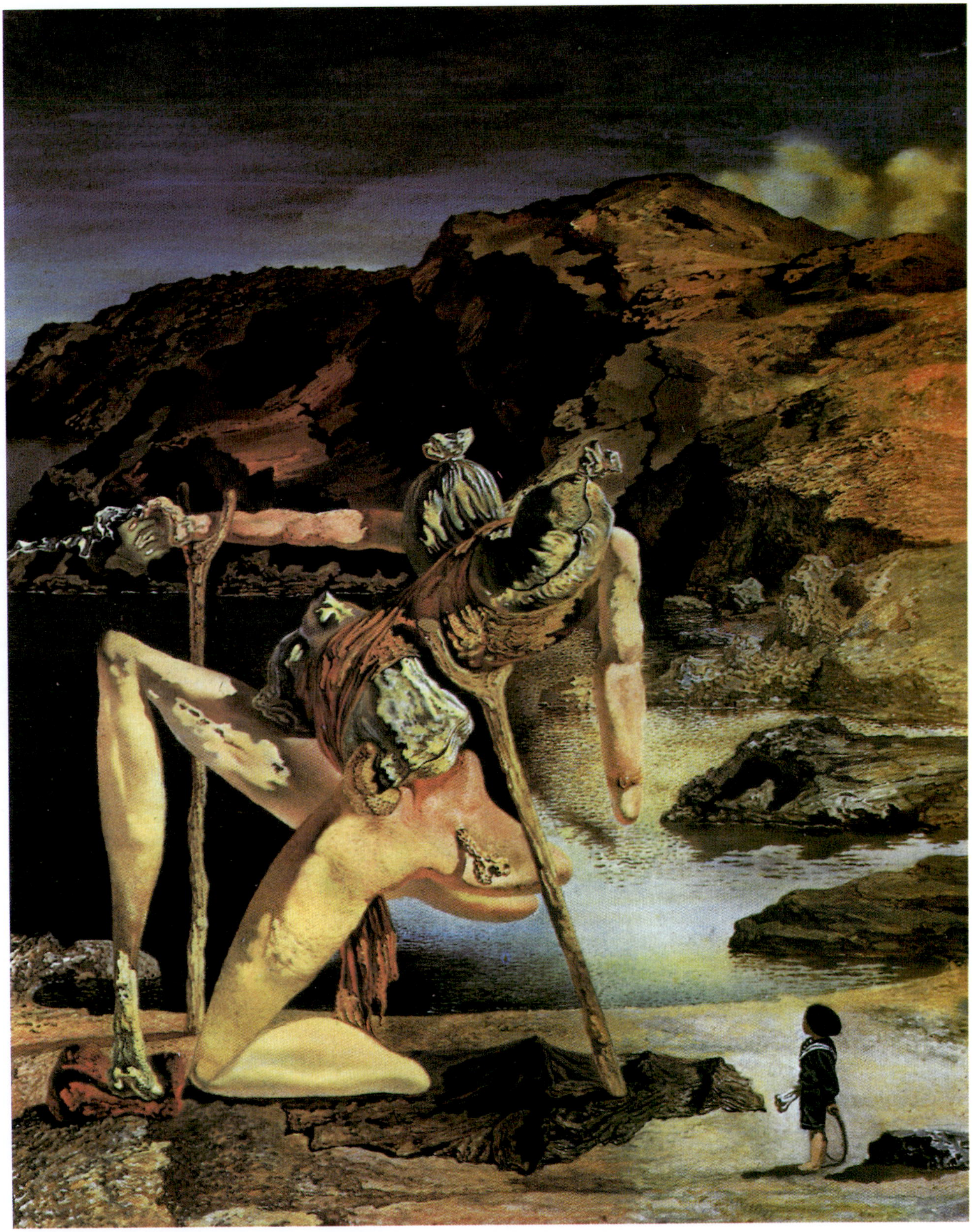

481

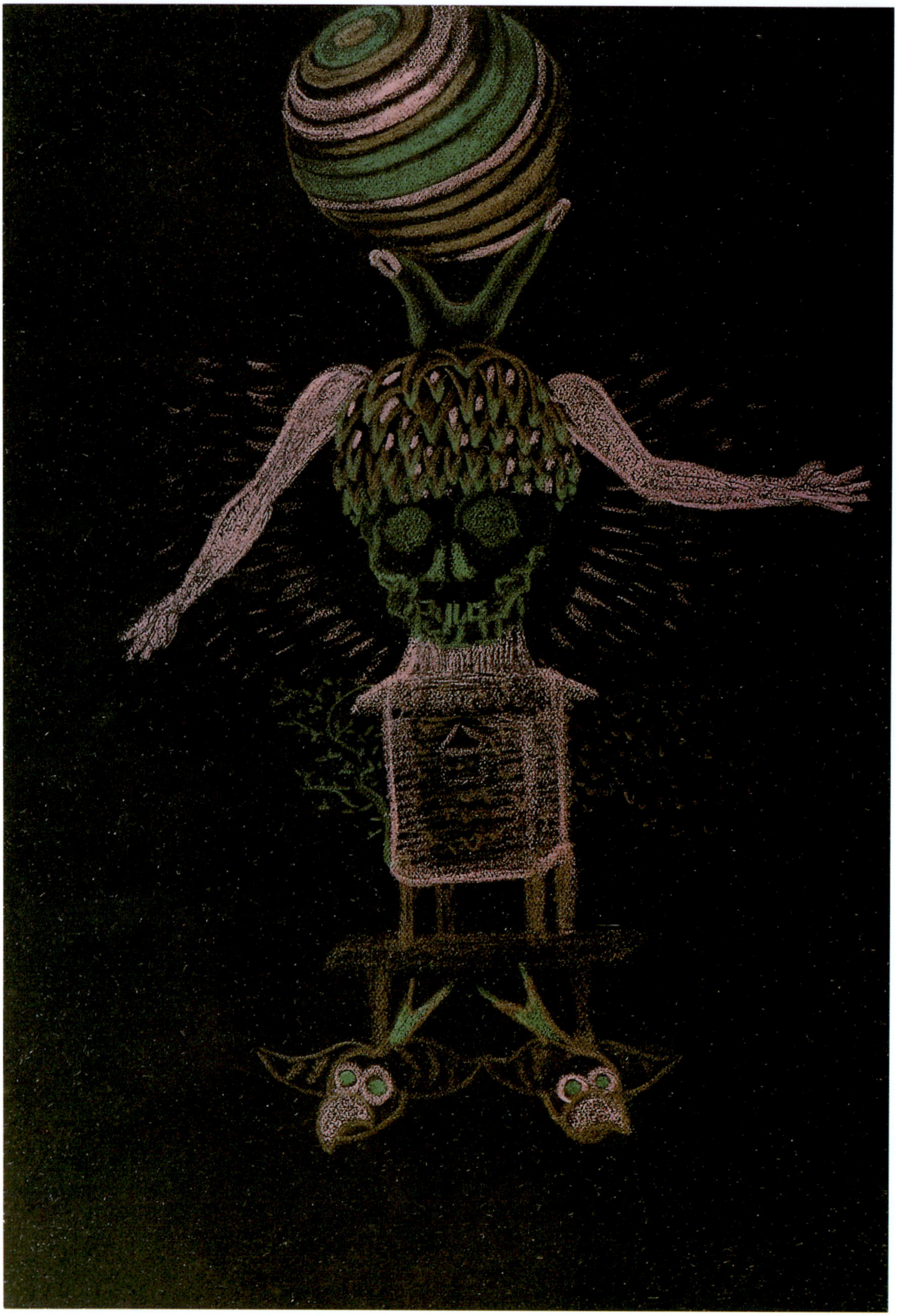

482

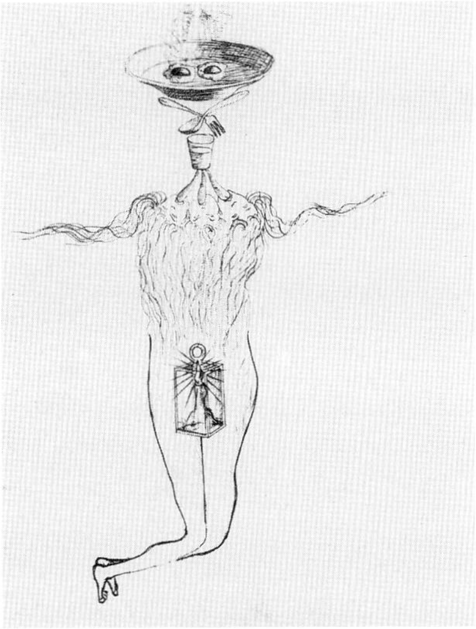

483

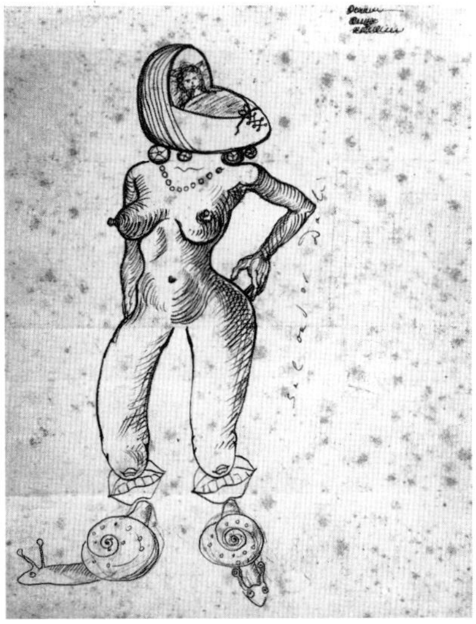

486

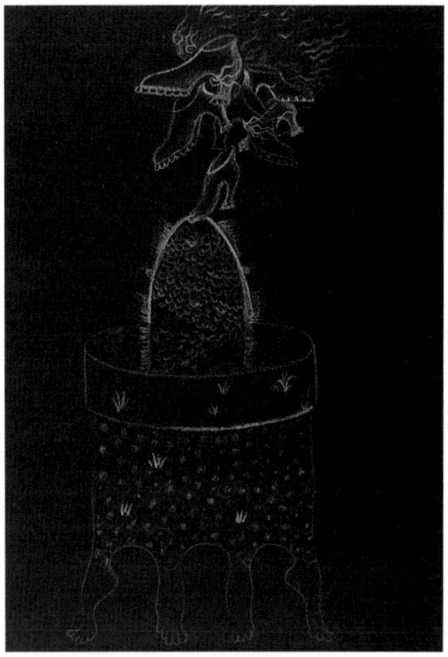

489

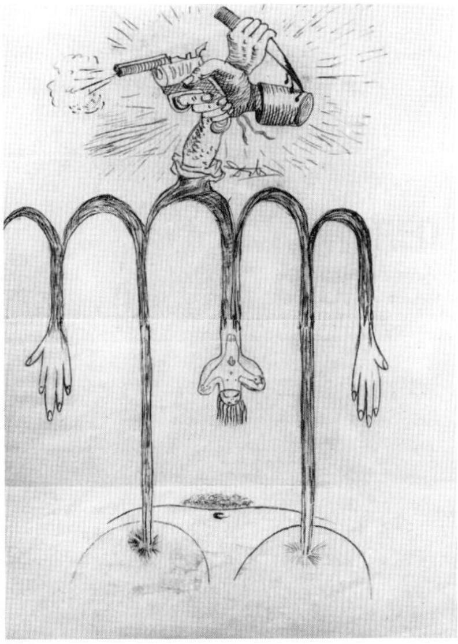

484

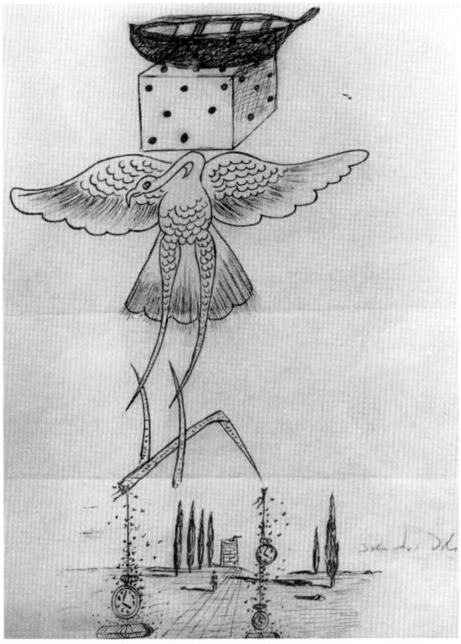

487

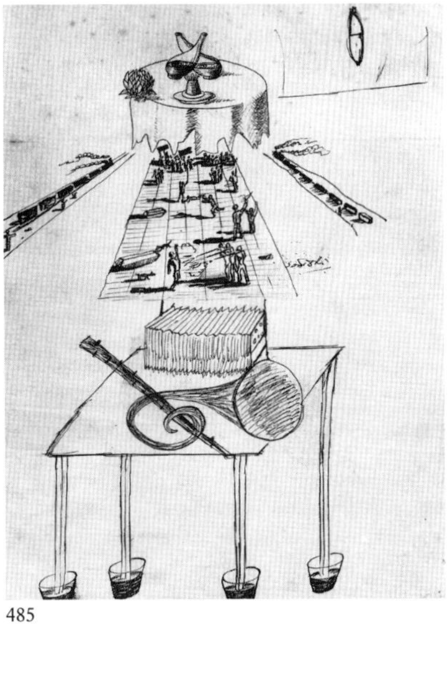

485

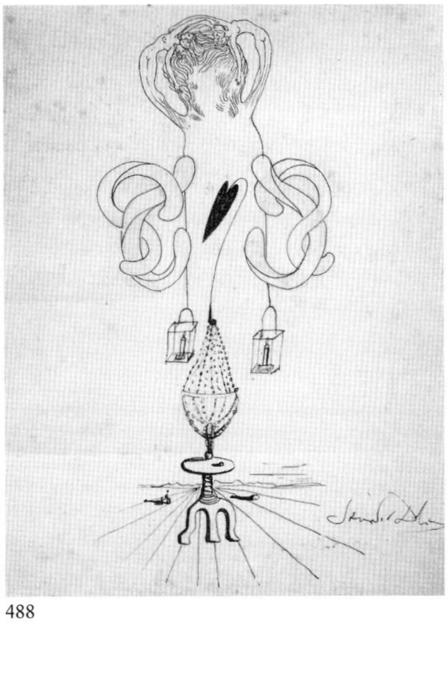

488

482-489 **Uitgelezen kadaver (ook: Vrolijk lijk)**, rond 1934 △
Cadavre exquis is een gezelschapsspel waarbij verschillende mensen na elkaar een tekst of een tekening maken. Niemand mag weten wat de anderen hebben bijgedragen. Het klassieke voorbeeld waaraan het spel in Frankrijk zijn naam ontleent, luidt: *het vrolijke lijk zal nieuwe wijn drinken* (Klein Lexicon van het Surrealisme). Hier hebben deelgenomen aan het spel: Valentine Hugo, André Breton, Gala Eluard, Salvador Dalí.

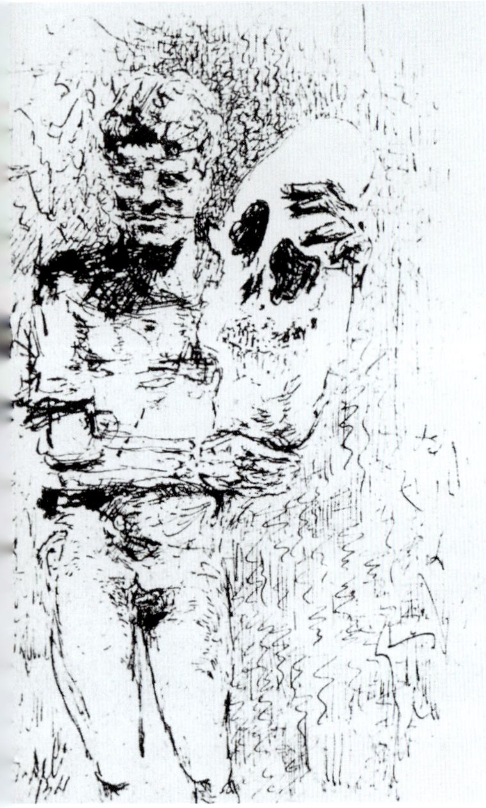

490

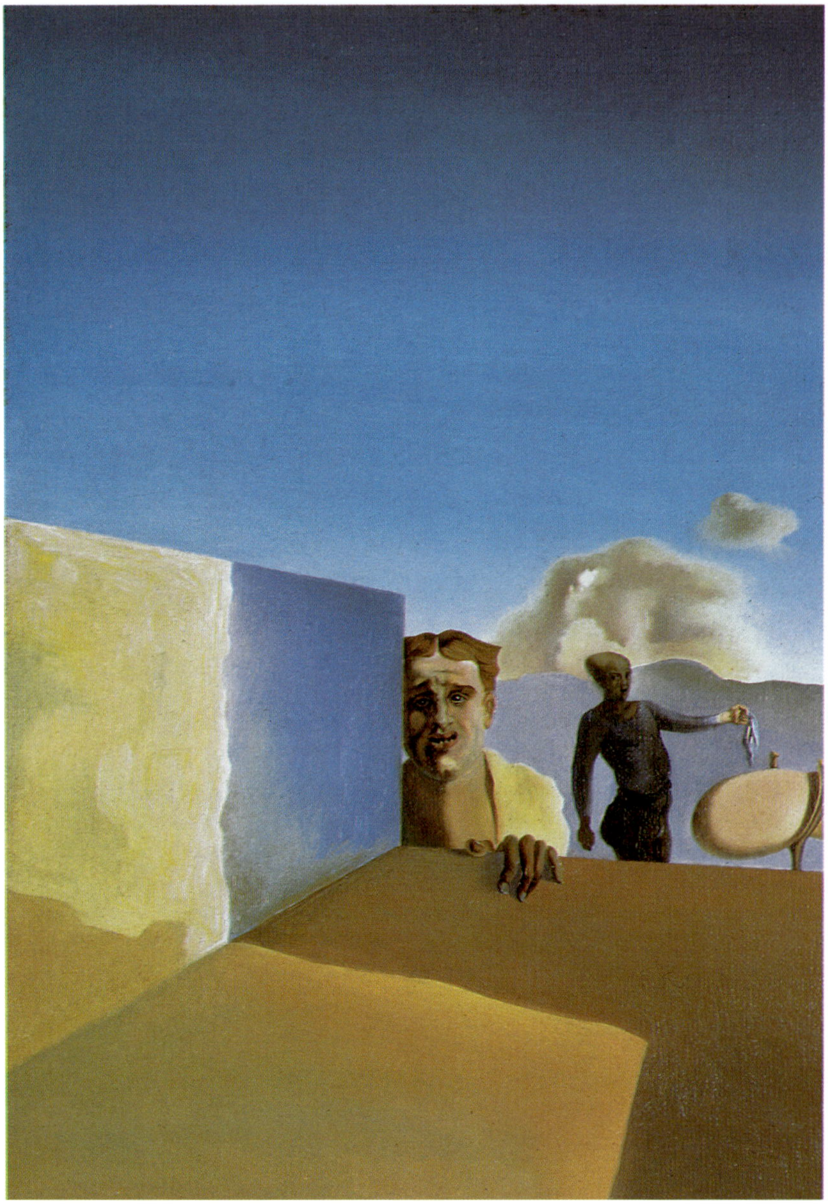

491

490 **Portret van René Crevel (opgedragen aan Julien Green),** 1934 △
Portrait de René Crevel (Dédicacé à Julien Green)

491 **Bedrukte kapper door het aanhouden van het mooie weer,** 1934 ❑
Le coiffeur attristé par la persistance du beau temps

zijn monumentale cipressen en zijn perverse vrolijkheid: dan word je gevangen door een bijzondere betovering..."

Dalí krijgt zelfs prijzen: in Pittsburgh is in het Carnegie Institute 'The 1934 International Exhibition of Paintings' geopend, en Dalí krijgt voor zijn *Landschap met raadselachtige elementen* (blz. 225) een eervolle vermelding. Daarna is Londen aan de beurt, waar Dalí zijn eerste eigen tentoonstelling in de Zwemmer Gallery heeft. Douglas Goldring schrijft in 'The Studio': "De beroemdheid van Salvador Dalí, de Spanjaard uit Parijs, die tegenwoordig aan het hoofd van de surrealistische beweging staat, is Het Kanaal overgestoken, nog voor het publiek de waarde van zijn werk kent. Daarom wekte de mededeling dat galerie Zwemmer een behoorlijk aantal werken heeft gekocht en ze wil exposeren, in Groot-Brittannië behoorlijke belangstelling. Toen ik de doeken bekeek, dacht ik plotseling –wat merkwaardig mag lijken– aan *Bouc emissaire* en aan *Fuite en Egypte* van

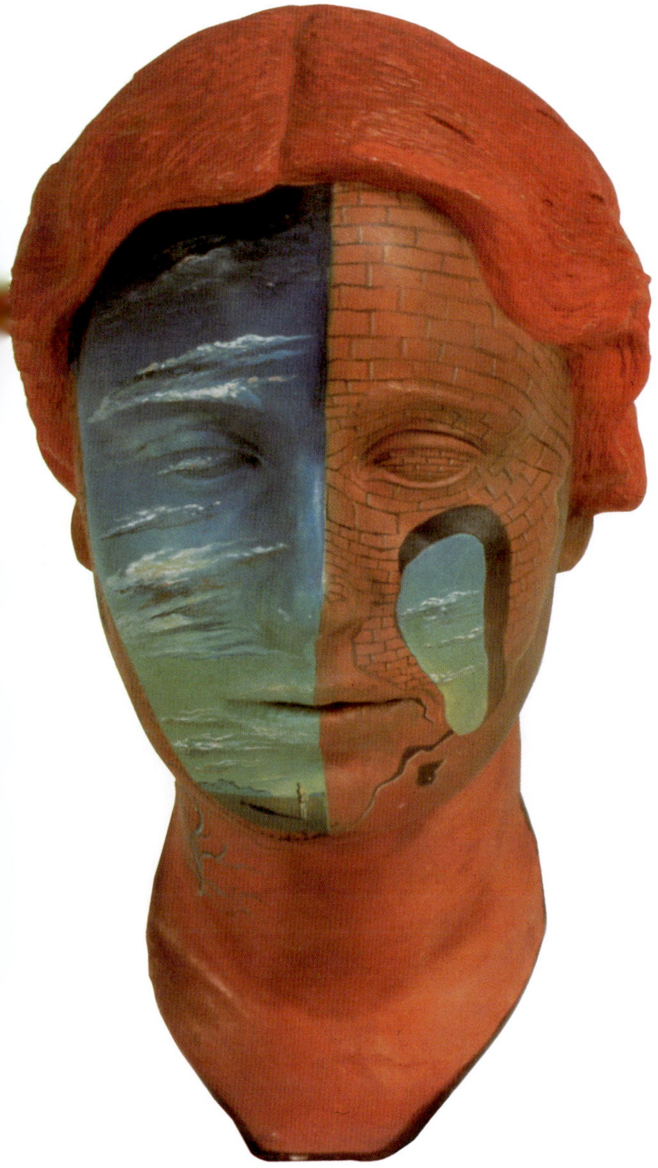

492

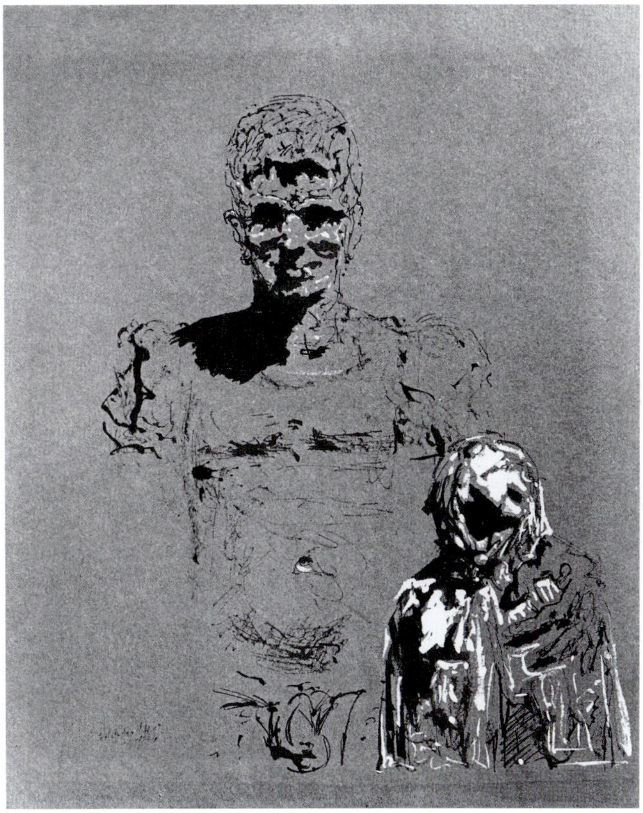

493

Willliam Holman Hunt en aan Millais' doek *Sir Isumbrao at the Ford.* Pas als je de techniek van Dalí buiten beschouwing laat en alleen ingaat op de thema's en inhouden van zijn werk, dus op wat hij schildert en niet zozeer op hoe hij het schildert, maakt hij een verrassende en revolutionaire indruk tegelijk. Er zijn zelden tentoonstellingen die ik nog eens zou willen zien. Ik moet toegeven dat deze me sterk heeft gefascineerd."

Waaraan Breton en de surrealisten zich steeds meer ergeren, is het feit dat Dalí langzamerhand over de hele wereld geldt als de enige echte vertegenwoordiger van hun beweging. Inderdaad wordt Dalí bij zijn aankomst in New York op 14 november 1934 bevangen door een nog overdrevener grootheidswaan dan normaal en zegt: "De critici maken al een onderscheid tussen het Surrealisme voor en na Dalí... Het weke, de vloeiende ornamentiek, het plakkerige, het biologische, het rottende, dat was Dalí. Een verrassend middeleeuws object, dat was

492 **Buste van Joella Lloyd**, 1934 ○
Buste de Joella Lloyd

493 **Portret van René Crevel (ook: De man met de sigaret)**, 1934 △
Portrait de René Crevel (L'homme à la cigarette)

1934

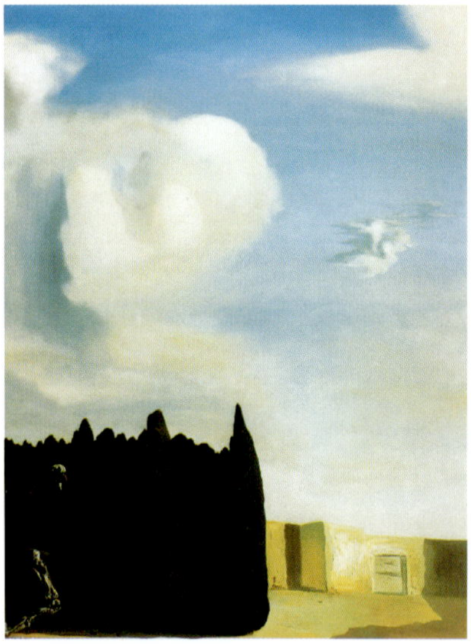

494

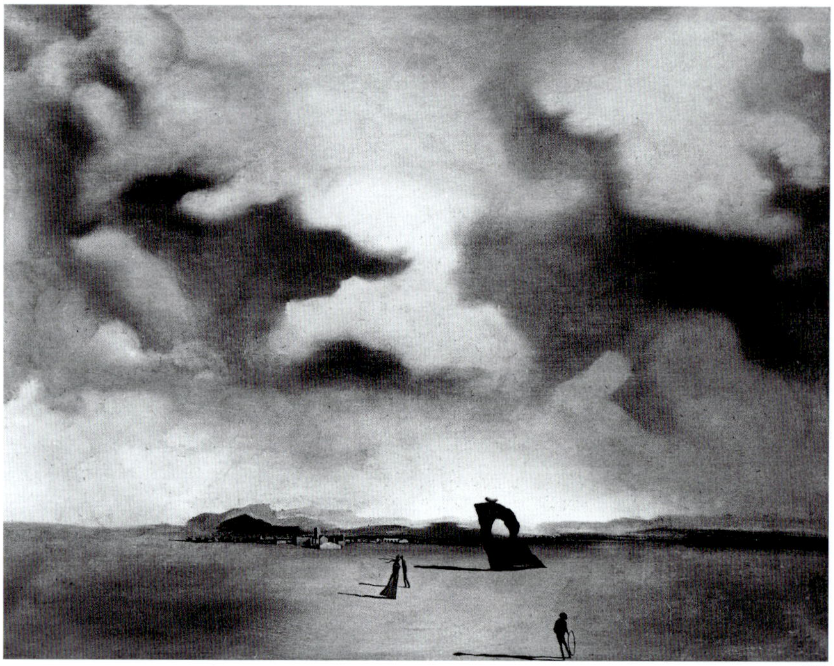

495

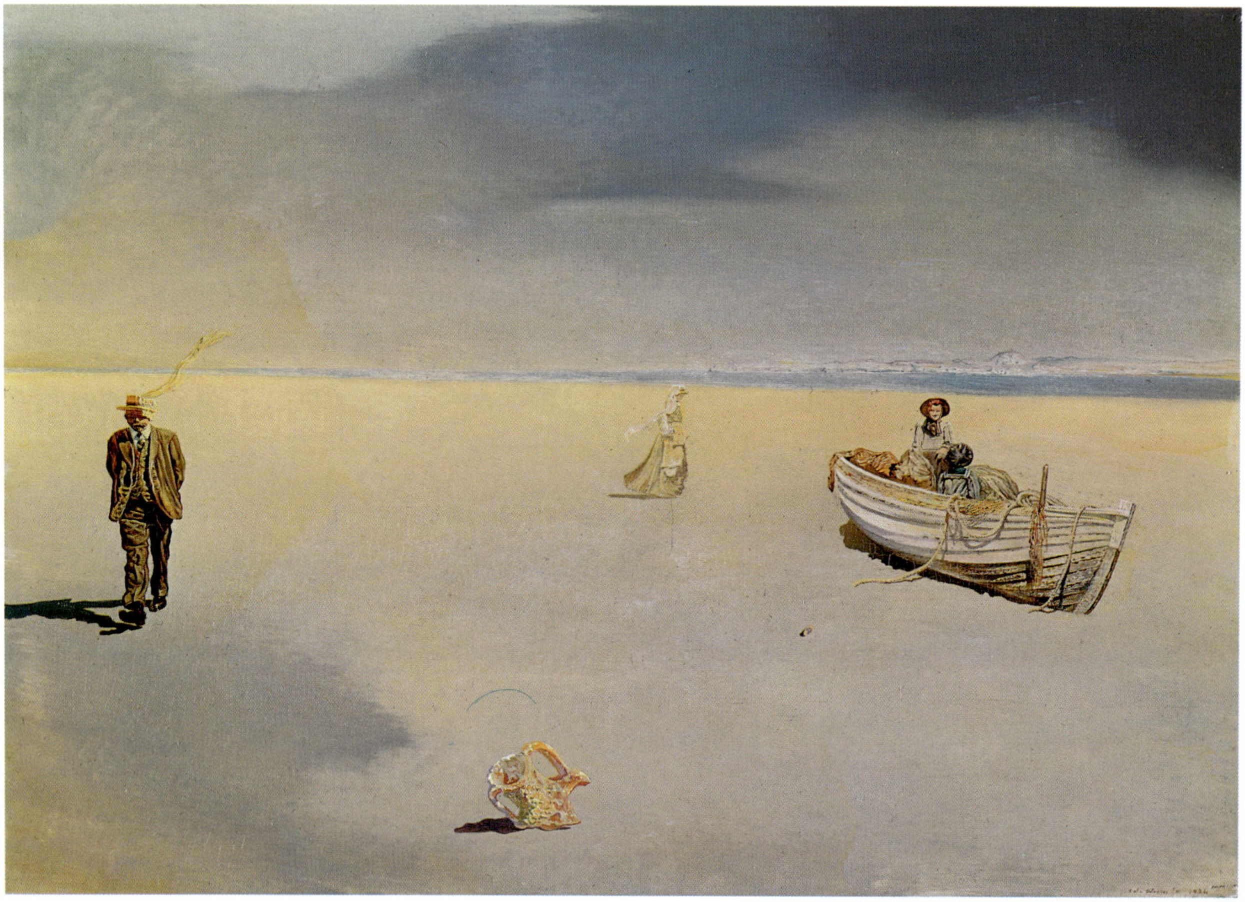

496

494 **Het dodeneiland – Middelste deel van 'Het dodeneiland' – Gereconstrueerde waanvoorstelling naar Böcklin**, 1934 ❑
L'île des morts – Cour centrale de 'L'île des morts' – Obsession reconstitutive d'après Böcklin

495 **Nachtspook aan het strand**, 1934 ❑
Spectre du soir sur la plage

496 **Paranoïde-astraal visioen (ook: Raadselachtige elementen in een landschap)**, 1934 ❑
Image paranoïaque-astrale

497 **Atavistische ruïnes na de regen**, 1934 ❑
Vestiges ataviques après la pluie

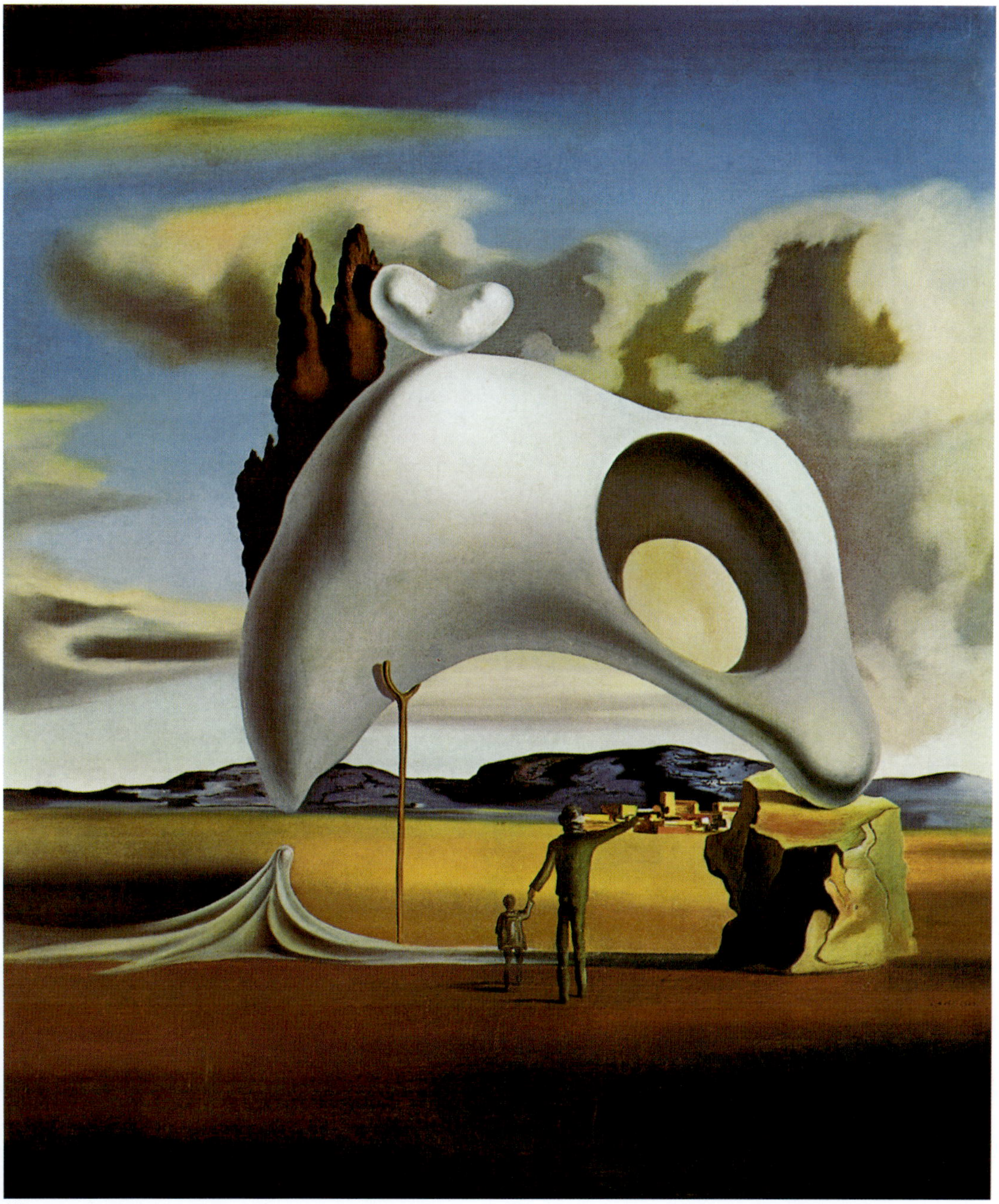
497

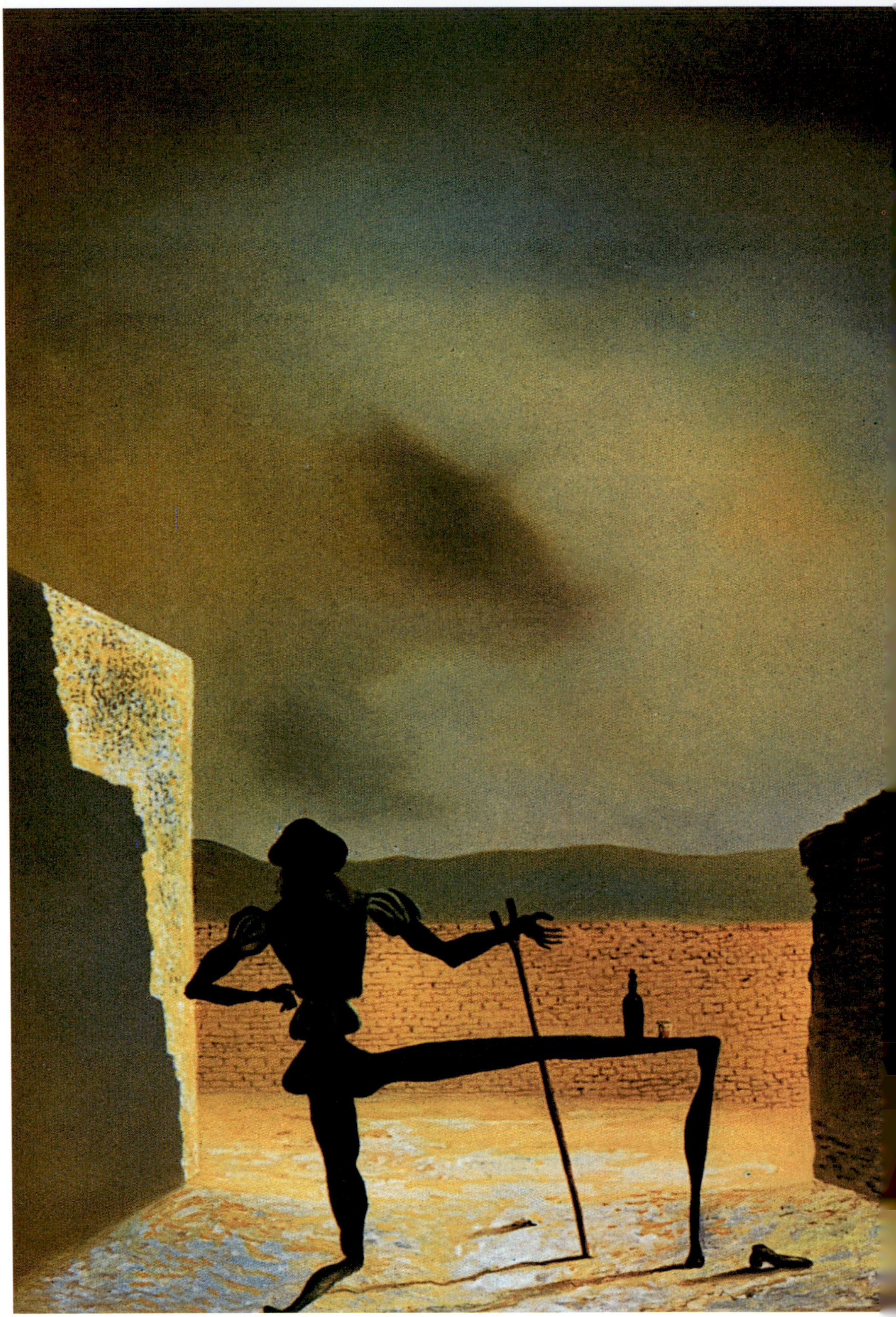

498 **Als tafel geschikt spook van Vermeer van Delft**, 1934 ❑
Le spectre de Vermeer de Delft pouvant être utilisé comme table

499 **Doodsridder**, 1934 ❑
Le chevalier de la mort

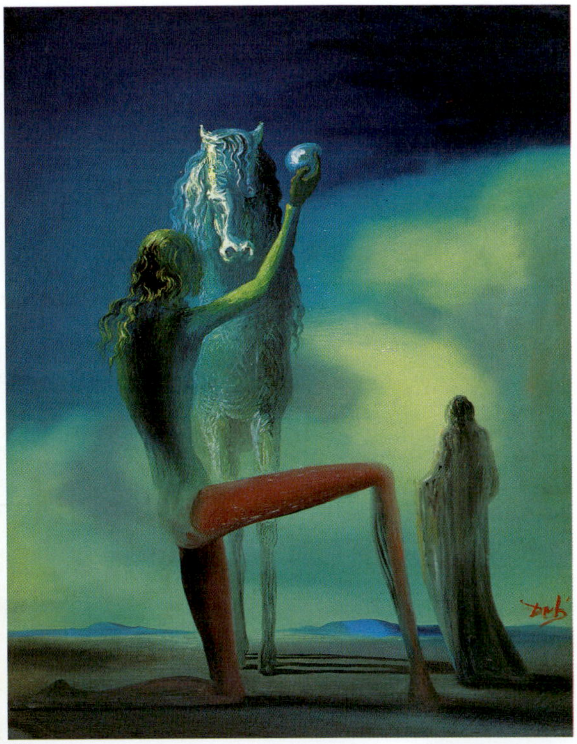

499

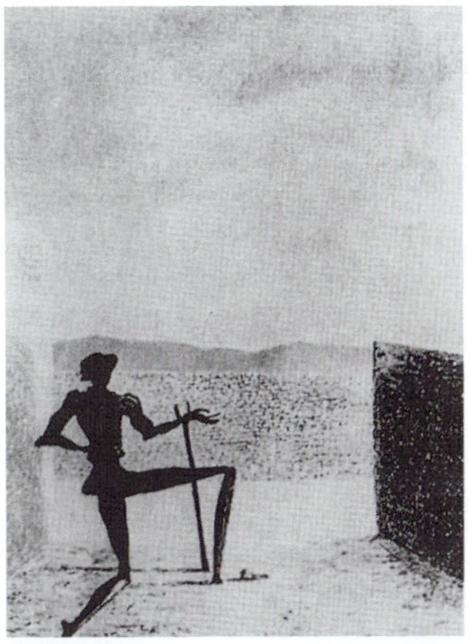

500

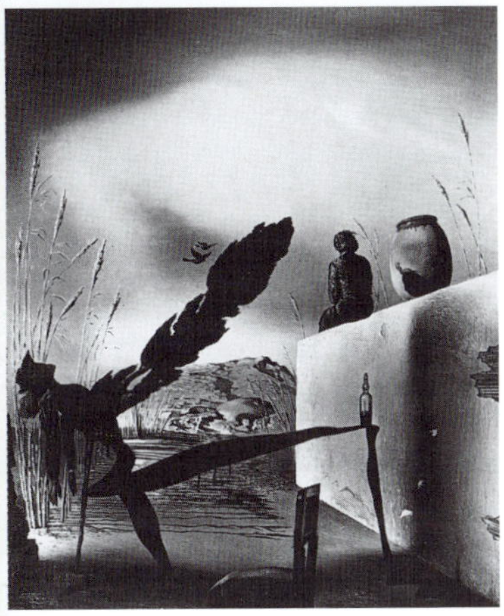

501

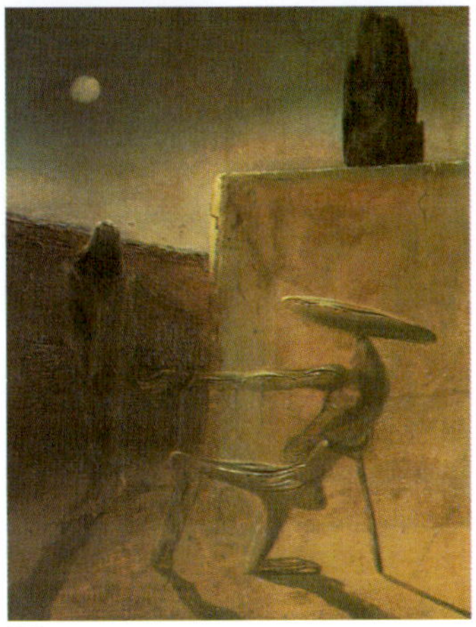

502

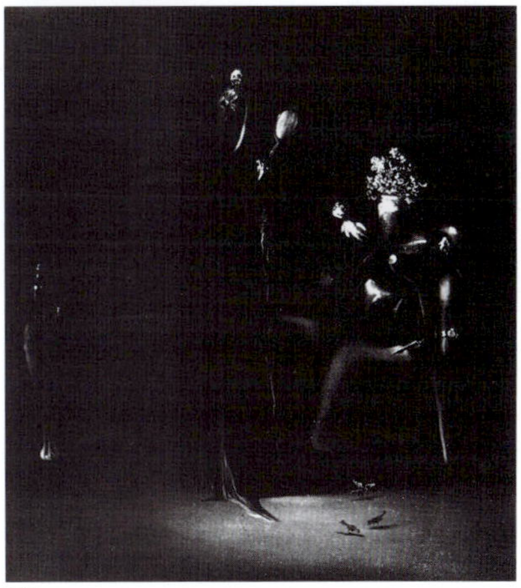

503

Dalí. Een zonderlinge of beklemmende visie op een schilderij van Le Nain, dat was Dalí. Een onmogelijke film met overspelige harpistes en dirigenten, dat was ook Dalí. Het brood van Parijs was niet meer het brood van Parijs. Het was mijn brood, Dalí's brood, Salvadors brood!"

Voor Dalí is Amerika inderdaad een obsessie geworden: "Ik wil naar Amerika, ik wil naar Amerika..." Alleen het geld voor de overtocht ontbreekt. Een contract met Pierre Colle, die in moeilijkheden verkeert, wordt niet verlengd. Bij Dalí's trouwe verzamelaars hangen de muren vol met zijn werk. Port Lligat heeft alle beschikbare middelen opgeslokt. "Zo bevond ik me tegelijkertijd op het hoogtepunt van mijn roem en het dieptepunt van mijn financiële reserves." Razend van woede klopt Dalí aan op alle deuren: "Nadat ik drie dagen lang de penis van het geluk had gemasseerd, spoot hij een gouden regen en stelde me in staat de reis voor te bereiden." Dit geluk had de gedaante van Picasso, en Dalí geeft later toe

500 **Het spook van Vermeer**, rond 1934 ❑
Spectre de Vermeer

501 **Het spook van Vermeer van Delft**, 1934 ❑
Le spectre de Vermeer de Delft

502 **Het spook van Vermeer van Delft**, rond 1934 ❑
Le spectre de Vermeer de Delft

503 **Titel onbekend – Spook**, rond 1934 ❑
Titre inconnu – Spectre

1934

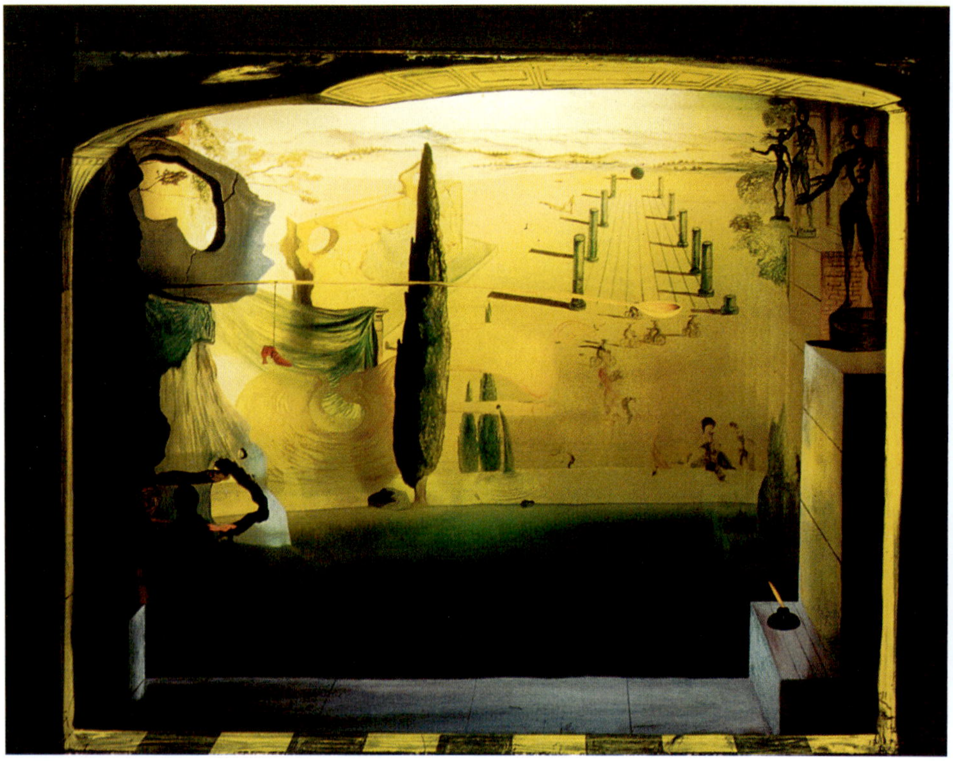

505

504 **De toren**, 1934 ❑
La tour

505 **Het kleine theater**, 1934 ❍
Le petit théâtre

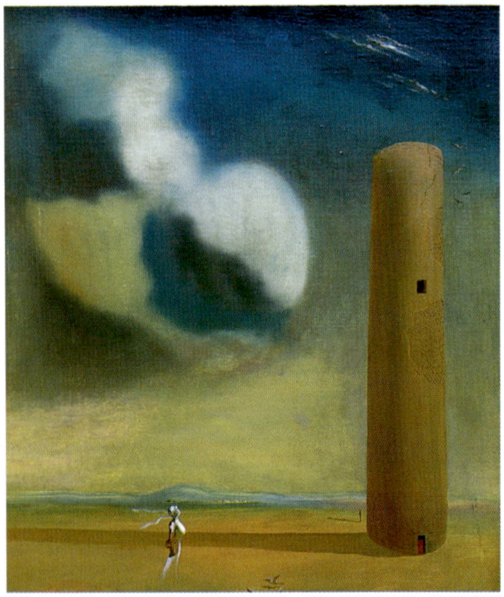

504

dat hij het geleende bedrag nooit terug heeft betaald, dat de schilder uit Malaga het trouwens ook nooit terugvroeg.

Het vertrek is allesbehalve glorieus. Caresse Crosby, die Dalí en Gala begeleidt, vertelt in haar boek 'The Passionate Years' over hun vertrek en aankomst: "Nadat Julien (Levy) naar de Verenigde Staten was afgereisd, verloor Dalí zijn zwierigheid. Hij had de kracht niet meer de oceaan over te steken, zeker niet met zijn kostbare doeken. Pas toen ik een jaar later, voor ik aan boord ging van de 'Champlain', de Dalí's aanbood ze te begeleiden en tot bij Julien op ze te passen, vatte Dalí de moed ons plan te accepteren. Ik herinner me de ochtend dat ik aankwam op het perron van de trein die ons naar de boot zou brengen, nog goed. Ik had beloofd op tijd te komen om me om hem en de berging van zijn schilderijen te bekommeren.

De trein was juist het station binnengereden: slechts enkele passagiers –waaronder Dalí– waren al ingestapt. Als een jager op zijn uitkijk hurkte hij in een derdeklasrijtuig vlak bij de locomotief achter stapels schilderijen die hem omgaven. Aan elk doek had hij een koordje bevestigd. Die koordjes waren verbonden met zijn kleren of vingers. Hij was erg bleek en zenuwachtig. 'Ik ben in de buurt van de locomotief gaan zitten', legde hij uit, 'om er sneller te zijn'. Uit angst dat iemand een of twee weke uurwerken zou kunnen ontvreemden, weigerde hij onderweg te eten... Toen we in de haven van New York aankwamen, hingen Gala en ik over de reling en ik wees haar het Empire State Building en het Vrijheidsbeeld aan; Dalí weigerde daarentegen de bescherming van zijn submariene cabine te verlaten. Al op de derde dag had hij zijn koffer ingepakt om het schip meteen te kunnen verlaten. Toen de loodsboot bij ons aanlegde, herkende ik een paar bevriende journalisten, en een van hen vroeg als gewoonlijk of hij een foto van me mocht maken. Ik had mijn twee zwarte windhonden aan de lijn, mijn pols was bedekt met diamanten armbanden en ik droeg een zeer korte rok van zwart fluweel. Wilden ze een beetje dijbeen? Dat kregen ze! Toen het klikken van camera's en vulpotloden was verstomd, greep ik in: 'Heb je eigenlijk ook Salva-

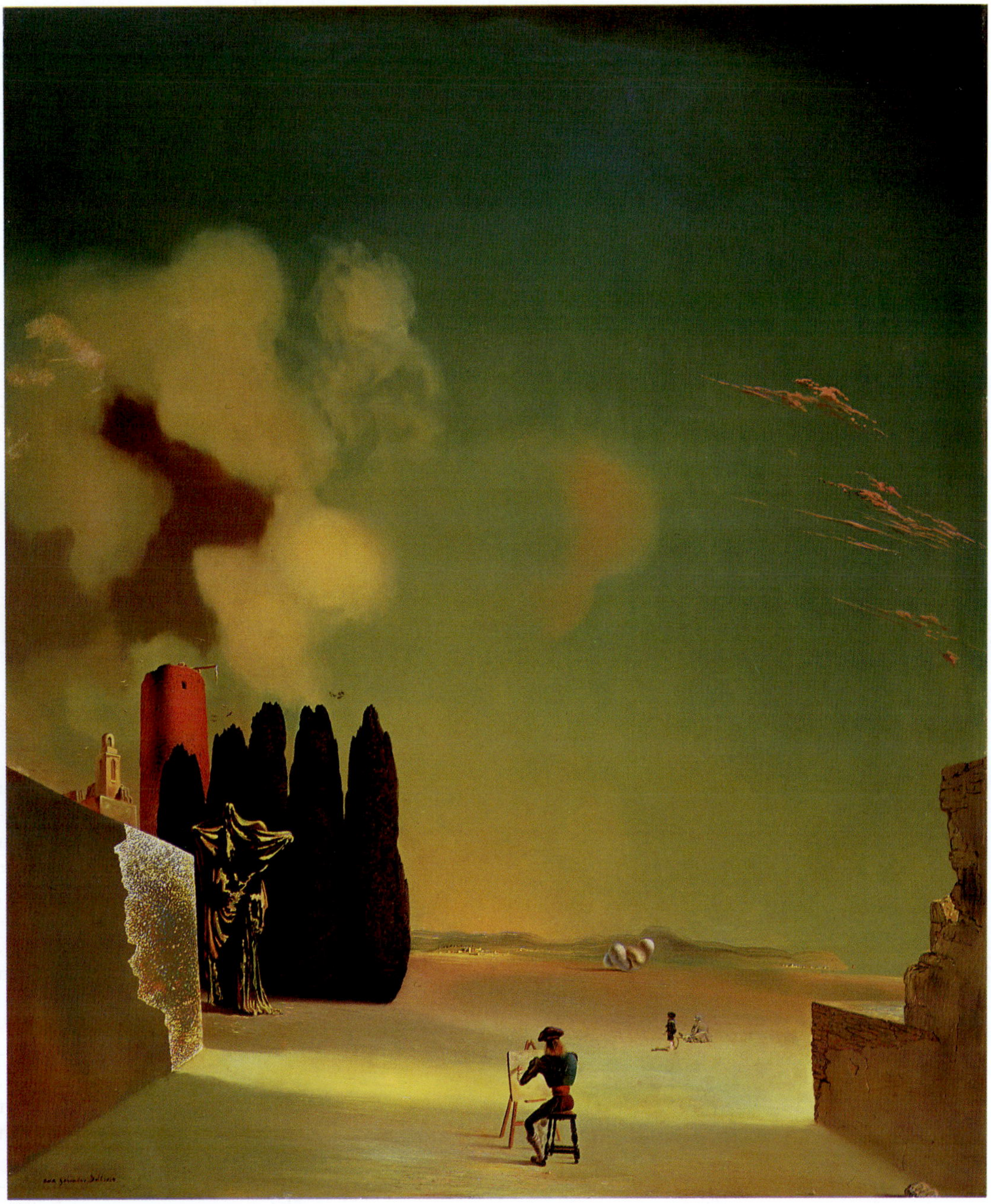

506

dor Dalí op je lijst?' Mijn vriend viste een papier uit zijn zak en bekeek het. 'Dalí! Nee, wie is dat?' Ik bekeek de namen. 'Die kun je doorstrepen', zei ik, 'maar als je materiaal voor een stuk nodig hebt, ga dan naar Dalí toe' en ik zei hem het cabinenummer. Twee minuten later was hij terug. 'Dalí heeft weliswaar iets te zeggen, maar ik versta geen woord van wat hij vertelt. En trouwens, wat is hij, Fransman?' 'Catalaan', antwoordde ik, wat hem leek te fascineren. 'Als je wilt, ga ik met je naar beneden en speel voor tolk'. En ik riep de anderen en de fotografen: 'Kom op, jongens!'

506 **Landschap met raadselachtige elementen**, 1934 ❑
Paysage avec éléments énigmatiques

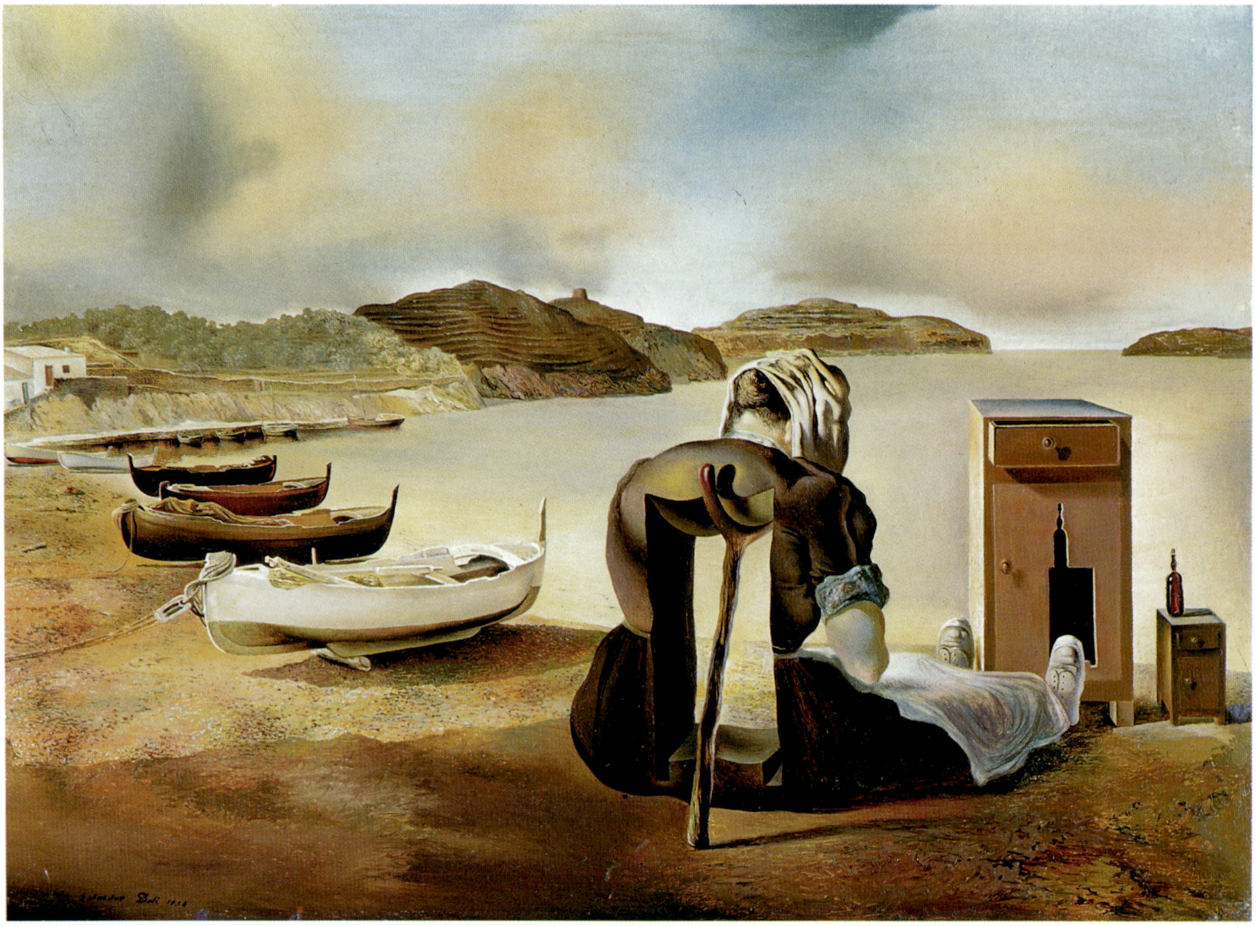

507

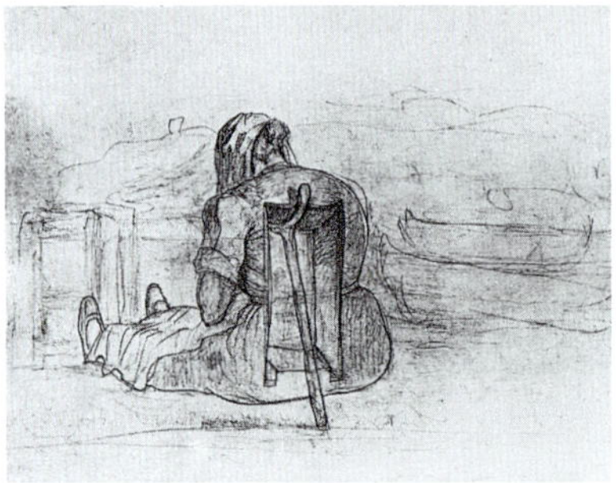

508

507 **De ontwenning van de meubel-voeding**, 1934 ❑
Le sevrage du meuble-aliment

508 **Studie voor de voedster in 'De ontwenning van de meubel-voeding'**, rond 1932-1933 △

Dalí was voor journalisten die op zoek waren naar materiaal, echt de moeite waard. Hij had zich weer aan zijn doeken vastgebonden. 'Ze willen je werk zien', vertelde ik hem, 'die heren zijn van de pers – nu ben jij aan zet', fluisterde ik hem in het Frans toe. Hij begreep het meteen, bevrijdde zich uit zijn tuig en begon het grootste en onhandelbaarste van zijn doeken uit te pakken. Dat maakte indruk. Bij het tweede doek schudden ze van het lachen. 'Wat u hier ziet, is belangrijk', zei ik tegen hen. 'Ik zal u een paar dingen over het Surrealisme vertellen.' Ik gaf een kort overzicht. Daarna vroegen ze Dalí welk doek hij vooral mooi vond. 'Het portret van mijn vrouw', antwoordde hij. 'Ja', vulde ik aan, 'hij heeft haar met lamskoteletjes op haar schouder geschilderd.' 'Lamskoteletjes?' Ze begonnen allemaal weer te lachen. Dat was geregeld! De vulpotloden begonnen weer te klikken."

Voor zijn aankomst in New York had Dalí de kapitein van de 'Champlain' overgehaald een vijftien meter lang brood voor hem te laten bakken. Aangezien dat in de oven aan boord onmogelijk was, werd het brood maar tweeëneenhalve meter lang. Dalí wilde het uitdelen aan de journalisten, zoals St.-Fransicus de vogels gevoerd had. Maar de journalisten letten in hun enthousiasme helemaal niet op het brood, maar stellen duizend vragen: "Waarom hebt u een portret van uw vrouw geschilderd met twee gebakken koteletten die op haar schouder balanceren?" "Die koteletten zijn niet gebakken, ze zijn rauw." "Waarom zijn ze rauw?" "Omdat Gala ook rauw is." "En waarom koteletten samen met uw vrouw?" "Ik houd van koteletten en ik houd van mijn vrouw, dus zie ik geen reden ze niet samen te schilderen."

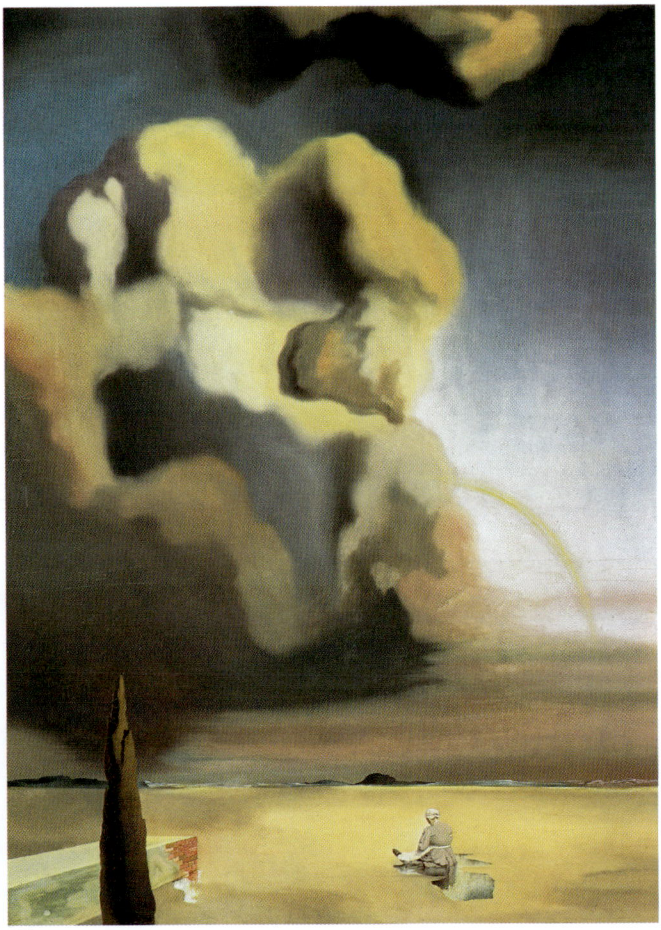

509

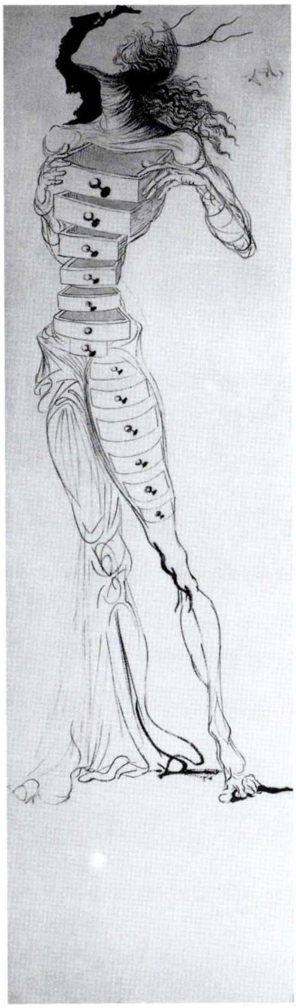

510

Dalí vindt New York een reusachtige gotische roquefort-kaas. Maar hij houdt van roquefort en begroet de stad als het nieuwe Egypte: "Maar als een omgekeerd Egypte, want de farao's bouwden piramiden van slavernij voor de dood, jij bouwt piramiden van democratie om hem te overwinnen!" Om een evenwicht in het groeten te brengen, publiceert hij een geschrift getiteld 'New York salutes me' (New York groet me), dat wordt uitgedeeld tijdens zijn expositie bij Julien Levy. Als motto gebruikt hij André Bretons definitie van het Surrealisme: "Surrealisme: puur psychisch automatisme, waarmee men mondeling of schriftelijk of op elke andere wijze het werkelijke verloop van het denken probeert uit te drukken. Denk-dictaat zonder enige controle over het verstand, los van alle esthetische of ethische gedachtengang." Daarna volgt zijn eigen tekst: "Er bestaan in de wereld al eindeloze massa's 'vrij rondlopende gekken', die openlijk toegeven dat ze 'de droom en het delirium het fetisjistische krediet dat gewoonlijk voor de realiteit wordt gereserveerd', weer willen toekennen, de steeds weer 'rationeel-praktisch-logische wereld op uiterst demoraliserende wijze in diskrediet willen brengen', de substantie inruilen tegen de schaduw van het object, substantie tegen de schaduw van de liefde, de estheten en intellectuelen confronteren met het perverse mechanisme van de erotische fantasie en bij zonsondergang te voorschijn komen om met oneindige kannibalistische nostalgie die verre, glanzende naaimachines te bekijken die zijn geslepen uit brokken robijn: dat zijn de surrealisten. De surrealisten zijn zonder het te willen de nieuwe mediums van een onbekende wereld. Ikzelf heb als surrealistisch schilder nooit de geringste notie wat mijn schilderijen betekenen. Ik transcribeer simpelweg mijn gedachten, probeer mijn in-

509 **Het spook en het fantoom**, 1934 ❑
Le spectre et le fantôme

510 **Laden-figuur**, rond 1934 ❑
L'homme aux tiroirs

tensiefste en vluchtigste visioenen te concretiseren, alles wat mysterieus is, onbegrijpelijk, persoonlijk, onverwisselbaar en wat er ook maar in me opkomt. Met beeldende middelen kun je het ideaal van het 'snapshot in verf' dat het schilderij moet worden alleen benaderen, om op hoogst buitenkunstzinnige wijze al die ongelooflijke, directe deliriums van die obsessionele exactheid te presenteren waaruit het beloofde land, het schateiland van fantastische, prachtige en onontdekte fenomenen van het onbewuste en irrationele denken bestaat. Er is een nieuwe wereld te ontdekken, een wereld van het 'irrationele inzicht in het universum'.

Aan het eind van die stralende namiddag in de herfst in Port Lligat deed het me plezier twee gebakken lamskoteletten op Gala's schouder te laten balanceren en het spel van zachte schaduwen te observeren die de zonsondergang door de invalshoek van het vlees vormde op het lichaam van de vrouw van wie ik zoveel hield. Zo kon ik eindelijk een schilderijen realiseren die 'lucide' en 'appetijtelijk' genoeg waren om in New York te worden geëxposeerd. Ik was in New York, maar dankzij dit eenvoudige procédé heb ik al ingezien dat foto's, beschrijvingen, films en andere schamele geschiedenissen die me er steeds over worden verteld, grote leugens zijn. Geen oneffenheid valt meer op dan die van de mythische standaardwolkenkrabber. Maar waar blijft ze, de onrust, de spanning, de muziek?

Voor mij is New York slechts een grote, stille vlakte van geel albast, waarin angstaanjagende, verdroogde sprinkhanen, een paar uurwerken van stro en een paar rozijnen, door de wind meegebracht, juist op het plakkerige gezicht van eenjarige kinderen zijn blijven kleven, die helemaal zijn gehuld in een dichte jas van wit email. Wat een onmetelijke eenzaamheid! Inderdaad verheffen zich (wat trouwens ook de horizontale melancholie van de vlakte zeer sterk benadrukt) in het geometrische centrum van de vlakte twee onrustige, welbekende silhouetten tot reusachtige hoogte, die lijken op klassieke beelden en die het tragische, beroemde paar uit het *Angelus* van Millet voorstellen. Het silhouet van de man is het mijne; ik ben blind afgebeeld met een gouden mond en besmeurd met uitwerpselen, ik heb een mooie vrouwelijke boezem, een zweep in mijn hand en ben gekroond met rozen: de vrouw is een incarnatie van Sacher-Masoch, ze laat haar ogen in de mijne verzinken en haar blik is vervuld van een oneindige triestheid, ze is bekleed met bont en heeft op haar hoofd een reusachtige lamskotelet. Bij zonsondergang worden die twee silhouetten bevangen door een onweerstaanbare, gruwelijke melancholie. De cumuluswolken die aan het eind van een dag aan de horizon verschijnen, nemen de steeds wazige, maar goud stralende vorm van een cavalcade aan, met Napoleon aan kop. 's Nachts begint het bont van Sacher-Masoch te fosforesceren en vanuit de verte is, moe en oorverdovend, het pijnlijke brullen van de monsters op de tentoonstelling in Chicago te horen. New York: waarom, waarom heeft men een standbeeld ter ere van mij opgericht, al zo lang geleden, lang voor mijn geboorte, dat hoger is dan alle andere, vertwijfelder dan alle andere?"

Dalí's geschrift en de expositie zijn een triomf. In 'The Sun' spreekt Henry McBride over een "tentoonstelling à la mode, zeer controversieel en zeer moeilijk". Edward Alden Jewell schrijft in 'Time': "Als ambachtsman, kunstenaar en magiër van het penseel verdient Dalí een plaats tussen de grootsten. Voor mijn gevoel is hij vooral een miniaturist die het kleine formaat het beste ligt. De grotere werken zijn minder overtuigend. Een paar van die kleine gedichten van kleur en lijn zijn juwelen, zowel in letterlijke als in overdrachtelijke zin. Je wordt geboeid door de uitstraling en vergeet alles wat in Dalí's kunst gemaniëreerd en banaal lijkt. Zijn kleuren zijn soms ongewoon geraffineerd. En wat een tekenaar is hij!"

Tegelijkertijd met Dalí's tentoonstelling wordt in de National Gallery een schilderij van Hiëronymus Bosch geëxposeerd. Herbert Read grijpt die gebeurtenis aan om in 'The Listener' een parallel te trekken tussen het werk van beide schilders: "Een man die juist een varken aait, wordt lastiggevallen door een fantastisch insekt met menselijke ledematen; aan zijn hoofd hangt een menselijke

Vervolg op blz. 235

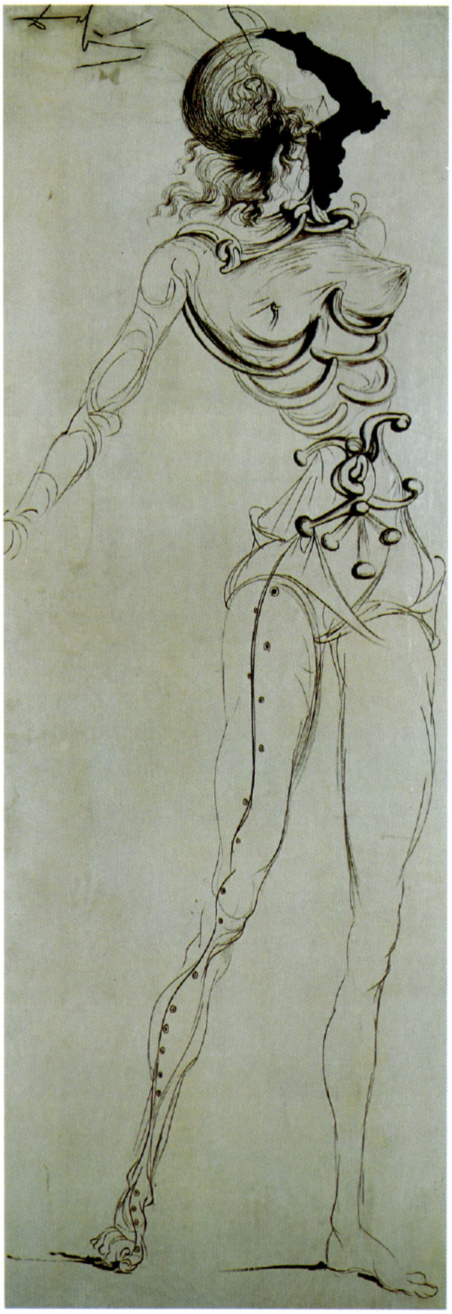

511

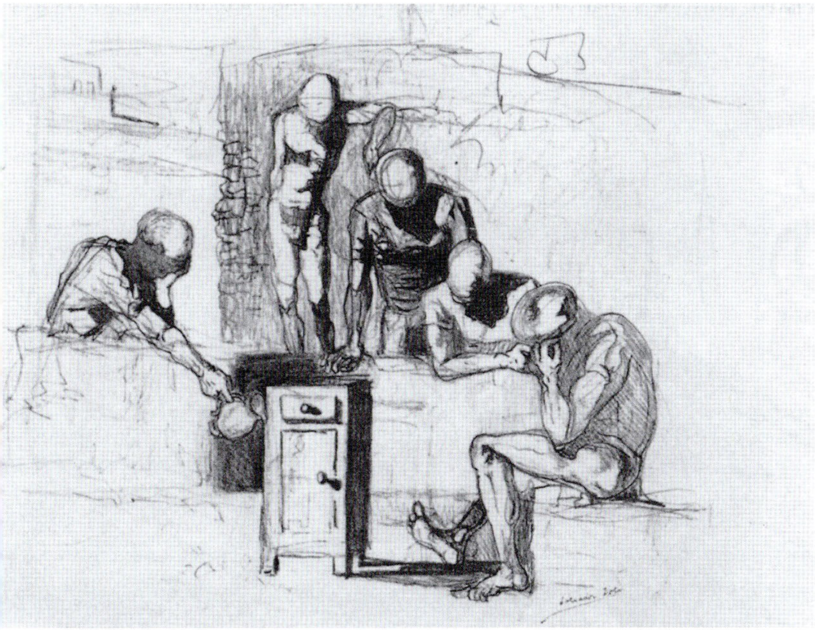

512

511 **Surrealistische ruiter,** rond 1934 ❑
Cavalier surréaliste

512 **Studie voor 'Kardinaal, Kardinaal!'**, 1934 △

513 **Kardinaal, Kardinaal!**, 1934 ❑
Cardinal, cardinal !

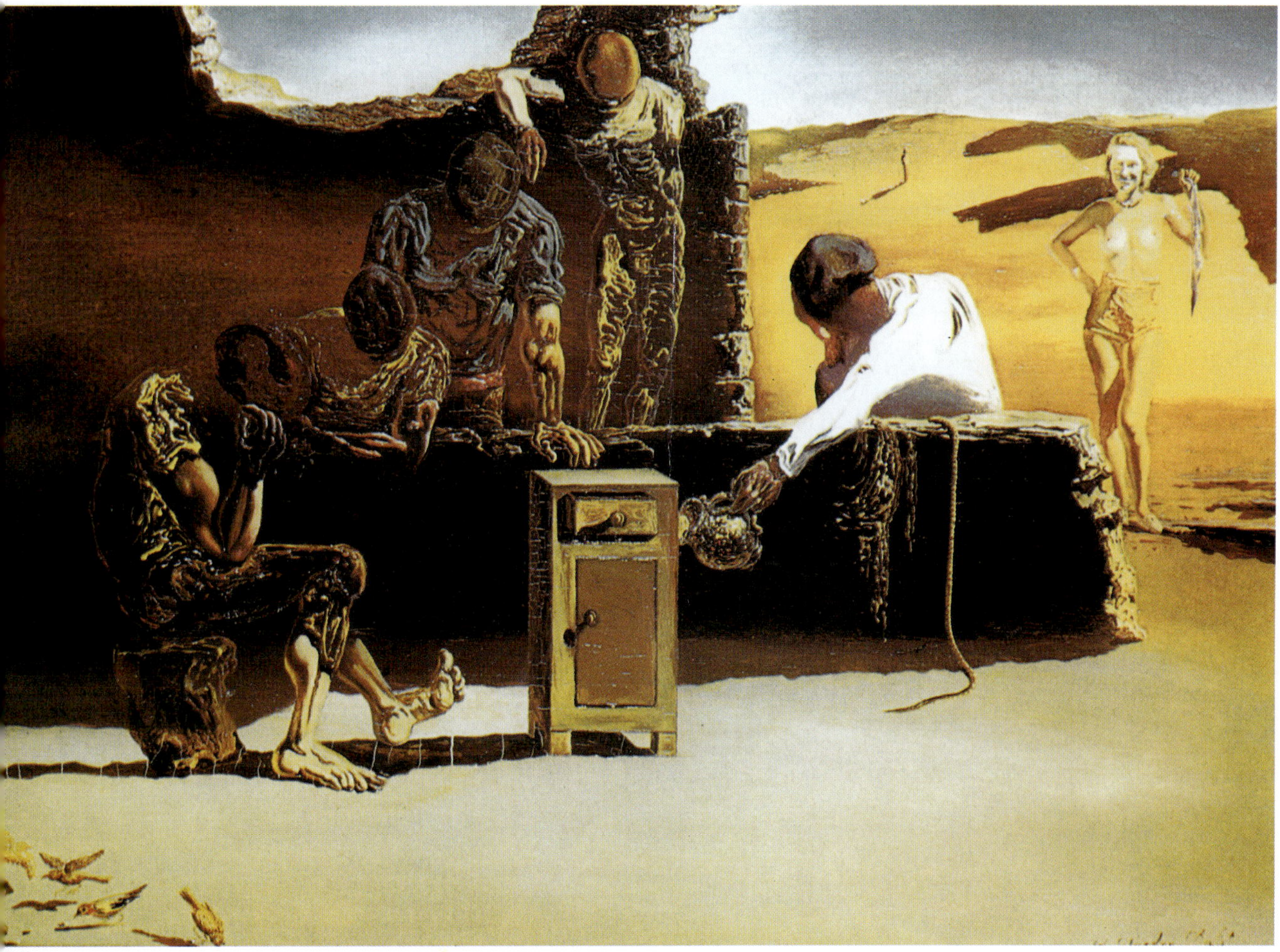

513

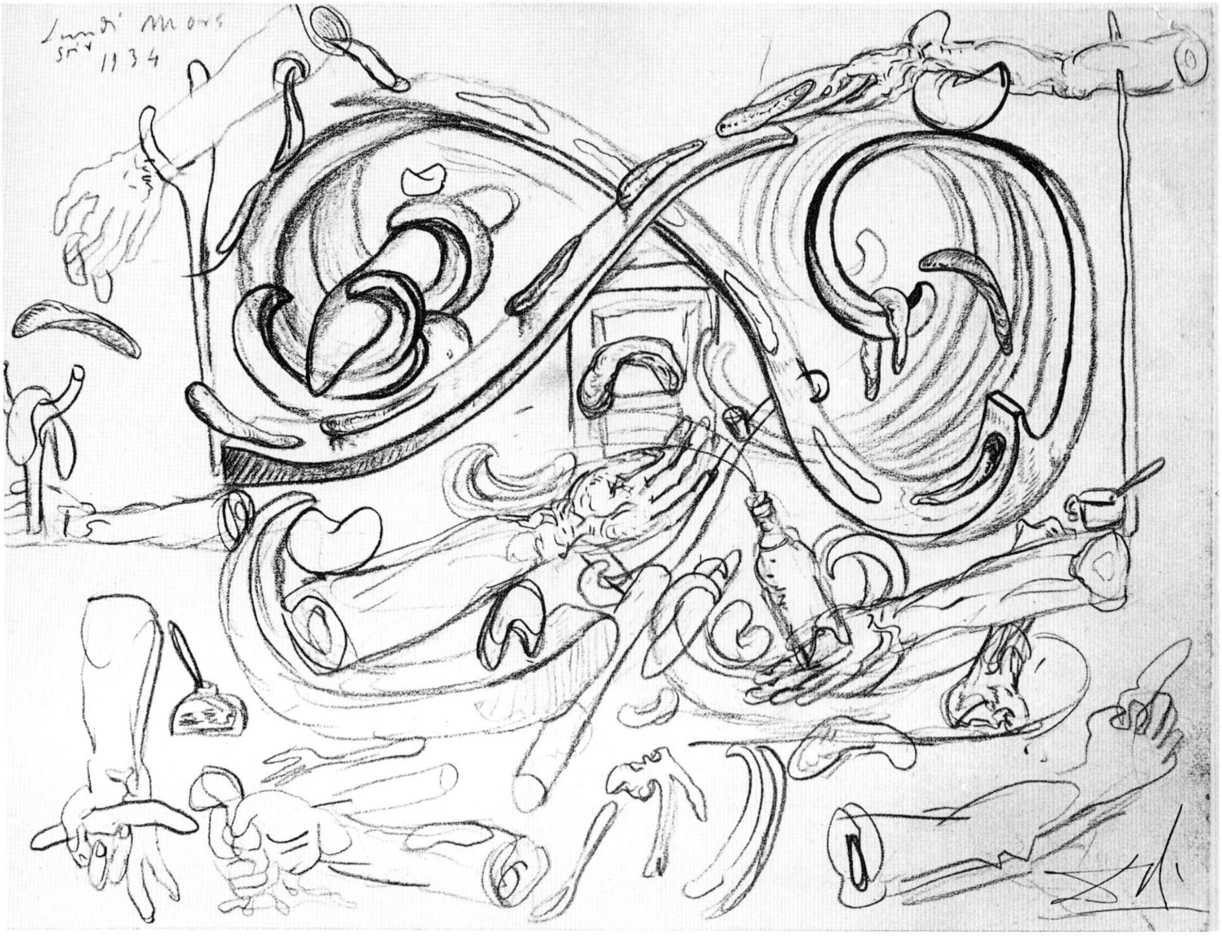

514

514 **Dynamische kruidenomelet**, 1934 △
Omelettes fines herbes dynamiques

515 **Zonder titel**, 1933-1934 ❑

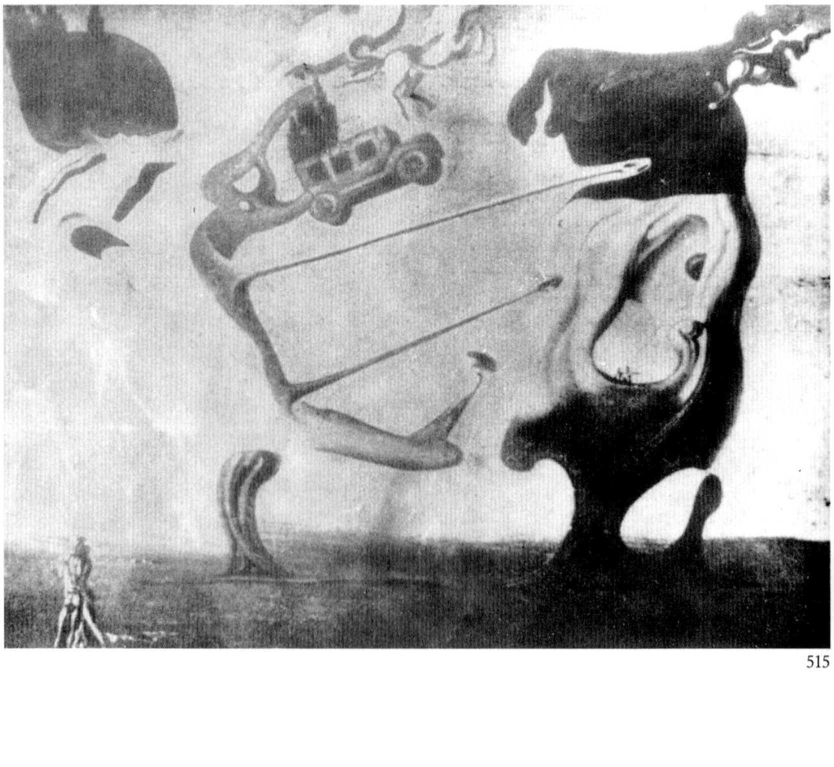

515

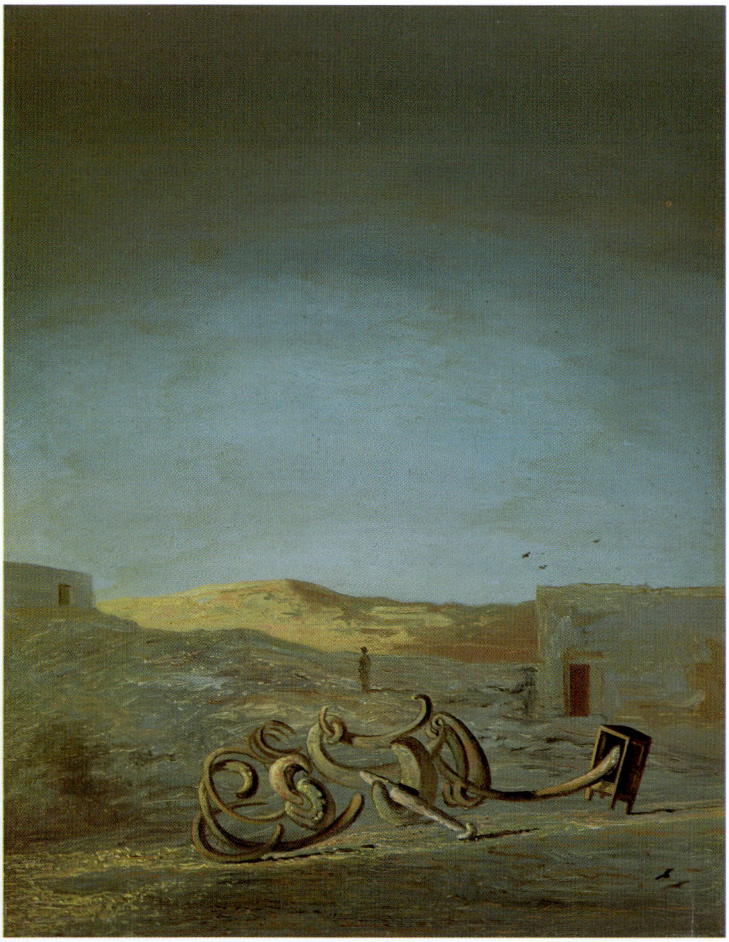

516

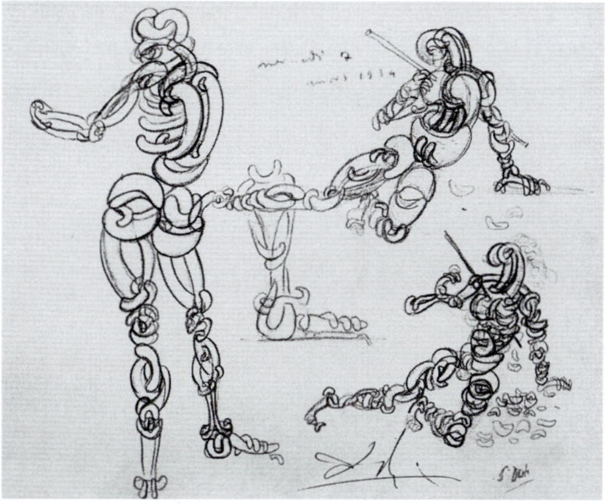

518

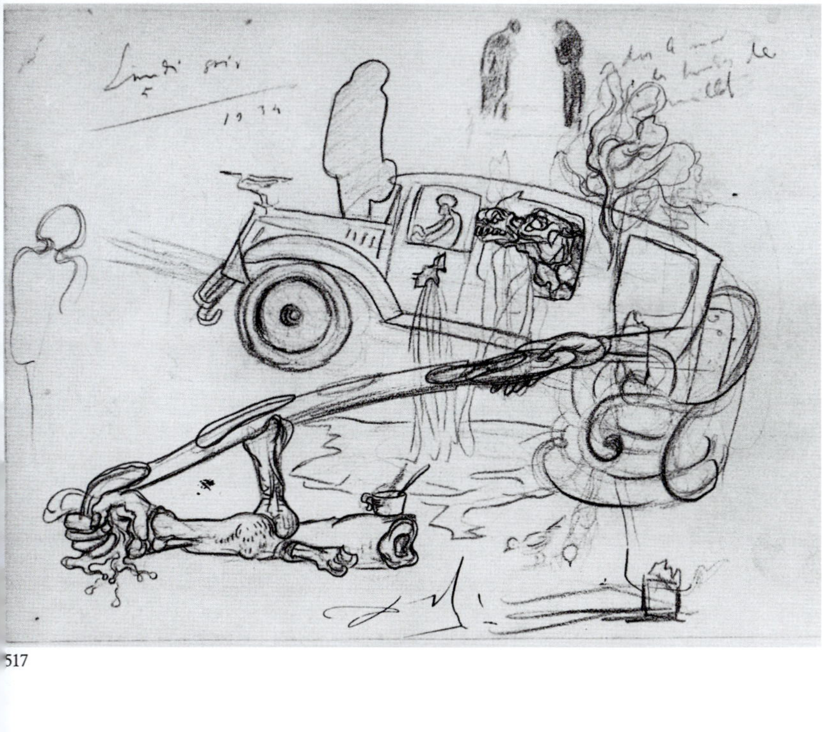

517

516 **Zonder titel (bekend als: Woestijnlandschap)**, 1934 ❑
Sans titre (Paysage désertique)

517 **Omelet die meteen onhoudbaar door de handen wordt geplet**, 1934 △
Omelette allant irrésistiblement à l'écrasement par les mains

518 **Omelet-figuren**, 1934 △
Figures-Omelettes

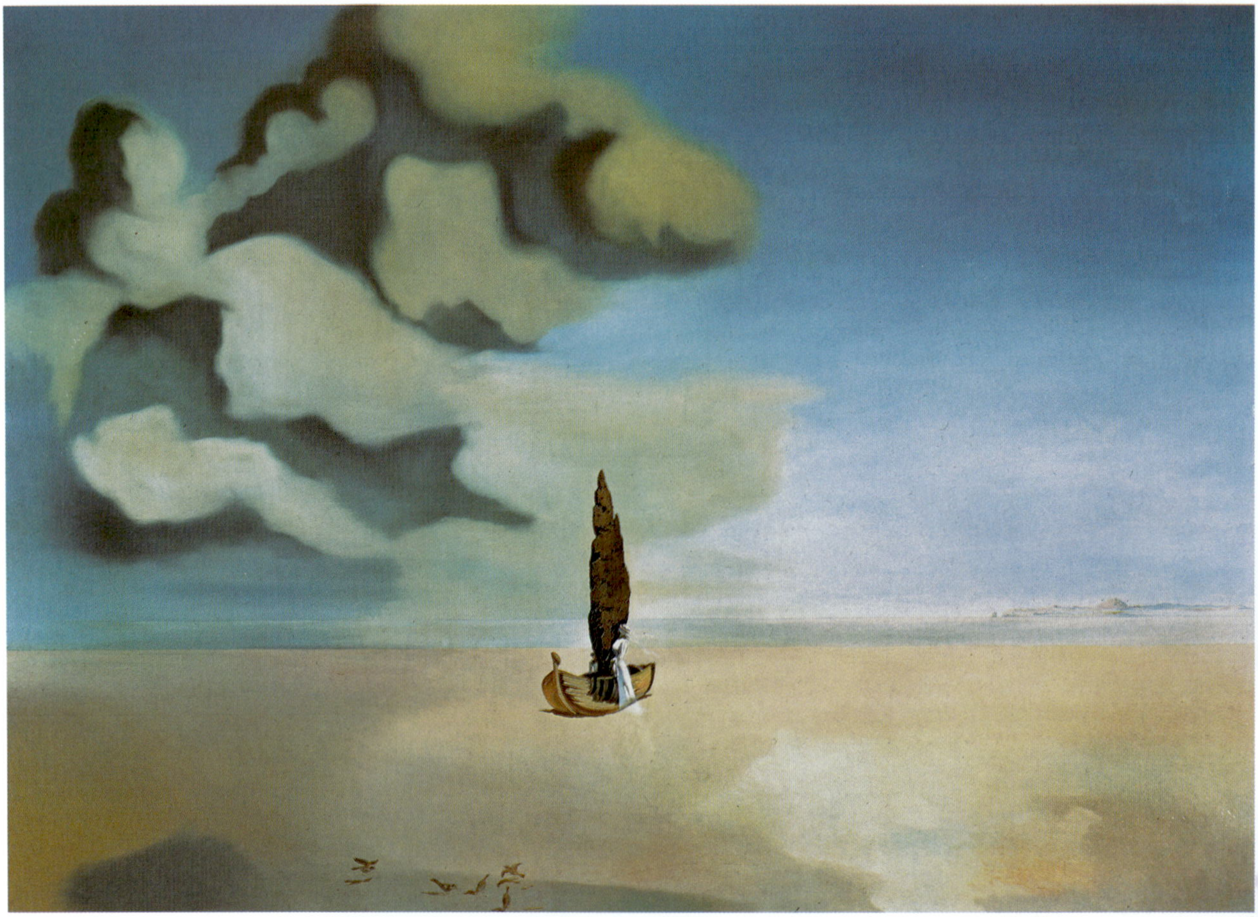
519

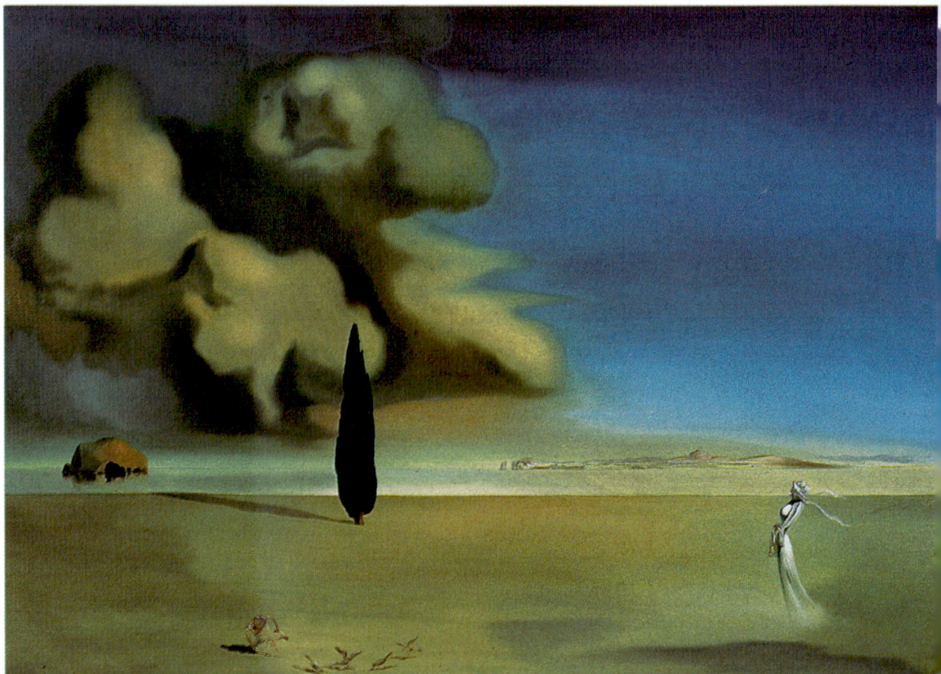
520

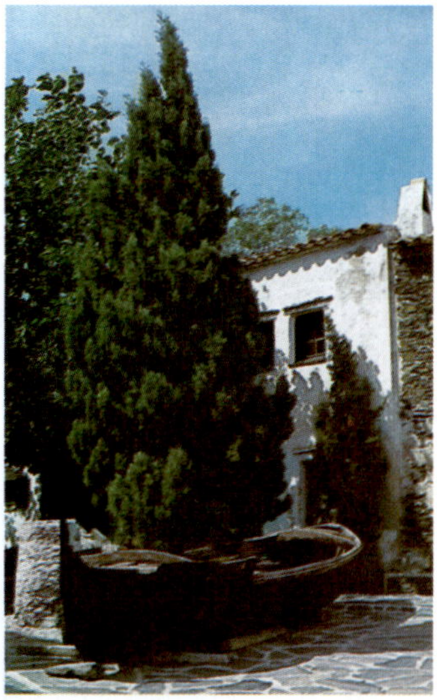
521

519 **Verschijning van mijn nicht Carolinetta aan het strand van Rosas – Vloeibaar vermoeden**, 1934 ❑
Apparition de ma cousine Carolinetta sur la plage de Rosas – Pressentiment fluidique

520 **Verschijning van mijn nicht Carolinetta aan het strand van Rosas**, 1934 ❑
Apparition de ma cousine Carolinetta sur la plage de Rosas

521 **Foto van een cipres die uit een boot lijkt te groeien** ✰

522 **Ochtendlijke verbening van de cipres**, 1934 ❑
Ossification matinale du cyprès

523 **Fossiele wolk (originele titel: 'Leeuw, vrouw en cipres')**, 1934 ❑
Nuage fossile (Lion, femme et cyprès)

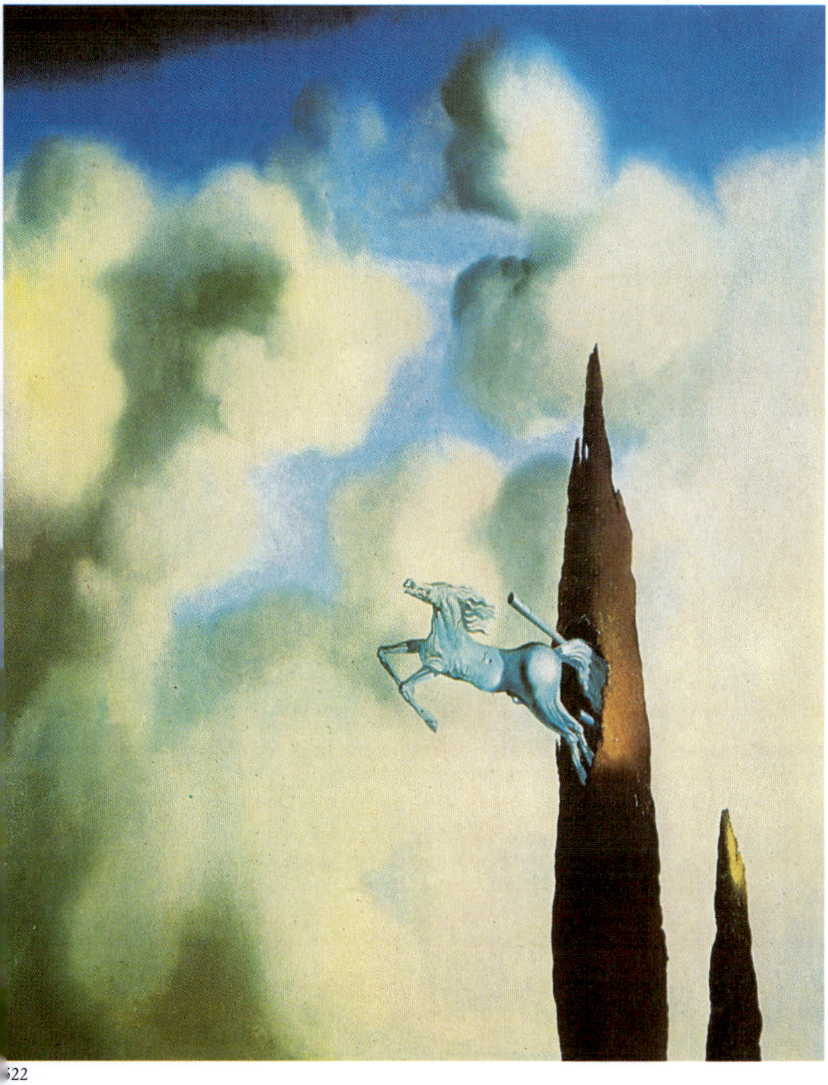
522

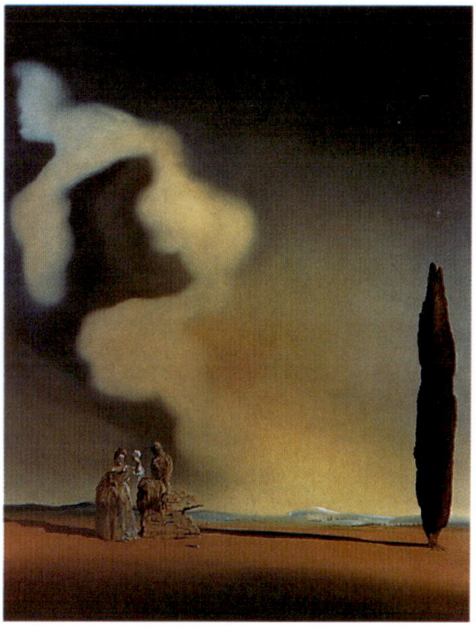
523

1934

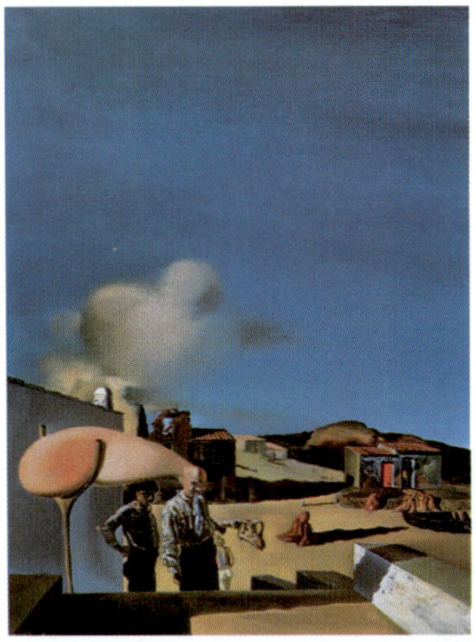

524

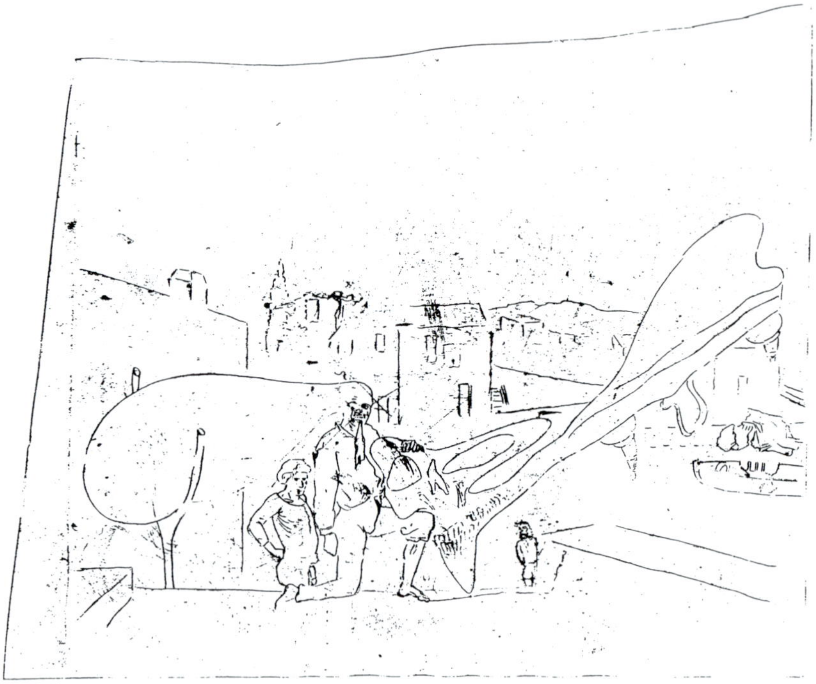

525

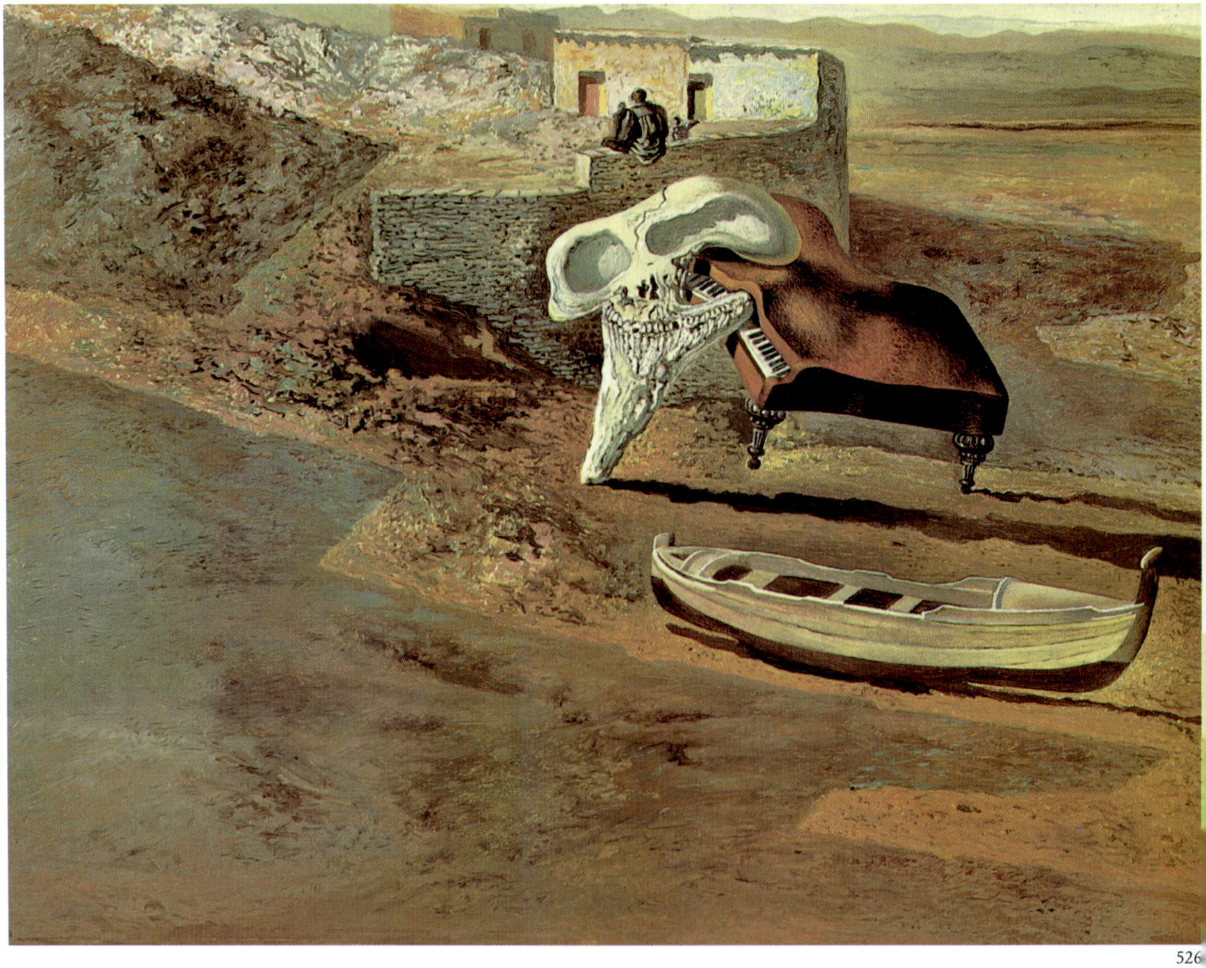

526

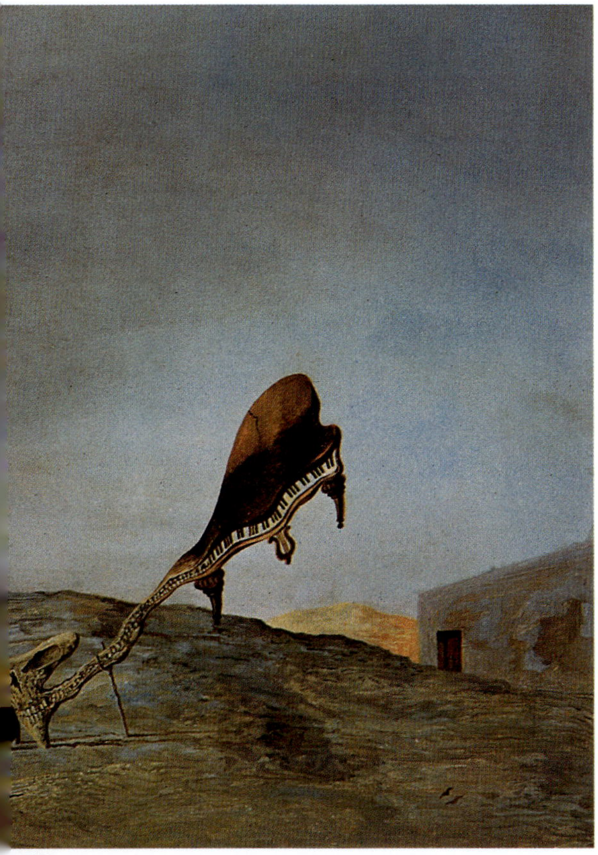

527

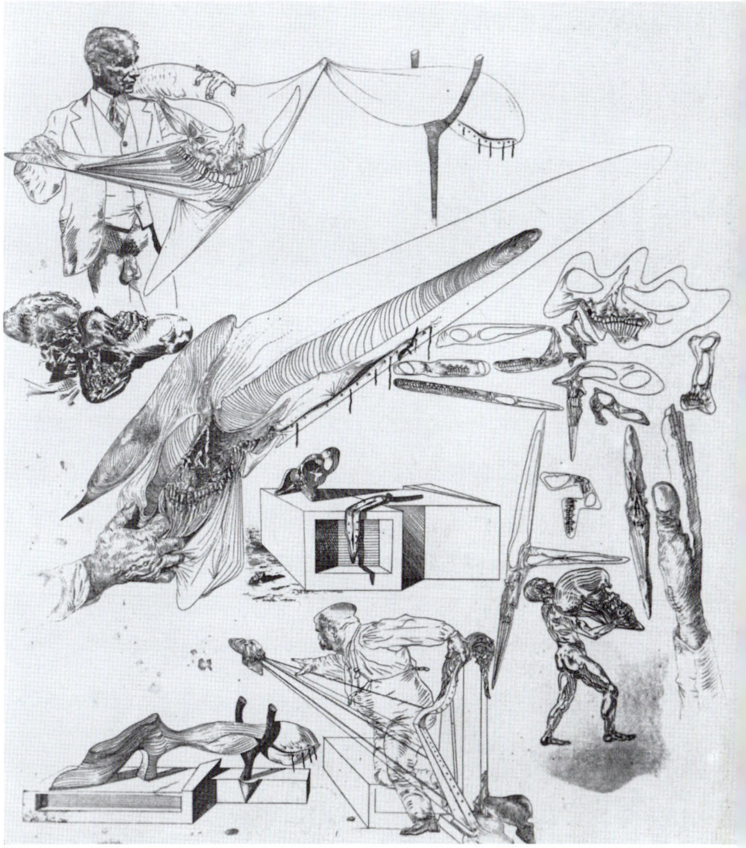

528

voet. Dat zijn maar een paar details, willekeurig gekozen uit honderden die even bizar zijn. Vergeleken daarbij maakt Dalí's fantasie een schriele indruk of, als je wilt, een spaarzame. Wie Dalí niet per se serieus wil nemen, zal onderscheid maken tussen de soort inspiratie van beide schilders. Maar het is de vraag wat zo'n onderscheid waard is. Zo schildert Dalí bijvoorbeeld een vrouwenschoen die een glas melk bevat; hij gebruikt het thema van de vrouwenschoen steeds weer. Wie vetrouwd is met de psychoanalyse weet dat de schoen een veel voorkomend seksueel droomsymbool is; de meeste thema's van Dalí zijn symbolen van dien aard. Daarom beweert men vaak dat Dalí dat type verbeeldingskracht bewust en objectief construeert, terwijl het voor Bosch een subjectieve en spontane activiteit zou zijn geweest. Natuurlijk kan alleen Dalí zeggen in hoeverre hij de freudiaanse symboliek bewust gebruikte; ik betwijfel in elk geval dat zijn voor-fixatie intensiever was dan bij Bosch. Geen enkele psychoanalyticus is voorbijgegaan aan het seksuele karakter dat vaak zichtbaar is in Bosch' symbolisme. Zeker is alleen dat Bosch waarschijnlijk niet beschikte over het psychologische vocabulaire dat noodzakelijk zou zijn geweest voor de beschrijving van zijn werk en dat Bosch –voor zover het denken aan ons vocabulaire bijdraagt– zich niet bewust was van zijn bedoelingen. Maar in modern jargon kun je zeggen dat Dalí en Bosch allebei putten uit de bron van het onbewuste; welke weg ze inslaan, is nauwelijks van belang."

Blijven over Dalí's eigen indrukken. Aan een vriend schrijft hij: "We voelen ons goed in deze 'Böcklinische' stad', waar de cipressen op de wolkenkrabbers groeien, hier vind ik zijn zeer vreemde opvatting van dood terug, die zich uit in de bizarre verdringing van seksualiteit door football enz. (Dit is een land waar een nieuwe religie ongelooflijk succes zou hebben)... Ze hebben hier een groot minderwaardigheidscomplex tegenover alles wat ze niet begrijpen, en daarom

524 **Onzichtbare harp, fijn en middel,** 1932 ❑
La harpe invisible, fine et moyenne

525 **Zonder titel. Studie voor delen van 'Onzichtbare harp, fijn en middel' en delen van 'Schedel met zijn lyrische verlenging rustend op een nachtkastje...'**, rond 1933 △

526 **Atmosferische schedel die sodomie bedrijft met een concertvleugel,** 1934 ❑
Crâne atmosphérique sodomisant un piano à queue

527 **Schedel met zijn lyrische verlenging rustend op een nachtkastje dat dezelfde temperatuur moet hebben als het nest van een kardinaal,** 1934 ❑
Crâne avec son appendice lyrique reposant sur une table de nuit qui devrait avoir la même température que le nid d'un cardinal

528 **Weke schedel en schedelachtige harp,** 1935 △
Crânes mous et harpe crânienne

1934–1936

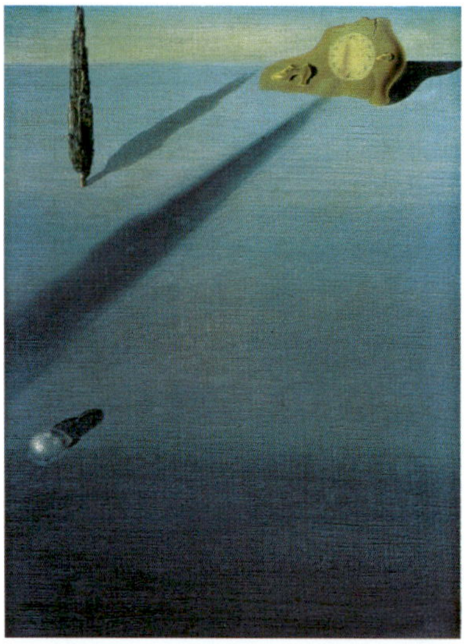

529

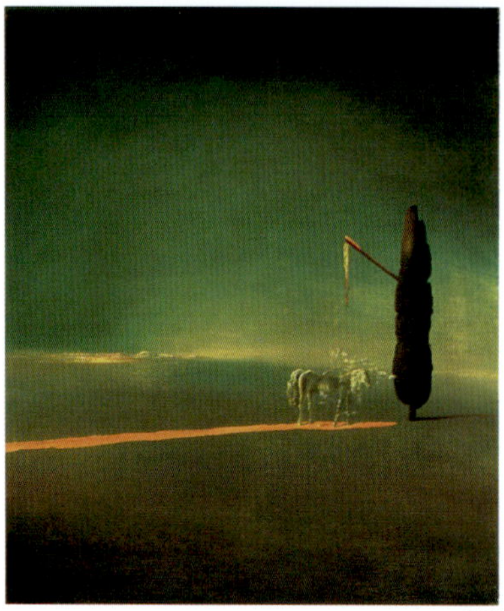

530

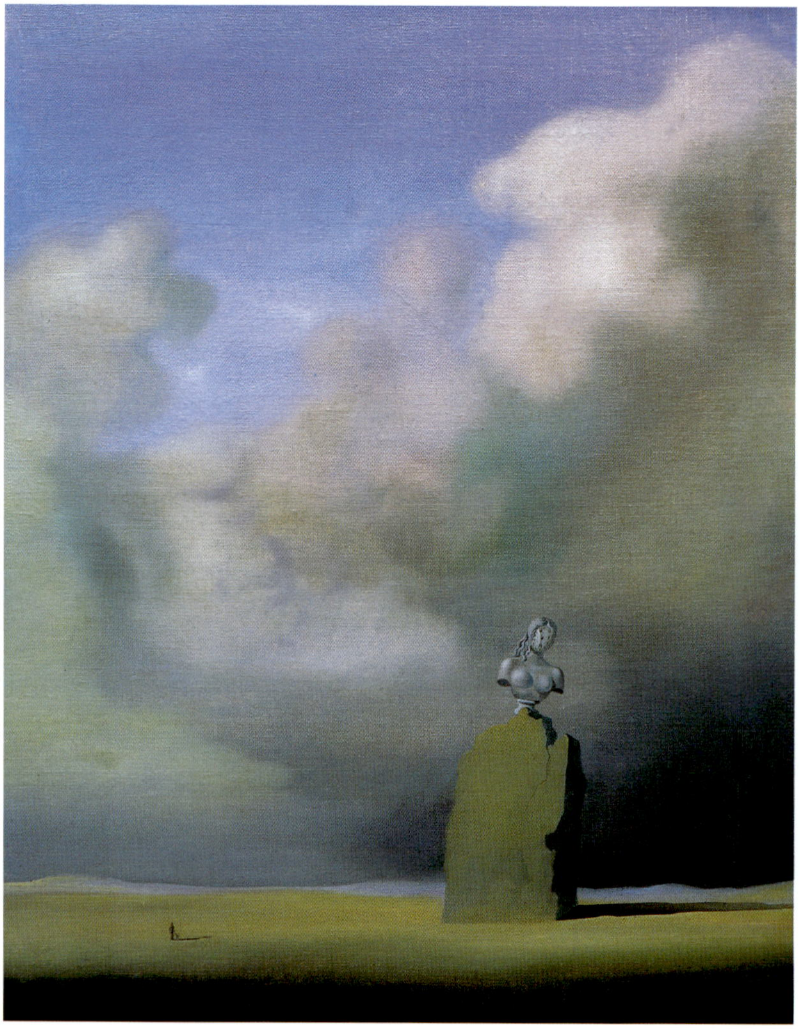

531

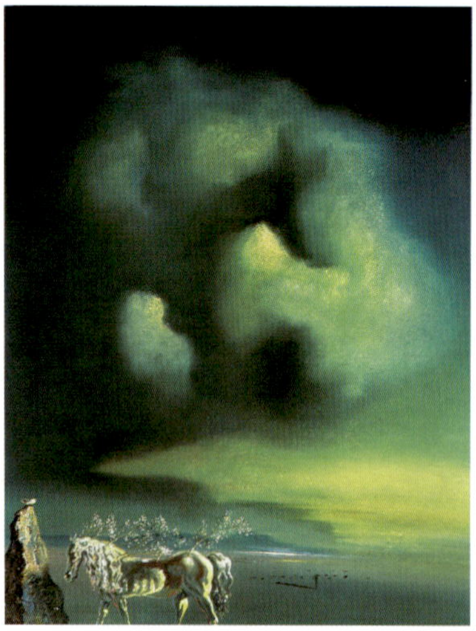

532

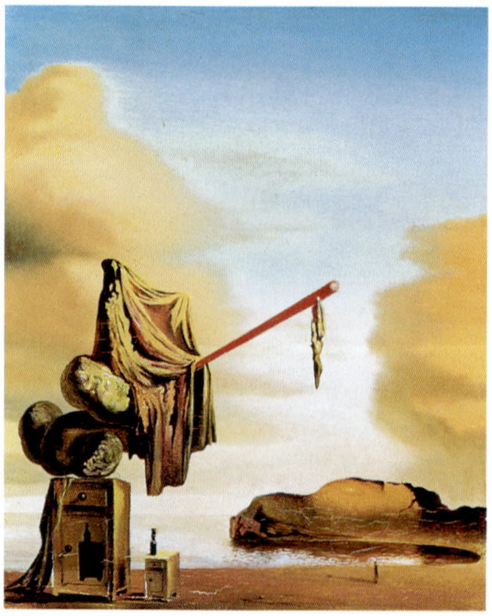

533

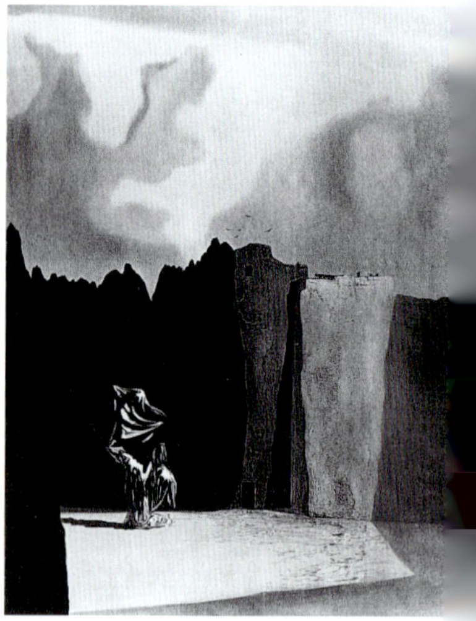

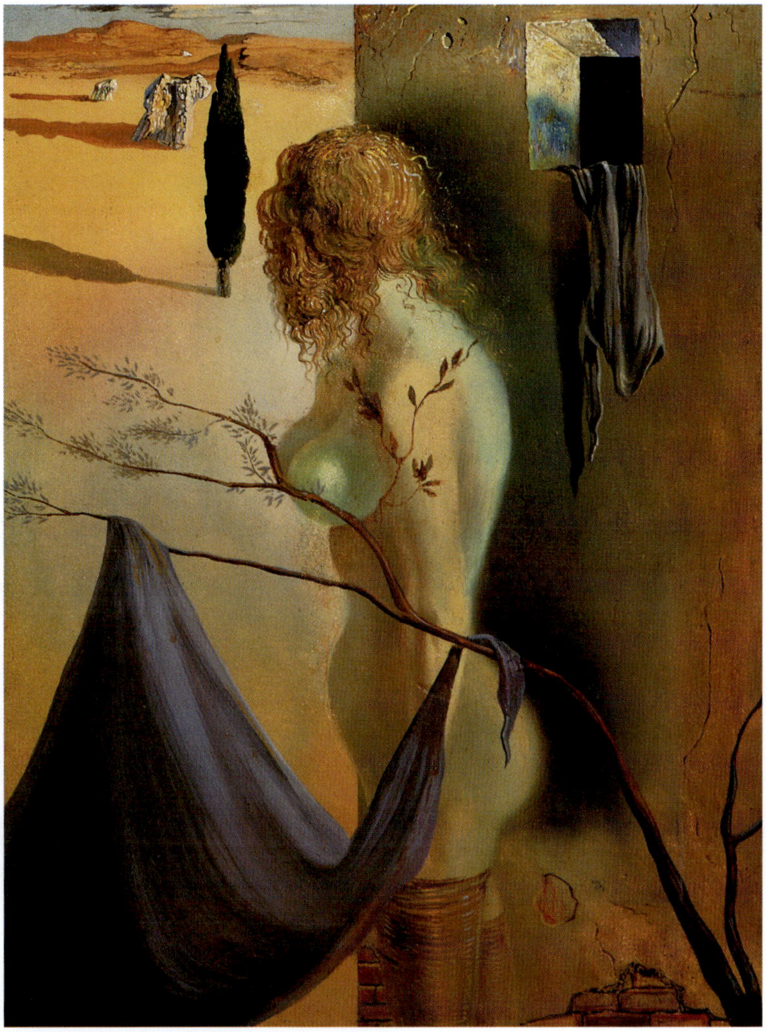

535

529 **Het gevoel van snelheid**, 1934 ❑
Le sentiment de la vitesse

530 **Zonsverduistering en plantaardige osmose**, 1934 ❑
Eclipse et osmose végétales

531 **Het uur van het gescheurde gezicht**, 1934 ❑
L'heure du visage craquelé

532 **Plantaardige metamorfose**, rond 1934 ❑
Métamorphose végétale

533 **Zonder titel (bekend als: Dromen aan het strand)**, 1934 ❑
Sans titre (Sueños en la playa)

534 **Westzijde van het dodeneiland – Gereconstrueerde waanvoorstelling naar Böcklin**, 1934 ❑
Cour ouest de l'île des morts – Obsession reconstitutive d'après Böcklin

535 **Teken van angst**, 1934 ❑
Le signal de l'angoisse

536 **Morfologische echo**, 1934-1936 ❑
Echo morphologique

537 **Aërodynamische stoel**, 1934 ❑
Chaise aérodynamique

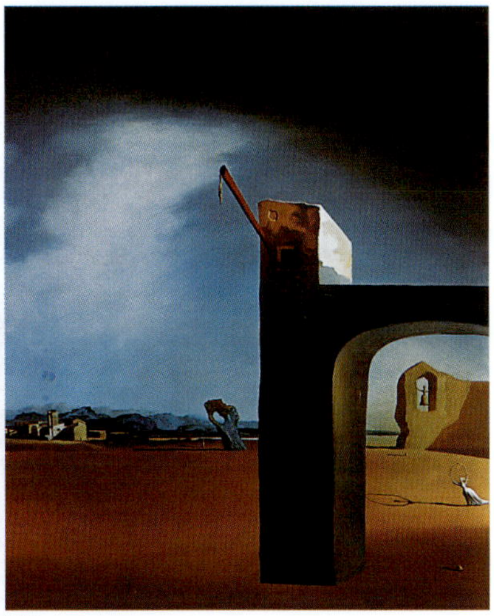

536

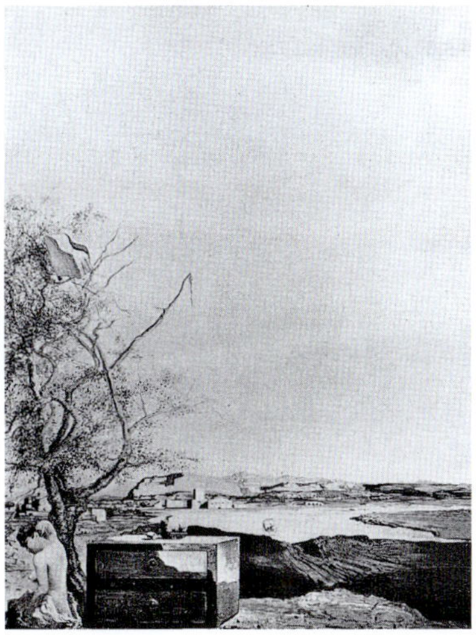

537

moeten ze de dingen aanpakken met een flinke dosis gulheid en goede wil, in tegenstelling tot de pretentieuze en ironische zelfingenomenheid zoals die vaak bij critici in Parijs waar te nemen is."

Dalí houdt ervan met zijn enorme brood onder de arm een drugstore binnen te gaan, twee spiegeleieren te bestellen en deze, tot algemene verbazing, met een klein stukje afgesneden brood te nuttigen. Zijn schilderijen verkopen goed, acht in New York, waarvan drie aan musea. De Dalí's kunnen zich op de terugreis een dure hut op de 'Normandie' veroorloven. Voor hun vertrek geeft Caresse Crosby een 'droombal' ter ere van Dalí. De Amerikanen overtreffen elkaar in hun poging zich zo 'Dalíaans' mogelijk te kleden. Dalí geeft toe dat zelfs hij, die bijna nooit van iets onder de indruk is, verrast is door de prettig gestoorde aanblik die het bal deze avond in de 'Coq Rouge' biedt. Mondaine dames verschijnen om hem te plezieren bijna naakt en met een vogelkooi op hun hoofd. Anderen zijn geschminkt met verschrikkelijke wonden en geamputeerde ledematen of hebben hun schoonheid cynisch verminkt door veiligheidsspelden door hun huid te steken. Een jonge vrouw, mager, bleek en dromerig, draagt een satijnen jurk met een 'levende' mond. Op haar wang, rug en onder haar oksels groeien ogen als verschrikkelijke tumoren. Op het hoofd van een man in een bebloed nachthemd balanceert een nachtkastje. Wanneer het deurtje wordt geopend, vliegt er een zwerm kolibries uit. Halverwege de trap is een met water gevulde badkuip zo geïnstalleerd dat de inhoud elk moment over de gasten kan neerstorten. In de loop van de avond wordt een enorme gevilde os binnengedragen, zijn opengesneden buik wordt door krukken gestut en is gevuld met een dozijn grammofoonplaten. Gala verschijnt als 'uitgelezen lijk'. Op haar hoofd draagt ze een zeer echt uitziende pop, een zuigeling met een door mieren aangevreten buik voorstellend, en het hoofdje tussen de scharen van een fosforescerende kreeft.

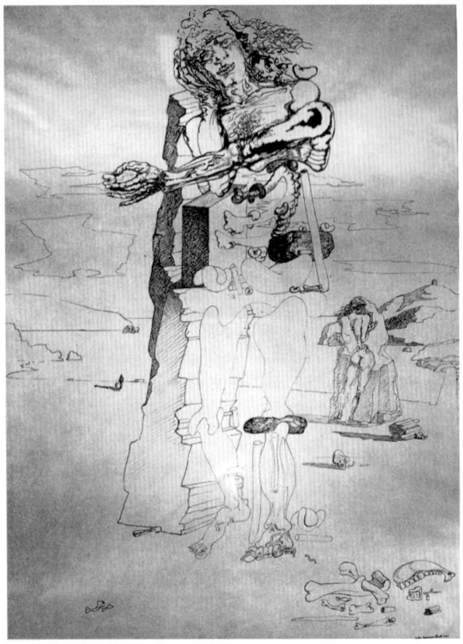

538

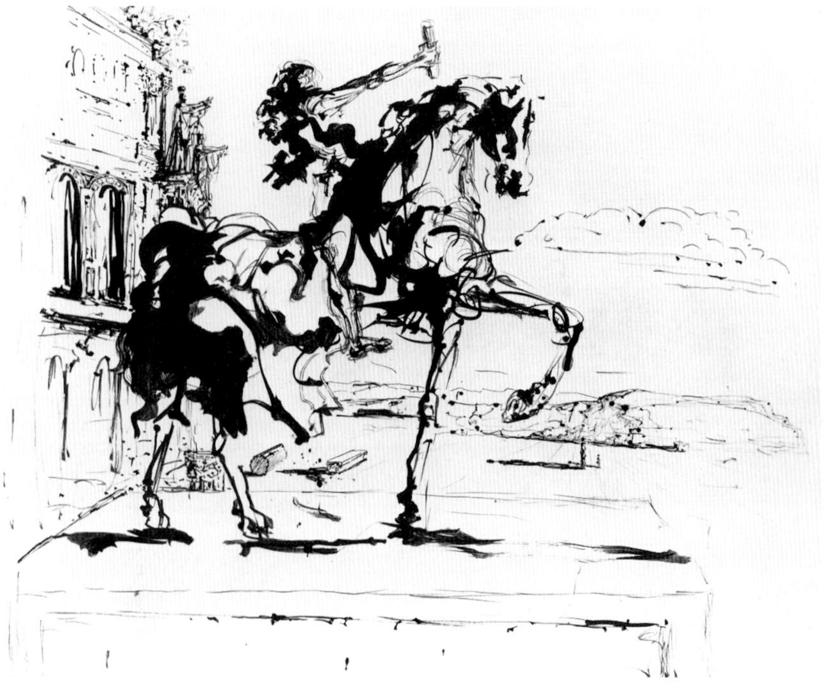

539

538 **Surrealistische figuur in het landschap van Port Lligat**, 1933 △
Personnage surréaliste dans le paysage de Port Lligat

539 **De rechters**, rond 1933 △
Les juges

540 **Surrealistisch paard – Paard-vrouw**, 1933 △
Cheval surréaliste – Femme-cheval

541 **Doodsruiter (ook: Ruiter)**, 1934 △
Chevalier de la mort, dit aussi Cavalier

542 **Rots van Culleró bij Cap Creus, die doet denken aan een ruiter op een paard** ☆

543 **Don Quichotte**, 1935 △

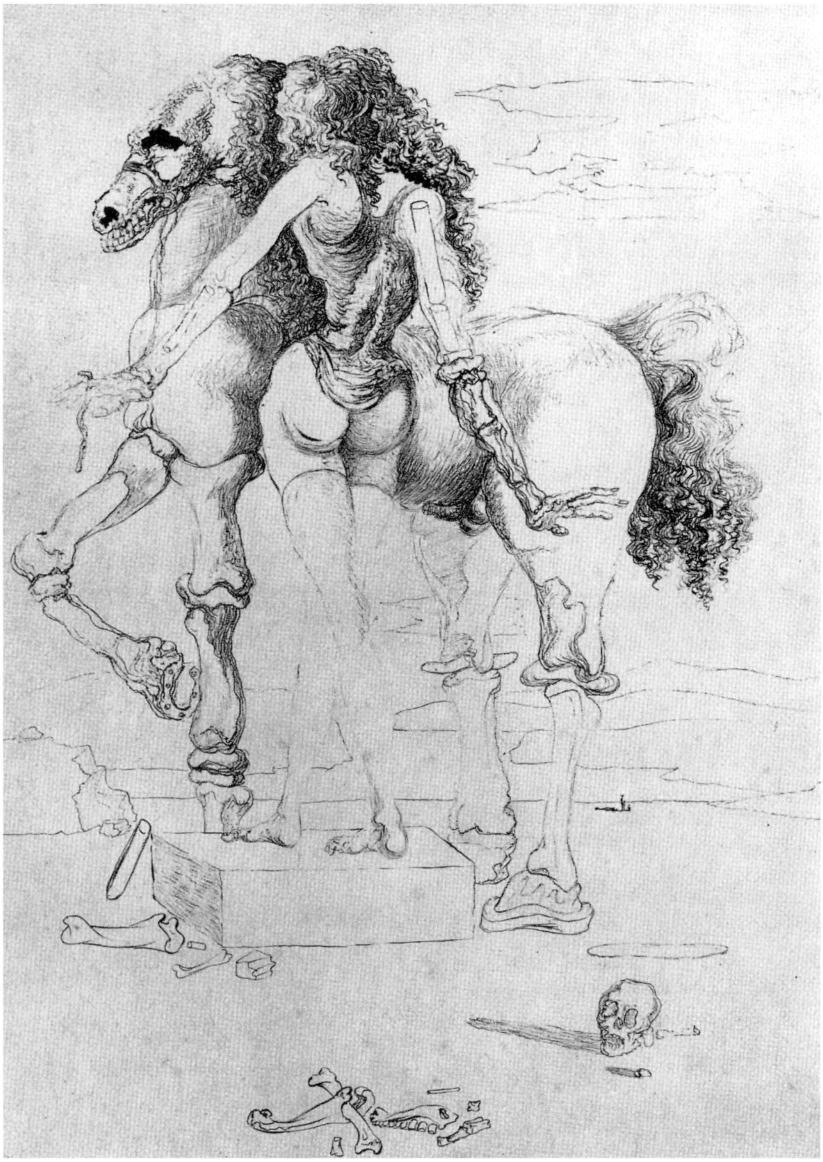

540

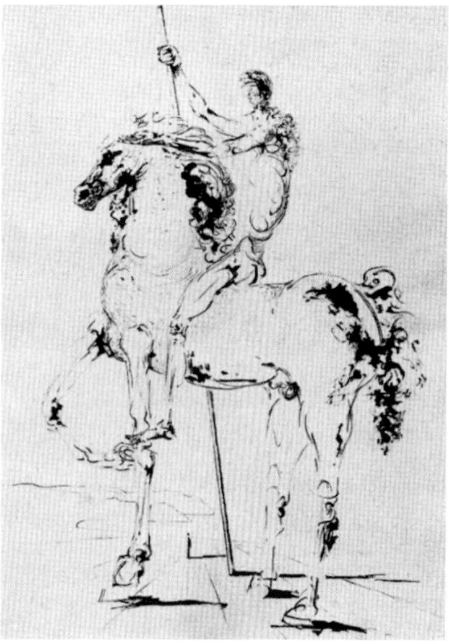

541

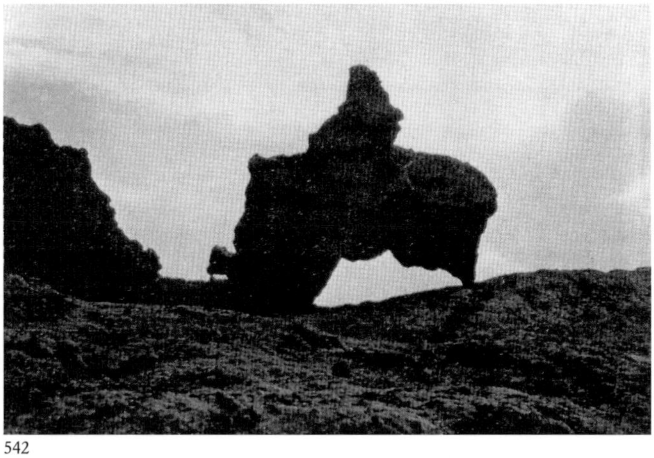

542

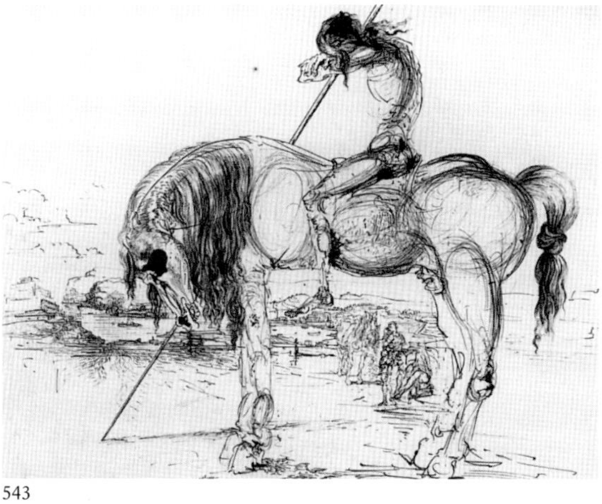

543

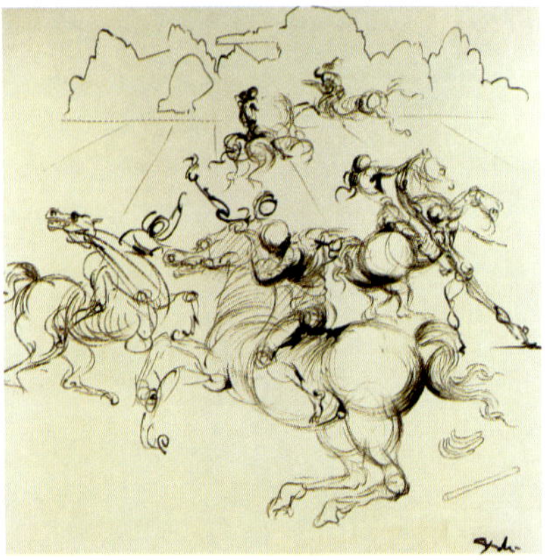

544

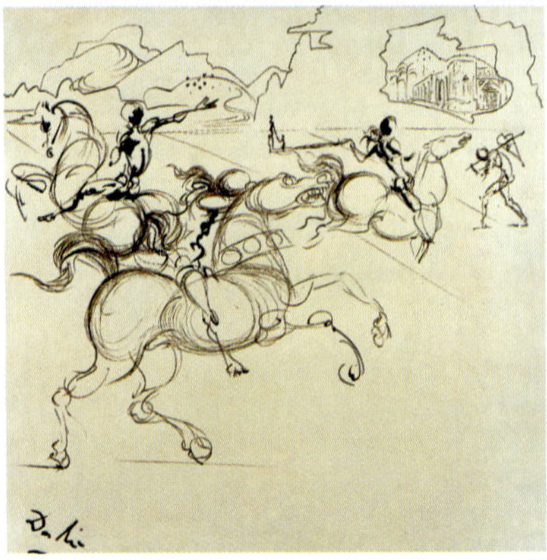

545

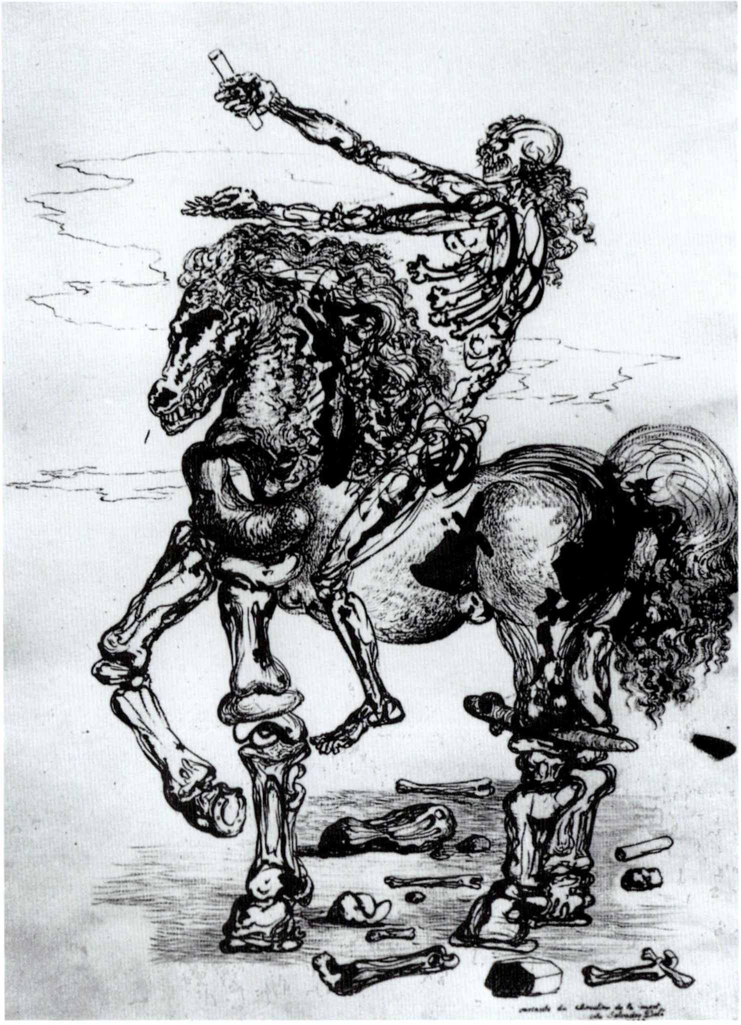

546

544 **Surrealistische ruiters. Deel van een vierdelig windscherm**, rond 1934 ❑
Chevaliers surréalistes

545 **Surrealistische strijders. Deel van een vierdelig windscherm**, rond 1934 ❑
Guerriers surréaliste

546 **De doodsruiter**, 1933 △
Variante du 'Chevalier de la mort'

547 **De doodsruiter**, 1935 ❑
Le cavalier de la mort

De freudiaanse moord op André Breton

Vrienden en vijanden van Dalí hebben één ding gemeen: ze hebben zijn geschriften zoveel mogelijk genegeerd. Maar wanneer de schrijver Dalí zich via een omweg over het geschreven of gesproken woord uitdrukt, doet hij dat altijd even briljant met al zijn extravagantie, mateloosheid, zijn overdreven ontboezemingen, maar ook met zijn terughoudendheid en zijn beschroomde onthullingen. Vaak vertelt hij daarin iets wezenlijks over zijn ontwikkeling als schilder, over zijn leven met al zijn hartstochtelijke hoogte- en dieptepunten, zijn tederheid en wreedheid, over zijn schijnbaar tegenstrijdige, maar uiteindelijk toch door een strenge logica beheerste denken. Door al het buitennissige heen herkent men de unieke continuïteit van het 'Dalíaanse' waagstuk. 'Het geheime leven van Salvador Dalí' toont ons de eerste schreden van het kind, de jongeman op zoek naar zijn identiteit, de 'schokken' waaraan hij werd blootgesteld, de verborgen, hartstochtelijke kanten van deze vanaf het begin schandalig vrije en uitdagende persoonlijkheid, die niets geeft om het oordeel van anderen en de algemene domheid als voedingsbodem gebruikt.

Het 'Dagboek van een genie' –het vervolg op zijn autobiografie– beantwoordt aan zijn tot 'Dalí' uitgegroeide persoonlijkheid, dat wil zeggen aan de persoon

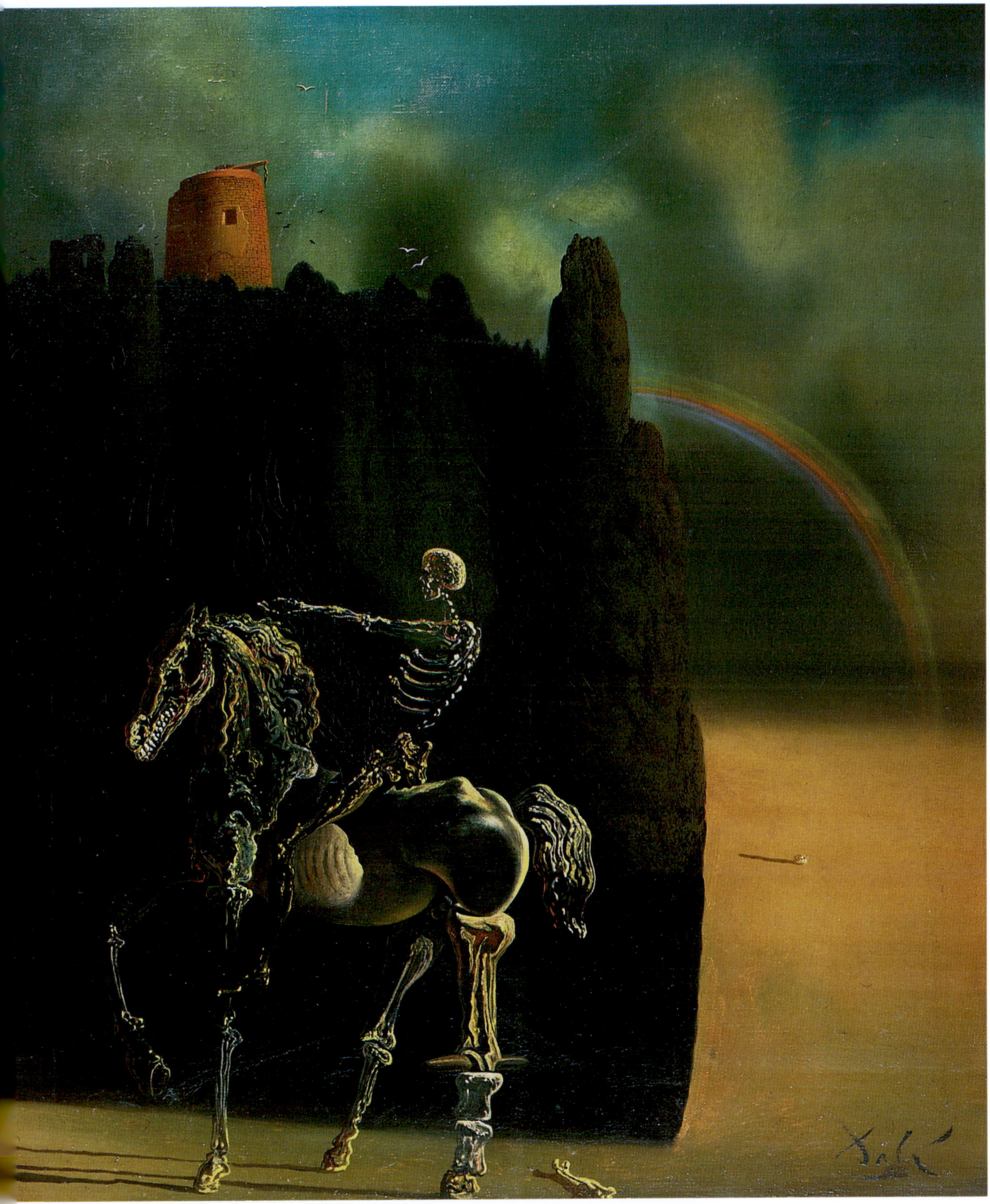

7

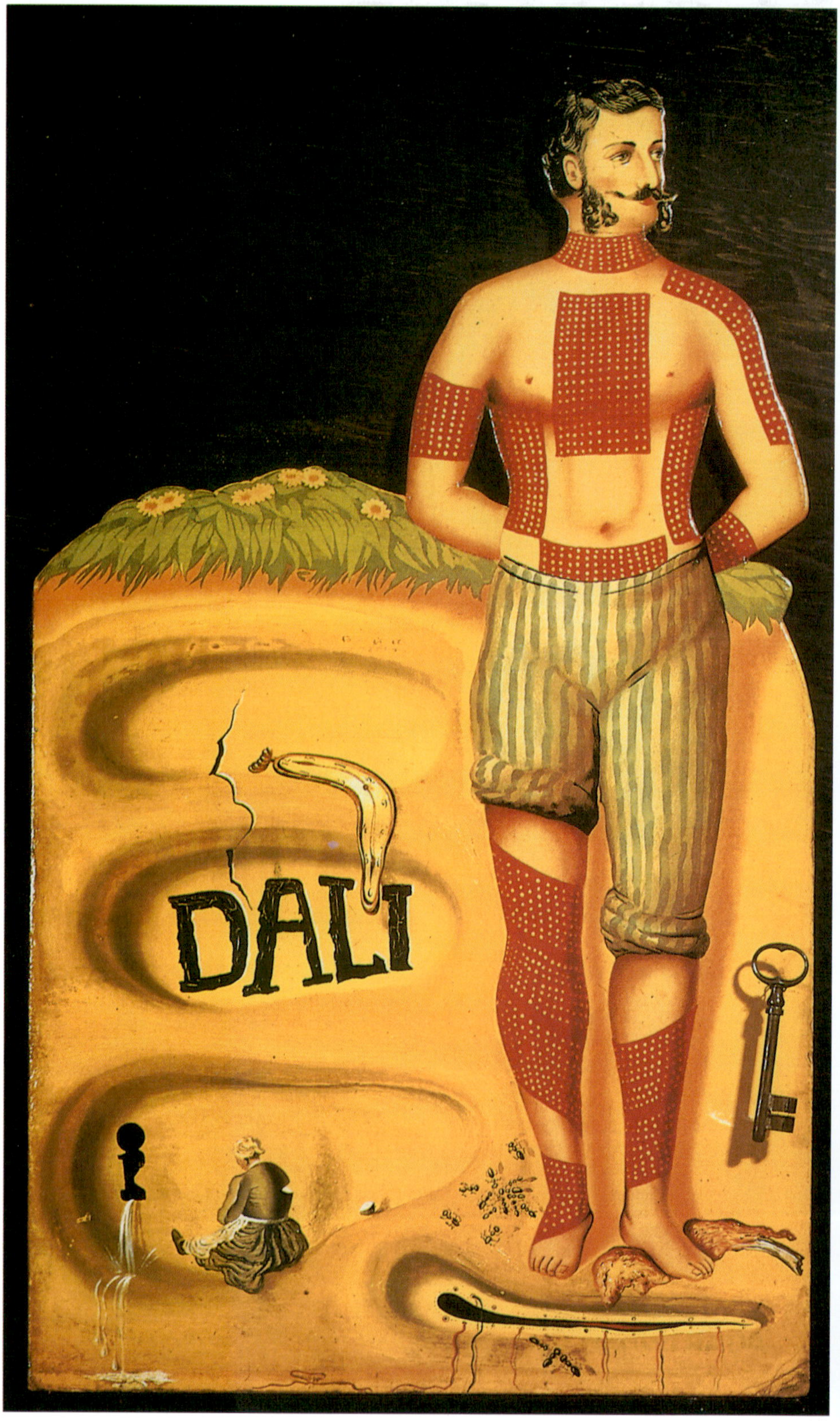

548

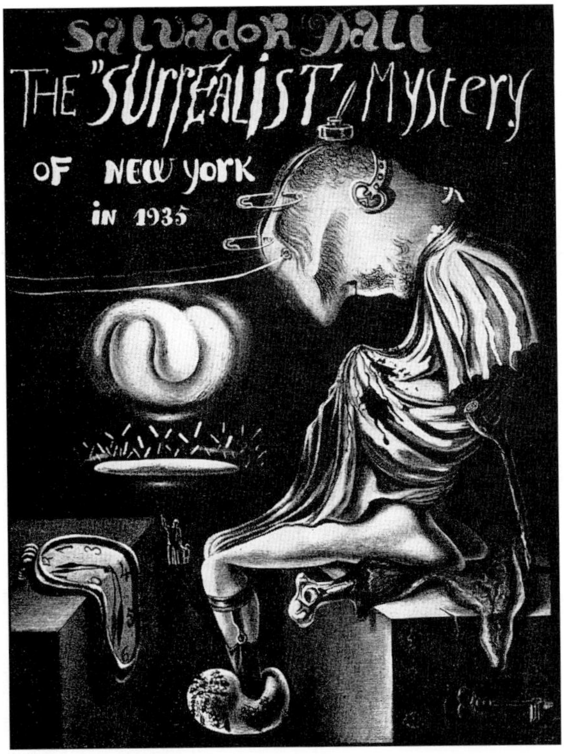

549

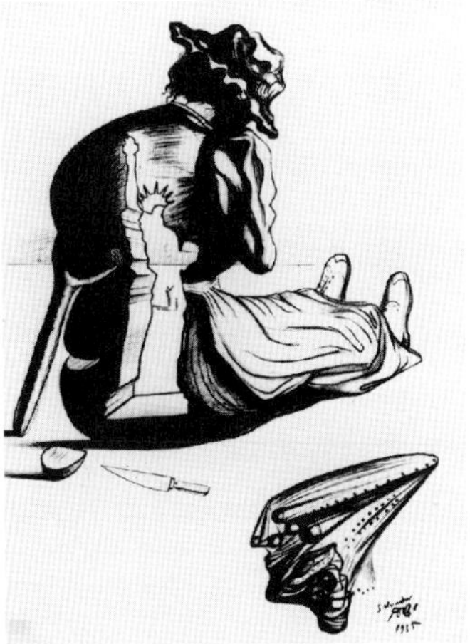

550

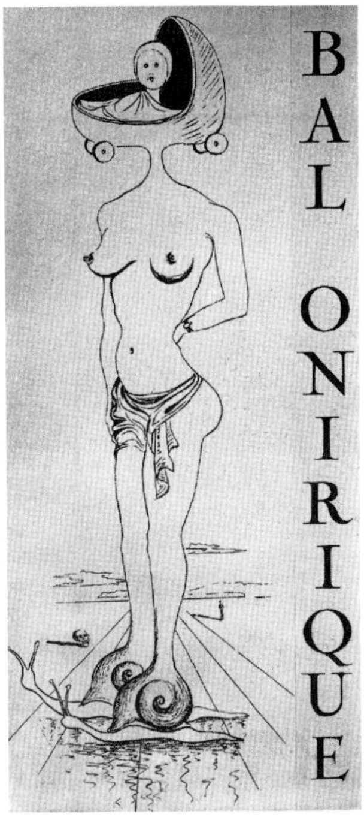

551

waarin het delirium zijn uitdrukkingsmiddelen heeft gevonden. Hier zijn we getuige van zijn worstelingen met de kunst en zijn genialiteit. Gefascineerd zie je hoe zijn denkwijze zich onverbiddelijk logisch ontwikkelt en zich op haar manier op de verovering van het irrationele richt.

Niemand beschrijft zijn verhouding met het Surrealisme beter dan hijzelf: het feit dat hij 'vanaf zijn geboorte' surrealist is, en de oorzaken voor zijn ruzies met Breton, die weliswaar een aan het onderbewuste gewijde esthetiek wil, maar daaraan grenzen stelt en noch het totale, ongecontroleerde avontuur, noch de negatieve of verdachte risico's accepteert. Dalí is daarentegen van nature een totale, onbeperkte, grenzeloze surrealist. Het is begrijpelijk dat Breton hem uitsluit uit de beweging die hijzelf in het leven had geroepen, want Dalí ziet zichzelf terecht als de zuiverste en de absolute surrealist en verwacht door Breton tot de ware leider van de beweging uitgeroepen te worden.

Ondanks het gedraai, de rookgordijnen, de lange neuzen naar het publiek, ondanks echte valstrikken en zogenaamde geheimen, ondanks een keur aan schandalen en hartstochtelijke tegenstrijdigheden, weloverwogen fantomen, berekende schaamteloosheid – kortom: ondanks zijn delirische taal moet de schrijver Dalí net zo serieus genomen worden als de schilder.

In zijn 'Dagboek van een genie' legt Dalí duidelijk uit dat hij van tevoren –toen hij op het punt stond zich bij beweging aan te sluiten– wist dat de groep surrealisten, van wie hij de "leuzen en onderwerpen al uitgebreid had bestudeerd, en tot in detail had ontleed", hem dezelfde beperkingen zou opleggen als zijn eigen familie. Gala had hem gewaarschuwd dat hij "bij de surrealisten dezelfde beperkingen zou moeten dulden als elders en dat ze in feite allemaal kleinburgerlijk zijn."

Nadat Dalí, die zijn boek liet beginnen met de uitspraak van Sigmund Freud: "Een held is hij die zich verzet tegen de vaderlijke autoriteit en haar overwint", met zijn verwekker heeft afgerekend, is blijkbaar zijn nieuwe vader, André Breton, aan de beurt.

548 **Surrealistisch affiche,** 1934 ❑
Affiche surréaliste

549 **Het surrealistische mysterie van New York in het jaar 1935** ❑
The Surrealist Mystery of New York in 1935

550 **Vrouw met hoed, zittend aan het strand. Tekening voor 'American Weekly',** 1935 △
Femme au chapeau assise sur la plage

551 **Uitnodiging voor het droombal dat door Caresse Crosby georganiseerd werd,** 1934 ✰

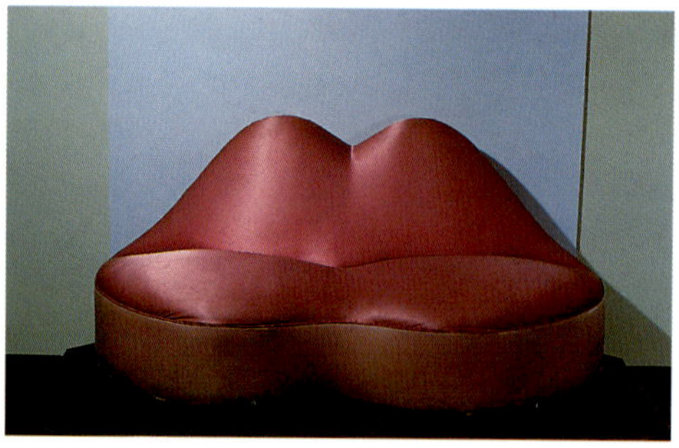

552

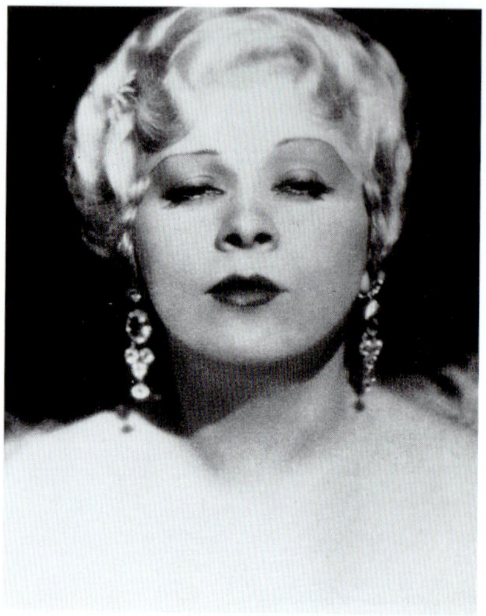

553

552 **Mae-West-lippensofa,** 1936-1937 ❍
Mae West Lips Sofa

553 **Foto van Mae West die Dalí gebruikte als voorbeeld voor 'Gezicht van Mae West',** 1934 ✰

554 **Gezicht van Mae West (kan als surrealistisch appartement worden gebruikt),** 1934-1935 △
Visage de Mae West pouvant être utilisé comme appartement surréaliste

Gewapend met zijn "nogal jezuïtische" eerlijkheid, maar "toch steeds met de gedachte aanvoerder van de surrealisten te worden", vat hij aldus "het Surrealisme geheel letterlijk op, versmaadt noch het bloed, noch de uitwerpselen waarmee zijn voorvechters hun manifesten doorspekken. Zoals ik eens, door de boeken van mijn vader te lezen, moeite had gedaan een perfecte atheïst te worden, werd ik nu een zo vlijtige drs. surr. dat ik me al snel tot de enige 'professionele surrealist' ontwikkelde. En wel zo dat men mij ten slotte uit de groep stootte, omdat ik tè surrealistisch was."

Het is niet moeilijk uitsluiting door Breton te bewerkstelligen. Zeer velen zijn Dalí voorgegaan, en vaak waren dat de beste, onafhankelijkste geesten. Tenslotte snoeit een tuinman zijn bomen en heggen in zijn park graag naar zijn eigen smaak. En Dalí als trouwe apostel van de beweging bespaart hem die moeite niet. "Toen Breton mijn schilderkunst ontdekte, was hij geschokt door de scatologische elementen waarmee ze werd bevlekt", vertelt Dalí in zijn 'Dagboek van een genie'. "Dat verraste mij. Ik zette mijn eerste schreden in de str..., wat, psychologisch gezien, in het vervolg beschouwd kon worden als de prettige verwijzing naar het goud, waarmee ik –gelukkig– overladen zou worden. Listig probeerde ik de surrealisten ervan te overtuigen dat deze scatologische elementen de beweging slechts geluk konden brengen. Tevergeefs beriep ik mij op de spijsverteringsgerichte iconografie uit alle tijden en culturen: de kip met het gouden ei, de ingewandachtige deliria van de Danaïden, het 'ezeltje-strek-je', ze wilden me niet geloven. Mijn besluit stond meteen vast. Als ze de str... niet wilden, zou ik deze schatten en dit goud voor mezelf houden. Het beroemde, door Breton twintig jaar later uitgedokterde anagram 'Avida Dollars' had toen al als profetie kunnen worden verkondigd."

Gala kreeg gelijk: tot op zekere hoogte tolereert men de scatologische elementen, opgehoopt zijn ze echter taboe. "Ik stuitte hier weer op dezelfde verboden als bij mijn familie het geval was. Het bloed vonden ze goed. Ik mocht er een beetje schijt aan toevoegen. Maar schijt alléén, dat kon niet. De afbeelding van het geslachtsdeel stond men mij toe, maar geen anale fantasmata. Elke anus werd wantrouwend bekeken! De lesbiennes bevielen hen best, maar de pedofielen niet. In dromen kon je naar hartelust sadisme verwerken, paraplu's en naaimachines, maar toch zeker geen religieus element, zelfs niet als het een beetje mystiek was. Heel gewoon, zonder duidelijke blasfemie, dromen over een rafaëlitische madonna was streng verboden."

Dalí beroemt zich er steeds op dat hij bij de surrealisten de tegenstrijdigheid had ingevoerd en zich er het hoofd over had gebroken hoe hij hen zover kon krij-

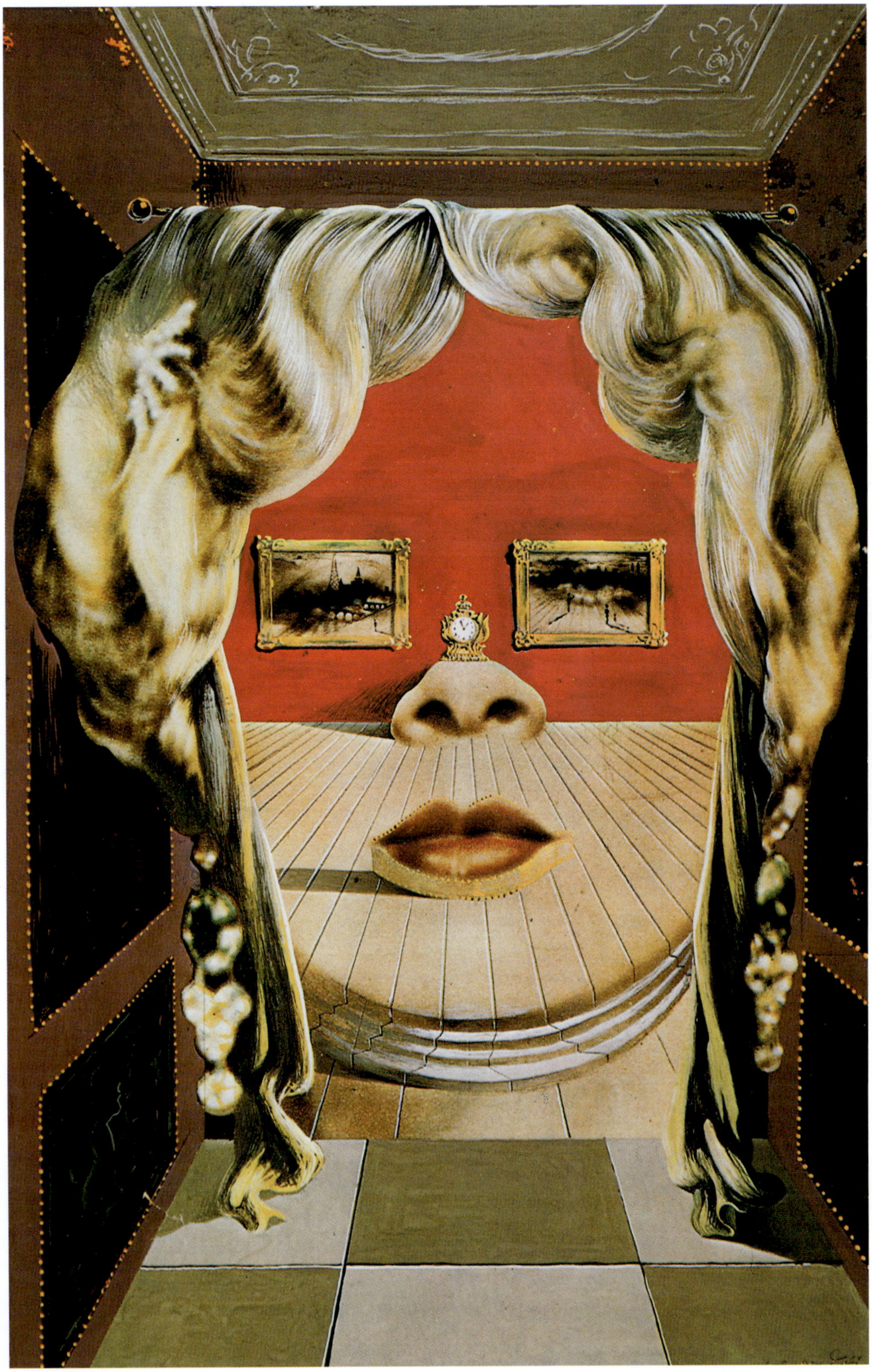

554

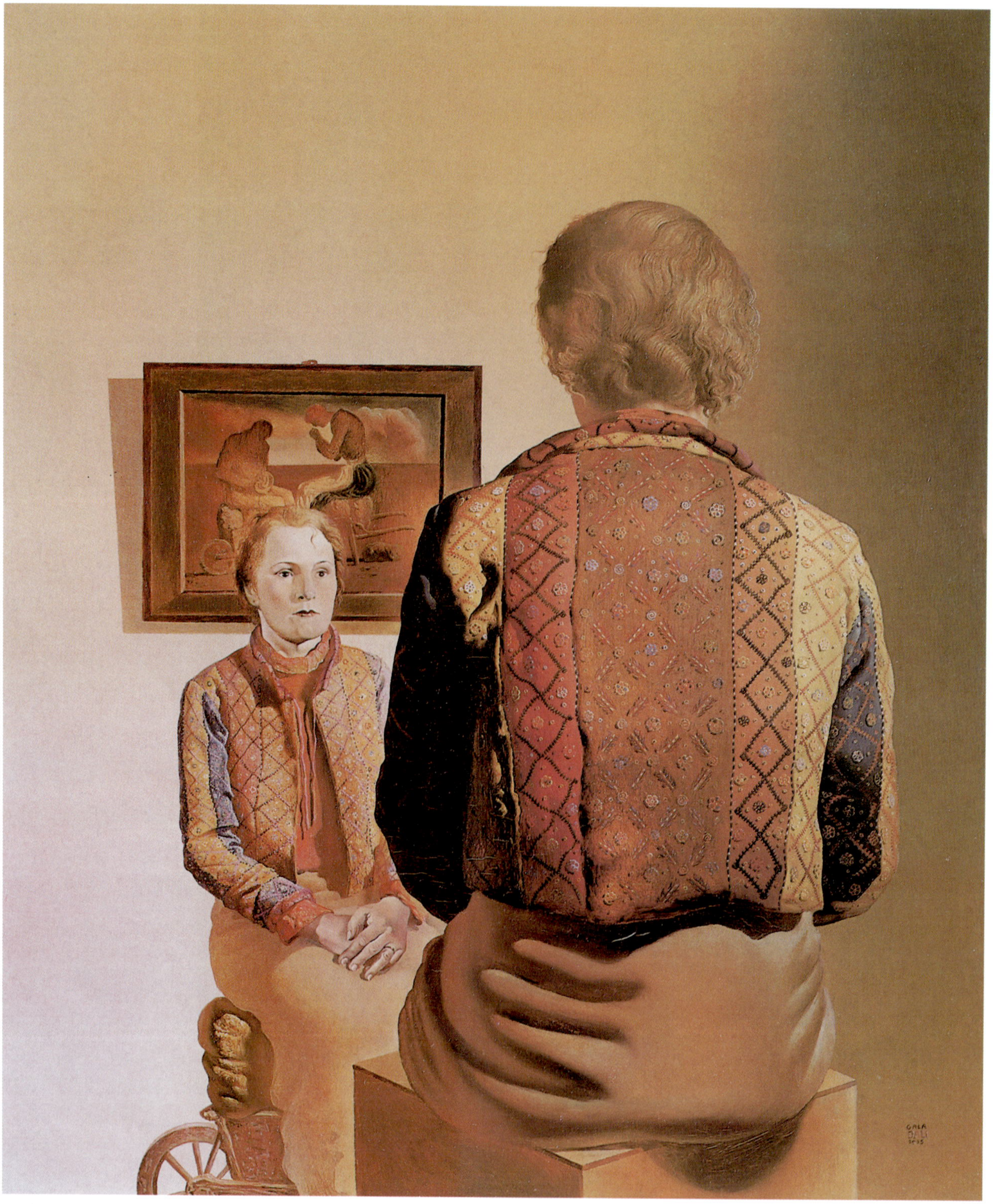

555

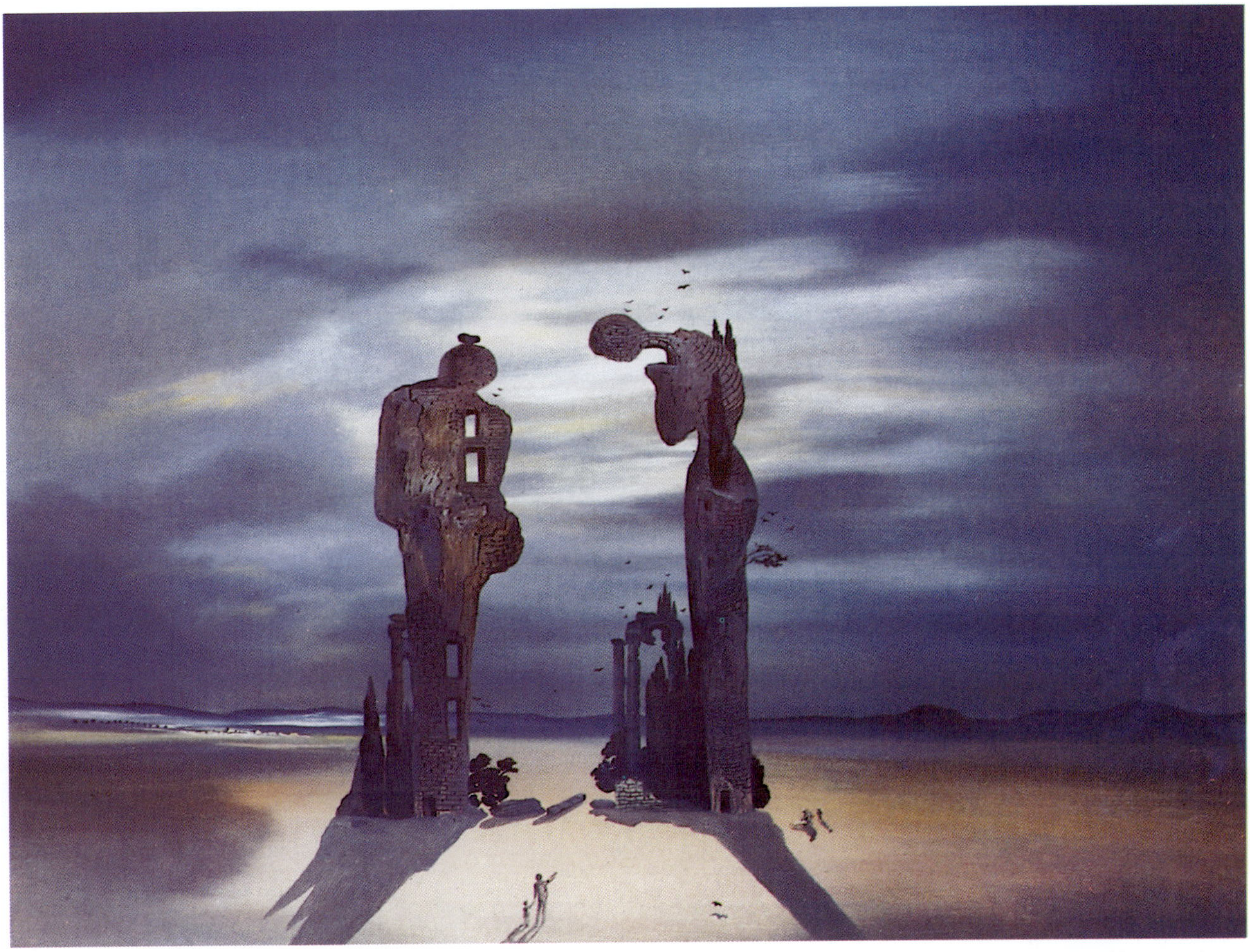

556

gen een idee of een schilderij te accepteren dat strijdig was met hun 'smaak'. Daartoe zet hij 'de mediterrane en paranoïde huichelarij' in, waartoe hij zich alleen in het perverse in staat acht. "Ze wilden geen anus! Sluw zette ik ze grote hoeveelheden in vermomming voor en het liefst machiavellistische anussen. Wanneer ik een surrealistisch object maakte waarin zo'n fantasma niet voorkwam, was de symbolische functie van het hele object niets anders dan die van een anus. Zo stelde ik mijn beroemde actieve methode van de paranoïde-kritische analyse tegenover het zuivere en passieve automatisme. Bovendien ging ik het enthousiasme voor Matisse en de abstracte tendensen te lijf met de ultrareactionaire en subversieve techniek van Meissonier. Om de primitieve objecten schaakmat te zetten, lanceerde ik de overgecultiveerde jugendstil-objecten, die wij net als Dior verzamelden en die later in de mode als 'new look' hun rentree zouden maken."

Om Breton, die een uitgesproken atheïst was, dwars te zitten, wilde Dalí het Surrealisme zelfs tot een nieuwe, echte religie verheffen, maar een die tegelijk sadistisch, masochistisch, sprookjesachtig en paranoïde zou zijn. Auguste Comte zou haar Messias en André Breton haar grote prediker zijn. We moeten ons niet laten misleiden: Dalí was een mysticus, zoals hij in zijn derde levensfase bewees

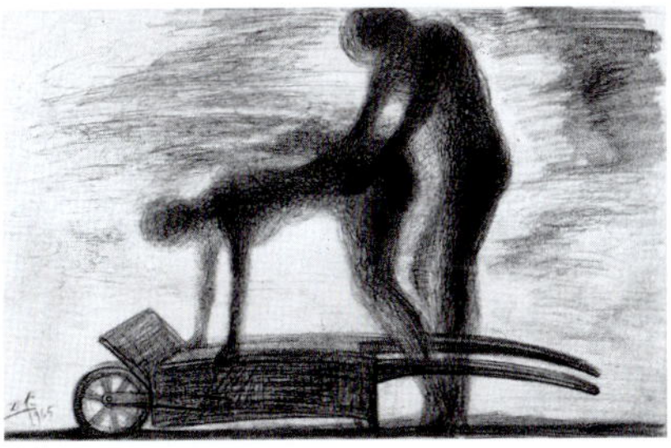

557

555 **Het angelus van Gala**, 1935 ❑
L'Angélus de Gala
556 **Archeologische herinnering aan het 'Angelus' van Millet**, 1935 ❑
Réminiscence archéologique de l'Angélus de Millet
557 **Hommage aan Millet. Studie voor 'Het station van Perpignan'**, 1965 △ Hommage à Millet

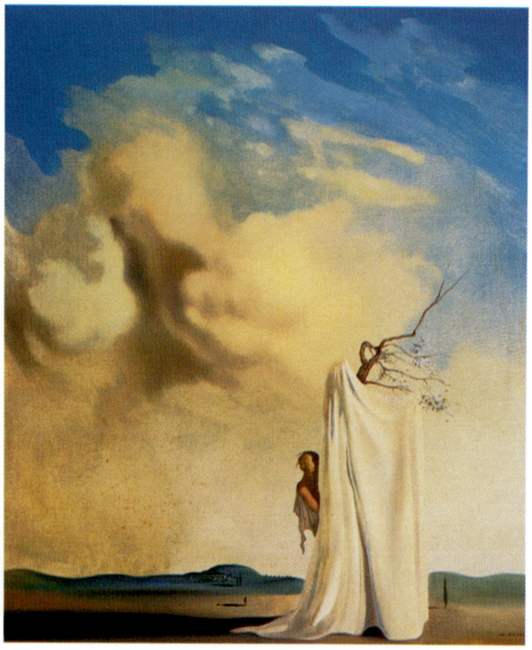

558

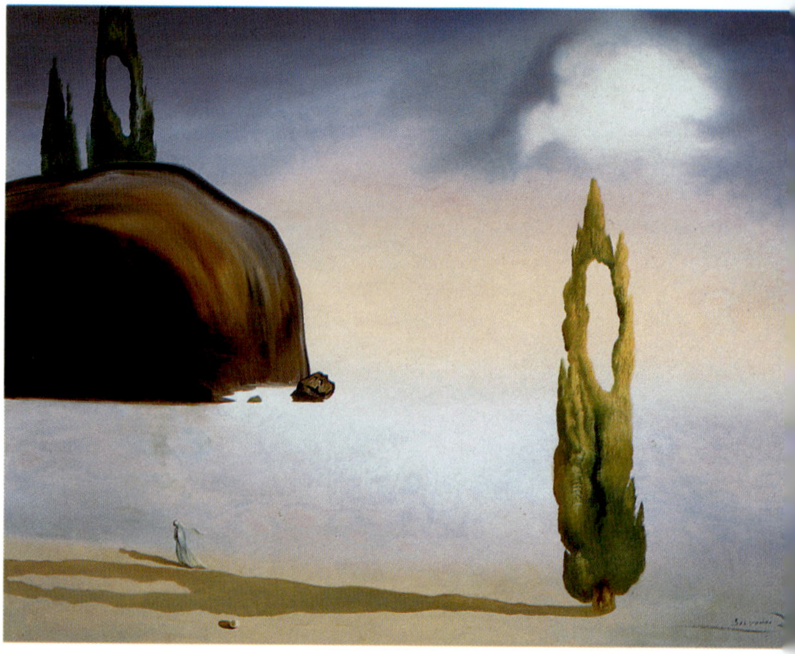

559

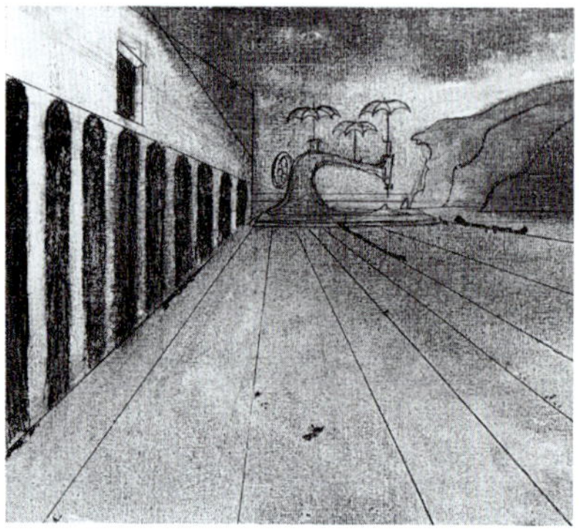

560

558 **Figuur en draperie in een landschap**, rond 1935 ❑
Figure et drapé dans un paysage

559 **De echo van de leegte**, 1935 ❑
L'écho du vide

560 **Landschap naar de Chirico (onvoltooid)**, 1935-1938 ❑
Paysage à la Chirico

toen hij besloot terug te keren naar de esthetiek van de Italiaanse Renaissance en besloot religieuze werken te maken als *De madonna van Port Lligat* (blz. 443) of *Leda atomica* (blz. 424); daarin verwerkt hij niet alleen de Gulden Snede en ideeën uit de moderne natuurkunde; ze weerspiegelen ook de geestelijke ontwikkeling van de kunstenaar, die –als altijd op een dubbele affiniteit bedacht– zowel het agnosticisme als het rooms-apostolische katholicisme belijdt. De schaamteloosheid waarvan hij toen werd beschuldigd, is echter niets anders dan een middel om zijn diepste innerlijk met "stukken vuurwerk" te beschermen, met "bommetjes met tijdontsteking", die hij zijn achtervolgers voor de voeten werpt. Hij valt aan om niet zelf aangerand te worden – de beschroomde, kuise reactie van een trots natuurmens, de Catalaanse boer. Zelfs de scatologie, waarover hij zoveel ophef maakt, komt voort uit een 'engelachtige' inspiratie en is de pijnlijke reactie van iemand die schrikt van zijn sterfelijkheid, zijn ontlastingsfuncties, maar waarvan hij zich –ook als hij het er níet over had– niet afkeert "als een kat van haar eigen stront". Ziekte en vergaan fascineren hem, zegt hij. Eigenlijk is hij er net zo bezeten van als van de dood. Wat hij verafschuwt, moet hij goed in de gaten houden!

Daaruit ontstaan zijn talloze provocaties, zoals het lyrische, door een kruk ondersteunde en drie meter lange achterwerk van Lenin; tot zijn grote teleurstelling veroorzaakt het bij de surrealisten geen schandaal. "Maar deze teleurstelling gaf mij moed. Ik kon dus nog verder gaan... het onmogelijke proberen. Alleen Aragon wond zich op over mijn denkmachine met bekers warme melk. 'Genoeg Dalíaanse overspannenheid', donderde hij kwaad. 'Van nu af aan is de melk voor de kinderen van de werkelozen bestemd.'" Hier scoort Dalí, hij had Aragon in de val gelokt. Hij is opgetogen en maakt van de gelegenheid gebruik hen die hij minacht, te treffen. "Breton, die in de met de communisten sympathiserende kliek een 'obscurantistisch' gevaar meende te zien, besloot Aragon en zijn medestanders –Buñuel, Unic, Sadoul en anderen– uit de groep te stoten. Ik beschouwde René Crevel als de enige echte communist en hij besloot Aragon niet te volgen op de 'weg van geestelijke middelmaat', zoals hij dat noemde... (Hij) beroofde zich kort daarna van het leven, omdat hij twijfelde aan de mogelijkheid om de dramatische contradicties in de ideologische en geestelijke problematiek van de naoorlogse generatie op te lossen. Crevel was de derde surrealist die zelfmoord pleegde; daarmee onderstreepte hij zijn bevestigende antwoord op de vraag die in een van de eerste nummers van het tijdschrift 'La Révolution surréaliste' was gesteld onder de titel 'Is zelfmoord een oplossing?' Ik had die vraag met 'nee' beantwoord en onderbouwde mijn afwijzing met de bevestiging van mijn rusteloze activiteiten."

561 **Ansichtkaart die Picasso aan Dalí stuurde**, 1931 ☆

562-563 **Paranoïde gezicht. De ansichtkaart verandert in Picasso**, 1935 ❑ Visage paranoïaque

564 **Denkmachine. Illustratie voor 'Het geheime leven van Salvador Dalí'**, 1935 △ La machine à penser

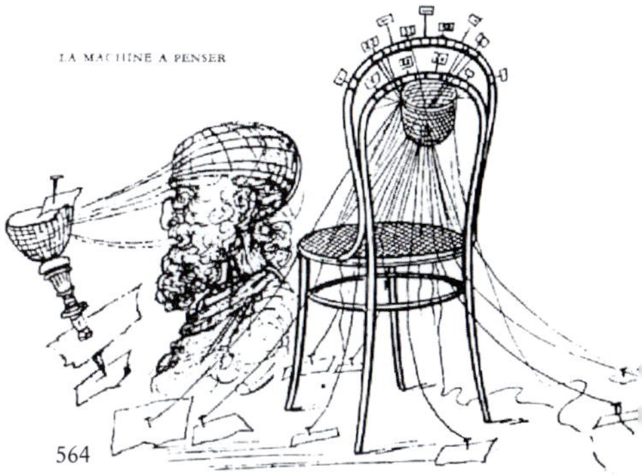

564

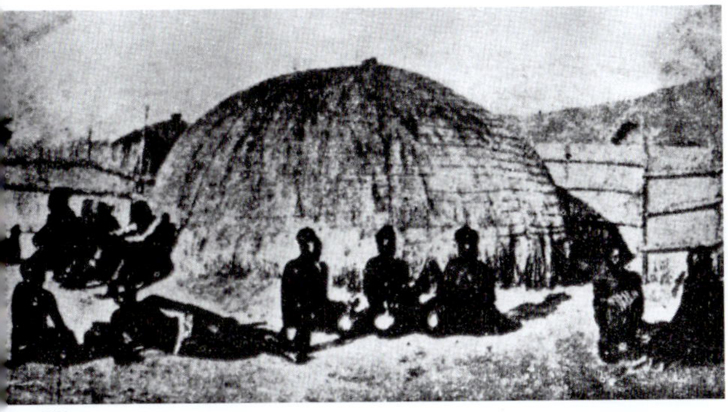
561

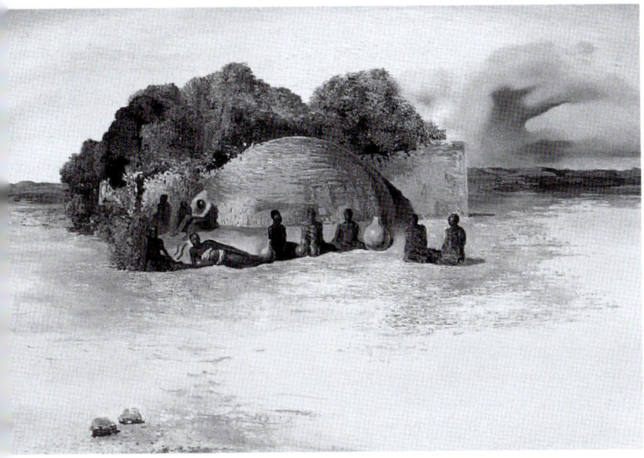
562

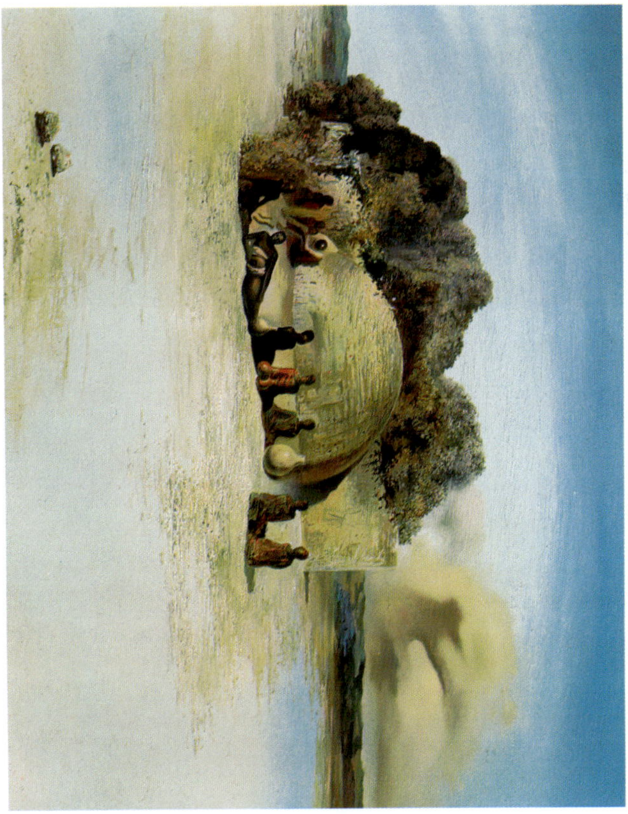
563

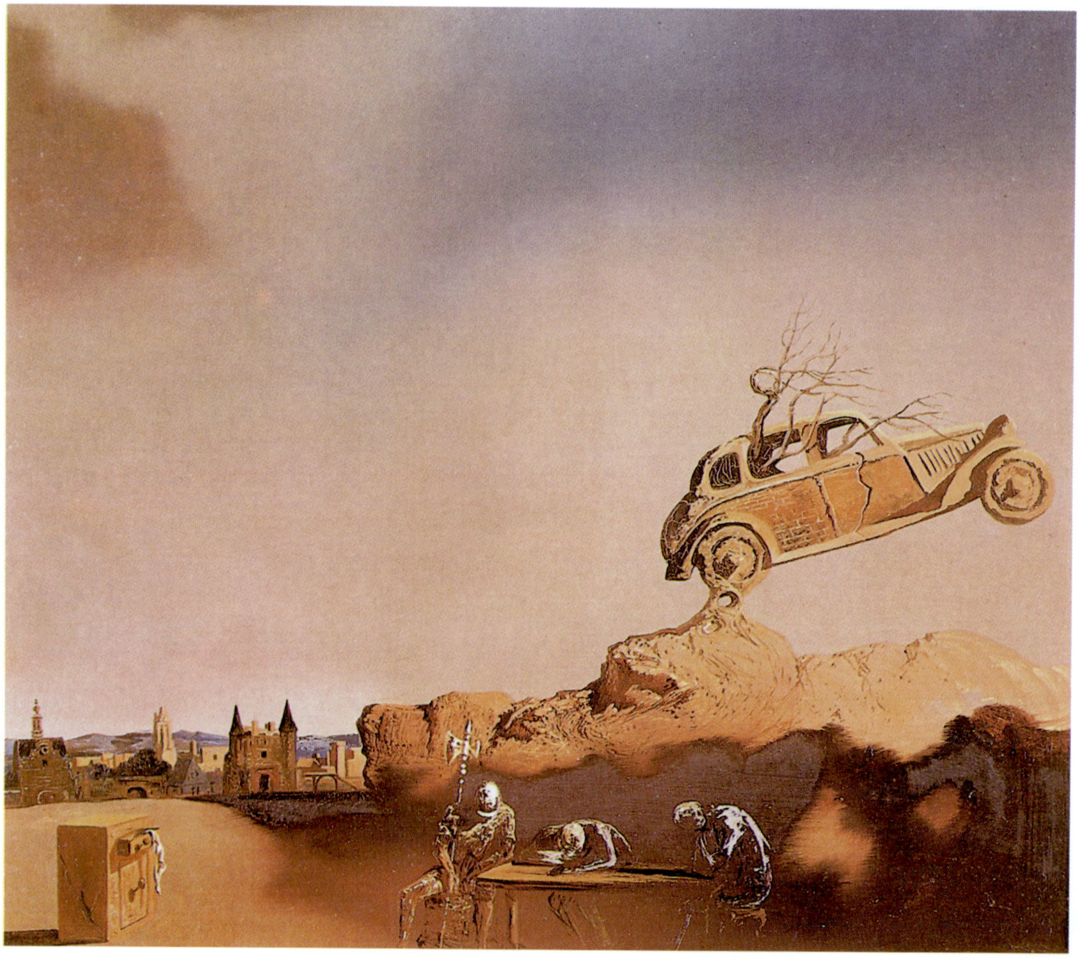

565

1935–1936

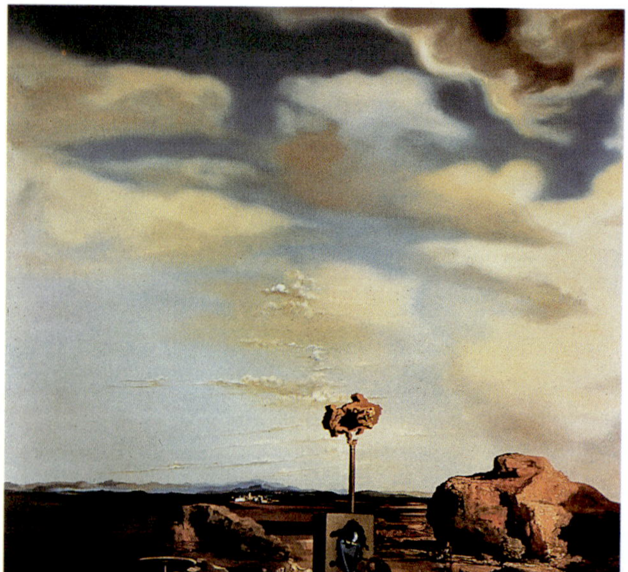

566

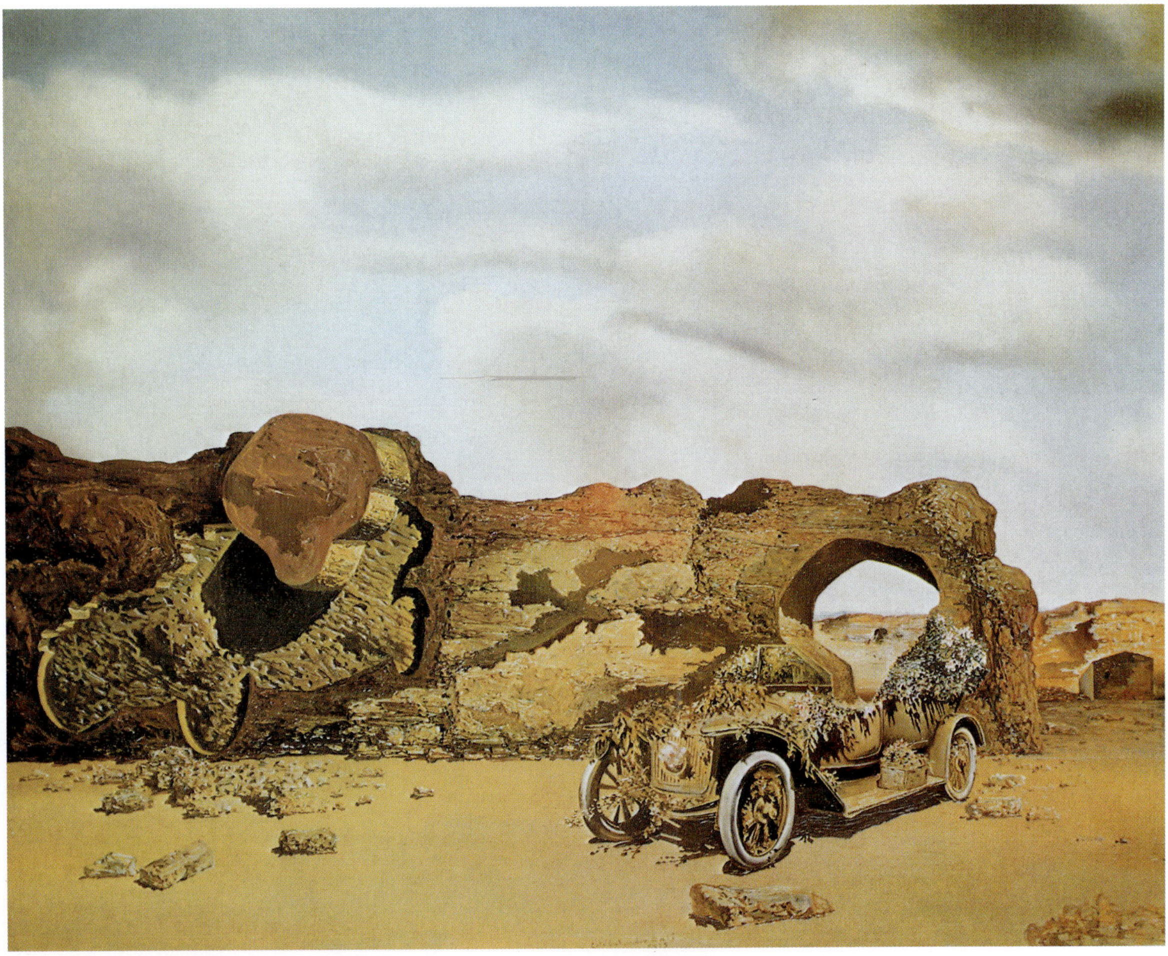

567

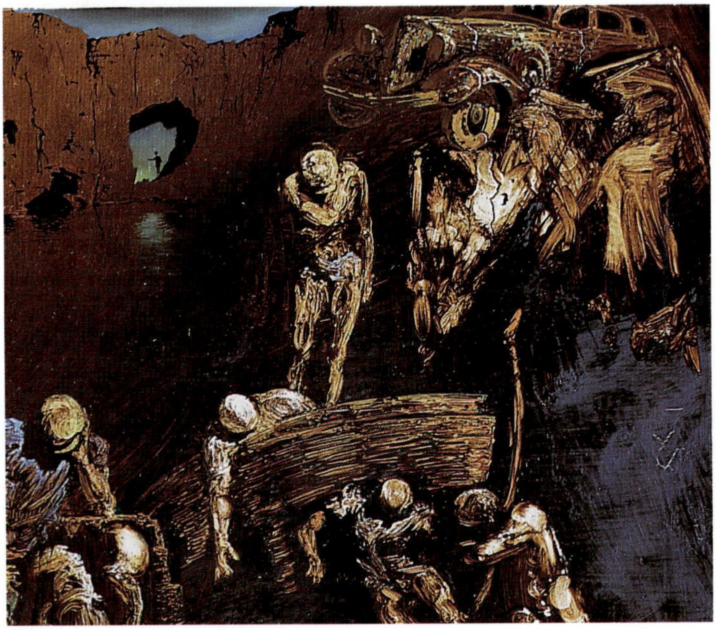

568

565 **Verschijning van de stad Delft,** 1935-1936 ❑
Apparition de la ville de Delft

566 **Herfstpuzzel,** 1935 ❑
Puzzle d'automne

567 **Paranoïde-kritische eenzaamheid,** 1935 ❑
Solitude paranoïaque-critique

568 **De fossiele auto van Cap Creus,** 1936 ❑
L'automobile fossile du Cap Creus

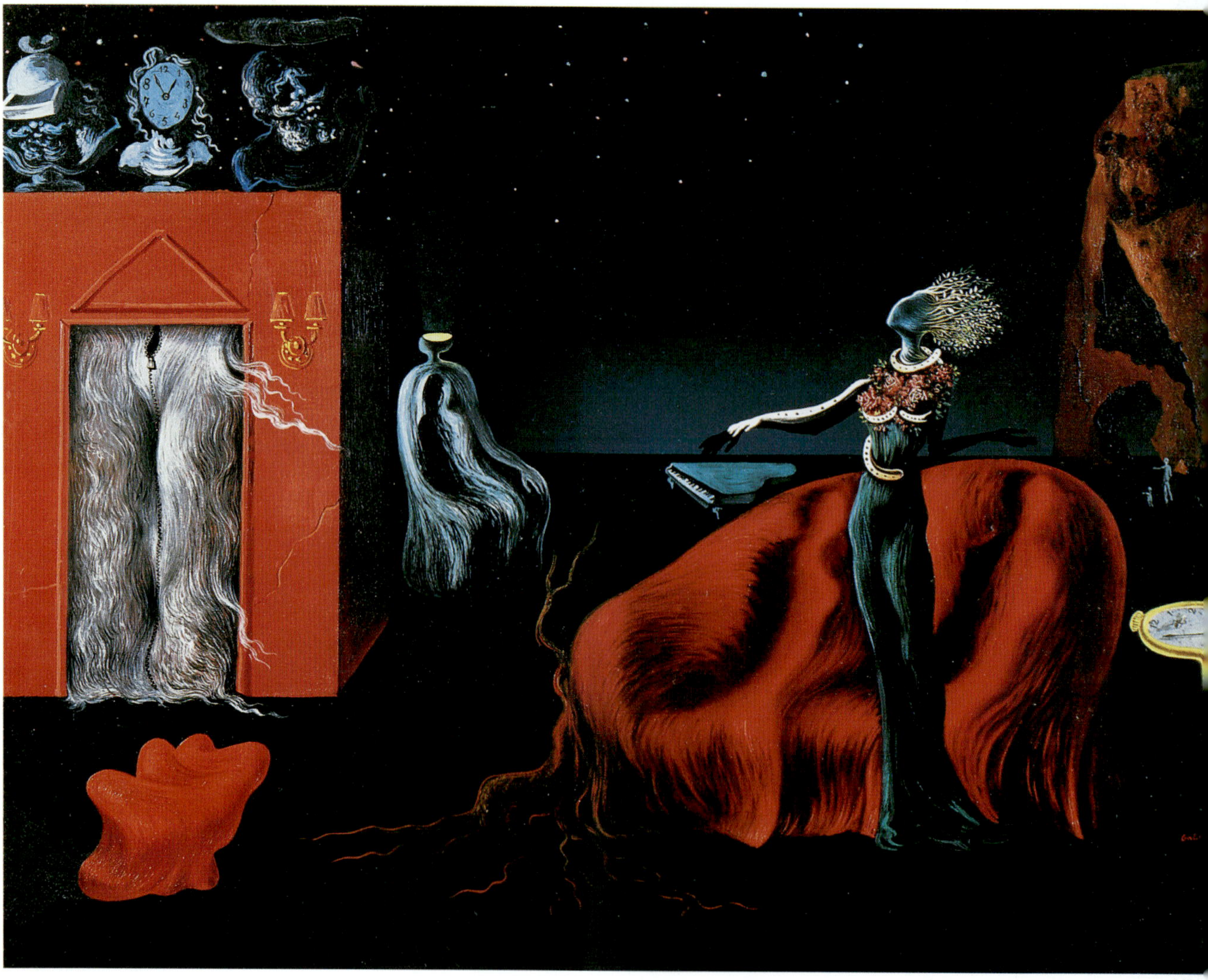

569

569 **Eigenaardigheden**, 1935-1936 ❑
Singularitats

570 **Vrouw met rozenhoofd**, 1935 ❑
Femme à la tête de roses

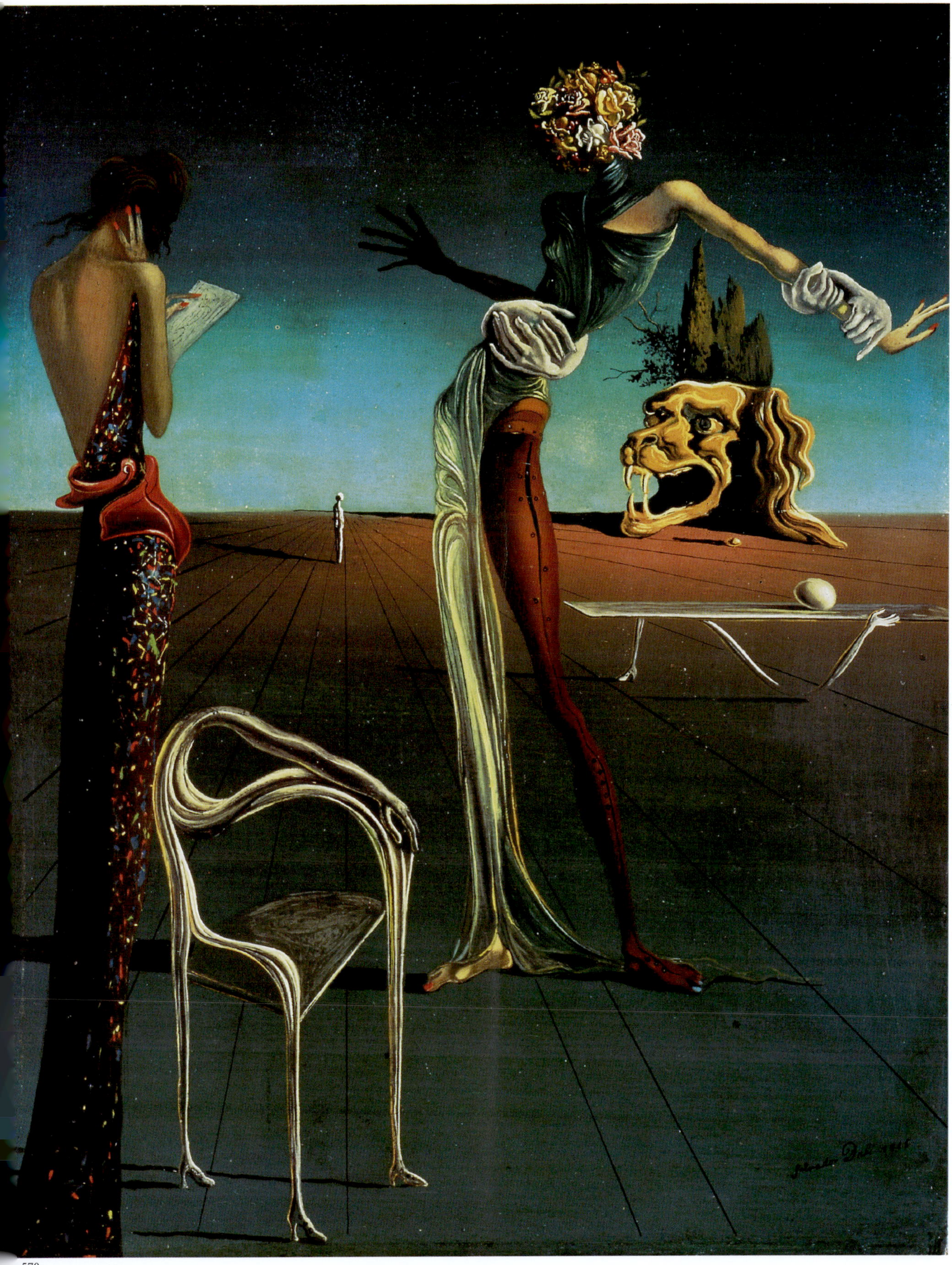

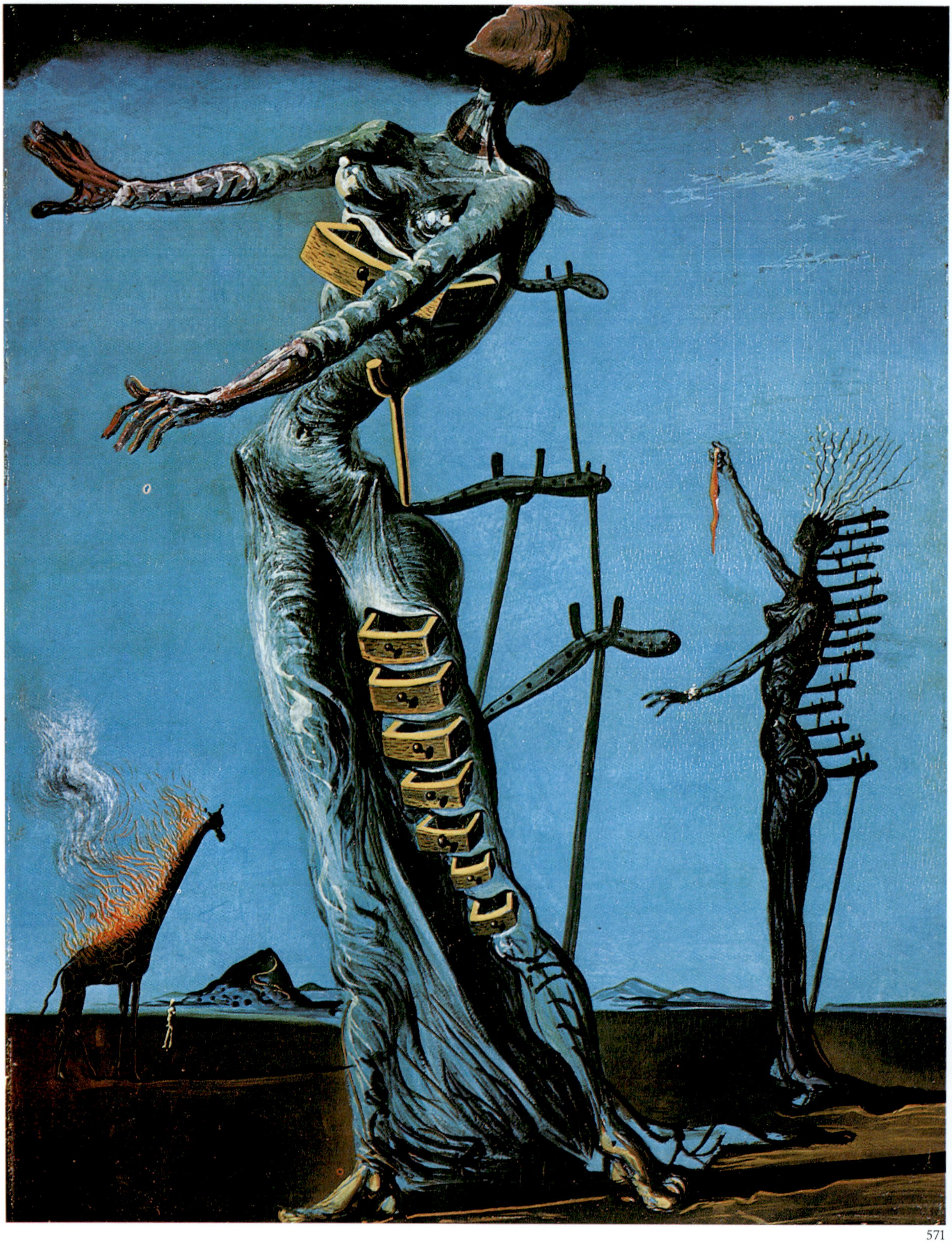

571

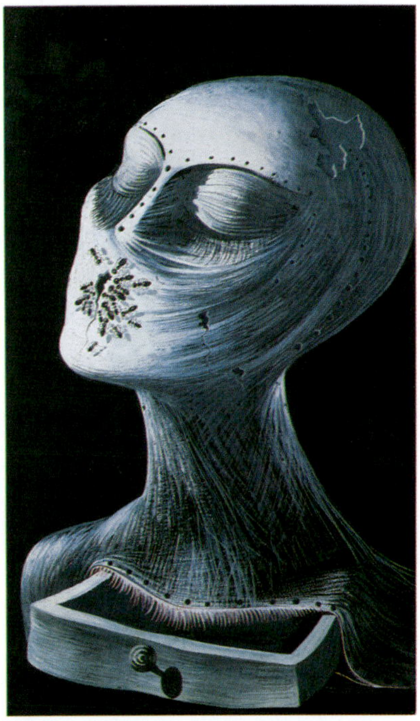

572

571 **Brandende giraffe**, 1936-1937 ❑
Girafe en feu

572 **Mierengezicht. Tekening voor het omslag van de catalogus voor de tentoonstelling in de Alex Reid en Lefevre Gallery in Londen**, 1936 △
Visage aux Fourmis

Zwaarwegender in Bretons ogen is Dalí's politieke keuze. Ze is verrassend, schandaleus en compromitterend voor de surrealisten, die niet begrijpen dat Dalí van nature de voorkeur geeft aan staatsvormen die vasthouden aan een elite, aan hiërarchische ordeningen, aan ceremoniën en openbare plechtigheden; regimes die rituelen, liturgieën, pracht en praal en zelfs eerder pronkerige dan slagvaardige legers in stand houden. Natuurlijk hebben monarchieën –en helaas ook totalitaire regimes– een veel pompeuzere uitstraling dan democratieën. Dalí wil dat het Surrealisme iets wonderbaarlijks uitstraalt en accepteert het prozaïsche en sobere van de politiek niet. Hij roept luid en duidelijk dat politiek hem niet interesseert. Ze verliest zich in anekdotes en is erbarmelijk en zelfs bedreigend. Hij verdiept zich grondig in de geschiedenis van de religies, in het bijzonder in die van het katholicisme, dat hij steeds meer als een "volmaakt bouwwerk" beschouwt. "Zeer rijke mensen hebben me altijd geïmponeerd", bekent hij de surrealisten; "zeer arme mensen, zoals de vissers van Port Lligat, hebben me op dezelfde manier geïmponeerd; normale mensen helemaal niet." Hij betreurt het echter dat zich rond de surrealisten juist dat soort mensen verzamelen, "een hele fauna aan doorgedraaide, ongewassen kleinburgerlijken. Ik meed ze als de pest... De mensen van de society zag ik elke dag en bijna elke avond. De meeste mannen van de society straalden geen intelligentie uit, hun vrouwen daarentegen droegen juwelen die zo hard waren als mijn hart, parfumeerden zich extravagant en hielden van muziek, die ik verfoeide. Ik bleef altijd de naïeve, gehaaide Catalaanse boer, in wiens lichaam een koning zetelt. Ik was aanmatigend en kon me niet losmaken van het ansichtkaartachtige beeld waarin een naakte dame uit de betere kringen, beladen met juwelen en met een dure hoed op, zich voor mijn smerige voeten in het stof werpt. Dat was mijn vurigste wens!"

Je Hitler verkleed als vrouw voor te stellen, is zeker geen onschuldige gedachte, een 'hitleriaanse kinderjuffrouw' met een hakenkruis te schilderen evenmin. Dalí's surrealistische vrienden geloofden geen moment dat deze Hitler-manie geheel apolitiek kon zijn, dat in de schandalig dubbelzinnig vervrouwelijkte voorstelling van de Führer net zoveel zwarte humor stak als in die van Wilhelm Tell of Lenin. Ze houden hem voor dat Hitler in zijn werk uit deze periode juist hield van alles wat hij er aan "zwanen, eenzaamheid, grootheidswaan, wagnerianisme en Hiëronymus Bosch-heid" in had gelegd. "Ik werd gefascineerd door Hitlers weke en vlezige rug, die altijd zo strak in zijn uniform was gesnoerd", verdedigde Dalí zich. "Telkens wanneer ik de leren riem begon te schilderen, die vanaf zijn gordel schuin over zijn schouder liep, bracht de weekheid van dit door zijn uniformjas samengeperste Hitler-vlees mij in een smaak-, eet- en wagneriaanse extase die mijn hart hevig deed bonken, een hoogst zeldzame opwinding, die ik niet eens bij de liefdesdaad onderging."

Naar aanleiding van de reacties die hij losmaakt bij de surrealisten, die geen gevoel voor zijn "aangeboren contradictoire geest" hadden, eist Dalí van Breton dat hij de groep voor een buitengewone spoedzitting bijeenroept, waar dan "gediscussierd zal worden over de Hitler-mystiek vanuit het irrationele standpunt van Nietzsche en de antikatholieken". Hij hoopt Breton door het antikatholieke aspect te verleiden. "Bovendien zag ik in Hitler een echte masochist, die door het idée fixe was bezeten zich in een oorlog te storten om deze dan heroïsch te verlie-

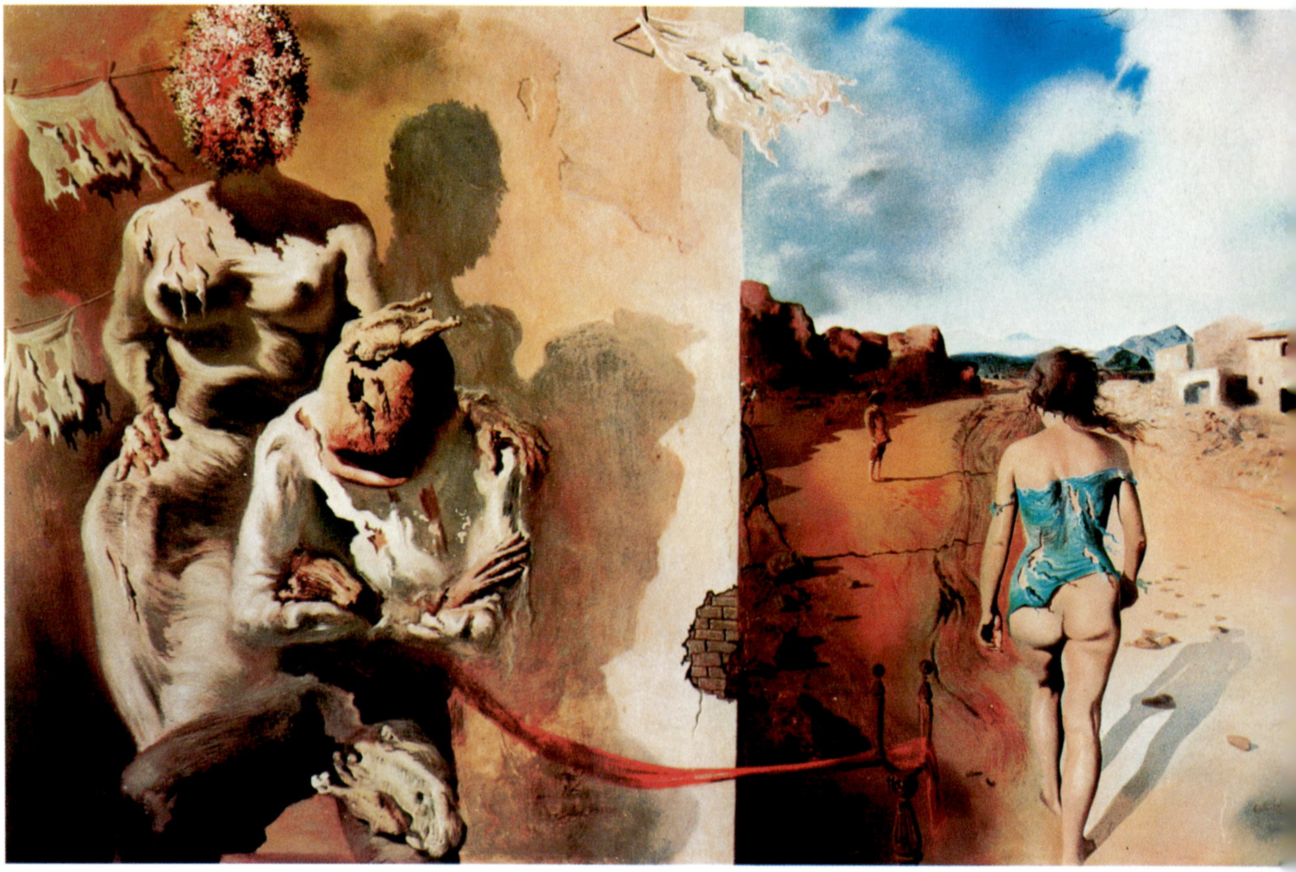

573

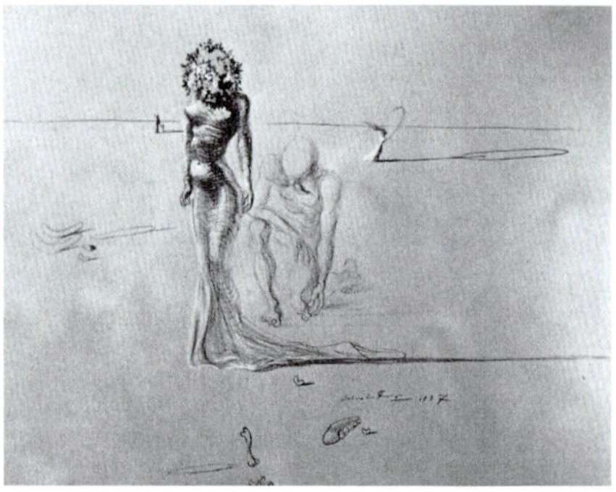

574

573 **De droom legt zijn hand op de schouder van een man**, 1936 ❑
Le rêve porte la main sur l'épaule d'un homme

574 **Zonder titel – Vrouw met bloemenhoofd**, 1937 △
Sans titre – Femme à la tête de fleur

zen. Kortom, hij verrichtte een van die 'actes gratuits' die toen in onze groep hoog in het vaandel stonden. De vasthoudendheid waarmee ik erop wees dat de Hitler-mystiek vanuit het surrealistische gezichtspunt moest worden gezien en de vasthoudendheid waarmee ik het sadistische aspect van het Surrealisme een religieuze betekenis wilde geven, leidde, versterkt door mijn methode van paranoïde-kritische analyse die het automatisme en het aan haar inherente narcisme dreigde te vernietigen, tot een reeks van onenigheden en soms ruzies met Breton en zijn vrienden. De laatsten werden overigens –op een voor de chef van de groep alarmerende wijze– tussen hem en mij heen en weer geslingerd."

In feite is het stadium van de meningsverschillen al voorbij; de surrealisten bleven, tegen Dalí's droomvoorstellingen in, trouw aan Breton, de leider met de ijzeren vuist en de onontkoombare bevelen. Toen hij door de groep ontboden werd, verscheen Dalí met een koortsthermometer in zijn mond, want hij voelde zich ziek. Blijkbaar door de griep geveld, had hij zich in een trui en een sjaal gewikkeld. Terwijl Breton zijn beschuldigingen tegen hem uit, controleert Dalí voortdurend zijn temperatuur. Als hij dan in de tegenaanval gaat, begint hij zich van het ene na het andere kledingstuk te ontdoen. Tijdens deze striptease leest hij een van tevoren geschreven pleidooi voor; hij vraagt zijn vrienden dringend te begrijpen dat zijn Hitler-obsessie strikt paranoïde en in wezen apolitiek is; dat hij geen nazi zou kunnen zijn, "want als Hitler Europa zou veroveren, zou hij overal met hysterici als ik afrekenen, die hij, zoals in Duitsland al is gebeurd, als 'Entartete' behandelde. Tenslotte was de vrouwelijke en onloochenbaar belachelijke rol die ik aan de persoon Hitler toekende voldoende geweest voor de nazi's om

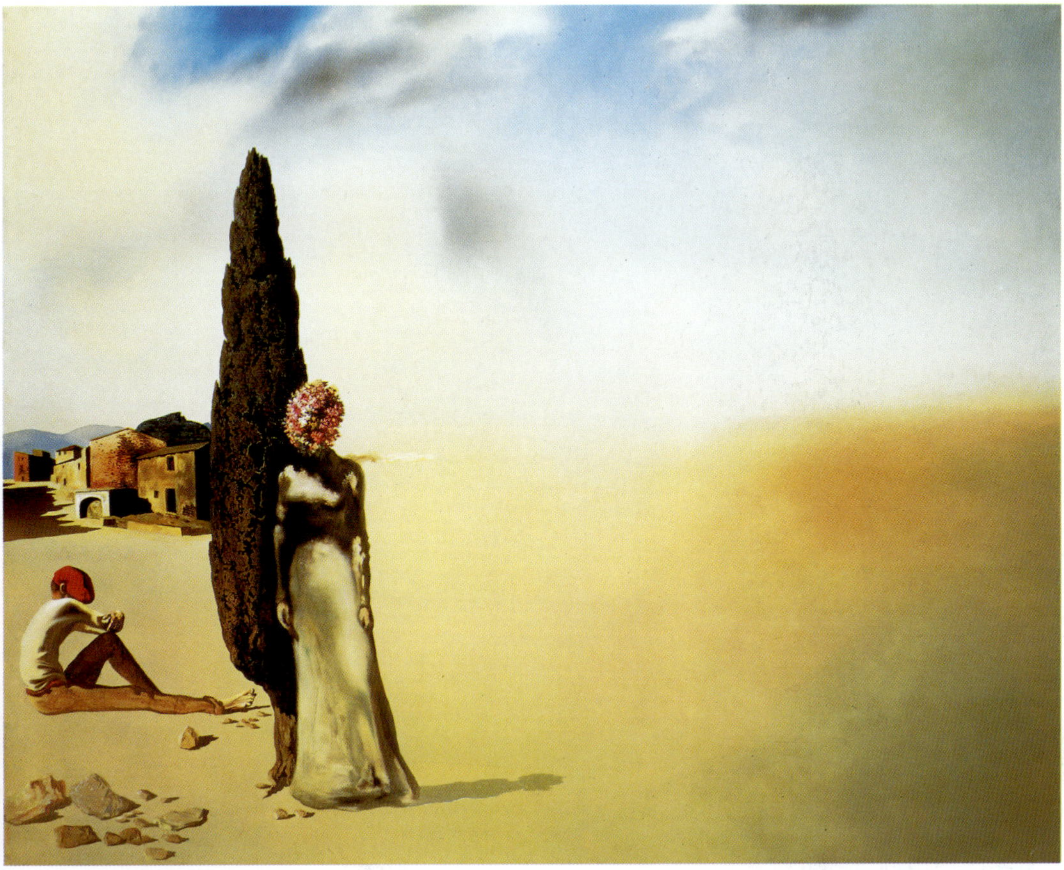

575

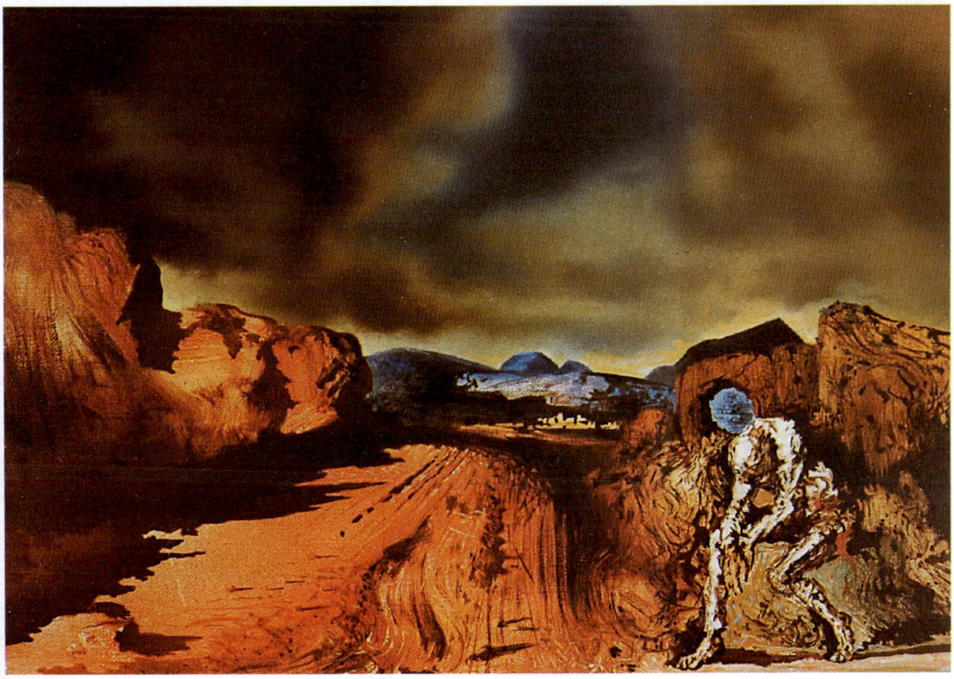

576

575 **Necrofiel voorjaar**, 1936 ❑
Printemps nécrophilique

576 **Man met het hoofd van een blauwe hortensia**, 1936 ❑
L'homme avec une tête d'hortensia bleu

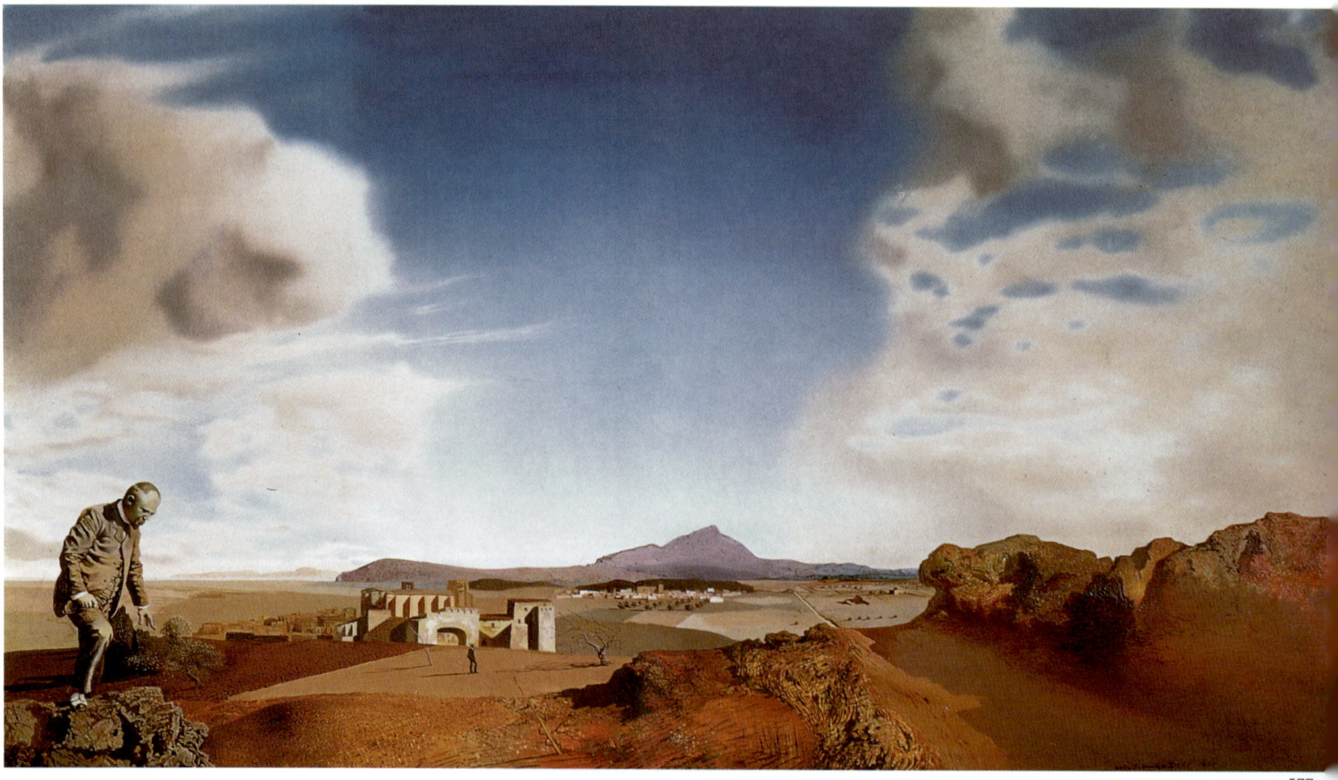

577

577 **De apotheker van Ampurdán, die absoluut niets zoekt**, 1936 ❑
Le pharmacien d'Ampurdán ne cherchant absolument rien

578 **Apotheker die uiterst voorzichtig de huid van een concertvleugel optilt**, 1936 ❑
Pharmacien soulevant avec une extrême précaution le couvercle d'un piano à queue (A Chemist lifting with Extreme Precaution the Cuticle of a Grand Piano)

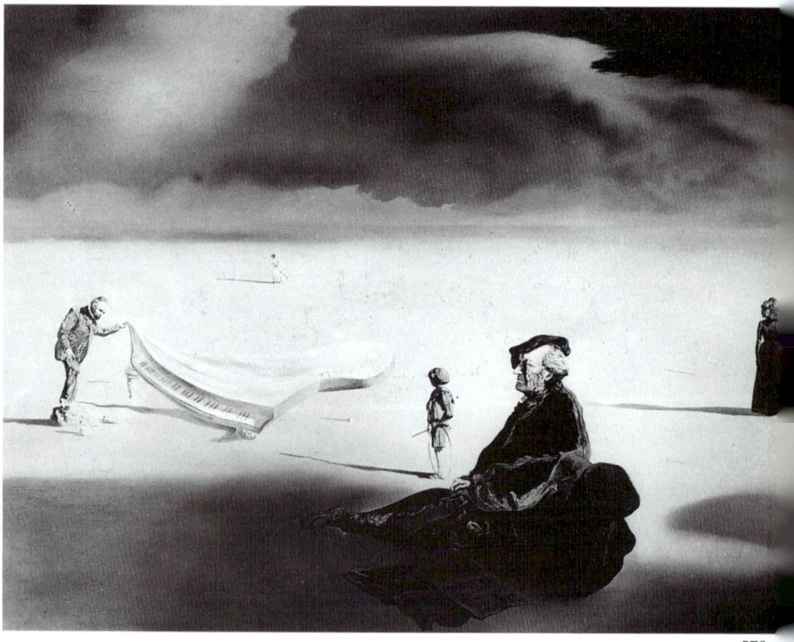

578

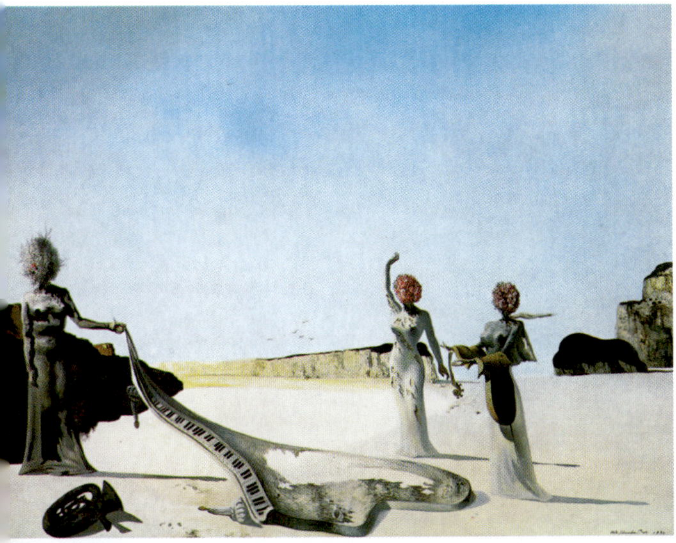

579

579 **Vrouwen met bloemenhoofden die aan het strand de huid van een concertvleugel vinden**, 1936 ❑
Femmes aux têtes de fleurs retrouvant sur la plage la dépouille d'un piano à queue

580 **Landschap met touwtjespringend meisje**, 1936 ❑
Paysage avec jeune fille sautant à la corde

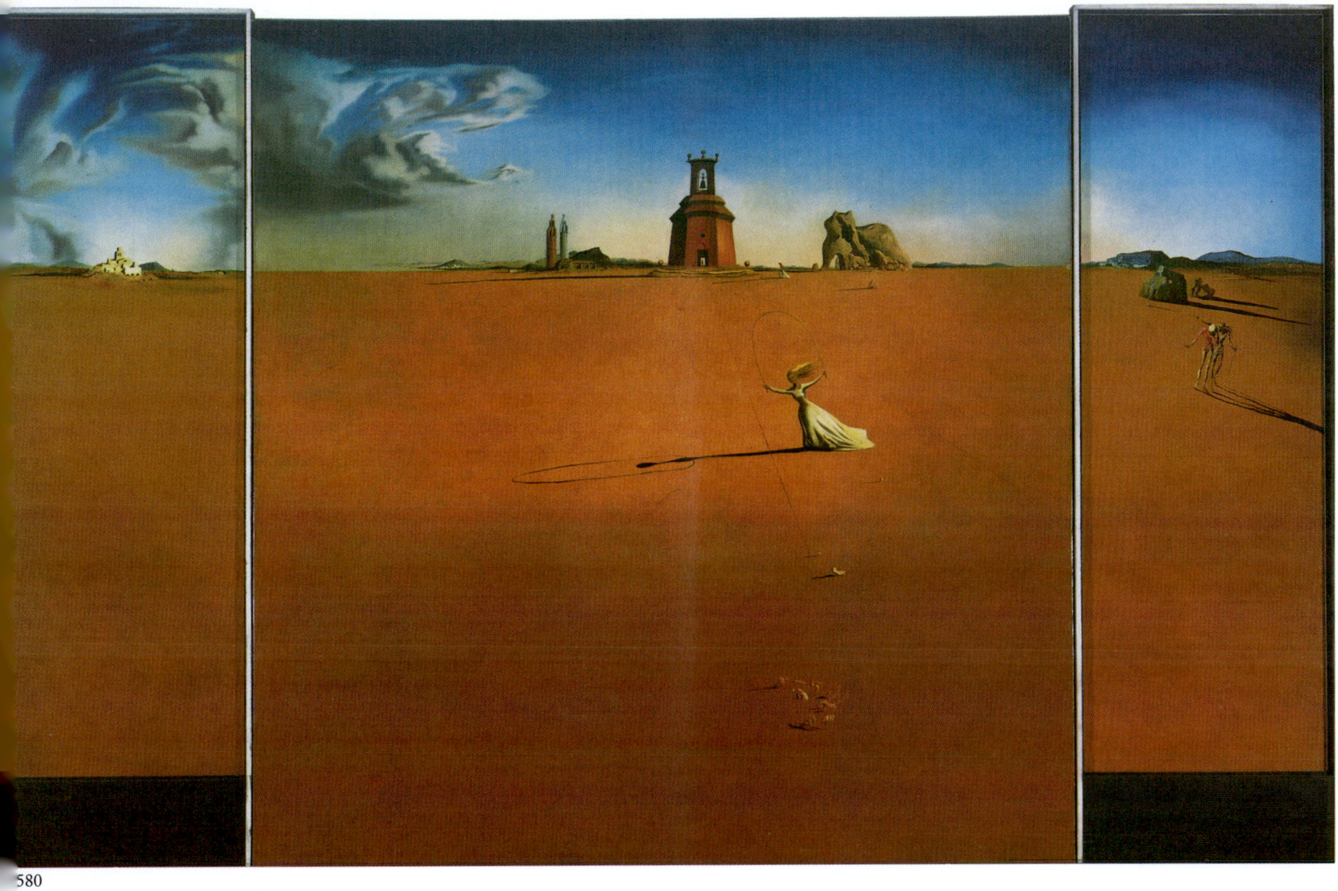

580

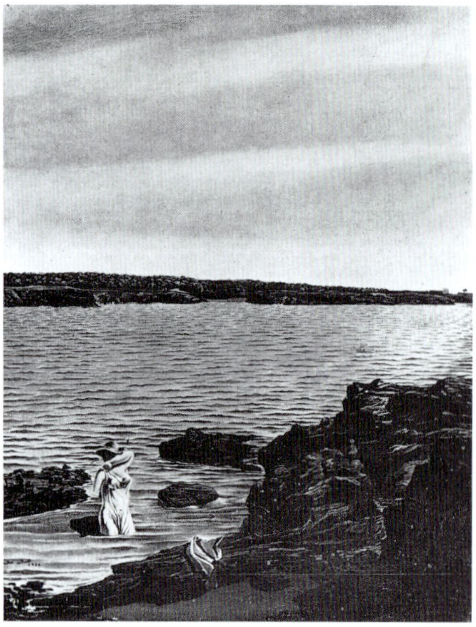

581

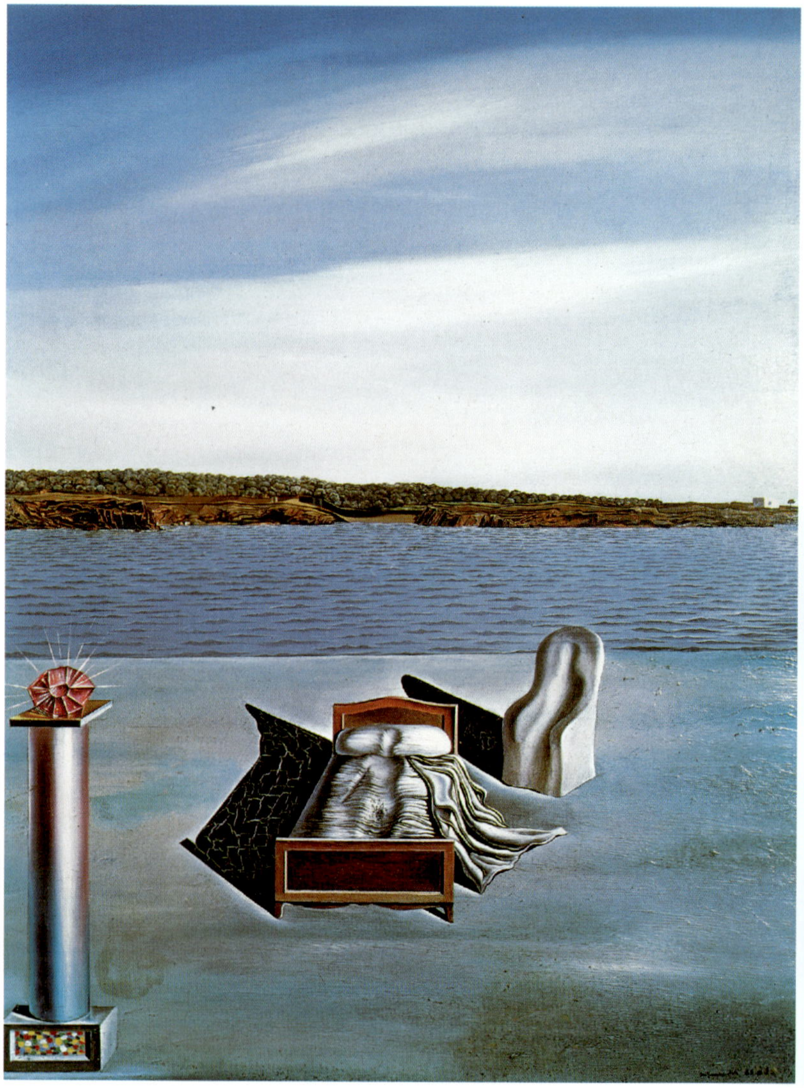

582

581 **Rotsen van Llané (eerste versie)**, 1926 ❑
Rochers du Llané

582 **Surrealistische compositie met onzichtbare figuren (tweede versie van 'Rotsen van Llané')**, rond 1936 ❑
Composition surréaliste avec personnages invisibles

583 **Morfologische echo**, 1936 ❑
Echo morphologique

584 **Strandtafereel (detailstudie)**, 1936 △
Beach Scene

mij als kunstschenner te brandmerken. Evenzo toonde mijn door het lot van Freud en Einstein –beiden door Hitler uit Duitsland verjaagd– nog verscherpte fanatisme heel duidelijk dat Hitler mij slechts interesseerde als object van mijn illusie en omdat hij mij een onvergelijkelijke catastrofale waarde leek te bezitten." Is het zijn schuld als hij droomt van Hitler of van het *Angelus* (blz. 213) van Millet? Als hij bij de passage komt waarin hij schrijft: "Nu heeft Hitler naar mijn mening dus vier teelballen en zes voorhuiden", roept Breton woedend: "Hoe lang wilt u ons nog met uw Hitler op onze zenuwen werken!" En Dalí antwoordt onder algemene hilariteit: "...als ik vannacht droom dat ik u van achteren neuk, zal ik morgen vroeg onze mooiste bijslaapstandjes met de grootst mogelijke rijkdom aan details schilderen." Breton verstart en mompelt woedend: "Dat zou ik je niet aanraden, beste vriend." Ook deze confrontatie bewijst weer eens de rivaliteit tussen beide mannen en hun krachtsverhouding: wie zou wie 'bezitten'?

Na deze gedenkwaardige bijeenkomst en een uitstel van executie wordt Dalí geïnformeerd over zijn uitsluiting. "Aangezien Dalí zich herhaaldelijk schuldig heeft gemaakt aan contrarevolutionaire handelingen, die ten doel hebben het Hitler-fascisme te verheerlijken, stellen ondergetekenden... voor om hem als fas-

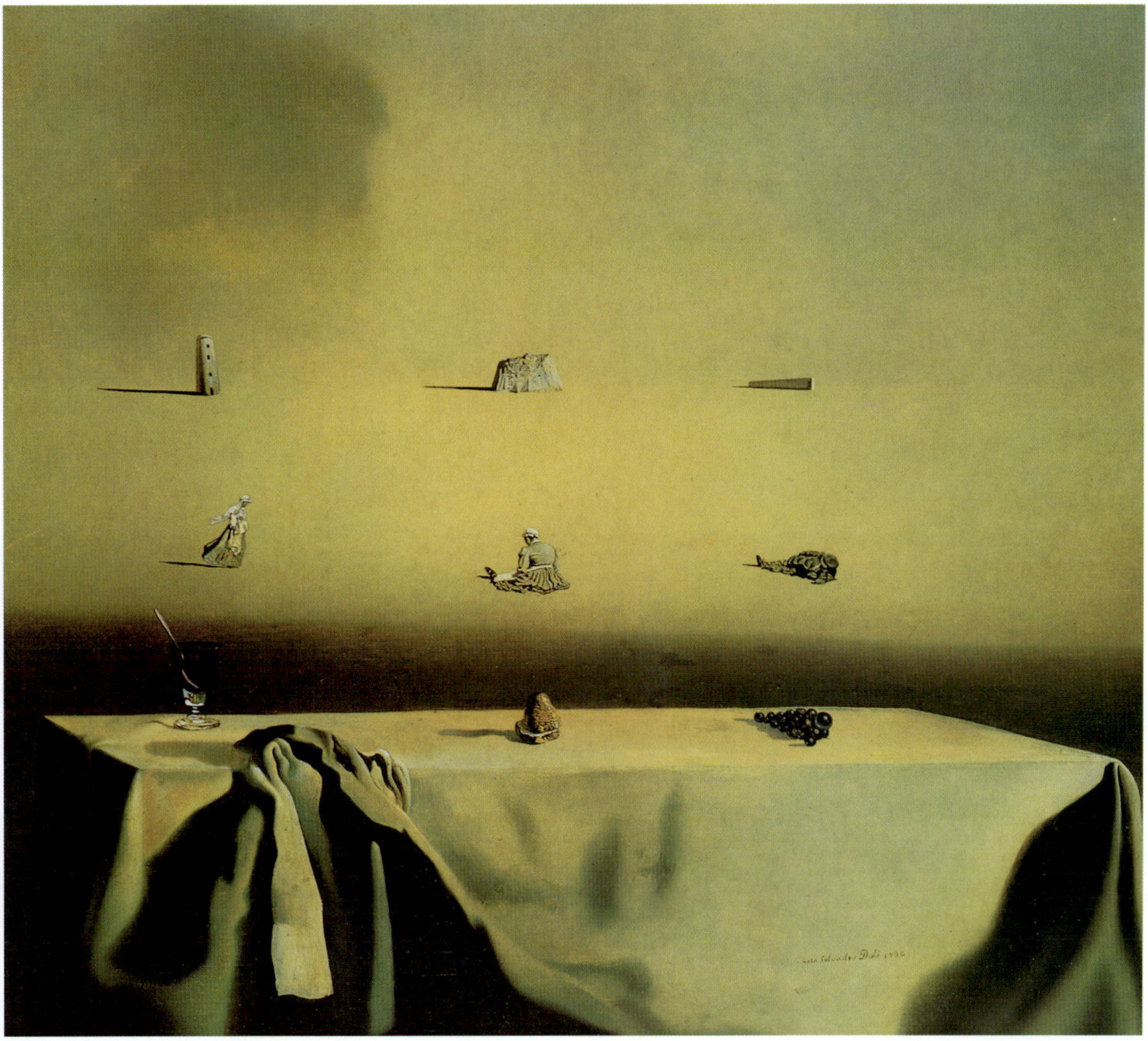

583

cistisch element uit het Surrealisme te stoten en hem met alle middelen te bestrijden." Na zijn uitstoting neemt Dalí nog steeds ongestoord deel aan de exposities van de surrealisten. De beweging is afhankelijk van zo'n briljante publiekstrekker en Breton wist dat. Zo verschijnt Dalí in 1936 in de New Burlington Galleries in Londen in een duikerspak om zijn lezing over de door zijn schilderkunst blootgelegde afgronden van het onderbewuste passend te illustreren. Als hij erin dreigt te stikken, scheurt men het pak open, forceert de helmsluiting en bevrijdt zo de kuchende Dalí. Het publiek applaudisseert enthousiast, overtuigd dat het gaat om de nieuwste, door de kunstenaar tot in detail geplande 'act'.

In Parijs neemt Dalí deel aan de surrealistenexpositie in de Galerie des Beaux-Arts. Meteen in de hal wordt de bezoeker al op de proef gesteld; Marcel Jean verhaalt in zijn 'Histoire du surréalisme': "Dalí exposeerde zijn werk *De regentaxi* (blz. 304), een stokoude, gammele auto, waarin door middel van een vernuftig buizensysteem een hevige regenbui op twee etalagepoppen neerdaalde, een chauffeur met haaiekop en op de achterbank een blondine met verwarde haren in avondjurk tussen kroppen sla en lof, waarover vette wijnbergslakken hun vochtige slijmsporen trokken."

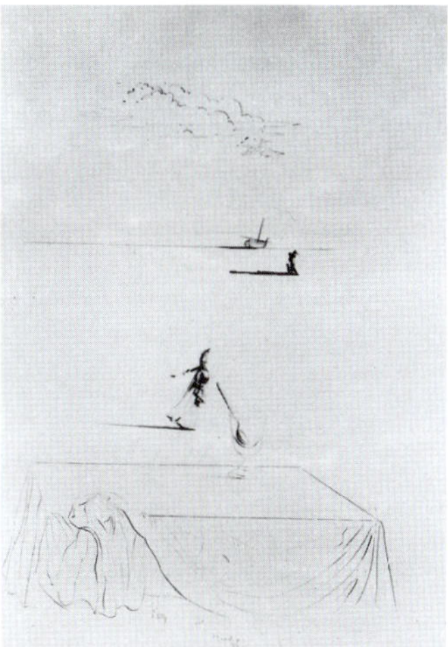

584

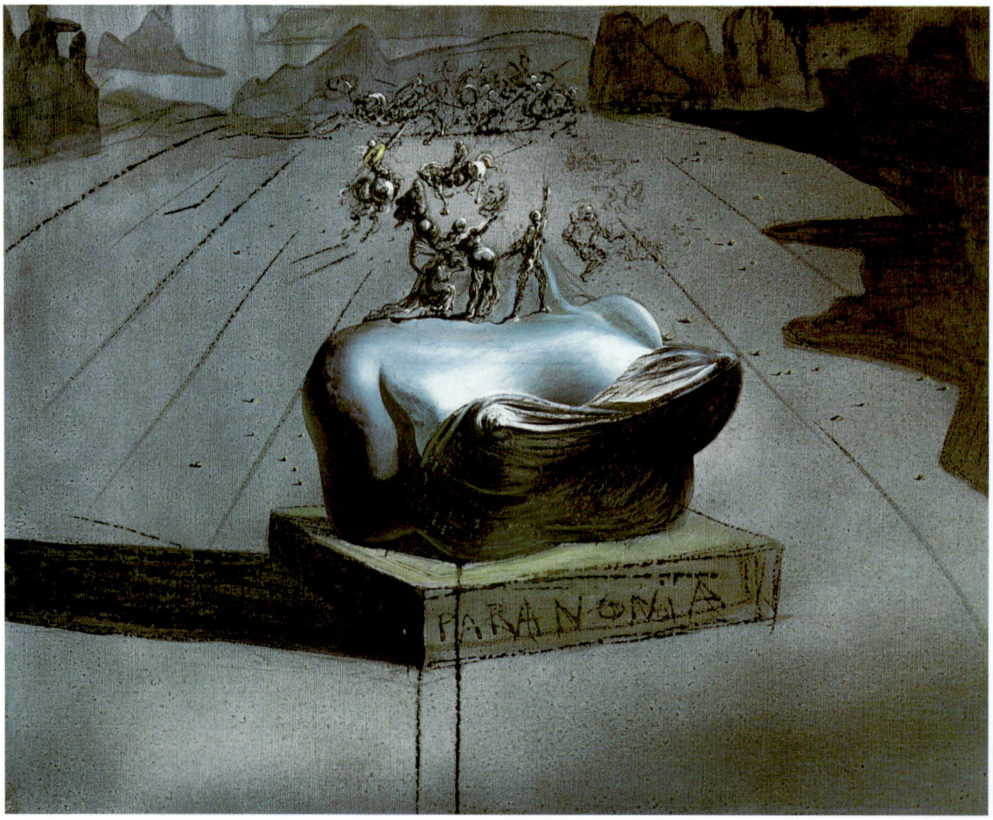

585

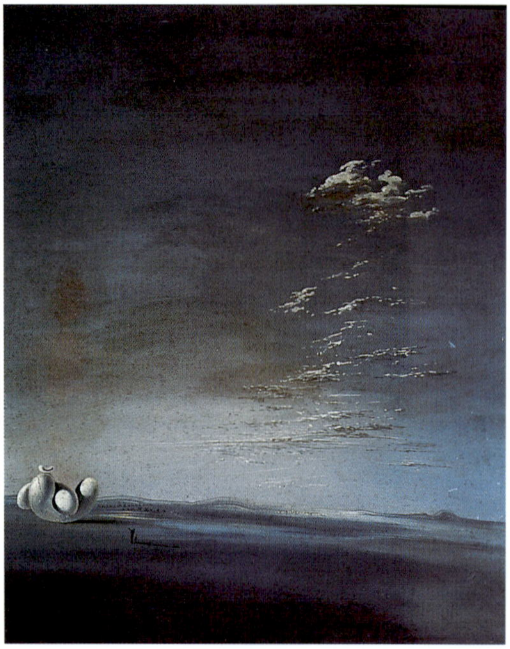

586

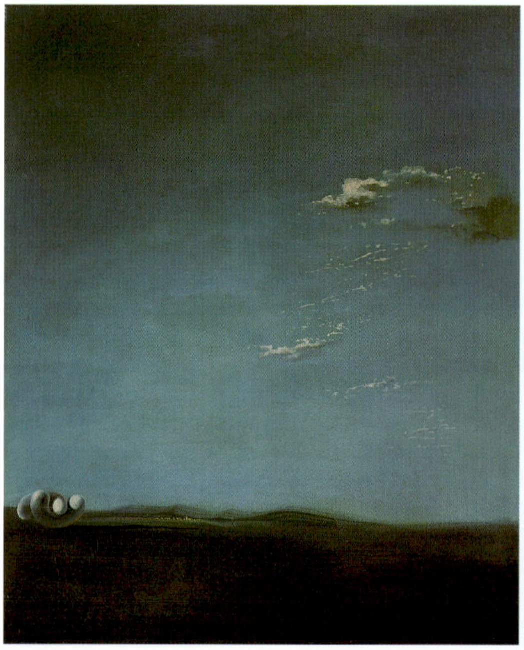

587

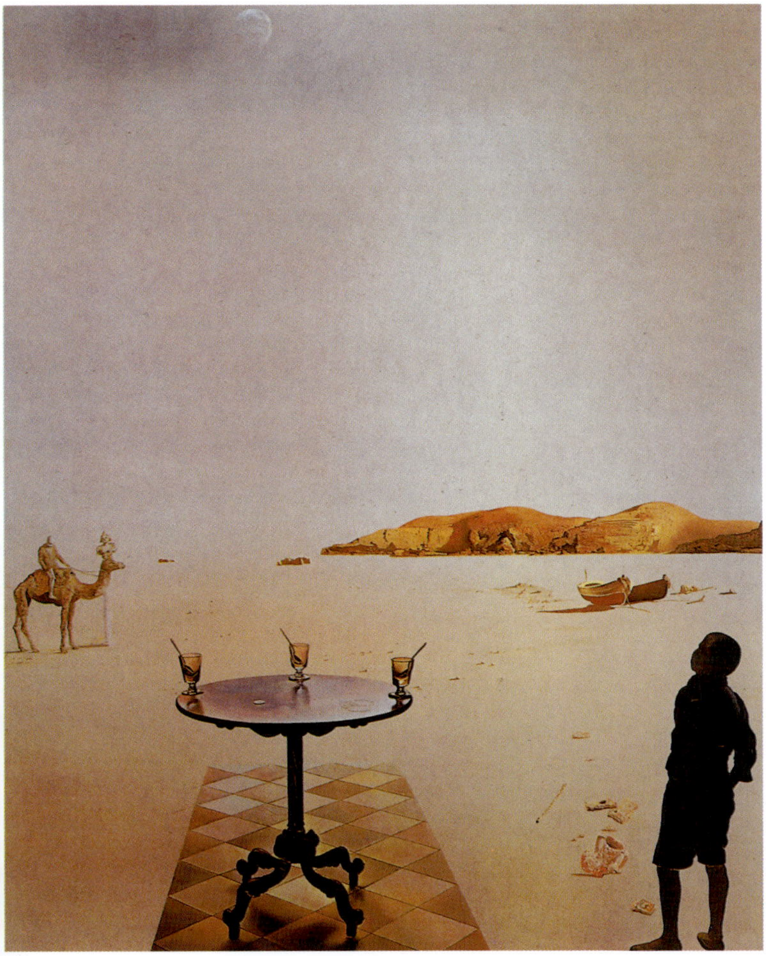

588

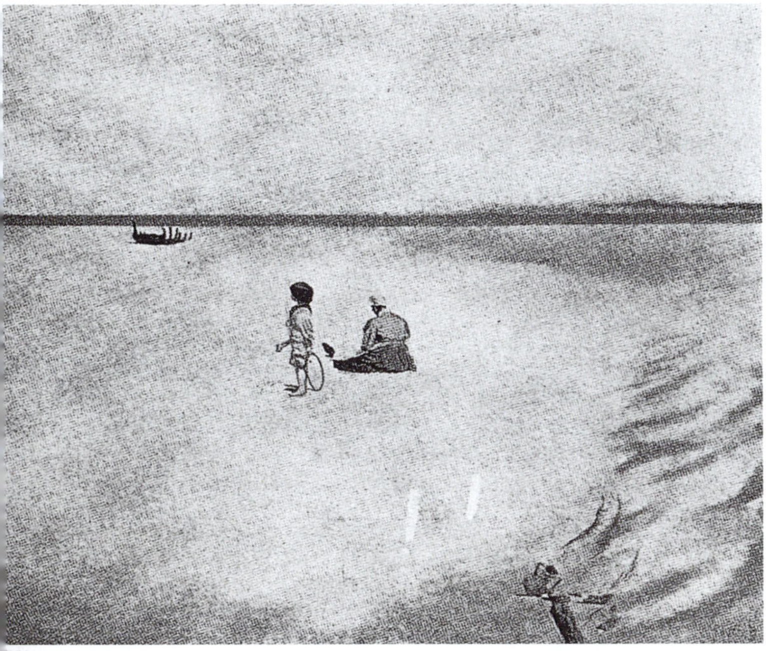

589

585 **Paranoia**, 1936 ❑
Paranoïa

586 **Yin en yang uit Ampurdán**, 1936 ❑
Yin et Yang ampurdanais

587 **Hypnagogisch monument**, 1936 ❑
Monument hypnagogique

588 **Zonnetafel**, 1936 ❑
Table solaire

589 **Zuiden (Middag)**, 1936 ❑
Midi

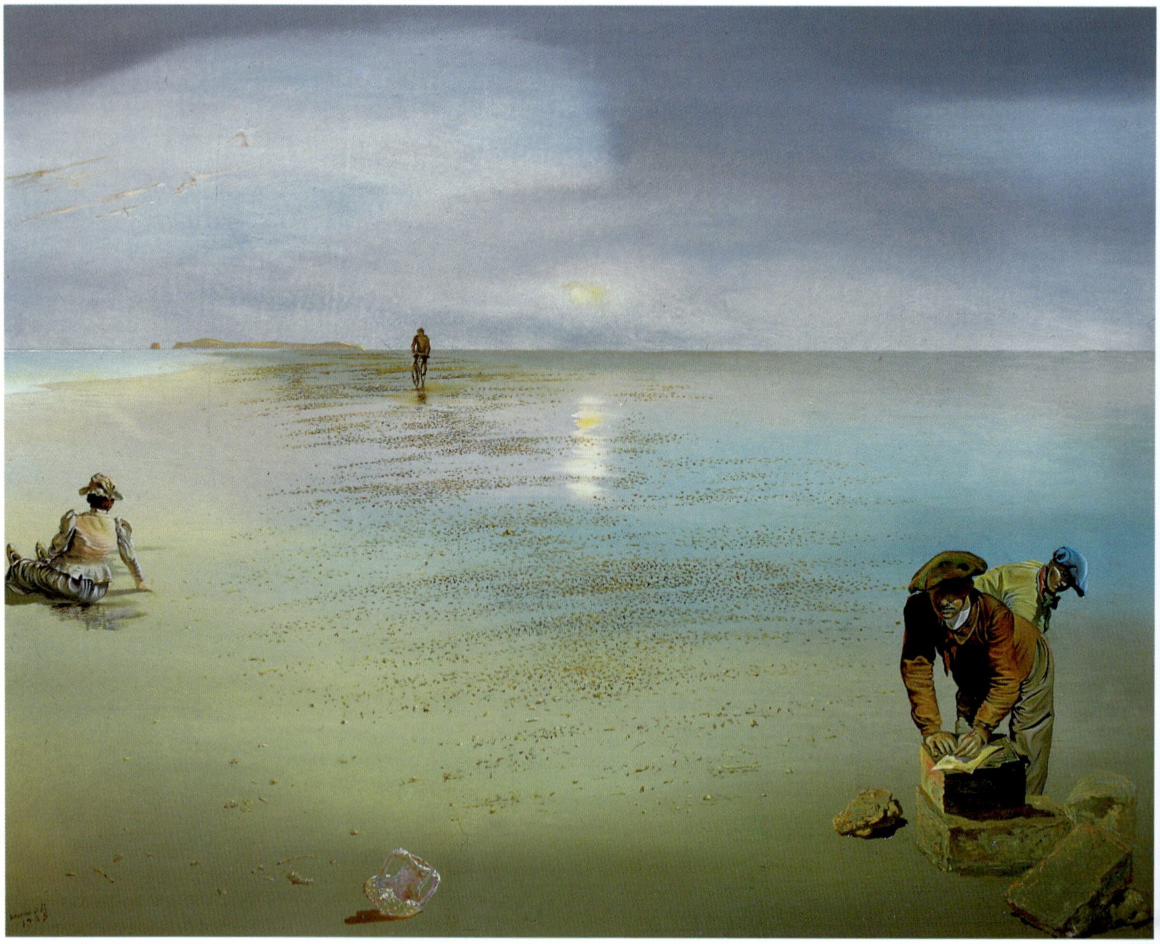

590

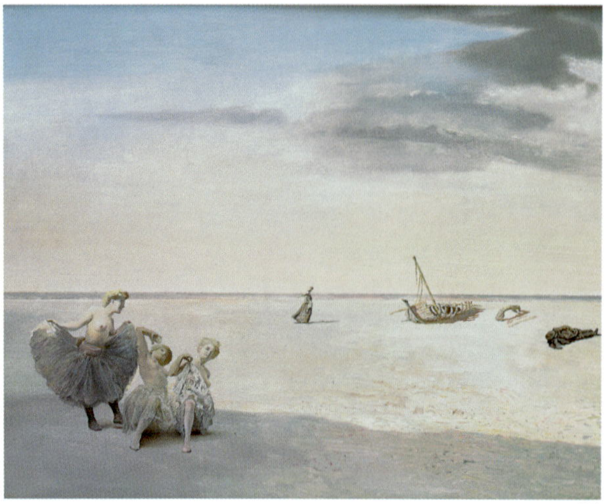

591

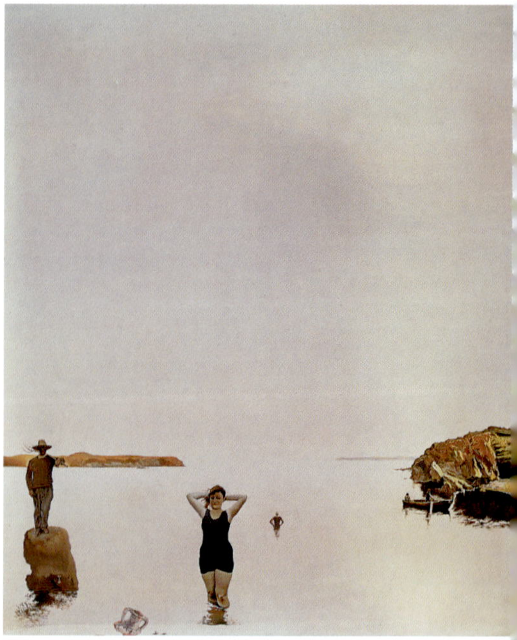

592

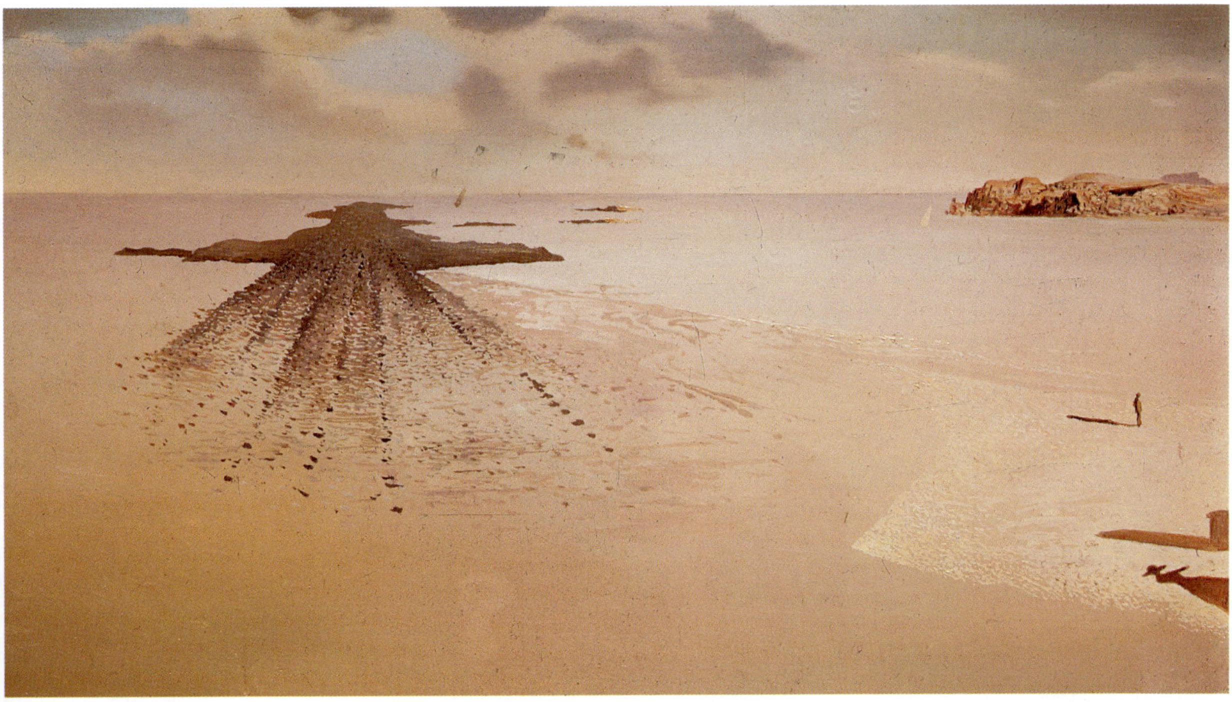

593

Dalí publiceert in die tijd een paar belangrijke teksten, met name het toonaangevende essay 'De verovering van het irrationele' (1935), dat gelijktijdig in New York en Parijs verschijnt (want hij heeft nu begrepen dat zijn weg naar de roem wel via Amerika móest lopen). Daarin beschrijft hij zijn zoektocht: "Heel mijn ambitie op het gebied van de schilderkunst bestaat daarin de voorstellingen van de concrete irrationaliteit met de heerszuchtigste nauwkeurigheid tastbaar te maken... voorstellingen die voorlopig noch door logische beschouwing noch door rationele mechanismen verklaarbaar of herleidbaar zijn." Hij benadrukt: "Paranoïde-kritische activiteit: een spontane methode die berust op de kritisch interpreterende associatie van illusoire fenomenen." Deze omvatten de systematische structuur in haar geheel en "objectiveren zich pas a posteriori door de inschakeling van de kritiek". De onbegrensde mogelijkheden van deze methode kunnen enkel en alleen uit 'dwanggedachten' voortkomen. Dalí besluit met een schijnbare pirouette, die in werkelijkheid een waarschuwing inhoudt die meer dan ooit de massaconsumptie met de atavistische honger naar het eetbare verbindt: deze hersenschimmen van het onbepaalbare verbergen niets anders dan "de alom bekende, bloedige en irrationeel gegrilde kotelet die ons allen zal verorberen." Juist deze kannibalistische kotelet zou de Amerikaanse stroming van de Pop-Art zich later eigen maken en de Coca-Colaflesjes en Campbell's soepblikken of onder plastic verborgen vrouwen van Andy Warhol, Allen Jones, Claes Oldenburg, Tom Wesselmann en anderen prijzen.

André Breton zelf moet toegeven dat Dalí met zijn paranoïde-kritische methode "het Surrealisme een instrument van de eerste orde" had verschaft. Zelfs André Thirion, die tot de harde, dogmatische kern behoorde, geeft toe: "Dalí's bijdrage aan het Surrealisme was voor het bestaan van de groep en de ontwikkeling van haar ideologie van groot belang. Wie het tegendeel heeft beweerd, heeft òf niet de waarheid gezegd òf niets begrepen. Het is ook niet waar dat Dalí in de jaren '50 geen groot schilder meer was, ook al was zijn bekering tot het katholicisme nogal weerzinwekkend... Ondanks alles stuit je telkens weer op een buitengewone tekening, een enorme vindingrijkheid, gevoel voor dramatiek en humor. Het Surrealisme heeft veel aan zijn werk te danken."

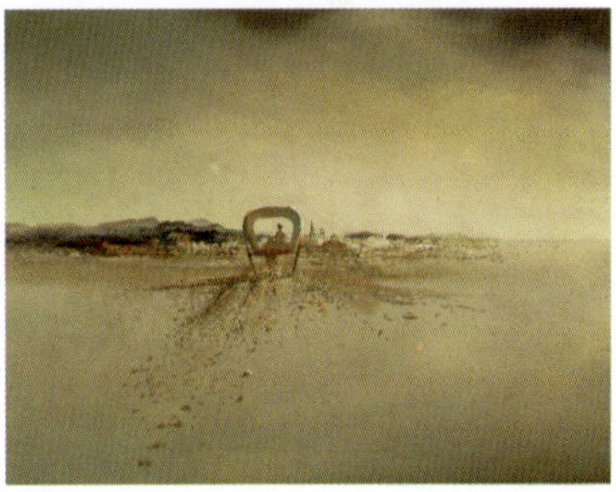

594

1935–1936

590 **Mediaal-paranoïde beeld**, 1935 ❑
Image médiumnique-paranoïaque

591 **De vergeten horizon**, 1936 ❑
L'horizon oublié

592 **Witte rust**, 1936 ❑
Le calme blanc

593 **Geologische gerechtigheid**, 1936 ❑
La justice géologique

594 **De spookkoets**, 1933 ❑
La charrette fantôme

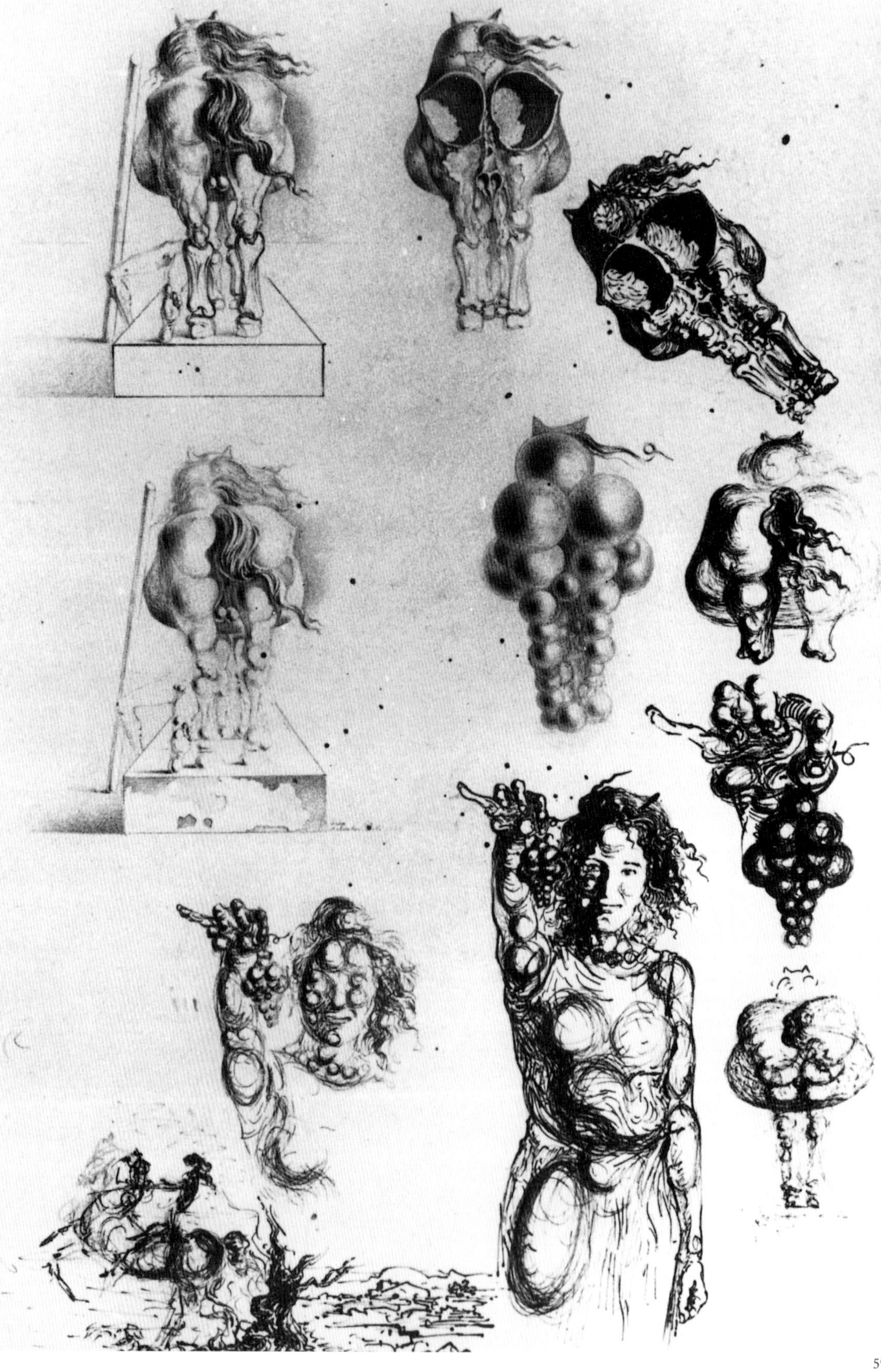

266

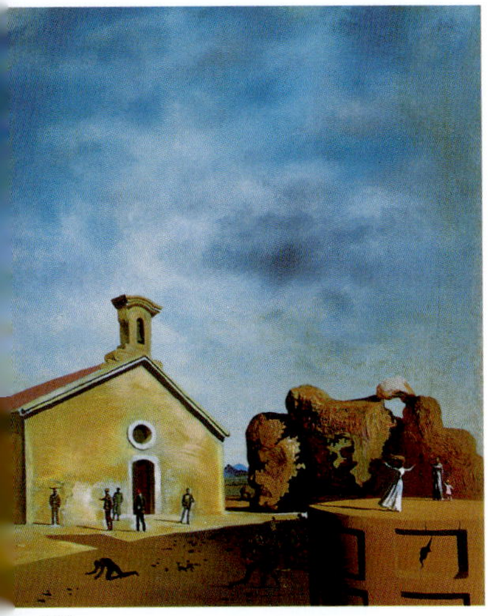
596

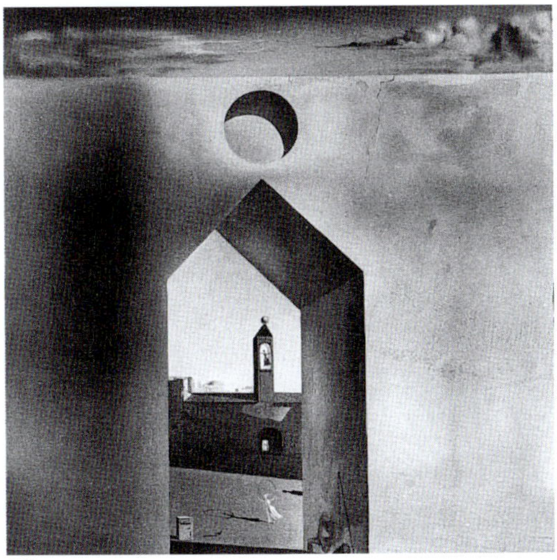
597

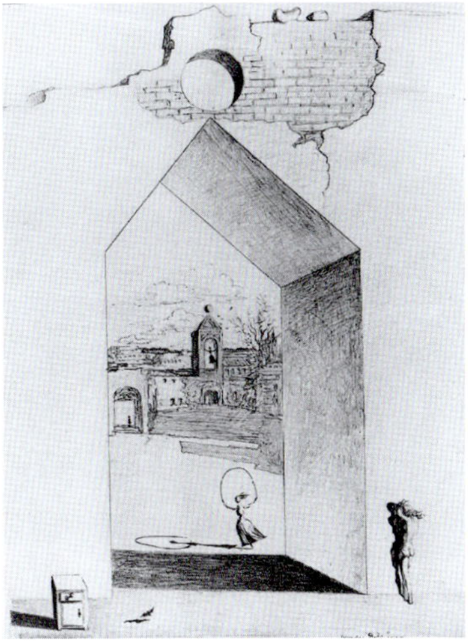
598

595 **Studie voor 'Buitenwijk van de paranoïde-kritische stad'**, 1935 △

596 **Brood op het hoofd van de verloren zoon**, 1936 ❑
Pain sur la tête du fils prodigue

597 **Nostalgische echo**, 1935 ❑
Echo nostalgique (Nostalgic Echo)

598 **Nostalgische echo**, 1935 △
Echo nostalgique (Nostalgic Echo)

599 **Buitenwijk van de paranoïde-kritische stad; namiddag aan de rand van de Europese geschiedenis**, 1936 ❑
Banlieue de la ville paranoïaque-critique: après-midi sur la lisière de l'histoire européenne

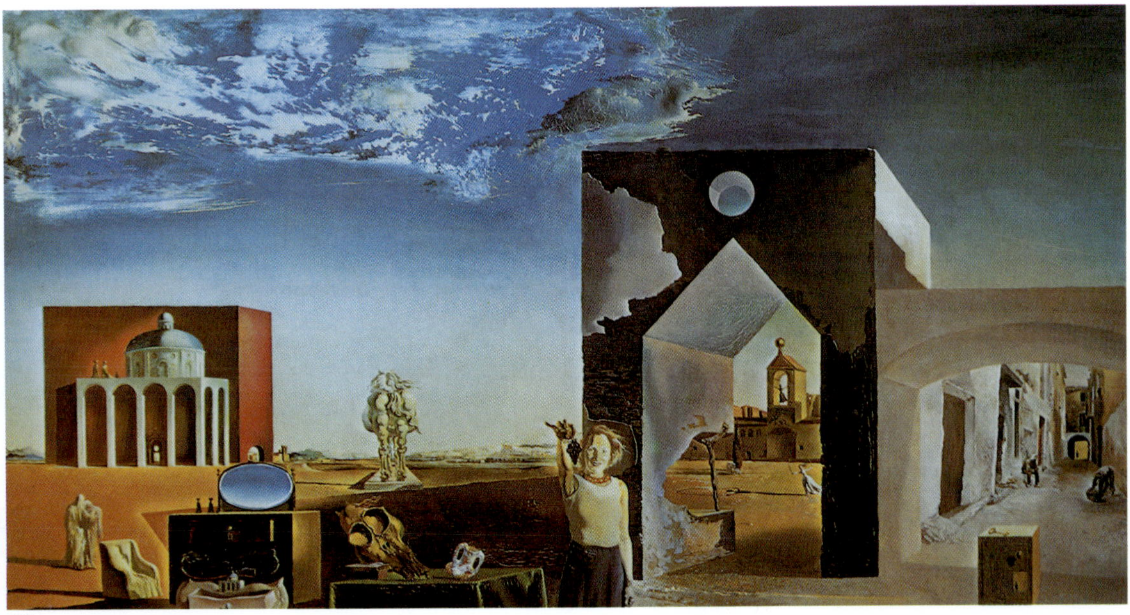
599

1936

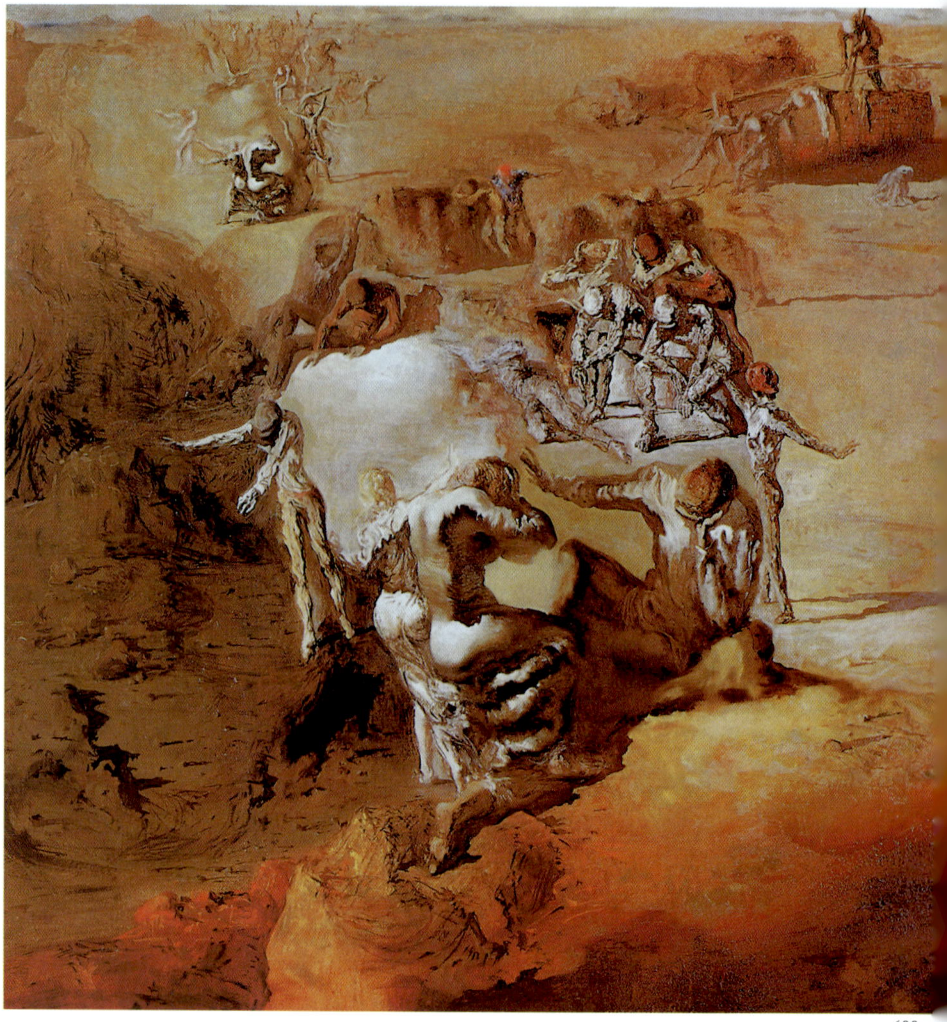

600

600 **De grote paranoicus**, 1936 ❑
Le grand paranoïaque

601 **Koerier in een palladiaans landschap**, 1936 △
Messager dans un paysage palladien

602 **Ruiterstudies**, 1936 △
Study of Horsemen – Etude de cavaliers

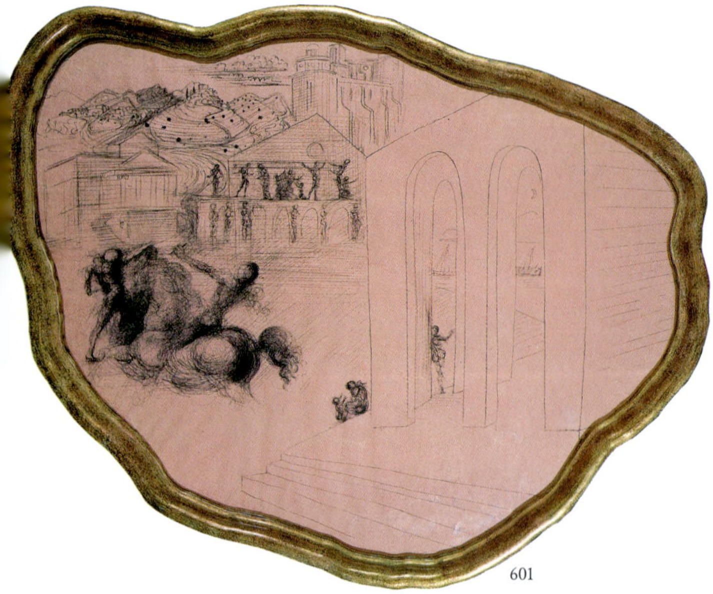

601

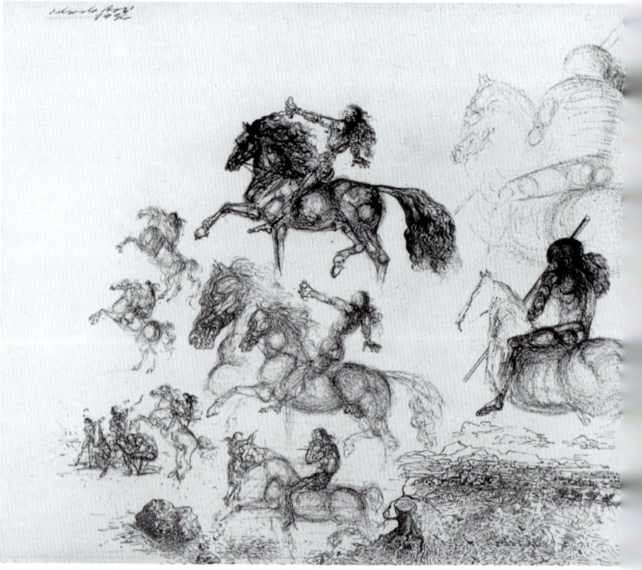

602

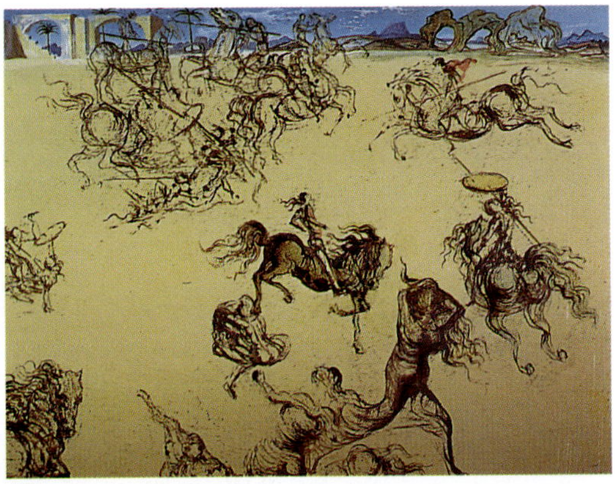

603

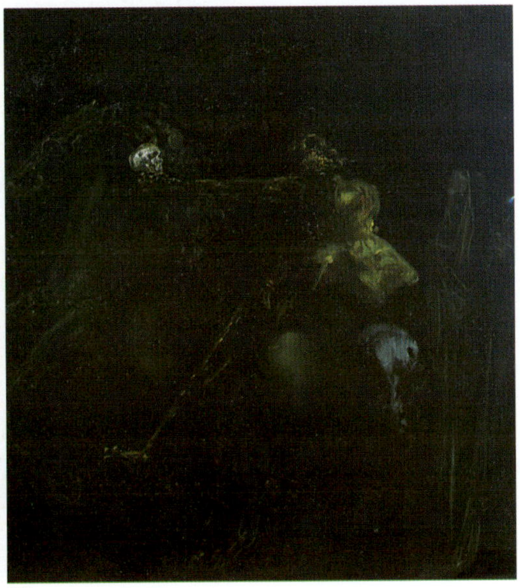

604

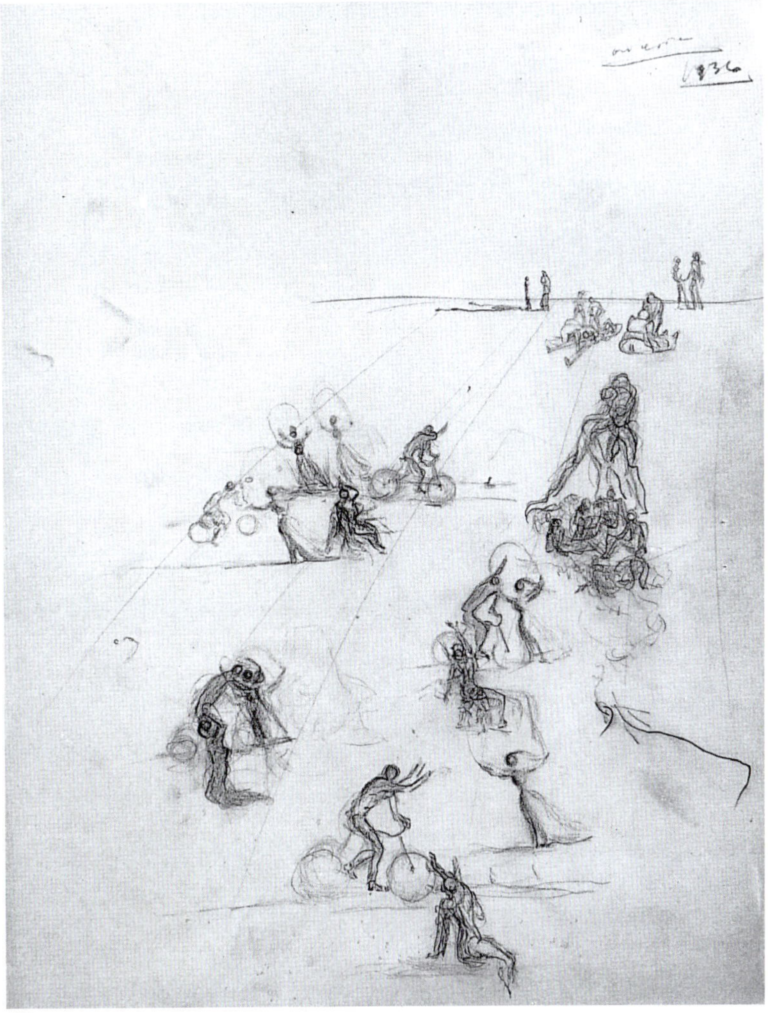

605

Minder nog dan zijn ongepaste verheerlijkende uitlatingen over Hitler kunnen Breton en de surrealisten het uitstaan dat hij steeds meer de lieveling van de snobs wordt. Die waarderen zijn voortdurende provocaties en zijn toenemend maniëristische en gedetailleerde schilderstijl, waarmee hij zich beroept op de 'pompiers' en hun meester Meissonier. Dalí kiest onaangedaan de kant van het geld, pronkt ermee en veracht de sociale revolutie.

Hij antwoordt een jongeman die hem net als zovelen vraagt naar het geheim van zijn succes: "Word een snob. Zoals ik... Voor mij was het snobisme, vooral ten tijde van het Surrealisme, een duidelijke strategie, omdat ik... de enige was die toegang tot de hogere kringen had en daar werd ontvangen. De overige surrealisten kenden dit milieu niet en werden er niet geaccepteerd. Ik kon in hun midden op elk moment opstaan en zeggen: 'Ik heb een uitnodiging' en door laten schemeren of het vermoeden achterlaten (de volgende dag wisten ze het en nog beter was het wanneer ze het van derden hoorden) dat het ging om een uitnodiging bij de familie Faucigny-Lucinge of bij mensen naar wie ze gluurden als naar een verboden vrucht, omdat zij niet werden uitgenodigd. Zodra ik was gearriveerd in de high-society, bediende ik mij van een andere, nadrukkelijker vorm van snobisme. Ik zei: 'Ik moet meteen na de koffie weer weg, naar de surrealisten', waarbij ik deed alsof de surrealisten veel ontoegankelijker waren dan de aristocratie, dan iedereen die zij kenden, omdat de surrealisten mij smaadbrieven

603 **Vrouwenhoofd in de vorm van een veldslag. Studie voor 'Spanje'**, 1936 ❑
Tête de femme ayant la forme d'une bataille

604 **De doodsruiter**, 1936 ❑
Le cavalier de la mort

605 **Onze liefde**, 1936 △
Our Love

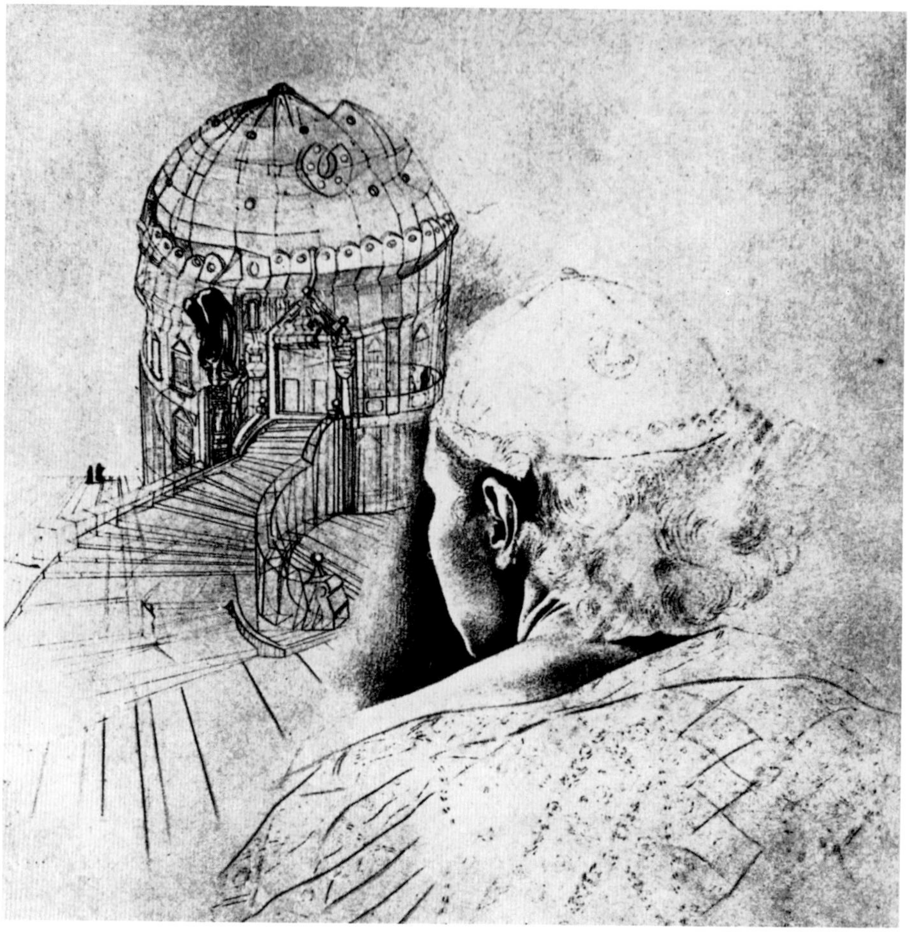

606

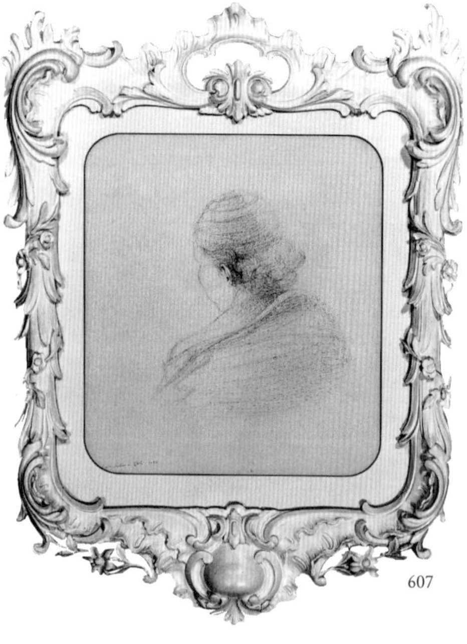

607

stuurden en vonden dat de society louter uit klootzakken bestond die niets, maar dan ook helemaal niets begrepen... Toentertijd bestond het snobisme daaruit, dat je kon zeggen: 'Zo, nu ga ik naar Place Blanche, daar vindt een belangrijke vergadering van de surrealisten plaats.' Dat maakte een enorme indruk. Aan de ene kant had ik de society, die zich er zeer beleefd over verbaasde dat ik daarheen ging waar ze zelf niet heen konden, aan de andere kant de surrealisten. Ik ging altijd daarheen waar de anderen niet heen konden gaan. Het snobisme bestaat uit het zich steeds naar plaatsen begeven die voor anderen afgesloten zijn, wat juist bij deze anderen een gevoel van minderwaardigheid oproept. Er is voor alle menselijke verhoudingen een methode om de situatie volledig te beheersen. Dat was mijn politiek tegenover het Surrealisme."

Dalí heeft het steeds weer over de waanbeelden uit zijn jeugd, of het nu de vlezige rug van Hitler betreft of die van zijn kinderjuffrouw, ook al gebruikt hij daarbij alle speciaal voor de gelegenheid bedachte 'trucs' om een schandaal te veroorzaken. *De ontwenning van de meubel-voeding* (blz. 226), waarop de kinderjuffrouw met een raam in haar rug, gesteund door een kruk, naast een nachtkastje is afgebeeld, is de aanleiding voor een interview met de kunstenaar; de journalist schrijft: " ...het publiek dat zeker een psychoanalytische, als u wilt pornografische verhandeling over het nachtkastje had verwacht, heeft recht op een lyrisch –vanzelfsprekend surrealistisch– gedicht dat ermee eindigt dat het nachtkastje wordt verklaard met de ontwikkeling van de ruimtevoorstelling in de fysica, van Euclides tot Einstein, via Newton. Die uitleg is natuurlijk doorspekt met onbeschoftheden en scatologische toespelingen..." Voor Dalí geldt heel algemeen: waarom

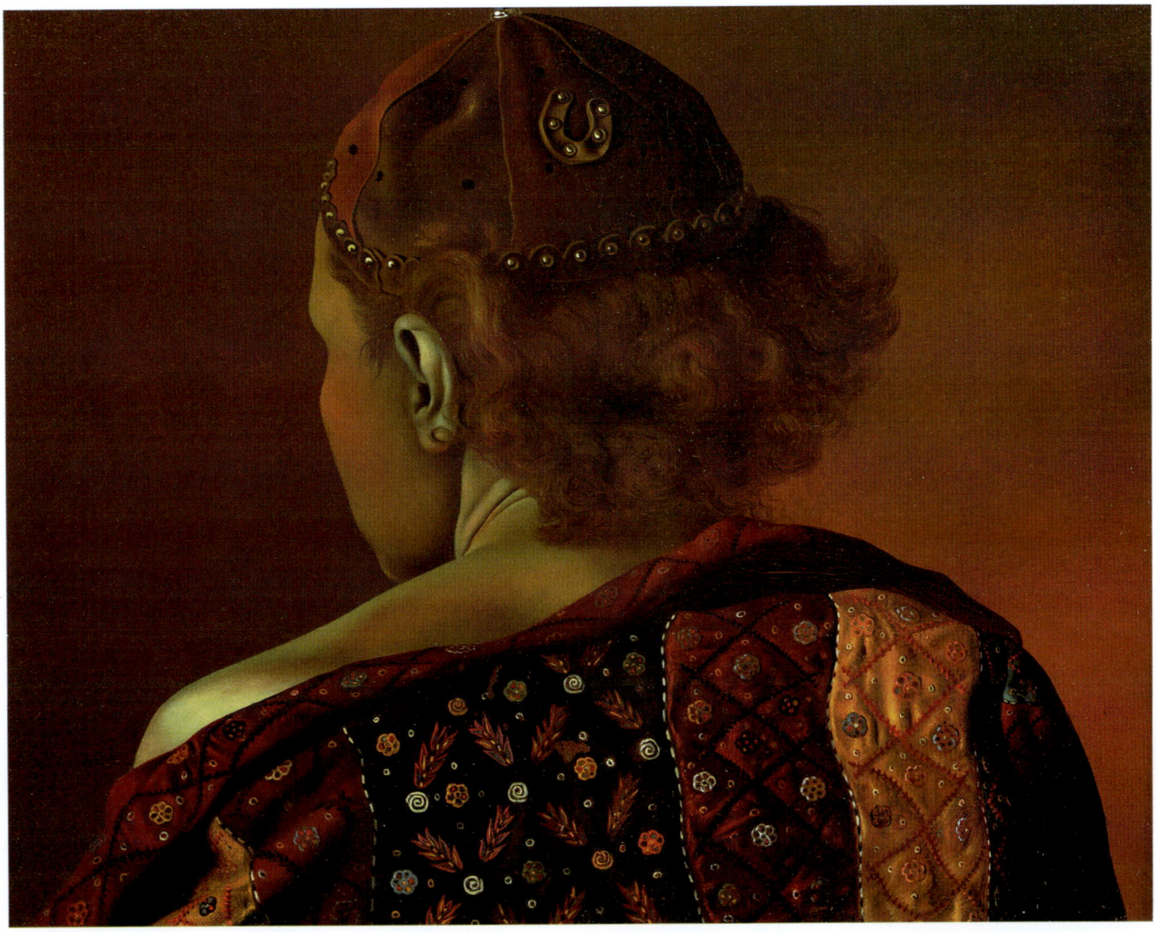

608

eenvoudig als het ook ingewikkeld kan? En boven elke verklaring zweeft de schaduw van Gala. Kindertijd, wetenschappelijke of filosofische theorieën, landschappen van Cadaqués, transcendentale liefde voor zijn vrouw, alles komt bij elkaar: "... Ik moet mijn hoofd steunen op de brede rug van de kinderjuffrouw, de leuning van mijn lust. Ik druk me vaster en vaster tegen de rug van de kinderjuffrouw, wier ademhaling me doet denken aan de verlaten stranden van Cadaqués. Ik heb nog maar één wens: dat de nacht valt! En snel! In het donker zou ik me niet meer schamen, ik zou Galutschka kunnen aankijken zonder dat ze ziet hoe rood ik word. Maar elke keer als ik mijn blik op haar richt, merk ik dat ze me doordringend aankijkt. Zo doordringend dat de rug van de stevige kinderjuffrouw steeds smaller wordt, alsof daar echt een raam was opengegaan, dat me onbarmhartig blootstelt aan die verzengende blik. Het waanidee wordt zo overtuigend dat ik al gauw echt een raam in de rug van de kinderjuffrouw zie. Maar het raam kijkt niet uit op een mensenmassa en Galutschka, maar op een weids, leeg strand dat in het melancholieke licht van een ondergaande zon baadt."

De grootste intellectuele en artistieke oprechtheid van Dalí bestaat waarschijnlijk hieruit dat hij nooit esthetische en gemaniëreerde gymnastiek heeft bedreven om de wanhopigste en vreemdste elementen in zijn doeken te kunnen opnemen. *Zonnetafel* is er een goed voorbeeld van. Als Dalí dat doek schildert, weet hij niet waarom hij een kameel verbindt met de andere elementen uit Cadaqués. Pas later ontdekt hij dat zijn doek een voorgevoel bevat; namelijk als hij het pakje Camel-sigaretten ziet, dat hij aan de voeten van het silhouet van de jongeman –waarschijnlijk hij zelf– heeft neergelegd om het vreemde en indringende effect

606 **Studie voor 'Geodetisch portret van Gala'**, 1936 △

607 **Gala's hoofd – Op de rug gezien**, 1936 △
Tête de Gala – Vue de dos

608 **Geodetisch portret van Gala**, 1936 ❑
Portrait géodésique de Gala

1936

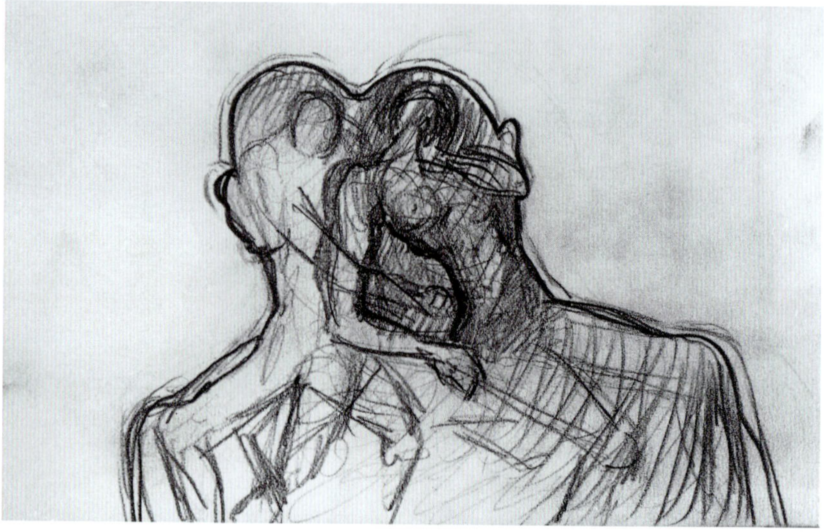

611

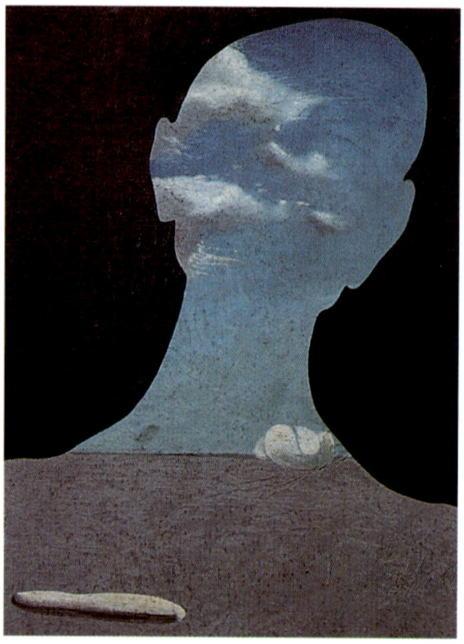

609

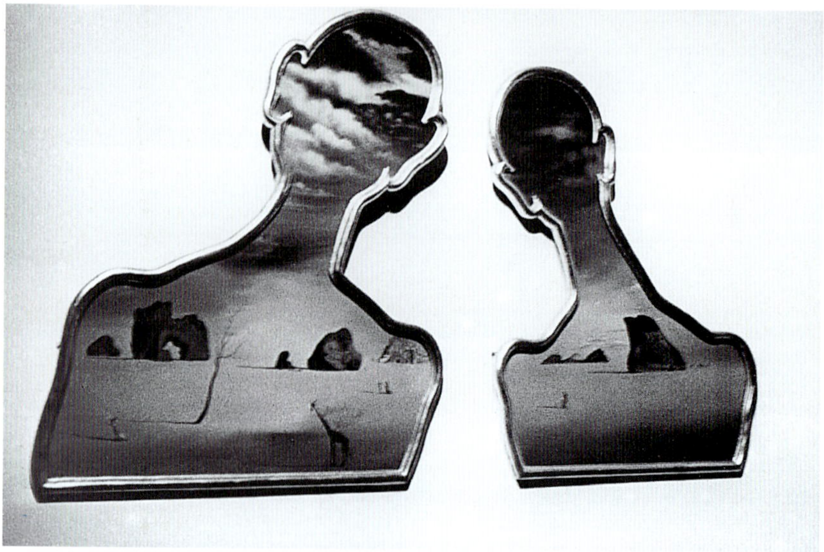

612

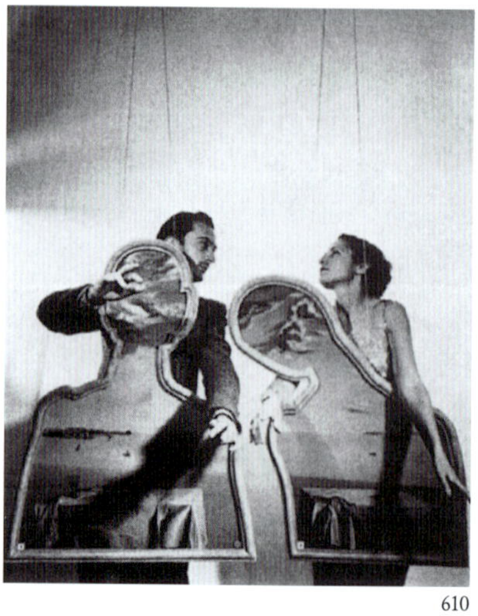

610

609 **Man met zijn hoofd vol wolken,** 1936 ❑
Homme à la tête pleine de nuages

610 **Gala en Dalí spelen met hun doek 'Paar met hun hoofd vol wolken'. Foto: Cecil Beaton,** 1936 ✰

611 **Studie voor 'Paar met hun hoofd vol wolken' (detail),** 1936 △

612 **Paar met hun hoofd vol wolken,** 1936 ❑
Couple aux têtes pleines de nuages

613 **Paar met hun hoofd vol wolken,** 1936 ❑
Couple aux têtes pleines de nuages

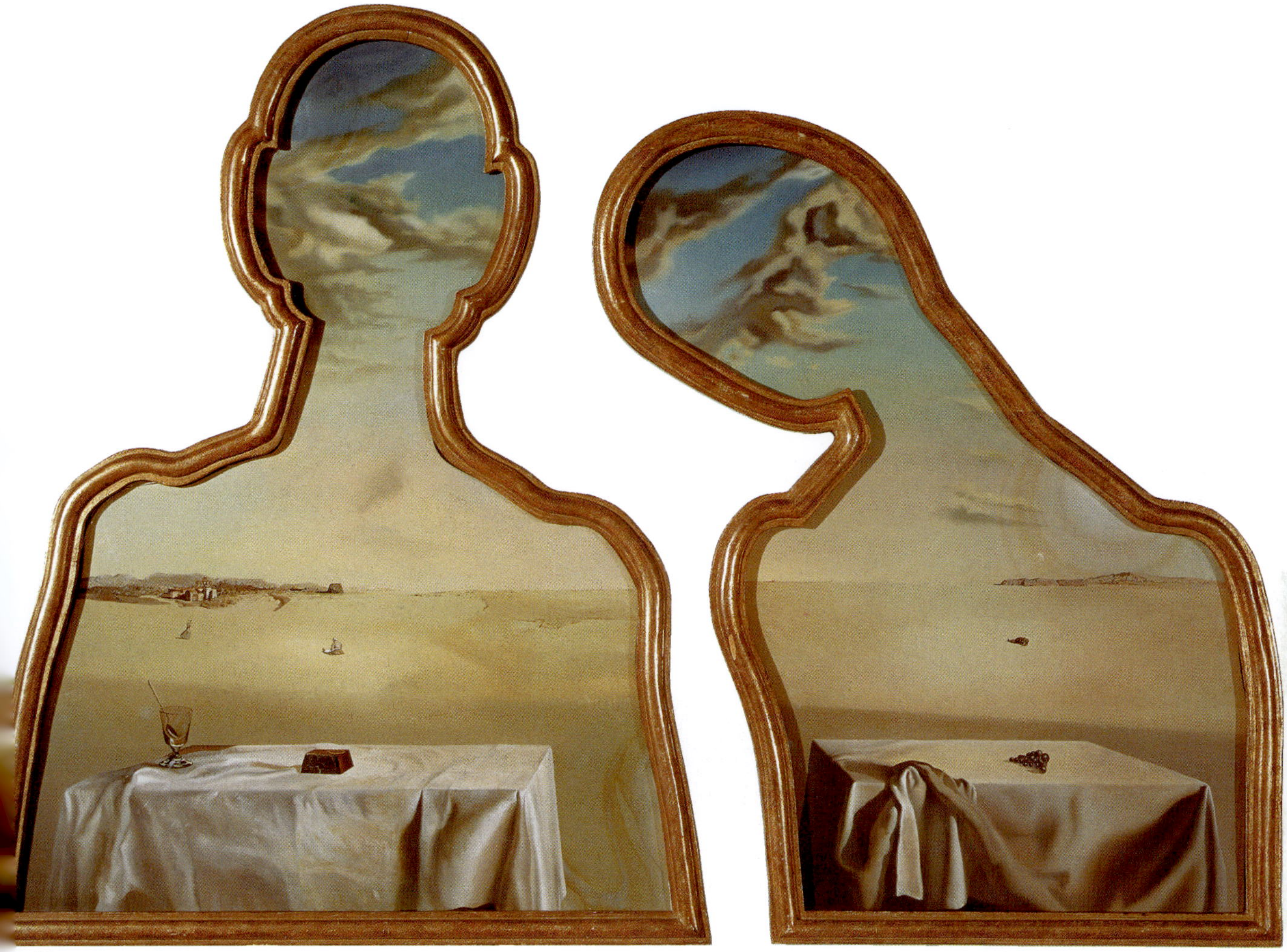

613

van een kameel met alle magische aspecten waarvan hij het dier heeft voorzien, te versterken. Later zal Dalí in zijn boek 'Tien recepten voor de onsterfelijkheid' schrijven dat je "als je een kameel door een elektronenmicroscoop bekijkt, kunt bewijzen dat hij veel minder precies is dan een wolk". En is het dan niet het privilege van de dichter "er een kameel bij te halen" als hij zich verveelt, zoals Henri Michaux deed?

614 **Dalí op het omslag van 'Time', nummer van 14 december 1936. Foto: Man Ray** ✰

615 **Afrodisisch colbert**, rond 1936 ❍
Veston aphrodisiaque

616 **Tentoonstelling van een surrealistisch object bij Charles Ratton, mei 1936, rechts: 'Afrodisisch colbert' van Dalí**, 1936 ✰

617 **Enkele van de extravagante, op Dalí geïnspireerde hoeden voor Elsa Schiaparelli uit 1936: kotelet-hoed, inktpot-hoed, schoen-hoed** ✰

618 **Kreeft-telefoon**, 1936 ❍
Téléphone-homard

619 **Gala met de schoen-hoed van Elsa Schiaparelli, naar een ontwerp van Dalí**, 1936 ✰

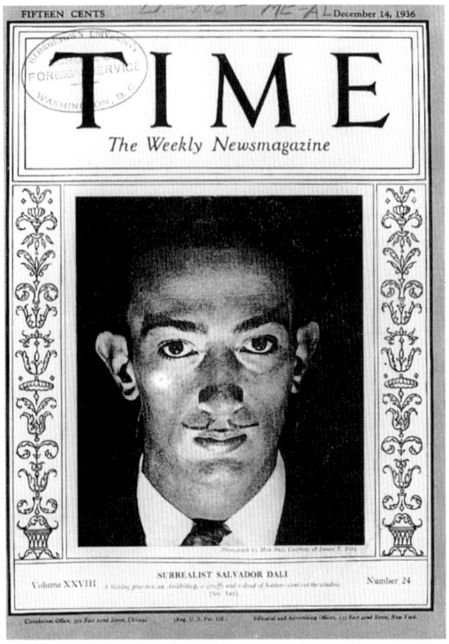

614

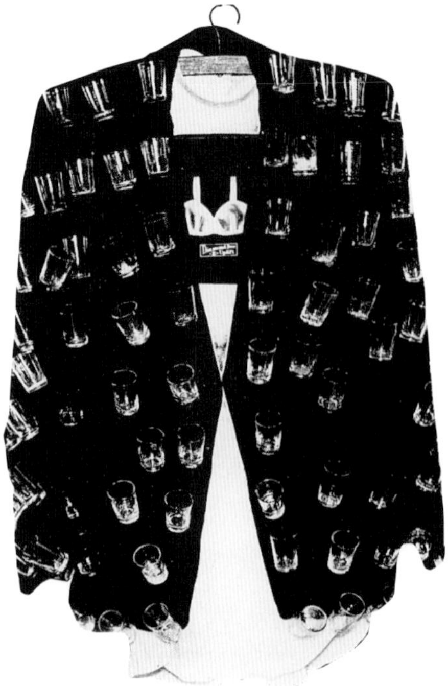

615

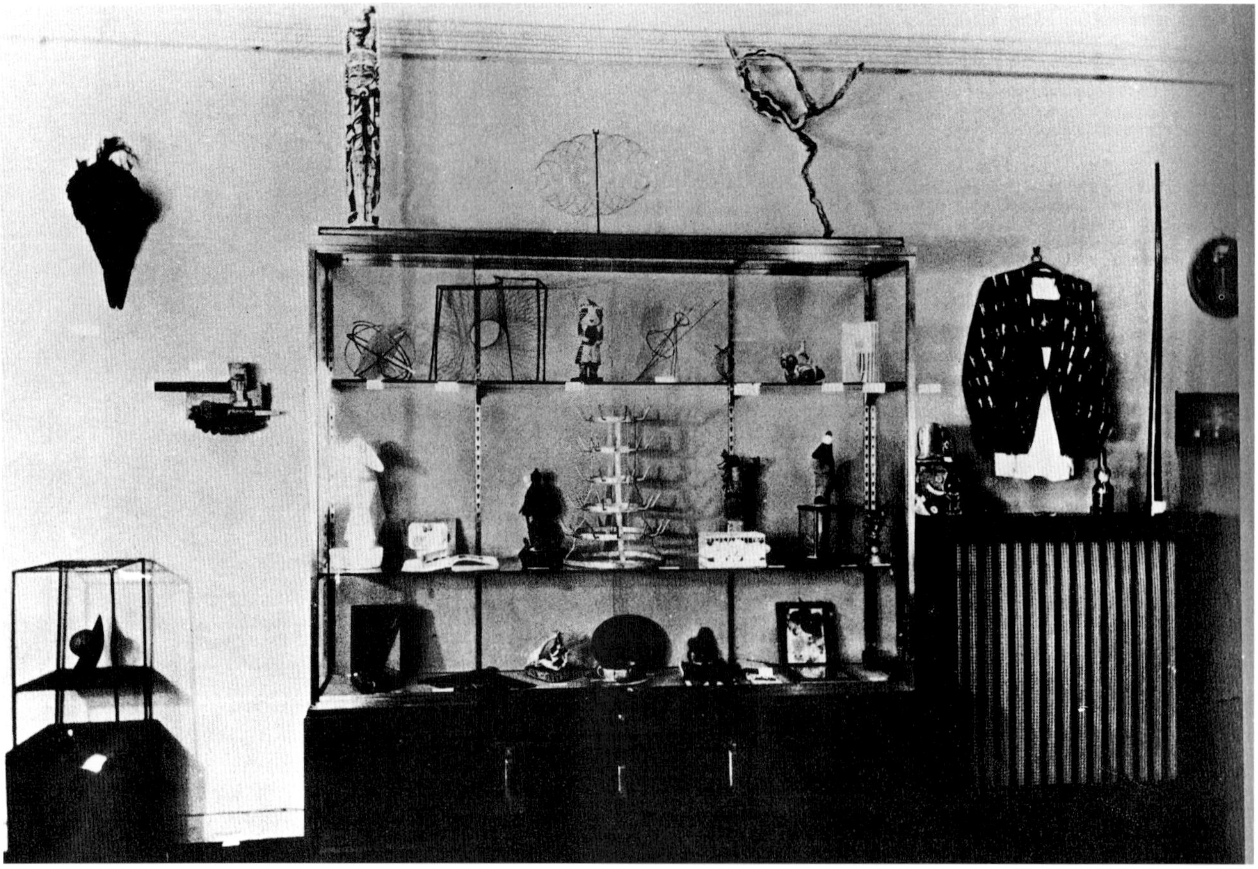

616

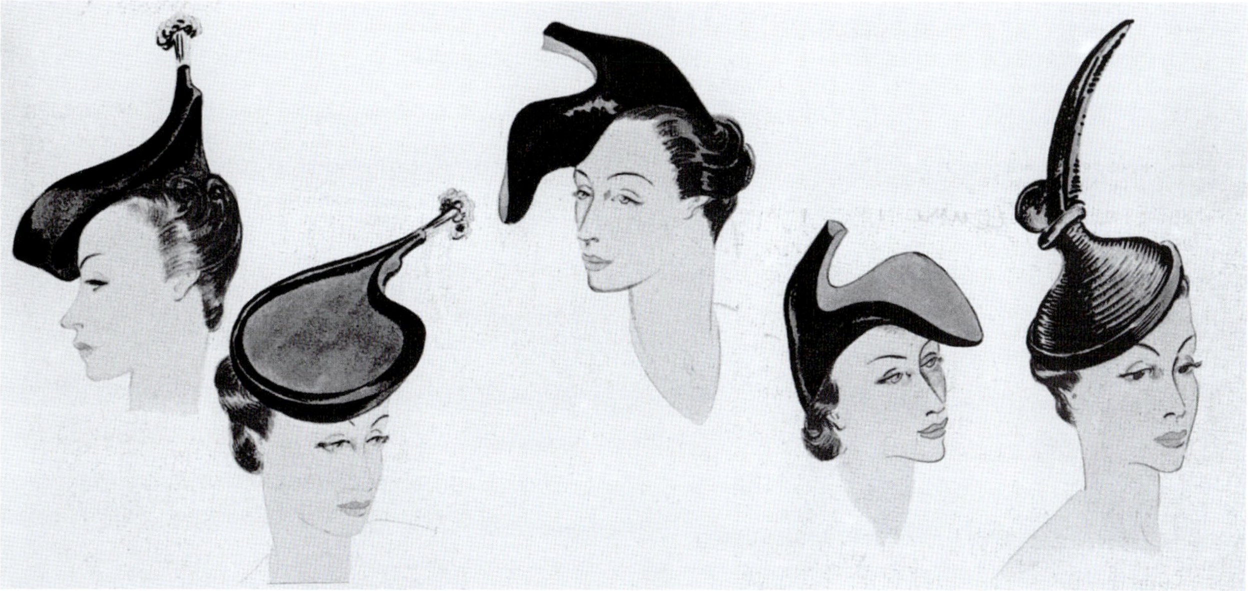

617

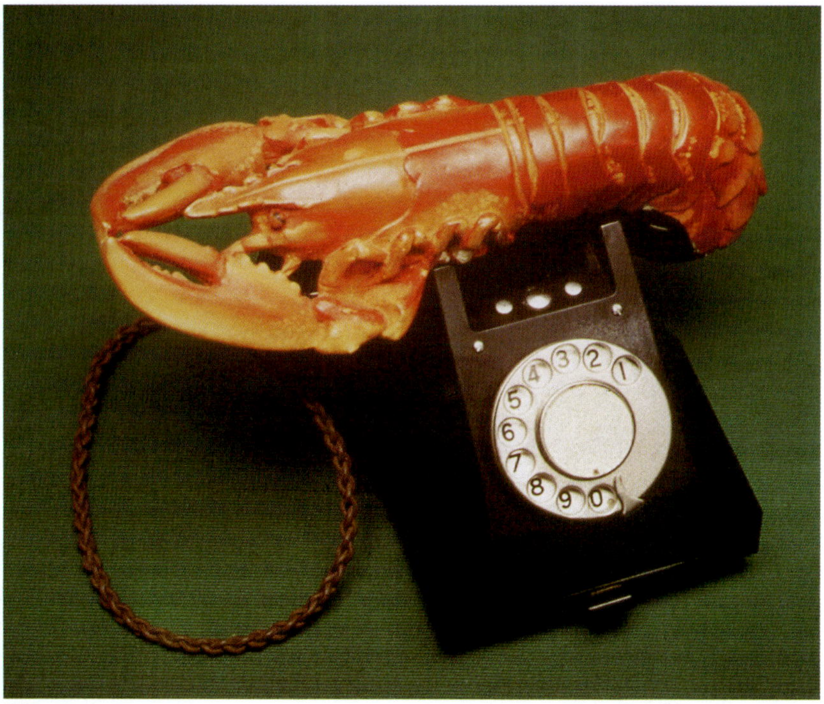

618

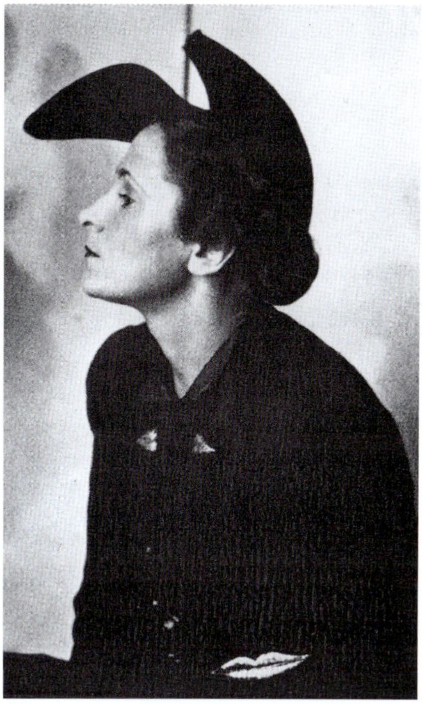

619

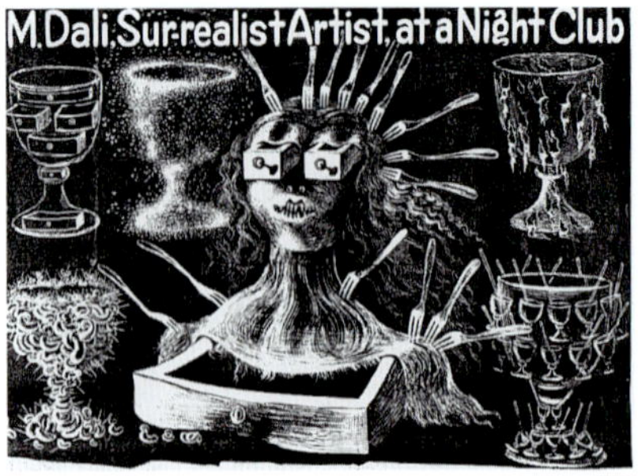

620

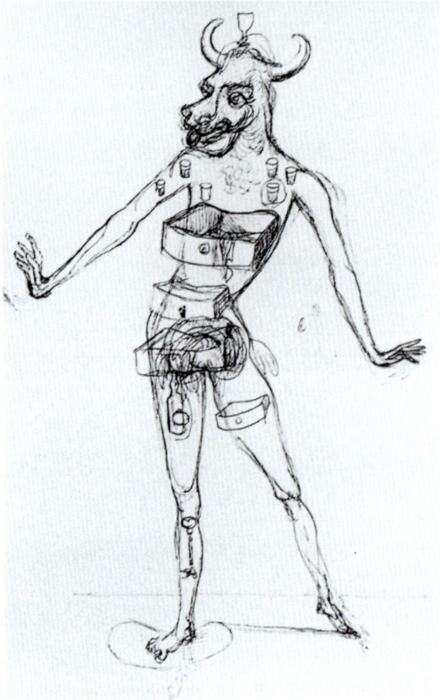

621

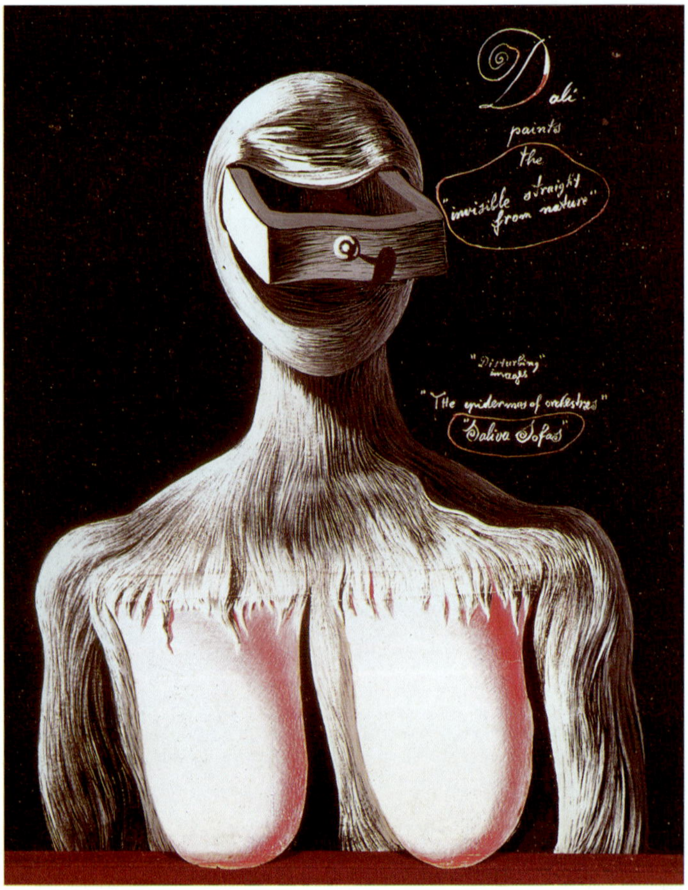

622

1936

620 De surrealistische kunstenaar in een nachtclub. Dit werk verscheen op 3 januari 1937 in 'American Weekly' ✰

621 Studie voor de titelpagina van nr. 8 van het tijdschrift 'Minotaure', 1936 △

622 Laden-vrouw. Ontwerp voor het omslag van de catalogus van de Dalí-tentoonstelling bij Julien Levy in New York, 1936 △

623 Titelpagina van het tijdschrift 'Minotaure', 1936 △

De geheime laden van het onbewuste

Figuren met laden in Dalí's werk zijn het publiek bijna even vertrouwd als weke uurwerken. Vooral *Venus van Milo met laden* (blz. 279) of het doek *Antropomorfe kast met laden* (blz. 278). Voordat Dalí die half op de grond liggende vrouw schildert, heeft hij er verschillende gedetailleerde tekeningen in potlood en inkt van gemaakt. Dalí, die Freud al jaren bewondert –wat voorstelbaar is–, probeert de theorieën van de Weense dokter hier uit te beelden. Hij zegt over zijn onderwerpen dat ze een "soort allegorie zijn die ertoe dient een zeker inzicht te illustreren, om de talloze narcistische geuren na te gaan die uit elk van onze laden opstijgen." Later zegt hij: "Het enige verschil tussen het onsterfelijke Griekenland en onze tijd is Sigmund Freud, die ontdekte dat het menselijk lichaam, dat ten tijde van de Grieken puur neoplatonisch was, tegenwoordig vol geheime laden zit die alleen de psychoanalyse kan openen." Dalí kent de uit meubelen bestaande figuren van de 17e-eeuwse Italiaanse maniërist Giovanni Battista Bracelli; ze hebben ongetwijfeld zijn ladenfiguren beïnvloed. Maar wat voor Bracelli slechts spel en geometrische constructie in de ruimte was, wordt drie eeuwen later bij Dalí de van immense bezetenheid getuigende allegorische afbeelding van ons verlangen te weten wie we zijn. Dalí bestormt onder luid geraas de Parijse kunstwereld met zijn "surrealistische objecten, droomobjecten" en drukt meteen

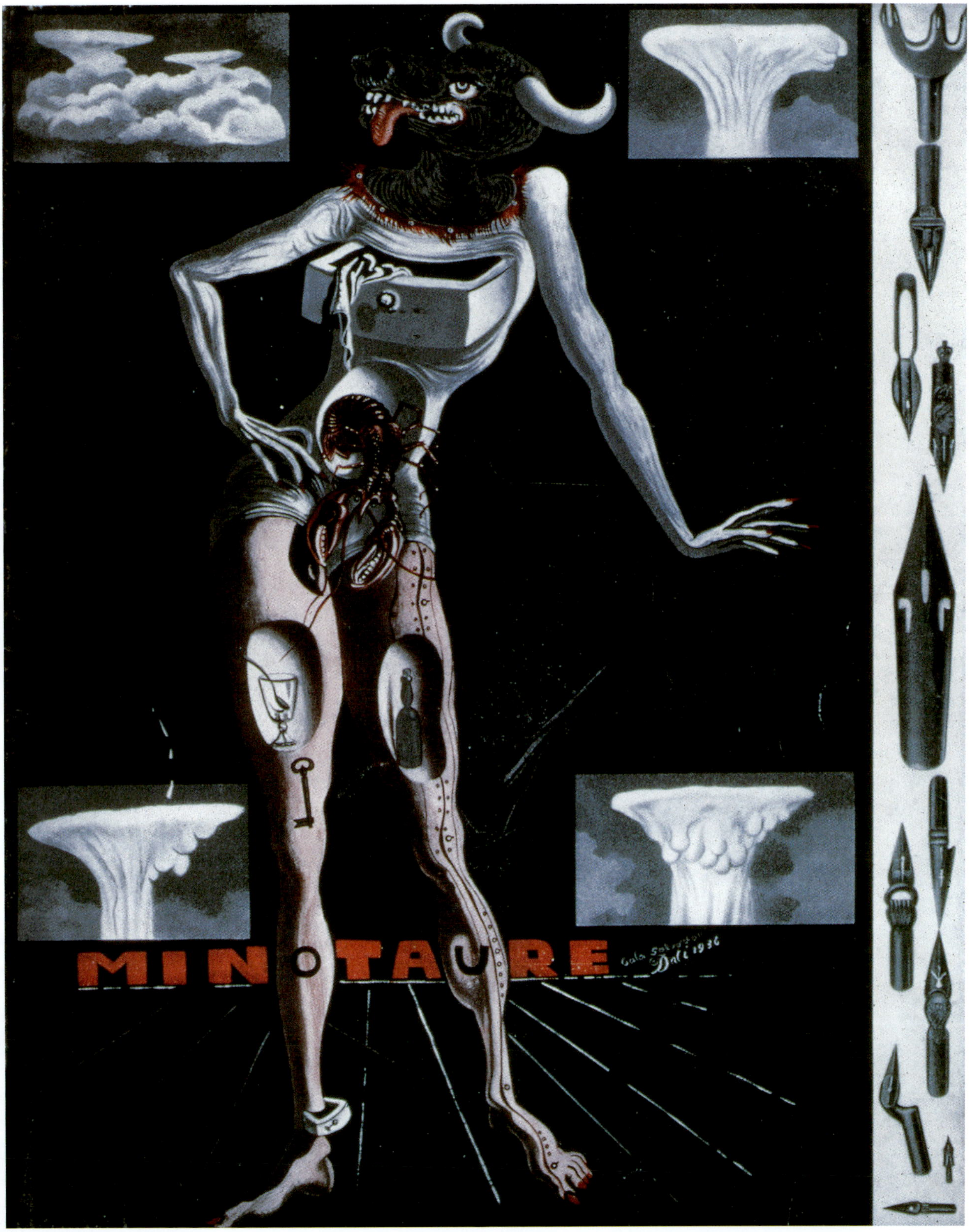

623

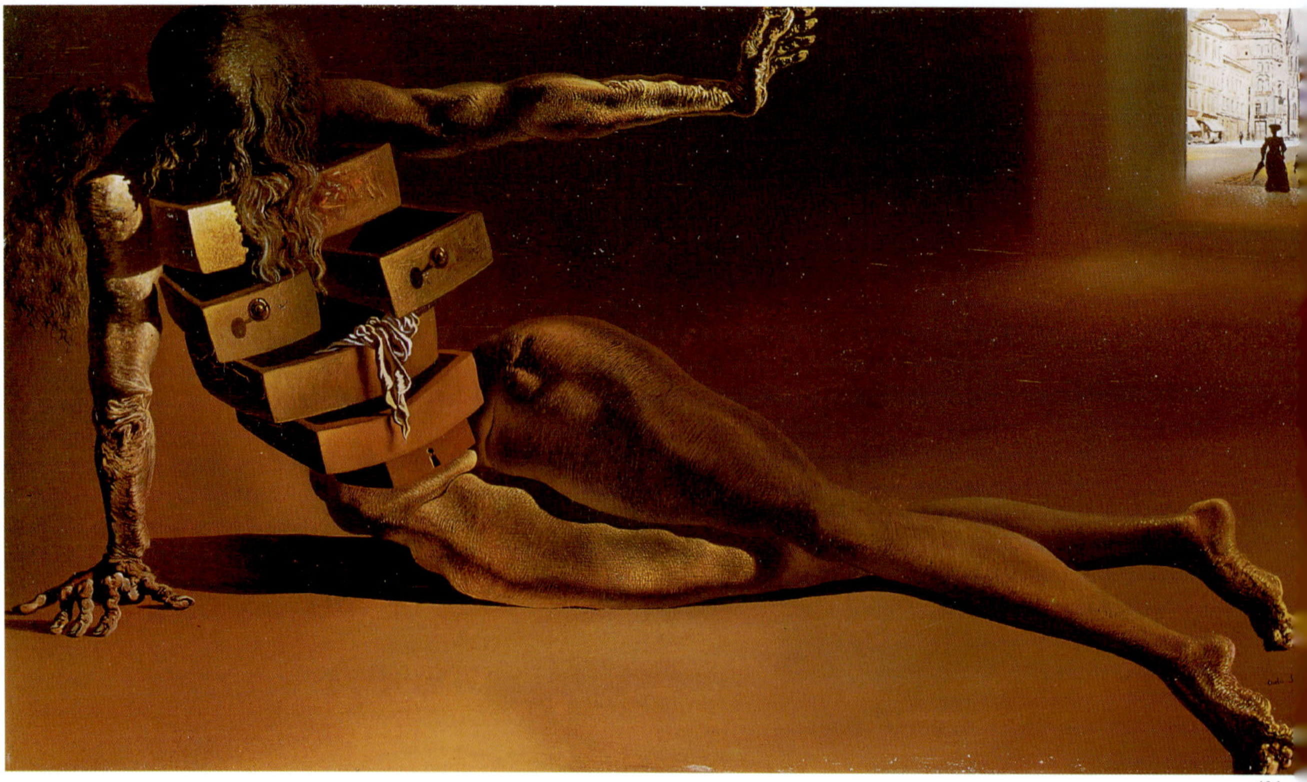

624

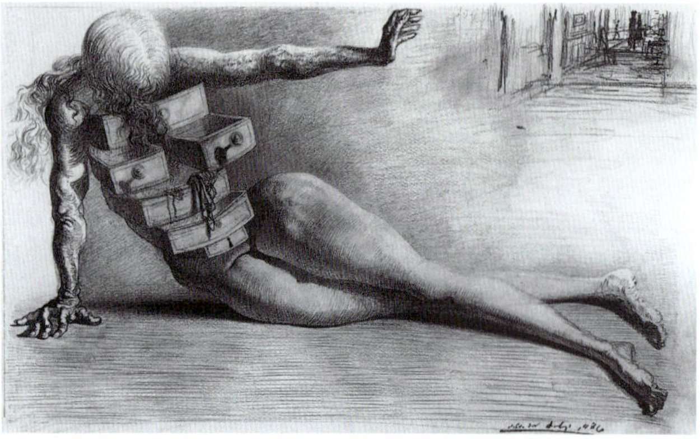

625

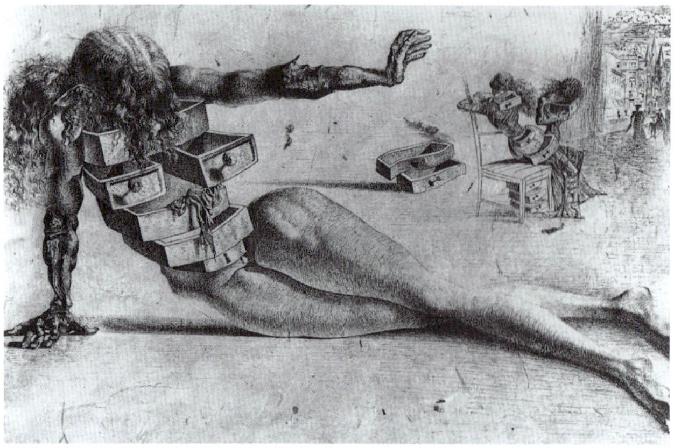

626

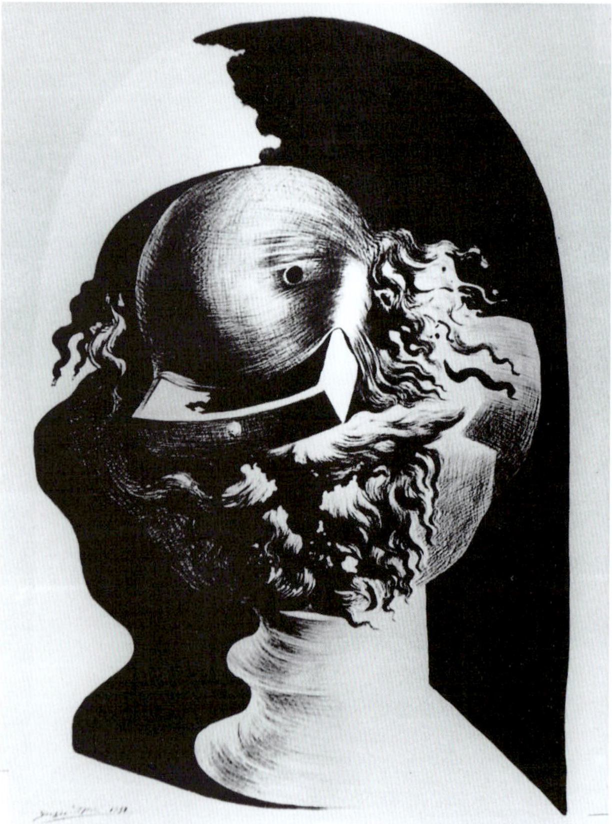

627

zijn hoogstpersoonlijke stempel op die nieuwe uitdrukkingsvorm van het Surrealisme. Hij exposeert de objecten in mei 1936 eerst bij Charles Ratton (*Kantmonument; Afrodisisch colbert*, blz. 274), daarna in juni op de internationale surrealisme-tentoonstelling in Londen en in december bij Julien Levy in New York. Tegelijkertijd tekent hij het omslag voor het achtste nummer van 'Minotaure'. Naast het omslag met de afbeelding van een met laden en andere symbolische voorwerpen gepantserde minotaurus publiceert hij in dit tijdschrift belangrijke teksten, die een licht werpen op zijn standpunt over kunst en esthetiek. In 'Le Surréalisme spectral de l'éternel féminin préraphaélite' (Het spectrale Surrealisme van het prerafaëlitische eeuwig vrouwelijke) legt hij bijvoorbeeld zijn idee van "de esthetische gezondheid van de geest" uit; die kan zonder deelname van het lichaam helemaal niet bestaan; je moet aanraken, dat wil zeggen "eten en kauwen". Ook al zijn de prerafaëlitische vrouwenfiguren "tegelijkertijd de begeerlijkste en afschuwelijkste die je je kunt voorstellen", ze zijn toch "wezens die je slechts met vreselijke schrik en angst kunt opeten". Ze doen denken aan "dat legendarische necrofiele voorjaar" van Botticelli, dat in zoverre acceptabel is dat het nog "het gezonde vlees van de mythe" afbeeldt, maar discutabel is omdat het er niet in slaagt "die prachtige, verzwakte en ongemeen materiële roem van welke psychologische en lunaire legende van de occident dan ook te bereiken". En Dalí gaat verder met een onderzoek en vergelijking van de prerafaëlitische morfologie, die ertoe uitnodigt "binnen te treden in de ingewand-diepten van de esthetische ziel van de bloedgeometrieën", in die van Cézanne, die in zijn ogen maar "een neoplatonische metselaar" is die "de geodetische krommingen niet wil erkennen".

Om dan een voorbeeld te geven van zijn geodetische lijnen, spreekt hij over de waardevolle leer die de Egyptische mummies ons leveren, waarvan de moderne omwikkelingen slechts "hun gekrompen nazaten" zouden zijn, begint dan te spreken over de kunst van de kleding, die hem tot de spier en ten slotte tot het bot brengt, omdat ze de overgang van het oppervlak naar het innerlijk mogelijk maakt en dus het botsen van "omhullende lijnen van druk en spanning" onafwendbaar maakt. *Dag en nacht van het lichaam* (blz. 280), een illustratie die was bedoeld voor 'Harper's Bazaar' of 'Vogue', maakt die tegenstrijdigheden en verklaringen aanschouwelijk. Hier weet je niet meer precies wanneer de kleding huid, omhulsel, jas, of zelfs kleedkamer, kast of zelfs raam wordt. De hemdjurk heeft van voren een rits en kan in twee vleugels worden geopend. In de loop van een gesprek zal de schilder later zeggen: "De tragische constante in het menselijk leven is de mode, en daarom werkte ik graag samen met mademoiselle Chanel en madame Schiaparelli. Daarbij kon ik aantonen dat het idee om zich te verkleden alleen het gevolg is van het geboortetrauma, het sterkste van alle trauma's dat het menselijk wezen moet doorstaan, omdat het het eerste is. De mode is ook de tragische constante van de geschiedenis; wanneer we de parades en optochten van mannequins, deze puurste engelen des doods, bekijken, zien we door hen altijd de oorlog komen."

In de destijds belangrijke tekst 'Het spectrale Surrealisme van het prerafaëlitische eeuwig vrouwelijke' ontvouwt hij het volgende: "...het is dus natuurlijk dat, als Salvador Dalí spreekt van zijn paranoïde-kritische ontdekkingen in verband met de beeldende weergave, de platonische toeschouwers van de eeuwige Cézanne-appel die vorm van waanzin die erin bestaat om alles met de handen te willen betasten (zelfs de onbevlekte ontvangenis van haar appel), erger nog, alles op de een of andere manier echt te eten en te kauwen, niet al te serieus nemen. Maar Salvador Dalí houdt niet op die hypermaterialistische kant te eisen die wezenlijk is voor elk kennisproces dat verbonden is met het vlees en de botten van de biologie – die ongemeen eenzame kant, die kant van 'hegemonistische teleurstelling', van sentimentele verhevenheid..."

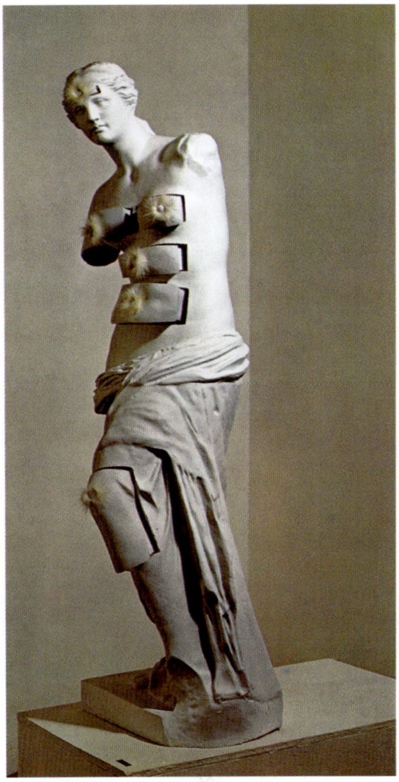

628

624 **Antropomorfe kast met laden,** 1936 ❑
Le cabinet anthropomorphique

625 **De stad van de laden. Studie voor 'Antropomorfe kast met laden',** 1936 △
La cité des tiroirs

626 **De stad van de laden. Studie voor 'Antropomorfe kast met laden',** 1936 △ La cité des tiroirs

627 **Ladenbuste,** 1936 △
Buste à tiroirs

628 **Venus van Milo met laden. Dalí ontwierp de laden en zijn vriend Marcel Duchamp maakte het object,** 1936 ❍
Vénus de Milo aux tiroirs

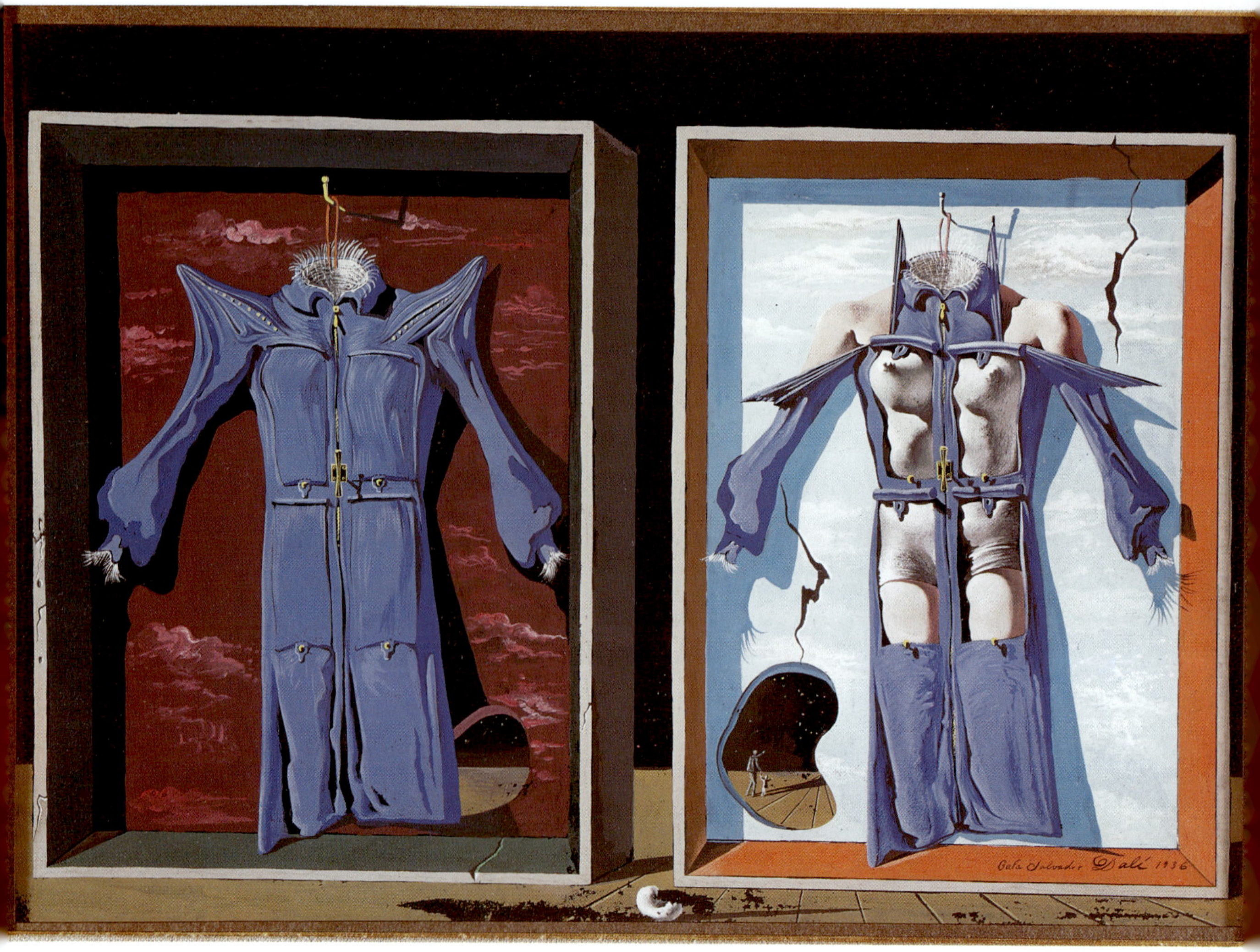

629

1936–1937

629 **Dag en nacht van het lichaam,** 1936 △
Jour et nuit du corps

630 **Anatomische studies – Serie afdrukken,** 1937 ❑
Anatomies – Série décalcomanie

631 **De wervel-grot – Serie afdrukken,** 1936 △
La grotte vertébrée – Série décalcomanie

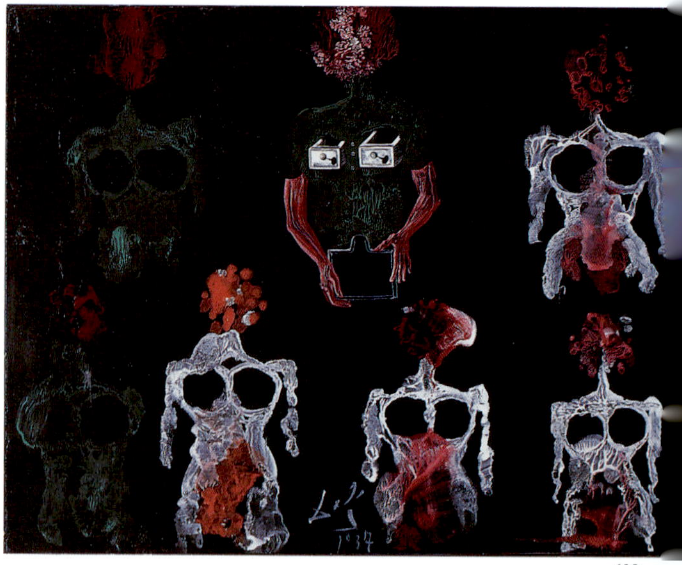

630

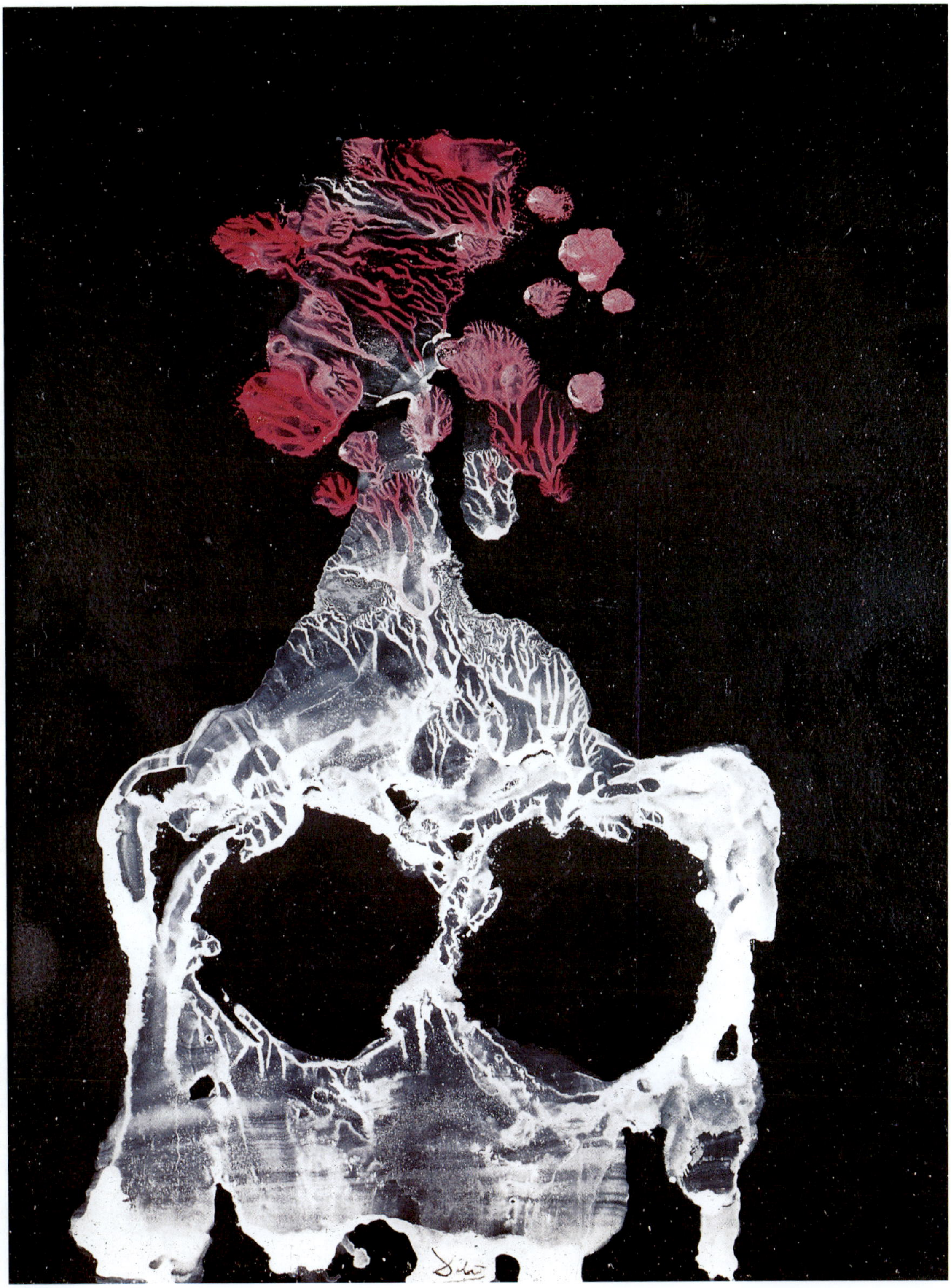

631

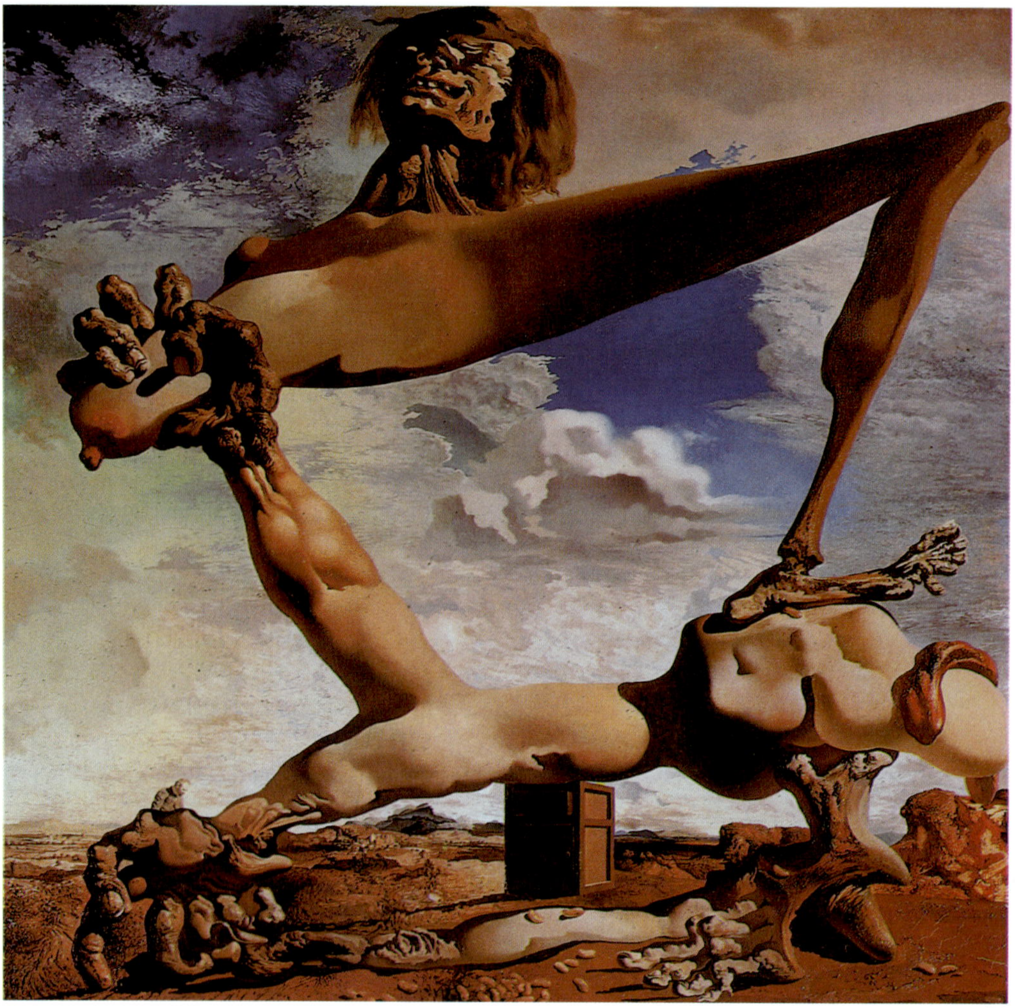

632

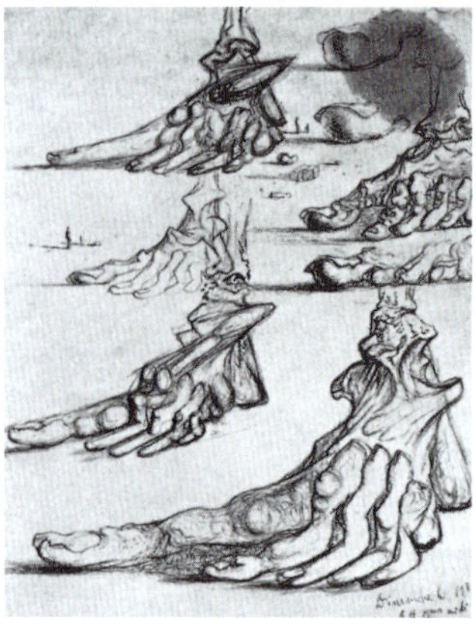

633

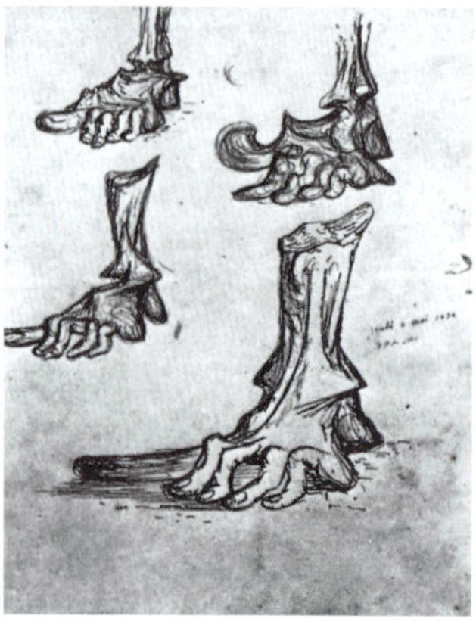

634

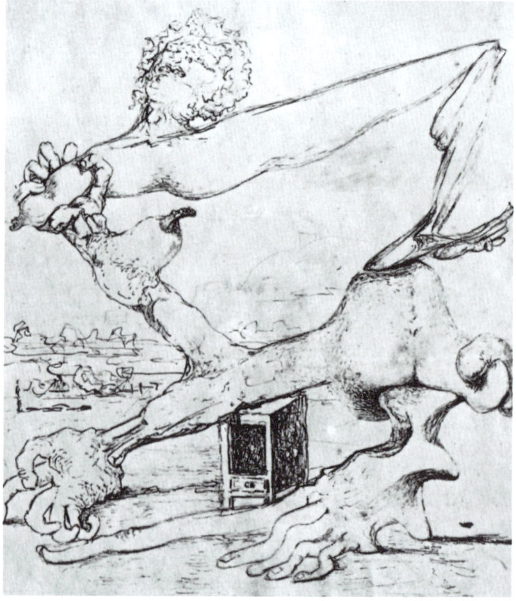

635

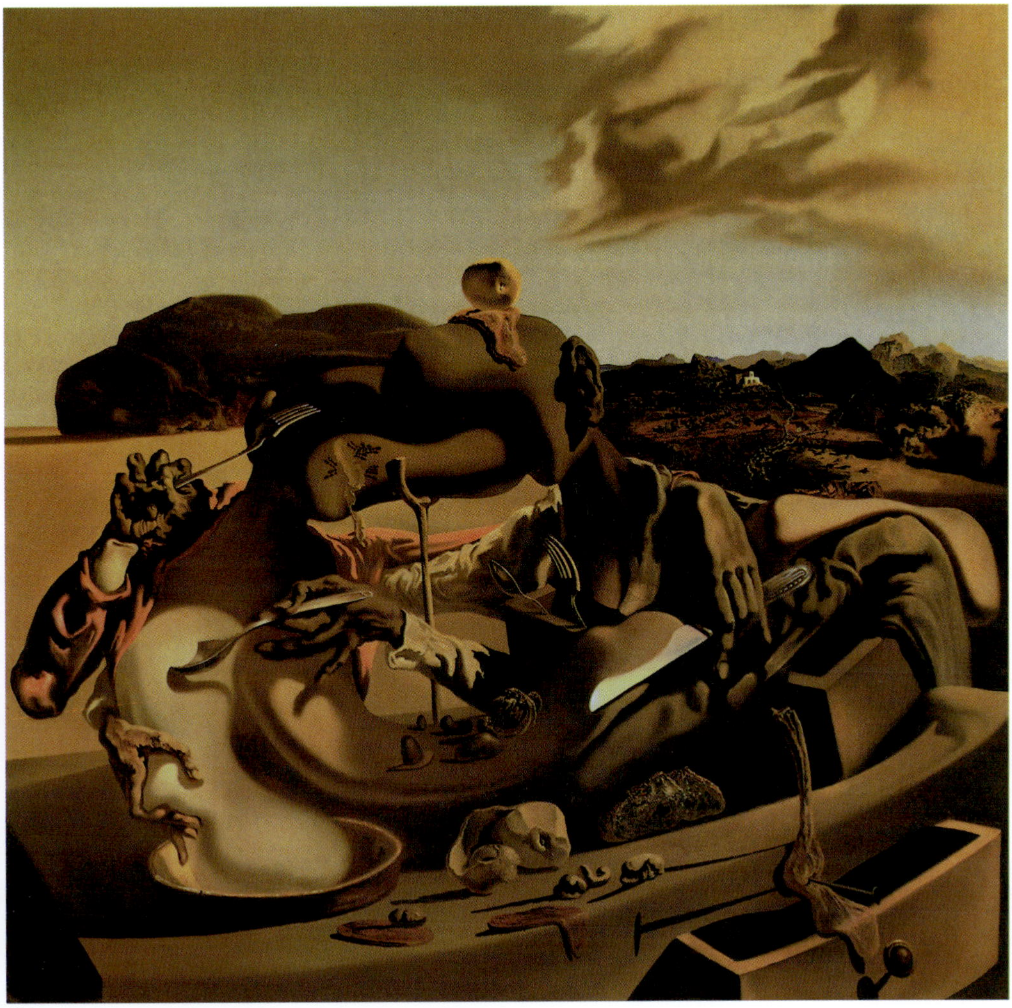

636

De geur van verbrand papenvlees

In 1936 woedt de Spaanse Burgeroorlog, en Dalí en Gala kunnen niet langer Port Lligat bezoeken. Ze troosten zich met reizen door Europa, vooral door Italië, waar ze een tijdlang wonen. De invloed van de meesters van de Renaissance, die Dalí in de musea van Florence en Rome zag, is duidelijk te herkennen in de figurengroepen die sindsdien in zijn schilderijen optreden, om 'dubbelzinnige' beelden in zijn schilderijen, zoals *Spanje* (blz. 312) en *De uitvinding van de monsters* (blz. 292). Het laatstgenoemde is een van zijn schilderijen met het thema 'voorgevoel van de Burgeroorlog'. De schilder lichtte toe dat de 'dubbele' figuur op de voorgrond met een vlinder en een zandloper in zijn hand het prerafaëlitische produkt was van een direct erna geschilderd dubbelportret van hemzelf en Gala. Trouw aan zijn credo dat politiek hem niet interesseert, ziet Dalí in de burgeroorlog die zijn land verscheurt slechts een delirium van het eetbare. Hij bestudeerde hem zoals een insektenkenner zijn mieren en sprinkhanen. Hij zag hem aldus als een natuurhistorische gebeurtenis, in tegenstelling tot Picasso, die hem als een politiek fenomeen zag. Zijn *Brandende giraffe* (blz. 254) is zijn *Guernica*, net als *Weke constructie met gekookte bonen – Voorgevoel van de Burgeroorlog* (blz. 282). Hij was niet geïnteresseerd in de eigenlijke oorlog, maar alleen in het voorgevoel, dat hij in zijn schilderkunst uitdrukte: "Als schilder van ingewandachtige hoogtepunten en uitbarstingen voltooide ik zes maanden voor het uit-

632 **Weke constructie met gekookte bonen – Voorgevoel van de Burgeroorlog**, 1936 ❑
Construction molle avec haricots bouillis – Prémonition de la guerre civile

633, 634, 635 **Studie voor 'Voorgevoel van de Burgeroorlog'**, 1935 △

636 **Herfstelijk kannibalisme (ook: Kannibalisme in de herfst)**, 1936 ❑
Cannibalisme de l'automne

breken van de Spaanse Burgeroorlog mijn schilderij 'Voorgevoel', dat is gegarneerd met gekookte bonen..." (steeds weer die behoefte toespelingen op eetbaarheid te maken) "...waarop een groot menselijk lichaam wemelt van de armen en benen die elkaar in een delirium verdrukken." Koken is onverbrekelijk verbonden met geuren. In zijn 'Geheime leven' roept Dalí ze op: "Uit alle delen van het gemartelde Spanje steeg een geur van wierook, misgewaden, verbrand papenvet en gevierendeeld geestelijk vlees op, die zich mengde met de geur van het zweet van het gepeupel, dat onderling en met de dood hoereerde..."

Dalí geeft toe: "Ik was zeer zeker geen historisch bewust mens. Integendeel, ik voelde me in wezen ahistorisch en apolitiek. Ik was of mijn tijd ver vooruit of ik liep ik te ver achter, maar tijdgenoot van die pingpong-spelers was ik nooit." En: "De Spaanse Burgeroorlog heeft geen van mijn opvattingen veranderd. Ik wilde echter ook niet reactionair worden genoemd. Dat was ik niet: ik 'reageerde' niet – net als onbewuste materie. Ik wilde niets anders dan Dalí zijn. Maar al snel

637 **Perspectieven**, 1936-1937 ❑
Perspectives

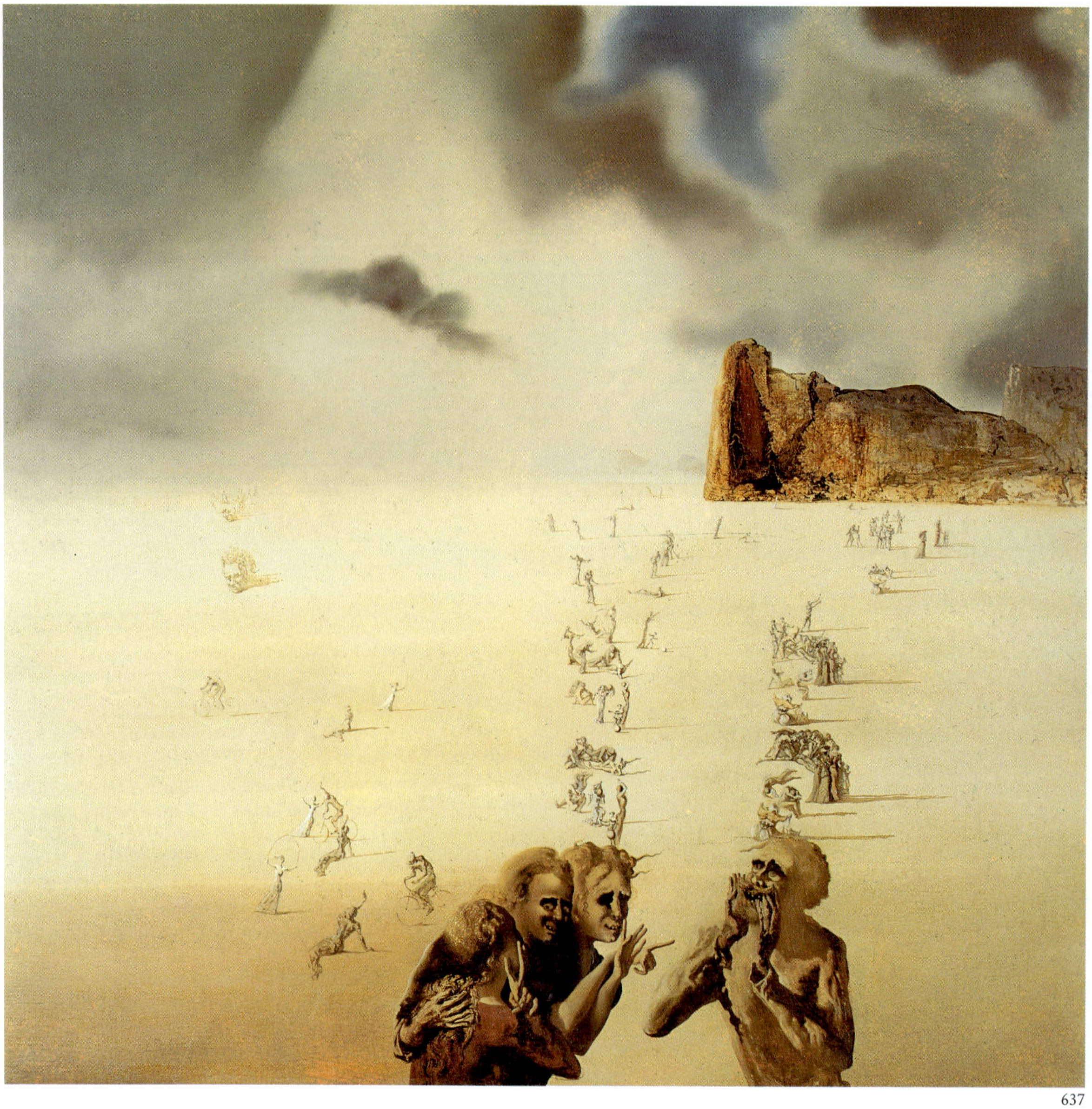

637

sloop de hyena van de publieke opinie om me heen en eiste met de kwijlende dreiging van zijn verwachtingsvolle tanden van mij dat ik nu eens moest beslissen of ik een stalinist of hitleriaan wilde worden. Nee! Nee! Nee! Duizend keer nee! Ik zou altijd en tot mijn dood blijven wie ik was, Dalí en alleen Dalí! Ik geloofde noch in de communistische noch in de nationaal-socialistische revolutie, noch in enige andere soort revolutie. Ik geloofde slechts in de opperste betekenis van de traditie... Mochten revoluties van belang zijn, dan alleen omdat ze met hun krampbewegingen helpen brokstukken van vergeten tradities weer op te graven en in ere te herstellen... En door de revolutie van de Spaanse Burgeroorlog zou niets minder herontdekt worden dan de echte katholieke traditie, die Spanje eigen is... Iedereen –atheïsten, gelovigen, heiligen, criminelen, grafschenners en doodgravers, scherprechters en martelaren– iedereen vocht met dezelfde, onvergelijkelijke moed en trots van een kruisvaarder voor het geloof. Want ze waren allemaal Spanjaarden, het ras dat de 'aristocratie der volkeren' vertegenwoordigt."

638 **Doorsnee heidens landschap,** 1937 ❑
Paysage païen moyen

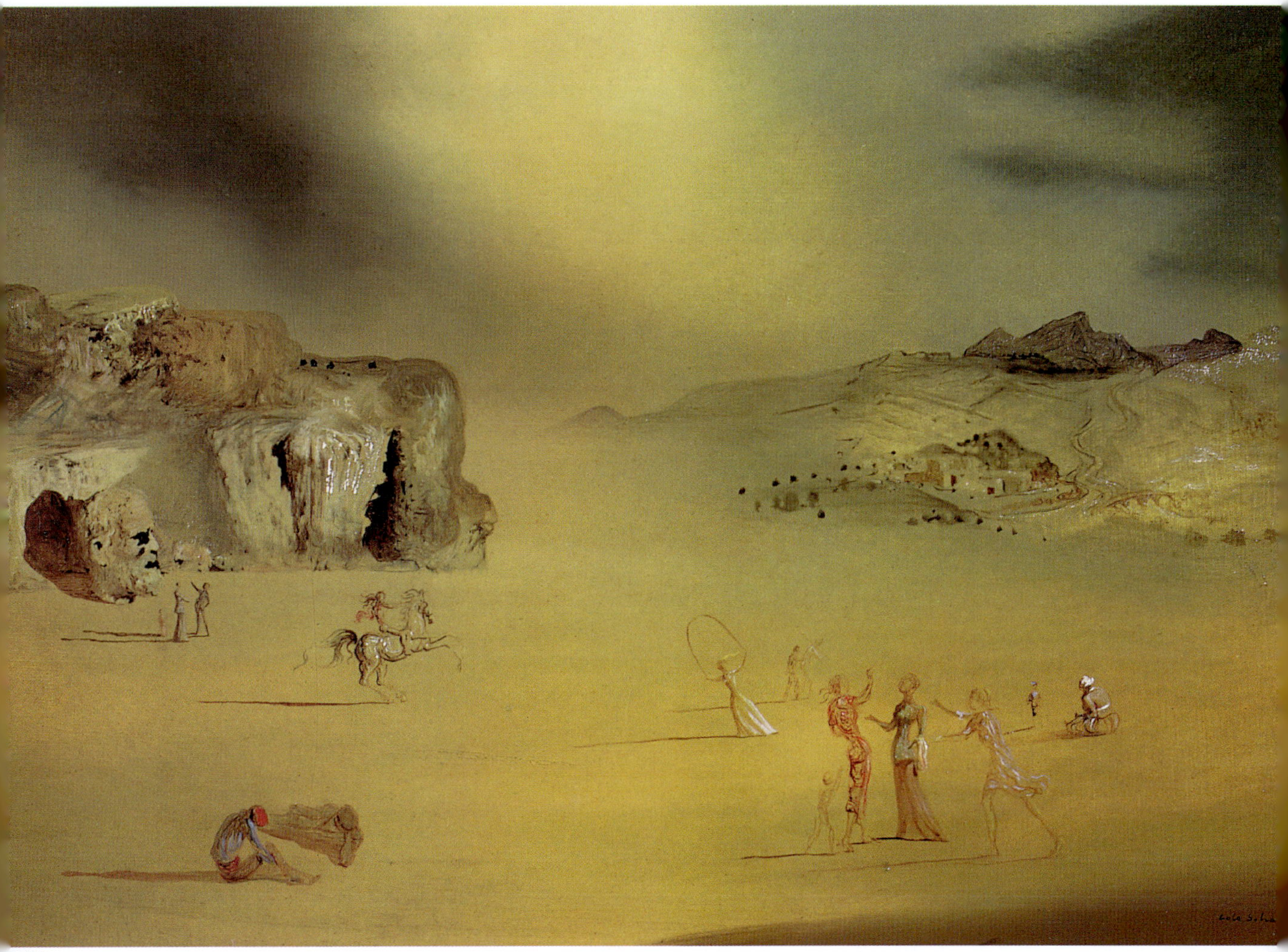

638

1937

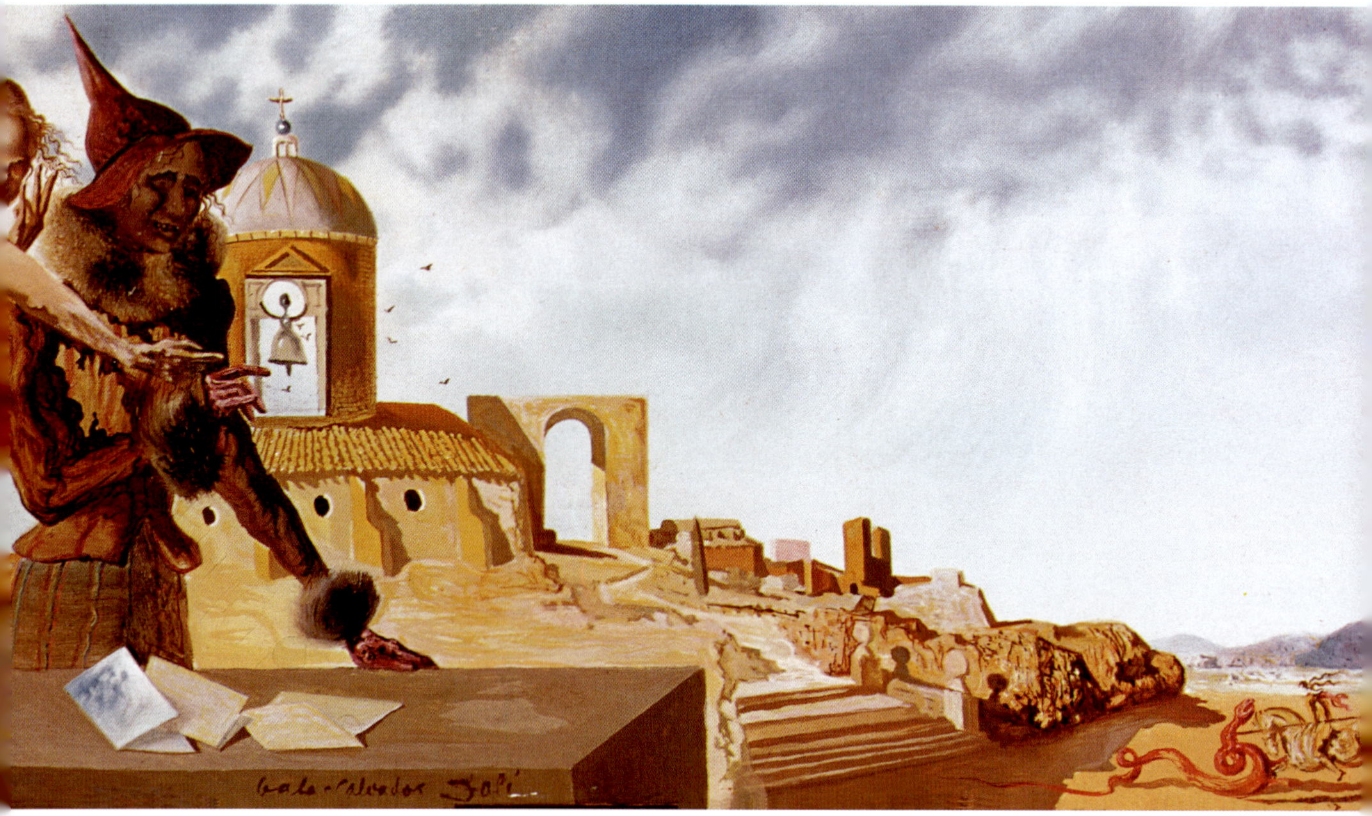

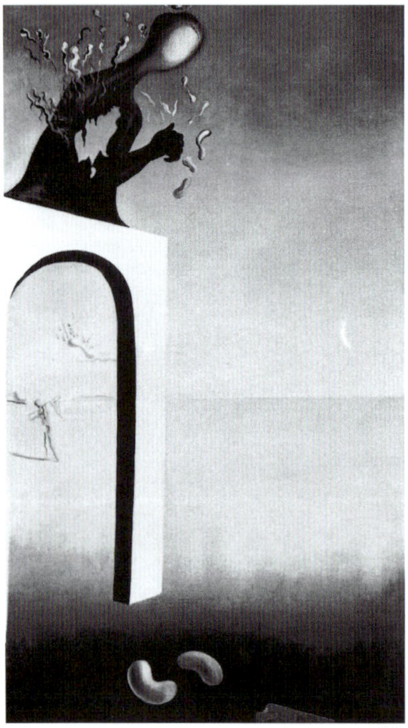

640

Terwijl zijn vriend García Lorca wordt doodgeschoten in zijn door aanhangers van Franco bezette stad Granada ("Wat een schande! Iedereen wist dat Lorca van nature de meest apolitieke mens ter wereld was. Hij stierf symbolisch als het zoenoffer van de revolutionaire verwarring"), bestudeert Dalí de Renaissance; de Renaissance die hij, als eerste na de oorlog, nieuw leven wil inblazen: "Het onheil van de oorlog en revolutie waarin mijn land was ondergedompeld, verhoogde slechts de algehele hevigheid van mijn esthetische hartstocht en terwijl mijn land dood en verderf raadpleegde, ondervroeg ik die andere sfinx van Europa's toekomst, de Renaissance." Uiteraard wordt zijn houding gezien als een typerend voorbeeld voor zijn oppervlakkigheid en frivoliteit. Toch vraagt hij zich even af (toen de anarchisten drie van zijn vissersvrienden uit Port Lligat hadden doodgeschoten): "Moest ik uiteindelijk toch besluiten terug te keren naar Spanje om het lot te delen van hen die mij aan het hart gaan?" Een verkwikkende nachtrust is voldoende om hem hiervan af te brengen!

639 **Antropomorfe echo**, 1937 ❑
Echo anthropomorphique

640 **Zonder titel (bekend als: Visioen van de eeuwigheid)**, 1936-1937 ❑
Sans titre (Vision de l'éternité)

641 **Het betoverde strand (ook: Lange sifon)**, 1937 ❑
La plage enchantée (Siphon long)

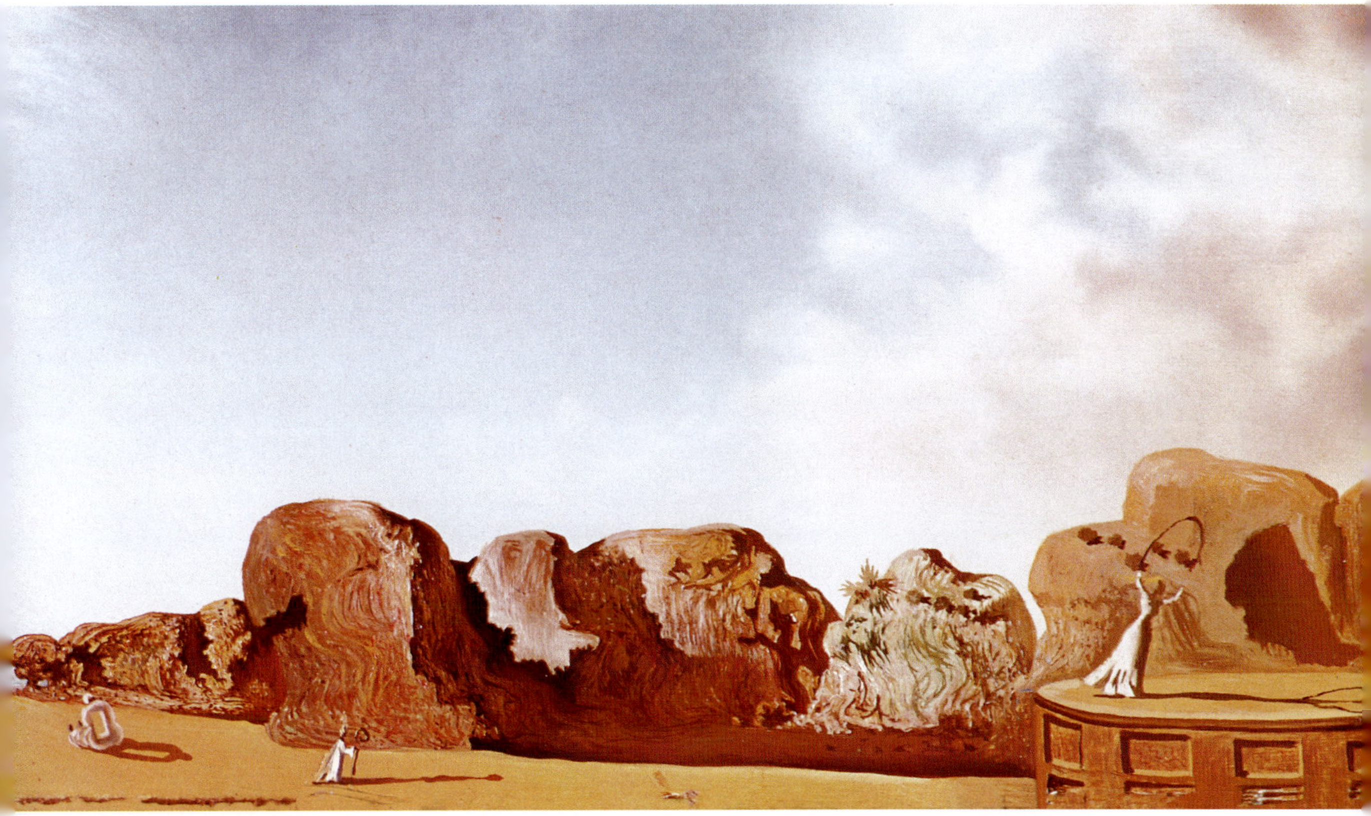

639

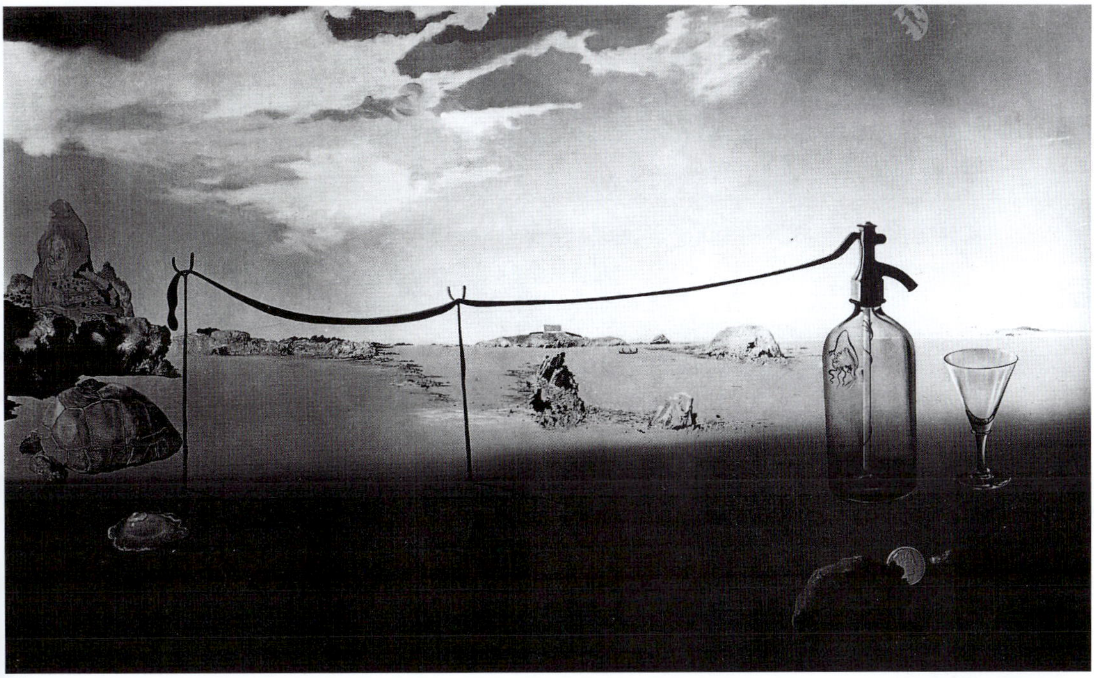

641

1937–1938

Een ui in je hoofd

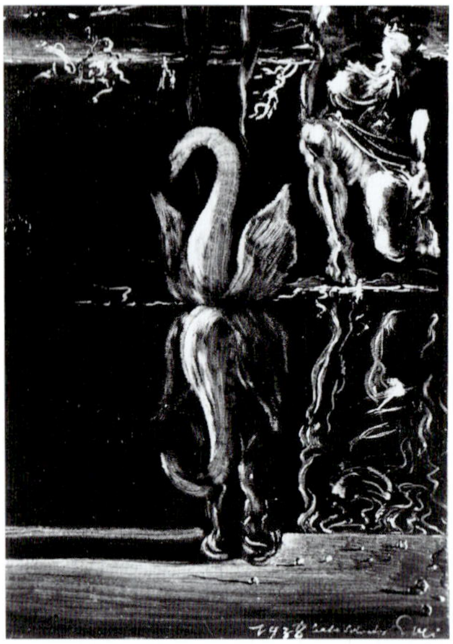

642

Het olieverfschilderij *Metamorfose van Narcissus* (blz. 289) is het eerste doek dat Dalí geheel volgens de paranoïde-kritische methode maakt. Breton looft die methode in 'Wat is Surrealisme?' en legt uit wat we daaronder moeten verstaan: "Dalí heeft het Surrealisme met de paranoïde-kritische methode een instrument van de eerste orde verschaft dat het meteen kon toepassen, hetzij in schilderkunst, dichtkunst, film, op de constructie van typisch surrealistische objecten, op mode, beeldhouwkunst, op kunstgeschiedenis en in twijfelgevallen zelfs op elk type van interpretatie."

Hier het poëtische commentaar van Dalí: "Als je gedurende enige tijd, vanaf een zekere afstand, met een soort 'verstrooid starre blik' de hypnotisch onbeweeglijke figuur van Narcissus bekijkt, dan verdwijnt ze geleidelijk tot ze geheel onzichtbaar wordt. De metamorfose van de mythe vindt op precies dat ogenblik plaats, want het beeld van Narcissus verandert plotseling in het beeld van een hand die opduikt uit haar eigen spiegelbeeld. Die hand houdt met haar vingertoppen een ei vast, een zaadje, de bloem waaruit de nieuwe Narcissus wordt geboren, de bloem. Daarnaast is de kalksculptuur van de hand te zien, de in het water versteende hand die de opbloeiende bloem vasthoudt. Voor het eerst bevatten een surrealistisch schilderij en een surrealistisch gedicht objectief de consequente interpretatie van een irrationeel thema. De paranoïde-kritische methode begint het onvernietigbare conglomeraat van 'exacte details' te vormen dat Stendhal eiste voor de beschrijving van de Sint-Pieter in Rome en doet dat op het terrein van de sterkst paralyserende surrealistische poëzie.

Vervolg op blz. 299

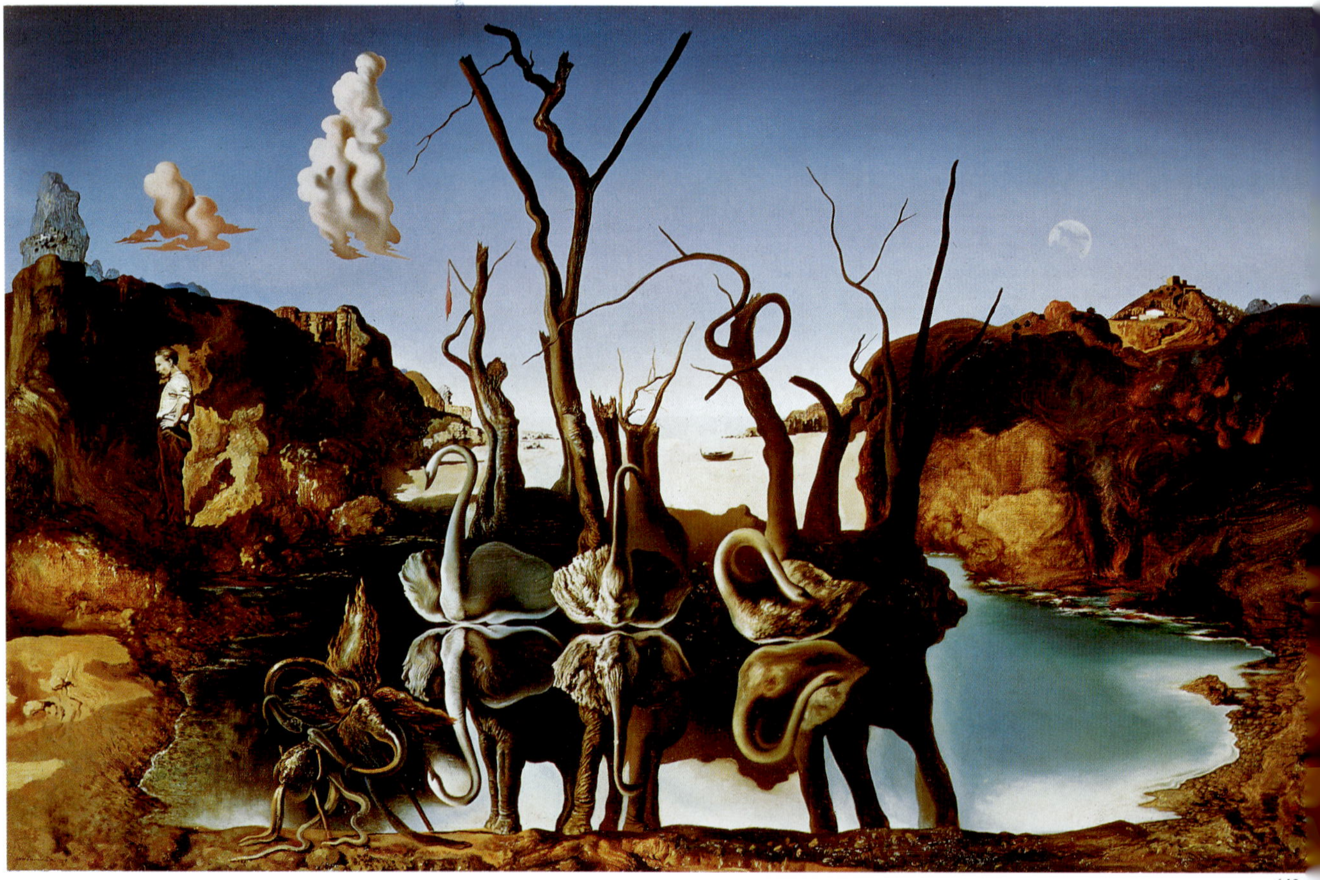

643

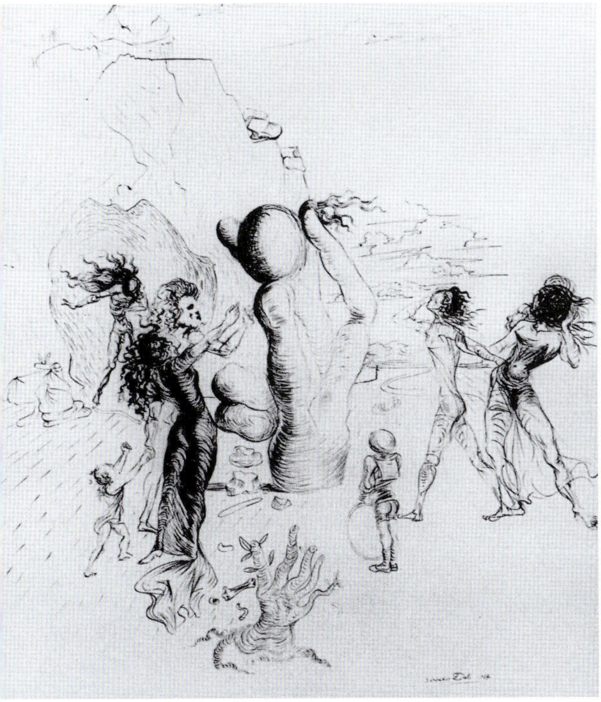

644

642 **Zonder titel**, 1938 ❑

643 **Zwanen spiegelen olifanten**, 1937 ❑
Cygnes réflétant des éléphants (Swans Reflecting Elephants)

644 **Studie voor 'Metamorfose van Narcissus'**, 1937 △

645 **Metamorfose van Narcissus**, 1937 ❑
Métamorphose de Narcisse

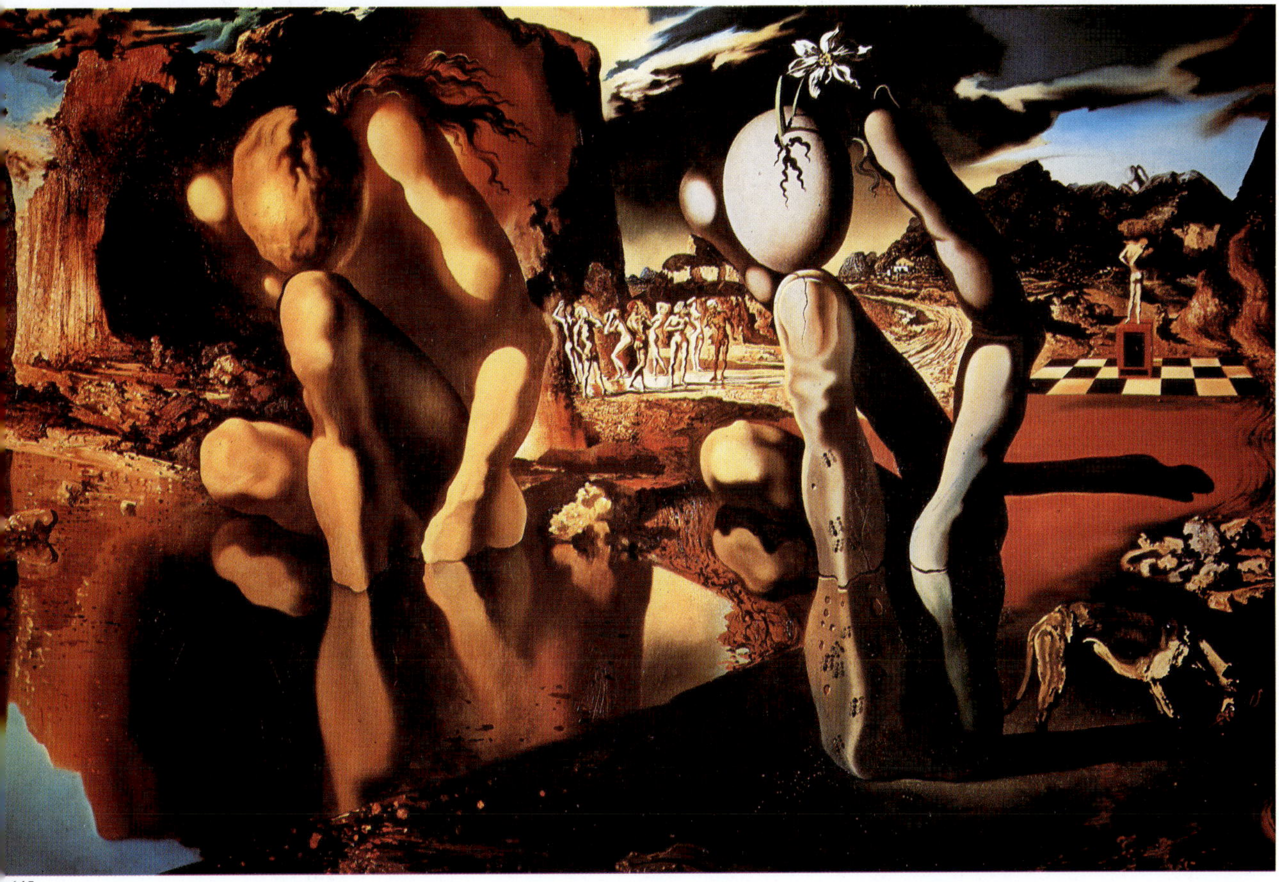

645

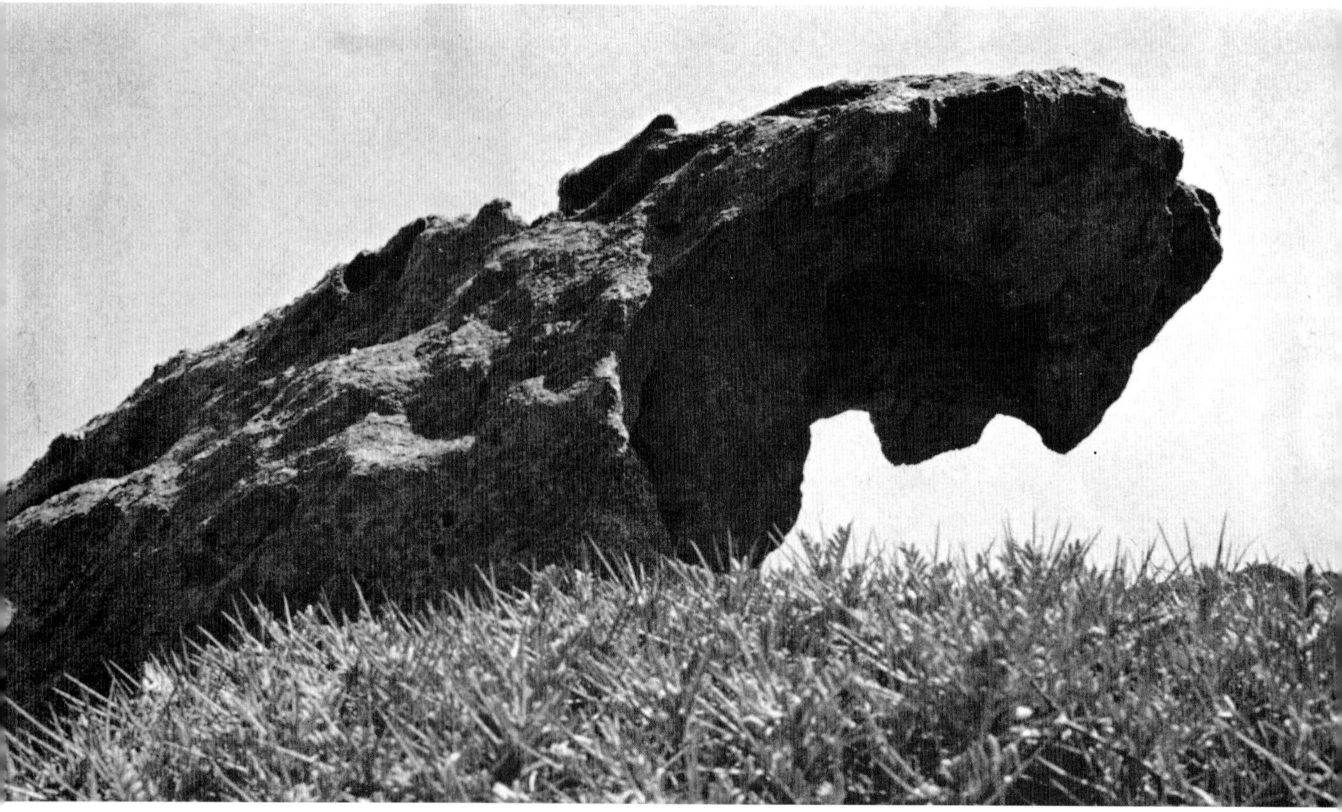

646

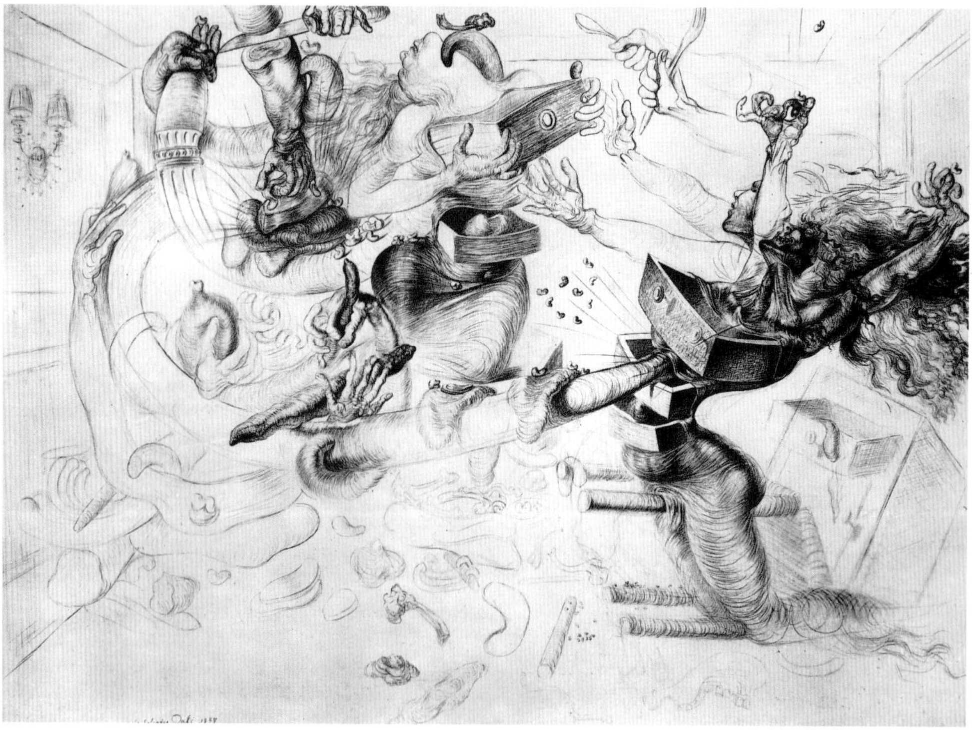

647

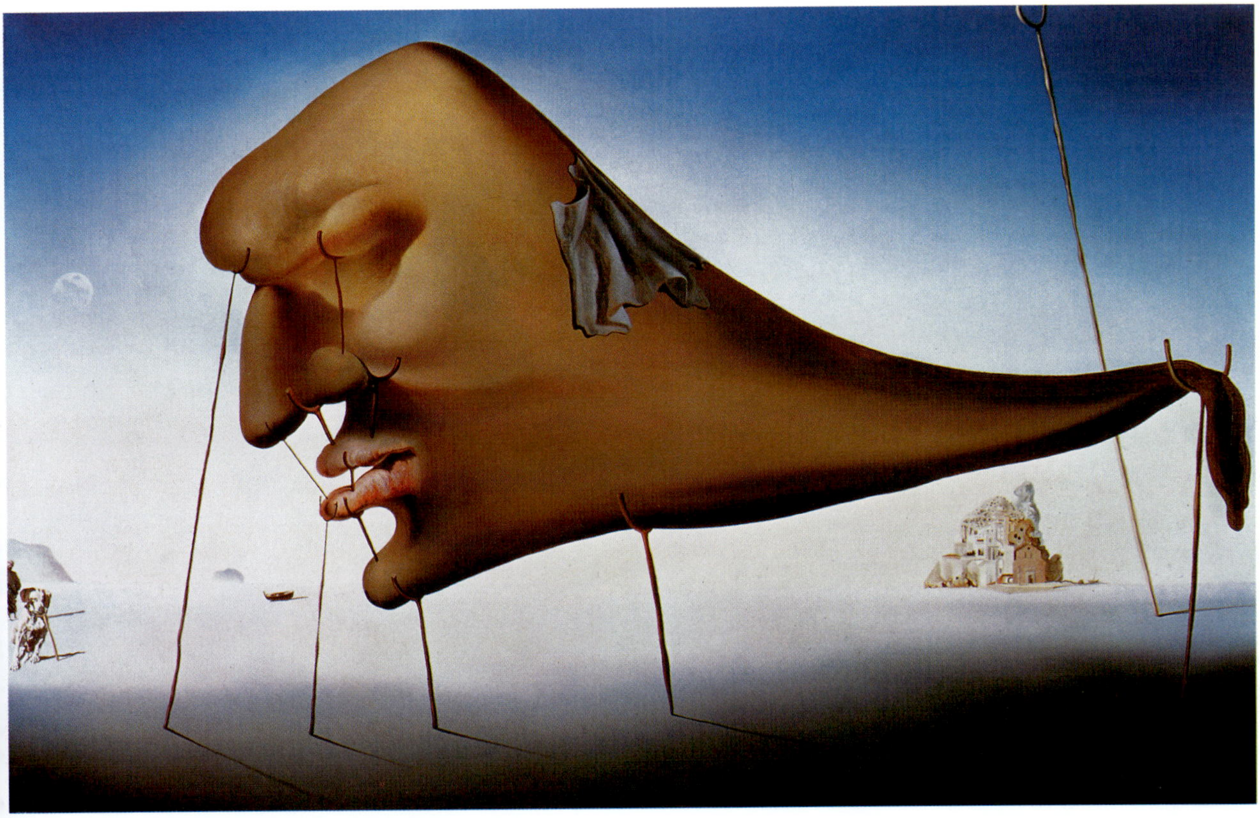

648

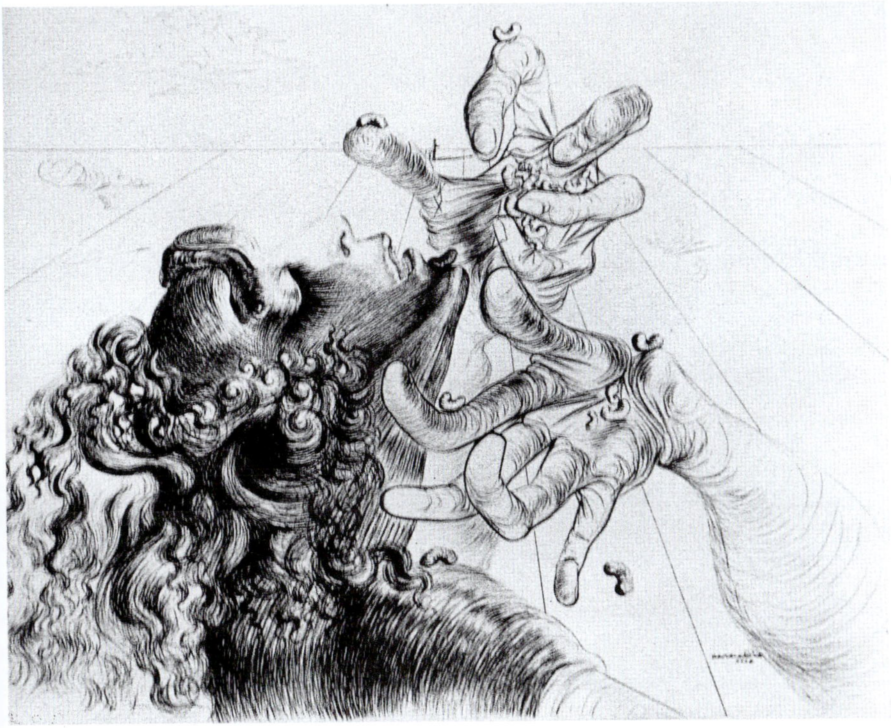

649

646 **De zogenaamde slapende rots bij Cap Creus**, 1937 ✗

647 **Kannibalisme van de laden (ook: Compositie met laden)**, 1937 △
Cannibalisme des tiroirs (Composition aux tiroirs)

648 **De slaap**, 1937 ❑
Le sommeil

649 **Zonder titel – Hysterische scène**, 1937 △
Sans titre – Scène hystérique

1937

650 **De uitvinding van de monsters**, 1937 ⌟
L'invention des monstres

651 **Ontstaan van de monsters**, 1937 △
Formation des monstres

652 **Brandende giraffe**, 1937 ⌟
Girafe en feu

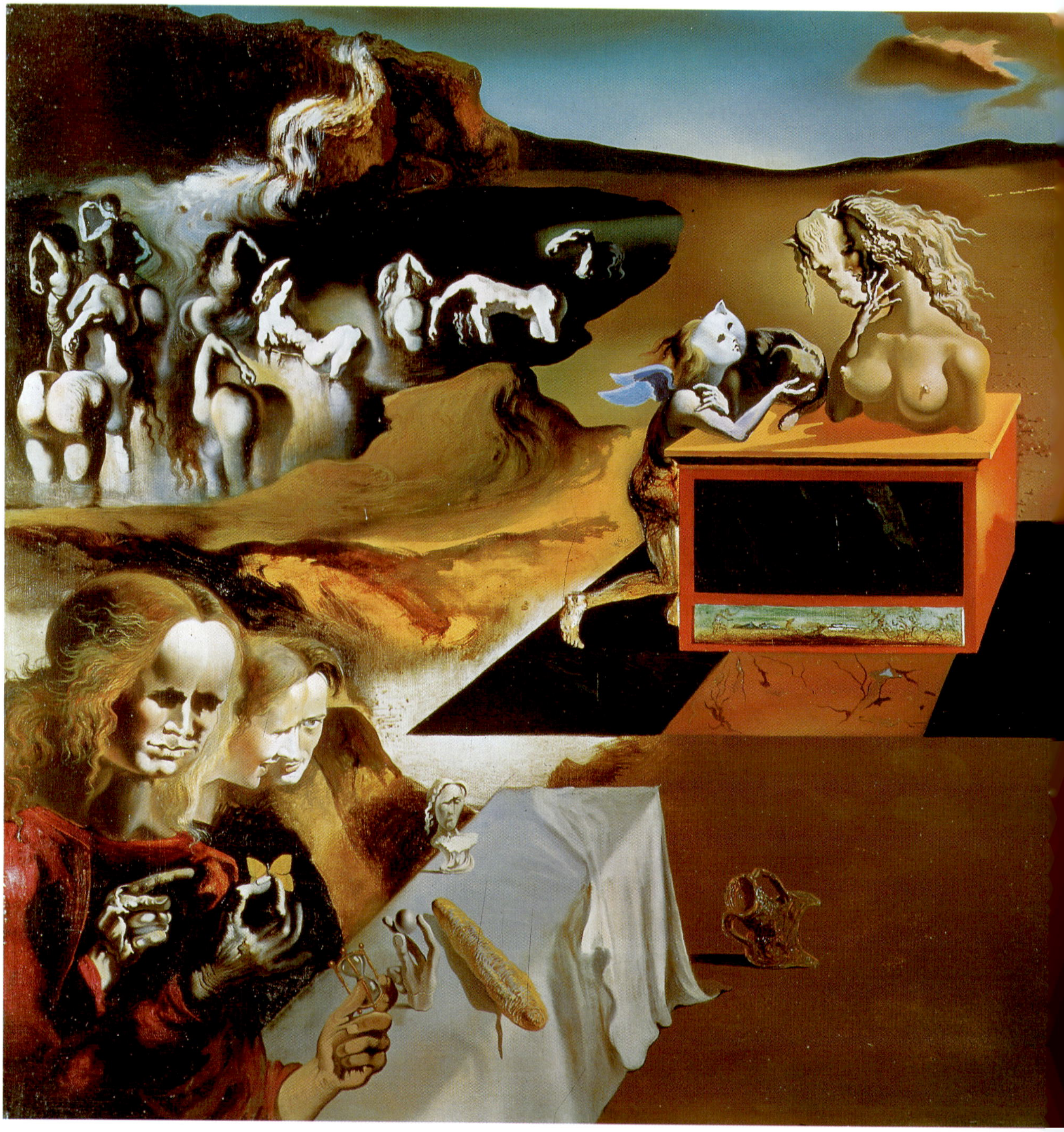

650

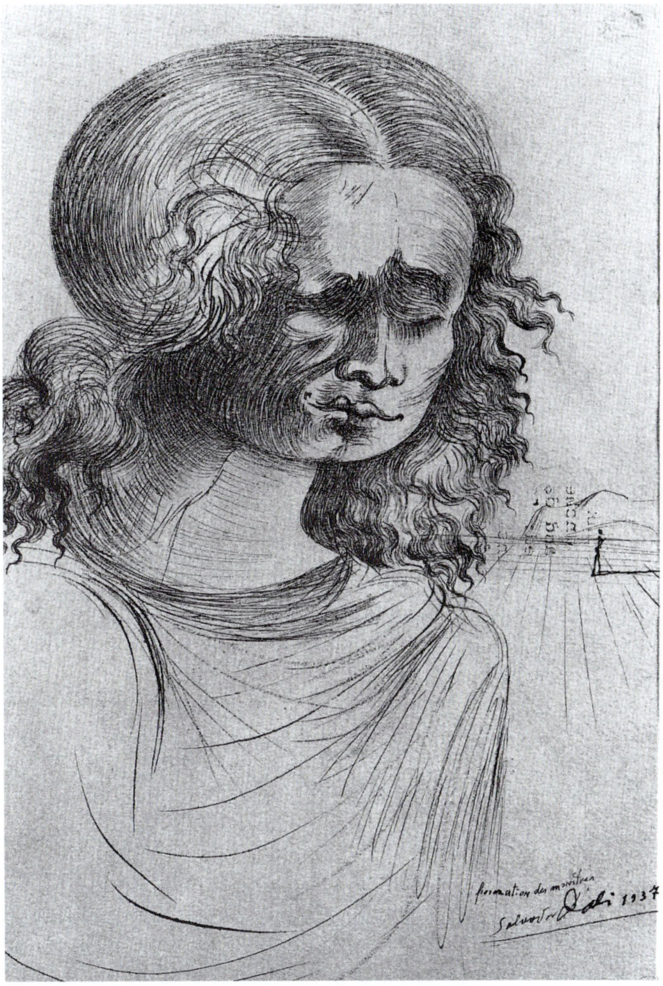

651

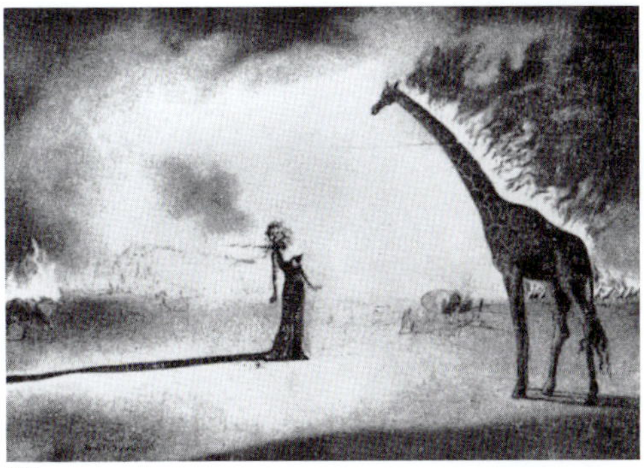

652

1937

653 **Koningin Salome**, 1937 △
La reine Salomé

654 **Herodiade**, 1937 ❑
Hérodiade

655 **Kannibalisme van de objecten – Vrouwenhoofd met schoen**, 1937 △
Cannibalisme des objets – Tête de femme avec soulier

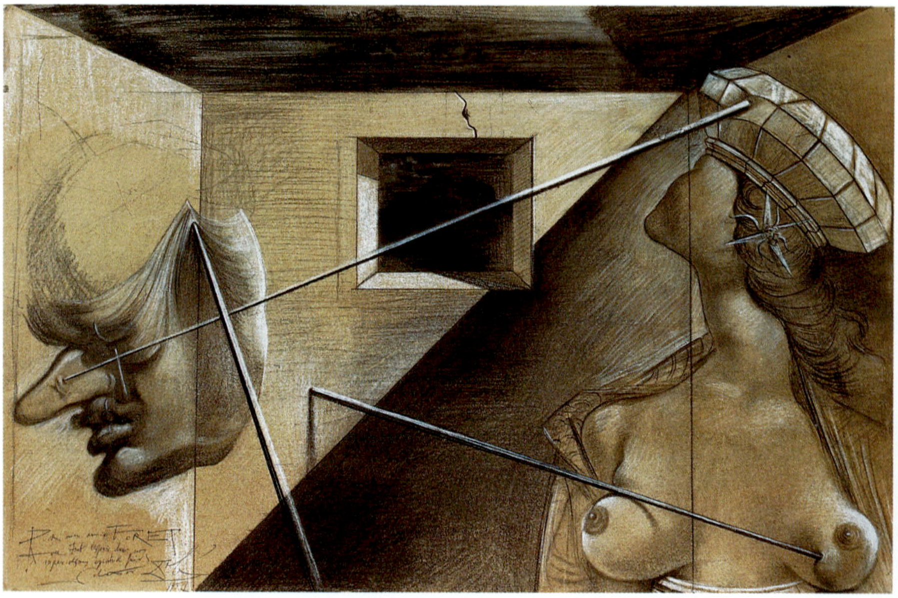

653

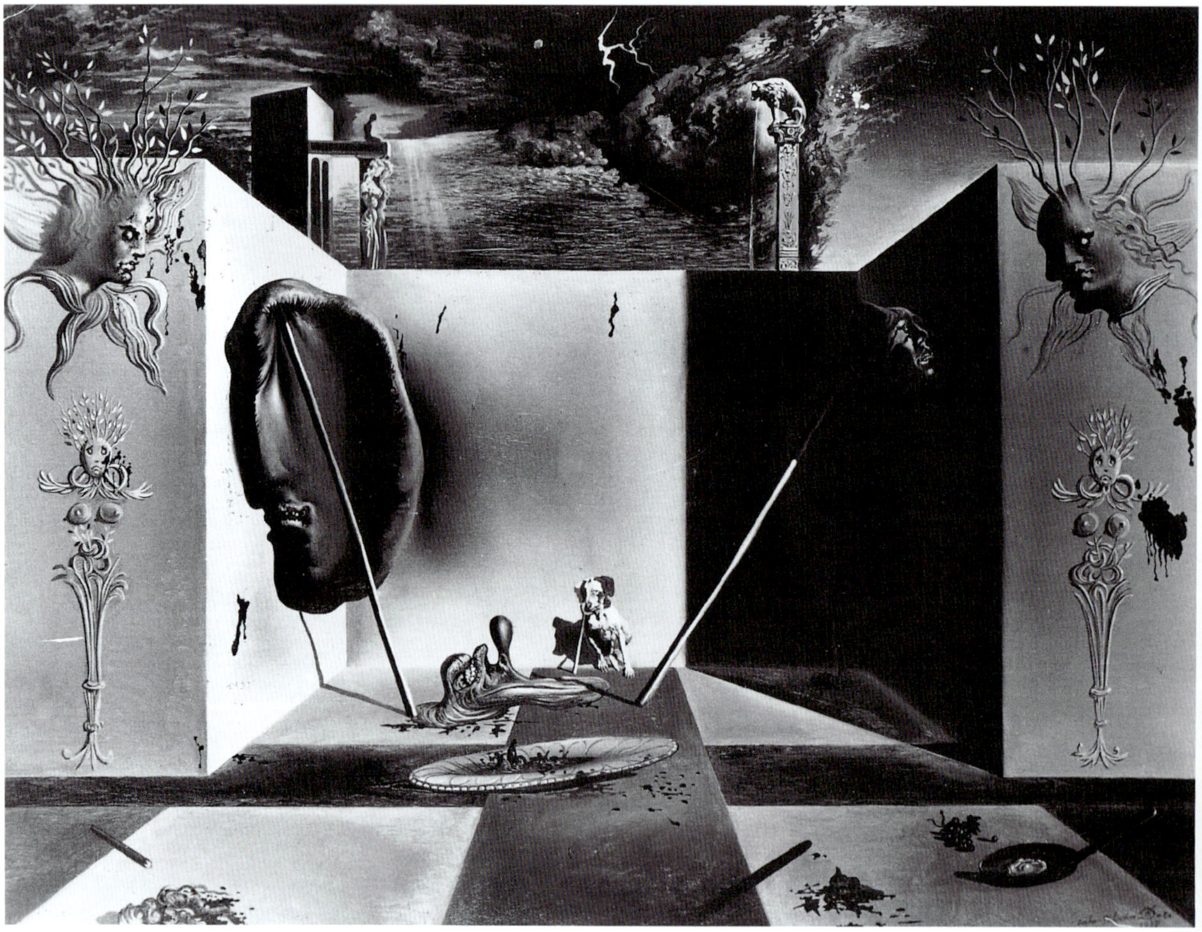

654

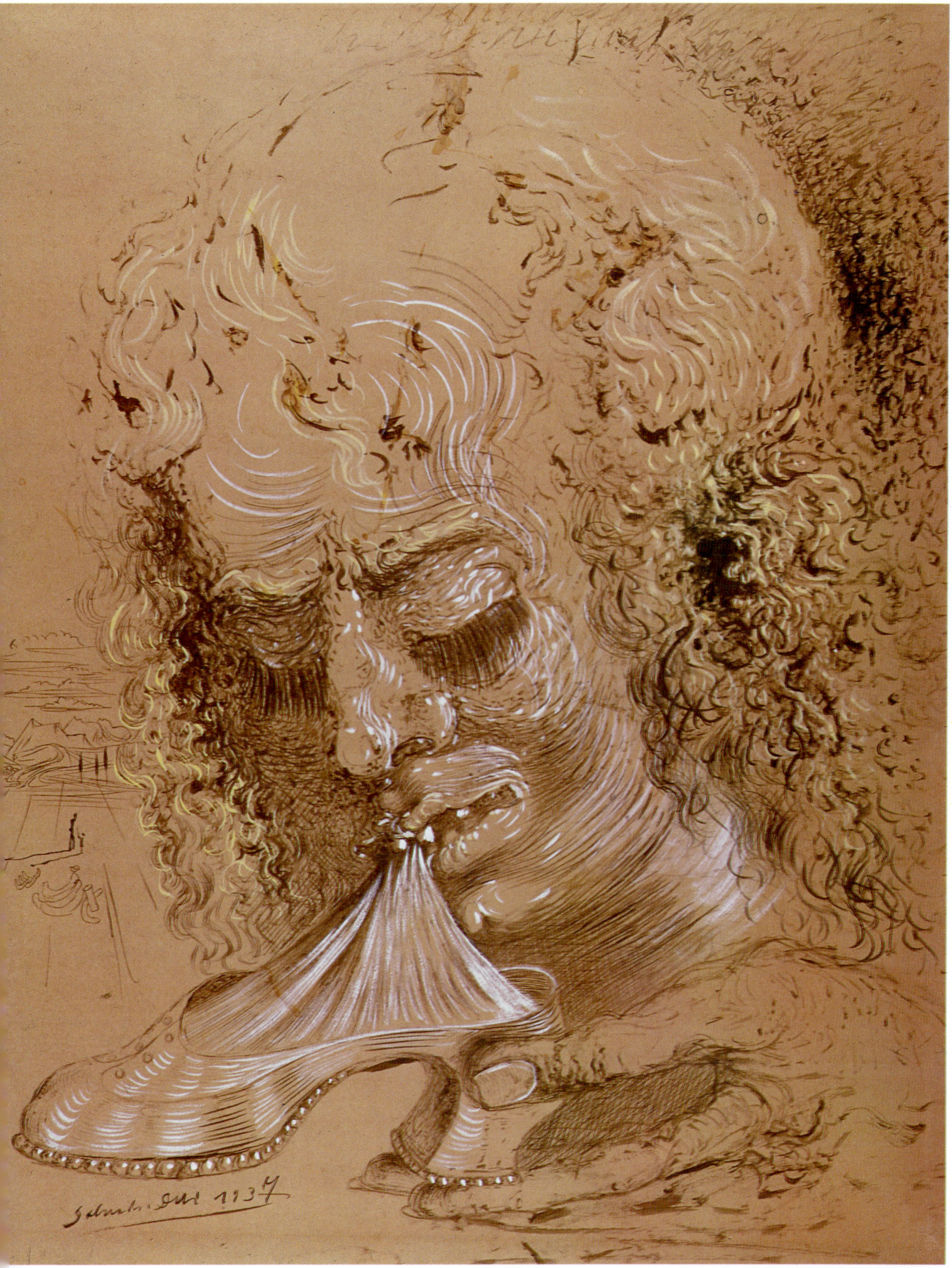

1937

656 **Avondeten in de door brandende giraffen verlichte woestijn**, 1937 △
Dîner dans le désert éclairé par les girafes en feu

657 **Surrealistische gondel boven brandende fietsen (ontwerp voor een filmproject met de Marx Brothers)**, 1937 △
Gondole surréaliste sur bicyclettes en feu

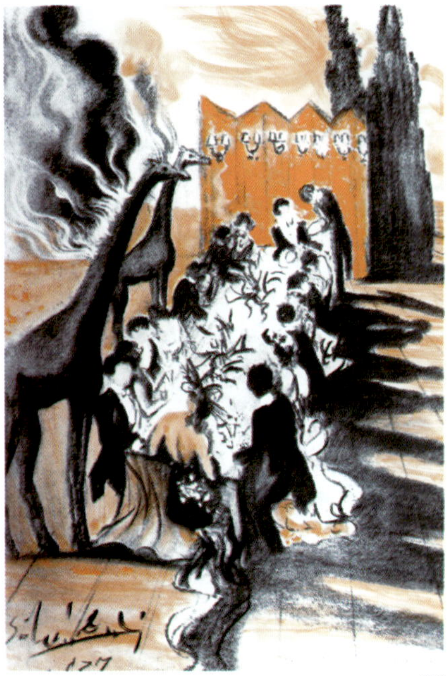

656

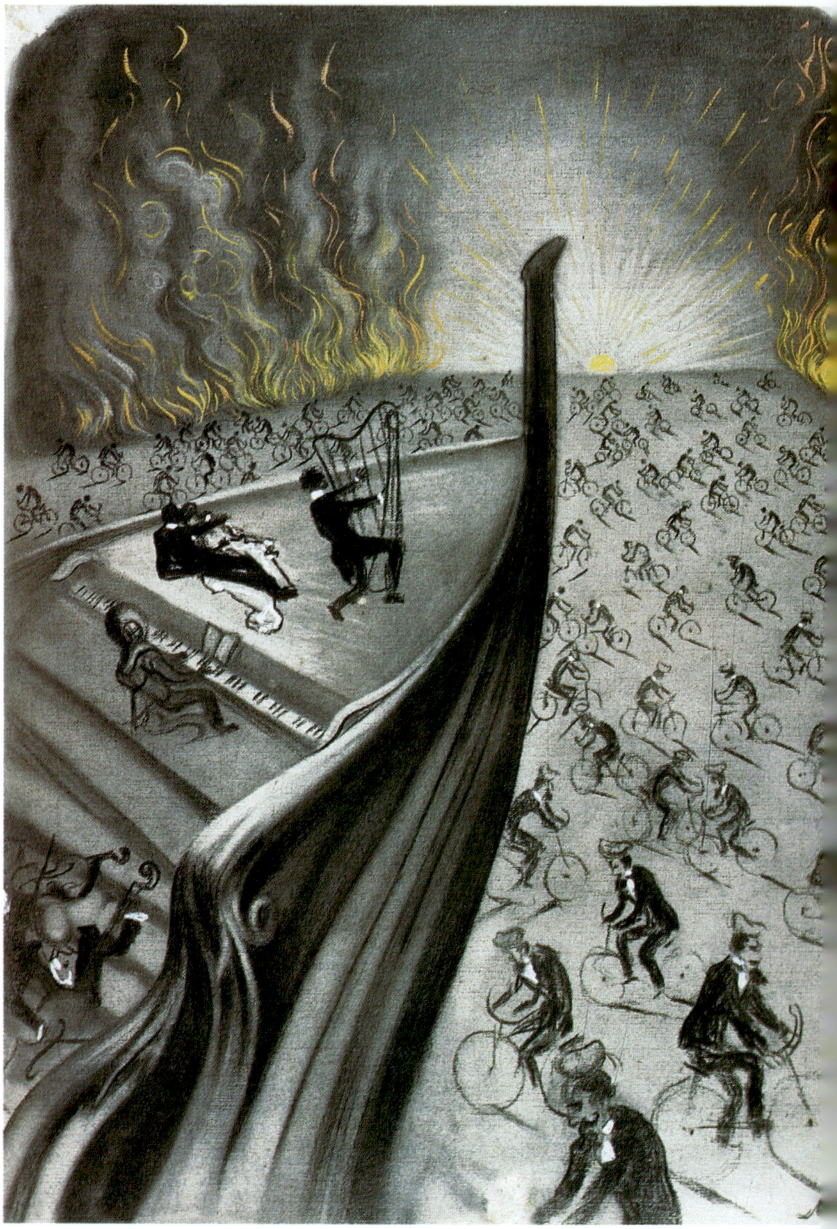

657

658 **Surrealistisch avondeten op een bed (ontwerp voor een filmproject met de Marx Brothers)**, 1937 △
Dîner surréaliste sur un lit

659 **Hoe wolkenkrabbers er in 1987 uit zullen zien. Tekening voor 'American Weekly'**, 1937 △
How Skyscrapers Will Look in 1987

660 **Zonder titel – Lamp met laden (tekening voor een interieurontwerp)**, rond 1937 △
Sans titre – Lampe aux tiroirs

661 **Zonder titel – Staande lamp met krukken (tekening voor een interieurontwerp)**, rond 1937 △
Sans titre – Lampadaire aux béquilles

662 **Biactrische halzen**, rond 1936 △
Cols biactriques

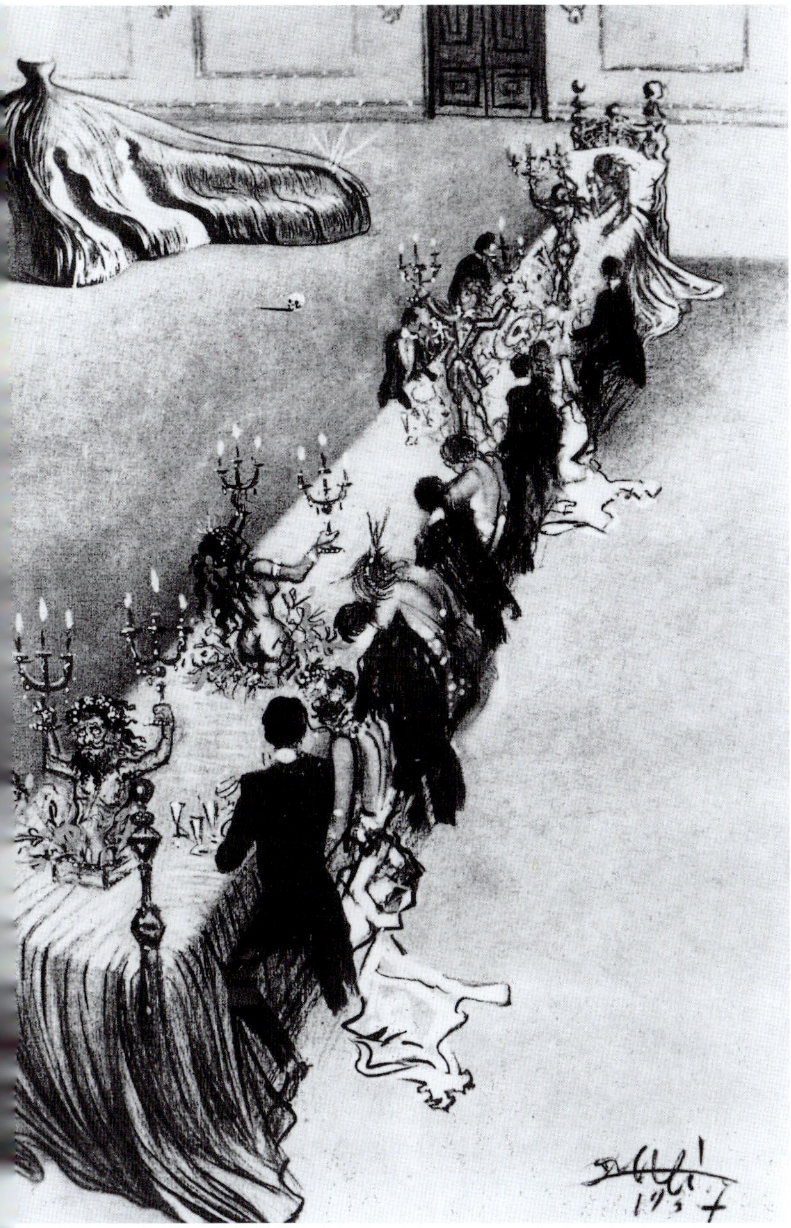
658

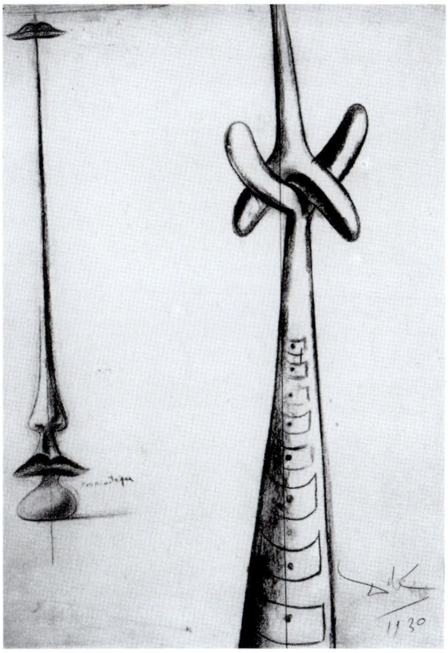
662

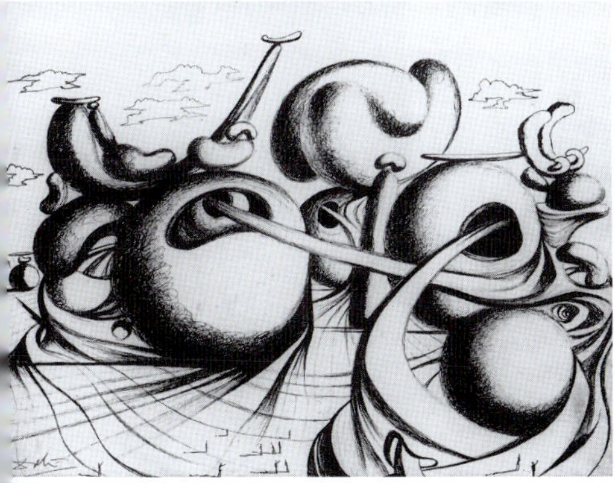
659

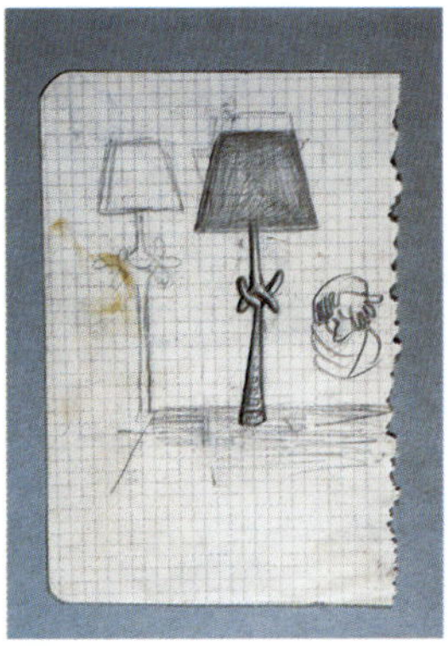
660

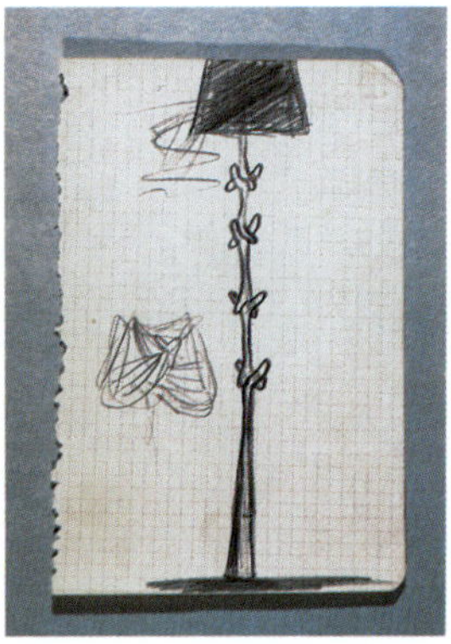
661

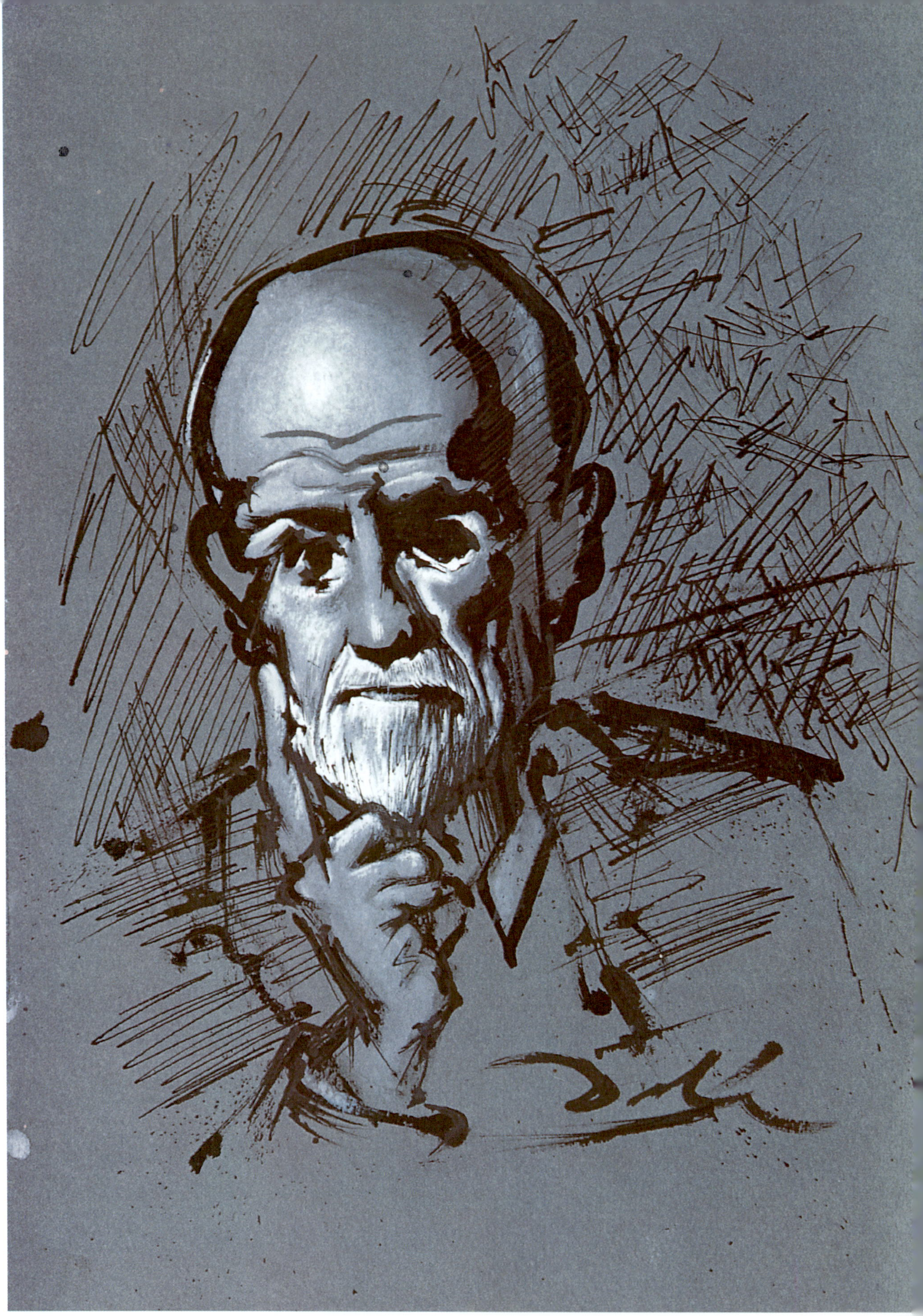

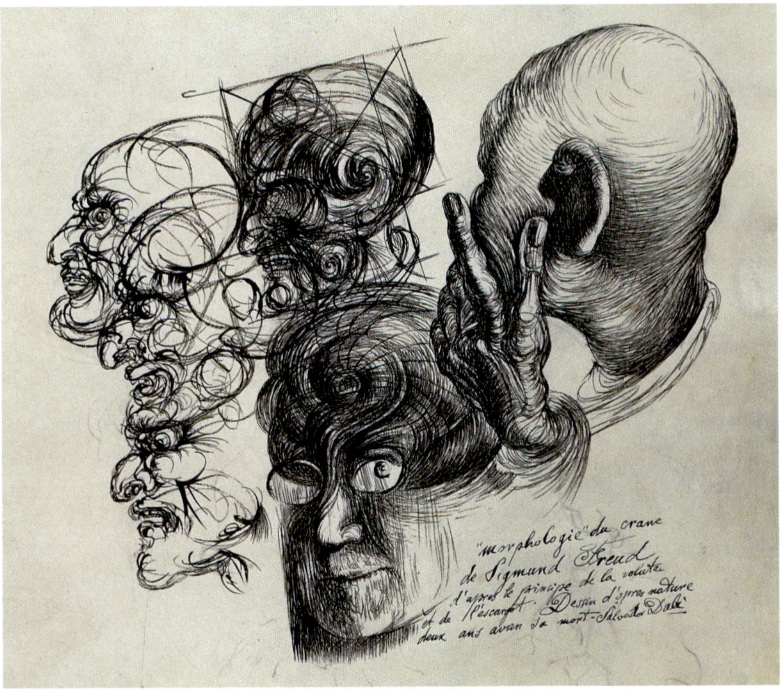

664

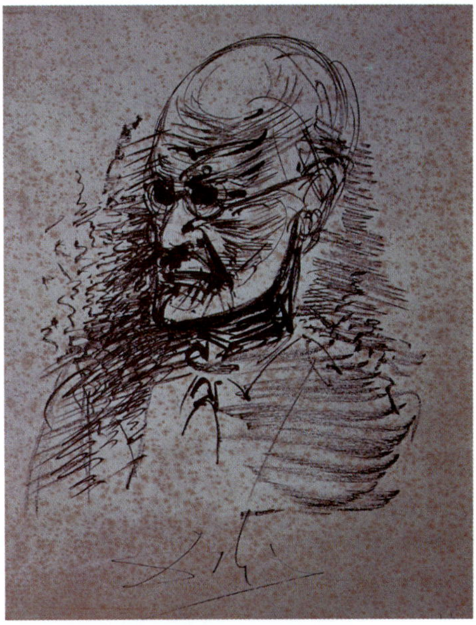

665

De lyriek van de poëtische schilderijen is alleen dan van filosofische betekenis wanneer ze in haar werkwijze naar dezelfde exactheid streeft als de wiskunde. Een dichter moet vooral en iedereen bewijzen wat hij zegt. Eerste visser uit Port Lligat: 'Wat heeft die jongen toch dat hij de hele dag alleen maar in zijn spiegel kijkt?' Tweede visser: 'Als je wilt, kan ik het je vertellen' (zachter): 'Hij heeft een ui in zijn hoofd.' – 'Een ui in je kop' in het Catalaans is precies gelijk aan het begrip 'complex' in de psychoanalyse. Als je een ui in je kop hebt, kan die opbloeien, tot een Narcis(sus)!" En Dalí gaat verder met zijn gedicht, die ware echo van het doek en besluit met de woorden: "Begrijp je Narcissus? De symmetrie, die goddelijke hypnose van de geest vult je hoofd al met die ongeneeslijk atavistische en langzame slaap van planten, die in je hersenen de leerachtige substantie van de kern van je aanstaande metamorfose uitdroogt. Het zaadje is uit je hoofd in het water gevallen. De mens wordt weer plant door de zware slaap van de uitputting en de goden door de transparante hypnose van hun hartstochten. Narcissus, je bent zo onbeweeglijk dat je zou denken dat je slaapt. Was het de ruwe en donkere Hercules, dan zou je zeggen: hij slaapt als een boomstam in de houding van een herculeïsche eik. Maar jij Narcissus, gevormd uit schuchtere, geparfumeerde ontplooiingen van een transparant jongelingsbestaan, slaapt als een waterbloem. Nu, nu het grote mysterie aanstaande is, nu de grote metamorfose gaat plaatsvinden, wordt Narcissus, in zijn onbeweeglijkheid en met de verteringstraagheid van een vleesetende plant verdiept in zijn spiegelbeeld, langzaam onzichtbaar. Alleen het hallucinerende ovaal van zijn witte hoofd blijft, zijn hoofd dat nu weer zachter is, zijn chrysalidenhoofd vol biologische bijgedachten, zijn door zijn vingertoppen boven water gehouden hoofd, door de vingertoppen van zijn onzinnige hand, de verschrikkelijke hand, de stront vretende hand, de dodelijke hand van zijn eigen spiegelbeeld.

Als dat hoofd splijt, wanneer dat hoofd scheuren gaat vertonen, wanneer dat hoofd openbreekt, zal de bloem er zijn, Narcissus, Gala – mijn Narcissus."

Op een dag belt een jonge psychiater Dalí op aanraden van Breton. Hij vraagt een onderhoud, om met Dalí te spreken over diens tekst 'Het ezelskadaver' die een onderzoek van het fenomeen paranoia moet zijn. Dalí en Lacan, twee namen

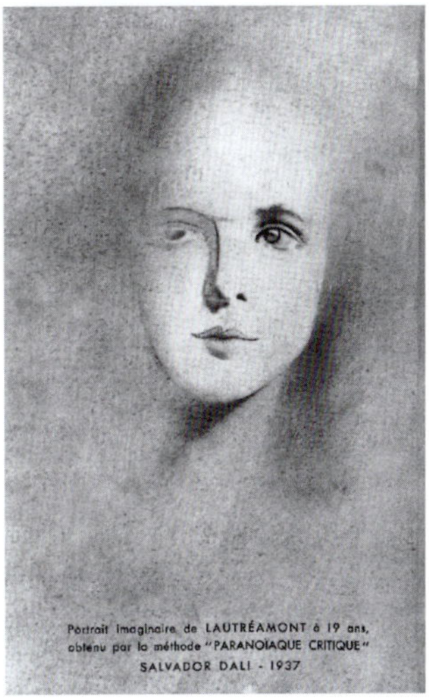

666

663 **Portret van Sigmund Freud**, 1937 △
Portrait de Sigmund Freud
664 **Portret van Sigmund Freud – Morfologie van de schedel van Sigmund Freud. Illustratie voor 'Het geheime leven van Salvador Dalí'**, 1938 △ Portrait de Sigmund Freud – Morphologie du crâne de Sigmund Freud
665 **Portret van Sigmund Freud**, 1938 △
Portrait de Sigmund Freud
666 **Imaginair portret van Lautréamont op 19-jarige leeftijd gemaakt volgens de paranoïde-kritische methode**, 1937 △
Portrait imaginaire de Lautréamont à 19 ans obtenu d'après la méthode paranoïaque-critique

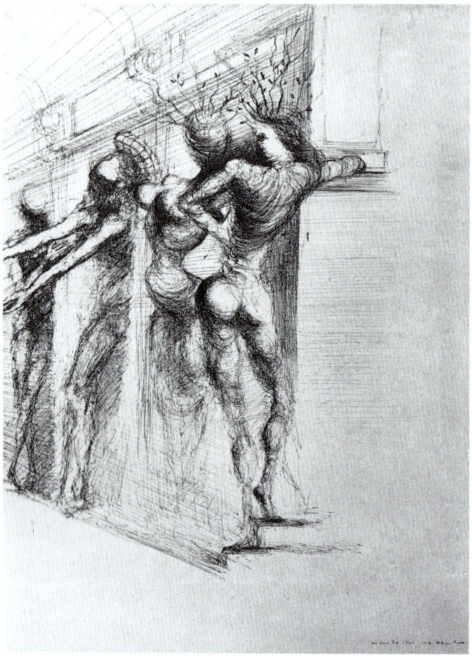

667

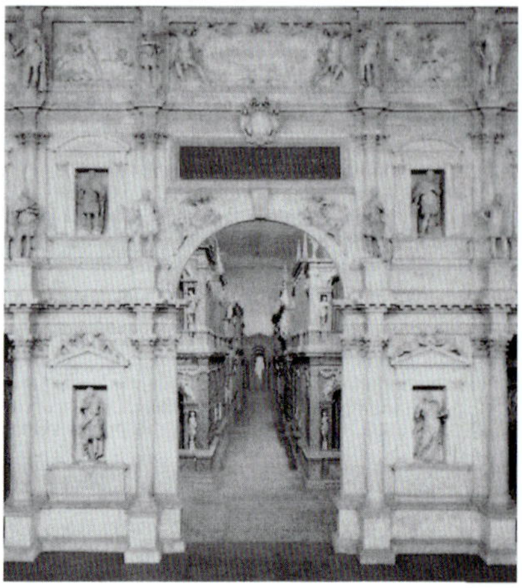

668

667 **Studie voor 'Schijncontrole' (ook: Het verkeerde perspectief)**, 1937 △

668 **Andrea Palladio: Het 'Scenea frons' in het Teatro Olimpico in Vicenza**, rond 1580 ☆

669 **Palladio's gang met dramatische verrassing**, 1938 ❑ Le corridor de Palladio avec surprise dramatique

670 **Palladio's gang van Thalia**, 1937 ❑ Le corridor Thalia de Palladio

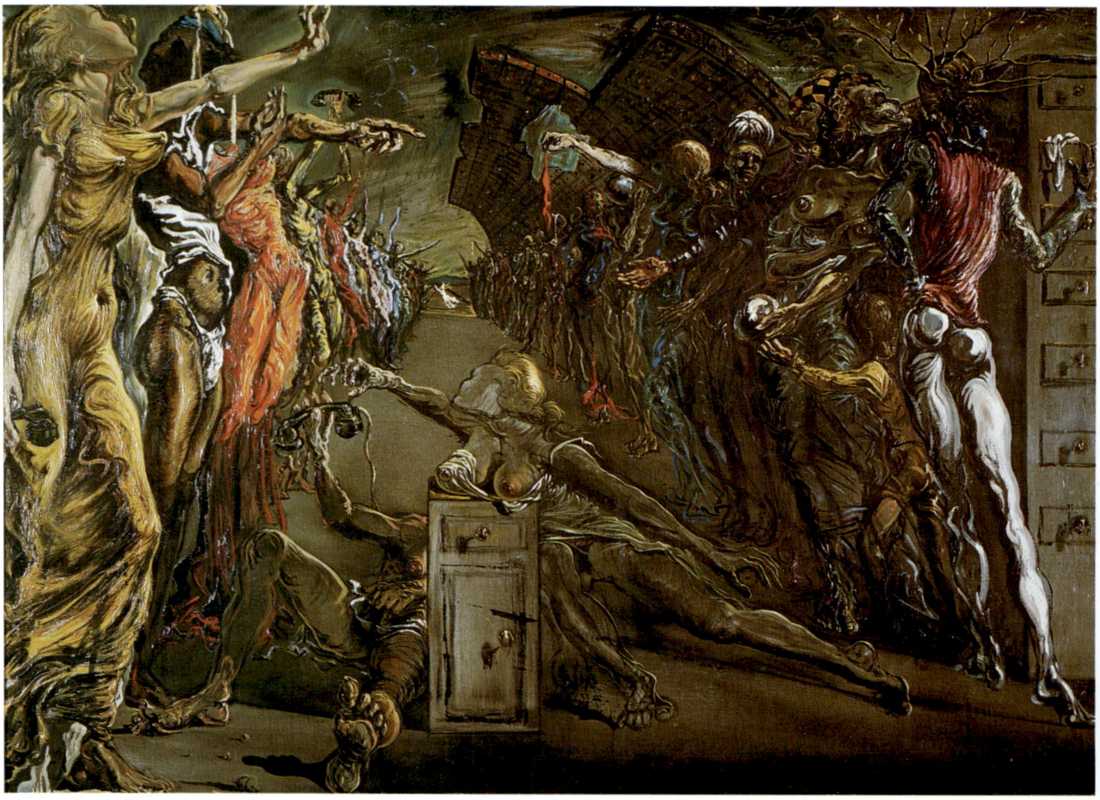

669

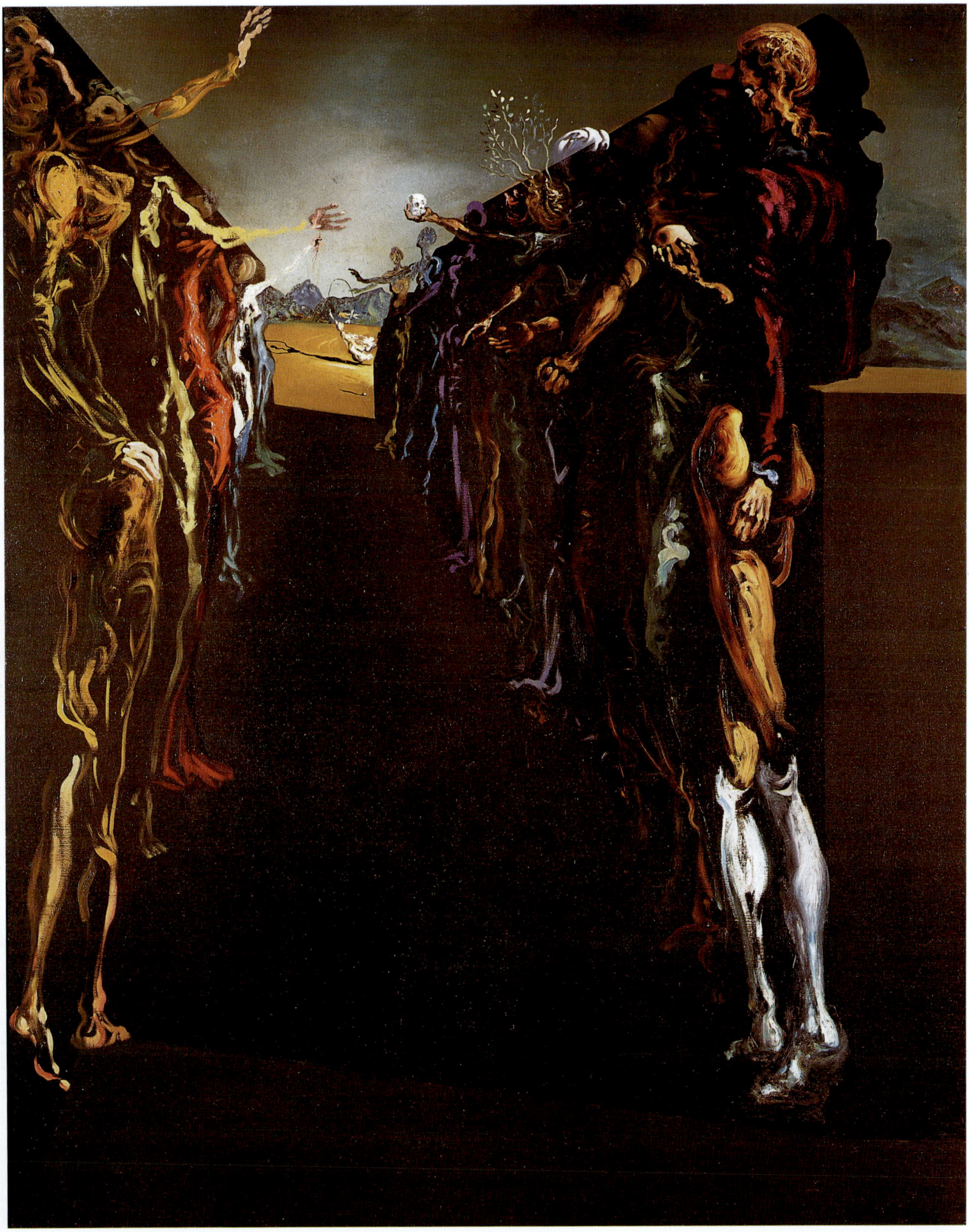

670

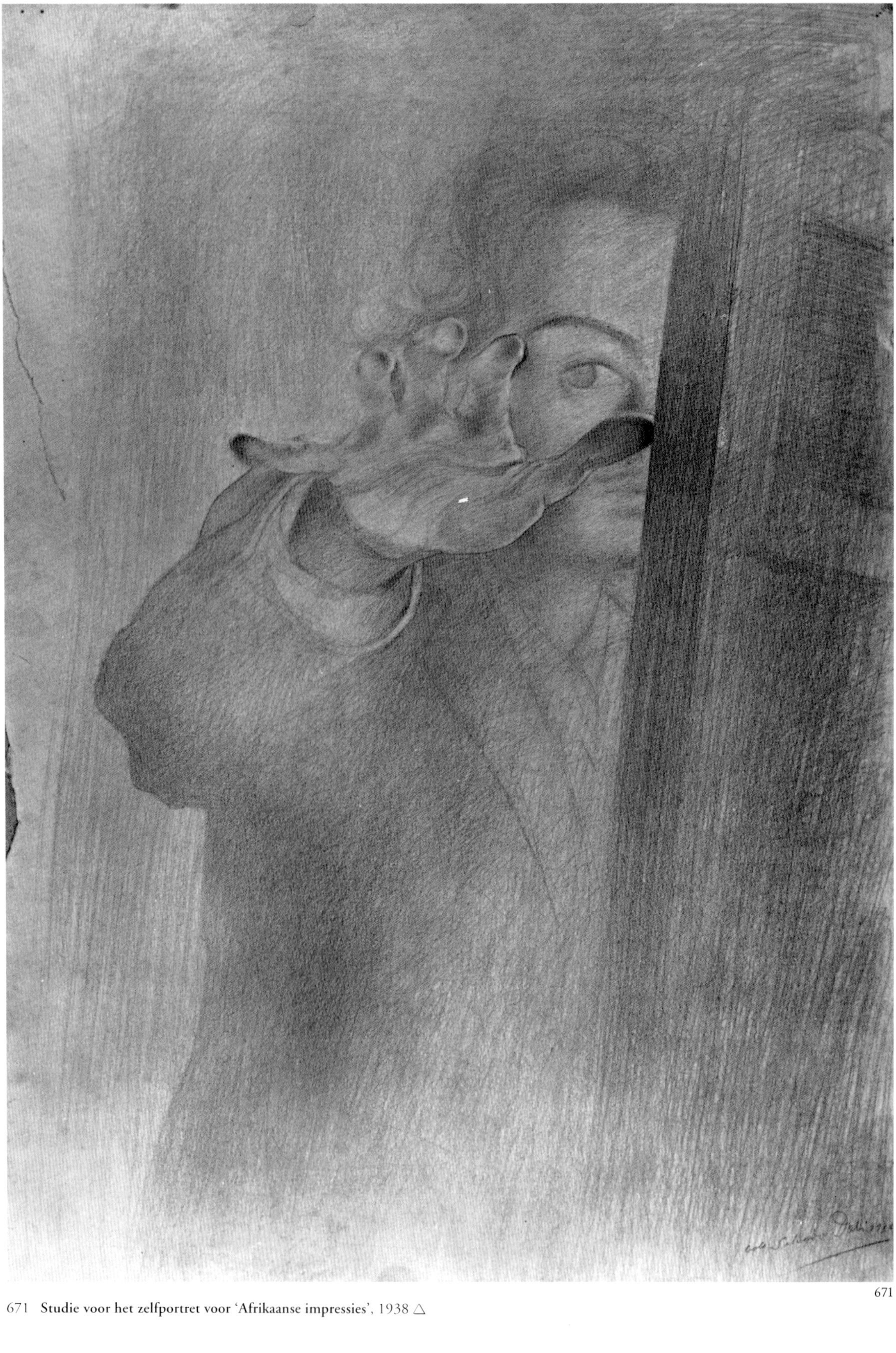

671

671 Studie voor het zelfportret voor 'Afrikaanse impressies', 1938 △

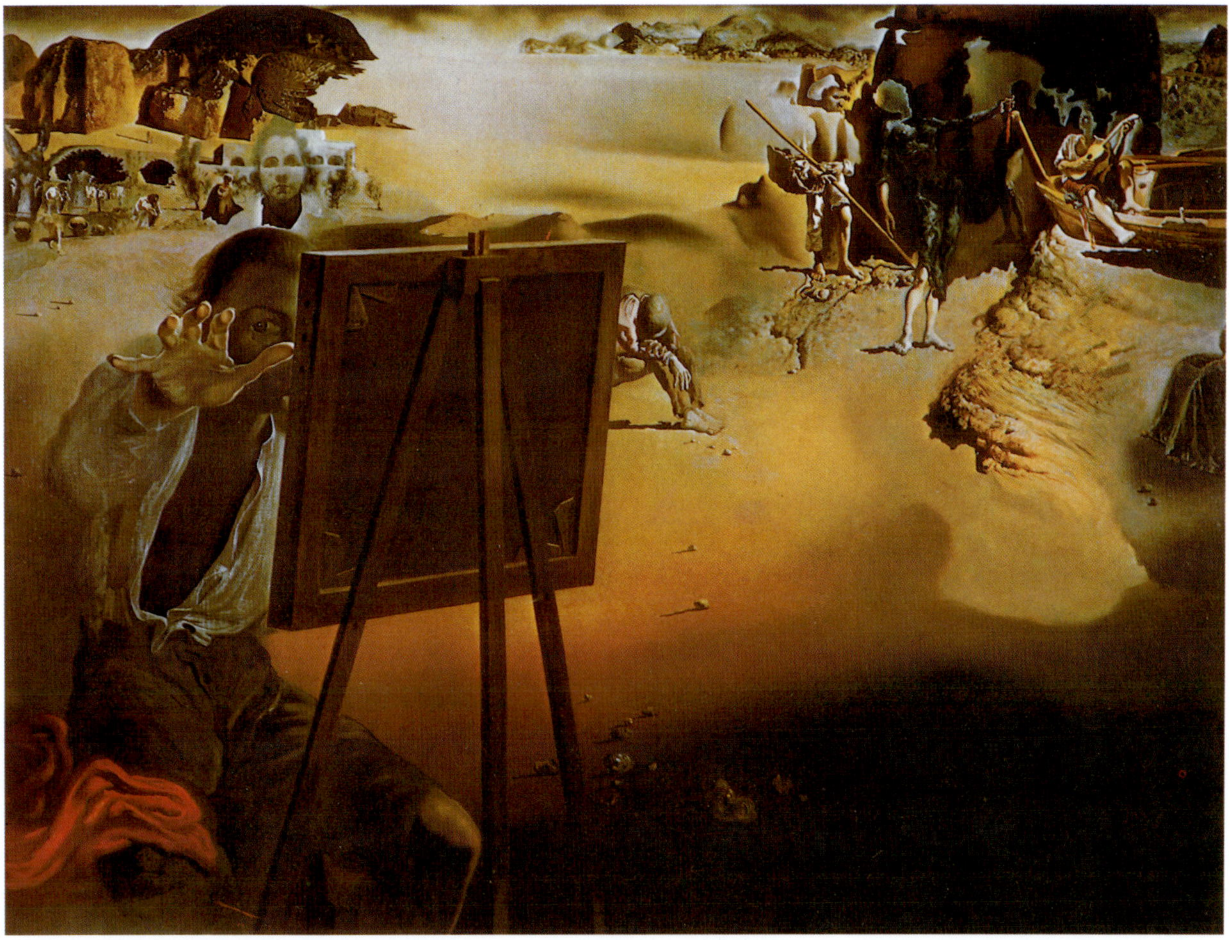

672

die, als je ze tegenover elkaar zet, van nu af aan onvermijdelijk doen denken aan hun gemeenschappelijke opvatting van de paranoia. Aan de ene kant de paranoïde-kritische methode, "instrument van de eerste orde" waarmee Dalí de "verovering van het irrationele" opneemt en die de Parijse groep surrealisten, die ten onder dreigt te gaan in haar twisten, nieuwe kracht schenkt. Aan de andere kant een doctoraalscriptie, 'Over de paranoïde psychose in haar relatie tot de persoonlijkheid', die haar auteur in oktober 1932 beroemd heeft gemaakt en hem tot "de drempel van de psychoanalyse" heeft gebracht. Zoals Patrice Schmitt opmerkt: "De paranoia zoals Dalí die opvat, is door haar actieve karakter precies het tegengestelde van de hallucinatie. Ze is methode, kritiek. Ze heeft precieze betekenissen en een fenomenologische dimensie. Binnen de surrealistische beweging verzet ze zich tegen het automatisme. Dit automatisme, dat zich het spectaculairst uit in de 'écriture automatique' en de 'uitgelezen kadavers' (blz. 216/217), die uitvinding van Dalí waarmee de surrealisten spelen door ze te componeren tot verschillende zinnen of tekeningen, waarbij niemand weet wat de anderen al hebben gedaan... Lacan op zijn beurt", gaat Patrice Schmitt verder, "richt zich in zijn scriptie tegen het begrip van het geestelijk 'automatisme' (eenvoudige homonymie) die van de paranoïde interpretatie een antwoord van de organen maakt en heeft een voorkeur voor een fenomenologische betekenis. Vergelijk je die twee theorieën, dan blijkt het volgende: voor Lacan is de interpreterende gebeurtenis al hallucinatie, maar die equivalentie tussen hallucinatie en interpretatie is het eigenlijke wezen van het verschijnsel. Gezamenlijke conclusie: het verschijnsel van

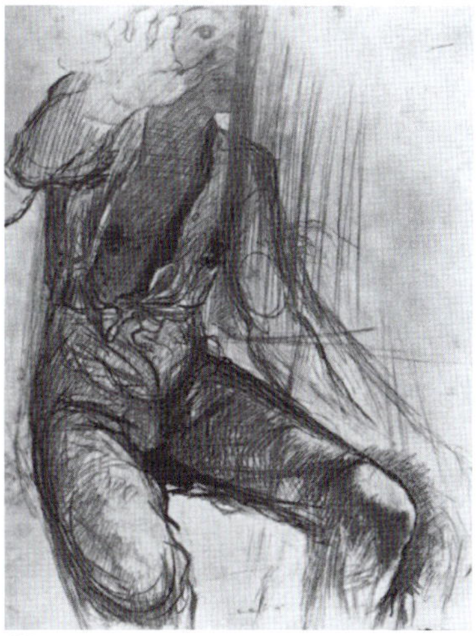

673

672 **Afrikaanse impressies**, 1938 ❑
Impressions d'Afrique

673 **Studie voor het zelfportret voor 'Afrikaanse impressies'**, 1938 △

1938

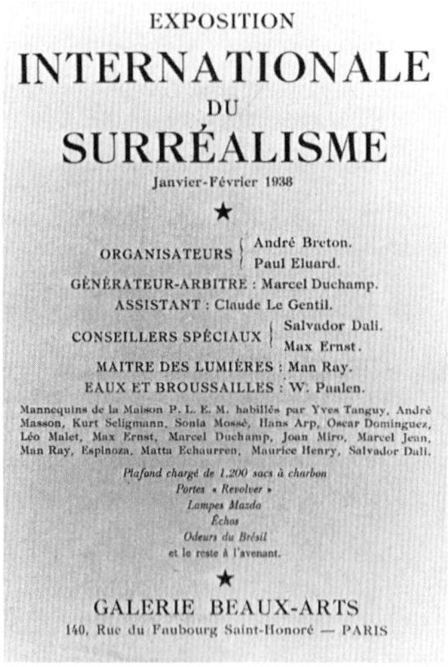

EXPOSITION

INTERNATIONALE

DU

SURRÉALISME

Janvier-Février 1938

★

ORGANISATEURS { André Breton. Paul Eluard.

GÉNÉRATEUR-ARBITRE : Marcel Duchamp.

ASSISTANT : Claude Le Gentil.

CONSEILLERS SPÉCIAUX { Salvador Dali. Max Ernst.

MAITRE DES LUMIÈRES : Man Ray.

EAUX ET BROUSSAILLES : W. Paalen.

Mannequins de la Maison P. L. E. M. habillés par Yves Tanguy, André Masson, Kurt Seligmann, Sonia Mossé, Hans Arp, Oscar Dominguez, Léo Malet, Max Ernst, Marcel Duchamp, Joan Miro, Marcel Jean, Man Ray, Espinoza, Matta Echaurren, Maurice Henry, Salvador Dali.

Plafond chargé de 1.200 sacs à charbon

Portes « Revolver »

Lampes Mazda

Échos

Odeurs du Brésil

et le reste à l'avenant.

★

GALERIE BEAUX-ARTS

140, Rue du Faubourg Saint-Honoré — PARIS

674

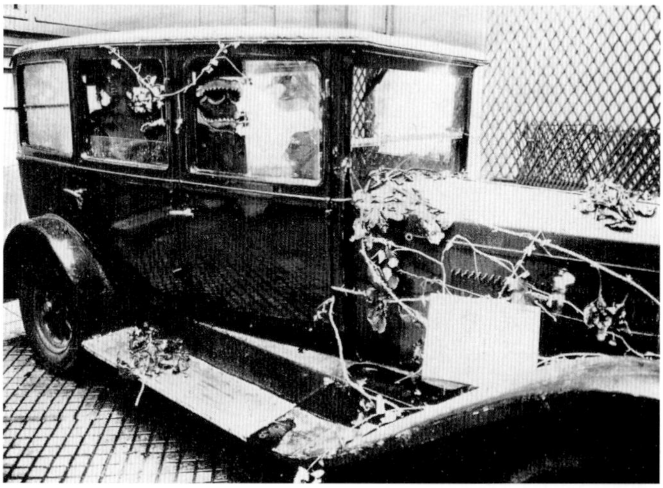

676

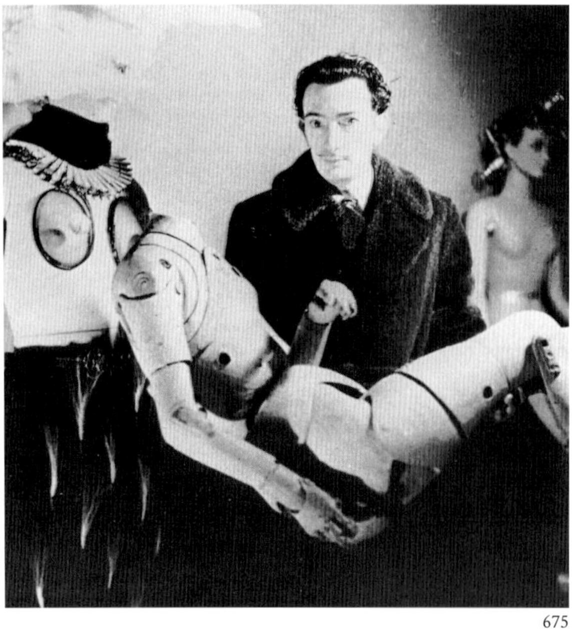

675

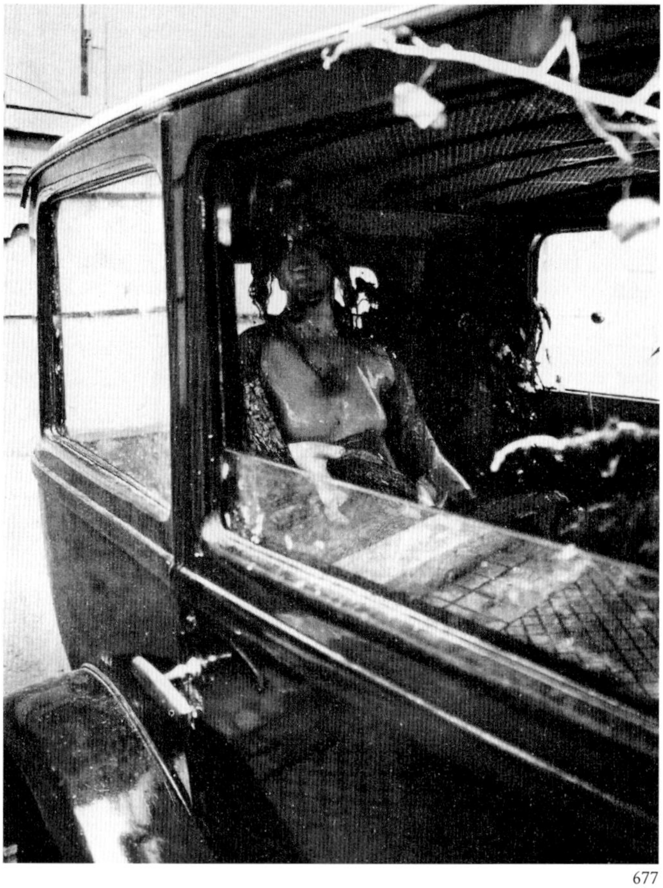

677

674 Titelpagina van de catalogus voor de internationale surrealisten-tentoonstelling in de Galerie des Beaux-Arts, Parijs, 1938 ✗

675 Dalí met zijn etalagepop. Foto voor de internationale surrealisten-tentoonstelling, 1938 ✗

676-677 De regentaxi (voor de internationale surrealisten-tentoonstelling), 1938 ○
Le Taxi pluvieux

de paranoia hoort bij het pseudo-hallucinatorische type. De eerste verbinding Dalí-Lacan wordt gelegd. Het door Dalí gekozen voorbeeld –het dubbelschilderij– is zeer geschikt om de paranoïde gebeurtenis te onthullen. Afgezien van de illustraties bij 'Het ezelskadaver' zijn *De onzichtbaren – Slaapster, paard en leeuw* (blz. 160) en *De onzichtbare man* (blz. 147) dubbelschilderijen. Onbetwistbaar is echter dat het dubbelschilderij het duidelijkst de consubstantiatie van het delirium en van de interpreterende gebeurtenis doet verschijnen. Het dubbelschilderij

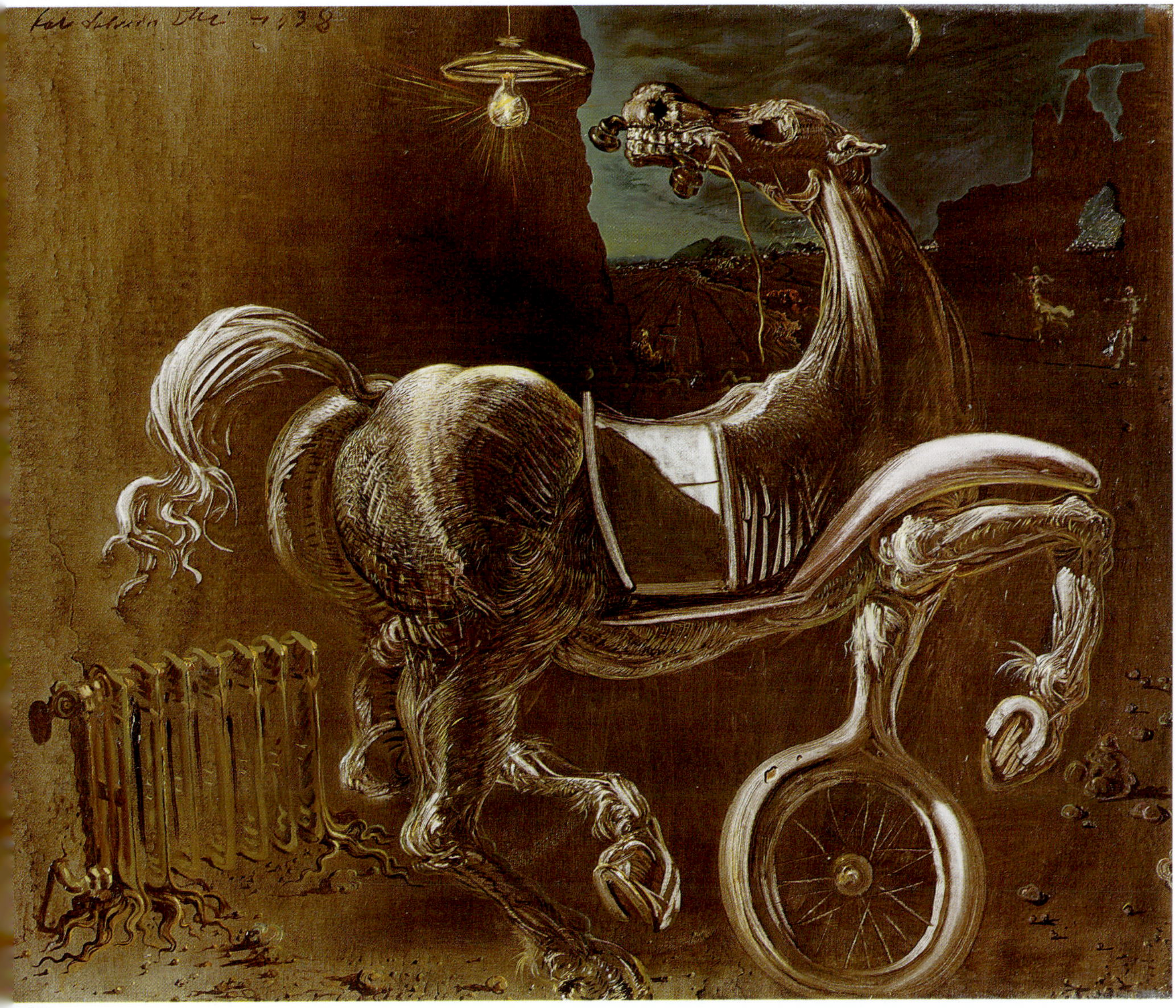

678

maakt de radicale onderscheiden (interpretatie en dan delirium) van de klassieke conceptie achterhaald en onbegrijpelijk. Beide momenten zijn gelijktijdig en behoren tot hetzelfde type."

Een ander voorbeeld: Picasso stuurt Dalí een ansichtkaart waarop een groep negers rondom een hut zit en ligt. Als hij deze kaart bekijkt, interpreteert Dalí haar meteen als een kubistisch gezicht en gebruikt haar om zijn *Paranoïde gezicht* (blz. 249) te schilderen. Daar zijn niet die twee momenten: eerst de foutieve be-

678 **Wrak van een auto dat een blind paard baart dat een telefoon opeet,** 1938 ❑
Débris d'une automobile donnant naissance à un cheval aveugle mordant un téléphone

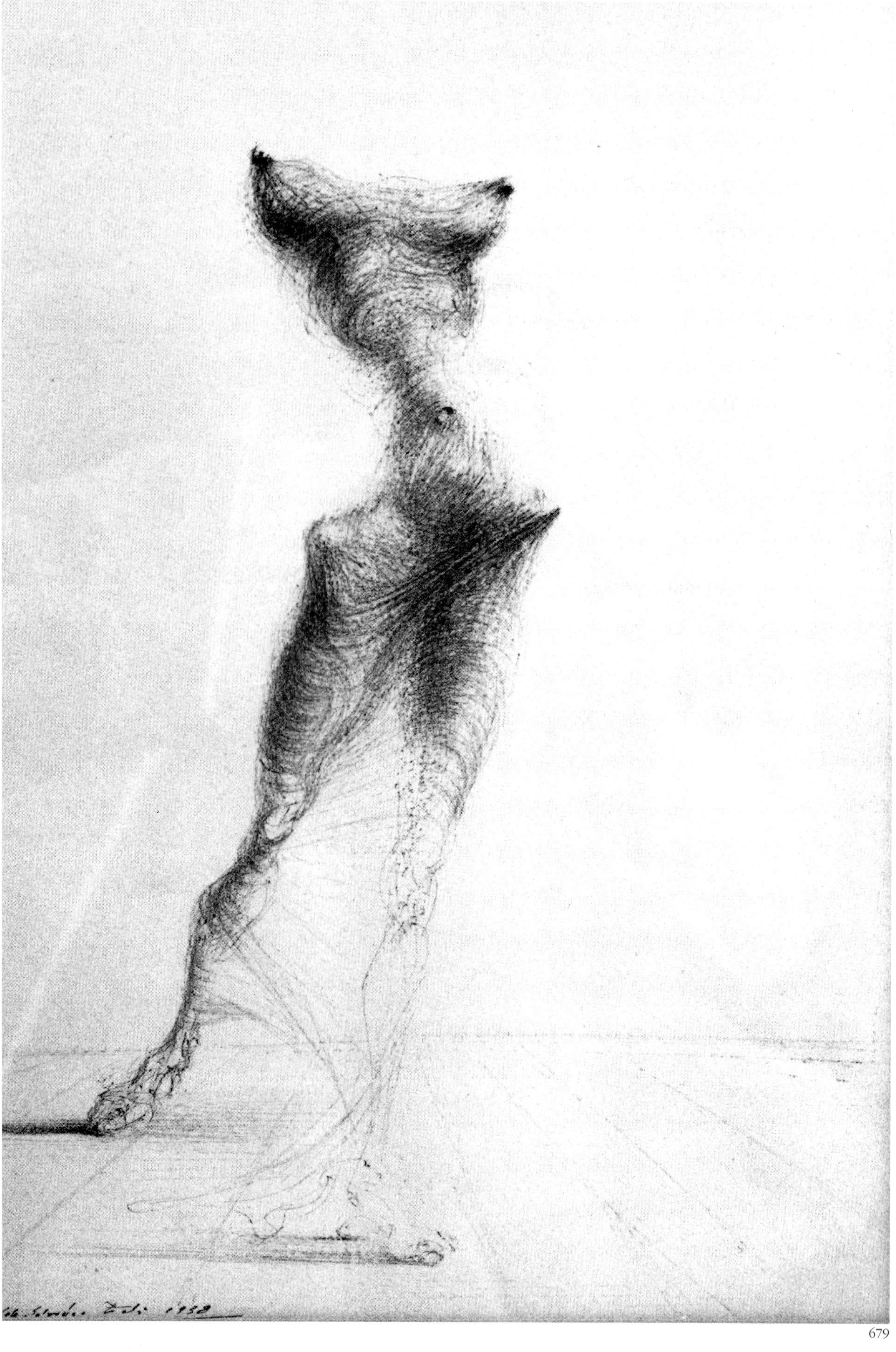

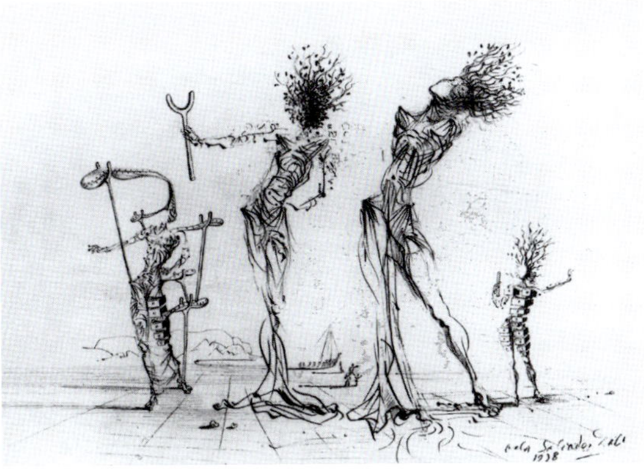

680

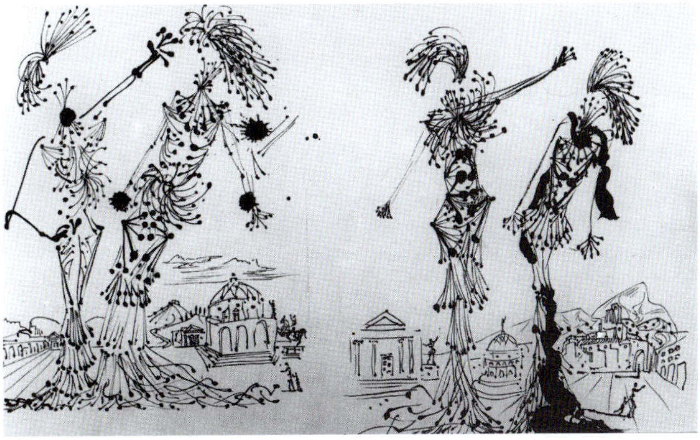

681

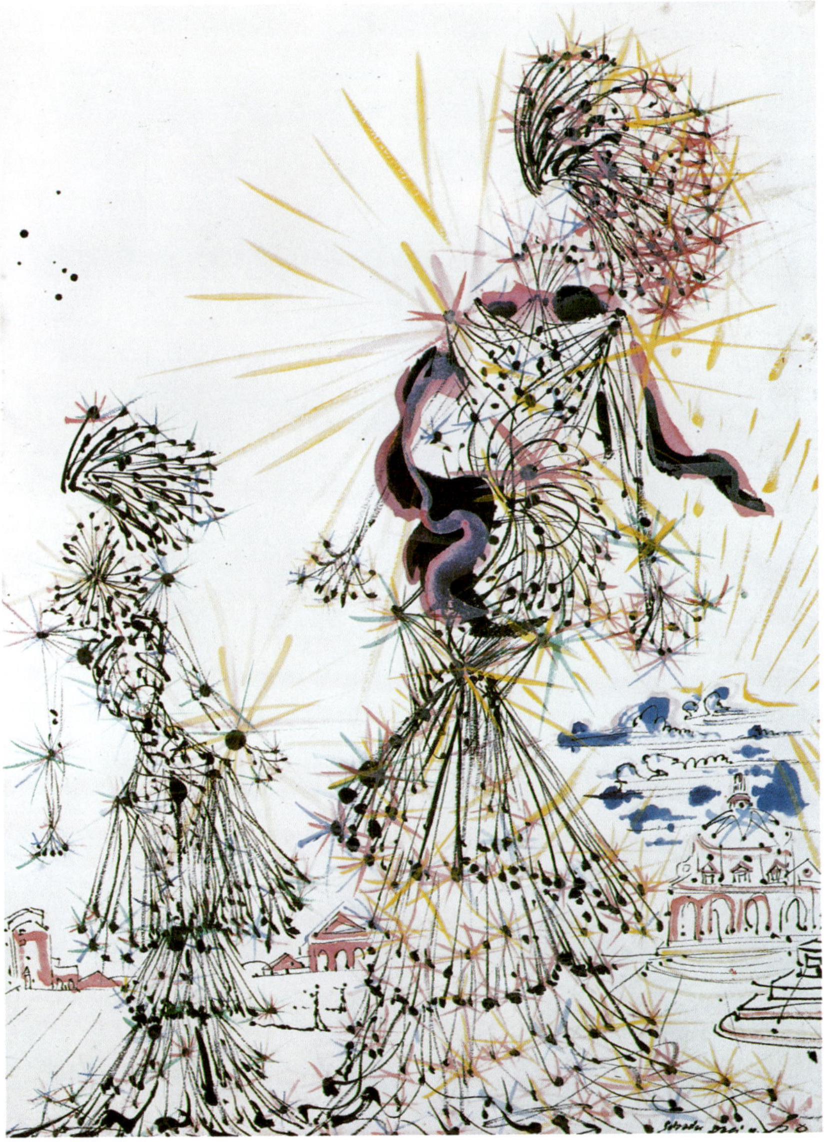

682

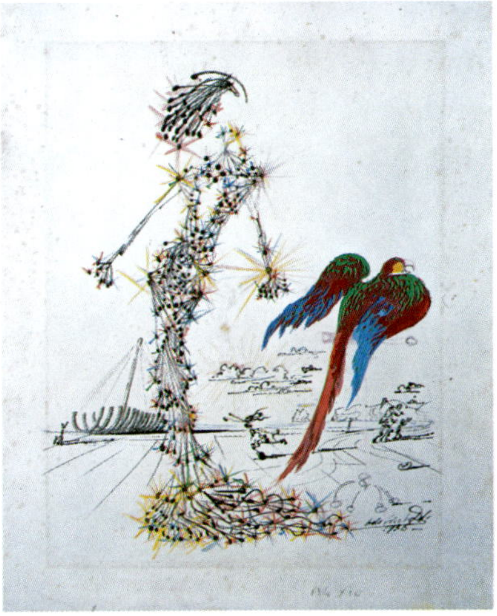

683

679 **Gradiva**, 1938 △

680 **Stuitbeen-vrouwen**, 1938 △
Femmes-coccyx

681 **Vier imaginaire figuren voor Spaanse monumenten (studie voor kostuums voor Coco Chanel)**, 1938 △
Quatre personnages imaginaires sur fond de monuments espagnols

682 **Compositie – Twee vrouwen en een stad op de achtergrond**, 1938 △
Composition – Deux femmes et une ville dans le fond

683 **Fantastische strandscène met papegaai en scheepsromp**, 1938 △
Scène de plage fantastique avec perroquet et carcasse de bateau

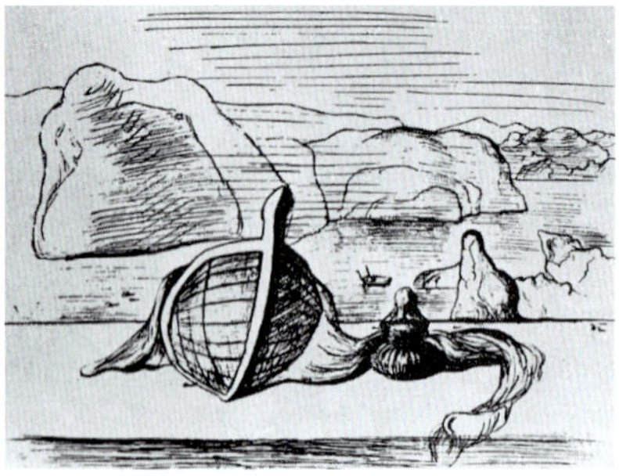

684

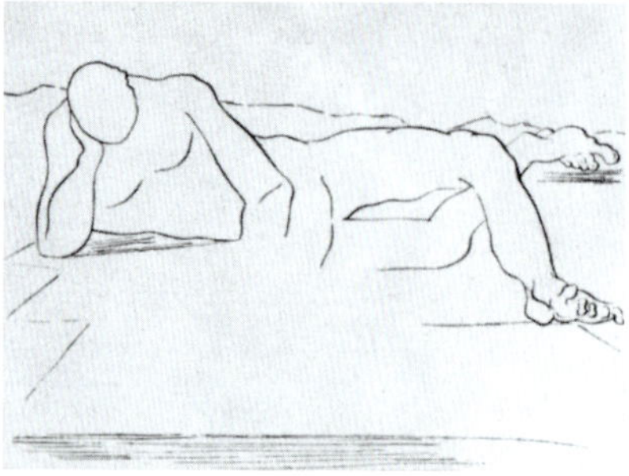

685

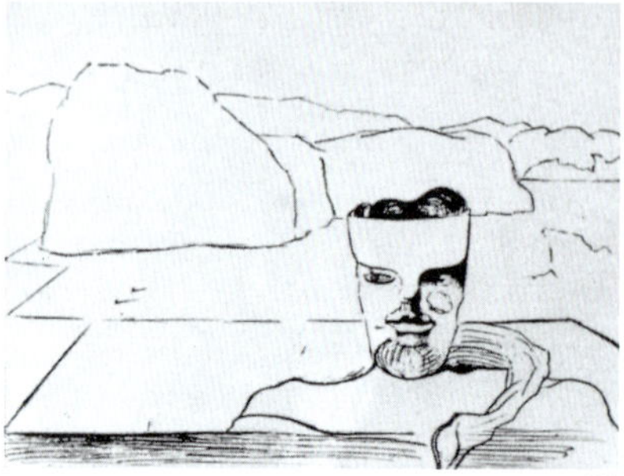

686

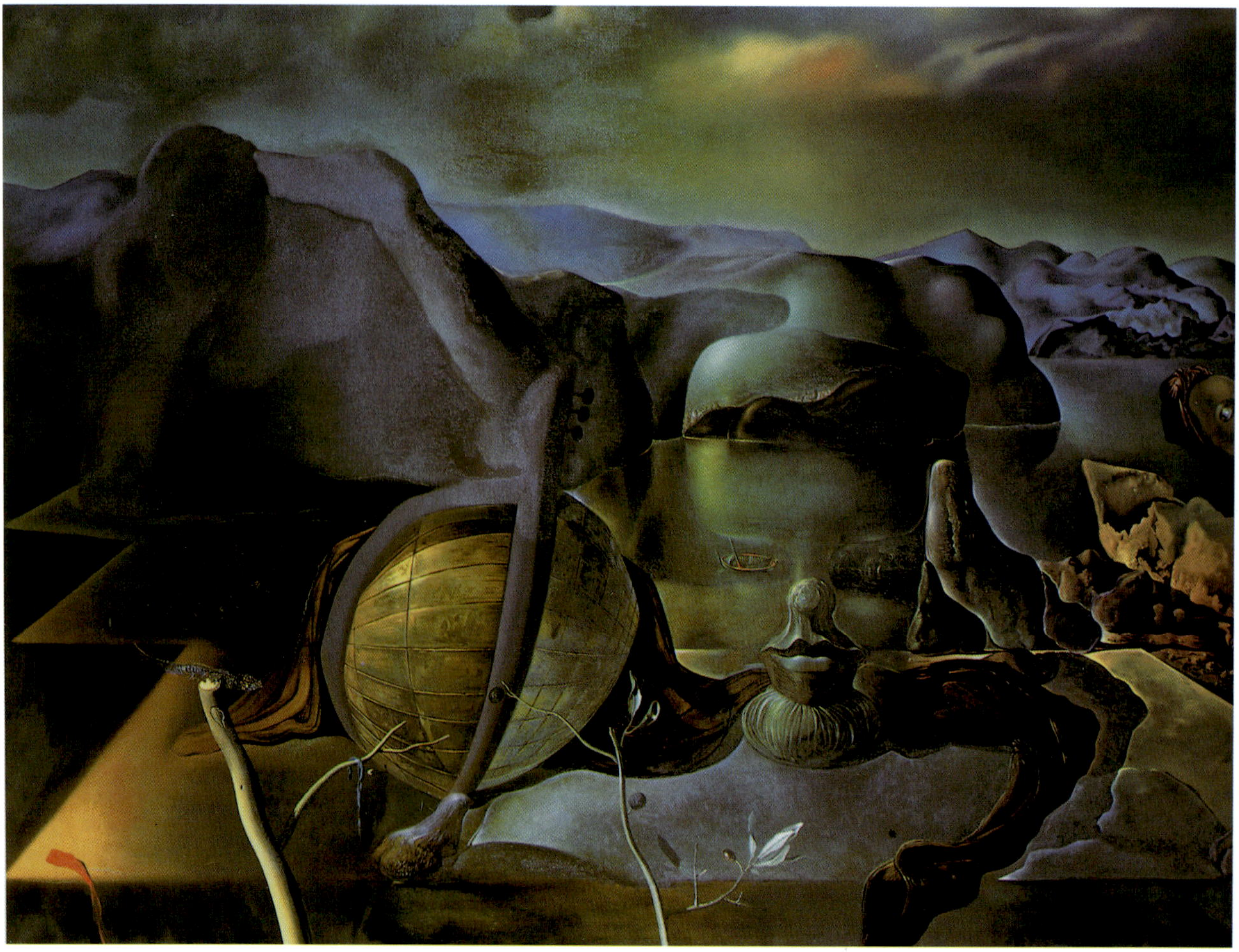

687

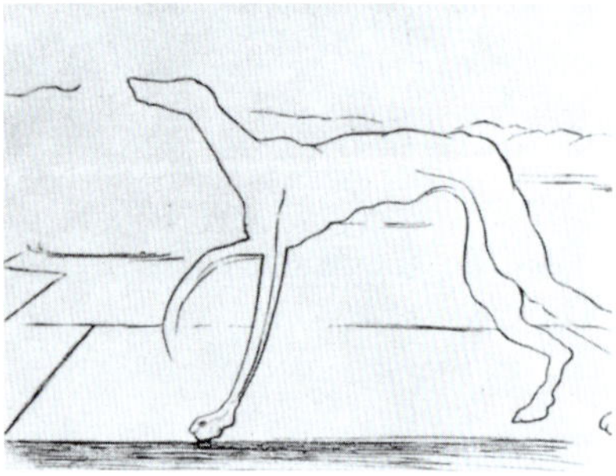

688

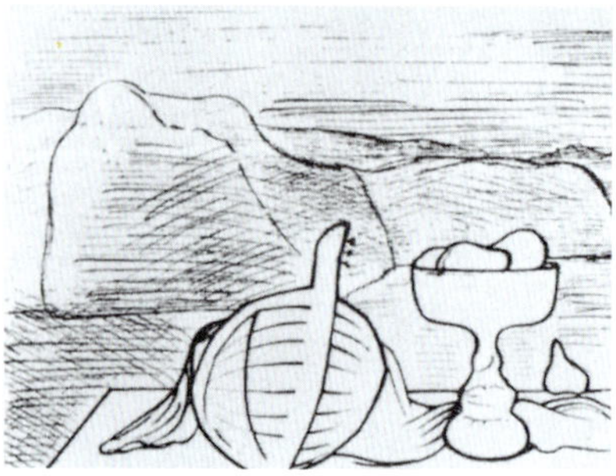

689

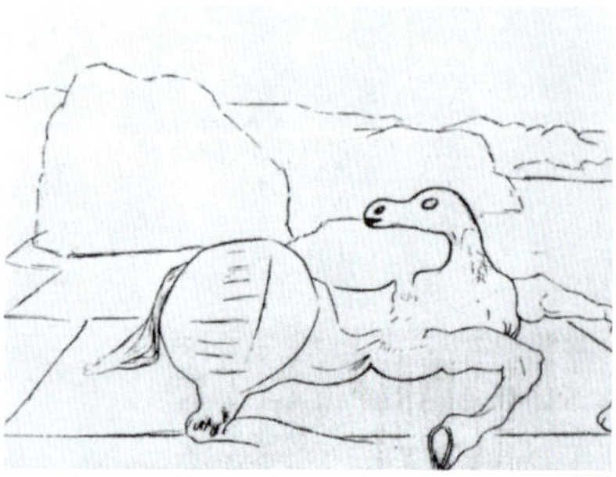

690

oordeling van de kaart en daarna het redenerende delirium. Hier gaan Dalí en Lacan opnieuw een verbinding aan, want delirium en interpretatie zijn even wezenlijk.

Over *De slaap* (blz. 291), de bijna getrouwe weergave van een rots in Cadaqués (blz. 290), schrijft Dalí in 'Minotaure' (nr. 10, winter 1937): "Dankzij de glorieuze paranoïde-kritische methode krijgen we steeds meer nieuwe exacte details. De slaap is een waarachtig 'chrysalidisch' monster waarvan de morfologie en nostalgie zich stutten met elf hoofdkrukken, die ook 'chrysalidisch' zijn en afzonderlijk onderzocht moeten worden..." Hij citeert de 'slaapspiraal' van Michelangelo en gelooft dat Gaudí in dit opzicht weer eens meer dan duizend keer gelijk had. In zijn 'Geheime leven' vertelt hij bovendien: "Ik heb me het monster van de slaap vaak als een enorm hoofd voorgesteld, met een dun, lang lichaam, in evenwicht gehouden door de krukken van de werkelijkheid, en het zo afgebeeld. Als die krukken breken, hebben we het gevoel te 'vallen'. De meeste lezers hebben het gevoel beleefd plotseling in de leegte te tuimelen, juist op dat moment dat de slaap ze geheel overmant. Als ze met kloppend hart uit hun slaap opschieten, beseffen ze niet altijd dat dit gevoel een herinnering aan de uitstoting bij de geboorte is."

684, 685, 686, 688, 689, 690 **Studies voor 'Oneindig raadsel': Strand van Cap Creus met boot en zittende vrouw, van achteren gezien, bij het repareren van een zeil. Liggende filosoof. Gezicht van de grote, domme Cycloop. Windhond. Mandoline, fruitschaal met peren, twee vijgen op een tafel. Fabeldier**, 1938 △

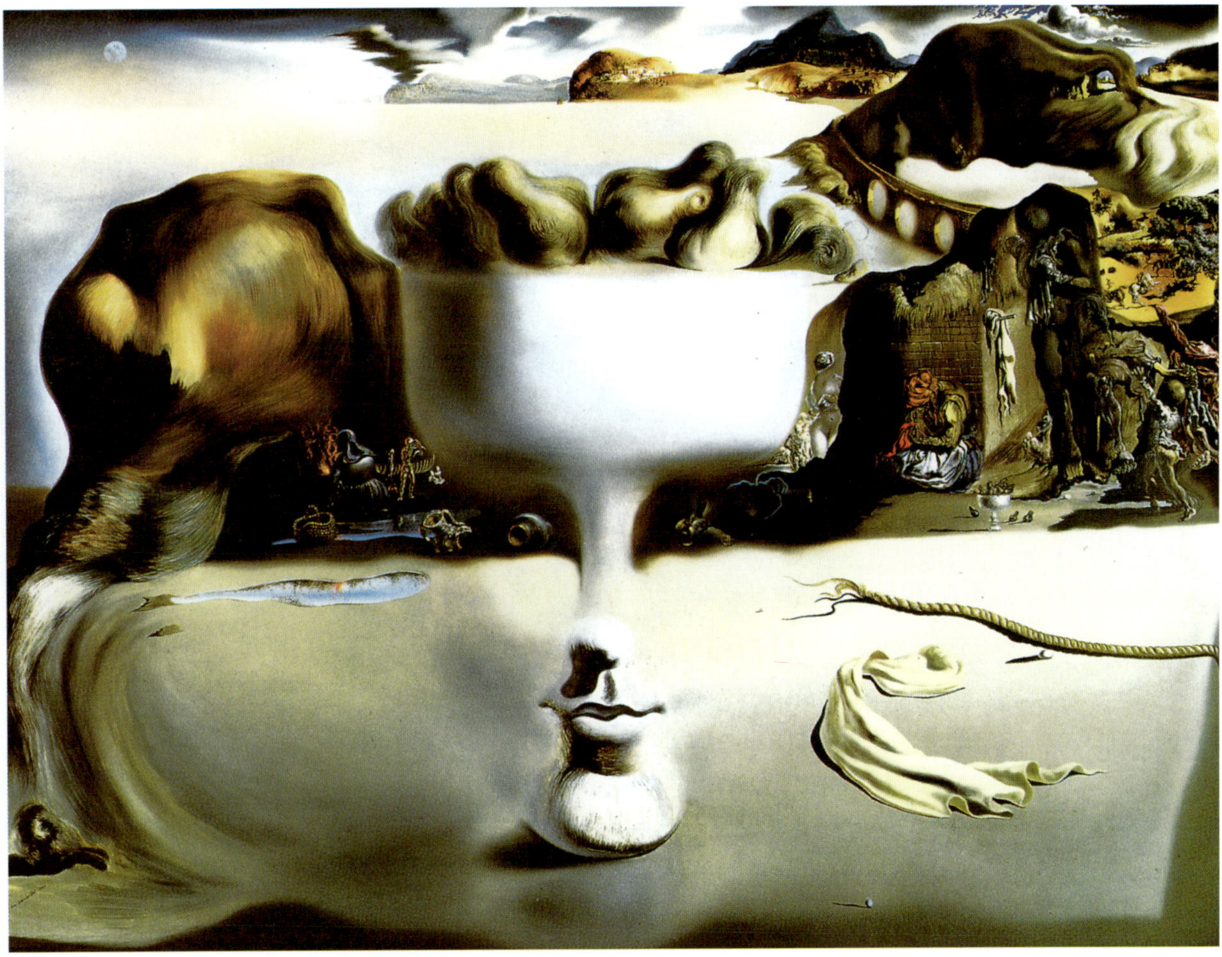

691

687 **Oneindig raadsel**, 1938 ❑
L'énigme sans fin

691 **Verschijning van gezicht en fruitschaal op een strand**, 1938 ❑
Apparition d'un visage et d'un compotier sur une plage (Apparition of Face and Fruit Dish on a Beach)

1938–1939

692 **Studie voor 'Het schilderij verdwijnt'**, 1938 △
The Image Disappears

693 **Het schilderij verdwijnt**, 1938 ⌋
L'image disparaît

694 **Verschijning van een figuur van Vermeer in het gezicht van Abraham Lincoln. Studie voor 'Het schilderij verdwijnt'**, 1938 △
Apparition d'une figure de Vermeer dans le visage d'Abraham Lincoln

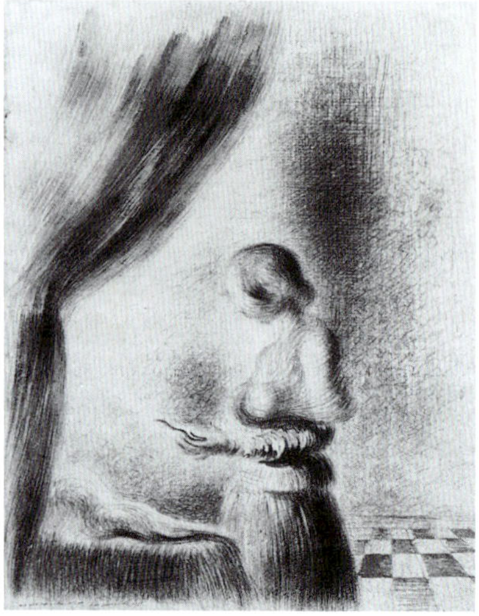

692

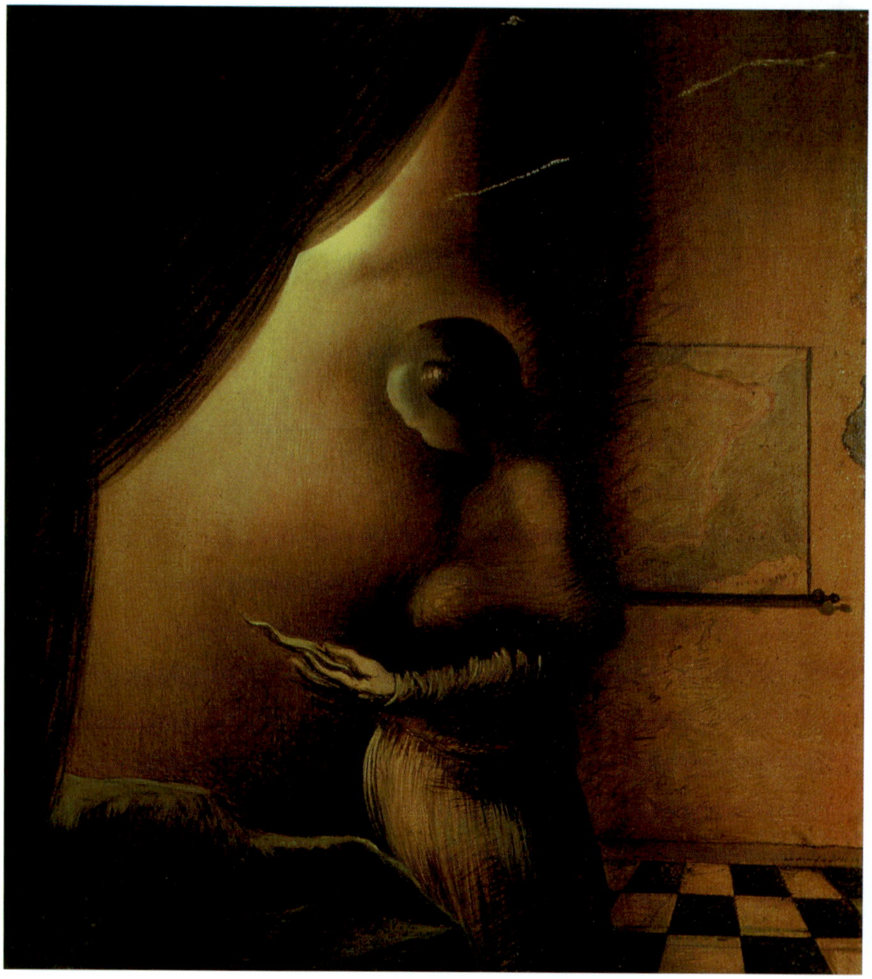

693

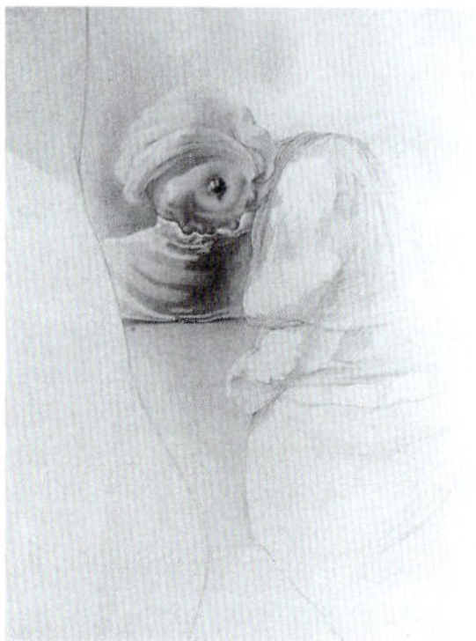

694

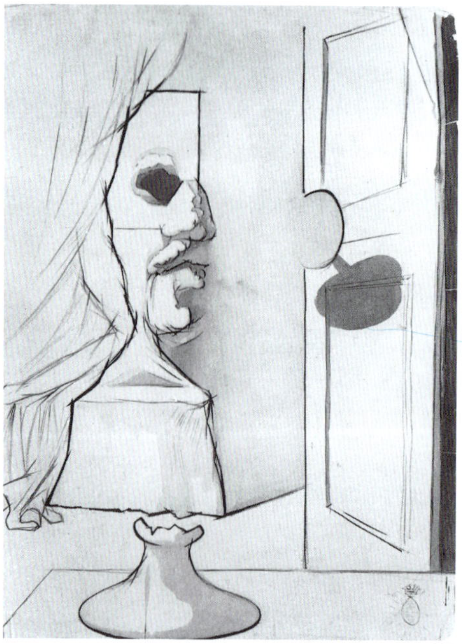

695

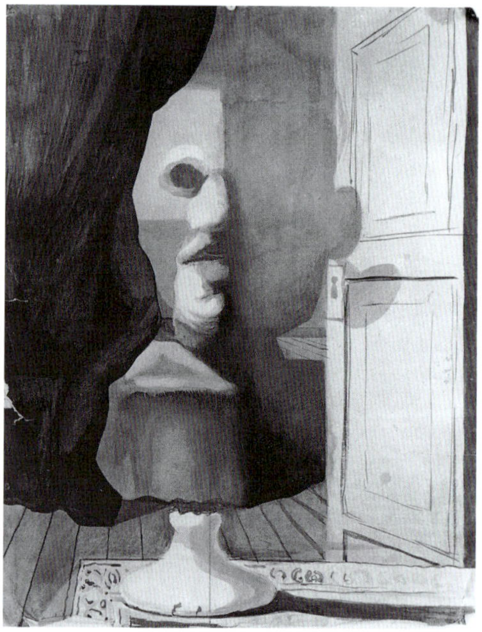

696

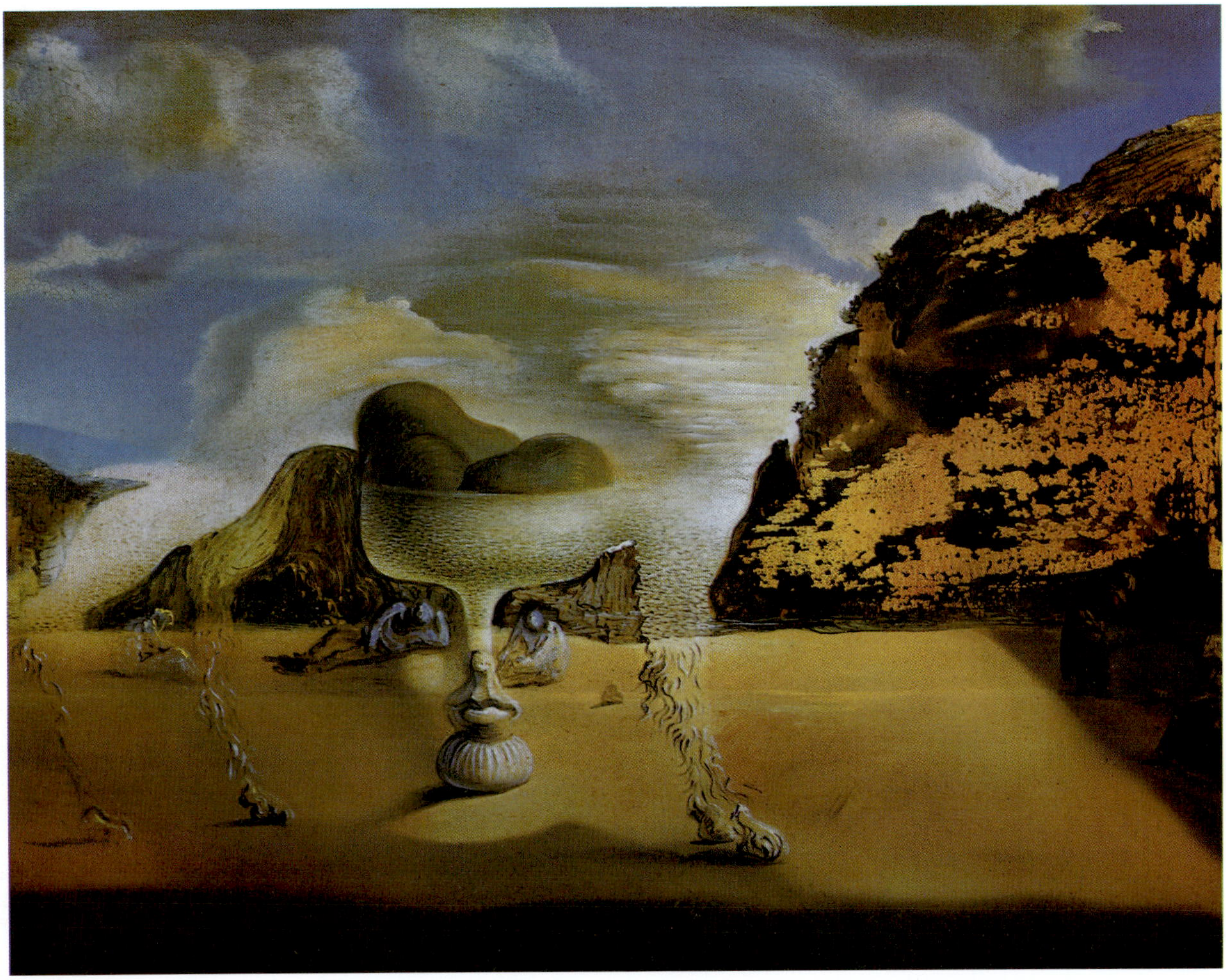

697

Het onzichtbare object

Op 17 januari 1938 wordt het hoogtepunt van de beweging gevierd met de internationale surrealisme-tentoonstelling in de Galerie des Beaux-Arts in Parijs. Dalí is hier –net als een ander die werd uitgesloten, Max Ernst– vertegenwoordigd als 'speciaal adviseur'. Zijn tentoonstellingsstukken, *De mannequin* en *De regentaxi*, baren opzien. De surrealisten exposeren in die periode overal: van mei tot juni in de Guildhall in Gloucester, in het voorjaar in Galerie Robert in Amsterdam, in november bij Alex Reid en Lefevre in Londen, van 13 oktober tot 4 december in het Carnegie-Institute in Pittsburgh en in het Wadsworth Atheneum in Hartford. Dalí neemt deel aan al deze tentoonstellingen, net als hij met André Breton en Paul Eluard aan het 'Dictionnaire du Surréalisme' meewerkt, dat wordt uitgegeven door de Galerie des Beaux-Arts.

In die tijd reist hij veel. Op 19 juli brengt hij onder begeleiding van Edward James en Stefan Zweig, die hen moet introduceren, een bezoek aan Sigmund Freud in Londen. Om Dalí voor te stellen, had Zweig vooraf aan Freud geschreven: "Volgens mij is Salvador Dalí... het enige schildergenie van onze tijd en de enige die zal blijven, een fanaticus van zijn overtuiging en de trouwste en dankbaarste leerling die u hebt onder de kunstenaars." De volgende dag, 20 juli, schrijft Freud op zijn beurt aan Zweig: "Werkelijk, ik moet u danken voor de introductie die de bezoekers van gisteren bij me bracht. Tot nu toe was ik geneigd

695 **Metamorfose van een mannenbuste in een voorstelling naar Vermeer – Het driedubbelportret**, 1939 △
Métamorphose d'un buste d'homme en scène inspirée par Vermeer – La triple image

696 **Metamorfose van een mannenbuste in een voorstelling naar Vermeer – Het driedubbelportret**, 1939 △
Métamorphose d'un buste d'homme en scène inspirée par Vermeer – La triple image

697 **Onzichtbare Afghaan met verschijning aan het strand van het gezicht van García Lorca in de vorm van een fruitschaal met drie vijgen**, 1938 ❑
Afghan invisible avec apparition sur la plage du visage de García Lorca en forme de compotier avec trois figues

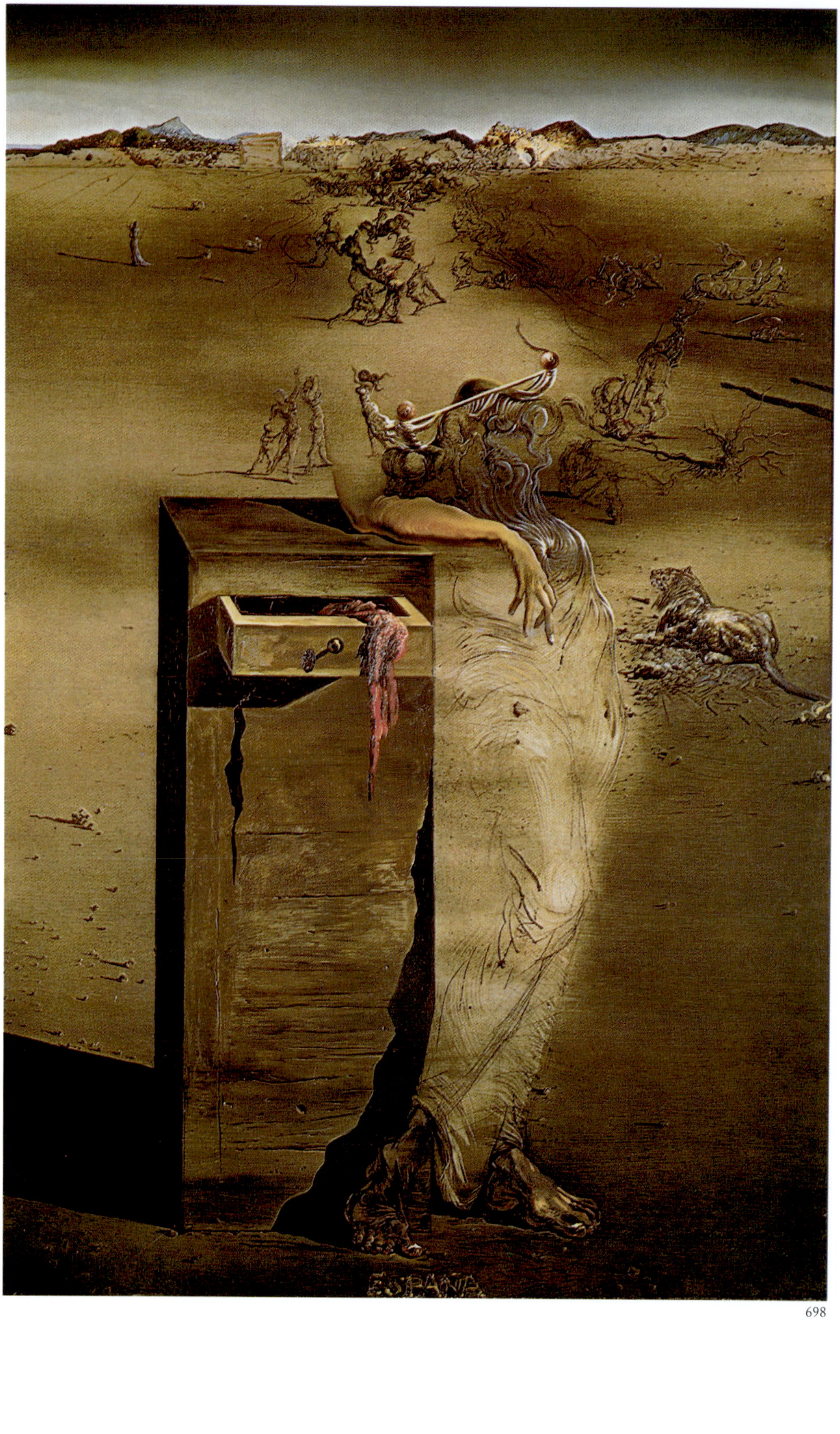

698

de surrealisten, die me schijnbaar als beschermheer hebben gekozen, te zien als absolute (laten we zeggen voor vijfennegentig procent, net als bij alcohol) idioten. De jonge Spanjaard met zijn trouwe, fanatieke ogen en zijn onloochenbare technische meesterschap heeft me tot een andere opvatting gebracht. Het zou inderdaad heel interessant zijn het ontstaan van zo'n schilderij analytisch te onderzoeken. Kritisch zou je echter kunnen opmerken dat het begrip kunst zich afsluit voor elke verdieping, wanneer de kwantitatieve verhouding tussen onbewust materiaal en voorbewuste verwerking niet binnen bepaalde grenzen blijft. Maar in elk geval gaat het hier om serieuze psychologische problemen." De ontmoeting met Freud is voor Dalí als het ontmoeten van God de Vader in eigen persoon. Julien Green schrijft al op 22 oktober in zijn dagboek: Dalí "sprak over Freud als een christen over het evangelie." Hij is zeer gevleid als hij hoort wat Freud over hem tegen Zweig heeft gezegd: "Ik heb nooit iemand ontmoet die zo door en door Spanjaard was, wat een fanaticus!"

In diezelfde periode beeldt Dalí vaker gegrilde sardines op borden met telefoons af, zoals in *Strand met telefoon* (blz. 315), *Het verheven moment* (blz. 315)

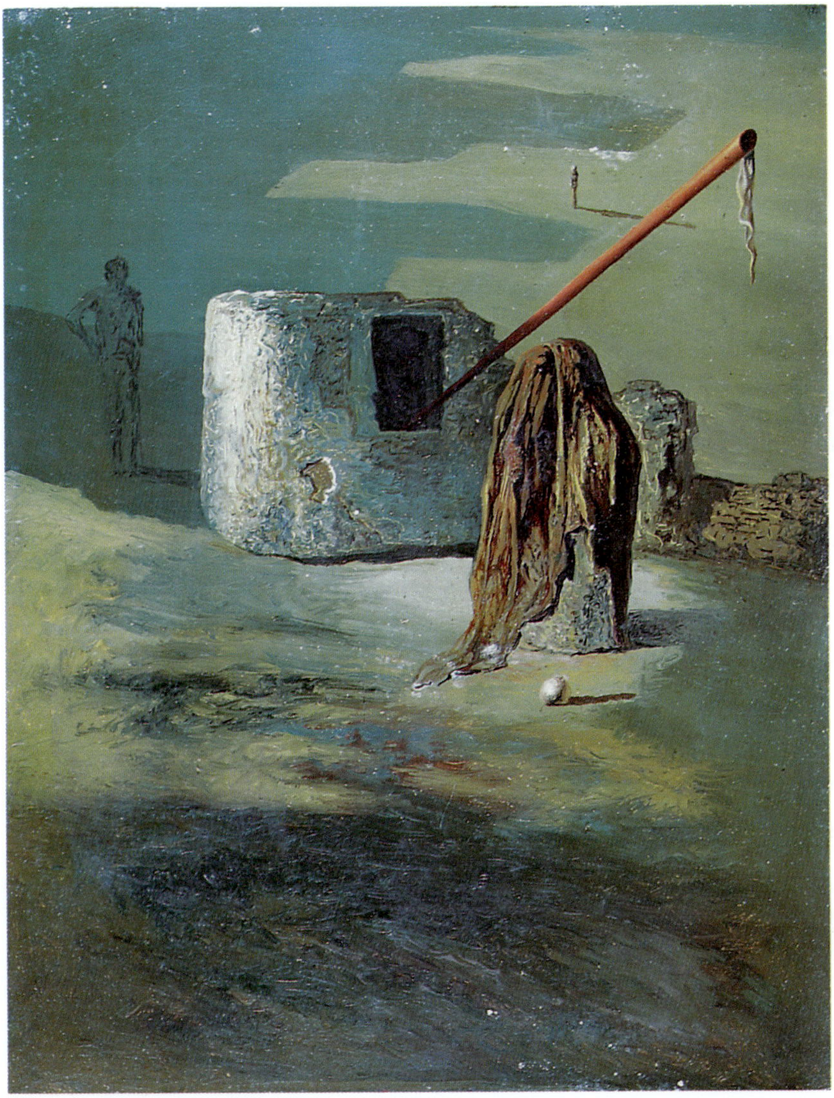

699

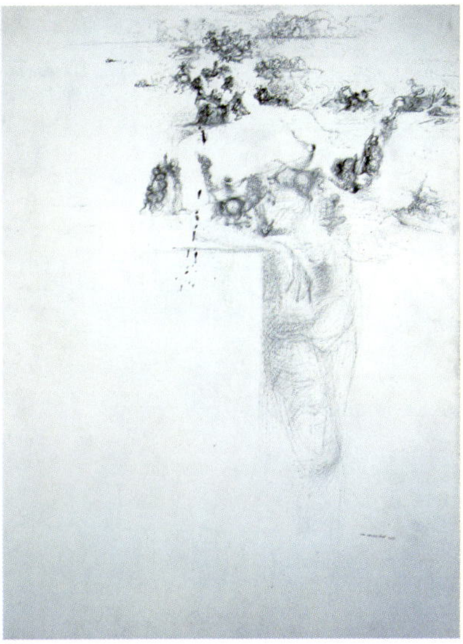

700

698 **Spanje**, 1938 ❑
Espagne

699 **Het dreigende gevaar**, 1938 ❑
L'alerte

700 **Studie voor 'Spanje'**, 1936 △

701 **Betoverd strand met drie vervagende Gratiën**, 1938 ❑
Plage enchantée avec trois grâces fluides

702 **Het doorzichtige schijnbeeld van het valse schilderij**, 1938 ❑
Le simulacre transparent de la fausse image (The Transparent Simulacrum of the Feigned Image)

703 **Het verheven moment**, 1938 ❑
Le moment sublime

704 **Strand met telefoon**, 1938 ❑
Plage avec téléphone

705 **Keizerlijke viooltjes**, 1938 ❑
Violettes impériales

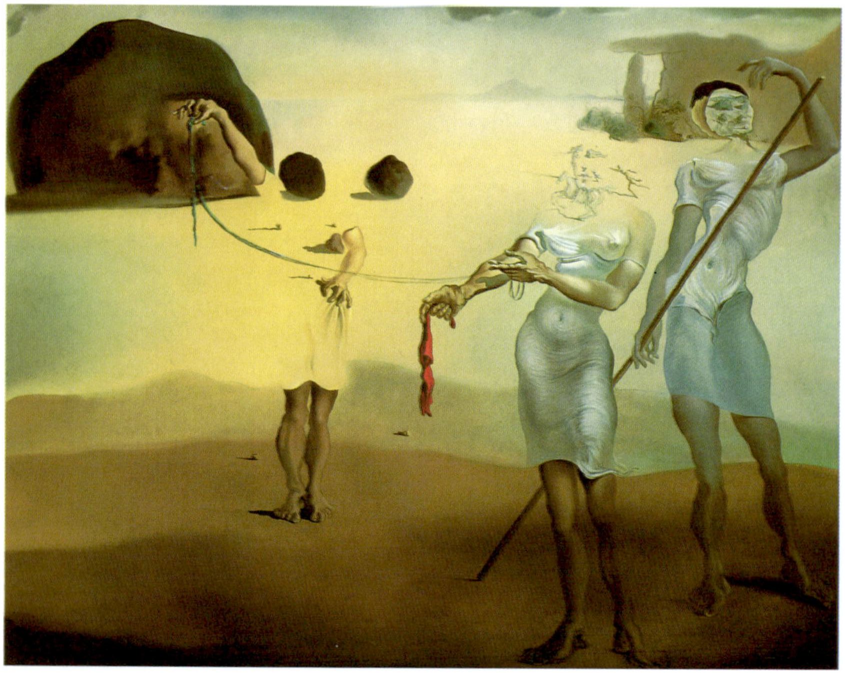

701

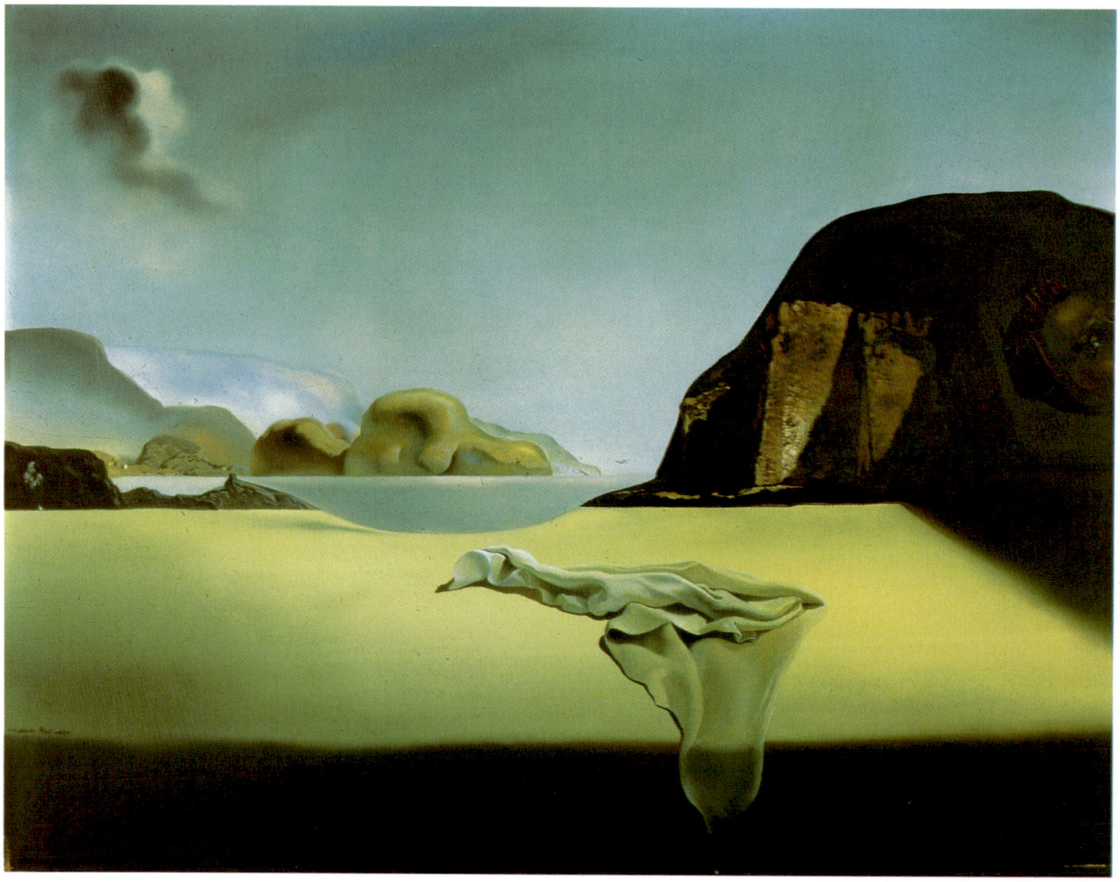

702

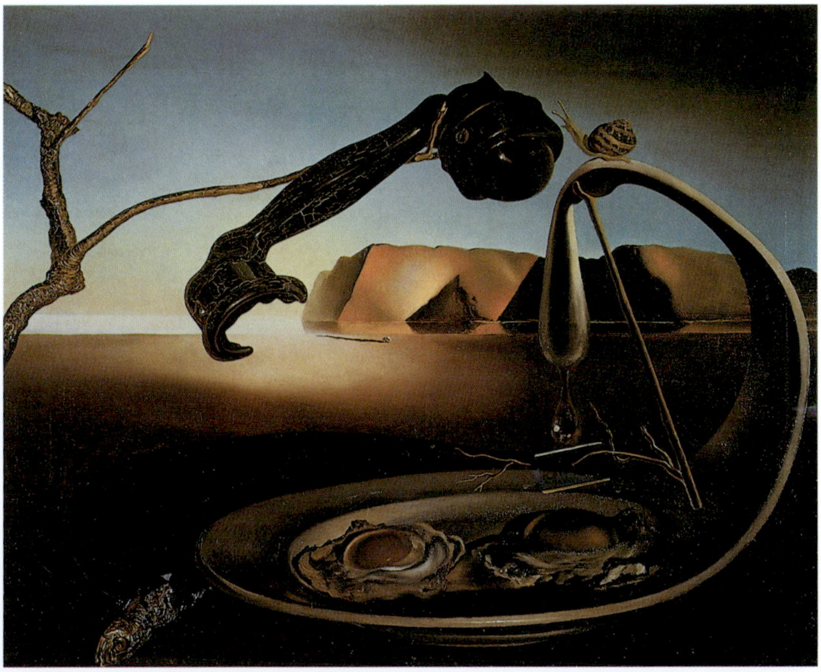
703

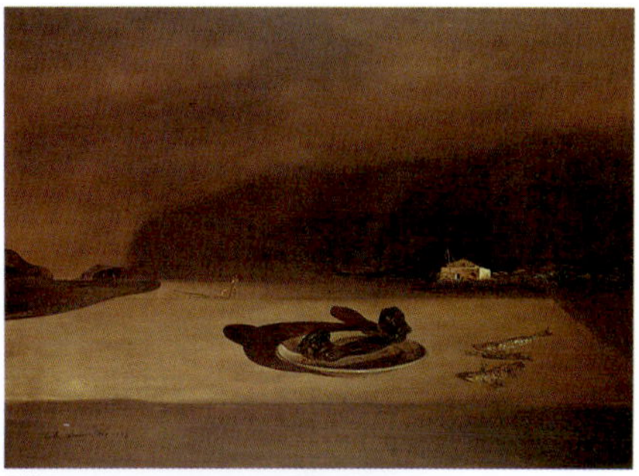
705

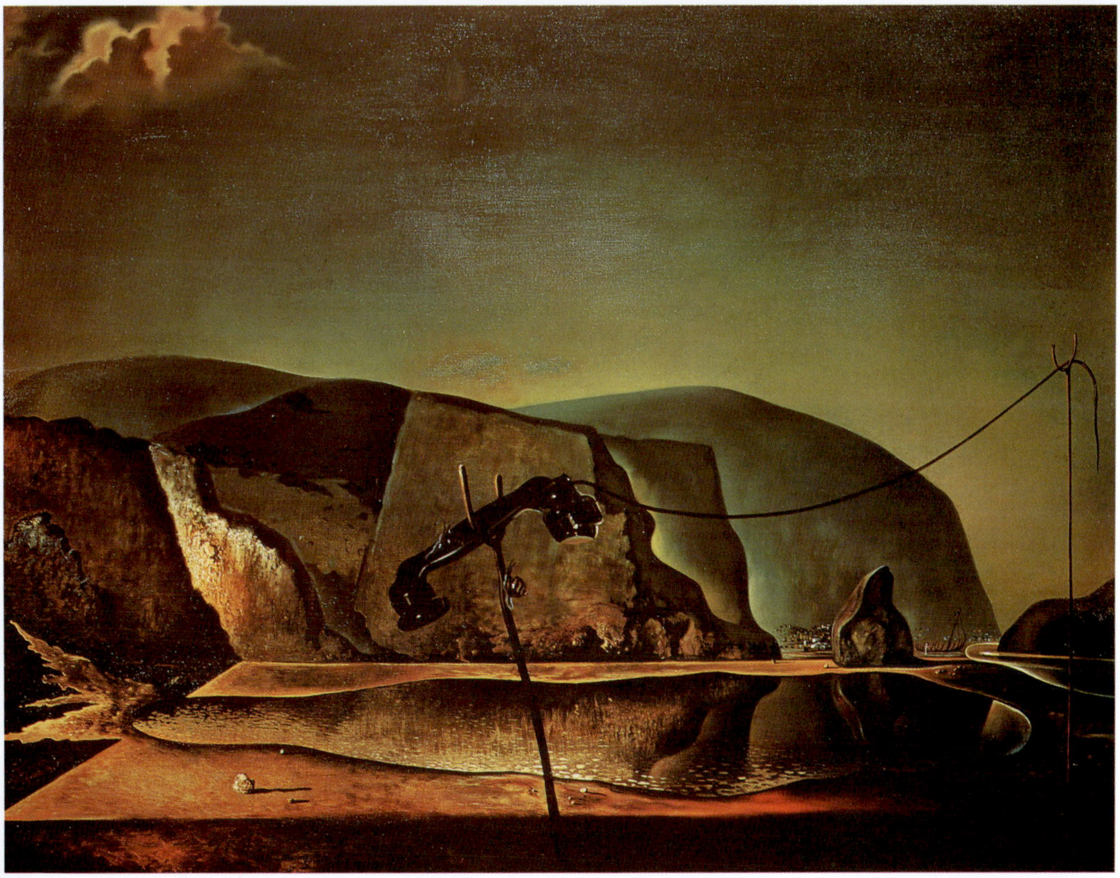
704

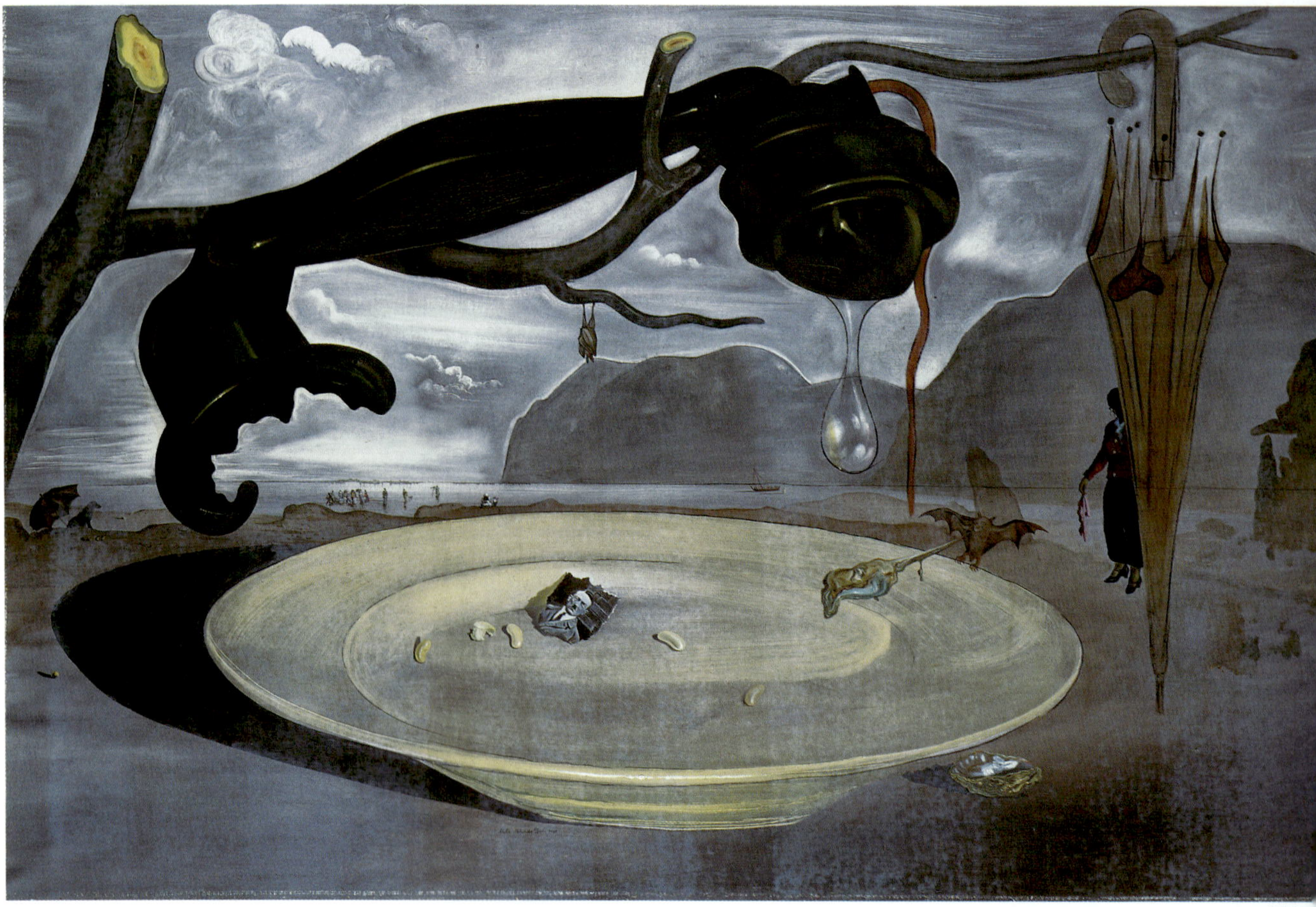

706

706 **Het raadsel van Hitler,** rond 1939 ❏
L'énigme d'Hitler

707 **Telefoon op het bord met drie eind september gegrilde sardines,** 1939 ❏
Téléphone sur le plat avec trois sardines grillées à la fin de septembre

708 **Door maan en zonsondergang verlichte filosofie,** 1939 ❏
Philosophie éclairée par la lumière de la lune et du soleil couchant

709 **Landschap met telefoons op een bord,** 1939 ❏
Paysage avec téléphones sur un plat

en ook *Het raadsel van Hitler* (blz. 316). Hier moet dit apparaat de tijd van grote spanningen voor de Tweede Wereldoorlog symboliseren en vooral de tijd van het Verdrag van München, waarbij de telefoon een belangrijke rol speelde in de onderhandelingen. Die ingespannen zoektocht van Dalí om de geheimen van dan eens zichtbare, dan weer onzichtbare objecten bloot te leggen, een zoektocht die duidelijk ook in het schilderij *Het schilderij verdwijnt* (blz. 310) te zien is, heeft ook effect op de doeken *De drie levensstadia* (blz. 331) en *Het verdwijnen van de buste van Voltaire* (blz. 340) of *Slavenmarkt met verschijning van de onzichtbare buste van Voltaire* (blz. 331). In 'Oui 2' van oktober 1971 zal Dalí het resultaat van zijn zoektocht prijsgeven: "Zes jaar lang heb ik me aan een systematisch onderzoek van de problemen van het zien gewijd en ik ben tot de conclusie gekomen dat we niet het geringste idee hebben van de psychologische betekenis van zo'n fenomeen. We zien dat waarvoor we enige reden hebben het te zien, vooral wat we menen te zien. Zijn onze redenen of uitgangspunten vertroebeld, dan zien we iets anders. In dat geval kunnen de visuele reacties worden gemanipuleerd. Om een begrip uit de radiowereld te gebruiken: ze kunnen gebundeld worden verzonden of zelfs worden gestoord door puur psychologische effecten. Mijn lange zoektocht heeft me daarom tot de overtuiging gebracht dat psychologische vermomming geen ijdele droom is. Het is een kwestie van onderzoek en laboratoriumervaring."

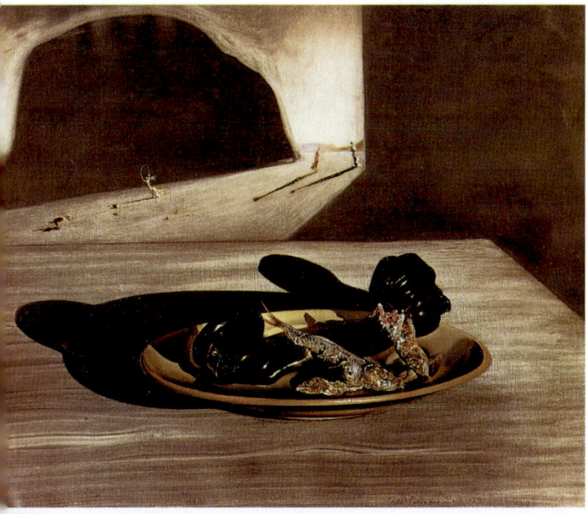
707

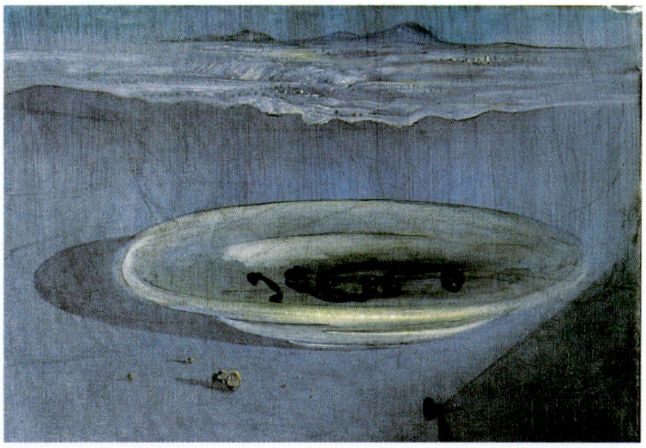
709

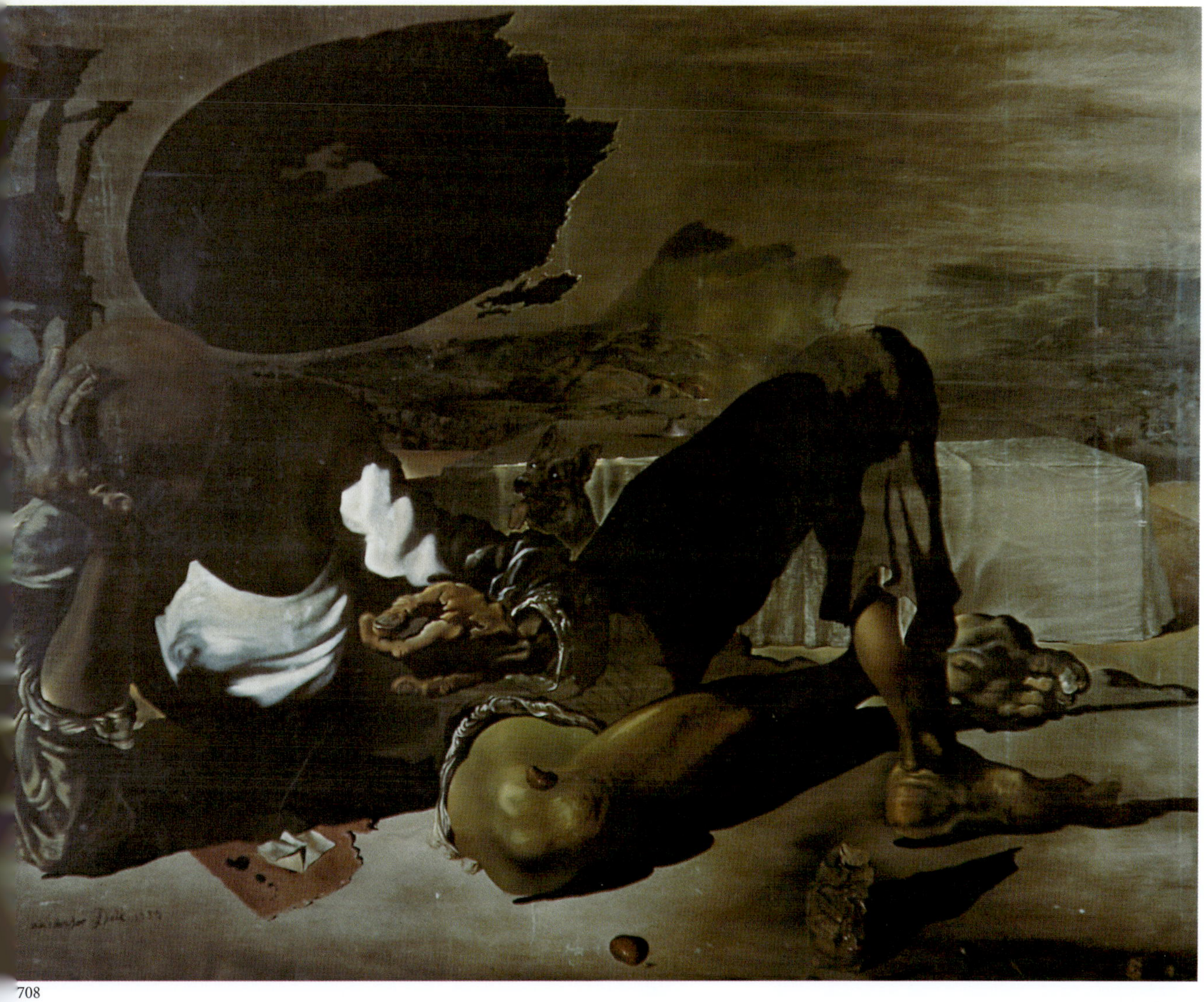
708

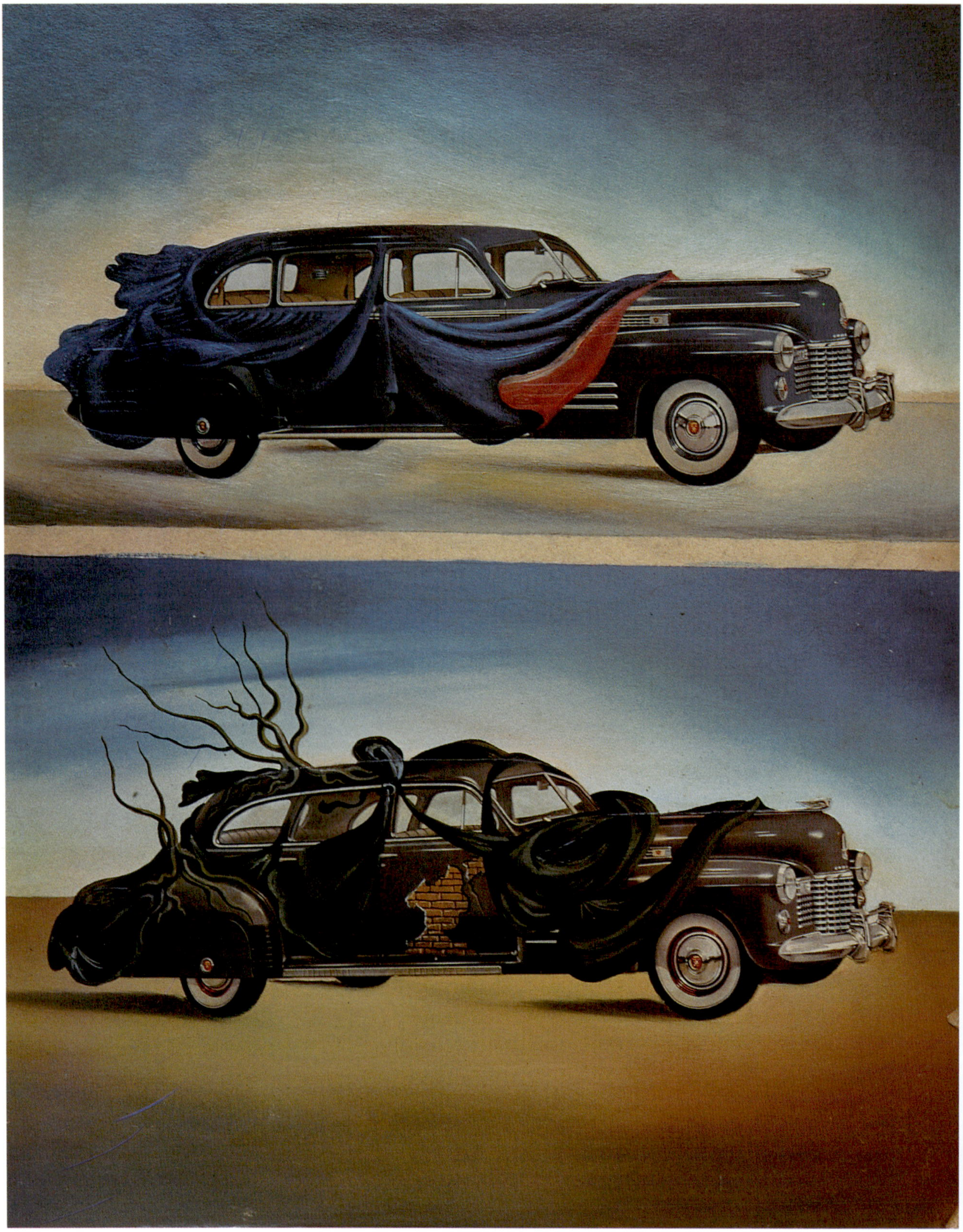

710

4. De triomf van Avida Dollars

1939–1946

In 1939 neemt men deel aan een soort herhaling. Het lijkt alsof Dalí, die de spoedige aantocht van de Duitse troepen voorvoelt, zijn terugtrekking naar de VS voorbereidt. Naast een paar stofdessins, kledingontwerpen en hoeden (vooral 'kotelet-hoeden', 'inktpot-hoeden, 'schoen-hoeden', 'skelet-jurken', 'ladenkleren' etc. voor zijn medewerkster, de mode-ontwerpster Elsa Schiaparelli (blz. 275), een ballet voor het Ballet de Monte-Carlo, waarvoor Coco Chanel de kostuums maakt, en operaprojecten zoals *De waanzinnige Tristan* op muziek van Wagner (blz. 367-372) –allemaal projecten die pas in Amerika worden uitgevoerd– bereidt Dalí enthousiast zijn volgende tentoonstelling in New York voor. Hij legt de laatste hand aan het schilderij *Het raadsel van Hitler* (blz. 316), waarvan de betekenis hem, naar hij toegeeft, nog niet geheel duidelijk is. Het zou de omzetting van de dromen zijn die hem hadden geplaagd na de gebeurtenissen in München, maar de waarde leek hem profetisch: "Het doek kondigde de nieuwe middeleeuwse periode aan die Europa zou doormaken. De paraplu van Chamberlain verscheen in dit schilderij op onheilspellende wijze in combinatie met een vleermuis..."

In New York constateert Dalí opgetogen dat werkelijk iedereen hem probeert na te doen. Het grote warenhuis Bonwit-Teller geeft hem de opdracht de etalages in te richten en geeft hem daarbij volledig de vrije hand. Dalí dook in een winkel oude waspoppen van rond de eeuwwisseling op, die met het haar van overledenen een angstaanjagende aanblik boden. Een van de poppen moet in een met astrakan overtrokken, tot de rand met water gevulde badkuip stappen. Armen van was houden een spiegel op als symbool voor de mythe van Narcissus, terwijl op de vloer en de meubelen echte narcissen groeien. Een zwarte buffelkop met een bebloed varken in zijn bek hangt als een baldakijn boven een opgemaakt bed. De hoeven van de buffel vormen de poten van het bed; lakens van zwart satijn vertonen onregelmatig verspreide brandgaten; overal liggen kunstmatig gloeiende kolen, zelfs op het hoofdkussen, waarop een wassen hoofd ligt. Naast het bed staat het spook van de slaap, waarvan de slapende waspop droomde. Dalí noemt zijn werk *De dag en de nacht.*

Hij is ervan overtuigd dat deze manifestatie beslist de aandacht van voorbijgangers op straat zal trekken en hun een echt Dalíaans surrealistisch visioen zal tonen. En hij krijgt gelijk. De mensenmassa's voor de etalage zijn zo groot dat het verkeer erdoor wordt gehinderd.

De bedrijfsleiding van het warenhuis besluit haastig de belangrijkste onderdelen van de decoratie te verwijderen. Als Dalí zijn verminkte werk ziet, klimt hij schijnbaar onaangedaan in de etalage –opnieuw onder toenemende belangstelling–, tilt de badkuip op, kiept haar om, verbrijzelt de etalageruit en giet het badwater over de terugwijkende menigte. Dalí klimt door de gebroken ruit uit de etalage en wordt gearresteerd door een politieagent. Gala en enkele vrienden haasten zich naar het politiebureau. "De rechter die mijn zaak behandelde, kon ondanks zijn strenge gezicht niet verhullen dat mijn verhaal hem amuseerde. Hij besloot dat ik 'ongepast heftig' had gehandeld en de vernielde ruit moest betalen – maar hij voegde daar uitdrukkelijk aan toe dat iedere kunstenaar het recht heeft zijn 'werk' tot het uiterste te verdedigen."

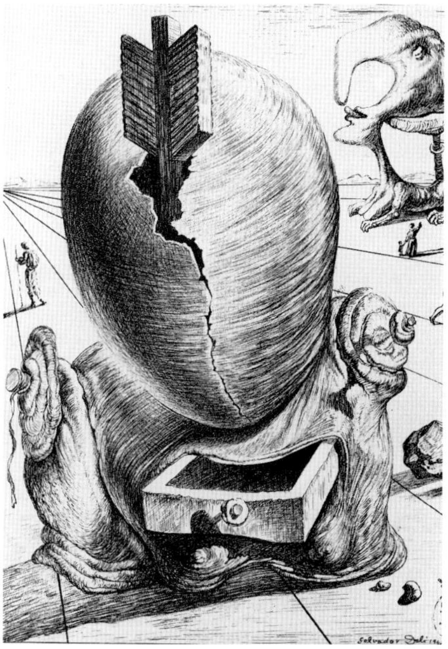

711

710 **Beklede auto's (ook: Twee Cadillacs)**, 1941 ❑
Automobiles habillées (Deux Cadillac)

711 **Het gebroken ei**, 1943 △
L'œuf brisé

1939

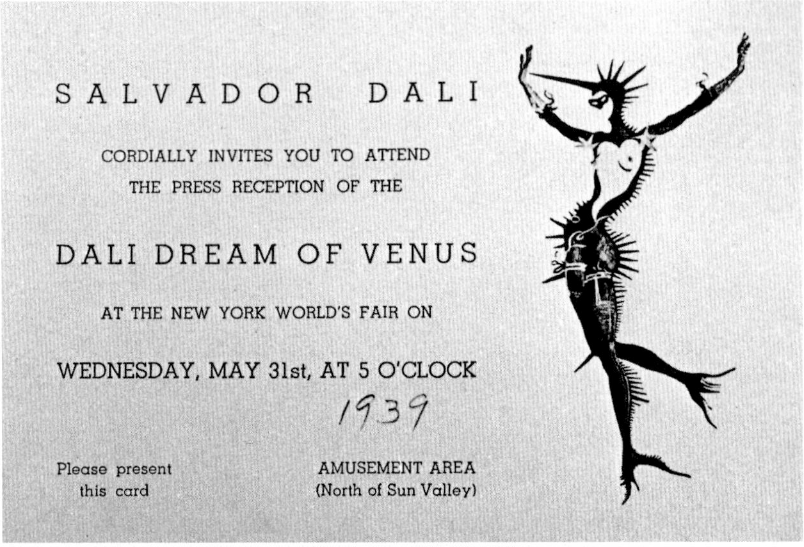

SALVADOR DALI

CORDIALLY INVITES YOU TO ATTEND
THE PRESS RECEPTION OF THE

DALI DREAM OF VENUS

AT THE NEW YORK WORLD'S FAIR ON

WEDNESDAY, MAY 31st, AT 5 O'CLOCK

1939

Please present
this card

AMUSEMENT AREA
(North of Sun Valley)

712

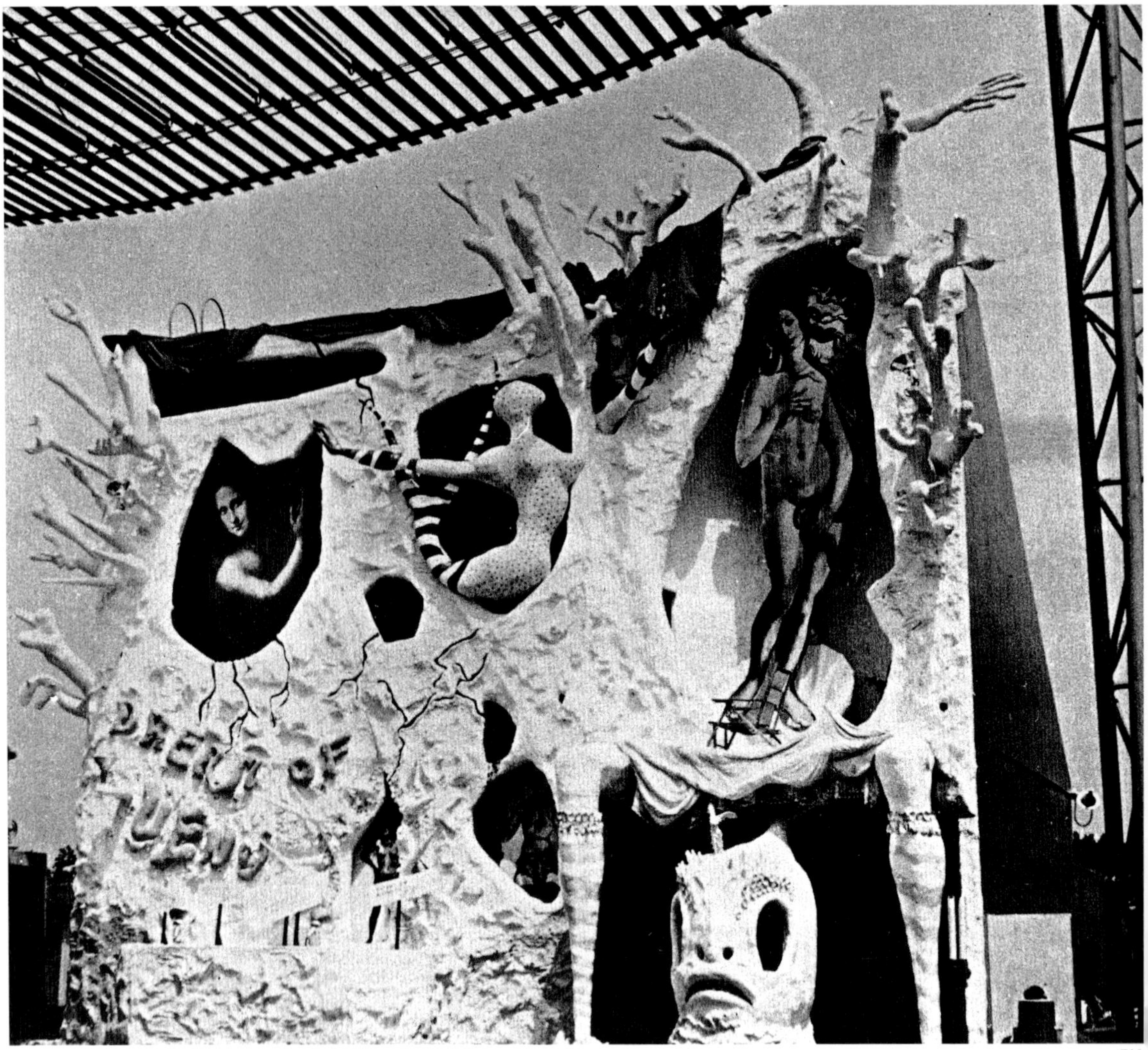

713

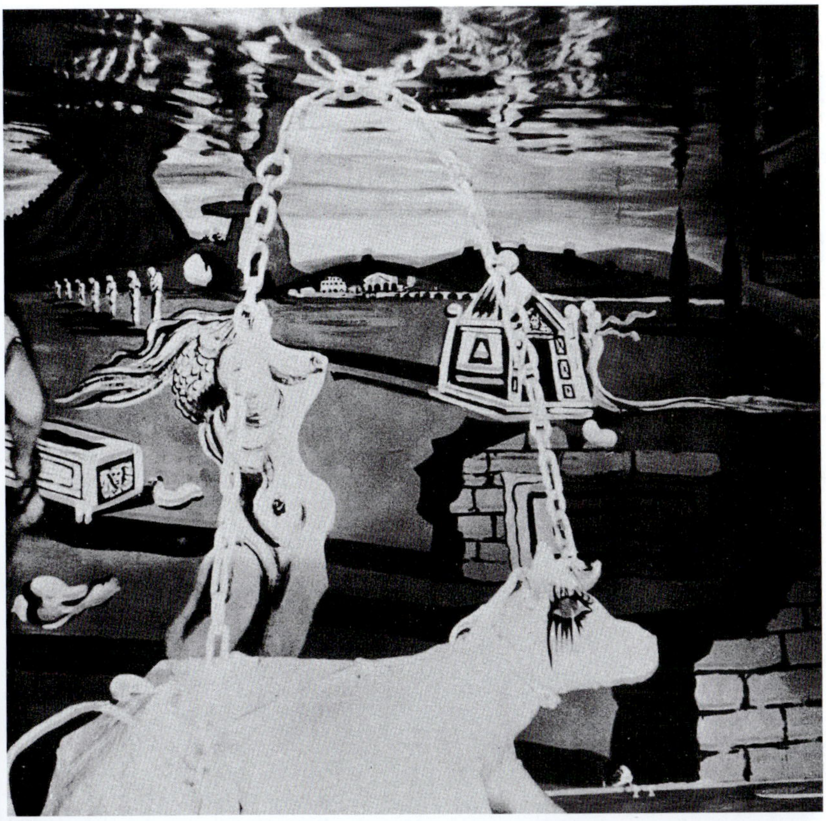

714

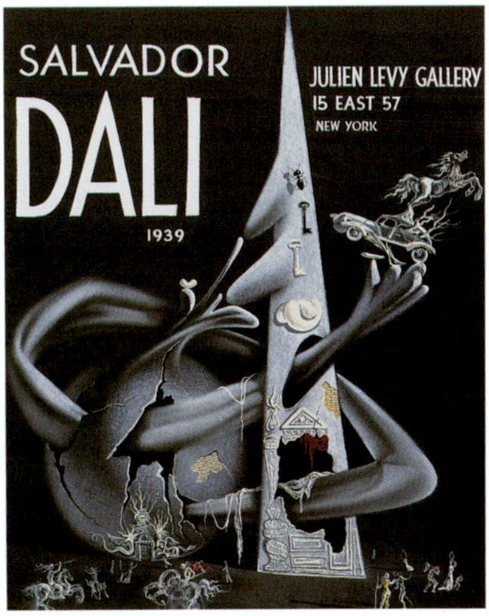

715

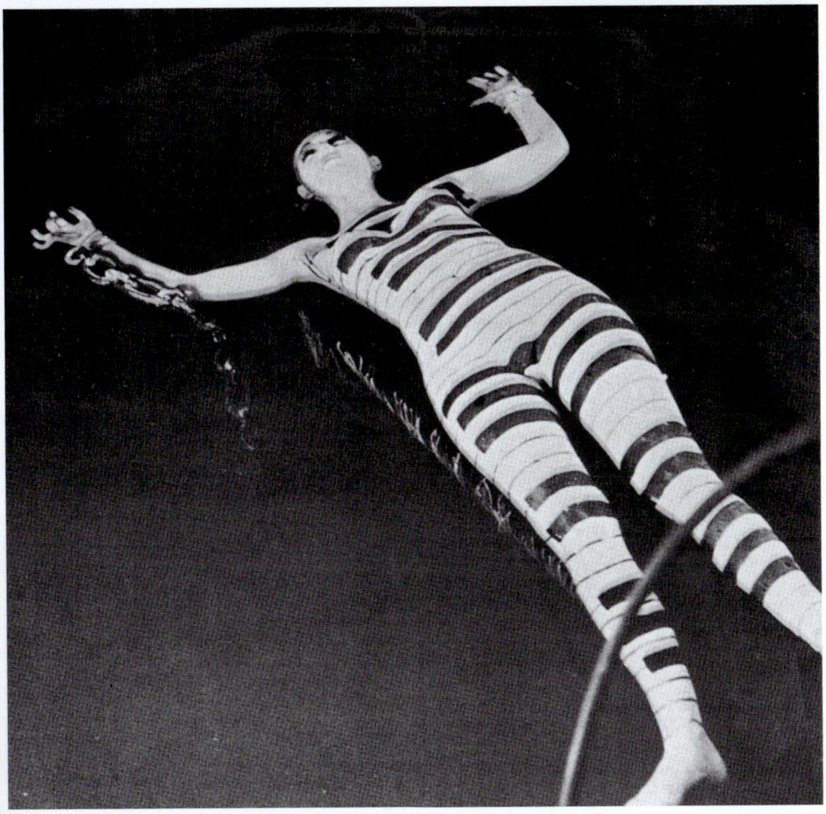

716

712 Uitnodiging voor de vernissage 'De droom van Venus'. De vernissage werd echter naar 15 juni 1939 verschoven ✰

713 Het paviljoen 'De droom van Venus', 1939 ✰

714 Inrichting van het paviljoen 'De droom van Venus', 1939 ✰

715 De bol valt de piramide aan. Omslag van de catalogus voor de tentoonstelling bij Julien Levy in New York, 1939 △
La sphère attaque la pyramide

716 Vrouwenfiguur uit 'De droom van Venus', verkleed als piano, 1939 ✰

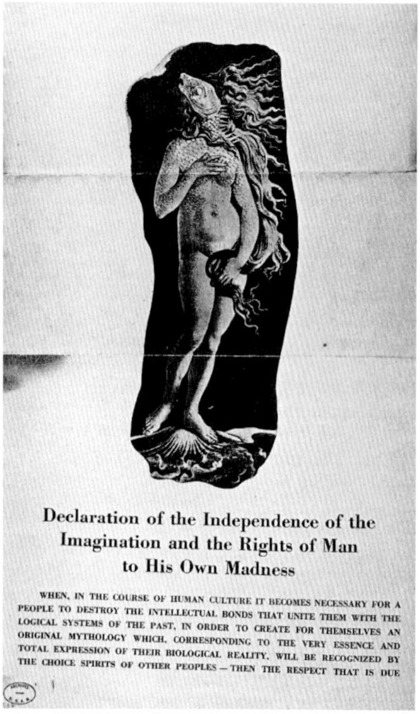

Declaration of the Independence of the Imagination and the Rights of Man to His Own Madness

WHEN, IN THE COURSE OF HUMAN CULTURE IT BECOMES NECESSARY FOR A PEOPLE TO DESTROY THE INTELLECTUAL BONDS THAT UNITE THEM WITH THE LOGICAL SYSTEMS OF THE PAST, IN ORDER TO CREATE FOR THEMSELVES AN ORIGINAL MYTHOLOGY WHICH, CORRESPONDING TO THE VERY ESSENCE AND TOTAL EXPRESSION OF THEIR BIOLOGICAL REALITY, WILL BE RECOGNIZED BY THE CHOICE SPIRITS OF OTHER PEOPLES – THEN THE RESPECT THAT IS DUE

717

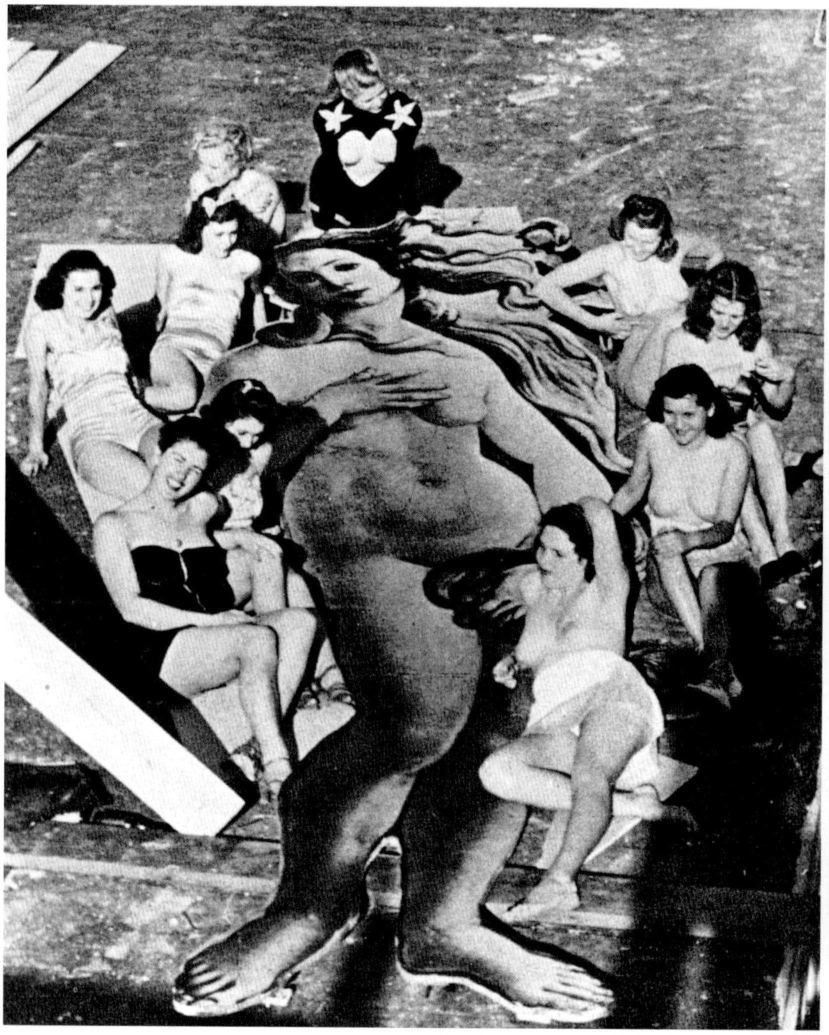

718

717 Eerste pagina uit Dalí's 'Onafhankelijkheidsverklaring van de fantasie en het recht van de mens op zijn gekte' ☆

718 De Sirenes uit 'Le rêve de Vénus' (De droom van Venus), 1939 ☆

Dalí is weer eens het gesprek van de dag. De pers is hem de volgende dag gunstig gezind en prijst hem om zijn gebaar, waarmee hij de "onafhankelijkheid van de Amerikaanse kunst verdedigde". Hij krijgt verschillende opdrachten, waaronder de opdracht om voor de Wereldtentoonstelling een paviljoen met het thema 'De droom van Venus' in te richten. Maar ook hier wordt de formele toezegging dat hij volledig de vrije hand krijgt, niet nagekomen. Uit protest tegen de beslissing van de leiding van de Wereldtentoonstelling, die hem verbiedt een reproduktie van de Venus van Botticelli op te stellen wier haar hoofd vervangen is door een vissekop, publiceert Dalí zijn manifest 'De onafhankelijkheidsverklaring van de fantasie en de verklaring van het recht van de mens op zijn gekte' (blz. 324-341).

Dalí heeft begrepen dat men zijn naam in de Verenigde Staten vooral voor reclamedoeleinden wil gebruiken en veel minder zijn diabolische uitvindingen wil tonen. Daar houdt hij rekening mee en hij eist voortaan eerst een cheque, vóór hij ook maar met de onderhandelingen begint.

De publiciteit rond zijn 'etalage-val' komt op het juiste moment om zijn soloexpositie te promoten, die op 21 maart 1939 in de Galerie Julien Levy wordt geopend. Het tijdschrift 'Life' beschrijft zijn triomf als volgt: "Geen tentoonstelling is zo populair geweest sinds de expositie van Whistlers *Arrangement in Black and Grey No. 1: The Artist's Mother*, in 1934. Het publiek vergaapt zich aan schilderijen met verwarrende titels als *Wrak van een auto dat een blind paard baart dat een telefoon opeet* of *Gezicht van de grote, domme Cycloop*. Twee weken later zijn 21 schilderijen van Dalí, een van de rijkste jonge schilders ter wereld, aan particuliere verzamelaars verkocht, in totaal voor meer dan 25.000 dollar. Twee werken zijn nog niet verkocht: *Het raadsel van Hitler* (1750 dollar) en *Oneindig raadsel* (3000 dollar)."

Het tijdschrift 'The Art Digest' schrijft: "Aan de Dalí-tentoonstelling ging de gebruikelijke promotiecampagne vooraf, in dit geval uitgedacht door het publiciteits-topteam Dalí-Levy, voor de Newyorkse journalisten en voor het brede, goedgelovige publiek... nadat hij de etalageruit van het grote warenhuis had verbrijzeld, gebruikte hij de zo ontstane opening om op het trottoir en vandaar op de voorpagina's te belanden."

Dalí gaat terug naar Europa. Hij is er ondanks zijn Newyorkse avonturen van overtuigd dat Amerika het enige land is waar buitengewone vrijheid heerst.

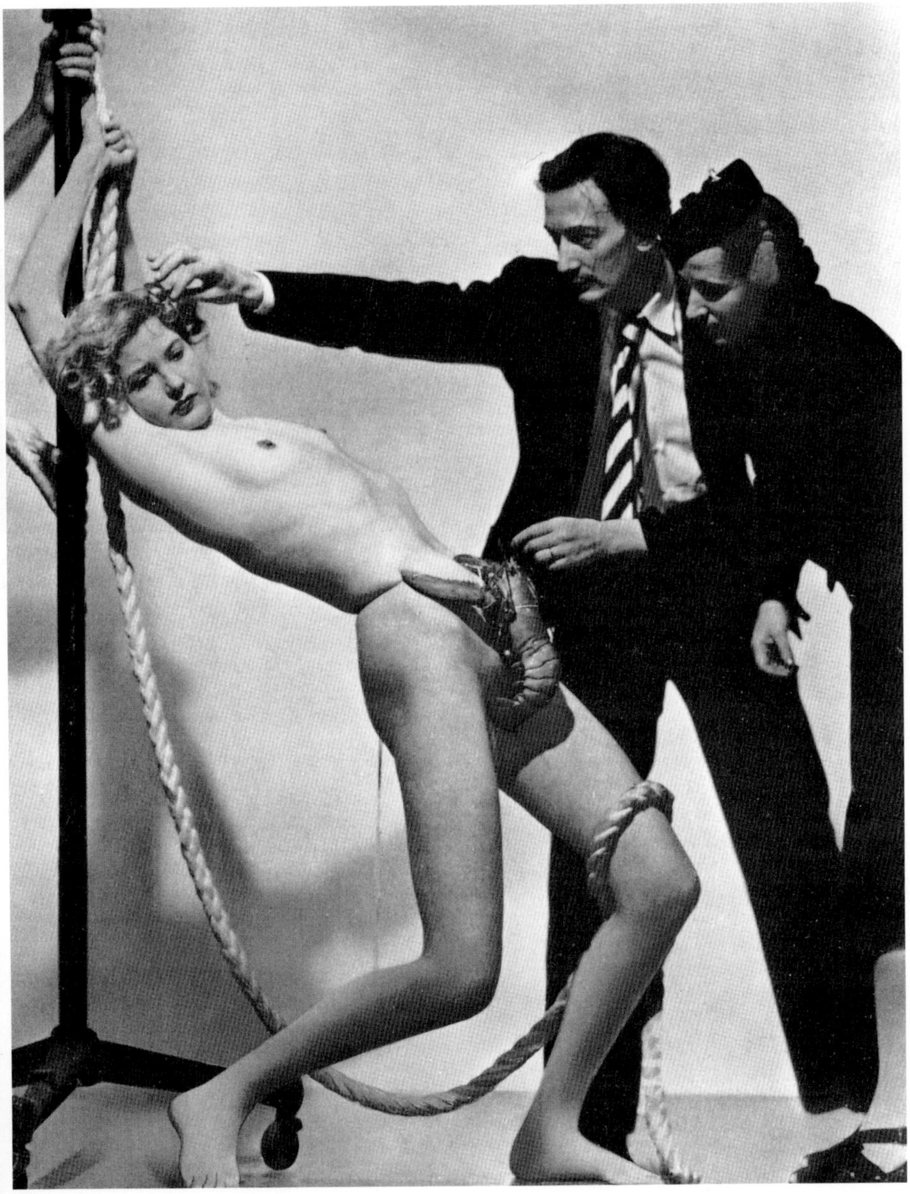

719

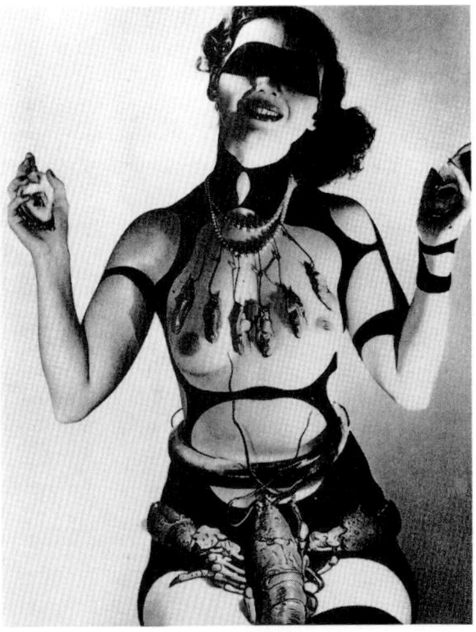

720

719 Dalí en Gala tijdens de opnamen voor 'De droom van Venus' in de Murray-Korman-studio's in New York, 1939. Foto: George Platt Lyne ☆

720 Foto van H.P. Horst voor 'Vogue': kostuums voor 'De droom van Venus', 1939 ☆

1939

DE ONAFHANKELIJKHEIDSVERKLARING VAN DE FANTASIE EN HET RECHT VAN DE MENS OP ZIJN GEKTE

721, 723 **Ballettscènes uit 'Bacchanaal' met Ballets Russes in het Metropolitan Opera House, New York. Scenario, decors en kostuums zijn van Dalí. Afbeelding in de 'New York Times' van 19 november 1939** ✫

722 **Sirene en haar Gratiën. Decor van Dalí voor 'Bacchanaal'**, rond 1939 △
Sirène et ses grâces. Bacchanale

WANNEER IN DE LOOP VAN DE CULTUURGESCHIEDENIS EEN VOLK DE BEHOEFTE VOELT DE INTELLECTUELE BANDEN WAARMEE HET IS GEBONDEN AAN DE LOGISCHE SYSTEMEN VAN HET VERLEDEN DOOR TE SNIJDEN OM ZICH EEN ONAFHANLIJKE MYTHOLOGIE TE VERSCHAFFEN —EEN MYTHOLOGIE DIE PERFECT PAST BIJ

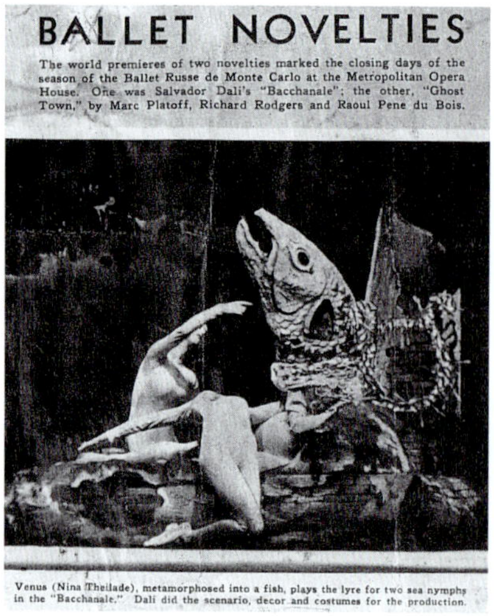

BALLET NOVELTIES

The world premieres of two novelties marked the closing days of the season of the Ballet Russe de Monte Carlo at the Metropolitan Opera House. One was Salvador Dali's "Bacchanale"; the other, "Ghost Town," by Marc Platoff, Richard Rodgers and Raoul Pene du Bois.

Venus (Nina Theilade), metamorphosed into a fish, plays the lyre for two sea nymphs in the "Bacchanale." Dali did the scenario, decor and costumes for the production.

721

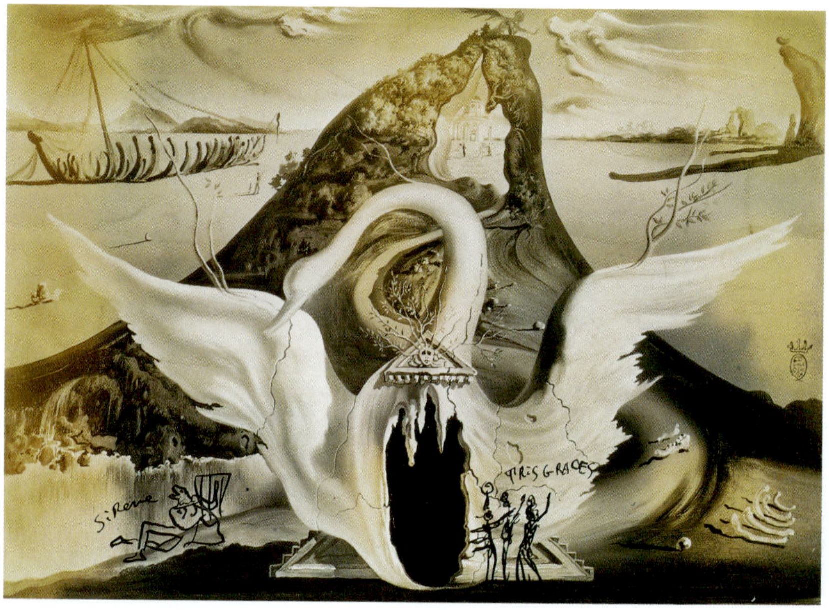

722

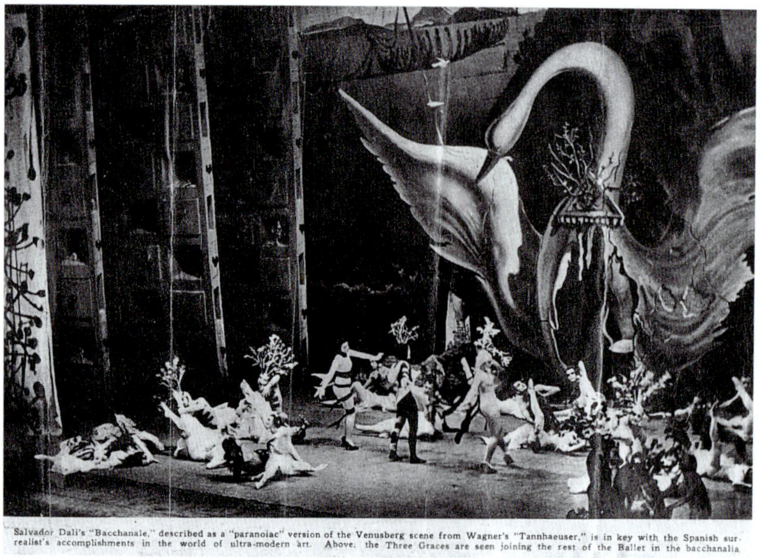

Salvador Dali's "Bacchanale," described as a "paranoiac" version of the Venusberg scene from Wagner's "Tannhaeuser," is in key with the Spanish surrealist's accomplishments in the world of ultra-modern art. Above, the Three Graces are seen joining the rest of the Ballet in the bacchanalia

723

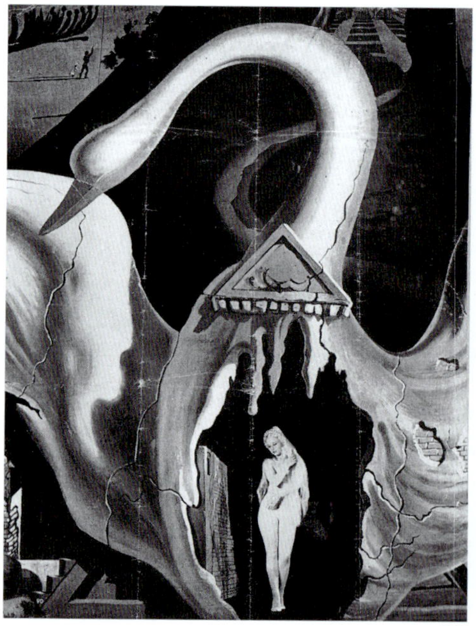

724

HET WEZENLIJKE EN BIJ DE TOTALE UITDRUKKING VAN HUN BIOLOGISCHE WERKELIJKHEID EN DIE DOOR DE GEESTELIJKE ELITE VAN ANDERE VOLKEREN WORDT ERKEND–, DAN EIST DE PUBLIEKE OPINIE VAN DE PRAGMATISCHE MAATSCHAPPIJ, REKENING HOUDEND MET HAAR EIGEN SYSTEMATIEK, DAT DE MOTIEVEN VOOR DIE BREUK MET DE TRADITIONELE, VERSLETEN FORMULES WORDEN VERDUIDELIJKT.

724 **Balletscène uit 'Bacchanaal'. De foto verscheen op 27 november 1939 in 'Life'** ✰

725 **Decor voor 'Bacchanaal'**, 1939 ❑
Bacchanale

726 **Decor voor 'Bacchanaal'**, rond 1939 ❑
Bacchanale

727 **Nathalie Krassovska en André Eglevsky tijdens de repetitie voor 'Bacchanaal'. Foto uit 'Life'**, 1939 ✰

728 **Tekening voor 'Bacchanaal' – Ludwig II van Beieren**, 1939 △
Louis II de Bavière

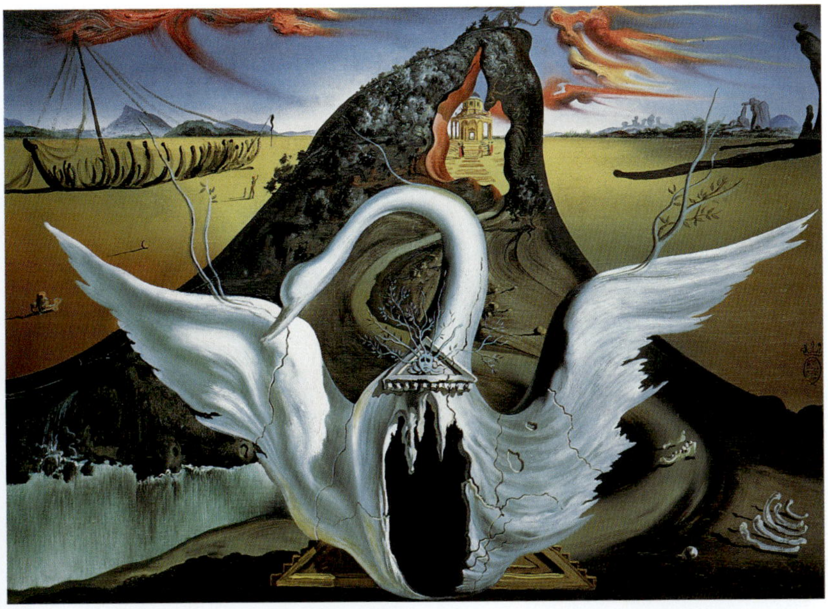

725

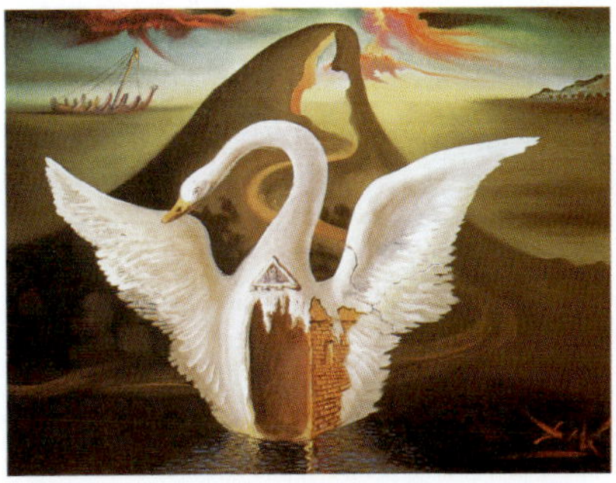

726

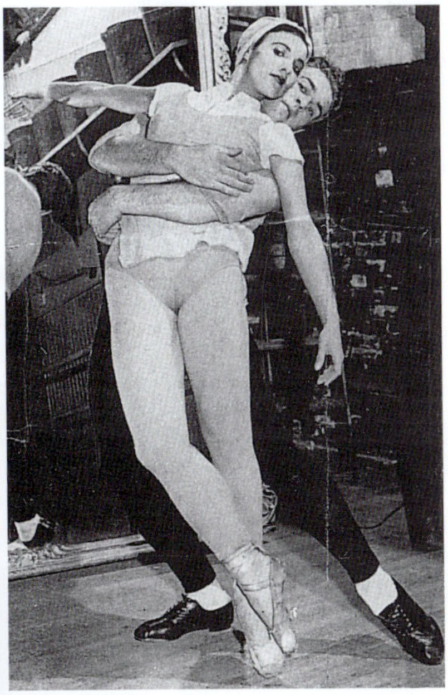

727

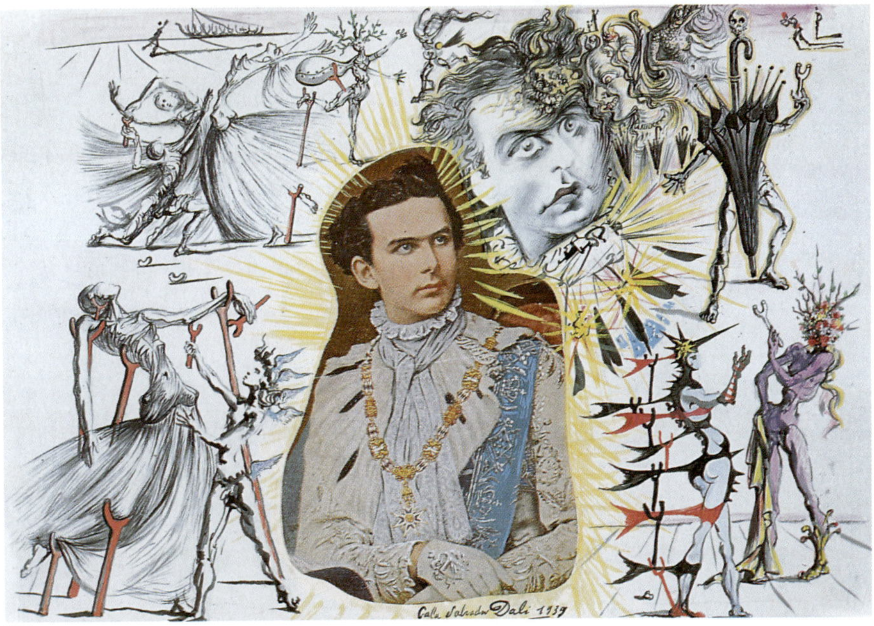

728

1938–1939

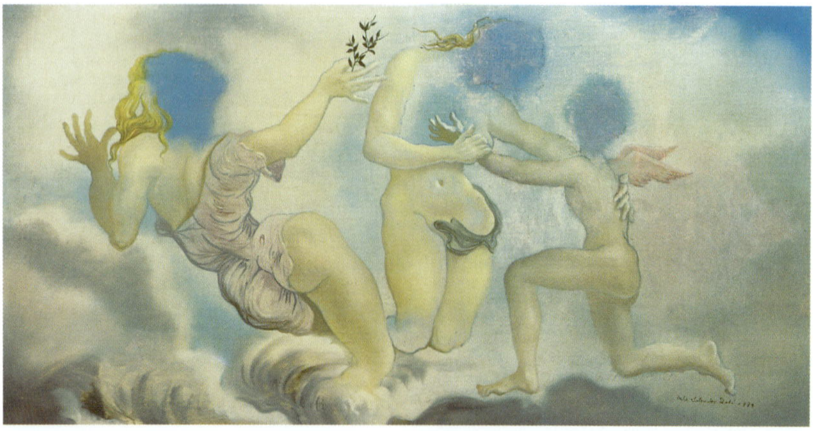

729

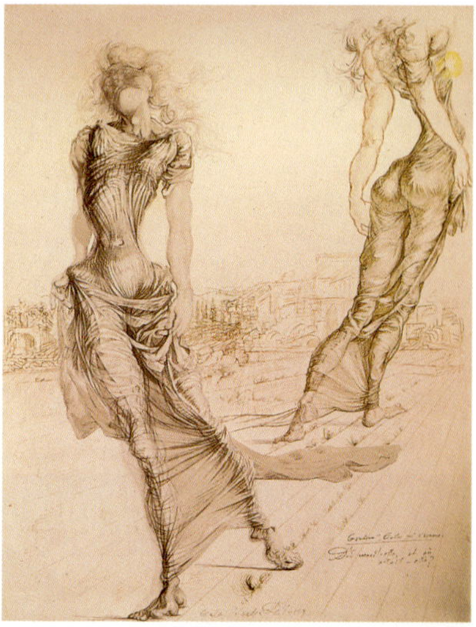

730

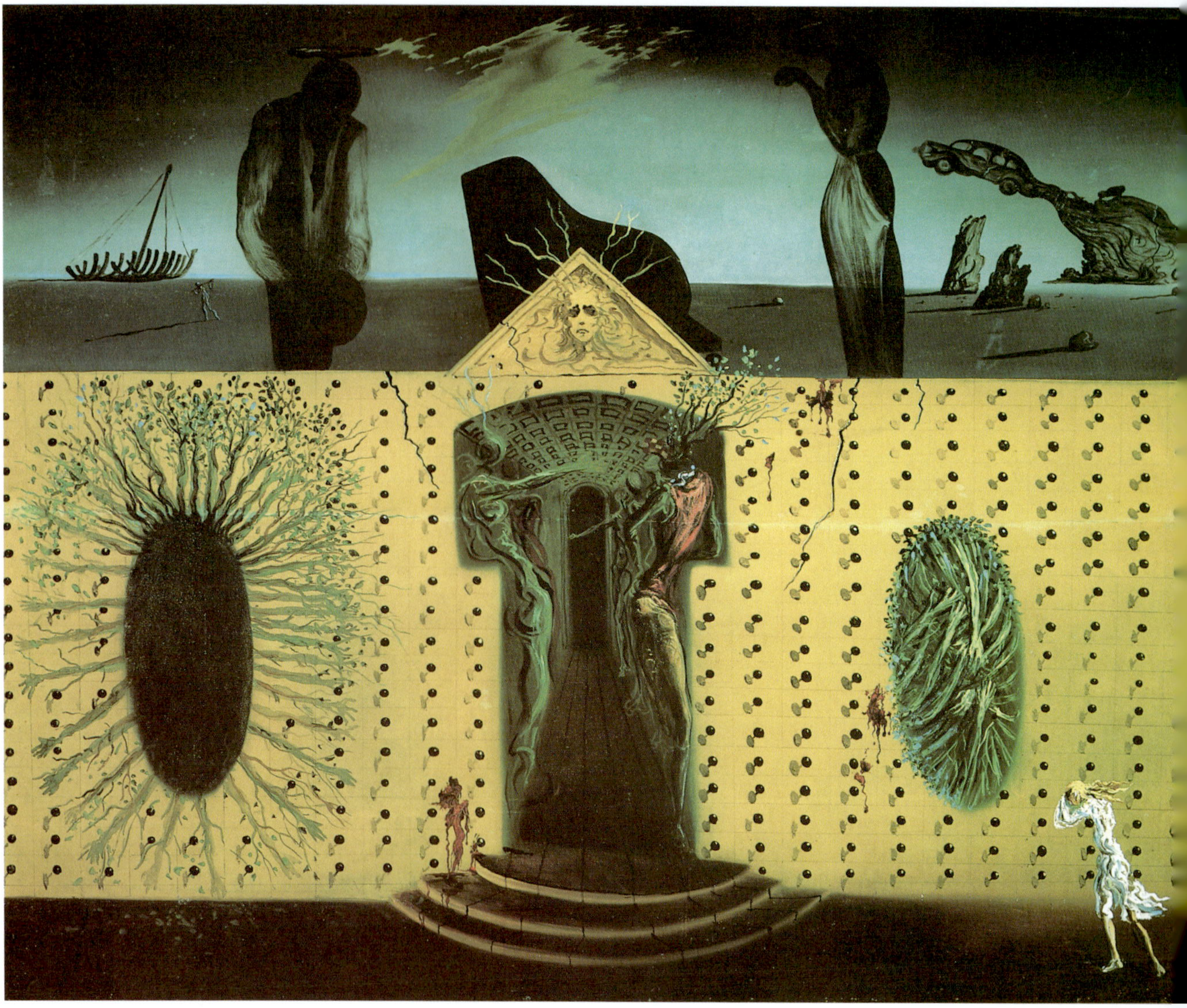

731

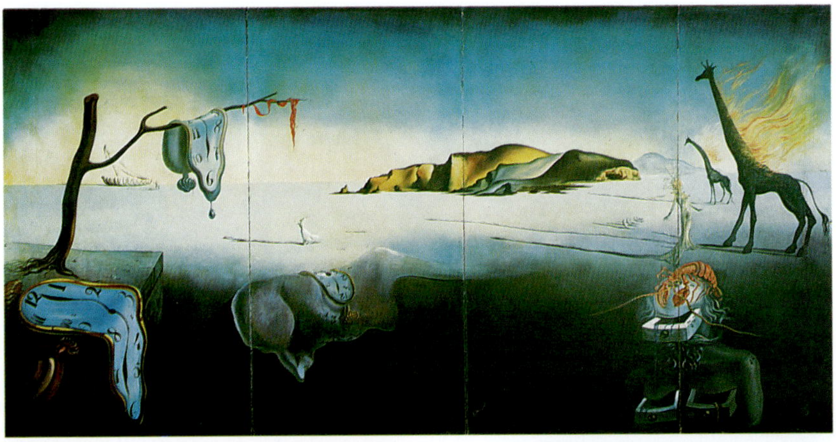

732

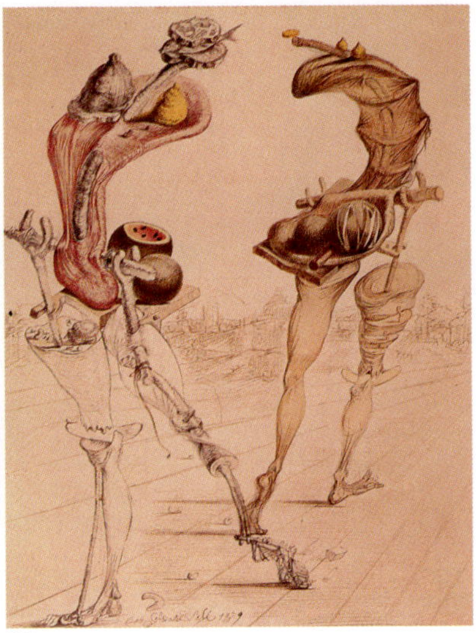

733

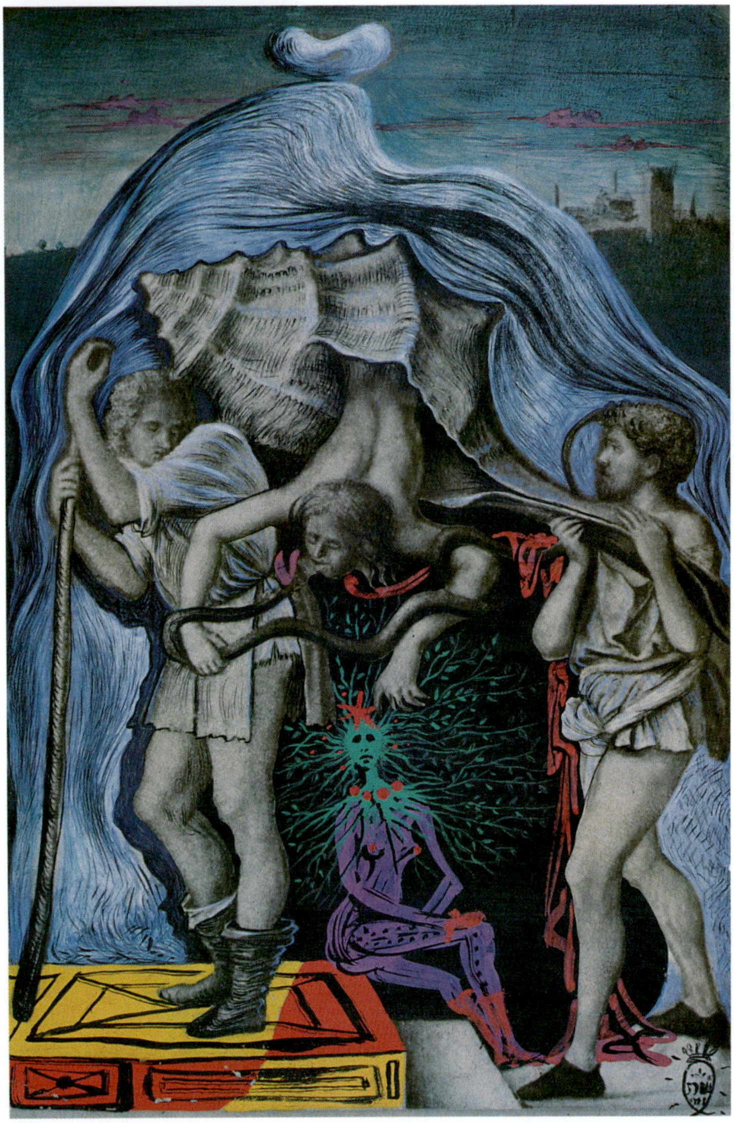

734

729 **Psychoanalyse en morfologie ontmoeten elkaar**, 1939 ❑
Rencontre de la psychanalyse et de la morphologie

730 **Gradiva, de voortschrijdende**, 1939 △
Gradiva, celle qui avance

731 **De waanzinnige Tristan**, rond 1938 ❑
Tristan fou

732 **De droom van Venus**, 1939 ❑
Le rêve de Vénus

733 **Gradiva wordt fruit, groente, broodbeleg, brood en gebakken sardine**, 1939 △
Gradiva devenant fruits, légumes, charcuterie, pain et sardine grillée

734 **Metamorfose van de vijf allegorieën van Giovanni Bellini**, 1939 △
Métamorphose des cinq allégories de Giovanni Bellini

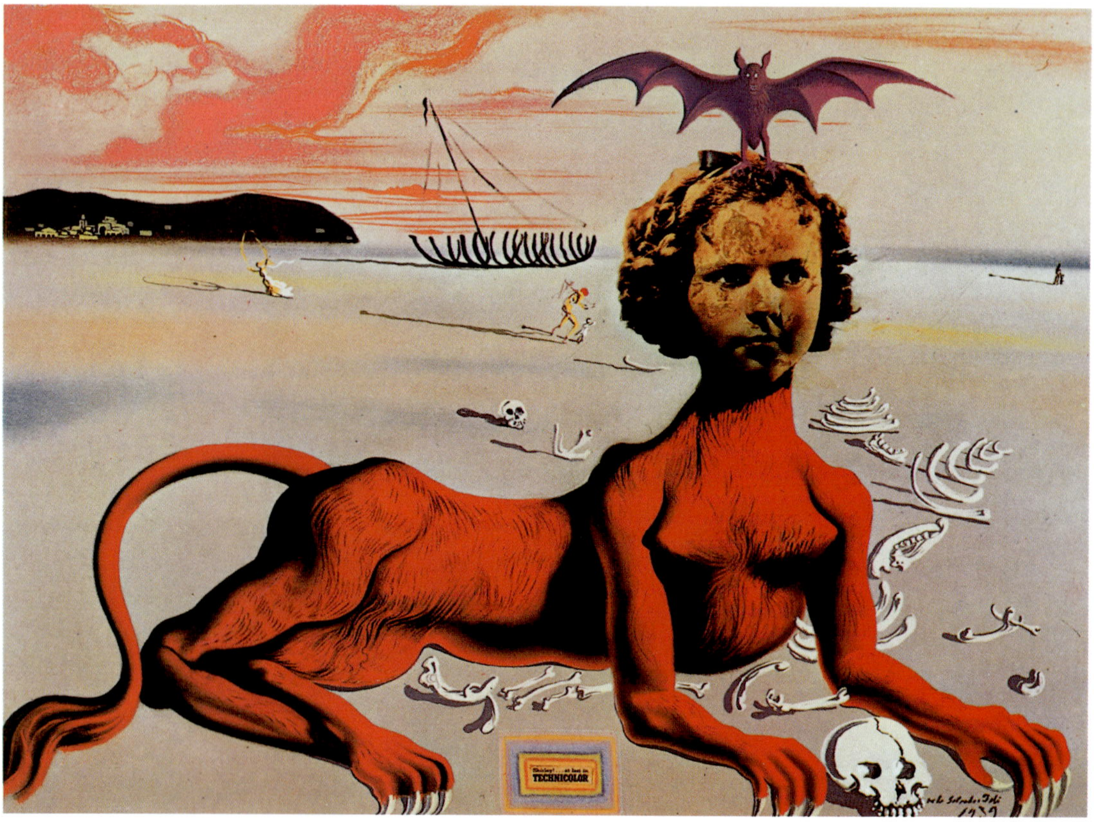

735

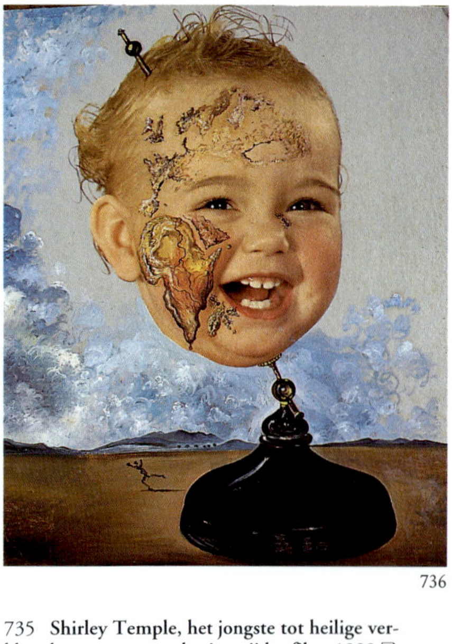

736

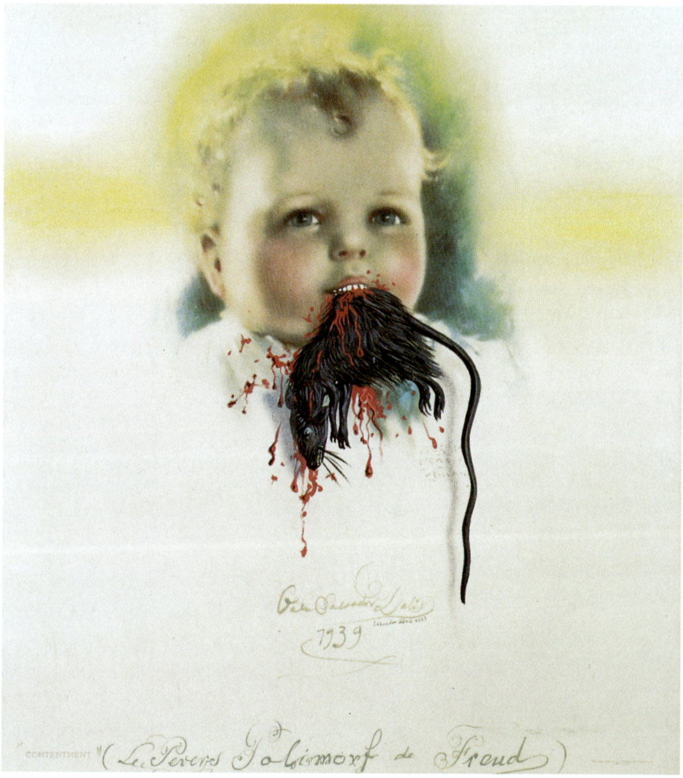

737

735 **Shirley Temple, het jongste tot heilige verklaarde monster van de eigentijdse film**, 1939 ❑ Shirley Temple, le plus jeune monstre sacré du cinéma de son temps
736 **Wereldkaartbaby**, 1939 ❑ Bébé-mappemonde
737 **Freuds polymorfe perverse (ook: Bulgaars kind tijdens het eten van een rat)**, 1939 △ Le pervers polymorphe de Freud (Enfant bulgare mangeant un rat)

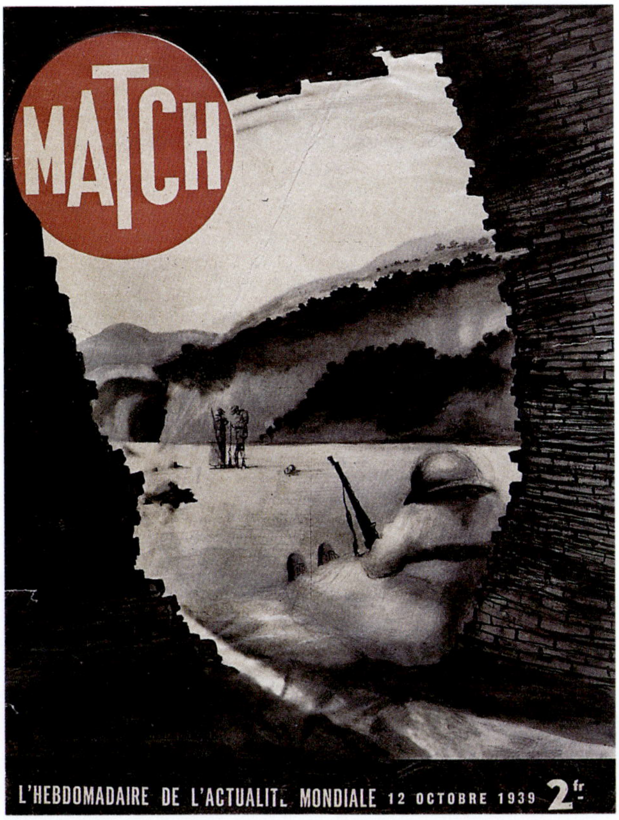

738

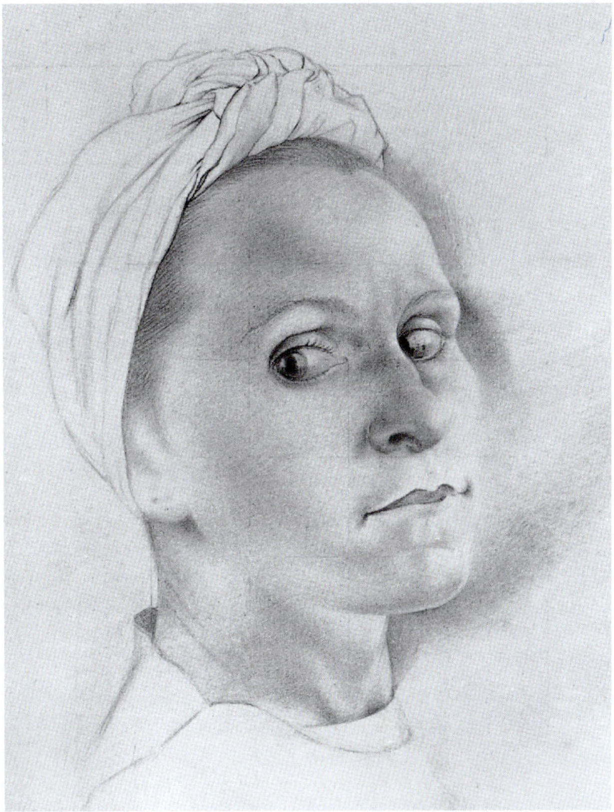

739

Aanvankelijk proclameert de surrealistische revolutie: "We leven in een tijdperk van draadloze telegrafie, nu kondigen we het tijdperk van de draadloze fantasie aan." Waren we toen gevangen met draden, nu zijn het ketenen –de ketenen van de onderdrukking– die we moeten verbreken. We verklaren in overeenstemming met het hier boven gezegde dat alle mensen gelijk zijn in hun gekte en dat de gekte (de peilloze kosmos van het onbewuste) de gemeenschappelijke basis van de menselijke geest is.

De verklaring van de Comte de Lautréamont vertoont een zekere verwantschap met dit programma: "De poëzie moet worden gemaakt door allen en niet door een enkeling." Op grond van haar eigen definitie brengt de surrealistische beweging een van de meest basale rechten van de mens tot uitdrukking, namelijk het recht over je eigen gekte te beschikken: "Surrealisme, zn. o., puur psychisch automatisme waarmee men zich probeert uit te drukken, hetzij mondeling, hetzij schriftelijk, of op enige andere wijze, het werkelijke functioneren van het denken. Gedicteerd door het denken bij afwezigheid van elke rationele controle, onafhankelijk van elke esthetische of morele overweging" (André Breton, 1e manifest van het Surrealisme).

De mensheid wordt gedefinieerd door raadselachtigheid en schijnheiligheid, door de logische gevolgen van haar vitale gegevens: seksueel instinct, doodsbewustzijn en lichamelijke melancholie, veroorzaakt door het ruimte-tijd-begrip.

Het recht van de mens op zijn gekte wordt voortdurend bedreigd; het wordt behandeld op een wijze die zonder overdrijving provinciaal kan worden genoemd door valse 'praktisch rationele' hierarchieën. De geschiedenis van de authentieke schepper is niets anders dan de geschiedenis van beledigingen en aanmatigingen, waardoor de geest van het industriële tijdperk een absolute tirannie uitoefent over de nieuwe scheppende ideeën van de poëtische geest. HIER EEN

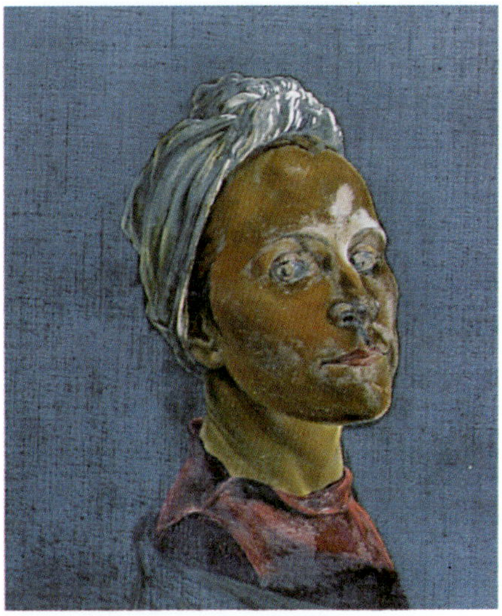

740

738 **Verschijning van een oorlogstafereel in het gezicht van luitenant Deschanel. Omslag van het tijdschrift 'Match'**, 1939 △
Apparition d'une scène de guerre dans le visage du lieutenant Deschanel
739 **Studie voor 'Portret van Gala'**, 1939 △
740 **Portret van Gala (onvoltooid)**, 1939 ❑
Portrait de Gala

PAAR GEBEURTENISSEN DIE UIT MIJN EIGEN SCHAT AAN ERVARINGEN KOMEN. IK ZIE HET ALS MIJN PLICHT, ZE OPENBAAR TE MAKEN.

De meesten van u zullen zich zeker het incident herinneren dat een paar belangrijke etaleurs in New York de brutaliteit hadden een deel van mijn etalageversiering te veranderen zonder de moeite te nemen mij vooraf van hun beslissing op de hoogte te stellen. Ik kreeg destijds honderden brieven van Amerikaanse kunstenaars die mij verzekerden dat mijn reactie had bijgedragen tot de verdediging van hun artistieke vrijheid.

Tezelfdertijd worden we echter getuige van een nog merkwaardigere gebeurtenis: het voor de 'Amusement Area' verantwoordelijke comité van de Internationale Wereldtentoonstelling heeft me daadwerkelijk verboden buiten het paviljoen het beeld van een vrouw met vissekop te plaatsen, waarvan de titel *De droom van Venus* zou zijn. Hier de letterlijke formulering van het comité: "Een vrouw met een vissekop is ontoelaatbaar." Die beslissing van het comité lijkt me uitermate zwaarwegend en verdient daarom onze onverdeelde aandacht – omdat wij hier worden geconfronteerd met het negeren van een recht dat van puur fantastische en poëtische aard is en waaraan morele noch politieke overwegingen ten grondslag liggen. Ik was altijd al van mening dat de eerste mens die het idee had een vrouwenlichaam van een vissestaart te voorzien, een groot dichter was. Maar ik ben ook van mening dat de tweede die dat idee nageaapt heeft, niets anders

741 **Zonder titel – Figuur (onvoltooid)**, 1938-1939 ❑
Sans titre – Personnage

742 **Portret van Lady Louis Mountbatten**, 1940 ❑
Portrait de Lady Louis Mountbatten

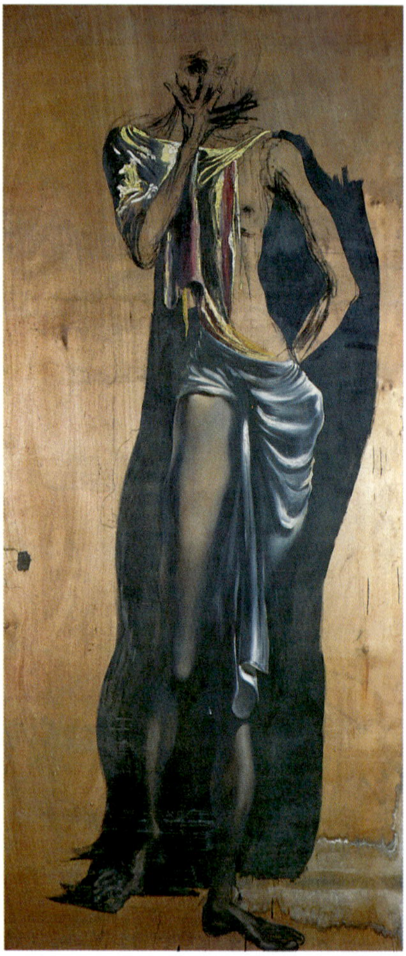

741

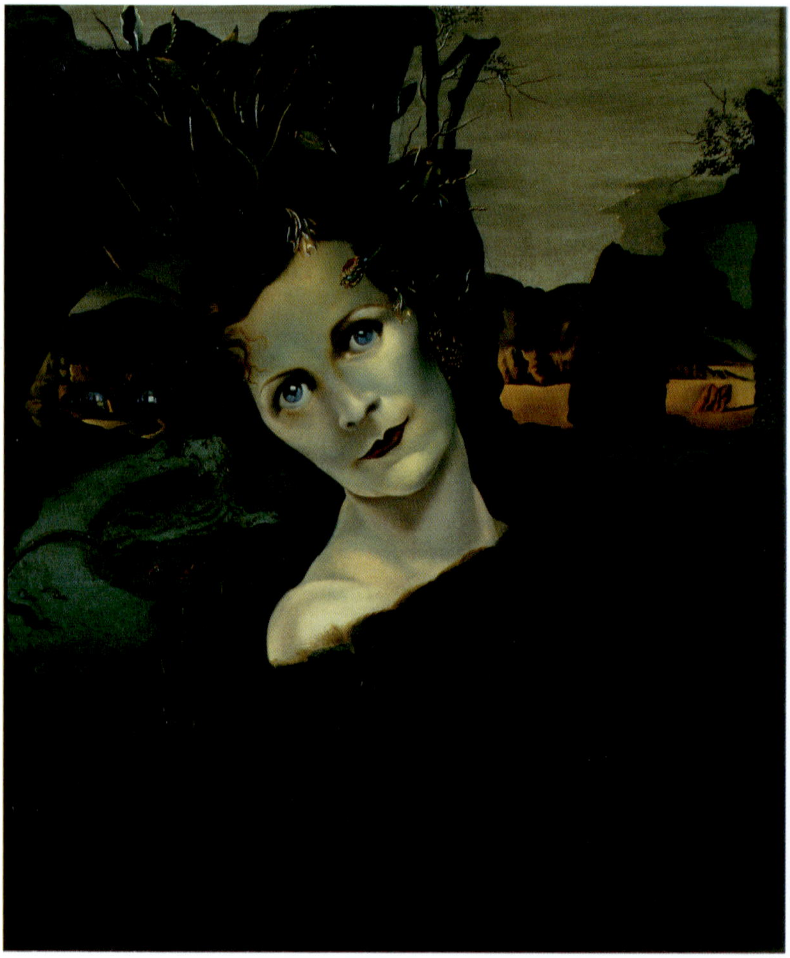

742

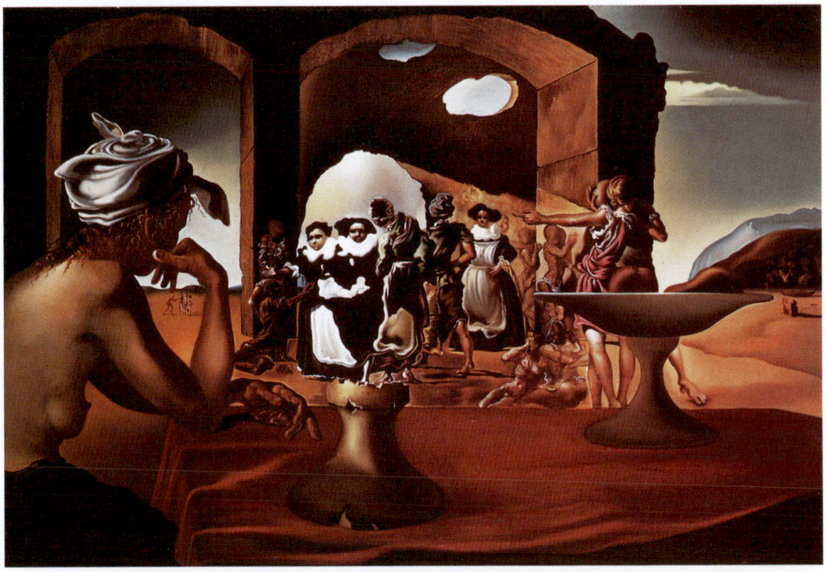

743

743 **Slavenmarkt met verschijning van de onzichtbare buste van Voltaire,** 1940 ❑
Marché d'esclaves avec apparition du buste invisible de Voltaire

744 **De drie levensstadia (ook: Ouderdom, jeugd, kindertijd),** 1940 ❑
Les trois âges (La vieillesse, l'adolescence, l'enfance)

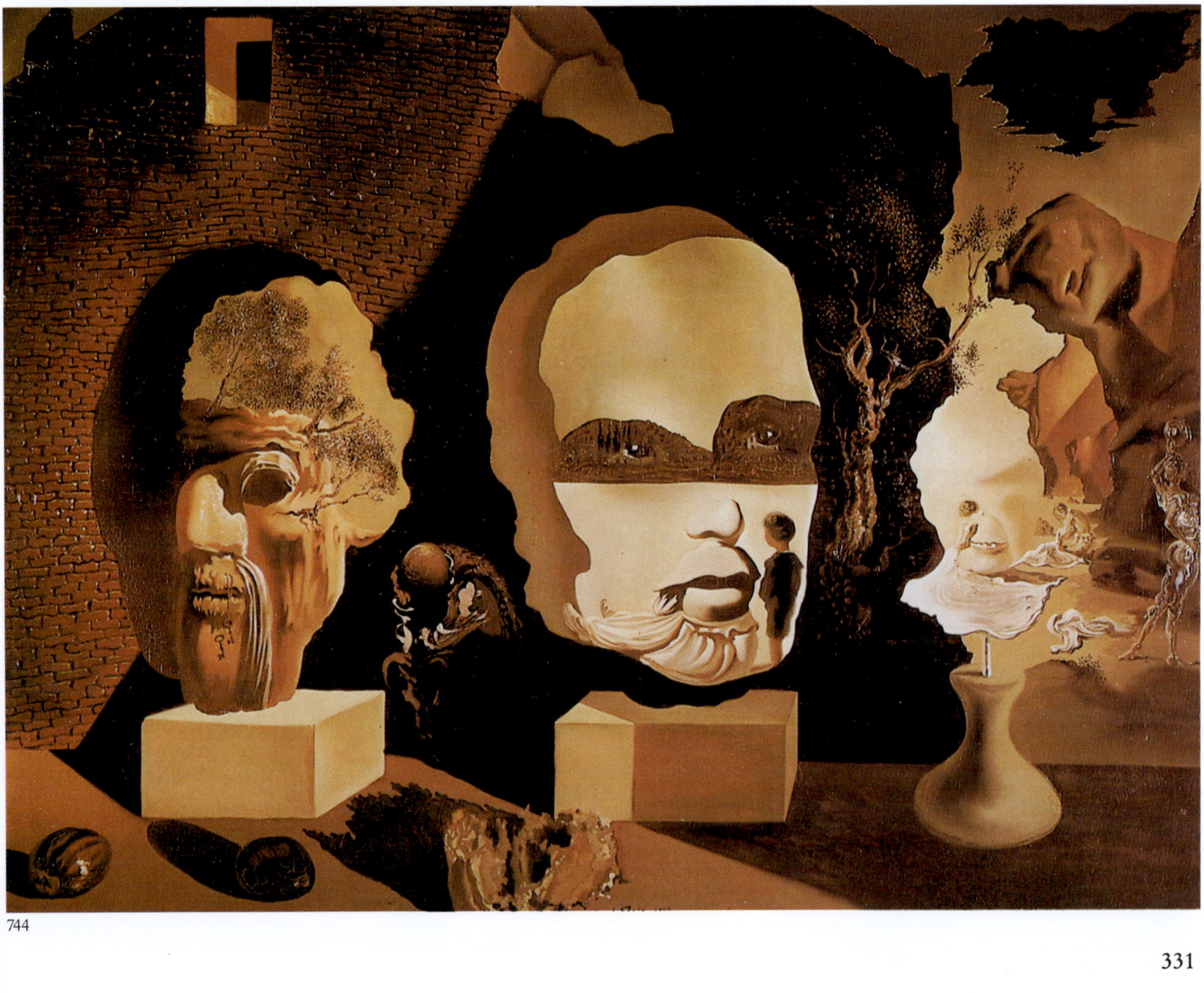

744

1940–1941

745 **Allegorie van de zonsondergang (ook: Allegorie van de avond)**, 1940-1941 ❑
Allegory of Sunset Air (Allegory of the Evening)

746 **Spin in de avond... hoop**, 1940 ❑
Araignée du soir... espoir

747 **Familie van buideldier-centauren**, 1940 ❑
Famille de centaures marsupiaux (Family of Marsupial Centaurs)

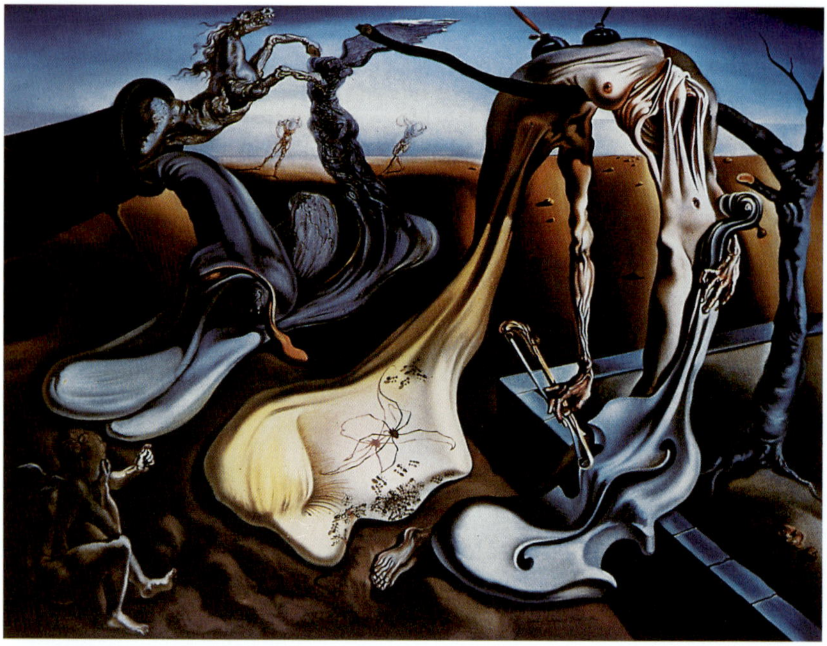

746

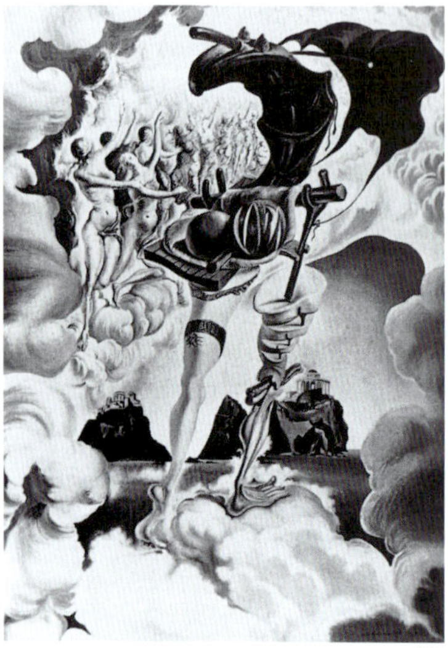

745

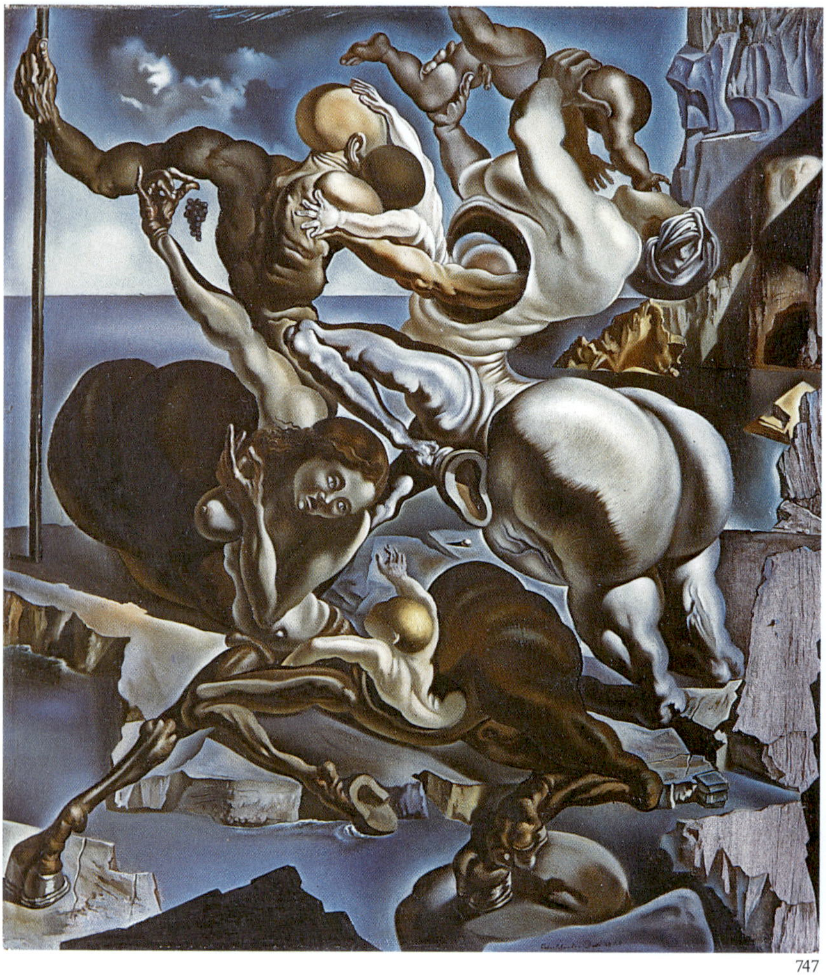

747

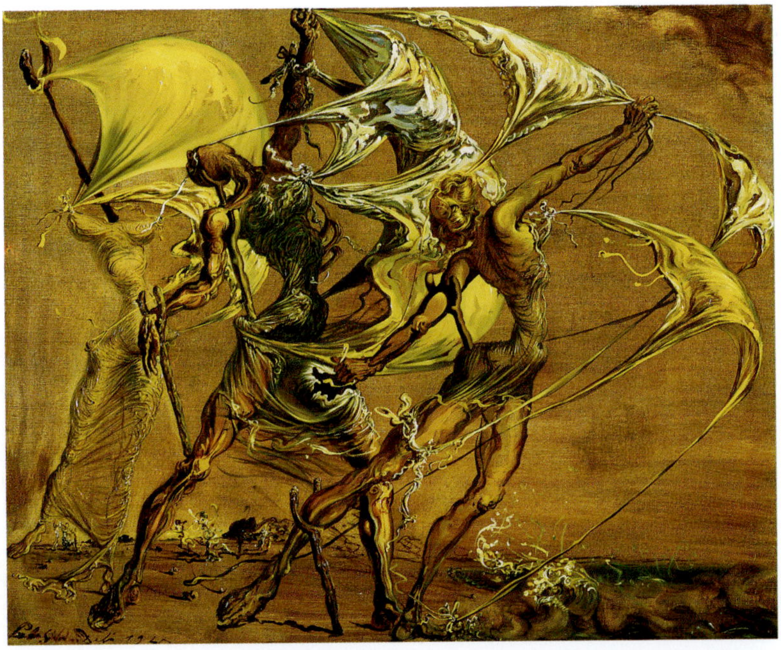
748

748 **Drie vrouwen imiteren de bewegingen van een zeilschip**, 1940 ❑
Trois femmes imitant les mouvements d'un voilier

749 **De gouden eeuw – Familie van buideldier-centauren**, 1940-1941 ❑
L'âge d'or – Family of Marsupial Centaurs

750 **Centaur (ook: De triomf van Nautilus)**, 1940 △
Centaure (Le triomphe de Nautilus)

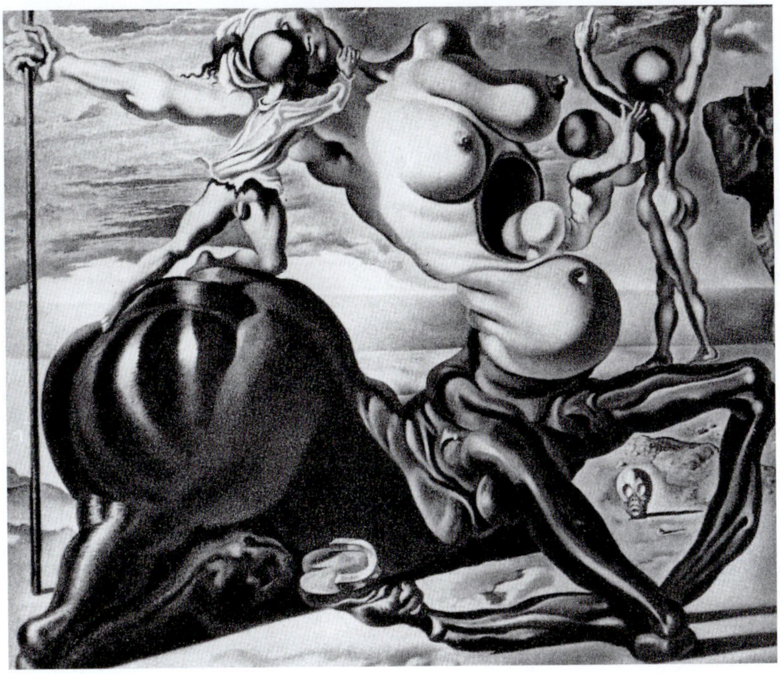
749

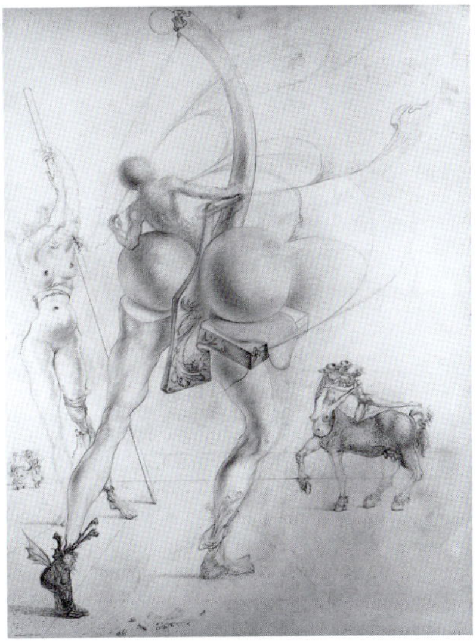
750

was dan een bureaucraat. Hoe het ook zij, de uitvinder van de eerste Sirene zou dezelfde moeilijkheden als ik hebben gehad met het comité van de 'Amusement Area'. Had er in het onsterfelijke Griekenland een dergelijk comité bestaan, de fantasie zou zijn verbannen en erger, de Grieken zouden nooit iets eigens geschapen hebben en ons derhalve nooit hun wonderlijke en ongerepte mythologie hebben kunnen nalaten waarin naar mijn weten weliswaar geen vrouw met vissekop voorkomt, maar wel degelijk een minotaurus waarvan de stierekop ongelooflijk realistisch is.

1940–1941

751 **Zonder titel**, 1940 △

752 **Loop-der-tijd-comité – Vlinder**, rond 1940 ❑
March of Time Comittee – Papillon

Elk echt origineel idee zonder 'bekende voorloper' wordt systematisch afgewezen, verminkt, gekauwd, herkauwd, uitgespuugd, vernietigd en, erger nog, gereduceerd tot verschrikkelijke middelmaat. Als alibi wordt steeds weer de alledaagsheid van de meerderheid van het publiek aangevoerd; maar ik blijf erbij dat dat absoluut verkeerd is, want het publiek is ver verheven boven het afval waarmee het dagelijks wordt overgoten. De massa weet al sinds jaar en dag waar de ware poëzie te vinden is. Schuldig aan de verspreiding van het algemene onbegrip zijn de 'middelmatige cultuurmensen', die zich met hun hoogmoed en hun zelfingenomen gezwets tussen de schepper en het publiek plaatsen.

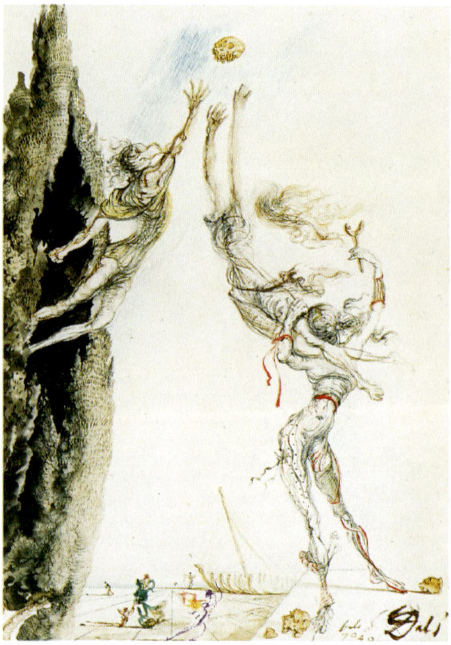

751

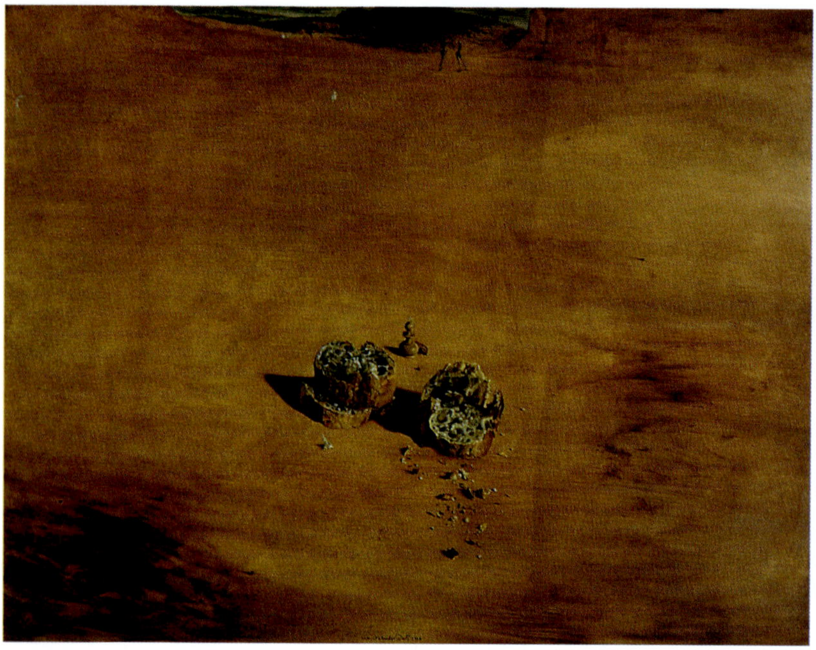

753

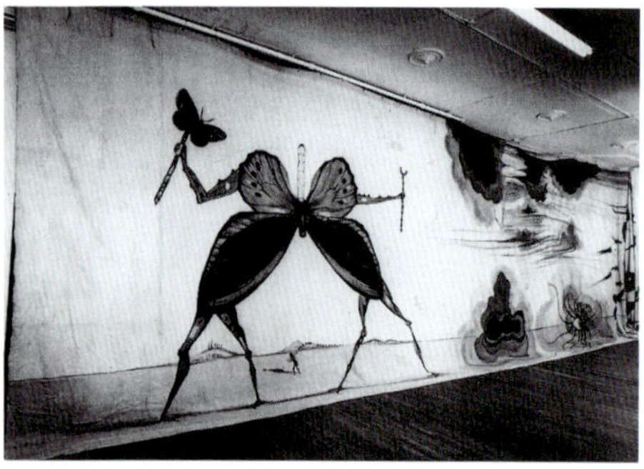

752

Kunstenaars en dichters van Amerika! Wanneer jullie de heilige bron van jullie mythologie en jullie persoonlijke scheppingskracht willen terugvinden, is het hoog tijd dat jullie je nog één keer verenigen in de schoot van jullie Phila-Delphi, nog één keer de symbolische klok van de onafhankelijkheid van jullie fantasie luiden, de bliksemafleider van Benjamin Franklin in de ene en de paraplu van Lautréamont in de andere hand zwaaien om de storm van anti-vooruitgang die jullie land bedreigt, te weerstaan! Laat de verblindende bliksem van jullie woede en de wrekende donder van jullie paranoïde inspiratie neerdalen!

Alleen het geweld en de standvastigheid van jullie verharde droom zal de afschuwelijke mechanische beschaving, de persoonlijke vijand, de vijand van het 'lustprincipe', kunnen weerstaan. Het is het recht van de mens om van vrouwen met een extatische vissekop houden. Het is het recht van de mens te beweren dat telefoons per direct koud moeten zijn, groen en afroditisch als de slaap van de door auguren gestoorde Spaanse vliegen. Even barbaars als flessen zullen telefoons zich bevrijden van de lauwe decoratie van de theelepels in de stijl van Louis XV om de ijzige schande van het hybride decor van onze zacht gedegradeerde decadentie te bedekken.

De mens heeft het recht te eisen dat de "objecten van zijn begeerte" versierd zijn als de juwelen van een koningin: kostuums voor zijn meubelen! Kostuums

753 **Twee stukken brood drukken het gevoel van liefde uit**, 1940 ❑
Deux morceaux de pain exprimant le sentiment de l'amour

754 **Tekening voor de 'Glas-hallucinatie' uit de Hitchcockfilm 'Moontide'**, 1941 △
L'hallucination du verre

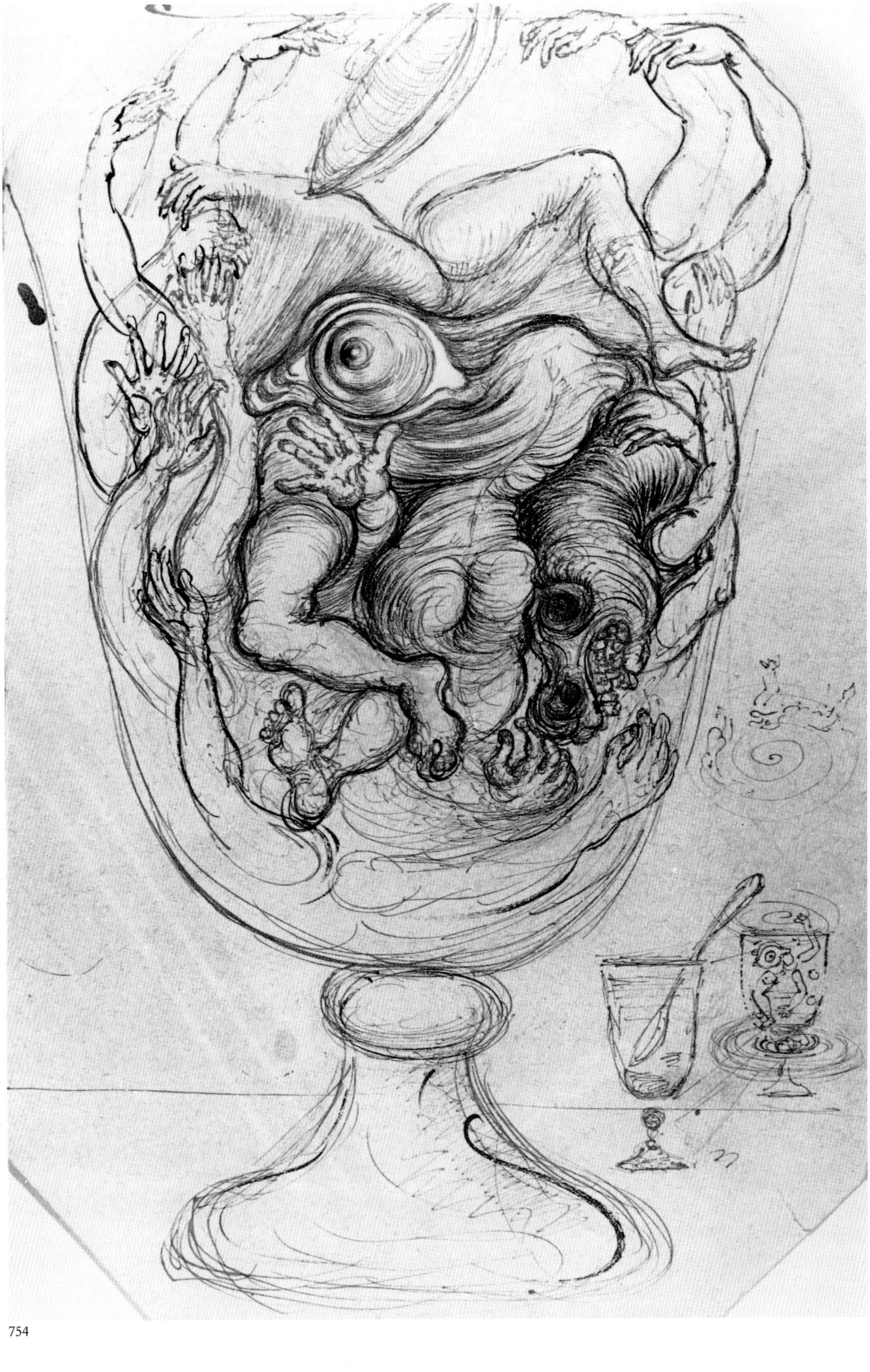

754

1939–1941

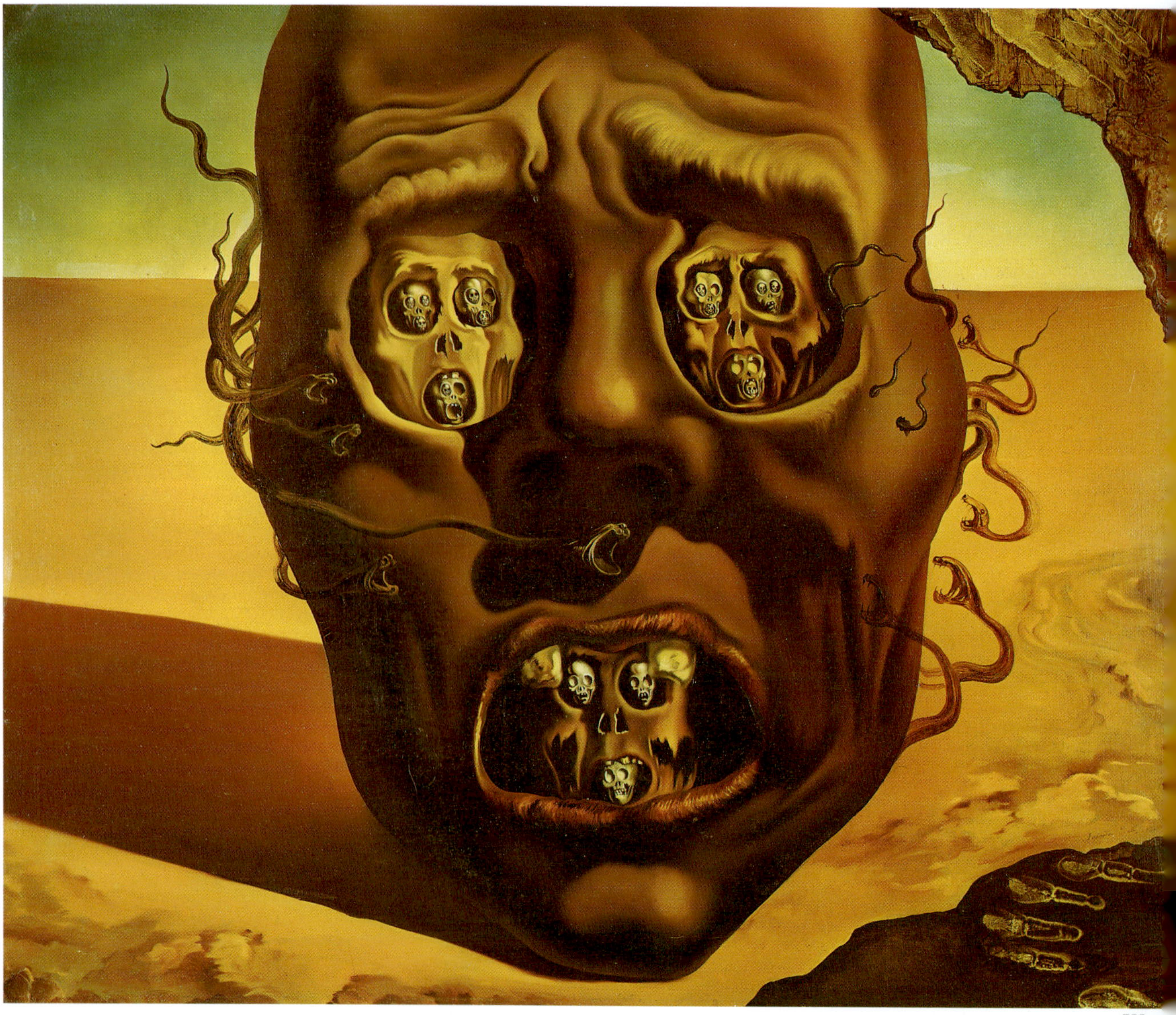

755

755 **Gezicht van de oorlog,** 1940-1941 ❑ Visage de la guerre

756 **Danseres – Doodskop,** 1939 ❑ Ballerine – Tête de mort

757 **Menselijke schedel samengesteld uit zeven naakte vrouwenlichamen. Foto: Philippe Halsman, 1951, naar een tekening van Dalí** ☆

758 **Gezicht van de oorlog. Tekening van een nachtmerrie voor de film 'Moontide',** 1941 △ Visage de la guerre

759 **Tafereel in een café. De personen aan tafel vormen een doodskop. Tekening van een nachtmerrie voor de film 'Moontide',** 1941 △

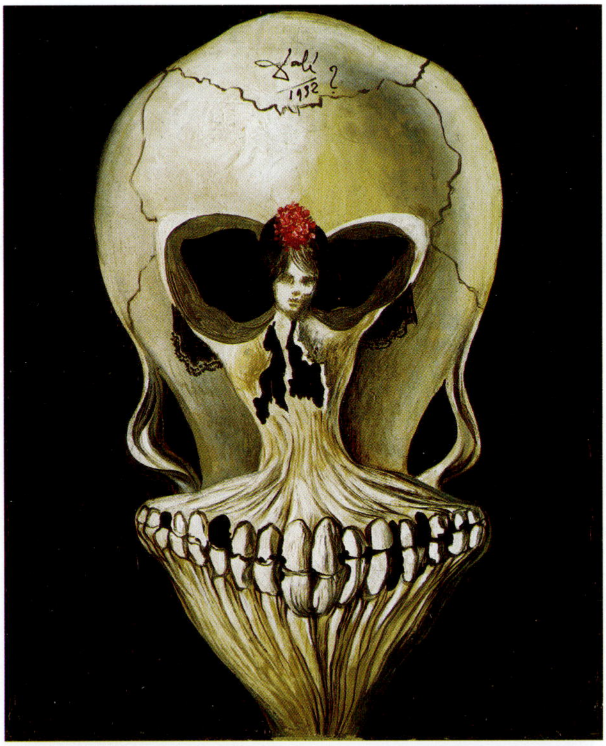

756

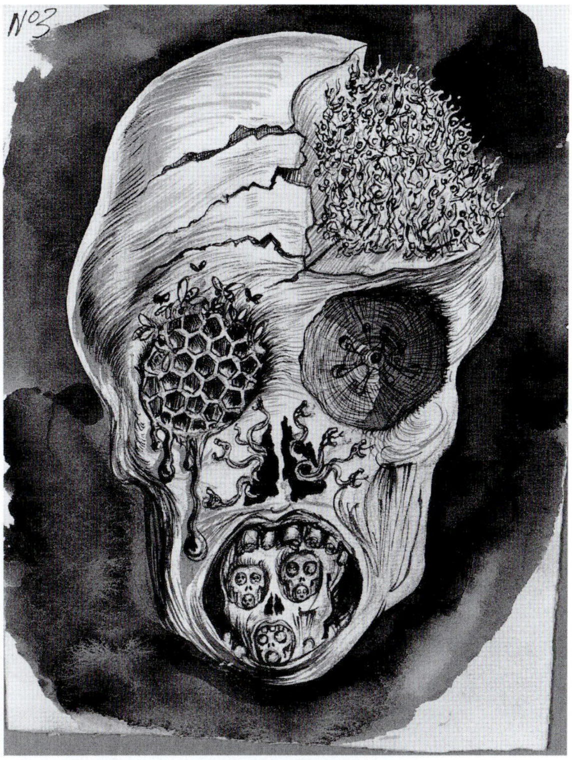

758

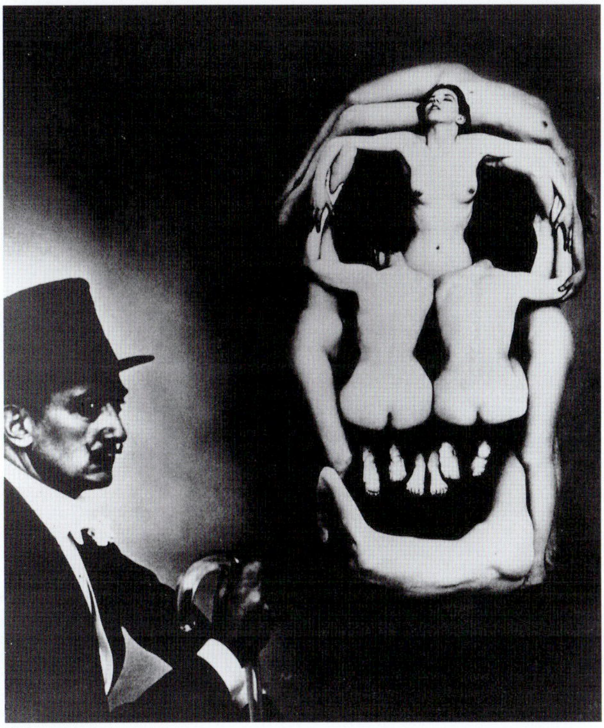
757

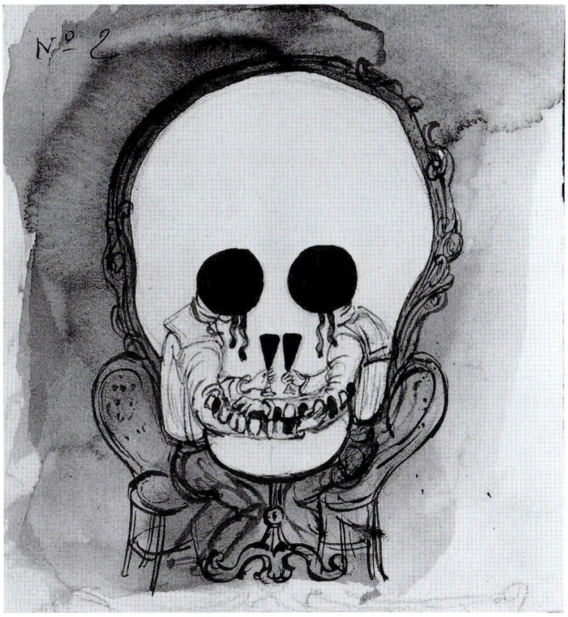

759

voor zijn tanden! En ook voor zijn gordijnen! Handgestikte overtrekken zullen de extreme gevoeligheid van "spoorstaven van kalfslong" beschermen. De auto-industrie zal bonte ruiten met Perzische motieven gebruiken om de inzittenden tegen het gladde en duistere licht van de landschappen te beschermen. Het jaar 1941 zal worden gedomineerd door de kleur van absint. Alles zal groenig zijn. "Groen, ik wil je groen" – groen water, groene wind, groen hermelijn, groene, door de slaap opgeblazen salamanders die op hun groene huid voorbijglijden, en van slapeloosheid fonkelende decolletés, groene zilvertabletten, groene chocolade, groen de martelende elektriciteit die het levende vlees van de Burgeroorlog doet verdorren, groen het licht van mijn Gala!

Buiten de (voor droge paraplu's bevende) duisternis rijdt de beroemde taxi van Christoffel Columbus de nachtmerrie van Venus binnen. Binnenin zit trots Columbus zelf. Hij is nat tot op het bot door een heftige en aanhoudende regen. Driehonderd levende bourgondische slakken kruipen in alle richtingen over zijn onbeweeglijke lichaam en slaan ook de openingen van zijn asgrauwe gezicht niet over. Op zijn borst staat het volgende raadselachtige embleem: "Ben ik al thuisgekomen?" Waarom wijst hij met zijn wijsvinger naar Europa? Waarom wordt hij begeleid door het onzichtbare spook van de hertog en hertogin van Windsor? Waarom is een slaapwandelende Spaanse met gouden kettingen aan het stuur van haar luxe Cadillac gebonden?

760 **Studie voor 'De erfzonde'**, 1941 △

761 **De erfzonde**, 1941 ❑
Le péché originel

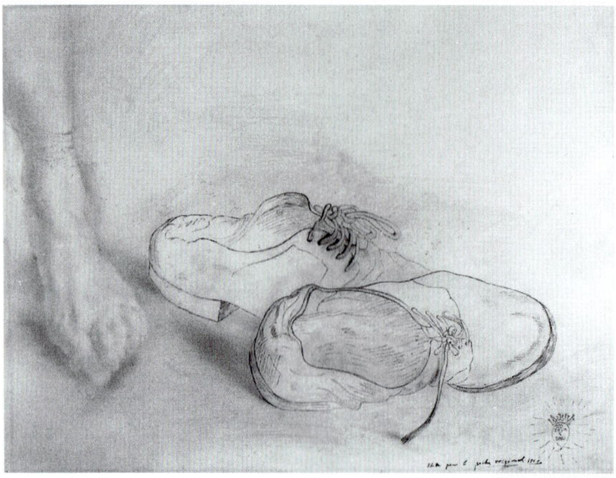

760

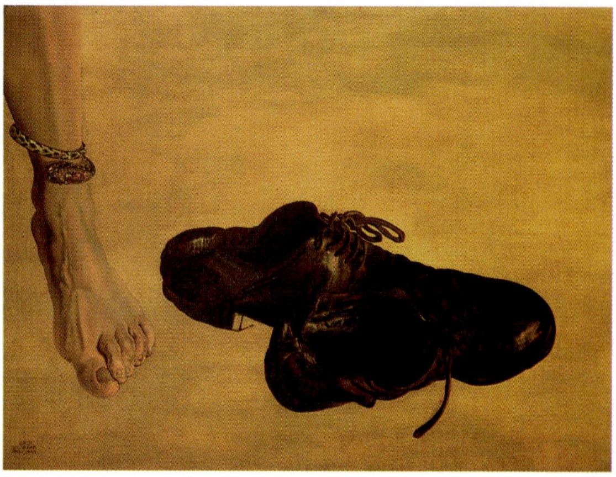

761

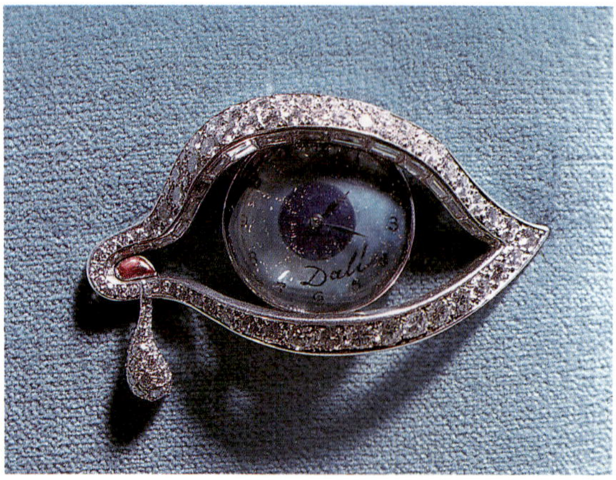

762

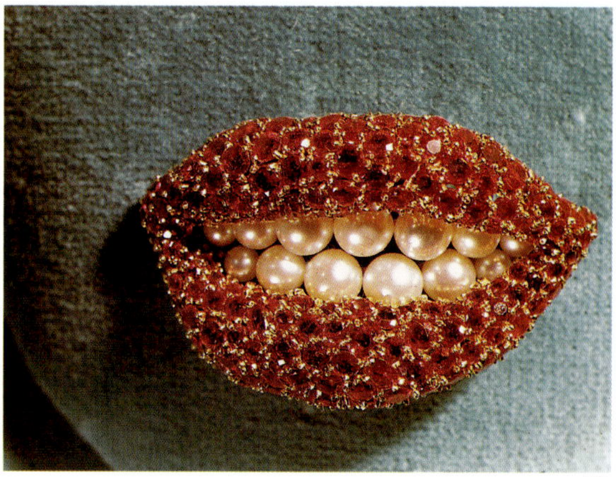

763

762 **Het oog van de tijd**, 1949 ❍
The Eye of Time – L'œil du temps

763 **Robijnrode lippen**, 1950 ❍
Ruby lips – Les lèvres de rubis

764 **Naaktkostuum met zwaluwstaart**, 1941 ❑
Costume de nu avec queue de morue

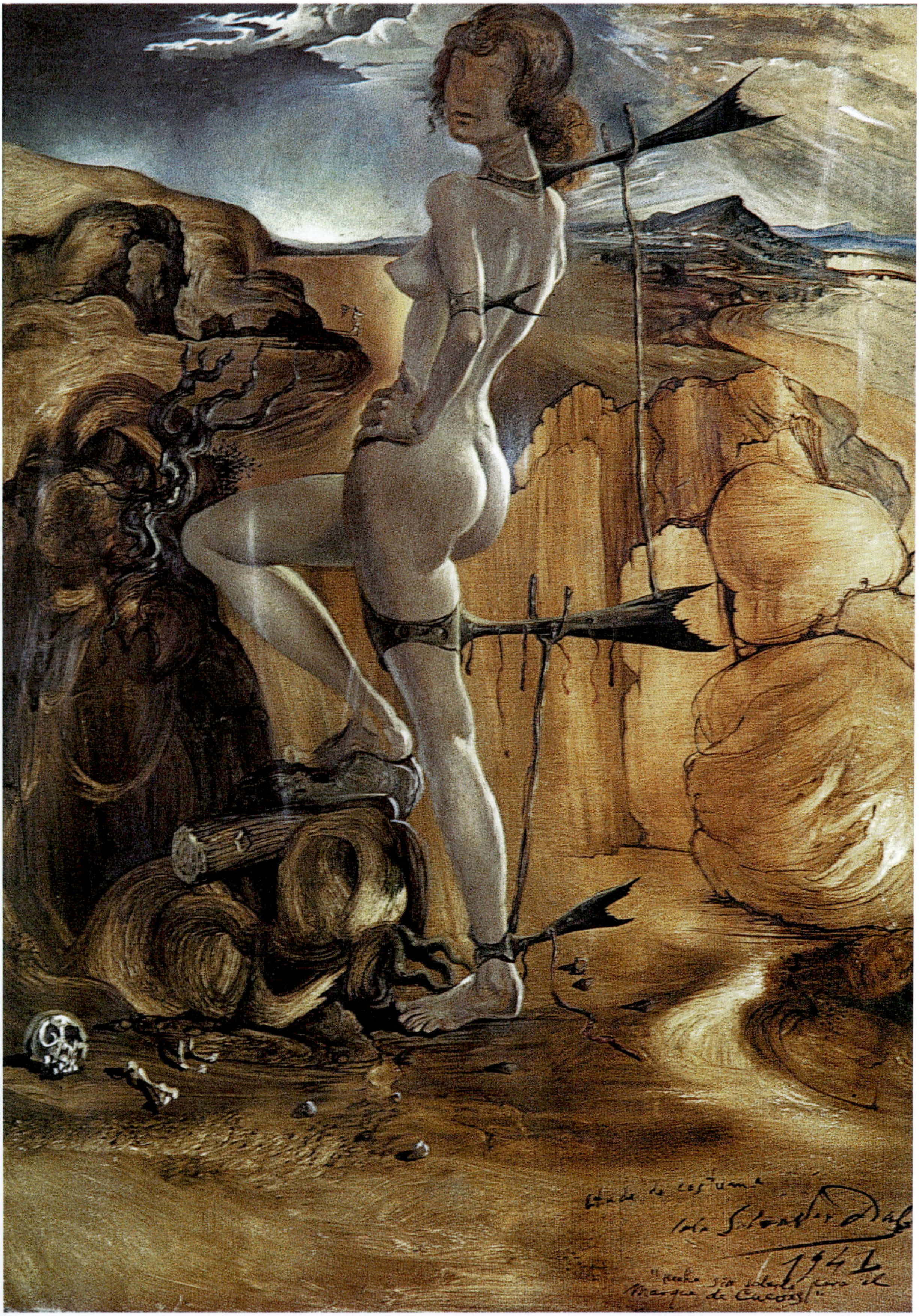

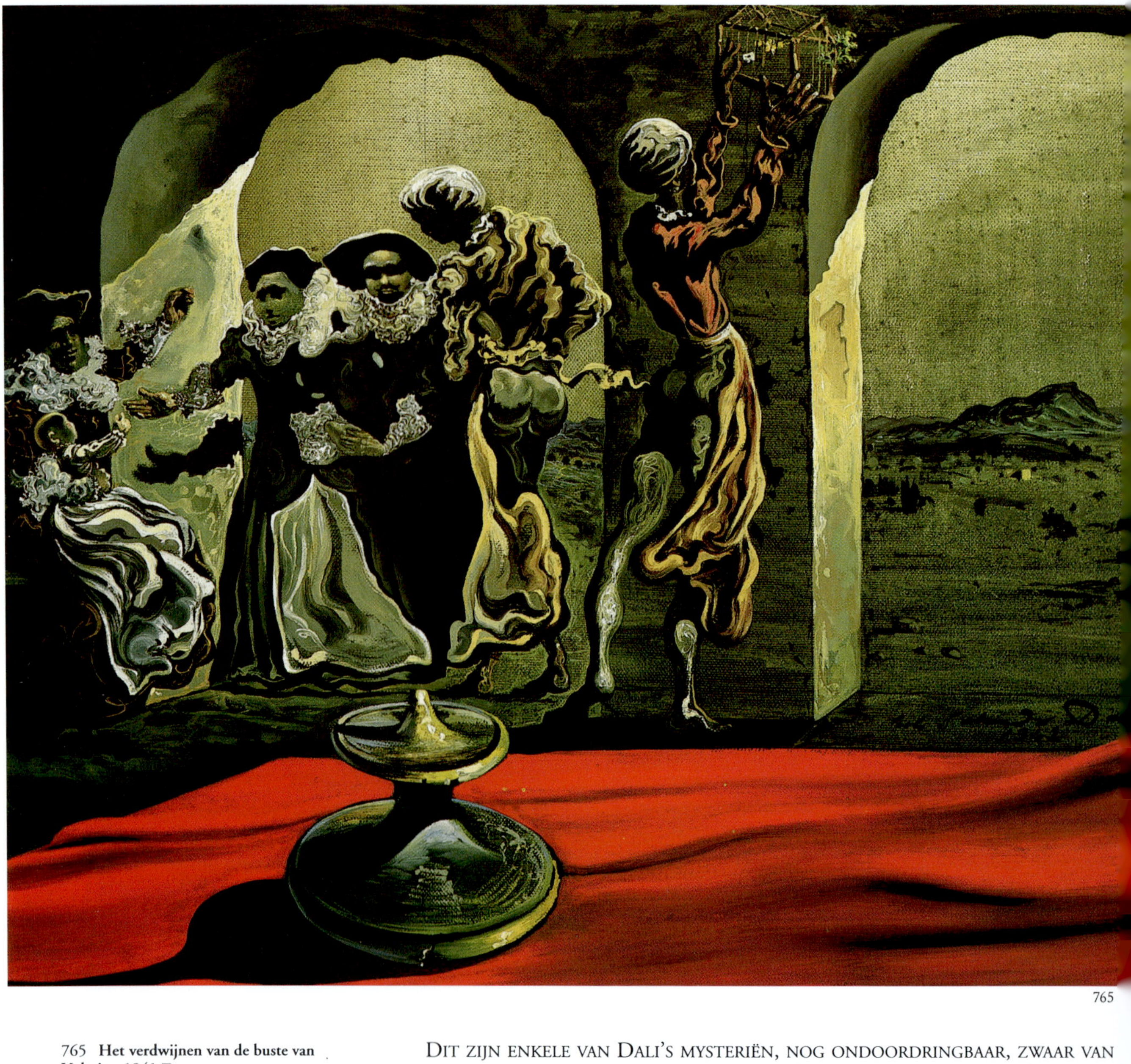

765

765 **Het verdwijnen van de buste van Voltaire**, 1941 ❑
Disparition du buste de Voltaire

766 **Studie voor 'Het verdwijnen van de buste van Voltaire'** 1941 △

Dit zijn enkele van Dali's mysteriën, nog ondoordringbaar, zwaar van obscure betekenissen en nog dieper. Een ding is zeker: een Catalaan, Christoffel Columbus, heeft Amerika ontdekt, een andere Catalaan, Salvador Dali, heeft zojuist Christoffel Columbus herontdekt. New York! Jij die lijkt op een trotse wandeling door de lucht, die half door

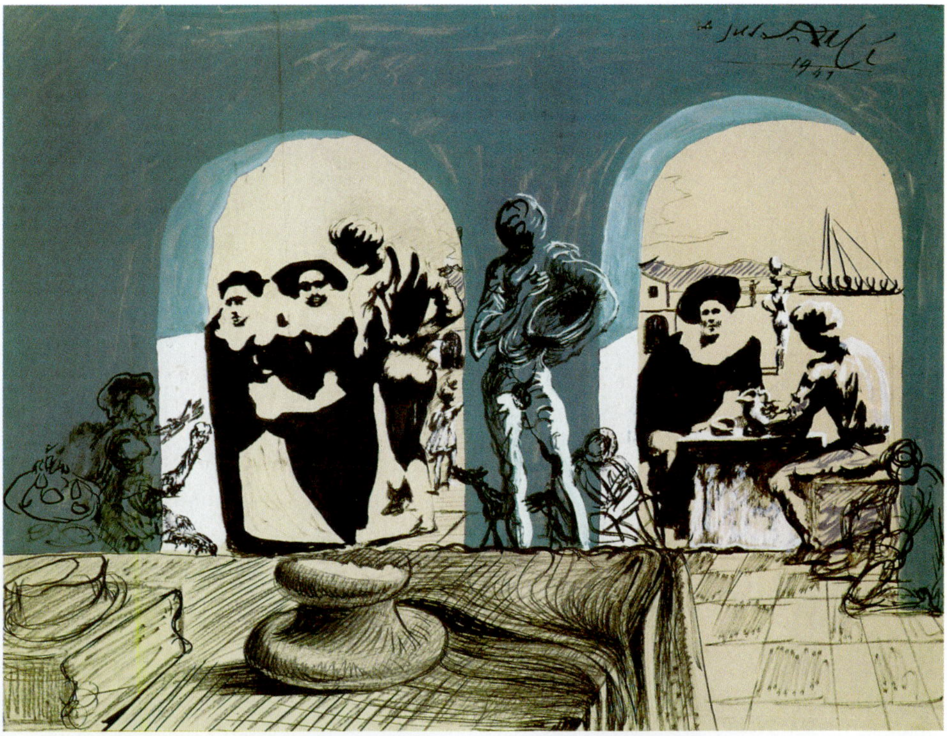

766

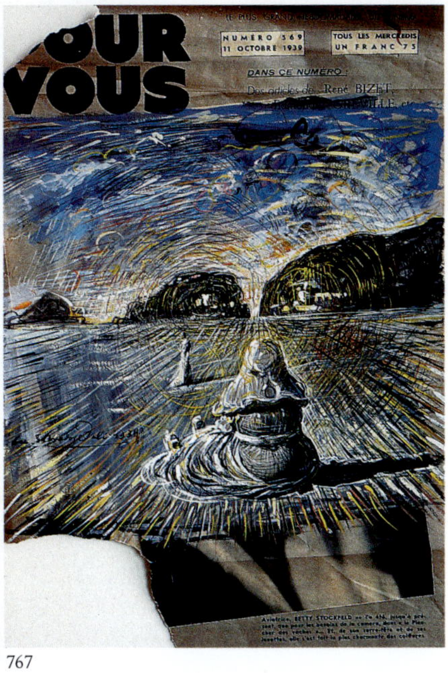

767

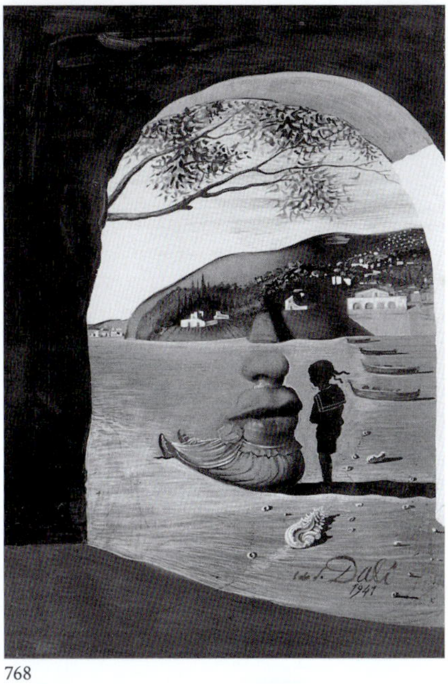

768

HET FIRMAMENT AFGESNEDEN BLOEM, JIJ DIE GEK BENT ALS DE MAAN, NEW YORK, IK ZIE DAT DOOR DE SURREALISTISCHE 'PARANOÏDE KINESIE' DAT GEWONNEN IS WAAR JIJ TROTS OP KUNT ZIJN. IK KOM, IK KOM, IK HOUD VAN JE MET HEEL MIJN HART.

Salvador Dalí

767 **De actrice Betty Stockfeld verandert in een voedster,** 1939 △

768 **Geheimzinnige mond verschijnt op de rug van mijn voedster,** 1941 △
Mysterious Mouth Appearing in the Back of My Nurse

769 Dalí voor 'Week zelfportret met gebakken spek', 1941 ☆

770 Omslagillustratie van de catalogus voor de tentoonstelling in de galerie van Julien Levy, New York, 1941 ☆

771 Week zelfportret met gebakken spek, 1941 ❑
Autoportrait mou avec lard grillé –
Soft Self-Portrait with Fried Bacon

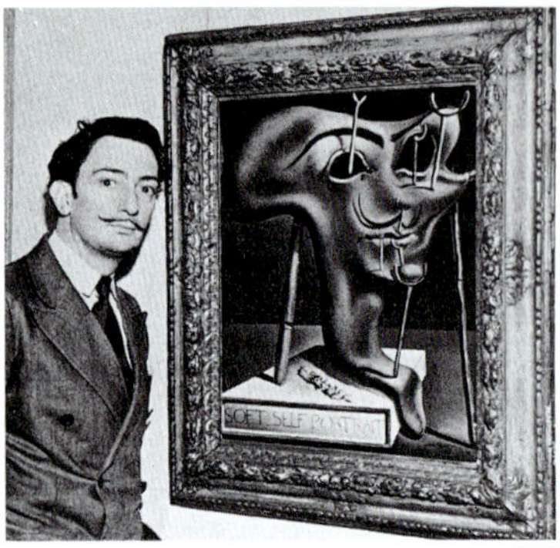

769

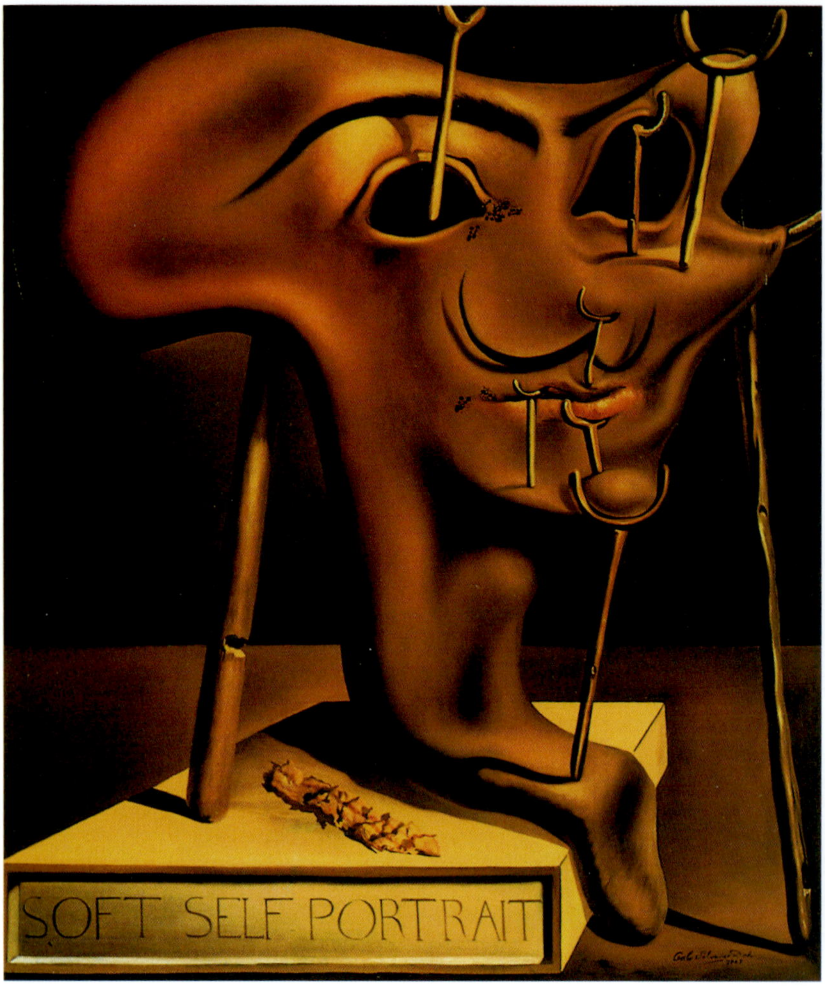

771

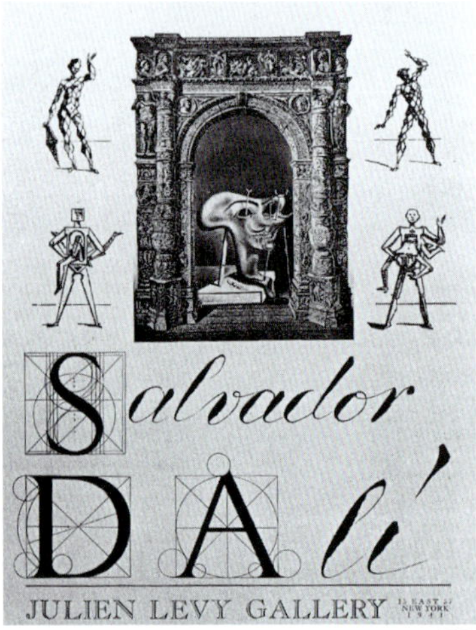

770

Die gekke tovenaar is er weer...

De onrusten van de oorlog dwingen Dalí Europa te verlaten: "Ik moest mij eenvoudigweg meteen van het blinde, turbulente, collectieve geduw en getrek van de geschiedenis verwijderen, anders liep ik het risico voor de geboorte te sterven of een mismaak kind te baren. Nee, ik behoor niet tot diegenen die een kind half maken en dat zomaar ergens. Ik maak me al zorgen om zijn toekomst, om zijn richting, ik moest terug naar Amerika om geld voor Gala, hem en mij te verdienen..."

Aan de grens komen ze vele van hun vrienden weer tegen. Ze ontmoeten Marcel Duchamp, de mede-ontdekker van de 'ready-mades'. Dalí beweert: "Hij werd geterroriseerd door het bombardement van Parijs, dat tot nu toe niet had plaatsgevonden. Duchamp is een nog antihistorischer wezen dan ik; verder gaf hij zich aan zijn wonderbaarlijk hermetische leven over – het contact met zijn traagheid bezorgde mij een aanval van werklust."

Gezamenlijk verlaten ze een paar dagen voor de inval van de Duitsers Arcachon en reizen via Spanje naar Portugal. Dalí maakt een korte omweg over Figueras en Port Lligat om zijn familie te groeten en te zien hoe het huis er na de Burgeroorlog bijstaat.

In Lissabon ontmoeten ze een vrouw die op Elsa Schiaparelli lijkt – het is

Schiaparelli; een man die René Clair zou kunnen zijn – het is René Clair; een oude man op een bankje die sprekend op Paderewski lijkt – het is hem werkelijk! Aan boord van de 'Excambión' reizen ze af naar New York, waar hen een achtjarige ballingschap wacht.

Aangekomen in de Verenigde Staten, vestigen ze zich op uitnodiging van hun vriendin Caresse Crosby in Hampton Manor in de buurt van Fredericksburg, Virginia.

Anaïs Nin beschrijft in haar dagboek uit de jaren 1934-1944 hun aankomst en het talent van Gala de zaken direct ter hand te nemen: "...ze hadden daarbij niet op het organisatietalent van mevr. Dalí gerekend. Voor we het wisten, was de huishouding alleen nog maar op het welbevinden van Dalí gericht. We hadden geen toegang meer tot de bibliotheek, omdat hij er moest werken. Of Dudley wel zo vriendelijk wilde zijn om naar Richmond te rijden en zus of zo te bemachtigen dat Dalí voor het schilderen nodig had? Of ik zo vriendelijk wilde zijn om een artikel voor hem te vertalen? Of Caresse het tijdschrift 'Life' even wilde uitnodigen? Zo vervulde ieder van ons zijn toegewezen taak. Mevr. Dalí verhief nooit haar stem, nooit probeerde ze ons over te halen of te vleien. Ze nam zonder meer aan dat we hier allen waren om Dalí, de grote, onbestwistbare kunstenaar, te dienen." Caresse Crosby vertelt hoe ze enkele weken op reis moest en de Dalí's in het gezelschap van de schrijver Henry Miller achterliet. Ze is geenszins verbaasd als ze bij terugkeer Dalí aantreft die bezig is zijn autobiografie te redigeren ('Het geheime leven van Salvador Dalí', die hij in juli 1941 aldaar voltooide), terwijl Henry Miller aan het aquarelleren is.

De eerste tentoonstelling in 1941 in de galerie van Julien Levy maakt veel commentaar los. 'The Art Digest', een tijdschrift dat Dalí minder gunstig gezind

772 **Dalí's ontwerp voor 'Labyrint',** 1941 △

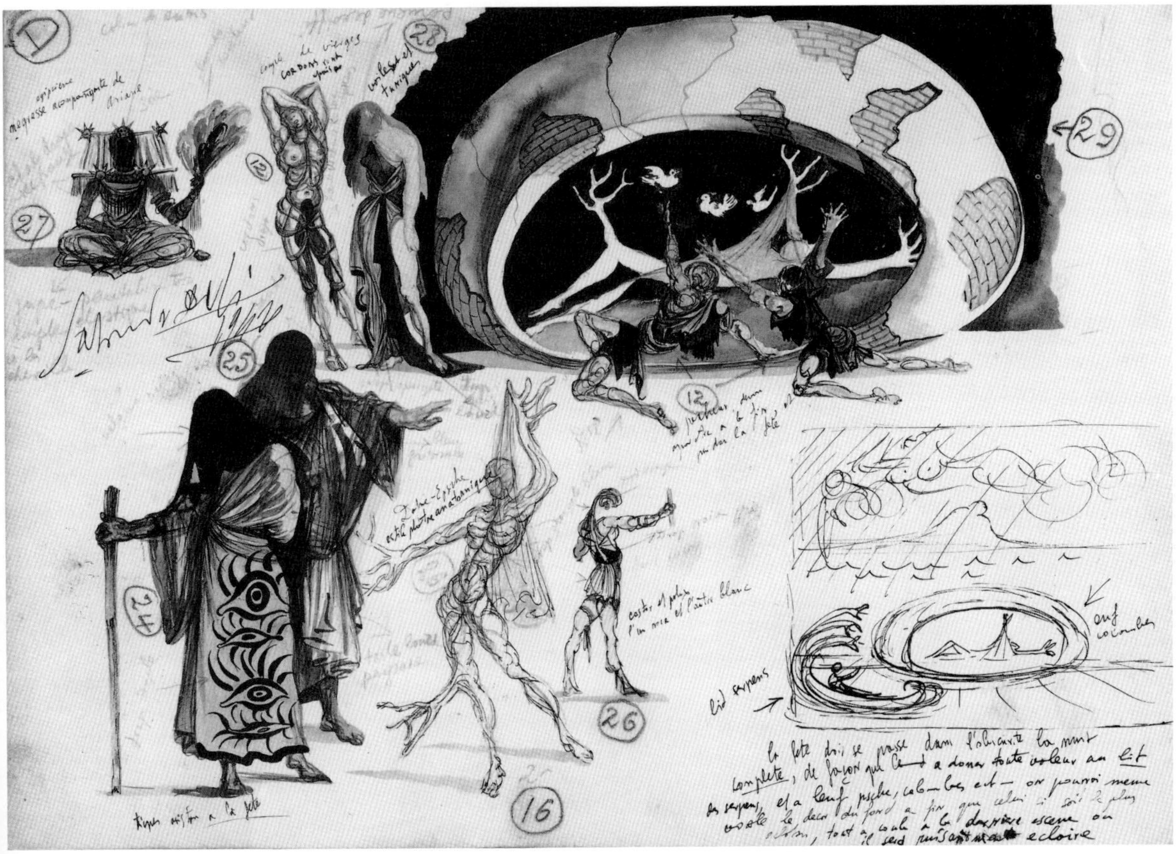

772

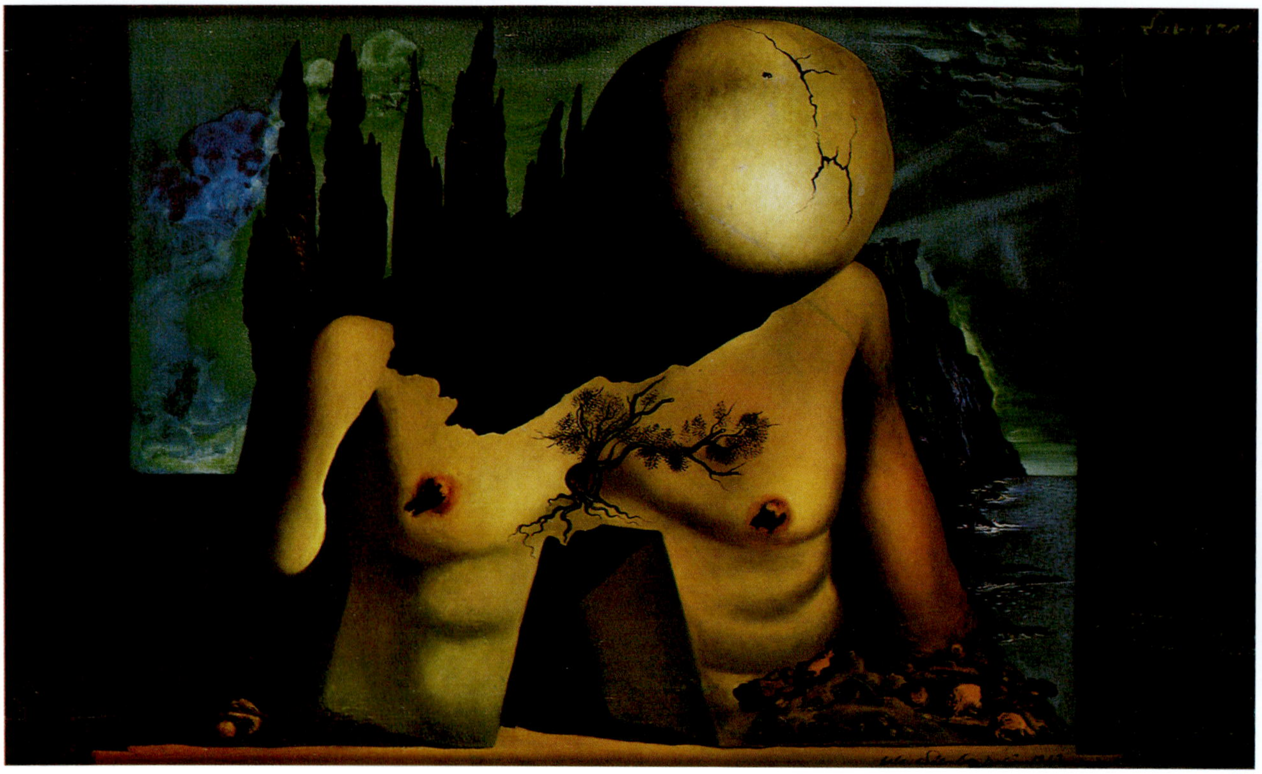

773

773 **Model van een decor voor 'Labyrint'**, 1941 ❑

774 **'Labyrint', gedansd door Ballets Russes in de Metropolitan Opera House, New York, oktober 1941** ☆

775 **Ontwerp voor het decor van 'Labyrint'**, 1941 ❑

is, schrijft ironisch: "Salvador Dalí is weer in 57th Street, waar hij de nieuwsgierigheid opwekt van onze burgers met een gezond verstand, die zich stilletjes afvragen: 'Is Dalí gek of is hij een geslepen zakenman?' Naar mijn mening is de vraag op die manier niet erg juist gesteld, want om tegenwoordig een geslepen zakenman te zijn, moet je haast wel gek zijn... Dalí's geheim bestaat uit het op een ongepaste manier samenvoegen van de traditioneelste objecten. Een paard en een telefoon hebben op zichzelf weinig opwindends; maar wanneer het paard heel nonchalant de telefoon oppakt, veroorzaakt dit bij de toeschouwer een biologische reactie. Zonder zijn koortsachtige fantasie en zijn onberekenbare uitspraken zou Dalí slechts een knappe schilder zijn, zoals zovelen, met een wonderbaarlijk tekentalent en de buitengewone vaardigheid van een miniatuurschil-

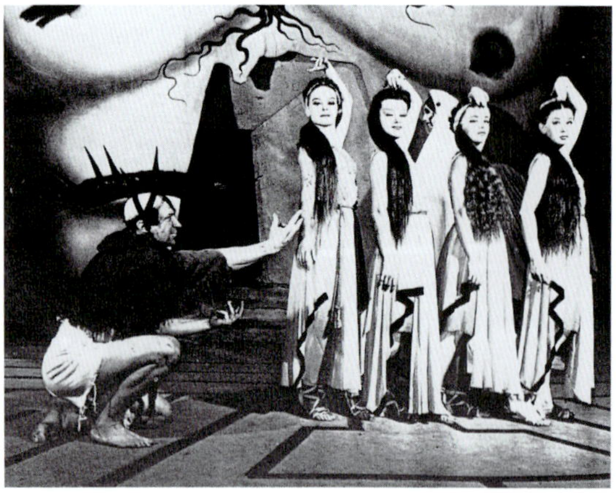

774

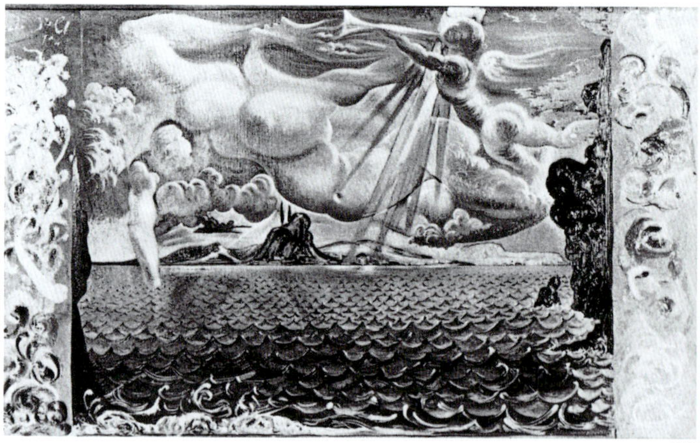

775

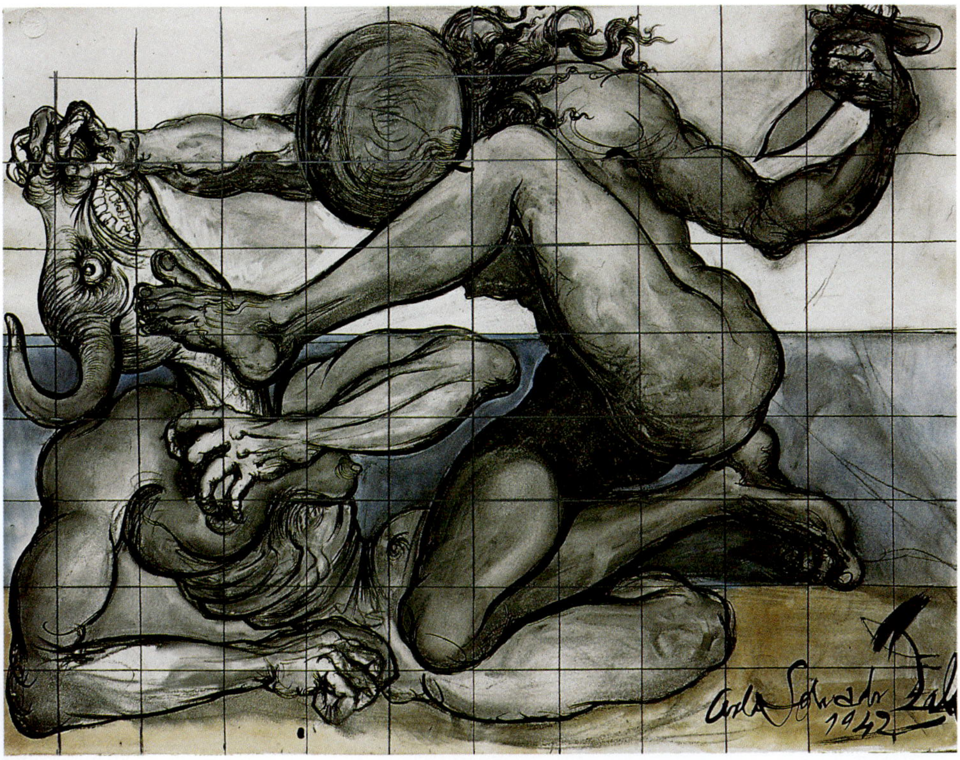

776

der. Want dat deze kunstenaar kan tekenen en schilderen, is niet te ontkennen. Talloze net zo begaafde kunstenaars zijn aangewezen op de 'Works Progress Administration'... Is Dalí gek? De statistieken spreken tegen hem: er zijn er meer van onze soort dan van de zijne."

Daaraan kan worden toegevoegd dat we ons daarmee gelukkig kunnen prijzen. Zo te zien geeft de criticus hier uitdrukking aan het nationalisme dat in deze tijd in Amerika komt opzetten, waarin de ergernis wordt uitgedrukt over het overwaaien van de zaden van het Surrealisme, die ongegeneerd de eigen kunstwereld bevruchten. Andere, minder nationalistische critici benadrukken het grote belang van Dalí's werk en aarzelen niet de kunstenaar als een ooggetuige van onze tijd te waarderen, bijvoorbeeld Peyton Boswell: "...Dalí is er beter dan wel-

776 **Studie voor het decor van 'Labyrint' – Gevecht met de Minotaurus**, 1942 △
Combat avec le Minotaure

777 **St.-Joris en de draak**, 1942 ❑
Saint Georges et le dragon

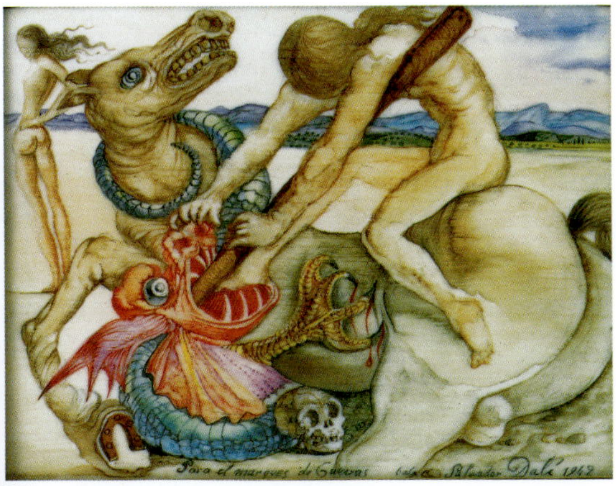

777

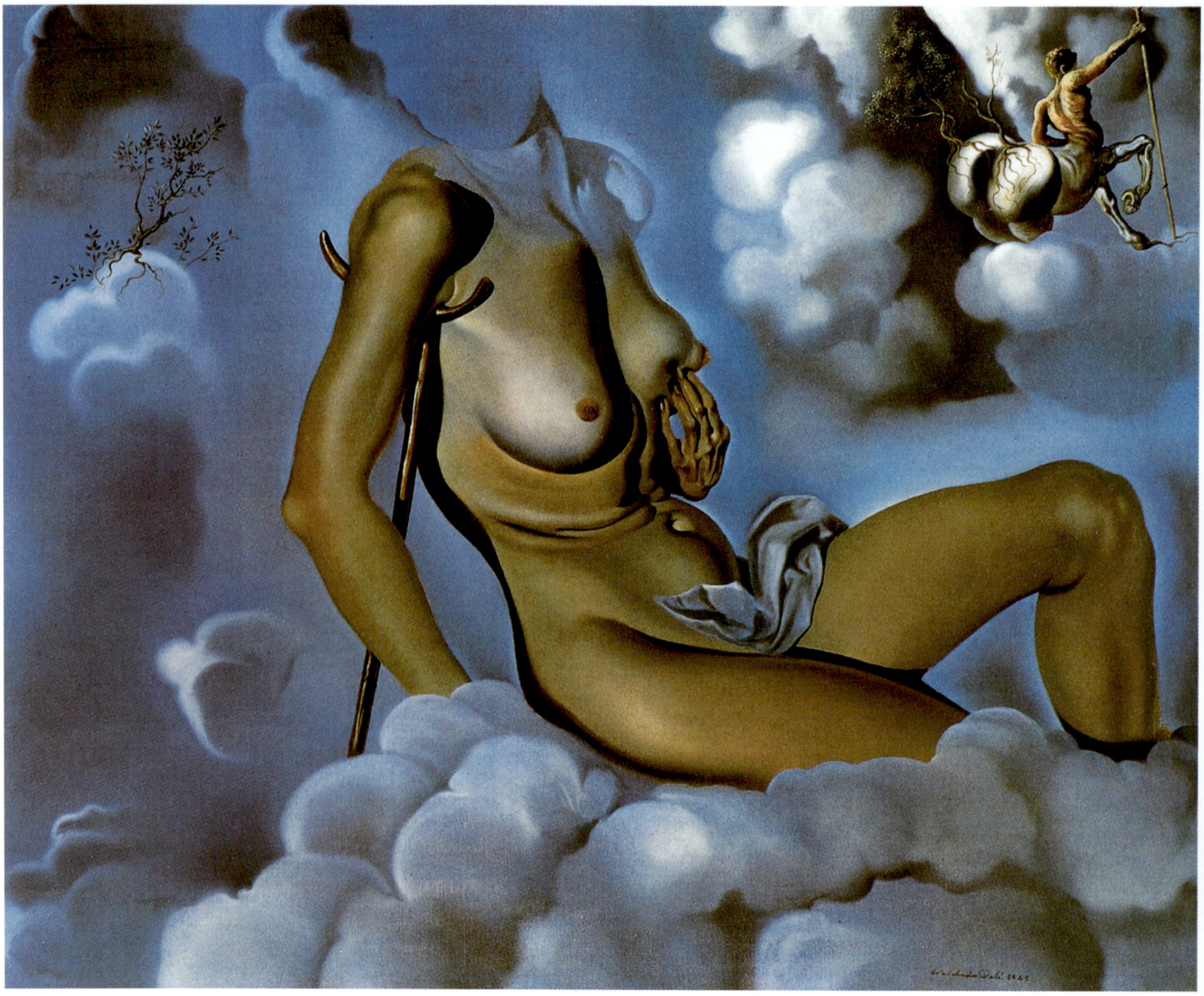

778

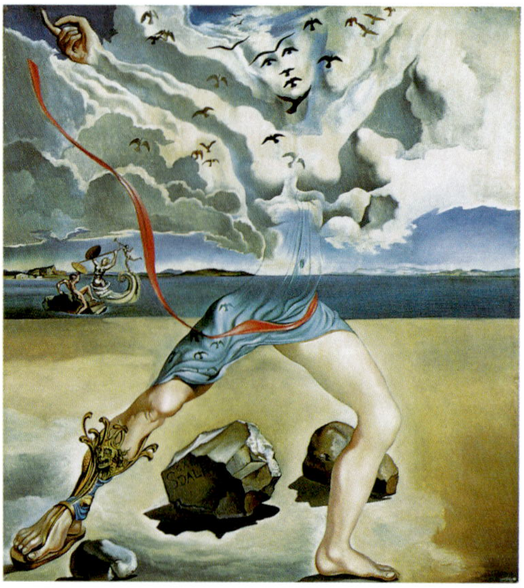

779

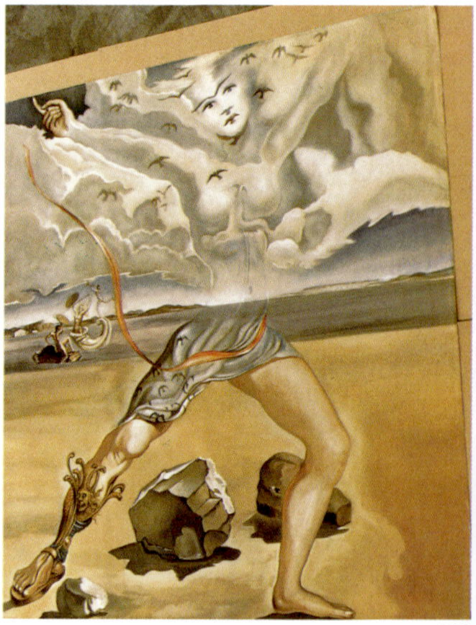

780

778 **Honing is zoeter dan bloed,** 1941 ❑
Le miel est plus doux que le sang (Honey Is Sweeter than Blood)
779 **Wanddecoratie voor Helena Rubinstein (paneel 1),** 1942 ❑
780 **Zonder titel – Ontwerp voor de wanddecoratie voor Helena Rubinstein,** 1942 ❑
781 **Ruïne met Medusa-hoofd en landschap – Opgedragen aan Mrs. Chase,** 1941 ❑
Ruine avec tête de Méduse et paysage – Dédicacé à Mrs. Chase
782 **Wanddecoratie voor Helena Rubinstein (paneel 2),** 1942 ❑
783 **Wanddecoratie voor Helena Rubinstein (paneel 3),** 1942 ❑
784 **Naakt in de vlakte van Rosas,** 1942 ❑ Nu dans la plaine de Rosas

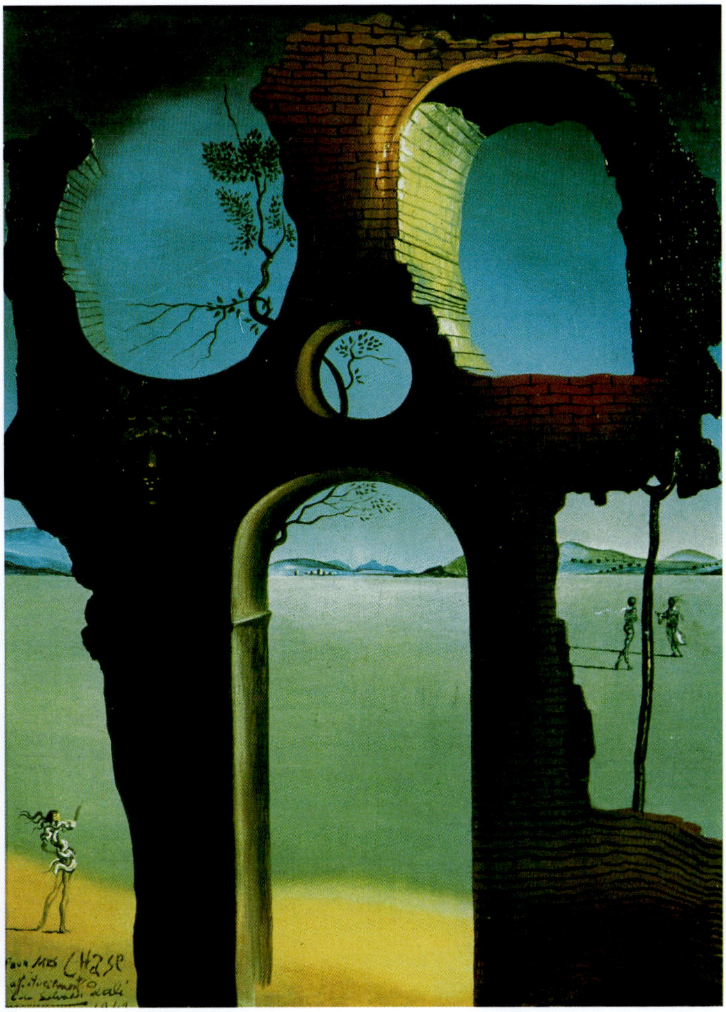

781

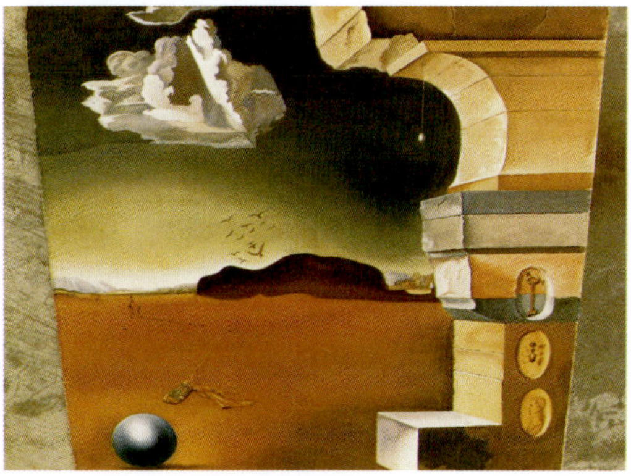

782

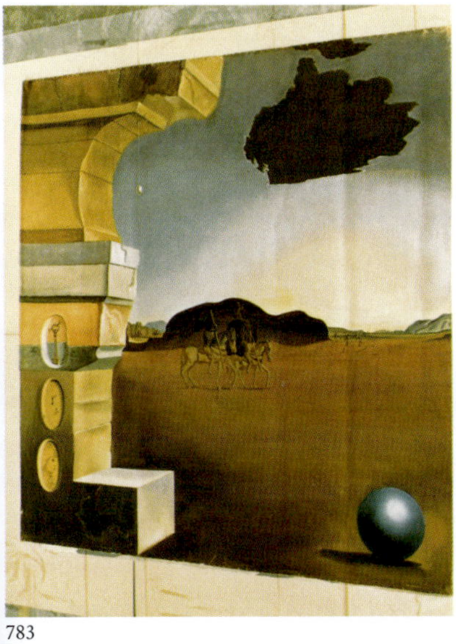

783

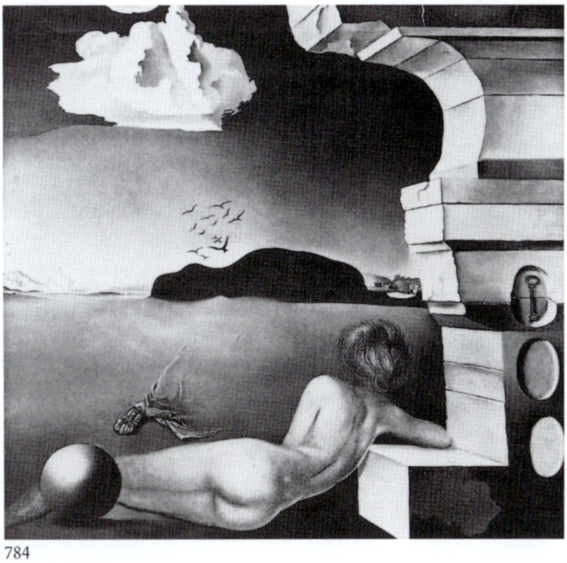

784

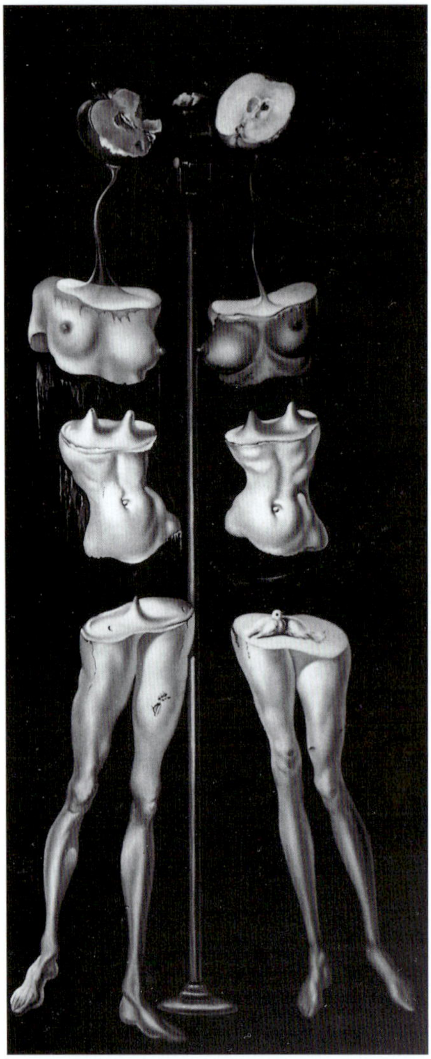

785

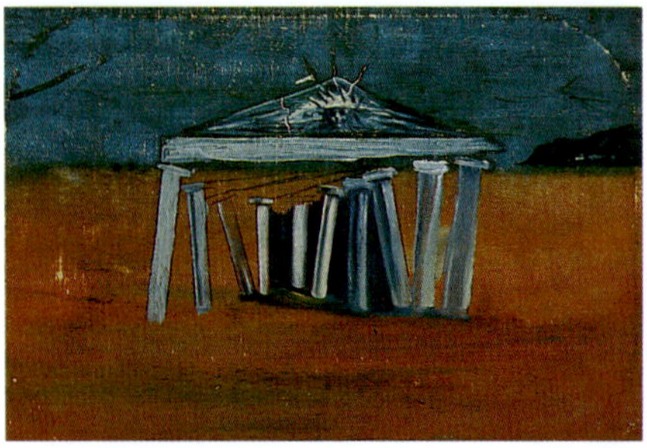

786

785 **Zonder titel. Decorontwerp (Figuren in drie delen gesneden)**, 1942 △
786 **Tempel. Schets voor een decorontwerp**, rond 1941 ❑
Temple
787 **Compositie (ook: Twee harlekijnen)**, 1942 ❑
Composition (Les deux arlequins)

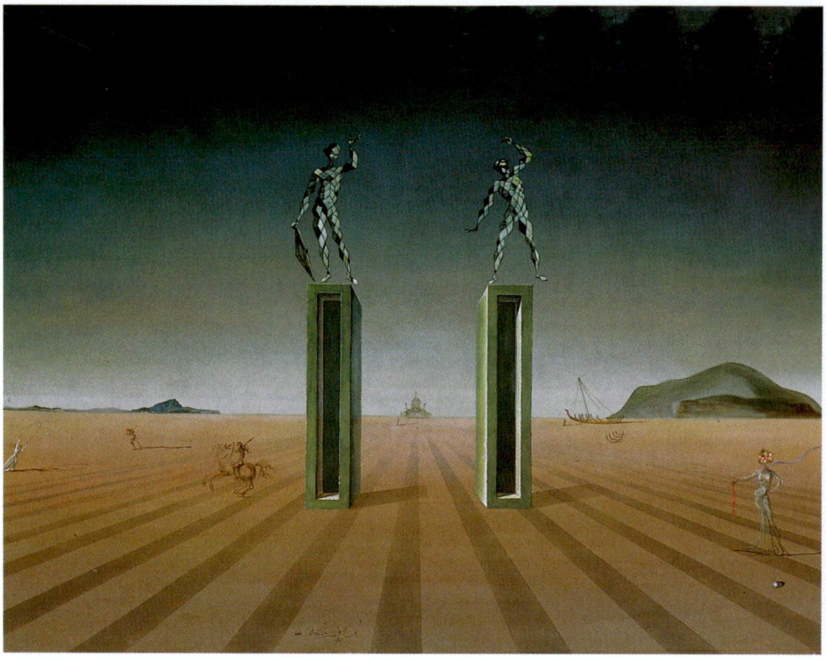

787

ke kunstenaar ook in geslaagd uitdrukking te geven aan onze tijd." Een overgangstijd waarin alle waarden ter discussie komen te staan; en hij onderzoekt ze met een wetenschappelijke hartstocht, een vorsende beschouwing, waarvan de echo op zijn schilderijen te zien is als op een radarscherm.

Dalí besluit zijn autobiografie met de uitspraak: "En ik wil gehoord worden. Ik ben de meest representatieve belichaming van het naoorlogse Europa. Ik heb al zijn avonturen, experimenten en drama's doorleefd. Ik heb als voorvechter van de surrealistische revolutie dag in dag uit de geringste intellectuele voorvallen en reacties op de praktische ontwikkeling van het dialectische materialisme en de pseudo-filosofische doctrines van de nationaal-socialistische 'Blut und Boden'-mythologie meegemaakt. Lange tijd heb ik theologie gestudeerd. En elke ideologische afkorting die ik in mijn hoofd stampte om altijd de eerste te zijn, moest ik met de zwarte munt van zweet en hartstocht betalen." Iets bescheidener voegt hij er een bekentenis aan toe die een blik werpt op zijn verdere leven en werk: "Ik heb al die tijd door de dichtheid van het verstrengelde en demonische vlees van mijn leven de hemel gezocht – de hemel! Beklagenswaardig is hij die dit nog niet heeft begrepen! Toen ik voor het eerst de onthaarde oksel van een vrouw zag, zocht ik de hemel. Toen ik met mijn krukken de vergane en door wormen aangevreten massa van mijn dode egel bewoog, zocht ik de hemel... Gala, jij bent werkelijkheid. En wat is de hemel? Waar is hij? 'De hemel is noch boven noch beneden, niet rechts, niet links, de hemel is recht in het hart van de mens die gelooft!' P.S.: Tot op dit moment heb ik nog geen geloof gevonden en ik vrees dat ik zonder hemel zal sterven."

In oktober gaat Dalí naar New York om aan het ballet *Labyrint* te werken (blz. 344/345). Hij schrijft het libretto, geïnspireerd op de mythe van Theseus en Ariadne, en ook het decor is van zijn hand. De choreografie is van de eveneens in ballingschap levende Léonide Massine. De première vindt plaats in de Metropolitan Opera.

Meteen daarna, in november, volgt Dalí's definitieve erkenning door een retrospectief van zijn werk dat door het Museum of Modern Art in New York samen met een hommage aan zijn landgenoot Miró wordt ingericht. De expositie toont ruim veertig tekeningen en schilderijen van Dalí, van jeugdwerken tot zijn laatste creaties. Ze biedt een tamelijk volledig overzicht van de fases die de schil-

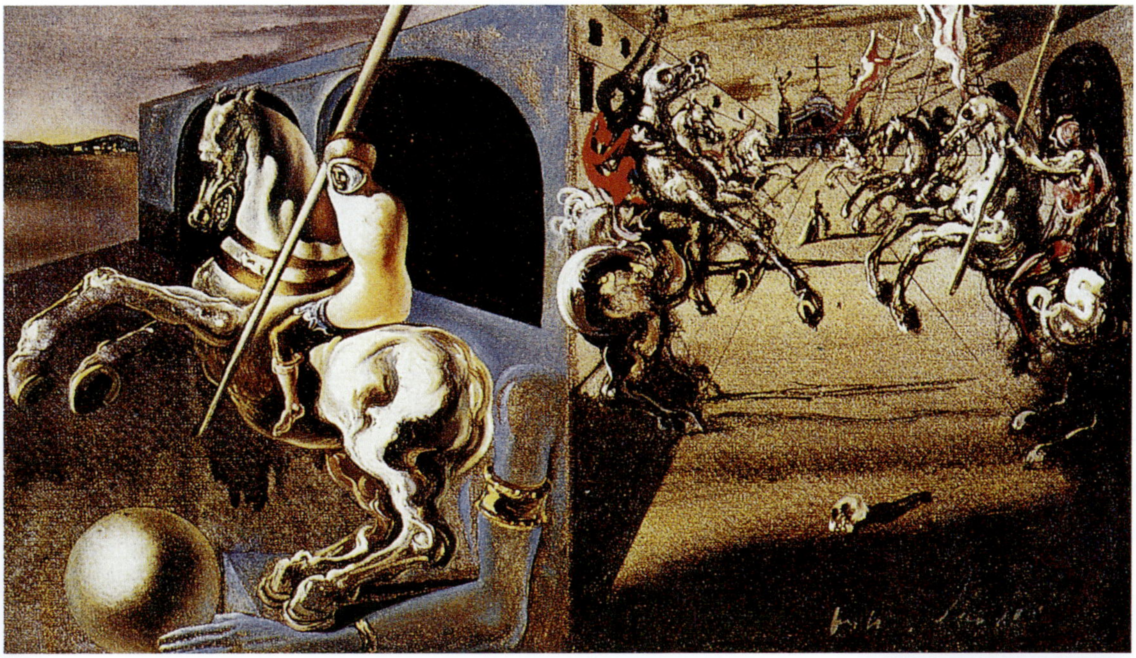

788

der uit Cadaqués doorlopen had, een opeenvolging van thema's die zijn werk bepalen: van het Kubisme tot aan zijn 'apparaten'; van de surrealistische schilderijen tot zijn dubbelschilderijen; van de laden tot de telefoons. Als reizende tentoonstelling deed het retrospectief achtereenvolgens acht grote steden aan: Los Angeles, Chicago, Cleveland, Palm Beach, San Francisco, Cincinnati, Pittsburgh en Santa Barbara, en maakte Dalí in heel de Verenigde Staten beroemd.

Dalí begint veel geld te verdienen. Hij vindt de Amerikaanse vitaliteit een eersterangs voedingsbodem. Steeds talrijker worden de commerciële aanbiedingen. Hij accepteert ze niet allemaal, maar het is hem duidelijk dat hij door deze 'bijbaantjes' de onbegrensde mogelijkheden van dit land waar hij zijn leven in ballingschap moet doorbrengen, beter kan leren kennen en benutten. Juist in deze tijd brengt Breton volkomen terecht het beroemde anagram 'Avida Dollars' in omloop, dat Dalí 'auspiciënachtig' vindt. De breuk met de surrealisten is nu overigens definitief. Nicolas Calas fulmineert in het Newyorkse tijdschrift 'View' (juni 1941): "Ik neem de uitdaging aan en antwoord zonder aarzeling: 'Ja, Dalí is een renegaat!'... Hij zegt dat de tijd van het experiment voorbij is en vertelt ons dat de roos een gevangenis is, waarvan de gevangene niemand minder is dan hij! Wat de roos betreft, wij bewonderen haar volmaaktheid zonder ons daarbij af te vragen of ze er gelukkig mee is een paleis vol geparfumeerde liederen of een in de borst van een dame gestoken dolk te zijn. De reden voor Dalí's ommekeer is een heel andere: toen hij, zoals ons allemaal overkomt, met 'resultaten' werd geconfronteerd die volstrekt tegengesteld waren aan datgene waarop zijn ervaring hem had voorbereid, trok Dalí zich, verlamd van schrik en beheerst door schuldgevoelens, zo lang het nog kon en zo snel mogelijk, terug op zijn esthetische standpunten die de meesters van de triomferende contrarevolutie moesten bevallen... Door zijn vergissingen gefopt en niet meer in staat om te onderscheiden wat op het gebied van de wetenschap en de kunstfilosofie modern of niet modern is, lijkt Dalí op het verlegen plattelandsmeisje dat dacht dat ze modieus was toen ze op de hoed van haar grootmoeder een nieuw bandje naaide."

Dalí, die inderdaad had gezegd: "Voorbij, voorbij, voorbij, duizendmaal voorbij is de tijd van het experiment. Het uur der persoonlijke schepping heeft geslagen", bekommert zich er niet om. Hij heeft het veel te druk. Zijn 'Amerikaanse' jaren zijn vol activiteit: hij ontwerpt samen met de Duc de Verdura sieraden;

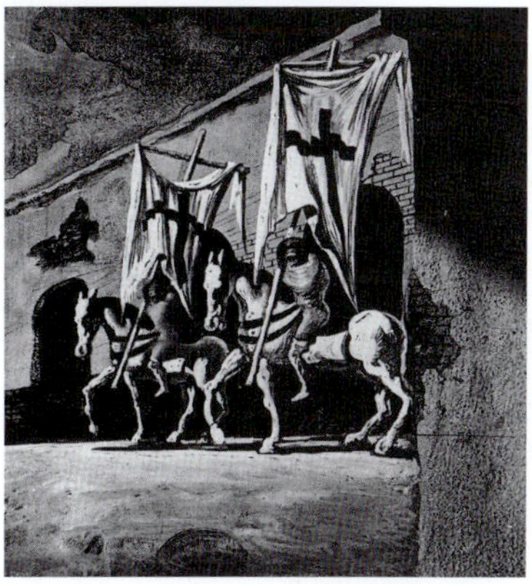

789

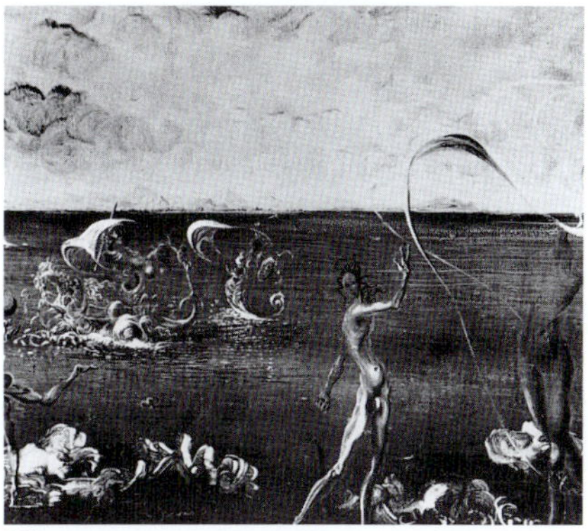

790

788 **Ruiterparade**, 1942 ❑
Parade de cavaliers

1941–1943

789 **De twee gekruisigden**, 1942 ❑
Les deux croisés

790 **De triomf van Nautilus**, 1941 ❑
Le triomphe de Nautilus

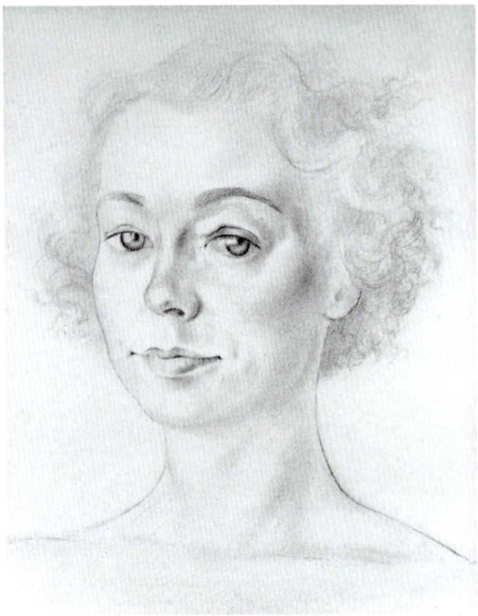

791

geeft de woning van Helena Rubinstein vorm (blz. 346/347); werkt regelmatig voor grote tijdschriften als 'Vogue', 'Harper's Bazaar' en 'Town and Country'; ensceneert nieuwe balletten, waarvoor hij ook de decors en de kostuums ontwerpt, zoals 'El café de Chinitas' van García Lorca, 'Colloque sentimental' naar Paul Verlaine en 'De waanzinnige Tristan'; hij illustreert Maurice Sandoz' 'The Fantastic Memories'; schrijft binnen enkele weken bij de markies de Cuevas in New York zijn eerste roman 'Hidden Faces' (Verborgen gezichten); ontwerpt de reclame voor Schiaparelli's parfum 'Shocking'(1943); bezorgt zichzelf publiciteit door een fotoreportage in het tijdschrift 'Click'; exposeert portretten van bekende Amerikanen in de Knoedler Gallery in New York en geeft zelfs een diner ten gunste van verarmde geëmigreerde kunstenaars. Dit toont aan hoe koortsachtig Dalí in deze jaren werkt.

In 1946 werkt Dalí samen met Walt Disney aan de film 'Destino', waarin acteurs samen zouden spelen met tekenfilmfiguren, -voorwerpen en -decors. De film wordt nooit afgemaakt. Het scenario gaat over de balletachtige verhouding tussen een jong meisje en Chronos, de god van de tijd: zij brengen monsters ter wereld die ten slotte in het water van de Chaos ondergaan. Als Dalí zijn didactische fabel niet kan realiseren, neemt hij het ontwerp van de droomscènes in Alfred Hitchcocks film 'Spellbound' op zich.

Dalí leert in deze jaren ook de fotograaf Philippe Halsman kennen, met wie hij tot aan diens dood in 1979 zou samenwerken. Tijdens hun eerste ontmoeting vraagt Halsman hem: "Dalí, u hebt geschreven dat u zich uw baarmoederlijk leven kunt herinneren. Ik zou u graag als een embryo in een ei fotograferen." "Een goed idee", antwoordt Dalí, "maar dan moet ik volledig naakt zijn." "Natuurlijk", zegt Halsman, "wilt u zich uitkleden?" "Nee, vandaag niet... volgende zondag", zegt Dalí. Dit is het begin van een lange reeks foto's die ze samen zouden

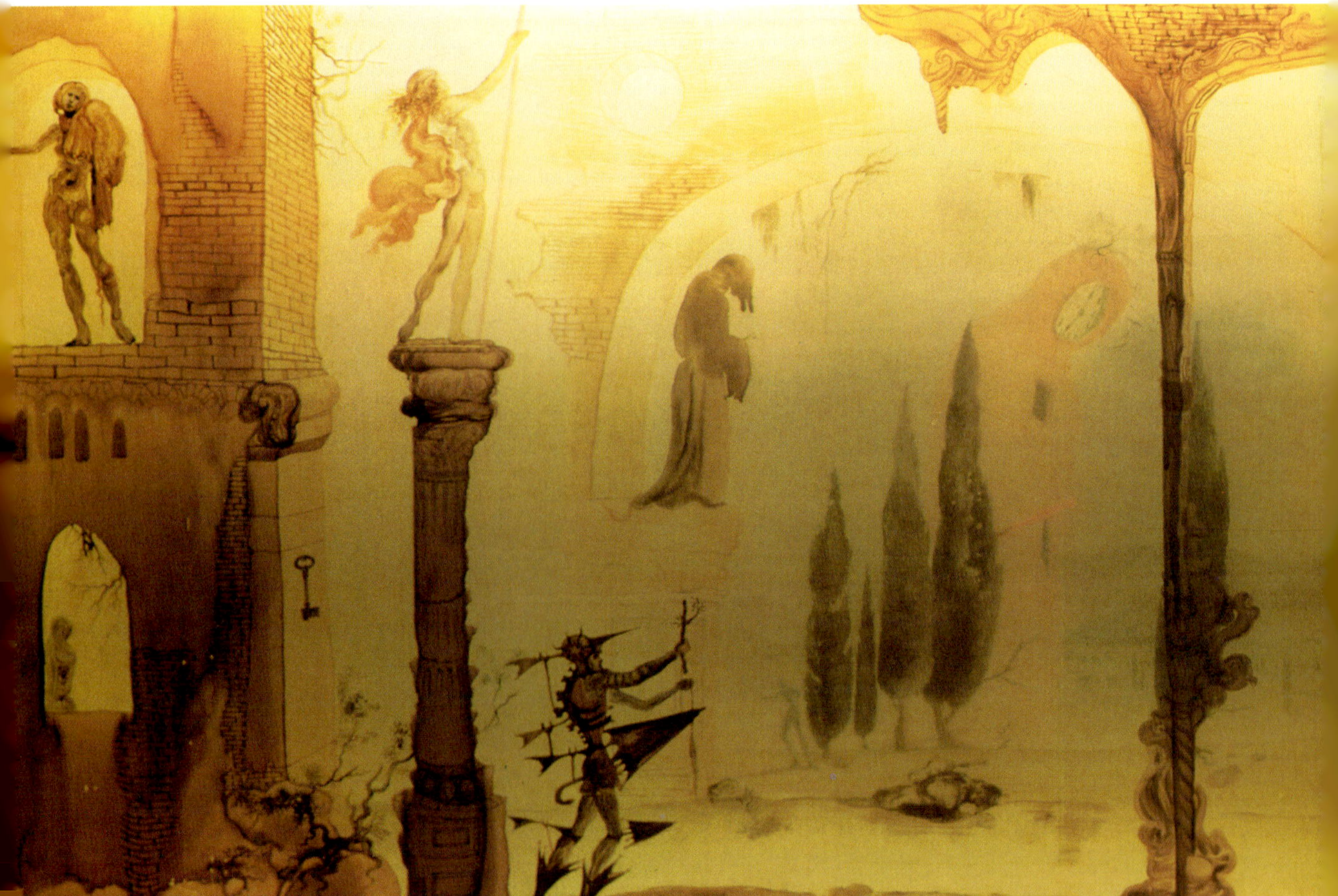

1941–1943

791 **Studie voor 'Portret van Mrs. George Tait, II'**, 1941 △

792 **Compositie**, 1942 ❑
Composition

793 **Portret van Mrs. George Tait, II**, 1941 ❑
Portrait de Mrs. George Tait, II

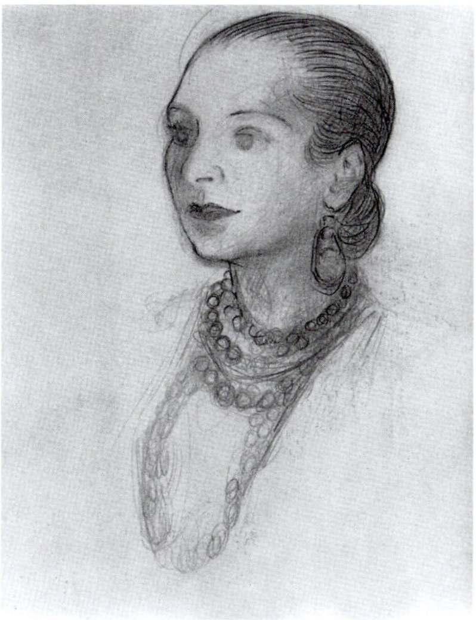

794

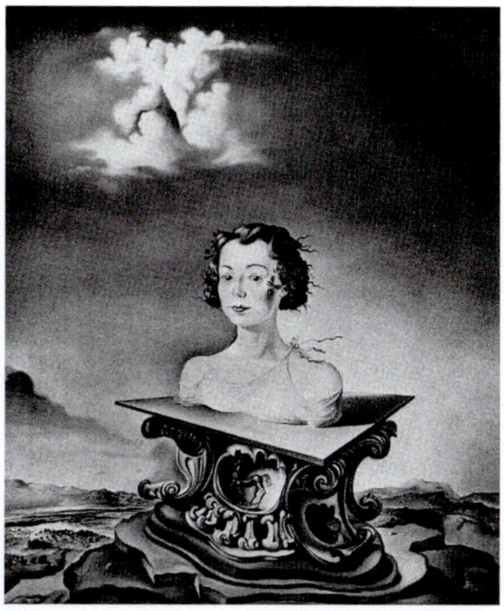

793

794 **Studie voor 'Portret van prinses Arthchild Gourielli-Helena Rubinstein'**, 1942-1943 △

795 **Portret van prinses Arthchild Gourielli-Helena Rubinstein**, 1942-1943 ❑
Portrait de la Princesse Arthchild Gourielli-Helena Rubinstein

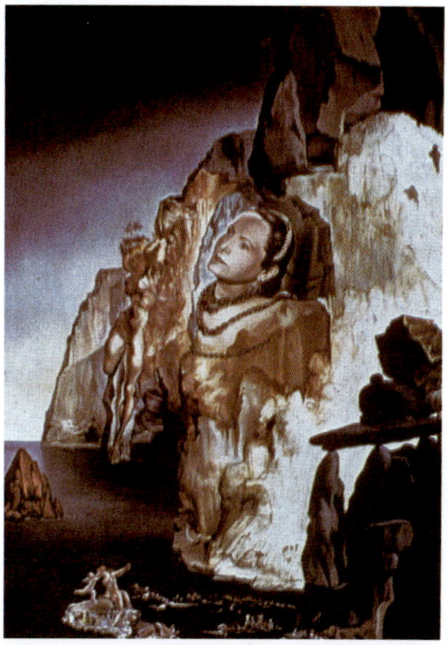

795

792

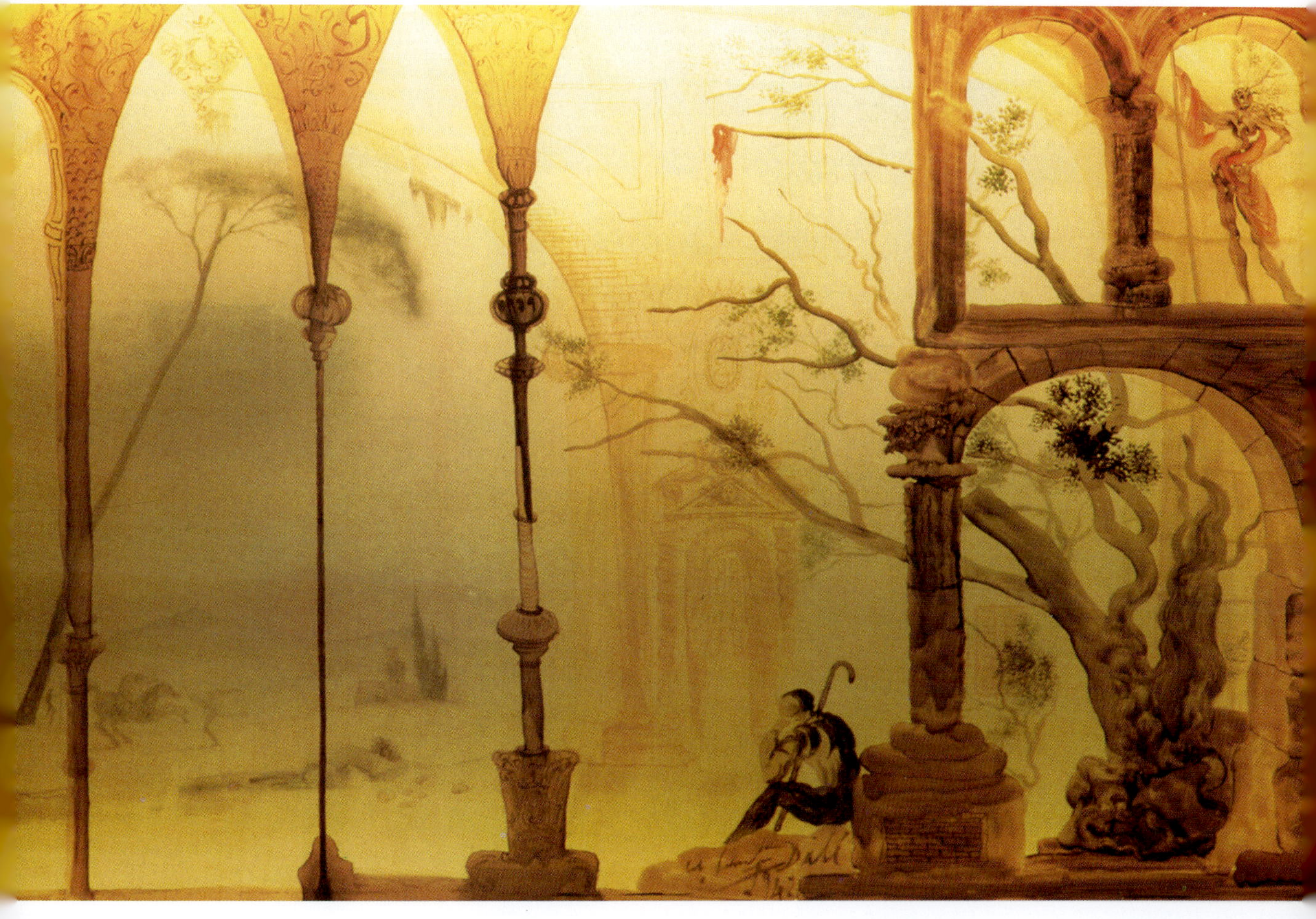

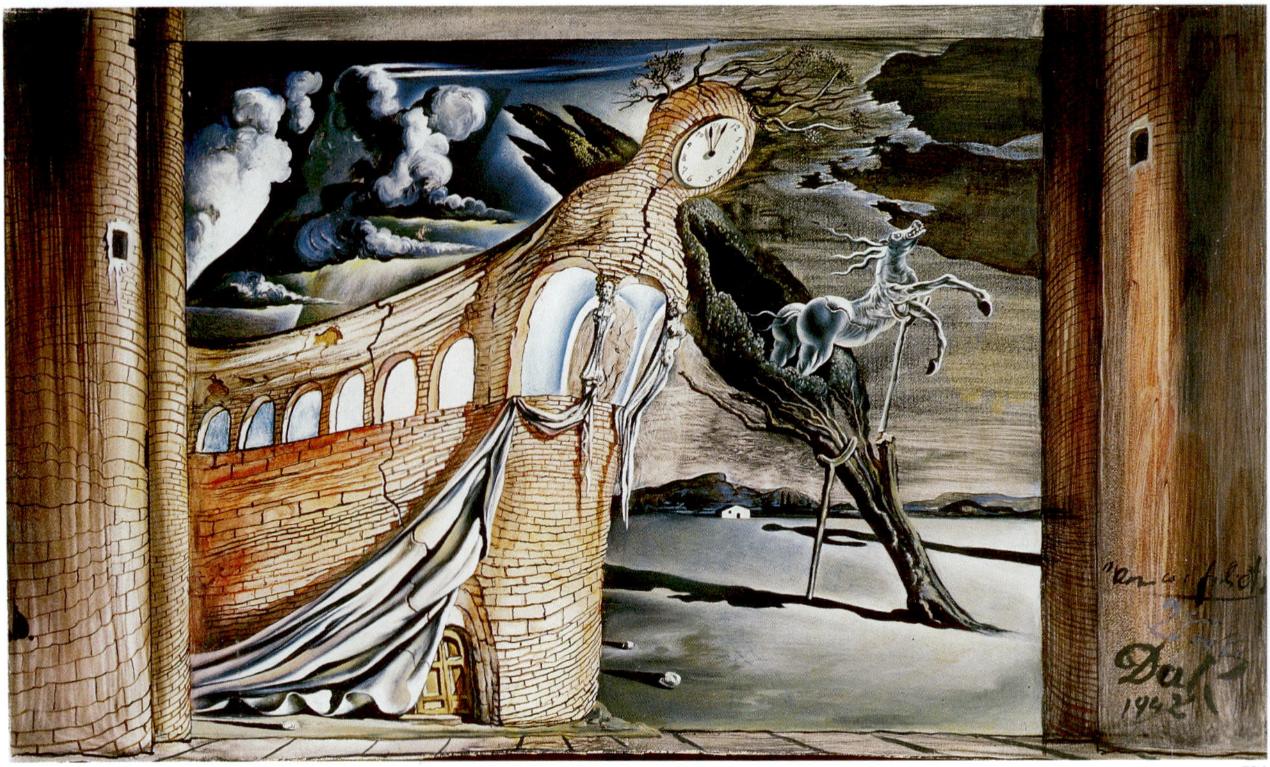

796

796 **Decorontwerp voor 'Romeo en Julia'**, 1942 ❑

797 **Decorontwerp voor 'Romeo en Julia' (toneelachtergrond en portieren)**, 1942 ❑

798 **Decorontwerp voor 'Romeo en Julia'**, 1942 △

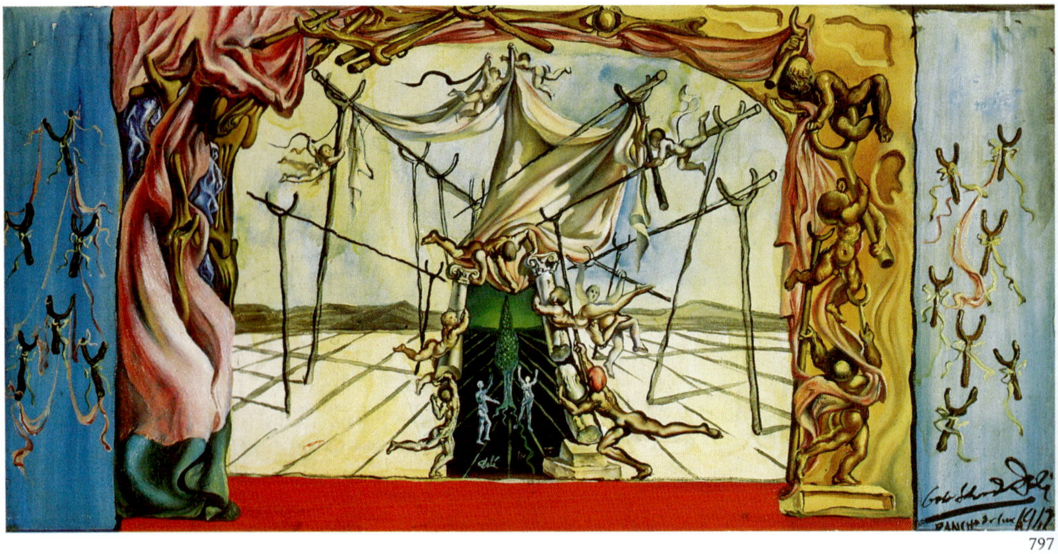

797

1942

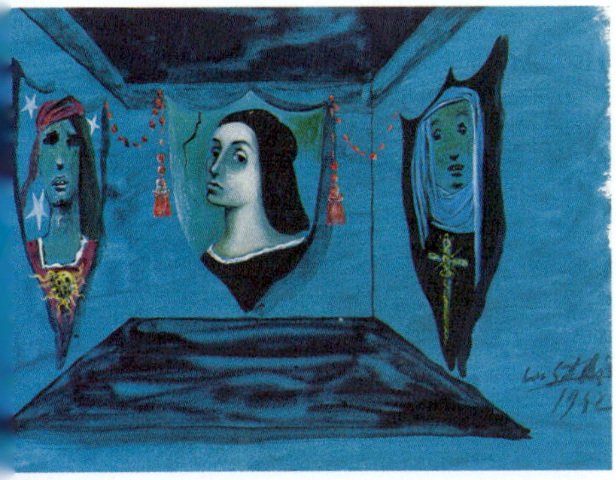

798

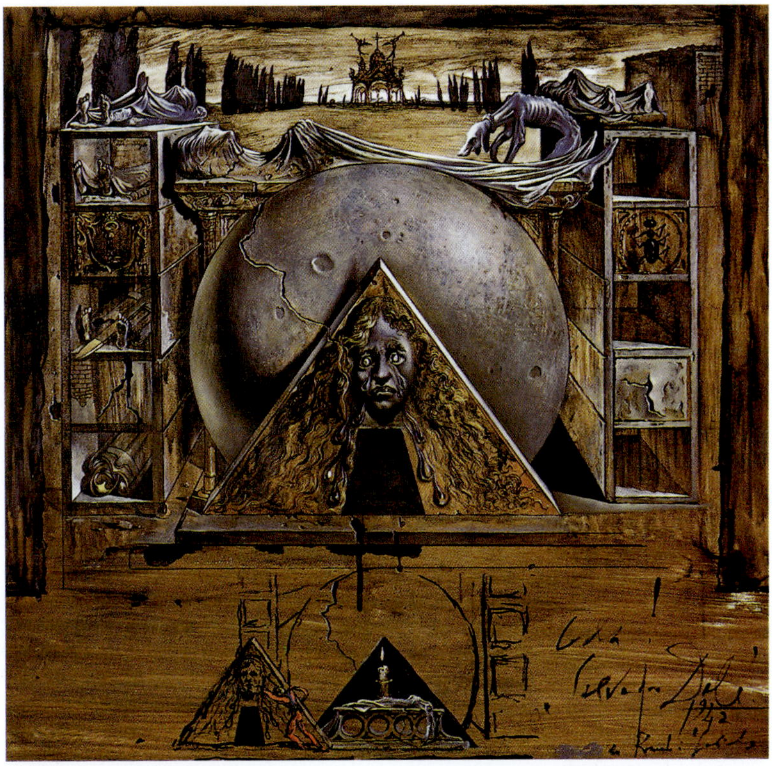

799

799 **Julia's graf**, 1942 ❑
Le tombeau de Juliette

800 **Studie voor het decor van 'Romeo en Julia'**, 1942 △

801 **Monument voor Romeo en Julia**, 1942 ❑

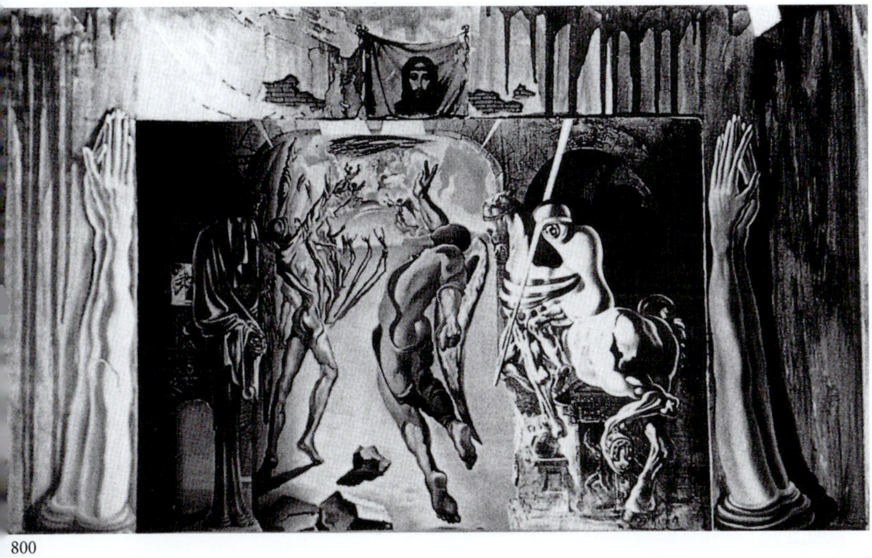

800

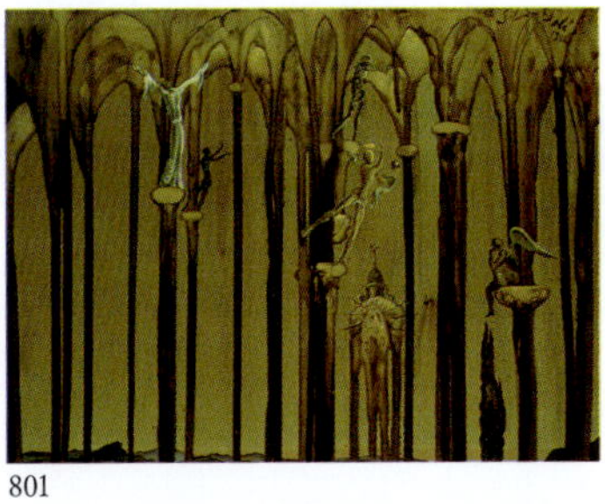

801

1942

802 **Geboorte van een nieuwe wereld,**
1942 ❑
Nativity of a New World – Naissance du Nouveau monde

803 **Hemels paar. Schets voor 'Geboorte van een nieuwe wereld',**
1942 △
Couple céleste

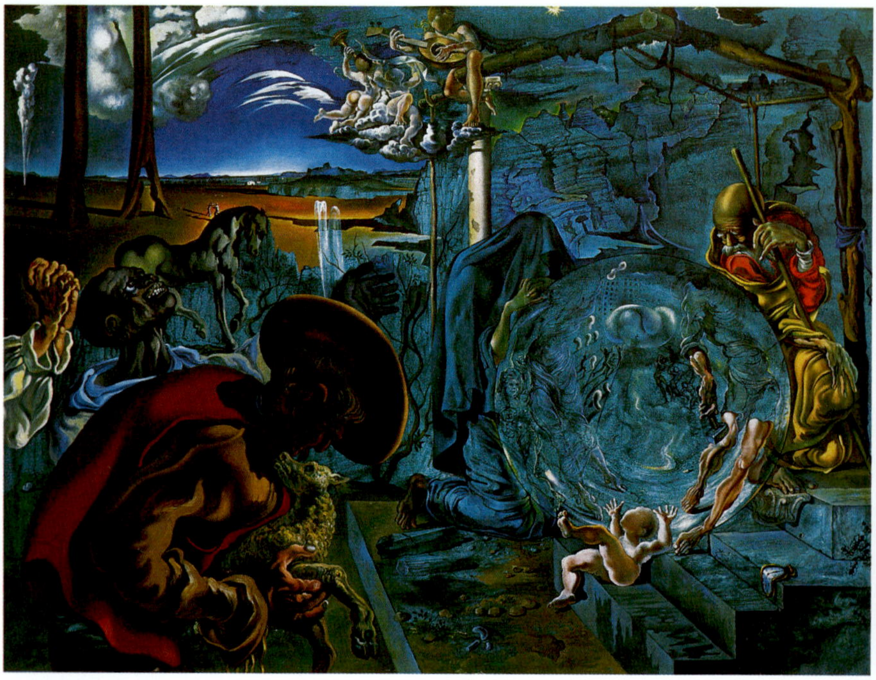

802

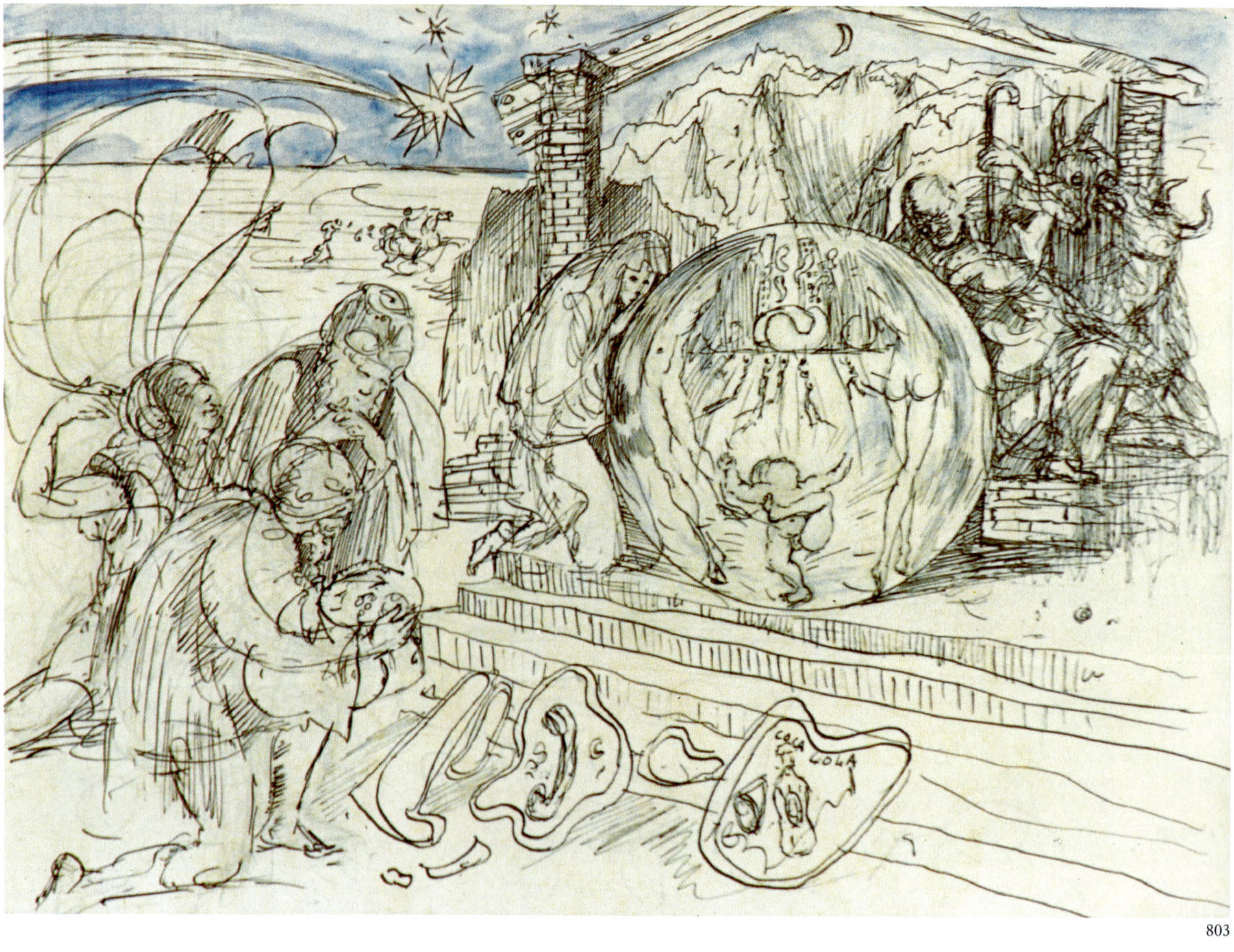

803

maken (blz. 365). Dalí vraagt bijvoorbeeld: "Kunt u het zo maken dat ik op Mona Lisa lijk? Kunt u een portret van mij maken waarop ik half op mijzelf, half op Picasso lijk?", en Halsman vindt elke keer een technische oplossing voor het probleem. Halsman vertelt waarom dit fotowerk Dalí fascineerde: "De werkelijke reden voor Dalí's fotografische buitennissigheden is zijn op de spits gedreven surrealisme. Hij wil dat zelfs zijn onbeduidendste handelingen verrassen en shockeren. Zijn surrealistische creativiteit wordt slechts ten dele uitgedrukt in zijn schilderijen. De persoon Dalí is het meest surrealistische in zijn werk en zijn orthografie (handschrift) is surrealistischer dan welk schilderij dan ook.

Dalí heeft het van nu af aan echter meer over de verovering van de realiteit dan over de verovering van het irrationele. In zijn artikel 'Total camouflage for total war' ('Esquire', augustus 1942) verduidelijkt hij zijn door en door 'Dalíaanse' methode, die erop gericht is verwarring en absolute magie te bewerkstelligen: "Ik geloof in magie, die uiteindelijk eenvoudig bestaat uit het vermogen de fantasie in de werkelijkheid te concretiseren. Onze overgemechaniseerde tijd onderschat de mogelijkheden van de irrationele fantasie, die weliswaar niet praktisch lijkt, maar toch aan het begin staat van al deze ontdekkingen... De 'produktiestrijd' geeft tegenwoordig en voor de nabije toekomst de toon aan. Toch speelt in onze wereld de magie nog altijd een rol."

In de schilderijen uit zijn Amerikaanse periode gaan kleur, ruimte en vaak ook het landschap nog steeds terug op zijn herinneringen aan Catalonië, ook al zijn de personen en figuren Amerikaans. Ver voor alle anderen waagde hij het een

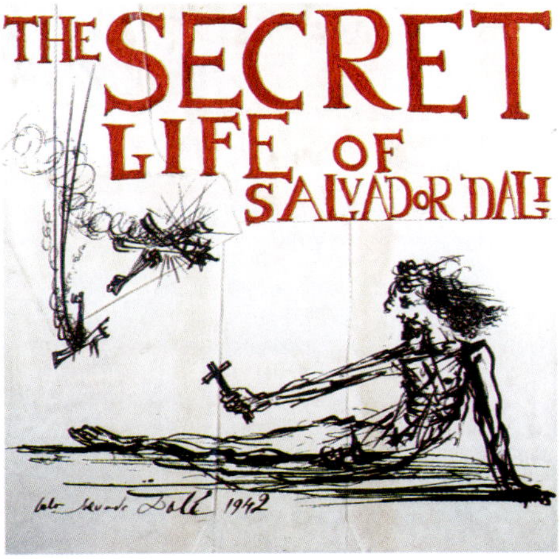

805

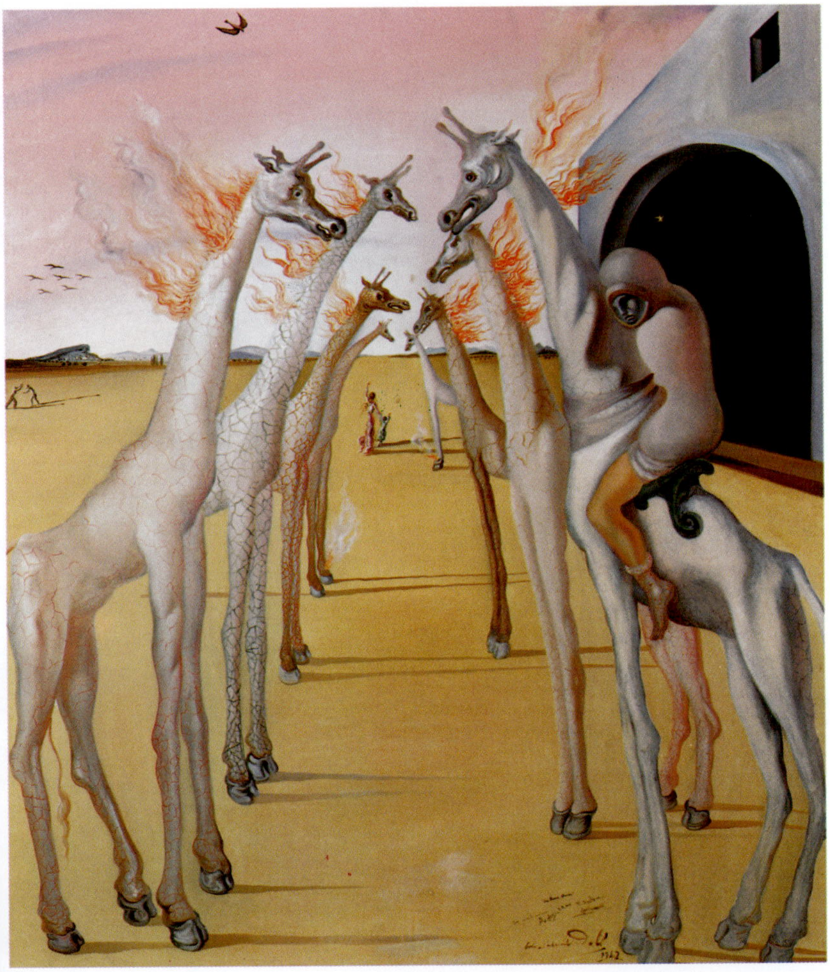

804

804 **De vlammen, ze roepen**, 1942 ❑
Las Llamas, llaman

805 **Affiche-ontwerp voor 'The Secret Life of Salvador Dalí'. Het boek verscheen bij Dial Press, New York,** 1942 △

1942

Coca-Colaflesje te schilderen, te wijzen op het probleem van de zwarte bevolking of bijvoorbeeld de draak te steken met de passie van de Amerikanen voor football; dat alles vat hij samen in een enkel schilderij, *De poëzie van Amerika* (blz. 364), waarvan hij de titel kort voor zijn dood uitbreidt met de toevoeging *De kosmische atleten.*

Zijn werkwijze was nu bijna omgekeerd, zoals in zijn beroemde *Week zelfportret met gebakken spek* (blz. 342), dat hij betitelde als "antipsychologisch zelfportret; in plaats van de ziel, oftewel het innerlijk, te schilderen, uitsluitend het uiterlijke, het omhulsel, de handschoen van mijn 'ik' te schilderen. Deze handschoen van mijn 'ik' is eetbaar en zelfs een beetje scherp, als edel wild; daarom verschijnen ook de mieren samen met het gebakken spek. Als royaalste van alle schilders bied ik mij voortdurend als eten aan en geef aldus ons tijdperk het kostelijkste voedsel."

Sigmund Freud is altijd aanwezig in Dalí's werk, ook al is hij van nu af aan op een zekere religieuze manier aanwezig, bijvoorbeeld in het schilderij *Droom veroorzaakt door de vlucht van een bij rond een granaatappel, een seconde voor het ontwaken* (blz. 377), dat hij van het volgende commentaar voorziet: "Voor het eerst is Freuds ontdekking zo weergegeven dat een typische droom wordt veroorzaakt door een geschiedenis van één seconde, die tot het ontwaken leidt. Zoals het

806 **Portret van Mrs. Luther Greene,** 1942 ❑
Portrait de Mrs. Luther Greene

807 **Studie voor de campagne tegen geslachtsziekten: 'Soldier take Warning'**, 1942 △

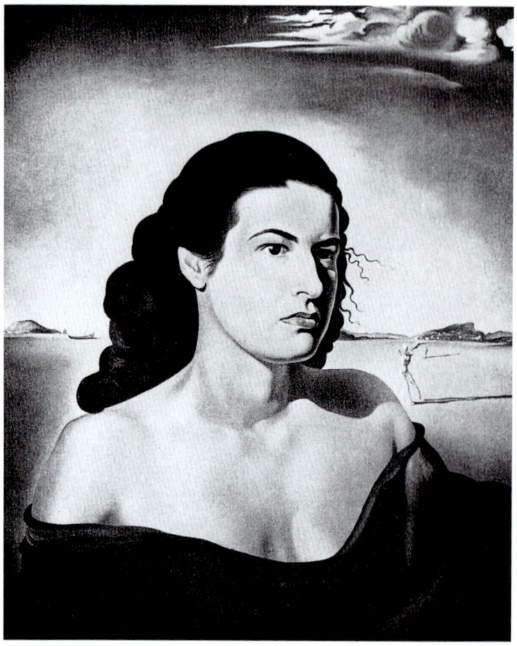

806

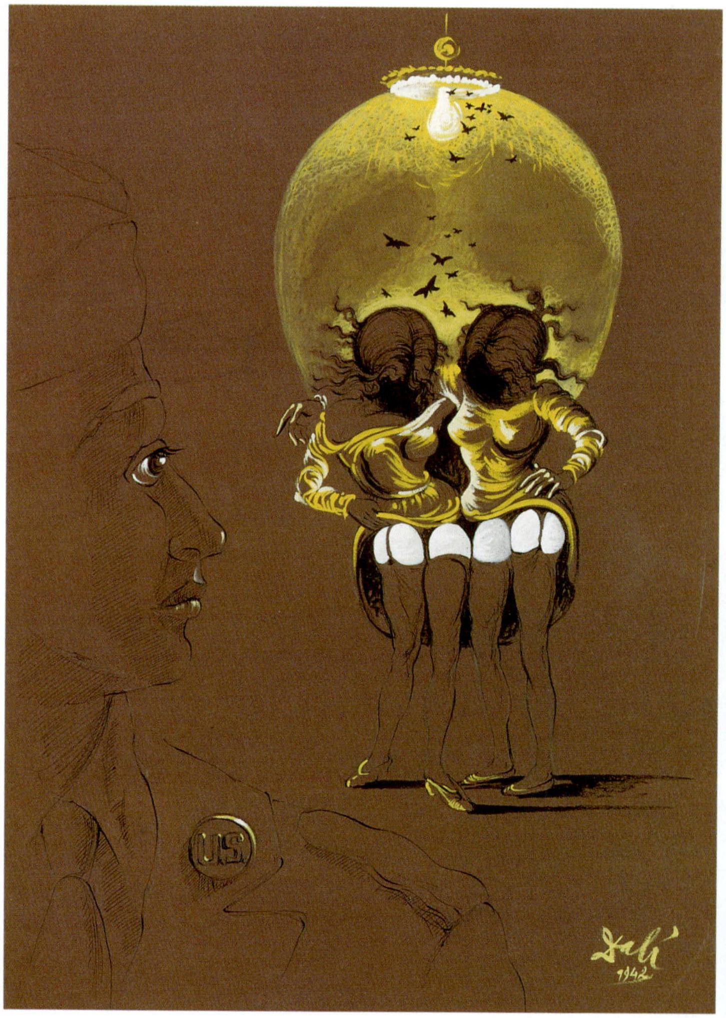

807

808 **Zonder titel (voor de campagne tegen geslachtsziekten)**, 1942 ❑

809 **Melancholie – Portret van de zangeres Claire Dux**, 1942 ❑
Mélancolie – Portrait de la cantatrice Claire Dux

810 **Portret van Marquis de Cuevas,** 1942 ❑
Portrait du marquis de Cuevas

811 **Portret van Madame Ortiz-Linares,** 1942 ❑
Portrait de Madame Ortiz-Linares

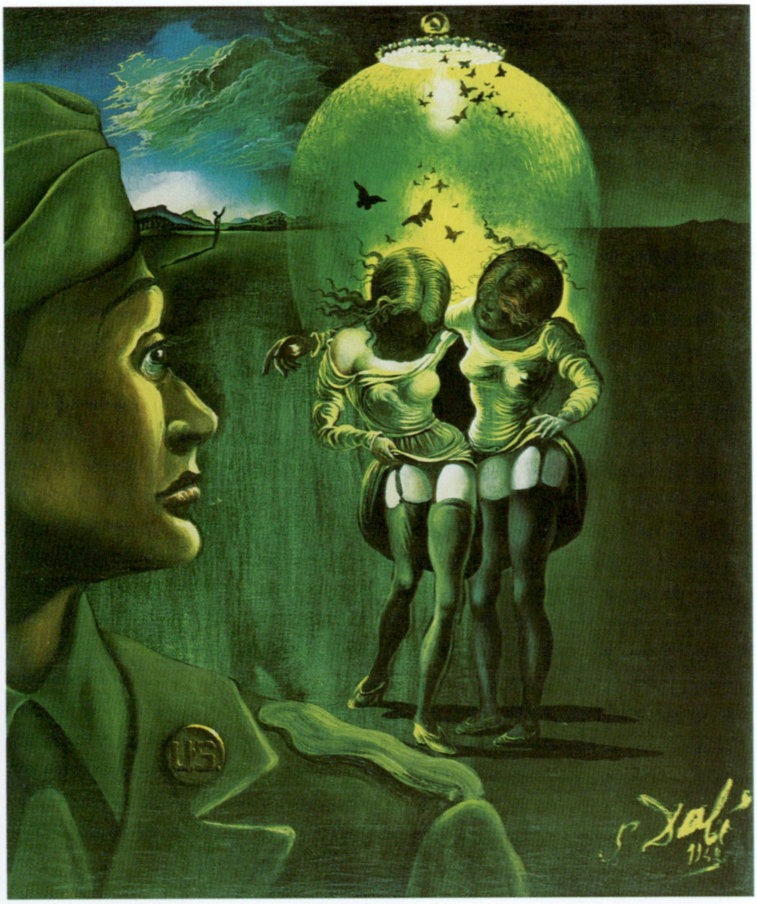

808

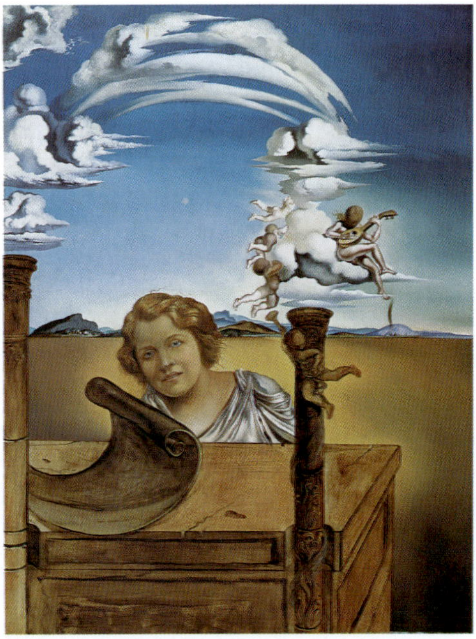
809

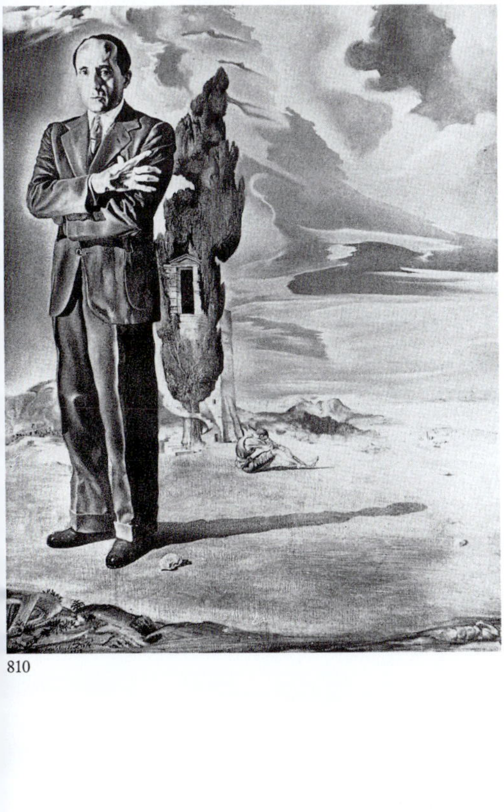
810

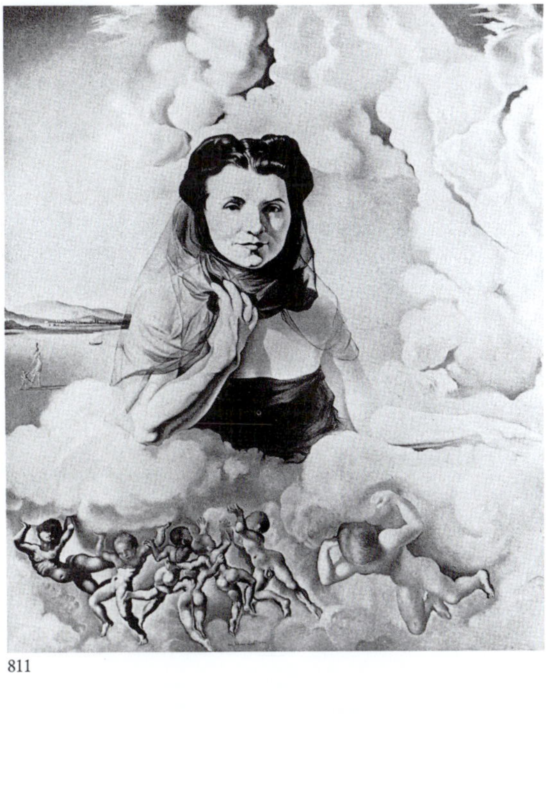
811

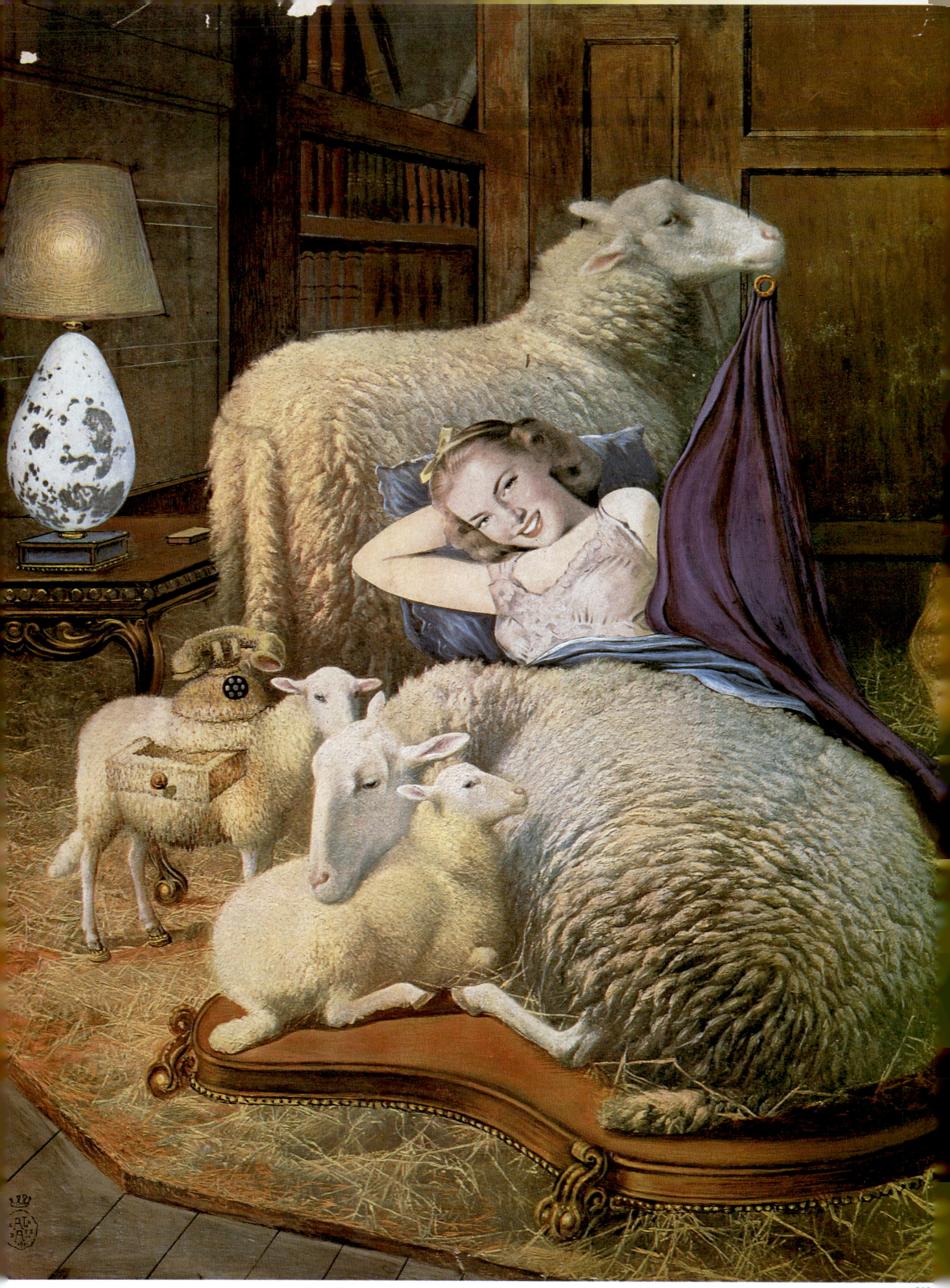

neervallen van een stang op de keel van de slapende tegelijk zijn ontwaken èn een lange droom veroorzaakt die eindigt met de valbijl van de guillotine, zo veroorzaakt hier het zoemen van de bij de steek van de harpoen waardoor Gala wordt gewekt. Uit de opengebarsten granaatappel komt de totale creatieve biologie te voorschijn. Op de achtergrond draagt de olifant van Bernini een obelisk met de pauselijke insignes."

812 **Interpretatieontwerp voor een stal-bibliotheek**, 1942 △
Projet d'interprétation pour une étable-bibliothèque
813 **De schapen (na de verandering)**, 1942 △
Les moutons
814 **Het schilderij van Karl Schenk voor de bewerking door Dalí** (vgl. nr. 813), 1942 ☆

De mentale ingewanden van een Meissonier van het onbewuste

Middenin de oorlog haalt Dalí steeds weer de voorpagina's. Tussen twee berichten over de invasie van de Amerikanen in Europa wordt in de kolommen van de tijdschriften ernstig gesproken over de vraag of Dalí niet zelf het Surrealisme is, danwel dat het Surrealisme niet slechts een van die afscheidingen is waar alleen Dalí het geheim van kent. Robert M. Coates had dat probleem al in november 1941 onder de aandacht gebracht, toen hij in de 'New Yorker' scherp schreef: "Ik vrees dat we er te zeer toe neigen in het Surrealisme een particuliere uiting van Dalí's kunst te zien, als een kleine persoonlijke droomcollectie waartoe alleen hij de sleutel bezit; en vervolgens loven we of bekritiseren we het Surrealis-

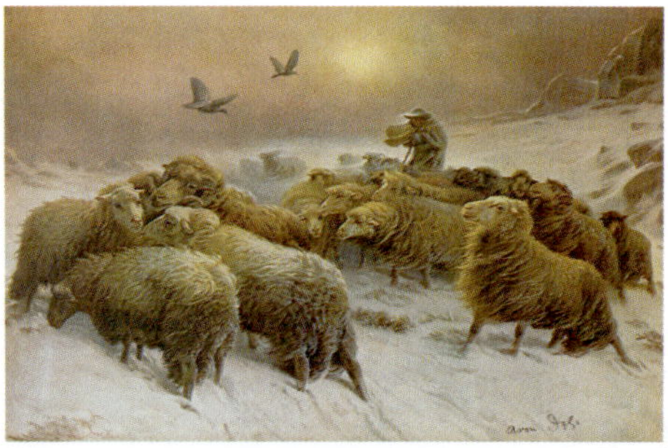

814

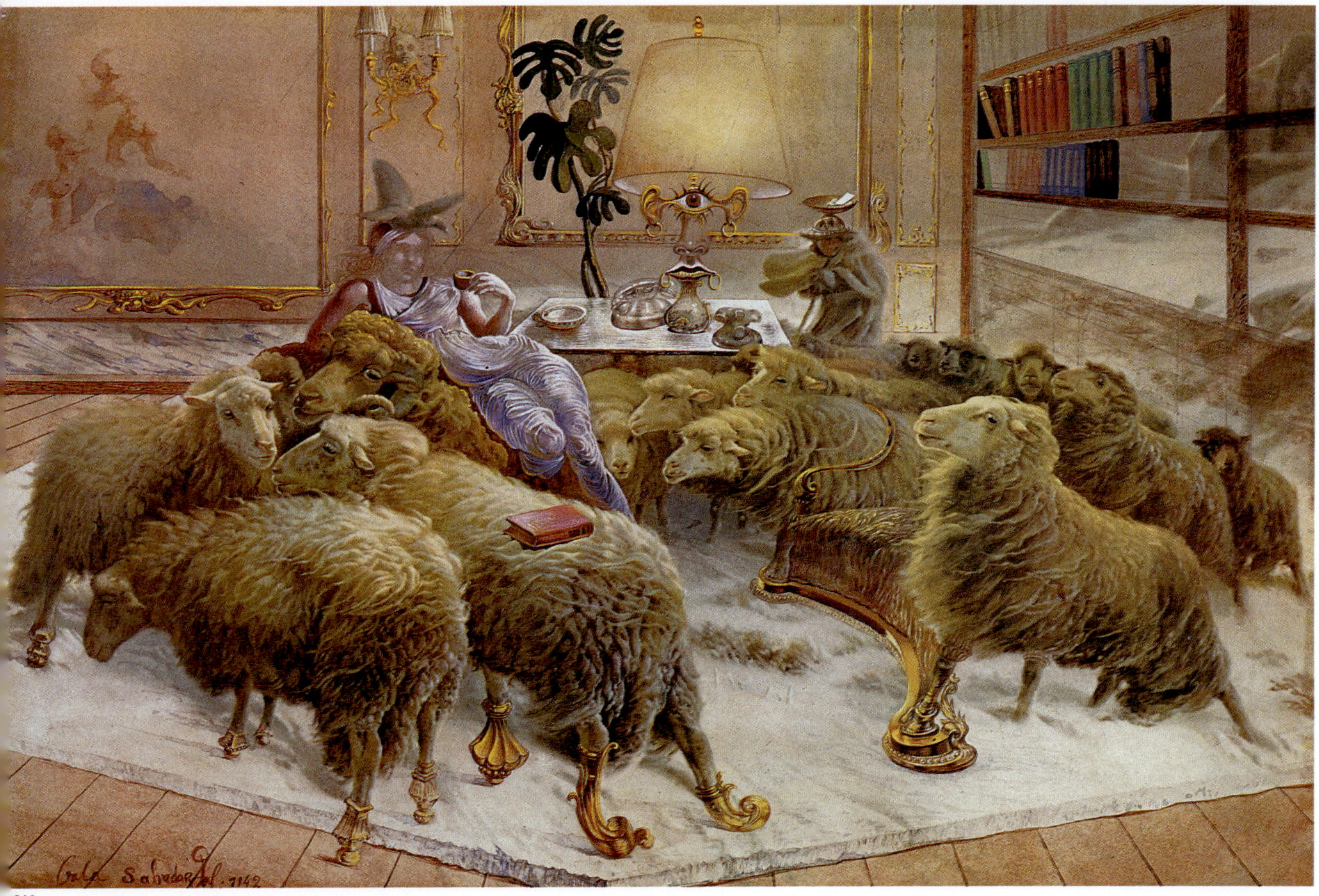

813

1943

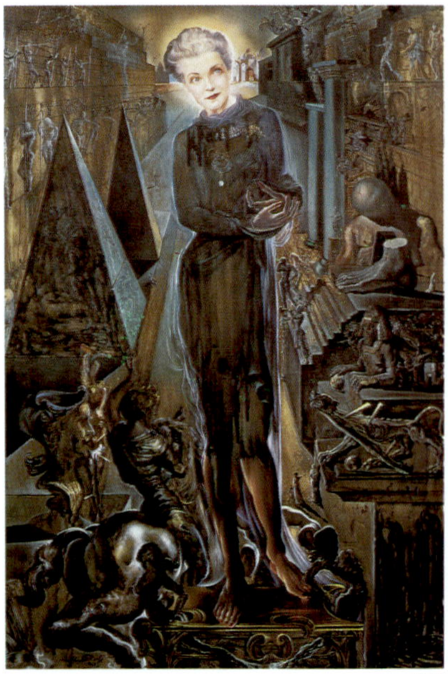

815

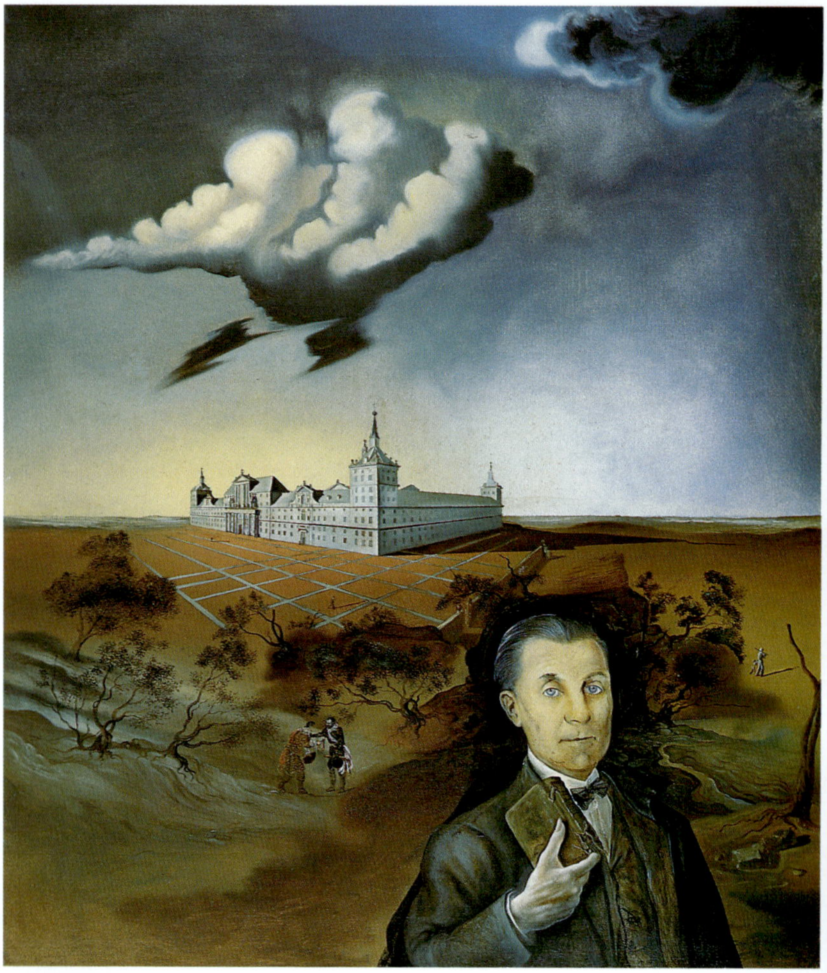

816

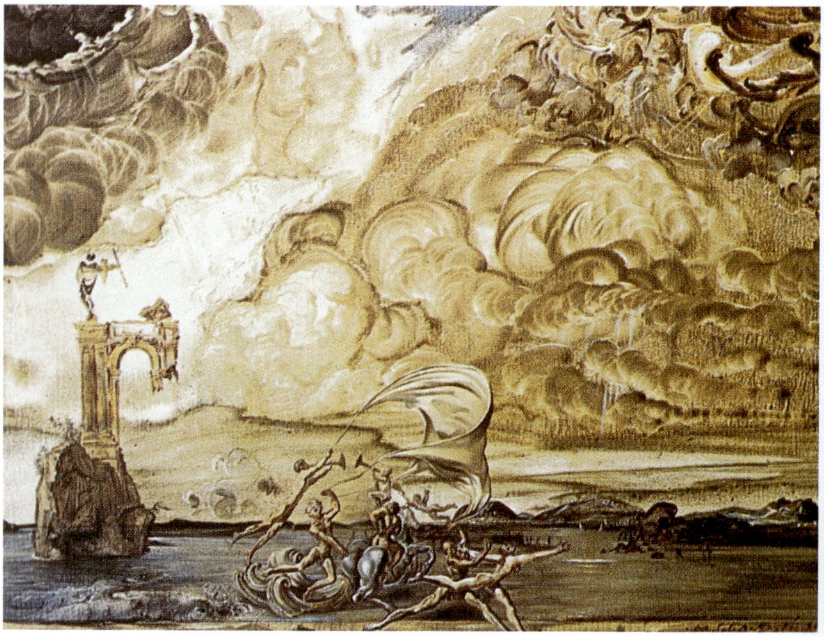

817

815 **Portret van Madame Harrison Williams**, 1943 ❑
Portrait de Madame Harrison Williams

816 **Portret van ambassadeur Cardenas**, 1943 ❑
Portrait de l'ambassadeur Cardenas

817 **De triomf van Tourbillon**, 1943 ❑
Le triomphe de Tourbillon

818 **Condottiere (Zelfportret als Condottiere?)**, 1943 △
Condottière

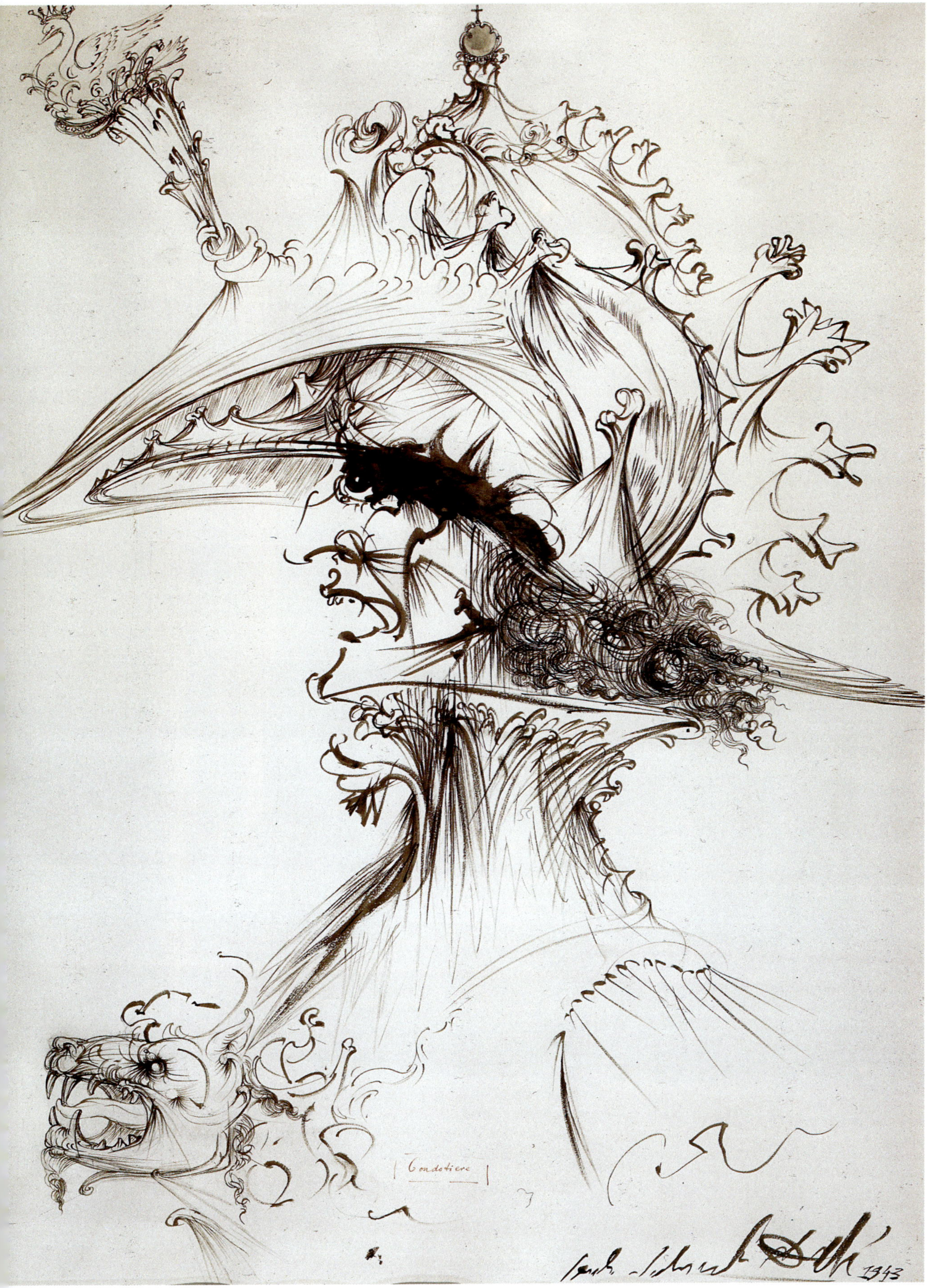
Condotiere
1943

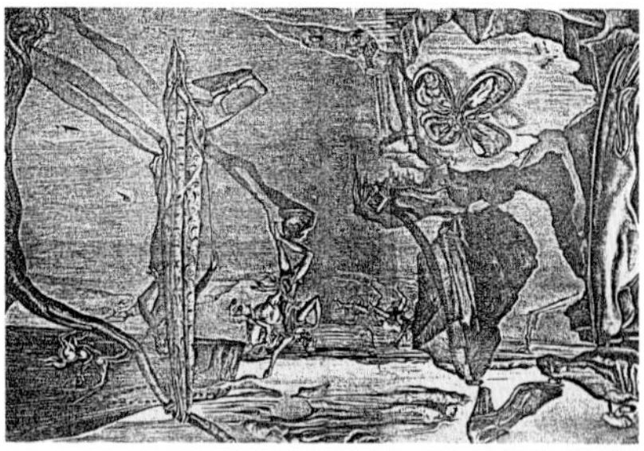

819

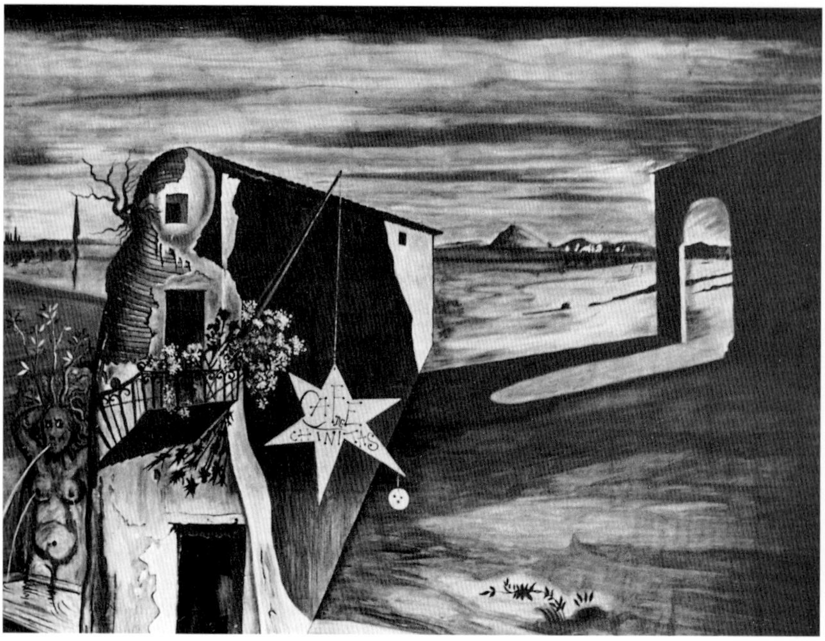

821

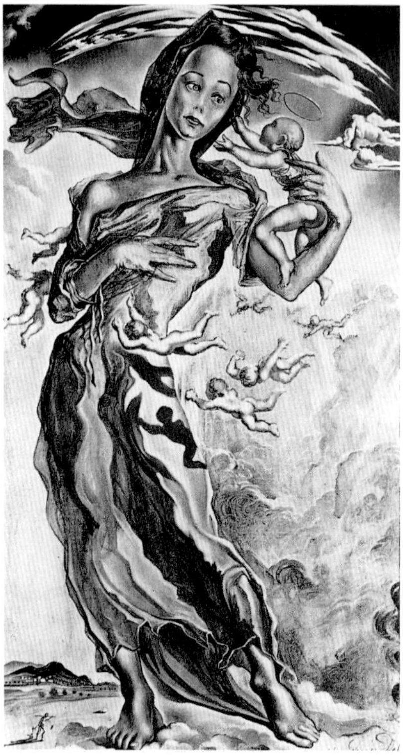

820

me al naar gelang onze gevoelens ten opzichte van Dalí. Die houding is betreurenswaardig omdat ze niet alleen schadelijk is voor andere leden van de groep, voor zo verschillende kunstenaars als Lurcat, Tanguy en Masson, maar ook voor Peter Evergood en James Guy aan deze kant van de oceaan. Dat leidt ertoe dat de volgende twijfel rijst: is het Surrealisme een op zichzelf staande artistieke beweging? Of is het alleen het speelse gedoe van Salvador Dalí, dat zich uit door piano's in bomen te hangen en voyeuristische voorstellingen voor de Wereldtentoonstelling te organiseren? De surrealistische beweging heeft wel degelijk meer betekenis dan die alleen. Ik denk de laatste tijd vaker dat het Surrealisme de meeste solide en meest veelbelovende beweging in de eigentijdse schilderkunst is. Uiteraard schuilt er in Dalí's werk meer betekenis dan is af te leiden uit de 'etalage-val' bij Bonwit-Teller. Natuurlijk wil Dalí's werk niet alleen shockeren om het shockeren. Alleen al in technisch opzicht is zijn werk het bewijs van een meesterlijke beheersing van het métier waaraan geen enkele schilder van deze tijd zich kan meten. Veel van zijn doeken wemelen van ongelooflijk precies geschilderde details, zoals de glans van de visseschubben in *Keizerlijke viooltjes* (blz. 315) en de opalen schitter in *Verschijning van gezicht en fruitschaal op een strand* (blz. 309), waarin het oog zich genietend verliest."

Dalí geniet van zulke gemeenplaatsen van een beroepscriticus als van een kostelijk maal. De Avida Dollars-machine draait en richt steeds meer schade aan.

In het Museum of Modern Art in New York bevindt Dalí zich weer in gezelschap van Joan Miró, zijn vaderlijke vriend die hem Parijs leerde kennen. In november 1941 werd er inderdaad een belangrijk retrospectief georganiseerd van de werken van Salvador Dalí en Joan Miró. Maar weer zitten de critici niet verlegen om clichés en stereotypen. Peyton Boswell, de toonaangevende criticus van 'The Art Digest' geeft het volgende commentaar: "Terwijl de kranten niet nalaten aan ons zenuwstelsel de energie te onttrekken die nodig is voor de voortzetting van een alledaags leven, is het plezierig te horen dat het Museum of Modern Art opnieuw probeert het Surrealisme voor het voetlicht van de Newyorkse kunst te brengen, deze keer met een prachtig gepresenteerde en zorgvuldig georganiseerde tentoonstelling waar Salvador Dalí en Joan Miró worden verenigd. Zoals te ver-

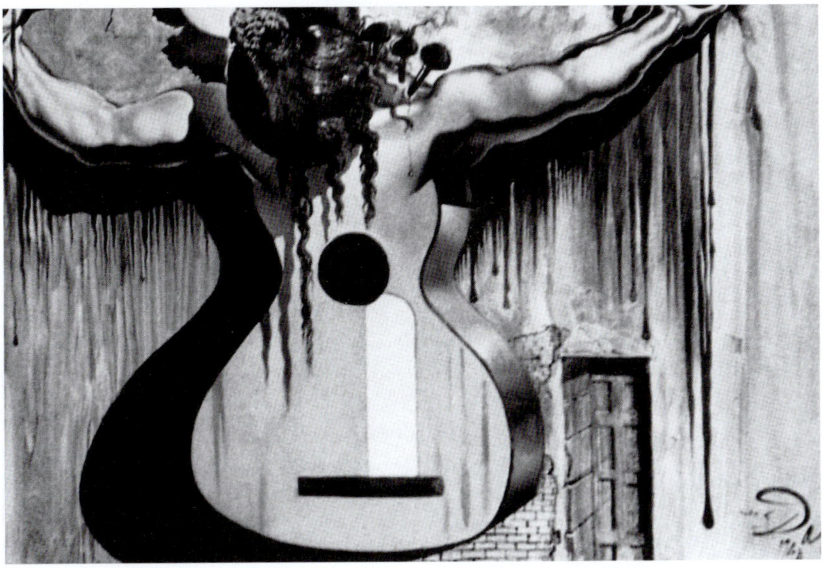

822

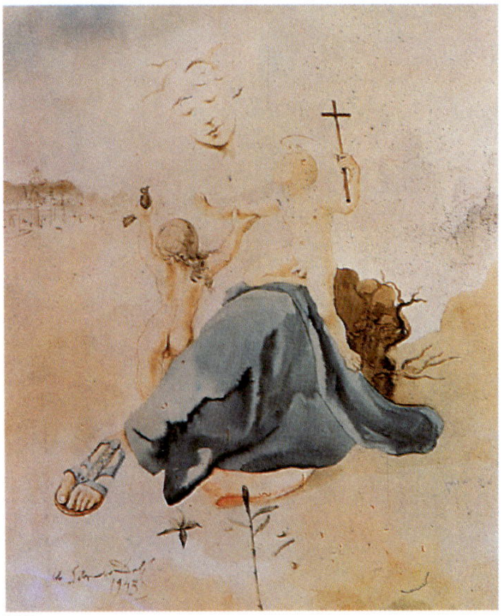

823

wachten viel, is Dalí met zijn karakteristieke technische virtuositeit en verbazingwekkende vruchtbaarheid, geheel op zijn voordeel bedacht... Dalí (in tegenstelling tot Miró), dat is 20.000 volt van alle seksuele taboes bevrijde iconografie. Zijn schilderkunst is morbide, sadistisch en nihilistisch, maar ze heeft duidelijk de hypnotische gave om de fantasie te bevleugelen van hen die genoeg hebben van die vierkante meters linnen die alleen maar worden gefabriceerd met het doel dat onschuldige linnen te verminken. De waarde van Dalí's schilderijen ligt uitsluitend in hun onderwerp: esthetisch gezien zijn het geraffineerde, 'met de hand gemaakte kleurenfoto's', realistische miniaturen, die, om zo te zeggen, werden uitgevoerd op de afmetingen van de ezel. Met dezelfde stijl, maar met algemener thema's kon Dalí misschien bij de Works Progress Administration horen. Maar toch moeten zelfs de scherpste tongen de Catalaan twee deugden nageven: een doek van Dalí is nooit saai; een doek van hem is nooit vrij van gedachten. Dalí spreekt voor zijn tijd. Wanneer de tijden zijn veranderd en we ons verstand terugkrijgen, zal de populariteit van deze fantastisch gemaakte en van verleidelijke titels voorziene nachtmerries snel tanende zijn. Maar tot die tijd kan het geen kwaad de macht van een collectieve, wereldomvattende hysterie te ontvluchten en zich vertrouwd te maken met de aanwezigheid van de met tegenstellingen doorspekte objecten van Dalí. De laatste maanden was er veel te doen over verhalen over sprekende paarden. Persoonlijk houd ik vast aan Dalí's versie: hij heeft zijn paard aan de telefoon laten spreken, dat is zijn geheim. Wie anders zou in zijn gedachten een paard met een telefoon in verband brengen? De vaak gestelde vraag: 'Is Dalí gek?' valt onder een Yankee-stijl met traditie. We houden er nu eenmaal van onze antwoorden als vragen te verkleden. 'Heb je in de herfst nog nooit een eekhoorntje gezien dat noten verzamelt om zich voor te bereiden op de winterse hongerperiode?'"

En alsof hij een antwoord wilde geven op die vragen, publiceert Dalí bij Dial Press 'Het geheime leven van Salvador Dalí', vertaald in het Engels door Haakon Chevalier. Die autobiografie roept protest op en maakt goedgezinde en vijandige commentaren los, die echter nooit onverschillig zijn. Dalí weet hoe hij er geld uit moet slaan. Zo schrijft Sol A. Davidson in februari 1943 in 'The Art Digest':

819 **Zonder titel – Nieuwe accessoires**, 1943 ❑
Sans titre – New Accessories

820 **Madonna**, 1943 ❑
La madone

821 **Toneelgordijn voor het ballet 'Café de Chinitas', uitgevoerd door het Ballet Theatre**, 1943 ❑
Bij Spaanse volksmuziek, gearrangeerd door Lorca, maakt Dalí decorstukken en kostuums die zijn heimwee naar Spanje lijken uit te drukken.

822 **Schilderijen voor de toneelachtergrond van 'Café de Chinitas'**, 1943 ❑

823 **Vogelmaagd met twee engelen**, 1943 △
Vierge aux oiseaux, avec deux anges

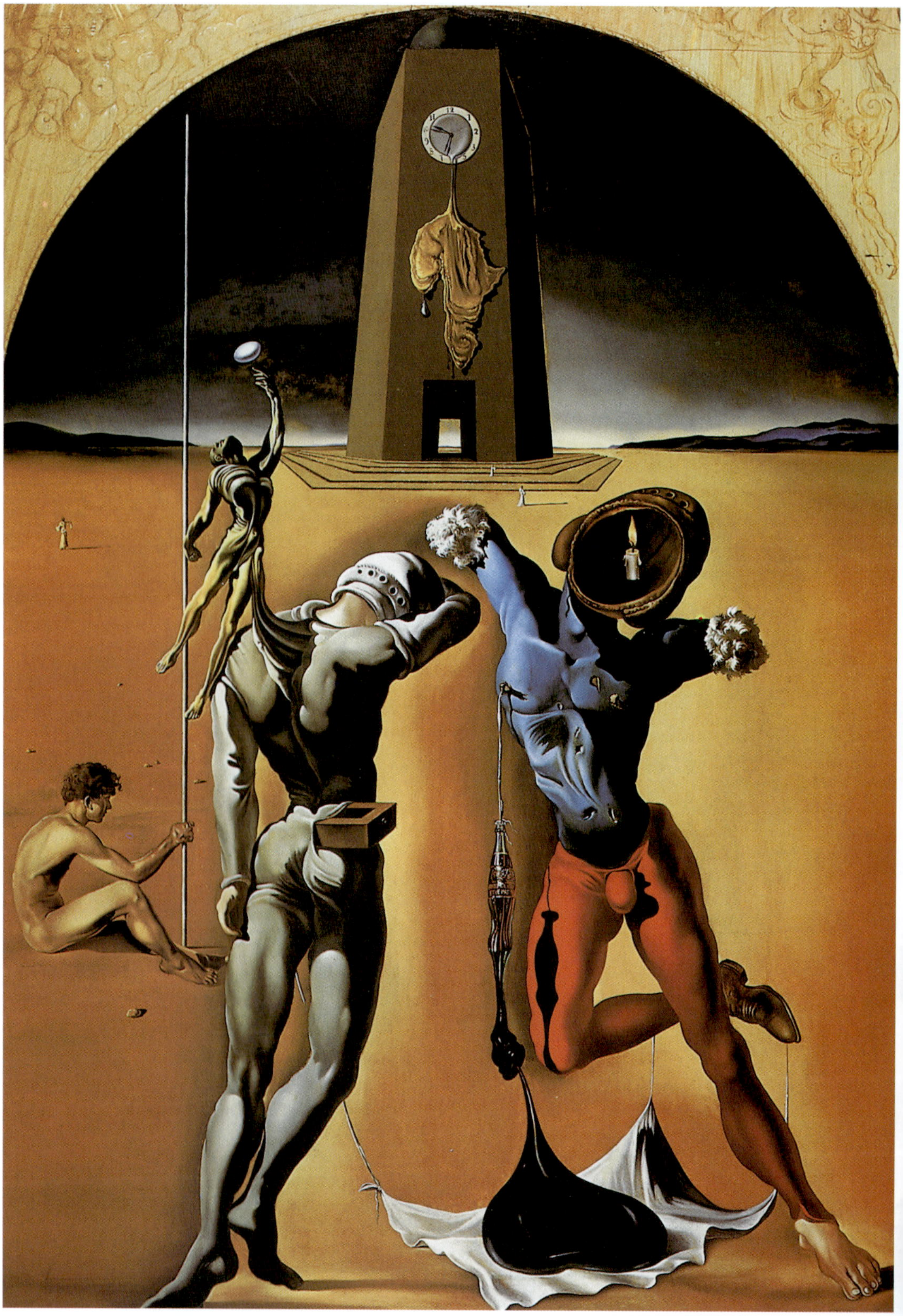

824

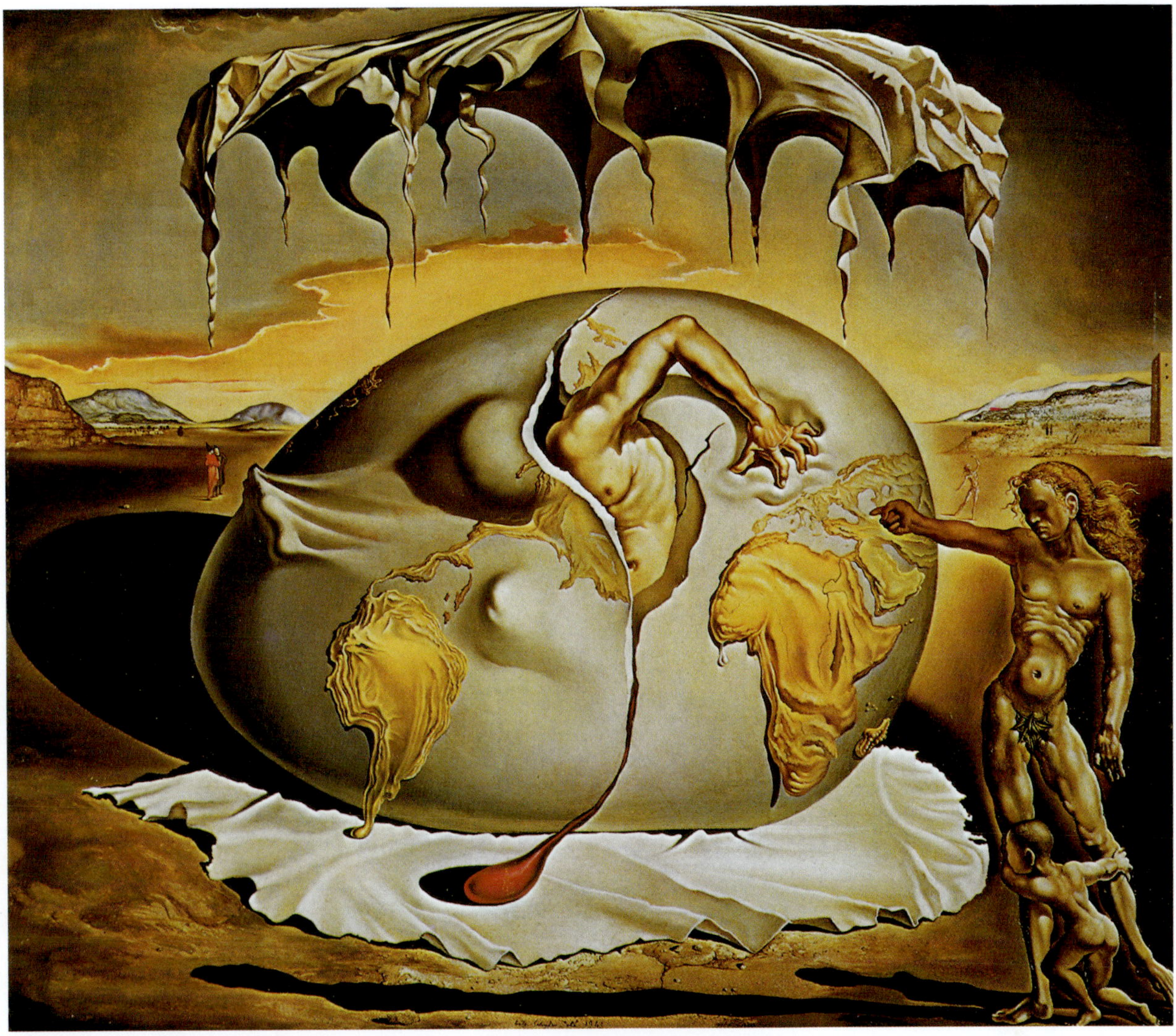

825

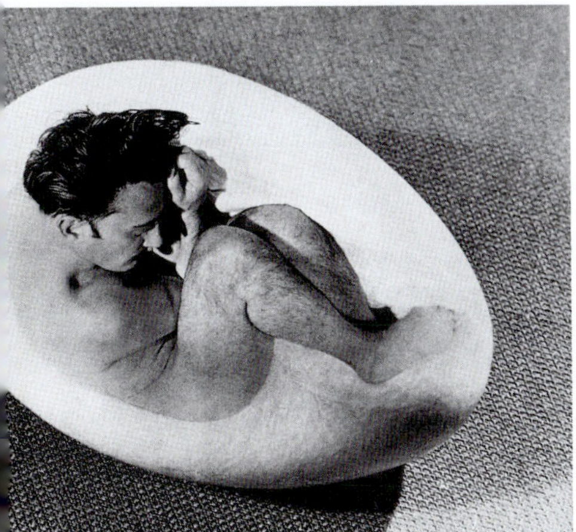

826

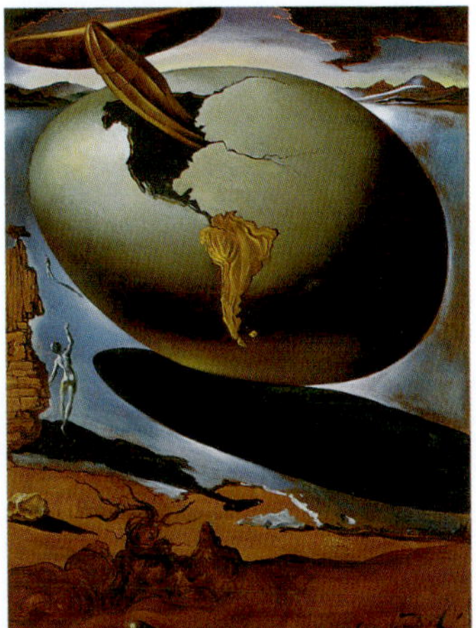

827

824 **De poëzie van Amerika – De kosmische atleten**, 1943 ❑
Poésie d'Amérique – Les athlètes cosmiques

825 **Geopolitiek kind slaat de geboorte van de nieuwe mens gade**, 1943 ❑
Enfant géopolitique observant la naissance de l'homme nouveau

826 **Dalí in het ei. Foto van Philippe Halsman naar een idee van Dalí**, 1942 ✂
Dalí dans l'œuf

827 **Allegorie van een Amerikaanse Kerst**, 1943 ❑
Allegory of an American Christmas

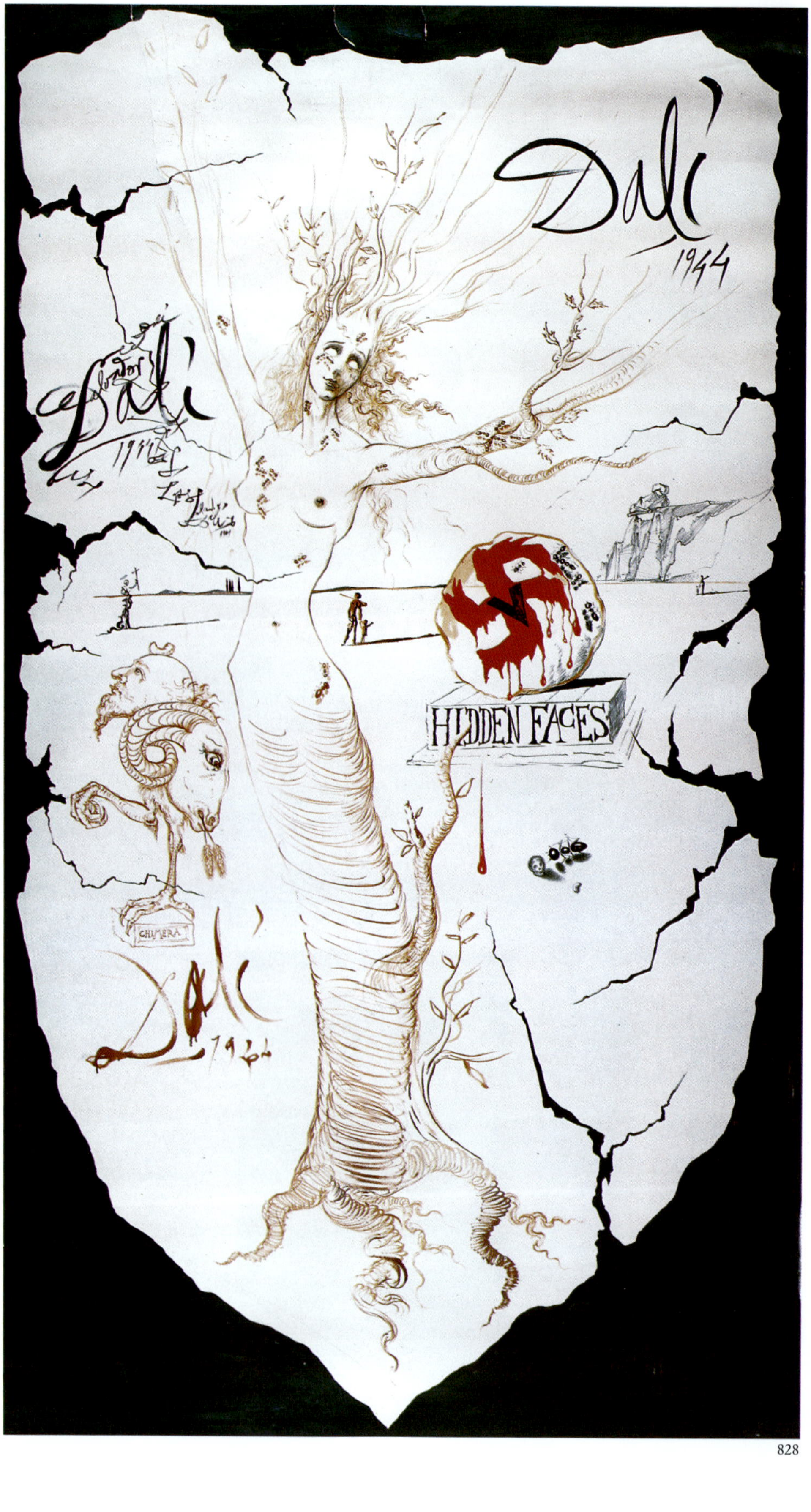

828

"Wanneer je een zo schizofreen verhaal over het eigen ik leest als in 'Het geheime leven van Salvador Dalí', ben je geneigd daarin de antwoorden te zoeken op de door de schilderkunst opgeroepen vragen. Misschien dat deze autobiografie zijn tot op heden raadselachtige schilderkunst ophelderdt. Maar nee! Dalí verkiest het als een jongeling te spreken over zijn liefde en haat; hij vertelt weinig geloofwaardige belevenissen uit zijn vroege jeugd, toen hij bijvoorbeeld voor zijn plezier zijn zus tegen haar hoofd trapte, of toen hij met een spijker in de huid van de wang van zijn kindermeisje kraste om haar zijn genegenheid te tonen. Bloedige gebeurtenissen te over in dit sensationele verhaal over een leven dat blijkbaar geheel bestemd was voor publieke consumptie; de lezer die houdt van dit soort verhalen, zal zeker vinden dat het in 'Het geheime leven van Salvador Dalí' niet ontbreekt aan pikante details. Dit boek, dat alles toont wat zich afspeelt achter de gordijnen van het leven, dat alle taboes doorbreekt, exposeert een ongelooflijk bestaan dat in de psychiatrie lijkt thuis te horen. Persoonlijk kan ik in dit boek van Dalí niets geniaals vinden, maar de aanhangers van Freud zullen de onverwacht geboden kans niet onbenut laten om de mentale ingewanden van een surrealist en hun functioneren te onderzoeken."

828 **Monumentaal schild voor 'Hidden Faces'. Het boek verscheen in 1944 bij Dial Press in New York** △

829 **Frontispice van 'Hidden Faces' – Ik ben de dame...**, 1944 △
Je suis la dame ...

830 **De waanzinnige Tristan (ook: Tristan als Christus)**, 1944 △
Tristan fou (Tristan as Christ)

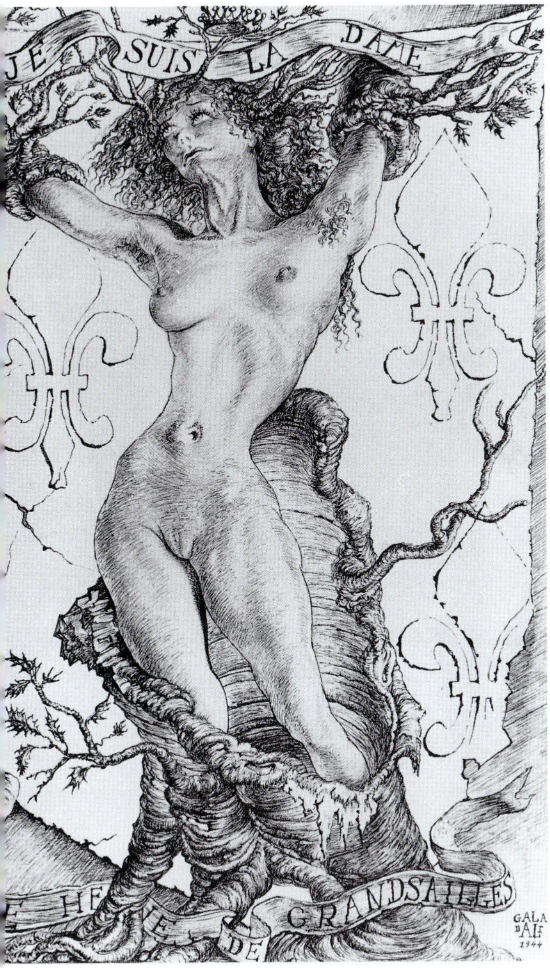

829

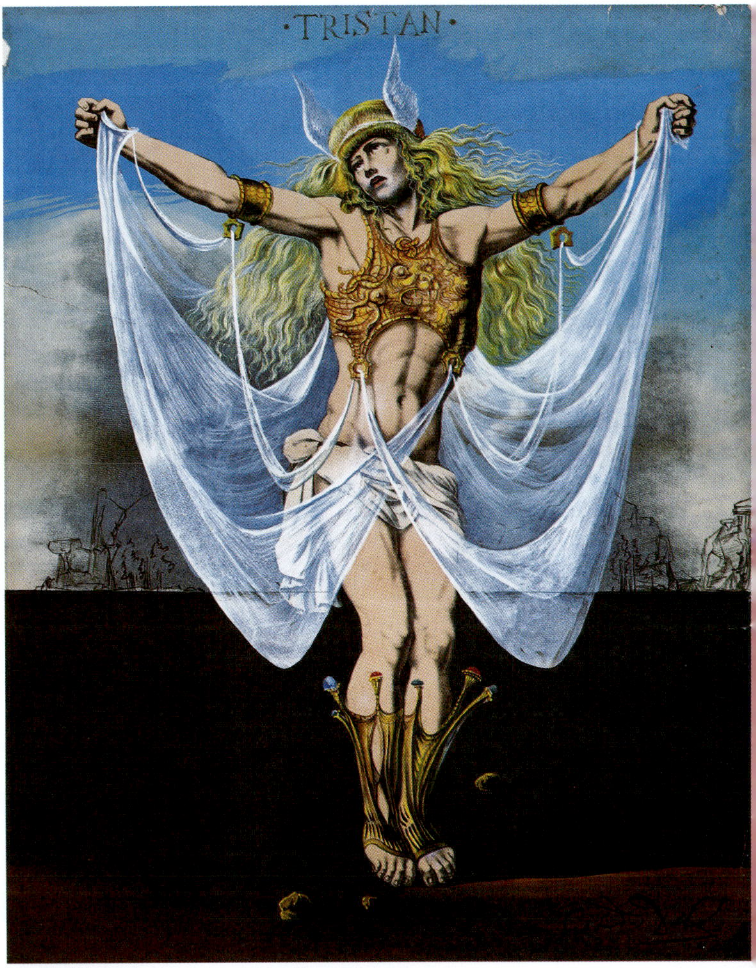

830

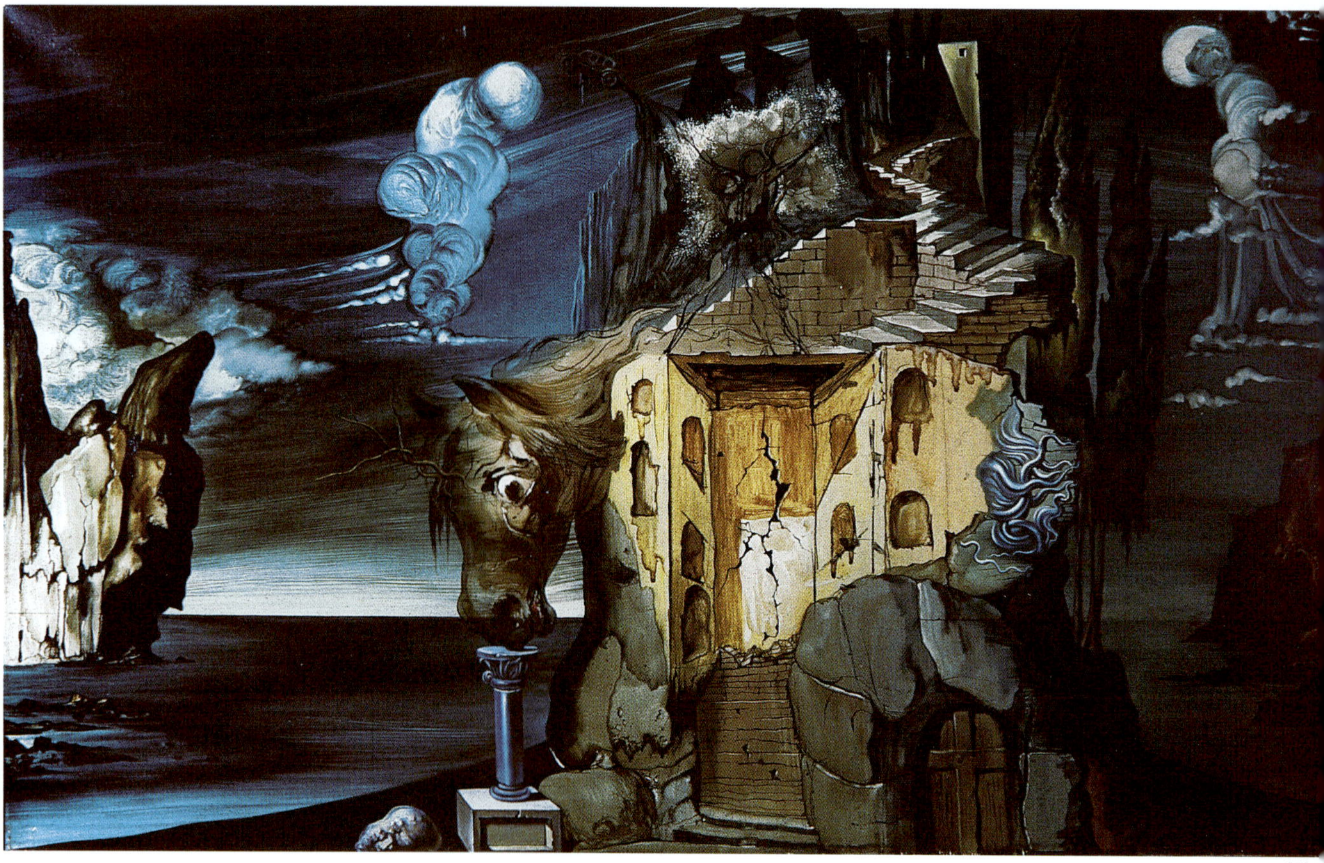

831

In een artikel in 'Pacific Art Review' citeert Stephen S. Kayser de Franse psycholoog Frois-Wittmann: "Het verwijt dat ik zowel Dalí als Breughel en Bosch maak, is niet dat ze hun 'kleingeestige' zorgen hebben uitgebeeld, maar dat ze door de precieze weergave van hun fantasmata de aandacht van de toeschouwer uitsluitend op die fantasmata hebben gericht. Deze schilders zijn de Meissoniers van het onbewuste." We weten niet of de schrijver van deze vergelijking wil beledigen of niet; zeker is dat Dalí zich eerder gevleid dan aangevallen voelde.

Zoals we zien, is Dalí voortdurend een 'Meissonier van het onbewuste', een kleurenfotograaf van zijn dromen en fantasmata, een Einstein van de paranoia. Uit de werkelijkheid van zijn herinneringen of gedachten, uit de aaneenrijging van werkelijke of fictieve gebeurtenissen, schept hij handenvol stof voor zijn doeken, die hij alleen nog maar met de magie van zijn paranoïde penseel hoeft over te brengen. Elke keer wanneer hij een van zijn werken becommentarieert –en hij is gul met commentaren– is het, net als bij een goochelaar die zijn truc verraadt, bijna teleurstellend te moeten vaststellen hoezeer die gekte die ons op het eerste

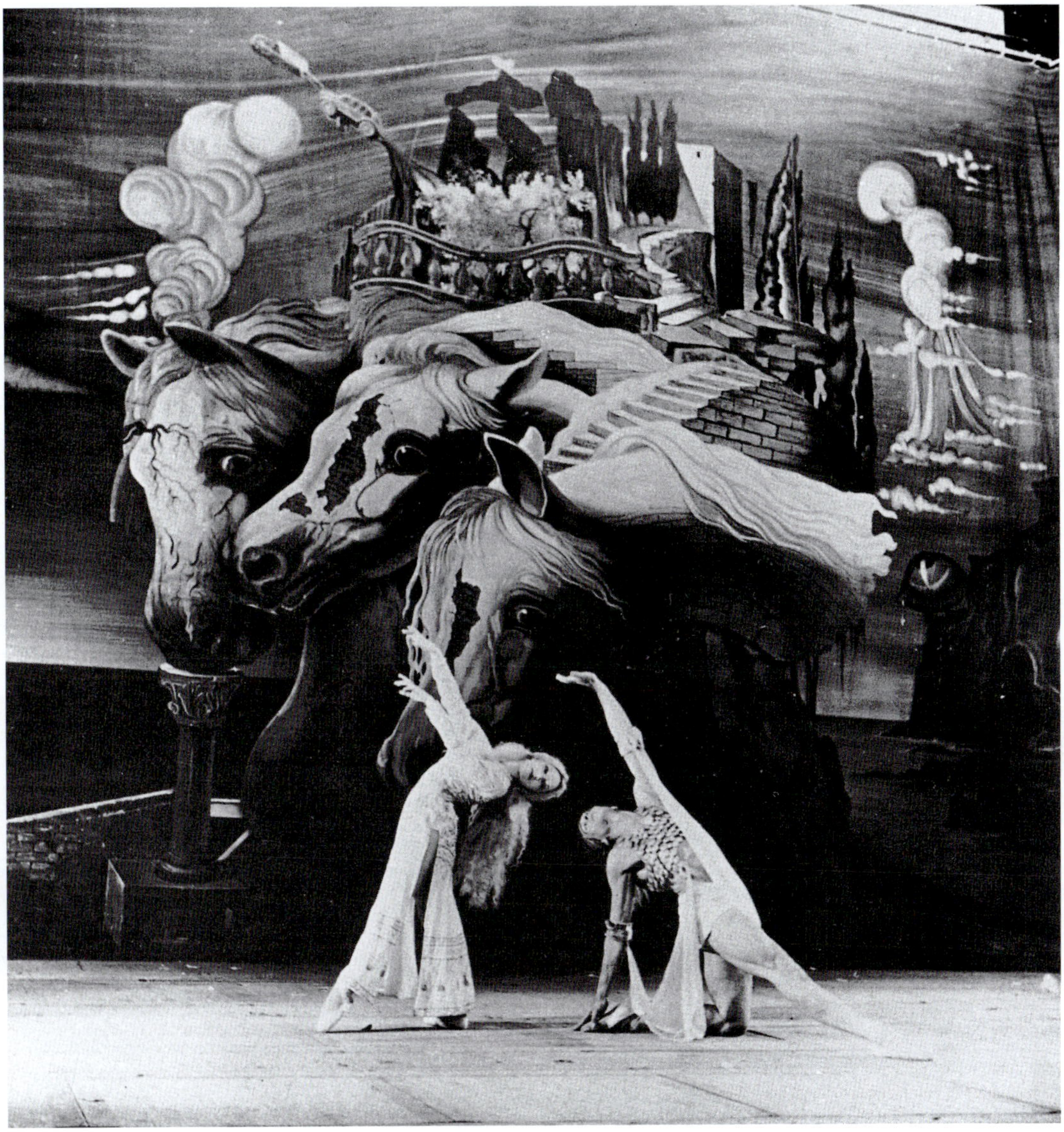

832

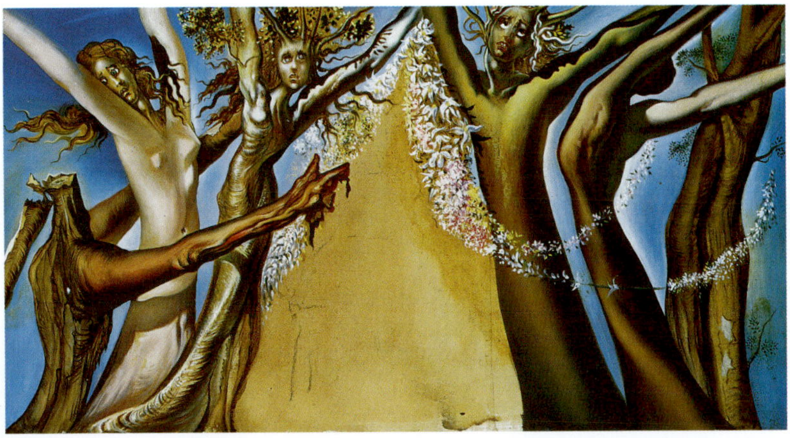

833

831 **Studie voor de toneelachtergrond van het ballet 'De waanzinnige Tristan'** (2e akte), 1944 ❑

832 **De waanzinnige Tristan, 'het eerste paranoïde ballet dat berust op de eeuwige mythe van liefde tot in de dood'** ☆
Het wordt in 1944 opgevoerd door het Ballet International. Dalí gebruikt muzikale thema's uit Wagners 'Tristan en Isolde'. De choreografie is van Léonide Massine, het decor en de kostuums zijn van Dalí.

833 **Studie voor een decor van 'De waanzinnige Tristan'** (1e akte), 1944 ❑

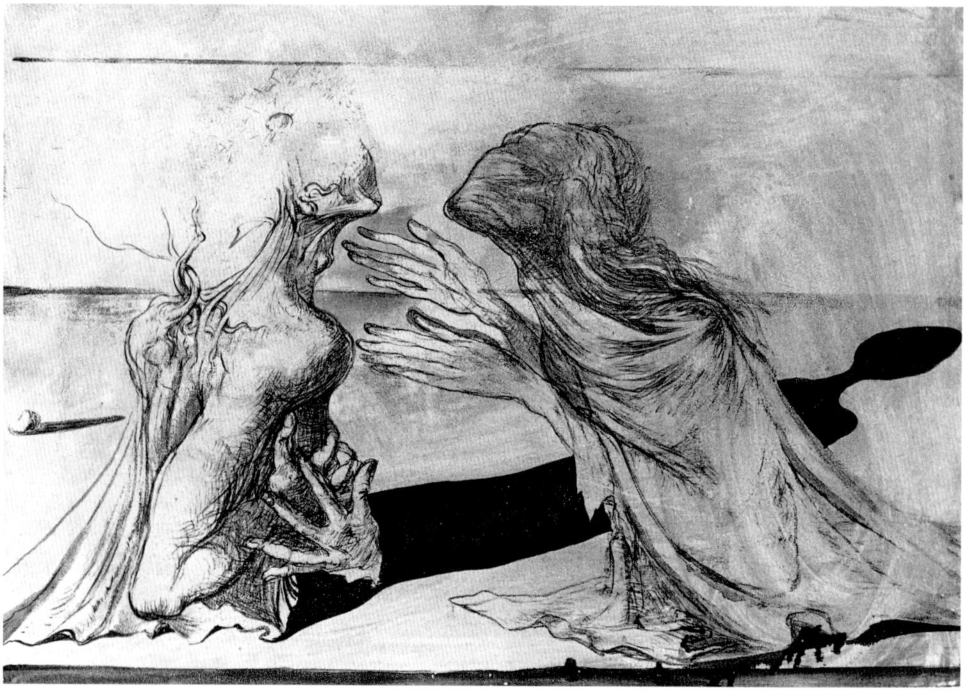

834

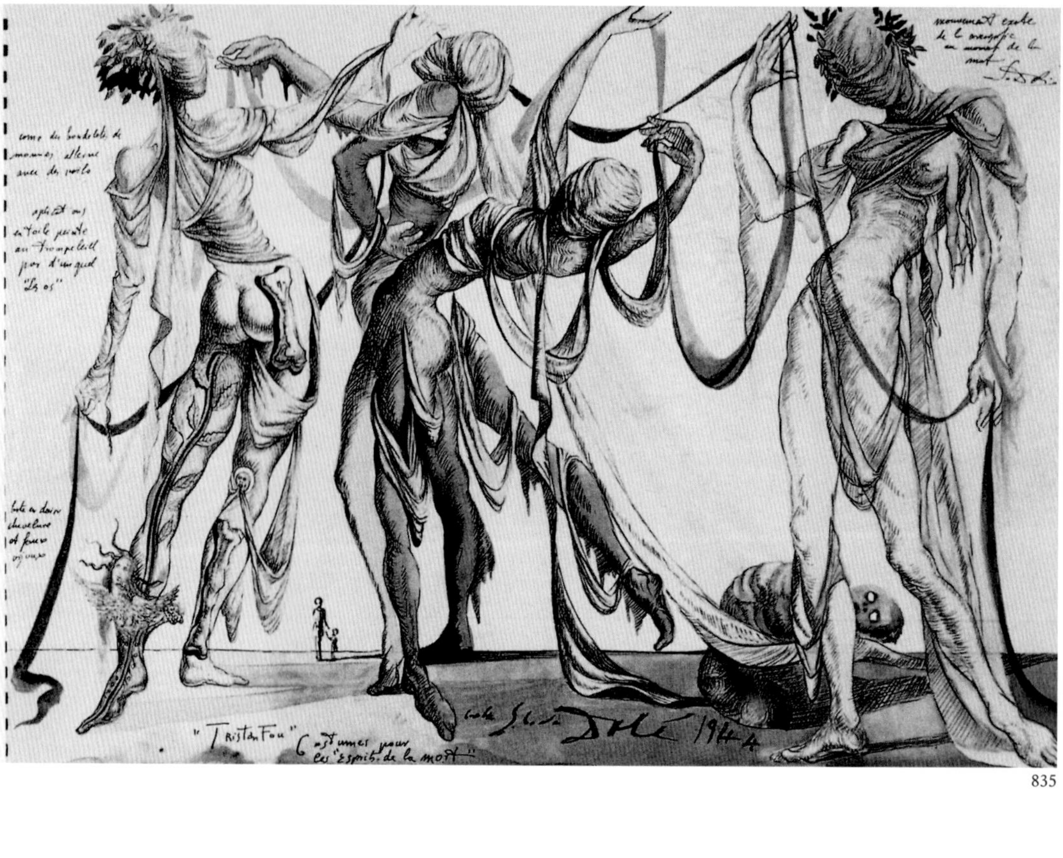

835

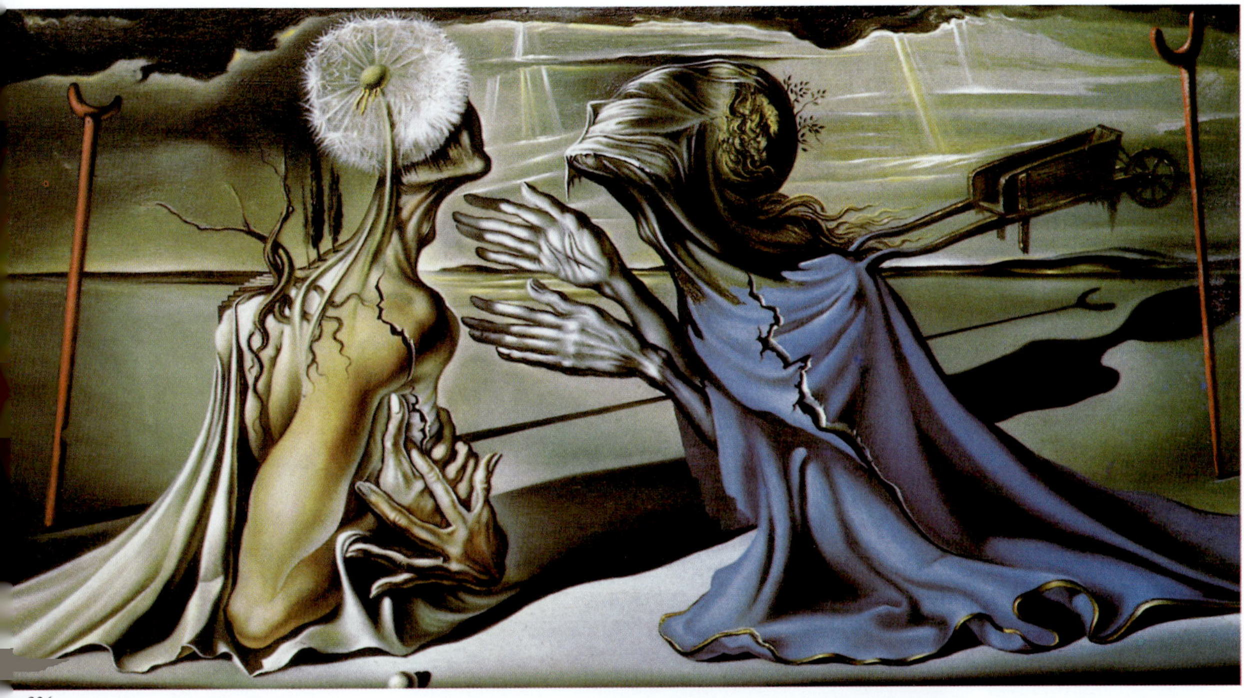

836

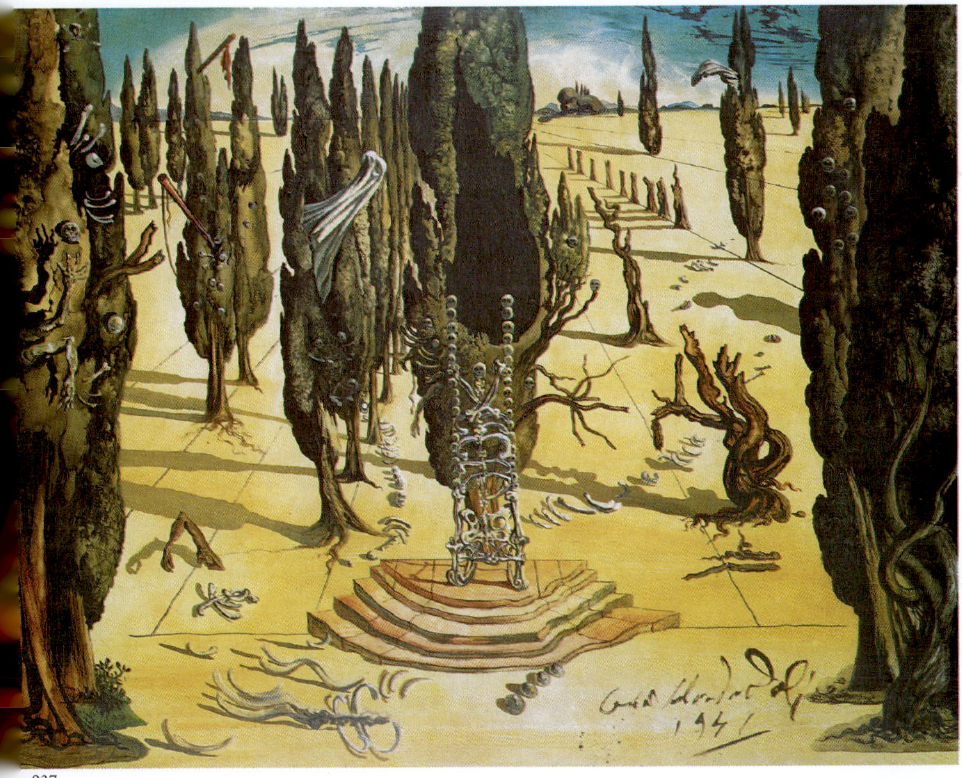

837

834 'Tristan en Isolde'. Studie voor het decor van het ballet 'Bacchanaal', 1944 ⌟
'Tristan et Iseult'

835 'De waanzinnige Tristan': kostuums voor de doodsgeesten, 1944 △

836 Voorbeeld voor het decor van het ballet 'Tristan en Isolde', 1944 ⌟

837 Decor voor 'Tristan en Isolde', 1941 ⌟

moment aanvliegt, voortkomt uit concrete zaken, logische combinaties, intelligente, diepe en filosofische gedachten, ook al moet je ze in omgekeerde richting ontraadselen. Het is voldoende elke keer de magische, reflecterende spiegel te gebruiken die Leonardo da Vinci ook al benutte.

Om niet misleid te worden, moeten we steeds bedenken dat Dalí het tegendeel is van een kleine snob die de Parijse salons frequenteert; hij lijkt meer –in de positieve betekenis– een boer uit Ampurdán. Zo bezien, wordt het eigenaardige, donkere, beangstigende doek *Door maan en zonsondergang verlichte filosoof* (blz. 317) voorbeeldig helder en duidelijk als je de ontstaansgeschiedenis ervan kent, en daarbij houdt het toch het blijvende visuele en schokkende effect dat Dalí het wilde verlenen. De schilder benadrukt dat de doeken uit die periode hun licht en kleur van het landschap vooral danken aan de streek rond Font-Romeu aan de Atlantische Oceaan, waar hij en Gala voor de Duitse invasie een paar maanden doorbrachten.

De slapende figuur daarentegen is het resultaat van Dalí's oververzadigd-zijn van surrealistische kringen en ook van zijn door de voortdurende Burgeroorlog onvervulde verlangen naar Port Lligat te kunnen terugkeren: de slapende is geïnspireerd door de vissers uit Port Lligat en vooral door een van hen, Ramón de Hermosa, wiens devies luidt: "Er zijn jaren dat je zin hebt niets te doen" – en die zin duurt al vanaf je kindertijd. Zijn gigantische luiheid bezorgde hem veel respect van de vissers uit Cadaquéz. Heel de overgeleverde mediterrane wijsheid

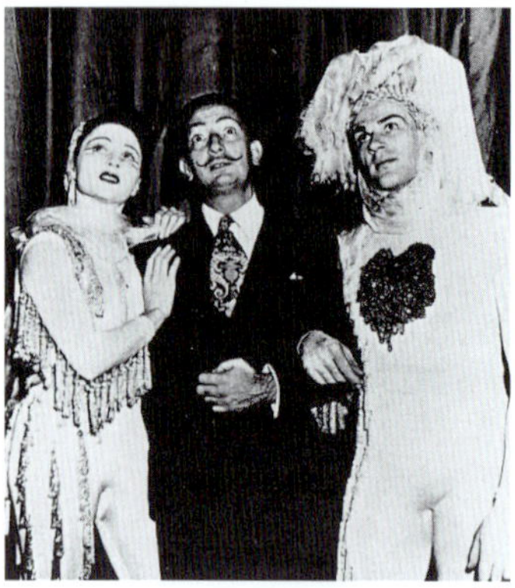

838

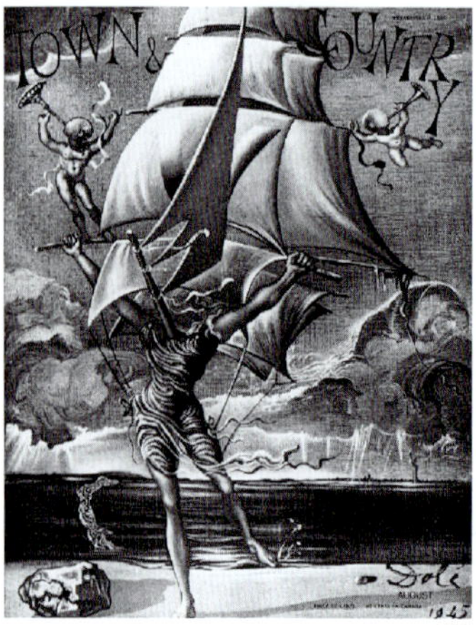

839

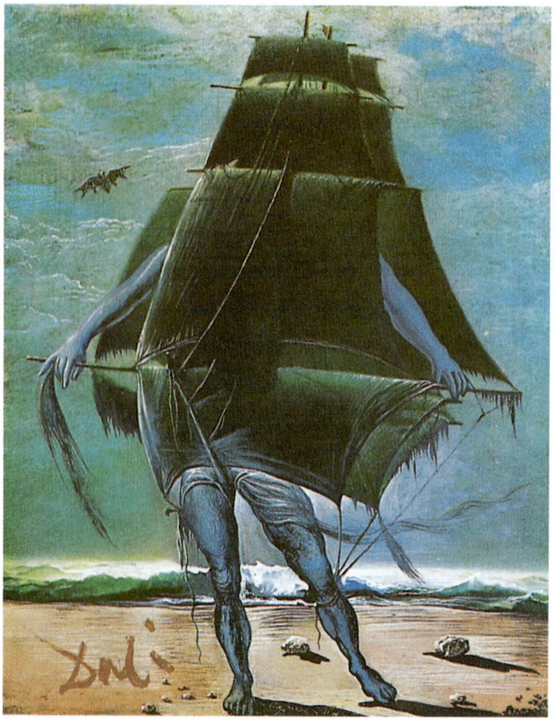

840

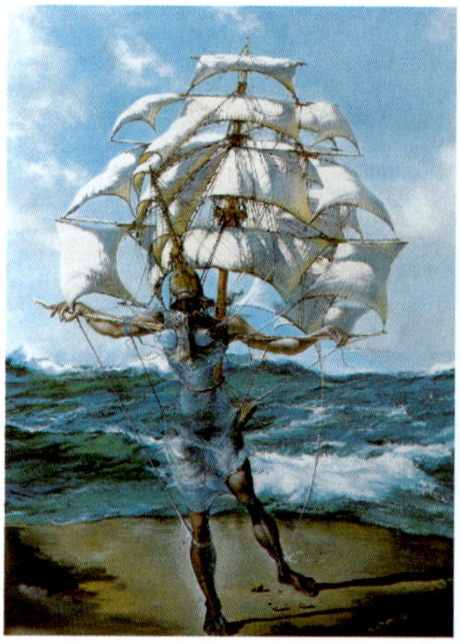

841

838 **Dalí en twee dansers van het Ballet International die meewerken aan het 'Colloque sentimental' (Colloquium van de gevoelens),** 1944 ✗

839 **Victoria – Vrouw die in een boot met putti verandert,** 1945 ❑
Victory – Femme se transformant en bateau avec anges musiciens

840 **Kostuum voor 'De waanzinnige Tristan' – De boot,** rond 1944 ❑

841 **Kostuum voor 'De waanzinnige Tristan' – Het schip,** 1942-1943 △
Le navire

842 **Studie voor 'Colloquium van de gevoelens',** 1944 ❑

843 **Colloquium van de gevoelens,** 1948 ✗

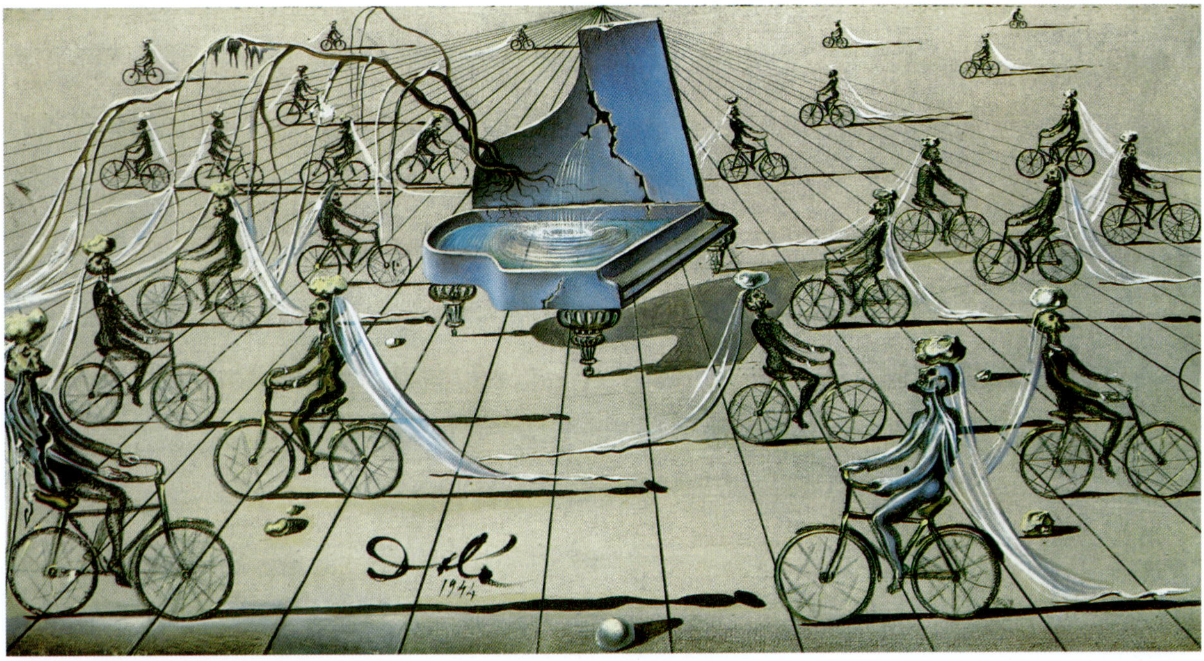

842

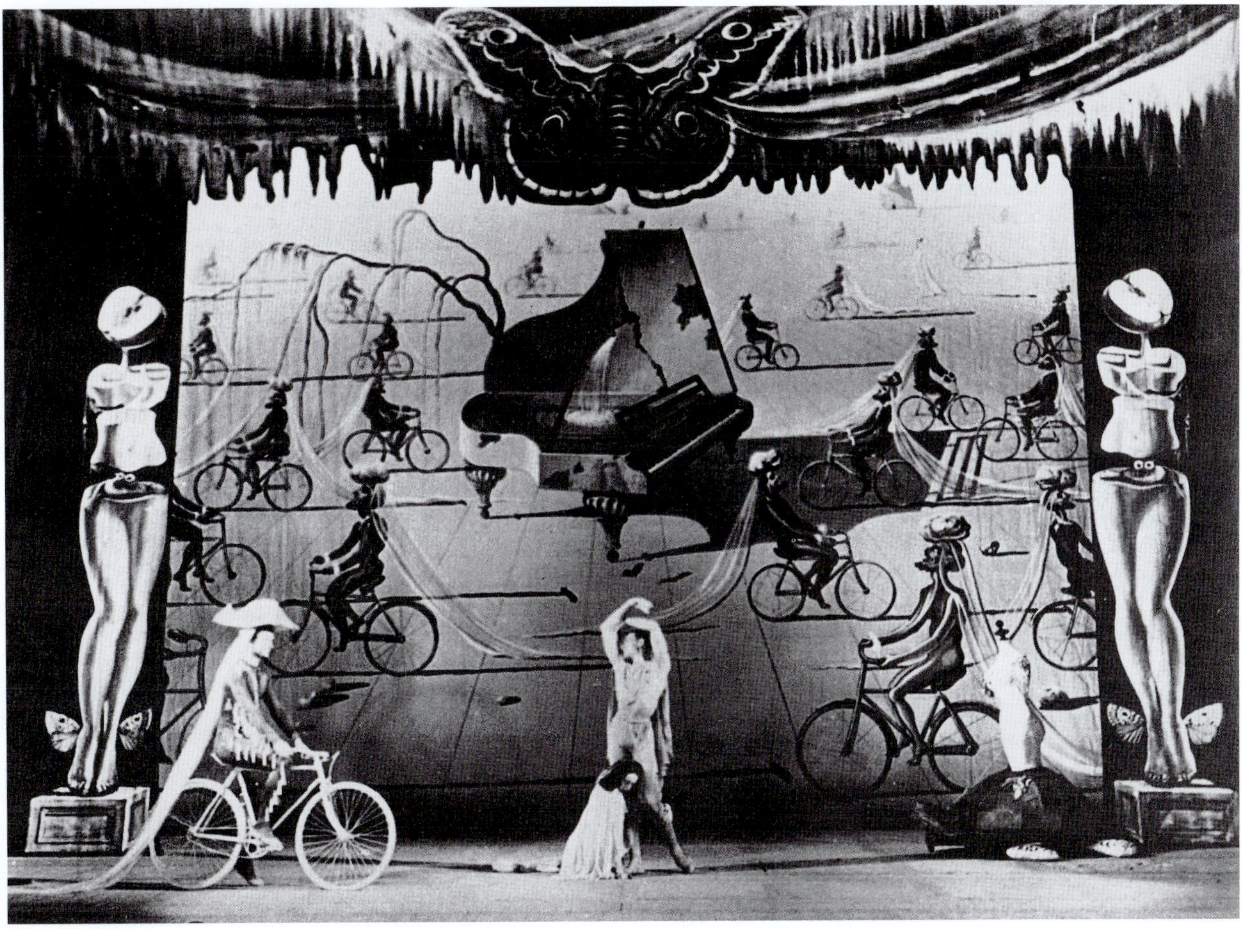
843

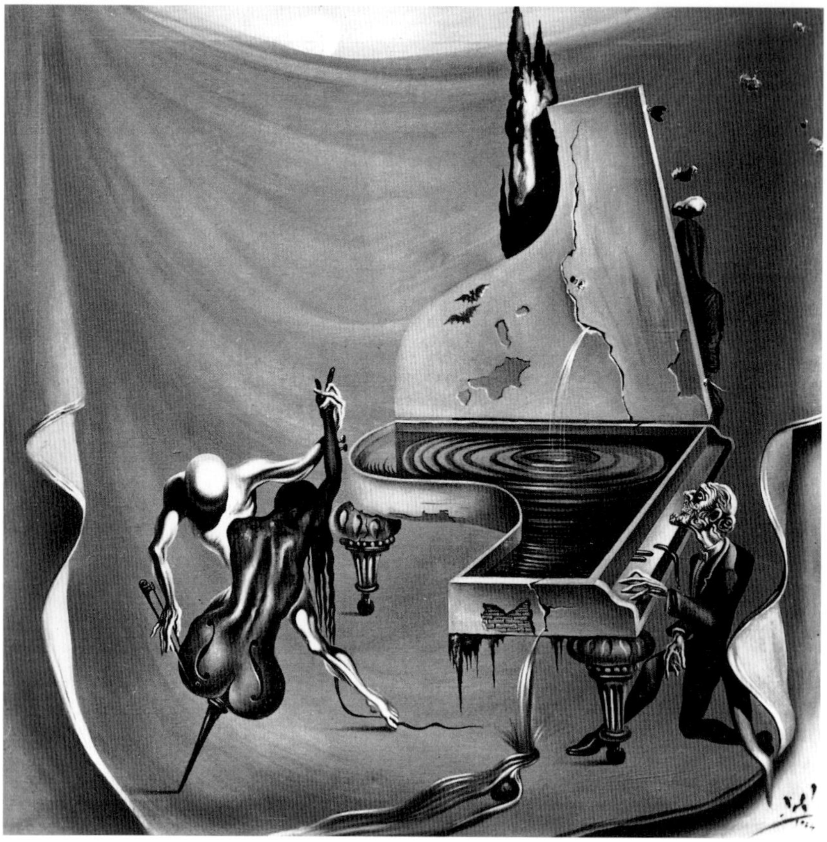

844

844 **De muziek – Het rode orkest – De zeven kunsten**, 1944 ❑
La musique – L'orchestre rouge – Les sept arts

845 **Veranderde vrouwen – De zeven kunsten**, 1944 ❑
Femmes métamorphosées – Les sept arts

846 **Zonder titel – De zeven kunsten**, 1944 ❑
Sans titre – Les sept arts

847 **De dans – De zeven kunsten**, 1944 ❑
La danse – Les sept arts

848 **Zonder titel – De zeven kunsten**, 1944 ❑
Sans titre – Les sept arts

849 **Zonder titel – De zeven kunsten**, 1944 ❑
Sans titre – Les sept arts

die aanwezig is in de hier afgebeelde figuur, toont hoe weinig Dalí is beïnvloed door of zich heeft aangepast aan het surrealistische Parijse milieu. Als je een passage uit 'Het geheime leven' naast dit schilderij zet, wordt de betekenis nog duidelijker: "Naast de opgewonden en gespannen gesprekken in Parijs, die vol misverstand, boosaardigheid en diplomatie waren, kregen de verhalen van Ramón een onvergelijkelijke zielerust en anekdotische charme. Ook de roddels van de vissers uit Port Lligat waren homerisch en van substantiële originaliteit voor mijn door 'esprit' en society-gedoe vermoeide geest. Gala en ik brachten hele maanden door in begeleiding van enkel Lydia, haar twee zoons, het huismeisje, Ramón de Hermosa en een dozijn vissers die hun boten in de haven van Port Lligat hadden liggen."

Zo is ook het schilderij *Poëzie van Amerika – De kosmische atleten* (blz. 364), dat als een hommage aan dat land moet worden opgevat en dat dat land tezelfdertijd als het symbool van de verovering van de Nieuwe Wereld door Dalí begroet, een mengelmoes van geïdealiseerde jeugdherinneringen en ontdekkingen van het continent waar Dalí gedurende de Tweede Wereldoorlog woont. Hier vind je tegelijkertijd verwijzingen naar de vlakte van Ampurdán, aangepast aan de weidsheid van sommige Amerikaanse woestijnstreken, de toren van het landgoed van de Pichots, de heuvels van het achterland van Cadaqués en de kust van Cap Creus – dus het hele naar Amerika verplaatste Catalonië. Om een nieuwe plaats te beschrijven, put Dalí uit zijn herinnering. En beter nog: in dit landschap zijn ver verwijderd de contouren van een vrouw zichtbaar die doet denken aan Dalí's nicht Carolinetta. Op de voorgrond daarentegen beelden twee mannelijke figuren het gewelddadige Amerikaanse football uit. Twee spelers, een blanke en een zwarte, staan tegenover elkaar, gehuld in hun 'football-uitrustingen', die doen denken aan kostuums uit de Italiaanse Renaissance. De zwarte herin-

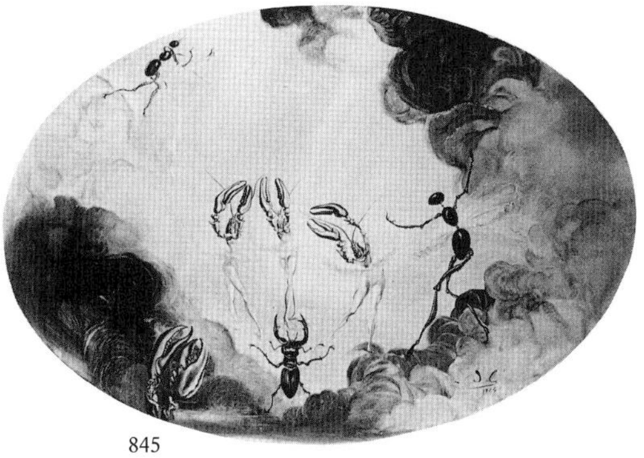
845

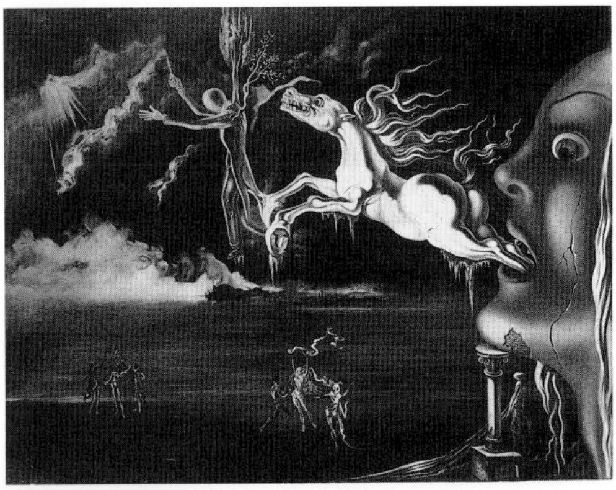
846

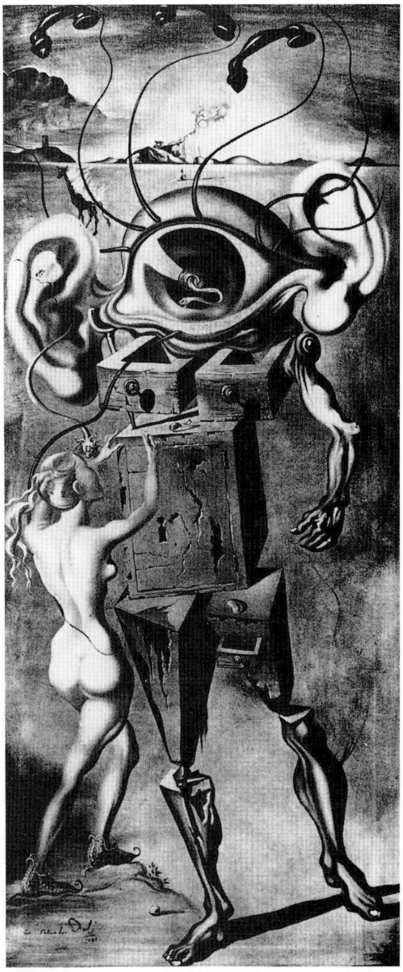
848

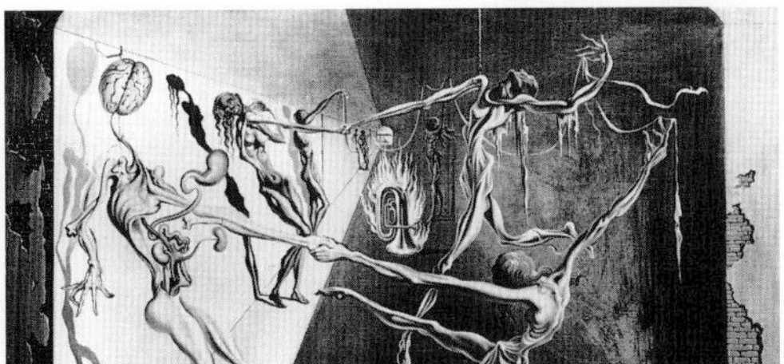
847

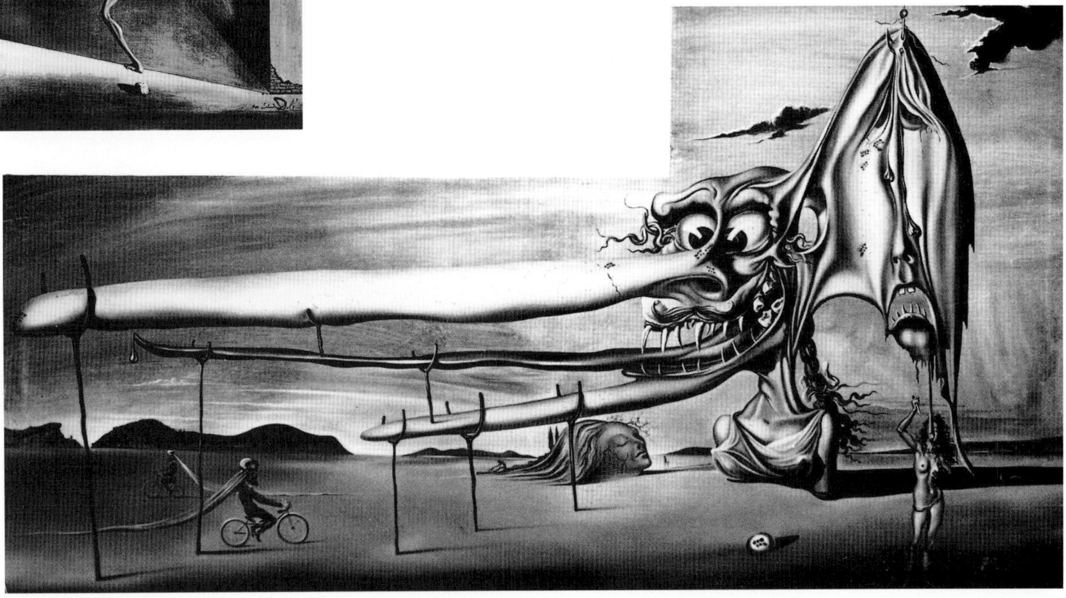
849

nert aan een krijger van Morrone: zijn hoofd is leeg, een vernielde stropop, hij baart alleen een Coca-Colafles, die vergaat en waaruit een zwarte vloeistof druipt. De blanke baart de nieuwe Adam, die op zijn wijsvinger het ei van de komende wereld in evenwicht houdt.

Volgens Dalí behoort dit in hoge mate moraliserende schilderij tot de doeken die voor grote oorlogen waarschuwen. Bijna weigert het zwarte, triomferende en ontdane Amerika de onvermijdelijke zelfvernietiging van de blanke man waar te nemen. In dit doek lijkt Dalí duidelijk een slecht voorgevoel te hebben van de moeilijkheden die er na de oorlog tussen blank en zwart in Amerika zouden optreden – evenals van de ondergang van Afrika, want Afrika hangt als een weke kaart aan de gevel van het torenmausoleum, terwijl de klok het uur van het noodlot lijkt te slaan. De Coca-Colafles is tegelijkertijd een voorbode van toekomstige ontwikkelingen. Heeft Dalí haar niet met verrassend fotografische precisie geschilderd, twintig jaar voor Andy Warhol en de andere pop-art-kunstenaars? Die zullen het doek van de Catalaanse schilder op hun weg vinden, terwijl

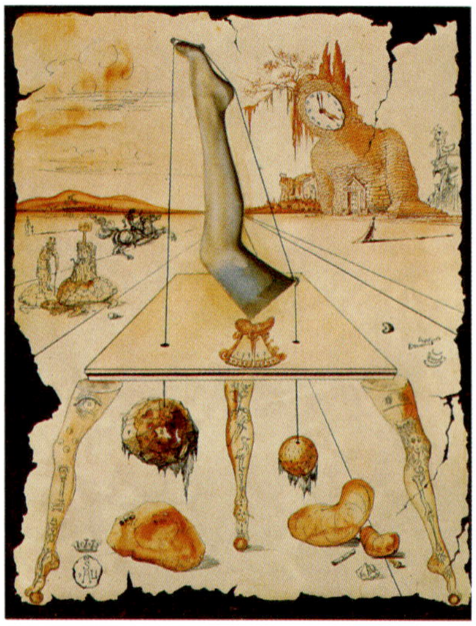

850

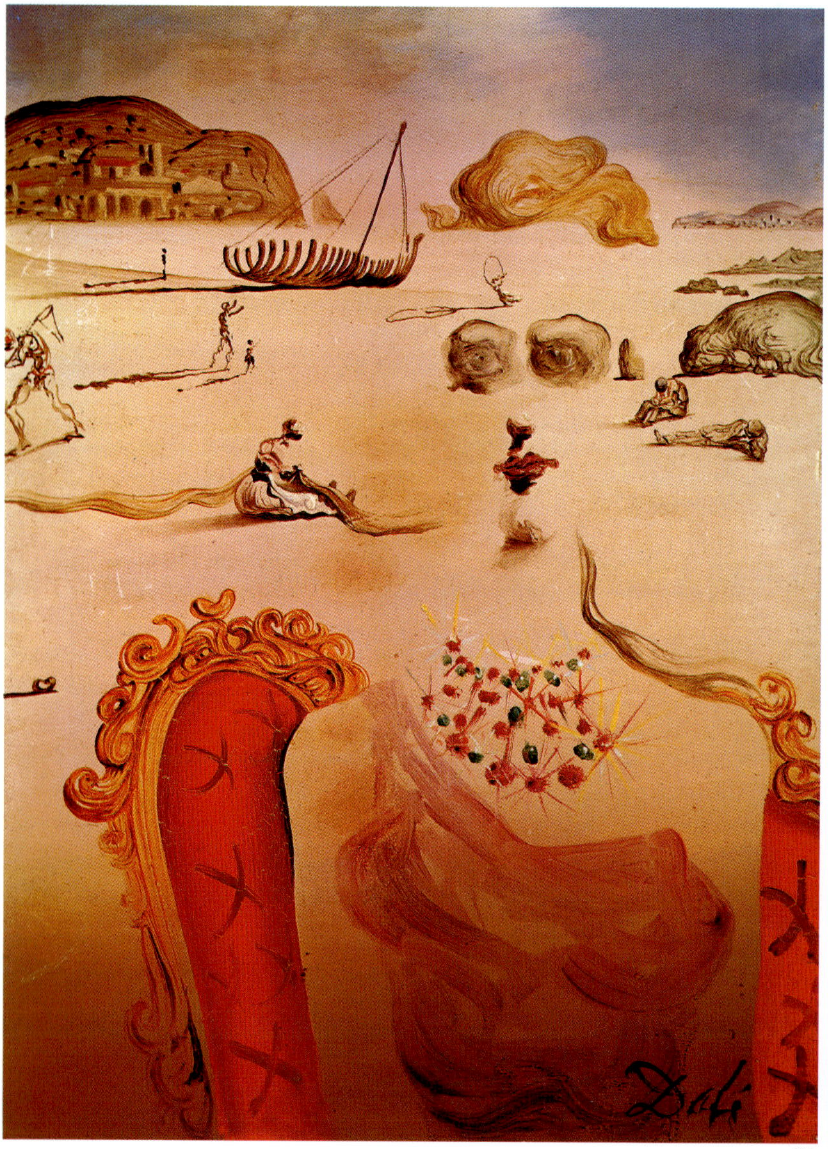

851

850 **Beencompositie. Tekening uit een advertentiereeks voor Bryans Hosiery**, rond 1944 △
Composition à la jambe

851 **Paranoia (ook: Surrealistische figuren)**, 1944 ❑
Paranoïa (Figures surréalistes)

852 **Droom veroorzaakt door de vlucht van een bij rond een granaatappel, een seconde voor het ontwaken**, 1944 ❑
Rêve causé par le vol d'une abeille autour d'une pomme-grenade, une seconde avant l'éveil

853 **Gala naakt. Studie voor 'Droom veroorzaakt door de vlucht van een bij...'** 1944 △
Gala nue

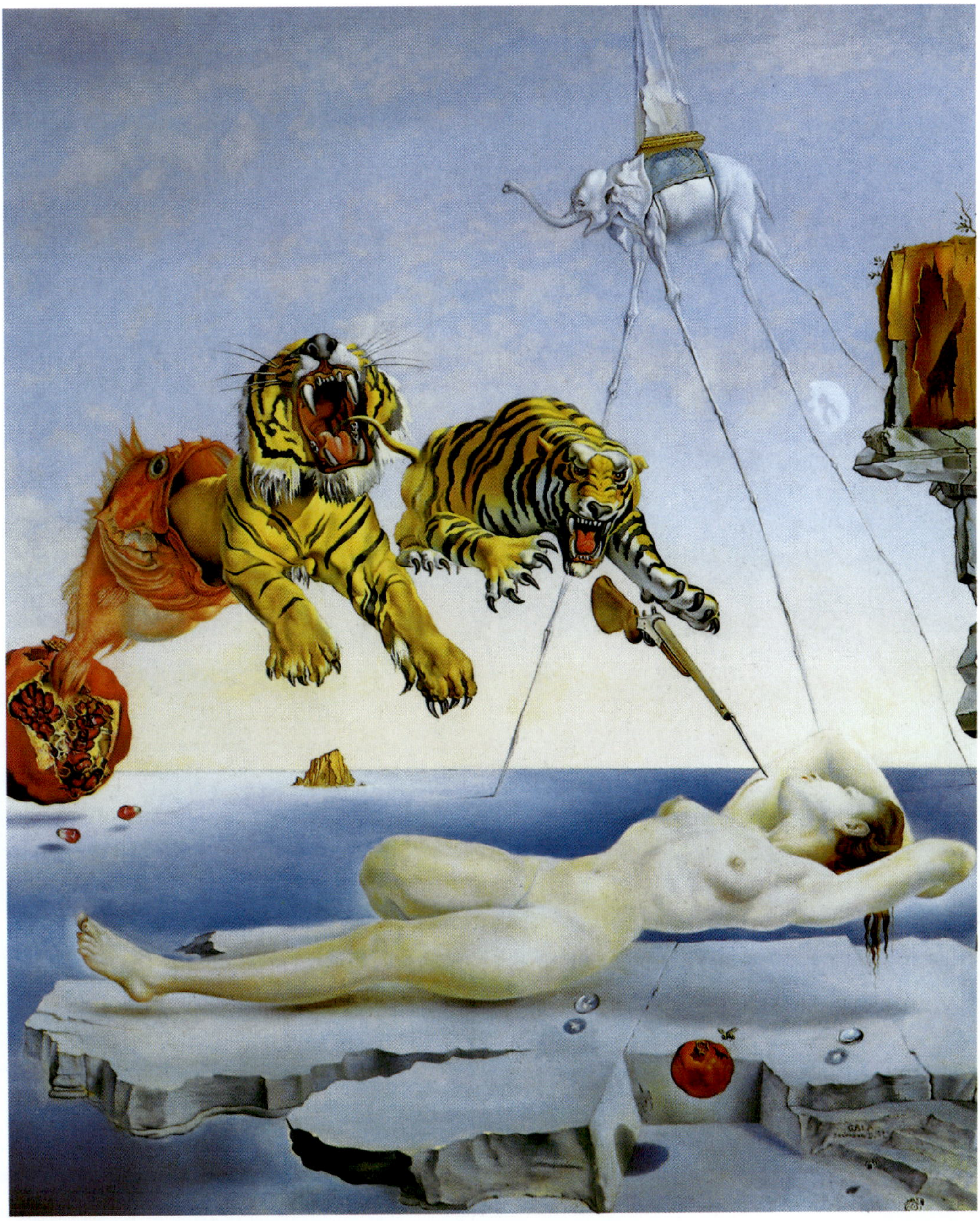

852

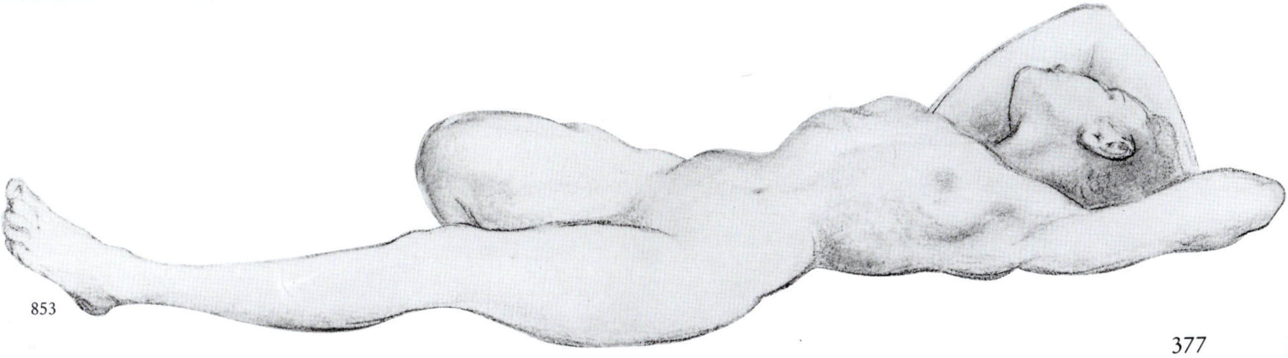

853

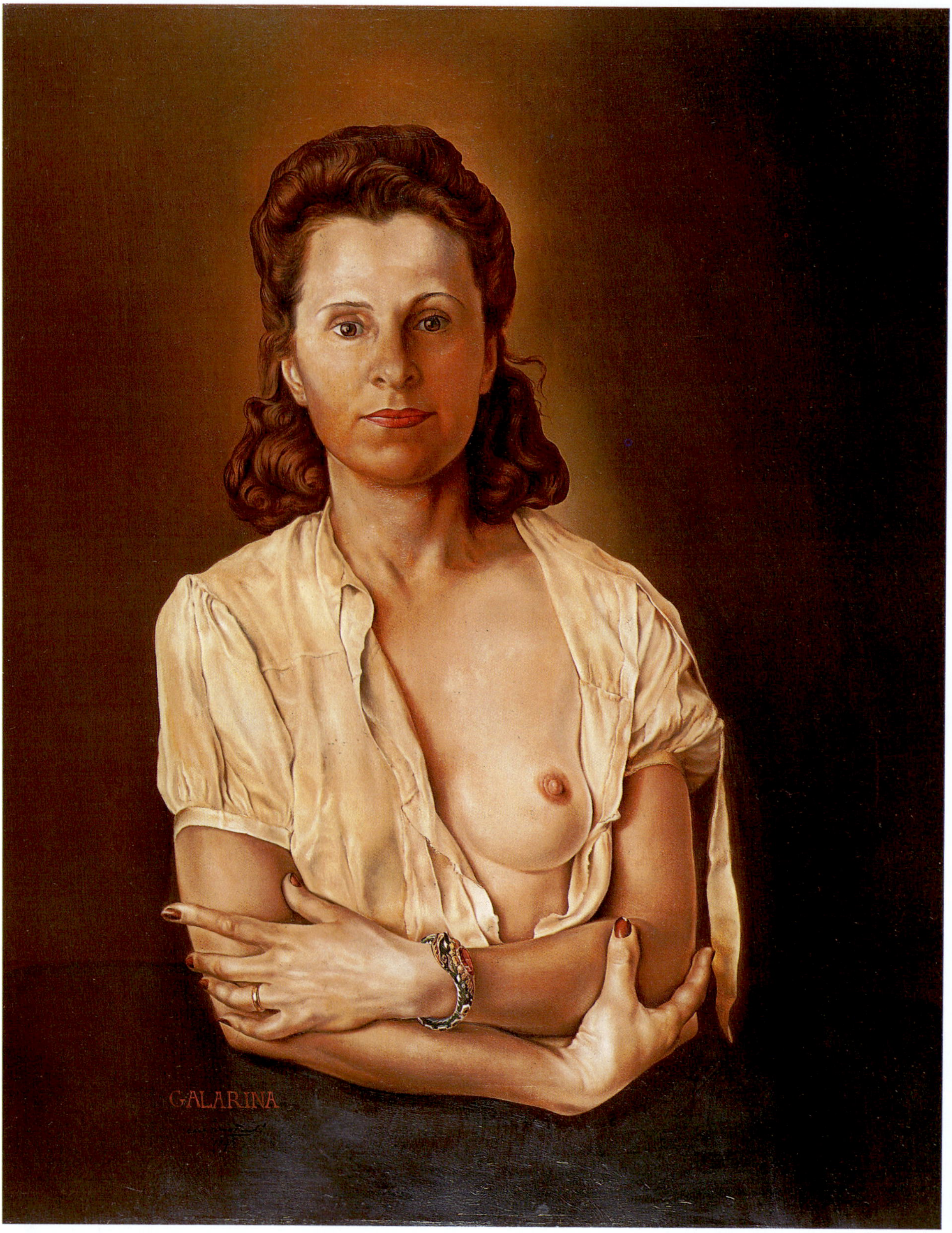

854

854 **Galarina**, 1944-1945 ┘

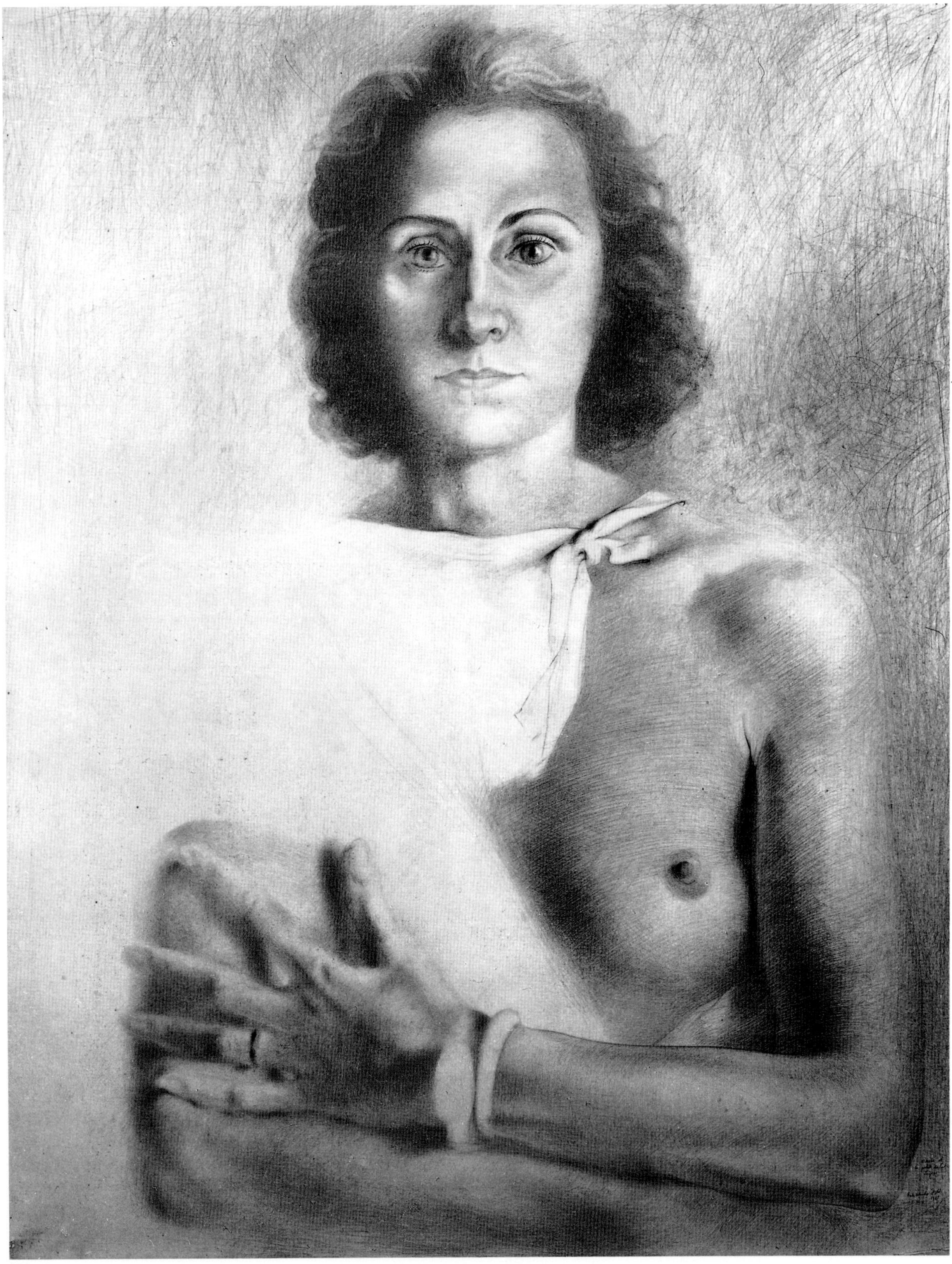

855

855 **Portret van Gala**, 1941 △
Portrait de Gala – 'Galarina'

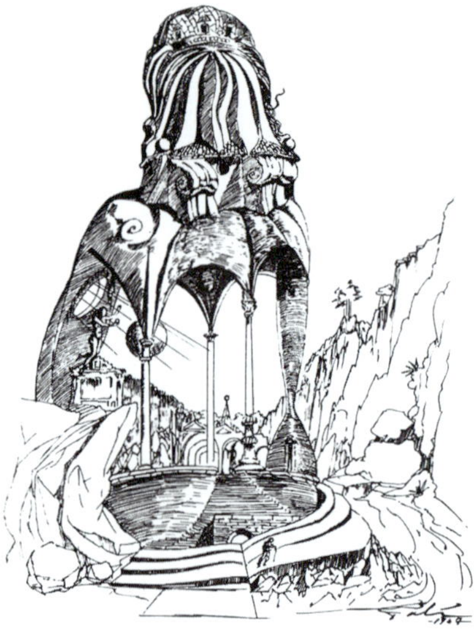

856

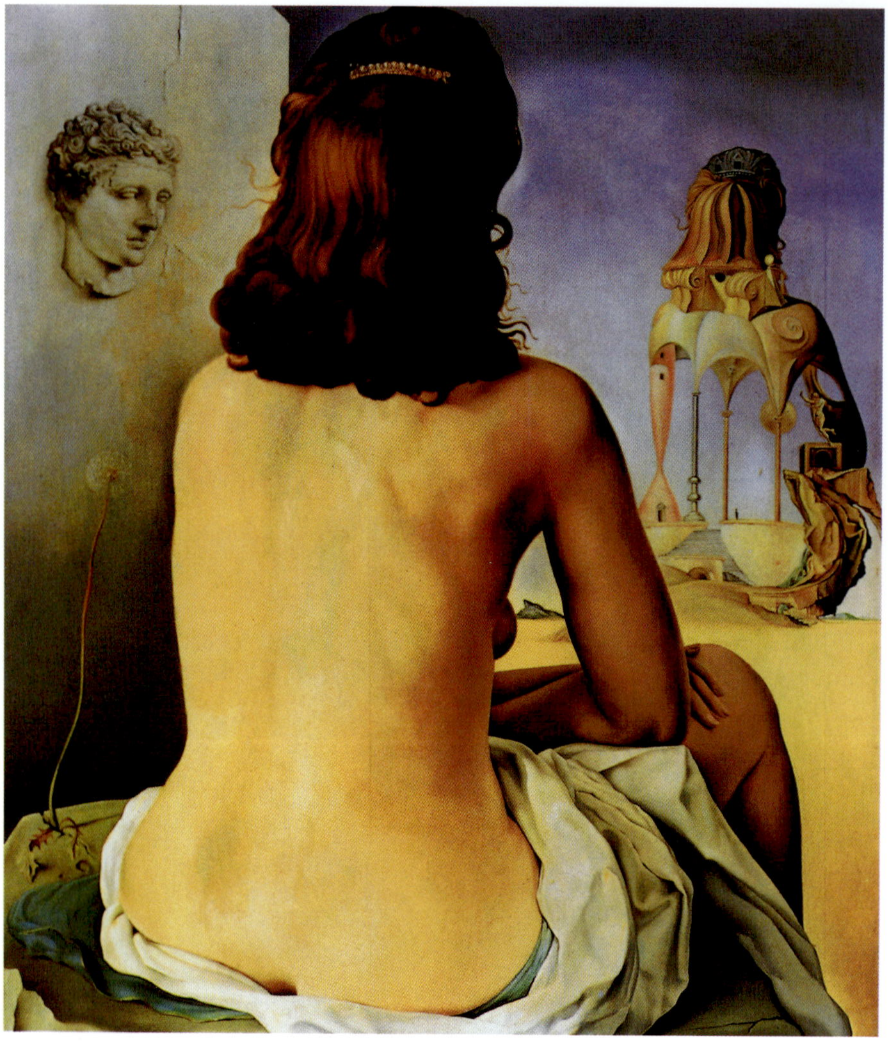

857

856 **Zonder titel. Illustratie voor het boek 'De 50 magische geheimen', verschenen in 1948 bij Dial Press in New York**, 1947 △

857 **Mijn vrouw, naakt, die haar eigen vlees gadeslaat dat verandert in trappen, drie wervels van een zuil, hemel en architectuur**, 1945 ❑
Ma femme, nue, regardant son propre corps devenir marches, trois vertèbres d'une colonne, ciel et architecture

ze er toch zo van overtuigd zijn de eersten te zijn die belangstelling hebben voor dit soort anonieme en eenvoudige dingen.

Als gevolg van verschillende oponthouden in de VS en zijn gedachten betreffende de Amerikaanse dynamiek, gesymboliseerd door de twee footballspelers in zijn schilderij, voelt Dalí de noodzaak de volgende verklaring te geven: "Waarvan het Amerikaanse volk het meest houdt, is ten eerste bloed – u hebt vast allemaal grote Amerikaanse films gezien, vooral de historische; steeds weer zijn er scènes waarin de held op de meest sadistische wijze wordt geslagen en waar men ware bloedorgieën bijwoont! Ten tweede de weke uurwerken. Waarom? Omdat Amerikanen voortdurend op hun horloge kijken. Ze hebben steeds vreselijke haast en hun horloges zijn verschrikkelijk streng, hard en mechanisch. Dus op de dag dat Dalí zijn eerste weke uurwerk schilderde, was dat een succes! Omdat dit verschrikkelijke voorwerp, dat elk moment de onontkoombare loop van het leven van de Amerikanen bepaalde en hen deed denken aan vreselijke dingen, plotseling even week werd als een rijpe camembert die begint te lopen. Een andere grote passie van het Amerikaanse volk is toe te kijken bij de vernietiging van kleine kinderen. Waarom? Omdat het afslachten van onschuldigen –aldus de grote psychologen uit de VS– het favoriete thema is, dat in de diepte van hun onderbewuste ligt; want het kind is hen steeds dermate tot last dat hun libido zich zelfs zo ver projecteert dat het de oneindige oppervlakte van hun dromen vult.

858 **Studie voor 'Galarina'**, 1943 △

859 **Drie gezichten van Gala als verschijning op de rotsen**, 1945 ❑
Trois visages de Gala apparaissant sur des rochers

860 **Portret van Gala. Studie voor 'Galarina'**, rond 1941 △
Portrait de Gala

861 **Dalí schildert 'Galarina' bij Caresse Crosby**, 1944 ✗

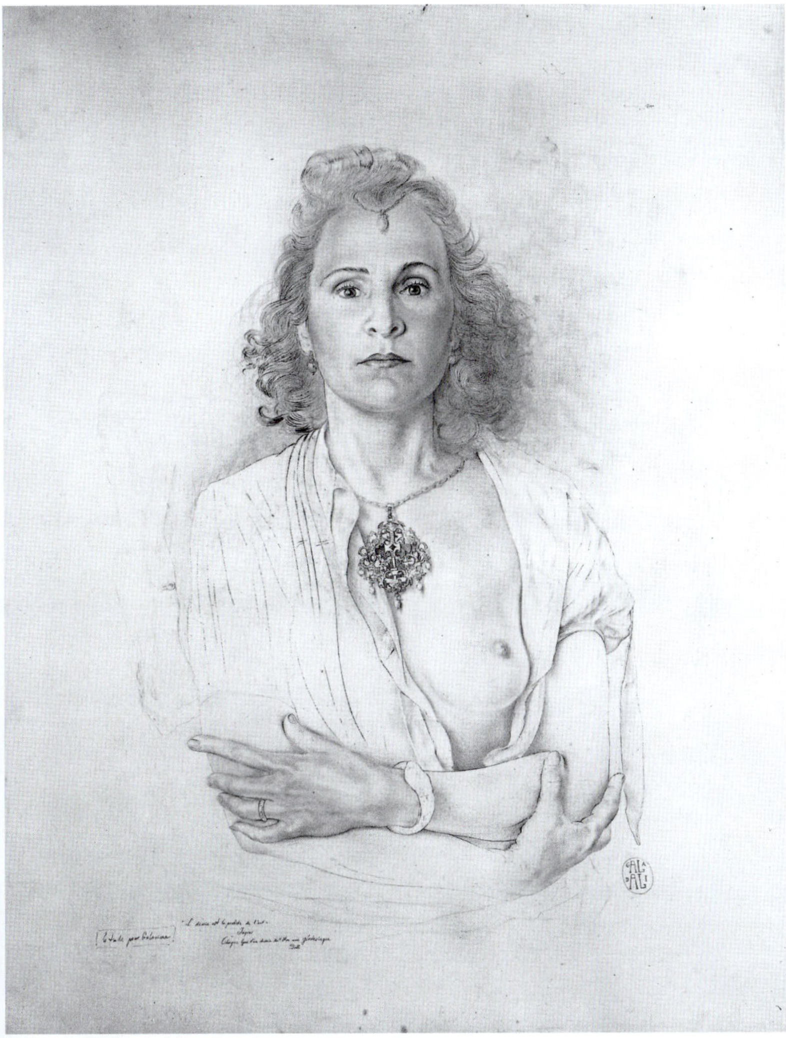

858

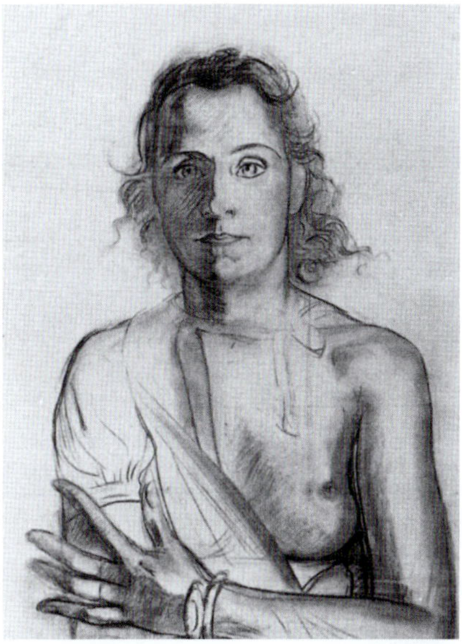

860

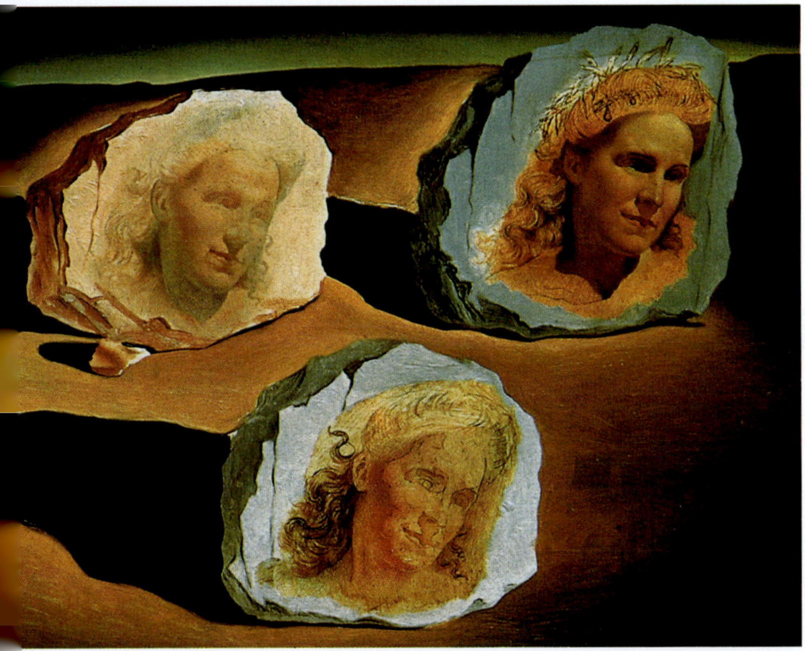

859

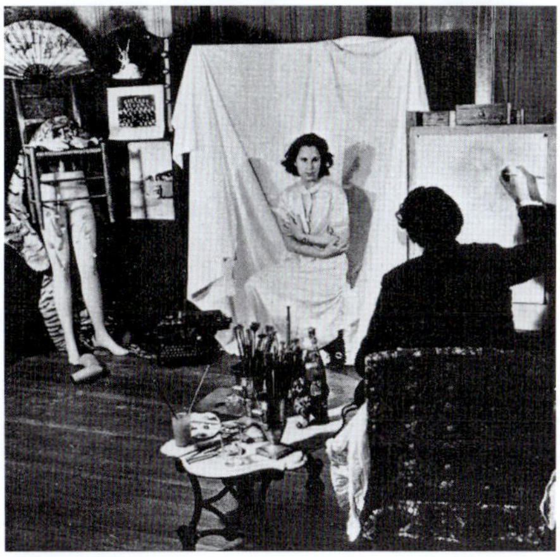

861

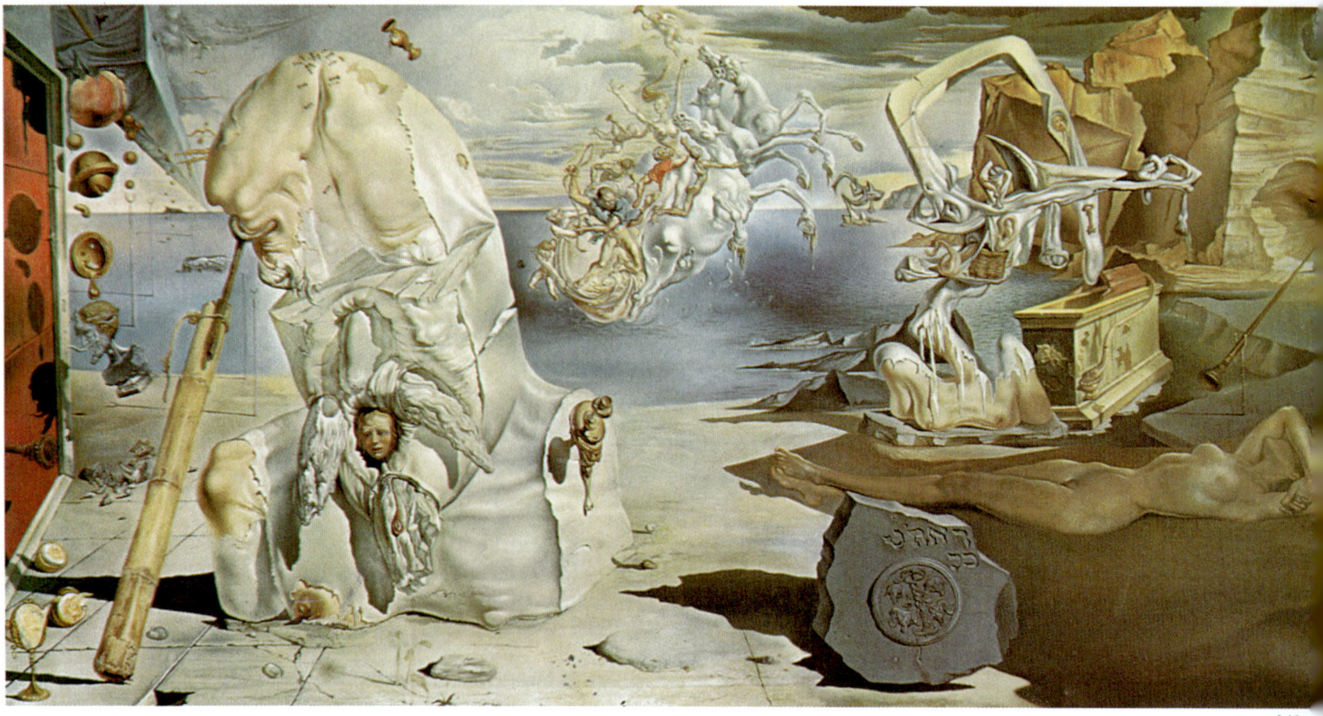

862

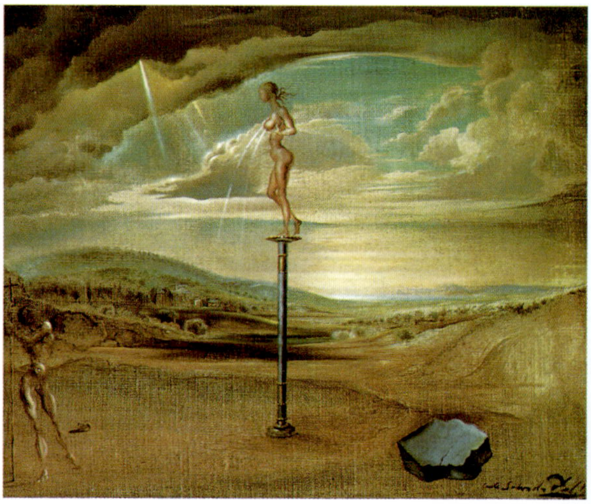

864

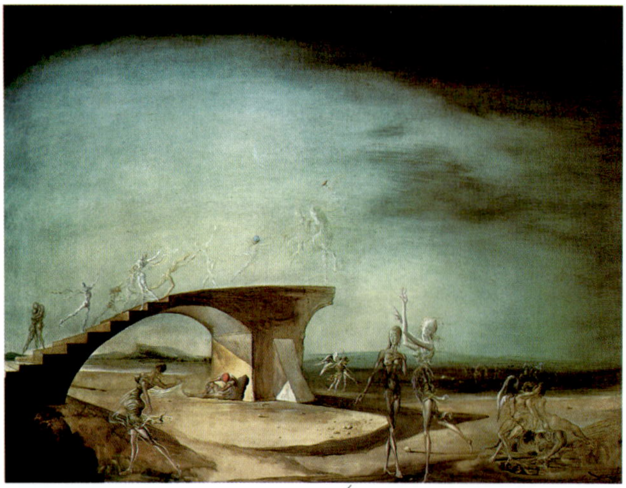

863

862 **De apotheose van Homerus**, 1944-1945 ❑
L'apothéose d'Homère

863 **De afgebroken brug van de droom**, 1945 ❑
Le pont brisé du rêve (The Broken Bridge of the Dream)

864 **Melkfontein die zinloos op drie schoenen stroomt**, 1945 ❑
Fontaine de lait coulant en vain sur trois souliers (Fountain of Milk Spreading itself Uselessly on Three Shoes)

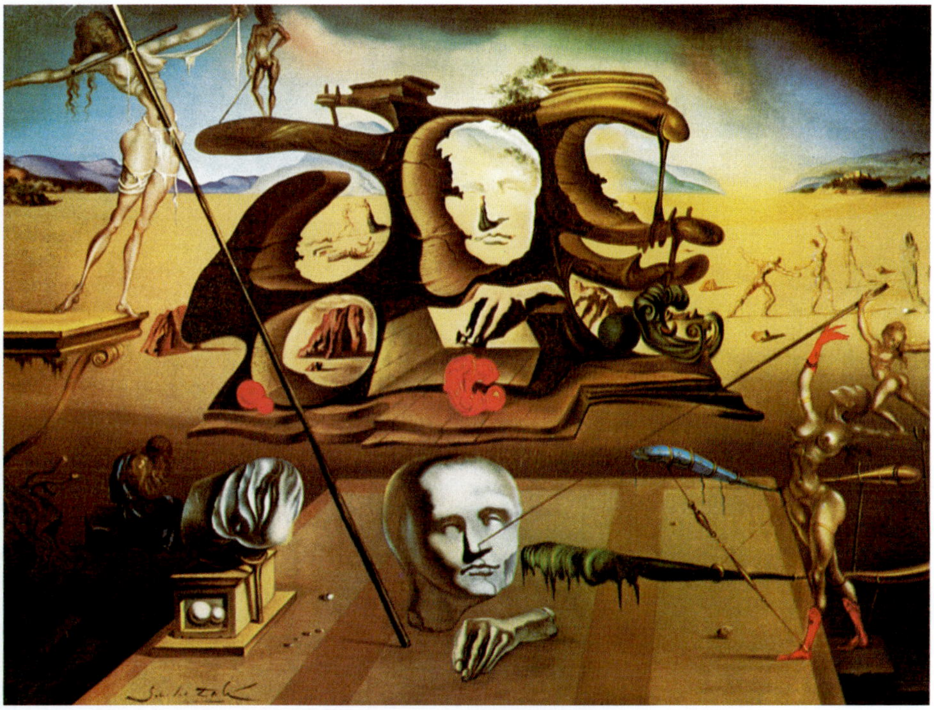
865

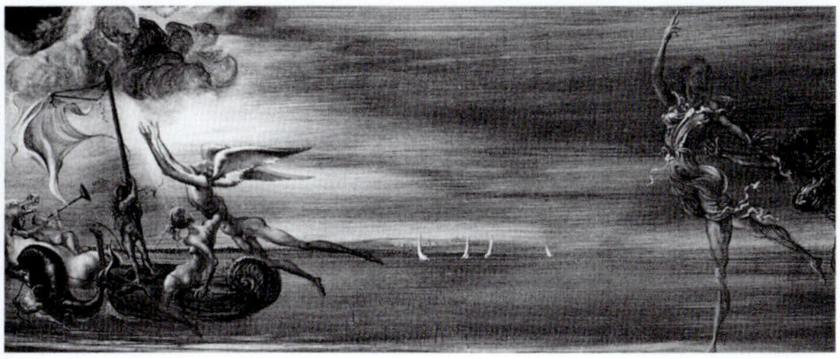
866

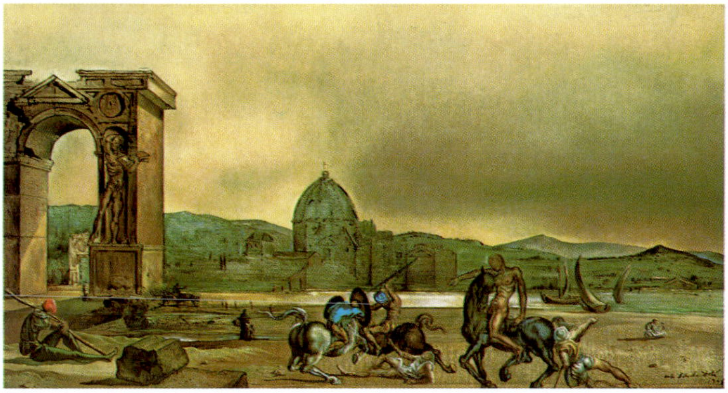
867

865 **Napoleons neus, veranderd in een zwangere vrouw die melancholiek met haar schaduw gaat wandelen tussen de originele ruïnes**, 1945 ❑
Nez de Napoléon transformé en femme enceinte promenant son ombre avec mélancolie parmi des ruines originales

866 **Zonder titel – Tafereel met zee-allegorie**, 1945 ❑
Sans titre – Scène avec allégorie marine

867 **Herfstsonate**, 1945 ❑
Sonate d'automne

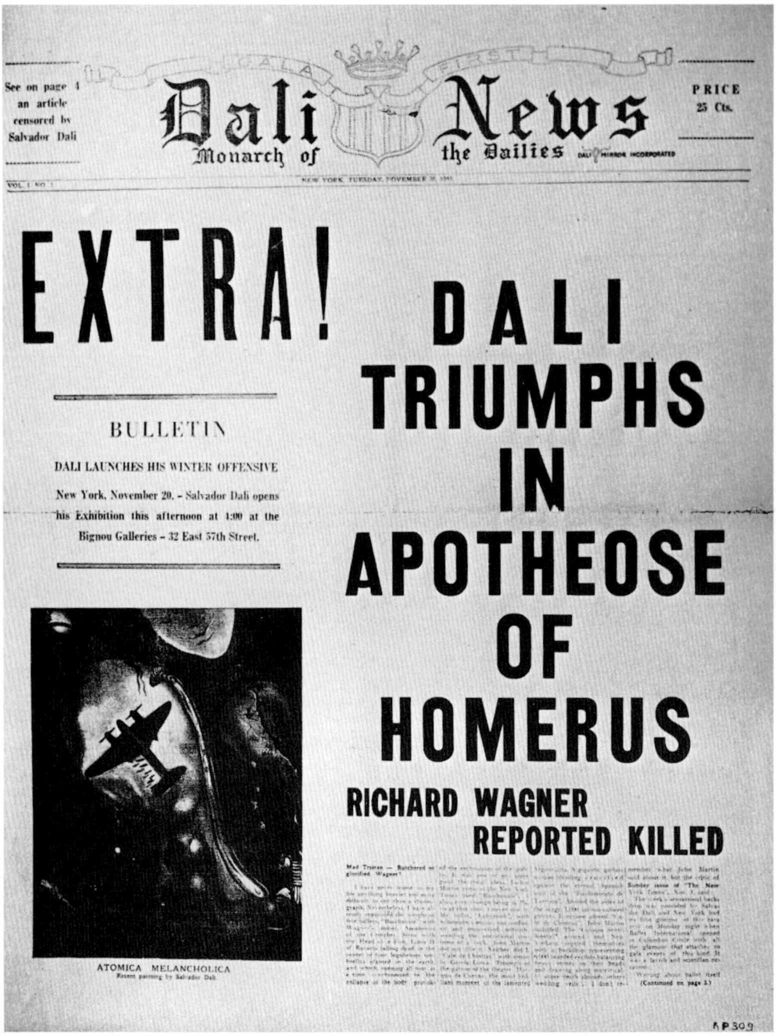
See on page 4 an article censored by Salvador Dali

Dali News
Monarch of the Dailies

PRICE 25 Cts.

EXTRA!

BULLETIN

DALI LAUNCHES HIS WINTER OFFENSIVE

New York, November 20. - Salvador Dali opens his Exhibition this afternoon at 4:00 at the Bignou Galleries - 32 East 57th Street.

ATOMICA MELANCHOLICA
Recent painting by Salvador Dali

DALI TRIUMPHS IN APOTHEOSE OF HOMERUS

RICHARD WAGNER REPORTED KILLED

(Continued on page 3)

868

Als de Amerikanen houden van de slachting van kinderen en van weke uurwerken, die lopen als een echte Franse camembert, dan ligt dat daaraan dat ze het meest houden van de 'bruidsschat' of de informatiepunten die de discontinuïteit van de materie symboliseren. Daarom bestaat de hele moderne Pop-Art uit dat soort 'informatie-bruidsschatten'."

Dit afdrijven van de het onbewuste naar het bewuste, die moeite aan je tijd te 'plakken' en alles wetenschappelijk te verklaren –een proces dat je in hoge mate surrealistisch kunt noemen, omdat uiteindelijk alles wat Dalí vooral en meer dan vroeger interesseert, datgene is wat hij niet kan begrijpen–, markeert duidelijk het keerpunt waarop Dalí zich, misschien door zijn contact met de Amerikaanse 'realiteiten', bevindt. Dat is het gevolg van een consequente ontwikkeling. Zelfs de officiële kritiek is zich daarvan bewust, en het stelt haar voor een nieuw probleem, dat ze maar moeilijk kan oplossen en waarop ze antwoordt met haar gebruikelijke stereotypen.

Maar de critici hebben een excuus, aangezien zelfs Breton, vervuld van wrok, tot dezelfde conclusie komt. Een artikel in 'Art News' van januari 1942 vat het idee behoorlijk goed samen: "Dalí's techniek sinds de precieze weergave in *De broodmand* uit 1926 (blz. 113) tot het doek met de titel *Twee stukken brood drukken het gevoel van liefde uit* (blz. 334) is zeer academisch, vergelijkbaar in tech-

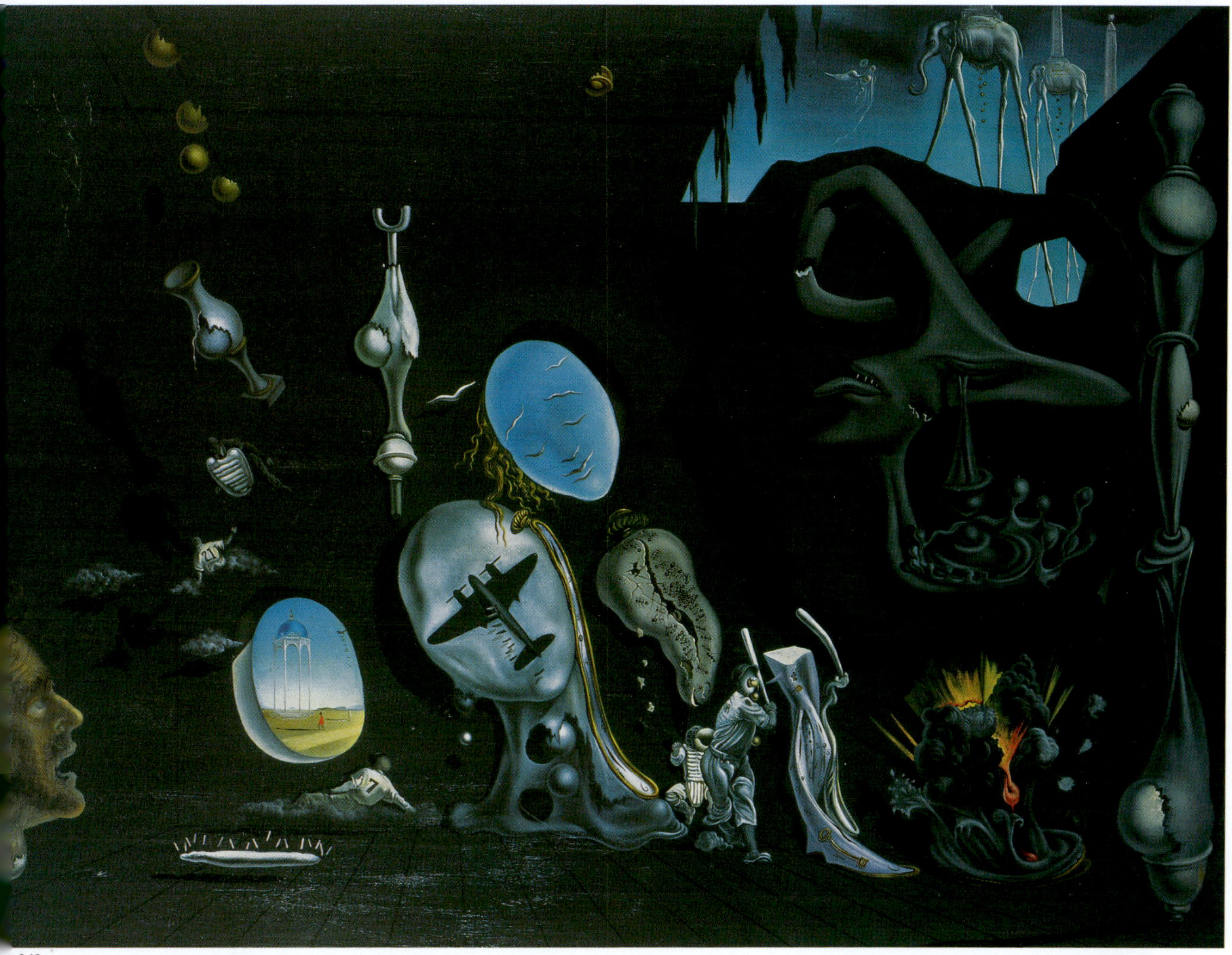

869

niek, maar versierd met surrealistische details. Op 38-jarige leeftijd (hij is elf jaar jonger dan Miró) beheerst Dalí ongetwijfeld even goed als iedere andere levende kunstenaar zijn métier, waaraan hij een grotere waarde toeschrijft dan de complexe surrealistische ideologie en de mismaakten van Barnum. Onlangs heeft hij zijn gladde oppervlakken, die hij had afgekeken van de Renaissance, opgegeven en is hij via Böcklin teruggekeerd tot de maniëristen, van wie hij de zachte vormen en het dikke verfgebruik heeft overgenomen, wat hem in staat stelt zichzelf 'klassiek' te noemen. Het is, zoals James Thrall Soby in zijn bijdrage aan de tentoonstellingscatalogus suggereert, niet uitgesloten dat Dalí van nu af aan meer aandacht heeft voor het bewuste dan voor het onbewuste. Als dat echt zo is, kan niets hem er meer van weerhouden de grootste academische schilder van de 20e eeuw te worden."

De ontwikkeling laat zien dat Dalí meer dan ooit trouw blijft aan zijn methode om de alledaagse elementen een epische dimensie te verlenen –waarvoor het stilleven *Twee stukken brood drukken het gevoel van liefde uit* (blz. 334), dat is versierd met enkele broodkruimels en een pion uit een schaakspel, een opmerkelijk voorbeeld is–, een methode waarnaar de academische schilders tevergeefs streven. Hij schildert het doek in het voorjaar van 1940 in Arcachon. Met de hem eigen humor vertelt Dalí over de "inmenging –in anekdotisch opzicht– van Mar-

868 **Titelpagina van het eerste nummer van 'Dalí News', dat verscheen op 20 november 1945 naar aanleiding van de expositie in de Bignou Gallery. De afbeelding is een detail uit 'Melancholieke atoom- en uranium-idylle'** ☆

869 **Melancholieke atoom- en uranium-idylle,** 1945 ❑
Idylle atomique et uranique mélancolique

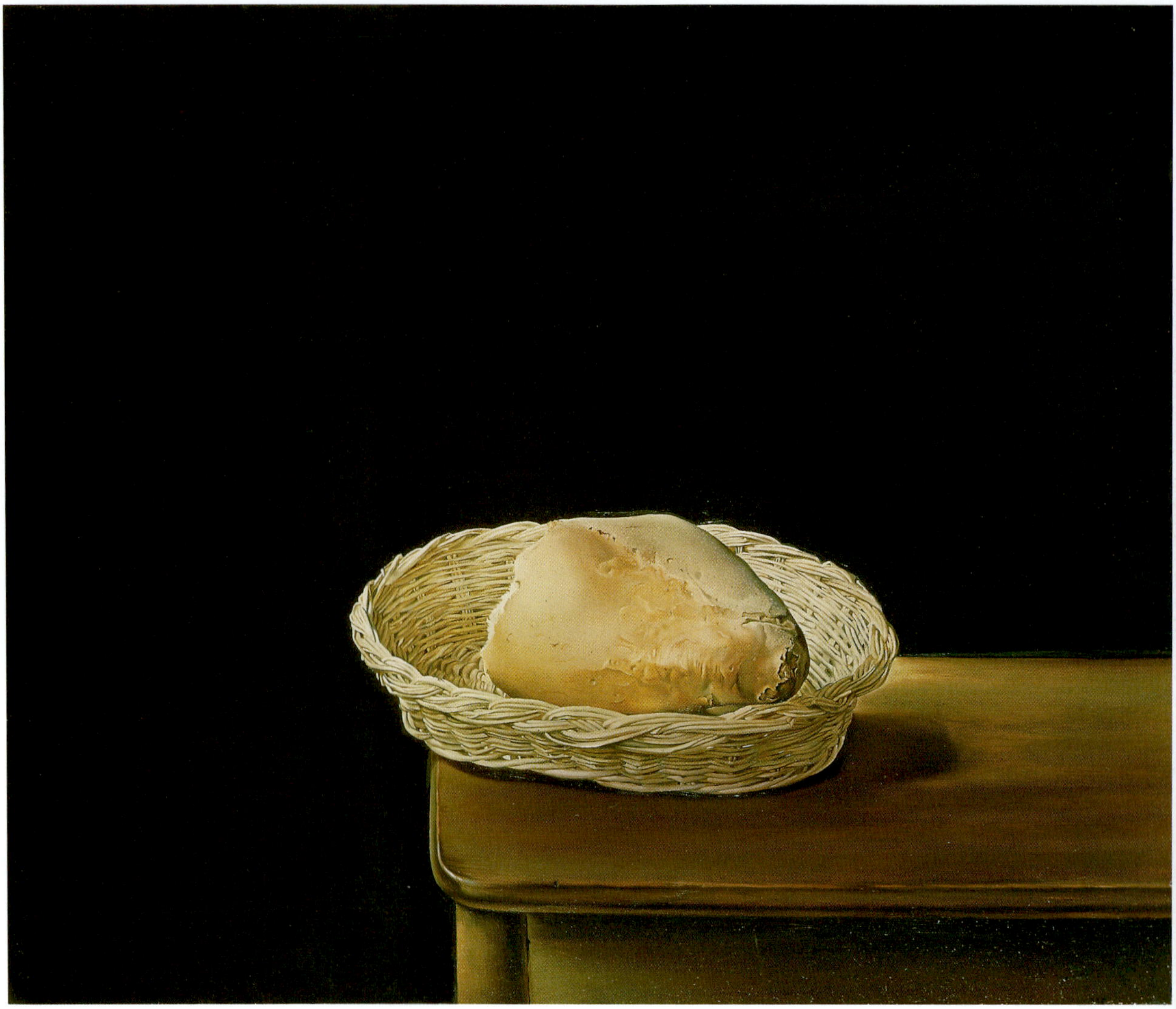

870

1945

870 **De broodmand – Liever de dood dan de schande**, 1945 ❑
Corbeille de pain – Plutôt la mort que la souillure

871 **Herrijzenis van het vlees**, 1940-1945 ❑
Résurrection de la chair (Resurrection of the Flesh)

cel Duchamp in dit doek: Gala en hij speelden elke middag schaak, terwijl ik gelijktijdig de stukken brood schilderde. Ik probeerde een zeer glad oppervlak te maken, waarop de oneffen boordkruimels moesten liggen. Vaak lagen er dingen op de grond, zoals pionnen van het schaakspel. Op een dag bleef er een liggen in het midden van mijn model voor het stilleven, in plaats van weer terug naar zijn doos te gaan. Daarna moesten de twee een andere pion zoeken om hun partij voort te zetten, want ik had hem gebruikt en wilde niet dat ze hem weer wegnamen."

De afbeeldingen van brood nemen een belangrijke plaats in in Dalí's werk, "die niet weet wat hij maakt, maar die weet wat hij eet"; dat geldt evenzeer voor zijn schilderkunst als voor zijn objecten, bijvoorbeeld *Retrospectieve vrouwenbuste* (blz. 139). Dalí heeft zelf een verklaring voor de voortdurende aanwezigheid van brood in zijn werk gegeven; hij schrijft naar aanleiding van een van zijn doeken uit 1945 –*De broodmand* (blz. 386)– in de catalogus van een expositie in galerie Bignou in New York: "Mijn doel was de verloren techniek van de klassieken te hervinden en te komen tot de onbeweeglijkheid van het voor-explosieve ob-

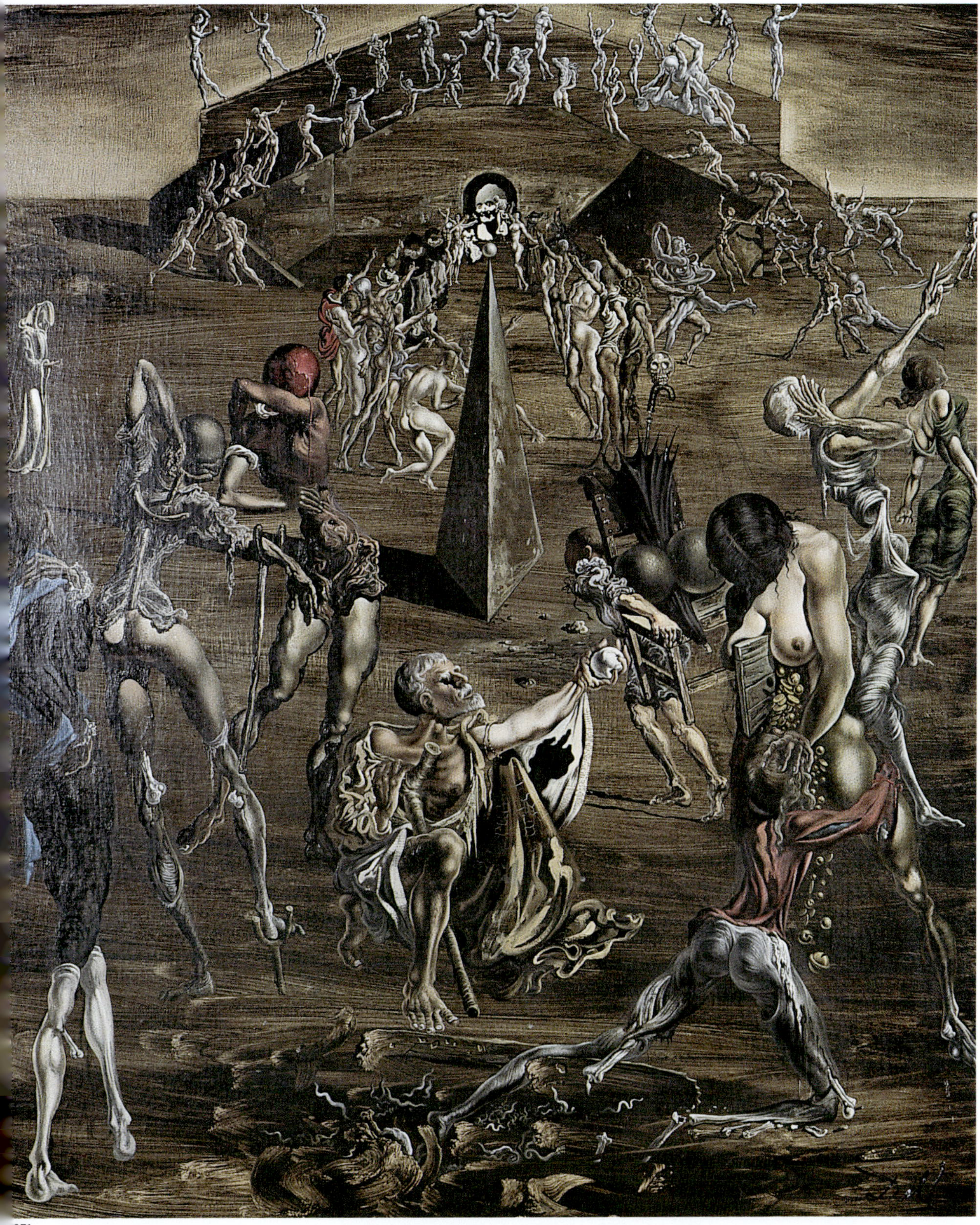

871

1945–1946

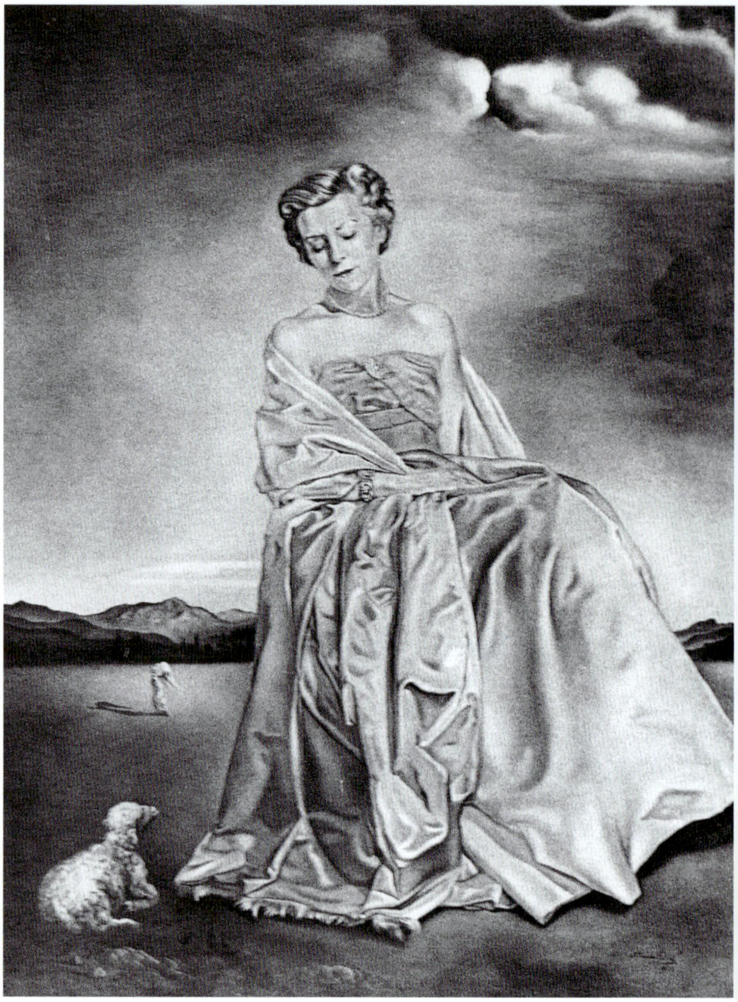

872

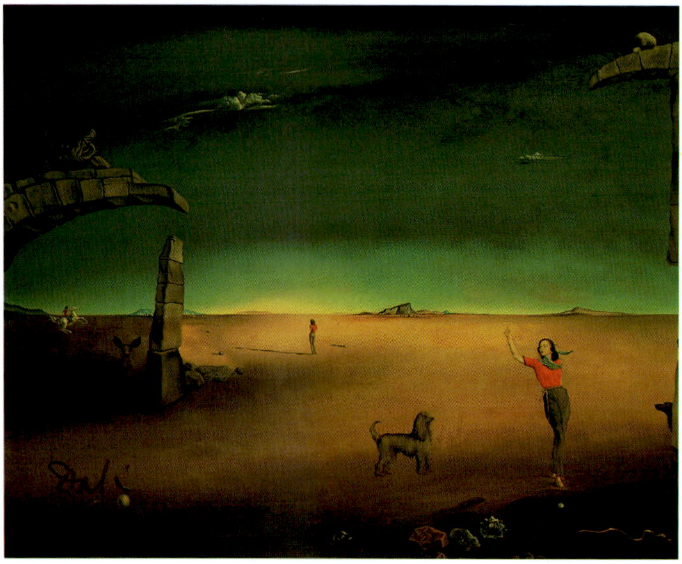

873

872 **Zonder titel – Portret van een vrouw**, 1945 ❑
Sans titre – Portrait de femme

873 **Compositie – Portret van Madame Eva Kolsman**, 1946 ❑
Composition – Portrait de Madame Eva Kolsman

874 **Portret van Mrs. Isabel Styler-Tas**, 1945 ❑
Portrait de Mrs. Isabel Styler-Tas

875 **Studie voor 'Portret van Mrs. Isabel Styler-Tas'**, 1945 △

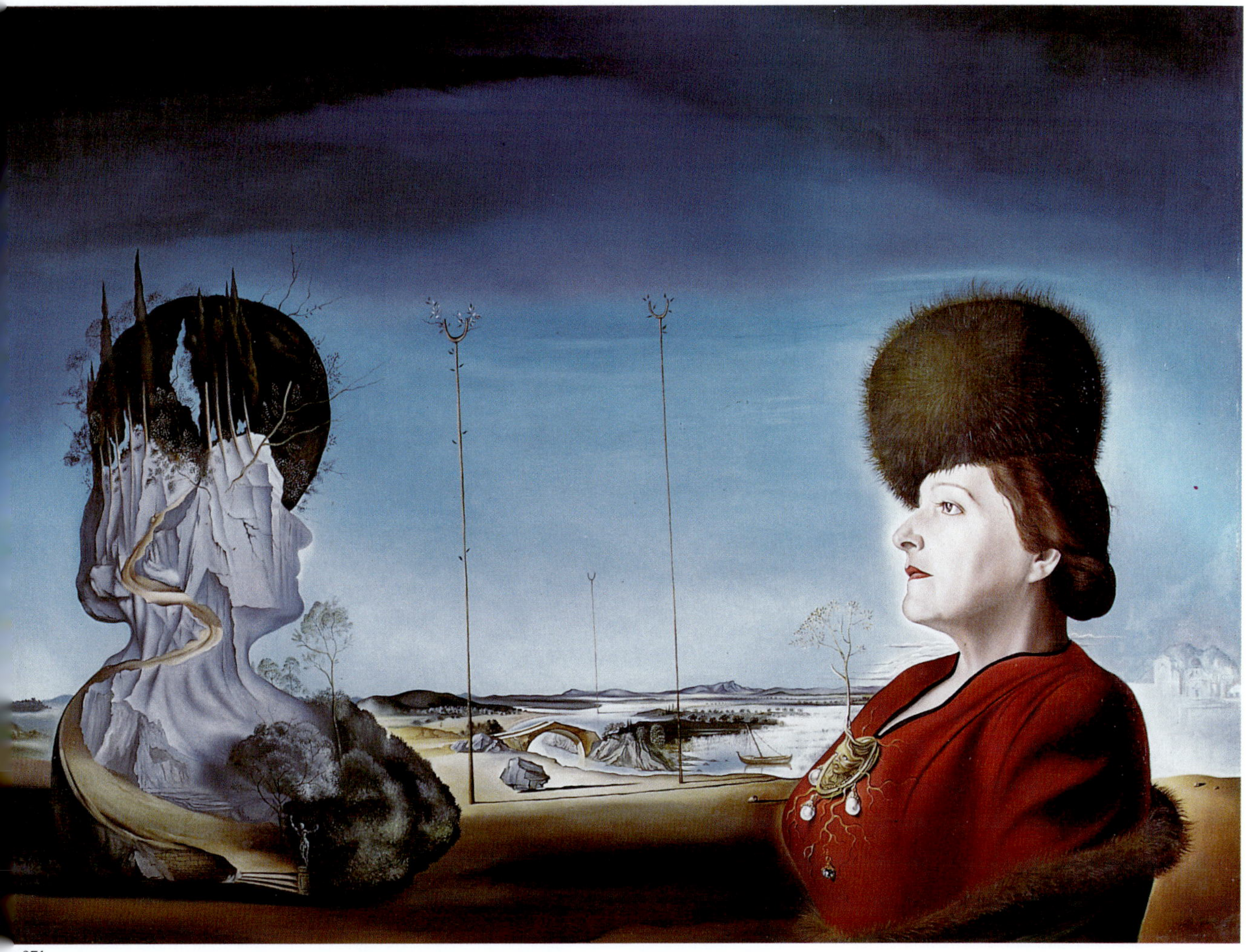

874

ject. Brood was altijd een van de oudste fetisjen en obsessies in mijn werk, de eerste waaraan ik trouw ben gebleven. Ik heb hetzelfde thema *De broodmand* (blz. 113) negentien jaar geleden geschilderd. Als je de twee doeken nauwkeurig vergelijkt, vind je er de hele geschiedenis van de schilderkunst in terug, van de lineaire charme van het Primitivisme tot het driedimensionale Hyperestheticisme."

Ook mogen we niet vergeten dat "de twee machtigste motoren die het artistieke en supergevoelige brein van Salvador Dalí aandrijven, het libido (de seksuele drift) en de angst voor de dood zijn". Hierbij gaat het niet alleen om een echte constante tot aan de dood van de kunstenaar, maar ook om de weerspiegeling van een o zo verwarrende tijd. "Er vergaat geen minuut van mijn leven zonder dat het subliem katholieke, apostolische en Roomse spook van de dood me begeleidt in de scherpzinningste en eigenzinnigste invallen", herhaalt hij voortdurend.

Gezicht van de oorlog (blz. 336) schildert Dalí eind 1940 in Californië. De afschuwelijke gedaante van de oorlog, waarvan de ogen zijn gevuld met de oneindige dood, lijkt eerder een herinnering aan de Spaanse Burgeroorlog dan een reactie op de Tweede Wereldoorlog, die op dat moment nog geen gruwelijke beelden had opgeleverd waarvan Dalí onder de indruk kon geraken. De Catalaan schrijft zelf in 'Het geheime leven': "Voor mij begon een fase van ascetische

Vervolg op blz. 395

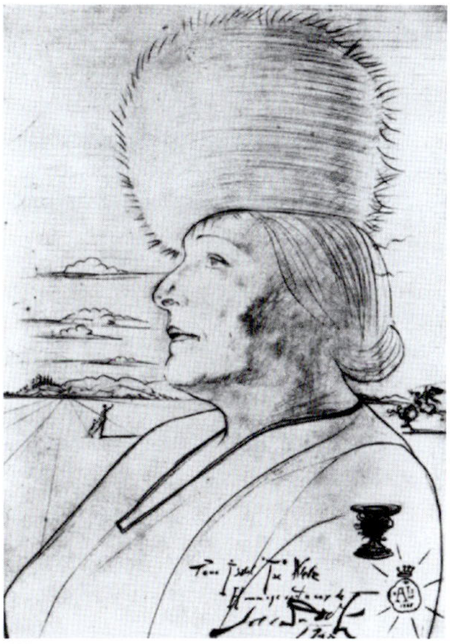

875

1944–1945

876 Voor zijn Film 'Spellbound', waarin psychoanalytische motieven zijn verwerkt, wilde Hitchcock voor de freudiaanse droomscènes per se met Dalí samenwerken. David O. Selznick maakte de samenwerking mogelijk. "Ik

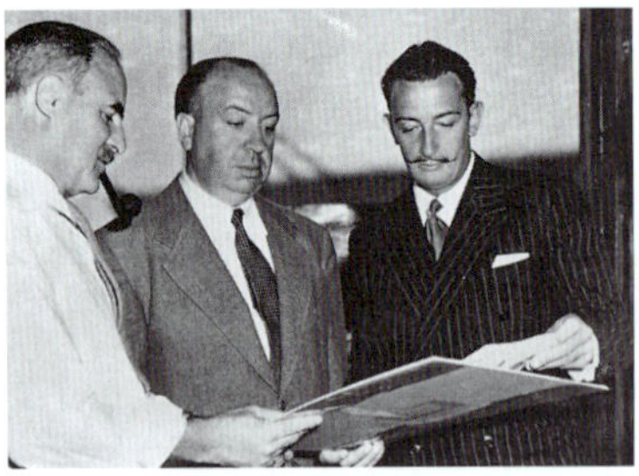

876

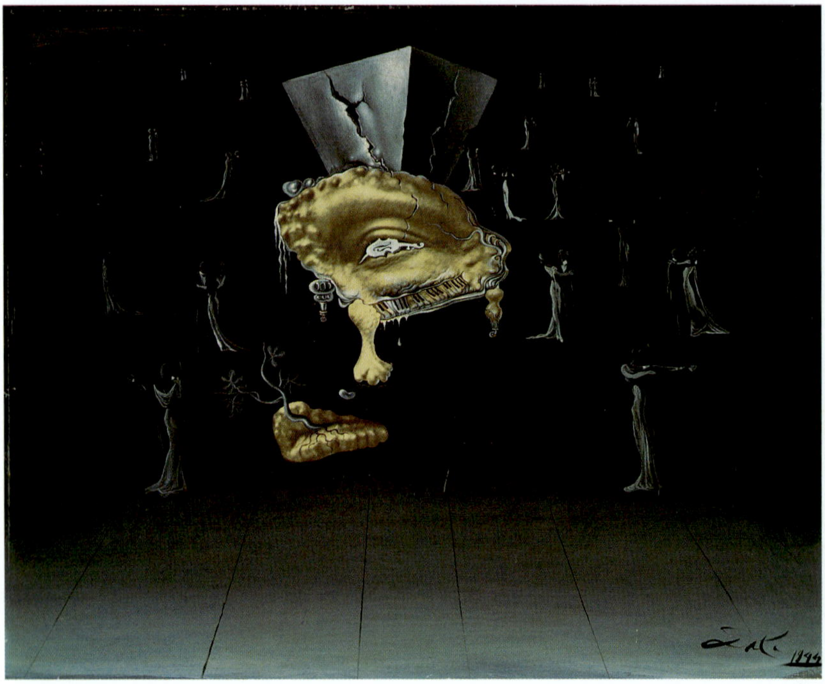

879

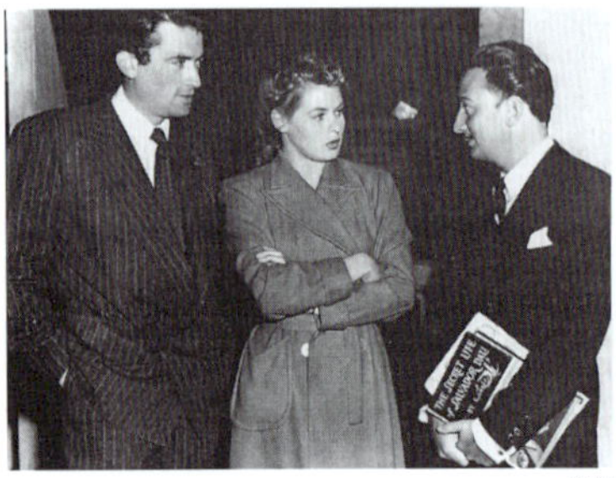

877

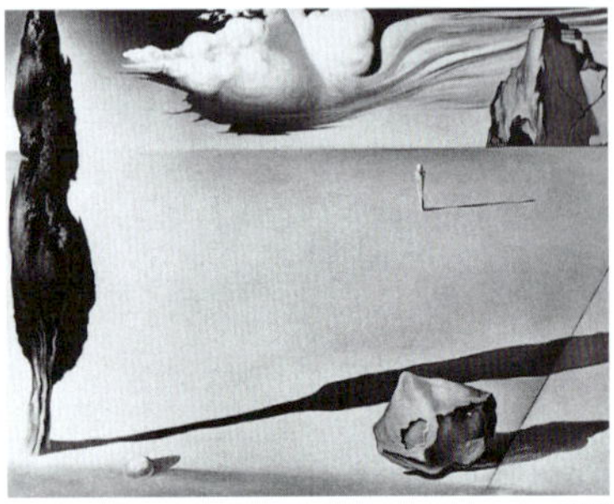

878

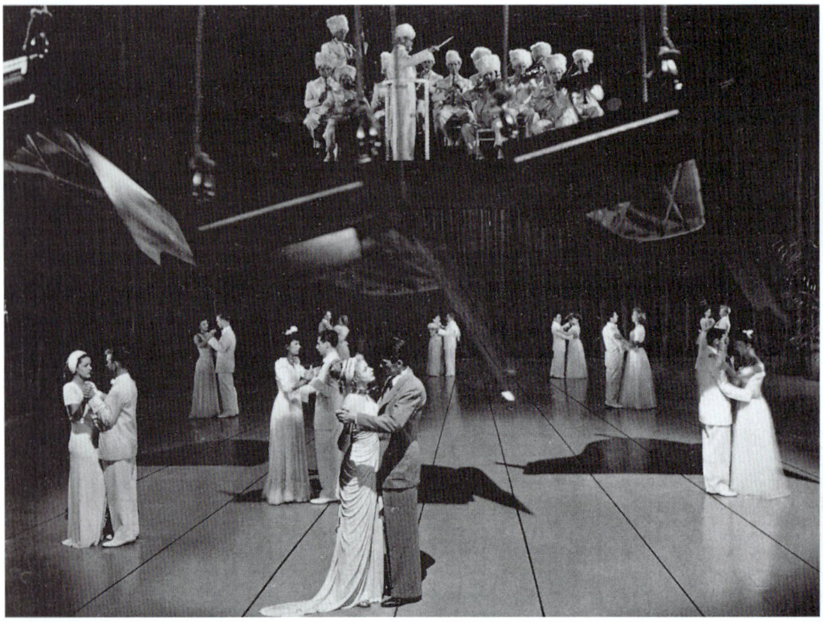

880

had ook de Chirico of Max Ernst kunnen kiezen," zei hij, "maar niemand is zo vindingrijk en extravagant als Dalí." Foto: Dalí met Hitchcock, 1945 ✗

877 Foto: Dalí met Gregory Peck en Ingrid Bergmann, 1945 ✗

878 Decorontwerp voor de film 'Spellbound', 1945 ❑

879 Zonder titel – Ontwerp voor het bal in de droomscène in 'Spellbound', 1944 ❑

880 De balscène zoals Hitchcock haar filmde, 1945 ✗

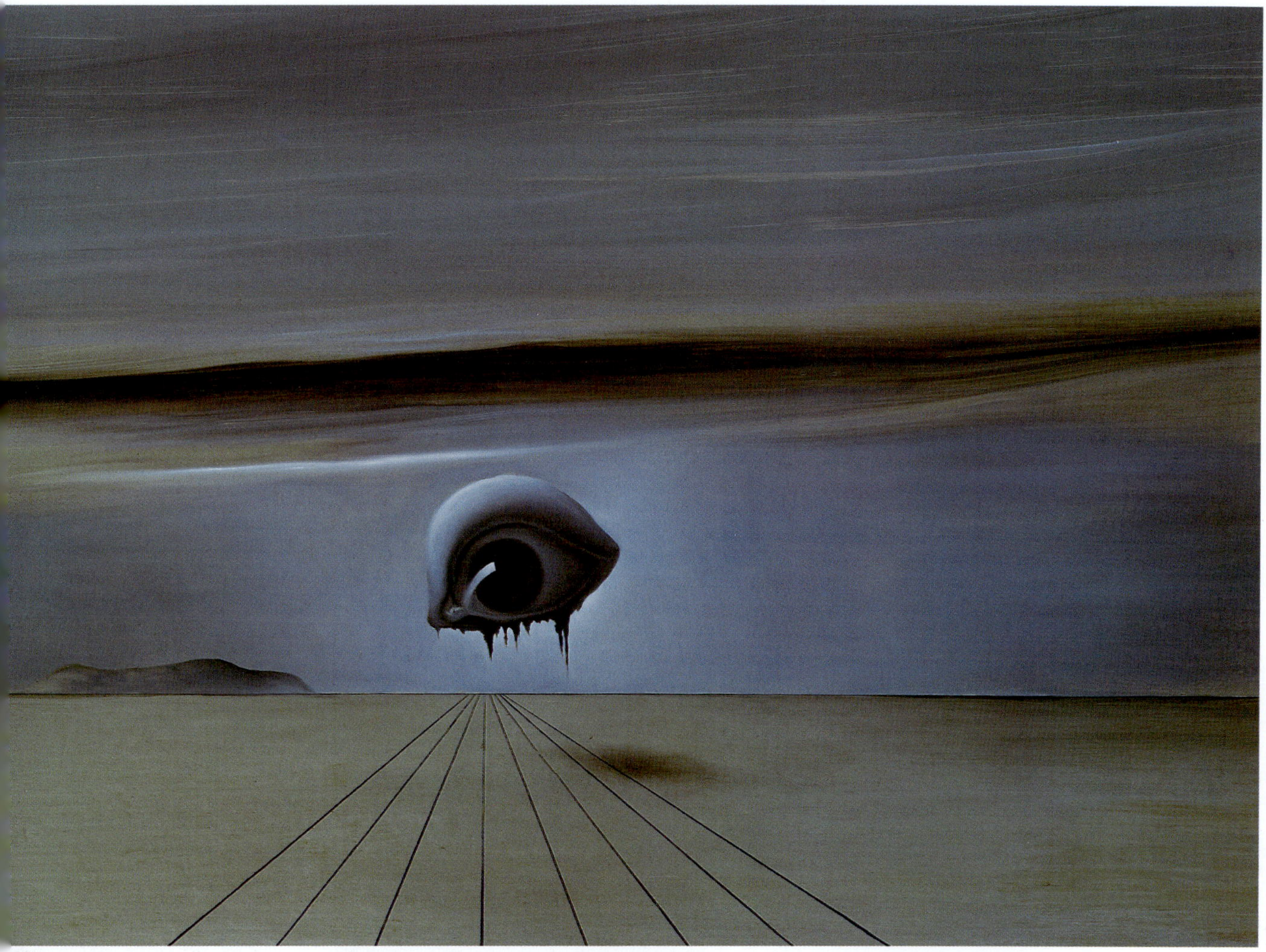

881

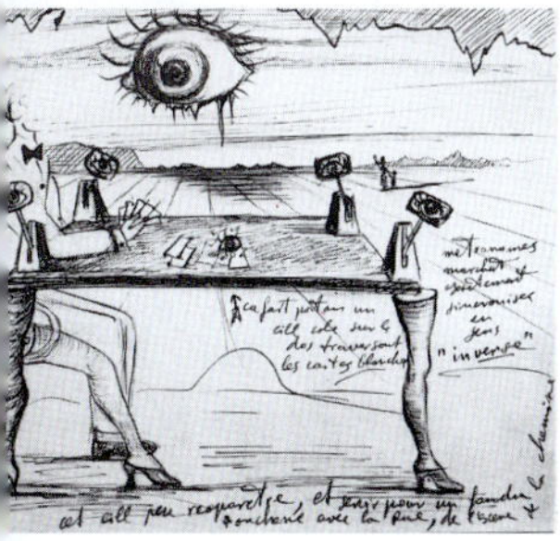

882

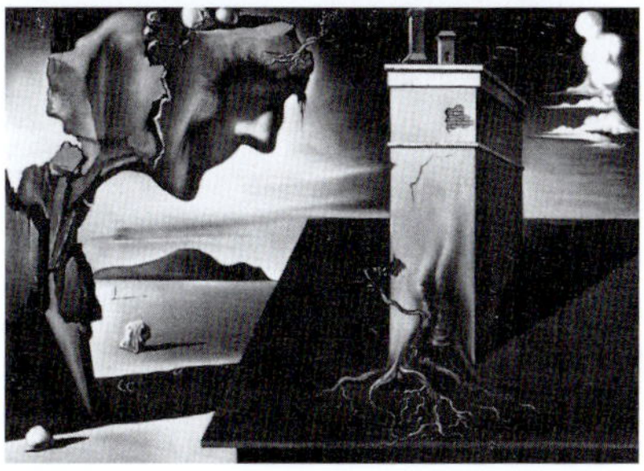

883

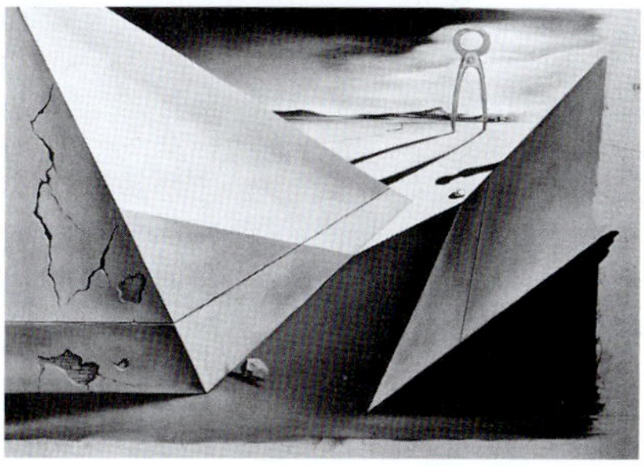

884

881 Het oog – Ontwerp voor 'Spellbound', 1945 ⌋

882 Tekening voor 'Spellbound', 1945 △

883 Spellbound, rond 1945 ⌋

884 Studie voor de droomscène in 'Spellbound', rond 1945 ⌋

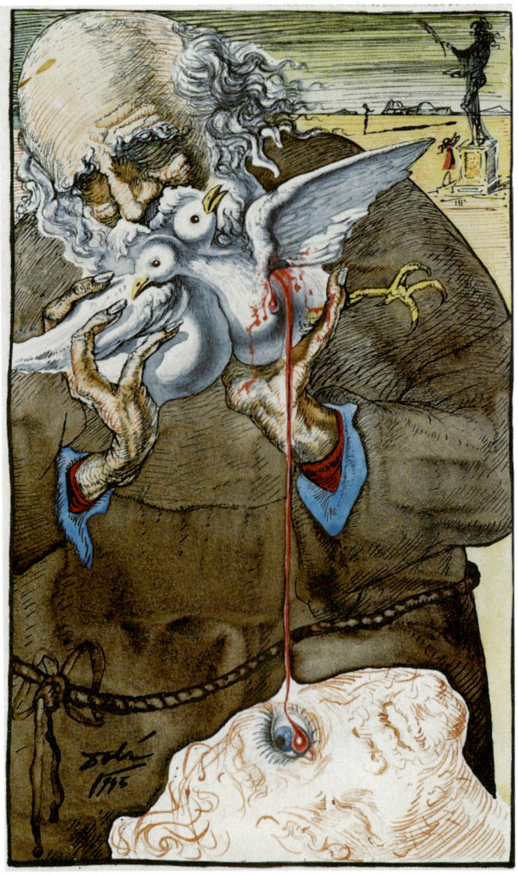

885

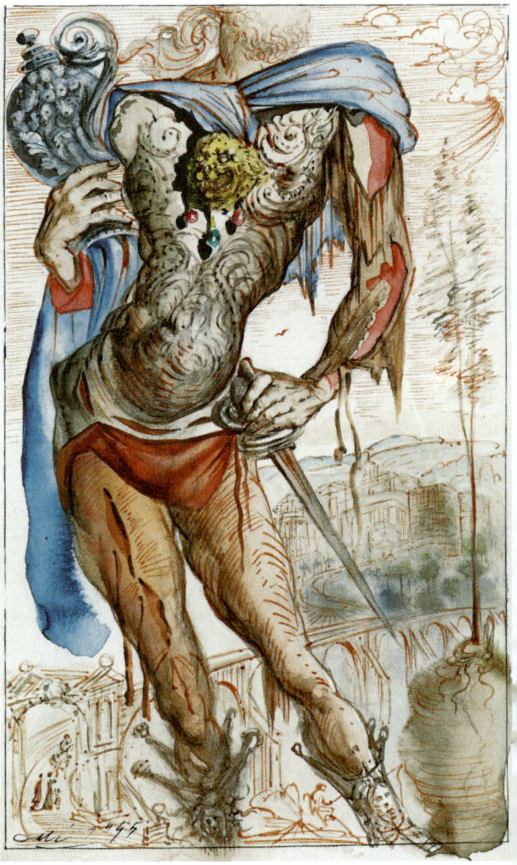

886

885 Illustratie voor 'De autobiografie van Benvenuto Cellini', 1945 △

886 Illustratie voor 'De autobiografie van Benvenuto Cellini', 1945 △

887 Ontwerp voor de Disney-film 'Destino', 1946-1947 △

888 Dubbelschilderij voor de Disney-film 'Destino', 1946 ❑

889 Geïnspireerd door het succes van de droomscène in 'Spellbound', stelde Walt Disney Dalí voor een zes minuten durende tekenfilm te maken: 'Destino'. Die beeldenreeks moest worden vertoond in een nieuwe film die leek op 'Fantasia' (1941). De film werd nooit gemaakt. Hier: Dalí en Disney in Californië, 1947 ☆

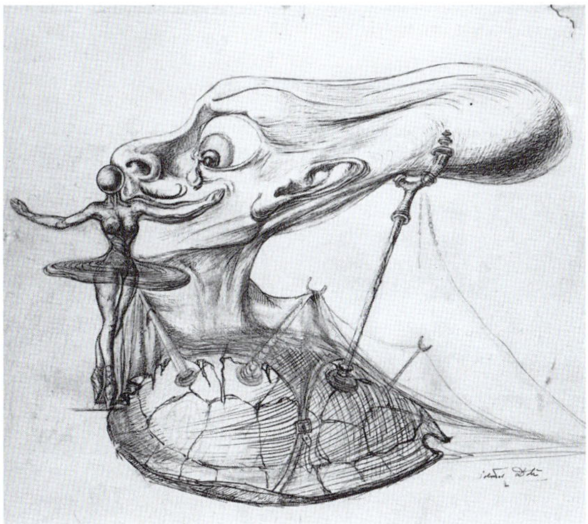

887

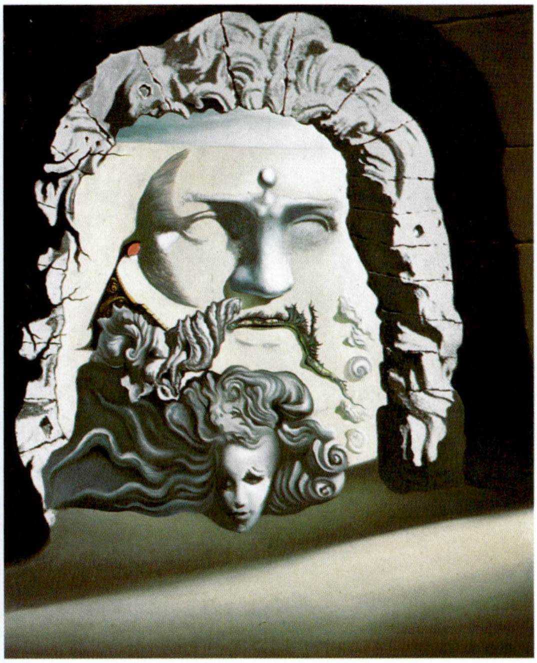

888

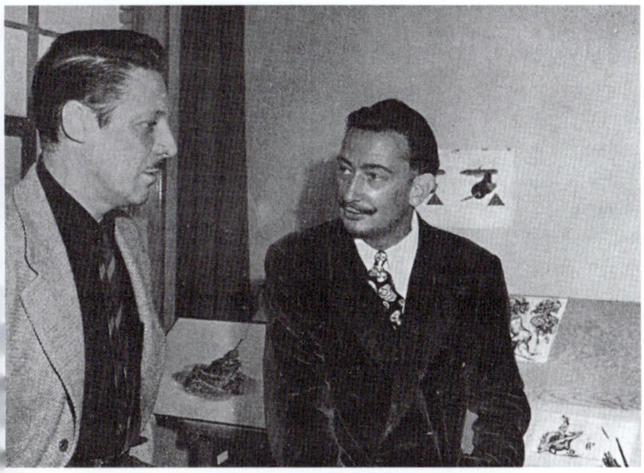

889

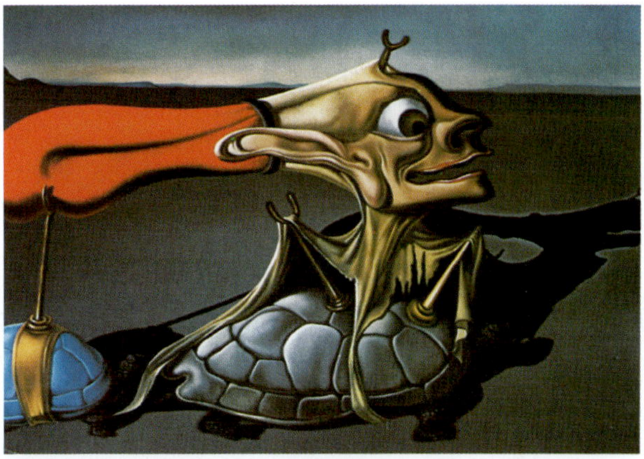

890

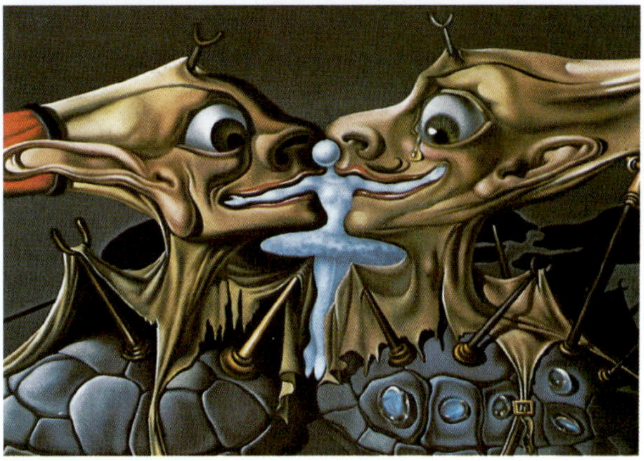

891

890-891 **Ontwerpen voor de Disney-film 'Destino'**, 1947 △

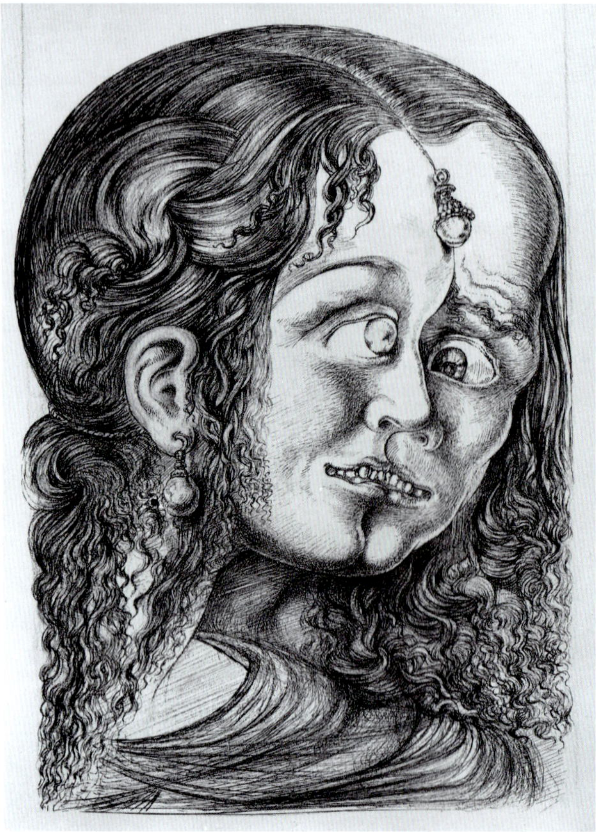

892

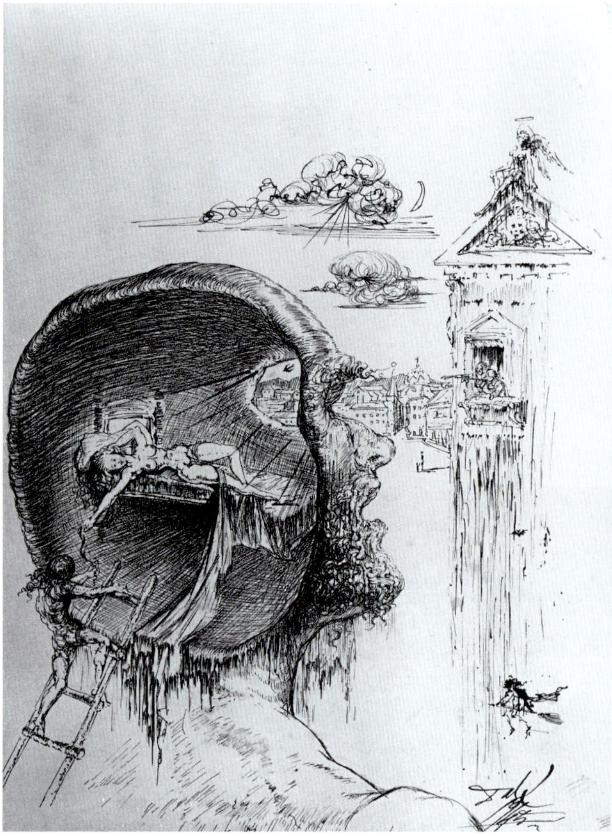

893

892 **Een van de dertien illustraties bij 'Macbeth' van Shakespeare. Deze uitgave verscheen in 1946 bij Doubleday, New York**, 1946 △

893 **Illustratie voor 'De autobiografie van Benvenuto Cellini'**, 1945 △

894 **Don Quichotte en de windmolens. Illustraties voor het boek dat in 1946 bij Random House in New York verscheen**, 1945 △
Don Quichotte et les moulins à vent

895 **Kerstmis. Omslagontwerp voor 'Vogue' (VS)**, 1946 ❑
Noël – Christmas

896 **Dalí's omslag voor het kerstnummer van 'Vogue' (VS)**, 1946 ⁂

897 **Woestijntrilogie – Bloem in de woestijn. Een doek van Dalí voor de introductie van het parfum 'Desert Flower'**, 1946 ❑
Trilogie du désert – Fleur dans le désert

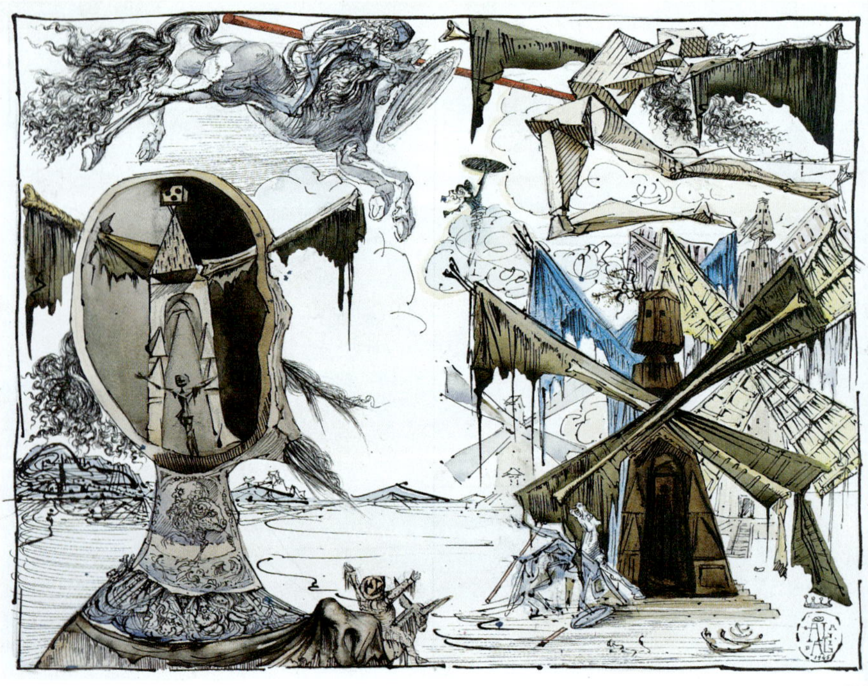

894

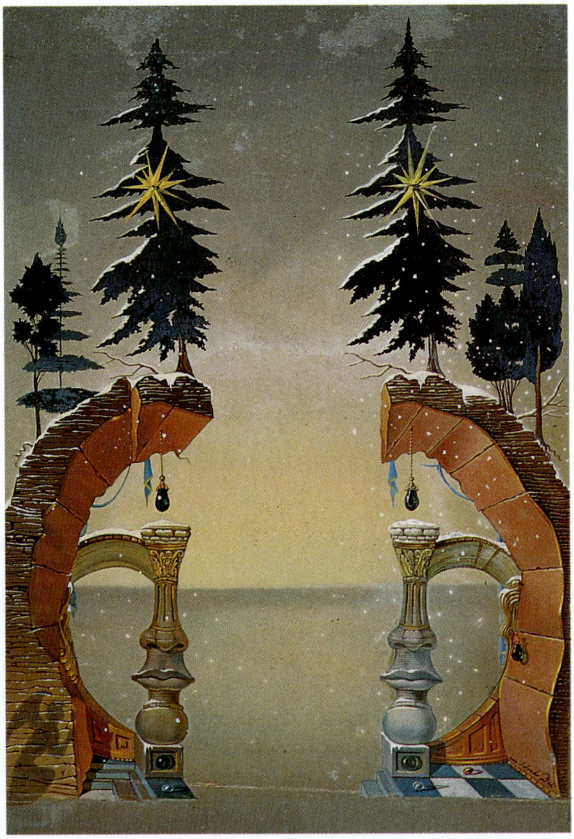

895

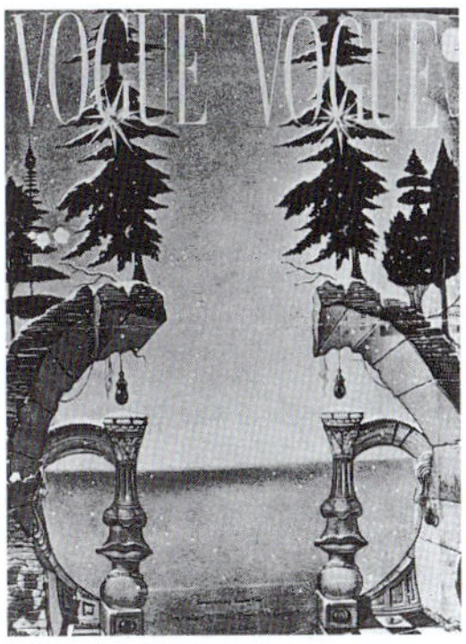

896

898 **Woestijntrilogie – Verschijning van een paar in de woestijn. Voor de introductie van het parfum 'Desert Flower',** 1946 ❏
Trilogie du désert – Apparition d'un couple dans le désert

899 **Woestijntrilogie – Verschijning van een vrouw en zwevende architectuur in de woestijn. Voor de introductie van het parfum 'Desert Flower',** 1946 ❏
Trilogie du désert – Apparition d'une femme et architecture en suspension dans le désert

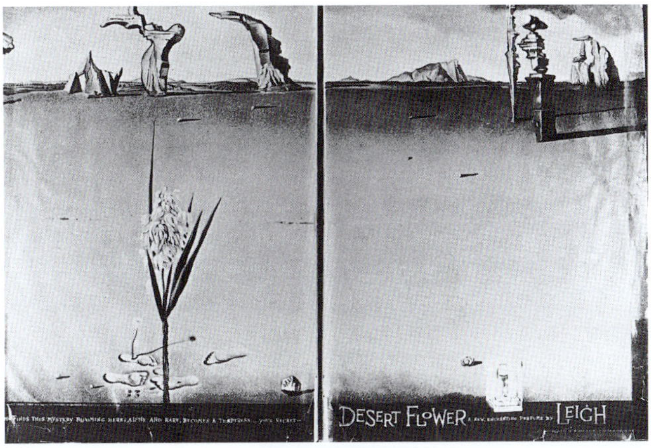

897

strengheid, die mijn denken, mijn stijl en mijn gekwelde bestaan begon te beheersen. Het brandende Spanje verlichtte dat drama van de wedergeboorte van een esthetica. Spanje moest het naoorlogse Europa, dat door ideologische conflicten, morele en artistieke zorgen werd geplaagd, dienen als Holocaust. En plotseling rees uit het door ongedierte en ideologische wormen half opgevreten lijk van Spanje het opgerichte Spaanse geslacht op, als een met de witte dynamiet van de haat gevulde kathedraal. Begraven en opgraven! Opgraven en begraven! Begraven en opnieuw opgraven! Daarin school heel het vleselijke verlangen van de Burgeroorlog in dit ongeduldige Spanje. Men zou zien hoezeer het tot lijden in staat was; leed voort te brengen, te begraven en op te graven, te doden en te doen herleven. Je moest de aarde wegkrabben om de traditie op te graven en alles te ontwijden, om je mee te laten slepen door alle schatten die dit land in zijn schoot bewaarde." De verschrikking van die voorstelling wordt nog vergroot door de bruine kleur die de stemming van het doek beheerst (Dalí heeft altijd benadrukt dat dit doek het enige werk is waarin je echt de afdruk van zijn hand kon zien!)

Die terugkeer tot een groot Classicisme dat de fantasieën en leidmotieven dient, wordt van doek tot doek duidelijker. Elke keer is het een bravourestuk, een poging om tussen de schilderkunst en ideeën een synthese te bewerkstelligen die hij wil transporteren. Zo ook het stilleven voor een bouwwerk waardoorheen je een stuk landschap ziet. *Het verdwijnen van de buste van Voltaire* (blz. 340) maakt gebruik van deze techniek om de buste van de Voltaire voorstellende beeldhouwer Houdin te accentueren, die kan verdwijnen om plaats te maken voor een groep mensen. Opnieuw geeft Dalí een stuk van zijn leven prijs, een deel van zijn fantasie. Hij maakte het doek in de VS – en wel later dan *Slavenmarkt met ver-*

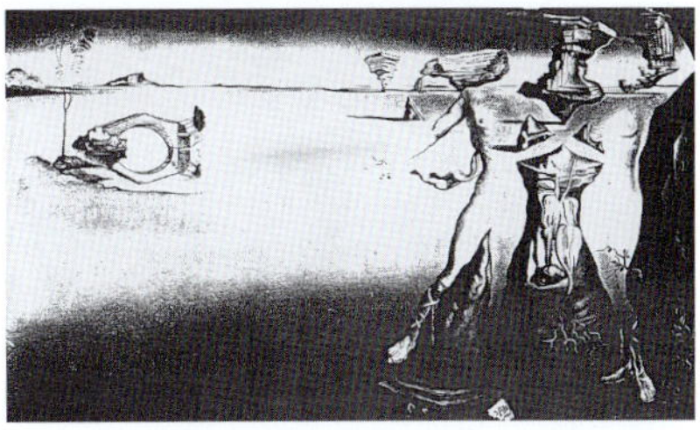

898

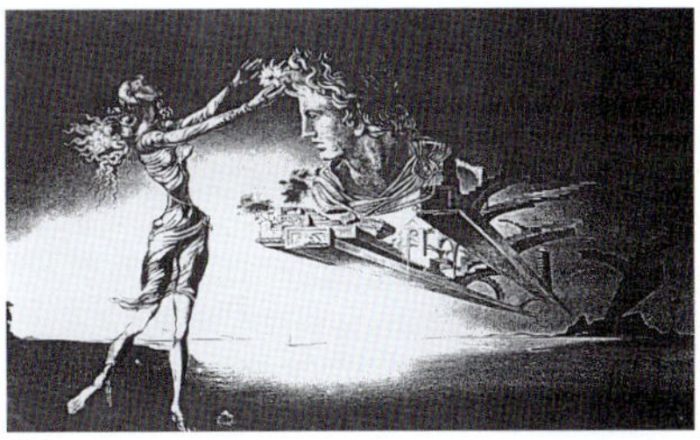

899

1946

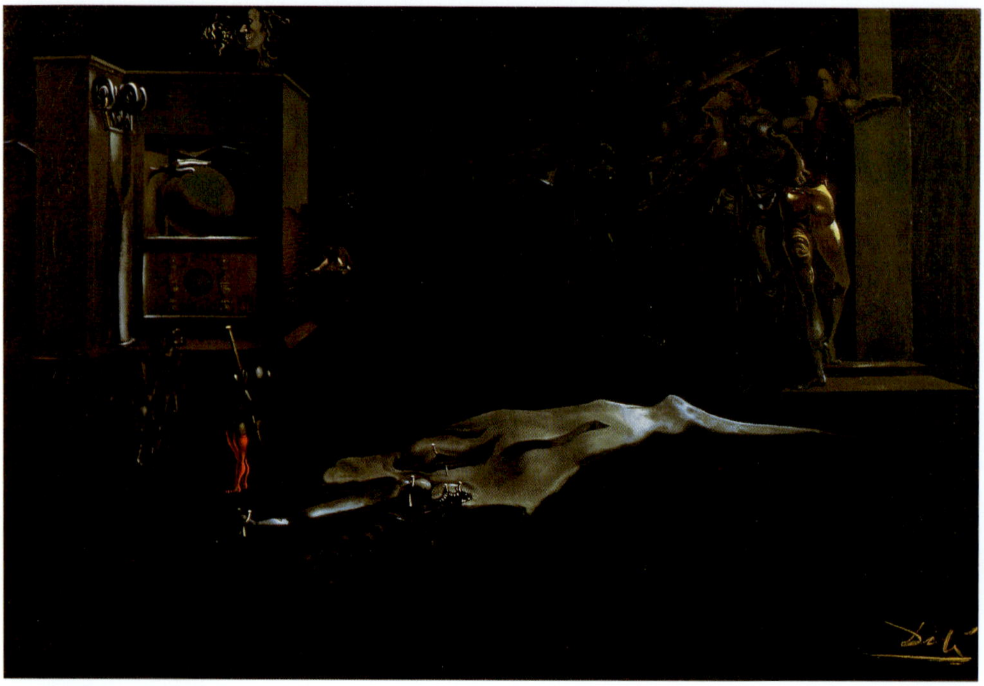

900

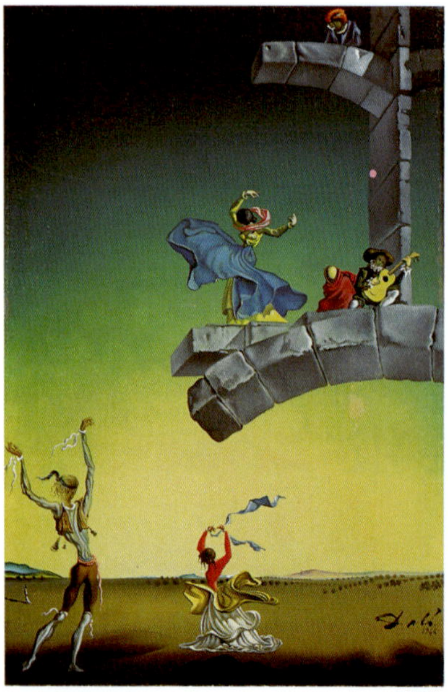

901

schijning van de onzichtbare buste van Voltaire (blz. 331). Op dit doek, geschilderd in Arcachon in 1940, vind je de fruitschaal uit *Oneindig raadsel* (blz. 308) terug en Gala, "die me door haar geduldige liefde beschermt tegen de van slaven wemelende wereld". Dalí, helemaal verdiept in de overzetting van zijn liefdes- en geestesleven in de schilderkunst, wil Gala de magische kracht toedichten om het doek van Voltaire te vernietigen, om hem te beschermen tegen alle sporen en gevolgen van het kritische 18e-eeuwse Franse denken. Toen hij dit doek maakte, vertelt Dalí in 'Dalí over Gala', "reciteerde ik onafgebroken het gedicht 'De liefde van de oorlog, het zout der aarde' van Joan Salvat Papasseit". Salvat Papasseit is een Catalaans anarchist waarvoor Dalí een grote bewondering koestert. In Barcelona wordt de dichter van rechts-extremisme beschuldigd omdat hij de oorlog verdedigt in een tijd dat alle anderen pacifist worden.

De eerste atoombom, met de mooie naam 'Little Boy', die op 6 augustus 1945 boven Hiroshima wordt afgeworpen, veroorzaakt bij Salvador Dalí een ware schok. Die historische gebeurtenis geeft hij op zijn specifieke manier weer in de doeken *Melancholieke atoom- en uranium-idylle* (blz. 385), *De apotheose van Homerus* (blz. 382) en *De drie sfinxen van Bikini* (blz. 411); in die werken verschijnt een nieuwe techniek, die Dalí de 'nucleaire' of atoomschilderkunst noemt en die haar hoogtepunt vindt in een nieuw meesterwerk, namelijk *Leda atomica* (blz. 425) uit 1949.

900 **Spuug**, 1946 ❑
Le crachat
901 **Zonder titel (bekend als: Spaanse dansen in een landschap)**, 1946 ❑
Sans titre (Scène de danses espagnoles dans un paysage)
902 **Reusachtige vliegende mokkakop, met een onverklaarbaar aanhangsel van vijf meter lang**, rond 1946 ❑
Demi-tasse géante volante, avec annexe inexplicable de cinq mètres de longueur

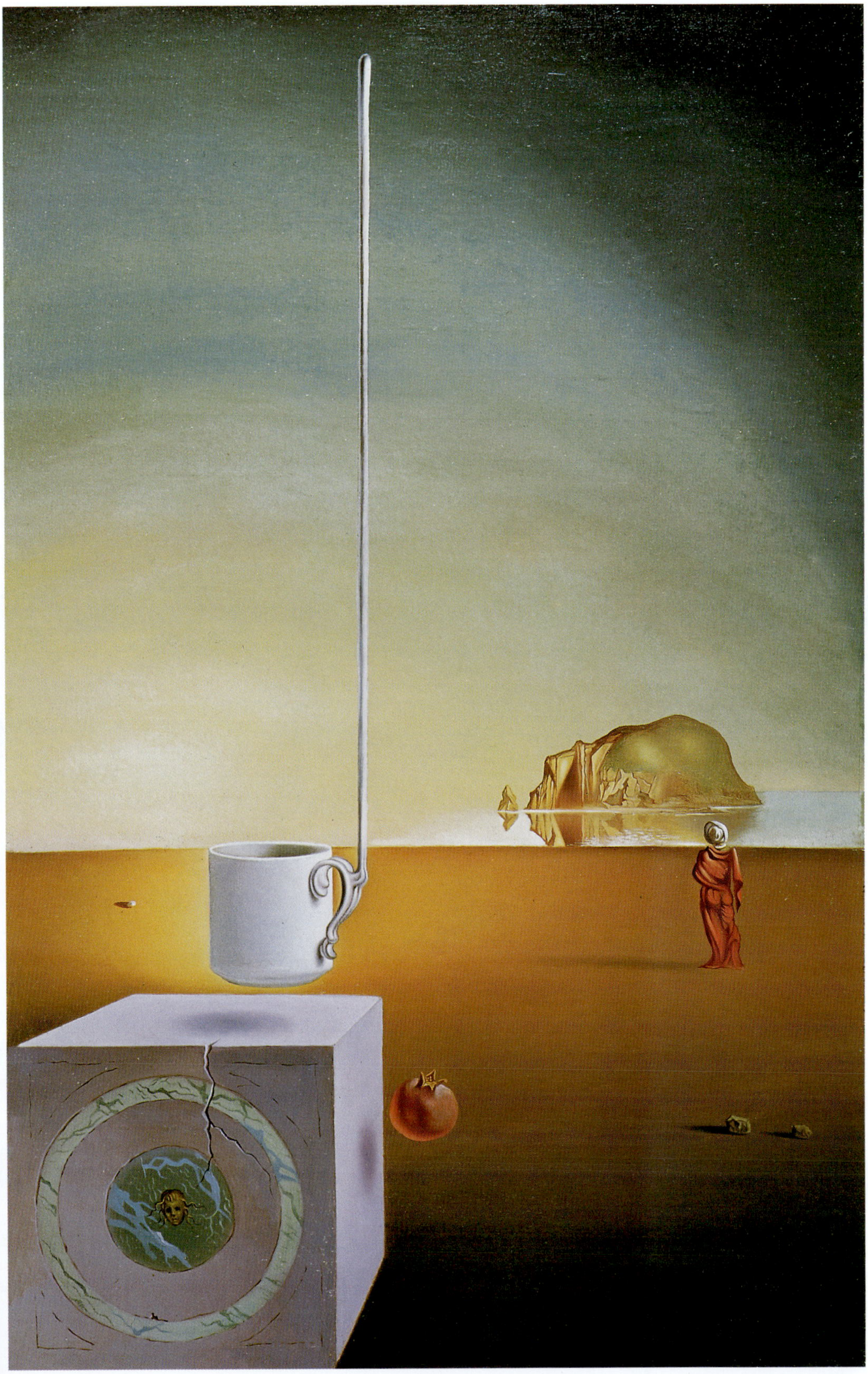

902

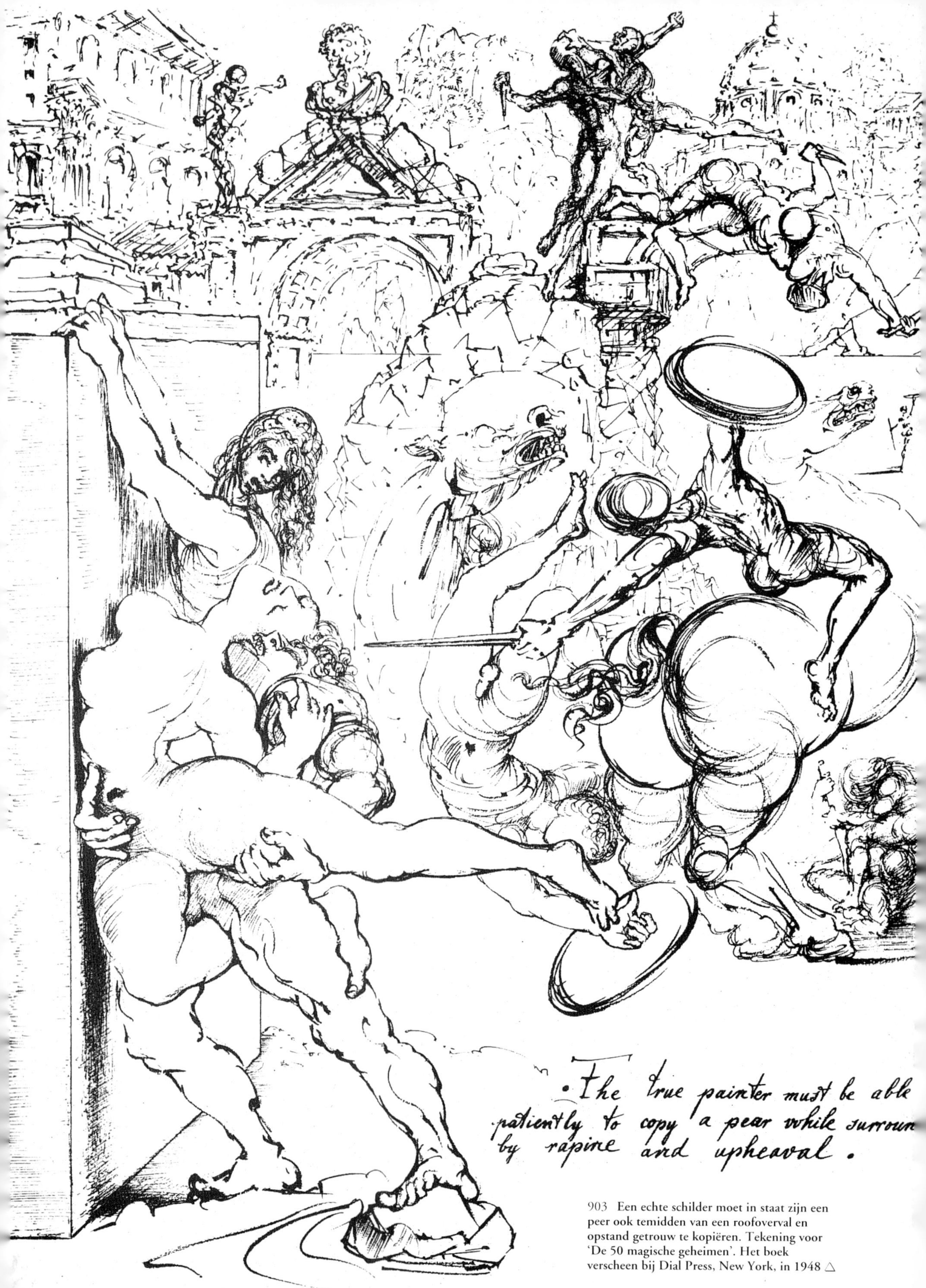

903 Een echte schilder moet in staat zijn een peer ook temidden van een roofoverval en opstand getrouw te kopiëren. Tekening voor 'De 50 magische geheimen'. Het boek verscheen bij Dial Press, New York, in 1948 △

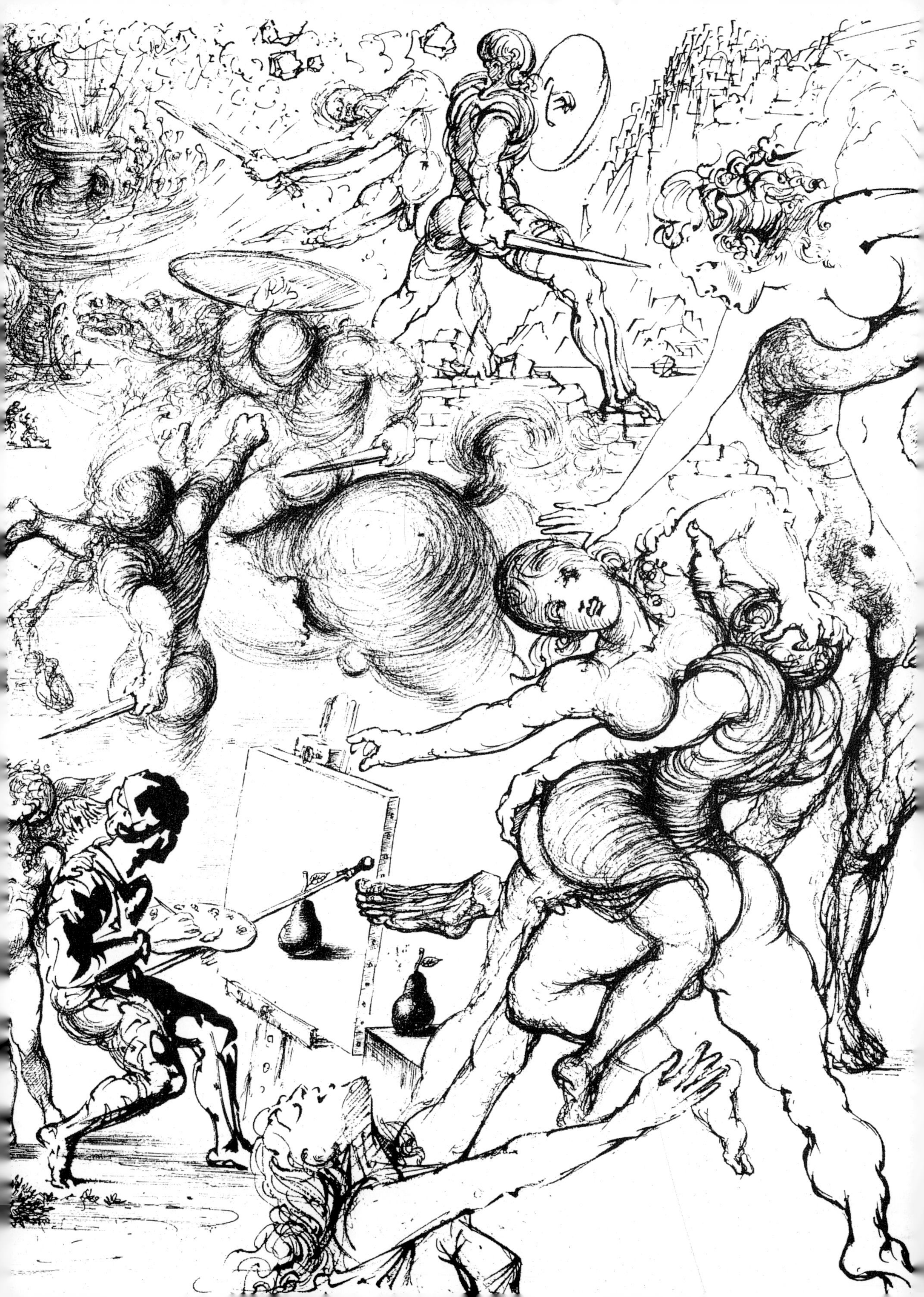

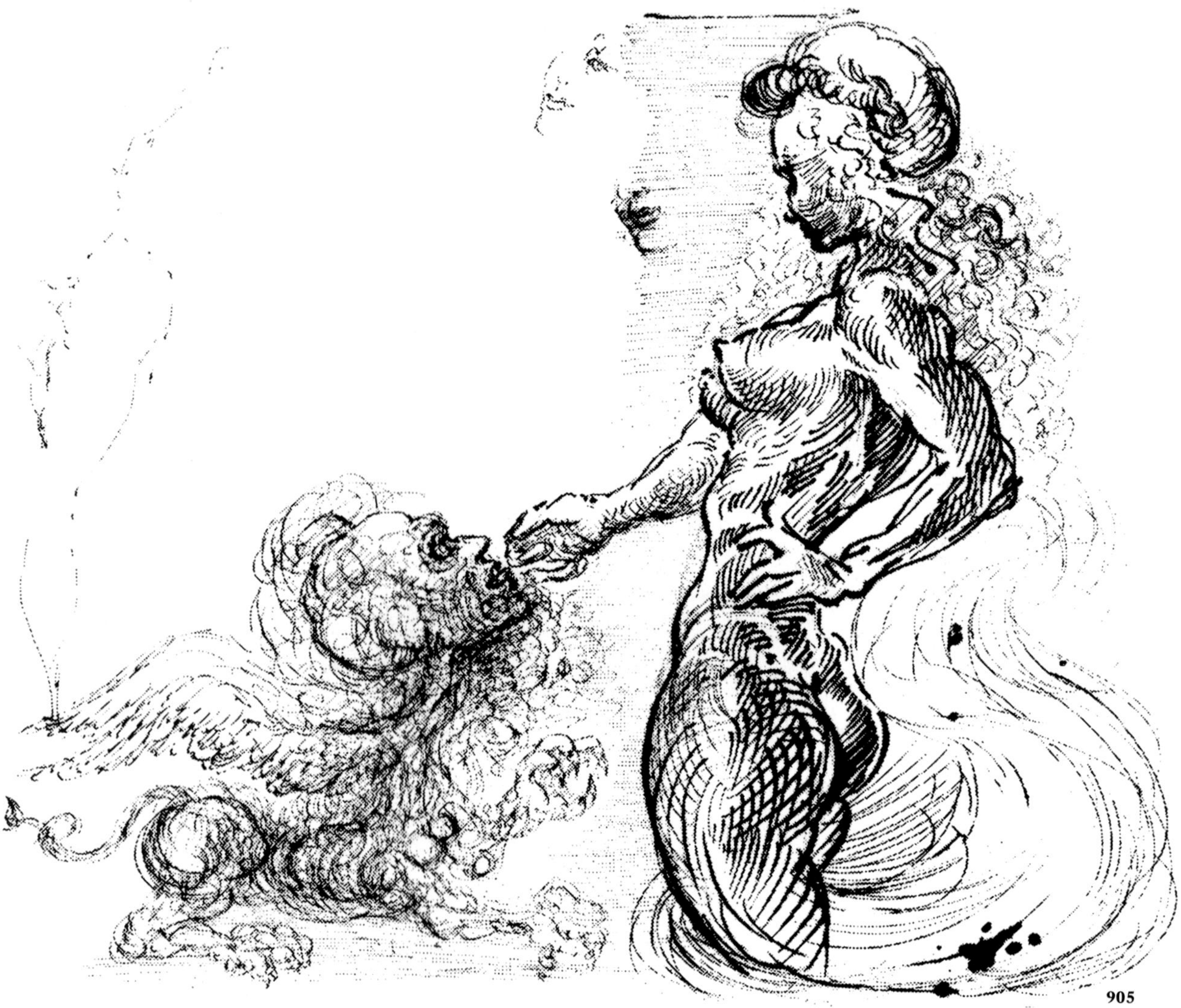

905

904 Dalí voor zijn schilderij 'De tonijnvangst', 1967 ☧

905 Tekening voor 'De 50 magische geheimen'. Het boek verscheen in 1948 bij Dial Press in New York, 1947 △

Blz. 404/405:
Vliegenstudie voor 'Het gezicht', 1972 △

Salvador Dalí

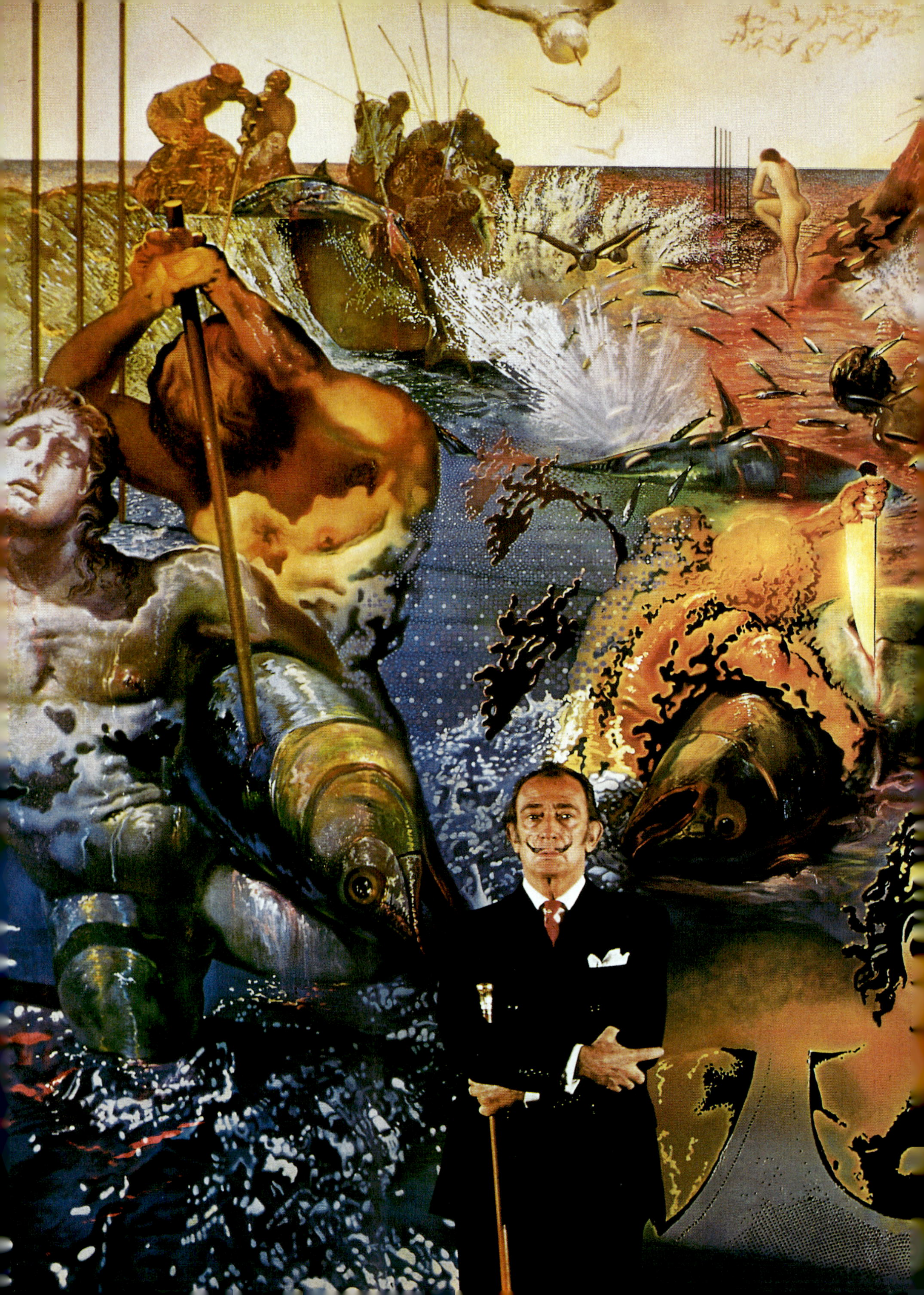

Robert Descharnes/Gilles Néret

Salvador

DALÍ

1904–1989

Het geschilderde werk

Deel II, 1946–1989

Concept: Gilles Néret

Taschen/Librero

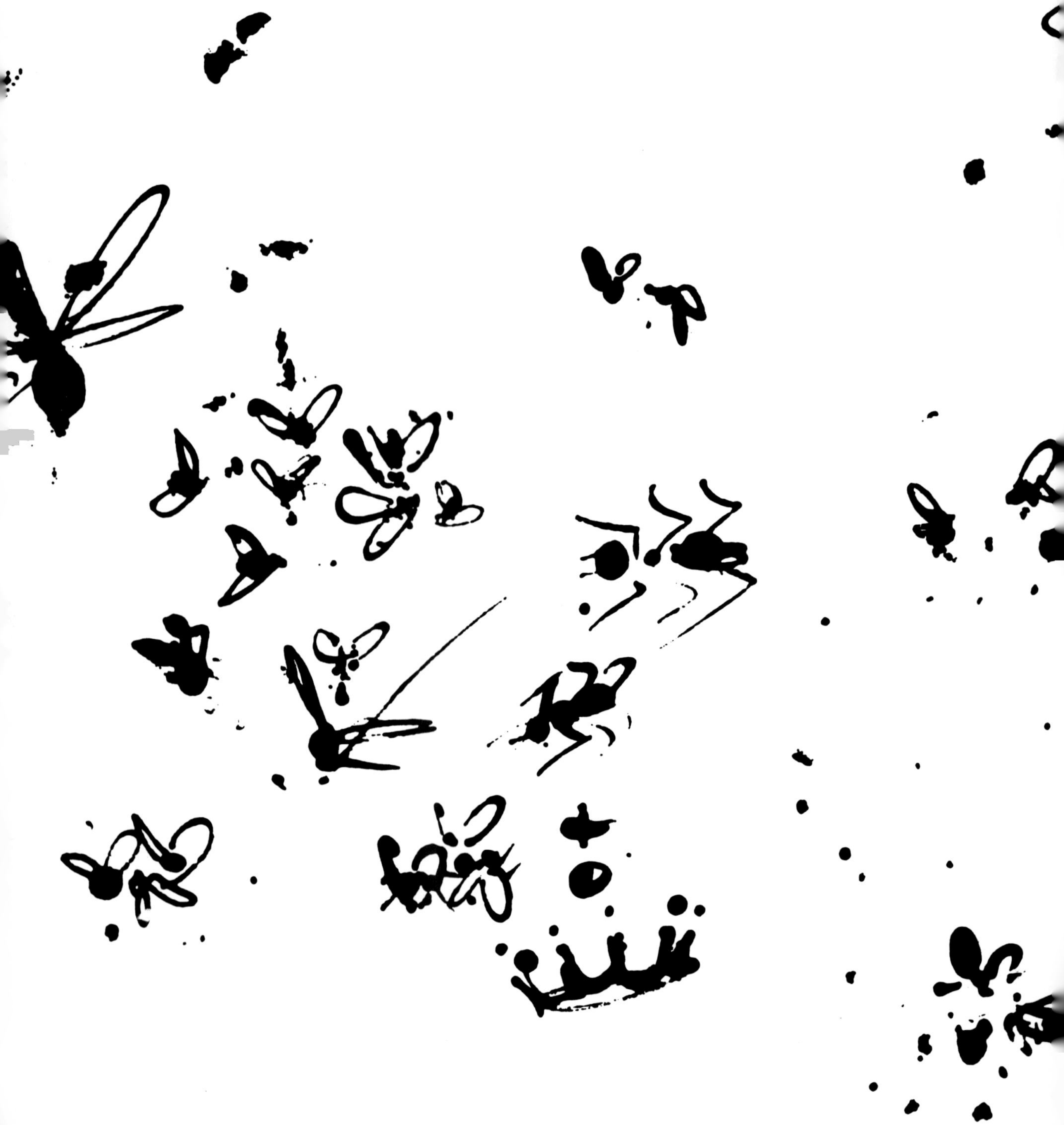

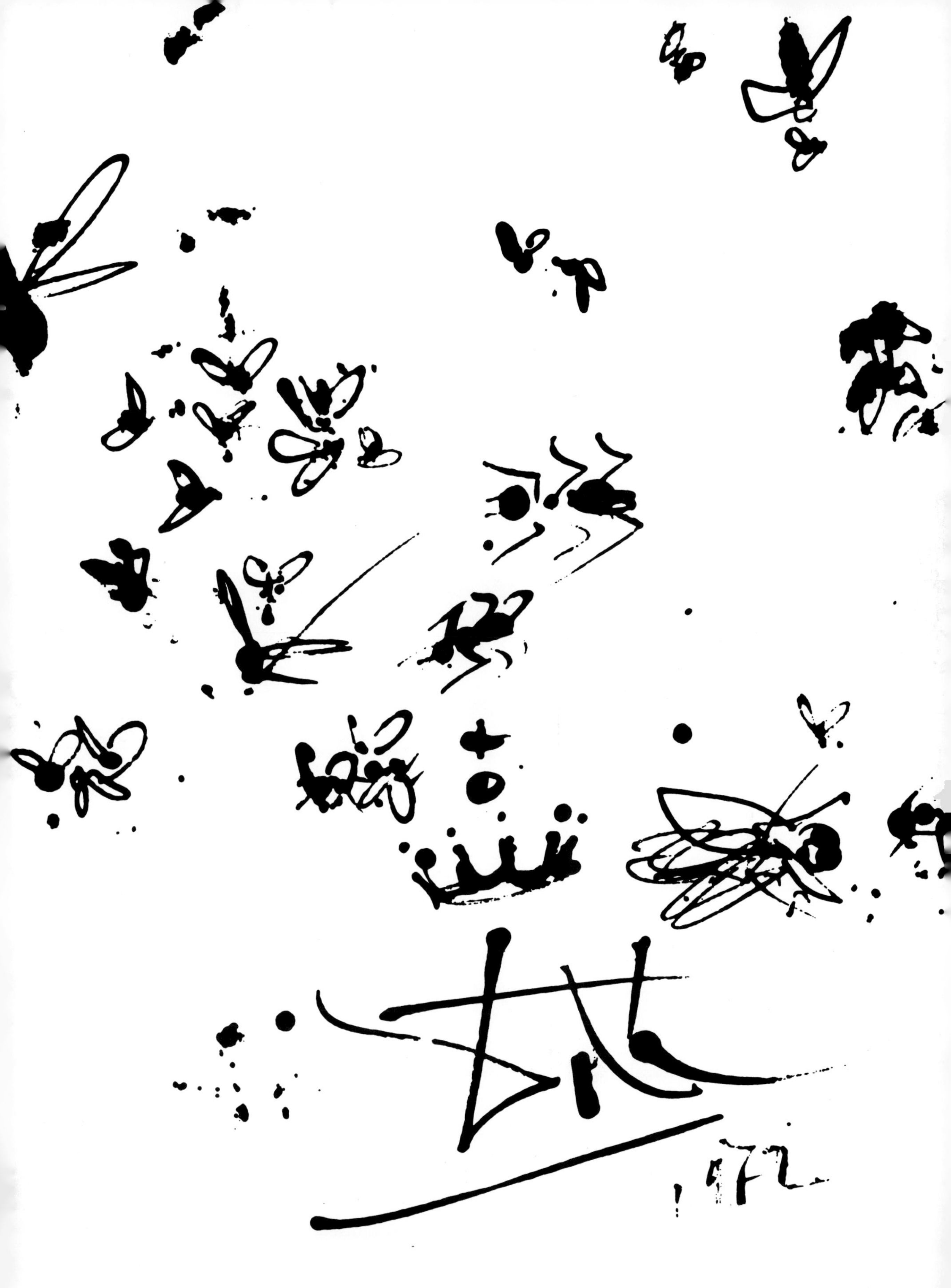

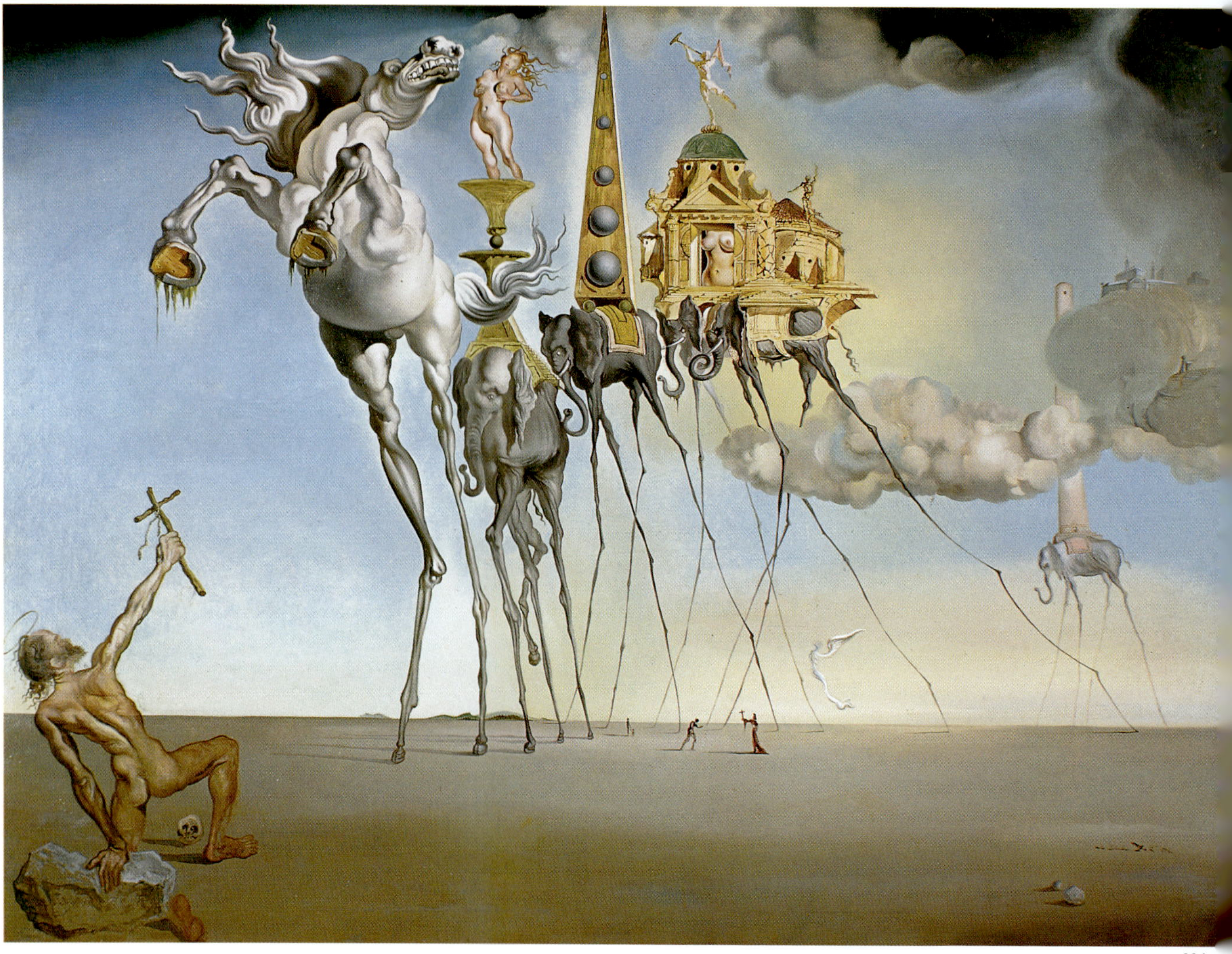

906

5. Het mystieke manifest

1946–1962

Voor Dalí begint een nieuw tijdperk: de mystiek krijgt de overhand en daarmee de mystiek van het atoom, waarvan de explosie samenvalt met een eruptieve uitbarsting tot een nieuw Classicisme. Zoals te verwachten was, stelt 'Art News' de boosaardige vraag 'à la yankee', zij het als retorische vraag: "Het is niet uit te sluiten dat Dalí zich in de toekomst meer aan het bewuste wijdt dan aan het onbewuste. Als dat inderdaad zo zou zijn, staat hem niets meer in de weg een van grootste academische schilders van de 20e eeuw te worden."

Dalí gaat niet meteen na de oorlog terug naar Europa. Hij heeft het er veel te druk mee van een Dalí van de psychoanalyse te veranderen in een Dalí van de kernfysica.

Als bepalend moment voor zijn overgang naar het mysticisme noemt Dalí: "De explosie van de atoombom op 6 augustus 1945 schokte mij seismisch. Sindsdien vormde het atoom het belangrijkste onderwerp van mijn denken. In veel voorstellingen die ik in die tijd heb geschilderd, komt de grote angst tot uitdrukking die mij bij het nieuws van de atoombomexplosie overviel. Om deze wereld te doorgronden, maakte ik gebruik van mijn paranoïde-kritische methode. Ik wil de verborgen krachten en wetten van de dingen zien en begrijpen om ze te beheersen. Ik heb de geniale ingeving dat ik beschik over een buitengewoon wapen om tot de kern van de waarheid door te dringen: het mysticisme, oftewel de diepgaande intuïtie van dat wat is, de directe communicatie met het algehele, het absolute visioen door de genade van de waarheid, door de genade van God. Sterker dan cyclotrons en cybernetische computers ben ik in staat in een ogenblik door te dringen in de geheimen der werkelijkheid... Aan mij de extase! roep ik uit. De extase van God en de mensheid. Aan mij de perfectie, de schoonheid, opdat ik haar in de ogen zie! Dood aan het academisme, de bureaucratische kunstformules, het decoratieve plagiaat, de zwakzinnige dwalingen van de Afrikaanse kunst! Aan mij St.-Theresia van Avila!... In deze toestand van intense profetie werd mij duidelijk dat de schilderkunstige uitdrukkingsmiddelen voor eens en voor altijd en met de grootste perfectie en invloed tijdens de Renaissance ontwikkeld zijn en dat de decadentie van de moderne schilderkunst haar oorsprong vindt in scepsis en gebrek aan geloof, een gevolg van het mechanistische materialisme. Door de opleving van het Spaanse mysticisme zal ik, Dalí, met mijn werk de eenheid van het universum bewijzen, doordat ik de onstoffelijkheid van alle substantie aantoon."

Deze bekering tot het mysticisme, die de logische afsluiting vormde van zijn voorgaande ervaringen, zou Dalí letterlijk in daden omzetten. Vanaf dit moment tot aan zijn dood past hij het toe in de werken die hij schildert.

De tweede subversieve kracht waarvan de zich nu 'ex-surrealist' noemende en toch meer dan ooit surrealistisch gebleven Dalí vervuld werd, was, in zijn eigen woorden, het kunnen tekenen. Hij verklaarde zich nader in de publikatie 'De 50 magische geheimen', een ware verhandeling over de schildertechniek, waarin hij op typisch Dalíaanse wijze zegt: "Terwijl ik haar las, heb ik werkelijk geleerd bijna net zo goed te schilderen als Zurbarán." Hij stelde daarin dat men tegenwoordig weliswaar weet hoe men een atoombom maakt, maar dat niemand "tegenwoordig meer de samenstelling (kent) van de geheimzinnige sappen, het

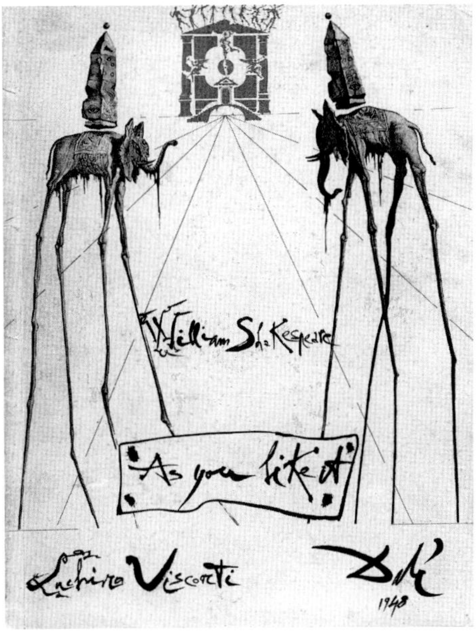

907

906 **De verzoeking van St.-Antonius,** 1946 ❑
La tentation de saint Antoine

907 **Tekening voor het programma bij het ballet 'As you like it' naar de komedie van Shakespeare,** 1948 △

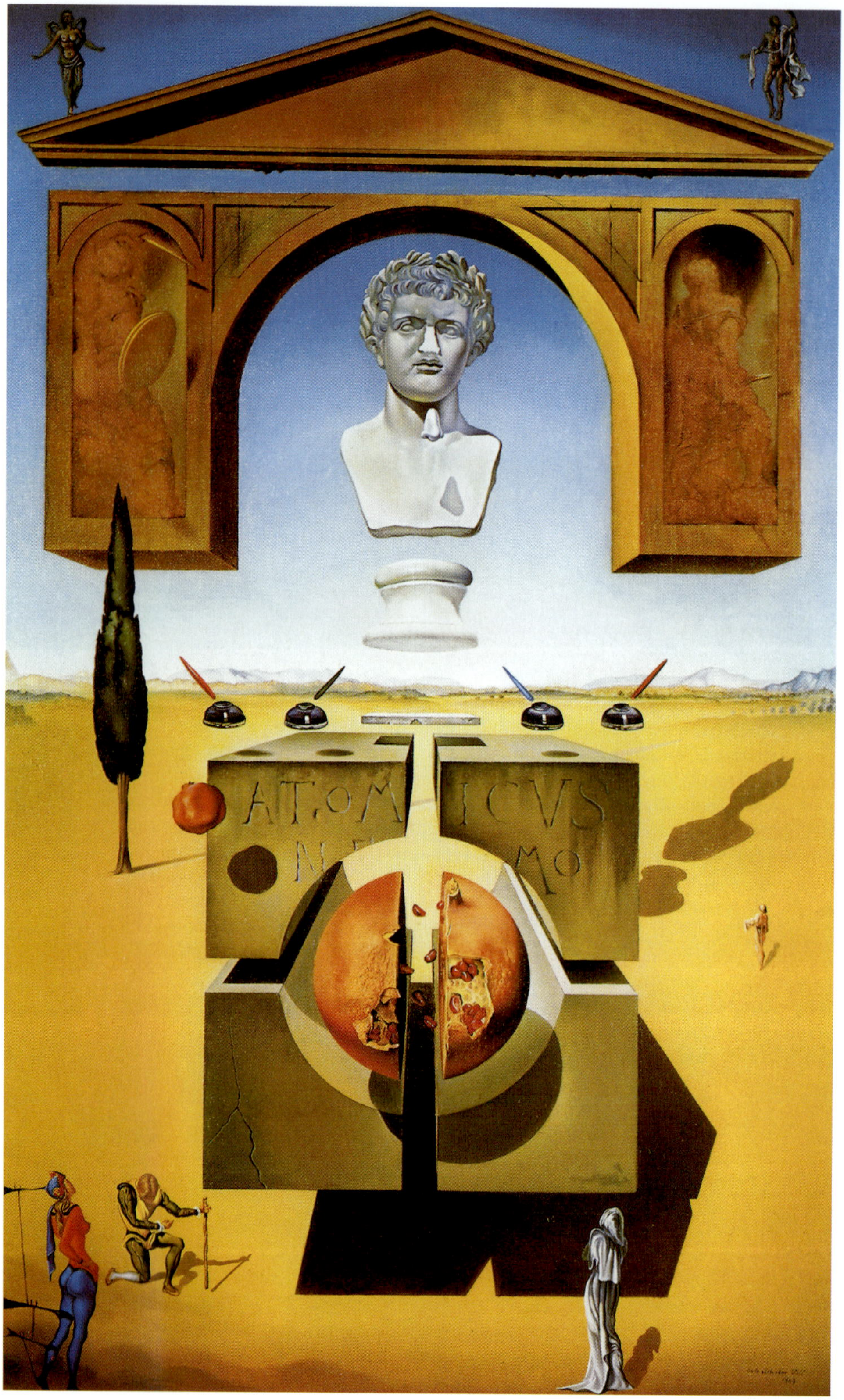

908

908 **De splijting van het atoom (Dematerialisatie naast Nero's neus)**, 1947 ❑
La séparation de l'atome
(Dematerialization Near the Nose of Nero)

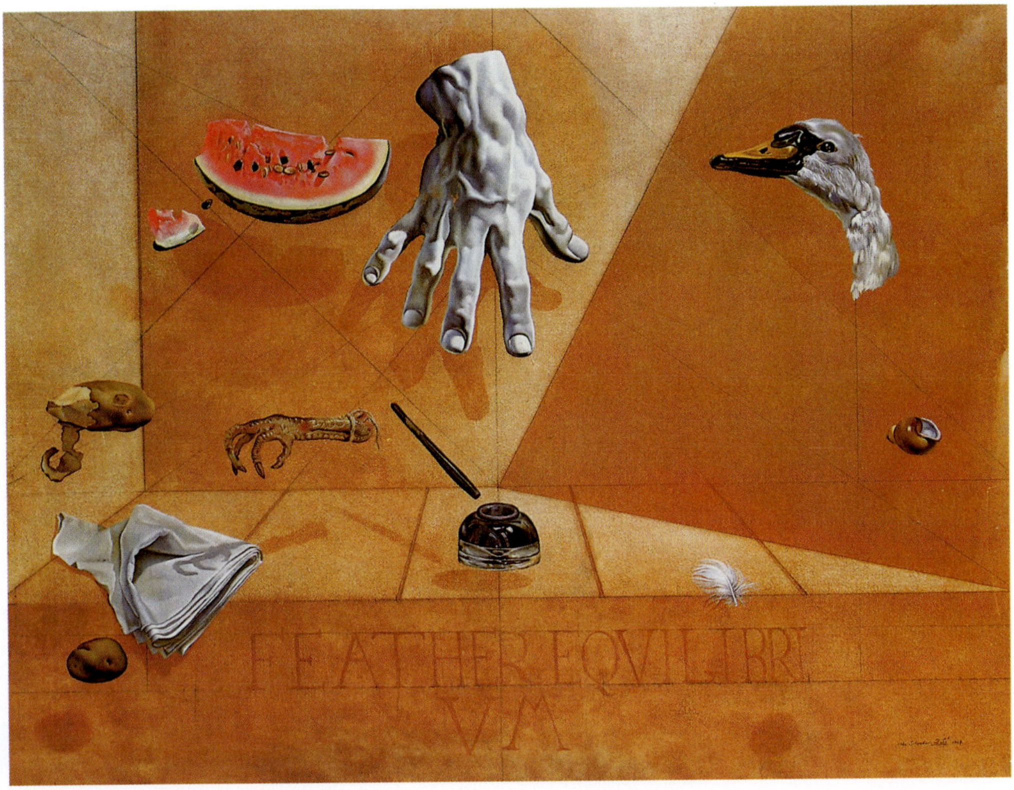

909

schildersnat waarin de gebroeders Van Eyck of Vermeer van Delft hun penselen doopten." Hij geeft zijn eigen recepten. Eerst gaat hij in op het materiaal: hij onderscheidt vijf verschillende penselen, die vijf bewegingen vertegenwoordigen. Dan richt hij zich op de optica, op die binoculaire zienswijze waarvan hij zich later bedient, in de verbazingwekkende mogelijkheden van het stereoscopische schilderen. Deze zienswijze past hij, dankzij "de versmade zintuiglijke waarneming", geheel in zijn 'systeem' van de gestuurde dromen in. Een van zijn aforismen luidt dan ook: "Wanneer u schildert, denkt u altijd aan wat anders."

Dit advies dat hij heimelijk en toch dwingend (steeds weer die hiërarchie!) geeft, maakt plaats voor zijn enige droom, zijn unieke drijfveer: "zichzelf door hypnotische ondervraging van zintuiglijke ervaringen tot in het absurde leiden." Hij maakt gewag van "drie ogen", in wezen niets anders dan de verificatie van de theorie van alle waarachtig schouwenden, de theorie van het 'derde oog', die Roger Gilbert-Lecomte "visie door de epifyse" noemde. In zijn boek 'De 50 magische geheimen' raadt Dalí toekomstige schilders aan om niet alleen te 'zien', maar om 'metafysisch te zien'. Hij onderbouwt zijn advies met een stroom van technische trucjes, die hij zich eigen heeft gemaakt door het oneindige leerproces en door grondige lezing van de geschriften van zijn voorgangers; daaronder vooral Cennino Cennini, wiens 'Il libro dell'arte' –op zijn beurt geïnspireerd door de geschriften van de monnik Theophilus Presbyter– sinds het einde van de 14e eeuw als hèt handboek der schilderkunst geldt; verder kan men noemen Luca Pacioli en de Italiaanse Renaissance-meesters, wier geheimen Dalí herontdekt.

Nadat hij aldus de richting en de voorwaarden van zijn nieuwe ontwikkeling heeft vastgelegd, kan Dalí terugkeren naar Europa. Op 21 juli 1948 arriveren Gala en hij in Le Havre en reizen meteen verder naar Port Lligat. Daar begint hij onmiddellijk aan twee opdrachten die hij had aangenomen: het decor- en kos-

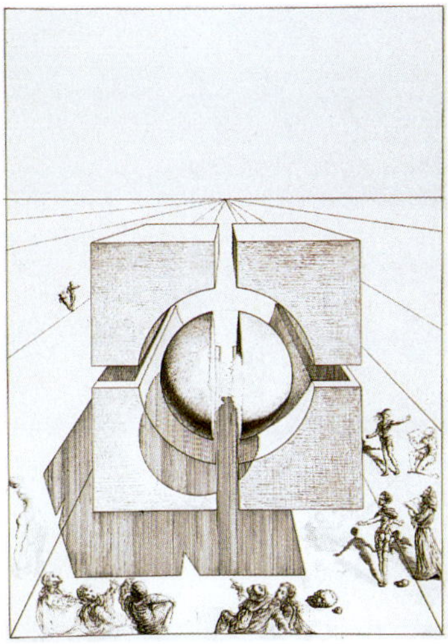

910

909 **Intra-atomair evenwicht van een zwaneveer**, 1947 ❑
Equilibre intra-atomique d'une plume de cygne

910 **Studie voor 'Dematerialisatie naast Nero's neus'**, 1947 △

911 Portret van Picasso, 1947 ❑

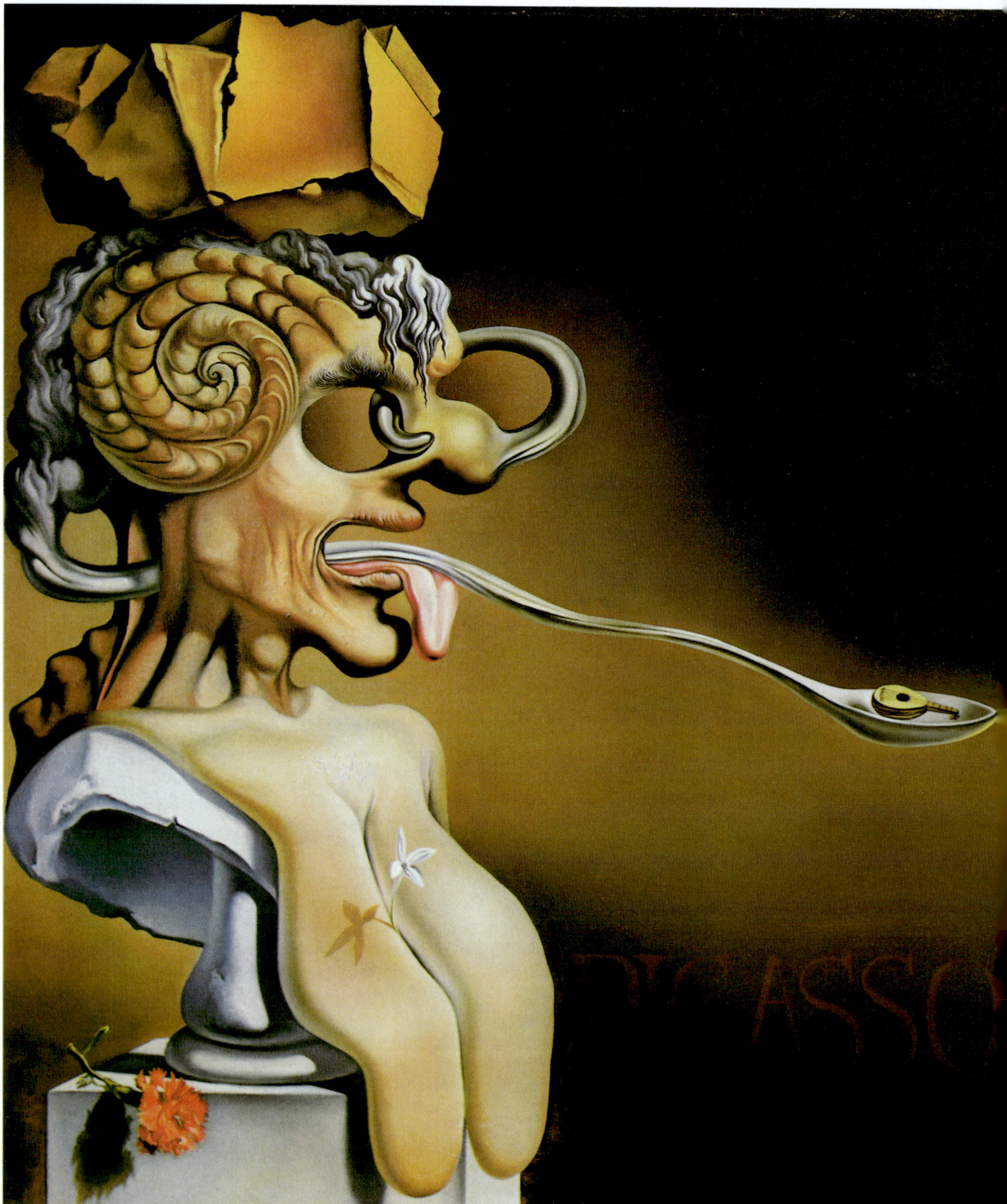

911

912 **De drie sfinxen van Bikini**, 1947 ❑ Les trois Sphinx de Bikini

913 **Anoniem: naar Arcimboldo, 17e eeuw** ☆

tuumontwerp voor een opera en een toneelstuk, 'Salome' van Richard Strauss door Peter Brook en 'As you like it' van Shakespeare door Luchino Visconti.

Maar hij voelt vooral aandrang zijn schilderende activiteit nieuw leven in te blazen en zo snel mogelijk de nieuwe 'Dalíaanse' weg in te slaan. Want het is nu voor hem van groot belang –en veel critici, die nu eenmaal de spirituele dimensie niet hebben, begrijpen dit niet– om zijn traditionele thema's in te wisselen voor religieuze onderwerpen. Bezeten van het absolute vindt hij in de iconografie van het christendom de mogelijkheid om een ander gebied in de kunst te onderzoeken: dat van het heilige. En welke schilder droomt er niet van zijn eigen kruisiging te schilderen? De madonna, Christus, het Laatste Avondmaal enz. moeten de hemel voor hem openen, de hemel die hij al aan het einde van zijn autobiografie 'Het geheime leven van Salvador Dalí' zocht.

Nog in New York schildert Dalí *De verzoeking van St.-Antonius* (blz. 406). Hij knoopt in die tijd contacten met de film- en theaterwereld aan. Nadat hij verschillende decorontwerpen voor Hitchcocks film 'Spellbound' heeft geschilderd, besluit hij deel te nemen aan de door Albert Levin uitgeschreven prijsvraag voor diens verfilming van het 'Bel Ami'-thema naar de roman van Guy de Maupassant. Max Ernst won uiteindelijk; zijn schilderij werd de enige kleurenopname in deze zwart-witfilm. Ook al werd *De verzoeking van St.-Antonius* bij deze prijs-

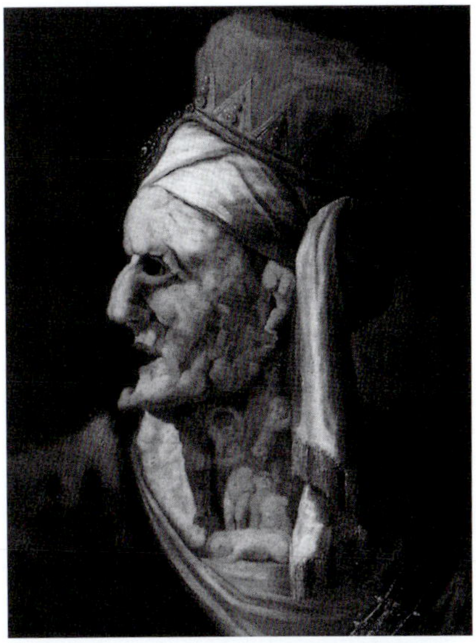

913

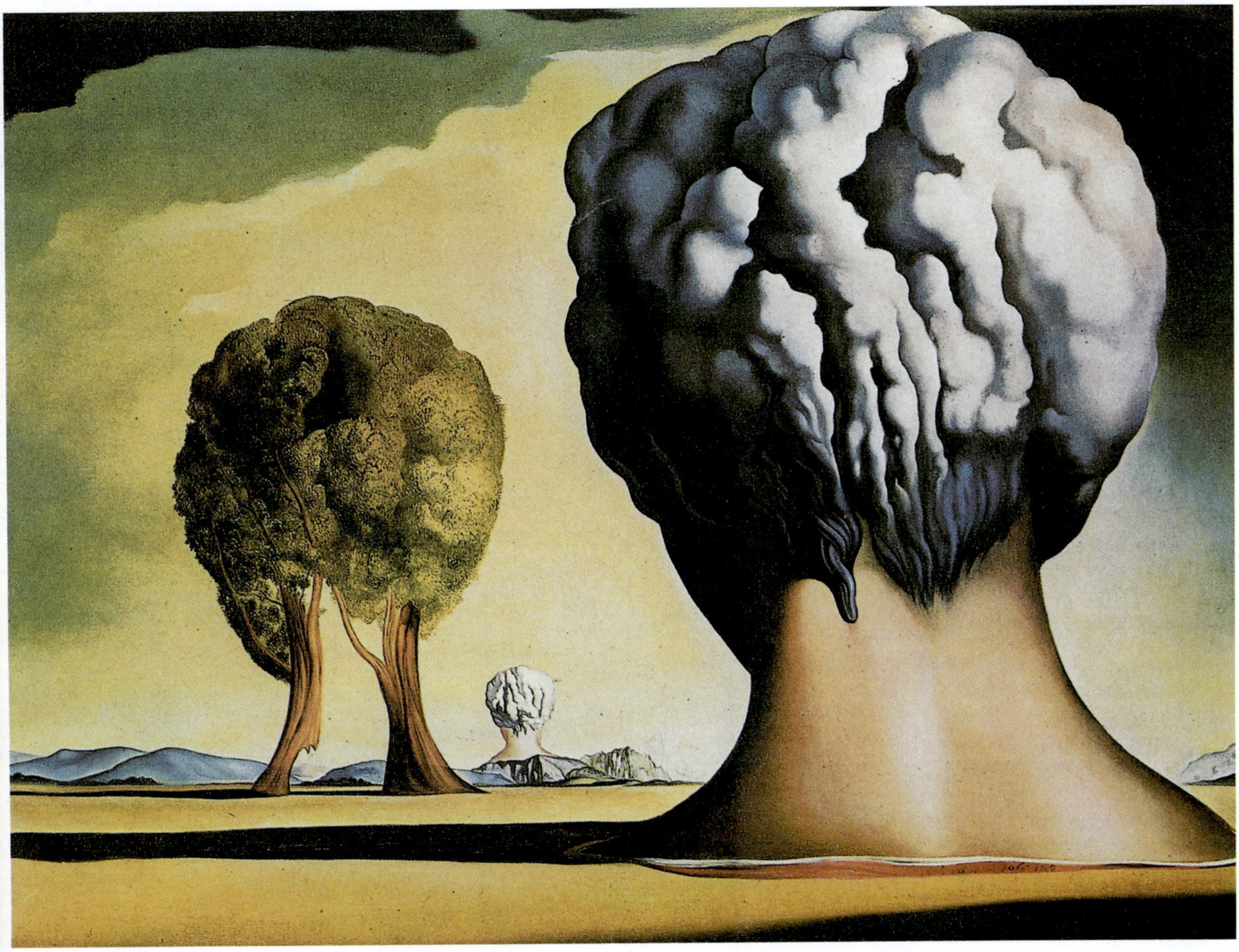

912

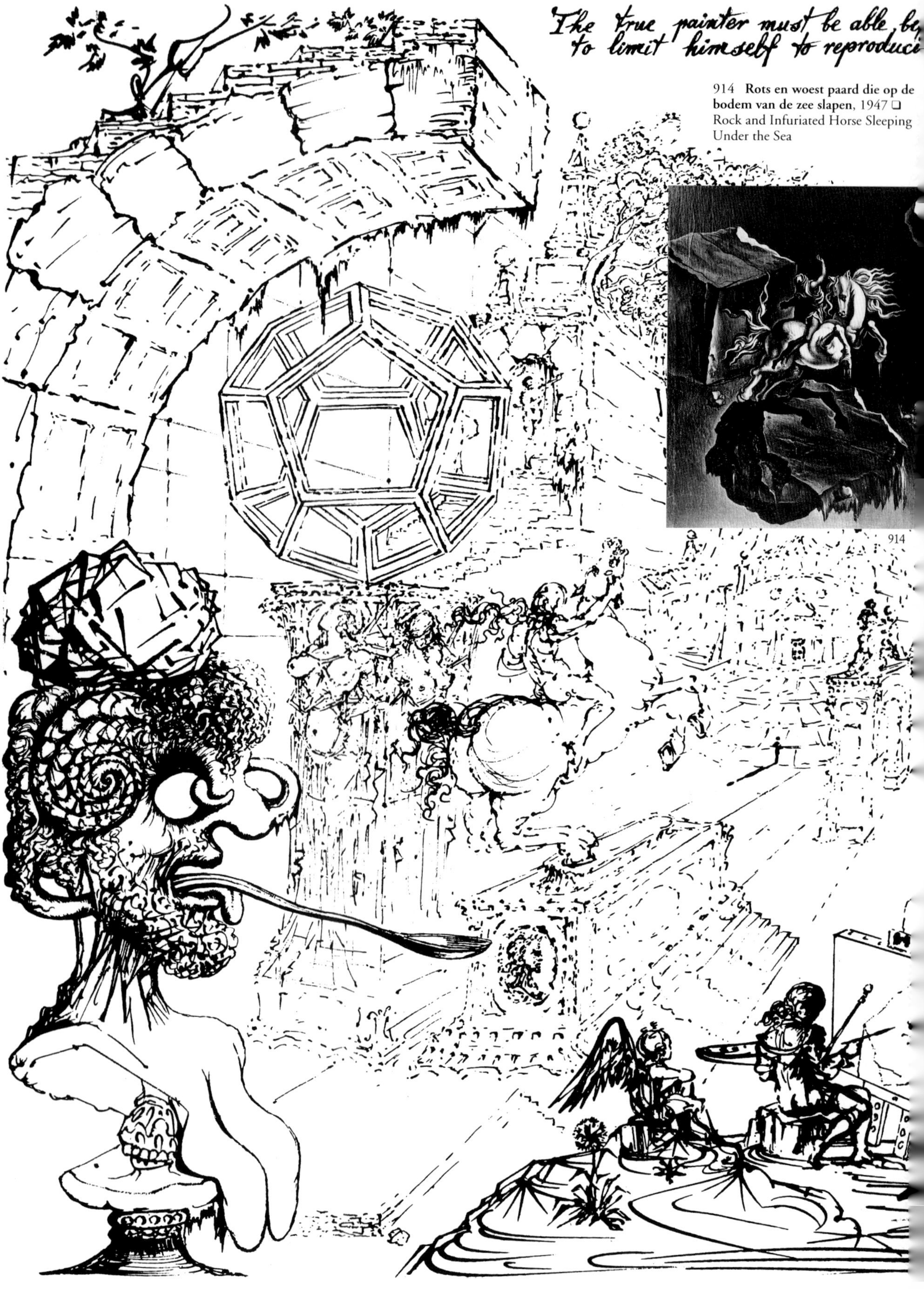

914 **Rots en woest paard die op de bodem van de zee slapen**, 1947 ❑
Rock and Infuriated Horse Sleeping Under the Sea

914

915 **Veldslag om een paardebloem,** 1947 ❑ Bataille autour d'un pissenlit
916 **Tekening voor 'De 50 magische geheimen'**, 1947 △

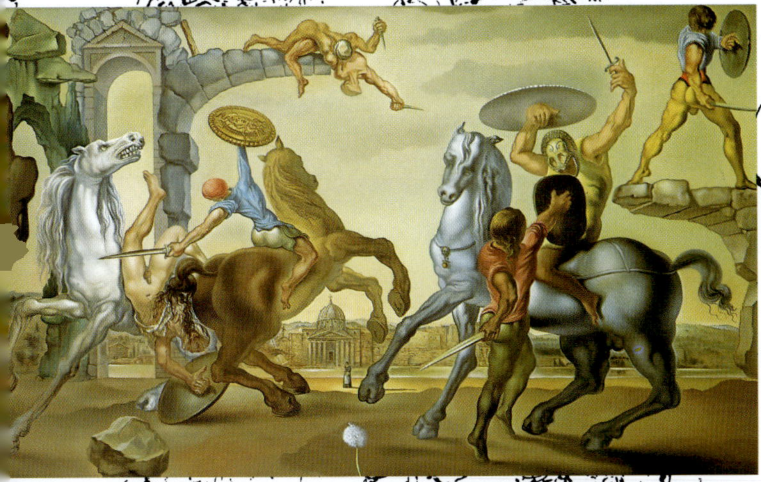

915

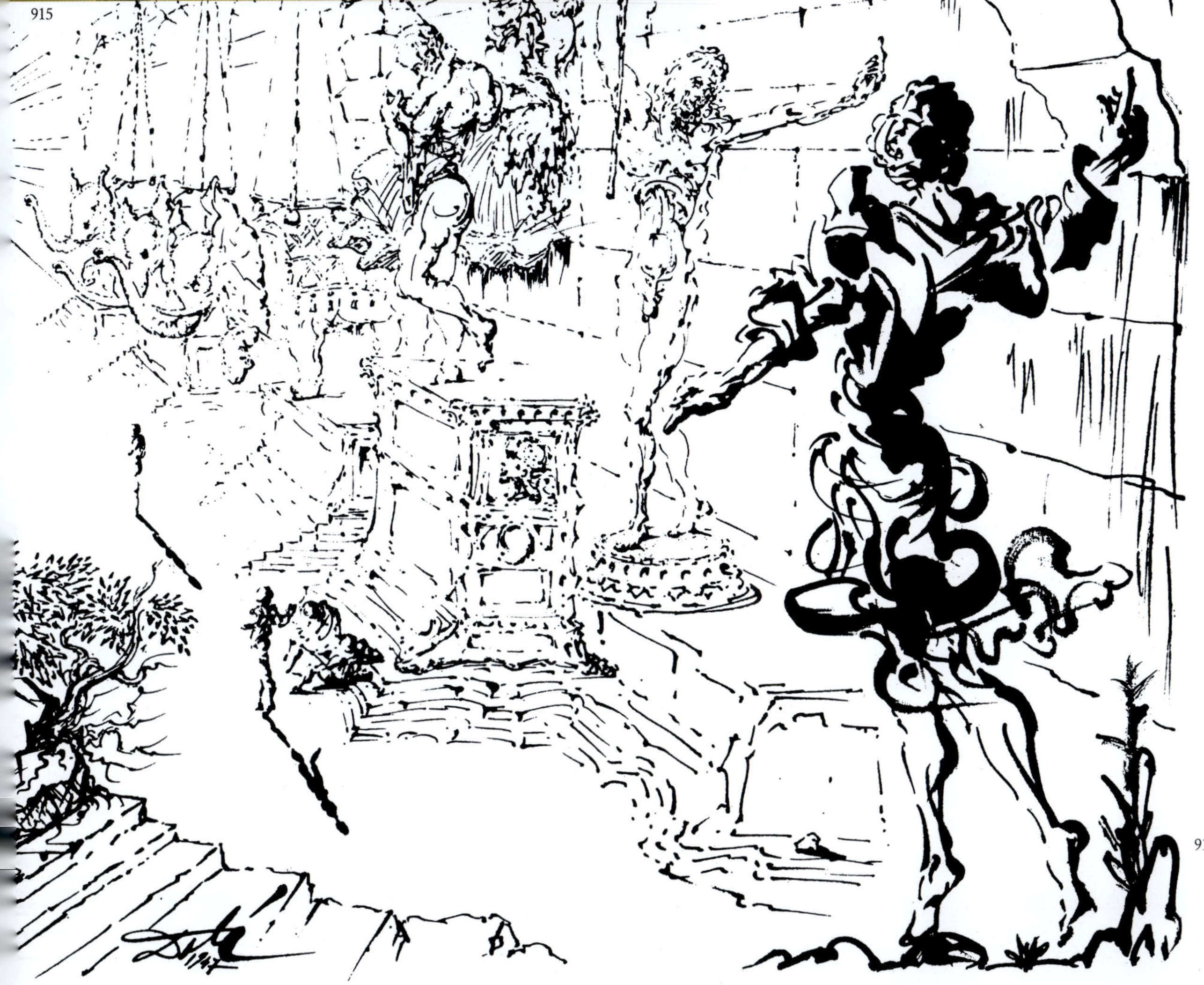

916

The true painter must be able, …
to have the most unusua…

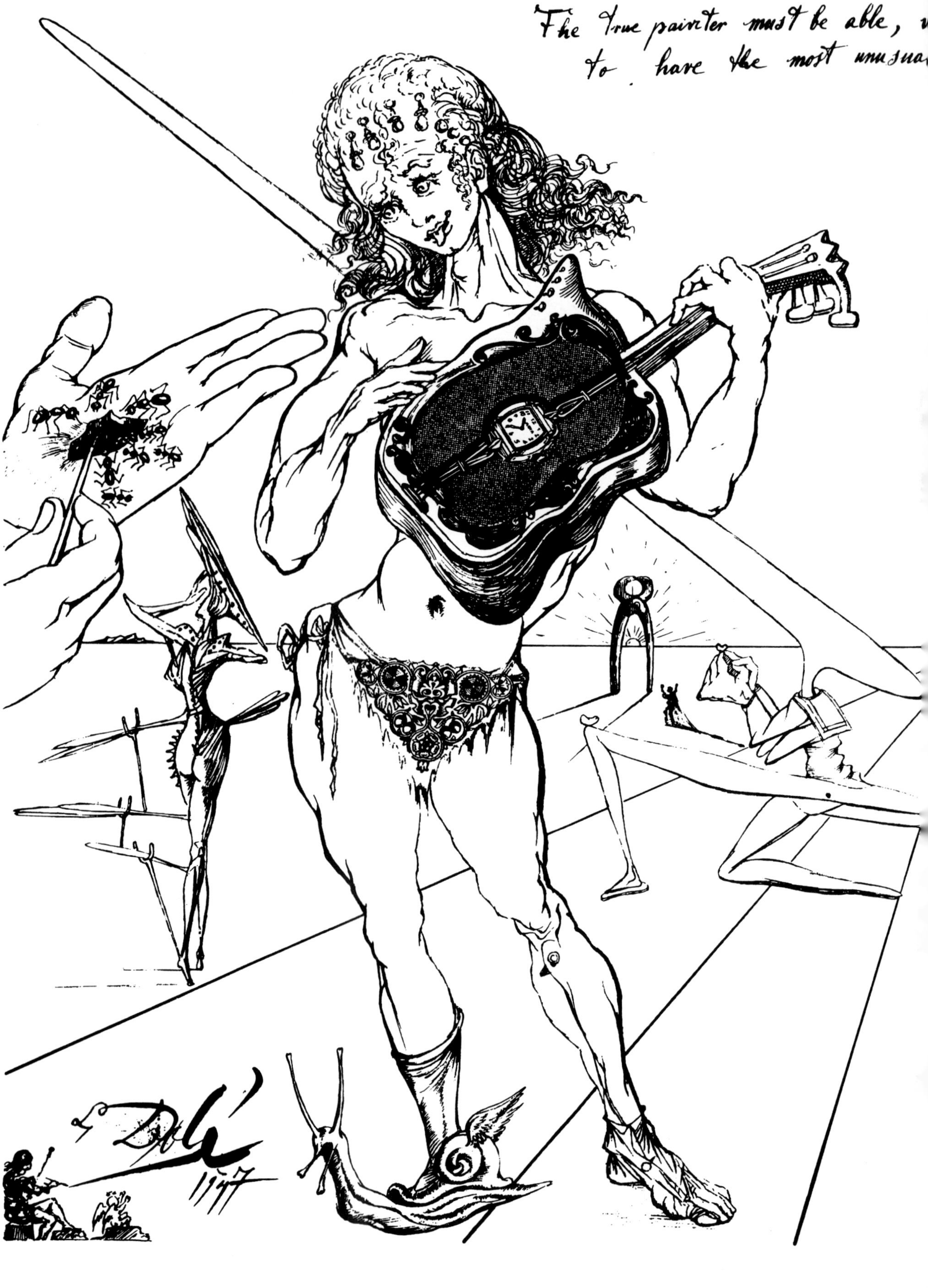

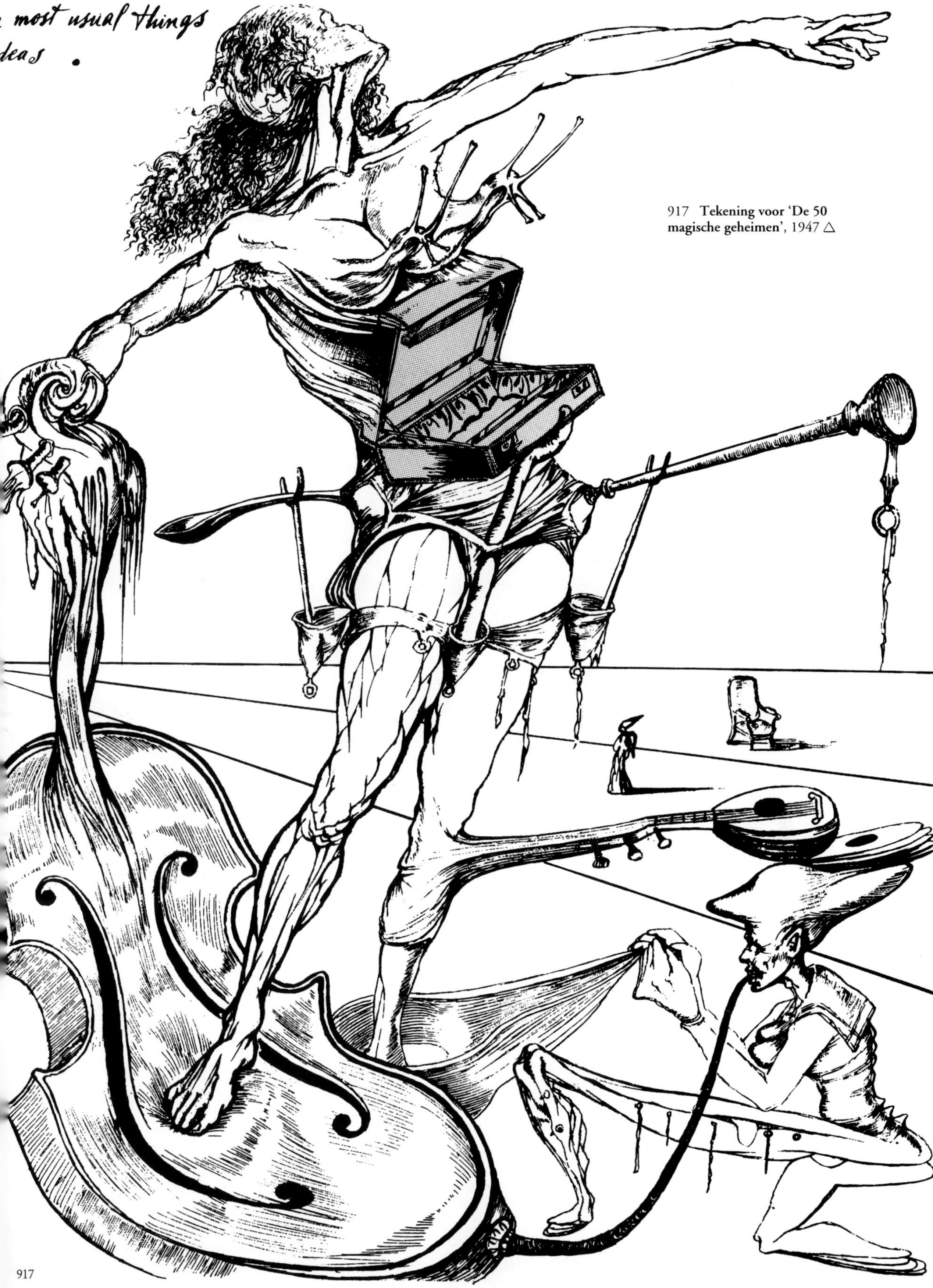

917 **Tekening voor 'De 50 magische geheimen'**, 1947 △

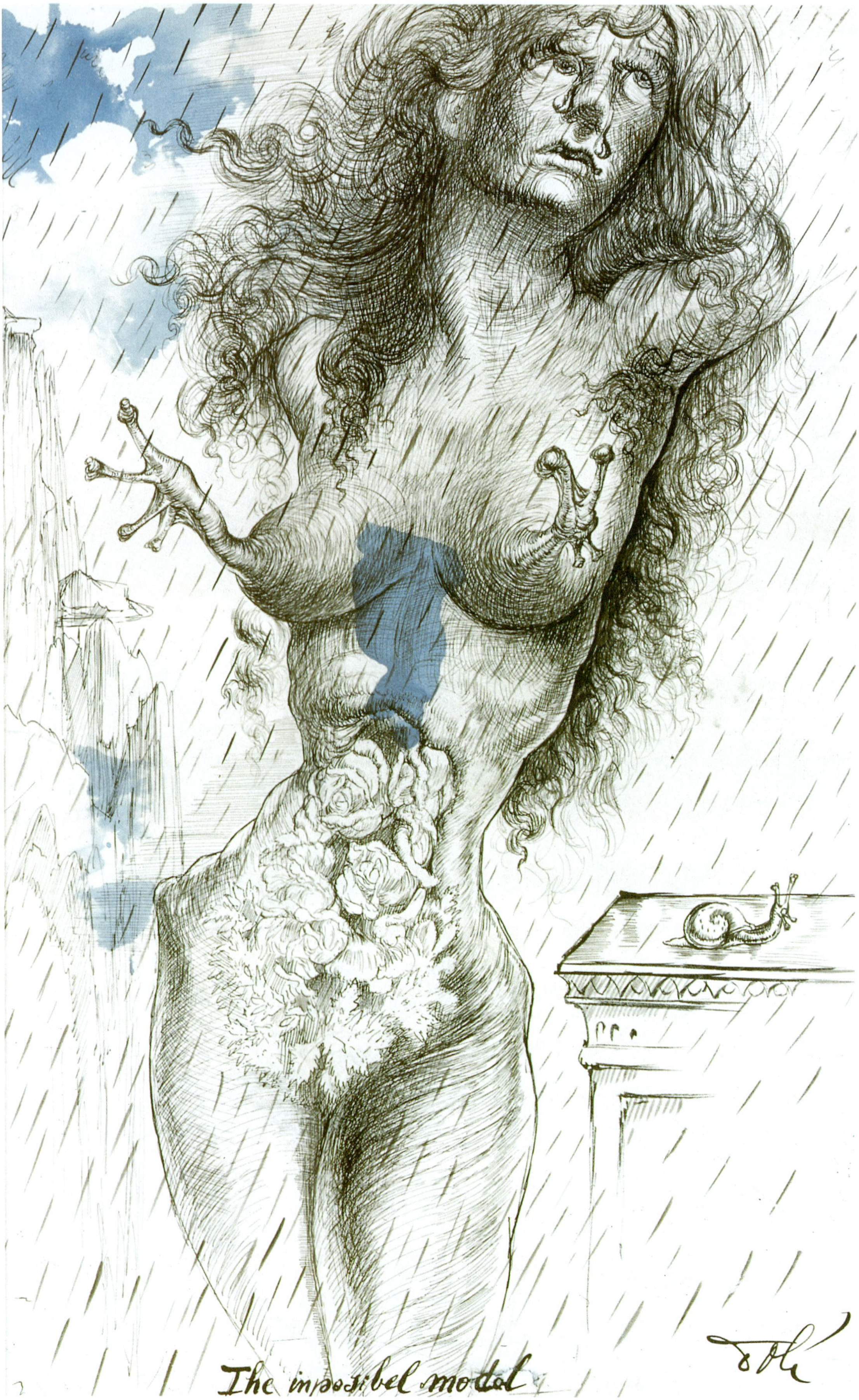

416

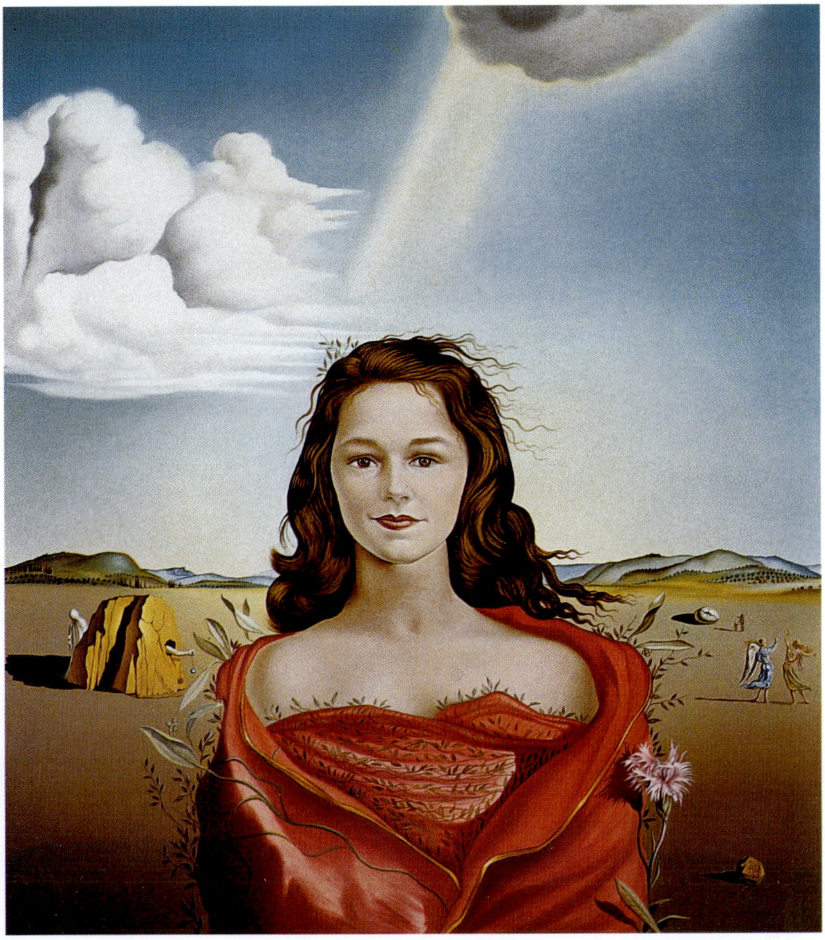

919

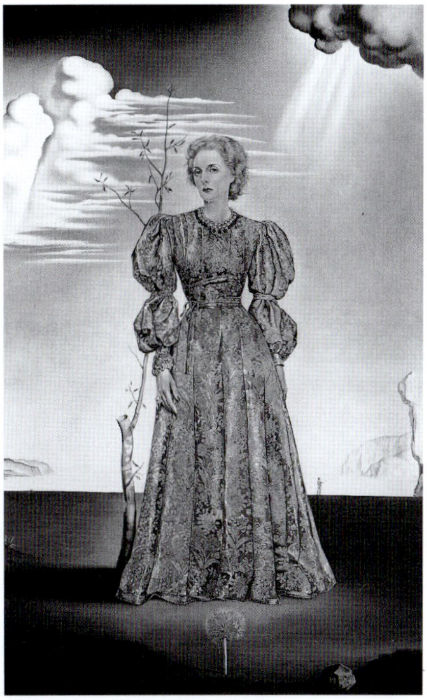

920

vraag niet gehonoreerd, het doet niets af aan de betekenis ervan in Dalí's œuvre. Het markeert het gebruik van dimensies die bemiddelen tussen hemel en aarde in zijn universum, een dimensie die hier wordt belichaamd door de olifanten met 'flinterdunne poten'. Ze wijzen vooruit naar het thema van de levitatie, dat later in zijn 'mystiek-corpusculaire' werken ten volle zou worden uitgewerkt. St.-Antonius wordt achtereenvolgens in 'verzoeking' gebracht door een steigerend paard als het symbool van de macht –maar door zijn verschijningsvorm ook het symbool van de wellust– en door verschillende olifanten die het paard volgen. Een daarvan draagt de bron der lusten op zijn rug, waarin een naakte, wellustige vrouw staat. De volgende draagt een op Bernini geïnspireerde Romeinse obelisk op zijn rug en de daaropvolgende dragen op het Palladium lijkende bouwsels en een fallische toren. Op de achtergrond verschijnen aan de wolkenhemel onderdelen van het Escorial als het symbool van tijds- en geestelijke ordening. Wat de elf werken betreft die deelnamen aan de prijsvraag rond het thema van de verzoeking van St.-Antonius, is het tijdschrift 'Art News' in zijn septembernummer genoodzaakt Dalí een soort predikaat toe te kennen: "Dalí is veruit de beste, op dit gebied voelt de oude tovenaar zich thuis. Door middel van zijn zintuig voor macht en irrealiteit verandert hij een doek met veel meer aspiraties dan de willekeurige, fors op het papier gezette reclame-affiches in iets angstaanjagends. De Spanjaard Dalí is blijkbaar de enige onder deze schilders die de angsten en lusten heeft gekend die er ten tijde van de waterspuwers waren."

918 **Het onmogelijke model (tekening voor 'De 50 magische geheimen')**, 1947 △
Le modèle impossible

919 **Portret van Mrs. Mary Sigall**, 1948 ❑
Portrait de Mrs. Mary Sigall

920 **Portret van Nada Patsjewitsj**, 1948 ❑
Portrait de Nada Patchevitch

1947

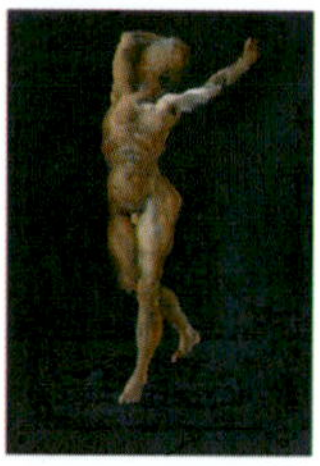

921

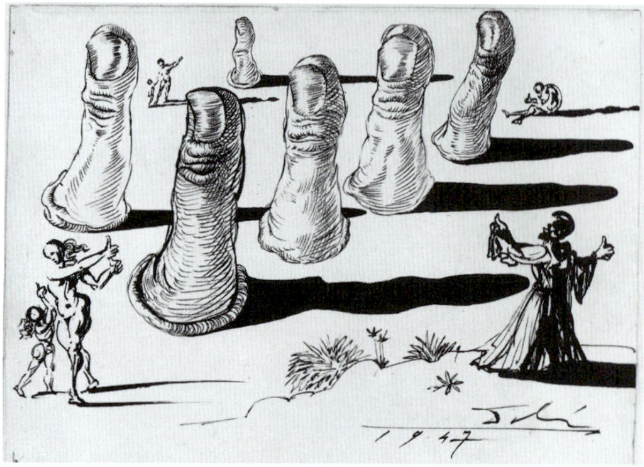

924

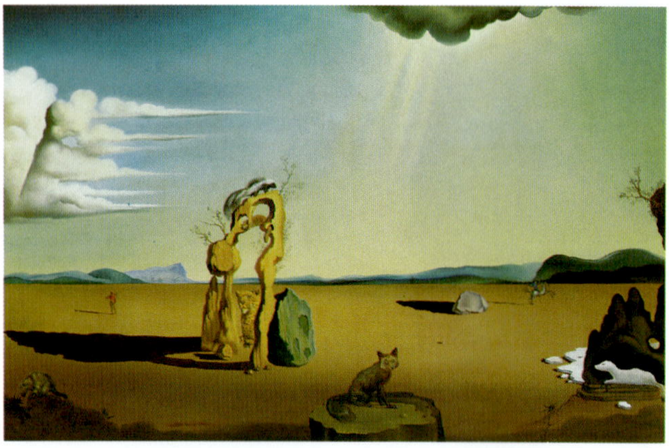

922

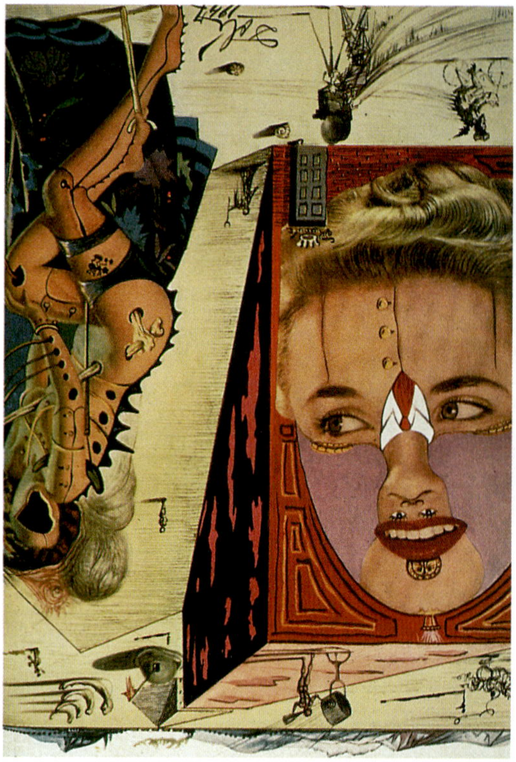

925

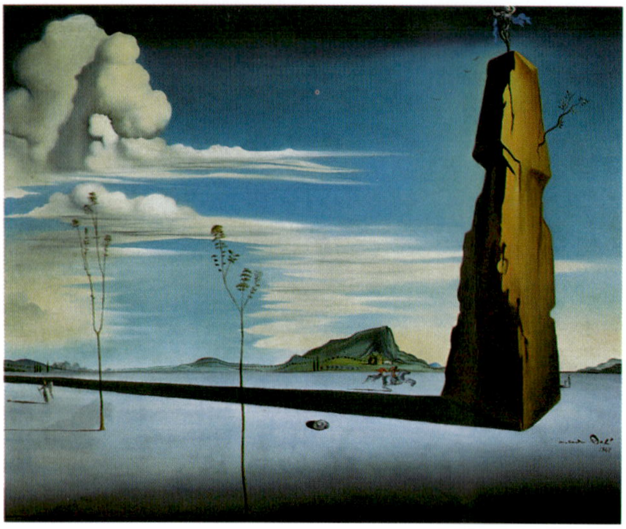

923

921 **Zonder titel (Mannelijk naakt in een landschap)**, rond 1948 ❑
Sans titre (Nu masculin dans un paysage)
922 **Naakt in de woestijn (Wilde dieren in de woestijn)**, 1948 ❑
Nu dans le désert (Bêtes sauvages dans le désert)
923 **Zonder titel (Landschap)**, 1947 ❑
Sans titre (Paysage)
924 **De duimen. Illustratie voor de 'Essays' van Michel de Montaigne, verschenen bij Doubleday, New York,** 1947 △
Les pouces

Dalí besluit zich van nu af aan geheel aan deze drievoudige synthese van klassieke schilderkunst, atoomtijdperk en nadrukkelijk spiritualisme te wijden. "In een geniale sprankeling van ideeën besloot ik mij op de schilderkunstige oplossing van de quantumtheorie te storten en vond om de zwaartekracht te beheersen het 'gequantificeerde realisme' uit. Ik schilderde *Leda atomica* (blz. 425), een verheerlijking van Gala, de godin van mijn metafysica, en het lukte me om de 'zwevende ruimte' te scheppen; en daarna volgde *Ik op zesjarige leeftijd, toen ik dacht dat ik een meisje was dat op het punt stond uiterst voorzichtig de huid van de zee op te tillen om in de schaduw van het water een slapende hond te bekijken* (blz. 433) – een schilderij waarop de schepsels en voorwerpen als vreemde elementen in de ruimte verschijnen. Ik bewerkstelligde schilderkunstig de dematerialisatie van de materie. Daarop vergeestelijkte ik haar om energie te kunnen scheppen.

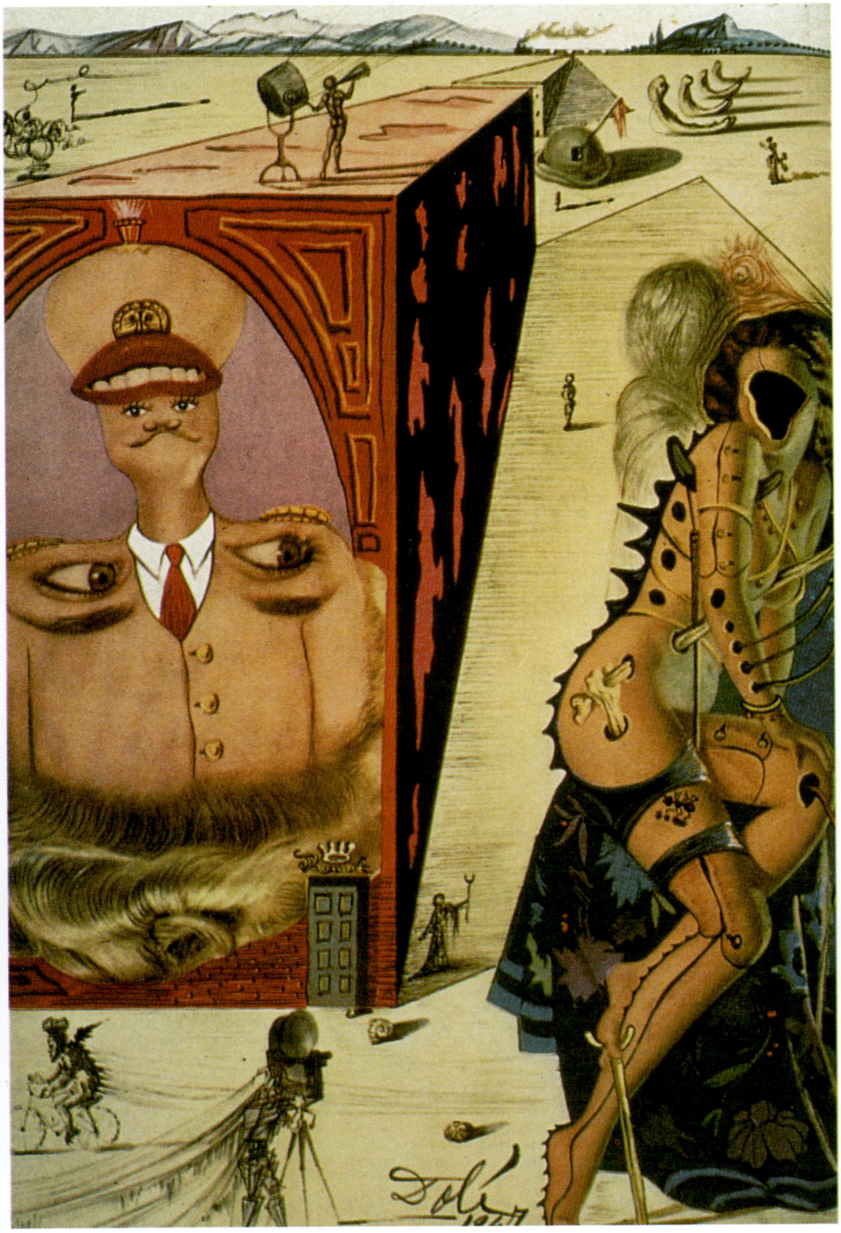

926

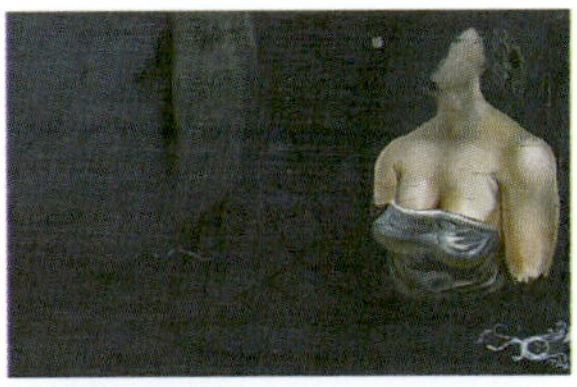

927

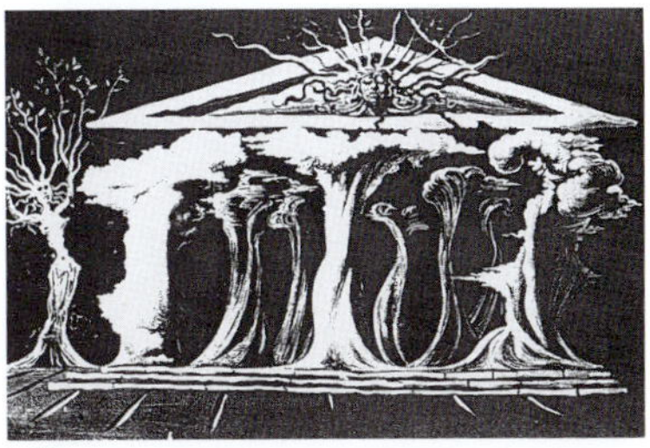

928

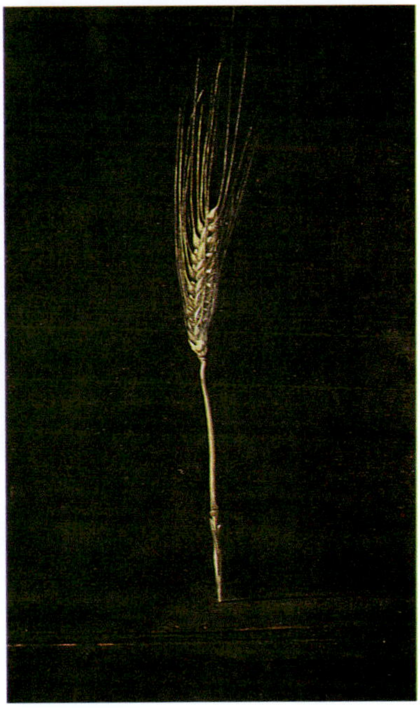

929

Het voorwerp is een levend wezen dankzij de energie die het in zich bergt en uitstraalt, dankzij de dichtheid der materie waaruit het is samengesteld. Elk van mijn 'subjecten' is tegelijk een mineraal dat aan de polsslag van de tijd deelneemt, en een levend stuk uranium. Het is me in mijn schilderkunst gelukt om de ruimte substantie te geven.

Mijn *Pantheon van verdraaide kruiwagens* (blz. 445) is de meest glansrijke demonstratie van mijn mystieke visie. Ik beweer met volledige overtuiging dat de hemel zich midden in de boezem van die mens bevindt die het geloof bezit, want mijn mystiek is niet alleen religieus, maar ook nucleair en hallucinogeen, en in het goud, in het schilderen van de weke uurwerken of in mijn visioenen van het station van Perpignan ontdekte ik dezelfde waarheid. Ik geloof in de magie en in mijn noodlot."

925, 926 **Hollywood. Titelpagina voor het tijdschrift 'Sunset'. Dubbelschilderij, van twee kanten te bekijken**, 1947 △
927 **Studie voor een portret (onvoltooid)**, rond 1948 ❑
928 **Zonder titel (Tempelfront met atoombomexplosies)**, rond 1947 ❑
Sans titre (Frontispice de temple avec explosions de bombes atomiques)
929 **Korenaren**, 1947 ❑
Epis de blé

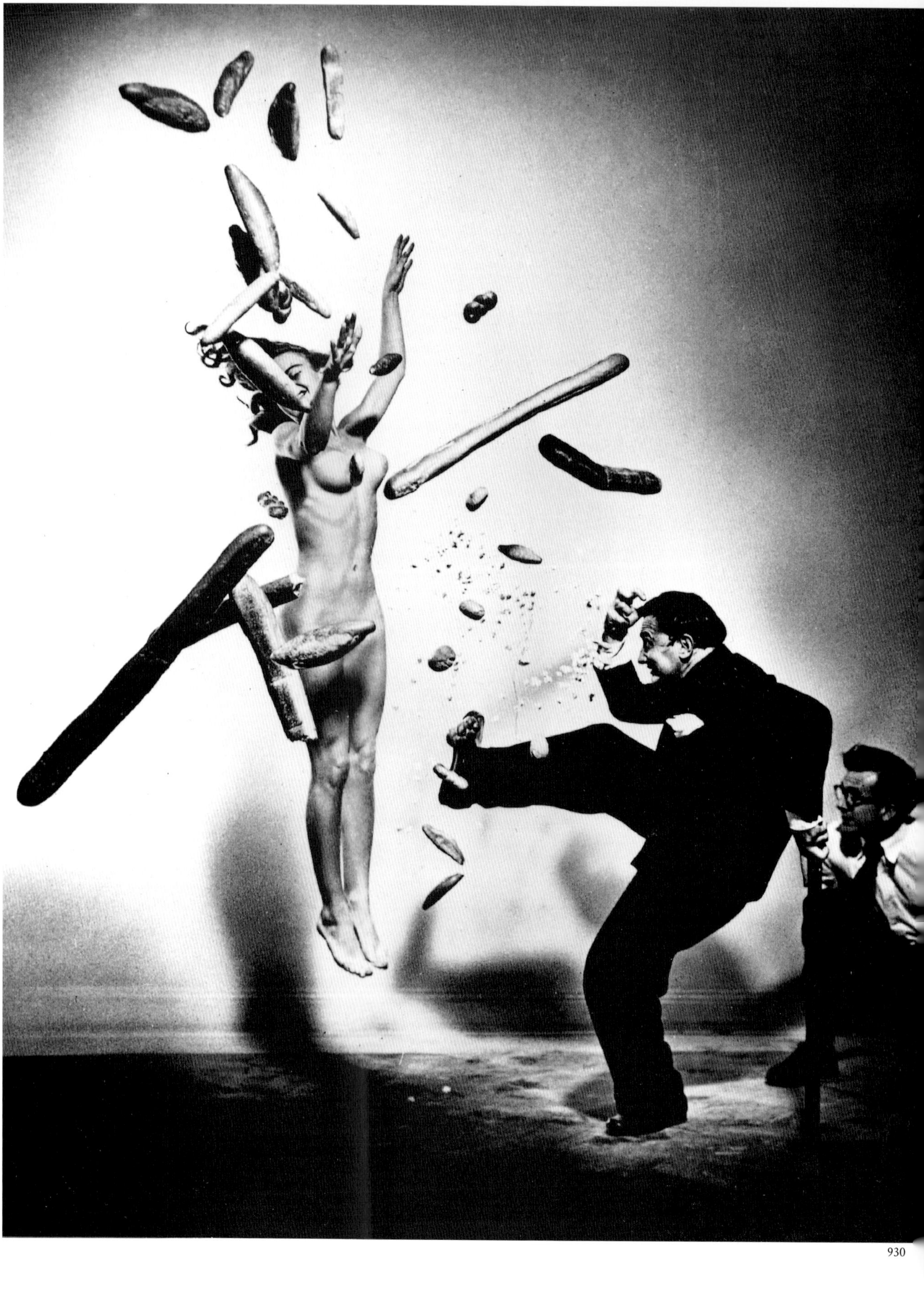

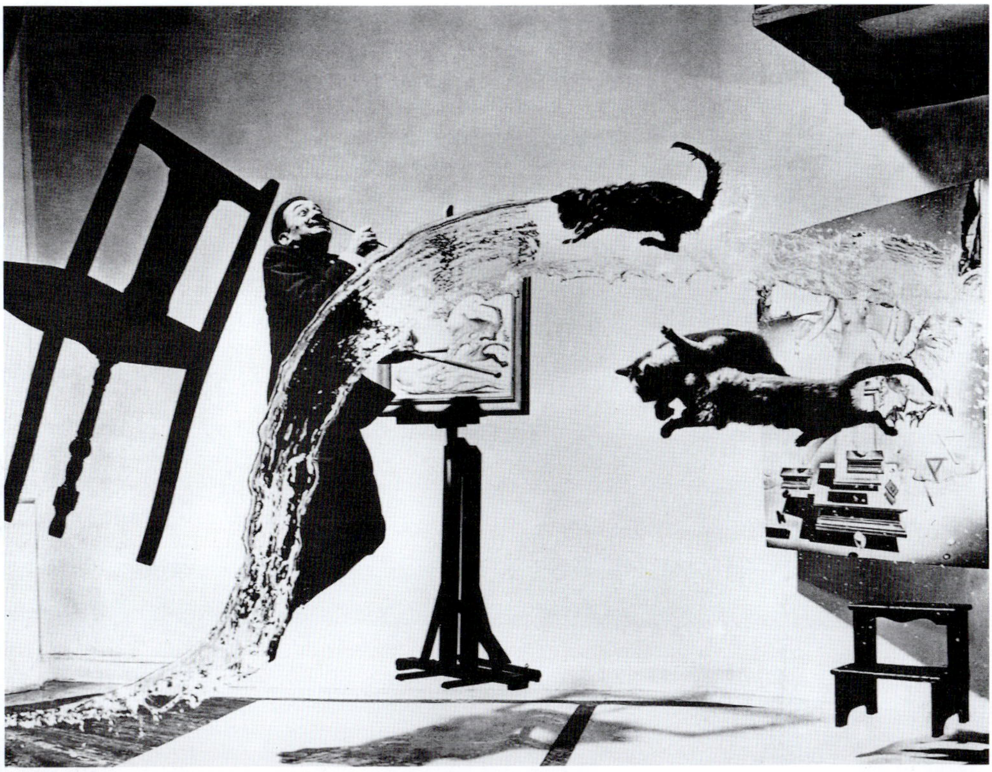

931

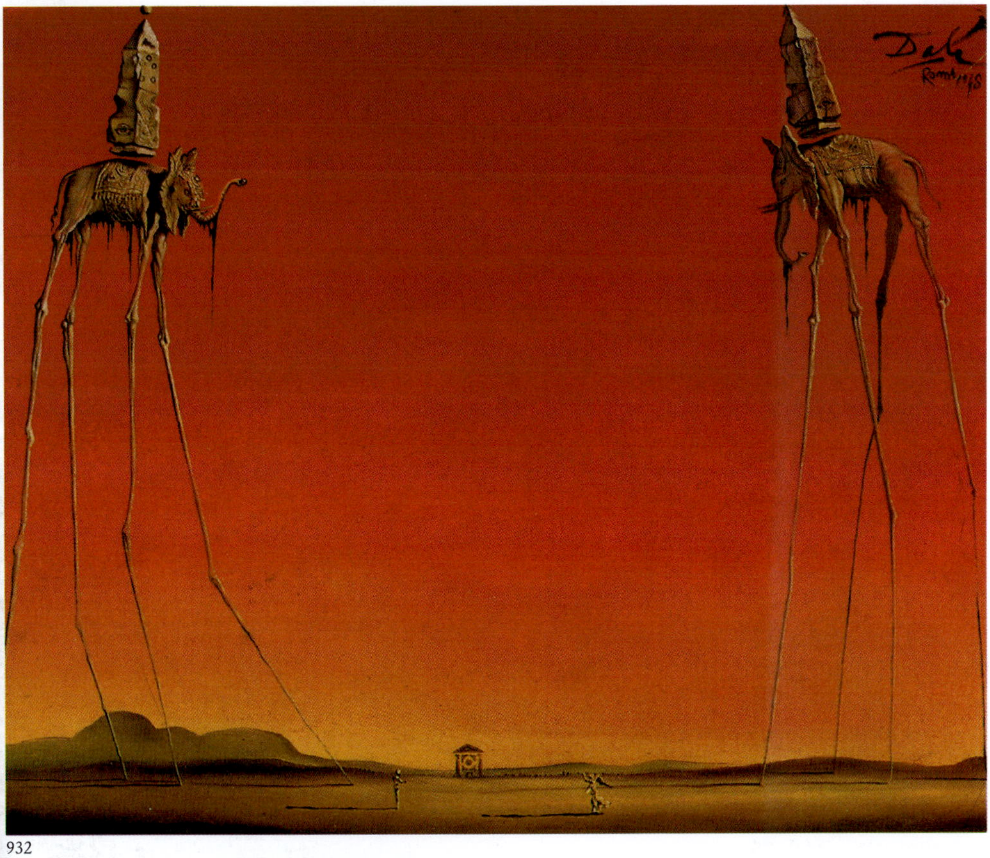

932

930, 931 **'De kosmische Dalí'. Uit een fotoreeks van Philippe Halsman die Dalí heeft ontworpen**, 1948 ✫

932 **De olifanten**, 1948 ❑
Les éléphants

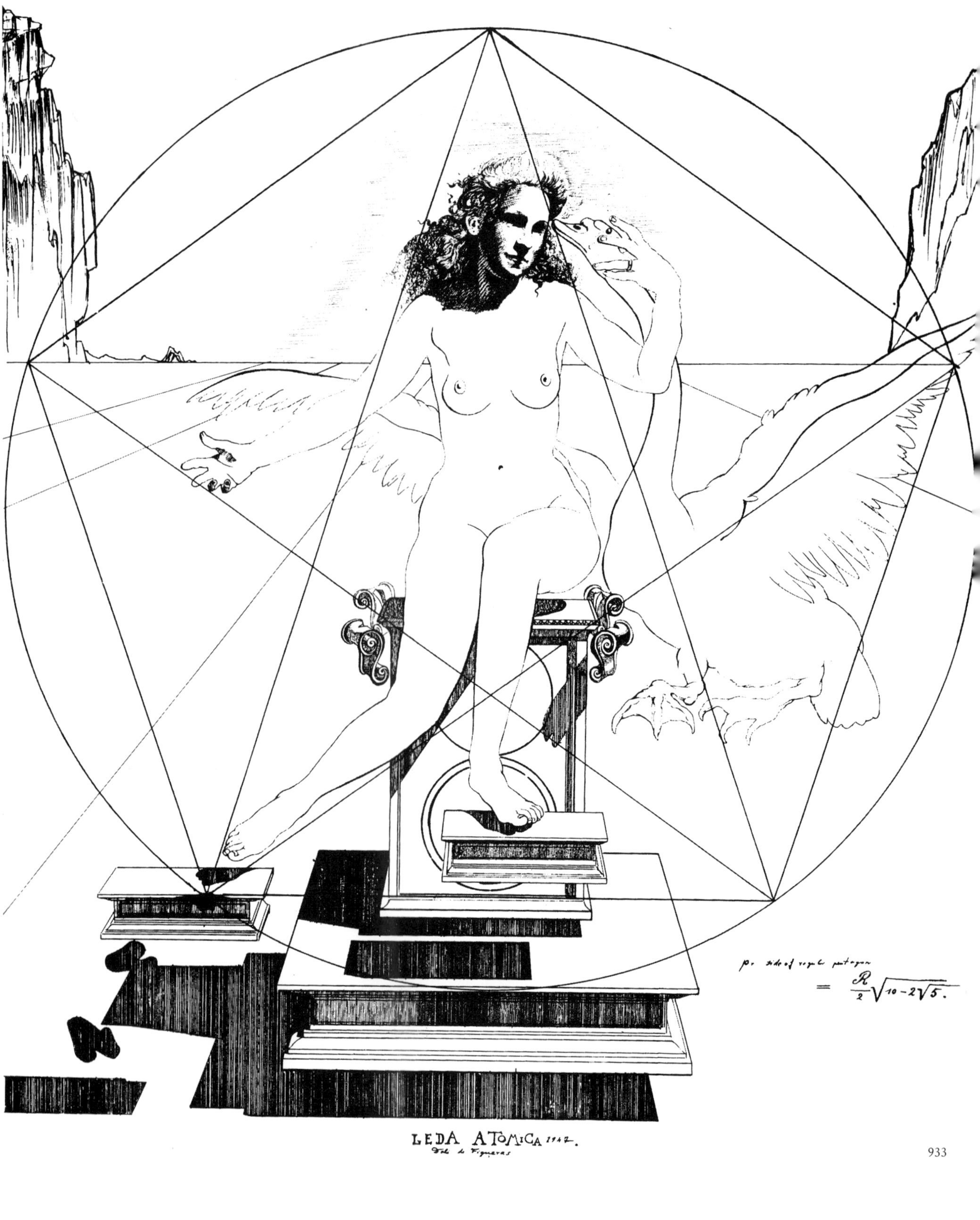
pr side of regular pentagon
$= \frac{R}{2}\sqrt{10-2\sqrt{5}}.$
LEDA ATOMICA 1947.
Dali de Figueras

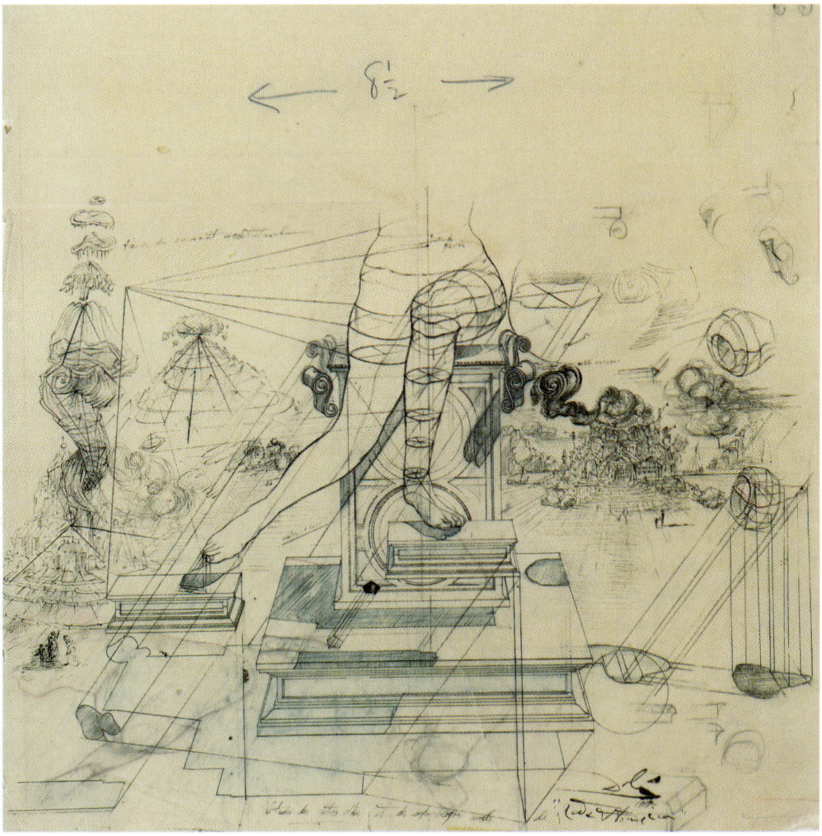

934

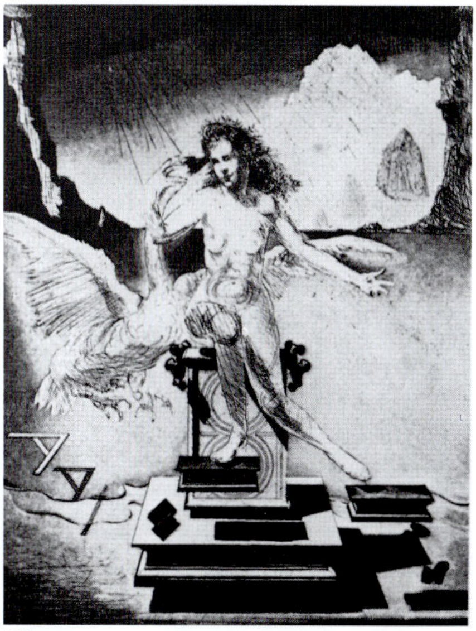

935

Fallische zwanen en stralende maagden

De eerste schilderijen van deze reeks waren allebei versies van *De madonna van Port Lligat* (blz. 426 en 443), waarvan hij het kleinste op 23 november 1949 aan paus Pius XII liet zien. Hij stort zich ook op Dantes 'Divina commedia' en illustreert haar met honderd aquarellen. In deze tijd wordt uit zijn in mystieke extase gedoopte penseel ook het schilderij *De Christus van St.-Johannes van het Kruis* (blz. 451) geboren. *Het koninklijke hart* (blz. 452) van goud en robijnen is het kloppende antwoord op de herinnering aan de stem van zijn moeder die vroeg: "Hart, wat wil je?"

Die nieuwe Dalí wordt verketterd, vooral door de surrealisten en Breton; anderen –en niet minder groten– namen hem daarentegen zeer serieus. Zo stelt pater Bruno Froissart: "Salvador Dalí vertelde mij dat niets hem zo stimuleert als het idee van de engel. Dalí wilde de hemel schilderen, doordringen in het hemelgewelf om met God te kunnen communiceren. God is voor hem een ongrijpbaar idee, onmogelijk te concretiseren. Dalí denkt dat Hij wellicht die substantie is die men in de kernfysica zoekt. Maar voor hem is God niet kosmisch; zoals hij mij zei, zou dat een beperking inhouden. Hij ziet daarin een tegenstrijdige gedachte, die zich niet laat samenvatten in een samenhangende structuur.

Dalí, in de grond van zijn hart een Catalaan, moet iets kunnen aanraken en 'dat geldt ook voor engelen'... Wanneer hij zich nu sinds enige tijd bezighoudt met de hemelvaart van de Maagd Maria, doet hij dat, zo zegt hij, omdat zij 'door de kracht van de engelen' ten hemel is gestegen... Dalí stelt zich voor dat protonen en neutronen 'engelachtige elementen' zijn; want, zo legt hij uit, in de hemelse lichamen zijn 'resten van substantie te vinden, omdat bepaalde wezens volgens mij zo op engelen lijken, zoals Rafaël en St.-Johannes van het Kruis'."

933 **Studie voor 'Leda atomica',**
1947 △

934 **Studies voor de luchtruimten en de weke vormen in 'Leda atomica',**
1947 △
Etude des centres d'air et des morphologies molles de 'Léda atomica'

935 **Studie voor 'Leda atomica',**
1949 △

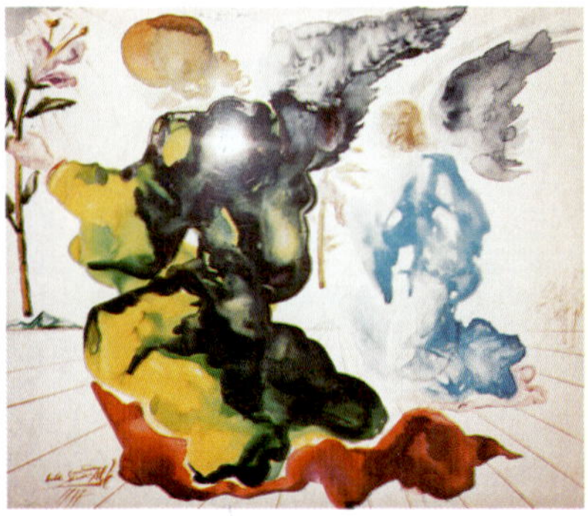

936

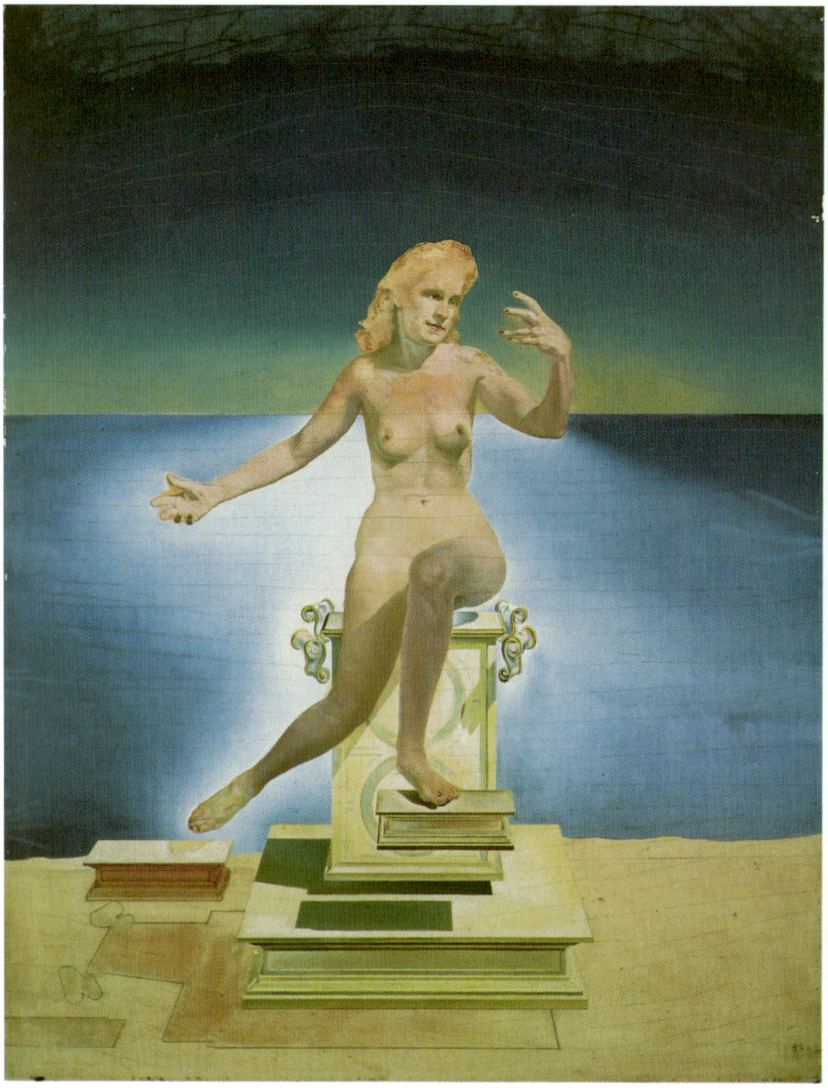

937

936 **De annunciatie**, 1947 △
L'annonciation

937 **Leda atomica (eerste versie, onvoltooid)**, 1948 ❑

938 **Leda atomica**, 1949 ❑

Engelen waarvan hij steeds veelvuldiger portretten in zijn doeken schildert, die allemaal het landscap van Port Lligat als achtergrond hebben: *Landschap bij Port Lligat met vertrouwde engelen en vissers* (blz. 434), *Landschap bij Port Lligat* (blz. 435), *De engel van Port Lligat* (blz. 461). Hoewel we ons niet om de tuin moeten laten leiden; niets lijkt voor Dalí zoveel op een engel als een zwaan en hetzelfde geldt voor Leda en een madonna. Daarbij moet je denken aan Michelangelo, op wiens *Tondo Doni (De Heilige Familie)* de fries van naakte Efebers heidens aandoet en in tegenspraak lijkt met de verschijning van Christus. Om maar te zwijgen van de maagd Maria die zich in dit vermeend religieuze schilderij naar haar zoon toebuigt in een houding die karakteristiek is voor fellatio, en daarbij schijnbaar de mythe van Aphrodite en haar zoon Eros doet herleven die in de Griekse mythologie incest bedrijven. We zullen nog zien hoe Dalí van doek tot doek wisselt van mystiek naar erotiek.

Jean-Louis Ferrier wijdt een heel boek aan *Leda atomica* (blz. 425). In 'Leda atomica – Anatomie d'un chef-d'œuvre' vergelijkt hij het werk met alle andere

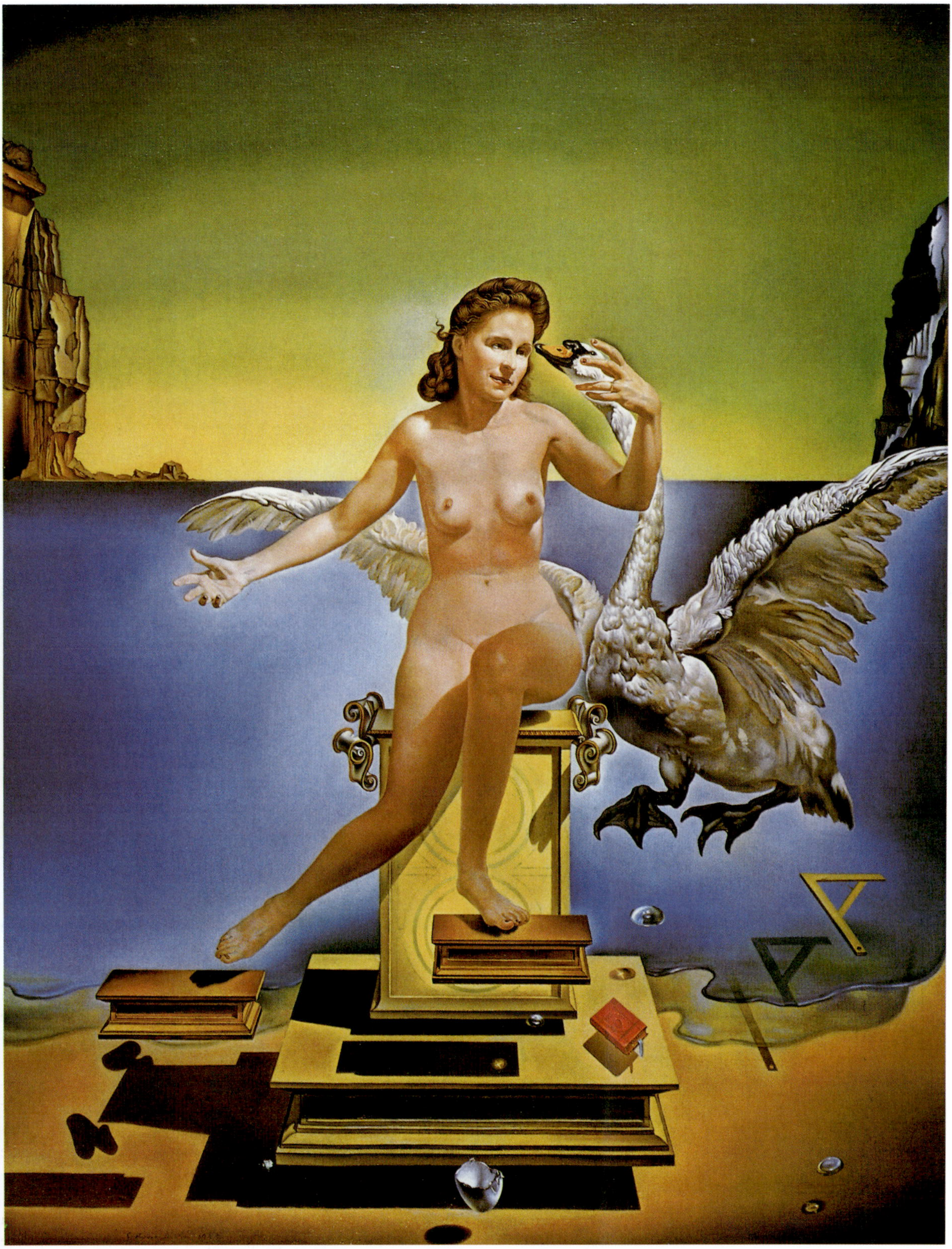

938

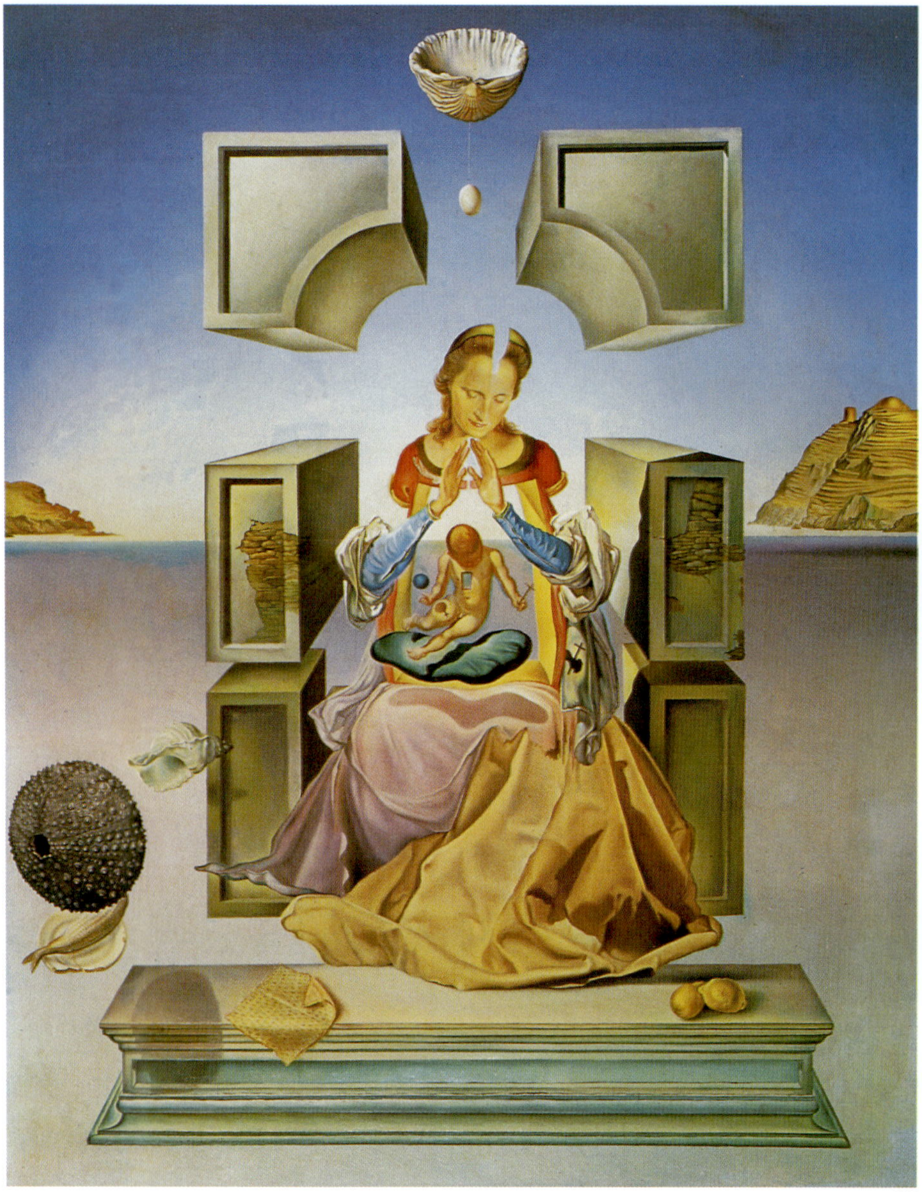

939

939 **De madonna van Port Lligat (eerste versie)**, 1949 ❑
La Madone de Port Lligat

'Leda's' uit de kunstgeschiedenis: "De sleutel tot de mythe van Leda is te vinden in de erotische gravures uit de 18e eeuw en in de graffiti: Zeus veranderde in een gevleugelde fallus om de vrouw van Tyndareus beter te kunnen verleiden. Dat is de verborgen betekenis van de mythe die in de gehele traditionele schilderkunst steeds bedekt blijft. In zijn *Leda atomica* laat Dalí deze betekenis echter precies in het omgekeerde verkeren, want de toestand van levitatie waarin de vrouw en de zwaan zich in zijn schilderij bevinden, staat voor de zuiverheid en de sublimatie. Zo opgevat is de *Leda atomica* de inleiding tot Dalí's periode van religieuze schilderijen... De mythe van Leda komt in de Europese schilderkunst steeds weer terug, grotendeels onveranderd, tot aan Poussin en Moreau. Maar bij Moreau neemt de zwaan, die zijn kop op het hoofd van Leda legt, de plaats in die gewoonlijk is voorbehouden aan de duif van de Heilige Geest. Net als Dalí heeft Moreau een visie op de Leda-mythe vanuit het standpunt van initiatie en psy-

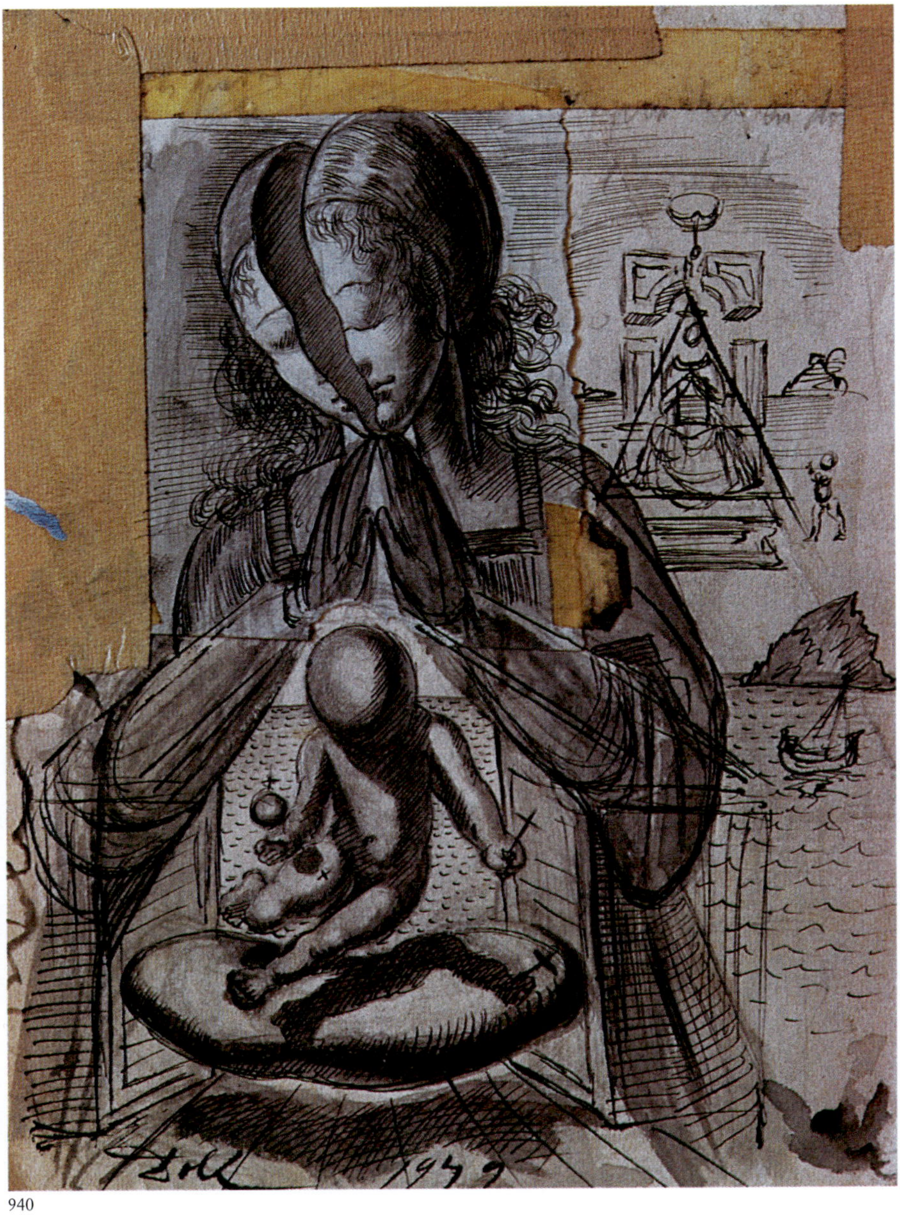

940

choanalyse." Ferrier slaat de spijker op zijn kop: "Het Dalíaanse delirium zal minder delirisch lijken wanneer we begrijpen dat hij in wezen die archetypen in het alledaagse leven probeert te introduceren die de universele denkcategorieën vormen, wat Kant 150 jaar vóór de psychoanalyse niet kon weten. Jung was al een voorloper, toen hij de verschrikkelijke armoede aan symbolen in zijn tijd betreurde..." Ferrier eindigt met de stelling: "Salvador Dalí onderscheidt zich van het merendeel van de moderne schilders door zijn buitengewone virtuositeit, die ligt in de directe voortzetting van de klassieke strengheid van zijn werk. Die ambachtelijke zorgvuldigheid gaat bij de kunstenaar hand in hand met een veelvormige eruditie, die zowel de traditionele kennis bestrijkt als in contact staat met eigentijdse wetenschappen en met de sinds bijna een eeuw in verschillende psychoanalytische stromingen beoefende onderzoeken. Zowel het een als het ander ligt ten grondslag aan het belang van zijn kunst."

940 **Studie voor 'De madonna van Port Lligat'**, 1949 △

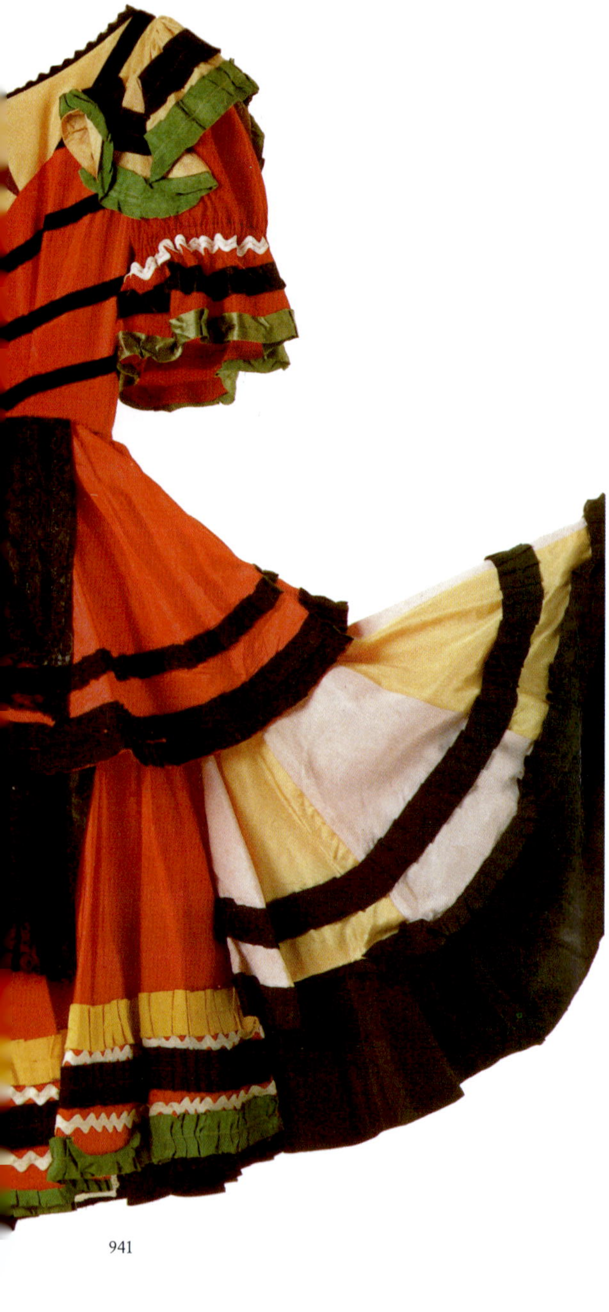

941

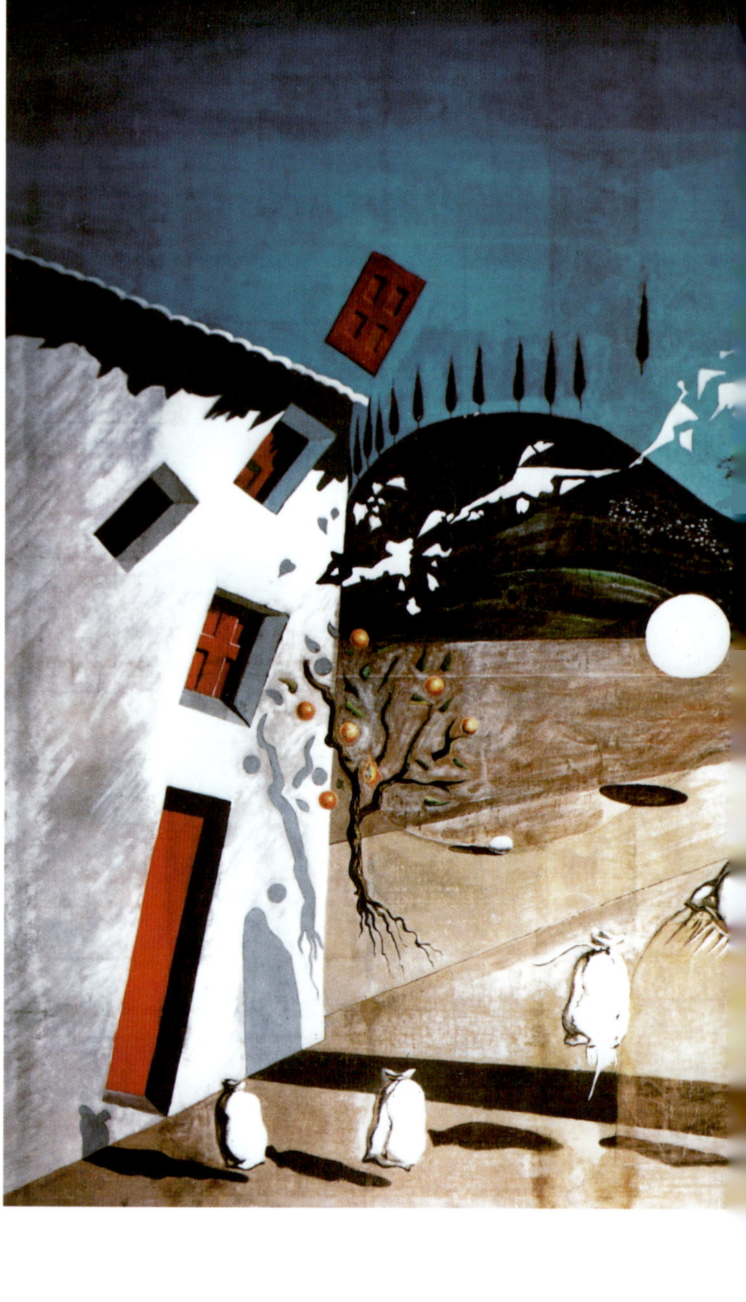

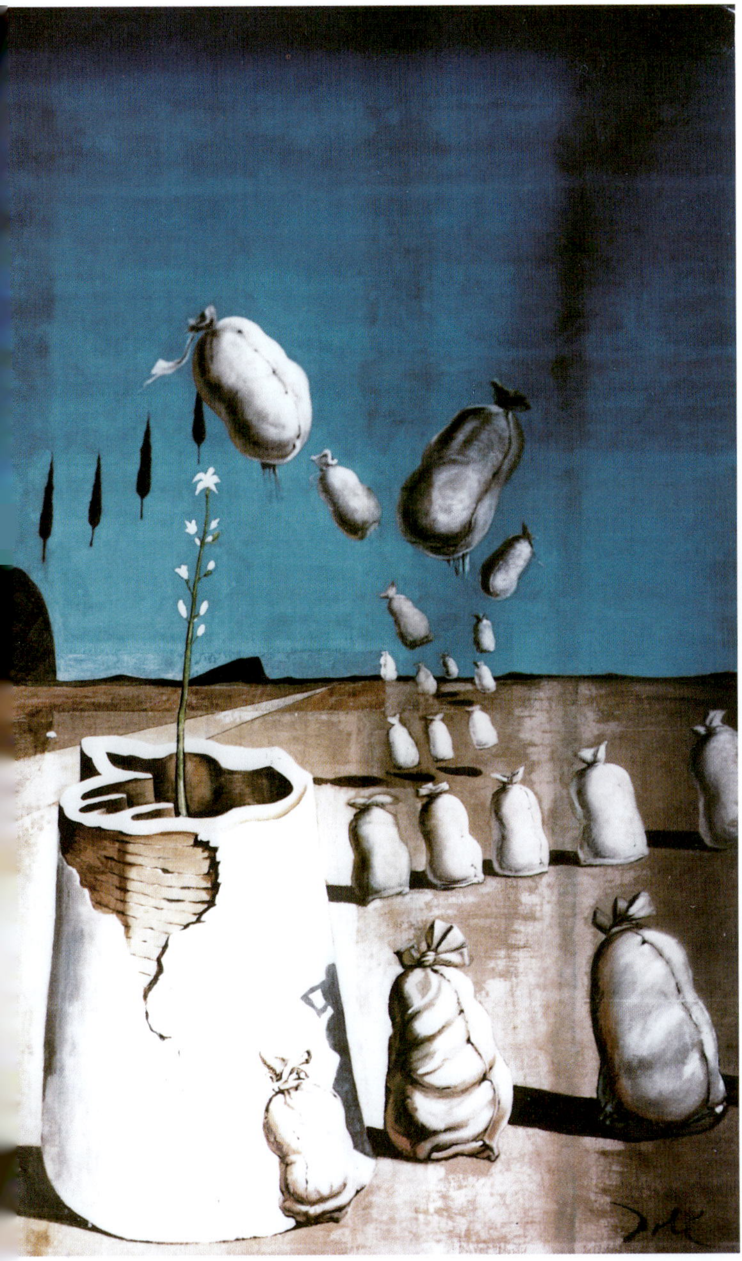

942

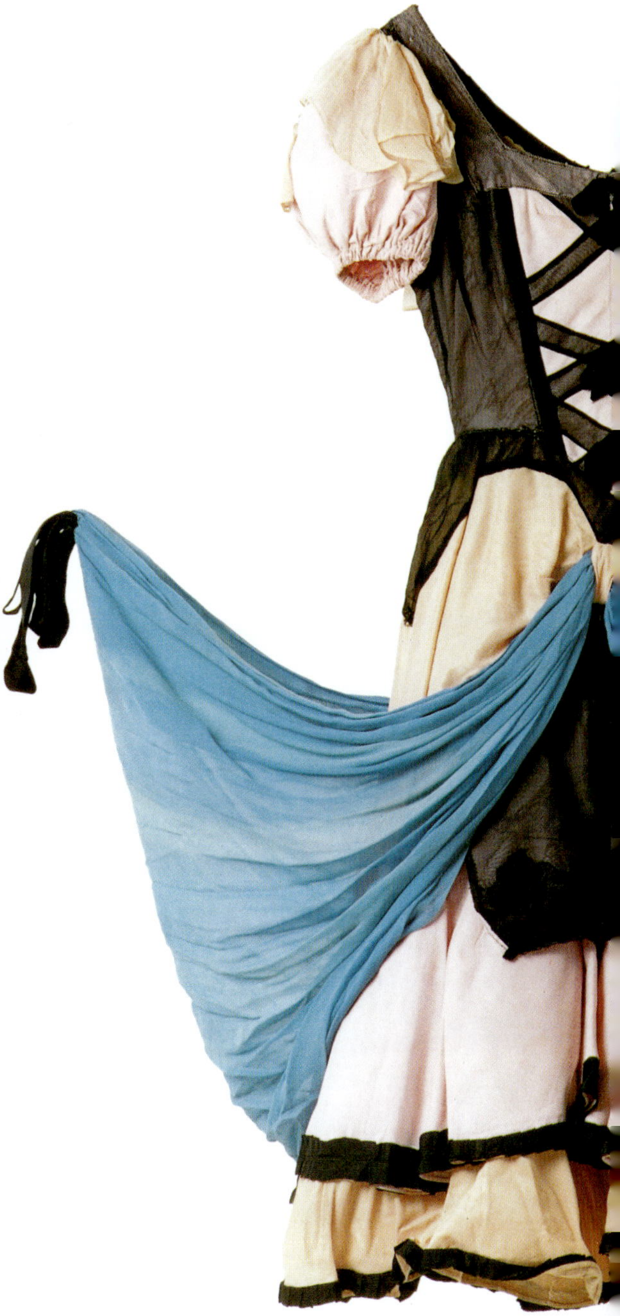

943

941, 943 **Kostuums voor het ballet 'El Sombrero de Tres Picos' (De driekante steek) van Manuel de Falla,** 1949 ☆

942 **Toneeldecor voor 'El Sombrero de Tres Picos', 2e akte,** 1949 ❑

1949

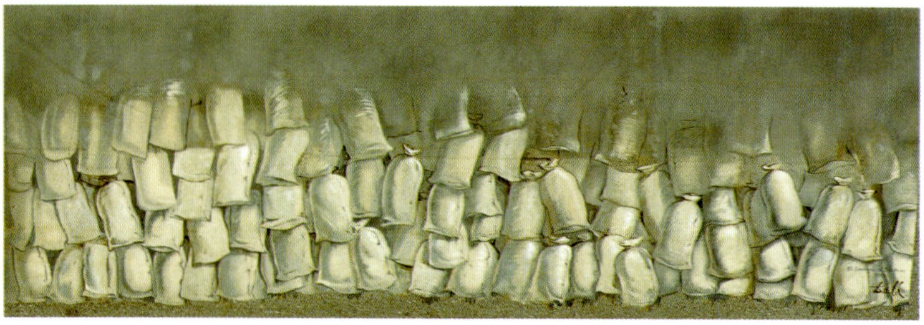
944

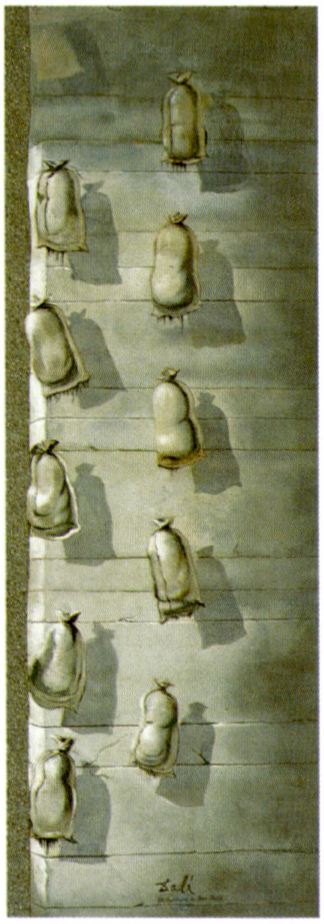
945

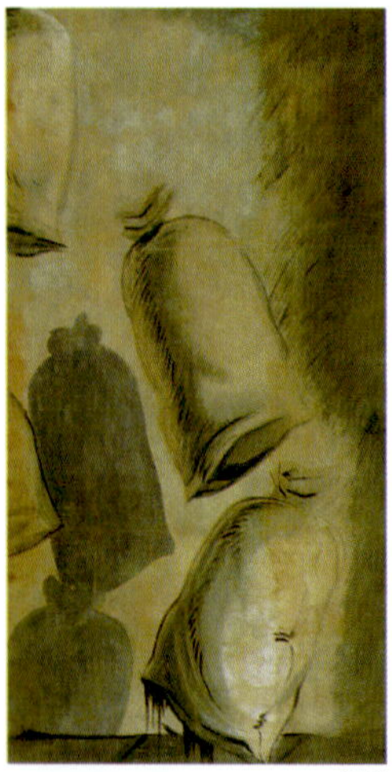
946

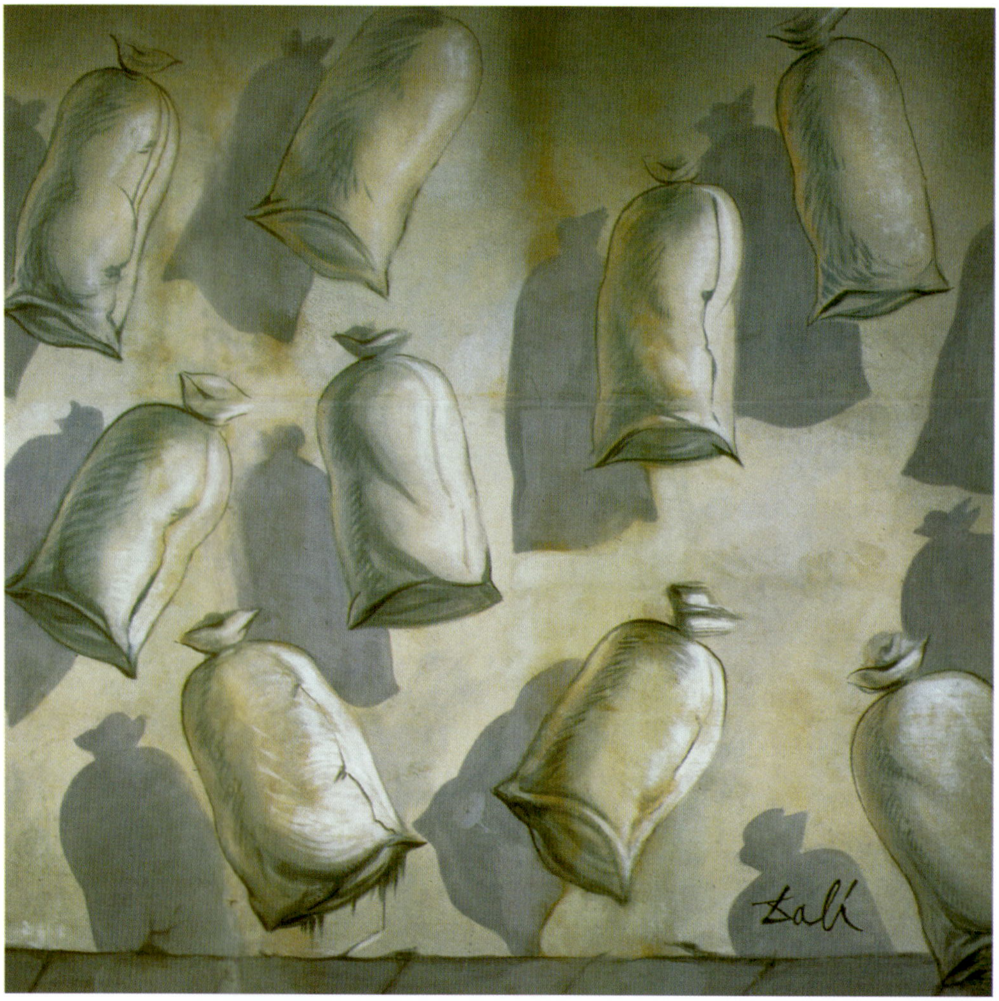
947

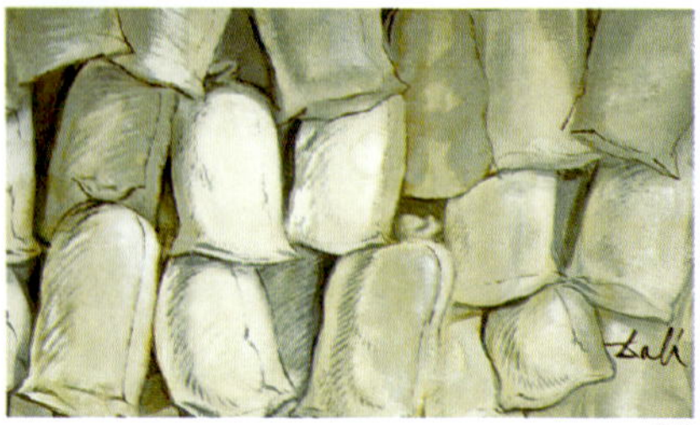
948

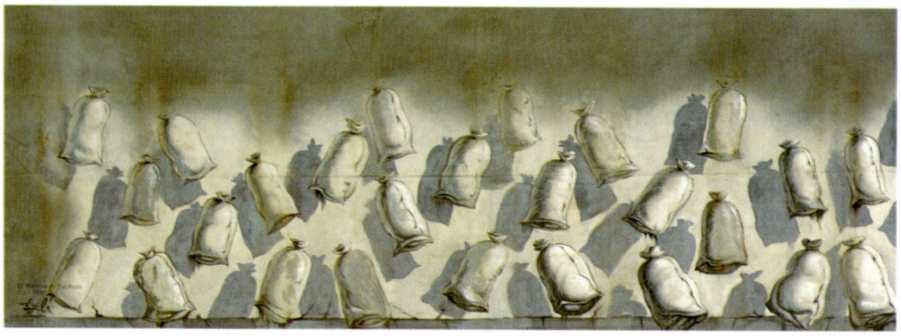
949

Dalí's gehele werk is gebaseerd op strenge mathematische verhoudingen. De zweeftoestand van lichamen en voorwerpen op de doeken uit deze periode berust niet alleen op de Gulden Snede of op speculaties van de moderne fysica, maar geeft ook Dalí's spirituele ontwikkeling aan, die zich nu ook –als altijd gericht op tweevoudige samenvoeging– tot het agnosticisme wendt en tot het Rooms-apostolisch katholicisme.

Voor Dalí ging die 'dubbele visie' terug op de dood van zijn oudere broer, die vóór de geboorte van de schilder stierf. Zijn ouders gaven hem dezelfde voornaam, Salvador – zoals hij schrijft "een onbewuste misdaad die werd verzwaard door het feit dat in de kamer van mijn ouders –een uitnodigende, geheimzinnige, angstaanjagende, met verboden omringde en met tegenstrijdige gevoelens bekeken plek–de staatsiefoto van mijn dode broer naast de reproduktie van de *Gekruisigde* van Velázquez hing. En dit beeld van de Verlosser die mijn broer Salvador ongetwijfeld in zijn engelachtige hemelvaart had gevolgd, creëerde in mij een archetype dat ontstond uit het bestaan van vier Salvadors die mij tot lijk maakten – des te meer toen ik steeds meer sprekend begon te lijken op mijn dode broer. Ik waande me al dood voordat ik me van mijn leven bewust werd... Mijn favoriete psychiater, Pierre Roumeguère, verzekert mij dat ik door de geforceerde identificatie met een dode geen ander, werkelijk gevoeld beeld van mijn lichaam had dan dat van een verrot en vergaan, week, door wormen aangevreten lijk. En het is waar dat mijn vroegste herinneringen aan een sterk, echt bestaan zijn verbonden aan de dood... Mijn seksuele dwangvoorstellingen gaan allemaal

944, 945, 946, 947, 948, 949 **Decor voor het ballet 'Los sacos del molinero' (De zakken van de molenaar)**, 1949 ❑

950 **Toneelachtergrond voor 'Don Juan Tenorio'**, 1950 ❑

951 **Vier stoelen in de hemel**, 1949 △
Quatre fauteuils dans le ciel

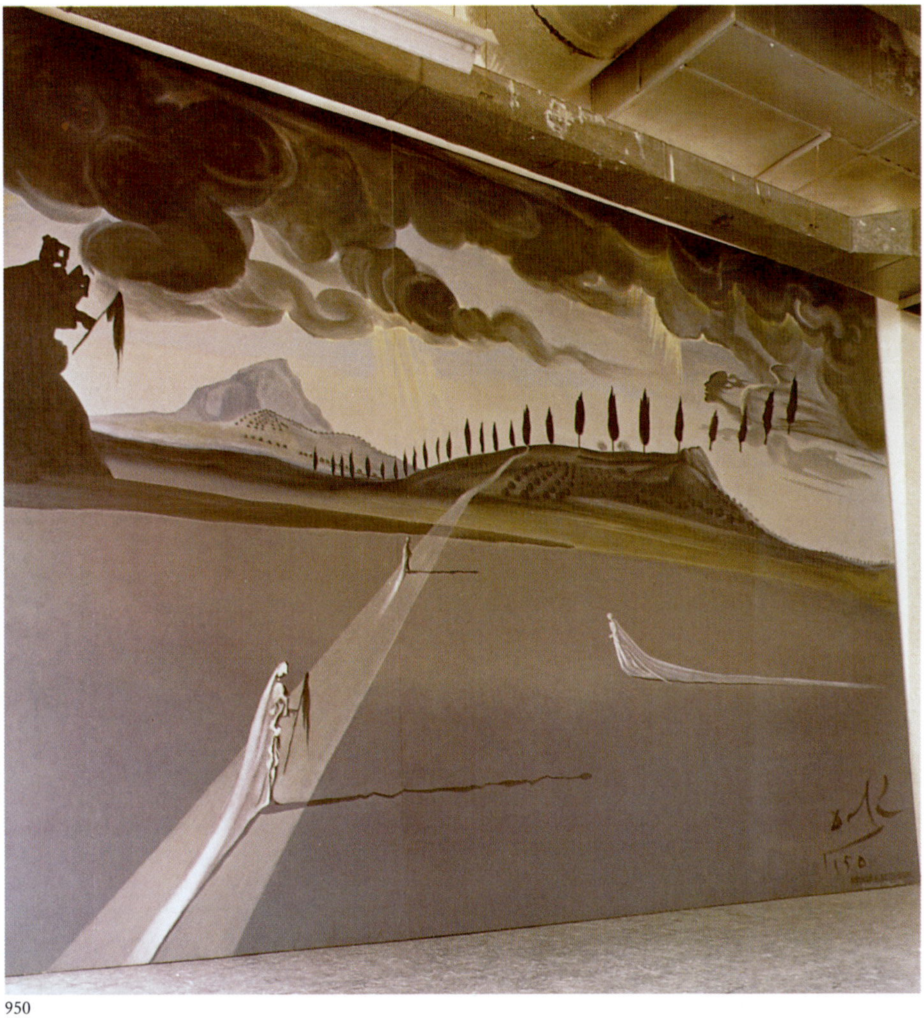

950

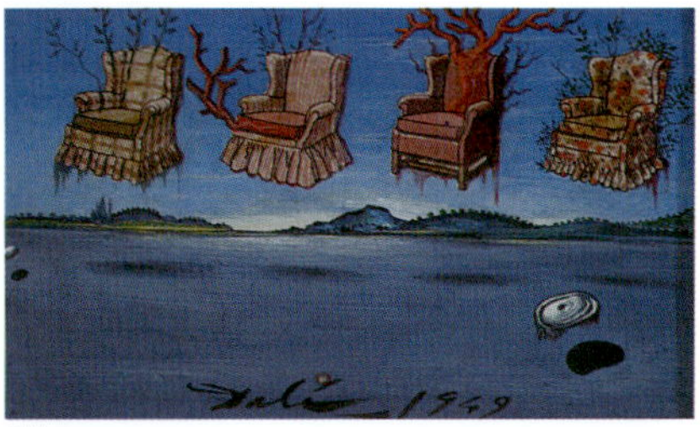

951

gepaard met weke zwellingen. Ik droom van lijkachtige vormen, van uitgerekte borsten, van verrot vlees, en de krukken die voor mij al gauw de rol van heilige voorwerpen speelden, zijn in mijn dromen en later ook in mijn werk onontbeerlijke voorwerpen die mij helpen mijn zwakke voorstelling van de werkelijkheid te ondersteunen, die mij steeds ontglipt door de gaten die ik zelfs in de rug van mijn voedster snijd. De kruk is niet alleen een steun: haar vork is ook een bewijs van de dubbelzinnigheid."

Het idee van het 'dubbele', een belangrijk aspect in het leven en werk van Dalí, begint dus met de dood van zijn broer vóór zijn eigen geboorte. Het zet zich voort in de versmelting van Vermeer met de logaritmische spiraal, die zichzelf mathematisch regenereert. Ze loopt door zijn liefde voor Gala, zijn "legitieme, welriekende vrouw", zijn nieuwe dubbelgangster, zijn genie, zijn Helena van Troje, zijn kantwerkster, zijn "Nietzschiaanse rinoceros in zijn eeuwige streven naar macht". Dalí verklaart: "Gala heeft mij in de waarste zin van het woord de structuur gegeven die aan mijn leven ontbrak. Ik bestond slechts in een zak vol gaten, week en vaag, altijd op zoek naar een kruk. Doordat ik mij tegen Gala aandrukte, vond ik een ruggegraat en doordat ik haar liefhad, werd mijn huid gedicht. Mijn zaad was tot dan toe verloren gegaan door masturbatie en als het ware in het niets meegesleurd. Door Gala heb ik het weer teruggewonnen, heeft het mij weer tot leven gewekt. Ik dacht eerst dat zij mij zou verslinden, maar in feite heeft zij mij geleerd de werkelijkheid te eten. Toen ik mijn schilderijen signeerde met 'Gala-Dalí', gaf ik slechts naam aan een existentiële waarheid, want zonder mijn tweeling Gala zou ik niet meer bestaan." Voor de maker van weke uurwer-

952 **Dalí's snorren**, 1950 △
Les moustaches de Dalí

953 **Erotisch strand**, 1950 ❑
Plage érotique

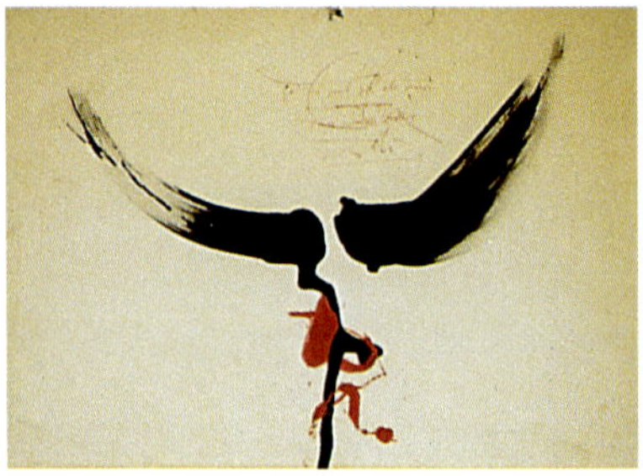

952

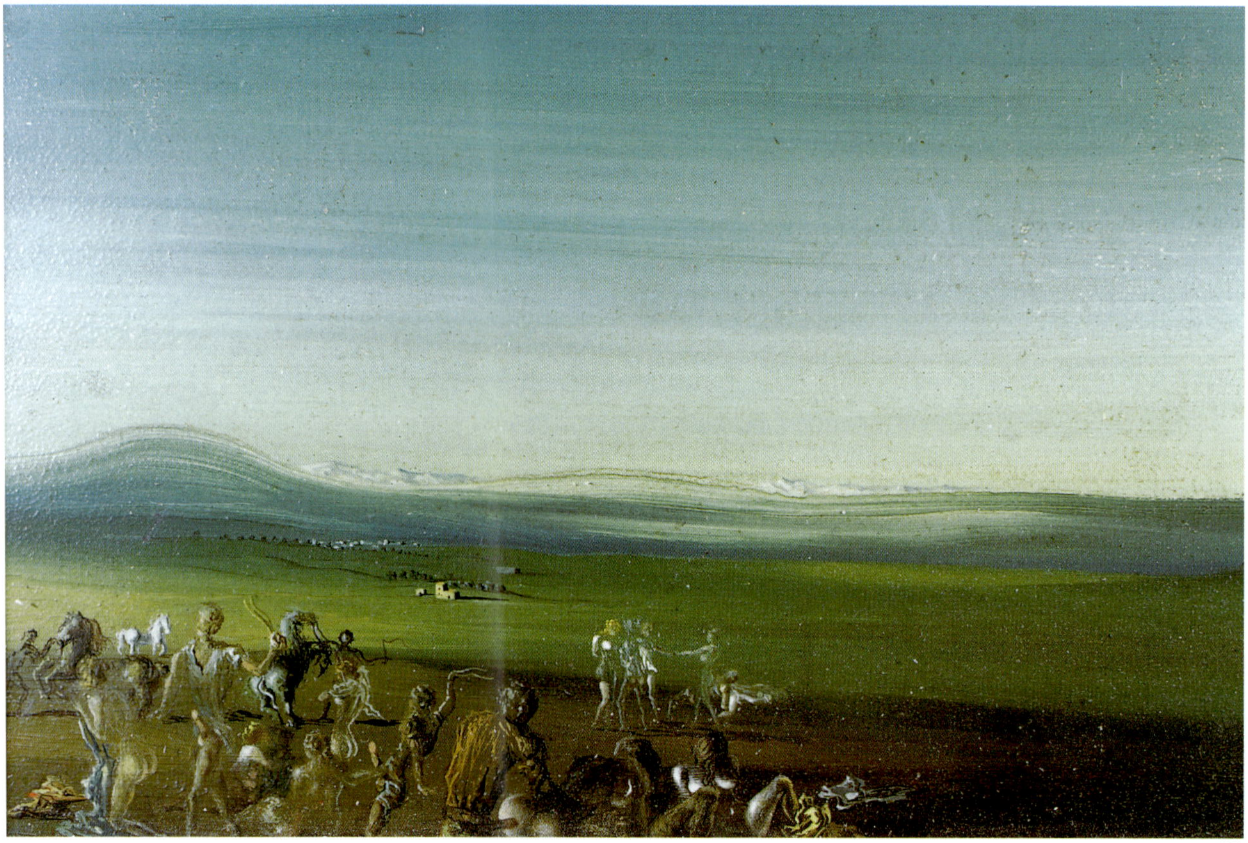

953

ken vormen Dalí en Gala de belichaming van de verheven mythe van de Dioscuren, voortgekomen uit een van de twee goddelijke eieren van Leda. Dalí neemt samen met Gala "Castor en Pollux, de stereochemische, goddelijke tweeling", tot voorbeeld om de 'tweeling' van zijn vrouw te worden en zo "voor hetzelfde geld twee geheugens, mogelijkerwijs zelfs drie, te hebben in plaats van één, wat de volharding van de onsterfelijkheid der herinnering nog vaster moet maken". Het zal duidelijk zijn dat de ene tweeling, toen de andere, Gala, in 1982 stierf, zich zeer eenzaam voelde, als een kantwerkster zonder haar rinoceros...

Een van Dalí's beroemdste schilderijen is ongetwijfeld *De Christus van St.-Johannes van het Kruis* (blz. 451), wiens gestalte de baai van Port Lligat overheerst. De compositie van de Christus werd geïnspireerd door een tekening die St.-Johannes van het Kruis in extase maakte en die in het klooster van Avila wordt bewaard. De figuren naast de boot zijn ontleend aan een werk van Le Nain en aan een tekening van Velázquez voor het doek *De overgave van Breda*. Dalí zei erover: "Ten eerste had ik in 1950 een 'kosmische droom' waarin ik dit schilderij in kleur zag, die in mijn droom de 'nucleus van het atoom' voorstelde. Deze nucleus kreeg later een metafysische betekenis, ik zie er 'de eenheid van het universum' in, Christus! Ten tweede zag ik, dankzij de aanwijzing van de karmelietenpater Bruno, de door St.-Johannes van het Kruis getekende Christus, ik construeerde geometrisch een driehoek en een cirkel, de 'esthetische' samenvatting van al mijn vroegere ervaringen, en plaatste mijn Christus in deze driehoek." Dit werk, dat door een belangrijke criticus als banaal werd betiteld, werd enkele jaren later in het museum van Glasgow door een fanaticus vernield.

954 **Ik op zesjarige leeftijd, toen ik dacht dat ik een klein meisje was dat op het punt stond uiterst voorzichtig de huid van de zee op te tillen om in de schaduw van het water een slapende hond te bekijken**, 1950 ❑
Moi-même à l'âge de six ans, quand je croyais être petite fille, en train de soulever avec une précaution extrême la peau de la mer pour observer un chien dormant à l'ombre de l'eau

955 **Studie voor 'Ik op zesjarige leeftijd...'**, 1950 △

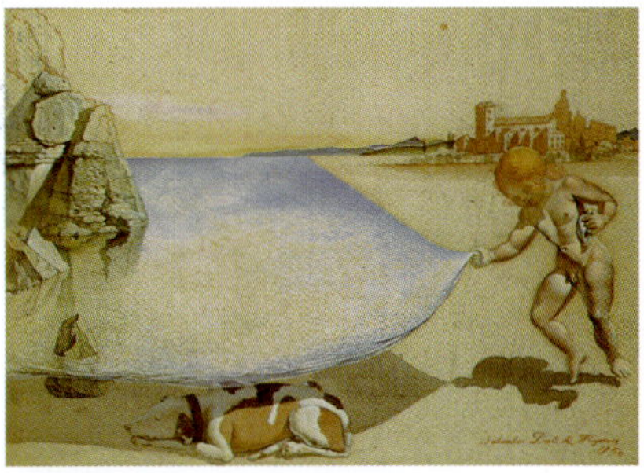

955

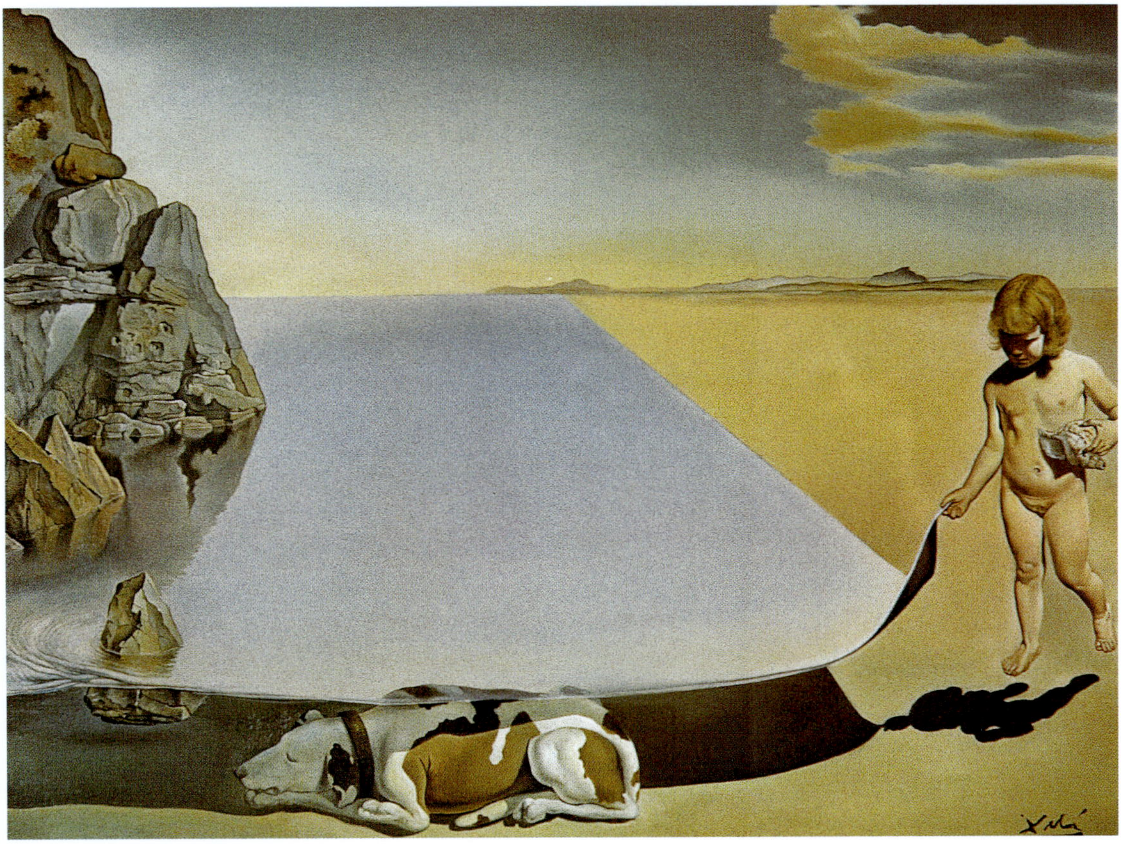

954

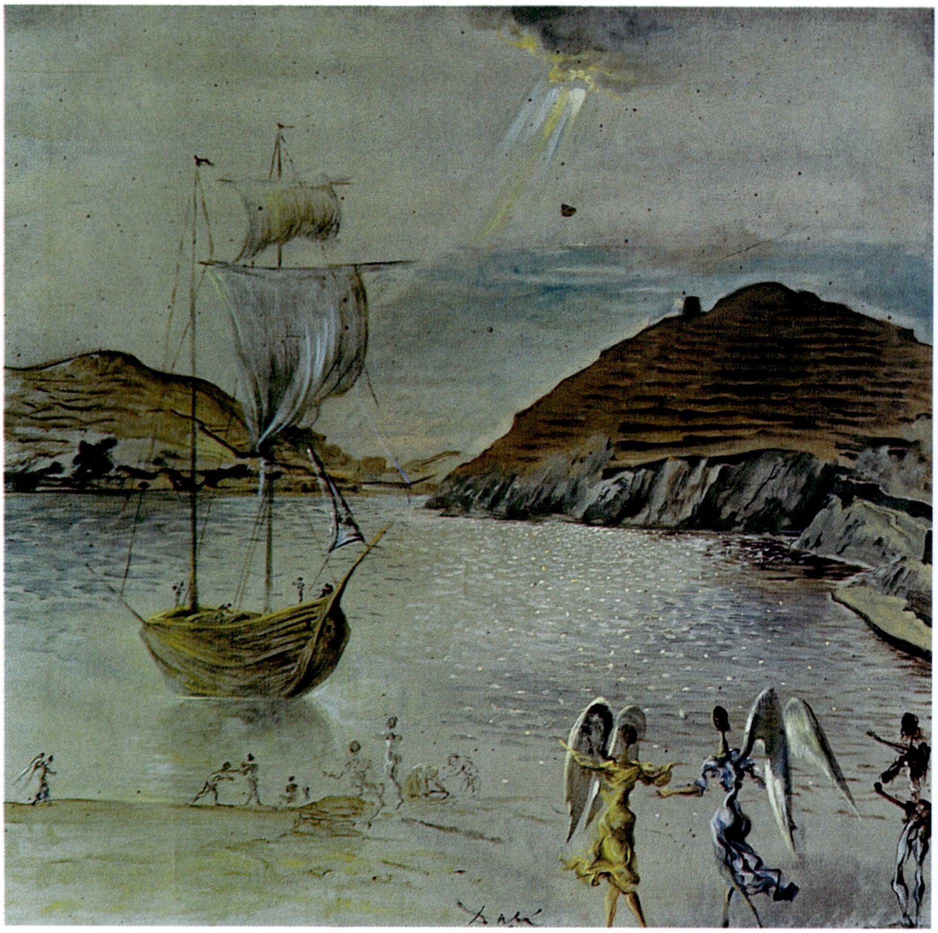

956

Rafaëls atoomexplosie

956 **Landschap bij Port Lligat met vertrouwde engelen en vissers,** 1950 ❑
Paysage de Port Lligat avec anges familiers et pêcheurs

957 **Het landschap bij Port Lligat, dat Dalí steeds weer inspireerde. De foto is uit 1955.** ✫

958 **Landschap bij Port Lligat,** 1950 ❑
Paysage de Port Lligat

959 **Engel (studie),** 1950 △

Over het algemeen probeert Dalí onze moderne tijd te schilderen met de –door hem– verbeterde recepten van de oude meesters die hij zo bewondert. Die synthese van atoommystiek en Classicisme formuleert hij in zijn beroemde 'Metafysische manifest' dat in 1951 verschijnt en alle volgende doeken beïnvloedt.

Desondanks vindt er geen breuk plaats met zijn vroegere werk, want hij verandert noch iets aan zijn techniek, noch aan zijn kritisch-paranoïde methode. Alleen de onderwerpen veranderen, als ze al veranderen. We moeten beseffen dat Dalí ook zijn mysticisme verder verdiept door het erotische delirium. "De erotiek is de koninklijke weg van Gods ziel." De nieuwe mens van God, die zich, in Dalí's eigen woorden, "omgeeft met de prachtigste achterwerken die je je kunt voorstellen", om even raak een *Jeugdige maagd die sodomie bedrijft met de hoornen van haar eigen kuisheid* (blz. 478) tussen een madonna, een Christus of het gebarsten hoofd van een rafaëleske heilige te kunnen schilderen.

Die continuïteit, die trouw aan zichzelf cultiveert Dalí zowel bij zijn madonna's als zijn Christus-voorstellingen. "Alle geologische karakteristieken van Port Lligat", zei hij in verband met *De madonna van Port Lligat* (blz. 443), "worden

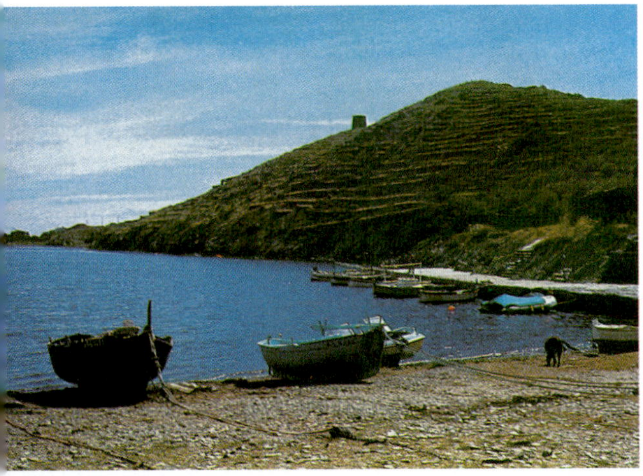

957

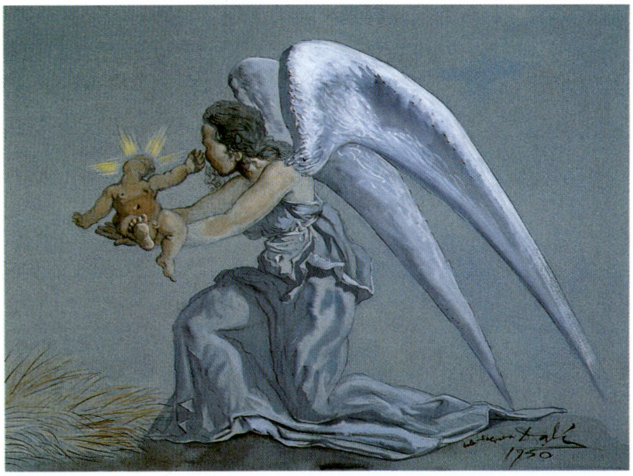

959

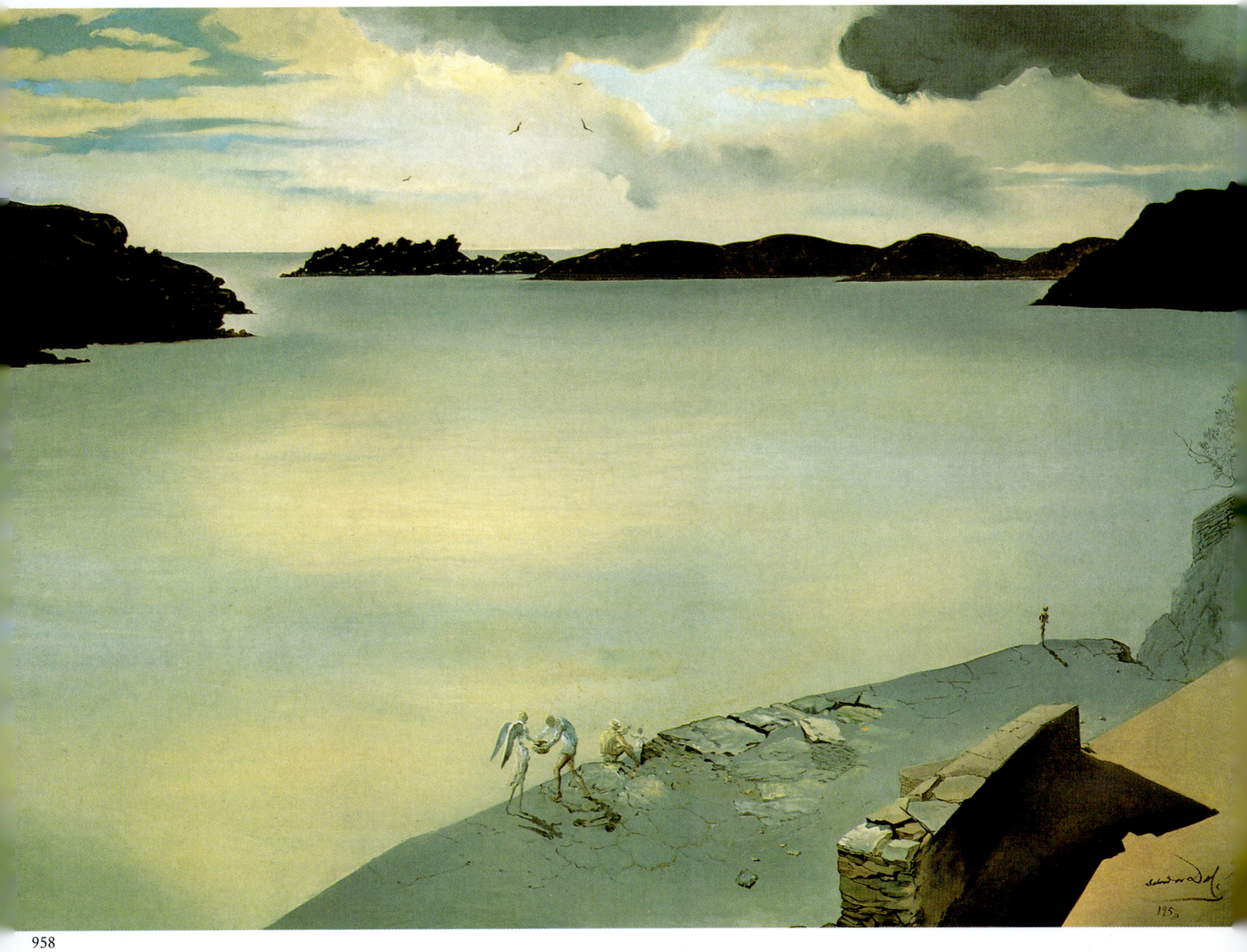

958

1950

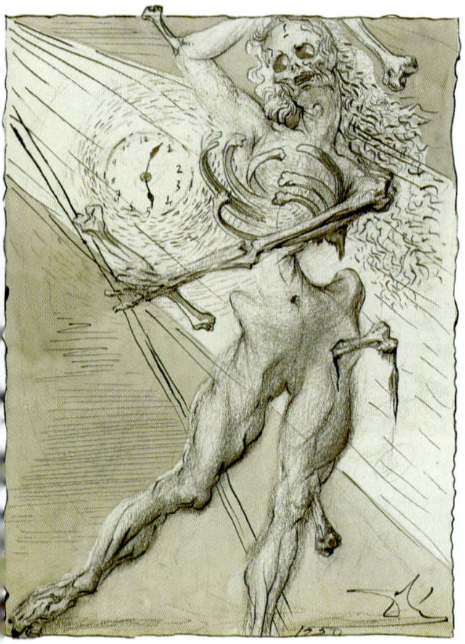

960

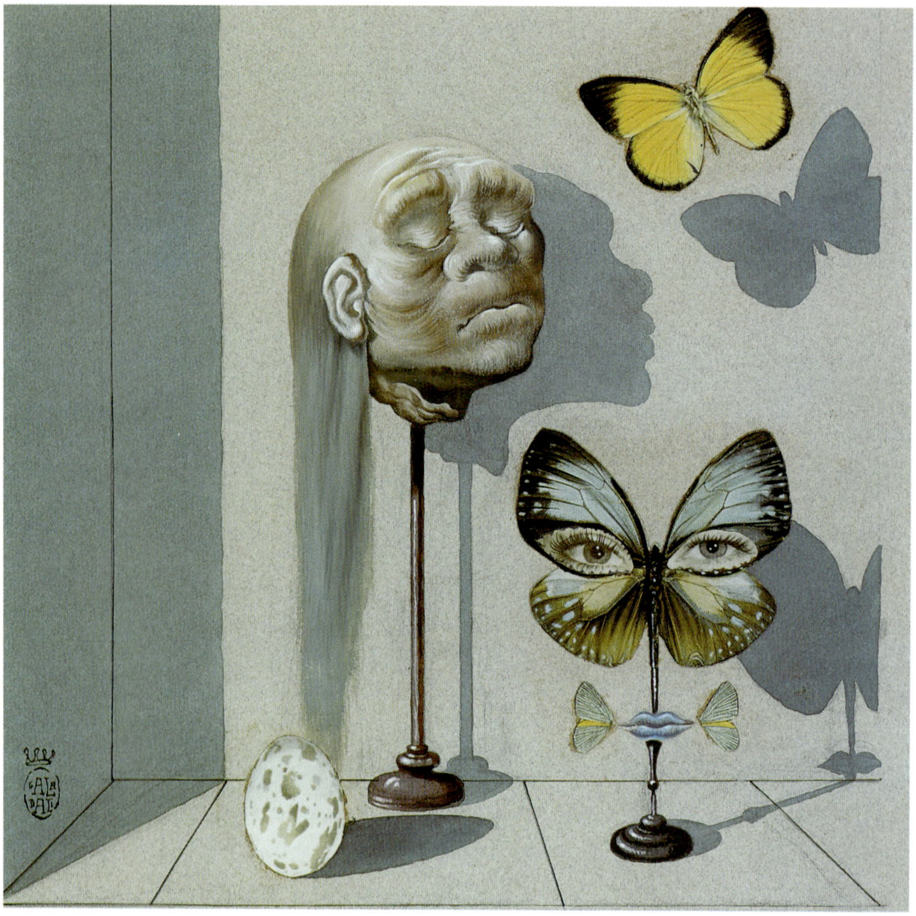

961

960 **De dood zelf... De klaroenen van het Laatste Oordeel. Tekening voor 'On the Verge' van Maurice Sandoz, verschenen bij Doubleday, New York**, 1950 △
C'est la mort elle-même... Les trompettes du jugement dernier

961 **Frontispice voor 'La limite' (On the Verge), verschenen bij La Table Ronde, Parijs**, 1950 △

962 **De schepping van Eva – Uit de slaap van de man de verdubbelde levende natuur winnen**, 1950 △
La création d'Eve – Rendre du sommeil de l'homme la nature vivante redoublée

963 **Knielende figuur (Microfysische fosfenen)**, 1950-1951 △
Personnage à genou (Phosphènes microphysiques)

964 **Het weke uurwerk**, 1950 △
La montre molle

965 **Oplossende neushoorn**, 1950 △
Rhinocéros en désintégration

ook belichaamd in *Gala Madonna*, evenals in *De ontwenning van de meubel-voeding* (blz. 226). Deze keer is ze gesublimeerd in een tabernakel van levend vlees dat de hemelse sferen laat zien en in het midden waarvan het Jezuskind op zijn beurt een tabernakel in zijn borst heeft gezet waarin het eucharistie-brood is opgehangen." Zo heeft ook *De Christus van St.-Johannes van het Kruis* (blz. 451) naar zijn eigen woorden geprofiteerd van dezelfde techniek en vormgeving die hij in *De broodmand* (blz. 113) heeft gebruikt. In een speciaal nummer van 'Scottisch Art Review' uit 1952 dat is gewijd aan het schilderij dat het museum van Glasgow zojuist heeft aangekocht, legt hij uit: "De houding van Christus – gezichtshoek en houding van het hoofd– gaf het eerst aanleiding tot bezwaren tegen het doek. Vanuit religieus standpunt houdt die kritiek geen stand, want mijn schilderij is geïnspireerd door een tekening die door St.-Johannes van het Kruis zelf is gemaakt. Naar mijn mening moet die tekening –de enige die de heilige heeft gemaakt– zijn gemaakt na een extase. De tekening maakte de eerste keer dat ik haar zag zo'n indruk op me, dat ik later in Californië heb gedroomd van Christus in dezelfde houding, zij het in het landschap van Port Lligat, en ik hoorde stemmen die zeiden: 'Dalí, jij moet die Christus schilderen.' Meteen de volgende ochtend ben ik begonnen. Tot op het moment dat ik aan de compositie begon, was ik van plan alle attributen van de kruisiging erin op te nemen –spijkers, doornenkroon enz.– en het bloed als rode anjers op handen en voeten weer te geven en daarnaast drie jasmijnbloemen die uit de wond in zijn zij waren ontsproten. Ik wilde die bloemen uitvoeren in de ascetische stijl van Zurbarán. Maar korte tijd voor de voltooiing van mijn doek veranderde een tweede droom alles, terwijl ik misschien ook beïnvloed ben door een Spaans spreekwoord dat

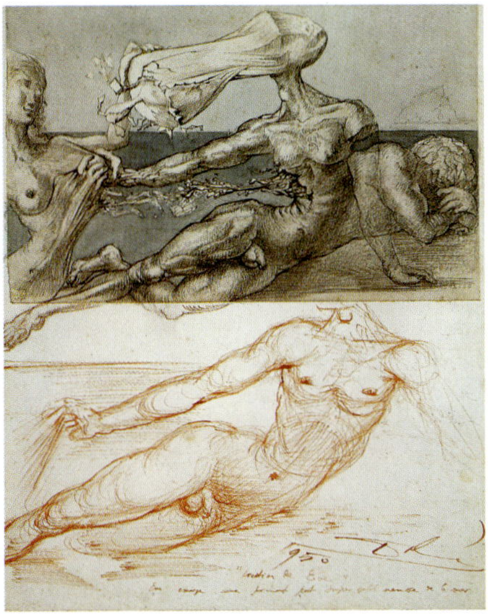
962

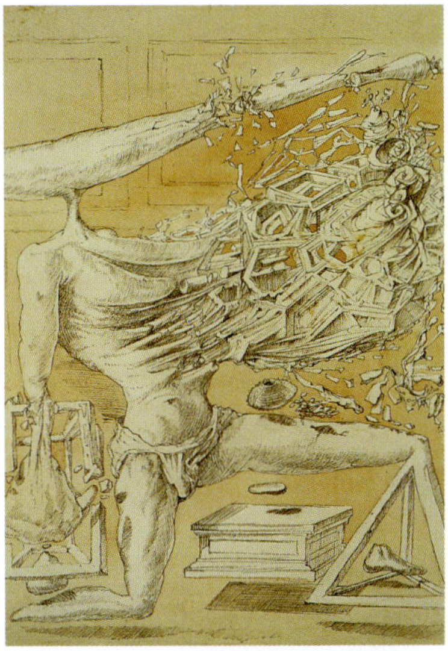
963

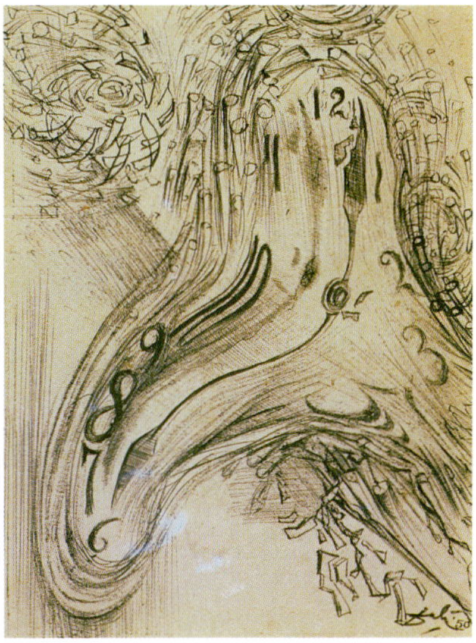
964

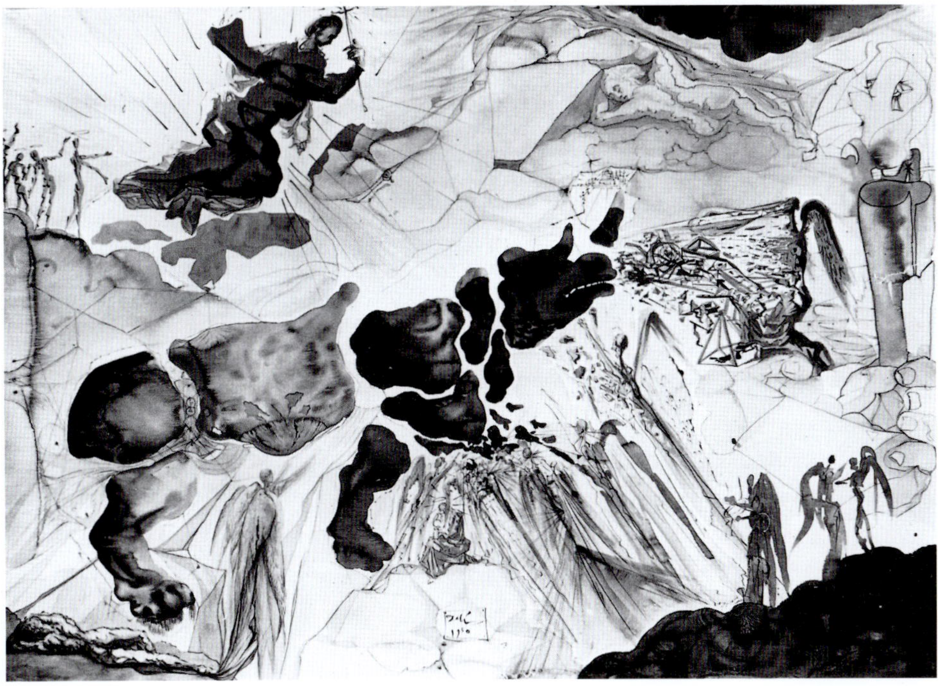
965

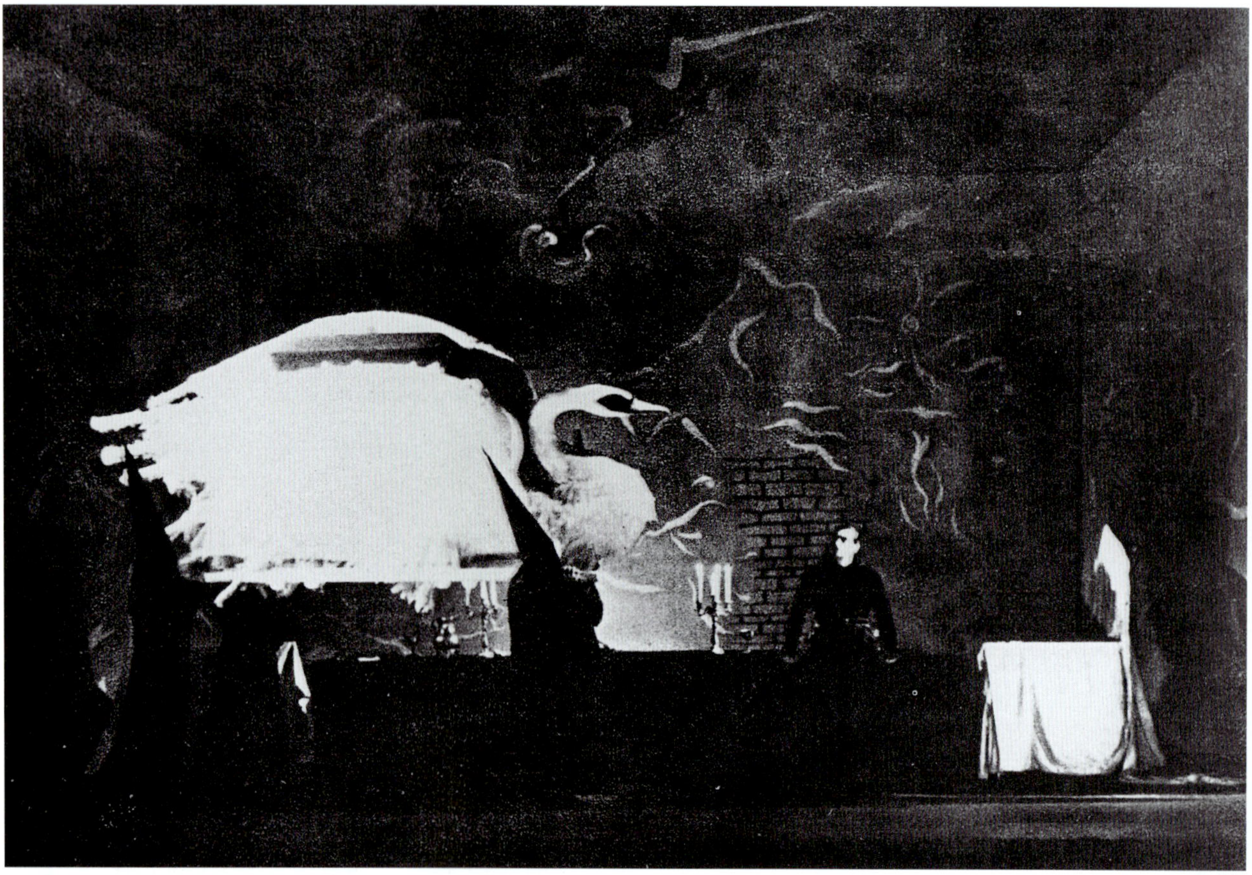

966

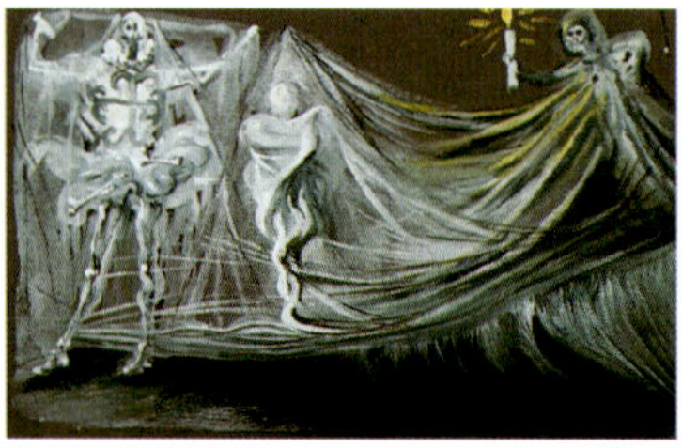

967

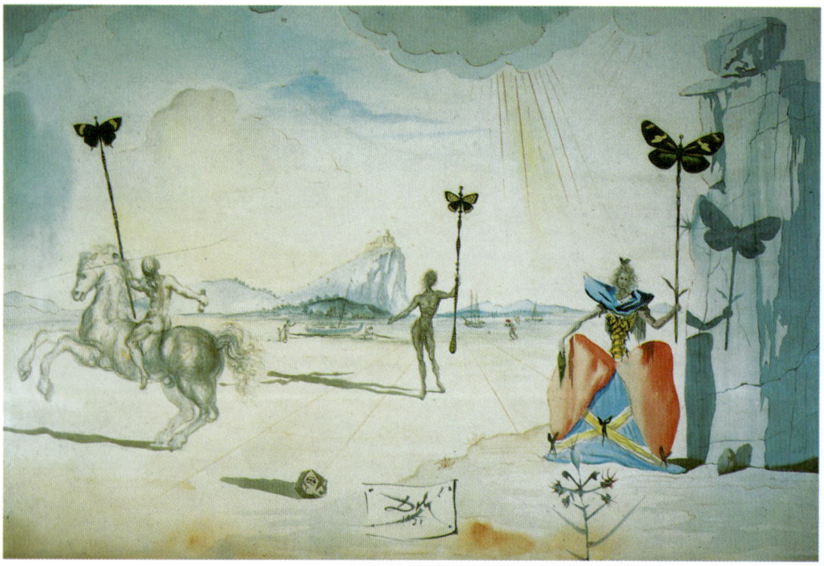

968

966 **Decor voor het ballet 'Don Juan Tenorio'**, 1950 ✰

967 **Decorontwerp voor de dood in 'Don Juan Tenorio'**, 1950 △
Escenografía de la muerte 'Don Juan Tenorio'

968 **Landschap met ruiter en Gala**, 1951 △
Paysage avec cavalier et Gala

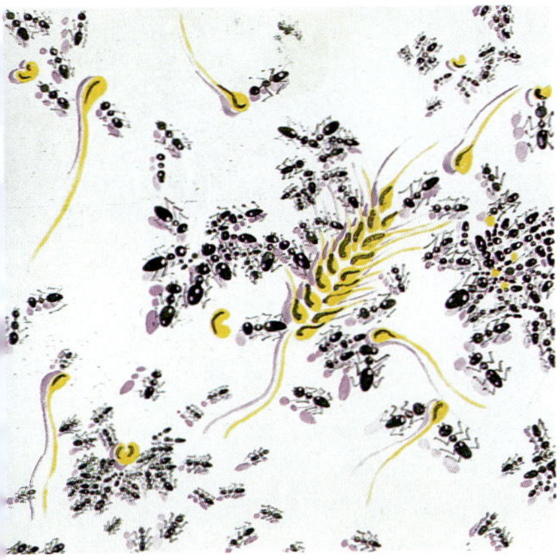
969

969 **Zonder titel (Mieren en korenaren)**, rond 1951 △
Sans titre (Fourmis et épis de blé)

970 **Explosieve bloem**, rond 1951 △
Fleur explosive

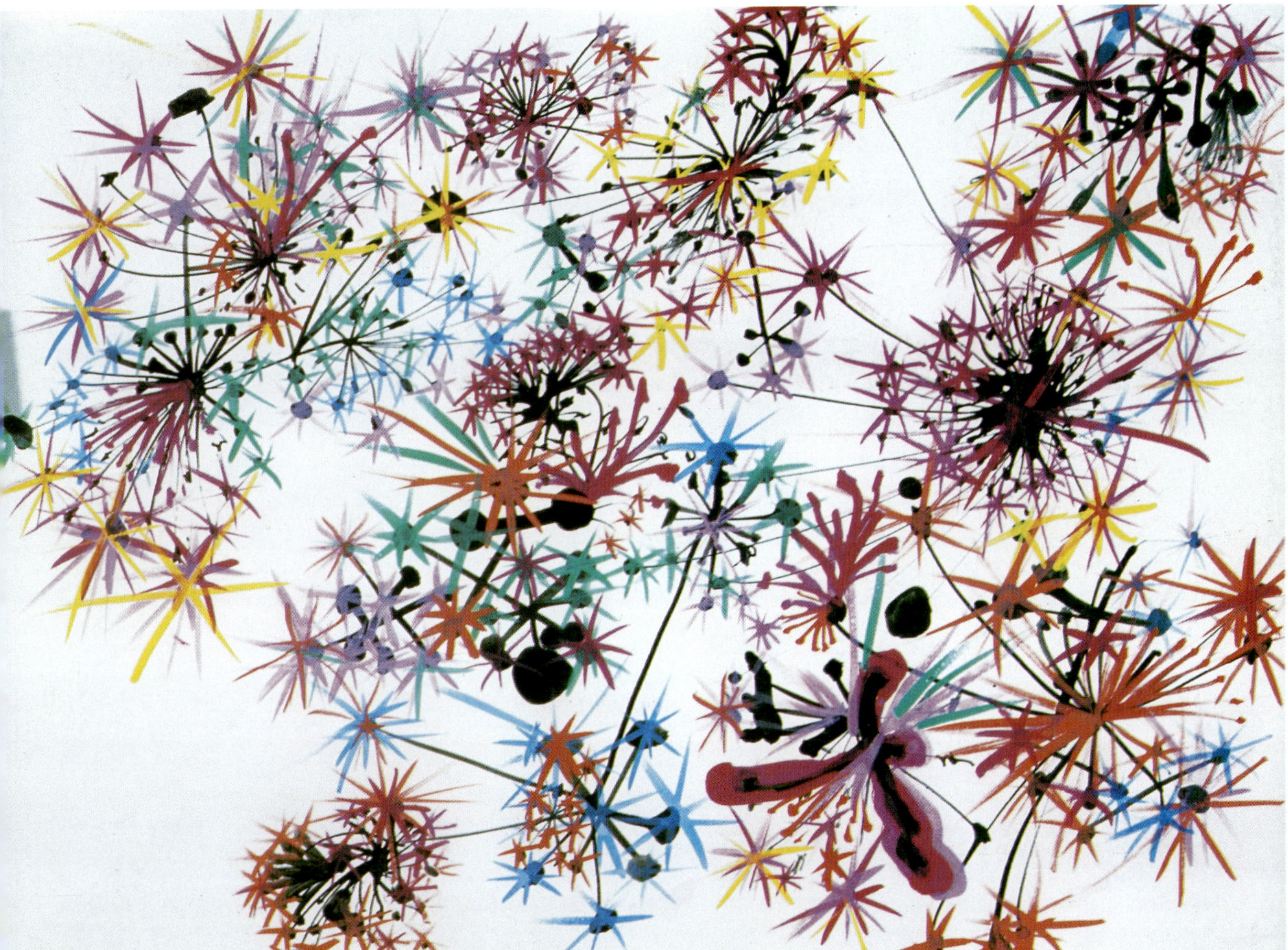
970

1950

971 **Mystieke anjer**, 1950-1951 ❑
Œillet mystique

972 **Anjer en gouden doek**, 1950 ❑
Carnation and Cloth of Gold

973 **Gezichtstudie voor 'De madonna van Port Lligat'**, 1950 △

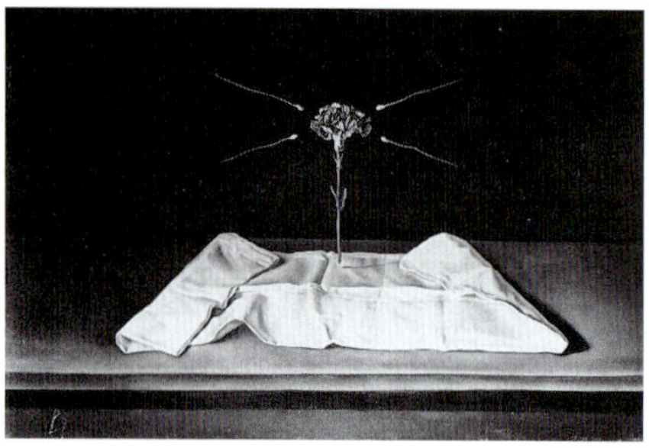

971

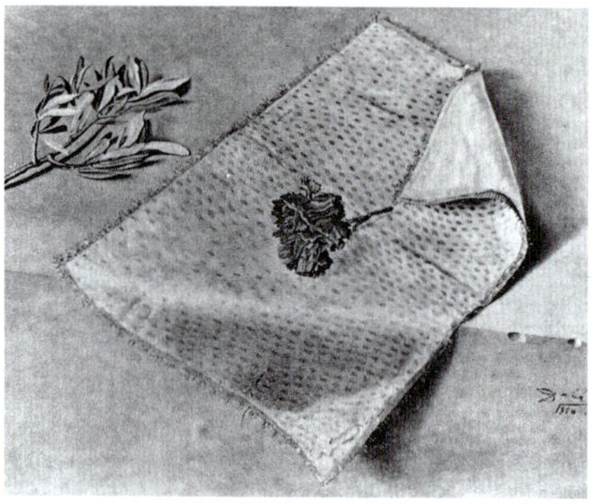

972

974 **Metamorfose en dynamische oplossing van sepia die Gala is geworden (studie voor 'De madonna van Port Lligat')**, 1950 △
Métamorphose et désintégration dynamique d'un os de seiche devenu Gala

975 **Kinderstudie voor 'De madonna van Port Lligat'**, 1950 △

976 **Kurk (studie voor 'De madonna van Port Lligat')**, 1950 ❑

977 **Kledingstudie voor 'De madonna van Port Lligat'**, 1950 △

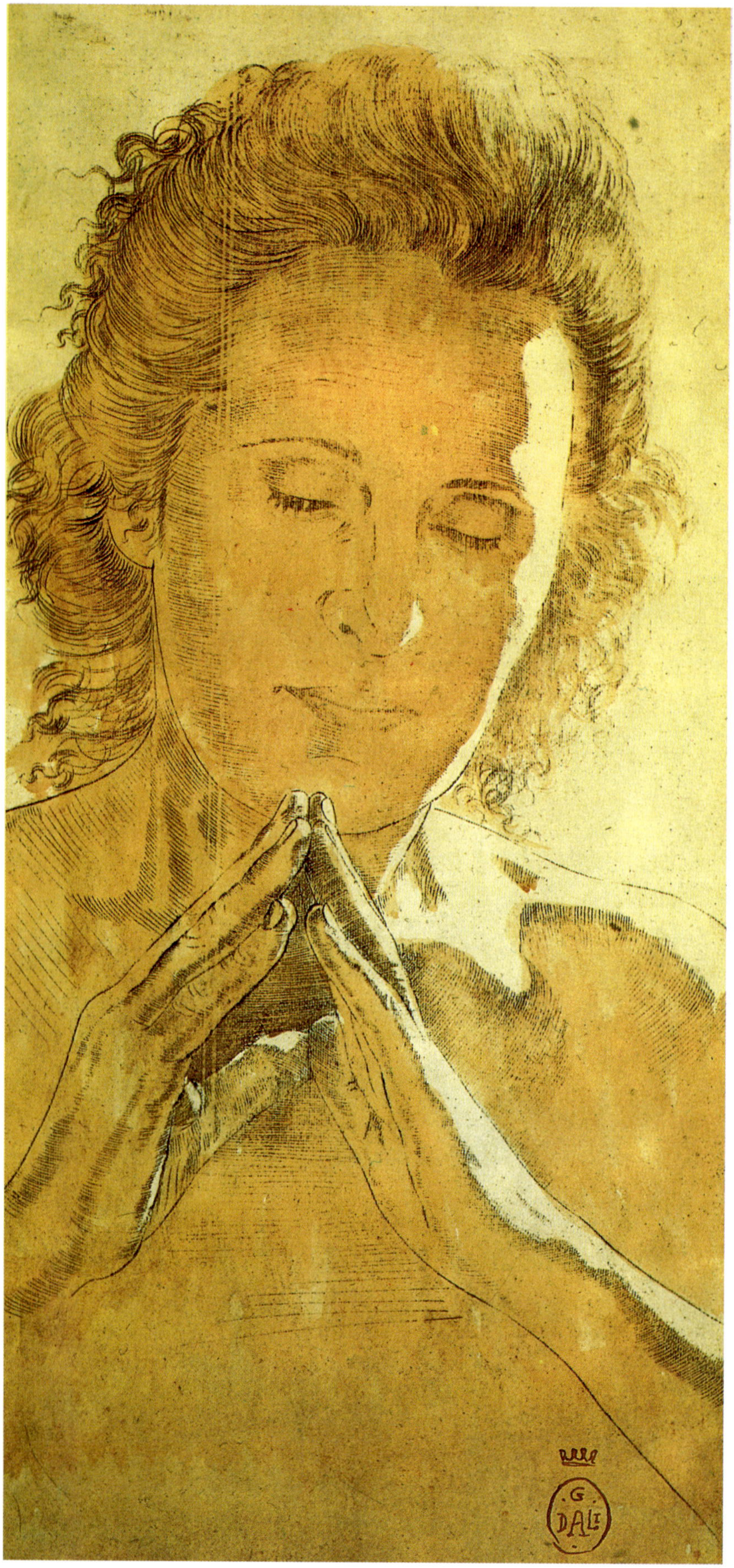

973

luidt: 'Hoe slechter de Christus, hoe meer bloed'. In mijn tweede droom zag ik mijn schilderij zonder al die anekdotische attributen: alleen de metafysische schoonheid van Christus-God bleef over. Ook was ik eerst van plan geweest de vissers van Port Lligat als achtergrond te gebruiken, maar in deze droom verscheen in plaats van de vissers uit Port Lligat een schip met de gestalte van een Franse boer zoals die werd geschilderd door Le Nain. Zijn gezicht leek echter op dat van een visser uit Port Lligat, terwijl een andere visser op de rug gezien aan Velázquez deed denken. Het artistieke doel dat ik met mijn doek najoeg, was geheel tegengesteld aan de Christusschilderijen van moderne schilders, die hem steeds weer expressionistisch of verwrongen hebben opgevat en zo door lelijkheid gevoelens opriepen. Mij was het er vooral om te doen Christus even mooi als God te schilderen, want hij is God. In 'De Christus van St.-Johannes van het Kruis' heb ik dezelfde techniek en dezelfde vormgeving gebruikt als in *De broodmand*, dat voor mij toen al min of meer bewust de eucharistie belichaamde. Voor

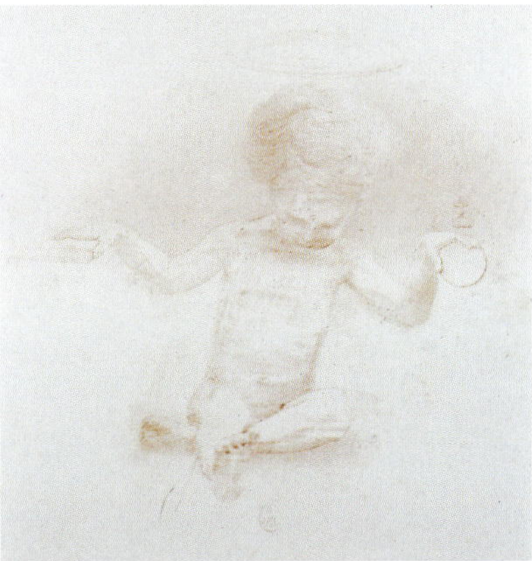

975

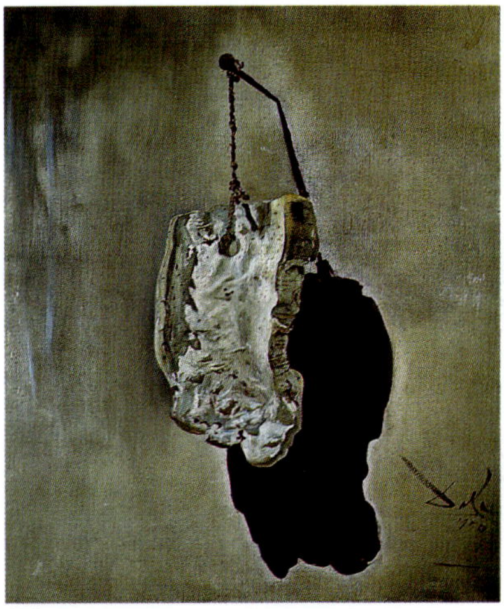

976

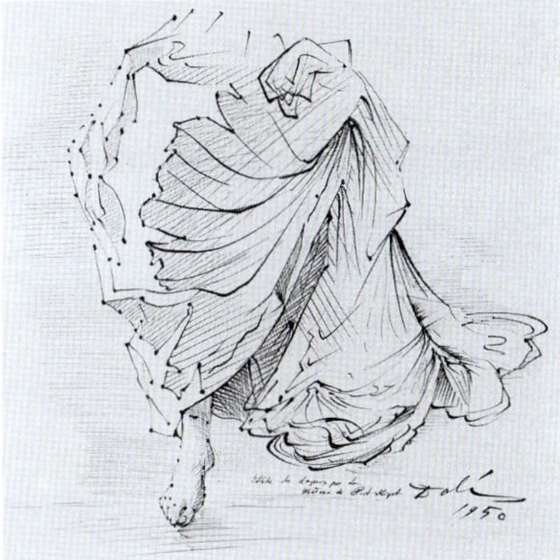

977

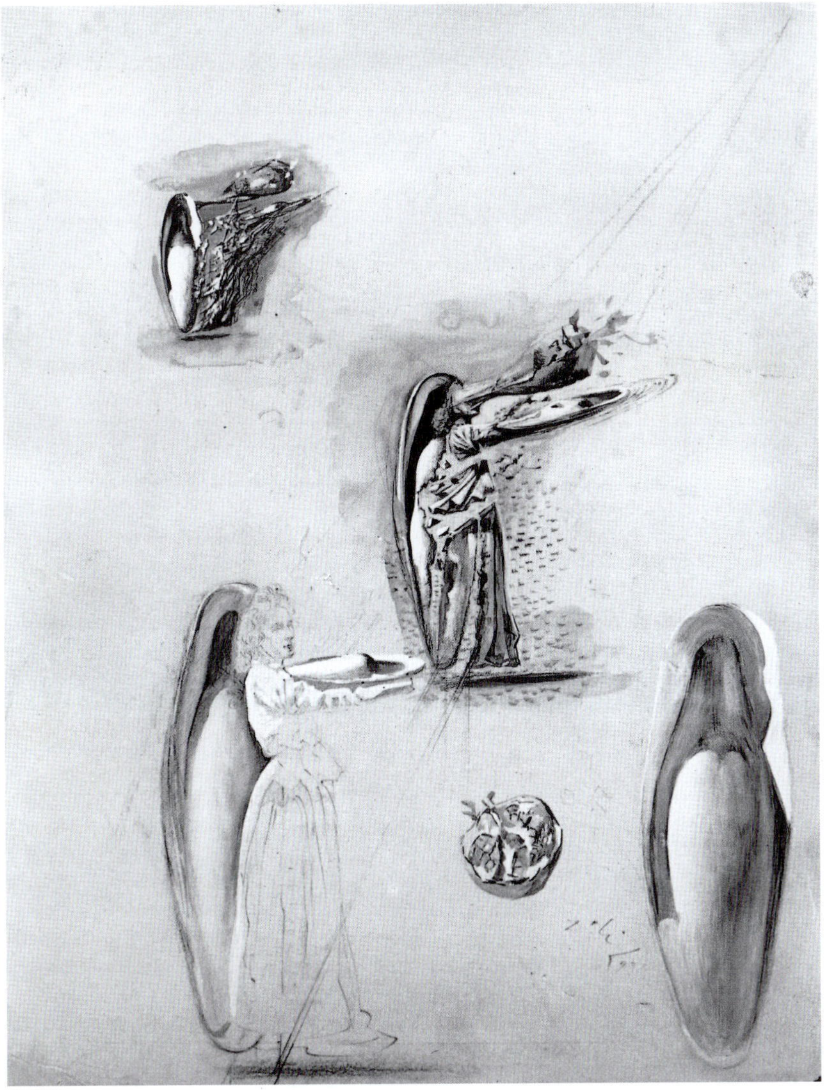

974

1950

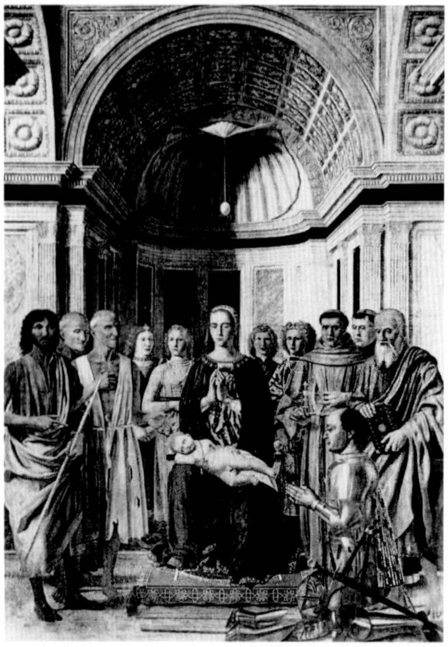

978

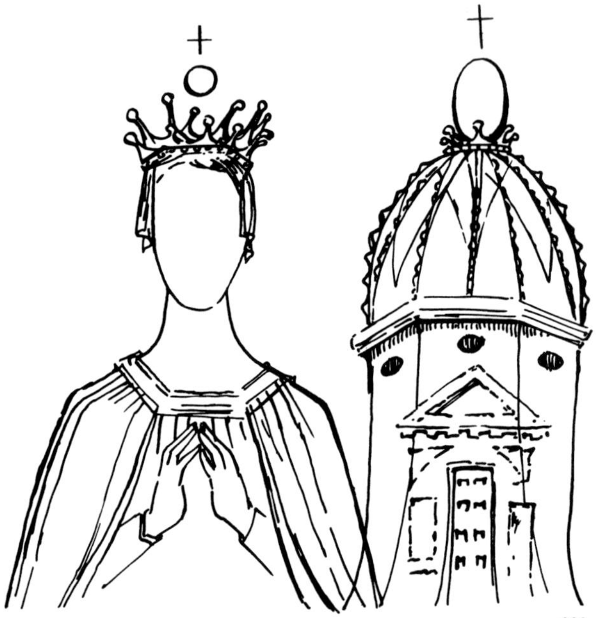

980

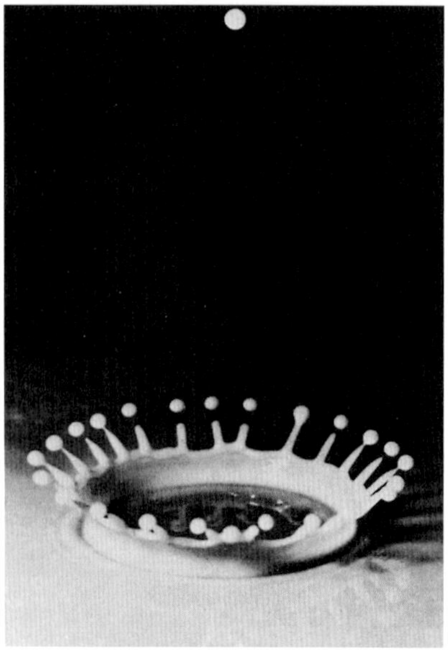

979

978 **Piero della Francesca: Madonna met kind,** 1470-1475 ☆

979 **Neerkomen van een druppel melk. Stroboscoopopname met 1/100.000 sec. belichtingstijd** ☆

980 **Studie naar 'Madonna met kind' van Piero della Francesca voor 'De madonna van Port Lligat',** 1950 △

981 **De madonna van Port Lligat,** 1950 ❑
La Madone de Port Lligat

de geometrische opbouw van het doek, vooral voor de driehoek waarin Christus is ingebed, heb ik de regels van de 'Divine proporzione' van Luca Pacioli gebruikt."

Ook al bestaat volgens Dalí het grote verschil tussen hem en Picasso daarin dat Picasso met de lelijkheid werkt en hij met de schoonheid, dan nog staat buiten kijf dat ze allebei de grenzen van de kunst verleggen. *Gebarsten rafaëlesk hoofd* (blz. 444) is een goed voorbeeld van zijn niet-aanpassing. In 'A madonna motif in the work of Munch and Dalí' ('The Art Quarterly', zomer 1953) schrijft J.-P. Hodin dat "Picasso in de eigentijdse schilderkunst de eerste is die de in de tijd van het Kubisme uiteengevallen vormen heeft gebruikt". Die ontlede vorm symboliseert het einde van een ideaal-voorstelling, namelijk die van de Maagd Maria. Maar Dalí voelt niet dezelfde pijn als Munch. Hij is een koel waarnemer van de werkelijkheid. Bovendien geeft hij de binnenruimte in *Gebarsten rafaëlesk hoofd* weer als een koepel in renaissance-stijl. Het is duidelijk dat hier niet alleen een ideaal uiteenvalt, maar een heel cultureel bouwwerk. Want zelfs de rafaëleske madonna is niet langer de madonna van een diepe gelovigheid, zoals die van de meesters uit Siena. Ten tijde van Leonardo da Vinci begon de voorstelling van het hiernamaals te wankelen door de schok van het wetenschappelijke denken. Zich bewust van dat proces schrijft de constructivist Gabo: "Op het eerste gezicht lijkt het moeilijk een analogie te ontdekken tussen het wetenschappelijke werk van Copernicus en een schilderij van Rafaël, maar toch zie je vrij gemakkelijk wat ze verbindt. De wetenschappelijke theorie over de wereld die Copernicus heeft ontwikkeld, komt inderdaad overeen met de kunstopvatting van Rafaël. Die schilder zou het nooit hebben gewaagd een naturalistische weergave van het beroemde Florentijnse gebak als voorbeeld voor zijn Maagd Maria te nemen als hij niet tot een generatie had behoord die bereid was de geocentrische theorie over de wereld over boord te gooien. In Rafaëls kunstopvatting is al niets meer te vinden van de religieus-mythische mystiek van de voorgaande eeuwen, evenmin als er in Copernicus' boek 'De revolutionibus orbium coelestum' een spoor van mystiek is te vinden. Dalí bedient zich van een ontidealiseerd, gepopulariseerd rafaëlesk type met sierlijke trekken. Het mooie hoofd explodeert als het ware onder het vuur van sperma dat zich –wat een prachtige truc van de schilder– binnen in het hoofd verzamelt op de kop van een tarwehalm, het symbool van Demeter, de godin van vruchtbaarheid en groei. Zowel bij Munch als Dalí vindt een metamorfose plaats van het archetypische ideaal van de onbevlekte vrouwe-

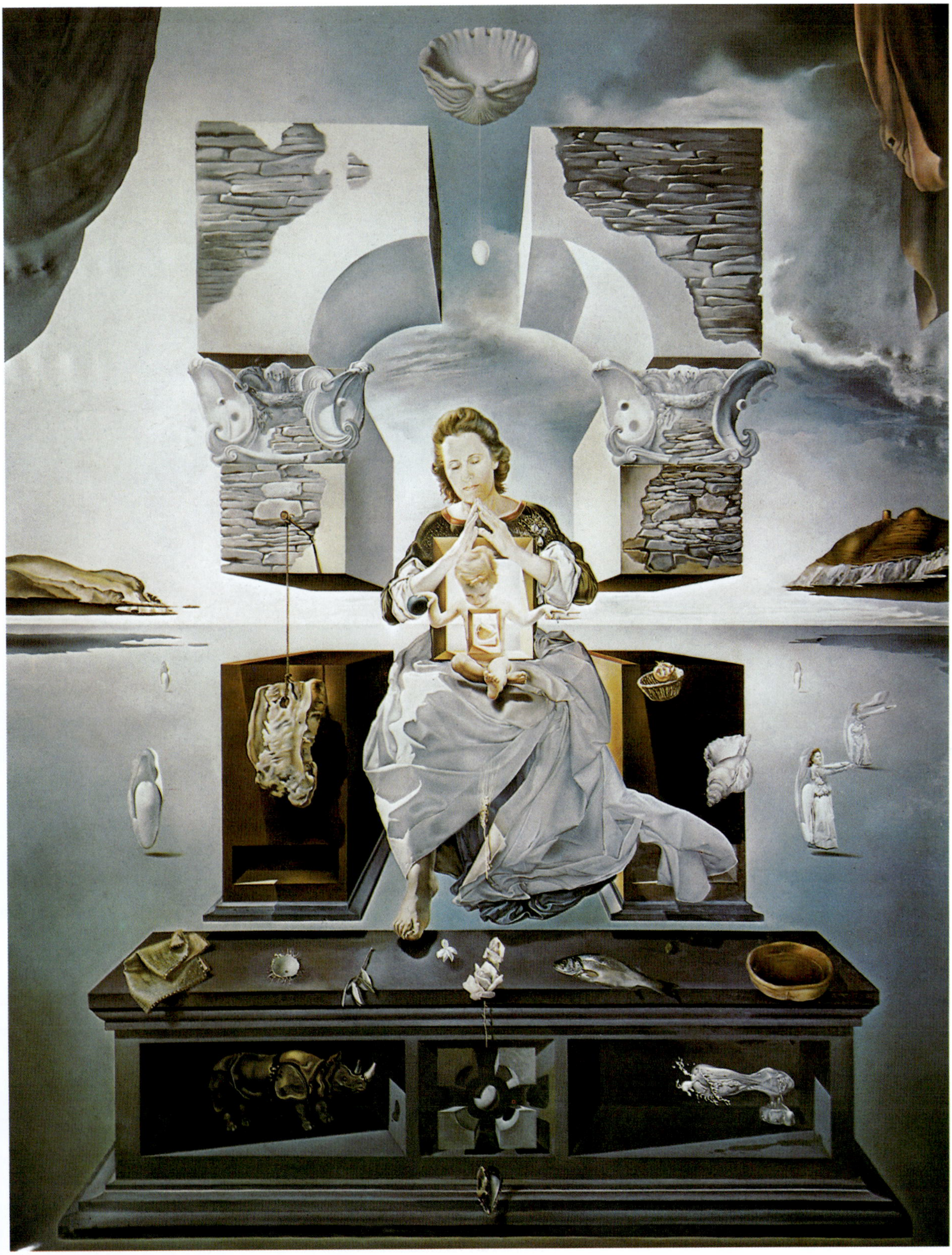

981

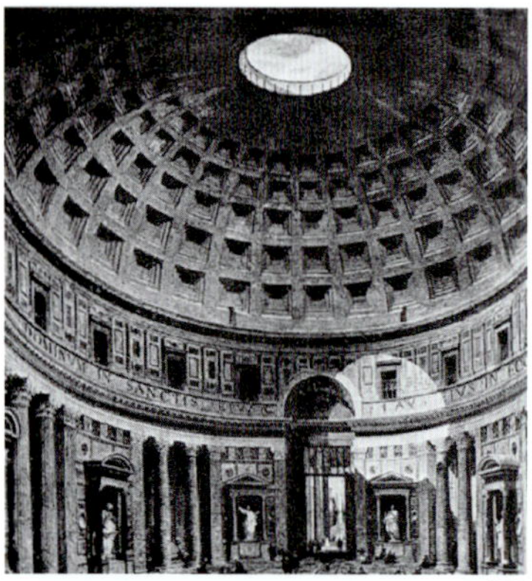

982

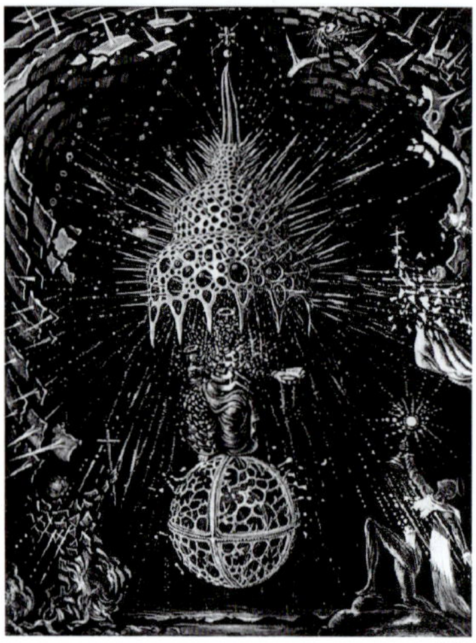

983

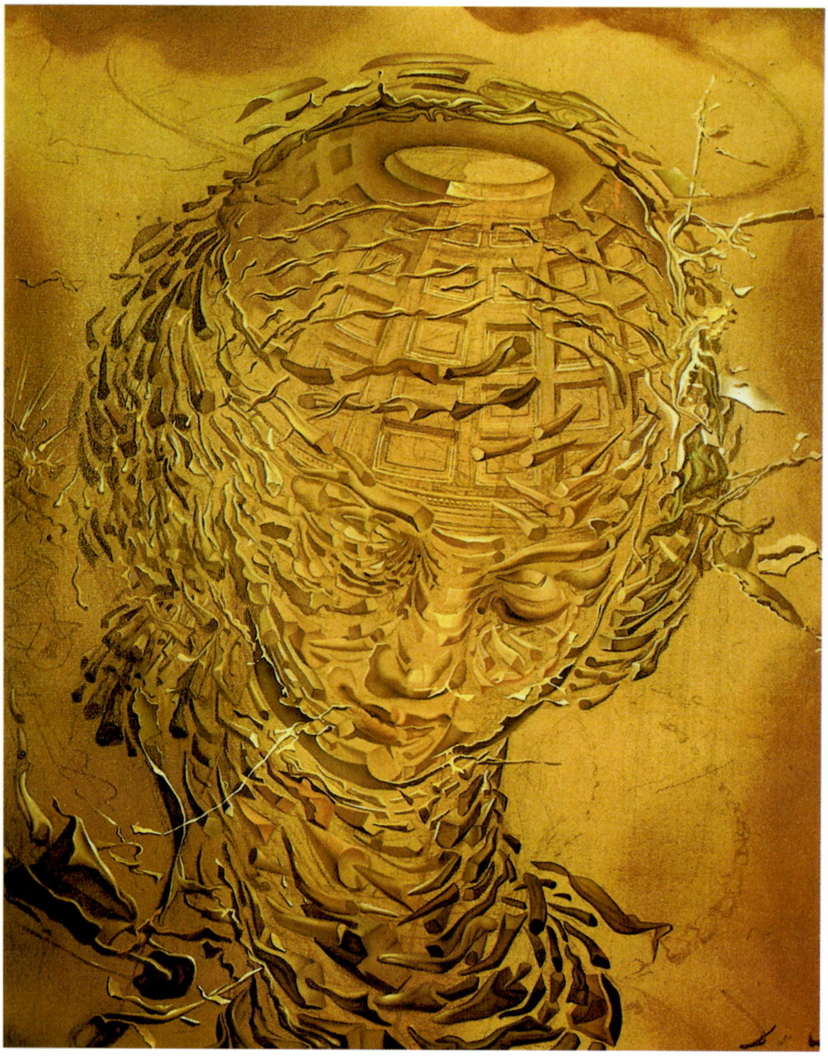

984

982 **Giovanni Paolo Pannini: Het interieur van het Pantheon (detail), rond 1750.** De bouw van het Pantheon werd in 27 v.Chr. begonnen door Agrippa en tussen 118 en 125-128 n.Chr. door Hadrianus voltooid. ✰

983 **Hemelse kroning**, rond 1951 △
Couronnement céleste

984 **Gebarsten rafaëlesk hoofd**, 1951 ❑
Tête raphaëlesque éclatée

lijkheid, zoals dat gangbaar was tijdens de Gotiek en Renaissance; beide schilders verkondigen een veranderde wereldopvatting."

Als postscriptum bij zijn 'Geheime leven' zegt Dalí: "Op het moment heb ik nog geen geloof en ik ben bang zonder hemel te moeten sterven.' In mei 1952 preciseert hij in 'Liturgical Arts' een soort credo dat de ontwikkeling van zijn kunst voortaan zal begeleiden en dat hij als volgt samenvat: in de kunst is een genie zonder geloof meer waard dan een gelovige zonder genie. "Mijn goede vriend Couturier en ik zijn het er in deze tijd van verval van de religieuze kunst over eens dat genie zonder geloof wenselijker is dan geloof zonder genie. Hij en ik zijn er allebei van overtuigd dat de atheïsten, ja zelfs leden van de communistische partij (zoals Picasso), geniale kunstenaars dus, grote religieuze werken zouden kunnen scheppen als ze maar zouden willen. Er gaat trouwens geen dag voorbij zonder dat ik een gebed naar de hemel opzendt dat Pablo zich van het communisme zal afkeren en het Spaanse mysticisme zal vinden dat in zijn bloed zit. Natuurlijk zie ook ik het duivelse gevaar voor de religieuze kunst wanneer ze zich bedient van atheïstische kunstenaars. Het beste zou ongetwijfeld zijn als de religieuze kunst net als ten tijde van de goddelijke Renaissance werd gemaakt door kunstenaars die even geniaal als gelovig waren, zie Zurbarán, El Greco, Leo-

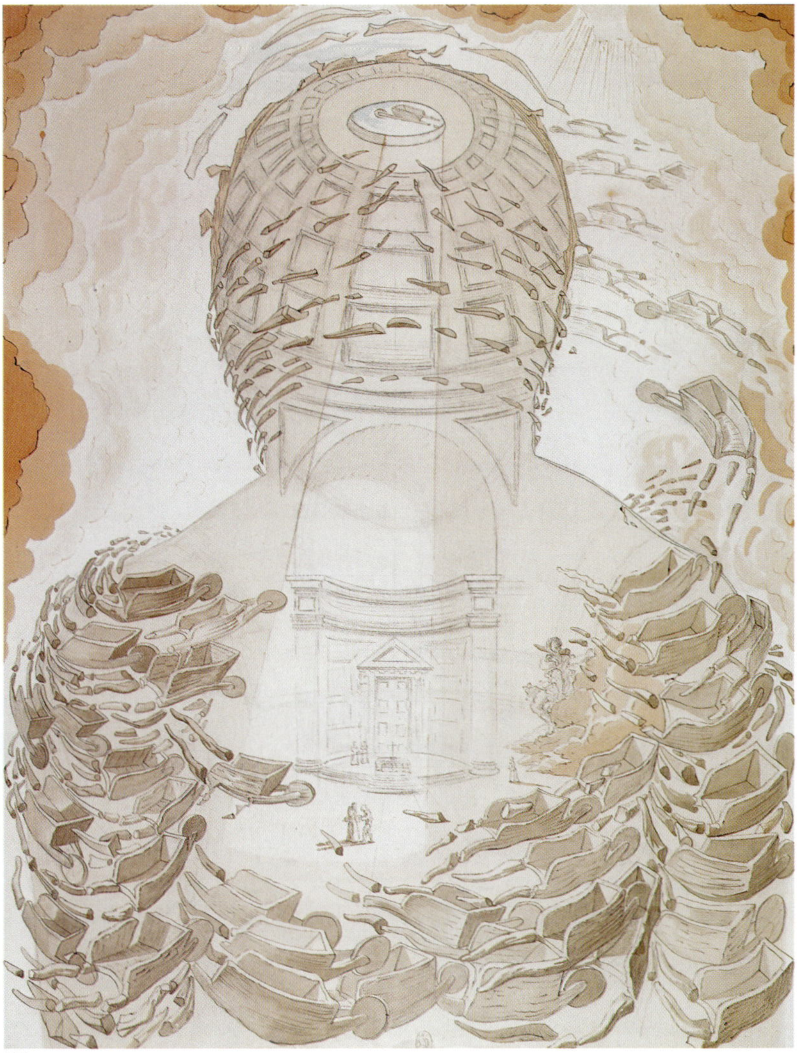

985

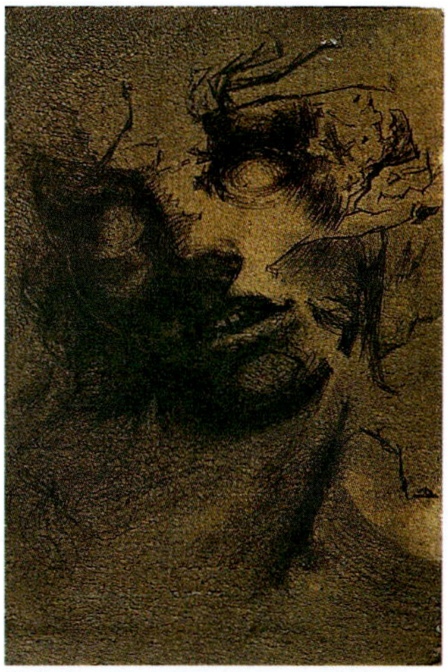

986

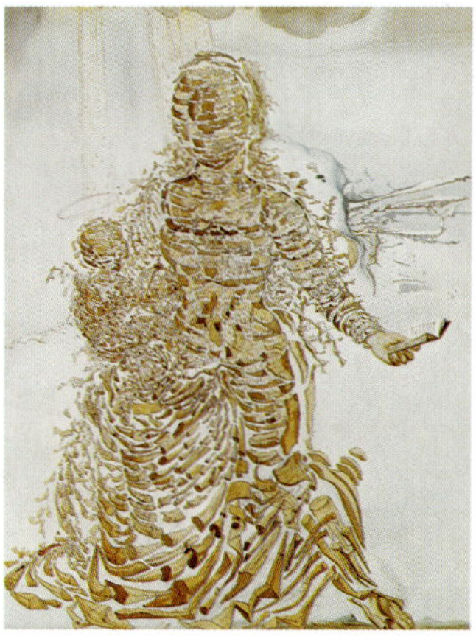

987

nardo da Vinci en Rafaël. Wij andere katholieken geloven in de absolute vrijheid van de menselijke ziel en dat is de reden waarom het katholicisme het in zijn universaliteit moet toestaan dat we zonder uitzondering alle authentieke spirituele waarden grondig onderzoeken, ook al gaan ze tegen die religie in. En ook al is de katholieke Kerk in elk opzicht het tegendeel van het communisme, waarvan we weten dat het zelfs de muziek op politieke gronden afwijst: daarop mag het niet mislukken! Zeker is dat de moderne kunst zelf al de vreselijkste en fataalste gevolgen van het materialisme aanschouwelijk maakt. Het materialisme leidt tot een puur decoratieve kunst, nou prima, dan gebruiken we de moderne kunst toch vanwege hetgeen ze te bieden heeft, namelijk omwille van haar decoratieve waarde. Dat behoedt haar voor allerlei afschuwelijks, bijvoorbeeld dat ze op de klippen van een religieuze voorstelling strandt. De zogenaamde abstracte kunstenaars zijn in feite kunstenaars die helemaal nergens in geloven. Helemaal nergens in geloven leidt onvermijdelijk tot een NIET-concrete en NIET-figuratieve schilderkunst. Als je helemaal niets gelooft, schilder je ook niets, of BIJNA HELEMAAL NIETS. Maar dat BIJNA HELEMAAL NIETS levert af en toe geslaagde vondsten of associaties van vormen en kleuren op. Daarom is het gerechtvaardigd die ervaringen zoveel mogelijk ten dienste te stellen van decoratieve vormen

Vervolg op blz. 455

985 **De kruiwagens (Pantheon van verdraaide kruiwagens)**, 1951 △
Les brouettes (Panthéon formé par des brouettes en contorsion)

986 **Barstend rafaëlesk hoofd**, rond 1951 △
Tête raphaëlesque éclatant

987 **Explosieve madonna**, 1951 △
La madone explosive

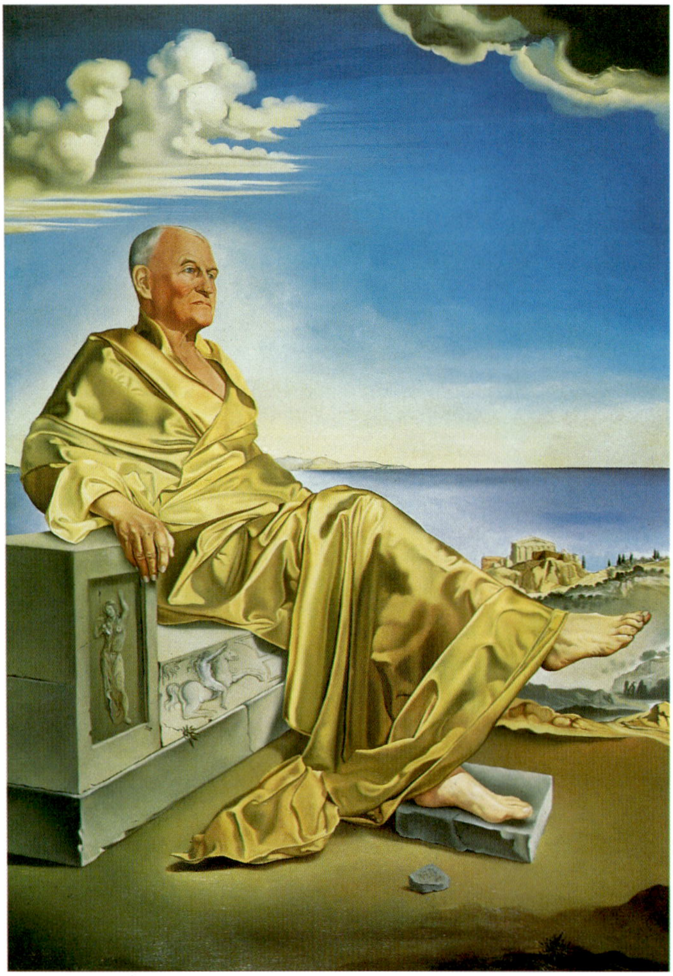

988

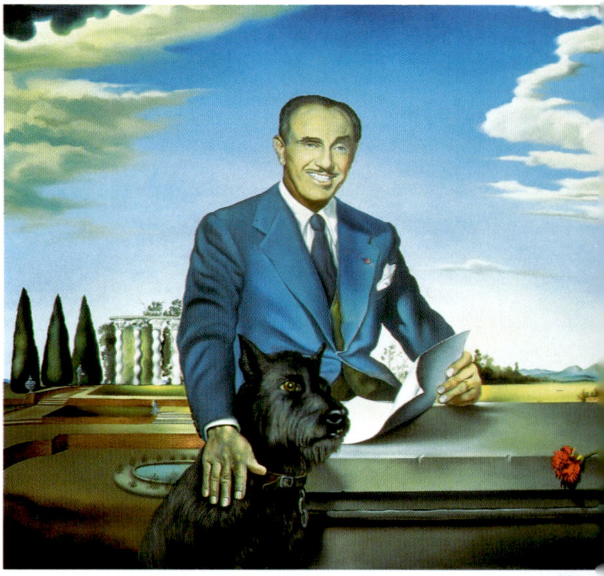

989

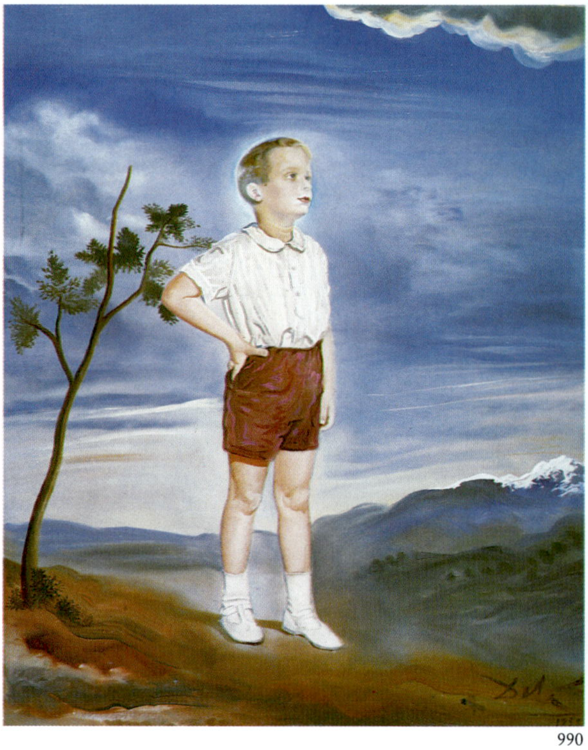

990

988 **'La Turbie' – Sir James Dunn, zittend**, 1949 ❑
'La Turbie' – Sir James Dunn assis

989 **Portret van kolonel Jack Warner**, 1951 ❑
Portrait du Colonel Jack Warner

990 **Portret van een kind (onvoltooid?)**, 1951 ❑
Portrait d'enfant

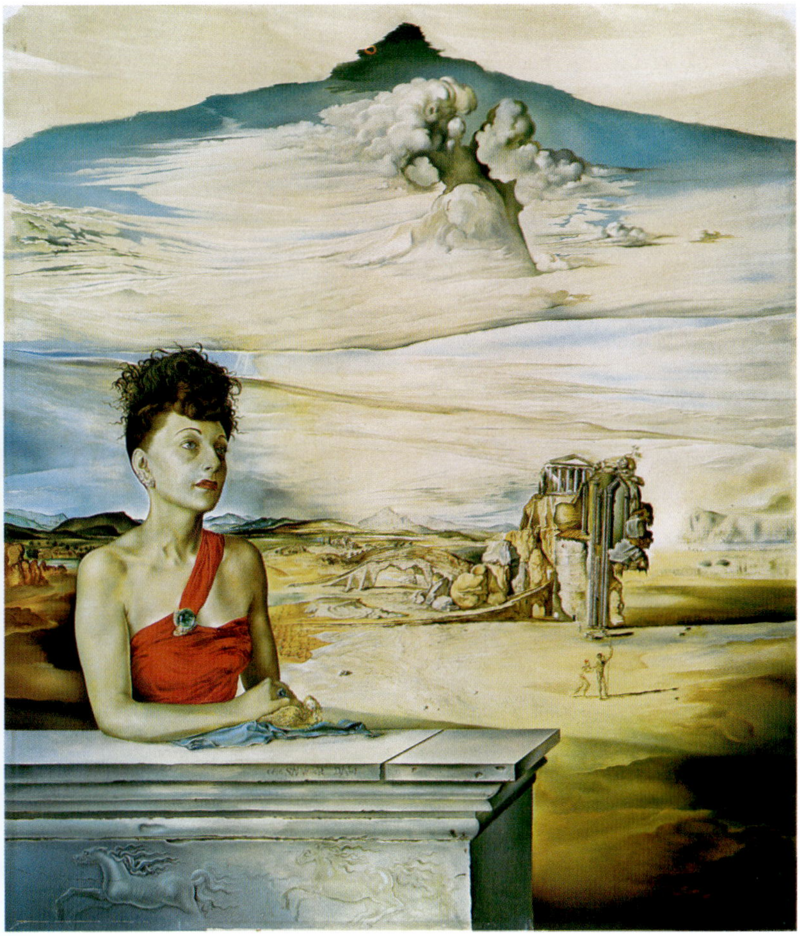

991

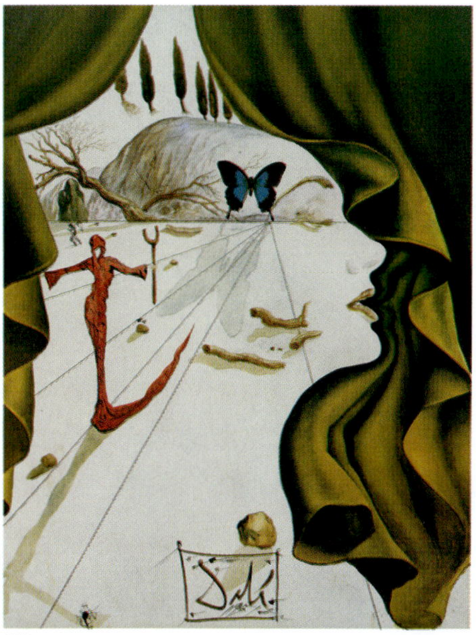

992

991 **Portret van Mrs. Jack Warner,** 1951 ❑
Portrait de Mrs. Jack Warner

992 **Portret van Katharina Cornell,** 1951 ❑
Portrait de Katharina Cornell

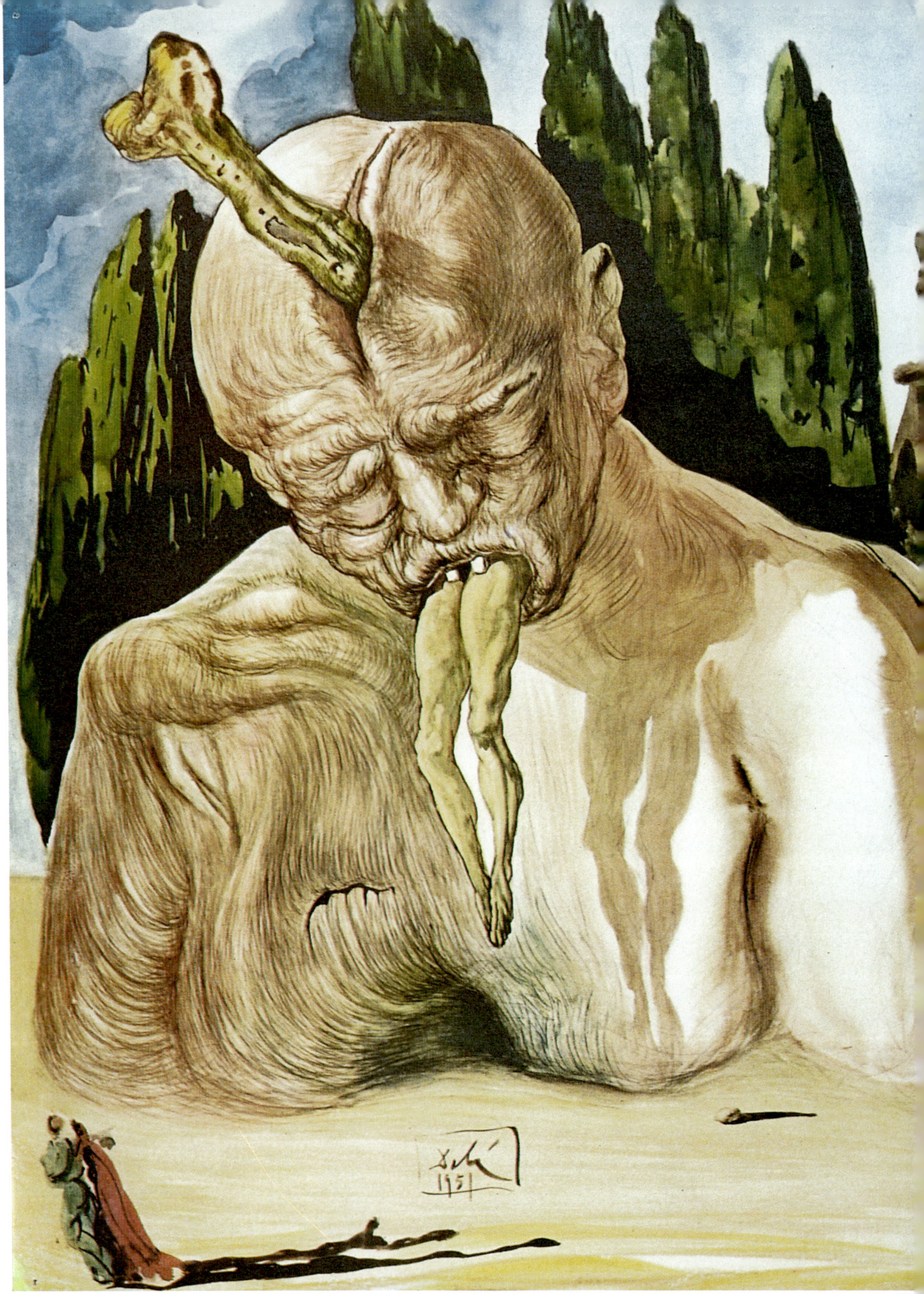
Dalí
1951

994 **Illustratie voor Dantes 'Divina commedia'**. 1951 △

995 **De gevallen engel (Illustratie voor Dantes 'Divina commedia')**, 1951 △ L'ange déchu

996 **De aanhangers van Simon (Illustratie voor Dantes 'Divina commedia')**, 1951 △ Les Simoniaques

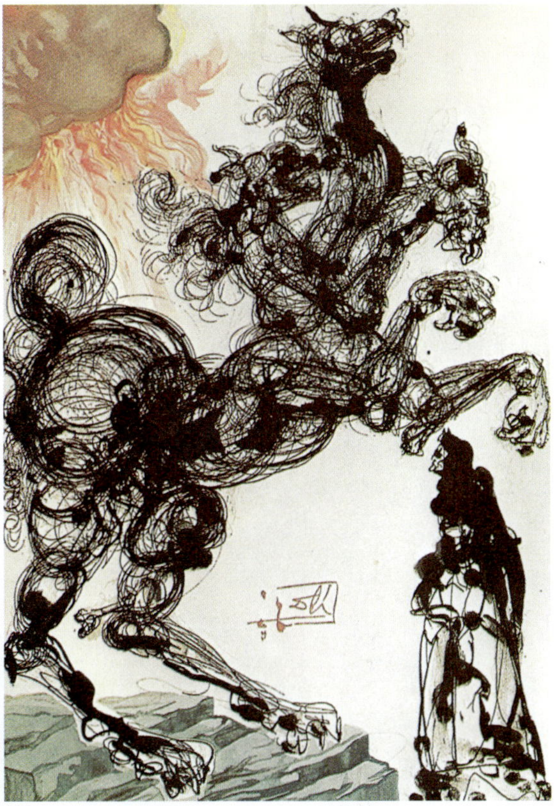

994

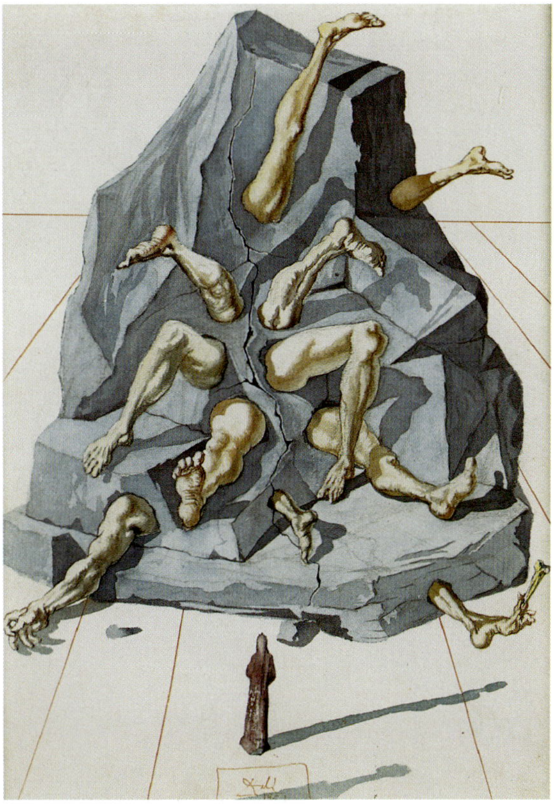

996

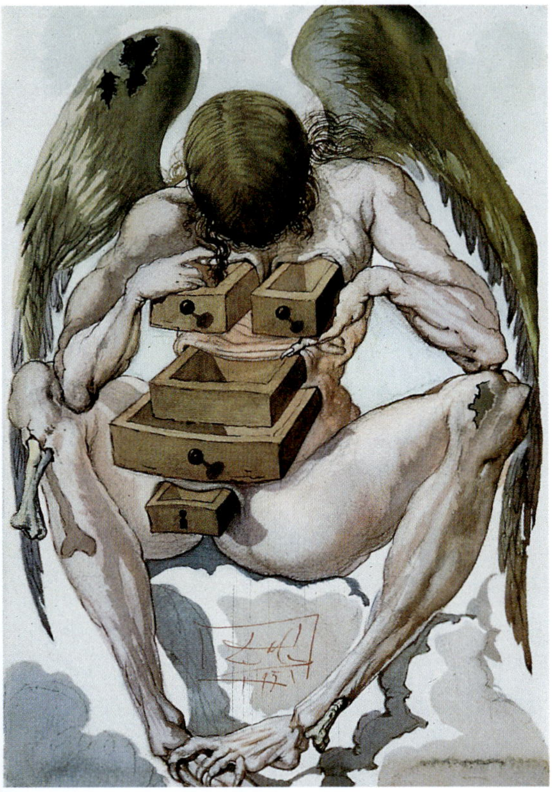

995

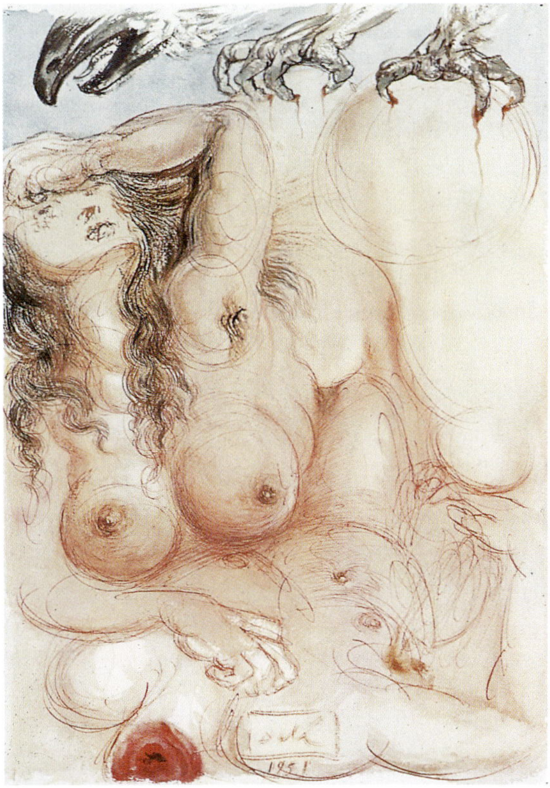

997

993 **Een duivel als logicus (Lucifer). Illustratie voor de 'Divina commedia'. In opdracht van de Italiaanse regering voor Dantes geboortedag.** 1951 △ Un diable logicien (Lucifer)

997 **Illustratie voor de 'Divina commedia'**, 1951 △

1951

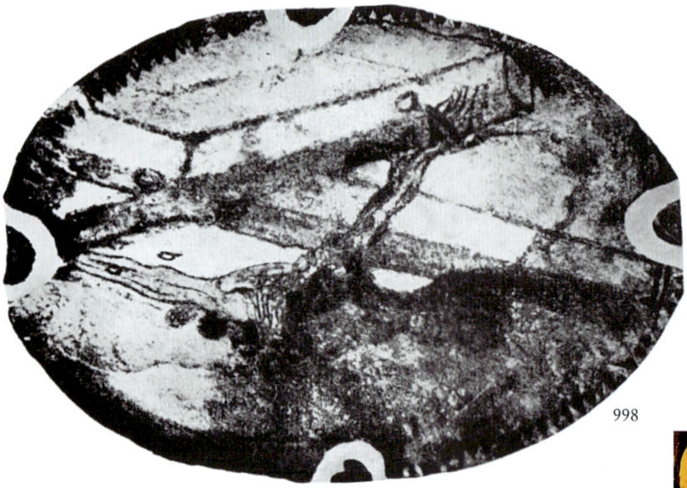

998

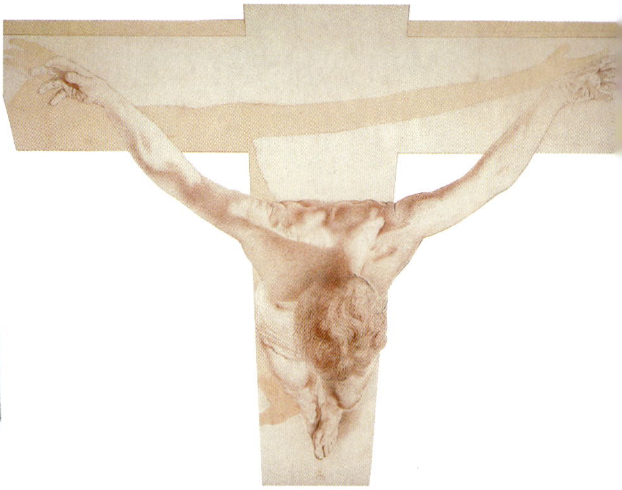

999

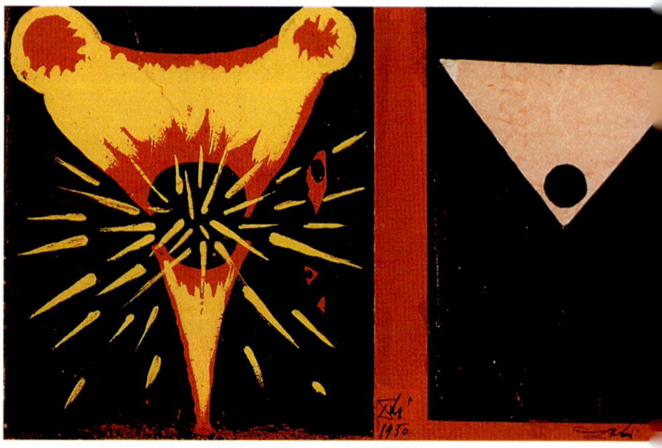

998 **'Christus aan het kruis', in extase getekend door St.-Johannes van het Kruis** (1542-1591). ☆
De foto van deze tekening, waarop pater Bruno hem opmerkzaam maakte, was voor Dalí een openbaring en inspireerde hem meteen. Het meest onder indruk was hij van het feit dat Johannes Christus niet, zoals de meeste kunstenaars, in verticaal perspectief had weergegeven, maar zo, dat het lijkt alsof je de crucifix voor de lippen van een stervende houdt.

999 **Studie voor 'De Christus van St.-Johannes van het Kruis'**, 1950 △

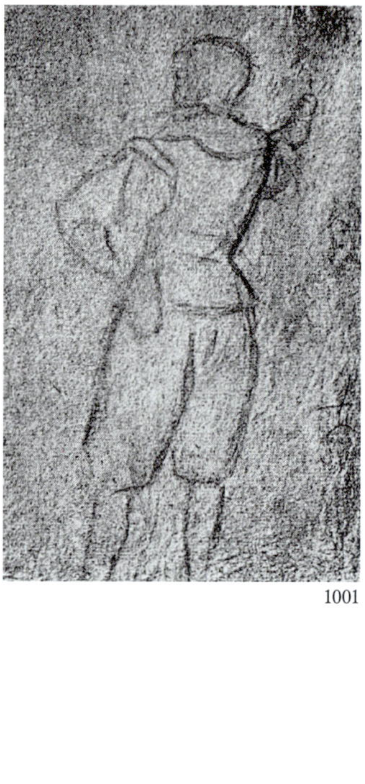

1001

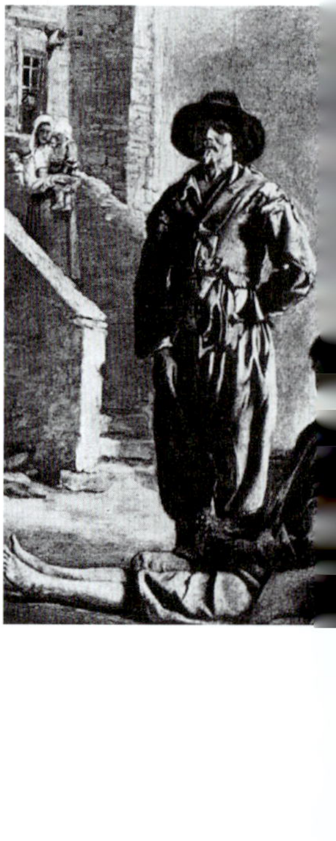

1000 **Studie voor 'De Christus van St.-Johannes van het Kruis'** , 1951 △

1001 **Velázquez: studie voor 'De overgave van Breda'**, rond 1635 ☆

1002 **Louis le Nain: 'Boeren voor hun huis' (detail)**, 1642 ☆

1003 **De Christus van St.-Johannes van het Kruis**, 1951 ❑
Christ de saint Jean de la croix

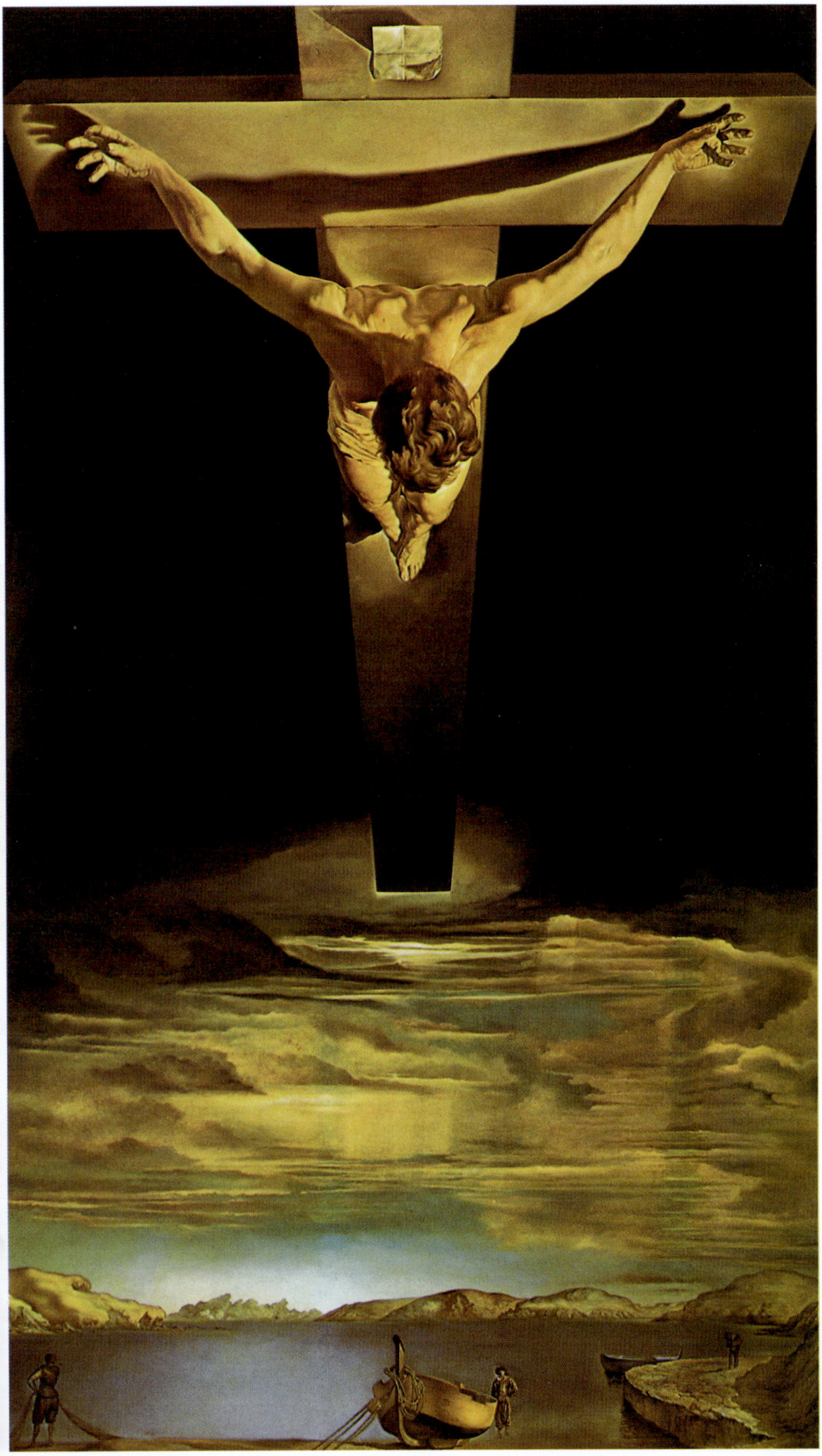

1003

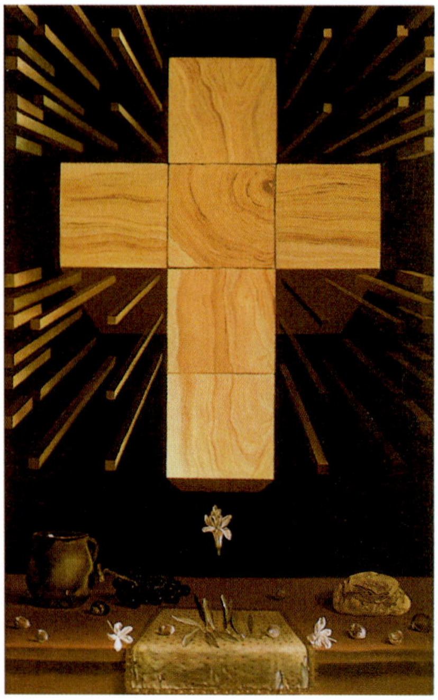

1004

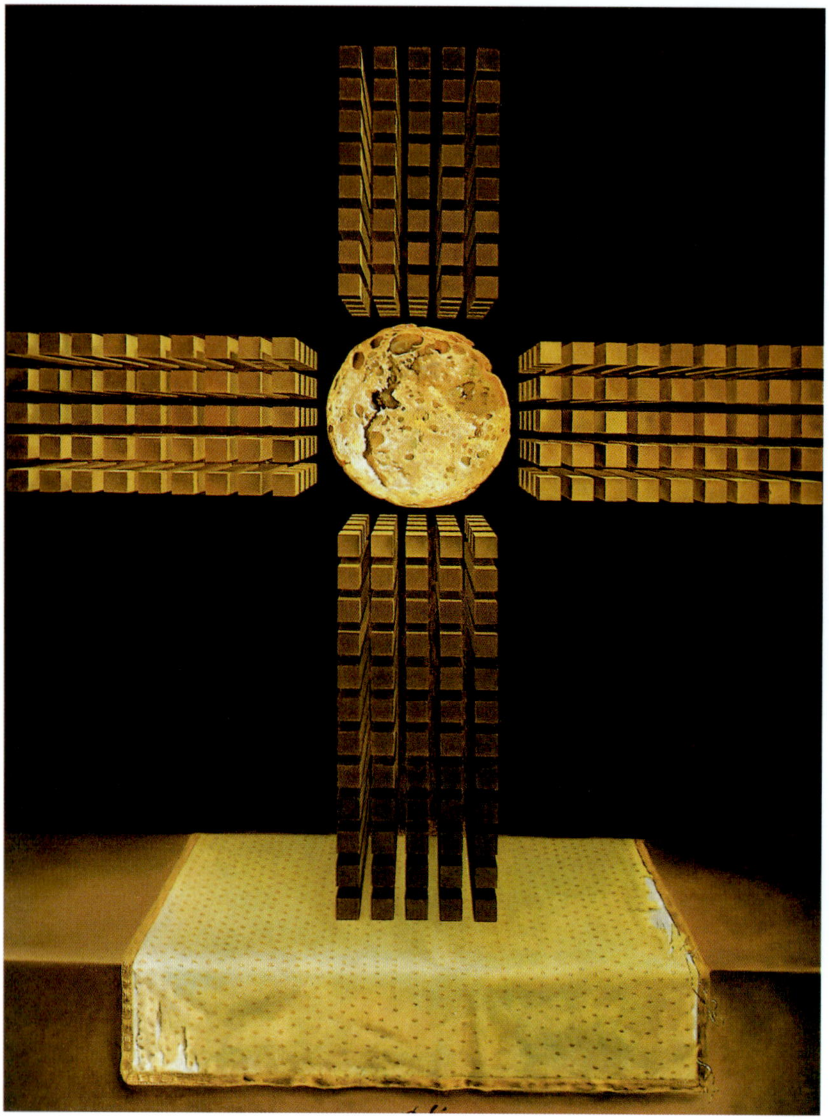

1006

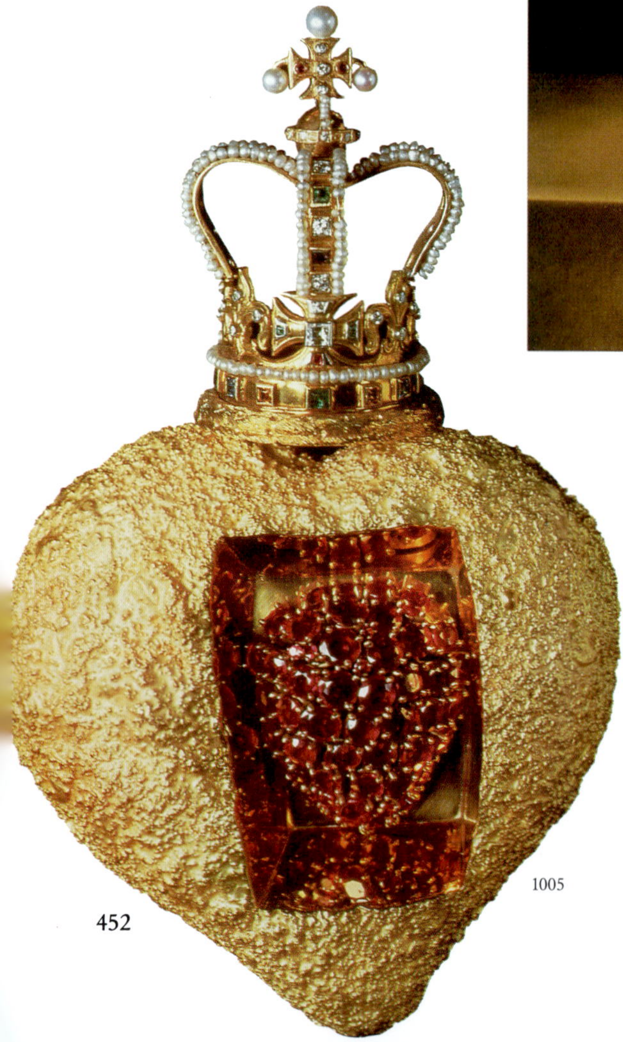

1005

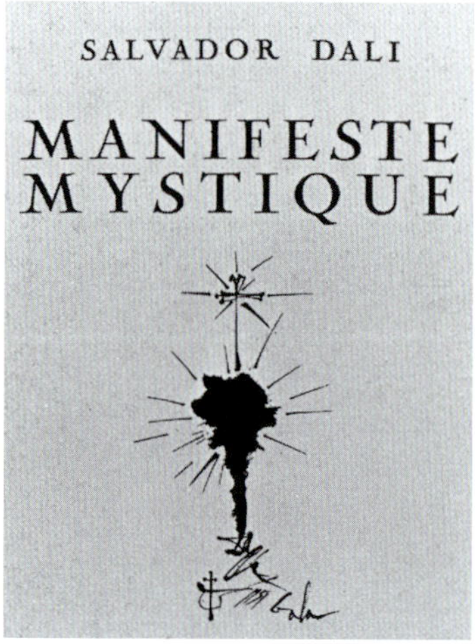

1007

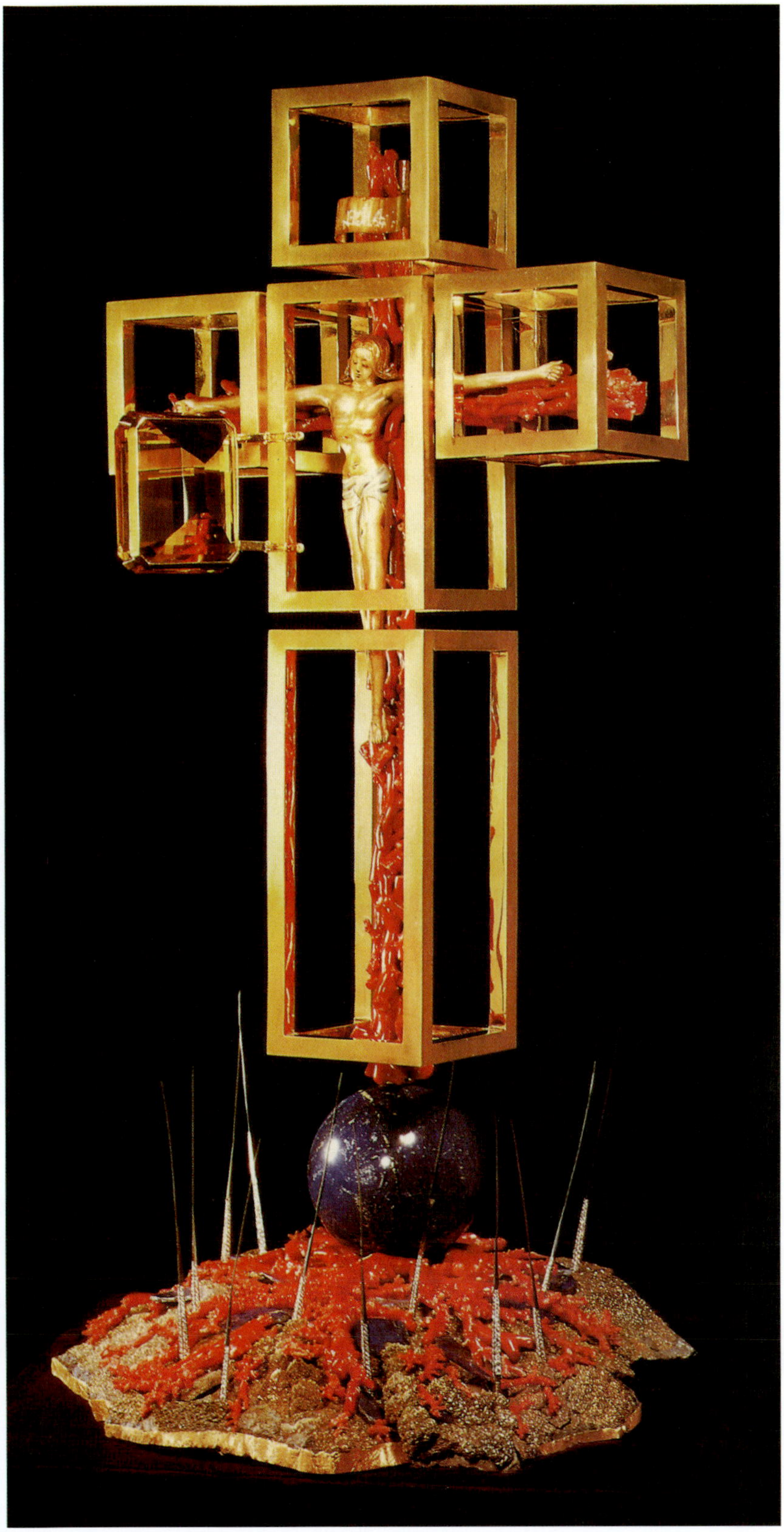

1008

1004 **Het iriskruis**, 1952 ❑
La croix aux iris (Arithmosophic Cross)

1005 **Het koninklijke hart**, 1953 ❍
Le cœur royal (The Royal Heart)

1006 **Nucleair kruis**, 1952 ❑
Croix nucléaire

1007 **Titelpagina van het 'Mystieke manifest'**, 1951 ✰

1008 **Het engelenkruis**, 1960 ❍
Le croix de l'ange (The Angel Cross)

1952

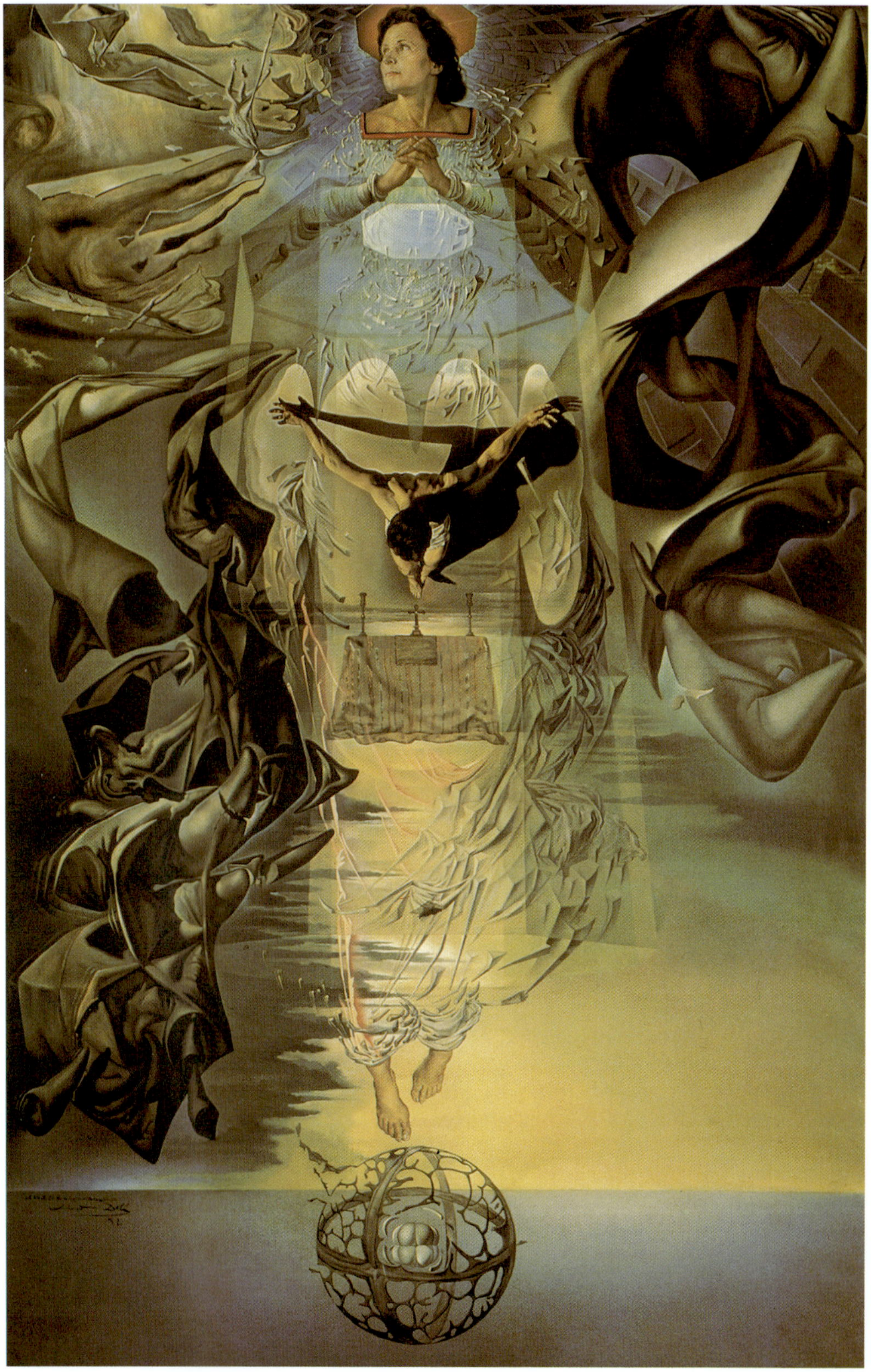

1009

1009 **Assumpta corpuscularia lapislazulina**, 1952 ❑
1010 **Straaldiertjesskelet. Illustratie voor 'De 50 magische geheimen'**, 1948 △
1011 **Ideale hanging van het schilderij 'Assumpta corpuscularia lapislazulina' in de vestibule van Villa Madama in Rome. Montage door Dalí**, 1953 ✰
1012 **Corpusculaire madonna**, 1952 ❑
Madone corpusculaire

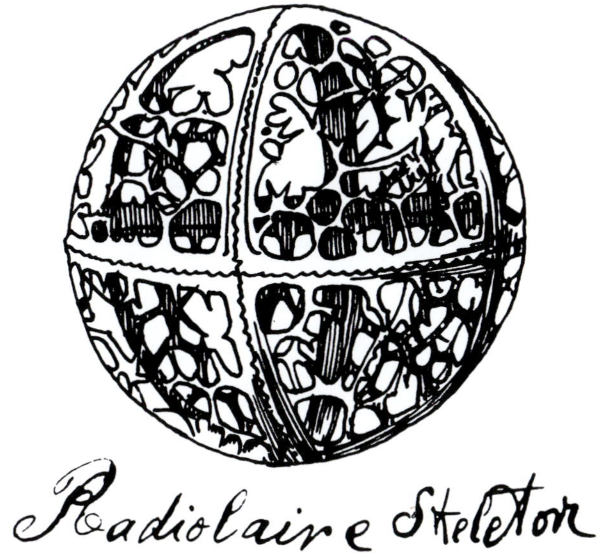

1010

die geen vaste betekenis hebben, bijvoorbeeld de bonte patronen van behang, pleisterwerk en kerkramen, die alleen tot taak hebben voor sfeer te zorgen. Een atmosfeer die, zoals goed zichtbaar is in bepaalde Spaanse kerken, tot groot genoegen van onze ogen kan worden opgewekt door de resten van de Arabische cultuur die de beeldenstorm hebben overleefd.

Ik ben heilig overtuigd van het aanstaande einde van het materialisme, en de voortekenen daarvan zie ik in de buitengewone vooruitgang van de atoomfysica, een wetenschap die naar mijn mening de jongere generatie weer tot het geloof brengt, het religieuze, het mystieke. Ik voel dat er een geweldige vernieuwing van de moderne kunst op handen is, die als reactie op het huidige materialisme weer figuratief zal zijn en karakteristiek voor een nieuwe religieuze kosmologie."

Of hij voortaan *Intra-atomair evenwicht van een zwaneveer* (blz. 409) schildert, of zijn *Nucleair kruis* (blz. 452), steeds beroept Dalí zich op zijn mystieke manifest, of op datgene wat hij later, en preciezer, zijn 'Manifest van de anti-materie' zal noemen. En als altijd is zijn logica onweerlegbaar, als de natuurkundigen anti-materie maken, dan moet het schilders, die immers al zijn gespecialiseerd in het schilderen van engelen, zijn toegestaan die te schilderen. "In de surrealistische tijd wilde ik een iconografie van de innerlijke wereld scheppen – de wonderlijke wereld van mijn vader Freud. Daarin ben ik geslaagd. Tegenwoordig heeft de uiterlijke wereld –de wereld van de fysica – die van de psychologie getranscendeerd. Tegenwoordig is dr. Heisenberg mijn vader." En wie is die dr. Heisenberg die zo plotseling op het toneel verschijnt? De uitvinder van een nieuwe vergelijking, "die gebaseerd op de Marcuspiaanse constante, op de door Einstein opgestelde formule over de lichtsnelheid en op de lichtdoorsnede van het atoom, volgens mij kan leiden tot een formule over de eenheid van de materie... Natuurkunde intrigeert me. Onlangs lag ik anderhalve maand in het ziekenhuis om te herstellen van een gecompliceerde blindedarmoperatie. Tijdens mijn genezing had ik de rust om me bezig te houden met kernfysica. Nadat ik had gemediteerd over hetgeen waarmee ik juist bezig was geweest, begreep ik Heisenbergs theorieën; ik werd me ervan bewust dat ik even intelligent ben als ik me voordoe; ik was immers tot dezelfde conclusies gekomen als de wetenschapper. En op grond daarvan bewonder ik, die lange tijd alleen Dalí bewonderde, nu die Heisenberg, die op mij lijkt." Dalí besluit de schoonheid van de engelen en de werkelijkheid te schilderen met pi-mesonen en de geleiachtigste, vage neutrino's. Hij

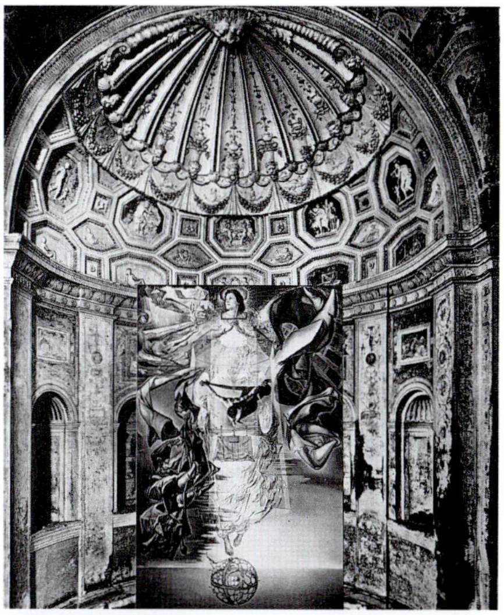
1011

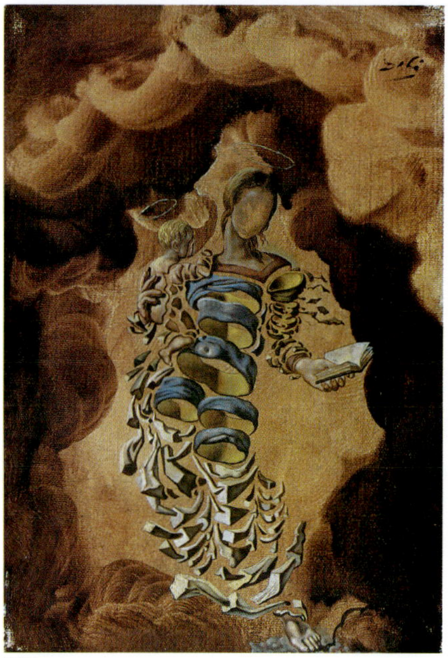

1012

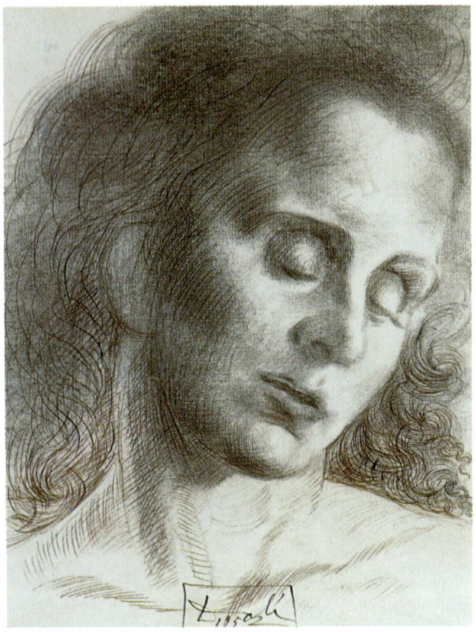

1013

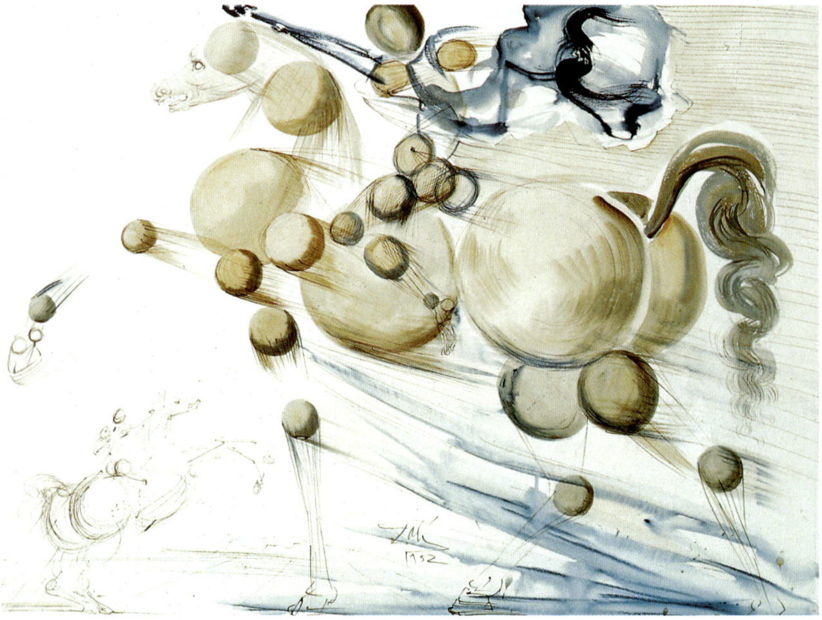

1014

1013 **Gala Placida**, 1952 △

1014 **Moleculaire ruiter**, 1952 △
Figure équestre moléculaire

1015 **Sferische Galatea**, 1952 ❑
Galatée aux sphères

hoopt in elk geval dat doel al snel te bereiken. Wat hij nastreeft? Steeds en steeds weer de ervaringen van de moderne tijd te integreren in de grote klassieke traditie. "De nieuwste micronatuurkundige structuren, zoals die van Klein, Matthieu en Tàpies, moeten in de schilderkunst worden gebruikt, want ze zijn niets anders dan wat ten tijde van Velázquez de 'penseelvoering' was, waarover de onvolprezen dichter Quevedo toen al zei dat hij schilderde 'met zonnetoetsen, met verre vlekken'."

Mystiek te zijn, te kunnen tekenen... dat zijn de twee middelen waarmee Salvador Dalí, de 'redder' van de schilderkunst, deze kunstvorm nieuw leven wil inblazen. "Dank je Pablo Picasso, nieuwe heilige Michael en onvoorwaardelijk anarchist, dat je met je zwaard tekeer bent gegaan tegen de draak van de moderne kunst... Daarmee heb je een koninklijke weg gebaand voor Salvador Dalí, de nieuwe mysticus..." Zo drukt Dalí het tenminste uit in zijn beroemd geworden 'mystieke manifest':

"Een ex-surrealist kan anno 1951 niets subversievers overkomen dan de volgende twee zaken: ten eerste, mystiek te worden, ten tweede, te kunnen tekenen. Die twee vormen van kracht overkomen mij tegenwoordig tegelijkertijd. Catalonië heeft drie grote genieën opgeleverd: Raymond de Sebond, de auteur van 'Théologie naturelle', Gaudí, de schepper van de mediterrane Gotiek, en Salvador Dalí, de uitvinder van de paranoïde-kritische methode en, zoals zijn voornaam al zegt, redder van de moderne schilderkunst. Dat plotselinge optreden van een crisis in Dalí's mysticisme berust op de vooruitgang van speciale wetenschappen in onze tijd, vooral op het gebied van de metafysische substantialiteit van de quantumfysica, en, op het vlak van weinig substantiële drogbeelden, op de schandelijkste supergelatineachtige resultaten en hun monarchale viscositeits coëfficiënten van de morfologie in het algemeen. Op de volgende Dalíaanse

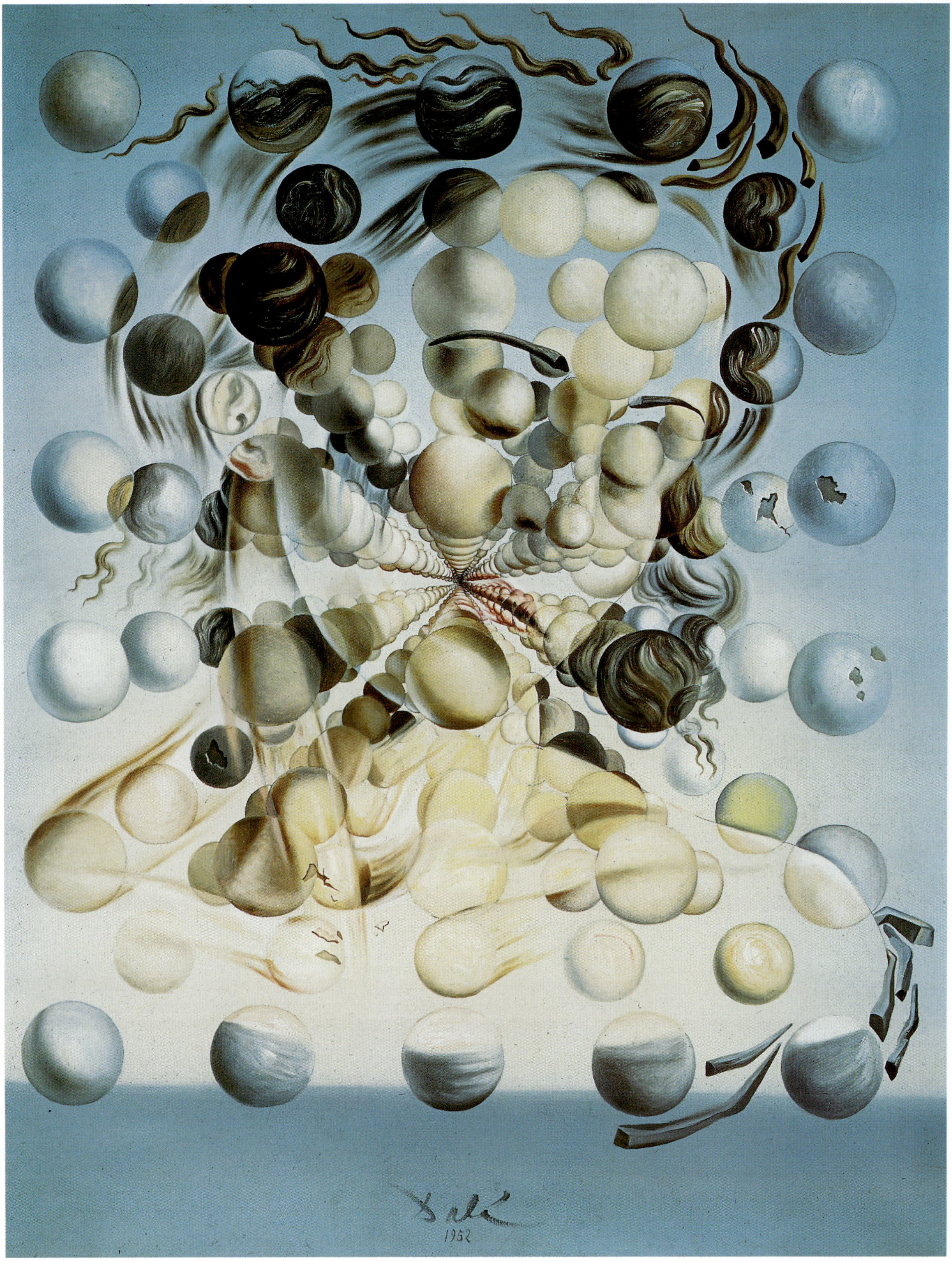

1015

1952

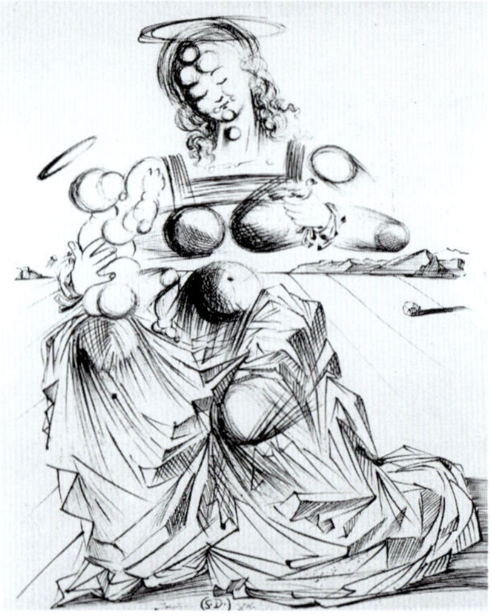

1016

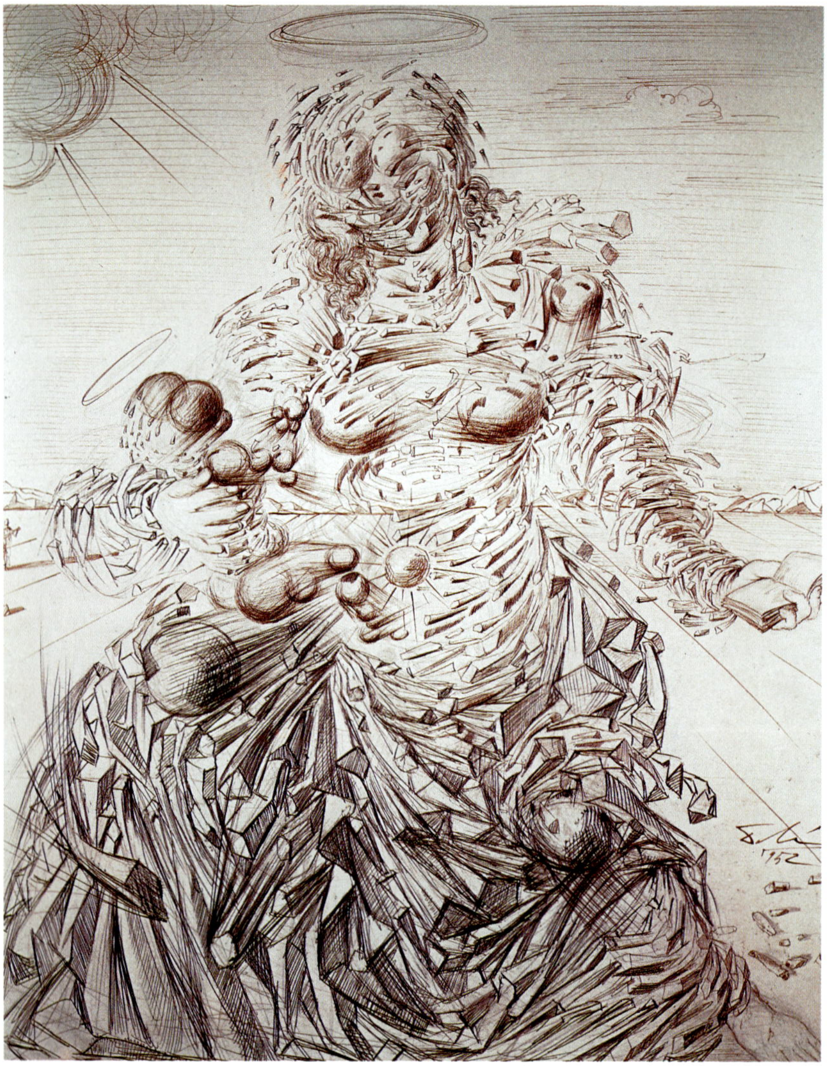

1017

1016 **Rafaëleske dynamiek**, 1952 △
Dynamics raphaélesques

1017 **Corpusculaire madonna**, 1952 △
Madone corpusculaire

principes berusten en baseren zich de Bramantische sokkels van de esthetische ziel in hun paranoïde-kritische activiteit: de vorm is een reactie van de materie op de inquisitoire, 'van alle kanten' van het 'harde en onverbiddelijke vlak' komende dwang. Schoonheid is altijd de laatste stuiptrekking van een lang, onverbiddelijk streng inquisitieproces. De vrijheid is de on-vorm. Elke roos groeit in een gevangenis. De mooiste architecturen van de menselijke ziel zijn het tempeltje in San Pietro in Rome dat aan de goddelijke Bramante doet denken en het klooster El Escorial in Spanje: beide zijn ontstaan volgens hetzelfde 'integere patroon: de extase'. De extase is het integere patroon, in tegenstelling tot het academisme, dat corrupt is; ik mag erover praten, ik, Salvador Dalí, specialist van verrotting en ammoniakhoudende hartstochten sinds de lieflijke en zondige leeftijd van twaalf jaar!

Schilder, ooit zul je er door je eigen kritisch-paranoïde discipline in slagen net als ik een 'corpusculaire immaculata' te zien, maar misschien is het ook iets anders, even onuitsprekelijk. Vrees niet en schilder dagelijks en braaf dat wat je in de natuur hebt gezien. Gebruik de schildertechniek van de Renaissance, want toen zijn voor eens en altijd de beeldende middelen met het grootste visuele

Vervolg op blz. 466

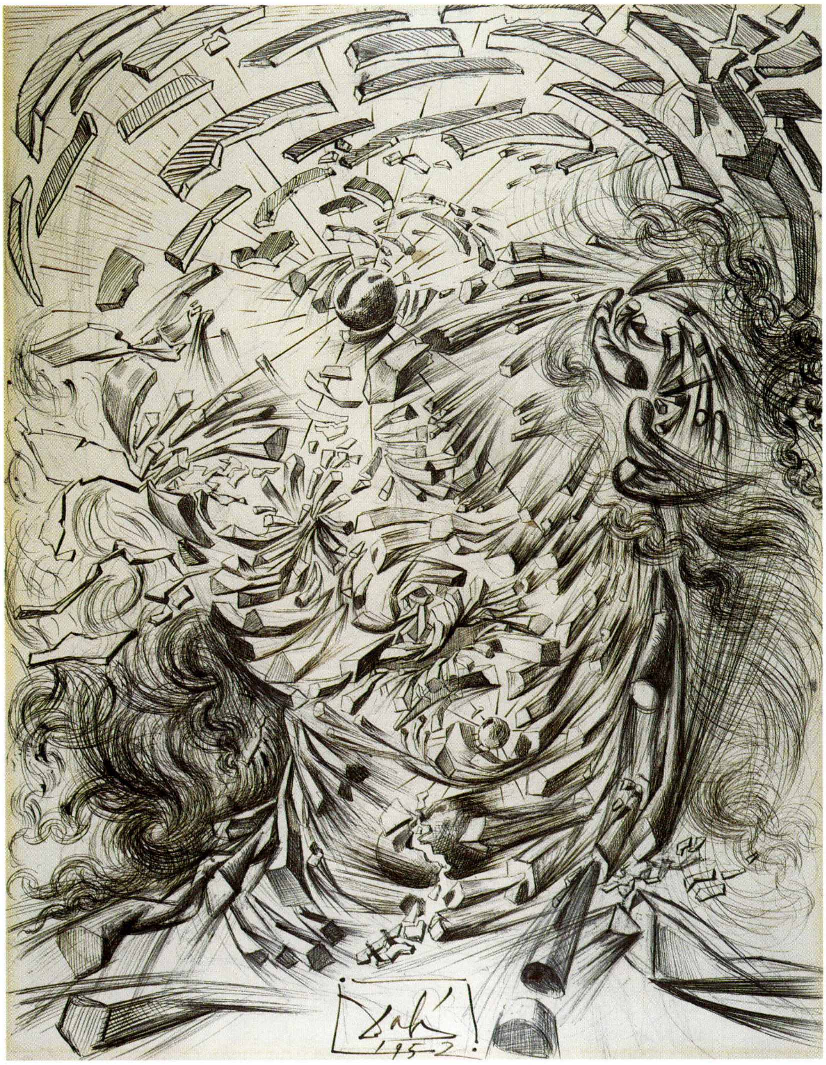

1018

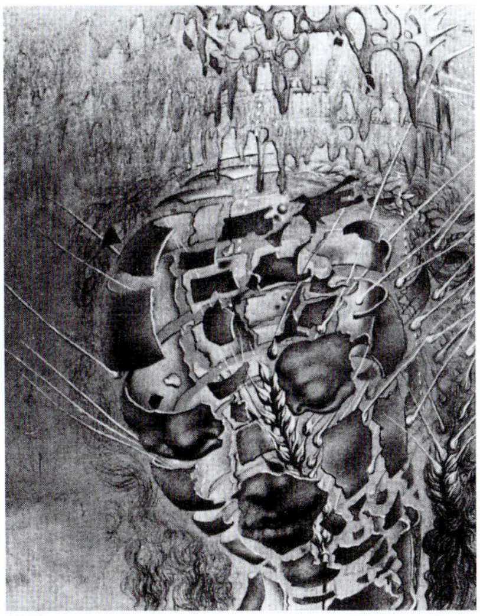

1019

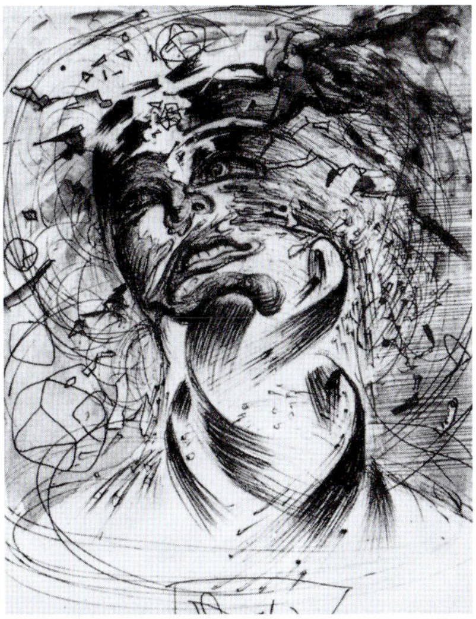

1020

1018 **Nucleair hoofd van een engel,** 1952 △
Tête nucléaire d'un ange

1019 **Studie voor hoofd van de Maagd Maria**, 1952 △

1020 **Explosief hoofd**, 1952-1954 △
Tête explosive

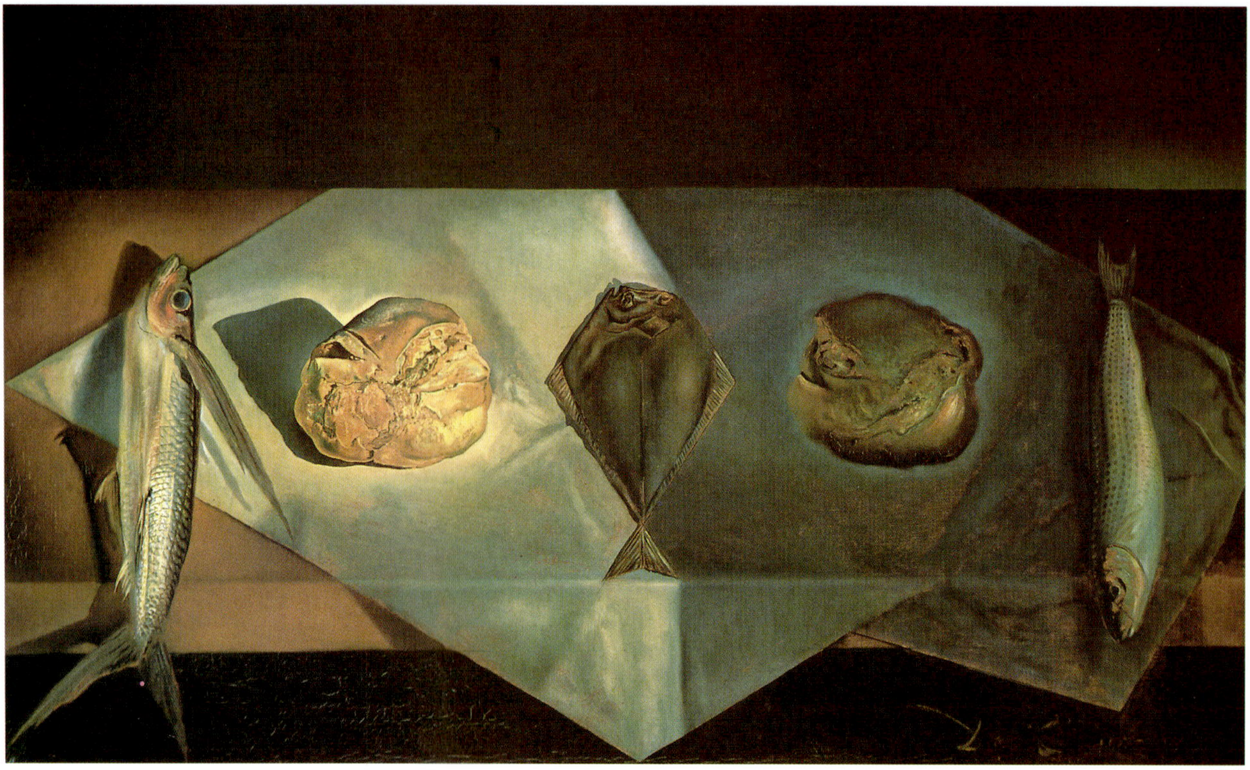

1021

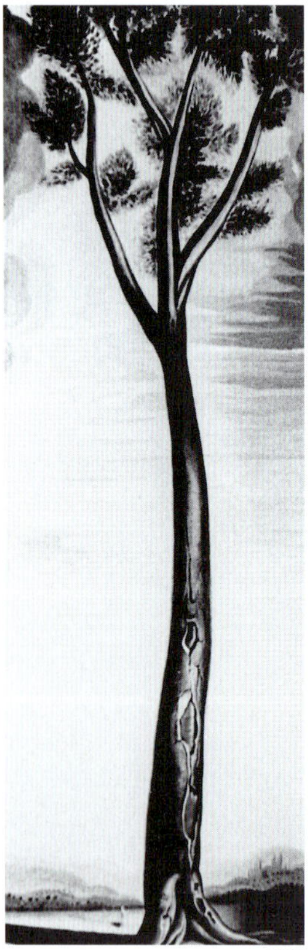

1022

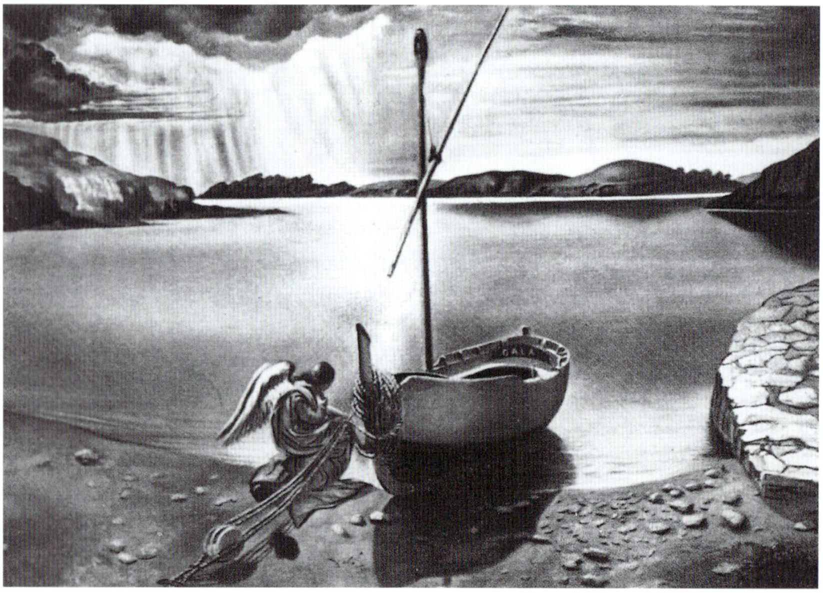

1023

1021 **Eucharistisch stilleven**, 1952 ❑
Nature morte évangélique (Eucharistic Still Life)

1022 **De boom**, 1952 ❑
L'arbre

1023 **De engel van Port Lligat**, 1952 ❑
L'ange de Port Lligat

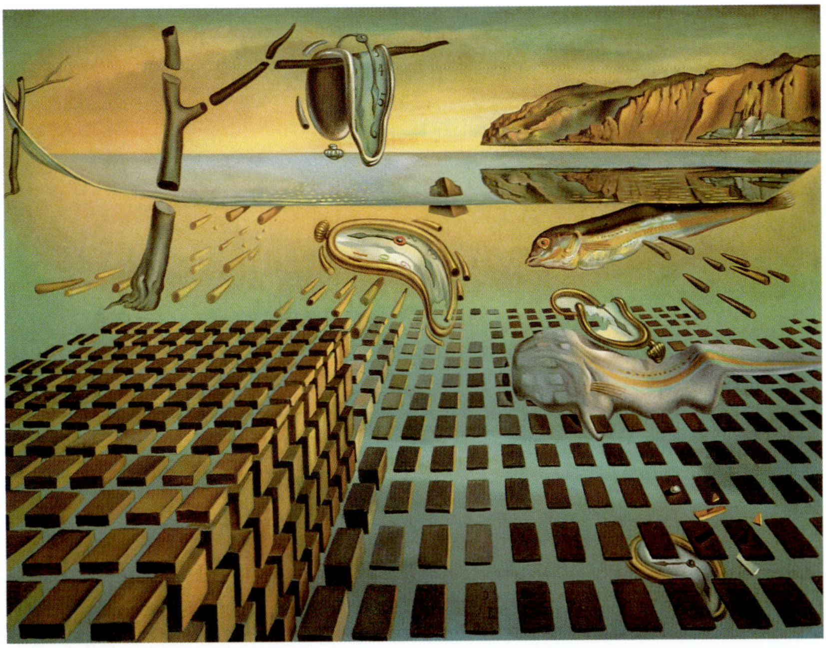

1024

1024 **Oplossing van de duurzaamheid van de herinnering**, 1952-1954 ❑
Désintégration de la persistance de la mémoire

1025 **De engel van Port Lligat**, 1952 ❑
L'ange de Port Lligat

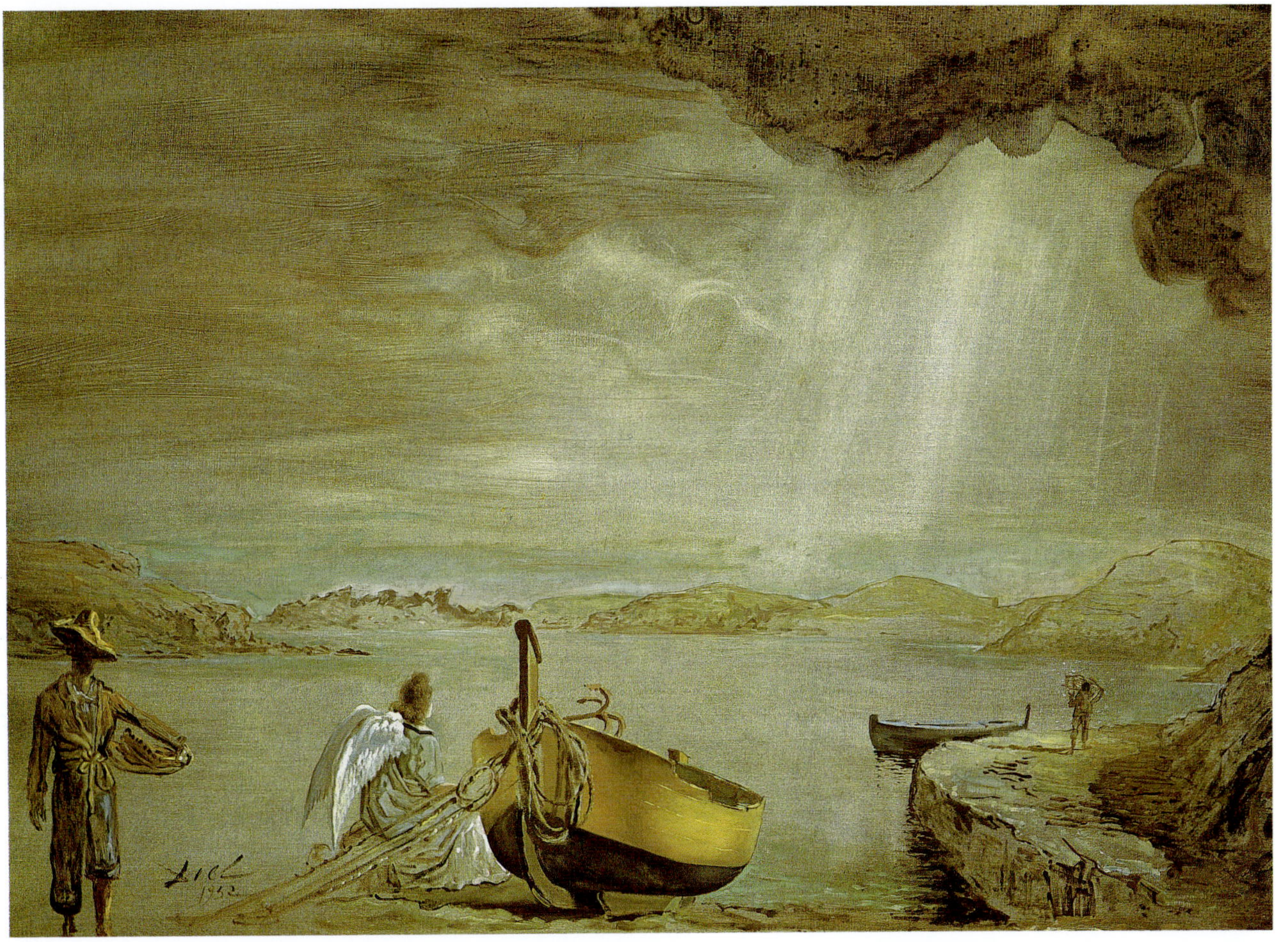

1025

1953

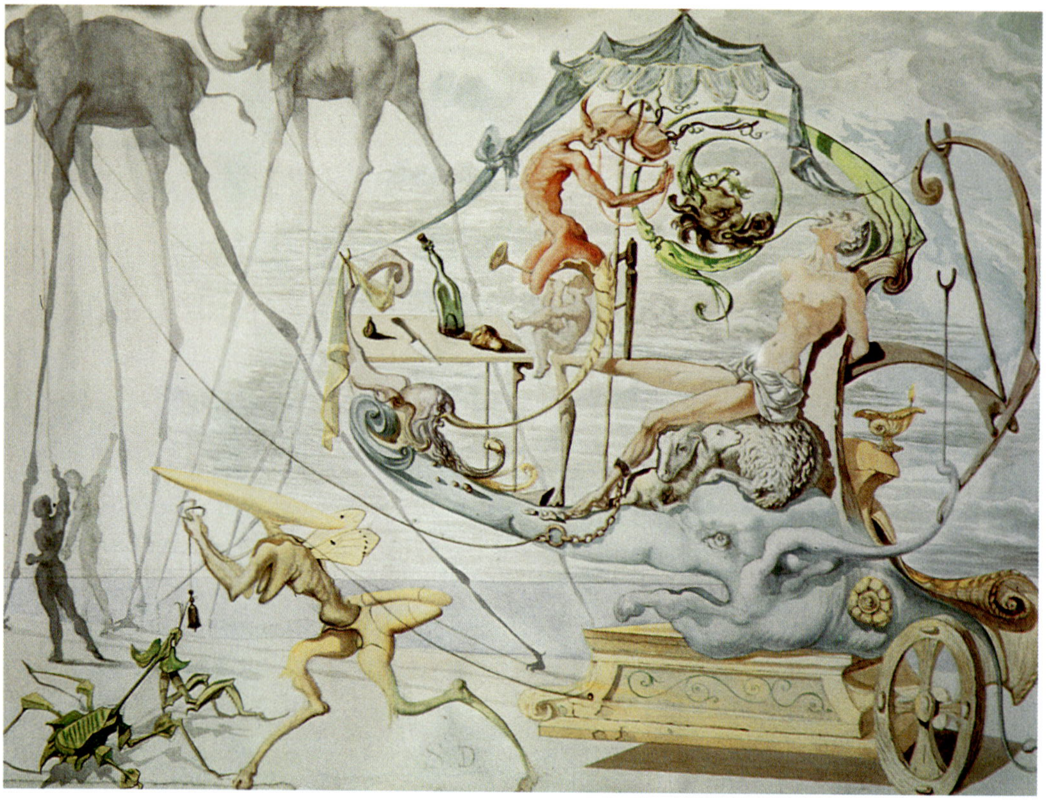

1026

1026 **De druivenplukkers: de Bacchus-wagen (De triomf van Dionysus)**, 1953 △
Les vendangeurs: le char de Bacchus (Le triomphe de Dionysios)

1027, 1029, 1030 **Kostuumontwerpen voor 'Le Ballet des vendangeurs' (Het ballet van de druivenplukkers)**, 1953 △

1028 **De schildpad voor 'Le Ballet des vendangeurs'**, 1953 △

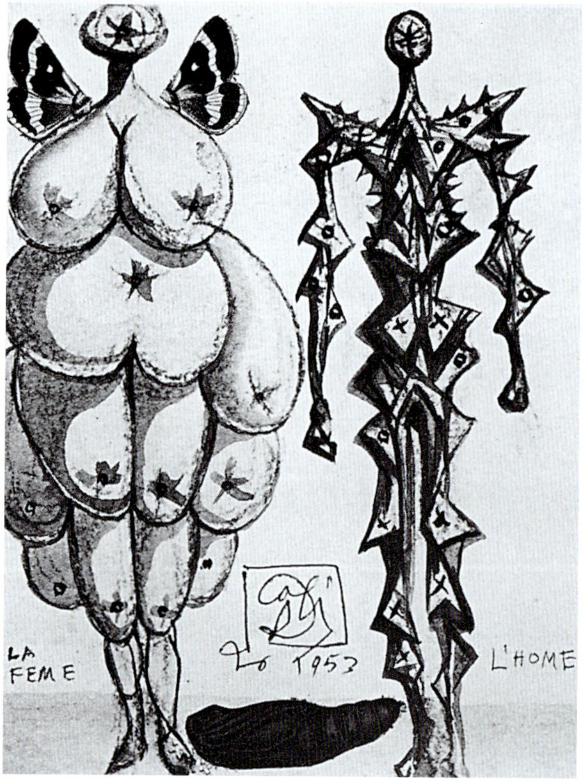

1027

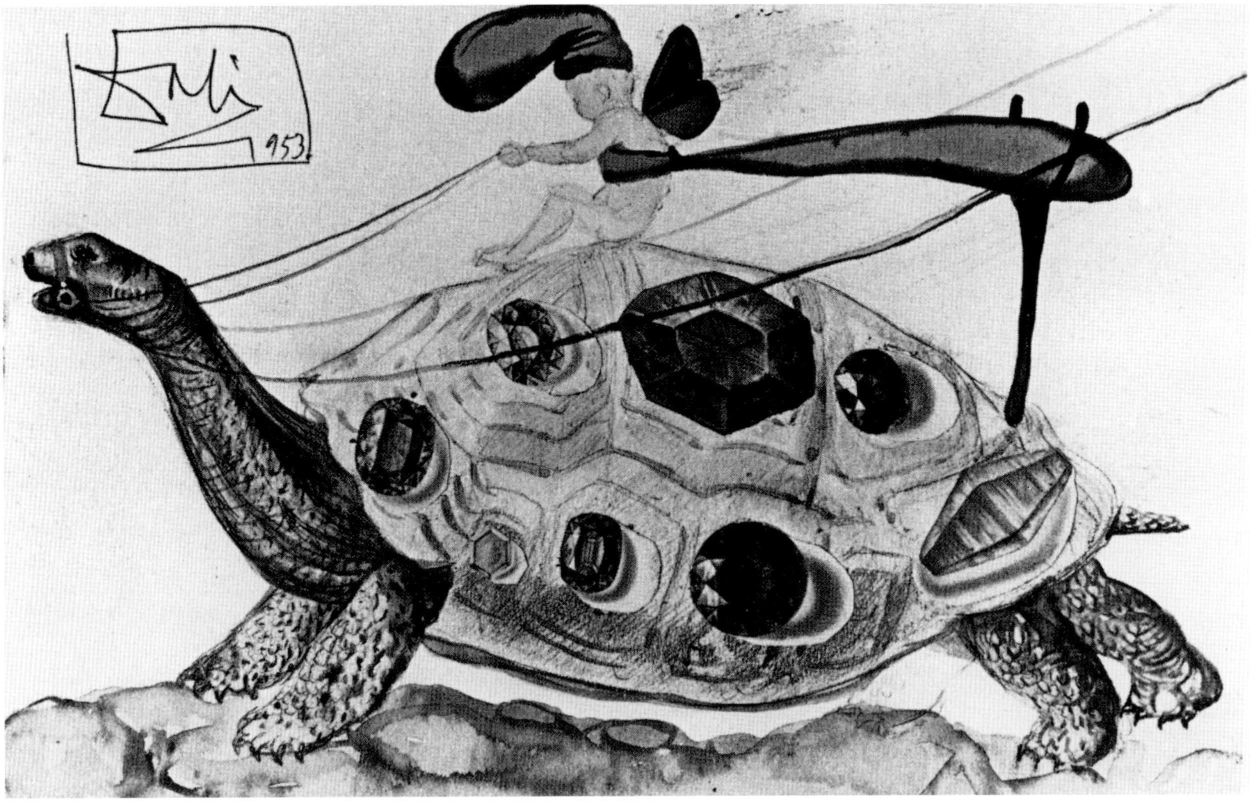

1028

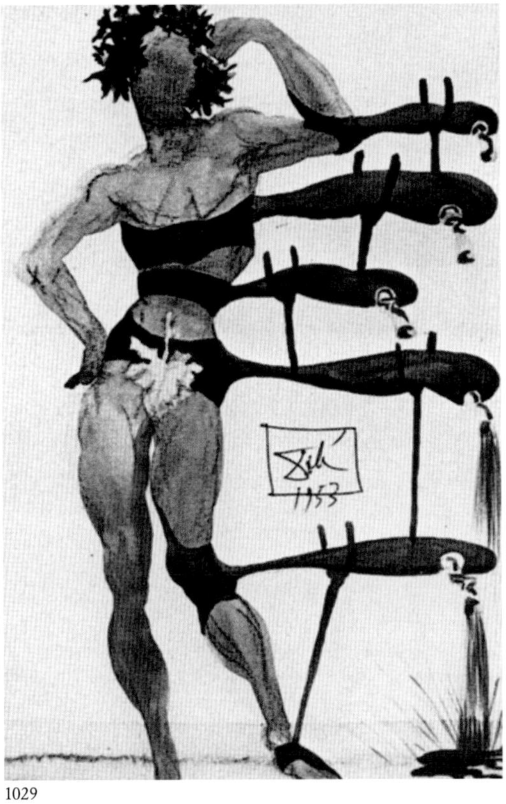

1029

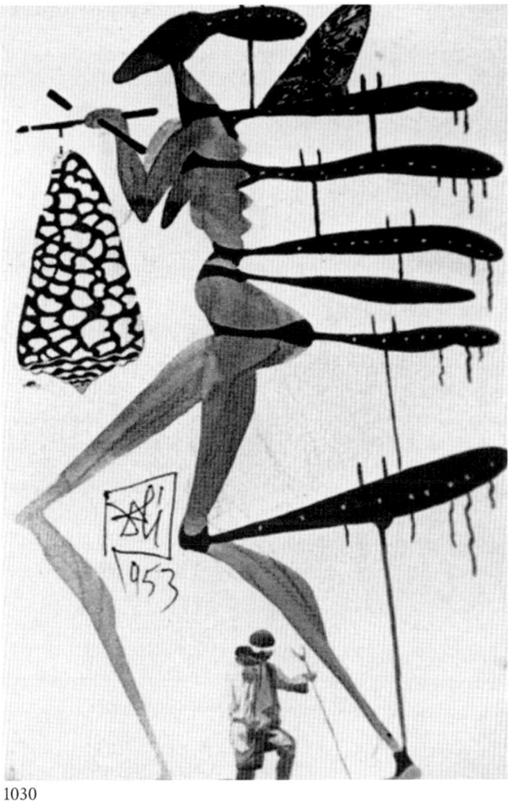

1030

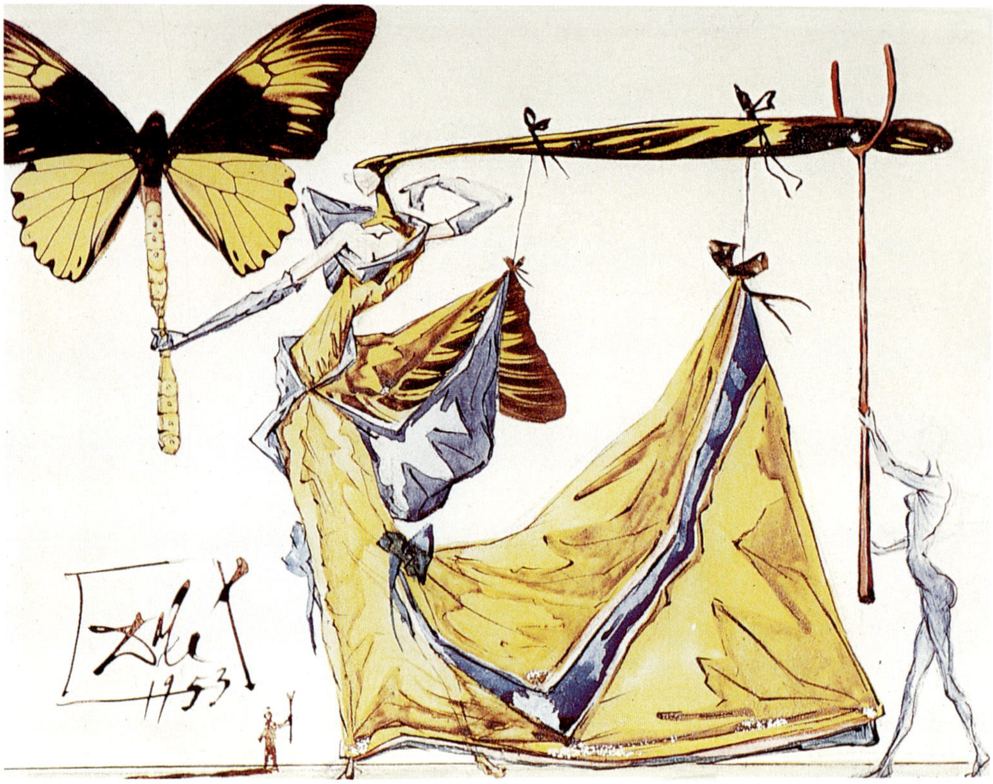

1031

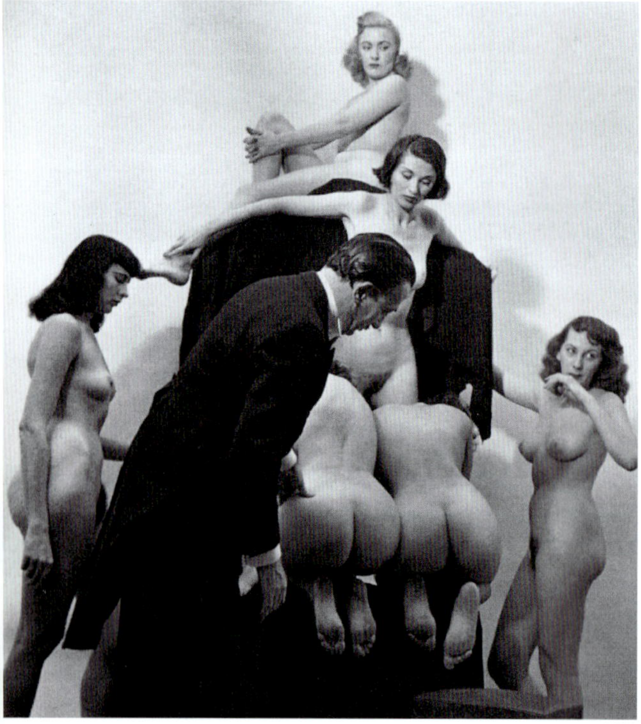

1032

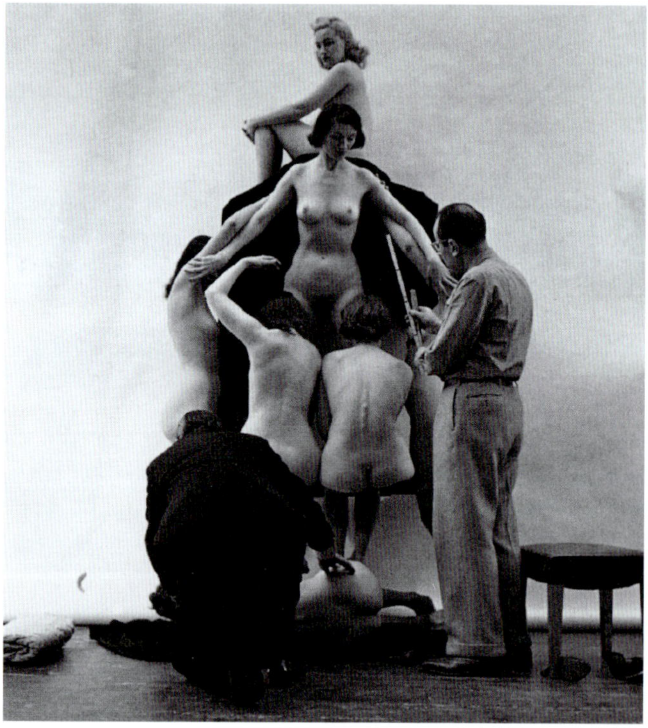

1033

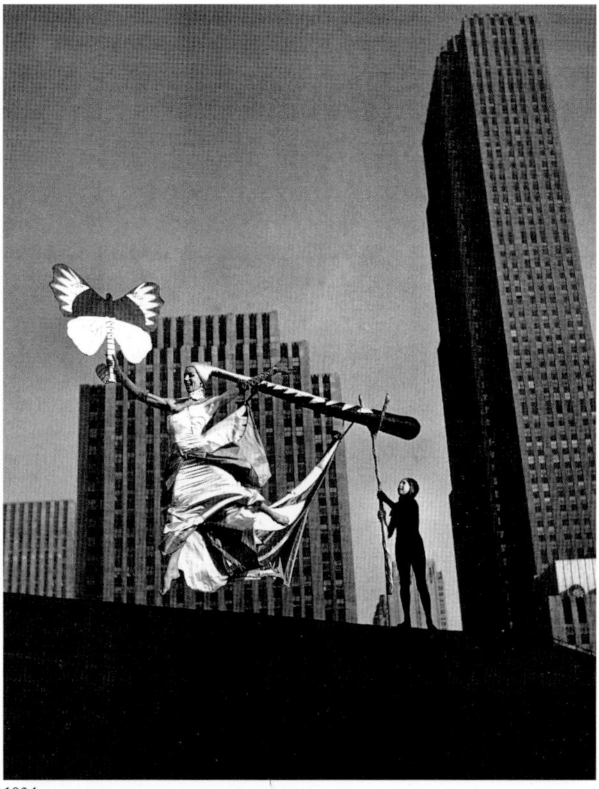

1034

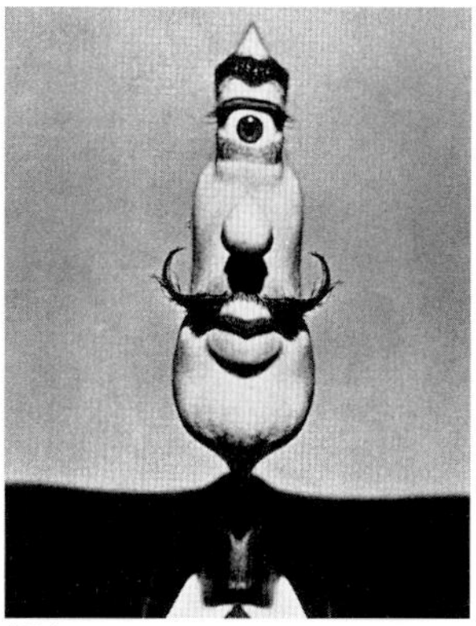

1036

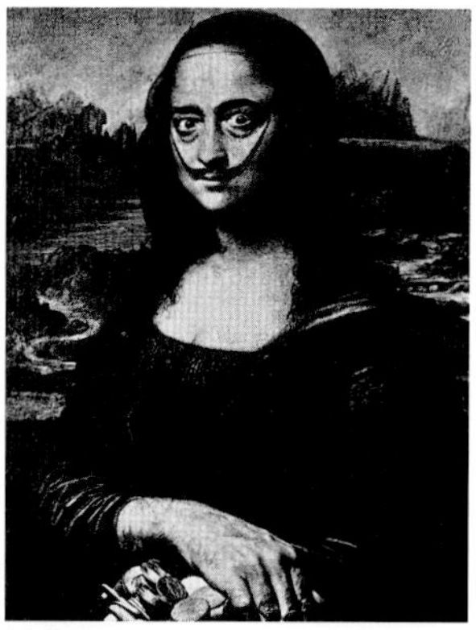

1038

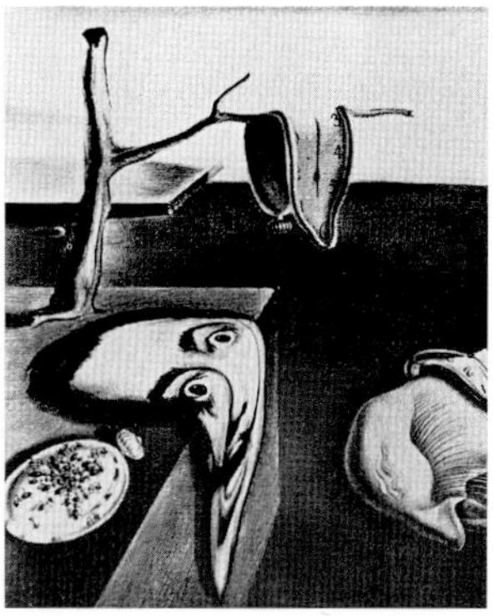

1037

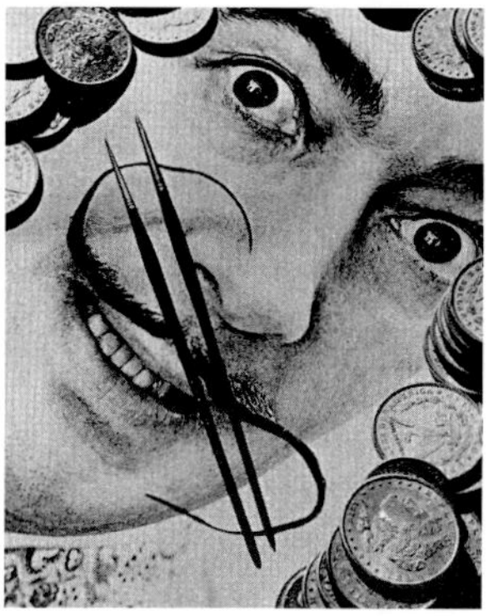

1039

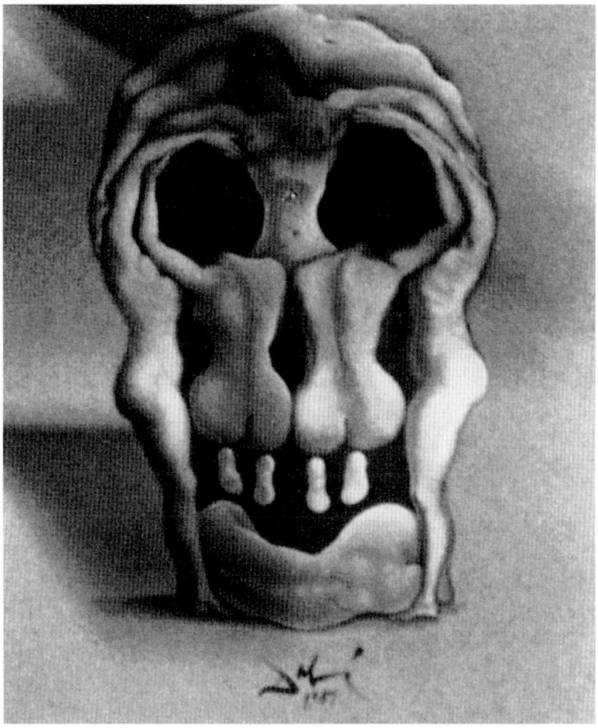

1035

1031, 1034 **In 1953 neemt Dalí deel aan een modeprijsvraag in New York met het thema 'De vrouw van de toekomst'. De door hem ontworpen jurk is zo groot dat Philippe Halsman haar niet in de nauwe straten kan fotograferen. Hij moet uitwijken naar het dak van 'Roxy'. De dochter van de fotograaf fungeert als model.** ☆

1032, 1033, 1035 **Vrouwenlichamen vormen een doodshoofd.** Foto's van Philippe Halsman, die gebaseerd zijn op een gouache van Dalí. Het resultaat van de geduldige inspanningen is op blz. 337 te zien. ☆

1036, 1037, 1038, 1039 **Vier fotoportretten van Dalí: Dalí cycloop, Dalí Mona Lisa, Dalí week uurwerk, Dalí Avida Dollars. Foto's: Philippe Halsman, uit 'Dalí's snor',** 1954 ☆

1954

1040 **Kruisiging**, 1954 ❑
Crucifixion

1041 **Gala bekijkt het 'Corpus Hypercubus'**, 1954 ❑
Gala regardant le 'Corpus Hypercubus'

1042 **Portret van Gala met neushoornsymptomen**, 1954 ❑
Portrait de Gala avec symptômes rhinocérontiques (Galatea)

effect uitgevonden. De decadentie van de moderne schilderkunst komt voort uit scepsis en gebrek aan geloof, is dus een gevolg van rationalisme, positivisme, progressiviteit en ook van het mechanistische en dialectische materialisme. Ze zijn allebei even anachronistisch, waarbij het eerste zijn oorsprong vindt in het primaire, troosteloze sentimentele genre van 'lach, paljas' van een zwaar achtergebleven encyclopedist. Hierbij de aanwijzingen voor je gedrag: Pythagoras, de 'geheimzinnige Heraclites', tegenwoordig samen met de eenheid van het kenbare heelal, duidelijk als de esthetica van Luca Pacioli of Vitruvius, en St.-Johannes van het Kruis, de hoogste poëtische weergave van het militante Spaanse mysticisme dat Dalí doet herleven. Breng onder de aandacht dat elk kwartier en elke seconde de materie zich in een voortdurend proces bevindt en de ont-materialisering en oplossing versnelt – daarbij ontsnapt ze aan de handen van de geleerden

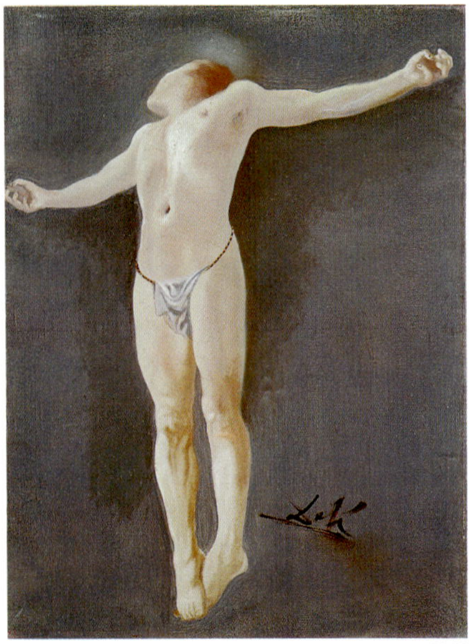

1040

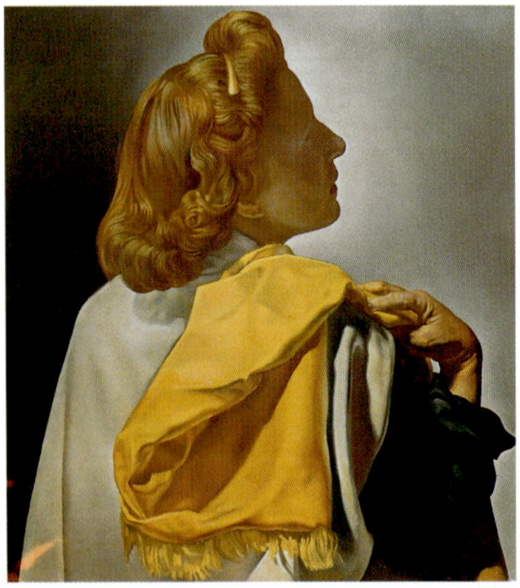

1041

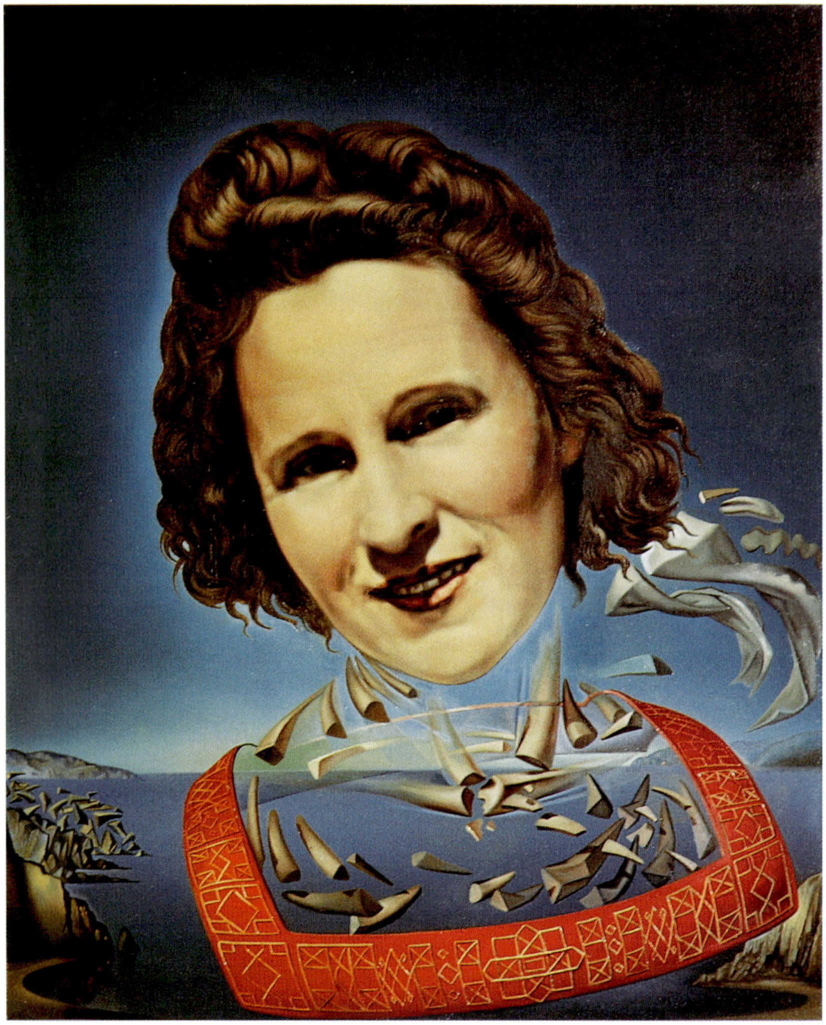

1042

1043 **Corpus Hypercubus (Kruisiging)**, 1954 ❑
Corpus Hypercubus

1044 **St.-Jacob van Compostela. Detail dat dezelfde plooiing van Gala's omslag uit een andere hoek laat zien.** 1957 ✰

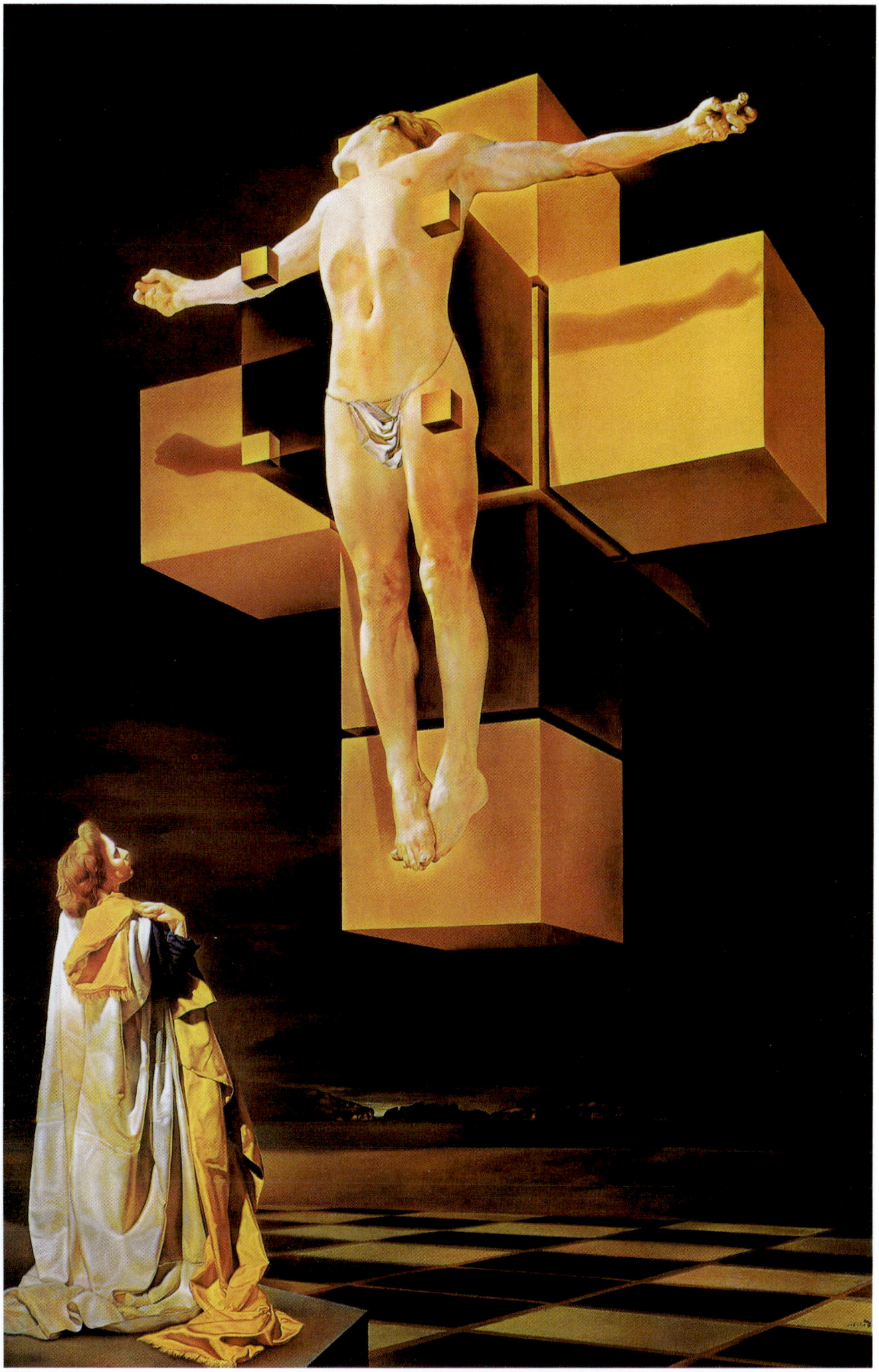

1043

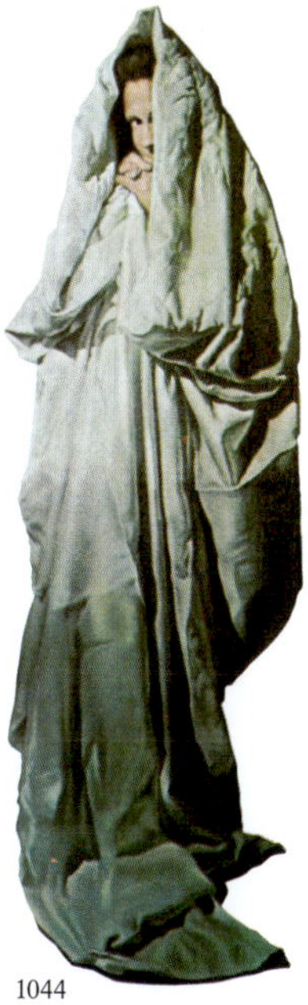

1044

1954

1045 **Antropomorfe figuur**, 1954 △
Figure antromorphe
1046 **Grijs engelenhoofd**, 1952-1954 △
Tête d'ange gris (Grey Head of Angel)
1047 **Met tarwekorrels gebombardeerd hoofd (Corpusculair hoofd boven het dorp Cadaqués)**, 1954 ❑
Tête bombardée par des grains de blé (Tête corpusculaire sur le village de Cadaqués)

1048 **De madonna van Rafaël op maximumsnelheid**, 1954 ❑
La madone de Raphaël à la vitesse maximum

1049 **Week uurwerk op het moment van zijn eerste explosie**, 1954 ❑
Montre molle au moment de sa première explosion
1050 **Microfysische madonna**, 1954 ❑
Madone microphysique
1051 **Madonna en corpusculair kind (Nucleaire tekening)**, 1954 △
Madone et enfant corpusculaires (Dessin nucléaire)
1052 **Schets voor 'Week uurwerk explodeert in 888 stukken na twintig jaar totale onbeweeglijkheid'**, 1954 △
'Montre molle explosant en 888 morceaux après vingt ans de complète immobilité'

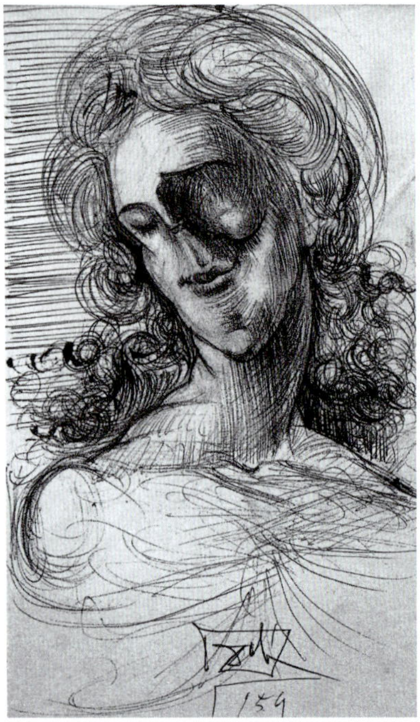
1045

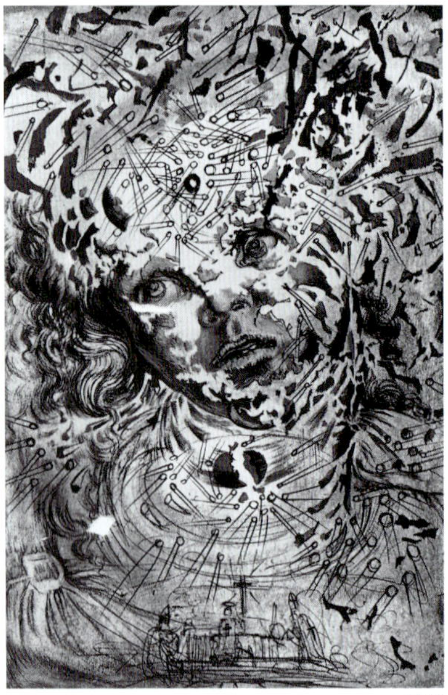
1046

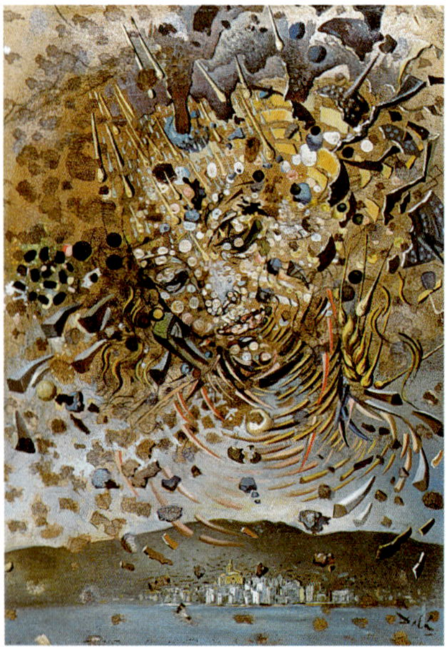
1047

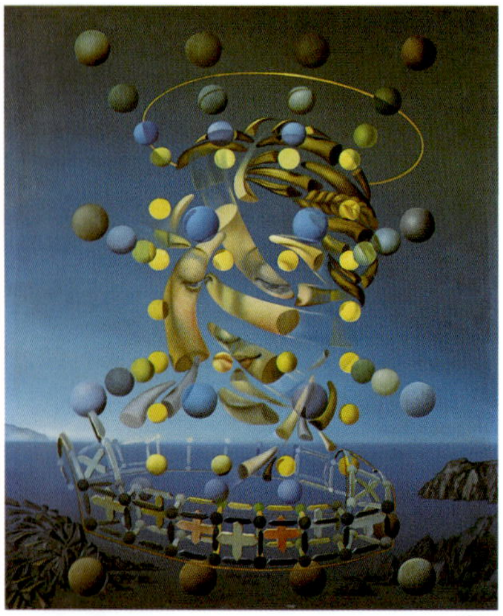
1048

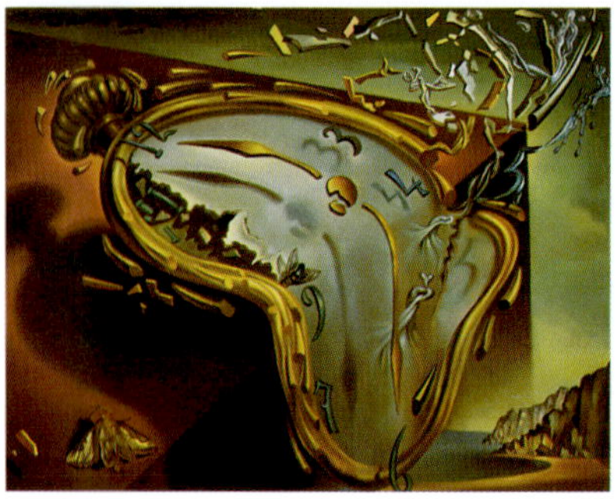
1049

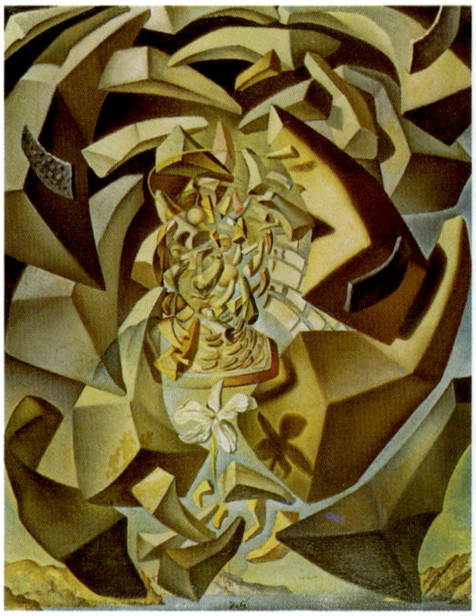
1050

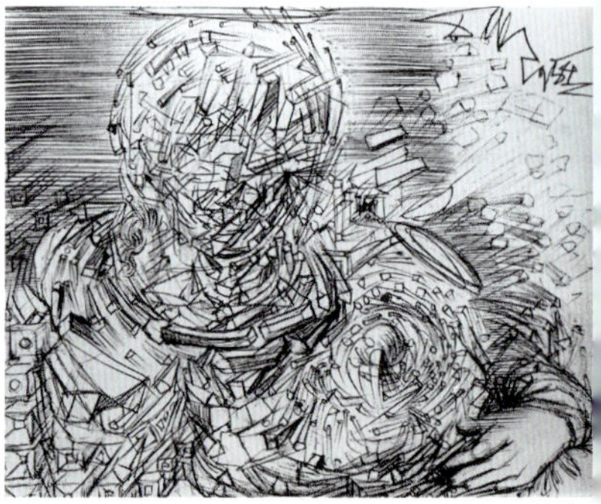
1051

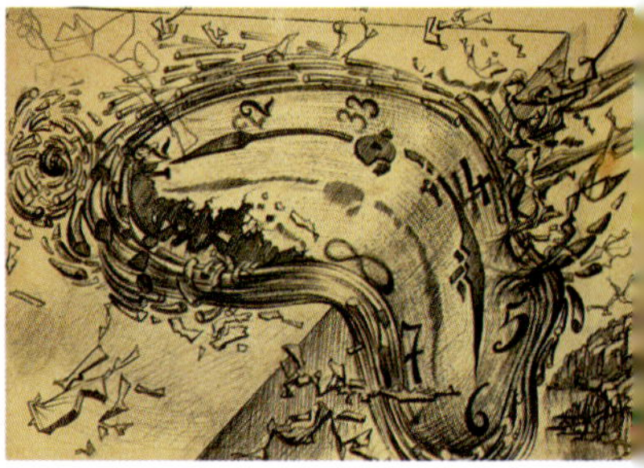
1052

1053 **Rinocerotische figuur van de Illisos van Phidias**, 1954 ❑
Figure rhinocérontique de l'Illisos de Phidias

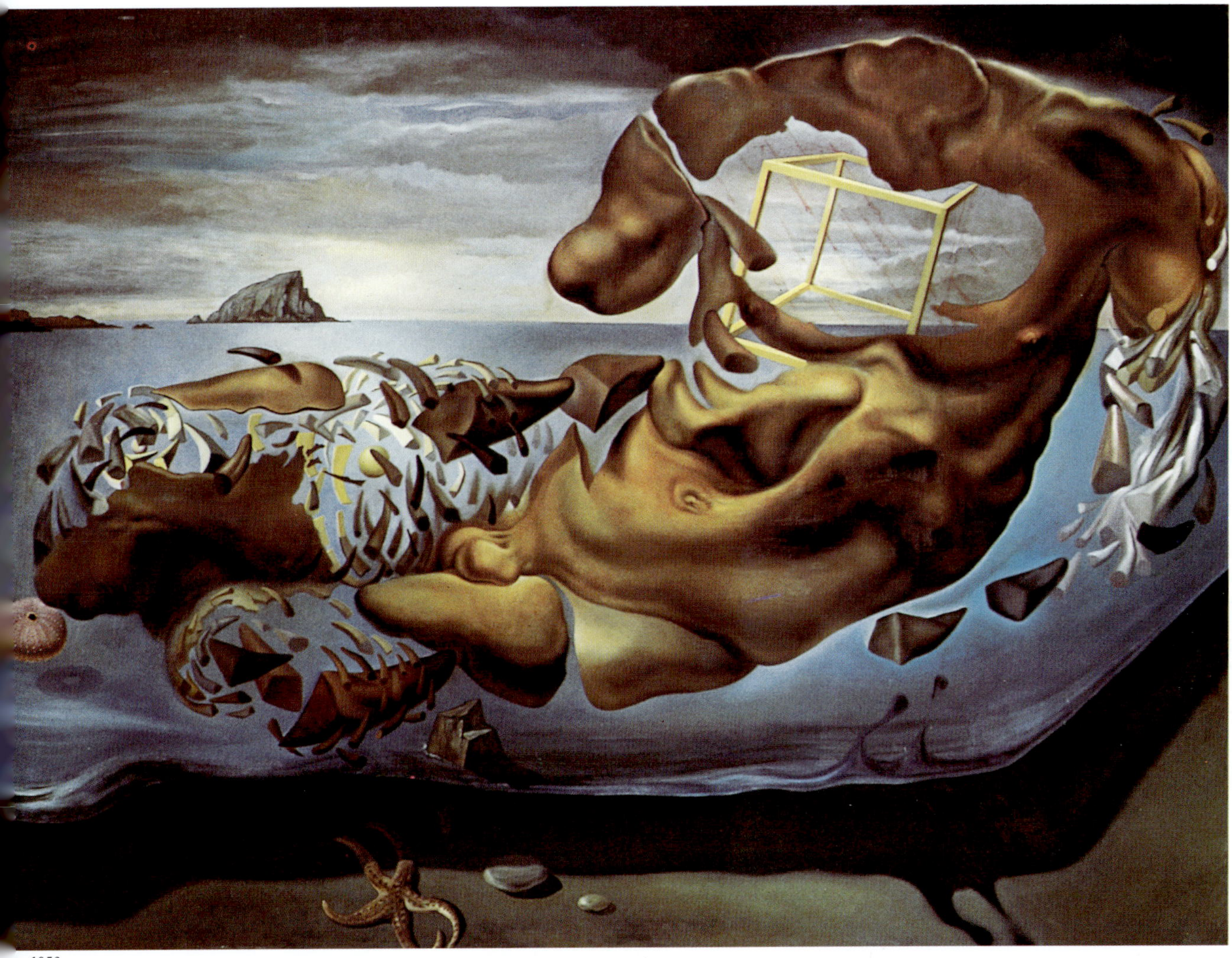

1053

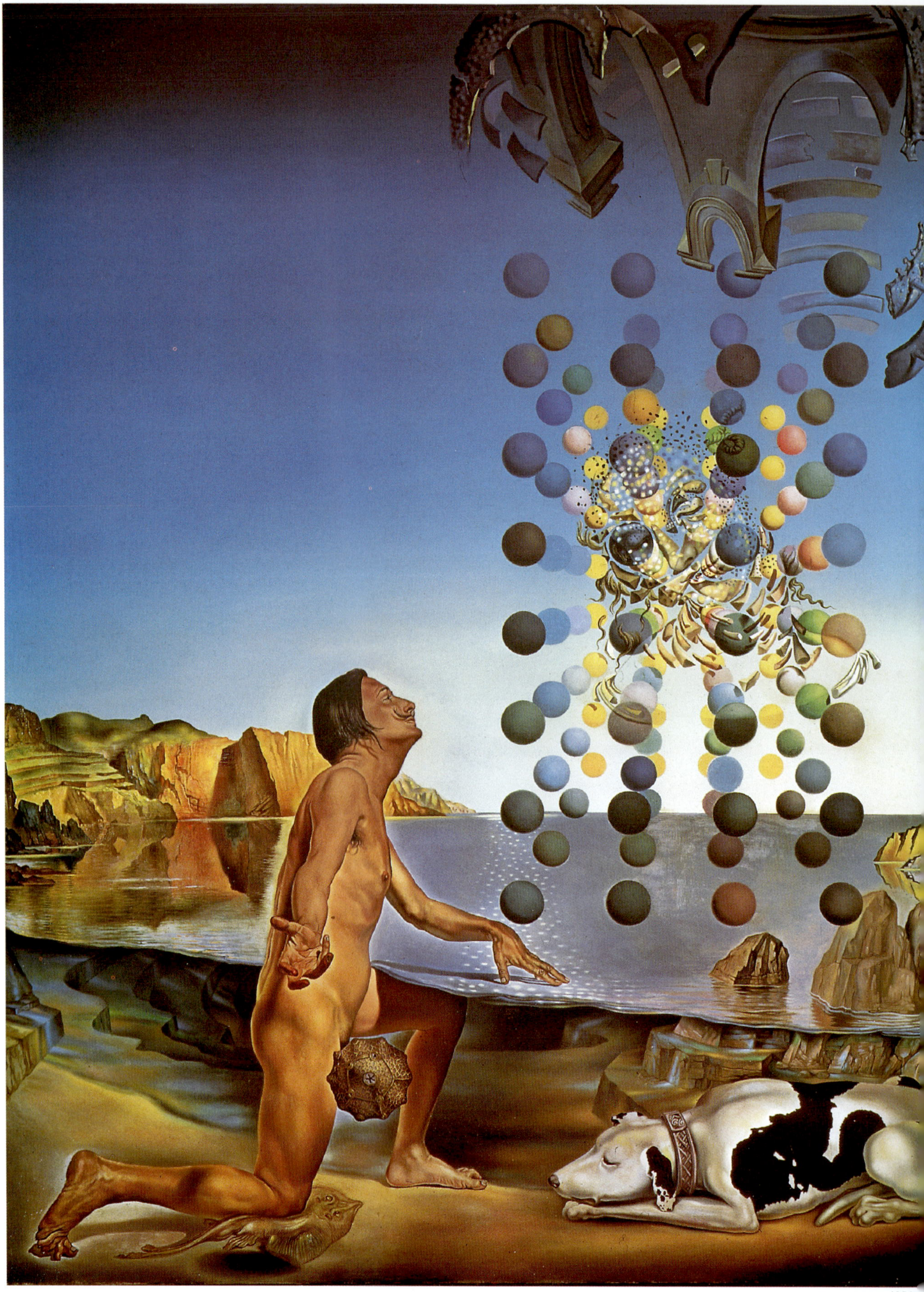

en toont ze ons de spiritualiteit van elke substantie, want het natuurkundige licht van Dalí's paranoïde-kritische activiteit is eveneens gelijktijdig 'golf en corpuscuul'.

Sinds de relativiteitstheorie het substraat van het universum vervangt door de ether, de tijd onttroont en hem heeft herleid tot de relatieve rol die Heraclites hem al toeschreef toen hij zei 'de tijd is een kind', en ook Dalí, toen hij zijn beroemde weke uurwerken schilderde, sinds het hele universum vervuld lijkt van die onbekende en ingebeelde substantie, sinds de explosieve gelijkwaardigheid van massa en energie, weet iedereen die buiten de marxistische halsstarrigheid denkt dat de metafysici juist aan de kwestie van de 'substantie' moeten werken.

In de esthetica zijn het alleen de mystici die de nieuwe 'Gulden Snede' van onze ziel moeten formuleren. Als de grote hergeboorte van de mystieke schilderkunst nog niet is begonnen, ligt dat aan de kunstenaars die deze keer ver achter de wetenschappelijke vooruitgang in onze tijd aanhobbelen en nog steeds vegeteren op de afschuwelijke weidegrond van de laatste consequenties van het armzaligste marxisme. Ze hebben niets te schilderen, die schilders van tegenwoordig schilderen niets, dat wil zeggen, niet-figuratief, niet-objectief, niet-expressief, niet, niet, niet, niet, niet, niet, niet.
NEEN!

1054 **Dali, naakt, bekijkt de vijf regelmatige lichamen, veranderd in elementaire deeltjes waarin plotseling Leonardo's Leda verschijnt, gechromosomatiseerd door Gala's gezicht**, 1954 ❑
Dalí nu, en contemplation devant cinq corps réguliers métamorphosés en corpuscules, dans lesquels apparaît soudainement la Léda de Léonard chromosomatisée par le visage de Gala

1055 **Galatée**, 1954-1956 ❑

1056 **In dit detail van 'Ik op zesjarige leeftijd...' is dezelfde hond te zien als in 'Dalí, naakt, bekijkt...'**, 1950 ✰

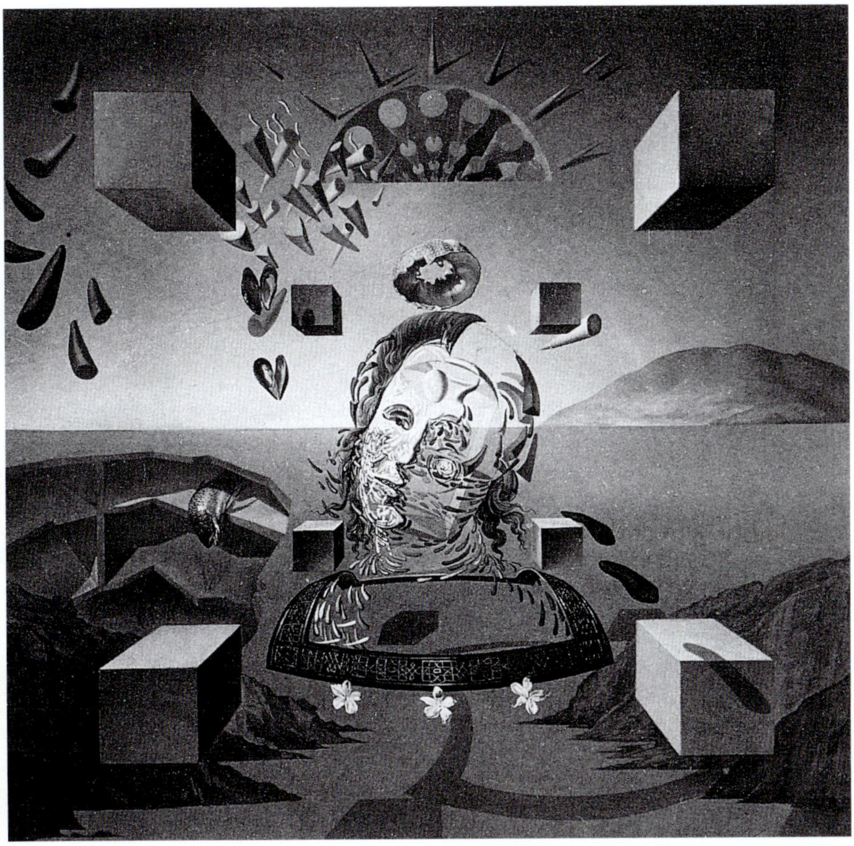

1055

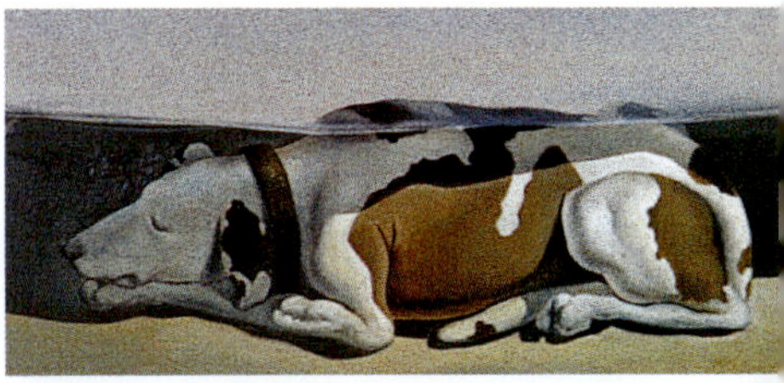

1056

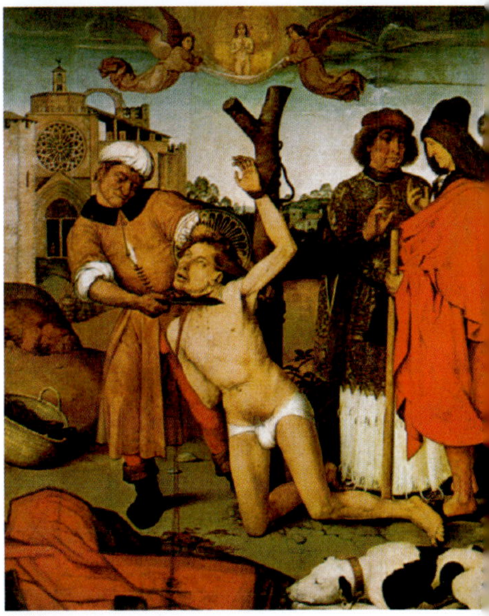

1057

1057 **Ayne Bru (16e eeuw): Martelaarschap van St.-Cucufa. Hier vindt de alomtegenwoordigheid van Dalí's lievelingshond haar oorsprong.** ✰

1954

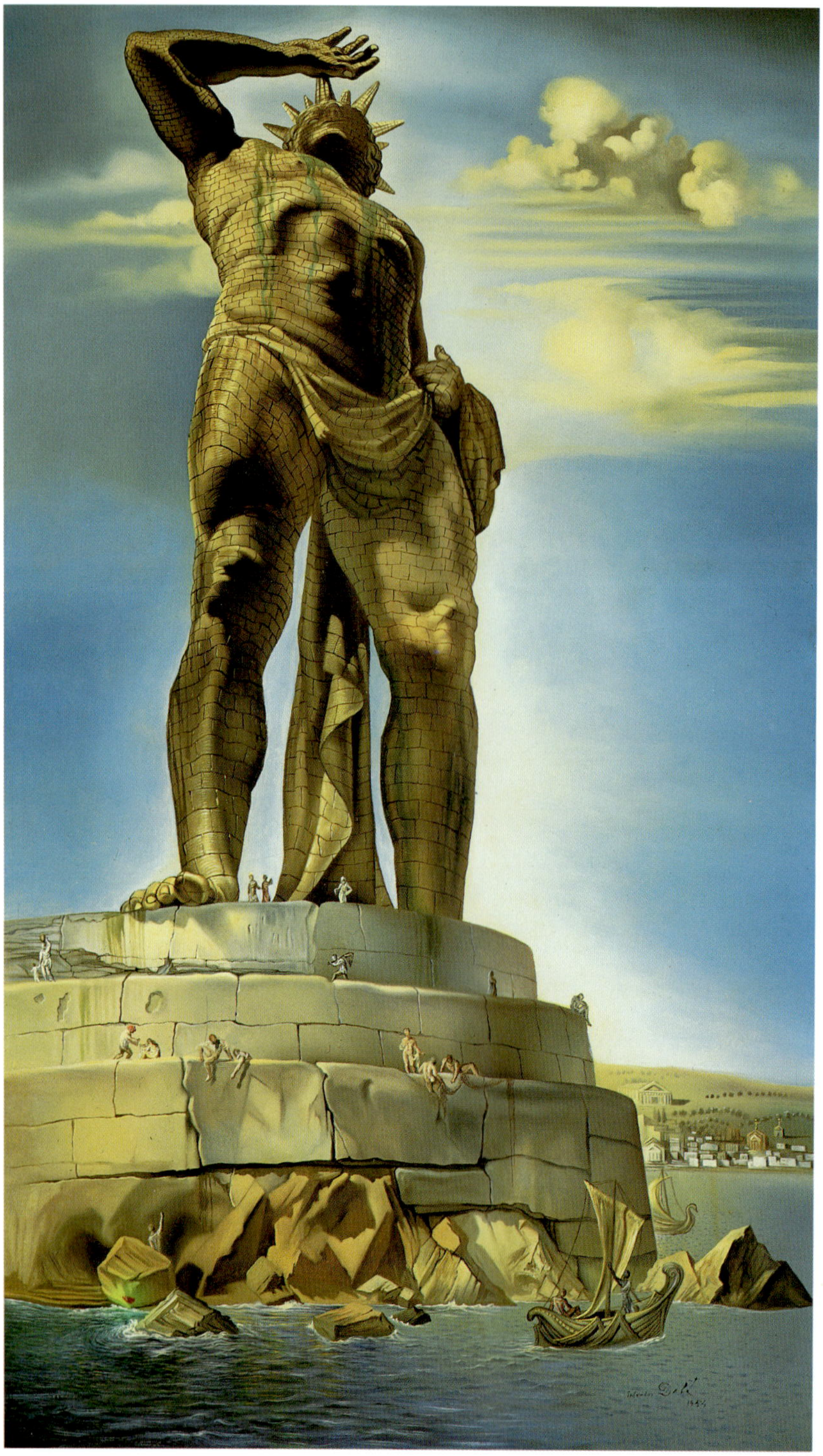

1058

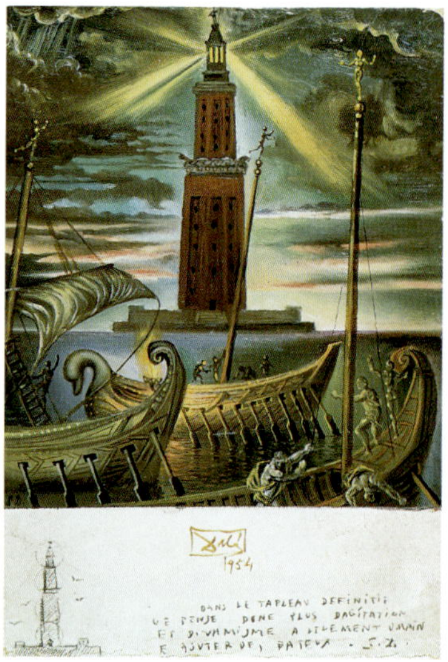

1059

Ontwerpen voor de film 'De zeven wereldwonderen':

1058 **De Kolossos van Rhodos,** 1954 ❑
Le colosse de Rhodes

1059 **De vuurtoren van Alexandrië,** 1954 ❑
Le phare d'Alexandrie

1060 **De vuurtoren van Alexandrië,** 1954 ❑
Le phare d'Alexandrie

1061 **De muren van Babylon,** 1954 ❑
Les murs de Babylone

1062 **De piramiden en de sfinx van Gizeh,** 1954 ❑
Les pyramides et le sphinx de Guizèh

1063 **Symfonie in rood,** 1954 ❑
Symphonie en rouge

1064 **Beeld van de Olympische Zeus,** 1954 ❑
Statue de Zeus olympien

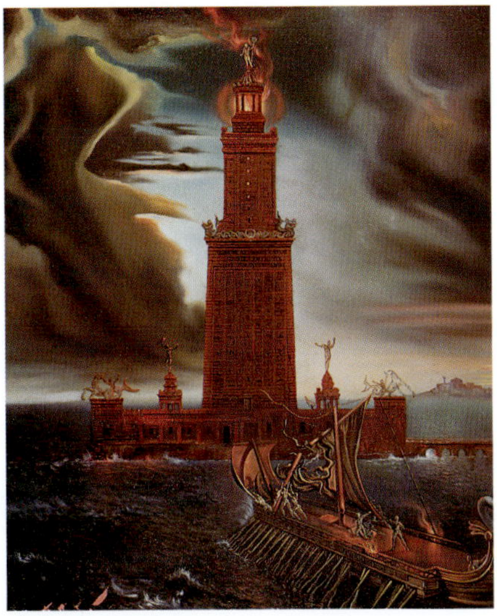
1060

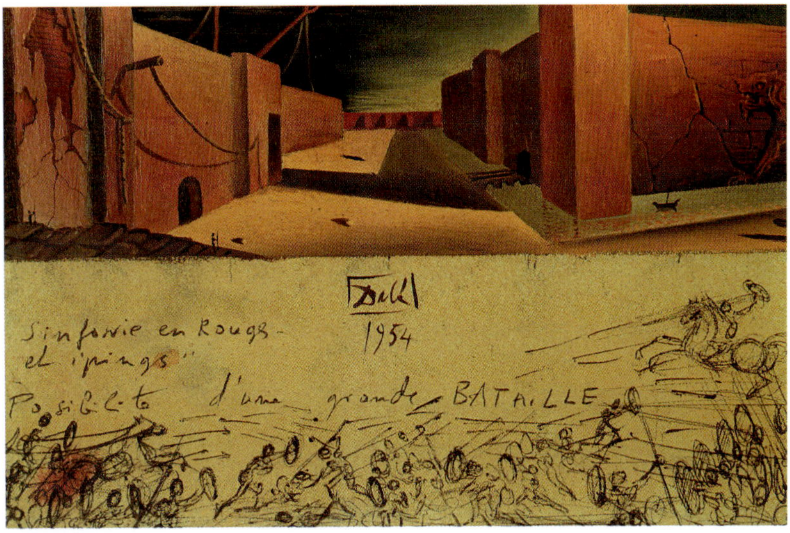

1063

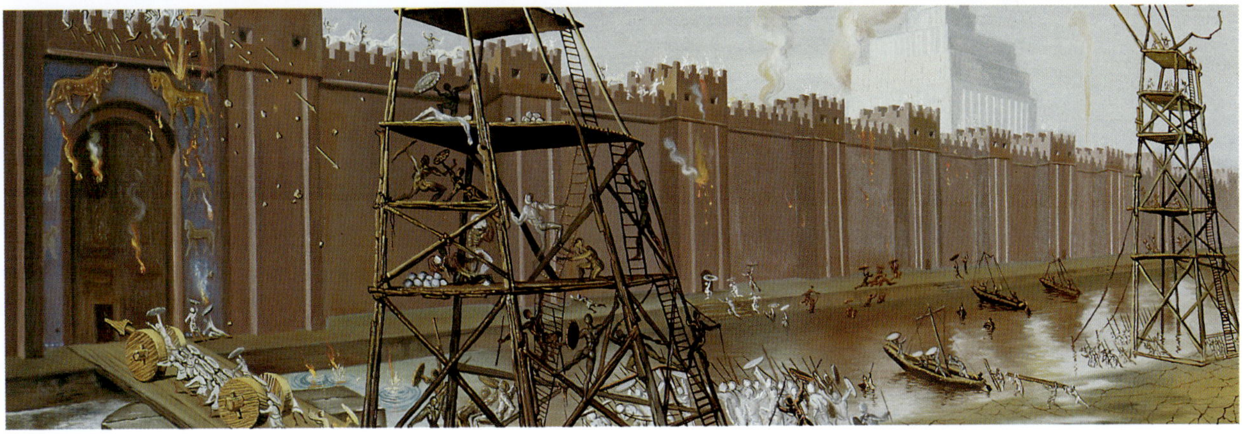
1061

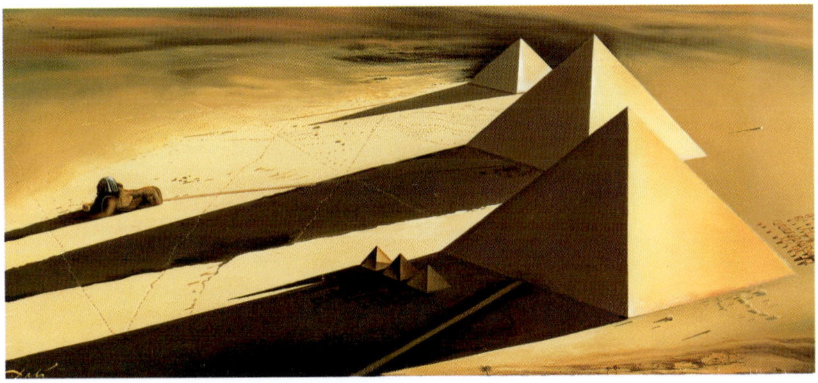
1062

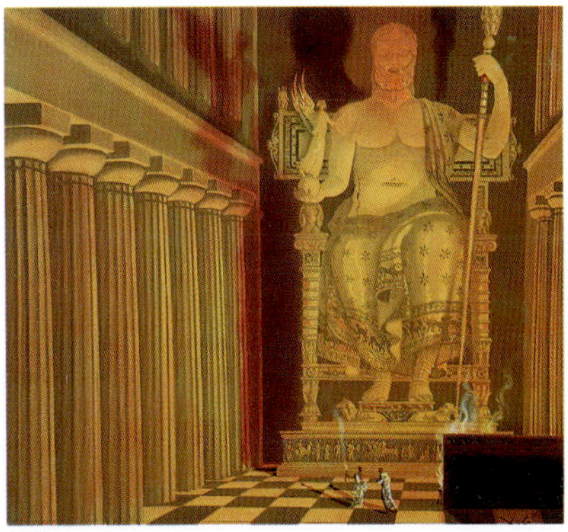
1064

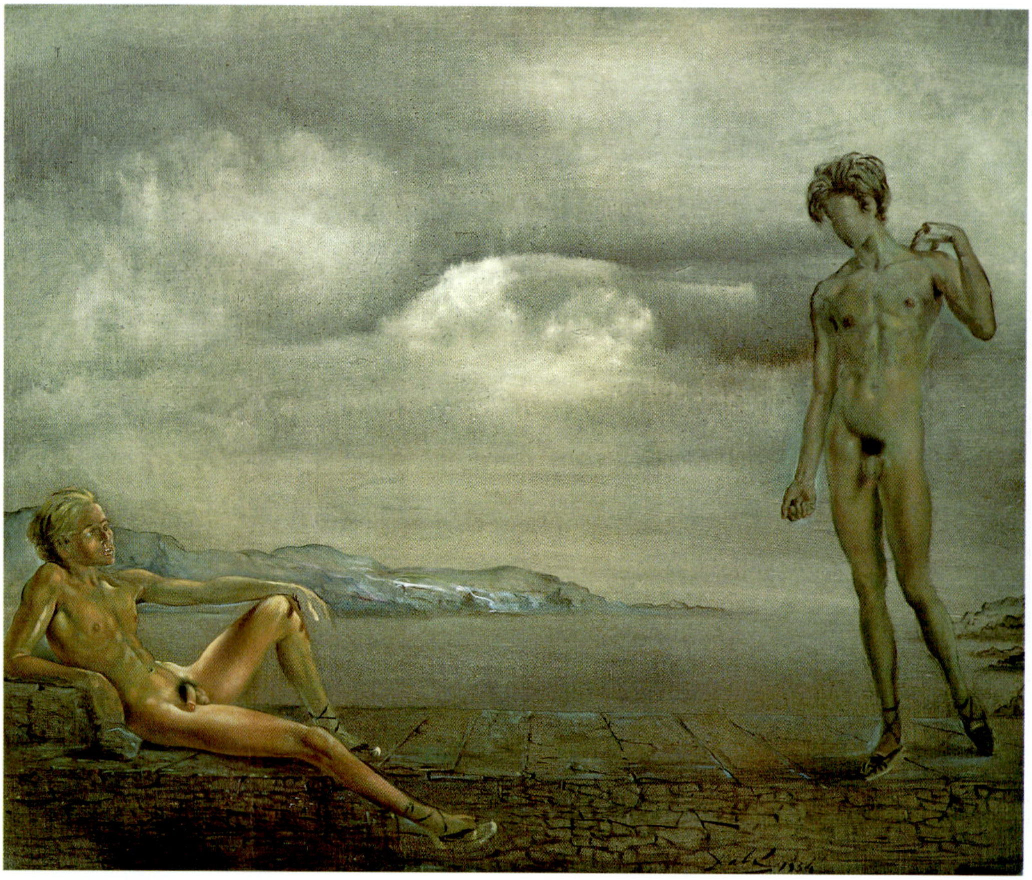

1066

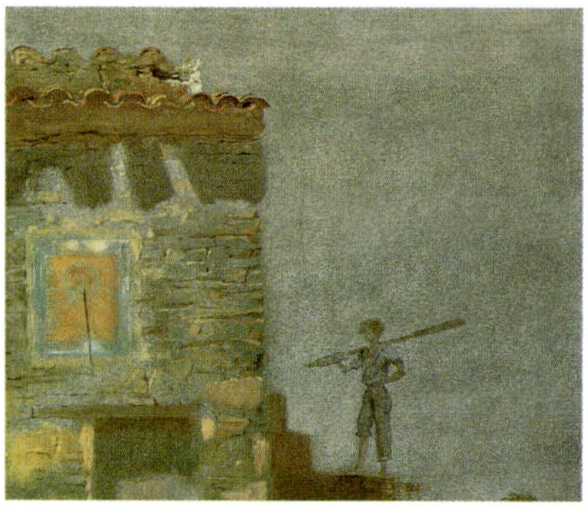

1065

1065 **Middag**, 1954 ❑ Midi

1066 **Twee jongelingen**, 1954 ❑
Deux adolescents (Two Adolescents)

1067 **Ruiterfantasie (Portret van Lady Dunn-Beaverbrook)**, 1954 ❑ Fantaisie équestre (Portrait de Lady Dunn-Beaverbrook)

1068 **Portret van Mrs. Reeves**, 1954 ❑
Portrait de Mrs. Reeves

1069 **Portret van Mrs. Ann Woodward**, 1954 ❑
Portrait de Mrs. Ann Woodward

Het is afgelopen met de verloochening en achteruitgang, afgelopen met de surrealistische ziekte en de existentiële angst, het hoogste mysticisme en de graad van vreugde is de ultra-individuele bevestiging van alle heterogene tendensen in de absolute eenheid van de extase. Ik wil dat mijn volgende Christus een schilderij zal zijn dat meer schoonheid en vreugde bevat dan alle die tot nu toe geschilderd werden. Ik wil een Christus schilderen die in alles en geheel het tegendeel is van de materialistische en woest antimystieke Christus van Grünewald!

Picasso, bedankt! Met jouw Iberisch-anarchistische, integrale genie heb je de lelijkheid van de moderne kunst gedood; zonder jou, alleen met de slimheid en het formaat die de Franse kunst kenmerken en onderscheiden, zouden we het risico lopen van een steeds lelijker wordende schilderkunst, tot je, je ontwikkelend, op jouw sublieme 'Esperantos abatesios' van de serie over Dora Mar stuit. Met een enkele categorische slag van je zwaard heb je de stier van de lelijkheid en ook en vooral de nog zwartere van het hele materialisme gedood. Nu begint met mij de nieuwe periode van de mystieke schilderkunst."
Salvador Dalí
Neuilly, 3 uur 's ochtends in de nacht van 15 april, van zaterdag op zondag

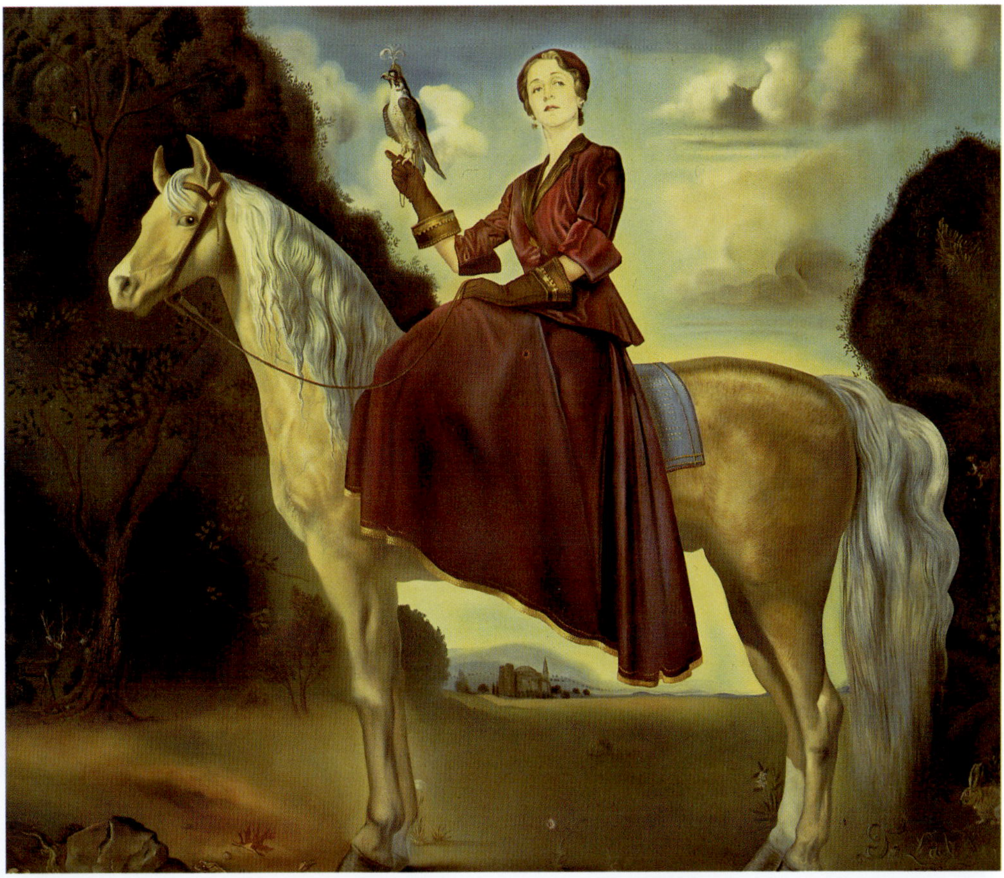

1067

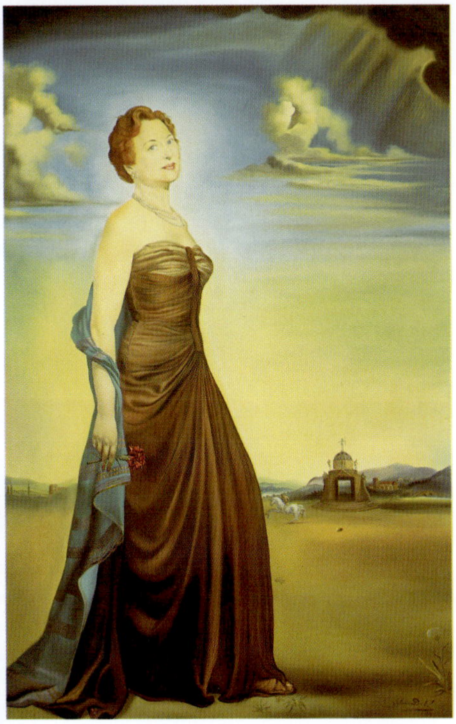

1068

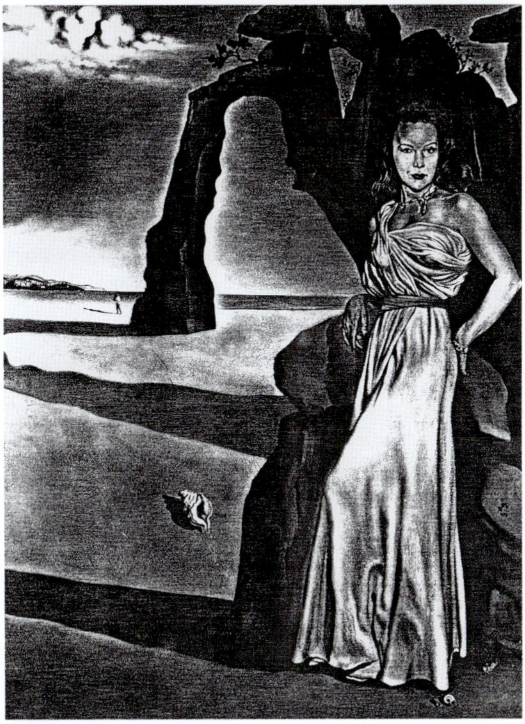

1069

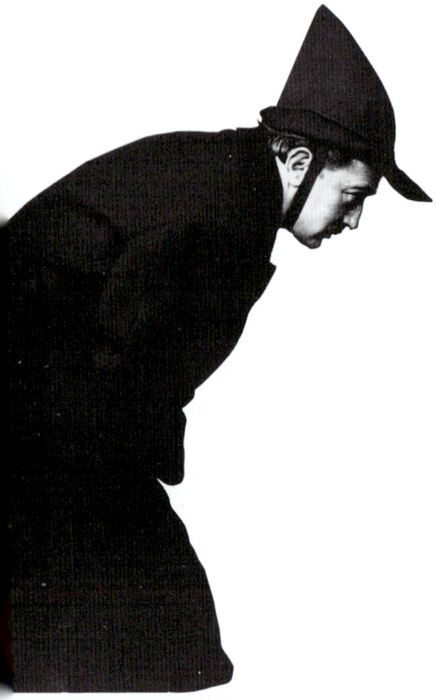

1070

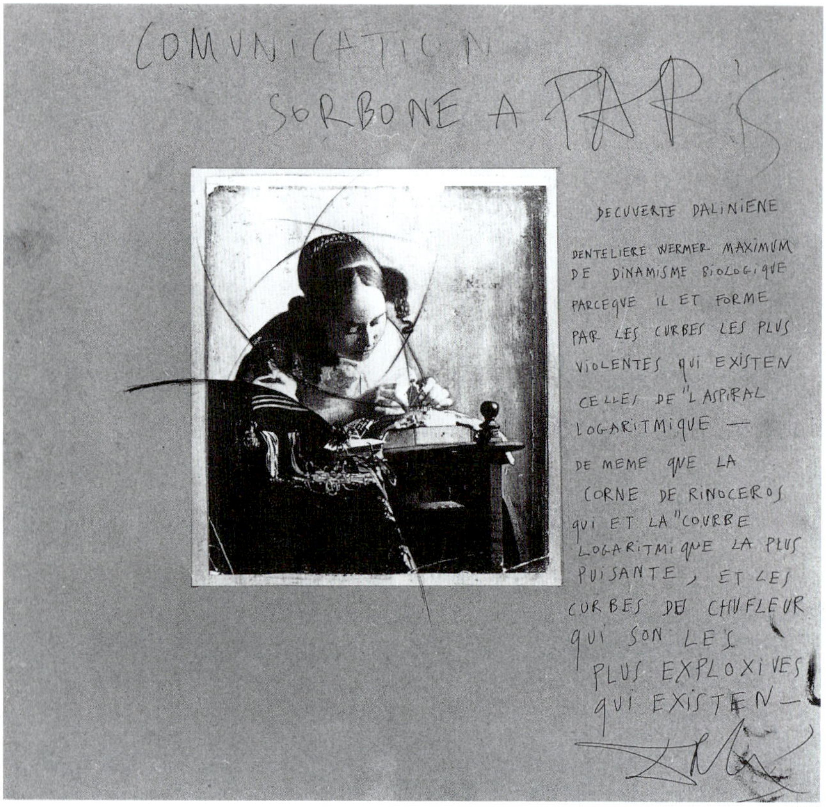

1071

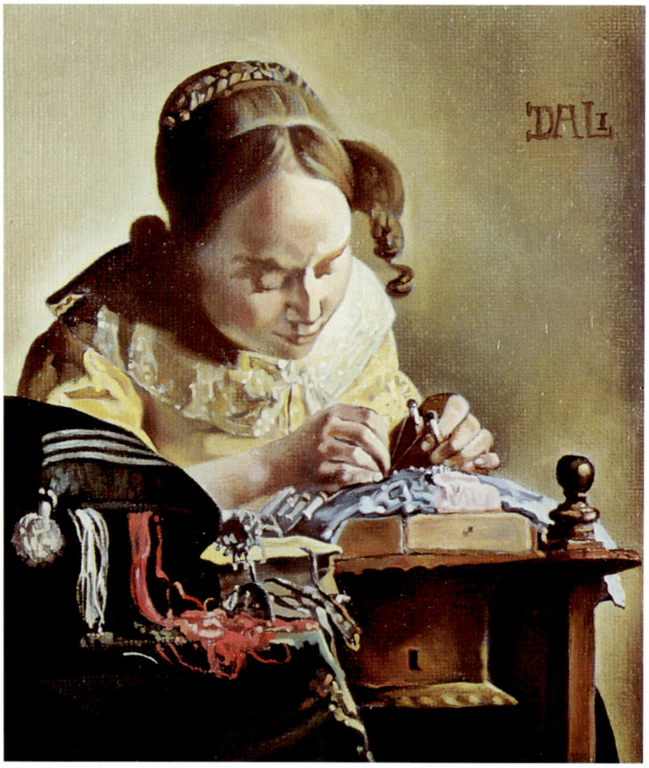

1072

1070 **'Dalí en de neushoorn'. Foto van Philippe Halsman, New York 1956.** De foto is in het midden gedeeld, links (blz. 476) is Dalí te zien, rechts (blz. 477) kijkt de neushoorn hem aan, 1956 ☆

1071 **Op 17 december 1955 gaat Dalí in zijn witte Rolls Royce gevuld met bloemkool naar de Sorbonne in Parijs om er voor een enthousiast publiek een lezing te houden over de 'fenomenologische aspecten van de paranoïde-kritische methode'. Bij die gelegenheid legt hij aan de hand van het afgebeelde document uit dat de 'Kantwerkster' van Vermeer dankzij de logaritmische curven van rinoceroshoornen –waaruit ze naar zijn mening bestaat– een maximum aan biologische dynamiek bereikt.** ☆

1072 **De kantwerkster (kopie van het schilderij van Vermeer van Delft)**, 1955 ❑
La Dentellière

1073 **In mei 1955 maakt Dalí in de neushoornkuil van de dierentuin van Vincennes een paranoïde-kritische interpretatie van de 'Kantwerkster' van Vermeer.** ☆

1074 **Rinocerotische buste van de 'Kantwerkster' van Vermeer**, 1955 ❍
Buste rhinocérontique de la 'Dentillière' de Vermeer

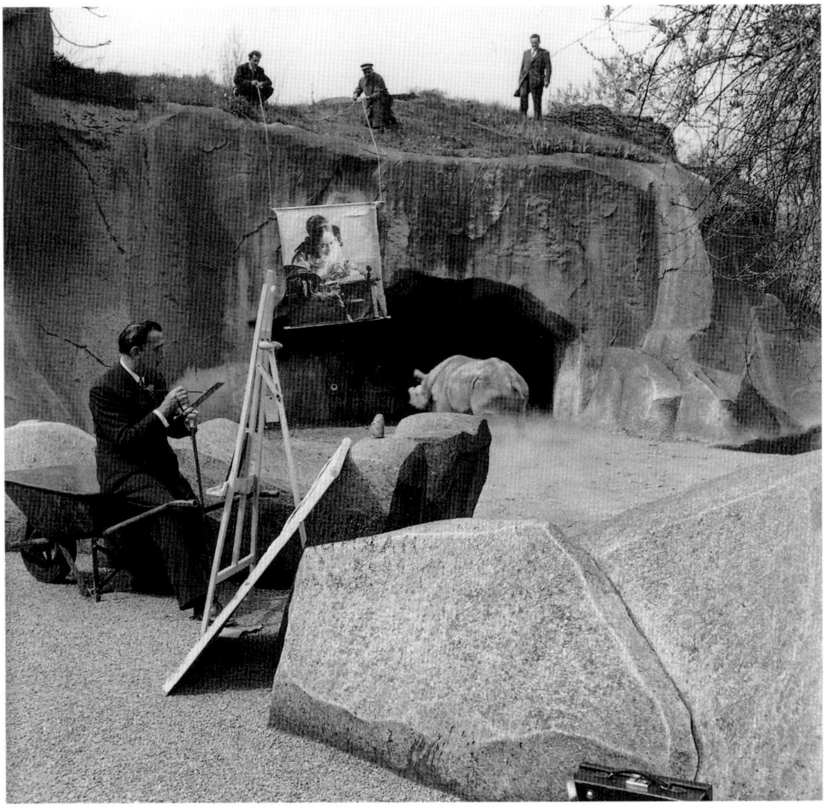

1073

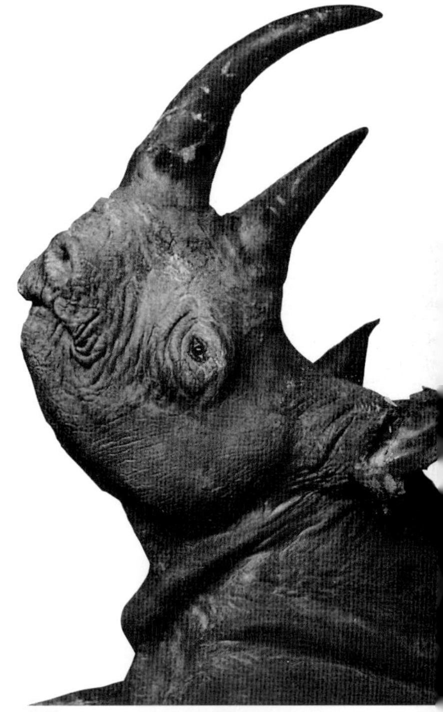

1070

De ongewone geschiedenis van de kantwerkster en de rinoceros

In zekere zin is het ook de geschiedenis van een wraakneming: Ana María Dalí publiceert in Barcelona haar memoires, 'Salvador Dalí, gezien door zijn zuster'. Er staat weliswaar niets bijzonders in, maar toch heeft het oude wonden opengereten: de confrontaties met zijn vader, de blasfemie, het huwelijk met een gescheiden vrouw... Dalí de preutse, Dalí de koorddanser, de tovenaar uit 'Het geheime leven van Salvador Dalí' vergeeft zijn zus die indiscretie nooit, hij onterft haar en verbiedt haar zelfs naar zijn begrafenis te komen. Hij wil zijn leven liever op zijn eigen manier vertellen, door het te bedenken, te sublimeren, en hij staat niemand toe het voor hem te doen en het zo, naar eigen goeddunken van de auteur, te verlagen. Hij beantwoordt deze aanval slechts met een laconieke rechtzetting: "Ik werd in 1930 door mijn familie zonder een cent het huis uitgezet. Mijn wereldwijde triomf heb ik enkel aan de hulp van God, het licht van Ampurdán en de heroïsche dagelijkse opoffering van een unieke vrouw, mijn echtgenote Gala, te danken."

Zijn het wraakgevoelens die hem tussen *De Christus van St.-Johannes van het Kruis* (blz. 451) en zijn versie van *Het Laatste Avondmaal* (blz. 488-489) zijn wellicht meest erotische schilderij doen schilderen: *Jeugdige maagd die sodomie bedrijft met de hoornen van haar eigen kuisheid* (blz. 478)? De ontstaansgeschiedenis van het werk is een verhaal dat in direct verband staat met zijn zuster. In zijn 'scatologische periode', die tot Dalí's grote genoegen onder de surrealisten een schandaal veroorzaakte, had hij een portret van zijn zuster gemaakt, van achteren geschilderd, waarin het zitvlak van het jonge meisje duidelijk uitkwam. Opdat het dan ook niemand zou ontgaan, had hij het schilderij *Portret van mijn*

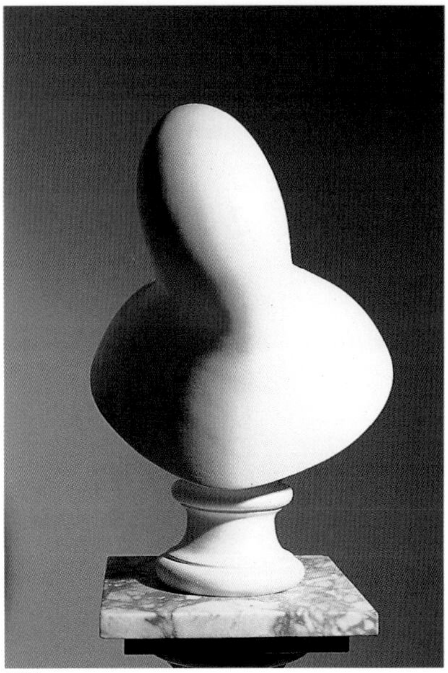

1074

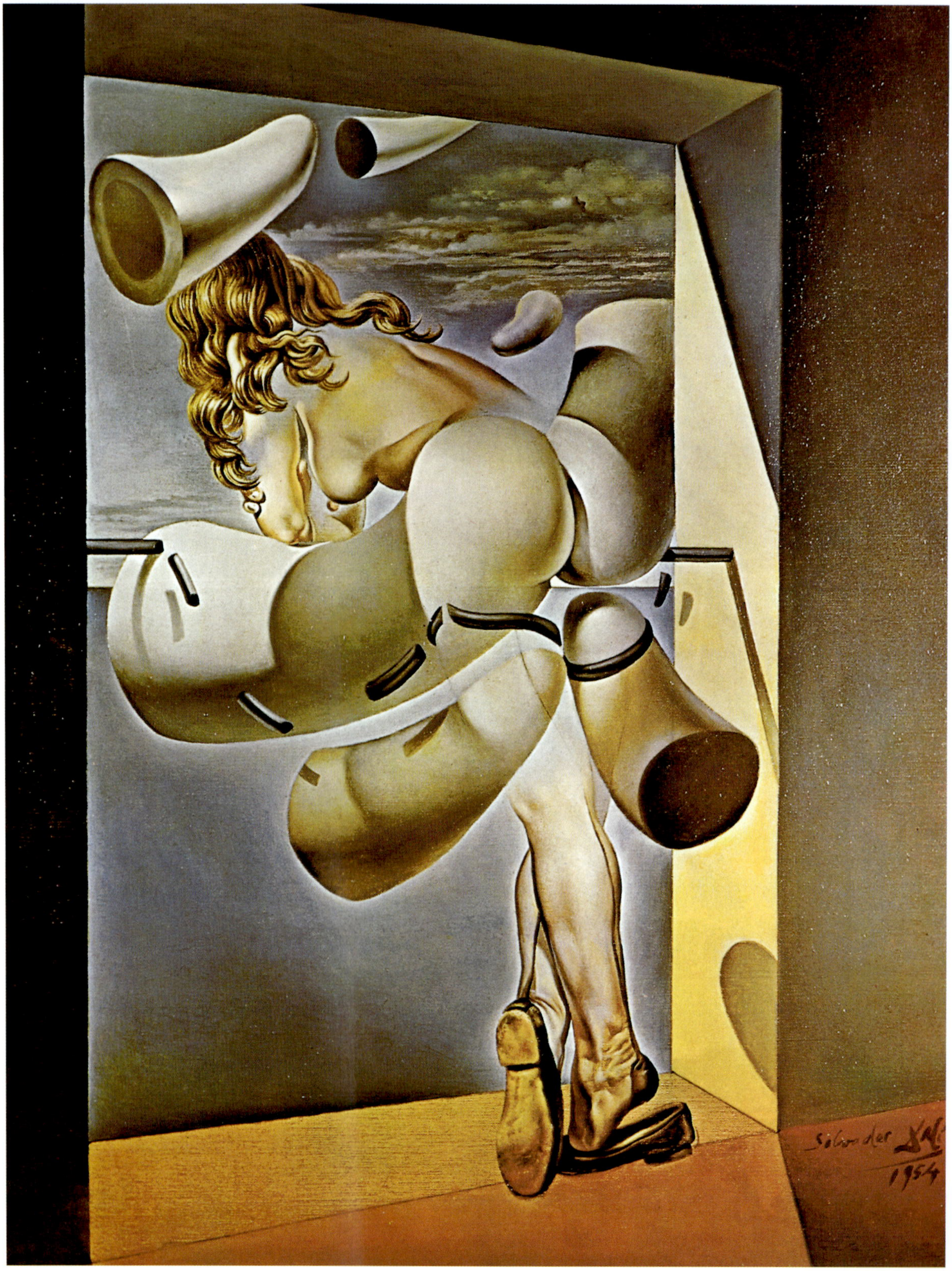

1075

1075 **Jeugdige maagd, opgewonden door haar eigen kuisheid** (ook: **Jeugdige maagd die sodomie bedrijft met de hoornen van haar eigen kuisheid**), 1954 ❑ Jeune vierge autosodimisée par les cornes de sa propre chasteté

1076 **Paranoïde-kritisch schilderij van de 'Kantwerkster' van Vermeer**, 1955 ❑ Etude paranoïaque-critique de la 'Dentellière' de Vermeer

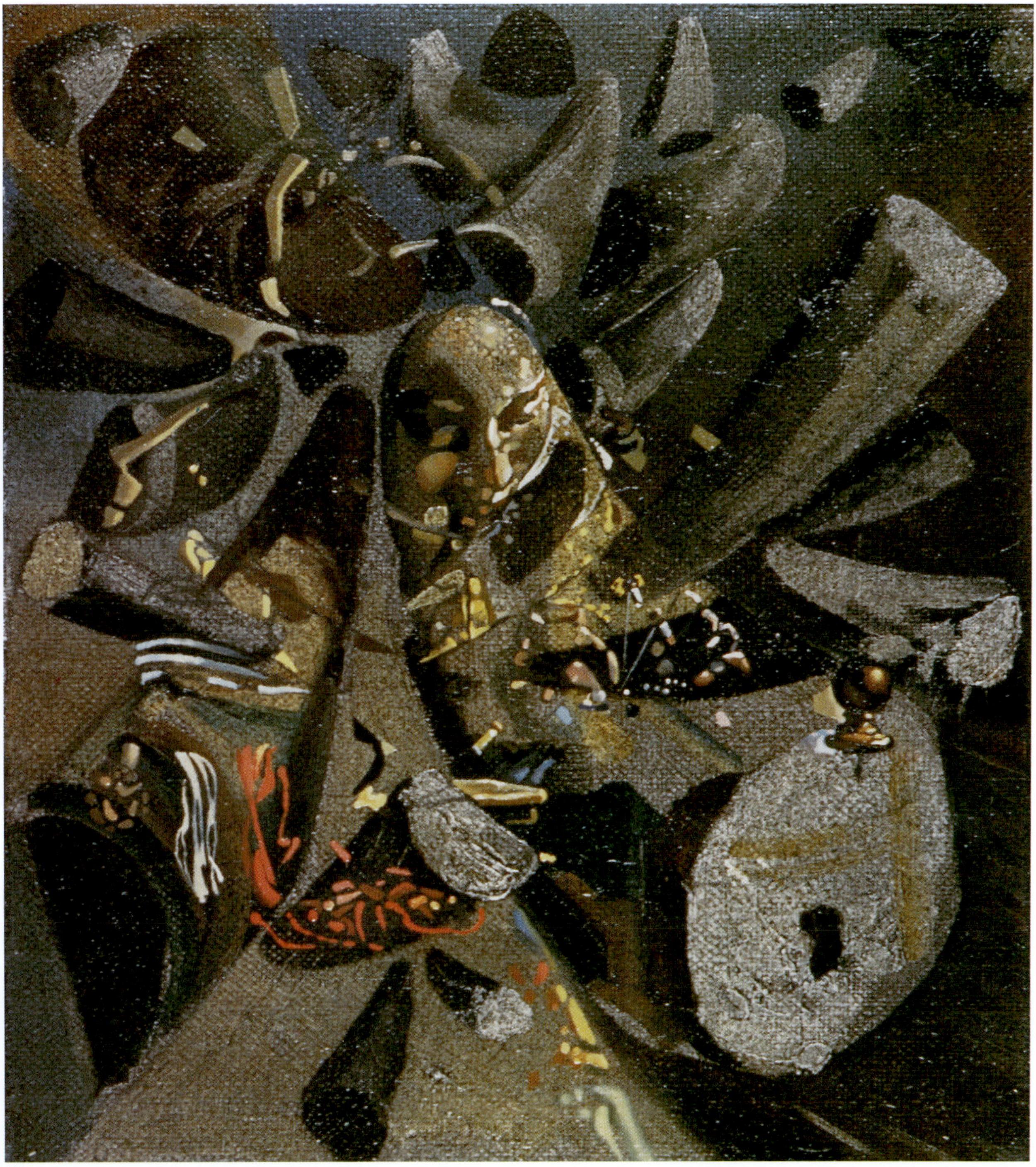

1076

zuster, haar anus rood van bloedige stront genoemd. Dit werk, dat hem bleef achtervolgen, werd vervolgens uitgedrukt in een lang gedicht, 'L'amour et la mémoire', dat in 1931 in de 'Editions surréalistes' verscheen. Waarom neemt hij in 1954 hetzelfde thema weer op, deze keer in een vorm die ver boven het obscene gedicht uitstijgt? Om zich te wreken? Zeker, hij heeft weliswaar na twintig jaar de enigszins klein uitgevallen en mollige Ana María Dalí in zijn herinnering mooier gemaakt en haar getekend naar een foto uit een erotisch tijdschrift, maar hij lijkt tegelijkertijd een oude rekening met haar te vereffenen. Uit een dergelijke continuteit blijkt eens te meer Dalí's geestelijke ontwikkeling: uitgaande van

1077 **Dalí en de neushoorn in de dierentuin van Vincennes**, 1955 ✰

1078 **Rinocerotische figuren**, 1955 ❑ Figures rhinocérontiques

1079 **Gevecht**, 1955 △ Combat (Guerriers microphysiques)

1080 **Blauwe hoornen. Ontwerp voor een sjaal**, 1955 △ Cornes bleues

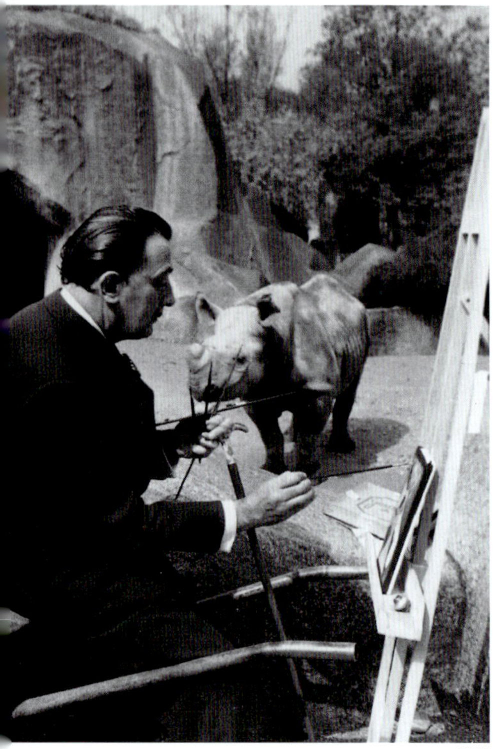

1077

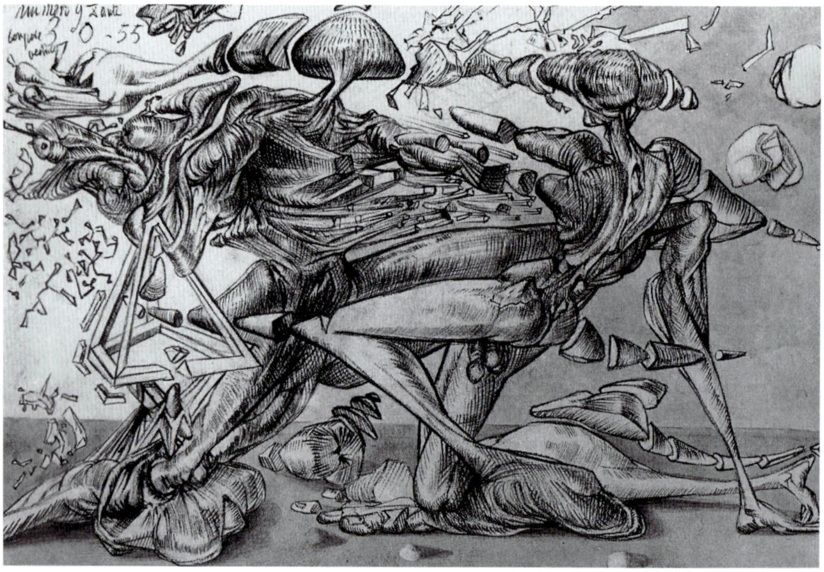

1079

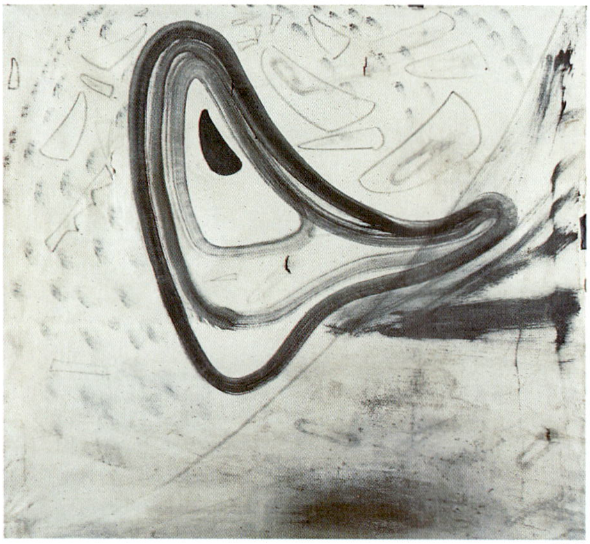

1078

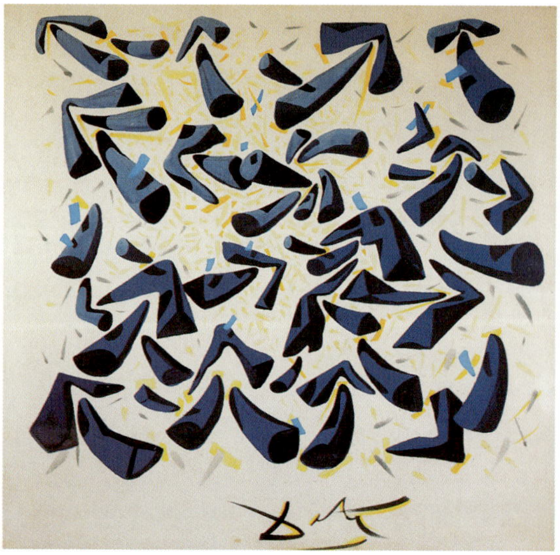

1080

een herinnering die nog altijd verse sporen heeft nagelaten in zijn geheugen, komt in hem een heel raderwerk op gang waarin analytische intelligentie gepaard gaat met het geweld van erotische fantasieën. In dit nieuwe werk uit 1954 zijn we getuige van een echt lyrisch feest, waarbij de stevigheid van Ana María's achterwerk een denkbeeldige verwantschap vertoont met de hoorn van een neushoorn en, aldus Salvador Dalí, de illusie van een fantastische erectie verschaft, waarmee hij ten slotte in zijn zusters 'anus, rood van bloedige stront' kan doordringen. De wraak is een Catalaans gerecht dat koud gegeten wordt! Door haar als de hoorn van een neushoorn uit te drukken, biedt Dalí zichzelf bovendien de gelegenheid

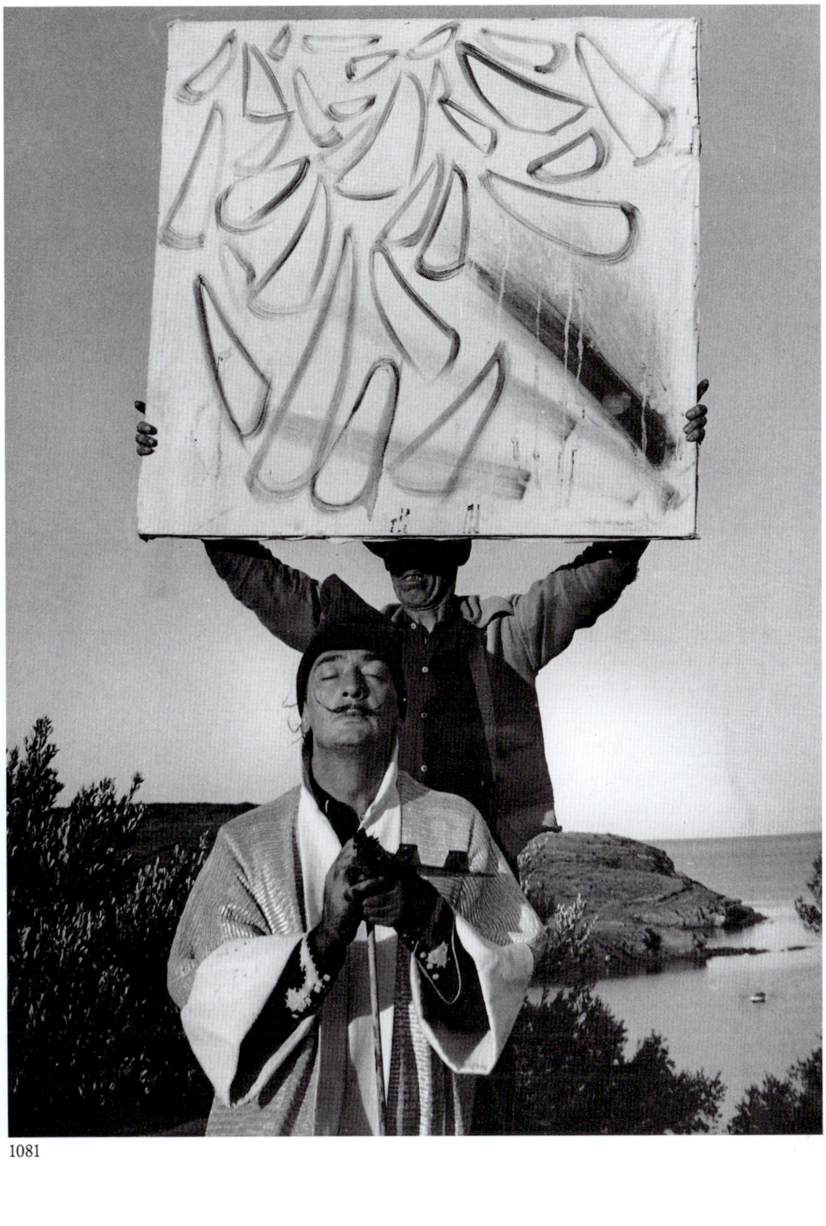

1081

1081 **Zonder titel (De ongewone geschiedenis van de 'Kantwerkster' van Vermeer)**, 1955 ❑
Sans titre (Histoire prodigieuse de la 'Dentellière' de Vermeer)

1082 **St.-Caecilia die ten hemel vaart**, 1955 ❑
Sainte Cécile ascensionniste

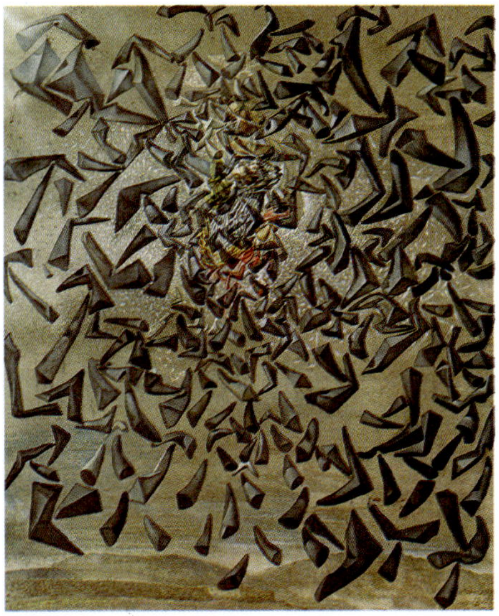

1082

1955

1083 Dalí, die het 'Rinocerotisch portret van de 'Kantwerkster' van Vermeer' schildert. Foto tijdens de opnamen van 'L'Histoire prodigieuse de la dentellière et du rhinocéros' (De ongewone geschiedenis van de kantwerkster en de rinoceros), 1955 ✰

1084 Rinocerotisch portret van de 'Kantwerkster' van Vermeer, 1955 ❑
Portrait rhinocérontique de la 'Dentellière' de Vermeer

1085 Dalí en Gala baden met de 'Kantwerkster' van Vermeer in Port Lligat, 1959 ✰

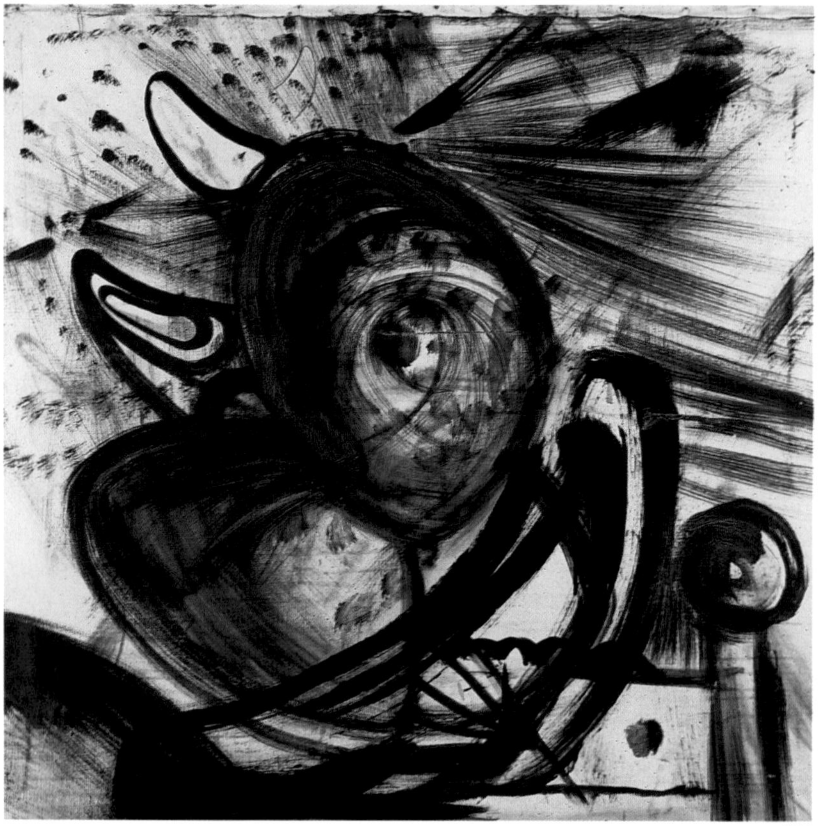

1084

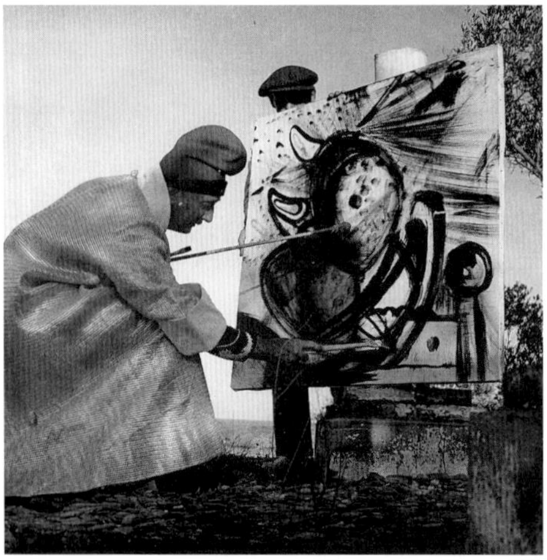

1083

de behoefte aan preutsheid te respecteren die voor hem in deze tijd "een wezenlijke voorwaarde voor het spirituele leven" was geworden.

Van nu af aan gebruikt hij de rinoceroshoorn op talloze manieren, bijvoorbeeld wanneer hij in 1954 met Robert Descharnes de film 'L'Histoire prodigieuse de la dentellière et du rhinocéros' (De ongewone geschiedenis van de kantwerkster en de rinoceros) draait. Het lijkt op het eerste gezicht volstrekt extravagant om Vermeers *De kantwerkster* (blz. 476) samen met een neushoorn in één titel te vermelden. Al sinds zijn vroegste jeugdwerken is Dalí zeer nauwkeurig in de composities van zijn schilderijen. Tijdens zijn werk met prins Matila Ghyka raakt hij in de ban van de dynamiek van de logaritmische spiraal, die zichzelf mathematisch regenereert. Tegelijkertijd ontdekt hij de nieuwste onderzoeksresultaten op het gebied van de kernfysica en raakt gefascineerd door de elementaire (corpusculaire) deeltjes. Al sinds lange tijd was hij onder de indruk van Vermeer en de kwaliteit van zijn werk. Op typerend paranoïde wijze heeft hij zich geheel geconcentreerd op diens schilderij *De kantwerkster*, waarvan hij een reproduktie had gezien bij zijn ouders. Achter zijn vredige indruk beeldt het schilderij volgens hem, door de sobere compositie en door het corpusculaire aspect van de zeer fijne penseelvoering waarmee Vermeer te werk was gegaan, een geweldige kosmische synthese af. Hij hield overigens later in Parijs een gedenkwaardige lezing over 'Aspects phénoménologiques de la méthode paranoïaque-critique', waarin hij de verhouding tussen de kantwerkster en de rinoceros te berde bracht. Deze lezing is zeer bekend onder allen die zich interesseren voor het Dalíaanse denken en verdient het in Dalí's eigen woorden te worden weergegeven, zoals hij die op 18 december 1955 in zijn 'Dagboek van een genie' noteerde: "Gisteravond Dalíaanse apotheose in de Tempel der Kennis voor een gefascineerde menigte. Direct na mijn aankomst in een met bloemkolen overladen Rolls en de begroeting door duizenden flitslampen nam ik in het grote amfitheater van de

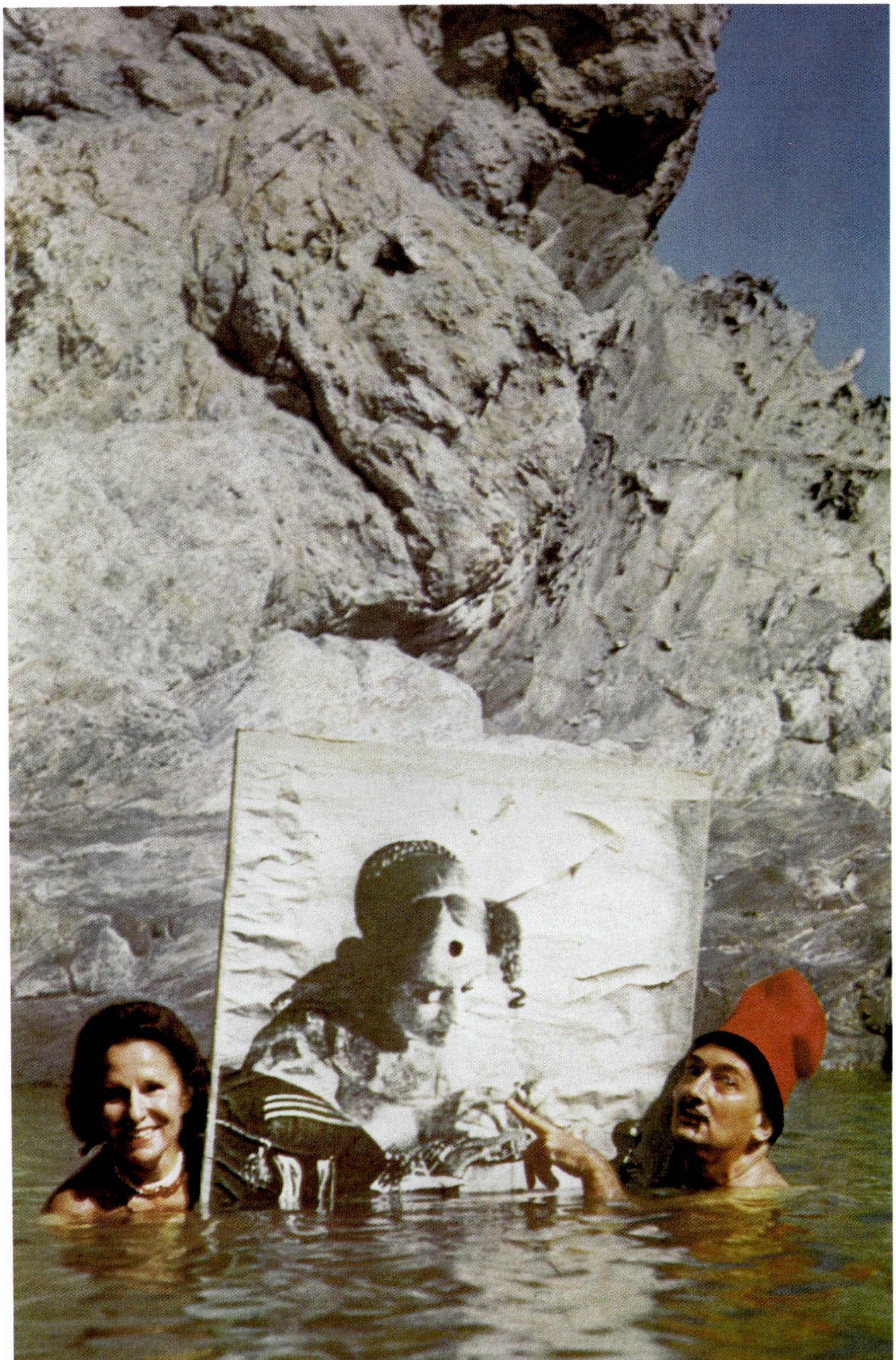

1085

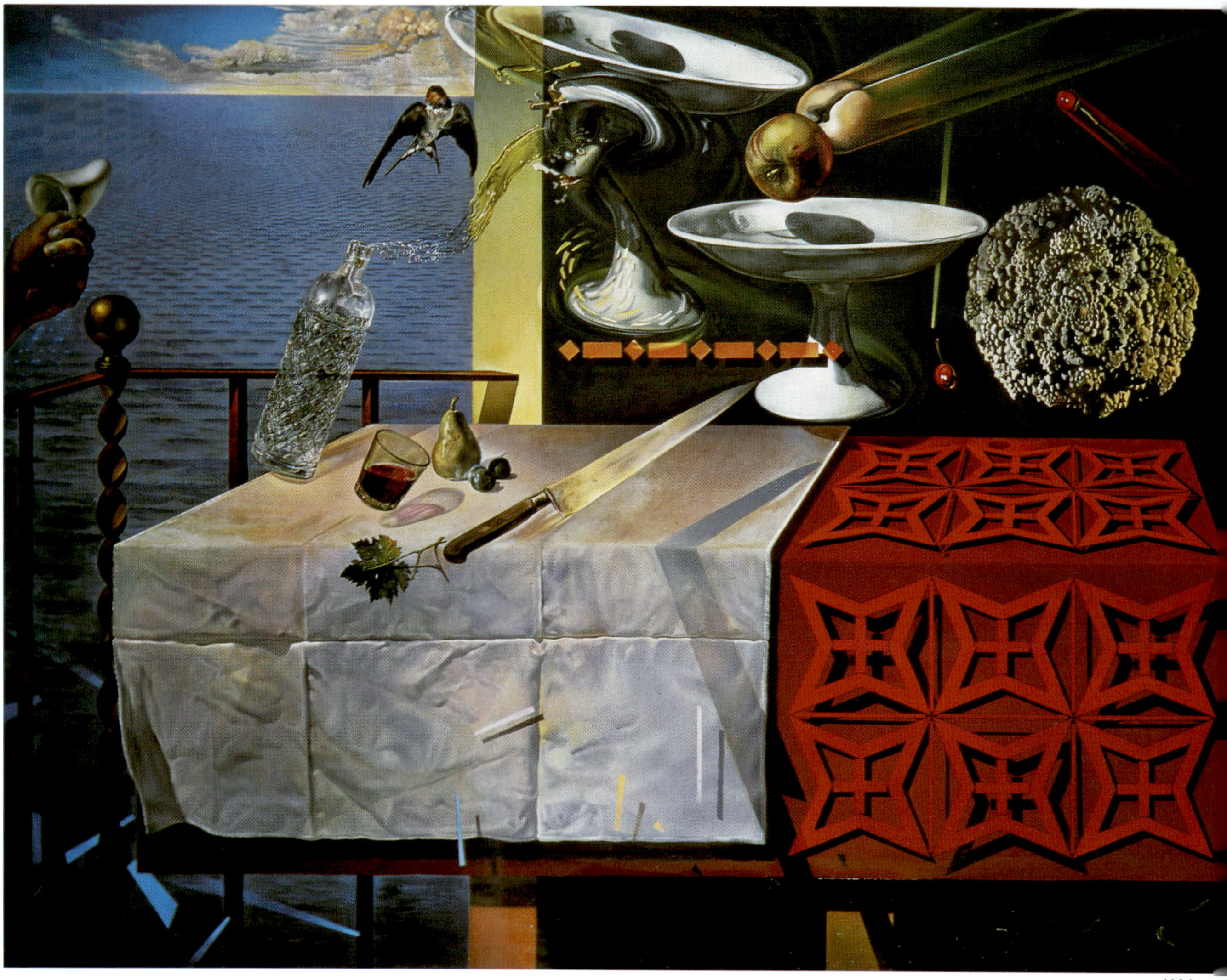

1086

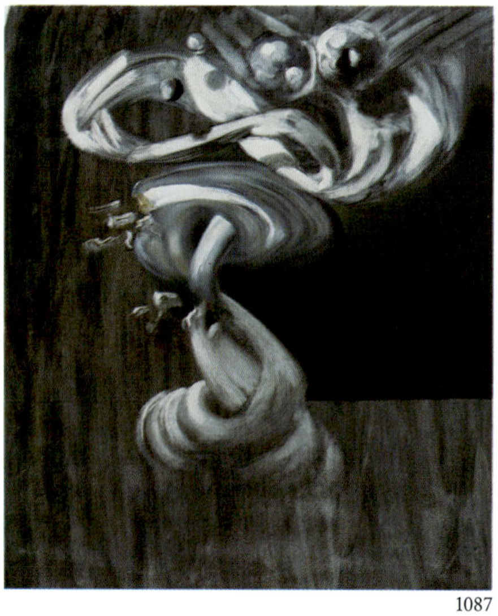

1087

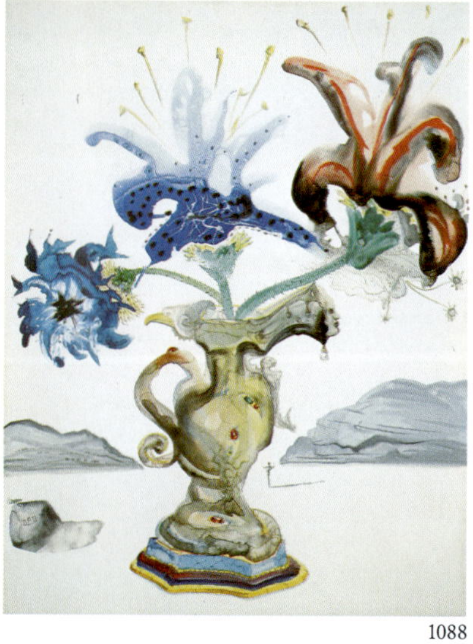

1088

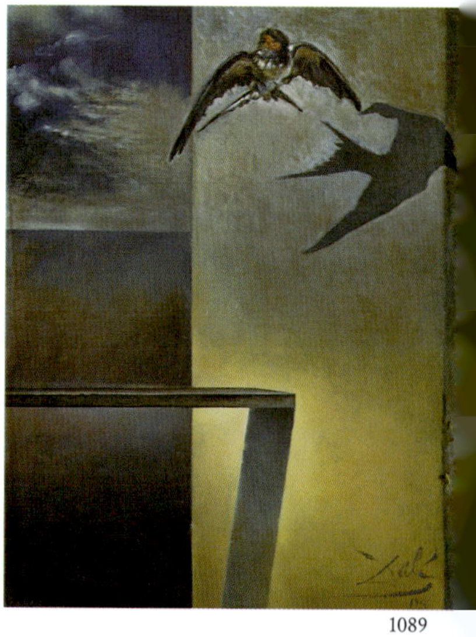

1089

1086 **Levend stilleven**, 1956 ❑
Nature morte vivante

1087 **Studie van een fruitschaal voor 'Levend stilleven'**, 1956 ❑

1088 **Bloemenvaas**, 1956 △
Vase de fleurs

1089 **De onbeweeglijke zwaluw. Studie voor 'Levend stilleven'**, 1956 ❑
L'hirondelle immobile

1090 **Wijnglas en boot**, 1956 ❑
Verre de vin et bateau

1091 **Portret van Laurence Olivier in de rol van Richard III**, 1955 ❑
Portrait de Laurence Olivier dans le rôle de Richard III

1092 **Zurbaráns schedel**, 1956 ❑
Le crâne de Zurbarán

1093 **Zonder titel (Landschap met vlinders)**, rond 1956 ❑
Sans titre (Paysage aux papillons)

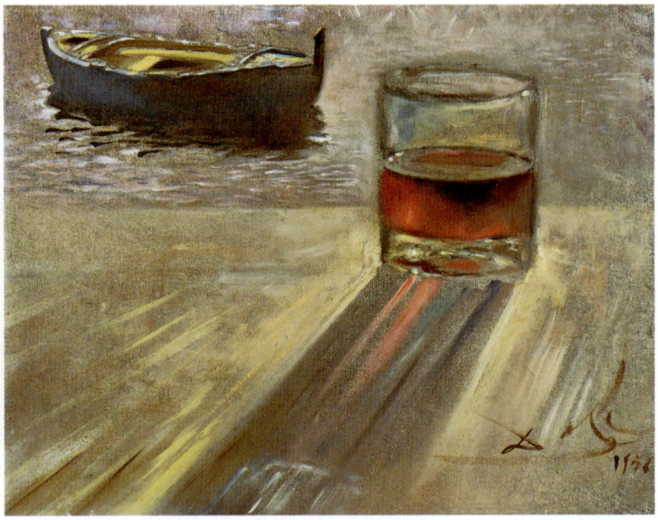

1090

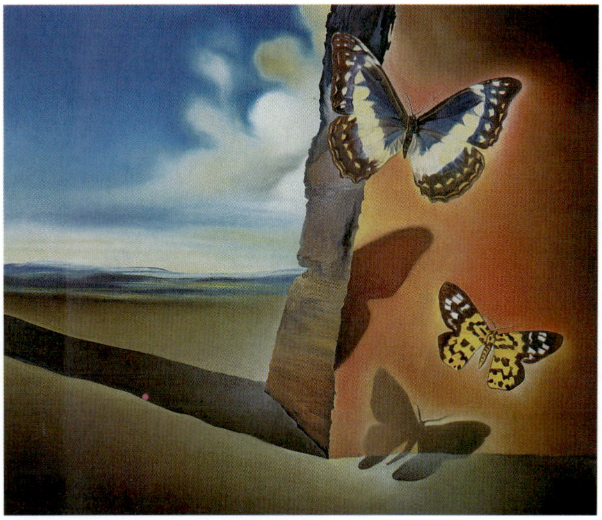

1093

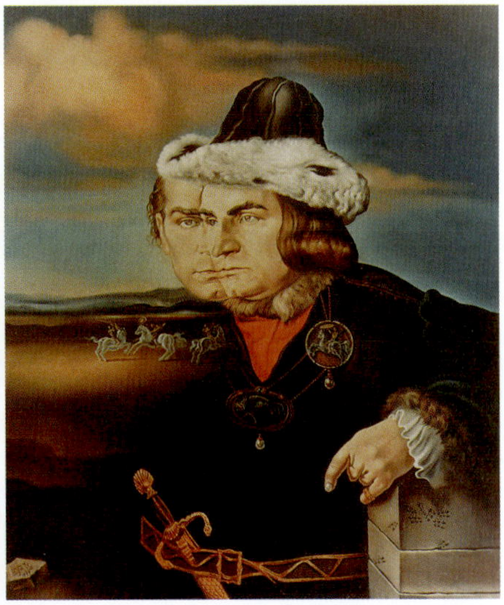

1091

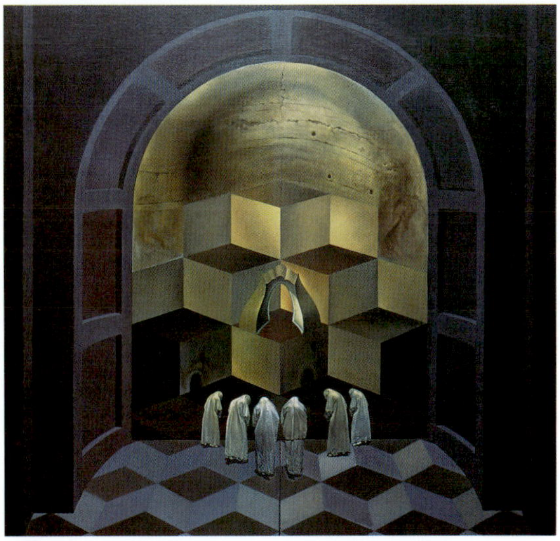

1092

Sorbonne het woord. Het sidderende publiek verwachtte definitieve uitspraken. Die heeft het gekregen. Ik heb besloten, zei ik, u deelgenoot te maken van de meest hallucinerende ervaring uit mijn Parijse jaren, omdat Frankrijk het intelligentste land ter wereld is. Terwijl ik, Dalí, uit Spanje kom, het irrationeelste land ter wereld... Deze eerste woorden werden begroet met stormachtige bijval, want niemand is ontvankelijker voor complimenten dan de Fransman. De intelligentie, zei ik, leidt ons slechts in de mist van de uit scepsis voortkomende nuances, een mist die u tot de coördinaten van een gastronomische, supergeleiachtige, proustiaanse en bedorven onzekerheid reduceert. Daarom is het juist en noodzakelijk dat van tijd tot tijd Spanjaarden als Picasso en ik naar Parijs komen om de Fransen een stuk rauw, van waarheid bloedend vlees onder de neus te drukken.

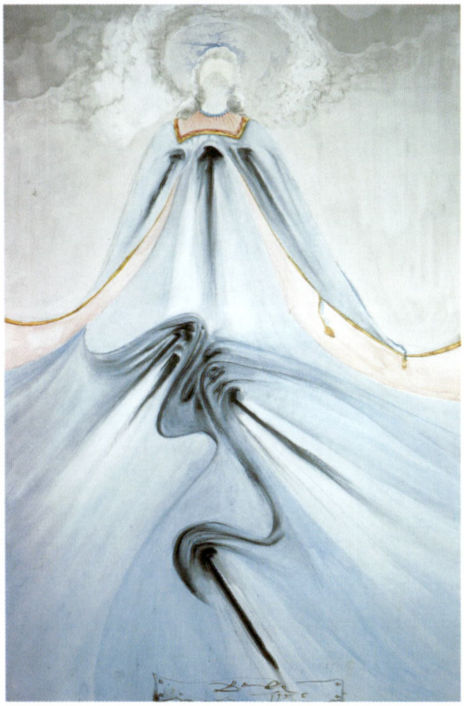

1094

1094 **Assumpta Canaveral**, 1956 △
Assumpta Canaveral

1095 **Heilige, omgeven door drie pi-mesonen**, 1956 ❑
Saint entouré de trois pi-mésons

1096 **St.-Helena in Port Lligat**, 1956 ❑
Sainte Hélène à Port Lligat

1097 **Antiprotonische hemelvaart van Maria**, 1956 ❑
L'Assomption anti-protonique

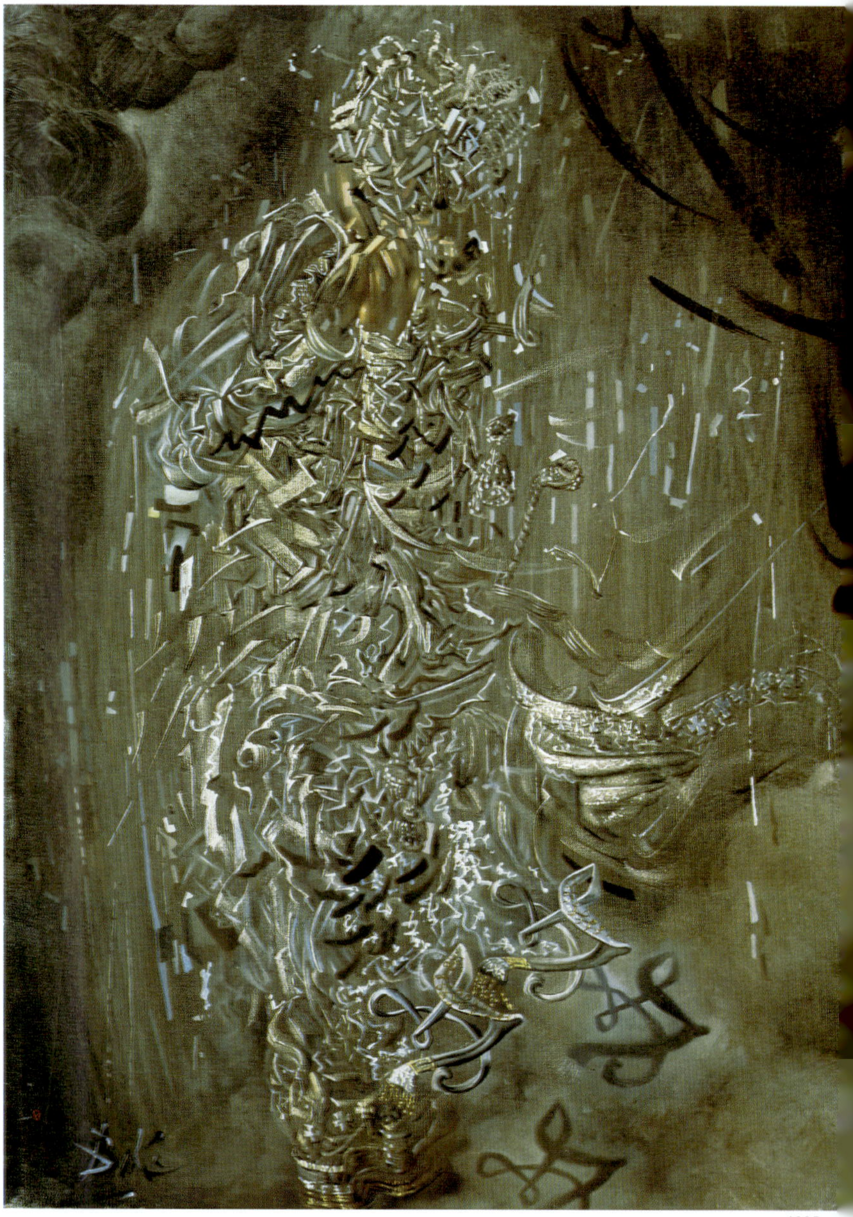

1095

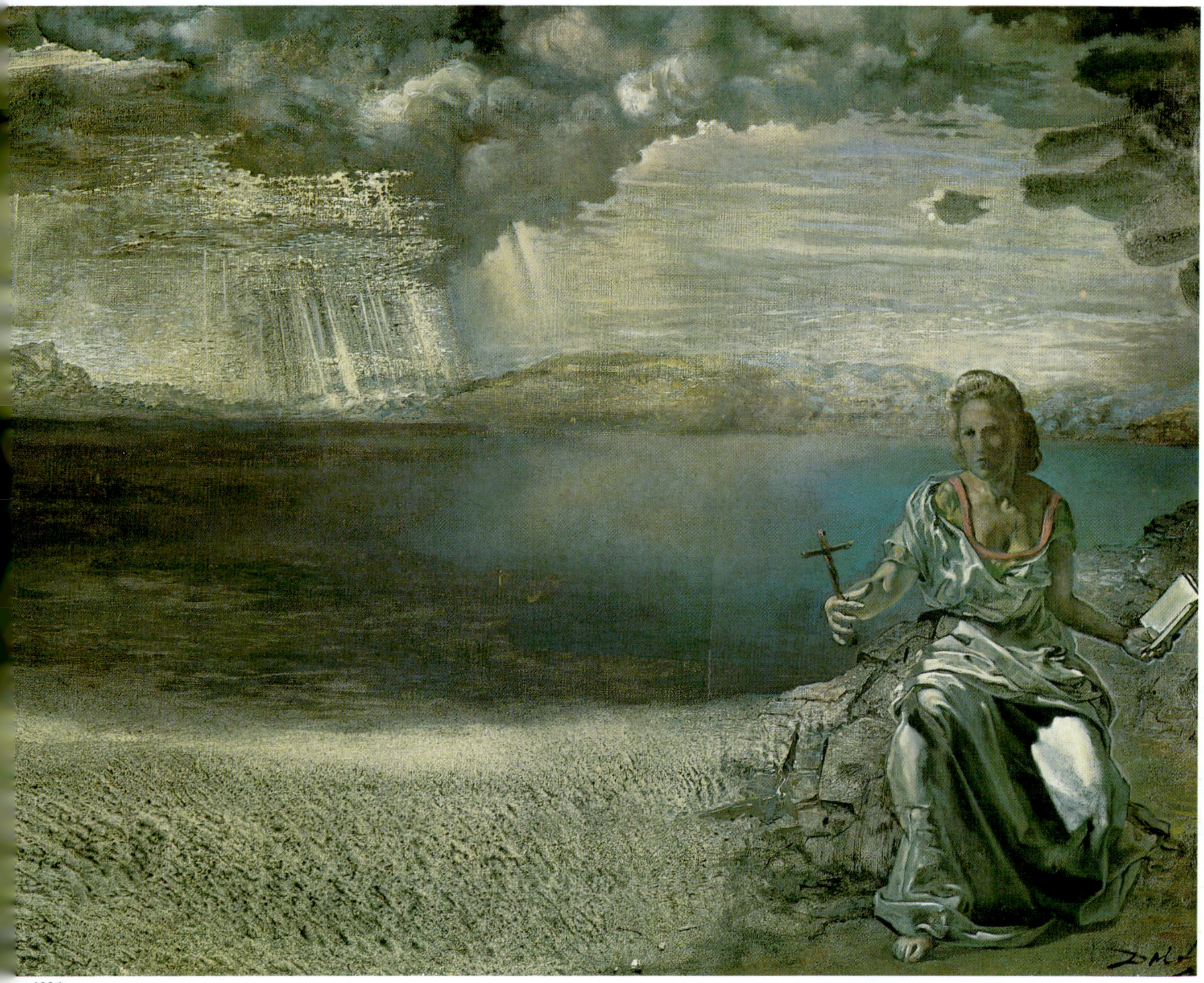

1096

Zoals ik verwachtte, onstond op dit moment enig geroezemoes. Ik had gewonnen! Nu sprak ik in één ruk verder: een van de belangrijkste moderne schilders van onze tijd is ongetwijfeld Henri Matisse, maar Matisse vertegenwoordigt de laatste stuiptrekkingen van de Franse Revolutie, dat wil zeggen van de triomf van de bourgeoisie en de kleinburgerlijke smaak. Donderend applaus!!! Ik ging verder: de moderne kunst heeft tot een maximum aan rationaliteit en een minimum aan scepticisme geleid. De jonge schilders van tegenwoordig geloven nergens in. Het is niet meer dan normaal dat een mens die nergens in gelooft uiteindelijk zo goed als niets schildert, wat het geval is in de gehele moderne schilderkunst, inclusief de abstracte, esthetische en academische kunst." Onder bravogeroep begint Dalí te bewijzen dat de curve van een rinoceroshoorn de enige volmaakt logaritmische is. Vervolgens legt hij zijn paranoïde-kritische kopie van Vermeers schilderij waarin *De kantwerkster* met een oneindig aantal rinoceroshoornen verschijnt, uit: *Paranoïde-kritisch schilderij van de 'Kantwerkster' van Vermeer* (blz. 479). Zijn verdere uitweidingen over het achterwerk van de dikhuid wekken

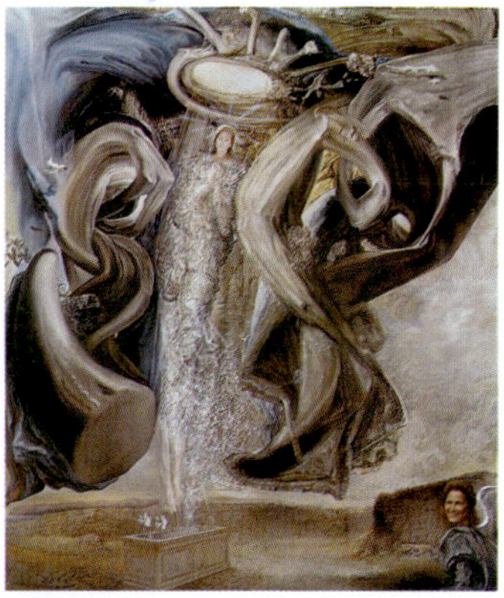

1097

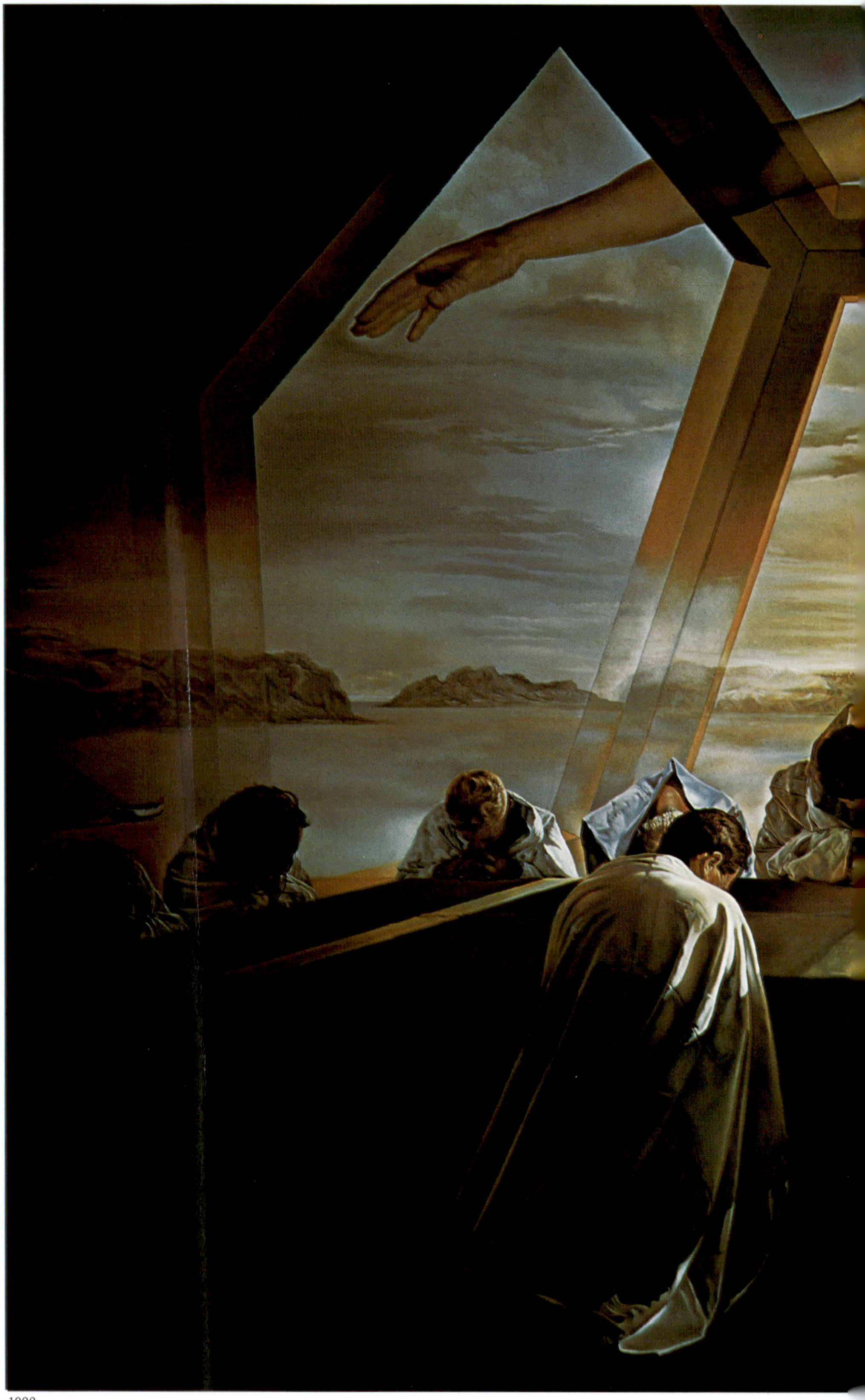

1098

1098 **Het Laatste Avondmaal**, 1955 ❑
La cène (The Last Supper)

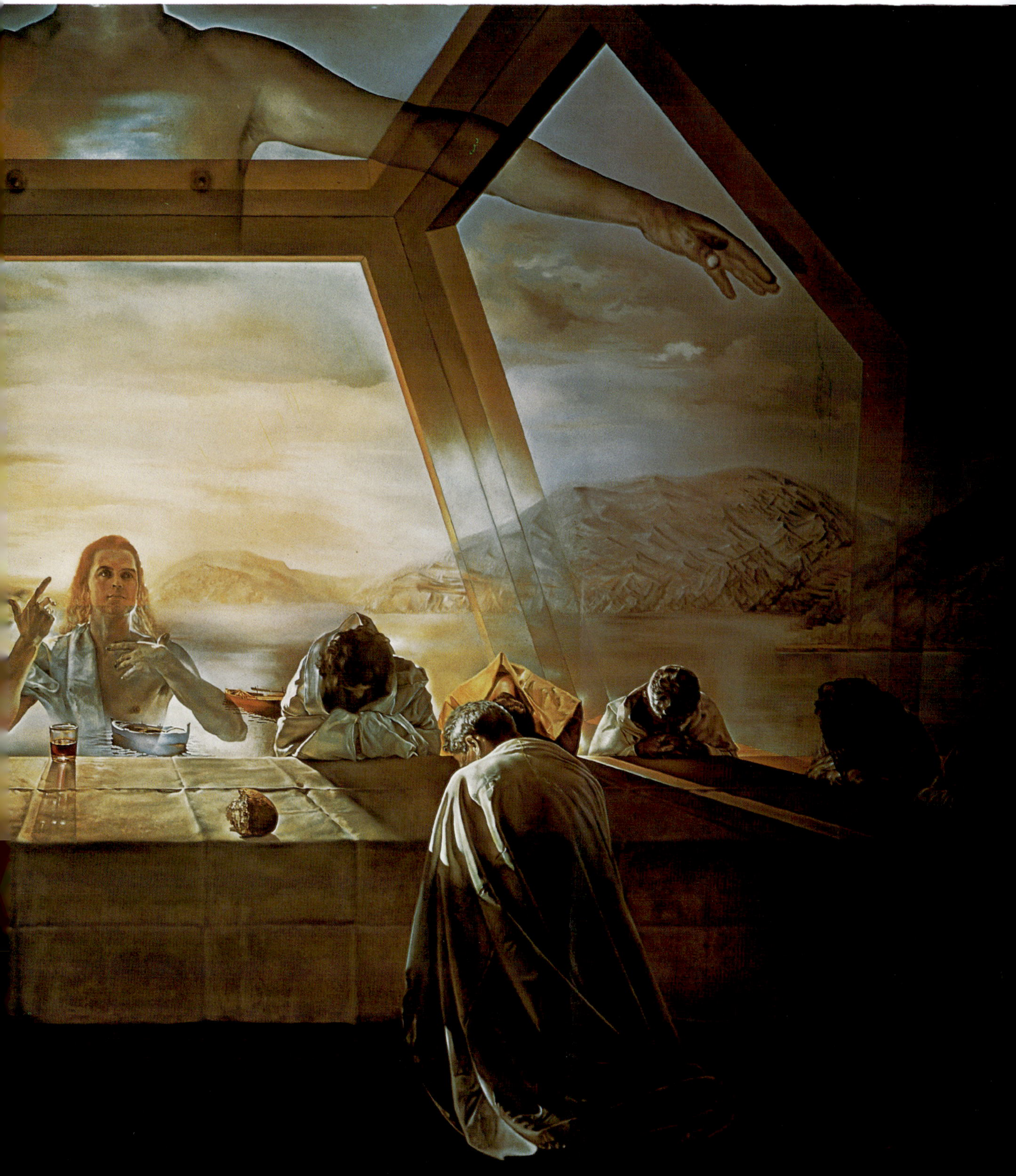

1956–1957

1099 **Het Jezuskind**, 1956 ❑
L'enfant Jésus

1100 **Zwaluw**, 1957 △
Hirondelle

1101 **Rinocerotisch kippevel**, 1956 ❑
Chair de poule rhinocérontique

1102 **St.-Johannes**, 1957 △
Saint Jean

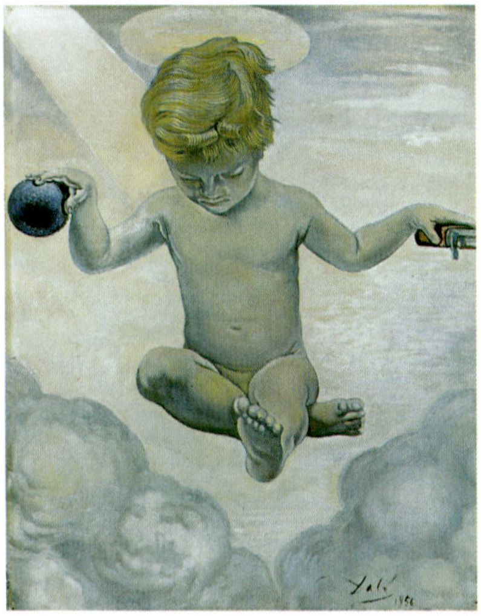

1099

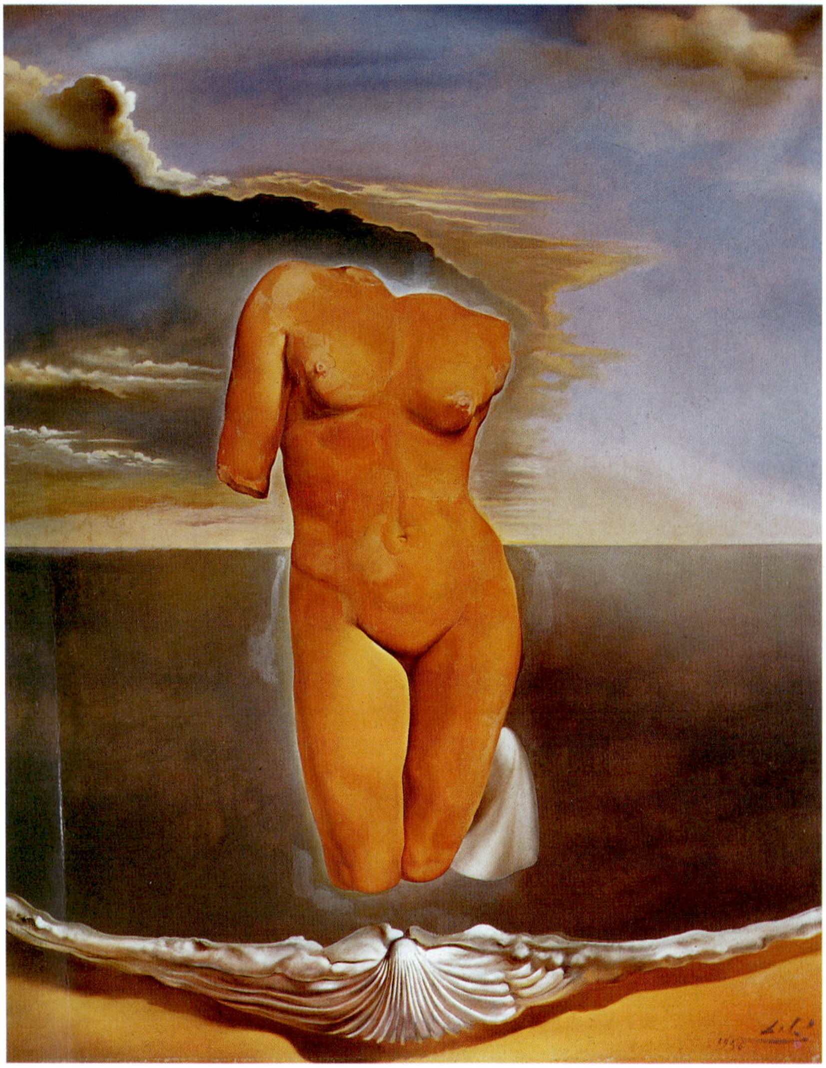

1101

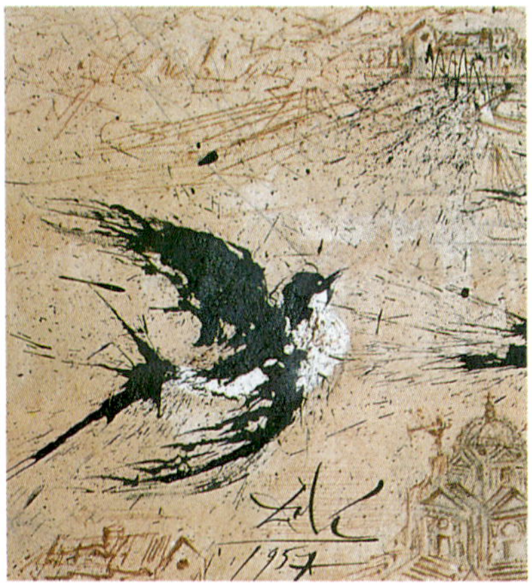

1100

algemene hilariteit: "Op het scherm verscheen het achterste van een neushoorn, dat ik onlangs tot in detail had ontleed, om te ontdekken dat het niets anders was dan een samengevouwen zonnebloem. De rinoceros stelt zich niet tevreden met het feit dat hij de mooiste logaritmische curve op zijn neus draagt, nee, zelfs in zijn achterste draagt hij ontelbare zonnebloemvormige, logaritmische curven." Daarna stelt hij de volgende vergelijking op: mist = kantwerkster = rinoceroshoorn = corpusculaire en logaritmische verkorreling van de zonnebloem en dan van de bloemkool = verkorreling van de zeeëgel, die volgens Dalí niets anders is dan een druppeltje water dat op het moment van ontstaan kippevel krijgt, uit angst de puurheid van zijn oorspronkelijke vorm te verliezen.

Met een gebaar waarmee hij de donderende zaal bezweert, besluit Dalí: "Na mijn uiteenzettingen van vanavond meen ik dat men, wil men van de kantwerkster op de zonnebloem kunnen komen, van de zonnebloem op de neushoorn en van de neushoorn op de bloemkool, toch echt hersenen moet hebben."

Dergelijke optredens, die meestal voorafgaan aan het 'praktische werk', zoals

Vervolg op blz. 498

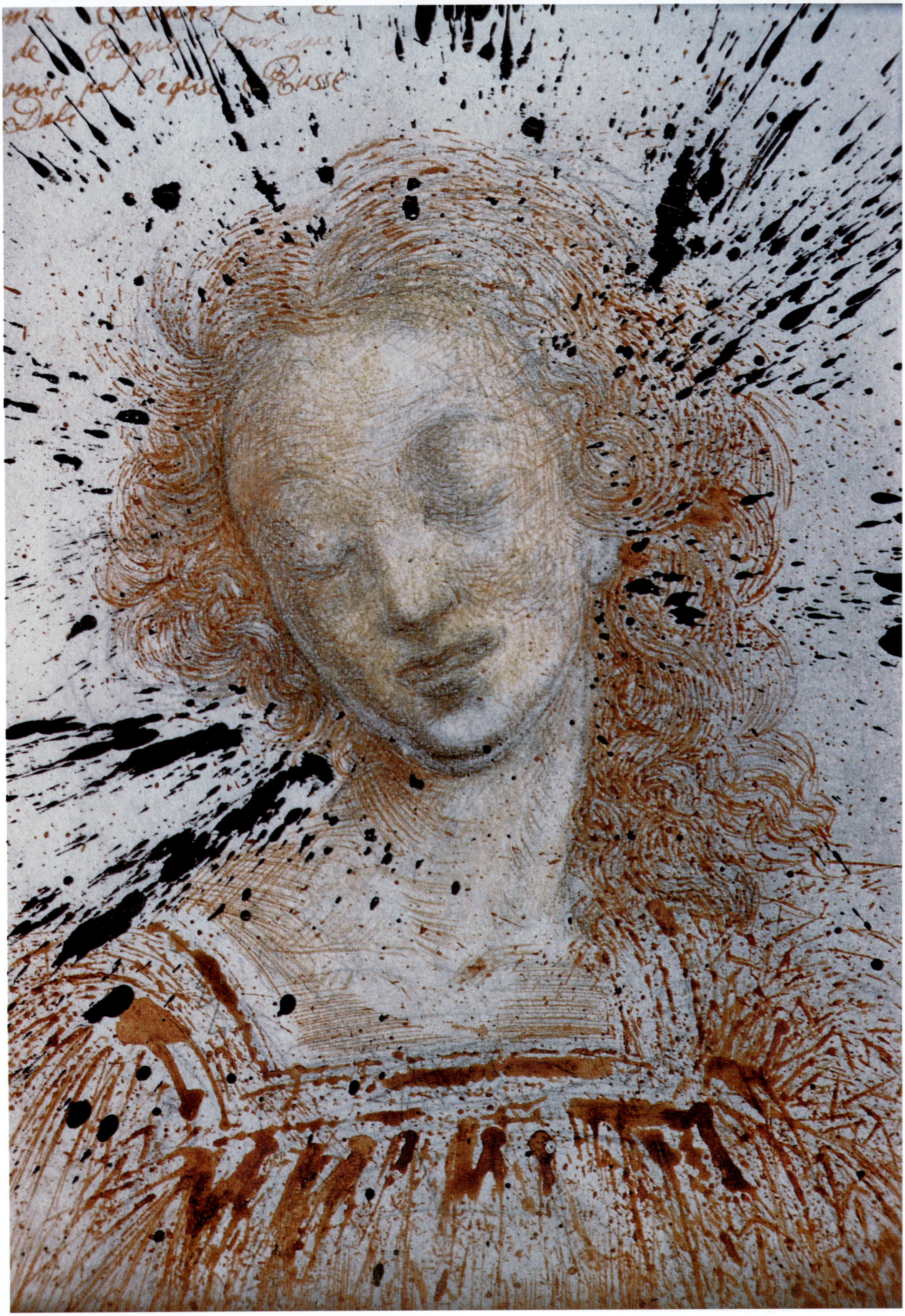

1957–1961

1103 **De olifant in de ruimte**, 1961 ❍
L'éléphant spatial (The Space Elephant)

1104 **Zonder titel (Surrealistisch landschap)**, 1957-1958 △
Sans titre (Paysage surréaliste)

1105 **Veranderde vrouwen. De zeven kunsten**, 1957 ❑
Femmes métamorphosées – Les sept arts

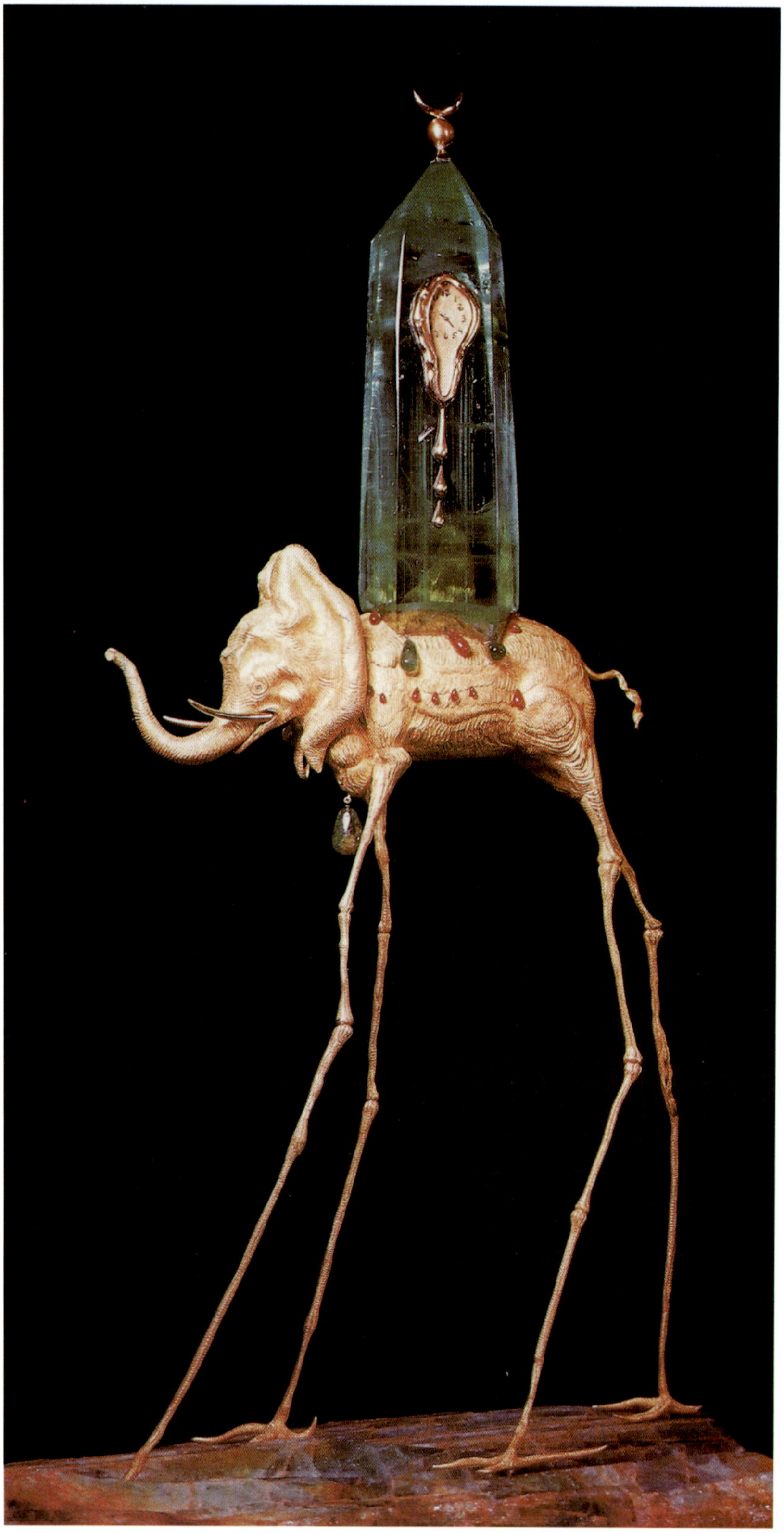

1103

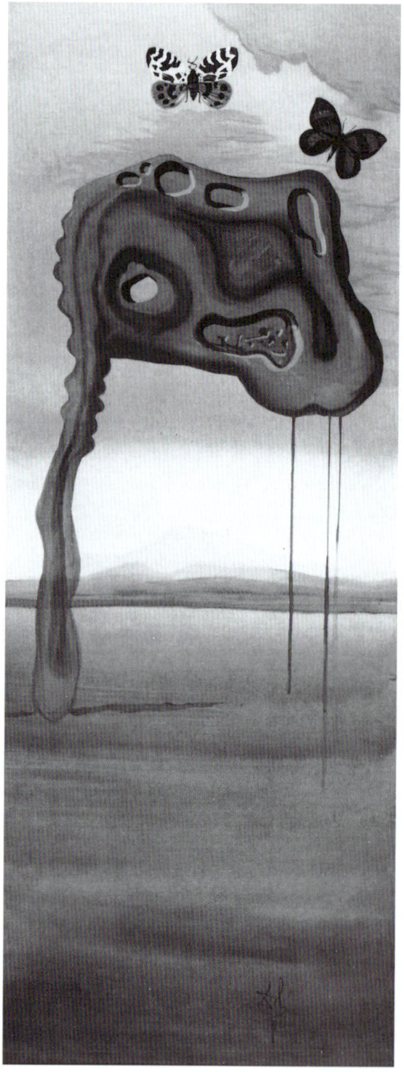

1104

1106 **Vlinderlandschap (ook: De grote masturbator in een surrealistisch landschap met DNA)**, 1957-1958 △
Paysage aux papillons (Grand masturbateur dans un paysage surréaliste avec A.D.N)

1107 **Hemelse rit**, 1957 ❑
Chevauchée céleste

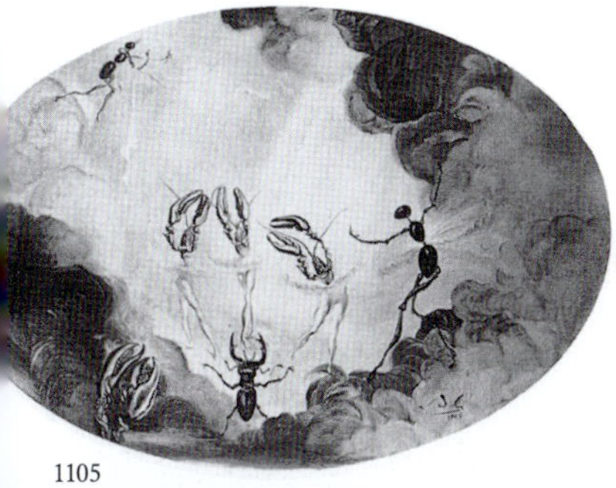

1105

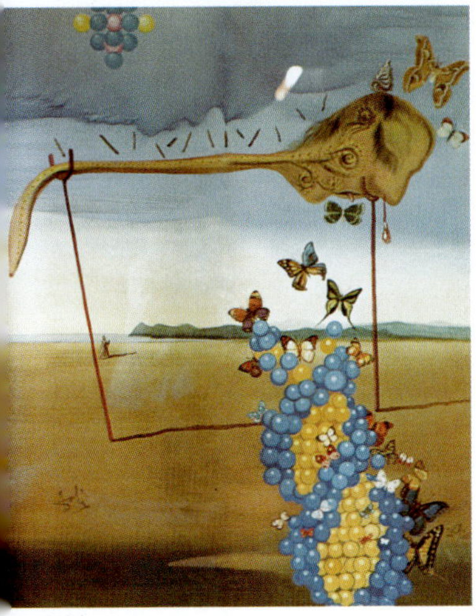

1106

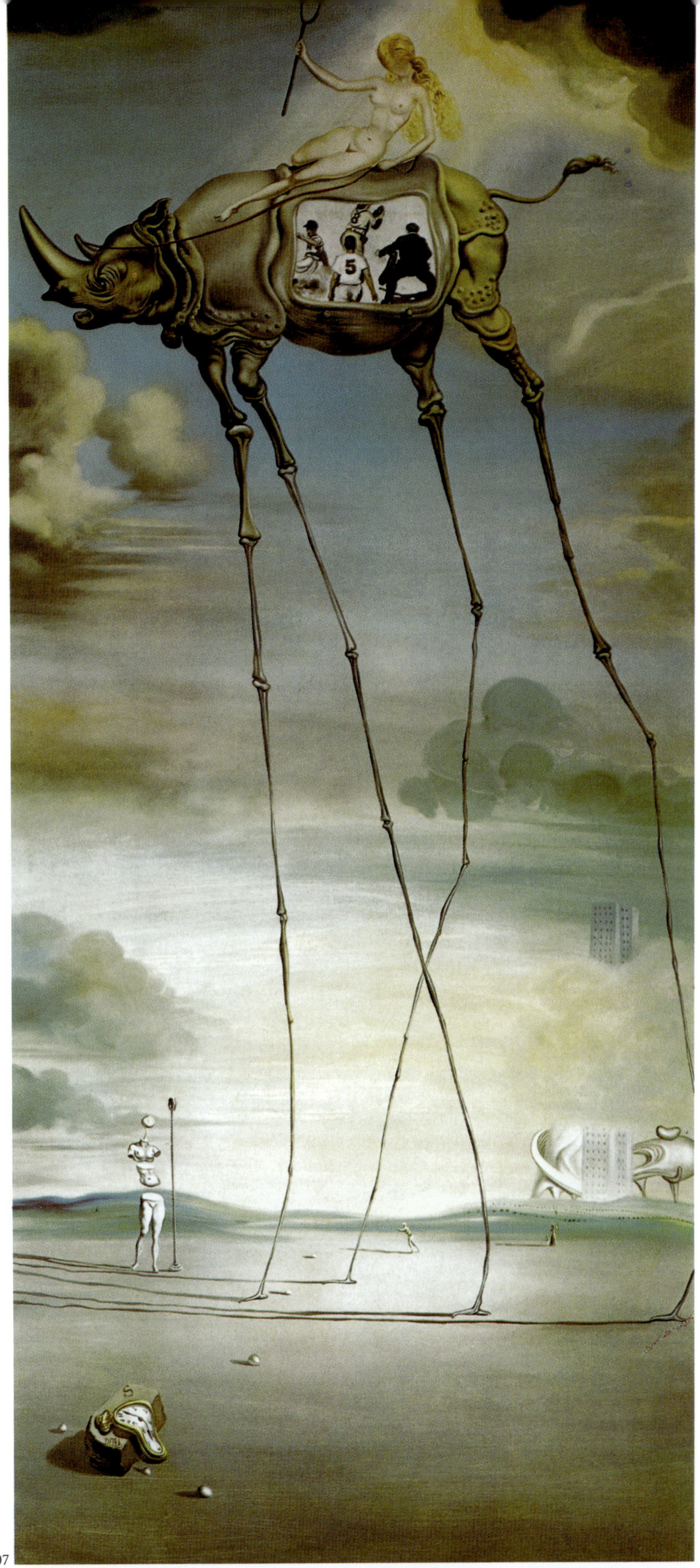

1107

1957

1108 **De grote opera**, 1957 ❑
Grand opéra

1109 **Betovering – De zeven kunsten**, 1957 ❑
Ensorcellement – Les septs arts

1110 **Moderne rhapsodie – De zeven kunsten**, 1957 ❑
Rhapsodie moderne – Les septs arts

1111 **De dans – De zeven kunsten**, 1957 ❑
La danse – Les septs arts

1112 **De muziek – Het rode orkest – De zeven kunsten**, 1957 ❑
La musique – L'orchestre rouge – Les sept arts

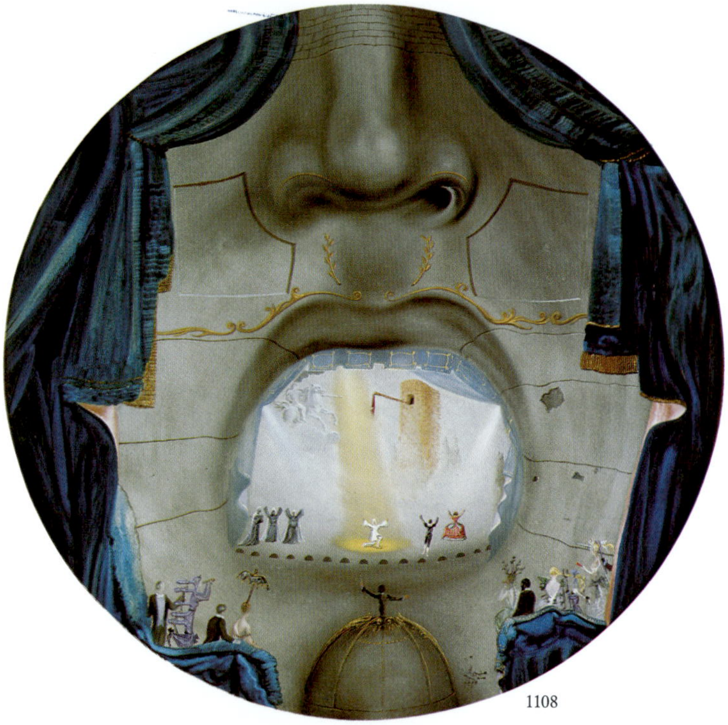

1108

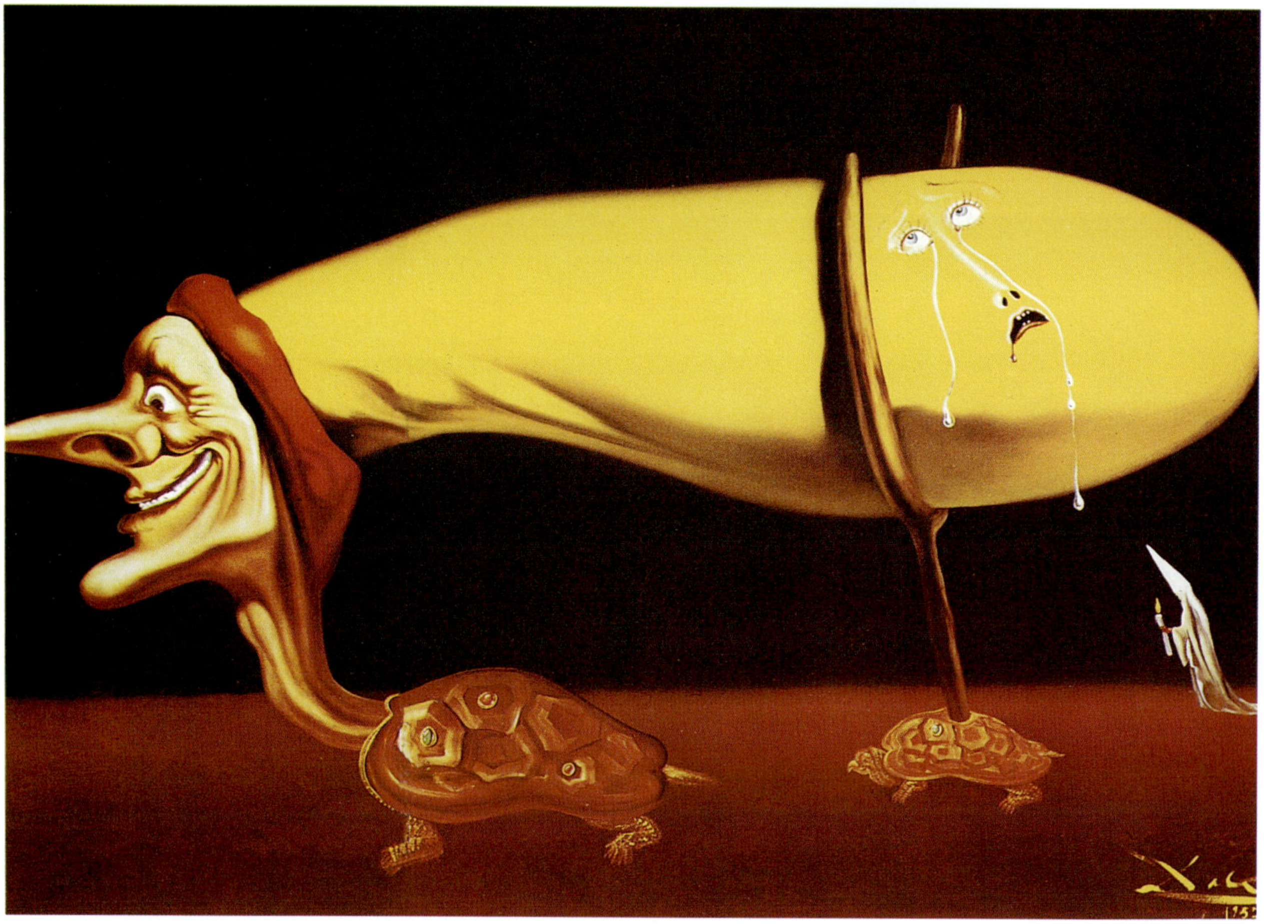

1109

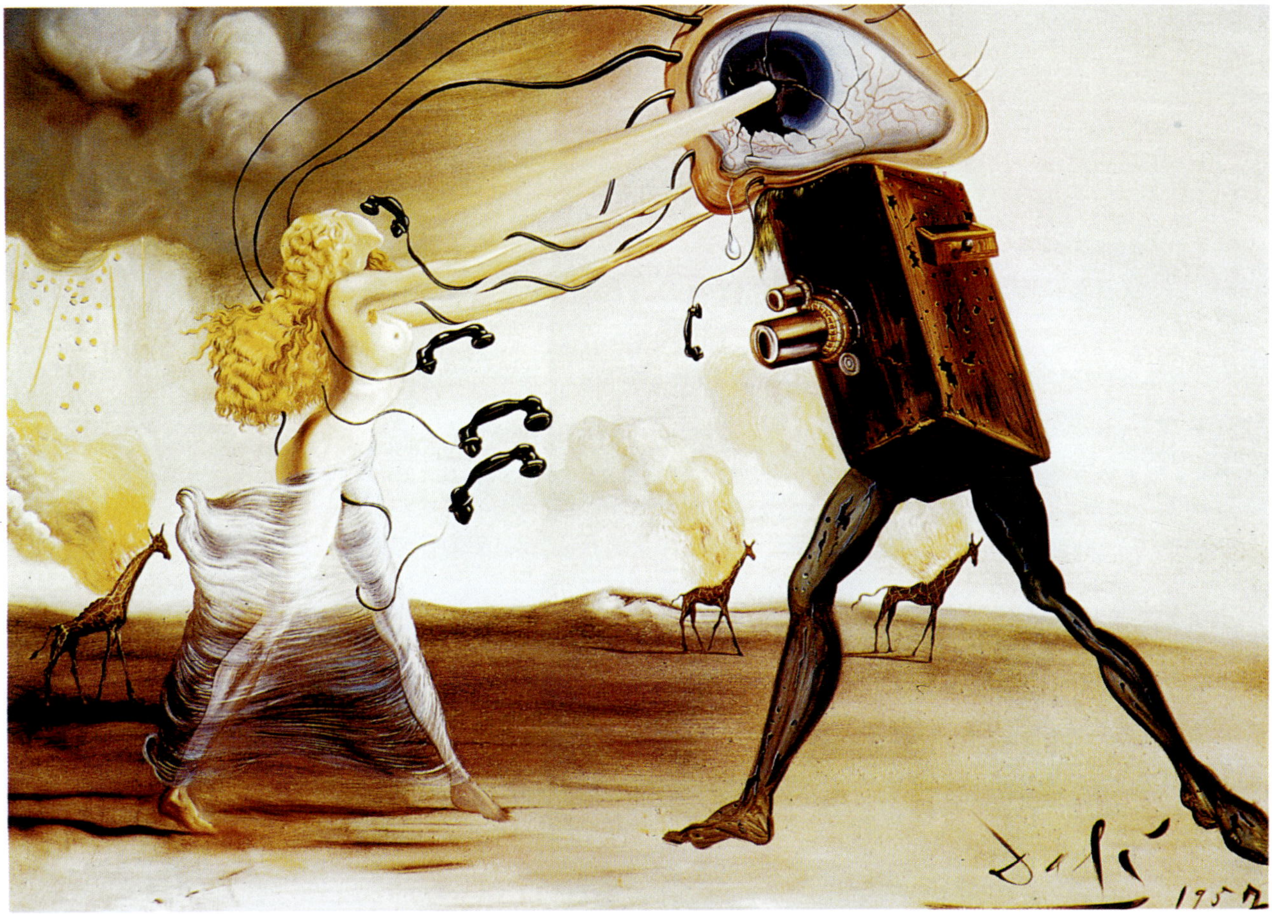

1110

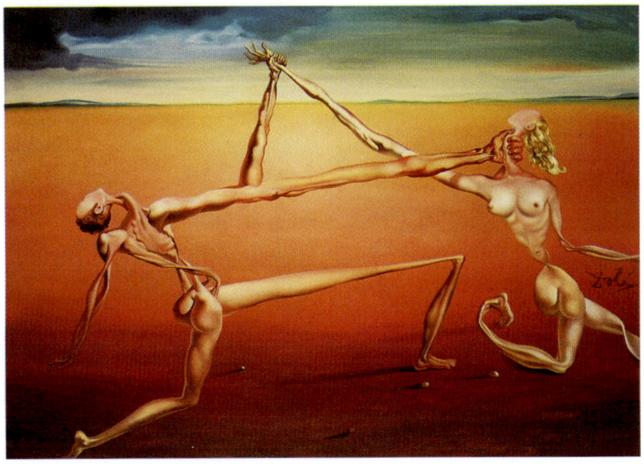

1111

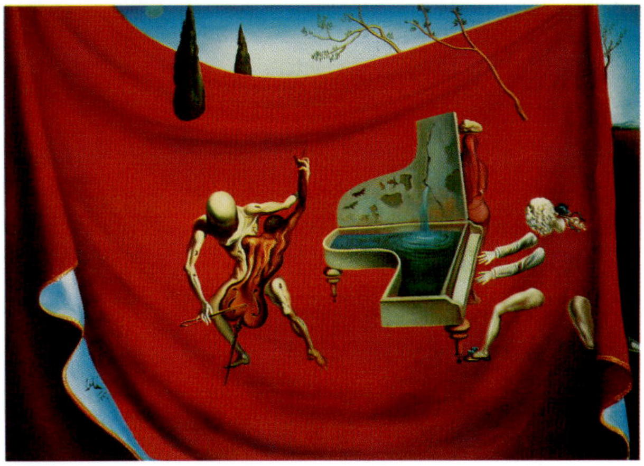

1112

blz. 496

1113 **St.-Jacob van Compostela, 1957** ❑
Saint Jacques le Grand (Santiago el Grande)

blz. 497

1114 **Gezicht op het doek 'St.-Jacob van Compostela' door het raam van Dalí's atelier, 's nachts in Port Lligat, 1957** ✫

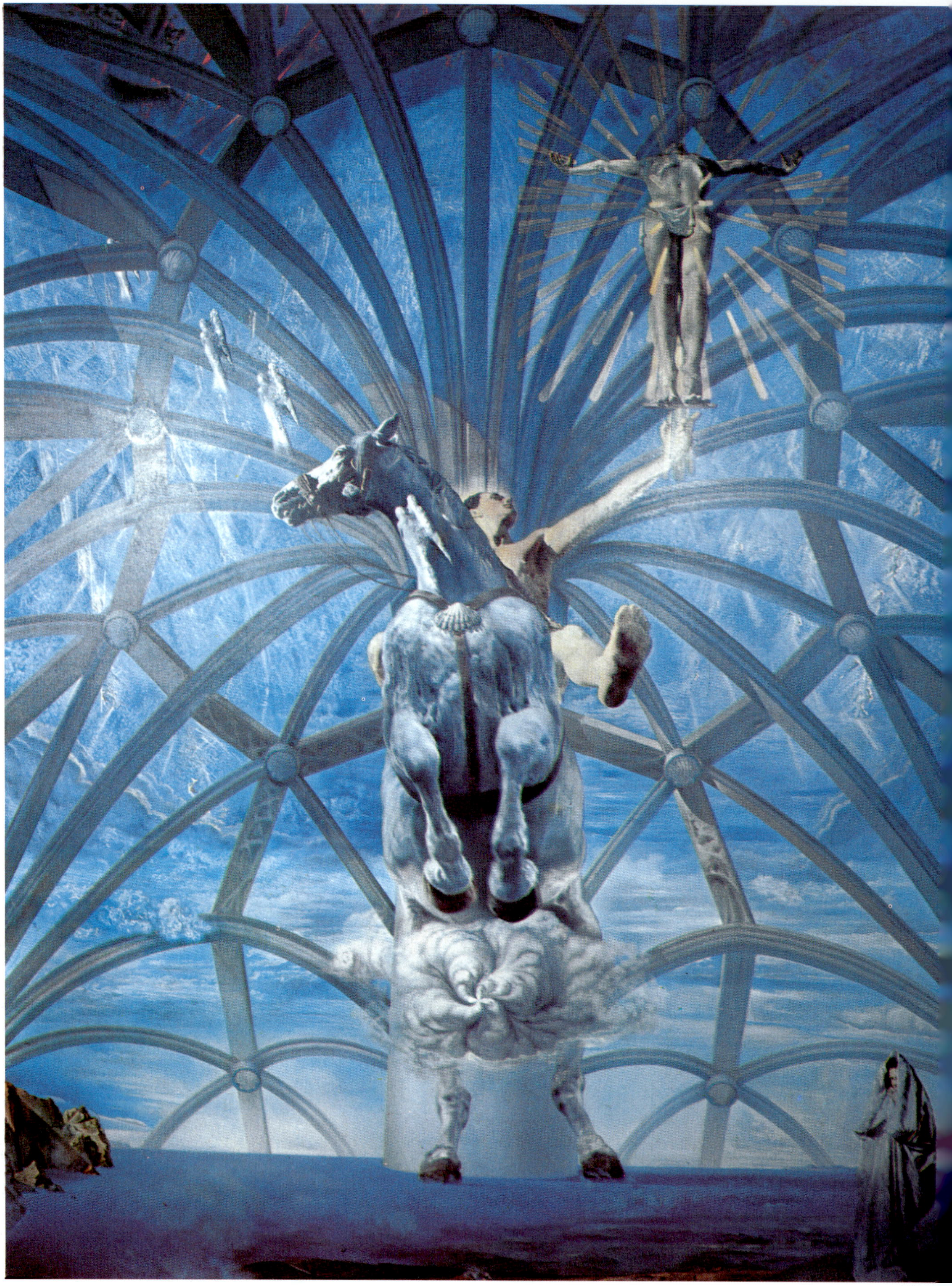

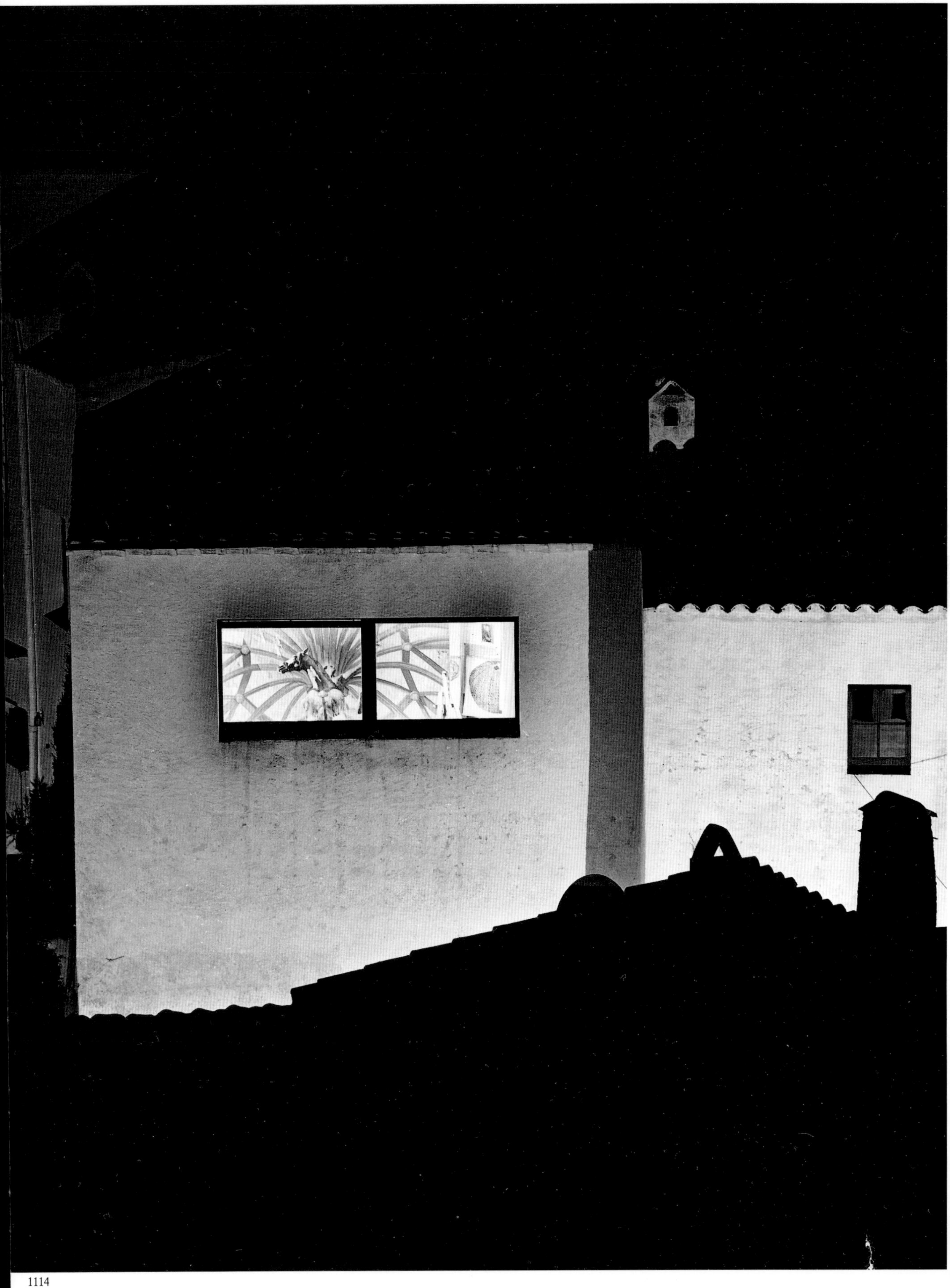

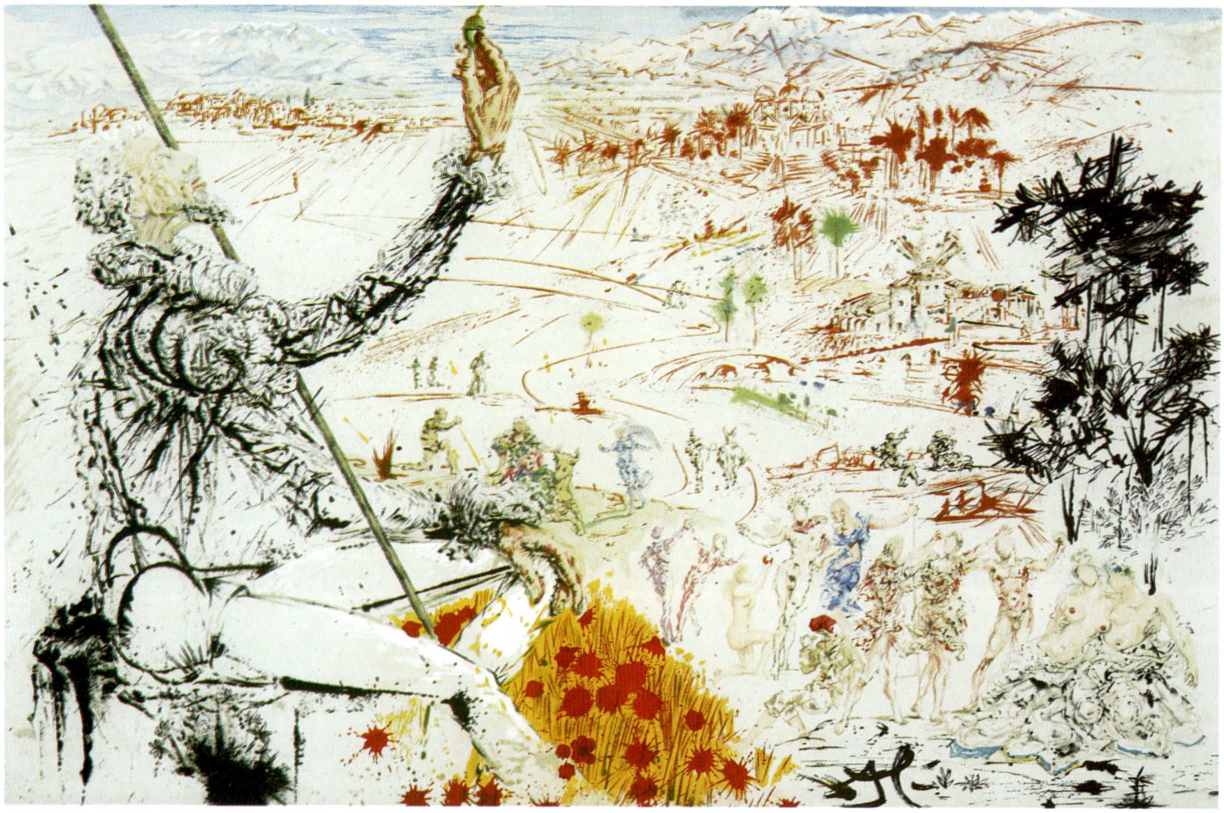

1115

1115, 1116, 1117, 1118, 1119
Illustraties voor 'Pages choisies de Don Quichotte de la manche', in 1957 gepubliceerd door Joseph Forêt. △
Hoewel Dalí hier voor het eerst in zijn artistieke loopbaan met lithografie werkt, heeft hij voor dit boek nieuwe methoden ontwikkeld. Hij gebruikte stenen van kalkhoudende leisteen, die meer dan 135 milljoen jaar oud waren.

in dit geval een paranoïde-kritische interpretatie van Vermeers *Kantwerkster* in het neushoornpark van de dierentuin van Vincennes, doen de critici uit hun lethargie ontwaken en verontrusten hen. Zo schrijft een van hen onder de kop: 'Wil Dalí de moderne kunst vermoorden?': "Alles wat Salvador Dalí zegt, alles wat hij doet en bijna alles wat hij schildert, heeft ten minste de verdienste al diegenen in verlegenheid te brengen, te verwarren, zo niet te ergeren, voor wie de moderne kunst regels en grenzen kent en die er niet aan denken haar zekerheid ooit ter discussie te stellen. Dalí maakt een stroom van 'uiteenlopende bewegingen' los op een gebied waar zowel critici als kunstenaars maar al te vaak de gewoonte hebben voor zich uit te dommelen. Het schandaal, de provocatie, de krankzinnigste excentriciteit –karakteristiek voor de dandy– staan hem ter beschikking voor kritische doeleinden, waarin de heiligschennis ertoe dient 'een waarheid' aan het licht te brengen. Sinds 25 jaar richt Dalí's werk zich op het tegendeel van alles wat men 'de schilderkunst' noemt en heeft het tot doel de waarde te verminderen van datgene wat door de huidige 'smaak' wordt voorgeschreven, het Kubisme, de abstracte kunst, het Expressionisme enzovoort. Hij maakt er geen geheim van, integendeel, hij verkondigt met luide stem zijn voornemen 'de moderne kunst te vermoorden'. We moeten ons niet laten foppen door het humoristische en delirische karakter van zijn uitlatingen. Dalí meent het serieus, zeer serieus, en de 'uitzonderlijke intelligentie' die André Breton hem in 1936 toedichtte, benut hij voor destructieve activiteiten waarbij het aanzien van de gehele 'moderne kunst' het gevaar loopt de rekening te moeten betalen."

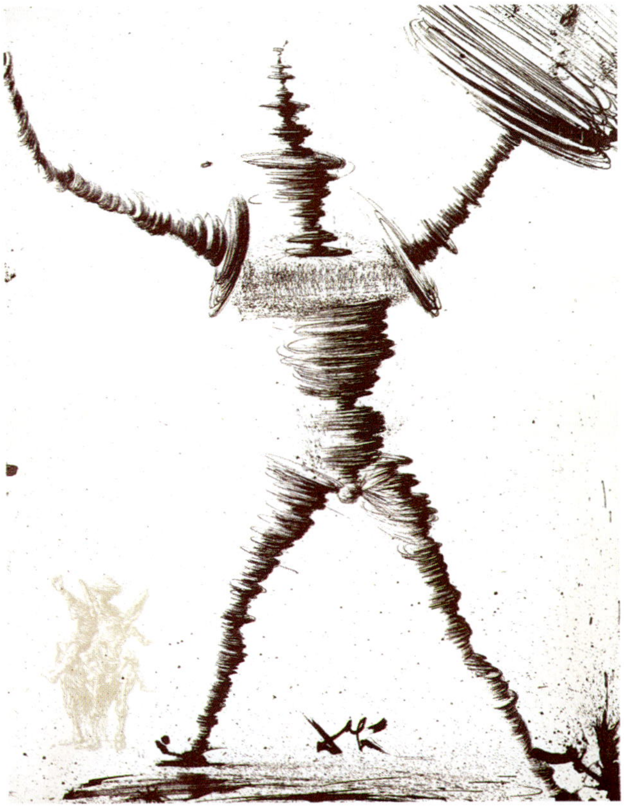

1116

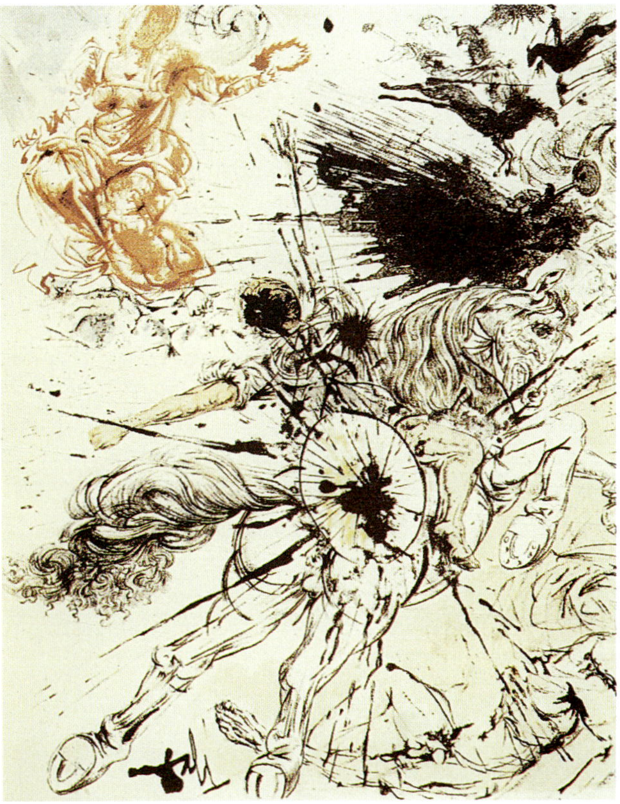

1118

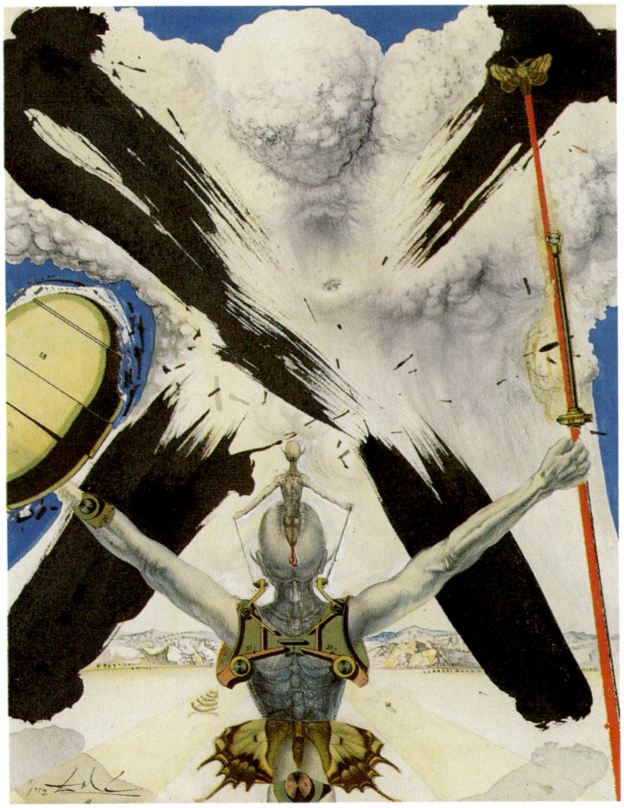

1117

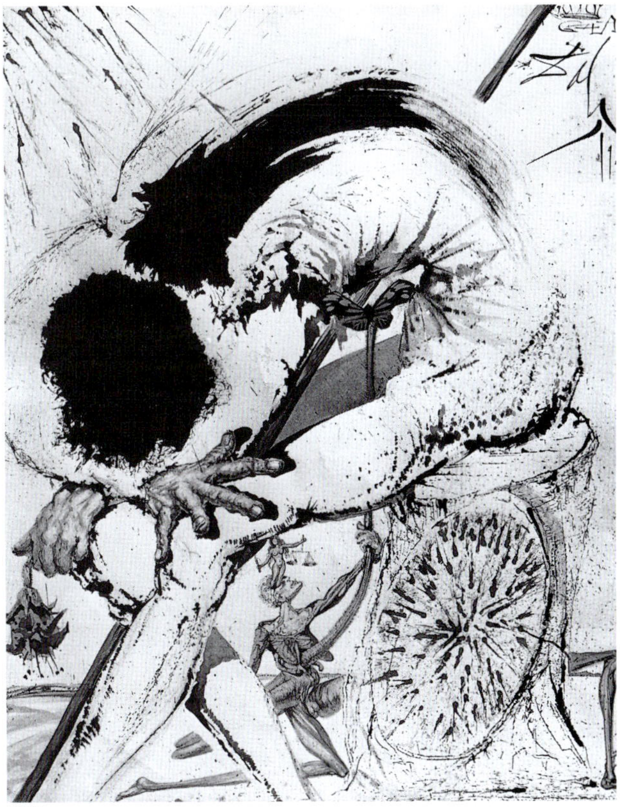

1119

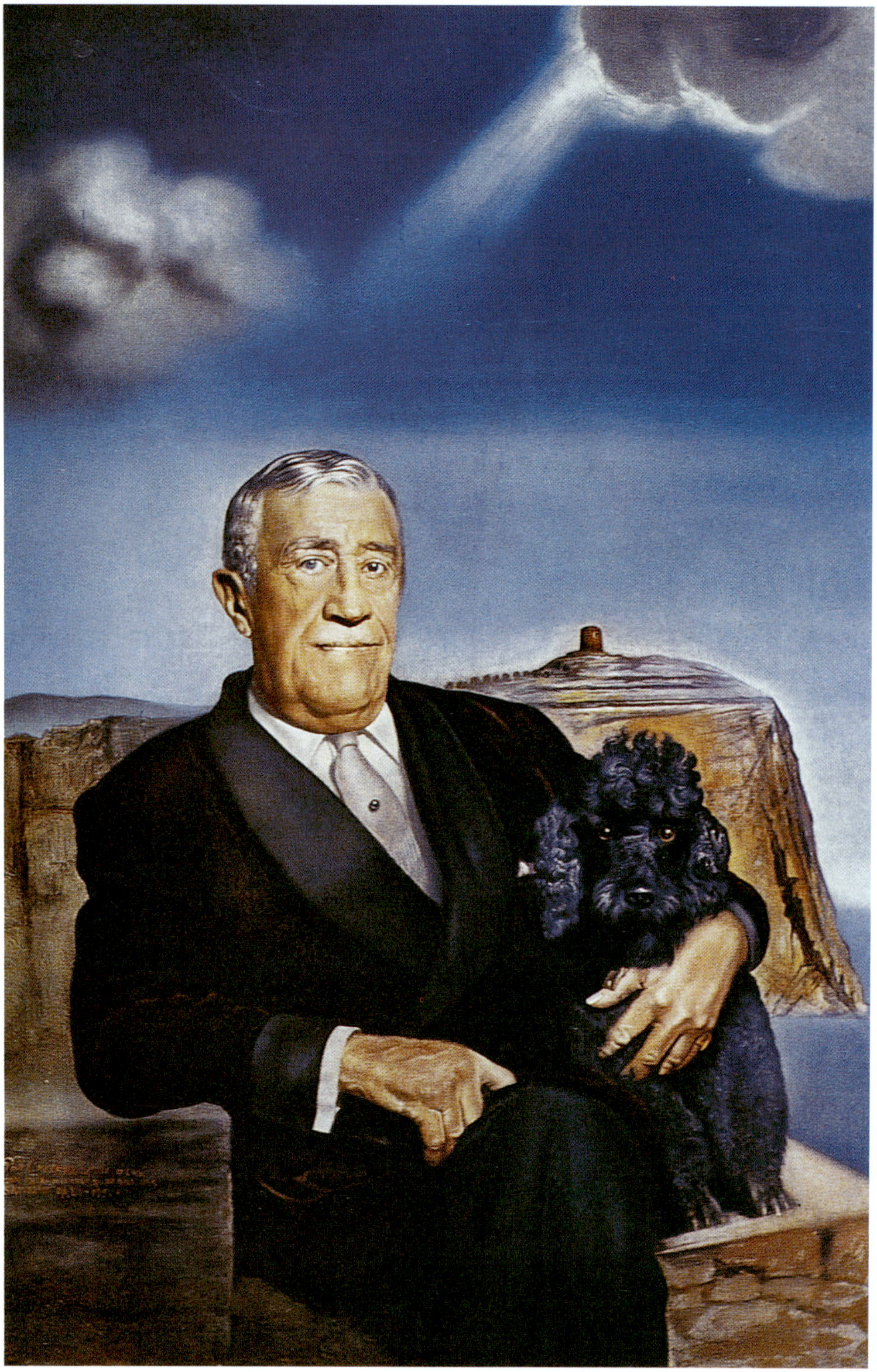

1120

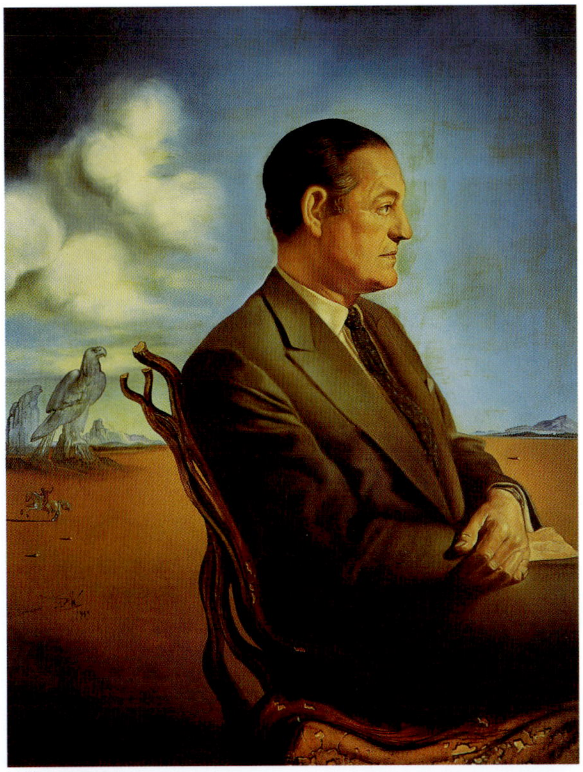

1121

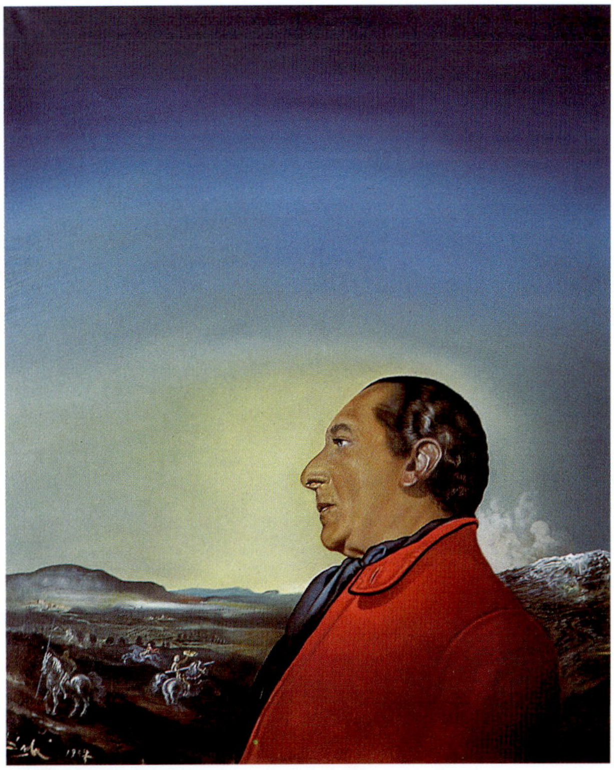

1123

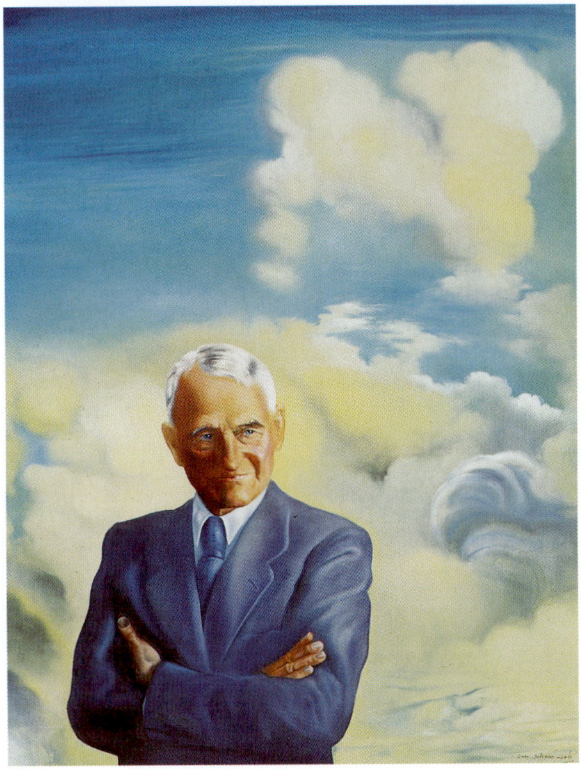

1122

1120 **Portret van Chester Dale met zijn hond Coco**, 1958 ❑
Portrait de Chester Dale et de son chien Coco

1121 **Portret van Reinaldo Herrera, Marquis de Torre Casa**, 1959 ❑
Portrait de Reinaldo Herrera, Marquis de Torre Casa

1122 **Portret van Sir James Dunn**, 1958 ❑
Portrait de Sir James Dunn

1123 **De hertog van Urbino (Portret van Comte Theo Rossi di Montelera)**, 1957 ❑
Le Duc d'Urbino (Portrait du Comte Theo Rossi di Montelera)

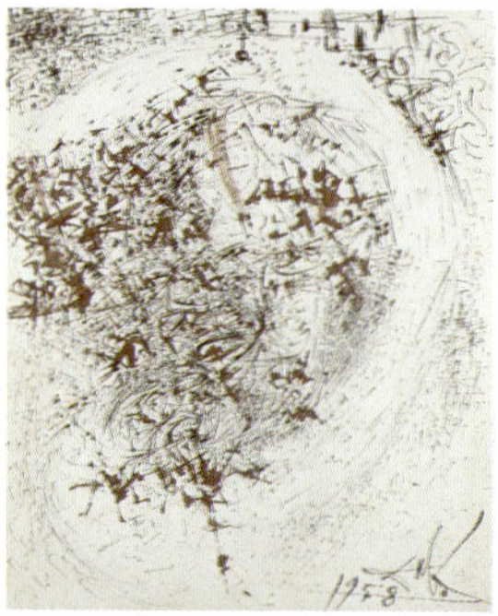

1124

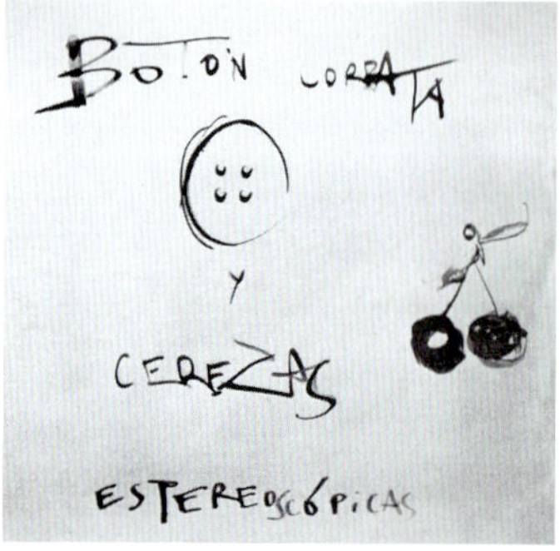

1125

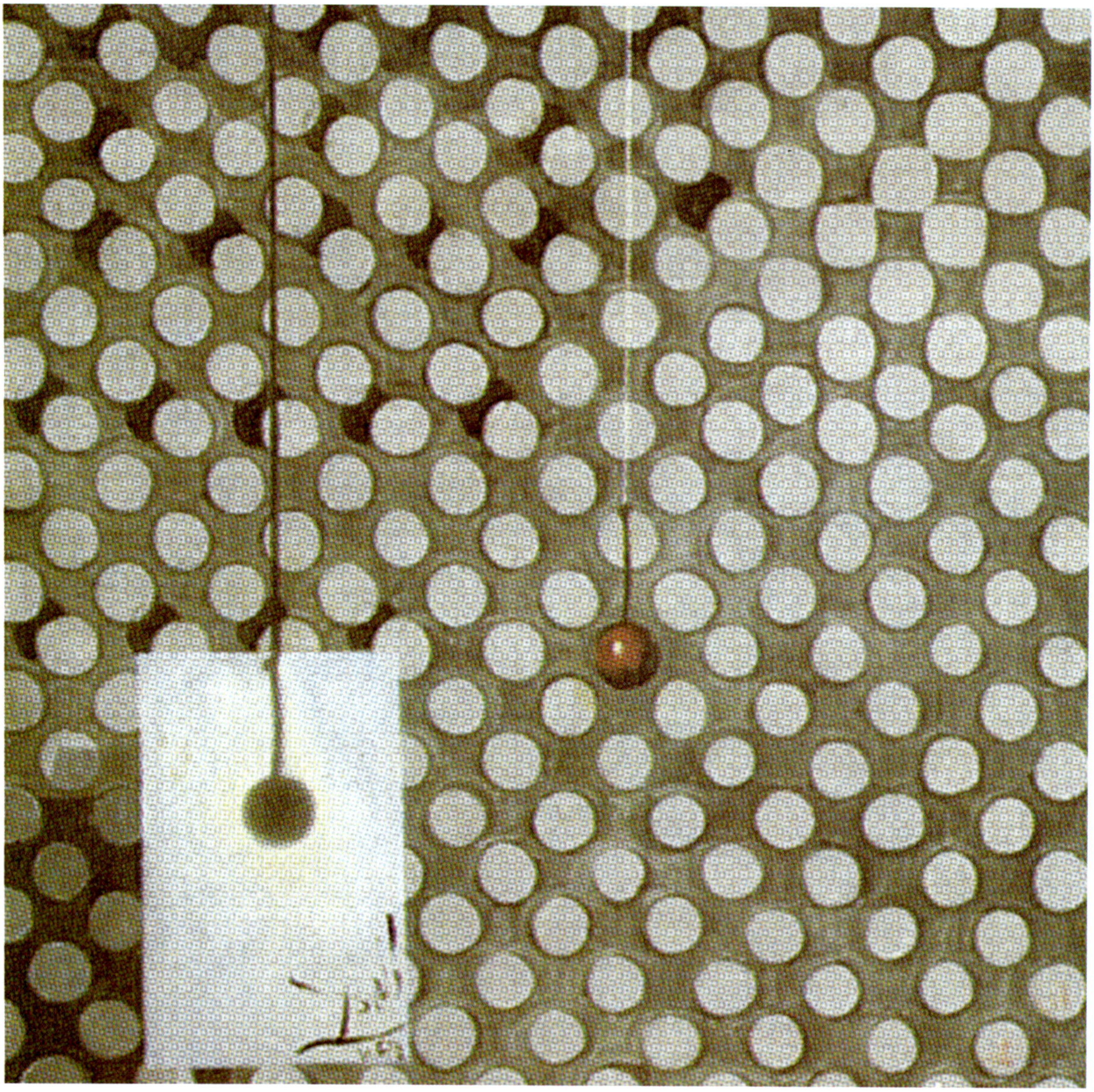

1126

1124 **Het oor van de paus**, 1958 △
L'oreille du Pape
1125 **Logische toenadering tussen een broekknoop en een paar kersen**, 1958 △
Rapprochement logique entre un bouton de braguette et une paire de cerises...
1126 **De Sixtijnse madonna. Detail met knopen en kersen**, 1958 ❑
1127 **De Sixtijnse madonna**, 1958 ❑
La madone sixtine
1128, 1129 **De broekknoop van Matisse die Dalí inspireerde. Op de foto: Matisse, Dalí, Léonide Massine, Lord Berner en een paar vrienden** ☆

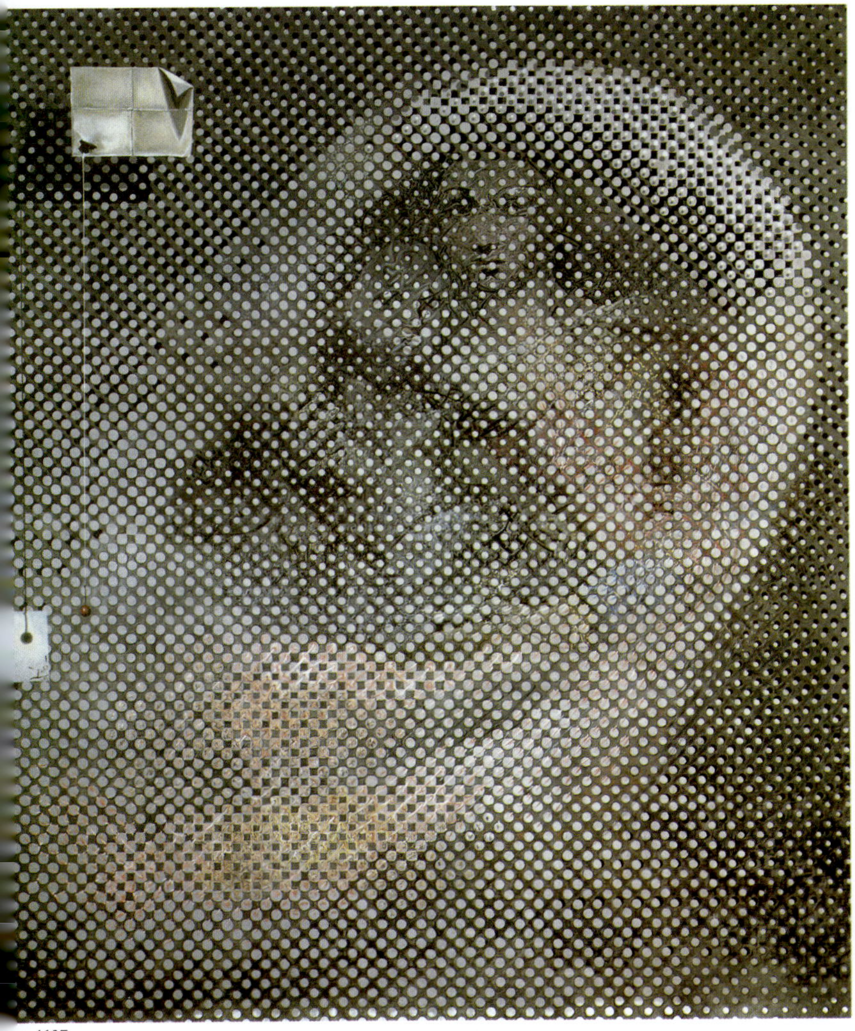
1127

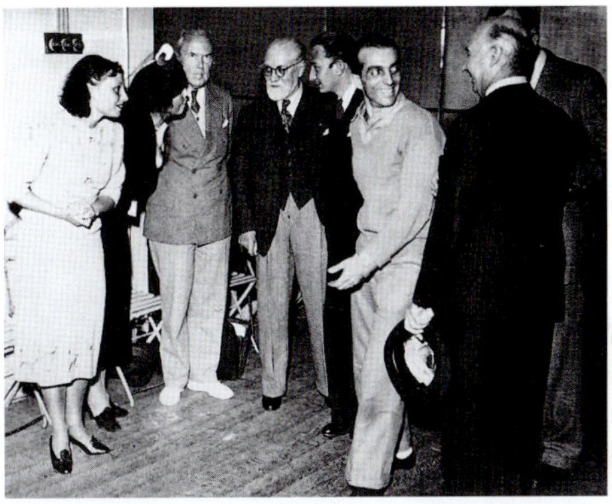
1128

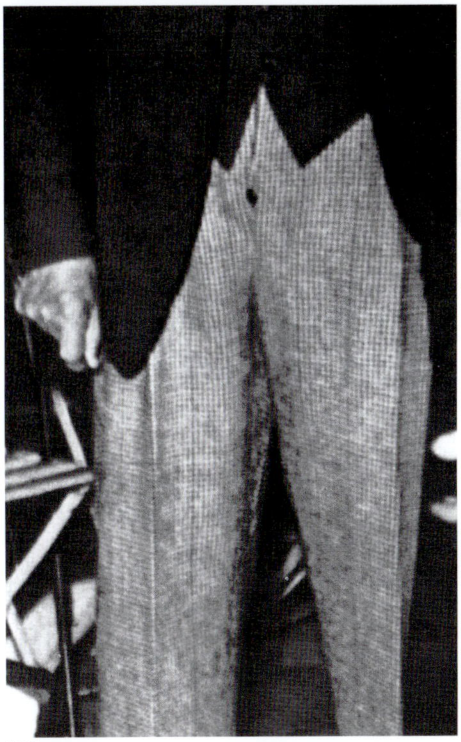
1129

Matisse en de gulp

Dokter A. Oriol Anguera heeft een verhandeling gepubliceerd, getiteld 'Mentira y verdad de Salvador Dalí' (Waarheid en leugen van Salvador Dalí), waarin hij beweert dat Dalí denkt door middel van een freudiaanse machine die hij voortdurend bij zich heeft, zoals een slechtziende zijn bril. En aangezien zijn hersenspinsels als gevolg van de romanachtige theorieën van Freud op het onbewuste en de erotiek berusten, zoekt en vindt Dalí telkens wanneer de lust hem bevalt een wortel die afdaalt in het libido en het onbewuste waarmee zijn werk zich voedt". Ook al interesseert hij zich sinds zijn 'mystiek manifest', waarvan het ontstaan onlosmakelijk is verbonden met de explosie van de atoombom en de ontwikelingen in de kernfysica, meer voor de buitenkant dan de binnenkant, meer voor het bewuste dan voor het onbewuste, voor het uiterlijke dan voor inhoud, zoals blijkt uit *Week zelfportret met gebakken spek* (blz. 342), dan nog is het onmiskenbaar dat hij de 'freudiaanse machine', zoals de Spaanse dokter haar noemt, steeds in zijn zak heeft en bij elke gelegenheid te voorschijn haalt. Ze helpt hem zijn particuliere mythologie om te zetten, zoals vroeger een stop van een kristallen karaf hem hielp de wereld als een impressionistische schilder te zien.

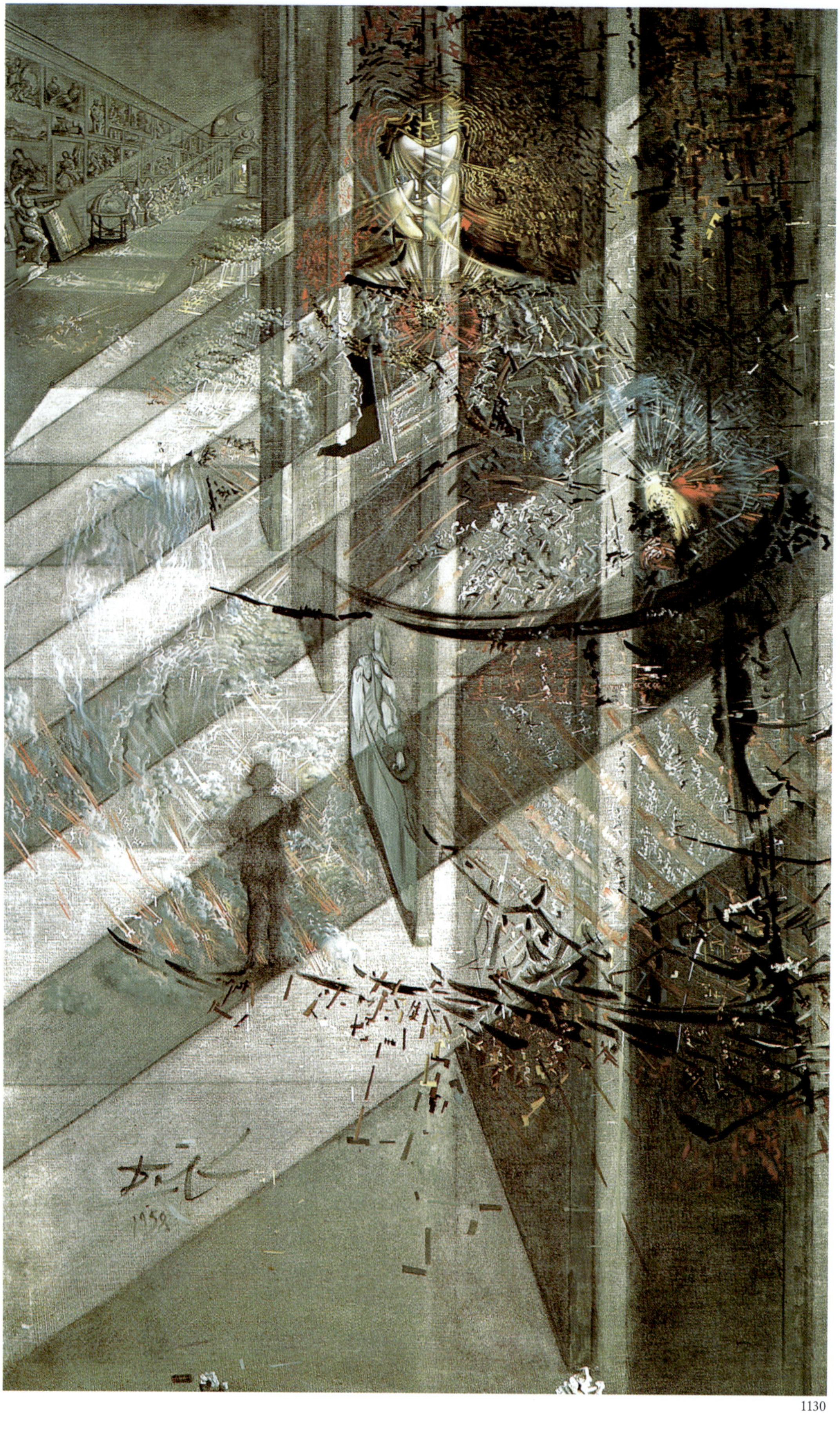

1130

En zo heeft Dalí zijn 'bril voor bijzienden' op Matisses gulp gericht, een gulp die niet helemaal dicht is, want er is nog een knoop te zien. In zijn boek 'Tout Dalí en un visage' (De hele Dalí in een gezicht) legt Dalí uit hoe de knoop op de kraag van *De hallucinogene torero* (blz. 578) direct te herleiden is tot de gulp van Matisse. "Die knoop is geïnspireerd op Matisses gulp, Henri Matisse, de beroemde algenschilder... Hij is de knoop aan de gulp van de Franse bourgeoisie, die steeds vergeten is haar gulp dicht te knopen." En hij publiceert een fotografisch document (blz. 503) dat zijn bewering moet staven. We weten dat Dalí, die over zichzelf zegt dat hij anarchist en monarchist is, maar weinig voelde voor de bour-

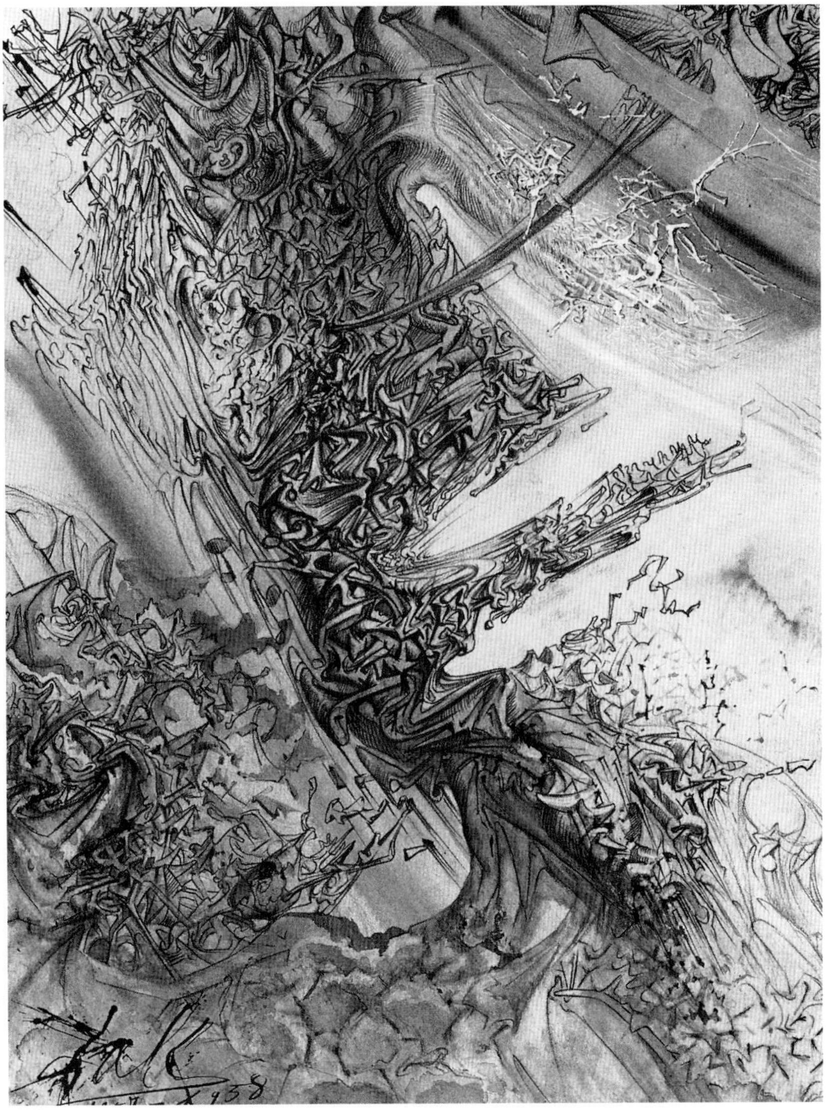

1131

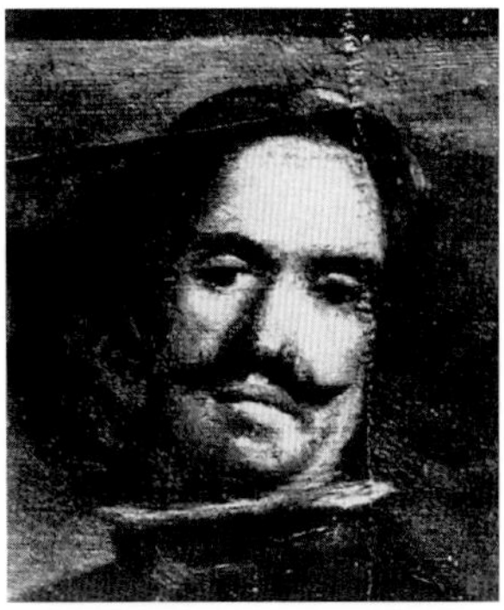

1132

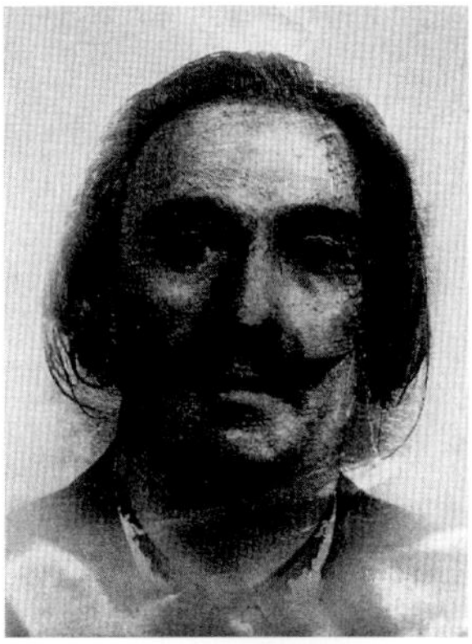

1133

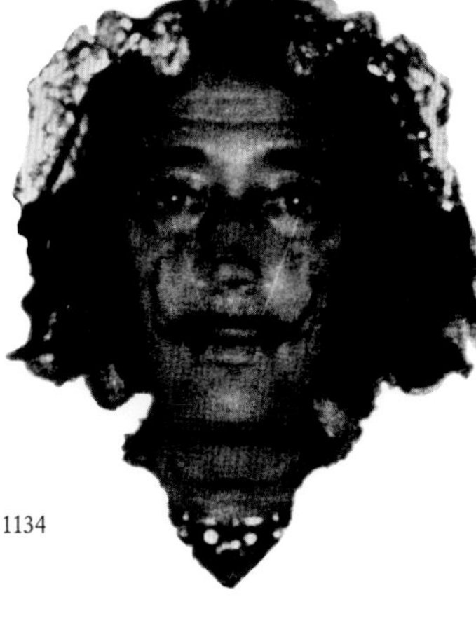

1134

1130 **Velázquez schildert de infanta Margarita María met het licht en de schaduw van zijn eigen roem,** 1958 ❑
Vélasquez peignant l'infante Marguerite avec les lumières et les ombres de sa propre gloire

1131 **Pi-mesonische engel,** 1958 △
Ange pi-mésonique (Pi-mesonic Angel)
1132, 1133, 1134 **Van Velázquez tot Hippie-Dalí: Velázquez' 'Zelfportret' en een foto van Dalí over elkaar heen.**
Dalí als moderne reïncarnatie van Velázquez? ✰

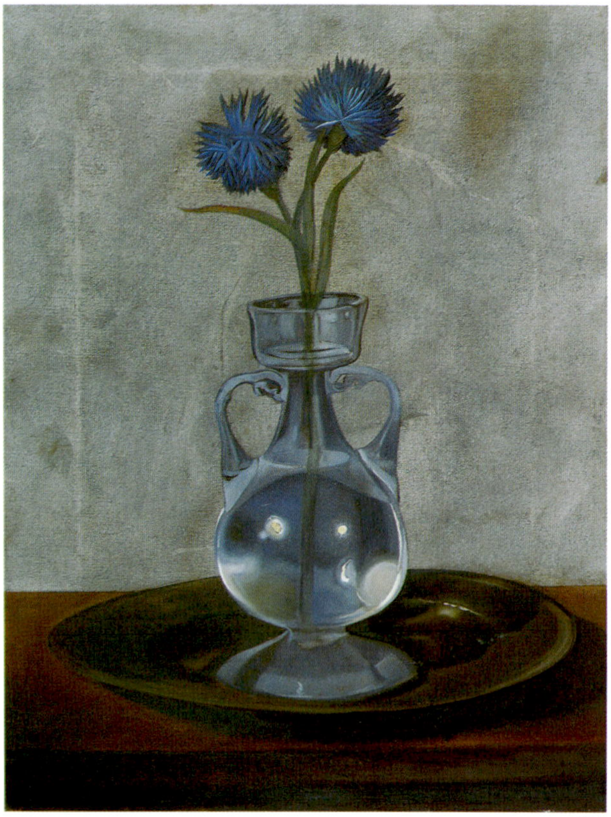

1135

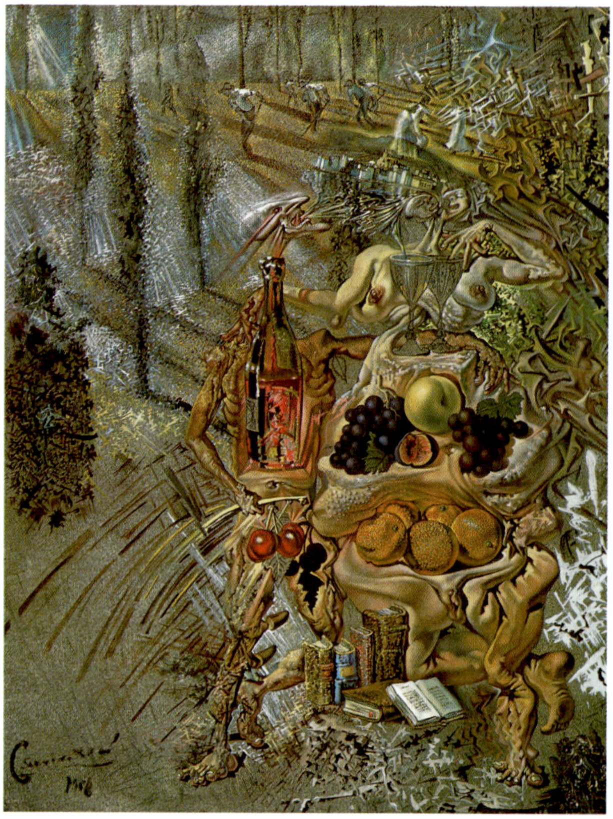

1136

1135 **Vaas met korenbloemen**, 1959 ❑
Le vase de bleuets

1136 **Dionysus spuugt een compleet beeld van Cadaqués op de tongpunt van een vrouw met drie verdiepingen**, 1958 ❑
Dionysios crachant l'image complète de Cadaqués sur le bout de la langue d'une femme à trois étagères

1137 **Meditatieve roos**, 1958 ❑
Rose méditative

geoisie, met name voor de Franse. Hij heeft haar altijd veracht, aangevallen en nooit serieus genomen en ze is volgens hem een typisch voorbeeld voor de bourgeoisie in het algemeen, voor haar pompeuze, vulgaire kunstsmaak, waarvan het archetype in zijn ogen Matisse is, Matisse met zijn schilderijen van "protserige Chinese vazen in de huizen van de nieuwe rijken, die al te vlot gefabriceerde confectiefiguren, die met al hun financiële middelen nog steeds geen entreebiljet kunnen krijgen waarmee ze verder komen dan hun voorkamer of de afdeling Snobisme." Dalí houdt van de natuurlijke adel... Natuurlijk zou nooit iemand een verband hebben gelegd tussen de knoop op het schilderij en die op de foto als Dalí er niet op had gewezen. Evenmin als er een verband bestaat tussen Matisses gulp en de filosofische theorie van de Catalaanse schrijver en vriend van Dalí, Francesco Pujols, of met de cybernetische, van een klaviatuur van knopen voorziene machine die Dalí laat bouwen naar een door hem in een oud boek ontdekte ets, een boek dat de theorieën van Raimundus Lullus aanschouwelijk maakt. Het leven van knopen en, zoals we later zullen zien, dat van vliegen is en blijft geheimzinnig.

Een andere historische knoop is volgens Dalí te vinden aan het opengeknoopte jasje van de *De apotheker van Ampurdán, die absoluut niets zoekt* (blz. 258), een persoonlijkheid die een Zola of Flaubert waardig zou zijn geweest en die op ongewone manier in een leeg landschap is geplaatst waarin de geologische elementen zijn terug te vinden die Dalí zo koesterde. En hij kent geen medelijden, doet de apotheker uit Figueras niet het plezier van een leugentje om bestwil dat ons met het geloof zou sussen dat hij enkel een verloren knoop of een speld in een hooiberg zoekt. De apotheker van Figueras, de vertegenwoodiger van het

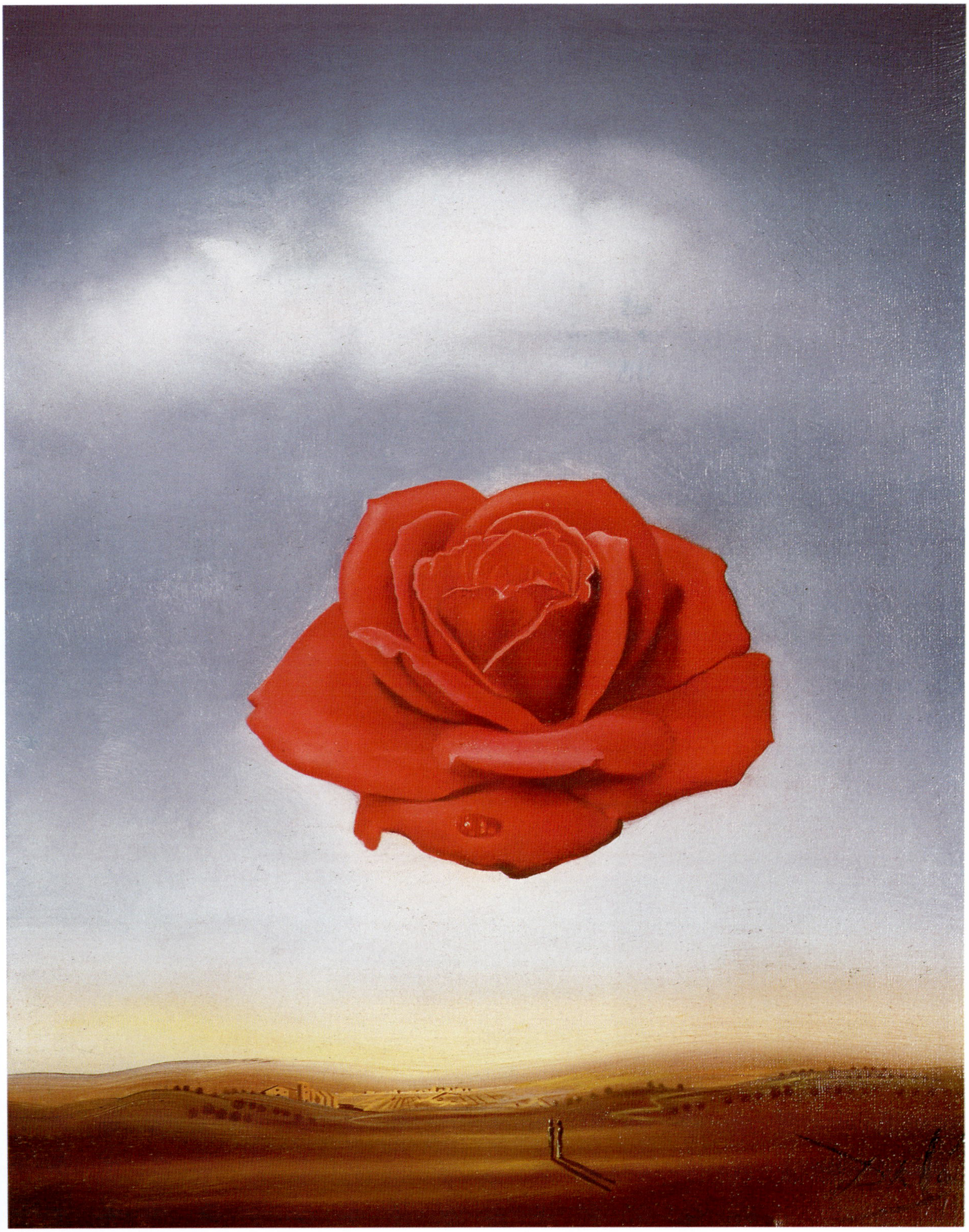

1137

1138 **Hansworst voor 'De ongewone geschiedenis van de kantwerkster en de rinoceros'**, 1958 △
Paillasse pour 'L'Histoire prodigieuse de la dentellière et du rhinocéros'

1139 **Foto van Hitler waaruit het schilderij 'Landschap bij maanlicht met begeleiding' (nr. 1141) is ontstaan** ✰

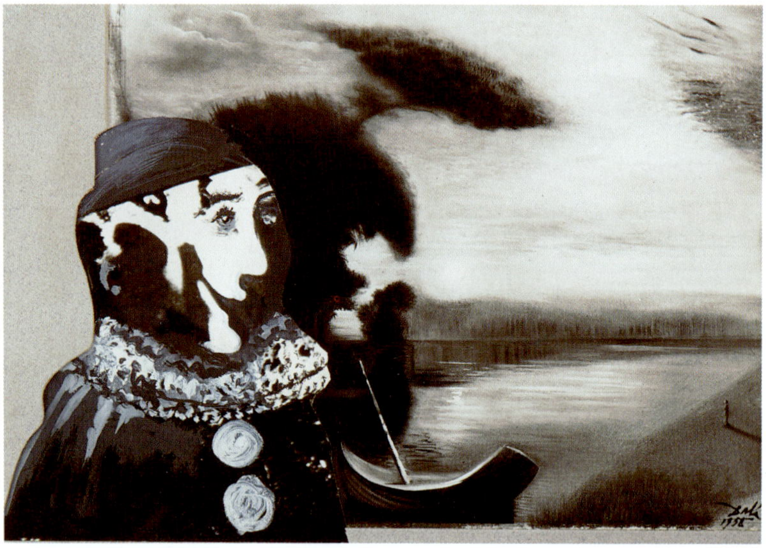

1138

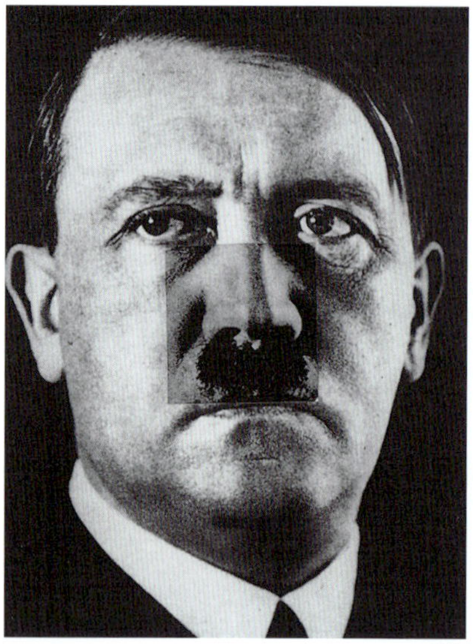

1139

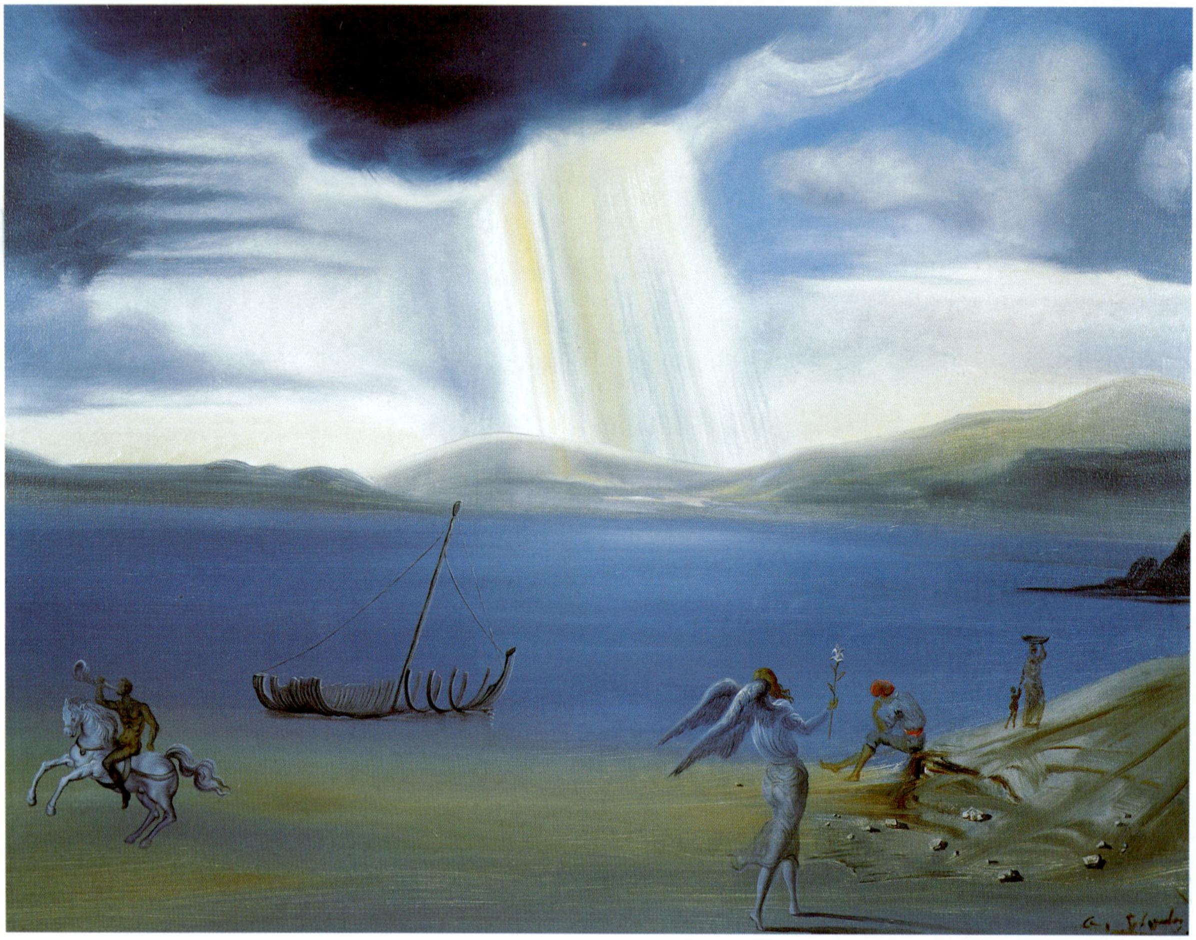

1142

1142 **Landschap bij Port Lligat**, 1958 ❑
Paysage de Port Lligat

1140, 1141 **Metamorfose van Hitlers gezicht in een landschap bij maanlicht met begeleiding – Serenade van Tosseli**, 1958 ❑

Métamorphose du visage d'Hitler en paysage au clair de lune avec accompagnement – Sérénade de Tosseli

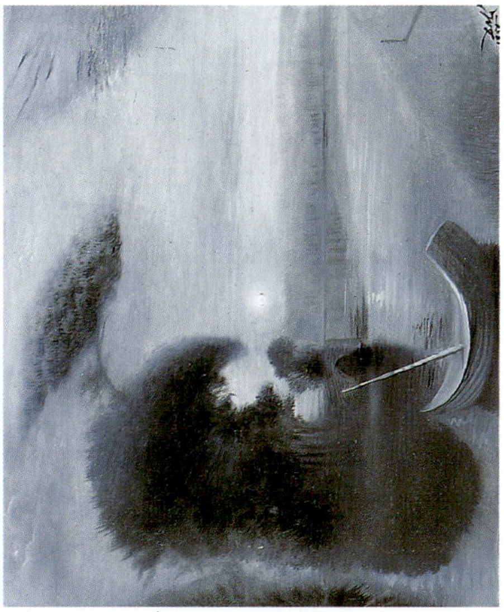

1140

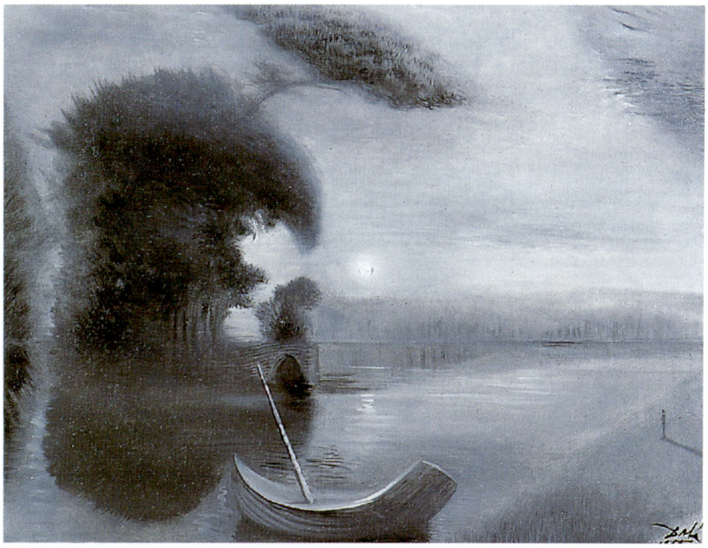

1141

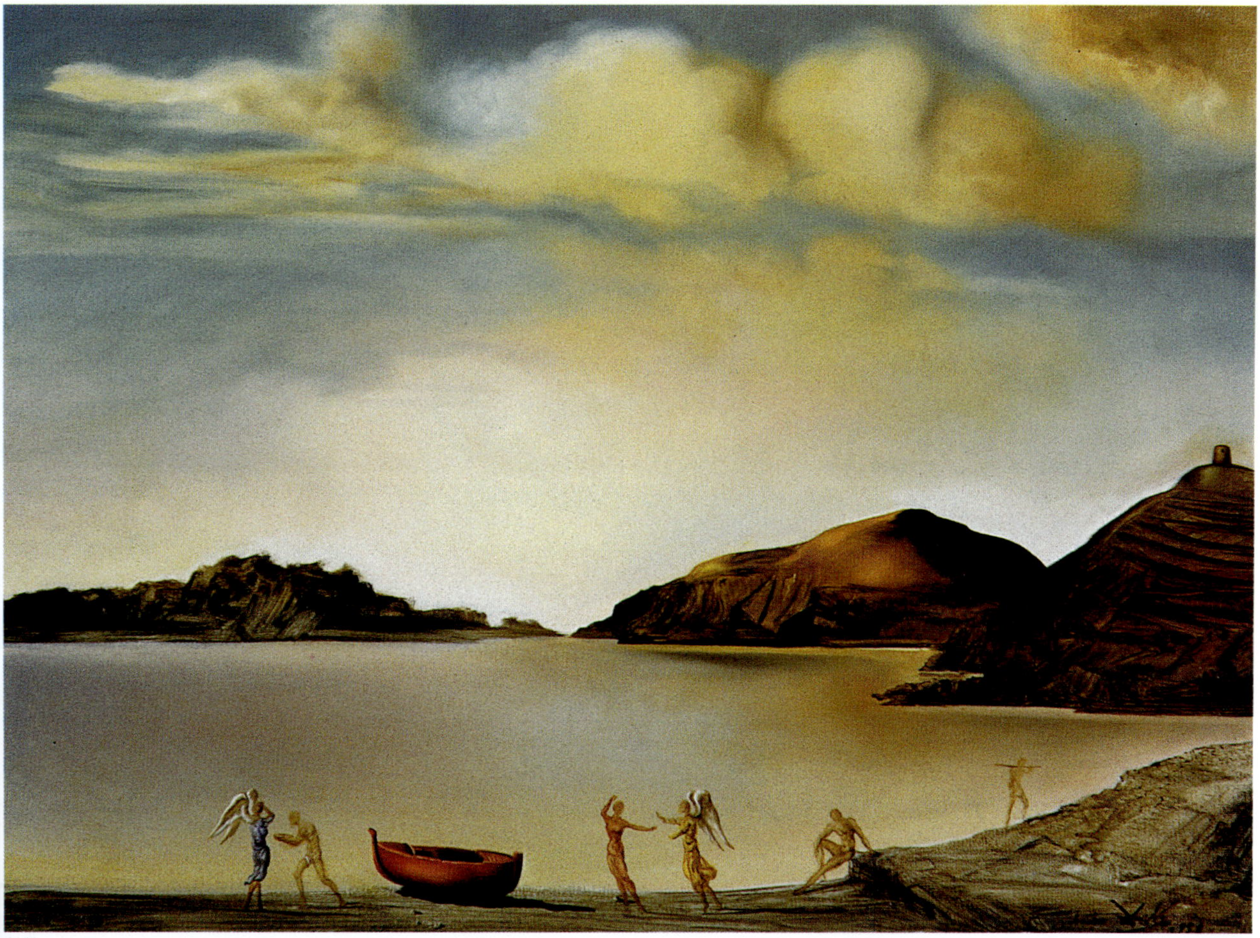

1143

1143 **Port Lligat bij zonsondergang**, 1959 ❑
Port Lligat au coucher du soleil (Port Lligat at Sunset)

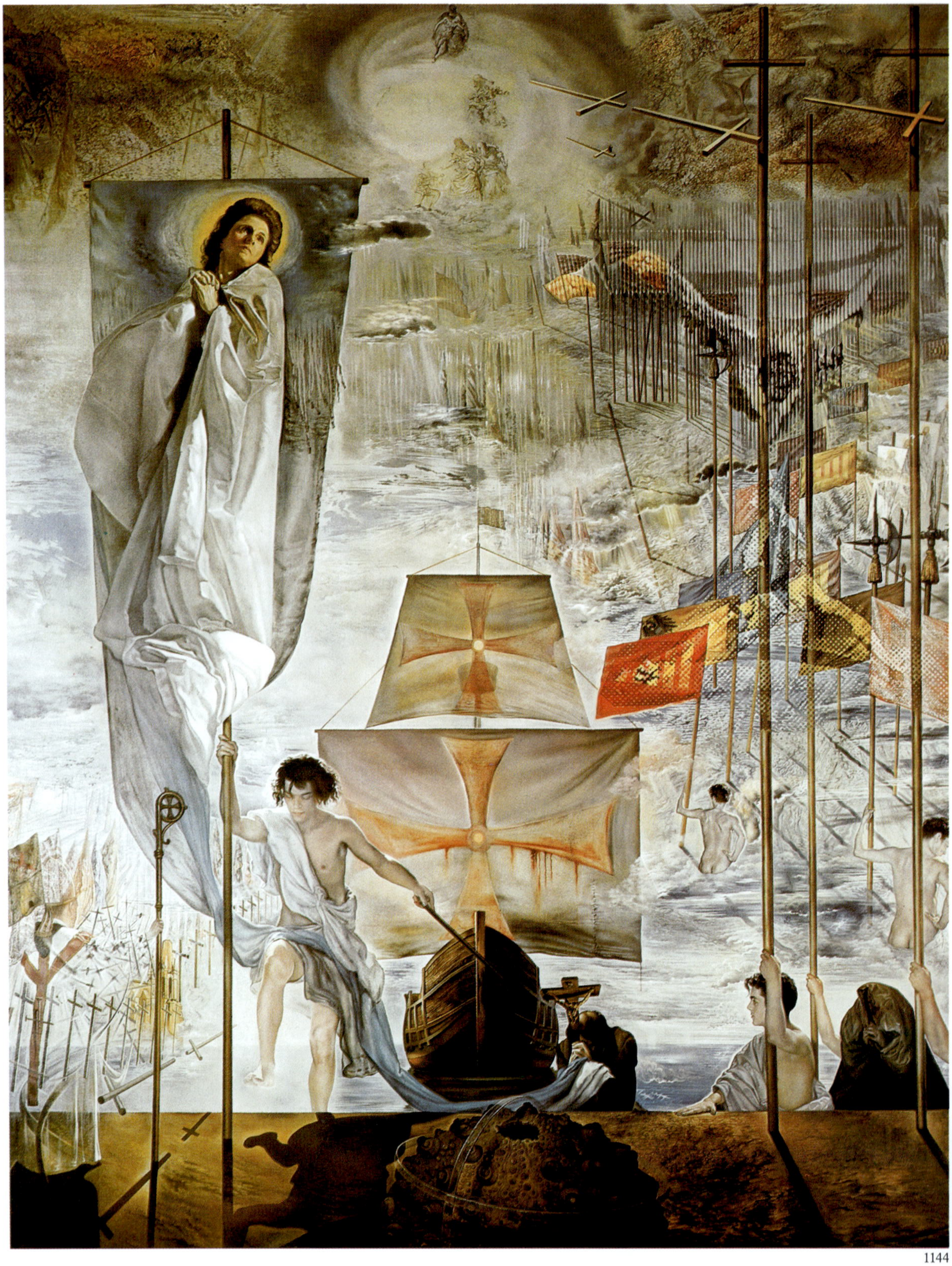

1144

gevestigde kleinburgerdom, denkt net zomin als de figuren in de chansons van Jacques Brel en zoekt absoluut niets...

Als je Dalí's paranoïde humor in ogenschouw neemt, is het logisch dat de gulp bij hem toegang geeft tot de tweeling-kers die de schilder stereoscopisch karakteriseert. Want inmiddels is hij bezeten van het reliëf, en het is dan ook niet meer ver naar zijn reeks werken die telkens bestaan uit twee ogenschijnlijk identieke doeken, maar die door middel van een spiegeltruc (blz. 662) kunnen worden gezien als één doek, waarmee Dalí een uniek reliëfeffect bereikt. Die zoektocht naar de derde dimensie, uitgaande van een tweedimensionaal doek, wordt een nieuw gegeven in de pogingen van de schilder en –samen met het gegeven van het dubbelschilderij– een eenvoudige eerste stap op weg naar iets wat nog moet worden geperfectioneerd.

Dalí heeft vaak gezegd dat hij bij de beschouwing van werken van de Nederlandse schilder Gerard Dou, die afgebeeld stonden in het kunsttijdschrift 'Gowans' dat hij als kind van zijn vader had gekregen, tot de conclusie was gekomen dat hij de eerste stereoscopische schilder was. Verschillende doeken van Dalí zijn te beschouwen als verschillende versies of replica's van hetzelfde onderwerp.

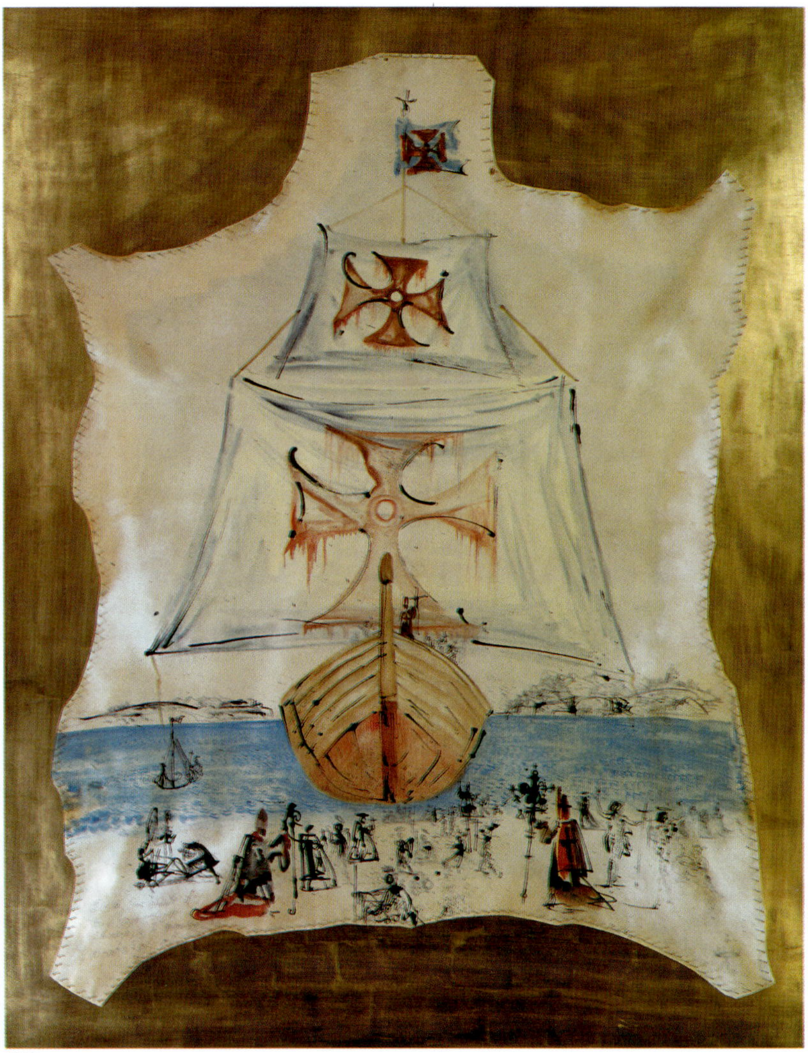

1145

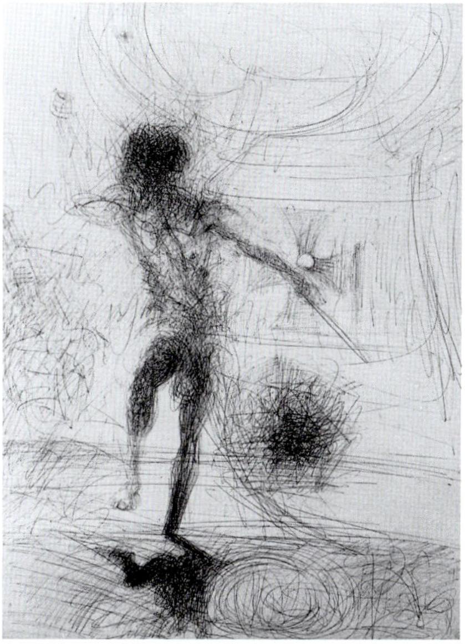

1146

1144 **De ontdekking van Amerika door Christoffel Columbus (De droom van Christoffel Columbus),** 1958-1959 ❑
La découverte de l'Amérique par Christophe Colomb (Le rêve de Christophe Colomb)

1145 **Over de zeer koninklijke opvoeding van de jeugd,** 1959 ❑
De la très Monarchique Education de la Jeunesse

1146 **Studie voor 'De ontdekking van Amerika door Christoffel Columbus',** 1958 △

1958–1959

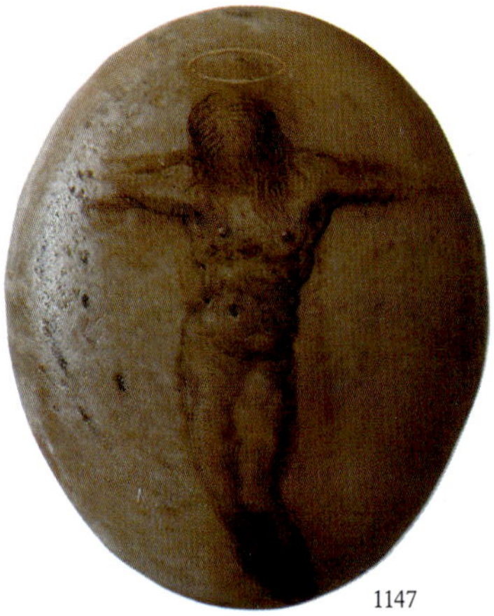

1147

1147 **Christus op de kiezelsteen**, 1959 ❍ Christ au galet

1148 **Kosmische madonna**, 1958 ❑ Cosmic Madonna

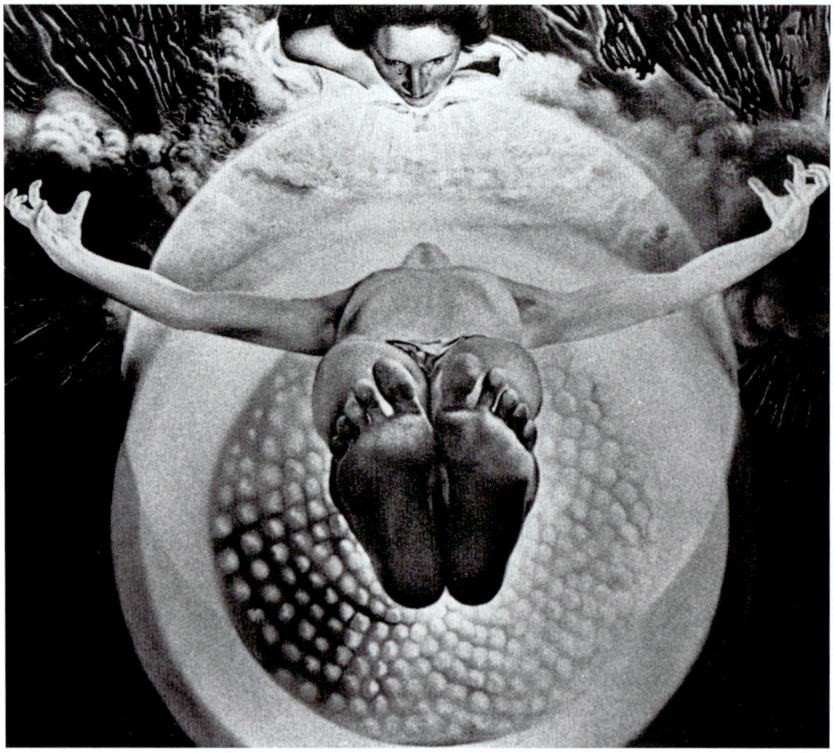

1149

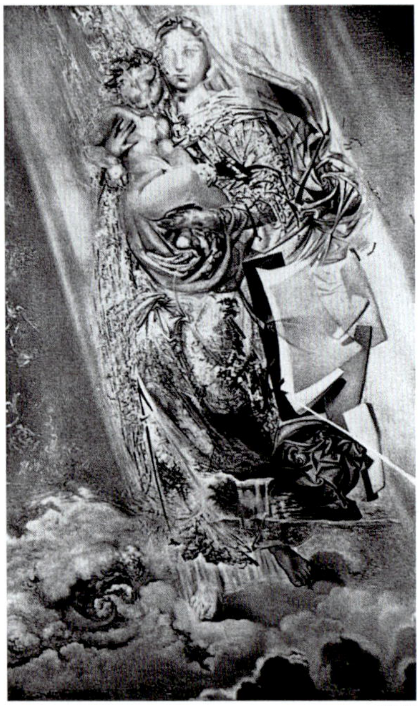

1148

1149 **Hemelvaart**, 1958 ❑ L'Ascension

1150 **De Maagd van Guadalupe**, 1959 ❑ La Vierge de Guadalupe

Dalí hoeft ze echter maar te bekijken door een set lenzen of in een spiegel en ze verschijnen hem al als reliëf. En hebben de Nederlanders, merkt Dalí op, ook niet de microscoop uitgevonden? Gebeurde dat niet tijdens het leven van Gerard Dou, in Dalí's ogen de schilder van de derde dimensie?!

Het oor van de paus (blz. 503), een bijna grijs schilderij, is van dichtbij bekeken een abstractie die bestaat uit kleine puntjes. Van twee meter afstand gezien, wordt het *De Sixtijnse madonna* van Rafaël. Op vijftien meter afstand verschijnt een groot engelenoor dat "met anti-materie geschilderd, de pure energie belichaamt". Het is de alchimistische weergave van een oor. Bovendien is het de Rabelaisachtige voorstelling van de geboorte door het oor. Zelfs al schildert Dalí society-portretten waarmee hij de groten der aarde wil betoveren (voornamelijk Amerikaanse filmmiljardairs, van wie hij een goud- en dollarregen verwacht), dan regelt hij het toch zo dat hij zijn theorieën in praktijk kan omzetten. Net als veel andere grote kunstenaars laat hij zijn weldoeners graag in de val lopen. Zo is het *Portret van Chester Dale met zijn hond Coco* (blz. 500) een "fysionomisch synchronisme: het stuurt er op aan een gezicht te schilderen dat op iemand anders lijkt, namelijk op paus Innocentius X." 'Onschuldig' bestaat inderdaad niet in Dalí's werk. En waar blijft de onschuld als het erom gaat Hitlers snor in een landschap te veranderen (blz. 509) of om voor het eerst, zoals in *Heilige, omgeven door drie pi-mesonen* (blz. 486), drie pi-mesonen te schilderen zonder dat iemand weet waar ze zich bevinden?

Zelfs Christus (zoals te zien op blz. 467) wordt een *Corpus Hypercubus*, een explosieve, atomaire, hyperkubistische Christus. Een synthese à la Dalí en het toppunt van Kubisme, waarmee hij Cézanne voor eens en altijd belachelijk wil maken, want hij schildert met een klassieke techniek en maakt gebruik van een academische formule! "Transcendentaal, metafysisch Kubisme", omschrijft Dalí zijn doek, waarover hij zegt: "Het berust geheel op het 'Discours sur la forme cubique' (Verhandeling over de kubische vorm) van Juan Herrera –de architect van Phillips II en bouwer van het Escorial–, een verhandeling waartoe hij was

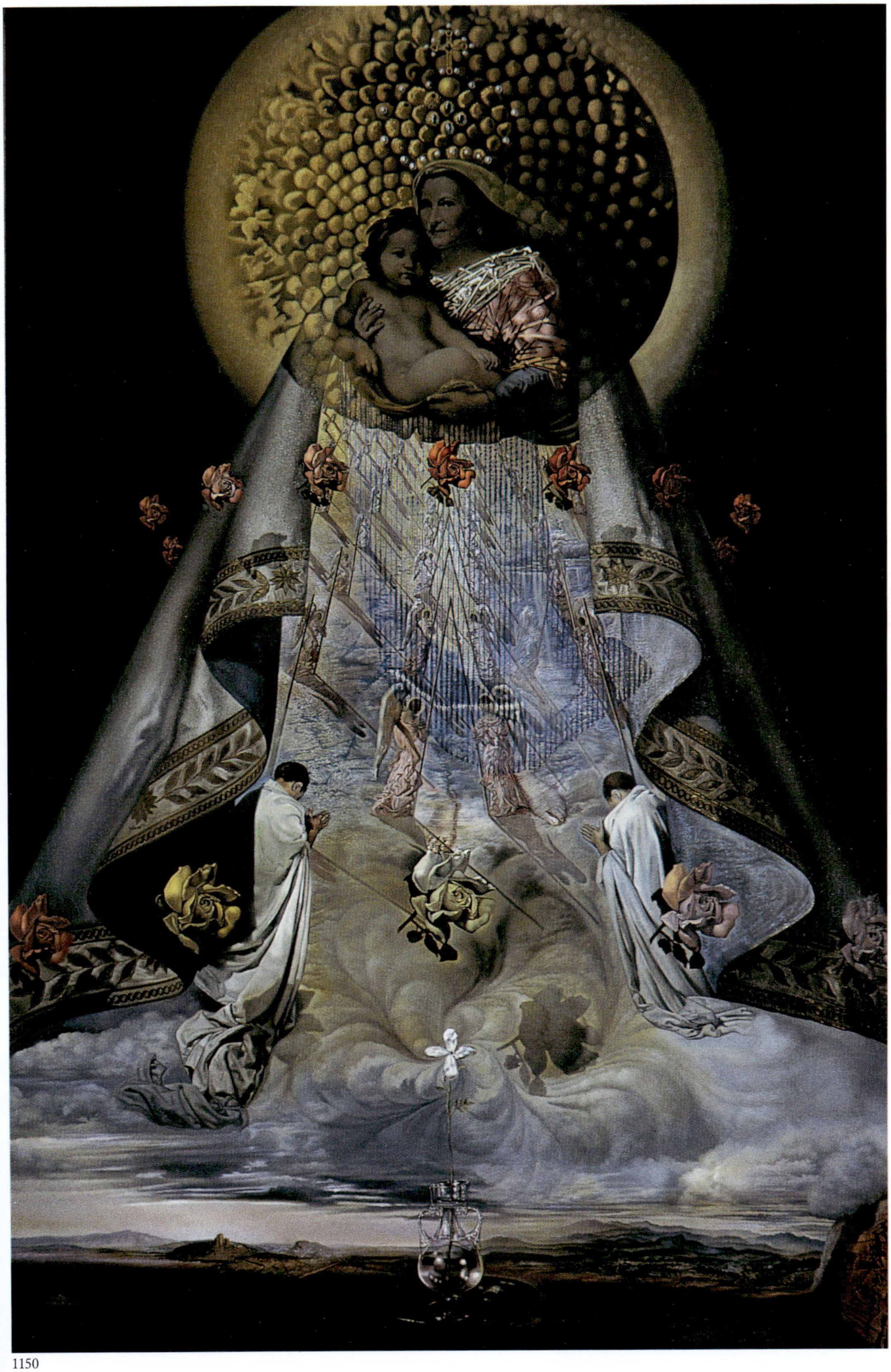

1150

1151 **De bediende van de volgelingen van Emmaüs**, 1960 ❑
La servante des disciples d'Emmaüs

1152 **De Drieëenheid (studie voor 'Het oecumenische concilie')**, 1960 ❑
La Trinité

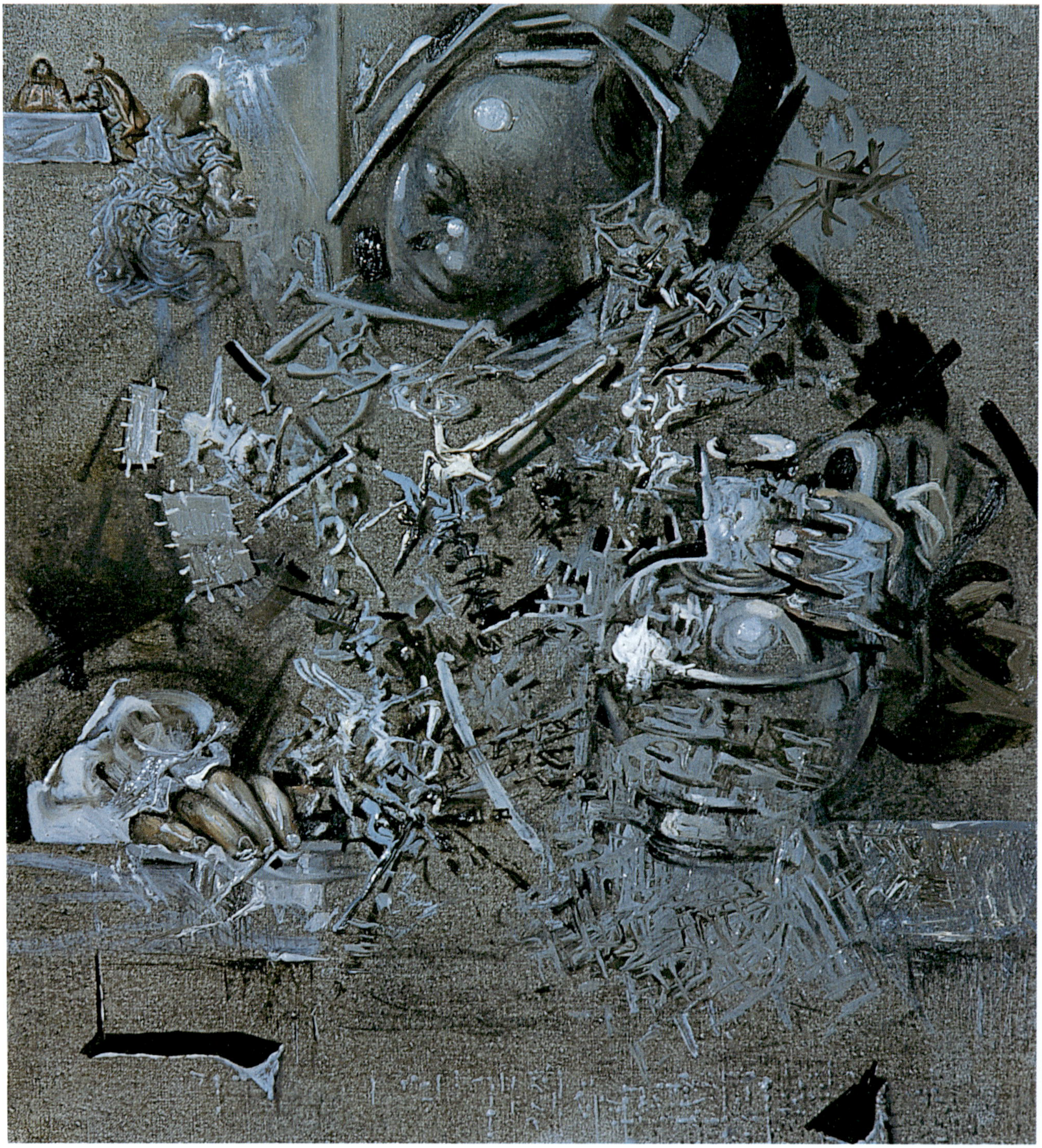

1151

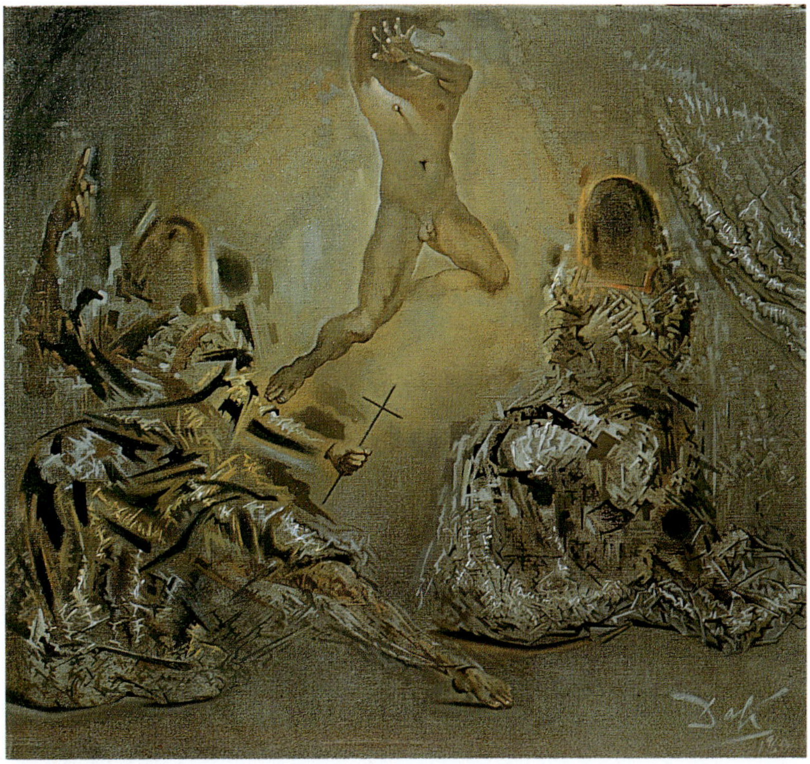

1152

aangezet door de 'Ars magna' van de Catalaanse filosoof en alchimist Raimundus Lullus. Het kruis wordt gevormd door een achtvlakkige superkubus. Het getal negen duikt op en versmelt op bijzondere wijze met het lichaam van Christus. Wat de menselijke kant van de hyperkubus betreft, Gala's verheven gestalte vormt een perfecte eenheid met de hyperkubistische ontwikkeling van het achtvlak. Ik heb haar afgebeeld voor de baai van Port Lligat. De meest verheven wezens zijn toch geschilderd door Velázquez en Zurbarán; die verhevenheid benader ik alleen wanneer ik Gala schilder, want slechts een menselijk wezen kan inspireren tot verhevenheid."

Ongetwijfeld ziet Dalí zichzelf in het vervolg als de enige schilder die de schilderkunst kan redden en Velázquez' werk kan voortzetten, door alle sindsdien gedane wetenschappelijke ontdekkingen en technieken erin te betrekken. En hij heeft geen ongelijk! Hij heeft er plezier in gehad door middel van een fotomontage (blz. 505) hun unieke fysionomische gelijkenis te bewijzen die gaat tot de 'antenne' die beide genieën met elkaar gemeen hebben: de snor.

Vanaf de dag dat hij voet in Parijs zette, heeft de surrealist Dalí onophoudelijk verkondigd dat het merendeel van de 'pompiers', de ultra-academische salonschilders, vooral Meissonier en de Spanjaard Mariano Fortuny, duizend maal interessanter waren dan de aanhangers van de achterhaalde 'ismen' in de kunst, dan alle Afrikaanse, Polynesische, Indische of zelfs Chinese voorwerpen. Het is dan ook niet verwonderlijk dat hij gedurende een van zijn levensfasen het lievelingsonderwerp van de 19e-eeuwse salonschilders oppakt, namelijk historieschilderijen die het vaderland verheerlijken. Dat geldt ook voor *De ontdekking van Amerika door Christoffel Columbus* (blz. 510) dat hij in 1958-1959 schildert. Een doek waaraan een ander historieschilderij voorafgaat, namelijk *St.-Jacob van Compostela* (blz. 496), waarop de schutspatroon van Spanje is afgebeeld, over wie Dalí zegt dat hij met hem voor het eerst "een existentiële huivering heeft geschilderd: de huivering voor de eenheid van het vaderland". In dit doek ontspruit alles aan vier blaadjes van een jasmijnbloem, die op haar beurt voortkomt uit een scheppende wolk van een atoomexplosie. Twee jaar na *De ontdekking van Amerika door Christoffel Columbus* schildert Dalí, geïnspireerd door een doek van Mariano Fortuny uit het Museo d'Arte Moderno in Barcelona, een derde historisch schilderij, *De slag bij Tetuán* (blz. 540-541). *De ontdekking van Amerika door Christoffel Columbus* is een belangrijke stap in Dalí's toenmalige artistieke ontwikkeling, want hier ontdekken we voor het eerst –en in nauwe combinatie met andere, vroegere technieken– zijn technische manier van schilderen in die periode die hij zelf omschrijft als corpusculaire periode en die geleidelijk steeds duidelijker wordt. Let wel: op dat doek is ook het paar Dalí-Gala aanwezig: de figuur op de vlag is een portret van Gala, terwijl de knielende figuur die een crucifix vasthoudt, Dalí voorstelt. In deze 'hommage aan de glorieuze Velázquez' heeft Dalí weer eens naar eenduidig moderne methoden gegrepen. Wat hem aan dit schilderij het belangrijkst lijkt, is op technisch gebied het gebruik van een fotomechanisch procédé; met de uiterste vergroting van het raster daarvan slaagt hij erin het doek –een nieuwe versie van *De Christus van St.-Johannes van het*

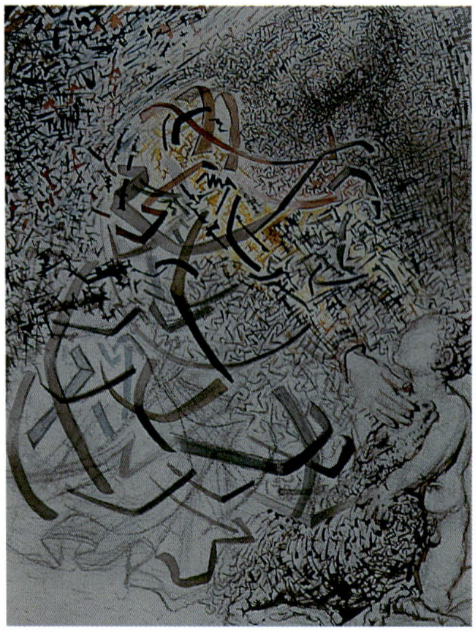

1153

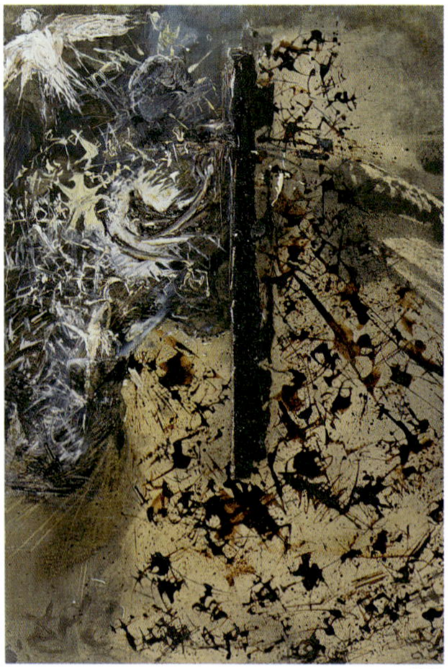

1154

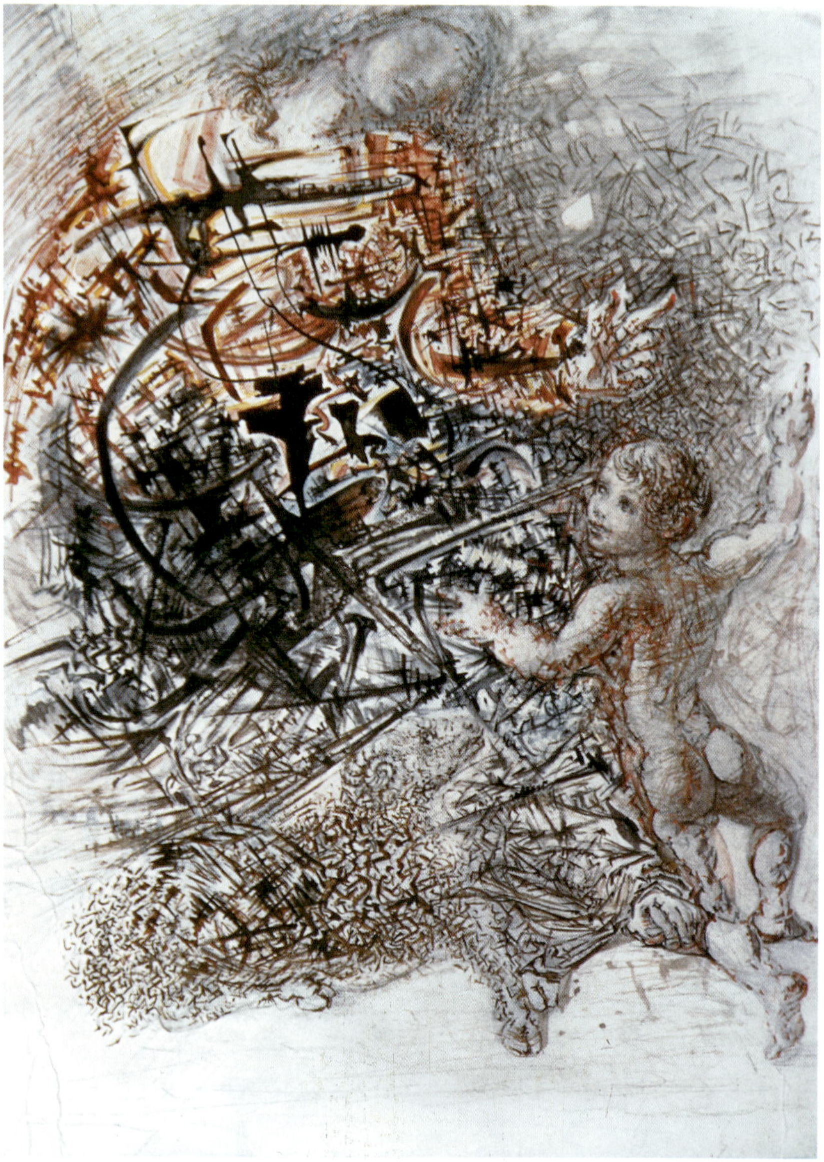

1155

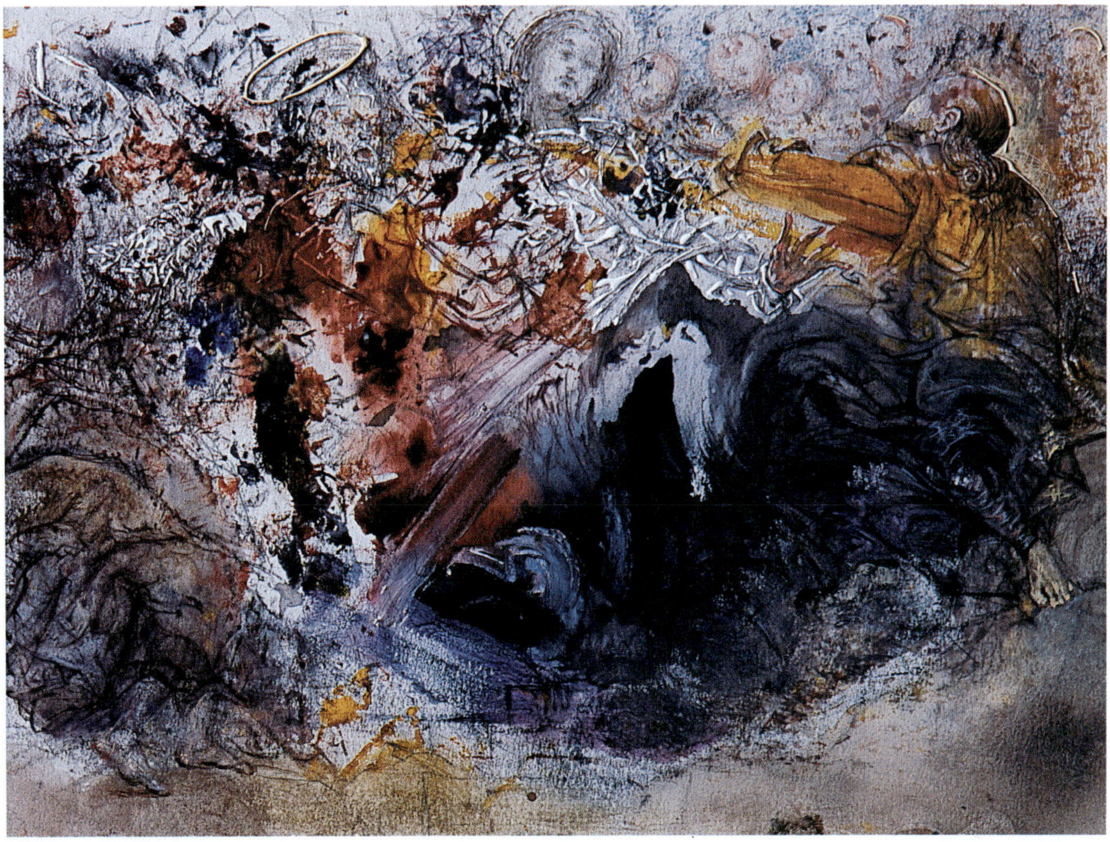

1156

Kruis (blz. 451)– met de roemrijke hellebaardiers uit een schilderij van Velázquez uit het Prado, *De overgave van Breda,* te laten versmelten.

Die synthese die Dalí voortaan tot stand wil brengen tussen de technieken uit het verleden en uit de eeuw van vooruitgang waarin hij leeft, duikt voortdurend op in al zijn werken, van de nietszeggendste tot de belangrijkste. Met het oog op de doeken uit die periode zegt de schilder: "Het tachisme, dat al door Protagoras werd uitgevonden tijdens de bloei van Griekenland, namelijk toen hij zijn spons tegen de muur gooide, is door Mariano Fortuny alleen verfijnd. Hoe subtieler het werk, hoe effectvoller de vlek." Zo leidt er een weg van de prachtige kleine 'corpusculaire' tekening naar de gouache en de aquarel *St.-Anna en St.-Johannes* (blz. 516), die deel uitmaken van een reeks die Dalí in dezelfde periode maakt als het grote doek *Het oecumenische concilie* (blz. 530). Opdat zijn figuren naar voren komen, gebruikt hij pure kleuren, maar de figuren van St.-Anna en St.-Johannes krijgen vooral leven door de tekening, die in dit geval bont door elkaar en kriskras is neergekwakt als een soort geïnspireerde, corpusculaire kalligrafie. De wellustige – en wellicht heidense– lichaamsvormen van Maria Magdalena (*Het leven van Maria Magdalena*, blz. 525) duiken eveneens op uit de wolken van een onweershemel. Dit schilderij werd in 1960 in Port Lligat geschilderd, terzelfder tijd als de kleine aquarellen van het genre *St.-Anna en St.-Johannes* en *Het oecumenische concilie.* Wat zichtbaar wordt op de plaats waar de wolken uiteen scheuren, herinnert aan *De ontdekking van Amerika door Christoffel Columbus* (blz. 510).

1153 **St.-Anna en het kind**, 1960 △
Saint Anne and the Infant
(Sainte Anne et l'enfant)

1154 **Corpusculair religieus tafereel**, rond 1958 ❑
Scène religieuse corpusculaire

1155 **St.-Anna en St.-Johannes**, 1960 △
Sainte Anne et saint Jean

1156 **San Salvador en Antoni Gaudí ruziën om de kroon van de Maagd**, 1960 △
San Salvador et Antoni Gaudí se disputant la couronne de la Vierge

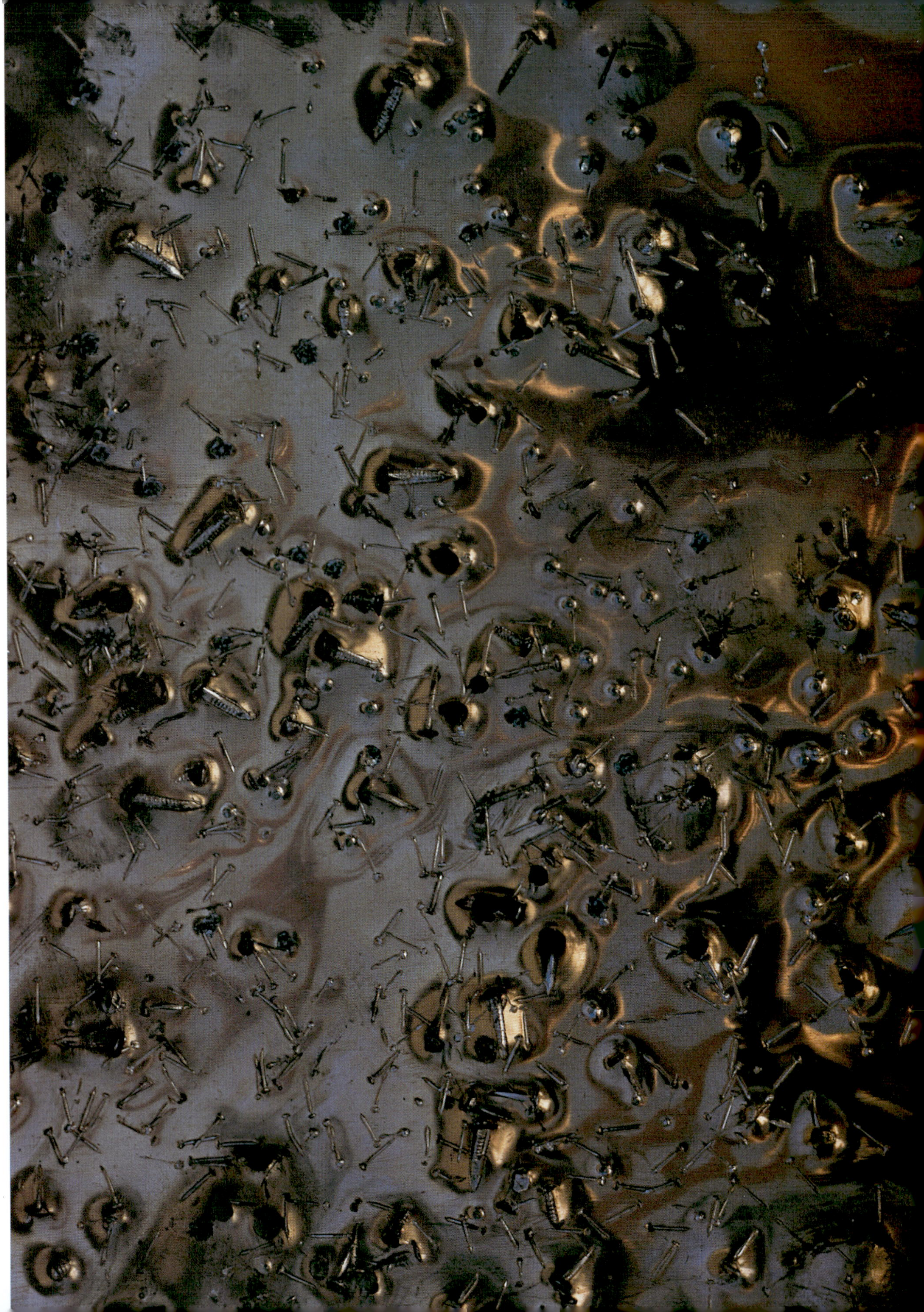

1157 **Eerste koperplaat voor 'L'Apocalypse de saint Jean', waarop Dalí op 11 mei 1959 in aanwezigheid van fotografen een met spijkers gevulde bom tot ontploffing bracht. De sporen van de bom markeren het begin van zijn werk. Van deze editie van de 'Apocalyps' verscheen maar één exemplaar, dat 210 kg woog en waarvan de waarde toen geschat werd op een miljoen dollar.** 1960 ✰

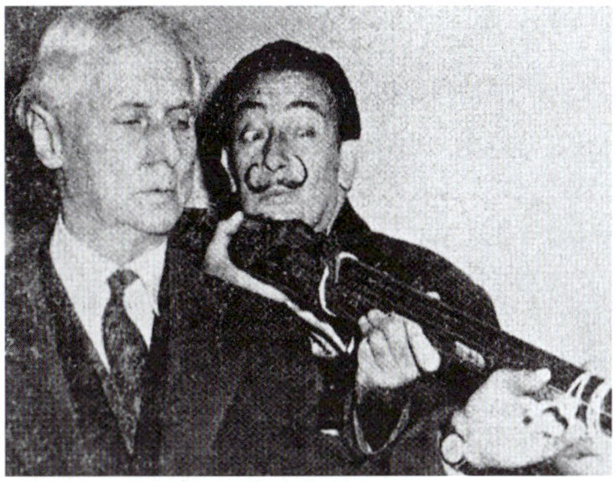

1158

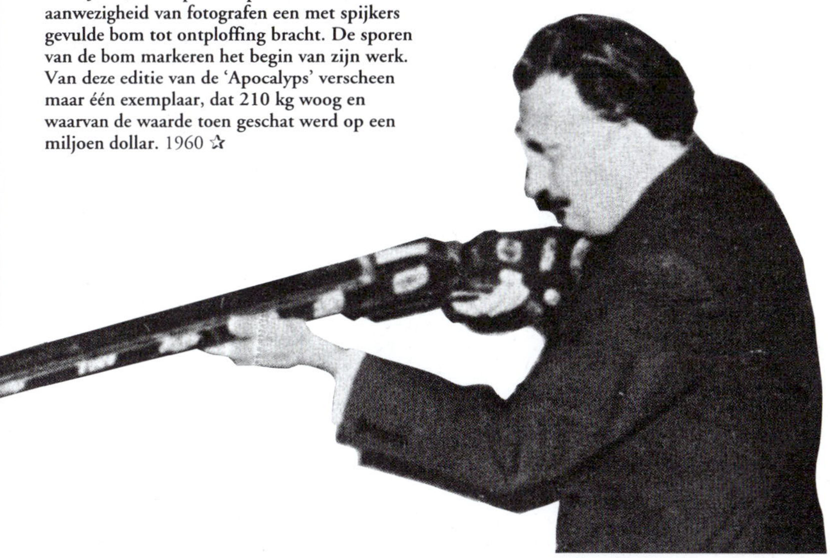

1159

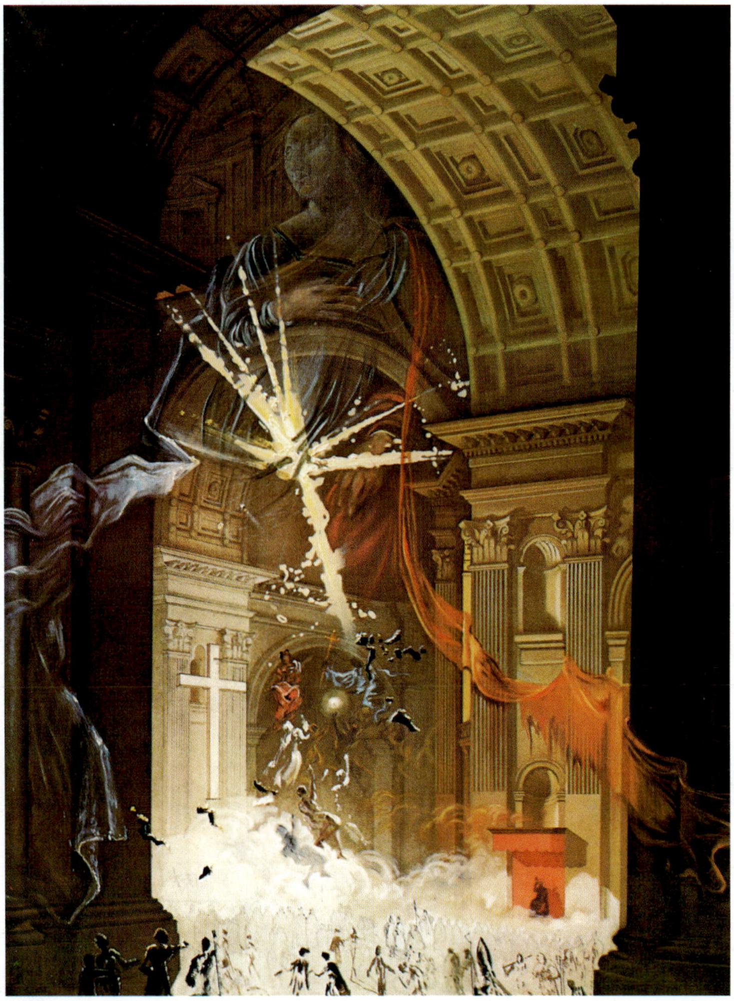

1160

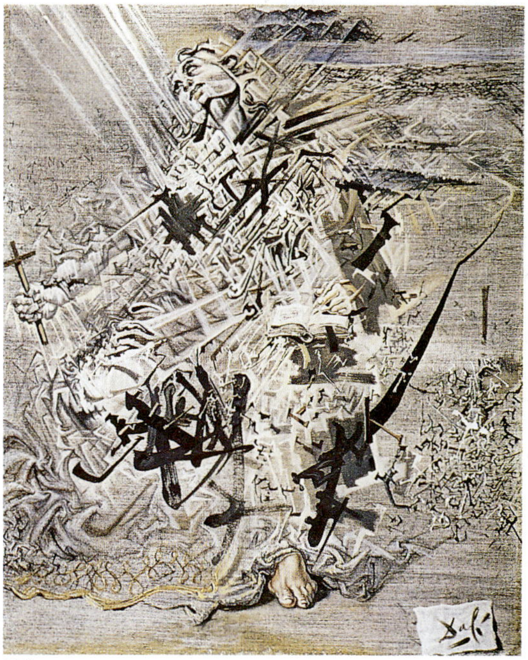

1161

1158 **Dalí demonstreert Max Ernst zijn nieuwe manier van schilderen met behulp van een buks, het 'Kogelisme'.** 1957 ✰
1159 **Dalí met geweer,** 1957 ✰
1160 **De St.-Pieter in Rome (Explosie van het mystieke geloof in het centrum van een kathedraal),** 1960-1974 ❑ Basilique de saint Pierre de Rome (Explosion de fe mistica en el centro de une catedral)
1161 **Portret van St.-Hiëronymus,** 1960 ❑ Portrait de saint Jérome

1959–1960

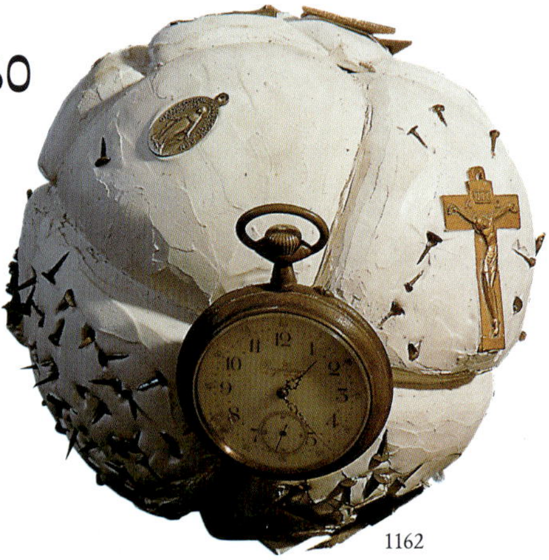

1162

1162 **De bom van de Apocalyps,** 1959 ❍ Bombe de l'Apocalypse

1163 **Dalí op het punt de 'Bom van de Apocalyps' te gooien,** 1959 ✰

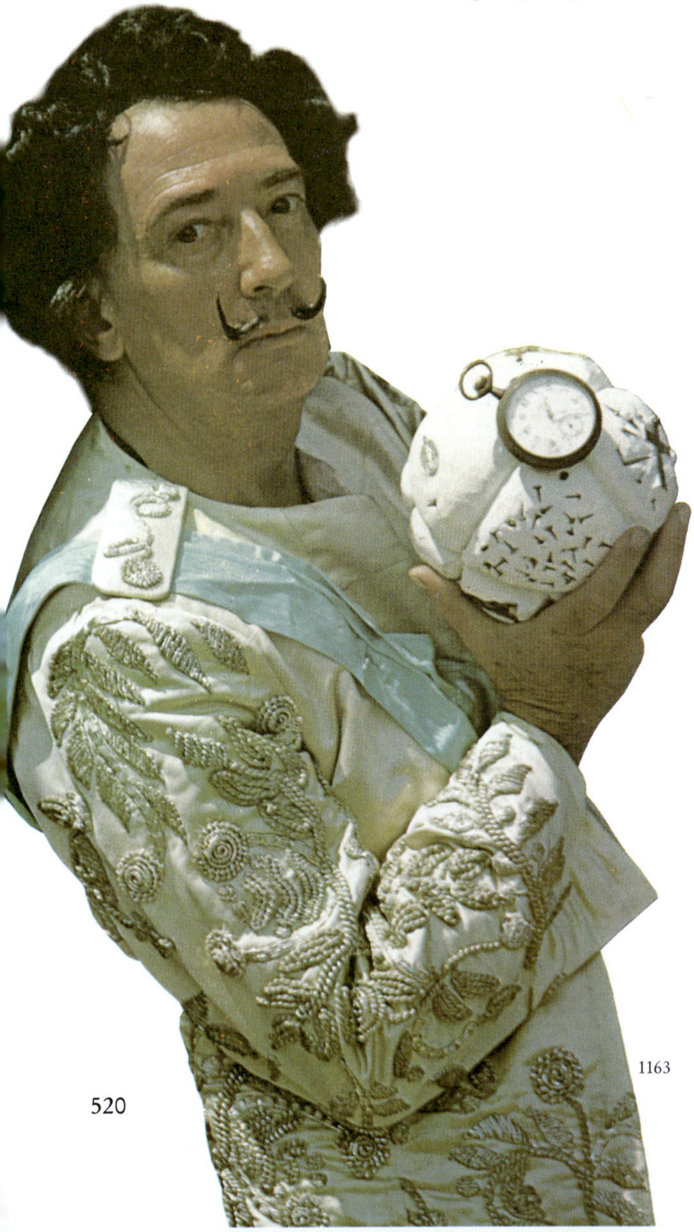

1163

1164 **Omslag van 'De apocalyps van St.-Johannes' van gedreven brons, met edelstenen en vorken bezet in een bol van plexiglas,** 1958-1961 ❍

1165 **Christus. Uit: 'L'Apocalypse de saint Jean',** 1958-1960 △

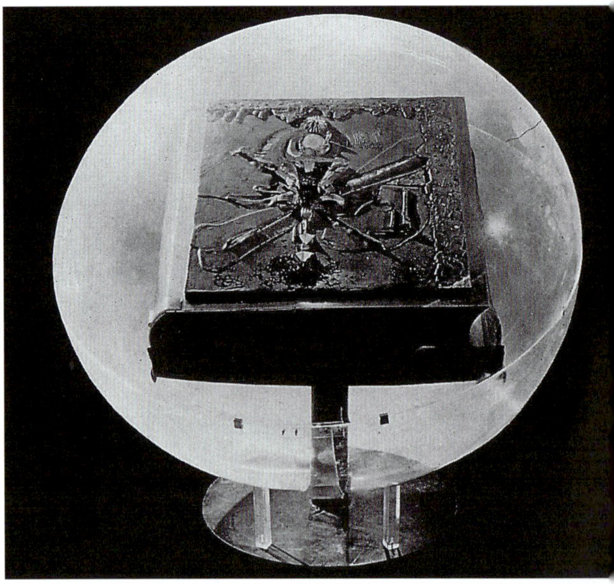

1164

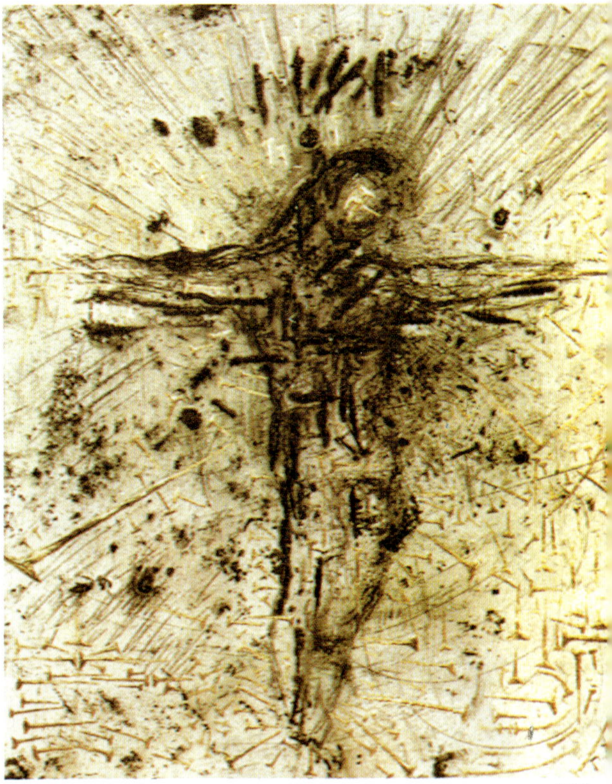

1165

1166 **Pietà. Uit: 'L'Apocalypse de saint Jean',** 1960 △

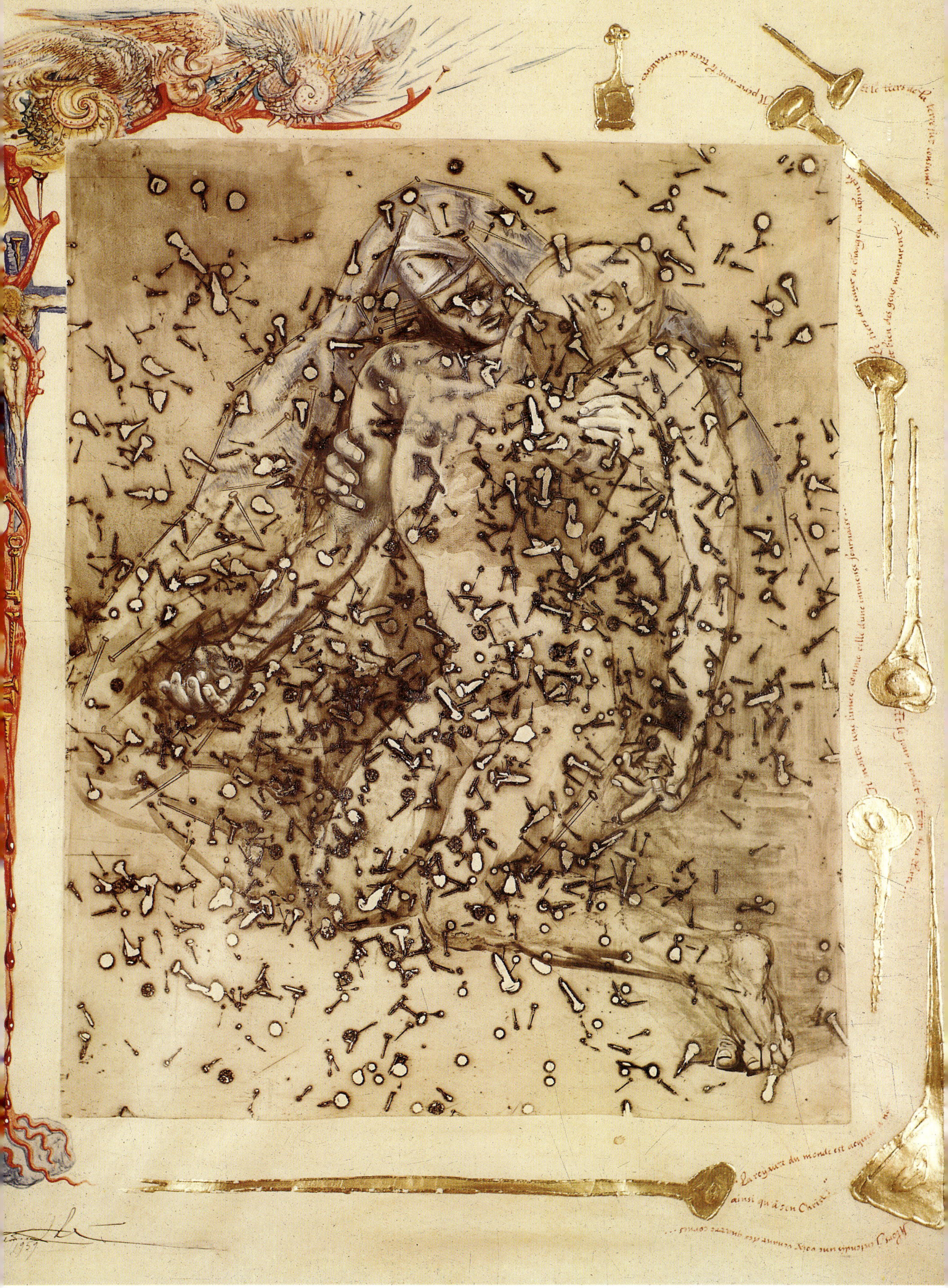
La royauté du monde est acquise à ...
ainsi qu'à son Christ...

1167 **Beatrice**, 1960 ❑

1168 **Twee religieuze figuren**, 1960 ❑
Deux figures religieuses

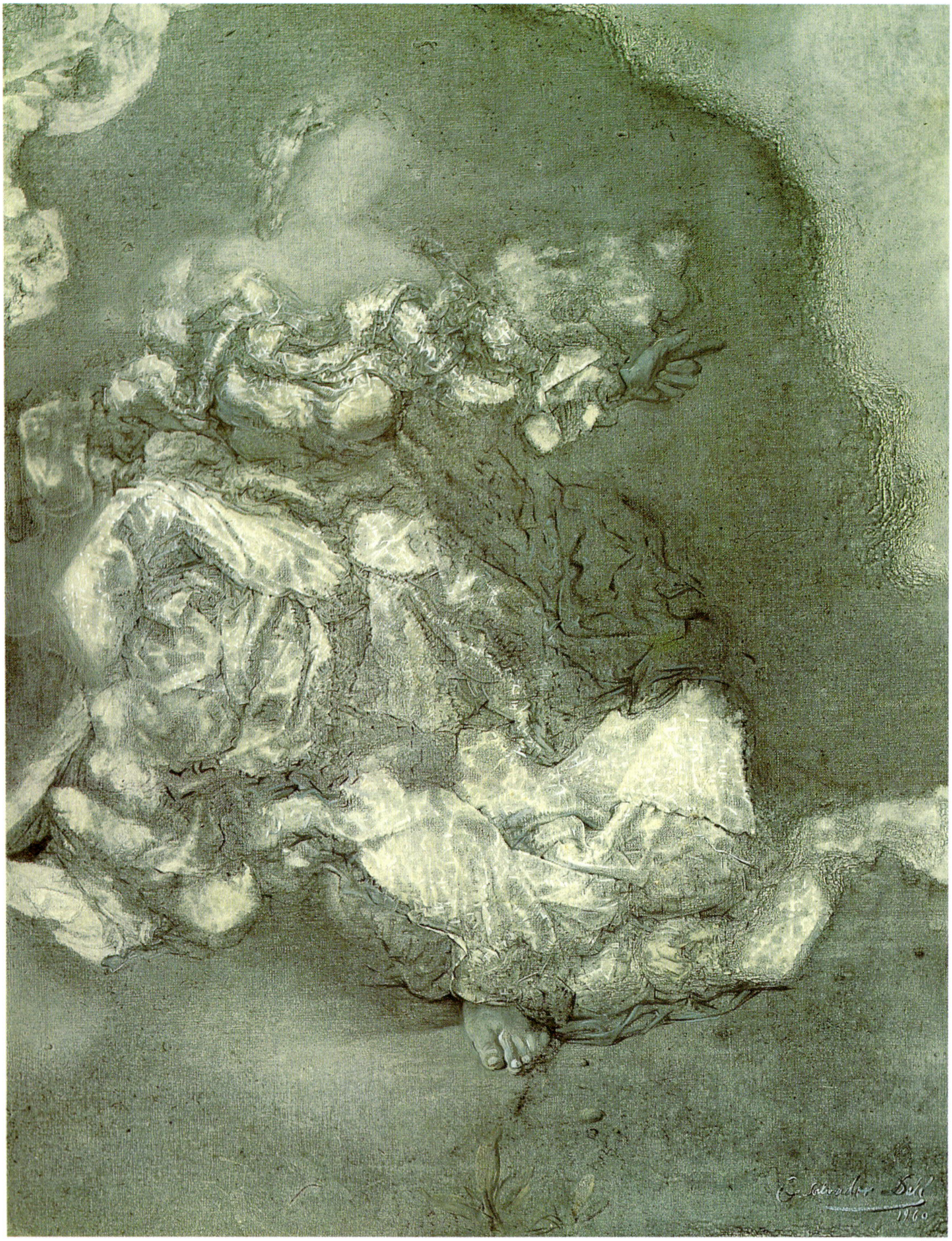

1167

1169 **Een Parce uit het Parthenon**, 1960 ❑
Une Parque du Parthenon

1170 **Madonna**, 1960 ❑
Madone

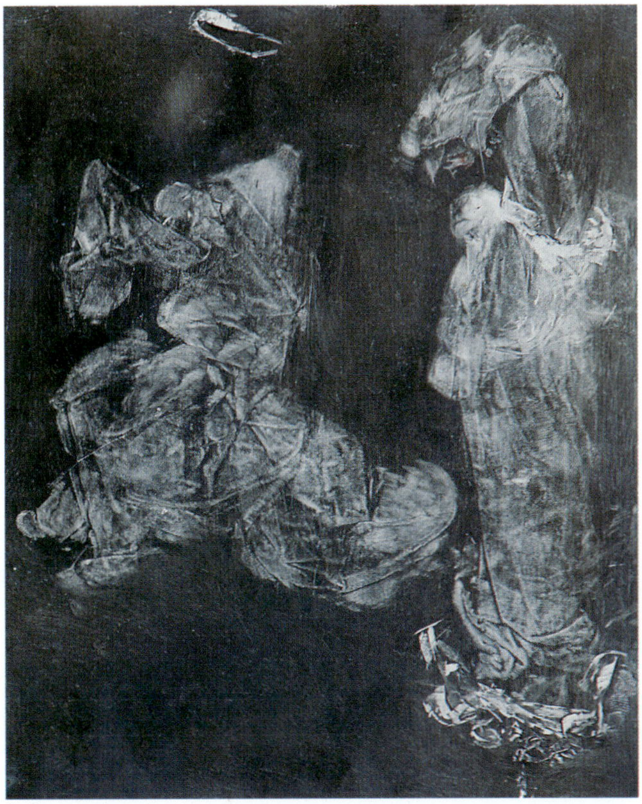

1168

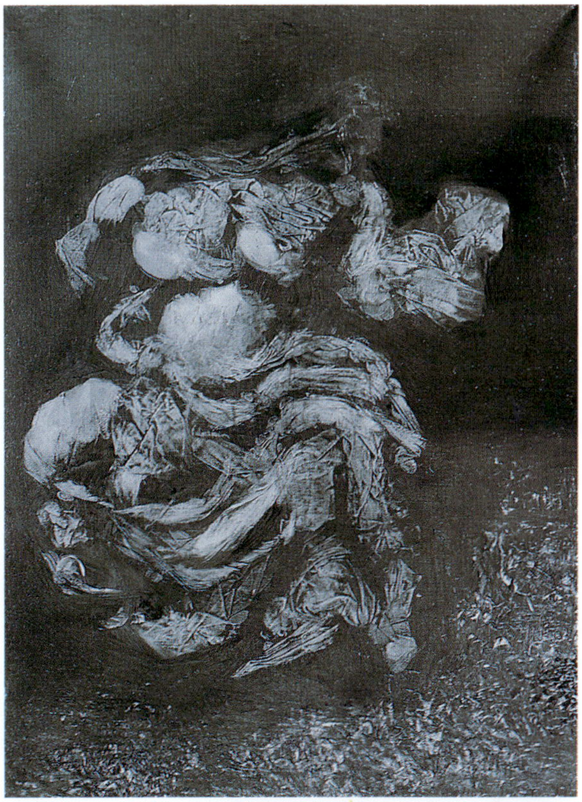

1169

Schilderkunst met haakbus en bommen van passiespijkers

In dezelfde tijd als de wellustige 'naaktschets' van Maria Magdalena (blz. 525) werkt Dalí aan vergelijkbare doeken – steeds binnen een klassiek-esthetische canon op zoek naar nieuwe technieken. Hij gebruikt echte tanden en spijkers, die hij op het linnen plakt. Een van de ongetwijfeld belangrijkste werken zijn *Hyperaxiologische hemel* (blz. 524) en een verloren gegane wassen vorm beschilderd met een allegaartje van messen, vorken, kostbare stenen en prachtige parels op een ondergrond van brons, beschilderd met bladgoud, die diende als omslag voor een enkel gigantisch exemplaar van *De apocalyps van St.-Johannes* (blz. 520), dat in 1960 werd gemaakt door Joseph Forêt. Het boekomslag is een echte bronzen deur, weegt meer dan tweehonderd kilo en werd destijds op een miljoen dollar getaxeerd. Dalí wil het opgevat zien als apocalyptisch opflakkeren, zoals al wordt aangeduid in de titel, en als een wereld die aan het ontstaan is. Daartoe bewerkt hij eerst een door Joseph Forêt uit Parijs opgestuurde wasplaat met een bijl. In de was worden de meest uiteenlopende voorwerpen gezet: een stuk honingtaart, waarbij de honing is bedoeld als spiritueel beeld van het oude testament – gouden naalden die een stralenkrans rond Christus vormen. Daarboven heeft hij als symbool van reinheid een agaat aangebracht. Helemaal bovenaan,

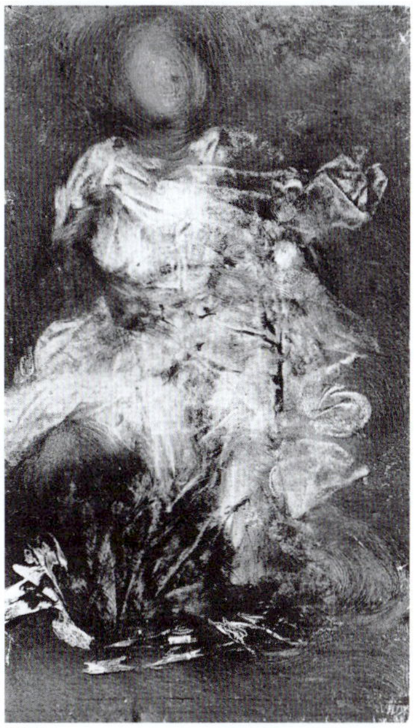

1170

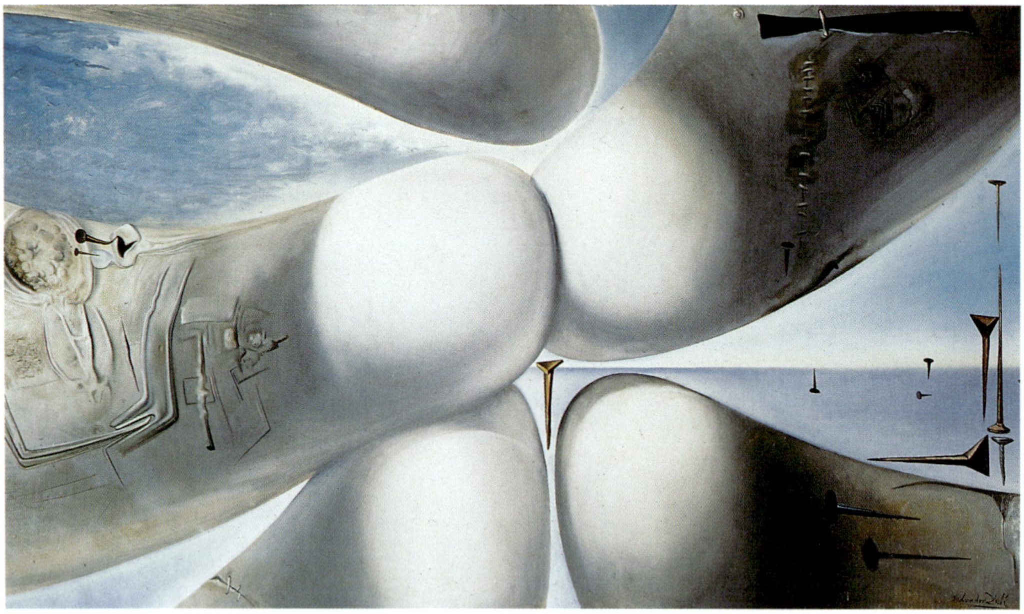

1171

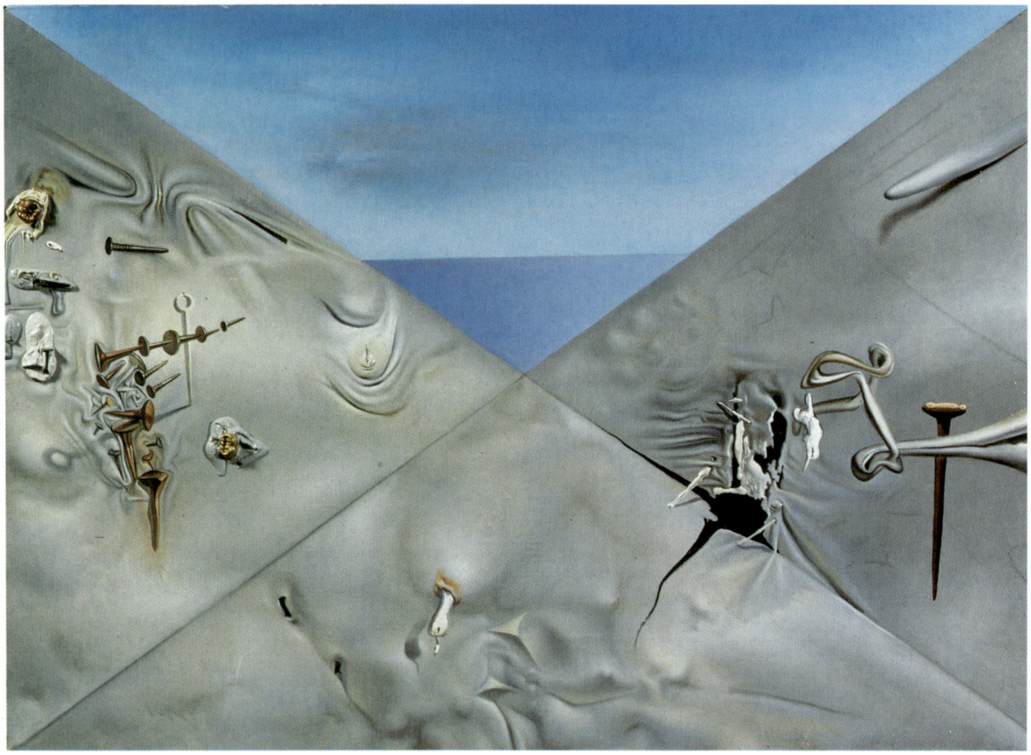

1172

1171 **Continuüm van de vier billen – … of Vijf rinoceroshoornen die een maagd vormen – Geboorte van een godheid**, 1960 ❑

Continuum à quatre fesses – Déesse s'appuyant sur son coude ou Cinq cornes de rhinocéros formant une vierge – Naissance d'une divinité

1172 **Hyparxiologische hemel**, 1960 ❑

Ciel hyparxiologique

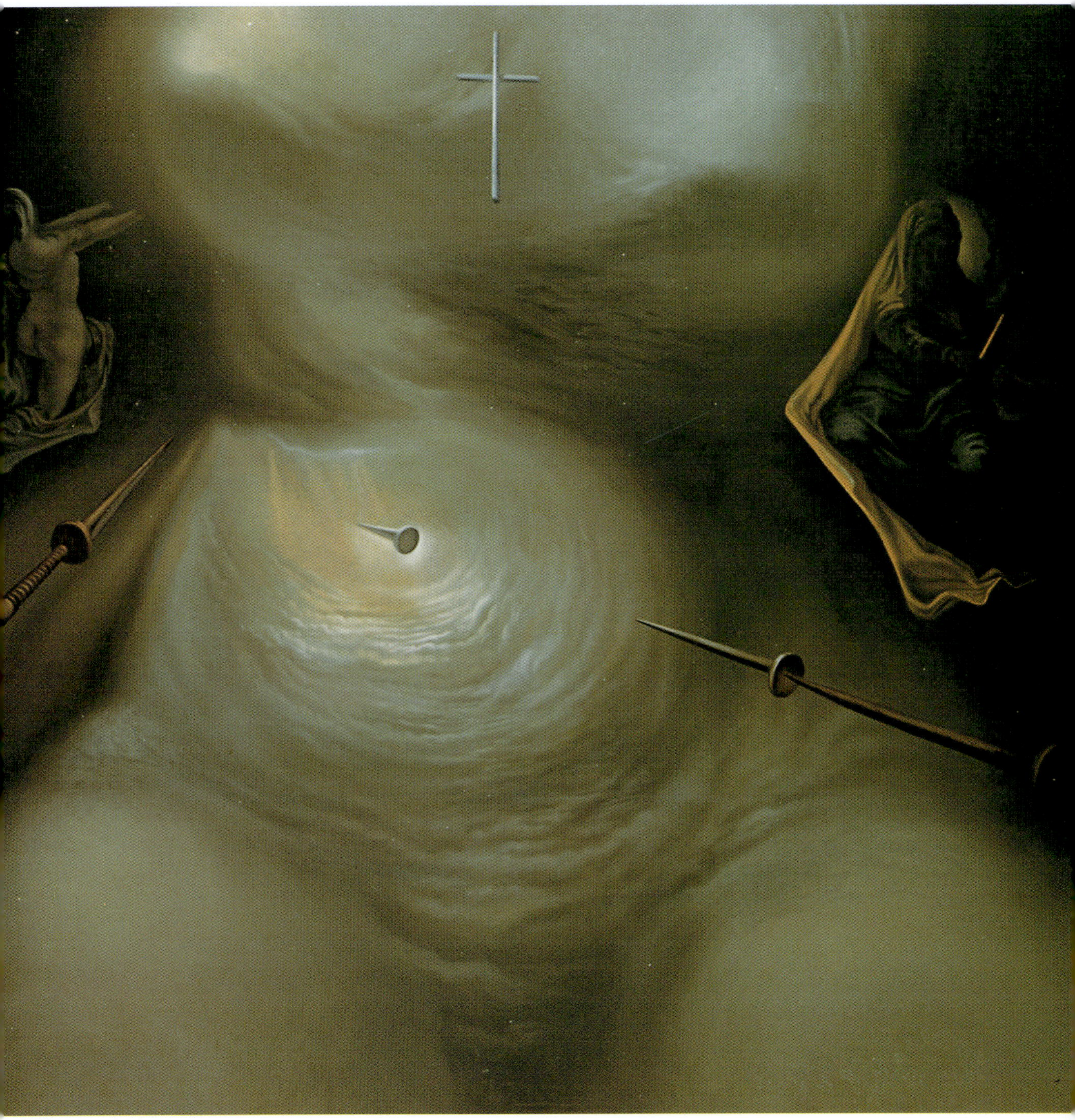

1173

1173 **Het leven van Maria Magdalena**, 1960 ❑
Vie de Marie-Madeleine

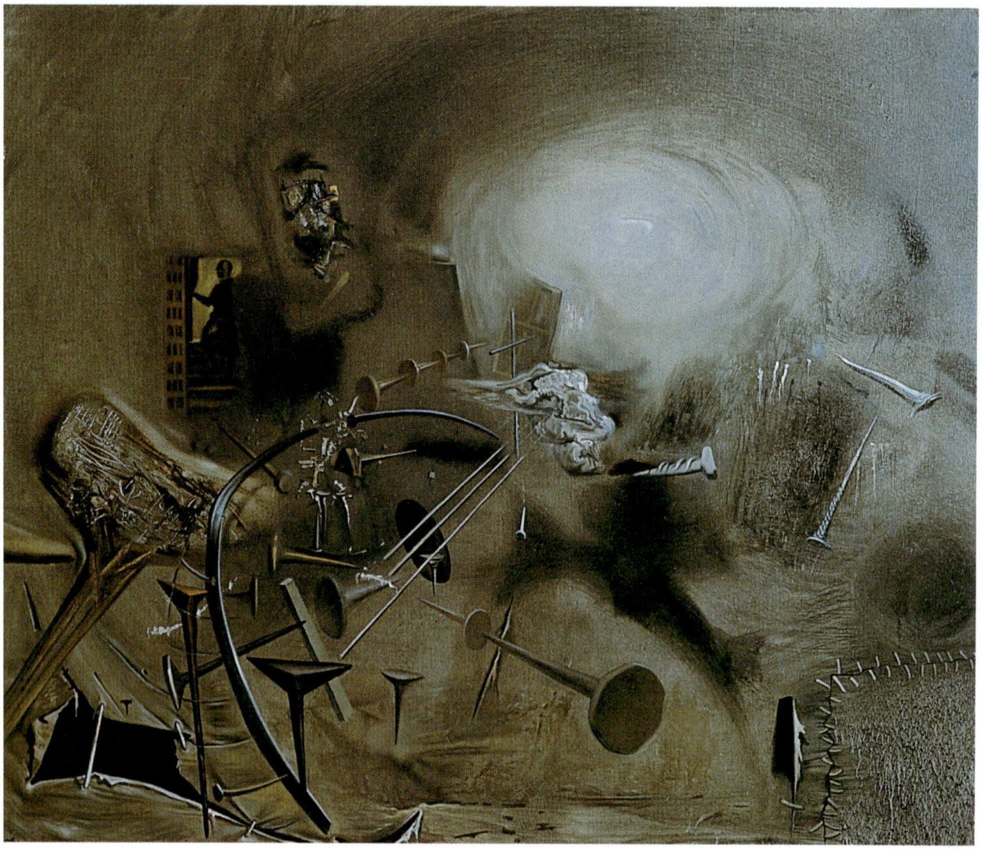

1174

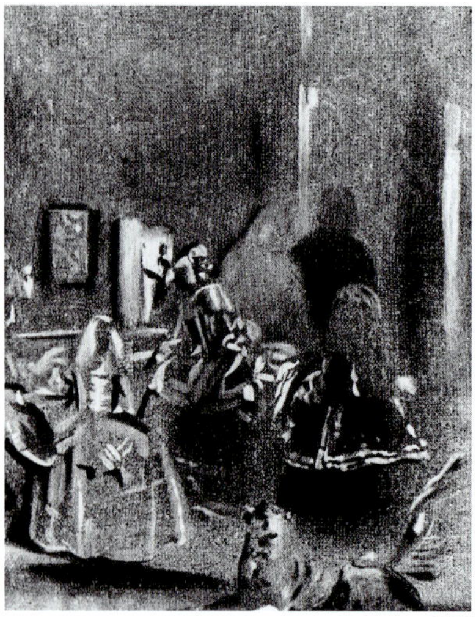

1175

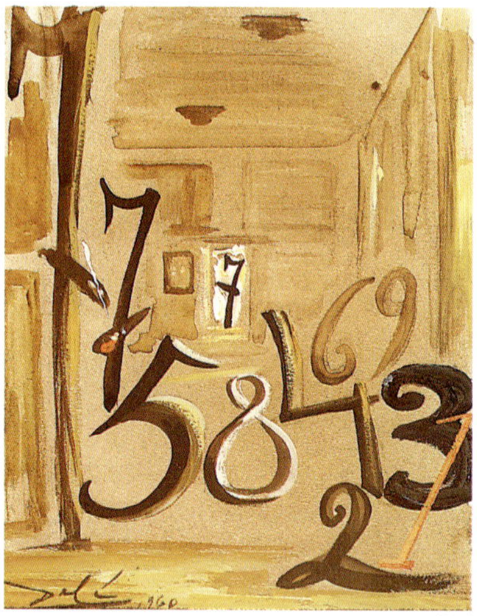

1176

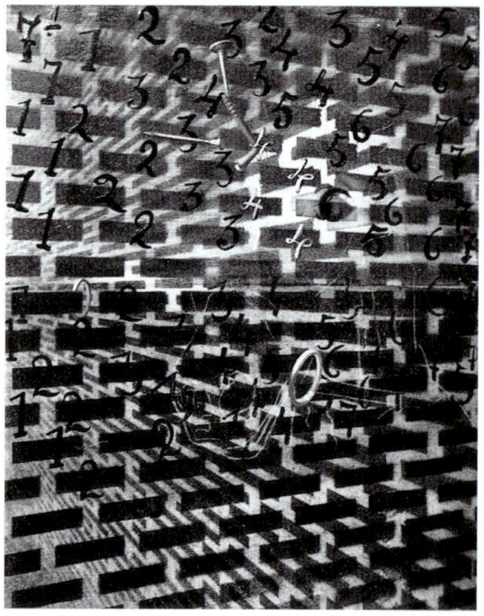

1177

1174 **Portret van Juan de Pareja tijdens het repareren van een snaar op zijn mandoline**, 1960 ❑ Portrait de Juan de Pareja réparant une corde à sa mandoline
1175 **Las Meninas (B)**, 1960 ❑
1176 **Las Meninas (A)**, 1960 ❑
1177 **Numerieke compositie (onvoltooid)**, rond 1960 ❑ Composition numérique

alsof het bas-reliëf wordt bekroond door een zon, draagt een schelp op haar spits een gouden figuurtje dat lijkt op die uit het 17e-eeuwse Frankrijk. Messen en vorken? Dat komt, legt hij Gala uit, "omdat de apocalyps alleen goed bewaard gegeten kan worden, als een rijpe kaas". Ongetwijfeld denkt hij daarbij ook aan het Laatste Avondmaal, dat in de christelijke religie een belangrijke plaats inneemt, en aan een passage uit de Openbaring van Johannes: "En ik ging naar de engel en sprak tot hem: 'Geef me het boek!' En hij sprak tot mij: 'Hier, neem het en verslindt het!' en het zal branden in je buik, maar in je mond zal het zoet zijn als honing'" (Op 10:9) En lest best, spijkers. "Vijfhonderdvijfentachtig", beweert hij, "wat overeenkomt met de vijfhonderdvijfentachtig zielscategorieën van Raimundus Lullus." Spijkers die hij met een haakbus op zijn etsen schiet.

Bij al zijn studies en andere apocalyptische explosies heeft Dalí ervoor gezorgd dat hij alle bestanddelen gebruikt die een maximum aan tegenstrijdigheden garanderen, zoals hemel en spijkers, en steeds weer lukt het hem ze tegen elkaar

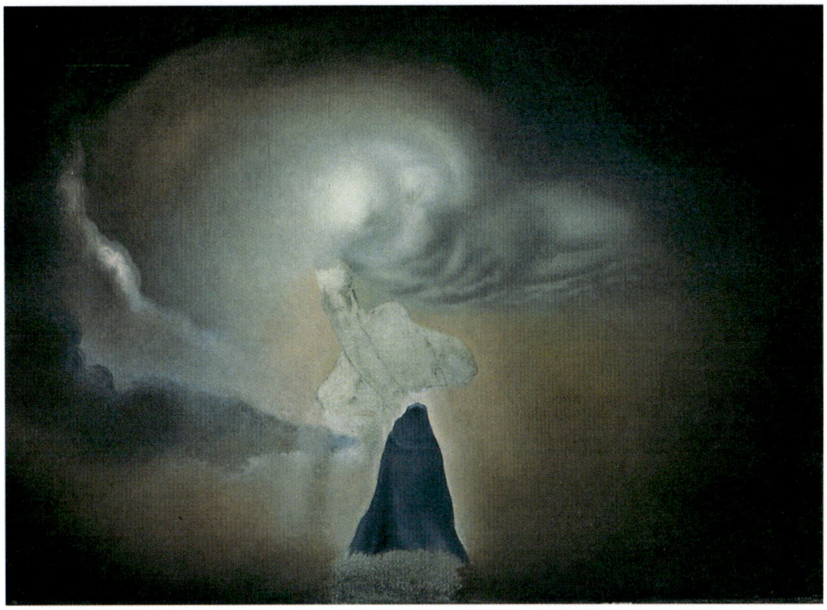

1178

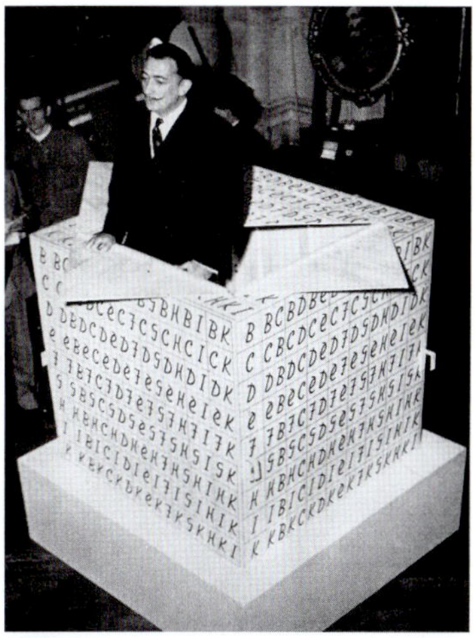

1179

uit te spelen. Over *Hyperaxiologische hemel* (blz. 524) heeft hij gezegd dat hij voor het eerst in de geschiedenis een hemel heeft geschilderd waarvan de enige beschrijving afkomstig was van de geniaalste en onbekendste filosoof van onze tijd, zijn landgenoot Francesco Pujols, volgens wie de hemelsubstantie van colloïdale oorsprong is. En het lichaam van Maria Magdalena is ook niet vrij verzonnen, maar door hem, Dalí, geschetst naar levende modellen (blz. 528).

De nieuwe technieken, die er bijvoorbeeld in bestaan dat hij met een karabijn schiet (of liever een haakbus – wat de schilder Mathieu, die zich een tijdlang om zijn openbare werk bekommerde (blz. 519), 'klassieker' voor elkaar kreeg) of echte bommen gooit (blz. 520), zijn voor hem niet nieuw. Hij bewerkt ze en vervolmaakt ze alleen en stelt ze dan ter beschikking van zijn 'erfgenamen', die hier een vette boterham aan hebben, men denke aan Niki de Saint-Phalle... Zo vertelt hij op 6 november 1957 in zijn 'Dagboek van een genie' hoe hij de techniek van de "onbevlekte vlekkerigheid" (éclaboussure immaculée) gebruikt bij het vervaardigen van de illustraties bij 'Don Quichotte': "Zojuist kreeg ik van Joseph Forêt het eerste exemplaar van 'Don Quichotte', dat ik heb geïllustreerd met een nieuwe, door mij uitgevonden techniek. Sindsdien maakt mijn vinding in de hele wereld furore, ook al is ze in feite onnavolgbaar. Weer eens heeft Salvador Dalí een klinkende overwinning behaald. En dat is niet toevallig. Al op twintigjarige leeftijd heb ik gewed dat ik de prijs voor schilderkunst van de Koninklijke Academie te Madrid zou winnen met een doek dat ik wilde schilderen zonder ook maar één keer met mijn penseel het linnen aan te raken. Natuurlijk heb ik die prijs gekregen. Het doek stelde een naakte maagd voor. Ik had de verf van meer dan een meter afstand op het linnen gespoten. Elke spat was precies raak.

Het is op de dag af een jaar geleden dat ik, deze keer in Parijs, dezelfde weddenschap heb afgesloten. Op een dag kwam Joseph Forêt met een lading zware

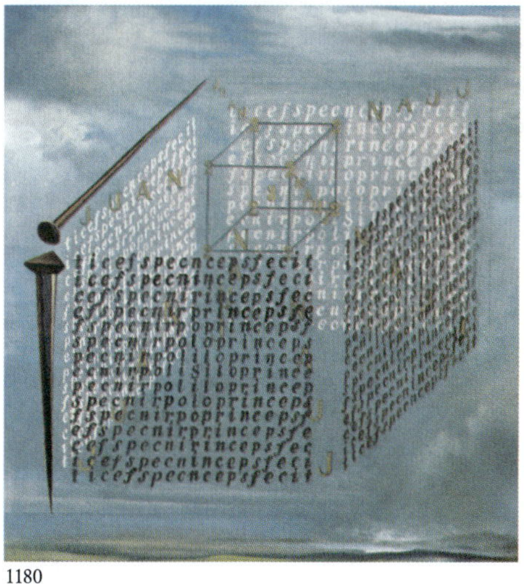

1180

1178 **Figuur in de vorm van een wolk,** rond 1960 ❑
Personnage en forme de nuage (Cuerpo de nubes)

1179 **Op een persconferentie op 1 juni 1954 in het Palazzo Pallavicini in Rome klimt Dalí uit een 'metafysische' kubus om zijn wedergeboorte te demonstreren.** ✰

1180 **Bij de 'Verhandeling over de kubische vorm' van Juan de Herrera,** 1960 ❑
A propos du 'Discours sur la forme cubique' de Juan de Herrera

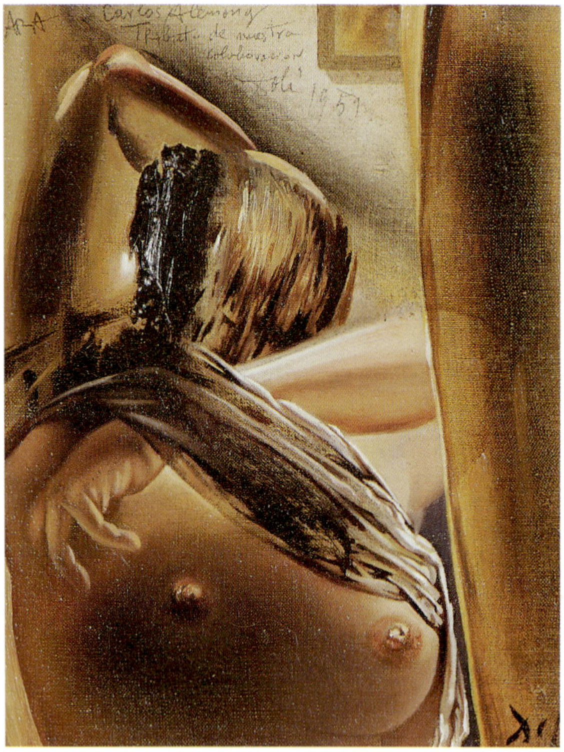

1181

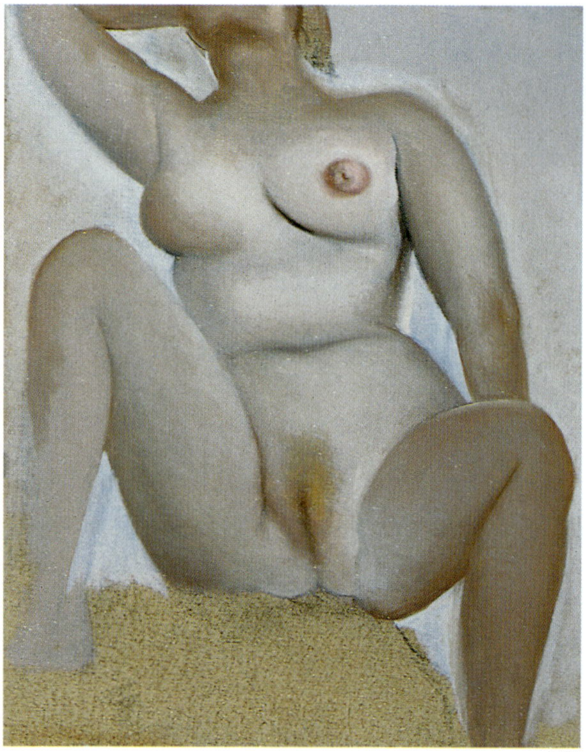

1182

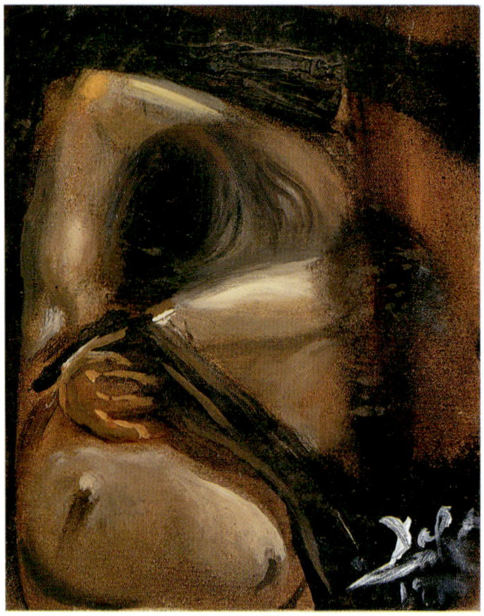

1183

1181 **Vrouw die zich uitkleedt**, 1959 ❑
Femme se déshabillant (Muchacha desvistiendose)

1183 **Vrouwelijk naakt, zittend**, rond 1960 ❑ Nu féminin assis

1183 **Studie voor 'Vrouw die zich uitkleedt'** 1959 ❑

lithostenen naar Port Lligat. Hij wilde per se dat ik 'Don Quichotte' zou illustreren door die stenen platen te bewerken. Ik was in die tijd uit morele, esthetische en filosofische overwegingen tegen de lithografie (...) Intussen bleef Forêt me nieuwe stenen brengen en dreef mijn antilithografische gevoel tot aan de hypergevoeligheid. In die overspannen toestand ontsproot een engelachtig idee aan de kronkels van mijn hersenen. Zei niet Ghandi ooit: 'Engelen overzien de hele situatie zonder daar een plan voor nodig te hebben'? Precies zo overzag ik plotseling als een engel het geheel van mijn 'Don Quichotte'.

Ik kon weliswaar geen musketkogel afvuren op een vel papier zonder dat het zou scheuren, maar ik kon op een lithosteen schieten zonder hem te vernielen. Aangemoedigd door Forêt telegrafeerde ik naar Parijs dat ze bij aankomst een musket voor me gereed moesten hebben. Mijn vriend, de schilder Georges Mathieu, schonk me een donderbus, een kostbaar exemplaar uit de 15e eeuw met ivoren kolf. Op 6 november 1956 was het dan zover dat ik, temidden van honderd schapen die waren geofferd op perkament voor het allereerste exemplaar, aan boord van een aak op de Seine de allereerste met lithografeerinkt gevulde kogel ter wereld heb afgevuurd. De exploderende kogel opende het tijdperk van het 'kogelisme'. Op de steen ontstond een goddelijke vlek, een engelachtige vleugel waarvan de luchtige details en dynamische strengheid alle tot dan toe bekende technieken overtrof. De week daarop voerde ik nieuwe fantastische experimenten uit. Ten overstaan van een enthousiaste menigte en omringd door tachtig jonge vrouwen op de rand van extase heb ik op Montmartre twee uitgeholde rinoceroshoornen gevuld met broodkruimels die ik eerst in lithografeerinkt had gedrenkt en daarna heb ik ze onder aanroeping van Wilhelm Tell op de lithosteen gedrukt. Toen gebeurde een wonder waarvoor we God op onze knieën moeten danken: de twee hoornen hadden twee gescheurde windmolenvleugels op de steen getekend. Tweede wonder: op de eerste afdrukken die ik overhandigd kreeg, waren als gevolg van de slechte druk vlekken ontstaan. Ik voelde het als mijn plicht die vlekken nog te verduidelijken om zo paranoïde het elektrische

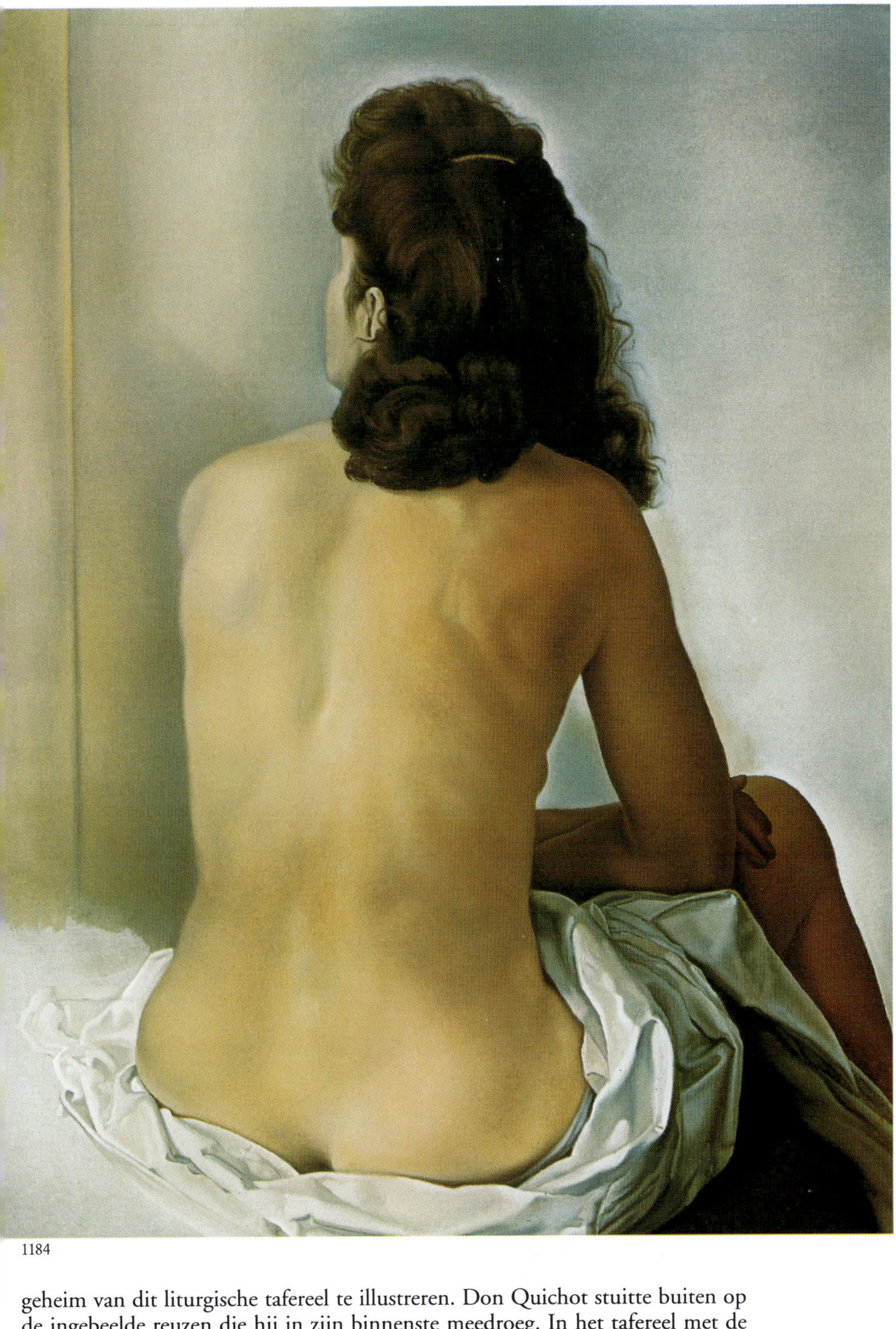

1184

geheim van dit liturgische tafereel te illustreren. Don Quichot stuitte buiten op de ingebeelde reuzen die hij in zijn binnenste meedroeg. In het tafereel met de wijnslangen ontdekte Dalí het chimerische bloed van de held en de logaritmische kromme van Minerva's voorhoofd. Ja, Dalí was Spanjaard en realist en daarvoor had hij Aladdins wonderlamp niet nodig. Voor hem was het voldoende de vrucht van een eik tussen zijn vingers te houden en daar ontstond de Gouden Eeuw alweer opnieuw.

1184 **Gala naakt, van achteren gezien,** 1960 ❑
Gala nue de dos

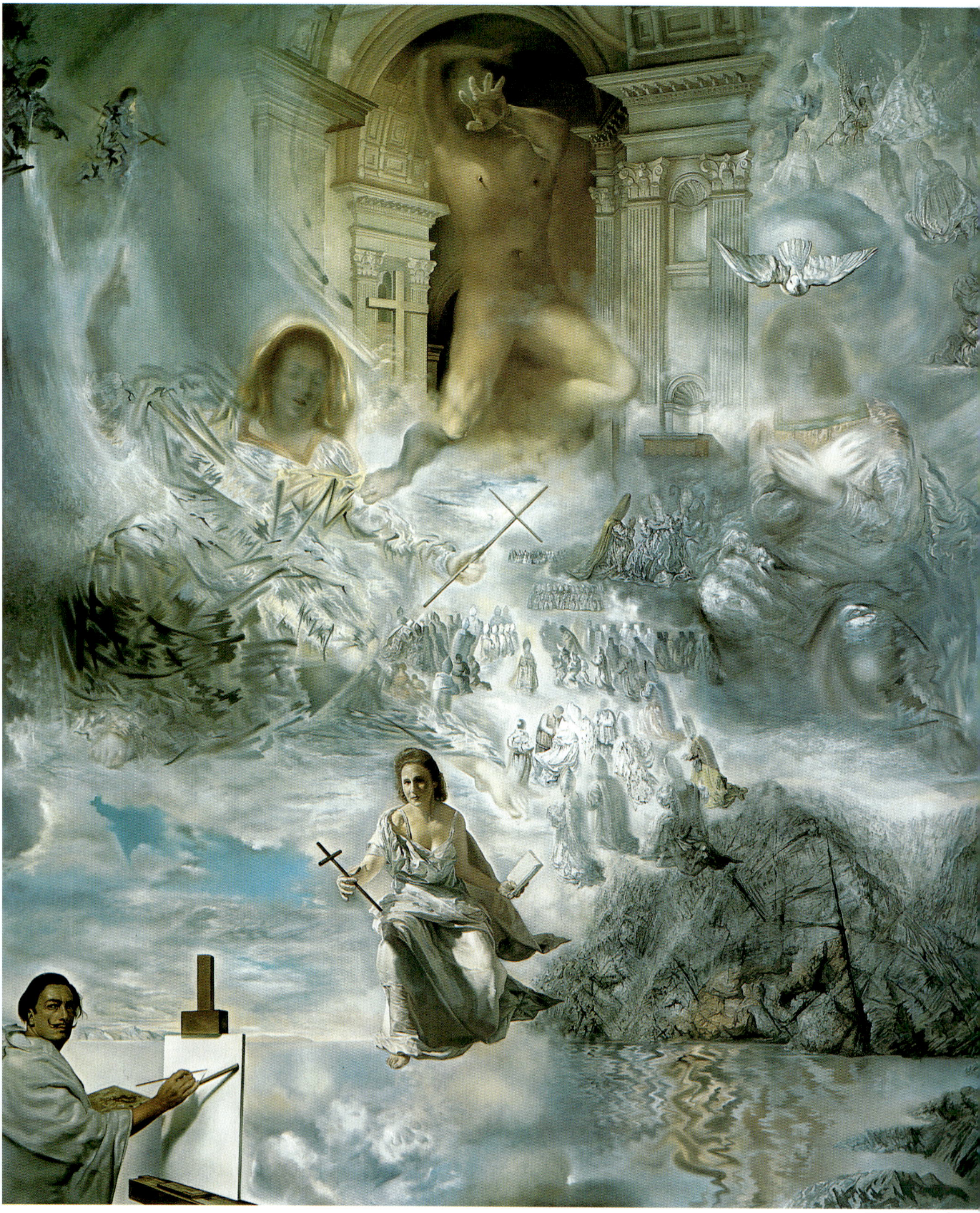

1185

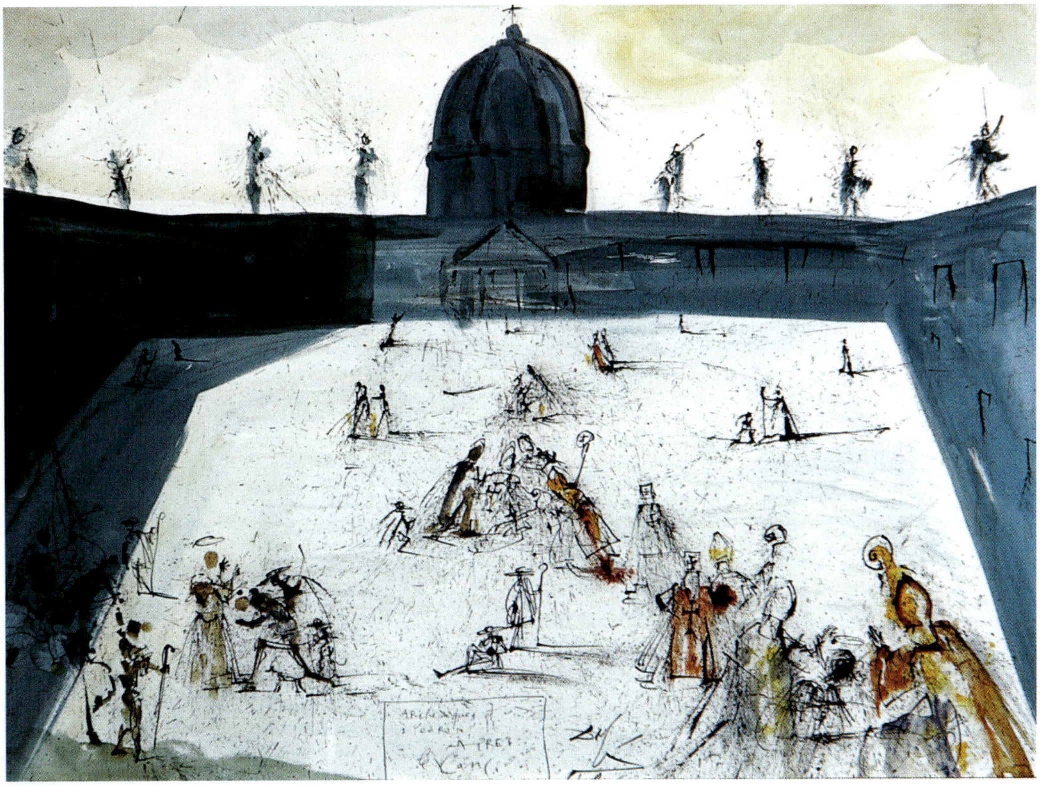

1186

Teruggekeerd in New York vochten de televisieproducenten om mijn proeven met het 'kogelisme'. Intussen sliep ik ononderbroken en ik zag in mijn dromen precies de houding waarin mijn met inkt gevulde kogels moesten worden afgevuurd om gaten in een mathematisch precieze orde te krijgen. Experts in de buksbouwkunst van de militaire academie in New York wekten me elke ochtend met musketschoten. Elke explosie had een complete lithografie ten gevolge die ik alleen nog maar hoefde te signeren en die de kunstliefhebbers me tegen ongelooflijke prijzen uit mijn handen rukten. Ik kon weer eens constateren dat ik de nieuwste ontdekkingen van de wetenschap voor was geweest, want drie maanden na mijn eerste musketschot vernam ik dat wetenschappers naar mijn voorbeeld een geweer en een kogel gebruikten om achter het geheim van de schepping te komen.

In mei van dat jaar was ik weer in Port Lligat. Daar wachtte Joseph Forêt me op met een kofferbak vol lithostenen. Nieuwe musketschoten brachten Don Quichot tot nieuw leven. De treurige figuur veranderde in een jongeling die recht doet aan de klagende melancholie van de bloedkroon op zijn hoofd. Het licht dat door Spaans-Moorse glasramen op de riderromans lezende jonker viel, zou Vermeer hebben verrukt. Met een kogel van 'silly paste', waarmee Amerikaanse kinderen graag speelden, maakte ik spiralen waarin de lithografeerinkt vloeide: een engelachtige figuur met verguld dons, de geboorte van de dageraad. Don Quichot, die paranoïde microkosmos, versmolt en dook opnieuw op uit de melkweg, die niets anders is dan de Jacobsroute.

St.-Jacobus hield zijn hand beschermend boven mijn werk. Hij deed op 25 juli zijn invloed gelden, zijn feestdag op de kalender, toen tijdens mijn proeven een vlek slaagde die zeker kan zijn van een glorieuze herinnering in de geschiedenis van de morfologische wetenschap. Ze staat voor altijd in een van de stenen gegraveerd... Ik nam het lege huis van een wijnbergslak en vulde het tot de rand met lithografeerinkt. Daarna deed ik het in de loop van de musket en richtte van heel dichtbij op de lithosteen. Het schot was nauwelijks afgevuurd of de vloeistof die

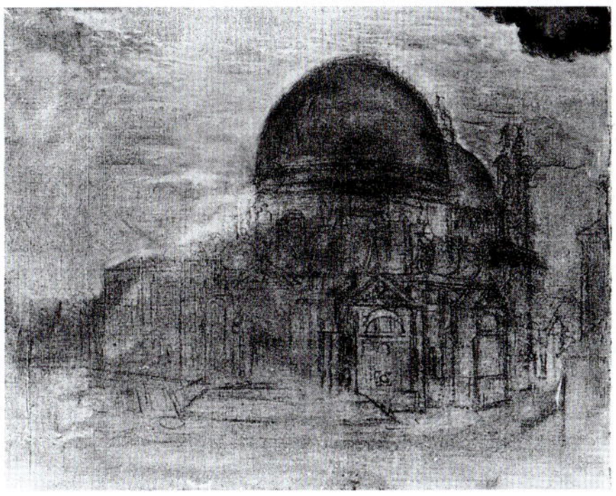

1187

1185 **Het oecumenische concilie,** 1960 ❑
Le concile œcuménique

1186 **Het oecumenische concilie,** 1960 ❑
Le concile œcuménique

1187 **Kathedraal (onvoltooid),** rond 1960 ❑
Cathédrale

1960–1961

1188 **Portret van een man (Het waren er drie)**, 1960 ❑
Portrait d'homme (They Were Three)

1189 **Portret van een vrouw – Grijs jasje, draagt parelsnoer**, rond 1961 ❑
Portrait de femme – Veste grise, porte un collier de perles

1190 **Portret van 'Bobo' Rockefeller (onvoltooid)**, 1960 ❑
Portrait de 'Bobo' Rockefeller

1191 **Geboorte van een godheid**, 1960 ❑ Naissance d'une divinité

1192 **Portret van Comtesse Ghislaine d'Oultremont**, 1960 ❑
Portrait de la Comtesse Ghislaine d'Oultremont

1193 **Portret van Mrs. Fagen**, 1960 ❑
Portrait de Mrs. Fagen

1194 **Zonder titel (De dame van Avignon)**, rond 1960 ❑
Sans titre (La dama d'Avinyo)

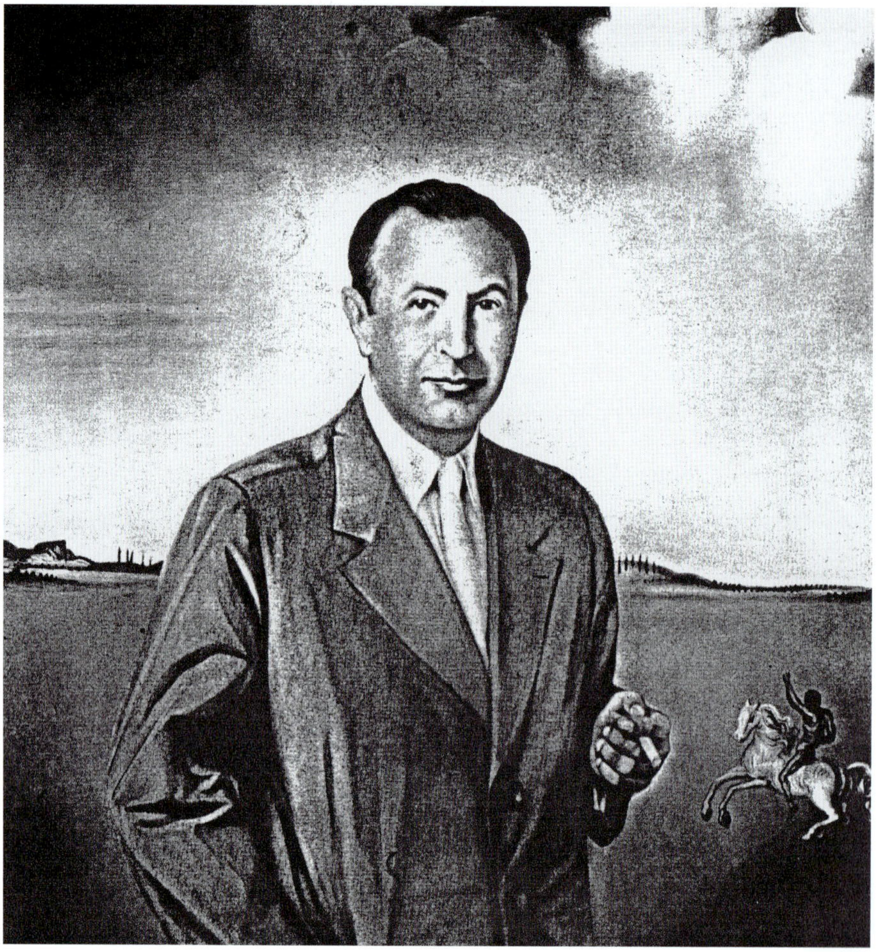

1188

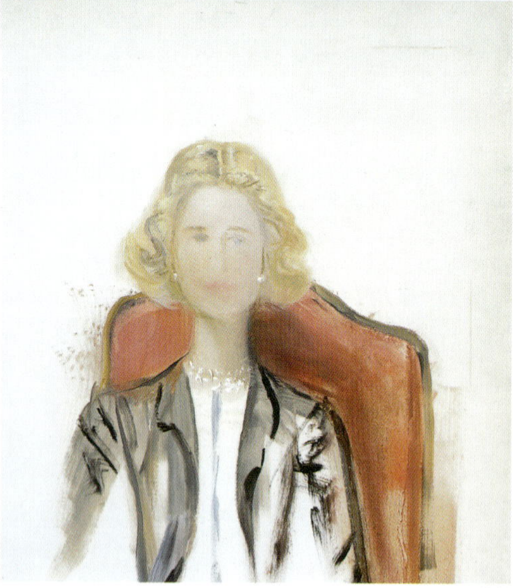

1189

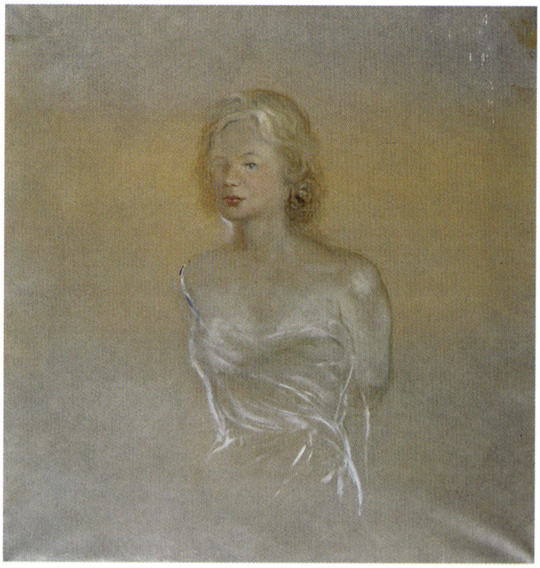

1190

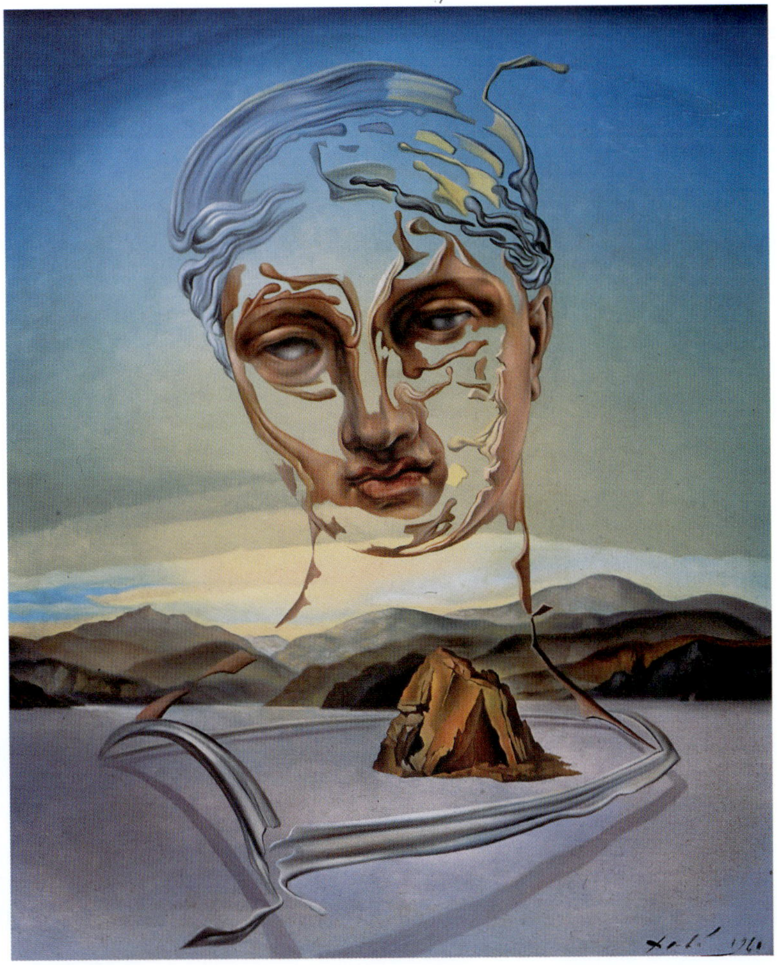

1191

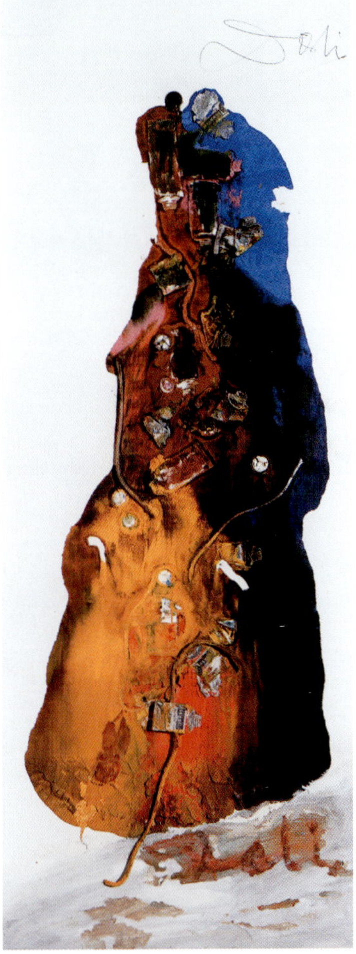

1194

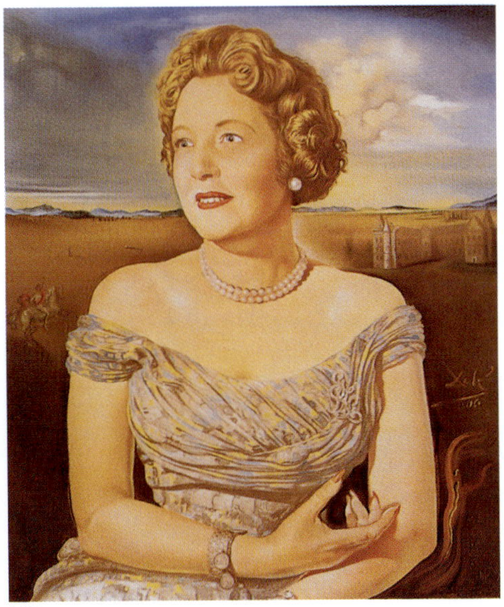

1192

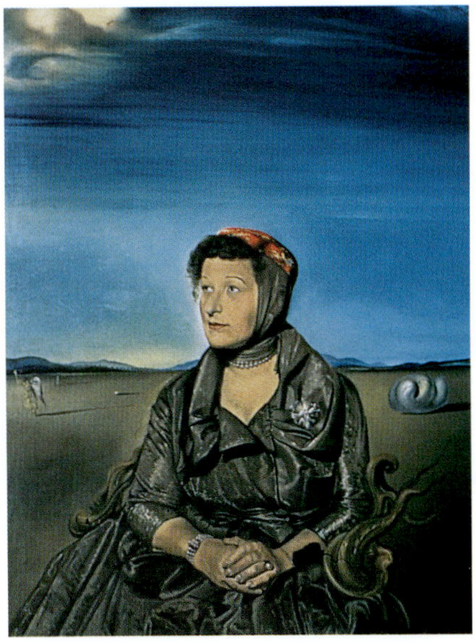

1193

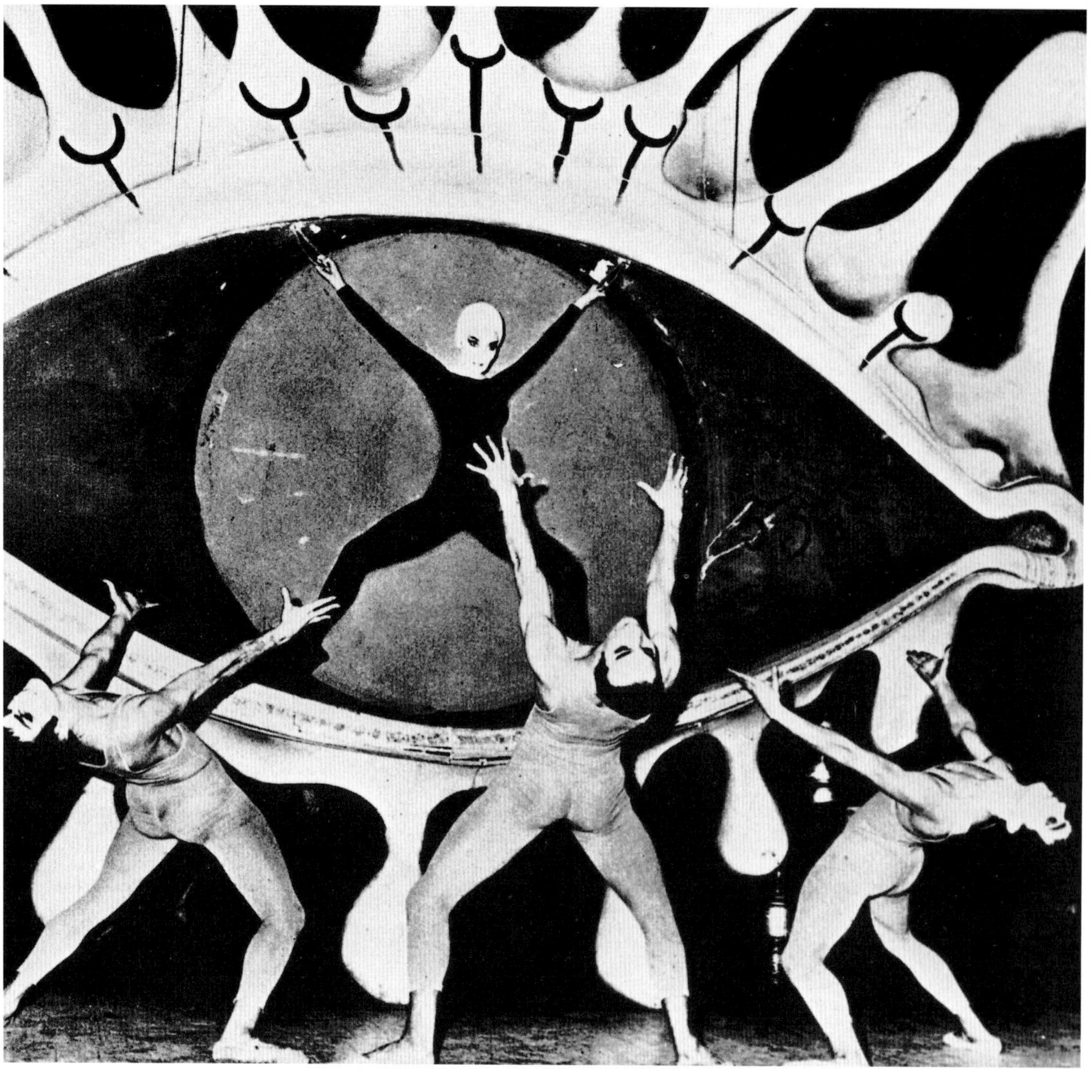

1195

1195 **Het oog uit het 'Ballet de Gala'. Kostuums en toneeldecor van Dalí, gedanst door Ludmilla Tcherina in Teatro della Fenice in Venetië, naar een choreografie van Maurice Béjart, op 22 augustus 1961.** ✰

1196 **Leda's zwaan** (**Leda en de zwaan**), 1961 △
Le cygne de Léda (Léda et le cygne)

1197 **Dalí schildert de 'Medusa van de slaap' op Gala's voorhoofd,** rond 1945 ✰
Dalí peignant une pieuvre sur le front de Gala

1198 **Het hoofd van Medusa,** 1962 △
Tête de méduse

de spiraal van het slakkehuis had gevuld, vormde een vlek op de steen die mij na langdurige analyse steeds goddelijker toescheen. Het leek niets minder te zijn dan het beeld van een 'slakkenheelal in statu nascendi'. De geschiedenisboeken zullen de dag van Sint-Jacob vermelden als de dag waarop Dalí de beslissende overwinning op het antropomorfisme behaalde. De dag erna liet een storm kleine padden regenen, die meteen nadat ze waren ondergedompeld in de lithografeerinkt motieven op Don Quichots jas werden. De padden zorgden voor amfibische vochtigheid en vormden een contrast met de droogte van de Castilliaanse hoogvlakte die in het hoofd van de held heerste. Niets dan hersenspinsels. Niets was meer een hersenspinsel. Want nu verscheen Sancho, net als in het denken van Cervantes 'onwerkelijk en robuust', terwijl Don Quichot de draak van dokter Yung aanraakte.

Vandaag, nu Joseph Forêt me het eerste exemplaar heeft overhandigd, mag ik uitroepen: 'Bravo Dalí, je hebt Cervantes geïllustreerd. Elk van jouw vlekken bevat virtueel een molen en een reus. Dit boek is een bibliofiele metropool en het toppunt van de vruchtbaarste bezwaren tegen de lithografie.'"

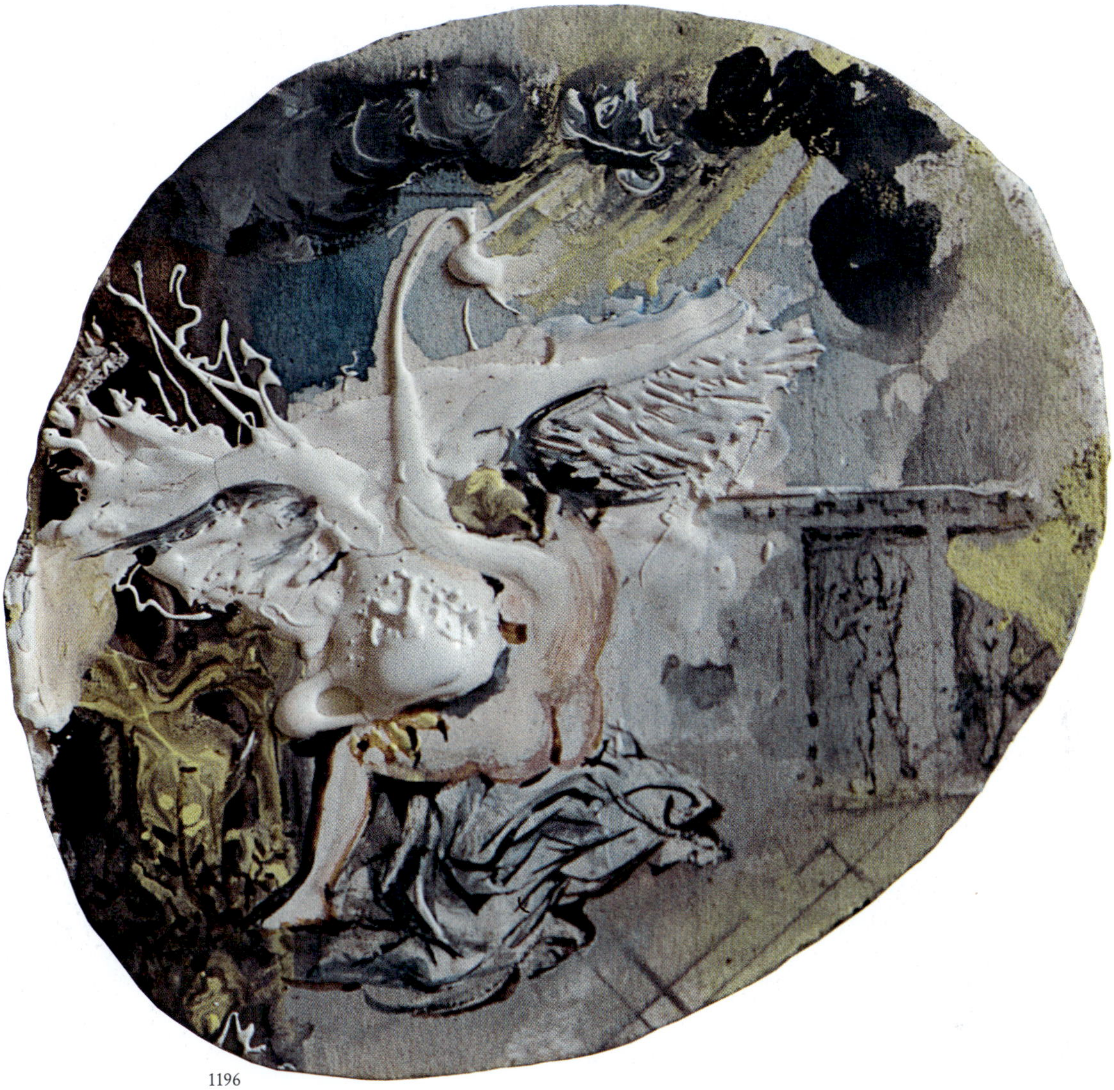

1196

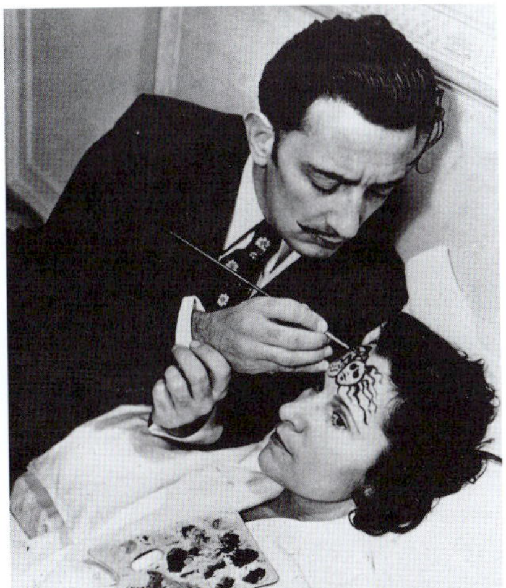

1197

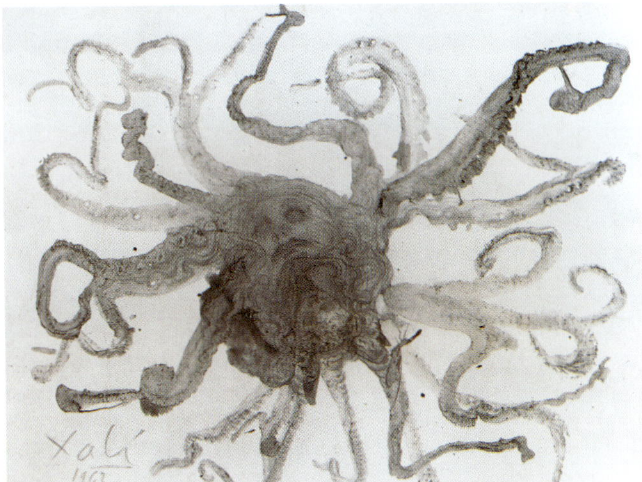

1198

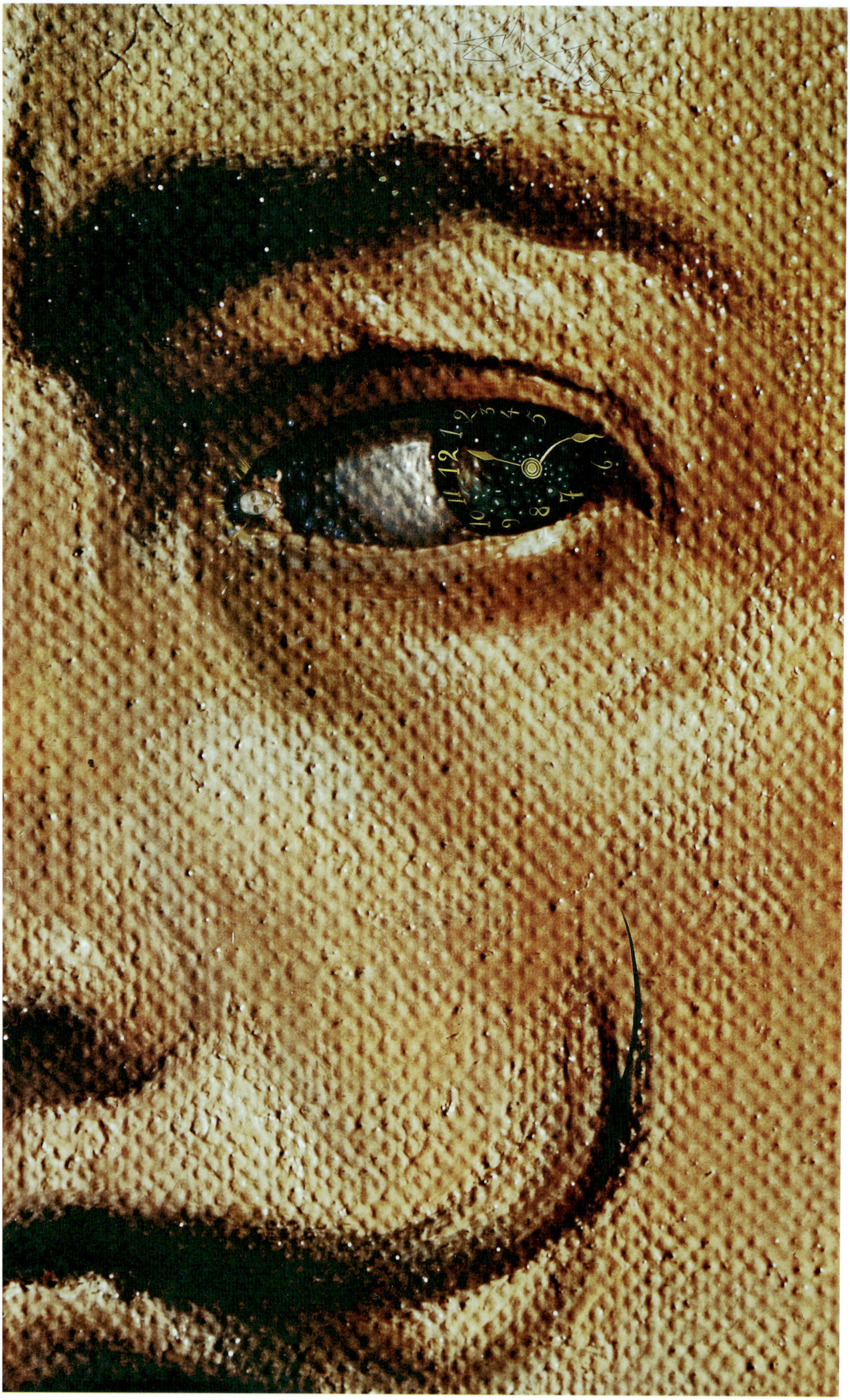

1199

6. Wegen naar onsterfelijkheid

1962–1989

"Ik ben geen clown", verdedigt Dalí zich. "Maar deze monsterlijk cynische maatschappij ziet in haar naïveteit niet wie alleen serieus doet om zijn gekte te verbergen." Maar gek tegen gekker: Salvadors genie is gekomen om met zijn heldhaftige inzicht en zijn wonderbaarlijke concentratie de wereld te redden... en als ze hem maar aandachtig aanhoren, in elk geval die van de kunst. Getuigt zijn schilderkunst niet van dat wat de verouderende 'ismen' van de zogenaamde avant-garde kenmerkt?

In feite beziet Dalí vol verachting het langzame verval van de moderne kunst, die uit alle macht naar haar eigen nulpunt toewerkt. Hij lacht om wat er is geworden van de ready-mades die Duchamp in de tijd van het Dadaïsme en het Surrealisme had uitgevonden. Hij lacht wanneer hij het urinoir, door Duchamp in 1911 te New York geëxposeerd, als beeldhouwwerk onder de titel *Fontaine* herhaald ziet: "De eerste die de wangen van een jonge vrouw met een roos vergeleek, was natuurlijk een dichter. De tweede, die het herhaalde, was vermoedelijk een idioot. Alle theorieën over het Dadaïsme en het Surrealisme worden op dit moment monotoon herhaald: hun slappe golven hebben ontelbare weke dingen voortgebracht. De aarde wordt overstroomd met ready-mades. Het 15 meter lange stokbrood is inmiddels 15 kilometer lang... Ze zijn alweer vergeten dat de grondlegger van het Dadaïsme, Tristan Tzara, al bij het begin van deze beweging in zijn manifest verklaarde: 'Dada is dit, dada is dat... zoals het stront is...' Dit soort min of meer zwarte humor is de nieuwe generatie vreemd, die er volledig van overtuigd is dat haar Neo-Dadaïsme subtieler is dan de kunst van Praxiteles.

Tijdens de laatste oorlog sprak Marcel Duchamp tussen Arcachon en Bordeaux met mij over de opleving in de belangstelling voor uitwerpselpreparaten; kleine hoeveelheden afscheiding die men uit de navel haalde, golden daarbij als 'luxe-uitgaven'. Ik antwoordde hem dat ik graag een hoeveelheid authentieke navelafscheiding van Rafaël zou willen hebben. Tegenwoordig verkoopt een bekende pop-art-kunstenaar in Verona uitwerpselen van kunstenaars, die hij in zeer elegante flacons aanbiedt, als het hoogste luxegoed. Toen Duchamp begreep dat hij zijn frisse ideeën in alle windrichtingen had verspreid totdat hij er zelf niet één meer overhad, zag hij, zeer aristocratisch, verder af van dit spel en verkondigde profetisch dat de andere jongemannen zich op het schaakspel van de eigentijdse kunst zouden toeleggen; en daarna begon hij schaak te spelen...

Destijds waren er in Parijs maar 17 mensen die de ready-mades begrepen, die paar ready-mades van Marcel Duchamp. Heden zijn het er 17 miljoen die ze begrijpen. Op de dag waarop alle voorwerpen ready-mades zijn geworden, zullen er überhaupt geen ready-mades meer zijn. Op die dag zal het krampachtig uit de gedrevenheid van de kunstenaar voortgebrachte kunstobject origineel zijn. De morele positie van de ready-made ligt daarin dat hij niet ingrijpt in de werkelijkheid. Onbewust heeft de ready-made het bewustzijn van de hyperrealistische kunstenaar beïnvloed en dat heeft ertoe geleid dat hij ready-mades met de hand schildert. Als Vermeer van Delft of Gerard Dou in 1973 geleefd zouden hebben, hadden ze het interieur van een auto geschilderd of de buitenkant van een telefooncel met alle lichtreflecties die erbij horen...

Ik heb inderdaad mijn leven lang gebruik gemaakt van de fotografie. Ik heb al jaren geleden gezegd dat de schilderkunst slechts met de hand gemaakte fotografie is, samengesteld uit zeer verfijnde beelden die alleen betekenis hebben omdat

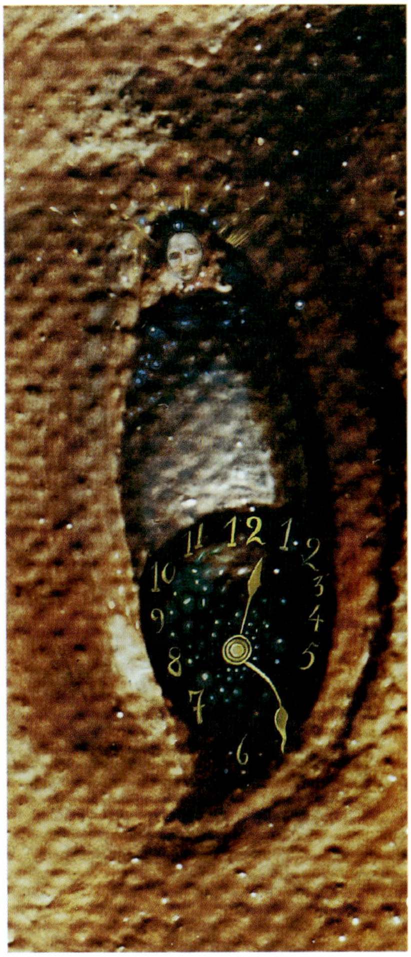

1200

1199 **Macrofotografisch zelfportret met de verschijning van Gala als Spaanse non**, 1962 △
Autoportrait macrophotographique avec apparition de Gala en religieuse espagnole

1200 **Detail uit 'Macrofotografisch zelfportret...'**, 1962 ☆

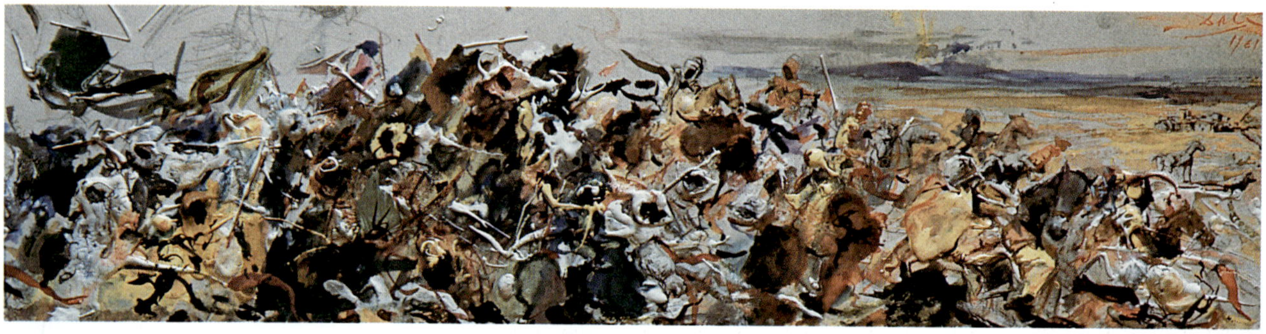

1201

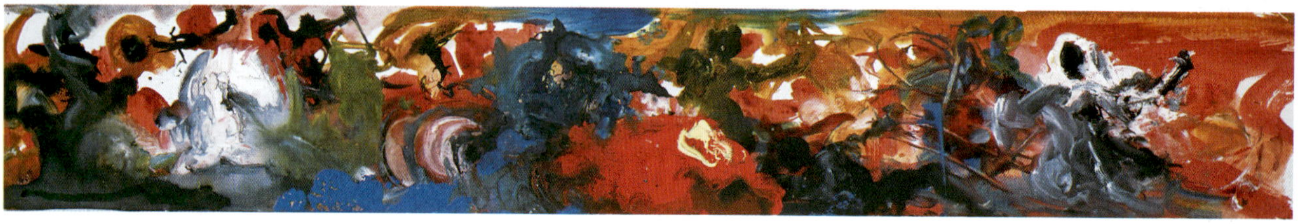

1202

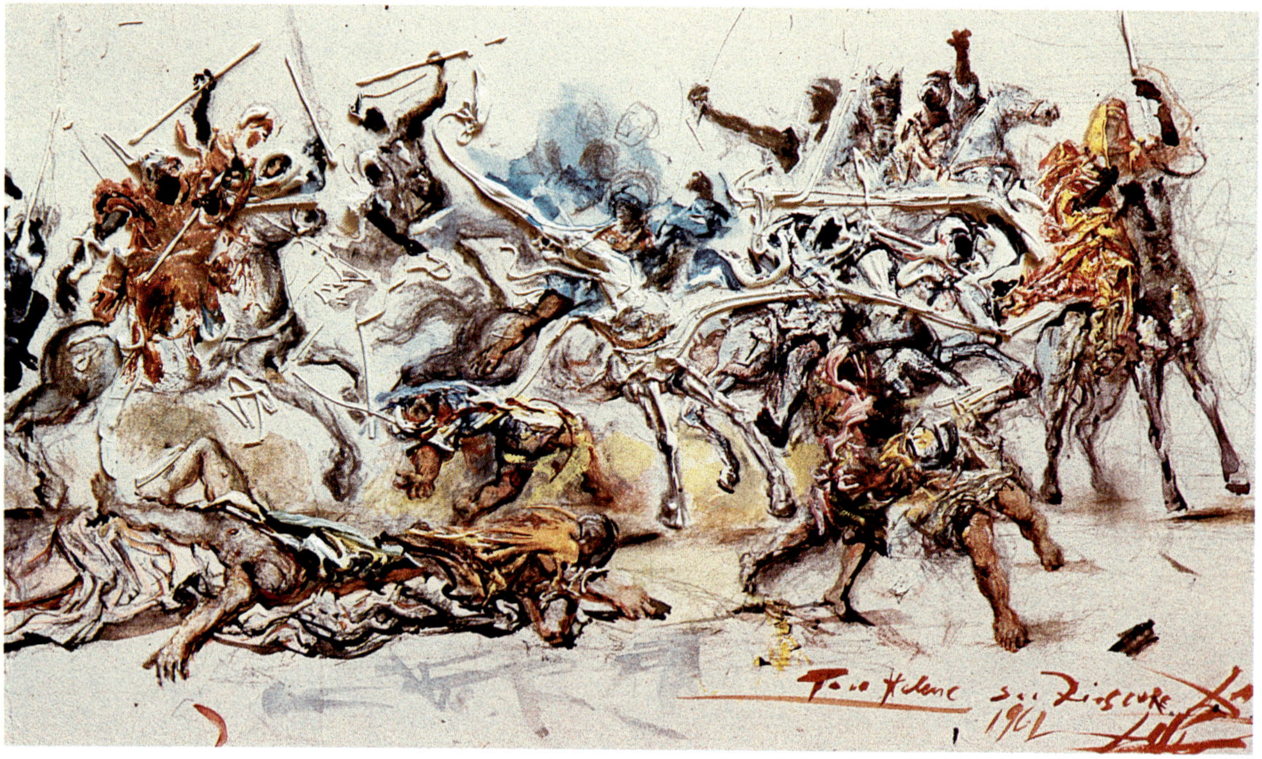

1203

ze door een mensenoog aanschouwd en door een mensenhand geschapen zijn. Alle grote door mij bewonderde kunstwerken zijn ontstaan aan de hand van foto's.

De uitvinder van de loep werd in hetzelfde jaar geboren als Vermeer. Daar is nog niet genoeg aandacht aan besteed. En ik ben ervan overtuigd dat Vermeer een spiegel gebruikte waarin hij de figuren van zijn schilderijen kon zien en ze overtrok. Praxiteles, de goddelijkste onder de beeldhouwers, kopieerde zijn lichamen getrouw, zonder enige verandering. Net zo respecteerde Velázquez de werkelijkheid met volmaakte kuisheid...

De hand van een schilder moet zo trouw zijn dat zij in staat is om door de fotografie gedeformeerde natuurelementen automatisch te corrigeren. Iedere schilder moet een ultra-academische leerschool doorlopen. Pas dankzij een dergelijke virtuositeit is iets anders, namelijk kunst, mogelijk."

Voorspellend voegt Dalí eraan toe: "Ik voorzie dat dàt de nieuwe schilderkunst zal zijn, die ik het 'gequantificeerde realisme' noem en die rekening zal houden met wat de natuurkundigen energiequantum, de wiskundigen het toeval en wij kunstenaars het onweegbare en de schoonheid noemen. Het schilderij van morgen zal een getrouwe afbeelding van de werkelijkheid zijn, maar men zal merken dat deze werkelijkheid wordt bezield door een buitengewoon leven, dat overeenkomt met wat de discontinuïteit van de materie wordt genoemd.

Velázquez en Vermeer waren al divisionisten. Ze vermoedden reeds de angsten van de moderne mens. Tegenwoordig drukken de begaafdste en gevoeligste schilders slechts de angst voor het indeterminisme uit. De moderne wetenschap leert ons dat niets echt bestaat, en men ziet de wetenschappers hartstochtelijk discussiëren over fotografische platen waarop blijkbaar het bestaan van materie niet aantoonbaar is. Het is derhalve niet geheel onjuist wanneer bepaalde schilders hun schilderijen van 'niets' maken. Maar dat is slechts een overgangsstadium. De grote kunstenaar moet in staat zijn om het niets in zijn werk op te nemen. En dit niets zal de kunst van morgen tot leven wekken."

Op 15 oktober 1962 exposeert hij in de middeleeuwse zaal van het Palacio del Tinell in Barcelona zijn schilderij *De slag bij Tetuán* (blz. 540-541) naast het werk van Mariano Fortuny waarop het was geïnspireerd. "Hiermee", roept hij uit, "is de Dalíaanse beeldenstorm begonnen!" Het ging, net als in het werk van Mariano Fortuny, om "virtuositeit door de gequantificeerde vlek... Als in celplasma duiken de doeken plotseling op door de gequantificeerde substantie." En hier geeft Dalí een van zijn geheimen prijs: "Wanneer ik kijk hoe de drukrollen over het krantenpapier gaan, zie ik *De slag bij Tetuán* en zelfs hele voetbalwedstrijden. De dynamiek van het spel vermoeit me zodanig dat ik soms voor de rust van die voetbalwedstrijden moet uitrusten." In zijn 'Dagboek van een genie' schrijft hij onder 3 september 1963:

"Ik heb altijd al de gewoonte gehad kranten verkeerd om te bekijken. Nu zie ik in de omgekeerde krantepagina's goddelijke dingen die zijn overmeesterd door een zodanige beweging dat ik besluit –met het elan van sublieme Dalíaanse Pop-Art– de kranteknipsels na te laten schilderen, die vaak schatten bevatten die een Phidias waardig zijn. Die buitensporig vergrote krantepagina's zal ik laten quantificeren door vliegestront... Dat idee kreeg ik toen ik merkte hoe mooi bepaalde opgeplakte en vergeelde (en een beetje door vliegestront bevuilde) kranten van Pablo Picasso en Georges Braque zijn.

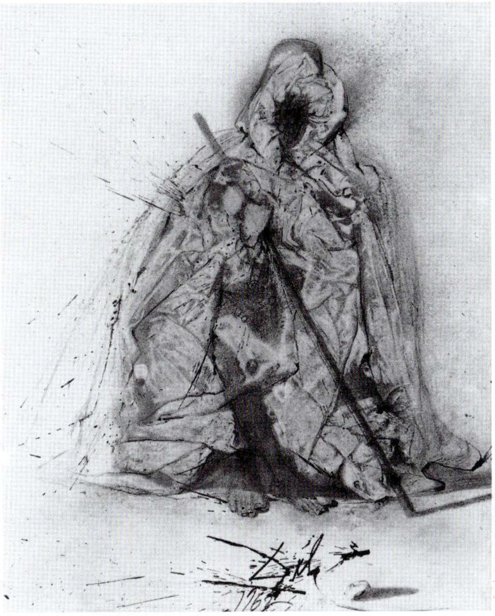

1204

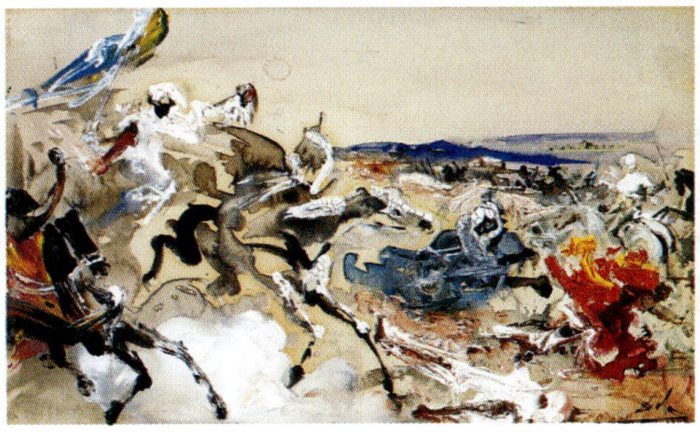

1205

1201 **Studie voor 'De slag bij Tetuán'**, 1961 △

1202 **Arabieren. Studie voor 'De slag bij Tetuán'**, 1961 ❑

1203 **Studie voor 'De slag bij Tetuán'**, 1961 △

1204 **Arabier**, 1962 △
Arabe

1205 **Arabieren. Studie voor 'De slag bij Tetuán'**, 1960 △
Arabes

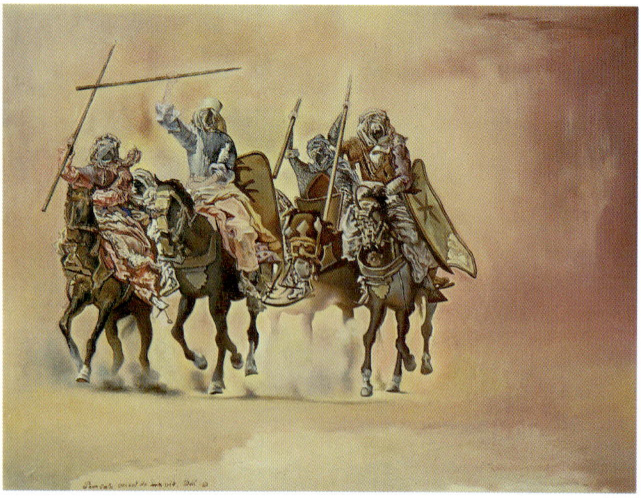

1206

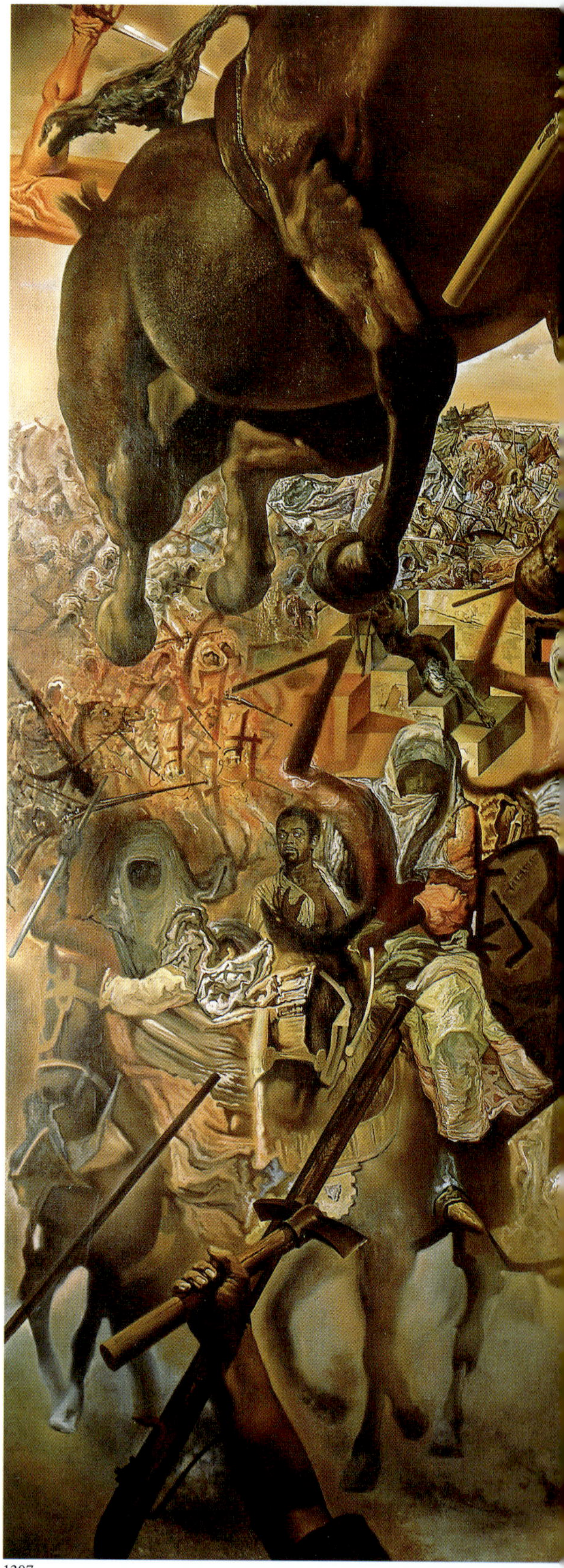

1207

1206 **Studie voor 'De slag bij Tetuán'**, 1962 ❑

1207 **De slag bij Tetuán**, 1962 ❑
La bataille de Tétouan

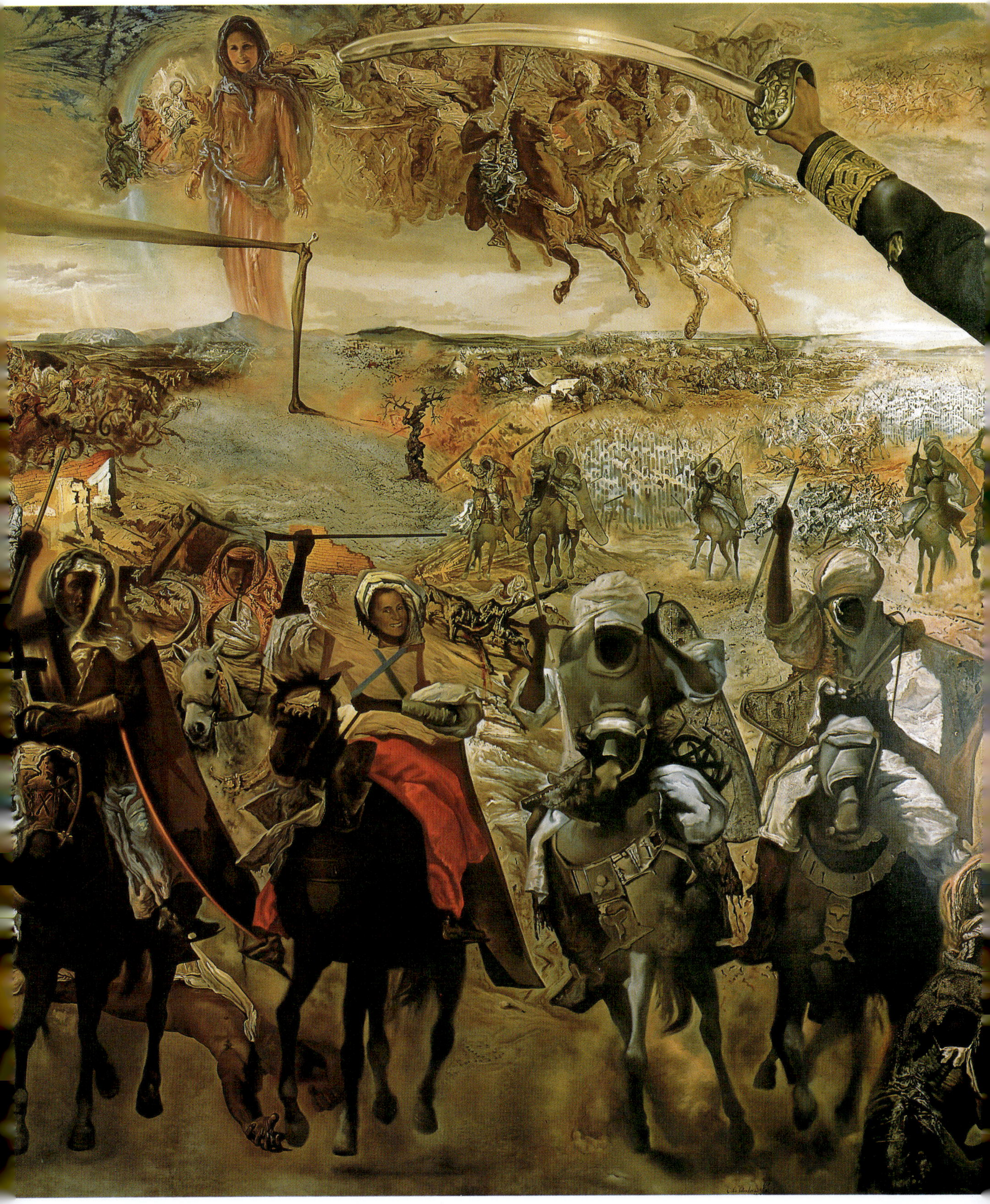

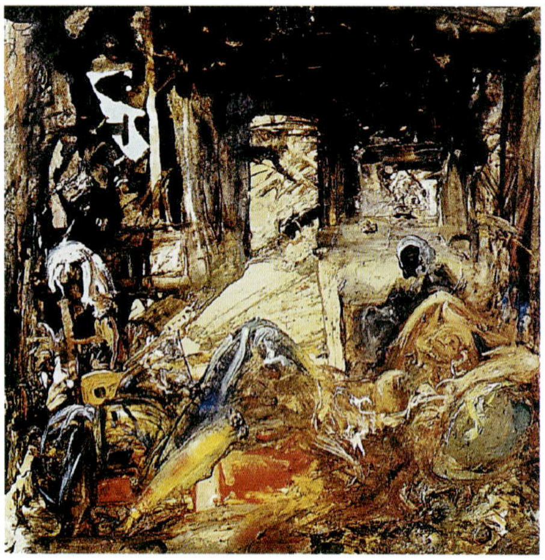

1208

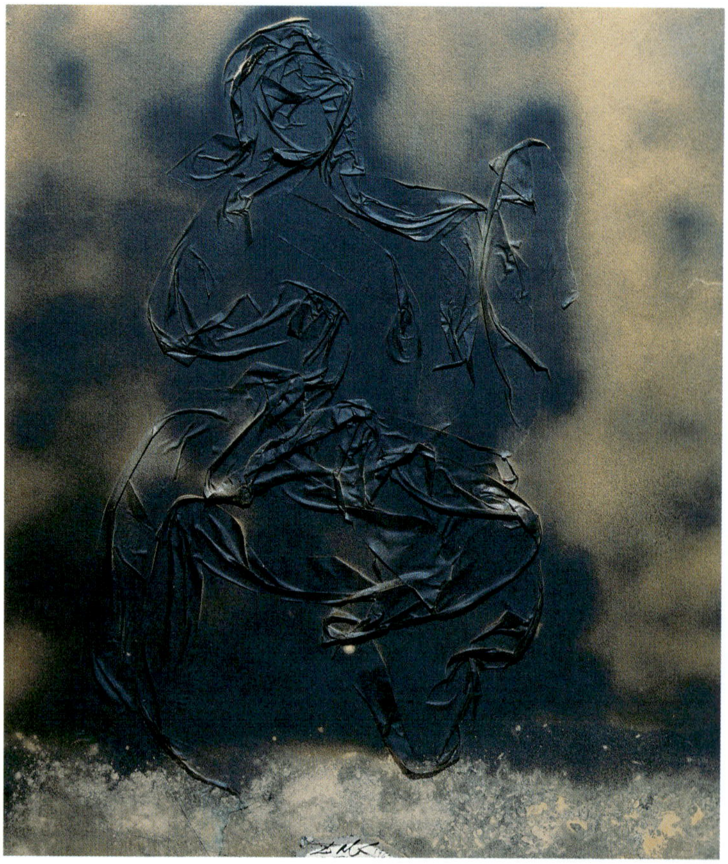

1209

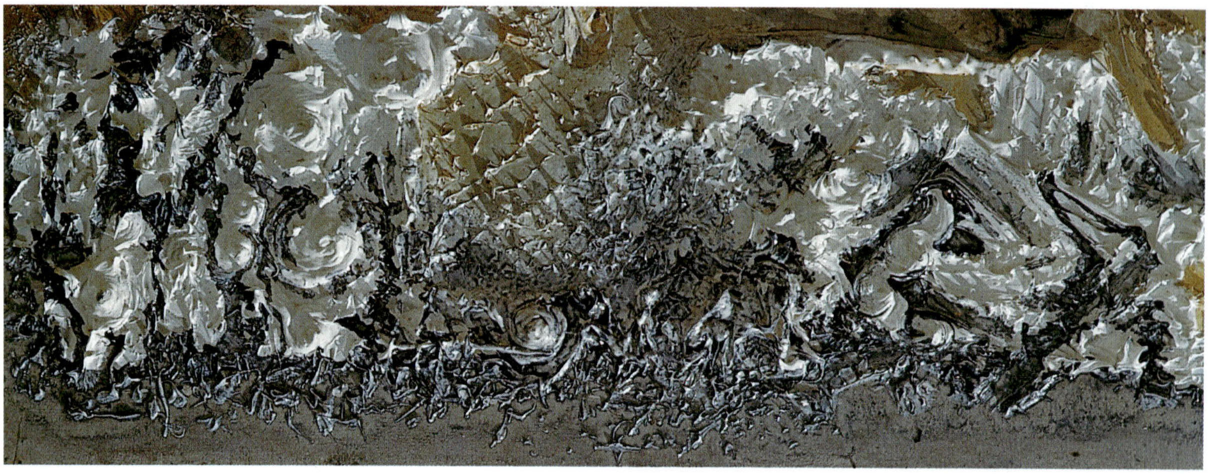

1210

1208 **Mohammeds droom (Hommage aan Fortuny)**, 1961 ❑
Rêve de Mahomet (Hommage à Fortuny)

1209 **Arabier**, 1962 △
Arabe

1210 **Arabieren – De dood van Raimundus Lullus**, 1963 ❑
Arabes – Mort de Raymond Lulle

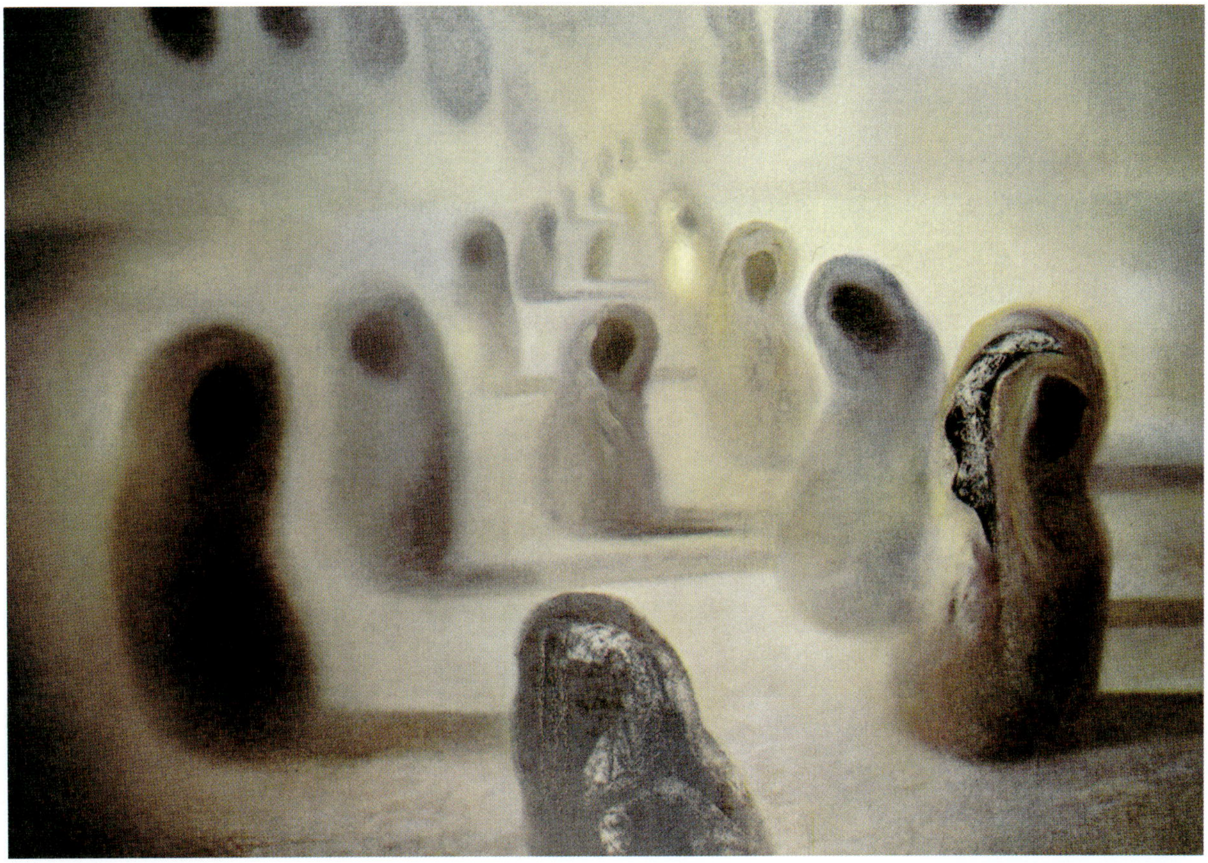

1211

Vanavond luister ik, terwijl ik schrijf, naar de radio die dreunt van welverdiende kanonsalvo's die worden afgevuurd tijdens de begrafenis van Braque. Van Braque, die onder andere beroemd werd door de esthetische ontdekking van krantencollages. En ik draag aan hem mijn meest transcendente, veel veel sneller beroemd geworden buste van Socrates op, die werd gequantificeerd door vliegen en het omslag vormt van juist dit dagboek van een genie."

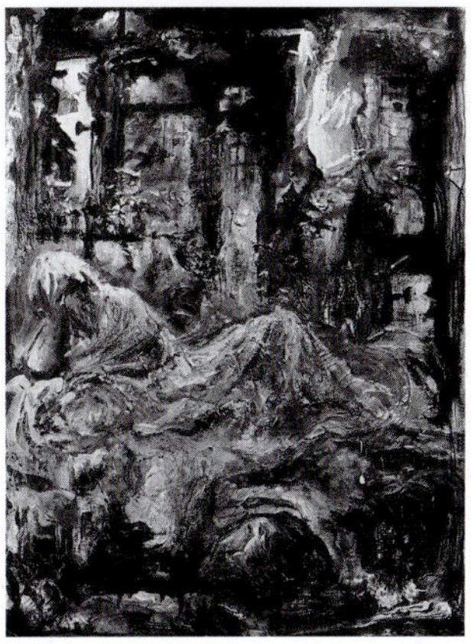

1212

1211 **Desoxyribonucleïnezuur-Arabieren**, rond 1963 ❑
Arabes acidodésoxyribonucléiques

1212 **Mohammeds droom**, 1963 ❑
Le songe de Mahomet

1961–1963

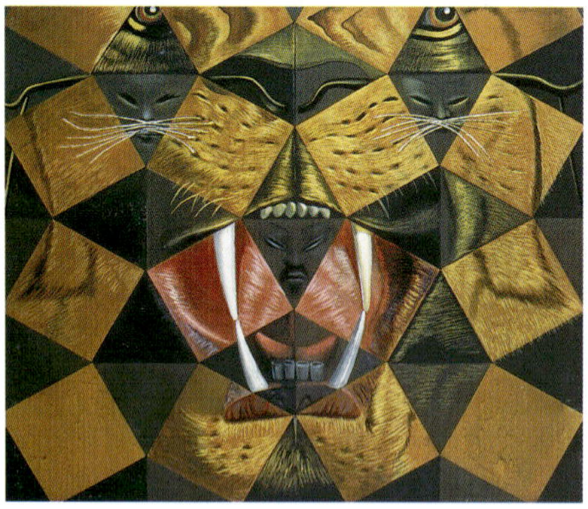

1213

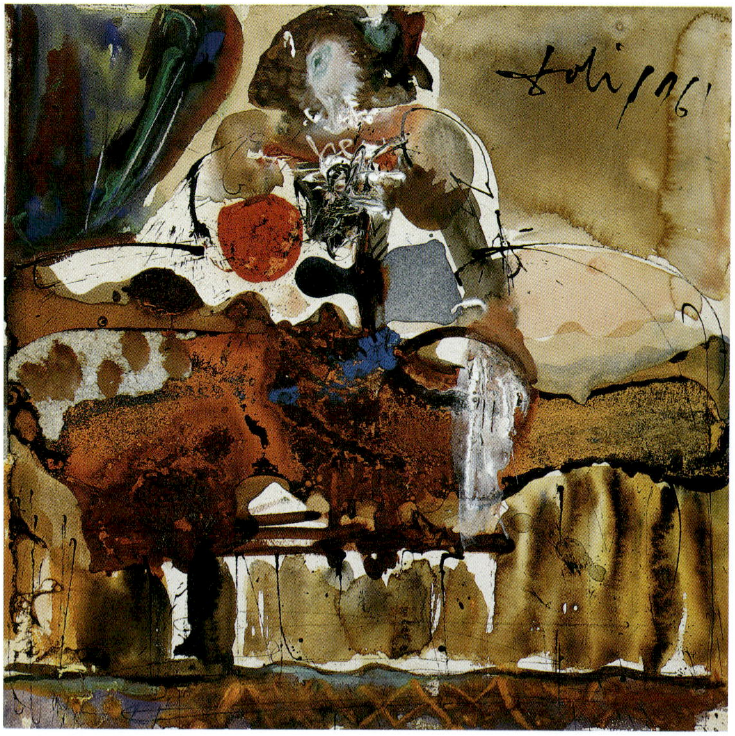

1214

1213 **Studie voor 'Vijftig abstracte schilderijen ...'**, 1963 △

1214 **De infanta (Staande vrouw)**, 1961 ❑
Infante (Standing Woman)

1215 **Twist in het atelier van Velázquez (eerste versie)**, 1962 ❑
Twist dans l'atelier de Vélasquez

1216 **Vijftig abstracte schilderijen die van twee meter afstand drie keer Lenin verkleed als Chinees worden en er van zes meter afstand als de kop van een koningstijger uitzien,** 1963 ❑
Fifty Abstract Paintings which as Seen from Two Yards Change into Three Lenins Masquerading as Chinese and as Seen from Six Yards Appear as the Head of a Royal Tiger

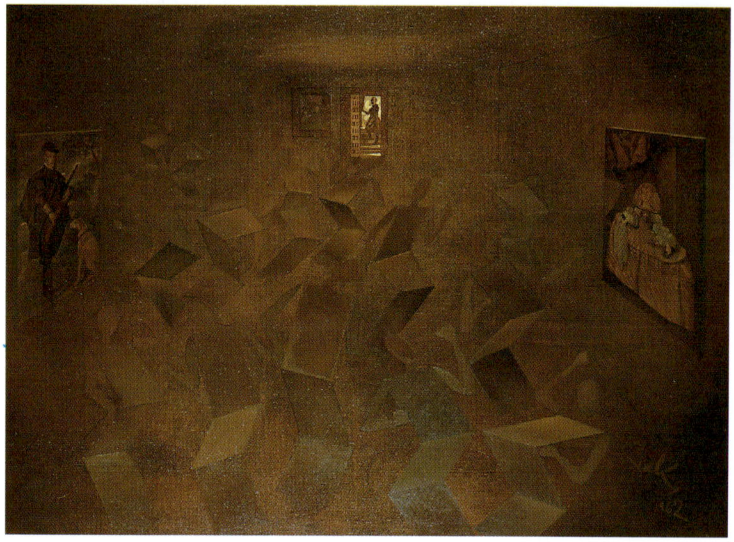

1215

De elektroculaire monocle als hulpmiddel van de kritisch-paranoïde methode

Dalí, die altijd belangstelling heeft gehad voor modern wetenschappelijk onderzoek, brengt in 1962 uit Amerika de 'elektroculaire monocle' mee. Dat verbazingwekkende apparaat is ontwikkeld door de elektronica-afdeling van een belangrijke luchtvaartmaatschappij ten behoeve van de luchtvaart. Een opnameapparaat vangt beelden op en zendt ze als televisiegolven naar een telescoop die de rol van het beeldscherm overneemt; die telescoop is zo geconstrueerd dat het

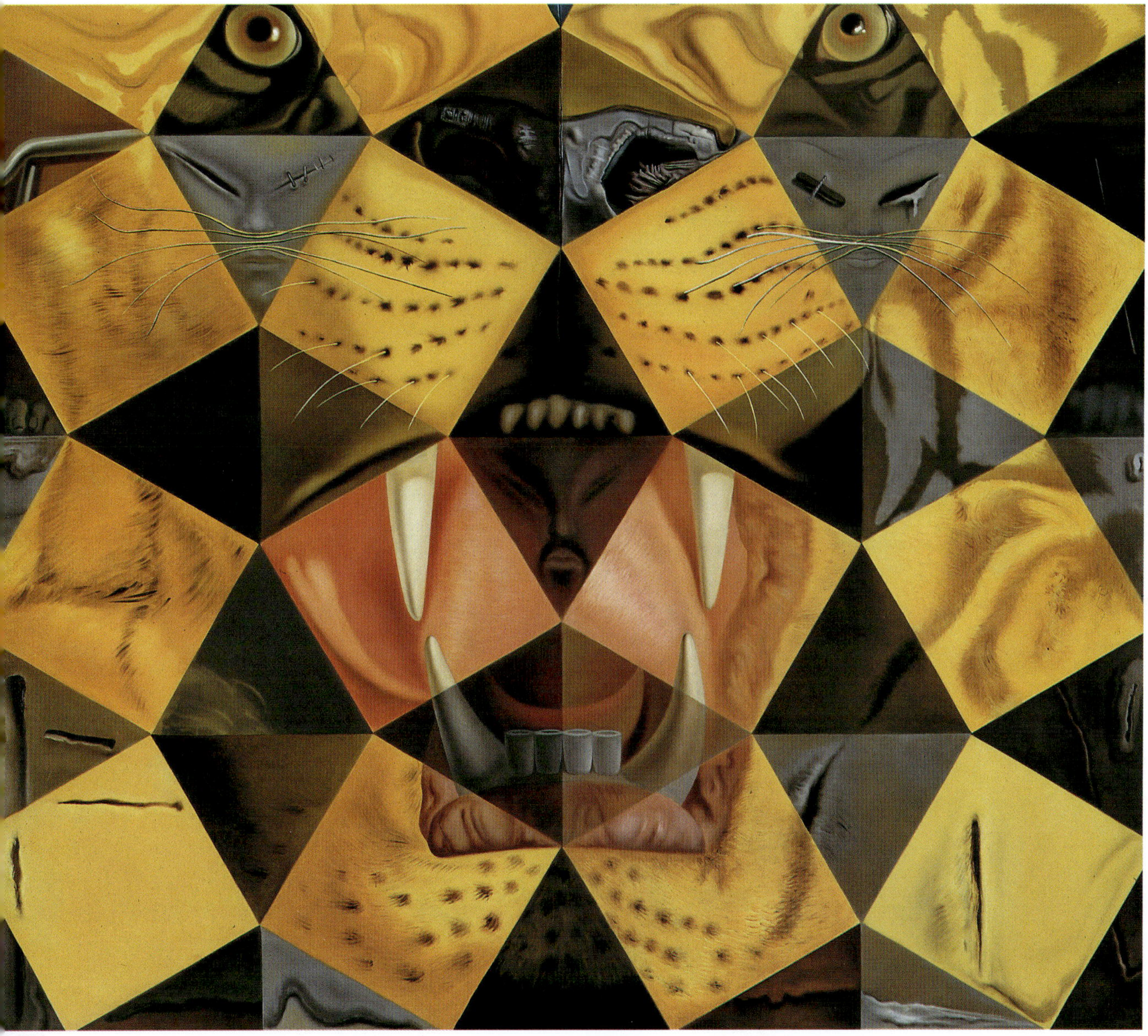

1216

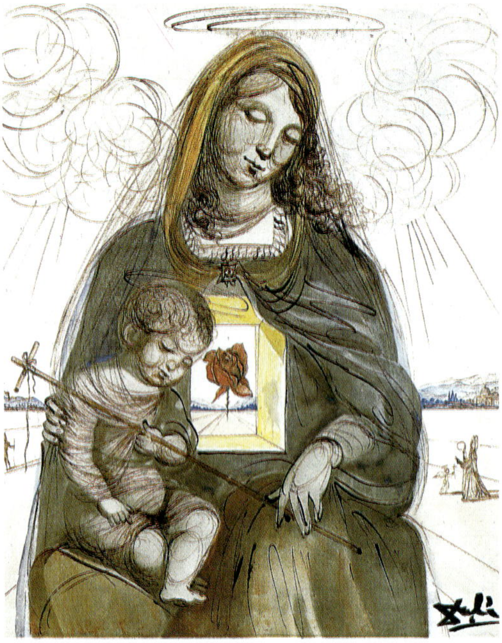

1217

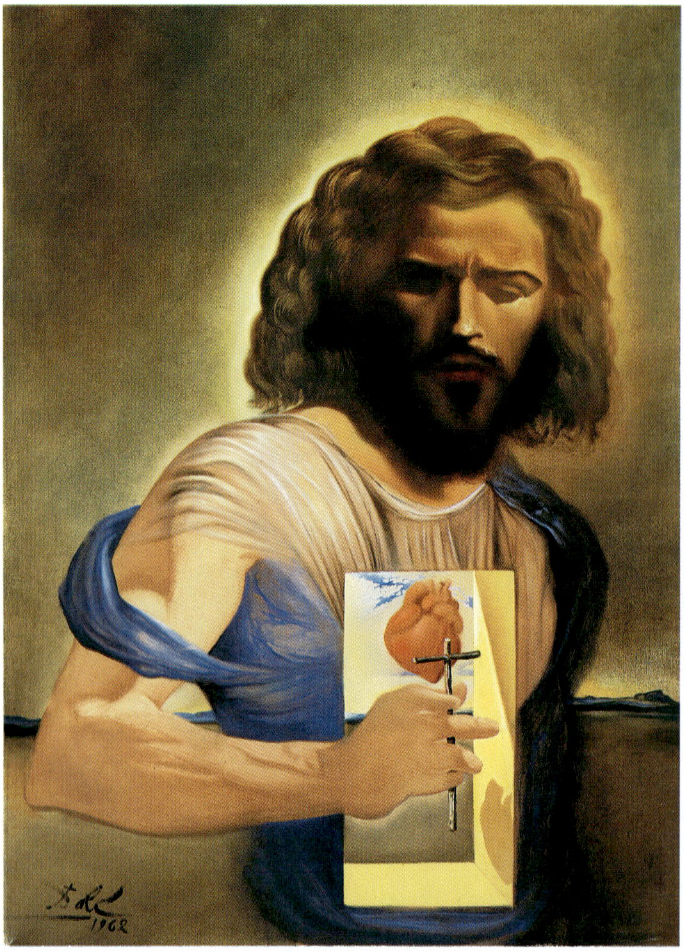

1218

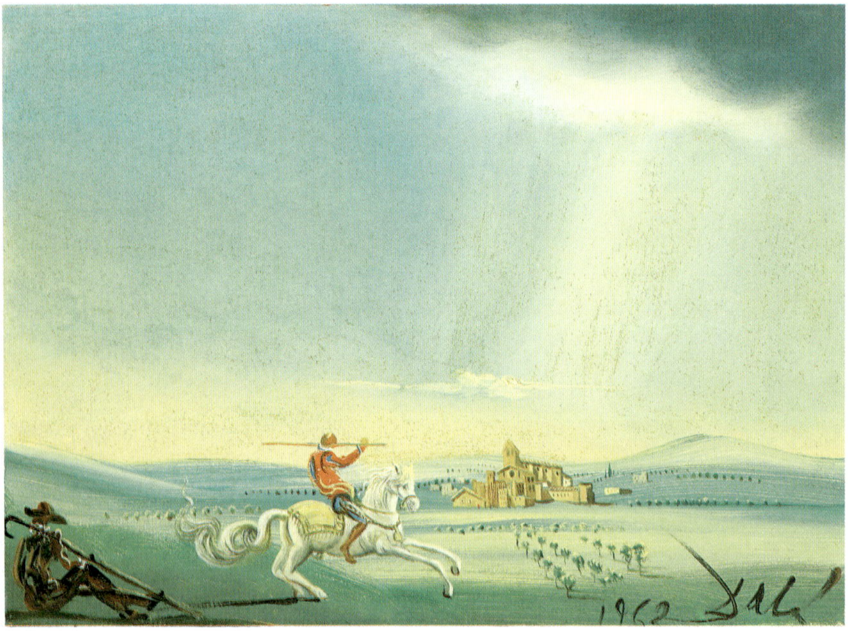

1219

1217 **Madonna met roos**, 1964 △
Madone à la rose

1218 **Het heilige hart van Jezus**, ❑
Cœur Sacré de Jésus

1219 **St.-Joris en de draak**, 1962 ❑
Saint Georges et le dragon

1220 **Madonna met mystieke roos**, 1963 ❑
Madone à la rose mystique

1221 **De alchimist**, 1962 ❑
L'alchimiste

1222 **Portret van Mr. Fagen**, 1962 ❑
Portrait de Mr. Fagen

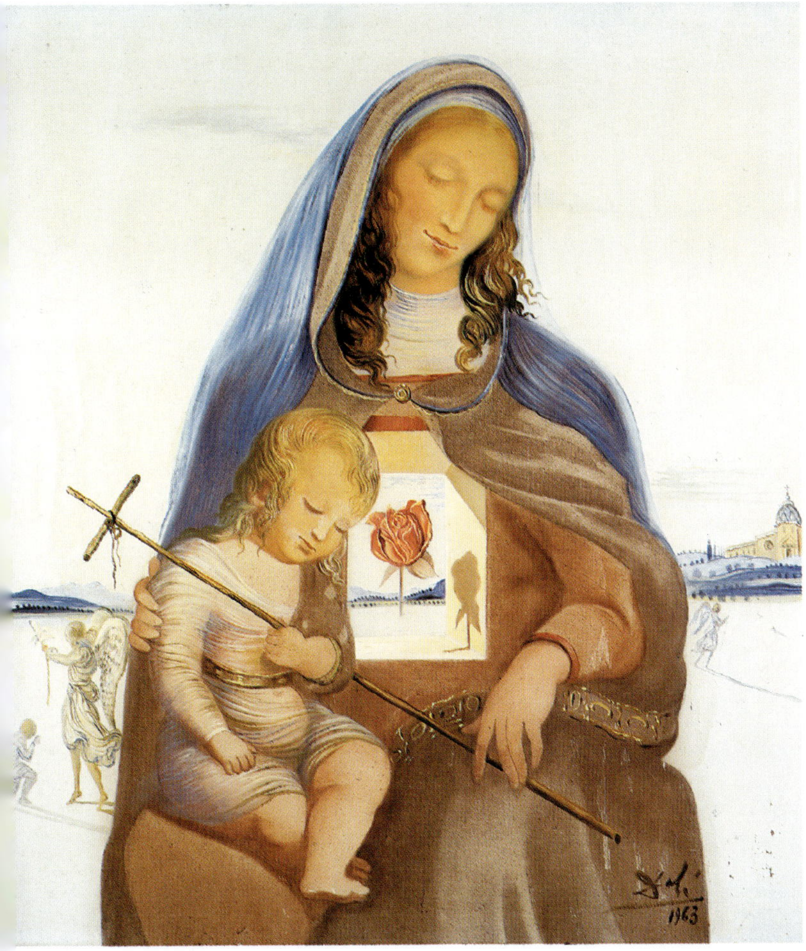

1220

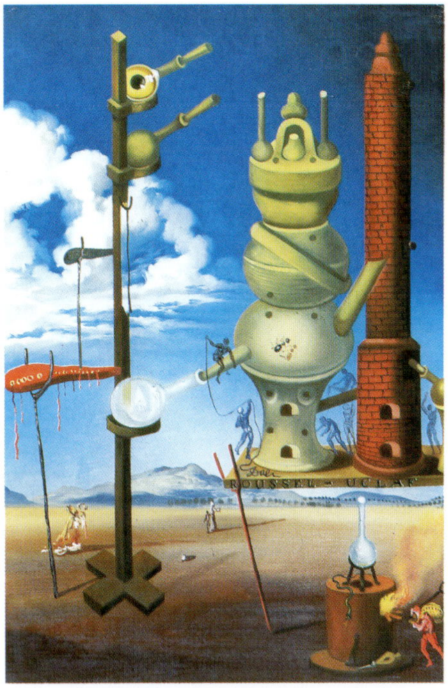

1221

oog het overgestraalde beeld kan waarnemen en tegelijkertijd alles normaal kan zien wat zich in zijn blikveld bevindt. Volgens Dalí heeft de schilder echter een tweede gezicht nodig, dat wordt opgeroepen door de irritatie van het netvlies. Dat dubbele zien, dat men al probeerde te bewerkstelligen met behulp van drugs als mescaline, hallucinogene paddestoelen en LSD, zou heel goed vervangen kunnen worden door die elektroculaire monocle. Dalí had al enkele keren tijdens gesprekken met professor Jayle, een beroemde optiekspecialist, de wens geuit een soort contactlens in zijn oog te brengen die is gevuld met vloeistof, zodat je zelfs tijdens je slaap van buiten gestuurde beelden kunt doorgeven. Dalí is zo enthousiast over de elektroculaire monocle dat hij hem meteen installeert in zijn Catalaanse baret die hij vaak draagt.

Dalí heeft nooit een echte hoed gedragen, maar bedekt zijn hoofd graag met de vreemdste dingen of 'kappen'; alles wat zijn haar aanraakt, heeft symbolische betekenis. Al in zijn jeugd schoor hij zijn hoofd kaal, alleen om het genoegen te hebben er een zeeëgel op te balanceren! We hebben zelfs kunnen zien hoe hij het zachte binnenste uit een 'croustonsbrood' haalde, dat op een driekanten steek lijkt, en met die ongelooflijke hoed naar de exclusiefste club van Figueras, 'Sport Figuerenc', ging en er een schandaal onder de leden veroorzaakte. Later spreekt hij, verkleed als duiker, in het openbaar in Londen of staat hij voor de hoffotograaf Cecil Beaton model met zijn gezicht verborgen achter een schermmasker.

Wie Dalí's werk echt wil begrijpen, moet weten in hoeverre hij zijn fantasie en dromen kan beteugelen zodat ze een plaats vinden in elk van de voor zijn doeken

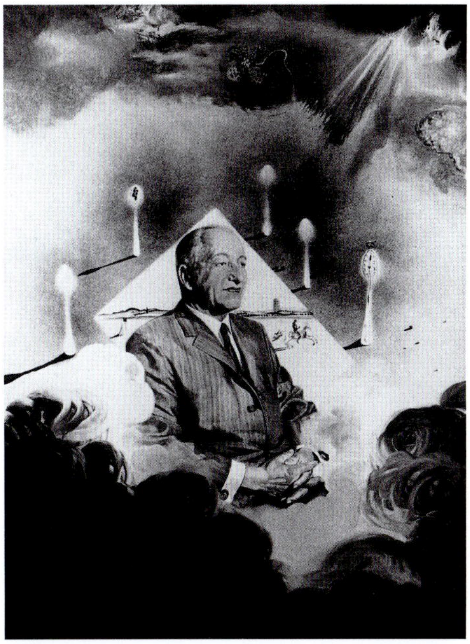

1222

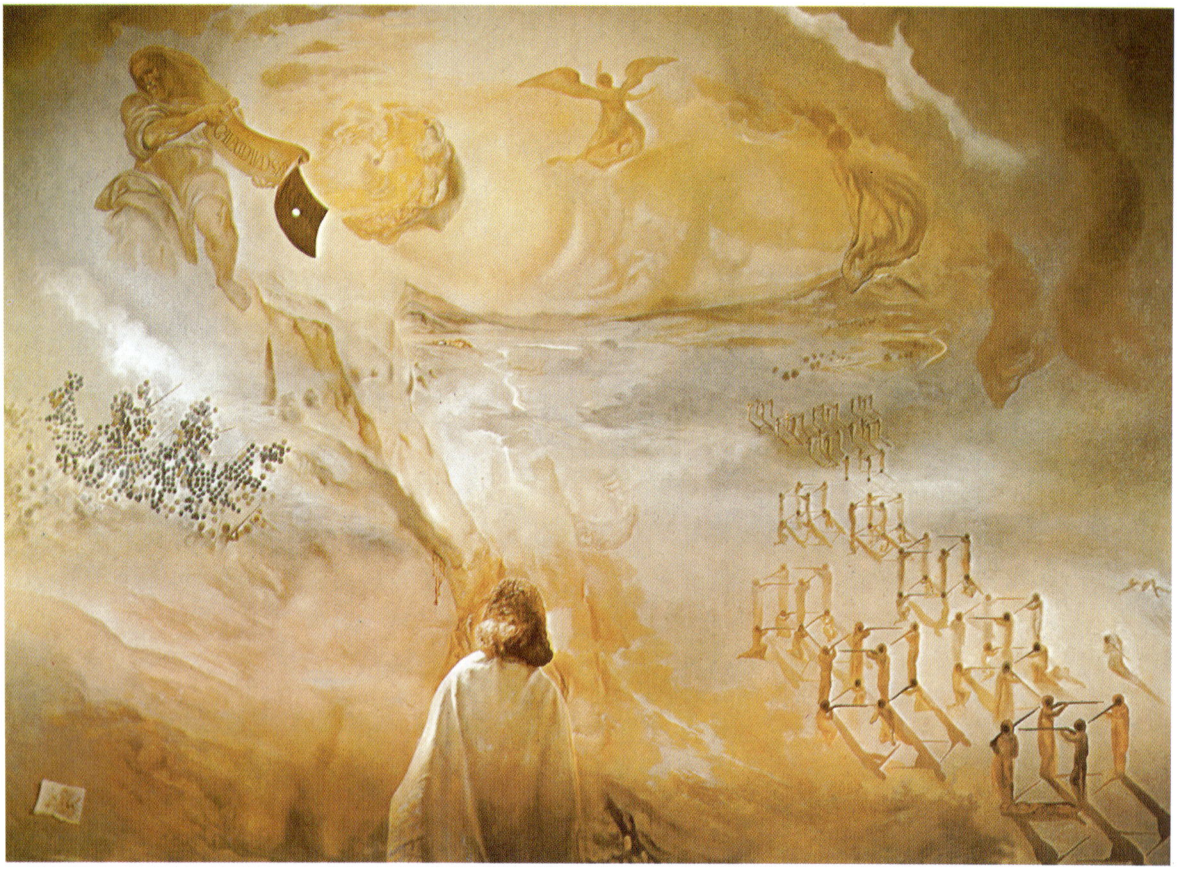

1223

1223 **Galacidalacidedesoxyribonu-cleïnezuur**, 1963 ❑
Galacidalacidesoxyribonucleicacid

1224 **Vrouwelijk naakt** (na **restauratie**), 1964 ❑
Nu féminin

1225 **Hercules die de huid van de zee optilt, vraagt Venus een moment te wachten voordat ze Amor wekt**, 1963 ❑
Hercule soulevant la peau de la mer demande à Vénus d'attendre un instant avant d'éveiller l'Amour

1226 **Zonder titel (Stilleven met lelies)**, 1963 ❑
Sans titre (Nature morte aux lys)

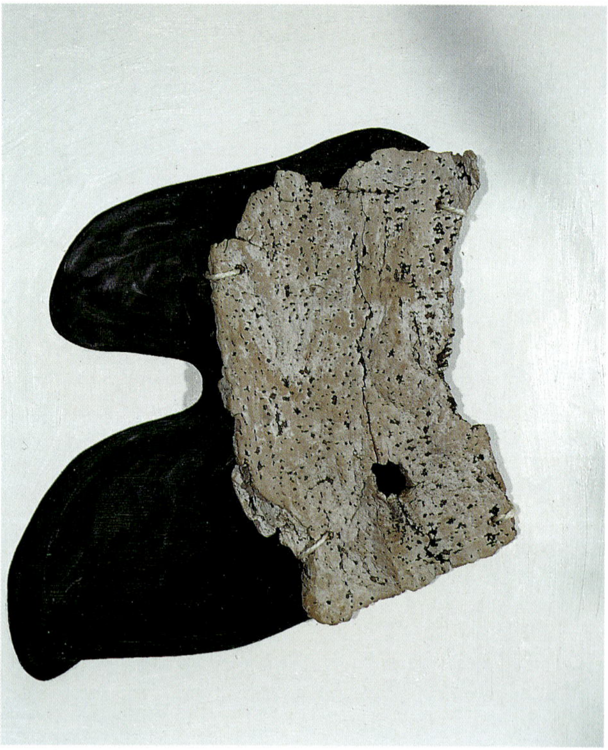

1224

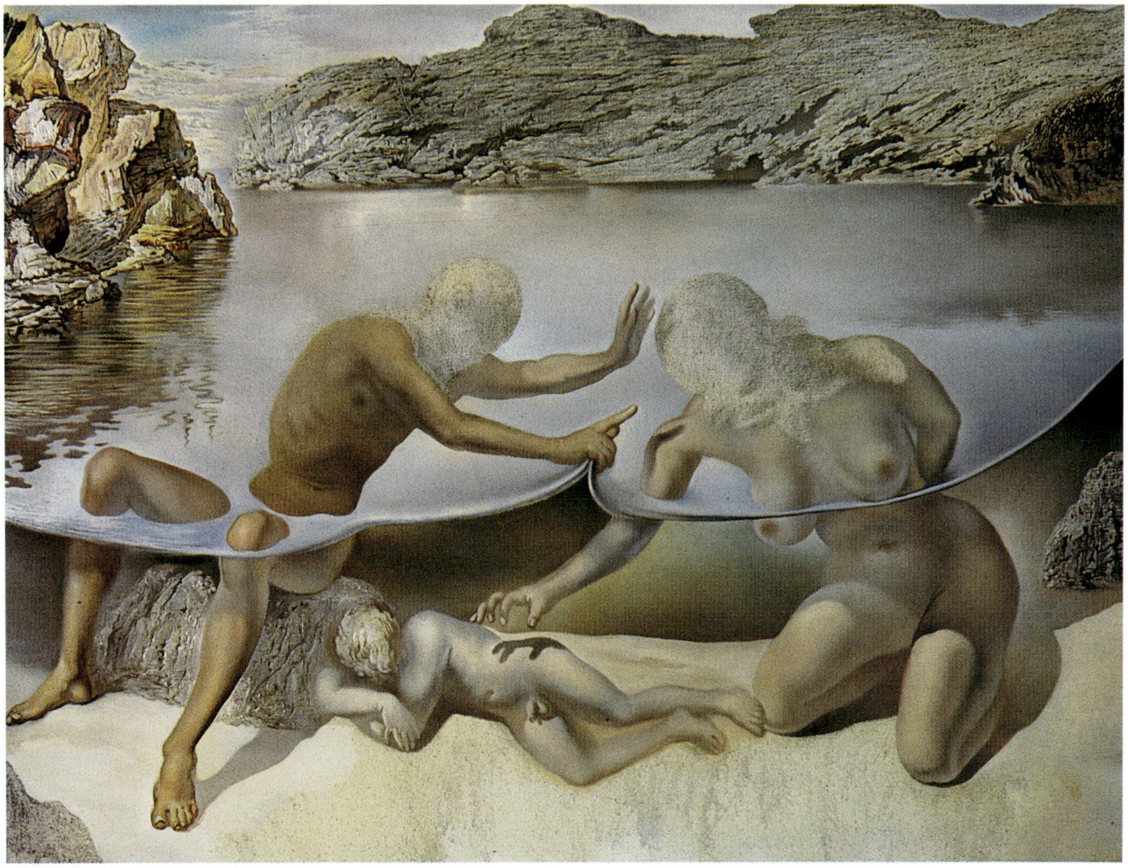

1225

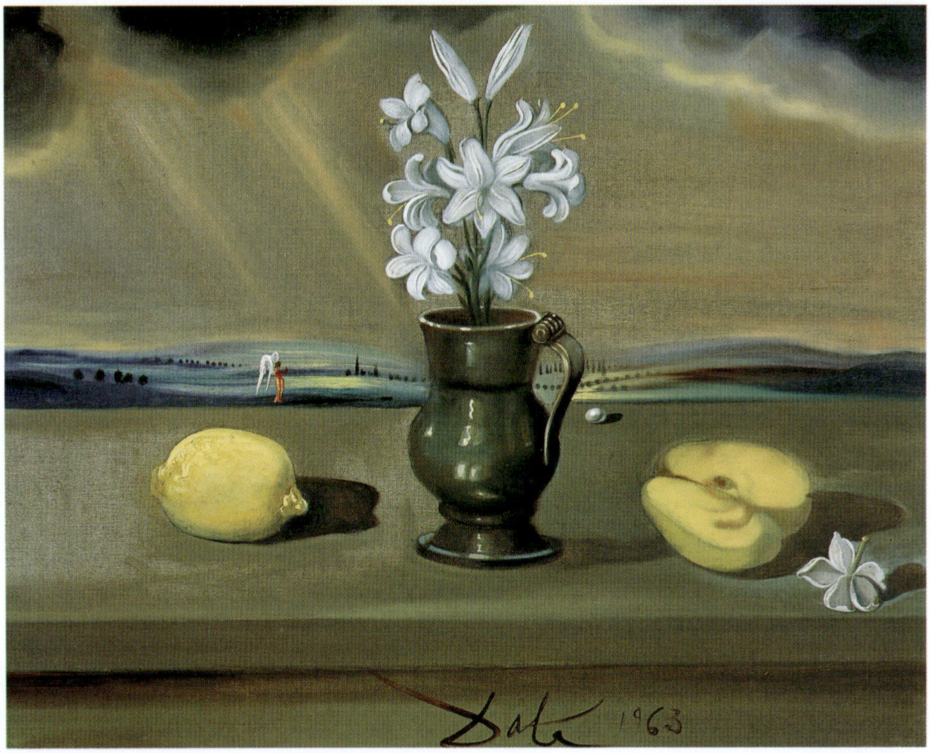

1226

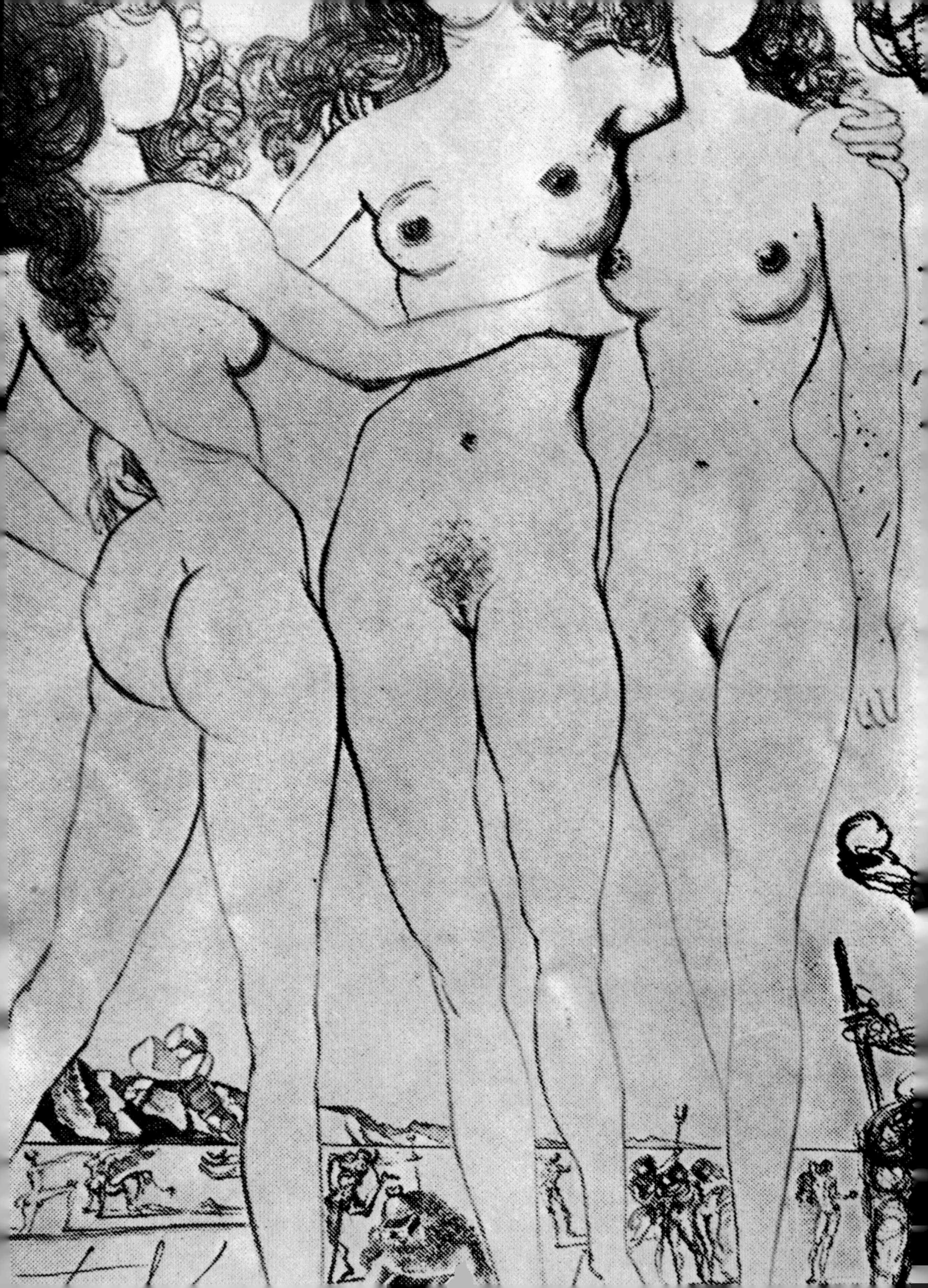

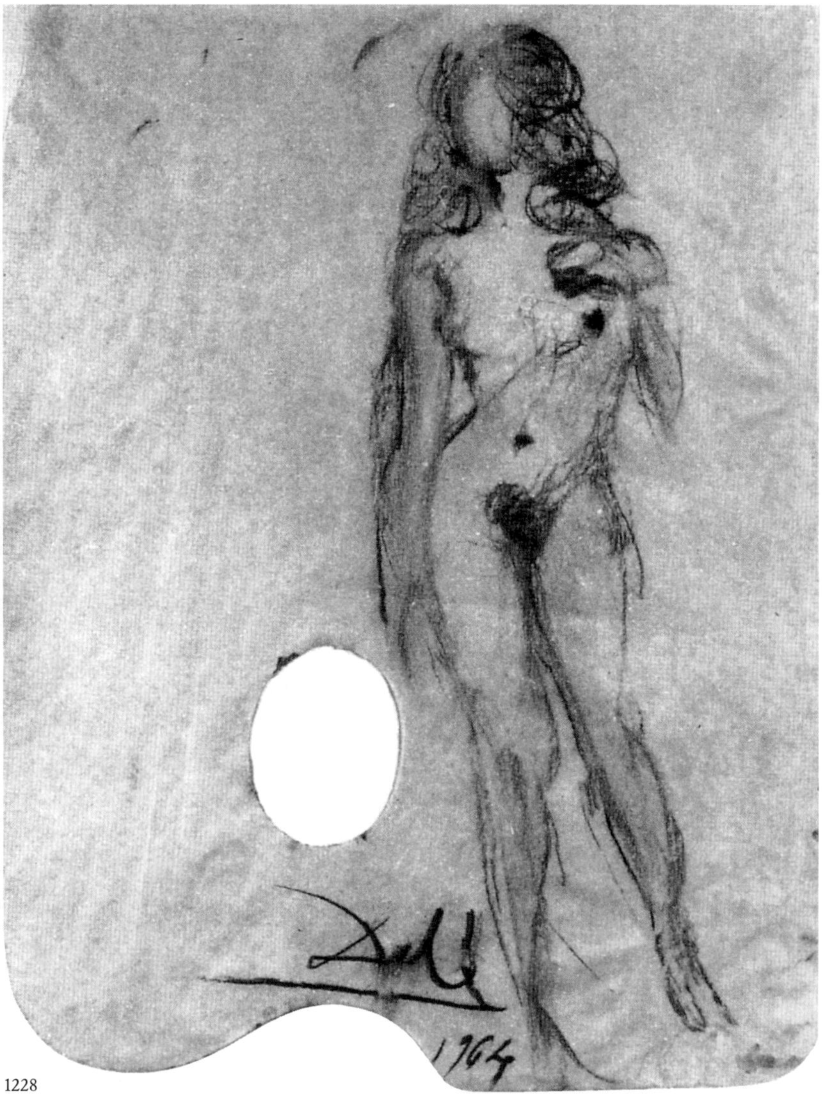

1228

gekozen onderwerpen. De toeschouwer moet weten hoe plotseling en onverwacht Dalí's 'paranoïde-kritische activiteit' uitwerkt op de toevalligste materialen. Wanneer *De slag bij Tetuán* van de Catalaanse schilder Mariano Fortuny een obsessie voor hem is geworden, levert een bladzijde uit het Amerikaanse tijdschrift 'Time' hem bijvoorbeeld het hoofdelement voor het doek dat hij over hetzelfde onderwerp wil schilderen. Op een winteravond ontdekt hij op een in de sneeuw vertrapt en gekreukt exemplaar een foto van een Arabische fantasia; hij raapt het tijdschrift snel op en zegt: "Ik heb mijn slag bij Tetuán gevonden." Zijn voorstellingsvermogen komt even snel te voorschijn wanneer hij arabische cavalcades ontdekt in een krant.

Dalí's gehele schilderkunstige werk wordt gekenmerkt door een zoektocht waarin de behoefte prevaleert om zijn inspiratie en zijn techniek met behulp van regels te beteugelen. In 1948, in de tijd dat hij aan *Leda atomica* werkt (blz. 424-425), begint hij zich te interesseren voor het in de 15e eeuw geschreven boek van Fra Luca Pacioli, 'Divine proporzione'. Met hulp van prins Matila Ghyka, een Roemeense wiskundige, rekent Dalí bijna 3 maanden lang de wiskundige ordening van alle elementen in zijn *Leda atomica* uit. Bij zijn volgende doeken gaat hij op dezelfde manier te werk en gebruikt hij zowel de 'goddelijke verhouding',

1227 **Het oordeel van Paris,** 1963 △
Le jugement de Pâris

1228 **Zonder titel. Vrouwelijk naakt op een schilderspalet,** 1964 △
Sans titre

de canon als de Gulden Snede. Korte tijd later ontdekt hij in 'Nova geometria' van Raimundus Lullus het volmaaktste vierkant in de esthetica, de zogenaamde 'Figura Magistralis'.

De architect van het Escorial, Juan de Herrera, liet zich leiden door Lullus' geometrie toen hij zijn 'Discours sur la forme cubique' (Verhandeling over de kubische vorm) schreef. Dalí gebruikt de aanwijzingen uit dat boek bij de compositie van schilderijen als *Corpus Hypercubus* (blz. 467), dat in het Metropolitan Museum in New York hangt. Net als bij alle grote kunstenaars is het in feite zijn aangeboren gevoel voor verhoudingen dat hem in staat stelt alle canons van de esthetica te gebruiken. Hij slaagt erin ze aan te passen aan zijn wens naar uitdrukkingskracht, of ze nu uit de Oudheid, de Middeleeuwen of de Renaissance stammen. Iedere goede schilder, heeft Dalí ooit gezegd, moet werken als Veláz-

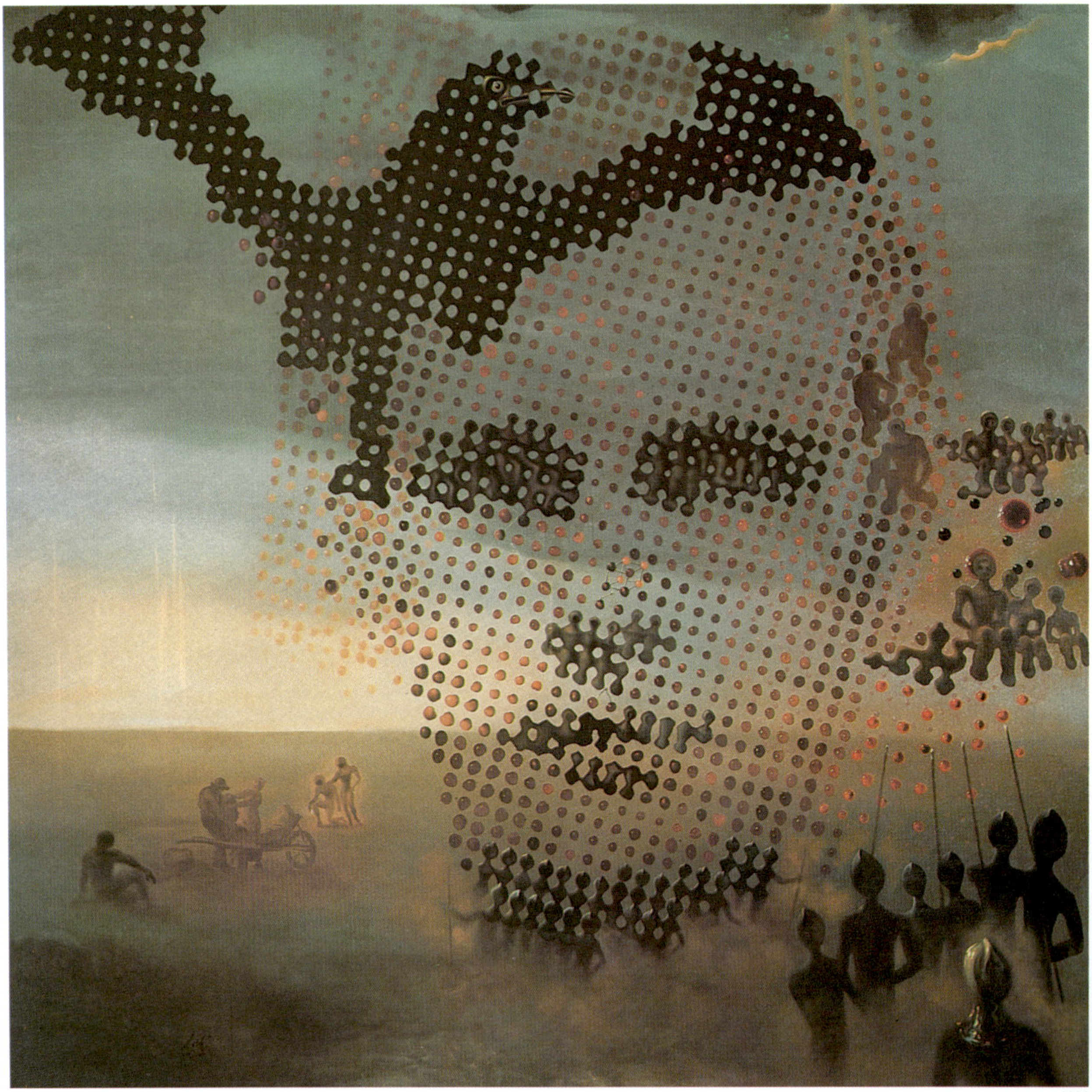

1229

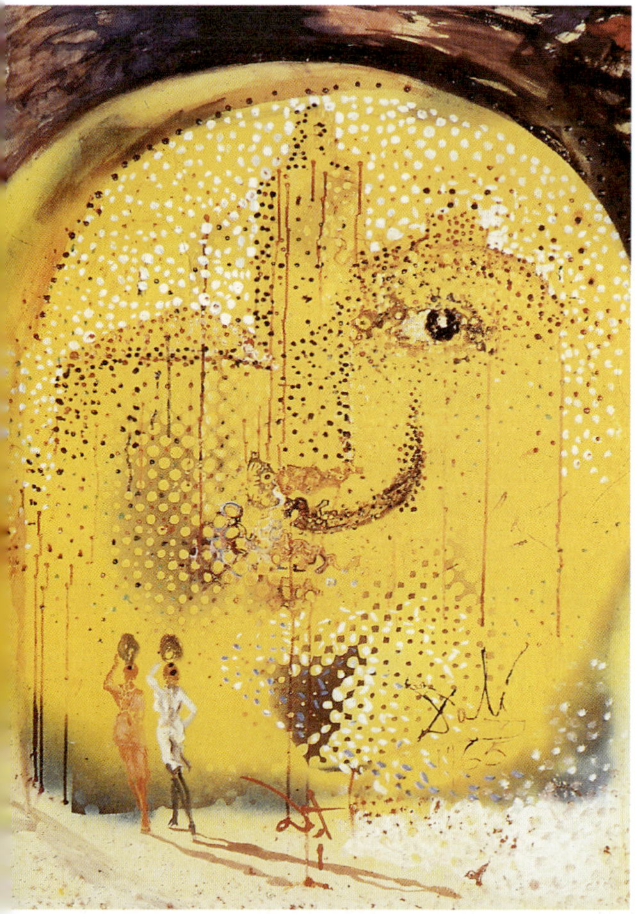

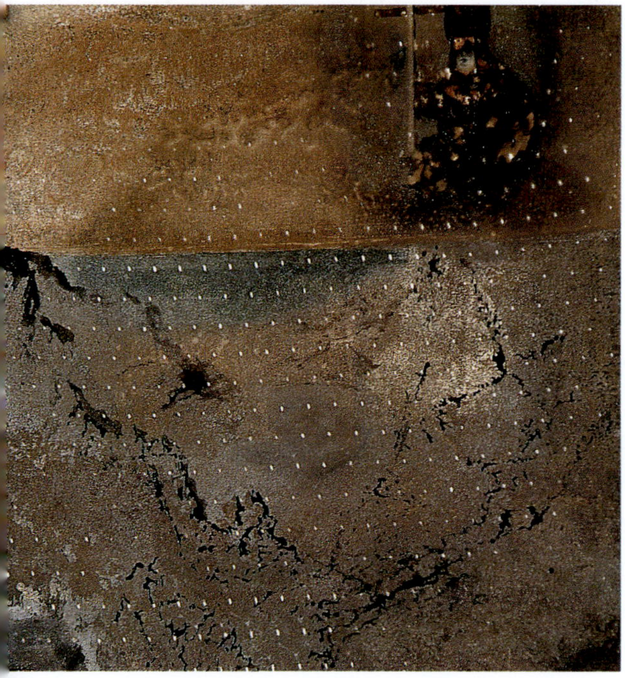

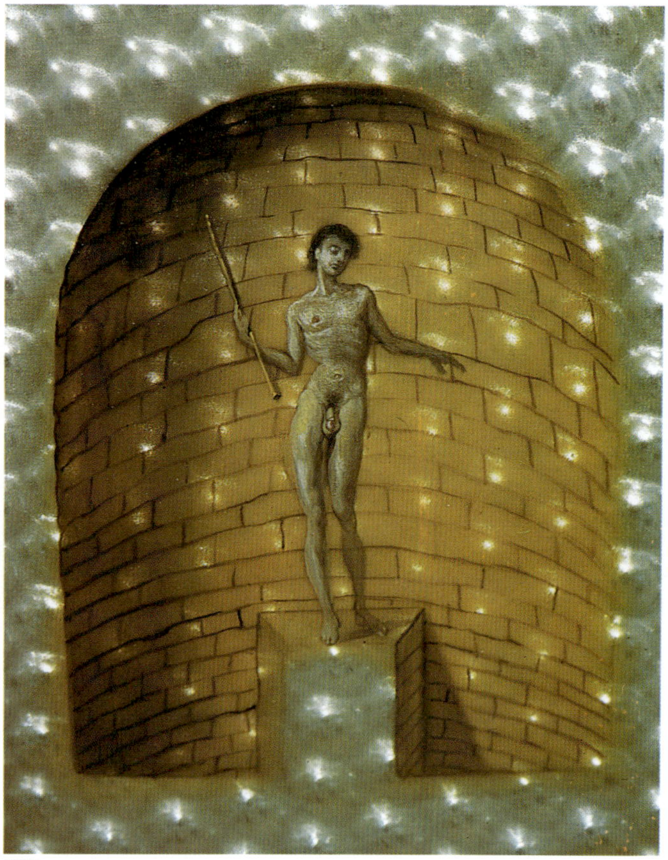

1232

1229 **Portret van mijn dode broer,** 1963 ❑
Portrait de mon frère mort

1230 **Dalí's zon,** 1965 ❑
The Sun of Dalí

1231 **Landschap met vliegen,** 1964 ❑
Paysage avec mouches (Landscape with Flies)

1232 **Zonder titel (St.-Johannes),** 1964 ❑
Sans titre (Saint Jean)

1965

1233 **Odalisque voor het bad (Haremtafereel)**, 1965 △
Odalísque devant un bassin (Scène dans un patio de harem)

1234 **Religieus tafereel**, 1963 △
Scène religieuse

1235 **De hertog van Olivares**, 1965 △
Le Comte-duc de Olivares (El Conde Duque d'Olivares)

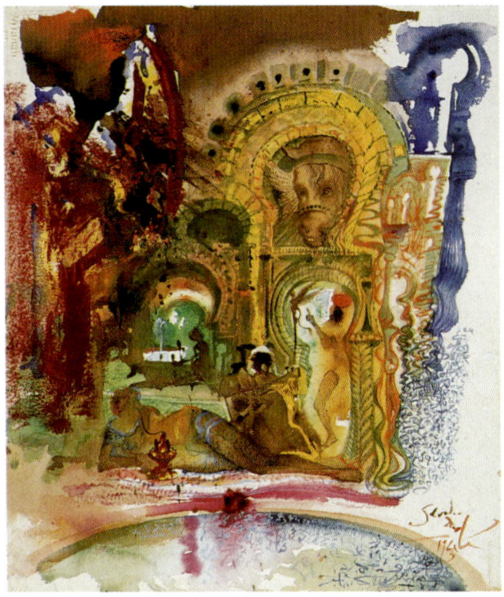

1233

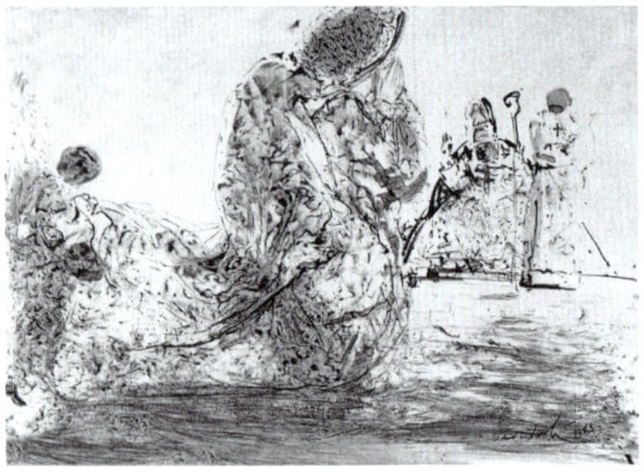

1234

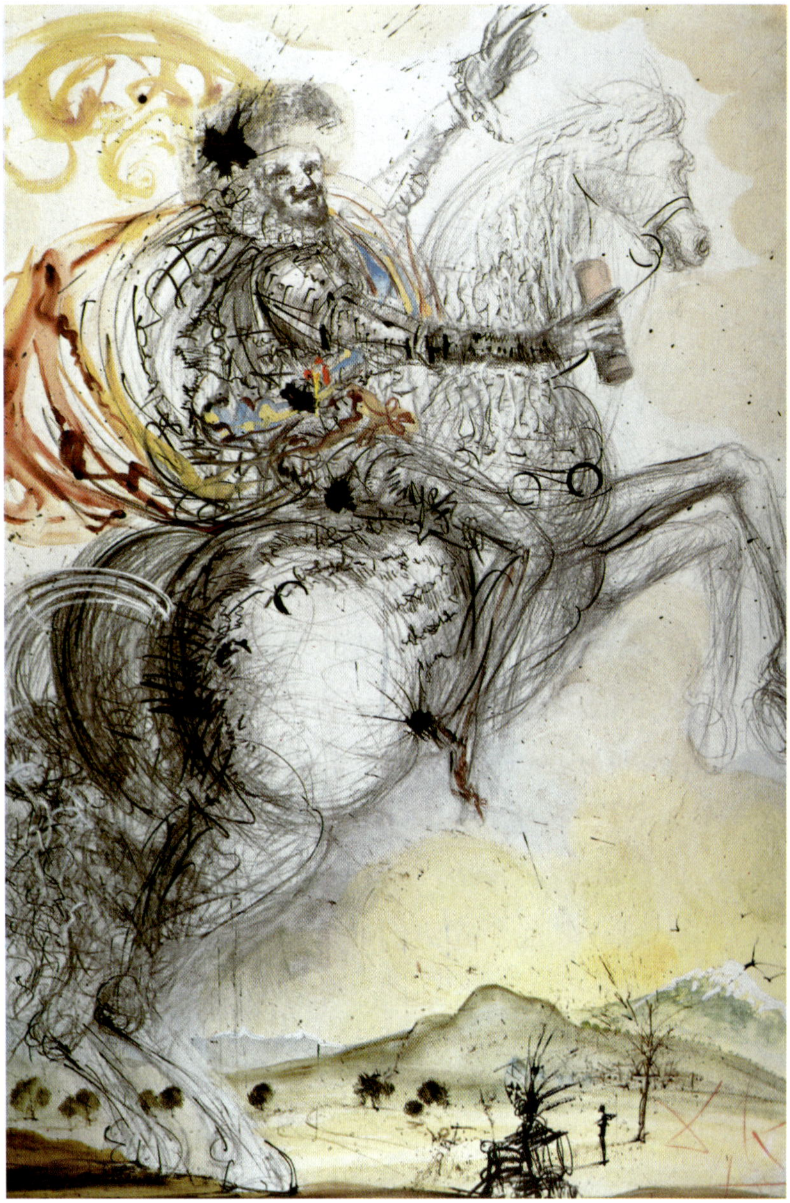

1235

1236 **De communie van Filips II**, 1965 △
La communion de Philippe II

1237 **De apotheose van de dollar**, 1965 ❑
L'apothéose du dollar

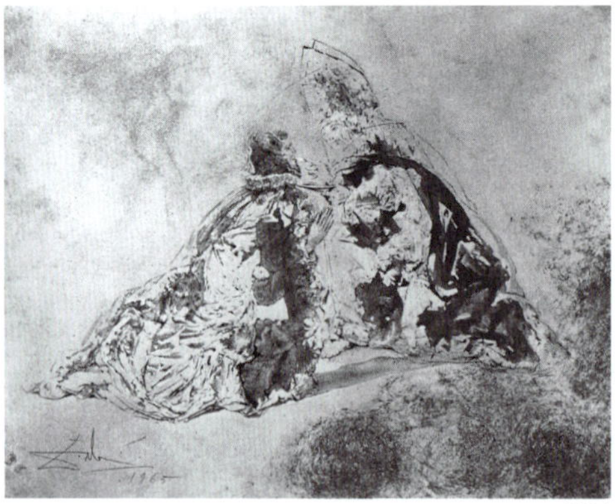

1236

quez, namelijk zijn gevoel voor verhoudingen gebruiken en bij de eerste opzet van het doek de regels pijnlijk precies opvolgen en dan, meent Dalí, “het geheel met stokslagen afmaken”.

In Spanje is het gebruikelijk de meisjesnaam van de vrouw voor de naam van haar man te plaatsen en door een bezittelijk *van* te verbinden om aan te geven dat de vrouw haar man werkelijk toebehoort. Zodoende wekt de titel van Robert Descharnes' boek ‘Dalí de Gala’ (Dalí van Gala), waaruit deze regels komen, de indruk dat Dalí van Gala is. Dat is juist, want Gala heeft hem geïnspireerd en beteugeld, zij beheerste de praktische kant van hun gemeenschappelijke leven. In zijn ‘Geheime leven’ bevestigt Dalí dat hij zonder Gala niet zou zijn. Je moet dit boek hebben gelezen om zijn werk beter te begrijpen en te begrijpen dat Gala niet alleen zijn vrouw was, maar tegelijk de rol van vrouw, moeder en zus op zich heeft genomen. Het onderzoek dat de psychiater Pierre Roumeguère heeft gedaan naar Dalí's persoonlijkheid, is een aanvulling op Dalí's eigen mythologie over Gala. In dit boek vergelijkt de auteur Dalí met Pollux, zijn dode broer met Castor en Gala met Helena. Gala wordt, nadat ze Leda's moeder is geweest, de onsterfelijke zus van Pollux. Op grond van deze aantrekkelijke theorie wordt het

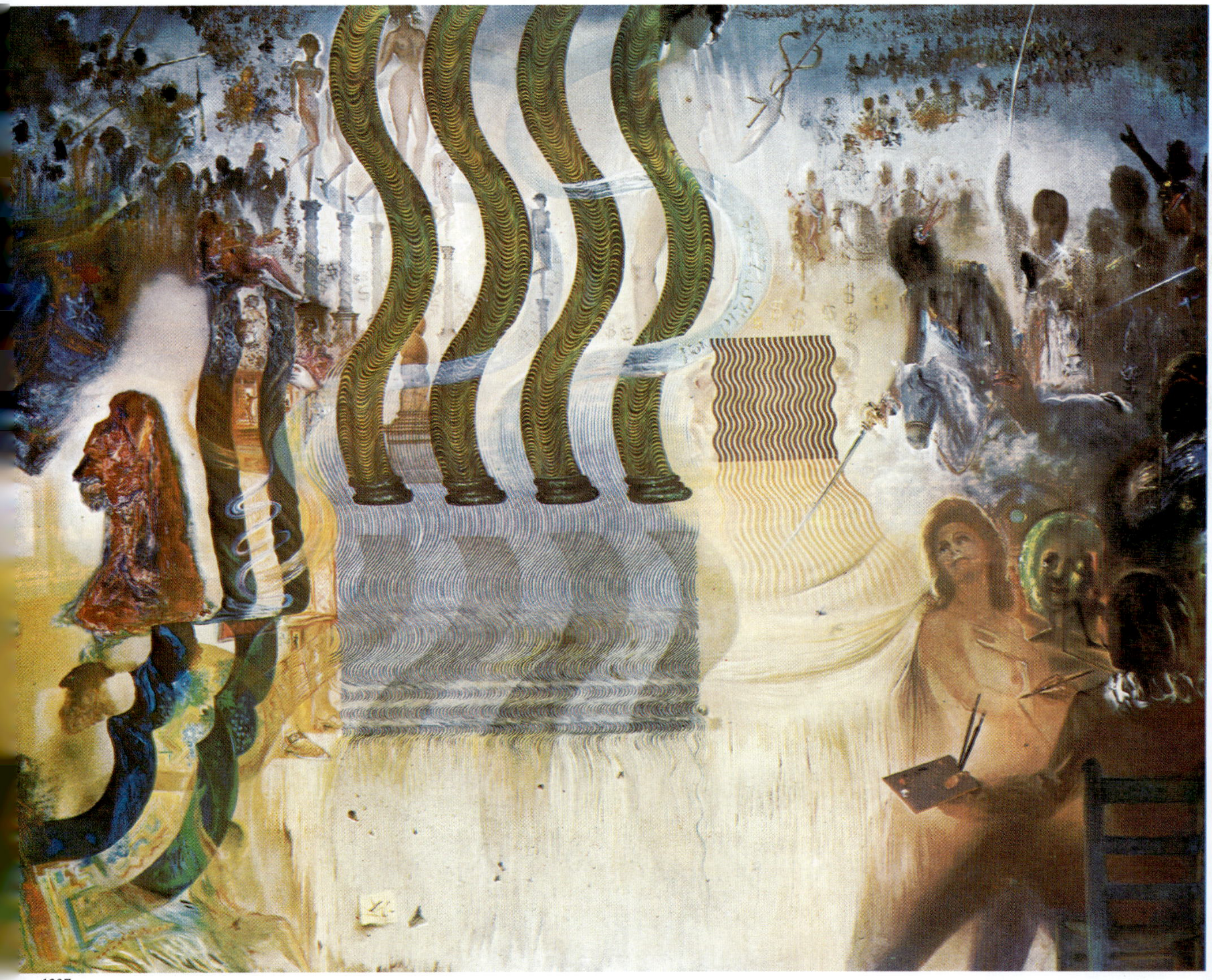

1237

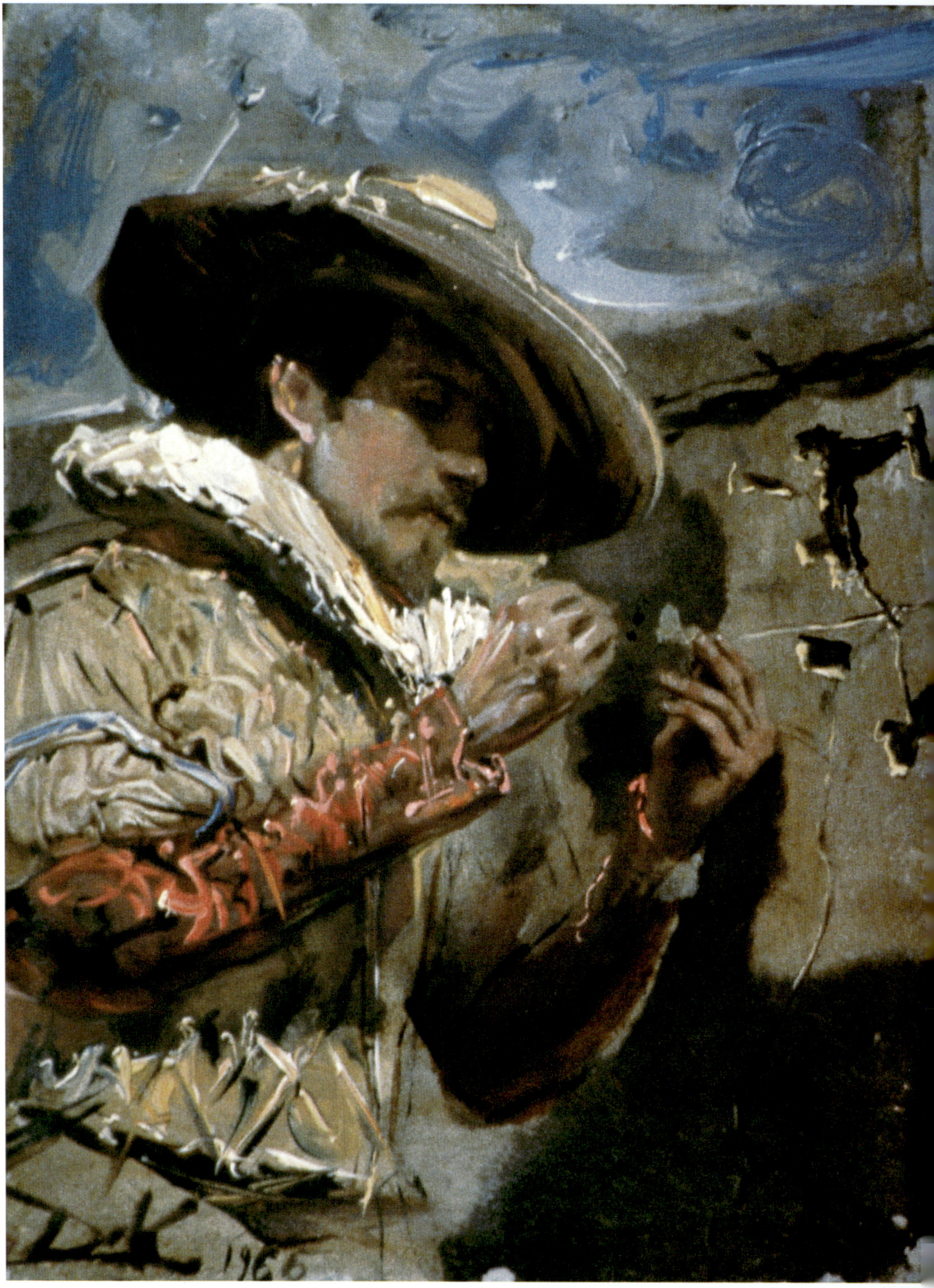
1966

huis in Port Lligat met een kamer uitgebreid, een halfkogelvormige salon: Leda's ei, waarin Gala en Dalí zich verenigen.

Van nu af aan leeft Dalí met twee hardnekkige obsessies: de mythe van de Dioscuren en de cybernetische wetenschap. Zijn geest probeert met alle middelen relaties tussen die twee thema's te vinden. Op een schets voor *De slag bij Tetuán* verschijnt de opdracht: 'voor Helena van haar Dioscuur'. In een wetenschappelijk geschrift heeft Dalí een definitie van cybernetica gevonden en de

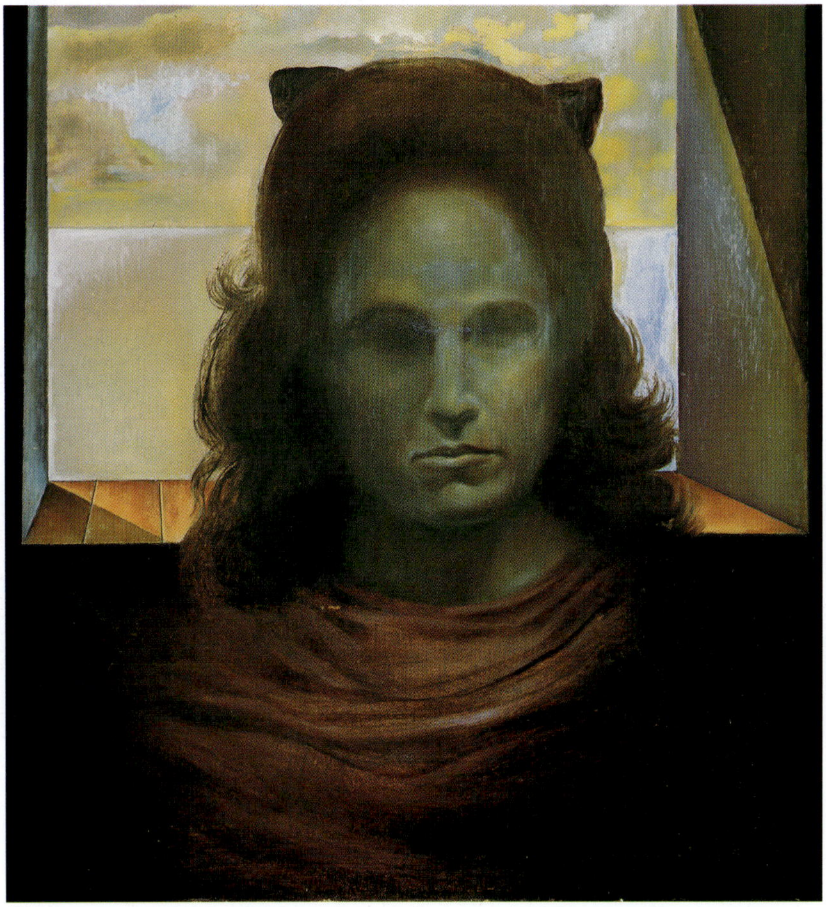

1239

oorsprong van het begrip: Gr. 'kybernetic' = 'de loods'. Plato analyseert de taak van een scheepsloods als volgt: "De kapitein kiest de haven waar het schip naar toe moet. De stuurman bedient het roer om het schip in de juiste richting te voeren. En de loods vertelt de stuurman voortdurend welk roer hij moet gebruiken opdat het schip de haven bereikt." Bij die gemeenschappelijke taak een schip te besturen, besluit de kapitein welke koers wordt gezet, de stuurman voert uit en de loods leidt de uitvoerder. De loods is in zijn beroepsuitoefening dus een cyberneticus. Voor Dalí, die zichzelf vooral beschouwt als loods van zijn leven, is de ontdekking van die definitie van belang. Maar hij gaat een stap verder en vindt meteen een reden het te verbinden met zijn tweede obsessie, de mythe van de dioscuren. Was het in de Oudheid niet de taak van de Dioscuren de schepen te besturen? En Dalí verzekert: "Van afstand bestuurd door onze Dioscuren, loods ik de boot van ons leven, waarvan Gala het roer vast in handen heeft."

1238 **Verklede figuur die een vlinder opspietst**, 1965 ❑
Personnage déguisé en train de clouer un papillon

1239 **Portret van Gala (Gala in tegenlicht)**, 1965 ❑
Portrait de Gala (Gala à contre-jour)

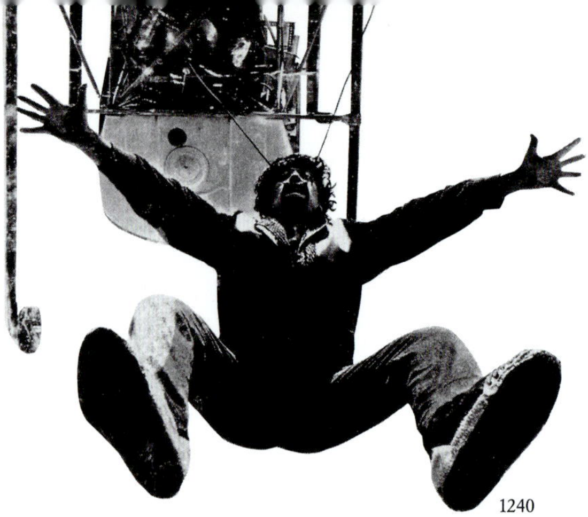

1240

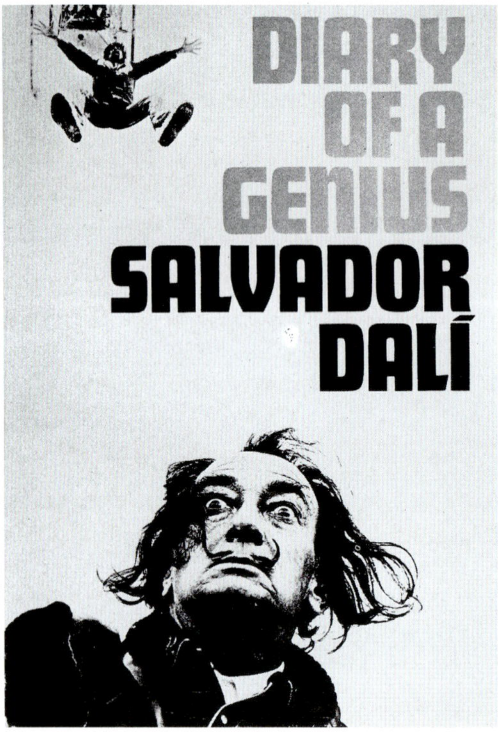

1241

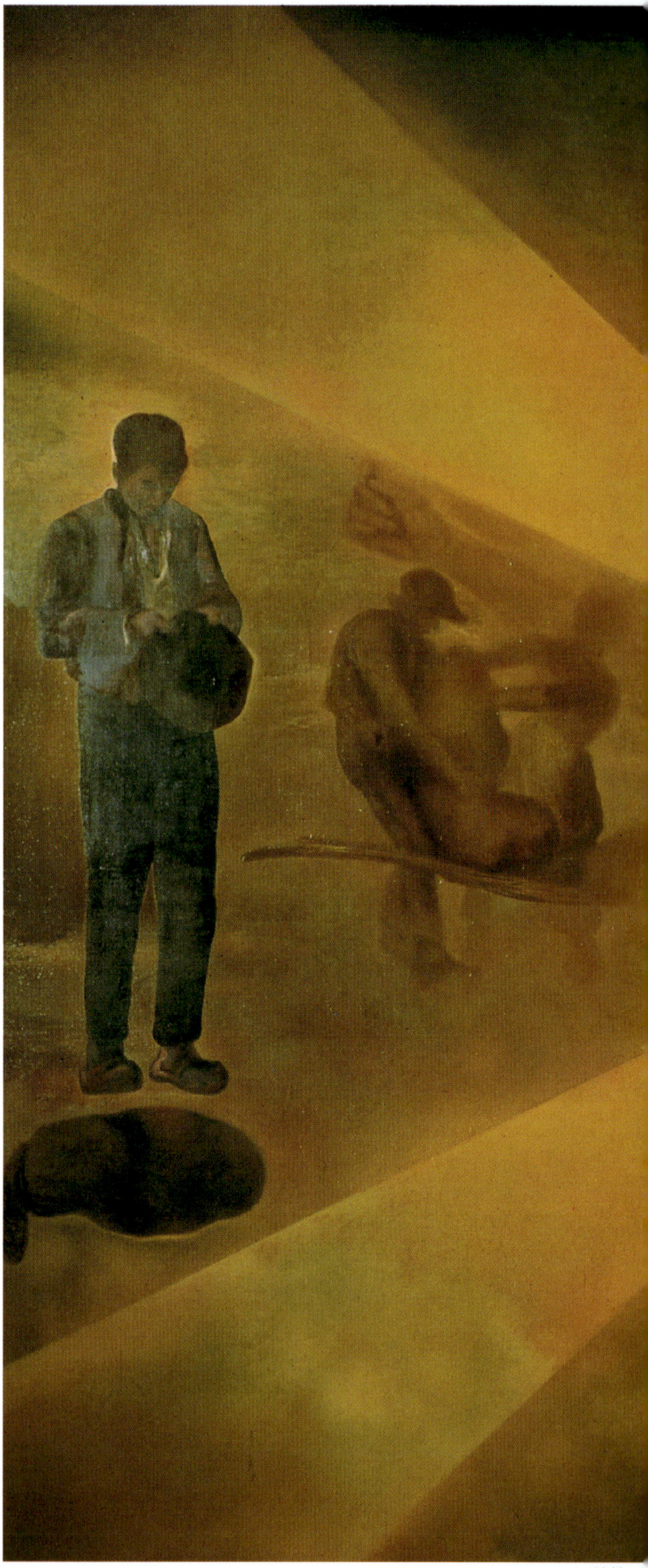

1242

1965

1240 **Detail van het omslag van 'Diary of a Genius'**, 1964 ☆

1241 **Omslag van 'Diary of a Genius', verschenen bij Doubleday, New York**, 1965 ☆

1242 **Het station van Perpignan**, 1965 ❑
La gare de Perpignan, 1965

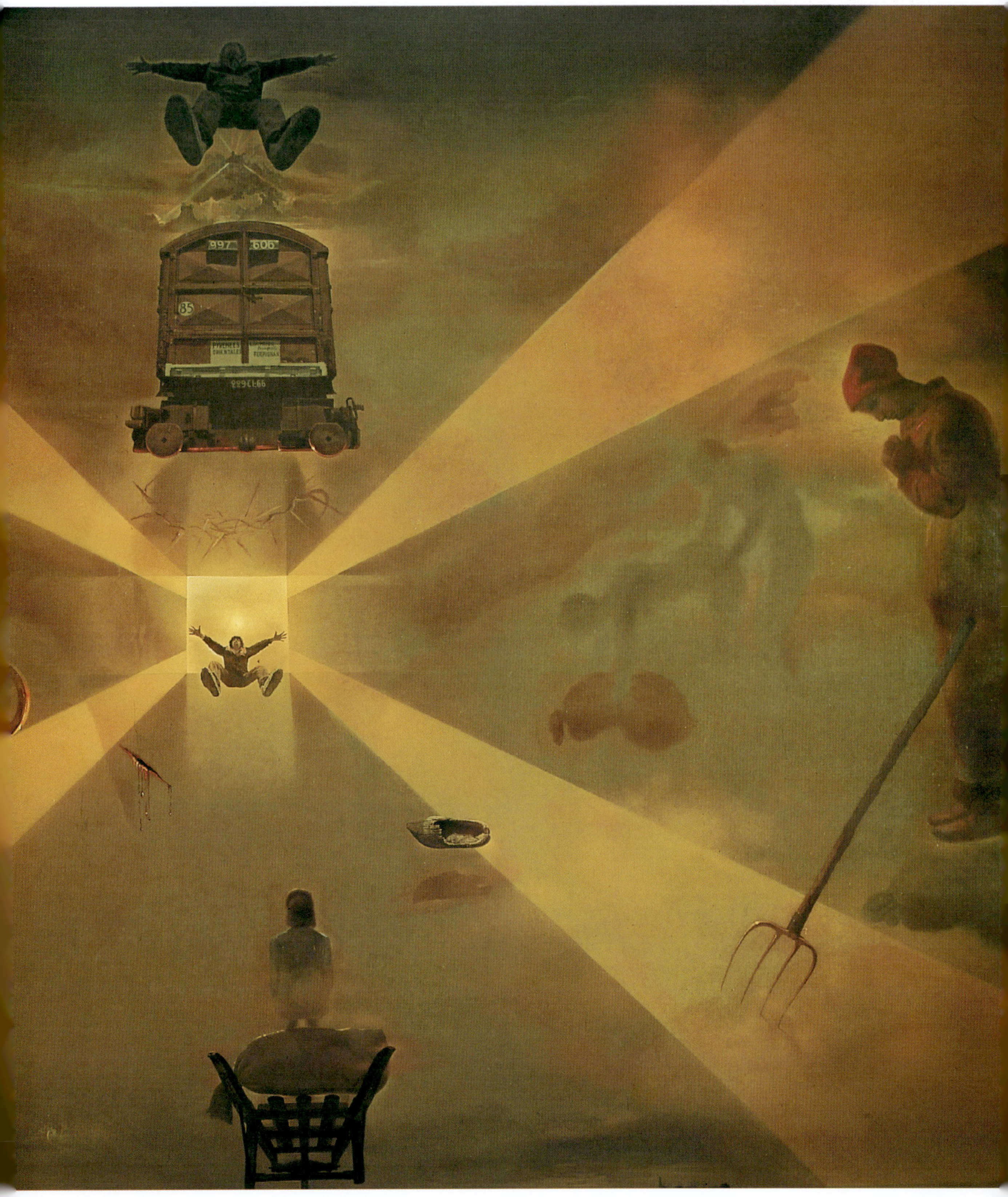
997
606
85
PERPIGNAN

1965

Het mystieke station van Perpignan

"Het meest rustgevende moment in de geschiedenis van de schilderkunst vond plaats op 17 november 1964 midden op het station van Perpignan, waar ik de mogelijkheid ontdekte de echte derde stereoscopische dimensie in olieverf te schilderen."

Gala bekijkt Dalí zoals Leda haar zwaan. De zwaan gedraagt zich als een 'spermatozoön'. De buik van de zwaan loopt al vooruit op het goddelijke ei van Pollux en Helena, de eeneiige tweeling (*Leda en de zwaan*, blz. 535). Hier bekijkt Gala Dalí in een staat van anti-zwaartekracht boven zijn kunstwerk *Pop, Op, Yes-yes, Pompier*, waarop tot onze verrassing de twee beklemmende figuren uit het 'Angelus' van Millet te zien zijn in een atavistische staat van overwintering, tegen een hemel die plotseling verandert in een reusachtig Maltezer kruis, midden op het station van Perpignan, waar het hele universum bijeenkomt...

Weer eens is het de hele Gala-Dalí-sage die door de pi-mesonen en atomen stroomt of door de eetbare waantoestanden of de geestelijke ejaculaties...

"Op het station van Perpignan, op het moment dat Gala de doeken afgeeft die met ons per trein reizen, krijg ik altijd de meest geniale invallen van mijn leven.

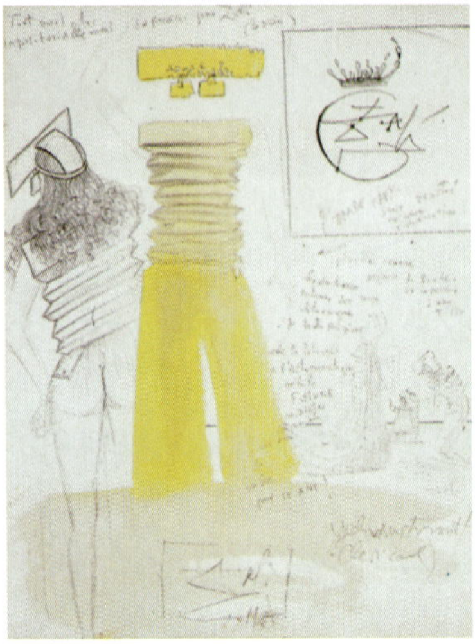

1243

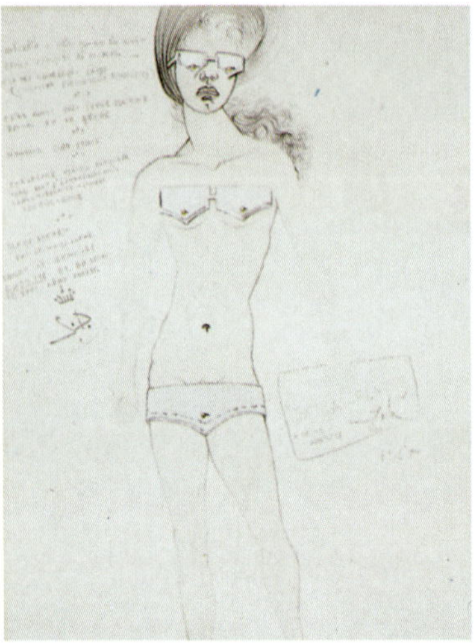

1244

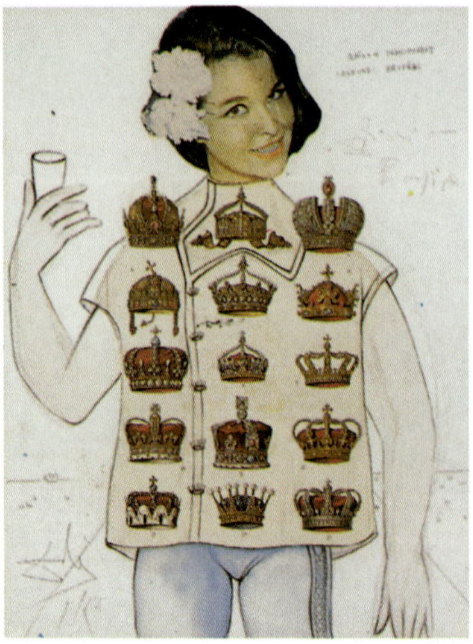

1245

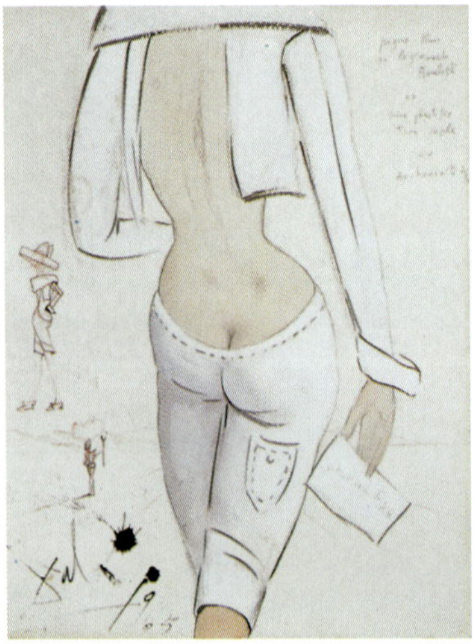

1246

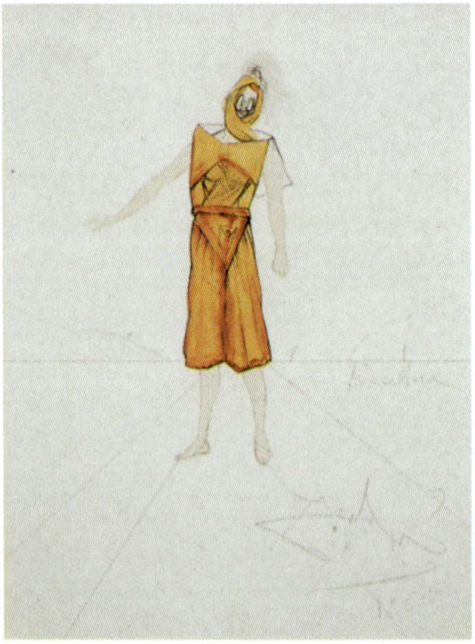

1247

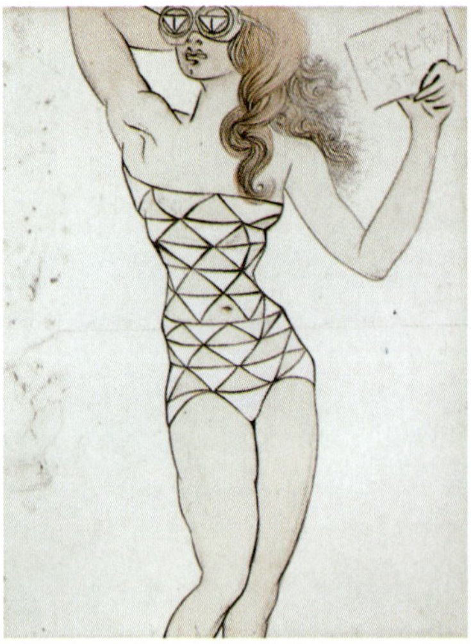

1248

1243 **Gele astronaut (klerikaal),** 1965 △ Yellow Astronaut (clerical)
1244 **Extra plat. Ontwerp voor een bikini,** 1965 △ Extra Flat
1245 **Dalíaans keizerrijk. Ontwerp voor een zomerse cocktailjurk,** 1965 △ Dalínienne Empire
1246 **Ben zo terug. Ontwerp voor een tweedelig strandtenue,** 1965 △ Coming Back
1247 **Barcelona. Ontwerp voor een strandensemble,** 1965 △
1248 **Fifty-Fifty. Ontwerp voor een badpak,** 1965 △
1249 **Portret van Mrs. Ruth Daponte,** 1965 ❑ Portrait de Mrs. Ruth Daponte
1250 **ODalísque,** 1965 △ ODalísque
1251 **Tennis. Ontwerp voor een tennisjurk,** 1965 △ Tennis

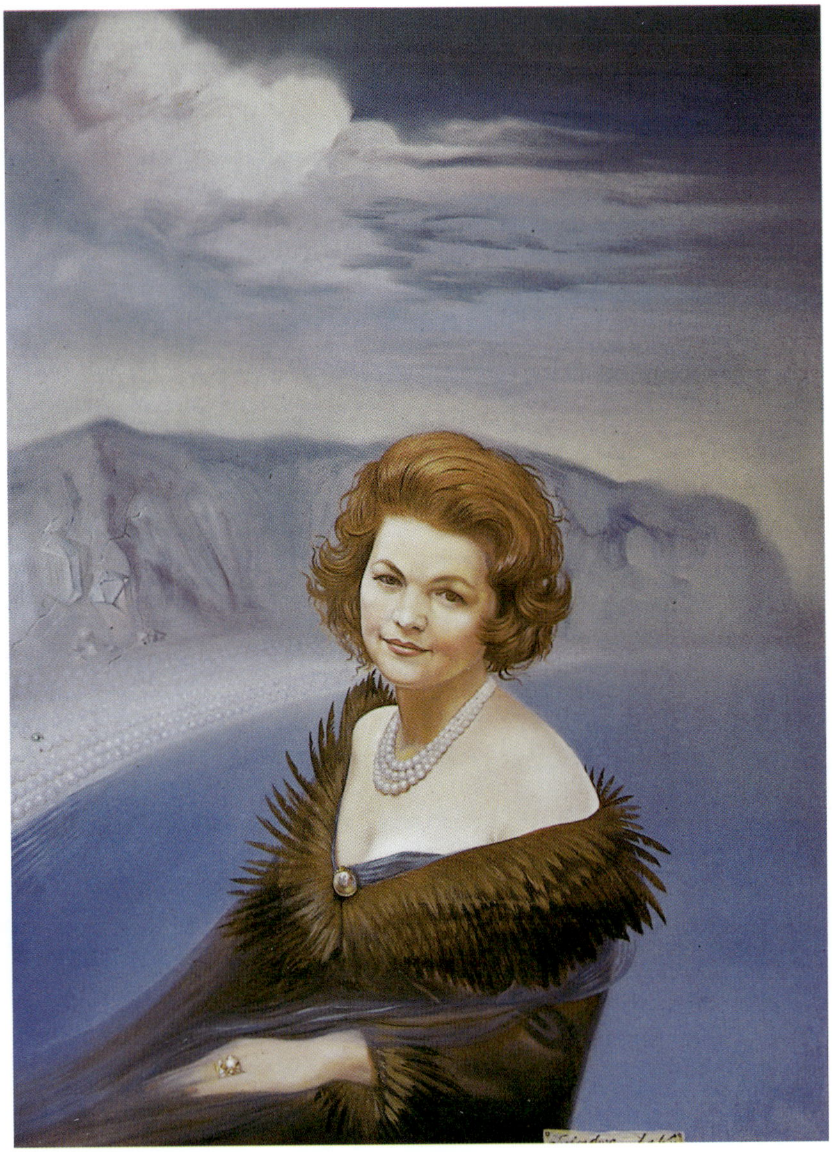
1249

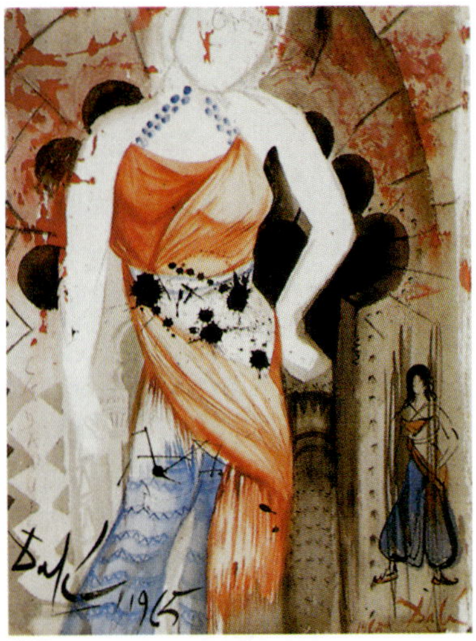
1250

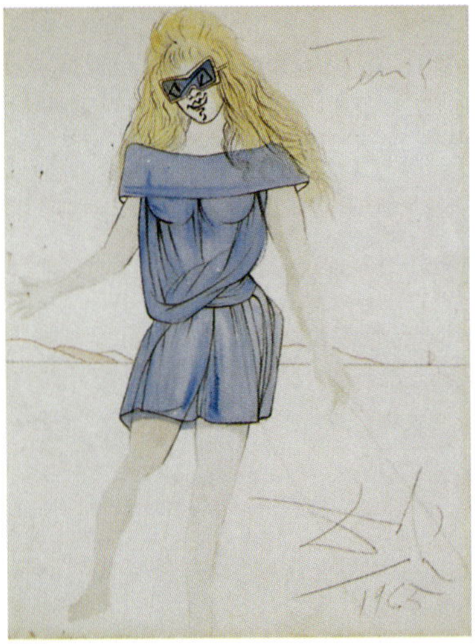
1251

Al een paar kilometer vroeger, in Boulou, komen mijn hersenen in beweging, maar de aankomst op het station van Perpignan veroorzaakt een ware geestelijke ejaculatie, die daar haar grootste en meest sublieme hoogte bereikt. Lange tijd blijf ik op die hoogte, en tijdens die ejaculatie zien ze me steeds met wit weggedraaide ogen. Voor Lyon begint die spanning te verminderen, en gesust door de gastronomische fantasieën van de reis, Pic in Valence en Dumaine in Saulieu, bereik ik Parijs. Mijn brein wordt weer normaal, ook al blijft het, zoals mijn lezer niet mag vergeten, verder geniaal. Nu, op die 19e september heb ik op het station van Perpignan een extase beleefd die sterker was dan alle voorgaande. Ik had een exact visioen van de hoedanigheid van het universum. Het universum, dat behoort tot de meest begrensde zaken die er bestaan, schijnt in zijn structuur relatief veel op het station van Perpignan te lijken."

1252 **Nacht in het hotel (Abstractie in zwart-wit),** 1965 ❑ Nuit à l'Hostal (Abstraction en noir et blanc)
1253 **Mozes en de farao**, 1966 ❑ Moïse et le Pharaon
1254 **Zonder titel (Apocalyptische Christus; Christus gevlamd)**, 1965 ❑ Sans titre
1255 **Zonder titel (St.-Johannes van achteren gezien)**, 1965 ❑ Sans titre (Saint Jean de dos)
1256 **De anatomieles**, 1965 △ La leçon d'anatomie
1257 **Door vliegen gepijnigde Laocoön**, 1965 ❑ Laocoon tourmenté par les mouches
1258 **Kruisiging (opdracht: Voor Gala van de goddelijke Dalí)**, 1965 ❑ Crucifixion

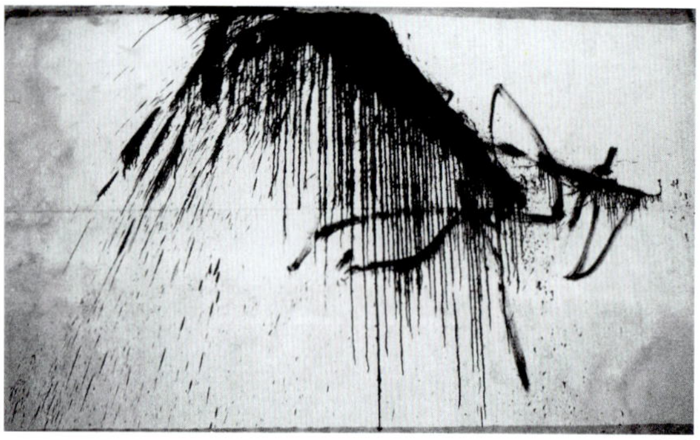

1252

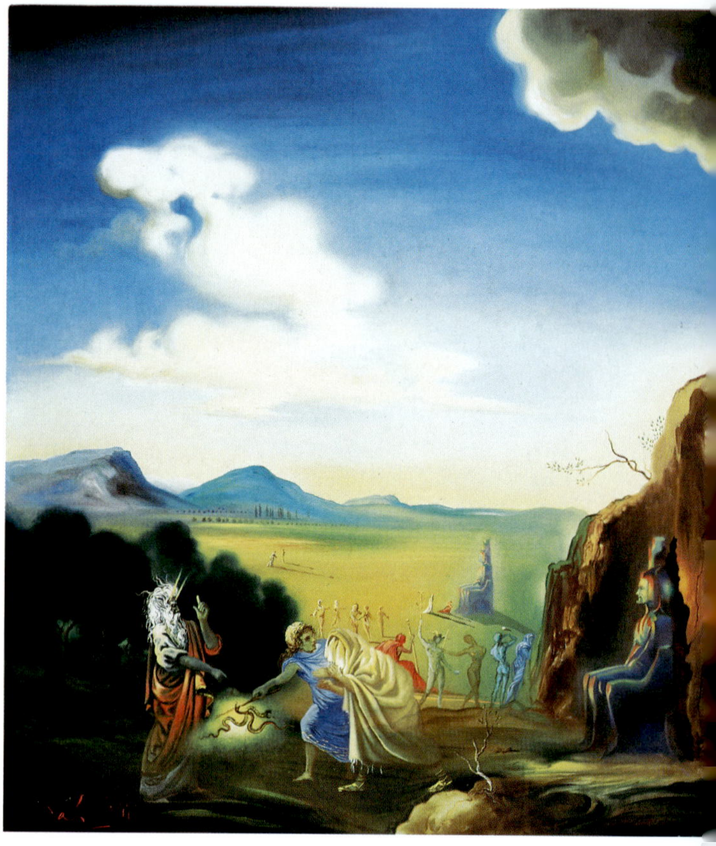

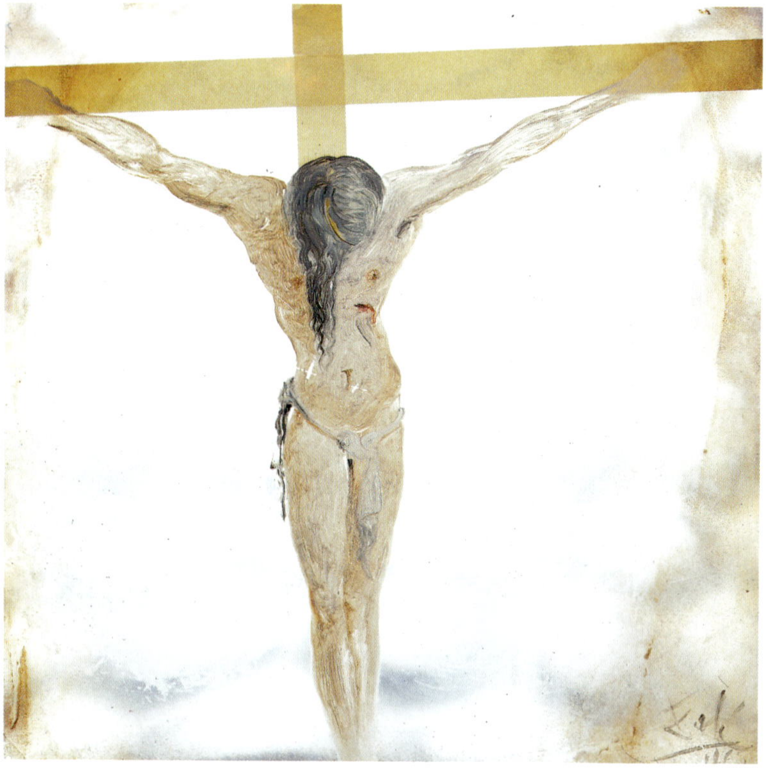

1254

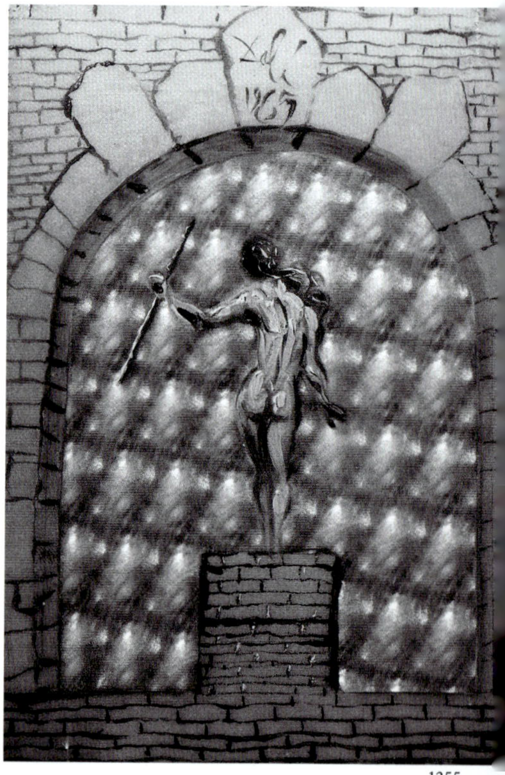

1255

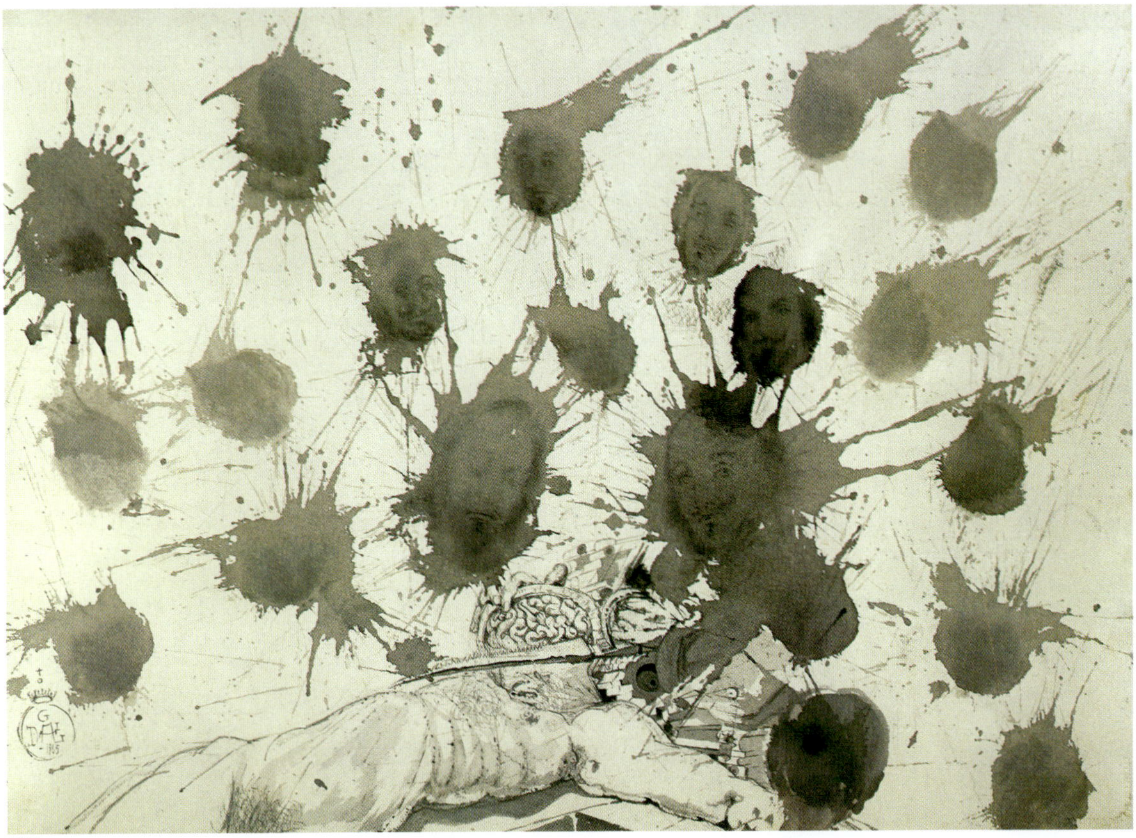
1256

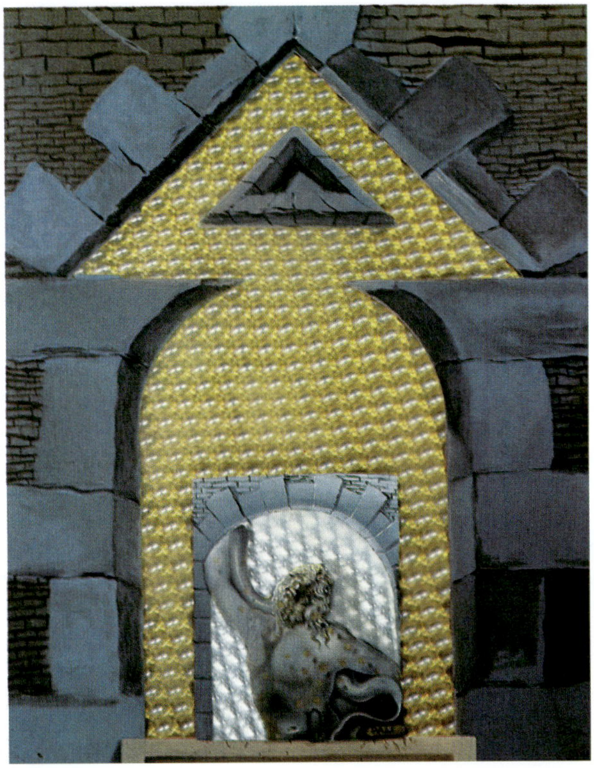
1257

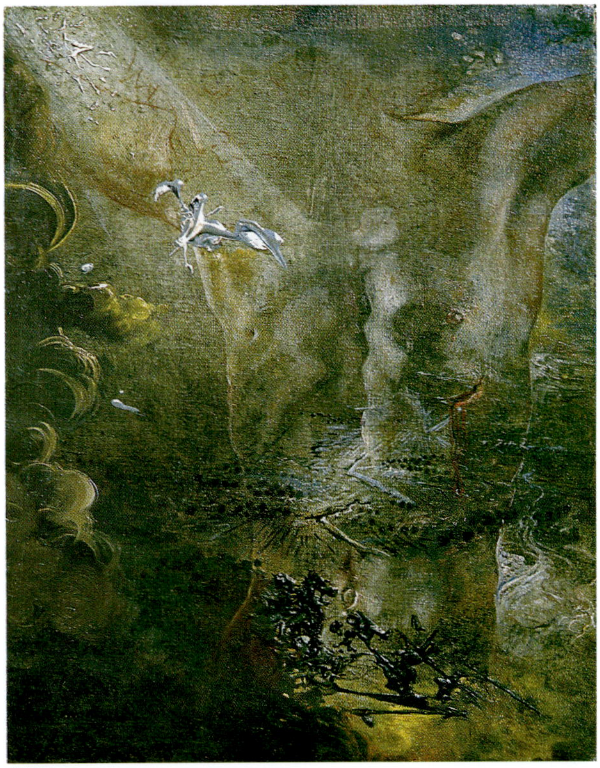
1258

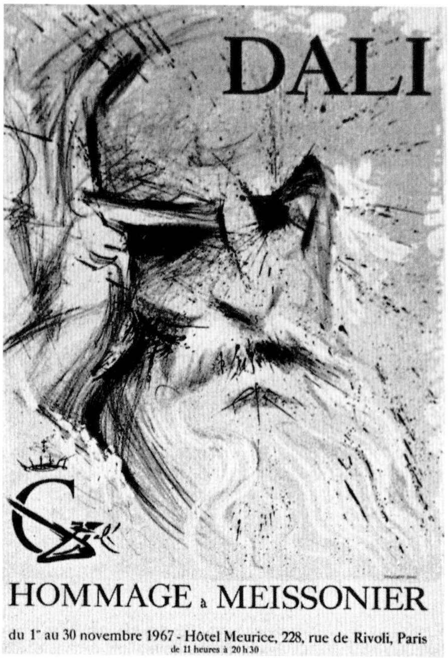

1259

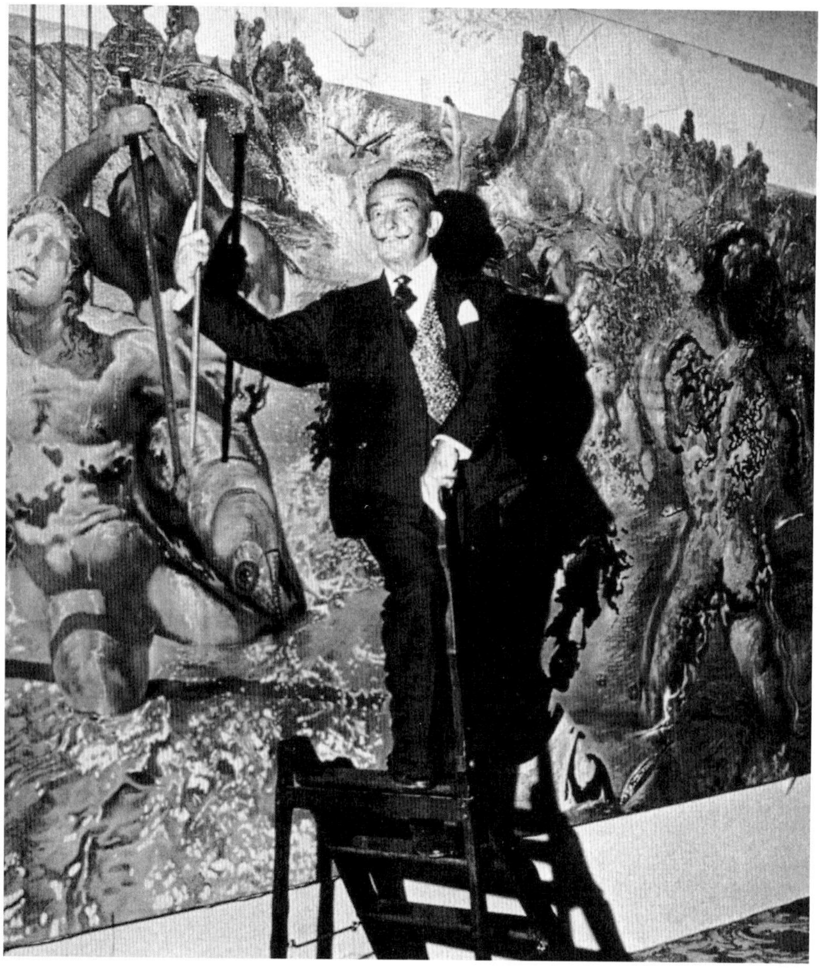

1260

De gequantificeerde kunst van de 'pompiers': Hommage aan Meissonier

1259 **Affiche voor 'Hommage à Meissonnier'**, 1967 ☆

1260 **Dalí voor zijn doek 'De tonijnvangst'**, 1967 ☆

1261 **Ernest Meissonier: De slag bij Friedland, 1807 (detail)**, 1888, **New York, The Metropolitan Museum of Art** ☆

1262 **Hommage aan Meissonier**, 1965 ❑
Hommage à Meissonier

Tussen alle grote mythen die Dalí bezighouden, de Dalí die nu op weg is naar zijn late werk –en vanwege de dood moet scheiden van de eeneiige tweeling, de Dioscuren, het prachtige duo– neemt *De tonijnvangst* (blz. 568-569) naast het meesterwerk aller meesterwerken, *De hallucinogene torero* (blz. 578), zeker de belangrijkste plaats in.

Dit 'vrij grote' doek (meer dan drie bij vier meter) wordt naar aanleiding van de tentoonstelling 'Hommage à Meissonier' tentoongesteld in Hotel Meurice in Parijs, waar Dalí altijd verblijft als hij in de hoofdstad is. Jacques Michel schrijft in 'Le Monde': "*De tonijnvangst*, dat hij exposeert in Hotel Meurice, is het 'ambitieuste schilderij dat hij ooit heeft geschilderd'. Het thema is afkomstig uit een verhaal van zijn vader, 'die een verteltalent had dat zich met Homerus kon meten'. Maar, zoals Dalí aanvult, 'de energie die het doek uitstraalt, is angstaanjagend...' en geenszins verwant met het fotografische maniërisme van de doeken van bepaalde 'pompiers' waarmee hij zijn werk heeft omringd: Detaille, A. de Neuville, Suraud en Boldini. Hij eert ook Messonier en Gustave Moreau, die hij via de omweg van het Surrealisme met zichzelf verenigt."

Na de Pop- en Op-Art hier nu ook de door Dalí gequantificeerde kunst van de 'pompiers'. In zijn uitnodiging kondigt hij aan dat "Dalí in het kader van de

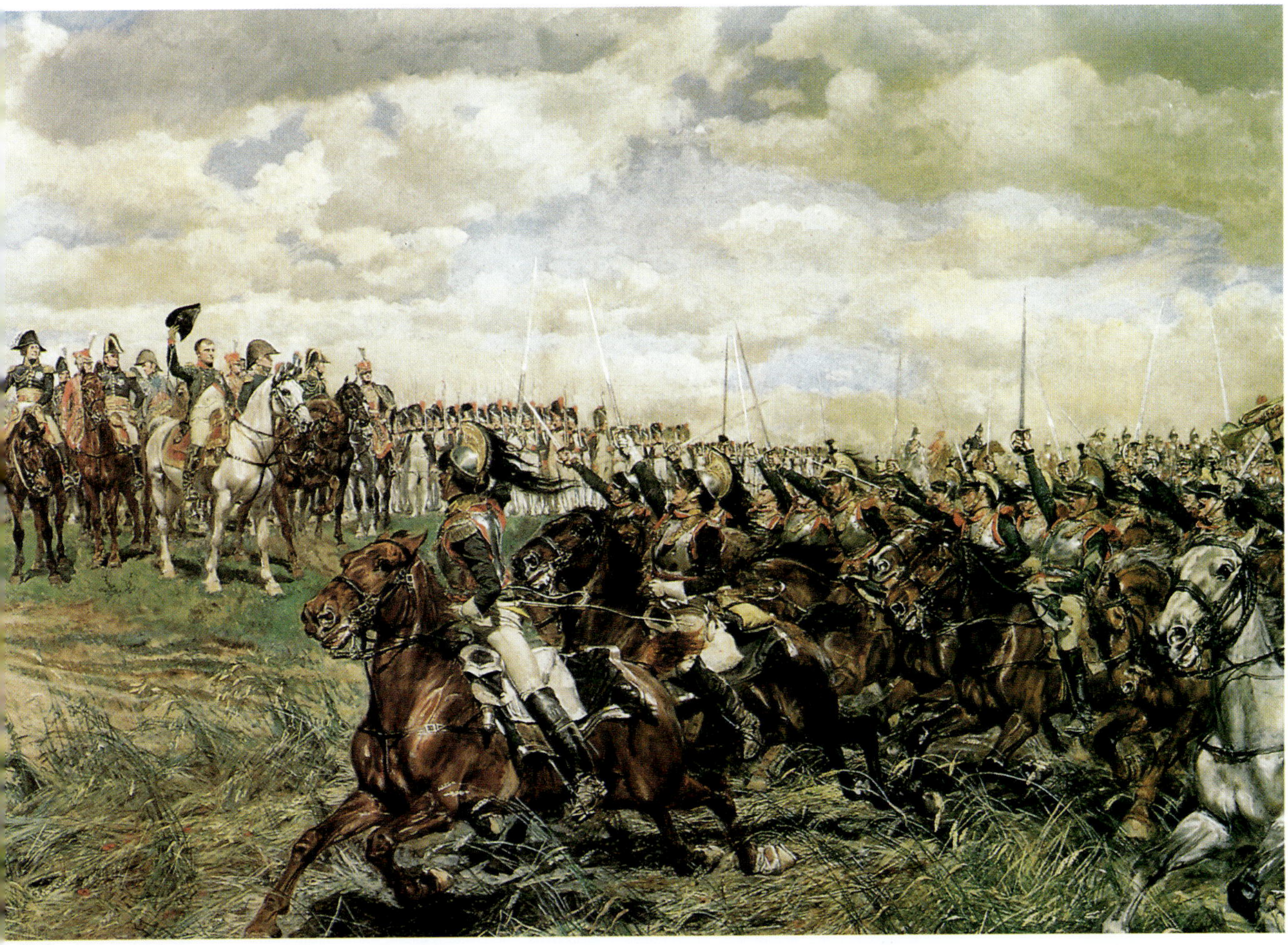

1261

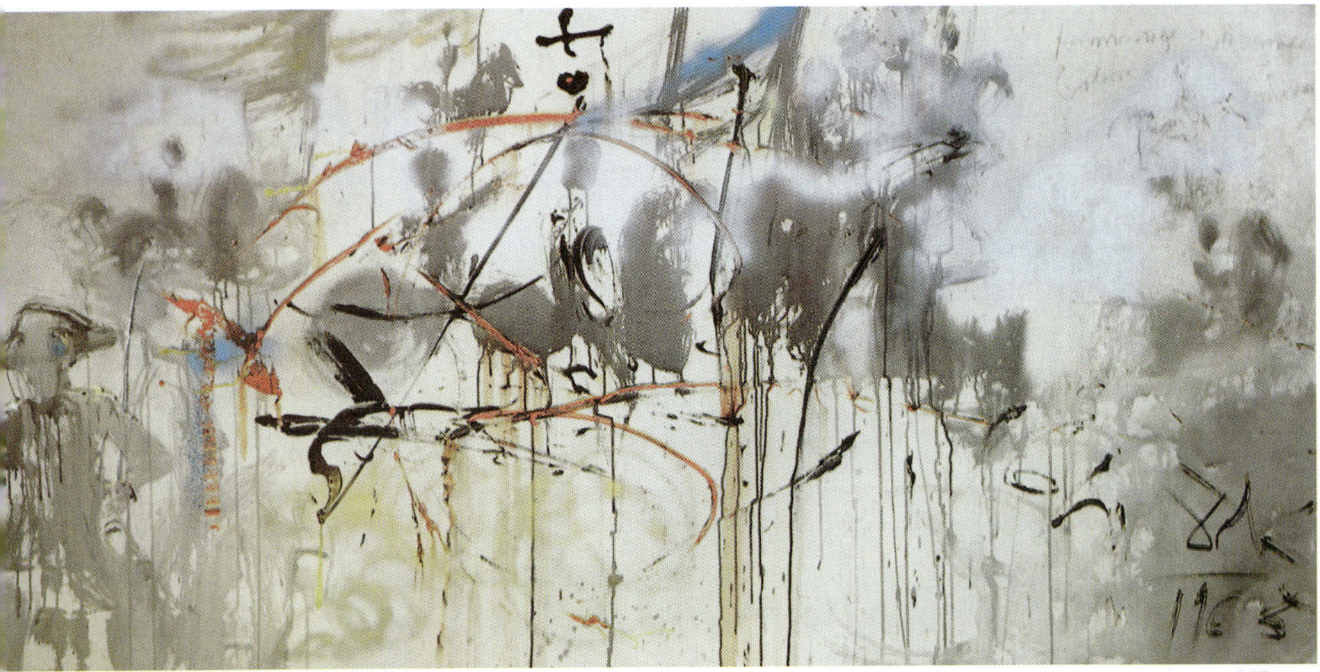

1262

1263 **Studie voor 'De tonijnvangst'**, 1966-1967 △

1264, 1265, 1266, 1267 **De ontwikkeling van 'De tonijnvangst' van 1966-1967** ☆

1268, 1269 **Studies voor 'De tonijnvangst'**, 1966-1967 △
Geëxposeerd tijdens de presentatie van dit reusachtige doek naar aanleiding van de 'Hommage aan Meissonier' in Hotel Meurice in Parijs. Dalí verklaart: "Nee! Nee! en nog eens nee: wij slaan niet

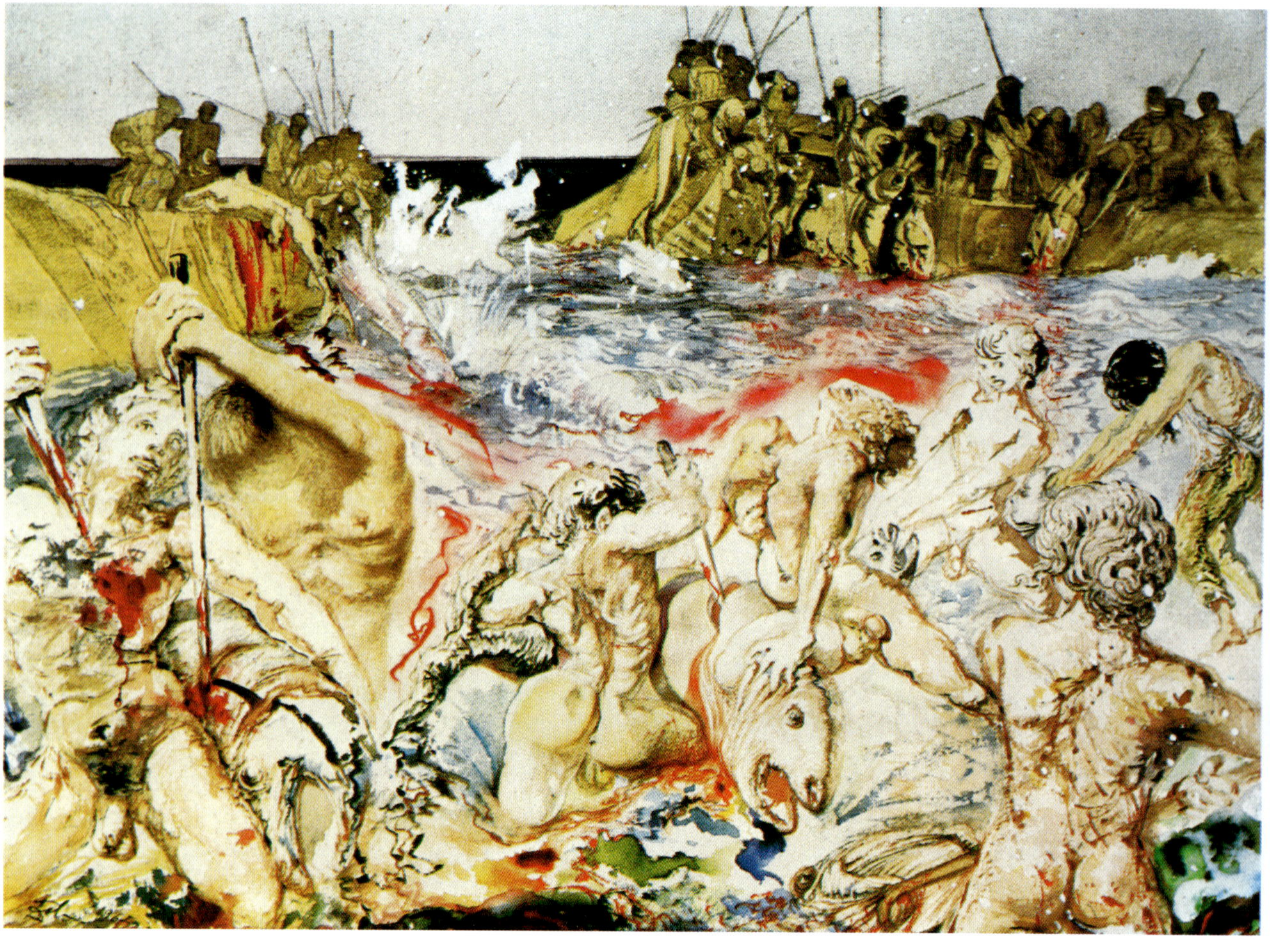

1263

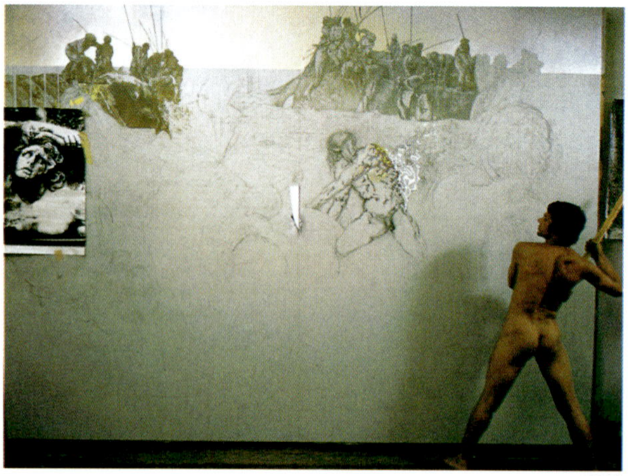

1264

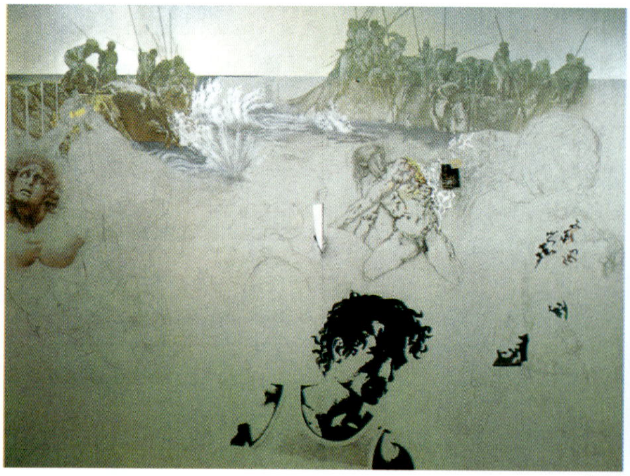

1265

terug, want elke avant-garde is vanzelfsprekend eslechts even succesvol als de zich moordend vermenigvuldigende puinhopen van de explosie van 1900. Na het uitmesten van de microfysica, de Op-Art en haar onbetekende opvolgers richten we ons op de academische kunst die plotseling fris als een roos en des te levendiger ontspruit, gequantificeerd door alles wat een plaats heeft kunnen vinden in het eigentijdse drama van de esthetiek, een van de meest overweldigende en tragische drama's uit de geschiedenis."

expositie lessen in compositie en tekenen naar levende modellen zal geven om op die manier de gedenkwaardige uitspraak van de grote meester Ingres te eren: 'Tekenen is de rechtschapen kant van de KUNST.'" Dalí heeft twee zomers, die van 1966 en 1967, nodig om het van dionysische figuren wemelende doek te voltooien. *De tonijnvangst* is het resultaat van veertig jaar hartstochtelijke ervaring in de zoektocht naar beeldende uitdrukkingsmiddelen. In dit werk heeft de kunstenaar al zijn stijlrichtingen verenigd: het Surrealisme, "het oververfijnde Pompierisme", het Pointillisme, Action-Painting, het Tachisme, de geometrische abstractie, Pop-Art, Op-Art en psychedelische kunst. Dit schilderij is even belangrijk gebleken als de weke uurweken ten tijde van zijn doek *De duurzaamheid van de herinnering* (blz. 163), en hij heeft zijn in dit doek nagestreefde doel als volgt samengevat: "Dit is het ambitieuste schilderij dat ik heb geschilderd, omdat het de ondertitel 'Hommage aan Meissonier' draagt. Dat betekent een heropleving van de figuratieve schilderkunst, die door iedereen, behalve de surrealisten, in de zogenaamde avantagardistische periode werd onderschat. Mijn vader liet me op zijn kantoor een prent zien van een Zwitserse kunstenaar –hij behoorde tot de 'pompiers'– van een tonijnvangst; ook dat schilderij heeft me geholpen dit doek te realiseren. Maar ik heb me definitief op dit onderwerp gestort dat me mijn hele leven heeft geprikkeld, nadat ik bij Teilhard de Chardin had gelezen dat volgens hem kosmos en universum begrensd zijn, wat de jongste wetenschappelijke ontdekkingen hebben bevestigd. Toen werd me duidelijk dat juist die begrenzing, die contractie en de grenzen van het universum en de kosmos die energie pas mogelijk maken. Die protonen, antiprotonen, fotonen, pisonen, neutronen, al die elementaire deeltjes bezitten die prachtige hyperesthetische energie alleen op grond van juist die grenzen en contracties van het universum. Dat bevrijdt ons in zeker opzicht van een verschrikkelijke, van Pascal afkomstige angst, die levende wezens in vergelijking met de kosmos onbelangrijk vond; en het brengt ons tot het idee dat de hele kosmos en het hele universum op één punt bijeenkomen, in dit geval in *De tonijnvangst*. Vandaar die schrikbarende energie van dit doek! Want al die vissen, al die tonijnen en mensen die op het punt staan ze te doden, personifiëren het begrensde universum, dat wil zeggen dat alle elementen, aangezien de Dalíaanse kosmos zich concentreert op de

Vervolg op blz. 577

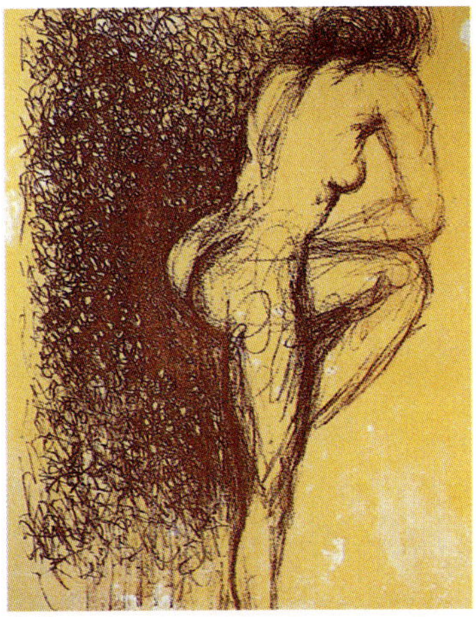

1268

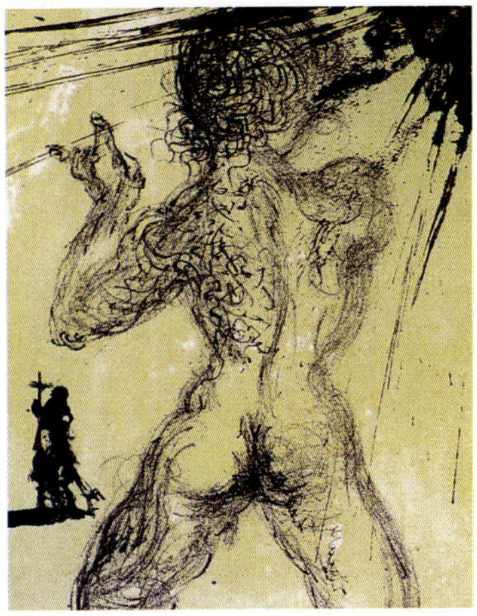

1269

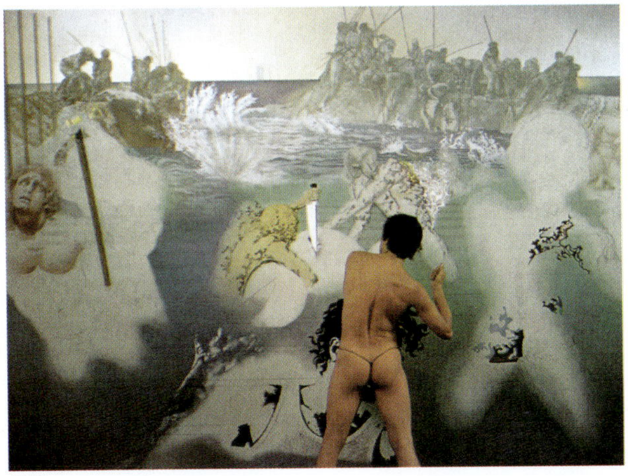

1266

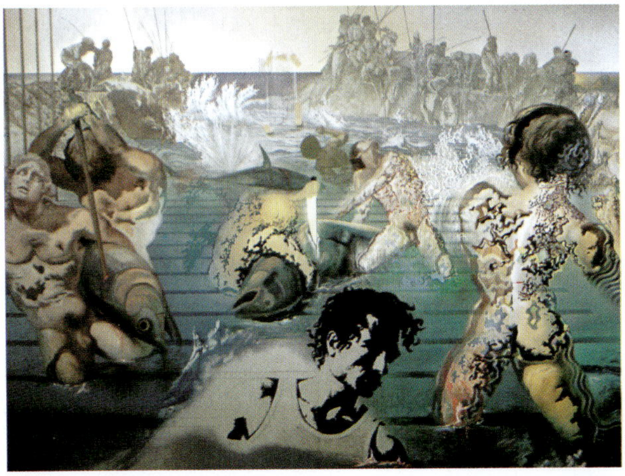

1267

1967

1270, 1271 **Grote figuur voor 'De tonijnvangst'**, 1966-1967 △
Grande figure pour 'La pêche aux thons'
1272 **De tonijnvangst**, 1966-1967 ❑
La pêche aux thons

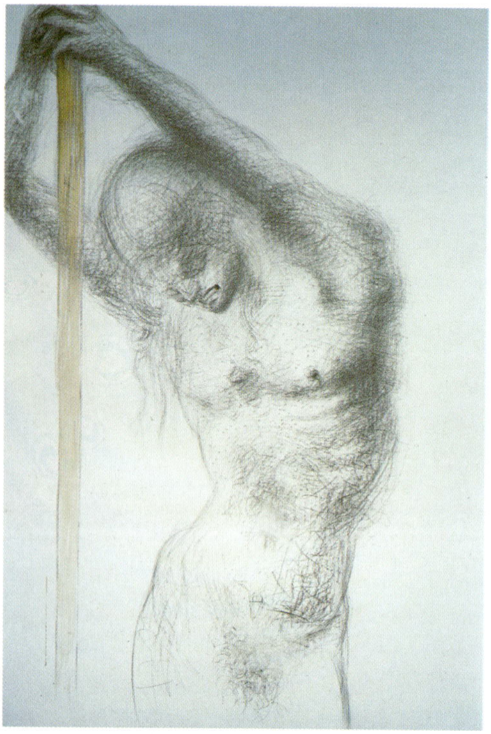
1270

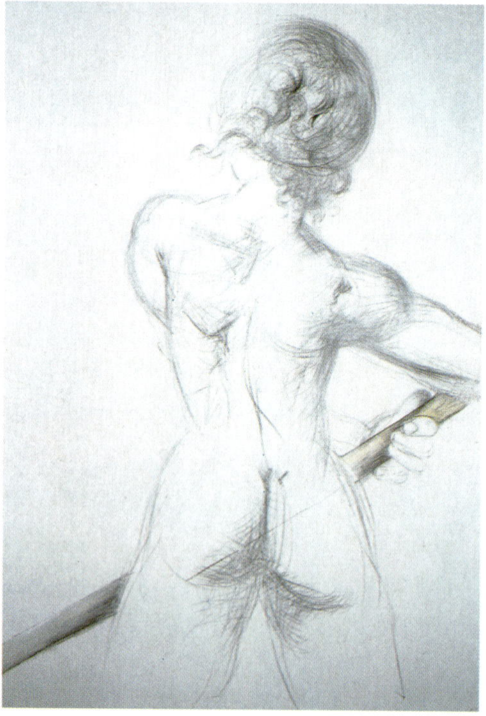
1271

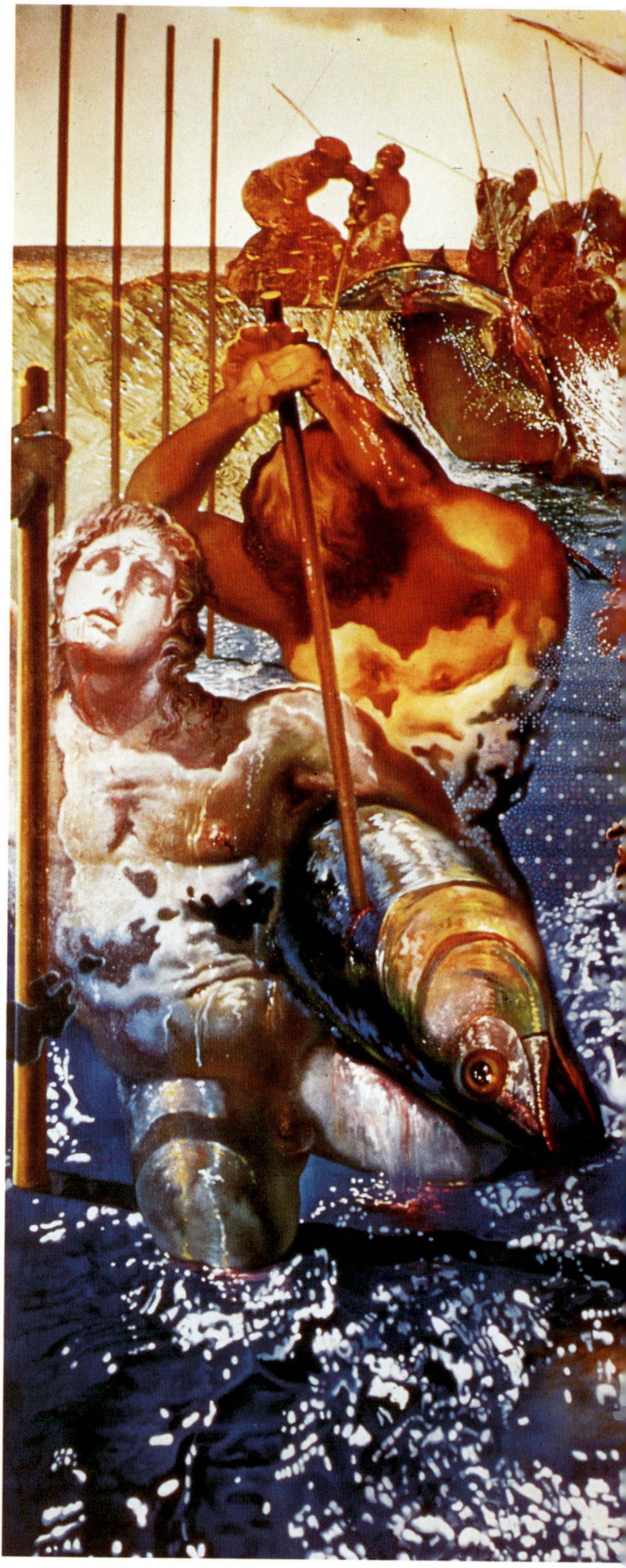
1272

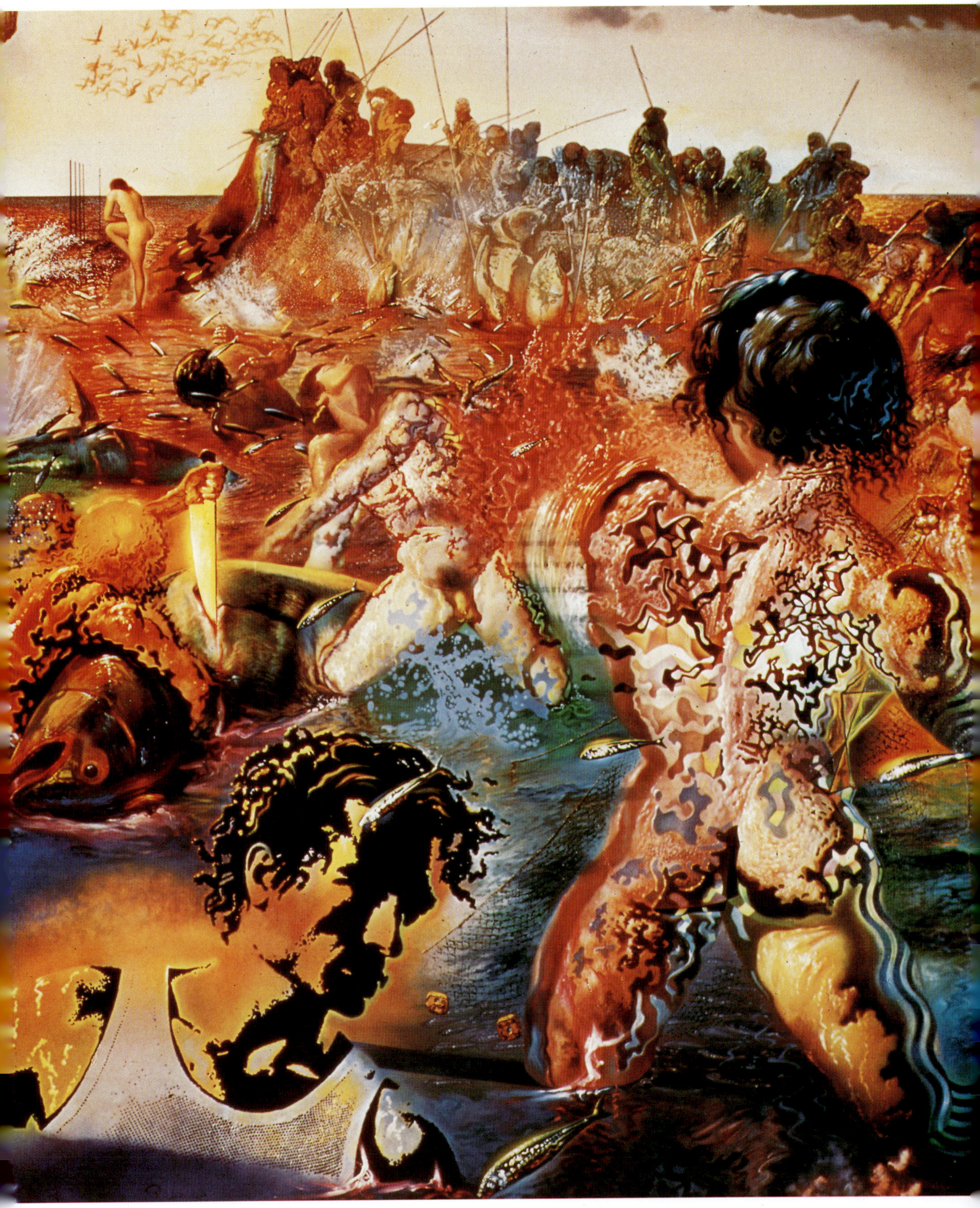

1967

Illustratie voor Dalí's in 1969 gepubliceerde boek 'Les Métamorphoses Erotiques' (De erotische metamorfosen). Het is een hoogtepunt van Dalíaanse fantasmata en de toepassing van de paranoïde-kritische methode op de erotiek.

1273 **De pooier**, ongedateerd △
Le maquerau

1274 **Kraan (De afvoer)**, ongedateerd △
Le robinet (La grille)

1275 **Embleem van de gekwetste trots**, ongedateerd △
Emblème de l'orgueil meurtri

1276 **De bergen van Cap Creus marcheren (LSD-trip)**, 1967 △
Les montagnes du Cap Creus en marche (L.S.D. Trip)

1277 **De bloemenshow – Sleutelbloemen**, 1967 △
Les floralies – Les œillets aux clés

1278 **Een van de 21 grafieken voor 'Dalí illustre Casanova' (Dalí illustreert Casanova), verschenen in Parijs**, 1967 △

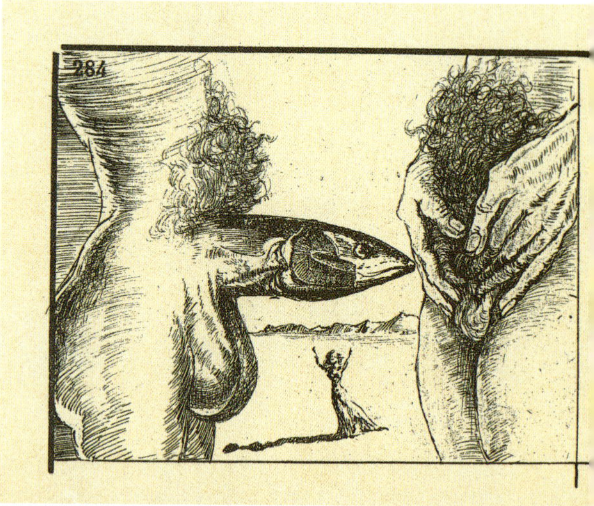

1273

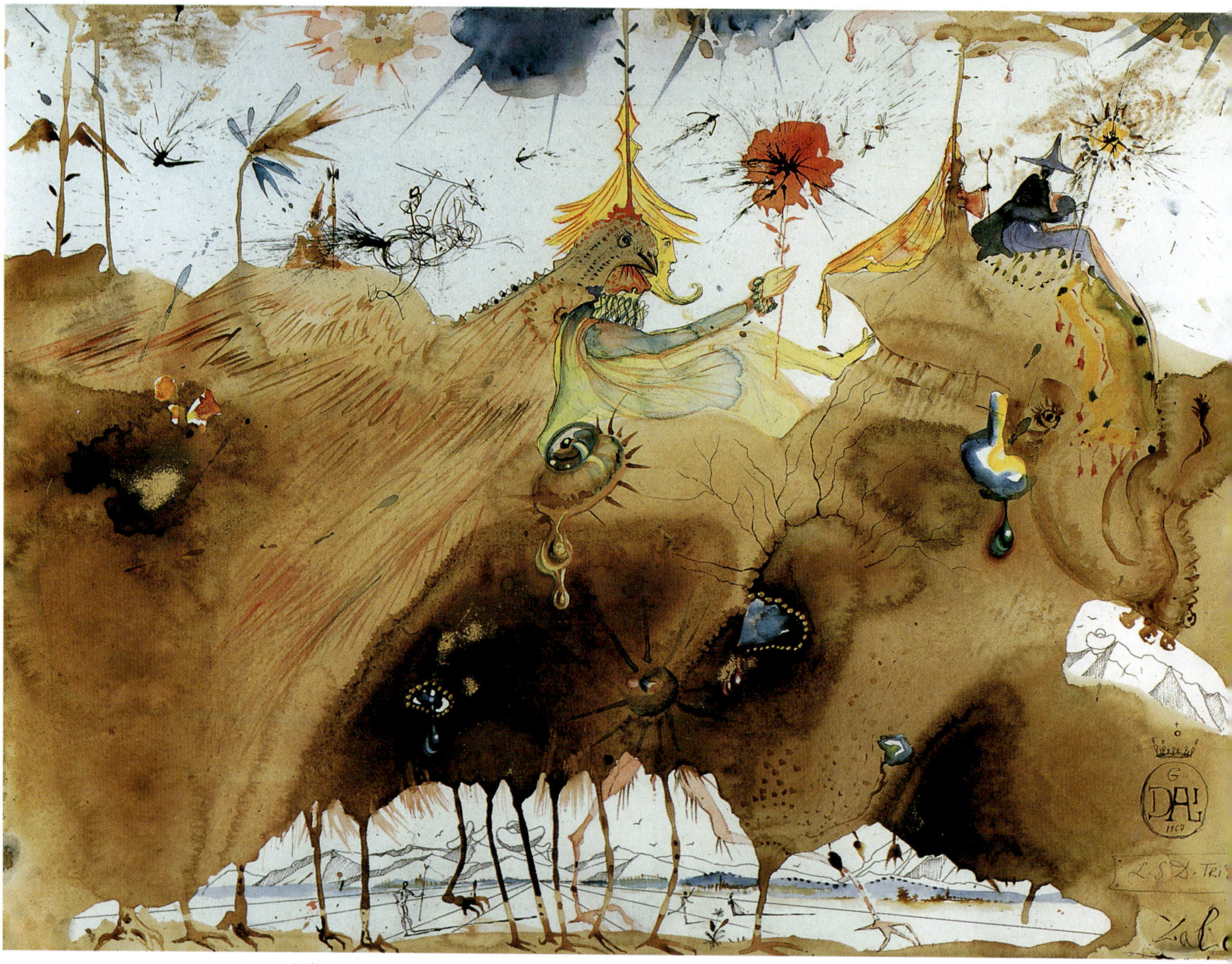

1276

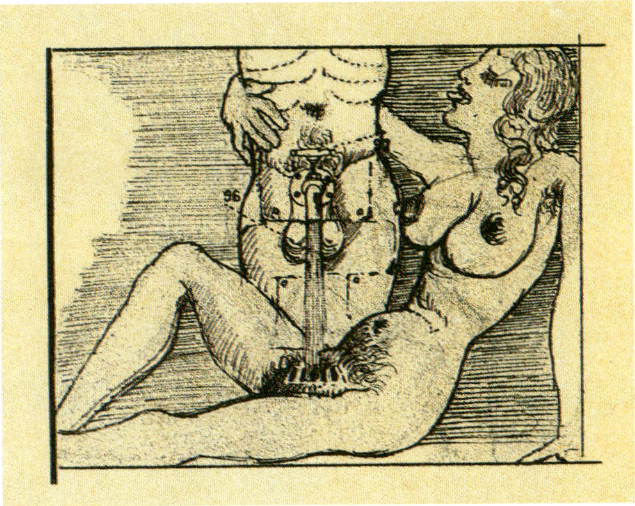

1274

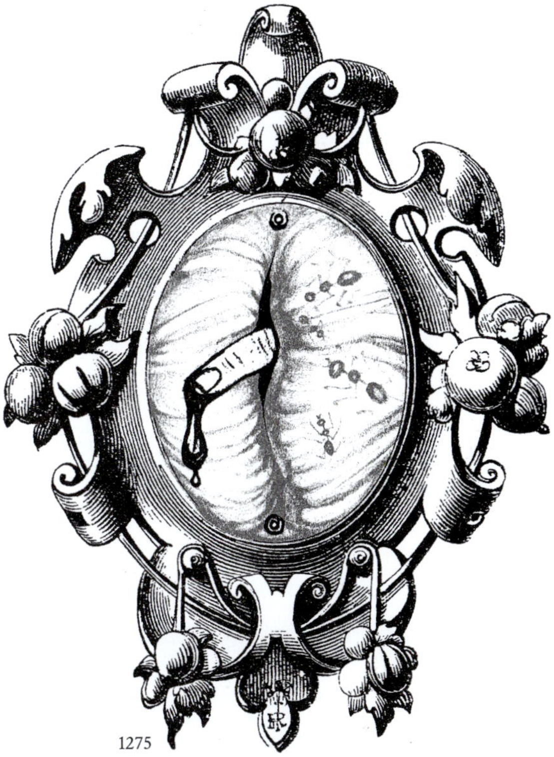

1275

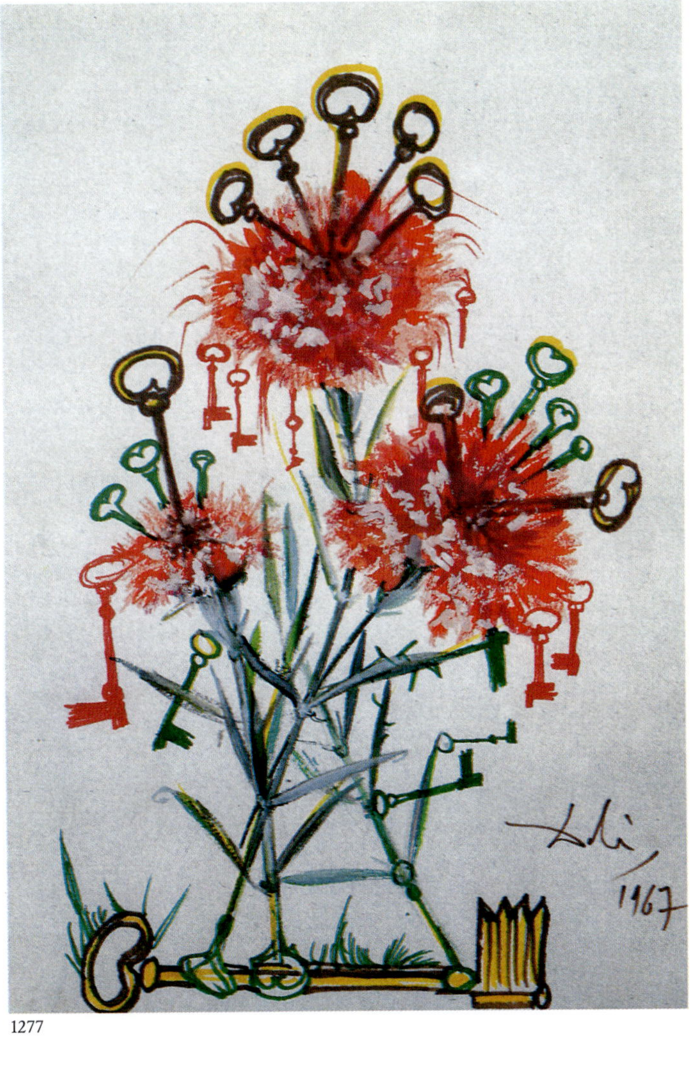

1277

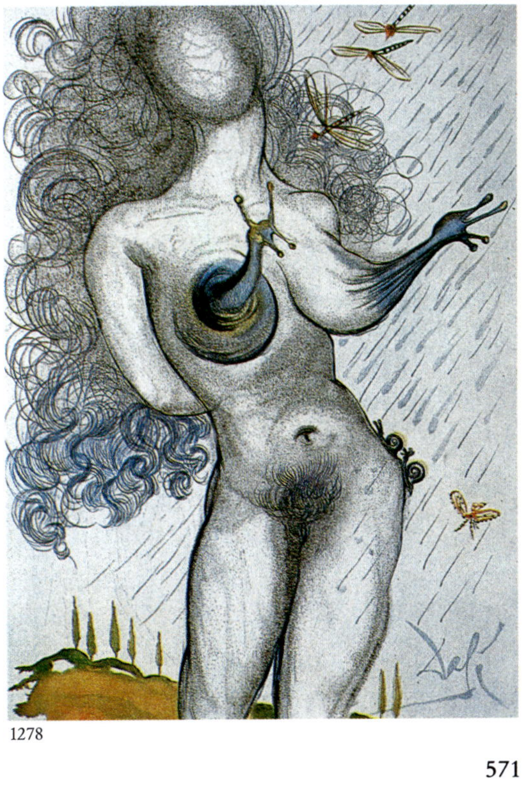

1278

1966–1973

1279 **Kont**, 1973 △
Culo – Cul

1280 **Zonder titel (Erotische tekening)**, 1932 △
Sans titre (Dessin érotique)

1281 **Zonder titel (Erotisch tafereel met zeven figuren)**, rond 1966 △
Sans titre (Scène érotique à sept personnages)

1282 **Figuur die een trap oploopt**, 1967 △
Personnage montant un escalier
(Figure Climbing a Stair)

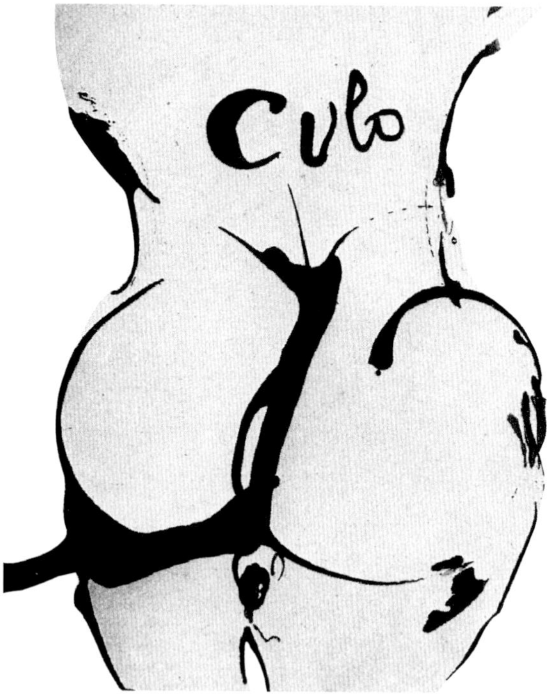

1279

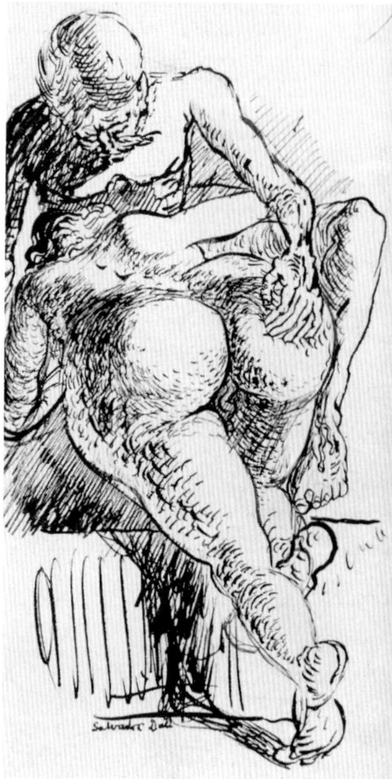

1280

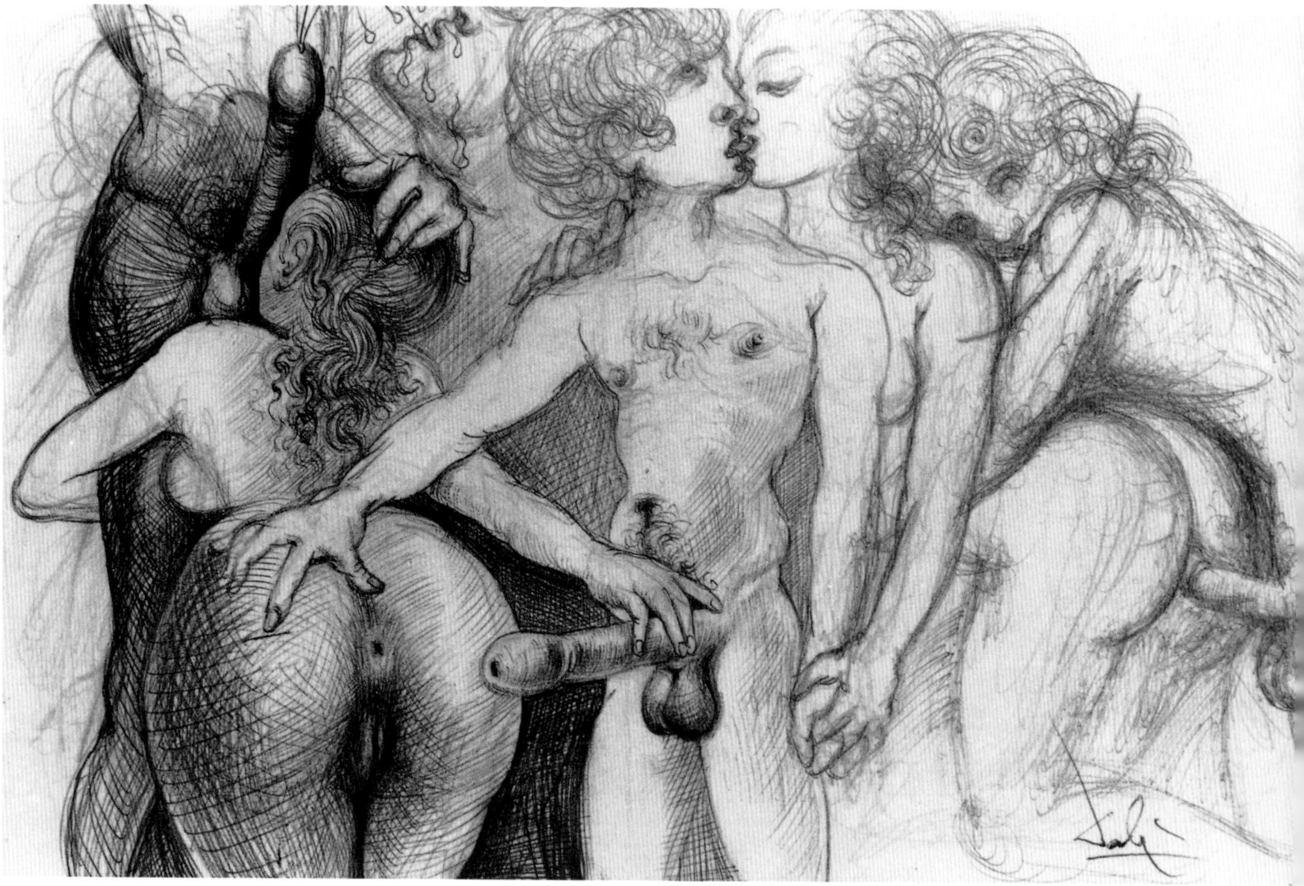

1281

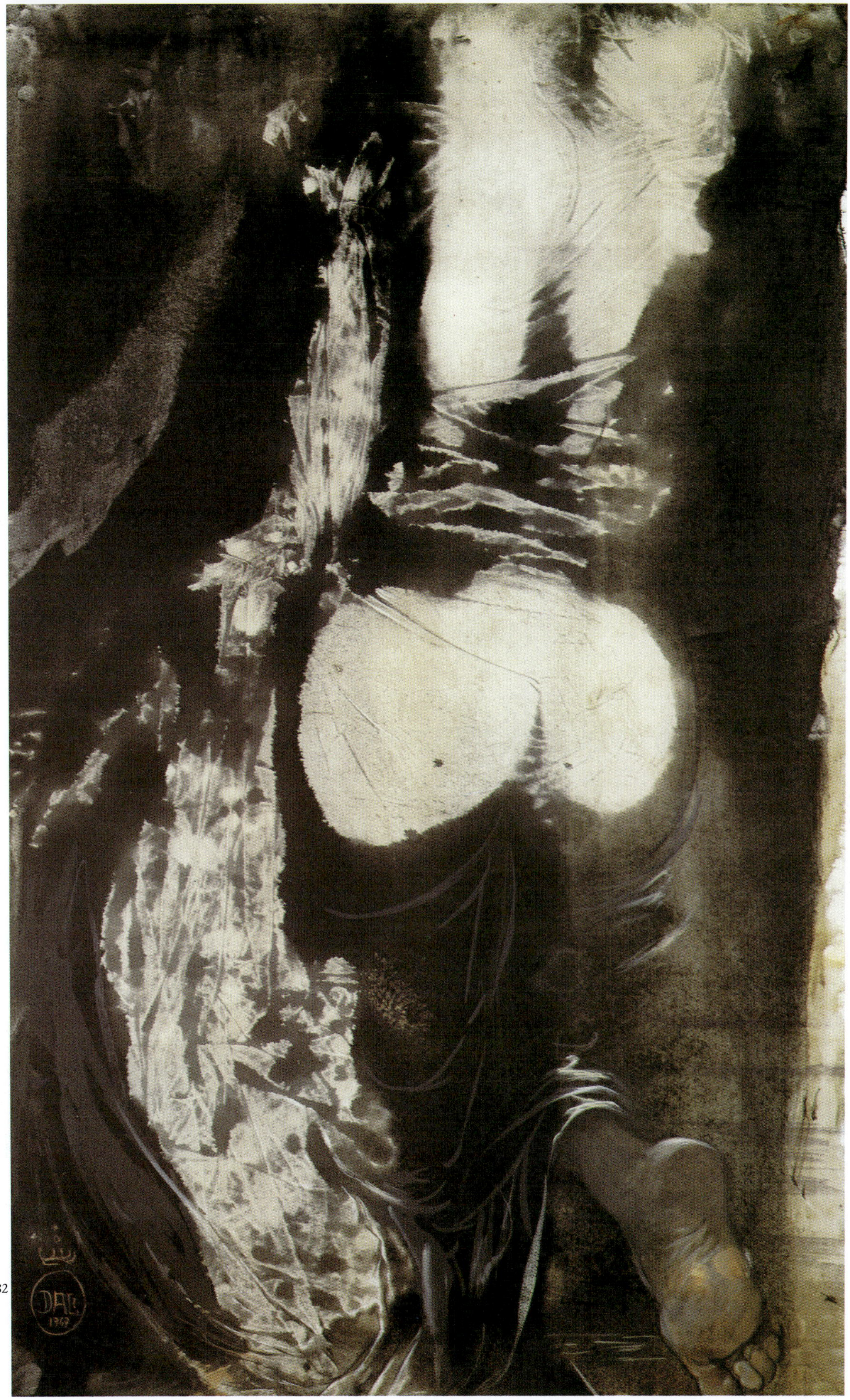

1282

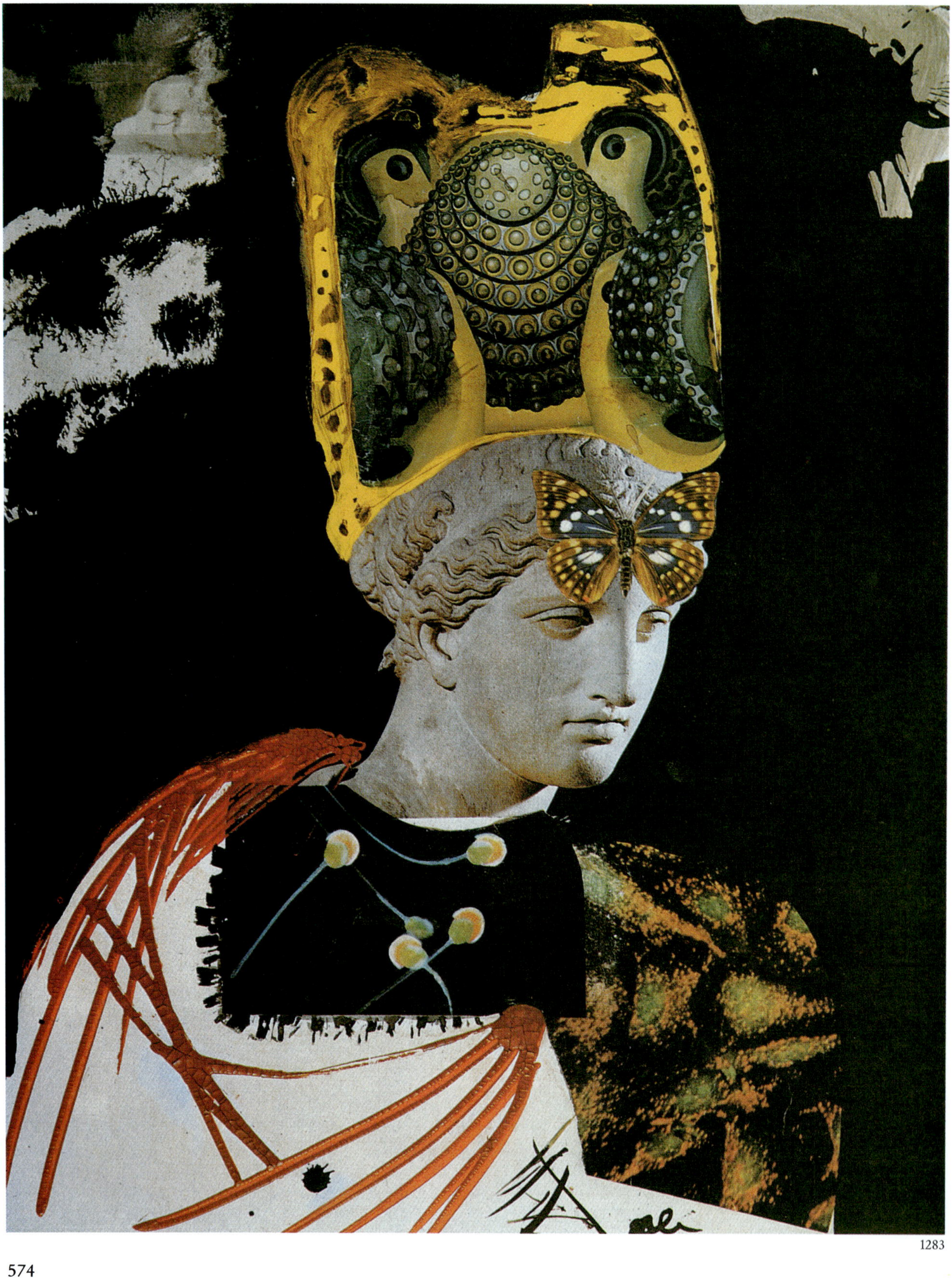

1283

1283 **Gekke, gekke, gekke Minerva – Illustratie voor 'Memories of Surrealism' (Herinneringen aan het Surrealisme)**, rond 1968 ❑
Folle folle folle Minerva

1284 **De patio van Port Lligat**, 1968 ❑ Le patio de Port Lligat
1285 **Visser uit Port Lligat die zijn netten boet**, 1968 ❑
Pêcheur de Port Lligat réparant ses filets

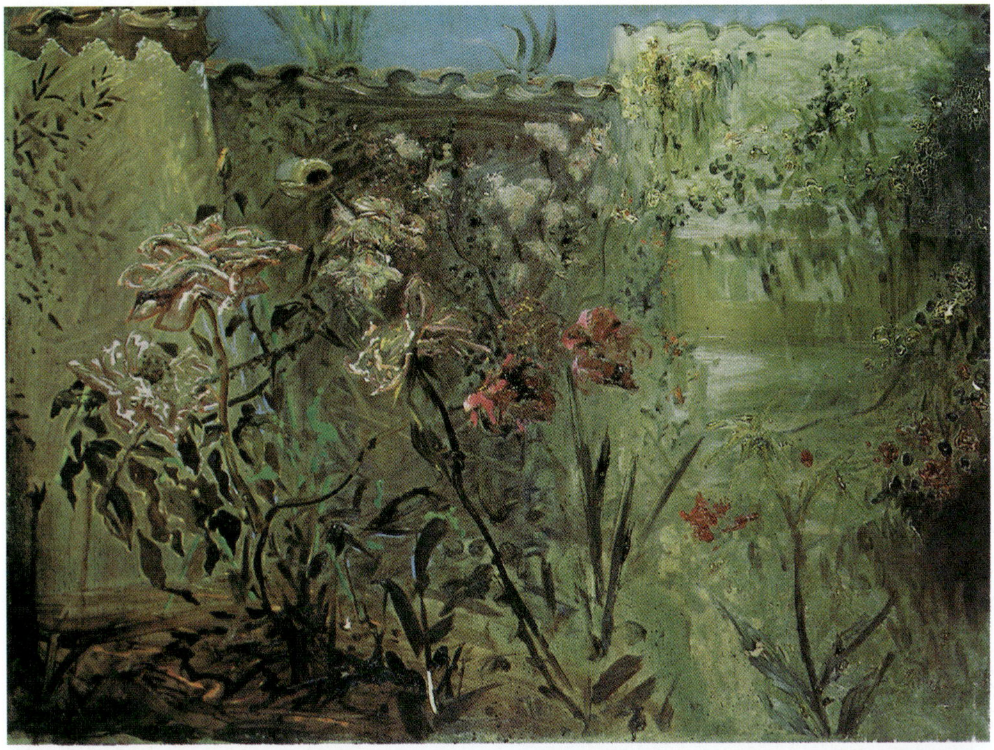
1284

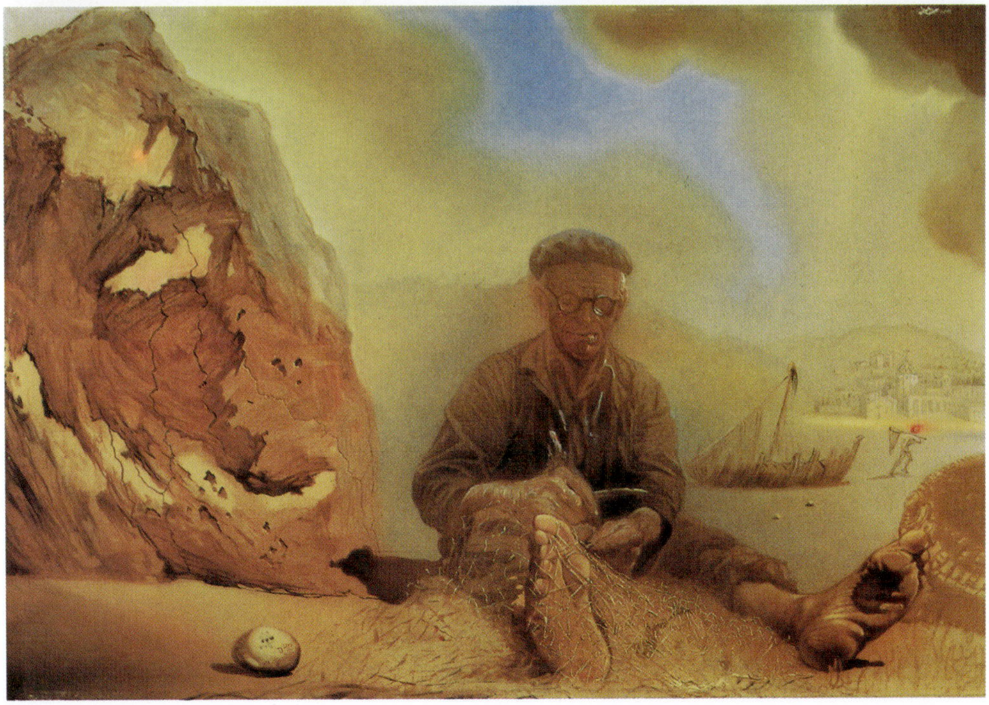
1285

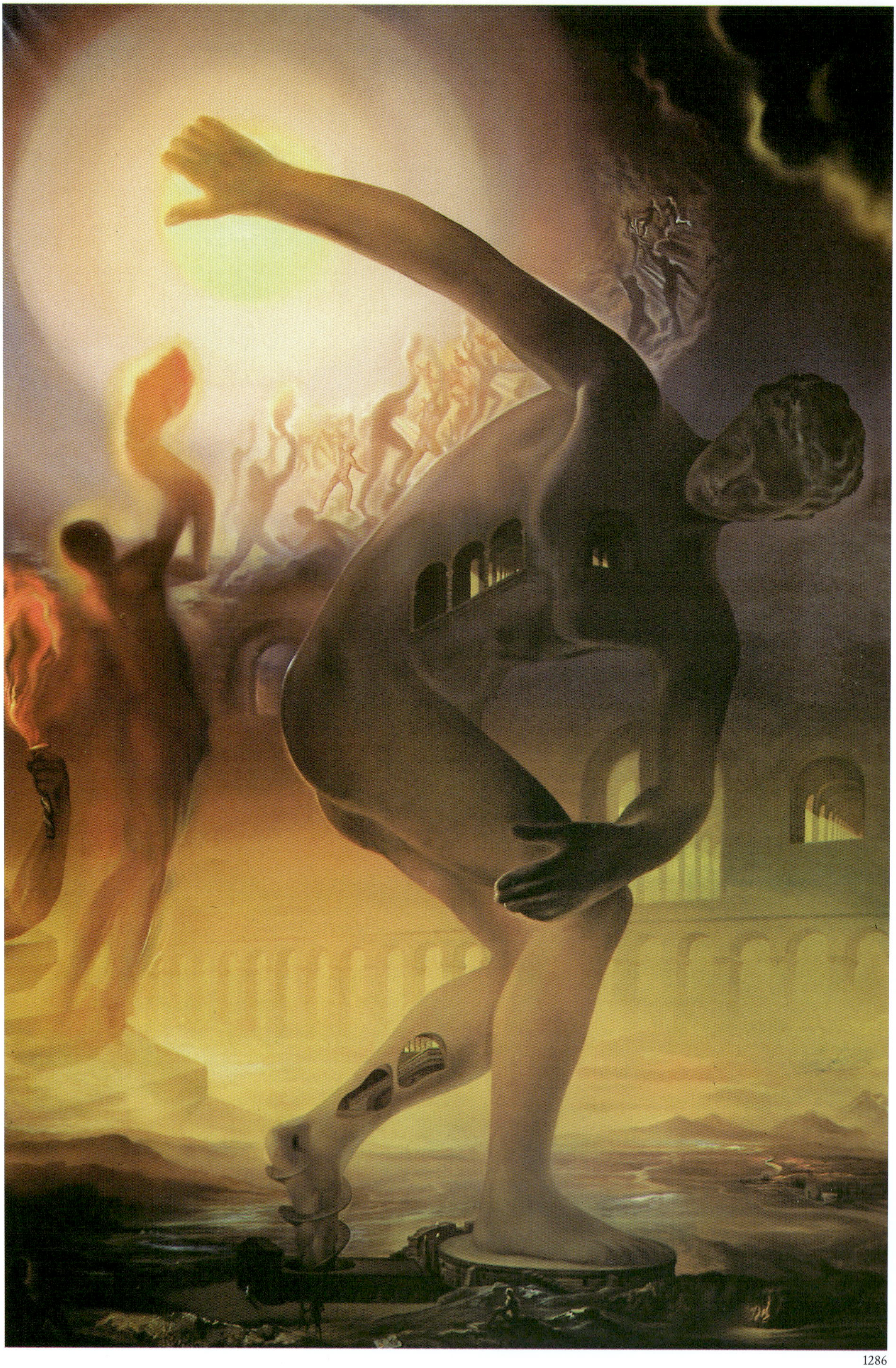

1286

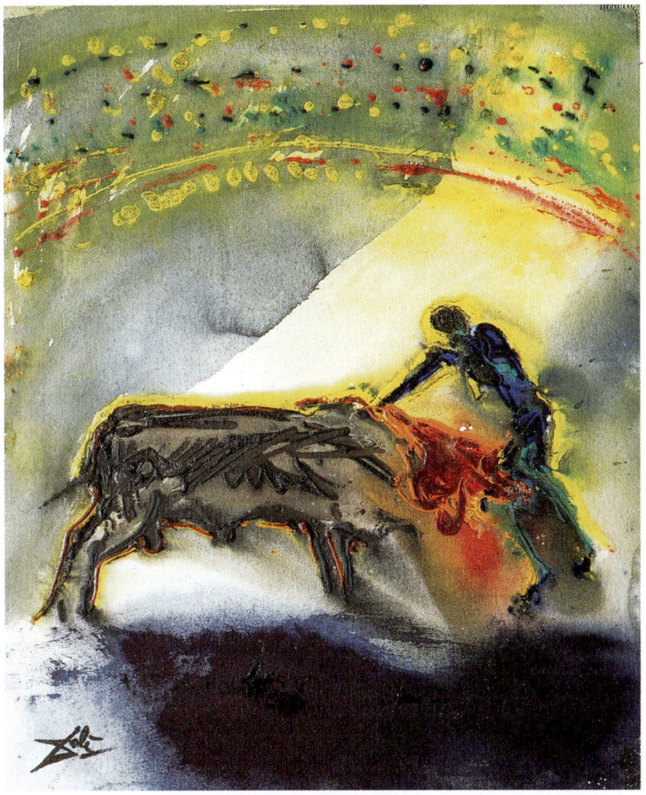

1287

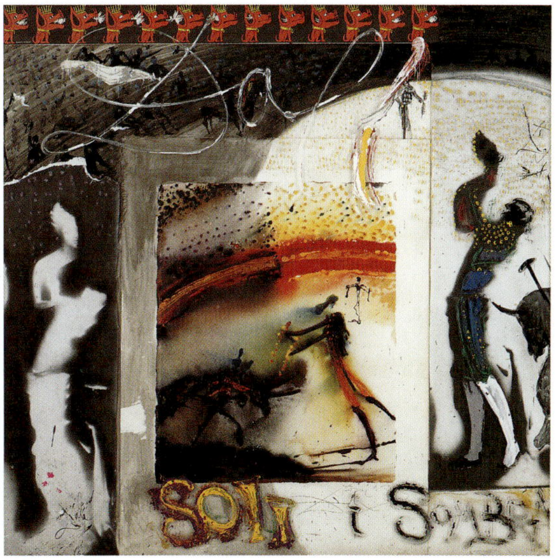

1288

begrensde ruimte van de tonijnvangst, de hoogste mate van hyperesthetische energie bereiken. *De tonijnvangst* is dus een biologisch schouwspel bij uitstek, aangezien, volgens mijn vaders beschrijving de zee –die aanvankelijk kobaltblauw is en ten slotte zelfs helemaal rood door het bloed– de superesthetische kracht van de moderne biologie voorstelt. Aan elke geboorte gaat het wonderlijke spuiten van bloed vooraf; *Honing is zoeter dan bloed*, bloed is zoeter dan bloed. Tegenwoordig bezit Amerika het privilege van het bloed, omdat Amerika de eer heeft Watson te hebben, de Nobelprijswinnaar die als eerste de moleculaire structuur van het desoxyribonucleïnezuur ontdekte dat samen met de atoombom voor Dalí het wezenlijke onderpand van de toekomst vormt voor het overleven en de overwintering."

De hallucinogene torero

Vaak is er gesproken over 'zij die gaan sterven' en de versnelde film van hun leven die ze op het laatste moment voor hun ogen zien afrollen. *De hallucinogene torero* (blz. 578) is in zekere zin de versnelde film die Dalí projecteert voor hij op weg gaat naar de dood. Die film staat in verhouding tot 'Een Andalusische hond' als een speelfilm tot een reclamespot. Het artikel in 'Art Magazine' van april 1970 eindigt als volgt: "*De halucinogene torero*, een belangrijk werk van Dalí, bestaat uit verschillende elementen. De dualiteit van de afbeelding en de suggestie van ruimte doen denken aan het doek met de titel *Het spook van de sex-appeal* (blz. 215). De Venus van Milo verschijnt als op zijn *Venus van Milo met laden* (blz. 279). In het doek wordt het hele woordenboek van metaforen die in het kritisch-paranoïde systeem bij elkaar gebracht zijn, uitgestald: bij, stier, zijn vrouw Gala, Dalí als kind, zijn creatieve en destructieve krachten. De iconografie is

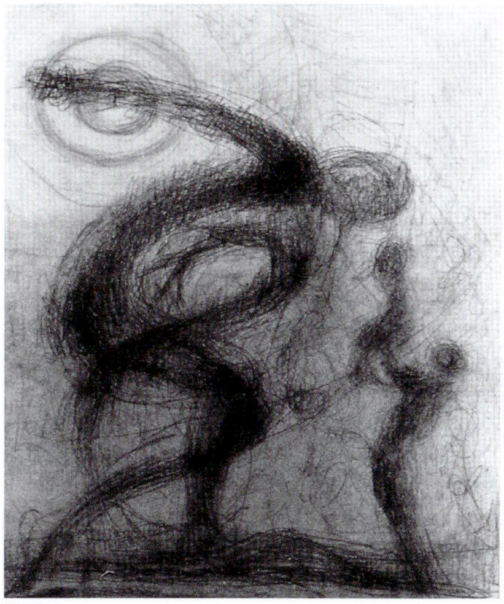

1289

1286 **Kosmische atleet**, 1968 ❑
Athlète cosmique

1287 **Stierenvechterskunst I – De torero, doodsronde (3e en laatste ronde bij een stieregevecht)**, 1968 △
Tauromachie I – El Torrero, Suerte de Matar
1288 **Licht en schaduw**, 1968 △
Soli i sombra
1289 **Studie voor 'Kosmische atleet'**, 1968 △

Torero Alucinógeno

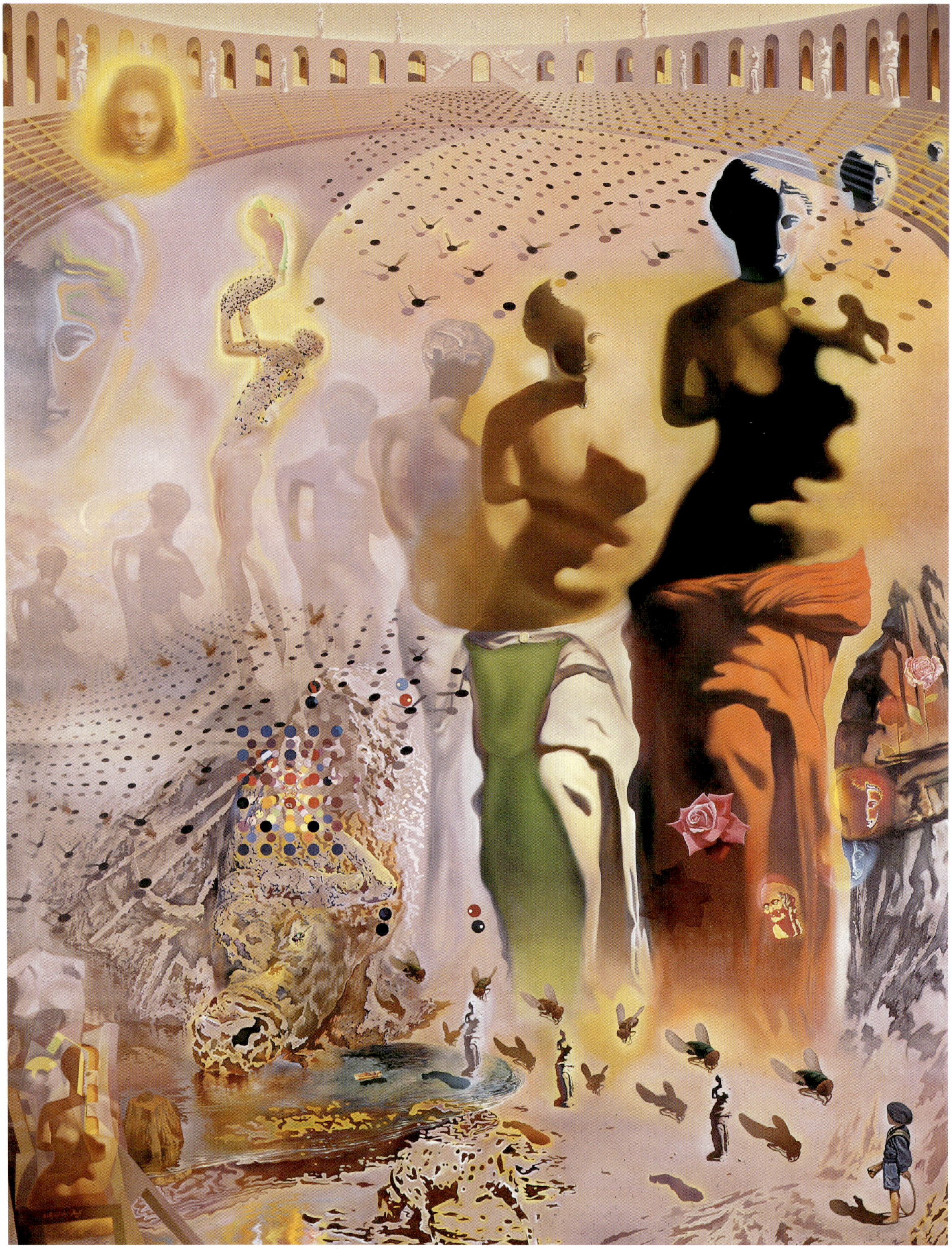

1290

1290 **De hallucinogene torero,** 1968-1970 ❑ Le torero hallucinogène
1291 **Schets voor 'De hallucinogene torero',** 1968 ✰
1292 **Dalí poseert voor de fotograaf Meli voor het halfvoltooide doek 'De hallucinogene torero',** 1968 ✰
1293 **Studie voor het virtuele gezicht in 'De hallucinogene torero',** 1968 △
Hier is te zien dat het heel goed Gala's gezicht had kunnen worden.

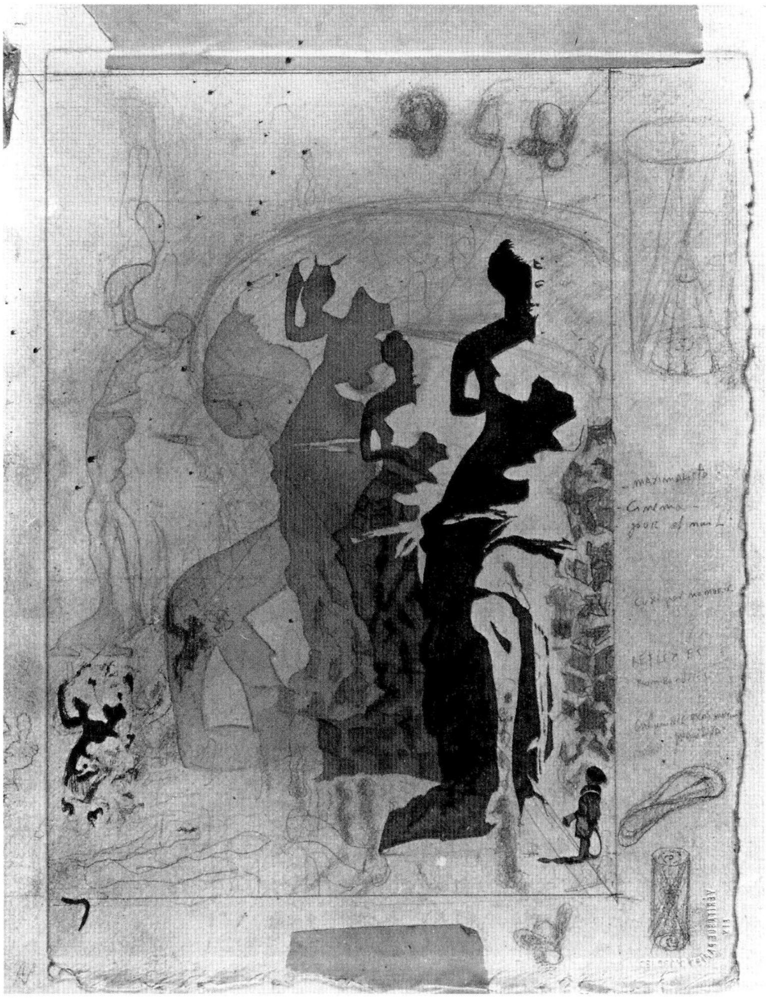

1291

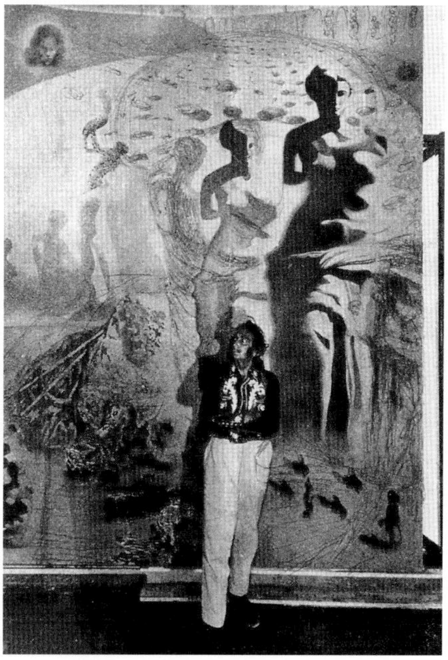

1292

tegelijkertijd fijn uitgewerkt en zo helder als de techniek van de schilder toestaat. Ze is vooruitziende illusie, adembenemende werveling aangebracht op het in een ingebeelde chronologie verhulde doek waarin elk ding zijn plaats heeft. Dit is misschien een van de opmerkelijkste schilderijen die Dalí de laatste jaren heeft gemaakt. De kunstenaar is erin geslaagd zijn kunst te bevrijden van het wapenschild van God."

In Dalí's ogen is het zeker een belangrijk doek, want hij adviseert Luis Romero zijn boek 'Tout Dalí en un visage' (De hele Dalí in een gezicht) te baseren op *De hallucinogene torero*, om het als uitgangspunt en rode draad te gebruiken. En in het boek wordt inderdaad behandeld wat in het doek wordt aangeduid, naast Dalíaanse thema's en dat wat hem onrustig maakt en waarvan hij bezeten is: Gala, engelen, rotsen, vliegen, Venus, versteningen, landschap, tranen, maan... Slechts zelden komen in Dalí's werk thema's voor die met het stieregevecht samenhangen, terwijl ze zich bij Picasso opeenhopen. Opmerkelijk bij een typische Spanjaard die zich ook als zodanig ziet. Tot dan toe heeft hij maar één keer overwogen met Miguel Dominguin een stieregevecht te organiseren, waarbij de grootste vernieuwing erin zou bestaan dat de dode stier aan een helikopter zou worden bevestigd en door de lucht zou worden weggevlogen in plaats van door muilezels uit de arena te worden gesleept...

Het is natuurlijk weer een gecodeerd doek: de torero, die "aangezien hij zal sterven al dood is", stelt de broer van de schilder voor, die andere Salvador Dalí

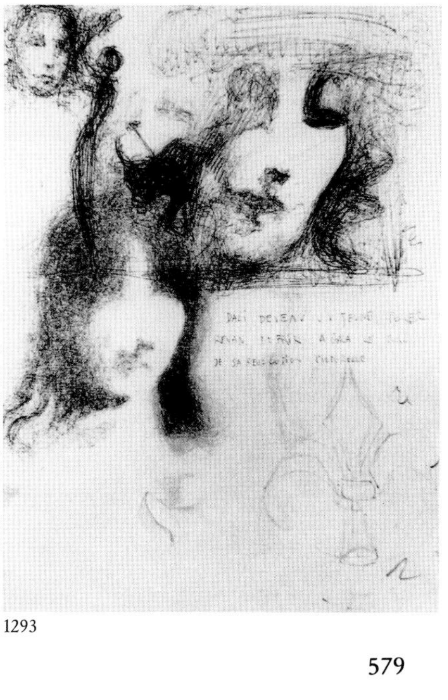

1293

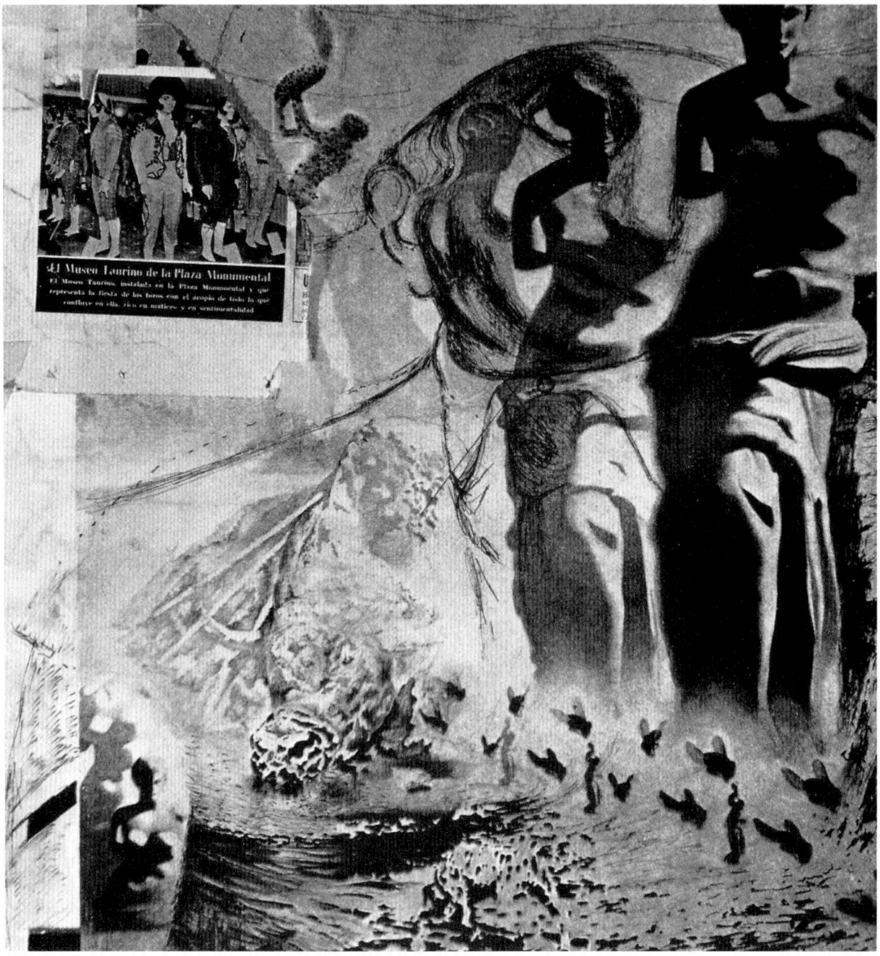

1295

1294 Potlooddoos van het merk 'Venus', waarop Dalí het gezicht van de torero had ontdekt ✰

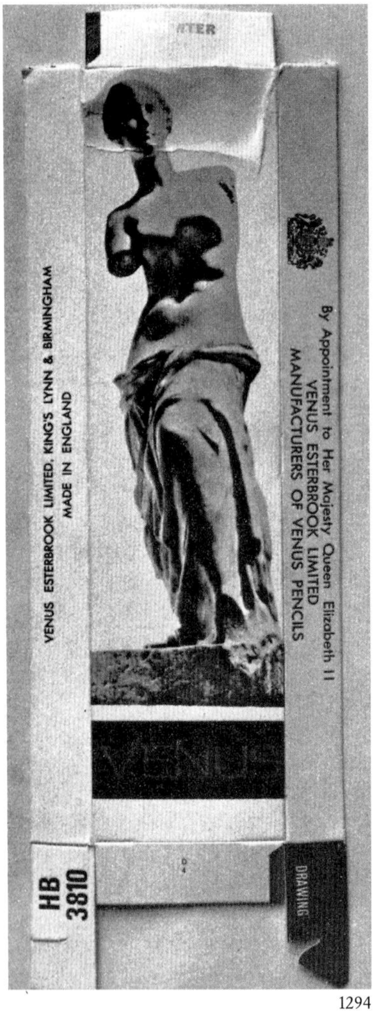

1294

1295 Doek in wording: op een foto van Meli zijn Dalí's nieuwe balpenschetsen te zien, 1968 ✰

1296 'De hallucinogene torero', door Dalí opgedeeld in vierkanten, 1968-1970 ✰

Domènech, die geboren werd en stierf voordat hij op de wereld kwam. Zijn ouders wilden dat hij zijn precieze 'kopie' zou worden, zijn broer, wiens portret hij al had geschilderd naar een fotoreproduktie waarop het raster duidelijk zichtbaar is – een procédé dat door de Amerikaanse Pop-Art werd uitgemolken: *Portret van mijn dode broer* (blz. 552). Maar die torero stelt volgens Dalí een lange reeks dode vrienden voor, die reikt van García Lorca tot René Crevel en waartoe ook prins Alexis Mdivani behoort die was omgekomen bij een ongeluk met zijn Rolls-Royce, of Pierre Batcheff, de acteur uit 'Een Andalusische hond', en zelfs de gebroeders Kennedy. De torero, zoals Romero schrijft, gedicteerd door Dalí, "die een rustige en verheven indruk maakt en wiens stoïcijnse houding vervloeit in een berustende traan, is het paradigma, de som van alle jonge vrienden die we achter ons hebben gelaten en die naar het Rijk der Doden zijn gegaan. Het beeld van de torero is misschien zoiets als een graffiguur op het Pantheon van de Vriendschap, is tegenwoordig misschien Dalí's middel... om het spook van de angst voor de dood te bezweren". De dood van de torero in de arena behoort in Spanje, zoals bekend, tot de standaardthema's in het leven en de kunst. Dalí heeft in de reclametekening op een potlooddoosje van het merk 'Venus' (blz. 580) het verborgen dubbele portret van zijn torero ontdekt. Hij laat de tekening aan Gala zien, aan verschillende mensen, maar niemand slaagt erin het portret te ontdek-

Vervolg op blz. 587

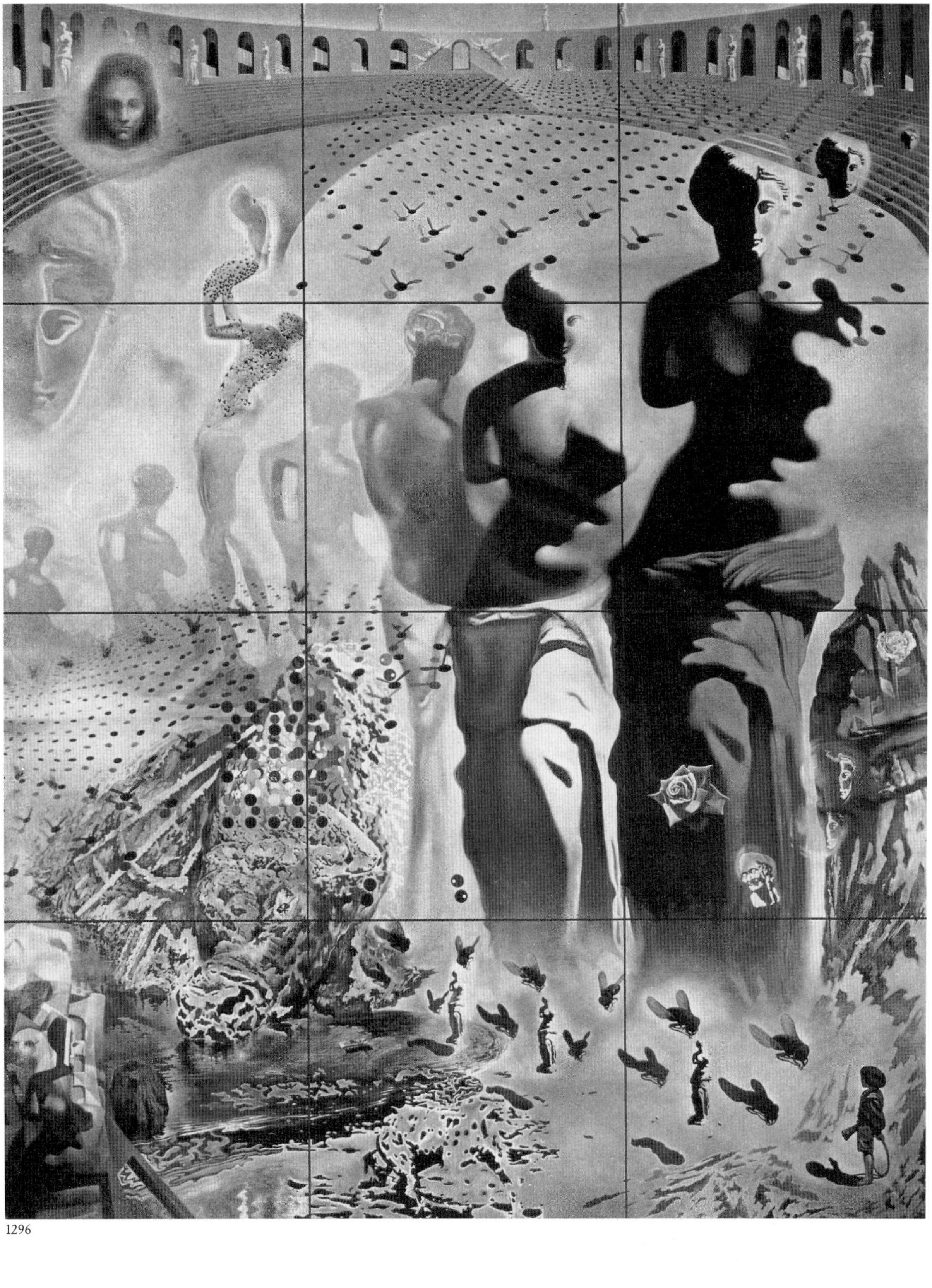

1296

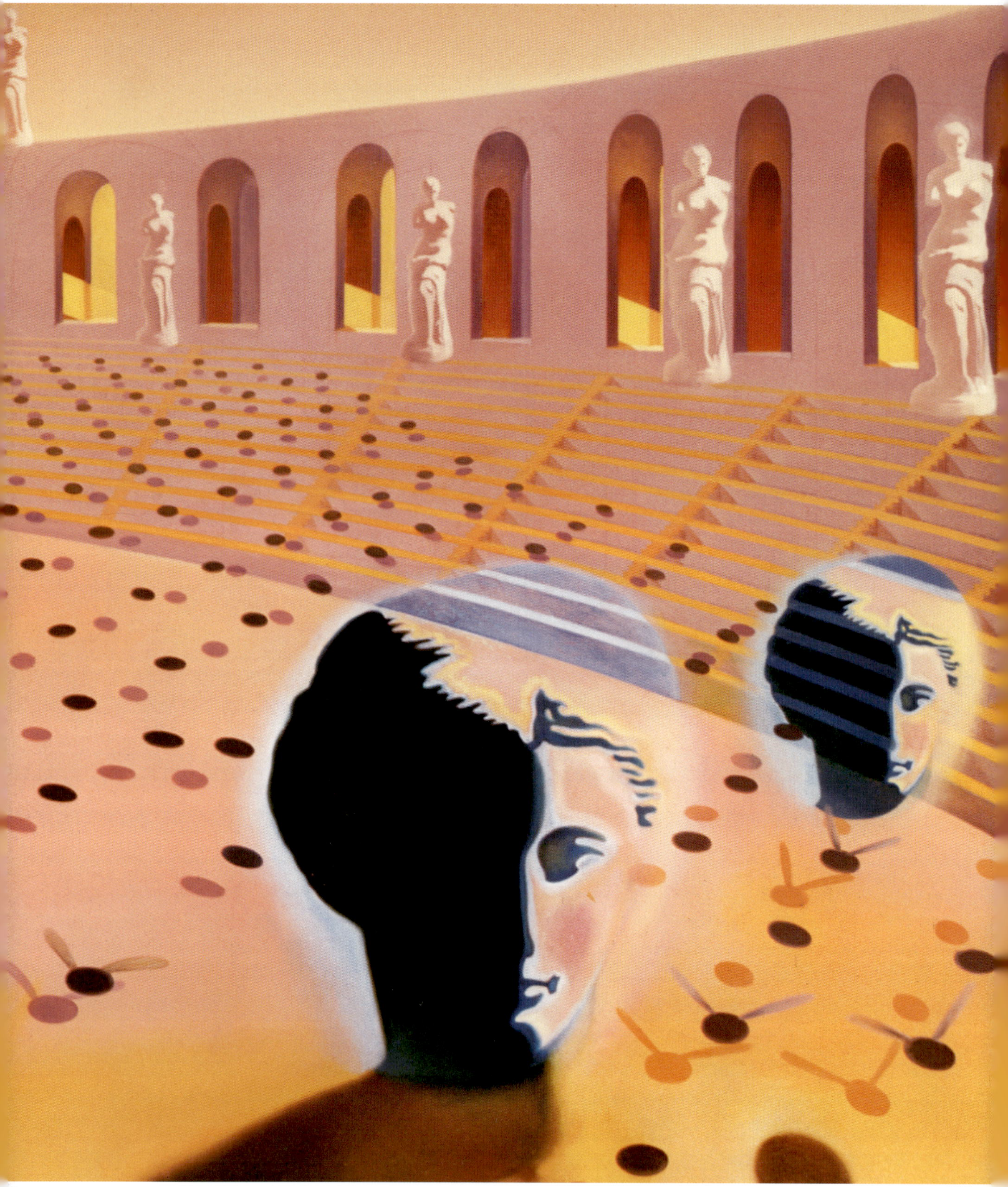

1297

1297 **Een vierkante meter van 'De hallucinogene torero' na Dalí's onderverdeling,** 1968-1970 ✰

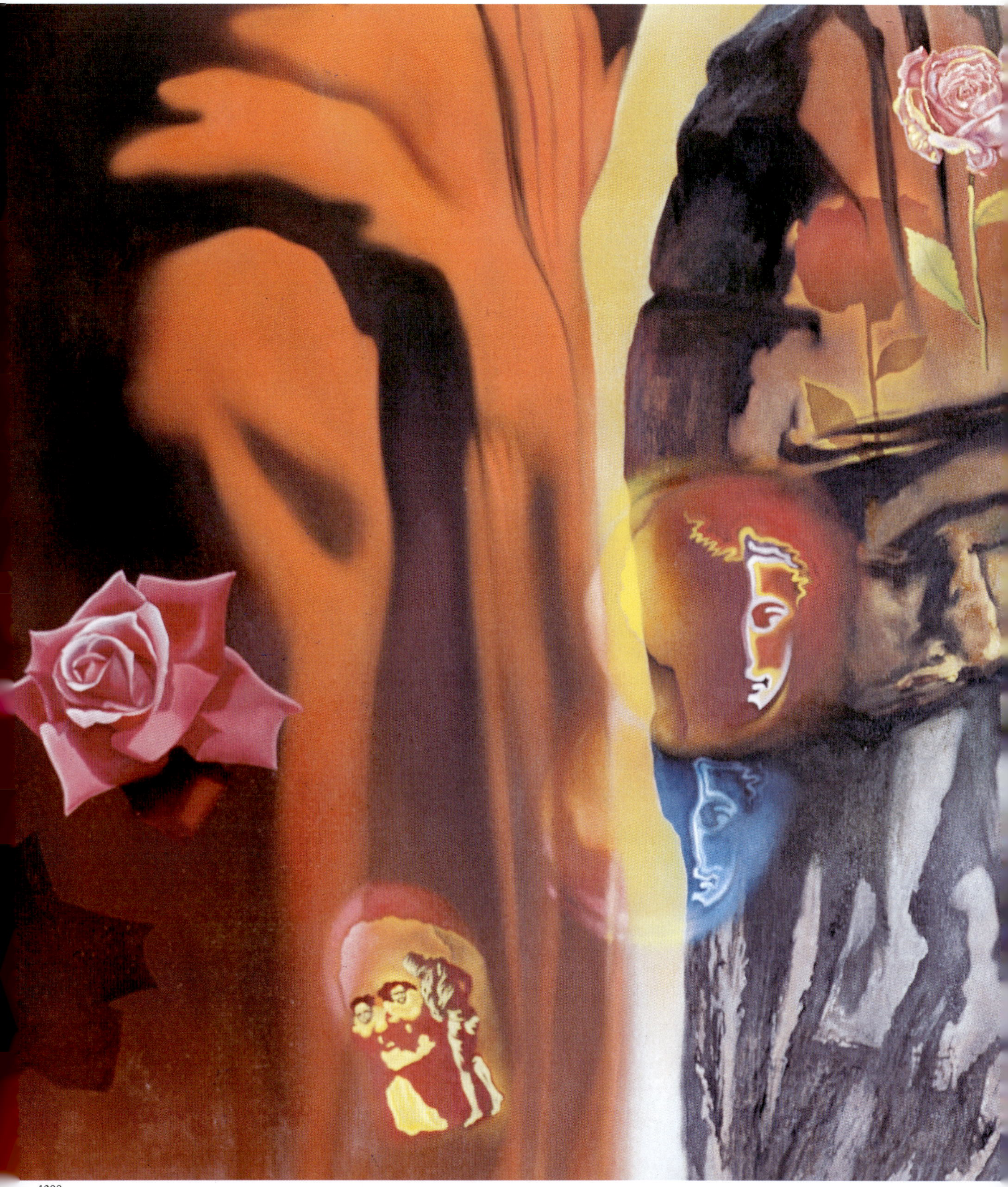

1298

1298 **Een andere vierkante meter van 'De hallucinogene torero',** 1968-1970 ☆
Elk vierkant is een schilderij op zich.

1968–1970

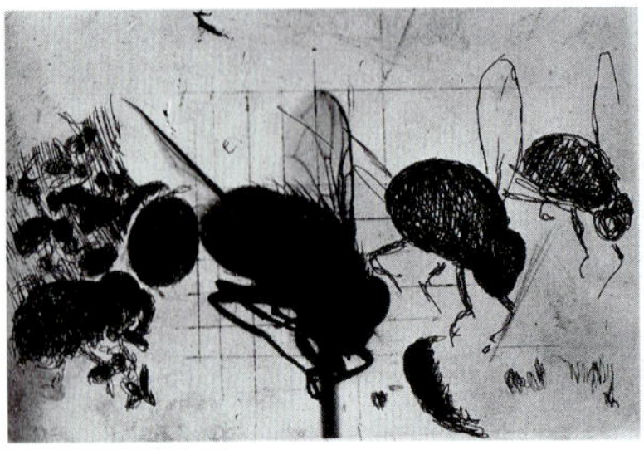

1300

1299 **Vliegenstudie voor 'De hallucinogene torero'**, 1968 △
1300 **Een voorvader van de klassieke stillevenschilderkunst, zoals Velázquez en Zurbarán ze maakten. Hier Balthasar van der Ast, van wie hij ook vliegen heeft gebruikt voor zijn 'Fruitmand'**, rond 1632 ✰
1301 **Zeven vliegen en een model,** 1954 △
Sept mouches et un modèle
1302 **Een vierkante meter van 'De hallucinogene torero'**, 1968-1970 ✰

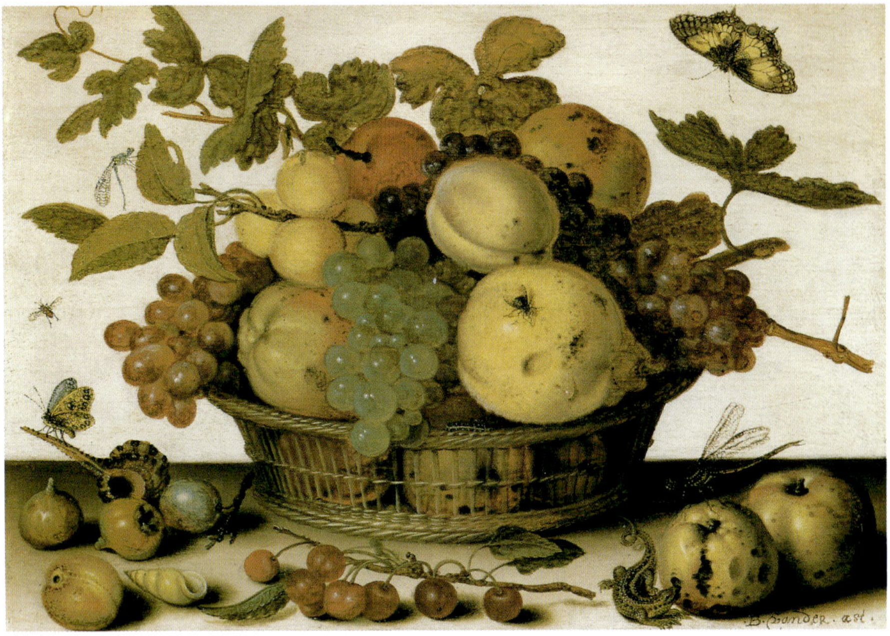

1299

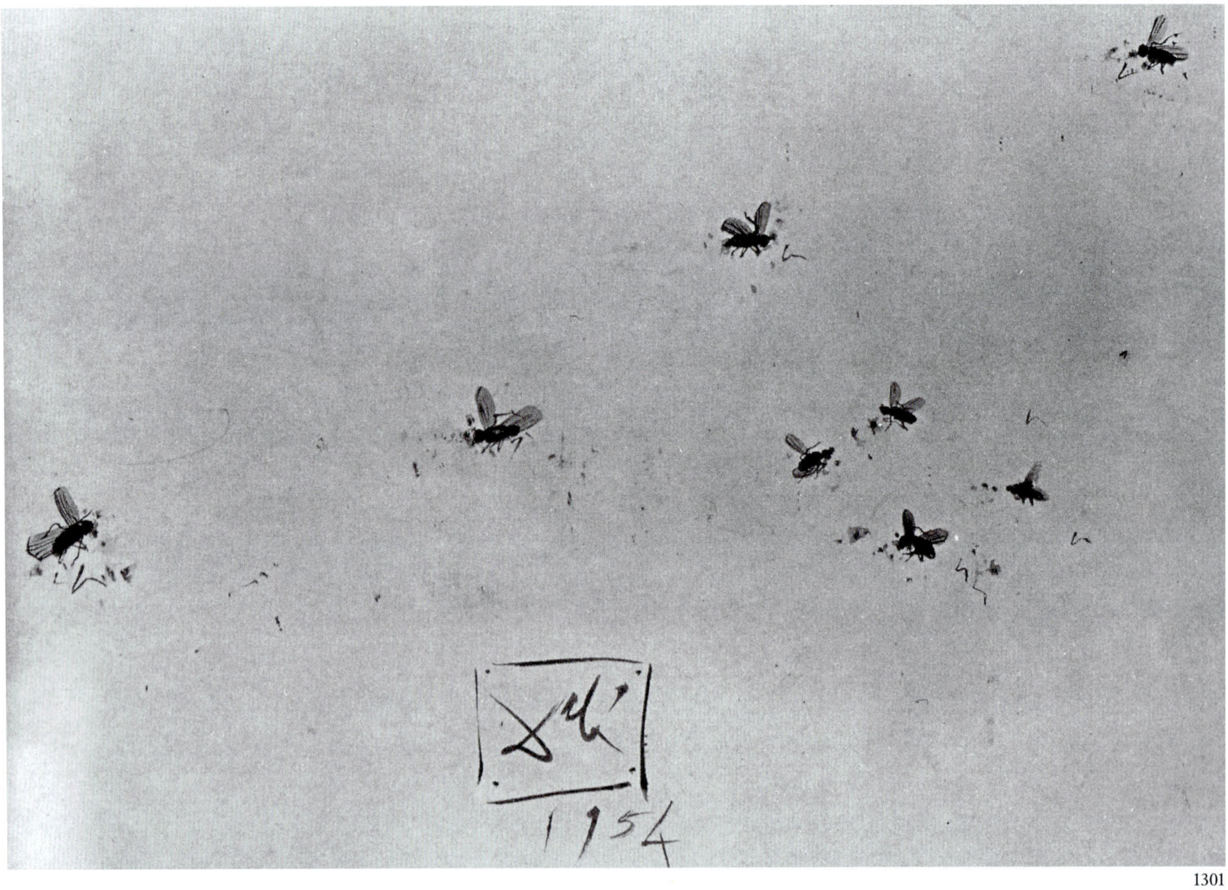

1301

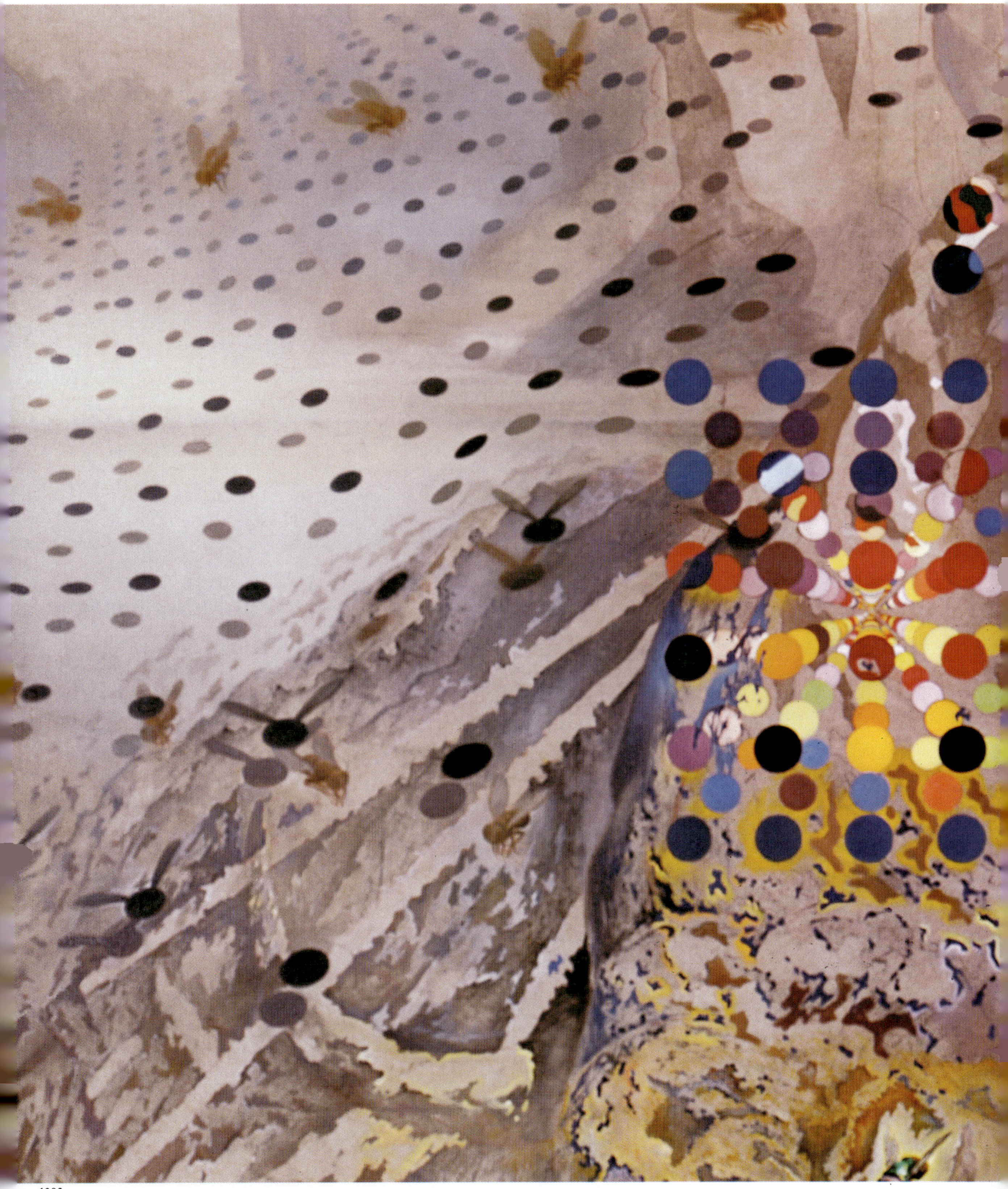

1302

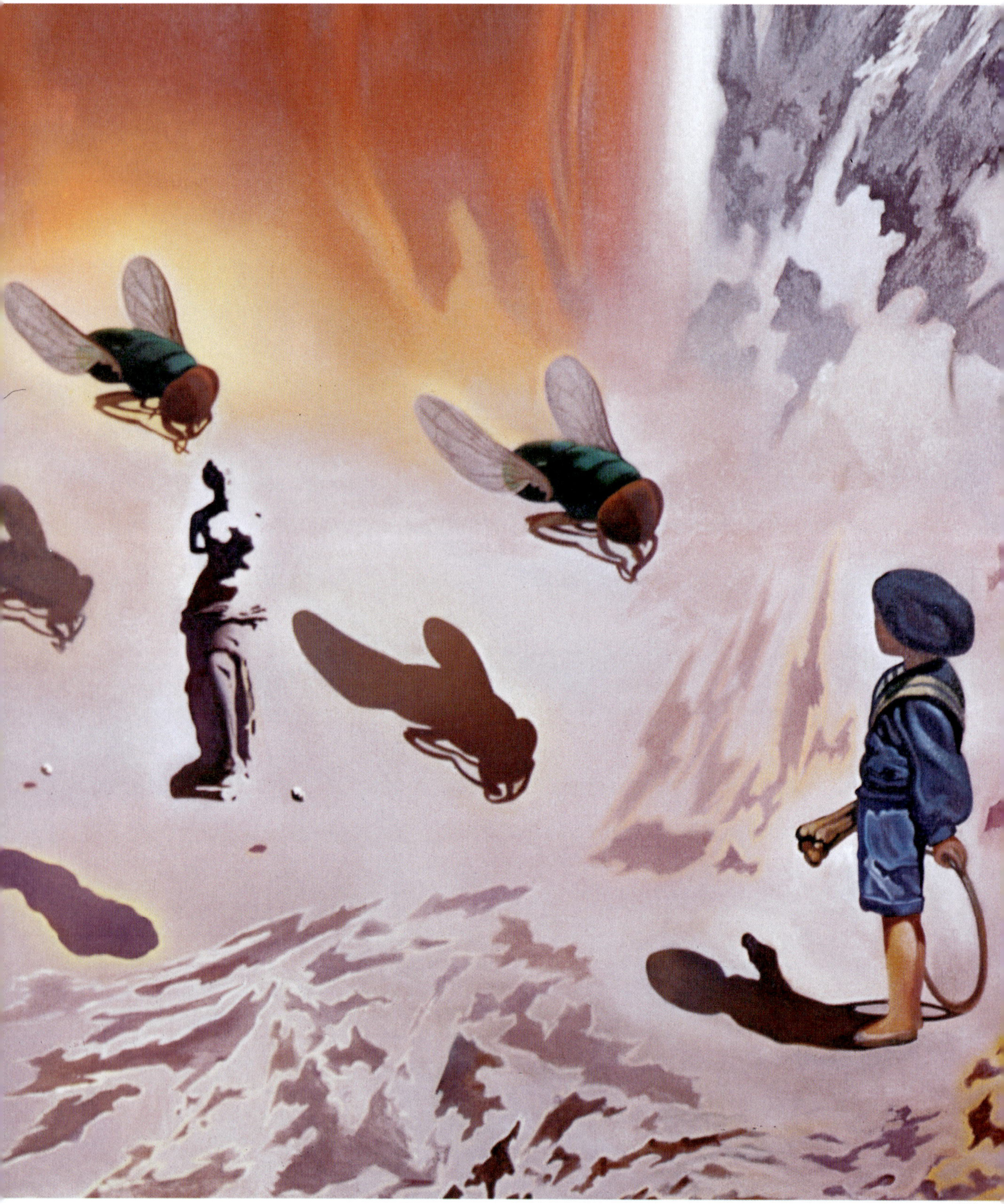

1303

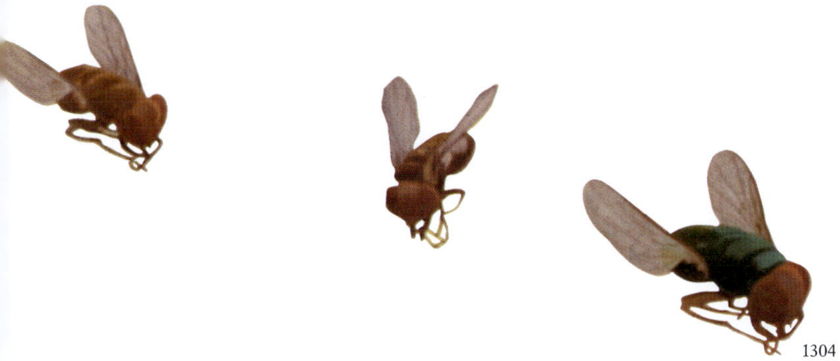

1304

1303 **Een andere vierkante meter van 'De hallucinogene torero', 1968-1970** ✰

1304 **De vliegen uit 'De hallucinogene torero' (detail),** ✰

ken dat hij zelf duidelijk ziet. Je kunt zeggen dat *De hallucinogene torero* en *De onzichtbare man* (onvoltooid, blz. 180) elkaar over een afstand van jaren een hand geven. Of veeleer, dat *De hallucinogene torero* de uiteindelijk geslaagde en voltooide versie van *De onzichtbare man* is, die Dalí had weggelegd omdat hij niet tevreden was met zijn werk waaraan hij desondanks magische krachten toeschreef die hem en Gala konden beschermen. Het nieuwe doek, dat ware patchwork, verenigt elementen die uit voorafgaande doeken komen en die variëren van de naaiende grootmoeder Ana tot het kleine kind in de wieg; die elementen zijn in veel werken te vinden, met name in *Het spook van de sex-appeal* (blz. 215).

En wat ziet dit gelijk met de eeuw geboren Dalí-kind? Het staat in de uiterste rechterbenedenhoek, zijn blikveld stelt hem niet in staat het hele doek te overzien, maar hij lijkt vooral verrukt door de echte vliegen, de autogiro-vliegen, de reusachtige of minuscule Venus-gestalten, de rozen en het gezicht van Gala dat op dat van Christus lijkt en als een echo schuin tegenover het kind staat... In één woord een nieuwe wereld, een werkelijkheid geworden zinsbegoocheling die onder zijn ogen vorm krijgt, een verwarde, bonte, chaotische hallucinogene wereld. Zijn de beelden van marmer of van vlees? De ruggen zijn doorboord met

Vervolg op blz. 596

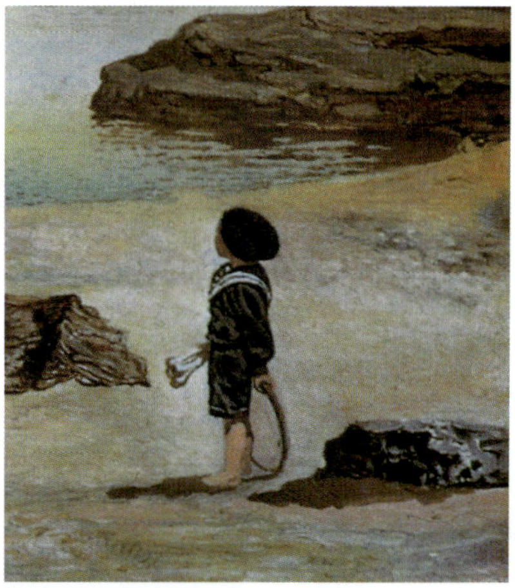

1305

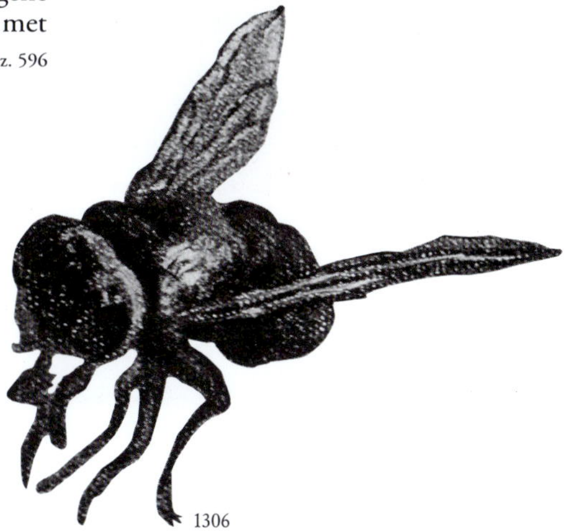

1306

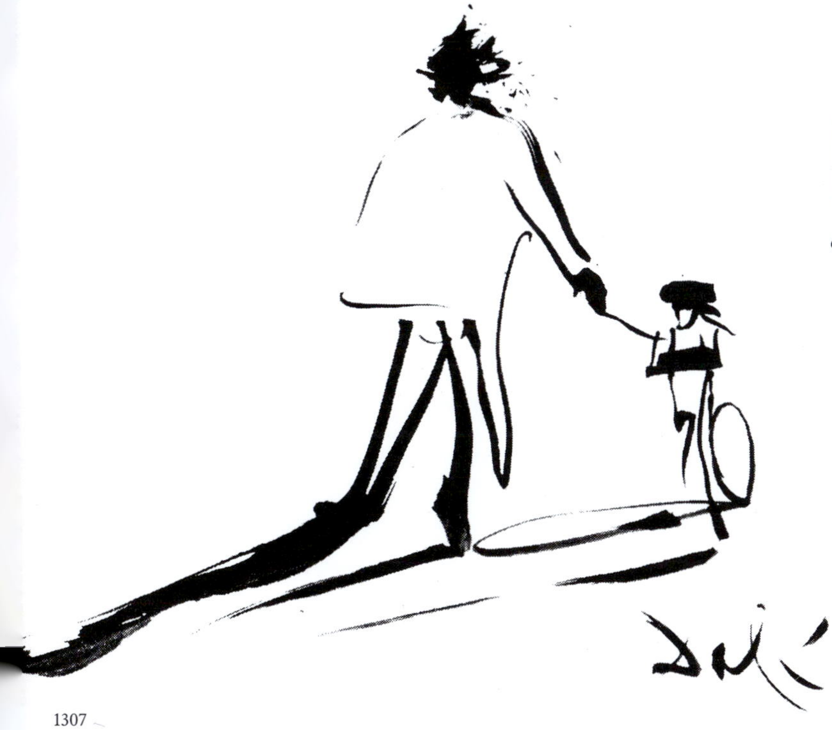

1307

1305 **De kleine jongen – geen ander dan Salvador zelf. Detail uit 'Het spook van de sex-appeal'. Het gaat om dezelfde jongen als in 'De hallucinogene torero'.** ✰

1306 **Een andere vlieg uit 'De hallucinogene torero'** ✰

1307 **Dalí als kind met zijn vader,** 1971 △
Dalí enfant avec son père

1308 **Het uur van de monarchie, 1969** ❑
L'heure de la monarchie
Plafond in het Palacio Albéniz de Montjuïc, Barcelona

1309 **De tranenvijver. Illustratie voor 'Alice in Wonderland' van Lewis Carroll, verschenen bij Maecenas Press, New York**, 1968, 1969 △
La mare aux larmes

1310 **Zonder titel (Surrealistische engel)**, rond 1969 ❑
Sans titre (L'ange surréaliste)

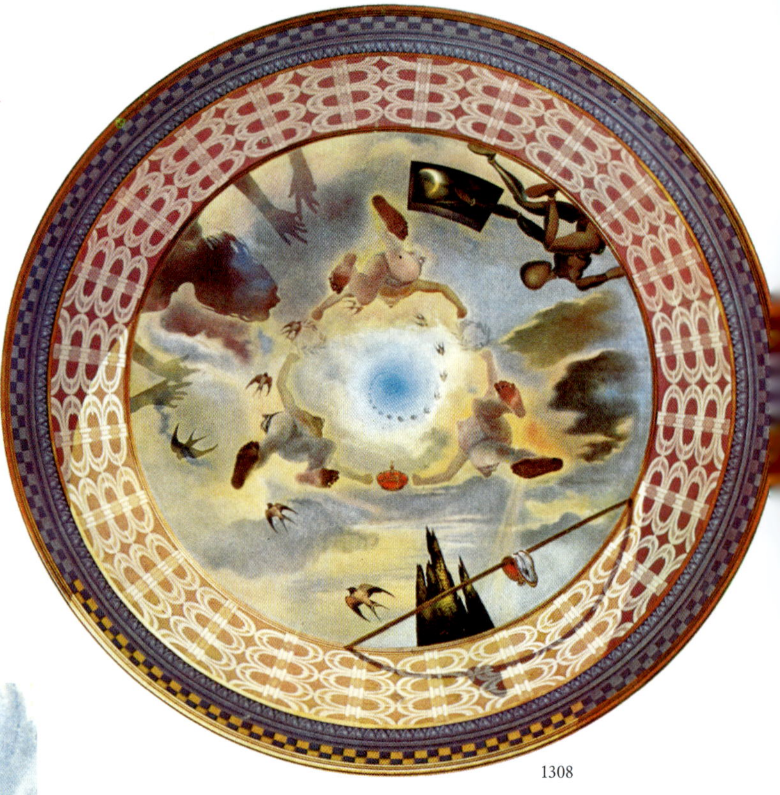

1308

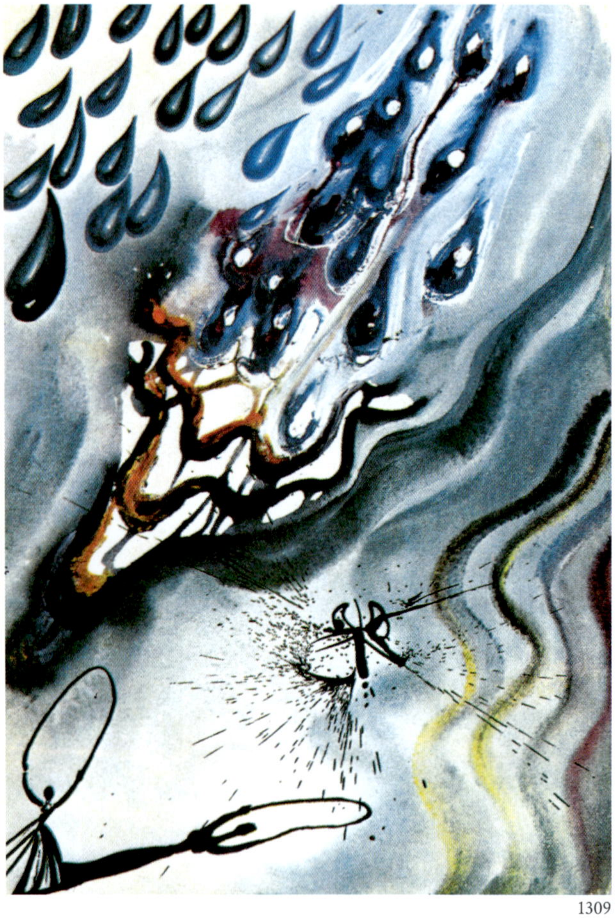

1309

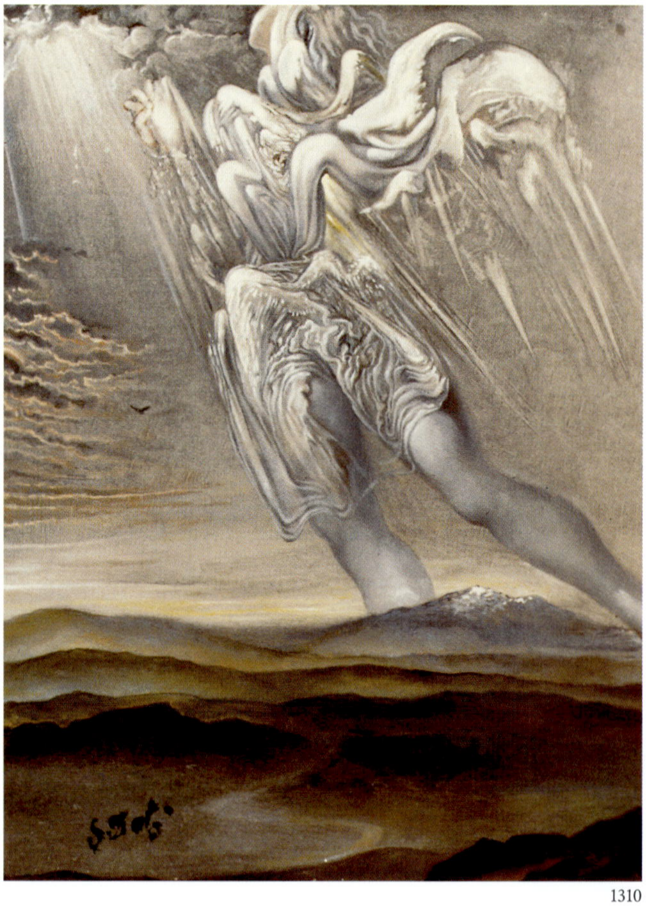

1310

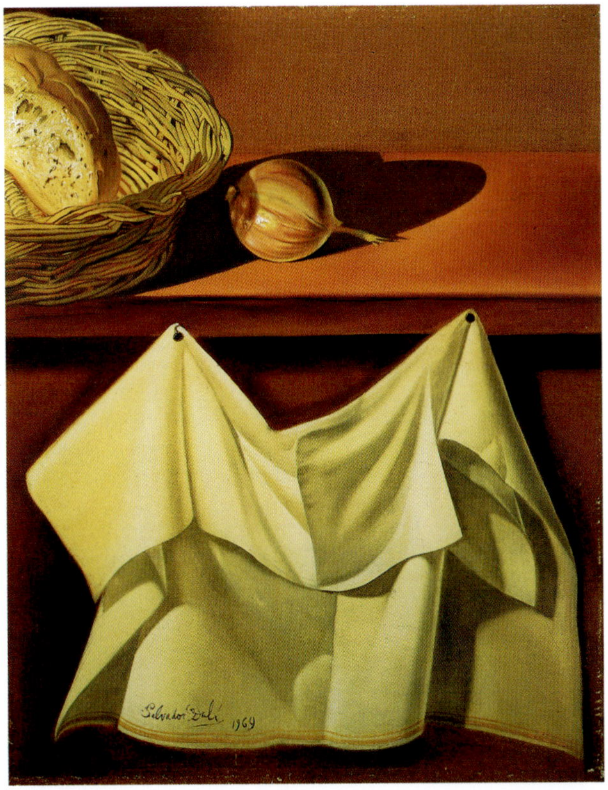

1311

1311 **Zonder titel (Stilleven met witte doek)** 1969 ❑
Sans titre (Nature morte au drapé blanc)

1312 **Studie van een vrouwelijk naakt,** 1969 ❑
Etude de nu féminin

1313 **St.-Sebastiaan – studie van een mannelijk naakt, 1969** ❑
Saint Sébastien

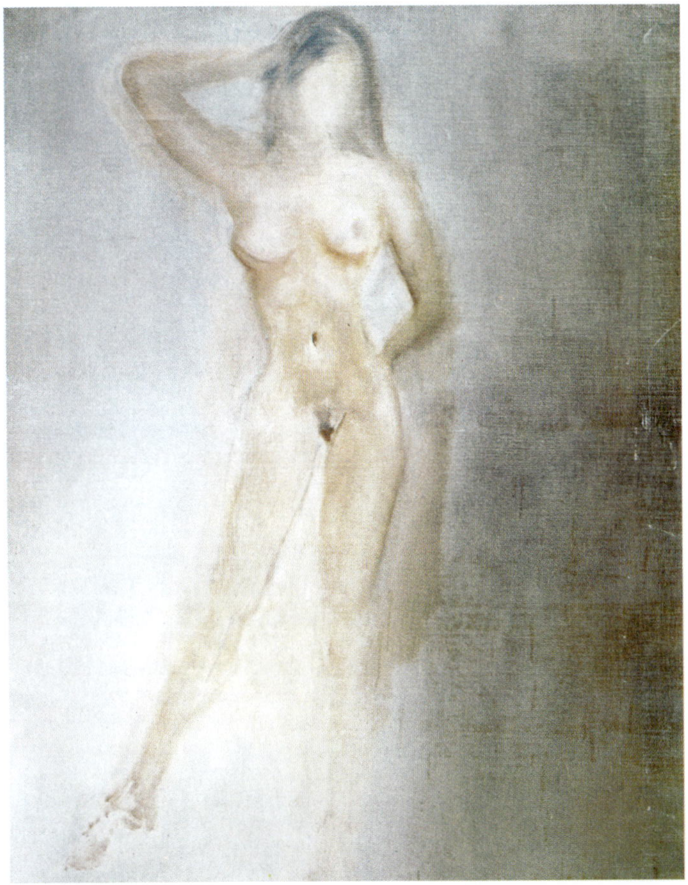

1312

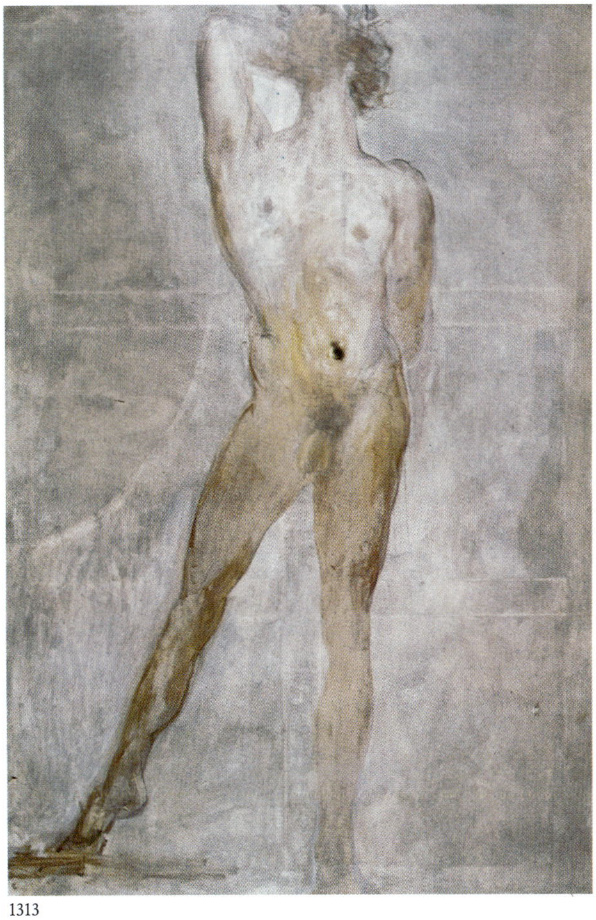

1313

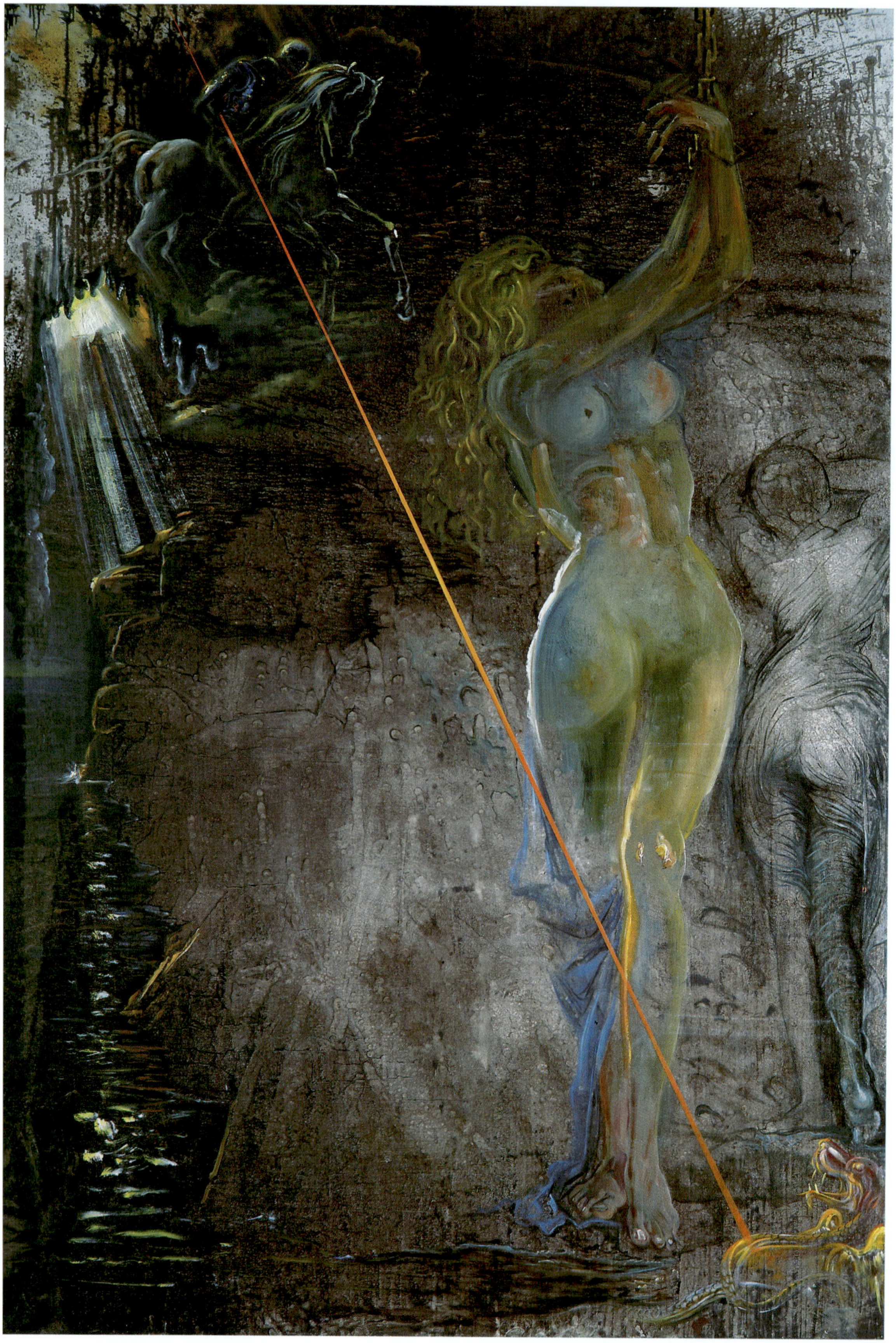

1314

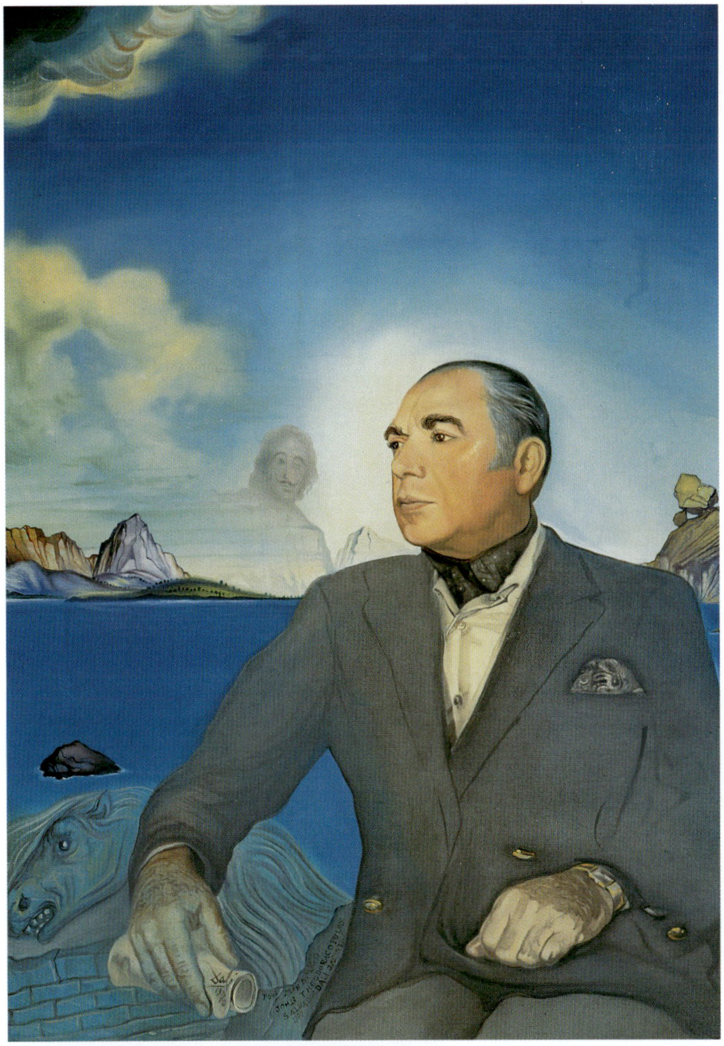

1315

1314 **Roger bevrijdt Angelica (St.-Joris en het meisje)**, 1970-1974 ❑
Roger délivrant Angélique (Saint Georges et la demoiselle)

1315 **Portret van John Theodoracopoulos, 1970** ❑
Portrait de John Theodoracopoulos

1316 **Zonder titel (Ladenhoofd naar Michelangelo)**, rond 1970 ❑
Sans titre (Tête de Michel-Ange au tiroir)

1317 **Geduldige geliefden (Verschijning van een gezicht met stereoscopische inslag in een landschap van Ampurdán)**, 1970 △
Patient Lovers (Apparition d'un visage à tendance stéréoscopique dans un paysage de l'Ampurdán)

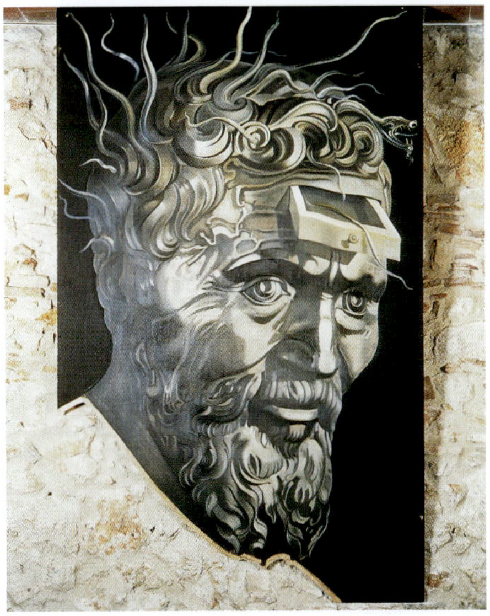

1316

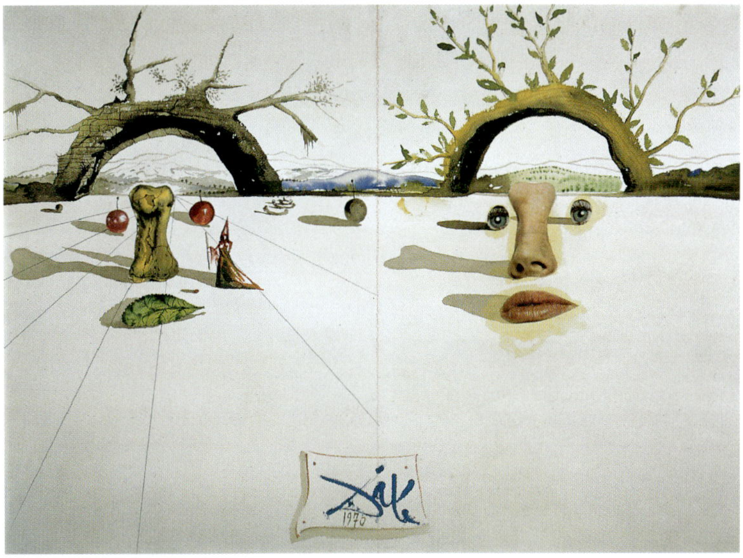

1317

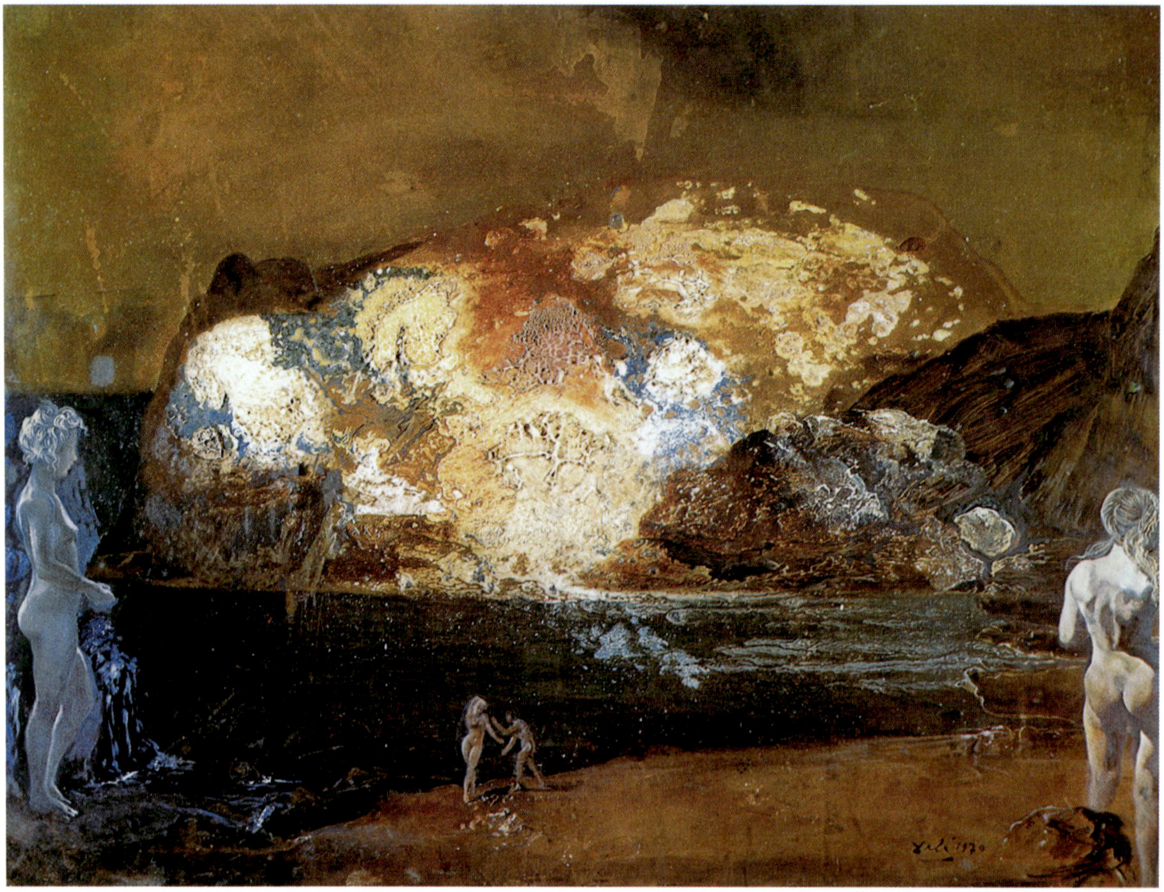

1318

1318 **Cap Creus met naakten**, 1970 ❑
Cap Creus con desnudos

1319 **De vleugels van de overwinning**, 1970 △
Les ailes de la victoire (Winged Victory)

1320 **Verschijning van Venus**, 1970 ❑
Apparition de Vénus

1321 **Silhouet van een koorddanser en een clown**, rond 1970 ❑
Silhouette d'équilibriste et bouffon

1322 **Christus**, 1970 △
Christ

1323 **Les demoiselles d'Avignon (De meisjes van Avignon)**, 1970 △

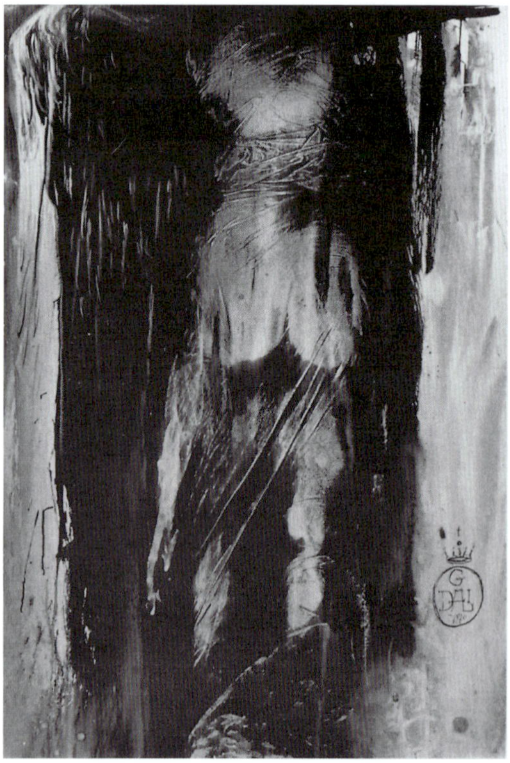

1319

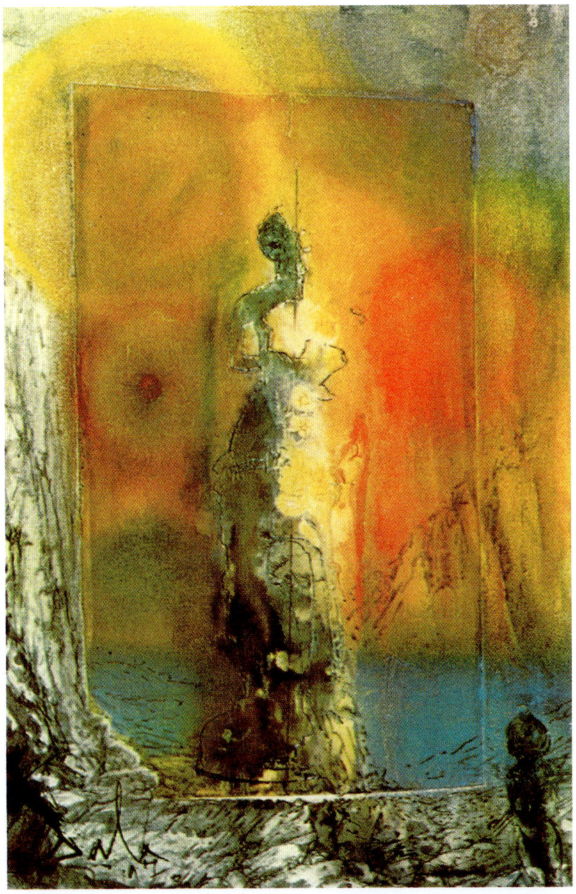

1320

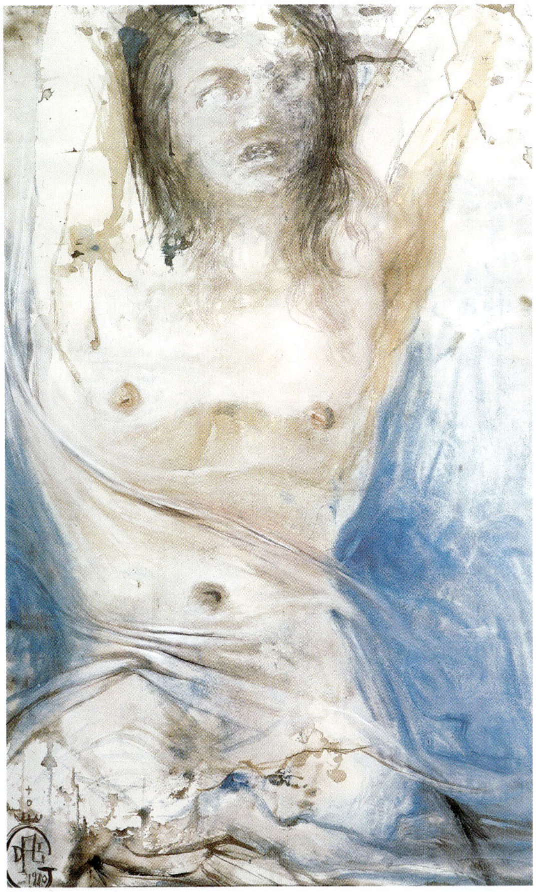

1322

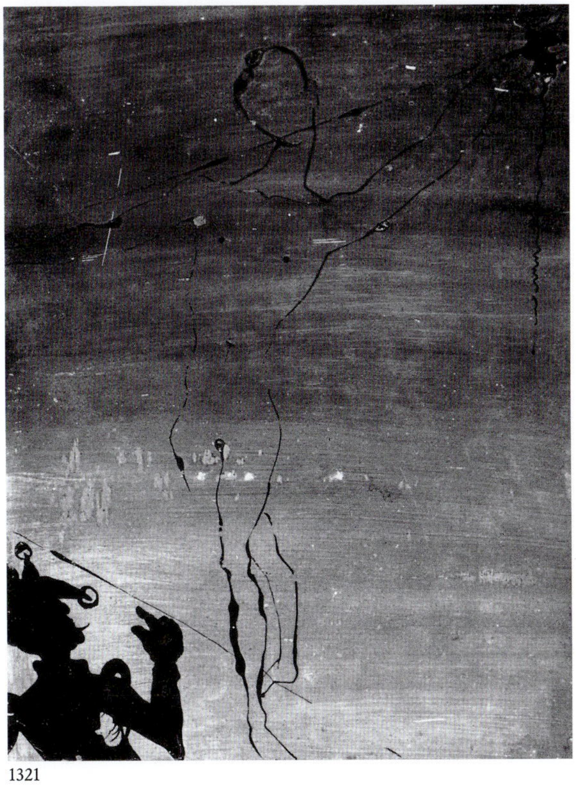

1321

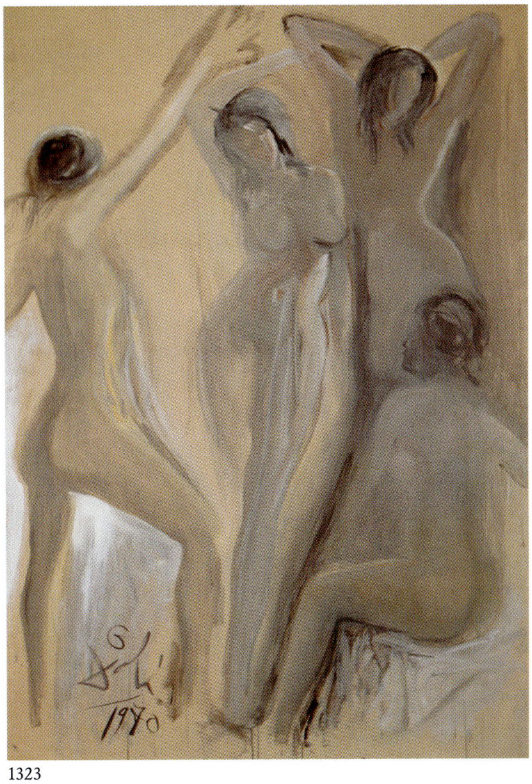

1323

1324 **Gezicht op Púbol**, 1971 △
Vue de Púbol

1325 **Hannibal trekt de Alpen over**, 1970 △
Hannibal traversant les Alpes

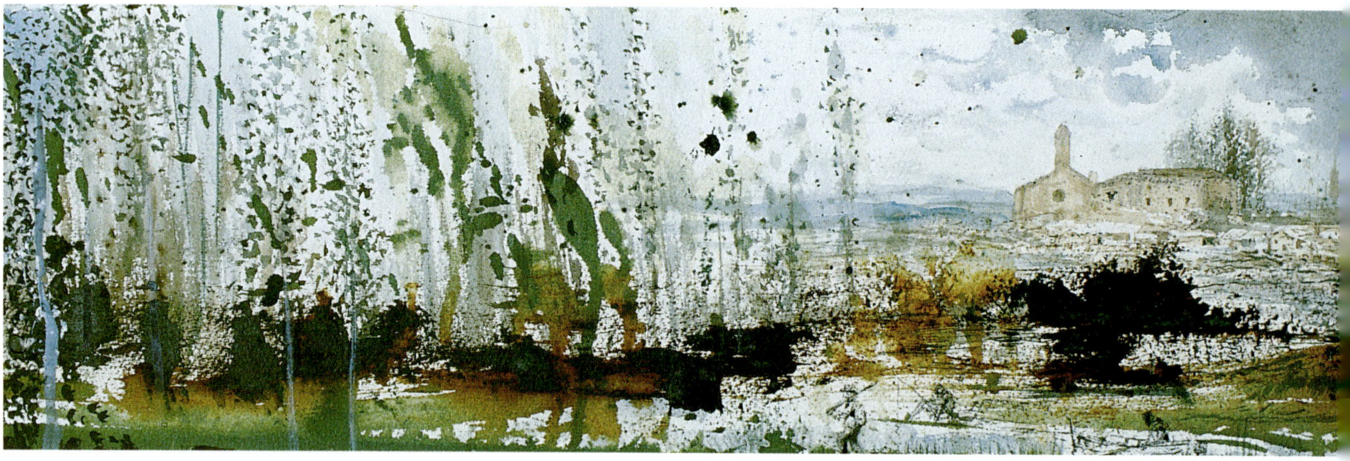

1324

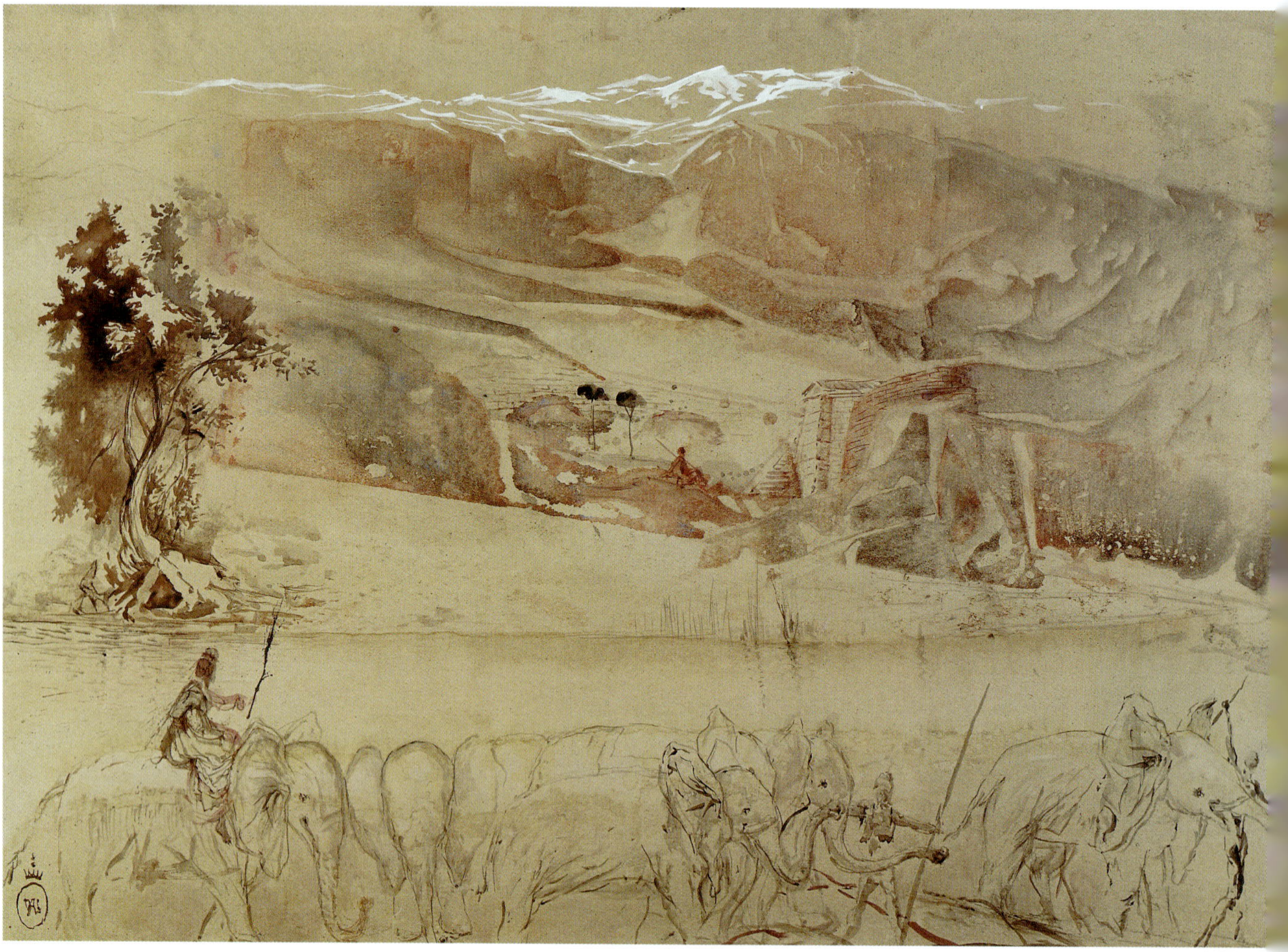

1325

1326 **Gezicht op Púbol**, 1971 ❑
Vue de Púbol
1327 **Neushoorn**, 1970 △
Rhinocéros
Speciale kunststof die Dalí naar de opbouw van vliegeogen heeft ontwikkeld.

1328 **De Dalíaanse Senyera (De Catalaanse vlag)**, 1970 ❑
La senyera Dalíniana

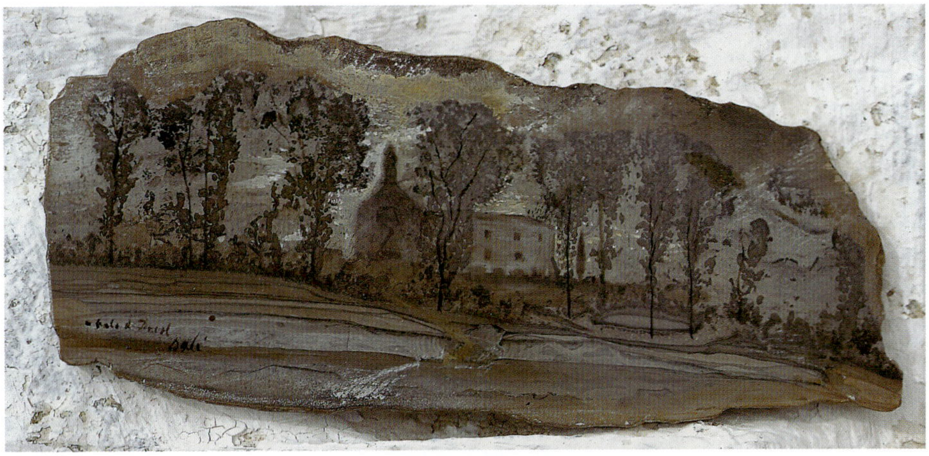

1326

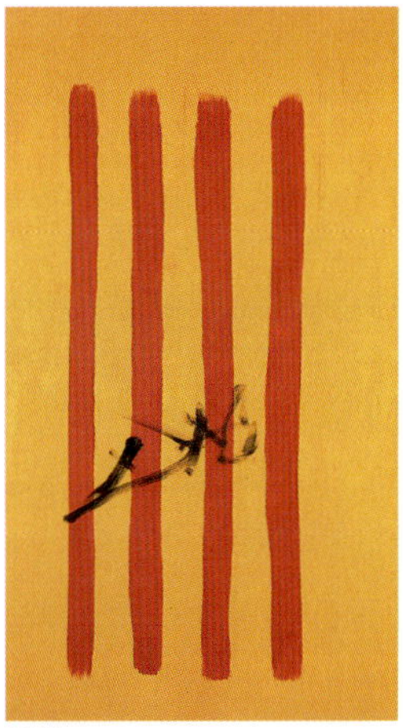

1328

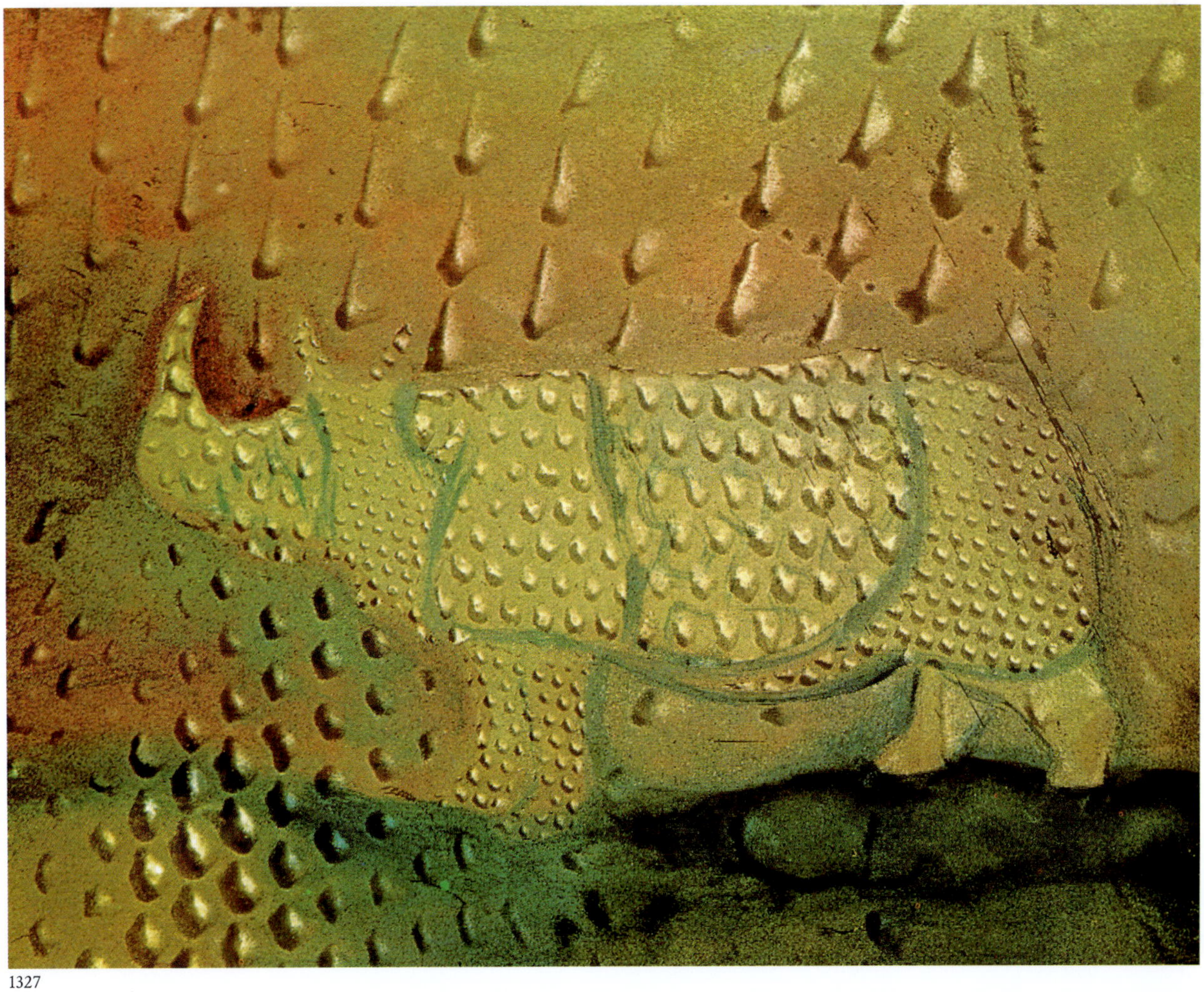

1327

ramen, zoals de hitleriaanse voedster in *De ontwenning van de meubel-voeding* (blz. 226). De Venus-gestalten in allerlei formaten zijn fosforescerend of stralen en doen denken aan de kleine sterretjes die je ziet als je je ogen hard dichtknijpt, puntjes die ook 'vliegen' worden genoemd en die Dalí in verband brengt met de zes Lenin-hoofden die in *Gedeeltelijke zinsbegoocheling. Zes verschijningen van Lenin op een vleugel* (blz. 164) boven de klaviatuur van een vleugel verschijnen. Gewoonlijk zegt Dalí over zulke fosfenen dat ze "herinneringen zijn van mijn binnenbaarmoederlijke paradijs dat ik heb verloren op de dag van mijn geboorte". De Venus van Milo, wier matroneachtige gedaante wordt herhaald in de grandioze architectuuur –meer Romeins circus dan stierenarena– behoort al lang tot de mythologie van de schilder. Zij is de eerste vrouw die het kind in klei modelleert, naar een reproduktie in de eetkamer van zijn ouderlijk huis. Zij

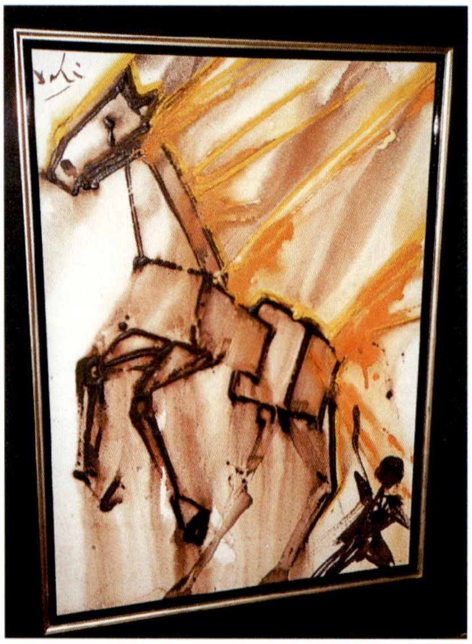

1329

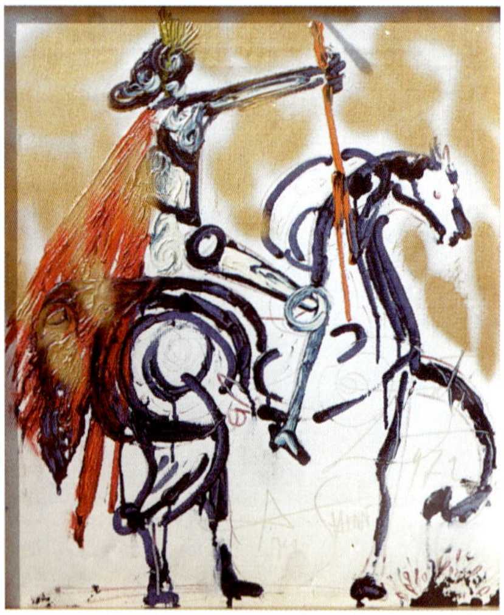

1330

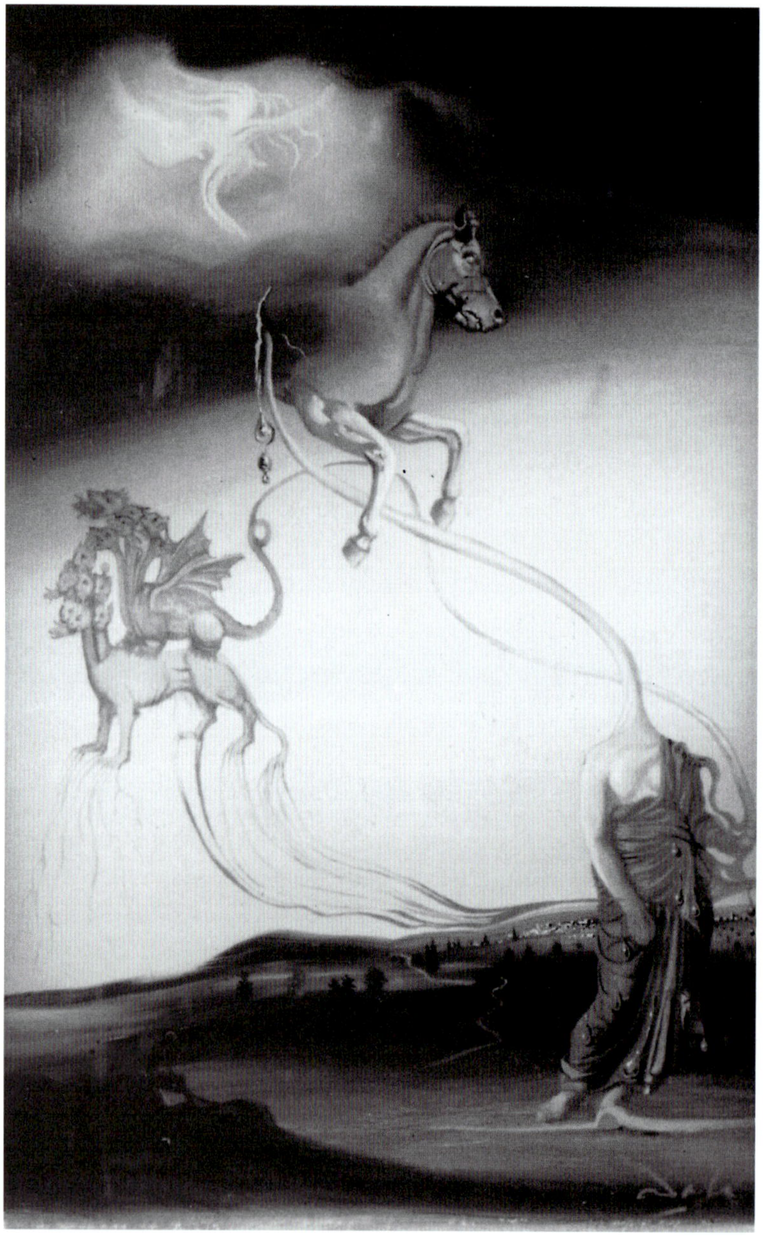

1331

stond ook afgebeeld op het deksel van de in New York ontdekte doos potloden. Hij vindt haar uitdrukking dom, maar meent dat dat nu eenmaal bij volmaakt vrouwelijk schoon hoort, maar niet bij een elegante vrouw, wier blik intelligent moet zijn of in elk geval moet lijken. Voor een jonge jongen is ze het toppunt van erotiek, naakt tot haar heup toont ze de aanzet van haar zitvlak. Dit achterwerk waarvan Dalí bezeten is, net als van zijn zoektocht naar God, herhaalt hij zeker graag oneindig binnen het kader van dat grandioze amfitheater, deze vitrine naar zijn smaak. En in deze pronkarchitectuur troont linksboven, tegenover de kleine Dalí, Gala's hoofd, dat het doek beheerst en zich ervan losmaakt. Torero Dalí draagt aan haar de dood van de stier op. Gala de alomtegenwoordige, Gala die met Dalí aan het hoofd van de Moorse ruiters in *De slag bij Tetuán* (blz. 540-541) galoppeert, die als St.-Helena in *Het oecumenische concilie* (blz. 530)

Dalí was altijd gek van paarden. Het paard staat in het middelpunt van veel doeken, zoals 'De verzoeking van St.-Antonius', 'Wrak van een auto dat een blind paard baart dat een telefoon opeet' of 'St.-Jacob van Compostela'. In de jaren '70 maakt hij een reeks schilderijen en een serie prachtige litho's onder de titel 'Les chevaux de Dalí' (De paarden van Dalí):

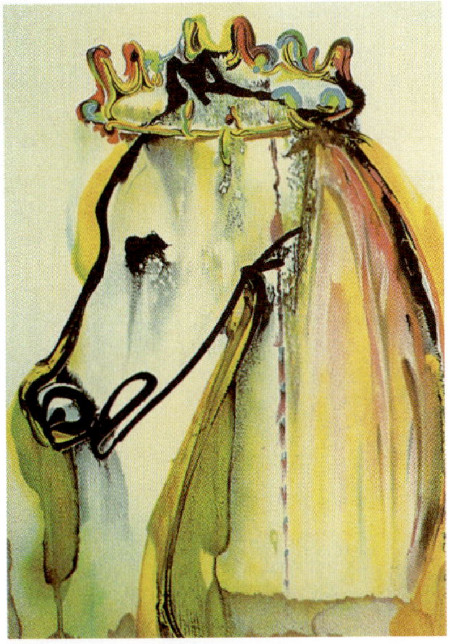
1332

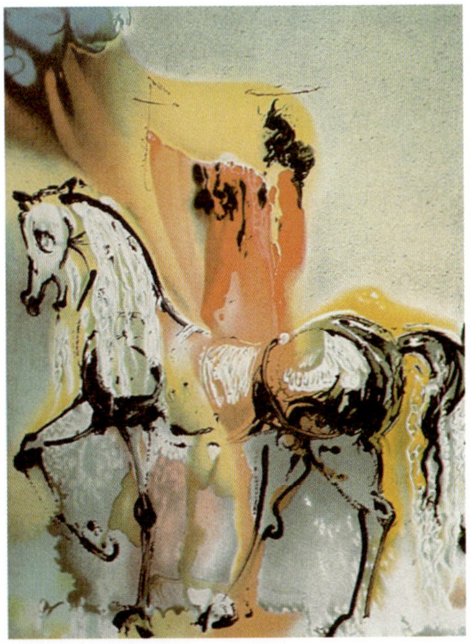
1333

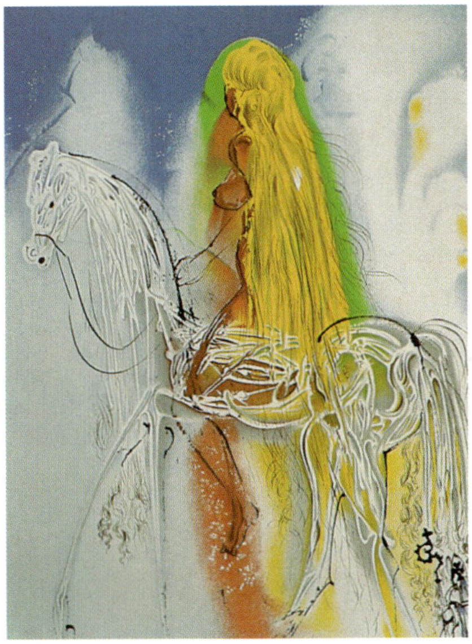
1334

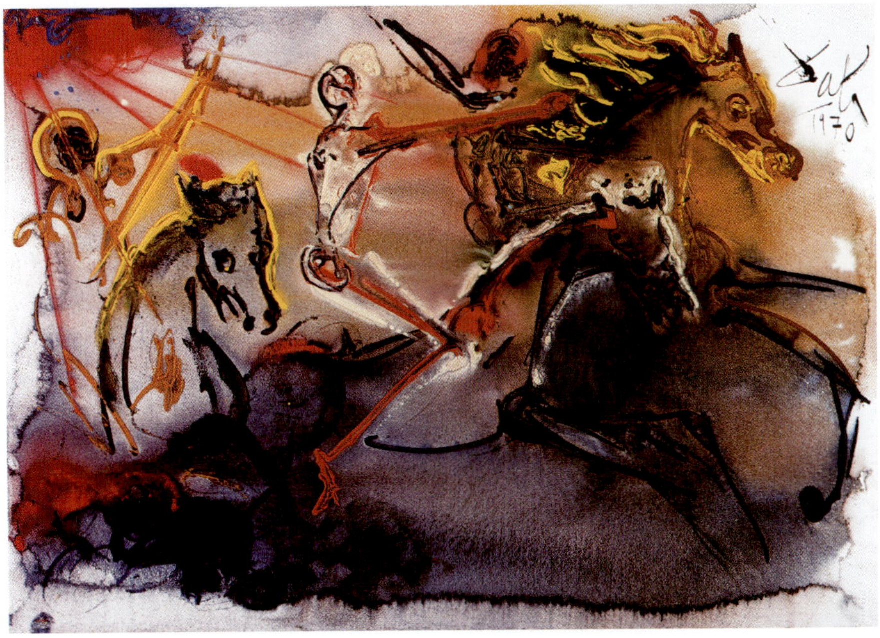

1335

1329 **Clauilegnio – Het brandende paard (De paarden van Dalí')**, rond 1971 △ Clauilegnio – The Flaming Horse (Les chevaux de Dalí)

1330 **Trajanus te paard**, 1972 ❑
Trajan à cheval

1331 **De wederkomst van Christus**, 1971 ❑
The Second Coming of Christ

1332 **Caligula's paard (De paarden van Dalí)**, rond 1971 △
Le cheval de Caligula (Les chevaux de Dalí)

1333 **De christelijke ridder (De paarden van Dalí)**, 1971 △
Le chevalier chrétien (Les chevaux de Dalí)

1334 **Lady Godiva (De paarden van Dalí)**, 1971 △
Lady Godiva (Les chevaux de Dalí)

1335 **Apocalyptische ruiters**, 1970 △
Cavaliers de l'apocalypse

1971

1336, 1337 **'Dalígaulle' en 'Pompidalí', twee etsen van Tim als hommage aan Dalí**, 1971 △

1338 **Zelfportret**, 1972 ❑
Autoportrait
Fotomontage met de beroemde 'Mao-Marilyn', die Philippe Halsman maakte op Dalí's verzoek.

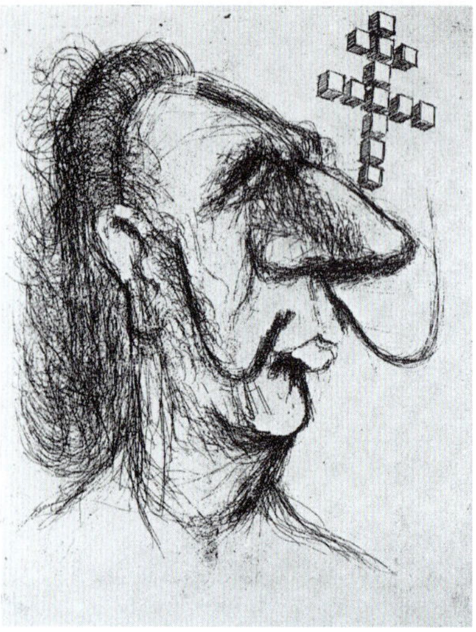

1336

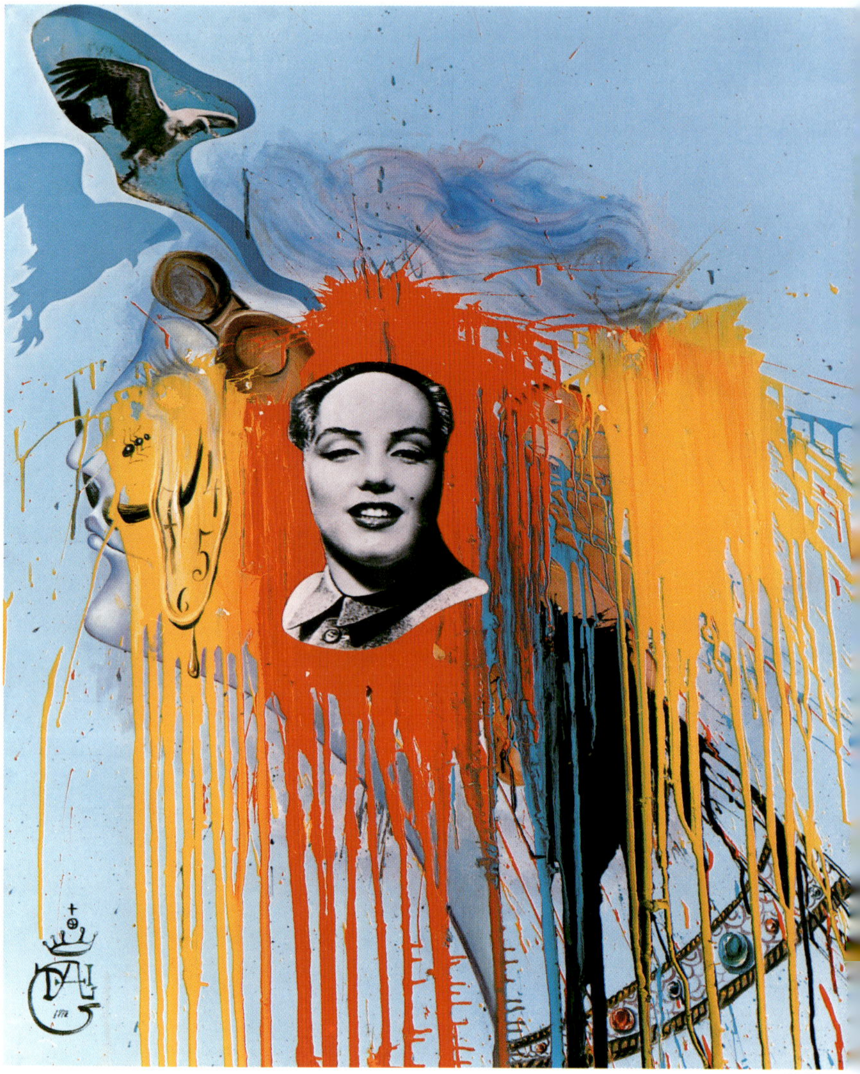

1338

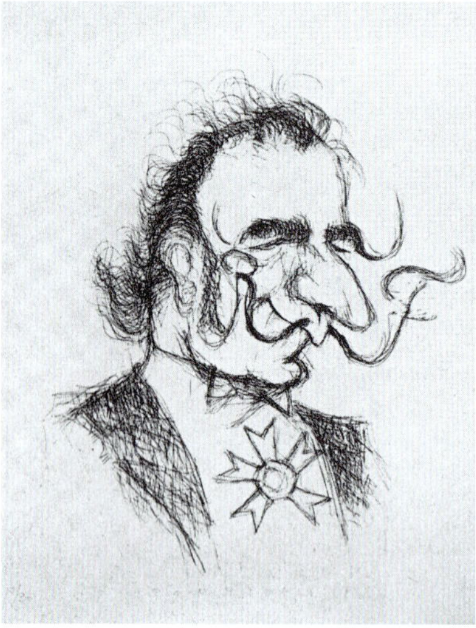

1337

optreedt, met een gezicht à la Leonardo da Vinci in *Antiprotonische hemelvaart van Maria* (blz. 487), in *De apotheose van de dollar* (blz. 555), in *Afrikaanse impressies* (blz. 303), die kortom in de meeste doeken des te aanweziger is naarmate je dichter bij het eind komt. En is het niet haar gezicht, haar profiel, dan leent ze nu eens haar rug, dan weer haar architectuur. Ze is klaterbeek, rots, uitstekende punt, muze, heilige, stenen muur, gouden regen...

Dalí heeft het doek in vierkanten onderverdeeld (blz. 581) en elk van die vierkante meters is een doek op zich. Het is een complete tentoonstelling, bijna een retrospectief die hij in één doek toont. En voor dat kind dat de bekende stations van Dalí's iconografie een voor een bekijkt, de Venus van Milo-figuren, de klippen, de rotsen, de door een banderilla verwonde stier die in doodsstrijd zijn bek in het zand van de arena, het heldere water van een rotsbaai bij Cadaqués duwt, zeggen boze tongen meteen: Dalí valt in herhaling! Dalí kopieert zichzelf! We kennen ze al, die eenzame baadsters, die bustes van Voltaire, die schaduw van kleine Venus-figuren, die silhouetten van de boerin uit het 'Angelus' van Millet. Luis Romero vertaalt Dalí's gedachten zo getrouw mogelijk en antwoordt: "Laten we zegen dat Dalí, om ons te voorzien van misschien ietwat banale, maar consequente doeken, zichzelf noch plagieert noch imiteert, maar dat hij materi-

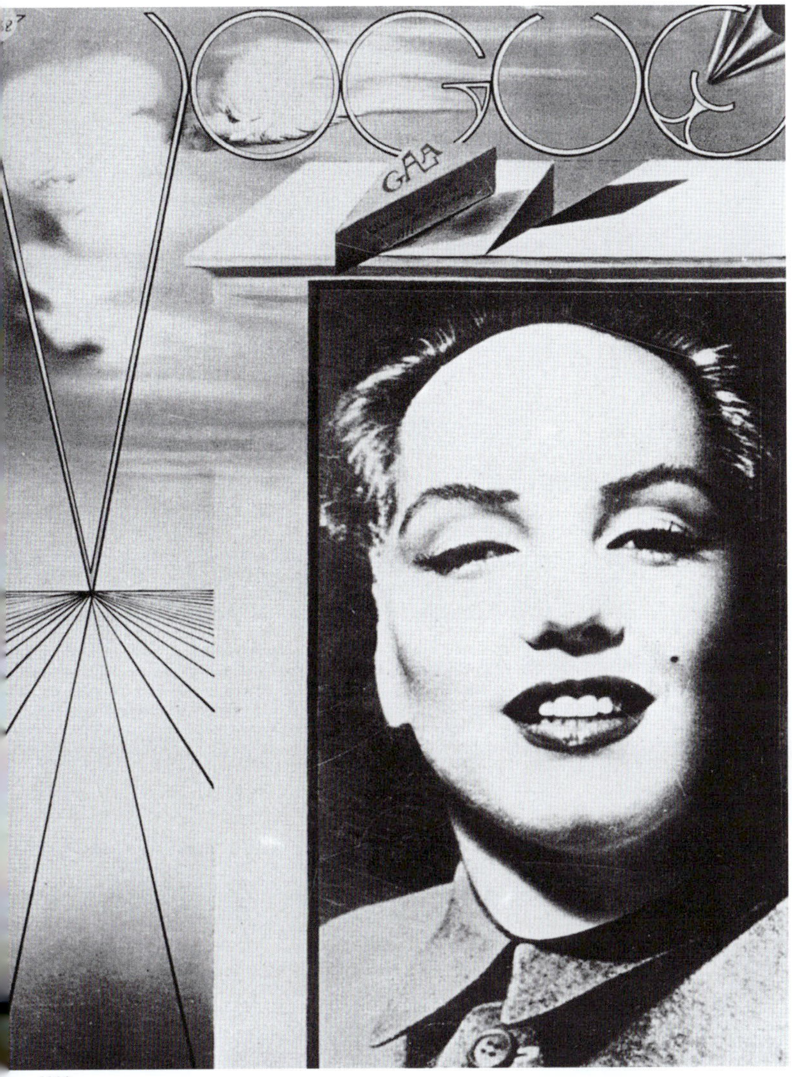

1339

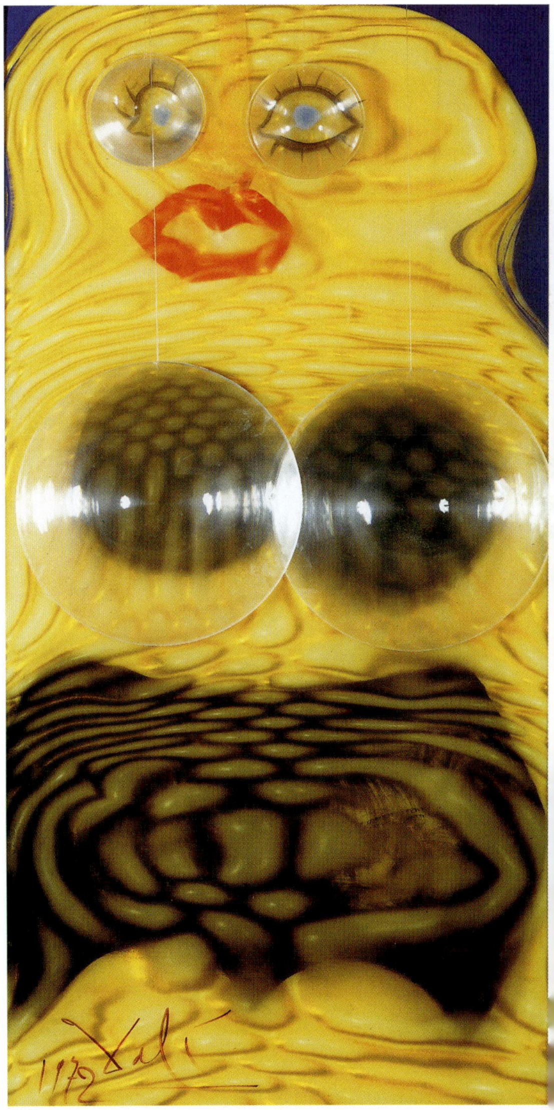

1341

1339, 1340 **Titelillustraties van Dalí voor het decembernummer van de Franse en Amerikaanse edities van 'Vogue'**, 1971 ✰
Deze uitgave is een collectors item geworden. Hier gaat het niet om mode en zelfs op de door Dalí geretoucheerde advertentie zijn exploderende stropdassen van Yves Saint-Laurent te zien, of doekjes van Porthaut, die in concertvleugels veranderen.

1341 **Marilyn Monroe**, 1972 ❑

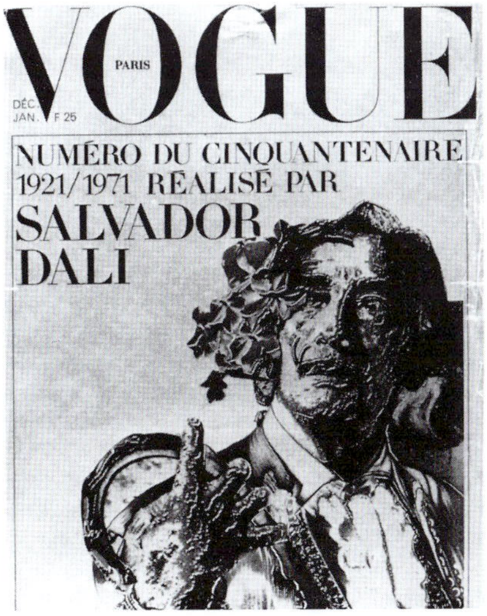

1340

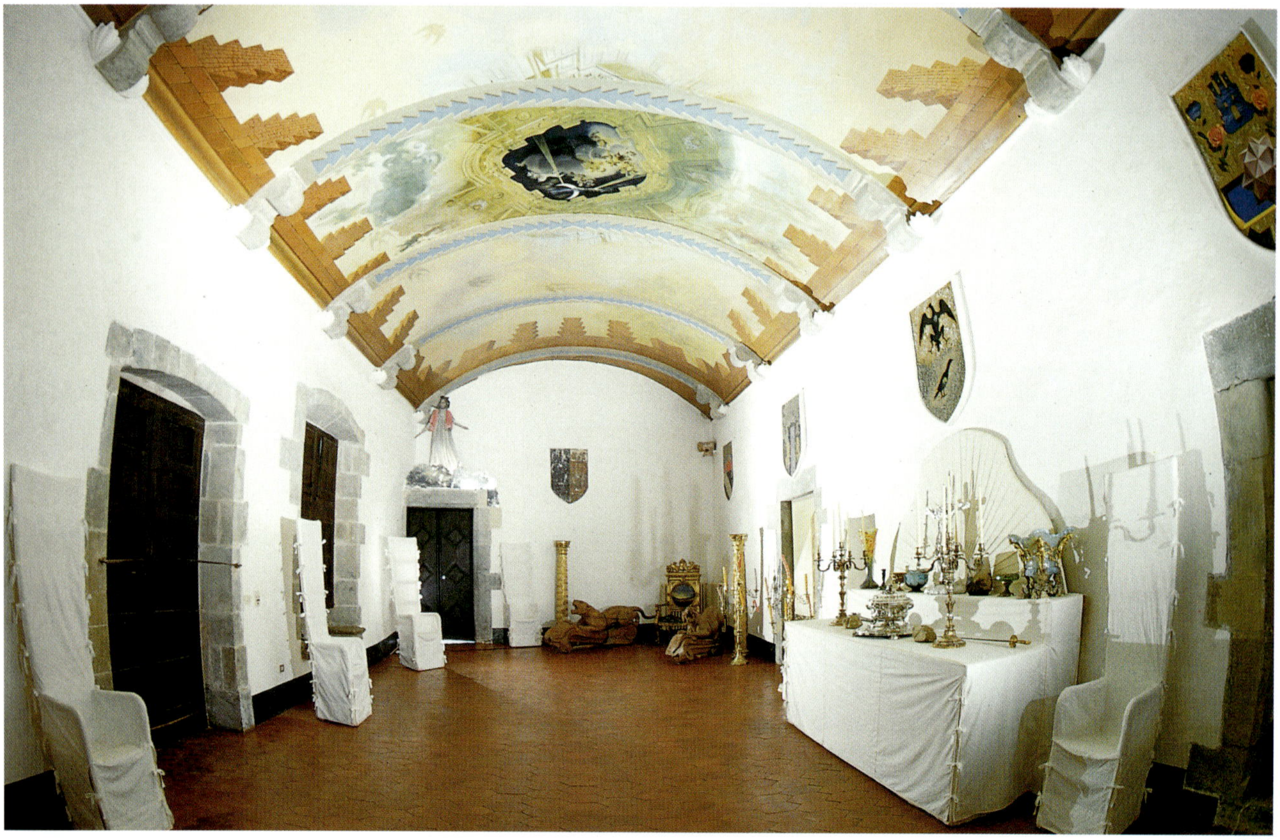

1342

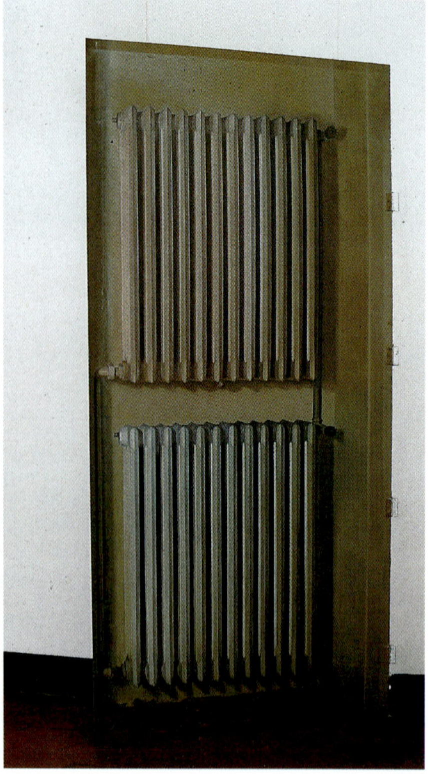

1343

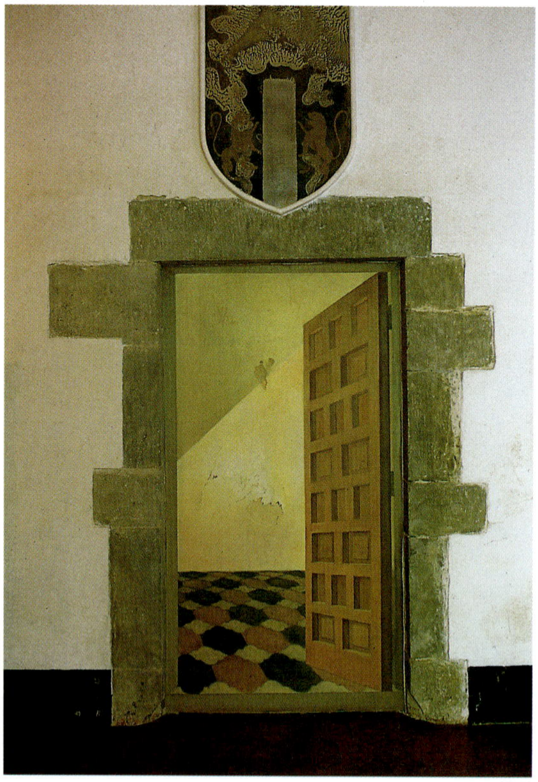

1344

1342 **Hal van Gala's kasteel in Púbol met plafondschildering van Dalí**, rond 1972 ✰

1343 **Verwarming als verwarmingsbekleding**, rond 1972 ❑
Radiateurs cache-radiateurs

1344 **Perspectivisch geschilderde deuropening (trompe-l'œil)**, rond 1972 ❑
Porte en trompe-l'œil

1345 **Plafondschildering in de hal van Gala's kasteel in Púbol**, 1971 ❑
Plafond du hall du château de Gala à Púbol

1346 **Dalí bij het zwembad in Port Lligat, geïnspireerd op de verpakking van een transistorradio**, 1972 ✰

1347 **Stoel met landschap, geschilderd voor Gala's kasteel in Púbol**,
1972-1974 ❍
Fauteuil à paysage

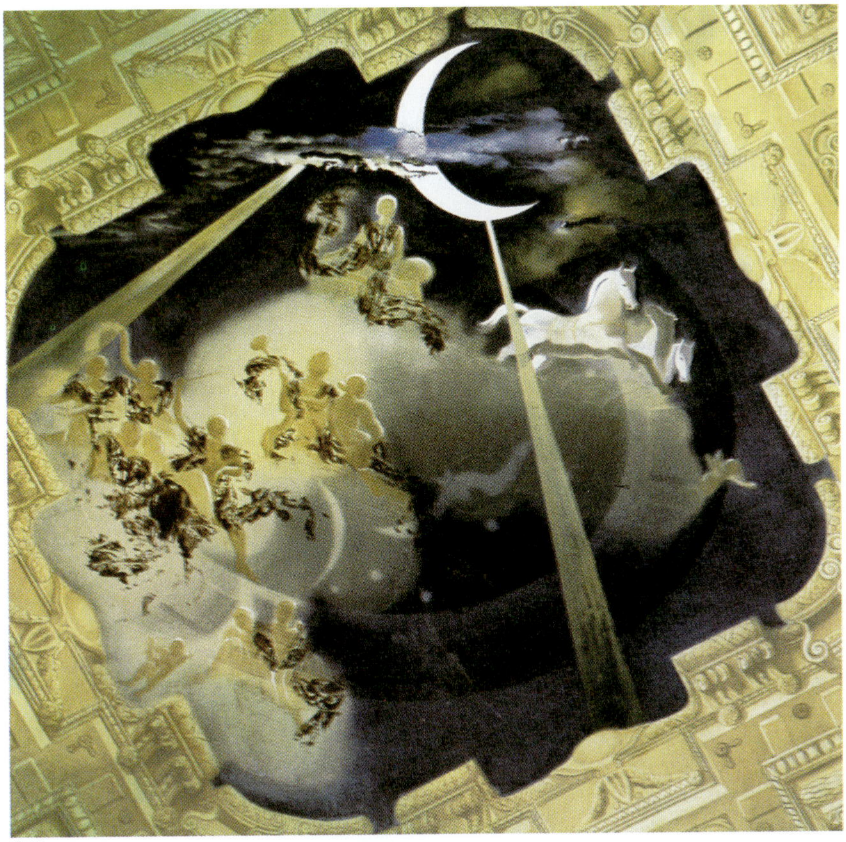

1345

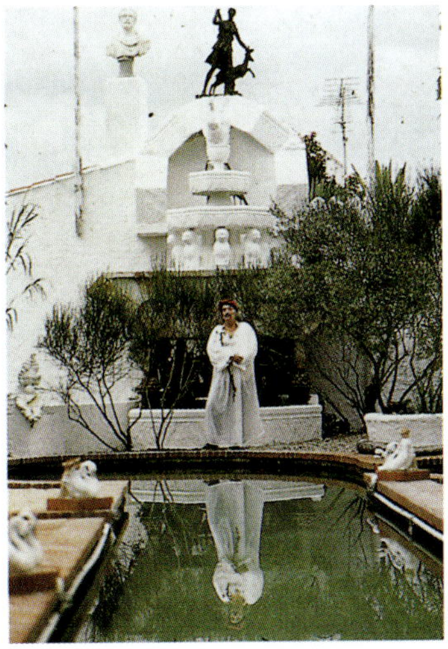

1346

aal gebruikt dat stamt uit zijn eigen psychische en beeldende wereld en dat deel is van zijn hoogst eigen kosmogenie. Je zou hem kunnen vergelijken met Honoré de Balzac, wiens personages in verschillende romans optreden en zijn werk consistentie en eenheid verlenen. Zo bezien zou Dalí's werk een soort geschilderde 'Comédie humaine' zijn, waarin onderbewuste verbeeldingskracht zich mengt met ziedende actualiteit. Zijn doeken openen voor ons deuren naar een wereld die hij heeft ontdekt en geïnterpreteerd, heeft vertaald in vormen, gestalten en decors die we hier en daar te zien krijgen. Je zou *De hallucinogene torero* ten dele kunnen beschouwen als een bouwwerk dat werd gebouwd met dure materialen uit de sloop van pronkgebouwen die zijn ontworpen door dezelfde architect, gebouwd door dezelfde ambachtslieden en geschapen door dezelfde beeldhouwer. Met dit verschil dat dit sloopmateriaal werd verkregen zonder dat er iets werd gesloopt."

Blijven de verschrikkelijke vliegen over die zich als een eskader op de kleine Dalí storten, zonder dat hij overigens, hij die zo laf is, een terugtrekkende beweging maakt. In de mystieke 'bodegóns' (een genre dat Velázquez en Zurbarán hebben gepraktizeerd en waarin 'votiefgaven die door vrome handen voor de nissen van heiligenbeelden zijn gelegd' zijn te zien) staan vliegen voor de dood (Van der Ast, blz. 584).

Spanje is steeds een land van vliegen geweest en Dalí eert ze in zijn 'Dagboek van een genie': "Ze zijn de muzen van de Middellandse Zee. Ze brachten de Griekse filosofen, die hun vrije uren uitgestrekt in de zon, bedekt met vliegen doorbrachten, inspiratie." Ergens anders zegt hij ook dat hij zich Velázquez bij het schilderen omringd door vliegen voorstelde, en wanneer hij zijn snor tot buitensporige proporties laat uitgroeien, schrijft hij deze snor onder andere de deugd toe vliegen aan te trekken en vast te houden, zodat ze hem in alle rust lieten schilderen.

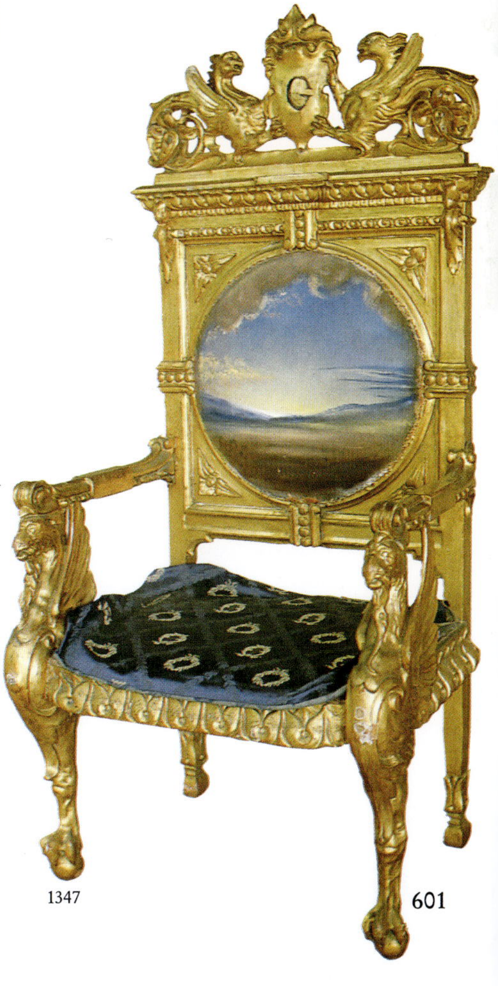

1347

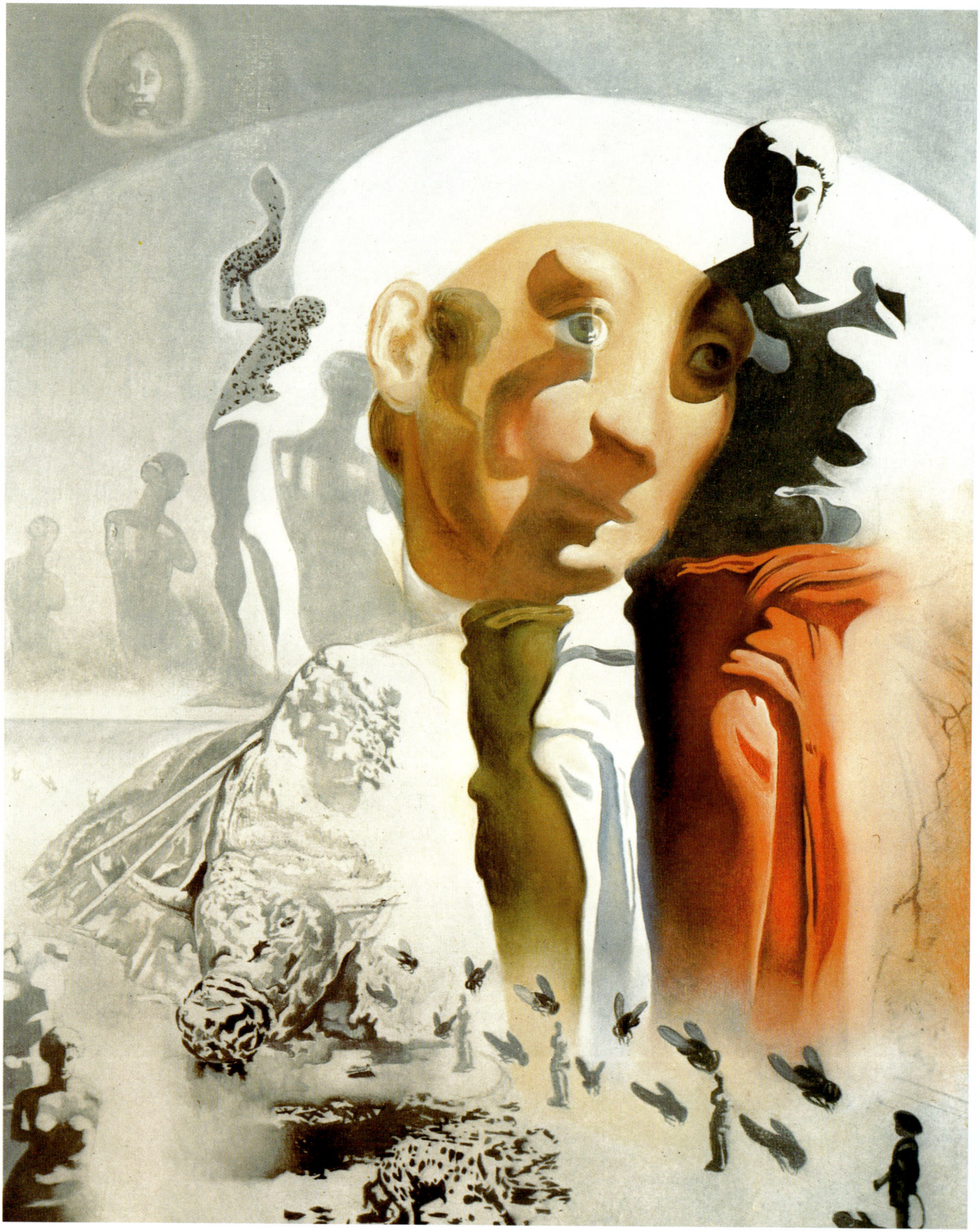

1348

1348 **Het gezicht**, 1972 ❑
Le visage

1349 **Heelal-Eva**, 1972 ❑
Eva espacial

1350 **Nu is het avond (Amazone)**, 1971 △
Maintenant c'est le soir (Amazone)

1351 **Quantificering van het doek 'Het Laatste Avondmaal' van Leonardo da Vinci**, rond 1972 ❑
Quantification de 'La Cène' de Léonard de Vinci

1352 **Figuur met vlag. Illustratie voor 'Memories of Surrealism'**, rond 1971 ❑
Personnage au drapeau

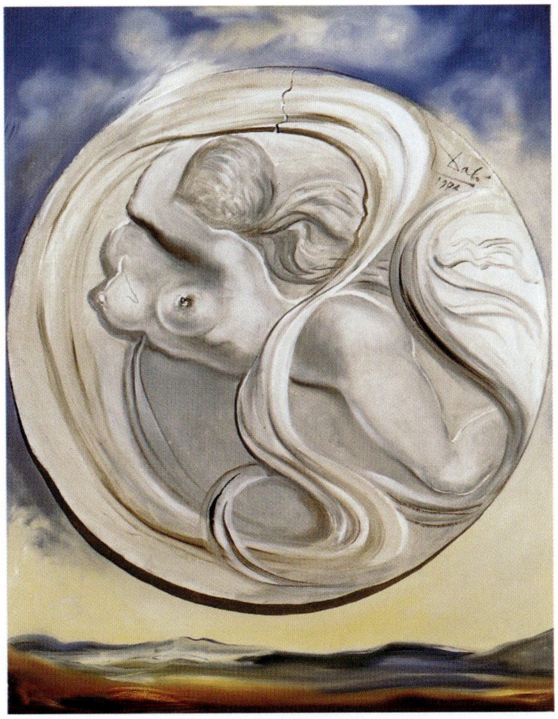

1349

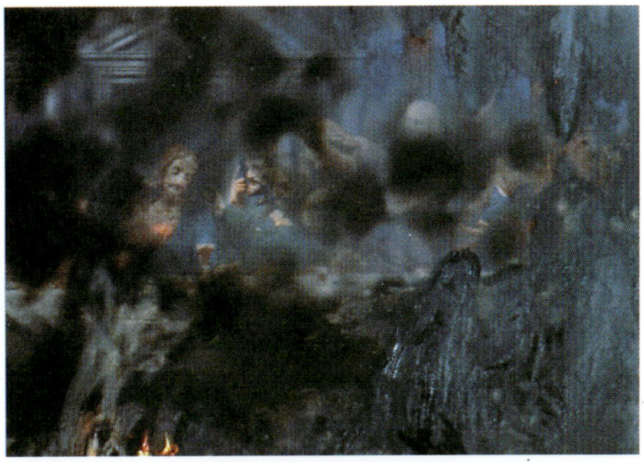

1351

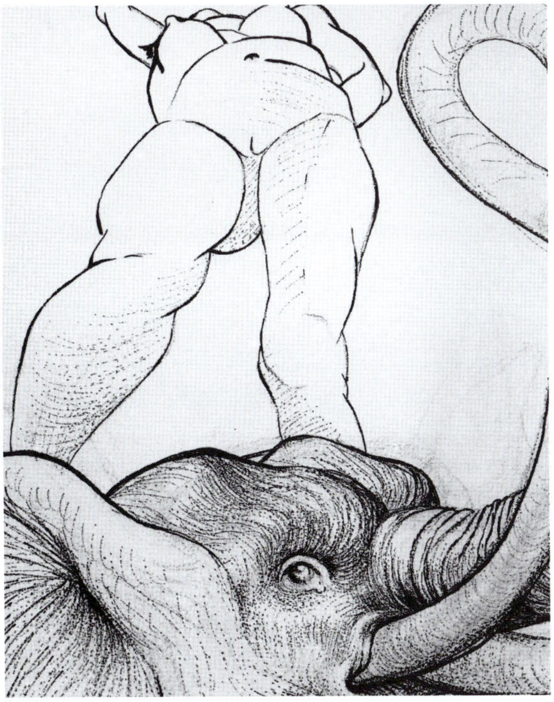

1350

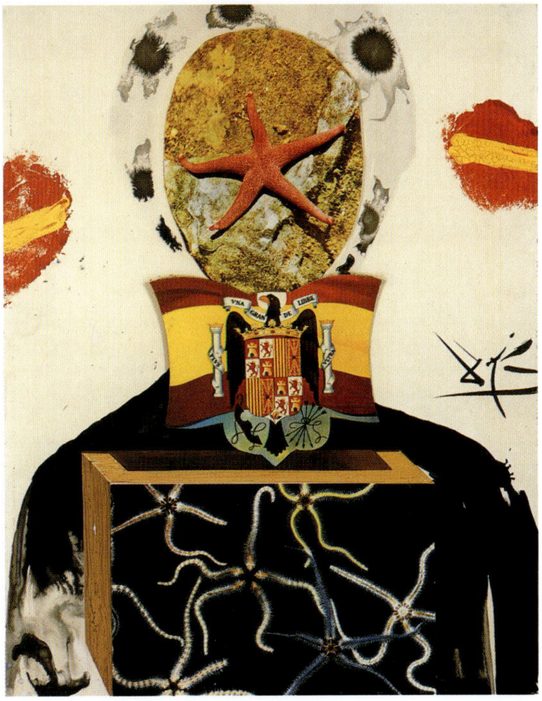

1352

1353 **Kleurenpalet 'Dalí'. Frontispice voor het ontwerp van het werk 'De sleutelschilderijen van Dalí'**, 1972 ❑
Palette 'Dalí '

1354 **De bankier (serie van elf gouaches over verschillende beroepen)**, 1971 △
Le banquier

1355 **Ontwerp voor het zwembad in Port Lligat**, 1971 ❑
Projet pour la piscine de Port Lligat

1357 **Gala's droom (Droom van het paradijs)**, rond 1972 ❑
Le rêve de Gala (Rêve de paradis)

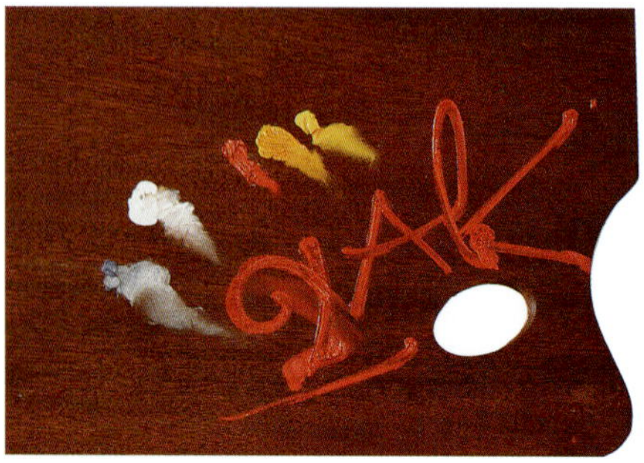
1353

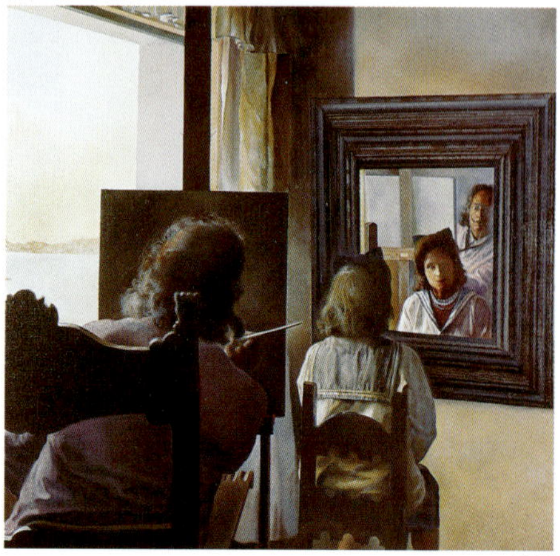
1356

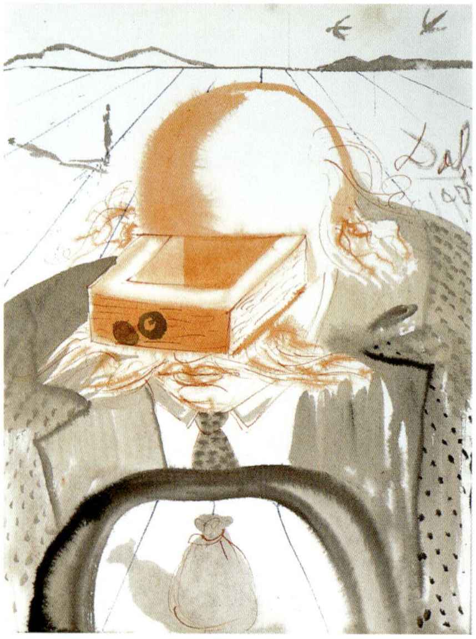
1354

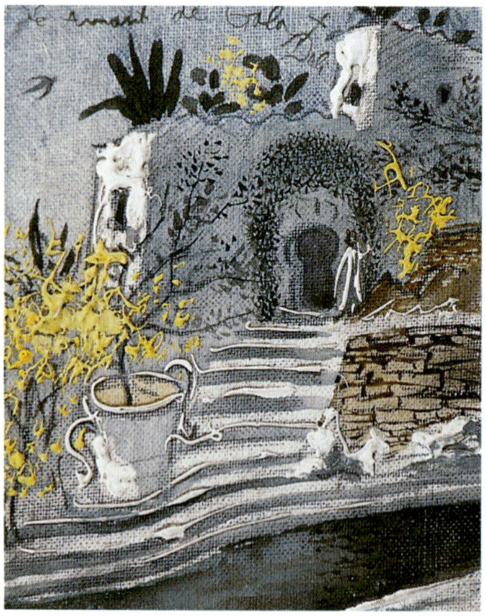
1355

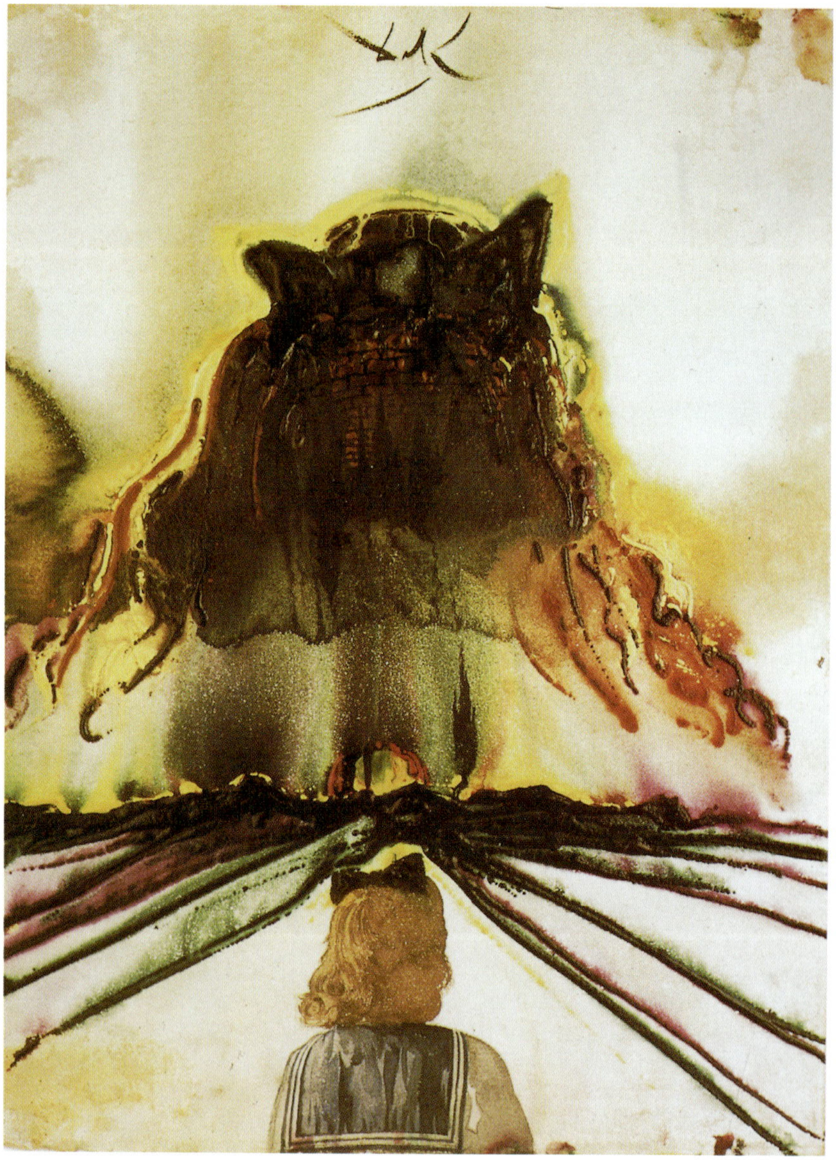
1357

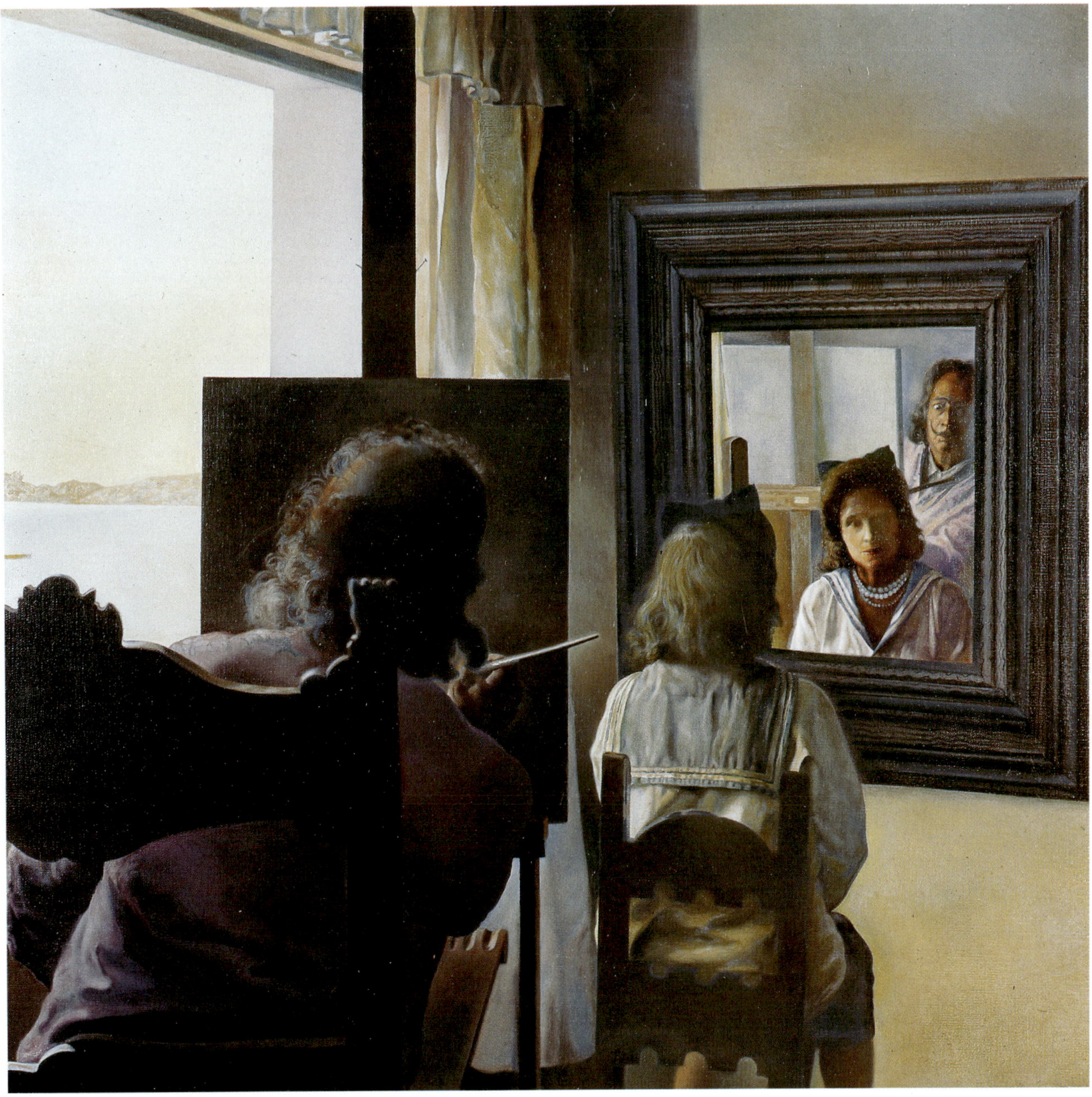

1358

Maar Dalí's belangstelling voor deze insekten heeft ook een wetenschappelijke reden, die betrekking heeft op hun ogen en de parabolische krommen die ze vormen en die hij in zeker verband brengt met het afdak van het station van Perpignan, het centrum en de navel van de wereld, die charismatische plaats waar hij voorspellingen en belangrijke ontdekkingen deed. In *De hallucinogene torero* identificeert Dalí de vliegen ook met kleine helikopters of beter gezegd met de autogiro van La Cierva, een Spaanse onderzoeker die in 1923 een apparaat ontwikkelde dat verticaal kon opstijgen en landen. Een andere Spaanse onderzoeker, die Dalí eveneens bewondert, is Narciso Monturiol, die zijn naam gaf aan de straat waarin hij en de schilder zijn geboren. Monturiol vond een soort duikboot uit, waarvoor hij op het idee kwam toen hij de duikers gadesloeg die voor de kust

1356, 1358 **Dalí van achteren, terwijl hij Gala van achteren schildert, die wordt vereeuwigd door zes virtuele hoornhuiden die zich tijdelijk spiegelen in zes echte spiegels**, 1972-1973 ❑
Dalí de dos peignant Gala de dos éternisée par six cornées virtuelles provisoirement réfléchies par six vrais miroirs.
Stereoscopie uit twee elementen, linker- en rechterhelft.

1359 **Sfumato**, 1972 △
Dalí ontwikkelt een nieuwe techniek: door een kaars verschroeid en berookt papier.

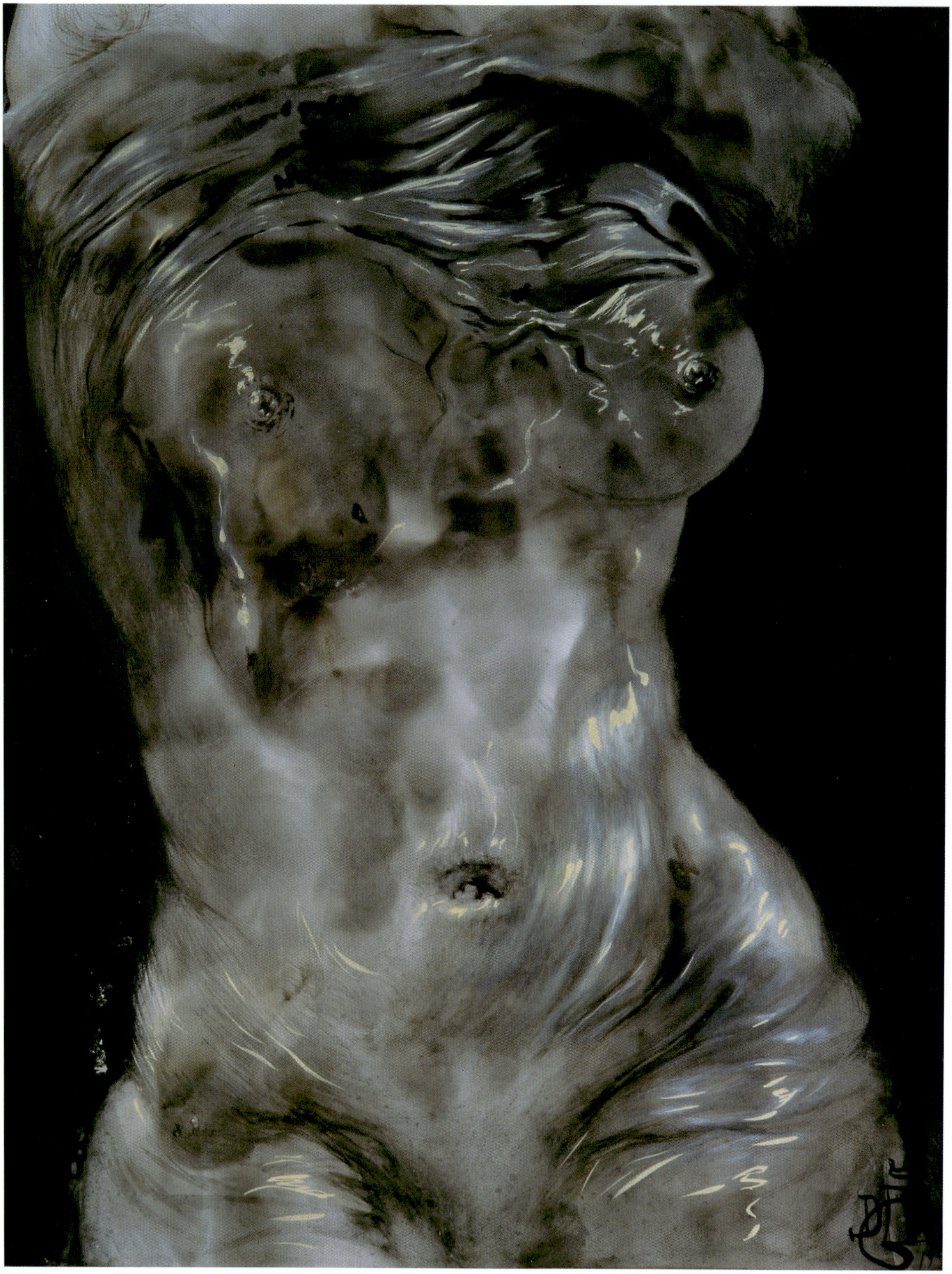

1359

1360 **Afval-Christus**, rond 1969 ❍
Christ aux déchets
Reusachtige sculptuur van Dalí in de olijfgaard van Port Lligat, bestaande uit een oude sloep, stammen, stenen, dakpannen

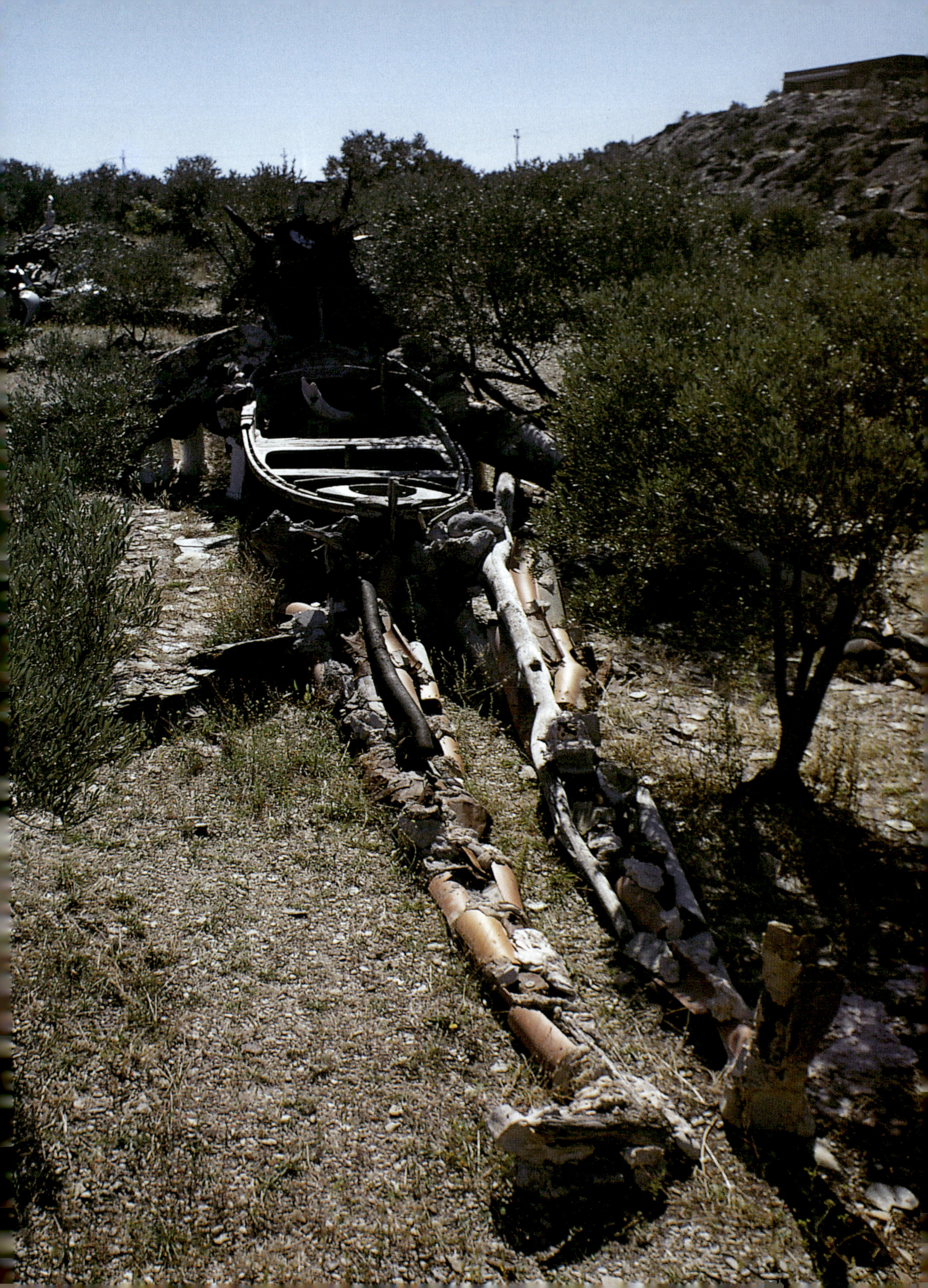

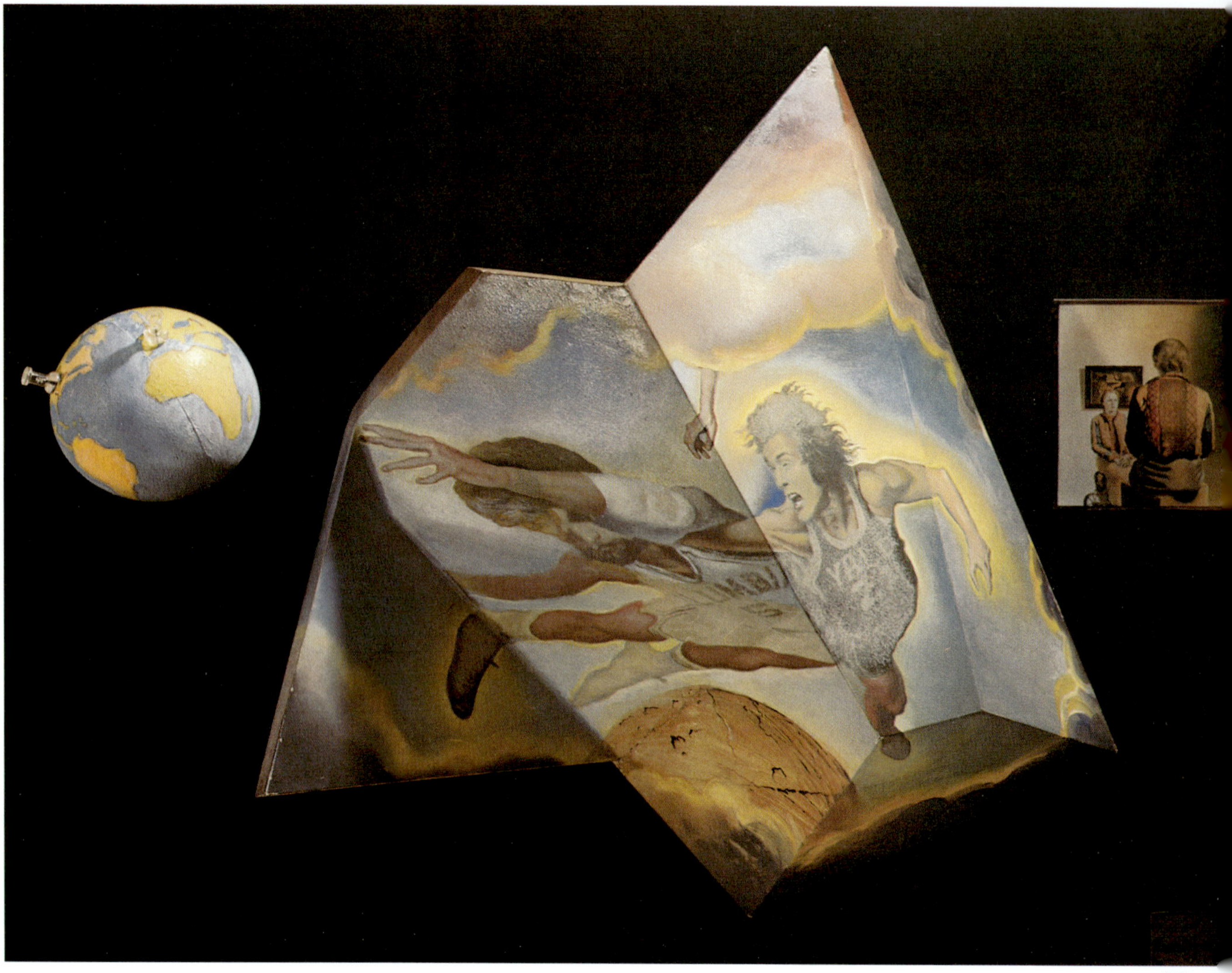

1361

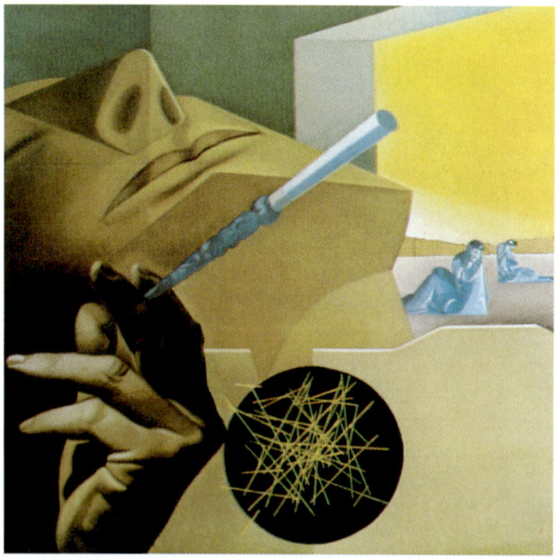

1362

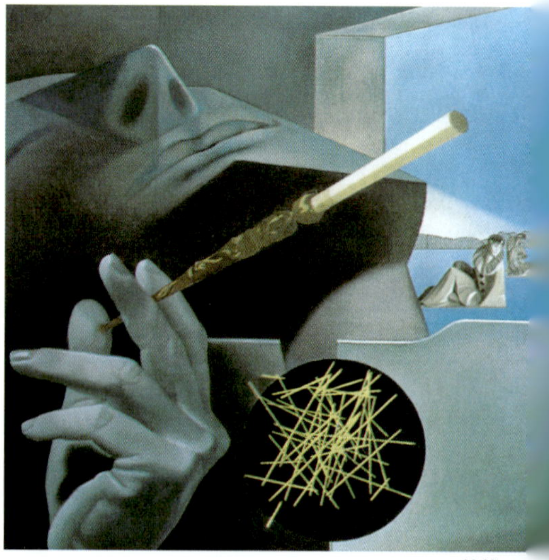

1363

van Cap Creus op koraal visten. Zijn machine, die 'Ictineo' werd gedoopt, dook verscheidene uren lang tot een diepte van dertig meter, jaren voor Jules Verne zijn 'Nautilus' bedacht.

De autogiro en de onderzeeboot zijn twee Spaanse uitvindingen waarop Salvador Dalí zeer trots is. Hij definieert de autogiro in een reeks symbolen en interpretaties als het mystieke vliegtoestel bij uitstek, dat weergeeft wat het meest verheven en engelachtige is aan de mens: de sublimatie. De duikboot staat voor het onbewuste, ondoorzichtige, onbepaalde. Voor hem heeft het Spaanse verticale mysticisme zich uitgebreid van onderzeeboot tot de hemel van de autogiro; "Mijn hele leven", zegt hij, "is bepaald door twee antagonistische ideeën: de hoogste top en het diepste dal."

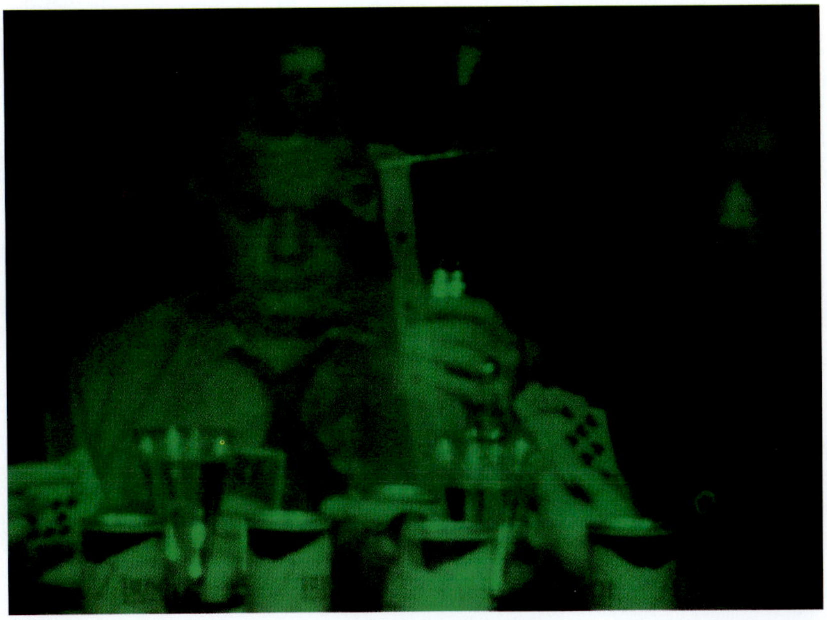

1364

1361 **Polyeder. Basketbalspelers veranderen in engelen (montage voor een hologram – centraal element),** 1972 ❑
Polyèdre. Joueurs de basket-ball se transformant en anges

1362, 1363 **De in slaap gevallen roker (stereoscopie),** 1972-1973 ❑
Le fumeur endormi

1364 **Holos! Holos! Velázquez! Gabor!**, 1972-1973 ✫
Holos! Holos! Vélasquez! Gabor!
Hologram, eerste driedimensionale collage

1365 **Zonder titel (Stereoscopisch schilderij)**, 1972 ❑
Sans titre (Peinture stéréoscopique)

1366 **Op 21 mei 1973 presenteert Dalí tijdens een persconferentie in Hotel Meurice zijn eerste chronohologram.** ✫

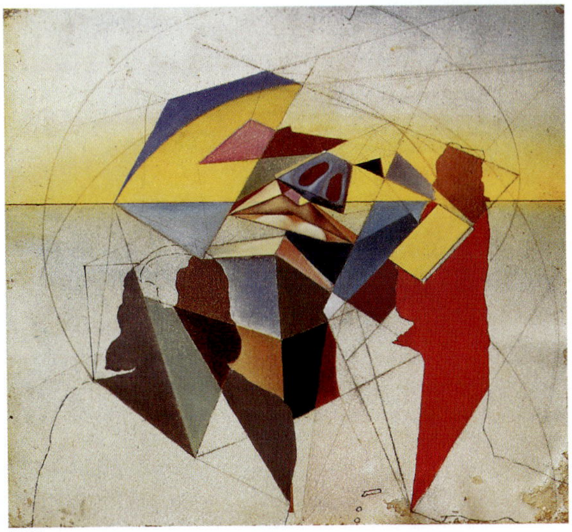

1365

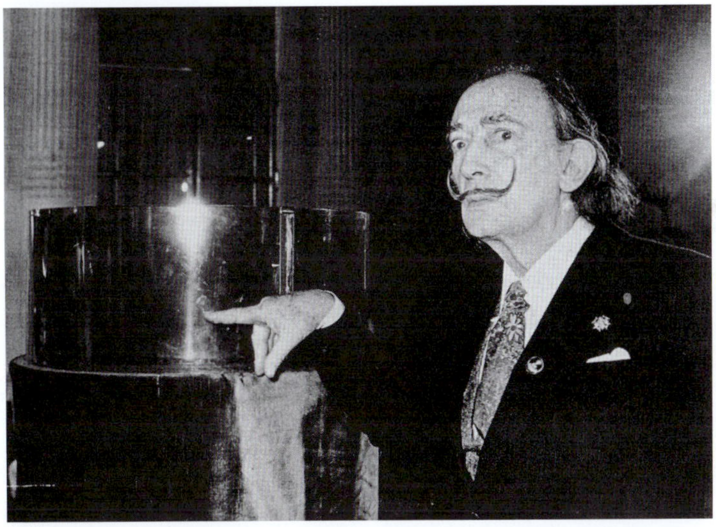

1366

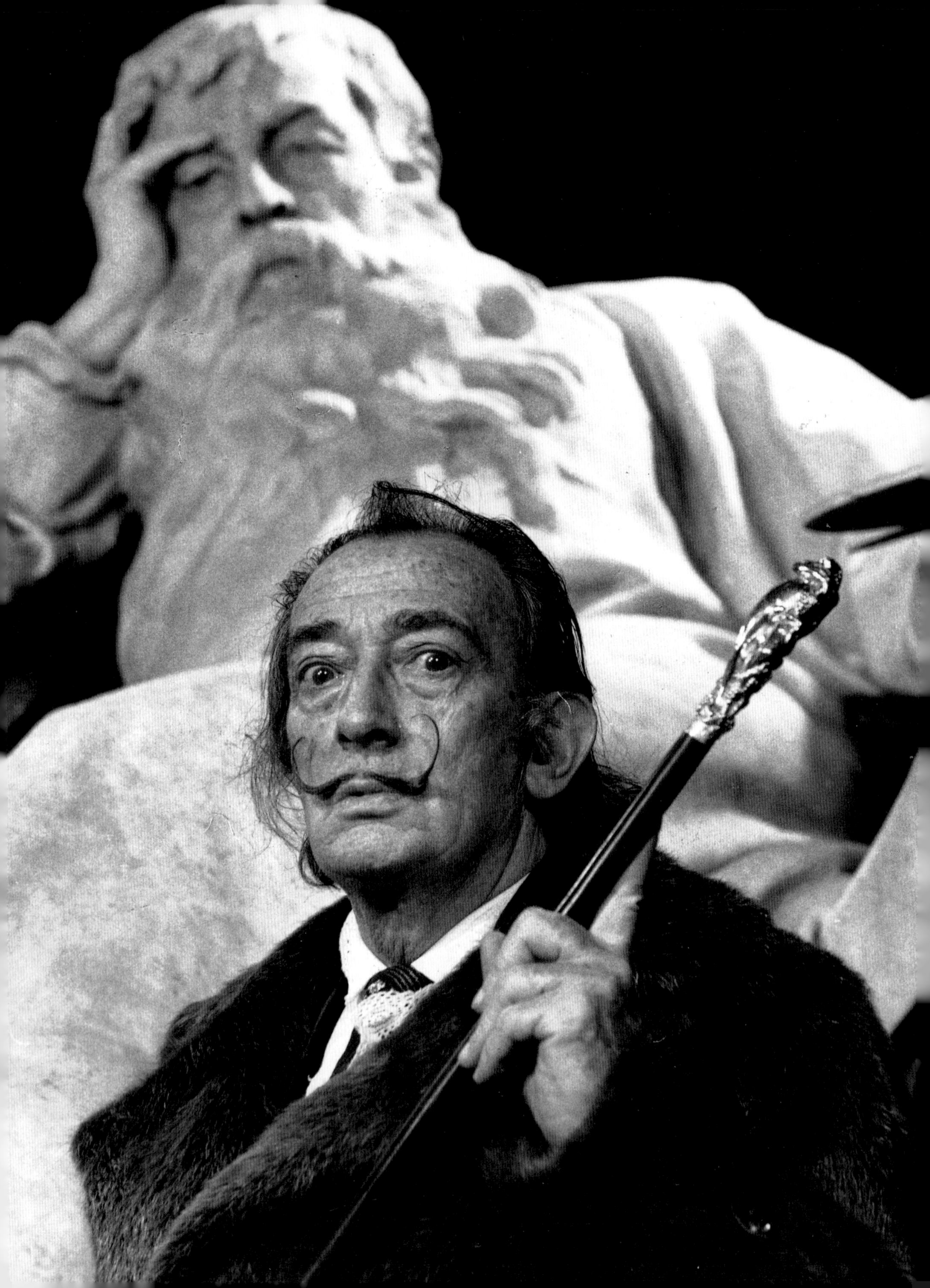

Het Dalí-herdenkingstheater

Wat kan een Spaanse schilder die van chocolade en zijn vaderland houdt beter overkomen dan zijn werk naast dat van Fragonard afgedrukt te zien op de bonbondozen van 'A la marquise de Sévigné' en nog tijdens zijn leven een museum aangeboden te krijgen in zijn geboorteplaats? Wanneer hij door de straten van Figueras loopt, kan hij de door Pérez Piñero ontworpen netvormige koepel zien, het Byzantijnse koepeldak dat het voormalige theater bekroont met zijn doorzichtigheid. Dalí ontwerpt het museum zelf uit de ruïne die na de Burgeroorlog is achtergebleven. Zelfs de kleinste details ontwerpt hij, van de broden op de hoofden van de duikers in volle uitrusting buiten tot de toiletten en het affiche voor de staatsloterij binnen. Het is een soort 'grot van Dalí Baba', waarin zijn werk zo chaotisch mogelijk en (naar zijn wens) zonder titel wordt gepresenteerd.

1367 **Dalí voor het standbeeld van Ernest Meissonier door Antonin Mercié (1895)**, 1971 ✩

1368 **De patio van het Teatro Museo Dalí in Figueras tijdens de verbouwing**, 1973 ✩

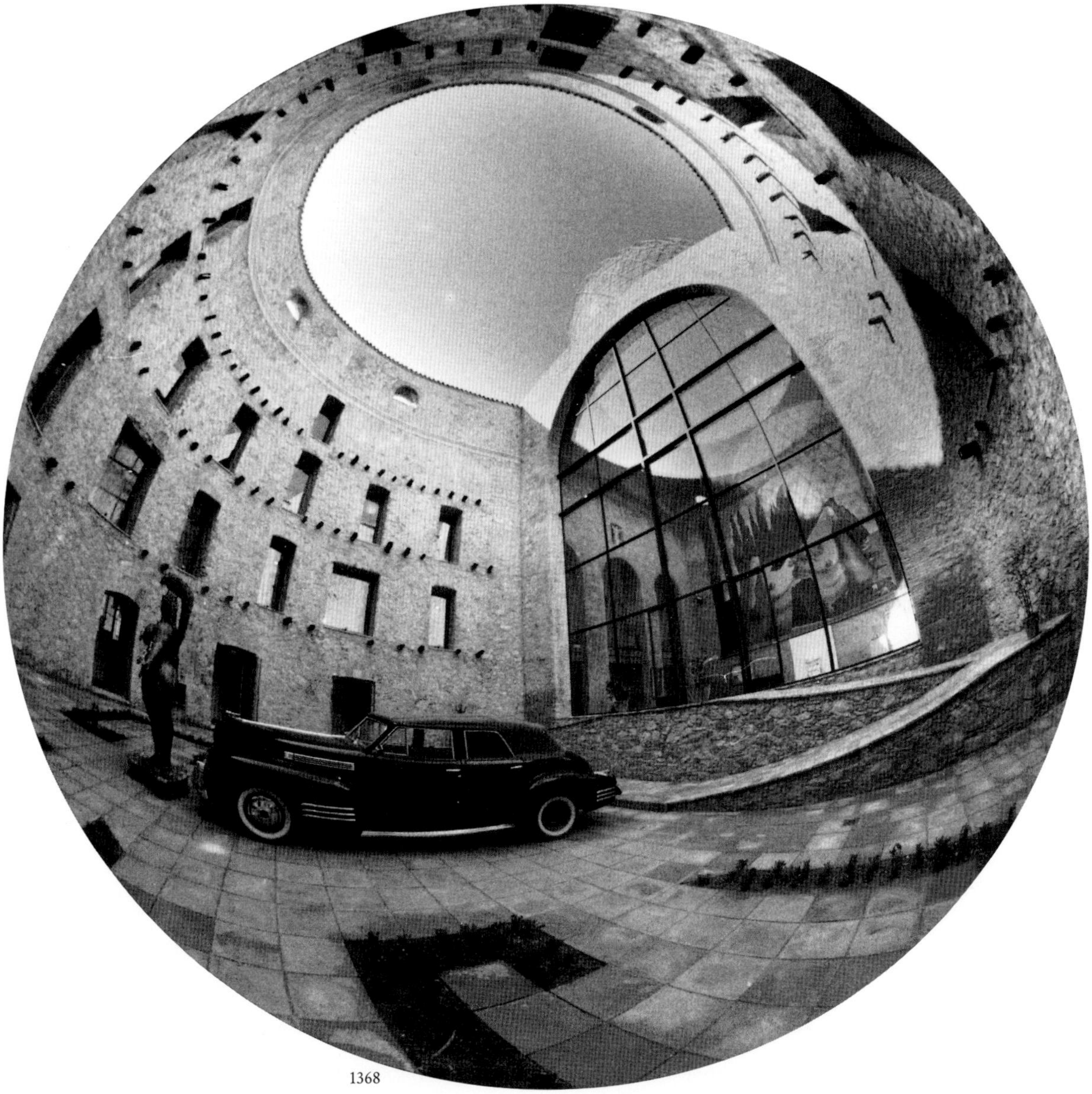

1368

1369 **Dalí in juni 1973 tijdens de verbouwing van het voormalige theater van Figueras tot Teatro Museo Dalí ☆**

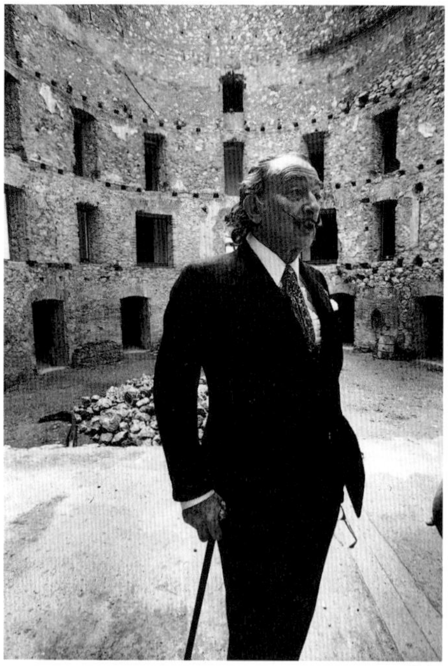

1369

Er zijn schilderijen, stereoscopische foto's, een bij de architectuur van Piñero passend buigzaam metalen kruisbeeld, een taxi waarin het regent enzovoort. Maar de grootste troef van het museum blijft de manier waarop het inzicht biedt in de Dalíaanse intelligentie. Een vertrek dat is gevormd naar het gezicht van Mae West; uiterst klassieke studies; een naakt van Bouguereau; een doek van Fortuny; plafondschilderingen van Dalí; kleine of reusachtige trompe-l'œuil-schilderingen, waarmee Dalí vanaf 1939 de draak lijkt te steken met zijn toekomstige volgelingen uit het Amerikaanse hyperrealisme en die hem als vergelding opleveren dat hij als schilder wordt veracht – en die mengelmoes vormt temidden van decorstukken en door hem geïllustreerde boeken het Dalíaanse universum...

Het Teatro Museo Dalí in Figueras wordt geopend op 27 september 1974. Naast Dalí's eigen werk is er werk te zien van zijn vrienden, onder wie Ernst Fuchs, die hem een vrouwelijk naakt heeft geschonken met een schitterend achterwerk en indrukwekkende rondingen, Arno Breker, Hitlers lievelingsschilder, die een buste van Dalí heeft ingebracht, en Pichot, neef van zijn schilder-buurman en vriend van de familie, die hem in Parijs tot onderwerp van gesprek heeft gemaakt. In 'Le Nouveau Journal' staat: "Dalí heeft in het theater van zijn geboortestad Figueras, waar hij als vijftienjarige voor het eerst exposeerde, zijn eigen museum geopend: door het omwisselen van vier letters is het Teatro Municipal het Teatro Museo Dalí. 'Aan mij is alles theatraal', zegt hij over zichzelf, 'ik had geen betere keus kunnen maken.'" Op zijn zeventigste gaat Dalí's levenslange wens in vervulling (hij werd op 11 mei 1904 geboren). Het gebouw dankt zijn nieuwe bestemming, namelijk een ready-made à la Dalí te worden, aan een bom

1370 **Fotomontage van de ruïne van het theater in Figueras** 1961 ☆
In de ingang Don José Nieto Velázquez, vermoedelijk familielid van de schilder en chef van de tapijtweverij van de koningin; hij trekt een gordijn weg en ontdekt het verblindende buitenlicht.

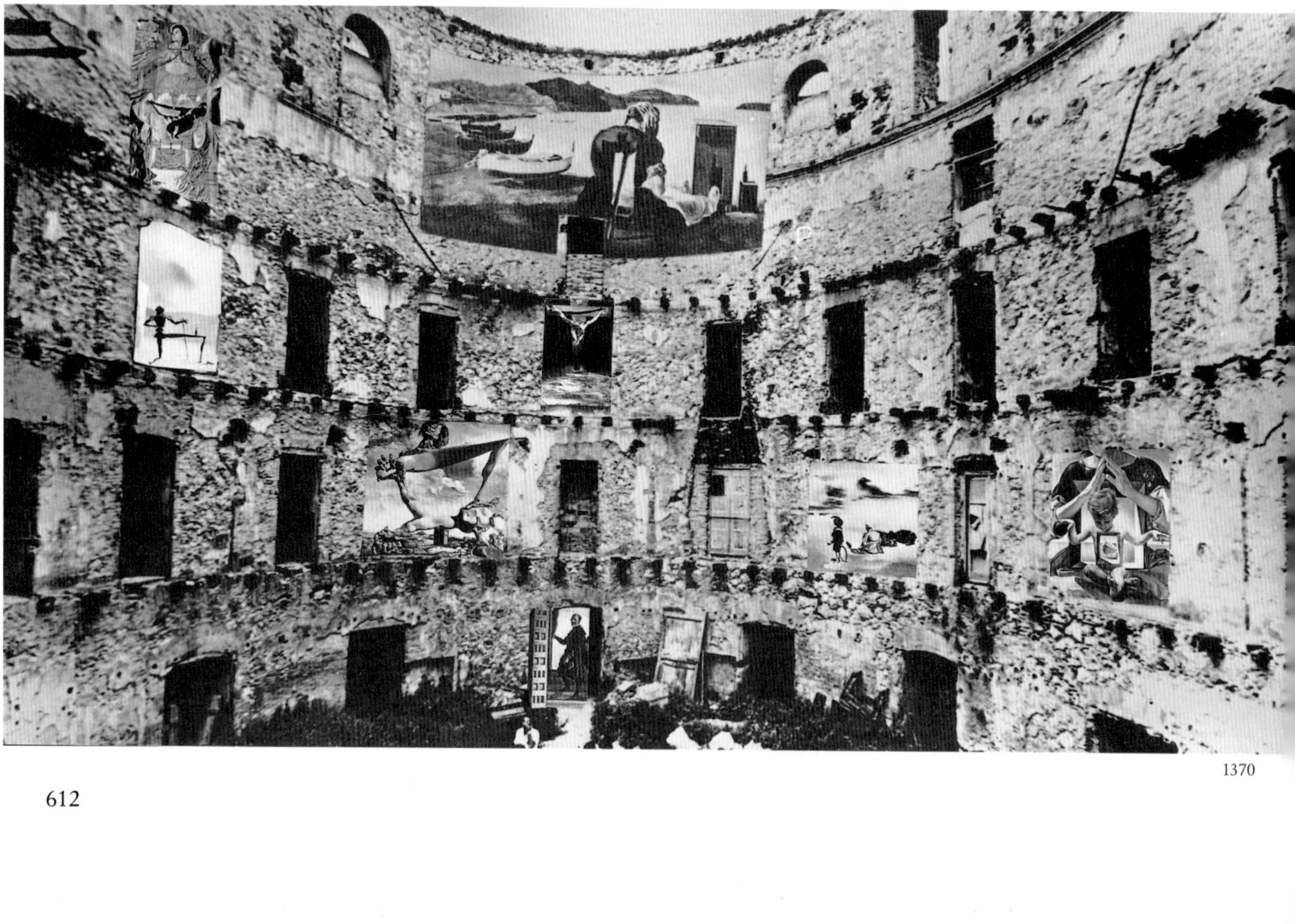

1370

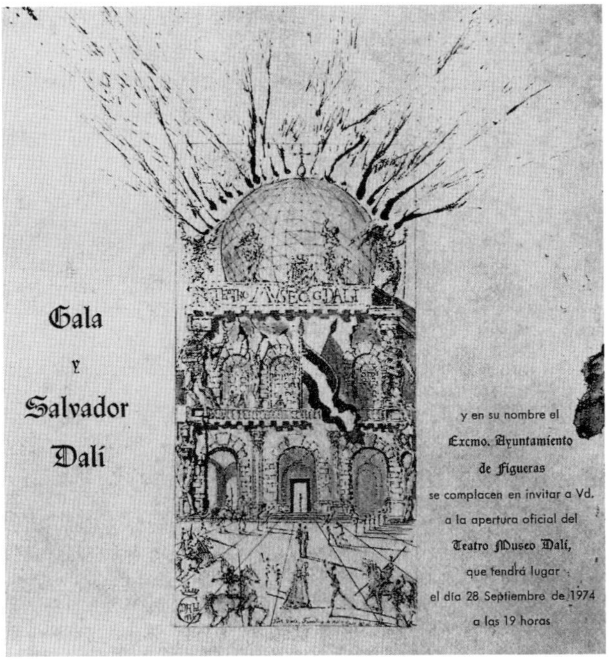

1372

1371 De koepel van Pérez Piñero in het Teatro Museo Dalí, erachter de verlichte toren van de Santa Maria ✫

1372 Uitnodiging voor de opening van het Teatro Museo Dalí op 28 september 1974 ✫

1373 Dalí op het plein voor het museum voor het monument dat hij heeft opgedragen aan de Catalaanse filosoof Francesco Pujols, die hij zeer bewondert. ✫

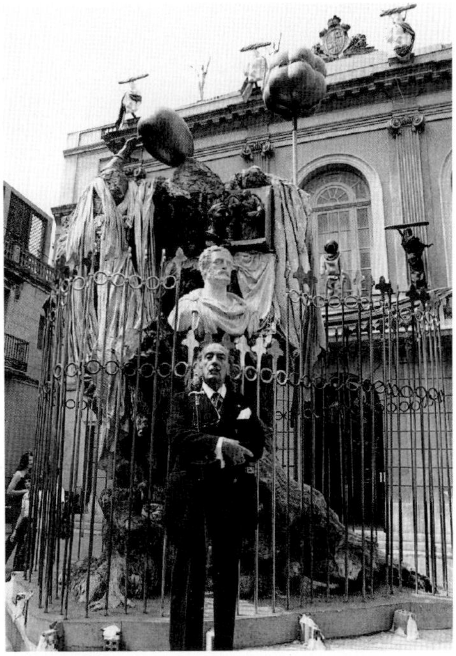

1373

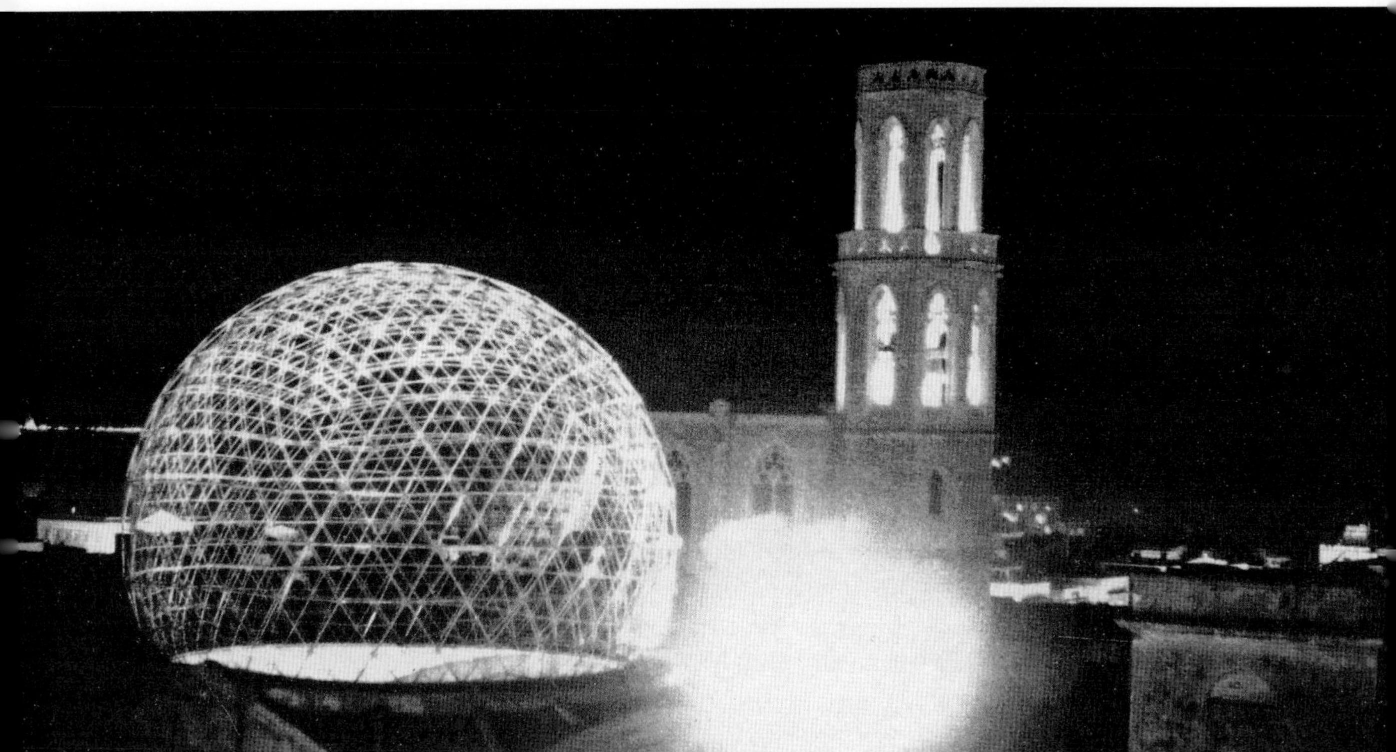

1371

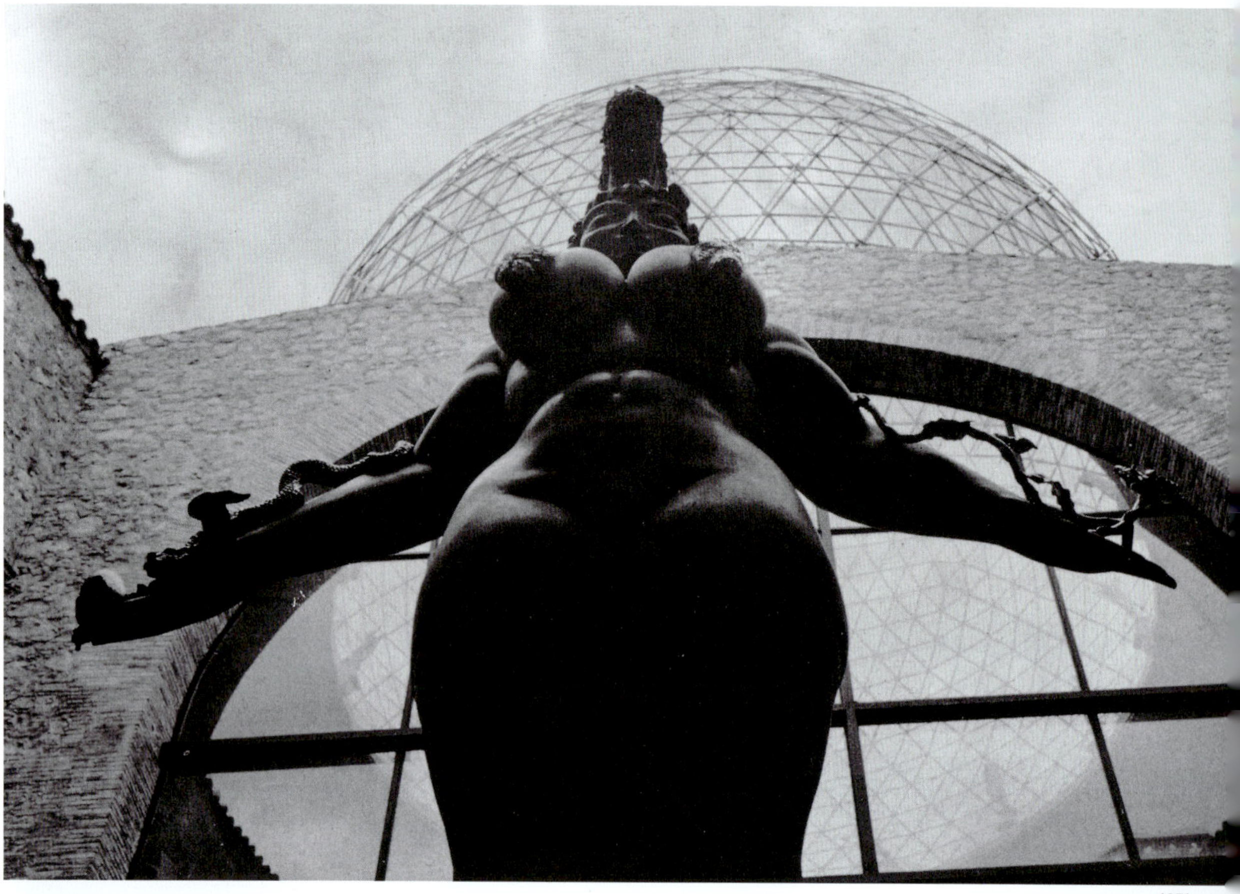

1374

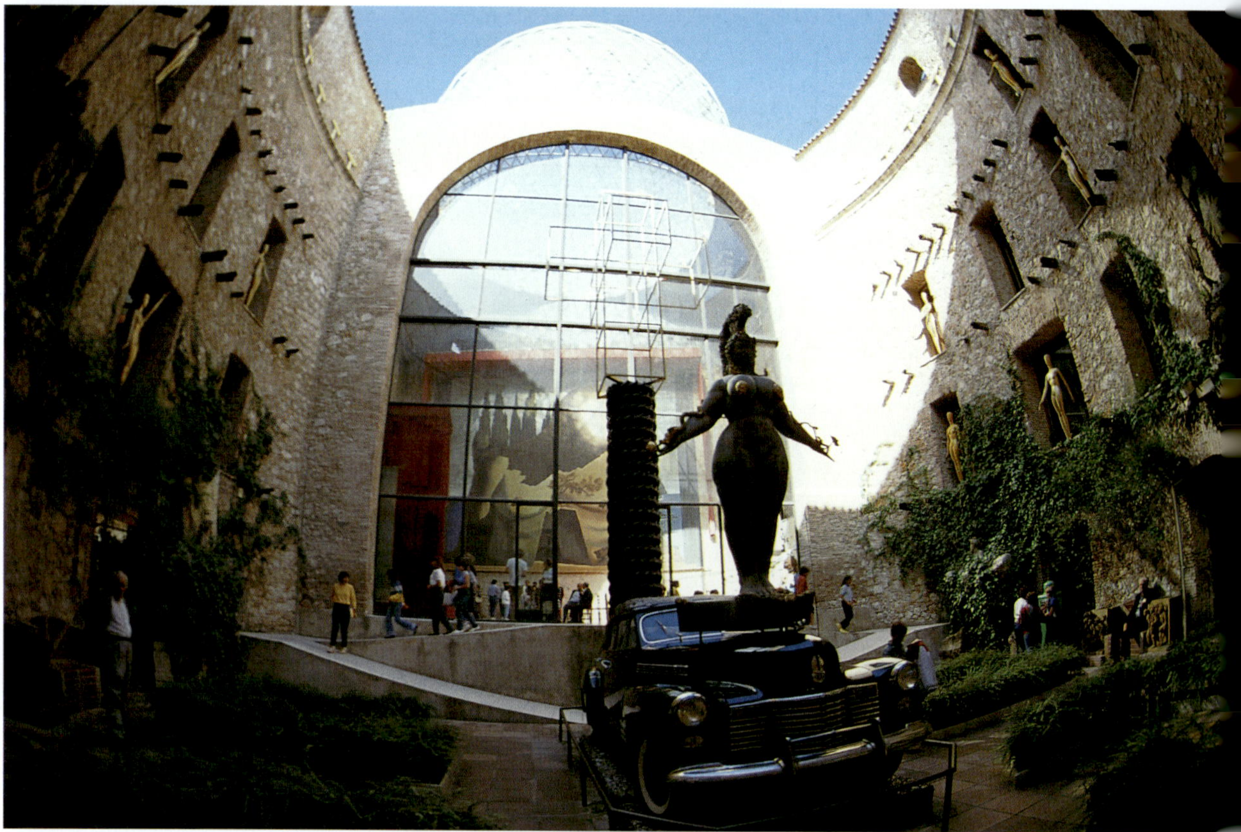

1375

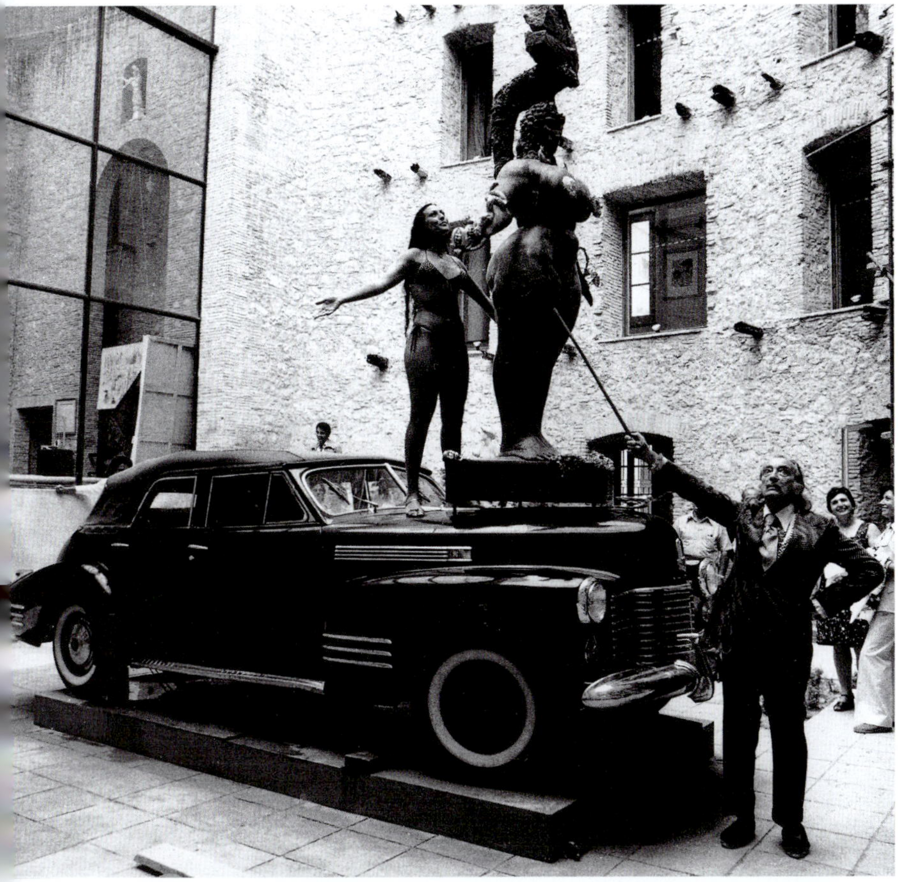

1376

1374, 1375, 1376, 1377 **Verschillende aanzichten van de patio en de koepel** ☆
Dalí wijst met zijn stok op de 'Venus van Fuego', een beroemde danseres in de Music Hall van Barcelona, die in badpak precies dezelfde houding aanneemt als het bronzen beeld van 'koningin Esther'. Dalí kreeg dit beeld van de Oostenrijkse kunstenaar Ernst Fuchs en heeft haar meteen veranderd in een gigantische koeldopfiguur voor zijn Cadillac.

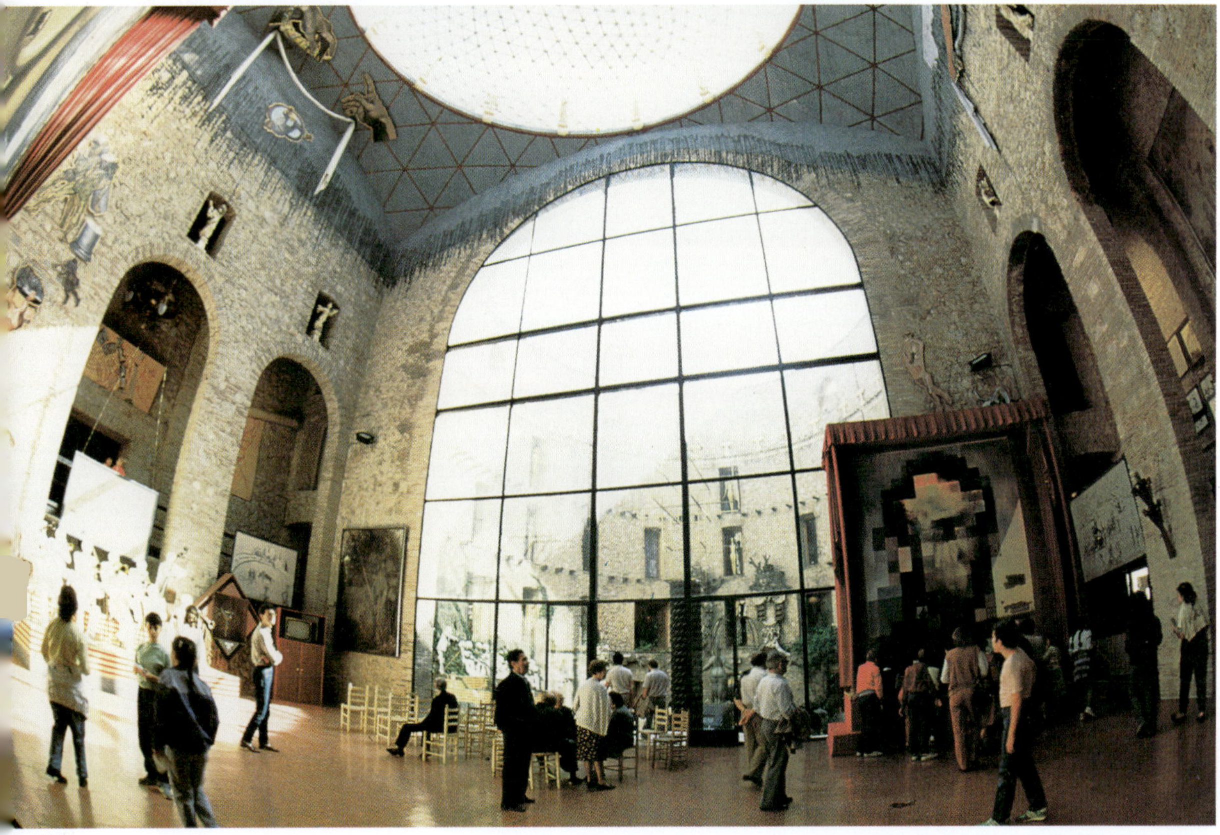

1377

die het theater tijdens de Spaanse Burgeroorlog heeft verwoest. De architecten Ros de Ramis en Bonaterra Matra, die het Picasso-museum in Barcelona al hebben ontworpen, willen het grote halfrond van het theater ontdoen van alle ballast. De dynamiek van de ruimte moet een Dalíaans totaalkunstwerk worden. De architect Piñero heeft een lichte glasconstructie voor het dak bedacht die als een zeepbel op het gebouw staat. "Wanneer ik bouw, begin ik altijd bovenaan", zegt Dalí, die het plafond van de voormalige foyer heeft beschilderd. Daarop staat hij afgebeeld naast Gala die goud uitstrooit over Figueras. Voor de halfronde afsluiting van het gebouw heeft hij een labyrint van mirte getekend dat bestaat uit in elkaar gedraaide G's – voor Gala. De beeldhouwer Damian heeft de octagonale toegangsdeuren ontworpen, die zijn versierd met 200.000 nachtblauwe glazen knikkers. Tot nu toe is alles aan het museum nog in wording, maar het is al een echt Dalíaans gebouw.

Op 23 mei 1973 exposeert Dalí in Parijs, een jaar na New York, in zijn 'stafkwartier' in Hotel Meurice zijn eerste 'chrono-hologram', het "oerbeeld van de onafwendbare, dreigende schilderkunst: het metafysische hyperrealisme". Op die manier wil hij zijn museum in Figueras verwezenlijken (*Holos! Holos! Velázquez,*

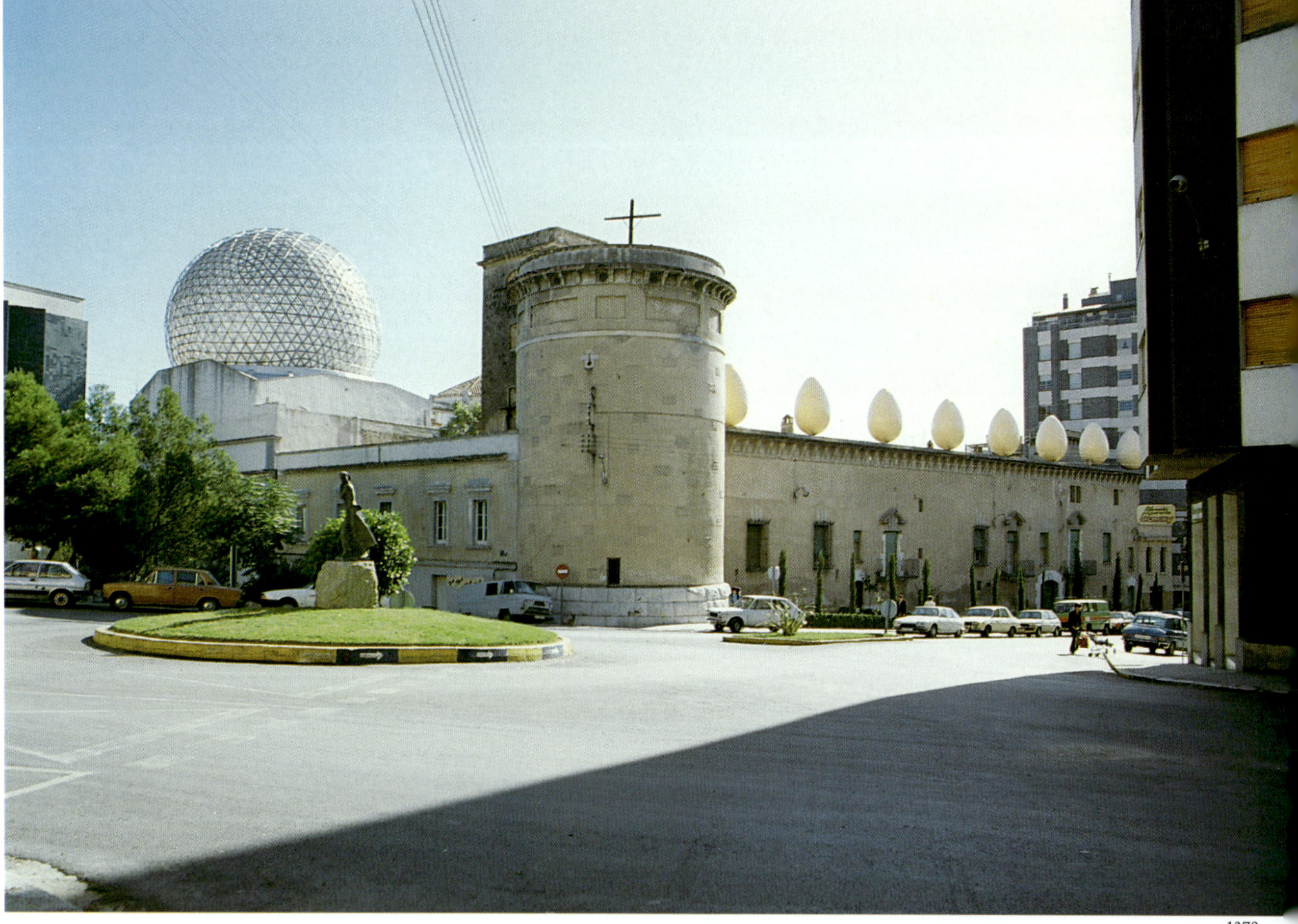

1378

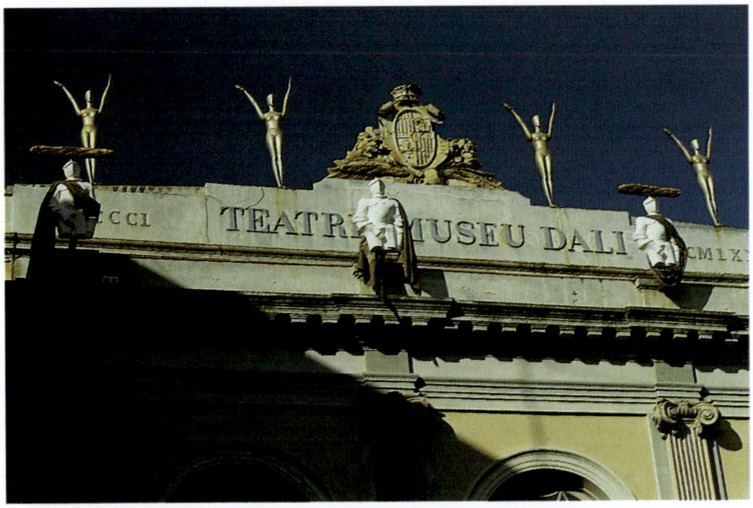

1379

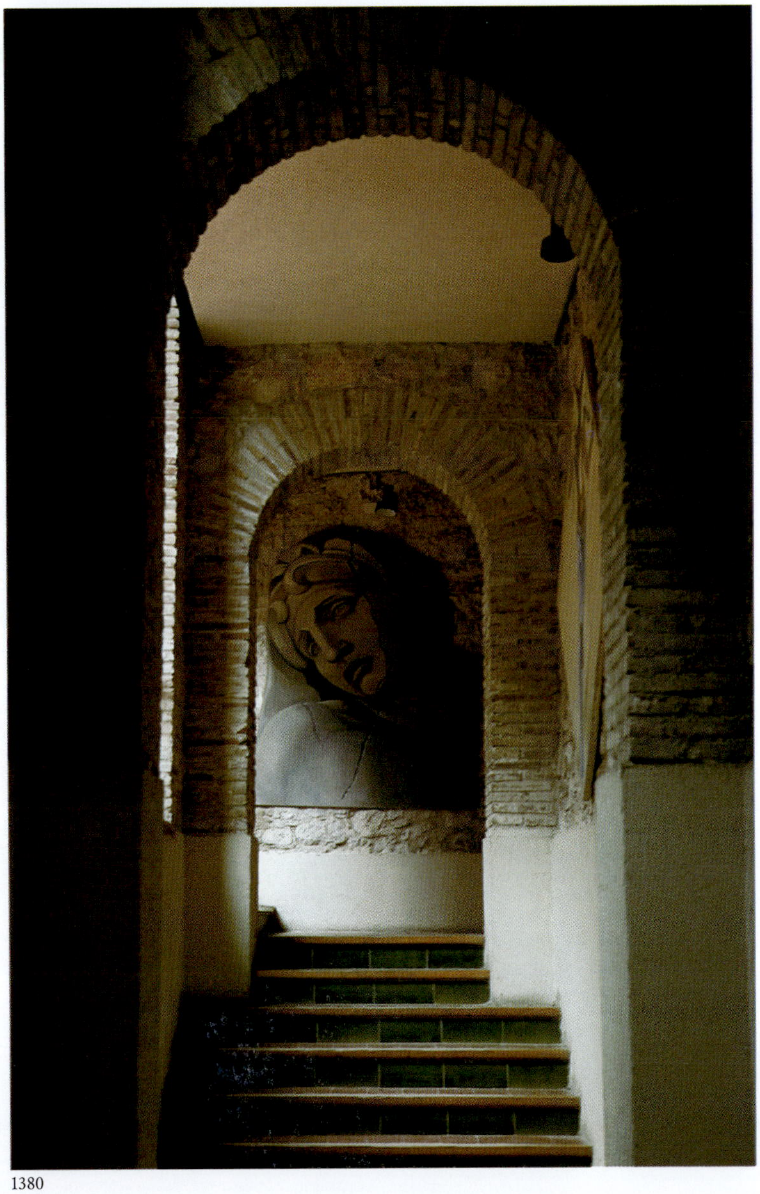

1380

1378 De enorme eieren die de façade sieren en de Gorgot-toren, de latere Galatea-toren. De toren herbergt naast de administratie ook de biblio-, foto- en videotheek. ✰

1379 Dalí kon het theater van zijn geboortestad, dat halverwege de 19e eeuw werd gebouwd, alleen zien als een neo-palladiaans meesterwerk. Vandaar zijn idee de gevel te bekronen met een paar in kunststof gegoten art-deco-mannequins. ✰

1380 Koorrondgang van het museum met een werk op triplex, dat hier speciaal voor werd gemaakt in 1977, 1977 ✰

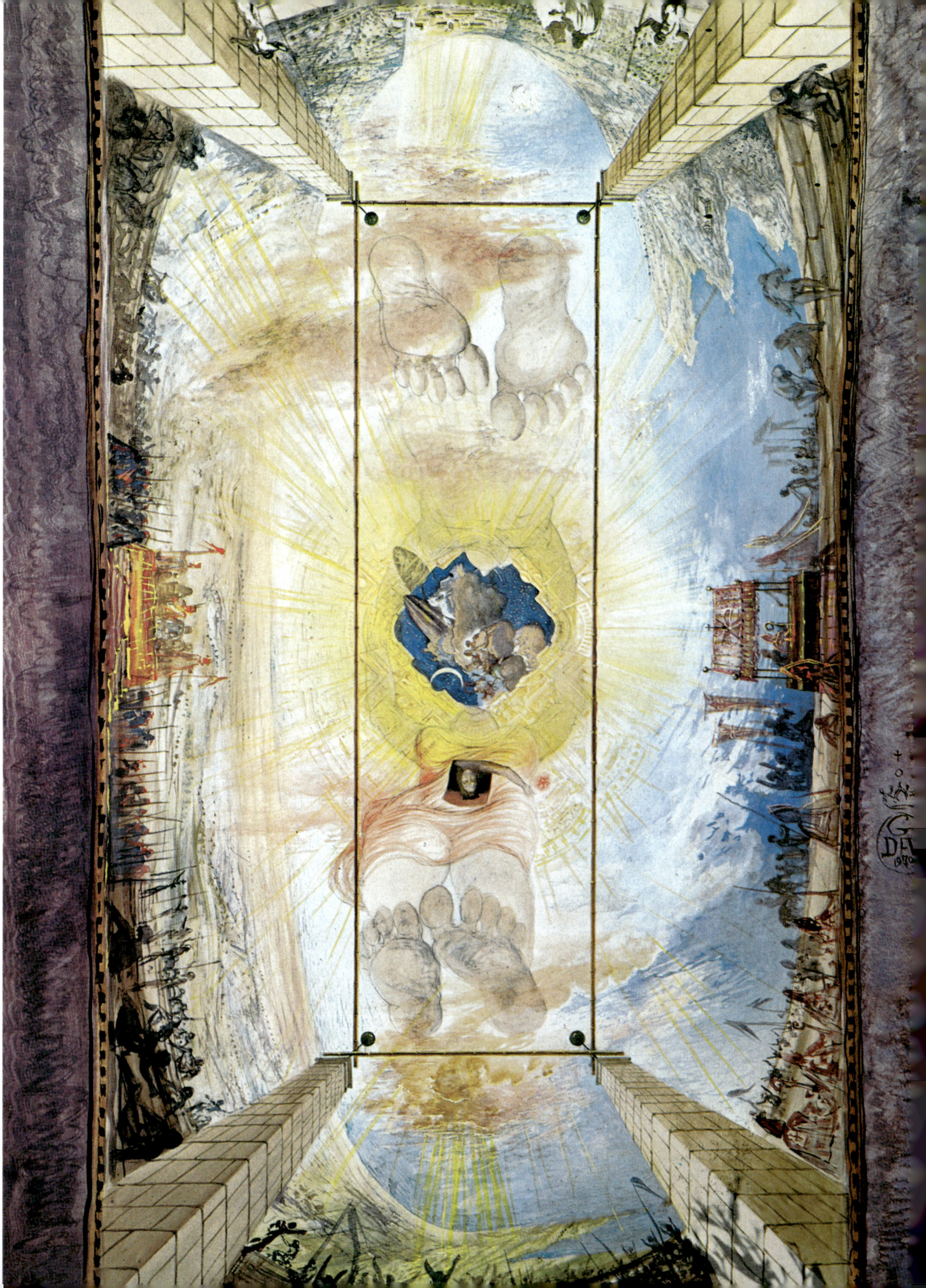

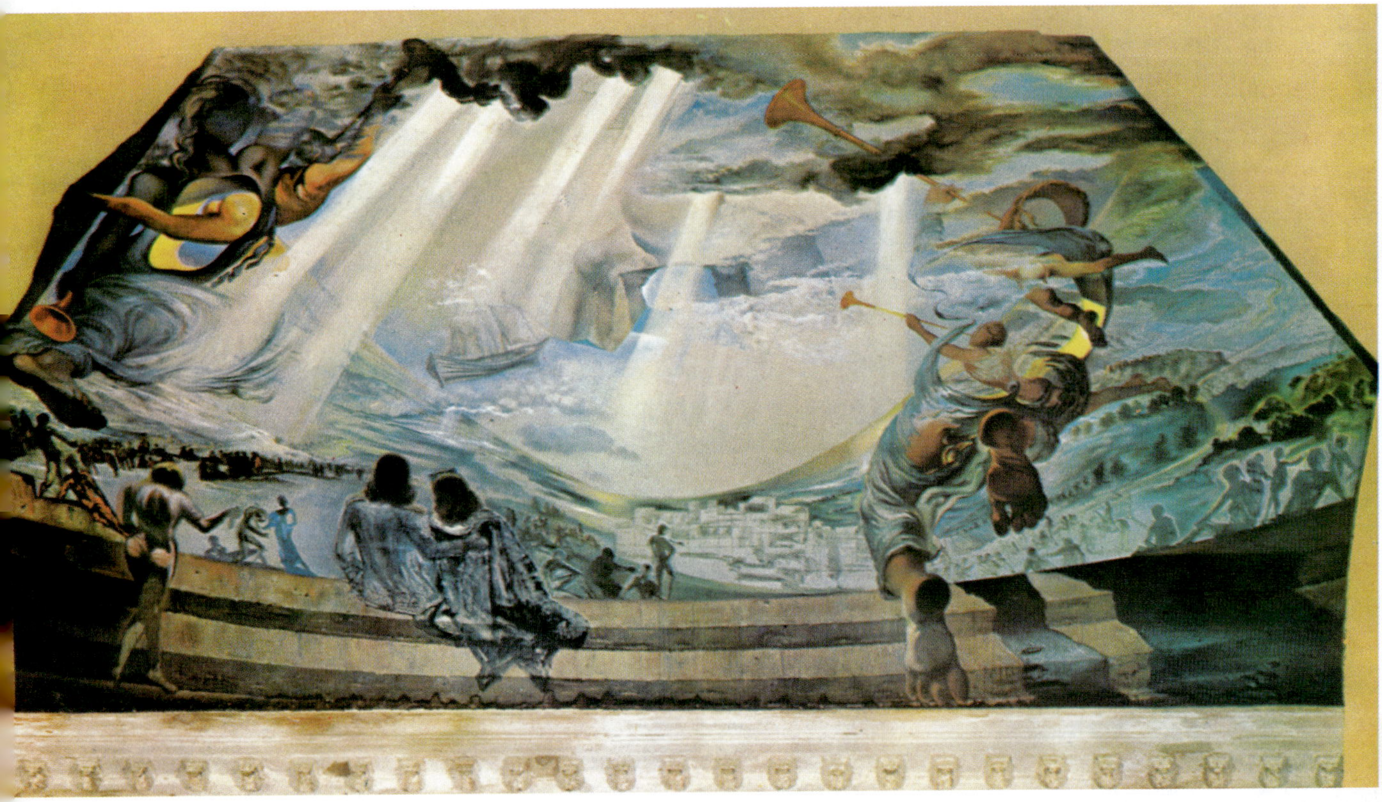

1382

Gabor!, blz. 609 – *Polyeder. Basketbalspelers veranderen in engelen (montage voor een hologram – centraal element)*, blz. 608). Over dit eerste holografische werk moet nog worden opgemerkt dat Dennis Gabor een Engels fysicus is die in 1971 de Nobelprijs heeft gekregen voor zijn uitvinding van de holografie (onder hologram wordt verstaan een virtueel driedimensionaal beeld dat ontstaat door het gebruik van een laser als coherente lichtbron). Het tweede werk bestemt Dalí persoonlijk voor opnamen die resulteren in zijn eerste zelfgemaakte hologrammen, in Dalí's eigen woorden: "Holografisch gezicht op een zaal van het Teatro Museo Dalí in Figueras. Daarin bevinden zich het dubbelportret van Gala, het angelus van Gala, in engelen veranderende basketbalspelers die zijn geschilderd op de vlakken van een enorm veelvlak, en een globe waarop Figueras in Spanje en Cleveland in de Verenigde Staten zijn geaccentueerd, de beide steden waarin zich musea bevinden die aan Dalí gewijd zijn" (het doek is gemaakt ter gelegenheid van de oprichting van het museum in Saint Petersburg, Florida).

Dankzij de hulp van de architect Emilio Pérez Piñero verandert Dalí het voormalige theater van zijn geboorteplaats in een "kinetisch Sainte Chapelle". Het museum ademt voortdurende beweging en de bezoeker neemt deel aan de immanente dynamiek van die architectuur, of hij nu loopt of stilstaat. De doeken, beelden en objecten vormen etappes op de weg van de schilder naar steeds nieuwe overtreffing. Het geheel vormt een overzicht van Dalí's verzamelde werken, waarvan elk tentoongesteld werk een verhelderend facet behandelt.

Het zijn geaccentueerde topoi, "of nog beter, het begin van alles: de geheel onvoorstelbare polytopoi, want die maken al deel uit van de vierde dimensie". In het tot theater gemaakte museum neemt de toeschouwer, die tevens acteur is (een modern museumconcept!), deel aan de psychische dynamiek van de kunstenaar. Een dynamiek die zelfs de ongehoorde snelheden van Einsteins nieuwe fysica nog overtreft...

1381 **Schets voor een plafondschildering in het Teatro Museo Dalí,** 1970 △

1382 **Plafondschildering in het Teatro Museo Dalí (detail),** 1972 ❑

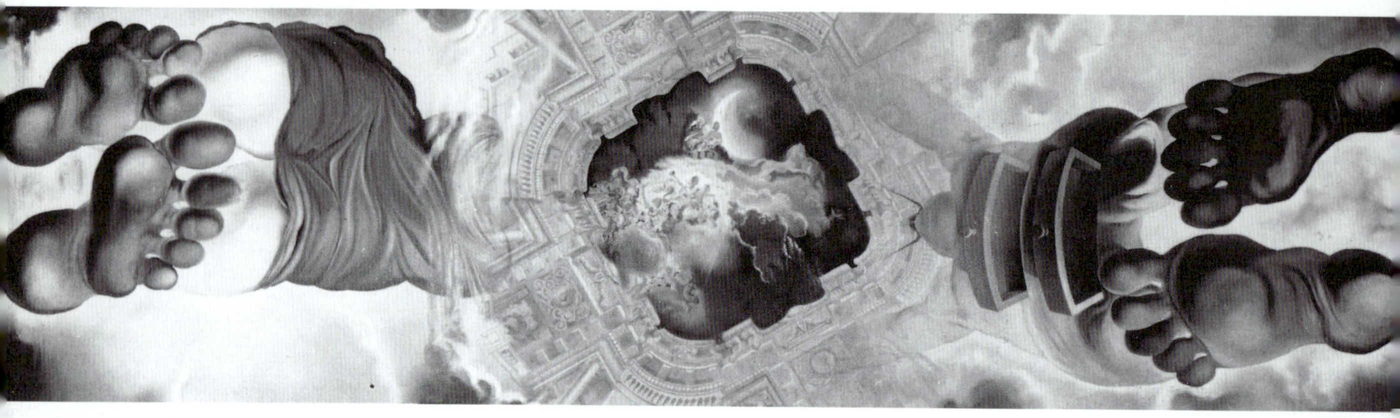

1383

1386 ▷

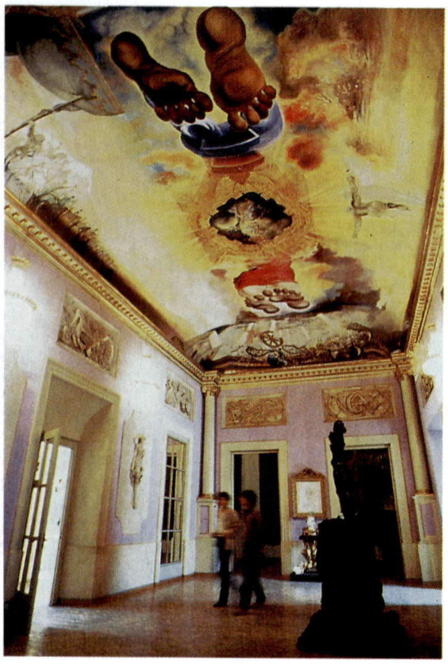

1384

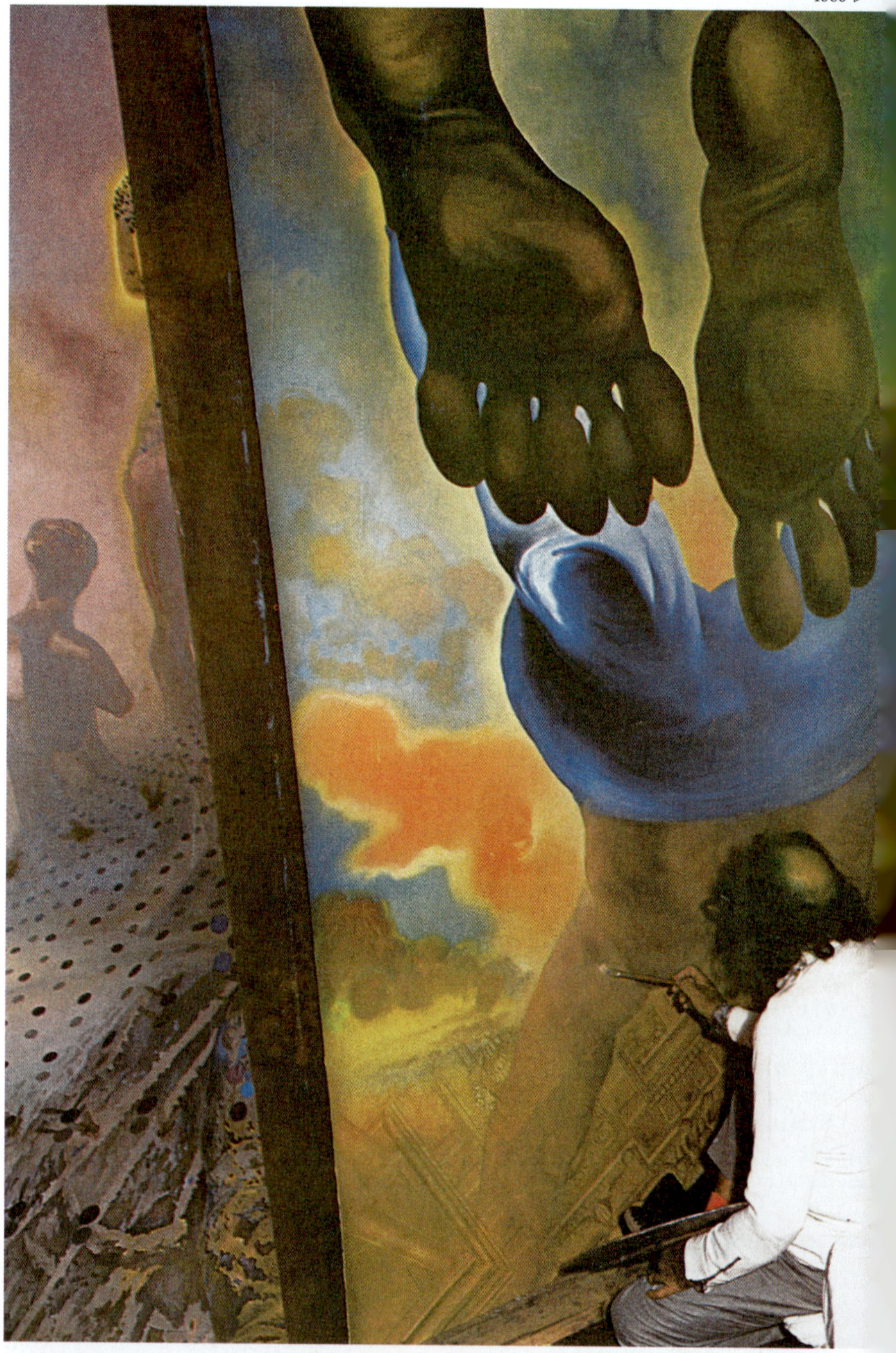

1385

1970–1972

1383, 1384, 1386 **Deze plafondschildering komt uit de voormalige foyer van het theater, de zogenaamde grote salon, en heeft als titel: 'Paleis van de winden'**, 1972 ❑
Palais des Vents
Het fresco refereert aan een Catalaans gedicht dat de regen bezingt wanneer de westenwind naar het oosten draait:
De oostenwind heeft een getrouwde vriendin in het westen, en telkens wanneer hij haar ziet, komt hij huilend terug.

1385 **Dalí tijdens het schilderen van de grote salon. Links is een deel van het schilderij 'De hallucinogene torero' te zien**, 1970 ✰

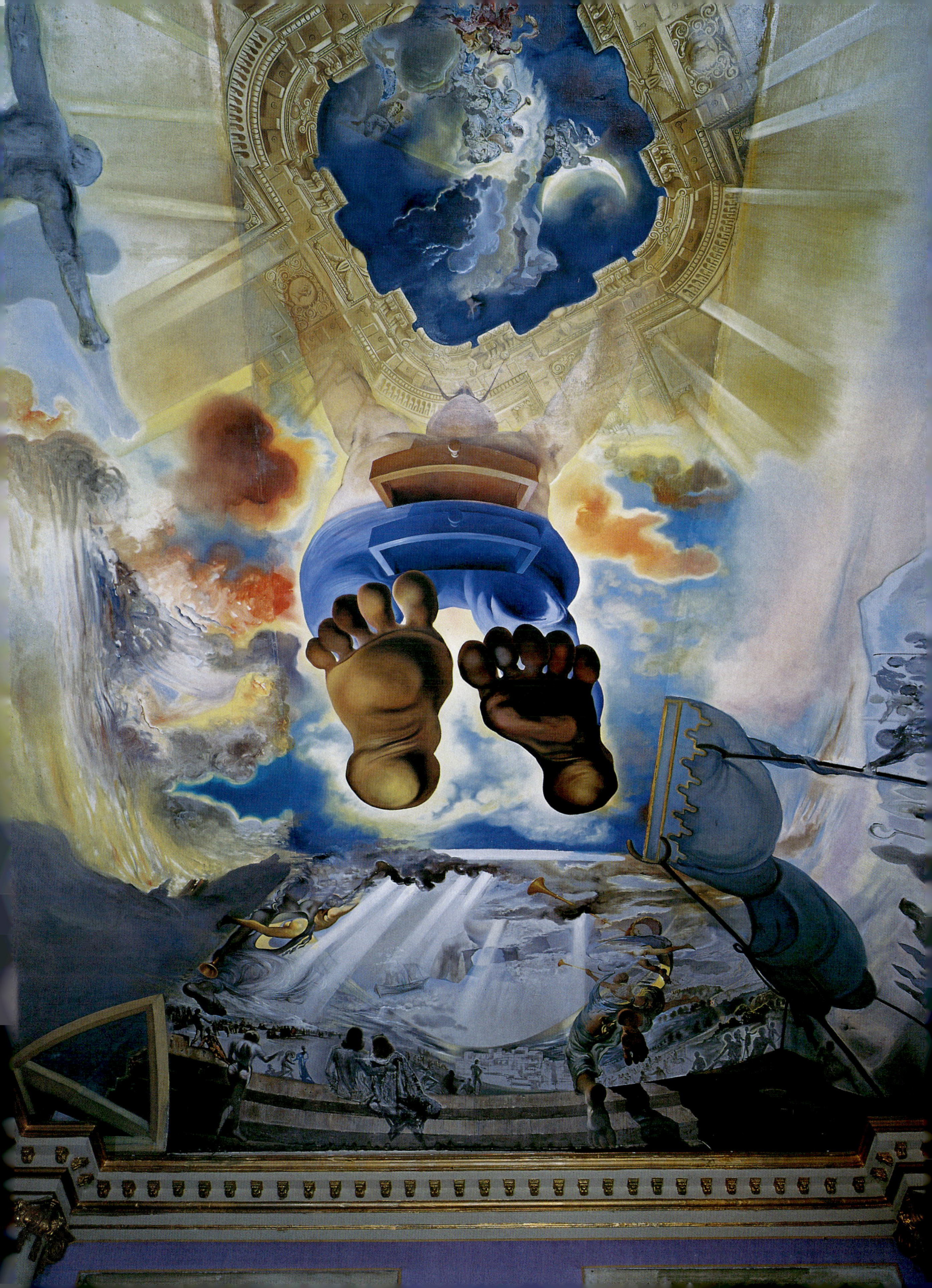

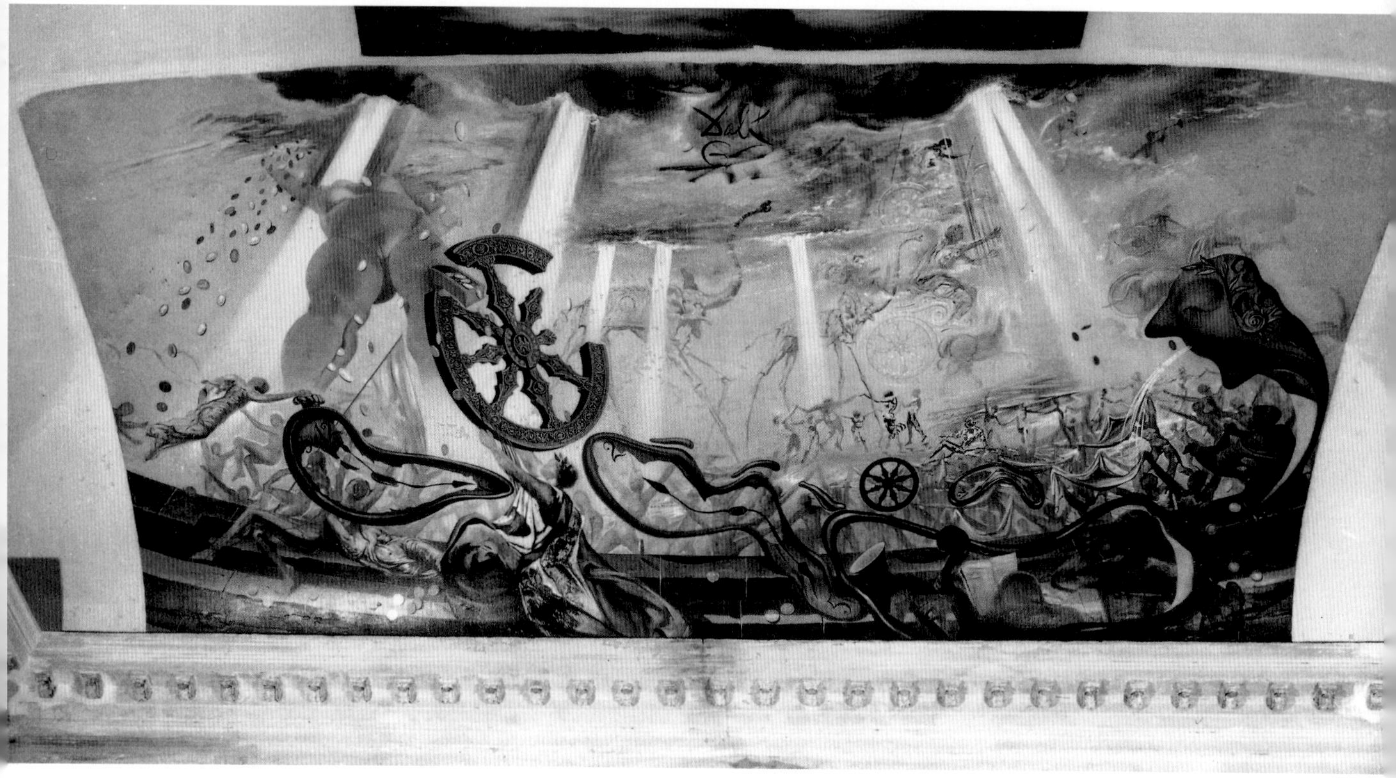

1387

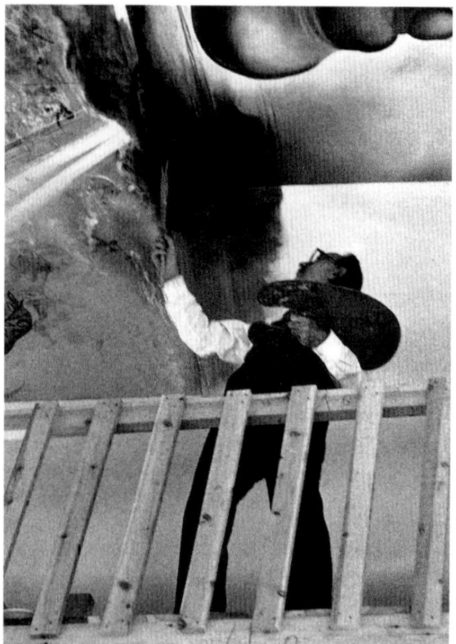

1388

1387, 1388, 1389 **Details van de grote salon,** 1972 ❑

1388 **Dalí tijdens het beschilderen van het plafond van de grote salon,** 1972 ✫

De tempel van de erotiek

Het goddelijke en zijn voorliefde voor volle achterwerken hebben in deze tempel van de erotiek een verbond gesmeed, waar nog een snufje schilderkunst van Velazquez overheen werd gestrooid... Geeft Dalí niet zelf toe dat hij zijn mystiek verdiept door erotische illusie? Meer dan ooit geldt voor hem, en zijn museum is het bewijs daarvoor: "De erotiek is de heerbaan van Gods ziel." In zijn boek 'De erotische metamorfosen', waarin een keuze uit de tekeningen van 1940-1968 (blz. 570-571) staat, geeft hij een definitie van erotiek en pornografie: "Misschien, of zelfs zeker, ligt het grootste verschil tussen erotiek en pornografie daarin dat de erotiek van goddelijke afkomst is en geluk belooft, terwijl pornografie ontstaat op het niveau van de mens en ongeluk brengt. De Romeinen wisten dat, want in het Latijn betekent 'obscenus' onder andere ook 'onheilspellend'. De erotiek staat aan de kant van de rijken, van de stropdasdragers. De goden en de adelaars zijn met haar! De pornograaf daarentegen is arm, stropdassen draagt hij niet en in het algemeen lijkt zijn lot op dat van schildpadden die vroeger of later worden vermorzeld. ... De pornograaf met zijn vroegtijdig oud geworden schildpaddegezicht, die obscene, schaamteloos kale en roodhete kreupele staat op de hoek van de straat en houdt je met zijn kleine schilpaddepoot vieze plaatjes voor die hij nauwelijks uit het van vuil stijf staande pantser van zijn jasje durft te halen. Eros daarentegen, de liefdesgod, staat rechtop, heft zijn armen naar de hemel en zwaait met zijn geslachtstrotse stropdas, de koker die hij om zijn volmaakte, albastwitte hals draagt. Die schildpadachtige koker met zijn zaadpijlen, waarvan toch alle schildpadden afkerig zijn, is een van de verhevenste en majesteitelijkste attributen van de engel, van de adelaars, van alle religies die het pantser van de smerige schildpad vermorzelen. Ze zijn de Ganymedessen die alle dildo's verachten."

Als we Roger Peyrefite moeten geloven, de altijd goed geïnformeerde 'concier-

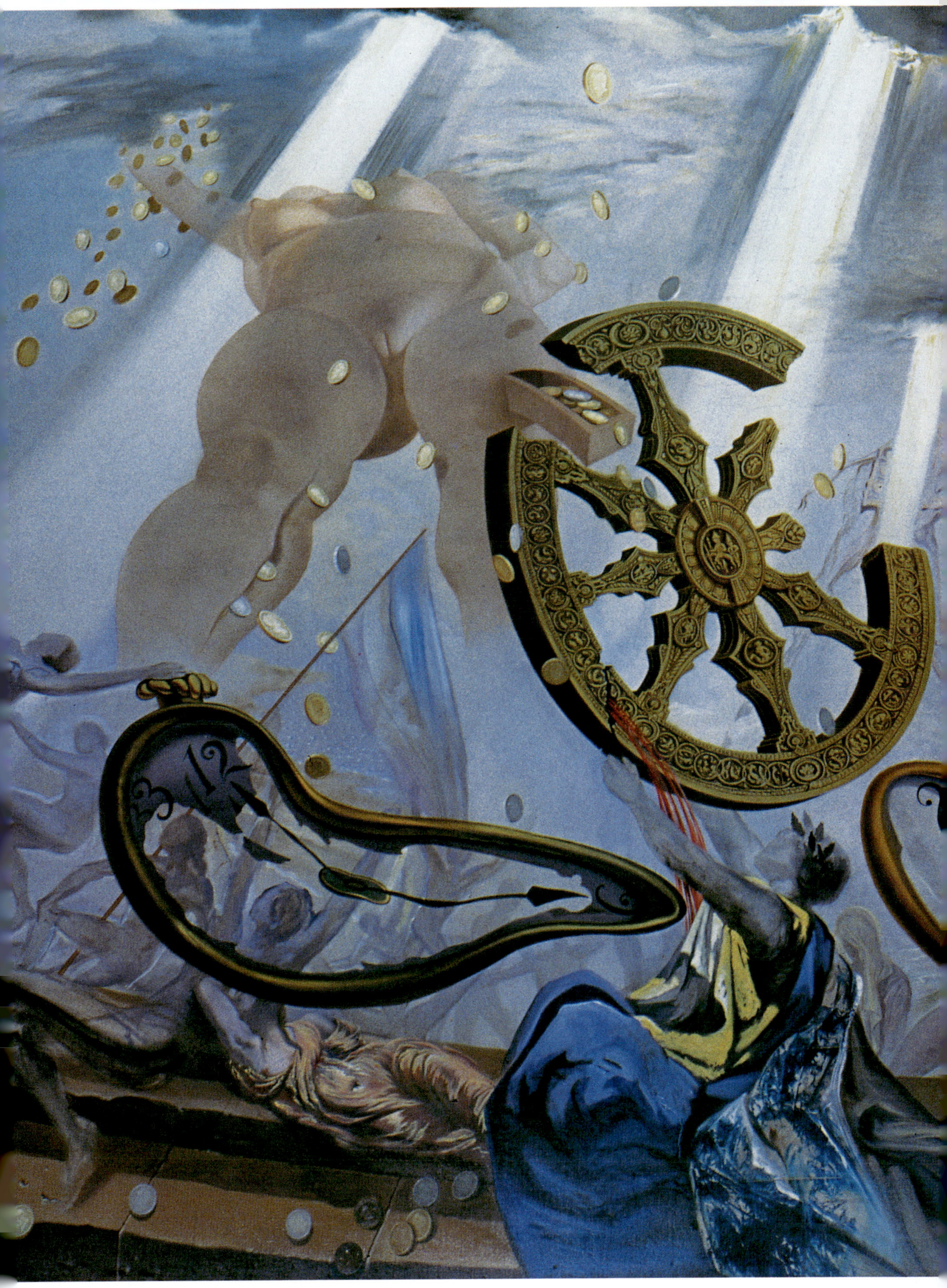

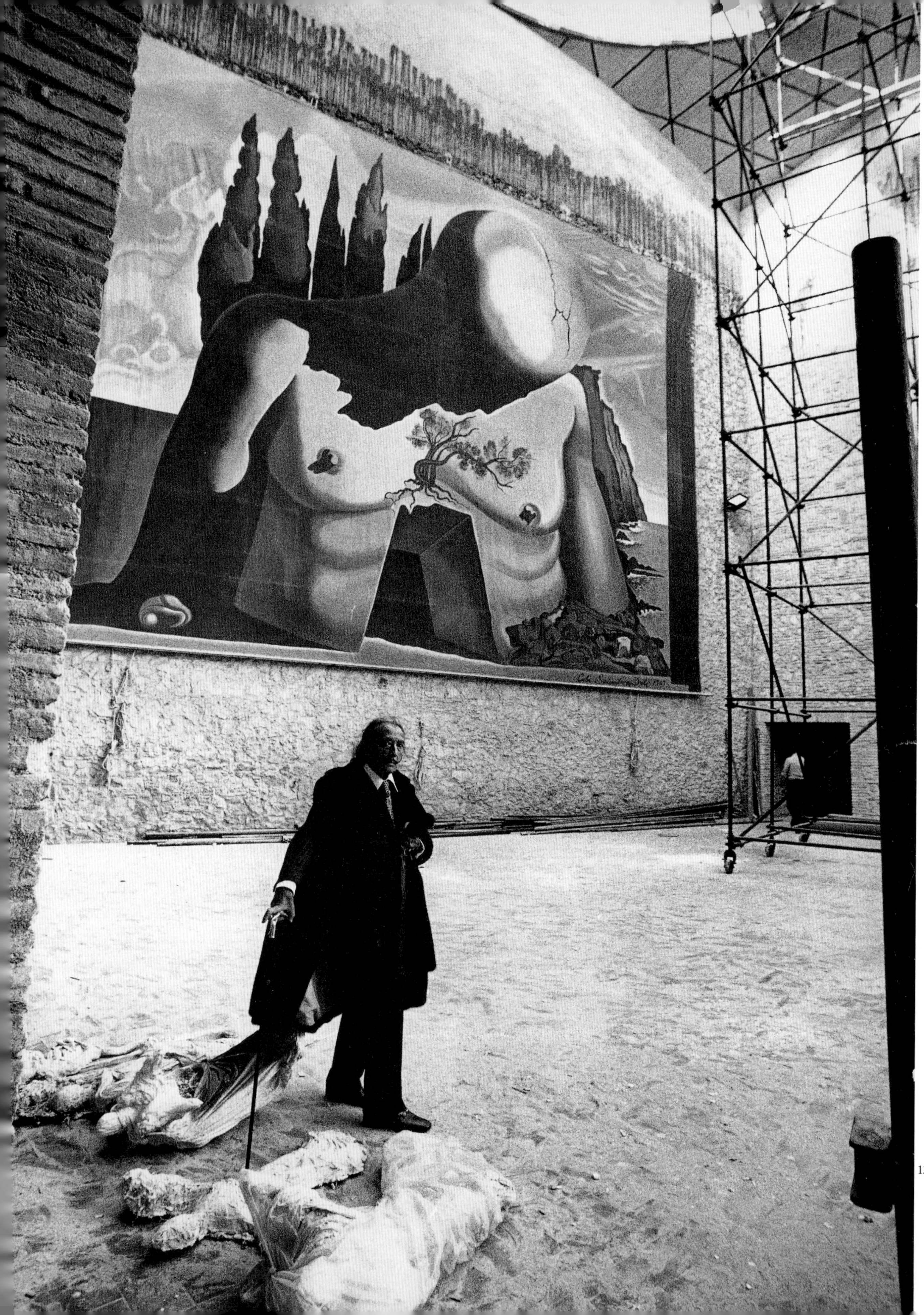

1390

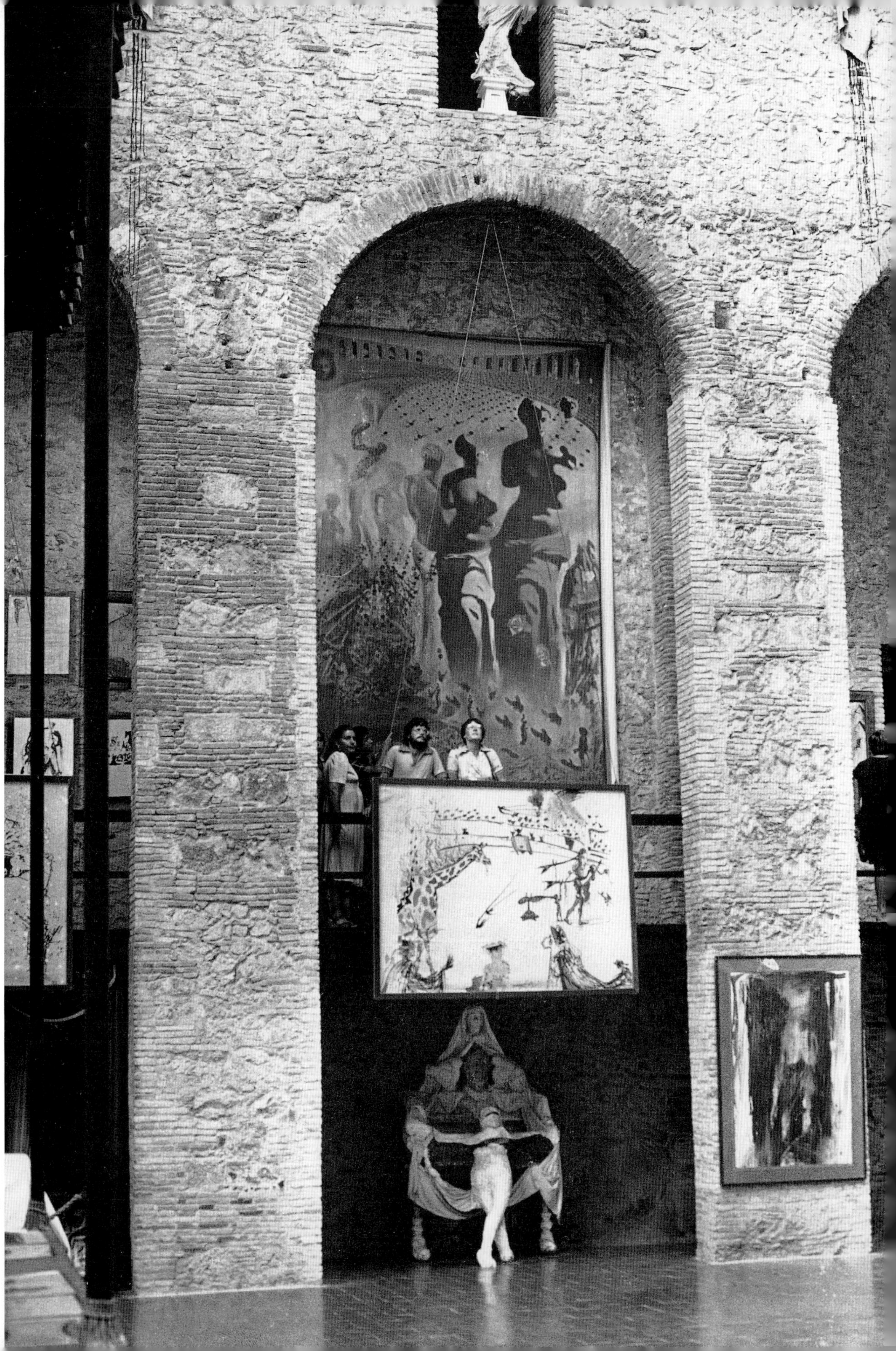

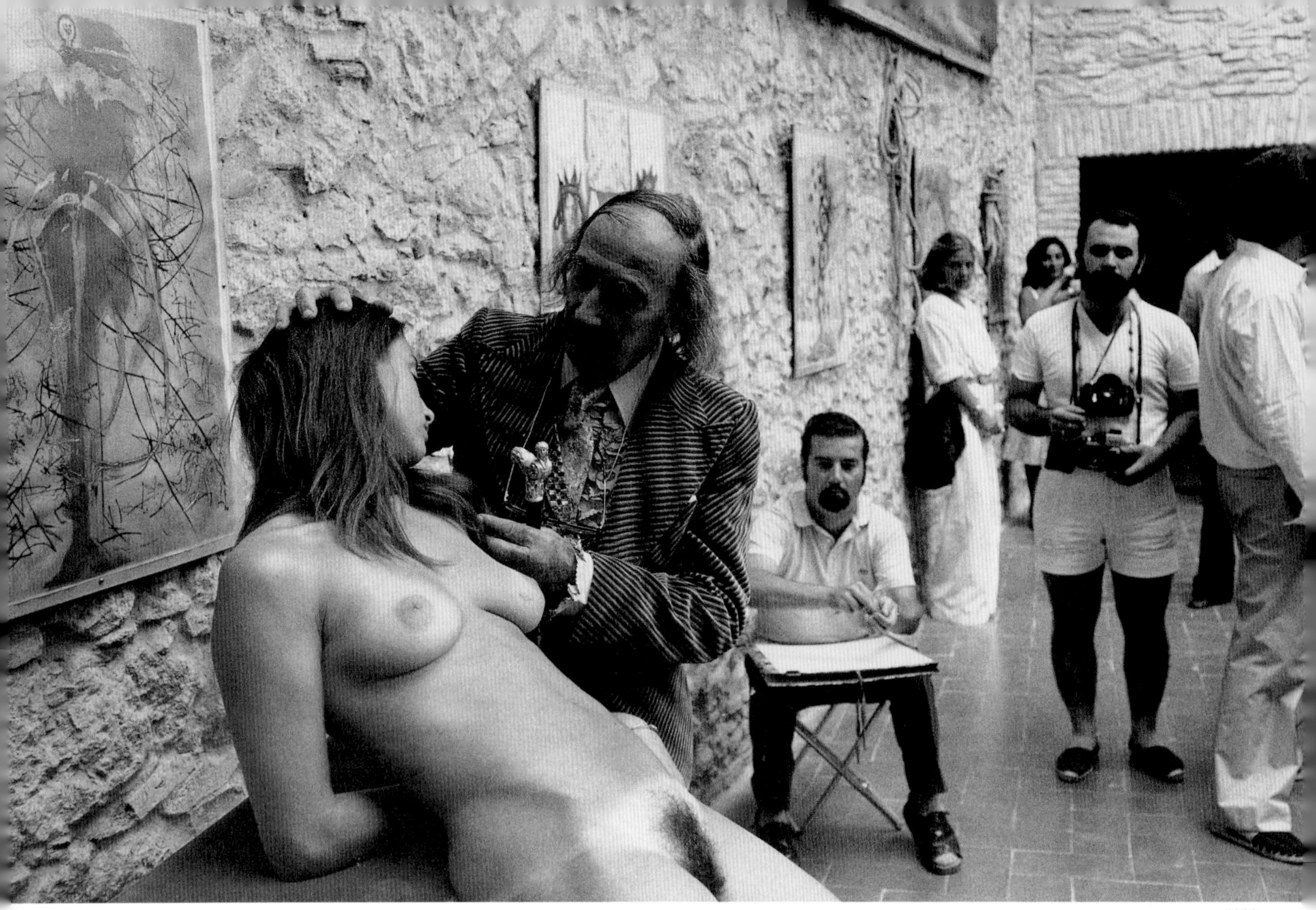

1392

blz. 624, 625

1390, 1391 **Regelrechte puzzel, waarin delen van het originele decor van het ballet 'Labyrint' zijn verwerkt en reprodukties van het schilderij 'De hallucinogene torero'.** ✰ Het museum is tegelijkertijd biografisch experiment en samenvatting van het menselijke en artistieke avontuur van Dalí.

1392, 1393, 1394, 1395 **Elke dinsdag geeft de meester gratis les aan ongeveer twintig leerlingen en corrigeert hun schetsen.** ✰ Dalí aarzelt niet om tussen eigen werk werk van de groten uit de vorige eeuw tentoon te stellen, van Bouquereau tot Fortuny, en die van hun nazaten, de Amerikaanse hyperrealisten, zoals George Segal of John de Andrea, bij wie Dalí de stijl 'Musée Grévin' zo waardeert.

ge' in Dalí's huis, bezit Dalí een grote collectie dildo's, die hij zijn modellen van beiderlei kunne aanbiedt wanneer hij zich overgeeft aan zijn geliefde buitensporigheden. Sommige van die dildo's hebben een portret van beroemdheden op hun schacht die je in dit verband niet verwacht: de paus, Hitler, St.-Theresia van Avila, de Gaulle...

Dalí noemt het mannelijk lid ook wel "de limousine". Zo kan hij, wanneer hij met Amanda Lear bij Maxim's eet, zeggen: "Te oordelen naar het formaat van zijn neus moet die man daar een grote limousine bezitten." In Cadaqués bezoekt hij graag een man wiens lid in erectie zo hard is dat je er noten op kunt kraken. Voor zoiets heeft Dalí bewondering. Hij vergelijkt de vagina met een bloemkool en meent dat dit orgaan een list van de natuur is om de voortplanting veilig te stellen. Het ware orgaan van de liefde daarentegen is de anus. In de vagina dool je maar een beetje rond zonder precies te weten waar je bent, maar de anus laat zulke twijfel niet toe. Zulke loze praatjes heeft hij op de Franse televisie geuit –het programma werd natuurlijk nooit uitgezonden– en zonder blikken of blozen verklaard: "Het belangrijkste op de wereld is de kont." Dalí, voor wie het lichamelijke geen geheimen meer heeft, gebruikt een bijzondere techniek (waarvoor Roger Peyrefitte veel belangstelling heeft) wanneer hij een vrouw die op handen en voeten loopt aan een mooie positie van haar anus wil helpen: hij legt een waterpas op haar rug en, beweert hij, wanneer de luchtbel precies in het midden staat, bloeit haar anus op tot volle pracht. Soms vraagt hij zijn bezoeksters met gespreide billen plaats te nemen op een kussen van zachte klei, om zo een afdruk van hun lichaamsopening te krijgen. Daarna lijst hij de afdruk in en voorziet hem van de naam van de eigenares. Blijkbaar –en daaruit blijkt Dalí's onderzoekende geest weer eens– heeft de aars vijfendertig of zevenendertig plooi-

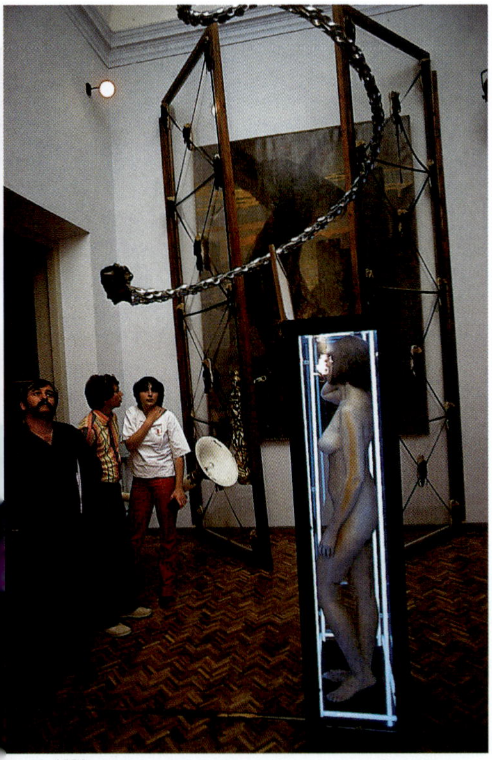

1393

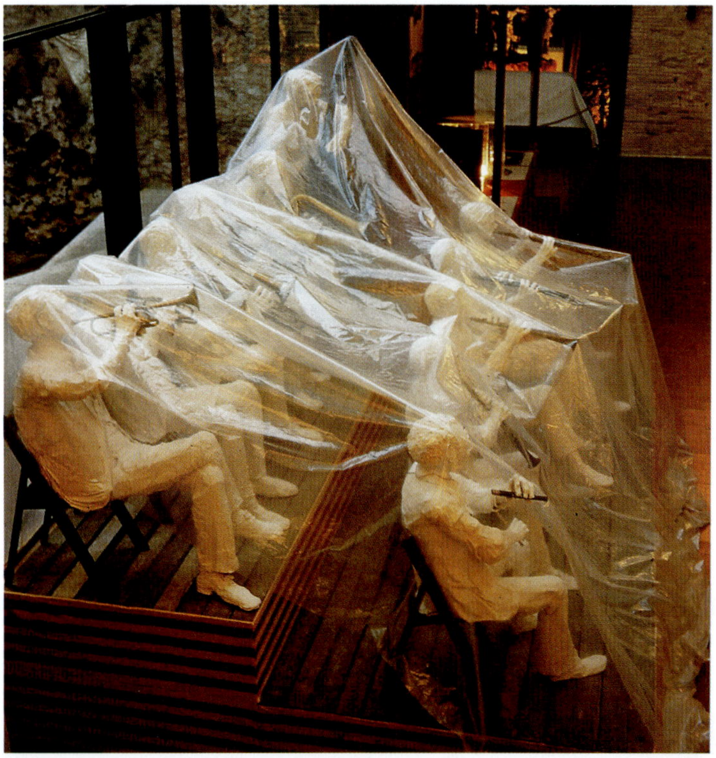

1394

1395

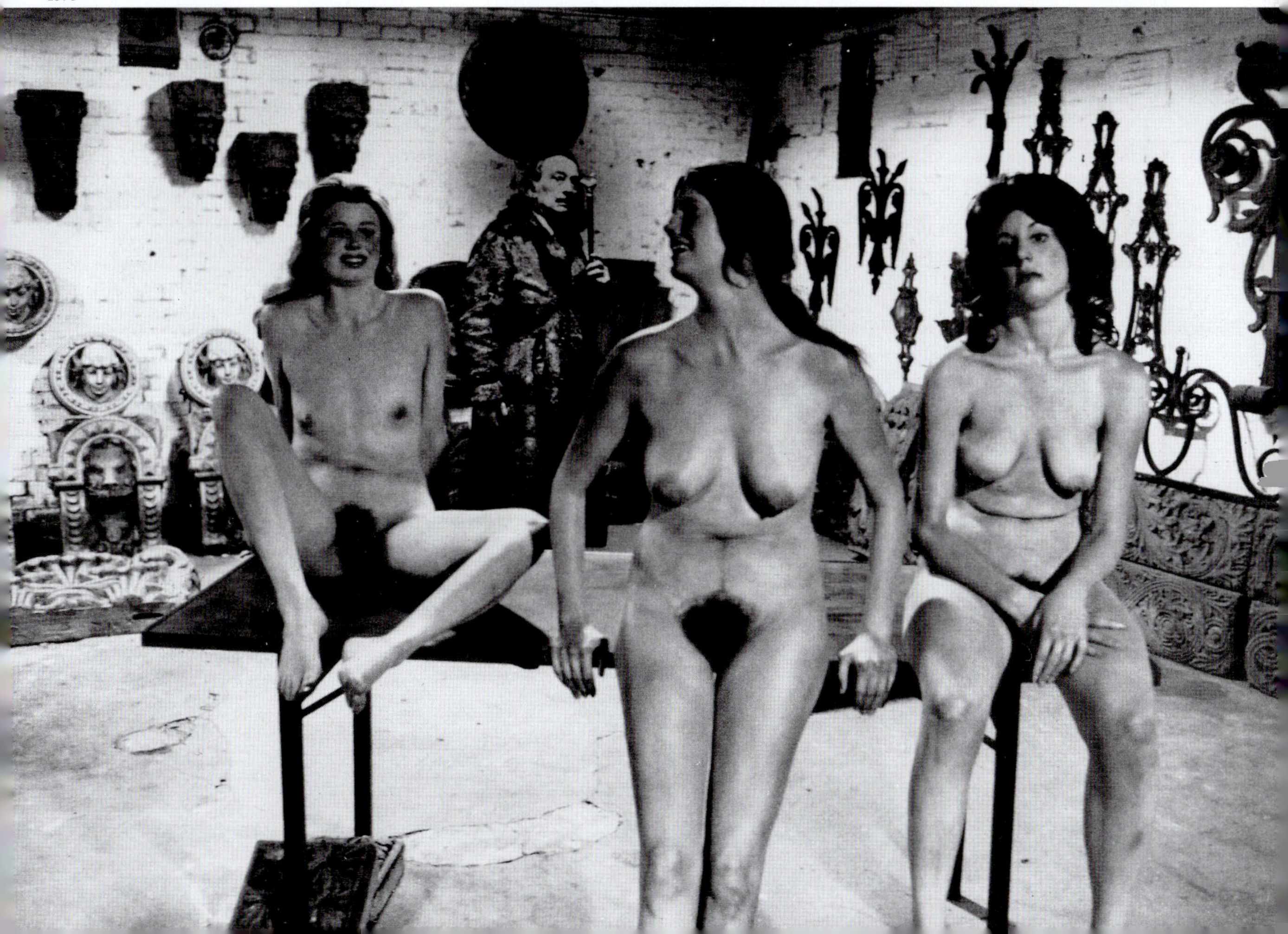

1396 De muren van het oude theater werden gerestaureerd, en Dalí heeft de nissen versierd met speciaal ontworpen sculpturen. Het blauw dat tijdens het schilderen van het gewelf op de grond druppelde, heeft Dalí gebruikt om die zwevende figuur te creëren die een laken uitwringt als na een blauwe wasbeurt. ✩

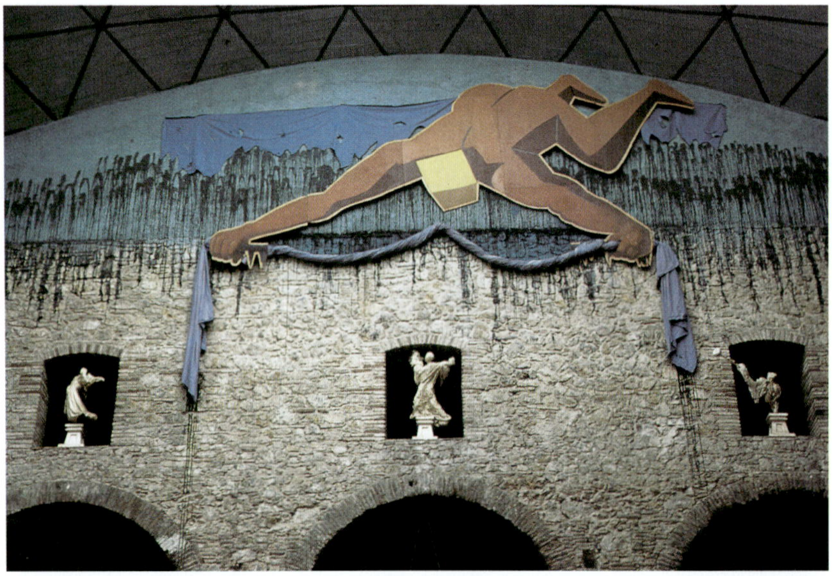

1396

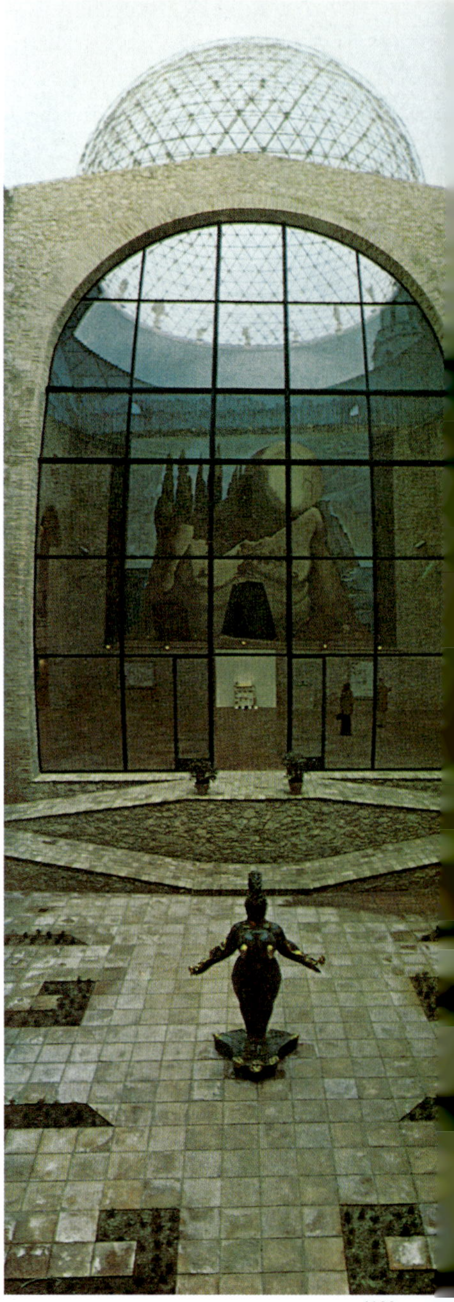

1398

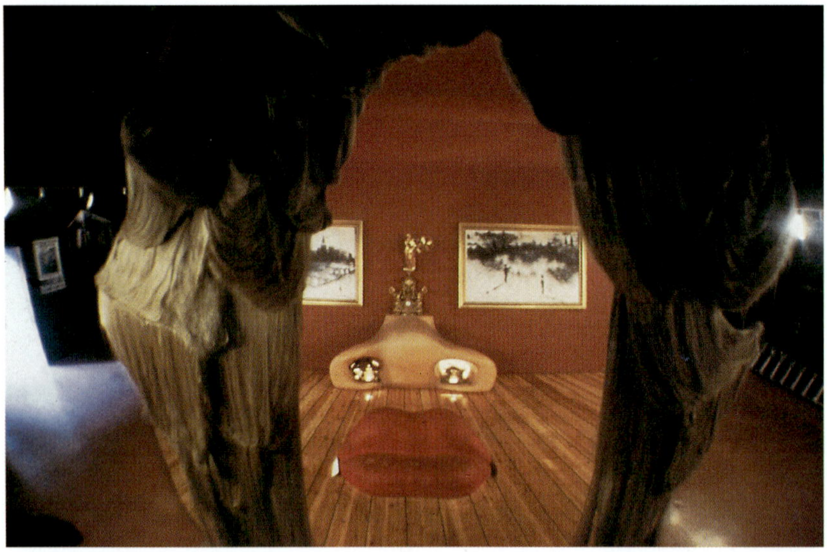

1397

1397 In het museum is ook het karakter van volksfeest en rommelmarkt, van jugendstil-meubelen, valse juwelen, vergulde tronen en oude badkuipen verenigd. Hier is het werk 'Gezicht van Mae West...' als echt appartement nagebouwd. ❍

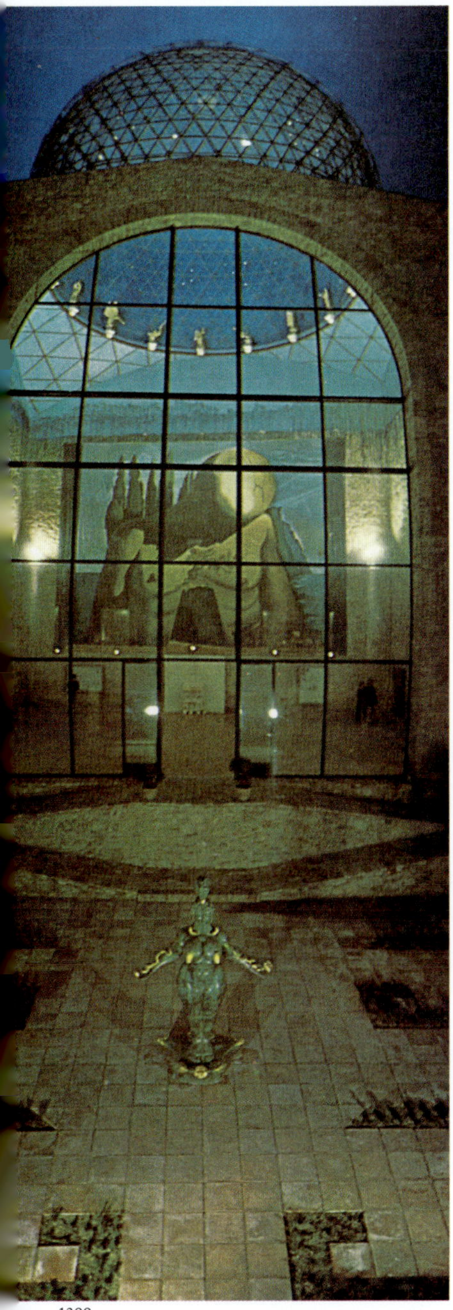
1399

1398, 1399 **De grote netvormig-doorzichtige koepel beheerst dit orgiastische ensemble vol verrassingen waar je tussen de doeken 'Galarina', 'De broodmand', 'Gala, naakt, van achteren gezien' of 'Puristisch stilleven' een Beethovenbuste ontdekt naast een naakte etalagepop. Dit is een niet te classificeren museum voor niet de classificeren doeken...** ✰

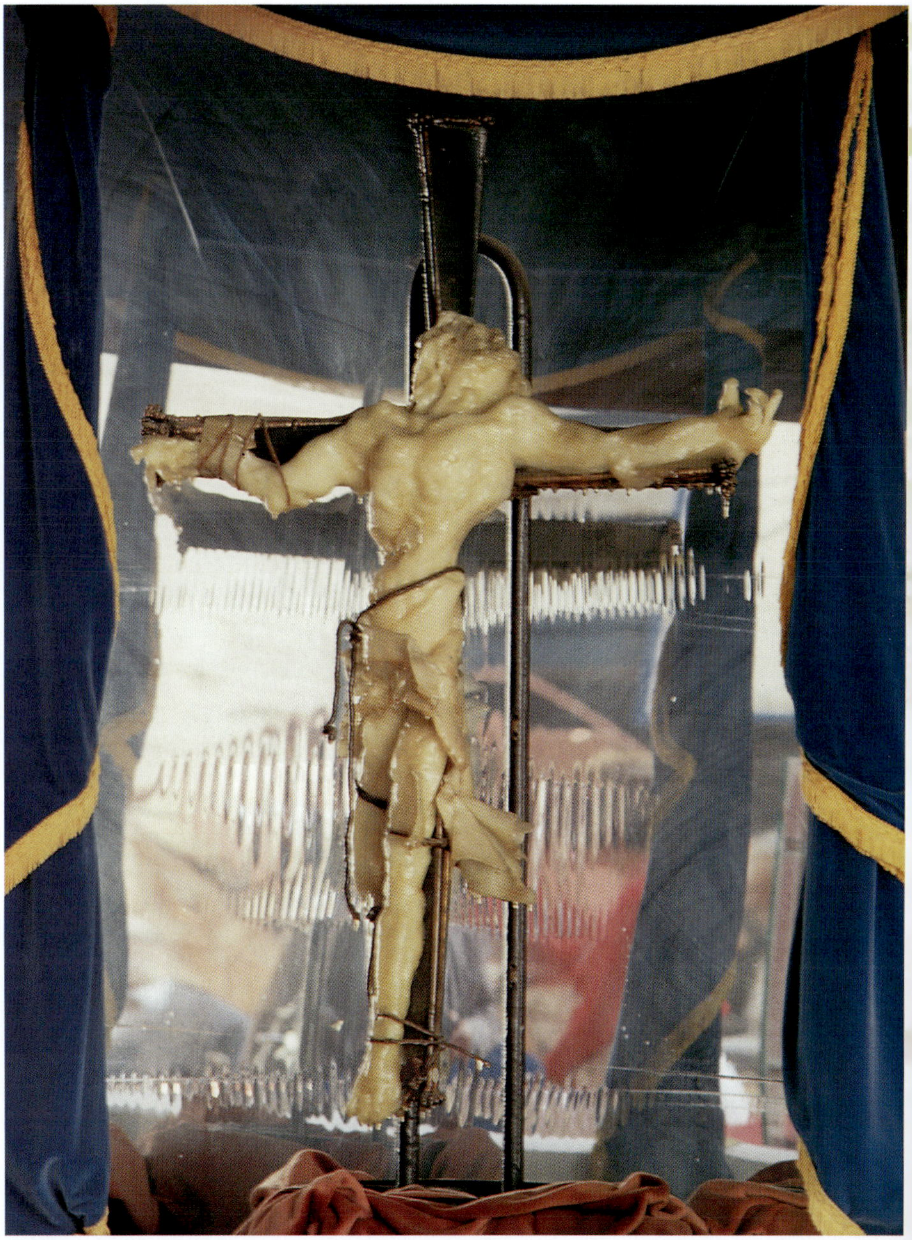
1400

1400 **Draaiende Christus**, 1976 ❍
Christ twisté
Deze sculptuur is echt van kunststof. Als hulde aan Antoni Gaudí staat ze voor een spiegelarrangement, net zoals de beroemde Catalaanse architect gebruikt had voor de bouw van de Sagrada Familia.

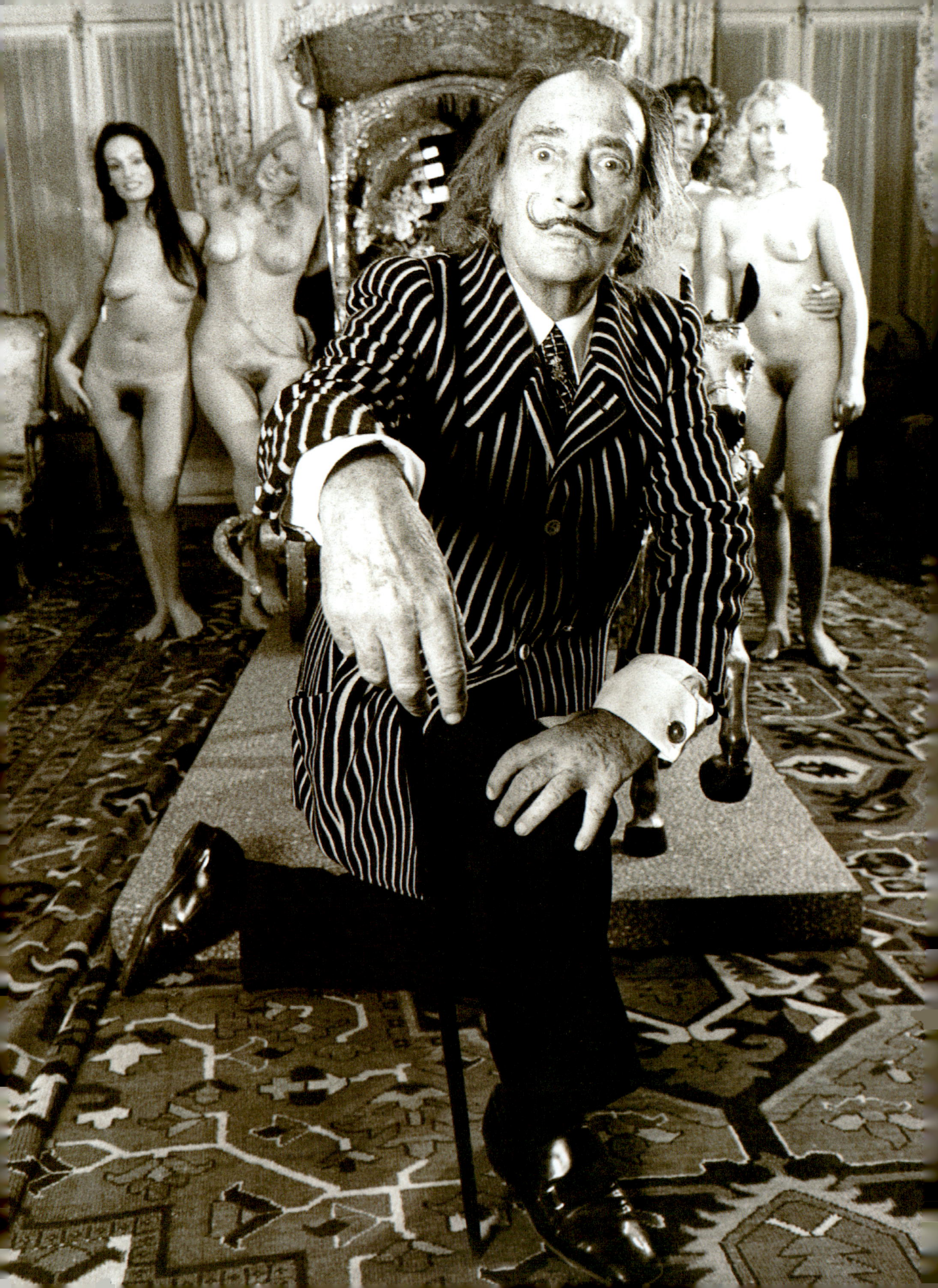

en, die even karakteristiek zijn als vingerafdrukken. Hij betreurt het zeer nog steeds niet te hebben ontdekt wat dat verschil betekent. Hij verzekert dat het geen kwestie van sociale status is, 'vijfendertigers' komen voor bij adellijken en burgers. Allen het achterwerk van tweelingen heeft dezelfde plooiing en hetzelfde aantal. Hij onderzoekt zijn bewering experimenteel en maakt van de bewaard

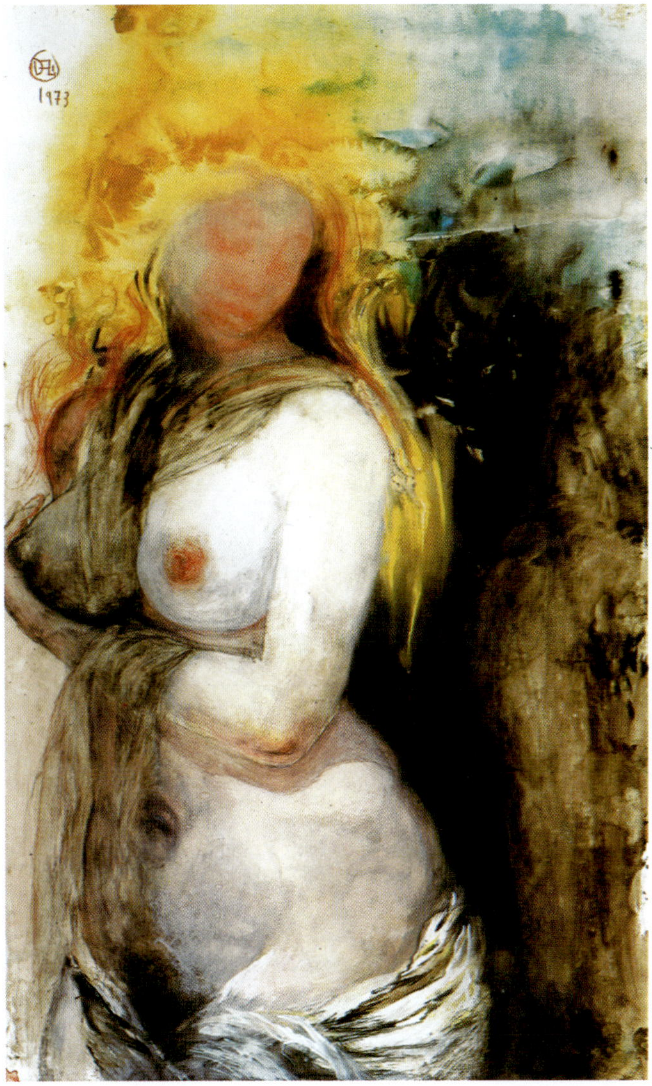

1402

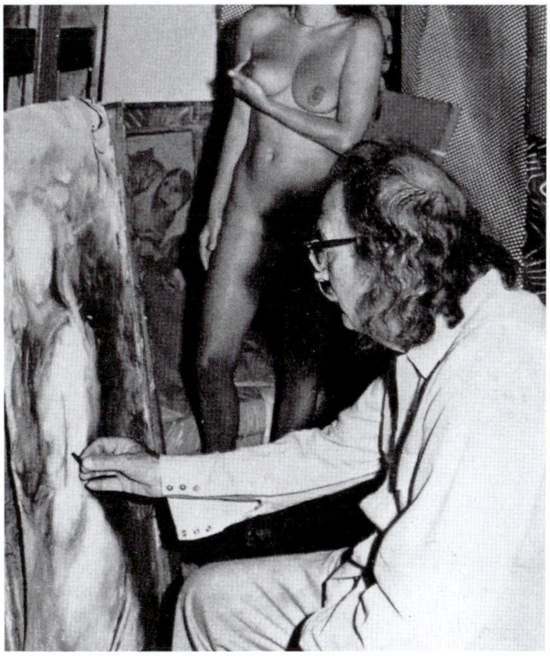

1403

1401 **Bij Dalí weet je nooit zeker of de vrouwen van plastic zijn, zoals in het Teatro Museo Dalí, of van vlees en bloed, zoals hier in Hotel Meurice,** 1973 ✰

1402 **Pomona, herfst**, 1973 △
Pomone, automne

1403 **Dalí tekent 'Pomona, herfst'**, 1973 ✰

gebleven afdrukken van een tweeling een kandelaar. Overigens is er waarschijnlijk niet één object of sculptuur van Dalí waarin geen verborgen erotische betekenis schuilt. De surrealisten, die hij meer dan eens om de tuin heeft geleid, moeten dat tot hun spijt erkennen. Staat niet op *Lilith – Hommage aan Raymond Roussel* (blz. 638) een beschilderde gipssculptuur met spelden en twee bronzen ruiterfiguren van Meissonier middenin een vrouwelijk geslacht van naalden? En *Object voor Gala* (blz. 639), de schelp van een zeespin met ingelegde geslepen agaat waarop Gala's gezicht geschilderd is, lijkt dat niet op een schitterend vrouwelijk geslachtsorgaan? Voert de *Stoel met gierevleugels* (blz. 641) geen erotisch ballet uit? En biedt *Otorinologisch hoofd van Venus* (blz. 641), dat Dalí zo dierba-

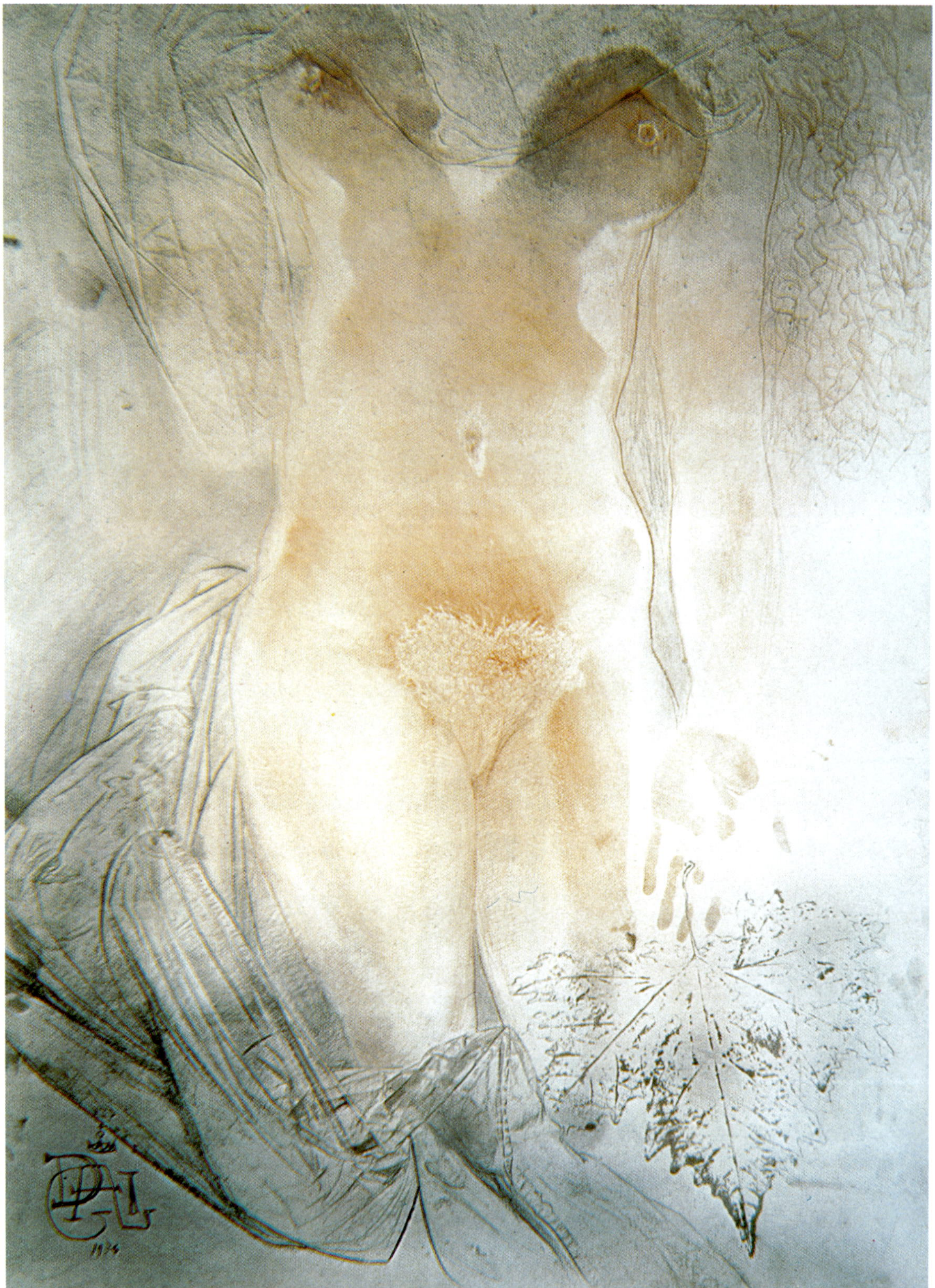

1404

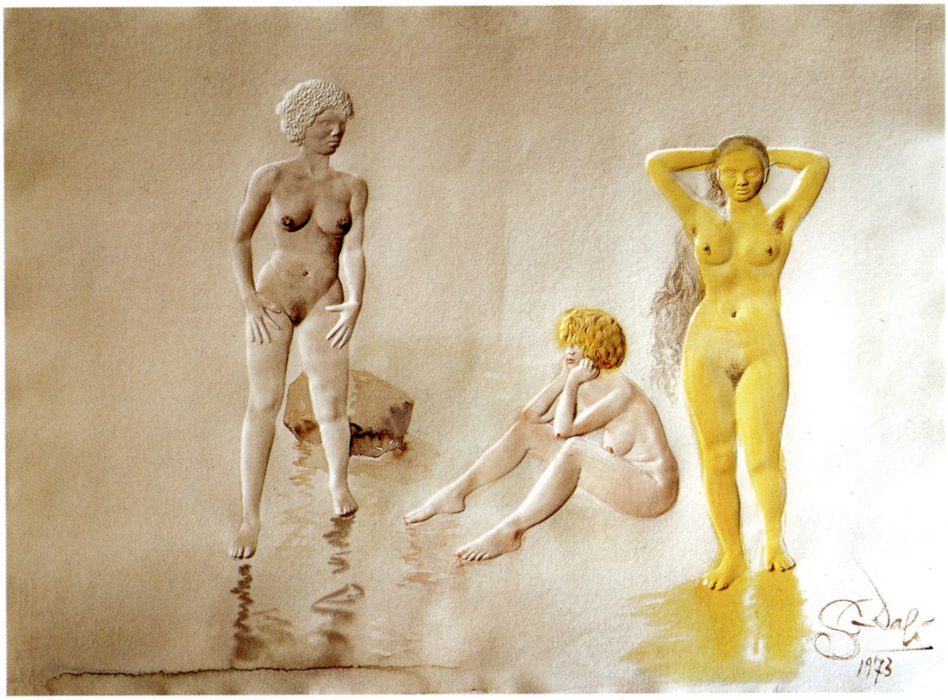

1405

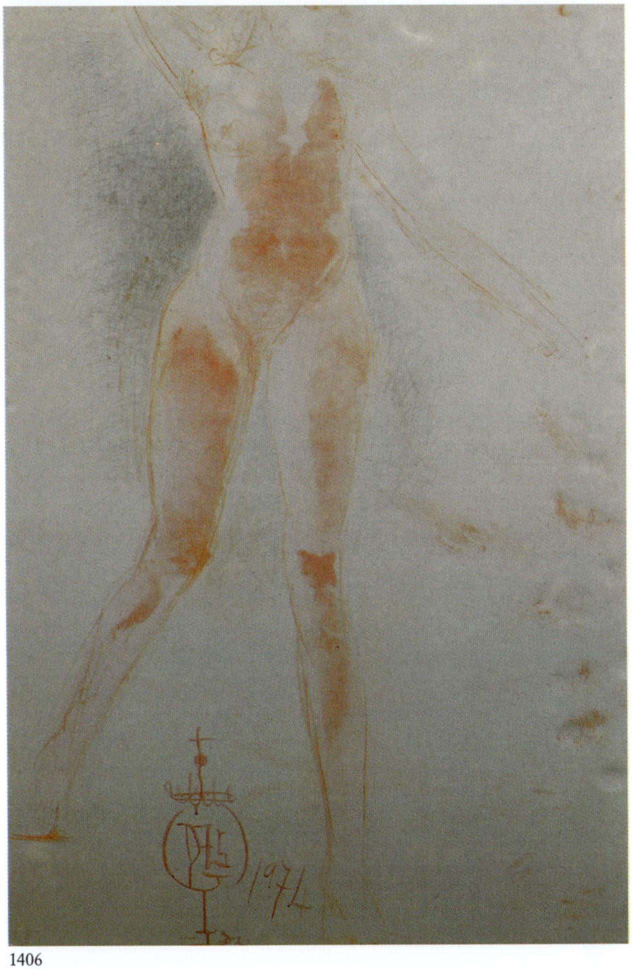

1406

1404 **Naakt (afdrukken)**, 1974 △
Desnudo de Calcomania

1405 **Drie hyperrealistische Gratiën (Het anti-racisme)**, 1973 △
Trois grâces hyperréalistes
(L'antiracisme)

1406 **Staand vrouwelijk naakt**, 1974 △
Nu féminin debout

re monster dat hij een oor op de plaats van de neus en een neus op de plaats van het oor geplaatst heeft, niet op nieuwe wijze al zijn lichaamsopeningen van de penetrerende neushoorn aan die *Napoleons dodenmasker* (blz. 640-641) bedekt? De sokkel van zijn sarcofaag straalt overigens volgens Dalí in hoogste mate imperialistische macht uit (het hier afgebeelde exemplaar draagt de opdracht: "Voor Monsieur Georges Pompidou, de president van de Franse Republiek, huldiging door Salvador Dalí"). Aan het otorinologische hoofd van Venus ligt een aanhoudende voorstelling van Dalí ten grondslag volgens welke het gaat om "geboorte door anti-vaginale knopvorming zoals in 'Pantagruel' of in sommige riten van de Katharen".

Vervolg op blz. 645

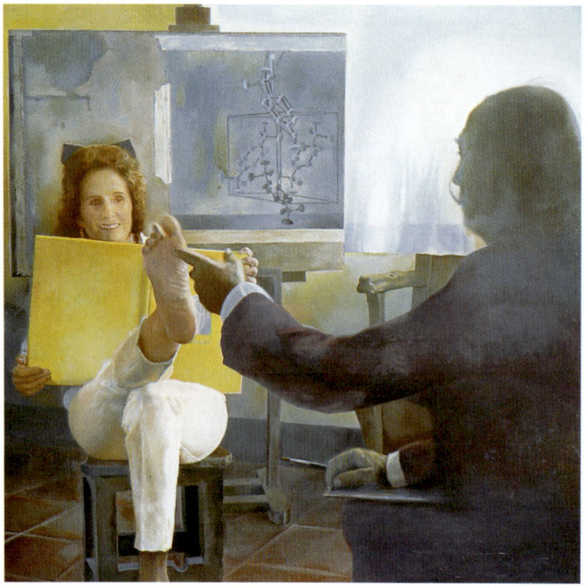

1407

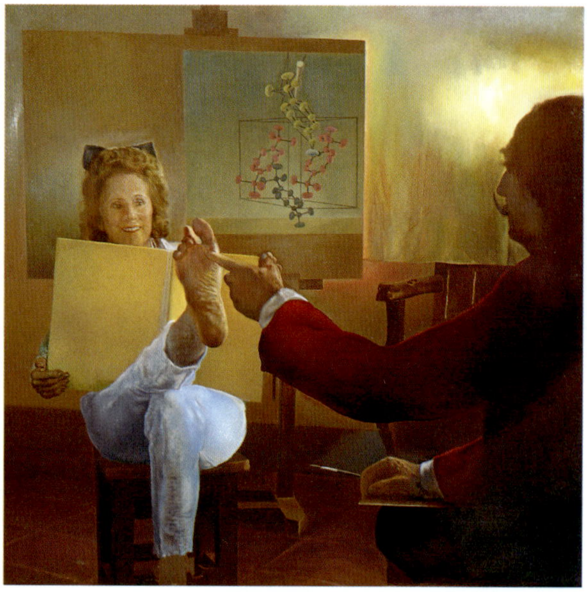

1408

1407, 1408 **Gala's voet**, 1973 ❑
Le pied de Gala
Stereoscopie, linker- en rechterdeel

1409 **Portret van dr. Brian Mercer**, 1973 ❑
Portrait du Docteur Brian Mercer

1410 **Gala's kasteel in Púbol**, 1973 ❑
Le château de Gala à Púbol

1411 **Las Galas van Port Lligat**, 1973 ❑
Las Galas de Port Lligat

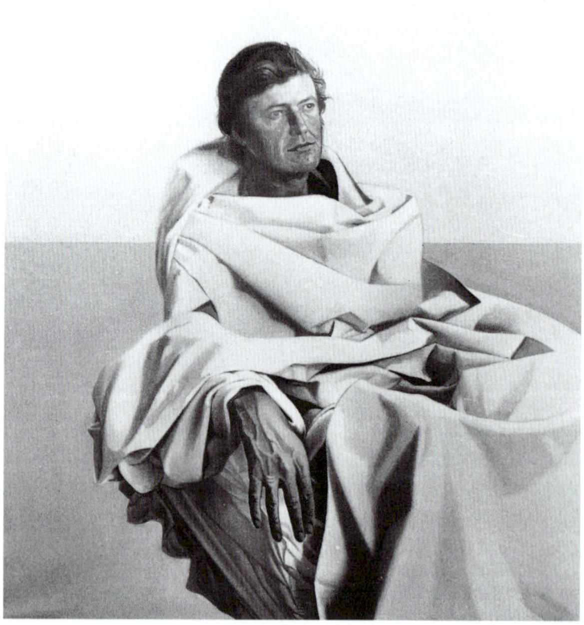

1409

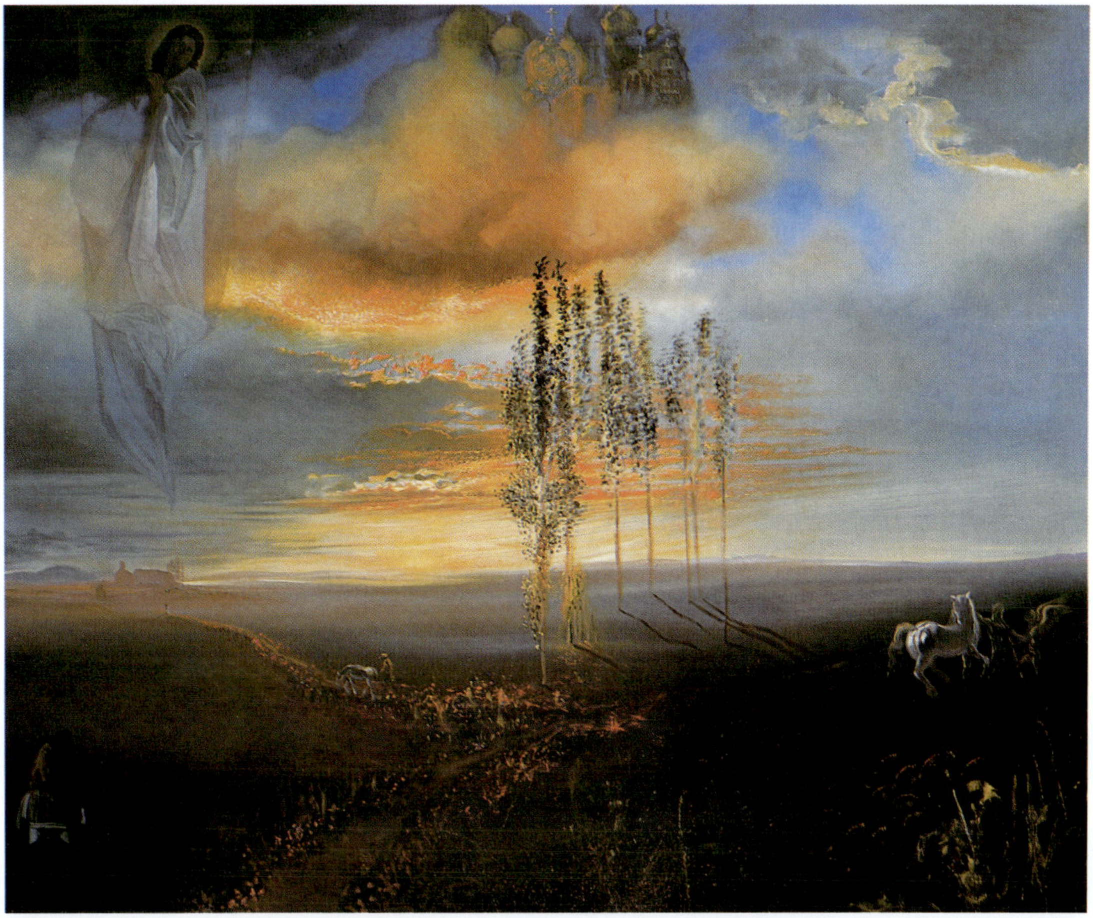

1410

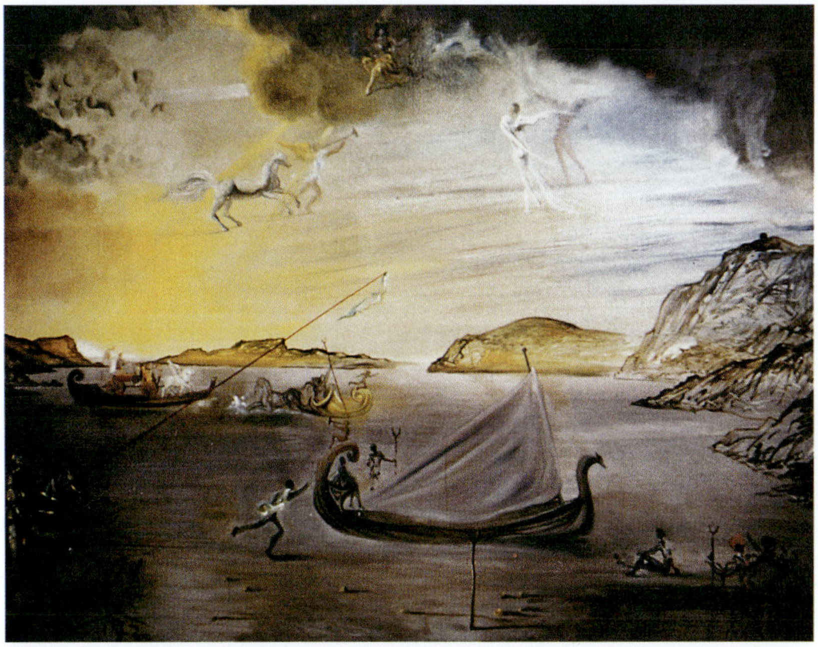

1411

1974

1412 **Cranach-verandering (Vrouw in de spiegel)**, 1974 ❑
Transformation Cranach (Femme au miroir)

1413 **Figuur met zwaan**, 1974 ❑
Paraje con Cisne

1414 **Gewond week uurwerk**, 1974 ❑
Montre molle blessée (Wounded Soft Watch)

1415 **De zwarte mis**, 1974 ❑
La messe noire (La misa negra)

1416 **Ruiterportret van Carmen Bordiu-Franco**, 1974 ❑
Portrait équestre de Carmen Bordiu-Franco

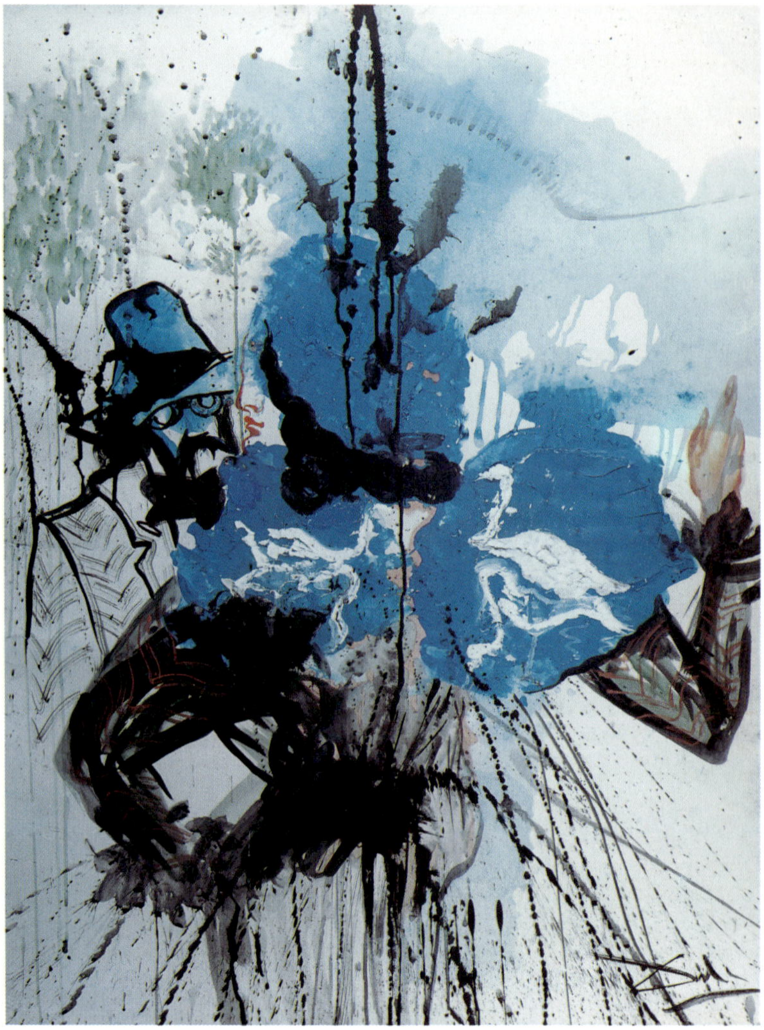

1413

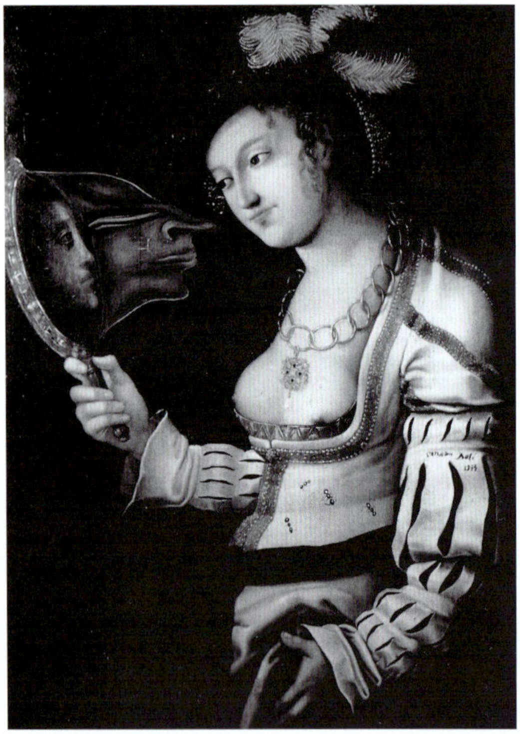

1412

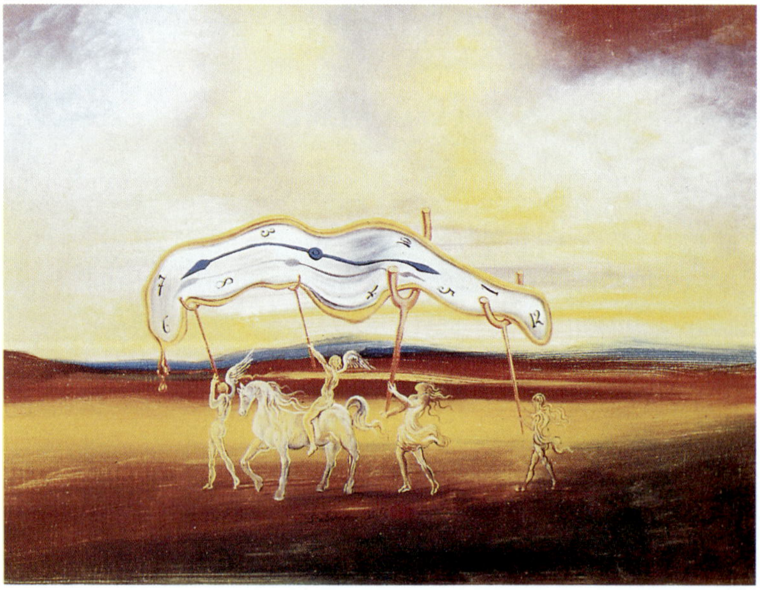

1414

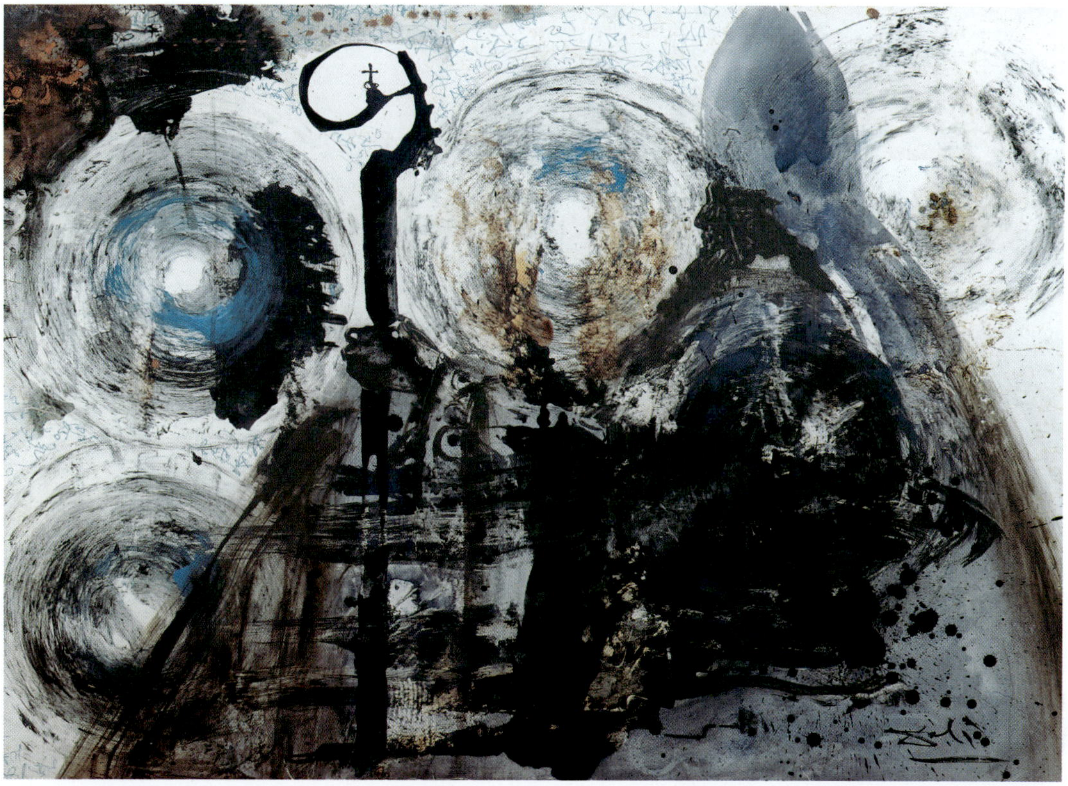

1415

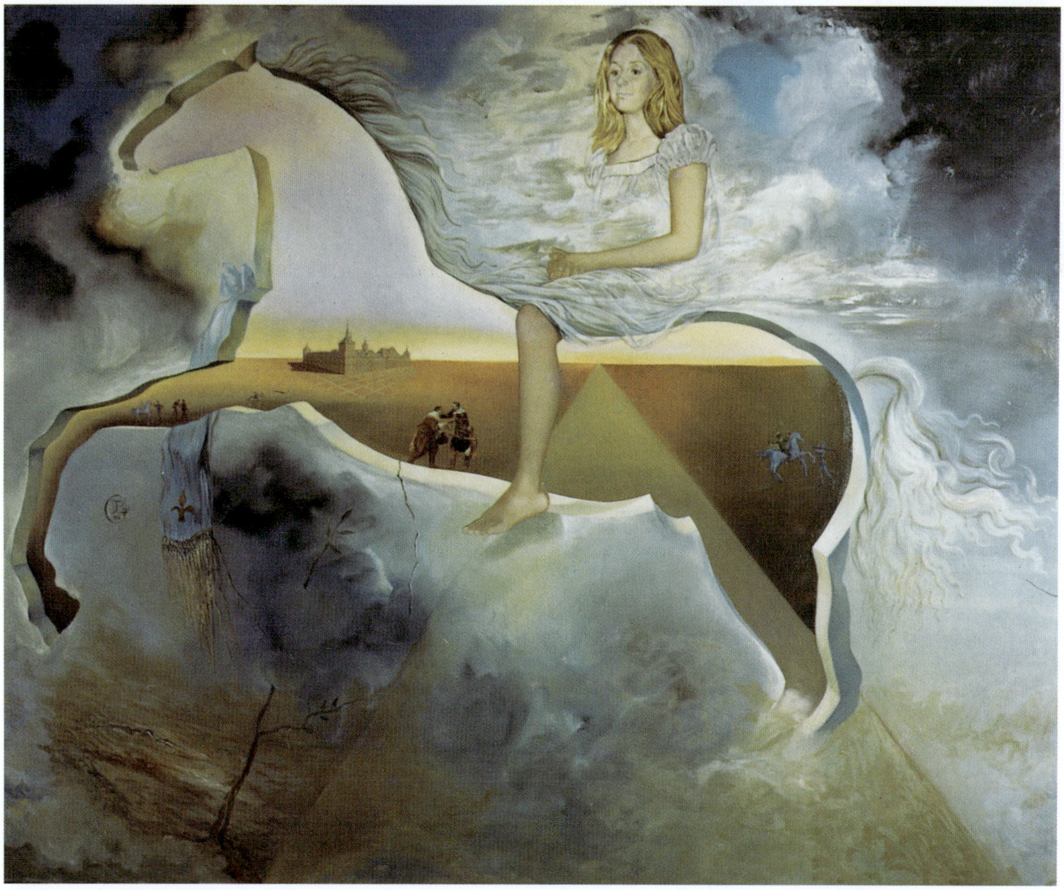

1416

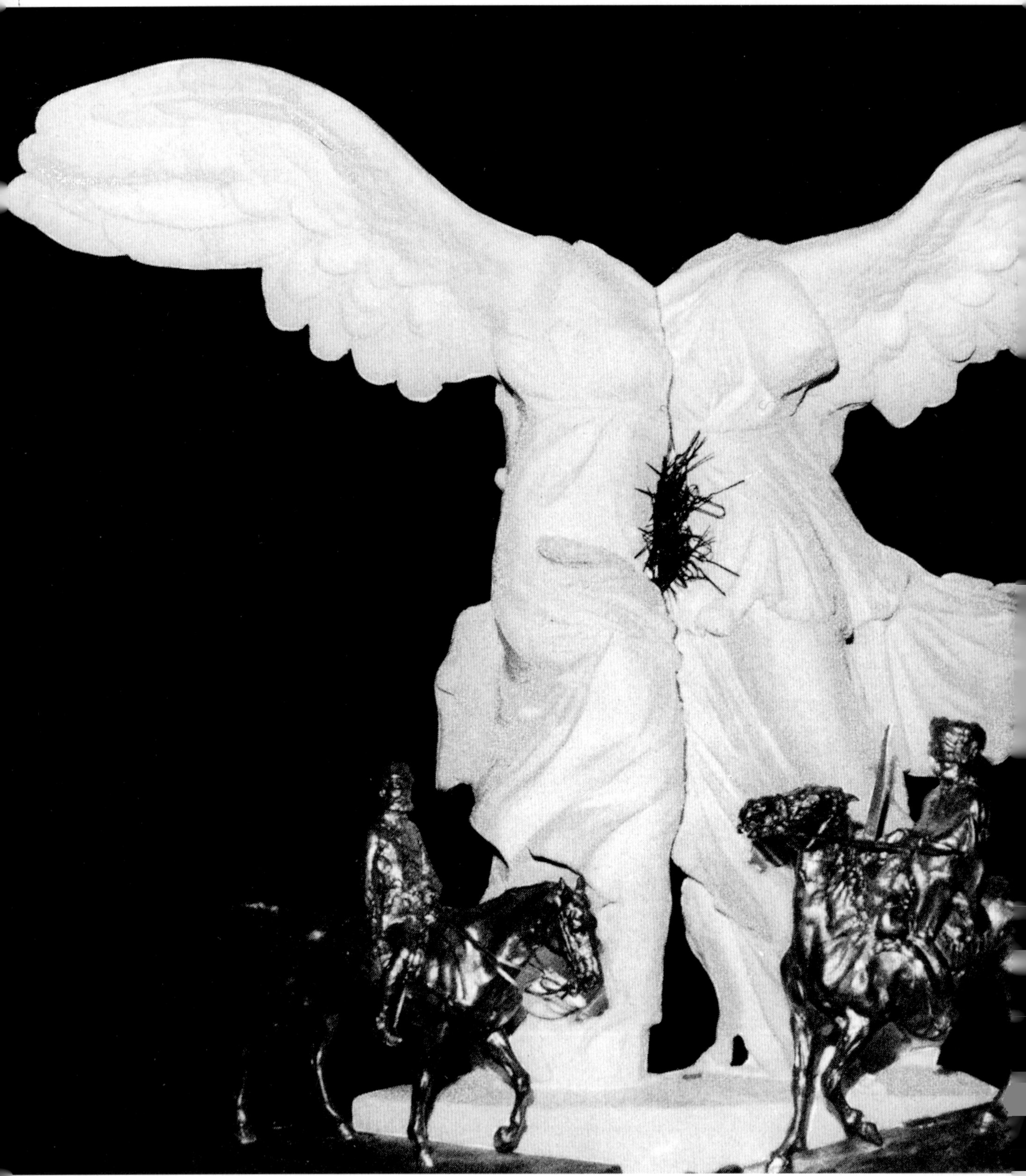

1417

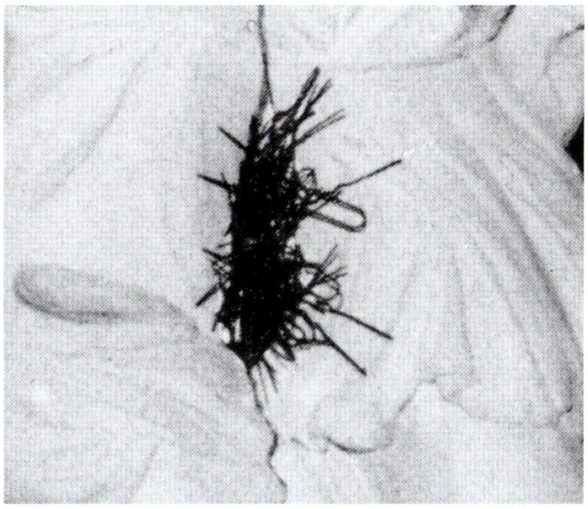

1418

1417 **Lilith – Hommage aan Raymond Roussel**, 1966 ❍
Lilith – Hommage à Raymond Roussel
De schrijver Raymond Roussel beïnvloedde de surrealisten en vooral Dalí sterk. Dalí heeft zelfs een doek naar een roman van Roussel genoemd: 'Afrikaanse impressies'.

1418 **Lilith, detail: geslachtsdeel van spelden** ✰

1419 **Zonder titel (Object voor Gala)**, rond 1972 ❍
Sans titre (Objet pour Gala)

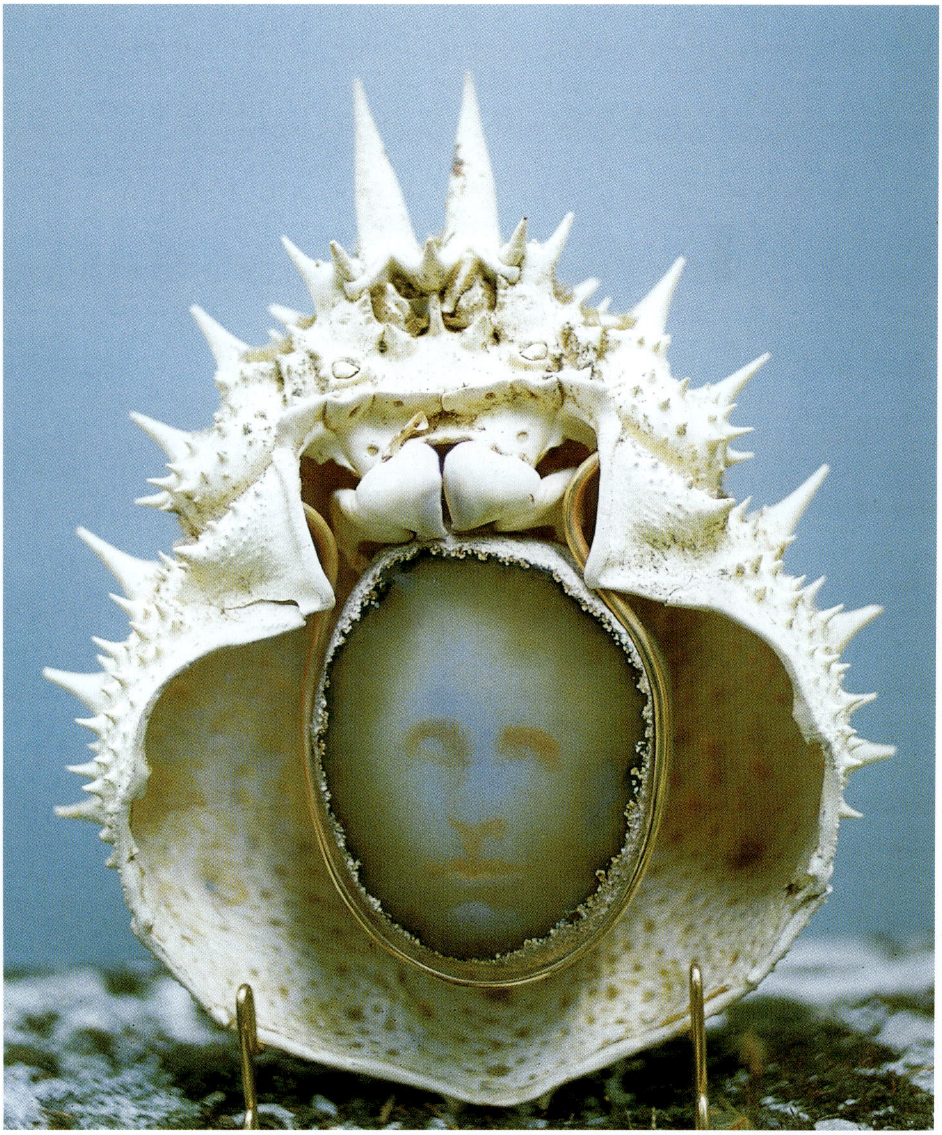

1419

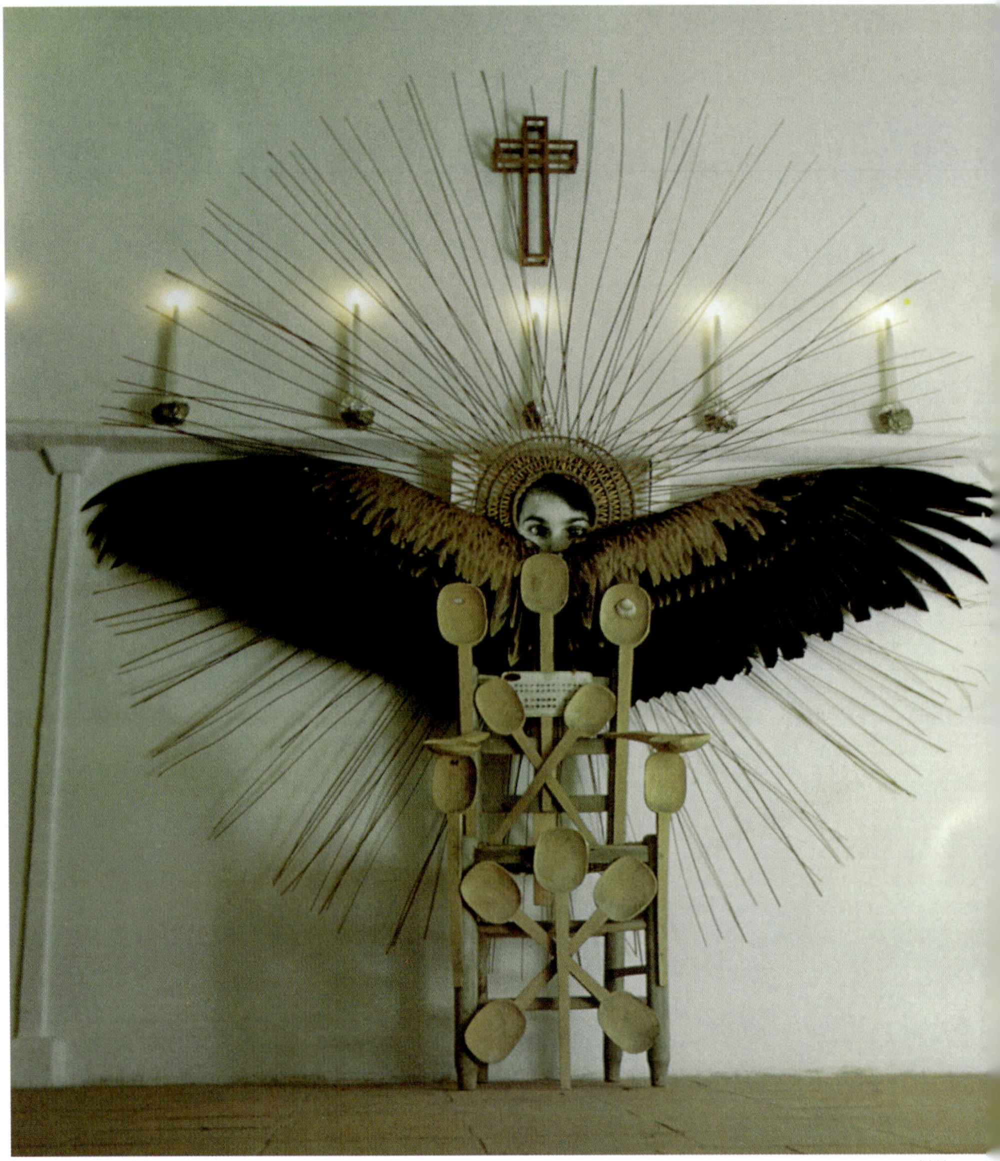

1421

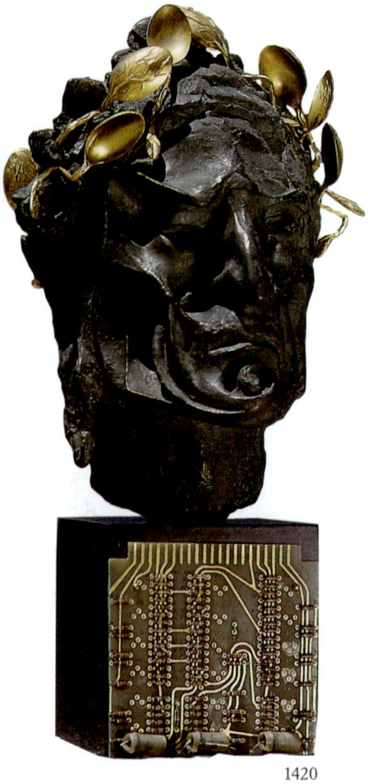

1420

1420 **Dante-buste**, 1964 ○
Buste de Dante
Versierd met gouden lepels.

1421, 1422 **Stoel met gierevleugels**, 1960 ○
Chaise aux ailes de vautours
Een speel- en lustobject, kan zowel dienen voor religieuze als voor erotische doeleinden.

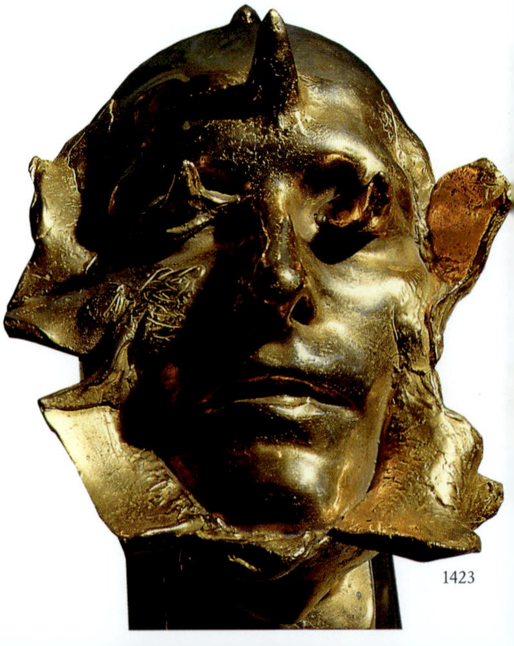

1423

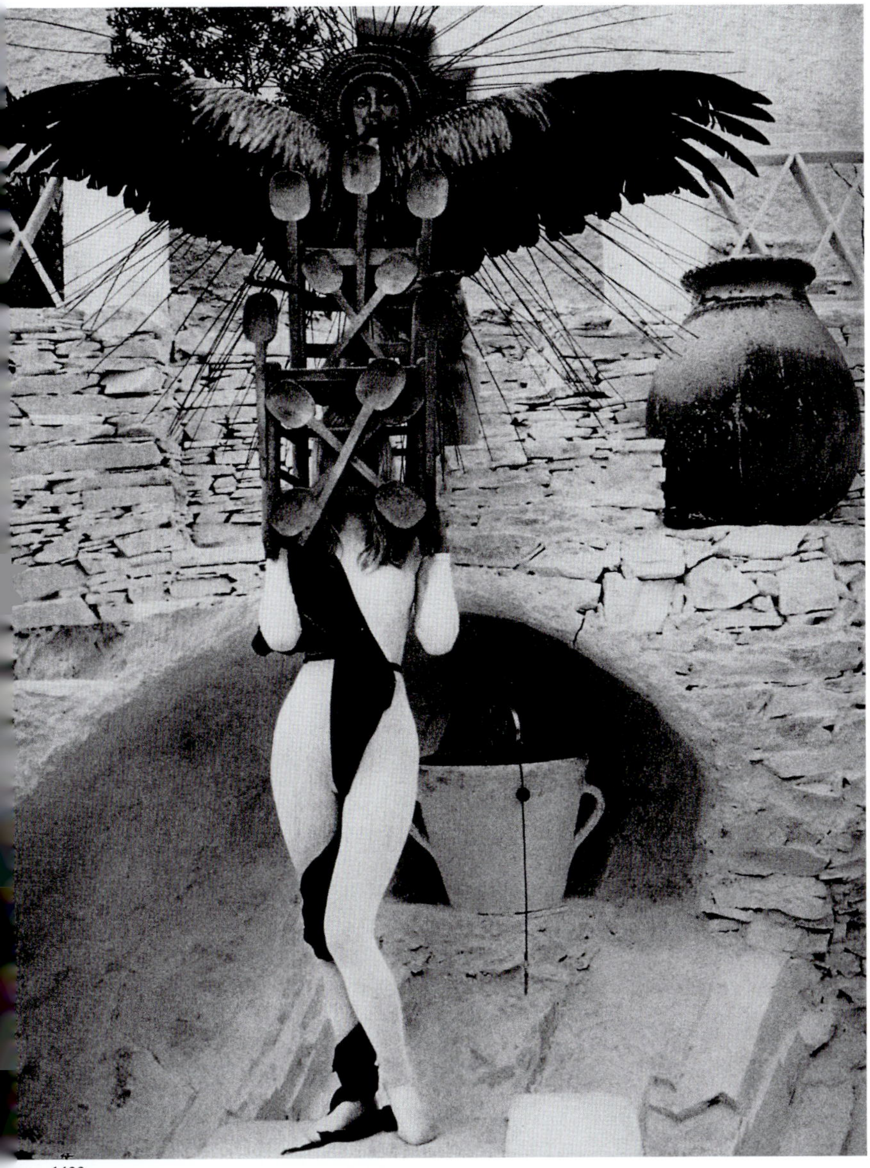

1422

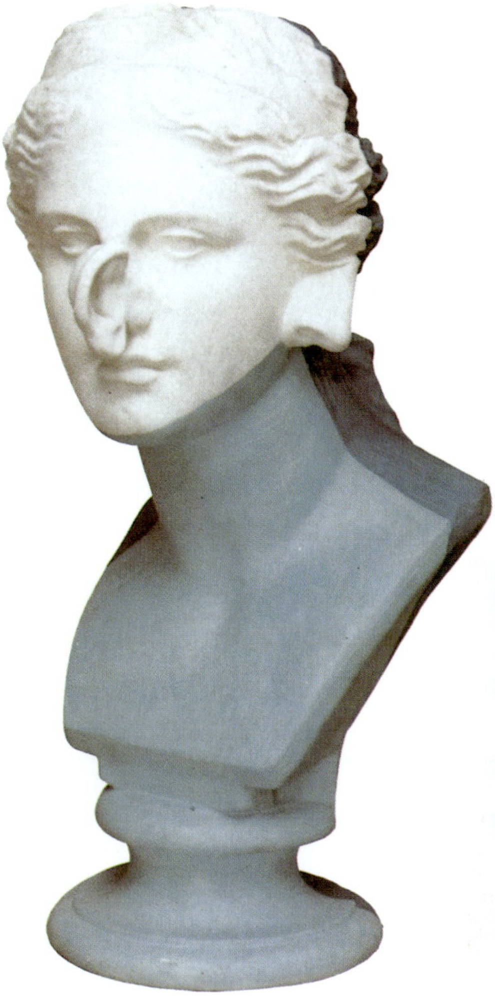

1426

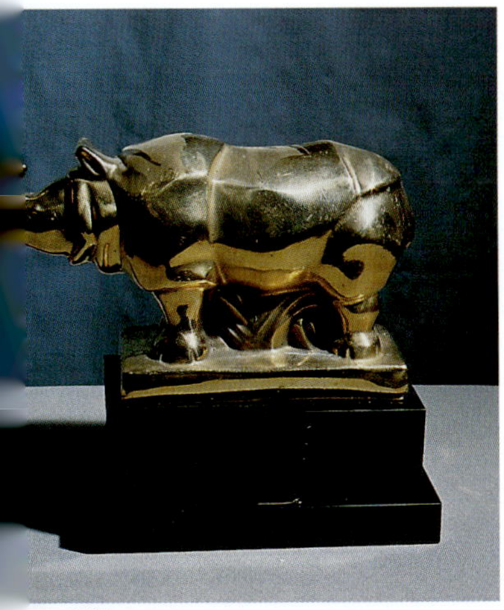

1424

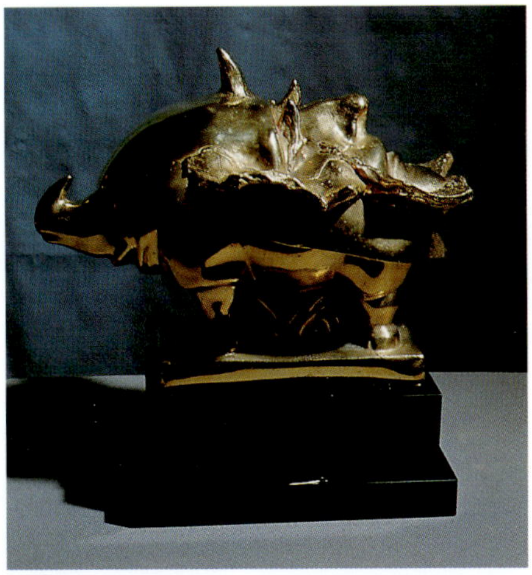

1425

1423, 1424, 1425 **Napoleons dodenmasker – kan dienen als kapje voor een neushoorn**, 1970 ❍
Masque funèbre de Napoléon – pouvant servir de couvercle à un rhinocéros

1426 **Otorinologisch hoofd van Venus**, 1965 ❍
Tête otorhinologique de Vénus

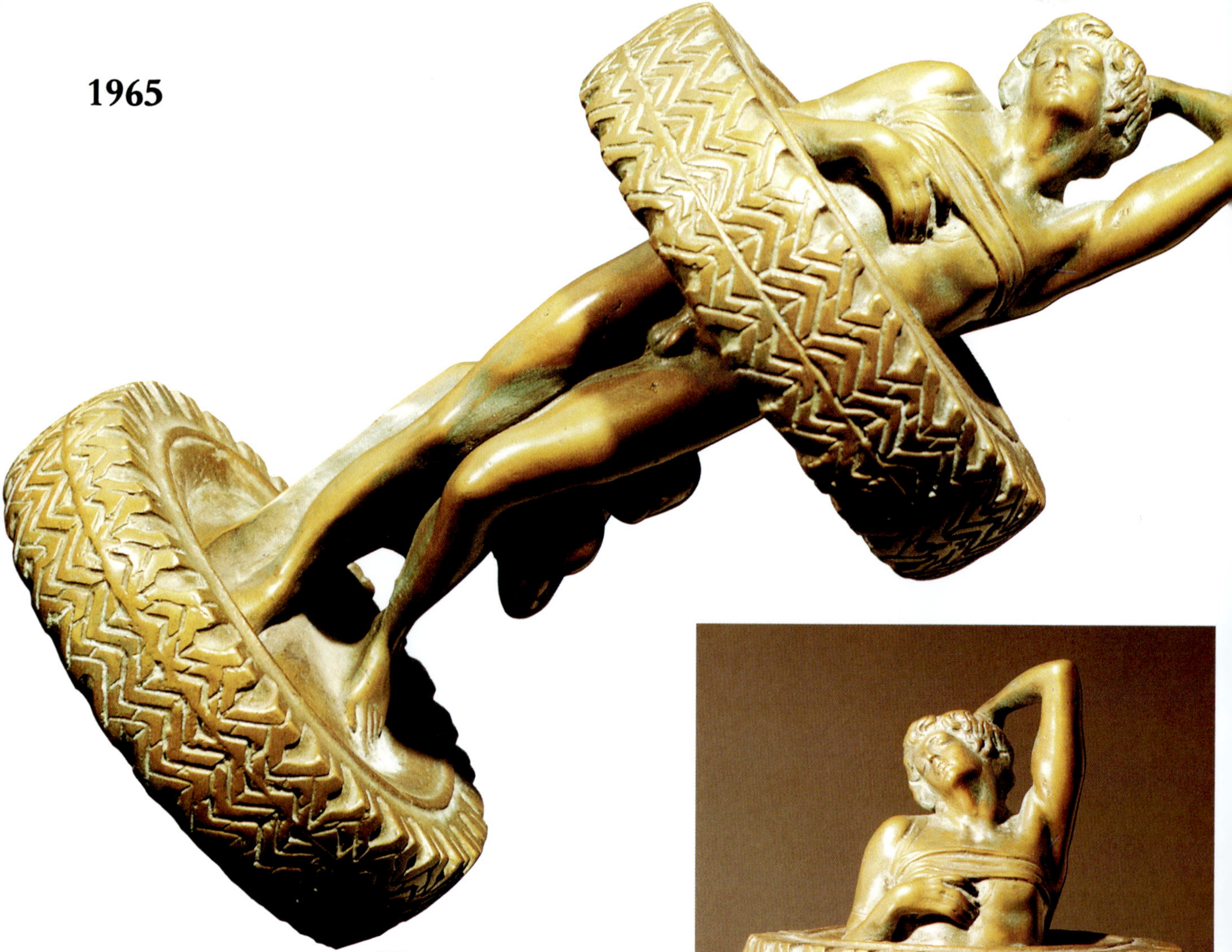

1427

1427, 1428 **Michelins slaaf – kan als auto dienen,** 1965 ❍
L'esclave de Michelin – pouvant servir d'automobile

1429 **Draaiende Christus,** 1976 ❍
Christ twisté
Dit origineel is van witte was.

1430 **Zwaan-olifanten en slang – kan als asbak dienen,** 1967 ❍
Cygnes-éléphants et serpent – pouvant servir de cendrier

1431 **Nike-figurine,** 1973 ❍
Figurine Niké
Hier voert hij een nieuwe techniek in: met een laagje metaal bedekt papier met opgedrukte schakelcircuits wordt ter elektrolyse gedompeld in een goudbad.

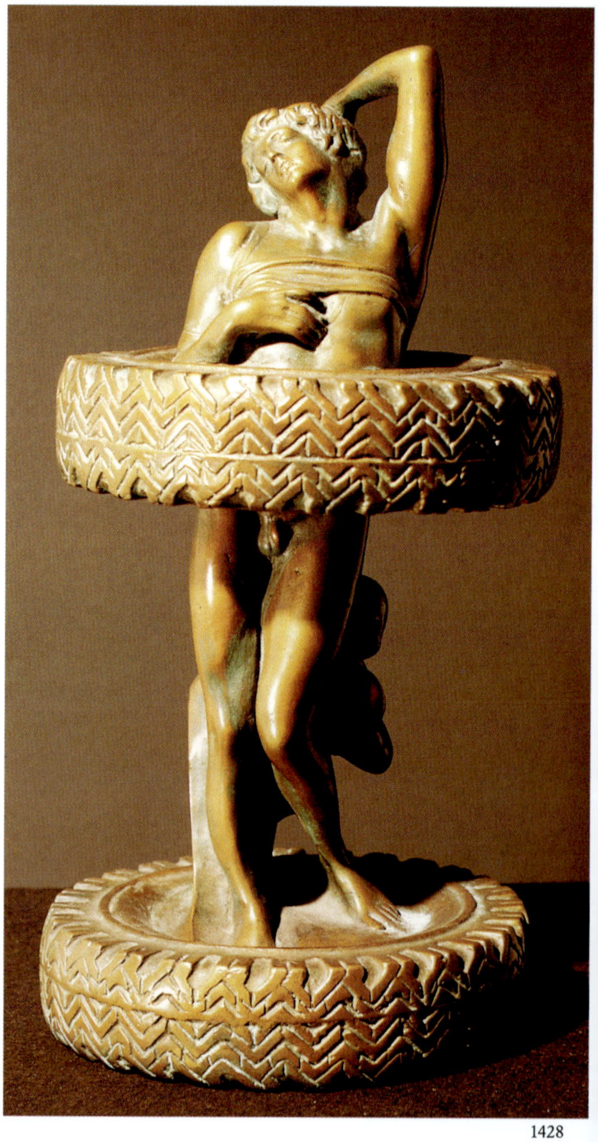

1428

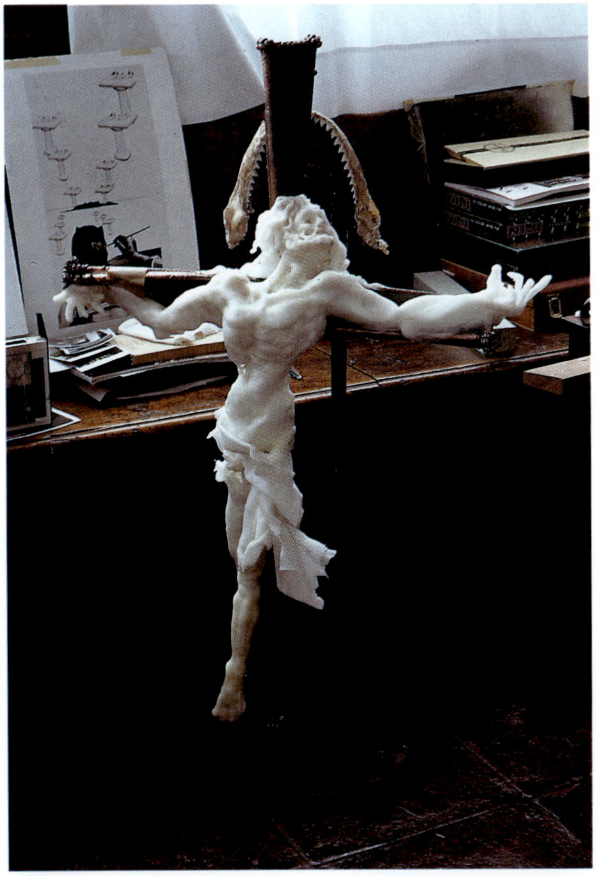

1429

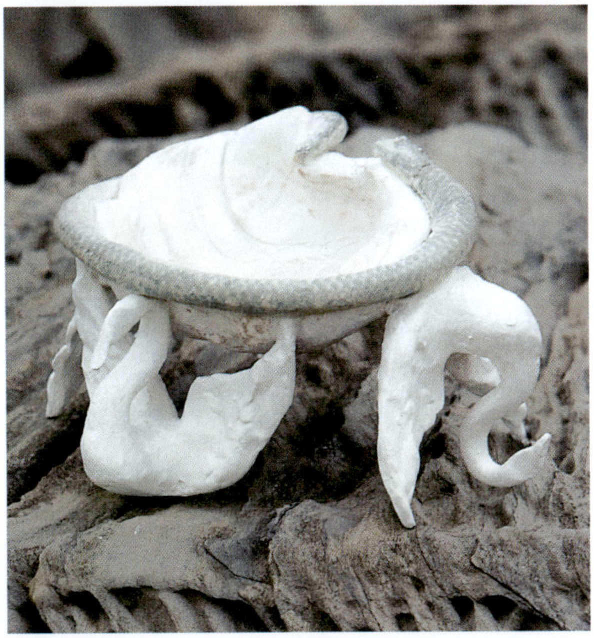

1430

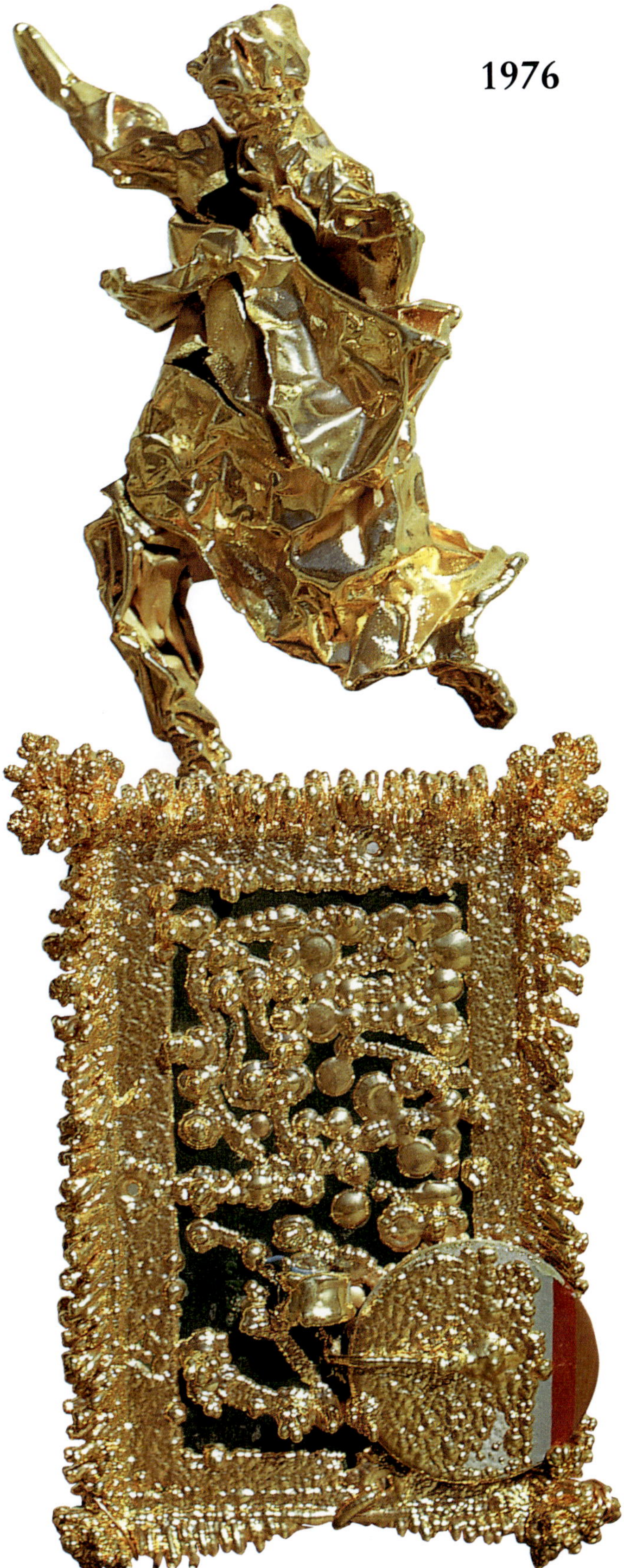

1431

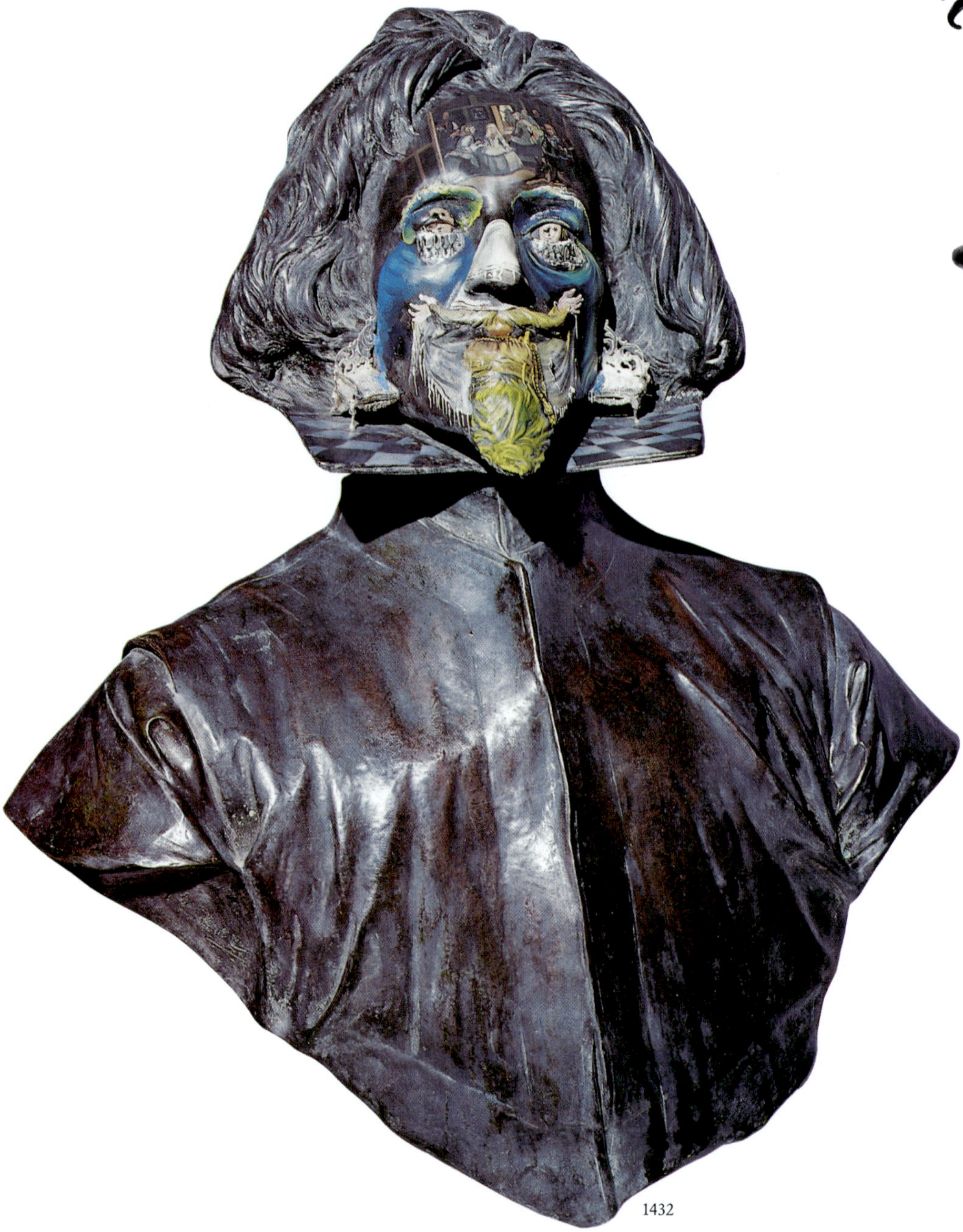

1432

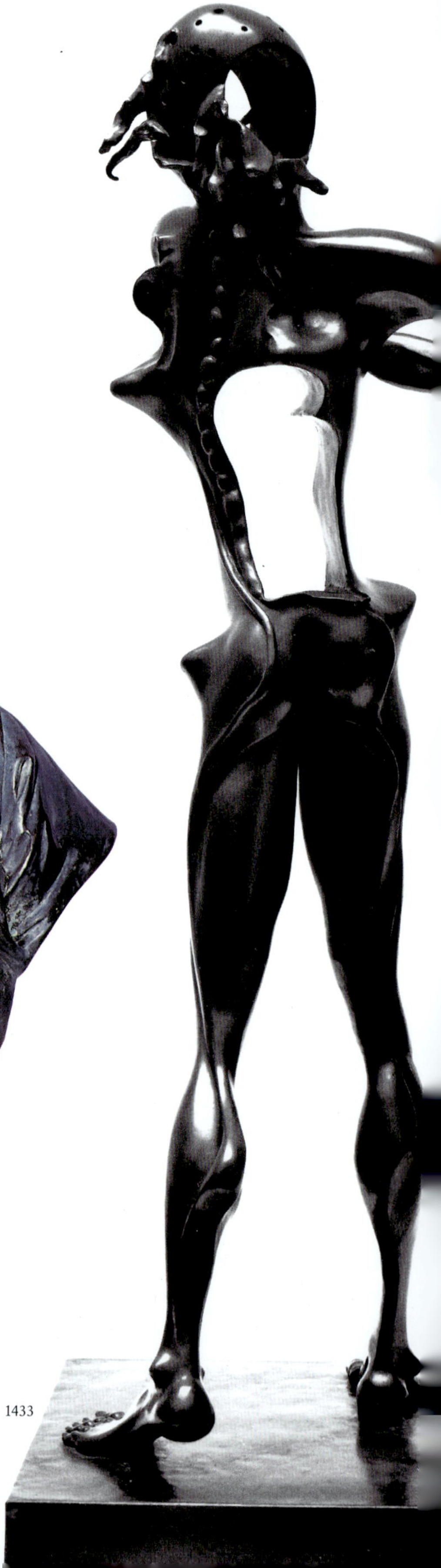

1433

1432 **Buste van Velázquez die verandert in drie kletsende figuren,** 1974 ○
Buste de Vélasquez se métamorphosant en trois personnages conversant

1433 **Hommage aan Newton,** 1969 ○
Hommage à Newton

Bij een andere sculptuur, ditmaal in de vorm van een oor, legt Dalí een worp minuscule baby's in de schelp. Sommige ideeën van Dalí, die vaak extreem bizar lijken, blijken soms zeer serieus bedoeld. En andere ideeën, aanvankelijk alle ernst opeisen, kunnen terugvallen tot het belachelijke, het kinderlijke. Steeds wanneer Dalí een orgasme heeft, roept hij vol berouw: 'Ik heb mijn zaad verloren!" Hij ziet in die daad inderdaad geen genot, maar een verspilling van zijn talent. Dan doet hij steeds alsof hij wacht op een 'grote cheque' waarmee hij zich weer kan opladen...

"De schilderkunst", legt hij uit, "gaat net als de liefde door de ogen naar binnen en vloeit door de haren van het penseel weer naar buiten. Mijn erotische

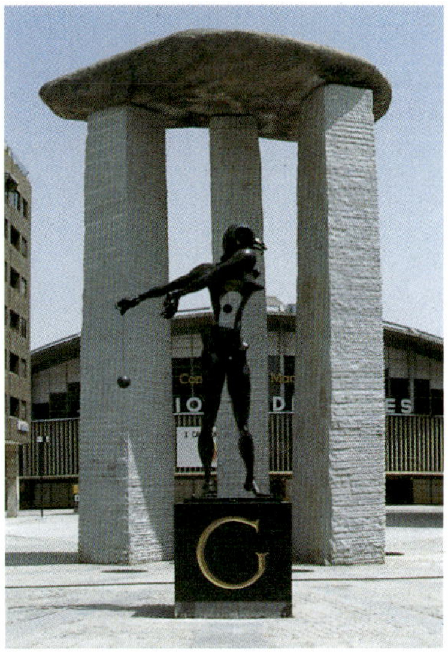

1435

1435 **Hommage aan Newton op de 'Plaza Dalí' in Madrid**, 1986 ✰

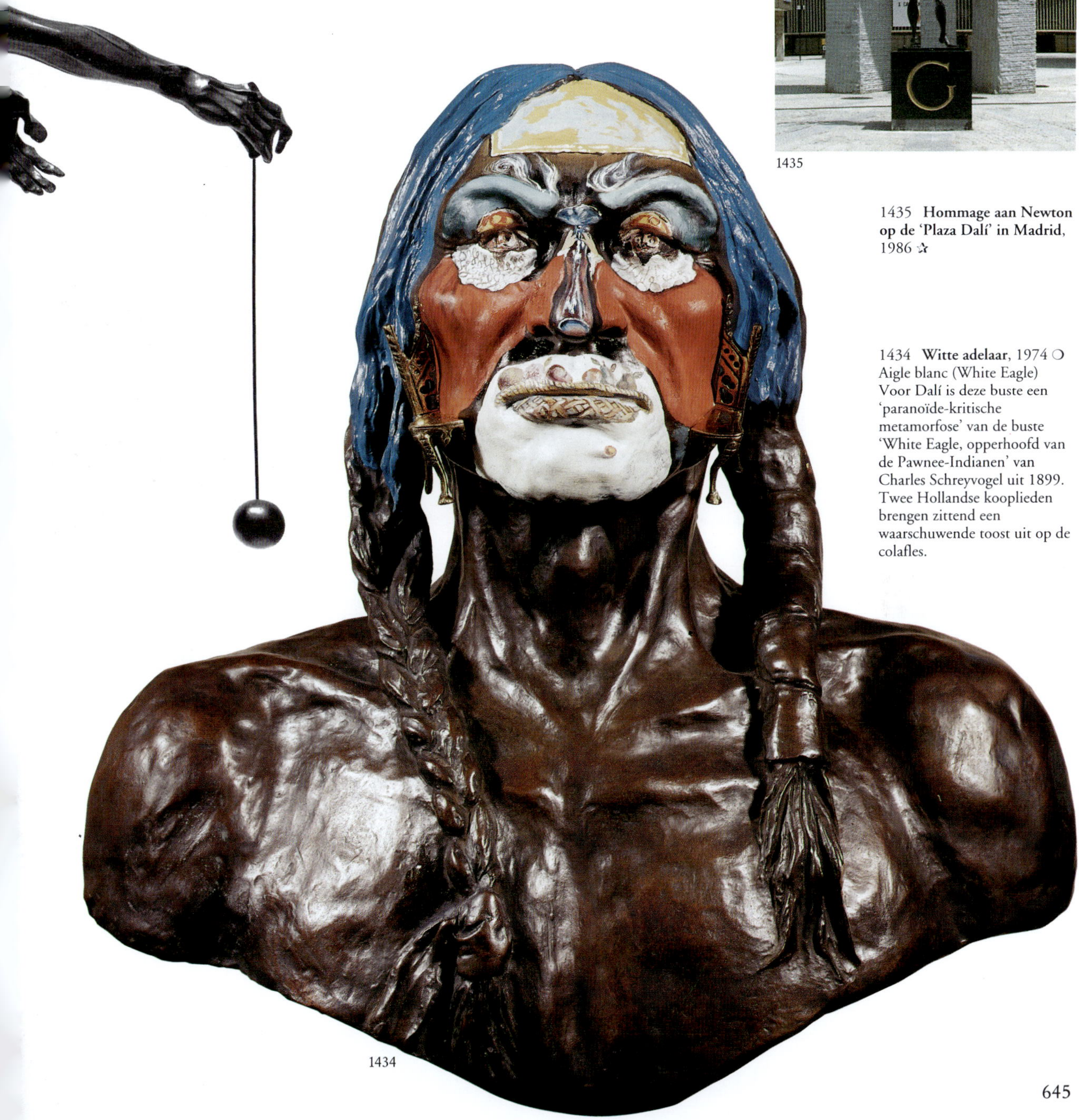

1434

1434 **Witte adelaar**, 1974 ❍
Aigle blanc (White Eagle)
Voor Dalí is deze buste een 'paranoïde-kritische metamorfose' van de buste 'White Eagle, opperhoofd van de Pawnee-Indianen' van Charles Schreyvogel uit 1899. Twee Hollandse kooplieden brengen zittend een waarschuwende toost uit op de colafles.

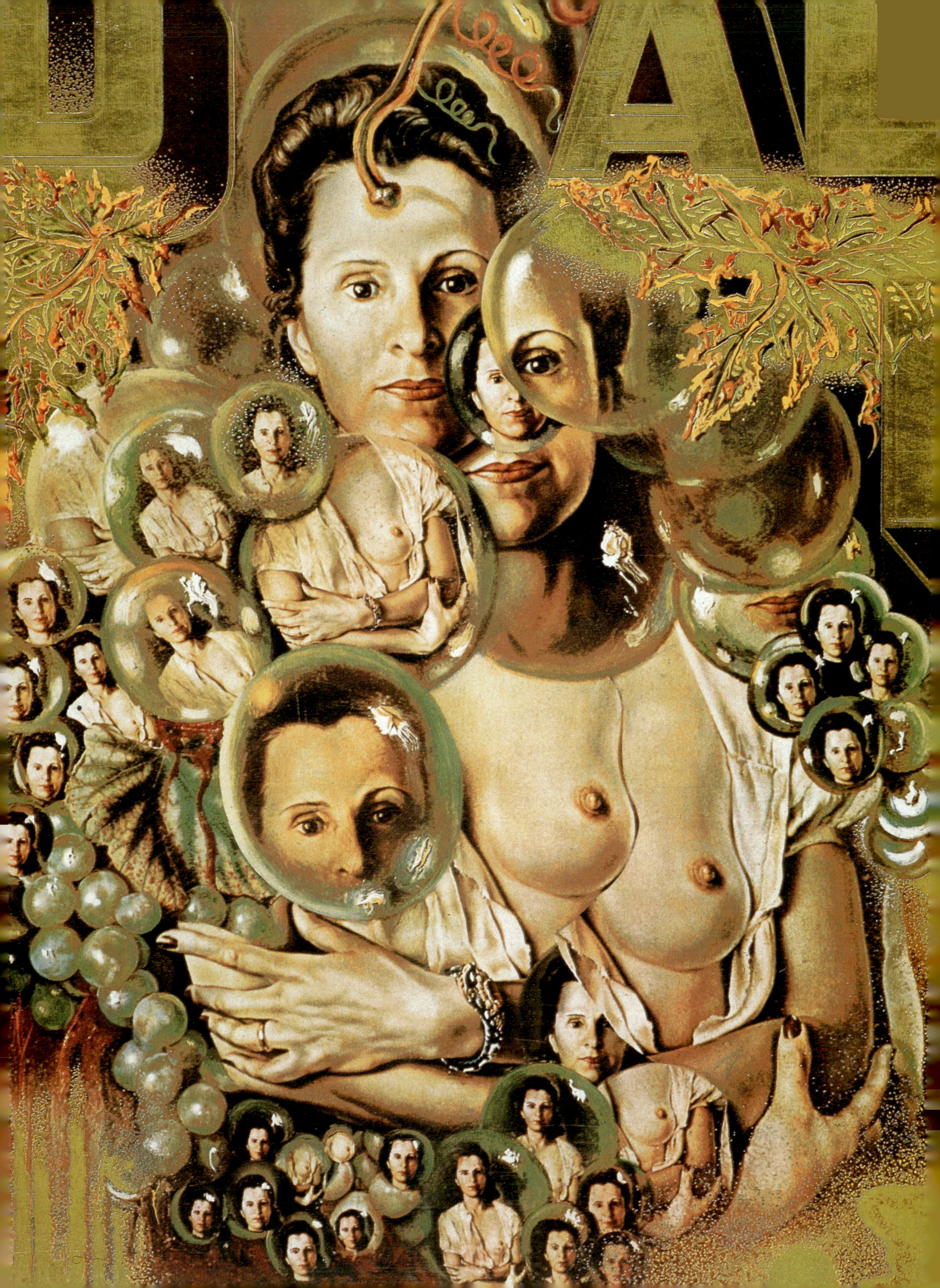

delirium dwingt me mijn sodomitische neigingen tot een paroxisme op te stuwen." Verjaag Dalí en hij komt in galop terug. De man Gods omgeeft zich met "de schitterendste achterwerken die men zich kan voorstellen. Ik haal de mooiste vrouwen over zich uit te kleden. Ik zeg altijd dat je door hét achterste de diepste geheimen kunt doorgronden, en ik heb zelfs een diepe analogie ontdekt tussen de billen van een van mijn bezoeksters die zich in Port Lligat voor me uitkleedde en het ruimte-tijd-continuüm dat ik het continuüm van de vier billen heb genoemd (terzijde zij vermeld dat dit 'continuüm' niets anders is dan de representatie van een atoom). Ik stel me de schitterendste en gekste houdingen voor om me in een toestand van paroxismale erectie te houden, en mijn geluk is volmaakt wanneer ik een geslaagde anale penetratie kan bijwonen. Al het wezenlijke gaat bij mij via het oog.

Het lukte me een jonge Spaanse over te halen sodomie te bedrijven met een jongen uit mijn omgeving die haar het hof maakte. Samen met een vriendin –want getuigen zijn belangrijk in mijn theater en spelen in zekere zin de rol van boekhouder– nam ik plaats op een divan in de kamer. De twee partners betreden

1436, 1437, 1438 **Nadat Dalí in zijn schilderij 'De kosmische atleten' Coca-Cola had gehuldigd, krijgt hij zijn betere smaak terug en bezingt 'De wijnen van Gala en de goddelijke'** (Les Vins de Gala et du Divin, Draeger, 1977). **In dit doek veranderen Gala's borsten in druiven en de Bordeaux-fles neemt de plaats van de Coca-Cola-fles in.** △

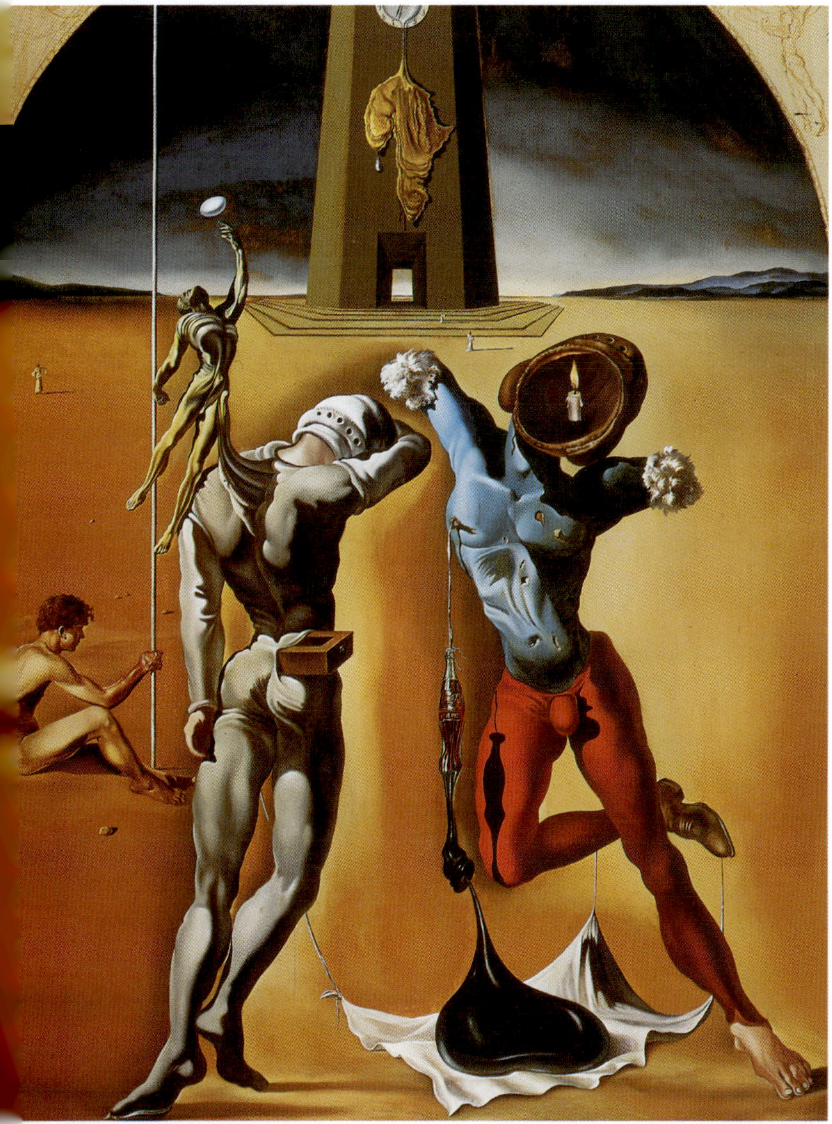

1437

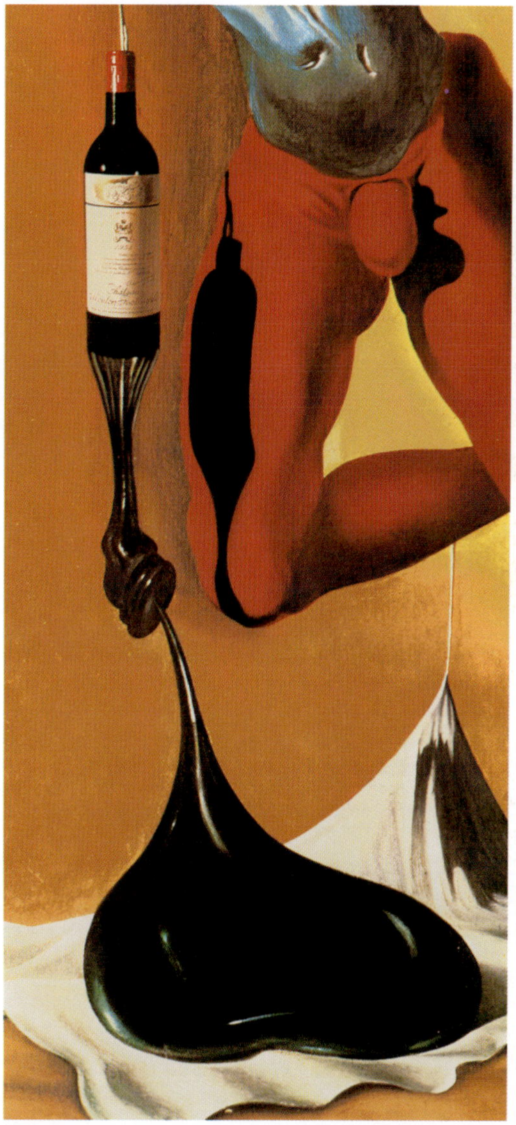

1438

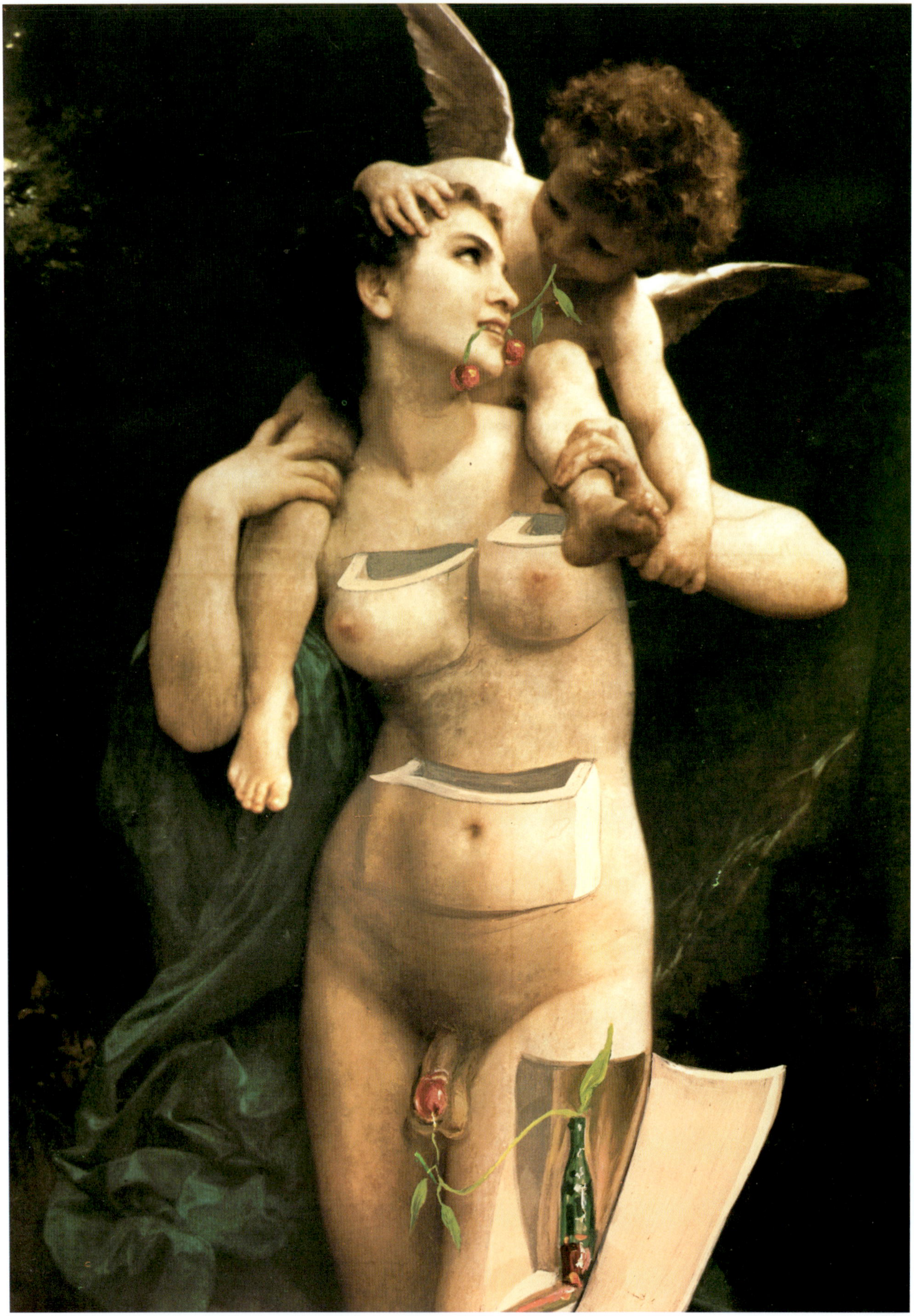

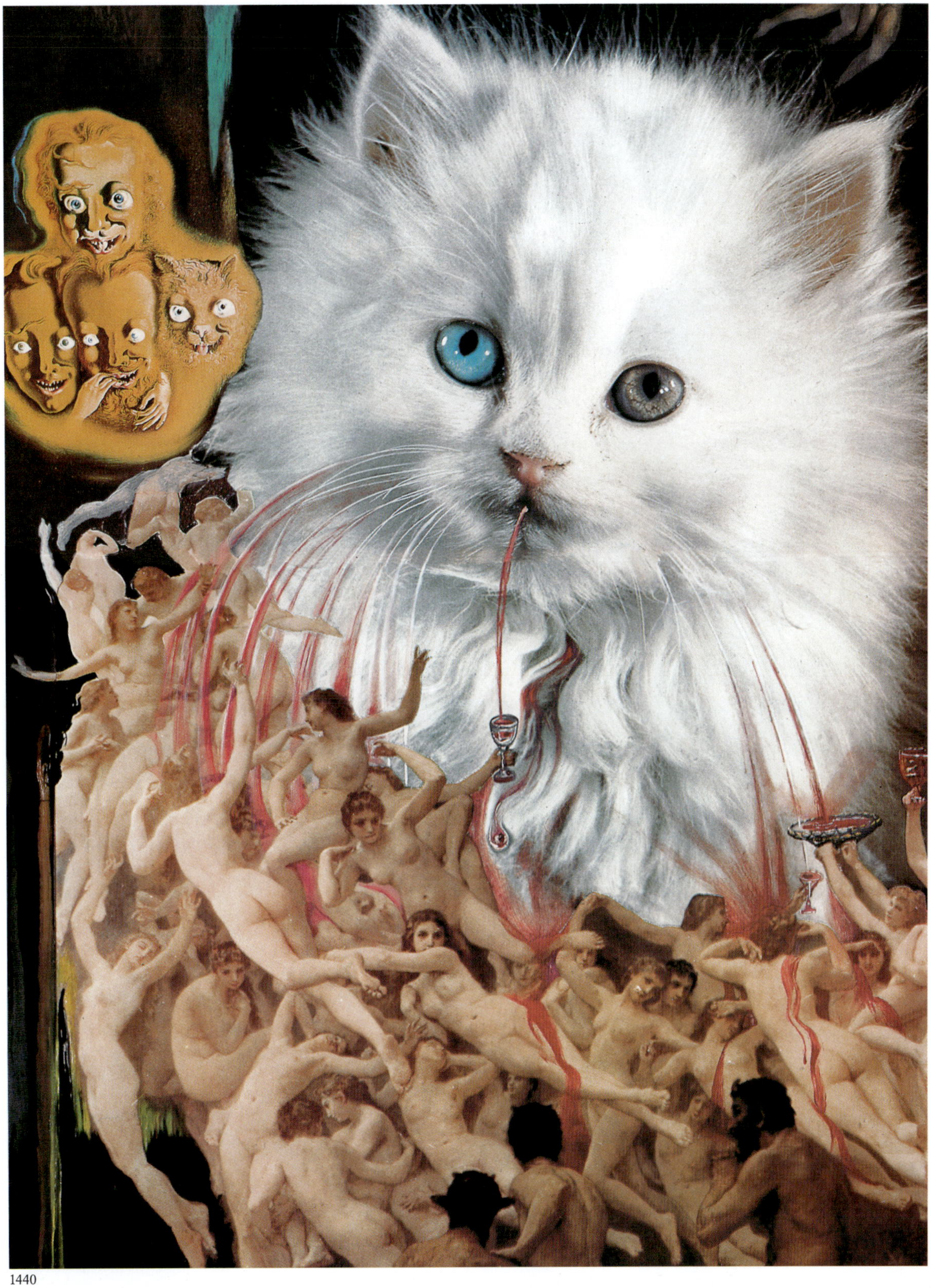

1440

1439, 1440 **In 'De wijnen van Gala en de goddelijke' leeft Dalí zich uit: hij opent laden in een academisch schilderij, mengt met lichte hand een menselijke druif die bestaat uit Bouguereau-naakten met de foto van een kat en een motief uit zijn 'Keizerlijk monument voor de kind-vrouw',** 1977 △

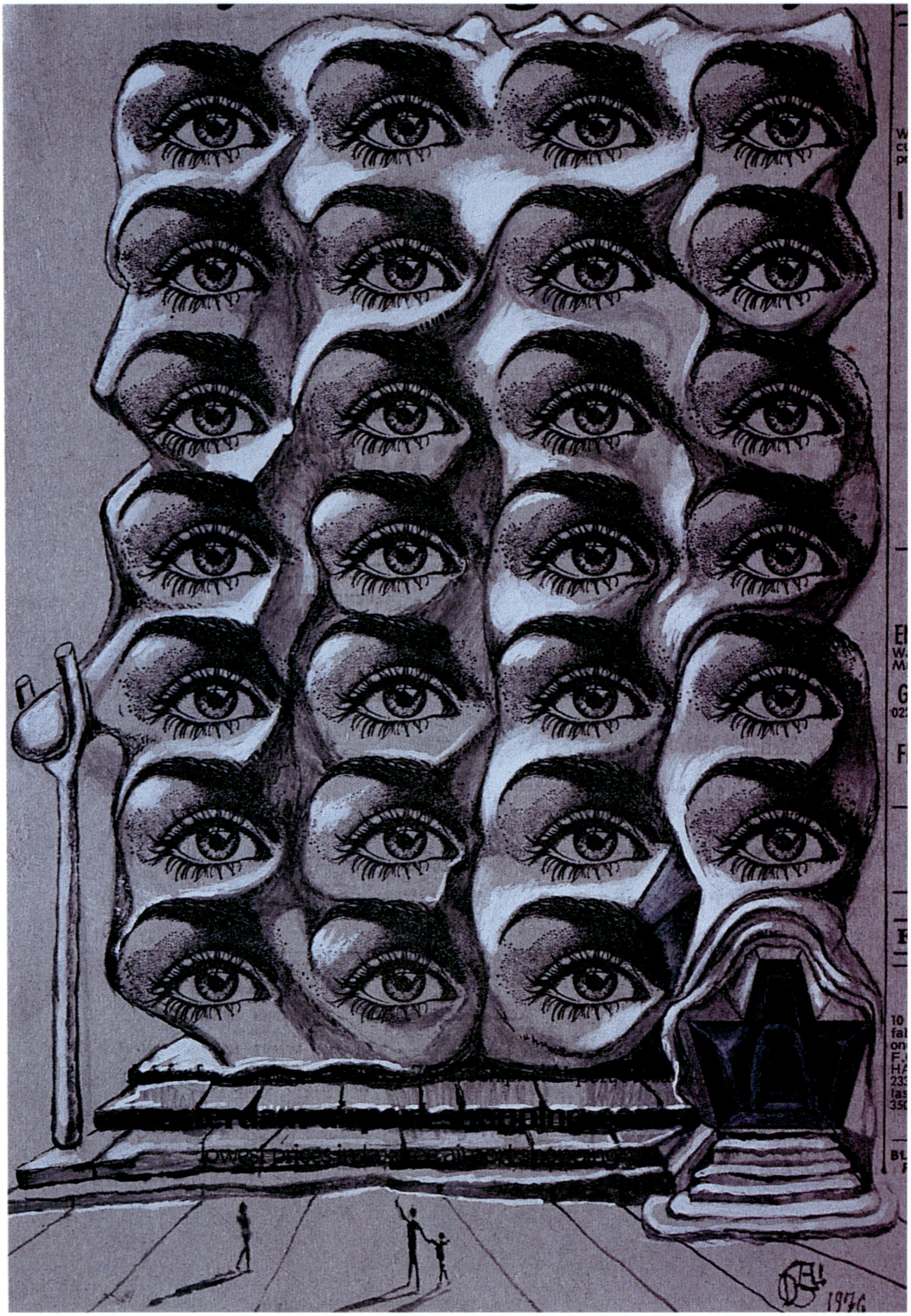

1441

de kamer door verschillende deuren: zij naakt onder een ochtendjas, hij ongekleed en met stijf lid. Hij draait zich zonder dralen om en begint meteen bij haar binnen te dringen. Dat lukt hem zo snel dat ik opsta om te controleren of hij niet doet alsof, want ik laat me niet voor de gek houden. Dan schreeuwt zij met extatische stem: 'Dat is voor Dalí, voor de goddelijke!' Die bewering bevalt me niet, want ik doorzie meteen hoe slecht gemotiveerd ze is – des te meer wanneer de stevige jongen hevig tekeergaat in het achterste van de jonge Spaanse, die rochelt van genot. Ik zeg: 'Bekent u dat u houdt van degene die u daar in uw kont hebt?' Ze houdt meteen op komedie te spelen en roept: 'Ja, ik aanbid hem!' En toen zag ik het verbazingwekkendste dat men zich kan voorstellen als fenomenale schoon-

1441 **Ontwerp voor een architectuur (Blikvangende economie)**, 1976 △
Projet d'architecture (Eye Catching Economy)

1442 **De giraffe (De giraffe van Avignon)**, 1975 △
La girafe (La girafe d'Avignon)

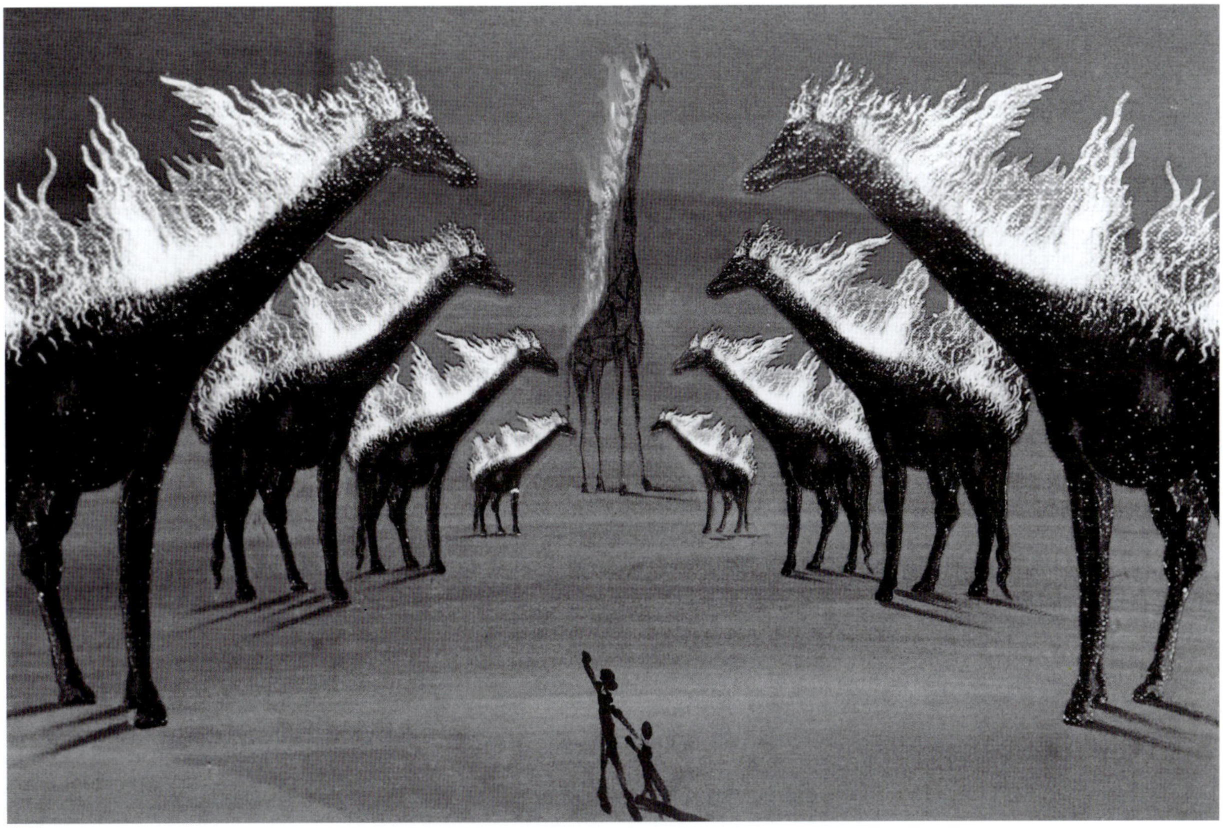

1442

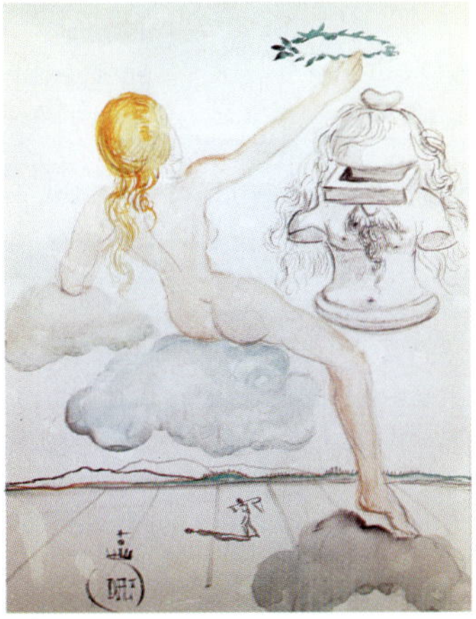

1443

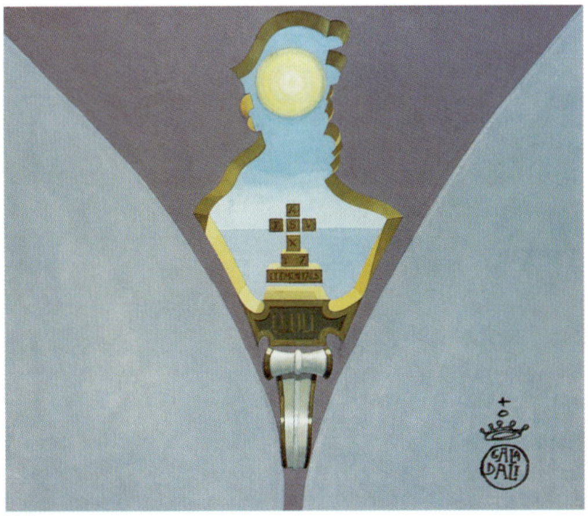

1444

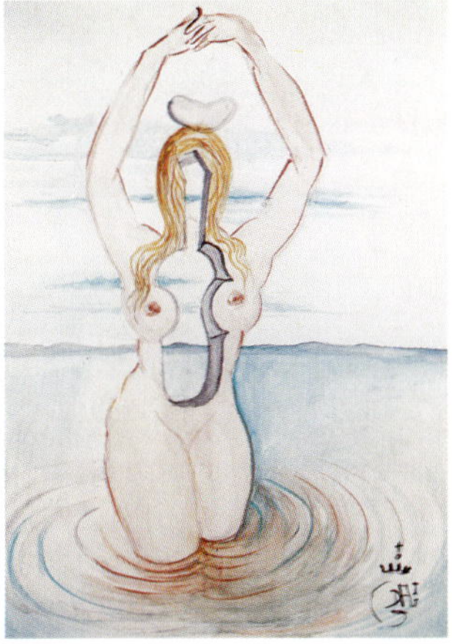

1445

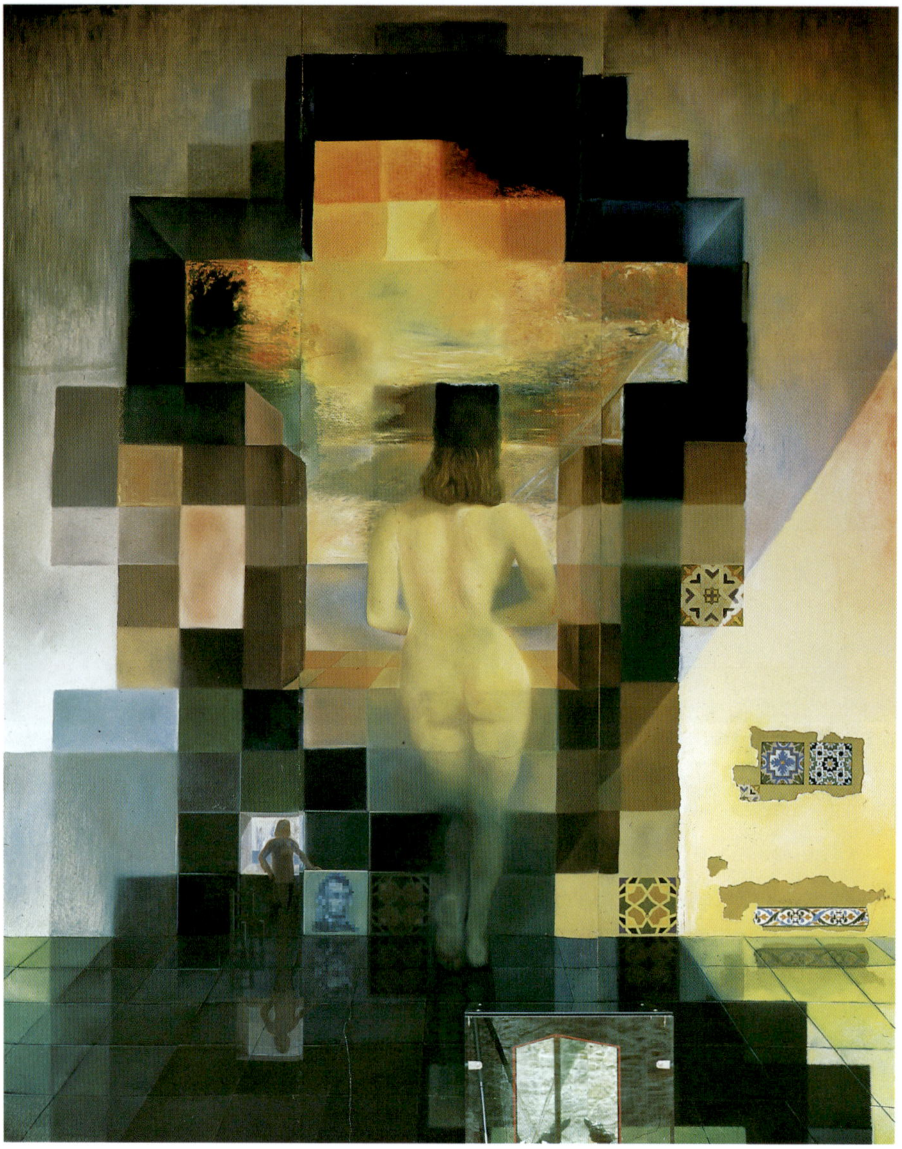

1446

blz. 651

1443 **Hommage aan de filosofie**, 1976 ❑
Hommage à la philosophie

1444 **Lulle – Hommage aan Raimundus Lullus (Ontwerp voor een plafondschildering)**, 1975 △
Lulle – Hommage à Raymond Lulle

1445 **Muzikale harmonie**, 1976 △
Harmonie musicale

1446 **Gala bekijkt de Middellandse Zee, die op een afstand van twintig meter in het portret van Abraham Lincoln verandert – Hommage aan Rothko** (eerste versie), 1974-1975 ❑
Gala regardant la mer Méditerranée qui à vingt mètres se transforme en portrait d'Abraham Lincoln – Hommage à Rothko

1447 **Gala bekijkt de Middellandse Zee, die op een afstand van twintig meter in het portret van Abraham Lincoln verandert – Hommage aan Rothko** (tweede versie), 1975 ❑
Gala regardant la mer Méditerranée qui à vingt mètres se transforme en portrait d'Abraham Lincoln – Hommage à Rothko

heid: de jonge vrouw, stevig beetgepakt bij haar heupen en tegen de man aangeperst, hief haar beide armen op en gooide ze naar achteren waardoor haar prachtige borsten omhoog kwamen. Tegelijk boog ze haar hoofd achterover en haar lippen beroerden die van de man die haar in haar kwelling deed genieten. Het was een volmaakt soort gebaar, dat dit bestiale paar in een liaan veranderde en een engelachtig visioen veroorzaakte. Ik heb dit verhaal nooit kunnen vertellen zonder het prachtige gevoel te hebben het geheim van de volkomen schoonheid te hebben ontsluierd."

Dalí geeft toe: "Ik geef behoorlijke bedragen uit voor diners, cadeaus, kleren en verpozingen om mijn doel te bereiken en mijn acteurs te fascineren en aan mij te onderwerpen. De voorbereidingen duren soms maanden en ik leg zorgvuldig alle stukjes van mijn puzzel ineen. Ik bedenk de kunstigste perversiteiten, ik dring anderen mijn invallen op, haal iedere deelnemer over tot de gekste handelingen en eis zijn onbeperkte toestemming. Mij treft alleen de kwelling van de keuze. Ik schep uit de visvijver van New York of Parijs waar honderden erotoma-

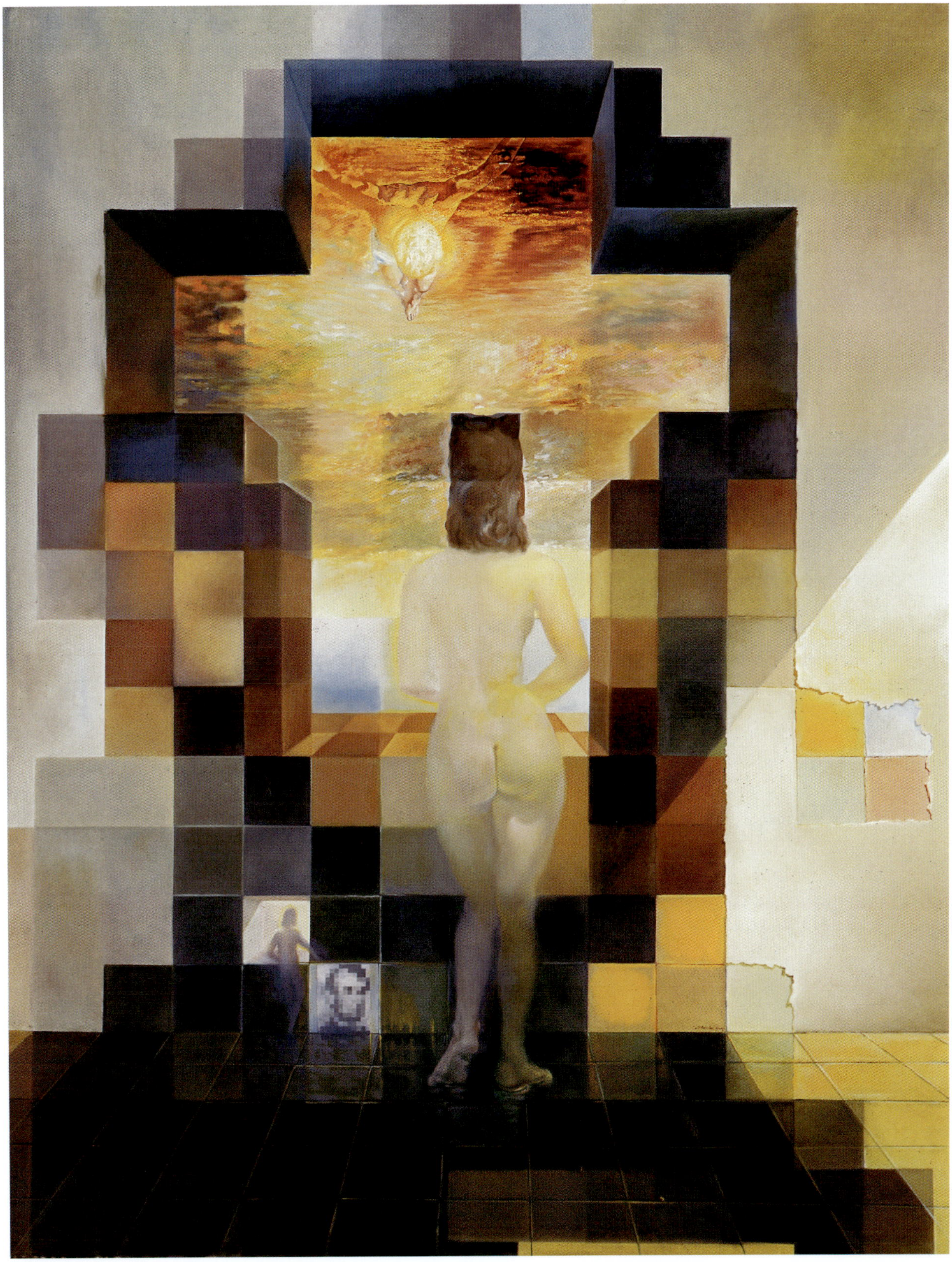

1447

1448 **Week monster**, 1976 ❑
Monstre mou

1449 **Wit monster in een engelachtig landschap**, 1977 ❑
Monstre blanc dans un paysage angélique

1450 **De vrolijke eenhoorn**, 1977 ❑
L'unicorne allègre

1451 **De eenhoorn (onvoltooid)**, 1976 ❑ L'unicorne

1452 **Weke schedel met spiegelei op het bord zonder bord, engelen en weke uurwerken in een engelachtig landschap**, 1977 ❑
Têtes molles avec œuf sur le plat sans plat, anges et montres molles dans un paysage angélique

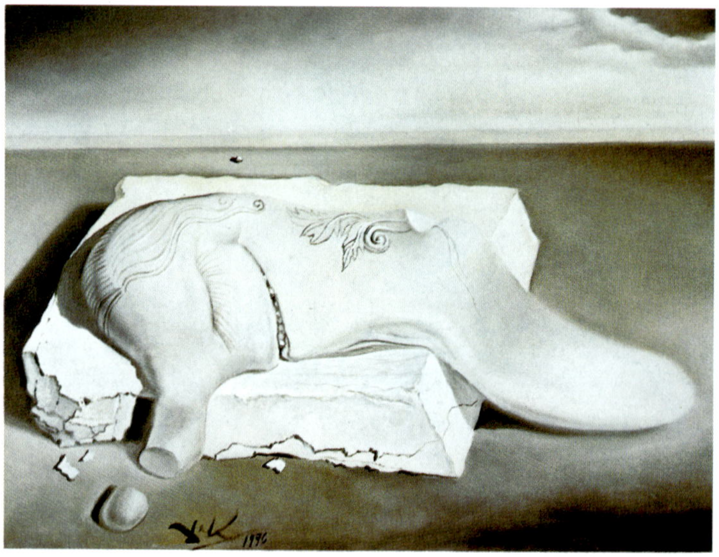

1448

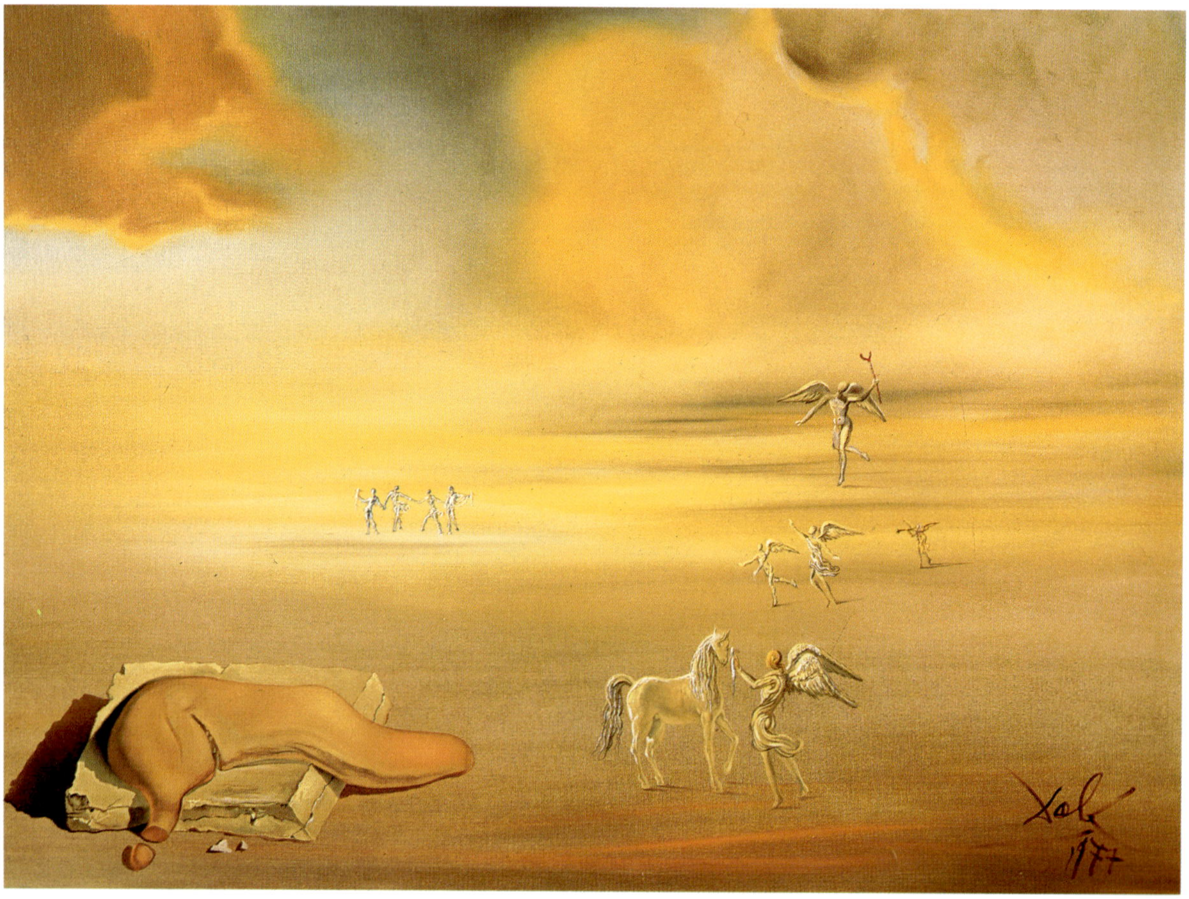

1449

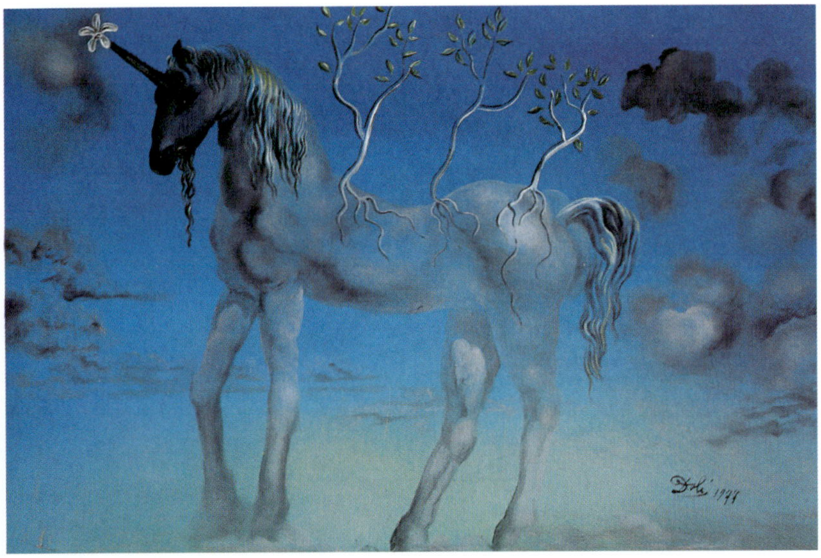

1450

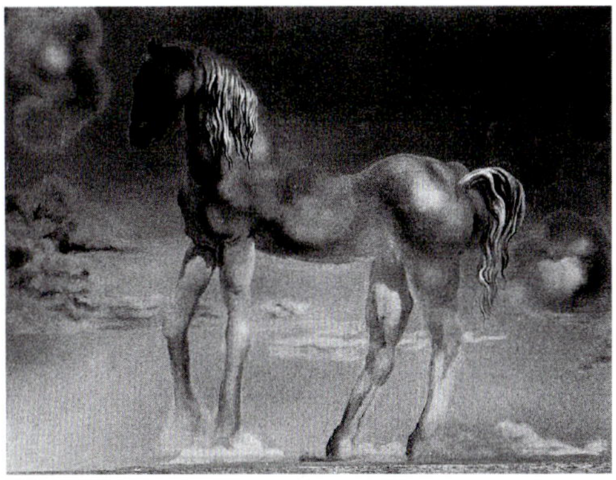

1451

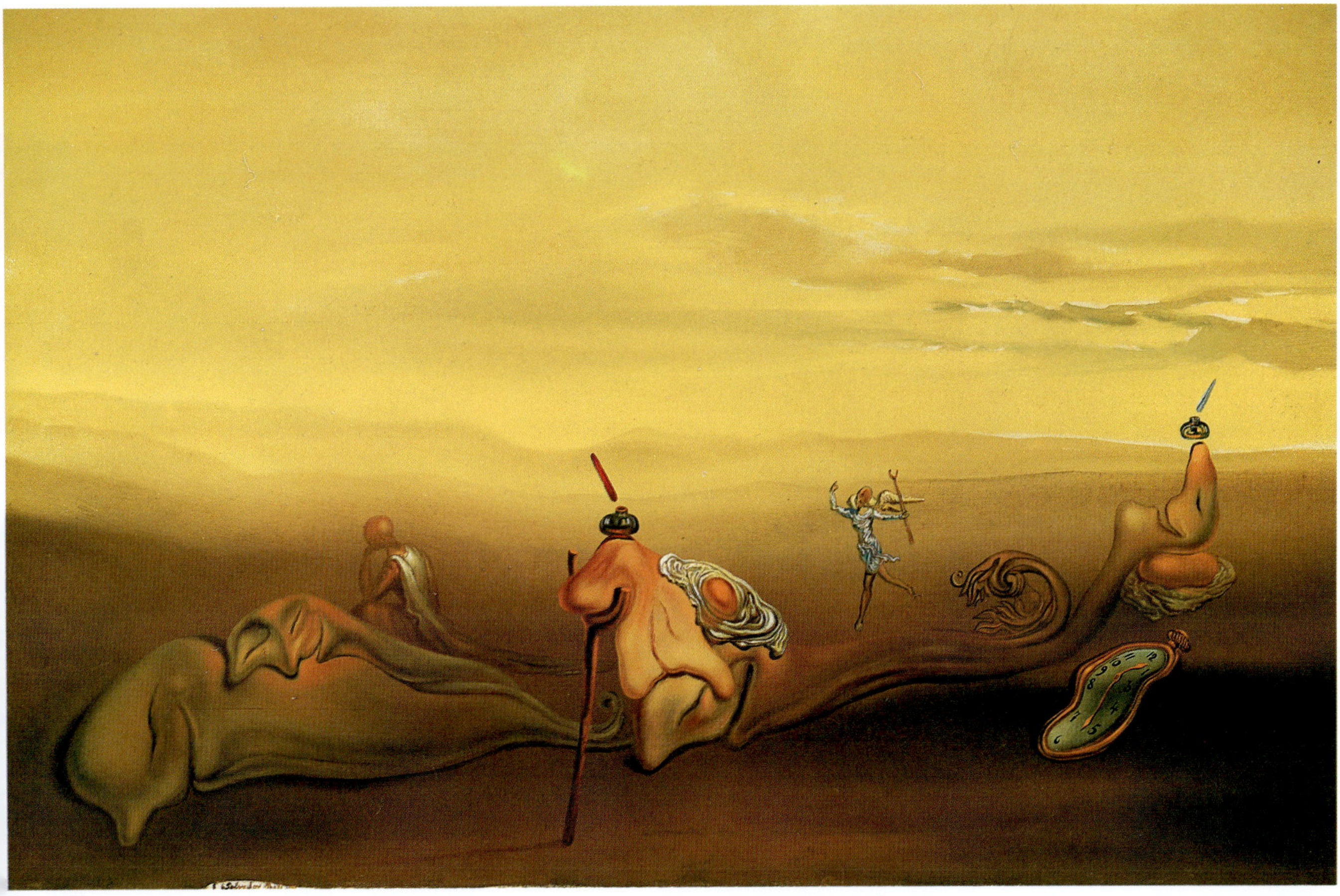

1452

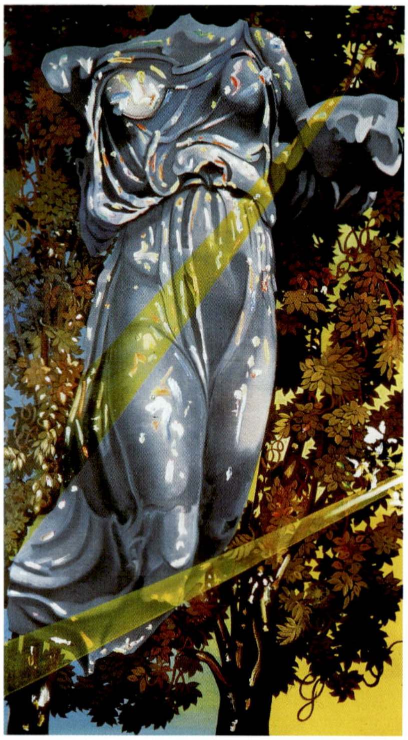

1453

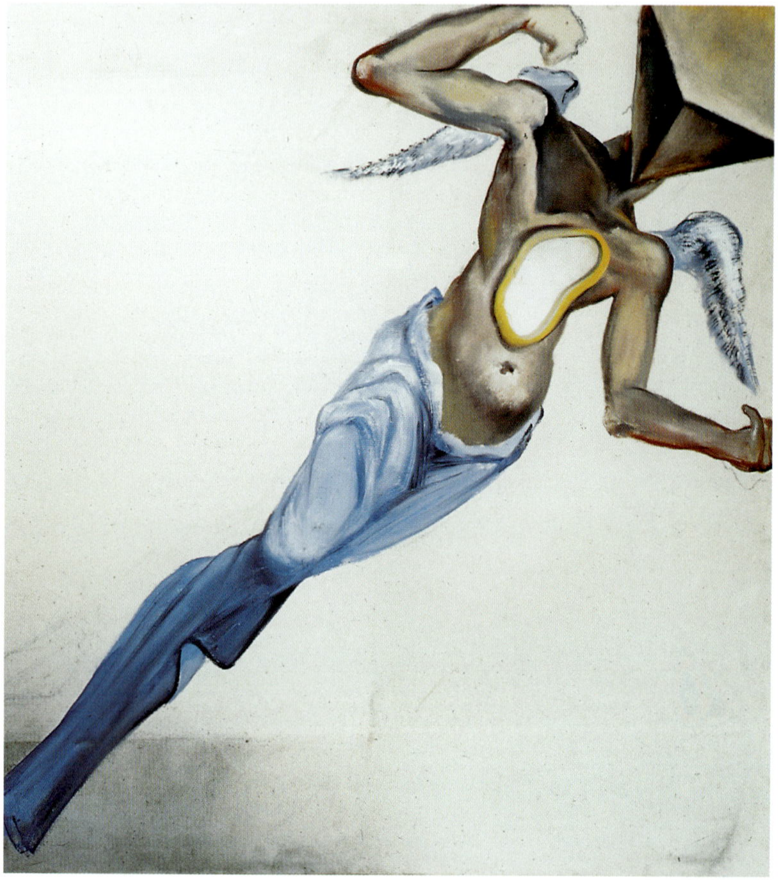

1455

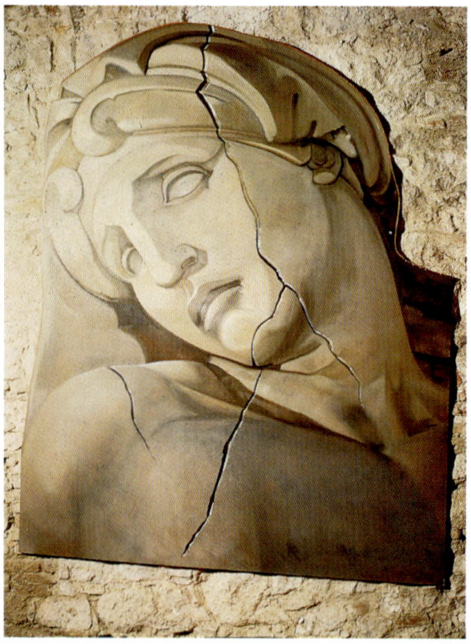

1454

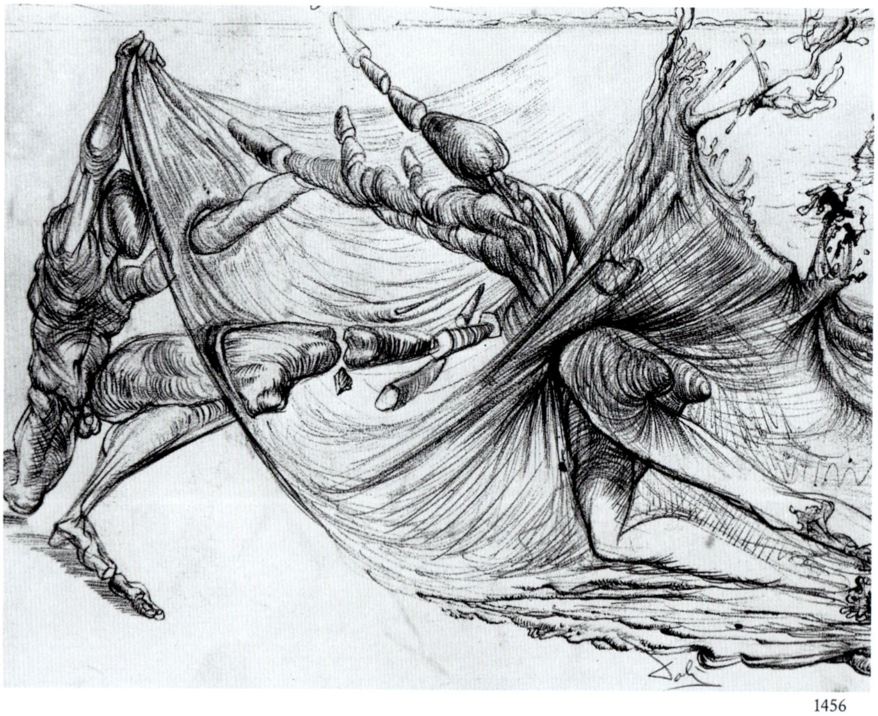

1456

ne vrouwen van de wereld steeds bereid zijn zich naar mijn wensen te voegen – om maar te zwijgen van de beroeps van niveau, die ik 'danièles' noem en waarvan ik me soms bedien om gaten op te vullen..."

"De erotiek, de hallucinogene drugs, de atoomwetenschap, de gotische architectuur van Antoni Gaudí, mijn liefde voor goud – dat is allemaal onder een noemer te vatten: God is alomtegenwoordig. Dezelfde betovering heerst in de harten van alle dingen, en alle wegen leiden tot dezelfde openbaring: wij zijn allemaal kinderen Gods en het hele universum is gericht op de vervolmaking van de mens."

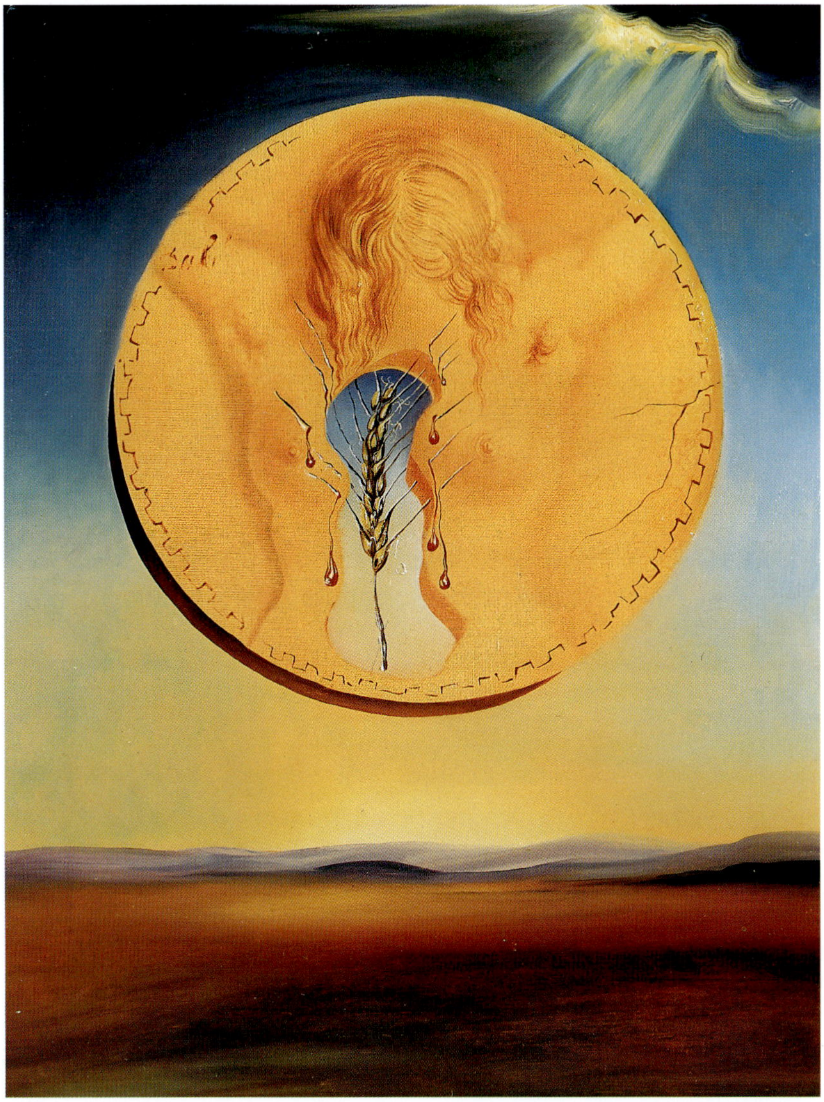

1457

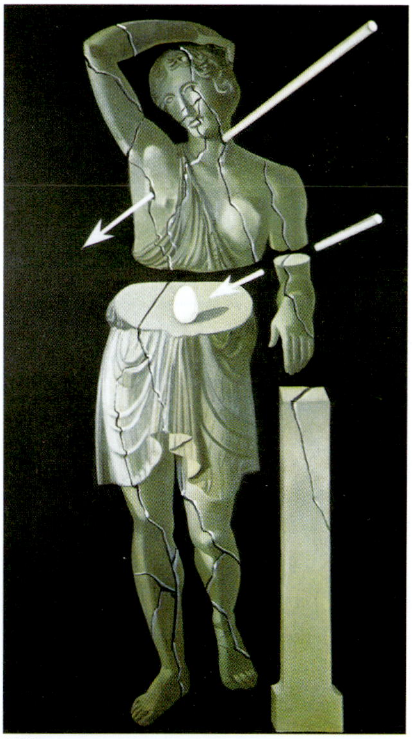

1458

1453 **Nike, godin van de overwinning van Samothrace, verschijnt in een in lichtstralen gedoopte boom**, rond 1977 ❑
Niké, Victoire de Samothrace, apparaissant dans un arbre baigné de rayons lumineux

1454 **Aurora's hoofd naar Michelangelo**, (detail van een figuur op het graf van Lorenzo de Medici in de Medici-kapel in Florence), 1977 ❑
Tête de l'Aurore d'après Michel-Ange

1455 **Surrealistische engel**, rond 1977 ❑
L'ange surréaliste

1456 **Zonder titel**, 1977 △
Sans titre

1457 **Vruchtbaarheid**, 1977 ❑
Fecondidad (Fertilité)

1458 **Vrouw met ei en pijlen**, rond 1977 ❑
Femme avec œuf et flèches

1977

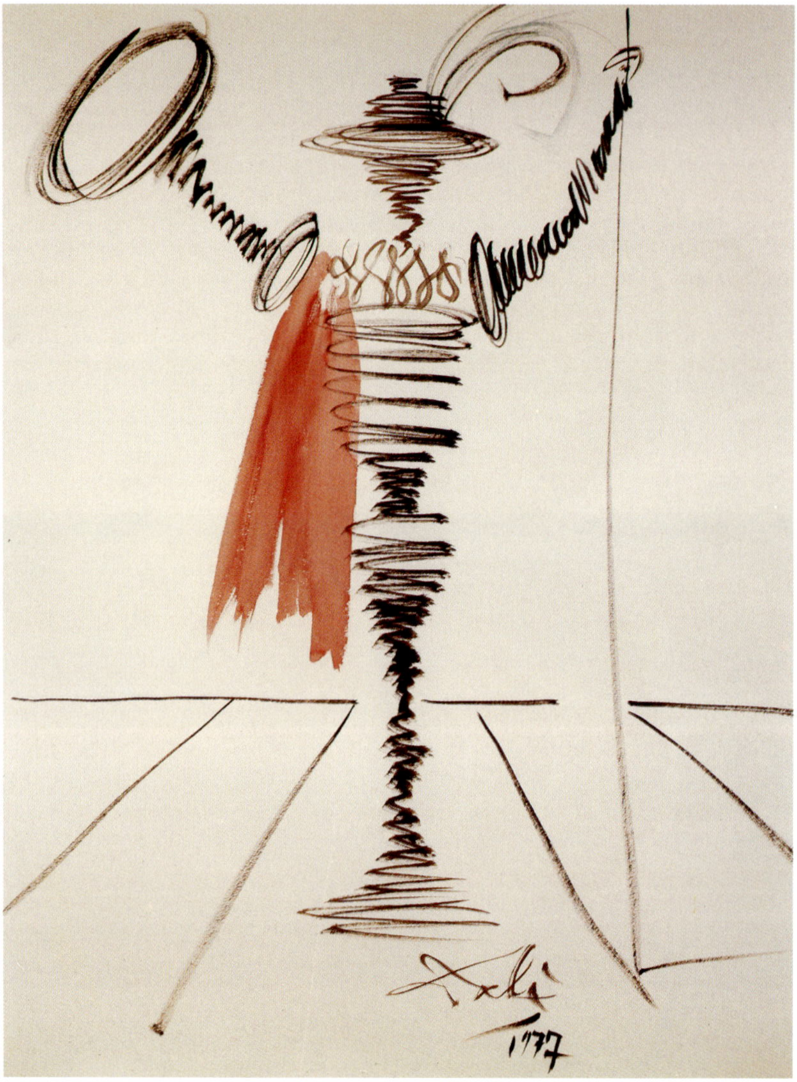

1459

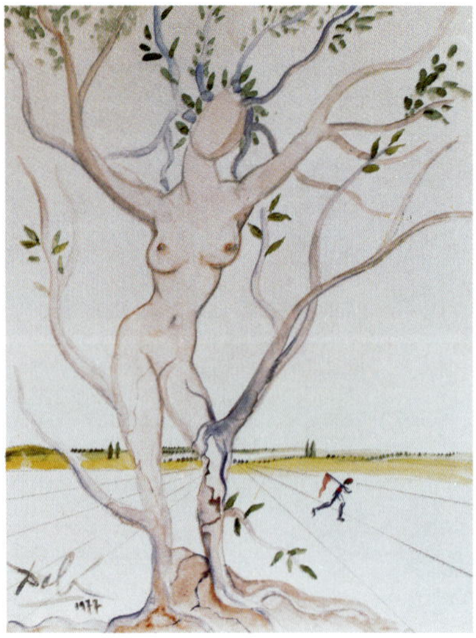

1460

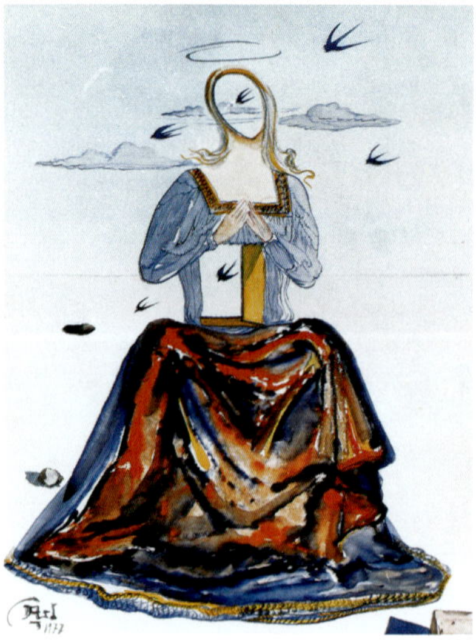

1461

1459 **Spaanse ruiter**, 1977 △
Chevalier espagnol

1460 **Daphne: de boomvrouw**, 1977 △
Daphne: la femme arbre

1461 **Maagd met zwaluwen**, 1977 △
La vierge aux hirondelles

1462 **Acht delen van het 'Angelus' – Man in delen**, 1977 △
Ocho trozos de Angelus – Homme en morceaux

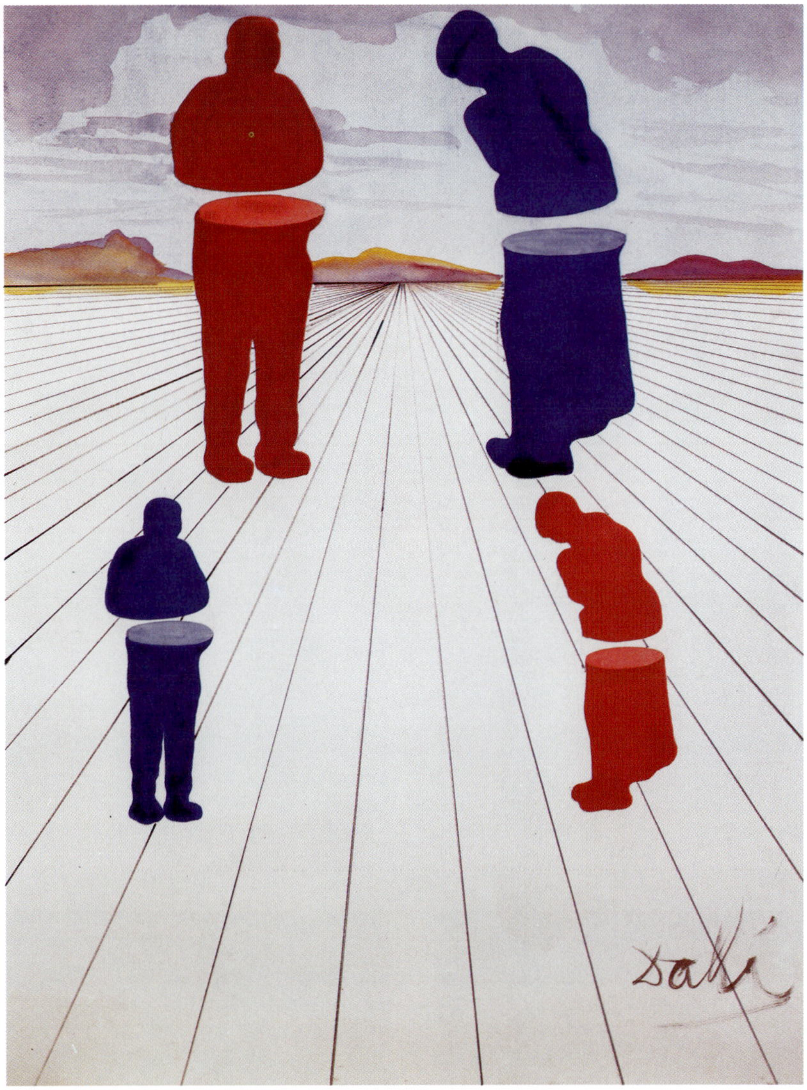

1462

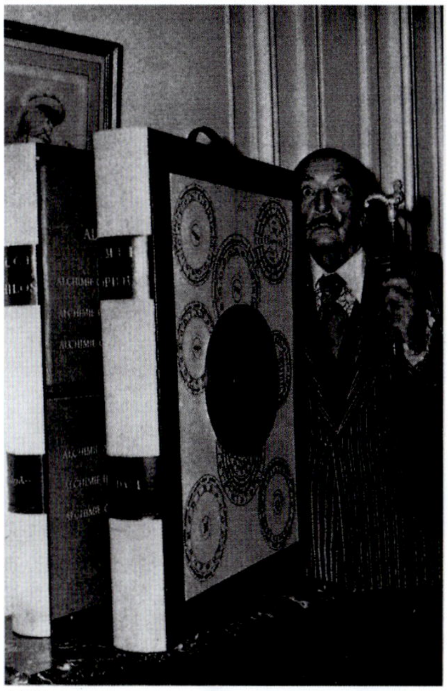

1463

Een zoektocht naar de derde en vierde dimensie

Van de vele recepten voor onsterfelijkheid die Dalí heeft uitgeprobeerd tijdens zijn gevecht met het spook van de dood, heeft hij ook het volgende overwogen: onsterfelijkheid door holografie:

"Toen ik hoorde dat een atoom in een holografische emulsie zijn volledige driedimensionale beeld behoudt, riep ik ter plekke uit: 'Ik wil het eten!' Iedereen was daarover nog verbaasder dan anders, vooral mijn vriend, professor Dennis Gabor, die in 1971 de Nobelprijs voor natuurkunde kreeg. Maar ik kon op die manier tenminste in beeld een van mijn liefste wensen vervullen: het aanbeden wezen Gala te eten, in mij, in mijn organisme atomen op te nemen, die holografisch glimlachende Gala's bevatten, bij Cap Creus zwemmende Gala's. Gala, Belka, het eekhoorntje, die specialist in overwinteren (Belka is Russisch voor eekhoorntje). Het recept voor holografische onsterfelijkheid: men neme met een glas water van Solarés holografische informatie, die in staat is beelden voort te

1463 **Dalí als illustrator: hoe dikker het boek is, des te tevredener is Dalí. Hier presenteert hij in 1976 'Alchemie van de filosoof'.** ☆

1976

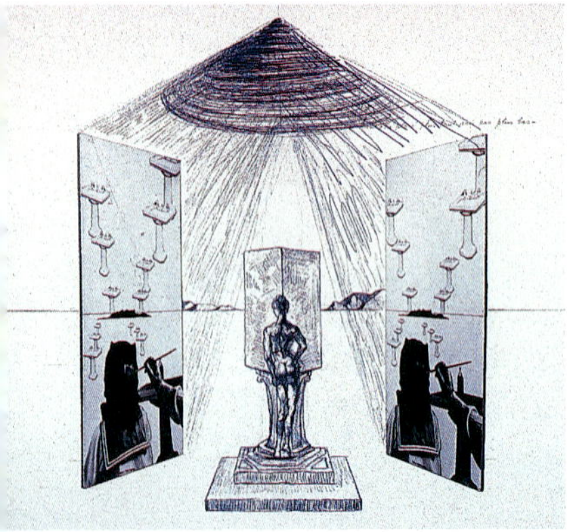
1464

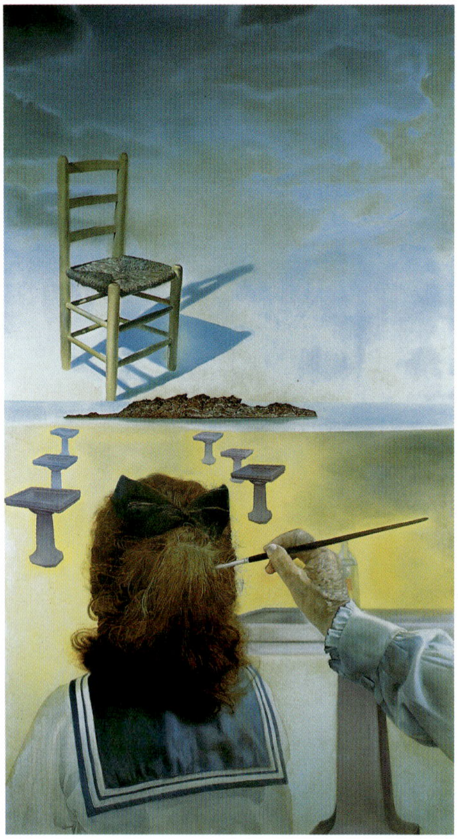
1465

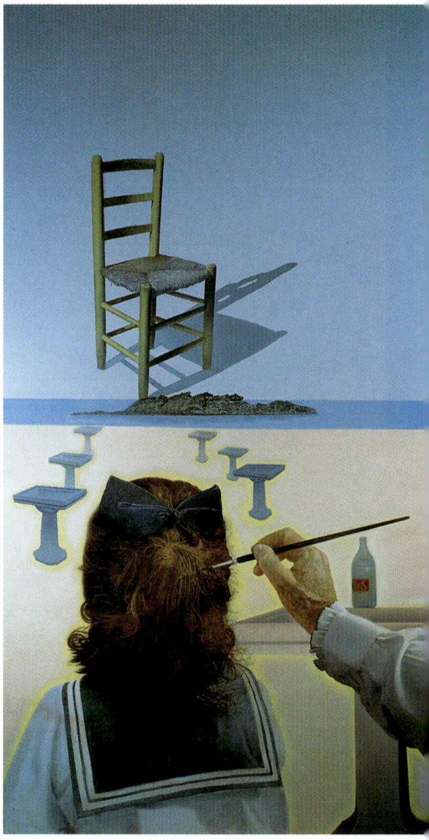
1466

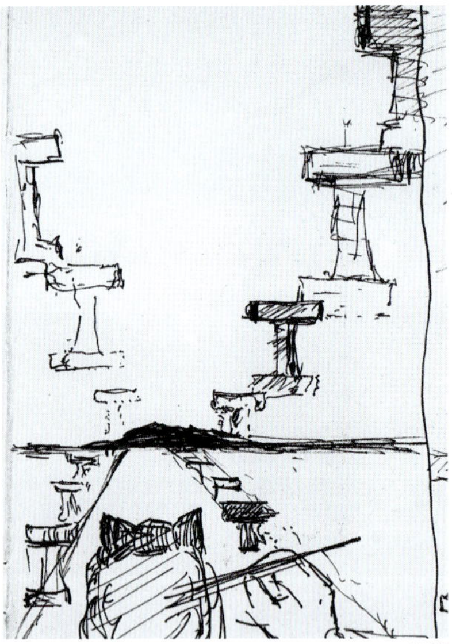
1467

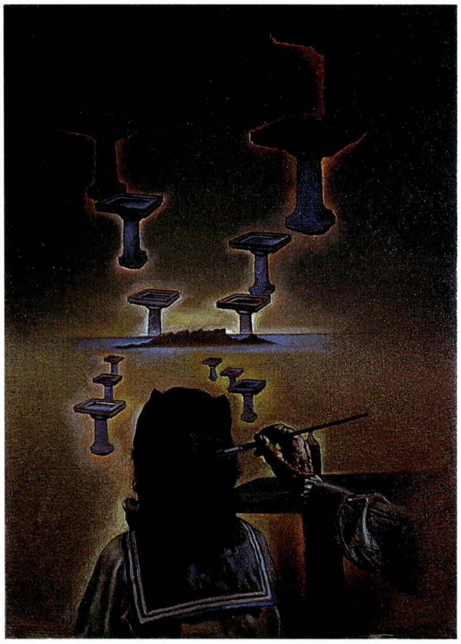
1468

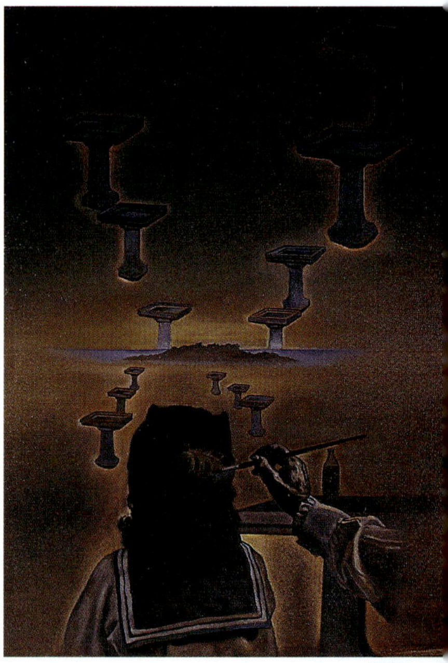
1469

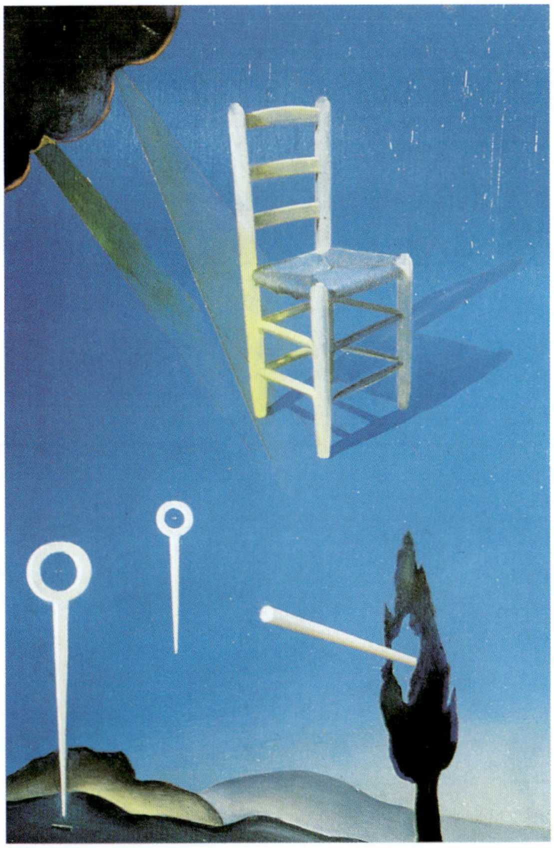

1470

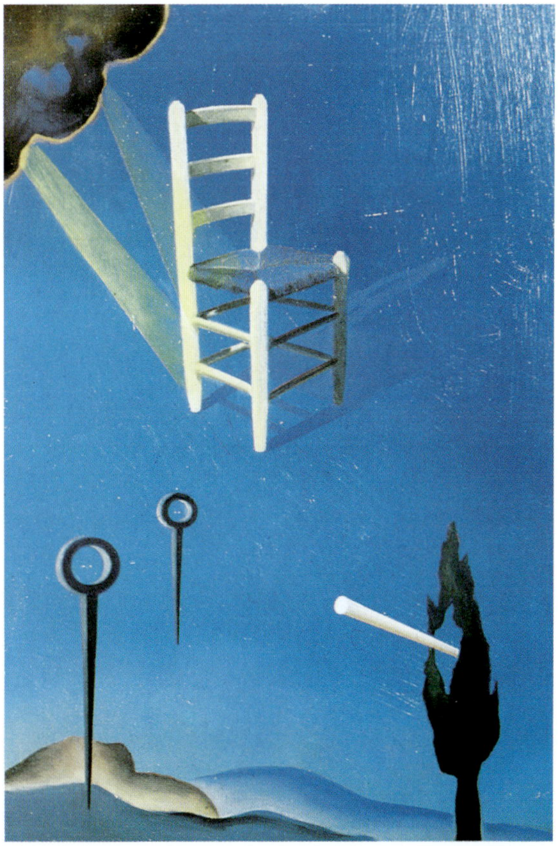

1471

brengen die een maximum aan gelukkige opstandingsogenblikkelijkheid bevatten. Bij de 'Duurzaamheid van de herinnering' (dat is de titel die ik al in 1930 aan mijn beroemde weke uurwerken gaf) zal zich de vrijwillige programmering van de begeerte voegen: het beeld van een ontwakend, wellustig eekhoorntje kan de mens onsterfelijk maken."

Als een 'echte fysieke atleet', zoals hij ooit door dokter Pierre Roumeguère werd genoemd, hield Dalí zich al vroeg bezig met de 'visuele afwijkingen', met het doel ze te onderwerpen aan zijn wil tot uitdrukking. Tijdens dit gevecht der giganten komt hij van de anamorfosen –waarvan Arcimboldo de eerste vertegenwoordiger is– tot de door hem zo genoemde 'hologrammorfosen'. Daarmee, meent hij, zal hij de onsterfelijkheid verkrijgen, namelijk de "onsterfelijkheid van holografisch opgeslagen beelden, die te danken zijn aan de coherente lichtbron van een laser".

Niemand kan waarschijnlijk beeldender over de laatste dromen van de oude meester spreken dan Robert Descharnes, fotograaf en metgezel bij dit laatste avontuur van de meester. Sinds meer dan twintig jaar wordt Dalí voortgedreven door zijn hartstocht voor de derde dimensie en voor procédés die de toeschouwer de illusie van de plasticiteit en de ruimte bieden. Daardoor hoopt hij de sprong naar de vierde dimensie te kunnen maken, dus naar de onsterfelijkheid. In zijn bijdrage voor de catalogus van de œuvretentoonstelling van Salvador Dalí in Centre Georges Pompidou in 1979 bericht Robert Descharnes, Salvador Dalí zelf citerend: "Het is nu bijna twintig jaar geleden dat ik toevallig een keer ter-

1464 **Stereoscopische installatie (tekening) voor 'De stoel' (Duizendeneen visioenen van Dalí)**, 1976 △
Installation stéréoscopique pour 'La chaise' (Les milles et une visions de Dalí)

1465, 1466 **De stoel (stereoscopie, linker- en rechterdeel)**, 1976 ❑
La chaise

1467 **Studie voor 'De stoel'**, 1975 △

1468, 1469 **De waskommen (stereoscopie, linker- en rechterdeel)**, 1976 ❑
Les lavabos

1470, 1471 **De stoel (stereoscopie, linker- en rechterdeel)**, 1976 ❑
La chaise

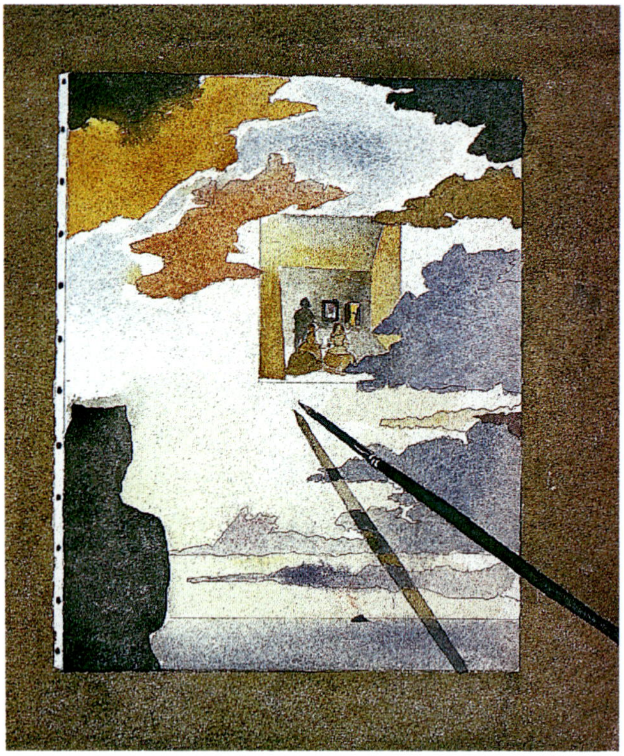

1472

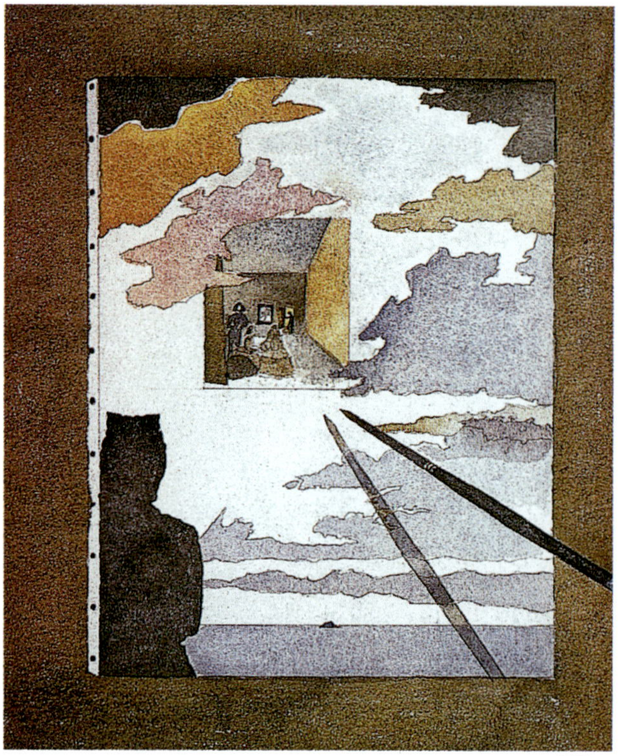

1473

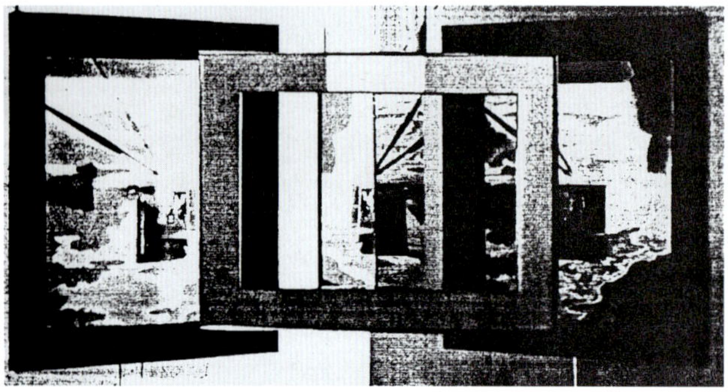

1474

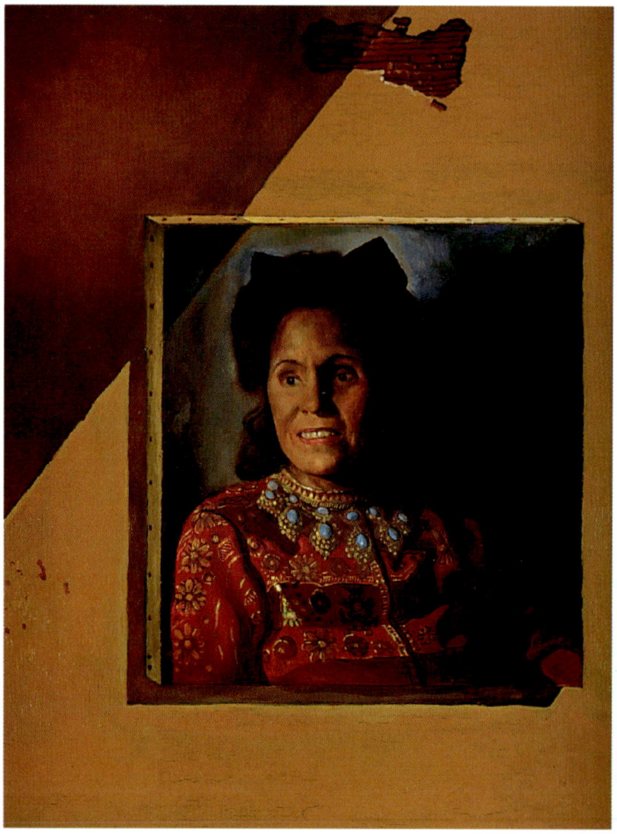

1475

1976–1977

1472, 1473 **Studie voor 'Las Meninas' (stereoscopie, linker- en rechterdeel)**, 1976 △

1474 **Las Meninas – Eerste metafysische hyperrealistische schilderij (onvoltooid)**, 1977 ❑
Les Ménines – Première peinture hyperréaliste métaphysique

1475 **Portret van Gala**, 1976-1977 ❑
Portrait de Gala

1476, 1477 **Las Meninas (stereoscopie, linker- en rechterdeel)**, 1976-1977 ❑
Les Ménines

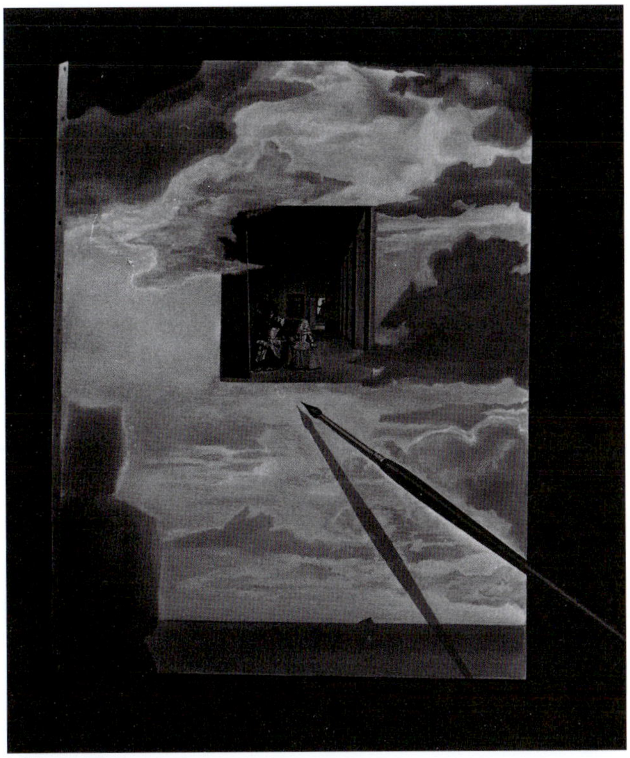

1476

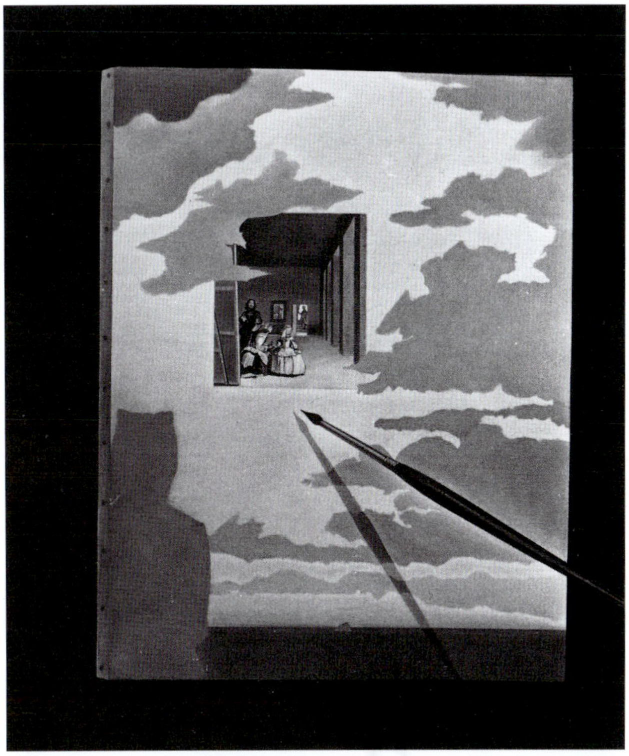

1477

pentine-oliefverf en vloeibaar mica op een stuk leisteen liet vallen, waarop ik tot mijn verbazing kon vaststellen hoe zich een net van interferenties vormde op de steen. Ik slaakte een kreet –Robert Descharnes was in de buurt– en verbluft constateerde ik: 'Ik heb zojuist de vloeibare televisie ontdekt!' Met andere woorden, een op de huid opgebrachte vloeistof maakt het mogelijk op die plaats televisie-uitzendingen 'uit te stralen'. Later hield ik me met dr. Oster van de 'Scientific American' in New York bezig met de 'patterns' (patronen) in metaalglans. Ik heb alle mogelijkheden gezien die je krijgt wanneer je bepaalde structuren van vliegeogen over elkaar legt. Op die manier heb ik uitzonderlijke doeken in drie dimensies gemaakt. Later had ik de eer kennis te maken met de fysicus dr. Dennis Gabor, Nobelprijswinnaar en uitvinder van de holografie. Ik heb al zes hologrammen gemaakt, waaronder een cilindervormige. Tegelijkertijd wilde ik door middel van een door Roger de Montebello ontwikkeld spiegelsysteem het Amerikaanse hyperrealisme uitbreiden –dat is op het moment echt glansrijk– en aan die perfecte, hyperesthetisch naar foto's gekopieerde doeken een derde dimensie toevoegen."

Dalí's eerste hologrammen werden in april/mei 1972 geëxposeerd in Galerie Knoedler in New York. Naar aanleiding daarvan schreef Dennis Gabor in de catalogus: "Voor kunstenaars is de holografie de deur naar de derde dimensie.

De eerste, nu voltooide fase is het fotograferen van objecten en situaties in drie dimensies; nadat ze op een holografische film zijn vastgelegd, waarop ze onzichtbaar blijven, worden ze in drie dimensies, naar hun originele uiterlijk, weergegeven en zijn ze van alle kanten zichtbaar, zij het maar in één kleur.

Het tweede stadium –holografie met natuurlijke kleuren– is tegenwoordig al haalbaar in kleine afmetingen en zal dat spoedig in alle formaten zijn.

Het derde stadium –nog in de laboratoriumfase– zal de natuurlijke kleur combineren met de weergave van onbegrensde afstand. De kunstenaar kan dan in zijn atelier landschappen maken die zich tot aan de horizon uitstrekken en nooit kunnen bestaan.

Vervolg op blz. 673

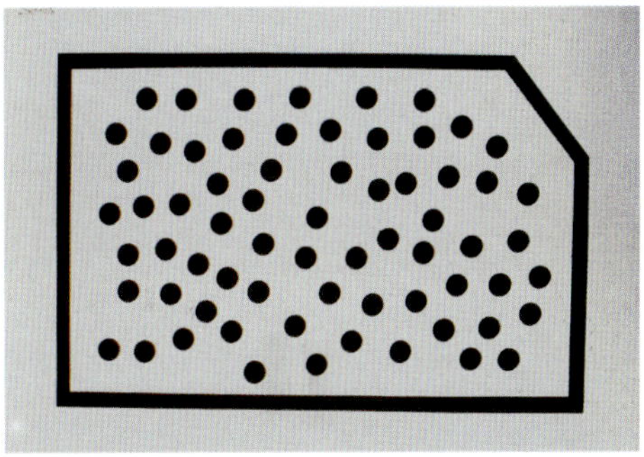

1478

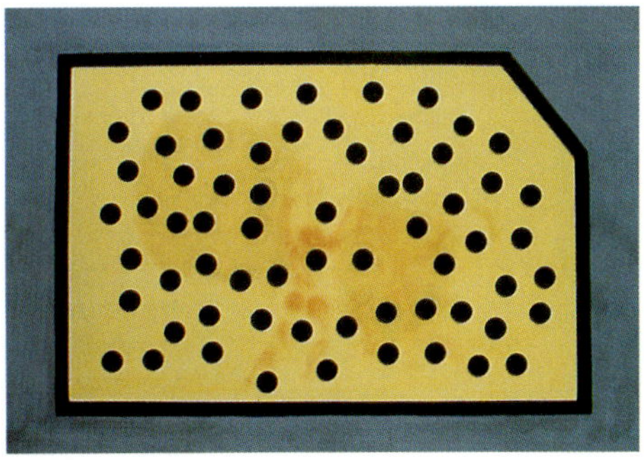

1479

1478, 1479 **Het Gulden Vlies (stereoscopie, linker- en rechterdeel, onvoltooid)**, rond 1977 ❑
La Toison d'Or

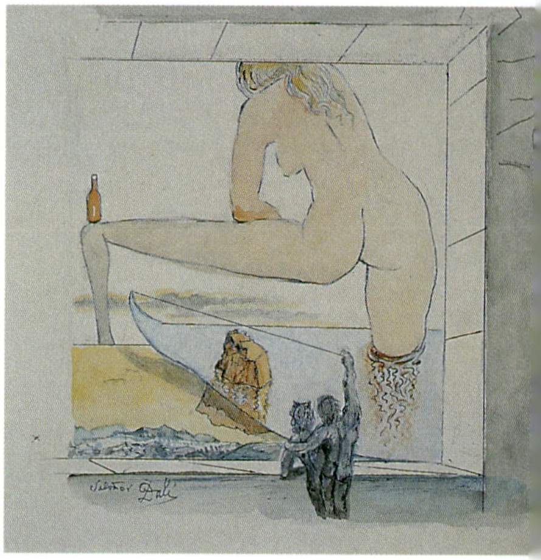

1482

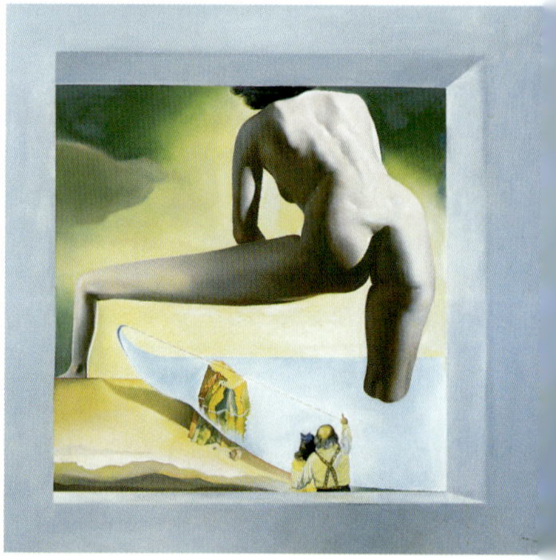

1483

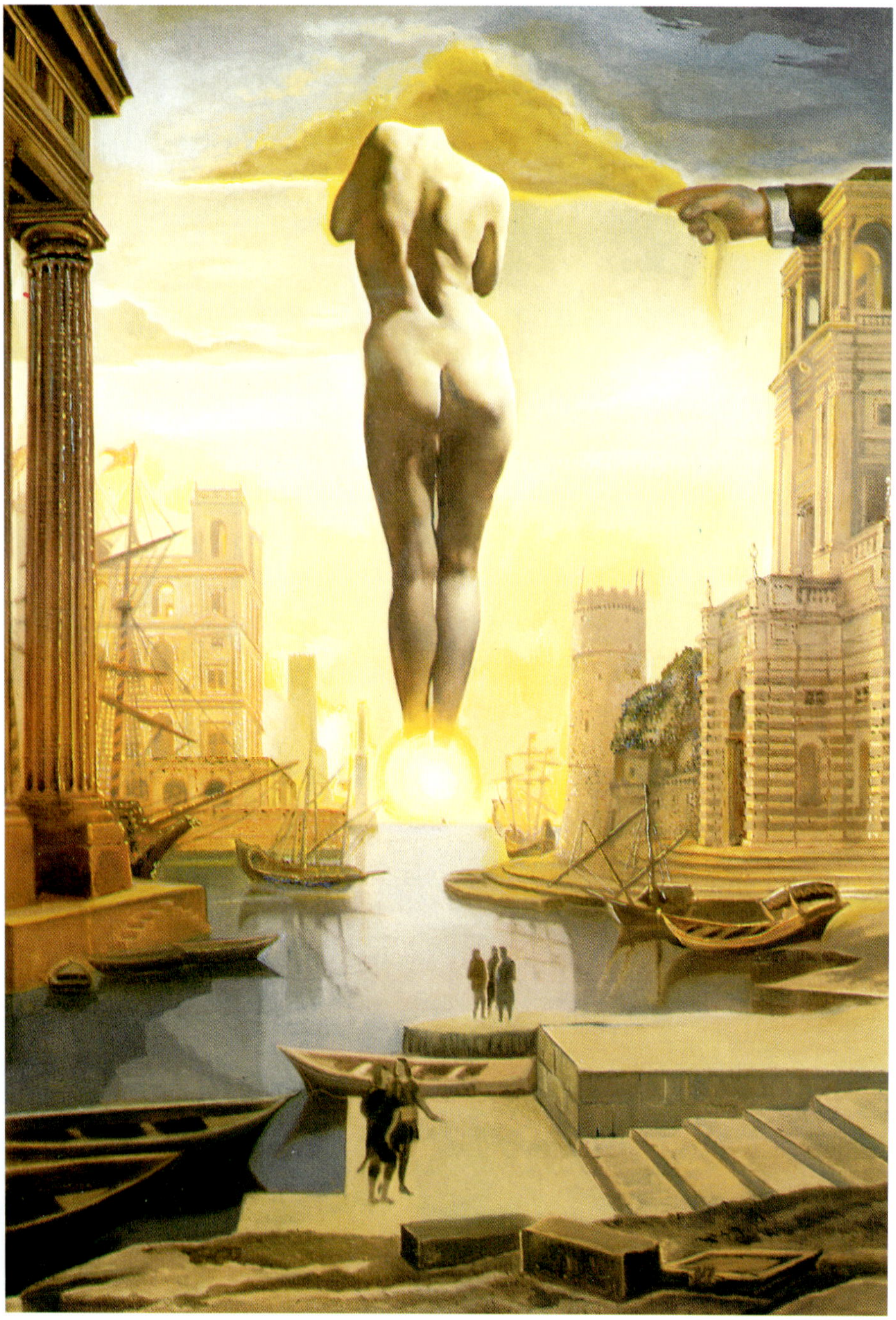

1480

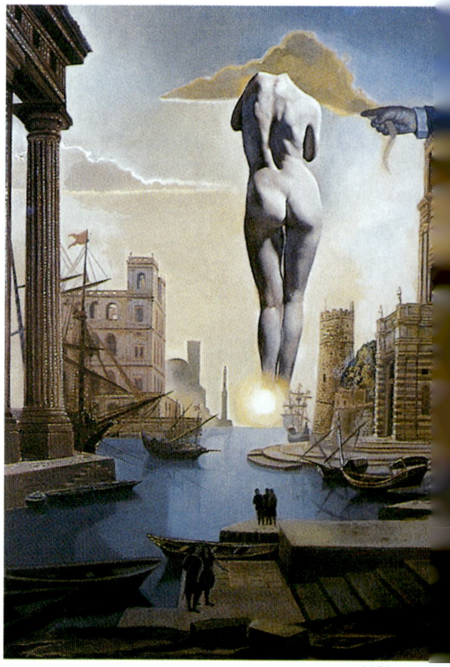

1481

1480, 1481 **Dalí's hand trekt een Gulden Vlies in de vorm van een wolk weg om Gala het volkomen naakte ochtendrood te tonen dat ver, ver achter de zon ligt (stereoscopie, linker- en rechterdeel)**, 1977 ❑
La main de Dalí retirant une Toison d'Or en forme de nuages pour montrer à Gala l'aurore toute nue très, très loin derrière le soleil.

Om een werk van Claude Lorrain te quantificeren, gebruikt Dalí de klassieke stereoscopie, d.w.z. een doek voor elk oog; hij vindt –zoals hij het noemt– het 'metafysische Hyperrealisme' uit en legt zo de 'derde dimensie' vast.

1482 **Studie voor 'Dalí tilt de huid van de Middellandse Zee op om Gala de geboorte van Venus te tonen'**, 1977 △

1483, 1484 **Dalí tilt de huid van de Middellandse Zee op om Gala de geboorte van Venus te tonen (stereoscopie, linker- en rechterdeel)**, 1977 ❑
Dalí soulevant la peau de la mer Méditerranée pour montrer à Gala la naissance de Vénus

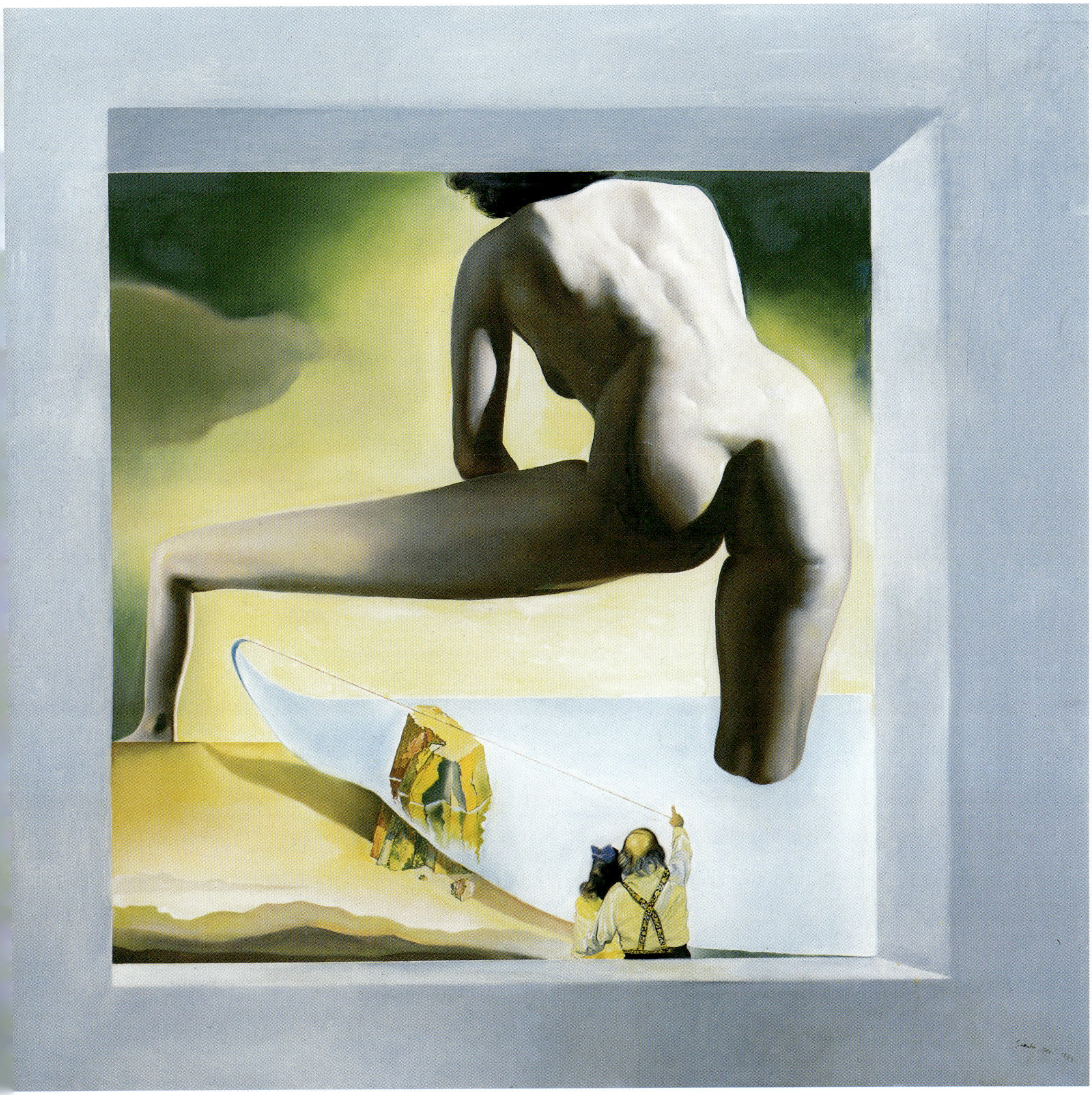

1484

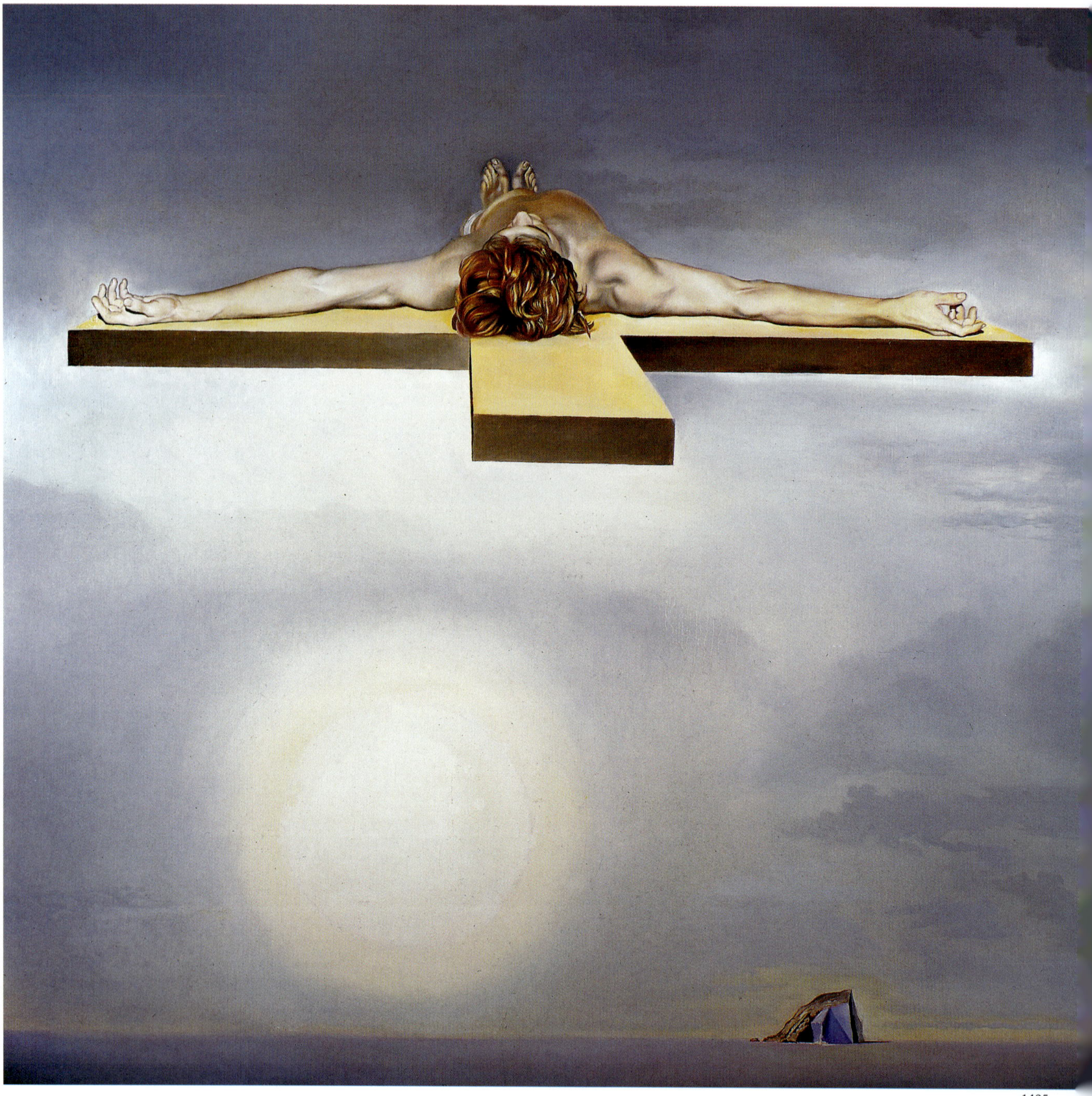

1485

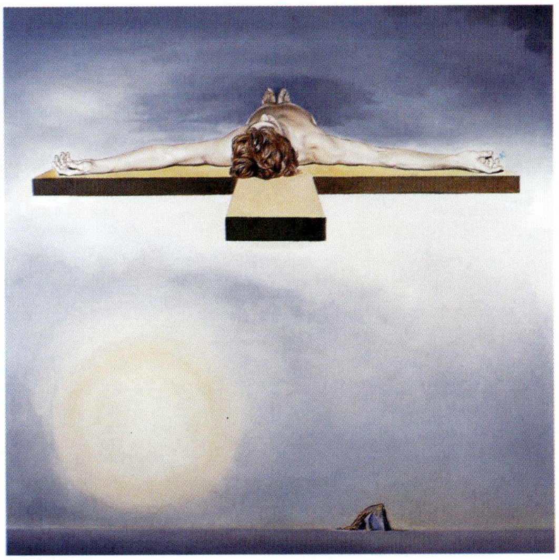
1486

1485, 1486 **Gala's Christus (stereoscopie, linker- en rechterdeel)**, 1978 ❑
Le Christ de Gala

1487, 1488 **Het oog van het 'Angelus' (stereoscopie, linker- en rechterdeel, onvoltooid)**, 1978 ❑
L'œuil de l'Angélus

1489, 1490 **Stereoscopische compositie bij het 'Angelus' van Millet (onvoltooid)**, rond 1978 ❑
Composition stéréoscopique sur l' Angélus de Millet

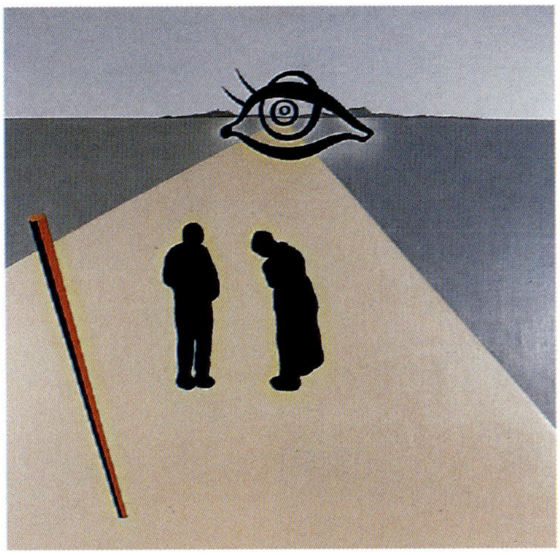
1487

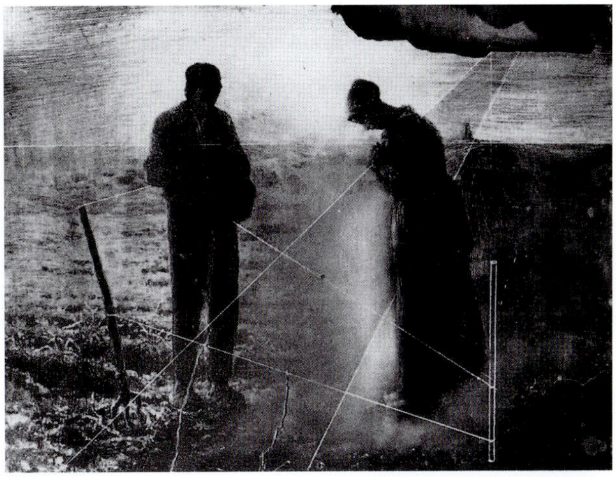
1489

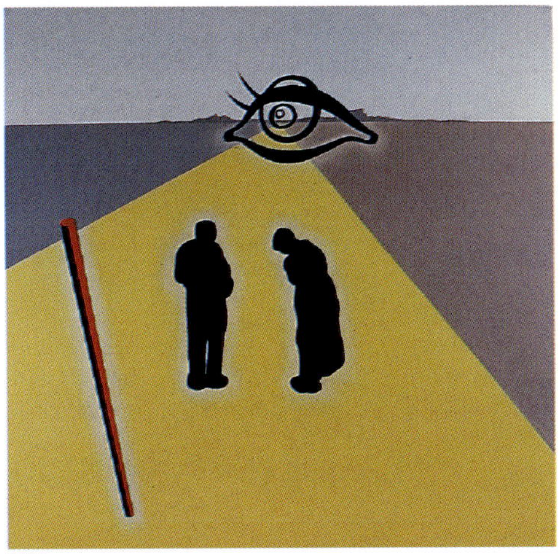
1488

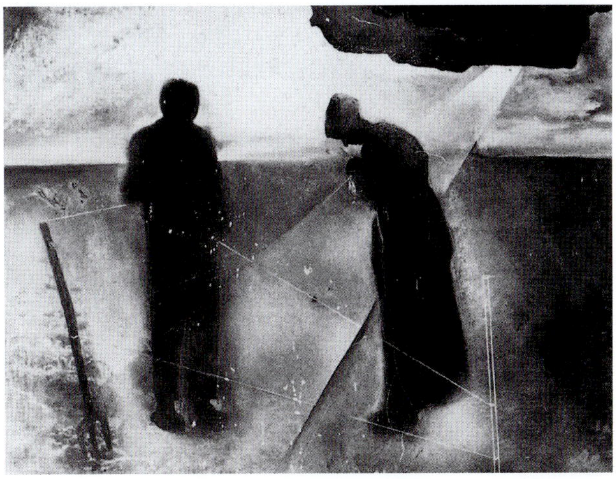
1490

1979

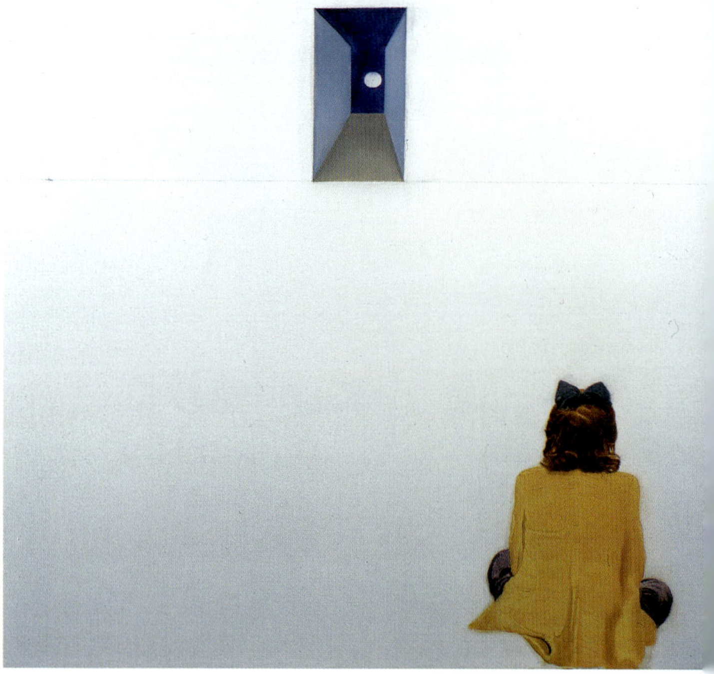

1491, 1492 **Slag in de wolken (stereoscopie, linker- en rechterdeel),** 1979 ❑
Bataille dans les nuages

1493, 1494 **Athene brandt! – De school van Athene** (links) en **De brand in Borgo** (rechts) – **stereoscopie met twee verschillende schilderijen,** 1979-1980 ❑
Athènes brûle ! – L'école d'Athènes et L'incendie du Borgo
Met 'Athene brandt!' zoekt Dalí verder naar de grenzen van de klassieke stereoscopie. Hij gebruikt twee werken van Rafaël, die hij voorziet van verschillende

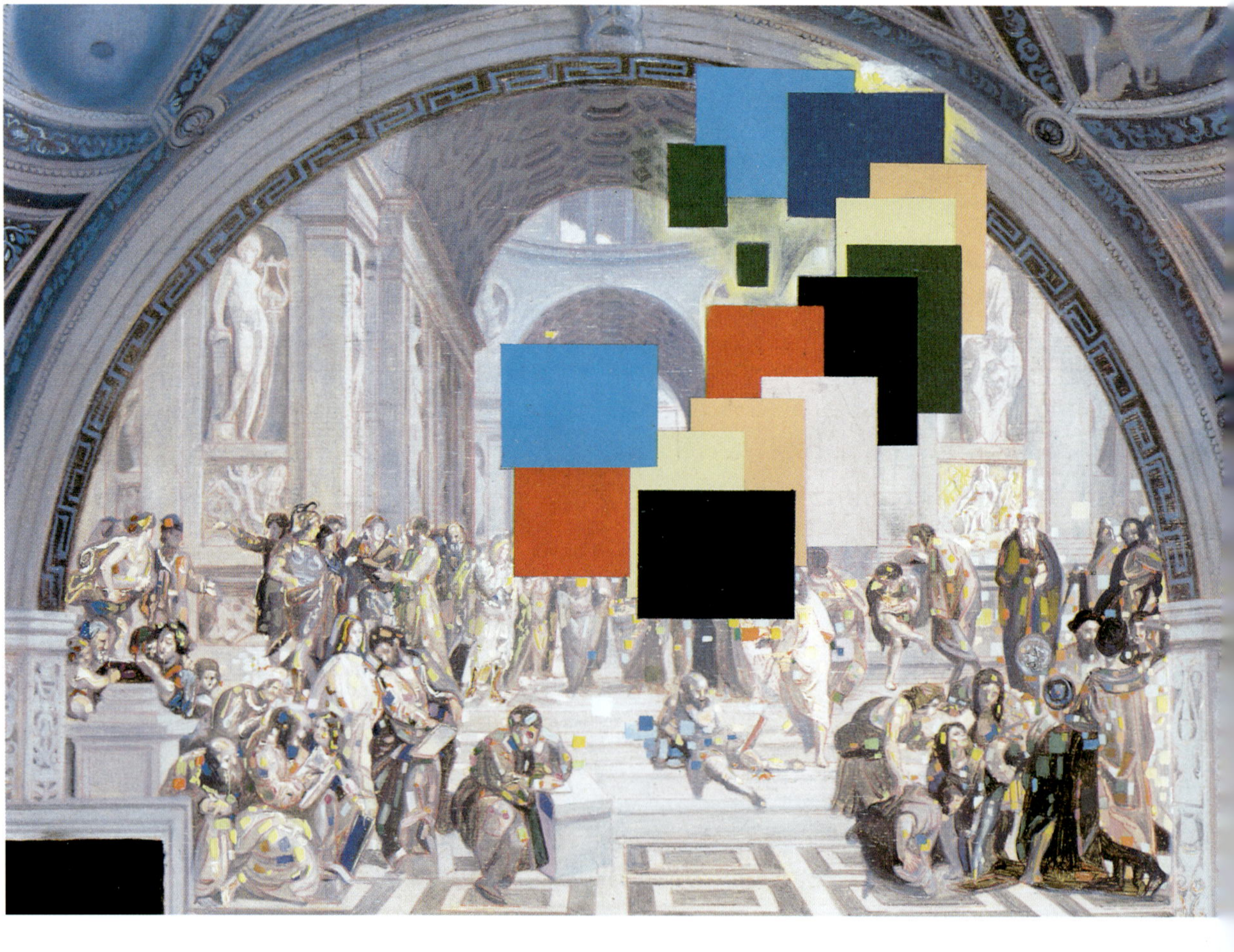

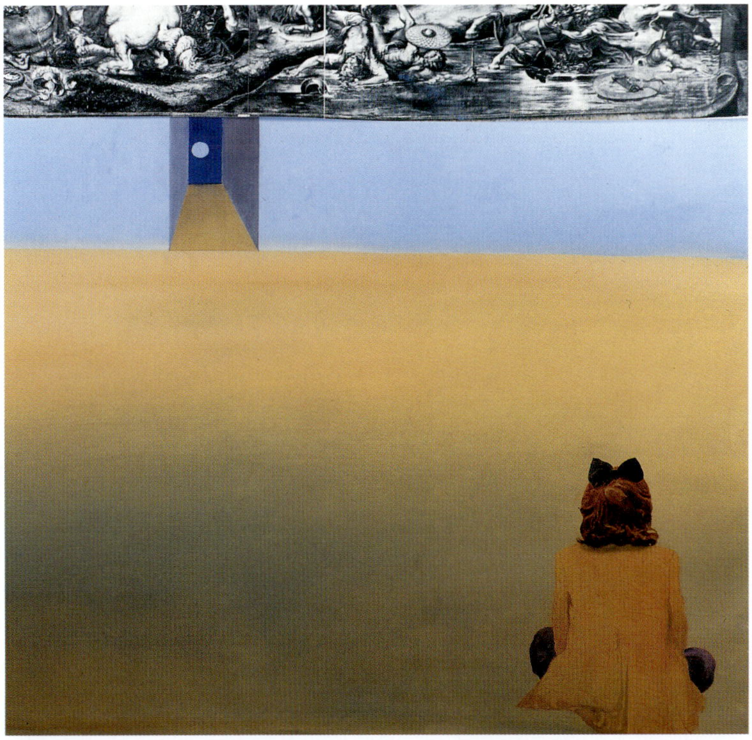

1492

visuele prikkels. Daarbij wordt hij geleid door een reeks kleurige vierhoeken die de onderzoeker Roger Lanne de Montebello heeft ontwikkeld en die spiraalvormig zijn geordend rond een op de toeschouwer toelopende as. Dalí gebruikt daarnaast een bewogen Pointillisme met puur toevallig kleurgebruik, dat de onderzoeken van prof. Bela Julesz omzet, om de hersenen door interferentie gestoorde informatie te geven over de anekdotische beschrijving van beide werken van Rafaël. De toeschouwer is verrast als hij na een poosje kijken ontdekt dat hij tegelijkertijd een stuk van de 'School van Athene' kan zien of een detail uit 'De brand in Borgo'.

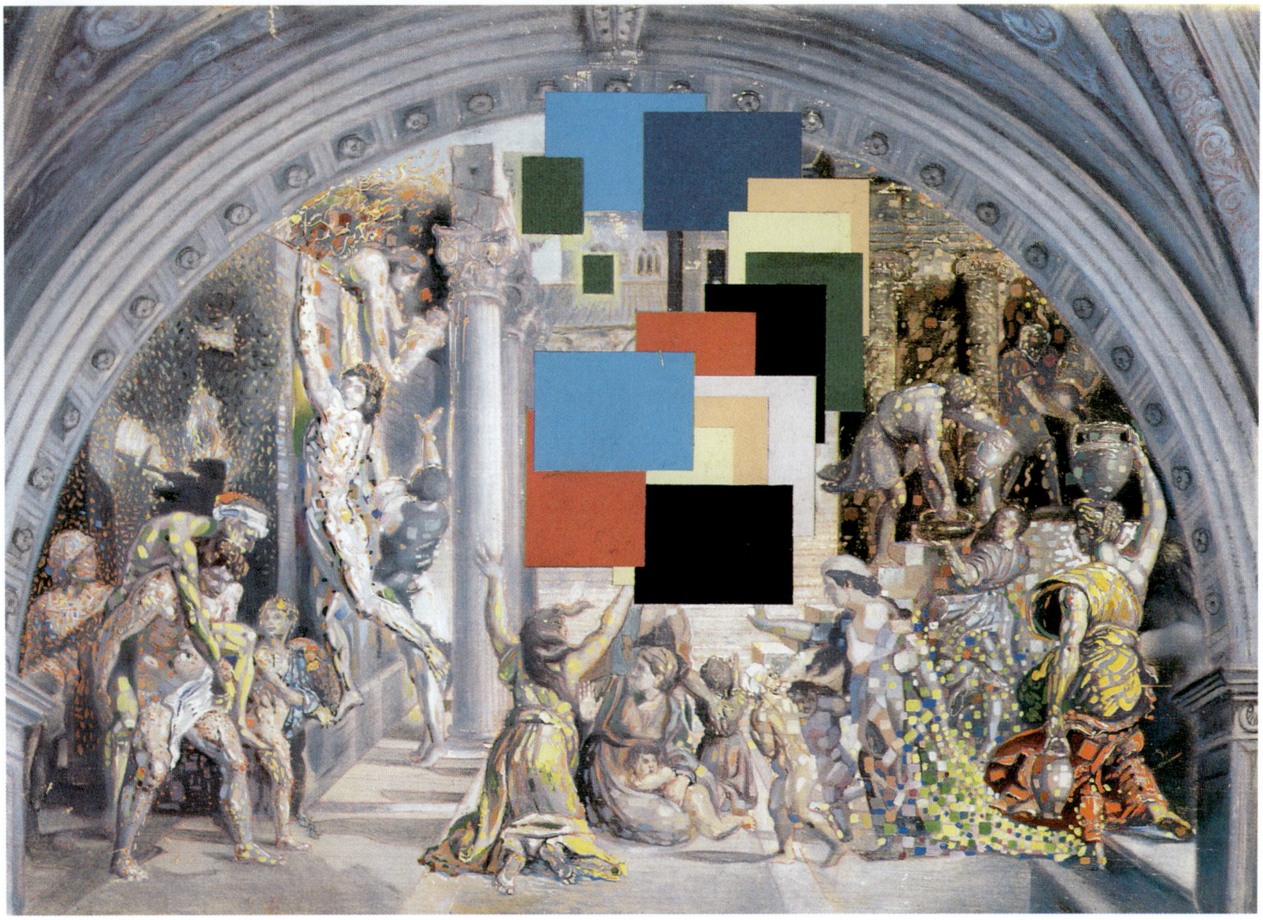

1494

1495 **Harmonie der sferen**, 1978 ❑
L'harmonie des sphères
Het doek laat Jason zien die probeert het Gulden Vlies te pakken. Het is de eerste stereoscopie van Dalí, waarin het linker- en rechterschilderij op één doek staan. Stereoscopen zijn hier nutteloos, de ruimtelijke indruk verschijnt alleen als je een beetje scheel kijkt. Daarbij ontstaat geen blijvend driedimensionaal beeld. De kogels die het Gulden Vlies voorstellen, lijken Jason voortdurend uit handen te vallen.

1496, 1497 **Pentagonale Sardana (Vijfhoekige reidans; stereoscopie, linker- en rechterdeel)**, 1979 ❑
Sardane pantagonale

1498 **Pierrot lunaire (onvoltooide stereoscopie, linker- en rechterdeel staan nog op hetzelfde paneel)**, 1978 ❑

1499 **Cybernetische odalisque – Hommage aan Bela Julesz**, 1978 ❑
Odalisque cybernétique – Hommage à Bela Julesz

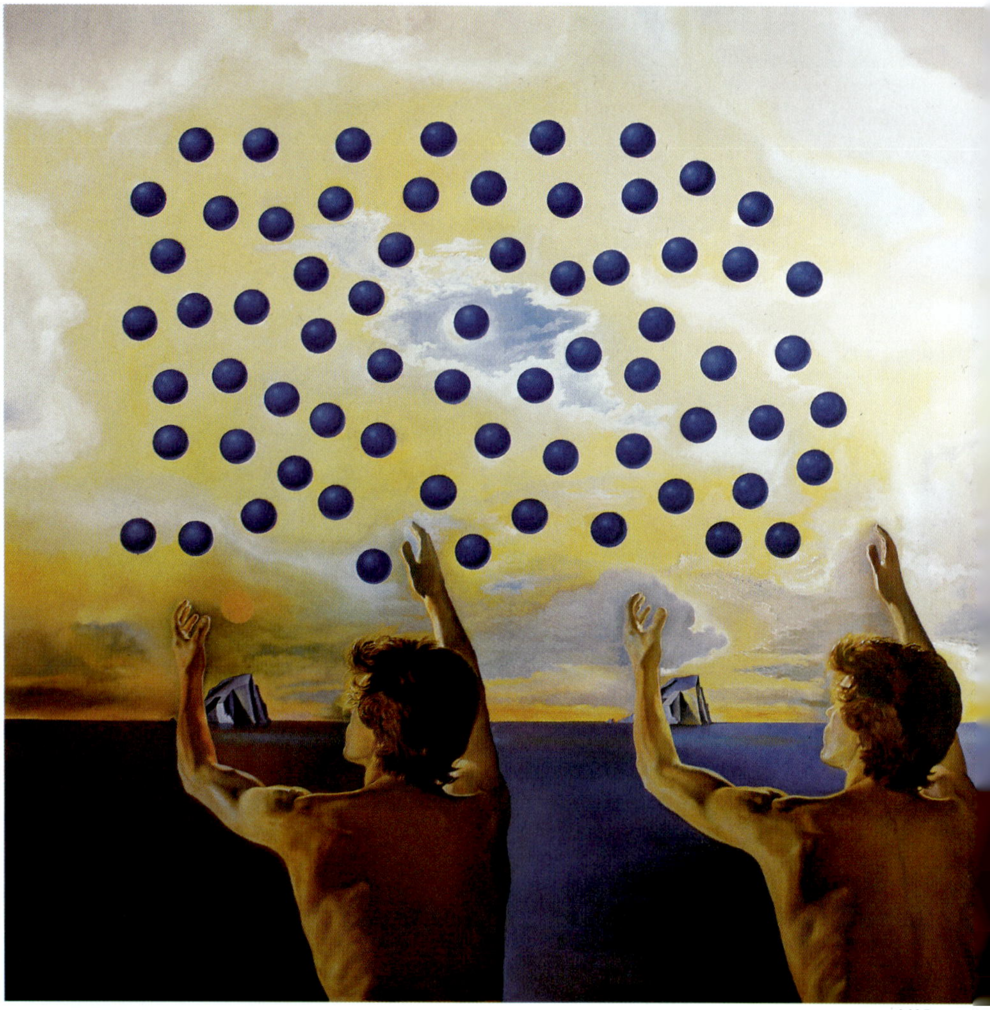
1495

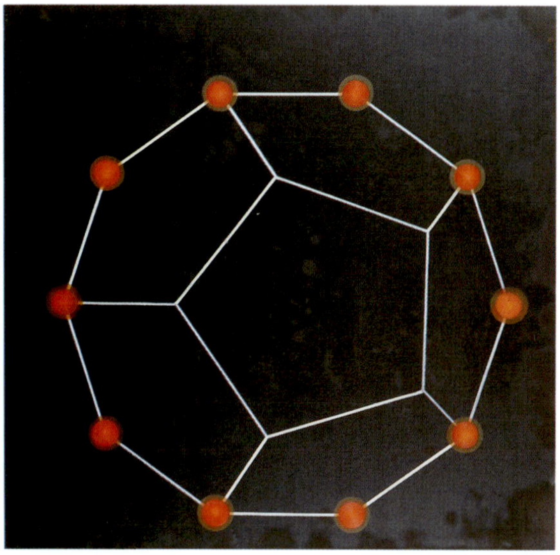
1496

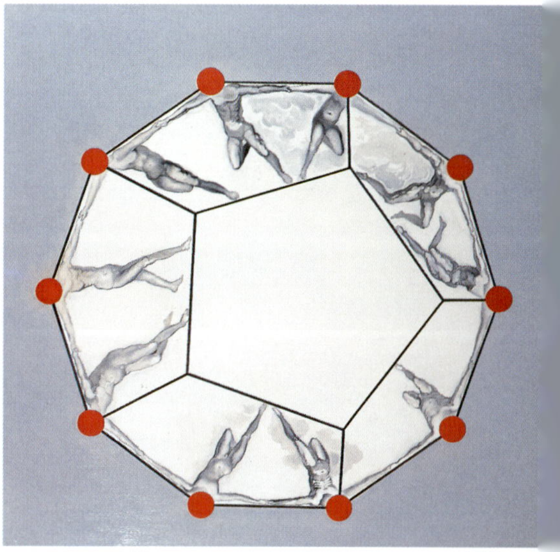
1497

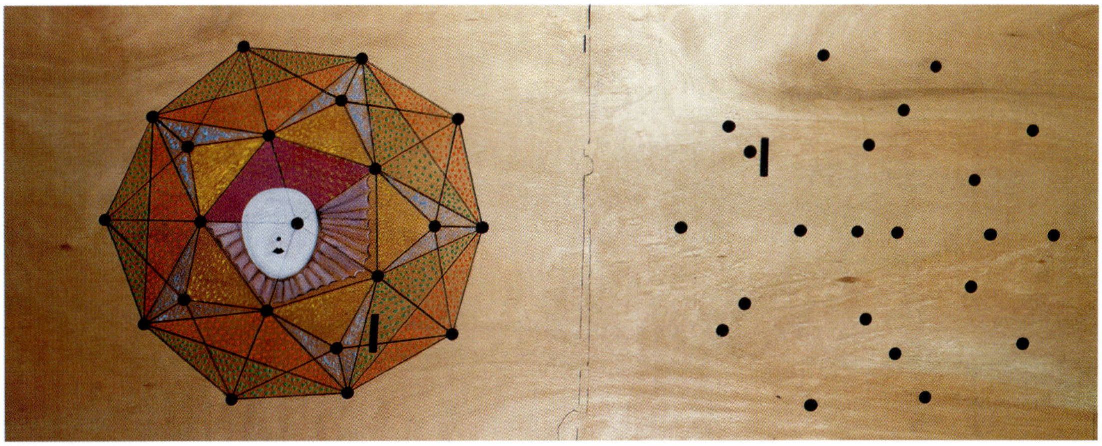

1498

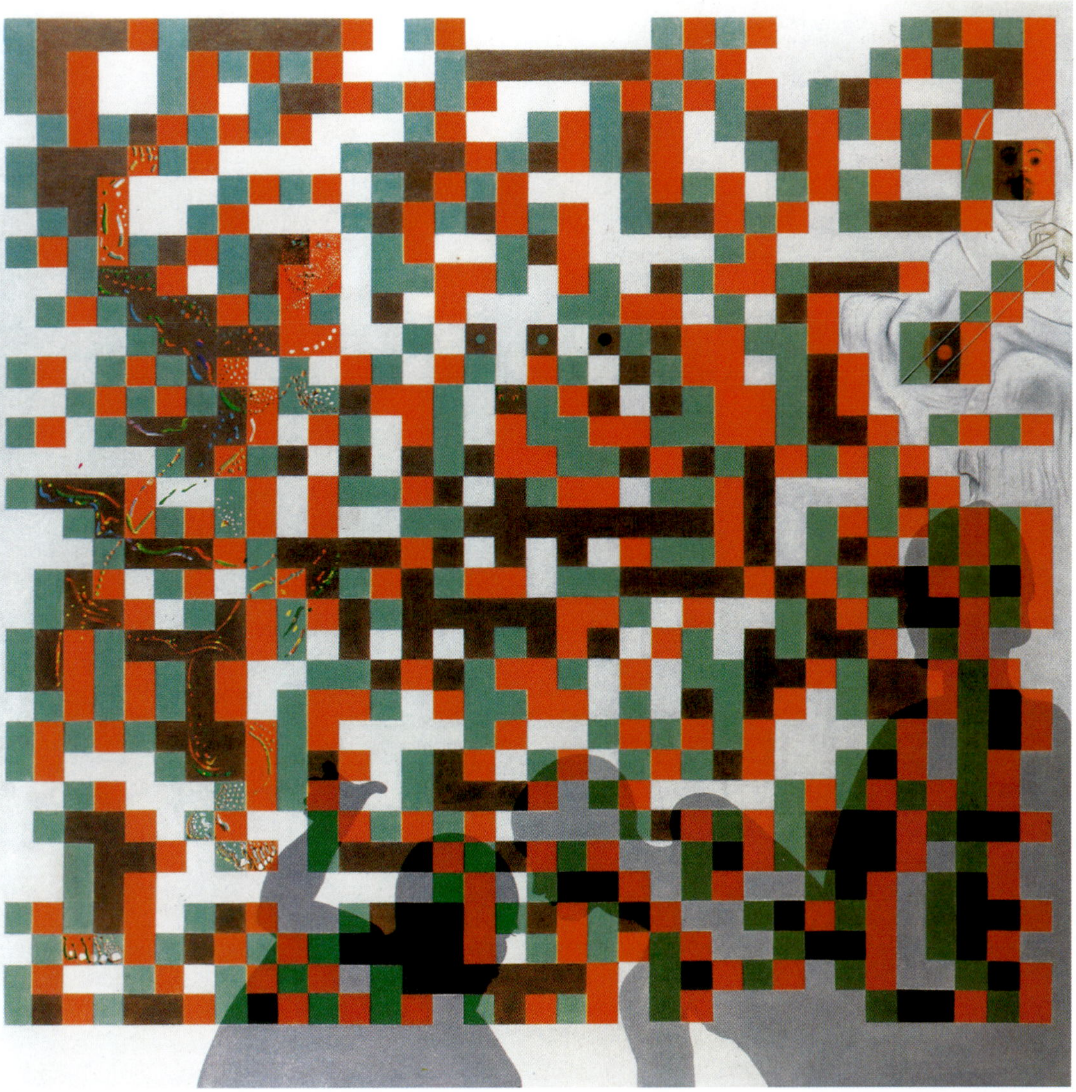

1499

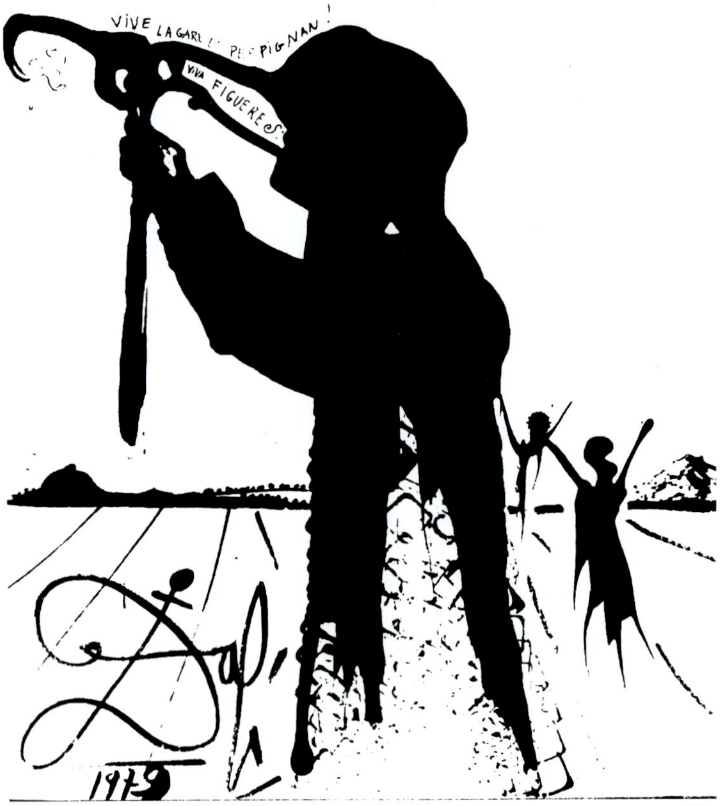

1500

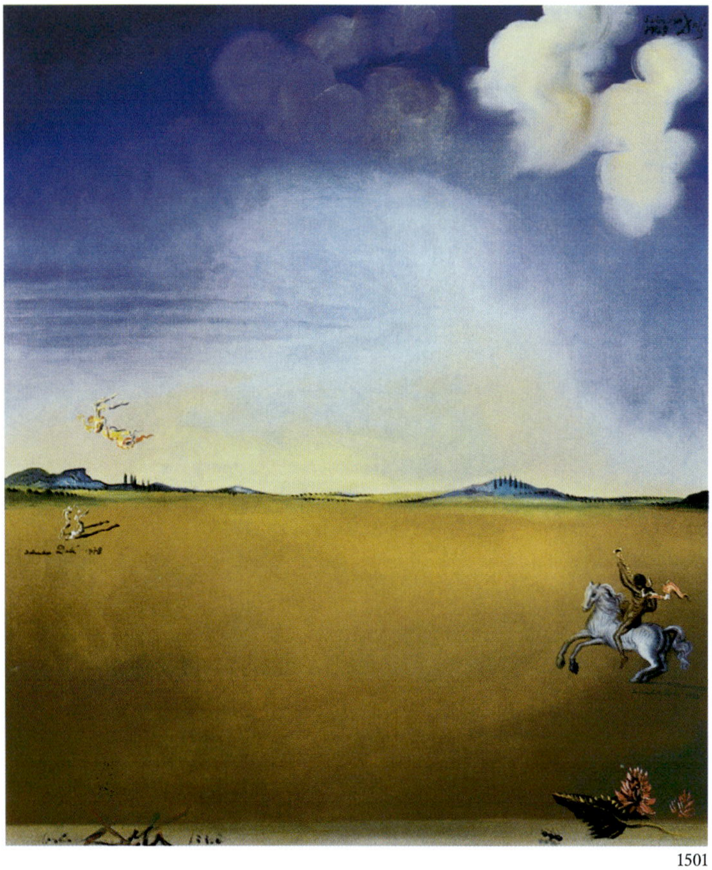

1501

1500 **Leve het station van Perpignan, leve Figueras**, 1979 ❑
Vive la gare de Perpignan – Viva Figueras

1501 **Landschap bij Ampurdán**, 1978 ❑
Paysage de l'Ampurdán

1502 **Catalaans landschap (opgedragen aan Sabater)**, 1978 ❑
Paisantje Empordanes

Genieën als Salvador Dalí zijn nodig om nieuwe uitdrukkingsmiddelen, de droom van iedere grote schilder, te creëren die alleen mogelijk zijn door de combinatie van kunst en moderne technologie."

Het ambitieuste van alle holografische experimenten van Dalí is het in het museum van Figueras getoonde *Holos! Holos! Velázquez! Gabor!* (blz. 609). Hier heeft Dalí ongetwijfeld geprobeerd de eerste holografische dubbele voorstelling te maken, terwijl de meeste holografen nog (in 1972) werken aan de exacte weergave van de waarneembare wereld. Dalí maakt zijn hologram in samenwerking met de Newyorkse holograaf Selwyn Lissac. Hij combineert taferelen uit *Las Meninas* van Velázquez met een foto van kaartspelers en een reclame voor een groot biermerk. Om te holograferen, hebben Dalí en Lissac de verschillende elementen van beide schilderijen op glasplaten gemonteerd, die op even zovele niveaus als er thema's zijn, worden geplaatst. *Holos! Holos! Velázquez! Gabor!* is de eerste holografische collage.

Met behulp van een cilindervormig hologram, waarbij het beeld van alle kan-

Vervolg op blz. 684

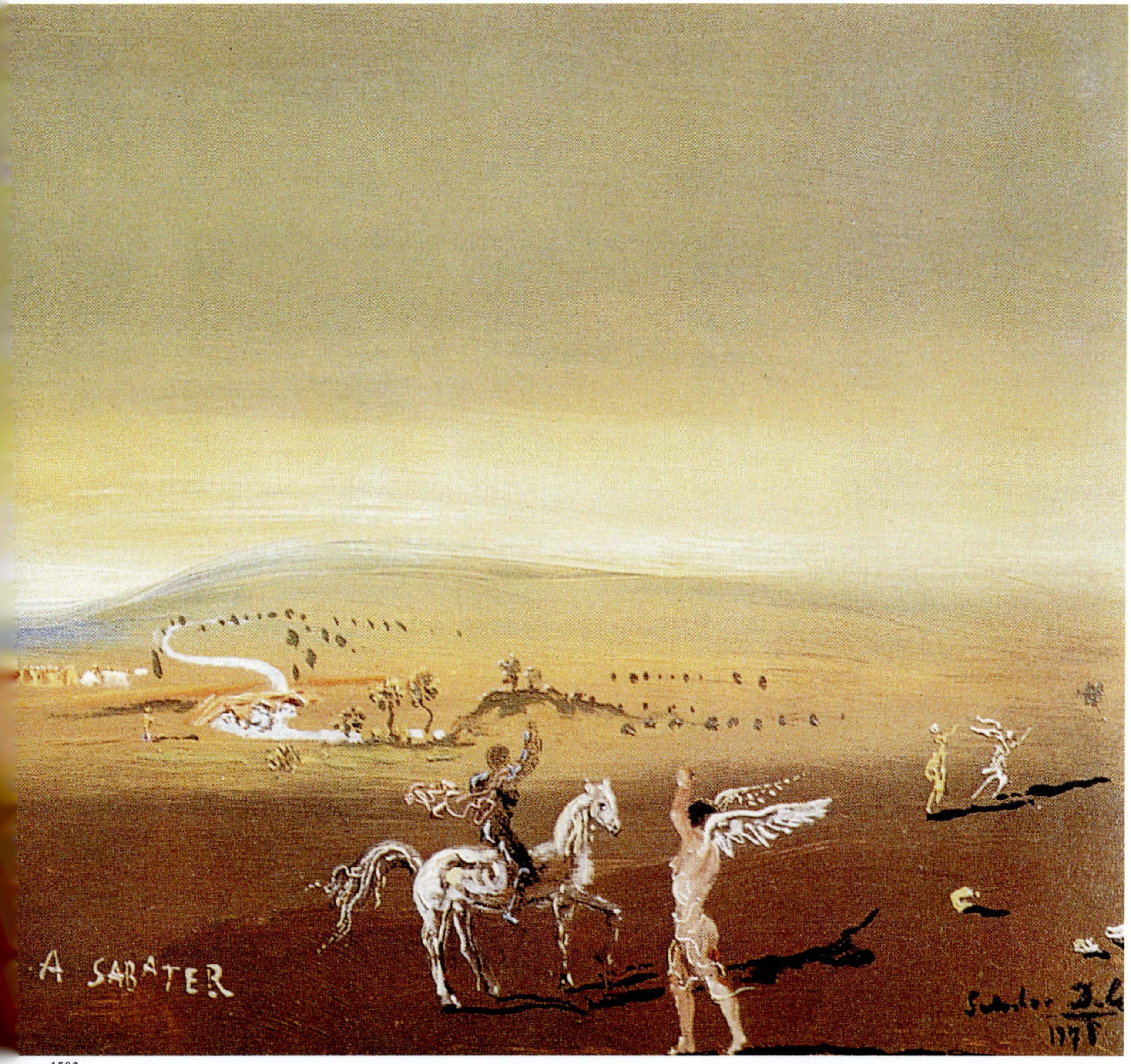

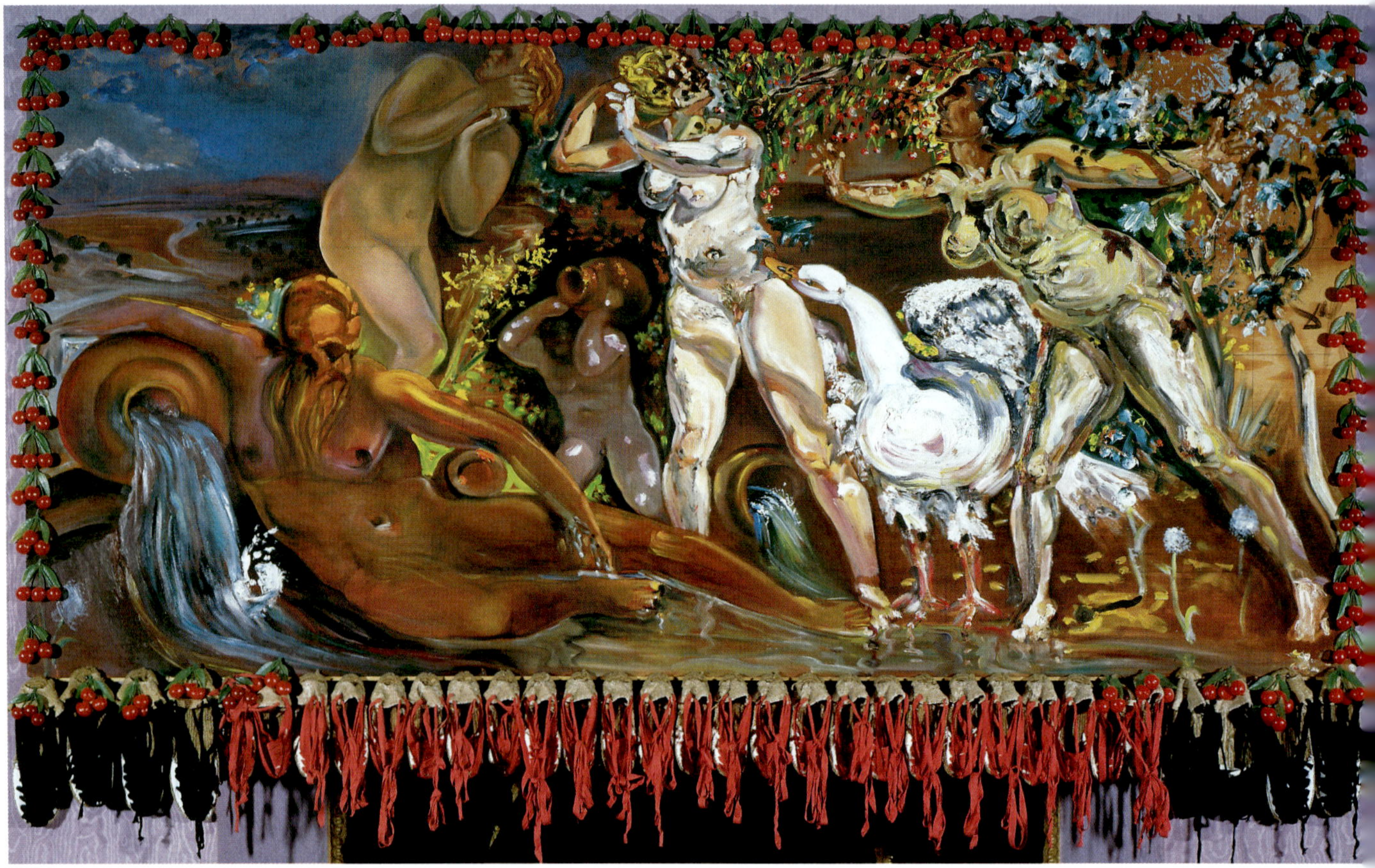

1503

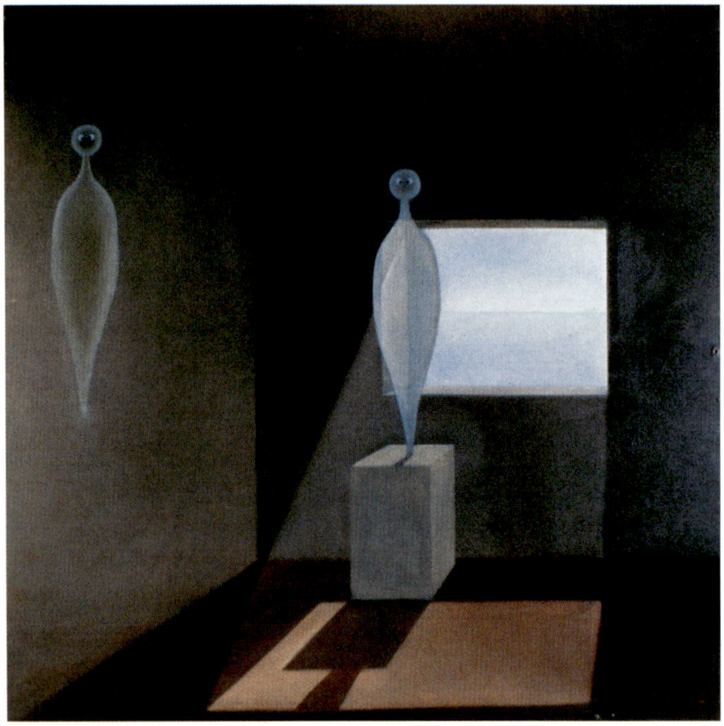

1504

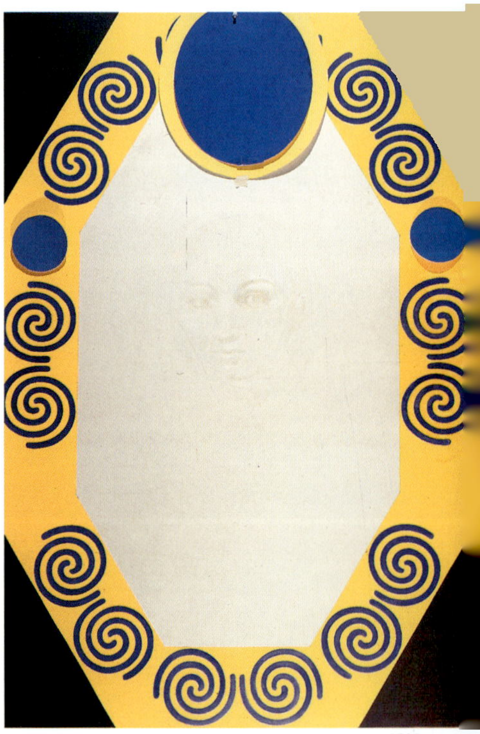

1505

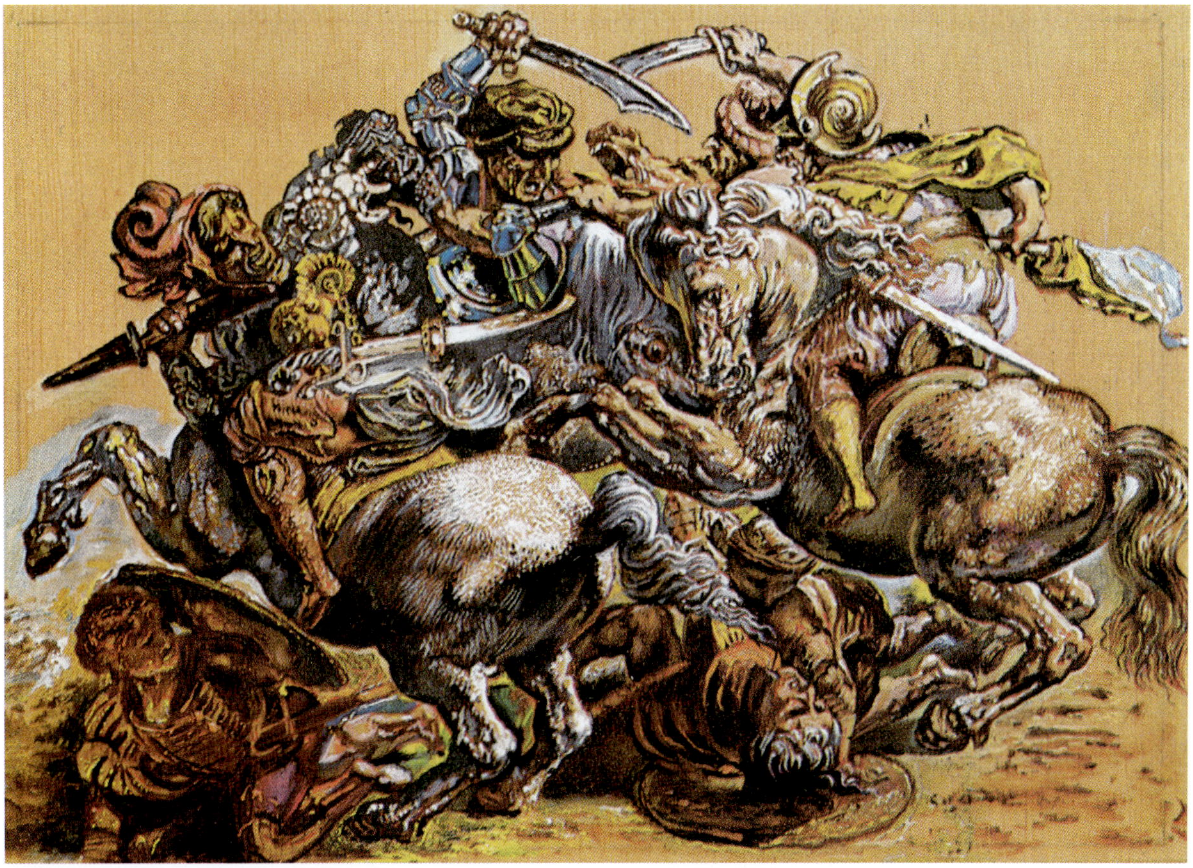

1506

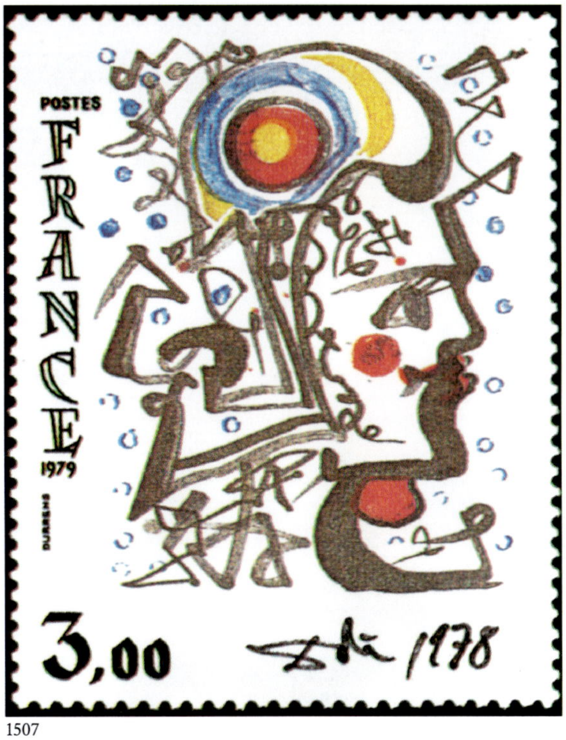

1507

1978–1979

1503 **Allegorie van het voorjaar,** 1978 ❑
Allégorie du printemps

1504 **Donkere platwormen,** rond 1978 ❑
Planaires lugubres

1505 **Fosfeen,** 1979 ❑
Phosphène

1506 **Kopie van een Rubens-kopie naar Leonardo,** 1979 ❑
Copie d'un Rubens copié d'un Léonard

1507 **Beeldenaar van de door Dalí getekende postzegel voor de Franse posterijen,** 1978 △
Effigie de Marianne

1508 **Op zoek naar de vierde dimensie**, 1979 ❑
A la recherche de la quatrième dimension

1509 **Een week uurwerk op de juiste plaats doet een jonge Efeber sterven van excessieve bevrediging en weer verrijzen (onvoltooid)**, 1979 ❑
Une montre molle posée à l'endroit adéquat faisant mourir et ressusciter un jeune éphèbe par excès de satisfaction

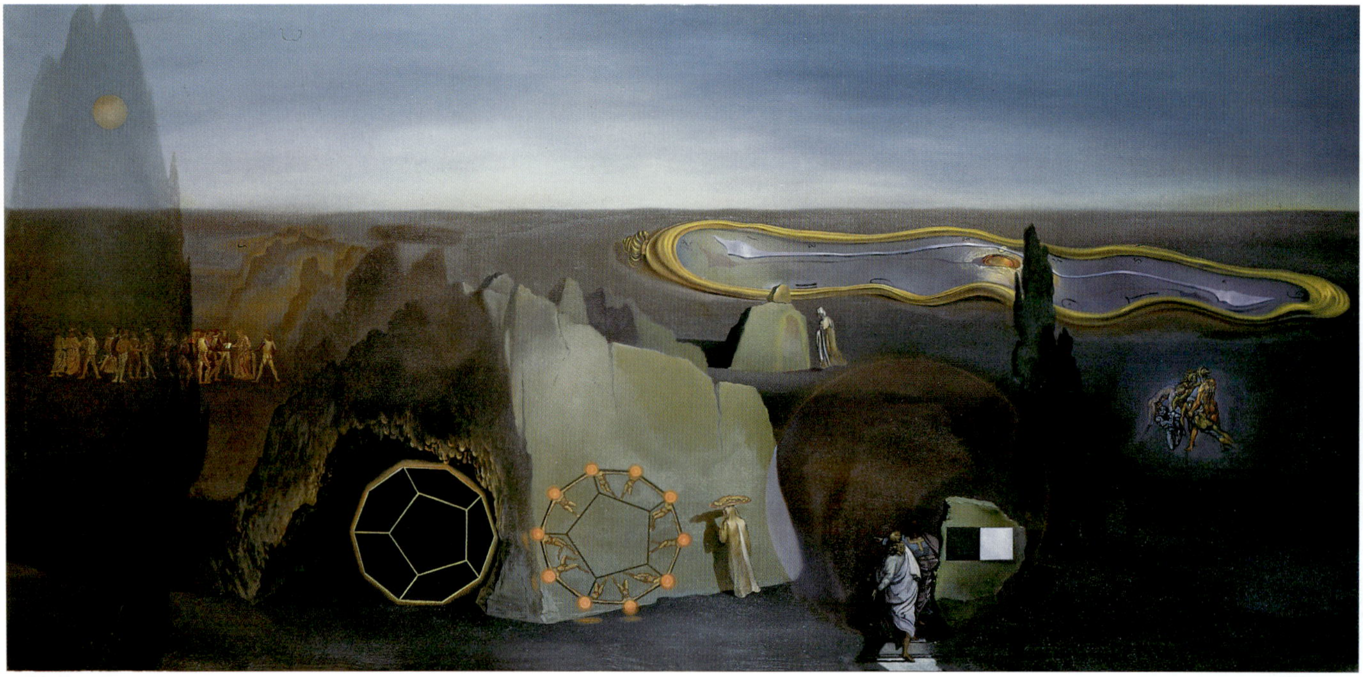

1508

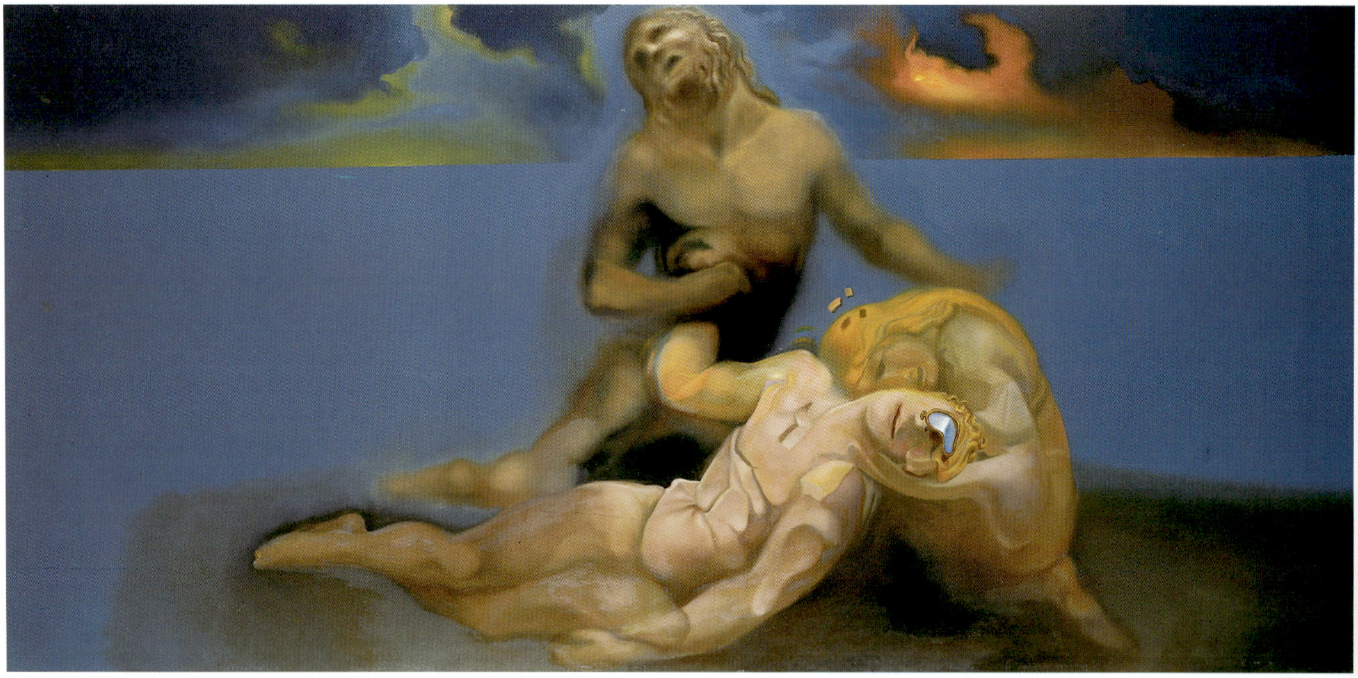

1509

1510 **Zonsopgang, middag, zonsondergang en schemering**, 1979 ❑
Aurore, midi, couchant et crépuscule
Dalí wilde dat zijn doeken ook door taal werden begeleid. Bij dit schilderij hoort een band met de volgende dialoog: "Hoe laat is het?" "Het is het uur van het angelus-luiden." "Ober, brengt u me een Harlekijn!"

1511 **Rafaëleske hallucinatie**, 1979 ❑
Hallucination raphaëlesque

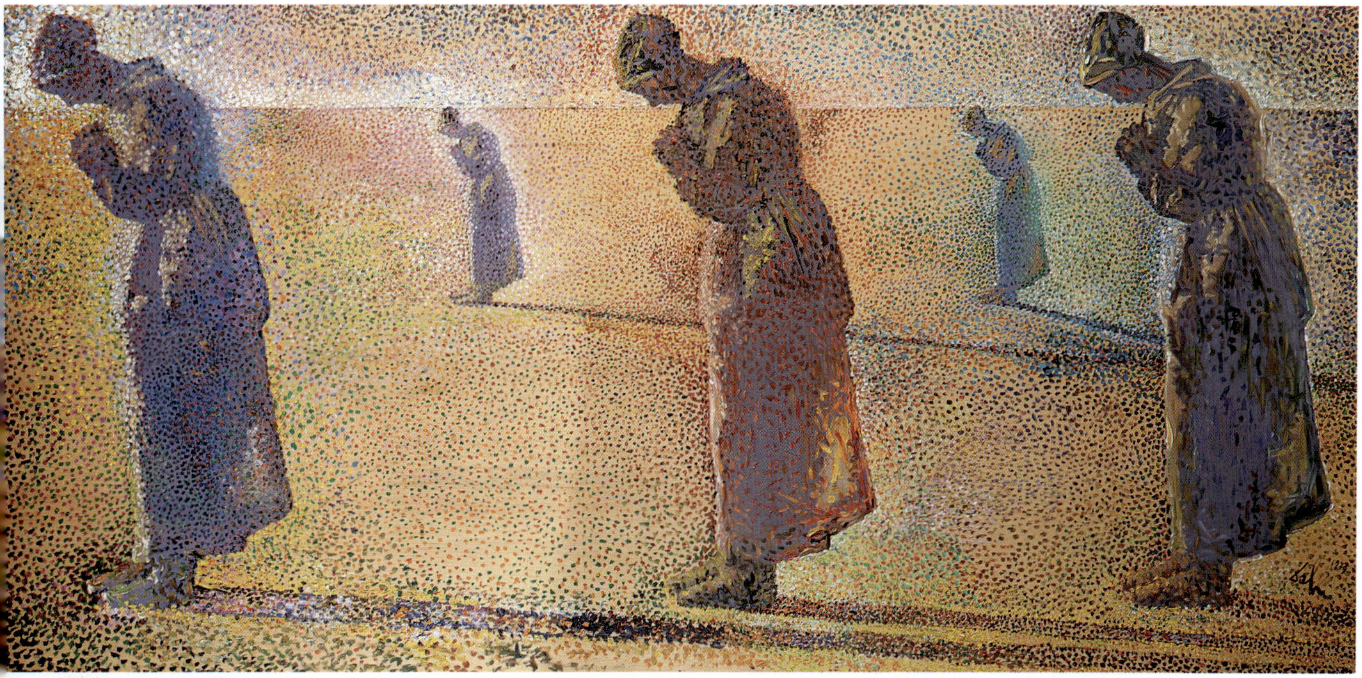

1510

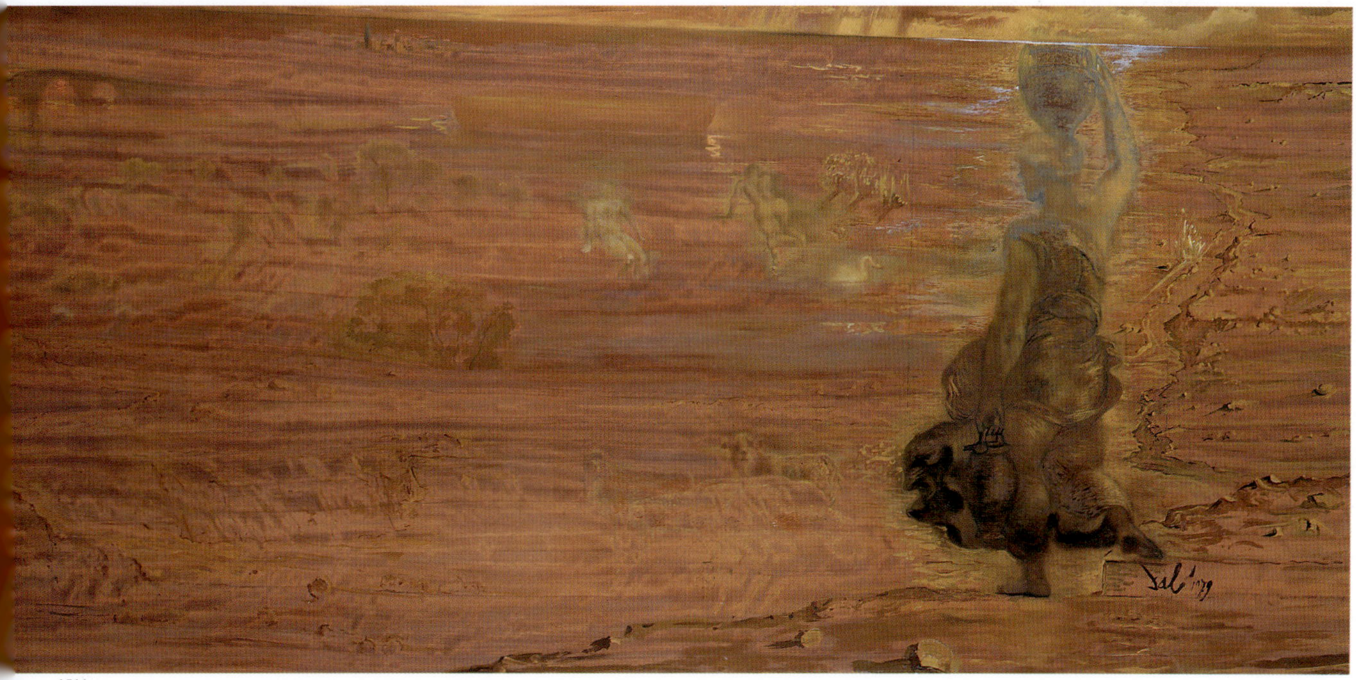

1511

1512 **Zonder titel (Landschap met hemelse figuren)**, 1980 ❑
Sans titre (Paysage avec personnages célestes)

1513 **Naakt en paard met metamorfose (onvoltooid)**, rond 1979 ❑
Nu et cheval avec métamorphose

1514 **Drie Gratiën van Canova (onvoltooid)**, 1979 ❑
Trois grâces de Canova

1515 **Studie voor 'Compianto Diabele' van Canova (onvoltooid)**, rond 1979 ❑

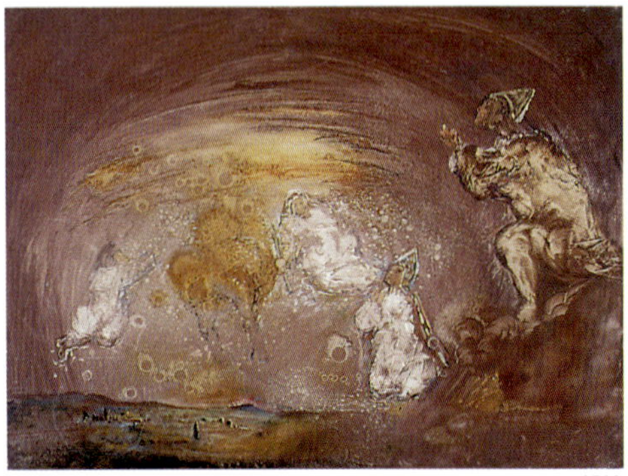

1512

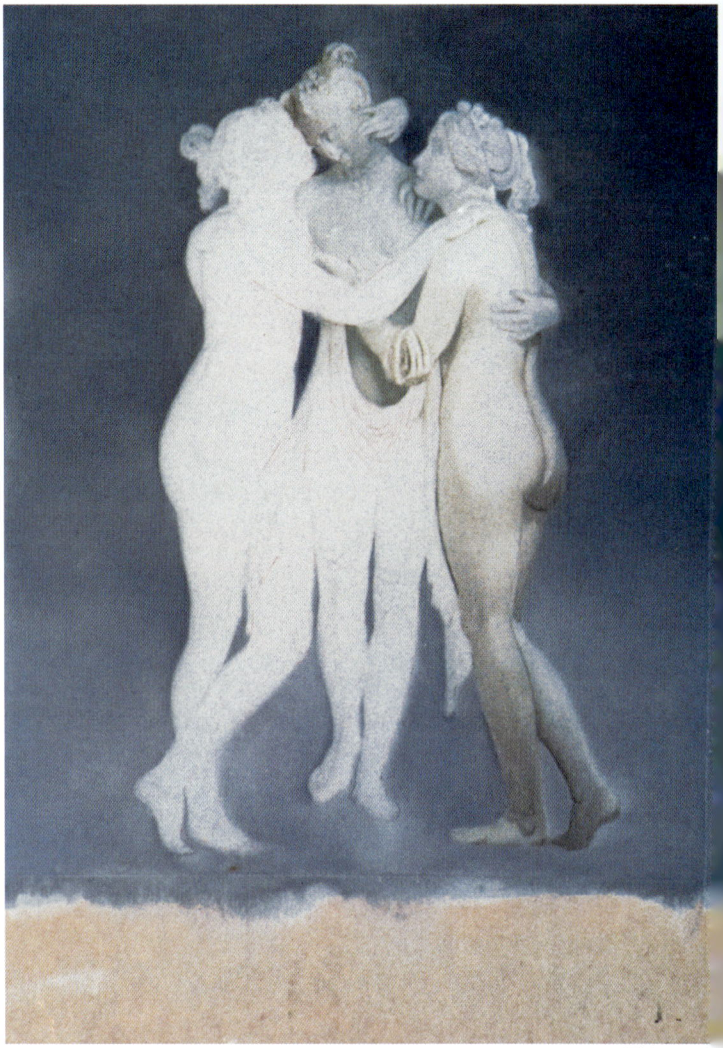

1514

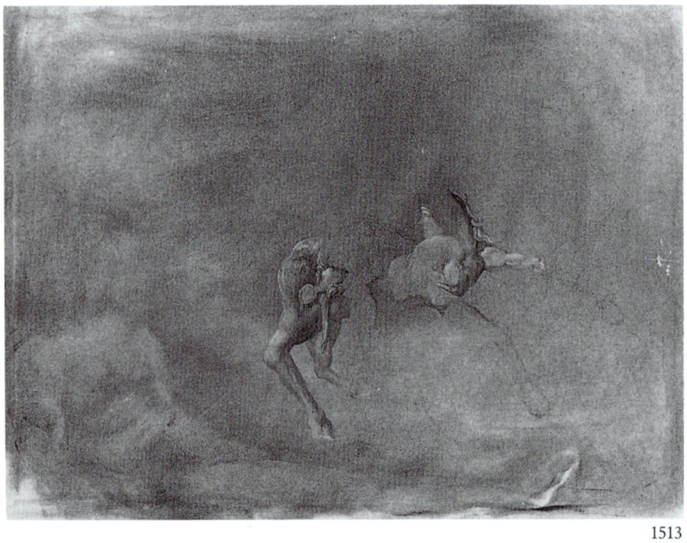

1513

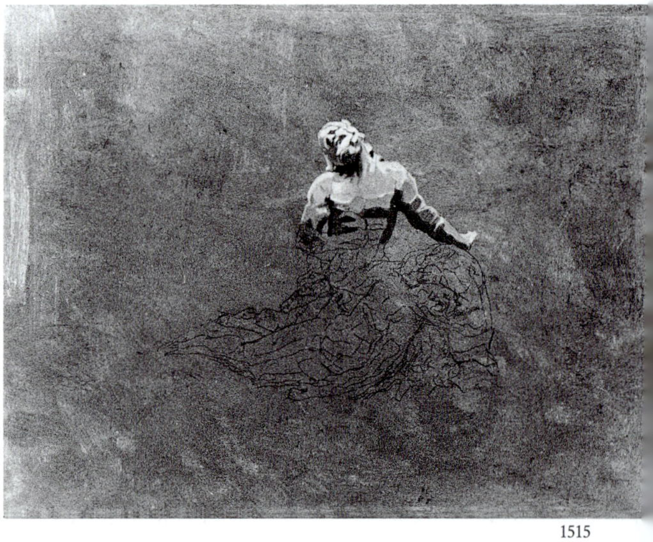

1515

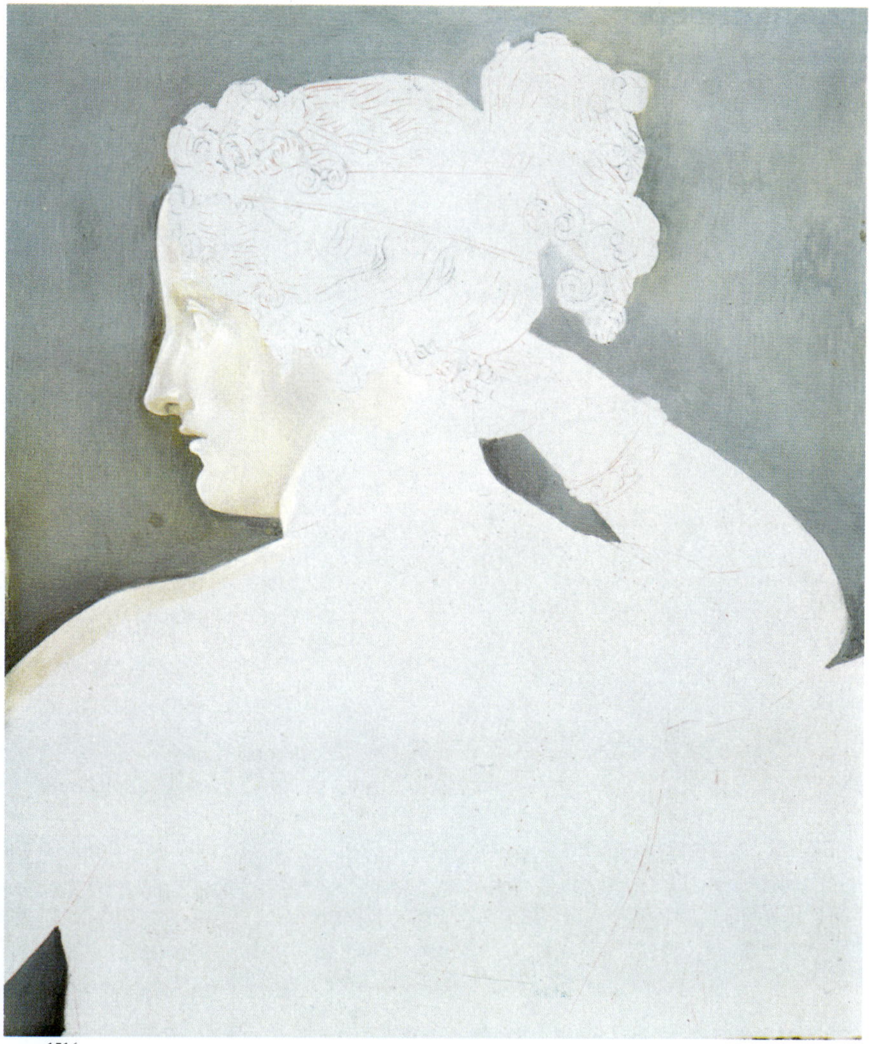

1516

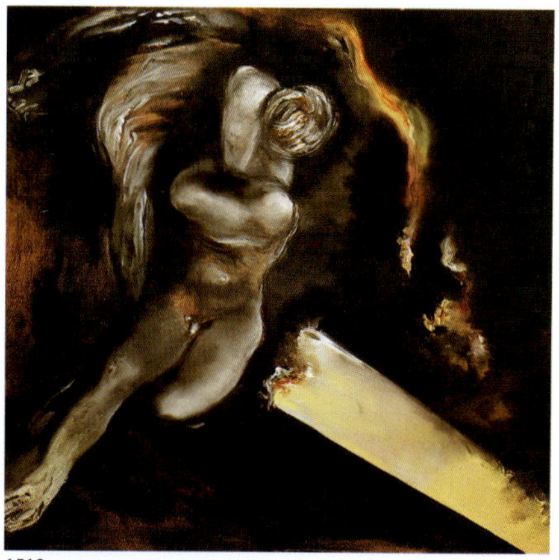

1518

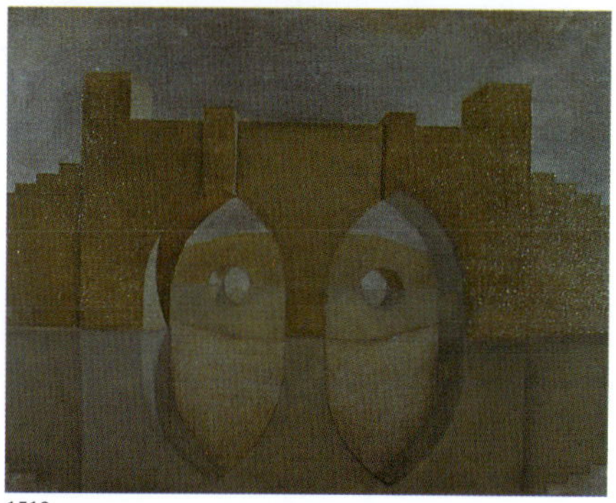

1519

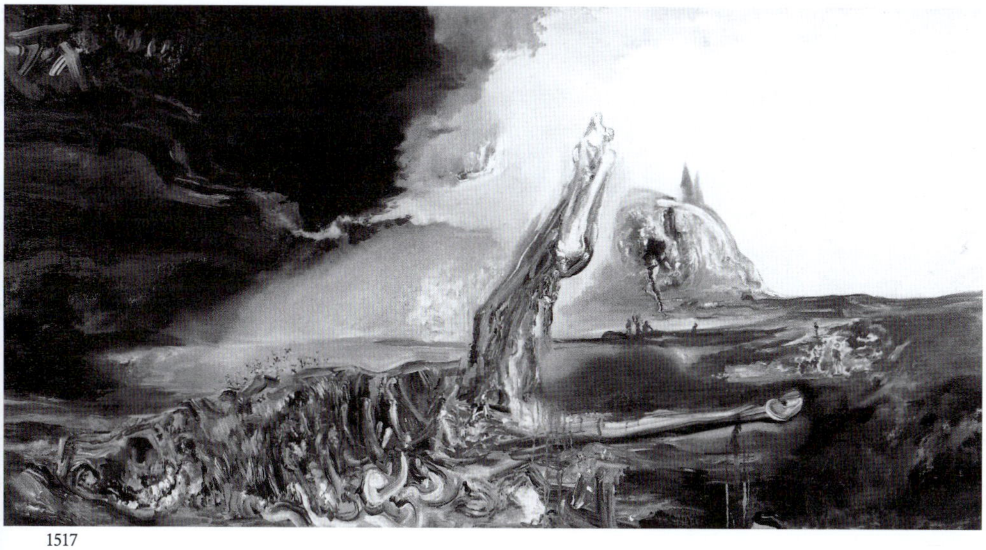

1517

1516 **Mooier dan Canova**, 1979 ❑
Plus beau que Canova

1517 **Het gelukkige paard**, 1980 ❑
Le cheval gai

1518 **Slapende jonge Narcissus**, 1980 ❑
Narcisse jeune endormi

1519 **Zonder titel (Brug met spiegelingen; ontwerp voor een dubbelschilderij, onvoltooid)**, 1980 ❑
Sans titre (Pont avec reflets; projet pour double-image)

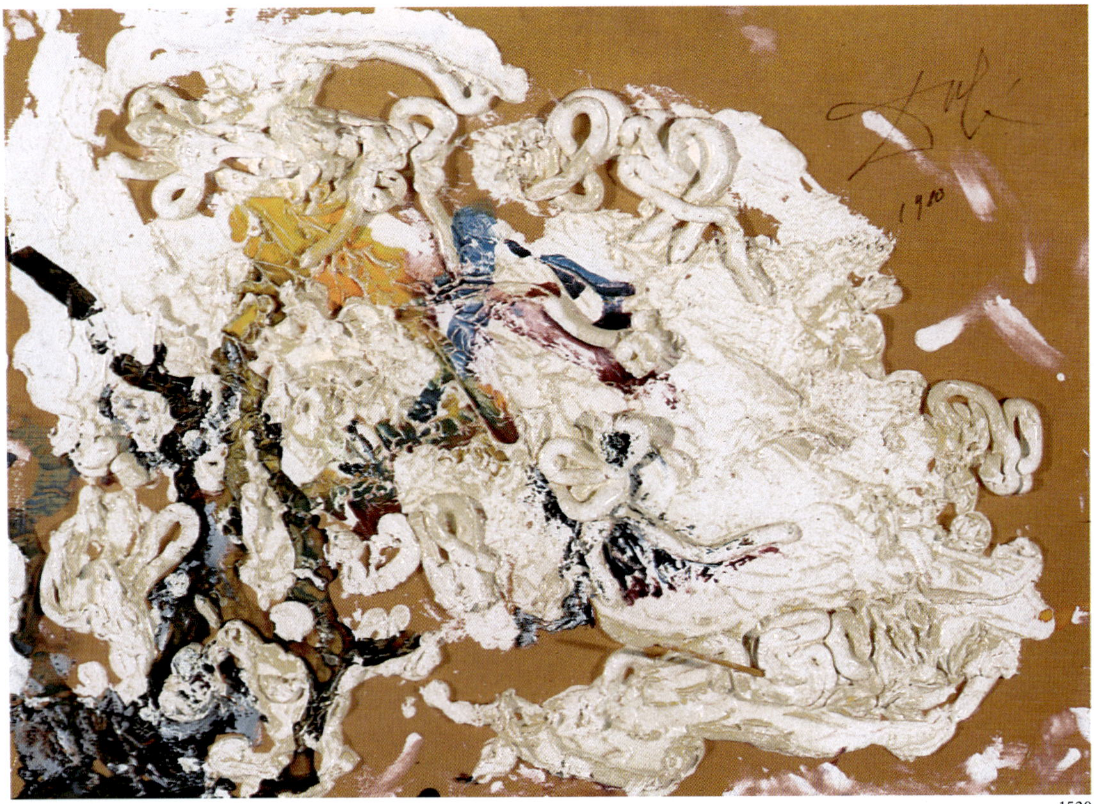

1520

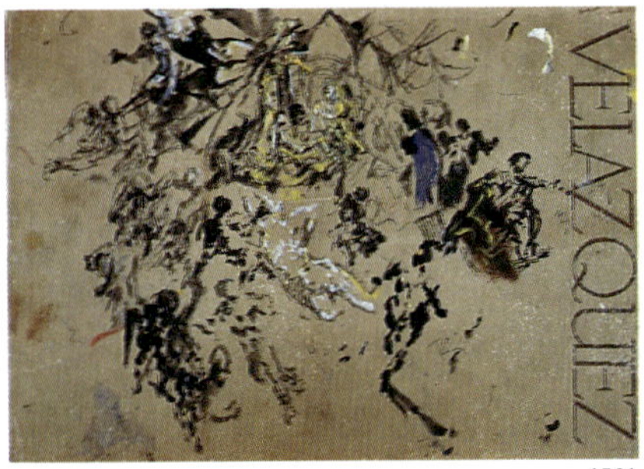

1521

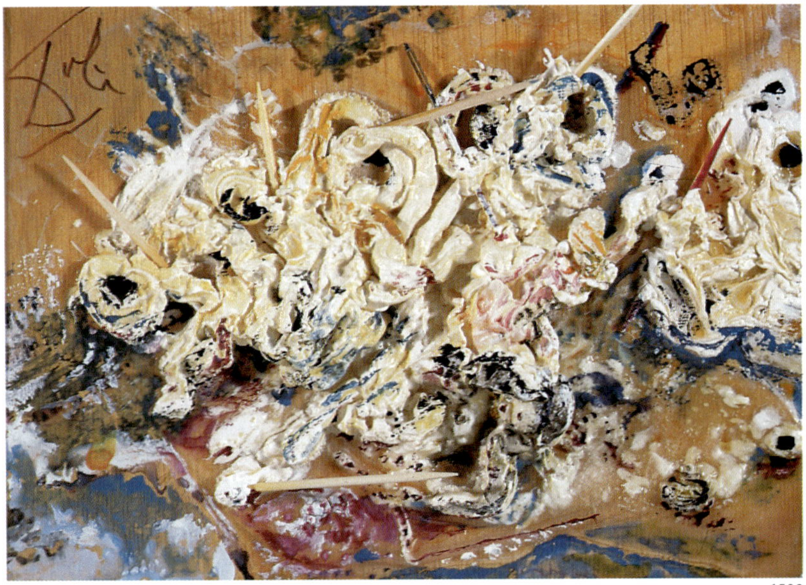

1522

1520 **Arabieren**, 1980 ❑
Arabes

1521 **Groep die een liggend naakt omringt – Velázquez**, 1980-1981 ❑
Groupe de personnages entourant un nu allongé – Vélasquez

1522 **Arabieren**, 1980 ❑
Arabes

1523 **Hermes**, 1981 ❑
Hermès

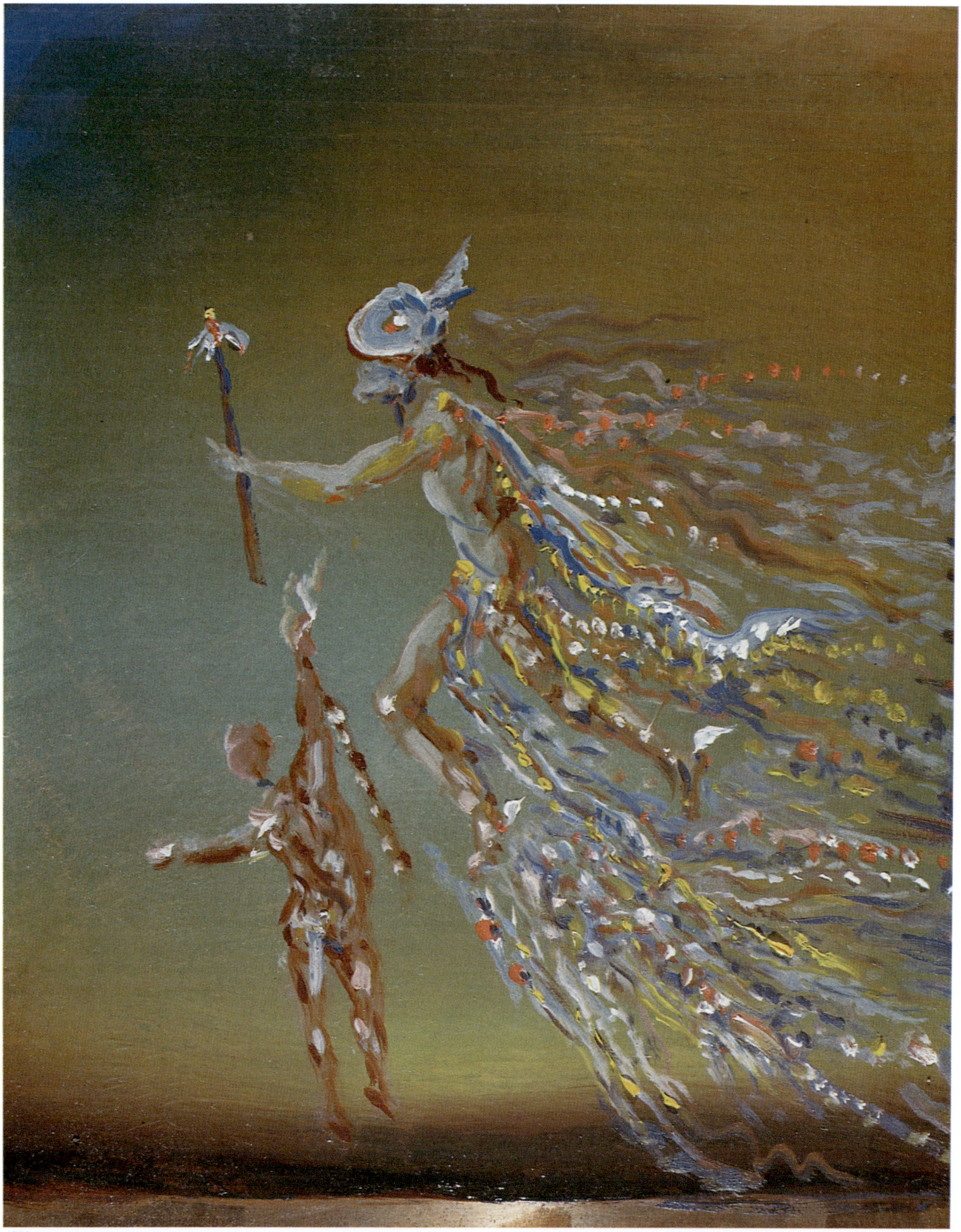

1523

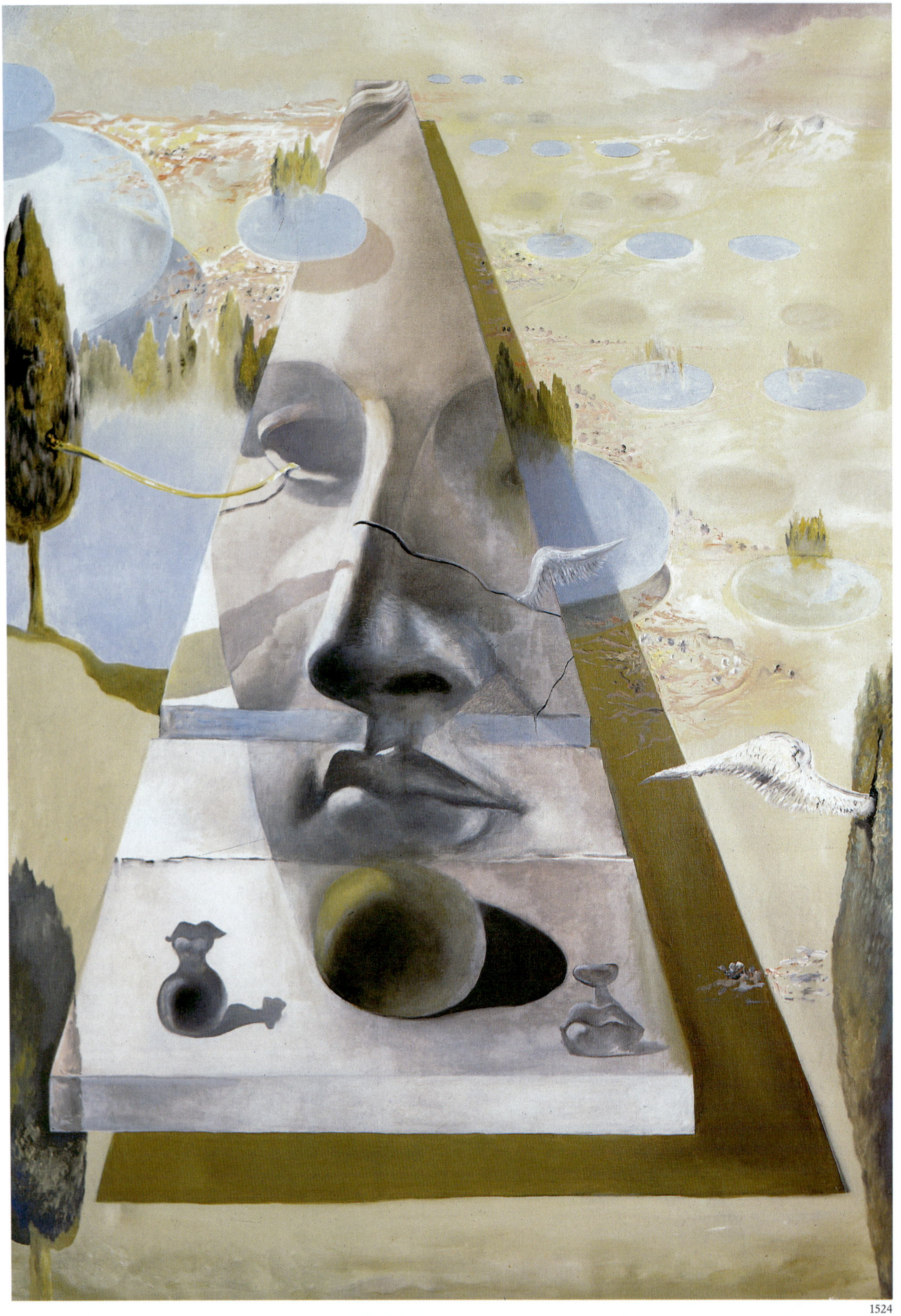

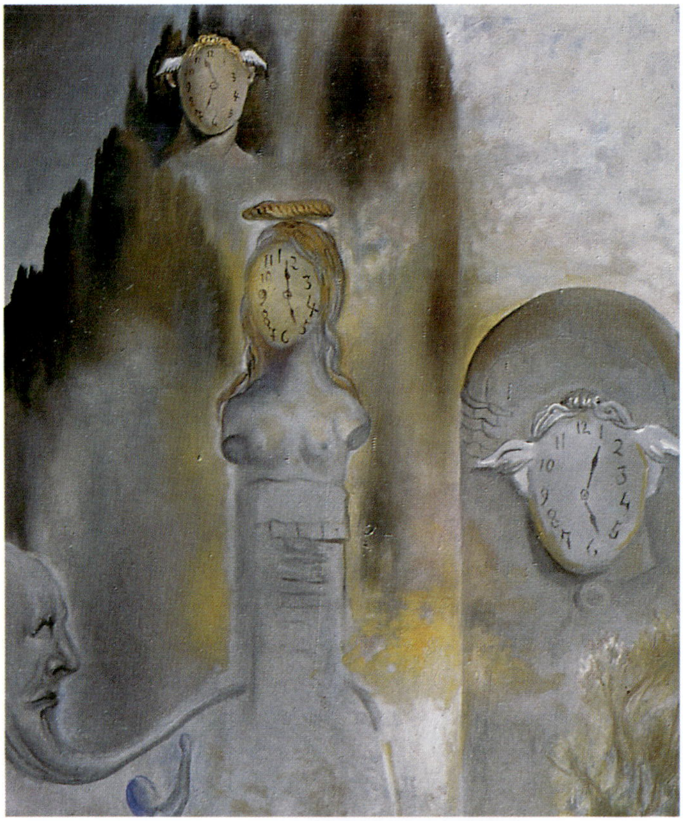

1525

1524 **Verschijning van het gezicht van de Afrodite van Knidos in een landschap**, 1981 ❑
Apparition du visage de l'Aphrodite de Cnide dans un paysage

1525 **De tuin der uren**, 1981 ❑
Le jardin des heures

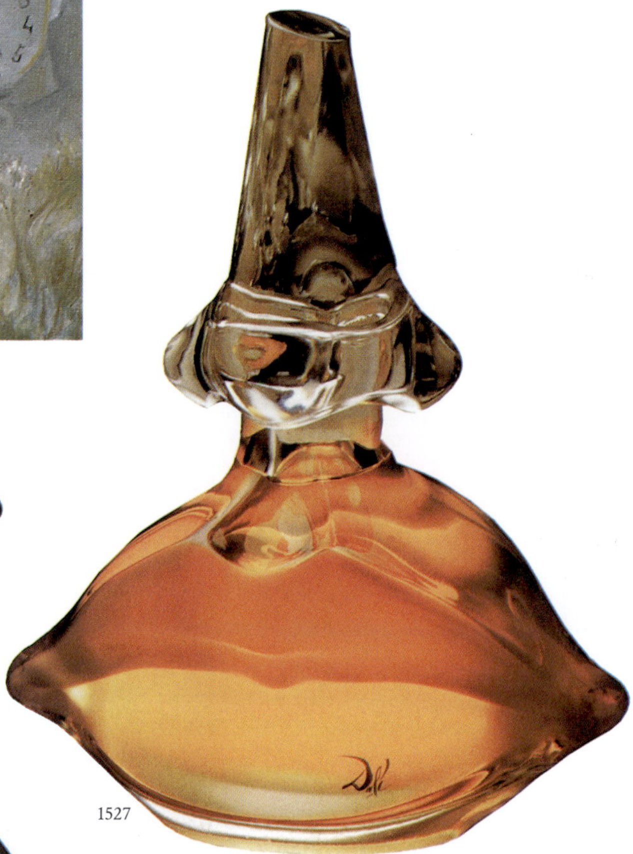

1527

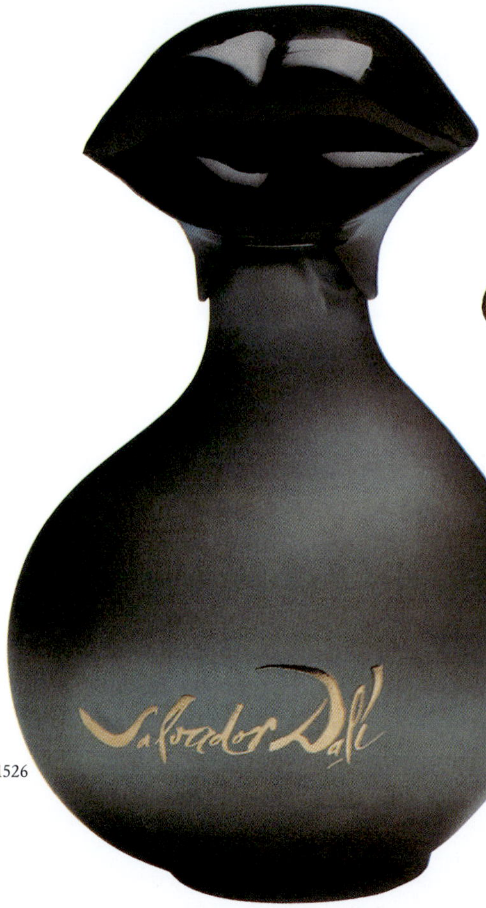

1526

Geïnspireerd op neus, mond en kin in 'Verschijning van het gezicht van Aphrodite'. Dit zijn de flesjes voor het Spaanse parfum 'Salvador Dalí':

1526 **Bij het parfum 'Homme'** (man) staat boven de kin een mond. ✰

1527 **Bij het parfum 'Femme'** (vrouw) staat boven de mond de neus. ✰

1981

1528 **Toren, vleugel en fontein,** 1981 ❑
Tour, piano à queue et fontaine
Dit is de Gorgot-toren die Dalí later tot Galatea-toren maakte voor zijn Teatro Museo Dalí.

1529 **De torens**, 1981 ❑
Les tours
Dezelfde toren, verdubbeld, vergroot, fallisch...

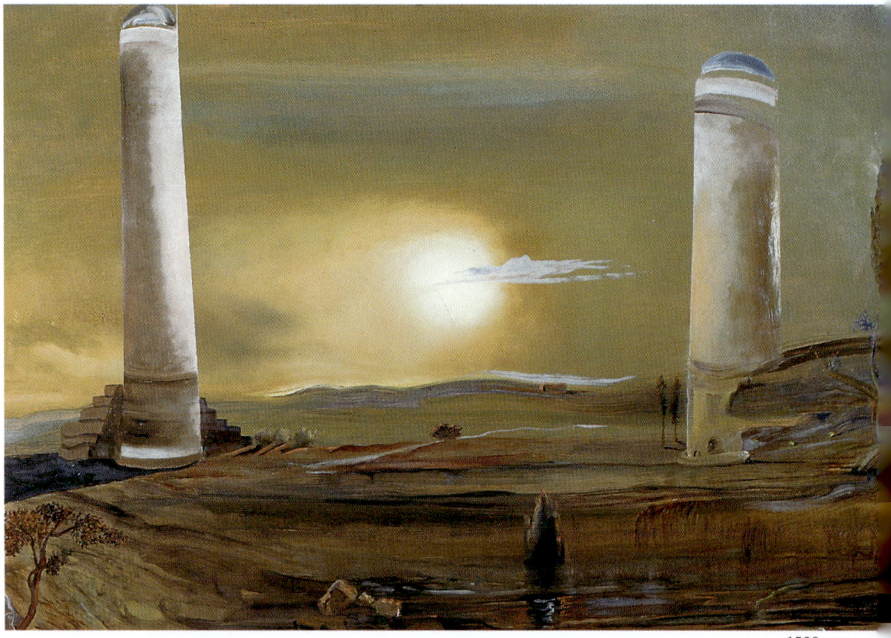

1529

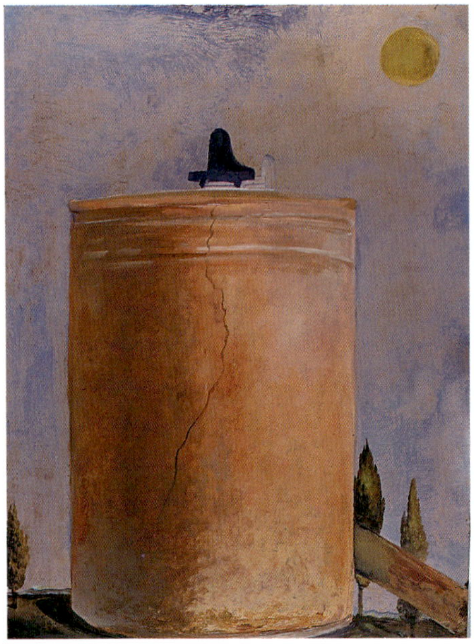

1528

1530 **Grote trilworm-masturbator duikt op achter de arcaden**, 1981 ❑
Grand masturbateur-planaire apparaissant derrière des arcades

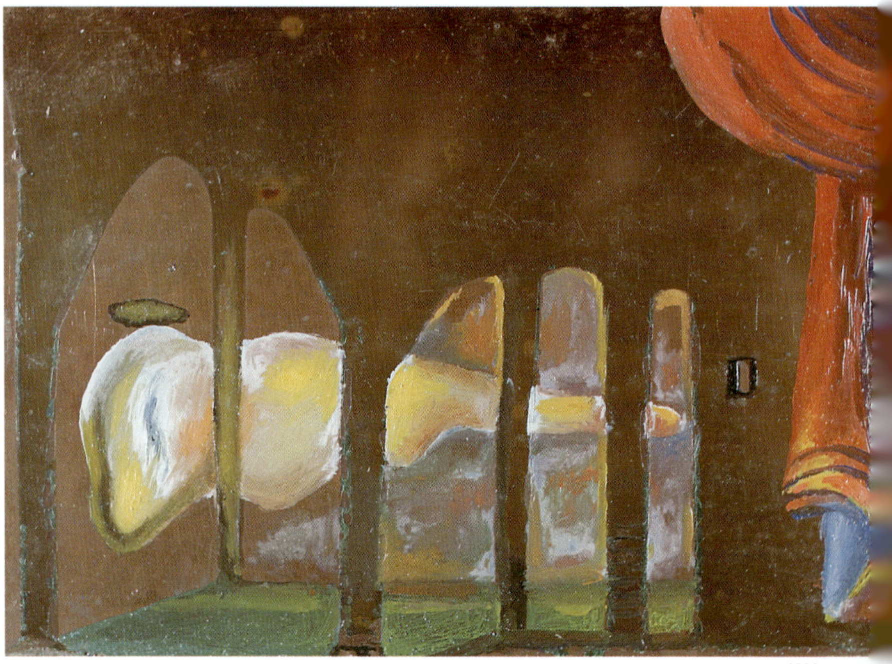

1530

ten in 360° te zien is, heeft Dalí andere driedimensionale werken gemaakt. Een van de best uitgewerkte is *Dalí van achteren, terwijl hij Gala van achteren schildert* (blz. 604-605), dat ook *De herder en de herderin* wordt genoemd; het toont Dalí aan het werk en Gala die tegenover hem zit; rond het hologram lopend zijn beide figuren vanuit alle hoeken exact te zien. Vanaf 1975 heeft Dalí zijn holografische experimenten opgegeven omdat de techniek zich niet zo ver had ontwikkeld als men had gehoopt. Desondanks is de holografie voor de schilder de hoop het drievoudige aspect van het totale zien te verwezenlijken. Voor hem is het Kubisme slechts een holografisch experiment.

"De stereoscopie vereeuwigt en legitimeert de geometrie, want aan haar hebben we de derde dimensie van de sferen te danken. Met het universum dat ze bevatten en beperken, kan ze dat op een bescheiden, onsterfelijke, integere en koninklijke wijze." Alle procédés voor de weergave van reliëf behoren tot het domein van de stereoscopie en gaan terug op het binoculaire zien, het hulpmiddel waarmee een schilder tijd en ruimte weergeeft. "Het binoculaire zien is de drieëenheid van de fysieke, transcendente waarneming. De Vader het rechteroog, de Zoon het linkeroog en de Heilige Geest de hersenen, het wonder, het lichte, virtuele beeld, integer geworden, pure geest, Heilige Geest."

Kort na 1960 verschijnen in Dalí's werk stereoscopische scheppingen, met pogingen die het netsysteem (fresnel) van 'reliëf'-ansichtkaarten gebruiken. Helaas maakt de techniek het tot op heden alleen mogelijk het reliëf op kleine oppervlakken weer te geven. In die tijd begint Dalí te werken, uitgaande van 'klassieke' stereogrammen, dat wil zeggen van twee afbeeldingen, een voor elk oog, die worden gemaakt door geometrische constructies of door met een stereoscopisch apparaat (twee lenzen) gemaakte foto's. Dalí componeert de afbeeldin-

1531 **De toren van de raadsels,** 1971-1981 ❑
La tour des énigmes

1532 **Zittende figuur die een 'Grote trilworm-masturbator' gadeslaat,** 1981 ❑
Personnage assis contemplant un 'Grand masturbateur-planaire'

1533 **Toren,** 1981 ❑
Tour

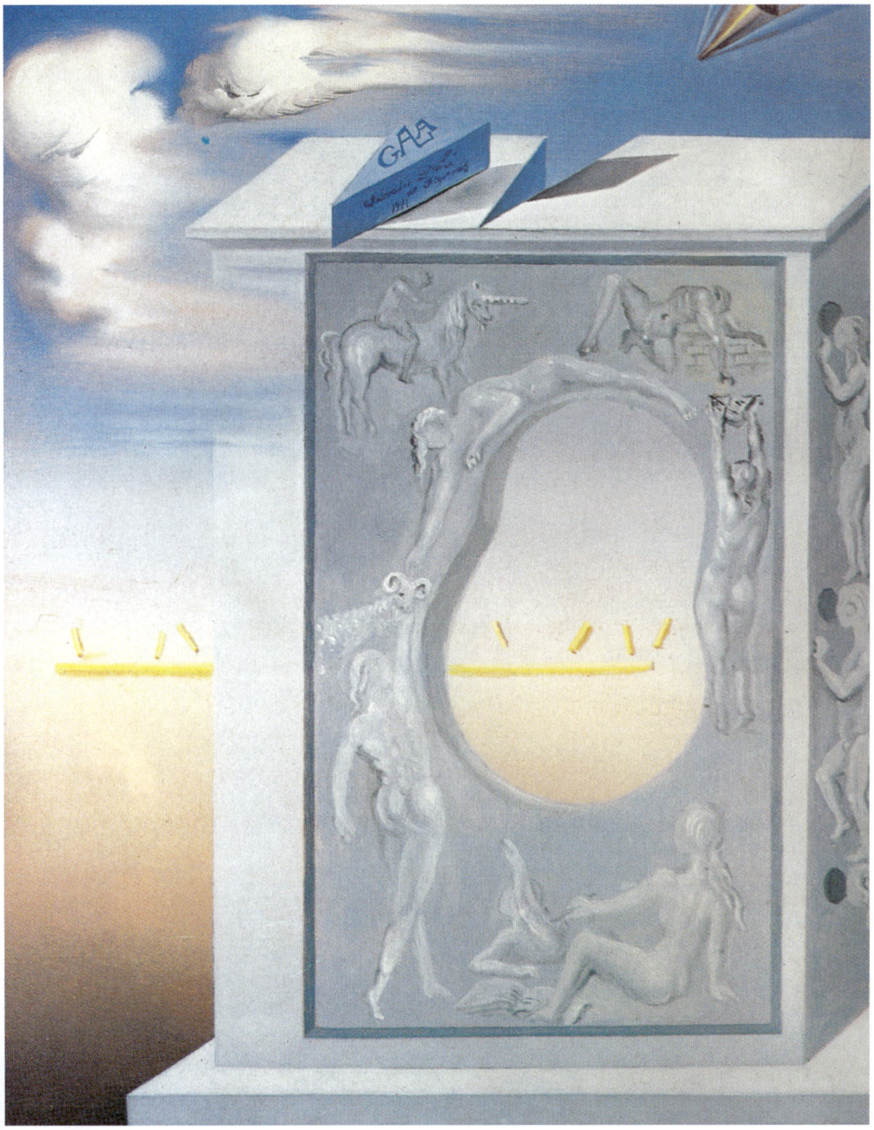

1531

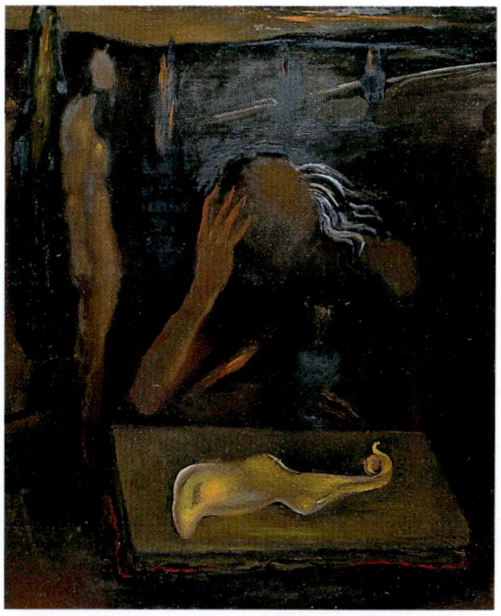

1532

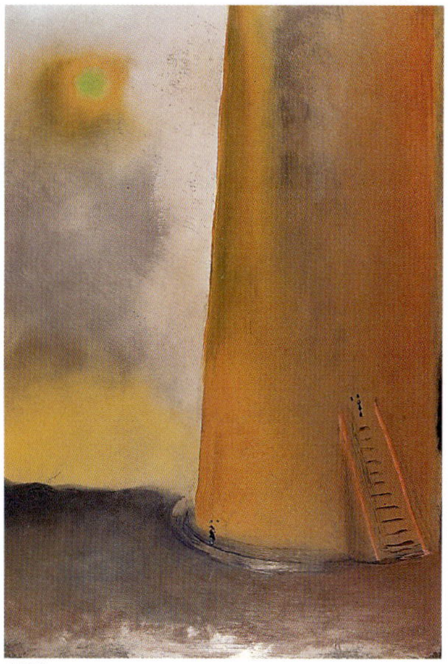

1533

1981

1534 **Modelconfectie voor het volgende voorjaar: 'Guirlandes, nesten en bloemen'**, 1981 ❑
Le prêt-à-porter du prochain printemps: 'des guirlandes, des nids et des fleurs'

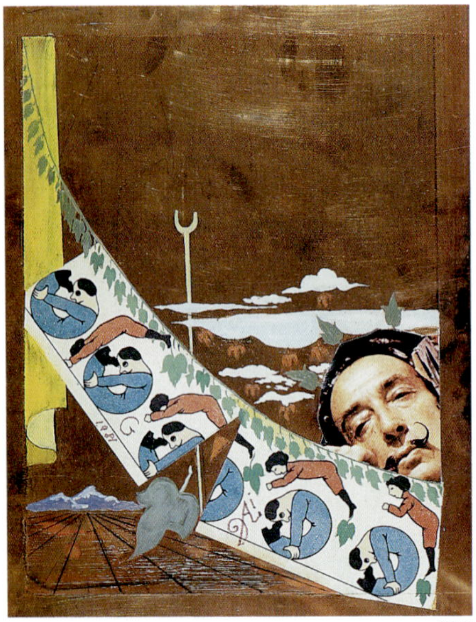

1534

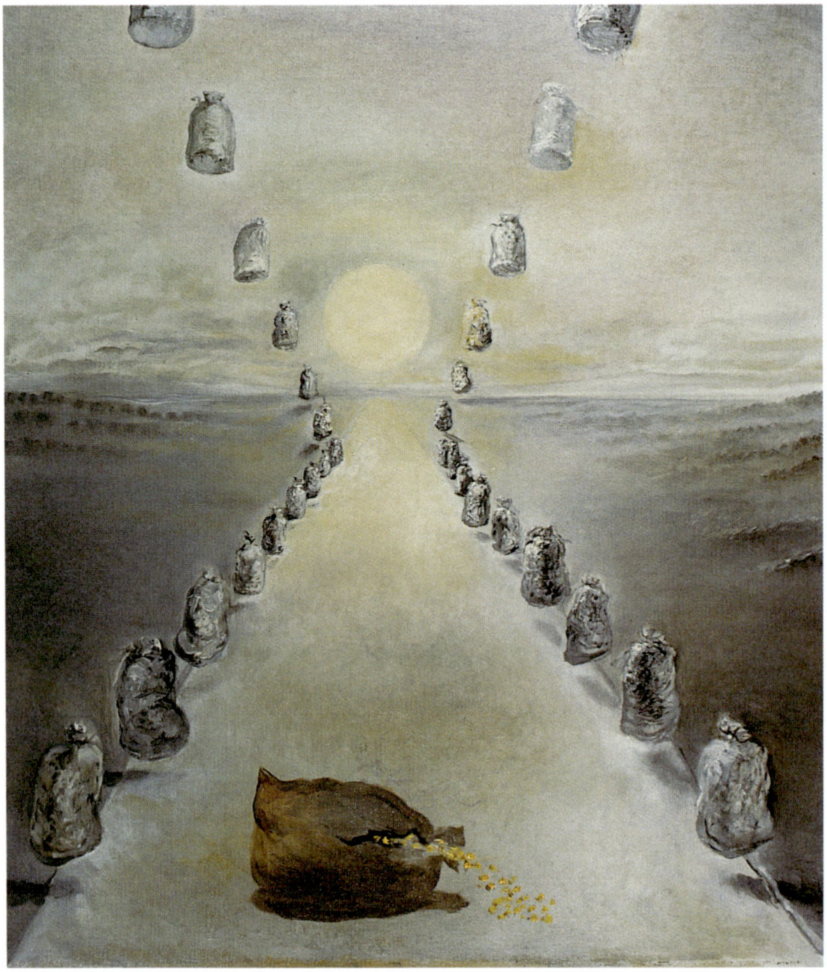

1537

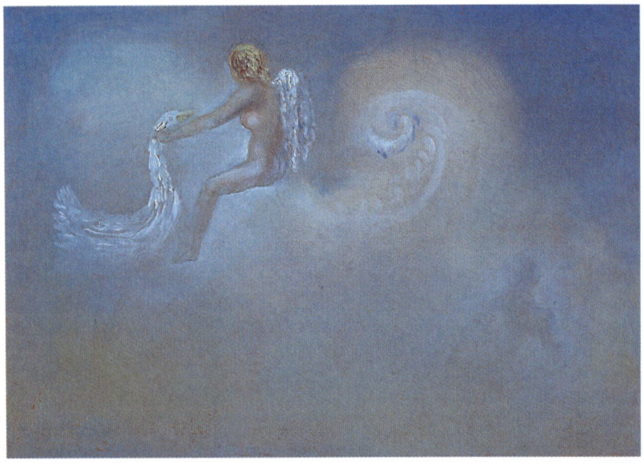

1535

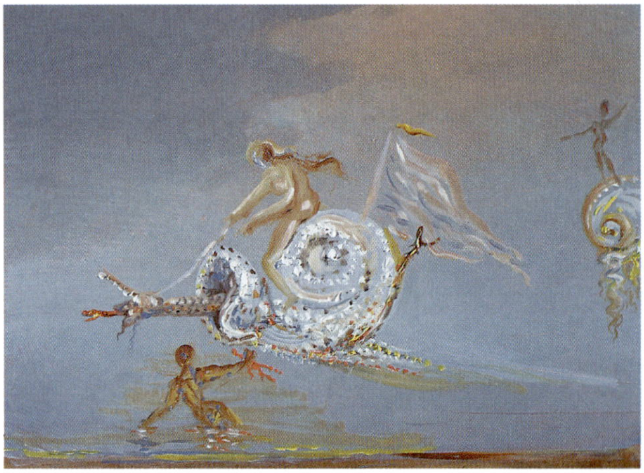

1536

1535 **Gasvormige zwaan**, 1981 ❑
Le cygne gazeux
1536 **Amphitrite**, 1981 ❑

1537 **De raadselachtige weg** (eerste versie), 1981 ❑
Le chemin de l'énigme

1538 **De raadselachtige weg** (tweede versie), 1981 ❑
Le chemin de l'énigme

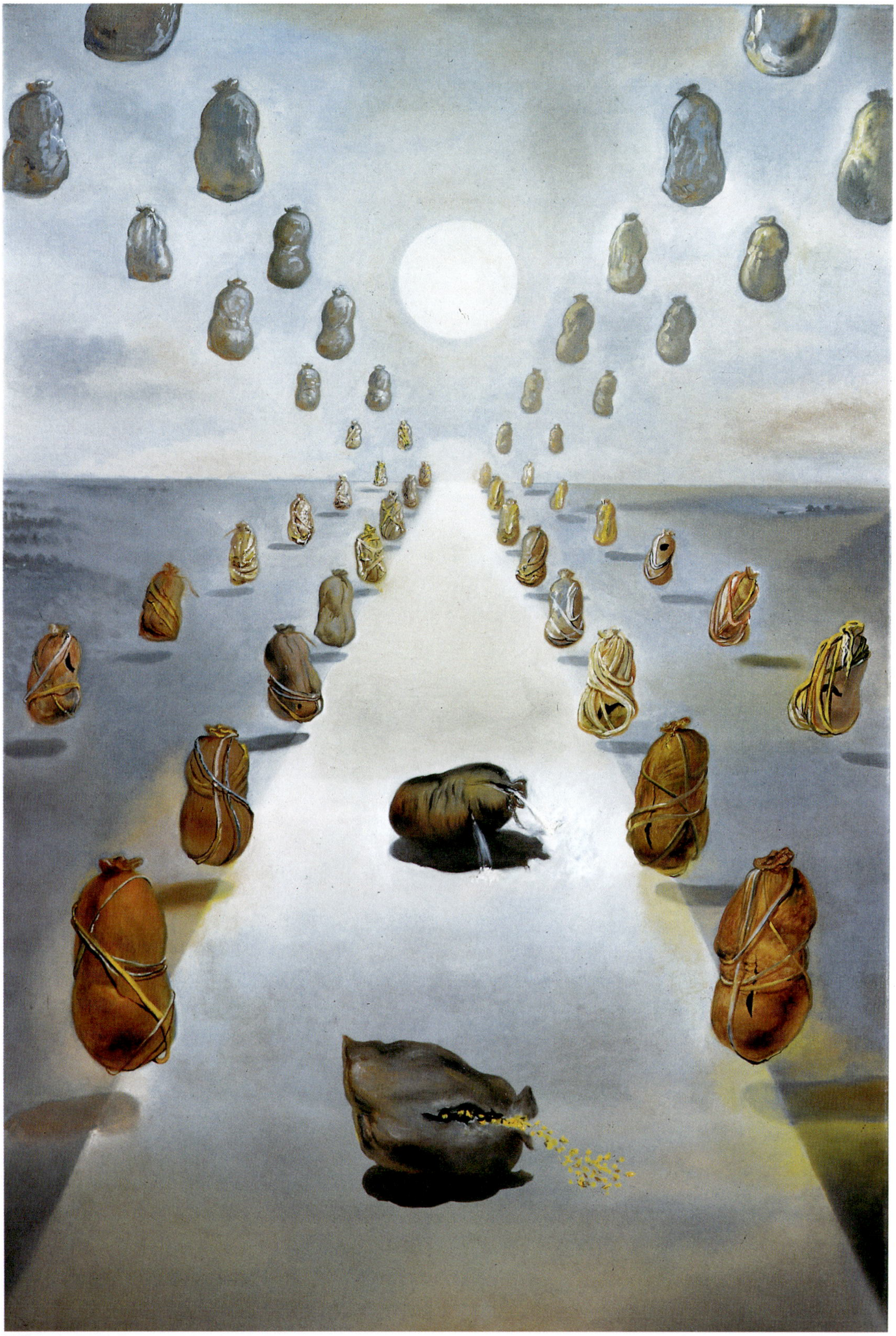

1538

gen, zet ze op linnen en schildert ze in de techniek van de hyperrealisten. *Dalí van achteren, terwijl hij Gala van achteren schildert* (blz. 604-605) is hiervan het beste voorbeeld.

Later laat Dalí volgens een ontwerp van elkaar onafhankelijke, vaak onverenigbare elementen fotograferen, tekenen en ruimtelijk opdelen om ze daarna op het linnen weer te verenigen; zo creëert hij de "eerste stereoscopische collage". Dankzij Roger de Montebellos's aanpassing van de spiegelstereoscoop in Wheatstone kan Dalí grote doeken schilderen, waaronder *De stoel* (blz. 660), 4 x 2 m, waardoor de stereoscopie voor het eerst ontsnapt uit het domein van de vertrouwelijkheid en ze kan uitgroeien tot monumentale oppervlakken.

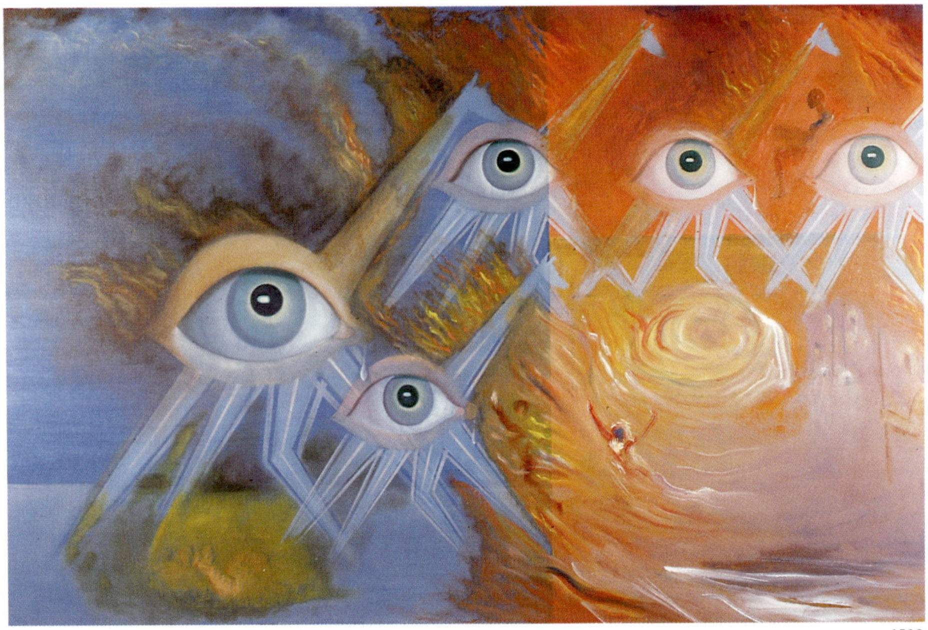

1539

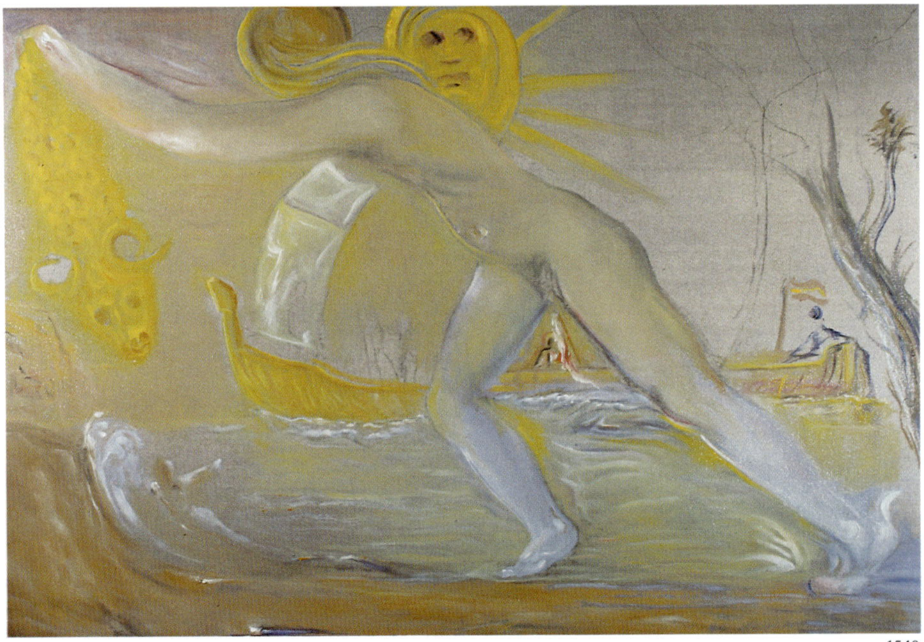

1540

1539 **Argus**, rond 1981 ❑

1540 **Medea of Jason grijpt het Gulden Vlies**, 1981 ❑
Médée ou Jason se saisissant de la Toison d'Or

1541 **Landschap**, 1981 ❑
Paysage

1542 **Mercurius en Argos** (naar 'Mercurius en Argos' van Velázquez, Museo del Prado), 1981 ❑
Mercure et Argos

1543 **Landschap met een rots in de vorm van een triomfboog**, 1981 ❑
Paysage avec un rocher en forme d'arc de triomphe

1544 **Jason draagt het Gulden Vlies (onvoltooid)**, rond 1981 ❑
Jason portant la Toison d'Or

Daarna probeert Dalí in *Las Meninas* (blz. 663) en in *Dalí's hand trekt een Gulden Vlies in de vorm van een wolk weg om Gala het volkomen naakte ochtendrood te tonen dat ver, ver achter de zon ligt* (blz. 664) nog verder te gaan en door de fysieke horizon "te stoten". In 'Euréka' uit 1976 legt Dalí de betekenis van zijn zoektocht uit: "Sinds het Impressionisme is de hele geschiedenis van de moderne kunst gericht op een enkel doel: de realiteit. Wat voor ons zou kunnen betekenen: Wat is nieuw? Velázquez."

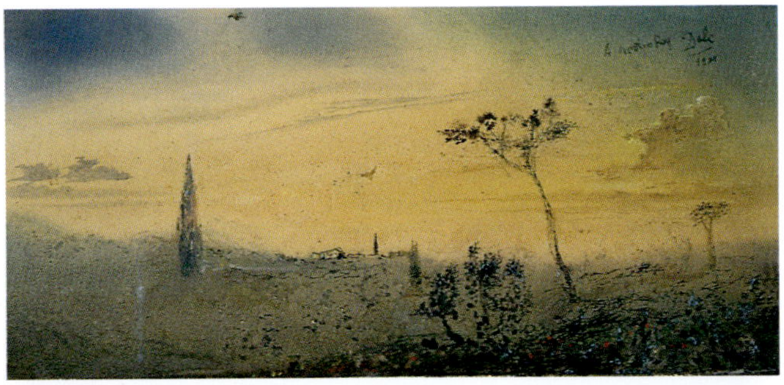

1541

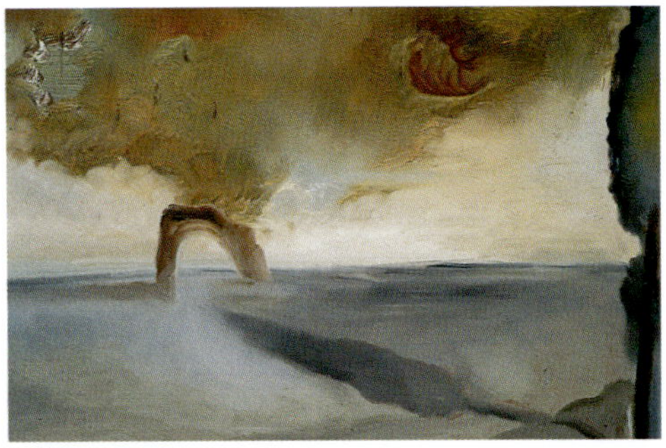

1543

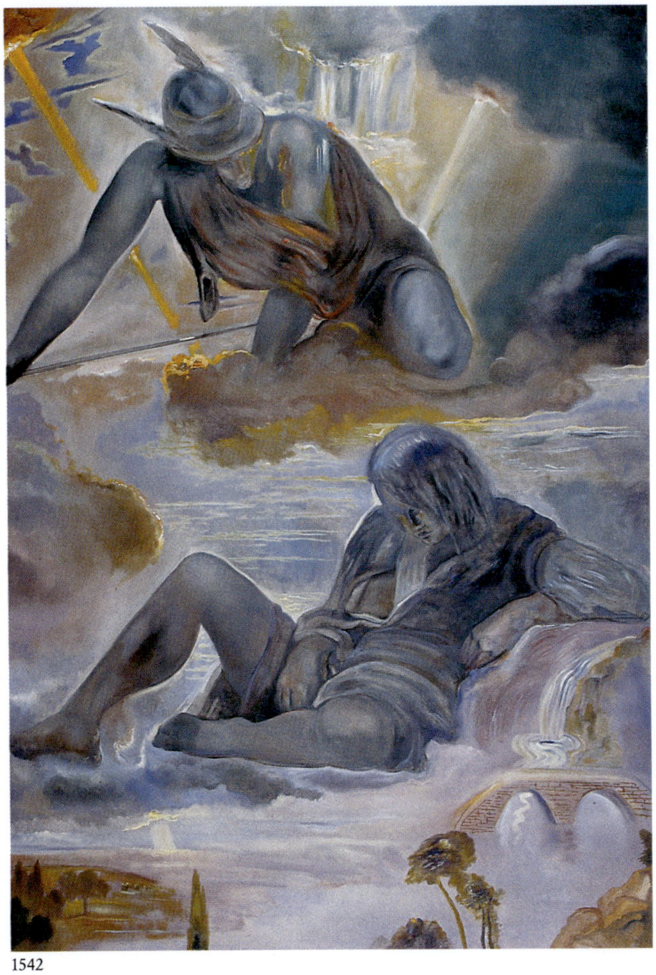

1542

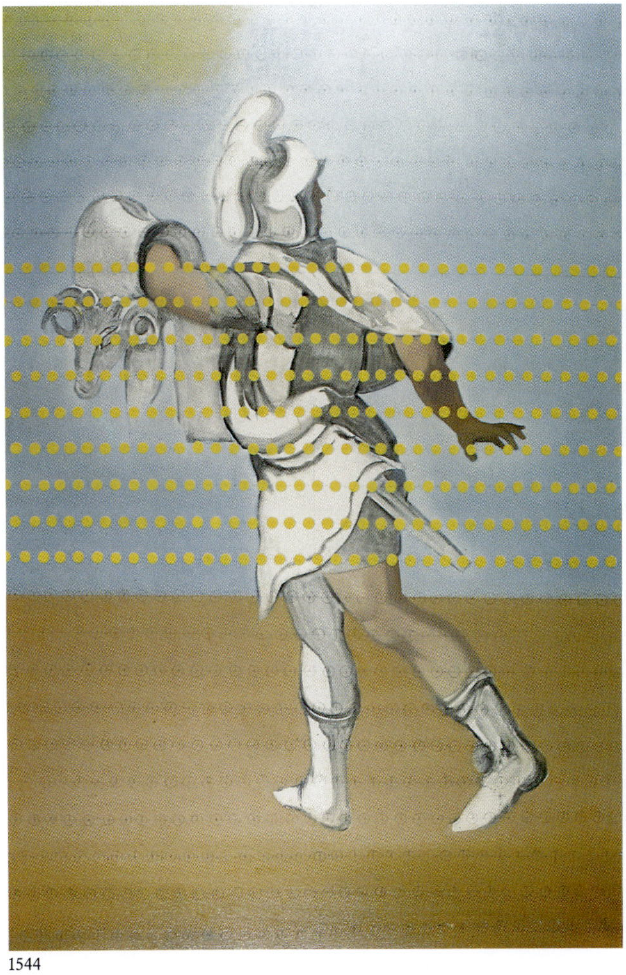

1544

1545 **De wurgengelen**, 1981 ❑
Les Anges exterminateurs

1546 **Zonder titel (Vrouwenbuste met draperie)**, 1981 ❑
Sans titre (Buste de femme drapé)

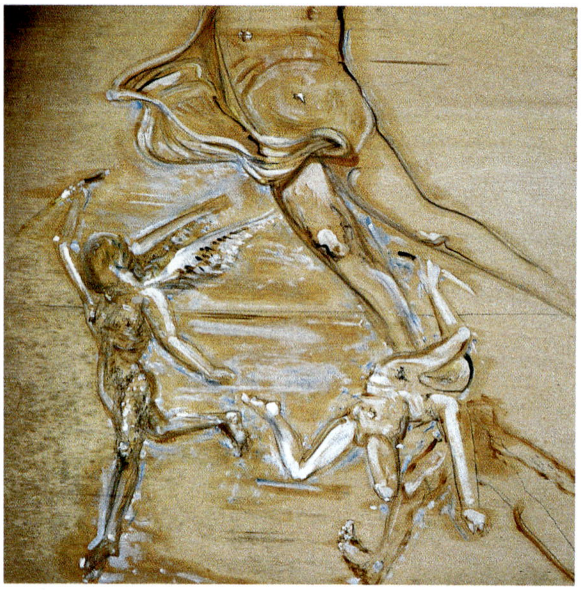

1545

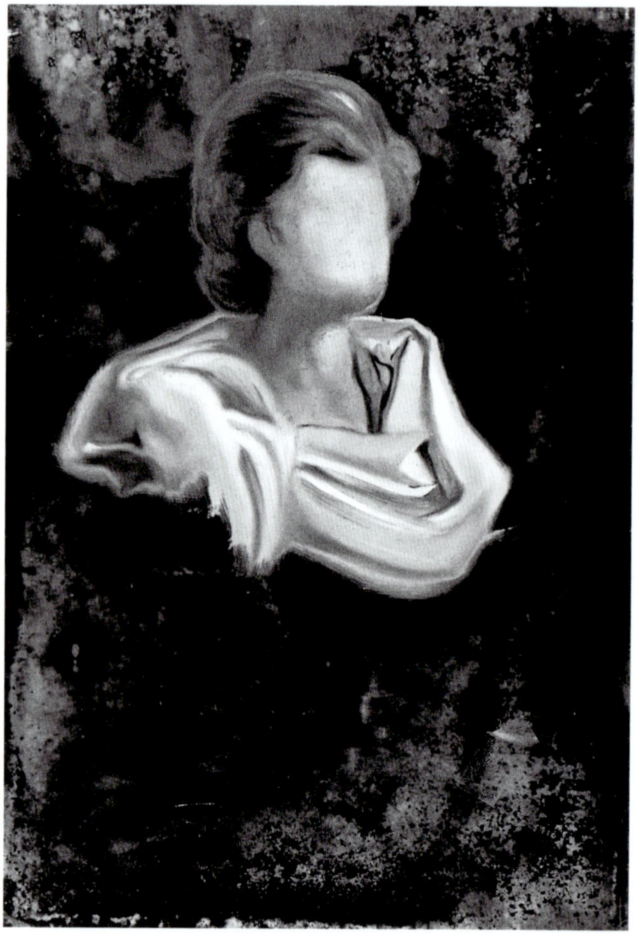

1546

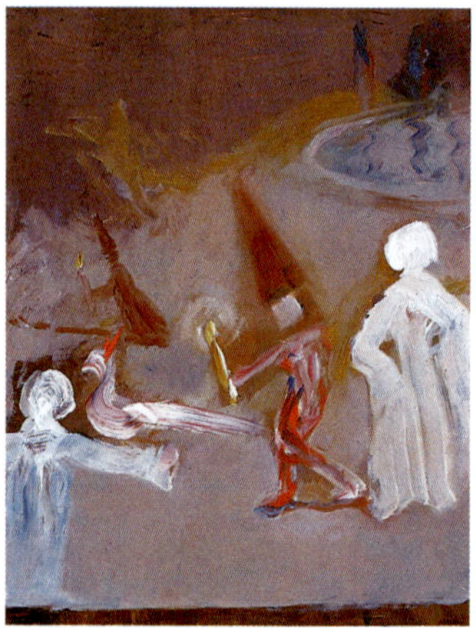

1547

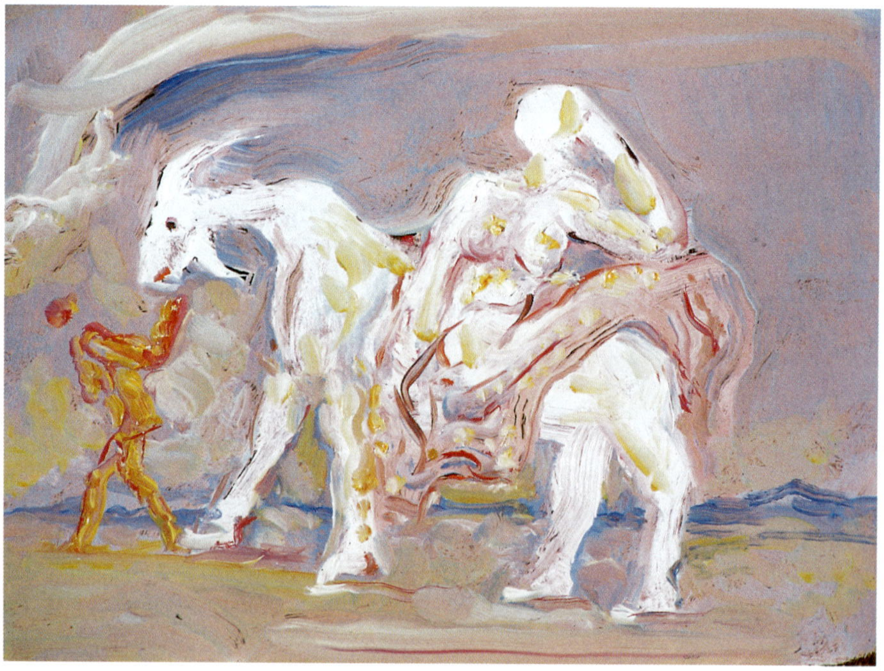

1548

1547 **Figuren (Tafereel naar Goya)**, 1981 ❑
Personnages (Scène goyesque)

1548 **Vrouw op een ram**, 1981 ❑
Femme sur un bélier

1551 **Lectuur, familietafereel onder een lamp**, 1981 ❑
Lecture, scène familiale sous la lampe

1552 **Zonder titel (Imaginair landschap bij Púbol)**, 1981 ❑
Sans titre (Paysage imaginaire de Púbol)

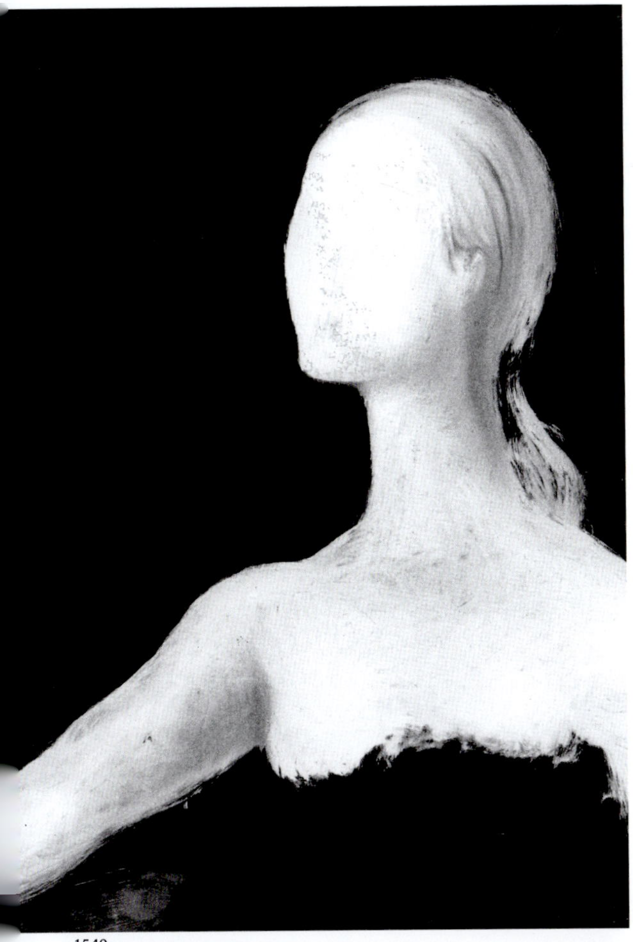

1549

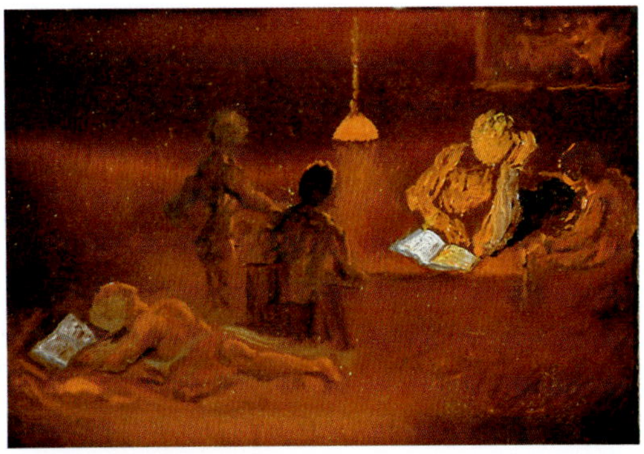

1551

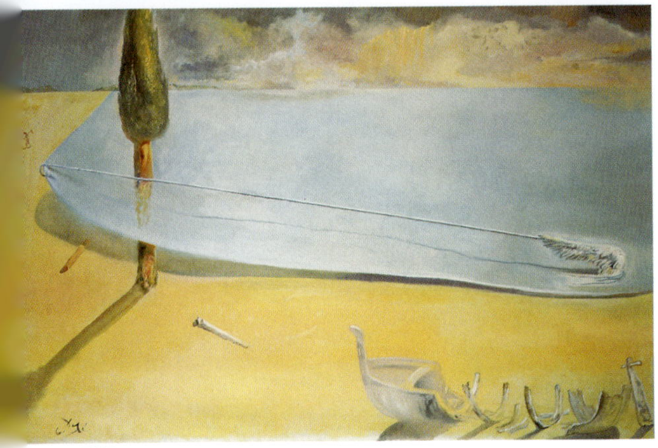

1550

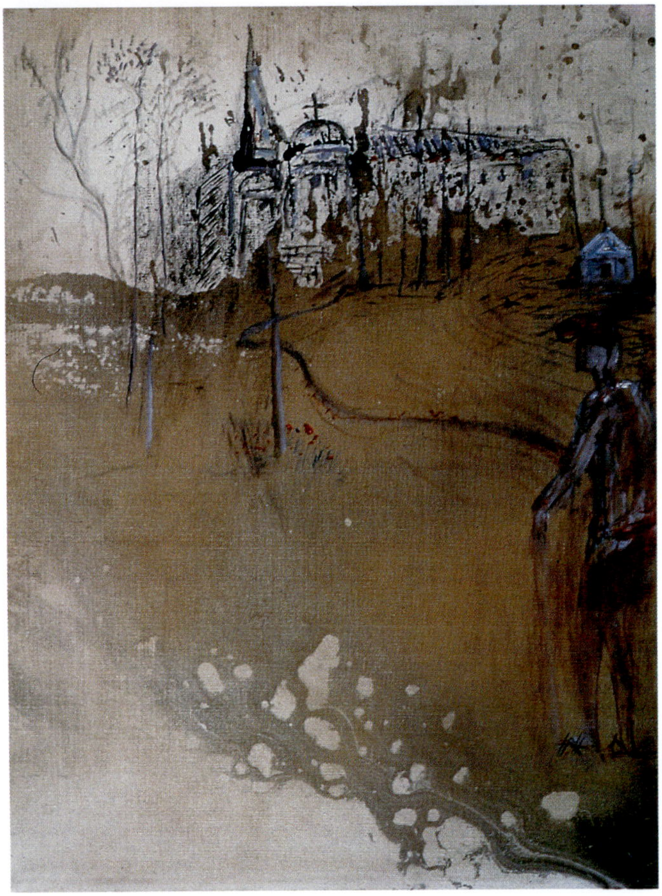

1552

1549 **Zonder titel (Vrouwenhoofd; onvoltooid)**, 1981 ❑
Sans titre (Tête de femme)

1550 **Zonder titel (Huid van een strand)**, 1981 ❑
Sans titre (Peau d'une plage)

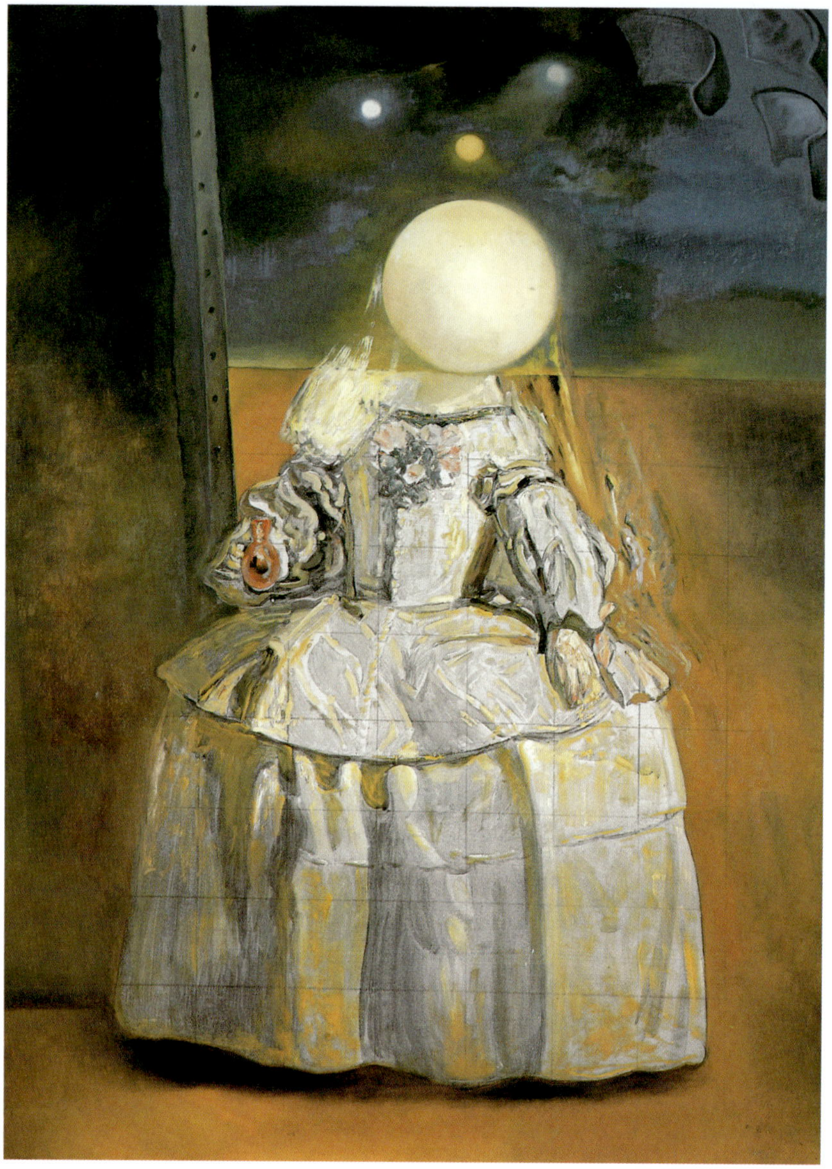

1554

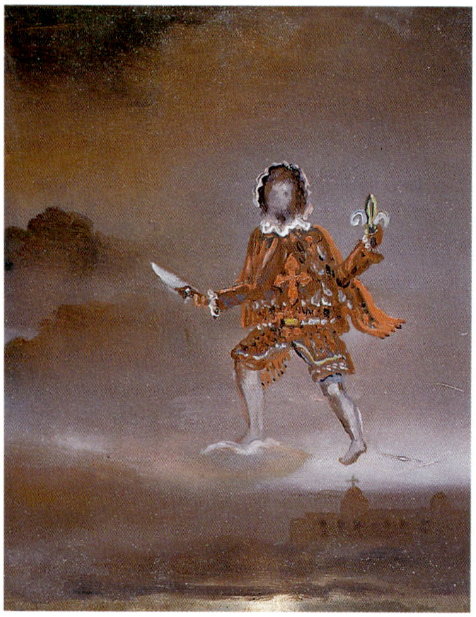

1553

1553 **Spaanse edelman met een Brabants kruis op zijn wambuis**, 1981 ❑
Noble espagnol portant la croix-tréflée sur son pourpoint

1554 **De parel**, 1981 ❑
La perle
Geïnspireerd door de figuur van de infanta Margarita in 'Las Meninas' van Velázquez

Wachten op onsterfelijkheid

Terwijl Dalí wacht op zijn onsterfelijkheid, wordt hij overladen met eerbetoon. Hij krijgt het Grote Kruis van Isabella de Katholieke, de hoogste Spaanse onderscheiding. Op 26 mei 1978 verkiest de Académie des Beaux Arts de l'Institut de France hem tot aangesloten buitenlands lid. Dalí grijpt de inauguratieplechtigheid aan om het station van Perpignan ter sprake te brengen, "het zwaartekrachtcentrum van ons universum. Juist om dit punt draaide Spanje toen de continenten uiteen werden gedreven en Biskaje ontstond. Had dit verschijnsel zich niet voorgedaan, dan waren we afgedreven naar Australië en zouden we nu tussen de kangoeroes leven – de verschrikkelijkste gedachte ter wereld... Afsluitend, om niet te langdradig te worden, zou ik met mijn vriend Michel de Montaigne willen zeggen: we moeten het ultra-locale altijd universeel zien en daarom besluit ik mijn verhandeling met de woorden: 'Leve het station van Perpignan,

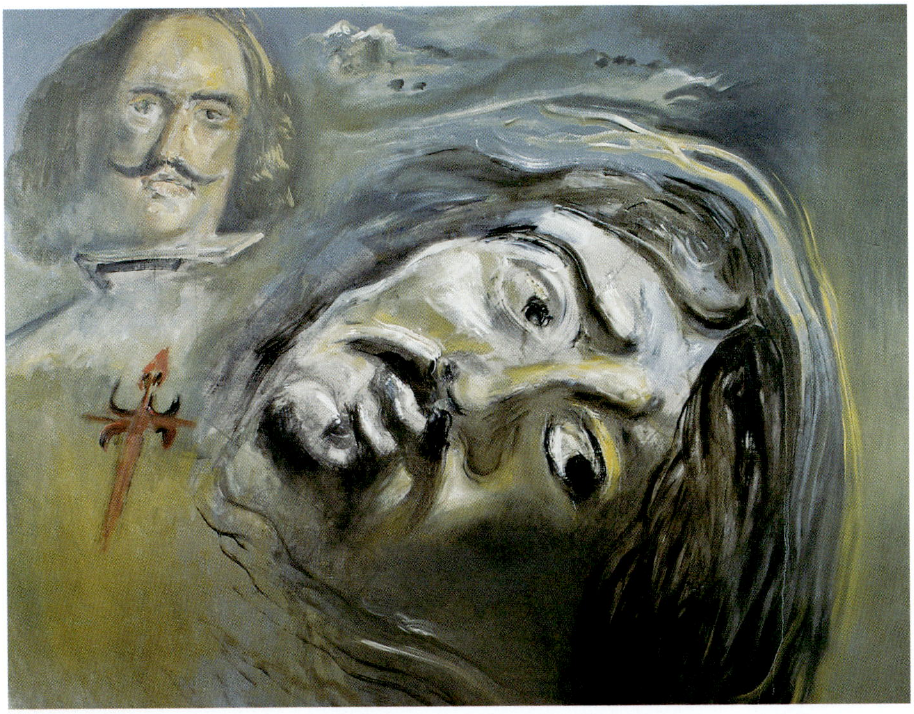

1555

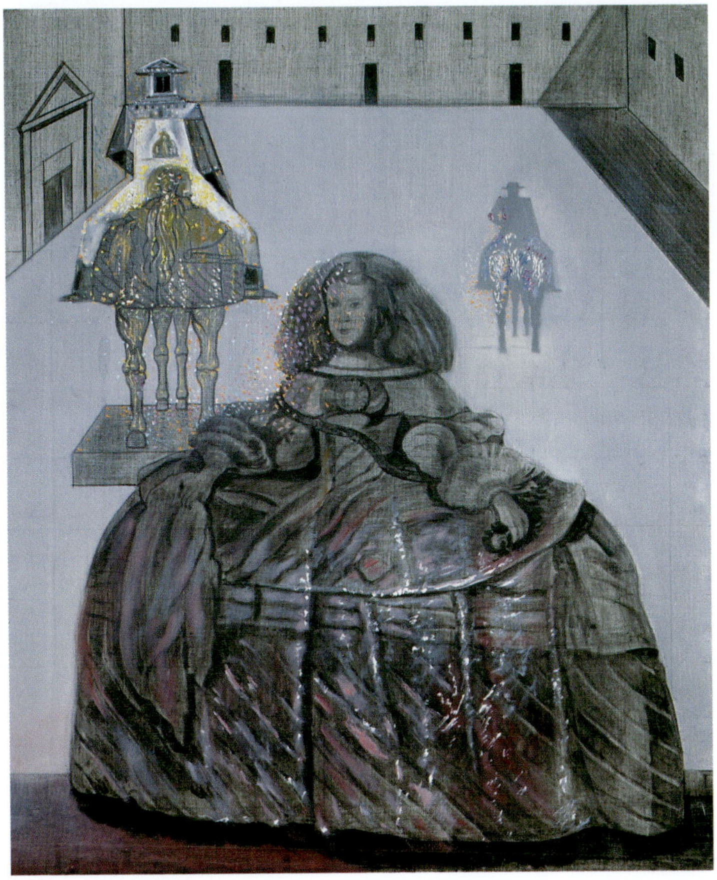

1556

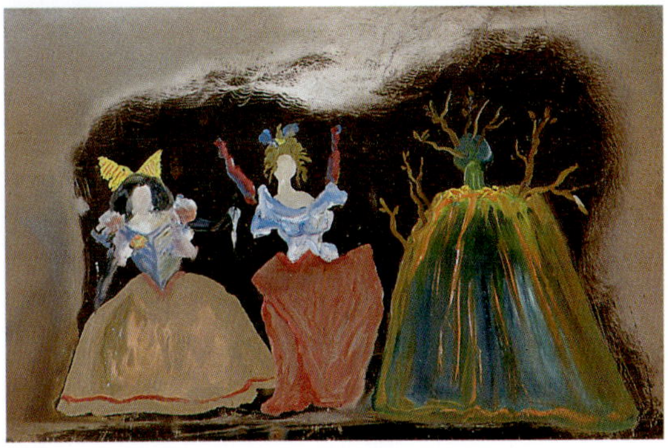

1557

1555 **Velázquez en een figuur**, 1982 ❑
Vélasquez et personnage
Naar het schilderij 'Christus aan de geselpaal' van Velázquez, rond 1628-1629, National Gallery, Londen

1556 **De infanta Margarita María van Velázquez verschijnt in het silhouet van ridders op de binnenplaats van het Escorial**, 1982 ❑
L'infante Marguerite de Vélasquez apparaissant dans la silhouette des chevaliers dans la cour d'un Escurial

1557 **Drie vrouwelijke figuren in pronkgewaden**, 1981 ❑
Trois figures féminines en vêtements d'apparat

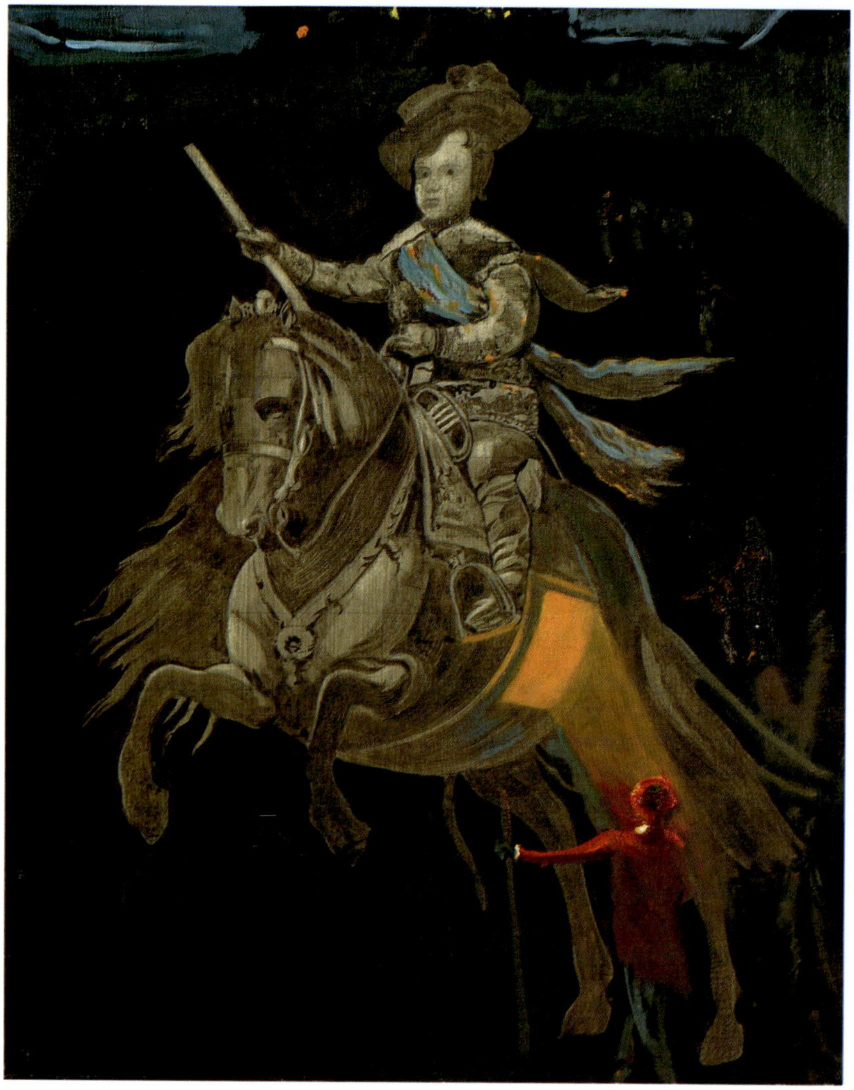

1558

1558 **Zonder titel – Ruiterfiguur van prins Balthasar Carlos naar Velázquez en figuren op de binnenplaats van het Escorial**, 1982 ❑
Sans titre – Figure équestre du Prince Balthasar Carlos, de Vélasquez, et personnages dans la cour d'un Escurial

leve Figueras!'" Het schilderij *Het station van Perpignan* (blz. 558-559) ontstaat uit een openbaring: "Op 19 september 1963 beleefde ik op het station van Perpignan een moment van kosmogene extase: een visioen van de exacte samenstelling van het universum." Daarnaast bevat het schilderij een variant van het 'angelus'-thema, het doods- en fallussymbool.

Michel Déon, eveneens lid van de Académie Française, zegt in het tijdschrift 'L'Aurore': "Deze renaissance-mens kan zich nog zo verstoppen achter zijn exhibitionisme, het is zijn werk waar we van houden en op zijn werk zal men hem beoordelen, niet op zijn vochtige achterwerken, zijn stekende zeeëgels, zijn gedraaide snor, zijn met nerts gevoerde cape, zijn Rolls-Royce, zijn onduidelijke vriendschappen met travestieten en zijn bezeten uitbuiting van zijn liefde voor zijn vrouw Gala. Hij zal de schilderkunst een bewustheid en een strengheid hebben opgeleverd die we door de door Picasso ingeleide ontleding uit het oog hadden verloren. Een schilder is ook altijd ambachtsman en op dat gebied is Dalí een van de grootsten. Maar weinig mensen weten dat deze kunstenaar een technisch kunner is en dat hij menig verloren gegaan recept heeft herontdekt en dat zijn beste, beroemdste doeken op een dag de vergelijking met die van Velázquez of Rafaël zullen kunnen doorstaan... Mensen denken misschien dat hij een idioot

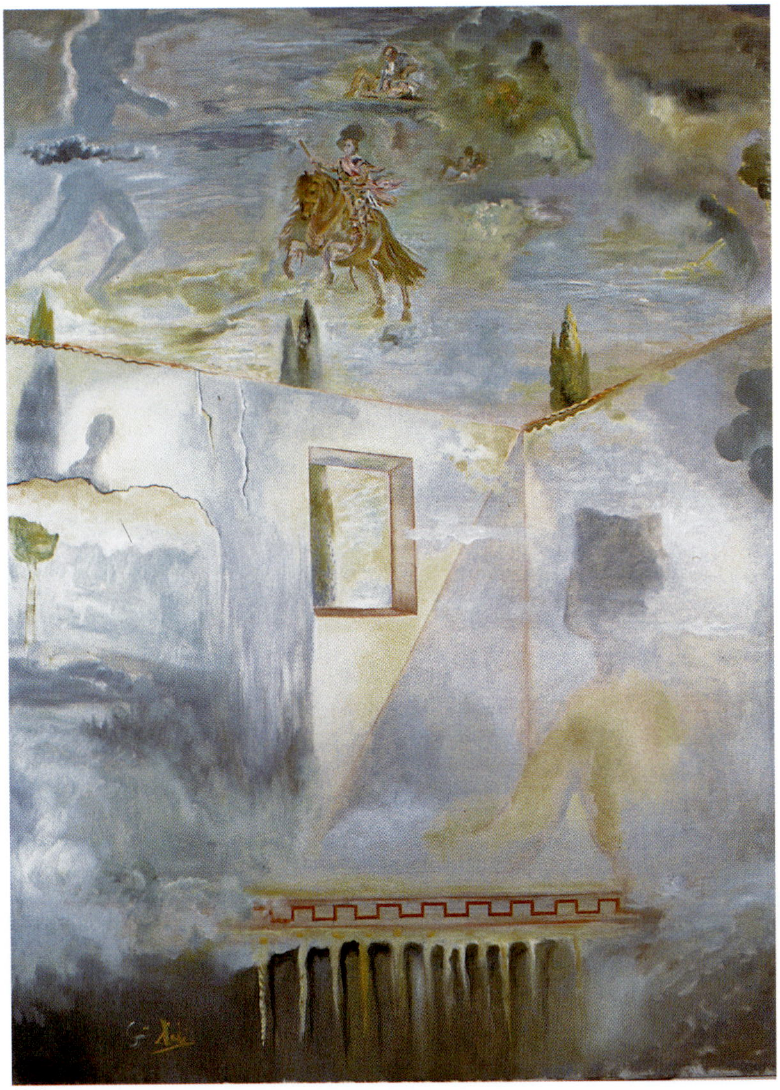

1559

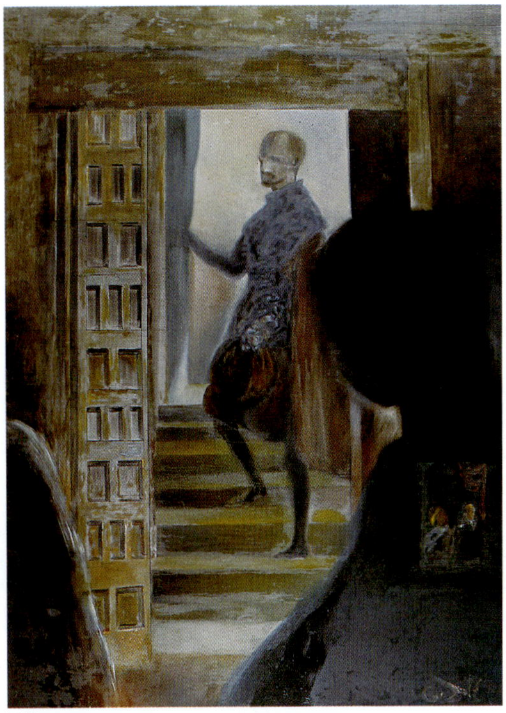

1560

is, omdat hij ongehoorde dingen zegt met opvallend gezond mensenverstand. Allen die hem graag mogen, die denken dat hij een genie is, of op zijn minst een groot talent, zouden graag zien dat die onvermoeibare man, die nu lid van het Institut de France is, aan menige clownerie een eind zou maken. Ik zou het toejuichen wanneer hij zijn gedraaide snor zou afscheren, wanneer hij zou ophouden met zijn uitpuilende ogen te rollen en wanneer hij zich niet meer zou bedienen van de met prestige beladen wisselvalligheden van het toeval. Hij heeft alles gekregen wat een kunstenaar zich kan wensen. Als hij in staat zou zijn te besluiten geen mediaspektakel meer te zijn, zou zijn schilderkunst in plaats van hijzelf in het middelpunt komen te staan en zeker aan betekenis winnen. Dan zou ons duidelijk worden dat zijn werk tot het grootste van onze tijd behoort. Maar misschien is dat te veel gevraagd van een man die de mystificatie tot dogma heeft verheven."

In zijn boek 'De 50 magische geheimen' bekent Dalí wat hem kwelt: "Van Gogh was gek en sneed zonder duidelijke reden en onbarmhartig voor zichzelf zijn linkeroor af. Ik ben weliswaar niet gek, maar ben desondanks bereid ter plekke mijn linkerhand te laten afhakken. Ik zou echter een zeer belangrijke reden hebben, voor zover ik daardoor namelijk Vermeer van Delft tien minuten aan

1559 **Gala bekijkt op een binnenplaats een hemels schouwspel, waarin de ruiterfiguur van prins Balthasar Carlos en verschillende sterrenbeelden (allemaal) verschijnen, naar Velázquez,** 1981 ❑
Gala dans un patio observant le spectacle du ciel où surgit le portrait équestre du Prince Baltasar Carlos et apparaissent plusieurs Argo (tous) de Vélasquez

1560 **De hofmeester Don José Nieto Velázquez uit het doek 'Las Meninas' van Velázquez, Museo del Prado, Madrid,** 1982 ❑
D'après l''Aposentador' don José Nieto Vélasquez des 'Ménines' de Vélasquez

1982

1561 **Zonder titel (Compositie – De binnenplaats van het Escorial en Sebastián de Morra, de dwerg van Velázquez)**, 1982 ❑
Sans titre (Composition – La cour d'un Escurial avec personnage et Sebastián de Morra, le nain de Vélasquez)
1562 **Op de binnenplaats van het Escorial, het silhouet van Sebastián de Morra, waarin het gezicht van Gala verschijnt, omgeven door catastrofevormige tekens (onvoltooid)**, 1982 ❑
Dans la cour d'un Escurial, la silhouette de Sebastián de Morra dans laquelle apparaît le visage de Gala entouré de signes catastrophéïformes
1563 **Sebastián de Morra met catastrofevormige tekens (onvoltooid)**, 1982 ❑
Sebastián de Morra avec des signes catastrophéïformes
1564 **Achter het raam, aan de linkerhand, daar waar een lepel verschijnt, ligt Velázquez op sterven**, 1982 ❑
Derrière la fenêtre, à main gauche, d'où sort une cuillère, Vélasquez agonisant

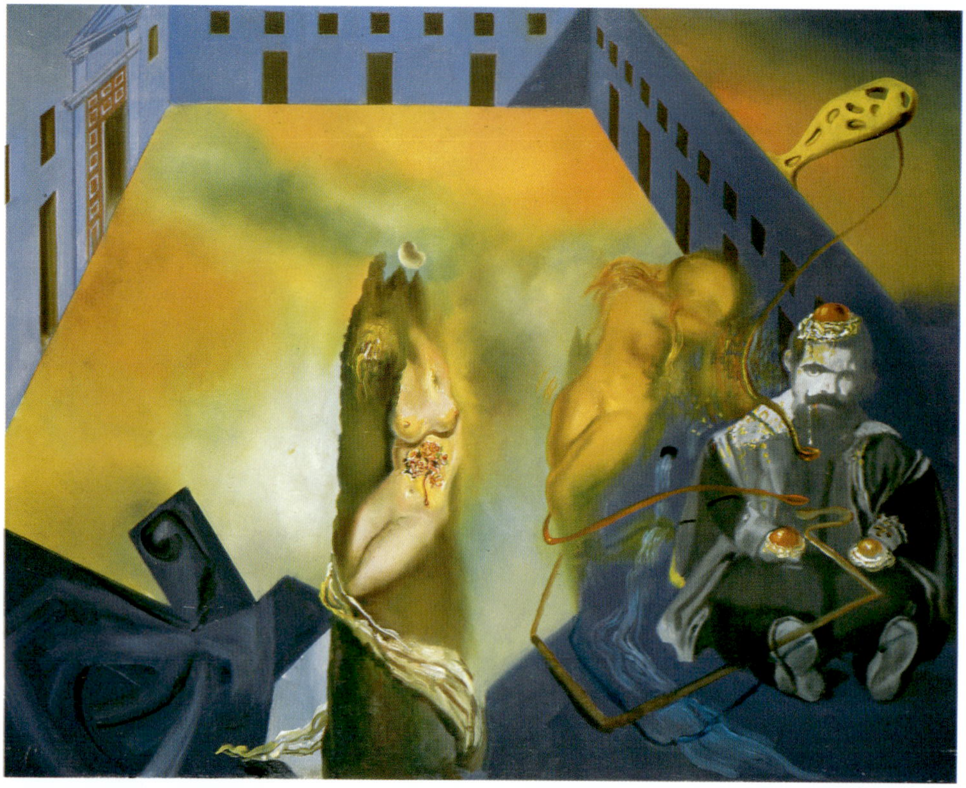

1561

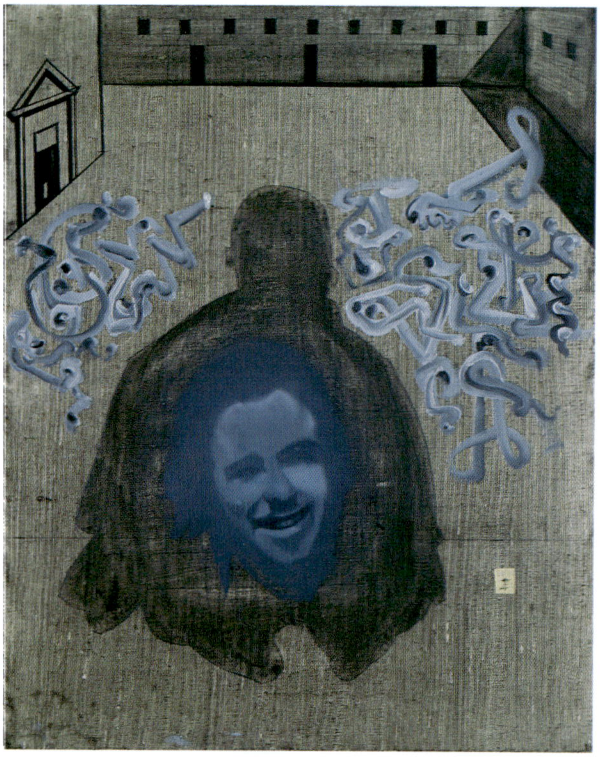

1562

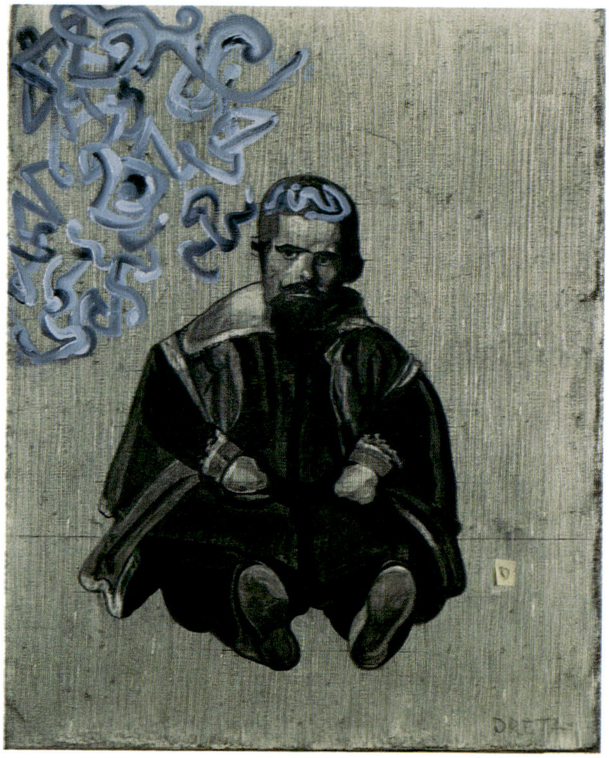

1563

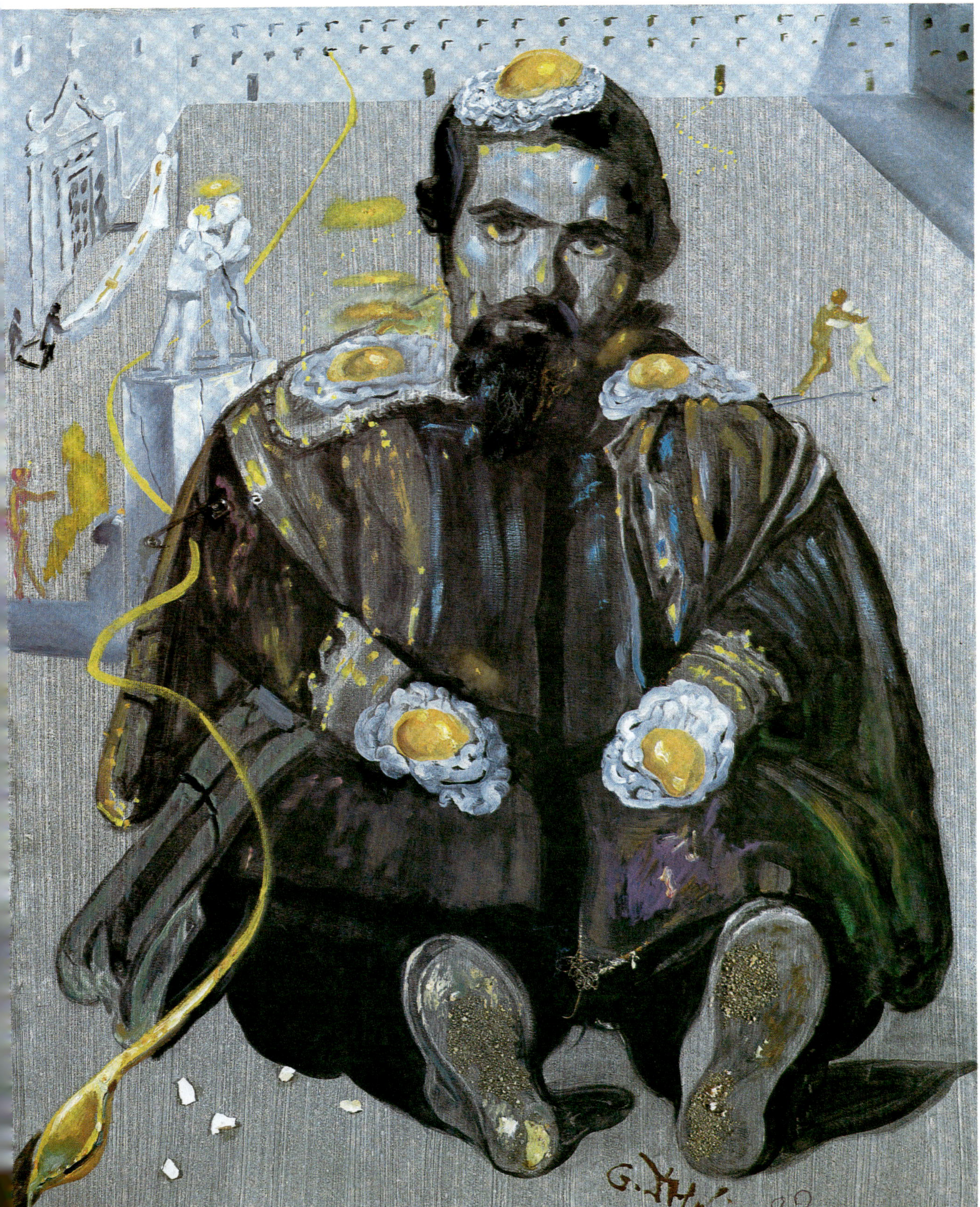
82

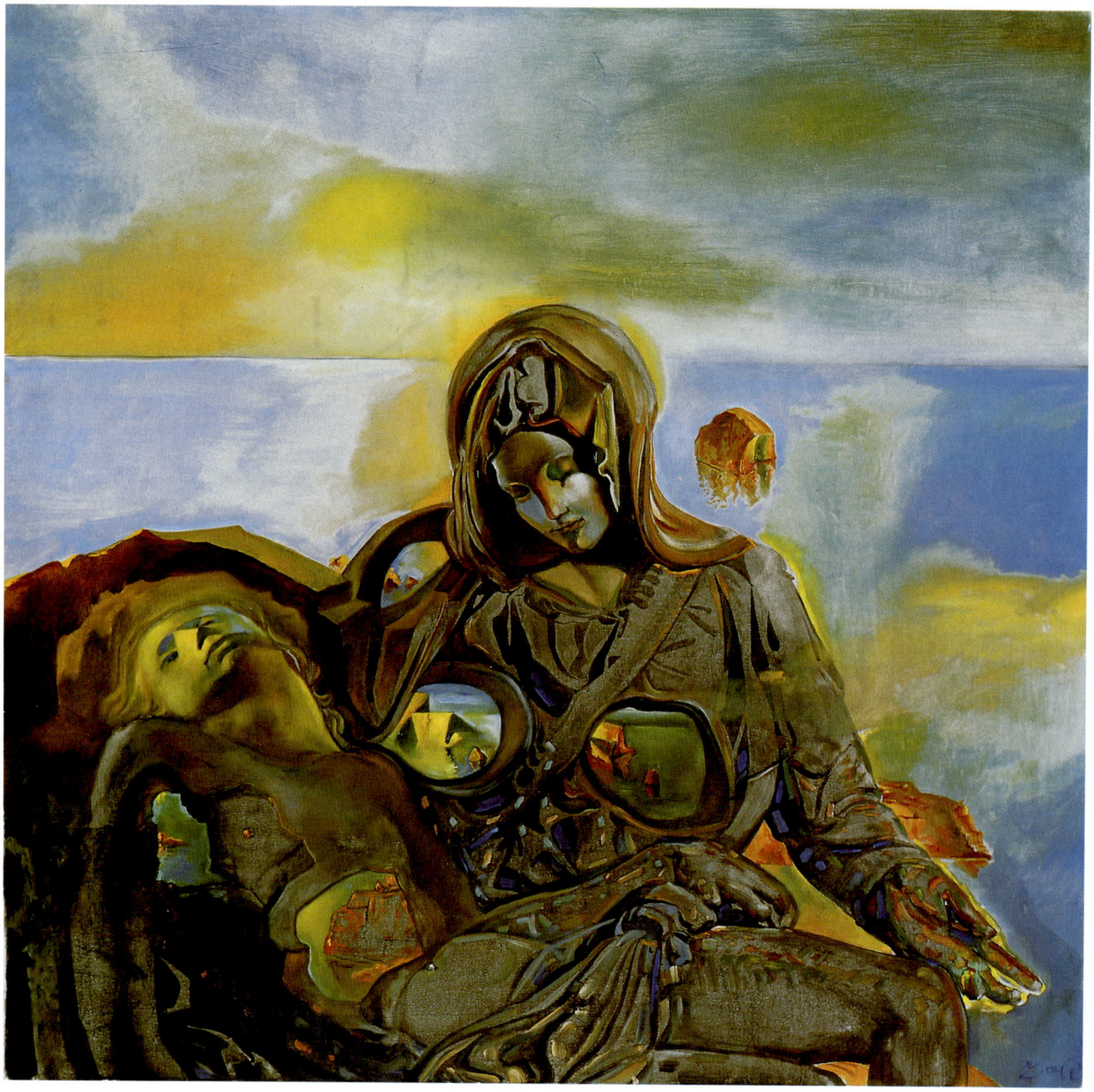

1565

1565 **Pietà**, 1982 ❑
Deze groep, naar de 'Pietà' van Michelangelo, is een van de doeken die het einde doen vermoeden en waarin de dood voortdurend aanwezig is.

zijn ezel bezig zou kunnen zien. Sterker nog, ik liet zonder dralen mijn rechteroor afsnijden, ja zelfs beide oren, als ik maar het recept zou krijgen van het mengsel waaruit het 'geheimzinnige sap' bestaat waarin de unieke Vermeer (die ik de Goddelijke noem omdat hij de menselijkste van alle schilders was) zijn penseel doopte... Men mag hierin een typisch Dalíaanse overdrijving zien, maar toch is het objectief waar: in 1948 weet een handjevol mensen hoe je een atoombom bouwt, maar op de hele aardkloot is er geen mensenziel die nog de samenstelling kent van het geheimzinnige sap dat de gebroeders Van Eyck of Vermeer gebruikten. Niemand weet het – zelfs ik niet... Stel je voor dat er in de weegschaal van de godin van de schilderkunst maar één druppel van het schildermiddel zou worden gedaan waarmee Vermeer van Delft schilderde, dan –en dat is in het geheel geen illusie– zouden we geen moment mogen twijfelen om Van Goghs linkeroor, Dalí's linkerhand en een indrukwekkende hoeveelheid andere organen, ook de intiemste, die toevalig aan de lijven van moderne schilders bijeengezocht zouden worden, in de andere schaal te gooien. En zou, wat ik vermoed, die berg afgesneden vlees niet toereikend zijn, dan moeten we er zonder aarzelen de twee onbehouwen handen van de aandoenlijke Paul Cézanne opleggen, want de stumper is ondanks zijn achtens- en bewonderenswaardige ambitie een 'Poussin naar de natuur te willen maken' toch altijd een neoplatonische metselaar gebleven."

Spreekt hieruit Dalí's grootheidswaan? Zeker, net als bij alle genieën. Maar tegelijkertijd ook de deemoedigheid van het genie. Gedurende zijn laatste scheppende jaren probeert Dalí nog achter de geheimen van de oude meesters te komen. Hij heeft zich voor zijn laatste werken inderdaad laten inspireren door de meesterwerken van de schilder van *Las Meninas* of door de schepper van de Sixtijnse kapel. Hij heeft ze ontcijferd, voor zover dat zelfs voor een genie als Dalí mogelijk is, en ze veranderd en aangepast aan zijn eigen beeldende wereld. Bijvoorbeeld in *De parel* (blz. 692), waarvoor de infanta Margarita uit Velázquez' beroemde *Las Meninas* model stond. De parel is niet zo maar op het hoofd van

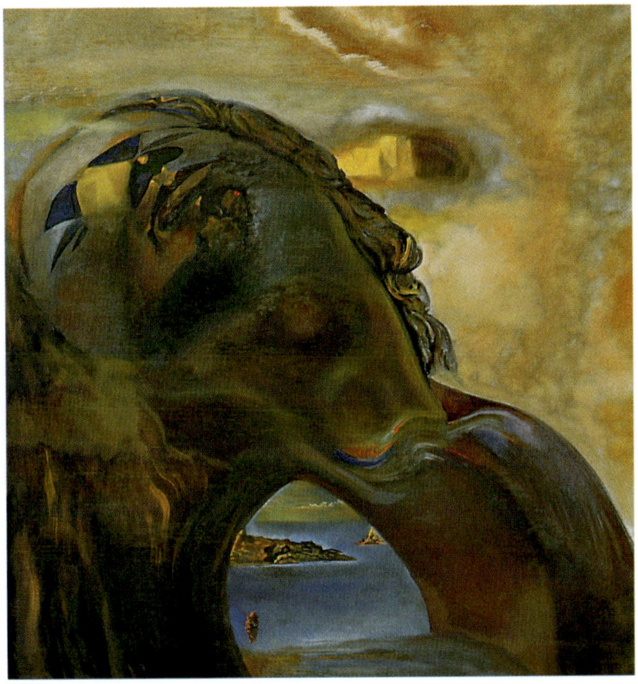

1566

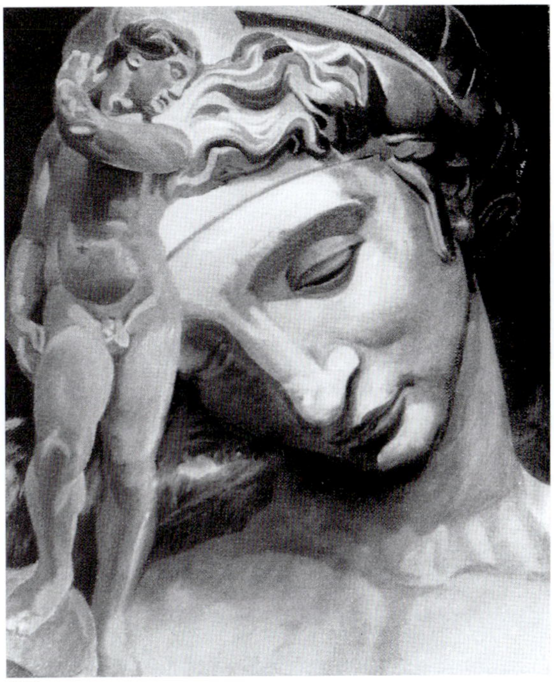

1567

de infanta geplaatst, veel meer verschuift hier iets, het wordt visueel meerduidig, beeft als het ware... Een beven dat Dalí's laatste doeken doortrekt, waaronder ook *Hoofd naar Michelangelo* (blz. 712). Ook het hoofd in *De krijger* (blz. 705) volgt een voorbeeld van Michelangelo, namelijk zijn portret van Lorenzo de Medici. Dalí zoekt lang voordat hij het fantastische idee voor het hoofd van een krijger vindt: hij verandert de ogen in 'embozados'. Embozados, die in Castillië een waar instituut waren, droegen een masker of hulden zich in een sluier om hun gezicht voor nieuwsgierige blikken te verbergen. Tijdens de Spaanse Onafhankelijkheidsoorlog veroorzaakte een napoleontische minister van Italiaanse afkomst bijna een volksopstand toen hij het gebruik wilde verbieden. Zelfs het hoofd op het werk *Othello droomt van Venetië* (blz. 699) doet denken aan de Christus in Michelangelo's 'Pietà'. Hij staat voor een achtergrond waar hemel en zee in elkaar overgaan. In de geologische opening in zijn borst duikt Cap Creus

1566 **Othello droomt van Venetië**, 1982 ❑
Othello rêvant de Venise
Othello's hoofd is dat van Christus uit de 'Pietà' van Michelangelo. In het raam in zijn borst valt Cap Creus samen met een magisch landschap. Ook een doodsschilderij.

1567 **Klassieke figuur en hoofd (onvoltooid)**, 1981-1982 ❑
Figure et tête classique

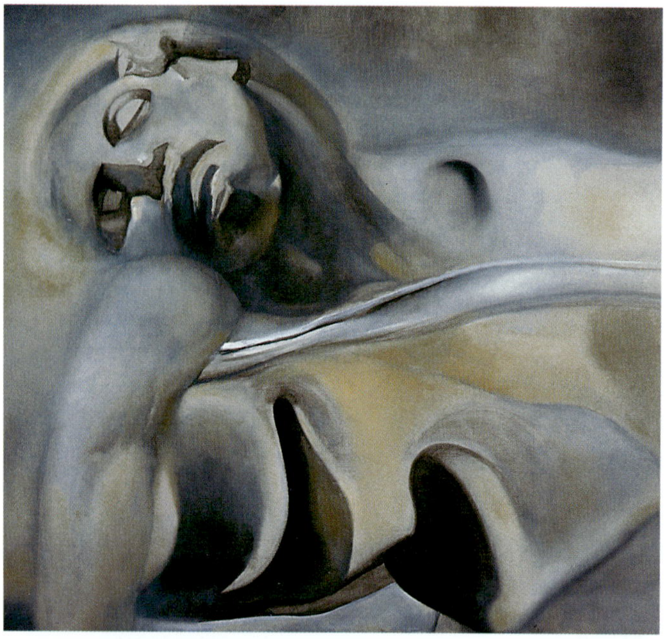

1568

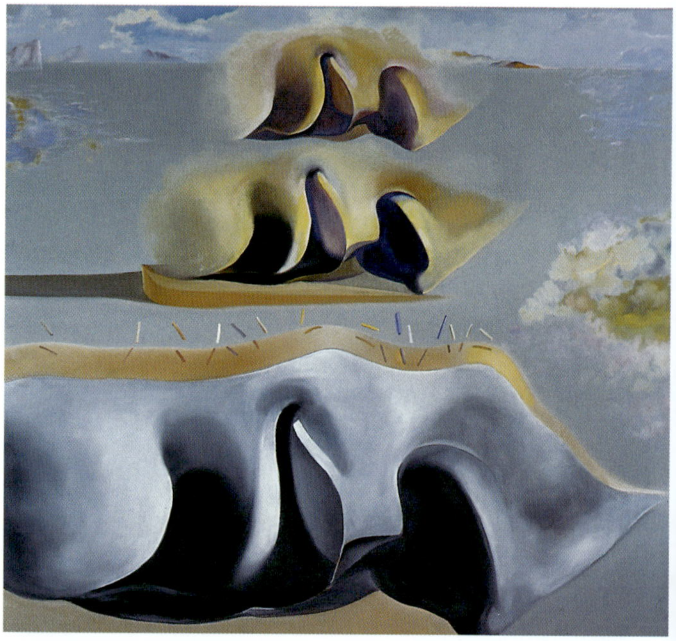

1570

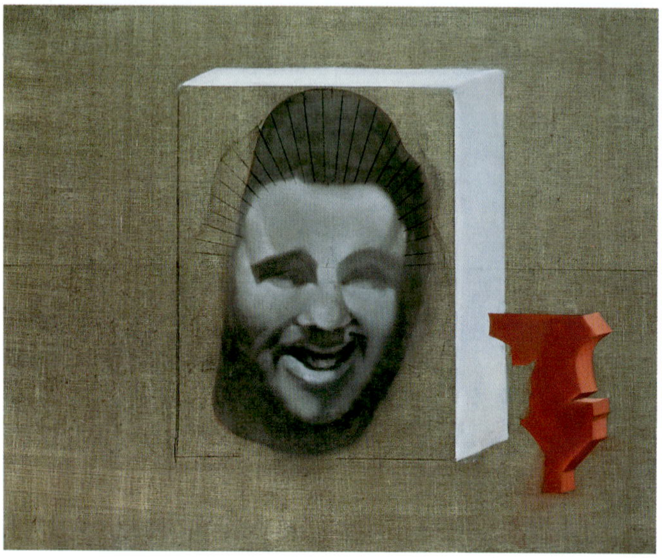

1569

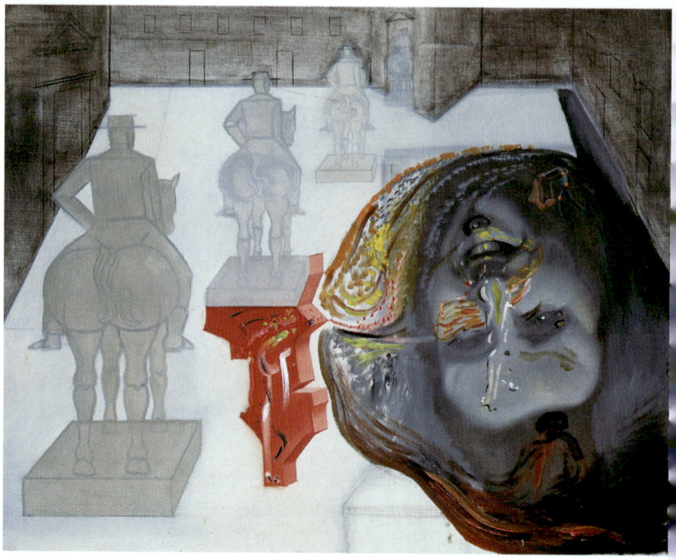

1571

1568 **Zonder titel (eerste studie voor 'De drie glorieuze raadsels van Gala')**, 1982 ❑

1569 **Studie voor 'Olé' (onvoltooid)**, 1982 ❑

1570 **De drie glorieuze raadsels van Gala (eerste versie)**, 1982 ❑
Les trois énigmes glorieuses de Gala

1571 **Olé**, 1982 ❑
Laatste doek van de serie 'Escorial'

op in een magisch landschap. Deze eenzame torso die het definitieve, de dood, aankondigt, wekt een indruk van diepe melancholie.

Dalí is erg bang voor de dood. Alle recepten voor onsterfelijkheid zijn welkom, hij verzamelt ze, zoals anderen kookrecepten. Misschien werkt er immers een. "In tegenstelling tot de werken uit de moderne kunst", beweert hij, "die nauwlijks langer dan een seizoen houdbaar zijn en geen belangwekkender geestelijke sporen achterlaten dan de collecties van mode-ontwerpers, blazen de werken van de oude meesters de schilderkunst van de nabije toekomst nieuw leven in, want alleen zij bezitten de hele kunst en het hele voorgevoel omtrent de magie... Rafaël is een schilder met toekomst, als we daaronder een kunst verstaan die in de toekomst invloed zal hebben!" Gedurende zijn leven heeft Dalí slapeloze nachten doorgebracht met het zoeken naar de 'steen der wijzen'. Hij heeft de verloren geheimen van de ware schildertechniek opgespoord. Steeds weer heeft

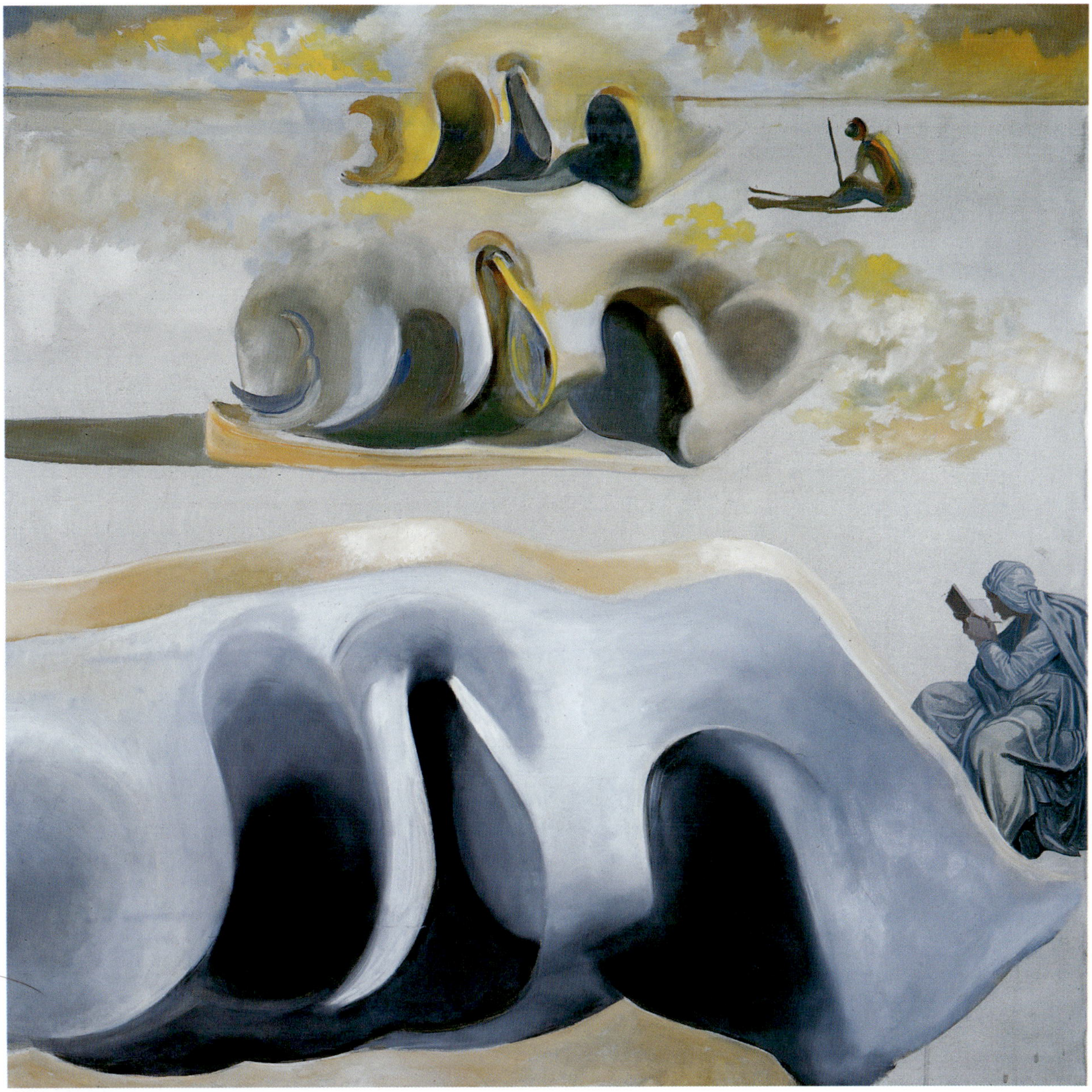

1572

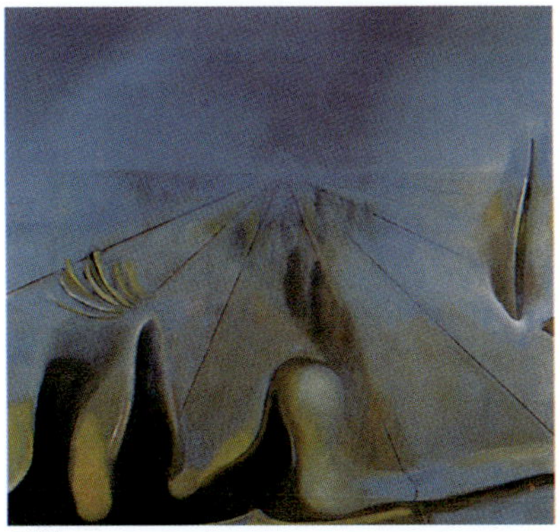

1573

1572 **De drie glorieuze raadsels van Gala (tweede versie)**, 1982 ❑
Les trois énigmes glorieuses de Gala
Voor Dalí waren de 'drie raadsels' de drie fasen van zijn loopbaan aan de zijde van zijn vrouw. Dit doek is een ontroerende hommage aan Gala. Ze overleed enkele weken later.

1573 **Raadsel (onvoltooide versie van 'De drie glorieuze raadsels van Gala')**, 1982 ❑
Enigme

1982

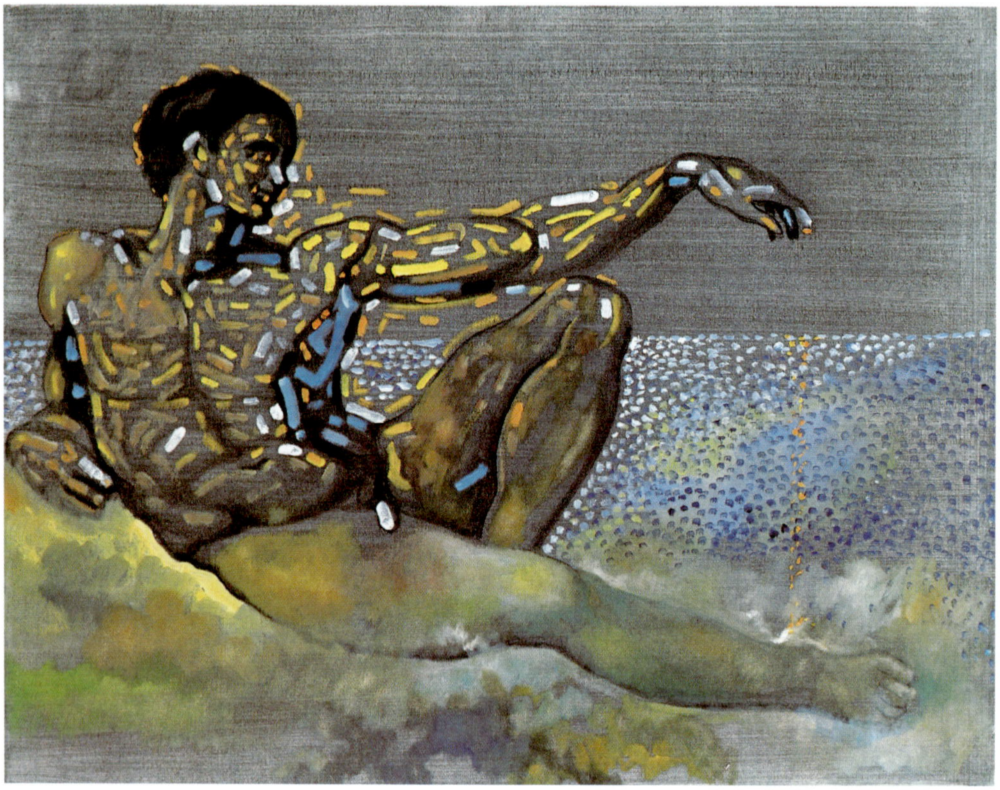

1574

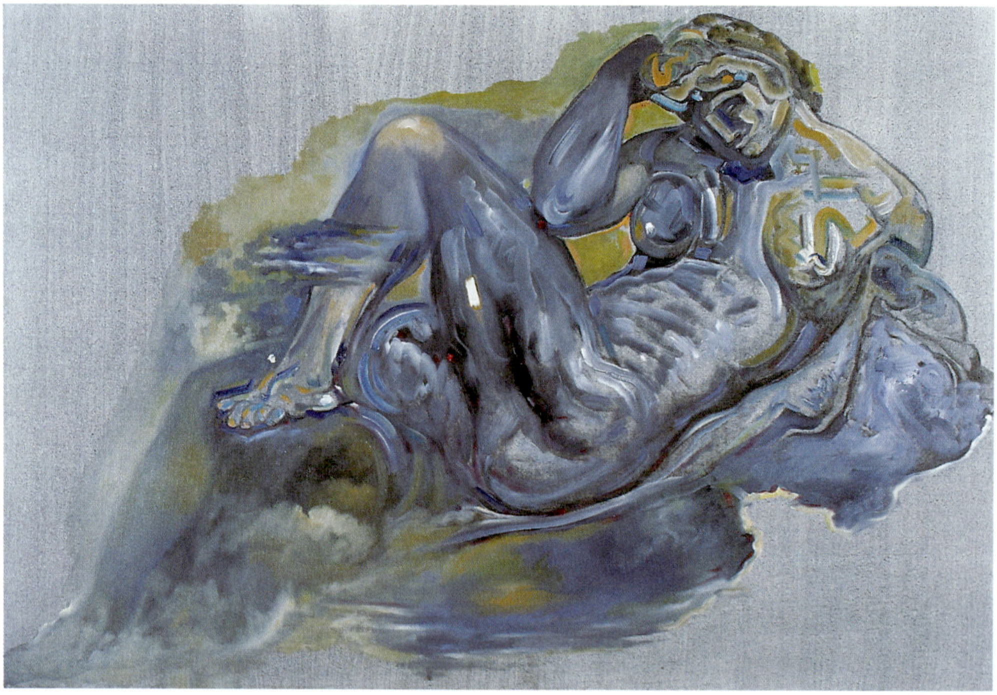

1575

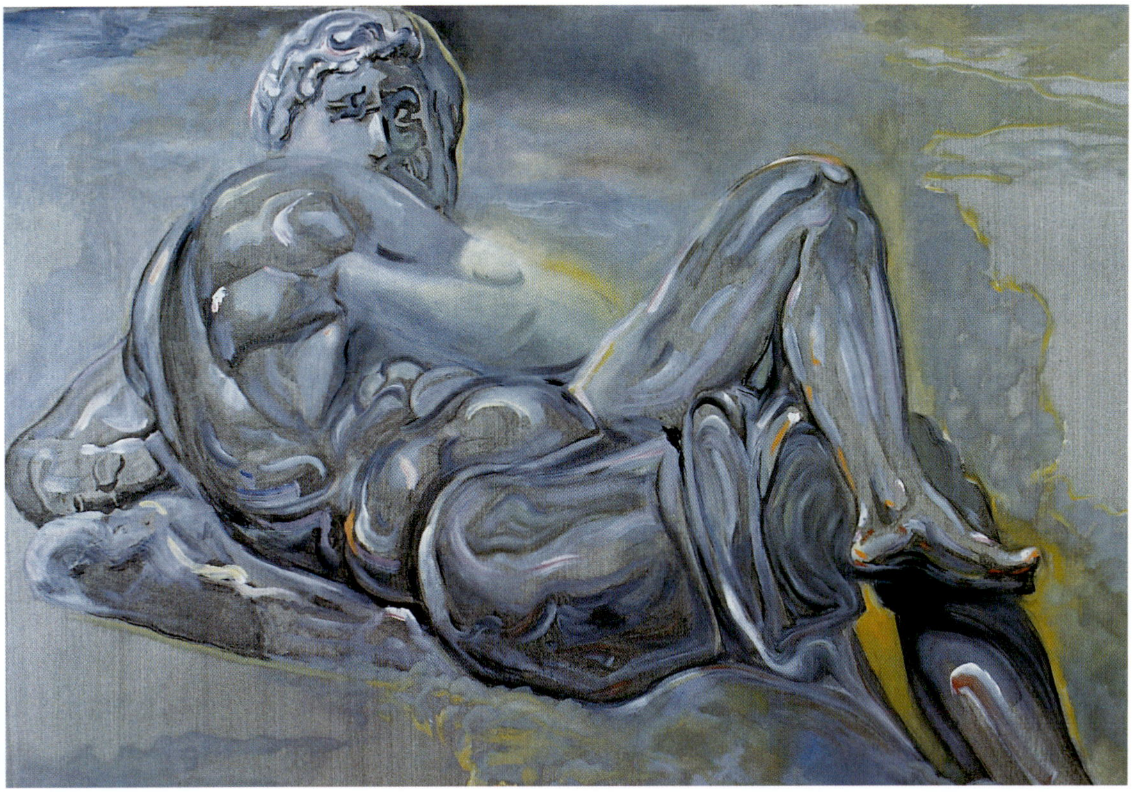

1576

hij zich afgevraagd of hij er meer of minder amber, in sterkere of zwakkere concentratie, in moest mengen en of de olieverf niet stroperiger moest zijn. "Toen ik eindelijk begon te schilderen volgens de opnieuw ontdekte regels, d.w.z. toen ik 'echt schilderen' kon, beweerden mensen die niets van techniek begrijpen dat mijn best geschilderde doeken uit de periode stammen toen ik helemaal nog niet kon schilderen, met inbegrip van de surrealistische perioden... 'Galarina en het brood (De broodmand)', twee schilderijen uit 1945, zijn goed geschilderd, terwijl 'De broodmand' uit 1926 lapwerk is... Maar echt overtuigend geschilderd zijn de stereoscopische dubbelschilderijen. Ze lijken volmaakt en toch zou ik er weer aan kunnen werken en ze nog verbeteren!"

In verband hiermee citeert hij graag zijn vriend Manolo, de Catalaanse beeldhouwer die over de overdreven lof waarmee 'moderne kunstcritici' zijn werk overlaadden de filosofische uitspraak doet: "Jullie houden alleen van wat me mislukt is! Ik wilde een Venus maken, maar ik maakte een pad!" Dalí wil geen Venussen schilderen die er uitzien als padden. Hij wil geen lof oogsten voor onvolmaaktheid, laat staan voor lelijkheid, bij die eigentijdse pseudo-estheten die zoiets 'veelzeggend' en 'menselijk' vinden. Aan het eind van zijn leven wil hij schilderen als Velázquez en Michelangelo... en hij schildert als Dalí. Is dat voldoende voor onsterfelijkheid? Hij stelt zichzelf die vraag half bang, half schertsend: "Ingres verlangde ernaar te tekenen als Rafaël en tekende toch als Ingres. Rafaël streefde het klassieke ideaal na en overtrof de Oudheid. Soms heb ik al stilletjes bij mezelf toegegeven: 'Ik wil tekenen als Ingres' en het heeft Bouguereau opgeleverd! Toch schilder ik onvermijdelijk als Dalí en dat is al heel wat,

1574 **Figuur naar Michelangelo's 'Bezieling van Adam' uit de plafondschildering in de Sixtijnse kapel in Rome**, 1982 ❑
Personnage inspiré par la figure d'Adam, plafond de la Chapelle Sixtine de Michel-Ange à Rome

1575 **Naar Michelangelo's 'Nacht' voor het 'Graf van Giuliano de Medici' in Florence**, 1982 ❑
D'après 'La nuit' de Michel-Ange pour le 'Tombeau de Julien de Médicis' à Florence

1576 **Naar Michelangelo's 'Dag' voor 'Het graf van Giuliano de Medici' in Florence**, 1982 ❑
D'après 'Le jour' de Michel-Ange pour le 'Tombeau de Julien de Médicis' à Florence

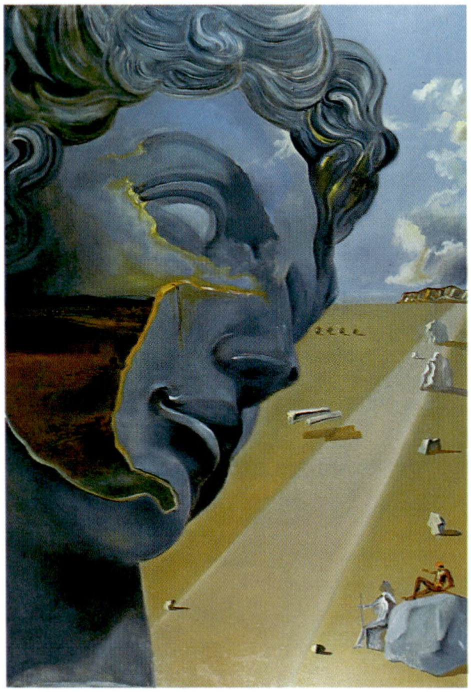
1577

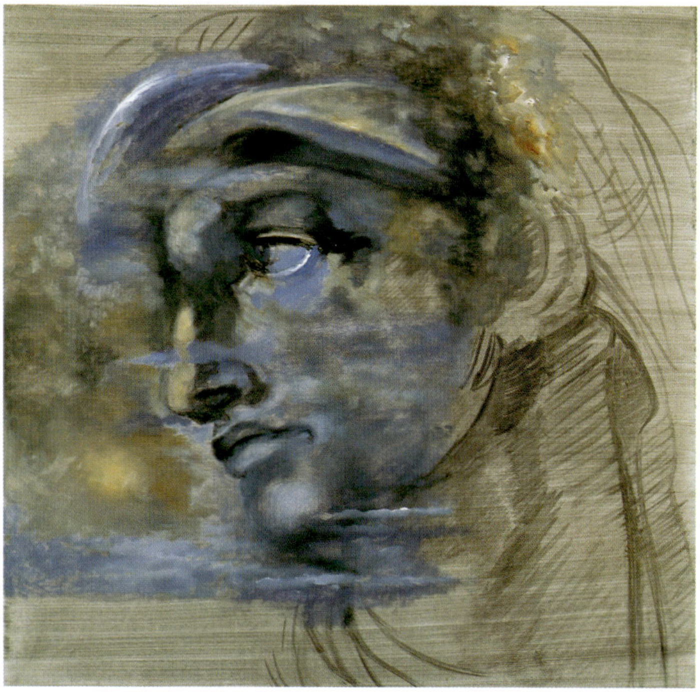
1578

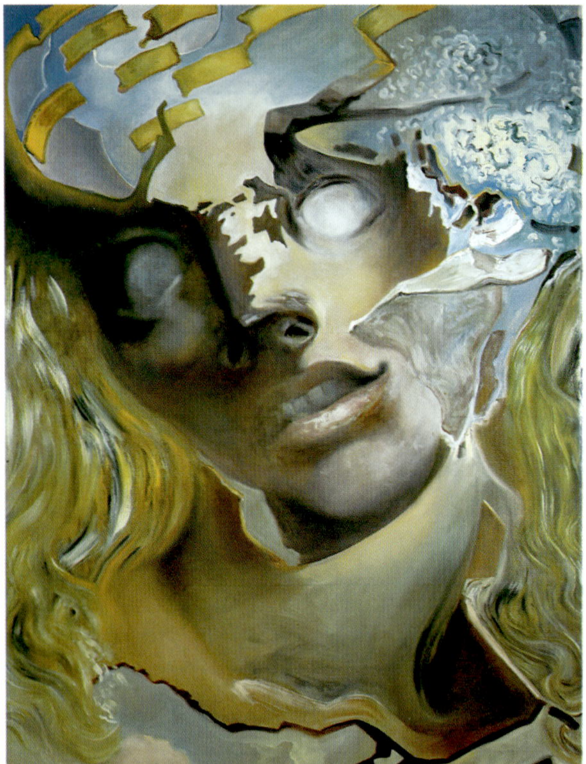
1579

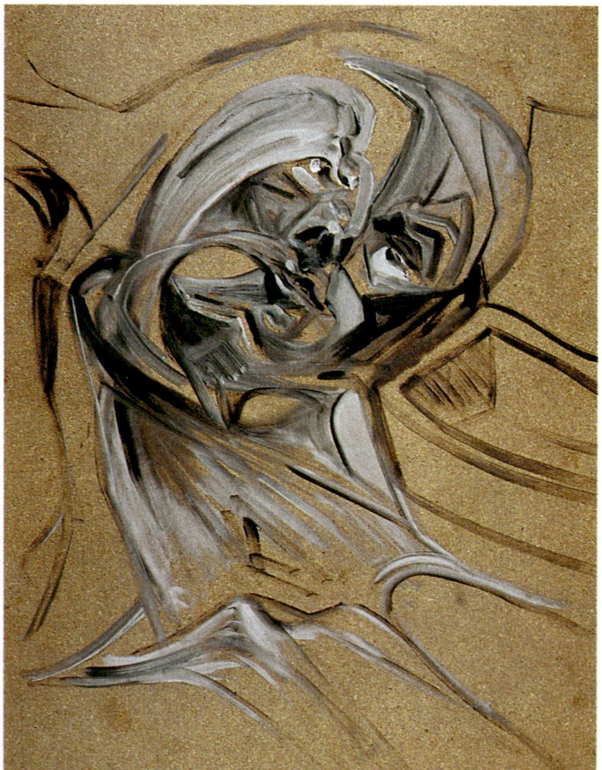
1580

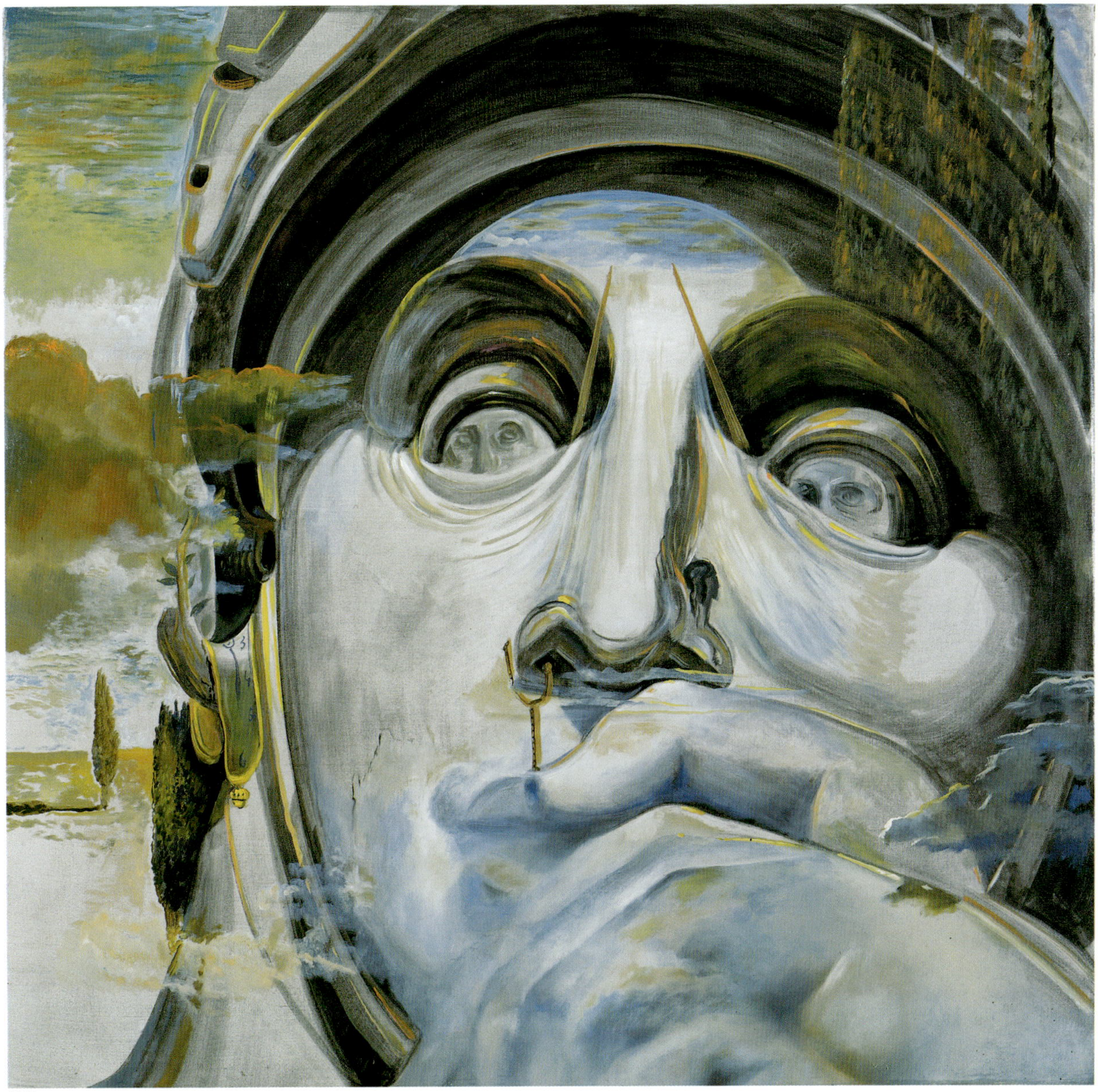

1581

1577 **Naar het hoofd van 'Giuliano de Medici', Florence**, 1982 ❑
D'après la tête de 'Julien de Médicis', Florence

1578 **Hoofd naar 'Giuliano de Medici' van Michelangelo**, 1982 ❑
Tête inspirée par le 'Julien de Médicis' de Michel-Ange

1579 **Gebarsten hoofd**, 1982 ❑
Tête éclatée

1580 **Topologische studie voor 'Gebarsten hoofd'**, 1982 ❑

1581 **De krijger**, 1982 ❑
Le guerrier
Geïnspireerd op het hoofd van Lorenzo de Medici van Michelangelo. De ogen zijn naar het gebruik van de Castilianen verhuld, die hun gezicht met een masker of een deel van hun cape verbergen.

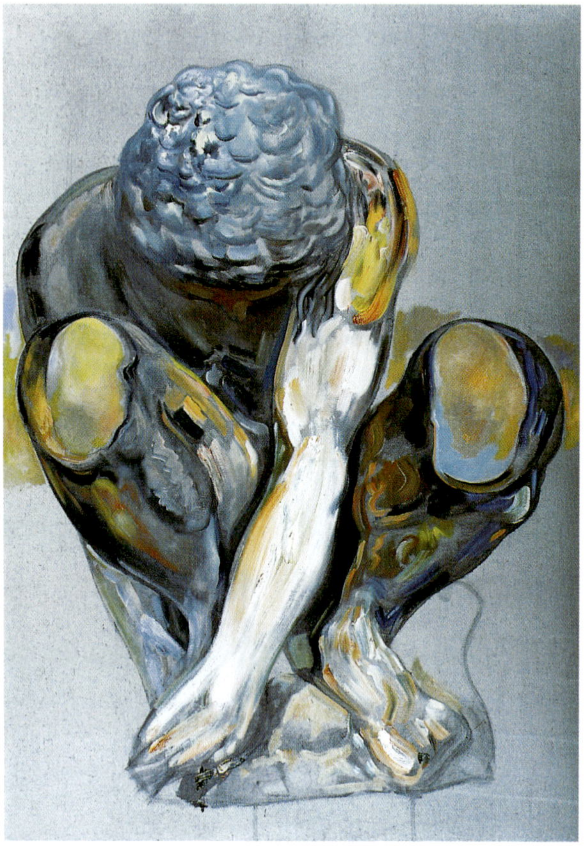

1582

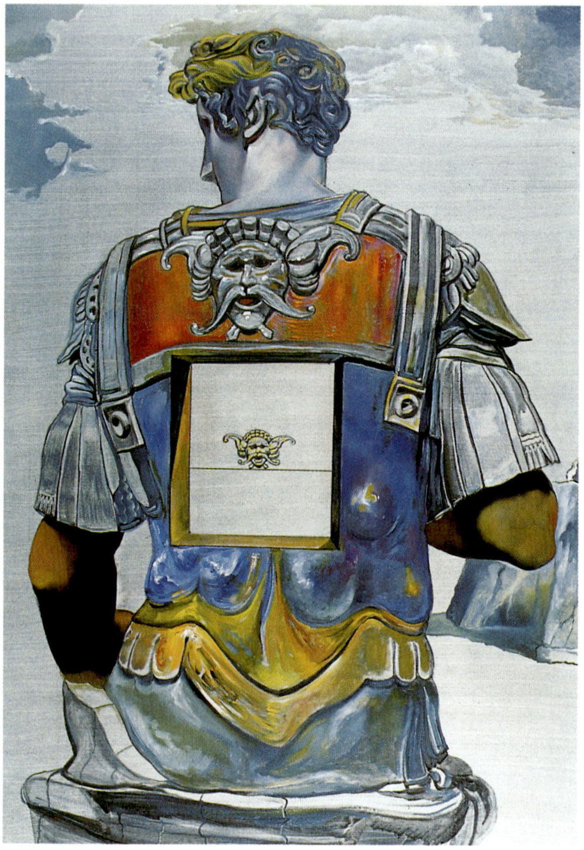

1583

1582 **Naar 'Hurkend kind' van Michelangelo**, 1982 ❑
D'après 'L'enfant accroupi' de Michel-Ange

1583 **'Giuliano de Medici' van Michelangelo van achteren gezien**, 1982 ❑
'Julien de Médicis' de Michel-Ange vu de dos

1584 **Naar 'Mozes' van Michelangelo, grafmonument van Julius II in Rome**, 1982 ❑
D'après 'Moïse' de Michel-Ange, Tombeau de Jules II.

1585 **Rotsfiguur – Naar het hoofd van Christus in de 'Pietà van Palestrina' van Michelangelo**, 1982 ❑
Figure rocheuse – D'après la tête du Christ de la 'Pietà de Palestrina' de Michel-Ange

want van alle eigentijdse schilders ben ik de enige die in zijn kunststreven het 'hoogste' kan bereiken. Daarom wil ik niet uitsluiten dat ik op een dag ondanks alle dwaasheid toch als de Rafaël van onze tijd zal gelden!"

Dalí is enthousiast over een theorie van dokter Hubert Larcher, een beroemd teratoloog die een boek heeft gepubliceerd onder de titel 'Zal het bloed de dood overwinnen?', waarin hij de vraag stelt: "En als het lichaam niet sterft? Als ons lijk een soort levensfabriek wordt? Er zijn mensen die al tijdens hun leven alleen afval zijn en stinken (in onze consumptiemaatschappij vooral de bureaucraten, die erger stinken dan alle anderen), maar de heiligen veranderen wanneer ze sterven in parfumfabrieken. Niet alleen de heiligen, maar ook de grote courtisanes." Volgens dokter Larcher heeft het bloed een natuurlijke verhouding tot de kosmos en is het de stof die alchimisten zochten toen ze in kolven hoopten te vinden wat in hun zelf was. Dalí bedenkt: "We kennen meer dan vijftig heiligen die in 'een geur van heiligheid' zijn gestorven, en dat is niet alleen een zegswijze, maar objectieve werkelijkheid. De lijken van veel heiligen hebben de eigenschap balsems en geurende oliën af te scheiden. Ze hebben talloze voortreffelijke eigenschappen en worden myroblyten genoemd. Het beroemdste geval is dat van Theresia van Avila..." Dalí neemt alle mogelijke wegen tot onsterfelijkheid in overweging en publiceert zijn bevindingen in 'Tien recepten voor de onsterfelijkheid'. Daarin zegt hij onder andere: "Ik zeg, de belangrijkste zone voor de overwintering is de kont, want het eerste wat dieren doen die hun winterslaap beginnen, is met een mengsel van aarde en mest hun gat dichtstoppen om hun stofwisseling binnen te houden, en dat is ook een garantie voor intimiteit!"

Daarin zet hij ook het 'sistema caga y menja' uiteen, 'het systeem schijt en eet'. "Naar het voorbeeld van de toren van Babel van Brueghel stelde ik me 'torens

Vervolg op blz. 712

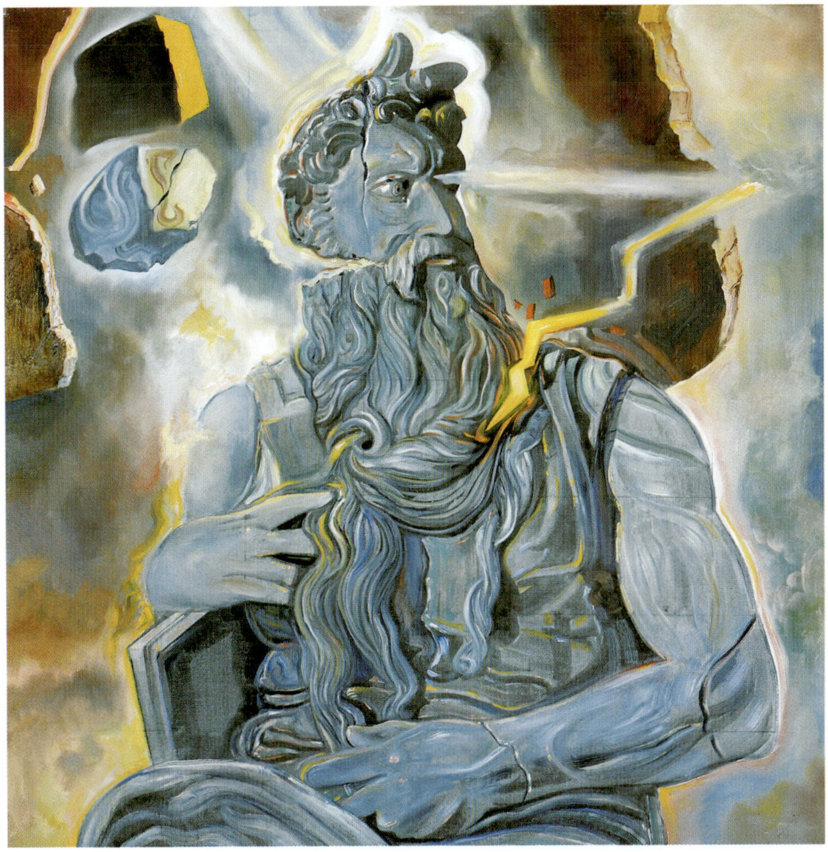

1584

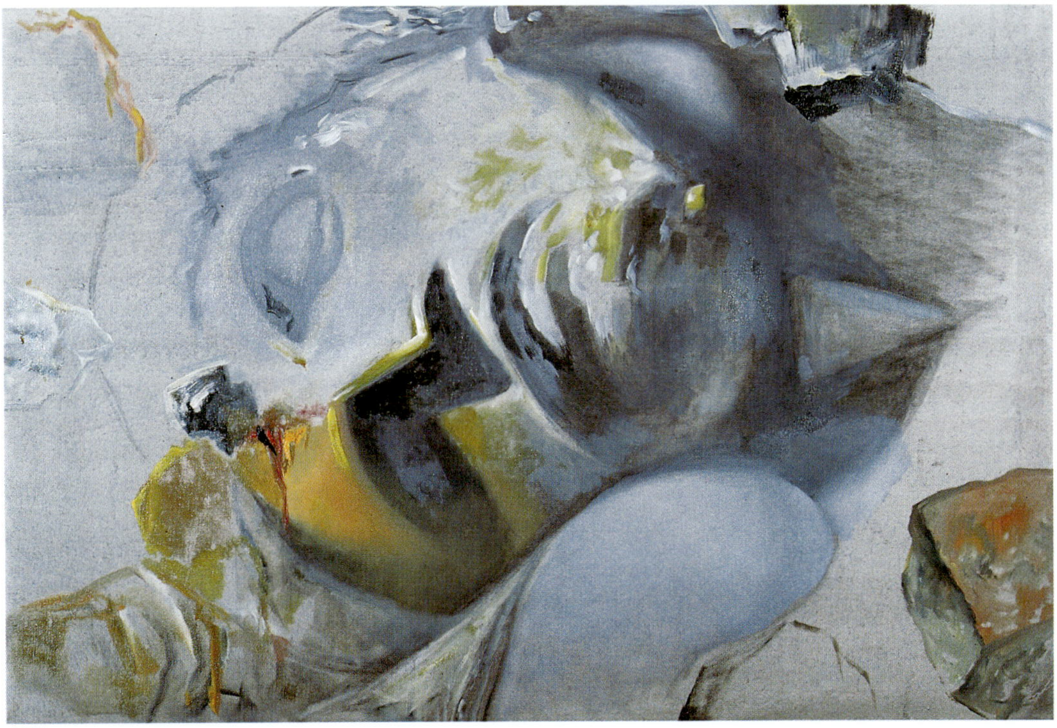

1585

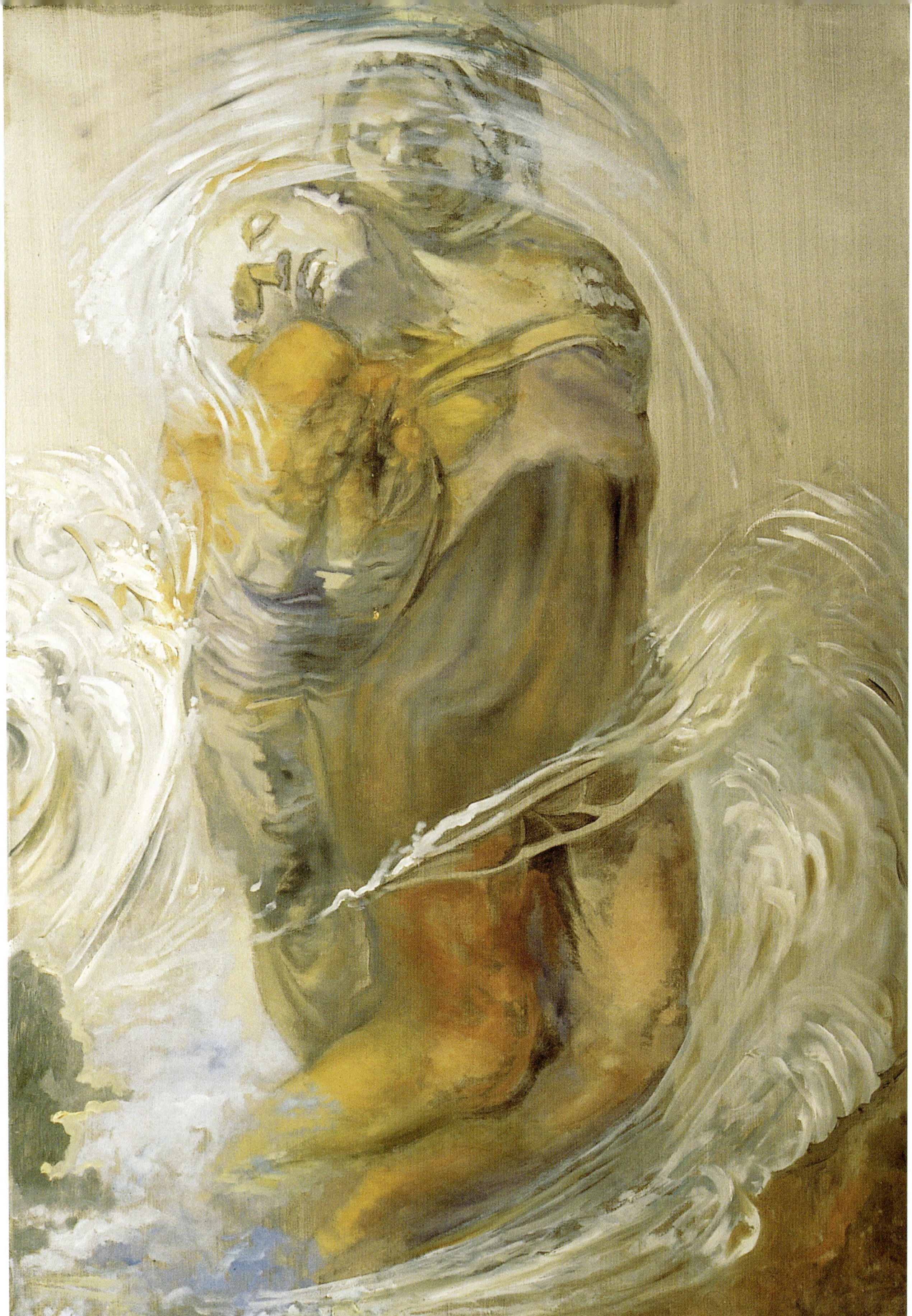

1586

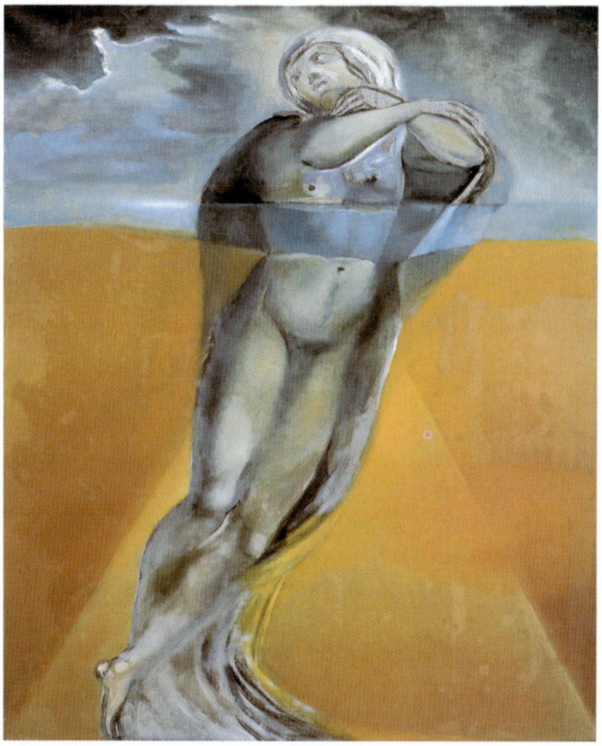

1588

1586 **Pietà – geïnspireerd op de 'Pietà van Palestrina' van Michelangelo**, 1982 ❑
Pietà

1587 **Zonder titel – Naakte figuren naar Michelangelo**, 1982 ❑
Sans titre – Figures nues d'après Michel-Ange

1588 **Figuur in het water geïnspireerd op een tekening van Michelangelo voor 'De herrijzenis van Christus'**, 1982 ❑
Personnage aquatique inspiré par un dessin de Michel-Ange pour 'La Résurrection du Christ'

1589 **St.-Sebastiaan**, 1982 ❑
Saint Sébastien

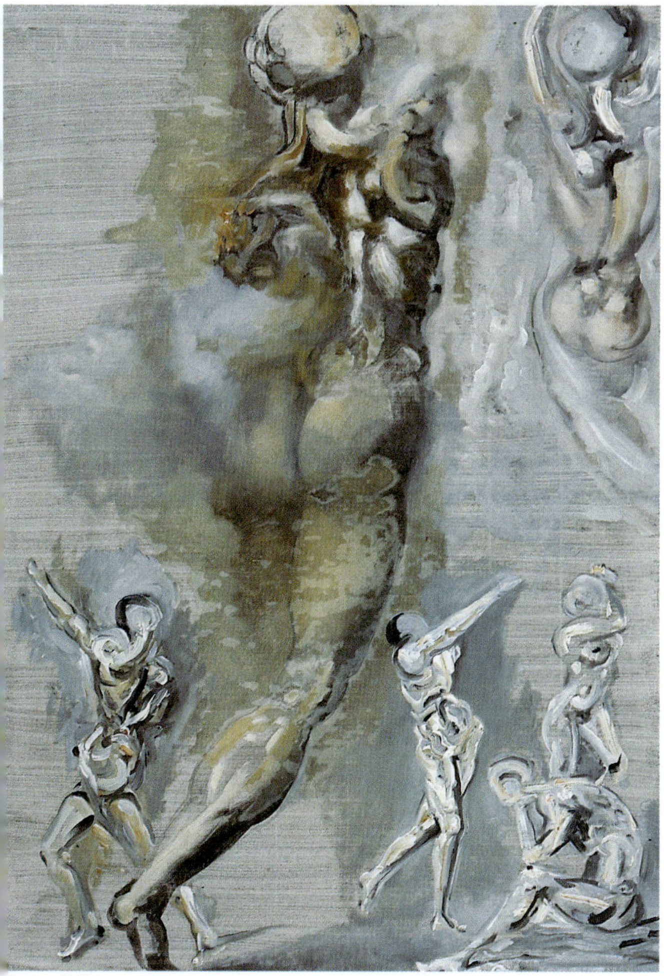

1587

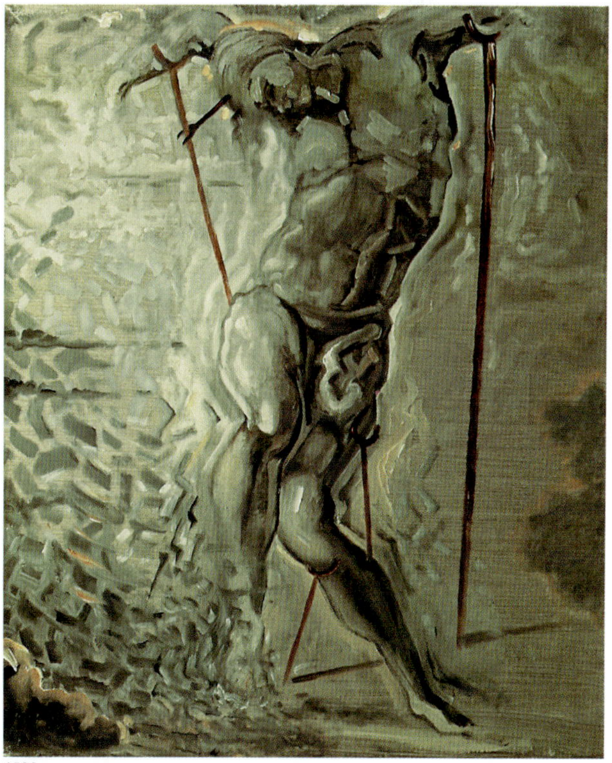

1589

1590 **Zonder titel (Figuren, Pietà, catastrofevormige tekens)**, 1983 ❑ Sans titre
1591 **Figuur naar 'De dageraad' van Michelangelo op het graf van Lorenzo de Medici**, 1982 ❑
Personnage inspiré par 'L'Aurore' de Michel-Ange du tombeau de Laurent de Médicis
1592 **Tafereel op de binnenplaats van het Escorial met een figuur naar 'De avond', een sculptuur van Michelangelo op het graf van Lorenzo de Medici**, 1982 ❑
Scène dans la cour d'un Escurial avec, en avant-plan, un personnage inspiré par 'Le crépuscule', statue de Michel-Ange du tombeau de Laurent de Médicis

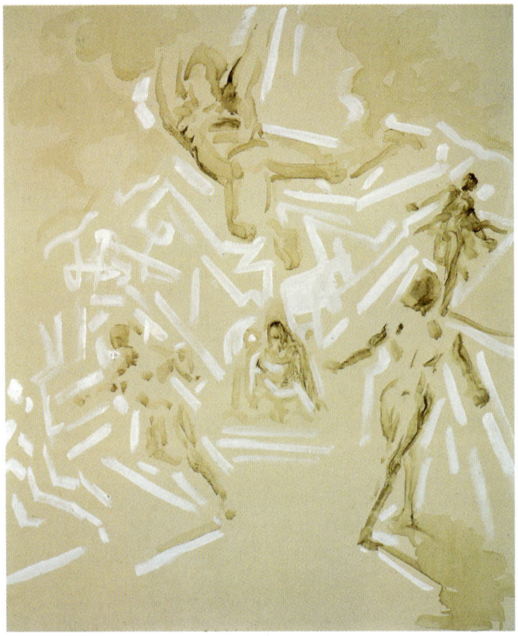

1590

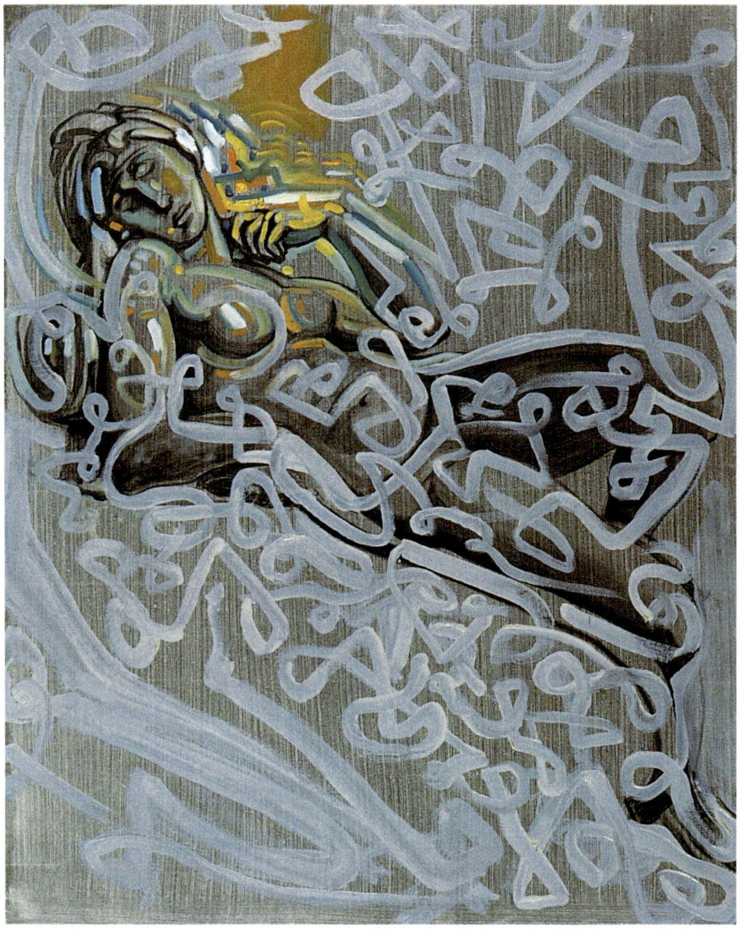

1591

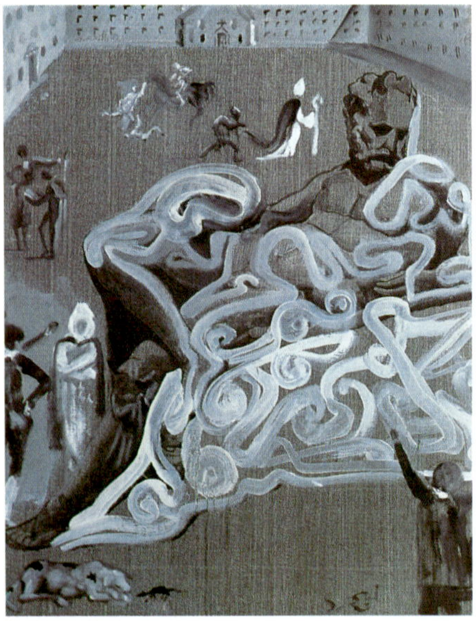

1592

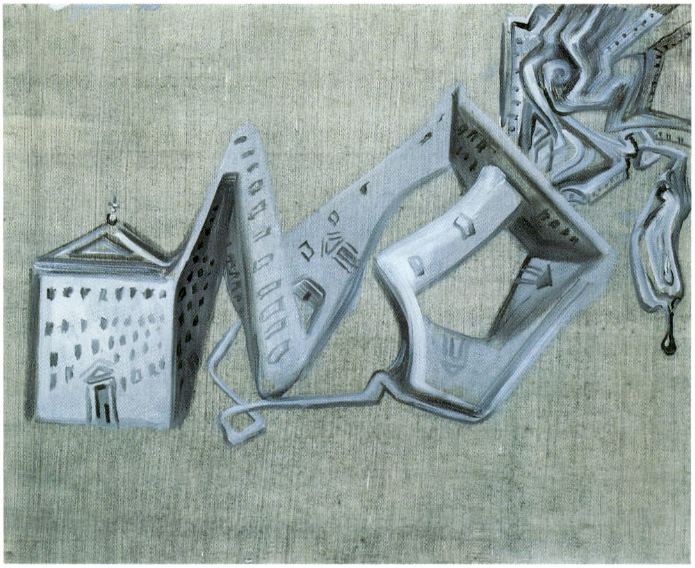

1593

1593 **Escorial dat ongeoordend verdraait om dan in een vrouw te veranderen**, 1982 ❑

Un Escurial se contorsionnant de façon désordonnée pour parvenir à se transformer en femme

1594 **Dubbele overwinning van Gaudí,** 1982 ❑ Double victoire de Gaudí

1595 **Landschap met verborgen beeld van de 'David' van Michelangelo,** 1982 ❑ Paysage avec l'image cachée du 'David' de Michel-Ange

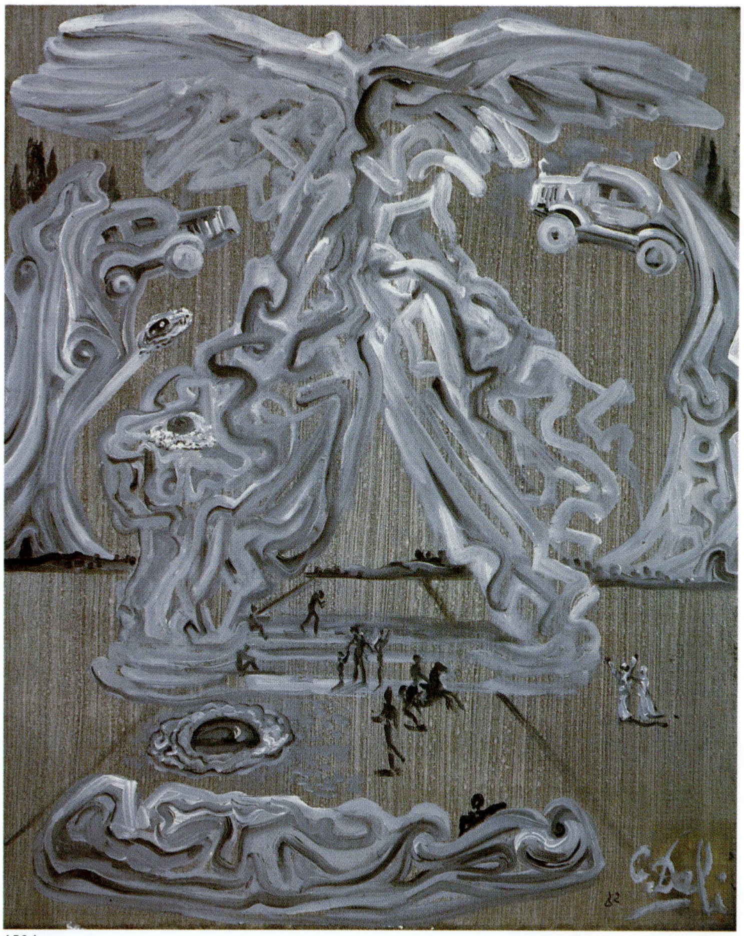

1594

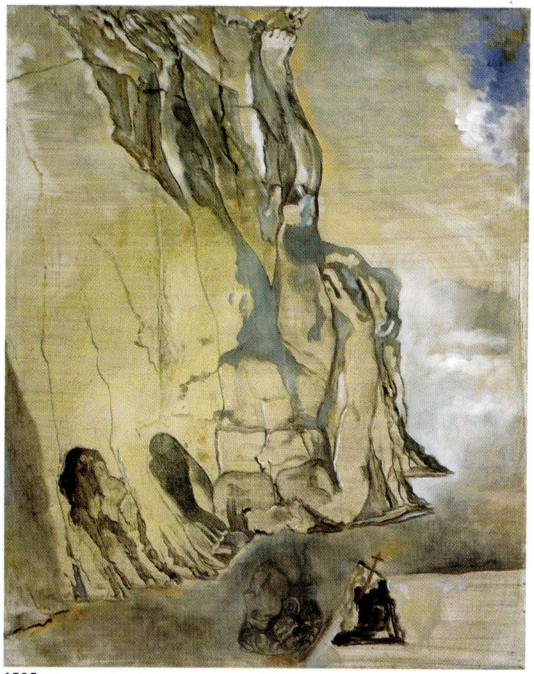

1595

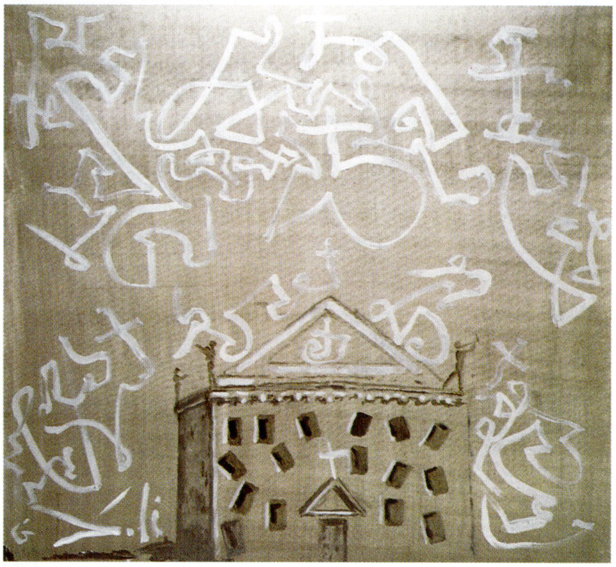

1596

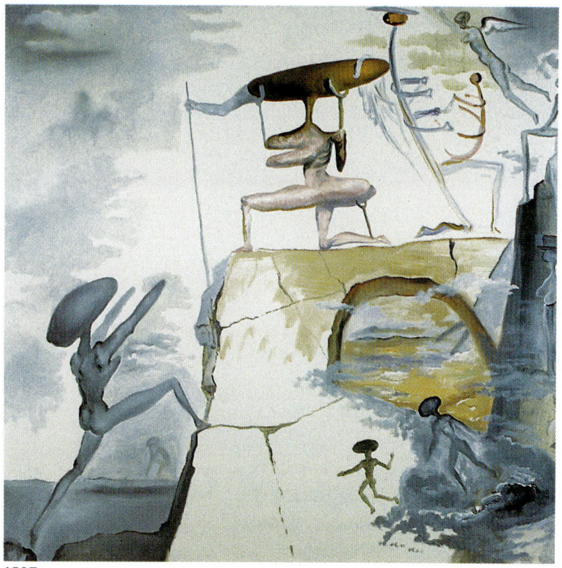

1597

1596 **Architectuur en catastrofevormige kalligrafie,** 1982 ❑ Architecture et calligraphie catastrophéïforme

1597 **Atmosferocefale figuren,** 1982 ❑ Personnages atmosphéricocéphales

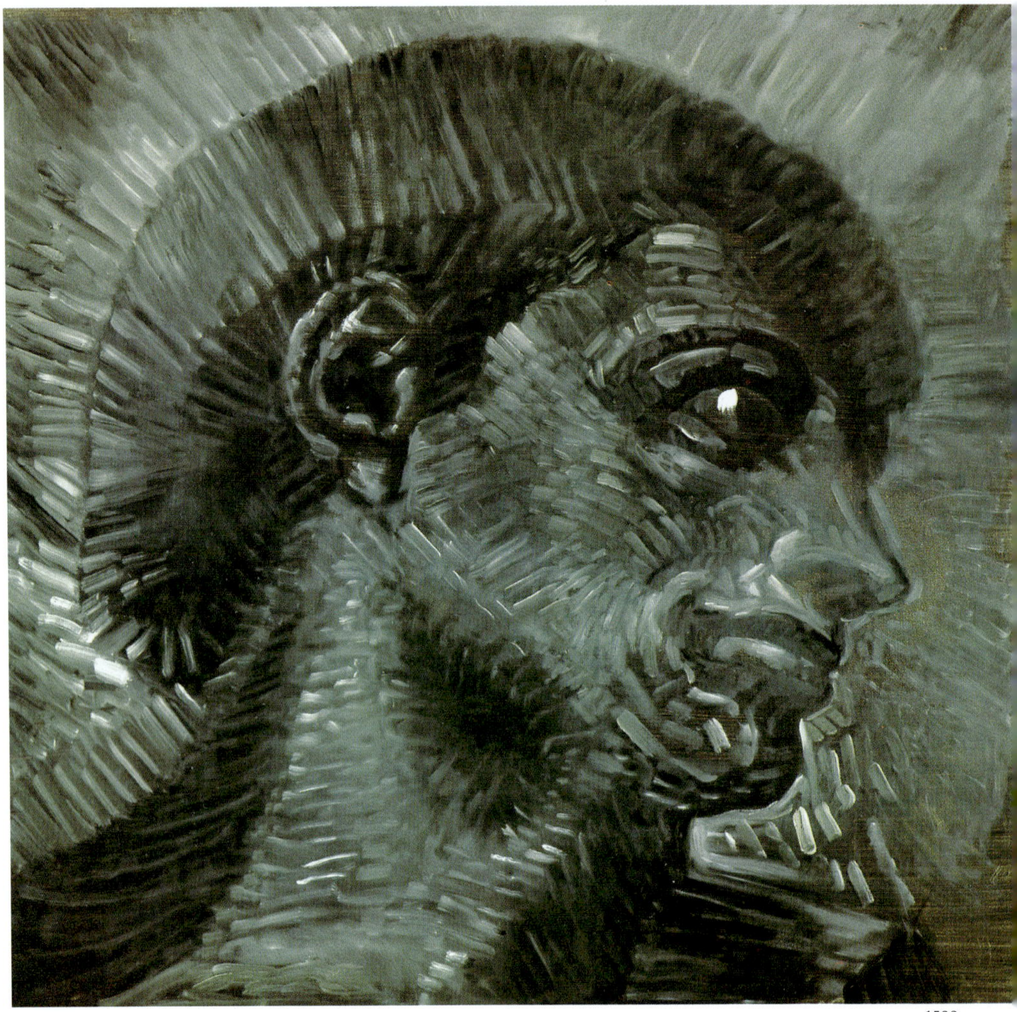

1598

1598 **Hoofd naar Michelangelo,** 1983 ❑
Tête inspiré par Michel-Ange

1599 **Spiegelvrouwen – Spiegelhoofden,** 1982 ❑
Femmes-miroirs – Les têtes à miroirs

1600 **Martelaar – geïnspireerd door het lijden van de zieke Dalí,** 1982 ❑
Martyr

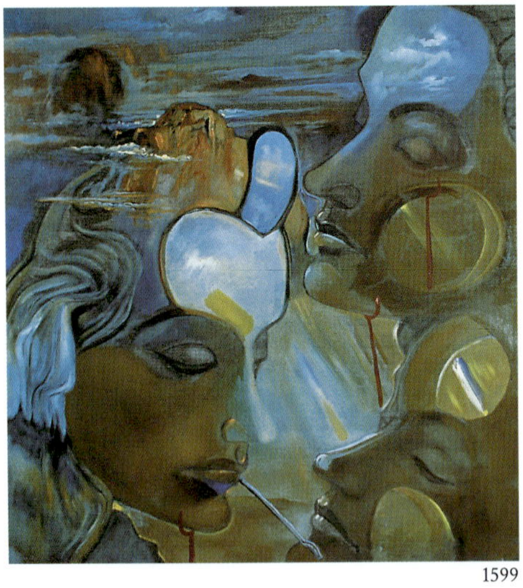

1599

van onsterfelijkheid' voor, waarvan er een staat in elke stad. Iedere bewoner die zijn darmen wilde legen, deed dat door direct en in een vaste volgorde op de bewoners van de onderliggende etage te kakken, die op voedsel wachtten. Dankzij bepaalde methoden van geestelijke en voedingskundige vervolmaking produceerde de mens een halfvloeibaar uitwerpsel dat in alle opzichten vergelijkbaar was met bijenhoning. De ene groep ving dus met haar mond de uitwerpselen van de andere op en scheet op haar beurt weer op de onderliggenden... waardoor in sociaal opzicht een volmaakt evenwicht ontstond: iedereen had te eten zonder te hoeven werken..." Dalí's systeem 'caga y menja' heeft als doel het gevaar van de virtuele dood, dat volgens Paracelsus in de spijsvertering schuilt, te overwinnen. Dalí ziet zijn theorie in actuele ontwikkelingen toegepast:

"Tegenwoordig, nu men weer zo graag nieuwe torens bouwt om machines het heelal in te schieten, leren we de verandering van de menselijke urine en de uitwerpselen kennen, want de astronauten drinken hun eigen urine en schijten in kleine vaatjes waarin algen en paddestoelen ongelooflijk goed gedijen; die kunnen ze dan weer eten en uitschijten, in een kringloop die geen circulus vitiosus is..."

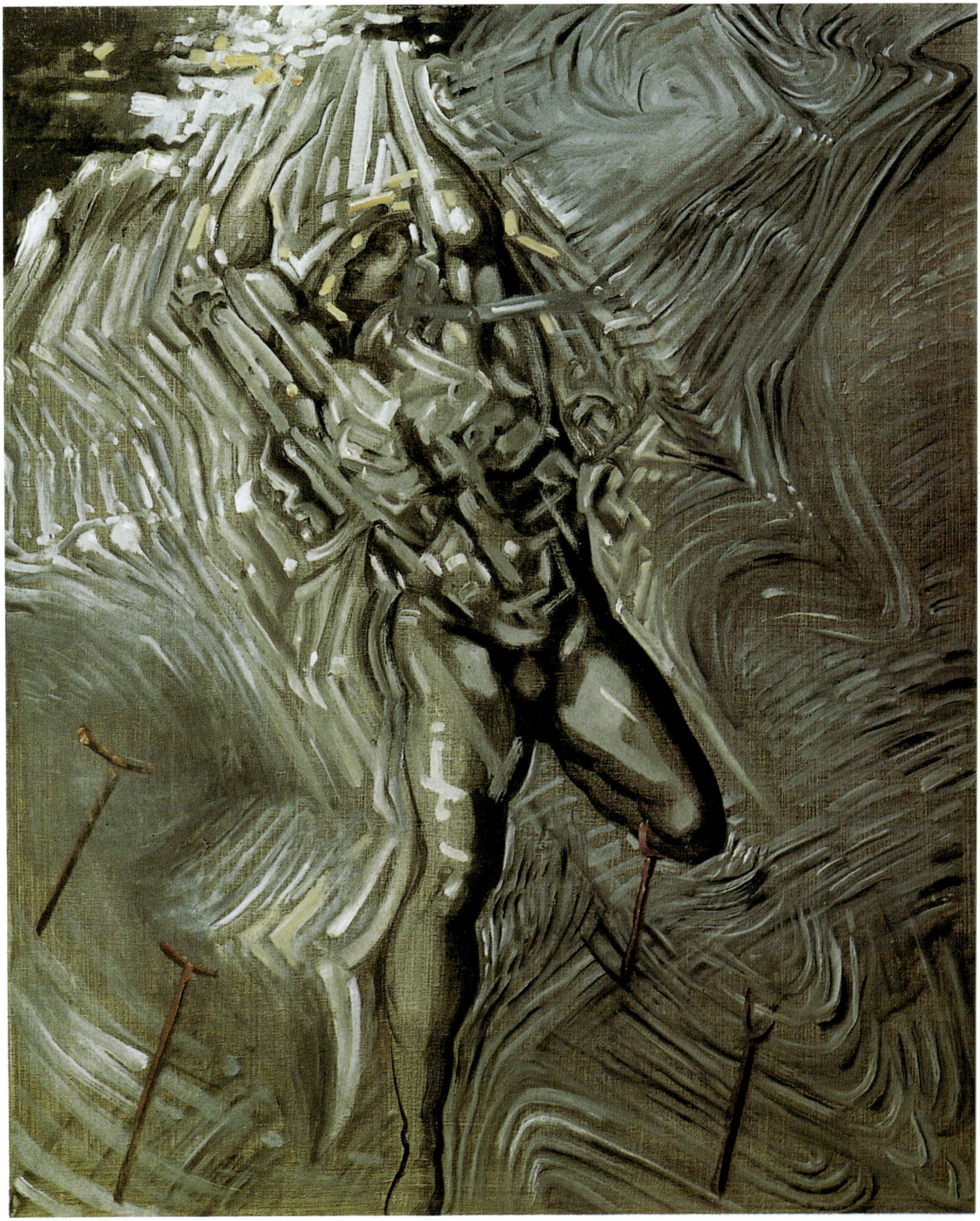
1600

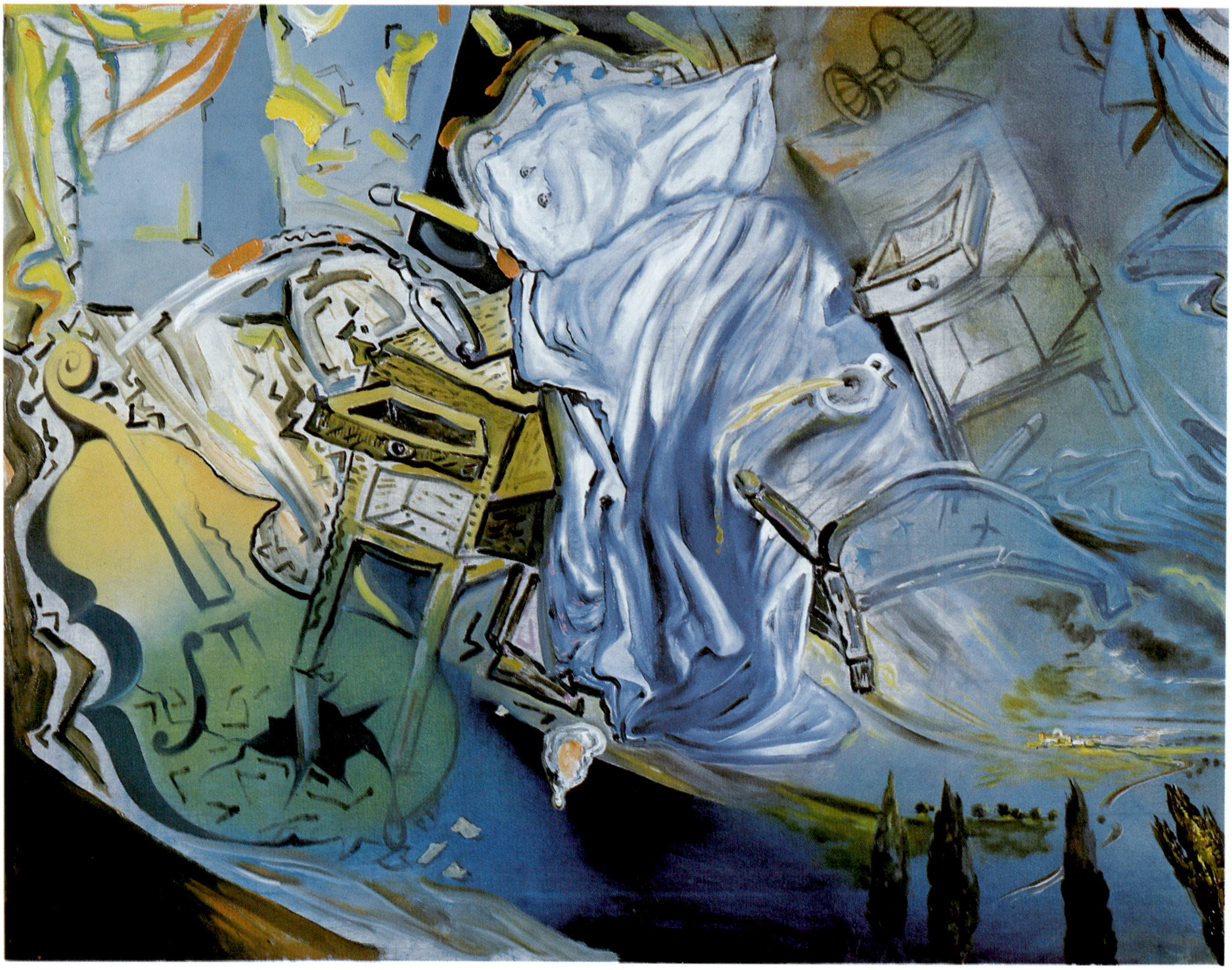

1601

Een moordlustig nachtkastje

1601 **Bed en twee nachtkastjes vallen brutaal een cello aan (definitieve staat),** 1983 ❑
Lit et deux tables de nuit attaquant férocement un violoncelle

1602 **Dalí's kamer na de brand in 1984 waarbij hij bijna om het leven kwam** ✫

1603 **Bed en twee nachtkastjes vallen brutaal een cello aan,** 1983 ❑
Lit et table de nuit attaquant férocement un violoncelle

Want Dalí heeft, half clownesk, half serieus, besloten zich te laten invriezen. "Laten we aannemen dat ik sterf. Ik wil niet dat ze dan gewoon zeggen: 'Dalí is dood'. Ik wil dat ze er aan toevoegen: 'Dalí is weer eens anders dan de anderen. Hij heeft zich laten invriezen.'" Dalí wil zich zelfs meteen na zijn overlijden laten conserveren om de ontdekking af te wachten die de mens op een dag in staat zal stellen het genie Dalí weer tot leven te wekken. "Ik ben ervan overtuigd dat ze kanker zullen kunnen genezen en fantastische transplantaties ondernemen, en de verjonging van cellen is een kwestie van de nabije toekomst. Iemand zijn leven teruggeven wordt een heel gewone operatie. Ik zal ongeduldig afwachten in mijn vloeibare helium."

Die wens terug te keren naar het verleden, brengt ons bij de laatste periode in Dalí's werk: zijn studie van het fenomeen catastrofe. "'Alles wat ik sindsdien doe, concentreert zich op het verschijnsel van de catastrofes', zegt Dalí tegen een van de weinige bezoekers die hij in die tijd ontvangt. Dankzij de wiskundige René Thom die de catastrofe-theorie ontwikkelde, komt Dalí tot een rigoreus kwalitatief denken, afgeleid van de laatste inzichten van de topologie en de differentiaal-

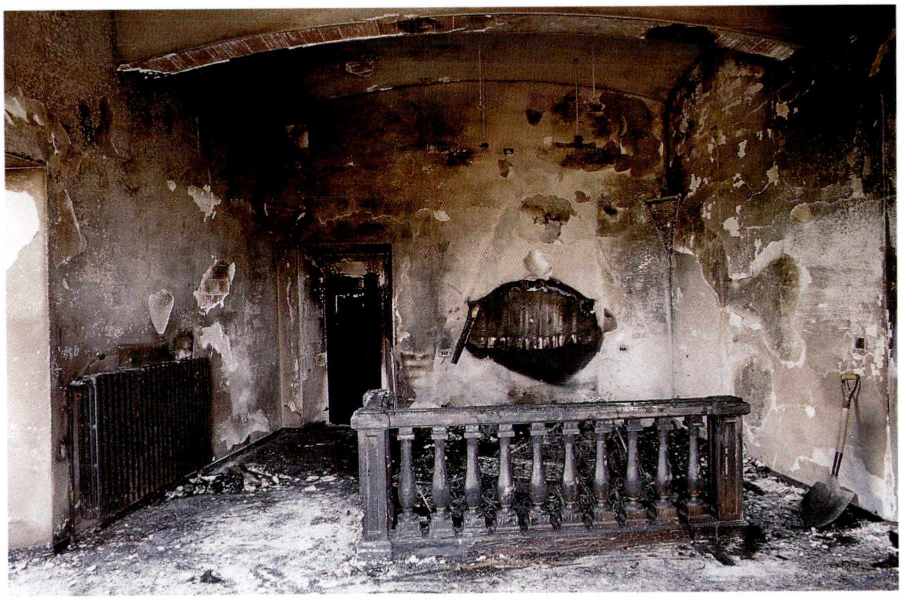

1602

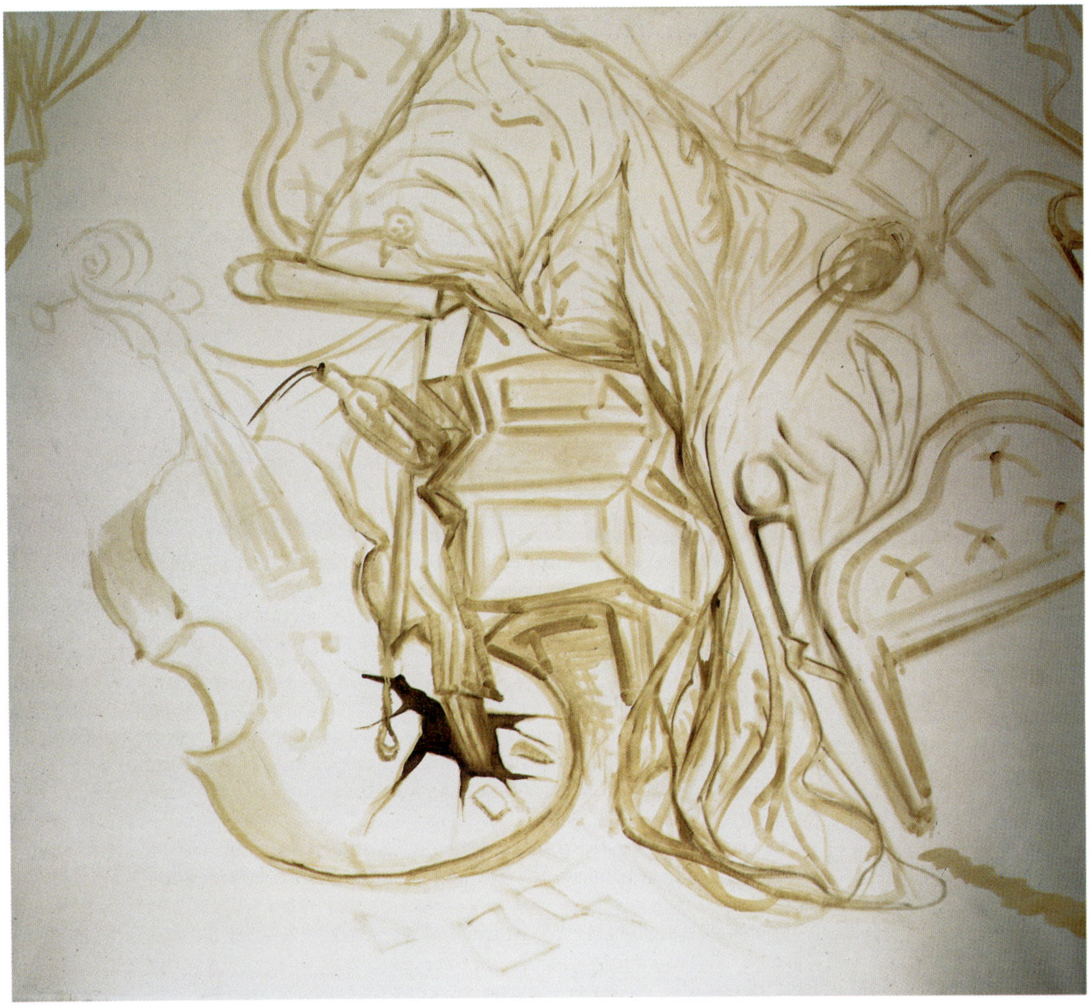

1603

1983

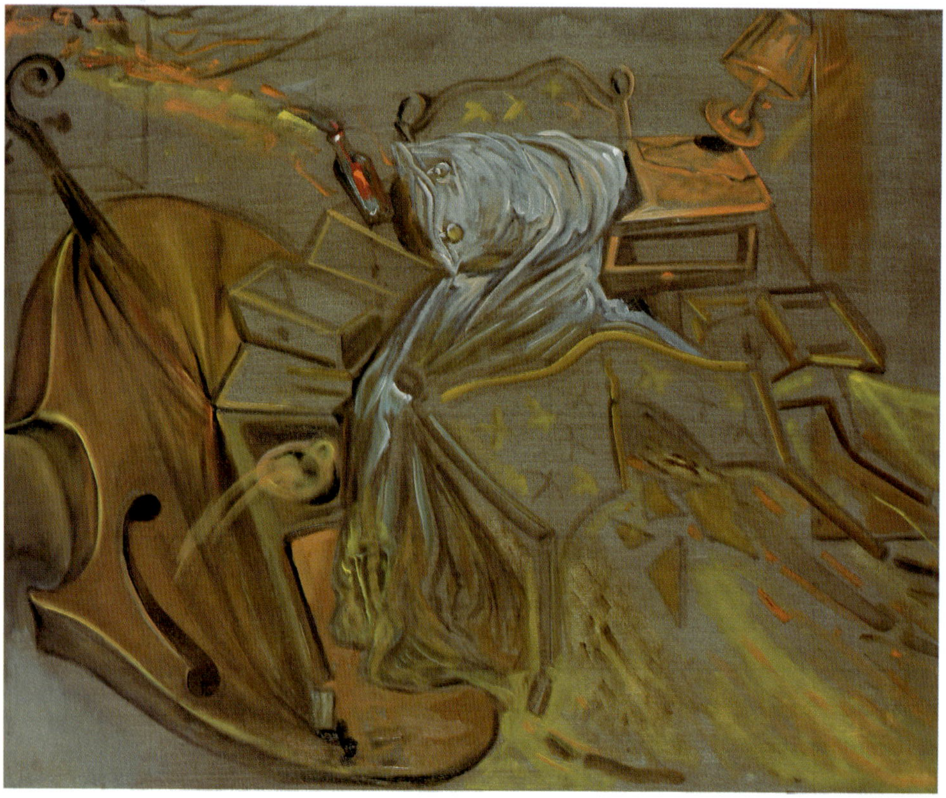

1604

1604 **Bed en twee nachtkastjes vallen brutaal een cello aan**, 1983 ❑
Lit et deux tables de nuit attaquant férocement un violoncelle

1605 **St.-Joris overvalt een cello**, 1983 ❑
Saint Georges terrassant un violoncelle

1606 **Bed, stoel en nachtkastje vallen brutaal een cello aan**, 1983 ❑
Lit, chaise et table de nuit attaquant férocement un violoncelle

1607 **Krijger op een olifant overvalt een cello**, 1983 ❑
Guerrier sur un éléphant terrassant un violoncelle

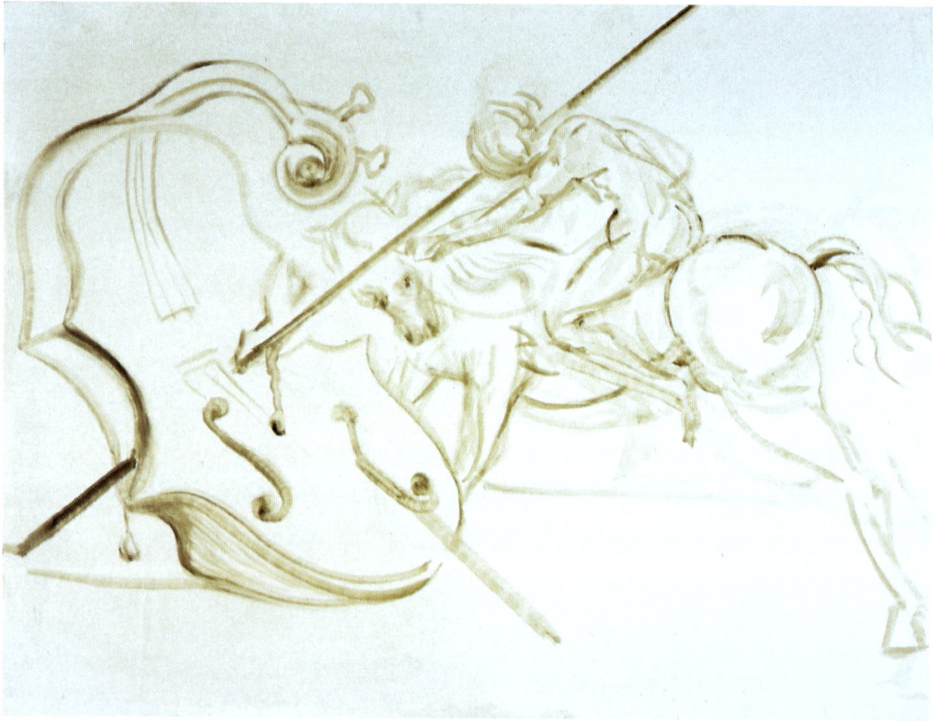

1605

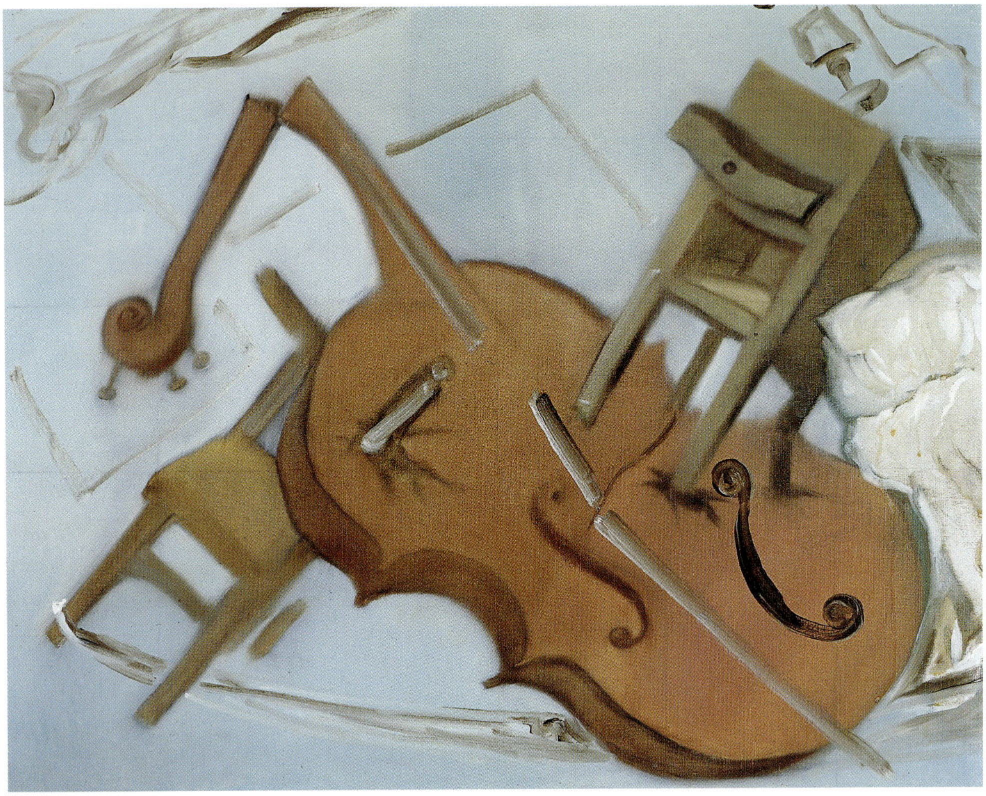

1606

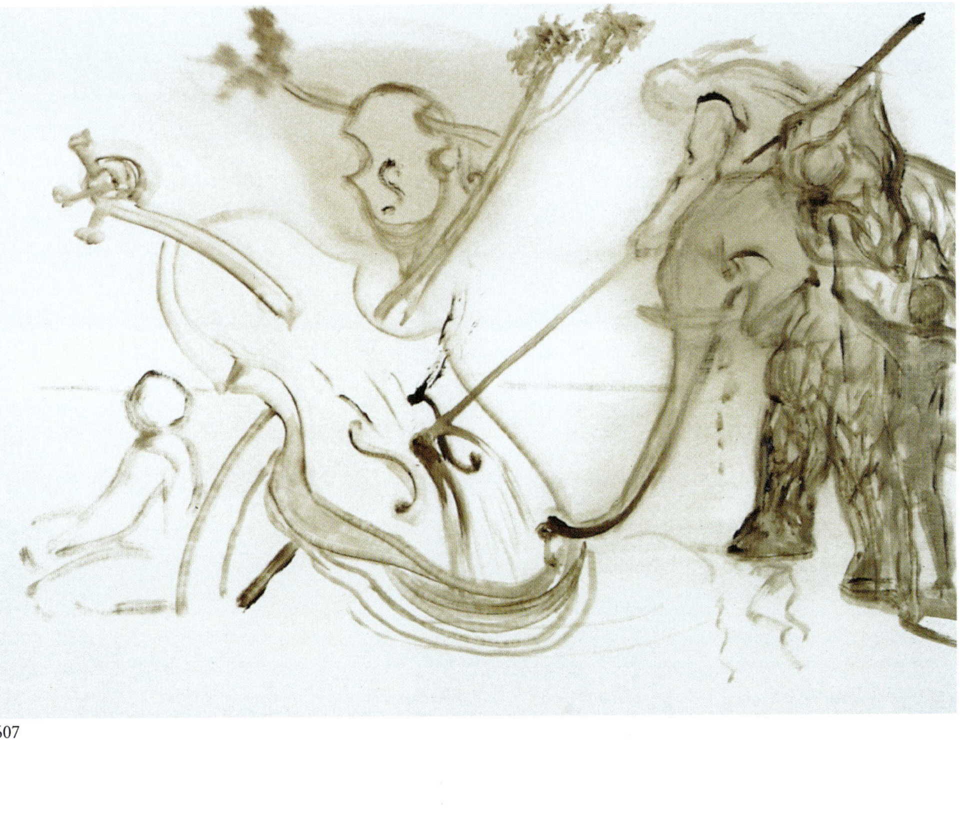

1607

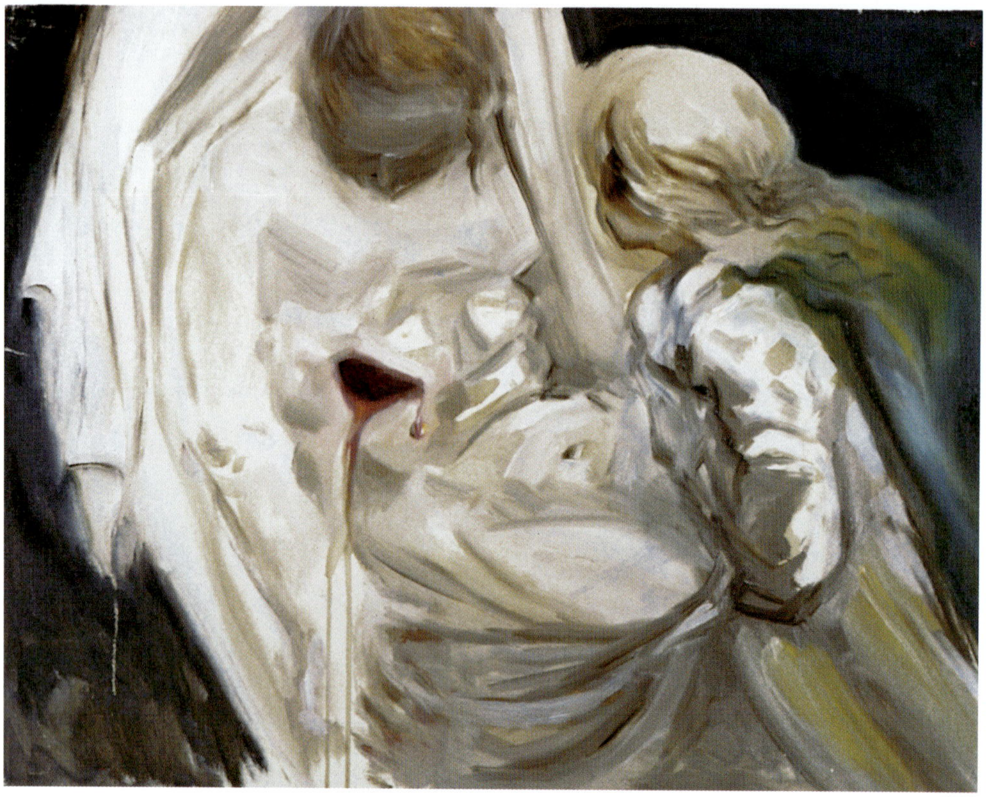

1608

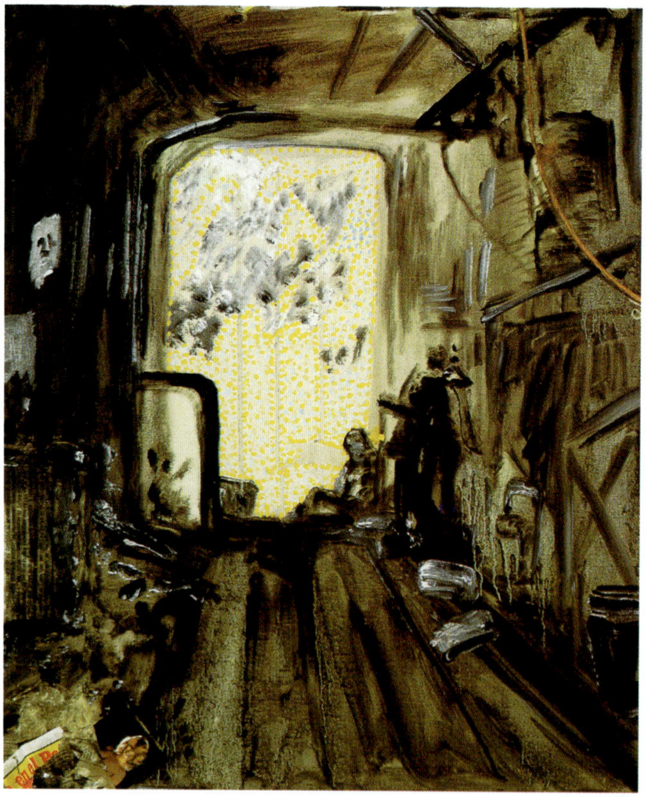

1609

1608 **Pietà**, 1983 ❑

1609 **De vrachtwagen (We komen later aan, tegen vijven)**, 1983 ❑
Le camion (Llegaremos mas tarde, hacia las cinco)

1610 **Topologische verzwikking – Bed en twee nachtkastjes vallen brutaal een cello aan**, 1983 ❑
Contorsion topologique – Lit et deux tables de nuit attaquant férocement un violoncelle

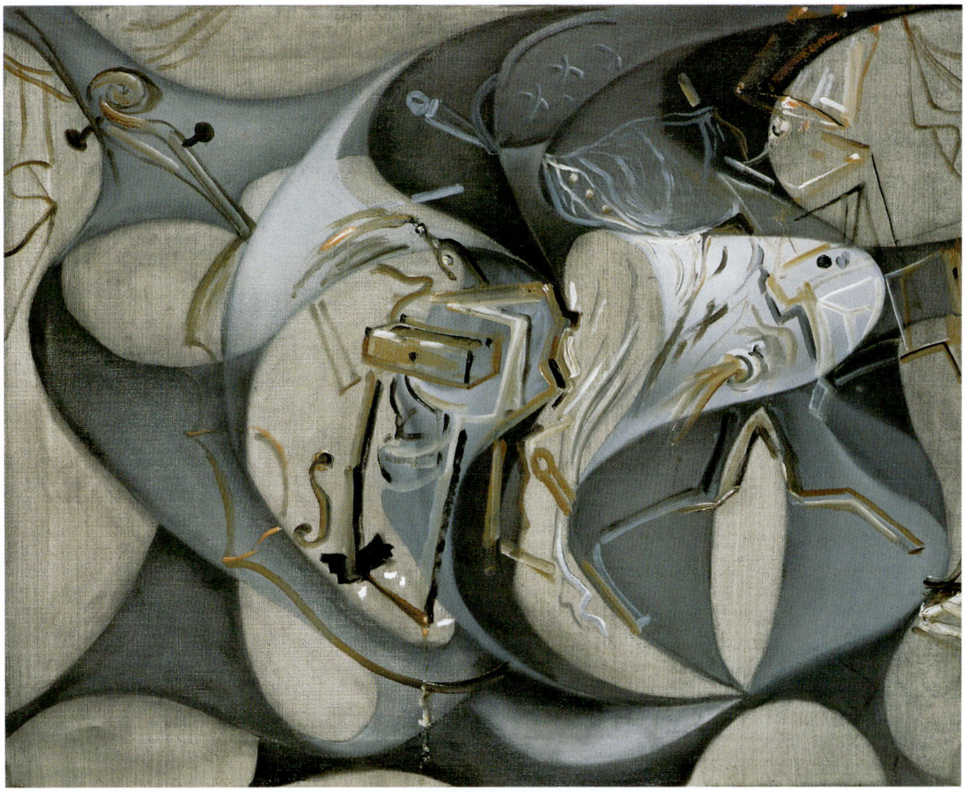

1610

analyse. Dalí hervindt zich in een vierdimensionele tijd-ruimte, want, zoals René Thom zegt, het is in abstracto, puur geometrisch mogelijk een theorie van de morfogenese op te stellen. Voorbeelden voor een studie van kleine fenomenen (een salamander op een oude muur, de vorm van een wolk, de val van een verwelkt blad, het schuim op een glas bier) ten dienste van de mathematische reflectie moeten Dalí fascineren, die dit al zolang weet over de betekenis van vliegen, sprinkhanen en kersen. Een van zijn laatste doeken, dat hij drie weken voor Gala's dood schilderde, is verbijsterend: *De drie glorieuze raadsels van Gala* (blz. 701), waarin hij drie perioden uit zijn werk verenigt; een laatste drievoudige hommage aan de vrouw die geleidelijk *De zichtbare vrouw*, *Leda atomica* (blz. 424-425) en *De madonna van Port Lligat* (blz. 443) wordt.

De grote 'catastrofe' die zich boven Dalí samenbalt, vindt plaats op 10 juni 1982, wanneer Gala sterft en hem aan de eenzaamheid uitlevert. Dalí wil daarna zelfmoord plegen door uitdroging. In hoeverre meent hij dat serieus? Hij is er nog steeds van overtuigd dat uitdroging en de terugkeer naar het larvestadium hem de onsterfelijkheid garanderen. Hij heeft ooit gelezen dat de uitvinder van de eerste microscoop door de lenzen van zijn microscoop kleine, schijnbaar dode diertjes zag die zich in een toestand van extreme uitdroging bevonden en door een druppel water tot leven konden worden gewekt.

Daaruit concludeert hij dat het mogelijk moet zijn –het idee bevalt hem althans– in een bepaald stadium door uitdroging verder te leven. Wat Dalí echter niet voorziet, is dat hij, nadat hij niets meer tot zich genomen heeft, ten slotte helemaal niets meer kan doorslikken. Zodoende is hij vanaf dat moment tot aan zijn levenseinde aangewezen op een neussonde waardoor hem pap en vloeibare babyvoeding worden toegediend. Al in zijn tekst 'Tien recepten voor de onsterfelijkheid' spreekt Dalí over de "onsterfelijkheid die door uitdroging en de tijdelijke terugkeer naar het larvestadium wordt gegarandeerd", zoals de ontdekking van collembolen, een soort micro-organismen, in 1967 heeft aangetoond.

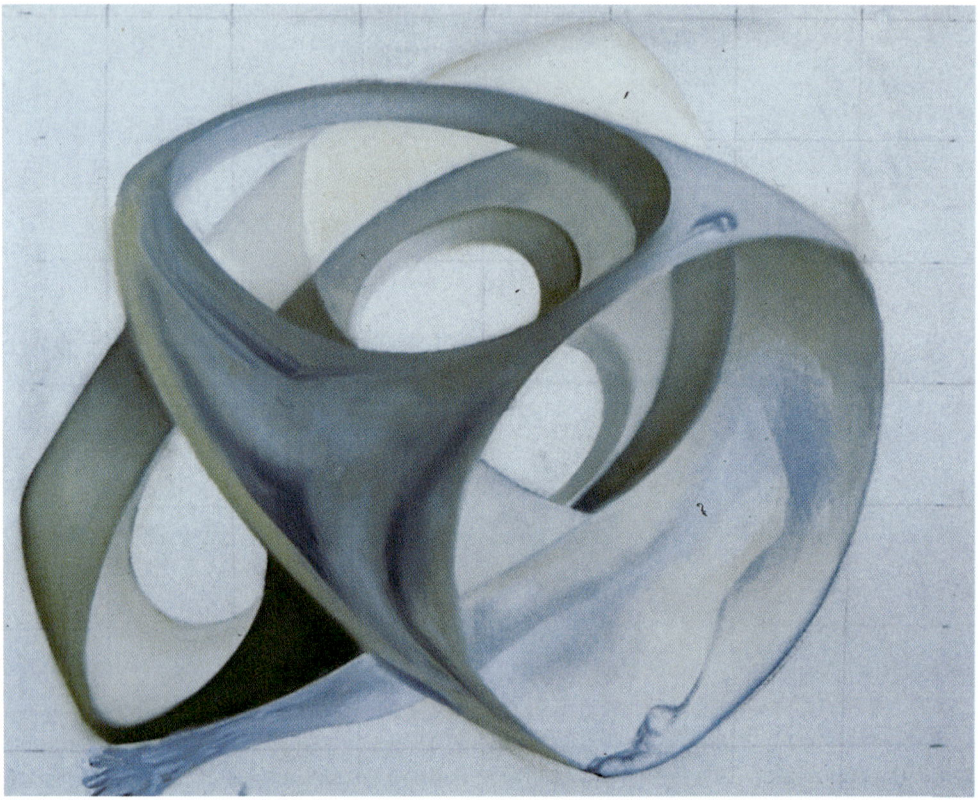

1611

1611 **Topologische verzwikking van een vrouwelijke figuur**, 1983 ❑
Contorsion topologique de figure féminine

1612 **Topologische verzwikking van een vrouwelijke figuur tot cello**, 1983 ❑
Contorsion topologique d'une figure féminine devenant violoncelle

1613 **Topologische losweking van Europa– Hommage aan René Thom**, 1983 ❑
Enlèvement topologique d'Europe – Hommage à René Thom
René Thom is een Frans wiskundige die Dalí bewondert om diens 'catastrofe-theorie' waarover tegenwoordig steeds meer wordt gesproken.

Het gaat daarbij om een groep levende fossielen die al sinds het Devoon (400 miljoen jaar geleden) bestaan." Maar het gaat hem inderdaad niet om zijn lichaam. Belangrijk is voor hem alleen de onsterfelijkheid van "de tuin van zijn geest". Hij probeert overigens als bekroning "in rook op te gaan", door met misdadig plezier voortdurend op de bel te drukken waarmee hij zijn verpleegster roept en naar zijn bed lokt; zijn spelen met de bel veroorzaakt ten slotte kortsluiting, die zijn bed en nachthemd in brand steekt. Gelukkig is Descharnes in de buurt en redt zijn leven.

Een andere bijwerking is dat hij zijn stem verliest. Hij wordt ongeduldig en woedend wanneer hij iets zegt en niemand hem verstaat. Er is veel geduld van zijn kleine hofhouding en vooral van Robert Descharnes, zijn vertrouweling, nodig om het nauwelijks hoorbare murmelen dat over zijn lippen komt, te ontcijferen en te vertalen.

Dat gaat vooral over zakelijke aangelegenheden, want Dalí leidt de 'multinational Dalí' nog steeds zelf. Hij heeft een bedrijf opgericht, 'Demart Pro Arte', met Robert Descharnes als president, dat zijn werk en persoonlijkheidsrechten beschermt, dat over de hele wereld tegen vervalsingen optreedt en nieuwe contracten moet afsluiten. Zo maakt hij het ontstaan van zijn parfum mee, dat van New York tot Tokyo te vinden is in surrealistische flesjes in de vorm van een mond, een neus of, voor het mannenparfum, zelfs in de vorm van een testikels vormend deel... Zijn testikels niet de vergaarbak voor engelen? Tot het laatst toe geeft Dalí de nodige aanwijzingen ter verwezenlijking van zijn geliefde projecten. Daartoe behoort onder meer het gieten van beelden, zoals een monumentale *Newton* voor een Dalí-plein in Madrid, grote afgietsels van een *Venus van Milo met laden*, die op een grote tentoonstelling, georganiseerd door Robert Descharnes en Gilles Néret, in 1964 bij Seibu in Japan stond; en een *Rinocerotisch portret van de 'Kantwerkster' van Vermeer* en een *Rinocerotische zonnebloem* uit het einde

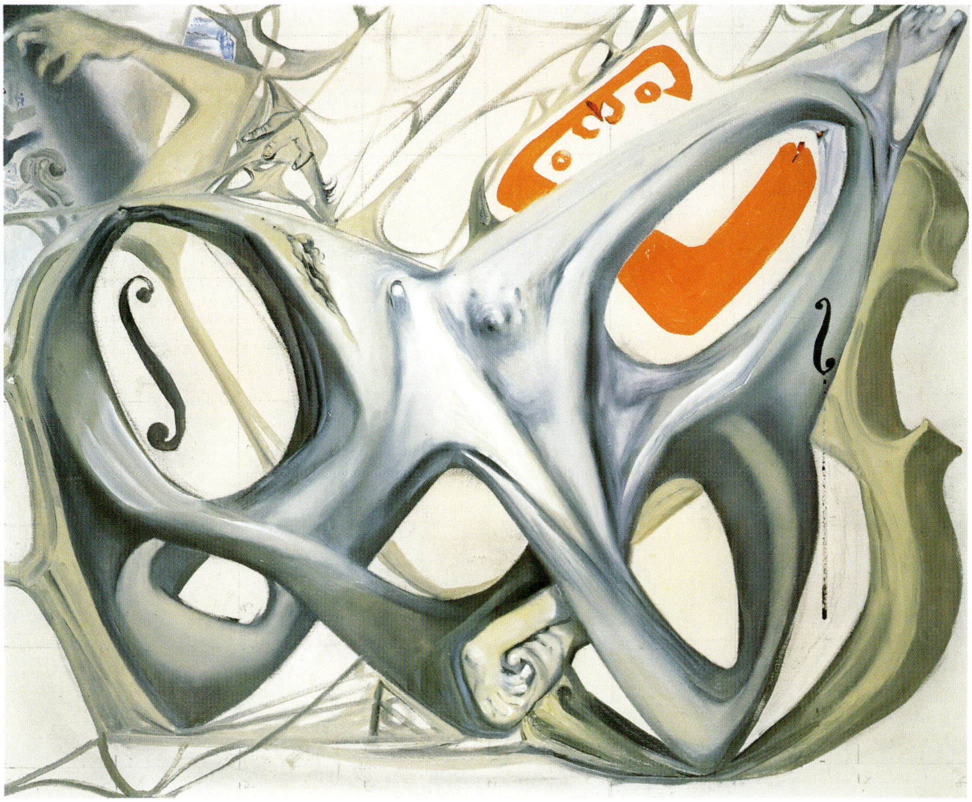

1612

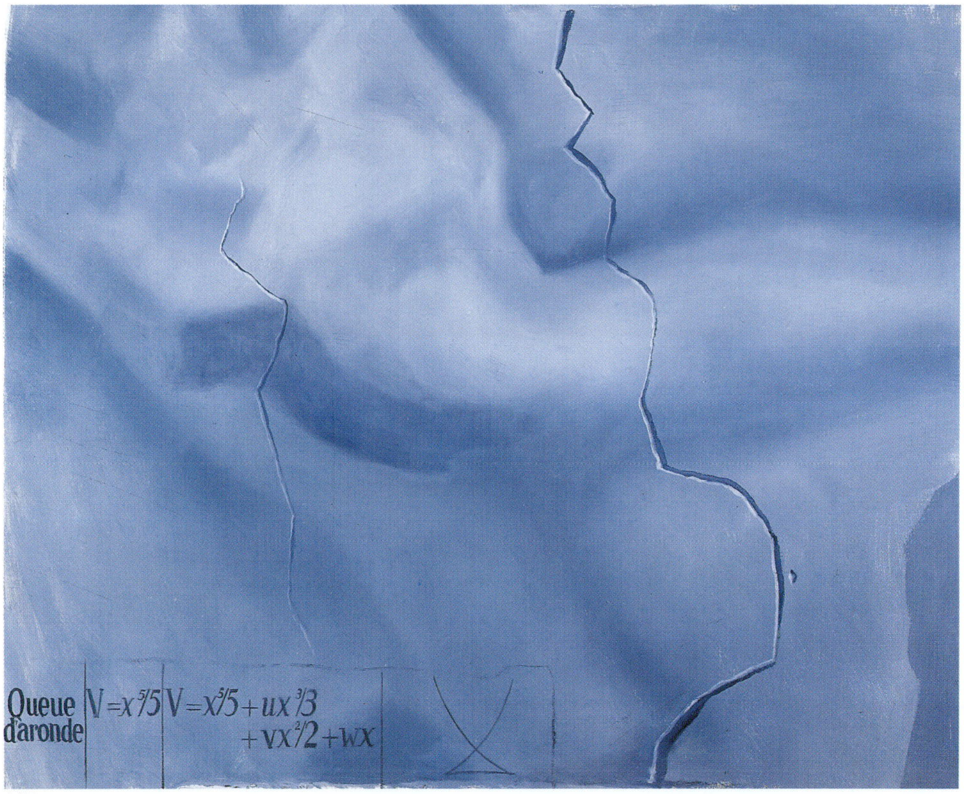

1613

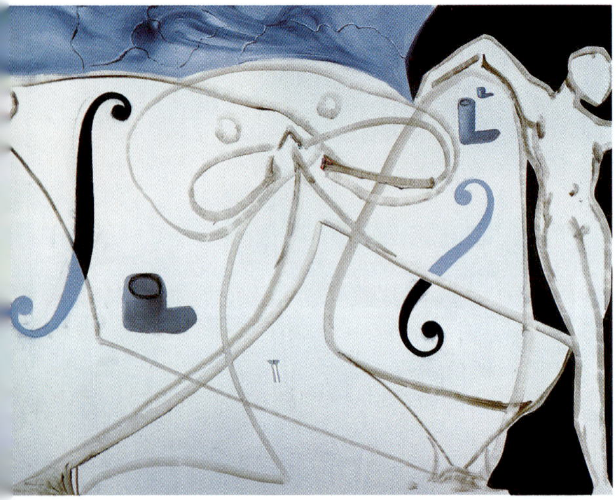

1614

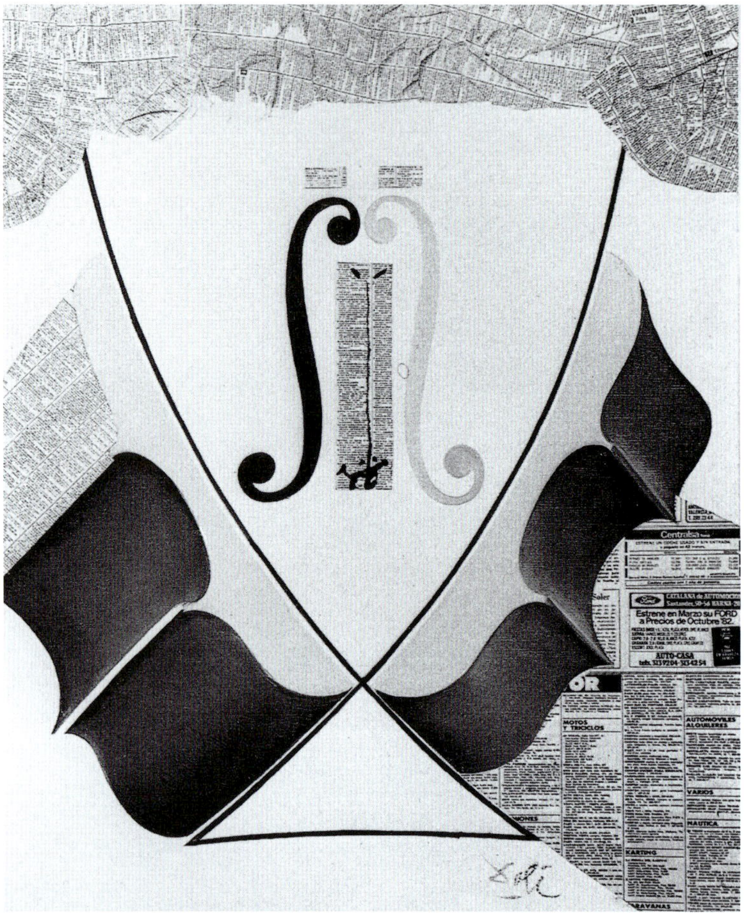

1615

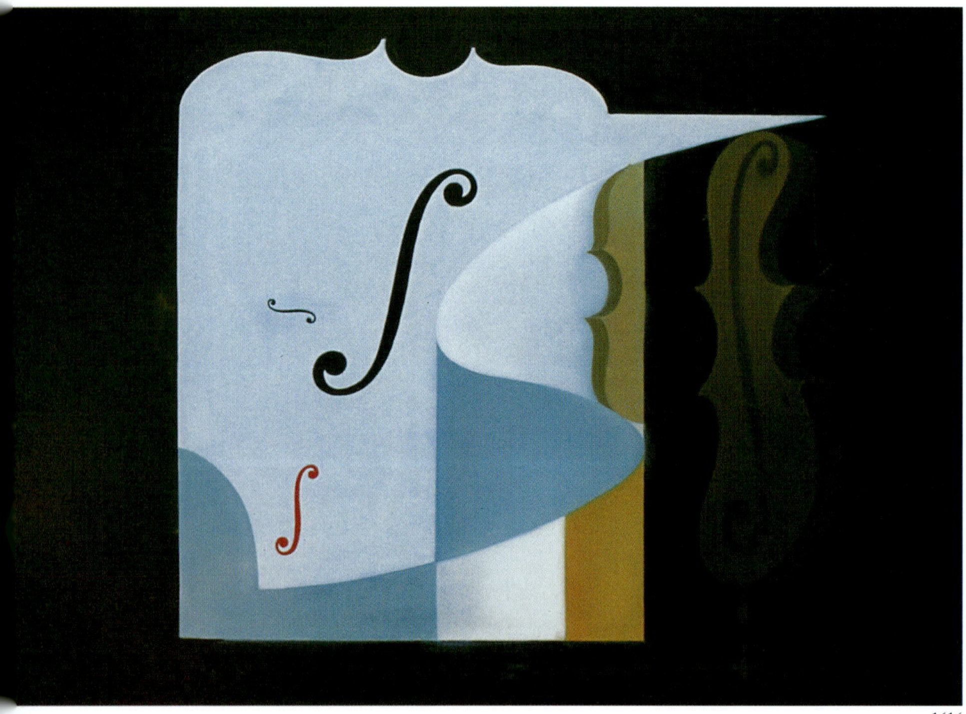

1616

1614 **Kotelet en lucifer – De Chinese krab**, 1983 ❑
Côtelette et allumette – Le crabe chinois

1615 **Zonder titel – Hoofd van een Spaanse edelman, gemaakt volgens het catastrofe-model van een zwaluwstaart en twee cellohelften**, 1983 ❑
Sans titre – Tête de noble espagnol formée par le modèle de catastrophe de la queue d'aronde et deux demi-violoncelles

1616 **Zonder titel – Serie catastrofes**, 1983 ❑
Sans titre – Série des catastrophes

1617 **De zwaluwstaart – Serie catastrofes**, 1983 ❑
La queue d'aronde – Série des catastrophes
Dalí's laatste doek, voltooid in mei 1983. "Alles wat ik nu doe, is geconcentreerd op het fenomeen van de catastrofe", zegt Dalí tegen de weinige bezoekers die hij nog ontvangt en voegt eraan toe: "Nu gaat het niet meer om de pure fantasie van mijn stemmingen en dromen, niet meer om het automatisme... nu schilder ik de betekenis die meteen is af te leiden uit mijn bestaan, mijn ziekte of mijn belangrijkste herinneringen."

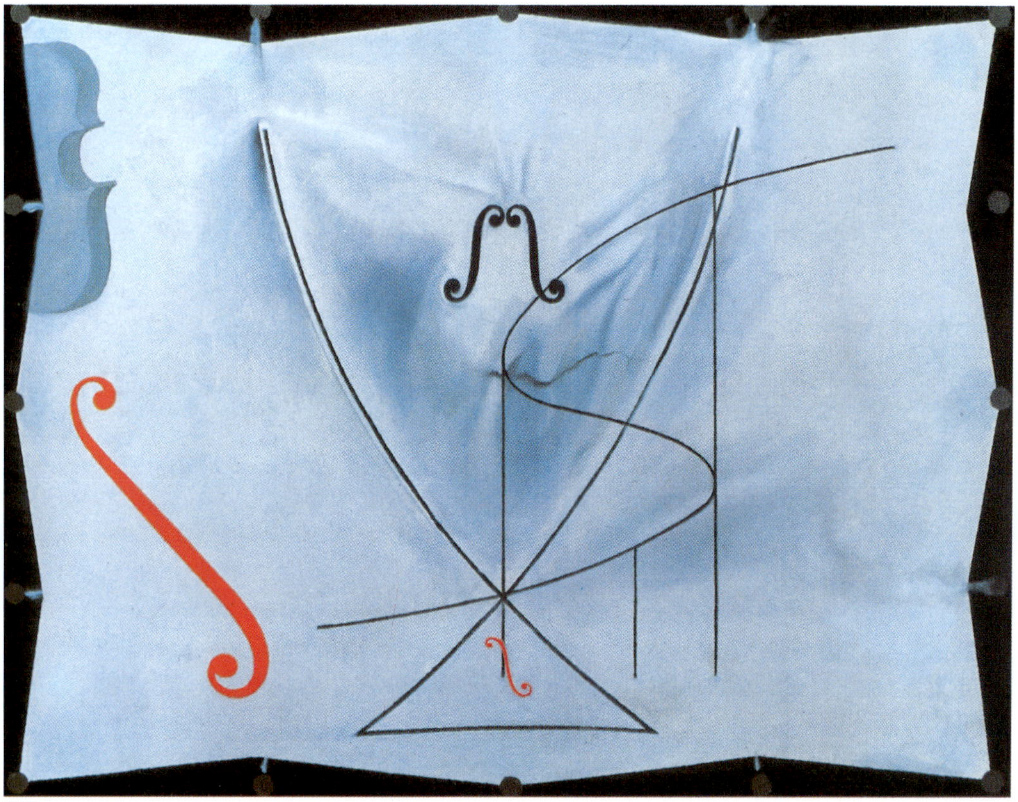

1617

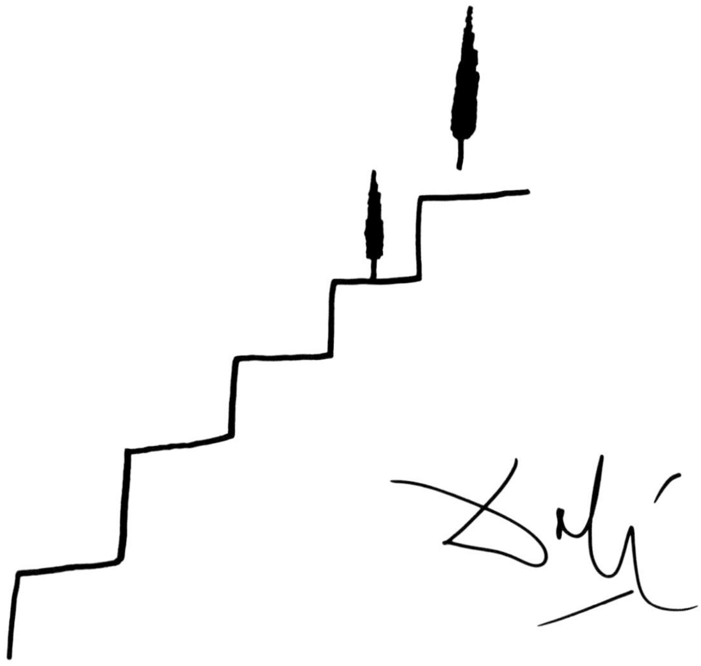

1618

1618 **Het graf van Francesco Pujols**, 1982 △
Le tombeau de Francesco Pujols

van de jaren '50 toen de film 'L'Histoire prodigieuse de la Dentellière et du Rhinocéros' (De ongewone geschiedenis van de kantwerkster en de rinoceros) werd gedraaid. Hij bespreekt met een groep Japanse architecten de details voor zijn derde museum, het Gaia-Dalí-museum in Japan.

Is Dalí gek, seniel? Een groep Catalaanse intellectuelen doet er alles aan om dit idee te verbreiden. In een open brief aan de president van de Catalaanse regering, Jordi Pujol, beschuldigen ze mensen in Dalí's omgeving ervan dat ze een slechte invloed op de meester hebben en ze bekritiseren bovendien zijn zaakwaarnemer en de leiding van het Theatermuseum Gala-Dalí. Ze stellen vast dat Dalí niet meer in staat is zelf beslissingen te nemen... Ziedend van woede wendt Dalí zich meteen tot Pujol, die hem onmiddellijk in de Torre Galatea, Dalí's woonvleugel in het Theatermuseum van Figueras, komt opzoeken. Dalí zegt glimlachend: "Ik zou Catalonië graag een van mijn mooiste schilderijen willen geven, *Continuüm van de vier billen of Geboorte van een godheid...*" Kan men na een dergelijk geschenk ook maar een moment twijfelen aan het verstand van degene die iemand een schilderij met een geschatte waarde van 500.000 dollar aanbiedt? De inspanningen van de Catalaanse intellectuelen waren voor niets geweest.

In werkelijkheid heeft Dalí meer dan ooit "zeer veel plezier in het leven" en citeert voortdurend Ovidius: 'Morte carent animae' (De ziel weerstaat de dood). Hij had nog zoveel te doen, werk af te maken, zich van zijn onsterfelijkheid te verzekeren. Naast Robert Descharnes, reddende engel en man van eer, de enige die zich niet ten koste van Dalí verrijkte en meer dan wie ook zijn werk en persoon in bescherming nam, bevond zich in de naaste omgeving van Dalí ook de schilder Antonio Pichot, zijn leerling uit de kunstenaarsfamilie die hem zo had geholpen om schilder te worden; María Teresa, zijn secretaresse, die hem de kranten voorlas; en Arturo, die al sinds 1948 bij Dalí in dienst was en de belangrijke taak van kamerdienaar, verpleger, chauffeur en garderobebeheerder opgaf om zich om het huizenbezit van Dalí te bekommeren: een autowerkplaats in

Cadaqués; een voormalige schaapskooi die was omgebouwd tot hotel; de 'Coral de Gala'; het beroemde huis in Port Lligat met bijgebouwen; het kasteel Púbol, waar Dalí's collectie zich bevond. Kort na Dalí's dood zal Arturo sterven van verdriet.

Nu hij meer tot rust gekomen is, volgt Dalí meer dan ooit de nieuwste ontdekkingen op het gebied van zijn geliefde desoxyribonucleïnezuur, het befaamde DNA, waarin het geheugen van de soort ligt opgeslagen. Is een DNA-molecuul de garantie voor de onsterfelijkheid? Zoals Dalí in het oor van Descharnes fluistert, is het de 'koninklijke' cel bij uitstek: "Elke ladderhelft is precies verbonden met de bijbehorende helft, zoals Gala en ik dat waren... Dat alles opent zich, sluit zich en haakt in elkaar met een waanzinnige nauwkeurigheid. De erfelijkheid is afhankelijk van een soevereine machine en het leven is het resultaat van de absolute heerschappij van het DNA."

Dalí neemt er de tijd voor de details van zijn begrafenis te regelen en om Catalonië, dat hem te weinig het verschuldigde respect had getoond, te onterven ten gunste van de Spaanse staat. Hij zegt nog: "De massa's trekken aan mijn schilderijen voorbij en zullen dat ook in de toekomst doen, terwijl hun instinct hen, donker en geblindeerd, doet vermoeden dat in mijn werk schatten aan authenticiteit verborgen liggen die in het oog springen, maar die niemand heeft gezien. Buitenartistieke schatten, die meer en meer artistieke zullen worden." Hij laat zich 'Les Millions d'Arlequins' en de 'Serenade' van Enrico Toselli voorspelen, die in 'Maxim's' in Parijs voor hem waren opgenomen ter herinnering aan de goede oude tijd. Hij vraagt zich af of hij nog tijd heeft een tragedie te schrijven. Om niet voortijdig door de dood verrast te worden, begint hij alvast met het woord 'doek'.

Zijn snor door zijn huismeester nog eens gedraaid, het lichaam gebalsemd opdat het ten minste driehonderd jaar ongeschonden zal blijven, gehuld in een tuniek die is versierd met de kroon van een Marqués en een bestikte boord die de dubbele helix van het DNA voorstelt, rust de Marqués de Dalí de Púbol –deze titel werd hem op 26 juli 1982 door koning Juan Carlos I verleend– in een crypte die men onder de glaskoepel in zijn museum heeft gebouwd, temidden van zijn schilderijen en rituele objecten, waaronder ook een Cadillac.

1619 **De krijger 'Bracceli' naast een lijk – Serie torero's,** 1985 △
Guerrier 'Bracceli' près d'un cadavre – Série Torero

1620 **Gevecht van twee fenixen – Serie torero's,** 1985 △
Combat de deux phénix – Série Torero

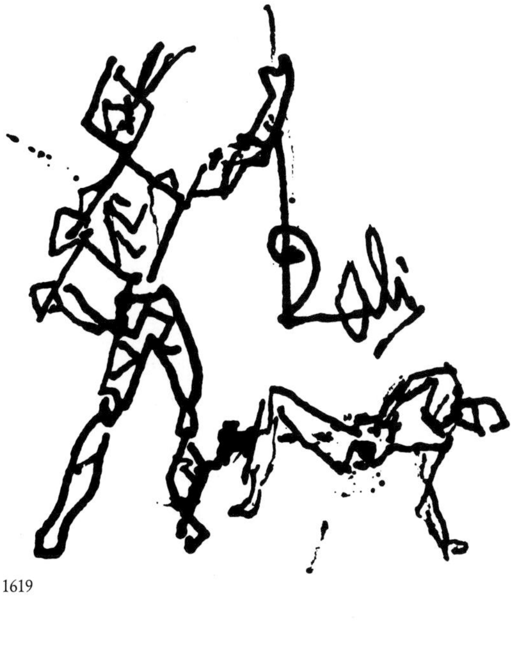

1619

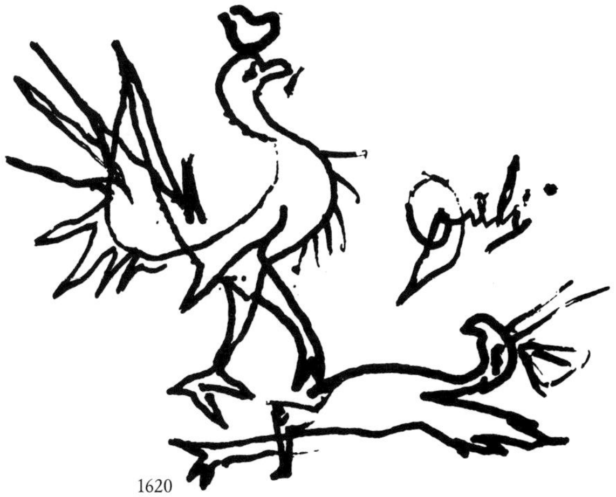

1620

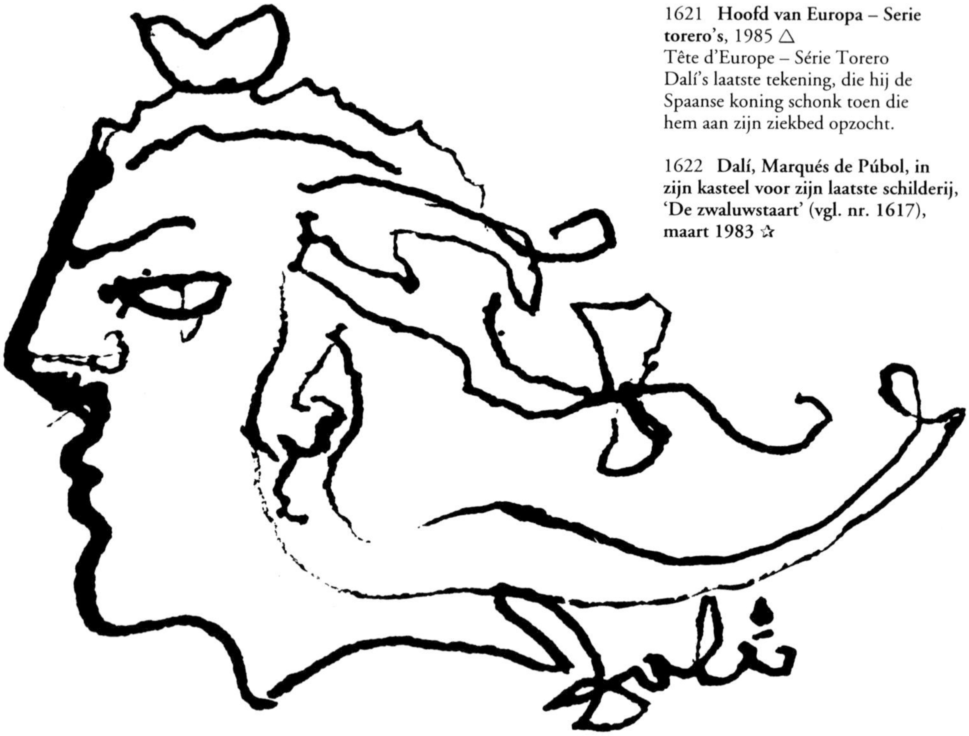

1621 **Hoofd van Europa – Serie torero's**, 1985 △
Tête d'Europe – Série Torero
Dalí's laatste tekening, die hij de Spaanse koning schonk toen die hem aan zijn ziekbed opzocht.

1622 **Dalí, Marqués de Púbol, in zijn kasteel voor zijn laatste schilderij, 'De zwaluwstaart' (vgl. nr. 1617), maart 1983** ☆

Elegieën aan Gala

Bron van leven,
Nachten zonder morgen;
Ga ik naar de bron,
Duikt voor me plotseling
Het geliefde beeld op;
Diep bewaard
In mijn hart.
Ik weet,
Daar is het levensbrood;
Ook met gesloten ogen
Zie ik nog steeds
Stralend wit
En volkomen helder
Het levensbrood.
Ik weet,
Daar staat de oven,
In wiens vlammen
Het geliefde beeld
Van mijn aanbeden Gala weerspiegelt,
Boven in de sieraden
Van zijn totemguirlandes.
Ik weet,
Daar in de schoot van de aarde,
Ligt het marmeren blok,
Waarin het beeld
Van mijn geliefde Gala sluimert.
Vier elementen
Van mijn Gala verweven;
Vuur, water, aarde en lucht
Doen kond van haar,
Die ik al kende,
Eer ik werd geboren.
Lucht, lucht adem ik
Dag en nacht
Het beeld van mijn Gala voor ogen;
In liefdevol gedenken
Dag en nacht
Adem ik de lucht
Van mijn geliefde Gala.
In de bron in de tuin
Stroomt eindeloos water
In diepten zonder morgen;
Daar zag ik tot in detail
Het portret van mijn Gala,
De niet genoeg beminde.

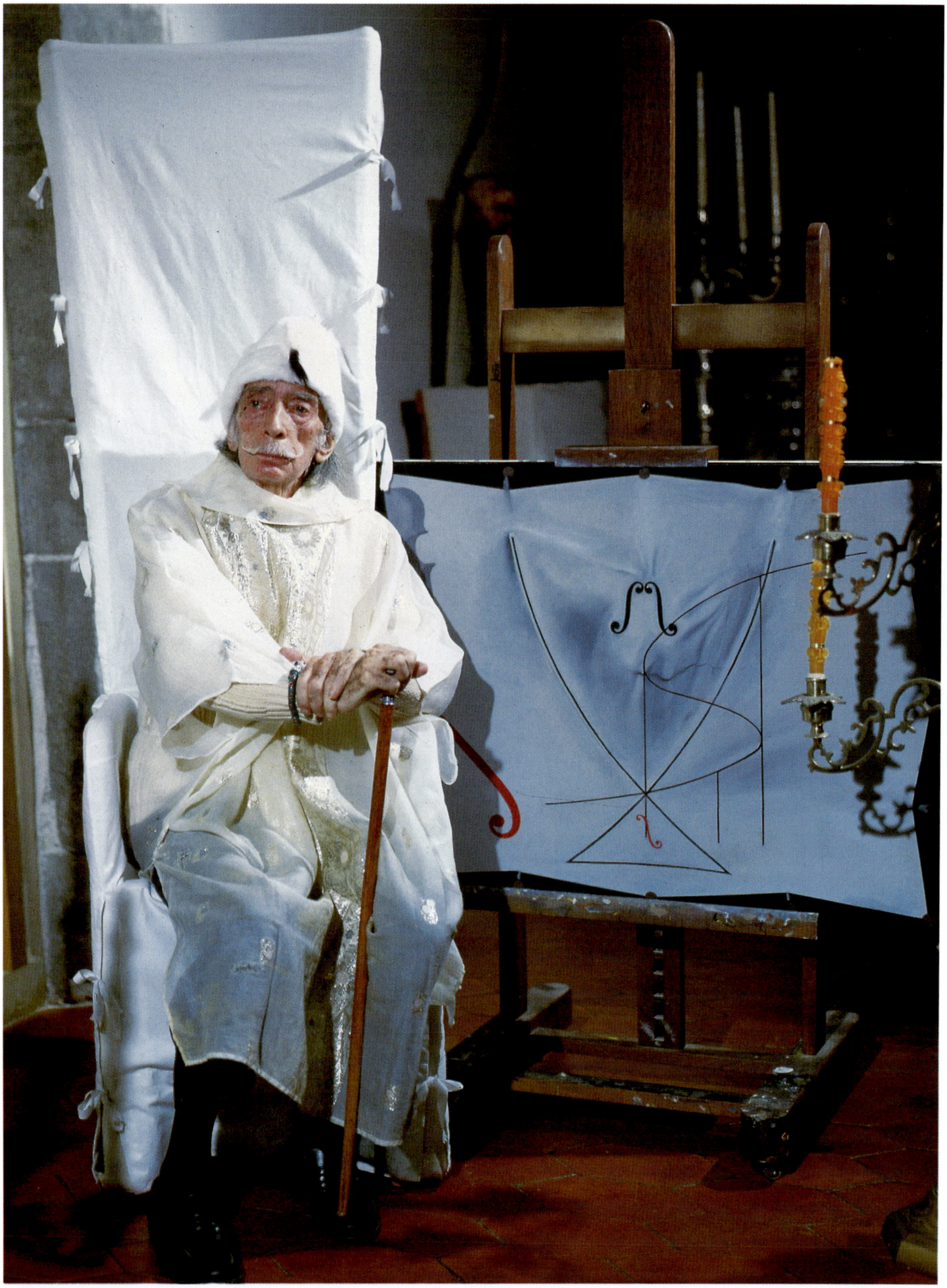

1622

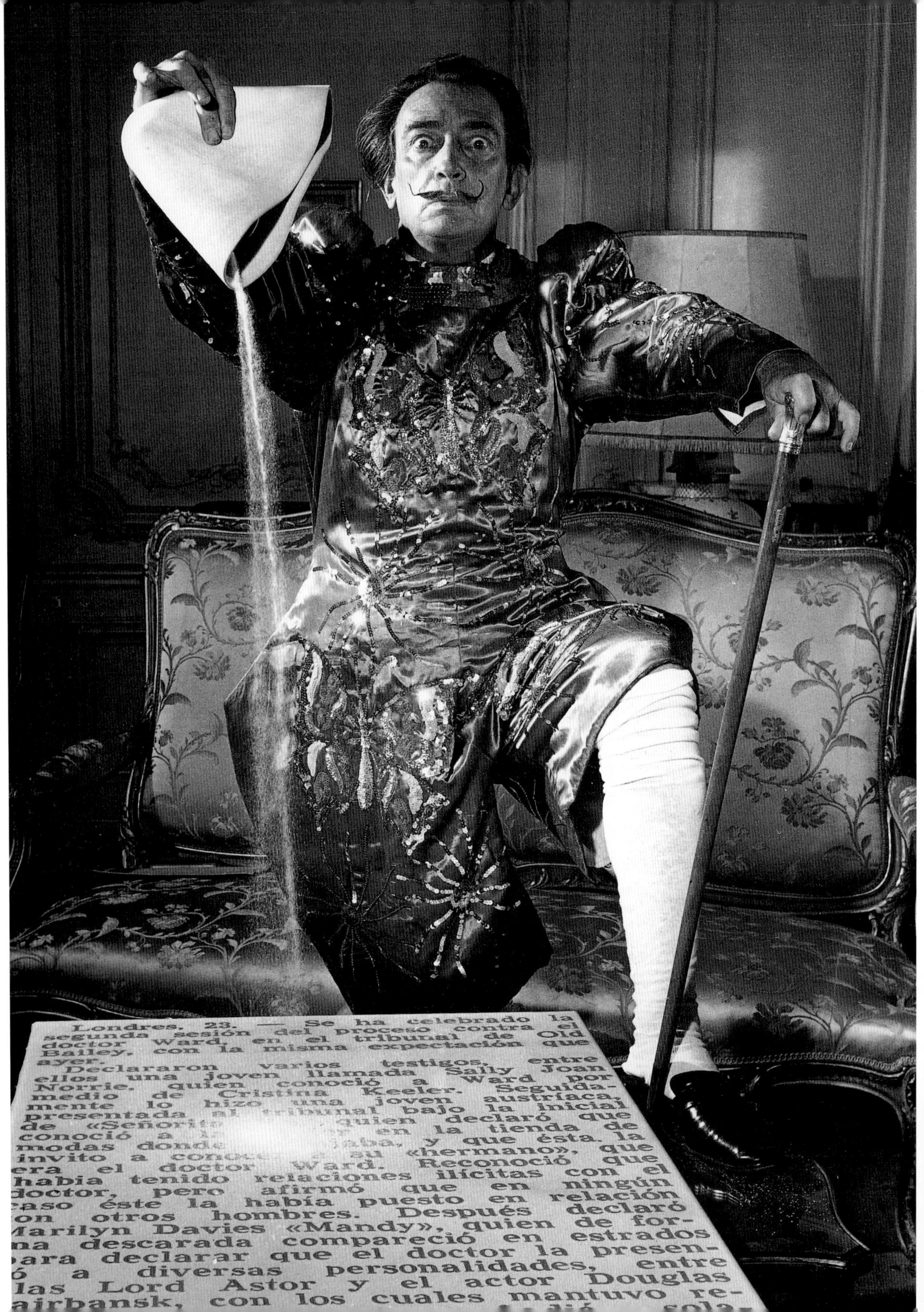
Londres, 23. — Se ha celebrado la
segunda sesión del proceso contra el
doctor Ward, en el tribunal de Old
Bailey, con la misma expectación que
ayer.
Declararon varios testigos, entre
ellos una joven llamada Sally Joan
Norrie, quien conoció a Ward por
medio de Cristina Keeler. Seguida-
mente lo hizo una joven austríaca,
presentada al tribunal bajo la inicial
de «Señorit quien declaró que
conoció a en la tienda de
modas donde y que ésta la
invito a conoc su «hermano», que
era el doctor Ward. Reconoció que
había tenido relaciones ilícitas con el
doctor, pero afirmó que en ningún
caso éste la había puesto en relación
on otros hombres. Después declaró
Marilyn Davies «Mandy», quien de for-
na descarada compareció en estrados
para declarar que el doctor la presen-
ó a diversas personalidades, entre
las Lord Astor y el actor Douglas
airbansk, con los cuales mantuvo re-

1904 — 1989

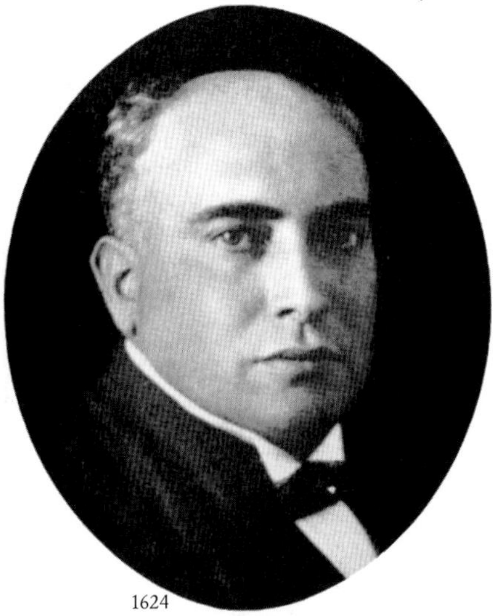

1624

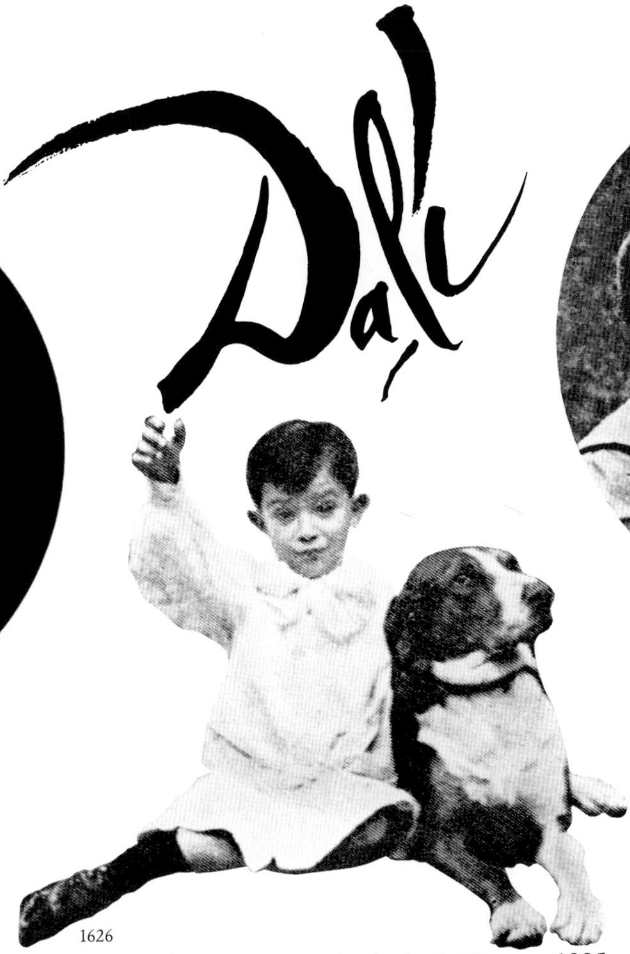

1626

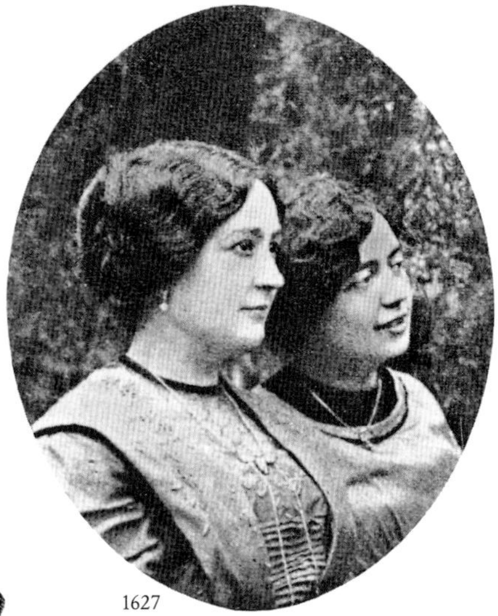

1627

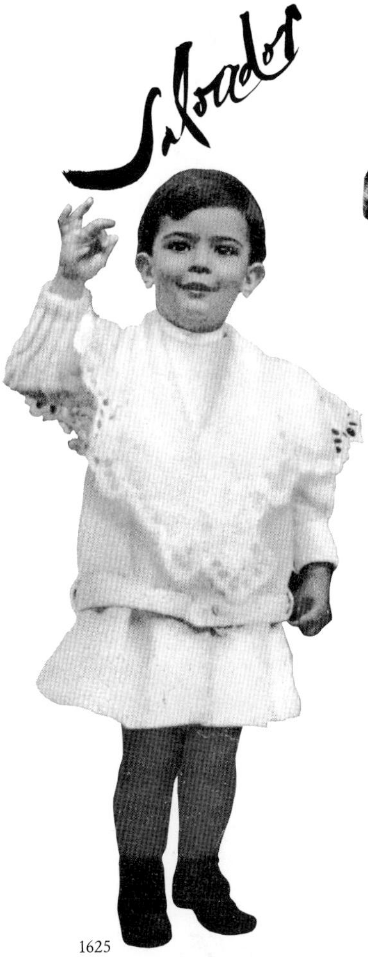

1625

1904 Op 11 mei wordt Salvador Dalí in Figueras geboren. Al zeer vroeg openbaart zich bij hem een buitengewoon tekentalent.

1918 Tijdens een expositie in het stadstheater van Figueras dwingen zijn eerste schilderijen bewondering af van critici.

1919 Hij publiceert in plaatselijke tijdschriften verscheidene artikelen over de meesters van de schilderkunst en 'Quand les Bruits s'endorment', gedichten.

1921 In februari sterft Dalí's moeder. In oktober wordt Dalí op de kunstacademie San Fernando in Madrid aangenomen. Hij woont in het studentenhuis 'Residencia de Estudiantes', waar hij bevriend raakt met de dichter Federico García Lorca en de regisseur Luis Buñuel.

1923 Nadat Dalí de vakkundigheid van zijn professoren zeer scherp heeft bekritiseerd en daarmee onrust veroorzaakt, wordt hij voor een jaar van de academie verwijderd. In hetzelfde jaar wordt hij op politieke gronden 35 dagen opgesloten in Gerona.

1925 Dalí brengt de vakantie met Lorca door in Cadaqués. In november heeft hij zijn eerste solo-tentoonstelling in Galerie Dalmau in Barcelona.

1926 Dalí reist voor de eerste keer naar Parijs en ontmoet Picasso (april). In oktober wordt hij definitief van de kunstacademie in Madrid verwijderd.

1927 Van februari tot oktober vervult hij zijn militaire dienst. Hij publiceert 'St.-Sebastiaan' en ontwikkelt de esthetiek van de objectiviteit.

1928 Met Lluís Montañyá en Sebastià Gasch schrijft hij 'Het gele manifest'.

1623 **Dalí als tovenaar, foto genomen in november 1963** ☆

1624 **Don Salvador Dalí y Cusi, vader van Salvador**, rond 1904 ☆

1625, 1626 **Salvador**, 1908-1909 ☆

1627 **De moeder van de kunstenaar, Doña Felipa met haar zuster Catalina (Tieta)**, rond 1904 ☆

1929 Buñuel en Dalí draaien de film *Een Andalusische hond.* In het voorjaar reist Dalí voor de opnamen naar Parijs en ontmoet via Miró de surrealist Tzara en Paul Eluard. In de zomer verovert hij op vakantie in Cadaqués de vrouw van Eluard, Gala, wat leidt tot een breuk met zijn vader.

1930 Hij ontwikkelt een eerste aanzet tot de paranoïde-kritische methode. In het tijdschrift 'Le surréalisme au service de la révolution' verschijnt *Het ezelskadaver*, bij 'Editions surréalistes' verschijnt *De zichtbare vrouw.* Dalí koopt in Port Lligat bij Cadaqués een vissershut. Hier brengt hij van nu af aan het grootste deel van het jaar met Gala door. Tijdens een vertoning van de film *De gouden eeuw* van Buñuel en Dalí vernielt een rechtsextremistische groepering de bioscoop.

1931 Bij 'Editions surréalistes' verschijnt 'Liefde en herinnering'.

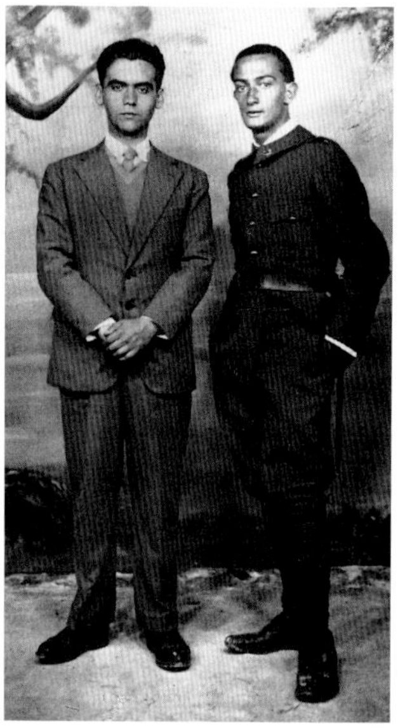

1629

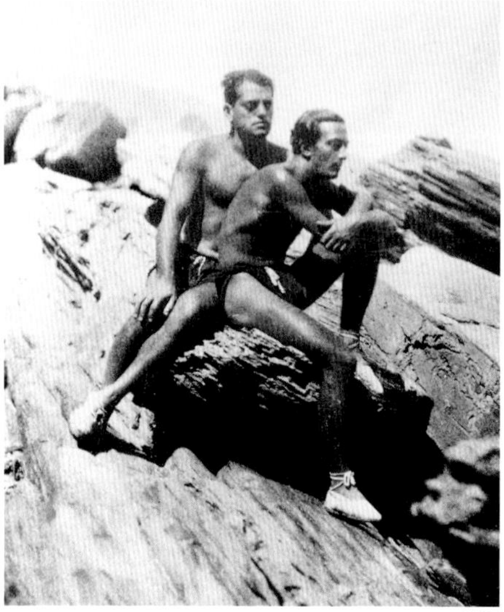

1628

1932 Dalí neemt aan de eerste tentoonstelling van de surrealisten in de VS deel. Hij schrijft het scenario voor 'Babaouo', een film die nooit zou worden gerealiseerd. Oprichting van de verzamelaarsgroep 'Zodiaque', die regelmatig werk van hem koopt.

1933 In het tijdschrift 'Minotaure' publiceert hij het artikel 'Over de vreselijke en eetbare schoonheid van de jugendstil-architectuur' en veroorzaakt daarmee een wederopleving in de interesse voor deze esthetiek.

1934 Naar aanleiding van de expositie van het werk *Het raadsel van Wilhelm Tell* (blz. 201) komt het tot een twist met de surrealisten en André Breton. Dalí's expositie in New York is een groot succes.

1936 In Spanje breekt de Burgeroorlog uit. Tijdens een lezing voor de surrealistententoonstelling in Londen ontsnapt Dalí ternauwernood aan de verstikkingsdood in een duikerspak. In december staat hij op de cover van het tijdschrift 'Time' (blz. 274).

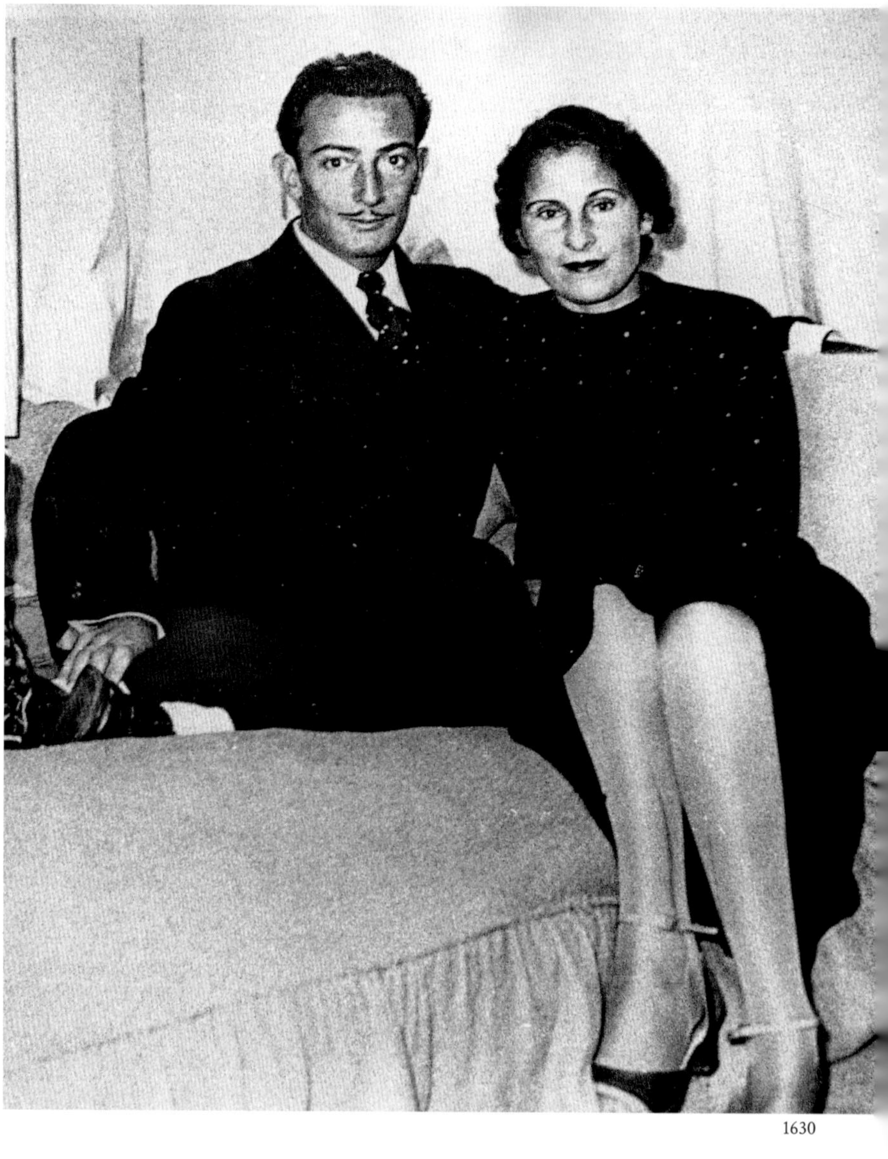

1630

1628 **Dalí en Buñuel op de rotsen van Cadaqués in de zomer van 1929, toen ze het draaiboek voor de film 'L'age d'or' voorbereidden.** ☆
1629 **Federico García Lorca en Dalí in uniform in Figueras,** 1927 ☆
1630 **Dalí en Gala net getrouwd in hun huis in Parijs,** 1929 ☆
1631 **Lidia, die hen het vissershuis verkocht, Lorca en Gala bewaken Port Lligat. Illustratie voor 'Dalí van Gala', gepubliceerd in 1926** △

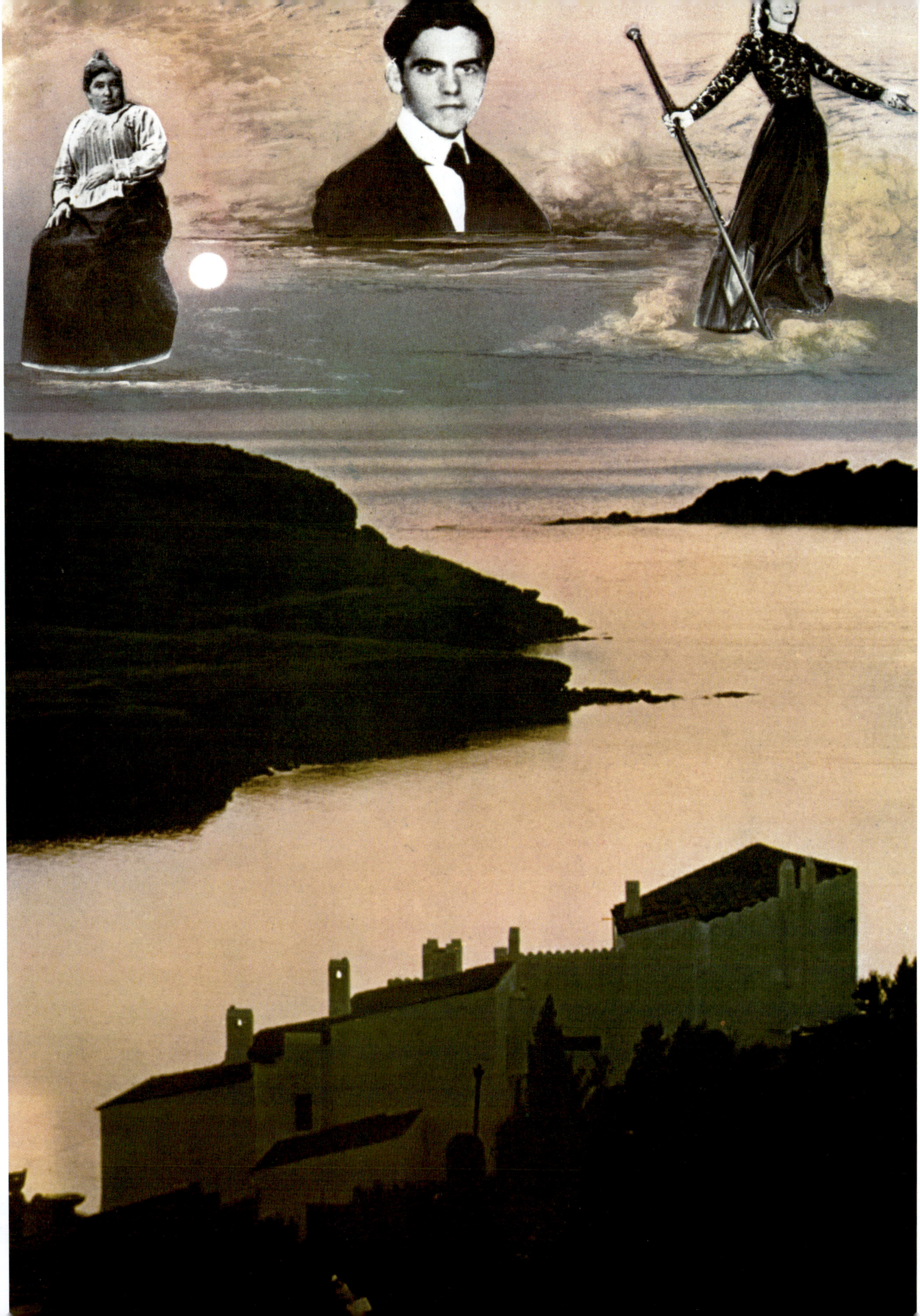

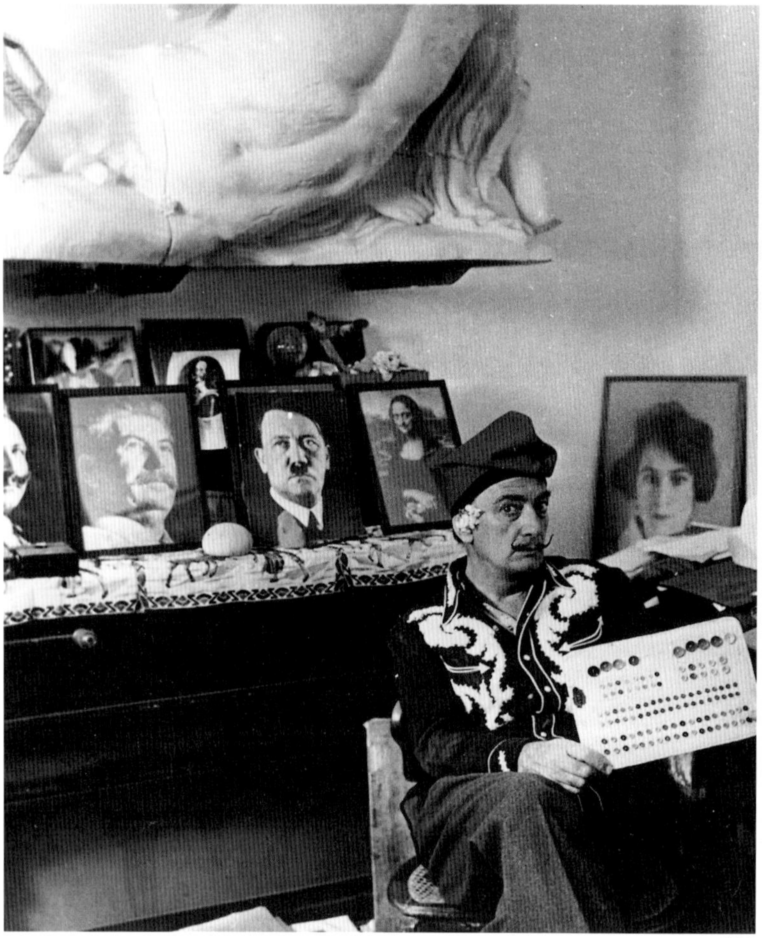

1632

1937 Dalí schrijft een scenario voor de Marx Brothers en ontmoet in Hollywood Harpo Marx. In juli schildert en schrijft hij gelijktijdig *Metamorfose van Narcissus* (blz. 289), een uitgebreide toepassing van de paranoïde-kritische methode. Hij maakt verscheidene ontwerpen voor Elsa Schiaparelli (blz. 275). Wegens zijn ongepaste uitlatingen over Hitler laat Breton hem door de surrealisten veroordelen.

1938 Dalí neemt aan de internationale surrealistententoonstelling in Parijs deel (januari). Hij bezoekt Freud in Londen (juli) en maakt verschillende portretten van hem (blz. 298, 299).

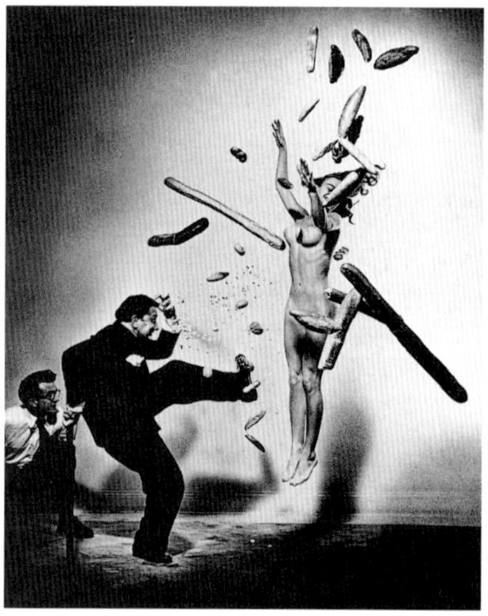

1633

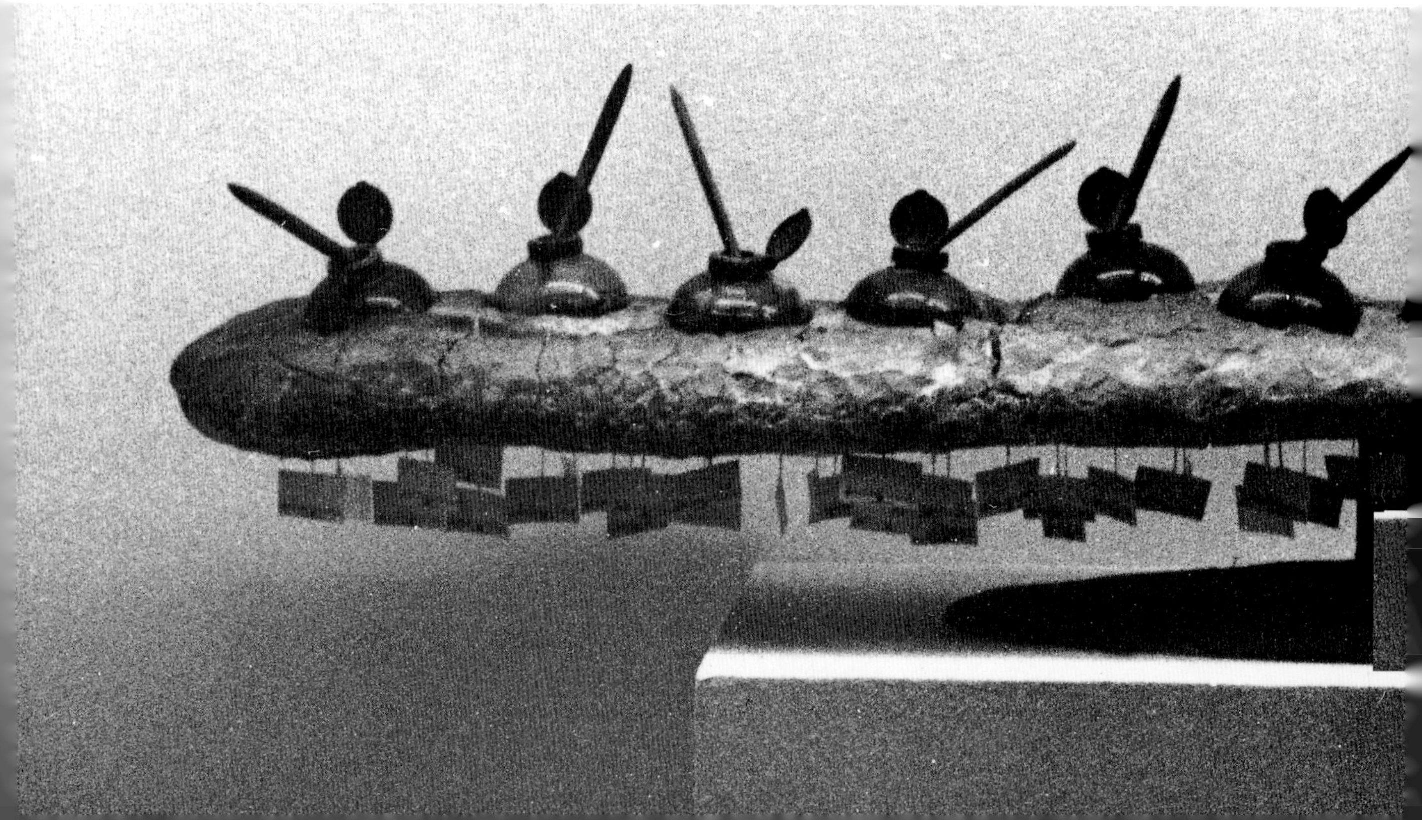

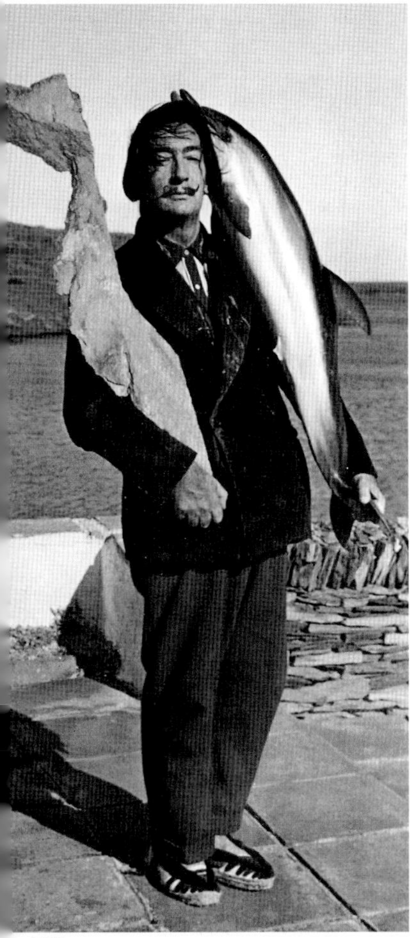

1635

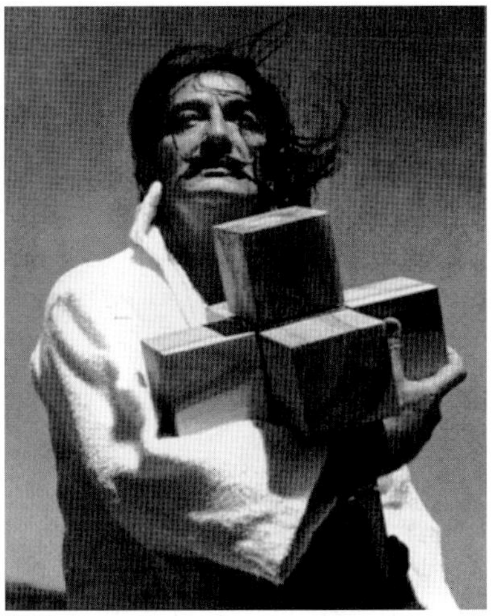

1565

1939 Het komt tot een definitieve breuk met de surrealisten rond André Breton, die hem in een anagram van zijn naam de bijnaam 'Avida Dollars' meegeeft. In de VS publiceert Dalí het boekje 'Onafhankelijkheidsverklaring van de fantasie en het recht van de mens op zijn gekte'. In november vindt in de Metropolitan Opera in New York de première plaats van het ballet *Bacchanaal*; libretto en decorontwerp zijn van de hand van Dalí, de choreografie is van Léonide Massine.

1940 Na een korte stop in Parijs keren Dalí en Gala terug naar New York, waar ze tot 1948 in ballingschap leven.

1941 Dalí-Miró-tentoonstelling in het Museum of Modern Art in New York.

1942 In de VS verschijnt 'Het geheime leven van Salvador Dalí' (The Secret Life of Salvador Dalí).

1946 Dalí tekent verschillende ontwerpen voor een tekenfilmproduktie met Walt Disney. Hij ontwerpt scènebeelden voor de film *Spellbound* (blz. 391) van Alfred Hitchcock.

1948 In de VS verschijnt 'De 50 magische geheimen' (Fifty Secrets of Magic Craftsmanship).

1949 Dalí en Gala keren terug naar Europa. Dalí ontwerpt decors voor Peter Brook en Lucino Visconti. Hij schildert de reeks van *De madonna van Port Lligat* (blz. 426, 443).

1632 **Dalí in zijn atelier in Port Lligat, omgeven door de portretten die hem dierbaar zijn: Stalin, Hitler, Mona Lisa, Gala.** ✰
1633 **'De kosmische Dalí', ten tijde van 'Leda atomica', foto van Philippe Halsman**, 1950 ✰
1634 **Hypnagogisch brood. Hersteld in 1964** ❍
Pain hypnagogique
1635 **Dalí illustreert zijn theorie van het 'harde' en 'weke'**, 1958 ✰
1636 **Dalí ten tijde van het 'mystieke manifest' met het hyperkubistische kruis**, 1953 ✰

1634

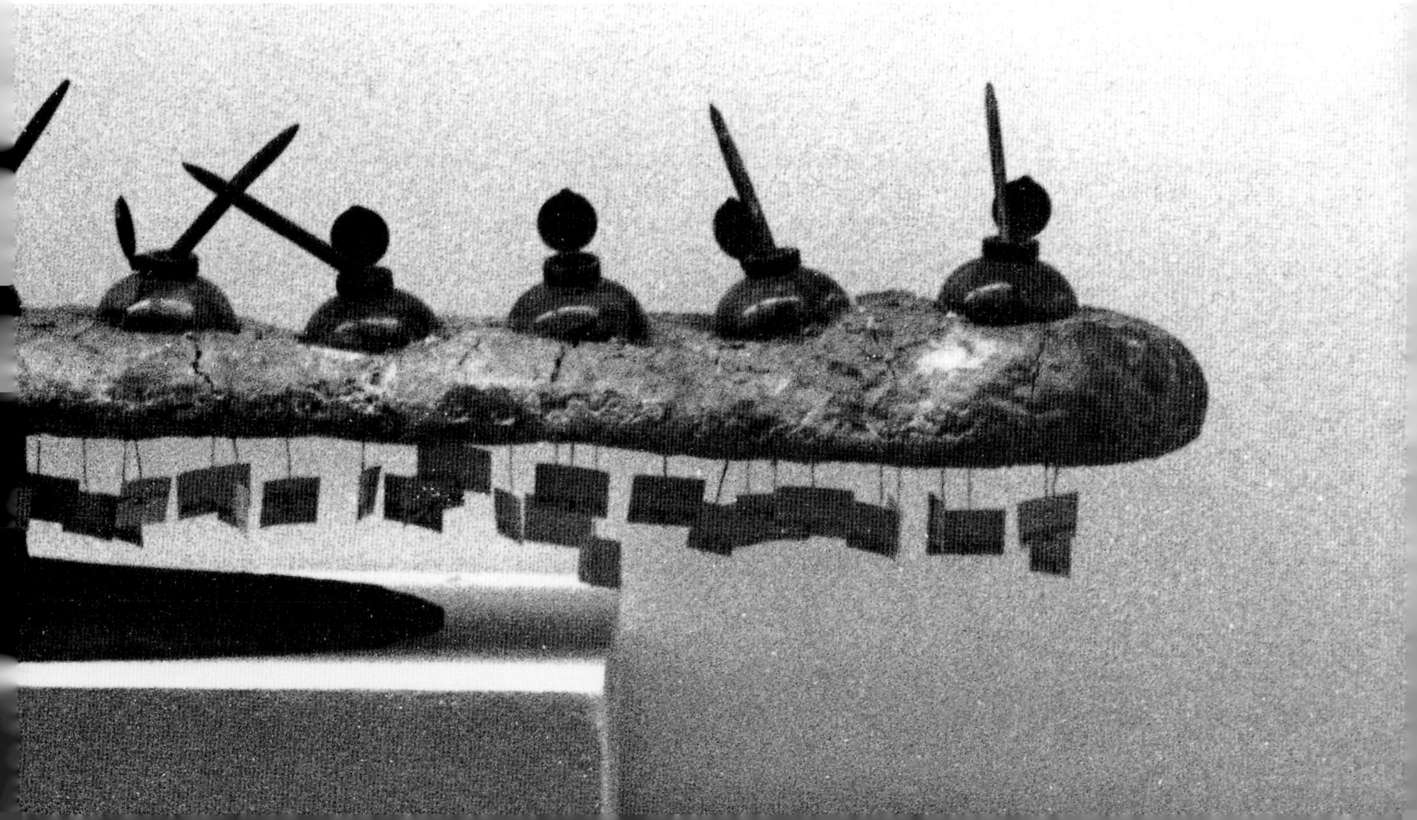

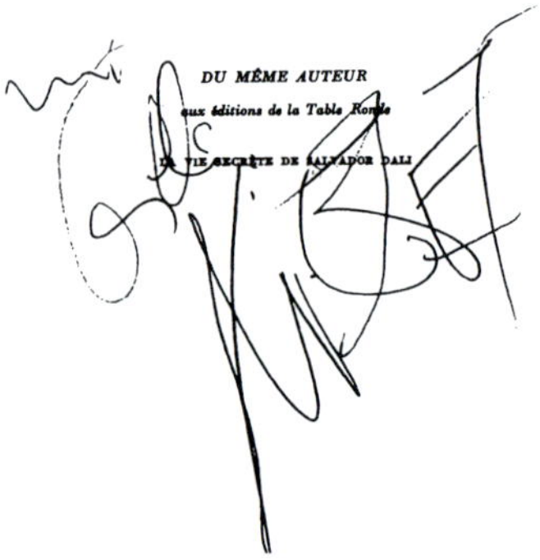

1637 Het 'Dagboek van een genie' met opdracht voor Gilles Néret △

1638 Arno Breker: buste van Salvador Dalí, 1974 ✫

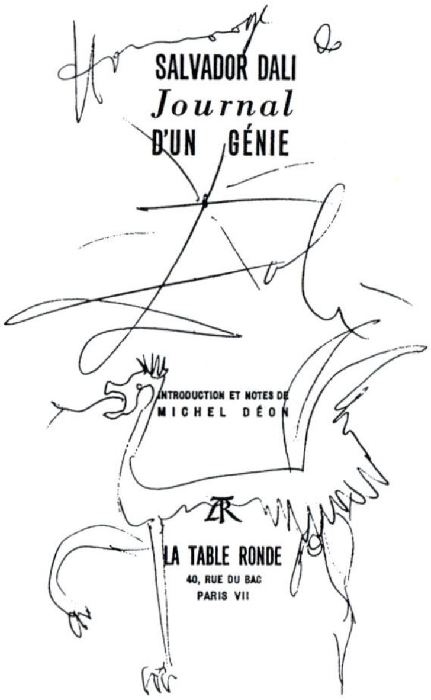

1637

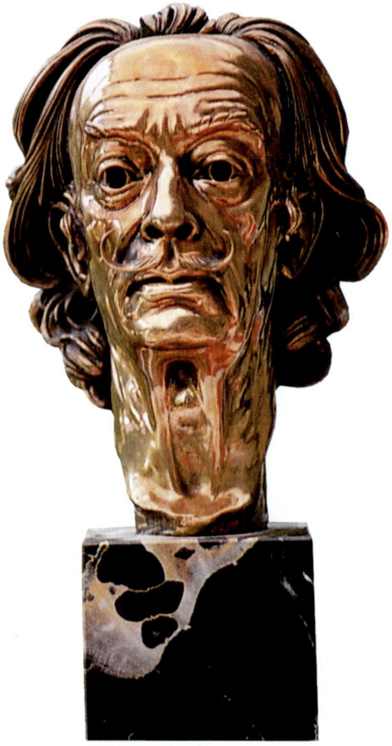

1638

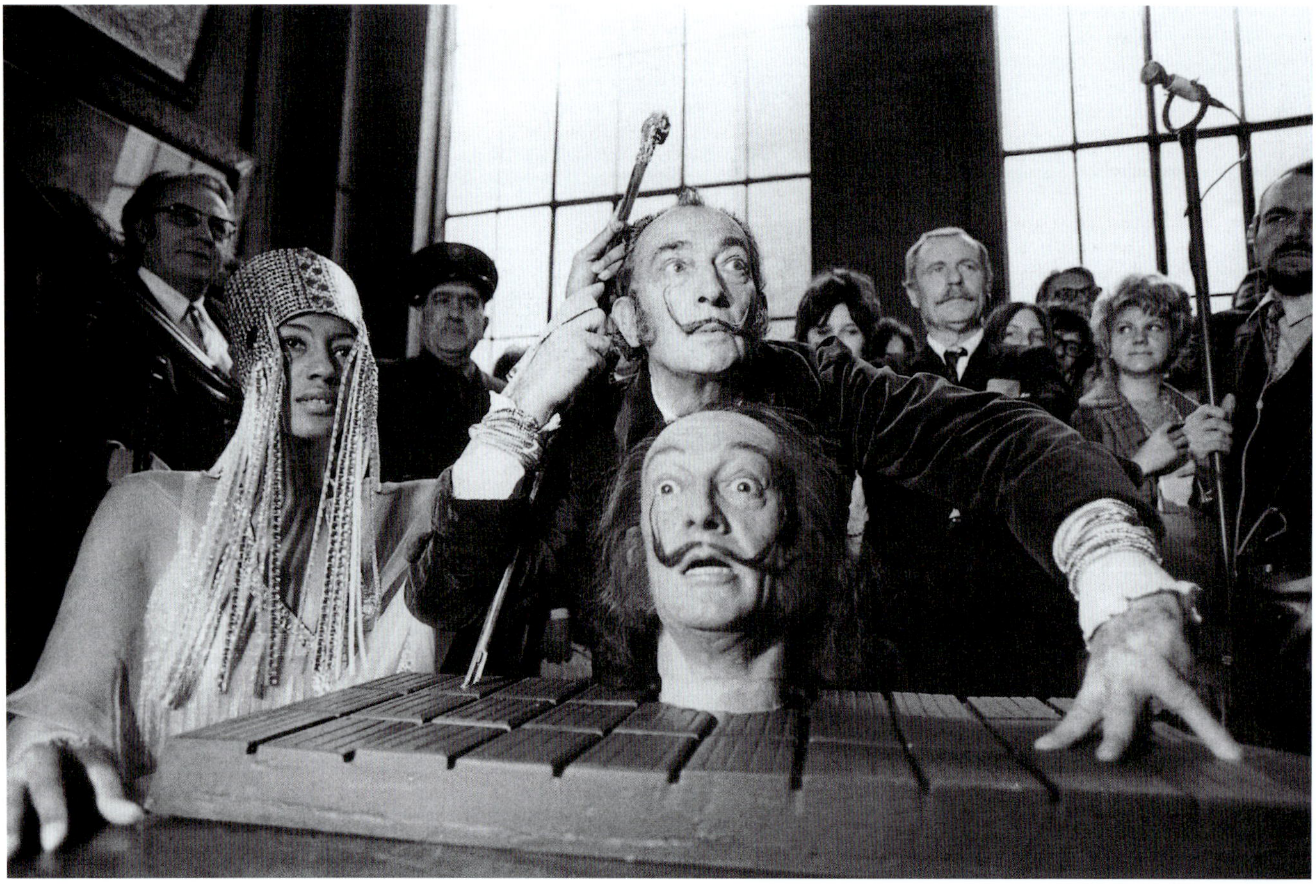

1639

1951 Hij publiceert het belangrijke 'mystieke manifest', waarmee zijn corpusculaire periode aanbreekt.

1952 Hij exposeert in Rome en vervolgens in Venetië. De tijd van zijn nucleaire mystiek breekt aan.

1953 Hij houdt een succesvolle lezing aan de Sorbonne over de fenomenologische aspecten van de paranoïde-kritische methode (december).

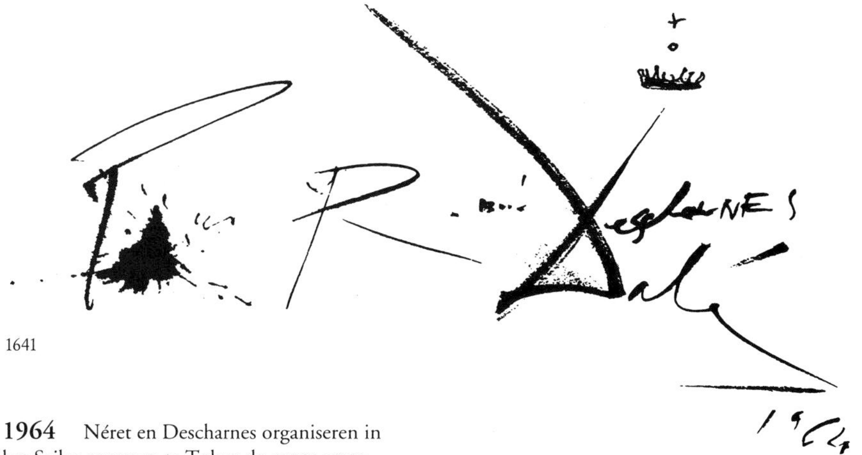

1641

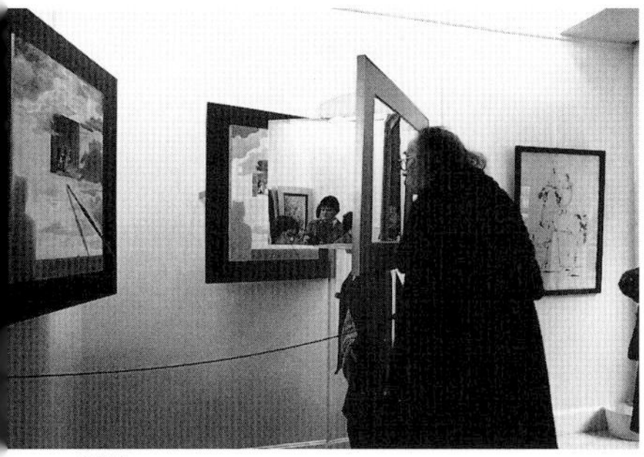

1640

1954 Begin van de opnamen voor *De ongewone geschiedenis van de kantwerkster en de rinoceros* (L'Histoire prodigieuse de la Dentellière et du rhinocéros) onder regie van R. Descharnes.

1956 Tentoonstelling in de National Gallery in Washington.

1958 Dalí presenteert tijdens een happening op 12 mei in het Théâtre de l'Etoile in Parijs een stokbrood met een lengte van maar liefst 15 meter.

1959 Dalí toont de wereld in Parijs zijn uitvinding: de 'Ovociped'.

1960 Hij schildert grootschalige mystieke werken als *Het oecumenische concilie* (blz. 530, 531).

1961 In Venetië vindt de première plaats van het *Ballet de Gala*; libretto en decor zijn van Dalí, de choreografie is van Maurice Béjart. Hij geeft aan de Ecole Polytechnique in Parijs een lezing over de mythe van Castor en Pollux.

1962 Robert Descharnes publiceert 'Dalí de Gala'.

1963 Dalí publiceert 'Le Mythe tragique de l'Angélus de Millet'. Dalí begint het station van Perpignan een doorslaggevende rol in de constitutie van het heelal toe te kennen.

1964 Néret en Descharnes organiseren in het Seibu-museum te Tokyo de eerste grote Dalí-overzichtstentoonstelling. Dalí publiceert 'Dagboek van een genie'.

1971 Opening van het Salvador Dalí Museum in Cleveland (OH) met de collectie van E. en A. Reynolds Morse (in 1982 naar Saint Petersburg in Florida overgebracht).

1978 Dalí ontdekt het werk van René Thom over de mathematische catastrofetheorie. In april exposeert hij in het Guggenheim Museum met zijn hyperstereoscopische schilderijen. In mei wordt hij in de Académie des Beaux-Arts in Parijs opgenomen.

1979 Het Centre Georges Pompidou in Parijs organiseert een groot Dalí-retrospectief, aansluitend te zien in de Tate Gallery in Londen.

1639 **Dalí bij zijn wassen beeld in Musée Grévin in Parijs,** 1968 ☆

1640 **Dalí bekijkt zijn eerste "hyperrealistische, metafysische, stereoscopische" schilderij 'Las Meninas' in Galerie A. F. Petit,** 1977 ☆

1641 **Een opdracht van Dalí voor Robert Descharnes** △

1642 **Dalí en Robert Kennedy voor het doek 'De Christus van St.-Johannes van het Kruis', dat in 1952 werd geëxposeerd in New York** ☆

1982 Op 10 juni sterft Gala. In juli wordt Dalí de titel Marqués de Púbol verleend. Hij leeft vanaf nu in het kasteel in Púbol, dat hij Gala cadeau had gedaan.

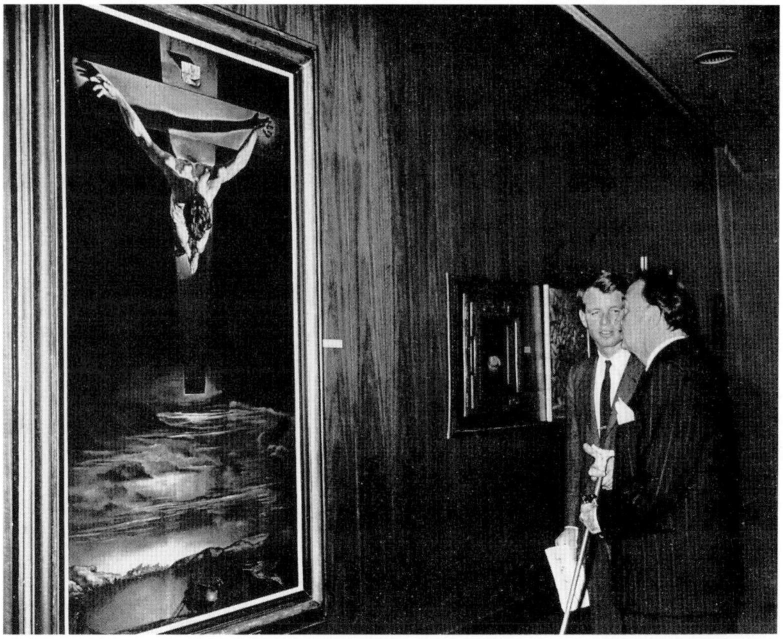

1642

1643 **Dalí tijdens de receptie in de Académie Française,** 1979 ✰

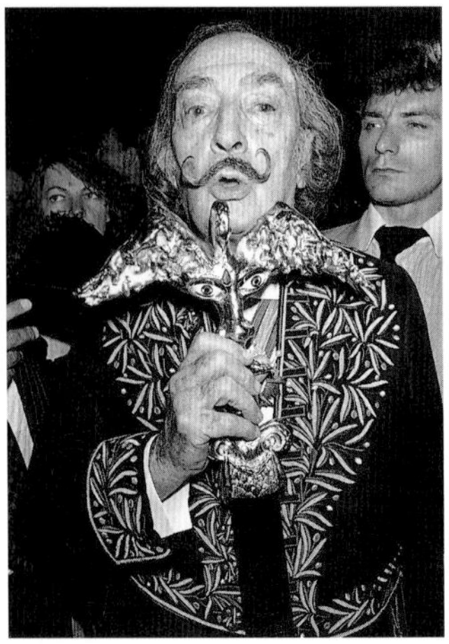

1643

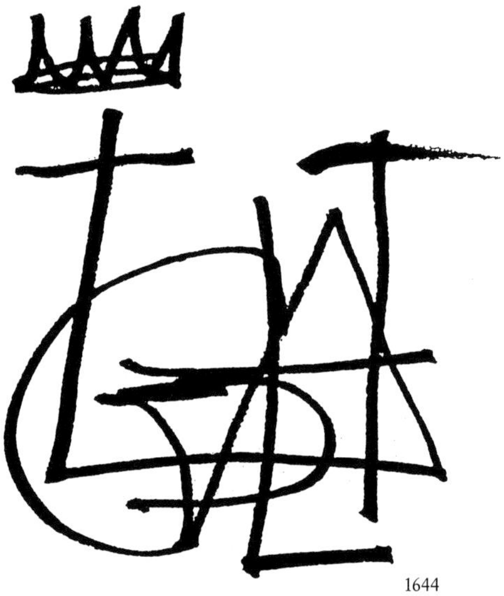

1644

1983 Introductie van het parfum 'Dalí'. In Madrid wordt een belangrijk Dalí-retrospectief gehouden, later ook te zien in Barcelona. In mei schildert Dalí zijn laatste schilderij, *De zwaluwstaart* (blz. 723).

1984 Tijdens een brand in kasteel Púbol loopt Dalí zware brandwonden op. Robert Descharnes publiceert 'Dalí – de verovering van het irrationele. Zijn werk – zijn leven'. In het Palazzo dei Diamanti in Ferrara wordt een Dalí-retrospectief gehouden.

1989 Op 23 januari sterft Dalí aan een hartstilstand in de Torre Galatea. Hij wordt op zijn verzoek bijgezet in de crypte van zijn Theatermuseum in Figueras. Hij laat per testament zijn gehele vermogen en zijn werk na aan de Spaanse staat. In mei vindt een grote overzichtstentoonstelling in de Staatsgalerie in Stuttgart plaats, in augustus in het Kunsthaus Zürich.

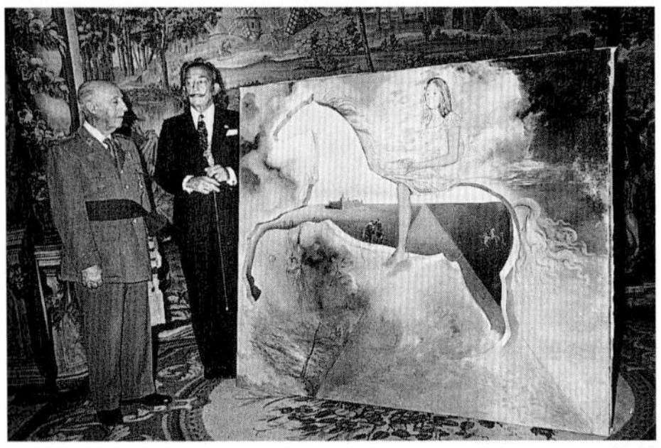

1645

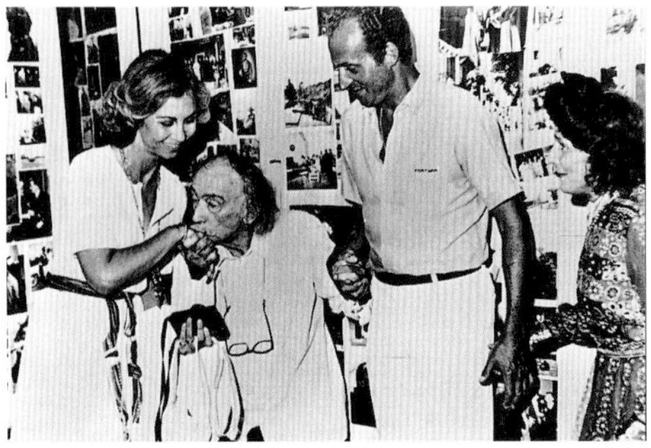

1646

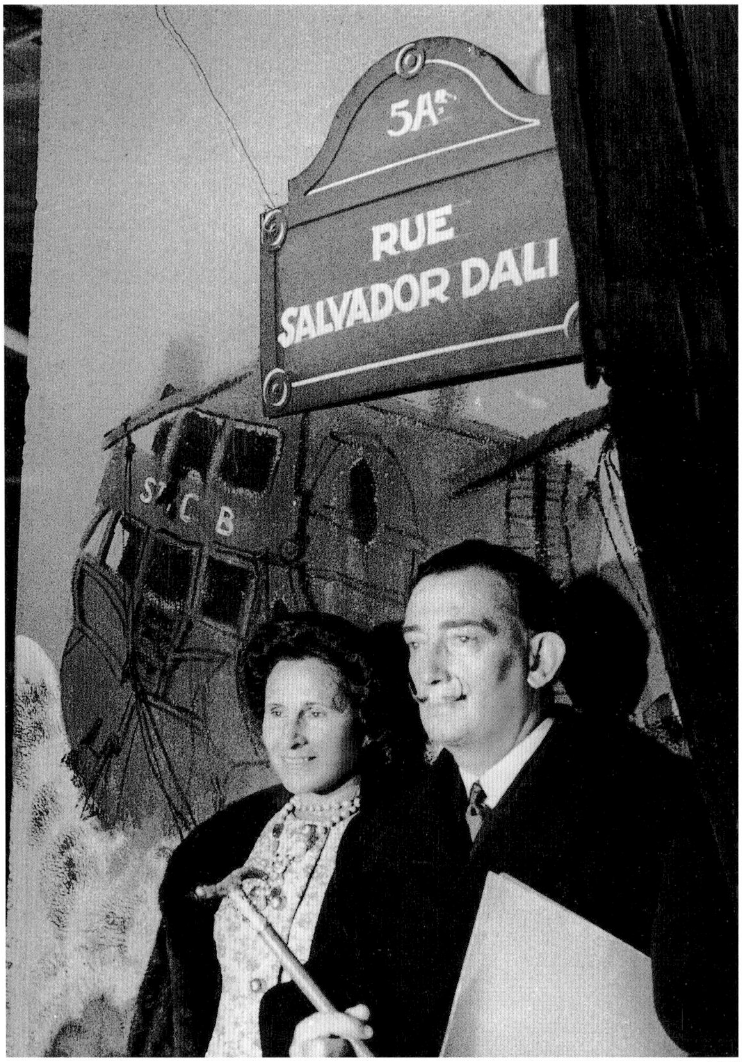

1647

1644 **Laatste handtekening met de kroon van de Marqués de Púbol,** △
1645 **Dalí schenkt Franco het ruiterportret van diens kleindochter** ✰
1646 **Koning Juan Carlos I en zijn vrouw, die Dalí in augustus 1981 onverwachts opzoeken in zijn huis in Port Lligat.** ✰
1647 **Gala en Dalí voor het straatnaambord 'Rue Salvador Dalí' ter gelegenheid van een lezing aan de Ecole Polytechnique,** 1961 ✰
1648 **'De prins van de slaap' (Het principe van de slaap) naar een officieel portret van koning Juan Carlos I,** 1973-1974 △
'Le prince du sommeil' (El principe de ensueño)

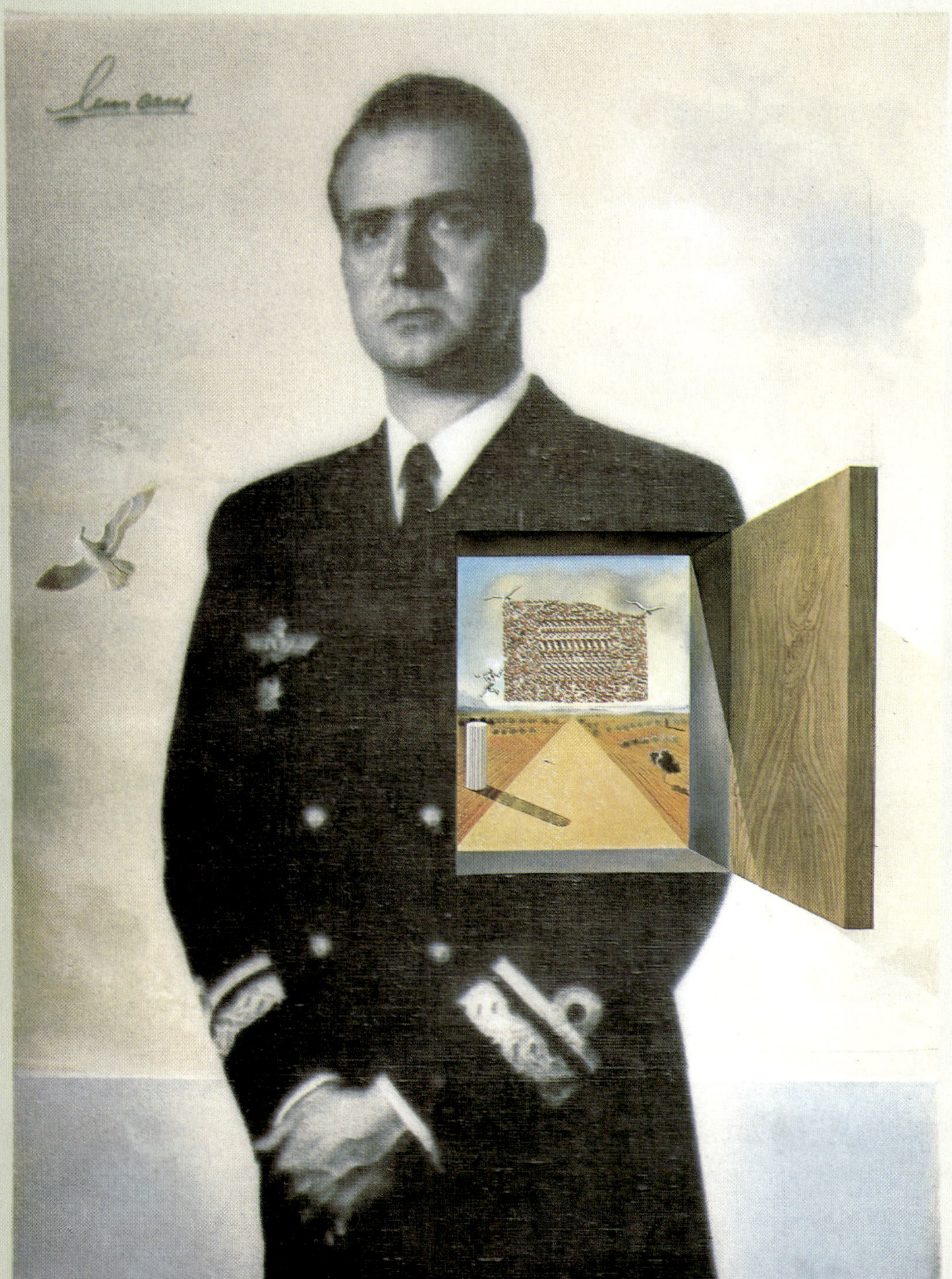

Bibliografie

Monografieën (selectie) en door de auteur geraadpleegde werken:

Ades, Dawn: *Dalí.* Londen 1982

Alexandrian, Sarane: *Dalí: peintures.* Parijs 1969
idem: *Dalí et les poètes.* Parijs 1976

Arco, Manuel del: *Salvador Dalí, ich und die Malerei.* Zürich 1959

Bataille, Georges: *Le jeu lugubre,* Documents, nr. 7, 1929; Dts.: 'Das finstere Spiel', in: Salvador Dalí, *Unabhängigkeitserklärung der Phantasie und Erklärung der Rechte des Menschen auf seine Verrücktheit.* Gesammelte Schriften, München 1975 (blz. 393-399)

Bosquet, Alain: *Entretiens avec Salvador Dalí,* Parijs 1966; Dts.: *Hommage à Dalí. Gespräche zwischen Alain Bosquet und Salvador Dalí,* München 1974

Brans, Jan: *Salvador Dalí und seine religiöse Malerei.* München 1955

Breton, André: *Anthologie de l'humour noir,* Parijs 1953; Dts.: *Anthologie des schwarzen Humors.* München 1971

Cowles, Fleur: *The case of Salvador Dalí.* Londen 1959; Dts.: *Der Fall Salvador Dalí.* München 1960

idem: *Salvador Dalí* (biografie). München 1981

Dalí, Ana María: *Salvador Dalí, vist per la seva germana.* Barcelona 1949 (2e druk 1953); Fr.: *Salvador Dalí vu par sa sœur.* Parijs 1960

Descharnes, Robert en Salvador Dalí: *Dalí de Gala.* Lausanne 1962 (2e druk 1979)

idem: *Salvador Dalí.* Parijs 1973; Dts.: Keulen 1984

idem en Ogura Tadao: *Salvador Dalí* (met een voorwoord van Salvador Dalí). Sheisha, Collection l'Art Moderne du Monde, Tokyo 1974

idem: '*Die Eroberung des Irrationalen*', *Salvador Dalí, sein Werk – sein Leben.* Keulen 1984

Dopagne, Jacques: *Dalí.* Parijs 1985

Freud, Sigmund: *Briefe 1873-1939,* red. E. en L. Freud. Frankfurt/M. 1980

Gallwitz, Klaus: *Metamorphose des Narziß. Die Jugend entdeckt Dalí.* Hamburg 1971

Gérard, Max (red.): *Dalí de Draeger.* Barcelona 1968; Dts.: *Salvador Dalí.* Frankfurt-Berlijn 1969 (2e druk 1987)

idem: *Dalí...Dalí...Dalí...* (met een voorwoord van dr. Roumeguère). Parijs 1974

Gómez de Liaño, Ignacio: *Dalí.* Barcelona 1982; Dts.: Recklinghausen 1985

Gómez de la Serna, Rámon: *Dalí.* Madrid 1977

Jean, Marcel: *Histoire de la peinture surréaliste.* Parijs 1959; Dts.: *Geschichte des Surrealismus.* Keulen 1961

Lake, Carlton: *In Quest of Dalí.* New York 1969

Longstreet, Stephen: *The drawings of Dalí.* Alhambra (CA) 1964

Maddox, Conroy: *Dalí.* New York 1979; Dts.: Keulen 1985

McGirk, Tim: *Gala – Dalís skandalöse Muse.* München 1989

Morse, A. Reynolds: *Salvador Dalí, A guide to his works in public museums.* Cleveland (Ohio), The Salvador Dalí Museum 1974

idem: *Salvador Dalí – A panorama of his art. Ninety three oils 1917-1970.* Cleveland (Ohio), The Salvador Dalí Museum 1974

Nin, Anaïs: *The journals of Anaïs Nin,* Dl. III, (1939-1944). New York 1966; Dts.: *Die Tagebücher 1939-1944.* München 1974

Passeron, René: *Salvador Dalí.* Parijs 1978

Rodriguez, Aquilera, Cesáreo: *Salvador Dalí* (Fundación Gala-Salvador Dalí) Barcelona 1980; Duitse uitgave: Barcelona 1985

Sánchez Vidal, Agostin: *Buñuel, Lorca, Dalí: El enigma sin fin.* Barcelona 1988

Santos Torrella, Rafael: *Salvador Dalí.* Madrid 1952

Soby, James Thrall: *Salvador Dalí.* New York, The Museum of Modern Art 1941 (3e druk 1946)

Tapié, Michel: *Dalí.* Parijs 1957

Thirion, André: *Révolutionnaires sans Révolution.* Parijs 1972

Zweig, Stefan: *Briefwechsel.* Frankfurt/M. 1987

Recente tentoonstellingscatalogi in chronologische volgorde:

Dalí. Exposition Dalí, avec la collection de Edward F. W. James. Rotterdam, Museum Boymans-Van Beuningen, 1970; Baden-Baden, 1971 (Renilde Hammacher-van den Brande, met bijdragen van Patrick Waldberg, Robert Descharnes, Marc Audouin, Gerrit Komrij)

Salvador Dalí. Retrospectiva. Humlebæk, Louisiana Museum, 1973; Stockholm Moderna Museet, 1973-1974 (Knud Jensen, Steingrim Laursen, Ulf Linder e.a.)

Salvador Dalí. Frankfurt/M., Städtische Galerie und Städelsches Kunstinstitut, 1974 (Klaus Gallwitz)

Salvador Dalí. Retrospektive 1920-1980, en *La vie publique de Salvador Dalí.* Parijs, Musée National d'Art Moderne, Centre Georges Pompidou, 1979-1980 (Daniel Abadie e.a.); Dts.: München, 1980 (met uitvoerige bibliografie)

Salvador Dalí. Londen, The Tate Gallery, 1980 (Simon Wilson)

Salvador Dalí – Gemälde, Zeichnungen, Objekte, Skulpturen (collectie John Peter Moore). Heidelberg, Slot, 1981 (Klaus Manger, Gómez de la Serna)

Retrospective Salvador Dalí, Japanse tournee: Tokyo, Isetan Museum of Art; Osaka, Daiman Art Museum; Kitaskyushu, Municipal Museum of Art; Hiroshima, Prefectural Art Museum, 1982 (Michael Stout, A. Reynolds Morse, Albert Field, Selma Holo, Robert Descharnes)

400 Obres de Salvador Dalí del 1914 al 1983. Generalitat de Catalunya/Ministerio de Cultura, Palau Reial de Pedralbes Barcelona – Museo Español de Arte Contemporáneo Madrid, 1983-1984 (Ana Beristain, Paloma Esteban Leal e.a.)

Dalí di Salvador Dalí. Ferrara, Galleria Civica d'Arte Moderna, Palazzo dei Diamanti, 1984 (Robert Descharnes e.a.)

Salvador Dalí 1904-1989. Staatsgalerie Stuttgart, 1989, (red. Karin v. Maur, bijdragen van Rafael Santos Torrella, Marc Lacroix, Lutz W. Löpsinger; met geselecteerde bibliografie)

Publikaties van Salvador Dalí in chronologische volgorde:

Textes sur Vélasquez, Goya, Le Greco, Michel-Ange, Dürer, Leonardo de Vinci, in: Studium, Figueras 1919

Sant Sebastiá, in: L'Amic de les Arts, nr. 16, Sitgès, juli 1927; Dts.: *Der heilige Sebastian*, in: Unabhängigkeitserklärung der Phantasie und Erklärung der Rechte des Menschen auf seine Verrücktheit. Gesammelte Schriften. München 1975

Salvador Dalí en Luis Buñuel: *Un chien andalou*, in: La révolution surréaliste, Parijs, 15 dec. 1929, nr. 12, blz. 34-37

La femme visible. Parijs 1930; Dts.: *Die sichtbare Frau*, in: Unabhängigkeitserklärung der Phantasie und Erklärung der Rechte des Menschen auf seine Verrücktheit. Gesammelte Schriften. München 1975

L'âne pourri, in: Le Surréalisme au Service de la Révolution, nr. 1, Parijs, juli 1930; Dts.: *Der Eselskadaver*, in: Unabhängigkeitserklärung der Phantasie und Erklärung der Rechte des Menschen auf seine Verrücktheit. Gesammelte Schriften. München 1975

L'amour et la mémoire. Parijs 1931; Dts.: *Liebe und Gedächtnis*, in: Unabhängigkeitserklärung der Phantasie und Erklärung der Rechte des Menschen auf seine Verrücktheit. Gesammelte Schriften. München 1975

Babaouo: scénario inédit précédé d'un abrégé d'une histoire critique du cinéma et suivi de Guillaume Tell, ballet portugais, Parijs 1932; Dts.: *Babaouo*, in: Unabhängigkeitserklärung der Phantasie und Erklärung der Rechte des Menschen auf seine Verrücktheit. Gesammelte Schriften. München 1975

De la beauté terrifiante et comestible de l'architecture modern style, in: Minotaure, nr. 3-4, Parijs 1933; Dts.: *Von der schaurigen und eßbaren Schönheit, von der Jugendstilarchitektur*, in: Salvador Dalí, Die Eroberung des Irrationalen. Essays. Frankfurt/M. 1973

Interprétation paranoïaque-critique de l'image obsédante 'L'Angélus' de Millet in: Minotaure, nr. 1, Parijs 1933, blz. 65-67

New York salutes me. New York 1934

La Conquête de l'Irrationel, Parijs 1935; Dts.: *Die Eroberung des Irrationalen.* Essays. Frankfurt/M. 1973

Métamorphose de Narcisse. Parijs 1937; Dts.: *Metamorphose des Narziß*, in: Unabhängigkeitserklärung der Phantasie und Erklärung der Rechte des Menschen auf seine Verrücktheit. Gesammelte Schriften. München 1975

Declaration of the Independence of the imagination and the rights of man to his own madness, New York 1939; Dts. in: *Unabhängigkeitserklärung der Phantasie und Erklärung der Rechte des Menschen auf seine Verrücktheit.* Gesammelte Schriften. München 1975

Total camouflage for total war, in: Esquire, New York, augustus 1942

The secret life of Salvador Dalí. New York 1942; Dts.: *Das geheime Leben des Salvador Dalí.* München 1984

Hidden faces. New York 1944; Dts.: *Verborgene Gesichter.* Roman. Frankfurt/M. 1973

Fifty secrets of magic craftsmanship. New York 1948; Dts.: *50 magische Geheimnisse.* Keulen 1986

Manifeste mystique. Parijs 1951; Dts.: *Mystisches Manifest*, in: Salvador Dalí: Retrospektive 1920-1980. Ausstellungskatalog, München 1980

Le Mythe de Guillaume Tell. Toute la vérité sur mon expulsion du groupe surréaliste, 1952 (ongepubliceerd)

Je suis un pervers polymorphe, in: Arts, Parijs, 29 mei 1952, nr. 361

Salvador Dalí en Philippe Halsman: *Dalí's mustache.* New York 1954; Dts.: *Dalís Schnurrbart.* Frankfurt/M. 1962 (Bern 1988)

Aspects phénoménologiques de la méthode paranoïaque-critique. in: La Vie Médicale, Parijs, december 1956; Dts.: *Phänomenologische Aspekte der paranoisch-kritischen Methode*, in: Die Eroberung des Irrationalen. Essays. Frankfurt/M. 1973; en in: Unabhängigkeitserklärung der Phantasie und Erklärung der Rechte des Menschen auf seine Verrücktheit. Gesammelte Schriften. München 1975

Le Mythe tragique de l'Angélus de Millet, Interprétation 'paranoïaque-critique'. Parijs 1963

Journal d'un génie. Parijs 1964; Dts.: *Dalí sagt..., Tagebuch eines Genies.* München 1968

Salvador Dalí en Louis Pauwels: *Les passions selon Dalí.* Parijs 1968; Dts.: *Meine Leidenschaften.* Gütersloh 1969

Dalí über Dalí. Frankfurt-Berlijn 1972

Salvador Dalí en André Parinaud: *Comment on devient Dalí.* Parijs 1973; Dts.: *So wird man Dalí.* Wenen, München, Zürich 1974 (2e druk Rastatt 1986)

Dix recettes d'immortalité. Parijs 1973

Les Dîners de Gala, Parijs 1973; Dts.: *Die Diners mit Gala.* Frankfurt-Berlijn 1974

Les vins de Gala, Parijs 1977; Dts.: *Die Weine von Gala.* Frankfurt-Berlijn 1978

Voor het eerst toont een boek over de Dalí zijn schilderijen in ongekende compleetheid. Op verzoek van Demart Pro Arte B.V., de eigenaar van Dalí's kunstenaars- en publikatierechten, zijn enkele schilderijen niet in dit overzicht opgenomen.

De uitgever en Descharnes & Descharnes danken Christie's en Sotheby's.

De uitgever dankt Descharnes & Descharnes en de volgende instellingen voor hun reprodukties:

Register van afgebeelde werken

Bijschriften die betrekking hebben op foto's of afbeeldingen zijn in het bijschrift al volledig beschreven en worden niet herhaald in het register.
Het register bevat naast de al in de bijschriften gegeven informatie ook aanvullende titels en mededelingen over techniek, afmetingen en verblijfplaatsen. De afmetingen zijn in cm en geven hoogte voor breedte aan, bij sculpturen en objecten hoogte voor breedte voor diepte. De dateringen zijn afkomstig van de auteurs. De gegevens werden samengesteld door Robert Descharnes en Ingo F. Walther.

1 zie bijschrift blz. 4

2 Het oordeel van Paris, 1950
Le jugement de Pâris
Inkt op papier, 62,2 x 76,5 cm
Privé-bezit

3 Brandende giraffe, 1936/1937
Girafe en feu
Olieverf op hout, 35 x 27 cm
Basel, Kunstmuseum Basel, Öffentliche Kunstsammlung, Stiftung Emanuel Hoffmann

4 De hallucinogene torero, 1968-1970
Le torero hallucinogène
Olieverf op linnen, 398,8 x 299,7 cm
Saint Petersburg (Fl), The Salvador Dalí Museum, in bruikleen van The Morse Charitable Trust

5 Zelfportret, rond 1921
Autoportrait – Autorretrato
Olieverf op linnen, 52 x 45 cm
Privé-bezit

6 Zelfportret, 1922
Autoportrait
Potlood op papier, 22 x 15,6 cm
Privé-bezit

7 Zie bijschrift blz. 12

8 Landschap (Gezicht op de omgeving van Figueras), 1910 (?)
Paysage (Une vue des environs de Figueras)
Olieverf op karton (ansichtkaart), 14 x 9 cm
Astoria (N.Y.), collectie Albert Field

9 Vilabertrán, 1913
Vilabertrán
Olieverf op karton, 20 x 15 cm
Privé-bezit

10 Hollands interieur (kopie naar Manuel Benedito), 1914
Intérieur hollandais (Copie d'après Manuel Benedito)
Olieverf op linnen, 16 x 20 cm
Figueras, collectie Joaquín Vila Moner

11 Landschap bij Ampurdán, rond 1914
Paysage de l'Ampurdán
Olieverf op karton, 19,5 x 31 cm
Schenking van Dalí aan de Spaanse staat; in het depot van de Fundación Gala-Salvador Dalí, Figueras

12 Hoofd van Athene met cyste, 1914
Tête d'Athena à la ciste
Houtskool, 31,7 x 24,1 cm
Privé-bezit

13 Zonder titel – Landschap, 1914
Sans titre – Paysage
Aquarel op papier; afmetingen onbekend
Privé-bezit

14 Zonder titel – Huis aan het meer, 1914
Sans titre – Maison au bord du lac
Aquarel op karton, 14 x 11 cm
Barcelona, privé-bezit; voorheen collectie Abello

15 Landschap met rivier, rond 1916
Paysage à la rivière
Olieverf op karton (ansichtkaart), 9 x 14 cm
Barcelona, privé-bezit; voorheen collectie Abello

16 Zonder titel – Landschap met dieren, rond 1916
Sans titre – Paysage aux animaux
Olieverf op karton (ansichtkaart), 9 x 14 cm
Barcelona, privé-bezit; voorheen collectie Abello

17 Cadaqués, rond 1917
Cadaqués
Olieverf op linnen, 19 x 27 cm
Privé-bezit

18 Zonder titel, 1914
Sans titre
Aquarel op papier; afmetingen onbekend
Privé-bezit

19 Eend, 1918
Canard (Pato)
Techniek en afmetingen onbekend
Privé-bezit

20 Portret van Lucia, 1918
Portrait de Lucia
Olieverf op linnen, 43,5 cm x 33 cm
Privé-bezit

21 Oude man in de schemering, 1918
Vieillard crépusculaire
Olieverf en kiezel op linnen, 50 x 30 cm
Privé-bezit

22 Stilleven, 1918
Nature morte
Olieverf op linnen, 60 x 70 cm
Madrid, Museo Nacional Reina Sofía, schenking van Dalí aan de Spaanse staat

23 Paar voor de vesting, 1918-1921
Pareja delante del baluarte – Couple devant la forteresse
Houtskool, 45 x 61 cm
Privé-bezit

24, 25 zie bijschrift blz. 19

26 Zeestuk, 1918/1919
Marine
Olieverf op linnen, 21 x 28 cm
Barcelona, collectie Rafael Santos Torroella

27 Punta es Baluard de la Riba d'en Pitxot, Cadaqués, 1918/1919
Punta es Baluard de la Riba d'en Pitxot, Cadaqués
Olieverf op linnen, 20,3 x 28 cm
Saint Petersburg (Fl), The Salvador Dalí Museum; voorheen collectie E. en A. Reynolds Morse

28 De haven van Cadaqués bij nacht, 1919
Port de Cadaqués, de nuit
Olieverf op linnen, 18,7 x 24,2 cm
Saint Petersburg (Fl), The Salvador Dalí Museum; voorheen collectie E. en A. Reynolds Morse

29 Familie in de boot, rond 1923
Famille en bateau
Inkt op papier, 15 x 20 cm
Privé-bezit

30 Schip (Handelszeilschip gaat in de baai van Cadaqués voor anker), rond 1919
Bateau (Voilier de commerce au mouillage dans la baie de Cadaqués)
Olieverf op linnen, 26 x 31 cm
Privé-bezit; voorheen collectie María Rosa de Raventos

31 Gezicht op Port Dogué (Port Alguer), Cadaqués, 1918/1919
Vue de Port Dogué (Port Alguer), Cadaqués
Olieverf op linnen, 45 x 50 cm
Saint Petersburg (Fl), The Salvador Dalí Museum; voorheen collectie E. en A. Reynolds Morse

32 Port Dogué, Cadaqués, 1918/1919
Port Dogué, Cadaqués
Olieverf op linnen, 21,3 x 28 cm
Saint Petersburg (Fl), The Salvador Dalí Museum; voorheen collectie E. en A. Reynolds Morse

33 De kerktoren van Vilabertrán, 1918/1919
Le clocher de Vilabertrán
Olieverf op linnen, 41,6 x 32,4 cm
Privé-bezit

34 De haven van Cadaqués, rond 1919
Port de Cadaqués
Olieverf op linnen, 20 x 24 cm
Privé-bezit; voorheen collectie Anselmo Domenech

35 Playa Port Alguer de la Riba d'en Pitxot, 1918/1919
Playa Port Alguer de la Riba d'en Pitxot
Olieverf op linnen, 20,3 x 24,2 cm
Saint Petersburg (Fl), The Salvador Dalí Museum; voorheen collectie E. en A. Reynolds Morse

36 Strand van Llané, Cadaqués, 1919
Plage du Llané, Cadaqués
Olieverf op linnen, 20 x 26 cm (op de achterkant van doek nr. 37)
Privé-bezit

37 Gezicht vanaf Riba d'en Pitxot op de kerk van Cadaqués en het strand van Port Alguer, 1919/1920
L'église de Cadaqués et la plage de Port Alguer vues de la Riba d'en Pitxot
Olieverf op linnen, 20,1 x 24,9 cm
Privé-bezit; voorheen collectie Anselmo Domenech

38 Calá Pianc, rond 1919
Calá Pianc
Olieverf op linnen, 38,4 x 27,4 cm (op de achterkant van doek nr. 75)
Privé-bezit; voorheen collectie P. Garriga

39 Port Alguer, 1919/1920
Port Alguer
Olieverf op linnen, 36 x 38 cm
Figueras, Fundación Gala-Salvador Dalí, schenking van Dalí aan de Spaanse staat

40 Port Dogué – Cadaqués, 1919
Port Dogué – Cadaqués
Olieverf op linnen, 27 x 20 cm (op de achterkant van doek nr. 36)
Privé-bezit

41 De tartaan 'El Son' (De kunstenaar aan het roer van 'El Son'), 1919
La tartane 'El Son' (L'artiste à la barre d''El Son')
Olieverf op karton, 24 x 19 cm
Schenking van Dalí aan de Spaanse staat; in het depot van de Fundación Gala-Salvador Dalí

42 Zeilboot met figuur. Studie voor 'De tartaan El Son', 1919
Barca de vela con figura. Etude de barque pour 'La tartane el son'
Krijt op karton, 24 x 19 cm
Schenking van Dalí aan de Spaanse staat; in het depot van de Fundación Gala-Salvador Dalí

43 Es Poal – Pianque, 1919/1920
Es Poal – Pianque
Olieverf op linnen, 22 x 28 cm
Privé-bezit; voorheen collectie Garriga Camps

44 Landschap, 1919/1920
Paysage
Olieverf op linnen, 19 x 26,4 cm
Privé-bezit; voorheen collectie Garriga Camps

45 Portret van een zekere meneer Pancrace, rond 1919
Retrat del senyor Pancraci – Portrait du sieur Pancrace
Olieverf op linnen, 74 x 42,5 cm
Privé-bezit

46 Mijn nicht Montserrat, 1919/1920
Ma cousine Montserrat
Olieverf op linnen, 55 x 50 cm
Privé-bezit; voorheen collectie Allan Rich

47 Zelfportret in het atelier, rond 1919
Autoportrait dans l'atelier
Olieverf op linnen, 27 x 21 cm
Saint Petersburg (Fl), The Salvador Dalí Museum; voorheen collectie E. en A. Reynolds Morse

48 De drie pijnbomen, rond 1919
Les trois pins
Olieverf op linnen, 28 x 38 cm
Privé-bezit

49 Cadaqués – Tuin van Llané, 1919/1920
Cadaqués – La horta del Llané
Olieverf op linnen, 19,6 x 27,2 cm
Privé-bezit; voorheen collectie Anselmo Domenech

50 Landschap, 1919/1920
Paysage
Olieverf op linnen, 19 x 26,4 cm
Privé-bezit; voorheen collectie Garriga Camps

51 Cadaqués, 1920/1921
Cadaqués
Olieverf op linnen, 41,5 x 52 cm
Privé-bezit

52 Boomgaardallee bij Cadaqués, 1919/1920
Allée du verger à Cadaqués
Olieverf op linnen, 20 x 28 cm
Saint Petersburg (Fl), The Salvador Dalí Museum; voorheen collectie E. en A. Reynolds Morse

53 Portret van Hortensia, boerin uit Cadaqués, 1920
Portrait d'Hortensia, paysanne de Cadaqués
Olieverf op linnen, 35 x 26 cm
Privé-bezit

54 Tieta – Portret van mijn tante (ook: Portret van Catalina Domènech Ferrer), 1920
Tieta – Portrait de ma tante (Portrait de Catalina Domènech Ferrer)
Olieverf op linnen, 53 x 41 cm
Saint Petersburg (Fl), The Salvador Dalí Museum; voorheen collectie E. en A. Reynolds Morse

55 Nachtelijk bal in de patio de la Mariona, 1919/1920
Bal de nuit dans le patio de la Mariona
Houtskool op papier, 59 x 39 cm
Privé-bezit

56 Grootmoeder Ana bij het naaien, rond 1920
La grand-mère Ana cousant
Olieverf op linnen, 52 x 42 cm
Privé-bezit

57 Acrobaten, 1920/1921
Saltimbanques
Gouache op karton, 57 x 51 cm
Saint Petersburg (Fl), The Salvador Dalí Museum

58 Portret van de moeder van de kunstenaar, Doña Felipa Dome Domènech de Dalí, 1920
Portrait de la mère de l'artiste Doña Felipa Dome Domènech de Dalí
Olieverf op linnen, 40,1 x 27,2 cm
Privé-bezit

59 Portret van José M. Torres, rond 1920
Portrait de José M. Torres
Olieverf op linnen, 49,5 x 39,5 cm
Barcelona, Museo de Arte Moderno

60 Bokser, rond 1920
Boxeur
Olieverf op linnen, 90 x 65 cm
Privé-bezit

61 Portret van Joaquín Montaner (Allegorie van de zeevaarders), 1919/1920
Portrait de Joaquín Montaner (Alegoría del navegante)
Houtskool, 59,6 x 46,9 cm
Saint Petersburg (Fl), The Salvador Dalí Museum; voorheen collectie Domingo Carlos

62 Stilleven voor het omslag van 'Per la Musica, gedichten', 1921
Nature morte pour la couverture de 'Per la Musica, poèmes'
Aquarel, 23,7 x 25 cm
Privé-bezit; voorheen collectie Jaume Maurici

63 Het trio Pichot-Costa, geschilderd door Ramón Pichot. Van links: Luis (viool), Costa (piano) en Ricardo (cello), 1920
Techniek en afmetingen onbekend
Verblijfplaats onbekend

64 Zonder titel – De kunstenaar in zijn atelier in Riba d'en Pitxot in Cadaqués, 1920/1921
Sans titre – L'artiste dans son atelier de la Riba d'en Pitxot à Cadaqués
Olieverf en gouache op karton; afmetingen onbekend
Privé-bezit

65 Omslag voor 'Per la Musica, gedichten', 1921
Couverture pour 'Per la Musica, poèmes'
Aquarel, 23,7 x 25 cm
Privé-bezit; voorheen collectie Jaume Maurici

66 Portret van de cellist Ricardo Pichot, 1920
Portrait du violoncelliste Ricardo Pichot
Olieverf op linnen, 61,5 x 49 cm
Cadaqués, privé-bezit

67 Stilleven, rond 1920
Nature morte
Olieverf op linnen, 60 x 40 cm
Privé-bezit

68 Stilleven voor uitzicht uit het raam, rond 1920
Nature morte
Olieverf op linnen, 60 x 40 cm
Barcelona, collectie Ramón Golobart

69 Stilleven met granaatappelen, rond 1919
Pomme-grenade rubis
Olieverf op hout, 14,5 x 26 cm
Perpignan, privé-bezit

70 Het meer van Vilabertrán, 1920
Le lac de Vilabertrán
Olieverf op linnen, 68,4 x 47,7 cm
Privé-bezit; voorheen collectie Garriga Camps

71 Kleine rotsbaai van Nans (Cadaqués), rond 1920
Calanque Nans (Cadaqués)
Olieverf op linnen, 39,5 x 49,5 cm
Barcelona, Museo de Arte Moderno

72 Kleine rotsbaai van Jonculs (Cadaqués), 1920
Calanque Jonculs (Cadaqués)
Olieverf op linnen, 33 x 39 cm
Privé-bezit

73 De moestuin van Klein-Llané, 1920
Le potager du Llané-Petit
Olieverf op linnen, 53 x 41 cm
Parijs, collectie André-François Petit

74 Ingang tot de baai van Cadaqués met de rots Cucurucuc en het schiereiland Sortell, 1920
L'entrée de la baie de Cadaqués avec le rocher de Cucurucuc et la presqu'île de Sortell – Vue de la Fica Pichot
Olieverf op linnen, 42,6 x 53,3 cm
Figueras, Fundación Gala-Salvador Dalí

75 Maneschijn over de baai van Cadaqués, rond 1920
Clair de lune sur la baie de Cadaqués
Olieverf op linnen, 38,4 x 27,4 cm (op de achterkant van doek nr. 38)
Privé-bezit; voorheen collectie Garriga Camps

76 Port Dogué en Mont Pani vanaf Ayuntamiento, 1920
Port Dogué and Mount Pani from Ayuntamiento
Olieverf op linnen, 43,1 x 53,3 cm
Saint Petersburg (Fl), The Salvador Dalí Museum; voorheen collectie E. en A. Reynolds Morse

77 Gezicht op Cadaqués vanaf Playa Poal, 1920
View of Cadaqués from Playa Poal
Olieverf op linnen, 29,2 x 48,3 cm
Saint Petersburg (Fl), The Salvador Dalí Museum; voorheen collectie E. en A. Reynolds Morse

78 Landschap bij Cadaqués, 1920/1921
Paysage de Cadaqués
Olieverf op linnen, 31 x 34 cm
Schenking van Dalí aan de Spaanse staat; in het depot van de Fundación Gala-Salvador Dalí

79 Landschap bij Cadaqués, rond 1921
Paysage de Cadaqués
Olieverf op linnen, 45 x 52 cm
Privé-bezit

80 Landschap bij Cadaqués, 1920/1921
Paysage de Cadaqués
Olieverf op linnen, 46 x 53 cm
Privé-bezit

81 Kleine rotsbaai van Nans verfraaid met cipressen, 1920/1921
Calanque Nans embellie de cyprès
Olieverf op linnen, 40 x 52 cm
Privé-bezit

82 Maneschijn in Klein-Llané, 1921
Clair de lune à El Llané-Petit
Olieverf op linnen; afmetingen onbekend
Privé-bezit

83 De tuin van Llané (Cadaqués), 1920/1921
L'Horta del Llané – Le jardin de Llané (Cadaqués)
Olieverf op linnen, 40 x 50 cm
Privé-bezit

84 zie bijschrift blz. 42

85 De vader van de kunstenaar in Llané, 1920
Le père de l'artiste à Llané
Olieverf op linnen; afmetingen onbekend
Privé-bezit

86 Portret van mijn vader, 1920/1921
Portrait de mon père
Olieverf op linnen, 90,5 x 66 cm
Figueras, Fundación Gala-Salvador Dalí, schenking van Dalí aan de Spaanse staat

87 zie bijschrift blz. 44

88 Zelfportret, rond 1921
Autoportrait
Olieverf op linnen, 36,8 x 41,8 cm
Saint Petersburg (Fl), The Salvador Dalí Museum

89 Zelfportret met Rafaëls hals, 1920/1921
Autoportrait au cou de Raphaël
Olieverf op linnen, 41,5 x 53 cm
Figueras, Fundación Gala-Salvador Dalí, schenking van Dalí aan de Spaanse staat

90 Zelfportret, 1921
Autoportrait
Olieverf op hout, 47,5 x 31 cm
Figueras, Fundación Gala-Salvador Dalí

91 Zelfportret, 1921
Autoportrait
Olieverf op linnen; afmetingen onbekend
Privé-bezit

92 Zelfportret, rond 1921
Autoportrait – Autorretrato
Olieverf op linnen, 52 x 45 cm
Privé-bezit

93 Cadaqués op de rug gezien, 1921
Cadaqués de dos
Olieverf op linnen, 42 x 53 cm
Figueras, Fundación Gala-Salvador Dalí, schenking van Dalí aan de Spaanse staat

94 Gezicht op Cadaqués vanaf Mont Pani, rond 1921
Vue de Cadaqués depuis le mont Pani
Olieverf op linnen, 39,5 x 48,3 cm
Saint Petersburg (Fl), The Salvador Dalí Museum; voorheen collectie E. en A. Reynolds Morse

95 Jonge meisjes in een tuin (De nichtjes), 1921
Jeunes filles dans un jardin (Les cousines)
Olieverf op linnen, 53 x 41 cm
Parijs, collectie André-François Petit

96 Portret van grootmoeder Ana bij het naaien, rond 1921
Portrait de la grand-mère Ana cousant
Olieverf op linnen, 40 x 62 cm
Figueras, collectie Joaquín Vila Moner

97 De baai van Cadaqués, rond 1921
Baie de Cadaqués
Olieverf op linnen, 40 x 52 cm
Privé-bezit

98 Feest in Figueras, 1921
Fête à Figueras
Olieverf en gouache op karton, 50 x 72 cm
Privé-bezit

99 Feest van Santa-Creus in Figueras – Het circus, 1921
Fête de Santa Creus à Figueras – Le cirque
Gouache op karton, 52 x 75 cm
Figueras, Fundación Gala-Salvador Dalí

100 Feest in San Sebastián, 1921
Fête de l'hermitage de San Sebastián
Gouache op karton, 52 x 75 cm
Figueras, Fundación Gala-Salvador Dalí

101 Proeven op het land, 1921
Merienda en el campo – Goûter à la campagne
Gouache op karton, 44,2 x 52,3 cm
Figueras, Fundación Gala-Salvador Dalí

102 Man die een baby optilt alsof hij uit een fles drinkt, rond 1921
Homme soulevant un bébé comme s'il buvait à la régalade
Gouache op karton, 52,8 x 35,5 cm
Figueras, Fundación Gala-Salvador Dalí

103 Feest van St.-Lucia in Villamalla, 1921
Fête de sainte Lucie à Villamalla
Gouache op karton, 54,9 x 74,1 cm
Privé-bezit

104 Nimfen in een romantische tuin, 1921
Nymphes dans un jardin romantique
Gouache en olieverf op karton, 73,5 x 57,5 cm
Privé-bezit

105 Zittende man voor een dansend paar, 1921
Personnage assis avec au second plan un couple dansant
Gouache op karton, 43,3 x 27,5 cm
Figueras, Fundación Gala-Salvador Dalí

106 Romería – Bedevaart, 1921
Romería – Pélerinage
Gouache op karton, 52 x 52 cm
Privé-bezit

107 Man met Porrón, 1921
L'homme au porrón
Gouache op karton, 50 x 32 cm
Privé-bezit

108 Voyeur, 1921
Voyeur
Gouache op karton, 50 x 32 cm
Privé-bezit

109 De oude man van Port Dogué, 1921
Le vieux de Port Dogué
Aquarel, 11,4 x 12,7 cm
Saint Petersburg (Fl), The Salvador Dalí Museum

110 Muze van Cadaqués, 1921
Musa de Cadaqués
Aquarel, 19 x 27 cm
Privé-bezit

111 Portret van Jaume Miravitlles, 1921/1922
Portrait de Jaume Miravitlles
Olieverf op hout, 41 x 38 cm
Privé-bezit

112 Zigeunerhoofd, 1919/1920
Tête de gitan – Cabeza de gitano
Olieverf op linnen, 33 x 24 cm
Privé-bezit

113 Vissers van Cadaqués, 1922
Pêcheurs de Cadaqués
Olieverf op linnen, 26 x 33 cm
Privé-bezit

114 Vissers van Cadaqués, 1922
Pescadores de Cadaqués – Pêcheurs de Cadaqués
Olieverf; materiaal en afmetingen onbekend
Privé-bezit; voorheen collectie Subias, Barcelona

115 Portret van Jaume Miravitlles als voetballer, 1921/1922
Portrait de Jaume Miravitlles en joueur de football
Olieverf op hout, 103 x 38,5 cm
Privé-bezit

116 Landschap – Cadaqués, 1922
Paysage – Cadaqués
Olieverf op canvas, 39,5 x 51 cm
Bern, Kunstmuseum Bern

117 De weg naar Port Lligat met gezicht op Cap Creus, 1922/1923
Le chemin de Port Lligat avec vue sur le Cap Creus
Olieverf op linnen, 55,2 x 67,9 cm
Saint Petersburg (Fl), The Salvador Dalí Museum; voorheen collectie E. en A. Reynolds Morse

118 Landschap bij Cadaqués, 1922
Paysage à Cadaqués
Olieverf op linnen, 60 x 82 cm
Privé-bezit

119 Kruik, 1922/1923
Canti – Cruche
Olieverf op linnen, 53 x 41,5 cm
Madrid, Museo Nacional Reina Sofía, schenking van Dalí aan de Spaanse staat

120 Stilleven, 1922
Nature morte
Olieverf op linnen, 42 x 53 cm
Privé-bezit

121 Stilleven met aubergines, 1922
Nature morte aux aubergines
Olieverf op linnen, 31 x 33,2 cm
Bern, Kunstmuseum Bern

122 Stilleven, 1922
Nature morte
Olieverf op linnen, 33,7 x 35 cm
Privé-bezit

123 Stilleven met zeeduivel, 1922
Pulpo y scorpa – Nature morte à la rascasse
Olieverf op linnen, 54,2 x 57,1 cm
Saint Petersburg (Fl), The Salvador Dalí Museum; voorheen collectie E. en A. Reynolds Morse

124 Stilleven – Vis met rode schaal, 1922
Nature morte – Fish with Red Bowl
Olieverf op linnen, 49 x 55 cm
Saint Petersburg (Fl), The Salvador Dalí Museum; voorheen collectie E. en A. Reynolds Morse

125 Steenbrasem, 1922
Saupe – Saupa
Olieverf op linnen, 30,5 x 34,6 cm
Madrid, Centro de Arte Reina Sofía, schenking van Dalí aan de Spaanse staat

126 Kubistische compositie - Stilleven met gitaar, 1922
Composition cubiste – Nature morte à la guitare
Inkt en potlood, gewassen, op papier, 20,3 x 18,2 cm
Privé-bezit

127 Zonder titel – Cabarettafereel in Madrid, 1922
Sans titre – Scène de cabaret à Madrid
Gouache op karton, 54,9 x 74,1 cm
Privé-bezit

128 Bordelen, 1922
Bordels
Inkt en gouache op Ingres-papier, 22 x 15 cm
Madrid, collectie gebroeders Estalella

129 Zomernacht, 1922
Nuit d'été
Inkt en gouache op Ingres-papier, 22 x 15 cm
Madrid, collectie gebroeders Estalella

130 Drinker, 1922
Ivrogne
Inkt en gouache op Ingres-papier, 22 x 15 cm
Madrid, collectie gebroeders Estalella

131 Cabarettafereel, 1922
Scène de cabaret
Olieverf op linnen, 52 x 41 cm
Parijs, collectie Bénédict Petit

132 Villa Pepita, 1922
Villa Pepita
Olieverf op linnen, 48,4 x 50 cm
Figueras, Fundación Gala-Salvador Dalí

133 Paard, 1922
Caballo – Cheval
Inkt op Ingres-papier, 15 x 22 cm
Madrid, collectie gebroeders Estalella

134 Baadsters, 1918/1919
Baigneuses
Houtskool, kleurpotloden, opgehoogd met wit krijt, 20,5 x 14,5 cm
Privé-bezit

135 Zittende vrouw, rond 1922
Femme assise
Inkt en aquarel, 27,5 x 21 cm
Privé-bezit

136 Moederschap, rond 1921
Maternité
Olieverf op karton, 26,2 x 26,2 cm
Privé-bezit

137 Zonder titel – Landschap bij Madrid, 1922/1923
Sans titre – Paysage à Madrid
Olieverf op papier, 30,1 x 35,8 cm
Privé-bezit

138 Madrid, architectuur en populieren, 1922
Madrid, architecture et peupliers (Madrid, arquitectura y chopos)
Olieverf op grijs Canson-papier, 47 x 62,9 cm
Privé-bezit

139 Naakt in een landschap, 1922/1923
Nu dans un paysage
Olieverf op karton, 51,6 x 50,1 cm
Figueras, Fundación Gala-Salvador Dalí, schenking van Dalí aan de Spaanse staat

140 Baadsters aan de Costa Brava – Baadsters van Llané, 1923
Baigneuses de la Costa Brava – Baigneuses de Llané
Olieverf op karton, 72 x 103 cm
Privé-bezit

141 Het zieke kind – Zelfportret in Cadaqués, rond 1923
L'enfant malade – Autoportrait à Cadaqués
Olieverf en gouache op karton, 57 x 51 cm
Saint Petersburg (Fl), The Salvador Dalí Museum

142 Het strand van Llané, 1923
La plage de Llané
Olieverf op karton, 63 x 89 cm
Privé-bezit; voorheen collectie José Marin Lafuente

143 Landschap in Cadaqués, 1923
Paysage à Cadaqués
Olieverf op linnen; afmetingen onbekend
Privé-bezit

144 Cadaqués, 1923
Cadaqués
Olieverf op linnen, 95 x 125 cm
Saint Petersburg (Fl), The Salvador Dalí Museum; voorheen collectie E. en A. Reynolds Morse

145 De wilde stroom van La Jorneta, 1923
El rec de La Jorneta – Le canal de La Jorneta
Olieverf op linnen, 122,8 x 99,5 cm
Privé-bezit

146 La Jorneta, 1923
La Jorneta
Olieverf op linnen, 69 x 59 cm
Madrid, Centro de Arte Reina Sofía, schenking van Dalí aan de Spaanse staat

147 Cadaqués, gezien vanaf de toren op Cap Creus, 1923
Cadaqués vu depuis la tour de Cap Creus
Olieverf op linnen, 101 x 98 cm
Schenking van Dalí aan de Spaanse staat; in het depot van de Fundación Gala-Salvador Dalí

148 El Moli – Landschap bij Cadaqués, 1923
El Moli – Paysage de Cadaqués
Olieverf op linnen, 75 x 98 cm
Privé-bezit

149 Figuren in een landschap bij Ampurdán, 1923
Personnages dans un paysage d'Ampurdán
Gouache op karton, 105 x 95 cm
Figueras, Fundación Gala-Salvador Dalí, schenking van Dalí aan de Spaanse staat

150 Zonder titel – Groep vrouwen, 1923
Sans titre – Groupe de femmes
Potlood op geribbeld Ingres-papier, 31,7 x 24 cm
Privé-bezit

151 Hutten, 1923
Bicoques
Potlood op papier, 30 x 23 cm
Saint Petersburg (Fl), The Salvador Dalí Museum

152 Mannenhoofd met kind, 1924/1925
Tête d'homme avec enfant
Grafietstift op papier, 24 x 16 cm
Saint Petersburg (Fl), The Salvador Dalí Museum

153 Venus en herinneringen aan Avino, 1923/1924
Vénus et réminiscences d'Avino
Pen en inkt, 20,5 x 14 cm
Privé-bezit

154 Luis Buñuel met een torero, 1923
Luis Buñuel avec un torero
Techniek en materiaal onbekend, 18,5 x 23 cm
Privé-bezit

155 Familietafereel, 1923
Scène familiale
Olieverf en gouache op karton, 105 x 75 cm
Figueras, Fundación Gala-Salvador Dalí, schenking van Dalí aan de Spaanse staat

156 Vrouw die haar zoon zoogt, 1923
Femme allaitant son fils (Mujer amamantando a su hijo)
Gouache op karton, 30 x 42 cm
schenking van Dalí aan de Spaanse staat; in het depot van de Fundación Gala-Salvador Dalí

157 Satirische compositie ('De dans' van Matisse), 1923
Composition satirique – 'La danse' de Matisse)
Gouache op karton, 138 x 105 cm
Figueras, Fundación Gala-Salvador Dalí, schenking van Dalí aan de Spaanse staat

158 Zigeuner uit Figueras, 1923
Gitan de Figueras
Olieverf op karton, 105 x 75,2 cm
Madrid, Museo Nacional Reina Sofía, schenking van Dalí aan de Spaanse staat

159 Staande klok, 1923
El rellotge de caixa – L'horloge
Houtskool op papier, 31,5 x 24,5 cm
Privé-bezit

160 Kubistische compositie – Portret van een zittend persoon die een brief vasthoudt, 1923
Composition cubiste – Portrait d'un personnage assis tenant une lettre
Olieverf op karton, 74,6 x 52,1 cm
Figueras, Fundación Gala-Salvador Dalí, schenking van Dalí aan de Spaanse staat

161 Stilleven, 1923
Nature morte
Olieverf op karton, 50,1 x 56 cm
Madrid, Centro de Arte Reina Sofía, schenking van Dalí aan de Spaanse staat

162 Stilleven, 1923
Nature morte
Olieverf op karton, 50,2 x 65 cm
Madrid, Museo Nacional Reina Sofía, schenking van Dalí aan de Spaanse staat

163 Alle vormen zijn van het vierkant afgeleid, 1923
Toutes les formes dérivent du carré
Inkt op papier, 23 x 21 cm
Privé-bezit

164 Harlekijn, zittend aan een tafel, 1923
Arlequin assis à une table
Aquarel, Oostindische inkt, inkt en krijt; afmetingen onbekend
Privé-bezit

165 Zelfportret, 1923
Autoportrait
Inkt en potlood op papier, 31,5 x 25 cm
Madrid, collectie gebroeders Estalella

166 Koffiehuistafereel in Madrid, 1923
Scène de café à Madrid
Inkt; afmetingen onbekend
Privé-bezit

167 zie bijschrift blz. 73

168 Satirisch portret van Trotski, rond 1923
Portrait satirique de Trotsky
Inkt en aquarel, 24 x 20,5 cm
Privé-bezit

169 Zelfportret met 'L'Humanité', 1923
Autoportrait à 'L'Humanité'
Olieverf, gouache en collage op karton, 104,9 x 75,4 cm
Figueras, Fundación Gala-Salvador Dalí, schenking van Dalí aan de Spaanse staat

170 Kubistisch zelfportret, 1923
Autoportrait cubiste
Gouache en collage op karton, 104,9 x 74,2 cm
Madrid, Centro de Arte Reina Sofía, schenking van Dalí aan de Spaanse staat

171 Portret van mijn zus en figuur van Picasso (toegevoegd rond 1924), 1923
Portrait de ma sœur et personnage picassien
Olieverf op linnen, 104 x 75 cm
Saint Petersburg (Fl), The Salvador Dalí Museum; voorheen collectie E. en A. Reynolds Morse

172 Portret van mijn zus (oorspronkelijke staat), 1923/1924
Retrato de mi hermana
Olieverf op linnen; afmetingen onbekend
Saint Petersburg (Fl), The Salvador Dalí Museum; voorheen collectie E. en A. Reynolds Morse

173 Portret van mijn nicht Ana María Domènech, rond 1923
Portrait de ma cousine Ana María Domènech
Olieverf op karton op hout, 89 x 46 cm
Vaduz, collectie Jean Paul Schneider

174, 175 zie bijschriften blz. 79

176 Port Alguer, Cadaqués, 1924
Port Alguer, Cadaqués
Olieverf op linnen, 100 x 100 cm
Figueras, Fundación Gala-Salvador Dalí

177 Het station van Figueras, 1924
La station de Figueras
Olieverf op linnen, 50 x 51 cm
Privé-bezit

178 Boeket – 'Het belangrijkst is de roos', 1924
Bouquet – 'L'important c'est la rose'
Olieverf op karton, 50 x 52 cm
Saint Petersburg (Fl), The Salvador Dalí Museum; voorheen collectie E. en A. Reynolds Morse

179 Groene plant, 1924
Plante verte
Olieverf op linnen, 98,5 x 98,5 cm
Figueras, Fundación Gala-Salvador Dalí

180 Stilleven – Watermeloen, 1924
Nature morte – Sandia
Olieverf op linnen, 49,5 x 49,5 cm
Saint Petersburg (Fl), The Salvador Dalí Museum; voorheen collectie E. en A. Reynolds Morse

181 Stilleven, 1924
Bodegón – Nature morte
Olieverf op linnen, 52 x 40 cm
Privé-bezit

182 Pierrot en gitaar, 1924
Pierrot au guitare
Olieverf en collage op karton, 55 x 52 cm
Lugano-Castagnola, Fondazione Thyssen-Bornemisza; voorheen collectie Montserrat Dalí de Bas

183 Stilleven, 1924
Nature morte
Olieverf op linnen, 125 x 99 cm
Madrid, Fundación Federico García Lorca

184 Puristisch stilleven, 1924
Nature morte puriste
Olieverf op linnen, 100 x 100 cm
Figueras, Fundación Gala-Salvador Dalí

185 Stilleven (het doek werd later in vieren geknipt; een deel ervan op de achterkant van doek nr. 205), 1924
Nature morte
Olieverf op linnen, 106 x 79,2 cm
Montreal, Montreal Museum of Fine Arts

186 Sifon en rumfles met kurk, 1924
Siphon et bouteille de rhum avec bouchon
Olieverf op linnen, 79 x 49 cm
Figueras, Fundación Gala-Salvador Dalí

187 zie bijschrift blz. 84

188 Studie voor 'Portret van Manuel de Falla', 1924/1925
Etude pour 'Portrait de Manuel de Falla'
Potlood op papier, 30 x 28 cm
Saint Petersburg (Fl), The Salvador Dalí Museum

189 Badende (Portret van Juan Xirau), 1924
Bañista – Baigneur (Portrait de Juan Xirau)
Olieverf op hout, 100 x 100 cm
Privé-bezit

190 Portret van Luis Buñuel, 1924
Portrait de Luis Buñuel
Olieverf op linnen, 70 x 60 cm
Madrid, Museo Nacional Reina Sofía; voorheen collectie Luis Buñuel

191 Portret van een jong meisje in een landschap bij Cadaqués, 1924-1926
Portrait de jeune fille dans un paysage de Cadaqués
Olieverf op linnen, 92 x 65 cm
Figueras, Fundación Gala-Salvador Dalí, schenking van Dalí aan de Spaanse staat

192 Portret van Ana María, 1924
Portrait d'Ana María
Olieverf op linnen; afmetingen onbekend
Privé-bezit

193 Portret van Ana María, rond 1924
Portrait d'Ana María
Olieverf op karton, 55 x 75 cm
Figueras, Fundación Gala-Salvador Dalí, schenking van Dalí aan de Spaanse staat

194 Portret van een vrouw, rond 1924
Portrait de femme
Houtskool op papier, 15 x 13,5 cm
Privé-bezit

195 zie bijschrift blz. 88

196 Jong meisje dat op haar elleboog steunt – Ana María Dalí, de zus van de schilder (ook: Gedachte), 1925
Jeune fille accoudée – Ana María Dalí, la sœur de l'artiste (Pensée)
Olieverf op hout, 46 x 48 cm
Privé-bezit

197 Portret van de zus van de schilder, 1925
Portrait de la sœur de l'artiste
Olieverf op linnen, 99 x 99 cm
Madrid, Centro de Arte Reina Sofía, schenking van Dalí aan de Spaanse staat

198 zie bijschrift blz. 90

199 Jong meisje met ontblote rug uit Esquena (ook: Zittend jong meisje op de rug gezien), 1925
Jeune fille assise de dos (Noia d'Esquena)
Olieverf op linnen, 103 x 73,5 cm
Madrid, Museo Nacional Reina Sofía

200 Jong meisje, staand aan het raam, 1925
Personnage à une fenêtre (Jeune fille debout à la fenêtre)
Olieverf op linnen, 103 x 75 cm
Madrid, Museo Nacional Reina Sofía

201 Don Salvador en Ana María Dalí (Portret van de vader en de zus van de kunstenaar), 1925
Retrato del padre y la hermana - Portrait du père et de la sœur de l'artiste
Potlood op papier, 49 x 33 cm
Barcelona, Museo de Arte Moderno

202 Portret van mijn vader, 1925
Portrait de mon père
Olieverf op linnen, 100 x 100 cm
Barcelona, Museo de Arte Moderno

203 Studie, 1925
Etude
Olieverf op linnen, 100 x 68,6 cm
Saint Petersburg (Fl), The Salvador Dalí Museum; voorheen collectie E. en A. Reynolds Morse

204 Studie voor 'Portret van María Carbona' (opgedragen aan Puig Pujades), 1925
Etude pour 'Portrait de María Carbona'
Grafietstift op papier van plantevezels, 49 x 32 cm
Barcelona, Museo de Montserrat

205 Portret van María Carbona (op de achterkant van een deel van doek nr. 185), 1925
Portrait de María Carbona
Olieverf op hout, 52,6 x 39,2 cm
Montreal, Montreal Museum of Fine Arts

206 Vrouwelijk naakt, 1925
Nu féminin (Desnudo femenino)
Olieverf op karton, 46 x 48,5 cm
Privé-bezit

207 Vrouwelijk naakt, 1925
Nu féminin
Olieverf op linnen, 104,2 x 70,1 cm
Saint Petersburg (Fl), The Salvador Dalí Museum, in bruikleen van E. en A. Reynolds Morse

208 Zittende monnik, 1925
Moine assis
Olieverf op linnen, 92,3 x 68,5 cm
Saint Petersburg (Fl), The Salvador Dalí Museum; voorheen collectie E. en A. Reynolds Morse

209 Studie voor 'Vrouw en kind', 1923
Etude pour 'Femme et enfant'
Houtskool; afmetingen onbekend
Privé-bezit

210 Jong meisje dat op bed ligt (Ana María Dalí), 1925
Jeune fille allongée sur un lit (Ana María Dalí)
Potlood op getint papier, 32,5 x 49,7 cm
Figueras, Fundación Gala-Salvador Dalí

211 Naakt in het water, 1925
Nu dans l'eau (Desnudo en el agua)
Olieverf op karton, 50,5 x 47 cm
Privé-bezit

212 Venus met cupido's, 1925
Venus y cupidillos – Vénus et amours
Olieverf op hout, 23 x 23,5 cm
Privé-bezit

213 zie bijschrift blz. 97

214 Landschap bij Ampurdán, 1925
Paysage de l'Ampurdán
Olieverf op karton, 22 x 27 cm
Privé-bezit

215 Landschap bij Ampurdán, 1925
Paysage de l'Ampurdán
Olieverf op karton, 22 x 27 cm
Privé-bezit

216 Stilleven, rond 1925
Nature morte
Olieverf op linnen, 83 x 62 cm
Figueras, Fundación Gala-Salvador Dalí, schenking van Dalí aan de Spaanse staat

217 Pierrot, gitaar spelend (ook: Harlekijn en kleine rumfles), 1925
Pierrot tocant la guitarra – Pierrot jouant de la guitare (Arlequin et petite bouteille de rhum)
Olieverf op linnen, 198 x 149 cm
Madrid, Centro de Arte Reina Sofía, schenking van Dalí aan de Spaanse staat

218 Stilleven in mauvekleurige maneschijn (Ik herinner me niet), 1925
Nature morte au clair de lune mauve
Olieverf op linnen, 148 x 198 cm
Figueras, Fundación Gala-Salvador Dalí, schenking van Dalí aan de Spaanse staat

219 zie bijschrift blz. 99

220 Studie voor 'Venus en matroos', 1925
Etude pour 'Vénus et marin'
Pen en inkt op papier; afmetingen onbekend
Privé-bezit

221 Venus en matroos (ook: Meisje en matroos; onvoltooid), 1926
Vénus et marin (Fille et marin; inachevé)
Olieverf op linnen, 197,5 x 148 cm
Privé-bezit

222 Venus en matroos – Hommage aan Salvat-Papasseit, 1925
Vénus et un marin – Hommage à Salvat-Papasseit
Olieverf op linnen, 216 x 147 cm
Shizuoka (Japan), Ikeda Museum of 20th Century Art

223 Matroos met zijn familie, rond 1926
Marin et sa famille
Inkt op papier, 27,1 x 21,1 cm
Privé-bezit

224 Venus en een matroos, 1925
Vénus et un marin
Olieverf op hout, 43 x 31,5 cm
Privé-bezit; voorheen collectie Gudiol

225 Het meisje uit Ampurdán, 1926
La noia dels rulls – Jeune fille de l'Ampurdán
Olieverf op triplex, 51 x 40 cm
Saint Petersburg (Fl), The Salvador Dalí Museum; voorheen collectie E. en A. Reynolds Morse

226 Studies – Dubbelzijdige tekening, 1926
Sheets of Studies – A double-sided drawing
Houtskool op karton, 32 x 21,5 cm
Privé-bezit

227 Vrouwelijk naakt, 1926
Nu
Grafietstift, 23,5 x 20,3 cm
Saint Petersburg (Fl), The Salvador Dalí Museum, in bruikleen van E. en A. Reynolds Morse

228 Het meisje (studie voor 'Het meisje uit Ampurdán'), 1926
La noia – La jeune fille (Etude pour 'Jeune fille de l'Ampurdán')
Techniek onbekend; 32 x 20 cm
Verblijfplaats onbekend

229 Naaiend meisje (studie voor 'Ana María, naaiend'), 1926
Fille cousant (Etude pour 'Ana María cousant')
Potlood op papier, 53 x 32,5 cm
Figueras, Fundación Gala-Salvador Dalí

230 Ana María, naaiend, 1926
Ana María cousant – Muchacha cosiendo
Olieverf op koper; afmetingen onbekend
Privé-bezit

231 Jong meisje van achteren, 1926
Jeune fille de dos
Olieverf op hout, 32 x 27 cm
Saint Petersburg (Fl), The Salvador Dalí Museum; voorheen collectie E. en A. Reynolds Morse

232 Portret van Señora Abadal de Argemi, rond 1926
Portrait de la Sra. Abadal de Argemi
Olieverf op linnen; afmetingen onbekend
Privé-bezit

233 Portret van een vrouw (onvoltooid), 1926
Portrait de femme
Olieverf op hout, twee delen, 60,9 x 38 cm
Figueras, Fundación Gala-Salvador Dalí

234 Studie voor 'Ana María naaiend'. Omslag voor de catalogus van Dalí's tweede solotentoonstelling in Galerie Dalmau in Barcelona, 1926
Affiche d'exposition: Etude pour 'Muchacha cosiendo' ('Ana María cousant')
Potlood; afmetingen onbekend
Privé-bezit

235 Studie voor 'Noia cusint', 1926
Etude pour 'Noia cusint'
Techniek en afmetingen onbekend
Verblijfplaats onbekend

236 Studie voor 'Noia cusint', 1926
Etude pour 'Noia cusint'
Techniek en afmetingen onbekend
Verblijfplaats onbekend

237 Meisje, naaiend, 1926
Noia cusint
Olieverf; materiaal en afmetingen onbekend
Privé-bezit

238 Studie voor 'Noia cusint', 1926
Etude pour 'Noia cusint'
Inkt op Chamois-papier, 27,9 x 24,9 cm
Privé-bezit

239 Vrouw aan het raam in Figueras, 1926
Femme à la fenêtre à Figueras
Olieverf op linnen, 24 x 25 cm
Barcelona, collectie Juan Casanelles

240 Figuur tussen de rotsen (Slapende vrouw), 1926
Personnage parmi les rochers (Femme couchée)
Olieverf op triplex, 27 x 41 cm
Saint Petersburg (Fl), The Salvador Dalí Museum; voorheen collectie E. en A. Reynolds Morse

241 Slapende vrouwen op het strand, 1926
Femmes couchées sur la plage (Figures ajagudes a la sorra)
Olieverf op linnen; afmetingen onbekend
Privé-bezit

242 Studie voor 'Slapende vrouw', rond 1926
Etude pour 'Femme couchée'
Potlood op papier, 21,8 x 27 cm
Ontario, Musée des Beaux-Arts

243 Neokubistische academie (Compositie met drie figuren), 1926
Académie néocubiste (Composition aux trois figures)
Olieverf op linnen; afmetingen onbekend
Privé-bezit

244 Rotsen van Llané (eerste staat), 1926
Rochers du Llané
Olieverf; materiaal en afmetingen onbekend; het doek werd rond 1936 overgeschilderd (zie doek nr. 582)

245 Rotsen van Llané (ook: Landschap bij Cadaqués), 1926
Rochers du Llané (Paysage à Cadaqués)
Olieverf op hout, 61 x 46 cm
Privé-bezit

246 Penya-Segats – Vrouw voor de rotsen, 1926
Penya-Segats – Femme devant les rochers
Olieverf op olijfhout, 26 x 40 cm
Privé-bezit

247 zie bijschrift blz. 111

248 Stilleven met twee citroenen, rond 1926
Nature morte aux deux citrons
Olieverf op hout, 20 x 28 cm
Privé-bezit

249 De broodmand, 1926
Corbeille de pain
Olieverf op hout, 31,5 x 31,5 cm
Saint Petersburg (Fl), The Salvador Dalí Museum; voorheen collectie E. en A. Reynolds Morse

250 Zelfportret, opgesplitst in drie delen, 1927
Autoportrait se dédoublant en trois
Olieverf op karton, 70 x 50 cm
Figueras, Fundación Gala-Salvador Dalí

251 Zonder titel (studie voor 'Honing is zoeter dan bloed'), 1926
Sans titre (Etude pour 'Le miel est plus doux que le sang')
Inkt op papier, 25,1 x 32,6 cm
New York, The Museum of Modern Art, schenking van Mrs. Alfred R. Stern ter nagedachtenis van René d'Harnoncourt

252 Harlekijn, 1927
Arlequin – Arlequi
Olieverf op linnen, 190 x 140 cm
Madrid, Museo Nacional Reina Sofía

253 Drie figuren, 1926
Trois personnages
Olieverf op linnen, 148 x 198 cm
Madrid, Museo Nacional Reina Sofía, schenking van Dalí aan de Spaanse staat

254 De mannequin (ook: De mannequin uit Barcelona), 1926/1927
Le mannequin (Mannequin barcelonais)
Olieverf op linnen, 248 x 198 cm
Figueras, Fundación Gala-Salvador Dalí, schenking van Dalí aan de Spaanse staat

255 Kubistische figuur, 1926
Figura cubista – Personnage cubiste
Olieverf op linnen, 152 x 90 cm
Figueras, Fundación Gala-Salvador Dalí, schenking van Dalí aan de Spaanse staat

256 Brandende figuur, 1927
Figure en flamme
Techniek onbekend; 30,7 x 24,2 cm
Saint Petersburg (Fl), The Salvador Dalí Museum

257 Studie voor 'Stilleven in het maanlicht', 1927
Etude pour 'Nature morte au clair de lune'
Pen en inkt op briefpapier, 22,5 x 17,2 cm
Madrid, Fundación Federico García Lorca

258 Stilleven in het maanlicht, 1927
Nature morte au clair de lune
Olieverf op linnen, 190 x 140 cm
Madrid, Museo Nacional Reina Sofía, schenking van Dalí aan de Spaanse staat

259 Abstracte compositie, 1926
Composition abstraite
Inkt op papier, 18 x 21 cm
Privé-bezit

260 Vrouwenhoofd, 1927
Tête de femme
Olieverf op linnen, 100 x 100 cm
Figueras, Fundación Gala-Salvador Dalí

261 Hoofd (poging tot een dubbelschilderij), 1927
Dibuix-Tête (Essai de double-image)
Potlood en inkt, 24,5 x 21 cm
Privé-bezit

262 Honing is zoeter dan bloed, 1927
Le miel est plus doux que le sang
Olieverf op linnen; afmetingen onbekend
Privé-bezit

263 Studie voor 'Honing is zoeter dan bloed' (Automatische tekening), 1926
Etude pour 'Le miel est plus doux que le sang'
Olieverf op hout, 36,5 x 45 cm
Privé-bezit

264 Apparaat en hand, 1927
Appareil et main
Olieverf op hout, 62,2 x 47,6 cm
Saint Petersburg (Fl), The Salvador Dalí Museum; voorheen collectie E. en A. Reynolds Morse

265 Senicitas (ook: Zomerse krachten, of: Geboorte van Venus), 1927/1928
Cenicitas (Petites cendres ou Forces estivales)
Olieverf op hout, 64 x 48 cm
Madrid, Museo Nacional Reina Sofía

266 Vrouwelijk naakt in een fauteuil, 1927/1928
Femme nue assise dans un fauteuil
Olieverf op karton, 68,5 x 52,5 cm
Figueras, Fundación Gala-Salvador Dalí

267 Zonder titel, 1927
Sans titre
Olieverf op linnen met collage van zand en keizelstenen; afmetingen onbekend
Privé-bezit

268 zie bijschrift blz. 124

269 Portret van Federico García Lorca, 1928
Portrait de Federico García Lorca
Pen en inkt op papier, 22,2 x 16 cm
Privé-bezit

270 Zelfportret, opgedragen aan Federico García Lorca, 1928
Autoportrait, dédié à Federico García Lorca
Pen en inkt op papier, 22 x 16 cm
Mollet (Barcelona), collectie Juan Abello Prat

271 De dichter op het strand van Ampurias – Federico García Lorca, 1927
Le poète sur la plage d'Ampurias - Federico García Lorca
Pen en inkt op papier; afmetingen onbekend
Verblijfplaats onbekend

272-274 zie bijschriften blz. 125

275 De afgesneden hand, 1928
La main coupée
Inkt op papier, 19 x 21 cm
Privé-bezit

276 St.-Sebastiaan, 1927
Saint Sébastien – San Sebastián
Pen en inkt op papier; afmetingen onbekend
Privé-bezit

277 Baadster (ook: Vrouwelijk naakt), 1928
Beigneuse (sic!)
Olieverf en kiezelstenen op spaanplaat, 63,5 x 75 cm
Saint Petersburg (Fl), The Salvador Dalí Museum, in bruikleen van E. en A. Reynolds Morse

278 Symbiose van vrouw en dier, 1928
Symbiose femme-animal
Olieverf en kiezel op hout, 50,2 x 65,5 cm
Figueras, Fundación Gala-Salvador Dalí

279 Het onbevredigde verlangen (ook: Ongestilde lust), 1928
Les désirs inassouvis
Olieverf, mosselen en zand op karton, 76 x 62 cm
Privé-bezit

280 Inwijdings-kippevel (Surrealistische compositie), 1928
Chair de poule inaugurale (Composition surréaliste)
Olieverf op linnen, 75,5 x 62,5 cm
Privé-bezit

281 Compositie (onvoltooid), 1928
Composition
Olieverf en kiezel op eikehout, 39,2 x 79,5 cm
Figueras, Fundación Gala-Salvador Dalí

282 Badende, 1928
Baigneur
Olieverf, zand en kiezel op hout, 52 x 71,7 cm
Saint Petersburg (Fl), The Salvador Dalí Museum, in bruikleen van E. en A. Reynolds Morse

283 Zonder titel, 1928
Sans titre
Olieverf op hout, 76 x 63 cm
Figueras, Fundación Gala-Salvador Dalí

284 Antropomorf strand (oorspronkelijke staat), 1928
Plage anthropomorphique
Olieverf, kurk, steen, roodgekleurde spons en polychroom gesneden houten vinger op linnen, 100 x 100 cm
Verwoest (vgl. doek nr. 286)

285 Zonder titel, 1928
Sans titre
Olieverf op linnen; afmetingen onbekend
Privé-bezit

286 Antropomorf strand (bewaard gebleven deel van doek nr. 284), 1928
Plage anthropomorphique
Olieverf, kurk, steen, roodgekleurde spons en polychroom gesneden houten vinger op linnen, 100 x 100 cm
Saint Petersburg (Fl), The Salvador Dalí Museum, in bruikleen van E. en A. Reynolds Morse

287 Vrouwelijk naakt (definitieve staat), 1928
Nu féminin
Olieverf, kurk en touw op linnen, 70,5 x 60 cm
Parijs, collectie André-François Petit

288 Vrouwelijk naakt (eerste staat), 1928
Nu féminin
Olieverf op linnen, 70,5 x 60 cm
Privé-bezit

289 Maanlicht, rond 1928
Clair de lune
Olieverf en kiezel op hout, 63,1 x 75,7 cm
Figueras, Fundación Gala-Salvador Dalí

290 Zonder titel (De zee en de vissers), 1928
Sans titre (La mer et pêcheurs)
Olieverf op linnen, 185,3 x 199,4 cm
Figueras, Fundación Gala-Salvador Dalí

291 Vissers in de zon, 1928
Pêcheurs au soleil
Olieverf en touw op linnen, 100 x 100 cm
Barcelona, privé-bezit

292 Week naakt (ook: Het horloge-naakt), rond 1928
Le nu mou (Le nu montre)
Olieverf en zand op linnen, 50 x 40 cm
Privé-bezit

293 Abstracte compositie, 1928
Composition abstraite
Olieverf op linnen, 148 x 198 cm
Madrid, Centro de Arte Reina Sofía, schenking van Dalí aan de Spaanse staat

294 Vissers in Cadaqués, 1928
Pêcheurs de Cadaqués
Olieverf op linnen met collage; afmetingen onbekend
Privé-bezit

295 Zonder titel, 1928
Sans titre
Olieverf op linnen, 148 x 198 cm
Madrid, Museo Nacional Reina Sofía, schenking van Dalí aan de Spaanse staat

296 Zon, vier vissersvrouwen in Cadaqués, 1928
Soleil, quatre femmes de pêcheurs à Cadaqués
Olieverf op linnen, 147 x 196 cm
Madrid, Centro de Arte Reina Sofía, schenking van Dalí aan de Spaanse staat

297 Schelp, 1928
Coquillage
Olieverf op triplex, 50,3 x 61 cm
Figueras, Fundación Gala-Salvador Dalí

298 Gewonde vogel, 1928
L'oiseau blessé
Olieverf en zand op karton, 55 x 65,5 cm
Monte Carlo, collectie Mizne-Blumental

299 Oorlogsvissen, 1928
Guerrier pêcheur – Ocell-Peix (Oiseau-poisson)
Olieverf en kiezelstenen op spaanplaat, 61 x 49 cm
Saint Petersburg (Fl), The Salvador Dalí Museum; voorheen collectie E. en A. Reynolds Morse

300 Grote duim, strand, maan en vogelkadaver, 1928
Big Thumb, Beach, Moon and Decaying Bird
Olieverf en kiezelstenen op spaanplaat, 50 x 61 cm
Saint Petersburg (Fl), The Salvador Dalí Museum; voorheen collectie E. en A. Reynolds Morse

301 Vogelkadaver, 1928
Oiseau putréfié
Olieverf op hout, 37,5 x 57 cm
Figueras, Fundación Gala-Salvador Dalí

302 Vogel, 1928
Oiseau
Olieverf, kiezel en zand op hout, 49 x 60 cm
Engeland, privé-bezit; voorheen collectie Sir Roland Penrose

303 De spectrale koe, 1928
La vache spectrale
Olieverf op triplex, 50 x 64,5 cm
Parijs, Musée National d'Art Moderne, Centre Georges Pompidou

304 De spectrale koe (ook: De ram), 1928
La vache spectrale (The Ram)
Olieverf op hout, 50,2 x 61,7 cm
Saint Petersburg (Fl), The Salvador Dalí Museum, in bruikleen van E. en A. Reynolds Morse

305 Het ezelskadaver, 1928
L'âne pourri
Olieverf, zand en kiezelstenen op hout, 61 x 50 cm
Parijs, collectie André-François Petit; voorheen collectie Paul Eluard

306 Portret van Paul Eluard, 1929
Portrait de Paul Eluard
Olieverf op karton, 33 x 25 cm
Voorheen collectie Gala en Salvador Dalí

307 Retrospectieve vrouwenbuste, 1933
Buste de femme rétrospectif
Porseleinen etalage-buste, beschilderd, met maïskolven, tekenfilm als halsband, goudbronzen spons en plastische weergaven van de twee 'Angelus'-figuren met kruiwagens en twee inktschaaltjes met pennehouders, 54 x 45 x 35 cm
België, privé-bezit

308 Amalgaam – Soms spuug ik voor mijn plezier op het portret van mijn moeder, 1929
L'amalgame – Parfois je crache par plaisir sur le portrait de ma mère
Techniek en afmetingen onbekend
Parijs, Musée d'Art Moderne

309 Studie voor 'Het raadsel van de begeerte – Mijn moeder, mijn moeder, mijn moeder', 1929
Etude pour 'L'énigme du désir – Ma mère, ma mère, ma mère'
Roodbruine inkt op papier, 19 x 22,5 cm
Privé-bezit

310 Studies voor 'Het raadsel van de begeerte' en 'Herinnering van de kind-vrouw', 1929
Etudes pour 'L'énigme du désir' et 'La mémoire de la femme-enfant'
Roodbruine inkt op papier, 31 x 23,5 cm
Parijs, collectie André-François Petit

311 Het raadsel van de begeerte – Mijn moeder, mijn moeder, mijn moeder, 1929
L'énigme du désir – Ma mère, ma mère, ma mère
Olieverf op linnen, 110 x 150,7 cm
München, Staatsgalerie moderner Kunst; voorheen collectie Oskar R. Schlag

312 Het duistere spel (ook: Onheilspellend spel), 1929
Le jeu lugubre
Olieverf en collage op karton, 44,4 x 30,3 cm
Privé-bezit

313 Studie voor 'Het duistere spel', 1929
Etude pour 'Le jeu lugubre'
Potlood op papier, 19,5 x 25,8 cm
Milaan, collectie Arturo Schwarz

314 Grafiek van Georges Bataille bij zijn artikel 'Het duistere spel' (Le jeu lugubre)
Potlood; afmetingen onbekend
Verblijfplaats onbekend

315 De grote masturbator, 1929
Le grand masturbateur
Olieverf op linnen, 110 x 150 cm
Madrid, Museo Nacional Reina Sofía, schenking van Dalí aan de Spaanse staat

316 De rode toren (ook: Antropomorfe toren), 1930
La tour rouge (La tour anthropomorphe)
Pastel op papier, 64 x 50 cm
Chicago, Mrs. Edwin A. Bergman Collection

317 Studie voor 'De grote masturbator', 1929
Etude pour 'Le grand masturbateur'
Aquarel op papier, 14 x 9 cm
Parijs, collectie François-Xavier Petit

318 Het verloren gezicht – De grote masturbator, 1930
Visage perdu – Le grand masturbateur
Pastel op papier, 64,8 x 48,9 cm
Saint Petersburg (Fl), The Salvador Dalí Museum

319 De grote masturbator – Frontispice voor 'De zichtbare vrouw', 1930
Le grand masturbateur – Frontispice de 'La femme visible'
Ets naar een inkttekening, 28,2 x 22,1 cm
Parijs, Editions surréalistes

320 De kus (studie voor het omarmende paar in 'De grote masturbator'), 1929
Le baiser
Pen en inkt op papier, 27 x 16 cm
Parijs, collectie Jean-Jacques Lebel

321 Studie voor 'De onzichtbare man', 1929
Etude pour 'L'homme invisible'
Potlood op papier, 28 x 20 cm
Privé-bezit

322 De onzichtbare man, 1929
L'homme invisible
Olieverf op linnen, 140 x 80 cm
Madrid, Museo Nacional Reina Sofía, schenking van Dalí aan de Spaanse staat

323 Gradiva (studie voor 'De onzichtbare man'), 1930
Gradiva (Etude pour 'L'homme invisible')
Pen, inkt en potlood op papier, 35 x 25 cm
Saint Petersburg (Fl), The Salvador Dalí Museum, in bruikleen van E. en A. Reynolds Morse

324 De aanpassing van de begeerte, 1929
L'accomodation du désir
Olieverf op hout, 22 x 35 cm
Privé-bezit; vroeger Julien Levy Collection

325 Man met een ziekelijk gestel die luistert naar het ruisen van de zee of De twee balkons, 1929
Homme d'une complexion malsaine écoutant le bruit de la mer ou Les deux balcons
Olieverf op hout, 23,5 x 34,5 cm
Rio de Janeiro, Museu da Chácara do Céu, Fundaçao Raymundo Ottoni de Castro Maya

326 Verlichte lusten (ook: Geïllumineerde vreugden), 1929
Les plaisirs illuminés
Olieverf en collage op spaanplaat, 24 x 35 cm
New York, The Museum of Modern Art, collectie Sidney en Harriet Janis, 1957

327 De eerste dagen van het voorjaar, 1929
Les premiers jours du printemps
Olieverf en collage op hout, 49,5 x 64 cm
Saint Petersburg (Fl), The Salvador Dalí Museum, in bruikleen van E. en A. Reynolds Morse

328 Vlinderjacht, 1929
La chasse aux papillons
Inkt op papier, 55,5 x 41,5 cm
Parijs, collectie André-François Petit

329 Phantasmagora, 1929
Phantasmagora
Olieverf op hout, 69 x 44 cm
Privé-bezit; voorheen collectie kolonel LeRay Berdeau

330 De ontwijding van de hostie, 1929
Profanation de l'hostie
Olieverf op linnen, 100 x 73 cm
Saint Petersburg (Fl), The Salvador Dalí Museum, in bruikleen van The Morse Charitable Trust

331 Keizerlijk monument voor de kind-vrouw, 1929
Monument impérial à la femme-enfant
Olieverf op linnen, 140 x 80 cm
Madrid, Centro de Arte Reina Sofía, schenking van Dalí aan de Spaanse staat

332 Brandstapel. Affiche-ontwerp voor het tienjarig bestaan van de Communistische Partij van Frankrijk, 1930
Bûcher. Projet d'affiche pour le 10e anniversaire du Parti Communiste français
Potlood, inkt en aquarel, 11 x 11,6 cm
Turijn, collectie Luigi Campi

333 Combinaties (ook: De verzamelde fantasmata van Dalí: mieren, sleutels, spijkers), 1931
Combinaisons
Gouache op papier, 14 x 9 cm
New York, collectie Klaus G. Perls

334 De fontein, 1930
La fontaine
Olieverf op triplex, 66 x 41 cm
Saint Petersburg (Fl), The Salvador Dalí Museum, collectie E. en A. Reynolds Morse

335-340 zie bijschriften blz. 154

341 Doorsneebureaucraat (ook: De middelmatige bureaucraat), 1930
Le bureaucrate moyen
Olieverf op linnen, 81 x 64,8 cm
Saint Petersburg (Fl), The Salvador Dalí Museum; voorheen collectie Helena Rubinstein; voorheen collectie E. en A. Reynolds Morse

342 zie bijschrift blz. 156

343 Portret van Emilio Terry (onvoltooid), 1930
Portrait de Monsieur Emilio Terry
Olieverf op hout, 50 x 54 cm
Privé-bezit; voorheen collectie E. Terry

344 De hand – Gewetenswroeging, 1930
La main – Les remords de conscience
Olieverf op linnen, 41 x 66 cm
Saint Petersburg (Fl), The Salvador Dalí Museum, in bruikleen van E. en A. Reynolds Morse

345, 346 zie bijschriften blz. 156

347, 348 zie bijschriften blz. 158

349 André Breton, de grote miereneter, 1929-1931
André Breton le Tamanoir
Pen en inkt op papier; afmetingen onbekend

350 zie bijschrift blz. 158

351 Bloedige rozen, 1930
Les roses sanglantes
Olieverf op linnen, 75 x 64 cm
Genève, privé-bezit

352 Duizeling – Toren der lusten, 1930
Vertige – Tour du plaisir
Olieverf op linnen, 60 x 50 cm
Privé-bezit

353 Studie voor 'De onzichtbaren – Slaapster, paard en leeuw' en voor 'Paranoïde paard-vrouw', 1929/1930
Etude pour 'Dormeuse, cheval, lion invisibles' et 'Femme-cheval paranoïaque'
Inkt, gouache en potlood, 8 x 11,5 cm
Privé-bezit

354 Paranoïde paard-vrouw, 1930
Femme-cheval paranoïaque
Olieverf op linnen, 50,2 x 65,2 cm
Parijs, Musée National d'Art Moderne, Centre Georges Pompidou

355 De onzichtbaren – Slaapster, paard en leeuw, 1930
Dormeuse, cheval, lion invisibles
Olieverf op linnen, 52 x 60 cm
Parijs, privé-bezit

356 De onzichtbaren – Slaapster, paard en leeuw, 1930
Dormeuse, cheval, lion invisibles
Olieverf op linnen, 60 x 70 cm
Parijs, privé-bezit; voorheen collectie Vicomte de Noailles

357 Studie voor 'De onzichtbaren – Slaapster, paard en leeuw', 1930
Etude pour 'Dormeuse, cheval, lion invisibles'
Inkt op papier, 47 x 61 cm
New York, Perls Galleries

358 Studie voor 'De onzichtbaren – Slaapster, paard en leeuw', rond 1930
Etude pour 'Dormeuse, cheval, lion invisibles'
Potlood, kleurpotloden en inkt, 17,5 x 25 cm
Privé-bezit

359 Station, voortijdig verbeend, 1930
Ossification prématurée d'une gare
Olieverf op linnen, 31,5 x 27 cm
Privé-bezit; voorheen collectie gravin Pecci-Blunt

360 De duurzaamheid van de herinnering (ook: De weke uurwerken, of: De verlopende tijd), 1931
Persistance de la mémoire
Olieverf op linnen, 24 x 33 cm
New York, The Museum of Modern Art (anonieme schenking 1934)

361 Uurwerk-figuur, 1931
Figure-horloge
Inkt op papier, 38 x 28,5 cm
Privé-bezit

362 Gedeeltelijke zinsbegoocheling. Zes verschijningen van Lenin op een vleugel, 1931
Hallucination partielle. Six apparitions de Lénine sur un piano
Olieverf op linnen, 114 x 146 cm
Parijs, Musée National d'Art Moderne, Centre Georges Pompidou

363 Haar, 1930
La chevelure
Pastel op papier, 62 x 48 cm
Parijs, collectie Gianna Sistu

364 Studie voor 'De droom', 1930
Etude pour 'Le rêve'
Pen en inkt op papier, 19 x 19,5 cm
Parijs, collectie André-François Petit

365 De droom, 1931
Le rêve
Olieverf op linnen, 100 x 100 cm
New York, privé-bezit; voorheen collectie Félix Labisse

366 Berouw of De wegzinkende sfinx, 1931
Remords ou Sphynx enlisé
Olieverf op linnen, 19,1 x 26,9 cm
East Lansing (MI), Kresge Art Museum, schenking John F. Wolfram

367 Zonder titel – Erotische tekening, 1931
Sans titre – Dessin érotique
Inkt en potlood op papier, 28 x 22 cm
Privé-bezit

368 Erotische tekening, 1931
Dessin érotique
Inkt en potlood op papier, 23,5 x 18 cm
Privé-bezit

369 Slapende vrouw in een landschap, 1931
Femme dormant dans un paysage
Olieverf op linnen, 27 x 34 cm
Venetië, Peggy Guggenheim Collection

370 Begoocheling bij wakkere zinnen – De schaduw van de concertvleugel komt dichterbij, 1931
L'illusion diurne – L'ombre du grand piano approchant
Olieverf op linnen, 34,5 x 25,4 cm
Privé-bezit; voorheen collectie Marquis de Cuevas

371 Andromeda, 1930
Andromède
Potlood en inkt op papier, 72,5 x 54,5 cm
Buffalo (NY), Albright Knox Art Gallery, schenking van A. Conger Goodyear

372 Zonder titel – Vrouwelijk naakt. Frontispice voor 'La femme visible', 1930
Sans titre – Nu féminin
Inkt op Japans papier, 28,4 x 22,3 cm
Privé-bezit

373 Schaduw van de invallende nacht, 1931
Ombres de la nuit descendante
Olieverf op linnen, 61 x 50 cm
Saint Petersburg (Fl), The Salvador Dalí Museum, in bruikleen van E. en A. Reynolds Morse

374 Eenzaamheid – Antropomorfe echo, 1931
Solitude – L'écho anthropomorphe
Olieverf op linnen, 36 x 26 cm
Privé-bezit

375 Symbiose van hoofd en schelpen, 1931
Symbiose de la tête aux coquillages
Olieverf op linnen, 35 x 27 cm
New York, collectie Selma en Nesuhi Ertegun

376 Eenzaamheid, 1931
La solitude
Olieverf op linnen, 35,5 x 27 cm
Hartford (CT), The Wadsworth Atheneum, schenking Henry and Walter Keney

377 De droom komt dichterbij, 1931
Le rêve approche
Olieverf op linnen, 65,1 x 54,3 cm
New York, Perls Galleries

378 Olijf, 1931
Olive
Olieverf op hout, 21,5 x 79,7 cm
Privé-bezit

379 Zonder titel (Wilhelm Tell en Gradiva), 1931
Sans titre (Guillaume Tell et Gradiva)
Olieverf op koper, 30,1 x 23,9 cm
Privé-bezit

380 Eerste portret van Gala, 1931
Premier portrait de Gala
Olieverf op fotocollage, zwarte en gekleurde inkt op gemarmerd karton met gestanste kantrand, 14 x 9 cm
Privé-bezit

381 Erotische fantasie op de voornamen Paul (Eluard) en Gala. Tekening die Dalí aan Eluard heeft geschonken, 1931
Fantaisie érotique sur les prénoms de Paul (Eluard) et de Gala. Dessin donné par Dalí à Eluard
Pen op papier, 24 x 33 cm
Parijs, collectie Jean-Jacques Lebel; voorheen collectie Paul Eluard

382 Gradiva, 1933
Gradiva
Inktpen op afgesleten schuurpapier, 63 x 45,5 cm
München, Staatliche Graphische Sammlung

383 Gradiva, 1931
Gradiva
Olieverf; materiaal en afmetingen onbekend
Privé-bezit

384 Gradiva, 1932
Gradiva
Pen en inkt op papier, 63 x 45,5 cm
München, Staatliche Graphische Sammlung

385 Studie voor 'Het grote schilderij', 1932
Etude pour 'Le grand tableau'
Pen; afmetingen onbekend
Privé-bezit

386 Wilhelm Tell, 1930
Guillaume Tell
Olieverf en collage op linnen, 113 x 87 cm
Privé-bezit; voorheen collectie André Breton

387 Gradiva vindt de antropomorfe ruïnes terug – Retrospectieve fantasie, 1931
Gradiva retrouve les ruines anthropomorphes – Fantaisie rétrospective
Olieverf op linnen, 65 x 54 cm
Lugano-Castagnola, Fondazione Thyssen-Bornemisza; voorheen collectie Robert de Saint-Jean

388 Figuurstudie voor 'Wilhelm Tell', 1932
Personnages pour 'Guillaume Tell'
Rode en zwarte inkt, 25 x 14 cm
Saint Petersburg (Fl), The Salvador Dalí Museum, in bruikleen van E. en A. Reynolds Morse

389 Wilhelm Tell, Gradiva en doorsneebureaucraat, 1932
Guillaume Tell, Gradiva et bureaucrate moyen
Inkt op karton, 118 x 65 cm
Turijn, privé-bezit

390 Het verlangen van de kannibaal, 1932
La nostalgie du cannibale
Olieverf op linnen, 47,2 x 47,2 cm
Hannover, Sprengel Museum Hannover

391 Zonder titel, 1931
Sans titre
Olieverf, 61 x 46 cm
Privé-bezit

392 Landschap, 1931
Paysage
Olieverf op linnen, 24 x 33 cm
New York, privé-bezit

393 De oude dag van Wilhelm Tell, 1931
La vieillesse de Guillaume Tell
Olieverf op linnen, 98 x 140 cm
Privé-bezit; voorheen collectie Vicomte de Noailles

394 Het gevoel van wording, 1930
Le sentiment du devenir
Olieverf op linnen, 32,5 x 26 cm
Privé-bezit; voorheen collectie Mrs. W. Murray Crane

395 Aan het strand, 1931
Au bord de la mer
Olieverf op linnen, 33,7 x 26,4 cm
Saint Petersburg (Fl), The Salvador Dalí Museum, in bruikleen van E. en A. Reynolds Morse

396 Herinnering van de kind-vrouw, 1932
La mémoire de la femme-enfant
Olieverf op linnen, 99 x 119,5 cm
Saint Petersburg (Fl), The Salvador Dalí Museum, in bruikleen van The Morse Charitable Trust

397 Studie voor 'Herinnering van de kind-vrouw', 1932
Etude pour 'La mémoire de la femme-enfant'
Inkt, potlood en kleurpotlood, 32,5 x 28 cm
Parijs, Musée Picasso

398 Zonder titel, 1932
Sans titre
Inkt op papier, 23 x 16
Verblijfplaats onbekend

399 De geboorte van de vloeibare wensen, 1932
Naissance des désirs liquides
Olieverf op linnen, 95 x 112 cm
Venetië, Peggy Guggenheim Collection

400 Antropomorf brood – Catalaans brood, 1932
Pain anthropomorphe – Pain catalan
Olieverf op linnen, 24 x 33 cm
Saint Petersburg (Fl), The Salvador Dalí Museum; voorheen collectie E. en A. Reynolds Morse

401 Ridder voor de toren, 1932
Le chevalier à la tour
Olieverf op hout, 17,8 x 14 cm
Privé-bezit; voorheen collectie Maurice d'Arquian

402 Zonder titel – Vrouwenfiguur met Catalaans brood, 1932
Sans titre – Figure féminine avec pain catalan
Olieverf op linnen, 16,2 x 22 cm
Schenking van Dalí aan de Spaanse staat; in het depot van de Fundación Gala-Salvador Dalí, Figueras

403 Antropomorf brood, rond 1932
Pain anthropomorphe
Olieverf op linnen, 23,7 x 16,4 cm
Figueras, Fundación Gala-Salvador Dalí

404 De schoen – Surrealistisch object met symbolische functie, 1932
Le soulier – Objet surréaliste à fonctionnement symbolique
Assemblage van damesschoen, kneedbare massa, melkglas, borstel zonder haren, suikerklontje, lepel enz.; 48 x 24 x 14 cm
Verwoest (reconstructie door Max Clarac-Sérou, 1974)
Privé-bezit

405 Middelgroot Frans witbrood met twee spiegeleieren op het bord zonder het bord, te paard, tijdens een poging sodomie te bedrijven met een stuk Portugees brood, 1932
Pain français moyen avec deux œufs sur le plat sans le plat, à cheval, essayant de sodomiser une mie de pain portugais
Olieverf op linnen, 16,8 x 32 cm
Rotterdam, Museum Boymans-van Beuningen

406 De onzichtbare man, 1932
L'homme invisible
Olieverf op linnen, 16,5 x 23,8 cm
Saint Petersburg (Fl), The Salvador Dalí Museum; voorheen collectie E. en A. Reynolds Morse

407 Fantasieën bij wakkere zinnen, 1932
Fantaisies diurnes
Olieverf op linnen, 81 x 100 cm
Saint Petersburg (Fl), The Salvador Dalí Museum, in bruikleen van The Morse Charitable Trust

408 Frontispice voor 'Le revolver à cheveux blancs' van André Breton, 1932
Frontispice pour 'Le revolver à cheveux blancs' d'André Breton
Ets (naar een tekening), 15 x 12 cm
Parijs, collectie André-François Petit

409 Zonder titel (Fietser met een brood op zijn hoofd), 1932
Sans titre (Cycliste avec un pain sur la tête)
Pen en zwarte inkt op papier, 17 x 11 cm
New York, Isidore Ducasse Fine Arts

410 Babaouo – Advertentie voor de publikatie van het draaiboek, 1932
Babaouo
Gouache en collage, 27 x 37 cm
Privé-bezit

411 Babaouo, 1932
Babaouo
Houten doos met achter elkaar geplaatste glasplaten, beschilderd met olieverf, 25,8 x 26,4 x 30,5 cm
Tokyo, Minami Art Museum

412 Surrealistisch object dat de momentsherinnering aangeeft, 1932
Objet surréaliste indicateur de la mémoire instantanée
Olieverf op linnen; afmetingen onbekend
Privé-bezit

413 Spiegeleieren op het bord zonder het bord (letterlijk: Spiegeleieren zonder bord), 1932
Œufs sur le plat sans le plat
Olieverf op linnen, 60 x 42 cm
Saint Petersburg (Fl), The Salvador Dalí Museum, in bruikleen van The Morse Charitable Trust

414 Het samenkomen van illusie en stopgezet ogenblik (Gebakken eieren, aangeboden op een lepel), 1932
La rencontre de l'illusion et du moment arrêté (Œufs frits présentés dans une cuillère)
Olieverf op linnen, 23 x 15 cm
New York, privé-bezit

415 Surrealistische architectuur, rond 1932
Architecture surréaliste
Olieverf op hout, 14 x 18 cm
Bern, Kunstmuseum Bern

416 Agnostisch symbool, 1932
Symbole agnostique
Olieverf op linnen, 54,3 x 65,1 cm
Philadelphia, The Philadelphia Museum of Art

417 De duurzaamheid van het mooie weer, rond 1932-1934
Persistance du beau temps
Olieverf op linnen, 66 x 47 cm
Saint Petersburg (Fl), The Salvador Dalí Museum, in bruikleen van E. en A. Reynolds Morse

418 Spiegelei op het bord zonder het bord (letterlijk: Spiegelei zonder bord), 1932
Œuf sur le plat sans le plat
Olieverf op linnen, 55 x 46 cm
Madrid, Galería Theo

419 Spiegelei op het bord zonder het bord (letterlijk: Spiegelei zonder bord), 1932
Œuf sur le plat sans le plat
Olieverf op linnen, 46 x 46 cm
Rio de Janeiro, Museo de Arte Moderno

420 Onzichtbare harp, fijn en middel, 1932
La harpe invisible, fine et moyenne
Olieverf op hout, 21 x 16 cm
Privé-bezit; voorheen collectie Vicomte de Noailles

421 Meditatie over een harp, 1932-1934
Méditation sur la harpe
Olieverf op linnen, 67 x 47 cm
Saint Petersburg (Fl), The Salvador Dalí Museum, in bruikleen van The Morse Charitable Trust; voorheen collectie André Durst

422 'Meditatie over een harp', detail, rond 1932-1934
Détail de 'Méditation sur la harpe'

423 Studie voor 'Meditatie over een harp', 1932/1933
Etude pour 'Méditation sur la harpe'
Potlood op papier, 30,7 x 22,4 cm
Saint Petersburg (Fl), The Salvador Dalí Museum, in bruikleen van The Morse Charitable Trust

424 Portret van Vicomtesse Marie-Laure de Noailles, 1932
Portrait de la vicomtesse Marie-Laure de Noailles
Olieverf op hout, 27 x 33 cm
Privé-bezit

425 Voorbereidende studie voor 'Portret van Vicomtesse Marie-Laure de Noailles', 1932
Etude préparatoire pour 'Portrait de la vicomtesse Marie-Laure de Noailles'
Inkt en pastel op karton, 31 x 24 cm
Privé-bezit

426 Dromerij – Advies: de griffel verslijten, 1933
Rêverie – Consigne: gâcher l'ardoise totale
Pen en inkt, 28,2 x 21,3 cm
Privé-bezit

427 De geheimzinige bronnen van de harmonie, 1932/1933
Les sources mystérieuses de l'harmonie
Olieverf op linnen; afmetingen onbekend
Privé-bezit; voorheen Julien Green Collection

428 Arnold Böcklin: Dodeneiland, 1880
Arnold Böcklin: L'île des morts
Olieverf op linnen, 111 x 155 cm
Basel, Kunstmuseum Basel, Öffentliche Kunstsammlung

429 Het ware schilderij van het 'Dodeneiland' van Arnold Böcklin rond de tijd het luiden van het angelus, 1932
Vrai tableau de 'L'île des morts' d'Arnold Böcklin à l'heure de l'Angélus
Olieverf op linnen, 77,5 x 64,5 cm
Wuppertal, Von der Heydt-Museum

430 Paranoïde metamorfose van Gala's gezicht, 1932
Métamorphose paranoïaque du visage de Gala
Inkt op Japans papier, 29 x 21 cm
Figueras, Fundación Gala-Salvador Dalí; voorheen collectie Boris Kochno

431 Automatisch begin van een portret van Gala (onvoltooid), 1932
Commencement automatique d'un portrait de Gala
Olieverf op spaanplaat, 13 x 16 cm
Figueras, Fundación Gala-Salvador Dalí

432 Portret van Gala, 1933
Portrait de Gala
Olieverf op hout, 8,5 x 6,5 cm
Saint Petersburg (Fl), The Salvador Dalí Museum, in bruikleen van E. en A. Reynolds Morse

433 Necrofiele fontein die uit een vleugel stroomt (ook: Fonteinpiano), 1933
Fontaine nécrophilique coulant d'un piano à queue
Olieverf op linnen, 22 x 27 cm
Privé-bezit; voorheen collectie Prince J.-L. de Faucigny-Lucinge

434 Suez, 1932
Suez
Olieverf op linnen, 46,9 x 46,9 cm
Saint Petersburg (Fl), The Salvador Dalí Museum; voorheen collectie E. en A. Reynolds Morse

435 De geboorte van de vloeibare angsten, 1932
Naissance des angoisses liquides
Olieverf op linnen, 55 x 38,5 cm
Tokyo, Galerie Musashino

436 Surrealistisch essay, 1932
Essai surréaliste
Olieverf op linnen, 110 x 80 cm
Jerusalem, The Israël Museum

437 Masochistisch instrument, 1933/1934
Instrument masochiste
Olieverf op linnen, 62 x 47 cm
Privé-bezit; voorheen collectie gravin Pecci-Blunt

438 Het gesluierde hart, 1932
Le cœur voilé
Olieverf op linnen, 24 x 16 cm
Privé-bezit; voorheen New York, Perls Galleries

439 Fosfeen van Laporte – Hommage aan de Italiaanse fysicus Giambattista Della Porta, 1932
Phosphène de Laporte – En hommage au physicien italien Giambattista Della Porta
Olieverf op linnen, 109 x 80 cm
Parijs, collectie André-François Petit, en New York, Five Stars Investment Ltd.

440 Ambivalent portret, 1933
Image ambivalente
Olieverf op linnen, 65 x 54 cm
Parijs, collectie André-François Petit

441 De spookkoets, 1933
La charrette fantôme
Olieverf op hout, 16 x 20,3 cm
New Haven (CT), Yale University Art Gallery, Gift of Thomas F. Howard

442 Het moment van verandering, 1934
Moment de transition
Olieverf op linnen, 54 x 65 cm
Privé-bezit

443 De spookkoets, 1933
La charrette fantôme
Olieverf op hout, 19 x 24,1 cm
Genève, collectie G.E.D. Nahmad; voorheen collectie Edward James

444 De gesuikerde sfinx, 1933
Le sphynx de sucre
Olieverf op linnen, 73 x 59 cm
Saint Petersburg (Fl), The Salvador Dalí Museum, in bruikleen van E. en A. Reynolds Morse; voorheen collectie Vicomte de Noailles

445 Gala en het 'Angelus' van Millet kort voor de aanstondse aankomst van de kegelvormige zoekplaatjes, 1933
Gala et l'Angélus de Millet précédant l'arrivée imminente des anamorphoses coniques
Olieverf op hout, 24 x 18,8 cm
Ottawa, The National Gallery of Canada; voorheen collectie Henry P. McIlhenny

446, 447 zie bijschriften blz. 200

448 Portret van Gala met twee lamskoteletten in evenwicht op haar schouder, 1933
Portrait de Gala avec deux côtelettes d'agneau en équilibre sur l'épaule
Olieverf op olijfhout, 6 x 8 cm
Figueras, Fundación Gala-Salvador Dalí

449 Het raadsel van Wilhelm Tell, 1933
L'énigme de Guillaume Tell
Olieverf op linnen, 201,5 x 346 cm
Stockholm, Moderna Museet

450 Studie voor 'Het raadsel van Wilhelm Tell', 1933
Etude pour 'L'énigme de Guillaume Tell'
Pen en potlood, 17,2 x 22,3 cm
Saint Petersburg (Fl), The Salvador Dalí Museum, in bruikleen van E. en A. Reynolds Morse

451 Ik op tienjarige leeftijd, toen ik de kind-sprinkhaan was - Castratiecomplex, 1933
Moi-même à dix ans, lorsque j'étais l'enfant-sauterelle – Complexe de castration
Olieverf op hout, 22 x 16 cm
Saint Petersburg (Fl), The Salvador Dalí Museum, in bruikleen van E. en A. Reynolds Morse

452 Atmosferocefale doorsneebureaucraat tijdens het melken van een schedelharp, 1933
Bureaucrate moyen atmosphérocéphale, dans l'attitude de traire du lait d'une harpe crânienne
Olieverf op linnen, 22 x 16,5 cm
Saint Petersburg (Fl), The Salvador Dalí Museum, in bruikleen van E. en A. Reynolds Morse; voorheen collectie Comtesse de Cuevas de Vera

453 Bureaucraat en naaimachine. Illustratie voor 'De gezangen van Maldoror', 1933
Bureaucrate et machine à coudre. Illustration pour 'Les chants de Maldoror'
Potlood en inkt op papier, 31 x 22,5 cm
Voorheen collectie Klaus Hegewisch, Hamburg

454 Driehoekig uur, 1933
L'heure triangulaire
Olieverf op linnen, 61 x 46 cm
Frankrijk, privé-bezit

455 Weke uurwerken, 1933
Montres molles
Olieverf op linnen, 81 x 100 cm
Privé-bezit; voorheen collectie Alain de Léché

456 Geologische wording, 1933
Le devenir géologique
Olieverf op hout, 21 x 16 cm
Privé-bezit; voorheen Julien Green Collection

457 Het fenomeen extase, 1933
Le phénomène de l'extase, 1933
Collage, 27 x 18,5 cm
Parijs, collectie Vercamer

458 Twee gezichten van Gala, 1933/1934
Deux visages de Gala
Pen en potlood, 30 x 21 cm
Privé-bezit

459 Affiche-ontwerp – Regelmatige bijeenkomsten van de surrealistische conferenties, 1935
Projet d'affiche – Cycle systématique de conférences surréalistes
Gouache op pakpapier, 78 x 50 cm
Privé-bezit

460 Zonder titel – Die dood buiten het hoofd (Paul Eluard), rond 1933
Sans titre – Cette mort hors de la tête (Paul Eluard)
Olieverf op hout; plank: 14,1 x 17,9 cm, doek: 11,8 x 15,9 cm
Privé-bezit; voorheen collectie Paul Eluard

461 Architectonisch 'Angelus' van Millet, 1933
L'Angélus architectonique de Millet
Olieverf op linnen, 73 x 61 cm
Madrid, Museo Nacional Reina Sofía

462 James Pradier: vrouwelijk naakt. Originele sculptuur voor de verandering door Dalí. Voorbeeld voor 'Hysterisch en aërodynamisch vrouwelijk naakt'
James Pradier: 'Nu féminin'. Modèle de base pour la sculpture de Dalí 'Nu féminin hystérique et aérodynamique'
Gips, 26 x 40 x 13,5 cm
Verblijfplaats onbekend

463 Hysterisch en aërodynamisch vrouwelijk naakt – Vrouw op de rots, 1934
Nu féminin hystérique et aérodynamique – La femme au rocher, 1934
Brons, in wit gevat, 26 x 40 x 13,5 cm (reconstructie uit 1973)
Parijs, privé-bezit

464 zie bijschrift blz. 209

465 Portret van Gala met kreeft (Portret van Gala met vliegtuigneus), rond 1934
Portrait de Gala au homard (Portrait de Gala au nez en aéroplane)
Olieverf op hout, 20 x 22,5 cm
Parijs, privé-bezit; voorheen collectie Paul Eluard

466 Surrealistische figuren, gemeenschappelijke tekening van Dalí en Picasso, rond 1933
Figures surréalistes, dessin conjoint de Picasso et de Dalí
Drogenaaldets, 36 x 42,5 cm
Parijs, Musée Picasso

467 Kannibalisme der objecten – Inscriptie: vleesglas, vleesvliegtuig, vleeslepel, vleesuurwerk, vleesdoodshoofd, 1933
Cannibalisme des objets – Inscrit: verre de viande, avion de viande, cuillière de viande, montre de viande, tête de mort de viande
Inkt op papier, 22,5 x 18 cm
Privé-bezit; voorheen collectie Charles Hathaway

468 Kannibalisme. Illustratie bij Lautréamonts 'De gezangen van Maldoror', 1933
Cannibalisme. Illustration pour 'Les chants de Maldoror' de Lautréamont
Ets, 22 x 16,5 cm
Verblijfplaats onbekend

469 De tempel van de liefde, 1933
Le temple de l'amour
Olieverf; materiaal en afmetingen onbekend
Privé-bezit

470 Kannibalisme van de bidsprinkhaan van Lautréamont, 1934
Cannibalisme de la mante religieuse de Lautréamont
Olieverf op hout, 6,7 x 5,2 cm
Privé-bezit

471 De melancholie – Opgedragen aan Marcel, in vriendschap Salvador Dalí, 1934
La mélancolie – Œuvre dédicacée à Marcel Rémy, très amicalement Salvador Dalí
Olieverf op hout, 6,7 x 5,2 cm
Privé-bezit; voorheen collectie Marcel Remy

472 Vleesvliegtuig. Illustratie bij Lautréamonts 'De gezangen van Maldoror', 1933
Avion de chair. Illustration pour 'Les chants de Maldoror' de Lautréamont
Ets, 22 x 16,5 cm
Verblijfplaats onbekend

473 Illustratie bij Lautréamonts 'De gezangen van Maldoror', 1933/1934
Illustration pour 'Les chants de Maldoror'
Techniek en afmetingen onbekend
Verblijfplaats onbekend

474 Hommage aan Millet – Tekening in vriendschap opgedragen aan Cécile, 1934
Hommage à Millet – Dessin dédicacé à Cécile amicalement
Feder, 19 x 12 cm
Saint Petersburg (Fl), The Salvador Dalí Museum; voorheen collectie E. en A. Reynolds Morse

475 Het spook van het 'Angelus', rond 1934
Le spectre de l'Angélus
Olieverf op hout; afmetingen onbekend
Privé-bezit

476 Zonder titel – Jong meisje met schedel, 1934
Sans titre – Jeune fille au crâne
Inkt en gouache op papier, 50,5 x 32,7 cm
Privé-bezit

477 Atavismen van de schemering (ook: Waanvoorstellingen), 1933/1934
Atavisme du crépuscule (Phénomène obsessif)
Olieverf op hout, 14 x 18 cm
Bern, Kunstmuseum Bern

478 Jean-François Millet: Bij het luiden van het angelus, 1859
L'Angélus
Olieverf op linnen, 55,5 x 66 cm
Parijs, Musée National du Louvre

479 Onzichtbare harp, 1934
Harpe invisible
Olieverf op linnen, 35 x 27 cm
Parijs, privé-bezit; voorheen collectie Manou Pouderoux

480 Mannequin uit Java, 1934
Mannequin javanais
Olieverf op linnen, 65 x 54 cm
Saint Petersburg (Fl), The Salvador Dalí Museum, in bruikleen van The Morse Charitable Trust; voorheen collectie gravin van Cuevas de Vera

481 Het spook van de sex-appeal, 1934
Le spectre du sex-appeal
Olieverf op hout, 18 x 14 cm
Figueras, Fundación Gala-Salvador Dalí

482 Uitgelezen kadaver (ook: Vrolijk lijk), rond 1934
Cadavre exquis
Pastel op zwart papier, 27 x 18,5 cm
Privé-bezit

483 Uitgelezen kadaver, 1934
Van boven naar beneden hebben getekend: Dalí, Valentine Hugo, Gala Eluard, André Breton
Cadavres exquis
Pen, inkt, Oostindische inkt en potlood op papier, 26,7 x 19,5 cm
Parijs, collectie André-François Petit

484 Cadavre exquis: Dalí, Gala Eluard, Valentine Hugo, André Breton, rond 1930-1934
Inkt op papier, 26,7 x 19,5 cm
Privé-bezit

485 Cadavre exquis: Valentine Hugo, Dalí, André Breton, Gala Eluard, 1934
Inkt op papier, 26,7 x 19,5 cm
Privé-bezit

486 Cadavre exquis: Gala Eluard, Dalí, André Breton, Valentine Hugo, rond 1934
Inkt op papier, 26,7 x 19,5 cm
Privé-bezit

487 Cadavre exquis: Gala Eluard, Valentine Hugo, André Breton, Dalí, rond 1934
Inkt op papier, 26,7 x 19,5 cm
Privé-bezit

488 Cadavre exquis: Valentine Hugo, André Breton, Gala Eluard, Dalí, rond 1934
Inkt op papier, 26,7 x 19,5 cm
Privé-bezit

489 Cadavre exquis: Dalí, verdere volgorde onbekend
Pastel op zwart papier, 27 x 18 cm
Privé-bezit

490 Portret van René Crevel (opgedragen aan Julien Green), 1934
Portrait de René Crevel
Inkt; afmetingen onbekend
Privé-bezit; voorheen Julien Green Collection

491 Bedrukte kapper door het aanhouden van het mooie weer, 1934
Le coiffeur attristé par la persistance du beau temps
Olieverf op linnen, 24 x 16,5 cm
New York, collectie Klaus G. Perls

492 Buste van Joella Lloyd, 1934
Buste de Joella Lloyd
Gips beschilderd, hoogte 39,3 cm (gemaakt door Man Ray, beschilderd door Dalí)
Privé-bezit; voorheen collectie Mrs. Joella Bayer

493 Portret van René Crevel (ook: De man met de sigaret), 1934
Portrait de René Crevel (L'homme à la cigarette)
Pen, inkt en gouache op grijs papier, 72 x 63 cm
Privé-bezit

494 Het dodeneiland– Middelste deel van 'Het dodeneiland' – Gereconstrueerde waanvoorstelling naar Böcklin, 1934
L'île des morts – Cour centrale de 'L'île des morts' – Obsession reconstitutive d'après Böcklin
Olieverf op hout, 99,7 x 72 cm
Genève, collectie G.E.D. Nahmad; voorheen collectie Robert de Saint Jean

495 Nachtspook aan het strand, 1934
Spectre du soir sur la plage
Olieverf, 65 x 54 cm
Privé-bezit

496 Paranoïde-astraal visioen (ook: Raadselachtige elementen in een landschap), 1934
Image paranoïaque-astrale
Olieverf op hout, 15,9 x 21,9 cm
Hartford (CT), The Wadsworth Atheneum, Ella Gallup Summer and Mary Catlin Summer Collection

497 Atavistische ruïnes na de regen, 1934
Vestiges ataviques après la pluie
Olieverf op linnen, 65 x 54 cm
New York, Perls Galleries; voorheen collectie Carlo Ponti, Rome

498 Als tafel geschikt spook van Vermeer van Delft, 1934
Le spectre de Vermeer de Delft pouvant être utilisé comme table
Olieverf op hout, 18 x 14 cm
Saint Petersburg (Fl), The Salvador Dalí Museum, in bruikleen van E. en A. Reynolds Morse

499 Doodsridder, 1934
Le chevalier de la mort
Olieverf op linnen, 65,5 x 50 cm
Genève, collectie G.E.D. Nahmad; voorheen collectie Comtesse Pecci-Blunt

500 Het spook van Vermeer van Delft, 1934
Spectre de Vermeer de Delft
Techniek en afmetingen onbekend
Verblijfplaats onbekend

501 Het spook van Vermeer, rond 1934
Spectre de Vermeer
Olieverf op hout; afmetingen onbekend
Privé-bezit

502 Het spook van Vermeer van Delft, rond 1934
Le spectre de Vermeer de Delft
Olieverf op linnen, 23 x 19 cm
Zwitserland, privé-bezit

503 Titel onbekend – Spook, rond 1934
Titre inconnu – Spectre
Olieverf; materiaal en afmetingen onbekend
Privé-bezit

504 De toren, 1934
La tour
Olieverf op linnen, 66,5 x 53,5 cm
Zürich, Kunsthaus Zürich; voorheen collectie Joe Bousquet

505 Het kleine theater, 1934
Le petit théâtre
Houten doos met beschilderde glasplaten, 32 x 42 x 31 cm
New York, Perls Galleries

506 Landschap met raadselachtige elementen, 1934
Paysage avec éléments énigmatiques
Olieverf op hout, 72,5 x 59,9 cm
Privé-bezit; voorheen Parijs, collectie Cyrus L. Sulzberger

507 De ontwenning van de meubel-voeding, 1934
Le sevrage du meuble-aliment
Olieverf op hout, 18 x 24 cm
Saint Petersburg (Fl), The Salvador Dalí Museum, in bruikleen van E. en A. Reynolds Morse; voorheen collectie Jocelyn Walker

508 Studie voor de voedster in 'De ontwenning van de meubel-voeding', 1932/1933
Etude du personnage de la nourrice dans 'Le sevrage du meuble-aliment'
Potlood en inkt, 15 x 23 cm
Saint Petersburg (Fl), The Salvador Dalí Museum, in bruikleen van E. en A. Reynolds Morse

509 Het spook en het fantoom, 1934
Le spectre et le fantôme
Olieverf op linnen, 100 x 73 cm
New York, Five Stars Investment Ltd.

510 Laden-figuur. Deel van een vierdelig windscherm, rond 1934
L'homme aux tiroirs. Partie d'un paravent en quatre panneaux
Olieverf op linnen, 52 x 150 cm
Collectie Italcambio

511 Surrealistische ruiter. Deel van een vierdelig windscherm, rond 1934
Cavalier surréaliste. Partie d'un paravent en quatre panneaux
Olieverf op linnen, 52 x 150 cm
Collectie Italcambio

512 Studie voor 'Kardinaal, Kardinaal!', 1934
Etude pour 'Cardinal, Cardinal!'
Potlood, 15 x 20 cm
Privé-bezit

513 Kardinaal, Kardinaal!, 1934
Cardinal, Cardinal!
Olieverf en gouache op hout, 16 x 22 cm
Utica (NY), Munson Williams Proctor Institute

514 Dynamische kruidenomelet, 1934
Omelettes fines herbes dynamiques
Potlood op papier, 23,5 x 31,5 cm
Parijs, collectie André-François Petit

515 Zonder titel, 1933/1934
Sans titre
Olieverf; materiaal en afmetingen onbekend
Privé-bezit

516 Zonder titel (Woestijnlandschap), 1934
Sans titre (Paysage désertique)
Olieverf op hout, 18,1 x 13,8 cm
Chicago, The Art Institute of Chicago, Gift of M. Reynolds

517 Omelet die meteen onhoudbaar door de handen wordt geplet, 1934
Omelette allant irrésistiblement à l'écrasement par les mains
Potlood op papier, 23,5 x 31,5 cm
Parijs, collectie André-François Petit

518 Omelet-figuren, 1934
Figures-omelettes
Potlood op papier, 23,5 x 31,5 cm
Parijs, collectie André-François Petit

519 Verschijning van mijn nicht Carolinetta aan het strand van Rosas – Vloeibaar vermoeden, 1934
Apparition de ma cousine Carolinetta sur la plage de Rosas – Pressentiment fluidique
Olieverf op linnen, 73 x 100 cm
Privé-bezit

520 Verschijning van mijn nicht Carolinetta aan strand van Rosas, 1934
Apparition de ma cousine Carolinetta sur la plage de Rosas
Olieverf op linnen, 73 x 100 cm
Privé-bezit

521 zie bijschrift blz. 233

522 Ochtendlijke verbening van de cipres, 1934
Ossification matinale du cyprès
Olieverf op linnen, 82 x 66 cm
Milaan, privé-bezit; voorheen collectie Anne Green

523 Fossiele wolk (Leeuw, vrouw en cipres), 1934
Nuage fossile (Lion, femme et cyprès)
Olieverf op linnen, 64,8 x 48,9 cm
Privé-bezit; voorheen collectie E. en A. Reynolds Morse

524 Onzichtbare harp, fijn en middel, 1932
La harpe invisible, fine et moyenne
Olieverf op hout, 21 x 16 cm
Privé-bezit; voorheen collectie Vicomte de Noailles

525 Zonder titel. Studie voor delen van 'Onzichtbare harp, fijn en middel' en delen van 'Schedel met zijn lyrische velenging rustend op een nachtkastje ...', rond 1933
Sans titre. Etude contenant des éléments de la 'La harpe invisible, fine et moyenne' ainsi que des éléments de 'Crâne avec son appendice lyrique reposant sur une table de nuit...'
Gravure op stevig celluloid, 19,1 x 23 cm
Privé-bezit

526 Atmosferische schedel die sodomie bedrijft met een concertvleugel, 1934
Crâne atmosphérique sodomisant un piano à queue
Olieverf op hout, 14 x 18 cm
Saint Petersburg (Fl), The Salvador Dalí Museum, in bruikleen van E. en A. Reynolds Morse

527 Schedel met zijn lyrische verlenging rustend op een nachtkastje dat dezelfde temperatuur moet hebben als het nest van een kardinaal, 1934
Crâne avec son appendice lyrique reposant sur une table de nuit qui devrait avoir la même température que le nid d'un cardinal
Olieverf op hout, 24 x 19 cm
Saint Petersburg (Fl), The Salvador Dalí Museum, in bruikleen van E. en A. Reynolds Morse

528 Weke schedel en schedelachtige harp, 1935
Crânes mous et harpe crânienne
Streepgravure op papier, 37 x 30,5 cm
Brighton, Brighton Art Gallery, in bruikleen van Edward James Foundation

529 Het gevoel van snelheid, 1934
Le sentiment de la vitesse
Olieverf op linnen, 33 x 24 cm
Privé-bezit; voorheen collectie Rothschild

530 Zonsverduistering en plantaardige osmose, 1934
Eclipse et osmose végétale
Olieverf op linnen, 63,5 x 52 cm
Privé-bezit; voorheen collectie Aubrey Janion

531 Het uur van het gescheurde gezicht, 1934
L'heure du visage craquelé
Olieverf op linnen, 62 x 47 cm
Genève, collectie G.E.D. Nahmad

532 Plantaardige metamorfose, rond 1934
Métamorphose végétale
Olieverf op linnen, 41 x 32,5 cm
Parijs, privé-bezit; voorheen collectie Cecil Beaton

533 Zonder titel (Dromen aan het strand), 1934
Sans titre (Sueños en la playa)
Olieverf op hout, 7 x 9 cm
Privé-bezit

534 Westzijde van het dodeneiland - Gereconstrueerde waanvoorstelling naar Böcklin, 1934
Cour ouest de l'île des morts - Obsession reconstitutive d'après Böcklin
Olieverf op linnen; afmetingen onbekend
Verblijfplaats onbekend; voorheen collectie Peter Watson

535 Teken van angst, 1934
Le signal de l'angoisse
Olieverf op hout, 22,2 x 16,5 cm
Privé-bezit

536 Morfologische echo, 1934-1936
Echo morphologique
Olieverf op hout, 65 x 54 cm
Saint Petersburg (Fl), The Salvador Dalí Museum, in bruikleen van E. en A. Reynolds Morse

537 Aërodynamische stoel, 1934
Chaise aérodynamique
Olieverf op hout, 22 x 15,9 cm
Collection De Beers Consolidated Mines, Ltd

538 Surrealistische figuur in het landschap van Port Lligat, 1933
Personnage surréaliste dans le paysage de Port Lligat
Potlood, 106,6 x 76,2 cm
Saint Petersburg (Fl), The Salvador Dalí Museum, in bruikleen van E. en A. Reynolds Morse

539 De rechters, rond 1933
Les juges
Inkt, 49 x 58 cm
Privé-bezit; voorheen Julien Green Collection

540 Surrealistisch paard – Paardvrouw, 1933
Chevalier surréaliste – Femme-cheval
Potlood en pen, 52,6 x 25 cm
Saint Petersburg (Fl), The Salvador Dalí Museum, collectie E. en A. Reynolds Morse

541 Doodsruiter (ook: Ruiter), 1934
Chevalier de la mort, dit aussi Cavalier
Pen en inkt op papier, 102 x 72,5 cm
Privé-bezit; voorheen collectie Jean Michel Frank

542 zie bijschrift blz. 239

543 Don Quichotte, 1935
Don Quichotte
Pen en inkt op papier, 45 x 56 cm
Turijn, collectie Gianfranco Bellezza; voorheen collectie Prince J.L. de Faucigny-Lucinge

544 Surrealistische ruiters. Deel van een vierdelig windscherm, midden rechts, rond 1934
Chevaliers surréalistes. Partie d'un paravent en quatre panneaux, centre droit
Olieverf op linnen, 51,8 x 53 cm
Collectie Italcambio

545 Surrealistische strijders. Deel van een vierdelig windscherm, midden links, rond 1934
Guerriers surréalistes. Partie d'un paravent en quatre panneaux, centre gauche
Olieverf op linnen, 51, 8 x 53 cm
Collectie Italcambio

546 De doodsruiter (variant), 1933
Variante du 'Chevalier de la mort'
Inkt op papier, 52 x 37 cm
Parijs, collectie André-François Petit

547 De doodsruiter, 1935
Le cavalier de la mort
Olieverf op linnen, 65 x 54 cm
Parijs, collectie André-François Petit

548 Surrealistisch affiche, 1934
Olieverf op lithografie met sleutel, 69 x 46 cm
Saint Petersburg (Fl), The Salvador Dalí Museum, in bruikleen van E. en A. Reynolds Morse

549 Het surrealistische mysterie van New York in het jaar 1935
The Surrealist Mystery of New York in 1935
Olieverf op linnen, 40 x 30 cm
Monte Carlo, Galerie Le Point

550 Vrouw met hoed, zittend aan het strand. Tekening voor 'American Weekly', 1935
Femme au chapeau assise sur la plage
Potlood, 54 x 38,5 cm
Privé-bezit

551 zie bijschrift blz. 243

552 Mae-West-lippensofa, 1936/1937
Mae West Lips Sofa
Houten frame met dieproze bekleding en lichtroze vilt in de vorm van de lippen van actrice Mae West. Uitgevoerd naar een ontwerp van Dalí door Green & Abbott, Londen, voor Edward James, 92 x 213 x 80 cm
Borough of Brighton (Sussex), The Royal Pavilion Art Gallery and Museum; voorheen collectie Edward James

553 zie bijschrift blz. 244

554 Gezicht van Mae West (kan als surrealistisch appartement worden gebruikt), 1934/1935
Visage de Mae West pouvant être utilisé comme appartement surréaliste
Gouache op krantenpapier, 31 x 17 cm
Chicago, The Art Institute of Chicago

555 Het angelus van Gala (Gala's angelus), 1935
L'Angélus de Gala
Olieverf op hout, 32 x 26 cm
New York, The Museum of Modern Art

556 Archeologische herinnering aan het 'Angelus' van Millet, 1935
Réminiscence archéologique de l'Angélus de Millet
Olieverf op hout, 32 x 39 cm
Saint Petersburg (Fl), The Salvador Dalí Museum, in bruikleen van The Morse Charitable Trust; voorheen collectie F. Spitzer

557 Hommage aan Millet. Studie voor 'Het station van Perpignan', 1965
Hommage à Millet. Etude pour 'La gare de Perpignan'
Kleurpotlood op papier, 46 x 60 cm
Schenking van Dalí aan de Spaanse staat

558 Figuur en draperie in een landschap, rond 1935
Figure et drapé dans un paysage
Olieverf op linnen, 55,3 x 45,7 cm
Genève, collectie G.E.D. Nahmad

559 De echo van de leegte, 1935
L'écho du vide
Olieverf op linnen, 73 x 92 cm
Privé-bezit

560 Landschap naar de Chirico (onvoltooid), 1935-1938
Paysage à la Chirico
Olieverf op karton op linnen, 20,5 x 25,5 cm
Schenking van Dalí aan de Spaanse staat

561 Paranoïde gezicht (ansichtkaart die Picasso Dalí stuurde), 1931
Visage paranoïaque
Techniek en afmetingen onbekend
Privé-bezit

562 Paranoïde gezicht. De ansichtkaart verandert in Picasso, 1935
Visage paranoïaque. La carte postale transformée en Picasso
Olieverf op hout, 19 x 23 cm
Privé-bezit; voorheen collectie Edward James

563 Paranoïde gezicht, 1935
Visage paranoïaque
Olieverf, 62 x 80 cm
Verblijfplaats onbekend (waarschijnlijk verwoest)

564 Denkmachine. Illustratie voor 'Het geheime leven van Salvador Dalí', 1935
Machine à penser. Illustration pour 'La vie secrète de Salvador Dalí'
Inkt op papier; afmetingen onbekend
Privé-bezit

565 Verschijning van de stad Delft, 1935/1936
Apparition de la ville de Delft
Olieverf op hout, 31 x 34,5 cm
Privé-bezit

566 Herfstpuzzel, 1935
Puzzle d'automne
Olieverf op linnen, 98 x 98 cm
Saint Petersburg (Fl), The Salvador Dalí Museum, in bruikleen van The Morse Charitable Trust

567 Paranoïde-kritische eenzaamheid, 1935
Solitude paranoïaque-critique
Olieverf op hout, 19 x 23 cm
Privé-bezit; voorheen collectie Edward James

568 De fossiele auto van Cap Creus, 1936
L'automobile fossile du Cap Creus
Olieverf op hout, 31 x 37 cm
Genève, collectie G.E.D. Nahmad; voorheen collectie Edward James

569 Eigenaardigheden, 1935/1936
Singularitats
Olieverf op hout, 40,5 x 51,1 cm
Figueras, Fundación Gala-Salvador Dalí

570 Vrouw met rozenhoofd, 1935
Femme à la tête de roses
Olieverf op hout, 35 x 27 cm
Zürich, Kunsthaus Zürich

571 Brandende giraffe, 1936/1937
Girafe en feu
Olieverf op hout, 35 x 27 cm
Basel, Kunstmuseum Basel, Öffentliche Kunstsammlung, Stiftung Emanuel Hoffmann

572 Mierengezicht. Tekening voor het omslag van de catalogus voor de tentoonstelling in de Alex Reid and Lefevre Gallery in Londen, 1936
Visage aux fourmis
Gouache op zwart papier, 24 x 13,5 cm
Privé-bezit

573 De droom legt zijn hand op de schouder van een man, 1936
Le rêve porte la main sur l'épaule d'un homme
Olieverf op linnen, 48 x 74 cm
Privé-bezit; voorheen collectie Matarasso

574 Zonder titel – Vrouw met bloemenhoofd, 1937
Sans titre – Femme à la tête de fleur
Inkt en gouache op papier, 38,5 x 50 cm
Privé-bezit

575 Necrofiel voorjaar, 1936
Printemps nécrophilique
Olieverf op linnen, 55 x 65 cm
Privé-bezit; voorheen collectie Elsa Schiaparelli

576 Man met het hoofd van een blauwe hortensia, 1936
L'homme avec une tête d'hortensia bleu
Olieverf op linnen, 16 x 22 cm
Saint Petersburg (Fl), The Salvador Dalí Museum, in bruikleen van E. en A. Reynolds Morse

577 De apotheker van Ampurdán, die absoluut niets zoekt, 1936
Le pharmacien d'Ampurdán ne cherchant absolument rien
Olieverf op hout, 30 x 52 cm
Essen, Museum Folkwang; voorheen collectie Edward James

578 Apotheker die uiterst voorzichtig de huid van een concertvleugel optilt, 1936
Pharmacien soulevant avec une extrême précaution le couvercle d'un piano à queue (A Chemist Lifting with Extreme Precaution the Cuticle of a Grand Piano)
Olieverf op linnen, 48 x 62 cm
Privé-bezit; voorheen collectie Ruth Page

579 Vrouwen met bloemenhoofden die aan het strand de huid van een concertvleugel vinden, 1936
Femmes aux têtes de fleurs retrouvant sur la plage la dépouille d'un piano à queue
Olieverf op linnen, 54 x 65 cm
Saint Petersburg (Fl), The Salvador Dalí Museum, in bruikleen van The Morse Charitable Trust

580 Landschap met touwtjespringend meisje, 1936
Paysage avec jeune fille sautant à la corde (Landscape with a Girl Skipping)
Olieverf op linnen, 293 x 280 cm (middenpaneel), 261 x 84 cm (vleugel)
Rotterdam, Museum Boymans-van Beuningen; voorheen collectie Edward James

581 Rotsen van Llané (eerste versie), 1926
Rochers du Llané
Olieverf; materiaal en afmetingen onbekend
Verblijfplaats onbekend

582 Surrealistische compositie met onzichtbare figuren (tweede versie van 'Rotsen van Llané'), rond 1936
Composition surréaliste avec personnages invisibles
Techniek en afmetingen onbekend
Verblijfplaats onbekend; voorheen collectie Joe Bousquet

583 Morfologische echo, 1936
Echo morphologique
Olieverf op hout, 30,5 x 33 cm
Saint Petersburg (Fl), The Salvador Dalí Museum, in bruikleen van E. en A. Reynolds Morse

584 Strandtafereel (detailstudie), 1936
Beach Scene
Potlood, 75 x 53 cm
Santa Barbara (LA), The Santa Barbara Museum of Art

585 Paranoia (eigenlijk: Paranonia), 1936
Paranoïa (Paranonia)
Olieverf op linnen, 38 x 46 cm
Saint Petersburg (Fl), The Salvador Dalí Museum, in bruikleen van E. en A. Reynolds Morse

586 Yin en Yang uit Ampurdán, 1936
Yang et Yin ampurdanais
Olieverf op linnen, 64,8 x 53,8 cm
Privé-bezit; voorheen collectie Marquis de Cuevas

587 Hypnagogisch monument, 1936
Monument hypnagogique
Olieverf op linnen, 39,3 x 31,2 cm
Brussel, Galerie Isy Brachot

588 Zonnetafel, 1936
Table solaire
Olieverf op hout, 60 x 46 cm
Rotterdam, Museum Boymans-van Beuningen; voorheen collectie Edward James

589 Zuiden (Middag), 1936
Midi
Olieverf op linnen, 90 x 115,5 cm
Privé-bezit

590 Mediaal-paranoïde beeld, 1935
Image médiumnique-paranoïaque
Olieverf op hout, 19 x 22,8 cm
Genève, collectie G.E.D. Nahmad; voorheen collectie Edward James

591 De vergeten horizon, 1936
L'horizon oublié
Olieverf op mahonie, 22,5 x 26,7 cm
Londen, The Tate Gallery; voorheen collectie Edward James

592 Witte rust, 1936
Le calme blanc
Olieverf op hout, 41 x 33 cm
Genève, collectie G.E.D. Nahmad; voorheen collectie Edward James

593 Geologische gerechtigheid, 1936
La justice géologique
Olieverf op hout, 11 x 19 cm
Rotterdam, Museum Boymans-van Beuningen; voorheen collectie Edward James

594 De spookkoets, 1933
La charrette fantôme
Olieverf op hout, 19 x 24,1 cm
Privé-bezit; voorheen collectie Edward James

595 Studie voor 'Buitenwijk van de paranoïde-kritische stad', 1935
Etude pour 'Banlieue de la ville paranoïaque-critique'
Inkt en potlood op papier, 32,5 x 20,3 cm
Privé-bezit; voorheen collectie Edward James

596 Brood op het hoofd van de verloren zoon, 1936
Pain sur la tête du fils prodigue
Olieverf op linnen, 22 x 17 cm
Privé-bezit

597 Nostalgische echo, 1935
Echo nostalgique (Nostalgic Echo)
Olieverf op linnen, 112,3 x 112,3 cm
Privé-bezit

598 Nostalgische echo, 1935
Echo nostalgique (Nostalgic Echo)
Potlood op papier, 30 x 21 cm
Saint Petersburg (Fl), The Salvador Dalí Museum, in bruikleen van E. en A. Reynolds Morse

599 Buitenwijk van de paranoïde-kritische stad: namiddag aan de rand van de Europese geschiedenis, 1936
Banlieue de la ville paranoïaque-critique: après-midi sur la lisière de l'histoire européenne
Olieverf op hout, 46 x 66 cm
Rotterdam, Museum Boymans-van Beuningen; voorheen collectie Edward James

600 De grote paranoicus, 1936
Le grand paranoïaque
Olieverf op linnen, 62 x 62 cm
Rotterdam, Museum Boymans-van Beuningen; voorheen collectie Edward James

601 Koerier in een palladiaans landschap, 1936
Messager dans un paysage palladien
Inkt op roze Papier, 44,5 x 60 cm
Privé-bezit; voorheen collectie Edward James

602 Ruiterstudies, 1936
Study of Horsemen – Etude de cavaliers
Pen en inkt op papier, 43,7 x 54,6 cm
New York, The Museum of Modern Art, Gift of Sam A. Lewisohn

603 Vrouwenhoofd in de vorm van een veldslag. Studie voor 'Spanje', 1936
Tête de femme ayant la forme d'une bataille
Olieverf op hout, 10,2 x 12,7 cm
Privé-bezit; voorheen collectie Edward James

604 De doodsruiter, 1936
Le cavalier de la mort
Olieverf op linnen, 70 x 59,5 cm
Figueras, Fundación Gala-Salvador Dalí, schenking van Dalí aan de Spaanse staat

605 Onze liefde, 1936
Our Love
Potlood, 31 x 23,9 cm
Privé-bezit

606 Studie voor 'Geodetisch portret van Gala', 1936
Etude pour 'Portrait géodésique de Gala'
Potlood op papier, 38 x 33 cm
Privé-bezit

607 Gala's hoofd – Op de rug gezien, 1936
Tête de Gala – Vue de dos
Pen en inkt, 47 x 41,2 cm
Privé-bezit

608 Geodetisch portret van Gala, 1936
Portrait géodésique de Gala
Olieverf op hout, 21 x 27 cm
Yokohama, Yokohama Museum of Art

609 Man met zijn hoofd vol wolken, 1936
Homme à la tête pleine de nuages
Olieverf op karton, 18 x 13,9 cm
Figueras, Fundación Gala-Salvador Dalí

610 zie bijschrift blz. 272

611 Studie voor 'Paar met hun hoofd vol wolken' (detail), 1936
Etude pour 'Couple aux têtes pleines de nuages'
Potlood op papier, 31 x 23,9 cm
Privé-bezit

612 Paar met hun hoofd vol wolken, 1936
Couple aux têtes pleines de nuages
Olieverf op hout; afmetingen onbekend
Privé-bezit

613 Paar met hun hoofd vol wolken, 1936
Couple aux têtes pleines de nuages
Olieverf op hout; man: 92,5 x 69,5 cm; vrouw: 82,5 x 62,5 cm
Rotterdam, Museum Boymans-van Beuningen; voorheen collectie Edward James

614 zie bijschrift blz. 274

615 Afrodisisch colbert, rond 1936
Veston aphrodisiaque
Smokingjasje met likeurglazen, hemd en plastron op kleerhanger, 77 x 57 cm
Verwoest

616, 617 zie bijschriften blz. 274

618 Kreeft-telefoon (Afrodisische telefoon), 1936
Téléphone-homard
Telefoon met kreeft (van beschilderd gips) op de hoorn, 15 x 30 x 17 cm
Rotterdam, Museum Boymans-van Beuningen; voorheen collectie Edward James

619 zie bijschrift blz. 274

620 zie bijschrift blz. 276

621 Studie voor de titelpagina van nr. 8 van het tijdschrift 'Minotaure', 1936
Inkt, 32,5 x 22 cm
Privé-bezit

622 Laden-vrouw. Ontwerp voor het omslag van de catalogus van de Dalí-tentoonstelling bij Julien Levy in New York, 1936
Femme-tiroirs
Gouache op zwart papier, 35 x 27 cm
Privé-bezit

623 Titelpagina van nr. 8 van het tijdschrift 'Minotaure', 1936
Inkt, gouache en collage op karton, 33 x 26,5 cm
New York, Isidore Ducasse Fine Arts

624 Antropomorfe kast met laden, 1936
Le cabinet anthropomorphique
Olieverf op hout, 25,4 x 44,2 cm
Düsseldorf, Kunstsammlung Nordrhein-Westfalen; voorheen collectie Edward James

625 De stad van de laden. Studie voor 'Antropomorfe kast met laden', 1936
La cité des tiroirs
Potlood op papier, 26,5 x 43,5 cm
Chicago, The Art Institute of Chicago

626 De stad van de laden. Studie voor 'Antropomorfe kast met laden', 1936
La cité des tiroirs. Etude pour 'Le cabinet anthropomorphique'
Inktpen op kopergravurepapier, 32 x 41,5 cm
New York, collectie Paul L. Herring; voorheen collectie Edward James

627 Ladenbuste, 1936
Buste à tiroirs
Zwarte inkt en witte gouache op roodachtig papier, 75 x 54,5 cm
Privé-bezit; voorheen collectie Edward James

628 Venus van Milo met laden
Vénus de Milo aux tiroirs
Dalí ontwierp de laden en zijn vriend Marcel Duchamp maakte het object, 1936
Brons met gipsachtige vatting en bontpluimen, 98 x 32,5 x 34 cm
Rotterdam, Museum Boymans-van Beuningen

629 Dag en nacht van het lichaam, 1936
Jour et nuit du corps
Gouache op papier, 30 x 40 cm
Privé-bezit

630 Anatomische studies – Serie afdrukken, 1937
Anatomies – Série décalcomanie
Olieverf op karton op hout, 50 x 64 cm
Basel, Galerie Beyeler

631 De wervel-grot – Serie afdrukken, 1936
La grotte vertébrée – Série décalcomanie
Gouache op zwart papier, 24 x 16 cm
Privé-bezit

632 Weke constructie met gekookte bonen – Voorgevoel van de Burgeroorlog, 1936
Construction molle avec haricots bouillis – Prémonition de la guerre civile
Olieverf op linnen, 100 x 99 cm
Philadelphia, The Philadelphia Museum of Art, The Louise and Walter Arensberg Collection; voorheen collectie Peter Watson

633 Studie voor 'Voorgevoel van de Burgeroorlog', 1935
Etude pour 'Prémonition de la guerre civile'
Pen, inkt en potlood op papier, 23 x 18 cm
Privé-bezit

634 Studie voor 'Voorgevoel van de Burgeroorlog', 1935
Etude pour 'Prémonition de la guerre civile'
Pen, inkt en potlood op papier, 23 x 18 cm
Privé-bezit

635 Studie voor 'Voorgevoel van de Burgeroorlog', 1935
Etude pour 'Prémonition de la guerre civile'
Pen, inkt en potlood op papier, 23 x 18 cm
Privé-bezit

636 Herfstelijk kannibalisme (ook: Kannibalisme in de herfst), 1936
Cannibalisme de l'automne
Olieverf op linnen, 65 x 65,2 cm
Londen, The Tate Gallery; voorheen collectie Edward James

637 Perspectieven (Afkorting voor 'Voorspelling van de paranoïde perspectieven door de weke structuren'), 1936/1937
Perspectives (Abréviation pour 'Prémonition des perspectives paranoïaques par les structures molles')
Olieverf op linnen, 65,5 x 65 cm
Basel, Kunstmuseum Basel, Öffentliche Kunstsammlung, Stiftung Emanuel Hoffmann

638 Doorsnee heidens landschap, 1937
Paysage païen moyen
Olieverf op hout, 38 x 46 cm
Genève, collectie G.E.D. Nahmad; voorheen collectie Edward James

639 Antropomorfe echo, 1937
Echo anthropomorphique
Olieverf op hout, 14 x 52 cm
Saint Petersburg (Fl), The Salvador Dalí Museum, in bruikleen van E. en A. Reynolds Morse

640 Zonder titel (Visioen van de eeuwigheid), 1936/1937
Sans titre (Vision de l'éternité)
Olieverf op linnen, 207 x 118,1 cm
Chicago, The Art Institute of Chicago

641 Het betoverde strand (Lange sifon), 1937
La plage enchantée (Siphon long)
Olieverf op linnen, 52 x 78 cm
Privé-bezit; voorheen collectie Edward James

642 Zonder titel, 1938
Sans titre
Olieverf; materiaal en afmetingen onbekend
Privé-bezit

643 Zwanen spiegelen olifanten, 1937
Cygnes reflétant des éléphants (Swans Reflecting Elephants)
Olieverf op linnen, 51 x 77 cm
Genève, Cavalieri Holding Co. Inc.; voorheen collectie Edward James

644 Studie voor 'Metamorfose van Narcissus', 1937
Etude pour 'Métamorphose de Narcisse'
Inkt op papier, 54,5 x 43 cm
Privé-bezit; voorheen collectie Edward James

645 Metamorfose van Narcissus, 1937
Métamorphose de Narcisse
Olieverf op linnen, 50,8 x 78,3 cm
Londen, The Tate Gallery; voorheen collectie Edward James

646 zie bijschrift blz. 291

647 Kannibalisme van de laden (Compositie met laden), 1937
Cannibalisme des tiroirs (Composition aux tiroirs)
Pen en penseel in zwarte en grijze inkt op papier, 54,5 x 75,8 cm
Cambridge (MA), The Fogg Art Museum, Gift of Dr. en Mrs. Allan Roos

648 De slaap, 1937
Le sommeil
Olieverf op linnen, 51 x 78 cm
Privé-bezit; voorheen collectie Edward James

649 Zonder titel – Hysterische scène, 1937
Sans titre – Scène hystérique
Pen en inkt op papier, 43 x 46 cm
Privé-bezit; voorheen collectie Edward James

650 De uitvinding van de monsters, 1937
L'invention des monstres
Olieverf op hout, 51,2 x 78,5 cm
Chicago, The Art Institute of Chicago, Joseph Winterbotham Collection

651 Ontstaan van de monsters, 1937
Formation des monstres
Zwarte inkt op roze papier, 23,8 x 15,9 cm
Chicago, Mrs. Edwin A. Bergman Collection; voorheen collectie Edward James

652 Brandende giraffe, 1937
Girafe en feu
Olieverf; materiaal en afmetingen onbekend
Privé-bezit

653 Koningin Salome, 1937
La reine Salomé
Houtskool en krijt op papier, 63,5 x 93,5 cm
Privé-bezit

654 Herodiade, 1937
Hérodiade
Olieverf op linnen; afmetingen onbekend
Privé-bezit

655 Kannibalisme van de objecten – Vrouwenhoofd met schoen, 1937
Cannibalisme des objets – Tête de femme avec soulier
Gouache en inkt op papier, 63,5 x 48,2 cm
Privé-bezit; voorheen collectie Edward James

656 Avondeten in de door brandende giraffen verlichte woestijn, 1937
Dîner dans le désert éclairé par les girafes en feu
Houtskool, 62 x 46 cm
Saint Petersburg (Fl), The Salvador Dalí Museum; voorheen collectie E. en A. Reynolds Morse

657 Surrealistische gondel boven brandende fietsen. Hommage aan de Marx Brothers (filmproject), 1937
Gondole surréaliste sur bicyclettes en feu
Houtskool, aquarel en pastel op grijsbruin papier, 74 x 54 cm
New York, Fashion Concepts; voorheen collectie Marx Brothers

658 Surrealistisch avondeten op een bed (ontwerp voor een filmproject met de Marx Brothers), 1937
Dîner surréaliste sur un lit (Projet de film avec les Marx Brothers)
Houtskool en gouache; afmetingen onbekend
Verblijfplaats onbekend

659 Hoe wolkenkrabbers er in 1987 uit zullen zien. Tekening voor 'American Weekly', 1937
How Skycrapers Will Look in 1987
Pen en inkt op papier, 29,2 x 36,8 cm
New York, Perls Galleries

660 Zonder titel – Lamp met laden (tekening voor een interieurontwerp), rond 1937
Sans titre – Lampe aux tiroirs (projet de décoration)
Potlood op papier, 16,9 x 11,1 cm
Privé-bezit

661 Zonder titel – Staande lamp met krukken (tekening voor een interieurontwerp), rond 1937
Sans titre – Lampadaire aux béquilles (projet de décoration)
Potlood op papier, 16,9 x 11,1 cm
Privé-bezit

662 Biactrische halzen, rond 1936
Cols biactriques
Houtskool op papier, 67,3 x 48 cm
Genève, collectie Jacques Benador

663 Portret van Sigmund Freud, 1937
Portrait de Sigmund Freud
Inkt en gouache op grijze ondergrond, 35 x 25 cm
Privé-bezit

664 Portret van Sigmund Freud – Morfologie van de schedel van Sigmund Freud. Illustratie voor 'Het geheime leven van Salvador Dalí', 1938
Portrait de Sigmund Freud – Morphologie du crâne de Sigmund Freud. Illustration pour 'La vie secrète de Salvador Dalí'
Pen en inkt op papier; afmetingen onbekend
Chichester (West Sussex), The New Trebizond Foundation

665 Portret van Sigmund Freud, 1938
Portrait de Sigmund Freud
Inkt op vloeipapier, 27 x 23 cm
Parijs, collectie André-François Petit

666 Imaginair portret van Lautréamont op 19-jarige leeftijd gemaakt volgens de paranoïde-kritische methode (detail), 1937
Portrait imaginaire de Lautréamont à 19 ans obtenu d'après la méthode paranoïaque-critique (détail)
Potlood op ivoorkleurig papier, 53,3 x 36,2 cm
Chicago, Mrs. Edwin A. Bergman Collection

667 Studie voor 'Schijncontrolle' (ook: Het verkeerde perspectief), 1937
Etude pour 'La fausse inspection' (aussi: La fausse perspective)
Pen, 54,6 x 38,1 cm
Brighton, Brighton Art Gallery; voorheen Spanje, privé-bezit

668 zie bijschrift blz. 300

669 Palladio's gang met dramatische verrassing, 1938
Le corridor de Palladio avec surprise dramatique
Olieverf op linnen, 73 x 104 cm
Privé-bezit

670 Palladio's gang van Thalia, 1937
Le corridor Thalia de Palladio
Olieverf op linnen, 116 x 89,5 cm
Genève, collectie G.E.D. Nahmad; voorheen collectie Edward James

671 Studie voor het zelfportret voor 'Afrikaanse impressies', 1938
Etude pour l'autoportrait d''Impressions d'Afrique'
Potlood op papier, 52 x 33 cm
Rotterdam, Museum Boymans-van Beuningen; voorheen collectie Edward James

672 Afrikaanse impressies, 1938
Impressions d'Afrique
Olieverf op linnen, 91,5 x 117,5 cm
Rotterdam, Museum Boymans-van Beuningen; voorheen collectie Edward James

673 Studie voor het zelfportret voor 'Afrikaanse impressies', 1938
Etude pour l'autoportrait d''Impressions d'Afrique'
Potlood en inkt op papier, 63 x 48 cm
Rotterdam, Museum Boymans-van Beuningen; voorheen collectie Edward James

674-677 zie bijschriften blz. 304

678 Wrak van een auto dat een blind paard baart dat een telefoon opeet, 1938
Débris d'une automobile donnant naissance à un cheval aveugle mordant un téléphone (Debris of an Automobile Giving Birth to a Blind Horse Biting a Telephone)
Olieverf op linnen, 54 x 65 cm
New York, The Museum of Modern Art, Gift of James Thrall Soby

679 Gradiva, 1938
Gradiva
Pen en inkt op vloeipapier, 42,1 x 27 cm
Privé-bezit

680 Stuitbeen-vrouwen, 1938
Femmes-coccyx
Inkt op vloeipapier, 26,5 x 38,5 cm
Privé-bezit; voorheen collectie Edward James

681 Vier imaginaire figuren voor Spaanse monumenten (studie voor kostuums voor Coco Chanel), 1938
Quatre personnages imaginaires sur fond de monuments espagnols (Etude de costumes pour Coco Chanel)
Pen, inkt en aquarel, 35 x 56 cm
Privé-bezit; voorheen collectie Edward James

682 Compositie – Twee vrouwen en een stad op de achtergrond, 1938
Composition – Deux femmes et une ville dans le fond
Pen, inkt en aquarel, 45,7 x 32,2 cm
Privé-bezit; voorheen collectie Edward James

683 Fantastische strandscène met papegaai en scheepsromp, 1938
Scène de plage fantastique avec perroquet et carcasse de bateau
Inkt, gouache en aquarel op papier, 33 x 25 cm
Parijs, privé-bezit; voorheen collectie Edward James

684-686 en 688-690 Motieven voor 'Oneindig raadsel' (L'énigme sans fin), die Dalí heeft getekend voor de catalogus van de tentoonstelling bij Julien Levy in 1939 in New York:

684 Strand van Cap Creus met boot en zittende vrouw, van achteren gezien, bij het repareren van een zeil, 1938
Plage de Cap Creus avec femme assise vue de dos recousant une voile, et bateau
Potlood op papier, 21,5 x 28 cm
Privé-bezit

685 Liggende filosoof, 1938
Philosophe allongé
Potlood op papier, 21,5 x 28 cm
Privé-bezit

686 Gezicht van de grote, domme cycloop, 1938
Visage du grand cyclope crétin
Potlood op papier, 21,5 x 28 cm
Privé-bezit

687 Oneindig raadsel, 1938
L'énigme sans fin
Olieverf op linnen, 114,3 x 144 cm
Madrid, Museo Nacional Reina Sofía, schenking van Dalí aan de Spaanse staat

688 Windhond, 1938
Lévrier
Potlood op papier, 21,5 x 28 cm
Privé-bezit

689 Mandoline, fruitschaal met peren, twee vijgen op een tafel, 1938
Mandoline, compotier avec poires, deux figues sur la table
Potlood op papier, 21,5 x 28 cm
Privé-bezit

690 Fabeldier, 1938
Bête mythologique
Potlood op papier, 21,5 x 28 cm
Privé-bezit

691 Verschijning van gezicht en fruitschaal op een strand, 1938
Apparition d'un visage et d'un compotier sur une plage (Apparition of Face and Fruit Dish on a Beach)
Olieverf op linnen,
114,5 x 143,8 cm
Hartford (CT), The Wadsworth Atheneum

692 Studie voor 'Het schilderij verdwijnt', 1938
Etude pour 'L'image disparaît' (The Image Disappears)
Potlood en inkt, gewassen,
74 x 44 cm
Schenking van Dalí aan de Spaanse staat

693 Het schilderij verdwijnt, 1938
L'image disparaît (The Image Disappears)
Olieverf op linnen, 55,9 x 50,8 cm
Figueras, Fundación Gala-Salvador Dalí, schenking van Dalí aan de Spaanse staat

694 Verschijning van een figuur van Vermeer in het gezicht van Abraham Lincoln. Studie voor 'Het schilderij verdwijnt, 1938
Apparition d'une figure de Vermeer dans le visage d'Abraham Lincoln (Etude pour 'L'image disparaît')
Potlood op papier, 63 x 48 cm
Privé-bezit

695 Metamorfose van een mannenbuste in een voorstelling naar Vermeer – Het driedubbelportret, 1939
Métamorphose d'un buste d'homme en scène inspirée par Vermeer – La triple image
Inkt, gewassen, 63,5 x 48,5 cm
Figueras, Fundación Gala-Salvador Dalí

696 Metamorfose van een mannenbuste in een voorstelling naar Vermeer – Het driedubbelportret, 1939
Métamorphose d'un buste d'homme en scène inspirée par Vermeer – La triple image
Inkt, gewassen, 63,5 x 48,5 cm
Figueras, Fundación Gala-Salvador Dalí

697 Onzichtbare Afghaan met verschijning aan het strand van het gezicht van García Lorca in de vorm van een fruitschaal met drie vijgen, 1938
Afghan invisible avec apparition sur la plage du visage de García Lorca en forme de compotier avec trois figues
Olieverf op hout, 19,2 x 24,1 cm
Privé-bezit

698 Spanje, 1938
Espagne
Olieverf op linnen, 91,8 x 60,2 cm
Rotterdam, Museum Boymans-van Beuningen; voorheen collectie Edward James

699 Het dreigende gevaar, 1938
L'alerte
Olieverf op linnen, 24 x 19 cm
Berlijn, privé-bezit; voorheen collectie Jeanne Buchern

700 Studie voor 'Spanje', 1936
Etude pour 'Espagne'
Inkt, 77,5 x 57,7 cm
Privé-bezit

701 Betoverd strand met drie vervagende Gratiën, 1938
Plage enchantée avec trois grâces fluides
Olieverf op linnen, 65 x 81 cm
Saint Petersburg (Fl), The Salvador Dalí Museum, in bruikleen van The Morse Charitable Trust

702 Het doorzichtige schijnbeeld van het valse schilderij, 1938
Le simulacre transparent de la fausse image (The Transparent Simulacrum of the Feigned Image)
Olieverf op linnen, 73,5 x 92 cm
Buffalo (NY), Albright Knox Art Gallery, erven A. Conger Goodyear, 1966

703 Het verheven moment, 1938
Le moment sublime
Olieverf op linnen, 38 x 47 cm
Stuttgart, Staatsgalerie Stuttgart

704 Strand met telefoon, 1938
Plage avec téléphone
Olieverf op linnen, 73,6 x 92 cm
Londen, The Tate Gallery; voorheen collectie Edward James

705 Keizerlijke viooltjes, 1938
Violettes impériales
Olieverf op linnen, 99,5 x 142,5 cm
Privé-bezit; voorheen collectie Edward James; voorheen New York, The Museum of Modern Art, New York

706 Het raadsel van Hitler, rond 1939
L'énigme d'Hitler
Olieverf op linnen, 51,2 x 79,3 cm
Madrid, Museo Nacional Reina Sofía, schenking van Dalí aan de Spaanse staat

707 Telefoon op het bord met drie eind september gegrilde sardines, 1939
Téléphone sur le plat avec trois sardines grillées à la fin de septembre
Olieverf op linnen, 45,7 x 54,9 cm
Saint Petersburg (Fl), The Salvador Dalí Museum, in bruikleen van The Morse Charitable Trust

708 Door maan en zonsondergang verlichte filosofie, 1939
Philosophie éclairée par la lumière de la lune et du soleil couchant
Olieverf op linnen, 128 x 160 cm
Parijs, privé-bezit

709 Landschap met telefoons op een bord, 1939
Paysage avec téléphones sur un plat
Olieverf op linnen, 22 x 30 cm
Madrid, Galería Theo; voorheen collectie Edward James

710 Beklede auto's (ook: Twee Cadillacs), 1941
Automobiles habillées (Deux Cadillac)
Olieverf op karton, 39,5 x 27 cm
Figueras, Fundación Gala-Salvador Dalí

711 Het gebroken ei, 1943
L'œuf brisé
Inkt, 19,4 x 15,1 cm
Privé-bezit

712, 713, 714, 716 zie bijschriften blz. 321

715 De bol valt de piramide aan. Omslag van de catalogus voor de tentoonstelling bij Julien Levy in New York, 1939
La sphère attaque la pyramide
Gouache, 65 x 51,5 cm
Privé-bezit

717, 718 zie bijschriften blz. 322

719-720 zie bijschriften blz. 323

721 zie bijschrift blz. 324

722 Sirene en haar Gratiën. Decor van Dalí voor 'Bacchanaal', rond 1939
Sirène et ses grâces. Bacchanale
Pen en inkt op een foto op karton, 18,5 x 24,5 cm
Privé-bezit; voorheen collectie B. Kochno

723 zie bijschrift blz. 324

724 zie bijschrift blz. 325

725 Decor voor 'Bacchanaal', 1939
Bacchanale
Olieverf op linnen op karton, 46 x 61 cm
Zürich, collectie Rita Green

726 Decor voor 'Bacchanaal', rond 1939
Bacchanale
Olieverf op linnen, 40 x 50 cm
Privé-bezit

727 zie bijschrift blz. 325

728 Tekening voor 'Bacchanaal' – Ludwig II van Beieren, 1939
Dessin pour 'Bacchanale' – Louis II de Bavière
Pen, inkt, potlood, aquarel, gouache met collage, 20,2 x 27,6 cm
Privé-bezit

729 Psychoanalyse en morfologie ontmoeten elkaar, 1939
Rencontre de la psychoanalyse et de la morphologie
Olieverf op linnen, 25 x 46 cm
Privé-bezit; voorheen collectie Mrs. Gérard B. Lambert

730 Gradiva, de voortschrijdende, 1939
Gradiva, celle qui avance
Potlood, pen en aquarel, gewassen, 30,2 x 22,8 cm
Privé-bezit; voorheen collectie Richard S. Zeisler

731 De waanzinnige Tristan, rond 1938
Tristan fou
Olieverf op hout, 46 x 55 cm
Saint Petersburg (Fl), The Salvador Dalí Museum, in bruikleen van E. en A. Reynolds Morse

732 De droom van Venus, 1939
Le rêve de Vénus
Olieverf op linnen op masonite (vier panelen), 240 x 480 cm (totale afm.), 240 x 120 cm (per paneel)
New York, Fashion Concepts

733 Gradiva wordt fruit, groente, broodbeleg, brood en gebakken sardine, 1939
Gradiva devenant fruits, légumes, charcuterie, pain et sardine grillée
Potlood, pen en aquarel, gewassen, 30,2 x 22,8 cm
Privé-bezit; voorheen collectie Richard S. Zeisler

734 Metamorfose van de vijf allegorieën van Giovanni Bellini, 1939
Métamorphose des cinq allégories de Giovanni Bellini
Gouache en inkt op foto, 23 x 15,5 cm
Privé-bezit

735 Shirley Temple, het jongste tot heilige verklaarde monster van de eigentijdse film, 1939
Shirley Temple, le plus jeune monstre sacré du cinéma de son temps
Gouache, pastel en collage op karton, 75 x 100 cm
Rotterdam, Museum Boymans-van Beuningen

736 Wereldkaartbaby, 1939
Bébé-mappemonde
Olieverf op reclameprent, 49,5 x 38,5 cm
Figueras, Fundación Gala-Salvador Dalí, schenking van Dalí aan de Spaanse staat

737 Freuds polymorfe perverse (ook: Bulgaars kind tijdens het eten van een rat), 1939
Le pervers polymorphe de Freud (Enfant bulgare mangeant un rat)
Gouache op foto, 40 x 35 cm
Privé-bezit

738 Verschijning van een oorlogstafereel in het gezicht van luitenant Deschanel. Omslag van het tijdschrift 'Match', 1939
Apparition d'une scène de guerre dans le visage du lieutenant Deschanel. Couverture de 'Match'
Potlood en inkt op de titelpagina van een tijdschrift, 35,6 x 27,1 cm
Privé-bezit

739 Studie voor 'Portret van Gala', 1939
Etude pour 'Portrait de Gala'
Potlood op papier, 33,5 x 22,5 cm
Figueras, Fundación Gala-Salvador Dalí

740 Portret van Gala (onvoltooid; detail), 1939
Portrait de Gala
Olieverf op linnen, 56 x 50 cm
Madrid, Centro de Arte Reina Sofía, schenking van Dalí aan de Spaanse staat

741 Zonder titel – Figuur (onvoltooid), 1938/1939
Sans titre – Personnage
Olieverf op linnen, 292 x 130 cm
Figueras, Fundación Gala-Salvador Dalí, schenking van Dalí aan de Spaanse staat

742 Portret van Lady Louis Mountbatten, 1940
Portrait de Lady Louis Mountbatten
Olieverf op linnen, 63,5 x 52 cm
Privé-bezit

743 Slavenmarkt met verschijning van de onzichtbare buste van Voltaire, 1940
Marché d'esclaves avec apparition du buste invisible de Voltaire
Olieverf op linnen, 46,5 x 65,5 cm
Saint Petersburg (Fl), The Salvador Dalí Museum, in bruikleen van The Morse Charitable Trust

744 De drie levensstadia (ook: Ouderdom, jeugd, kindertijd), 1940
Les trois âges (La vieillesse, l'adolescence, l'enfance)
Olieverf op linnen, 50 x 65 cm
Saint Petersburg (Fl), The Salvador Dalí Museum, in bruikleen van E. en A. Reynolds Morse

745 Allegorie van de zonsondergang (ook: Allegorie van avond), 1940/1941
Allegory of Sunset Air (Allegory of the Evening)
Olieverf op linnen, 25,4 x 18 cm
Privé-bezit

746 Spin in de avond ... hoop, 1940
Araignée du soir... espoir
Olieverf op linnen, 40,5 x 50,8 cm
Saint Petersburg (Fl), The Salvador Dalí Museum, in bruikleen van The Morse Charitable Trust

747 Familie van buideldier-centauren, 1940
Famille de centaures marsupiaux (Family of Marsupial Centaurs)
Olieverf op linnen, 35,6 x 31 cm
Privé-bezit; voorheen collectie Alfonso Gonzalez Pardo

748 Drie vrouwen imiteren de bewegingen van een zeilschip, 1940
Trois femmes imitant les mouvements d'un voilier
Olieverf op linnen, 55 x 65 cm
Privé-bezit; voorheen Harold McCormick Collection

749 De gouden eeuw – Familie van buideldier-centauren, 1940/1941
L'âge d'or – Family of Marsupial Centaurs
Olieverf; materiaal en afmetingen onbekend
Verblijfplaats onbekend

750 Centaur (ook: De triomf van Nautilus), 1940
Centaure (Le triomphe de Nautilus)
Potlood en aquarel op papier, 76,4 x 56 cm (onregelmatig)
Figueras, Fundación Gala-Salvador Dalí

751 Zonder titel, 1940
Sans titre
Aquarel, 34,5 x 25,2 cm
Montreal, Montreal Museum of Fine Art

752 Loop-der-tijd-comité – Vlinder, rond 1940
March of Time Comittee – Papillon
Olieverf op linnen, 6 x 18 cm
Privé-bezit

753 Twee stukken brood drukken het gevoel van liefde uit, 1940
Deux morceaux de pain exprimant le sentiment de l'amour
Olieverf op linnen, 82 x 100 cm
Figueras, Fundación Gala-Salvador Dalí, schenking van Dalí aan de Spaanse staat

754 Tekening voor de 'Glas-hallucinatie' uit de Hitchcockfilm 'Moontide (The House of Dr. Edwards)', 1941
Dessin pour 'L'hallucination du verre' du film d'Hitchcock 'Moontide (La maison du Dr. Edwards)', 1941
Blauwe inkt en potlood, 49,5 x 29 cm
Schenking van Dalí aan de Spaanse staat

755 Gezicht van de oorlog, 1940/1941
Visage de la guerre
Olieverf op linnen, 64 x 79 cm
Rotterdam, Museum Boymans-van Beuningen; voorheen collectie André Cauvin

756 Danseres – Doodskop, 1939
Ballerine – Tête de mort
Olieverf op linnen, 24,5 x 19,5 cm
Pal, collectie Merz

757 Menselijke schedel samengesteld uit zeven naakte vrouwenlichamen.
Foto: Philippe Halsman, 1951 (naar een tekening van Dalí)

758 Gezicht van de oorlog. Tekening van een nachtmerrie voor de film 'Moontide', 1941
Visage de la guerre
Potlood, zwarte inkt, gewassen, 17 x 13,2 cm
Figueras, Fundación Gala-Salvador Dalí

759 Tafereel in een cafe. De personen aan tafel vormen een doodskop. Tekening van een nachtmerrie voor de film 'Moontide', 1941
Scène de café
Potlood, zwarte inkt, gewassen, 13,6 x 12,6 cm
Figueras, Fundación Gala-Salvador Dalí

760 Studie voor 'De erfzonde', 1941
Etude pour 'Le péché originel'
Potlood, inkt en pen op glad, lichtgeel papier, 48,1 x 63,1 cm
Privé-bezit

761 De erfzonde, 1941
Le péché originel
Olieverf op linnen, 81,2 x 101,5 cm
Privé-bezit; voorheen collectie Edward James

762 Het oog van de tijd, 1949
The Eye of Time – L'œil du temps
Email, diamanten en robijnen, 4 x 6,4 x 1,5 cm
Verblijfplaats onbekend

763 Robijnrode lippen, 1950
Ruby Lips – Les lèvres de rubis
Robijnen, parels en goud, 3 x 5 x 1 cm
Verblijfplaats onbekend

764 Naaktkostuum met zwaluwstaart, 1941
Costume de nu avec queue de morue
Olieverf op linnen, 50,8 x 35,6 cm
Privé-bezit; voorheen collectie Marquis de Cuevas

765 het verdwijnen van de buste van Voltaire, 1941
Disparition du buste de Voltaire
Olieverf op linnen, 46,3 x 55,4 cm
Saint Petersburg (Fl), The Salvador Dalí Museum, in bruikleen van E. en A. Reynolds Morse

766 Studie voor 'Het verdwijnen van de buste van Voltaire', 1941
Etude pour 'Disparition du buste de Voltaire'
Gouache op papier, 50 x 64 cm
Privé-bezit

767 De actrice Betty Stockfeld verandert in een voedster, 1939
L'actrice de cinéma Betty Stockfeld se transformant en nourrice
Gouache op de catalogus van de revue 'Pour vous', 45 x 30 cm
Figueras, Fundación Gala-Salvador Dalí

768 Geheimzinnige mond verschijnt op de rug van mijn voedster, 1941
Mysterious Mouth Appearing in the Back of My Nurse
Gouache op papier, 44,7 x 30,3 cm
Privé-bezit

769, 770 zie bijschriften blz. 342

771 Week zelfportret met gebakken spek, 1941
Autoportrait mou avec lard grillé - Soft Self-Portrait with Fried Bacon
Olieverf op linnen, 61,3 x 50,8 cm
Figueras, Fundación Gala-Salvador Dalí

772 Dalí's ontwerp voor 'Labyrint', 1941
Projet pour 'Labyrinthe'
Pen, inkt, aquarel en potlood, 28 x 38 cm
Verblijfplaats onbekend

773 Model van het decor voor 'Labyrint', 1941
Maquette de décor pour 'Labyrinth'
Olieverf op linnen, 39 x 64 cm
Spanje, privé-bezit

774 zie bijschrift blz. 344

775 Ontwerp van het decor van 'Labyrint', 1941
Maquette de décor pour 'Labyrinth'
Olieverf op linnen, 22,7 x 45,3 cm
Privé-bezit

776 Studie voor het decor van 'Labyrint' – Gevecht met de Minotaurus, 1942
Combat avec le Minotaure
Potlood, inkt, aquarel en gouache, 58,6 x 73,8 cm
Figueras, Fundación Gala-Salvador Dalí

777 St.-Joris en de draak, 1942
Saint Georges et le dragon
Olieverf op ivoor (?), 7,5 x 10 cm
Privé-bezit

778 Honing is zoeter dan bloed, 1941
Le miel est plus doux que le sang (Honey Is Sweeter than Blood)
Olieverf op linnen, 49,5 x 60 cm
Santa Barbara (CA), The Santa Barbara Museum of Art, Gift of Mr. and Mrs. Warren Tremaine, 1949

779 Wanddecoratie voor Helena Rubinstein (paneel 1), 1942
Décor mural pour Helena Rubinstein
Muurschildering; afmetingen onbekend
Yokohama, Yokohama Museum of Art; voorheen collectie Helena Rubinstein

780 Zonder titel – Ontwerp voor de wanddecoratie voor Helena Rubinstein, 1942
Sans titre – Maquette pour panneau décoratif pour Helena Rubinstein
Olieverf op linnen, 48 x 44 cm
Privé-bezit; voorheen collectie Helena Rubinstein

781 Ruïne met Medusa-hoofd en landschap – Opgedragen aan Mrs. Chase, 1941
Ruine avec tête de Méduse et paysage
Olieverf op linnen, 36 x 25,4 cm
Madrid, collectie Juan Abelló Gallo

782 Wanddecoratie voor Helena Rubinstein (paneel 2), 1942
Décor mural pour Helena Rubinstein
Muurschildering; afmetingen onbekend
Yokohama, Yokohama Museum of Art; voorheen collectie Helena Rubinstein

783 Wanddecoratie voor Helena Rubinstein (paneel 3), 1942
Décor mural pour Helena Rubinstein
Muurschildering; afmetingen onbekend
Privé-bezit; voorheen collectie Helena Rubinstein

784 Naakt in de vlakte van Rosas, 1942
Nu dans la plaine de Rosas
Olieverf op linnen, 50 x 50 cm
Yokohama, Yokohama Museum of Art; voorheen collectie P. de Gavardie

785 Zonder titel. Decorontwerp (Figuren in drie delen gesneden), 1942
Sans titre. Maquette de décor (Personnages coupés en trois parties)
Olieverf; materiaal en afmetingen onbekend
Privé-bezit

786 Tempel. Schets voor een decorontwerp, rond 1941
Temple
Olieverf op linnen, 22 x 32 cm
Madrid, Museo Nacional Reina Sofía, schenking van Dalí aan de Spaanse staat

787 Compositie (ook: Twee harlekijnen), 1942
Composition (Les deux arlequins)
Olieverf op linnen, 23 x 35,6 cm
Privé-bezit

788 Ruiterparade (mogelijk een decorontwerp voor 'Romeo en Julia'), 1942
Parade de cavaliers
Olieverf op linnen, 31 x 51 cm
Privé-bezit

789 De twee gekruisigden, 1942
Les deux croisés
Gouache op foto; afmetingen onbekend
Privé-bezit

790 De triomf van Nautilus, 1941
Le triomphe de Nautilus
Olieverf op linnen, 23,6 x 27,7 cm
Privé-bezit

791 Studie voor 'Portret van Mrs. Georges Tait, II', 1941
Etude pour 'Portrait de Mrs. Georges Tait, II'
Potlood op papier, 37 x 30,5 cm
Privé-bezit

792 Compositie, 1942
Composition
Olieverf op zes glasplaten, 55,5 x 173 cm
Tel Aviv, Tel Aviv Museum

793 Portret van Mrs. George Tait, II, 1941
Portrait de Mrs. George Tait, II
Olieverf; materiaal en afmetingen onbekend
Privé-bezit

794 Studie voor 'Portret van prinses Arthchild Gourielli-Helena Rubinstein', 1942/1943
Etude pour 'Portrait de la Princesse Arthchild Gourielli-Helena Rubinstein'
Potlood, 25,3 x 19,2 cm
Privé-bezit

795 Portret van prinses Arthchild Gourielli-Helena Rubinstein, 1942/1943
Portrait de la Princesse Arthchild Gourielli-Helena Rubinstein
Olieverf op linnen, 88,9 x 66 cm
New York, Helena Rubinstein Foundation

796 Decorontwerp voor 'Romeo en Julia', 1942
Maquette de décor pour 'Roméo et Juliette'
Olieverf op linnen, 22,7 x 45,3 cm
Privé-bezit

797 Decorontwerp voor 'Romeo en Julia' (toneelachtergrond en portieren), 1942
Maquette de décor pour 'Roméo et Juliette'
Olieverf op linnen, 22,7 x 45,3 cm
Privé-bezit

798 Decorontwerp voor 'Romeo en Julia', 1942
Etude de décor pour 'Roméo et Juliette'
Gouache, 22,5 x 35,5 cm
Schenking van Dalí aan de Spaanse staat

799 Julia's graf (Het graf van Julia), 1942
Le tombeau de Juliette
Olieverf op linnen, 50,7 x 50,7 cm
Privé-bezit

800 Studie voor het decor van 'Romeo en Julia', 1942
Etude de décor pour 'Roméo et Juliette'
Olieverf op karton, 28,6 x 37,4 cm
Privé-bezit

801 Monument voor Romeo en Julia, 1942
Roméo et Juliette Mémorial
Olieverf op karton, 28,6 x 37,4 cm
Privé-bezit

802 Geboorte van een nieuwe wereld (ook: Geboorte van een natie), 1942
Nativity of a New World – Naissance du Nouveau monde ou Naissance d'une nation
Olieverf op linnen, 35 x 44,7 cm
Privé-bezit; voorheen collectie Kohn

803 Hemels paar. Schets voor 'Geboorte van een nieuwe wereld', 1942
Couple céleste. Esquisse pour 'Naissance du Nouveau monde'
Olieverf, inkt en aquarel op karton, 21 x 28 cm
Privé-bezit

804 De vlammen, ze roepen, 1942
Las Llamas, llaman
Olieverf op linnen, 145 x 122 cm
Privé-bezit

805 Affiche-ontwerp voor 'The Secret Life of Salvador Dalí'. Het boek verscheen bij Dial Press, New York, 1942
Projet d'affiche pour l'ouvrage 'The Secret Life of Salvador Dalí'
Gouache op foto, 87 x 88 cm
Privé-bezit

806 Portret van Mrs. Luther Greene, 1942
Portrait de Mrs. Luther Greene
Olieverf; materiaal en afmetingen onbekend
Privé-bezit

807 Studie voor de campagne tegen geslachtsziekten: 'Soldier Take Warning' (Soldaat, pas op), 1942
Inkt, gouache en potlood op bruin papier, 44,5 x 31,2 cm
Privé-bezit

808 Zonder titel (voor de campagne tegen geslachtsziekten), 1942
Sans titre
Olieverf op linnen, 43,2 x 35,6 cm
Privé-bezit

809 Melancholie – Portret van de zangeres Claire Dux, 1942
Mélancolie – Portrait de la cantatrice Claire Dux
Olieverf op linnen, 80 x 60 cm
Privé-bezit

810 Portret van Marquis de Cuevas, 1942
Portrait du marquis de Cuevas
Olieverf; materiaal en afmetingen onbekend
Privé-bezit

811 Portret van Madame Ortiz-Linares, 1942
Portrait de Madame Ortiz-Linares
Olieverf op linnen, 78 x 63 cm
Privé-bezit; voorheen collectie G. de Ortiz-Linares

812 Interpretatieontwerp voor een stal-bibliotheek, 1942
Projet d'interprétation pour une étable-bibliothèque
Chromolithografie, beschilderd met gouache en inkt, 51 x 45 cm
Figueras, Fundación Gala-Salvador Dalí

813 De schapen (na de verandering), 1942
Les moutons (après la transformation)
Aquarel en chromolithografie, 23 x 34 cm
Saint Petersburg (Fl), The Salvador Dalí Museum, in bruikleen van E. en A. Reynolds Morse

814 zie bijschrift blz. 359

815 Portret van Madame Harrison Williams, 1943
Portrait de Madame Harrison Williams
Olieverf op linnen; afmetingen onbekend
Mona Bismark Foundation, Inc.

816 Portret van ambassadeur Cardenas, 1943
Portrait de l'ambassadeur Cardenas
Olieverf op linnen, 61,3 x 50,8 cm
Privé-bezit

817 De triomf van Tourbillon, 1943
Le triomphe de Tourbillon
Olieverf op linnen, 31 x 40 cm
Figueras, Fundación Gala-Salvador Dalí

818 Condottiere (Zelfportret als Condottiere?), 1943
Condottière (Autoportrait en condottière?)
Inkt op wit papier, 76,3 x 55,8 cm
Privé-bezit

819 Zonder titel – Nieuwe accessoires, 1943
Sans titre – New Accessories
Olieverf op linnen; afmetingen onbekend
Privé-bezit

820 Madonna, 1943
La madone
Olieverf op linnen, 50,7 x 28 cm
Privé-bezit

821 Toneelgordijn voor het ballet 'Café de Chinitas', uitgevoerd door het Ballet Theatre, 1943
Olieverf op linnen, 90 x 60 cm
Privé-bezit

822 Schilderijen voor de toneelachtergrond van 'Café de Chinitas', 1943
Olieverf op linnen, 88 x 56 cm
Privé-bezit; voorheen collectie Marquis de Cuevas

823 Vogelmaagd met twee engelen, 1943
Vierge aux oiseaux, avec deux anges
Aquarel, 62,2 x 47 cm
Saint Petersburg (Fl), The Salvador Dalí Museum

824 De poëzie van Amerika – De kosmische atleten, 1943
Poésie d'Amérique – Les athlètes cosmiques
Olieverf op linnen, 116,8 x 78,7 cm
Figueras, Fundación Gala-Salvador Dalí

825 Geopolitiek kind slaat de geboorte van de nieuwe mens gade, 1943
Enfant géopolitique observant la naissance de l'homme nouveau
Olieverf op linnen, 45,5 x 50 cm
Saint Petersburg (Fl), The Salvador Dalí Museum, in bruikleen van The Morse Charitable Trust

826 zie bijschrift blz. 365

827 Allegorie van een Amerikaanse Kerst, 1943
Allegory of an American Christmas (Allégorie d'un Noël americain)
Olieverf en gouache op karton, 40,5 x 30,5 cm
Privé-bezit

828 Monumentaal schild voor 'Hidden Faces'. Het boek verscheen bij Dial Press in New York, 1944
Aquarel en gouache, 277,9 x 121,6 cm
Schenking van Dalí aan de Spaanse staat

829 Frontispice van 'Hidden Faces' – Ik ben de dame ..., 1944
Frontispice de 'Hidden Faces' – Je suis la dame ...
Inkt, 21,5 x 14,5 cm
Schenking van Dalí aan de Spaanse staat

830 De waanzinnige Tristan (ook: Tristan als Christus), 1944
Tristan fou (Tristan as Christ)
Aquarel op papier, 63,8 x 50,7 cm
Schenking van Dalí aan de Spaanse staat

831 Studie voor de toneelachtergrond van het ballet 'De waanzinnige Tristan' (2e akte), 1944
Etude pour la toile de fond du ballet 'Tristan fou' (acte II)
Olieverf op linnen, 61 x 96,5 cm
Figueras, Fundación Gala-Salvador Dalí

832 zie bijschrift blz. 369

833 Studie voor een decor van 'De waanzinnige Tristan' (1e akte), 1944
Etude pour une toile de fond pour 'Tristan fou' (acte I)
Olieverf op linnen, 28 x 48 cm
Privé-bezit

834 'Tristan en Isolde'. Studie voor het decor van het ballet 'Bacchanaal', 1944
'Tristan et Iseult'. Etude pour le rideau de scène du ballet 'Bacchanale'
Olieverf en inkt, 30,3 x 40,5 cm
Schenking van Dalí aan de Spaanse staat

835 'De waanzinnige Tristan': kostuums voor de doodsgeesten, 1944
'Tristan fou': costumes pour les esprits de la mort
Techniek en afmetingen onbekend
Privé-bezit

836 Voorbeeld voor het decor van het ballet 'Tristan en Isolde', 1944
Maquette pour le rideau de scène du ballet 'Tristan et Iseult'
Olieverf op linnen, 26,7 x 48,3 cm
Figueras, Fundación Gala-Salvador Dalí

837 Decor voor 'Tristan en Isolde', 1941
Décor pour 'Tristan et Iseult'
Olieverf op linnen, 64 x 79 cm
Privé-bezit; voorheen collectie Edward James

838 zie bijschrift blz. 372

839 Victoria – Vrouw, die in een boot met putti verandert, 1945
Victory – Femme se transformant en bateau avec anges musiciens
Olieverf op linnen, 33 x 24 cm
Privé-bezit

840 Kostuum voor 'De waanzinnige Tristan' – De boot, rond 1944
Costume pour 'Tristan fou' – Le bateau
Olieverf op linnen, 29,5 x 22,5 cm
Privé-bezit; voorheen collectie Pecci Blunt

841 Kostuum voor 'De waanzinnige Tristan' – Het schip, 1942/1943
Costume pour 'Tristan fou' – Le navire
Aquarel, 63 x 46 cm
Saint Petersburg (Fl), The Salvador Dalí Museum

842 Studie voor 'Colloquium van de gevoelens', 1944
Etude pour 'Colloque sentimental'
Olieverf op linnen, 26 x 47 cm
Saint Petersburg (Fl), The Salvador Dalí Museum, in bruikleen van E. en A. Reynolds Morse

843 zie bijschrift blz. 372

844 De muziek – Het rode orkest – De zeven kunsten, 1944
La musique – L'orchestre rouge – Les sept arts
Olieverf op linnen; afmetingen onbekend
Verwoest tijdens een brand in het Ziegfeld Theatre, New York

845 Veranderde vrouwen – De zeven kunsten, 1944
Femmes métamorphosées – Les sept arts
Olieverf op linnen; afmetingen onbekend
Verwoest tijdens een brand in het Ziegfeld Theatre, New York

846 Zonder titel – De zeven kunsten, 1944
Sans titre – Les sept arts
Olieverf op linnen; afmetingen onbekend
Verwoest tijdens een brand in het Ziegfeld Theatre, New York

847 De dans – De zeven kunsten, 1944
La danse – Les sept arts
Olieverf op linnen; afmetingen onbekend
Verwoest tijdens een brand in het Ziegfeld Theatre, New York

848 Zonder titel – De zeven kunsten, 1944
Sans titre – Les sept arts
Gefotografeerd op een prent; afmetingen onbekend
Verwoest tijdens een brand in het Ziegfeld Theatre, New York

849 Zonder titel – De zeven kunsten, 1944
Sans titre – Les sept arts
Olieverf op linnen; afmetingen onbekend
Verwoest tijdens een brand in het Ziegfeld Theatre, New York

850 Beencompositie. Tekening uit een advertentiereeks voor Bryans Hosiery, rond 1944
Composition à la jambe
Aquarel en inkt; afmetingen onbekend
Verblijfplaats onbekend

851 Paranoia (ook: Surrealistische figuren, of: Dame aan het strand), 1944
Paranoïa (Figures surréalistes ou Dame au bord de la mer)
Olieverf op hout, 35 x 23,7 cm
Privé-bezit

852 Droom, veroorzaakt door de vlucht van een bij rond een granaatappel, een seconde voor het ontwaken, 1944
Rêve causé par le vol d'une abeille autour d'une pomme-grenade, une seconde avant l'éveil
Olieverf op linnen, 51 x 40,5 cm
Lugano-Castagnola, Fondazione Thyssen-Bornemisza

853 Gala naakt. Studie voor 'Droom, veroorzaakt door de vlucht van een bij...', 1944
Gala nue. Etude pour 'Rêve causé par le vol d'une abeille...'
Potlood op papier, 31 x 44 cm
Privé-bezit

854 Galarina, 1944/1945
Galarina
Olieverf op linnen, 64,1 x 50,2 cm
Figueras, Fundación Gala-Salvador Dalí, schenking van Dalí aan de Spaanse staat

855 Portret van Gala, 1941
Portrait de Gala
Potlood op papier, 63,9 x 49 cm
Rotterdam, Museum Boymans-van Beuningen, in bruikleen van The New Trebizond Foundation

856 Zonder titel. Illustratie voor het boek 'De 50 magische geheimen', verschenen in 1948 bij Dial Press in New York, 1947
Sans titre. Illustration pour 'Les 50 secrets magiques'
Techniek en afmetingen onbekend
Verblijfplaats onbekend

857 Mijn vrouw, naakt, die haar eigen vlees gadeslaat dat verandert in trappen, drie wervels van een zuil, hemel en architectuur, 1945
Ma femme, nue, regardant son propre corps devenir marches, trois vertèbres d'une colonne, ciel et architecture
Olieverf op hout, 61 x 52 cm
New York, collectie José Mugrabi

858 Studie voor 'Galarina', 1943
Etude pour 'Galarina'
Potlood op papier, 72,3 x 53,7 cm
Figueras, Fundación Gala-Salvador Dalí

859 Drie gezichten van Gala als verschijning op de rotsen, 1945
Trois visages de Gala apparaissant sur des rochers
Olieverf op hout, 20,5 x 27,5 cm
Figueras, Fundación Gala-Salvador Dalí

860 Portret van Gala. Studie voor 'Galarina', rond 1941
Portrait de Gala. Etude pour 'Galarina'
Potlood op papier, 62,8 x 42 cm
Privé-bezit

861 zie bijschrift blz. 381

862 De apotheose van Homerus, 1944/1945
L'apothéose d'Homère
Olieverf op linnen, 63,7 x 116,7 cm
München, Staatsgalerie Moderner Kunst; voorheen collectie Gonzales Pardo

863 De afgebroken brug van de droom, 1945
Le pont brisé du rêve (The Broken Bridge of the Dream)
Olieverf op linnen, 65,7 x 86,2 cm
Saint Petersburg (Fl), The Salvador Dalí Museum, in bruikleen van E. en A. Reynolds Morse

864 Melkfontein die zinloos op drie schoenen stroomt, 1945
Fontaine de lait coulant en vain sur trois souliers (Fountain of Milk Spreading Itself Uselessly on Three Shoes)
Olieverf op linnen, 18 x 22 cm
Saint Petersburg (Fl), The Salvador Dalí Museum, in bruikleen van E. en A. Reynolds Morse

865 Napoleons neus, veranderd in een zwangere vrouw die melancholiek met haar schaduw gaat wandelen tussen de originele ruïnes, 1945
Nez de Napoléon transformé en femme enceinte promenant son ombre avec mélancolie parmi des ruines originales
Olieverf op linnen, 51 x 65,5 cm
Genève, collectie G.E.D. Nahmad

866 Zonder titel – Tafereel met zee-allegorie, 1945
Sans titre – Scène avec allégorie marine
Olieverf op linnen; afmetingen onbekend
Privé-bezit

867 Herfstsonate, 1945
Sonate d'automne
Olieverf op linnen, 16 x 30 cm
Saint Petersburg (Fl), The Salvador Dalí Museum; voorheen collectie E. en A. Reynolds Morse

868 zie bijschrift blz. 385

869 Melancholieke atoom- en uranium-idylle, 1945
Idylle atomique et uranique mélancolique
Olieverf op linnen, 65 x 85 cm
Madrid, Museo Nacional Reina Sofía, schenking van Dalí aan de Spaanse staat

870 De broodmand– Liever de dood dan de schande, 1945
Corbeille de pain – Plutôt la mort que la souillure
Olieverf op hout, 33 x 38 cm
Figueras, Fundación Gala-Salvador Dalí

871 Herrijzenis van het vlees, 1940-1945
Résurrection de la chair (Resurrection of the Flesh)
Olieverf op linnen, 90 x 72 cm
Collectie Bruno Pagliai

872 Zonder titel – Portret van een vrouw, 1945
Sans titre – Portrait de femme
Olieverf; materiaal en afmetingen onbekend
Privé-bezit

873 Compositie – Portret van Madame Eva Kolsman, 1946
Composition – Portrait de Madame Eva Kolsman
Olieverf op linnen, 77 x 92 cm
Privé-bezit

874 Portret van Mrs. Isabel Styler-Tas (Melancolía), 1945
Portrait de Madame Isabel Styler-Tas (Melancolía)
Olieverf op linnen, 65,5 x 86 cm
Berlijn, Staatliche Museen zu Berlin – Preußischer Kulturbesitz, Nationalgalerie

875 Studie voor 'Portret van Mrs. Isabel Styler-Tas', 1945
Etude pour 'Portrait de Madame Isabel Styler-Tas'
Potlood op papier, 39,8 x 28,3 cm
Berlijn, Staatliche Museen zu Berlin – Preußischer Kulturbesitz, Kupferstichkabinett

876, 877 zie bijschriften blz. 390

878 Decorontwerp voor de film 'Spellbound', 1945
Maquette de décor pour le film 'Spellbound'
Olieverf op hout; afmetingen onbekend
Figueras, Fundación Gala-Salvador Dalí, schenking van Dalí aan de Spaanse staat

879 Zonder titel – Ontwerp voor het bal in de droomscène in 'Spellbound', 1944
Sans titre
Olieverf op linnen, 50,5 x 60,5 cm
Privé-bezit

880 zie bijschrift blz. 390

881 Het oog – Ontwerp voor 'Spellbound', 1945
L'œil
Olieverf op hout; afmetingen onbekend
Privé-bezit

882 Tekening voor 'Spellbound', 1945
Dessin pour 'Spellbound'
Inkt en potlood op papier, 15,8 x 20 cm
Verblijfplaats onbekend

883 Spellbound, rond 1945
Spellbound
Olieverf op hout, 73 x 92 cm
Privé-bezit

884 Studie voor de droomscène in 'Spellbound', rond 1945
Olieverf op hout; afmetingen onbekend
Figueras, Fundación Gala-Salvador Dalí, schenking van Dalí aan de Spaanse staat

885 Illustratie voor 'De autobiografie van Benvenuto Cellini', 1945
Illustration pour 'L'autobiographie de Benvenuto Cellini'
Pen en inkt, 18 x 10,5 cm
Schenking van Dalí aan de Spaanse staat

886 Illustratie voor 'De autobiografie van Benvenuto Cellini', 1945
Illustration pour 'L'autobiographie de Benvenuto Cellini'
Aquarel en roodkrijt, 24,8 x 14,2 cm
Eigendom van de Spaanse staat

887 Ontwerp voor de Disney-film 'Destino', 1946/1947
Pen en inkt op papier, 28,7 x 39,2 cm
Parijs, collectie André-François Petit

888 Dubbelschilderij voor de Disney-film 'Destino', 1946
Olieverf en collage op hout; afmetingen onbekend
Privé-bezit

889 zie bijschrift blz. 392

890 Ontwerp voor de Disney-film 'Destino', 1947
Techniek en afmetingen onbekend
Verblijfplaats onbekend

891 Ontwerp voor de Disney-film 'Destino', 1947
Techniek en afmetingen onbekend
Verblijfplaats onbekend

892 Een van dertien illustraties bij 'Macbeth' van Shakespeare. Verschenen bij Doubleday, New York, 1946
Pen en inkt op papier, 28 x 19 cm
Keulen, Galerie Orangerie-Reinz

893 Illustratie voor 'De autobiografie van Benvenuto Cellini', 1945
Illustration pour 'L'autobiographie de Benvenuto Cellini'
Pen en inkt op papier, 28 x 19 cm
Schenking van Dalí aan de Spaanse staat

894 Don Quichotte en de windmolens. Illustratie voor het boek dat in 1946 bij Random House in New York verscheen, 1945
Don Quichotte et les moulins à vent.
Inkt en aquarel op papier, 28,5 x 32 cm
Schenking van Dalí aan de Spaanse staat

895 Kerstmis. Omslagontwerp voor 'Vogue' (VS), 1946
Noël (Christmas)
Olieverf op hout, 36,2 x 25 cm
Privé-bezit

896 zie bijschrift blz. 395

897 Woestijntrilogie – Bloem in de woestijn. Een doek van Dalí voor de introductie van het parfum 'Desert Flower', 1946
Trilogie du désert – Fleur dans le désert
Olieverf op linnen; afmetingen onbekend
Privé-bezit

898 Woestijtrilogie – Verschijning van een paar in de woestijn. Voor de introductie van het parfum 'Desert Flower', 1946
Trilogie du désert – Apparition d'un couple dans le désert
Olieverf op linnen; afmetingen onbekend
Privé-bezit

899 Woestijntrilogie – Verschijning van een vrouw en zwevende architectuur in de woestijn. Voor de introductie van het parfum 'Desert Flower', 1946
Trilogie du désert – Apparition d'une femme et architecture en suspension dans le désert
Olieverf op linnen; afmetingen onbekend
Privé-bezit

900 Spuug, 1946
Le crachat
Olieverf op linnen, 75 x 108 cm
Privé-bezit

901 Zonder titel (Spaanse dansen in een landschap), 1946
Sans titre (Scène de danses espagnoles dans un paysage)
Olieverf op linnen, 36,1 x 24,1 cm
Privé-bezit

902 Reusachtige vliegende mokkakop, met een onverklaarbaar aanhangsel van vijf meter lang, rond 1946
Demi-tasse géante volante, avec annexe inexplicable de cinq mètres de longueur
Olieverf op linnen, 50 x 31 cm
Basel, privé-bezit; voorheen collectie Marquis Georges de Cuevas

903 zie bijschrift blz. 398

904, 905 zie bijschriften blz. 400

906 De verzoeking van St.-Antonius, 1946
La tentation de saint Antoine
Olieverf op linnen, 89,7 x 119,5 cm
Brussel, Musées Royaux des Beaux Arts de Belgique

907 zie bijschrift blz. 407

908 De splijting van het atoom (Dematerialisatie naast Nero's neus), 1947
La séparation de l'atome (Dematerialization Near the Nose of Nero)
Olieverf op linnen, 76,2 x 45,8 cm
Figueras, Fundación Gala-Salvador Dalí, schenking van Dalí aan de Spaanse staat

909 Intra-atomair evenwicht van een zwaneveer, 1947
Equilibre intra-atomique d'une plume de cygne
Olieverf op linnen, 77,5 x 96,5 cm
Figueras, Fundación Gala-Salvador Dalí, schenking van Dalí aan de Spaanse staat

910 Studie voor 'Dematerialisatie naast Nero's neus', 1947
Etude pour 'Dematerialization Near the Nose of Nero'
Pen en inkt op papier, 73,5 x 59,5 cm (Bladformaat)
Figueras, Fundación Gala-Salvador Dalí, schenking van Dalí aan de Spaanse staat

911 Portret van Picasso, 1947
Portrait de Picasso
Olieverf op linnen, 64,1 x 54,7 cm
Figueras, Fundación Gala-Dalvador Dalí

912 De drie sfinxen van Bikini, 1947
Les trois Sphinx de Bikini
Olieverf op linnen, 30 x 50 cm
Genève, privé-bezit

913 zie bijschrift blz. 411

914 Rots en woest paard die op de bodem van de zee slapen, 1947
Rock and Infuriated Horse Sleeping Under the Sea
Olieverf op linnen, 19 x 12 cm
Privé-bezit

915 Veldslag om een paardebloem, 1947
Bataille autour d'un pissenlit
Olieverf op linnen, 56 x 76 cm
Privé-bezit

916 zie bijschrift blz. 413

917 zie bijschrift blz. 415

918 Het onmogelijke model (tekening voor 'De 50 magische geheimen'), 1947
Le modèle impossible (Dessin pour 'Les 50 secrets magiques')
Inkt en aquarel, 32,1 x 21,6 cm
Privé-bezit

919 Portret van Mrs. Mary Sigall, 1948
Portrait de Mrs. Mary Sigall
Olieverf; materiaal en afmetingen onbekend
Privé-bezit

920 Portret van Nada Patsjewitsj, 1948
Portrait de Nada Patchevitch
Olieverf op linnen, 130 x 80 cm
Privé-bezit

921 Zonder titel (Mannelijk naakt in een landschap), 1948
Sans titre (Nu masculin dans un paysage)
Olieverf op linnen; afmetingen onbekend
Schenking van Dalí aan de Spaanse staat; voorheen collectie Gala en Salvador Dalí

922 Naakt in de woestijn (Wilde dieren in de woestijn), 1948
Nu dans le désert (Bêtes sauvages dans le désert)
Olieverf op linnen, 76,2 x 109,2 cm
Privé-bezit

923 Zonder titel (Landschap), 1948
Sans titre (Paysage)
Olieverf op linnen, 60 x 40 cm
Privé-bezit

924 Kathedraal van duimen (De duimen). Illustratie voor de 'Essays' van Michel de Montaigne, verschenen bij Doubleday, New York, 1947
Cathedral of Thumbs (Les pouces). Illustration pour 'Les Essais' de Michel de Montaigne
Inkt op papier, 15,8 x 20,8 cm
Bamberg, kunstfiliaal R.H. Mayer

925 Hollywood. Titelpagina voor het tijdschrift 'Sunset. Dubbelschilderij, van twee kanten te bekijken, 1947
Hollywood
Potlood, inkt, aquarel en collage; afmetingen onbekend
Privé-bezit

926 Hollywood, 1947 (vgl. doek nr. 925)
Hollywood
Potlood, inkt, aquarel en collage; afmetingen onbekend
Privé-bezit

927 Studie voor een portret (onvoltooid), rond 1948
Etude pour un portrait
Olieverf op linnen; afmetingen onbekend
Voorheen collectie Gala en Salvador Dalí

928 Zonder titel (Tempelfront met atoombomexplosies), rond 1947
Sans titre (Frontispice de temple avec explosions de bombes atomiques)
Olieverf op linnen; afmetingen onbekend
Privé-bezit

929 Korenaren, 1947
Epis de blé
Olieverf op linnen (?), 51 x 30 cm
Privé-bezit; voorheen collectie Coco Chanel

930, 931 zie bijschriften blz. 421

932 De olifanten, 1948
Les éléphants
Olieverf op linnen, 49 x 60 cm
Privé-bezit

933 Studie voor 'Leda atomica', 1947
Etude pour 'Leda atomica'
Pen en inkt, 60,4 x 45,3 cm
Privé-bezit

934 Studies voor de luchtruimten en de weke vormen in 'Leda atomica', 1947
Etudes des centres d'air et des morphologies molles de 'Leda atomica'
Pen, inkt, potlood en kleurpotlood op papier van plantevezels, 54 x 48 cm
Figueras, Fundación Gala-Salvador Dalí

935 Studie voor 'Leda atomica', 1947
Etude pour 'Leda atomica'
Ets, 72,5 x 57,3 cm
Privé-bezit

936 De annunciatie, 1947
L'annonciation
Aquarel en rode inkt, 36,5 x 42 cm
Privé-bezit; voorheen New York, Harry N. Abrams Collection

937 Leda atomica (eerste versie, onvoltooid), 1948
Leda atomica
Olieverf op hout, 62 x 48 cm
Figueras, Fundación Gala-Salvador Dalí, schenking van Dalí aan de Spaanse staat

938 Leda atomica, 1949
Leda atomica
Olieverf op linnen, 61,1 x 45,3 cm
Figueras, Fundación Gala-Salvador Dalí

939 De madonna van Port Lligat (eerste versie), 1949
La Madone de Port Lligat
Olieverf op linnen, 48,9 x 37,5 cm
Milwaukee (WI), Marquette University, Haggerty Museum of Art, Gift of Mr. and Mrs. Ira Haupt, 1959

940 Studie voor 'De madonna van Port Lligat', 1949
Etude pour 'La Madone de Port Lligat'
Inkt, gewassen, op papier, 19 x 14 cm
Figueras, Fundación Gala-Salvador Dalí

941, 943 zie bijschriften blz. 429

942 Toneeldecor voor 'El Sombrero de Tres Picos' (De driekante steek) van Manuel de Falla (2e akte), 1949
Rideau de fond pour 'El Sombrero de Tres Picos' (Tricorne) de Manuel de Falla (acte II)
Olieverf op canvas, 900/895 x 1213 cm
Genève, privé-bezit

944 Decor voor het ballet 'Los sacos del molinero' (De zakken van de molenaar), 1949
Décors pour le ballet 'Los sacos del molinero'
Olieverf op linnen (voor decor), 347 x 1045 cm
Privé-bezit

945 Decor voor het ballet 'Los sacos del molinero' (De zakken van de molenaar), 1949
Décors pour le ballet 'Los sacos del molinero'
Olieverf op linnen, 894 x 317 cm
Privé-bezit

946 Decor voor het ballet 'Los sacos del molinero' (De zakken van de molenaar), 1949
Décors pour le ballet 'Los sacos del molinero'
Olieverf op linnen, 246 x 140 cm
Privé-bezit

947 Decor voor het ballet 'Los sacos del molinero' (De zakken van de molenaar), 1949
Décors pour le ballet 'Los sacos del molinero'
Olieverf op linnen, 240 x 281 cm
Privé-bezit

948 Decor voor het ballet 'Los sacos del molinero' (De zakken van de molenaar), 1949
Décors pour le ballet 'Los sacos del molinero'
Olieverf op linnen, 166 x 271 cm
Privé-bezit

949 Decor voor het ballet 'Los sacos del molinero' (De zakken van de molenaar) 1949
Décors pour le ballet 'Los sacos del molinero'
Olieverf op linnen, 349 x 960 cm
Privé-bezit

950 Toneelachtergrond voor 'Don Juan Tenorio', 1950
Rideau de fond pour 'Don Juan'
Olieverf op hout, 250 x 550 cm
Madrid, Museo Nacional Reina Sofía

951 Vier stoelen in de hemel, 1949
Quatre fauteuils dans le ciel
Gouache en collage, 9,5 x 17 cm
Privé-bezit

952 Dalí's snorren, 1950
Les moustaches de Dalí
Techniek en afmetingen onbekend
Privé-bezit

953 Erotisch strand, 1950
Plage érotique
Olieverf op linnen, 14 x 18 cm
Privé-bezit

954 Ik op zesjarige leeftijd, toen ik dacht dat ik een klein meisje was dat op het punt stond uiterst voorzichtig de huid van de zee op te tillen om in de schaduw van het water een slapende hond te bekijken, 1950
Moi-même à l'âge de six ans, quand je croyais être petite fille, en train de soulever avec une précaution extrême la peau de la mer pour observer un chien dormant à l'ombre de l'eau
Olieverf op linnen, 27 x 34 cm
Parijs, privé-bezit

955 Studie voor 'Ik op zesjarige leeftijd..., 1950
Etude pour 'Moi-même à l'âge de six ans...'
Gouache, aquarel en potlood, 27 x 35 cm
Privé-bezit

956 Landschap bij Port Lligat met vertrouwde engelen en vissers, 1950
Paysage de Port Lligat avec anges familiers et pêcheurs
Olieverf op linnen, 61 x 61 cm
Privé-bezit

957 zie bijschrift blz. 434

958 Landschap bij Port Lligat, 1950
Paysage de Port Lligat
Olieverf op linnen, 58,5 x 79 cm
Saint Petersburg (Fl), The Salvador Dalí Museum, in bruikleen van E. en A. Reynolds Morse

959 Engel (studie), 1950
Etude d'anges
Aquarel; afmetingen onbekend
Privé-bezit

960 De dood zelf... De klaroenen van het Laatste Oordeel. Tekening voor 'On the Verge' van Maurice Sandoz, verschenen bij Doubleday, New York, 1950
C'est la mort elle-même... Les trompettes du jugement dernier
Potlood en grafietstift op papier, 39,5 x 27,5 cm
Verblijfplaats onbekend

961 Frontispice voor 'La Limite (On the Verge) van Maurice Sandoz, 1950
Frontispice pour 'La Limite' de Maurice Sandoz
Gouache, inkt en collage op karton, 59 x 49,5 cm (karton)
Privé-bezit

962 De schepping van Eva – Uit de slaap van de man de verdubbelde levende natuur winnen, 1950
La création d'Eve – Rendre du sommeil de l'homme la nature vivante redoublée
Inkt, potlood, roodkrijt en aquarel, 31 x 23,9 cm
Privé-bezit

963 Knielende figuur (Microfysische fosfenen), 1950/1951
Personnage à genou (Phosphènes microphysiques)
Inkt, gewassen, 26 x 16 cm
Saint Petersburg (Fl), The Salvador Dalí Museum

964 Het weke uurwerk, 1950
La montre molle
Pen en inkt op karton, 13,7 x 18,6 cm
Privé-bezit

965 Oplossende neushoorn, 1950
Rhinocéros en désintégration
Aquarel en inkt, 76,2 x 101,6 cm
Privé-bezit

966 zie bijschrift blz. 438

967 Decorontwerp voor de dood in 'Don Juan Tenorio', 1950
Escenografía de la muerte 'Don Juan Tenorio'
Gouache op zwart karton, 32,5 x 50 cm
Madrid, Museo Nacional Reina Sofía

968 Landschap met ruiter en Gala, 1951
Paysage avec cavalier et Gala
Gemengde techniek, 54,6 x 78,7 cm
Privé-bezit

969 Zonder titel (Mieren en korenaren), rond 1951
Sans titre (Fourmis et épis de blé)
Gouache en inkt, 21,7 x 21,5 cm
Privé-bezit

970 Explosieve bloem, rond 1951
Fleur explosive
Gouache en inkt op papier,
23,3 x 29,4 cm
Privé-bezit

971 Mystieke anjer, 1950/1951
Œillet mystique
Olieverf; materiaal en afmetingen
onbekend
Privé-bezit

972 Anjer en gouden doek, 1950
Carnation and Cloth of Gold
Olieverf op linnen, 33 x 43 cm
Privé-bezit

973 Gezichtstudie voor 'De
madonna van Port Lligat, 1950
*Etude pour le visage de 'La Madone
de Port Lligat'*
Roodkrijt en inkt op papier,
49 x 31 cm
Saint Petersburg (Fl), The Salvador
Dalí Museum, in bruikleen van E.
en A. Reynolds Morse

974 Metamorfose en dynamische
oplossing van sepia die Gala is
geworden (studie voor 'De madonna
van Port Lligat), 1950
*Métamorphose et désintégration
dynamique d'un os de seiche devenu
Gala (Etude pour 'La Madone de Port
Lligat')*
Potlood, inkt en gouache op papier;
afmetingen onbekend
Verblijfplaats onbekend

975 Kinderstudie voor 'De
madonna van Port Lligat', 1950
*Etude pour l'enfant de 'La Madone de
Port Lligat'*
Roodkrijt, 58,5 x 73 cm
Tokyo, collectie Minami Group

976 Kurk (studie voor 'De
madonna van Port Lligat), 1950
*Liège (Etude pour 'La Madone de Port
Lligat')*
Olieverf op linnen, 63,5 x 53,5 cm
Schenking van Dalí aan de Spaanse
staat

977 Kledingstudie voor 'De
madonna van Port Lligat', 1950
*Etude de drapé pour 'La Madone de
Port Lligat'*
Pen en inkt op papier, 51 x 38,3 cm
Schenking van Dalí aan de Spaanse
staat

978 Piero della Francesca: Madonna
met kind, 1472-1474
*Piero della Francesca: La Vierge et
l'Enfant*
Olieverf op hout, 248 x 170 cm
Milaan, Pinacoteca di Brera

979 zie bijschrift blz. 442

980 Studie naar 'Madonna met
kind' van Piero della Francesca voor
'De madonna van Port Lligat', 1950
*Etude à partir de 'La Vierge et
l'Enfant' de Piero della Francesca pour
'La Madone de Port Lligat'*
Techniek en afmetingen onbekend
Verblijfplaats onbekend

981 De madonna van Port Lligat,
1950
La Madone de Port Lligat
Olieverf op linnen, 144 x 96 cm
Tokyo, collectie Minami Group

982 Giovanni Paolo Pannini: Het
interieur van het Pantheon (detail),
rond 1750
Washington, The National Gallery
of Art

983 Hemelse kroning, rond 1951
Couronnement céleste
Gouache en collage, 26 x 19 cm
Privé-bezit

984 Gebarsten rafaëlesk hoofd,1951
Tête raphaëlesque éclatée
Olieverf op linnen, 43 x 33 cm
Edinburgh, Scottish National
Gallery, in leenbezit van Miss Stead-
Ellis, Summerset

985 De kruiwagens (Pantheon van
verdraaide kruiwagens), 1951
*Les brouettes (Panthéon formé par des
brouettes en contorsion)*
Aquarel en inkt op papier,
101,5 x 76,2 cm
Saint Petersburg (Fl), The Salvador
Dalí Museum, collectie E. en A.
Reynolds Morse

986 Barstend rafaëlesk hoofd, rond
1951
Tête raphaëlesque éclatant
Houtskool op stevig bruin papier,
26,7 x 17,7 cm
Privé-bezit

987 Explosieve madonna, 1951
La madone explosive
Gouache op karton,
76,4 x 101,6 cm
Privé-bezit

988 'La Turbie' – Sir James Dunn,
zittend, 1949
'La Turbie' – Sir James Dunn assis
Olieverf op linnen, 132 x 89 cm
Fredericton (New Brunswick),
Beaverbrook Art Gallery,
Beaverbrook Canadian Foundation

989 Portret van kolonel Jack
Warner, 1951
Portrait du Colonel Jack Warner
Olieverf op linnen, 105,2 x 125 cm
Syracuse (VS), Syracuse University
Art Collections

990 Portret van een kind
(onvoltooid), 1951
Portrait d'enfant
Olieverf op linnen, 51,3 x 41 cm
Figueras, Fundación Gala-Salvador
Dalí, schenking van Dalí aan de
Spaanse staat

991 Portret van Mrs. Jack Warner,
1951
Portrait de Mrs. Jack Warner
Olieverf op linnen, 111,1 x 94,6 cm
Privé-bezit

992 Portret van Katharina Cornell,
1951
Portrait de Katharina Cornell
Olieverf op karton, 76,2 x 101,6 cm
Buffalo (NY), University of Buffalo

993 Een duivel als logicus (Lucifer).
Illustratie voor de 'Divina
commedia'. In opdracht van de
Italiaanse regering voor Dantes
geboortedag, 1951
*Un diable logicien (Lucifer). Dessin
pour 'La Divine Comédie'*
Aquarel en potlood; afmetingen
onbekend
Privé-bezit

994 zie bijschrift blz. 449

995 De gevallen engel (Illustratie
voor Dantes 'Divina commedia'),
1951
L'ange déchu
Aquarel, 41 x 27,5 cm
Verblijfplaats onbekend

996 De aanhangers van Simon
(illustratie voor Dantes 'Divina
commedia'), 1951
Les Simoniaques
Aquarel en sepia op papier,
43 x 28 cm
Verblijfplaats onbekend

997 zie bijschrift blz. 449

998 'Christus aan het kruis', in
extase getekend door St.-Johannes
van het Kruis (1542-1591)
Roodkrijt op papier,
75,7 x 101,7 cm
Saint Petersburg (Fl), The Salvador
Dalí Museum

999 Studie voor 'De Christus van
St.-Johannes van het Kruis', 1950
*Etude pour 'Christ de saint Jean de la
Croix'*
Roodkrijt op papier,
75,7 x 101,7 cm
Saint Petersburg (Fl), The Salvador
Dalí Museum

1000 Studie voor 'De Christus van
St.-Johannes van het Kruis', 1951
*Etude pour 'Christ de saint Jean de la
Croix'*
Gouache op papier, 17,2 x 20,3 cm
Privé-bezit

1001 Velázquez: studie voor 'De
overgave van Breda', rond 1635
Houtskool op papier,
26,2 x 16,8 cm
Madrid, Biblioteca Nacional

1002 Louis le Nain: 'Boeren voor
hun huis' (detail), 1642
Olieverf op linnen
San Francisco, Palace of the Legion
of Honor

1003 De Christus van St.-Johannes
van het Kruis, 1951
*Christ de saint Jean de la Croix
(Christ of Saint John of the Cross)*
Olieverf op linnen, 205 x 116 cm
Glasgow, The Glasgow Art Gallery

1004 Het iriskruis, 1952
*La croix aux iris (Arithmosophic
Cross)*
Olieverf op linnen,
84,5 x 53,5 cm (?)
Verblijfplaats onbekend; voorheen
New York, Carstairs Gallery

1005 Het koninklijke hart, 1953
Le cœur royal (The Royal Heart)
Gouden hart met 46 robijnen van
17,61 karaat en 42 diamanten van
0,57 karaat, vier smaragden;
hoogte: 10 cm
Tokyo, Minami Art Museum

1006 Nucleair kruis, 1952
Croix nucléaire
Olieverf op linnen, 78 x 58 cm
Spanje, privé-bezit; voorheen
collectie Marquis de Cuevas

1007 zie bijschrift blz. 453

1008 Het engelenkruis, 1960
La croix de l'ange (The Angel Cross)
Kruisbeeld van chinees koraal en
ander materiaal; hoogte: 76 cm
Tokyo, Minami Art Museum

1009 Assumpta corpuscularia
lapislazulina, 1952
Assumpta corpuscularia lapislazulina
Olieverf op linnen, 230 x 144 cm
Collectie John Theodoracopoulos

1010, 1011 zie bijschriften blz. 455

1012 Corpusculaire madonna, 1952
Madone corpusçulaire
Olieverf op linnen, 20,2 x 14 cm
Privé-bezit

1013 Gala Placida, 1952
Gala Placida
Inkt en pastel op papier,
45,7 x 34,6 cm
Tucson (AZ), University of Arizona
Museum of Art, The Edward Joseph
Gallagher III Memorial Collection

1014 Moleculaire ruiter, 1952
Figure équestre moléculaire
Inkt en aquarel op papier,
76 x 101,5 cm
Schenking van Dalí aan de Spaanse staat

1015 Sferische Galatea, 1952
Galatée aux sphères
Olieverf op linnen, 65 x 54 cm
Figueras, Fundación Gala-Salvador Dalí

1016 Rafaëleske dynamiek, 1952
Dynamics raphaélesques, 1952
Balpen en inkt; afmetingen onbekend
Privé-bezit

1017 Corpusculaire madonna, 1952
Madone corpusculaire
Potlood, sepia en inkt,
55,8 x 43,2 cm
Birmingham (AL), Birmingham Museum of Art, Gift of Mr. and Mrs. Charles W. Ireland

1018 Nucleair hoofd van een engel, 1952
Tête nucléaire d'un ange
Zwarte inkt, sepia en potlood op papier, 56 x 43 cm
Privé-bezit

1019 Studie voor hoofd van de maagd Maria, 1952
Etude pour tête de la Vierge
Potlood, inkt en gouache; afmetingen onbekend
Verblijfplaats onbekend

1020 Explosief hoofd, 1952-1954
Tête explosive
Potlood, balpen en inkt; afmetingen onbekend
Verblijfplaats onbekend

1021 Eucharistisch stilleven, 1952
Nature morte évangélique (Eucharistic Still Life)
Olieverf op linnen, 55 x 87 cm
Saint Petersburg (Fl), The Salvador Dalí Museum, in bruikleen van E. en A. Reynolds Morse

1022 De boom, 1952
L'arbre
Olieverf op linnen, 252,1 x 77,5 cm
Privé-bezit

1023 De engel van Port Lligat, 1952
L'ange de Port Lligat
Olieverf; materiaal en afmetingen onbekend
Privé-bezit

1024 Oplossing van de duurzaamheid van de herinnering, 1952-1954
Désintégration de la persistance de la mémoire
Olieverf op linnen, 25 x 33 cm
Saint Petersburg (Fl), The Salvador Dalí Museum, in bruikleen van E. en A. Reynolds Morse

1025 De engel van Port Lligat, 1952
L'ange de Port Lligat
Olieverf op linnen, 58,4 x 78,3 cm
Saint Petersburg (Fl), The Salvador Dalí Museum, in bruikleen van E. en A. Reynolds Morse

1026 De druivenplukkers: de Bacchus-wagen (De triomf van Dionysus), 1953
Les vendangeurs: le char de Bacchus (Le triomphe de Dionysios)
Aquarel, 77 x 101,5 cm
Schenking van Dalí aan de Spaanse staat

1027 Kostuumontwerpen voor 'Le Ballet des vendangeurs' (Het ballet van de druivenplukkers), 1953
Projets de costumes pour 'Le Ballet des vendangeurs'
Techniek en afmetingen onbekend
Verblijfplaats onbekend

1028 De schildpad voor 'Le ballet des vendangeurs', 1953
La tortue du 'Le Ballet des vendangeurs'
Techniek en afmetingen onbekend
Verblijfplaats onbekend

1029 Kostuumontwerp voor 'Le Ballet des vendangeurs' (Het ballet van de druivenplukkers), 1953
Projets de costumes pour 'Le Ballet des vendangeurs'
Techniek en afmetingen onbekend
Verblijfplaats onbekend

1030 Kostuumontwerp voor 'Le Ballet des vendangeurs' (Het ballet van de druivenplukkers), 1953
Projets de costumes pour 'Le Ballet des vendangeurs'
Techniek en afmetingen onbekend
Verblijfplaats onbekend

1031 Ontwerp van Dalí voor een modeprijsvraag met het thema 'De vrouw van de toekomst', 1953
Aquarel en collage op karton,
20,2 x 25,5 cm
Privé-bezit

1032-1039 zie bijschriften blz. 465

1040 Kruisiging, 1954
Crucifixion
Olieverf op linnen, 194,5 x 124 cm
Privé-bezit

1041 Gala bekijkt het 'Corpus Hypercubus', 1954
Gala regardant le 'Corpus Hypercubus'
Olieverf op linnen, 31 x 27 cm
Figueras, Fundación Gala-Salvador Dalí

1042 Portret van Gala met neushoornsymptomen, 1954
Portrait de Gala avec symptômes rhinocérontiques
Olieverf op linnen, 39 x 31,5 cm
Privé-bezit

1043 Corpus Hypercubus (Kruisiging), 1954
Corpus Hypercubus (Crucifixion)
Olieverf op linnen, 194,5 x 124 cm
New York, The Metropolitan Museum of Art, Gift of Chester Dale

1044 zie bijschrift blz. 466

1045 Antropomorfe figuur, 1954
Figure anthropomorphe
Potlood en balpen, 23,6 x 14,3 cm
Privé-bezit

1046 Grijs engelenhoofd, 1952-1954
Tête d'ange gris (Grey Head of Angel)
Potlood, inkt en aquarel; afmetingen onbekend
Verblijfplaats onbekend

1047 Met tarwekorrels gebombardeerd hoofd (Corpusculair hoofd boven het dorp Cadaqués), 1954
Tête bombardée par des grains de blé (Tête corpusculaire sur le village de Cadaqués)
Olieverf op karton, 26,6 x 17,8 cm
Privé-bezit

1048 De madonna van Rafaël op maximumsnelheid, 1954
La madone de Raphaël à la vitesse maximum
Olieverf op linnen, 81,2 x 66 cm
Madrid, Museo Nacional Reina Sofía, schenking van Dalí aan de Spaanse staat

1049 Week uurwerk op het moment van zijn eerste explosie, 1954
Montre molle au moment de sa première explosion
Olieverf op linnen, 20,5 x 25,7 cm
Privé-bezit

1050 Microfysische madonna, 1954
Madone microphysique
Olieverf op linnen, 41 x 28,5 cm
Verblijfplaats onbekend; voorheen collectie Marquis de Cuevas

1051 Madonna en corpusculair kind (Nucleaire tekening), 1954
Madone et enfant corpusculaires (Dessin nucléaire)
Balpen op papier, 19,4 x 23,5 cm
Privé-bezit

1052 Schets voor 'Week uurwerk explodeert in 888 stukken na twintig jaar totale onbeweeglijkheid', 1954
Esquisse pour 'Montre molle explosant en 888 morceaux après vingt ans de complète immobilité'
Inkt en potlood, 14 x 19 cm (?)
Privé-bezit

1053 Rinocerotische figuur van de Illisos van Phidias, 1954
Figure rhinocérontique de l'Illisos de Phidias
Olieverf op linnen, 100 x 129,5 cm
Figueras, Fundación Gala-Salvador Dalí, schenking van Dalí aan de Spaanse staat

1054 Dali, naakt, bekijkt de vijf regelmatige lichamen, veranderd in elementaire deeltjes waarin plotseling Leonardo's Leda verschijnt, gechromosomatiseerd door Gala's gezicht, 1954
Dali nu, en contemplation devant cinq corps réguliers métamorphosés en corpuscules, dans lesquels apparaît soudainement la Léda de Léonard chromosomatisée par le visage de Gala
Olieverf op linnen, 61 x 46 cm
Privé-bezit

1055 Galatée, 1954-1956
Galatée
Olieverf op linnen; afmetingen onbekend
Privé-bezit

1056 zie bijschrift blz. 471

1057 Ayne Bru (Lucius de Brun): Martelaarschap van St.-Cucufa, rond 1504-1507
Olieverf op hout, 172 x 132 cm
Barcelona, Museu d'Art de Catalunya

1058 De Kolossos van Rhodos, 1954
Le colosse de Rhodes
Olieverf op linnen, 68,8 x 39 cm
Bern, Kunstmuseum Bern

1059 De vuurtoren van Alexandrië, 1954
Le phare d'Alexandrie
Olieverf op karton; afmetingen onbekend
Privé-bezit

1060 De vuurtoren van Alexandrië, 1954
Le phare d'Alexandrie
Olieverf op karton, 17,9 x 12 cm
Privé-bezit; voorheen collectie Carlos Alemany

1061 De muren van Babylon, 1954
Les murs de Babylone
Olieverf op linnen, 27 x 77 cm
Privé-bezit

1062 De piramiden en de sfinx van Gizeh, 1954
Les pyramides et le sphinx de Guizèh
Olieverf op linnen, 25 x 55 cm
Privé-bezit

1063 Symfonie in rood, 1954
Symphonie en rouge
Olieverf, pen en inkt op karton; afmetingen onbekend
Privé-bezit

1064 Beeld van de Olympische Zeus, 1954
Statue de Zeus olympien
Olieverf op linnen, 18 x 18 cm
Privé-bezit

1065 Middag (detail), 1954
Midi (détail)
Olieverf op linnen, 37,5 x 42,5 cm
Saint Petersburg (Fl), The Salvador Dalí Museum; voorheen collectie E. en A. Reynolds Morse

1066 Twee jongelingen, 1954
Deux adolescents (Two Adolescents)
Olieverf op linnen, 56 x 65 cm
Saint Petersburg (Fl), The Salvador Dalí Museum, in bruikleen van E. en A.Reynolds Morse

1067 Ruiterfantasie (Portret van Lady Dunn-Beaverbrook), 1954
Fantaisie équestre (Portrait de Lady Dunn-Beaverbrook)
Olieverf op linnen, 118 x 135,2 cm
Fredericton (New Brunswick), Beaverbrook Art Gallery, Beaverbrook Canadian Foundation

1068 Portret van Mrs. Reeves, 1954
Portrait de Mrs. Reeves
Olieverf op linnen, 147 x 92 cm
Privé-bezit

1069 Portret van Mrs. Ann Woodward, 1954
Portrait de Mrs. Ann Woodward
Olieverf; afmetingen onbekend
Privé-bezit

1070, 1071 zie bijschriften blz. 476

1072 De kantwerkster (kopie van het schilderij van Vermeer van Delft), 1955
La Dentellière
Olieverf op linnen, 24 x 21 cm
Schenking van Dalí aan de Spaanse staat

1073 zie bijschrift blz. 476

1074 Rinocerotische buste van de 'Kantwerkster' van Vermeer, 1955
Buste rhinocérontique de la 'Dentellière' de Vermeer
Gips met patina, 50,5 x 35,4 x 38,5 cm
Parijs, privé-bezit

1075 Jeugdige maagd, opgewonden door haar eigen kuisheid (ook: Jeugdige maagd die sodomie bedrijft met de hoornen van haar eigen kuisheid), 1954
Jeune vierge autosodomisée par les cornes de sa propre chasteté
Olieverf op linnen, 40,5 x 30,5 cm
Los Angeles, Playboy Collection

1076 Paranoïde-kritisch schilderij van de 'Kantwerkster' van Vermeer, 1955
Peinture paranoïaque-critique de la 'Dentellière' de Vermeer
Olieverf op linnen op hout, 27,1 x 22,1 cm
New York, The Solomon R. Guggenheim Museum, anonieme schenking

1077 zie bijschrift blz. 480

1078 Rinocerotische figuren, 1955
Figures rhinocérontiques
Olieverf op linnen, 99 x 93 cm
Privé-bezit

1079 Gevecht, 1955
Combat (Guerriers microphysiques)
Pen en inkt, gewassen, op papier, 16 x 23 cm
Saint Petersburg (Fl), The Salvador Dalí Museum, in bruikleen van E. en A. Reynolds Morse

1080 Blauwe hoornen. Ontwerp voor een sjaal, 1955
Cornes bleues
Gouache, 67,5 x 69 cm
Privé-bezit

1081 Zonder titel (De ongewone geschiedenis van de 'Kantwerkster' van Vermeer), 1955
Sans titre (Histoire prodigieuse de la 'Dentellière' de Vermeer)
Olieverf, 100 x 100 cm
Verblijfplaats onbekend (waarschijnlijk verwoest)

1082 St.-Caecilia die ten hemel vaart, 1955
Sainte Cécile ascensionniste
Olieverf op linnen, 81 x 66 cm
Figueras, Fundación Gala-Salvador Dalí, schenking van Dalí aan de Spaanse staat

1083, 1085 zie bijschriften blz. 482

1084 Rinocerotisch portret van de 'Kantwerkster' van Vermeer, 1955
Portrait rhinocérontique de la 'Dentellière' de Vermeer
Olieverf op linnen, 102 x 105 cm
Privé-bezit

1086 Levend stilleven, 1956
Nature morte vivante
Olieverf op linnen, 125 x 160 cm
Saint Petersburg (Fl), The Salvador Dalí Museum, in bruikleen van E. en A. Reynolds Morse

1087 Studie van een fruitschaal voor 'Levend stilleven', 1956
Etude de compotier pour 'Nature morte vivante'
Olieverf op linnen, 61 x 50,8 cm
Figueras, Fundación Gala-Salvador Dalí, schenking van Dalí aan de Spaanse staat

1088 Bloemenvaas, 1956
Vase de fleurs
Aquarel, gouache en inkt op karton, 101 x 76,2 cm
Privé-bezit

1089 De onbeweeglijke zwaluw. Studie voor 'Levend stilleven', 1956
L'hirondelle immobile. Etude pour 'Nature morte vivante'
Olieverf op linnen, 46 x 36 cm
Privé-bezit; voorheen New York, Carstairs Gallery

1090 Wijnglas en boot, 1956
Verre de vin et bateau
Olieverf op linnen, 20,5 x 25,7 cm
Privé-bezit; voorheen New York, Carstairs Gallery

1091 Portret van Laurence Olivier in de rol van Richard III, 1955
Portrait de Laurence Olivier dans le rôle de Richard III
Olieverf op linnen, 73,7 x 63 cm
Londen, privé-bezit

1092 Zurbaráns schedel, 1956
Le crâne de Zurbarán
Olieverf op linnen, 100,3 x 100,3 cm
Washington (DC), The Hirshhorn Museum and Sculpture Garden

1093 Zonder titel (Landschap met vlinders), rond 1956
Sans titre (Paysage aux papillons)
Olieverf op linnen, 34,5 x 40 cm
Voorheen collectie Gala en Salvador Dalí

1094 Assumpta Canaveral, 1956
Assumpta Canaveral
Gouache en aquarel, 151 x 102 cm
Figueras, Fundación Gala-Salvador Dalí, schenking van Dalí aan de Spaanse staat

1095 Heilige, omgeven door drie pi-mesonen, 1956
Saint entouré de trois pi-mésons
Olieverf op linnen, 42 x 31 cm
Figueras, Fundación Gala-Salvador Dalí

1096 St.-Helena in Port Lligat, 1956
Sainte Hélène à Port Lligat
Olieverf op linnen, 31 x 42 cm
Saint Petersburg (Fl), The Salvador Dalí Museum, in bruikleen van E. en A. Reynolds Morse

1097 Antiprotonische hemelvaart van Maria, 1956
Assomption anti-protonique
Olieverf op linnen, 71,2 x 62,5 cm
Privé-bezit

1098 Het Laatste Avondmaal, 1955
La cène (The Last Supper)
Olieverf op linnen, 167 x 268 cm
Washington (DC), The National Gallery of Art, Chester Dale Collection

1099 Het Jezuskind, 1956
L'enfant Jésus
Olieverf op linnen, 17,8 x 13,3 cm
Privé-bezit; voorheen collectie Clara Boothe Luce

1100 Zwaluw, 1957
Hirondelle
Pen en penseel, inkt en roodkrijt op papier, 15,9 x 14,9 cm
Privé-bezit

1101 Rinocerotisch kippevel, 1956
Chair de poule rhinocérontique
Olieverf op linnen, 93 x 60 cm
Privé-bezit; voorheen collectie B. Pagliai

1102 St.-Johannes, 1957
Saint Jean
Aquarel en pen, 15 x 12 cm
Privé-bezit

1103 De olifant in de ruimte, 1961
L'éléphant spatial (The Spatial Elephant)
18-karaats goud, twee diamanten van 0,10 karaat, twee smaragden van 4 karaat, een smaragd van 14 karaat; afmetingen onbekend
Tokyo, Minami Art Museum

1104 Zonder titel (Surrealistisch landschap), 1957/1958
Sans titre (Paysage surréaliste)
Gouache op karton, 142 x 53 cm
Privé-bezit; voorheen collectie Alexander Fargas

1105 Veranderde vrouwen. De zeven kunsten, 1957
Femmes métamorphosées. Les sept arts
Olieverf op linnen, 72 x 92 cm
Privé-bezit

1106 Vlinderlandschap (ook: De grote masturbator in een surrealistisch landschap met DNA), 1957/1958
Paysage aux papillons (Grand masturbateur dans un paysage surréaliste avec A.D.N.)
Gouache op papier op linnen, 139 x 104 cm
Privé-bezit

1107 Hemelse rit, 1957
Chevauchée céleste
Olieverf op linnen, 185 x 83 cm
Privé-bezit

1108 De grote opera, 1957
Grand opéra
Olieverf op linnen; diameter: 93 cm
Privé-bezit; voorheen Galerie Alex Maguy

1109 Betovering – De zeven kunsten, 1957
Ensorcellement – Les sept arts
Olieverf op linnen, 84 x 114 cm
Privé-bezit

1110 Moderne rhapsodie – De zeven kunsten, 1957
Rhapsodie moderne – Les sept arts
Olieverf op linnen, 84 x 114 cm
Privé-bezit

1111 De dans – De zeven kunsten, 1957
La danse – Les sept arts
Olieverf op linnen, 84 x 114 cm
Privé-bezit; voorheen Billy Rose Collection

1112 De muziek – Het rode orkest – De zeven kunsten, 1957
La musique – L'orchestre rouge – Les sept arts
Olieverf op linnen, 84 x 115,5 cm
Genève, collectie G.E.D. Nahmad; voorheen Galerie Alex Maguy

1113 St.-Jacob van Compostela, 1957
Saint Jacques le Grand (Santiago el Grande)
Olieverf op linnen, 400 x 300 cm
Fredericton (New Brunswick), Beaverbrook Art Gallery

1114 zie bijschrift blz. 495

1115 De gouden eeuw (Don Quichotte), 1957
L'âge d'or (Don Quichotte)
Auarel en inkt op papier, 45 x 65,5 cm
Bamberg, kunstfiliaal R.H. Mayer

1116 Don Quichotte, 1956/1957
Don Quichotte
Kleurenlitho, 41 x 32,5 cm
Boston, The Boston Museum of Fine Arts

1117 Don Quichotte, 1956/1957
Don Quichotte
Kleurenlitho, 40,5 x 32,5 cm
Verblijfplaats onbekend

1118 Don Quichotte, 1956/1957
Don Quichotte
Kleurenlitho, 41 x 33 cm
Verblijfplaats onbekend

1119 Don Quichotte, 1956/1957
Don Quichotte
Kleurenlitho, 41 x 32,5 cm
Verblijfplaats onbekend

1120 Portret van Chester Dale met zijn hond Coco, 1958
Portrait de Chester Dale et de son chien Coco
Olieverf op linnen, 89 x 59 cm
Washington (DC), The National Gallery of Art, Chester Dale Collection

1121 Portret van Reinaldo Herrera, Marquis de Torre Casa, 1959
Portrait de Reinaldo Herrera, Marquis de Torre Casa
Olieverf op linnen, 84 x 64 cm
Privé-bezit

1122 Portret van Sir James Dunn, 1958
Portrait de Sir James Dunn
Olieverf op linnen, 96,5 x 72,4 cm
Fredericton (New Brunswick), Beaverbrook Art Gallery

1123 De hertog van Urbino (Portret van Comte Theo Rossi di Montelera), 1957
Le Duc d'Urbino (Portrait du Comte Theo Rossi di Montelera)
Olieverf op linnen, 75 x 60 cm
Privé-bezit

1124 Het oor van de paus, 1958
L'oreille du Pape
Inkt op papier, 41 x 33 cm
Privé-bezit

1125, 1126 zie bijschriften blz. 503

1127 De Sixtijnse madonna of: Madonna-oor. (Een van dichtbij gezien abstract en bijna geheel in grijs geschilderd doek dat van een afstand van twee meter verandert in de Sixtijnse madonna van Rafaël, terwijl op een afstand van vijftien meter het anderhalve meter grote oor van een engel verschijnt), 1958
La madone sixtine
Olieverf op linnen, 223 x 190 cm
New York, The Museum of Modern Art, collectie H.J. Heinz

1128, 1129 zie bijschriften blz. 503

1130 Velázquez schildert de infanta Margarita María met het licht en de schaduw van zijn eigen roem, 1958
Vélasquez peignant l'infante Marguerite avec les lumières et les ombres de sa propre gloire (Velàzquez Painting the Infante Margarita with the Lights and Shadows of His Own Glory)
Olieverf op linnen, 153 x 92 cm
Saint Petersburg (Fl), The Salvador Dalí Museum, in bruikleen van E. en A. Reynolds Morse

1131 Pi-mesonische engel, 1958
Ange pi-mésonique (Pi-mesonic Angel)
Aquarel op papier, 40,6 x 30,5 cm
Saint Petersburg (Fl), The Salvador Dalí Museum, in bruikleen van E. en A. Reynolds Morse

1132-1134 zie bijschriften blz. 505

1135 Vaas met korenbloemen, 1959
Le vase de bleuets
Olieverf op linnen, 41 x 30 cm
Privé-bezit

1136 Dionysus spuugt een compleet beeld van Cadaqués op de tongpunt van een vrouw met drie verdiepingen, 1958
Dionysios crachant l'image complète de Cadaqués sur le bout de la langue d'une femme à trois étagères
Olieverf op hout, 31 x 23 cm
Saint Petersburg (Fl), The Salvador Dalí Museum, in bruikleen van E. en A. Reynolds Morse

1137 Meditatieve roos, 1958
Rose méditative
Olieverf op linnen, 36 x 28 cm
Privé-bezit; voorheen New York, Arnold Grand Collection

1138 Hansworst voor 'De ongewone geschiedenis van de kantwerkster en de rinoceros', 1958
Paillasse pour 'L'Histoire prodigieuse de la dentellière et du rhinocéros'
Gouache en collage op twee foto's, 23,9 x 33,3 cm
Privé-bezit

1139 zie bijschrift blz. 508

1140 Detail uit 'Landschap bij maanlicht met begeleiding', 1958 (90° gekanteld)
Détail de 'Paysage au clair de la lune avec accompagnement'
Olieverf op linnen, 25,5 x 31 cm
Privé-bezit

1141 Metamorfose van Hitlers gezicht in een landschap bij maanlicht met begeleiding, 1958
Métamorphose du visage d'Hitler en paysage au clair de lune avec accompagnement
Olieverf op linnen, 25,5 x 31 cm
Privé-bezit

1142 Landschap bij Port Lligat, 1958
Paysage de Port Lligat
Olieverf op linnen, 58,4 x 76,2 cm
New York, privé-bezit; voorheen collectie William Benton

1143 Port Lligat bij zonsondergang, 1959
Port Lligat au soleil couchant (Port Lligat at Sunset)
Olieverf op linnen, 57,2 x 69,7 cm
Privé-bezit; voorheen New York, Arnold Grand Collection

1144 De ontdekking van Amerika door Christoffel Columbus (De droom van Cristoffel Columbus), 1958/1959
La découverte de l'Amérique par Christophe Colomb (Le rêve de Christophe Colomb)
Olieverf op linnen, 410 x 284 cm
Saint Petersburg (Fl), The Salvador Dalí Museum, in bruikleen van The Morse Charitable Trust

1145 Over de zeer koninklijke opvoeding van de jeugd, 1959
De la très Monarchique Education de la Jeunesse
Olieverf, inkt en balpen op perkament, 139 x 109 cm
Privé-bezit

1146 Studie voor 'De ontdekking van Amerika door Christoffel Columbus', 1958
Etude pour 'La découverte de l'Amérique par Christophe Colomb'
Balpen op papier, 70 x 48 cm
Schenking van Dalí aan de Spaanse staat

1147 Christus op de kiezelsteen, 1959
Christ au galet
Olieverf op gepolijste ovale kiezelsteen, 5,1 x 4,6 cm
Privé-bezit

1148 Kosmische madonna, 1958
Cosmic Madonna
Olieverf; materiaal en afmetingen onbekend
Privé-bezit

1149 Hemelvaart, 1958
L'Ascension
Olieverf op linnen, 115 x 123 cm
Privé-bezit

1150 De Maagd van Guadalupe, 1959
La Vierge de Guadalupe (La Virgen de Guadalupe)
Olieverf op linnen, 200 x 130 cm
Privé-bezit

1151 De bediende van de volgelingen van Emmaüs, 1960
La servante des disciples d'Emmaüs
Olieverf op linnen, 25 x 22,5 cm
Privé-bezit

1152 De Drieëenheid (studie voor 'Het oecumenische concilie'), 1960
La Trinité (Etude pour 'Le concile œcuménique')
Olieverf op linnen, 58,4 x 66 cm
Città del Vaticano (Rome), Musei Vaticani, Collezione d'Arte Religiosa Moderna

1153 St.-Anna en het kind, 1960
Sainte Anne et l'enfant
Aquarel, 26,2 x 20 cm
Saint Petersburg (Fl), The Salvador Dalí Museum

1154 Corpusculair religieus tafereel, rond 1958
Scène religieuse corpusculaire
Olieverf op karton, 26,7 x 18,2 cm
Privé-bezit

1155 St.-Anna en St.-Johannes, 1960
Sainte Anne et saint Jean
Aquarel en gouache, 24 x 18 cm
Privé-bezit

1156 San Salvador en Antoni Gaudí ruziën om de kroon van de Maagd, 1960
San Salvador et Antonio Gaudí se disputant la couronne de la Vierge
Gouache, 18,2 x 24,3 cm
Voorheen collectie Gala en Salvador Dalí

1157-1159 zie bijschriften blz. 519

1160 De St.-Pieter in Rome (Explosie van het mystieke geloof in het centrum van een kathedraal), 1960-1974
Basilique de saint Pierre de Rome (Explosión de fe mistica en el centro de una catedral)
Olieverf op linnen, 225 x 163 cm
Figueras, Fundación Gala-Salvador Dalí

1161 Portret van St.-Hiëronymus, 1960
Portrait de saint Jérôme
Olieverf op linnen, 20 x 25 cm
Privé-bezit

1162, 1163 zie bijschriften blz. 520

1164 Omslag van 'De apocalyps van St.-Johannes', 1958-1961
Couverture de 'L'Apocalypse de saint Jean'
Gedreven brons met edelstenen en vorken in een bol van plexiglas, 80 x 70 cm; gewicht: 150 kg
Privé-bezit

1165 Christus. Uit: 'L'Apocalypse de saint Jean', 1958-1960
Le Christ de l'Apocalypse
Techniek en afmetingen onbekend
Privé-bezit

1166 Pietà. Uit: 'L'Apocalypse de saint Jean', 1959
La Pietà de l'Apocalypse
Ets, 46,7 x 37,5 cm (plaat), 76,3 x 56,3 cm (vel)
Privé-bezit

1167 Beatrice, 1960
Béatrice
Olieverf op linnen, 40,5 x 30,5 cm
Saint Petersburg (Fl), The Salvador Dalí Museum, in bruikleen van E. en A. Reynolds Morse

1168 Twee religieuze figuren, 1960
Deux figures religieuses
Olieverf op triplex, 25,6 x 20,4 cm
Figueras, Fundación Gala-Salvador Dalí, schenking van Dalí aan de Spaanse staat

1169 Een Parce uit het Parthenon, 1960
Une Parque du Parthénon
Olieverf op linnen, 42,5 x 30,7 cm
Figueras, Fundación Gala-Salvador Dalí, schenking van Dalí aan de Spaanse staat

1170 Madonna, 1960
Madone
Olieverf/gouache (?) op mahoniehout (afdruk), 19,1 x 10,9 cm
Figueras, Fundación Gala-Salvador Dalí, schenking van Dalí aan de Spaanse staat

1171 Jonge godin die op haar ellebogen steunt (Continuüm van de vier billen – ... of Vijf rinoceroshoornen die een maagd vormen – Geboorte van een godheid), 1960
Déesse s'appuyant sur son coude (Continuum à quatre fesses ou Cinq cornes de rhinocéros formant une vierge ou Naissance d'une divinité)
Olieverf op linnen, 92,5 x 153 cm
Barcelona, Generalitat de Catalunya, Departament de Cultura, schenking van de kunstenaar, 1980

1172 Hyparxiologische hemel, 1960
Ciel hyparxiologique
Olieverf op linnen met spijkers en ingelegde gouden tand, 31 x 43 cm
Privé-bezit

1173 Het leven van Maria Magdalena, 1960
Vie de Marie-Madeleine
Olieverf op linnen, 59 x 59 cm
Privé-bezit

1174 Portret van Juan de Pareja tidens het repareren van een snaar op zijn mandoline, 1960
Portrait de Juan de Pareja réparant une corde à sa mandoline
Olieverf op linnen, 76,5 x 87,6 cm
Privé-bezit

1175 Las Meninas (detail), 1960
Les Ménines
Olieverf op linnen, 18 x 16 cm
Duitsland, privé-bezit

1176 Las Meninas, 1960
Les Ménines
Gouache, 23 x 18 cm
Bridgewater, Collection Mr. and Mrs. Julien Levy

1177 Numerieke compositie (onvoltooid), rond 1960
Composition numérique
Olieverf op linnen, 40 x 30,7 cm
Figueras, Fundación Gala-Salvador Dalí, schenking van Dalí aan de Spaanse staat

1178 Figuur in de vorm van een wolk, rond 1960
Personnage en forme de nuage (Cuerpo de nubes)
Olieverf op linnen, 31 x 43,5 cm
Figueras, Fundación Gala-Salvador Dalí, schenking van Dalí aan de Spaanse staat

1179 zie bijschrift blz. 527

1180 Bij de 'Verhandeling over de kubische vorm' van Juan de Herrera, 1960
A propos du 'Discours sur la forme cubique' de Juan de Herrera
Olieverf op linnen, 59,5 x 56 cm
Madrid, Museo Nacional Reina Sofía, schenking van Dalí aan de Spaanse staat

1181 Vrouw die zich uitkleedt, 1959
Femme se déshabillant (Muchacha desvistiendose)
Olieverf op linnen, 17,8 x 14 cm
Privé-bezit; voorheen collectie Carlos Alemany

1182 Vrouwelijk naakt, zittend, rond 1960
Nu féminin assis
Olieverf op linnen; afmetingen onbekend
Voorheen collectie Gala en Salvador Dalí

1183 Studie voor 'Vrouw die zich uitkleedt', 1959
Etude pour 'Femme se déshabillant'
Olieverf op linnen, 18 x 15 cm
Privé-bezit

1184 Gala naakt, van achteren gezien, 1960
Gala nue de dos
Olieverf op linnen, 42 x 32 cm
Figueras, Fundación Gala-Salvador Dalí

1185 Het oecumenische concilie, 1960
Le concile œcuménique
Olieverf op linnen, 300 x 254 cm
Saint Petersburg (Fl.), The Salvador Dalí Museum, in bruikleen van The Morse Charitable Trust

1186 Het oecumenische concilie, 1960
Le concile œcuménique
Olieverf op karton, 74 x 100 cm
Privé-bezit

1187 Kathedraal (onvoltooid), rond 1960
Cathédrale
Olieverf en potlood op linnen, 33 x 40,5 cm
Figueras, Fundación Gala-Salvador Dalí, schenking van Dalí aan de Spaanse staat

1188 Portret van een man (Het waren er drie), 1960
Portrait d'homme (They Were Three)
Olieverf op linnen (?), 61 x 51 cm
Privé-bezit

1189 Portret van een vrouw (Grijs jasje, draagt parelketting), rond 1961
Portrait de femme (Veste grise, porte un collier de perles)
Olieverf op papier op karton, 45 x 60 cm
Privé-bezit

1190 Portret van 'Bobo' Rockefeller (onvoltooid), 1960
Portrait de 'Bobo' Rockefeller
Olieverf op linnen, 59,9 x 56 cm
Figueras, Fundación Gala-Salvador Dalí, schenking van Dalí aan de Spaanse staat

1191 Geboorte van een godheid, 1960
Naissance d'une divinité
Olieverf op hout, 36 x 26 cm
Privé-bezit

1192 Portret van Comtesse Ghislaine d'Oultremont, 1960
Portrait de la Comtesse Ghislaine d'Oultremont
Olieverf op linnen, 74,3 x 61,6 cm
Privé-bezit; voorheen New London (CT), Connecticut College

1193 Portret van Mrs. Fagen, 1960
Portrait de Mrs. Fagen
Olieverf op linnen, 124 x 94 cm
Privé-bezit

1194 Zonder titel (De dame van Avignon), rond 1960
Sans titre (La dama d'Avinyo)
Olieverf en collage op karton, 71 x 27 cm
Privé-bezit

1195 zie bijschrift blz. 534

1196 Leda's zwaan (Leda en de zwaan), 1961
Le cygne de Léda (Léda et le cygne)
Gouache, 6,6 x 6,7 cm (ovaal)
Figueras, Fundación Gala-Salvador Dalí, schenking van Dalí aan de Spaanse staat

1197 zie bijschrift blz. 534

1198 Het hoofd van Medusa, 1962
Tête de méduse
Aquarel, 50 x 64 cm
Privé-bezit

1199 Macrofotografisch zelfportret met de verschijning van Gala als Spaanse non, 1962
Autoportrait macrophotographique avec apparition de Gala en religieuse espagnole
Gouache op kleurenfoto, 78 x 48 cm
Privé-bezit

1200 zie bijschrift blz. 537

1201 Studie voor 'De slag bij Tetuán', 1961
Etude pour 'La bataille de Tétouan'
Gouache op karton, 10 x 38 cm
Privé-bezit

1202 Arabieren. Studie voor 'De slag bij Tetuán', 1961
Arabes. Etude pour 'La bataille de Tétouan'
Olieverf op karton, 12,5 x 75 cm
Privé-bezit

1203 Studie voor 'De slag bij Tetuán', 1961
Etude pour 'La bataille de Tétouan'
Gouache op karton, 12,5 x 21 cm
Privé-bezit; voorheen collectie John Studevant

1204 Arabier, 1962
Arabe
Inkt en sepia, gewassen, op papier, 48 x 38 cm
Schenking van Dalí aan de Spaanse staat

1205 Arabieren. Studie voor 'De slag bij Tetuán', 1960
Arabes. Etude pour 'La bataille de Tétouan'
Gemengde techniek op karton, 25,5 x 38,5 cm
Privé-bezit

1206 Studie voor 'De slag bij Tetuán', 1962
Etude pour 'La bataille de Tétouan'
Olieverf op hout, 18,5 x 23,5 cm
Figueras, Fundación Gala-Salvador Dalí

1207 De slag bij Tetuán, 1962
La bataille de Tétouan
Olieverf op linnen, 308 x 406 cm
Tokyo, Minami Art Museum

1208 Mohammeds droom (Hommage aan Fortuny), 1961
Rêve de Mahomet (Hommage à Fortuny)
Olieverf op papier, 41 x 43 cm
New York, collectie Pierre Schlumberger

1209 Arabier, 1962
Arabe
Gemengde techniek op verkreukeld papier, 73 x 53 cm
Figueras, Fundación Gala-Salvador Dalí, schenking van Dalí aan de Spaanse staat

1210 Arabieren – De dood van Raimundus Lullus, 1963
Arabes – Mort de Raymond Lulle
Olieverf op hout, 11 x 29 cm
Chicago, Abel E. Fagan Collection

1211 Desoxyribonucleïnezuur-Arabieren, rond 1963
Arabes acidodésoxyribonucléiques
Olieverf op linnen, 131,5 x 180 cm
Madrid, Centro de Arte Reina Sofía, schenking van Dalí aan de Spaanse staat

1212 Mohammeds droom, 1963
Le songe de Mahomet
Olieverf op karton, 64 x 46 cm
Privé-bezit

1213 Studie voor 'Vijftig abstracte schilderijen die van twee meter afstand drie keer Lenin verkleed als Chinees worden en er van zes meter afstand als de kop van een koningstijger uitzien' 1963
Study for 'Fifty Abstract Paintings which as Seen from Two Yards Change into Three Lenins Masquerading as Chinese and as Seen from Six Yards Appear as the Head of a Royal Tiger'
Gouache op karton, 51 x 76 cm
Figueras, Fundación Gala-Salvador Dalí, schenking van Dalí aan de Spaanse staat

1214 De infanta (Staande vrouw), 1961
Infante (Standing Woman)
Olieverf, gouache, aquarel en inkt op karton, 25,5 x 25,5 cm
Privé-bezit

1215 Twist in het atelier van Velázquez, 1962
Twist dans l'atelier de Vélasquez
Olieverf op linnen, 127 x 178 cm
Privé-bezit

1216 Vijftig abstracte schilderijen die van twee meter afstand drie keer Lenin verkleed als Chinees worden en er van zes meter afstand als de kop van een koningstijger uitzien, 1963
Fifty Abstract Paintings which as Seen from Two Yards Change into Three Lenins Masquerading as Chinese and as Seen from Six Yards Appear as the Head of a Royal Tiger
Olieverf op linnen, 200 x 229 cm
Tokyo, Minami Art Museum

1217 Madonna met roos, 1964
Madone à la rose
Inkt, sepia, gouache en aquarel op papier op hout, 59 x 46 cm
Privé-bezit

1218 Het heilige hart van Jezus, 1962
Cœur Sacré de Jésus
Olieverf op linnen, 86,5 x 61 cm
Privé-bezit

1219 St.-Joris en de draak, 1962
Saint Georges et le dragon
Olieverf op linnen, 22,9 x 30,5 cm
Privé-bezit

1220 Madonna met mystieke roos, 1963
Madone à la rose mystique
Olieverf op linnen, 71 x 71 cm
Privé-bezit

1221 De alchimist, 1962
L'alchimiste
Olieverf op linnen, 60 x 40 cm
Parijs, collectie Société Roussel-Uclaf

1222 Portret van Mr. Fagen, 1962
Portrait de Mr. Fagen
Olieverf op linnen, 121 x 89,5 cm
Privé-bezit

1223 Galacidalacidesoxyribonucleïnezuur, 1963
Galacidalacidesoxyribonucleicacid
Olieverf op linnen, 305 x 345 cm
Boston, The Bank of New England

1224 Vrouwlijk naakt (na restauratie), 1964
Nu féminin (Reconstitution)
Kurk op linnen, 45,8 x 38 cm
Privé-bezit

1225 Hercules die die huid van de zee optilt, vraagt Venus een moment te wachten voordat ze Amor wekt, 1963
Hercule soulevant la peau de la mer demande à Vénus d'attendre un instant avant d'éveiller l'Amour
Olieverf op linnen, 41,9 x 55,9 cm
Nagaoka (Japan), Museum of Contemporary Art

1226 Zonder titel (Stilleven met lelies), 1963
Sans titre (Nature morte aux lys)
Olieverf op linnen, 50 x 61 cm
Privé-bezit

1227 Het oordeel van Paris, 1963
Le jugement de Pâris
Techniek en afmetingen onbekend
Verblijfplaats onbekend

1228 Zonder titel (Vrouwelijk naakt op een schilderspalet), 1964
Sans titre (Dessin de femme nue exécuté sur une palette de peintre)
Olieverf (?) op schilderspalet, 29 x 25 cm
Collectie Riera

1229 Portret van mijn dode broer, 1963
Portrait de mon frère mort
Olieverf op linnen, 175 x 175 cm
Zwitserland, privé-bezit

1230 Dalí's zon, 1965
The Sun of Dalí
Olieverf, 101 x 75,7 cm
Privé-bezit

1231 Landschap met vliegen, 1964
Paysage avec mouches (Landscape with Flies)
Olieverf op verguld metaal, 35,5 x 35,5 cm
Voorheen collectie Gala en Salvador Dalí

1232 Zonder titel (St.-Johannes), 1964
Sans titre (Saint Jean)
Olieverf op plastic met lensachtig rooster, 15,2 x 11,5 cm
Privé-bezit

1233 Odalisque voor het bad (Haremtafereel), 1965
Odalisque devant un bassin (Scène dans un patio de harem)
Aquarel en gouache op karton, 36 x 31 cm
Privé-bezit

1234 Religieus tafereel, 1963
Scène religieuse
Inkt, gewassen, 42,5 x 59 cm
Privé-bezit

1235 De hertog van Olivares, 1965
Le Comte-duc de Olivares (El Conde Duque de Olivares)
Potlood, inkt, aquarel en gouache op papier, 152,5 x 101,5 cm
Privé-bezit

1236 De communie van Filips II, 1965
La communion de Philippe II
Aquarel, 39,4 x 59,7 cm
Privé-bezit

1237 De apotheose van de dollar (Salvador Dalí bij het schilderen van Gala tijdens haar deelname aan de apotheose van de dollar, waarop links de als Lodewijk XIV verklede Marcel Duchamp is te zien achter een in de stijl van Vermeer geschilderd gordijn – een gordijn dat in werkelijkheid het weliswaar onzichtbare, maar overweldigende portret van Hermes door Praxiteles is), 1965
L'apothéose du dollar
Olieverf op linnen, 400 x 498 cm
Figueras, Fundación Gala-Salvador Dalí; voorheen Museo Perrot-Moore, Cadaqués

1238 Verklede figuur die een vlinder opspietst, 1965
Personnage déguisé en train de clouer un papillon
Olieverf op spaanplaat, 12 x 9 cm
Figueras, Fundación Gala-Salvador Dalí, schenking van Dalí aan de Spaanse staat

1239 Portret van Gala (Gala in tegenlicht), 1965
Portrait de Gala (Gala à contre-jour)
Olieverf op hout, 37,9 x 34,8 cm
Madrid, Centro de Arte Reina Sofía, schenking van Dalí aan de Spaanse staat

1240, 1241 zie bijschriften blz. 558

1242 Het station van Perpignan (Gala bekijkt Dalí in een toestand van gewichtloosheid boven zijn 'Pop, Op, Yes-Yes, Kitsch'-kunstwerk, waarop zich de twee beangstigende figuren uit het 'Angelus' van Millet in de atavistische toestand van de winterslaap aan ons oog presenteren, het geheel tegen een hemel die heel plotseling in een gigantisch Maltezer kruis kan veranderen en in het middelpunt zelf is het station van Perpignan waarin het gehele universum convergeert), 1965
La gare de Perpignan
Olieverf op linnen, 295 x 406 cm
Keulen, Museum Ludwig

1243 Gele astronaut (klerikaal). Ontwerp voor een zomerse avondjurk, 1965
Yellow Astronaut (clerical)
Aquarel, potlood en balpen, 46 x 34 cm
Privé-bezit

1244 Extra plat. Ontwerp voor een bikini, 1965
Extra flat
Gouache, potlood en inkt, 46 x 36 cm
Privé-bezit

1245 Dalíaans keizerrijk. Ontwerp voor een zomerse cocktailjurk, 1965
Dalínienne Empire
Aquarel, potlood en collage, 46,5 x 34 cm
Privé-bezit

1246 Ben zo terug. Ontwerp voor tweedelig strandtenue, 1965
Coming Back
Aquarel, gouache, potlood, houtskool, roodkrijt, viltstift en inkt, 46,5 x 34 cm
Privé-bezit

1247 Barcelona. Ontwerp voor een strandensemble, 1965
Barcelona
Aquarel en potlood, 46,5 x 34 cm
Privé-bezit

1248 Fifty-Fifty. Ontwerp voor een badpak, 1965
Fifty-Fifty
Aquarel, balpen, gouache en houtskool, 46,5 x 34 cm
Privé-bezit

1249 Portret van Mrs. Ruth Daponte, 1965
Portrait de Mrs. Ruth Daponte
Olieverf op linnen, 85,1 x 59 cm
Privé-bezit

1250 ODalísque. Ontwerp voor een zomerse avondjurk, 1965
ODalísque
Aquarel en potlood, 46,5 x 34 cm
Privé-bezit

1251 Tennis. Ontwerp voor een tennisjurk, 1965
Tennis
Aquarel en balpen, 46,5 x 34 cm
Privé-bezit

1252 Nacht in het hotel (Abstractie in zwart-wit), 1965
Nuit à l'Hostal (Abstraction en noir et blanc)
Acrylverf op linnen, 200 x 400 cm
Privé-bezit

1253 Mozes en de farao, 1966
Moïse et le Pharaon
Olieverf op linnen, 103,5 x 91 cm
New York, Syracuse University Art Collection

1254 Zonder titel (Apocalyptische Christus; Christus gevlamd), 1965
Sans titre (Christ apocalyptique; Christ au moiré)
Olieverf op optisch plastic paneel, 40,5 x 40,5 cm
Privé-bezit

1255 Zonder titel (St.-Johannes van achteren gezien), 1965
Sans titre (Saint Jean de dos)
Olieverf op plastic met lensachtig rooster; afmetingen onbekend
Verblijfplaats onbekend

1256 De anatomieles, 1965
La leçon d'anatomie
Pen en inkt op papier, 34 x 46 cm
Saint Petersburg (Fl), The Salvador Dalí Museum, in bruikleen van E. en A. Reynolds Morse

1257 Door vliegen gepijnigde Laocoön, 1965
Laocoon tourmenté par les mouches
Olieverf op plastic met lensachtig rooster, 50,8 x 40,5 cm
Privé-bezit

1258 Kruisiging (opdracht: voor Gala van de goddelijke Dalí), 1965
Crucifixion (Dédicacé: Pour Gala du divin Dalí)
Olieverf op linnen, 24 x 18,5 cm
Privé-bezit

1259, 1260 zie bijschriften blz. 564

1261 Ernest Meissonier: De slag bij Friedland, 1807 (detail), 1888
Ernest Meissonier: 1807 Friedland
Olieverf op linnen, 133 x 242 cm
New York, The Metropolitan Museum of Art

1262 Hommage aan Meissonier, 1965
Hommage à Meissonier
Olieverf op hout, 120 x 140 cm
Figueras, Fundación Gala-Salvador Dalí, schenking van Dalí aan de Spaanse staat

1263 Studie voor 'De tonijnvangst', rond 1966/1967
Etude pour 'La pêche aux thons'
Pen, inkt en aquarel, 38 x 51 cm
Privé-bezit

1264 De ontwikkeling van het doek 'De tonijnvangst', rond 1966/1967
La pêche aux thons
Olieverf op linnen, 304 x 404 cm
Ile de Bendor, Fondation Paul Ricard

1265 De tonijnvangst (vorderende toestand), rond 1966/1967
La pêche aux thons
Olieverf op linnen, 304 x 404 cm
Ile de Bendor, Fondation Paul Ricard

1266 De tonijnvangst (vorderende toestand), rond 1966/1967
La pêche aux thons
Olieverf op linnen, 304 x 404 cm
Ile de Bendor, Fondation Paul Ricard

1267 De tonijnvangst (gevorderd stadium), rond 1966/1967
La pêche aux thons
Olieverf op linnen, 304 x 404 cm
Ile de Bendor, Fondation Paul Ricard

1268 Studie voor 'De tonijnvangst', 1966/1967
Etude pour 'La pêche aux thons'
Techniek en afmetingen onbekend
Verblijfplaats onbekend

1269 Studie voor 'De tonijnvangst', 1966/1967
Etude pour 'La pêche aux thons'
Techniek en afmetingen onbekend
Verblijfplaats onbekend

1270 Grote figuur voor 'De tonijnvangst', rond 1966/1967
Grande figure pour 'La pêche aux thons'
Potlood en aquarel op papier, 153 x 103 cm
Schenking van Dalí aan de Spaanse staat

1271 Grote figuur voor 'De tonijnvangst', rond 1966/1967
Grande figure pour 'La pêche aux thons'
Potlood en aquarel op papier, 153 x 103 cm
Schenking van Dalí aan de Spaanse staat

1272 De tonijnvangst, rond 1966/1967
La pêche aux thons
Olieverf op linnen, 304 x 404 cm
Ile de Bendor, Fondation Paul Ricard

1273 De pooier, ongedateerd
Le maquereau
Techniek en afmetingen onbekend
Verblijfplaats onbekend

1274 Kraan (De afvoer), ongedateerd
Le robinet (La grille)
Techniek en afmetingen onbekend
Verblijfplaats onbekend

1275 Embleem van de gekwetste trots, ongedateerd
Emblème de l'orgueil meurtri
Techniek en afmetingen onbekend
Verblijfplaats onbekend

1276 De bergen van Cap Creus marcheren (LSD-trip), 1967
Les montagnes du Cap Creus en marche (L.S.D. Trip)
Aquarel en inkt, 57 x 82 cm
Ile de Bendor, Fondation Paul Ricard

1277 De bloemenshow – Sleutelbloemen, 1967
Les floralies – Les œillets aux clés, 1967
Gemengde techniek op papier, 56 x 38 cm
Verblijfplaats onbekend

1278 zie bijschrift blz. 570

1279 Kont, 1973
Culo-Cul
Inkt op papier, 25 x 25 cm
Verblijfplaats onbekend

1280 Zonder titel (Erotische tekening), 1932
Sans titre (Dessin érotique)
Inkt op papier, 16 x 8 cm
Privé-bezit

1281 Zonder titel (Erotisch tafereel met zeven figuren), 1966
Sans titre (Scène érotique à sept personnages)
Zwarte en blauwe balpen, 16 x 24 cm
Privé-bezit

1282 Figuur die een trap oploopt, 1967
Personnage montant un escalier (Figure Climbing a Stair)
Gemengde techniek op papier, 98 x 58,8 cm
Privé-bezit

1283 Gekke, gekke, gekke Minerva – Illustratie voor 'Memories of Surrealism' (Herinnering aan het Surrealisme), rond 1968
Folle folle folle Minerva
Olieverf, gouache en inkt met fotocollage op papier, 61 x 48 cm
Wenen, Galerie Kalb

1284 De patio van Port Lligat, 1968
Le patio de Port Lligat
Olieverf op linnen, 60,1 x 77,6 cm
Figueras, Fundación Gala-Salvador Dalí, schenking van Dalí aan de Spaanse staat

1285 Visser uit Port Lligat die zijn netten boet, 1968
Pêcheur de Port Lligat réparant ses filets
Olieverf op linnen, 32 x 45 cm
Privé-bezit

1286 Kosmische atleet, 1968
Athlète cosmique
Olieverf op linnen, 300 x 200 cm
Madrid, Palais de la Zarzuela, nationaal bezit

1287 Stierenvechterskunst I – De torero, doodsronde, 1968
Tauromachie I – El Torrero, Suerte de Matar
Gouache, 70 x 43 cm
Privé-bezit

1288 Licht en schaduw, 1968
Soli i sombra, 1968
Collage, gouache en inkt op karton, 101 x 101 cm
Privé-bezit

1289 Studie voor 'Kosmische atleet', 1968
Etude pour 'Athlète cosmique'
Potlood op karton, 24 x 18 cm
Privé-bezit

1290 De hallucinogene torero, rond 1968-1970
Le torero hallucinogène
Olieverf op linnen, 398,8 x 299,7 cm
Saint Petersburg (Fl), The Salvador Dalí Museum, in bruikleen van The Morse Charitable Trust

1291 Schets voor 'De hallucinogene torero, 1968
Croquis pour 'Le torero hallucinogène'
Techniek en afmetingen onbekend
Verblijfplaats onbekend

1292 zie bijschrift blz. 579

1293 Studie voor het virtuele gezicht in 'De hallucinogene torero'. Hier is te zien dat het heel goed Gala's gezicht had kunnen worden, 1968
Essais pour le visage virtuel du 'Torero hallucinogène'
Potlood en balpen op schetsblok; afmetingen onbekend
Privé-bezit

1294-1296 zie bijschriften blz. 580

1297 zie bijschrift blz. 582

1298 zie bijschrift blz. 583

1299 Vliegenstudie voor 'De hallucinogene torero', 1968
Etude des mouches pour 'Le torero hallucinogène'
Inkt op foto, 9,9 x 12,9 cm
Privé-bezit

1300 zie bijschrift blz. 584

1301 Zeven vliegen en een model, 1954
Sept mouches et un modèle
Pen; afmetingen onbekend
Privé-bezit

1302 zie bijschrift blz. 584

1303-1306 zie bijschriften blz. 587

1307 Dalí als kind met zijn vader, 1971
Dalí enfant avec son père
Inkt; afmetingen onbekend
Verblijfplaats onbekend

1308 Het uur van de monarchie, 1969
L'heure de la monarchie – Plafond du Palacio Albéniz de Montjuïc, Barcelona
Olieverf; diameter: 300 cm
Barcelona, eigendom van de stad Barcelona

1309 De tranenvijver. Illustratie voor 'Alice in Wonderland' van Lewis Carroll, verschenen bij Maecenas Press, New York, 1969
La mare aux larmes
Gouache, 56 x 40 cm
Privé-bezit

1310 Zonder titel (Surrealistische engel), rond 1969
Sans titre (L'ange surréaliste)
Olieverf op linnen, 40 x 30 cm
Privé-bezit

1311 Zonder titel (Stilleven met witte doek), 1969
Sans titre (Nature morte au drapé blanc)
Olieverf op linnen, 57 x 44 cm
Privé-bezit; voorheen collectie Juan Ferrer Perez

1312 Studie van een vrouwelijk naakt, rond 1962
Etude de nu féminin
Olieverf op linnen, 129,5 x 96,7 cm
Figueras, Fundación Gala-Salvador Dalí, schenking van Dalí aan de Spaanse staat

1313 St.-Sebastiaan – Studie van een mannelijk naakt, 1969
Etude de nu masculin – Saint Sébastien
Olieverf op linnen, 145 x 97 cm
Figueras, Fundación Gala-Salvador Dalí, schenking van Dalí aan de Spaanse staat

1314 Roger bevrijdt Angelica (St.-Joris en het meisje), 1970-1974
Roger délivrant Angélique (Saint Georges et la demoiselle)
Olieverf op linnen, 291 x 144,7 cm
Figueras, Fundación Gala-Salvador Dalí

1315 Portret van John Theodoracopoulos, 1970
Portrait de John Theodoracopoulos
Olieverf op linnen; afmetingen onbekend
Privé-bezit

1316 Zonder titel (Ladenhoofd naar Michelangelo), rond 1970
Sans titre (Tête de Michel-Ange au tiroir)
Olieverf op triplex; afmetingen onbekend
Figueras, Fundación Gala-Salvador Dalí

1317 Geduldige geliefden (Verschijning van een gezicht met stereoscopische inslag in een landschap van Ampurdán), 1970
Patient Lovers (Apparition d'un visage à tendance stéréoscopique dans un paysage de Ampurdán)
Aquarel, inkt en collage, 56 x 76 cm
Privé-bezit

1318 Cap Creus met naakten, 1970
Cap Creus con desnudos
Olieverf op koper, 39 x 49 cm
Privé-bezit

1319 De vleugels van de overwinning, 1970
Les ailes de la victoire (Winged Victory)
Gemengde techniek, 150 x 100 cm
Privé-bezit

1320 Verschijning van Venus, 1970
Apparition de Vénus
Olieverf en inkt op papier en karton, 30 x 19 cm
Privé-bezit

1321 Silhouet van een koorddanser en een clown, rond 1970
Silhouette d'équilibriste et bouffon
Olieverf en inkt op koper, 40,5 x 30,1 cm
Figueras, Fundación Gala-Salvador Dalí, schenking van Dalí aan de Spaanse staat

1322 Christus, 1970
Christ
Aquarel en gemengde techniek, 96,5 x 58,4 cm
Privé-bezit

1323 Les demoiselles d'Avignon (De meisjes van Avignon), 1970
Les demoiselles d'Avignon
Gemengde techniek, 209,4 x 149,4 cm
Madrid, Museo Nacional Reina Sofía, schenking van Dalí aan de Spaanse staat

1324 Gezicht op Púbol, 1971
Vue de Púbol
Aquarel, 20 x 56,3 cm
Schenking van Dalí aan de Spaanse staat

1325 Hannibal trekt de Alpen over, 1970
Hannibal traversant les Alpes
Gouache en aquarel op bruingrijs, ruw karton, 73 x 99 cm
Saint Petersburg (Fl), The Salvador Dalí Museum, in bruikleen van E. en A. Reynolds Morse

1326 Gezicht op Púbol, 1971
Vue de Púbol
Olieverf op steen uit het landschap, 9 x 20,5 cm
Schenking van Dalí aan de Spaanse staat

1327 zie bijschrift blz. 595

1328 De Dalíaanse Senyera (De Catalaanse vlag), 1970
La senyera Daliniana
Olieverf op hout, 244 x 122 cm
Privé-bezit

1329 Clauilegnio – Het brandende paard (De paarden van Dalí), rond 1971
Clauilegnio – The Flaming Horse (Les chevaux de Dalí)
Gouache en aquarel, 55,9 x 40,6 cm
Privé-bezit

1330 Trajanus te paard, 1972
Trajan à cheval
Olieverf op linnen, 46 x 38 cm
Privé-bezit

1331 De wederkomst van Christus, 1971
The Second Coming of Christ
Olieverf op linnen, 53,3 x 34,3 cm
Privé-bezit

1332 Caligula's paard (De paarden van Dalí), rond 1971
Le cheval de Caligula (Les chevaux de Dalí)
Gouache; afmetingen onbekend
Verblijfplaats onbekend

1333 De christelijke ridder (De paarden van Dalí), 1971
Le chevalier chrétien (Les chevaux de Dalí)
Gouache; afmetingen onbekend
Verblijfplaats onbekend

1334 Lady Godiva (De paarden van Dalí), 1971
Lady Godiva (Les chevaux de Dalí)
Gouache en aquarel, 56 x 41 cm
Verblijfplaats onbekend

1335 Apocalyptische ruiters, 1970
Cavaliers de l'Apocalypse
Gouache op papier, 55 x 75 cm
Privé-bezit

1336, 1337 zie bijschriften blz. 598

1338 Zelfportret (fotomontage met de beroemde 'Mao-Marilyn', die Philippe Halsman maakte op Dalí's verzoek), 1972
Autoportrait
Olieverf, gemengde techniek en collage, 118 x 96 cm
Privé-bezit

1339, 1340 zie bijschriften blz. 599

1341 Marilyn Monroe, 1972
Marilyn Monroe
Olieverf op plexiglas, nylondraad en hout op metaal, 104,1 x 53,3 cm
Privé-bezit

1342 zie bijschrift blz. 600

1343 Verwarming als verwarmingsbekleding, rond 1972
Radiateurs cache-radiateurs
Olieverf op ijzerplaat, 229 x 105 cm
Schenking van Dalí aan de Spaanse staat

1344 Perspectivisch geschilderde deuropening (trompe-l'œil), rond 1972
Porte en trompe-l'œil (Les pierres sont réelles)
Olieverf op linnen, 220,5 x 115,7 cm
Schenking van Dalí aan de Spaanse staat

1345 Plafondschildering in de hal van Gala's kasteel in Púbol, 1971
Plafond du hall du château de Gala à Púbol
Olieverf op gegrondeerd linnen, onregelmatig beschilderd, 12,17 x 6,25 m
Schenking van Dalí aan de Spaanse staat

1346 zie bijschrift blz. 600

1347 Stoel met landschap, geschilderd voor Gala's kasteel in Púbol, rond 1974
Fauteuil à paysage peint pour le château de Gala à Púbol
Olieverf op linnen; diameter: 45 cm
Púbol, privé-bezit

1348 Het gezicht, 1972
Le visage
Olieverf op papier, 58,5 x 44 cm
Figueras, Fundación Gala-Salvador Dalí

1349 Heelal-Eva, 1972
Eva espacial
Olieverf op linnen, 58,7 x 76,3 cm
Collectie Italcambio

1350 Nu is het avond (Amazone), 1971
Maintenant c'est le soir (Amazone)
Inkt, 53,3 x 43,1 cm
Privé-bezit

1351 Quantificering van het doek 'Het Laatste Avonmaal' van Leonardo da Vinci, rond 1972
Quantification de 'La Cène' de Léonard de Vinci
Olieverf op kunststofplaat, 30,3 x 40,5 cm
Madrid, Museo Nacional Reina Sofía, schenking van Dalí aan de Spaanse staat

1352 Figuur met vlag. Illustratie voor 'Memories of Surrealism', rond 1971
Personnage au drapeau
Olieverf, gouache en collage, 61 x 47 cm
Privé-bezit

1353 Kleurenpalet 'Dalí'. Frontispice voor het ontwerp van het werk 'De sleutelschilderijen van Dalí', 1972
Palette 'Dalí'. Frontispice pour le projet d'ouvrage 'Les dessins clés de Salvador Dalí'
Olieverf op hout, 26,7 x 36,7 cm
Privé-bezit

1354 De bankier (serie van elf gouaches over verschillende beroepen), 1971
Le banquier
Aquarel, 47 x 35 cm
Privé-bezit

1355 Ontwerp voor het zwembad in Port Lligat, 1971
Projet pour la piscine de Port Lligat
Olieverf op karton, 12,5 x 10 cm
Figueras, Fundación Gala-Salvador Dalí, schenking van Dalí aan de Spaanse staat

1356 Dalí van achteren, terwijl hij Gala van achteren schildert, die wordt vereeuwigd door zes virtuele hoornhuiden die zich tijdelijk spiegelen in zes echte spiegels (onvoltooid), rond 1972/1973
Dalí de dos peignant Gala de dos éternisée par six cornes virtuelles provisoirement réfléchies par six vrais miroirs
Olieverf op linnen, stereoscopisch werk op twee panelen, elk 60 x 60 cm
Figueras, Fundación Gala-Salvador Dalí

1357 Gala's droom (Droom van het paradijs), rond 1972
Le rêve de Gala (Rêve de paradis)
Olieverf, gouache, pastel en collage op papier, 62 x 44,5 cm
Privé-bezit

1358 Dalí van achteren, terwijl hij Gala van achteren schildert, die wordt vereeuwigd door zes virtuele hoornhuiden die zich tijdelijk spiegelen in zes echte spiegels (onvoltooid), rond 1972/1973
Dalí de dos peignant Gala de dos éternisée par six cornes virtuelles provisoirement réfléchies par six vrais miroirs
Olieverf op linnen, stereoscopisch werk op twee panelen, elk 60 x 60 cm
Figueras, Fundación Gala-Salvador Dalí

1359 Sfumato. Dalí ontwikkelt een nieuwe techniek: door een kaars verschroeid en berookt papier, 1972
Sfumato
Papier, verschroeid met een kaars en verkoold, 59 x 45 cm
Figueras, Fundación Gala-Salvador Dalí

1360 zie bijschrift blz. 607

1361 Polyeder. Basketbalspelers veranderen in engelen (montage voor een hologram – centraal element), 1972
Polyèdre. Joueurs de basket-ball se transformant en anges (montage pour un hologramme – élément central)
Olieverf op hout, 37,5 x 39,5 cm
Privé-bezit

1362 De in slaap gevallen roker, rond 1972/1973
Le fumeur endormi
Stereoscopisch schilderij op twee panelen, elk 60 x 60 cm
Genève, collectie G.E.D. Nahmad

1363 De in slaap gevallen roker, rond 1972/1973
Le fumeur endormi
Stereoscopisch schilderij op twee panelen, elk 60 x 60 cm
Genève, collectie G.E.D. Nahmad

1364 Holos! Holos! Velázquez! Gabor!, rond 1972/1973
Holos! Holos! Vélasquez! Gabor!
Hologram, eerste driedimensionale collage, 42 x 57 cm
Figueras, Fundación Gala-Salvador Dalí

1365 Zonder titel (Stereoscopisch schilderij), 1972
Sans titre (Peinture stéréoscopique)
Olieverf op linnen, elk 21,8 x 22,8 cm
Privé-bezit

1366 zie bijschrift blz. 609

1367, 1368 zie bijschriften blz. 611

1369, 1370 zie bijschriften blz. 612

1371-1373 zie bijschriften blz. 613

1374-1377 zie bijschriften blz. 615

1378, 1379 zie bijschriften blz. 617

1380 Hoofd, 1977
Triplex; techniek en afmetingen onbekend
Figueras, Teatro Museo Dalí

1381 Schets voor een plafondschildering in het Teatro Museo Dalí, 1970
Esquisse pour un plafond du Teatro Museo Dalí
Potlood, aquarel en gouache op karton, 104,4 x 75 cm
Figueras, Fundación Gala-Salvador Dalí

1382 Paleis van de winden (deel uit het midden van de plafond-schildering in het Teatro Museo Dalí), 1972/1973
Palais des vents
Olieverf op linnen (vijf opgeplakte houtplaten), 210 x 399 cm
Figueras, Fundación Gala-Salvador Dalí

1383-1386 zie bijschriften blz. 620

1387-1389 zie bijschriften blz. 622

1390-1395 zie bijschriften blz. 626

1396, 1397 zie bijschriften blz. 628

1398, 1399 zie bijschriften blz. 629

1400 Draaiende Christus, 1976
Christ twisté, 1976
Witte was en messing kruis, hoogte: 125 cm
Figueras, Fundación Gala-Salvador Dalí

1401, 1403 zie bijschriften blz. 631

1402 Pomona, herfst, 1973
Pomone, automne
Aquarel, gouache, pastel, roodkrijt en inkt op papier, 97 x 57 cm
Privé-bezit

1404 Naakt (afdrukken), 1974
Desnudo de calcomania, 1974
Gemengde techniek op karton; afmetingen onbekend
Privé-bezit

1405 Drie hyperrealistische Gratiën (Het anti-racisme), 1973
Trois grâces hyperréalistes (L'antiracisme)
Aquarel en gouache op karton (reliëfachtig), 56,5 x 77,5 cm
Privé-bezit

1406 Staand vrouwelijk naakt, 1974
Nu féminin debout
Gouache met afdrukken, potlood en roodkrijt, 152 x 102 cm
Privé-bezit

1407 Gala's voet – Stereoscopie (linkerdeel), 1973
Le pied de Gala – Œuvre stéréoscopique (image de gauche)
Olieverf op linnen; stereoscopisch werk, 60 x 60 cm
Figueras, Fundación Gala-Salvador Dalí

1408 Gala's voet – stereoscopie (rechterdeel), 1973
Le pied de Gala – Œuvre stéréoscopique (image de droite)
Olieverf op linnen; stereoscopisch werk, 60 x 60 cm
Figueras, Fundación Gala-Salvador Dalí

1409 Portret van dr. Brian Mercer, 1973
Portrait du docteur Brian Mercer
Olieverf; materiaal en afmetingen onbekend
Privé-bezit

1410 Gala's kasteel in Púbol, 1973
Le château de Gala à Púbol
Olieverf op linnen, 160 x 189,7 cm
schenking van Dalí aan de Spaanse staat

1411 Las Galas van Port Lligat, 1973
Las Galas de Port Lligat
Olieverf op linnen, 165 x 195 cm
Barcelona, Museo Estrada

1412 Cranach-verandering (Vrouw in de spiegel), 1974
Transformation Cranach (Femme au miroir)
Olieverf op hout, 83,5 x 61 cm
Cadaqués, Museo Perrot-Moore

1413 Figuur met zwaan, 1974
Paraje con Cisne
Olieverf, aquarel en inkt op gegrondeerd papier, 105 x 76 cm
Privé-bezit

1414 Gewond week uurwerk, 1974
Montre molle blessée (Wounded Soft Watch)
Olieverf op linnen, 40 x 51 cm
Privé-bezit

1415 De zwarte mis, 1974
La messe noire (La misa negra)
Olieverf, aquarel en inkt op gegrondeerd papier, 76 x 105 cm
Privé-bezit

1416 Ruiterportret van Carmen Bordiu-Franco, 1974
Portrait équestre de Carmen Bordiu-Franco
Olieverf op linnen, 160 x 180 cm
Privé-bezit

1417 Lilith – Hommage aan Raymond Roussel, 1966
Lilith – Hommage à Raymond Roussel, 1966
Beschilderd gips, haarspelden, twee ruiterbeeldjes van Meissonier, 54 x 63 x 24 cm
Figueras, Fundación Gala-Salvador Dalí

1418 'Lilith', detail: geslachtsdeel van spelden
Beschilderd gips, haarspelden, twee ruiterbeeldjes van Meissonier, 54 x 63 x 24 cm
Figueras, Fundación Gala-Salvador Dalí

1419 Zonder titel (Object voor Gala), rond 1972
Sans titre (Objet pour Gala)
Zeespinpantser met ingezet gepolijst agaat, waarop Gala's gezicht werd geschilderd, 19,4 x 15,9 x 6,9 cm
Privé-bezit

1420 Dante-buste (versierd met gouden lepels), 1964
Buste de Dante (orné de cuillères en or)
Brons met groen patina en gouden lepels; hoogte 26,5 cm
Duisburg, Wilhelm-Lehmbruck-Museum

1421, 1422 Stoel met gierevleugels (Een speel- en lustobject, kan zowel dienen voor godsdienstige als erotische doeleinden), 1960
La chaise aux ailes de vautour (Objet ludique et sexuel, pouvant être utilisé tantôt pour un culte, tantôt à des fins érotiques
Hout en decoratie-assemblage, 120 x 35 x 35 cm
Privé-bezit

1423 Napoleons dodenmasker – kan dienen als kapje voor een neushoorn, 1970
Masque funèbre de Napoléon – pouvant servir de couvercle à un rhinocéros
Brons, verguld, 22 x 19 x 28 cm
Parijs, privé-bezit

1424 Napoleons dodenmasker, 1970
Masque funèbre de Napoléon
Brons, verguld, 22 x 19 x 28 cm
Parijs, privé-bezit

1425 Napoleons dodenmasker – kan dienen als kapje voor een neushoorn, 1970
Masque funèbre de Napoléon – pouvant servir de couvercle à un rhinocéros
Brons, verguld, 22 x 19 x 28 cm
Parijs, privé-bezit

1426 Otorinologisch hoofd van Venus, 1970
Tête otorhinologique de Vénus
Gips, beschilderd, hoogte: 65 cm
Schenking van Dalí aan de Spaanse staat

1427 Michelins slaaf – kan als auto dienen, 1965
L'esclave de Michelin – pouvant servir d'automobile
Brons, 30 x 18 x 18 cm
Verona, Fondaria Bonvincini

1428 Michelins slaaf, 1965
L'esclave de Michelin
Brons, 30 x 18 x 18 cm
Verona, Fondaria Bonvincini

1429 Draaiende Christus, 1976
Christ twisté
Witte was en messing kruis (elektrolytisch verkoperd); hoogte: 125 cm
Figueras, Fundación Gala-Salvador Dalí

1430 Asbak (Zwaan-olifanten en slang), 1967
Cendrier (Cygnes-éléphants et serpent)
Porselein uit Limoges, 8,6 x 12,8 x 16 cm
Privé-bezit

1431 Nike-figurine, 1973
Figurine-Niké
Gemetalliseerd papier met opgedrukte schakelcircuits, 27,3 x 9,5 x 7,8 cm
Privé-bezit

1432 Buste van Velázquez die verandert in drie kletsende figuren, 1974
Buste de Vélasquez se métamorphosant en trois personnages conversant
Brons, beschilderd, 90 x 70 x 38 cm
Figueras, Fundación Gala-Salvador Dalí

1433 Hommage aan Newton, 1969
Hommage à Newton
Brons, gepatineerd, 132 x 70 x 40 cm
Madrid, Plaza Dalí

1434 Witte adelaar, 1974
Aigle blanc (White Eagle)
Gepatineerd brons, bont beschilderd met olieverf, 52,5 x 47,5 x 25 cm
Saint Petersburg (Fl), The Salvador Dalí Museum, in bruikleen van E. en A. Reynolds Morse

1435 zie bijschrift blz. 645

1436 zie bijschrift blz. 647

1437 'De poëzie van Amerika' of 'De kosmische atleten'
'Poésie d'Amérique' ou 'Les athlètes cosmiques'
Olieverf op linnen, 116,8 x 78,7 cm
Figueras, Fundación Gala-Salvador Dalí

1438 zie bijschrift blz. 648

1439-1440 zie bijschriften blz. 649

1441 Ontwerp voor een architectuur (Blikvangende economie), 1976
Projet d'architecture (Eye Catching Economy)
Gouache en inkt op krantenpapier, 29,5 x 18,5 cm
Privé-bezit

1442 De giraffe (De giraffe van Avignon), 1975
La girafe (La girafe d'Avignon)
Pastel, aquarel, gouache en opgeplakt papier, 43 x 63,5 cm
Privé-bezit

1443 Hommage aan de filosofie, 1976
Hommage à la philosophie
Aquarel op karton, 66,2 x 48,8 cm
Collectie Italcambio

1444 Lulle – Hommage aan Raimundus Lullus (Ontwerp voor een plafondschildering), 1975
Lulle – Hommage à Raymond Lulle (Projet pour un plafond)
Gouache op karton, 52 x 59 cm
Privé-bezit

1445 Muzikale harmonie, 1976
Harmonie musicale
Aquarel op karton, 66,5 x 49 cm
Collectie Italcambio

1446 Gala bekijkt de Middellandse Zee, die op een afstand van twintig meter in het portret van Abraham Lincoln verandert (eerste versie), rond 1974/1975
Gala regardant la mer Méditerrannée qui a vingt mètres se transforme en portrait d'Abraham Lincoln
Olieverf op fotopapier, 445 x 350 cm
Figueras, Fundación Gala-Salvador Dalí

1447 Gala bekijkt de Middellandse Zee, die op een afstand van twintig meter in het portret van Abraham Lincoln verandert (Hommage aan Rothko), 1976
Gala regardant la mer Méditerranée qui a vingt mètres se transforme en portrait d'Abraham Lincoln (Hommage à Rothko)
Olieverf op linnen, 252,2 x 191,9 cm
Tokyo, Minami Art Museum

1448 Week monster, 1976
Monstre mou (Soft Monster)
Olieverf op linnen, 55 x 70,5 cm
Privé-bezit

1449 Wit monster in een engelachtig landschap, 1977
Monstre blanc dans un paysage angélique
Olieverf op linnen; afmetingen onbekend
Cittá del Vaticano (Rome), Musei Vaticani, Collezione d'Arte Religiosa Moderna

1450 De vrolijke eenhoorn, 1977
L'unicorne allègre
Olieverf op koper, 28 x 42 cm
Privé-bezit

1451 De eenhoorn (onvoltooid), 1976
L'unicorne
Olieverf op koper, 28 x 42 cm
Privé-bezit

1452 Weke schedel met spiegelei op het bord zonder bord, engelen en weke uurwerken in een engelachtig landschap, 1977
Têtes molles avec l'œuf sur le plat sans le plat, anges et montres molles dans un paysage angélique
Olieverf op linnen, 61 x 91,5 cm
Privé-bezit

1453 Nike, godin van de overwinning van Samothrace, verschijnt in een in lichtstralen gedoopte boom, 1977
Niké, victoire de Samothrace apparaissant dans un arbre baigné de rayons lumineux
Olieverf op triplex, 183 x 100 cm
Figueras, Fundación Gala-Salvador Dalí

1454 Aurora's hoofd naar Michelangelo (detail van een figuur op het graf van Lorenzo de Medici in de Medici-kapel in Florence), 1977
Tête de l'Aurore d'après Michel-Ange
Olieverf op triplex, 139,2 x 79 cm
Figueras, Fundación Gala-Salvador Dalí

1455 Surrealistische engel, rond 1977
L'ange surréaliste
Olieverf op linnen, 197 x 197 cm
Figueras, Fundación Gala-Salvador Dalí

1456 Zonder titel, 1977
Sans titre
Inkt en potlood op papier, 20 x 24 cm
Privé-bezit

1457 Vruchtbaarheid, 1977
Fecondidad (Fertilité)
Olieverf op linnen, 48,5 x 65,4 cm
Collectie Italcambio

1458 Vrouw met ei en pijlen, rond 1978
Femme avec œuf et flèches
Olieverf op spaanplaat, 200 x 100 cm
Figueras, Fundación Gala-Salvador Dalí

1459 Spaanse ruiter, 1977
Chevalier espagnol
Aquarel op karton, 67,7 x 50,1 cm
Collectie Italcambio

1460 Daphne: de boomvrouw, 1977
Daphné: la femme arbre
Aquarel op karton, 65,5 x 49 cm
Collectie Italcambio

1461 Maagd met zwaluwen, 1977
La vierge aux hirondelles
Aquarel op karton, 67,9 x 49,9 cm
Collectie Italcambio

1462 Acht delen van het 'Angelus' – Man in delen, 1977
Ocho trozos de Angelus – Homme en morceaux
Aquarel op karton, 65,5 x 48,7 cm
Collectie Italcambio

1463 zie bijschrift blz. 659

1464 Tekening voor 'De stoel', 1976
Dessin préparatoire pour 'La chaise', 1976
Balpen op papier met collage, 77 x 57,5 cm
Privé-bezit

1465 De stoel (stereoscopie, linkerdeel), 1975
La chaise (Œuvre stéréoscopique, image de gauche)
Olieverf op linnen, stereoscopisch werk op twee panelen, 400 x 210 cm
Figueras, Fundación Gala-Salvador Dalí

1466 De stoel (stereoscopie, rechterdeel), 1975
La chaise (Œuvre stéréoscopique, image droite)
Olieverf op linnen, stereoscopisch werk op twee panelen, 400 x 210 cm
Figueras, Fundación Gala-Salvador Dalí, schenking van Dalí aan de Spaanse staat

1467 Studie voor 'De stoel' 1975
Etude pour 'La chaise'
Zwarte viltstift, 24,2 x 16,9 cm
Privé-bezit

1468 De waskommen (stereoscopie, linkerdeel), 1976
Les lavabos (Œuvre stéréoscopique, image de gauche)
Olieverf op linnen, stereoscopisch werk; afmetingen onbekend
Privé-bezit

1469 De waskommen (stereoscopie, rechterdeel), 1976
Les lavabos (Œuvre stéréoscopique, image de droite)
Olieverf op linnen, stereoscopisch werk; afmetingen onbekend
Privé-bezit

1470 De stoel (stereoscopie, linkerdeel), 1976
La chaise (Œuvre stéréoscopique, image de gauche)
Olieverf op linnen, stereoscopisch werk; afmetingen onbekend
Privé-bezit

1471 De stoel (stereoscopie, rechterdeel), 1976
La chaise (Œuvre stéréoscopique, image de droite)
Olieverf op linnen, stereoscopisch werk; afmetingen onbekend
Privé-bezit

1472 Studie voor 'Las Meninas' (stereoscopie, linkerdeel), 1976
Etude pour 'Les Ménines' (Œuvre stéréoscopique, image de gauche)
Aquarel, stereoscopisch werk; afmetingen onbekend
Privé-bezit

1473 Studie voor 'Las Meninas' (stereoscopie, rechterdeel), 1976
Etude pour 'Les Ménines' (Œuvre stéréoscopique, image de droite)
Aquarel, stereoscopisch werk; afmetingen onbekend
Privé-bezit

1474 Las Meninas – Eerste metafysische hyperrealistische schilderij (onvoltooid), 1977
Les Ménines – Première peinture hyperréaliste métaphysique
Olieverf op linnen, 100 x 81 cm
Figueras, Fundación Gala-Salvador Dalí

1475 Portret van Gala, 1976/1977
Portrait de Gala
Olieverf op koper, 35 x 27 cm
Figueras, Fundación Gala-Salvador Dalí, schenking van Dalí aan de Spaanse staat

1476 Las Meninas (stereoscopie, linkerdeel), 1976/1977
Les Ménines (Œuvre stéréoscopique, image de gauche)
Olieverf op linnen, stereoscopisch werk, 35,6 x 25,1 cm
Madrid, Centro de Arte Reina Sofía, schenking van Dalí aan de Spaanse staat

1477 Las Meninas (stereoscopie, rechterdeel), 1976/1977
Les Ménines (Œuvre stéréoscopique, image de droite)
Olieverf op linnen, stereoscopisch werk, 35,6 x 25,1 cm
Madrid, Centro de Arte Reina Sofía, schenking van Dalí aan de Spaanse staat

1478 Randomdot correlogram – Het Gulden Vlies (stereoscopie, linkerdeel; onvoltooid), rond 1977
Randomdot correlogram – La Toison d'Or (Œuvre stéréoscopique, image de gauche)
Olieverf op karton, stereoscopisch werk, 72,8 x 101,8 cm
Figueras, Fundación Gala-Salvador Dalí, schenking van Dalí aan de Spaanse staat

1479 Randomdot correlogram – Het Gulden Vlies (stereoscopie, rechterdeel; onvoltooid), rond 1977
Randomdot correlogram – La Toison d'Or (Œeuvre stéréoscopique, image de droite)
Olieverf op karton, stereoscopisch werk, 72,8 x 101,8 cm
Figueras, Fundación Gala-Salvador Dalí, schenking van Dalí aan de Spaanse staat

1480 Dalí's hand trekt een Gulden Vlies in de vorm van een wolk weg om Gala het volkomen naakte ochtendrood te tonen dat ver, ver achter de zon ligt (stereoscopie, linkerdeel), 1977
La main de Dalí retirant une Toison d'Or en forme de nuage pour montrer à Gala l'aurore toute nue très, très loin derrière le soleil (Œuvre stéréoscopique, image de gauche)
Olieverf op linnen, stereoscopisch werk op twee panelen, 60 x 60 cm
Figueras, Fundación Gala-Salvador Dalí, schenking van Dalí aan de Spaanse staat

1481 Dalí's hand trekt een gulden vlies in de vorm van een wolk weg om Gala het volkomen naakte ochtendrood te laten zien die ver, ver achter de zon ligt (stereoscopie, rechterdeel), 1977
La main de Dalí retirant une Toison d'Or en forme de nuage pour montrer à Gala l'aurore toute nue très, très loin derrière le soleil (Œuvre stéréoscopique, image de droite)
Olieverf op linnen, stereoscopisch werk op twee panelen, 60 x 60 cm
Figueras, Fundación Gala-Salvador Dalí

1482 Studie voor 'Dalí tilt de huid van de Middellandse Zee op om Gala de geboorte van Venus te tonen', 1977
Etude pour 'Dalí soulevant la peau de la mer Méditerranée pour montrer à Gala la naissance de Vénus'
Aquarel, potlood, balpen en inkt, gewassen, 26,3 x 37,3 cm
Privé-bezit

1483 Dalí tilt de huid van de Middellandse Zee op om Gala de geboorte van Venus te tonen (stereoscopie, linkerdeel), 1977
Dalí soulevant la peau de la mer Méditerranée pour montrer à Gala la naissance de Vénus (Œuvre stéréoscopique, image de gauche)
Olieverf op linnen, stereoscopisch werk op twee panelen, 101 x 101 cm
Figueras, Fundación Gala-Salvador Dalí

1484 Dalí tilt de huid van de Middellandse Zee op om Gala de geboorte van Venus te tonen (stereoscopie, rechterdeel), 1977
Dalí soulevant la peau de la mer Méditerranée pour montrer à Gala la naissance de Vénus (Œuvre stéréoscopique, image de droite)
Olieverf op linnen, stereoscopisch werk op twee panelen, 101 x 101 cm
Figueras, Fundación Gala-Salvador Dalí

1485 Gala's Christus (stereoscopie, linkerdeel), 1978
Le Christ de Gala (Œuvre stéréoscopique, image de gauche)
Olieverf op linnen, stereoscopisch werk op twee panelen, 100 x 100 cm
Privé-bezit

1486 Gala's Christus (stereoscopie, rechterdeel), 1978
Le Christ de Gala (Œuvre stéréoscopique, image de droite)
Olieverf op linnen, stereoscopisch werk op twee panelen, 100 x 100 cm
Privé-bezit

1487 Het oog van het 'Angelus' (stereoscopie, linkerdeel; onvoltooid), 1978
L'œil de l'Angélus (Œuvre stéréoscopique, image de gauche)
Olieverf op linnen, stereoscopisch werk, 100 x 100 cm
Figueras, Fundación Gala-Salvador Dalí, schenking van Dalí aan de Spaanse staat

1488 Het oog van het 'Angelus' (stereoscopie, rechterdeel; onvoltooid), 1978
L'œil de l'Angélus (Œuvre stéréoscopique, image de droite)
Olieverf op linnen, stereoscopisch werk, 100 x 100 cm
Figueras, Fundación Gala-Salvador Dalí, schenking van Dalí aan de Spaanse staat

1489 Stereoscopische compositie bij het 'Angelus' van Millet (onvoltooid), rond 1978
Composition stéréoscopique sur l'Angélus' de Millet
Olieverf op fotopapier, 49,3 x 63 cm
Figueras, Fundación Gala-Salvador Dalí

1490 Stereoscopische compositie bij het 'Angelus' van Millet (onvoltooid), rond 1978
Composition stéréoscopique sur l'Angélus' de Millet
Olieverf op fotopapier, 51 x 62 cm
Figueras, Fundación Gala-Salvador Dalí, schenking van Dalí aan de Spaanse staat

1491 Slag in de wolken (stereoscopie, linkerdeel), 1979
Bataille dans les nuages (Œuvre stéréoscopique, image de gauche)
Olieverf op linnen, stereoscopisch werk, 100 x 100 cm
Madrid, Centro de Arte Reina Sofía, schenking van Dalí aan de Spaanse staat

1492 Slag in de wolken (stereoscopie, rechterdeel), 1979
Bataille dans les nuages (Œuvre stéréoscopique, image de droite)
Olieverf op linnen, stereoscopisch werk, 100 x 100 cm
Madrid, Centro de Arte Reina Sofía, schenking van Dalí aan de Spaanse staat

1493 Athene brandt! – De school van Athene en De brand in Borgo (stereoscopie, linkerdeel), 1979/1980
Athènes brûle! – L'école d'Athènes et L'incendie du Borgo (Œuvre stéréoscopique, image de gauche)
Olieverf op hout, stereoscopisch werk, 32,2 x 43,1 cm
Figueras, Fundación Gala-Salvador Dalí

1494 Athene brandt! – De school van Athene en De brand in Borgo (stereoscopie, rechterdeel), 1979/1980
Athènes brûle! – L'école d'Athènes et L'incendie du Borgo (Œuvre stéréoscopique, image de droite)
Olieverf op hout, stereoscopisch werk, 32,2 x 43,1 cm
Figueras, Fundación Gala-Salvador Dalí

1495 Harmonie der sferen, 1978
L'harmonie des sphères
Olieverf op linnen, 100 x 100 cm
Figueras, Fundación Gala-Salvador Dalí, schenking van Dalí aan de Spaanse staat

1496 Pentagonale Sardana (stereoscopie, linkerdeel), 1979
Sardane pentagonale (Œuvre stéréoscopique, image de gauche)
Olieverf op linnen, stereoscopisch werk, 100 x 100 cm
Figueras, Fundación Gala-Salvador Dalí, schenking van Dalí aan de Spaanse staat

1497 Pentagonale Sardana (stereoscopie, rechterdeel), 1979
Sardane pentagonale (Œuvre stéréoscopique, image de droite)
Olieverf op linnen, stereoscopisch werk, 100 x 100 cm
Figueras, Fundación Gala-Salvador Dalí, schenking van Dalí aan de Spaanse staat

1498 Pierrot lunaire (stereoscopie, onvoltooid), 1978
Pierrot lunaire (Œuvre stéréoscopique)
Olieverf op hout, stereoscopisch werk, 111 x 244 cm
Figueras, Fundación Gala-Salvador Dalí, schenking van Dalí aan de Spaanse staat

1499 Cybernetische odalisque – Hommage aan Bela Julesz, 1978
Odalisque cybernétique – Hommage à Bela Julesz
Olieverf op linnen, 200 x 200 cm
Figueras, Fundación Gala-Salvador Dalí, schenking van Dalí aan de Spaanse staat

1500 Leve het station van Perpignan, leve Figueras, 1979
Vive la gare de Perpignan – Viva Figueras
Olieverf op karton op linnen, 55,1 x 46 cm
Figueras, Fundación Gala-Salvador Dalí, schenking van Dalí aan de Spaanse staat

1501 Landschap bij Ampurdán, 1978
Paysage de l'Ampurdán
Olieverf op linnen, 61 x 50,8 cm
Privé-bezit

1502 Landschap bij Ampurdán (Paisantje Empordanes, opgedragen aan Sabater), 1978
Paysage de l'Ampurdán (Paisantje Empordanes, dédicacé à Sabater)
Olieverf op koper, 24 x 30 cm
Privé-bezit

1503 Allegorie van het voorjaar, 1978
Allégorie du printemps
Olieverf op hout, omgeven door plastic kersen en Catalaanse espadrilles, 122 x 244 cm
Figueras, Fundación Gala-Salvador Dalí

1504 Donkere platwormen, rond 1978
Planaires lugubres
Olieverf op linnen, 100 x 100 cm
Figueras, Fundación Gala-Salvador Dalí, schenking van Dalí aan de Spaanse staat

1505 Fosfeen, 1979
Phosphène
Olieverf op linnen, 146 x 97 cm
Madrid, Centro de Arte Reina Sofía

1506 Kopie van een Rubens-kopie naar Leonardo, 1979
Copie d'un Rubens copié d'un Léonard
Olieverf op hout, 18 x 24 cm
Figueras, Fundación Gala-Salvador Dalí, schenking van Dalí aan de Spaanse staat

1507 zie bijschrift blz. 675

1508 Op zoek naar de vierde dimensie, 1979
A la recherche de la quatrième dimension
Olieverf op linnen, 122,5 x 246 cm
Figueras, Fundación Gala-Salvador Dalí, schenking van Dalí aan de Spaanse staat

1509 Een week uurwerk op de juiste plaats doet een jonge Efeber sterven van excessieve bevrediging en weer verrijzen (onvoltooid), 1979
Une montre molle posée à l'endroit adéquat faisant mourir et ressusciter un jeune éphèbe par excès de satisfaction
Olieverf op hout, 122 x 244 cm
Figueras, Fundación Gala-Salvador Dalí, schenking van Dalí aan de Spaanse staat

1510 Zonsopgang, middag, zonsondergang en schemering, 1979
Aurore, midi, couchant et crépuscule
Olieverf op hout, 122 x 244 cm
Figueras, Fundación Gala-Salvador Dalí

1511 Rafaëleske hallucinatie, 1979
Hallucination raphaëlesque
Olieverf op triplex, 120 x 244 cm
Figueras, Fundación Gala-Salvador Dalí, schenking van Dalí aan de Spaanse staat

1512 Zonder titel (Landschap met hemelse figuren), 1980
Sans titre (Paysage avec personnages célestes)
Olieverf op linnen, 43,6 x 56,9 cm
Madrid, Centro de Arte Reina Sofía, schenking van Dalí aan de Spaanse staat

1513 Naakt en paard met metamorfose (onvoltooid), rond 1979
Nu et cheval avec métamorphose
Olieverf op linnen, 76 x 101,5 cm
Figueras, Fundación Gala-Salvador Dalí, schenking van Dalí aan de Spaanse staat

1514 Drie Gratiën van Canova (onvoltooid), 1979
Trois grâces de Canova
Olieverf op koper, 32,1 x 24,3 cm
Figueras, Fundación Gala-Salvador Dalí, schenking van Dalí aan de Spaanse staat

1515 Studie voor 'Compianto Diabele' van Canova (onvoltooid), rond 1979
Etude pour 'Compianto Diabele' de Canova
Olieverf en potlood op koper, 37,8 x 25,8 cm
Madrid, Centro de Arte Reina Sofía, schenking van Dalí aan de Spaanse staat

1516 Mooier dan Canova, 1979
Plus beau que Canova
Olieverf op koper, 32 x 24 cm
Figueras, Fundación Gala-Salvador Dalí, schenking van Dalí aan de Spaanse staat

1517 Het gelukkige paard, 1980
Le cheval gai
Olieverf op hout, 122 x 245 cm
Figueras, Fundación Gala-Salvador Dalí

1518 Slapende jonge Narcissus, 1980
Narcisse jeune endormi
Olieverf op hout, 120 x 120 cm
Privé-bezit

1519 Zonder titel (Brug met spiegelingen; ontwerp voor een dubbelschilderij, onvoltooid), 1980
Sans titre (Pont avec reflets; projet pour double-image)
Olieverf op linnen, 50 x 61 cm
Figueras, Fundación Gala-Salvador Dalí, schenking van Dalí aan de Spaanse staat

1520 Arabieren, 1980
Arabes
Olieverf op hout en collage met tandenstokers, 32 x 43 cm
Privé-bezit

1521 Groep die een liggend naakt omringt – Velázquez, 1980/1981
Groupe de personnages entourant un nu allongé – Vélasquez
Olieverf op linnen, bedrukt, 26 x 36 cm
Schenking van Dalí aan de Spaanse staat

1522 Arabieren, 1980
Arabes
Olieverf op hout en collage met tandenstokers, 17 x 23 cm
Privé-bezit

1523 Hermes, 1981
Hermès
Olieverf op koper, 22,8 x 17,8 cm
Madrid, Centro de Arte Reina Sofía, schenking van Dalí aan de Spaanse staat

1524 Verschijning van het gezicht van de Afrodite van Knidos in een landschap, 1981
Apparition du visage de l'Aphrodite de Cnide dans un paysage
Olieverf op linnen, 140 x 96 cm
Figueras, Fundación Gala-Salvador Dalí, schenking van Dalí aan de Spaanse staat

1525 De tuin der uren, 1981
Le jardin des heures
Olieverf op linnen, 65,3 x 54,1 cm
Figueras, Fundación Gala-Salvador Dalí, schenking van Dalí aan de Spaanse staat

1526, 1527 zie bijschriften blz. 683

1528 Toren, vleugel en fontein, 1981
Tour, piano à queue et fontaine
Olieverf op koper, 76,5 x 56 cm
Madrid, Centro de Arte Reina Sofía, schenking van Dalí aan de Spaanse staat

1529 De torens, 1981
Les tours
Olieverf op koper, 76,1 x 56,1 cm
Madrid, Centro de Arte Reina Sofía, schenking van Dalí aan de Spaanse staat

1530 Grote trilworm-masturbator duikt op achter de arcaden, 1981
Grand masturbateur-planaire apparaissant derrière des arcades
Olieverf op koper, 14 x 19 cm
Madrid, Centro de Arte Reina Sofía, schenking van Dalí aan de Spaanse staat

1531 De toren van de raadsels, 1971-1981
La tour des énigmes
Olieverf op koper, 35 x 27 cm
Figueras, Fundación Gala-Salvador Dalí, schenking van Dalí aan de Spaanse staat

1532 Zittende figuur, die een 'Grote trilworm-masturbator' gadeslaat, 1981
Personnage assis contemplant un 'Grand masturbateur-planaire'
Olieverf op koper, 35 x 27 cm
Madrid, Centro de Arte Reina Sofía, schenking van Dalí aan de Spaanse staat

1533 Toren, 1981
Tour
Olieverf op koper, 42,1 x 28,1 cm
Madrid, Centro de Arte Reina Sofía, schenking van Dalí aan de Spaanse staat

1534 Modelconfectie voor het volgende voorjaar: 'Guirlandes, nesten en bloemen', 1981
Le prêt-à-porter du prochain printemps: 'des guirlandes, des nids et des fleurs'
Olieverf, collage, viltstift en gouache op koper, 42 x 28 cm
Privé-bezit

1535 Gasvormige zwaan, 1981
Le cygne gazeux
Olieverf op koper, 24 x 32,1 cm
Madrid, Centro de Arte Reina Sofía, schenking van Dalí aan de Spaanse staat

1536 Amphitrite, 1981
Amphitrite
Olieverf op koper, 17,7 x 22,6 cm
Madrid, Centro de Arte Reina Sofía, schenking van Dalí aan de Spaanse staat

1537 De raadselachtige weg (eerste versie), 1981
Le chemin de l'énigme
Olieverf op linnen, 65,2 x 54,1 cm
Madrid, Centro de Arte Reina Sofía, schenking van Dalí aan de Spaanse staat

1538 De raadselachtige weg (tweede versie), 1981
Le chemin de l'énigme
Olieverf op linnen, 139 x 94 cm
Figueras, Fundación Gala-Salvador Dalí

1539 Argus, rond 1981
Argus
Olieverf op linnen, 97,1 x 146,5 cm
Figueras, Fundación Gala-Salvador Dalí, schenking van Dalí aan de Spaanse staat

1540 Medea of Jason grijpt het Gulden Vlies, 1981
Médée ou Jason se saisissant de la Toison d'Or
Olieverf op linnen, 88,9 x 129,8 cm
Figueras, Fundación Gala-Salvador Dalí, schenking van Dalí aan de Spaanse staat

1541 Landschap, 1981
Paysage
Olieverf op gepolariseerd plastic; afmetingen onbekend
Schenking van Dalí aan de koninklijke familie van Spanje

1542 Mercurius en Argos (naar 'Mercurius en Argos' van Velázquez, Prado), 1981
Mercure et Argos (d'après Mercure et Argos' de Vélasquez, Musée du Prado)
Olieverf op linnen, 140 x 95 cm
Figueras, Fundación Gala-Salvador Dalí, schenking van Dalí aan de Spaanse staat

1543 Landschap met een rots in de vorm van een triomfboog, 1981
Paysage avec un rocher en forme d'arc de triomphe
Olieverf op koper, 37 x 53 cm
Madrid, Centro de Arte Reina Sofía, schenking van Dalí aan de Spaanse staat

1544 Jason draagt het Gulden Vlies (onvoltooid), rond 1981
Jason portant la Toison d'Or
Olieverf op linnen, 130 x 89 cm
Figueras, Fundación Gala-Salvador Dalí, schenking van Dalí aan de Spaanse staat

1545 De wurgengelen, 1981
Les Anges exterminateurs
Olieverf op triplex, 122 x 122 cm
Figueras, Fundación Gala-Salvador Dalí

1546 Zonder titel (Vrouwenbuste met draperie), 1981
Sans titre (Buste de femme drapé)
Olieverf op koper, 42,1 x 28 cm
Madrid, Centro de Arte Reina Sofía, schenking van Dalí aan de Spaanse staat

1547 Figuren (Tafereel naar Goya), 1981
Personnages (Scène goyesque)
Olieverf op koper, 32,1 x 24 cm
Madrid, Centro de Arte Reina Sofía, schenking van Dalí aan de Spaanse staat

1548 Vrouw op een ram, 1981
Femme sur un bélier
Olieverf op koper, 24 x 32 cm
Madrid, Centro de Arte Reina Sofía, schenking van Dalí aan de Spaanse staat

1549 Zonder titel (Vrouwenhoofd; onvoltooid), 1981
Sans titre (Tête de femme)
Olieverf op koper, 42,1 x 28 cm
Madrid, Centro de Arte Reina Sofía, schenking van Dalí aan de Spaanse staat

1550 Zonder titel (Huid van een strand), 1981
Sans titre (Peau d'une plage)
Olieverf op linnen, 96 x 139,5 cm
Figueras, Fundación Gala-Salvador Dalí, schenking van Dalí aan de Spaanse staat

1551 Lectuur, familietafereel onder een lamp, 1981
Lecture, scène familiale sous la lampe
Olieverf op koper, 12,8 x 17,7 cm
Madrid, Centro de Arte Reina Sofía, schenking van Dalí aan de Spaanse staat

1552 Zonder titel (Imaginair landschap bij Púbol), 1981
Sans titre (Paysage imaginaire de Púbol)
Olieverf op linnen, 61 x 46 cm
Figueras, Fundación Gala-Salvador Dalí, schenking van Dalí aan de Spaanse staat

1553 Spaanse edelman met een Brabants kruis op zijn wambuis, 1981
Noble espagnol portant la croix tréflée sur son pourpoint
Olieverf op koper, 22,8 x 17,7 cm
Madrid, Centro de Arte Reina Sofía, schenking van Dalí aan de Spaanse staat

1554 De parel, 1981
La perle
Olieverf op linnen, 140 x 100 cm
Figueras, Fundación Gala-Salvador Dalí, schenking van Dalí aan de Spaanse staat

1555 Velázquez en een figuur. Naar het schilderij 'Christus aan de geselpaal' van Velázquez, rond 1628/1629, National Gallery, Londen, 1982
Vélasquez et personnage
Olieverf op linnen, 92 x 117 cm
Figueras, Fundación Gala-Salvador Dalí, schenking van Dalí aan de Spaanse staat

1556 De infanta Margarita María van Velázquez verschijnt in het silhouet van ridders op de binnenplaats van het Escorial, 1982
L'infante Marguerite de Vélasquez apparaissant dans la silhouette des chevaliers dans la cour d'un Escurial
Olieverf op linnen, 73 x 59,5 cm
Figueras, Fundación Gala-Salvador Dalí, schenking van Dalí aan de Spaanse staat

1557 Drie vrouwelijke figuren in pronkgewaden, 1981
Trois figures féminines en vêtements d'apparat
Olieverf op koper, 28 x 42 cm
Madrid, Centro de Arte Reina Sofía, schenking van Dalí aan de Spaanse staat

1558 Zonder titel – Ruiterfiguur van prins Balthasar Carlos naar Velázquez en figuren op de binnenplaats van het Escorial, 1982
Sans titre – Figure équestre du Prince Baltasar Carlos, de Vélasquez, et personnages dans la cour d'un Escurial
Olieverf op linnen, 57,3 x 60 cm
Figueras, Fundación Gala-Salvador Dalí, schenking van Dalí aan de Spaanse staat

1559 Gala bekijkt op een binnenplaats een hemels schouwspel, waarin de ruiterfiguur van prins Balthasar Carlos en verschillende sterrenbeelden (allemaal) verschijnen, naar Velázquez, 1981
Gala dans un patio observant le spectacle du ciel où surgit le portrait équestre du prince Baltasar Carlos et apparaissent plusieurs Argo (tous) de Vélasquez
Olieverf op linnen, 140,5 x 100 cm
Figueras, Fundación Gala-Salvador Dalí, schenking van Dalí aan de Spaanse staat

1560 De hofmeester Don José Nieto Velázquez uit het doek 'Las Meninas' van Velázquez, Museo del Prado, Madrid, 1982
D'après l'"Aposentador" Don José Nieto Vélasquez de la peinture 'Les Ménines' de Vélasquez au Prado, Madrid
Olieverf op linnen, 140 x 100 cm
Figueras, Fundación Gala-Salvador Dalí, schenking van Dalí aan de Spaanse staat

1561 Zonder titel (Compositie – De binnenplaats van het Escorial met een figuur en Sebastián de Morra, de dwerg van Velázquez), 1982
Sans titre (Composition – La cour d'un Escurial avec personnage et Sebastián de Morra, le nain de Vélasquez)
Olieverf op linnen, 73 x 60 cm
Figueras, Fundación Gala-Salvador Dalí, schenking van Dalí aan de Spaanse staat

1562 Op de binnenplaats van het Escorial, het silhouet van Sebastián de Morra, waarin het gezicht van Gala verschijnt, omgeven door catastrofevormige tekens (stereoscopie, onvoltooid), 1982
Dans la cour d'un Escurial, la silhouette de Sebastián de Morra dans laquelle apparaît le visage de Gala entouré de signes catastrophéïformes (Œuvre stéréoscopique)
Olieverf op linnen, stereoscopisch werk, 75 x 59,5 cm
Figueras, Fundación Gala-Salvador Dalí, schenking van Dalí aan de Spaanse staat

1563 Sebastián de Morra met catastrofevormige tekens (stereoscopie, onvoltooid), 1982
Sebastián de Morra avec des signes catastrophéïformes (Œuvre stéréoscopique)
Olieverf op linnen, stereoscopisch werk, 75 x 59,5 cm
Figueras, Fundación Gala-Salvador Dalí, schenking van Dalí aan de Spaanse staat

1564 Achter het raam, aan de linkerhand, daar waar een lepel verschijnt, ligt Velázquez op sterven, 1982
Derrière la fenêtre, à main gauche, d'où sort une cuillère, Vélasquez agonisant
Olieverf op linnen met collages, 75 x 59,5 cm
Figueras, Fundación Gala-Salvador Dalí, schenking van Dalí aan de Spaanse staat

1565 Pietà, 1982
Pietà
Olieverf op linnen, 100,2 x 100 cm
Figueras, Fundación Gala-Salvador Dalí

1566 Othello droomt van Venetië, 1982
Othello rêvant de Venise
Olieverf op linnen, 99,8 x 90,2 cm
Figueras, Fundación Gala-Salvador Dalí

1567 Klassieke figuur en hoofd (onvoltooid), 1981/1982
Figure et tête classique
Olieverf op linnen, 43,3 x 31 cm
Figueras, Fundación Gala-Salvador Dalí, schenking van Dalí aan de Spaanse staat

1568 Zonder titel (eerste studie voor 'De drie glorieuze raadsels van Gala'), 1982
Sans titre (première étude pour 'Les trois énigmes glorieuses de Gala')
Olieverf op linnen, 76 x 71 cm
Figueras, Fundación Gala-Salvador Dalí, schenking van Dalí aan de Spaanse staat

1569 Studie voor 'Olé' (onvoltooid), 1982
Etude pour 'Olé'
Olieverf op linnen, 60 x 73 cm
Figueras, Fundación Gala-Salvador Dalí, schenking van Dalí aan de Spaanse staat

1570 De drie glorieuze raadsels van Gala (eerste versie), 1982
Les trois énigmes glorieuses de Gala
Olieverf op linnen, 130 x 140 cm
Madrid, Museo Nacional Reina Sofía

1571 Olé, 1982
Olé
Olieverf op linnen, 60 x 73 cm
Figueras, Fundación Gala-Salvador Dalí, schenking van Dalí aan de Spaanse staat

1572 De drie glorieuze raadsels van Gala (tweede versie), 1982
Les trois énigmes glorieuses de Gala
Olieverf op linnen, 100 x 100 cm
Figueras, Fundación Gala-Salvador Dalí, schenking van Dalí aan de Spaanse staat

1573 Raadsel (onvoltooide versie van 'De drie glorieuze raadsels van Gala), 1982
Enigme (version inachevée des 'Trois énigmes glorieuses de Gala')
Olieverf op linnen, 100 x 99,8 cm
Figueras, Fundación Gala-Salvador Dalí, schenking van Dalí aan de Spaanse staat

1574 Figuur naar Michelangelo's 'Bezieling van Adam' uit de plafondschildering in de Sixtijnse kapel in Rome, 1982
Olieverf op linnen, 60 x 75 cm
Figueras, Fundación Gala-Salvador Dalí, schenking van Dalí aan de Spaanse staat

1575 Naar Michelangelo's 'Nacht' voor het 'Graf van Giuliano de Medici' in Florence, 1982
D'après 'La nuit' de Michel-Ange pour le 'Tombeau de Julien de Médicis' à Florence
Olieverf op linnen, 67 x 95 cm
Figueras, Fundación Gala-Salvador Dalí, schenking van Dalí aan de Spaanse staat

1576 Naar Michelangelo's 'Dag' voor 'Het Graf van Giuliano de Medici' in Florence, 1982
D'après 'Le jour' de Michel-Ange pour le 'Tombeau de Julien de Médicis' à Florence
Olieverf op linnen, 67,2 x 95 cm
Figueras, Fundación Gala-Salvador Dalí, schenking van Dalí aan de Spaanse staat

1577 Naar het hoofd van 'Giuliano de Medici' in Florence, 1982
D'après la tête de 'Julien de Médicis', Florence
Olieverf op linnen, 140 x 95 cm
Figueras, Fundación Gala-Salvador Dalí, schenking van Dalí aan de Spaanse staat

1578 Hoofd, naar 'Giuliano de Medici' van Michelangelo, 1982
Tête inspirée par le 'Julien de Médicis' de Michel-Ange
Olieverf op linnen, 75 x 75 cm
Figueras, Fundación Gala-Salvador Dalí, schenking van Dalí aan de Spaanse staat

1579 Gebarsten hoofd, 1982
Tête éclatée
Olieverf op linnen, 140,3 x 100 cm
Figueras, Fundación Gala-Salvador Dalí, schenking van Dalí aan de Spaanse staat

1580 Topologische studie voor 'Gebarsten hoofd', 1982
Etude topologique pour 'Tête éclatée'
Olieverf op spaanplaat, 109,6 x 79,4 cm
Privé-bezit

1581 De krijger, 1982
Le guerrier
Olieverf op linnen, 99,8 x 100 cm
Figueras, Fundación Gala-Salvador Dalí, schenking van Dalí aan de Spaanse staat

1582 Naar 'Hurkend kind' van Michelangelo, 1982
D'après 'L'enfant accroupi' de Michel-Ange
Olieverf op linnen, 95,3 x 65 cm
Figueras, Fundación Gala-Salvador Dalí, schenking van Dalí aan de Spaanse staat

1583 'Giuliano de Medici' van Michelangelo van achteren gezien, 1982
Julien de Médicis' de Michel-Ange vue de dos
Olieverf op linnen, 140 x 95 cm
Figueras, Fundación Gala-Salvador Dalí, schenking van Dalí aan de Spaanse staat

1584 Naar 'Mozes' van Michelangelo, grafmonument van Julius II in Rome, 1982
D'après 'Moïse' de Michel-Ange, Tombeau de Jules II
Olieverf op linnen, 100 x 100 cm
Figueras, Fundación Gala-Salvador Dalí, schenking van Dalí aan de Spaanse staat

1585 Rotsfiguur – Naar het hoofd van Christus in de 'Pietà van Palestrina' van Michelangelo, 1982
Figure rocheuse – D'après la tête du Christ de la 'Pietà de Palestrina' de Michel-Ange
Olieverf op linnen, 95 x 65,1 cm
Figueras, Fundación Gala-Salvador Dalí, schenking van Dalí aan de Spaanse staat

1586 Pietà, 1982
Pietà
Olieverf op linnen, 95 x 65 cm
Figueras, Fundación Gala-Salvador Dalí, schenking van Dalí aan de Spaanse staat

1587 Zonder titel – Naakte figuren naar Michelangelo, 1982
Sans titre – Figures nues d'après Michel-Ange
Olieverf op linnen, 95 x 75 cm
Figueras, Fundación Gala-Salvador Dalí, schenking van Dalí aan de Spaanse staat

1588 Figuur in het water geïnspireerd op een tekening van Michelangelo voor 'De herrijzenis van Christus', 1982
Personnage aquatique inspiré par un dessin de Michel-Ange pour 'La Résurrection du Christ'
Olieverf op linnen, 75 x 60 cm
Figueras, Fundación Gala-Salvador Dalí, schenking van Dalí aan de Spaanse staat

1589 St.-Sebastiaan, 1982
Saint Sébastien
Olieverf op linnen, 74,5 x 60 cm
Figueras, Fundación Gala-Salvador Dalí, schenking van Dalí aan de Spaanse staat

1590 Zonder titel (Figuren, Pietà, catastrofevormige tekens), 1983
Sans titre (Figures, Pietà, signes catastrophéïformes)
Olieverf op linnen, 73 x 60 cm
Privé-bezit

1591 Figuur naar 'De dageraad' van Michelangelo op het graf van Lorenzo de Medici, 1982
Personnage inspiré par 'l'Aurore' de Michel-Ange du tombeau de Laurent de Médicis
Olieverf op linnen, 75 x 59 cm
Figueras, Fundación Gala-Salvador Dalí, schenking van Dalí aan de Spaanse staat

1592 Tafereel op de binnenplaats van het Escorial met een figuur (op de voorgrond) naar 'De avond', een sculptuur van Michelangelo op het graf van Lorenzo de Medici, 1982
Scène dans la cour d'un Escurial avec, en avant-plan, un personnage inspiré par 'Le crépuscule', statue de Michel-Ange du tombeau de Laurent de Médicis
Olieverf op linnen, 75 x 59 cm
Figueras, Fundación Gala-Salvador Dalí, schenking van Dalí aan de Spaanse staat

1593 Escorial dat ongeordend verdraait om dan in een vrouw te veranderen, 1982
Un Escurial se contorsionnant de façon désordonnée pour parvenir à se transformer en femme
Olieverf op linnen, 60 x 73 cm
Figueras, Fundación Gala-Salvador Dalí, schenking van Dalí aan de Spaanse staat

1594 Dubbele overwinning van Gaudí, 1982
Double victoire de Gaudí
Olieverf op linnen, 75 x 60 cm
Figueras, Fundación Gala-Salvador Dalí, schenking van Dalí aan de Spaanse staat

1595 Landschap met verborgen beeld van de 'David' van Michelangelo, 1982
Paysage avec l'image cachée du 'David' de Michel-Ange
Olieverf op linnen, 74,7 x 59,8 cm
Figueras, Fundación Gala-Salvador Dalí, schenking van Dalí aan de Spaanse staat

1596 Architectuur en catastrofevormige kalligrafie, 1982
Architecture et calligraphie catastrophéïforme
Olieverf op linnen, 130 x 140 cm
Figueras, Fundación Gala-Salvador Dalí, schenking van Dalí aan de Spaanse staat

1597 Atmosferocefale figuren, 1982
Personnages atmosphéricocéphales
Olieverf op linnen, 100 x 100 cm
Figueras, Fundación Gala-Salvador Dalí, schenking van Dalí aan de Spaanse staat

1598 Hoofd naar Michelangelo, 1983
Tête inspirée par Michel-Ange
Olieverf op linnen, 75 x 75 cm
Figueras, Fundación Gala-Salvador Dalí, schenking van Dalí aan de Spaanse staat

1599 Spiegelvrouwen – Spiegelhoofden, 1982
Femmes-miroirs – Les têtes à miroirs
Olieverf op linnen, 99,7 x 90,4 cm
Figueras, Fundación Gala-Salvador Dalí, schenking van Dalí aan de Spaanse staat

1600 Martelaar, 1982
Martyr
Olieverf op linnen, 75 x 60 cm
Figueras, Fundación Gala-Salvador Dalí, schenking van Dalí aan de Spaanse staat

1601 Bed en twee nachtkastjes vallen brutaal een cello aan (definitieve staat), 1983
Lit et deux tables de nuit attaquant férocement un violoncelle
Olieverf op linnen, 73 x 92 cm
Madrid, Museo Nacional Reina Sofía, schenking van Dalí aan de Spaanse staat

1602 zie bijschrift blz. 714

1603 Bed en twee nachtkastjes vallen brutaal een cello aan, 1983
Lit et table de nuit attaquant férocement un violoncelle
Olieverf op linnen, 130 x 140 cm
Figueras, Fundación Gala-Salvador Dalí, schenking van Dalí aan de Spaanse staat

1604 Bed en twee nachtkastjes vallen brutaal een cello aan, 1983, 1983
Lit et deux tables de nuit attaquant férocement un violoncelle
Olieverf op linnen, 59,9 x 73 cm
Figueras, Fundación Gala-Salvador Dalí, schenking van Dalí aan de Spaanse staat

1605 St.-Joris overvalt een cello, 1983
Saint Georges terrassant un violoncelle
Olieverf op linnen, 72 x 93 cm
Figueras, Fundación Gala-Salvador Dalí, schenking van Dalí aan de Spaanse staat

1606 Bed, stoel en nachtkastje vallen brutaal een cello aan, 1983
Lit, chaise et table de nuit attaquant férocement un violoncelle
Olieverf op linnen, 60 x 73 cm
Figueras, Fundación Gala-Salvador Dalí, schenking van Dalí aan de Spaanse staat

1607 Krijger op een olifant overvalt een cello, 1983
Guerrier sur un éléphant terrassant un violoncelle
Olieverf op linnen, 60,2 x 73 cm
Figueras, Fundación Gala-Salvador Dalí, schenking van Dalí aan de Spaanse staat

1608 Pietà, 1983
Pietà
Olieverf op linnen, 60 x 73 cm
Figueras, Fundación Gala-Salvador Dalí, schenking van Dalí aan de Spaanse staat

1609 De vrachtwagen, 1983
Le camión (Llegaremos más tarde, hacia las cinco)
Olieverf op linnen met collages, 73 x 60 cm
Madrid, Museo Nacional Reina Sofía, schenking van Dalí aan de Spaanse staat

1610 Topologische verzwikking – Bed en twee nachtkastjes vallen brutaal cello aan, 1983
Contorsion topologique – Lit et deux tables de nuit attaquant férocement un violoncelle
Olieverf op linnen, 60 x 73 cm
Figueras, Fundación Gala-Salvador Dalí, schenking van Dalí aan de Spaanse staat

1611 Topologische verzwikking van een vrouwelijke figuur, 1983
Contorsion topologique de figure féminine
Olieverf op linnen, 60 x 73 cm
Figueras, Fundación Gala-Salvador Dalí, schenking van Dalí aan de Spaanse staat

1612 Topologische verzwikking van een vrouwelijke figuur tot cello, 1983
Contorsion topologique d'une figure féminine devenant violoncelle
Olieverf op linnen, 60 x 73 cm
Madrid, Museo Nacional Reina Sofía, schenking van Dalí aan de Spaanse staat

1613 Topologische losweking van Europa – Hommage aan René Thom, 1983
Enlèvement topologique d'Europe – Hommage à René Thom
Olieverf op linnen, 60 x 73 cm
Figueras, Fundación Gala-Salvador Dalí, schenking van Dalí aan de Spaanse staat

1614 Kotelet en lucifer – De Chinese krab, 1983
Côtelette et allumette – Le crabe chinois
Olieverf op linnen, 73 x 92 cm
Figueras, Fundación Gala-Salvador Dalí, schenking van Dalí aan de Spaanse staat

1615 Zonder titel – Hoofd van een Spaanse edelman, gemaakt volgens het catastrofe-model van een zwaluwstaart en twee cellohelften, 1983
Sans titre – Tête de noble espagnol formée par le modèle de catastrophe de la queue d'aronde et deux demi-violoncelles
Olieverf op linnen met collage van krantenpapier, 73,2 x 60 cm
Madrid, Museo Nacional Reina Sofía, schenking van Dalí aan de Spaanse staat

1616 Zonder titel – Serie catastrofes, 1983
Sans titre – Série des catastrophes
Olieverf op linnen, 73 x 92 cm
Figueras, Fundación Gala-Salvador Dalí, schenking van Dalí aan de Spaanse staat

1617 De zwaluwstaart – Serie catastrofes, 1983
La queue d'aronde – Série des catastrophes
Olieverf op linnen, 73 x 92,2 cm
Figueras, Fundación Gala-Salvador Dali, schenking van Dalí aan de Spaanse staat

1618 Het graf van Francesco Pujols, 1982
Le tombeau de Francesco Pujols
Zwarte viltstift op karton, 28,3 x 31,3 cm
Privé-bezit

1619 De krijger 'Bracceli' naast een lijk – Serie torero's, 1985
Guerrier Bracceli près d'un cadavre – Série Torero
Inkt op wit papier, 24 x 18 cm
Privé-bezit

1620 Gevecht van twee fenixen – Serie torero's, 1985
Combat de deux phénix – Série Torero
Inkt op wit papier, 18 x 22 cm
Privé-bezit

1621 Hoofd van Europa – Serie torero's, 1985
Tête d'Europe – Série Torero
Inkt op wit papier, 21 x 27 cm
Privé-bezit

1622 zie bijschrift blz. 728

1623-1627 zie bijschriften blz. 729

1628-1631 zie bijschriften blz. 730

1632-1636 zie bijschriften blz. 733

1637, 1638 zie bijschriften blz. 734

1639-1642 zie bijschriften blz. 735

1643-1647 zie bijschriften blz. 736

1648 'De prins van de slaap' (Het principe van de slaap) naar een officieel portret van koning Juan Carlos I, 1973/1974
'Le prince du sommeil' (El principe de ensueño), d'après une photographie officielle du roi Juan Carlos Ier
Olieverf op linnen, 248 x 180 cm
Madrid, Palais de la Zarzuela, Nationalerbe

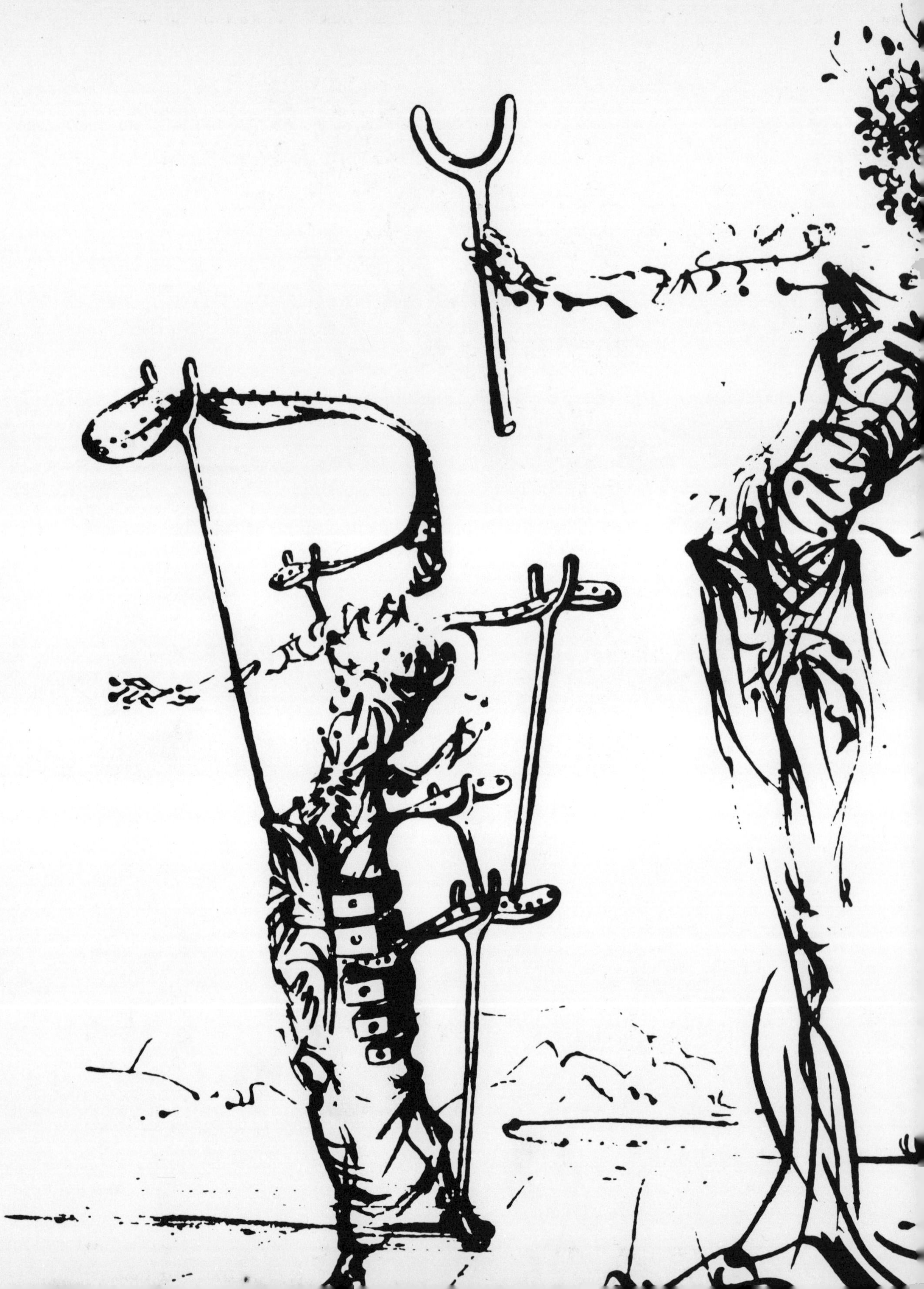